JN129468

ま　え　が　き

この報告書は、平成29年７月に実施した「賃金構造基本統計調査」の結果を取りまとめたものです。

本調査は、雇用形態、就業形態、職種、性、年齢、学歴、勤続年数、経験年数等の労働者の属性別にみた我が国の賃金の実態を、事業所の属する地域、産業、企業規模別に明らかにすることを目的として、昭和23年から毎年実施しています。平成29年は、引き続き、事業所規模５人以上の民営事業所及び10人以上の公営事業所並びにそれらの事業所で雇用された労働者の方々を対象として実施しました。

労働力人口の高学歴化や女性の職場進出等、雇用・就業形態の多様化が進展しており、労働のあり方も大きく変化しています。このような状況の中、賃金については、企業経営のみならず、社会全般の関心事となっており、労働者の賃金の実態を様々な切り口から明らかにする本調査の結果が、広く各方面の方々にご利用いただけることを期待しております。

最後に、この調査の実施に御協力いただいた事業所及び関係各位に対して、厚く御礼申し上げるとともに、今後とも一層の御協力をお願い申し上げます。

平成30年６月

厚生労働省政策統括官（統計・情報政策担当）

酒光　一章

平成29年賃金構造基本統計調査報告（第１巻）

目　　　次

統　計　表

統計表の巻別内容

巻　別	統計表	集　計　事　項
第　1　巻（全国 大分類）	第1表	年齢階級別きまって支給する現金給与額、所定内給与額及び年間賞与その他特別給与額
	第2表	年齢階級、勤続年数階級別所定内給与額及び年間賞与その他特別給与額
	第3表	年齢階級、所定内給与額階級別労働者数及び所定内給与額の分布特性値
第　2　巻（全国 中分類）	第1表	年齢階級別きまって支給する現金給与額、所定内給与額及び年間賞与その他特別給与額
	第2表	年齢階級、勤続年数階級別所定内給与額及び年間賞与その他特別給与額
	第3表	年齢階級別労働者数及び所定内給与額の分布特性値
第　3　巻（全国 役職 職種 新規学卒者 標準労働者 短時間労働者 企業規模 5～9人）	第1表	役職、年齢階級別きまって支給する現金給与額、所定内給与額及び年間賞与その他特別給与額
	第2表	役職、年齢階級、勤続年数階級別所定内給与額及び年間賞与その他特別給与額
	第3表	役職、所定内給与額階級別労働者数及び所定内給与額の分布特性値
	第4表	職種別きまって支給する現金給与額、所定内給与額及び年間賞与その他特別給与額
	第5表	職種・性、年齢階級別きまって支給する現金給与額、所定内給与額及び年間賞与その他特別給与額
	第6表	職種・性、年齢階級、経験年数階級別所定内給与額及び年間賞与その他特別給与額
	第7表	職種・性、所定内給与額階級別労働者数及び所定内給与額の分布特性値
	第8表	新規学卒者の初任給額
	第9表	新規学卒者の初任給額階級別労働者数及び初任給額の分布特性値
	第10表	標準労働者の年齢各歳別所定内給与額及び年間賞与その他特別給与額
	第11表	標準労働者の年齢階級別所定内給与額及び年間賞与その他特別給与額
	第12表	標準労働者の特定年齢別労働者数及び所定内給与額の分布特性値
	第13表	短時間労働者の年齢階級別1時間当たり所定内給与額及び年間賞与その他特別給与額
	第14表	短時間労働者の年齢階級、勤続年数階級別1時間当たり所定内給与額及び年間賞与その他特別給与額
	第15表	短時間労働者の1時間当たり所定内給与額階級別労働者数及び1時間当たり所定内給与額の分布特性値
	第16表	短時間労働者の職種別1時間当たり所定内給与額及び年間賞与その他特別給与額
	[企業規模5～9人]	
	第17表	年齢階級別きまって支給する現金給与額、所定内給与額及び年間賞与その他特別給与額
	第18表	年齢階級、勤続年数階級別所定内給与額及び年間賞与その他特別給与額
	第19表	年齢階級、所定内給与額階級別労働者数及び所定内給与額の分布特性値

巻　別	統計表	集　計　事　項
	第20表	短時間労働者の年齢階級別１時間当たり所定内給与額及び年間賞与その他特別給与額
	第21表	短時間労働者の年齢階級、勤続年数階級別１時間当たり所定内給与額及び年間賞与その他特別給与額
	第22表	短時間労働者の１時間当たり所定内給与額階級別労働者数及び１時間当たり所定内給与額の分布特性値
第　４　巻（都道府県別 北海道～沖縄）	第１表	年齢階級別きまって支給する現金給与額、所定内給与額及び年間賞与その他特別給与額
	第２表	職種・性別きまって支給する現金給与額、所定内給与額及び年間賞与その他特別給与額
	第３表	新規学卒者の初任給額
	第４表	短時間労働者の１時間当たり所定内給与額及び年間賞与その他特別給与額
	［企業規模５～９人］	
	第５表	年齢階級別きまって支給する現金給与額、所定内給与額及び年間賞与その他特別給与額
	第６表	短時間労働者の１時間当たり所定内給与額及び年間賞与その他特別給与額
第　５　巻（全　国 雇用形態）	［常用労働者］	
	第１表	年齢階級別きまって支給する現金給与額、所定内給与額及び年間賞与その他特別給与額
	第２表	年齢階級、勤続年数階級別所定内給与額及び年間賞与その他特別給与額
	第３表	年齢階級、所定内給与額階級別労働者数及び所定内給与額の分布特性値
	第４表	短時間労働者の年齢階級別１時間当たり所定内給与額及び年間賞与その他特別給与額
	第５表	短時間労働者の年齢階級、勤続年数階級別１時間当たり所定内給与額及び年間賞与その他特別給与額
	第６表	短時間労働者の１時間当たり所定内給与額階級別労働者数及び１時間当たり所定内給与額の分布特性値
	［臨時労働者］	
	第７表	臨時労働者の年齢階級別１時間当たりきまって支給する現金給与額
	第８表	臨時労働者の１時間当たりきまって支給する現金給与額階級別労働者数及び１時間当たりきまって支給する現金給与額の分布特性値
	第９表	臨時労働者の職種別１時間当たりきまって支給する現金給与額

（注）　各表とも、特に説明がなければ、企業規模10人以上の事業所の常用労働者のうち、一般労働者の数値である。

収録・未収

		集計区分	産業・労働者の種類		性	企業規模
第1巻 全国	第1表	産業(大分類)別 企業規模別 性　別 学 歴 別 年齢階級別 労働者の種類別 (C、D、Eのみ) 民＋公 (産業計、F、Hのみ)	産業計		男女計、男、女	計(10人以上)、1,000人以上、100～999人、10～99人
			C、D、E		男女計	計(10人以上)、1,000人以上、100～999人、10～99人
					男、女	計(10人以上)、1,000人以上、100～999人、10～99人
				労働者の種類別	*男女計*	*計(10人以上)、1,000人以上、100～999人、10～99人*
					男、女	計(10人以上)、1,000人以上、100～999人、10～99人
			F、G、H、I、J、K、L、M、N、O、P、Q、R		男女計	計(10人以上)、1,000人以上、100～999人、10～99人
					男、女	計(10人以上)、1,000人以上、100～999人、10～99人
			(民・公営計)産業計		男女計	計(10人以上)、1,000人以上、100～999人、10～99人
					男、女	計(10人以上)、1,000人以上、100～999人、10～99人
			(民・公営計)F、H		*男女計、男、女*	*計(10人以上)、1,000人以上、100～999人、10～99人*
	第2表	産業(大分類)別 企業規模別 性　別 学 歴 別 年齢階級別 勤続年数階級別 労働者の種類別 (C、D、Eのみ) 民＋公 (産業計、F、Hのみ)	産業計		男女計	計(10人以上)、1,000人以上、100～999人、10～99人
					男、女	計(10人以上)、1,000人以上、100～999人、10～99人
			C		男女計	計(10人以上)、*1,000人以上、100～999人、10～99人*
					男、女	計(10人以上)、*1,000人以上、100～999人、10～99人*
				労働者の種類別	*男女計*	*計(10人以上)、1,000人以上、100～999人、10～99人*
					男、女	計(10人以上)、*1,000人以上、100～999人、10～99人*
			D、E		男女計	計(10人以上)、1,000人以上、100～999人、10～99人
					男、女	計(10人以上)、1,000人以上、100～999人、10～99人
				労働者の種類別	*男女計*	*計(10人以上)、1,000人以上、100～999人、10～99人*
					男、女	計(10人以上)、1,000人以上、100～999人、10～99人
			F、G、H、I、J、K、L、M、N、O、P、Q、R		男女計	計(10人以上)、1,000人以上、100～999人、10～99人
					男、女	計(10人以上)、1,000人以上、100～999人、10～99人
			(民・公営計)産業計		男女計	計(10人以上)、1,000人以上、100～999人、10～99人
					男、女	計(10人以上)、1,000人以上、100～999人、10～99人
			(民・公営計)F、H		*男女計、男、女*	*計(10人以上)、1,000人以上、100～999人、10～99人*
	第3表	産業(大分類)別 企業規模別 性　別 年齢階級別 月間所定内給与額階級別 労働者の種類別 (C、D、Eのみ) 民＋公 (産業計、F、Hのみ) 分 位 数 分散係数	産業計		男女計	計(10人以上)、1,000人以上、100～999人、10～99人
					男、女	計(10人以上)、1,000人以上、100～999人、10～99人
			C		男女計	計(10人以上)、*1,000人以上、100～999人、10～99人*
					男、女	計(10人以上)、*1,000人以上、100～999人、10～99人*
				労働者の種類別	男、女	計(10人以上)、*1,000人以上、100～999人、10～99人*
			D、E		男女計	計(10人以上)、1,000人以上、100～999人、10～99人
					男、女	計(10人以上)、1,000人以上、100～999人、10～99人
				労働者の種類別	男、女	計(10人以上)、1,000人以上、100～999人、10～99人
			F、G、H、I、J、K、L、M、N、O、P、Q、R		男女計	計(10人以上)、1,000人以上、100～999人、10～99人
					男、女	計(10人以上)、1,000人以上、100～999人、10～99人
			(民・公営計)産業計		男女計	計(10人以上)、1,000人以上、100～999人、10～99人
					男、女	計(10人以上)、1,000人以上、100～999人、10～99人
			(民・公営計)F、H		*男女計*	*計(10人以上)、1,000人以上、100～999人、10～99人*
					男、女	*計(10人以上)、1,000人以上、100～999人、10～99人*
第2巻 全国	第1表	産業(中分類)別 企業規模別 性　別 学 歴 別 年齢階級別 労働者の種類別 (D、Eのみ) 民＋公(F、Hのみ)	D06、D07、D08、E09、E11、E14、E15、E16、E18、E21、E22、E23、E24、E25、E26、E27、E28、E29、E30、E31、E32		男女計	計(10人以上)、1,000人以上、100～999人、10～99人
					男、女	計(10人以上)、1,000人以上、100～999人、10～99人
				労働者の種類別	*男女計、男、女*	*計(10人以上)、1,000人以上、100～999人、10～99人*
			F33、G39、G41、H42、H43、H44、H48、I50～55、I51、I52、I53、I54、I55、I56～61、I56、I58、I59、I60、J62、J63、J67、K69、L71、L72、L74、M75、M76、N78、N79、N80、O81、O82、P83、P85、Q87、R88、R90、R91、R92		男女計	計(10人以上)、1,000人以上、100～999人、10～99人
					男、女	計(10人以上)、1,000人以上、100～999人、10～99人
			E10、E12、E13、E17、E19、E20		*男女計、男、女*	*計(10人以上)、1,000人以上、100～999人、10～99人*
				労働者の種類別	*男女計、男、女*	*計(10人以上)、1,000人以上、100～999人、10～99人*
			F34、F35、F36、G37、G38、G40、H45、H46、H47、H49、I50、I57、I61、J64、J65、J66、K68、K70、L73、M77、P84、Q86、R89、R93、R94、R95		*男女計、男、女*	*計(10人以上)、1,000人以上、100～999人、10～99人*
			(民・公営計)F33、F34、F36、H42、H43		*男女計、男、女*	*計(10人以上)、1,000人以上、100～999人、10～99人*

(注) 1)「産業」欄のアルファベット等に対応する産業名は、第1巻「別表3　集計産業一覧表」を参照。
2) 労働者の種類のうち、生産労働者の学歴は学歴計、中学卒及び高校卒以上の3区分を集計。
3) 斜体の文字で表示した区分は未収録区分である。なお、ウェブサイト「政府統計の総合窓口(e-Stat)」においては、未収録区分を含め掲載している。

録一覧表

学歴	その他の分類区分等
学歴計、中学卒、高校卒、高専・短大卒、大学・大学院卒	
学歴計、中学卒、高校卒、高専・短大卒、大学・大学院卒	
学歴計、中学卒、高校卒、高専・短大卒、大学・大学院卒	
学歴計、中学卒、高校卒、高専・短大卒、大学・大学院卒	
学歴計、中学卒、高校卒、高専・短大卒、大学・大学院卒	
学歴計、中学卒、高校卒、高専・短大卒、大学・大学院卒	
学歴計、中学卒、高校卒、高専・短大卒、大学・大学院卒	
学歴計、中学卒、高校卒、高専・短大卒、大学・大学院卒	
学歴計、中学卒、高校卒、高専・短大卒、大学・大学院卒	
学歴計、中学卒、高校卒、高専・短大卒、大学・大学院卒	
学歴計、中学卒、高校卒、高専・短大卒、大学・大学院卒	
学歴計、中学卒、高校卒、高専・短大卒、大学・大学院卒	
学歴計、中学卒、高校卒、高専・短大卒、大学・大学院卒	
学歴計、中学卒、高校卒、高専・短大卒、大学・大学院卒	
学歴計、中学卒、高校卒、高専・短大卒、大学・大学院卒	
学歴計、中学卒、高校卒、高専・短大卒、大学・大学院卒	
学歴計、中学卒、高校卒、高専・短大卒、大学・大学院卒	
学歴計、中学卒、高校卒、高専・短大卒、大学・大学院卒	
学歴計、中学卒、高校卒、高専・短大卒、大学・大学院卒	
学歴計、中学卒、高校卒、高専・短大卒、大学・大学院卒	
学歴計、中学卒、高校卒、高専・短大卒、大学・大学院卒	
学歴計、中学卒、高校卒、高専・短大卒、大学・大学院卒	
学歴計、中学卒、高校卒、高専・短大卒、大学・大学院卒	
学歴計、中学卒、高校卒、高専・短大卒、大学・大学院卒	
学歴計、中学卒、高校卒、高専・短大卒、大学・大学院卒	
学歴計	
学歴計、中学卒、高校卒、高専・短大卒、大学・大学院卒	
学歴計	
学歴計、中学卒、高校卒、高専・短大卒、大学・大学院卒	
学歴計、中学卒、高校卒、高専・短大卒、大学・大学院卒	
学歴計	
学歴計、中学卒、高校卒、高専・短大卒、大学・大学院卒	
学歴計、中学卒、高校卒、高専・短大卒、大学・大学院卒	
学歴計	
学歴計、中学卒、高校卒、高専・短大卒、大学・大学院卒	
学歴計	
学歴計、中学卒、高校卒、高専・短大卒、大学・大学院卒	
学歴計	
学歴計、中学卒、高校卒、高専・短大卒、大学・大学院卒	
学歴計、中学卒、高校卒、高専・短大卒、大学・大学院卒	
学歴計、中学卒、高校卒、高専・短大卒、大学・大学院卒	
学歴計、中学卒、高校卒、高専・短大卒、大学・大学院卒	
学歴計、中学卒、高校卒、高専・短大卒、大学・大学院卒	
学歴計、中学卒、高校卒、高専・短大卒、大学・大学院卒	
学歴計、中学卒、高校卒、高専・短大卒、大学・大学院卒	
学歴計、中学卒、高校卒、高専・短大卒、大学・大学院卒	
学歴計、中学卒、高校卒、高専・短大卒、大学・大学院卒	
学歴計、中学卒、高校卒、高専・短大卒、大学・大学院卒	

		集計区分	産業・労働者の種類		性	企業規模
第2巻 全国	第2表	産業（中分類）別 企業規模別 性　別 学 歴 別 年齢階級別 勤続年数階級別 労働者の種類別 （D、Eのみ） 民＋公（F、Hのみ）	D06、D07、D08、E09、E11、E14、E15、E16、E18、E21、E22、E23、E24、E25、E26、E27、E28、E29、E30、E31、E32		男女計	計(10人以上)、1,000人以上、100～999人、10～99人
					男、女	計(10人以上)、1,000人以上、100～999人、10～99人
				労働者の種類別	男女計、男、女	計(10人以上)、1,000人以上、100～999人、10～99人
			F33、G39、G41、H42、H43、H44、H48、I50～55、I51、I52、I53、I54、I55、I56～61、I56、I58、I59、I60、J62、J63、J67、K69、L71、L72、L74、M75、M76、N78、N79、N80、O81、O82、P83、P85、Q87、R88、R90、R91、R92		男女計	計(10人以上)、1,000人以上、100～999人、10～99人
					男、女	計(10人以上)、1,000人以上、100～999人、10～99人
			E10、E12、E13、E17、E19、E20		男女計、男、女	計(10人以上)、1,000人以上、100～999人、10～99人
				労働者の種類別	男女計、男、女	計(10人以上)、1,000人以上、100～999人、10～99人
			F34、F35、F36、G37、G38、G40、H45、H46、H47、H49、I50、I57、I61、J64、J65、J66、K68、K70、L73、M77、P84、Q86、R89、R93、R94、R95		男女計、男、女	計(10人以上)、1,000人以上、100～999人、10～99人
			(民・公営計)F33、F34、F36、H42、H43		男女計、男、女	計(10人以上)、1,000人以上、100～999人、10～99人
	第3表	産業（中分類）別 企業規模別 性　別 年齢階級別 月間所定内給与額階級別 労働者の種類別 （D、Eのみ） 民＋公（F、Hのみ） 分 位 数 分散係数	D06、D07、D08、E09、E11、E14、E15、E16、E18、E21、E22、E23、E24、E25、E26、E27、E28、E29、E30、E31、E32		男女計	計(10人以上)、1,000人以上、100～999人、10～99人
					男、女	計(10人以上)、1,000人以上、100～999人、10～99人
				労働者の種類別	男、女	計(10人以上)、1,000人以上、100～999人、10～99人
			F33、G39、G41、H42、H43、H44、H48、I50～55、I51、I52、I53、I54、I55、I56～61、I56、I58、I59、I60、J62、J63、J67、K69、L71、L72、L74、M75、M76、N78、N79、N80、O81、O82、P83、P85、Q87、R88、R90、R91、R92		男女計	計(10人以上)、1,000人以上、100～999人、10～99人
					男、女	計(10人以上)、1,000人以上、100～999人、10～99人
			E10、E12、E13、E17、E19、E20		男女計、男、女	計(10人以上)、1,000人以上、100～999人、10～99人
				労働者の種類別	男女計、男、女	計(10人以上)、1,000人以上、100～999人、10～99人
			F34、F35、F36、G37、G38、G40、H45、H46、H47、H49、I50、I57、I61、J64、J65、J66、K68、K70、L73、M77、P84、Q86、R89、R93、R94、R95		男女計、男、女	計(10人以上)、1,000人以上、100～999人、10～99人
			(民・公営計)F33、F34、F36、H42、H43		男女計、男、女	計(10人以上)、1,000人以上、100～999人、10～99人
第3巻 全国	第1表	産業（大分類）別 企業規模別 性　別 役 職 別 学 歴 別 年齢階級別 役職のうち職長級 （C、D、Eのみ）	産業計		男女計、男、女	計(100人以上)、1,000人以上、500～999人、100～499人
			D、E		男女計、女	計(100人以上)、1,000人以上、500～999人、100～499人
					男	計(100人以上)、1,000人以上、500～999人、100～499人
			G、H、I、J、L、M、R		男女計、女	計(100人以上)、1,000人以上、500～999人、100～499人
					男	計(100人以上)、1,000人以上、500～999人、100～499人
			P		男女計	計(100人以上)、1,000人以上、500～999人、100～499人
					男、女	計(100人以上)、1,000人以上、500～999人、100～499人
			C		男女計、男、女	計(100人以上)、1,000人以上、500～999人、100～499人
			F、K、N、O、Q		男女計、男、女	計(100人以上)、1,000人以上、500～999人、100～499人
	第2表	役 職 別 性　別 学 歴 別 年齢階級別 勤続年数階級別	産業計		男女計、男、女	計(100人以上)、1,000人以上、500～999人、100～499人
	第3表	産業（大分類）別 企業規模別 性　別 役 職 別 月間所定内給与額階級別	産業計		男女計、男、女	計(100人以上)、1,000人以上、500～999人、100～499人
			D、E		男女計、女	計(100人以上)、1,000人以上、500～999人、100～499人
					男	計(100人以上)、1,000人以上、500～999人、100～499人
			G、H、I、J、L、M、R		男女計、女	計(100人以上)、1,000人以上、500～999人、100～499人
					男	計(100人以上)、1,000人以上、500～999人、100～499人
			P		男女計	計(100人以上)、1,000人以上、500～999人、100～499人
					男、女	計(100人以上)、1,000人以上、500～999人、100～499人
			C		男女計、男、女	計(100人以上)、1,000人以上、500～999人、100～499人
			F、K、N、O、Q		男女計、男、女	計(100人以上)、1,000人以上、500～999人、100～499人
	第4表	職種別 性　別	産業計		男女計、男、女	計(10人以上)、1,000人以上、100～999人、10～99人
	第5表	企業規模別 職 種 別 性　別 年齢階級別	産業計		職種による	計(10人以上)、1,000人以上、100～999人、10～99人

学歴	その他の分類区分等
学歴計、中学卒、高校卒、高専・短大卒、大学・大学院卒	
学歴計、中学卒、高校卒、高専・短大卒、大学・大学院卒	
学歴計、中学卒、高校卒、高専・短大卒、大学・大学院卒	
学歴計、中学卒、高校卒、高専・短大卒、大学・大学院卒	
学歴計、中学卒、高校卒、高専・短大卒、大学・大学院卒	
学歴計、中学卒、高校卒、高専・短大卒、大学・大学院卒	
学歴計、中学卒、高校卒、高専・短大卒、大学・大学院卒	
学歴計、中学卒、高校卒、高専・短大卒、大学・大学院卒	
学歴計、中学卒、高校卒、高専・短大卒、大学・大学院卒	
学歴計	所定内給与額階級別
学歴計、中学卒、高校卒、高専・短大卒、大学・大学院卒	所定内給与額階級別
学歴計、中学卒、高校卒、高専・短大卒、大学・大学院卒	所定内給与額階級別
学歴計	所定内給与額階級別
学歴計、中学卒、高校卒、高専・短大卒、大学・大学院卒	所定内給与額階級別
学歴計	所定内給与額階級別
学歴計、中学卒、高校卒、高専・短大卒、大学・大学院卒	所定内給与額階級別
学歴計、中学卒、高校卒、高専・短大卒、大学・大学院卒	所定内給与額階級別
学歴計、中学卒、高校卒、高専・短大卒、大学・大学院卒	所定内給与額階級別
学歴計、中学卒、高校卒、高専・短大卒、大学・大学院卒	役職計、部長級、課長級、係長級、非役職
学歴計、中学卒、高校卒、高専・短大卒、大学・大学院卒	役職計、部長級、課長級、係長級、職長級、非役職
学歴計、中学卒、高校卒、高専・短大卒、大学・大学院卒	役職計、部長級、課長級、係長級、職長級、非役職
学歴計、中学卒、高校卒、高専・短大卒、大学・大学院卒	役職計、部長級、課長級、係長級、非役職
学歴計、中学卒、高校卒、高専・短大卒、大学・大学院卒	役職計、部長級、課長級、係長級、非役職
学歴計、中学卒、高校卒、高専・短大卒、大学・大学院卒	役職計、部長級、課長級、係長級、非役職
学歴計、中学卒、高校卒、高専・短大卒、大学・大学院卒	役職計、部長級、課長級、係長級、非役職
学歴計、中学卒、高校卒、高専・短大卒、大学・大学院卒	役職計、部長級、課長級、係長級、職長級、非役職
学歴計、中学卒、高校卒、高専・短大卒、大学・大学院卒	役職計、部長級、課長級、係長級、非役職
学歴計、中学卒、高校卒、高専・短大卒、大学・大学院卒	部長級、課長級、係長級、職長級、非役職
学歴計、中学卒、高校卒、高専・短大卒、大学・大学院卒	役職計、部長級、課長級、係長級、非役職
学歴計、中学卒、高校卒、高専・短大卒、大学・大学院卒	役職計、部長級、課長級、係長級、職長級、非役職
学歴計、中学卒、高校卒、高専・短大卒、大学・大学院卒	役職計、部長級、課長級、係長級、職長級、非役職
学歴計、中学卒、高校卒、高専・短大卒、大学・大学院卒	役職計、部長級、課長級、係長級、非役職
学歴計、中学卒、高校卒、高専・短大卒、大学・大学院卒	役職計、部長級、課長級、係長級、非役職
学歴計、中学卒、高校卒、高専・短大卒、大学・大学院卒	役職計、部長級、課長級、係長級、非役職
学歴計、中学卒、高校卒、高専・短大卒、大学・大学院卒	役職計、部長級、課長級、係長級、非役職
学歴計、中学卒、高校卒、高専・短大卒、大学・大学院卒	役職計、部長級、課長級、係長級、職長級、非役職
学歴計、中学卒、高校卒、高専・短大卒、大学・大学院卒	役職計、部長級、課長級、係長級、非役職
	※集計職種（第3巻参考1(2)職種一覧表参照）
	※集計職種（第3巻参考1(2)職種一覧表参照） 【未収録職種： 技術士（女）、測量技術者（女）、歯科医師（男）、歯科医師(女)、獣医師（男）、獣医師(女)、保育士(保母・保父)（男）、介護支援専門員(ケアマネージャー)（男）、ホームヘルパー（男）、弁護士（男）、弁護士（女）、公認会計士、税理士（男）、公認会計士、税理士（女）、社会保険労務士（男）、社会保険労務士（女）、不動産鑑定士（男）、不動産鑑定士（女）、個人教師、塾・予備校講師（女）、デザイナー（男）、デザイナー（女）、化繊紡糸工(男)、バフ研磨工（男）、建設機械運転工（女）、電気工（女）、掘削・発破工(男)、掘削・発破工（女）、型枠大工（女）、とび工（女）、鉄筋工（女）、大工（女）、左官（女）、配管工（女）、はつり工（男）、はつり工（女）、土工（女）、港湾荷役作業員（女）】

		集計区分	産業・労働者の種類		性	企業規模
第3巻 全国	第6表	職種別 性別 年齢階級別 経験年数階級別	産業計		職種による	計(10人以上)、*1,000人以上、100〜999人、10〜99人*
	第7表	職種別 性別 月間所定内給与額階級別 分位数 分散係数	産業計		職種による	計(10人以上)、*1,000人以上、100〜999人、10〜99人*
	第8表	【新規学卒者】 産業(大分類)別 企業規模別 性別 学歴別	産業計、C、D、E、F、G、H、I、J、K、L、M、N、O、P、Q、R		男女計、男、女	計(10人以上)、1,000人以上、100〜999人、10〜99人
	第9表	【新規学卒者】 産業(大分類)別 性別 学歴別 初任給額階級別	産業計、E、G、H、I、J、M、P、R		*男女計*	*計(10人以上)、1,000人以上、100〜999人、10〜99人*
					男、女	計(10人以上)、1,000人以上、100〜999人、10〜99人
			C、D、F、K、L、N、O、Q		*男女計、男、女*	*計(10人以上)、1,000人以上、100〜999人、10〜99人*
	第10表	【標準労働者】 産業(大分類)別 企業規模別 性別 学歴別 年齢各歳別 労働者の種類別 (C、D、Eのみ)	産業計		男、女	計(10人以上)、1,000人以上、100〜999人、10〜99人
			D、E		男、女	計(10人以上)、1,000人以上、100〜999人、10〜99人
				労働者の種類別	*男、女*	*計(10人以上)、1,000人以上、100〜999人、10〜99人*
			C		*男、女*	*計(10人以上)、1,000人以上、100〜999人、10〜99人*
				労働者の種類別	*男、女*	*計(10人以上)、1,000人以上、100〜999人、10〜99人*
			G、H、I、J、L、O、P、R		男、女	計(10人以上)、1,000人以上、100〜999人、10〜99人
			F、K、M、N、Q		*男、女*	*計(10人以上)、1,000人以上、100〜999人、10〜99人*
	第11表	【標準労働者】 産業(大分類)別 企業規模別 性別 学歴別 年齢階級別 労働者の種類別 (C、D、Eのみ)	産業計		男、女	計(10人以上)、1,000人以上、100〜999人、10〜99人
			D、E		男、女	計(10人以上)、1,000人以上、100〜999人、10〜99人
				労働者の種類別	*男、女*	*計(10人以上)、1,000人以上、100〜999人、10〜99人*
			C		*男、女*	*計(10人以上)、1,000人以上、100〜999人、10〜99人*
				労働者の種類別	*男、女*	*計(10人以上)、1,000人以上、100〜999人、10〜99人*
			G、H、I、J、L、O、P、R		男、女	計(10人以上)、1,000人以上、100〜999人、10〜99人
			F、K、M、N、Q		*男、女*	*計(10人以上)、1,000人以上、100〜999人、10〜99人*
	第12表	【標準労働者】 産業(大分類)別 企業規模別 性別 学歴別 労働者の種類別 (C、D、Eのみ)	産業計		男、女	計(10人以上)、1,000人以上、100〜999人、10〜99人
			D、E		男、女	計(10人以上)、1,000人以上、100〜999人、10〜99人
				労働者の種類別	*男、女*	*計(10人以上)、1,000人以上、100〜999人、10〜99人*
			C		*男、女*	*計(10人以上)、1,000人以上、100〜999人、10〜99人*
				労働者の種類別	*男、女*	*計(10人以上)、1,000人以上、100〜999人、10〜99人*
			G、H、I、J、L、O、P、R		男、女	計(10人以上)、1,000人以上、100〜999人、10〜99人
			F、K、M、N、Q		*男、女*	*計(10人以上)、1,000人以上、100〜999人、10〜99人*
	第13表	【短時間労働者】 産業(大分類)別 性別 年齢階級別	産業計、E、I、M、N、P、R		男女計、男、女	計(10人以上)、1,000人以上、100〜999人、10〜99人
			C、D、F、G、H、J、K、L、O、Q		*男女計、男、女*	*計(10人以上)、1,000人以上、100〜999人、10〜99人*
	第14表	【短時間労働者】 産業(大分類)別 企業規模別 性別 年齢階級別 勤続年数階級別	産業計、E、I、M、N、P、R		男女計、男、女	計(10人以上)、1,000人以上、100〜999人、10〜99人
			C、D、F、G、H、J、K、L、O、Q		*男女計、男、女*	*計(10人以上)、1,000人以上、100〜999人、10〜99人*
	第15表	【短時間労働者】 産業(大分類)別 性別 企業規模別 1時間当たり所定内給与額階級別 分位数 分散係数	産業計、E、I、M、N、P、R		*男女計*	*計(10人以上)、1,000人以上、100〜999人、10〜99人*
					男、女	計(10人以上)、1,000人以上、100〜999人、10〜99人
			C、D、F、G、H、J、K、L、O、Q		*男女計、男、女*	*計(10人以上)、1,000人以上、100〜999人、10〜99人*
	第16表	【短時間労働者】 性別 職種別	産業計		男女計、男、女	計(10人以上)、*1,000人以上、100〜999人、10〜99人*
	第17表	産業別 性別 学歴別 年齢階級別 企業規模5〜9人	産業計、D、E、I、L、P、R		*男女計*	*5〜9人*
					男、女	5〜9人
			C、F、G、H、J、K、M、N、O、Q、E09、E10、E11、E12、E13、E14、E15、E16、E17、E18、E19、E20、E21、E22、E23、E24、E25、E26、E27、E28、E29、E30、E31、E32、H44、I50〜55、I56〜61、K69、M75、M76、N78、N80、O81、O82、P83、R89		*男女計*	*5〜9人*
					男、女	*5〜9人*
	第18表	産業別 性別 学歴別 年齢階級別 勤続年数階級別 企業規模5〜9人	産業計		男女計	5〜9人
					男、女	5〜9人
			D、E、I、L、P、R		男女計、男、女	5〜9人
			C、F、G、H、J、K、M、N、O、Q		*男女計、男、女*	*5〜9人*

学歴	その他の分類区分等
	第5表に同じ。
	第5表に同じ。
学歴計、高校卒、高専・短大卒、大学卒、大学卒(事務系)、大学卒(技術系)、大学院修士課程修了	
高校卒、高専・短大卒、大学卒、大学卒(事務系)、大学卒(技術系)、大学院修士課程修了	
高校卒、高専・短大卒、大学卒、*大学卒(事務系)*、*大学卒(技術系)*、大学院修士課程修了	
高校卒、高専・短大卒、大学卒、大学卒(事務系)、大学卒(技術系)、大学院修士課程修了	
中学卒、高校卒、高専・短大卒、大学卒	*61歳、62歳、63歳、64歳、65歳*
中学卒、高校卒、高専・短大卒、大学卒	*61歳、62歳、63歳、64歳、65歳*
中学卒、高校卒、高専・短大卒、大学卒	*61歳、62歳、63歳、64歳、65歳*
中学卒、高校卒、高専・短大卒、大学卒	*61歳、62歳、63歳、64歳、65歳*
中学卒、高校卒、高専・短大卒、大学卒	*61歳、62歳、63歳、64歳、65歳*
中学卒、高校卒、高専・短大卒、大学卒	*61歳、62歳、63歳、64歳、65歳*
中学卒、高校卒、高専・短大卒、大学卒	*61歳、62歳、63歳、64歳、65歳*
中学卒、高校卒、高専・短大卒、大学卒	
中学卒、高校卒、高専・短大卒、大学卒	
中学卒、高校卒、高専・短大卒、大学卒	
中学卒、高校卒、高専・短大卒、大学卒	
中学卒、高校卒、高専・短大卒、大学卒	
中学卒、高校卒、高専・短大卒、大学卒	
中学卒、高校卒、高専・短大卒、大学卒	
学歴計、中学卒、高校卒、高専・短大卒、大学卒	*所定内給与額階級別*
学歴計、中学卒、高校卒、高専・短大卒、大学卒	*所定内給与額階級別*
中学卒、高校卒、高専・短大卒、大学卒	*所定内給与額階級別*
学歴計、中学卒、*高校卒、高専・短大卒、大学卒*	*所定内給与額階級別*
中学卒、高校卒、高専・短大卒、大学卒	*所定内給与額階級別*
学歴計、中学卒、高校卒、高専・短大卒、大学卒	*所定内給与額階級別*
学歴計、中学卒、高校卒、高専・短大卒、大学卒	*所定内給与額階級別*
	※集計職種(第3巻参考1(2)職種一覧表参照)
学歴計、中学卒、高校卒、高専・短大卒、大学・大学院卒	
学歴計、中学卒、高校卒、高専・短大卒、大学・大学院卒	
学歴計、中学卒、高校卒、高専・短大卒、大学・大学院卒	
学歴計、中学卒、高校卒、高専・短大卒、大学・大学院卒	
学歴計、*中学卒、高校卒、高専・短大卒、大学・大学院卒*	
学歴計、*中学卒*、高校卒、高専・短大卒、大学・大学院卒	
学歴計、*中学卒、高校卒、高専・短大卒、大学・大学院卒*	
学歴計、中学卒、高校卒、高専・短大卒、大学・大学院卒	

		集計区分	産業・労働者の種類		性	企業規模
第3巻 全国	第19表	産業別 性別 学歴別 年齢階級別 月間所定内給与額階級別 分位数 分散係数 企業規模5～9人	産業計		男女計	5～9人
					男、女	5～9人
			D、E、I、L、P、R		男女計	5～9人
					男、女	5～9人
			C、F、G、H、J、K、M、N、O、Q		*男女計*	*5～9人*
					男、女	*5～9人*
	第20表	【短時間労働者】 産業別 性別 年齢階級別 企業規模5～9人	産業計、D、E、I、M、N、P、R		男女計、男、女	5～9人
			C、F、G、H、J、K、L、O、Q		*男女計、男、女*	*5～9人*
	第21表	【短時間労働者】 産業別 性別 年齢階級別 勤続年数階級別 企業規模5～9人	産業計、D、E、I、M、N、P、R		男女計、男、女	5～9人
			C、F、G、H、J、K、L、O、Q		*男女計、男、女*	*5～9人*
	第22表	【短時間労働者】 産業別 性別 1時間当たり所定内給与額階級別 分位数 分散係数 企業規模5～9人	産業計、D、E、I、M、N、P、R		男女計、男、女	5～9人
			C、F、G、H、J、K、L、O、Q		*男女計、男、女*	*5～9人*
第4巻 都道府県	第1表	産業別 企業規模別 性別 年齢階級別	※集計産業（第1巻別表3(3)参照）		*男女計*	*計(10人以上)、1,000人以上、100～999人、10～99人*
					男、女	計(10人以上)、1,000人以上、100～999人、10～99人
	第2表	職種別 性別	産業計		男、女（職種による）	計(10人以上)
					男女計	*計(10人以上)*
	第3表	【新規学卒者】 産業(大分類)別 性別 学歴別	産業計、E、G、H、I、J、M、P、R		*男女計*	*計(10人以上)、1,000人以上、100～999人、10～99人*
					男、女	計(10人以上)、*1,000人以上、100～999人、10～99人*
			C、D、F、K、L、N、O、Q		*男女計、男、女*	*計(10人以上)、1,000人以上、100～999人、10～99人*
	第4表	【短時間労働者】 産業(大分類)別 性別	産業計、E、I、M、N、P、R		*男女計*	*計(10人以上)、1,000人以上、100～999人、10～99人*
					男、女	計(10人以上)、*1,000人以上、100～999人、10～99人*
			C、D、F、G、H、J、K、L、O、Q		*男女計、男、女*	*計(10人以上)、1,000人以上、100～999人、10～99人*
	第5表	産業(大分類)別 性別 年齢階級別 企業規模5～9人	産業計、D、E、I、L、P、R		男、女	5～9人
			C、F、G、H、J、K、M、N、O、Q		*男、女*	*5～9人*
	第6表	【短時間労働者】 産業別 性別 企業規模5～9人	産業計、D、E、I、M、N、P、R		*男女計*	*5～9人*
					男、女	5～9人
			C、F、G、H、J、K、L、O、Q		*男女計、男、女*	*5～9人*
第5巻 全国	第1表	雇用形態別 産業(大分類)別 企業規模別 性別 学歴別 年齢階級別	産業計		男女計	計(10人以上)、1,000人以上、100～999人、10～99人、*5～9人*
					男、女	計(10人以上)、1,000人以上、100～999人、10～99人、*5～9人*
			C		男女計、男、女	計(10人以上)、1,000人以上、100～999人、10～99人、*5～9人*
				労働者の種類別	*男女計、男、女*	*計(10人以上)、1,000人以上、100～999人、10～99人*
			D、E		男女計	計(10人以上)、1,000人以上、100～999人、10～99人、*5～9人*
					男、女	計(10人以上)、1,000人以上、100～999人、10～99人、*5～9人*
					男女計、男、女	*計(10人以上)、1,000人以上、100～999人、10～99人、5～9人*
				労働者の種類別	*男女計、男、女*	*計(10人以上)、1,000人以上、100～999人、10～99人*
			F、G、H、I、J、K、L、M、N、O、P、Q、R		男女計	計(10人以上)、1,000人以上、100～999人、10～99人、*5～9人*
					男、女	計(10人以上)、1,000人以上、100～999人、10～99人、*5～9人*
					男女計、男、女	*計(10人以上)、1,000人以上、100～999人、10～99人、5～9人*
			(民・公営計)産業計、F、H		*男女計、男、女*	*計(10人以上)、1,000人以上、100～999人、10～99人、5～9人*

学歴	その他の分類区分等
学歴計	
学歴計、中学卒、高校卒、高専・短大卒、大学・大学院卒	
学歴計	
学歴計、中学卒、高校卒、高専・短大卒、大学・大学院卒	
学歴計	
学歴計、中学卒、高校卒、高専・短大卒、大学・大学院卒	
	5～9年、10～14年、15～19年、20年以上
	5～9年、10～14年、15～19年、20年以上
	※都道府県により、収録している産業、男女は異なる。
	※集計職種（第4巻参考1職種一覧表参照） 【未収録職種: 技術士（女）; 歯科医師（男）、歯科医師（女）、獣医師（男）、獣医師（女）、保育士（保母・保父）（男）、介護支援専門員（ケアマネージャー）（男）、介護支援専門員（ケアマネージャー）（女）、ホームヘルパー（男）、ホームヘルパー（女）、福祉施設介護員（男）、福祉施設介護員（女）、弁護士（男）、弁護士（女）、公認会計士、税理士（男）、公認会計士、税理士（女）、社会保険労務士（男）、社会保険労務士（女）、不動産鑑定士（男）、不動産鑑定士（女）、大学講師（女）、個人教師、塾・予備校講師（女）、デザイナー（男）、デザイナー（女）、建設機械運転工（女）、電気工（女）、掘削・発破工（男）、掘削・発破工（女）、型枠大工（女）、とび工（女）、鉄筋工（女）、大工（女）、左官（女）、配管工（女）、はつり工（男）、はつり工（女）、土工（女）、港湾荷役作業員（女）】
	※集計職種（第4巻参考1職種一覧表参照）
学歴計、高校卒、高専・短大卒、大学卒、大学院修士課程修了	
学歴計、高校卒、高専・短大卒、大学卒、大学院修士課程修了	
学歴計、高校卒、高専・短大卒、大学卒、大学院修士課程修了	
学歴計、中学卒、高校卒、高専・短大卒、大学・大学院卒	正社員・正職員計、正社員・正職員以外計
学歴計、中学卒、高校卒、高専・短大卒、大学・大学院卒	「正社員・正職員計、正社員・正職員以外計」を除く雇用形態6区分
学歴計、中学卒、高校卒、高専・短大卒、大学・大学院卒	正社員・正職員計、正社員・正職員以外計
学歴計、中学卒、高校卒、高専・短大卒、大学・大学院卒	「正社員・正職員計、正社員・正職員以外計」を除く雇用形態6区分
学歴計、中学卒、高校卒、高専・短大卒、大学・大学院卒	正社員・正職員計、正社員・正職員以外計
学歴計、中学卒、高校卒、高専・短大卒、大学・大学院卒	「正社員・正職員計、正社員・正職員以外計」を除く雇用形態6区分
学歴計、中学卒、高校卒、高専・短大卒、大学・大学院卒	雇用形態8区分
学歴計、中学卒、高校卒、高専・短大卒、大学・大学院卒 学歴計、中学卒、高校卒、高専・短大卒、大学・大学院卒	正社員・正職員計、正社員・正職員以外計
学歴計、中学卒、高校卒、高専・短大卒、大学・大学院卒	「正社員・正職員計、正社員・正職員以外計」を除く雇用形態6区分
学歴計、中学卒、高校卒、高専・短大卒、大学・大学院卒	雇用形態8区分
学歴計、中学卒、高校卒、高専・短大卒、大学・大学院卒 学歴計、中学卒、高校卒、高専・短大卒、大学・大学院卒	正社員・正職員計、正社員・正職員以外計
学歴計、中学卒、高校卒、高専・短大卒、大学・大学院卒	「正社員・正職員計、正社員・正職員以外計」を除く雇用形態6区分
学歴計、中学卒、高校卒、高専・短大卒、大学・大学院卒	雇用形態8区分

		集計区分	産業・労働者の種類		性	企業規模
第5巻 全国	第2表	雇用形態別 産業(大分類)別 性　別 学 歴 別 年齢階級別 勤続年数階級別	産業計		男女計	計(10人以上)、1,000人以上、100～999人、10～99人、5～9人
					男、女	計(10人以上)、1,000人以上、100～999人、10～99人、5～9人
			C、D、E		男女計、男、女	計(10人以上)、1,000人以上、100～999人、10～99人、5～9人
					男女計、男、女	計(10人以上)、1,000人以上、100～999人、10～99人、5～9人
				労働者の種類別	男女計、男、女	計(10人以上)、1,000人以上、100～999人、10～99人
			F、G、H、I、J、K、L、M、N、O、P、Q、R		男女計、男、女	計(10人以上)、1,000人以上、100～999人、10～99人、5～9人
					男女計、男、女	計(10人以上)、1,000人以上、100～999人、10～99人、5～9人
			(民・公営計)産業計、F、H		男女計、男、女	計(10人以上)、1,000人以上、100～999人、10～99人、5～9人
	第3表	雇用形態別 産業(大分類)別 性　別 年齢階級別 学 歴 別 月間所定内給与額階級別 分 位 数 分散係数	産業計		男女計	計(10人以上)、1,000人以上、100～999人、10～99人、5～9人
					男、女	計(10人以上)、1,000人以上、100～999人、10～99人、5～9人
					男女計	計(10人以上)、1,000人以上、100～999人、10～99人、5～9人
					男、女	計(10人以上)、1,000人以上、100～999人、10～99人、5～9人
			C、D、E		男女計	計(10人以上)、1,000人以上、100～999人、10～99人、5～9人
					男、女	計(10人以上)、1,000人以上、100～999人、10～99人、5～9人
				労働者の種類別	男女計	計(10人以上)、1,000人以上、100～999人、10～99人
					男、女	計(10人以上)、1,000人以上、100～999人、10～99人
			F、G、H、I、J、K、L、M、N、O、P、Q、R		男女計	計(10人以上)、1,000人以上、100～999人、10～99人、5～9人
					男、女	計(10人以上)、1,000人以上、100～999人、10～99人、5～9人
	第4表	【短時間労働者】 雇用形態別 産業(大分類)別 企業規模別 性　別 年齢階級別	産業計		男女計、男、女	計(10人以上)、1,000人以上、100～999人、10～99人、5～9人
			C、D、E、F、G、H、I、J、K、L、M、N、O、P、Q、R		男女計、男、女	計(10人以上)、1,000人以上、100～999人、10～99人、5～9人
	第5表	【短時間労働者】 雇用形態別 産業(大分類)別 性　別 年齢階級別 勤続年数階級別	産業計		男女計、男、女	計(10人以上)、1,000人以上、100～999人、10～99人、5～9人
			C、D、E、F、G、H、I、J、K、L、M、N、O、P、Q、R		男女計、男、女	計(10人以上)、1,000人以上、100～999人、10～99人、5～9人
	第6表	【短時間労働者】 雇用形態別 産業(大分類)別 性　別 1時間当たり所定内給与額階級別 分 位 数 分散係数	産業計		男女計、男、女	計(10人以上)、1,000人以上、100～999人、10～99人、5～9人
			C、D、E、F、G、H、I、J、K、L、M、N、O、P、Q、R		男女計、男、女	計(10人以上)、1,000人以上、100～999人、10～99人、5～9人
	第7表	【臨時労働者】 産 業 別 企業規模別 性　別 年齢階級別 民 ＋ 公	産業計、C、D、E、F、G、H、I、J、K、L、M、N、O、P、Q、R		男女計、男、女	計(10人以上)、1,000人以上、100～999人、10～99人、5～9人
			(民・公営計)産業計、F、H		男女計、男、女	計(10人以上)、1,000人以上、100～999人、10～99人、5～9人
	第8表	【臨時労働者】 産業(大分類)別 性　別 1時間当たりきまって支給する現金給与額階級別 分 位 数 分散係数	産業計、C、D、E、F、G、H、I、J、K、L、M、N、O、P、Q、R		男女計、男、女	計(10人以上)、1,000人以上、100～999人、10～99人、5～9人
	第9表	【臨時労働者】 企業規模別 性　別 職 種 別	産業計		男女計、男、女	計(10人以上)、1,000人以上、100～999人、10～99人、5～9人

学歴	その他の分類区分等
学歴計、*中学卒、高校卒、高専・短大卒、大学・大学院卒* 学歴計、中学卒、高校卒、高専・短大卒、大学・大学院卒	雇用形態8区分
学歴計、*中学卒、高校卒、高専・短大卒、大学・大学院卒*	正社員・正職員計、正社員・正職員以外計
学歴計、中学卒、高校卒、高専・短大卒、大学・大学院卒	*「正社員・正職員計、正社員・正職員以外計」を除く雇用形態6区分*
学歴計、中学卒、高校卒、高専・短大卒、大学・大学院卒	*雇用形態8区分*
学歴計、*中学卒、高校卒、高専・短大卒、大学・大学院卒*	正社員・正職員計、正社員・正職員以外計
学歴計、中学卒、高校卒、高専・短大卒、大学・大学院卒	*「正社員・正職員計、正社員・正職員以外計」を除く雇用形態6区分*
学歴計、中学卒、高校卒、高専・短大卒、大学・大学院卒	*雇用形態8区分*
学歴計	正社員・正職員計、正社員・正職員以外計
学歴計、中学卒、高校卒、高専・短大卒、大学・大学院卒	正社員・正職員計、正社員・正職員以外計
学歴計	*「正社員・正職員計、正社員・正職員以外計」を除く雇用形態6区分*
学歴計、中学卒、高校卒、高専・短大卒、大学・大学院卒	*「正社員・正職員計、正社員・正職員以外計」を除く雇用形態6区分*
学歴計	*雇用形態8区分*
学歴計、中学卒、高校卒、高専・短大卒、大学・大学院卒	*雇用形態8区分*
学歴計	*雇用形態8区分*
学歴計、中学卒、高校卒、高専・短大卒、大学・大学院卒	*雇用形態8区分*
学歴計	*雇用形態8区分*
学歴計、中学卒、高校卒、高専・短大卒、大学・大学院卒	*雇用形態8区分*
	雇用形態8区分
	雇用形態8区分
	雇用形態8区分
	雇用形態8区分
	雇用形態8区分
	雇用形態8区分
	※集計職種（第3巻参考1（2）職種一覧表参照）

利用上の一般的注意

1　巻別内容

この報告書は、全部で５分冊からなっており、このうち、第１巻から第３巻及び第５巻は全国集計、第４巻は都道府県別集計を収録している。

各分冊の収録内容は、「統計表の巻別内容」を参照されたい。

2　民営、公営

各表とも、特に説明がなければ民営の事業所のみの数値である。

また、「民・公営計」の公営とは、「行政執行法人の労働関係に関する法律」(昭和23年法律第257号) に規定する行政執行法人及び「地方公営企業等の労働関係に関する法律」(昭和27年法律第289号)に規定する地方公営企業等に係る事業所をいう。

3　産業分類

産業分類は、日本標準産業分類（平成25年10月改定）により分類表示している。

ただし、農業，林業、漁業及び公務（他に分類されるものを除く）の産業は除く。

4　集計労働者の要件

各統計表は、いずれも次の要件を満たす労働者について集計したものである。

ア　平成29年６月30日（給与締切日の定めがある場合には、６月における最終給与締切日）現在において、年齢が満15歳以上のもの。

イ　平成29年６月分の給与の算定期間(例えば、毎月25日が給与締切日であれば、５月26日～６月25日の期間、給与締切日がない場合は、６月１日～６月30日の期間）中に、実労働日数が18日以上であって、１日当たりの平均所定内実労働時間数が５時間以上のもの（ただし、短時間労働者についての統計表は１日以上であって、１日当たり１時間以上９時間未満のもの。また、臨時労働者については、１日以上であって、１日当たり１時間以上のもの。)

5　集計労働者

各統計表は、特に説明がない限り、常用労働者のうち一般労働者（短時間労働者を除いたもの）について集計したものである。

6　産 業 計

産業計については、鉱業，採石業，砂利採取業、建設業、製造業、電気・ガス・熱供給・水道業、情報通信業、運輸業，郵便業、卸売業，小売業、金融業，保険業、不動産業，物品賃貸業、学術研究，専門・技術サービス業、宿泊業，飲食サービス業、生活関連サービス業，娯楽業（その他の生活関連サービス業のうち家事サービス業を除く。)、教育，学習支援業、医療，福祉、複合サービス事業及びサービス業（他に分類されないもの）（外国公務を除く。）を合計したものである。

7　企業規模計

企業規模計は、企業規模10人以上の計であり、企業規模５～９人は含まない。

8　表章事項と端数処理

「年齢」、「勤続年数」、「所定内実労働時間数」、「１日当たり所定内実労働時間数」、「実労働日数」、「超過実労働時間数」、「１日当たり超過実労働時間数」、「きまって支給する現金給与額」、「１時間当たりきまって支給する現金給与額」、「所定内給与額」、「１時間当たり所定内給与額」及び「年間賞与その他特別給与額」は、いずれも労働者１人当たりの平均値である。

なお、「年齢」、「勤続年数」、「１日当たり所定内実労働時間数」、「実労働日数」及び「１日当たり超過実労働時間数」は小数点以下第２位を、「所定内実労働時間数」及び「超過実労働時間数」は１時間未満を、「きまって支給する現金給与額」、「所定内給与額」、「年間賞与その他特別給与額」及び「初任給額」は100円未満を、「１時間当たりきまって支給する現金給与額」及び「１時間当たり所定内給与額」は１円未満を、それぞれ四捨五入して表示（「年齢」及び「勤続年数」については、さらに0.5を加えている。）している。

9　労働者数

労働者数は、10人未満を四捨五入したものである。したがって、合計欄の数字は、その内訳を合算したものと必ずしも一致しない。４人以下の労働者数は、「０」と表示している。

「－」は、該当労働者がいなかったことを示している。

また、本調査は抽出調査であり、労働者数は、調査した労働者の数に復元倍率（標本抽出時における抽出率の逆数）を乗じて復元した数であり、加重平均により給与額等を算定する際に用いるものである。

10 給与額

「きまって支給する現金給与額」と「所定内給与額」の差は、「超過労働給与額」を示している。

11 階級区分

年齢階級区分の表示において、「～19歳」は、15歳以上20歳未満を表す。その他の区分もこれに準ずる。

勤続年数階級区分の表示において、「０年」は勤続１年未満、「１～２年」は勤続１年以上３年未満を表す。その他の区分もこれに準ずる。

また、経験年数階級区分の表示もこれに準ずる。

所定内給与額階級区分の表示において、「～99.9千円」は100.0千円未満、「100.0～119.9」は100.0千円以上120.0千円未満を表す。その他の区分もこれに準ずる。

12 役職別統計表

統計表のうち、役職別に集計したものについては「雇用期間の定め有り」の労働者を含まない。

13 短時間労働者の統計表

短時間労働者の中には、特定の職種を中心に、１時間当たりの所定内給与額が著しく高い者が少数であるが存在する。これらの労働者を集計に含めると平均値が大きく上昇するので、これを避けるため、短時間労働者の統計表では集計から除いている。

ただし、短時間労働者の職種別統計表では、これらの労働者が集中している職種で集計から除くと、その職種の賃金が実態と乖離するため、集計に含めている。

14 集計上の誤差

労働者数が少ない場合には、標本誤差が大きくなることもあるため注意を要する。特に都道府県別や職種別など、詳細な属性の数値を見る場合には労働者数を確認されたい。

なお、標本誤差率については参考表に掲載しているため参照のうえ利用されたい。

参考表については、いずれも以下のとおりである。

ア　所定内給与額の「*」は、調査回答数が少ない、又は誤差率の高いものを示す。

イ　誤差率の「…」は、計数が僅少で計算不能を示す。

ウ　「－」は、該当する数値がない場合を示す。

15 収録・未収録一覧表

統計表のうちには、一部分が報告書に収録されていないものがあり、それらについては「収録・未収録一覧表」に示してあるので、その利用については、厚生労働省政策統括官付参事官付賃金福祉統計室へ照会されたい。

16 その他

その他、利用上、必要な事項等については、第１巻「Ⅰ　調査の概要」を参照されたい。

Ⅰ 調査の概要

1 調査の内容

(1) 根 拠

この調査は、統計法に基づく基幹統計「賃金構造基本統計」の作成を目的とする統計調査であり、賃金構造基本統計調査規則（昭和39年４月労働省令第８号）に基づいて実施された。

(2) 目 的

主要産業に雇用される労働者について、その賃金の実態を労働者の雇用形態、就業形態、職種、性、年齢、学歴、勤続年数、経験年数別等に明らかにする。

(3) 調査の範囲

ア 地 域

日本国全域である。ただし、次の地域を除く。

北海道	奥尻郡、苫前郡羽幌町のうち大字天売及び大字焼尻、礼文郡、利尻郡
東京都	利島村、新島村、神津島村、三宅村、御蔵島村、八丈町、青ヶ島村、小笠原村
長崎県	佐世保市のうち宇久町、西海市のうち崎戸町江島及び崎戸町平島、北松浦郡のうち小値賀町
鹿児島県	西之表市、薩摩川内市のうち鹿島町、上甑町、里町及び下甑町、鹿児島郡、熊毛郡、大島郡瀬戸内町のうち大字与路、大字池地及び大字請阿室、大島郡のうち喜界町、徳之島町、天城町、伊仙町、和泊町、知名町及び与論町
沖縄県	島尻郡のうち渡嘉敷村、座間味村、粟国村、渡名喜村、南大東村、北大東村、伊平屋村、伊是名村及び久米島町、宮古郡、八重山郡

イ 産 業

日本標準産業分類による次の産業である。

(ｱ) 鉱業，採石業，砂利採取業
(ｲ) 建設業
(ｳ) 製造業
(ｴ) 電気・ガス・熱供給・水道業
(ｵ) 情報通信業
(ｶ) 運輸業，郵便業
(ｷ) 卸売業，小売業
(ｸ) 金融業，保険業
(ｹ) 不動産業，物品賃貸業
(ｺ) 学術研究，専門・技術サービス業
(ｻ) 宿泊業，飲食サービス業
(ｼ) 生活関連サービス業，娯楽業（その他の生活関連サービス業のうち家事サービス業を除く。）
(ｽ) 教育，学習支援業
(ｾ) 医療，福祉
(ｿ) 複合サービス事業
(ﾀ) サービス業（他に分類されないもの）（外国公務を除く。）

ウ 事業所

イに掲げる産業に属する次に掲げるもののうちから、一定の方法によって抽出された事業所である。

(ｱ) 常用労働者10人以上を雇用する事業所（民営の事業所及び行政執行法人の労働関係に関する法律（昭和23年法律第257号）第２条第１号に規定する行政執行法人又は地方公営企業等の労働関係に関する法律（昭和27年法律第289号）第３条第３号に規定する地方公営企業等に係る事業所に限る。）
(ｲ) 常用労働者５人以上９人以下を雇用する事業所（民営の事業所であって、常用労働者５人以上９人以下を雇用する企業に属する事業所に限る。）

エ 労働者

ウの事業所に雇用される労働者（船員法（昭和22年法律第100号）第１条の規定による船員を除く。）のうちから、一定の方法によって抽出された労働者である。

(4) 調査事項

調査は、次に掲げる事項について行った。

ア 事業所に関する事項（事業所票で調査した事項）

(ｱ) 事業所の名称及び所在地
(ｲ) 主要な生産品の名称又は事業の内容
(ｳ) 事業所の雇用形態別労働者数
(ｴ) 企業全体の常用労働者数
(ｵ) 新規学卒者の初任給額及び採用人員（民営の事業所に限る。）

イ 労働者に関する事項（個人票で調査した事項）

(ｱ) 労働者の番号又は氏名
(ｲ) 性
(ｳ) 雇用形態
(ｴ) 就業形態（常用労働者に限る。）
(ｵ) 最終学歴（短時間労働者以外の常用労働者に限る。）
(ｶ) 年齢
(ｷ) 勤続年数（常用労働者に限る。）
(ｸ) 労働者の種類（鉱業，採石業，砂利採取業、建設業、製造業及び港湾運送業に属する事業所であって、常用労働者10人以上を雇用する事業所に雇用される常用労働者に限る。）
(ｹ) 役職又は職種（役職については、常用労働者100人以上を雇用する企業に雇用される常用労働者であって、「役職及び職種一覧表」の(1)に掲げる役職のものに限る。職種については、同表の(2)に掲げる職種の労働者に限る。)
(コ) 経験年数(「役職及び職種一覧表」の(2)に掲げる職種に該当する常用労働者に限る。)
(サ) 実労働日数
(シ) 所定内実労働時間数
(ス) 超過実労働時間数
(セ) きまって支給する現金給与額
(ソ) 超過労働給与額
(タ) 通勤手当、精皆勤手当及び家族手当(製造業に属する事業所であって、常用労働者99人以下を雇用する事業所に雇用される常用労働者及び卸売業，小売業、物品賃貸業、学術研究，専門・技術サービス業、宿泊業，飲食サービス業、生活関連サービス業，娯楽業、医療，福祉又はサービス業(他に分類されないもの)に属する事業所であって、常用労働者29人以下を雇用する事業所に雇用される常用労働者に限る。)
(チ) 昨年1年間の賞与、期末手当等特別給与額(常用労働者に限る。)

(5) 対象期日

ア 次の調査事項については、平成29年6月30日現在(給与締切日の定めがある場合には、6月の最終給与締切日現在)の状況について調査した。
(ア) 事業所の名称
(イ) 事業所の所在地
(ウ) 事業所の雇用形態別労働者数
(エ) 企業全体の常用労働者数
(オ) 新規学卒者の採用人員
(カ) 労働者の番号又は氏名
(キ) 性
(ク) 雇用形態
(ケ) 就業形態
(コ) 最終学歴
(サ) 年齢
(シ) 勤続年数
(ス) 労働者の種類
(セ) 役職又は職種
(ソ) 経験年数

イ 次の調査事項については、平成29年6月1日から6月30日までの1か月間(給与締切日の定めがある場合には、6月の最終給与締切日以前1か月間)の状況について調査した。
(ア) 主要な生産品の名称又は事業の内容
(イ) 新規学卒者の初任給額
(ウ) 実労働日数
(エ) 所定内実労働時間数
(オ) 超過実労働時間数
(カ) きまって支給する現金給与額
(キ) 超過労働給与額
(ク) 通勤手当、精皆勤手当及び家族手当

ウ 昨年1年間の賞与、期末手当等特別給与額については、平成28年1月1日から平成28年12月31日までの1年間の給与額とした。ただし、この期間の中途において雇用された調査労働者のうち、7月1日以前に雇用されたものについては、雇用の日から1年間、7月2日以降に雇用されたものについては、雇用の日から平成29年6月30日までの特別給与額とした。

(6) 実施期間

平成29年7月1日から7月31日までの間とした。

(7) 調査方法

ア 厚生労働省政策統括官(統計・情報政策担当)の企画の下に、都道府県労働局及び労働基準監督署の職員並びに統計調査員による実地自計調査として行った。

イ 調査に当たっては、事業所票(様式第1号)及び個人票(様式第2号)を用いて行った。

(8) 集　計

独立行政法人統計センターに委託して行った。

2 調査の沿革

この調査は、我が国の賃金構造の実態を詳細に把握することを目的として行われているもので、昭和23年以来毎年実施されてきた賃金構造に関する一連の調査系列に属するものである。なお、この系列に属する調査の調査範囲、結果表における分類区分及び結果表章事項の過去の変遷のあらましは、「調査内容の変遷」のとおりである。

3 用語の説明

(1) 産　業

日本標準産業分類に定める産業をいう。ただし、一部の類似した中分類については合併し、この調査独自の名称をつけ、それぞれ一つの産業として取り扱っている。この場合に用いた略称は、次のとおりである。

日本標準産業分類による名称	略　称
(全国、都道府県別共通) I 50～55　各種商品卸売業、繊維・衣服等卸売業、飲食料品卸売業、建築材料，鉱物・金属材料等卸売業、機械器具卸売業、その他の卸売業	I 50～55　卸売業
I 56～61　各種商品小売業、織物・衣服・身の回り品小売業、飲食料品小売業、機械器具小売業、その他の小売業、無店舗小売業	I 56～61　小売業

産業の決定は、調査事業所の主要な生産品の名称又は事業の内容によって、日本標準産業分類の原則に基づいて行っており、産業の収録一覧は「集計産

業一覧表」のとおりである。

(注) この調査の産業分類の基準となっている日本標準産業分類は、昭和26年4月、28年3月、29年2月、32年5月、38年1月、42年5月、47年3月、51年5月、59年1月、平成5年10月、14年3月、19年11月及び25年10月に改定されており、それに基づく若干の変更があるので、時系列比較をする際には特に注意を要する。

(2) 企業規模

調査労働者の属する企業の大きさをいい、その企業に雇用されている全常用労働者数によって区分している。

(3) 労 働 者

ここにいう労働者とは、労働基準法第9条にいう労働者(ただし、船員法第1条の規定による船員は調査の対象から除外している。)をいい、「常用労働者」と「臨時労働者」に区分している。

(注) 法人、団体、組合の代表又は執行機関である重役でも、業務執行権や代表権をもたず、工場長、部長などの役職にあって、一般労働者と同じ給与規則によって給与を受ける場合には、労働者としている。また、家族従業者でも、他の労働者とほぼ同じように勤務し、同じような給与を受けている場合には、労働者としている。

ア 常用労働者

常用労働者とは、次の各号のいずれかに該当する労働者をいう。

(ア) 期間を定めずに雇われている労働者

(イ) 1か月を超える期間を定めて雇われている労働者

(ウ) 日々又は1か月以内の期間を定めて雇われている労働者のうち、4月及び5月にそれぞれ18日以上雇われた労働者

イ 臨時労働者

臨時労働者とは、「ア 常用労働者」に該当しない労働者(日々又は1か月以内の期間を定めて雇われている労働者のうち、4月又は5月に雇われた日数がいずれかの月において17日以下の労働者)をいう。

(4) 雇用形態

常用労働者のうち、「正社員・正職員」と「正社員・正職員以外」の別、「雇用期間の定め無し」と「雇用期間の定め有り」の別、及び「臨時労働者」をいう。

(5) 就業形態

常用労働者のうち、「一般労働者」と「短時間労働者」の別をいう。

一般労働者とは、短時間労働者以外の労働者をいう。

短時間労働者とは、1日の所定労働時間が一般の労働者よりも短い又は1日の所定労働時間が一般の労働者と同じでも1週の所定労働日数が一般の労働者よりも少ない労働者をいう。

雇用形態と就業形態の関係図

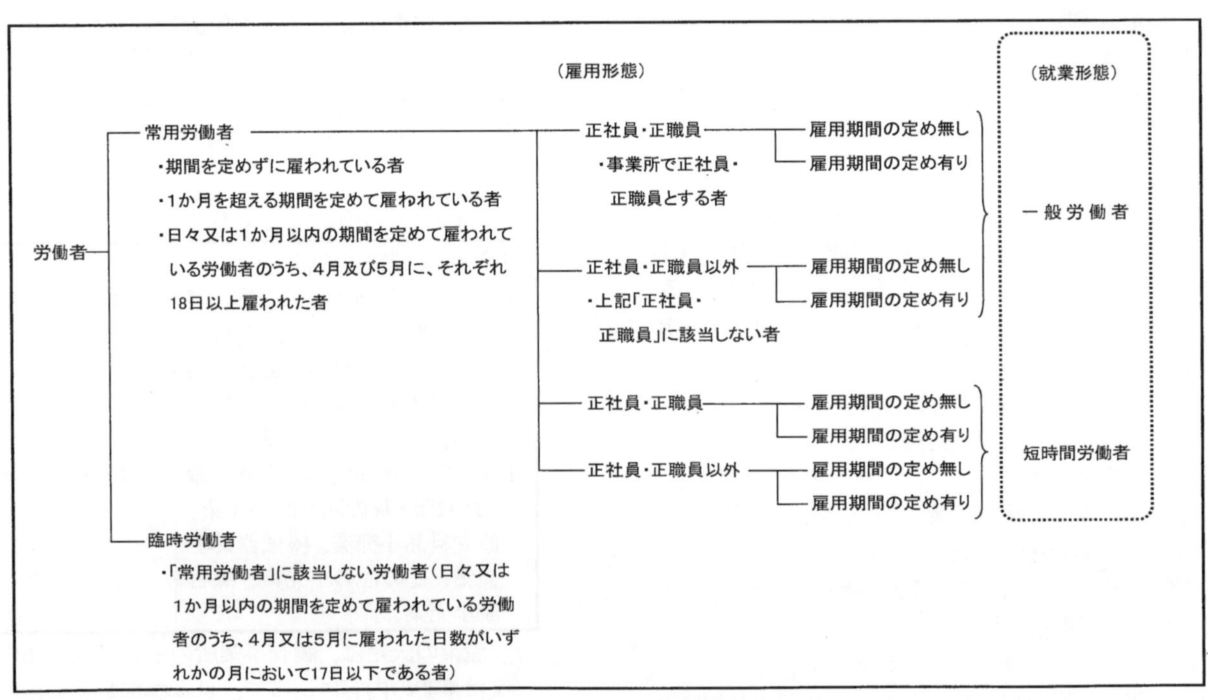

(6) 学　　歴

学校卒業その他これに準ずる経歴のうち最も程度の高いものをいう。

ここにいう学校とは、学校教育法にいう学校又はこれに準ずるものをいう。

現在就学中の者及び中途退学した者は、それ以前に卒業又は修了した課程によることとし、余暇就学などによって入社時の学歴よりも程度の高い学歴を取得した場合には、その学歴によっている。

学歴は、中学卒、高校卒、高専・短大卒及び大学・大学院卒に分けている。それぞれの区分に含めた学歴の程度を具体的に述べれば、次のとおりである。

ア　中 学 卒

小学校令による小学校（旧制）卒業、国民学校令による国民学校卒業、学校教育法による中学校（新制）卒業など通算修業年限がおおむね９年以下の学歴をいう。

イ　高 校 卒

中等学校令による中学校（旧制）卒業又は学校教育法による高等学校（新制）卒業など通算修業年限がおおむね12年程度の学歴をいう。

ウ　高専・短大卒

高等学校令による高等学校（旧制）高等科卒業、専門学校令による専門学校卒業、学校教育法による短期大学又は高等専門学校卒業等通算修業年限がおおむね14年程度の学歴をいう。

エ　大学・大学院卒

大学令又は学校教育法による大学卒業、大学院卒業等通算修業年限がおおむね16年又はこれ以上である学歴をいう。

(7) 年　　齢

調査対象期日現在の満年齢をいう。

(8) 勤続年数

労働者がその企業に雇い入れられてから調査対象期日までに勤続した年数をいう。

勤続年数の算定は、次の原則によっている。

ア　試の使用期間、見習期間などは勤続年数に含める。

イ　休職期間は勤続年数から除外する。

ウ　解雇され、又は退職してから同じ企業に再雇用された場合には、以前雇用されていた期間を通算して勤続年数に加える。

エ　企業の名義変更、分割合併等によって名称が変わり、形式的に解雇、再雇用の手続きが行われても、実質的に継続して勤務した場合には、前後の年月数を通算する。

オ　出向労働者の勤続年数は、出向元も通算する。

(9) 労働者の種類

①生産労働者又は②管理・事務・技術労働者の別をいう。この区分は、鉱業，採石業，砂利採取業、建設業、製造業又は港湾運送業の常用労働者10人以上を雇用する事業所に雇用されている常用労働者に限る。

生産労働者とは、主として物の生産が行われている現場、建設作業の現場（補助部門を含む。）等における作業に従事する労働者をいい、産業ごとに具体的に例示すれば、次のとおりである。

鉱業，採石業，砂利採取業－採炭、採鉱、掘進、坑内運搬、支柱、仕繰、巻上げ、換気、排水、発破、粉砕、選炭、選鉱、運搬、保全、修理等の作業に従事する労働者

建設業－建設現場で直接建設作業に従事する労働者

製造業－製造、加工、組立、検査、検量、運搬、包装、保全、修理等の作業に従事する労働者

港湾運送業－船内、沿岸荷役等の作業に従事する労働者

管理・事務・技術労働者とは、生産労働者以外の労働者をいう。

守衛、夜警は、生産労働者に含め、生産部門で労働するものであっても、事務員、技術員及び主として監督的業務に従事する職長、組長等は管理・事務・技術労働者に含めている。

(10) 役職・職種

労働者が従事している役職又は職種で調査対象となっている役職又は職種をいう。

役職及び職種の具体的な分類は、次の原則によっている。

ア　一人の労働者が、役職と職種にまたがる場合には、役職の方へ分類する。

イ　一人の労働者の行っている仕事が二つの役職又は二つ以上の職種にまたがる場合には、仕事の内容と責任の程度からみて重要な役職又は職種へ分類する。判断困難の場合には、労働時間の長い方へ分類する。

ウ　事業所で使われている役職又は職種の名称が、ここで用いている名称と異なっていても、内容が同一である場合、あるいは全く同一でなくても、種類と程度がほぼ同一と思われる場合には、ここで用いている名称の役職又は職種として取扱う。

事業所で使われている役職又は職種の名称が、ここで用いている名称と同一であっても、その内容が異なる場合には、ここで用いている名称の役職又は職種として取扱わない。

エ　その職種の仕事を行うのに必要な技能を見習修得中の労働者で、その都度指図を受けなければ普通の仕事のできないものは、その職種に分類しない。

(11) 経験年数

調査対象期日現在の職種の仕事に従事した年数をいう。経験年数の算定は、次の原則によっている。

ア　過去において調査対象期日現在の職種の仕事に従事した年数は、すべて通算する。ただし、休職期間は除く。

イ　技能修得中の見習期間は含め、自動車運転者、看護師などのように、免許を必要とする職種は、免許取得後実際にその職種の仕事に従事した年数をもって経験年数とする。

(12) 実労働日数

労働者が調査対象期間中に実際に労働した日数をいう。実際に労働しなかった日は、たとえ有給であっても、労働日数には入れていない。１日の労働時間が１時間であっても、その日は１日として計算し、交替制の守衛、タクシーの運転者等が、午後10時に出勤して午前６時まで労働したような場合には、２日と計算し、さらにその日の午後10時に出勤し、翌日の午前６時まで労働したような場合には、通算して３日と計算している。

(13) 所定内実労働時間数

総実労働時間数から超過実労働時間数を差し引いた時間数をいう。したがって、事業所の就業規則などで定められた所定労働日における始業時刻から終業時刻までの時間において、１日の労働時間ではなく、調査対象期間中に実際に労働した時間数を示す。１か月間の所定内実労働時間数を合計して、１時間未満の端数がある場合には、30分以上は切り上げ、30分未満は切り捨てている。

(14) 超過実労働時間数

事業所の就業規則などで定められた所定労働日における始業時刻から終業時刻までの時間以外に実際に労働した時間数及び所定休日において実際に労働した時間数をいう。

(15) １日当たり所定内実労働時間数

労働者ごとに所定内実労働時間数を実労働日数で除したものである。１時間未満の端数がある場合には、小数点以下第２位を四捨五入して求めている。

(16) １日当たり超過実労働時間数

労働者ごとに超過実労働時間数を実労働日数で除したものである。１時間未満の端数がある場合には、小数点以下第２位を四捨五入して求めている。

(17) きまって支給する現金給与額

労働契約、労働協約あるいは事業所の就業規則などによってあらかじめ定められている支給条件、算定方法によって６月分として支給された現金給与額をいう。手取り額でなく、所得税、社会保険料などを控除する前の額である。

現金給与額には、基本給、職務手当、精皆勤手当、通勤手当、家族手当などが含まれるほか、超過労働給与額も含まれる。１か月を超え、３か月以内の期間で算定される給与についても、６月に支給されたものは含まれ、遅払いなどで支払いが遅れても、６月分となっているものは含まれる。給与改訂に伴う５月分以前の追給額は含まれない。

現金給与のみであり、現物給与は含んでいない。

(18) １時間当たりきまって支給する現金給与額

労働者ごとにきまって支給する現金給与額を所定内実労働時間数と超過実労働時間数を足した時間数で除したものである。円未満の端数がある場合には、円未満を四捨五入している。

(19) 所定内給与額

きまって支給する現金給与額のうち、超過労働給与額を差し引いた額をいう。

超過労働給与額とは、次の給与の額をいう。

ア　時間外勤務手当　所定労働日における所定労働時間外労働に対して支給される給与

イ　深夜勤務手当　深夜の勤務に対して支給される給与

ウ　休日出勤手当　所定休日の勤務に対して支給される給与

エ　宿日直手当　本来の職務外としての宿日直勤務に対して支給される給与

オ　交替手当　臨時に交替制勤務の早番あるいは後番に対して支給される交替勤務給など、労働時間の位置により支給される給与

(20) １時間当たり所定内給与額

労働者ごとに所定内給与額を所定内実労働時間数で除したものである。円未満の端数がある場合には、円未満を四捨五入している。

(21) 年間賞与その他特別給与額

昨年１年間（原則として平成28年１月から12月までの１年間）における賞与、期末手当等特別給与額（いわゆるボーナス）をいう。

賞与、期末手当等特別給与額には、一時的又は突発的理由に基づいて、あらかじめ定められた労働契約や就業規則等によらないで支払われた給与又は労働協約あるいは就業規則によりあらかじめ支給条件、算定方法が定められていても、算定期間が３か月を超えて支払われる給与の額および支給事由の発生が不確定なもの、新しい協約によって過去にさかのぼって算定された給与の追給額も含まれる。

(22) 初任給額

平成29年に採用し、６月30日現在で実際に雇用している新規学卒者（平成29年３月に学校教育法に基づく高校、高専・短大又は大学を卒業した者及び大学院修士課程を修了した者）の所定内給与額から通勤手当を除いたものであり、かつ、平成29年６月30

日現在で平成29年度の初任給額として確定したものである。

(23) 労働者数

本調査は抽出調査であり、労働者数は、調査した労働者の数に復元倍率（標本抽出時における抽出率の逆数）を乗じて復元した数である。

(24) 標準労働者

標準労働者とは、学校卒業後直ちに企業に就職し、同一企業に継続勤務しているとみなされる労働者としている。具体的には、学歴別に次の条件に該当する者とした。

標準労働者の学歴	条件	
	年齢から勤続年数を差し引いた数	最終学歴
中学卒	15	中学卒
高校卒	18	高校卒
高専・短大卒	20	高専・短大卒
大学卒	22 23	大学・大学院卒

(25) 特性値

労働者を賃金の低い者から高い者へと、一列に並べてとった分位数及び分散係数のことである。

ア　分位数を図示すれば、次のとおりである。

(ｱ) 第1・十分位数…十等分し、低い方から最初の節の者の賃金。

第1・十分位数

低 ―――――――――― 高

(ｲ) 第1・四分位数…四等分し、低い方から最初の節の者の賃金。

第1・四分位数

低 ―――――――――― 高

(ｳ) 中位数……………二等分し、真ん中の節の者の賃金。

中位数

低 ―――――――――― 高

(ｴ) 第3・四分位数…四等分し、高い方から最初の節の者の賃金。

第3・四分位数

低 ―――――――――― 高

(ｵ) 第9・十分位数…十等分し、高い方から最初の節の者の賃金。

第9・十分位数

低 ―――――――――― 高

イ　分散係数とは、分布の広がりを示す指標の一つであり、次の算式により計算された数値をいう。一般に、その値が小さいほど分布の広がりの程度が小さいことを示す。

(ｱ) $四分位分散係数=\frac{第3・四分位数-第1・四分位数}{2\times中位数}$

(ｲ) $十分位分散係数=\frac{第9・十分位数-第1・十分位数}{2\times中位数}$

(注) 昭和56年報告以前は中位数を分母としている。

4　調査の設計

(1) 母集団

ア　母集団は、16大産業の常用労働者５人以上の事業所であり、全国で約145万事業所、労働者数は約4,200万人である。

イ　サンプルフレームは、事業所については、事業所母集団データベース（平成27年次フレーム）、労働者については、抽出された事業所における労働者名簿、賃金台帳等によっている。

(2) 標本設計

ア　抽出方法

(ｱ) 抽出方法は、事業所を第１次抽出単位、労働者を第２次抽出単位とする層化二段抽出法としている。

(ｲ) 事業所の層化は、都道府県、産業及び事業所規模別に行っている。このため、層化基準によらない集計区分については標本設計の対象とならず、サンプル数が少ない場合は大きな誤差を含む場合があり、利用に際しては注意を要する。

(ｳ) 目標精度は、常用労働者の１人平均所定内給与額について設定し、結果利用の重要度を考慮して、基本的に、都道府県、表章産業及び企業規模別の標準誤差率を５％以内に定めている。

イ　抽出率

(ｱ) 事業所抽出率は都道府県、産業及び事業所規模別に定めている。

労働者の抽出率は、100人以上の事業所については産業及び事業所規模別に、100人未満の事業所については事業所規模別に定めている。

(ｲ) 抽出率算定に用いた誤差算式は、(23)～(24)頁のとおりである。

(ｳ) 抽出事業所数及び抽出労働者数

抽出した事業所数は約７万８千事業所、抽出した労働者数は約167万人である。

(3) 推計

ア　推計方法

(ｱ) 月間平均賃金等１か月当たり平均値及び年間賞与その他特別給与額の平均値は、次の式により推計している。

$$\overline{x}=\frac{\sum_{i=1}^{n} x_i \cdot F_i}{\sum_{i=1}^{n} F_i}$$

$\overline{x}$　：平均値

i　：i 番目の労働者

x_i　：i 番目の労働者の賃金等

F_i　：i 番目の労働者の事業所抽出率の逆数と

労働者抽出率の逆数を乗じたもの（復元倍率）

n　：各集計区分の標本労働者数

(ｲ) 1時間当たりの平均賃金又は1日当たりの平均所定内実労働時間数は、次の式により推計している。

$$\overline{\chi}=\frac{\sum_{i=1}^{n}\frac{\chi_i}{t_i}\cdot F_i}{\sum_{i=1}^{n}F_i}$$

$\overline{\chi}$　：平均値

i　：i 番目の労働者

χ_i　：i 番目の労働者の賃金又は所定内実労働時間数

t_i　：i 番目の労働者の所定内実労働時間数又は実労働日数

F_i　：i 番目の労働者の事業所抽出率の逆数と労働者抽出率の逆数を乗じたもの（復元倍率）

n　：各集計区分の標本労働者数

(ｳ) 労働者数は、次の式により推計している。

$$F=\sum_{i=1}^{n}F_i$$

F　：労働者数

F_i　：i 番目の労働者の事業所抽出率の逆数と労働者抽出率の逆数を乗じたもの（復元倍率）

n　：各集計区分の標本労働者数

(ｴ) 初任給の平均値は、次の式により推計している。

$$\overline{W}=\frac{\sum_{i=1}^{n}Wi\cdot \ell i\cdot Ei}{\sum_{i=1}^{n}\ell i\cdot Ei}$$

$\overline{W}$　：平均値

i　：i番目の事業所

Wi　：i番目の事業所の初任給額

ℓi　：i番目の事業所の採用人員

Ei　：i番目の事業所の事業所抽出間隔

n　：各集計区分の事業所数

(ｵ) 採用人員は、次の式により推計している。

$$L=\sum_{i=1}^{n}\ell i\cdot Ei$$

L　：採用人員

i，ℓi・Ei，n：上記 (ｴ) に同じ

イ　達成精度

副標本方式に基づき、所定内給与額によって算出している。

$$C\overline{\chi}=\frac{1}{\sqrt{\kappa}}\sqrt{\frac{1}{\kappa-1}\sum_{i=1}^{\kappa}(\overline{\chi}_i-\overline{\chi})^2}\cdot\frac{1}{\overline{\chi}}\times 100$$

$C\overline{\chi}$　：標本誤差率（%）

$\overline{\chi}_i$　：i 番目の労働者の属する副標本内平均所定内給与額

$\overline{\chi}$　：平均所定内給与額

κ　：副標本の数（＝5）

なお、産業、企業規模、性別にみた所定内給与額の標本誤差率は各巻頭の参考表のとおりである。

【抽出率算定に用いた誤差算式】

$$\left(C^{(k)}\right)^2 = \sum_r \sum_h \left[\frac{1}{M_{rh}}\left(\frac{1}{f_{rh}}-1\right)\left(\frac{(N_{rh}\bar{X}_{rh})^2}{(\sum_{r'=1}^{R}\sum_{h'=1}^{L}N_{r'h'}\bar{X}_{r'h'})^2}\left(Cx_{rh}^{(k)}\right)^2+\frac{(N_{rh}\bar{Y}_{rh})^2}{(\sum_{r'=1}^{R}\sum_{h'=1}^{L}N_{r'h'}\bar{Y}_{r'h'})^2}\left(Cy_{rh}^{(k)}\right)^2\right.\right.$$
$$-2\frac{(N_{rh}\bar{X}_{rh})(N_h\bar{Y}_{rh})}{(\sum_{r'=1}^{R}\sum_{h'=1}^{L}N_{r'h'}\bar{X}_{r'h'})(\sum_{r'=1}^{R}\sum_{h'=1}^{L}N_{r'h'}\bar{Y}_{r'h'})}Cxy_{rh}^{(k)}$$
$$\left.-\frac{(N_{rh}\bar{X}_{rh})^2}{(\sum_{r'=1}^{R}\sum_{h'=1}^{L}N_{r'h'}\bar{X}_{r'h'})^2}\left(Cw_{rh}^{\prime(k)}\right)^2\right)$$
$$\left.+\frac{1}{N_{rh}}\frac{1}{f_{rh}}\left(\frac{1}{g_{rh}}-1\right)\frac{(N_{rh}\bar{X}_{rh})^2}{(\sum_{r'=1}^{R}\sum_{h'=1}^{L}N_{r'h'}\bar{X}_{r'h'})^2}\left(Cw_{rh}^{(k)}\right)^2\right]$$

ここで、

$C^{(k)}$ ： 目標精度設定区分における企業規模 (k) の１人平均所定内給与額の標準誤差率

r ： 目標精度設定区分内における各都道府県、産業の層番号

h ： 事業所規模区分

$X_{rhij} = Z_{rhij} \times Y_{rhij}$

Y_{rhij} ： 企業規模が k の時１、それ以外の時０となる変数

Z_{rhij} ： （各都道府県、産業 r における）事業所規模 h、i 事業所の j 番目の労働者の賃金

M_{rh} ： （各都道府県、産業 r における）事業所規模 h の母集団事業所数

N_{rh} ： （各都道府県、産業 r における）事業所規模 h の労働者数

N_{rhi} ： （各都道府県、産業 r における）事業所規模 h、i 事業所の労働者数

m_{rh} ： （各都道府県、産業 r における）事業所規模 h の標本事業所数

n_{rhi} ： （各都道府県、産業 r における）事業所規模 h、i 事業所の標本労働者数

f_{rh} ： （各都道府県、産業 r における）事業所規模 h における事業所の抽出率

g_{rh} ： （各都道府県、産業 r における）事業所規模 h における労働者の抽出率

$$\hat{T}_{x_{rhi}} = \frac{N_{rhi}}{n_{rhi}}\sum_{j=1}^{n_{rhi}}X_{rhij}$$
$$\hat{T}_{x_{rh}} = \frac{M_{rh}}{m_{rh}}\sum_{i=1}^{m_{rh}}\hat{T}_{x_{rhi}} = \frac{M_{rh}}{m_{rh}}\sum_{i=1}^{m_{rh}}\frac{N_{rhi}}{n_{rhi}}\sum_{j=1}^{n_{rhi}}X_{rhij}$$
$$\hat{\bar{T}}_{x_{rh}} = \frac{1}{m_{rh}}\sum_{i=1}^{m_{rh}}\hat{T}_{x_{rhi}} = \frac{1}{m_{rh}}\sum_{i=1}^{m_{rh}}\frac{N_{rhi}}{n_{rhi}}\sum_{j=1}^{n_{rhi}}X_{rhij}$$
$$Var(\hat{T}_{x_{rh}}) = \frac{1}{m_{rh}-1}\sum_{i=1}^{m_{rh}}(\hat{T}_{x_{rhi}}-\hat{\bar{T}}_{x_{rh}})^2$$
$$\hat{T}_{y_{rhi}} = \frac{N_{rhi}}{n_{rhi}}\sum_{j=1}^{n_{rhi}}Y_{rhij}$$
$$\hat{T}_{y_{rh}} = \frac{M_{rh}}{m_{rh}}\sum_{i=1}^{m_{rh}}\hat{T}_{y_{rhi}} = \frac{M_{rh}}{m_{rh}}\sum_{i=1}^{m_{rh}}\frac{N_{rhi}}{n_{rhi}}\sum_{j=1}^{n_{rhi}}Y_{rhij}$$
$$\hat{\bar{T}}_{y_{rh}} = \frac{1}{m_{rh}}\sum_{i=1}^{m_{rh}}\hat{T}_{y_{rhi}} = \frac{1}{m_{rh}}\sum_{i=1}^{m_{rh}}\frac{N_{rhi}}{n_{rhi}}\sum_{j=1}^{n_{rhi}}Y_{rhij}$$
$$Var(\hat{T}_{y_{rh}}) = \frac{1}{m_{rh}-1}\sum_{i=1}^{m_{rh}}(\hat{T}_{y_{rhi}}-\hat{\bar{T}}_{y_{rh}})^2$$

$$
\begin{aligned}
Cov(\hat{T}_{x_{rh}},\hat{T}_{y_{rh}}) &= \frac{1}{m_{rh}-1}\sum_{i=1}^{m_{rh}}(\hat{T}_{x_{rhi}}-\bar{\hat{T}}_{x_{rh}})(\hat{T}_{y_{rhi}}-\bar{\hat{T}}_{y_{rh}}) \\
\bar{X}_{rhi} &= \frac{1}{n_{rhi}}\sum_{j=1}^{n_{rhi}}X_{rhij} \\
Var(X_{rhi}) &= \frac{1}{n_{rhi}-1}\sum_{j=1}^{n_{rhi}}(X_{rhij}-\bar{X}_{rhi})^2
\end{aligned}
$$

$$
\begin{aligned}
\left(Cx_{rh}^{(k)}\right)^2 &= \frac{Var(\hat{T}_{x_{rh}})}{\left(\frac{1}{M_{rh}}\hat{T}_{x_{rh}}\right)^2} \\
\left(Cy_{rh}^{(k)}\right)^2 &= \frac{Var(\hat{T}_{y_{rh}})}{\left(\frac{1}{M_{rh}}\hat{T}_{y_{rh}}\right)^2} \\
Cxy_{rh}^{(k)} &= \frac{Cov(\hat{T}_{x_{rh}},\hat{T}_{y_{rh}})}{\left(\frac{1}{M_{rh}}\hat{T}_{x_{rh}}\right)\left(\frac{1}{M_{rh}}\hat{T}_{y_{rh}}\right)} \\
\left(Cw_{rh}^{(k)}\right)^2 &= \frac{1}{m_{rh}}\sum_{i=1}^{m_{rh}}\left(\frac{N_{rhi}}{\left(\frac{1}{M_{rh}}N_{rh}\right)}\right)\frac{Var(X_{rhi})}{\left(\frac{1}{N_{rh}}\hat{T}_{x_{rh}}\right)^2} \\
\left(Cw_{rh}^{'(k)}\right)^2 &= \frac{M_{rh}}{N_{rh}}\left(\frac{1}{g'_{rh}}-1\right)\left(Cw_{rh}^{(k)}\right)^2
\end{aligned}
$$

である。

様式第1号

統計法に基づく基幹統計調査　㊙　厚生労働省

賃金構造基本統計調査

事業所票

（平成　年6月分）

※局署記入欄

政府統計

記入上の注意

1．6月30日現在（給与締切日の定めがある場合には、6月における最終の給与締切日現在）又は6月1日から6月30日までの期間（給与締切日の定めがある場合には、6月の最終の給与締切日以前1か月間）の状況について記入してください。
2．調査票の記入に当たっては、「調査票記入要領」をよくお読みください。
3．調査票は黒又は青のボールペンで記入してください。
4．調査票の記入事項で該当区分のあるものは、該当する番号を1つだけ○で囲んでください。
5．※印欄は記入しないでください。

この調査票に記入された事項については、統計以外の目的に使ったり、他に漏らしたりすることはありません。

都道府県番号	事業所一連番号	産業分類番号 大	中	小

(1) 事業所の名称及び所在地	連絡先電話番号（　　）-（　　）　番（内線　　番） 記入担当者氏名
(2) 主要な生産品の名称又は事業の内容	

(3) 事業所の雇用形態別労働者数

① 事業所の常用労働者数

区分			常用労働者数	抽出率	抽出労働者数
常用労働者 常用労働者には ・期間を定めずに雇われている労働者 のほか、 ・1か月を超える期間を定めて雇われている労働者 及び ・日々又は1か月以内の期間を定めて雇われている労働者のうち、4月及び5月に、それぞれ18日以上貴事業所に雇われたもの を含みます。	**正社員・正職員** 貴事業所において、正社員・正職員とする者	男	人	1/□	人
		女			
	正社員・正職員以外 常用労働者のうち「正社員・正職員」以外の者	男			
		女			
	常用労働者計				

個人票の枚数	枚

※調査担当者	※点検担当者 局	署

② 事業所の臨時労働者数

区分	臨時労働者数	抽出率	抽出労働者数
臨時労働者 常用労働者に該当しない労働者 （日々又は1か月以内の期間を定めて雇われている労働者のうち、4月又は5月に貴事業所に雇われた日数がいずれかの月において17日以下であるもの）	人	1/□	人

(4) 企業全体の常用労働者数（貴事業所が属する企業全体（本社、支社、工場、営業所等）の常用労働者の総数をいいます。）

1	2	3	4	5	6	7	8
5,000人以上	1,000人～4,999人	500人～999人	300人～499人	100人～299人	30人～99人	10人～29人	5人～9人

(5) 新規学卒者の初任給額及び採用人員（民営の事業所のみ記入してください。）

① 貴事業所における新規学卒者の初任給額及び採用人員

区分		男 初任給額	男 採用人員	女 初任給額	女 採用人員
高校卒		万　千　百円	人	万　千　百円	人
高専・短大卒					
大学卒	事務系				
	技術系				
大学院修士課程修了					

1. 新規学卒者とは、原則として本年3月に学校教育法に基づく高校、高専・短大、大学を卒業又は大学院修士課程を修了し修士号を取得した者若しくは取得見込みの者をいいます。ただし、大学医学部及び歯学部、専修学校、各種学校（准看護師養成所、看護師養成所等）、職業能力開発施設等の卒業者は除きます。
2. 初任給額は、貴事業所に配属されている新規学卒者について、所定内給与額から通勤手当を除いた額を記入してください。（所定内給与額は、きまって支給する現金給与額から超過労働給与額（時間外手当、深夜手当、休日手当、宿日直手当等）を除いたものです。また、賞与は含みません。）
100円未満の端数は、四捨五入してください。
3. 採用人員のうち、本社等で一括採用し、支社等に配属した場合の人員は、配属先の支社等に含め、本社等から除きます。

② ①の初任給額の確定状況

1	本年度の初任給額として確定したものである。
2	ベース・アップが決まっていない等のため確定していないものである。

備考

この調査は、統計法に基づく基幹統計を作成するために行う調査です。
この調査の対象となった事業所の方々には統計法に基づく報告の義務があり、報告の拒否や虚偽報告については罰則があります。
この調査の実施に当たっては、特に必要がある場合には、資料の提出のお願いや関係者の方々への質問を行うことがあります。

様式第２号

統計法に基づく基幹統計調査

㊙

都道府県番号	事業所一連番号

賃金構造基本統計調査
個人票

（平成　年６月分）
厚生労働省

政府統計

この調査票に記入された事項については、統計以外の目的に使ったり、他に漏らしたりすることはありません。

枚目

(1) 一連番号	(2) 労働者の番号又は氏名	(3) 性	(4) 雇用形態	(5) 就業形態	(6) 最終学歴	(7) 年齢	(8) 勤続年数	(9) 労働者の種類	(10) 役職番号	(11) 職種番号	(12) 経験年数	(13) 実労働日数	(14) 所定内実労働時間数	(15) 超過実労働時間数	(16) きまって支給する現金給与額	(17) (16)のうち超過労働給与額	(18) (16)のうち通勤手当	(19) (16)のうち精皆勤手当	(20) (16)のうち家族手当	(21) 昨年1年間の賞与、期末手当等特別給与額	備考
			1 は正社員・正職員のうち雇用期間の定めがない人。 2 は正社員・正職員のうち雇用期間の定めがある人。 3 は正社員・正職員以外のうち雇用期間の定めがない人。 4 は正社員・正職員以外のうち雇用期間の定めがある人。 5 は常用労働者以外の人。 常用労働者（正社員・正職員／正社員・正職員以外）、臨時労働者	「5臨時労働者」に○を付けた労働者については、(1)～(4)、(7)、(11)、(13)～(17)のみ記入してください。	(5)就業形態欄の「1一般」に○を付けた労働者についてのみ記入してください。	1年未満の端数は切り捨ててください。	1年未満は0と記入してください。	C鉱業,採石業,砂利採取業、D建設業、E製造業、又はH481港湾運送業で事業所規模10人以上の事業所のみ記入してください。	企業規模100人以上の事業所のみ記入してください。	(10)欄の役職に該当しない労働者について記入してください。	他企業での経験も含みます。 1年未満の端数は切り捨ててください。		実労働時間数から超過実労働時間数を差し引いたもの 30分以上は切り上げ、30分未満は切り捨ててください。	早出、残業、休日労働等	超過労働給与額を含みます。 1か月を超え、3か月以内の期間で算定されるものも含みます。 ベース・アップによる5月分以前の差額追給は除きます。	時間外手当、深夜手当、休日手当、宿日直手当等	通勤労働者に対し、通勤交通費の全額又は一部として支給する手当	一定期間の所定労働日において遅刻、早退、欠勤等の事故が一定回数以下の労働者に対し支給する手当	扶養家族を有する労働者に対し支給する手当	賞与、期末手当等の年間の支給額であり、毎月支給されるものは含みません。3か月を超えて算定されるものは含みます。	記入内容が特異な場合は、その理由を記入してください。
01		1 男 2 女	1 期間の定め無 2 期間の定め有 3 期間の定め無 4 期間の定め有 5 臨時労働者	1 一般 2 短時間	1 中学 2 高校 3 高専短大 4 大学大学院	歳	年	1 生産 2 管理事務技術			1 1年未満 2 1～4年 3 5～9年 4 10～14年 5 15年以上	日	時間	時間	万 千 百円	万 千 百円	万 千 百円	万 千 百円	万 千 百円	万 千 百円	
02		1 男 2 女	1 期間の定め無 2 期間の定め有 3 期間の定め無 4 期間の定め有 5 臨時労働者	1 一般 2 短時間	1 中学 2 高校 3 高専短大 4 大学大学院			1 生産 2 管理事務技術			1 1年未満 2 1～4年 3 5～9年 4 10～14年 5 15年以上										
03		1 男 2 女	1 期間の定め無 2 期間の定め有 3 期間の定め無 4 期間の定め有 5 臨時労働者	1 一般 2 短時間	1 中学 2 高校 3 高専短大 4 大学大学院			1 生産 2 管理事務技術			1 1年未満 2 1～4年 3 5～9年 4 10～14年 5 15年以上										
04		1 男 2 女	1 期間の定め無 2 期間の定め有 3 期間の定め無 4 期間の定め有 5 臨時労働者	1 一般 2 短時間	1 中学 2 高校 3 高専短大 4 大学大学院			1 生産 2 管理事務技術			1 1年未満 2 1～4年 3 5～9年 4 10～14年 5 15年以上										
05		1 男 2 女	1 期間の定め無 2 期間の定め有 3 期間の定め無 4 期間の定め有 5 臨時労働者	1 一般 2 短時間	1 中学 2 高校 3 高専短大 4 大学大学院			1 生産 2 管理事務技術			1 1年未満 2 1～4年 3 5～9年 4 10～14年 5 15年以上										
06		1 男 2 女	1 期間の定め無 2 期間の定め有 3 期間の定め無 4 期間の定め有 5 臨時労働者	1 一般 2 短時間	1 中学 2 高校 3 高専短大 4 大学大学院	歳	年	1 生産 2 管理事務技術			1 1年未満 2 1～4年 3 5～9年 4 10～14年 5 15年以上	日	時間	時間	万 千 百円	万 千 百円	万 千 百円	万 千 百円	万 千 百円	万 千 百円	
07		1 男 2 女	1 期間の定め無 2 期間の定め有 3 期間の定め無 4 期間の定め有 5 臨時労働者	1 一般 2 短時間	1 中学 2 高校 3 高専短大 4 大学大学院			1 生産 2 管理事務技術			1 1年未満 2 1～4年 3 5～9年 4 10～14年 5 15年以上										
08		1 男 2 女	1 期間の定め無 2 期間の定め有 3 期間の定め無 4 期間の定め有 5 臨時労働者	1 一般 2 短時間	1 中学 2 高校 3 高専短大 4 大学大学院			1 生産 2 管理事務技術			1 1年未満 2 1～4年 3 5～9年 4 10～14年 5 15年以上										
09		1 男 2 女	1 期間の定め無 2 期間の定め有 3 期間の定め無 4 期間の定め有 5 臨時労働者	1 一般 2 短時間	1 中学 2 高校 3 高専短大 4 大学大学院			1 生産 2 管理事務技術			1 1年未満 2 1～4年 3 5～9年 4 10～14年 5 15年以上										
10		1 男 2 女	1 期間の定め無 2 期間の定め有 3 期間の定め無 4 期間の定め有 5 臨時労働者	1 一般 2 短時間	1 中学 2 高校 3 高専短大 4 大学大学院			1 生産 2 管理事務技術			1 1年未満 2 1～4年 3 5～9年 4 10～14年 5 15年以上										

(18)～(20)：E製造業で事業所規模99人以下の事業所、I卸売業,小売業、K70物品賃貸業、L学術研究,専門・技術サービス業、M宿泊業,飲食サービス業、N生活関連サービス業,娯楽業、P医療,福祉又はRサービス業（他に分類されないもの）で同29人以下の事業所のみ記入してください。

〔100円未満の端数は四捨五入してください。〕

この調査は、統計法に基づく基幹統計を作成するために行う調査です。
この調査の対象となった事業所の方々には統計法に基づく報告の義務があり、報告の拒否や虚偽報告については罰則があります。
この調査の実施に当たっては、特に必要がある場合には、資料の提出のお願いや関係者の方々への質問を行うことがあります。

別表１　役職及び職種一覧表

(1) 役職一覧表

部長級	課長級	係長級	職長級（鉱業，採石業，砂利採取業、建設業、製造業のみ）

(2) 職種一覧表

職　種　名	職　種　名	職　種　名
自然科学系研究者	調理士見習	洋裁工
化学分析員	給仕従事者	ミシン縫製工
技術士	娯楽接客員	製材工
一級建築士	警備員	木型工
測量技術者	守衛	家具工
システム・エンジニア	電車運転士	建具製造工
プログラマー	電車車掌	製紙工
医師	旅客掛	紙器工
歯科医師	自家用乗用自動車運転者	プロセス製版工
獣医師	自家用貨物自動車運転者	オフセット印刷工
薬剤師	タクシー運転者	合成樹脂製品成形工
看護師	営業用バス運転者	金属・建築塗装工
准看護師	営業用大型貨物自動車運転者	機械製図工
看護補助者	営業用普通・小型貨物自動車運転者	ボイラー工
診療放射線・診療エックス線技師	航空機操縦士	クレーン運転工
臨床検査技師	航空機客室乗務員	建設機械運転工
理学療法士、作業療法士	製鋼工	玉掛け作業員
歯科衛生士	非鉄金属精錬工	発電・変電工
歯科技工士	鋳物工	電気工
栄養士	型鍛造工	掘削・発破工
保育士（保母・保父）	鉄鋼熱処理工	型枠大工
介護支援専門員（ケアマネージャー）	圧延伸張工	とび工
ホームヘルパー	金属検査工	鉄筋工
福祉施設介護員	一般化学工	大工
弁護士	化繊紡糸工	左官
公認会計士、税理士	ガラス製品工	配管工
社会保険労務士	陶磁器工	はつり工
不動産鑑定士	旋盤工	土工
幼稚園教諭	フライス盤工	港湾荷役作業員
高等学校教員	金属プレス工	ビル清掃員
大学教授	鉄工	用務員
大学准教授	板金工	
大学講師	電気めっき工	
各種学校・専修学校教員	バフ研磨工	
個人教師、塾・予備校講師	仕上工	
記者	溶接工	
デザイナー	機械組立工	
ワープロ・オペレーター	機械検査工	
キーパンチャー	機械修理工	
電子計算機オペレーター	重電機器組立工	
百貨店店員	通信機器組立工	
販売店員（百貨店店員を除く。）	半導体チップ製造工	
スーパー店チェッカー	プリント配線工	
自動車外交販売員	軽電機器検査工	
家庭用品外交販売員	自動車組立工	
保険外交員	自動車整備工	
理容・美容師	パン・洋生菓子製造工	
洗たく工	精紡工	
調理士	織布工	

別表２　調査内容の変遷

	区　　分	昭和23年～25年 個人別賃金調査	26～28年 職業別賃金調査	29年4月 職業別等賃金実態調査 個人別賃金調査	30年～32年4月 職種別等賃金実態調査	33年4月 賃金構造基本調査
調査範囲	地域	全　国（23年） 全　国（24年） 一都府県（25年）	特定地域（26年） 特定都市、 特有ブロック（27年） 全　国（28年）	全　国	左に同じ	左に同じ
	産業	鉱業 製造業 ガス、電気、水道業 商業 金融業 運輸通信業 ただし25年は卸売及び小売の一部とサービス業の一部との計14産業	鉱業 建設業 製造業 卸売及び小売業 金融及び保険業 不動産業 運輸通信及びその他の公益事業 サービス業 ただし28年は建設業及びサービス業を除く産業	鉱業 建設業 製造業 卸売及び小売業 金融及び保険業 不動産業 運輸通信及びその他の公益事業	鉱業 建設業 製造業 卸売及び小売業 金融及び保険業 不動産業 運輸通信及びその他の公益事業	鉱業 建設業 製造業 卸売、小売業 金融、保険業 不動産業 運輸通信業 電気、ガス、水道業
	事業所規模	30人以上の事業所 ただし25年は1人以上	100人以上（26年） 50人以上（27年） 30人以上（28年）	10人以上	左に同じ	左に同じ
	事業所の種類	民　営（23年） 民　営（25年） 民官公営（24年）	民営のみ	民官公営	左に同じ	左に同じ
結果表章における分類区分	地域	全国・都道府県別（23年） 全　国（24年） 全国地域別（25年）	特定地域別（26年） 特定都市別、特有ブロック別（27年） 都道府県別（28年）	全国計 都道府県別	全国計	左に同じ
	産業	23年　27産業 24年　38産業 25年　12産業	26年は計のほか　24産業 27年は計のほか　12産業 28年は計のほか　25産業	職業別　計、大6、中43 個人別　計、大6、中36	30年　計、大7、中43 31年　計、大6、中36 32年　計、大7、中44、特4	計、大8、中29、小21
	役職（職階）	なし	なし	なし	なし	なし
	職種	23年 24年 ）なし 25年の職種はサービス業の18職種	85職種（26年） 共通20職種特有（化学） 51職種（27年） 共通7職種特有91職種（28年）	共通　13職種 特有　346職種	共通　特有 30年　13職種　346職種 31年　13職種　349職種 32年　12職種　364職種	共通　2職種 特有　198職種
	企業規模	23年　3区分 24年　計のみ 25年　7区分	26年は3区分又は5区分 27年は3区分又は7区分 28年は計のみ	計、 1,000人以上、 500～999人、 100～499人、 30～99人、 10～29人	左に同じ	計、 1,000人以上、 100～999人、 10～99人 特別集計として 500～999人、 100～499人、 30～99人、 0～29人
	労働者の種類	労務者、職員（23年） なし（24,25年）	常用労働者	労務者、職員	常用労働者	労務者、職員
	就業形態	なし	なし	なし	なし	なし
	雇用形態	なし	なし	なし	なし	なし
	性	男女別	なし	男女別	職種とともに性を指定	男女別
	年齢	年齢階級別 11区分（23年） 12区分（24年） 9区分（25年）	年齢階級別 9区分（26年） 10区分（27年、28年）	年齢階級別 9区分 4区分 3区分	年齢階級別 9区分	年齢階級別 8区分　6区分 特別集計は9区分
	勤続	勤続年数階級別 9区分（24,25年）	経験年数階級別9区分（26年） 経験年数階級別9区分 （27年、28年）	勤続又は経験年数階級別 9区分	勤続又は経験年数階級別 9区分	なし ただし特別集計は勤続年数階級別9区分
	学歴	24年　あり 23年 25年 ）なし	26年は4区分 28年は7区分	4区分 小学新中卒 旧中新高卒 旧高専短大卒 旧大新大卒	左に同じ	職員（男）及び男子労働者は4区分 小学新中卒、旧中新高卒、旧高専短大卒、旧大新大卒 その他は2区分 小学新中卒、旧中新高卒以上
結果表章事項	平均年齢	○	○	○	○	○
	平均勤続年数	○	○	○	○	○
	実労働時間数	○ただし25年はなし	○ただし26年はなし	○	○	○
	所定内実労働時間数	なし	なし	なし	なし	なし
	超過実労働時間数	なし	なし	なし	なし	なし
	実労働日数	○	○	○	○	○
	きまって支給する現金給与額	○	○	○	○	○
	所定内給与額	なし	なし	なし	なし	なし
	超過労働給与額	なし	なし	なし	なし	なし
	1時間当たりきまって支給する現金給与額	なし	なし	なし	なし	なし
	1時間当たり所定内給与額	なし	なし	なし	なし	なし
	年間賞与その他特別給与額	○	○	なし	なし	なし
表章区分	新規学卒者	なし	なし	なし	なし	なし
	標準労働者	なし	なし	なし	なし	なし

区分		34、35年4月 賃金構造基本調査	36年4月 賃金実態総合調査	37、38年4月 特定条件賃金調査	39年4月 賃金構造基本統計調査	40、41年4月 賃金構造基本統計調査
調査範囲	地域	左に同じ	左に同じ	左に同じ	左に同じ	左に同じ
	産業	左に同じ	33年のほか、 サービス業を追加	33年に同じ	36年に同じ	33年に同じ
	事業所規模	左に同じ	5人以上	10人以上	5人以上	10人以上
	事業所の種類	左に同じ	左に同じ	左に同じ	左に同じ	左に同じ
結果表章における分類区分	地域	左に同じ	全国計 都道府県別	全国計	全国計 都道府県別	左に同じ
	産業	34年　計、大7、中14、小27 35年　計、大8、中23、小29	計、大9、中62、小63	計、大7、中10	計、大9、中64、小23	計、大8、中26、小2
	役職（職階）	なし	なし	なし	なし	なし
	職種	共通　特有 34年　2職種　102職種 35年　3職種　87職種	共通　8職種 特有　425職種	なし	職員的職種　12職種 特定職種　382職種	共通　8職種 特有　88職種
	企業規模	計 1,000人以上、 100～99人、 10～99人	計、 1,000人以上 500～999人、 100～499人、 30～99人、 10～29人、 5～9人	計、 1,000人以上、 500～999人、 100～499人、 30～99人、 10～29人	36年に同じ ただし職種及び府県別は 計、 1,000人以上、 100～999人、 10～99人、 5～9人	37年に同じ ただし職種及び府県別は 計、 1,000人以上、 100～999人、 10～99人
	労働者の種類	左に同じ	左に同じ	左に同じ	左に同じ	左に同じ
	就業形態	なし	なし	なし	なし	なし
	雇用形態	なし	なし	なし	なし	なし
	性	左に同じ	左に同じ	左に同じ	左に同じ	左に同じ
	年齢	年齢階級別 8区分 6区分	年齢階級別 9区分	左に同じ	左に同じ	左に同じ
	勤続	なし ただし35年は年齢階級別の特定勤続又は経験年数階級別	勤続年数階級別　9区分	年齢階級別の特定 勤続年数階級	勤続年数階級別　9区分 経験年数階級別　4区分	左に同じ
	学歴	左に同じ	左に同じ	左に同じ	左に同じ	全労働者、男子労働者及び職員（男）は4区分 小学新中卒、旧中新高卒、旧高専短大卒、旧大新大卒 その他は2区分 小学新中卒、旧中新高卒以上
結果表章事項	平均年齢	○	○	○	○	○
	平均勤続年数	○	○	○	○	○
	実労働時間数	○	○	○	○	○
	所定内実労働時間数	なし	なし	なし	なし	なし
	超過実労働時間数	なし	なし	なし	なし	なし
	実労働日数	なし	○	なし	○	○
	きまって支給する現金給与額	○	○	○	○	○
	所定内給与額	○ただし34年はなし	○	○	○	○
	超過労働給与額	○ただし34年はなし	○	○	なし	なし
	1時間当たりきまって支給する現金給与額	○ただし34年のみ	なし	なし	なし	なし
	1時間当たり所定内給与額	なし	なし	なし	なし	なし
	年間賞与その他特別給与額	なし	○	なし	○	○
表章区分	新規学卒者	なし	なし	なし	なし	なし
	標準労働者	なし	なし	なし	なし	なし

区分		42年4月 賃金構造基本統計調査	43、44年6月 賃金構造基本統計調査	45年6月 賃金構造基本統計調査	46、47年6月 賃金構造基本統計調査	48年6月 賃金構造基本統計調査
調査範囲	地域	左に同じ	左に同じ	左に同じ	全国（46年） 全国（沖縄県を含む47県、47年）	全国（47県）
	産業	36年に同じ	33年に同じ	36年に同じ	33年に同じ	36年のほか 電気・ガス・水道業に熱供給業を追加
	事業所規模	5人以上	10人以上	5人以上	10人以上	5人以上
	事業所の種類	左に同じ	左に同じ	左に同じ	左に同じ	左に同じ
結果表章における分類区分	地域	全国計 都道府県別	左に同じ	全国計 都道府県別	左に同じ	全国計 都道府県別 大、小地域別
	産業	計、大9、中40、小27	計、大8、中24、小12	計、大9、中28、小16	計、大8、中24、小11	計、大9、中38、小33
	役職（職階）	なし	なし	部長、課長、係長、職長	左に同じ	左に同じ
	職種	共通 12職種 特有 112職種	共通 特有 43年 12職種 112職種 44年 9職種 92職種	共通 9職種 特有 140職種	共通 9職種 特有 111職種	共通 9職種（10人以上） 特有 131職種（10人以上） サービス業関係22職種（5～9人）
	企業規模	計、 1,000人以上、 100～999人、 10～99人、 5～9人 ただし職種別集計には5～9人はない	計、 1,000人以上、 100～999人、 10～99人、	42年に同じ ただし職種は鉱業、建設業、製造業500人以上 その他の産業（サービス業を除く）100人以上	45年に同じ ただし5～9人はない	45年に同じ
	労働者の種類	生産労働者 管理・事務・技術労働者	左に同じ	左に同じ	左に同じ	左に同じ
	就業形態	なし	なし	一般労働者 パートタイム労働者	左に同じ	左に同じ
	雇用形態	なし	なし	なし	なし	なし
	性	左に同じ	左に同じ	左に同じ	左に同じ	左に同じ
	年齢	年齢階級別 9区分	年齢階級別 特定年齢別 43年 9区分 4区分 44年 9区分 41区分	年齢階級別 9区分 特定年齢別 41区分	左に同じ	年齢階級別 12区分 特定年齢別 51区分
	勤続	勤続年数階級別 9区分 経験年数階級別 5区分	左に同じ	左に同じ （ただし一般労働者のみ）	左に同じ	左に同じ
	学歴	全労働者、男子労働者及び管理・事務・技術労働者（男）は4区分 小学新中卒、旧中新高卒、高専短大卒、旧大新大卒 その他は2区分 小学新中卒、旧中新高卒以上	男子労働者及び管理・事務・技術労働者（男）は4区分 小学新中卒、旧中新高卒、高専短大卒、旧大新大卒 その他は2区分 小学新中卒、旧中新高卒以上	左に同じ	左に同じ	男子、女子労働者及び管理・事務・技術労働者（男、女）は4区分 小学新中卒、旧中新高卒、高専短大卒、旧大新大卒 その他は2区分 小学新中卒、旧中新高卒以上
結果表章事項	平均年齢	○	○	○	○	○
	平均勤続年数	○	○	○	○	○
	実労働時間数	○	○	○	○	○
	所定内実労働時間数	なし	なし	○	○	○
	超過実労働時間数	なし	なし	なし	なし	なし
	実労働日数	なし	なし	○ただし5～9人、パートタイム労働者のみ	○ただしパートタイム労働者のみ	左に同じ
	きまって支給する現金給与額	○	○	○	○	○
	所定内給与額	○	○	○	○	○
	超過労働給与額	なし	なし	なし	なし	なし
	1時間当たりきまって支給する現金給与額	なし	なし	○ただしパートタイム労働者のみ	左に同じ	左に同じ
	1時間当たり所定内給与額	なし	なし	なし	なし	なし
	年間賞与その他特別給与額	○	○	○	○	○
表章区分	新規学卒者	なし	○ただし所定内給与額	左に同じ	左に同じ	左に同じ
	標準労働者	なし	○ただし43年はなし	○	○	○

区分		49年6月 賃金構造基本統計調査	50年6月 賃金構造基本統計調査	51年6月 賃金構造基本統計調査	52年6月 賃金構造基本統計調査	53年6月 賃金構造基本統計調査
調査範囲	地域	左に同じ	左に同じ	左に同じ	左に同じ	左に同じ
	産業	左に同じ	左に同じ	左に同じ	左に同じ	左に同じ
	事業所規模	10人以上	左に同じ	5人以上	10人以上	左に同じ
	事業所の種類	左に同じ	左に同じ	左に同じ（但し官公営については公労法又は地公労法の適用事業所に限る。）	左に同じ	左に同じ
結果表章における分類区分	地域	45年に同じ	左に同じ	左に同じ	左に同じ	左に同じ
	産業	計、大9、中25	計、大9、中27	計、大9、中33	計、大9、中28	左に同じ
	役職（職階）	左に同じ	左に同じ	左に同じ	左に同じ	左に同じ
	職種	共通 9職種 特有 130職種	共通 9職種 特有 120職種	男 88職種 女 33職種	左に同じ	左に同じ
	企業規模	46、47年に同じ	左に同じ	計（10人以上）、1,000人以上、100～999人、10～99人、5～9人 1. 職階は、計（100人以上）、1,000人以上、500～999人、100～499人 建設業、製造業については、計（100人以上）、5,000人以上、1,000～4,999人、100～999人 2. 初任給は、計（10人以上）、1,000人以上、300～999人、100～299人、10～99人	51年に同じ ただし5～9人はない。	左に同じ
	労働者の種類	左に同じ	左に同じ	左に同じ	左に同じ	左に同じ
	就業形態	左に同じ	左に同じ	左に同じ	左に同じ	左に同じ
	雇用形態	なし	なし	なし	なし	なし
	性	左に同じ	左に同じ	左に同じ	左に同じ	左に同じ
	年齢	年齢階級別 12区分	年齢階級別 11区分	年齢階級別 11区分 特定年齢別 41区分	左に同じ	年齢階級別 12区分 特定年齢別 41区分
	勤続	左に同じ	左に同じ	左に同じ	左に同じ	左に同じ
	学歴	左に同じ	左に同じ	左に同じ	左に同じ	左に同じ
結果表章事項	平均年齢	○	○	○	○	○
	平均勤続年数	○	○	○	○	○
	実労働時間数	○	○	なし	なし	なし
	所定内実労働時間数	○	○	○	○	○
	超過実労働時間数	なし	なし	○	○	○
	実労働日数	左に同じ	左に同じ	左に同じ	左に同じ	左に同じ
	きまって支給する現金給与額	○	○	○	○	○
	所定内給与額	○	○	○	○	○
	超過労働給与額	なし	なし	なし	なし	なし
	1時間当たりきまって支給する現金給与額	左に同じ	左に同じ	なし	なし	なし
	1時間当たり所定内給与額	なし	なし	○ただしパートタイム労働者のみ	左に同じ	左に同じ
	年間賞与その他特別給与額	○	○	○	○	○
表章区分	新規学卒者	左に同じ	なし	○ただし所定内給与額から通勤手当を除いたもので初任給として確定したもの	左に同じ	左に同じ
	標準労働者	なし	○（51年発表）	○	○	○

区分		54年6月 賃金構造基本統計調査	55、56年6月 賃金構造基本統計調査	57、58、59年6月 賃金構造基本統計調査	60、61年6月 賃金構造基本統計調査	62年6月 賃金構造基本統計調査
調査範囲	地域	左に同じ	左に同じ	左に同じ	左に同じ	左に同じ
	産業	左に同じ	左に同じ	左に同じ	左に同じ	左に同じ
	事業所規模	5人以上	10人以上	5人以上	左に同じ	左に同じ
	事業所の種類	左に同じ	左に同じ	左に同じ	左に同じ	左に同じ （但し官公営については国労法又は地公労法の適用事業所に限る。）
結果表章における分類区分	地域	左に同じ	左に同じ	左に同じ	左に同じ	左に同じ
	産業	計、大9、中38	計、大9、中37	計、大9、中39	計、大9、中40	左に同じ
	役職（職階）	左に同じ	左に同じ	左に同じ	左に同じ	左に同じ
	職種	男 89職種 女 37職種	男 99職種 女 40職種	左に同じ	男 101職種 女 40職種	左に同じ
	企業規模	51年に同じ	計（10人以上）、1,000人以上、100～999人、10～99人 1 職階は、計（100人以上）、1,000人以上、500～999人、100～499人 2. 初任給は、計（10人以上）、1,000人以上、300～999人、100～299人、10～99人	計（10人以上）、1,000人以上、100～999人、10～99人、5～9人 1. 職階は、計（100人以上）、1,000人以上、500～999人、100～499人 2. 初任給は、計（10人以上）、1,000人以上、300～999人、100～299人、10～99人	計（10人以上）、1,000人以上、100～999人、10～99人、5～9人 1. 職階は、計（100人以上）、1,000人以上、500～999人、100～499人 2. 60年の初任給は、左に同じ。61年から、計（10人以上）、1,000人以上、100～999人、10～99人	左に同じ
	労働者の種類	左に同じ	左に同じ	左に同じ	左に同じ	左に同じ
	就業形態	左に同じ	左に同じ	左に同じ	左に同じ	左に同じ
	雇用形態	なし	なし	なし	なし	なし
	性	左に同じ	左に同じ	左に同じ	左に同じ	左に同じ
	年齢	左に同じ	左に同じ	左に同じ	左に同じ	左に同じ
	勤続	左に同じ	左に同じ	左に同じ	勤続年数階級別 （一般労働者 9区分 ﾊﾟｰﾄﾀｲﾑ労働者 4区分） 経験年数階級別 5区分 （ただし一般労働者のみ）	左に同じ
	学歴	左に同じ	左に同じ	左に同じ	左に同じ	左に同じ
結果表章事項	平均年齢	○	○	○	○	○
	平均勤続年数	○	○	○	○	○
	実労働時間数	なし	なし	なし	なし	なし
	所定内実労働時間数	○	○	○	○	○
	超過実労働時間数	○	○	○	○	○
	実労働日数	左に同じ	左に同じ	左に同じ	左に同じ	左に同じ
	きまって支給する現金給与額	○	○	○	○	○
	所定内給与額	○	○	○	○	○
	超過労働給与額	なし	なし	なし	なし	なし
	1時間当たりきまって支給する現金給与額	なし	なし	なし	なし	なし
	1時間当たり所定内給与額	左に同じ	左に同じ	左に同じ	左に同じ	左に同じ
	年間賞与その他特別給与額	○	○	○	○	○
表章区分	新規学卒者	左に同じ	左に同じ	左に同じ	左に同じ	左に同じ
	標準労働者	○	○	○	○	○

区分		63年6月 賃金構造基本統計調査	平成元年、2年、3年6月 賃金構造基本統計調査	4年、5年、6年6月 賃金構造基本統計調査	7年6月 賃金構造基本統計調査	8年、9年、10年、11年、12年6月 賃金構造基本統計調査
調査範囲	地域	左に同じ	左に同じ	左に同じ	左に同じ	左に同じ
	産業	左に同じ	左に同じ	左に同じ	左に同じ	左に同じ
	事業所規模	左に同じ	左に同じ	左に同じ	左に同じ	左に同じ
	事業所の種類	左に同じ	左に同じ	左に同じ	左に同じ	左に同じ
結果表章における分類区分	地域	左に同じ	左に同じ	左に同じ	左に同じ	左に同じ
	産業	計、大9、中59	計、大9、中60	計、大9、中62	左に同じ	計、大9、中64
	役職（職階）	左に同じ	左に同じ	左に同じ	左に同じ	左に同じ
	職種	男 82職種 女 36職種	男 101職種 女 40職種	左に同じ	116職種 （全・男・女）	左に同じ
	企業規模	左に同じ	左に同じ	左に同じ	左に同じ	左に同じ
	労働者の種類	左に同じ	左に同じ	左に同じ	左に同じ	左に同じ
	就業形態	左に同じ	左に同じ	左に同じ	左に同じ	左に同じ
	雇用形態	なし	なし	なし	なし	なし
	性	左に同じ	左に同じ	左に同じ	左に同じ	左に同じ
	年齢	左に同じ	左に同じ	左に同じ	左に同じ	左に同じ
	勤続	左に同じ	左に同じ	左に同じ	左に同じ	左に同じ
	学歴	左に同じ	左に同じ	左に同じ	左に同じ	左に同じ
結果表章事項	平均年齢	○	○	○	○	○
	平均勤続年数	○	○	○	○	○
	実労働時間数	なし	なし	なし	なし	なし
	所定内実労働時間数	○	○	○	○	○
	超過実労働時間数	○	○	○	○	○
	実労働日数	左に同じ	左に同じ	左に同じ	左に同じ	左に同じ
	きまって支給する現金給与額	○	○	○	○	○
	所定内給与額	○	○	○	○	○
	超過労働給与額	なし	なし	なし	なし	なし
	1時間当たりきまって支給する現金給与額	なし	なし	なし	なし	なし
	1時間当たり所定内給与額	左に同じ	左に同じ	左に同じ	左に同じ	左に同じ
	年間賞与その他特別給与額	○	○	○	○	○
表章区分	新規学卒者	左に同じ	左に同じ	左に同じ	左に同じ	左に同じ
	標準労働者	○	○	○	○	○

区分		13年、14年年6月 賃金構造基本統計調査	15年6月 賃金構造基本統計調査	16年6月 賃金構造基本統計調査	17年、18年、19年、20年6月 賃金構造基本統計調査	21年6月 賃金構造基本統計調査
調査範囲	地域	左に同じ	左に同じ	左に同じ	左に同じ	左に同じ
	産業	左に同じ	左に同じ	鉱業、建設業、製造業、電気・ガス・熱供給・水道業、情報通信業、運輸業、卸売・小売業、金融・保険業、不動産業、飲食店，宿泊業、医療，福祉、教育，学習支援業、複合サービス事業、サービス業（他に分類されないもの）	左に同じ	鉱業，採石業，砂利採取業、建設業、製造業、電気・ガス・熱供給・水道業、情報通信業、運輸業，郵便業、卸売業，小売業、金融業，保険業、不動産業，物品賃貸業、学術研究，専門・技術サービス業，宿泊業，飲食サービス業、生活関連サービス業，娯楽業、教育，学習支援業、医療，福祉、複合サービス事業及びサービス業（他に分類されないもの）
	事業所規模	左に同じ	左に同じ	左に同じ	左に同じ	左に同じ
	事業所の種類	左に同じ （但し公営については国等労法又は地公労法の適用事業所に限る。）	左に同じ （但し公営については地公労法又は特定独法労法の適用事業所に限る。）	左に同じ	左に同じ	左に同じ
結果表章における分類区分	地域	左に同じ	左に同じ	左に同じ	左に同じ	左に同じ
	産業	左に同じ	左に同じ	計、大14、中69	左に同じ	計、大16、中92
	役職（職階）	左に同じ	左に同じ	左に同じ	部長級、課長級、係長級、職長級	左に同じ
	職種	115職種（全・男・女） 新設5、廃止5、 名称変更5 2職種を統合し1職種	左に同じ	左に同じ	129職種（男女計・男・女） 新設22、廃止8、定義変更2	左に同じ
	企業規模	左に同じ	左に同じ	左に同じ	計(10人以上)、1,000人以上、100～999人、10～99人、5～9人 役職は、 計(100人以上)、1,000人以上、500～999人、100～499人	左に同じ
	労働者の種類	左に同じ	左に同じ	左に同じ	左に同じ	左に同じ
	就業形態	左に同じ	左に同じ	左に同じ	一般労働者、短時間労働者	左に同じ
	雇用形態	なし	なし	なし	・常用労働者のうち 正社員・正職員、正社員・正職員以外 雇用期間の定め有り、雇用期間の定め無し ・臨時労働者	左に同じ
	性	左に同じ	左に同じ	左に同じ	左に同じ（男女計・男・女）	左に同じ
	年齢	左に同じ	左に同じ	左に同じ	左に同じ	左に同じ
	勤続	左に同じ	左に同じ	左に同じ	左に同じ	左に同じ
	学歴	左に同じ	左に同じ	左に同じ	男、女及び管理・事務・技術労働者（男、女）は4区分 中学卒、高校卒、高専・短大卒、大学・大学院卒 その他は2区分 中学卒、高校卒以上	左に同じ
結果表章事項	平均年齢	○	○	○	○	○
	平均勤続年数	○	○	○	○	○
	実労働時間数	なし	なし	なし	なし	なし
	所定内実労働時間数	○	○	○	○	○
	超過実労働時間数	○	○	○	○	○
	実労働日数	左に同じ	左に同じ	左に同じ	左に同じ	左に同じ
	きまって支給する現金給与額	○	○	○	○	○
	所定内給与額	○	○	○	○	○
	超過労働給与額	なし	なし	なし	なし	なし
	1時間当たりきまって支給する現金給与額	なし	なし	なし	○（ただし臨時労働者のみ）	左に同じ
	1時間当たり所定内給与額	左に同じ	左に同じ	左に同じ	○（ただし短時間労働者のみ）	左に同じ
	年間賞与その他特別給与額	○	○	○	○	○
表章区分	新規学卒者	左に同じ	左に同じ	左に同じ	左に同じ	左に同じ
	標準労働者	○	○	○	○	○

区分		22年6月 賃金構造基本統計調査	23年、24年、25年、26年6月 賃金構造基本統計調査	27年6月 賃金構造基本統計調査	28年、29年6月 賃金構造基本統計調査
調査範囲	地域	左に同じ	左に同じ	左に同じ	左に同じ
	産業	左に同じ	左に同じ	左に同じ	左に同じ
	事業所規模	左に同じ	左に同じ	左に同じ	左に同じ
	事業所の種類	左に同じ	左に同じ	左に同じ （但し公営については地公労法又は行政執行法人労法の適用事業所に限る。）	左に同じ
結果表章における分類区分	地域	左に同じ	左に同じ	左に同じ	左に同じ
	産業	左に同じ	左に同じ	左に同じ	左に同じ
	役職（職階）	左に同じ	左に同じ	左に同じ	左に同じ
	職種	左に同じ	左に同じ	左に同じ	左に同じ
	企業規模	左に同じ	左に同じ	左に同じ	左に同じ
	労働者の種類	左に同じ	左に同じ	左に同じ	左に同じ
	就業形態	左に同じ	左に同じ	左に同じ	左に同じ
	雇用形態	左に同じ	左に同じ	左に同じ	左に同じ
	性	左に同じ	左に同じ	左に同じ	左に同じ
	年齢	左に同じ	左に同じ	左に同じ	左に同じ
	勤続	勤続年数階級別 （一般労働者 9区分 短時間労働者 8区分） 経験年数階級別 5区分 （ただし一般労働者のみ）	左に同じ	左に同じ	左に同じ
	学歴	左に同じ	左に同じ	左に同じ	左に同じ
結果表章事項	平均年齢	○	○	○	○
	平均勤続年数	○	○	○	○
	実労働時間数	なし	なし	なし	なし
	所定内実労働時間数	○	○	○	○
	超過実労働時間数	○	○	○	○
	実労働日数	左に同じ	左に同じ	左に同じ	左に同じ
	きまって支給する現金給与額	○	○	○	○
	所定内給与額	○	○	○	○
	超過労働給与額	なし	なし	なし	なし
	1時間当たりきまって支給する現金給与額	左に同じ	左に同じ	左に同じ	左に同じ
	1時間当たり所定内給与額	左に同じ	左に同じ	左に同じ	左に同じ
	年間賞与その他特別給与額	○	○	○	○
表章区分	新規学卒者	左に同じ	左に同じ	左に同じ	左に同じ
	標準労働者	○	○	○	○

別表３　集計産業一覧表

（1）全国集計、大・中分類（企業規模10人以上）

産業計
C 鉱業，採石業，砂利採取業
D 建設業
　D 06 総合工事業
　D 07 職別工事業（設備工事業を除く）
　D 08 設備工事業
E 製造業
　E 09 食料品製造業
　＊E 10 飲料・たばこ・飼料製造業
　E 11 繊維工業
　＊E 12 木材・木製品製造業（家具を除く）
　＊E 13 家具・装備品製造業
　E 14 パルプ・紙・紙加工品製造業
　E 15 印刷・同関連業
　E 16 化学工業
　＊E 17 石油製品・石炭製品製造業
　E 18 プラスチック製品製造業（別掲を除く）
　＊E 19 ゴム製品製造業
　＊E 20 なめし革・同製品・毛皮製造業
　E 21 窯業・土石製品製造業
　E 22 鉄鋼業
　E 23 非鉄金属製造業
　E 24 金属製品製造業
　E 25 はん用機械器具製造業
　E 26 生産用機械器具製造業
　E 27 業務用機械器具製造業
　E 28 電子部品・デバイス・電子回路製造業
　E 29 電気機械器具製造業
　E 30 情報通信機械器具製造業
　E 31 輸送用機械器具製造業
　E 32 その他の製造業
F 電気・ガス・熱供給・水道業
　F 33 電気業
　＊F 34 ガス業
　＊F 35 熱供給業
　＊F 36 水道業
G 情報通信業
　＊G 37 通信業
　＊G 38 放送業
　G 39 情報サービス業
　＊G 40 インターネット附随サービス業
　G 41 映像・音声・文字情報制作業
H 運輸業，郵便業
　H 42 鉄道業
　H 43 道路旅客運送業
　H 44 道路貨物運送業
　＊H 45 水運業
　＊H 46 航空運輸業
　＊H 47 倉庫業
　H 48 運輸に附帯するサービス業
　＊H 49 郵便業（信書便事業を含む）
I 卸売業，小売業
　I 50～55 卸売業
　＊I 50 各種商品卸売業
　I 51 繊維・衣服等卸売業
　I 52 飲食料品卸売業
　I 53 建築材料，鉱物・金属材料等卸売業
　I 54 機械器具卸売業
　I 55 その他の卸売業
　I 56～61 小売業
　I 56 各種商品小売業
　＊I 57 織物・衣服・身の回り品小売業
　I 58 飲食料品小売業
　I 59 機械器具小売業
　I 60 その他の小売業
　＊I 61 無店舗小売業
J 金融業，保険業
　J 62 銀行業
　J 63 協同組織金融業
　＊J 64 貸金業，クレジットカード業等非預金信用機関
　＊J 65 金融商品取引業，商品先物取引業
　＊J 66 補助的金融業等
　J 67 保険業（保険媒介代理業，保険サービス業を含む）
K 不動産業，物品賃貸業
　＊K 68 不動産取引業
　K 69 不動産賃貸業・管理業
　＊K 70 物品賃貸業
L 学術研究，専門・技術サービス業
　L 71 学術・開発研究機関
　L 72 専門サービス業（他に分類されないもの）
　＊L 73 広告業
　L 74 技術サービス業（他に分類されないもの）
M 宿泊業，飲食サービス業
　M 75 宿泊業
　M 76 飲食店
　＊M 77 持ち帰り・配達飲食サービス業
N 生活関連サービス業，娯楽業
　N 78 洗濯・理容・美容・浴場業
　N 79 その他の生活関連サービス業
　N 80 娯楽業
O 教育，学習支援業
　O 81 学校教育
　O 82 その他の教育，学習支援業
P 医療，福祉
　P 83 医療業
　＊P 84 保健衛生
　P 85 社会保険・社会福祉・介護事業
Q 複合サービス事業
　＊Q 86 郵便局
　Q 87 協同組合（他に分類されないもの）
R サービス業（他に分類されないもの）
　R 88 廃棄物処理業
　＊R 89 自動車整備業
　R 90 機械等修理業（別掲を除く）
　R 91 職業紹介・労働者派遣業
　R 92 その他の事業サービス業
　＊R 93 政治・経済・文化団体
　＊R 94 宗教
　＊R 95 その他のサービス業
産業計（民・公営計）
＊F 電気・ガス・熱供給・水道業（民・公営計）
　＊F 33 電気業（民・公営計）
　＊F 34 ガス業（民・公営計）
　＊F 36 水道業（民・公営計）
＊H 運輸業，郵便業（民・公営計）
　＊H 42 鉄道業（民・公営計）
　＊H 43 道路旅客運送業（民・公営計）

（注）1）＊の産業は「賃金構造基本統計調査報告」（報告書）に収録されていない。
　　　2）短時間労働者の集計は、産業大分類のみである。

（２）全国集計、大・中分類（企業規模５～９人）

産業計	＊F 電気・ガス・熱供給・水道業
＊C 鉱業，採石業，砂利採取業	＊G 情報通信業
D 建設業	＊H 運輸業，郵便業
E 製造業	＊H 44 道路貨物運送業
＊E 09 食料品製造業	I 卸売業，小売業
＊E 10 飲料・たばこ・飼料製造業	＊I 50～55 卸売業
＊E 11 繊維工業	＊I 56～61 小売業
＊E 12 木材・木製品製造業（家具を除く）	＊J 金融業，保険業
＊E 13 家具・装備品製造業	＊K 不動産業，物品賃貸業
＊E 14 パルプ・紙・紙加工品製造業	＊K 69 不動産賃貸業・管理業
＊E 15 印刷・同関連業	L 学術研究，専門・技術サービス業
＊E 16 化学工業	＊M 宿泊業，飲食サービス業
＊E 17 石油製品・石炭製品製造業	＊M 75 宿泊業
＊E 18 プラスチック製品製造業（別掲を除く）	＊M 76 飲食店
＊E 19 ゴム製品製造業	＊N 生活関連サービス業，娯楽業
＊E 20 なめし革・同製品・毛皮製造業	＊N 78 洗濯・理容・美容・浴場業
＊E 21 窯業・土石製品製造業	＊N 80 娯楽業
＊E 22 鉄鋼業	＊O 教育，学習支援業
＊E 23 非鉄金属製造業	＊O 81 学校教育
＊E 24 金属製品製造業	＊O 82 その他の教育，学習支援業
＊E 25 はん用機械器具製造業	P 医療，福祉
＊E 26 生産用機械器具製造業	＊P 83 医療業
＊E 27 業務用機械器具製造業	＊Q 複合サービス事業
＊E 28 電子部品・デバイス・電子回路製造業	R サービス業（他に分類されないもの）
＊E 29 電気機械器具製造業	＊R 89 自動車整備業
＊E 30 情報通信機械器具製造業	
＊E 31 輸送用機械器具製造業	
＊E 32 その他の製造業	

（３）都道府県別集計（企業規模10人以上）

産業計	F 電気・ガス・熱供給・水道業
C 鉱業，採石業，砂利採取業	G 情報通信業
D 建設業	G 39 情報サービス業
E 製造業	H 運輸業，郵便業
E 09 食料品製造業	I 卸売業，小売業
E 10 飲料・たばこ・飼料製造業	I 50～55 卸売業
E 11 繊維工業	I 56～61 小売業
E 12 木材・木製品製造業（家具を除く）	J 金融業，保険業
E 13 家具・装備品製造業	K 不動産業，物品賃貸業
E 14 パルプ・紙・紙加工品製造業	L 学術研究，専門・技術サービス業
E 15 印刷・同関連業	L 72 専門サービス業（他に分類されないもの）
E 16 化学工業	L 73 広告業
E 18 プラスチック製品製造業（別掲を除く）	M 宿泊業，飲食サービス業
E 19 ゴム製品製造業	M 75 宿泊業
E 21 窯業・土石製品製造業	N 生活関連サービス業，娯楽業
E 22 鉄鋼業	N 80 娯楽業
E 23 非鉄金属製造業	O 教育，学習支援業
E 24 金属製品製造業	O 81 学校教育
E 25 はん用機械器具製造業	O 82 その他の教育，学習支援業
E 26 生産用機械器具製造業	P 医療，福祉
E 27 業務用機械器具製造業	P 83 医療業
E 28 電子部品・デバイス・電子回路製造業	Q 複合サービス事業
E 29 電気機械器具製造業	R サービス業（他に分類されないもの）
E 30 情報通信機械器具製造業	R 91 職業紹介・労働者派遣業
E 31 輸送用機械器具製造業	R 92 その他の事業サービス業
E 32 その他の製造業	

（注） １）企業規模５～９人及び短時間労働者の集計産業は産業大分類である。
２）都道府県によって「賃金構造基本統計調査報告」（報告書）に収録している産業は異なる。

参考表　所定内給与額及び所定内給与額の標本誤差率

産業、性、学歴、年齢階級	企業規模計		1,000人以上		100～999人		10～99人	
	所定内給与額	誤差率	所定内給与額	誤差率	所定内給与額	誤差率	所定内給与額	誤差率
	千円	%	千円	%	千円	%	千円	%
産業計								
男女計	**304.3**	**0.06**	**346.8**	**0.12**	**289.7**	**0.08**	**269.0**	**0.09**
～19歳	175.5	0.19	180.4	0.37	172.9	0.44	173.6	0.38
20～24	206.7	0.13	218.2	0.28	203.0	0.26	195.9	0.25
25～29	238.9	0.05	257.2	0.12	230.6	0.18	222.3	0.16
30～34	272.2	0.07	299.2	0.15	260.4	0.27	248.9	0.15
35～39	301.1	0.21	337.9	0.32	286.7	0.24	272.4	0.28
40～44	327.4	0.11	371.8	0.21	312.9	0.33	290.3	0.33
45～49	352.3	0.46	410.1	0.55	332.7	0.41	298.4	0.43
50～54	372.5	0.23	445.0	0.29	349.0	0.67	301.9	0.28
55～59	363.7	0.32	432.5	0.36	346.1	0.13	304.7	0.39
60～64	274.5	0.27	297.4	0.88	265.7	1.32	264.3	0.60
65～69	250.2	0.85	287.5	1.43	245.8	1.58	239.4	1.26
70歳～	258.9	1.38	309.0	6.51	289.1	4.44	233.0	2.23
中学卒	**250.8**	**0.33**	**274.1**	**1.05**	**234.8**	**0.53**	**252.1**	**0.47**
～19歳	174.4	1.73	163.7	3.24	174.0	2.86	178.6	2.10
20～24	195.3	0.77	202.3	2.86	178.5	2.08	201.0	0.88
25～29	221.1	2.07	227.1	2.62	205.6	2.34	227.1	3.55
30～34	240.0	1.25	249.4	2.02	226.4	1.12	244.6	2.48
35～39	258.9	0.50	277.5	3.35	240.6	1.82	261.4	1.00
40～44	272.1	1.21	294.3	2.75	253.5	1.44	274.5	2.16
45～49	290.6	0.65	323.8	1.95	280.6	1.97	282.8	1.30
50～54	290.8	2.32	319.7	4.27	276.6	1.91	287.7	1.69
55～59	281.7	1.39	325.7	4.40	266.4	0.92	274.2	1.64
60～64	231.9	0.85	236.5	3.28	209.9	0.83	245.8	0.63
65～69	213.1	1.29	197.8	1.83	191.3	2.64	227.1	0.93
70歳～	200.6	1.08	218.5	4.04	181.0	2.09	206.3	2.03
高校卒	**264.8**	**0.11**	**294.2**	**0.21**	**251.7**	**0.08**	**252.5**	**0.13**
～19歳	175.5	0.18	180.9	0.36	172.9	0.49	173.1	0.62
20～24	194.5	0.30	206.3	0.81	188.6	0.22	190.1	0.11
25～29	217.5	0.24	231.3	0.21	209.7	0.49	211.6	0.45
30～34	238.4	0.25	252.8	0.49	229.8	0.60	235.0	0.25
35～39	261.4	0.21	282.3	0.44	250.1	0.39	255.3	0.36
40～44	283.6	0.07	312.8	0.58	270.0	0.37	271.0	0.34
45～49	293.6	0.36	328.1	0.53	278.9	0.49	277.8	0.51
50～54	308.5	0.23	357.4	0.52	292.6	0.55	277.7	0.33
55～59	304.9	0.31	357.6	0.24	287.8	0.62	274.1	0.33
60～64	235.8	0.25	244.0	0.18	224.5	0.27	240.4	0.63
65～69	216.7	0.64	227.4	2.08	204.6	1.38	221.8	0.87
70歳～	215.1	1.55	251.2	4.71	201.8	3.70	215.1	1.94
高専・短大卒	**278.2**	**0.12**	**301.3**	**0.45**	**274.8**	**0.16**	**259.4**	**0.20**
～19歳	-	-	-	-	-	-	-	-
20～24	202.2	0.52	212.5	0.87	203.2	0.73	192.0	0.31
25～29	227.4	0.29	241.2	0.40	227.5	0.22	214.8	0.57
30～34	251.2	0.28	263.3	0.16	250.1	0.42	240.8	0.58
35～39	274.3	0.37	292.5	0.76	268.8	0.33	263.4	0.53
40～44	293.5	0.33	308.4	0.65	292.0	0.50	280.0	0.51
45～49	318.0	0.70	344.4	1.07	314.5	0.67	288.7	0.70
50～54	329.8	0.35	369.1	0.93	323.8	0.65	295.3	0.46
55～59	324.3	0.64	367.1	0.53	312.3	0.87	299.7	0.69
60～64	269.6	0.26	285.5	1.10	260.6	0.73	269.5	0.43
65～69	250.9	0.81	255.6	3.59	245.0	2.73	255.0	2.25
70歳～	265.7	0.99	243.6	7.63	260.6	3.13	278.5	2.61
大学・大学院卒	**369.7**	**0.07**	**405.3**	**0.12**	**348.5**	**0.14**	**319.0**	**0.12**
～19歳	-	-	-	-	-	-	-	-
20～24	223.7	0.24	229.3	0.34	220.2	0.13	214.5	0.65
25～29	256.2	0.09	272.2	0.19	245.0	0.20	237.2	0.52
30～34	306.4	0.11	329.6	0.46	289.2	0.54	275.7	0.60
35～39	352.9	0.36	388.0	0.48	331.0	0.36	310.9	0.78
40～44	406.5	0.16	451.7	0.22	382.4	0.30	345.8	1.18
45～49	464.6	0.46	512.9	0.67	434.7	0.49	374.8	0.90
50～54	508.9	0.24	562.7	0.42	472.3	0.68	400.9	0.78
55～59	495.7	0.36	550.9	0.49	471.6	0.35	412.6	0.66
60～64	371.2	0.44	402.5	1.64	363.3	2.66	340.3	1.79
65～69	383.7	2.30	418.5	3.11	400.3	4.04	332.5	5.10
70歳～	466.5	1.84	529.5 *	10.23	584.6	4.87	339.7	6.20

産業、性、学歴、年齢階級	企業規模計		1,000人以上		100～999人		10～99人	
	所定内給与額	誤差率	所定内給与額	誤差率	所定内給与額	誤差率	所定内給与額	誤差率
	千円	%	千円	%	千円	%	千円	%
男	**335.5**	**0.06**	**383.3**	**0.16**	**318.3**	**0.14**	**293.6**	**0.12**
～19歳	179.4	0.15	183.4	0.35	175.9	0.41	179.5	0.51
20～24	210.5	0.20	220.1	0.24	205.8	0.07	203.6	0.48
25～29	248.1	0.12	265.8	0.11	237.8	0.33	233.4	0.31
30～34	289.0	0.11	318.4	0.27	274.0	0.20	265.4	0.17
35～39	324.1	0.32	364.0	0.56	307.6	0.28	292.8	0.41
40～44	358.7	0.13	408.8	0.41	341.5	0.20	317.0	0.25
45～49	394.7	0.40	458.0	0.47	372.2	0.40	331.0	0.26
50～54	424.0	0.18	500.4	0.27	398.2	0.82	336.8	0.13
55～59	412.2	0.32	481.6	0.37	396.1	0.23	339.2	0.58
60～64	294.1	0.33	315.3	1.35	286.2	1.58	283.1	0.49
65～69	261.0	1.08	304.3	1.71	259.3	1.57	247.2	0.54
70歳～	270.8	1.33	329.4	8.83	317.7	4.26	237.1	2.53
中学卒	**268.8**	**0.44**	**297.2**	**1.34**	**254.1**	**0.38**	**267.4**	**0.44**
～19歳	180.2	2.17	167.4	7.42	175.4	4.47	183.9	2.01
20～24	207.0	0.52	216.1	4.41	182.6	2.79	214.8	1.58
25～29	238.2	1.45	241.1	2.30	213.8	4.36	250.4	1.98
30～34	263.9	1.31	274.4	1.48	247.2	2.22	269.6	1.82
35～39	276.3	0.66	293.3	3.90	262.0	2.20	276.5	1.14
40～44	289.9	1.32	310.0	3.69	278.1	1.33	288.2	1.91
45～49	309.9	0.39	346.9	2.65	301.3	1.59	299.6	1.28
50～54	310.3	2.37	349.7	3.79	300.4	2.71	301.3	1.89
55～59	305.0	1.29	352.0	3.84	295.1	1.22	292.4	1.90
60～64	248.2	0.86	256.3	4.32	224.4	1.05	259.0	0.38
65～69	223.6	1.33	196.4	1.58	200.6	3.22	237.0	1.16
70歳～	207.1	0.95	203.7	6.85	188.5	2.35	213.6	1.50
高校卒	**290.7**	**0.12**	**323.0**	**0.28**	**277.0**	**0.19**	**275.1**	**0.11**
～19歳	179.4	0.17	183.6	0.26	176.0	0.49	178.9	0.86
20～24	201.0	0.49	211.5	1.06	193.6	0.22	198.3	0.42
25～29	229.0	0.10	242.9	0.20	219.3	0.34	223.5	0.30
30～34	254.4	0.25	270.9	0.63	244.0	0.56	250.4	0.36
35～39	282.5	0.25	305.1	0.76	271.3	0.34	274.3	0.44
40～44	312.2	0.12	344.5	0.48	297.8	0.27	296.9	0.30
45～49	329.4	0.38	370.8	0.49	315.0	0.65	306.9	0.37
50～54	351.1	0.37	408.8	0.53	334.8	0.81	309.9	0.49
55～59	346.0	0.31	403.4	0.67	329.3	0.73	306.4	0.43
60～64	253.3	0.28	257.5	0.54	241.6	0.51	261.1	0.59
65～69	224.4	1.14	224.4	2.62	214.2	1.75	231.3	1.08
70歳～	217.7	1.29	209.6	4.14	213.6	4.29	220.8	0.68
高専・短大卒	**311.0**	**0.23**	**335.7**	**0.67**	**302.2**	**0.17**	**299.4**	**0.43**
～19歳	-	-	-	-	-	-	-	-
20～24	204.2	0.57	209.9	0.73	203.0	0.64	199.5	0.36
25～29	235.6	0.41	245.8	0.32	232.8	0.51	229.4	1.35
30～34	267.0	0.28	277.8	0.68	262.6	0.54	263.7	0.73
35～39	299.6	0.58	319.3	0.94	288.4	0.68	297.7	0.91
40～44	327.4	0.30	344.1	0.76	321.1	0.54	321.6	1.13
45～49	371.1	0.71	400.1	1.04	363.1	0.90	347.7	0.87
50～54	399.8	0.63	452.9	1.18	385.3	0.36	359.5	1.12
55～59	396.5	0.98	449.5	0.89	372.0	1.28	372.5	1.09
60～64	286.4	1.10	295.7	2.51	273.6	2.11	294.8	2.04
65～69	258.7	2.68	256.0	8.11	248.7	2.89	270.2	3.03
70歳～	236.8	5.39	205.7	4.54	250.4	8.09	228.4	5.76
大学・大学院卒	**397.7**	**0.08**	**438.7**	**0.15**	**372.2**	**0.12**	**338.8**	**0.29**
～19歳	-	-	-	-	-	-	-	-
20～24	227.0	0.28	232.2	0.48	223.3	0.14	220.8	0.89
25～29	263.9	0.21	280.8	0.09	251.3	0.41	244.5	0.52
30～34	321.3	0.29	347.1	0.67	300.4	0.66	288.8	0.79
35～39	370.4	0.43	408.3	0.46	345.5	0.40	325.6	0.70
40～44	426.7	0.20	476.6	0.35	398.6	0.26	361.5	1.14
45～49	486.4	0.43	534.4	0.61	451.2	0.42	396.9	0.89
50～54	533.3	0.43	583.6	0.49	496.0	0.81	420.9	0.65
55～59	513.1	0.38	565.7	0.38	489.6	0.54	424.8	0.84
60～64	373.5	0.73	403.5	2.14	365.5	2.76	343.2	1.68
65～69	376.3	1.79	419.2	2.89	394.5	2.83	316.2	3.84
70歳～	477.4	2.54	538.1 *	10.77	611.7	5.77	334.8	7.41

産業、性、 学歴、年齢階級	企業規模計		1,000人以上		100～999人		10～99人	
	所定内 給与額	誤差率	所定内 給与額	誤差率	所定内 給与額	誤差率	所定内 給与額	誤差率
	千円	%	千円	%	千円	%	千円	%
女	**246.1**	**0.04**	**270.8**	**0.23**	**241.4**	**0.15**	**223.0**	**0.18**
～ 19歳	169.0	0.40	174.1	1.50	168.7	0.67	164.6	0.43
20 ～ 24	202.5	0.18	215.9	0.35	200.1	0.48	188.4	0.59
25 ～ 29	225.9	0.17	243.6	0.25	221.2	0.32	207.2	0.38
30 ～ 34	241.6	0.30	262.0	0.42	237.5	0.58	217.7	0.35
35 ～ 39	254.0	0.39	280.7	0.63	247.7	0.38	228.7	0.78
40 ～ 44	262.4	0.26	290.8	0.70	258.3	0.66	232.2	0.69
45 ～ 49	268.2	0.45	299.8	0.91	263.6	0.48	235.4	0.50
50 ～ 54	270.0	0.22	304.0	0.28	264.1	0.51	240.9	0.31
55 ～ 59	262.9	0.41	295.5	0.76	257.9	0.41	240.1	1.22
60 ～ 64	224.3	0.69	242.3	1.27	219.9	0.65	215.9	1.17
65 ～ 69	220.1	2.26	249.7	1.68	210.0	2.24	214.6	5.47
70歳 ～	229.9	2.56	284.3	4.74	214.7	4.74	222.0	3.81
中学卒	**187.6**	**0.48**	**205.8**	**2.57**	**187.5**	**1.38**	**178.1**	**0.50**
～ 19歳	160.7	3.15	161.1	5.05	171.7	2.88	150.8	3.04
20 ～ 24	167.8	2.06	179.9	4.78	170.5	1.92	159.1	3.56
25 ～ 29	182.0	2.86	193.4	2.38	190.1	2.54	169.5	3.62
30 ～ 34	178.4	0.75	195.8	1.95	180.7	0.79	166.2	1.20
35 ～ 39	187.9	0.91	210.5	6.69	183.9	2.85	180.0	1.10
40 ～ 44	195.5	2.00	221.0 *	11.92	193.2	2.55	185.5	3.21
45 ～ 49	207.4	2.43	222.0	4.94	210.4	2.78	197.5	2.19
50 ～ 54	217.5	5.13	241.0 *	13.11	206.7	4.59	210.7	4.10
55 ～ 59	198.0	1.90	221.1	2.71	201.9	3.35	181.9	1.89
60 ～ 64	174.3	1.09	177.2	2.28	179.2	1.40	164.5	1.37
65 ～ 69	174.7	1.33	200.7	4.63	169.3	3.65	172.8	2.24
70歳 ～	178.8	2.88	229.5	7.08	158.6	3.77	175.3	5.07
高校卒	**210.9**	**0.14**	**228.6**	**0.27**	**206.4**	**0.23**	**200.5**	**0.25**
～ 19歳	169.3	0.32	174.8	1.35	168.6	0.66	165.1	0.49
20 ～ 24	183.3	0.20	195.0	0.43	181.3	0.51	175.6	0.56
25 ～ 29	193.6	0.81	201.8	0.67	193.6	1.35	184.7	0.56
30 ～ 34	201.8	0.33	209.2	0.36	201.9	0.90	194.4	0.87
35 ～ 39	210.7	0.63	224.9	1.43	207.4	0.63	201.8	0.46
40 ～ 44	216.9	0.47	234.8	0.61	213.9	1.02	203.1	0.63
45 ～ 49	223.1	0.38	241.6	0.79	218.0	0.67	211.7	0.59
50 ～ 54	227.3	0.40	249.5	0.56	221.6	0.46	212.8	0.60
55 ～ 59	225.8	0.78	252.0	1.07	220.6	0.96	210.2	0.69
60 ～ 64	197.0	0.49	210.4	1.47	191.2	0.28	193.0	0.97
65 ～ 69	198.0	1.43	231.9	2.32	180.2	1.35	194.5	2.06
70歳 ～	209.4	3.09	290.3	4.67	171.2	3.59	201.7	5.66
高専・短大卒	**254.8**	**0.12**	**277.3**	**0.24**	**254.2**	**0.26**	**232.9**	**0.21**
～ 19歳	-	-	-	-	-	-	-	-
20 ～ 24	201.2	0.73	214.1	1.16	203.3	0.96	189.3	0.50
25 ～ 29	221.9	0.23	237.8	0.46	223.8	0.43	206.8	0.55
30 ～ 34	237.2	0.46	251.5	0.54	238.4	0.76	220.6	0.57
35 ～ 39	252.6	0.59	271.6	0.97	251.3	0.41	232.5	0.61
40 ～ 44	265.3	0.29	283.8	0.66	265.6	0.37	242.4	0.38
45 ～ 49	279.5	0.56	306.8	1.16	276.4	0.37	247.7	1.04
50 ～ 54	288.1	0.58	317.4	1.00	285.3	0.93	261.5	1.31
55 ～ 59	286.5	0.21	316.1	1.46	283.3	0.67	264.0	1.32
60 ～ 64	258.5	0.95	276.9	1.71	252.8	1.09	254.1	1.04
65 ～ 69	245.0	1.85	255.4	5.30	242.1	3.82	243.6	1.68
70歳 ～	279.6	4.01	258.1	9.43	266.4	5.62	299.8	5.96
大学・大学院卒	**291.5**	**0.18**	**307.5**	**0.21**	**284.2**	**0.28**	**267.7**	**0.50**
～ 19歳	-	-	-	-	-	-	-	-
20 ～ 24	220.4	0.34	226.5	0.55	216.6	0.22	209.0	0.70
25 ～ 29	244.6	0.18	258.8	0.46	235.6	0.18	226.3	0.89
30 ～ 34	274.1	0.33	290.0	0.46	265.5	0.94	248.0	0.73
35 ～ 39	302.6	0.56	327.0	0.29	290.4	1.05	271.7	1.87
40 ～ 44	336.6	0.67	363.7	1.35	327.1	1.15	292.5	1.76
45 ～ 49	368.9	1.09	398.6	1.54	369.7	1.53	304.0	2.37
50 ～ 54	384.3	1.16	423.3	0.67	369.2	1.66	332.3	1.94
55 ～ 59	379.9	0.52	418.4	0.79	361.7	1.43	357.3	3.57
60 ～ 64	350.9	3.82	391.2	5.58	344.4	3.24	317.1	7.24
65 ～ 69	458.1 *	13.83	411.8 *	12.62	455.6 *	12.84	506.0 *	32.58
70歳 ～	390.5	5.55	456.5	…	394.3 *	22.59	371.6 *	11.23

産業、性、学歴、年齢階級	企業規模計		1,000人以上		100～999人		10～99人	
	所定内給与額	誤差率	所定内給与額	誤差率	所定内給与額	誤差率	所定内給与額	誤差率
	千円	%	千円	%	千円	%	千円	%
C 鉱業，採石業，砂利採取業								
男女計	**321.3**	**1.32**	**391.0**	**3.84**	**405.6**	**2.50**	**269.3**	**0.85**
～19歳	190.7	4.13	210.0	…	192.7	6.50	171.1	…
20～24	221.4	0.57	221.0	2.20	231.4	2.05	212.4	0.81
25～29	266.0	1.21	280.2	2.13	278.8	1.56	229.7	1.81
30～34	293.6	1.31	273.6	1.82	350.9	3.13	248.1	1.03
35～39	320.3	5.26	342.7	8.16	414.7	8.99	254.9	2.99
40～44	319.3	2.07	437.1	7.21	406.3 *	11.73	270.8	2.46
45～49	339.9	1.52	466.3	5.47	450.7	5.37	281.3	1.78
50～54	387.0	6.95	519.4	3.99	521.5 *	11.94	286.8	0.89
55～59	386.5	4.08	562.7	…	532.7	4.42	301.5	2.80
60～64	272.9	3.05	312.4	8.91	312.9	9.47	261.1	2.92
65～69	252.6	4.47	-	-	294.7 *	15.67	246.5	1.90
70歳～	232.2	4.48	530.9 *	…	-	-	224.1	2.82
男	**331.8**	**1.34**	**409.4**	**4.18**	**421.5**	**2.77**	**277.5**	**0.70**
～19歳	197.4	4.47	219.4	…	193.4 *	6.51	178.5	…
20～24	222.1	0.83	221.6	3.05	231.5	4.25	214.4	0.92
25～29	266.0	0.81	283.5	2.75	277.2	0.93	234.2	1.37
30～34	297.4	1.26	292.1	2.82	348.9	4.16	257.3	0.88
35～39	328.4	5.51	375.5 *	10.63	433.0 *	11.14	258.8	3.04
40～44	328.6	2.60	486.7	7.62	414.0 *	12.80	280.7	2.10
45～49	350.6	2.59	481.0	6.22	470.6	4.78	288.7	1.80
50～54	408.2	6.59	532.8	2.75	543.5 *	11.62	302.3	1.46
55～59	404.3	2.82	590.3	…	543.1	4.28	314.5	1.36
60～64	280.7	2.86	313.1	8.90	325.5	9.76	268.0	2.55
65～69	256.3	4.46	-	-	294.7 *	15.67	250.4	1.89
70歳～	230.7	5.23	530.9 *	…	-	-	222.5	2.96
中学卒	**265.4**	**1.80**	**217.3 ***	**…**	**262.3**	**2.78**	**266.1**	**1.71**
～19歳	217.3 *	…	217.3 *	…	-	-	-	-
20～24	220.2	…	-	-	-	-	220.2	…
25～29	268.2	…	-	-	224.9 *	…	273.9 *	…
30～34	248.5	…	-	-	238.6 *	…	251.6	…
35～39	256.3	2.63	-	-	282.7 *	…	253.8	3.04
40～44	269.5	4.29	-	-	314.1 *	…	267.5	4.18
45～49	285.4	2.99	-	-	261.3 *	…	288.9	1.97
50～54	291.0	2.39	-	-	292.9	…	290.2	4.05
55～59	301.7	3.75	-	-	303.4	8.64	301.0	2.76
60～64	257.3	3.35	-	-	237.1	…	261.1	3.40
65～69	240.9	2.27	-	-	206.6	…	249.1	2.93
70歳～	223.4	4.22	-	-	-	-	223.4	4.22
高校卒	**296.8**	**1.73**	**405.9**	**4.34**	**312.7**	**3.51**	**272.4**	**0.66**
～19歳	196.0	4.35	219.8	…	193.4 *	6.51	178.5	…
20～24	211.1	0.38	221.4	3.24	200.7	2.33	208.4	2.26
25～29	237.0	2.50	277.9	3.66	209.9	3.17	224.5	2.92
30～34	254.3	1.11	255.6	…	257.4	3.18	253.1	1.10
35～39	268.4	3.55	347.2 *	12.94	285.8	3.65	251.2	2.79
40～44	299.3	1.99	448.3	4.52	307.4	2.29	278.5	2.04
45～49	303.2	2.53	472.8	6.18	332.8	8.63	278.2	1.77
50～54	366.8	3.66	530.8	2.39	392.8	6.83	292.0	0.45
55～59	337.4	3.02	557.6	…	383.2	5.47	305.1	1.81
60～64	266.3	2.26	294.2	7.38	246.9	4.51	266.8	2.75
65～69	245.1	3.38	-	-	236.8	…	245.6	3.61
70歳～	229.5	8.71	530.9 *	…	-	-	215.0	5.33
高専・短大卒	**329.7**	**4.21**	**335.3**	**7.70**	**397.1 ***	**11.98**	**300.2**	**3.42**
～19歳	-	-	-	-	-	-	-	-
20～24	231.3 *	10.60	226.3 *	…	-	-	233.1 *	10.51
25～29	235.1	4.50	257.0 *	…	-	-	228.8	4.14
30～34	270.9	3.35	307.9 *	…	270.0 *	…	243.1	6.25
35～39	286.5	…	313.1 *	…	238.6 *	…	266.1 *	…
40～44	298.5	8.92	245.2 *	…	395.3 *	…	278.4	8.54
45～49	361.6	4.31	457.7 *	…	351.5	…	335.5	4.84
50～54	370.6	6.77	493.2 *	…	388.1	…	338.9 *	10.99
55～59	384.2 *	16.29	370.4 *	…	364.1 *	…	395.9 *	17.78
60～64	311.0 *	16.17	-	-	287.4 *	…	314.0 *	17.43
65～69	649.2 *	…	-	-	734.4 *	…	308.4 *	…
70歳～	-	-	-	-	-	-	-	-
大学・大学院卒	**493.2**	**3.62**	**455.9**	**8.59**	**550.3**	**4.61**	**345.4**	**3.43**
～19歳	-	-	-	-	-	-	-	-
20～24	252.1	3.66	-	-	257.0	4.18	215.2 *	…
25～29	299.5	1.88	296.1	9.39	308.2	0.79	254.7	6.51
30～34	371.3	3.18	320.9	7.43	398.6	3.57	291.6	4.42
35～39	525.8	9.18	535.8 *	…	567.8 *	10.60	345.0	…
40～44	539.6 *	12.51	767.2 *	…	581.2 *	17.65	362.2 *	14.68
45～49	576.3	4.01	530.9	…	638.8	2.67	397.4	4.10
50～54	657.9 *	15.79	566.8 *	13.85	922.8 *	13.57	362.8	5.67
55～59	673.5	4.34	858.2 *	…	741.9	2.39	415.5	4.67
60～64	402.2 *	11.83	388.7 *	…	501.9	…	290.6	9.86
65～69	318.6	…	-	-	275.1 *	…	342.1	…
70歳～	336.0 *	…	-	-	-	-	336.0 *	…

産業、性、学歴、年齢階級	企業規模計		1,000人以上		100～999人		10～99人	
	所定内給与額	誤差率	所定内給与額	誤差率	所定内給与額	誤差率	所定内給与額	誤差率
	千円	%	千円	%	千円	%	千円	%
女	**243.6**	**1.73**	**248.0**	**3.87**	**308.9**	**1.52**	**201.8**	**2.40**
～ 19歳	169.8	…	181.7 *	…	190.1 *	…	147.9 *	…
20 ～ 24	216.1	5.50	215.6 *	…	230.7	6.64	184.9 *	…
25 ～ 29	265.9	4.61	248.7 *	…	283.1	5.40	185.1	7.81
30 ～ 34	272.1	4.93	199.4 *	…	359.8	9.70	170.7	6.09
35 ～ 39	263.4	8.87	191.9 *	…	322.3 *	13.69	215.7	5.22
40 ～ 44	264.3	9.97	280.0 *	10.10	371.1	9.42	197.9	6.56
45 ～ 49	245.5	6.37	272.8 *	…	305.7 *	11.91	212.6	6.12
50 ～ 54	238.5	3.57	324.3 *	…	326.0 *	15.23	201.6	2.17
55 ～ 59	221.1	4.65	245.7 *	…	272.3	…	212.4	5.45
60 ～ 64	196.2	3.27	268.0 *	…	188.0	…	197.3	5.95
65 ～ 69	190.3	2.58	－	－	－	－	190.3	2.58
70歳 ～	342.5 *	…	－	－	－	－	342.5 *	…
中学卒	**196.3**	**8.91**	**188.3 ***	**…**	**180.0 ***	**…**	**197.5**	**9.22**
～ 19歳	－	－	－	－	－	－	－	－
20 ～ 24	－	－	－	－	－	－	－	－
25 ～ 29	－	－	－	－	－	－	－	－
30 ～ 34	110.7 *	…	－	－	－	－	110.7 *	…
35 ～ 39	272.7 *	…	－	－	－	－	272.7 *	…
40 ～ 44	153.5 *	…	－	－	－	－	153.5 *	…
45 ～ 49	150.1 *	…	－	－	－	－	150.1 *	…
50 ～ 54	188.3 *	…	188.3 *	…	－	－	－	－
55 ～ 59	209.5 *	…	－	－	－	－	209.5 *	…
60 ～ 64	156.3 *	…	－	－	180.0 *	…	152.3 *	…
65 ～ 69	176.8 *	…	－	－	－	－	176.8 *	…
70歳 ～	－	－	－	－	－	－	－	－
高校卒	**212.8**	**2.13**	**248.4**	**8.56**	**252.4**	**3.47**	**198.6**	**1.60**
～ 19歳	169.8	…	181.7 *	…	190.1 *	…	147.9 *	…
20 ～ 24	185.1 *	…	195.1 *	…	－	－	180.6 *	…
25 ～ 29	205.5	8.32	222.5 *	…	224.6 *	…	185.1	9.04
30 ～ 34	174.9	8.83	246.3 *	…	－	－	163.9	4.25
35 ～ 39	223.2	6.71	194.3 *	…	281.9 *	…	200.4	7.21
40 ～ 44	229.1	5.76	271.9	…	287.4	…	198.2	3.99
45 ～ 49	208.2	7.85	281.3 *	…	214.9	…	202.7	8.14
50 ～ 54	219.9	3.99	356.5 *	…	290.0	…	197.1	1.05
55 ～ 59	225.8	5.57	192.6 *	…	281.8	…	215.5	6.87
60 ～ 64	200.0	4.53	－	－	183.0 *	…	202.9	7.33
65 ～ 69	194.4	3.75	－	－	－	－	194.4	3.75
70歳 ～	342.5 *	…	－	－	－	－	342.5 *	…
高専・短大卒	**265.0**	**8.56**	**260.4**	**…**	**330.7**	**8.03**	**205.8**	**7.84**
～ 19歳	－	－	－	－	－	－	－	－
20 ～ 24	185.5 *	…	－	－	167.1 *	…	197.8 *	…
25 ～ 29	314.6 *	…	314.6 *	…	－	－	－	－
30 ～ 34	239.8 *	…	186.7 *	…	289.9 *	…	202.0 *	…
35 ～ 39	214.0	…	178.5 *	…	247.6 *	…	173.3 *	…
40 ～ 44	263.6 *	19.11	341.1 *	…	366.5	…	179.1 *	25.20
45 ～ 49	319.2 *	11.17	264.3 *	…	374.6 *	12.13	240.6	…
50 ～ 54	266.6 *	15.59	379.2 *	…	－	－	236.6	…
55 ～ 59	248.3	…	272.3 *	…	249.7 *	…	239.0	…
60 ～ 64	187.2	…	－	－	200.2 *	…	176.1 *	…
65 ～ 69	－	－	－	－	－	－	－	－
70歳 ～	－	－	－	－	－	－	－	－
大学・大学院卒	**300.8**	**5.00**	**244.5**	**6.33**	**329.6**	**3.57**	**222.7 ***	**12.29**
～ 19歳	－	－	－	－	－	－	－	－
20 ～ 24	234.7	…	229.2 *	…	236.0	…	－	－
25 ～ 29	285.1	5.02	266.7 *	…	289.6	5.81	185.0 *	…
30 ～ 34	340.2	8.40	177.9 *	…	375.0	7.79	204.4 *	…
35 ～ 39	338.2	…	193.2 *	…	361.1	…	261.8 *	…
40 ～ 44	406.2	…	298.2 *	…	463.3 *	…	320.8 *	…
45 ～ 49	308.3 *	…	－	－	277.3 *	…	314.5 *	…
50 ～ 54	358.9	…	392.1 *	…	373.9	…	207.0 *	…
55 ～ 59	200.7 *	…	－	－	－	－	200.7 *	…
60 ～ 64	211.5 *	…	268.0 *	…	－	－	192.7 *	…
65 ～ 69	－	－	－	－	－	－	－	－
70歳 ～	－	－	－	－	－	－	－	－

産業、性、学歴、年齢階級	企業規模計		1,000人以上		100～999人		10～99人	
	所定内給与額	誤差率	所定内給与額	誤差率	所定内給与額	誤差率	所定内給与額	誤差率
	千円	%	千円	%	千円	%	千円	%
D 建設業								
男女計	**330.5**	**0.57**	**411.7**	**1.67**	**340.7**	**0.31**	**294.7**	**0.30**
～19歳	182.8	0.58	177.4	0.71	182.1	1.65	183.8	0.60
20～24	215.5	0.92	220.4	0.72	216.2	1.19	213.0	1.01
25～29	250.5	0.55	265.3	1.56	246.8	1.07	242.5	0.86
30～34	290.9	1.16	324.9	1.99	295.5	1.69	273.8	0.54
35～39	316.1	0.67	365.8	1.43	321.6	2.04	300.3	0.59
40～44	347.9	0.12	422.4	1.24	356.3	1.24	317.5	0.46
45～49	385.2	1.00	494.0	1.93	392.8	1.51	327.1	0.46
50～54	410.4	0.83	564.9	2.03	420.7	2.07	329.7	1.31
55～59	399.8	1.83	557.3	1.32	424.6	2.20	328.5	1.18
60～64	323.2	1.77	395.4	6.83	342.1	2.96	298.3	1.04
65～69	284.0	1.92	331.9	6.29	320.0	3.75	269.2	1.31
70歳～	240.1	3.74	311.0	…	270.1	4.76	234.9	3.76
男	**343.9**	**0.51**	**429.5**	**1.48**	**359.0**	**0.43**	**305.3**	**0.27**
～19歳	184.9	1.03	177.4	0.71	182.7	2.12	186.7	1.23
20～24	218.4	0.91	224.1	0.82	218.5	1.28	216.1	1.00
25～29	255.6	0.49	268.3	1.23	253.1	1.81	248.2	1.04
30～34	302.3	1.10	335.0	2.34	311.0	1.78	284.4	0.51
35～39	330.1	0.71	387.6	1.47	339.2	2.22	312.6	0.57
40～44	365.3	0.18	443.6	1.32	379.5	1.63	332.9	0.55
45～49	405.1	0.96	514.5	1.45	419.7	1.86	343.1	0.67
50～54	431.1	0.73	593.7	1.74	442.7	1.90	343.7	1.39
55～59	415.9	1.54	575.7	1.56	446.0	2.01	341.0	1.00
60～64	330.8	1.66	404.3	6.81	348.0	3.00	305.4	1.02
65～69	287.1	1.64	333.2	6.13	327.4	3.59	271.3	1.02
70歳～	243.1	3.75	313.4	…	277.1	5.38	236.9	3.85
中学卒	**304.0**	**0.57**	**430.3**	**3.51**	**336.9**	**2.80**	**290.4**	**0.69**
～19歳	194.5	3.04	－	－	180.7 *	…	194.7	3.06
20～24	233.3	2.29	246.9 *	…	234.0	6.61	232.5	2.16
25～29	288.2	2.42	280.4	1.00	259.8 *	11.26	291.4	3.20
30～34	313.4	3.06	296.1	…	299.1	7.61	315.8	3.16
35～39	316.8	1.79	370.8	…	309.8	8.57	313.9	1.96
40～44	338.2	2.10	481.1	4.33	354.2	8.34	313.8	1.74
45～49	373.7	2.88	557.1	6.82	386.7	9.49	334.5	2.57
50～54	348.6	2.83	505.5	7.81	377.4 *	13.38	315.5	1.95
55～59	334.0	1.95	509.7	7.88	395.2	9.28	312.0	2.54
60～64	284.8	2.37	299.1 *	11.20	302.2	5.59	283.5	2.43
65～69	270.4	2.10	232.1	…	303.9	8.77	270.0	2.54
70歳～	223.8	2.02	－	－	265.8 *	…	222.7	2.17
高校卒	**311.9**	**0.64**	**353.8**	**1.93**	**336.6**	**0.74**	**298.6**	**0.44**
～19歳	183.2	1.41	177.4	0.71	182.8	2.12	184.5	1.79
20～24	213.7	1.25	214.3	2.39	205.2	1.78	216.0	1.19
25～29	246.7	0.84	251.4	3.12	257.0	4.81	242.3	1.34
30～34	286.5	1.19	299.6	4.79	310.0	5.22	279.7	0.47
35～39	313.2	0.86	336.9	4.79	332.4	4.69	307.0	0.73
40～44	342.7	0.73	399.8	2.75	366.9	0.92	326.6	1.11
45～49	349.0	1.30	428.2	1.28	370.6	0.80	334.0	1.62
50～54	359.5	1.09	463.2	2.54	413.9	2.80	330.1	1.26
55～59	357.5	1.51	463.8	3.15	404.9	2.27	327.4	1.27
60～64	311.5	0.92	343.7	5.92	330.0	2.04	296.7	0.98
65～69	279.8	3.50	310.0	7.61	323.8	6.87	266.3	1.48
70歳～	241.5	4.58	267.4	…	258.1	6.61	237.7	4.86
高専・短大卒	**352.6**	**1.60**	**416.5**	**5.78**	**360.6**	**1.37**	**328.7**	**1.52**
～19歳	－	－	－	－	－	－	－	－
20～24	205.0	0.92	206.0	3.57	217.2	2.69	199.8	1.29
25～29	252.2	5.02	275.8	5.12	243.7	5.56	249.6	6.25
30～34	286.6	3.26	328.5 *	19.77	278.4	2.72	283.0	3.05
35～39	338.2	2.04	385.0	8.58	318.9	2.76	335.6	2.62
40～44	359.5	1.47	391.8	5.35	361.4	3.83	351.4	1.30
45～49	408.8	1.66	451.0	1.84	433.4	2.49	365.1	3.34
50～54	444.6	7.47	664.1 *	16.06	422.5	4.51	389.0	3.93
55～59	424.9	4.21	481.3	7.40	444.9	3.92	383.6	5.10
60～64	355.4	1.76	383.9	4.75	330.4 *	11.06	354.3	6.77
65～69	332.0	6.75	384.8	8.57	388.0 *	11.27	283.2	9.11
70歳～	262.3	…	250.0 *	…	287.9 *	…	239.2	…
大学・大学院卒	**402.1**	**0.68**	**463.5**	**1.50**	**380.9**	**1.18**	**330.5**	**0.63**
～19歳	－	－	－	－	－	－	－	－
20～24	230.2	1.04	232.6	1.77	233.2	1.27	218.4	2.99
25～29	259.1	1.08	272.5	1.60	251.9	1.13	244.5	1.38
30～34	322.4	1.48	346.0	1.47	318.7	2.84	283.6	3.26
35～39	360.1	1.01	407.5	1.07	350.4	1.84	317.3	1.15
40～44	414.7	0.52	473.2	1.93	402.0	2.49	351.3	1.00
45～49	481.2	0.97	540.1	1.53	460.2	2.72	375.1	1.49
50～54	537.6	1.31	630.5	1.65	476.2	2.30	398.4	2.67
55～59	528.0	1.55	647.7	1.61	488.4	2.55	396.7	1.29
60～64	404.5	5.14	531.8 *	13.57	387.5	4.74	347.1	3.02
65～69	326.3	3.39	362.1	9.73	326.0	8.27	299.4	4.96
70歳～	298.3 *	18.42	479.1 *	…	344.3 *	13.99	278.8 *	22.71

産業、性、 学歴、年齢階級	企業規模計		1,000人以上		100～999人		10～99人	
	所定内 給与額	誤差率	所定内 給与額	誤差率	所定内 給与額	誤差率	所定内 給与額	誤差率
	千円	%	千円	%	千円	%	千円	%
女	**244.0**	**0.76**	**301.1**	**3.75**	**242.0**	**1.03**	**219.7**	**0.70**
～19歳	165.9	1.31	-	-	176.6	6.05	163.4	2.78
20～24	199.5	1.62	204.7	1.66	205.2	1.98	192.8	2.53
25～29	224.5	1.58	248.5	4.01	223.7	3.45	207.1	1.53
30～34	225.6	1.91	263.5	3.75	232.4	4.50	203.0	2.08
35～39	240.4	1.64	286.0	2.12	239.4	2.29	220.1	3.45
40～44	252.1	1.65	323.3	3.30	249.4	1.15	220.1	2.24
45～49	269.6	1.24	363.0	5.60	259.0	4.26	231.3	2.54
50～54	273.9	2.99	352.1	6.08	264.6	4.18	244.8	3.31
55～59	264.7	4.76	382.0	8.07	259.9	7.13	226.1	2.56
60～64	224.9	2.97	219.4	8.77	269.4 *	10.70	213.7	2.94
65～69	224.5 *	10.25	162.8 *	…	180.8	9.21	233.3 *	10.77
70歳～	220.0	7.93	156.6 *	…	139.9 *	…	222.5	7.90
中学卒	**186.8**	**2.48**	**232.7 ***	**…**	**181.0 ***	**11.27**	**185.1**	**2.68**
～19歳	-	-	-	-	-	-	-	-
20～24	222.5 *	…	240.0 *	…	-	-	171.4 *	…
25～29	202.8 *	…	-	-	-	-	202.8 *	…
30～34	142.9 *	…	-	-	142.9 *	…	142.9 *	…
35～39	189.7 *	…	-	-	198.4 *	…	188.4 *	…
40～44	306.4	…	-	-	-	-	306.4	…
45～49	195.4 *	…	-	-	203.9 *	…	195.0 *	…
50～54	270.6 *	…	-	-	270.6 *	…	-	-
55～59	196.1 *	…	-	-	-	-	196.1 *	…
60～64	174.9	…	156.6 *	…	-	-	175.2	…
65～69	171.1	4.60	-	-	162.4 *	…	173.1	…
70歳～	165.1	4.45	156.6 *	…	145.1 *	…	166.2	7.72
高校卒	**224.6**	**0.96**	**263.2**	**4.71**	**233.3**	**2.73**	**216.1**	**1.04**
～19歳	165.9	1.31	-	-	176.6	6.05	163.4	2.78
20～24	182.7	2.54	178.8	…	182.1	1.57	183.4	3.93
25～29	192.6	2.10	183.0	…	199.3	6.19	191.4	1.63
30～34	203.9	1.14	229.7	9.50	216.4	1.91	196.1	2.94
35～39	216.5	2.54	247.7	3.81	212.4	4.37	211.7	3.52
40～44	222.2	1.61	279.9	3.80	226.5	4.56	211.4	2.00
45～49	234.6	1.69	270.1	4.34	239.9	2.30	226.1	2.64
50～54	249.3	2.57	285.1	7.22	244.5	4.00	244.2	3.43
55～59	246.5	4.68	330.8	7.56	276.4 *	12.43	221.1	4.19
60～64	226.9	5.60	193.5	3.11	293.0 *	11.95	212.9	3.54
65～69	246.6 *	14.08	140.5 *	…	187.0	…	261.4 *	14.16
70歳～	234.6	8.65	156.6 *	…	128.1 *	…	236.5	8.56
高専・短大卒	**250.2**	**1.52**	**322.1**	**5.05**	**245.2**	**0.97**	**222.2**	**1.61**
～19歳	-	-	-	-	-	-	-	-
20～24	197.9	1.25	200.6	…	200.9	0.93	195.6	2.01
25～29	207.1	2.09	240.0	…	214.6	4.72	199.1	2.02
30～34	206.9	2.14	227.8	8.47	208.6	5.56	201.0	1.97
35～39	238.9	2.76	311.4 *	10.82	226.3	2.46	221.9	6.13
40～44	252.5	1.92	298.9	2.28	261.3	3.57	228.2	3.43
45～49	277.4	2.13	347.6	5.22	269.9	6.29	233.9	3.29
50～54	271.0	3.16	338.8	5.77	272.2	4.58	231.1	2.21
55～59	290.5	7.87	458.4	8.74	233.3 *	10.83	235.0	3.21
60～64	226.9	8.60	276.5	…	179.3	…	219.5	7.39
65～69	201.5	…	-	-	185.9 *	…	202.0	…
70歳～	397.0 *	…	-	-	-	-	397.0 *	…
大学・大学院卒	**268.7**	**2.33**	**304.3**	**5.47**	**249.2**	**1.88**	**234.1**	**2.78**
～19歳	-	-	-	-	-	-	-	-
20～24	208.7	1.41	207.4	1.49	216.0	2.54	202.6	4.77
25～29	239.4	1.21	253.6	3.31	230.6	2.59	227.8	3.18
30～34	258.4	2.38	274.7	4.03	261.3	5.01	226.2	2.60
35～39	268.5	1.11	289.4	4.01	269.5	3.36	239.4	5.84
40～44	292.5	2.70	354.0	4.73	257.5	4.07	224.3	5.70
45～49	341.5	8.01	437.8	8.03	281.9 *	10.40	255.3	9.60
50～54	356.1	8.15	413.6 *	13.04	323.5	…	281.8 *	11.26
55～59	294.3	5.65	332.8 *	14.77	278.0	…	247.4	6.37
60～64	228.9	…	191.7 *	…	206.1 *	…	254.3 *	…
65～69	244.9 *	…	180.7 *	…	-	-	256.3 *	…
70歳～	-	-	-	-	-	-	-	-

産業、性、学歴、年齢階級	企業規模計 所定内給与額	企業規模計 誤差率	1,000人以上 所定内給与額	1,000人以上 誤差率	100～999人 所定内給与額	100～999人 誤差率	10～99人 所定内給与額	10～99人 誤差率
	千円	%	千円	%	千円	%	千円	%
E 製造業								
男女計	**294.5**	**0.11**	**349.5**	**0.18**	**276.3**	**0.15**	**252.2**	**0.21**
～ 19歳	176.4	0.43	183.5	0.92	174.1	0.48	169.9	0.65
20 ～ 24	197.9	0.25	214.1	0.60	193.0	0.47	184.2	0.56
25 ～ 29	229.0	0.32	252.1	0.15	220.2	0.48	206.4	0.48
30 ～ 34	261.1	0.15	298.1	0.29	246.1	0.24	232.7	0.20
35 ～ 39	288.6	0.13	338.3	0.60	271.0	0.55	251.9	0.37
40 ～ 44	314.1	0.21	369.3	0.43	298.0	0.42	271.1	0.52
45 ～ 49	344.6	0.32	417.3	0.47	324.9	0.40	278.3	0.76
50 ～ 54	366.1	0.31	454.5	0.67	337.1	0.48	287.3	0.47
55 ～ 59	362.5	0.79	459.9	0.72	336.2	1.37	284.4	0.36
60 ～ 64	243.8	0.65	261.9	0.54	231.1	0.49	241.3	1.55
65 ～ 69	220.5	1.46	235.5	7.31	211.9	1.91	222.2	1.14
70歳 ～	219.0	1.33	244.9 *	10.96	206.0	2.35	220.3	2.78
男	**318.9**	**0.09**	**368.5**	**0.19**	**299.9**	**0.19**	**276.1**	**0.23**
～ 19歳	179.7	0.29	185.3	0.38	177.1	0.41	175.2	0.97
20 ～ 24	203.7	0.35	217.9	0.70	197.5	0.36	191.8	0.52
25 ～ 29	236.6	0.31	256.7	0.22	227.0	0.37	216.0	0.44
30 ～ 34	272.4	0.25	305.6	0.30	256.7	0.29	245.4	0.35
35 ～ 39	304.9	0.18	350.4	0.57	286.2	0.32	269.3	0.29
40 ～ 44	337.4	0.21	389.1	0.57	320.8	0.48	294.5	0.35
45 ～ 49	377.4	0.43	443.8	0.56	356.5	0.47	309.4	0.51
50 ～ 54	407.3	0.18	484.1	0.35	377.6	0.30	324.7	0.69
55 ～ 59	409.9	0.68	492.5	0.55	385.2	1.45	325.6	0.41
60 ～ 64	267.8	0.76	279.6	0.45	255.3	0.74	269.3	1.72
65 ～ 69	241.8	2.05	272.6	8.06	235.3	2.92	240.0	1.24
70歳 ～	237.0	0.84	264.2 *	12.14	223.7	2.56	238.1	1.43
中学卒	**267.4**	**1.11**	**303.1**	**1.57**	**253.3**	**0.85**	**259.3**	**1.41**
～ 19歳	173.1	3.29	178.9	…	183.2	8.51	166.0	4.15
20 ～ 24	183.9	3.31	225.5	9.70	166.5	3.35	174.0	4.15
25 ～ 29	220.0	4.81	262.7	6.92	196.5	7.76	208.8	1.90
30 ～ 34	249.4	1.08	288.1	3.35	231.4	4.48	234.5	1.33
35 ～ 39	269.4	1.60	311.4	2.53	249.9	3.56	250.4	2.13
40 ～ 44	290.3	2.27	316.3	4.15	274.8	2.40	286.9	2.84
45 ～ 49	305.2	0.94	349.1	1.61	317.0	2.77	284.5	0.99
50 ～ 54	315.5	3.48	350.3	5.19	304.1	4.42	311.8	4.33
55 ～ 59	325.7	3.87	370.6	5.53	306.0	2.73	304.7	5.17
60 ～ 64	238.7	1.77	247.6	4.21	222.2	2.04	248.6	1.73
65 ～ 69	222.4	1.36	168.8	5.23	199.4	5.86	234.1	1.74
70歳 ～	213.5	2.67	237.2 *	21.47	189.7	9.57	216.1	3.97
高校卒	**290.2**	**0.09**	**326.6**	**0.18**	**275.4**	**0.12**	**266.9**	**0.28**
～ 19歳	179.9	0.30	185.3	0.36	177.0	0.43	175.9	1.07
20 ～ 24	200.2	0.56	215.7	1.18	193.1	0.27	189.6	0.23
25 ～ 29	228.3	0.37	249.0	0.46	217.5	0.31	211.6	0.27
30 ～ 34	253.9	0.24	281.6	1.01	241.6	0.76	240.0	0.36
35 ～ 39	280.5	0.26	313.3	0.33	267.3	0.57	262.7	0.25
40 ～ 44	310.2	0.14	347.8	0.57	297.3	0.49	282.4	0.72
45 ～ 49	334.9	0.41	384.9	0.38	320.3	0.54	297.8	0.49
50 ～ 54	362.8	0.39	422.9	0.59	345.6	0.77	311.7	0.65
55 ～ 59	361.6	0.48	427.0	0.85	342.9	1.45	310.6	0.77
60 ～ 64	250.3	1.04	259.4	0.94	235.5	1.12	255.9	2.12
65 ～ 69	224.1	1.48	235.7	9.10	208.3	2.63	230.0	1.43
70歳 ～	233.4	1.84	229.4 *	12.51	209.0	3.09	238.8	1.82
高専・短大卒	**310.5**	**0.36**	**347.1**	**0.88**	**302.5**	**0.44**	**282.2**	**1.01**
～ 19歳	−	−	−	−	−	−	−	−
20 ～ 24	200.1	1.03	209.5	0.71	194.7	1.04	193.1	2.40
25 ～ 29	227.5	0.79	247.9	0.23	222.3	1.12	209.8	2.98
30 ～ 34	257.6	0.89	282.6	0.78	249.9	1.77	241.2	1.18
35 ～ 39	286.9	0.78	324.0	1.23	275.8	1.18	267.7	1.78
40 ～ 44	318.5	1.47	352.7	2.11	314.9	1.36	295.2	1.87
45 ～ 49	375.1	1.82	426.3	1.72	362.1	2.77	332.5	1.06
50 ～ 54	404.0	0.58	483.9	1.72	385.6	1.74	338.4	2.05
55 ～ 59	402.0	1.81	482.9	2.55	367.8	2.11	359.5	3.43
60 ～ 64	266.9	2.09	274.0	3.64	258.6	1.95	268.9	5.78
65 ～ 69	276.7	4.02	306.5 *	21.99	277.9 *	20.94	271.0	3.91
70歳 ～	250.4	…	−	−	235.4	…	264.4	…
大学・大学院卒	**382.8**	**0.25**	**436.3**	**0.26**	**349.8**	**0.57**	**310.4**	**0.27**
～ 19歳	−	−	−	−	−	−	−	−
20 ～ 24	221.6	0.65	228.8	0.31	217.8	1.27	211.6	1.98
25 ～ 29	252.1	0.41	268.0	0.22	243.4	0.34	228.8	1.15
30 ～ 34	302.3	0.49	331.8	0.75	280.7	0.32	263.7	0.77
35 ～ 39	349.1	0.56	396.9	0.76	318.4	0.54	292.9	0.89
40 ～ 44	400.2	0.66	465.7	0.95	366.2	0.98	331.4	0.98
45 ～ 49	464.8	0.54	524.7	0.38	426.9	0.83	353.1	2.08
50 ～ 54	510.5	0.65	570.0	0.93	457.1	0.85	386.3	1.18
55 ～ 59	516.1	0.82	595.8	0.47	477.1	1.87	374.8	0.91
60 ～ 64	332.4	1.48	360.7	1.17	314.4	2.50	327.3	3.25
65 ～ 69	335.3	5.68	421.3	7.40	356.3 *	13.15	294.9	4.48
70歳 ～	331.0	2.78	467.9	…	364.5 *	23.47	308.4	6.80

産業、性、学歴、年齢階級	企業規模計		1,000人以上		100～999人		10～99人	
	所定内給与額	誤差率	所定内給与額	誤差率	所定内給与額	誤差率	所定内給与額	誤差率
	千円	%	千円	%	千円	%	千円	%
女	**214.1**	**0.33**	**256.3**	**0.64**	**207.5**	**0.24**	**190.9**	**0.33**
～19歳	168.7	1.05	177.4	3.17	167.9	0.61	161.4	1.25
20～24	184.1	0.56	200.8	0.81	183.4	0.63	170.5	1.47
25～29	204.9	0.68	231.4	0.74	201.9	0.90	182.8	1.24
30～34	215.3	0.46	254.0	0.64	208.7	0.58	191.3	0.93
35～39	224.5	0.51	270.5	1.16	218.3	1.18	194.3	1.39
40～44	232.3	0.75	279.8	1.04	226.1	1.07	199.0	0.67
45～49	237.3	1.14	294.5	2.23	229.5	0.60	200.5	0.53
50～54	228.6	0.68	287.5	1.57	217.1	1.47	202.8	0.91
55～59	213.8	1.08	274.5	1.38	200.2	1.78	195.5	1.25
60～64	173.1	0.64	174.5	0.34	168.5	1.19	177.3	1.01
65～69	166.4	0.99	156.5	2.71	153.7	1.90	175.3	1.23
70歳～	171.8	4.96	166.3 *	…	156.8	2.83	174.9	5.41
中学卒	**168.4**	**1.34**	**183.3**	**3.95**	**170.6**	**1.77**	**162.3**	**1.52**
～19歳	156.3	8.25	162.3	…	164.9	…	135.6	…
20～24	150.0	3.03	147.4	3.90	160.4	4.27	147.9	4.73
25～29	155.7	3.72	184.9	7.57	150.1	4.33	150.8	5.05
30～34	159.4	2.39	204.5	7.83	147.9	4.52	153.7	4.39
35～39	158.0	1.35	179.4	…	166.8	2.95	151.2	0.66
40～44	181.1	2.42	198.9 *	11.21	198.2	6.56	164.4	2.38
45～49	187.8	3.07	193.3	4.64	198.8	5.25	176.6	2.84
50～54	189.6	2.08	211.8 *	13.46	190.9	3.47	182.5	4.60
55～59	186.7	4.61	250.9	9.46	184.8	5.24	168.5	2.69
60～64	156.6	1.09	159.2	6.01	154.9	1.74	156.9	1.41
65～69	165.3	3.16	155.8	…	149.6	2.33	177.6	5.55
70歳～	163.0	6.81	150.0 *	…	148.9	4.62	165.0	7.86
高校卒	**198.7**	**0.38**	**232.3**	**0.39**	**193.9**	**0.35**	**183.7**	**0.43**
～19歳	169.1	0.84	178.6	2.70	167.9	0.62	162.2	1.16
20～24	176.3	0.56	193.9	0.90	174.8	0.66	166.1	1.27
25～29	189.4	1.42	213.7	1.81	186.8	1.69	173.7	1.27
30～34	194.9	0.77	222.2	1.12	192.9	0.94	180.2	0.98
35～39	202.4	0.48	234.0	2.33	201.0	1.05	184.6	1.37
40～44	212.2	0.88	255.2	1.96	204.7	1.48	189.8	1.11
45～49	215.2	0.83	258.9	2.14	209.9	0.79	192.6	0.20
50～54	213.3	0.92	256.0	2.66	207.6	1.79	194.0	1.48
55～59	203.6	1.09	255.7	1.57	194.5	1.61	187.8	0.98
60～64	170.7	0.55	172.6	0.94	166.1	0.85	174.6	0.89
65～69	166.1	1.40	150.5	0.85	154.5	2.01	175.2	1.84
70歳～	173.2	5.16	164.3 *	…	158.4	8.95	176.9	5.93
高専・短大卒	**232.8**	**0.69**	**268.9**	**1.22**	**225.5**	**0.37**	**210.7**	**1.90**
～19歳	-	-	-	-	-	-	-	-
20～24	185.7	0.92	189.6	1.70	188.9	1.01	176.5	1.46
25～29	198.1	1.07	216.0	2.11	197.6	1.36	186.3	2.20
30～34	212.3	1.02	225.7	1.69	210.9	1.94	205.7	1.34
35～39	225.3	0.98	254.8	2.12	216.5	1.25	209.1	3.19
40～44	245.7	1.31	272.8	2.46	249.6	1.68	214.0	2.49
45～49	262.3	1.32	314.8	0.90	250.7	1.35	214.8	2.09
50～54	257.1	1.70	311.3	2.45	240.4	1.79	235.0	4.48
55～59	244.1	2.12	299.7	2.30	215.9	1.67	228.7	3.49
60～64	191.6	3.64	198.4	8.31	178.3	2.89	204.0	6.23
65～69	169.5	3.13	175.8	…	165.0	6.29	167.4	4.71
70歳～	203.4	…	174.2 *	…	148.6 *	…	219.2	…
大学・大学院卒	**274.4**	**0.78**	**315.7**	**1.28**	**256.9**	**0.53**	**234.2**	**1.35**
～19歳	-	-	-	-	-	-	-	-
20～24	213.4	0.76	226.4	1.64	208.9	0.75	201.1	1.17
25～29	234.1	0.54	254.4	0.88	227.2	0.71	210.8	2.27
30～34	263.9	0.54	296.3	0.78	245.9	1.10	233.6	0.73
35～39	289.9	1.34	333.4	1.98	273.6	3.03	239.8	2.70
40～44	314.5	1.98	363.8	3.83	296.5	1.29	250.1	4.83
45～49	357.4	3.04	430.2	4.69	341.8	5.10	264.3	5.17
50～54	357.9	2.83	445.7	3.11	307.5	3.96	263.1	4.51
55～59	315.7	8.04	407.4	9.60	288.5 *	17.47	262.0	7.62
60～64	238.6	7.01	212.3 *	12.78	259.1 *	16.20	231.8	8.12
65～69	196.9	…	198.7 *	…	189.8 *	…	202.3 *	…
70歳～	147.9 *	…	-	-	-	-	147.9 *	…

産業、性、学歴、年齢階級	企業規模計		1,000人以上		100～999人		10～99人	
	所定内給与額	誤差率	所定内給与額	誤差率	所定内給与額	誤差率	所定内給与額	誤差率
	千円	%	千円	%	千円	%	千円	%
F 電気・ガス・熱供給・水道業								
男女計	**404.2**	**0.21**	**421.6**	**0.31**	**328.8**	**1.01**	**307.6**	**0.47**
～19歳	183.6	1.20	185.1	1.52	178.1	1.70	172.3	2.24
20～24	219.0	0.32	221.2	0.20	202.5	0.75	202.6	2.68
25～29	271.1	0.55	277.7	0.63	236.8	0.47	226.5	1.16
30～34	330.1	1.27	345.6	1.40	283.7	2.94	264.3	2.86
35～39	386.4	0.61	406.2	0.51	324.3	3.78	300.5	2.93
40～44	442.7	0.49	465.4	0.41	370.5	1.91	309.0	0.76
45～49	507.2	1.05	529.3	0.91	396.0	1.82	365.4	1.59
50～54	546.1	0.81	565.8	0.85	418.0	2.27	381.5	4.34
55～59	527.3	1.30	549.1	1.39	421.4	2.01	391.6	1.11
60～64	272.5	2.21	267.8	1.31	284.9 *	10.60	281.8	4.61
65～69	254.5	5.15	266.6	7.94	237.5	8.36	251.4	3.99
70歳～	268.5	9.57	277.6	…	283.4	…	240.4	…
男	**415.2**	**0.23**	**431.6**	**0.37**	**340.5**	**0.99**	**318.1**	**0.36**
～19歳	184.2	1.21	185.9	1.52	178.8	1.77	172.3	2.16
20～24	220.8	0.44	222.8	0.37	202.0	0.85	206.8	2.87
25～29	274.1	0.51	279.8	0.58	238.1	1.21	227.5	1.80
30～34	339.2	1.01	354.3	1.08	289.0	2.89	270.3	2.82
35～39	395.3	0.21	414.8	0.35	331.8	3.88	309.1	3.18
40～44	454.7	0.58	476.8	0.45	381.0	2.04	322.1	0.85
45～49	524.4	1.09	545.1	0.89	417.4	2.52	383.7	1.38
50～54	558.4	0.95	575.4	1.11	441.6	2.25	401.0	4.67
55～59	535.7	1.29	557.3	1.41	421.7	2.40	401.7	1.13
60～64	276.8	2.01	272.2	0.94	289.6 *	11.63	284.8	5.08
65～69	256.9	5.05	267.1	8.38	245.2	7.83	251.4	3.99
70歳～	268.5	9.57	277.6	…	283.4	…	240.4	…
中学卒	**364.8**	**2.44**	**385.4**	**1.51**	**271.5**	**7.81**	**259.2**	**2.38**
～19歳	–	–	–	–	–	–	–	–
20～24	286.9 *	…	226.9 *	…	–	–	338.3 *	…
25～29	206.2 *	…	–	–	206.2 *	…	–	–
30～34	270.2	…	202.1 *	…	318.2 *	…	257.7 *	…
35～39	234.2	…	203.0 *	…	275.6 *	…	241.8 *	…
40～44	365.0	3.92	386.1	3.69	306.5	…	263.1 *	10.72
45～49	404.6	3.11	405.2	3.28	427.4 *	…	349.2 *	…
50～54	433.2	5.88	440.4	5.94	398.6 *	…	293.0 *	…
55～59	385.8	6.45	396.4	7.43	321.9 *	…	281.3 *	…
60～64	228.8	4.87	225.4	5.92	220.8	…	258.8	…
65～69	195.5	6.51	200.8 *	…	182.9 *	…	196.6	…
70歳～	–	–	–	–	–	–	–	–
高校卒	**411.8**	**0.34**	**428.5**	**0.43**	**309.7**	**0.79**	**298.8**	**1.18**
～19歳	184.2	1.21	185.9	1.52	178.8	1.77	172.3	2.16
20～24	221.7	0.62	224.7	0.50	197.5	1.22	192.9	2.55
25～29	278.2	0.51	283.9	0.62	233.8	2.75	212.2	1.09
30～34	332.5	0.83	355.6	1.11	251.3	2.65	248.3	2.15
35～39	389.1	0.26	409.1	0.40	290.6	2.38	282.7	1.62
40～44	446.5	0.61	464.1	0.63	358.7	1.29	312.3	1.03
45～49	499.9	1.06	517.4	1.00	367.2	2.22	353.2	1.54
50～54	537.6	1.00	551.4	1.16	399.3	1.99	373.4	3.79
55～59	516.7	1.16	534.8	1.19	389.6	1.95	365.1	1.04
60～64	265.2	1.17	264.2	1.41	268.4	2.21	267.4	2.88
65～69	245.6	3.72	236.1	4.23	241.2	8.40	265.8	7.04
70歳～	262.0 *	13.33	305.8 *	…	255.0	…	212.5 *	…
高専・短大卒	**360.0**	**2.26**	**367.2**	**2.74**	**340.3**	**3.50**	**310.4**	**2.08**
～19歳	–	–	–	–	–	–	–	–
20～24	214.3	0.41	214.9	0.47	185.8	4.04	213.7	…
25～29	273.8	1.41	277.5	1.53	236.0	2.03	235.0	5.43
30～34	314.6	1.13	325.5	1.25	234.5	…	267.2	3.04
35～39	371.9	2.74	394.3	3.07	295.9	6.72	289.2	4.61
40～44	412.9	2.94	445.7	3.19	342.3	3.44	318.7	1.89
45～49	470.4	3.38	510.0	3.24	401.3	4.25	337.1	6.84
50～54	539.2	2.07	571.4	3.24	429.6	8.39	387.3	9.04
55～59	546.9	4.78	585.7	5.04	433.8 *	18.54	417.7	6.39
60～64	337.0	7.62	387.4 *	11.70	275.9 *	11.26	282.8 *	11.97
65～69	322.5	…	411.4 *	…	232.8 *	…	234.1	…
70歳～	240.0 *	…	179.3 *	…	–	–	327.0 *	…
大学・大学院卒	**442.9**	**0.68**	**463.8**	**0.62**	**381.3**	**1.63**	**359.2**	**1.05**
～19歳	–	–	–	–	–	–	–	–
20～24	221.9	0.49	223.7	0.66	212.6	1.45	211.9	1.62
25～29	269.7	0.84	275.6	0.79	241.1	1.13	237.3	1.36
30～34	349.1	1.37	359.6	1.65	315.2	3.51	294.9	5.24
35～39	417.5	1.36	437.7	0.57	377.2	5.66	362.6	7.14
40～44	498.9	1.57	537.7	1.81	421.6	3.17	349.6	3.10
45～49	602.9	1.13	637.6	1.66	477.8	2.84	446.5	4.29
50～54	658.5	2.36	701.1	2.23	501.5	1.36	473.0	7.11
55～59	639.0	1.81	704.6	2.57	474.7	3.75	492.0	3.83
60～64	343.9 *	14.38	329.7 *	11.87	361.8 *	19.65	349.9 *	19.52
65～69	285.7	5.37	304.6 *	10.18	266.6 *	18.95	272.3 *	10.55
70歳～	304.0	…	234.9 *	…	356.7 *	…	285.1 *	…

産業、性、学歴、年齢階級	企業規模計		1,000人以上		100～999人		10～99人	
	所定内給与額	誤差率	所定内給与額	誤差率	所定内給与額	誤差率	所定内給与額	誤差率
	千円	%	千円	%	千円	%	千円	%
女	**318.9**	**1.76**	**337.0**	**2.00**	**264.7**	**2.77**	**247.9**	**1.67**
～ 19歳	179.0	1.48	180.1	2.07	167.6 *	…	172.1 *	…
20 ～ 24	209.7	0.92	211.9	1.14	204.0	0.97	186.3	3.99
25 ～ 29	249.7	2.23	258.3	2.62	233.5	1.63	222.7	2.51
30 ～ 34	279.9	3.01	290.3	3.70	265.9	4.45	238.6	3.61
35 ～ 39	328.5	4.75	347.9	5.20	280.1	2.63	256.4	2.05
40 ～ 44	349.8	1.53	374.1	1.95	278.3	2.69	246.5	3.43
45 ～ 49	388.9	1.37	414.9	1.64	292.6	3.37	257.8	2.35
50 ～ 54	418.2	1.51	455.0	1.41	278.5	1.78	273.3	4.86
55 ～ 59	414.9	3.93	427.6	3.67	419.3 *	15.44	316.3	6.66
60 ～ 64	206.7	3.01	207.7	4.97	186.5	3.80	227.6	8.75
65 ～ 69	162.5 *	…	217.8 *	…	150.8 *	…	－	－
70歳 ～	－	－	－	－	－	－	－	－
中学卒	**241.6**	**9.06**	**243.4 ***	**10.60**	**198.4 ***	**…**	**206.7 ***	**…**
～ 19歳	－	－	－	－	－	－	－	－
20 ～ 24	－	－	－	－	－	－	－	－
25 ～ 29	254.7 *	…	254.7 *	…	－	－	－	－
30 ～ 34	223.5 *	…	231.6 *	…	216.0 *	…	163.2 *	…
35 ～ 39	293.5 *	…	293.5 *	…	－	－	－	－
40 ～ 44	239.8 *	…	240.6 *	…	230.0 *	…	－	－
45 ～ 49	362.4 *	…	362.4 *	…	－	－	－	－
50 ～ 54	253.8 *	…	253.8 *	…	－	－	－	－
55 ～ 59	242.7	…	251.3	…	138.9 *	…	250.1 *	…
60 ～ 64	192.7 *	…	192.7 *	…	－	－	－	－
65 ～ 69	－	－	－	－	－	－	－	－
70歳 ～	－	－	－	－	－	－	－	－
高校卒	**310.5**	**1.67**	**330.2**	**1.97**	**237.3**	**3.16**	**230.8**	**1.99**
～ 19歳	179.0	1.48	180.1	2.07	167.6 *	…	172.1 *	…
20 ～ 24	204.6	1.36	209.7	1.39	192.4	3.79	177.7	6.53
25 ～ 29	250.8	4.67	255.8	5.54	237.5	…	210.0	5.49
30 ～ 34	243.7	6.18	238.0 *	10.99	269.4	9.22	222.2	3.84
35 ～ 39	295.2	3.08	305.5	3.12	242.3	4.55	222.0	1.98
40 ～ 44	328.7	2.63	355.2	1.88	246.1	6.16	220.4	2.42
45 ～ 49	368.5	4.77	396.3	3.93	253.8	7.46	252.3	3.68
50 ～ 54	393.1	2.38	429.6	1.60	244.3	5.34	253.3	7.52
55 ～ 59	411.9	4.22	444.8	5.12	278.5 *	11.56	275.2	6.82
60 ～ 64	212.5	2.05	214.8	4.60	185.8	7.06	224.9	8.66
65 ～ 69	162.5 *	…	217.8 *	…	150.8 *	…	－	－
70歳 ～	－	－	－	－	－	－	－	－
高専・短大卒	**345.1**	**2.64**	**363.6**	**2.65**	**287.2**	**2.83**	**251.3**	**1.77**
～ 19歳	－	－	－	－	－	－	－	－
20 ～ 24	199.3	2.27	200.2	2.28	177.0 *	…	187.7	…
25 ～ 29	274.6	5.38	289.3	5.88	229.4	5.27	217.8	4.38
30 ～ 34	259.8 *	11.98	263.6 *	12.99	266.9	…	205.1	…
35 ～ 39	281.0	3.82	296.4	9.76	281.9 *	11.18	246.5	4.95
40 ～ 44	364.5	2.35	381.9	2.70	310.7	4.14	266.7	5.49
45 ～ 49	391.4	2.76	412.7	2.78	278.4	7.25	253.9	6.76
50 ～ 54	449.1	5.05	484.1	5.45	315.5	6.19	281.5	…
55 ～ 59	398.6	3.47	414.6	3.54	384.0	…	317.8	8.18
60 ～ 64	191.4	…	202.6 *	…	180.4 *	…	185.0 *	…
65 ～ 69	－	－	－	－	－	－	－	－
70歳 ～	－	－	－	－	－	－	－	－
大学・大学院卒	**315.5**	**2.84**	**332.6**	**3.03**	**278.7**	**6.82**	**276.8**	**4.02**
～ 19歳	－	－	－	－	－	－	－	－
20 ～ 24	217.8	1.01	218.7	1.31	215.8	1.09	202.3	5.21
25 ～ 29	241.9	1.56	249.8	1.57	232.9	1.80	228.8	3.88
30 ～ 34	311.4	3.45	333.4	3.66	264.8	3.38	263.8	2.26
35 ～ 39	420.8 *	10.00	460.2 *	11.04	300.4	6.11	325.2	9.04
40 ～ 44	390.2 *	12.87	441.8 *	13.43	278.7 *	10.77	286.0	8.40
45 ～ 49	452.4	8.65	506.3	…	365.4	6.70	285.5 *	12.10
50 ～ 54	539.1	7.13	634.4	7.64	297.8	9.89	510.1 *	…
55 ～ 59	596.0 *	20.40	414.1 *	…	910.9 *	…	441.7 *	…
60 ～ 64	232.8 *	…	213.6 *	…	202.2 *	…	373.2 *	…
65 ～ 69	－	－	－	－	－	－	－	－
70歳 ～	－	－	－	－	－	－	－	－

産業、性、学歴、年齢階級	企業規模計 所定内給与額	企業規模計 誤差率	1,000人以上 所定内給与額	1,000人以上 誤差率	100～999人 所定内給与額	100～999人 誤差率	10～99人 所定内給与額	10～99人 誤差率
	千円	%	千円	%	千円	%	千円	%
G 情報通信業								
男女計	**376.7**	**0.48**	**410.9**	**0.66**	**359.3**	**0.81**	**333.4**	**1.27**
～19歳	173.7	1.70	179.5	1.65	168.3	3.11	180.6	3.58
20～24	232.4	0.72	250.9	2.68	226.0	0.82	221.4	1.40
25～29	269.2	0.72	292.6	1.28	255.2	0.56	253.0	1.82
30～34	319.0	0.88	343.3	2.08	307.7	0.92	292.8	2.05
35～39	362.2	0.80	389.6	1.76	350.6	0.61	328.2	0.14
40～44	419.3	1.32	440.9	1.29	419.4	1.95	378.3	3.55
45～49	458.7	2.10	478.0	1.56	465.8	3.12	391.2	2.60
50～54	512.4	1.06	549.5	0.85	494.2	4.06	407.4	1.25
55～59	508.7	0.62	524.9	2.07	483.1	1.20	506.4	6.58
60～64	292.5	3.63	268.9	2.35	306.3	4.82	375.3 *	13.01
65～69	281.0	7.30	269.3 *	10.48	269.6	5.71	302.8 *	11.16
70歳～	425.9 *	46.34	782.1 *	…	212.2 *	…	365.0 *	27.85
男	**397.2**	**0.46**	**434.8**	**0.86**	**376.2**	**0.97**	**351.5**	**1.40**
～19歳	175.0	3.17	178.2	1.78	169.9	2.68	185.9	6.57
20～24	233.1	1.02	251.3	3.69	228.4	0.99	220.8	1.78
25～29	274.5	0.91	299.8	1.10	259.6	0.61	257.7	2.80
30～34	330.6	1.26	361.6	2.41	313.9	0.93	303.3	2.85
35～39	377.1	0.79	407.8	1.32	362.6	0.93	341.3	0.42
40～44	440.1	1.21	471.9	1.71	435.8	2.11	390.2	4.50
45～49	485.0	1.96	505.8	1.30	484.0	2.96	423.5	2.54
50～54	528.1	1.04	558.3	0.87	514.9	4.76	427.2	2.09
55～59	526.5	1.12	538.6	1.98	501.7	1.40	536.1	7.38
60～64	301.6	3.85	275.6	2.79	317.5	5.94	404.1 *	14.25
65～69	288.6	7.94	271.7 *	11.13	275.2	5.04	319.9 *	10.76
70歳～	345.5 *	59.04	911.4 *	…	212.2 *	…	207.0 *	15.11
中学卒	**310.9**	**6.83**	**277.2**	**6.82**	**311.0 ***	**16.53**	**326.7**	**5.44**
～19歳	-	-	-	-	-	-	-	-
20～24	195.7 *	…	-	-	-	-	195.7 *	…
25～29	234.6	…	-	-	145.9 *	…	266.3	…
30～34	295.3 *	17.73	252.6 *	…	199.3 *	…	366.9 *	…
35～39	321.8 *	11.15	219.3 *	…	286.5 *	…	355.5 *	…
40～44	320.5	…	256.7 *	…	206.5 *	…	440.9 *	…
45～49	386.5	…	334.9 *	…	406.6 *	…	331.7 *	…
50～54	291.2	…	423.6 *	…	265.2 *	…	344.9 *	…
55～59	448.7	8.37	472.1 *	…	468.9 *	…	367.2 *	…
60～64	258.7 *	19.98	233.9 *	…	269.9 *	…	264.0	…
65～69	187.7 *	…	-	-	200.0 *	…	157.0 *	…
70歳～	-	-	-	-	-	-	-	-
高校卒	**371.1**	**1.55**	**390.1**	**1.92**	**364.4**	**2.96**	**342.2**	**1.54**
～19歳	175.0	3.17	178.2	1.78	169.9	2.68	185.9	6.57
20～24	204.0	3.75	216.8	5.51	203.2	9.23	188.3	1.50
25～29	247.0	3.46	235.2	4.79	266.0	4.79	237.5	3.31
30～34	278.8	2.69	243.9	1.60	313.7	9.27	267.3	3.63
35～39	337.5	2.31	330.5	1.25	349.1	4.58	327.7	2.02
40～44	402.9	2.13	436.2	3.16	405.1	7.67	374.7	2.83
45～49	434.8	1.93	468.1	2.78	419.3	2.57	393.8	2.59
50～54	472.8	1.72	499.5	2.08	446.0	3.52	403.4	3.03
55～59	425.6	1.62	430.1	2.09	428.4	5.08	398.7	5.92
60～64	241.9	2.87	231.9	3.08	248.7	5.61	335.9 *	10.81
65～69	272.9 *	13.99	224.2 *	10.76	265.4	9.64	374.7 *	18.38
70歳～	199.2	…	165.0 *	…	211.3 *	…	203.3	…
高専・短大卒	**358.4**	**0.62**	**404.1**	**1.10**	**349.8**	**1.58**	**324.0**	**1.88**
～19歳	-	-	-	-	-	-	-	-
20～24	214.4	1.43	227.7	3.00	211.6	2.66	210.5	1.18
25～29	239.9	0.94	244.4	3.72	239.4	2.88	238.2	2.20
30～34	291.1	0.92	280.5	3.74	293.1	1.88	293.7	1.82
35～39	330.0	1.77	357.7	3.94	319.6	1.25	318.5	1.39
40～44	367.0	0.63	393.0	2.48	361.1	0.70	352.8	0.46
45～49	415.8	1.39	435.6	1.13	409.7	2.98	387.6	1.50
50～54	459.8	2.16	506.1	3.35	446.9	2.90	396.2	4.04
55～59	500.6	5.94	538.0	5.83	428.7	4.21	534.7 *	14.64
60～64	317.8	8.71	265.4 *	20.09	356.7	6.11	336.9 *	13.80
65～69	256.0 *	15.85	338.1 *	…	210.3	…	199.5	…
70歳～	259.8 *	…	-	-	-	-	259.8 *	…
大学・大学院卒	**411.9**	**0.59**	**448.4**	**0.79**	**384.6**	**1.22**	**367.9**	**1.93**
～19歳	-	-	-	-	-	-	-	-
20～24	241.4	1.36	259.4	4.75	234.3	0.60	231.6	3.35
25～29	281.6	0.96	306.0	1.16	262.4	0.56	267.4	2.84
30～34	342.3	1.51	373.0	2.34	317.8	1.67	315.6	4.42
35～39	391.7	0.83	420.0	1.25	372.3	1.27	355.8	1.12
40～44	463.5	1.73	487.4	1.63	457.0	2.70	414.5	6.75
45～49	528.7	2.50	536.0	1.76	542.7	3.80	464.0	4.34
50～54	571.9	1.82	591.1	1.75	569.8	7.00	461.4	3.36
55～59	572.1	1.33	602.7	3.31	533.1	0.85	573.7	7.91
60～64	372.1	8.89	371.5 *	14.33	337.7	9.14	453.3 *	16.20
65～69	316.4	6.13	459.0 *	16.27	296.0	5.38	291.7	4.32
70歳～	507.3 *	40.91	1284.6 *	…	213.0 *	…	207.2 *	…

産業、性、学歴、年齢階級	企業規模計		1,000人以上		100～999人		10～99人	
	所定内給与額	誤差率	所定内給与額	誤差率	所定内給与額	誤差率	所定内給与額	誤差率
	千円	%	千円	%	千円	%	千円	%
女	**307.3**	**0.78**	**326.8**	**0.42**	**302.4**	**1.24**	**276.3**	**1.79**
～ 19歳	170.4	3.18	183.3	1.78	161.9	4.00	174.2	4.26
20 ～ 24	231.0	1.85	250.1	3.20	220.9	1.77	222.5	4.20
25 ～ 29	257.0	1.66	276.8	3.51	244.6	1.11	241.7	2.38
30 ～ 34	285.3	0.34	293.1	1.77	289.4	1.91	259.2	2.44
35 ～ 39	306.3	1.30	319.8	4.12	305.5	1.70	282.3	1.31
40 ～ 44	341.8	2.48	339.0	4.35	354.3	4.10	326.7	4.92
45 ～ 49	362.2	3.83	368.2	3.16	396.6	8.87	299.2	4.09
50 ～ 54	418.1	4.06	480.0	5.36	392.5	4.49	331.0	6.59
55 ～ 59	408.1	5.05	454.3	6.91	361.1	5.52	338.3 *	10.94
60 ～ 64	229.2	4.17	213.0	7.00	224.1	8.09	271.8	7.98
65 ～ 69	213.8	6.78	183.1 *	…	232.2	…	205.7 *	16.11
70歳 ～	675.7 *	…	200.0 *	…	－	－	750.0 *	…
中学卒	**208.0**	**5.34**	**219.5**	**…**	**223.2**	**8.54**	**184.9**	**…**
～ 19歳	170.0 *	…	－	－	－	－	170.0 *	…
20 ～ 24	192.0 *	…	－	－	－	－	192.0 *	…
25 ～ 29	217.3	5.84	225.6	…	180.9 *	…	201.3 *	…
30 ～ 34	187.7	…	188.4 *	…	285.6 *	…	125.7 *	…
35 ～ 39	186.2 *	…	－	－	189.3 *	…	128.7 *	…
40 ～ 44	－	－	－	－	－	－	－	－
45 ～ 49	238.8	…	159.0 *	…	246.1 *	…	230.1 *	…
50 ～ 54	－	－	－	－	－	－	－	－
55 ～ 59	－	－	－	－	－	－	－	－
60 ～ 64	164.2 *	…	－	－	164.2 *	…	－	－
65 ～ 69	－	－	－	－	－	－	－	－
70歳 ～	－	－	－	－	－	－	－	－
高校卒	**234.8**	**1.10**	**238.2**	**1.51**	**226.7**	**2.45**	**238.3**	**2.73**
～ 19歳	170.5	3.45	183.3	1.78	161.9	4.00	174.8	4.92
20 ～ 24	189.4	2.90	191.2	2.72	181.2	3.31	199.9	4.71
25 ～ 29	196.0	1.10	189.7	4.27	198.5	2.33	203.4	1.74
30 ～ 34	221.6	1.87	213.2	2.17	226.8	5.29	226.8	4.55
35 ～ 39	229.4	3.10	229.5	4.46	222.2	4.35	236.5	5.25
40 ～ 44	242.3	1.75	248.5	2.26	242.0	4.38	226.7	5.81
45 ～ 49	245.7	3.51	244.1	4.54	243.9	2.84	250.8	5.72
50 ～ 54	292.9	2.29	290.9	7.69	283.3	6.45	305.6	8.97
55 ～ 59	275.0	2.72	278.7	7.77	288.9	7.65	256.9	9.85
60 ～ 64	216.5	4.25	216.1	6.14	211.1 *	20.43	223.7	6.29
65 ～ 69	190.2	8.46	183.1 *	…	179.8 *	…	233.6 *	…
70歳 ～	200.0 *	…	200.0 *	…	－	－	－	－
高専・短大卒	**276.8**	**0.82**	**289.4**	**1.84**	**273.5**	**2.38**	**265.8**	**1.57**
～ 19歳	－	－	－	－	－	－	－	－
20 ～ 24	205.4	2.16	212.4	3.62	203.6	3.51	203.6	4.50
25 ～ 29	225.5	1.24	210.0	2.68	226.6	2.12	234.7	2.22
30 ～ 34	244.5	2.12	243.0	5.06	249.4	3.33	241.0	1.88
35 ～ 39	264.7	2.20	269.5	2.59	259.8	3.71	265.8	2.19
40 ～ 44	282.4	0.72	283.5	1.96	279.5	3.56	284.3	3.22
45 ～ 49	310.1	1.79	327.5	1.61	301.1	3.67	295.7	3.88
50 ～ 54	359.5	7.59	429.5 *	11.07	333.4 *	11.91	324.5	7.72
55 ～ 59	332.6	9.53	361.5 *	16.43	315.8 *	15.04	323.4	8.75
60 ～ 64	232.4	4.82	205.3	8.22	223.3 *	11.42	289.1	9.16
65 ～ 69	210.0	…	－	－	279.7 *	…	167.7	…
70歳 ～	750.0 *	…	－	－	－	－	750.0 *	…
大学・大学院卒	**334.3**	**0.89**	**357.4**	**1.07**	**326.0**	**1.33**	**294.2**	**2.83**
～ 19歳	－	－	－	－	－	－	－	－
20 ～ 24	241.9	2.58	259.0	3.19	229.0	1.75	238.1	5.57
25 ～ 29	268.4	1.79	290.7	3.39	253.6	1.00	247.1	3.14
30 ～ 34	305.3	0.95	315.4	1.44	306.1	3.07	275.5	4.27
35 ～ 39	339.5	0.86	360.5	5.15	334.3	2.37	305.2	3.03
40 ～ 44	392.5	2.89	386.5	7.00	398.9	3.21	394.8	8.21
45 ～ 49	443.7	4.83	438.2	2.25	542.4 *	10.55	324.1	5.17
50 ～ 54	511.2	1.63	561.1	5.72	497.6	3.63	359.1	6.62
55 ～ 59	545.2	4.68	600.3	5.03	452.8 *	13.51	447.1 *	15.44
60 ～ 64	250.7	5.90	213.6 *	11.49	260.9	9.75	326.4 *	14.14
65 ～ 69	298.3 *	…	－	－	－	－	298.3 *	…
70歳 ～	－	－	－	－	－	－	－	－

産業、性、学歴、年齢階級	企業規模計		1,000人以上		100～999人		10～99人	
	所定内給与額	誤差率	所定内給与額	誤差率	所定内給与額	誤差率	所定内給与額	誤差率
	千円	%	千円	%	千円	%	千円	%
H 運輸業，郵便業								
男女計	**274.8**	**0.16**	**299.5**	**0.30**	**261.8**	**0.24**	**261.9**	**0.18**
～19歳	177.0	1.17	178.5	1.11	175.2	2.33	174.5	2.49
20～24	207.1	0.95	214.1	1.29	196.8	1.37	209.4	1.37
25～29	236.7	0.40	245.5	0.70	223.7	1.28	230.8	0.80
30～34	260.1	0.76	276.5	0.98	241.4	0.94	253.7	1.24
35～39	279.4	0.68	301.7	0.77	264.3	1.21	263.3	1.07
40～44	291.7	0.36	317.1	0.47	277.5	0.28	278.9	1.04
45～49	300.2	1.06	330.2	1.77	285.6	0.95	286.4	1.13
50～54	302.6	0.69	344.4	1.30	289.2	1.47	277.4	0.47
55～59	300.6	0.44	352.1	0.90	281.2	0.61	268.8	0.53
60～64	236.7	0.43	234.8	1.20	235.2	1.05	239.6	1.21
65～69	210.6	0.97	202.9	1.51	208.5	1.29	214.0	1.23
70歳～	198.8	1.41	200.7	5.37	192.6	2.03	204.6	2.15
男	**283.1**	**0.22**	**311.0**	**0.20**	**269.7**	**0.36**	**267.8**	**0.09**
～19歳	179.2	1.43	179.8	1.90	176.7	2.68	181.2	2.97
20～24	211.2	1.27	215.5	1.60	202.0	1.55	217.2	1.89
25～29	242.5	0.37	248.2	0.76	232.2	1.80	241.7	0.64
30～34	267.1	0.63	284.5	0.80	246.7	0.94	262.3	1.36
35～39	287.4	0.81	312.5	0.87	270.9	1.70	269.4	0.98
40～44	300.9	0.32	328.8	0.19	285.0	0.55	287.5	0.98
45～49	309.3	1.20	340.3	1.40	296.0	1.29	293.3	1.19
50～54	311.5	0.68	358.3	1.29	295.9	1.32	284.9	0.43
55～59	310.4	0.37	365.3	0.59	291.1	0.57	274.1	0.40
60～64	240.7	0.42	240.9	1.12	239.6	1.05	241.8	1.42
65～69	211.7	1.04	204.8	1.75	209.6	1.40	215.0	1.18
70歳～	199.9	1.38	200.8	5.36	194.4	2.15	205.0	2.40
中学卒	**256.7**	**0.57**	**269.6**	**1.76**	**251.8**	**0.81**	**256.4**	**0.83**
～19歳	180.8	7.22	134.5 *	…	208.3 *	…	221.7 *	…
20～24	223.8	5.52	220.8	9.28	189.0	4.75	254.6	8.29
25～29	245.4	3.70	230.9	7.67	268.5	9.55	232.4	6.43
30～34	259.3	1.15	247.6	8.78	266.1	2.66	256.0	2.75
35～39	264.2	2.99	275.1	6.40	258.1	3.90	263.8	5.84
40～44	278.5	1.01	267.5	2.44	286.1	2.76	275.9	2.98
45～49	288.7	0.49	300.1	5.09	284.3	3.42	286.2	2.96
50～54	292.1	3.38	319.9	6.00	282.9	6.48	286.8	1.97
55～59	278.7	1.84	284.7	2.95	287.1	2.60	270.0	2.57
60～64	229.8	1.13	214.9	2.14	223.3	3.49	239.5	2.05
65～69	202.3	2.07	185.5	…	198.3	2.96	207.7	2.63
70歳～	201.6	1.48	179.4 *	…	189.1	4.67	218.4	3.08
高校卒	**277.0**	**0.18**	**304.3**	**0.17**	**261.6**	**0.60**	**266.6**	**0.22**
～19歳	179.1	1.28	181.7	1.64	174.8	3.12	173.1	2.00
20～24	209.9	2.02	216.4	2.80	198.2	1.16	212.0	1.98
25～29	237.5	0.96	242.8	1.65	225.6	1.13	243.6	1.67
30～34	257.5	0.65	273.7	1.50	236.6	1.39	262.0	1.08
35～39	279.3	0.82	299.8	1.18	267.4	1.53	267.8	1.58
40～44	292.8	0.35	317.4	0.69	274.9	0.61	286.9	1.27
45～49	297.8	1.27	318.8	1.35	284.5	1.91	293.1	1.21
50～54	298.6	0.30	343.0	0.68	280.5	0.75	279.0	0.27
55～59	306.3	0.64	362.2	0.88	279.3	1.16	271.8	0.90
60～64	235.9	0.87	240.5	1.79	231.4	1.22	237.9	1.87
65～69	208.1	1.03	193.2	2.58	205.7	1.47	212.8	1.20
70歳～	197.3	1.79	201.6 *	11.34	195.5	2.90	198.0	2.23
高専・短大卒	**287.6**	**0.47**	**304.0**	**0.33**	**272.3**	**0.72**	**282.5**	**1.27**
～19歳	－	－	－	－	－	－	－	－
20～24	211.8	1.85	214.9	2.20	200.5	1.77	227.7	4.95
25～29	247.1	1.47	264.0	1.50	213.8	4.06	236.4	2.31
30～34	276.2	1.72	290.1	1.65	246.4	4.31	281.2	6.19
35～39	293.4	1.50	320.1	2.06	246.7	3.48	281.4	3.53
40～44	293.0	1.36	311.1	1.89	278.8	1.63	284.7	2.53
45～49	305.8	2.40	330.2	2.02	293.7	3.06	289.0	2.53
50～54	314.7	1.97	334.4	4.52	296.7	1.82	316.0	4.49
55～59	321.4	4.06	354.7 *	10.00	309.2	5.31	308.4	3.05
60～64	260.2	2.90	252.1	5.00	255.2	2.75	274.4	6.11
65～69	236.2	7.87	216.8 *	11.27	238.4	9.15	242.5	9.29
70歳～	234.0 *	12.47	287.1 *	…	230.2 *	11.30	221.9 *	16.42
大学・大学院卒	**320.8**	**0.49**	**342.6**	**0.71**	**309.0**	**0.53**	**286.3**	**0.56**
～19歳	－	－	－	－	－	－	－	－
20～24	212.5	1.20	213.1	1.05	212.3	3.01	206.2	3.32
25～29	248.7	0.81	251.1	1.67	244.2	3.68	241.8	2.22
30～34	284.8	1.68	298.8	1.08	266.1	2.54	258.4	4.99
35～39	317.6	1.80	343.0	1.21	296.0	3.82	276.2	2.39
40～44	356.4	1.48	397.1	2.10	330.5	1.35	313.0	3.57
45～49	392.0	2.25	448.6	3.42	365.3	1.60	308.6	2.68
50～54	397.2	1.54	453.7	4.06	377.7	4.68	329.9	3.53
55～59	347.2	1.42	415.6	4.86	334.9	1.91	283.5	1.70
60～64	268.9	1.69	253.0	3.68	277.3	3.55	266.6	2.94
65～69	251.6	3.31	270.5 *	10.18	243.7	3.61	258.8	8.04
70歳～	196.5	7.34	192.1 *	…	190.3	6.87	207.1 *	10.17

産業、性、学歴、年齢階級	企業規模計		1,000人以上		100～999人		10～99人	
	所定内給与額	誤差率	所定内給与額	誤差率	所定内給与額	誤差率	所定内給与額	誤差率
	千円	%	千円	%	千円	%	千円	%
女	**221.8**	**0.21**	**236.4**	**0.80**	**213.6**	**0.77**	**209.9**	**0.47**
～　19歳	171.2	2.21	173.5	2.75	172.5	3.22	162.9	3.12
20　～　24	198.0	0.36	210.8	0.88	187.4	1.39	183.6	1.57
25　～　29	219.1	0.57	236.8	0.71	203.3	2.15	188.0	1.44
30　～　34	228.1	1.61	243.7	2.46	215.8	1.66	204.5	1.26
35　～　39	229.9	1.03	238.5	1.09	228.6	2.74	212.7	2.65
40　～　44	231.9	1.21	243.9	2.20	228.7	2.75	219.9	1.16
45　～　49	237.2	0.70	265.7	4.68	220.3	2.63	224.9	1.87
50　～　54	235.4	2.66	249.7	5.10	237.6	3.98	215.2	3.28
55　～　59	206.6	1.34	211.7	2.50	203.6	2.84	206.1	1.46
60　～　64	185.1	3.23	174.1	3.87	186.7	5.07	194.1	5.24
65　～　69	188.8	3.55	162.2	6.94	185.6	3.26	195.7	5.12
70歳　～	171.4 *	10.55	193.0 *	…	159.4	…	190.9 *	18.71
中学卒	**193.4**	**0.78**	**181.0**	**2.13**	**187.4**	**2.44**	**211.8**	**1.35**
～　19歳	156.7 *	…	155.1 *	…	125.2 *	…	166.1 *	…
20　～　24	177.0	…	125.1 *	…	151.5 *	…	219.7 *	…
25　～　29	174.0	7.34	152.9 *	…	170.8	…	200.5	…
30　～　34	188.2	…	187.8	…	147.0 *	…	195.7	…
35　～　39	205.9	6.03	164.6 *	14.19	202.6 *	12.79	264.4	…
40　～　44	189.2	5.28	198.4	…	181.1	6.44	206.3	…
45　～　49	213.8	6.30	199.4 *	…	210.1	6.54	231.0 *	…
50　～　54	210.9	9.10	177.6	…	199.2 *	10.70	253.6	…
55　～　59	191.2	5.71	190.5 *	…	206.7	…	186.2 *	10.71
60　～　64	182.1	9.96	190.6	…	189.5	…	165.3	…
65　～　69	172.8	6.03	141.4 *	…	182.1	…	160.5	…
70歳　～	191.9	…	－	－	145.3 *	…	312.5 *	…
高校卒	**198.8**	**0.70**	**201.1**	**1.11**	**194.5**	**1.36**	**202.3**	**0.97**
～　19歳	171.8	2.00	173.8	2.75	173.3	2.99	162.4	3.18
20　～　24	184.4	2.39	198.6	2.22	168.0	3.73	182.5	2.27
25　～　29	182.3	1.58	188.5	2.15	177.9	5.09	178.5	3.47
30　～　34	197.3	2.23	206.0	4.23	188.5	3.24	194.6	2.61
35　～　39	201.9	2.53	209.1	4.63	196.6	2.67	196.3	2.91
40　～　44	209.0	1.39	203.9	0.99	210.3	2.66	213.4	1.95
45　～　49	206.8	1.14	206.5	4.39	201.5	3.64	215.4	2.34
50　～　54	206.9	1.85	209.0	6.46	208.0	3.06	203.3	3.48
55　～　59	198.3	0.74	207.3	3.21	190.2	1.55	202.0	2.93
60　～　64	179.9	4.10	162.7	1.82	184.7	5.86	191.8	6.75
65　～　69	188.0	4.31	162.4	8.89	178.1	6.37	198.6	5.99
70歳　～	160.5	6.40	193.0 *	…	164.6	…	150.3 *	25.23
高専・短大卒	**233.8**	**1.16**	**248.1**	**1.12**	**228.4**	**3.89**	**216.0**	**3.86**
～　19歳	－	－	－	－	－	－	－	－
20　～　24	188.8	1.11	195.2	1.16	187.1	2.10	176.7	2.63
25　～　29	218.9	2.96	239.2	4.58	204.7	1.58	187.5	3.06
30　～　34	229.6	3.73	247.9	7.31	213.7	1.66	204.6	3.81
35　～　39	235.6	1.45	242.5	5.44	235.4	2.85	219.7	4.41
40　～　44	243.1	2.76	262.8	3.26	238.2	6.46	217.8	4.72
45　～　49	264.8	1.05	302.9	5.05	241.9	4.12	251.4	5.47
50　～　54	255.1	9.27	246.7	8.27	286.4 *	17.03	216.1	7.81
55　～　59	225.4	4.48	216.5 *	10.05	233.9	6.66	217.0	9.30
60　～　64	190.6	3.32	174.4 *	11.47	197.7	7.26	189.2	8.21
65　～　69	208.4	4.16	175.0 *	…	211.2	…	206.9	…
70歳　～	296.5 *	…	－	－	－	－	296.5 *	…
大学・大学院卒	**268.9**	**1.05**	**287.8**	**1.98**	**249.6**	**1.66**	**242.9**	**5.35**
～　19歳	－	－	－	－	－	－	－	－
20　～　24	213.2	1.10	223.8	1.82	201.5	0.94	190.5	2.48
25　～　29	242.9	0.60	257.0	0.94	224.3	2.63	201.0	3.18
30　～　34	263.5	2.03	270.9	2.38	253.8	3.85	241.0	2.62
35　～　39	281.2	2.73	298.3	4.23	273.8	6.77	245.6 *	14.86
40　～　44	305.9	1.83	350.3	8.78	282.0	4.86	274.2	5.26
45　～　49	364.6	7.18	471.2	6.69	284.0	6.71	258.1 *	12.02
50　～　54	361.8	1.19	468.0	5.94	319.6 *	10.44	277.6	8.00
55　～　59	264.9	8.42	291.7 *	23.69	249.0 *	14.40	289.6 *	22.61
60　～　64	266.9 *	11.28	392.2	…	194.1	8.32	236.8	…
65　～　69	125.0 *	…	－	－	－	－	125.0 *	…
70歳　～	－	－	－	－	－	－	－	－

産業、性、学歴、年齢階級	企業規模計		1,000人以上		100～999人		10～99人	
	所定内給与額	誤差率	所定内給与額	誤差率	所定内給与額	誤差率	所定内給与額	誤差率
	千円	%	千円	%	千円	%	千円	%
I 卸売業，小売業								
男女計	**308.0**	**0.20**	**331.4**	**0.21**	**302.7**	**0.35**	**282.5**	**0.21**
～19歳	171.5	1.76	177.8	2.90	165.8	1.12	168.4	2.20
20～24	204.4	0.22	213.2	0.67	201.4	0.16	194.0	0.93
25～29	234.7	0.34	245.5	0.48	229.4	0.49	226.0	0.15
30～34	270.6	0.40	286.7	0.67	266.0	0.19	252.7	0.69
35～39	306.6	0.62	329.2	0.53	297.8	1.06	288.2	0.50
40～44	332.4	0.43	362.1	0.50	325.9	0.70	303.5	0.96
45～49	364.0	0.63	402.0	0.54	352.2	0.96	322.1	1.50
50～54	380.8	0.44	416.5	0.37	380.2	1.17	322.7	1.10
55～59	377.7	0.51	402.0	1.12	391.8	0.72	327.2	0.78
60～64	269.5	1.26	255.3	1.56	270.9	1.86	282.1	2.20
65～69	242.6	3.01	248.4	5.63	233.4	3.28	245.7	2.97
70歳～	222.4	1.84	175.2	4.54	212.4	5.41	230.5	1.74
男	**345.0**	**0.17**	**380.5**	**0.22**	**336.0**	**0.34**	**309.5**	**0.29**
～19歳	176.4	2.51	185.1	4.36	167.5	1.93	172.6	2.91
20～24	208.9	0.27	215.8	0.83	207.1	0.25	200.9	1.68
25～29	244.5	0.74	257.2	0.99	239.4	0.90	234.1	0.79
30～34	289.5	0.52	311.0	0.79	283.3	0.40	266.9	0.69
35～39	330.9	0.79	361.1	1.07	319.8	0.97	307.2	0.80
40～44	366.1	0.45	407.8	0.50	355.4	0.68	330.0	1.49
45～49	412.8	0.46	462.8	0.66	395.0	0.48	360.9	1.34
50～54	438.8	0.67	491.7	0.53	430.6	1.45	361.8	0.71
55～59	437.0	0.75	478.4	1.57	443.0	1.07	370.5	2.51
60～64	295.4	1.21	289.8	1.68	292.2	2.25	303.4	2.24
65～69	259.9	4.15	280.0	4.64	252.6	5.09	256.5	3.63
70歳～	238.0	1.94	189.4	8.18	232.6	4.19	243.9	2.49
中学卒	**284.8**	**1.16**	**290.8**	**5.36**	**300.0**	**2.67**	**274.9**	**1.12**
～19歳	151.7	5.05	135.2 *	…	－	－	155.8	4.75
20～24	184.4	5.85	156.8 *	…	171.5	…	199.5	7.00
25～29	202.9	8.82	188.7 *	11.22	189.8	7.27	225.8	9.76
30～34	282.9	6.54	286.6 *	13.39	305.7	8.88	274.7	7.87
35～39	281.8	2.94	266.3 *	12.52	313.6 *	14.12	265.4	2.82
40～44	278.1	3.13	268.0	…	258.2	4.26	286.2	5.07
45～49	345.8	5.33	353.9 *	13.27	361.6 *	10.46	328.9	5.16
50～54	359.0	1.91	440.6 *	11.93	398.5	9.44	322.8	3.23
55～59	332.3	4.01	306.4 *	23.07	396.4	7.61	299.7	9.65
60～64	276.3	3.96	330.8	…	245.7	9.24	276.2	2.75
65～69	211.1	3.55	207.8	…	201.1	7.23	219.1	2.23
70歳～	210.5	4.97	118.1 *	…	199.3	…	214.0	5.56
高校卒	**302.2**	**0.46**	**316.8**	**1.09**	**309.3**	**0.28**	**286.9**	**0.39**
～19歳	177.1	2.56	185.8	4.29	167.5	1.93	174.2	2.86
20～24	193.8	0.67	191.8	0.99	194.8	0.55	194.5	2.08
25～29	224.5	0.67	224.3	1.22	221.5	1.75	226.6	1.36
30～34	252.5	1.14	252.1	1.55	256.8	1.62	250.2	1.93
35～39	283.6	1.56	294.8	6.01	284.4	1.22	276.1	1.85
40～44	322.3	0.62	356.7	1.80	315.4	0.78	305.7	0.63
45～49	343.3	0.52	375.2	1.50	346.6	1.22	320.0	1.40
50～54	370.9	0.50	406.9	1.54	384.7	1.26	331.0	0.95
55～59	364.1	0.57	375.7	2.60	389.0	2.11	333.6	1.88
60～64	267.7	2.13	249.5	2.98	264.3	4.67	282.4	3.99
65～69	234.6	2.75	245.9 *	11.64	236.9	6.12	230.3	2.30
70歳～	233.0	3.45	191.9	…	226.5 *	11.76	238.3	3.10
高専・短大卒	**314.9**	**0.72**	**330.6**	**1.41**	**308.5**	**0.34**	**312.5**	**1.88**
～19歳	－	－	－	－	－	－	－	－
20～24	198.4	1.31	198.7	3.17	198.6	1.25	197.5	1.90
25～29	230.4	0.99	233.2	1.86	229.4	1.98	229.6	3.55
30～34	268.8	1.13	272.9	4.82	267.6	0.85	267.2	2.79
35～39	313.6	1.65	332.9	2.10	299.2	1.37	320.1	4.27
40～44	341.9	1.03	359.2	1.83	337.3	2.14	335.5	2.92
45～49	381.7	0.80	399.0	2.03	380.1	1.08	367.2	2.69
50～54	396.3	1.76	419.5	3.42	395.2	2.26	370.3	3.69
55～59	418.7	2.56	426.3	4.13	426.4	3.48	396.5	5.72
60～64	266.7	4.42	288.5 *	11.14	246.3	5.45	273.4	7.16
65～69	265.1 *	11.26	176.3	…	202.1	4.65	346.4 *	13.21
70歳～	225.8	…	151.5 *	…	230.2 *	…	256.2 *	…
大学・大学院卒	**383.9**	**0.11**	**412.5**	**0.38**	**364.4**	**0.48**	**346.7**	**0.52**
～19歳	－	－	－	－	－	－	－	－
20～24	224.0	0.35	230.5	0.86	219.4	0.96	216.0	2.82
25～29	256.9	1.09	271.0	1.20	248.9	0.98	242.4	1.47
30～34	313.2	0.84	330.9	1.23	300.5	0.84	287.4	1.38
35～39	362.1	1.02	386.2	1.11	344.4	1.41	340.5	1.32
40～44	406.8	0.54	438.4	0.64	392.1	0.90	363.7	2.03
45～49	473.4	0.76	503.2	1.04	438.6	1.01	441.1	3.36
50～54	504.7	1.03	535.9	1.05	480.0	1.56	436.6	2.50
55～59	501.2	1.21	526.3	2.55	489.6	1.27	449.0	4.69
60～64	329.4	2.00	316.9	2.44	330.6	3.84	345.0	3.94
65～69	318.5	6.18	322.7	9.86	327.5 *	13.93	310.0	9.00
70歳～	289.0	6.18	212.3 *	…	260.0 *	11.70	322.4	9.50

産業、性、学歴、年齢階級	企業規模計		1,000人以上		100～999人		10～99人	
	所定内給与額	誤差率	所定内給与額	誤差率	所定内給与額	誤差率	所定内給与額	誤差率
	千円	%	千円	%	千円	%	千円	%
女	**236.1**	**0.17**	**244.4**	**0.37**	**232.2**	**0.60**	**228.7**	**0.60**
～ 19歳	167.5	1.41	171.8	2.18	164.6	1.17	164.5	1.63
20 ～ 24	199.2	0.54	210.7	0.70	193.7	0.39	186.7	0.63
25 ～ 29	221.6	0.54	231.4	0.63	215.8	0.75	213.5	1.18
30 ～ 34	236.4	0.34	245.3	0.37	233.6	0.71	226.1	0.91
35 ～ 39	249.9	1.30	262.0	2.20	240.9	1.15	243.7	1.72
40 ～ 44	253.6	0.85	267.2	1.05	250.8	1.89	237.9	2.17
45 ～ 49	258.0	1.40	270.9	2.64	257.0	1.69	239.8	1.42
50 ～ 54	253.5	1.39	260.0	1.94	251.6	3.01	245.5	3.02
55 ～ 59	242.5	1.62	236.7	1.50	246.8	2.43	245.3	2.67
60 ～ 64	199.3	2.81	185.3	1.69	199.4	6.73	217.7	3.82
65 ～ 69	199.2	5.62	193.3	7.73	175.3	3.95	216.5	9.09
70歳 ～	193.3	5.38	158.2	…	168.1	4.26	205.6	8.30
中学卒	**185.4**	**2.45**	**186.3**	**5.02**	**200.3**	**3.10**	**173.3**	**3.82**
～ 19歳	147.5	4.67	169.8 *	…	-	-	140.3	4.75
20 ～ 24	164.1	8.02	224.3 *	…	151.1	…	163.1	…
25 ～ 29	212.6 *	12.45	152.4	…	282.7 *	15.74	174.9	6.80
30 ～ 34	157.6	2.30	166.3	6.01	154.1	…	156.2	7.69
35 ～ 39	184.9	3.98	168.5	…	210.5	…	171.3	5.47
40 ～ 44	204.8	5.92	235.4	…	210.5	8.93	171.9	7.95
45 ～ 49	206.4	6.63	195.4	7.43	210.4	8.87	208.7 *	12.36
50 ～ 54	204.1	6.76	196.6	8.01	235.1	…	196.5	9.53
55 ～ 59	172.1	7.64	185.3 *	10.24	173.2	5.31	144.8	…
60 ～ 64	162.0	5.23	142.4	5.47	176.4	5.81	148.0 *	11.49
65 ～ 69	168.4	6.95	193.2 *	…	139.0	…	155.8	8.68
70歳 ～	167.2 *	12.68	134.4 *	…	-	-	176.9 *	11.91
高校卒	**206.0**	**0.54**	**206.2**	**0.72**	**207.1**	**0.92**	**204.8**	**0.64**
～ 19歳	167.9	1.41	171.8	2.18	164.6	1.17	165.8	1.55
20 ～ 24	179.6	0.22	186.0	0.74	176.5	1.17	175.5	0.88
25 ～ 29	193.2	1.30	196.9	2.80	193.3	1.60	188.0	2.28
30 ～ 34	202.1	0.88	197.9	1.63	210.3	1.17	198.5	0.61
35 ～ 39	214.1	2.35	217.7	3.81	213.2	3.80	210.9	1.93
40 ～ 44	215.1	1.63	221.2	1.47	214.1	3.34	208.4	1.43
45 ～ 49	221.7	1.90	220.1	2.08	227.3	3.77	217.1	0.74
50 ～ 54	216.2	1.16	214.6	1.78	214.9	3.30	219.8	2.22
55 ～ 59	212.6	1.49	209.7	1.33	217.1	3.80	211.9	3.07
60 ～ 64	183.1	1.40	176.2	1.49	183.2	4.14	193.0	1.15
65 ～ 69	191.3	6.85	170.7	6.06	172.0	3.62	213.4 *	10.63
70歳 ～	185.7	6.99	167.3 *	…	158.0	1.92	194.9	9.43
高専・短大卒	**240.5**	**0.81**	**250.0**	**0.94**	**240.2**	**1.15**	**227.0**	**0.70**
～ 19歳	-	-	-	-	-	-	-	-
20 ～ 24	192.1	1.68	205.7	2.40	187.8	1.67	178.9	1.23
25 ～ 29	210.5	1.03	212.7	2.48	213.3	1.88	203.4	1.74
30 ～ 34	227.8	1.70	230.6	2.17	227.3	1.56	224.8	2.15
35 ～ 39	242.7	1.15	251.0	2.26	237.7	1.14	237.2	1.49
40 ～ 44	252.7	0.58	256.3	1.99	257.3	1.70	240.1	1.72
45 ～ 49	271.6	2.58	287.6	4.71	270.7	4.37	245.5	0.78
50 ～ 54	271.1	1.15	285.6	2.24	272.7	3.79	244.3	3.48
55 ～ 59	261.1	1.48	267.5	3.51	277.2	6.45	232.2	0.64
60 ～ 64	208.1	4.59	198.3	6.36	209.8	9.18	219.1	6.63
65 ～ 69	177.5	4.16	162.3 *	…	178.6	6.31	180.6	6.89
70歳 ～	334.6	…	202.5 *	…	207.2 *	…	380.4 *	…
大学・大学院卒	**277.5**	**0.31**	**288.2**	**0.56**	**260.0**	**0.92**	**283.0**	**0.87**
～ 19歳	-	-	-	-	-	-	-	-
20 ～ 24	219.0	0.96	226.5	0.94	210.8	1.07	212.8	1.48
25 ～ 29	239.3	0.61	250.1	1.00	227.1	0.56	236.5	1.57
30 ～ 34	266.1	0.28	277.2	0.50	254.7	1.32	259.5	1.69
35 ～ 39	293.4	1.10	307.5	1.77	272.8	1.06	295.8	2.43
40 ～ 44	328.6	1.57	354.3	2.92	310.2	3.48	307.6	3.24
45 ～ 49	350.2	1.23	372.2	3.64	330.6	2.94	330.6	3.43
50 ～ 54	353.6	3.58	376.4	5.49	327.6	6.10	345.9 *	10.56
55 ～ 59	364.2	5.72	338.1	7.58	325.4	7.02	434.4	9.34
60 ～ 64	320.9	9.07	273.4	8.80	308.3 *	14.93	360.0 *	19.08
65 ～ 69	287.1 *	14.02	396.4 *	12.97	188.1	…	342.0 *	14.44
70歳 ～	196.3	…	304.0 *	…	186.4 *	…	255.6 *	…

産業、性、学歴、年齢階級	企業規模計		1,000人以上		100～999人		10～99人	
	所定内給与額	誤差率	所定内給与額	誤差率	所定内給与額	誤差率	所定内給与額	誤差率
	千円	%	千円	%	千円	%	千円	%
J 金融業，保険業								
男　女　計	**369.1**	**0.22**	**368.2**	**0.32**	**367.1**	**0.49**	**395.2**	**0.70**
～19歳	156.5	1.42	159.2	2.12	155.8	1.11	151.8	2.90
20～24	214.0	0.27	215.7	0.30	205.8	0.79	224.7	2.13
25～29	257.8	0.65	260.1	0.69	249.6	0.87	248.7	1.92
30～34	319.4	0.37	321.5	0.44	310.5	1.81	315.0	3.33
35～39	370.2	1.77	367.9	2.44	381.1	2.01	368.0	0.52
40～44	413.7	1.02	411.6	1.32	420.6	0.99	419.7	2.41
45～49	460.8	0.93	462.3	1.24	452.6	0.85	463.8	3.74
50～54	481.4	1.27	478.0	1.34	499.1	1.44	481.3	0.80
55～59	423.5	1.05	406.9	1.55	475.4	1.56	504.7	2.04
60～64	311.3	1.14	309.0	1.56	303.8	2.36	356.1	6.35
65～69	314.6	2.23	316.1	2.69	297.2	6.22	307.9	6.26
70歳～	329.3	2.54	334.4	2.66	235.6 *	14.45	355.4	7.50
男	**467.0**	**0.34**	**482.4**	**0.32**	**418.0**	**0.66**	**454.3**	**1.03**
～19歳	154.6	1.40	148.0 *	…	155.9	1.14	152.8	…
20～24	226.1	0.69	228.2	0.58	216.4	1.39	244.7	1.27
25～29	285.9	0.81	292.2	0.77	267.4	1.80	262.3	2.43
30～34	386.8	0.66	399.5	0.64	347.3	2.75	353.8	4.71
35～39	480.1	2.30	501.3	2.89	428.6	2.57	429.0	0.52
40～44	548.7	1.21	571.7	1.37	488.3	1.35	496.6	3.36
45～49	596.6	1.26	622.9	1.47	506.3	2.11	536.0	3.01
50～54	618.4	1.26	639.3	1.47	550.3	1.37	567.8	1.71
55～59	512.3	1.03	510.8	1.40	501.5	1.46	555.6	1.46
60～64	318.2	1.17	312.0	2.68	313.5	3.41	377.8	6.40
65～69	282.8	4.77	271.5	7.84	295.6	6.30	316.4	6.42
70歳～	285.3 *	10.75	329.2 *	17.78	230.6 *	12.03	363.9	6.71
中　学　卒	**317.3 ***	**14.35**	**314.0 ***	**15.50**	**367.1**	**…**	**228.8**	**…**
～19歳	－	－	－	－	－	－	－	－
20～24	208.7 *	…	208.7 *	…	－	－	－	－
25～29	277.2 *	…	277.2 *	…	－	－	－	－
30～34	232.1 *	…	153.2 *	…	－	－	271.6 *	…
35～39	436.5	…	488.3 *	…	298.1 *	…	297.8 *	…
40～44	494.7 *	…	－	－	605.7 *	…	356.0 *	…
45～49	585.0 *	…	－	－	585.0 *	…	－	－
50～54	497.5	…	497.5	…	－	－	－	－
55～59	328.7 *	…	212.9 *	…	380.0 *	…	－	－
60～64	212.2	…	232.1	…	208.5 *	…	189.4 *	…
65～69	194.5	…	192.0 *	…	－	－	300.0 *	…
70歳～	200.0 *	…	－	－	200.0 *	…	－	－
高　校　卒	**386.5**	**1.09**	**393.1**	**1.33**	**380.9**	**1.36**	**358.3**	**1.40**
～19歳	154.6	1.40	148.0 *	…	155.9	1.14	152.8	…
20～24	190.3	4.60	176.8 *	21.27	196.8	1.97	189.6	3.55
25～29	254.4	5.98	257.8	8.84	253.8	3.53	234.8	6.29
30～34	312.4	9.13	338.5 *	11.40	264.6	3.23	241.8	5.26
35～39	339.9	3.90	345.1	5.34	350.1	6.18	293.6	3.88
40～44	397.6	3.51	415.7	5.23	371.4	1.49	382.7	5.68
45～49	432.6	1.79	438.0	2.32	438.0	4.48	391.3	3.17
50～54	475.4	2.96	483.3	4.38	472.6	2.11	422.5	3.52
55～59	430.3	1.09	429.4	1.82	433.4	2.60	428.7	1.14
60～64	280.7	2.04	282.8	4.43	275.5	5.41	276.9	6.40
65～69	288.7	8.74	313.9 *	13.12	265.7	7.31	261.4	9.76
70歳～	274.7 *	16.92	318.5 *	21.94	221.7	…	332.6 *	13.05
高専・短大卒	**412.0**	**3.21**	**427.4**	**4.32**	**397.9**	**3.52**	**391.4**	**4.60**
～19歳	－	－	－	－	－	－	－	－
20～24	195.5	4.43	206.1	6.34	191.1	5.54	187.8	2.18
25～29	248.1	7.07	281.9	8.19	216.5	6.23	216.9	8.98
30～34	301.9	7.93	312.9 *	12.91	301.1	6.96	256.1	3.50
35～39	356.7	6.91	354.6 *	10.79	368.7	7.53	330.2	4.30
40～44	436.1	6.74	474.7	9.41	360.8	3.84	433.5	7.96
45～49	482.3	4.06	509.2	5.63	479.6	5.16	393.0	2.80
50～54	470.1	4.32	465.0	9.00	500.0	4.34	428.1	2.23
55～59	443.2	3.32	434.7	3.04	416.9	8.83	497.5	6.34
60～64	290.8	8.46	294.8 *	16.63	275.0 *	11.09	296.1 *	12.80
65～69	270.7 *	26.20	264.4 *	…	413.3 *	…	174.8 *	…
70歳～	300.0 *	…	－	－	300.0 *	…	－	－
大学・大学院卒	**477.3**	**0.53**	**491.8**	**0.48**	**424.0**	**0.92**	**481.5**	**1.14**
～19歳	－	－	－	－	－	－	－	－
20～24	226.9	0.68	228.7	0.59	217.6	1.36	249.0	1.19
25～29	286.8	0.80	292.7	0.71	268.5	1.83	265.4	2.86
30～34	391.1	0.77	402.7	0.73	352.4	3.14	370.5	6.17
35～39	491.6	2.35	512.2	2.90	435.6	2.53	453.6	0.45
40～44	568.4	1.17	586.3	1.32	514.2	1.94	529.8	3.87
45～49	616.7	1.30	638.7	1.34	519.1	2.78	603.6	3.11
50～54	642.6	1.16	659.9	1.17	570.5	1.69	629.5	1.80
55～59	534.1	1.20	531.6	1.69	522.2	2.52	592.3	1.18
60～64	333.6	1.49	324.1	3.05	328.3	3.26	419.5	8.03
65～69	283.9	8.47	263.5 *	14.34	309.5	8.77	372.2	8.72
70歳～	307.0 *	22.98	358.3 *	…	243.2	…	444.2 *	37.77

産業、性、学歴、年齢階級	企業規模計		1,000人以上		100～999人		10～99人	
	所定内給与額	誤差率	所定内給与額	誤差率	所定内給与額	誤差率	所定内給与額	誤差率
	千円	%	千円	%	千円	%	千円	%
女	**279.7**	**0.34**	**277.6**	**0.48**	**289.8**	**0.85**	**296.9**	**1.67**
～ 19歳	156.8	1.92	159.6	2.23	155.8	2.78	151.7	3.00
20 ～ 24	206.8	0.21	209.1	0.19	197.2	0.84	200.8	3.51
25 ～ 29	236.1	0.50	236.9	0.73	232.3	1.08	233.5	2.84
30 ～ 34	262.4	0.79	262.4	0.96	263.2	0.73	258.1	4.33
35 ～ 39	286.6	0.77	282.2	1.06	315.0	3.47	288.5	1.29
40 ～ 44	294.0	0.74	285.7	0.88	334.1	1.37	308.9	3.24
45 ～ 49	315.8	1.16	305.7	1.15	368.5	2.56	361.7	8.68
50 ～ 54	318.8	1.46	311.1	1.51	374.0	3.55	354.1	3.77
55 ～ 59	311.5	0.79	307.2	0.99	361.3	7.09	329.5	6.50
60 ～ 64	300.9	1.69	305.8	1.84	250.4	5.52	264.2	8.29
65 ～ 69	325.8	2.20	326.2	2.13	329.9 *	10.60	229.8	…
70歳 ～	334.3	2.46	334.5	2.49	329.0 *	…	168.5 *	…
中学卒	**258.7**	**4.57**	**261.2**	**5.00**	**232.9 ***	**11.50**	**191.8 ***	**10.66**
～ 19歳	138.0 *	…	138.0 *	…	-	-	-	-
20 ～ 24	187.4	8.50	187.4	8.50	-	-	-	-
25 ～ 29	198.3	5.42	195.1	6.47	216.3 *	…	-	-
30 ～ 34	218.0	4.79	220.6	5.76	146.7 *	…	197.4 *	…
35 ～ 39	231.3	5.41	231.3	5.41	-	-	-	-
40 ～ 44	222.8	6.04	223.6	6.29	326.5 *	…	197.6 *	…
45 ～ 49	316.1 *	11.17	318.8 *	11.31	386.6 *	…	172.0 *	…
50 ～ 54	330.2 *	15.78	335.8 *	17.68	-	-	203.2 *	…
55 ～ 59	303.1 *	13.80	312.4 *	13.15	276.5 *	…	222.0 *	…
60 ～ 64	277.2	9.56	286.0 *	11.16	-	-	167.7 *	…
65 ～ 69	262.9	5.60	262.9	5.60	-	-	-	-
70歳 ～	315.5	5.53	314.4	5.40	413.8 *	…	-	-
高校卒	**266.5**	**0.50**	**268.8**	**0.61**	**255.2**	**0.78**	**241.7**	**2.53**
～ 19歳	156.8	1.92	159.7	2.21	155.8	2.78	151.7	3.00
20 ～ 24	181.7	2.24	184.9	2.56	175.8	1.64	168.2	1.99
25 ～ 29	195.5	1.40	192.2	2.09	210.9	2.81	193.0	2.55
30 ～ 34	205.6	2.07	201.3	2.12	228.9	3.91	230.1	5.25
35 ～ 39	229.1	1.15	226.3	1.24	252.3	4.02	225.3	4.11
40 ～ 44	246.3	1.68	241.2	1.99	273.8	1.69	239.7	6.04
45 ～ 49	279.0	0.77	276.9	0.98	292.0	2.58	284.6	6.13
50 ～ 54	294.4	2.13	295.3	2.16	292.4	3.65	271.9	2.68
55 ～ 59	298.6	0.81	299.7	0.77	291.4	6.46	276.4	3.35
60 ～ 64	297.5	1.57	303.5	1.77	244.2	7.56	217.9	8.53
65 ～ 69	319.7	3.41	320.0	3.45	286.4 *	15.89	266.2	…
70歳 ～	331.2	4.26	331.3	4.24	272.3 *	…	-	-
高専・短大卒	**296.4**	**1.02**	**298.6**	**1.29**	**283.0**	**0.94**	**296.9**	**1.54**
～ 19歳	-	-	-	-	-	-	-	-
20 ～ 24	188.7	2.04	195.0	3.03	182.2	0.68	181.7	2.03
25 ～ 29	221.5	2.05	225.7	2.90	211.9	0.90	213.8	2.17
30 ～ 34	243.2	1.48	245.8	2.05	234.0	3.40	222.3	3.57
35 ～ 39	275.0	2.01	277.7	2.05	261.9	2.57	259.6	3.13
40 ～ 44	293.2	0.84	293.0	0.49	293.2	3.14	297.4	6.77
45 ～ 49	317.5	0.88	315.0	1.06	334.4	2.48	316.9	3.30
50 ～ 54	331.0	2.23	325.6	3.01	374.2	2.68	339.5	5.55
55 ～ 59	320.2	0.97	320.1	1.13	313.2	2.22	335.6	6.86
60 ～ 64	316.5	4.53	318.6	4.11	271.6	5.87	341.4 *	19.63
65 ～ 69	372.2	3.48	373.6	4.06	417.0 *	…	114.8 *	…
70歳 ～	334.0 *	12.56	337.1 *	12.36	-	-	168.5 *	…
大学・大学院卒	**281.8**	**0.51**	**274.7**	**0.73**	**313.0**	**1.54**	**338.1**	**3.22**
～ 19歳	-	-	-	-	-	-	-	-
20 ～ 24	212.2	0.24	212.9	0.24	207.4	0.72	217.3	2.86
25 ～ 29	244.1	0.44	244.9	0.66	239.1	1.40	249.0	3.75
30 ～ 34	280.3	0.94	280.7	1.24	277.5	1.43	281.3	4.18
35 ～ 39	319.8	1.52	312.8	1.92	358.6	4.16	327.6	2.36
40 ～ 44	343.6	2.56	324.9	2.42	435.2	4.04	366.8	1.12
45 ～ 49	375.3	4.06	340.9	4.18	519.1	3.16	502.3 *	16.53
50 ～ 54	365.0	2.35	331.7	2.37	564.3 *	10.08	487.0	8.61
55 ～ 59	348.1	3.44	314.6	6.09	597.9 *	17.02	427.4 *	15.54
60 ～ 64	301.4	5.34	304.1	5.86	257.7	…	275.8 *	13.83
65 ～ 69	365.5	8.31	368.5	8.36	-	-	240.8 *	…
70歳 ～	475.3	…	475.3	…	-	-	-	-

産業、性、学歴、年齢階級	企業規模計		1,000人以上		100～999人		10～99人	
	所定内給与額	誤差率	所定内給与額	誤差率	所定内給与額	誤差率	所定内給与額	誤差率
	千円	%	千円	%	千円	%	千円	%
K 不動産業，物品賃貸業								
男女計	**321.6**	**0.44**	**342.6**	**0.73**	**323.0**	**0.60**	**298.1**	**0.52**
～19歳	174.4	1.14	170.8	3.89	176.0	1.64	173.6	2.29
20～24	220.5	0.57	225.4	2.28	223.1	1.17	211.3	0.62
25～29	247.6	1.14	254.1	1.38	248.6	1.68	239.0	1.08
30～34	293.4	0.66	308.4	1.79	291.7	1.28	276.5	0.81
35～39	324.8	0.71	345.5	1.57	326.3	0.97	299.2	1.78
40～44	356.4	0.93	398.0	3.00	351.9	1.52	322.0	1.39
45～49	382.6	1.13	447.5	1.59	378.9	1.61	329.2	2.06
50～54	423.5	1.99	487.9	3.85	425.3	3.23	363.7	1.87
55～59	397.9	1.61	439.8	2.04	413.1	1.81	347.6	4.39
60～64	272.2	1.07	249.9	5.99	280.3	2.67	286.5	1.52
65～69	223.5	1.63	185.2	3.11	239.6	6.52	255.5	1.02
70歳～	241.8	4.76	169.6	3.36	297.2 *	14.33	251.6	5.98
男	**354.9**	**0.51**	**371.9**	**0.81**	**362.7**	**0.74**	**325.7**	**0.49**
～19歳	176.3	2.06	169.1	5.63	177.5	8.41	177.6	3.28
20～24	226.6	0.77	222.6	0.42	236.5	1.23	217.3	1.64
25～29	260.8	1.35	260.6	1.25	265.4	2.01	254.7	1.21
30～34	319.3	1.07	329.4	2.38	324.6	2.17	297.9	0.92
35～39	352.4	0.93	371.7	1.40	354.9	1.02	326.2	2.82
40～44	395.3	1.11	439.5	2.38	392.0	1.83	355.5	1.84
45～49	433.8	0.98	504.4	1.95	434.0	2.41	365.2	2.50
50～54	482.0	2.48	559.4	3.58	485.0	4.06	405.4	1.80
55～59	436.6	1.44	467.7	2.18	456.6	1.85	382.3	1.61
60～64	283.7	1.20	256.1	6.55	296.2	3.22	301.1	1.88
65～69	225.7	1.65	186.2	3.31	246.5	6.67	261.5	2.60
70歳～	244.9	5.56	170.0	3.31	302.5 *	13.79	260.2	6.81
中学卒	**271.3**	**1.10**	**269.1**	**6.15**	**247.8**	**1.20**	**284.2**	**2.82**
～19歳	183.7	…	−	−	−	−	183.7	…
20～24	197.6 *	10.16	174.0 *	…	169.1	…	235.1	6.72
25～29	240.6	5.60	236.6	…	230.2 *	12.38	252.2	8.26
30～34	289.9	5.77	209.9	…	275.4 *	11.32	308.4	5.64
35～39	307.6	6.42	315.5	…	266.5	1.06	319.1	6.30
40～44	310.9	8.37	241.7	…	325.6	7.11	331.5	8.49
45～49	308.4	7.82	349.1 *	16.65	337.0	3.22	285.3	9.34
50～54	337.6	6.92	358.9	…	257.5	1.35	361.4 *	11.76
55～59	324.5 *	12.60	450.5	…	208.0	…	319.0	5.84
60～64	243.1	7.50	234.9 *	17.82	238.5	8.58	255.1	6.51
65～69	186.9	3.91	170.4	6.63	214.4	4.98	175.5	9.98
70歳～	205.7	9.45	119.5 *	…	196.0	5.86	219.3 *	14.30
高校卒	**301.5**	**0.80**	**290.8**	**0.84**	**308.9**	**1.39**	**301.2**	**1.04**
～19歳	175.6	2.04	169.1	5.63	177.5	8.41	176.1	3.65
20～24	200.3	1.25	191.5	3.83	198.7	1.24	203.0	2.63
25～29	229.8	1.77	210.1	1.73	219.8	1.38	245.7	2.67
30～34	274.5	1.99	268.5	1.43	269.9	3.61	279.9	1.71
35～39	294.9	1.22	301.6	3.92	300.0	2.57	287.6	1.54
40～44	338.4	1.89	360.0	5.48	341.0	1.47	325.9	1.90
45～49	358.3	2.42	377.6	2.57	366.0	3.76	345.2	3.84
50～54	385.3	2.63	377.2	4.97	402.7	4.06	373.6	3.34
55～59	344.5	1.54	359.9	5.80	354.0	2.91	329.7	2.68
60～64	255.1	2.29	246.3	6.83	247.0	3.64	270.9	1.87
65～69	213.9	3.39	176.7	1.97	224.8	8.05	247.5	4.79
70歳～	223.6	8.60	164.6	3.57	278.2 *	22.17	242.0	8.98
高専・短大卒	**320.7**	**1.32**	**312.1**	**2.98**	**328.1**	**1.41**	**319.1**	**2.41**
～19歳	−	−	−	−	−	−	−	−
20～24	207.6	1.89	191.7	1.05	226.3	3.41	203.8	2.93
25～29	240.8	2.14	218.5	3.40	233.2	4.92	259.8	1.40
30～34	282.0	0.41	257.6	2.94	282.7	1.41	305.6	2.47
35～39	318.9	1.14	300.2	3.16	321.4	3.74	327.6	5.98
40～44	364.1	1.62	355.7	5.37	365.2	2.25	369.4	5.86
45～49	382.9	2.21	393.7	7.46	390.9	3.71	354.0	2.15
50～54	398.4	1.84	414.3	3.62	385.9	3.50	397.2	2.43
55～59	387.7	6.16	408.0	7.66	386.4	8.80	358.2	4.20
60～64	259.3	6.10	219.4	8.28	277.1	6.97	299.2	7.11
65～69	176.9	3.47	163.1	0.96	188.4	8.51	213.7	9.52
70歳～	211.7	…	168.7 *	…	237.5	…	−	−
大学・大学院卒	**389.9**	**0.66**	**407.1**	**0.88**	**391.3**	**1.13**	**356.8**	**0.41**
～19歳	−	−	−	−	−	−	−	−
20～24	240.0	0.95	229.5	0.62	248.5	1.40	239.0	1.82
25～29	271.9	1.64	272.9	1.37	277.6	1.94	259.0	2.11
30～34	341.1	1.93	349.8	2.68	344.4	3.08	311.6	2.27
35～39	383.2	0.63	394.7	1.80	381.5	1.06	364.0	2.54
40～44	437.5	1.64	483.9	1.79	422.0	2.72	390.0	2.00
45～49	492.5	1.15	568.0	1.67	475.0	3.43	401.0	1.93
50～54	552.0	2.95	635.4	3.02	541.3	5.12	443.9	3.47
55～59	496.8	1.81	519.1	2.82	511.8	3.17	441.4	1.54
60～64	307.0	1.44	267.2	8.29	328.8	3.08	331.4	4.06
65～69	253.1	2.69	202.9	6.79	277.0	6.26	318.4	7.20
70歳～	306.7 *	16.54	183.6	6.03	388.6 *	20.57	349.5 *	19.36

産業、性、学歴、年齢階級	企業規模計		1,000人以上		100～999人		10～99人	
	所定内給与額	誤差率	所定内給与額	誤差率	所定内給与額	誤差率	所定内給与額	誤差率
	千円	%	千円	%	千円	%	千円	%
女	**251.8**	**0.59**	**271.8**	**1.50**	**247.1**	**0.30**	**240.3**	**0.98**
～ 19歳	172.4	2.86	173.4	9.43	174.9	3.58	168.1	4.55
20 ～ 24	213.8	1.30	228.6	4.43	210.7	1.16	202.7	1.59
25 ～ 29	229.9	1.06	243.7	2.08	229.7	1.23	215.5	0.70
30 ～ 34	250.8	0.50	270.7	1.08	246.3	0.98	232.0	1.87
35 ～ 39	259.9	0.55	278.7	3.42	262.0	1.91	236.8	2.44
40 ～ 44	270.6	0.69	303.9	3.91	260.9	1.80	252.5	1.51
45 ～ 49	278.7	2.50	310.2	2.85	274.3	3.07	260.4	4.74
50 ～ 54	278.2	1.70	293.8	5.45	276.0	1.64	268.3	2.72
55 ～ 59	275.7	4.75	310.5 *	12.07	269.2	2.79	266.0 *	12.23
60 ～ 64	212.2	2.31	199.2	1.60	200.3	2.96	231.6	4.47
65 ～ 69	207.1	4.39	170.8	7.21	168.2	5.52	235.4	8.18
70歳 ～	215.3	2.84	139.2 *	…	182.5	…	225.2	4.31
中学卒	**183.2**	**3.64**	**177.5**	**8.59**	**177.4**	**5.43**	**191.1**	**2.27**
～ 19歳	166.7 *	…	－	－	121.5 *	…	179.6 *	…
20 ～ 24	202.0	4.96	－	－	179.2	…	209.8	…
25 ～ 29	173.4	…	127.3 *	…	183.0 *	…	198.3	…
30 ～ 34	224.5 *	11.01	274.3 *	…	187.0 *	…	177.0 *	…
35 ～ 39	225.0	6.00	214.1 *	…	206.5 *	…	237.8	…
40 ～ 44	190.0	4.86	171.9	…	179.0 *	…	217.3	8.55
45 ～ 49	187.0 *	13.03	158.2 *	…	206.8 *	16.64	187.9	8.07
50 ～ 54	183.1	9.94	166.9 *	…	178.9	9.29	188.2 *	15.94
55 ～ 59	167.3	…	212.6 *	…	164.8	…	163.7	…
60 ～ 64	152.3	7.24	147.6	…	155.9 *	12.49	149.8	3.68
65 ～ 69	156.3	5.59	139.5 *	…	152.1	…	166.2	8.88
70歳 ～	196.7	…	－	－	192.6 *	…	198.1 *	…
高校卒	**222.8**	**1.81**	**215.4**	**1.82**	**218.0**	**1.37**	**230.7**	**2.56**
～ 19歳	172.5	2.77	173.4	9.43	175.3	3.45	167.5	4.49
20 ～ 24	184.3	1.24	182.1	5.57	179.8	1.20	189.7	3.20
25 ～ 29	195.2	1.34	179.5	2.96	191.3	1.79	205.0	2.10
30 ～ 34	210.9	1.72	210.0	4.71	206.0	2.96	218.4	2.93
35 ～ 39	221.2	3.53	235.2 *	10.88	221.9	4.65	212.4	2.33
40 ～ 44	224.0	2.58	221.0	2.94	226.5	3.73	222.7	2.27
45 ～ 49	237.8	2.65	224.7	1.24	237.3	1.52	244.6	5.18
50 ～ 54	245.2	2.57	233.0	5.53	237.9	2.16	259.2	4.42
55 ～ 59	250.1	9.72	219.1	8.66	232.1	3.64	273.9 *	17.77
60 ～ 64	210.4	3.69	198.2	5.85	203.6	3.91	223.0	4.80
65 ～ 69	194.6	4.11	174.3	6.54	157.1	7.13	211.8	6.52
70歳 ～	212.3	8.59	139.2 *	…	181.3	…	224.3	9.49
高専・短大卒	**256.4**	**1.81**	**271.3**	**3.06**	**254.7**	**1.91**	**249.2**	**1.18**
～ 19歳	－	－	－	－	－	－	－	－
20 ～ 24	192.9	0.88	185.6	3.82	195.1	2.60	192.5	2.24
25 ～ 29	215.3	0.80	215.0	4.18	216.8	2.01	213.5	2.61
30 ～ 34	232.7	0.86	219.6	2.75	243.8	1.46	217.9	3.36
35 ～ 39	246.6	2.70	250.0	4.31	246.7	2.39	244.3	4.18
40 ～ 44	278.9	1.33	291.6	3.10	272.3	2.06	276.2	3.38
45 ～ 49	279.9	4.37	298.2	4.47	273.9	6.62	275.1	6.16
50 ～ 54	278.1	1.44	271.9	4.67	289.1	6.71	269.0	4.74
55 ～ 59	311.0	7.37	388.8 *	22.27	305.7	3.43	274.1	7.43
60 ～ 64	215.0	2.74	184.0	5.93	198.1	5.07	247.3	6.02
65 ～ 69	256.6	7.55	151.2 *	…	239.3	9.28	278.3	7.43
70歳 ～	238.0 *	12.71	－	－	－	－	238.0 *	12.71
大学・大学院卒	**271.3**	**0.53**	**292.6**	**1.74**	**262.7**	**0.83**	**249.1**	**1.32**
～ 19歳	－	－	－	－	－	－	－	－
20 ～ 24	226.2	1.94	236.0	5.26	221.6	1.18	217.9	1.83
25 ～ 29	242.9	1.50	256.8	3.27	240.3	1.61	223.9	1.68
30 ～ 34	268.9	0.92	283.3	1.68	262.4	1.09	250.0	2.37
35 ～ 39	294.7	1.14	302.7	2.99	300.9	2.89	261.1	1.81
40 ～ 44	303.0	1.18	342.7	4.77	282.4	3.97	266.9	3.29
45 ～ 49	356.6	2.95	408.2	4.80	339.0	4.07	294.4	2.62
50 ～ 54	391.0	6.11	435.4 *	12.54	374.8	3.18	336.6 *	10.61
55 ～ 59	288.2	6.24	361.7 *	19.88	301.4	4.96	223.7 *	13.46
60 ～ 64	237.5	4.28	231.1 *	11.62	209.9	…	271.8	5.28
65 ～ 69	252.1	…	190.1 *	…	152.3 *	…	447.7 *	…
70歳 ～	197.9 *	…	－	－	－	－	197.9 *	…

産業、性、学歴、年齢階級	企業規模計 所定内給与額	誤差率	1,000人以上 所定内給与額	誤差率	100～999人 所定内給与額	誤差率	10～99人 所定内給与額	誤差率
	千円	%	千円	%	千円	%	千円	%
L 学術研究，専門・技術サービス業								
男女計	**382.8**	**0.25**	**447.2**	**0.35**	**358.5**	**0.42**	**310.8**	**0.69**
～ 19歳	180.9	1.36	174.1	0.48	180.3	4.80	186.8	1.04
20 ～ 24	216.3	0.59	234.0	1.97	219.2	0.35	196.8	1.39
25 ～ 29	264.2	0.84	295.5	0.90	252.0	0.68	231.6	1.32
30 ～ 34	315.8	1.40	356.8	1.48	296.8	0.97	267.7	0.73
35 ～ 39	358.2	1.69	420.0	2.04	339.2	2.28	293.4	0.62
40 ～ 44	409.2	0.81	476.9	1.96	389.1	1.41	334.1	1.18
45 ～ 49	448.7	0.84	521.5	1.12	420.6	1.24	355.5	0.94
50 ～ 54	507.1	1.09	595.5	1.42	456.5	1.25	393.9	2.40
55 ～ 59	506.3	1.52	565.1	2.13	493.2	2.21	395.0	2.07
60 ～ 64	360.5	1.68	375.5	1.83	359.2	4.22	342.6	2.84
65 ～ 69	335.7	3.28	379.5	4.36	342.2	6.88	296.5	3.05
70歳 ～	278.7	6.51	384.4 *	11.42	364.8 *	14.08	237.9	3.44
男	**414.5**	**0.22**	**468.1**	**0.39**	**391.8**	**0.76**	**340.9**	**0.42**
～ 19歳	182.8	1.96	175.1	0.93	180.4	6.20	191.9	2.01
20 ～ 24	221.4	1.24	237.3	2.70	216.8	0.67	206.4	2.00
25 ～ 29	271.8	0.79	297.3	1.06	259.4	0.29	239.3	0.80
30 ～ 34	333.9	1.27	368.4	1.44	311.4	1.07	286.4	1.24
35 ～ 39	387.6	1.50	436.0	1.69	369.9	1.41	320.7	0.44
40 ～ 44	442.4	1.04	501.8	1.98	422.5	1.70	367.1	1.12
45 ～ 49	485.1	1.16	547.5	1.52	455.0	0.99	391.5	0.73
50 ～ 54	542.6	1.32	617.2	2.04	496.9	1.60	428.8	1.53
55 ～ 59	538.2	1.34	589.6	2.04	524.1	1.96	430.5	1.72
60 ～ 64	372.7	1.65	382.1	1.92	373.4	3.57	358.2	3.03
65 ～ 69	342.9	3.57	380.2	5.58	358.7	7.25	301.8	3.05
70歳 ～	287.3	8.63	383.2 *	16.06	412.6 *	16.68	235.7	4.85
中学卒	**280.4**	**5.10**	**324.8**	**5.75**	**285.8 ***	**12.62**	**244.4**	**4.52**
～ 19歳	-	-	-	-	-	-	-	-
20 ～ 24	213.6 *	…	171.4 *	…	176.2 *	…	230.1 *	…
25 ～ 29	255.3	7.24	280.0 *	…	208.8	4.96	265.6 *	…
30 ～ 34	276.6	8.70	276.5 *	…	276.0 *	…	277.2	…
35 ～ 39	242.1 *	23.61	350.0 *	…	332.7	…	190.8 *	26.37
40 ～ 44	259.9 *	13.50	355.1 *	…	397.8 *	…	182.6	…
45 ～ 49	291.7	7.59	353.9 *	…	290.6 *	…	287.3 *	…
50 ～ 54	353.3 *	11.01	445.9	…	303.8 *	…	252.6 *	16.01
55 ～ 59	375.0 *	11.10	380.4	…	396.6 *	…	360.1	…
60 ～ 64	299.3 *	13.84	257.8	9.71	337.7	…	301.3	…
65 ～ 69	218.0	4.88	264.9	5.93	173.5	6.34	249.4 *	…
70歳 ～	183.8 *	…	-	-	180.4 *	…	184.4 *	…
高校卒	**336.5**	**0.64**	**366.6**	**0.83**	**338.2**	**1.94**	**300.0**	**0.87**
～ 19歳	182.8	1.96	175.1	0.93	180.4	6.20	191.9	2.01
20 ～ 24	196.7	1.68	200.2	0.73	190.1	0.61	197.1	3.49
25 ～ 29	228.2	0.66	235.0	2.52	228.6	1.21	222.8	2.33
30 ～ 34	271.7	2.03	290.2	0.54	264.5	3.92	255.3	2.47
35 ～ 39	303.8	1.18	323.8	3.92	299.8	1.12	287.2	2.71
40 ～ 44	360.5	2.72	385.8	1.38	361.8	9.02	332.9	2.57
45 ～ 49	384.3	0.95	429.0	2.63	358.3	2.19	348.9	2.44
50 ～ 54	423.8	1.03	470.2	2.50	424.2	2.83	358.1	1.71
55 ～ 59	432.1	2.39	469.6	3.81	425.2	3.93	369.8	3.63
60 ～ 64	291.7	1.01	287.7	2.00	286.9	2.23	305.7	2.58
65 ～ 69	265.3	3.68	274.2	4.39	280.5	9.53	256.1	3.82
70歳 ～	285.1 *	12.63	204.7 *	…	495.5	…	239.4	6.49
高専・短大卒	**374.4**	**1.43**	**438.4**	**2.39**	**349.5**	**2.27**	**342.5**	**0.89**
～ 19歳	-	-	-	-	-	-	-	-
20 ～ 24	214.9	1.21	235.7	1.04	200.3	1.76	205.2	0.85
25 ～ 29	248.2	2.55	249.6	5.02	268.3	3.34	227.8	1.79
30 ～ 34	273.7	0.95	294.1	6.60	258.8	1.81	267.6	1.78
35 ～ 39	318.7	2.74	368.1	4.18	306.9	6.44	302.2	2.81
40 ～ 44	380.7	1.82	426.6	4.69	388.1	2.53	354.0	2.23
45 ～ 49	435.8	3.09	518.1	5.10	414.8	4.25	391.5	3.90
50 ～ 54	509.8	3.22	600.2	5.33	458.5	2.73	441.1	2.74
55 ～ 59	503.1	4.37	596.2	6.82	420.9	4.27	411.8	2.48
60 ～ 64	365.7	7.85	344.7 *	16.55	362.4	7.63	386.5	7.68
65 ～ 69	290.5	4.11	368.9 *	…	317.4	…	265.1	5.79
70歳 ～	260.7	…	-	-	250.0 *	…	263.0	…
大学・大学院卒	**446.0**	**0.24**	**495.8**	**0.60**	**414.4**	**0.94**	**363.5**	**0.49**
～ 19歳	-	-	-	-	-	-	-	-
20 ～ 24	238.0	1.86	261.3	3.42	227.5	1.10	220.1	2.04
25 ～ 29	282.1	0.84	307.3	1.28	262.6	0.54	247.3	1.33
30 ～ 34	350.4	1.28	382.9	1.30	323.5	1.52	299.6	1.39
35 ～ 39	413.5	1.16	455.8	1.41	390.7	1.70	340.9	1.00
40 ～ 44	478.4	1.24	531.5	1.69	445.9	0.61	392.7	1.72
45 ～ 49	530.1	1.08	580.8	1.27	497.2	1.31	419.9	1.36
50 ～ 54	595.8	1.45	659.6	2.21	538.5	1.53	470.0	2.73
55 ～ 59	586.9	1.90	634.2	3.29	565.6	2.31	475.4	2.66
60 ～ 64	429.0	2.26	466.8	3.08	429.3	5.95	380.4	5.02
65 ～ 69	388.3	4.19	406.5	6.46	420.3	9.58	344.4	2.98
70歳 ～	303.8	5.27	426.7	…	270.8 *	…	236.3	6.81

産業、性、 学歴、年齢階級	企業規模計		1,000人以上		100～999人		10～99人	
	所定内 給与額	誤差率	所定内 給与額	誤差率	所定内 給与額	誤差率	所定内 給与額	誤差率
	千円	%	千円	%	千円	%	千円	%
女	**294.8**	**0.31**	**359.4**	**1.02**	**281.8**	**1.61**	**251.1**	**0.99**
～ 19歳	175.3	1.26	167.6	3.74	180.2	3.08	175.2	2.25
20 ～ 24	209.6	0.70	226.6	3.61	222.4	1.59	188.3	1.70
25 ～ 29	248.7	0.98	290.0	1.22	239.9	1.25	219.9	2.28
30 ～ 34	276.6	1.63	318.3	2.63	274.2	1.97	236.7	1.17
35 ～ 39	289.7	2.09	354.6	5.03	283.1	3.74	249.2	2.04
40 ～ 44	318.9	0.89	389.0	1.49	302.4	3.84	266.6	2.13
45 ～ 49	333.8	1.82	403.6	4.10	315.2	1.91	284.7	1.49
50 ～ 54	378.1	3.33	482.3	7.49	337.8	3.36	303.8	7.20
55 ～ 59	345.4	3.92	401.2	8.14	345.3	5.04	279.2	1.75
60 ～ 64	277.0	6.44	280.7 *	23.66	276.5	8.89	275.7	3.47
65 ～ 69	248.9	7.78	359.9	…	222.1 *	11.75	232.0	8.01
70歳 ～	233.2	5.86	677.0 *	…	149.3 *	…	247.1	6.75
中学卒	**257.0 ***	**10.74**	**202.6**	**…**	**285.3 ***	**16.48**	**233.4**	**6.47**
～ 19歳	－	－	－	－	－	－	－	－
20 ～ 24	210.4 *	…	－	－	215.8 *	…	205.0 *	…
25 ～ 29	254.6	…	340.8 *	…	251.7 *	…	224.5 *	…
30 ～ 34	256.1 *	…	－	－	277.7 *	…	239.6 *	…
35 ～ 39	247.9	4.27	235.7 *	…	203.0 *	…	250.9 *	…
40 ～ 44	194.2 *	…	－	－	261.0 *	…	132.5 *	…
45 ～ 49	174.9 *	…	－	－	－	－	174.9 *	…
50 ～ 54	339.8	…	194.6 *	…	389.0 *	…	221.3 *	…
55 ～ 59	242.1	…	257.3 *	…	227.9 *	…	－	－
60 ～ 64	143.6	3.31	132.6 *	…	149.9 *	…	－	－
65 ～ 69	157.0 *	…	－	－	154.1 *	…	176.3 *	…
70歳 ～	158.7 *	…	－	－	158.7 *	…	－	－
高校卒	**236.8**	**1.78**	**251.5**	**3.13**	**235.6**	**1.99**	**226.9**	**2.14**
～ 19歳	175.3	1.26	167.6	3.74	180.2	3.08	175.2	2.25
20 ～ 24	186.4	1.54	193.1	1.66	197.3	3.52	176.1	0.65
25 ～ 29	202.0	2.11	220.6	2.87	210.9	5.50	188.1	1.20
30 ～ 34	210.0	2.80	206.1	6.07	215.7	5.84	209.0	4.15
35 ～ 39	214.6	2.16	211.9	2.81	222.5	3.61	212.4	3.09
40 ～ 44	239.4	2.53	245.6	3.58	268.7	3.28	220.3	1.94
45 ～ 49	254.7	1.89	264.0	7.05	256.5	3.54	247.5	3.40
50 ～ 54	280.7	4.93	327.3	6.99	254.4	2.22	258.7	2.70
55 ～ 59	278.4	2.15	291.4	3.85	271.0	4.05	267.2	2.81
60 ～ 64	232.1	8.38	183.4	4.01	191.0	2.61	264.4 *	10.42
65 ～ 69	201.6	6.19	185.5 *	…	217.6	9.14	189.0	9.33
70歳 ～	256.7 *	18.04	－	－	140.0 *	…	281.7 *	16.27
高専・短大卒	**262.9**	**1.31**	**293.5**	**3.83**	**275.2**	**3.61**	**240.6**	**3.66**
～ 19歳	－	－	－	－	－	－	－	－
20 ～ 24	187.1	2.72	202.6	2.49	216.1	8.34	176.9	1.98
25 ～ 29	209.8	1.96	222.2	4.77	215.5	2.36	203.5	2.21
30 ～ 34	229.0	2.42	214.4	4.01	245.0	4.22	224.8	2.83
35 ～ 39	242.7	3.11	269.1	3.81	245.7	6.27	227.2	2.60
40 ～ 44	275.6	1.60	307.1	5.61	283.1	4.78	255.5	1.92
45 ～ 49	294.0	3.40	327.6	5.90	296.8	5.17	261.6	2.99
50 ～ 54	323.7	5.45	342.7 *	13.31	310.3	7.75	322.7 *	11.10
55 ～ 59	324.6	5.89	326.3 *	10.77	373.7	9.97	286.6	3.97
60 ～ 64	254.6 *	10.59	268.1 *	22.96	271.9 *	13.46	242.3	5.84
65 ～ 69	247.4	…	－	－	140.9 *	…	248.3	…
70歳 ～	207.0	…	－	－	－	－	207.0	…
大学・大学院卒	**329.0**	**0.51**	**414.1**	**1.15**	**294.6**	**2.32**	**272.9**	**2.14**
～ 19歳	－	－	－	－	－	－	－	－
20 ～ 24	227.2	1.50	244.6	4.27	228.7	1.62	208.6	3.14
25 ～ 29	262.7	1.31	302.7	1.30	245.8	1.64	235.0	2.71
30 ～ 34	297.7	2.14	346.1	3.32	286.5	1.90	248.8	2.13
35 ～ 39	320.4	3.04	415.5	6.00	298.9	4.11	271.0	3.40
40 ～ 44	373.6	1.71	471.6	1.80	318.9	5.91	307.1	3.89
45 ～ 49	410.7	4.01	517.1	7.46	359.8	3.01	334.7	2.94
50 ～ 54	484.4	5.49	622.6	8.34	393.7	4.45	345.2	8.46
55 ～ 59	451.2	9.64	584.5 *	10.74	397.4	6.29	290.0 *	11.72
60 ～ 64	364.6	8.87	422.3	…	345.0 *	15.36	359.5 *	10.81
65 ～ 69	335.6 *	17.36	646.0 *	…	257.1 *	…	252.5	…
70歳 ～	344.6 *	…	677.0 *	…	－	－	318.0 *	…

産業、性、学歴、年齢階級	企業規模計		1,000人以上		100～999人		10～99人	
	所定内給与額	誤差率	所定内給与額	誤差率	所定内給与額	誤差率	所定内給与額	誤差率
	千円	%	千円	%	千円	%	千円	%
M 宿泊業，飲食サービス業								
男女計	**242.1**	**0.27**	**255.7**	**0.63**	**239.9**	**0.57**	**230.5**	**0.39**
～19歳	166.3	0.70	166.9	1.07	166.2	0.35	165.9	1.60
20～24	185.9	0.67	194.6	0.80	180.4	0.91	180.6	1.00
25～29	215.0	0.94	224.1	1.34	206.3	0.81	212.9	0.76
30～34	235.3	0.77	246.9	0.98	224.0	1.88	233.8	1.21
35～39	257.3	0.58	278.2	1.12	248.8	0.75	241.6	0.70
40～44	274.9	0.36	294.7	1.49	274.1	1.19	254.3	0.99
45～49	279.8	0.74	296.4	1.27	287.9	1.30	253.6	2.15
50～54	275.9	0.76	301.5	3.97	278.4	1.32	249.4	1.56
55～59	265.2	1.04	272.0	1.44	277.2	1.85	249.6	1.15
60～64	214.9	0.88	214.8	3.87	219.0	0.68	212.4	2.22
65～69	199.8	2.15	192.7	1.59	188.8	2.51	208.9	2.30
70歳～	180.9	2.36	184.8	8.05	193.6	6.10	173.8	1.43
男	**271.4**	**0.36**	**291.3**	**0.70**	**266.9**	**0.66**	**257.0**	**0.24**
～19歳	166.1	2.34	168.2	3.17	162.7	2.00	168.2	4.16
20～24	188.3	0.75	197.5	0.57	181.2	0.84	187.3	1.80
25～29	225.4	1.10	235.5	1.43	215.7	0.87	225.8	1.52
30～34	249.9	1.03	263.7	1.89	235.5	1.54	249.8	1.63
35～39	277.0	1.04	301.0	2.07	265.7	0.58	260.6	1.63
40～44	300.1	0.58	323.6	1.42	296.8	0.78	278.1	1.20
45～49	315.5	0.60	341.7	1.09	317.9	1.05	286.3	2.11
50～54	318.8	0.72	352.9	3.96	319.7	1.13	282.9	2.24
55～59	307.7	1.20	322.9	1.22	316.0	2.39	288.3	2.35
60～64	247.9	0.92	252.0	4.72	245.9	1.67	247.0	3.14
65～69	224.4	1.99	224.2	2.50	206.4	3.00	237.4	2.54
70歳～	200.2	3.71	221.8	…	217.7	7.86	186.2	3.70
中学卒	**261.8**	**1.52**	**271.9**	**3.08**	**257.1**	**4.62**	**258.8**	**2.39**
～19歳	158.8	2.70	208.9	…	146.1 *	…	140.6	6.58
20～24	201.7	5.92	206.6	…	172.9	…	208.6 *	11.83
25～29	227.1	5.28	235.5	3.96	228.6	…	210.6	8.98
30～34	250.6	6.90	287.5	6.02	215.5	9.21	249.4 *	11.41
35～39	275.8	4.75	274.2	…	261.2	5.14	282.8	4.29
40～44	291.3	5.04	310.2 *	10.74	283.4	6.54	279.2	2.95
45～49	308.2	3.87	352.0 *	10.47	322.0	7.78	269.1	5.21
50～54	290.4	3.88	339.3 *	31.12	279.5	5.47	283.6	9.09
55～59	296.4	3.22	294.8	7.39	291.3	3.71	300.1	8.86
60～64	256.4	5.00	248.8	8.66	245.8	7.77	265.6	9.76
65～69	216.3	5.94	191.1	…	190.8	4.10	252.8	9.01
70歳～	160.7	9.73	－	－	161.5	…	160.3 *	10.63
高校卒	**260.7**	**0.49**	**273.8**	**1.37**	**259.7**	**1.12**	**253.7**	**0.64**
～19歳	167.0	2.39	163.2	2.42	164.5	2.02	172.7	4.50
20～24	185.6	1.04	190.0	1.39	181.0	0.55	187.1	2.29
25～29	219.6	1.76	220.2	3.07	214.3	2.08	224.3	3.63
30～34	243.0	1.51	250.8	1.10	229.9	2.30	246.7	2.54
35～39	262.9	1.07	279.0	1.55	256.3	0.82	257.2	2.21
40～44	286.9	0.64	303.1	1.54	288.0	1.74	276.6	1.72
45～49	303.3	1.29	327.2	2.42	311.3	3.05	280.6	2.31
50～54	304.2	1.19	332.9	4.57	307.0	1.17	280.8	2.82
55～59	295.9	1.54	303.9	1.40	304.9	2.51	283.8	3.33
60～64	235.0	2.51	220.2	6.64	235.9	1.80	242.0	2.74
65～69	221.5	3.21	219.9	7.08	202.6	2.52	234.3	3.78
70歳～	213.4	5.37	214.4	…	247.9 *	10.09	193.6	4.61
高専・短大卒	**268.1**	**1.06**	**274.7**	**1.39**	**266.1**	**0.94**	**260.2**	**1.76**
～19歳	－	－	－	－	－	－	－	－
20～24	182.5	0.74	189.5	1.93	177.2	1.01	180.8	3.08
25～29	220.9	0.32	225.7	0.21	214.1	1.79	229.3	2.63
30～34	256.6	3.38	257.4	2.84	244.1	4.10	272.6	5.73
35～39	274.0	1.62	293.7	1.53	267.1	1.59	249.4	2.48
40～44	287.9	1.84	287.4	3.18	294.2	2.15	276.5	1.07
45～49	321.3	1.65	315.8	2.93	325.9	0.84	318.8	6.07
50～54	314.2	1.96	330.1	4.48	314.9	4.95	278.7	2.64
55～59	321.4	5.46	333.6	6.04	324.1	8.24	296.9	5.14
60～64	249.4	1.96	271.0	6.51	244.5	4.28	219.8	9.67
65～69	241.8 *	12.65	234.3	…	242.0	9.06	249.4 *	27.23
70歳～	218.9 *	…	221.1 *	…	－	－	218.9 *	…
大学・大学院卒	**299.2**	**0.19**	**325.7**	**0.27**	**285.5**	**1.19**	**267.3**	**0.76**
～19歳	－	－	－	－	－	－	－	－
20～24	207.4	1.75	220.3	0.79	193.5	3.39	190.6	5.48
25～29	236.8	1.41	251.9	2.98	219.0	2.39	230.6	4.16
30～34	256.8	1.61	277.7	2.73	239.9	1.55	242.4	1.59
35～39	299.9	1.31	324.5	3.56	278.3	1.08	272.4	2.92
40～44	336.7	0.82	368.5	2.07	322.9	0.93	284.4	5.00
45～49	341.0	2.48	377.2	3.18	322.7	4.81	295.7	2.62
50～54	362.2	1.80	394.5	5.84	358.2	1.57	293.9	4.08
55～59	336.5	1.36	366.8	2.02	344.3	2.19	296.2	3.96
60～64	277.9	3.67	320.6	9.49	268.9	4.07	257.5	5.53
65～69	243.7	5.17	277.7 *	13.34	224.8	…	239.6	7.71
70歳～	187.4	…	270.1 *	…	161.1	…	177.9 *	…

産業、性、学歴、年齢階級	企業規模計		1,000人以上		100～999人		10～99人	
	所定内給与額	誤差率	所定内給与額	誤差率	所定内給与額	誤差率	所定内給与額	誤差率
	千円	%	千円	%	千円	%	千円	%
女	**200.1**	**0.35**	**209.4**	**0.43**	**199.8**	**0.75**	**189.6**	**0.55**
～19歳	166.4	0.78	166.1	1.30	168.0	0.75	164.1	2.02
20～24	184.0	0.60	193.0	1.20	179.9	1.24	173.3	1.69
25～29	202.8	0.82	213.8	1.45	194.5	0.72	192.8	1.68
30～34	212.6	0.50	225.8	0.90	207.8	2.65	197.8	1.80
35～39	218.7	1.44	233.3	3.13	217.2	2.09	202.3	2.51
40～44	218.2	1.37	227.5	2.71	226.8	1.89	198.4	1.70
45～49	211.7	1.49	223.3	1.83	214.7	1.85	196.2	2.25
50～54	207.4	1.49	210.3	3.42	209.7	2.38	202.8	3.71
55～59	199.5	0.92	200.3	3.46	207.4	3.56	192.7	2.24
60～64	174.7	0.47	171.4	0.68	180.5	1.27	173.3	1.76
65～69	173.9	2.84	159.2	1.18	163.2	3.09	184.0	3.20
70歳～	167.4	2.59	166.1	…	172.9	3.72	165.5	3.40
中学卒	**178.8**	**0.73**	**192.6**	**2.55**	**176.6**	**3.86**	**171.9**	**1.86**
～19歳	177.7	7.39	164.1	3.88	225.2 *	…	172.7	…
20～24	191.4	4.88	234.5 *	…	146.7 *	…	156.1	…
25～29	181.9	…	228.0 *	…	165.5	…	169.0	…
30～34	173.2	5.10	176.1	4.53	172.2	…	168.3	…
35～39	233.5	8.77	254.2	…	160.1 *	…	204.8 *	19.86
40～44	195.6	8.34	254.4 *	…	239.7 *	…	174.2 *	10.25
45～49	185.1	6.20	206.6	6.40	198.3 *	20.55	174.2	2.32
50～54	196.1 *	14.31	166.1 *	…	165.6 *	…	217.6	…
55～59	161.8	8.68	147.1	…	188.1	…	152.6	6.61
60～64	167.8	6.72	164.7	4.02	182.9 *	23.80	160.3	2.00
65～69	160.7	2.21	154.8	…	164.6	4.30	159.0	2.92
70歳～	166.1	8.39	172.3	…	159.4	…	167.4	8.79
高校卒	**188.8**	**0.39**	**189.0**	**0.54**	**193.1**	**0.86**	**185.3**	**0.76**
～19歳	165.6	0.87	166.3	1.32	166.6	0.99	163.2	2.19
20～24	177.2	0.89	185.6	1.44	176.6	1.13	171.4	2.02
25～29	191.0	1.25	197.1	2.71	187.8	1.42	189.3	1.56
30～34	196.7	1.01	196.0	1.36	199.7	3.90	194.2	2.92
35～39	201.1	0.97	197.0	1.44	211.1	5.32	195.8	3.30
40～44	202.9	1.52	196.4	3.01	217.2	1.53	194.6	2.86
45～49	199.5	1.34	197.3	1.86	208.8	3.64	194.5	2.17
50～54	198.0	1.96	198.1	4.65	204.7	2.75	192.8	3.22
55～59	195.4	1.06	199.3	3.25	203.0	3.14	187.1	1.96
60～64	169.9	0.77	165.0	1.46	175.7	0.93	169.3	1.80
65～69	175.6	3.13	156.6	1.80	160.6	3.16	187.4	3.68
70歳～	164.7	2.90	164.6	…	166.8	4.69	163.9	4.00
高専・短大卒	**204.9**	**0.81**	**207.9**	**1.32**	**204.2**	**0.87**	**199.9**	**1.70**
～19歳	–	–	–	–	–	–	–	–
20～24	179.5	0.44	181.7	0.57	177.1	0.83	178.5	2.75
25～29	194.8	0.61	197.5	1.01	194.6	0.95	186.7	1.00
30～34	208.8	0.55	213.1	1.58	212.2	1.60	190.5	2.48
35～39	219.1	2.40	223.5	5.21	223.1	1.81	204.5	2.08
40～44	226.0	1.56	234.6	2.83	230.9	2.21	203.9	2.99
45～49	227.8	3.06	243.5	5.73	217.9	3.10	209.4	4.01
50～54	219.5	2.99	215.5	5.60	213.3	3.51	234.8	7.62
55～59	205.0	2.09	200.9	5.96	206.4	6.40	208.2	6.95
60～64	195.9	5.88	194.0	5.36	195.7	4.16	198.3 *	10.19
65～69	173.1	4.93	172.3	8.47	167.9	…	177.1	…
70歳～	196.4 *	13.37	149.0 *	…	216.8 *	…	162.5 *	…
大学・大学院卒	**234.1**	**0.57**	**243.8**	**0.68**	**220.9**	**0.65**	**222.6**	**2.34**
～19歳	–	–	–	–	–	–	–	–
20～24	208.0	0.99	214.7	1.29	202.5	3.36	177.2	2.34
25～29	219.9	1.09	229.8	1.86	203.5	1.49	210.0	5.34
30～34	239.8	0.91	254.5	1.10	220.4	2.98	220.7	2.97
35～39	246.8	1.58	263.1	2.40	221.5	1.79	230.4	7.11
40～44	261.1	2.96	283.4	4.10	249.9	4.65	227.0	4.69
45～49	251.9	3.25	266.8	4.56	239.0	5.83	222.1	…
50～54	265.9	3.78	282.9	9.76	241.9	7.29	280.5	…
55～59	269.0	5.15	236.3	…	318.9 *	16.77	270.5	8.81
60～64	265.6 *	18.21	238.5	…	323.2 *	…	263.8	…
65～69	220.5	…	208.9 *	…	226.6 *	…	239.1 *	…
70歳～	281.0 *	…	–	–	–	–	281.0 *	…

産業、性、学歴、年齢階級	企業規模計		1,000人以上		100～999人		10～99人	
	所定内給与額	誤差率	所定内給与額	誤差率	所定内給与額	誤差率	所定内給与額	誤差率
	千円	%	千円	%	千円	%	千円	%
N 生活関連サービス業，娯楽業								
男女計	**259.6**	**0.26**	**279.7**	**0.39**	**258.7**	**0.24**	**244.0**	**0.45**
～19歳	176.6	1.13	172.7	1.87	178.0	1.79	176.8	1.74
20～24	196.5	0.45	202.0	0.41	200.5	0.75	187.9	0.27
25～29	224.2	0.38	231.3	0.29	227.0	0.59	213.9	0.58
30～34	252.4	0.55	263.8	1.22	251.8	1.31	241.9	1.36
35～39	279.9	0.21	300.5	0.61	277.0	1.84	260.2	1.27
40～44	287.9	0.88	313.2	1.07	282.1	1.58	271.6	1.18
45～49	303.7	0.72	341.8	2.20	298.2	1.45	277.1	0.88
50～54	306.5	1.29	334.1	1.77	313.2	2.17	281.1	2.19
55～59	294.9	1.69	327.6	3.01	298.1	2.20	272.0	1.78
60～64	217.6	1.15	213.6	1.70	215.2	1.65	222.1	2.23
65～69	190.2	1.52	170.3	1.71	193.7	1.39	194.1	1.97
70歳～	191.6	2.84	175.4	2.61	209.9	5.48	182.2	2.46
男	**291.0**	**0.33**	**318.5**	**0.68**	**288.3**	**0.35**	**271.5**	**0.58**
～19歳	174.9	1.36	161.7	1.20	175.0	1.59	183.4	4.31
20～24	199.6	0.89	204.0	1.10	205.0	0.65	190.0	1.14
25～29	232.1	0.41	242.6	1.36	233.1	1.11	219.9	1.04
30～34	268.2	0.73	286.9	1.51	265.3	1.83	252.4	1.29
35～39	306.3	0.72	332.6	2.10	303.1	2.28	281.8	0.71
40～44	325.6	0.97	363.6	1.18	317.0	1.39	303.0	1.12
45～49	351.9	0.71	395.3	1.56	342.8	1.14	320.2	0.38
50～54	358.7	1.47	378.1	2.39	373.1	2.60	330.1	1.85
55～59	340.3	2.00	394.6	1.73	339.4	2.69	309.4	1.43
60～64	238.2	2.30	241.0	2.48	229.8	3.09	245.4	3.51
65～69	203.0	2.74	186.7	3.23	204.5	3.09	205.9	3.25
70歳～	206.6	3.08	176.5	9.48	226.3	4.90	196.3	4.21
中学卒	**250.3**	**1.30**	**266.8**	**5.01**	**245.3**	**2.05**	**250.1**	**1.20**
～19歳	172.4	…	－	－	160.4 ＊	…	181.5	…
20～24	203.9	2.90	192.8	1.61	192.6	6.85	218.5	3.86
25～29	229.6	4.24	225.9	…	220.8	5.53	237.7	5.37
30～34	258.8	1.46	269.2	3.63	267.2	3.47	245.2	4.80
35～39	271.8	1.80	278.3	6.16	285.8	4.46	256.6	2.55
40～44	290.2	2.48	383.3	…	276.3	6.18	284.0	2.82
45～49	278.4	8.18	544.3 ＊	…	229.4 ＊	11.47	306.3	9.92
50～54	277.8	5.56	250.4	…	290.6	8.96	272.0	8.02
55～59	248.5	3.61	315.9	…	207.0	7.95	263.2	8.95
60～64	228.4	6.12	209.2	…	229.5	7.40	230.5	7.56
65～69	208.7	6.61	181.3	…	212.0	8.59	210.9	7.84
70歳～	214.0	4.96	167.8 ＊	…	229.8 ＊	10.54	209.9	8.37
高校卒	**264.0**	**0.34**	**275.8**	**0.87**	**264.6**	**0.49**	**256.7**	**0.74**
～19歳	175.0	1.12	161.7	1.20	175.6	1.45	183.6	4.46
20～24	189.5	1.09	180.4	0.55	197.4	1.06	185.3	2.10
25～29	215.8	0.80	214.8	1.62	221.8	1.31	210.4	1.71
30～34	246.6	1.18	251.5	2.73	250.9	1.63	238.3	1.67
35～39	279.2	1.25	287.5	3.38	282.7	2.87	269.1	1.67
40～44	287.0	1.04	296.0	2.37	286.7	2.88	282.0	1.01
45～49	316.0	1.12	343.2	3.23	310.1	2.24	302.5	0.51
50～54	312.2	1.71	323.5	4.60	318.7	2.37	301.5	2.17
55～59	306.3	2.30	342.9	4.64	316.2	3.34	284.6	3.03
60～64	218.4	3.17	209.1	2.61	203.6	3.90	234.4	3.32
65～69	190.5	1.36	175.9	2.01	193.1	2.57	192.8	3.63
70歳～	202.0	5.19	164.8	…	239.5	4.90	184.3	4.62
高専・短大卒	**287.0**	**0.59**	**304.1**	**3.48**	**287.4**	**1.65**	**274.9**	**1.65**
～19歳	－	－	－	－	－	－	－	－
20～24	192.0	1.54	192.8	4.06	195.9	2.22	188.8	1.70
25～29	226.5	0.88	234.3	3.35	219.4	1.29	230.6	2.86
30～34	275.3	2.16	295.3	5.11	274.1	1.90	265.9	2.61
35～39	305.1	0.76	311.0	3.63	305.7	1.86	299.0	2.14
40～44	324.5	1.31	331.9	7.69	321.3	2.70	322.1	1.30
45～49	343.2	3.05	355.6 ＊	11.13	339.8	2.83	338.9	2.22
50～54	362.9	4.60	384.2	7.75	359.4	6.99	350.7	2.93
55～59	328.2	3.43	366.2	4.66	301.8	6.66	334.2	5.69
60～64	269.7 ＊	10.93	287.1	…	271.5 ＊	15.51	256.5	9.54
65～69	191.1	7.85	160.0	…	185.5	…	208.9	9.96
70歳～	219.3 ＊	15.80	197.0 ＊	…	283.4 ＊	…	152.5 ＊	…
大学・大学院卒	**335.7**	**0.71**	**359.4**	**0.68**	**325.6**	**0.99**	**312.2**	**2.67**
～19歳	－	－	－	－	－	－	－	－
20～24	221.6	0.40	223.7	0.86	226.3	1.38	203.0	3.54
25～29	250.9	0.71	262.2	1.02	249.6	1.51	228.3	2.94
30～34	291.6	0.57	311.0	1.20	278.5	2.42	273.4	3.26
35～39	344.0	1.06	372.6	2.08	333.1	3.46	301.7	2.34
40～44	391.0	1.54	436.7	3.50	367.9	3.22	350.0	2.85
45～49	412.1	1.32	450.6	2.08	395.8	2.07	361.0	2.16
50～54	437.3	2.61	435.3	2.37	460.3	4.44	402.7	4.80
55～59	404.6	1.65	459.2	2.53	391.3	3.74	371.0	5.06
60～64	266.0	2.35	274.3	4.91	255.6	3.03	274.7	6.15
65～69	245.5	8.16	316.8	…	226.7	9.10	262.0	8.39
70歳～	213.9 ＊	18.38	216.3 ＊	…	187.3	…	253.4 ＊	15.02

産業、性、学歴、年齢階級	企業規模計		1,000人以上		100～999人		10～99人	
	所定内給与額	誤差率	所定内給与額	誤差率	所定内給与額	誤差率	所定内給与額	誤差率
	千円	%	千円	%	千円	%	千円	%
女	**221.9**	**0.40**	**233.0**	**0.53**	**223.2**	**0.45**	**211.4**	**0.50**
～19歳	177.2	1.45	177.0	2.44	179.2	2.21	174.4	2.42
20～24	194.6	0.59	200.8	0.54	197.7	1.04	186.6	1.02
25～29	217.1	0.83	220.0	1.21	221.6	1.36	208.8	0.62
30～34	231.3	1.33	232.8	1.54	232.1	1.14	228.9	3.61
35～39	238.5	1.32	253.5	2.16	235.2	1.57	224.6	2.70
40～44	234.3	1.78	248.0	3.26	230.2	2.19	225.6	2.28
45～49	237.3	0.81	249.4	2.45	243.5	1.48	220.6	2.25
50～54	243.9	0.84	280.0	2.88	240.8	3.19	223.7	1.08
55～59	231.9	1.32	243.1	2.98	236.5	3.98	220.5	2.77
60～64	187.5	0.54	181.1	2.60	193.4	2.86	184.9	1.63
65～69	169.9	1.57	154.4	3.00	174.3	3.14	173.6	1.84
70歳～	168.9	3.37	174.0	…	180.2	6.20	162.5	2.95
中学卒	**190.8**	**1.73**	**197.4**	**5.40**	**192.0**	**2.10**	**187.1**	**1.98**
～19歳	172.3	3.02	144.6 *	…	187.9	4.30	139.8 *	…
20～24	193.0	2.80	168.2	9.07	204.0	3.61	186.3	2.95
25～29	214.7	6.00	209.5	4.39	208.1	9.04	224.2 *	11.49
30～34	189.1	2.26	187.2	5.43	205.6	5,38	179.3	2.62
35～39	220.3	7.31	249.7	…	219.8	4.61	183.4	9.18
40～44	180.7	5.35	192.1 *	…	171.7	8.07	190.6	5.76
45～49	173.8	4.36	166.2 *	…	163.1	4.53	185.0	5.26
50～54	205.0	4.93	200.9 *	11.33	167.1	…	221.8 *	10.26
55～59	217.6	6.73	169.0 *	…	249.6 *	10.07	202.7	5.81
60～64	176.0	5.72	173.9	3.67	171.1	2.27	180.9	9.35
65～69	166.2	3.48	162.8	…	178.8	4.89	155.3	3.05
70歳～	146.1	6.78	167.6 *	…	162.9	…	134.1	7.73
高校卒	**204.5**	**0.32**	**202.1**	**0.34**	**211.2**	**0.62**	**199.3**	**0.57**
～19歳	177.4	1.57	177.6	2.71	178.6	2.77	175.7	2.39
20～24	192.3	1.59	184.7	1.45	199.7	2.25	188.6	2.30
25～29	207.8	1.47	197.9	1.00	224.7	3.84	194.4	1.31
30～34	214.2	2.53	204.6	1.97	231.0	5.75	206.1	2.33
35～39	213.1	0.69	218.8	2.72	212.2	2.18	209.0	2.04
40～44	204.3	0.39	206.2	2.32	205.1	3.22	201.8	1.80
45～49	212.7	1.19	205.0	2.63	218.2	1.89	211.7	2.52
50～54	218.2	1.11	223.5	2.23	221.6	3.69	212.2	1.56
55～59	210.1	0.51	206.6	5.68	217.5	1.42	205.3	1.51
60～64	185.0	0.93	181.9	2.90	193.3	3.31	177.5	2.34
65～69	167.0	1.10	152.3	4.59	170.4	4.73	172.3	0.43
70歳～	168.7	4.62	175.0 *	…	180.8	7.77	162.9	3.14
高専・短大卒	**234.7**	**0.82**	**263.7**	**2.30**	**226.4**	**1.26**	**224.7**	**1.14**
～19歳	－	－	－	－	－	－	－	－
20～24	188.0	0.86	205.0	1.65	186.3	0.47	182.7	1.27
25～29	216.2	0.83	227.2	2.42	209.4	1.25	219.2	2.06
30～34	241.3	3.54	248.6	2.18	222.3	4.25	255.5	5.00
35～39	254.2	2.49	263.5	1.73	255.7	2.57	241.1	6.83
40～44	261.9	3.38	276.7	4.91	252.7	3.97	256.4	4.46
45～49	264.3	2.64	307.1	7.92	258.1	0.22	240.0	5.47
50～54	290.0	4.46	374.1	6.68	264.5	5.14	238.0	2.82
55～59	248.4	4.68	281.0 *	10.26	242.2	4.65	224.1	2.64
60～64	194.9	4.17	182.2	9.33	194.6	8.78	202.5	5.03
65～69	188.4 *	18.60	168.2 *	…	176.4	…	208.9	…
70歳～	187.9 *	12.54	－	－	196.3 *	…	175.0 *	…
大学・大学院卒	**258.8**	**0.95**	**262.7**	**1.08**	**259.0**	**0.74**	**250.2**	**2.01**
～19歳	－	－	－	－	－	－	－	－
20～24	210.9	1.02	212.8	0.86	213.3	1.11	197.0	3.21
25～29	229.2	0.57	231.7	1.22	232.7	1.84	214.5	1.70
30～34	252.7	1.30	262.7	2.79	249.5	1.58	240.0	3.20
35～39	274.6	2.27	292.4	4.27	258.7	5.12	260.1	4.69
40～44	298.0	0.75	320.2	3.11	300.0	5.37	267.0	4.89
45～49	306.5	3.14	306.7	6.04	320.9	3.00	268.2	4.76
50～54	332.5	3.95	356.1 *	11.01	323.0	5.08	319.4	7.19
55～59	368.9 *	19.67	345.8	7.73	362.9 *	57.80	407.0	9.80
60～64	222.4	9.30	173.6 *	…	209.6 *	12.07	242.0 *	13.11
65～69	228.8	…	－	－	218.6 *	…	238.4 *	…
70歳～	339.4 *	…	－	－	210.0 *	…	393.3 *	…

産業、性、学歴、年齢階級	企業規模計		1,000人以上		100～999人		10～99人	
	所定内給与額	誤差率	所定内給与額	誤差率	所定内給与額	誤差率	所定内給与額	誤差率
	千円	%	千円	%	千円	%	千円	%
O 教育，学習支援業								
男女計	**379.3**	**0.12**	**450.4**	**0.56**	**386.0**	**0.35**	**273.1**	**0.35**
～19歳	167.5	2.12	176.0	3.35	160.9	2.21	166.2	2.56
20～24	207.9	0.34	234.2	0.62	211.6	1.18	196.7	0.42
25～29	245.6	0.36	270.3	0.82	249.1	0.49	219.5	0.21
30～34	297.9	0.36	331.1	0.96	298.8	0.69	246.8	1.30
35～39	348.1	0.70	398.5	1.02	345.5	0.65	264.4	0.81
40～44	392.2	0.87	449.9	0.94	388.1	1.17	297.3	1.08
45～49	424.9	0.54	488.3	0.25	426.2	0.79	312.1	1.12
50～54	473.8	0.90	543.2	1.82	480.1	0.21	342.6	0.98
55～59	504.0	0.76	580.1	0.86	507.8	0.98	355.9	1.52
60～64	485.9	0.60	587.0	1.29	476.1	0.85	311.9	1.47
65～69	478.5	0.81	626.3	2.01	470.9	1.35	296.3	3.80
70歳～	371.4	4.18	508.1	8.81	409.5	4.86	297.6	5.31
男	**440.3**	**0.18**	**501.8**	**0.63**	**427.9**	**0.54**	**323.1**	**0.62**
～19歳	172.9	3.69	175.5	3.40	163.1 *	…	168.9 *	…
20～24	222.5	1.24	230.5	0.55	225.4	2.29	208.8	2.03
25～29	263.9	0.61	281.8	0.95	260.2	0.69	238.5	0.93
30～34	327.4	0.54	361.8	1.05	320.6	0.82	268.9	1.67
35～39	388.6	0.82	429.9	1.32	375.5	0.67	300.4	0.81
40～44	437.7	0.80	485.8	1.16	420.2	1.30	347.6	1.29
45～49	478.6	0.79	530.1	1.10	468.9	1.39	363.2	1.68
50～54	524.7	0.77	584.5	1.15	517.8	0.38	384.2	1.02
55～59	544.9	0.87	610.0	0.91	539.2	1.21	392.8	0.87
60～64	504.2	0.98	608.3	2.09	478.0	1.47	311.6	1.05
65～69	486.8	1.32	635.5	2.09	469.3	1.94	279.8	5.47
70歳～	376.5	6.20	537.9	9.74	402.2	9.71	292.9	6.57
中学卒	**372.1**	**4.45**	**570.2**	**3.75**	**290.2 ***	**13.18**	**227.7**	**4.05**
～19歳	－	－	－	－	－	－	－	－
20～24	－	－	－	－	－	－	－	－
25～29	286.7 *	…	－	－	286.7 *	…	－	－
30～34	272.8	…	－	－	339.5 *	…	214.8 *	…
35～39	378.3 *	13.59	404.9 *	…	412.5 *	…	195.5 *	…
40～44	488.6	…	542.5 *	…	417.9 *	…	260.1 *	…
45～49	518.2	…	581.2 *	…	450.4 *	…	221.9 *	…
50～54	559.6	…	591.6 *	…	532.8 *	…	314.9 *	…
55～59	356.6	…	338.4 *	…	488.5 *	…	239.3	…
60～64	450.0	6.40	619.0	…	313.7 *	16.45	267.9 *	11.76
65～69	222.4	9.29	－	－	244.2	…	212.5	5.40
70歳～	172.9 *	12.65	224.0 *	…	156.7 *	…	195.1 *	11.07
高校卒	**302.0**	**0.47**	**382.0**	**1.32**	**304.3**	**2.31**	**262.1**	**0.52**
～19歳	172.9	3.69	175.5	3.40	163.1 *	…	168.9 *	…
20～24	190.2	2.87	198.7	4.74	196.9	4.19	180.0	3.13
25～29	213.4	3.34	233.6	6.99	196.6	3.81	210.7	3.98
30～34	235.0	1.76	281.8	…	262.4	4.70	214.9	1.09
35～39	276.7	1.55	326.2	3.72	284.2	3.37	256.3	1.95
40～44	326.4	3.50	412.0	4.03	324.9	3.40	261.5	1.61
45～49	324.5	1.76	395.1	3.17	337.7	1.05	289.6	2.08
50～54	361.2	3.61	431.6	1.40	390.7	6.29	300.7	3.34
55～59	357.2	1.99	460.6	1.69	345.2	6.17	289.4	1.55
60～64	256.1	1.77	287.8	2.29	265.3	6.14	241.7	2.66
65～69	234.0	3.19	237.5	5.21	249.5	9.27	221.8	4.08
70歳～	237.6 *	12.58	234.7 *	…	210.1	…	245.8 *	12.34
高専・短大卒	**330.6**	**1.09**	**369.0**	**1.32**	**339.9**	**2.56**	**304.2**	**1.13**
～19歳	－	－	－	－	－	－	－	－
20～24	200.7	2.46	241.7	7.87	196.8	5.54	192.9	1.24
25～29	232.0	1.24	237.6	3.67	235.9	2.12	226.6	0.94
30～34	280.0	1.68	300.0	3.63	289.9	2.96	267.9	3.62
35～39	313.8	2.03	350.5	4.32	308.7	2.44	298.6	3.10
40～44	352.1	2.40	382.1	5.90	363.7	3.64	330.2	4.26
45～49	387.1	1.11	403.2	2.46	392.4	3.76	372.4	1.56
50～54	399.0	3.47	444.4	4.96	424.6	3.15	346.5	2.94
55～59	439.8	2.56	457.4	6.48	455.2	3.36	406.6	5.35
60～64	308.5	6.13	319.8	5.78	353.7	8.21	272.1 *	11.16
65～69	332.8	9.24	244.6 *	…	372.5	…	301.6 *	19.85
70歳～	258.4 *	12.16	－	－	355.3 *	…	235.2	7.89
大学・大学院卒	**465.0**	**0.30**	**512.0**	**0.64**	**446.1**	**0.58**	**353.3**	**0.91**
～19歳	－	－	－	－	－	－	－	－
20～24	231.8	1.41	231.1	0.99	235.7	2.13	224.9	3.09
25～29	269.7	0.62	285.5	0.63	264.6	0.70	245.5	1.36
30～34	336.3	0.65	364.2	1.00	325.2	0.99	280.5	1.92
35～39	401.7	0.85	434.6	1.42	387.1	0.59	312.4	0.95
40～44	456.3	0.91	493.4	1.37	432.9	1.06	378.6	1.87
45～49	505.4	0.75	541.6	1.25	487.9	1.21	401.0	2.29
50～54	555.0	0.91	600.3	1.02	536.1	0.70	433.3	1.08
55～59	581.0	0.72	631.0	0.76	562.4	1.35	451.3	1.38
60～64	549.3	1.14	629.3	1.97	508.2	0.93	362.8	0.80
65～69	557.8	1.82	654.3	2.19	526.7	2.19	337.5	6.76
70歳～	438.0	6.15	545.4 *	10.34	476.6	6.85	331.6	7.20

産業、性、学歴、年齢階級	企業規模計		1,000人以上		100～999人		10～99人	
	所定内給与額	誤差率	所定内給与額	誤差率	所定内給与額	誤差率	所定内給与額	誤差率
	千円	%	千円	%	千円	%	千円	%
女	**309.8**	**0.46**	**363.8**	**0.57**	**334.2**	**0.45**	**243.2**	**0.50**
～ 19歳	163.1	1.78	205.5 *	…	160.4	2.74	165.8	2.48
20 ～ 24	204.7	0.50	235.7	0.64	206.3	1.05	195.5	0.54
25 ～ 29	235.0	0.35	261.1	1.19	240.5	0.50	214.1	0.27
30 ～ 34	271.8	0.42	300.1	1.15	276.2	0.50	233.7	0.74
35 ～ 39	296.8	0.54	339.5	0.93	309.2	0.96	238.9	0.72
40 ～ 44	334.0	0.83	386.3	1.23	349.5	1.08	256.5	1.51
45 ～ 49	361.7	0.65	422.0	2.01	375.1	1.03	276.9	1.85
50 ～ 54	395.3	0.56	451.1	2.60	422.6	1.20	306.6	1.01
55 ～ 59	425.2	1.18	495.8	2.17	451.9	1.84	312.1	4.49
60 ～ 64	430.9	2.72	493.0	5.21	470.7	4.47	312.7	2.41
65 ～ 69	444.7	4.01	549.8 *	10.18	476.5	5.28	342.2	5.12
70歳 ～	357.7	5.61	255.9 *	…	428.4 *	12.79	308.2	3.90
中学卒	**323.3 ***	**11.74**	**393.0**	**…**	**297.5 ***	**11.22**	**190.2**	**6.52**
～ 19歳	-	-	-	-	-	-	-	-
20 ～ 24	202.3 *	…	-	-	243.8 *	…	167.7 *	…
25 ～ 29	270.0	5.33	293.5 *	…	276.8 *	…	182.5 *	…
30 ～ 34	242.4 *	11.96	196.4 *	…	328.9 *	…	181.9 *	…
35 ～ 39	329.7 *	…	377.3 *	…	218.2 *	…	-	-
40 ～ 44	435.8	…	510.4 *	…	207.3 *	…	148.0 *	…
45 ～ 49	450.0	…	531.5 *	…	343.8 *	…	196.8 *	…
50 ～ 54	305.8 *	…	-	-	-	-	305.8 *	…
55 ～ 59	329.2 *	…	329.7 *	…	538.7 *	…	167.5 *	…
60 ～ 64	297.9	…	173.6 *	…	421.4 *	…	193.6 *	…
65 ～ 69	161.8 *	…	-	-	172.3 *	…	125.9 *	…
70歳 ～	189.2 *	…	-	-	147.9 *	…	220.3 *	…
高校卒	**246.3**	**1.29**	**298.5**	**3.70**	**260.3**	**1.70**	**212.2**	**1.25**
～ 19歳	163.1	1.78	205.5 *	…	160.4	2.74	165.8	2.48
20 ～ 24	173.0	1.61	223.8 *	…	183.5	1.71	165.7	1.39
25 ～ 29	186.5	2.16	182.7	2.94	200.5	3.23	181.2	2.33
30 ～ 34	195.3	2.78	193.8	5.44	204.6	3.59	192.1	2.90
35 ～ 39	226.1	4.27	244.3	8.51	236.1	8.01	209.7	1.69
40 ～ 44	238.5	2.78	262.6	8.54	276.0	4.16	208.0	2.20
45 ～ 49	256.9	2.18	295.7	5.71	272.1	2.99	221.3	1.42
50 ～ 54	282.9	1.70	326.3	8.39	271.1	7.74	260.8	4.44
55 ～ 59	325.8	6.59	395.4	3.75	333.2 *	10.16	251.3	8.81
60 ～ 64	266.1	5.99	308.8 *	14.67	314.4	9.90	210.3	4.38
65 ～ 69	230.8 *	11.12	146.0 *	…	281.2 *	19.74	221.0 *	10.89
70歳 ～	202.1 *	12.95	137.9 *	…	197.0 *	…	221.2 *	12.76
高専・短大卒	**257.0**	**0.60**	**332.2**	**1.28**	**272.6**	**1.08**	**231.2**	**0.67**
～ 19歳	-	-	-	-	-	-	-	-
20 ～ 24	196.5	0.51	240.4	5.03	195.4	1.29	193.6	0.41
25 ～ 29	216.6	0.55	240.0	2.48	227.2	1.47	209.6	0.49
30 ～ 34	243.6	0.68	286.8	3.22	238.7	1.48	228.6	0.68
35 ～ 39	246.1	2.03	311.1	4.66	251.7	3.64	227.9	1.49
40 ～ 44	273.0	1.45	321.1	2.55	294.0	1.86	244.1	2.06
45 ～ 49	290.4	1.05	338.9	1.98	312.8	1.48	259.3	1.40
50 ～ 54	327.1	1.22	399.9	3.41	356.2	2.65	276.7	1.02
55 ～ 59	339.7	2.76	423.3	3.09	361.0	1.76	281.2	3.46
60 ～ 64	345.1	4.42	436.5 *	10.58	380.5	7.26	304.4	2.73
65 ～ 69	357.1	7.84	222.9 *	…	315.9	6.39	382.6	9.98
70歳 ～	324.9	7.08	244.0 *	…	303.1 *	…	331.1	6.26
大学・大学院卒	**350.3**	**0.52**	**375.8**	**0.38**	**364.4**	**0.61**	**273.7**	**1.29**
～ 19歳	-	-	-	-	-	-	-	-
20 ～ 24	219.6	0.61	234.6	0.60	220.2	1.37	205.5	0.62
25 ～ 29	246.6	0.61	264.9	1.10	246.6	0.77	223.2	0.33
30 ～ 34	289.8	0.47	306.1	0.86	290.3	0.64	248.7	1.88
35 ～ 39	326.8	0.78	349.0	1.42	328.9	0.53	265.3	0.85
40 ～ 44	377.7	1.44	407.7	1.97	375.8	1.03	297.7	2.39
45 ～ 49	421.7	0.36	460.2	1.32	409.7	1.57	343.2	4.33
50 ～ 54	461.3	1.16	490.5	3.19	466.5	1.06	384.4	1.70
55 ～ 59	496.6	1.40	548.5	2.31	500.2	2.21	386.2	3.94
60 ～ 64	498.2	2.94	532.9	4.26	504.0	4.30	388.2	4.40
65 ～ 69	540.0	3.78	600.9	5.01	548.6	6.27	366.7	4.94
70歳 ～	422.5	7.31	381.1 *	…	473.3	9.86	316.8	9.29

産業、性、学歴、年齢階級	企業規模計 所定内給与額	企業規模計 誤差率	1,000人以上 所定内給与額	1,000人以上 誤差率	100～999人 所定内給与額	100～999人 誤差率	10～99人 所定内給与額	10～99人 誤差率
	千円	%	千円	%	千円	%	千円	%
P 医療，福祉								
男女計	**279.7**	**0.26**	**331.5**	**0.16**	**276.9**	**0.35**	**246.0**	**0.48**
～19歳	171.0	0.86	171.2	1.89	173.1	1.79	166.8	2.15
20～24	212.1	0.48	234.5	0.63	210.4	0.52	193.9	0.52
25～29	241.2	0.30	275.2	0.53	235.3	0.39	215.5	0.66
30～34	262.6	0.39	306.0	0.77	257.0	0.64	234.8	1.01
35～39	284.3	0.55	345.3	1.06	274.8	0.95	250.7	1.13
40～44	298.7	0.80	374.8	1.12	292.4	1.09	253.3	0.59
45～49	301.8	0.78	375.5	2.05	298.6	0.86	257.3	0.69
50～54	313.0	0.29	392.7	1.37	315.4	0.71	262.8	0.21
55～59	313.5	0.28	390.2	1.09	310.6	1.26	278.6	2.26
60～64	290.7	2.56	400.3	3.51	285.9	4.29	257.2	1.84
65～69	295.1	3.03	384.3 *	17.14	297.6	4.20	271.4	9.52
70歳～	446.2	6.75	555.6 *	16.64	522.0 *	10.15	316.5	5.17
男	**339.4**	**0.40**	**414.6**	**0.86**	**329.2**	**0.65**	**292.4**	**0.61**
～19歳	173.4	2.49	157.0	3.61	175.3	3.47	172.0	…
20～24	212.5	0.51	228.4	0.68	209.0	0.90	202.6	1.62
25～29	255.6	1.28	297.0	0.83	241.6	1.14	237.6	2.13
30～34	287.7	0.92	341.3	1.87	273.1	0.59	271.2	2.45
35～39	324.1	1.75	409.6	2.31	304.8	2.57	292.3	1.65
40～44	356.9	1.42	469.0	2.20	339.1	1.57	299.5	0.52
45～49	395.3	1.41	515.2	2.78	379.9	1.94	321.7	2.53
50～54	473.2	2.63	605.4	2.26	477.3	2.44	344.9	4.61
55～59	450.0	2.06	559.3	3.68	445.5	2.64	367.2	8.17
60～64	395.5	5.24	555.0	3.18	396.5	8.48	308.1	4.45
65～69	401.4	5.13	528.2 *	31.44	427.9	6.29	310.0 *	13.86
70歳～	706.4	4.01	832.7 *	18.25	840.0	6.11	392.1 *	14.12
中学卒	**211.9**	**1.22**	**237.3 ***	**13.62**	**207.5**	**2.39**	**213.4**	**5.07**
～19歳	156.1 *	…	-	-	164.4 *	…	150.6 *	…
20～24	188.5	…	-	-	176.6 *	…	206.4	…
25～29	192.1 *	12.80	153.0 *	…	166.8 *	…	203.5 *	10.79
30～34	199.7	…	223.5 *	…	200.1	…	192.0	…
35～39	252.6 *	11.24	349.7 *	…	217.4	…	270.1	…
40～44	222.6	…	216.4 *	…	239.5	…	195.3	…
45～49	237.4 *	12.36	301.5 *	…	233.4 *	12.02	199.5 *	…
50～54	243.4	…	250.9 *	…	257.5	…	208.0	…
55～59	224.9 *	15.89	382.2 *	…	185.6	8.35	351.0 *	…
60～64	197.3	4.63	-	-	201.7	…	187.2	6.02
65～69	169.5	2.66	165.9 *	…	165.4	…	174.1	…
70歳～	278.4 *	…	-	-	206.4 *	…	309.8 *	…
高校卒	**246.1**	**0.68**	**292.2**	**1.90**	**238.9**	**0.95**	**240.9**	**0.69**
～19歳	174.0	2.68	157.0	3.61	175.5	3.46	174.2	…
20～24	190.8	1.58	210.9	5.17	187.1	1.92	190.6	2.32
25～29	215.9	2.10	231.1	4.18	209.3	2.66	222.5	1.65
30～34	228.2	1.61	239.7	3.11	230.5	2.29	220.2	1.85
35～39	248.8	1.55	280.8	4.67	251.3	2.39	229.7	1.98
40～44	260.7	2.27	291.8	2.76	252.5	1.95	261.0	5.15
45～49	271.2	1.16	335.2	5.61	256.7	2.88	266.7	2.83
50～54	290.5	2.75	410.8	8.08	276.6	3.33	264.2	2.88
55～59	285.3	2.84	364.9	7.19	276.0	3.01	261.9	4.75
60～64	242.1	3.55	253.4 *	13.27	234.6	4.43	252.3	3.23
65～69	199.0	1.92	189.9	7.76	191.4	3.57	215.5	5.50
70歳～	264.6 *	29.36	303.7 *	…	302.0 *	35.92	212.4	7.47
高専・短大卒	**282.2**	**0.64**	**300.0**	**0.76**	**281.4**	**0.53**	**266.7**	**1.16**
～19歳	-	-	-	-	-	-	-	-
20～24	213.3	1.20	218.8	1.62	215.0	1.00	200.9	2.27
25～29	242.6	1.34	251.9	2.21	241.4	1.14	234.9	1.55
30～34	264.2	1.24	277.8	1.94	263.0	0.91	254.9	1.78
35～39	288.2	0.56	306.0	1.87	285.0	0.81	280.4	1.30
40～44	303.8	0.88	321.1	1.36	304.8	1.47	286.1	3.30
45～49	334.0	2.35	371.0	3.52	328.9	3.09	309.1	4.32
50～54	352.1	3.31	385.6	4.50	362.7	4.29	293.7	4.47
55～59	354.4	1.94	409.4	4.83	340.9	2.14	327.0	9.04
60～64	275.6	6.14	323.2 *	18.78	283.7	3.61	237.6 *	10.42
65～69	260.3	6.41	236.4 *	…	260.1	8.78	262.3 *	12.72
70歳～	272.2	…	177.4 *	…	352.0 *	…	167.4 *	…
大学・大学院卒	**433.3**	**0.82**	**506.3**	**0.79**	**424.2**	**1.50**	**355.6**	**1.76**
～19歳	-	-	-	-	-	-	-	-
20～24	228.7	0.48	241.5	2.98	222.4	1.51	219.9	2.48
25～29	277.4	1.56	326.5	0.66	254.3	2.19	248.3	3.92
30～34	336.8	2.06	391.2	3.21	308.0	2.14	325.7	4.95
35～39	390.5	2.58	506.2	4.00	352.4	4.39	340.0	3.24
40～44	447.5	1.43	600.3	1.25	410.8	2.27	346.4	2.78
45～49	515.8	2.07	660.5	6.22	502.4	4.55	377.6	4.45
50～54	660.6	3.09	750.4	2.16	683.7	5.26	468.4	8.66
55～59	612.5	4.54	716.2	6.56	627.5	4.42	473.7 *	15.14
60～64	552.6	6.17	694.8	5.64	571.3 *	10.19	394.5	7.84
65～69	686.2	3.94	859.1 *	20.06	724.0	6.07	497.2 *	16.95
70歳～	885.4	5.14	968.3	…	1019.4	5.09	507.7 *	16.74

産業、性、学歴、年齢階級	企業規模計		1,000人以上		100～999人		10～99人	
	所定内給与額	誤差率	所定内給与額	誤差率	所定内給与額	誤差率	所定内給与額	誤差率
	千円	%	千円	%	千円	%	千円	%
女	**256.0**	**0.33**	**296.2**	**0.53**	**254.1**	**0.28**	**231.7**	**0.52**
～　19歳	170.2	0.98	174.2	2.43	172.3	1.84	165.9	2.33
20　～　24	212.0	0.49	236.1	0.64	210.9	0.76	192.3	0.46
25　～　29	234.7	0.33	265.6	0.61	232.0	0.38	207.6	0.35
30　～　34	248.1	0.53	286.7	1.01	246.2	0.97	218.1	0.27
35　～　39	263.2	0.72	313.4	1.13	257.1	1.04	232.3	1.18
40　～　44	272.2	0.45	331.8	1.03	268.2	0.86	237.5	0.73
45　～　49	271.9	0.64	323.3	0.75	271.3	0.59	240.6	1.18
50　～　54	274.6	1.03	326.4	2.65	274.3	0.53	247.9	1.37
55　～　59	277.1	0.34	322.6	0.98	275.3	0.66	259.7	1.46
60　～　64	248.6	1.11	315.0	4.10	240.0	1.13	240.2	1.58
65　～　69	244.9	3.62	249.9 *	15.44	235.4	3.35	256.4 *	10.69
70歳　～	267.0	6.60	283.3 *	10.61	249.8	9.01	282.0	5.25
中学卒	**209.3**	**1.85**	**248.5 ***	**18.32**	**207.9**	**1.99**	**202.7**	**1.51**
～　19歳	158.6 *	…	－	－	161.0 *	…	150.4 *	…
20　～　24	180.8	…	185.4 *	…	176.7	…	186.0 *	…
25　～　29	182.1	8.43	145.7 *	…	201.2	7.93	163.1	…
30　～　34	198.3	1.78	183.0	…	205.6	4.55	192.7	2.55
35　～　39	219.0 *	10.18	219.5 *	…	203.6 *	12.65	242.4	…
40　～　44	212.6	3.75	239.2 *	…	207.0	3.56	217.4	5.38
45　～　49	226.8	2.29	205.5 *	…	232.3	5.67	225.0	2.04
50　～　54	251.5 *	14.66	433.7	…	217.5 *	15.86	223.9	9.02
55　～　59	216.9	1.55	248.9 *	…	224.1	3.76	204.1	2.51
60　～　64	199.3	1.56	192.2 *	…	207.1	4.03	178.3	3.64
65　～　69	192.3	6.73	223.8 *	…	195.3	7.13	182.8	9.95
70歳　～	189.2	9.05	198.8 *	…	151.9	…	223.6 *	15.55
高校卒	**218.4**	**0.29**	**238.7**	**0.50**	**218.5**	**0.51**	**211.3**	**0.48**
～　19歳	170.4	0.98	174.2	2.43	172.5	1.86	166.0	2.30
20　～　24	192.4	0.75	216.1	2.59	191.1	1.32	185.2	1.10
25　～　29	199.7	1.57	212.4	2.94	200.3	2.29	191.1	1.30
30　～　34	208.2	1.31	243.3	3.95	206.2	2.02	200.1	0.66
35　～　39	215.6	0.42	245.5	4.74	212.8	1.04	208.0	1.45
40　～　44	220.1	1.10	251.5	2.36	221.7	1.22	207.8	0.58
45　～　49	223.3	1.00	237.0	3.70	221.1	0.63	221.4	1.89
50　～　54	228.9	0.86	241.7	2.36	233.4	1.16	217.3	0.92
55　～　59	238.5	1.10	255.3	4.21	242.3	1.24	226.9	1.48
60　～　64	215.1	0.50	242.5	9.04	214.3	1.35	209.9	1.80
65　～　69	203.7	2.19	201.8 *	13.24	200.8	2.20	207.6	3.09
70歳　～	229.6	4.69	254.0	…	195.9	3.90	258.7	8.24
高専・短大卒	**263.3**	**0.37**	**295.9**	**0.17**	**264.9**	**0.54**	**237.2**	**0.33**
～　19歳	－	－	－	－	－	－	－	－
20　～　24	211.2	1.05	233.2	1.29	214.2	1.23	191.2	0.81
25　～　29	232.1	0.25	259.4	0.31	234.7	0.49	208.5	0.23
30　～　34	247.7	0.36	275.1	0.77	250.4	0.41	219.7	0.65
35　～　39	264.2	0.80	295.8	0.57	264.2	0.68	235.3	1.53
40　～　44	275.4	0.50	312.9	0.89	273.7	0.41	247.1	0.63
45　～　49	285.1	0.56	330.2	1.21	285.3	0.52	250.2	1.50
50　～　54	292.5	1.30	343.4	2.75	291.5	1.47	264.1	1.37
55　～　59	297.6	0.60	341.7	2.08	295.8	1.45	275.5	1.59
60　～　64	274.5	1.10	318.7	2.22	267.6	0.88	266.4	1.59
65　～　69	251.3	2.27	236.9	9.52	249.8	4.77	256.7	4.79
70歳　～	277.8	3.66	255.7	9.77	274.1	5.39	289.4	3.43
大学・大学院卒	**295.6**	**0.89**	**331.8**	**1.28**	**287.1**	**1.10**	**263.5**	**2.62**
～　19歳	－	－	－	－	－	－	－	－
20　～　24	229.3	0.54	244.7	0.43	224.8	1.36	205.1	1.49
25　～　29	251.9	0.38	279.9	1.31	244.0	0.60	216.2	1.15
30　～　34	276.9	1.33	316.4	1.75	267.6	2.88	238.0	1.97
35　～　39	313.6	3.07	386.1	1.18	292.0	4.88	263.0	6.73
40　～　44	353.4	1.44	447.2	5.86	335.2	2.22	280.2	2.28
45　～　49	360.9	1.83	457.3	5.95	362.2	1.31	272.7	2.80
50　～　54	359.5	3.49	455.0	7.92	342.4	4.30	320.0	8.77
55　～　59	340.0	2.52	421.0	7.15	315.3	1.25	344.3	8.60
60　～　64	330.4	7.05	525.2 *	16.97	276.4	5.91	315.4 *	19.40
65　～　69	633.7 *	24.44	384.9	…	637.8 *	32.08	730.4 *	34.42
70歳　～	400.6	8.64	452.5 *	…	466.2 *	24.13	356.9 *	12.59

産業、性、学歴、年齢階級	企業規模計 所定内給与額	企業規模計 誤差率	1,000人以上 所定内給与額	1,000人以上 誤差率	100～999人 所定内給与額	100～999人 誤差率	10～99人 所定内給与額	10～99人 誤差率
	千円	%	千円	%	千円	%	千円	%
Q 複合サービス事業								
男女計	**294.0**	**0.18**	**306.2**	**0.15**	**268.9**	**0.55**	**274.6**	**1.45**
～19歳	170.6	1.36	184.6	1.35	154.2	1.39	166.5	4.83
20～24	196.6	1.02	204.6	1.51	185.9	0.49	182.9	1.15
25～29	222.8	0.36	230.6	0.58	208.8	0.34	223.2	3.58
30～34	253.1	0.60	262.2	1.05	233.6	0.36	232.4	2.37
35～39	282.4	0.19	291.7	0.41	262.8	0.88	253.0	2.98
40～44	320.8	0.81	332.0	1.09	290.0	0.64	306.9	2.12
45～49	335.1	0.42	342.1	0.58	314.7	0.76	338.7	4.85
50～54	360.9	0.82	374.6	1.12	333.0	1.84	319.3	5.58
55～59	363.7	1.32	371.2	1.80	351.3	1.15	357.5	3.75
60～64	228.8	1.12	247.3	2.13	194.5	2.15	233.4	3.72
65～69	205.3	5.66	215.6	6.62	183.1	6.36	263.7 *	17.24
70歳～	199.7	1.79	186.2 *	…	173.2	8.59	220.0	6.29
男	**318.4**	**0.37**	**324.5**	**0.29**	**302.4**	**0.81**	**300.3**	**1.78**
～19歳	180.1	2.96	192.3	1.86	147.5	4.06	156.6	…
20～24	203.7	1.16	209.7	1.60	190.8	1.23	185.0	1.25
25～29	230.3	0.32	236.2	0.36	216.4	0.43	231.9	4.53
30～34	263.1	0.78	268.5	1.27	247.4	0.50	240.7	2.86
35～39	297.5	0.37	302.8	0.30	283.4	0.96	271.0	4.53
40～44	342.1	1.40	348.3	1.67	319.3	1.05	336.9	1.94
45～49	365.6	0.47	367.5	0.72	358.4	0.90	367.9	3.50
50～54	403.2	0.52	408.3	0.92	391.2	0.88	365.5	4.97
55～59	398.2	1.50	396.5	1.88	403.0	1.72	385.7	5.29
60～64	246.4	0.94	262.0	1.84	209.6	2.28	249.5	3.07
65～69	217.1	4.94	222.8	5.80	193.3	7.46	274.0 *	15.78
70歳～	204.3	…	186.2 *	…	182.2	…	225.1	…
中学卒	**282.3**	**2.37**	**272.8**	**3.96**	**248.3**	**9.64**	**356.8**	**7.49**
～19歳	157.0 *	…	167.7 *	…	116.1 *	…	－	－
20～24	212.5	…	203.7 *	…	255.6 *	…	－	－
25～29	238.7 *	17.42	211.3	9.66	300.1 *	…	433.0 *	…
30～34	245.1	8.71	238.4	8.39	179.6 *	…	388.1 *	…
35～39	319.7	6.54	311.7	5.99	394.2 *	…	340.5 *	…
40～44	338.7	6.54	341.7	7.88	305.2 *	…	390.4 *	…
45～49	313.5 *	15.69	259.0	9.49	209.6 *	…	522.8 *	…
50～54	353.1 *	14.67	354.9	…	260.0 *	…	374.6 *	…
55～59	314.3	8.41	306.0 *	…	326.4 *	…	210.6 *	…
60～64	244.9 *	14.23	248.1	…	177.1	…	268.4 *	13.24
65～69	260.2	…	262.5 *	…	260.9 *	…	251.2 *	…
70歳～	184.0 *	…	－	－	155.8 *	…	217.0 *	…
高校卒	**323.0**	**0.65**	**327.8**	**0.72**	**304.1**	**1.41**	**291.1**	**2.48**
～19歳	182.0	3.12	194.6	1.78	149.9	3.23	156.6	…
20～24	199.0	1.77	206.5	1.88	171.0	1.37	179.4	0.66
25～29	226.5	0.84	230.9	1.17	193.1	1.79	232.1	…
30～34	252.6	1.26	256.1	1.41	222.9	1.47	227.8	5.06
35～39	290.3	1.28	297.7	1.07	237.8	1.11	253.8	8.35
40～44	339.0	1.82	344.4	2.02	305.8	2.04	335.0	3.39
45～49	363.2	1.18	367.6	1.58	339.1	1.65	351.0	4.27
50～54	398.0	0.39	405.0	0.72	372.8	0.93	359.9	8.93
55～59	391.5	0.99	391.9	1.35	392.7	2.10	368.6	4.10
60～64	243.4	1.67	259.0	2.96	199.6	2.70	219.9	6.21
65～69	200.4	1.40	209.6	3.22	185.4	3.63	223.9 *	10.05
70歳～	207.0	…	186.2 *	…	184.8 *	…	230.1 *	…
高専・短大卒	**315.6**	**1.19**	**312.9**	**1.70**	**321.2**	**0.79**	**304.8**	**2.11**
～19歳	－	－	－	－	－	－	－	－
20～24	193.8	2.37	199.0	2.20	179.9	2.50	165.8 *	…
25～29	215.9	0.77	217.1	1.42	214.0	1.86	204.4 *	…
30～34	260.6	0.86	271.6	0.67	229.2	2.81	232.7	8.03
35～39	299.7	1.83	305.5	1.97	284.1	4.89	280.8	7.30
40～44	327.5	4.26	332.1	5.95	316.8	1.73	310.5	…
45～49	355.1	1.52	351.4	3.37	361.9	1.36	327.5	…
50～54	393.0	1.85	387.9	4.51	399.9	1.61	359.3	6.89
55～59	386.0	2.98	385.3	4.70	387.4	5.09	378.4	…
60～64	249.7	5.12	271.6	7.21	234.4	7.13	171.6 *	…
65～69	189.7 *	…	145.2 *	…	190.2 *	…	262.5 *	…
70歳～	317.7 *	…	－	－	317.7 *	…	－	－
大学・大学院卒	**313.5**	**0.70**	**323.0**	**0.81**	**296.3**	**0.69**	**310.4**	**2.87**
～19歳	－	－	－	－	－	－	－	－
20～24	209.4	1.28	215.7	1.62	199.3	1.23	209.1	1.82
25～29	234.5	0.43	244.1	1.22	220.8	0.52	218.6	1.78
30～34	273.3	1.05	284.2	2.08	255.9	1.20	241.3	2.72
35～39	304.6	0.74	309.9	1.58	296.9	1.67	287.6	6.79
40～44	353.4	0.84	363.5	0.94	330.4	0.55	353.1	8.83
45～49	376.9	1.35	376.2	1.54	378.8	1.38	374.4	3.01
50～54	422.1	1.27	425.5	2.06	415.8	1.28	391.2	4.88
55～59	418.9	2.19	412.3	4.06	428.0	1.19	476.3	9.82
60～64	252.1	1.38	269.1	1.52	215.3	3.65	283.1	9.83
65～69	259.9	9.01	253.1	…	188.6	9.08	456.5 *	…
70歳～	201.0 *	…	－	－	－	－	201.0 *	…

産業、性、学歴、年齢階級	企業規模計		1,000人以上		100～999人		10～99人	
	所定内給与額	誤差率	所定内給与額	誤差率	所定内給与額	誤差率	所定内給与額	誤差率
	千円	%	千円	%	千円	%	千円	%
女	**231.1**	**0.58**	**239.3**	**0.86**	**223.3**	**0.76**	**210.4**	**2.52**
～ 19歳	162.5	1.00	170.0	2.04	156.5	0.74	171.2	5.68
20 ～ 24	187.2	1.18	193.6	2.61	182.5	0.62	179.6	1.46
25 ～ 29	207.4	0.93	215.4	2.05	199.3	0.85	197.2	2.44
30 ～ 34	225.8	1.44	236.5	2.37	215.3	1.14	215.7	5.35
35 ～ 39	232.5	1.03	237.5	2.10	228.9	0.65	204.6	2.49
40 ～ 44	259.0	1.31	269.4	1.95	244.8	0.83	240.6	7.33
45 ～ 49	255.5	0.67	257.4	0.92	253.5	0.83	229.7 *	12.55
50 ～ 54	254.7	1.74	259.7	2.66	250.9	2.36	215.2	6.53
55 ～ 59	249.7	0.89	238.9	3.44	258.3	3.81	243.8 *	18.36
60 ～ 64	174.9	1.07	181.5	3.05	167.6	2.46	186.4	8.95
65 ～ 69	160.8	1.20	166.6	…	159.6	1.72	148.1 *	…
70歳 ～	176.4 *	…	-	-	124.5 *	…	201.1 *	…
中学卒	**204.9**	**6.84**	**224.6 ***	**10.35**	**170.7**	**4.29**	**172.4**	**…**
～ 19歳	-	-	-	-	-	-	-	-
20 ～ 24	141.8 *	…	141.8 *	…	-	-	-	-
25 ～ 29	166.4 *	…	155.7 *	…	205.7 *	…	-	-
30 ～ 34	-	-	-	-	-	-	-	-
35 ～ 39	184.5 *	…	184.5 *	…	-	-	-	-
40 ～ 44	202.8 *	…	202.3 *	…	217.1 *	…	151.1 *	…
45 ～ 49	278.4	…	279.3 *	…	-	-	260.0 *	…
50 ～ 54	239.3 *	15.52	281.4 *	…	135.4 *	…	-	-
55 ～ 59	212.7 *	…	165.6 *	…	220.6 *	…	204.5 *	…
60 ～ 64	165.0	…	187.3 *	…	151.8	…	167.8 *	…
65 ～ 69	174.4 *	…	-	-	-	-	174.4 *	…
70歳 ～	147.5 *	…	-	-	-	-	147.5 *	…
高校卒	**226.8**	**0.83**	**235.9**	**1.13**	**218.7**	**0.84**	**202.0**	**2.96**
～ 19歳	162.5	1.00	170.0	2.04	156.5	0.74	171.2	5.68
20 ～ 24	175.2	0.79	176.7	2.93	174.3	0.86	177.5	3.37
25 ～ 29	197.8	1.37	203.3	2.12	191.4	2.10	190.3	2.68
30 ～ 34	203.5	2.02	210.5	3.26	195.0	2.73	210.3	7.30
35 ～ 39	222.2	2.81	232.8	4.22	211.3	2.75	203.1	5.62
40 ～ 44	256.2	1.98	271.4	2.34	235.5	2.55	242.8	6.83
45 ～ 49	247.8	1.95	248.3	2.61	248.2	1.37	222.7 *	13.57
50 ～ 54	250.4	2.46	261.0	3.14	241.5	1.79	200.8	6.78
55 ～ 59	246.3	1.99	231.9	3.76	258.2	3.54	206.6 *	23.52
60 ～ 64	173.0	1.08	182.3	3.85	163.7	3.41	180.4	…
65 ～ 69	160.8	1.76	169.3	…	159.1	1.69	121.9 *	…
70歳 ～	180.7 *	…	-	-	124.5 *	…	213.8 *	…
高専・短大卒	**237.3**	**1.06**	**237.7**	**1.22**	**236.7**	**2.43**	**243.4**	**8.10**
～ 19歳	-	-	-	-	-	-	-	-
20 ～ 24	182.6	4.15	194.7	6.29	174.0	0.91	193.6 *	…
25 ～ 29	188.2	1.48	179.5	1.93	195.5	2.42	184.1 *	…
30 ～ 34	228.9	4.90	237.4	8.84	215.7	2.05	242.3	…
35 ～ 39	235.6	3.66	233.5	2.82	239.0	4.97	198.6 *	13.23
40 ～ 44	250.3	1.61	242.5	2.53	259.3	0.83	266.1 *	10.23
45 ～ 49	257.5	3.20	259.3	3.37	257.0	4.50	237.8 *	14.40
50 ～ 54	259.0	2.71	256.9	6.08	261.3	5.48	272.8	…
55 ～ 59	265.9	4.59	262.8 *	11.24	268.5	8.55	271.8 *	11.98
60 ～ 64	188.7	4.21	184.5	8.72	193.8 *	11.13	200.0 *	…
65 ～ 69	195.7 *	…	-	-	195.7 *	…	-	-
70歳 ～	-	-	-	-	-	-	-	-
大学・大学院卒	**236.2**	**0.66**	**247.8**	**1.30**	**223.1**	**1.31**	**222.4**	**4.61**
～ 19歳	-	-	-	-	-	-	-	-
20 ～ 24	198.0	1.16	201.1	2.15	194.8	0.70	185.8	…
25 ～ 29	218.4	1.39	231.8	2.36	204.9	0.99	210.1	3.27
30 ～ 34	243.9	1.54	261.4	1.87	229.7	1.26	218.5	…
35 ～ 39	246.0	1.26	250.0	1.70	242.4	1.27	218.4	…
40 ～ 44	279.9	1.21	294.4	2.70	253.0	3.31	197.7	…
45 ～ 49	302.6	4.68	303.4	5.65	300.3	3.06	275.8 *	…
50 ～ 54	287.0	8.76	253.1	7.10	332.3 *	13.88	368.4 *	…
55 ～ 59	235.0	7.21	242.8	8.37	205.3 *	14.27	448.3 *	…
60 ～ 64	182.9	7.22	139.8 *	…	194.7	7.75	218.7 *	…
65 ～ 69	131.0 *	…	122.6 *	…	135.3 *	…	-	-
70歳 ～	-	-	-	-	-	-	-	-

産業、性、学歴、年齢階級	企業規模計		1,000人以上		100～999人		10～99人	
	所定内給与額	誤差率	所定内給与額	誤差率	所定内給与額	誤差率	所定内給与額	誤差率
	千円	%	千円	%	千円	%	千円	%
R　サービス業（他に分類されないもの）								
男女計	**255.6**	**0.06**	**263.8**	**0.19**	**244.8**	**0.27**	**260.3**	**0.29**
～19歳	178.2	0.83	183.1	2.36	176.5	0.91	175.8	1.02
20～24	202.6	0.77	209.2	1.38	197.2	0.50	197.9	0.98
25～29	220.5	0.88	228.7	1.56	210.4	0.51	222.5	0.51
30～34	237.3	0.56	241.7	0.86	227.7	0.94	244.6	0.71
35～39	257.0	0.58	258.5	1.18	248.5	0.60	267.0	0.98
40～44	269.6	0.57	269.6	0.97	264.0	1.35	277.5	0.59
45～49	279.8	0.64	284.3	1.01	270.3	0.93	286.3	0.41
50～54	293.6	0.17	313.7	1.27	277.2	1.55	290.1	1.10
55～59	293.3	0.60	326.0	1.75	272.7	0.84	289.3	0.93
60～64	237.3	1.07	237.3	3.28	227.7	1.31	251.5	1.34
65～69	203.2	0.92	200.0	1.85	199.6	0.77	210.2	2.34
70歳～	200.4	3.87	182.2	0.72	184.2	4.28	221.1	7.60
男	**275.1**	**0.19**	**288.8**	**0.33**	**265.0**	**0.38**	**273.0**	**0.25**
～19歳	179.0	0.57	183.2	1.64	177.5	0.75	178.3	1.82
20～24	206.0	0.85	212.0	1.72	200.3	0.22	204.3	0.58
25～29	230.4	0.65	239.7	1.73	220.9	0.98	229.2	0.58
30～34	251.7	0.60	255.9	0.83	244.7	0.77	254.9	0.56
35～39	276.6	0.91	277.3	1.41	273.5	0.92	279.5	1.08
40～44	296.2	0.40	300.2	1.10	292.3	1.10	296.2	0.73
45～49	310.4	0.71	321.8	1.34	303.4	0.84	305.3	1.15
50～54	324.8	0.56	360.3	1.44	307.8	1.49	305.2	1.33
55～59	318.3	1.04	358.9	2.83	299.8	1.36	302.3	0.72
60～64	247.9	1.27	251.1	3.39	237.5	0.72	260.4	1.74
65～69	210.3	1.01	206.1	3.41	207.2	0.96	217.0	2.19
70歳～	203.3	4.62	191.8	3.14	191.9	4.29	216.8	9.97
中学卒	**227.3**	**1.24**	**213.5**	**2.04**	**223.2**	**1.25**	**236.6**	**1.65**
～19歳	179.7	3.90	230.8 *	…	172.5	3.71	183.8	6.20
20～24	210.4	4.54	227.0	…	202.0	5.03	211.1	7.54
25～29	226.6	1.21	197.3	5.94	212.7	4.50	256.8	4.76
30～34	247.1	1.37	238.9 *	10.53	241.5	3.95	256.4	2.34
35～39	237.4	1.10	200.8	4.86	237.7	1.47	253.5	2.17
40～44	240.2	1.21	212.5	4.93	244.1	2.81	258.5	3.81
45～49	255.6	2.81	241.0	6.27	244.3	3.35	273.0	1.85
50～54	251.6	3.65	203.7	7.06	262.2	6.92	272.2	3.35
55～59	237.3	3.33	240.8	7.74	236.1	3.47	237.6	5.24
60～64	205.9	1.45	196.3	4.16	196.9	1.69	216.7	2.48
65～69	195.7	3.54	192.9	5.94	191.7	4.41	200.1	4.32
70歳～	179.1	1.80	191.4	…	176.0	4.14	179.4	1.44
高校卒	**252.4**	**0.15**	**264.5**	**0.58**	**241.7**	**0.68**	**254.7**	**0.40**
～19歳	178.9	0.56	182.6	1.65	177.9	0.91	177.5	1.63
20～24	198.9	0.49	206.2	1.74	193.1	0.72	196.8	0.76
25～29	216.6	1.00	222.0	2.90	208.8	1.23	221.0	1.42
30～34	234.7	0.50	235.3	1.71	226.7	0.79	243.1	0.66
35～39	254.2	1.04	253.2	2.15	244.5	1.25	264.3	1.33
40～44	275.0	0.47	277.0	0.61	270.2	0.98	278.4	1.07
45～49	282.5	0.54	291.9	0.83	273.7	1.90	282.8	0.86
50～54	291.5	1.37	314.9	3.10	279.9	2.13	283.5	1.18
55～59	284.9	0.88	328.4	2.16	265.0	1.57	271.4	1.29
60～64	224.6	0.81	222.5	2.03	220.8	0.77	231.8	1.67
65～69	197.4	0.98	198.1	2.93	193.3	1.57	203.0	1.40
70歳～	187.4	2.98	186.7	1.77	190.7	5.54	183.2	1.93
高専・短大卒	**281.7**	**0.36**	**278.6**	**0.50**	**283.9**	**0.71**	**282.6**	**0.55**
～19歳	-	-	-	-	-	-	-	-
20～24	204.8	0.97	206.4	2.02	203.2	2.57	204.3	0.97
25～29	224.1	1.79	228.3	2.90	226.3	0.35	215.1	2.33
30～34	248.7	1.52	246.8	3.19	249.4	1.35	250.4	2.05
35～39	274.2	0.69	259.0	2.89	280.2	1.83	285.8	3.60
40～44	294.0	1.28	282.8	1.51	298.9	2.41	303.5	1.09
45～49	317.0	0.99	310.2	2.69	327.3	2.02	312.0	1.79
50～54	353.1	1.80	364.9	4.13	347.4	2.62	346.3	2.52
55～59	330.2	0.72	345.5	6.53	323.1	3.09	322.8	1.84
60～64	268.9	2.51	275.4	7.23	258.5	4.80	281.5	4.87
65～69	216.1	4.89	207.5	6.67	214.4	7.67	230.0	6.13
70歳～	192.4	6.33	205.9 *	…	171.6	8.46	211.6 *	10.55
大学・大学院卒	**318.0**	**0.39**	**327.8**	**0.47**	**305.7**	**1.05**	**320.5**	**1.19**
～19歳	-	-	-	-	-	-	-	-
20～24	221.9	1.44	224.3	2.20	217.7	1.64	222.3	1.28
25～29	245.8	1.21	255.0	2.21	234.1	1.28	242.8	1.13
30～34	274.1	1.07	278.7	1.00	266.7	1.14	276.0	2.64
35～39	310.6	1.52	310.2	1.62	311.2	1.48	310.4	1.92
40～44	342.3	0.59	349.2	2.25	334.3	2.32	342.1	1.59
45～49	369.5	1.71	377.2	1.78	354.4	0.89	378.0	4.72
50～54	398.2	0.69	442.5	1.50	359.2	2.81	372.6	3.15
55～59	385.1	2.03	408.6	4.34	362.4	2.28	390.6	1.44
60～64	294.5	2.44	297.9	6.25	273.1	1.44	322.3	1.82
65～69	256.2	1.86	233.2	7.78	255.1	3.92	273.2	3.09
70歳～	282.1 *	19.57	200.6 *	14.41	213.2	5.42	350.0 *	25.99

産業、性、学歴、年齢階級	企業規模計		1,000人以上		100～999人		10～99人	
	所定内給与額	誤差率	所定内給与額	誤差率	所定内給与額	誤差率	所定内給与額	誤差率
	千円	%	千円	%	千円	%	千円	%
女	**217.9**	**0.36**	**225.4**	**0.55**	**206.8**	**0.90**	**224.2**	**0.47**
～ 19歳	176.3	2.72	183.0	6.52	173.4	3.13	170.9	3.89
20 ～ 24	198.2	0.75	206.1	1.28	193.0	1.08	187.0	1.70
25 ～ 29	206.5	1.35	213.7	1.44	196.6	1.55	210.7	0.56
30 ～ 34	212.1	0.68	221.5	0.87	201.5	1.60	211.9	2.47
35 ～ 39	221.9	0.44	230.9	1.07	209.1	0.75	229.6	2.66
40 ～ 44	224.3	1.38	229.0	1.16	216.8	2.66	227.8	1.81
45 ～ 49	229.1	0.60	234.7	1.64	219.1	0.99	235.8	1.45
50 ～ 54	238.1	1.34	243.5	2.52	227.1	2.44	250.3	1.94
55 ～ 59	224.3	1.50	237.3	3.60	201.0	2.45	250.3	1.85
60 ～ 64	192.5	2.39	190.2	2.90	186.9	5.05	205.2	2.99
65 ～ 69	170.4	1.46	178.3	6.52	161.8	1.83	176.4	2.20
70歳 ～	187.3 *	10.95	145.2	6.56	154.5	2.16	245.5 *	17.04
中学卒	**175.1**	**1.07**	**178.8**	**3.54**	**169.7**	**2.43**	**185.0**	**2.82**
～ 19歳	158.5	3.80	156.7 *	…	160.7	…	164.1 *	…
20 ～ 24	164.6	4.97	166.4 *	11.50	170.5	6.29	149.3	3.67
25 ～ 29	176.9	7.61	185.9	4.06	159.3 *	11.84	194.7	9.55
30 ～ 34	186.5	3.44	196.0	8.33	183.3	…	176.8	4.82
35 ～ 39	171.9	5.44	181.7	8.75	165.7	8.28	183.7	4.20
40 ～ 44	175.5	4.47	177.9 *	20.78	167.7	6.20	193.6	5.82
45 ～ 49	189.0	2.76	173.1	…	194.9	4.10	189.8 *	10.96
50 ～ 54	193.5 *	11.54	176.4	…	173.9	3.33	277.4 *	33.63
55 ～ 59	189.1	6.58	193.5	…	189.9	7.71	171.5	4.06
60 ～ 64	157.9	0.86	168.0	2.37	148.4	2.61	170.9	5.09
65 ～ 69	154.8	2.94	159.7	…	153.9	3.88	154.7	4.44
70歳 ～	163.9	3.23	132.6 *	10.69	163.9	4.97	179.9	9.62
高校卒	**198.4**	**0.73**	**206.8**	**0.84**	**190.4**	**0.93**	**200.1**	**0.75**
～ 19歳	179.0	2.75	190.4	6.62	174.9	3.23	171.2	4.24
20 ～ 24	194.4	1.02	209.5	1.54	181.8	1.33	172.1	1.05
25 ～ 29	188.9	1.13	192.0	0.92	187.0	1.69	187.2	2.56
30 ～ 34	194.6	1.34	202.7	2.18	188.7	1.23	189.3	2.50
35 ～ 39	201.1	1.81	208.2	2.31	193.6	1.38	205.5	1.95
40 ～ 44	198.8	0.89	204.6	0.94	193.2	1.43	198.9	1.22
45 ～ 49	204.2	0.85	215.5	2.38	192.3	0.88	207.0	1.32
50 ～ 54	213.9	2.45	219.2	3.67	208.3	3.28	217.4	2.24
55 ～ 59	203.3	2.15	211.4	4.90	191.7	1.85	216.4	2.66
60 ～ 64	184.0	1.54	190.1	3.47	172.6	2.53	196.7	3.13
65 ～ 69	170.7	1.52	178.5	7.58	163.6	2.37	174.8	2.61
70歳 ～	165.5	7.80	155.7	…	140.0	8.44	197.3	5.88
高専・短大卒	**225.9**	**0.31**	**228.7**	**0.83**	**218.1**	**1.56**	**234.6**	**1.59**
～ 19歳	－	－	－	－	－	－	－	－
20 ～ 24	184.2	2.35	177.7	2.78	188.8	3.89	190.0	2.24
25 ～ 29	197.8	2.12	203.2	2.21	189.9	3.37	202.0	1.34
30 ～ 34	200.2	0.84	204.6	1.21	194.7	3.14	202.1	5.28
35 ～ 39	218.5	1.73	223.5	2.24	201.9	2.33	236.0	5.47
40 ～ 44	235.3	1.34	236.4	2.36	229.9	1.39	242.6	2.06
45 ～ 49	240.8	1.20	240.7	1.74	239.1	3.19	244.9	1.92
50 ～ 54	255.6	1.65	252.8	2.50	251.0	3.21	275.5	3.39
55 ～ 59	230.7	2.74	243.9	5.46	200.6	3.41	262.5	4.89
60 ～ 64	223.4	3.47	200.1	5.93	235.7	6.64	226.4	5.23
65 ～ 69	183.7	8.91	182.5 *	12.53	155.4 *	10.01	199.8	6.24
70歳 ～	171.4 *	10.62	147.1 *	…	165.1 *	…	220.8 *	17.08
大学・大学院卒	**251.2**	**0.75**	**251.9**	**0.51**	**240.8**	**1.63**	**267.3**	**1.10**
～ 19歳	－	－	－	－	－	－	－	－
20 ～ 24	213.9	0.97	218.6	2.55	209.6	1.35	209.7	1.79
25 ～ 29	225.2	1.46	232.4	2.17	212.2	0.76	230.5	0.68
30 ～ 34	239.8	1.59	248.6	1.56	225.8	2.39	242.0	2.49
35 ～ 39	255.7	2.08	260.5	2.98	245.2	3.39	266.2	3.57
40 ～ 44	256.1	2.73	250.9	1.99	254.8	4.59	273.3	4.61
45 ～ 49	283.6	2.13	270.6	2.15	291.4	5.72	300.8	4.55
50 ～ 54	301.4	3.88	299.1	8.37	288.8	2.30	322.1	5.21
55 ～ 59	312.3	5.68	310.0	7.92	262.6	9.18	380.0	6.77
60 ～ 64	266.7	9.28	201.4	…	285.7 *	40.67	276.4 *	12.18
65 ～ 69	196.9	6.41	188.8 *	…	181.4	…	219.6	8.41
70歳 ～	532.2 *	23.28	－	－	679.8 *	…	525.0 *	…

Ⅱ　調査結果の概況

1　一般労働者の賃金

(1)　賃金の推移

賃金は、男女計304.3千円（年齢42.5歳、勤続12.1年）、男性335.5千円（年齢43.3歳、勤続13.5年）、女性246.1千円（年齢41.1歳、勤続9.4年）となっている。賃金を前年と比べると、男女計及び男性では0.1％増加、女性では0.6％増加となっている。女性の賃金は過去最高となっており、男女間賃金格差（男性＝100）は、比較可能な昭和51年調査以降で過去最小の73.4となっている。（第１図、第１表）

第１図　性別賃金の対前年増減率の推移

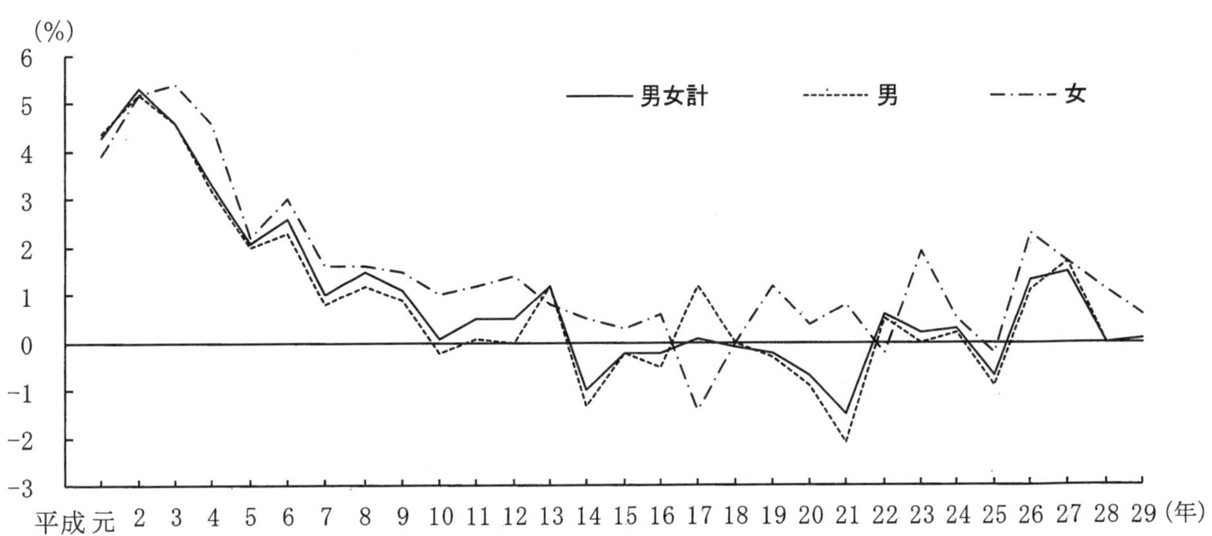

第１表　性別賃金、対前年増減率及び男女間賃金格差の推移

年	男女計		男		女		男女間賃金格差（男＝100）
	賃金（千円）	対前年増減率（%）	賃金（千円）	対前年増減率（%）	賃金（千円）	対前年増減率（%）	
平成 10 年	**299.1**	0.1	**336.4**	−0.2	**214.9**	1.0	63.9
11	**300.6**	0.5	**336.7**	0.1	**217.5**	1.2	64.6
12	**302.2**	0.5	**336.8**	0.0	**220.6**	1.4	65.5
13	**305.8**	1.2	**340.7**	1.2	**222.4**	0.8	65.3
14	**302.6**	−1.0	**336.2**	−1.3	**223.6**	0.5	66.5
15	**302.1**	−0.2	**335.5**	−0.2	**224.2**	0.3	66.8
16	**301.6**	−0.2	**333.9**	−0.5	**225.6**	0.6	67.6
17	**302.0**	0.1	**337.8**	1.2	**222.5**	−1.4	65.9
18	**301.8**	−0.1	**337.7**	0.0	**222.6**	0.0	65.9
19	**301.1**	−0.2	**336.7**	−0.3	**225.2**	1.2	66.9
20	**299.1**	−0.7	**333.7**	−0.9	**226.1**	0.4	67.8
21	**294.5**	−1.5	**326.8**	−2.1	**228.0**	0.8	69.8
22	**296.2**	0.6	**328.3**	0.5	**227.6**	−0.2	69.3
23	**296.8**	0.2	**328.3**	0.0	**231.9**	1.9	70.6
24	**297.7**	0.3	**329.0**	0.2	**233.1**	0.5	70.9
25	**295.7**	−0.7	**326.0**	−0.9	**232.6**	−0.2	71.3
26	**299.6**	1.3	**329.6**	1.1	**238.0**	2.3	72.2
27	**304.0**	1.5	**335.1**	1.7	**242.0**	1.7	72.2
28	**304.0**	0.0	**335.2**	0.0	**244.6**	1.1	73.0
29	**304.3**	0.1	**335.5**	0.1	**246.1**	0.6	73.4
平成29年 年齢（歳）	42.5		43.3		41.1		
勤続年数（年）	12.1		13.5		9.4		

(2) 性別にみた賃金

男女別に賃金カーブ※をみると、男性では、年齢階級が高くなるとともに賃金も上昇し、50～54 歳で 424.0 千円（20～24 歳の賃金を 100 とすると 201.4）と賃金がピークとなり、その後下降している。女性も 50～54 歳の 270.0 千円（同 133.3）がピークとなっているが、男性に比べ、賃金カーブは緩やかとなっている。

さらに年齢階級別の賃金を前年と比べると、男性では、39 歳以下の各層で増加、40 歳以上では 55～64 歳層を除いて減少となっている。女性では、30～34 歳層を除くいずれの年齢階級も増加しており、男女ともに年齢階級間格差は縮小している。（第２図、第２表）

※賃金カーブとは、年齢(階級)とともに変化する賃金の状況をグラフで表したものをいう。以下同じ。

第２図　性、年齢階級別賃金

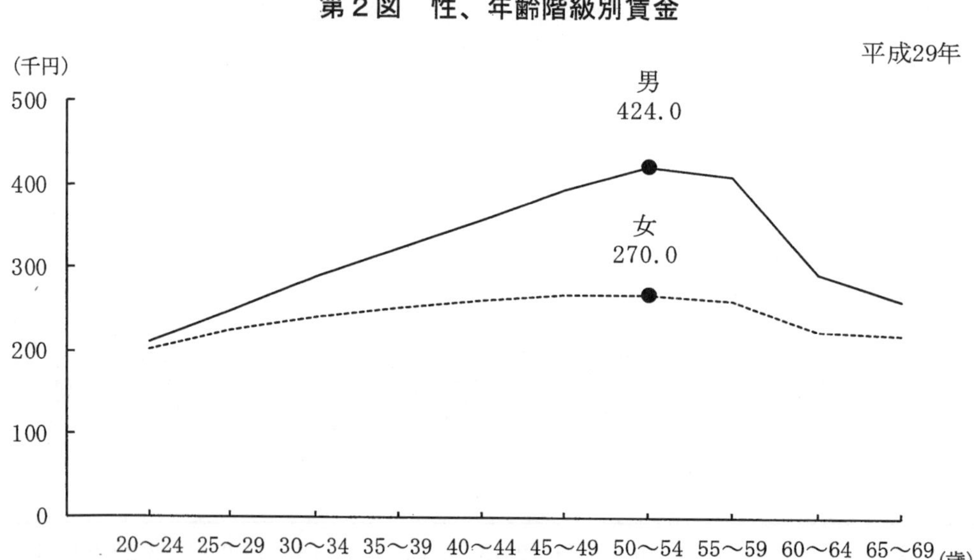

注：線上の●印は賃金のピークを示す。以下同じ。

第２表　性、年齢階級別賃金、対前年増減率及び年齢階級間賃金格差

平成29年

年齢階級	男			女		
	賃金（千円）	対前年増減率（%）	年齢階級間賃金格差（20～24歳=100）	賃金（千円）	対前年増減率（%）	年齢階級間賃金格差（20～24歳=100）
年齢計	**335.5**	0.1	159.4	**246.1**	0.6	121.5
２０～２４歳	**210.5**	0.7	100.0	**202.5**	1.5	100.0
２５～２９	**248.1**	0.9	117.9	**225.9**	0.4	111.6
３０～３４	**289.0**	0.7	137.3	**241.6**	-0.7	119.3
３５～３９	**324.1**	0.1	154.0	**254.0**	0.2	125.4
４０～４４	**358.7**	-0.6	170.4	**262.4**	0.4	129.6
４５～４９	**394.7**	-1.6	187.5	**268.2**	0.1	132.4
５０～５４	**424.0**	-0.4	201.4	**270.0**	0.2	133.3
５５～５９	**412.2**	0.1	195.8	**262.9**	1.3	129.8
６０～６４	**294.1**	1.0	139.7	**224.3**	2.8	110.8
６５～６９	**261.0**	-3.6	124.0	**220.1**	3.8	108.7
年齢（歳）	43.3			41.1		
勤続年数（年）	13.5			9.4		

注：年齢計には、上掲の年齢階級に限らず、全ての年齢の者を含む。以下同じ。

(3) 学歴別にみた賃金

学歴別に賃金をみると、男性では、大学・大学院卒が397.7千円（前年比0.5%減）、高専・短大卒が311.0千円（同1.5%増）、高校卒が290.7千円（同0.9%増）となっている。一方、女性では、大学・大学院卒が291.5千円（同1.0%増）、高専・短大卒が254.8千円（同0.3%減）、高校卒が210.9千円（同1.2%増）となっている。

学歴別に賃金がピークとなる年齢階級をみると、男性では、全ての学歴において50～54歳、女性では、大学・大学院卒で65～69歳、高専・短大卒及び高校卒で50～54歳となっている。

学歴別に賃金カーブをみると、男女いずれも大学･大学院卒の賃金カーブの傾きは大きくなっており、男性は女性に比べてその傾向が大きい。（第３図、第３表）

第３図　学歴、性、年齢階級別賃金

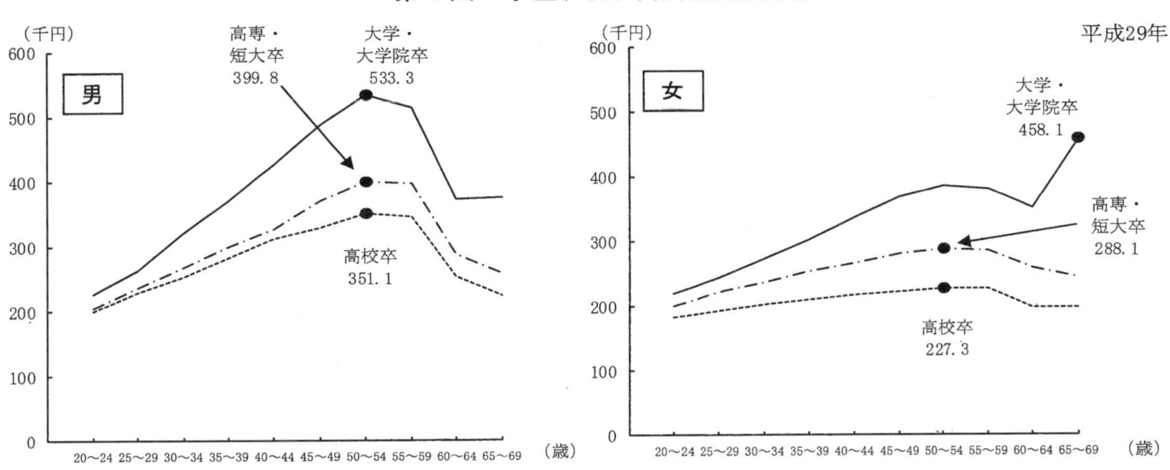

第３表　学歴、性、年齢階級別賃金、対前年増減率及び年齢階級間賃金格差

平成29年

性	年齢階級	大学・大学院卒 賃金（千円）	大学・大学院卒 対前年増減率（%）	大学・大学院卒 年齢階級間賃金格差（20～24歳=100）	高専・短大卒 賃金（千円）	高専・短大卒 対前年増減率（%）	高専・短大卒 年齢階級間賃金格差（20～24歳=100）	高校卒 賃金（千円）	高校卒 対前年増減率（%）	高校卒 年齢階級間賃金格差（20～24歳=100）
男	年齢計	397.7	-0.5	175.2	311.0	1.5	152.3	290.7	0.9	144.6
	２０～２４歳	227.0	0.3	100.0	204.2	0.4	100.0	201.0	1.2	100.0
	２５～２９	263.9	1.0	116.3	235.6	0.3	115.4	229.0	1.1	113.9
	３０～３４	321.3	0.9	141.5	267.0	1.1	130.8	254.4	0.4	126.6
	３５～３９	370.4	-1.0	163.2	299.6	1.7	146.7	282.5	0.7	140.5
	４０～４４	426.7	-1.2	188.0	327.4	-1.2	160.3	312.2	0.5	155.3
	４５～４９	486.4	-2.3	214.3	371.1	0.4	181.7	329.4	-0.5	163.9
	５０～５４	533.3	-0.4	234.9	399.8	1.0	195.8	351.1	1.2	174.7
	５５～５９	513.1	-0.8	226.0	396.5	3.3	194.2	346.0	1.2	172.1
	６０～６４	373.5	-1.0	164.5	286.4	-2.4	140.3	253.3	1.4	126.0
	６５～６９	376.3	-6.4	165.8	258.7	-3.1	126.7	224.4	-0.4	111.6
	年齢（歳）	42.2			40.8			44.4		
	勤続年数（年）	13.0			12.4			14.1		
女	年齢計	291.5	1.0	132.3	254.8	-0.3	126.6	210.9	1.2	115.1
	２０～２４歳	220.4	1.6	100.0	201.2	0.7	100.0	183.3	1.7	100.0
	２５～２９	244.6	0.6	111.0	221.9	-0.1	110.3	193.6	0.6	105.6
	３０～３４	274.1	-1.0	124.4	237.2	-0.8	117.9	201.8	0.7	110.1
	３５～３９	302.6	0.3	137.3	252.6	-0.4	125.5	210.7	0.5	114.9
	４０～４４	336.6	0.1	152.7	265.3	-1.2	131.9	216.9	0.2	118.3
	４５～４９	368.9	-1.9	167.4	279.5	-1.4	138.9	223.1	1.8	121.7
	５０～５４	384.3	-2.1	174.4	288.1	-0.5	143.2	227.3	0.4	124.0
	５５～５９	379.9	1.0	172.4	286.5	-1.7	142.4	225.8	2.7	123.2
	６０～６４	350.9	2.9	159.2	258.5	1.8	128.5	197.0	2.8	107.5
	６５～６９	＊ 458.1	19.9	207.8	245.0	1.6	121.8	198.0	0.8	108.0
	年齢（歳）	35.9			41.1			44.3		
	勤続年数（年）	7.4			9.9			10.4		

(4)　企業規模別にみた賃金

企業規模別に賃金をみると、男性では、大企業が383.3千円（前年比0.4%減）、中企業が318.3千円（同0.6%減）、小企業が293.6千円（同0.9%増）、女性では、大企業が270.8千円（同0.8%増）、中企業が241.4千円（同0.4%減）、小企業が223.0千円（同1.8%増）となっており、男性は小企業で、女性は大企業及び小企業で前年を上回っている。

また、大企業の賃金を100とすると、中企業の賃金は、男性で83.0（前年83.2）、女性で89.1（同90.2）、小企業の賃金は、男性で76.6（同75.6）、女性で82.3（同81.5）となっている。

賃金がピークとなる年齢階級を企業規模別にみると、男性では、大企業及び中企業が50～54歳で、大企業500.4千円（20～24歳の賃金を100とすると227.4）、中企業398.2千円（同193.5）、小企業が55～59歳で339.2千円（同166.6）となっており、女性では、全ての企業規模において50～54歳で、大企業304.0千円（同140.8）、中企業264.1千円（同132.0）、小企業240.9千円（同127.9）となっている。企業規模が大きいほど賃金カーブの傾きは大きくなっている。（第４図、第４表）

第４図　企業規模、性、年齢階級別賃金

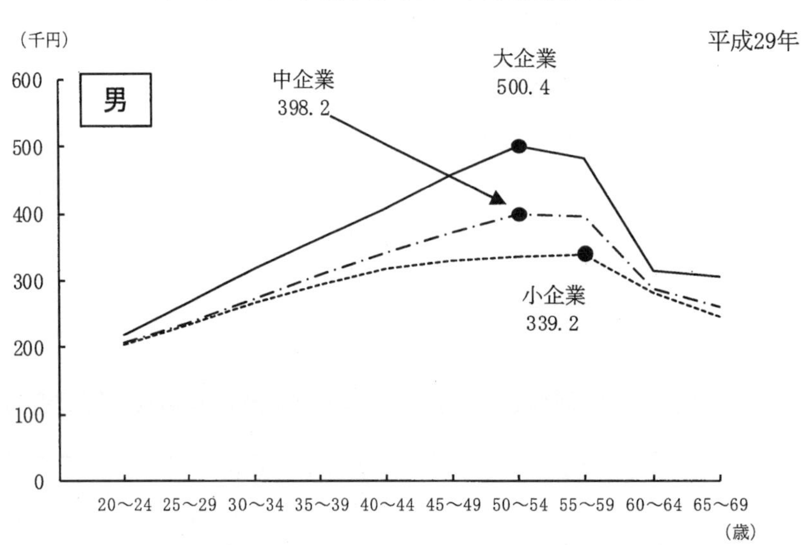

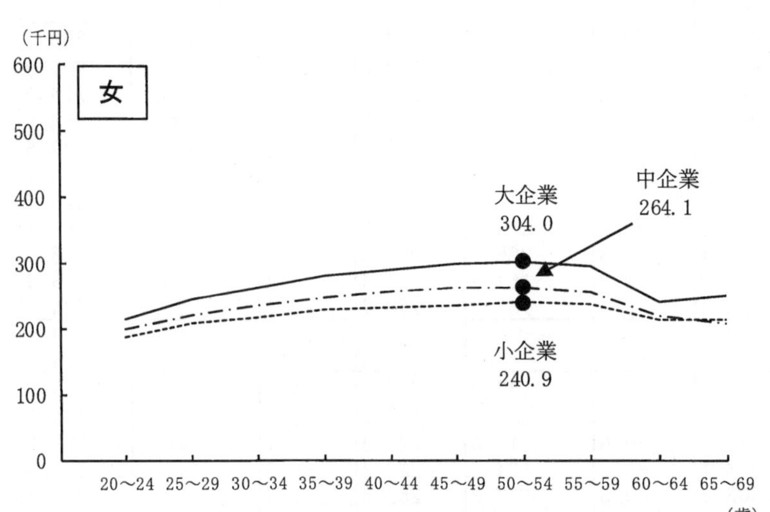

第４表　企業規模、性、年齢階級別賃金、対前年増減率、企業規模間賃金格差及び年齢階級間賃金格差

平成29年

性	年齢階級	大企業			中企業				小企業			
							賃金格差				賃金格差	
		賃金（千円）	対前年増減率（％）	年齢階級間賃金格差（20～24歳＝100）	賃金（千円）	対前年増減率（％）	企業規模間賃金格差（大企業＝100）	年齢階級間賃金格差（20～24歳＝100）	賃金（千円）	対前年増減率（％）	企業規模間賃金格差（大企業＝100）	年齢階級間賃金格差（20～24歳＝100）
男	年齢計	**383.3**	-0.4	174.1	**318.3**	-0.6	83.0 (83.2)	154.7	**293.6**	0.9	76.6 (75.6)	144.2
	２０～２４歳	**220.1**	0.8	100.0	**205.8**	-0.3	93.5 (94.6)	100.0	**203.6**	1.9	92.5 (91.6)	100.0
	２５～２９	**265.8**	1.0	120.8	**237.8**	-0.2	89.5 (90.6)	115.5	**233.4**	2.2	87.8 (86.8)	114.6
	３０～３４	**318.4**	0.3	144.7	**274.0**	0.3	86.1 (86.0)	133.1	**265.4**	1.3	83.4 (82.5)	130.4
	３５～３９	**364.0**	-0.5	165.4	**307.6**	-0.5	84.5 (84.5)	149.5	**292.8**	0.9	80.4 (79.3)	143.8
	４０～４４	**408.8**	-1.1	185.7	**341.5**	-0.8	83.5 (83.3)	165.9	**317.0**	0.2	77.5 (76.5)	155.7
	４５～４９	**458.0**	-3.5	208.1	**372.2**	-1.5	81.3 (79.6)	180.9	**331.0**	0.8	72.3 (69.2)	162.6
	５０～５４	**500.4**	-0.4	227.4	**398.2**	-2.0	79.6 (80.9)	193.5	**336.8**	-1.0	67.3 (67.7)	165.4
	５５～５９	**481.6**	-1.1	218.8	**396.1**	-1.0	82.2 (82.1)	192.5	**339.2**	1.9	70.4 (68.3)	166.6
	６０～６４	**315.3**	-0.5	143.3	**286.2**	-0.3	90.8 (90.6)	139.1	**283.1**	3.2	89.8 (86.6)	139.0
	６５～６９	**304.3**	-6.5	138.3	**259.3**	-4.1	85.2 (83.0)	126.0	**247.2**	-1.5	81.2 (77.1)	121.4
	年齢（歳）	42.6			43.0				44.8			
	勤続年数（年）	15.6			12.9				11.3			
女	年齢計	**270.8**	0.8	125.4	**241.4**	-0.4	89.1 (90.2)	120.6	**223.0**	1.8	82.3 (81.5)	118.4
	２０～２４歳	**215.9**	1.5	100.0	**200.1**	0.8	92.7 (93.3)	100.0	**188.4**	2.2	87.3 (86.6)	100.0
	２５～２９	**243.6**	0.9	112.8	**221.2**	0.0	90.8 (91.6)	110.5	**207.2**	1.3	85.1 (84.7)	110.0
	３０～３４	**262.0**	-1.3	121.4	**237.5**	-0.6	90.6 (90.1)	118.7	**217.7**	0.1	83.1 (81.9)	115.6
	３５～３９	**280.7**	1.7	130.0	**247.7**	-2.1	88.2 (91.6)	123.8	**228.7**	0.6	81.5 (82.4)	121.4
	４０～４４	**290.8**	0.7	134.7	**258.3**	0.1	88.8 (89.3)	129.1	**232.2**	-0.7	79.8 (81.0)	123.2
	４５～４９	**299.8**	-1.2	138.9	**263.6**	0.2	87.9 (86.7)	131.7	**235.4**	1.4	78.5 (76.5)	124.9
	５０～５４	**304.0**	-0.3	140.8	**264.1**	-1.4	86.9 (87.8)	132.0	**240.9**	3.0	79.2 (76.7)	127.9
	５５～５９	**295.5**	1.1	136.9	**257.9**	-0.4	87.3 (88.6)	128.9	**240.1**	3.3	81.3 (79.5)	127.4
	６０～６４	**242.3**	2.4	112.2	**219.9**	0.4	90.8 (92.6)	109.9	**215.9**	6.4	89.1 (85.8)	114.6
	６５～６９	**249.7**	4.3	115.7	**210.0**	1.1	84.1 (86.8)	104.9	**214.6**	5.5	85.9 (85.0)	113.9
	年齢（歳）	40.0			41.1				42.4			
	勤続年数（年）	10.3			9.2				8.8			

注：（　）内は、平成28年の数値である。

(5) 産業別にみた賃金

主な産業別に賃金をみると、男性では、金融業，保険業(467.0千円)が最も高く、次いで教育,学習支援業（440.3千円）となっており、宿泊業，飲食サービス業（271.4千円）が最も低くなっている。女性では、教育,学習支援業(309.8千円)が最も高く、次いで情報通信業(307.3千円）となっており、宿泊業，飲食サービス業（200.1千円）が最も低くなっている。

賃金カーブをみると、男性では、金融業，保険業は50～54歳で賃金がピークとなり、その後大きく下降している。また、宿泊業，飲食サービス業及びサービス業（他に分類されないもの）は他の産業に比べ賃金カーブが緩やかとなっている。女性では、教育,学習支援業及び金融業，保険業は、年齢階級が高くなるとともにおおむね賃金も上昇しているが、製造業、宿泊業，飲食サービス業、医療，福祉及びサービス業（他に分類されないもの）は他の産業に比べ賃金カーブが緩やかとなっている。（第５図、第５表）

第５図　主な産業、性、年齢階級別賃金

平成29年

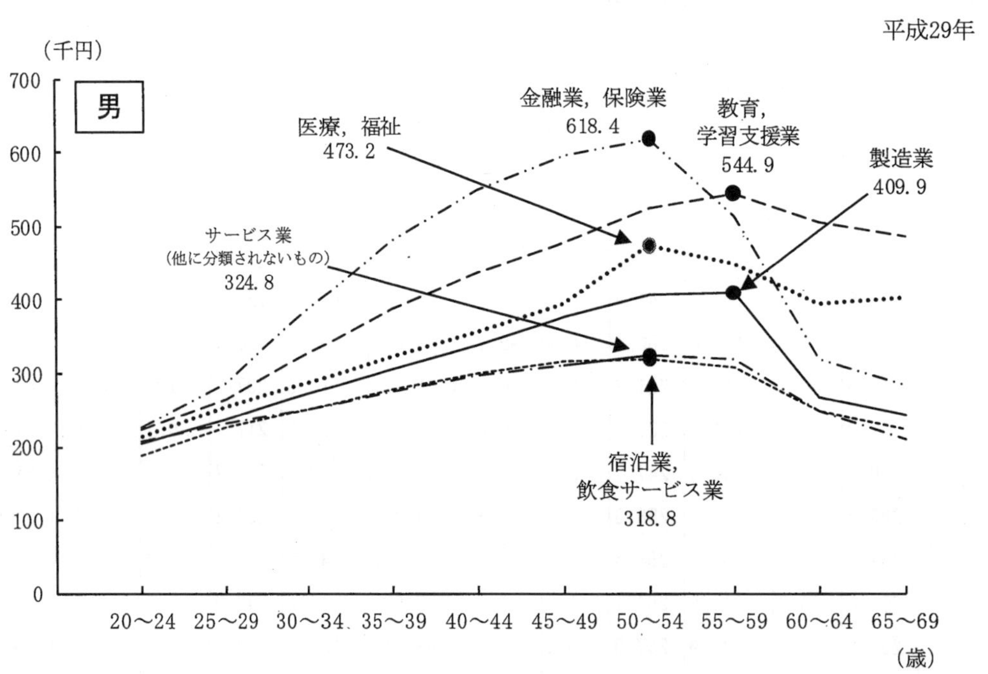

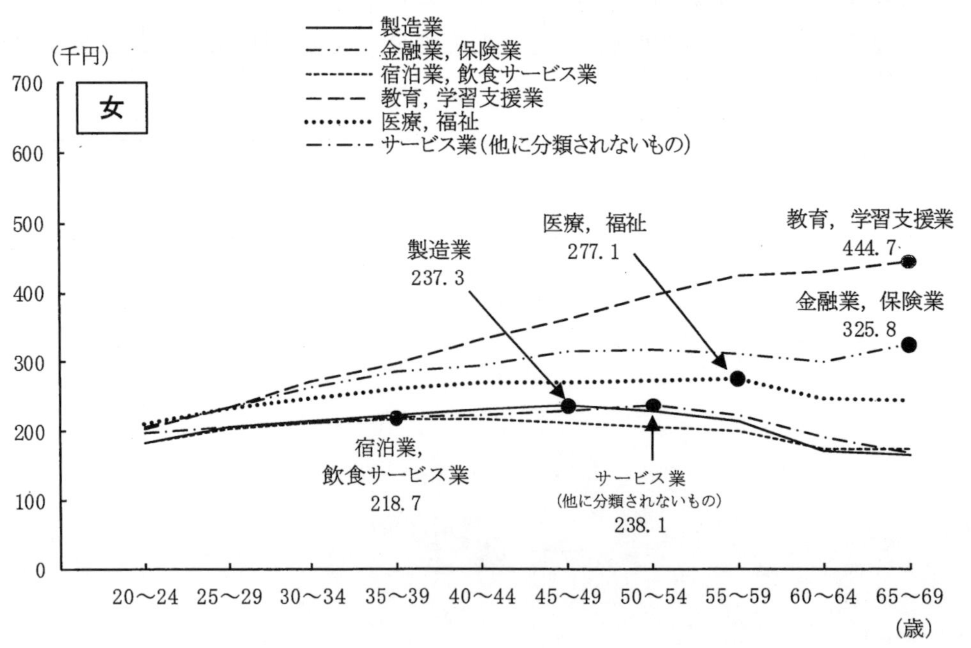

第５表 主な産業、性、年齢階級別賃金、対前年増減率及び年齢階級間賃金格差

平成29年

性、年齢階級			建設業	製造業	情報通信業	運輸業,郵便業	卸売業,小売業	金融業,保険業	学術研究,専門・技術サービス業	宿泊業,飲食サービス業	生活関連サービス業,娯楽業	教育,学習支援業	医療,福祉	サービス業(他に分類されないもの)
男	賃金(千円)	年齢計	343.9	318.9	397.2	283.1	345.0	467.0	414.5	271.4	291.0	440.3	339.4	275.1
		２０～２４歳	218.4	203.7	233.1	211.2	208.9	226.1	221.4	188.3	199.6	222.5	212.5	206.0
		２５～２９	255.6	236.6	274.5	242.5	244.5	285.9	271.8	225.4	232.1	263.9	255.6	230.4
		３０～３４	302.3	272.4	330.6	267.1	289.5	386.8	333.9	249.9	268.2	327.4	287.7	251.7
		３５～３９	330.1	304.9	377.1	287.4	330.9	480.1	387.6	277.0	306.3	388.6	324.1	276.6
		４０～４４	365.3	337.4	440.1	300.9	366.1	548.7	442.4	300.1	325.6	437.7	356.9	296.2
		４５～４９	405.1	377.4	485.0	309.3	412.8	596.6	485.1	315.5	351.9	478.6	395.3	310.4
		５０～５４	431.1	407.3	528.1	311.5	438.8	618.4	542.6	318.8	358.7	524.7	473.2	324.8
		５５～５９	415.9	409.9	526.5	310.4	437.0	512.3	538.2	307.7	340.3	544.9	450.0	318.3
		６０～６４	330.8	267.8	301.6	240.7	295.4	318.2	372.7	247.9	238.2	504.2	395.5	247.9
		６５～６９	287.1	241.8	288.6	211.7	259.9	282.8	342.9	224.4	203.0	486.8	401.4	210.3
	賃金(年齢計)の対前年増減率(%)		−1.2	0.1	1.3	−0.5	0.1	0.1	4.2	0.1	0.9	1.2	−1.2	1.3
	年齢 (歳)		44.9	42.4	40.6	47.2	42.6	43.3	43.4	42.3	41.7	46.5	40.5	45.4
	勤続年数 (年)		14.1	15.4	12.9	12.5	14.6	16.0	14.1	9.5	10.8	13.2	8.4	9.5
	年齢階級間賃金格差(２０～２４歳＝１００)	年齢計	157.5	156.6	170.4	134.0	165.2	206.5	187.2	144.1	145.8	197.9	159.7	133.5
		２０～２４歳	100.0	100.0	100.0	100.0	100.0	100.0	100.0	100.0	100.0	100.0	100.0	100.0
		２５～２９	117.0	116.2	117.8	114.8	117.0	126.4	122.8	119.7	116.3	118.6	120.3	111.8
		３０～３４	138.4	133.7	141.8	126.5	138.6	171.1	150.8	132.7	134.4	147.1	135.4	122.2
		３５～３９	151.1	149.7	161.8	136.1	158.4	212.3	175.1	147.1	153.5	174.7	152.5	134.3
		４０～４４	167.3	165.6	188.8	142.5	175.3	242.7	199.8	159.4	163.1	196.7	168.0	143.8
		４５～４９	185.5	185.3	208.1	146.4	197.6	263.9	219.1	167.6	176.3	215.1	186.0	150.7
		５０～５４	197.4	200.0	226.6	147.5	210.1	273.5	245.1	169.3	179.7	235.8	222.7	157.7
		５５～５９	190.4	201.2	225.9	147.0	209.2	226.6	243.1	163.4	170.5	244.9	211.8	154.5
		６０～６４	151.5	131.5	129.4	114.0	141.4	140.7	168.3	131.7	119.3	226.6	186.1	120.3
		６５～６９	131.5	118.7	123.8	100.2	124.4	125.1	154.9	119.2	101.7	218.8	188.9	102.1
女	賃金(千円)	年齢計	244.0	214.1	307.3	221.8	236.1	279.7	294.8	200.1	221.9	309.8	256.0	217.9
		２０～２４歳	199.5	184.1	231.0	198.0	199.2	206.8	209.6	184.0	194.6	204.7	212.0	198.2
		２５～２９	224.5	204.9	257.0	219.1	221.6	236.1	248.7	202.8	217.1	235.0	234.7	206.5
		３０～３４	225.6	215.3	285.3	228.1	236.4	262.4	276.6	212.6	231.3	271.8	248.1	212.1
		３５～３９	240.4	224.5	306.3	229.9	249.9	286.6	289.7	218.7	238.5	296.8	263.2	221.9
		４０～４４	252.1	232.3	341.8	231.9	253.6	294.0	318.9	218.2	234.3	334.0	272.2	224.3
		４５～４９	269.6	237.3	362.2	237.2	258.0	315.8	333.8	211.7	237.3	361.7	271.9	229.1
		５０～５４	273.9	228.6	418.1	235.4	253.5	318.8	378.1	207.4	243.9	395.3	274.6	238.1
		５５～５９	264.7	213.8	408.1	206.6	242.5	311.5	345.4	199.5	231.9	425.2	277.1	224.3
		６０～６４	224.9	173.1	229.2	185.1	199.3	300.9	277.0	174.7	187.5	430.9	248.6	192.5
		６５～６９	* 224.5	166.4	213.8	188.8	199.2	325.8	248.9	173.9	169.9	444.7	244.9	170.4
	賃金(年齢計)の対前年増減率(%)		0.6	−0.6	2.4	−1.9	1.5	2.1	1.9	1.7	3.8	1.8	0.6	−1.4
	年齢 (歳)		42.2	42.4	37.2	41.6	40.0	41.0	39.3	40.6	39.1	39.5	41.7	42.0
	勤続年数 (年)		10.7	11.6	9.5	9.2	9.9	11.7	9.5	7.4	8.6	9.4	8.3	6.6
	年齢階級間賃金格差(２０～２４歳＝１００)	年齢計	122.3	116.3	133.0	112.0	118.5	135.3	140.6	108.8	114.0	151.3	120.8	109.9
		２０～２４歳	100.0	100.0	100.0	100.0	100.0	100.0	100.0	100.0	100.0	100.0	100.0	100.0
		２５～２９	112.5	111.3	111.3	110.7	111.2	114.2	118.7	110.2	111.6	114.8	110.7	104.2
		３０～３４	113.1	116.9	123.5	115.2	118.7	126.9	132.0	115.5	118.9	132.8	117.0	107.0
		３５～３９	120.5	121.9	132.6	116.1	125.5	138.6	138.2	118.9	122.6	145.0	124.2	112.0
		４０～４４	126.4	126.2	148.0	117.1	127.3	142.2	152.1	118.6	120.4	163.2	128.4	113.2
		４５～４９	135.1	128.9	156.8	119.8	129.5	152.7	159.3	115.1	121.9	176.7	128.3	115.6
		５０～５４	137.3	124.2	181.0	118.9	127.3	154.2	180.4	112.7	125.3	193.1	129.5	120.1
		５５～５９	132.7	116.1	176.7	104.3	121.7	150.6	164.8	108.4	119.2	207.7	130.7	113.2
		６０～６４	112.7	94.0	99.2	93.5	100.1	145.5	132.2	94.9	96.4	210.5	117.3	97.1
		６５～６９	112.5	90.4	92.6	95.4	100.0	157.5	118.8	94.5	87.3	217.2	115.5	86.0

(6) 雇用形態別の賃金

雇用形態別の賃金をみると、男女計では、正社員・正職員321.6千円（年齢41.7歳、勤続12.8年）、正社員・正職員以外210.8千円（年齢47.3歳、勤続8.2年）となっている。男女別にみると、男性では、正社員・正職員348.4千円（前年比0.2%減）、正社員・正職員以外234.5千円（同0.4%減）、女性では、正社員・正職員263.6千円（同0.6%増）、正社員・正職員以外189.7千円（同0.6%増）となっている。

年齢階級別にみると、正社員・正職員以外は、男女いずれも年齢階級が高くなっても賃金の上昇があまり見られない。

雇用形態間賃金格差（正社員・正職員＝100）は、男女計で65.5（前年65.8）、男性で67.3（同67.4）、女性で72.0（同72.0）となっている。なお、男女計でみると賃金格差が大きいのは、企業規模別では、大企業で59.1（同59.4）、主な産業別では、卸売業，小売業で60.1（同60.4）となっている。（第6図、第7図、第6表、第7表、第8表）

第6図　雇用形態、性、年齢階級別賃金

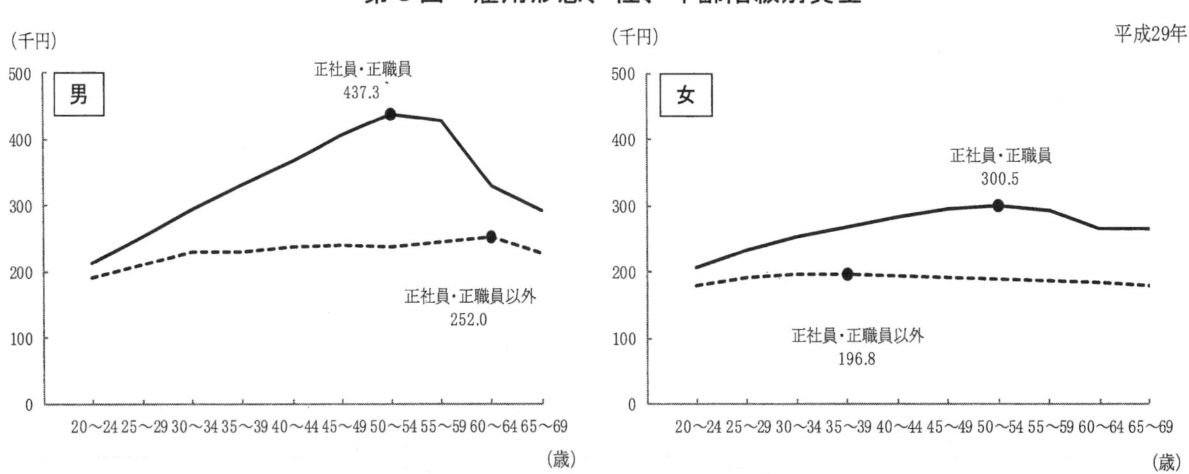

第7図　雇用形態、企業規模・主な産業別賃金（男女計）

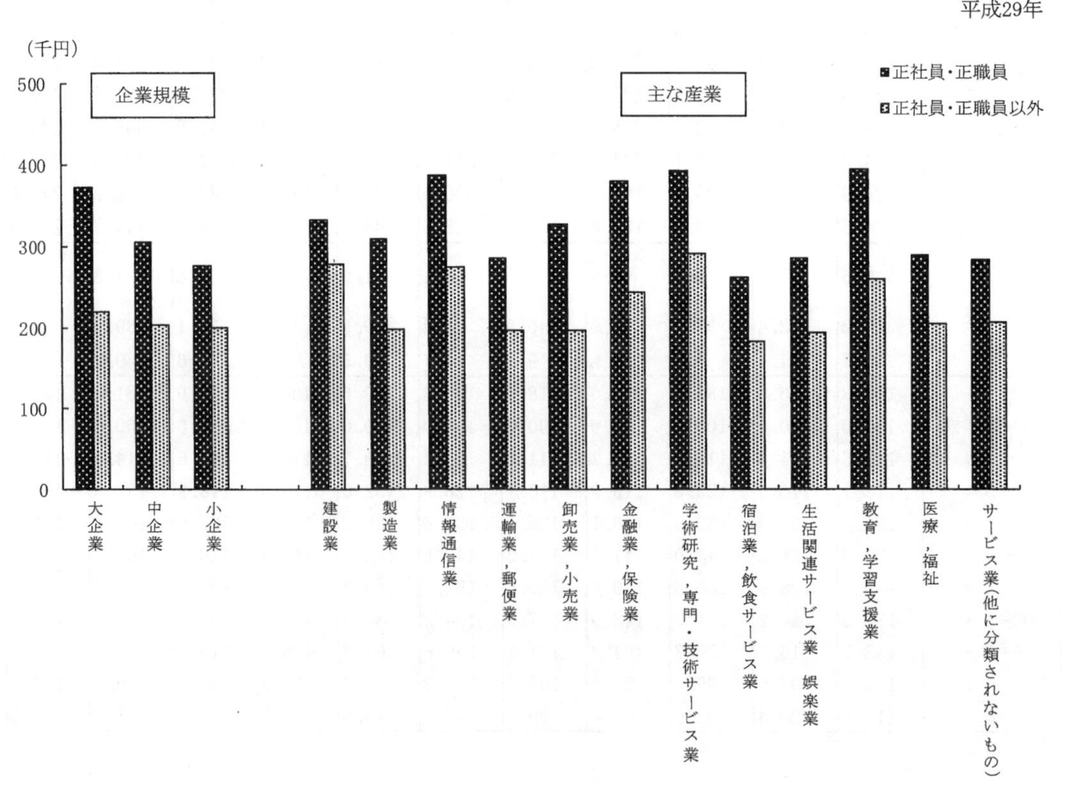

第６表　雇用形態、性、年齢階級別賃金、対前年増減率及び雇用形態間賃金格差

平成29年

年齢階級	男女計					男					女				
	正社員・正職員		正社員・正職員以外		雇用形態間賃金格差（正社員・正職員=100）	正社員・正職員		正社員・正職員以外		雇用形態間賃金格差（正社員・正職員=100）	正社員・正職員		正社員・正職員以外		雇用形態間賃金格差（正社員・正職員=100）
	賃金（千円）	対前年増減率（%）	賃金（千円）	対前年増減率（%）		賃金（千円）	対前年増減率（%）	賃金（千円）	対前年増減率（%）		賃金（千円）	対前年増減率（%）	賃金（千円）	対前年増減率（%）	
年齢計	321.6	0.0	210.8	-0.5	65.5 (65.8)	348.4	-0.2	234.5	-0.4	67.3 (67.4)	263.6	0.6	189.7	0.6	72.0 (72.0)
２０～２４歳	209.8	0.9	183.7	0.8	87.6 (87.6)	212.9	0.5	189.8	0.6	89.1 (89.0)	206.3	1.3	178.7	1.0	86.6 (86.9)
２５～２９	244.3	0.5	199.6	-0.3	81.7 (82.4)	252.0	0.7	209.6	0.2	83.2 (83.6)	232.5	0.3	191.3	-0.5	82.3 (82.9)
３０～３４	281.0	0.0	210.6	0.3	74.9 (74.7)	294.6	0.5	229.1	1.5	77.8 (77.0)	252.7	-1.1	195.6	-0.5	77.4 (76.9)
３５～３９	313.0	-0.1	210.5	-1.4	67.3 (68.1)	331.2	-0.2	230.7	-1.0	69.7 (70.2)	269.4	0.4	196.8	-0.5	73.1 (73.7)
４０～４４	343.1	-0.4	209.6	-0.4	61.1 (61.1)	366.9	-0.7	236.7	-0.3	64.5 (64.2)	283.0	0.5	194.3	0.2	68.7 (68.9)
４５～４９	373.7	-1.4	207.0	-0.4	55.4 (54.8)	404.9	-1.8	239.2	-0.9	59.1 (58.5)	295.1	0.3	191.9	0.7	65.0 (64.8)
５０～５４	398.9	-0.5	205.2	-2.1	51.4 (52.3)	437.3	-0.7	237.3	-3.9	54.3 (56.1)	300.5	0.6	189.7	1.3	63.1 (62.7)
５５～５９	391.5	-0.5	209.9	-0.6	53.6 (53.7)	428.7	-0.6	245.9	-0.3	57.4 (57.2)	293.3	1.2	185.9	2.3	63.4 (62.7)
６０～６４	313.0	2.3	231.5	-1.2	74.0 (76.5)	329.8	2.1	252.0	-1.3	76.4 (79.0)	265.8	4.0	183.9	0.5	69.2 (71.6)
６５～６９	284.8	-3.3	213.9	-1.0	75.1 (73.4)	291.4	-5.2	227.7	-2.1	78.1 (75.6)	264.9	3.6	178.2	3.4	67.3 (67.4)
年齢（歳）	41.7		47.3			42.5		49.7			39.8		45.1		
勤続年数（年）	12.8		8.2			14.0		9.5			10.2		7.0		

注：（　）内は、平成28年の数値である。

第７表　雇用形態、性、企業規模別賃金、対前年増減率及び雇用形態間賃金格差

平成29年

企業規模	男女計					男					女				
	正社員・正職員		正社員・正職員以外		雇用形態間賃金格差（正社員・正職員=100）	正社員・正職員		正社員・正職員以外		雇用形態間賃金格差（正社員・正職員=100）	正社員・正職員		正社員・正職員以外		雇用形態間賃金格差（正社員・正職員=100）
	賃金（千円）	対前年増減率（%）	賃金（千円）	対前年増減率（%）		賃金（千円）	対前年増減率（%）	賃金（千円）	対前年増減率（%）		賃金（千円）	対前年増減率（%）	賃金（千円）	対前年増減率（%）	
大企業	374.1	-0.4	221.0	-1.0	59.1 (59.4)	403.0	-0.7	244.6	-1.6	60.7 (61.2)	299.7	0.7	199.8	0.4	66.7 (66.8)
中企業	306.8	-0.7	205.6	-1.5	67.0 (67.6)	331.5	-0.9	228.2	-1.0	68.8 (68.9)	259.1	0.0	185.5	-0.3	71.6 (71.8)
小企業	277.5	0.6	200.4	2.8	72.2 (70.7)	299.4	0.6	226.4	3.5	75.6 (73.5)	232.3	1.4	177.3	2.5	76.3 (75.5)

注:(　)内は、平成28年の数値である。

第８表　雇用形態、性、主な産業別賃金、対前年増減率及び雇用形態間賃金格差

平成29年

産業	男女計					男					女				
	正社員・正職員		正社員・正職員以外		雇用形態間賃金格差（正社員・正職員=100）	正社員・正職員		正社員・正職員以外		雇用形態間賃金格差（正社員・正職員=100）	正社員・正職員		正社員・正職員以外		雇用形態間賃金格差（正社員・正職員=100）
	賃金（千円）	対前年増減率（%）	賃金（千円）	対前年増減率（%）		賃金（千円）	対前年増減率（%）	賃金（千円）	対前年増減率（%）		賃金（千円）	対前年増減率（%）	賃金（千円）	対前年増減率（%）	
建設業	334.5	-2.0	279.7	1.0	83.6 (81.1)	347.4	-2.1	296.6	1.9	85.4 (82.0)	248.5	-0.3	200.4	2.9	80.6 (78.1)
製造業	309.5	-0.6	199.9	1.8	64.6 (63.1)	328.9	-0.1	225.5	2.1	68.6 (67.1)	230.5	-1.7	169.8	1.8	73.7 (71.1)
情報通信業	387.4	1.7	275.6	0.5	71.1 (72.0)	403.1	1.3	312.1	1.6	77.4 (77.2)	325.2	3.4	235.0	-0.2	72.3 (74.9)
運輸業，郵便業	287.4	-0.8	198.0	-0.9	68.9 (68.9)	292.6	-0.6	209.4	-0.7	71.6 (71.6)	244.4	-2.3	170.8	-0.2	69.9 (68.5)
卸売業，小売業	328.7	-0.1	197.7	-0.6	60.1 (60.4)	356.6	-0.1	226.0	-0.8	63.4 (63.8)	258.9	1.6	180.9	0.7	69.9 (70.5)
金融業，保険業	380.3	-0.5	245.2	1.7	64.5 (63.1)	478.8	0.2	302.0	-0.4	63.1 (63.4)	287.3	1.7	209.6	2.1	73.0 (72.6)
学術研究，専門・技術サービス業	394.6	4.6	291.6	-5.0	73.9 (81.3)	421.1	4.6	344.8	-2.2	81.9 (87.6)	311.5	3.7	225.8	-2.3	72.5 (76.9)
宿泊業，飲食サービス業	262.5	0.5	184.6	-0.2	70.3 (70.8)	286.7	0.4	201.3	-1.2	70.2 (71.3)	216.5	2.1	173.5	1.1	80.1 (80.9)
生活関連サービス業，娯楽業	285.7	2.2	195.7	4.8	68.5 (66.8)	314.4	1.6	202.7	3.4	64.5 (63.4)	241.4	4.0	191.1	5.9	79.2 (77.8)
教育，学習支援業	394.9	1.0	260.2	3.0	65.9 (64.6)	454.0	1.2	306.2	4.3	67.4 (65.4)	323.7	2.0	226.2	2.0	69.9 (69.9)
医療，福祉	290.5	-0.5	206.5	2.5	71.1 (69.0)	349.9	-2.2	247.9	6.9	70.8 (64.9)	266.0	0.3	194.1	1.0	73.0 (72.5)
サービス業（他に分類されないもの）	285.3	1.6	208.3	-3.9	73.0 (77.1)	299.5	1.4	214.1	-4.0	71.5 (75.5)	238.9	1.3	202.7	-3.0	84.8 (88.6)

注:(　)内は、平成28年の数値である。

(7) 賃金の分布

男女別に賃金の分布をみると、男性では、55～59歳までは年齢階級が高くなるとともに労働者が最も多く分布する賃金階級も高くなる傾向にある。一方、女性では、労働者が最も多く分布する賃金階級の年齢による違いは男性ほど大きくない。

賃金分布の広がりを分散係数でみると、男女いずれも年齢階級が高くなるとともにおおむね大きくなっている。また、学歴別に分位数で広がりをみると、男女とも30歳以上の各年齢階級で大学・大学院卒が他の学歴に比べ大きくなっており、年齢階級が高くなるほどその傾向は顕著となっている。（第９表、第８図）

第９表　賃金階級、性、年齢階級別労働者数割合（２－１）

平成29年

賃金階級	男										
	年齢計	20～24歳	25～29歳	30～34歳	35～39歳	40～44歳	45～49歳	50～54歳	55～59歳	60～64歳	65～69歳
	%	%	%	%	%	%	%	%	%	%	%
計	100.0	100.0	100.0	100.0	100.0	100.0	100.0	100.0	100.0	100.0	100.0
～ 99.9 （千円）	0.0	0.0	0.0	0.0	0.0	0.0	0.0	0.0	0.0	0.0	0.0
100.0 ～ 119.9	0.2	0.3	0.2	0.1	0.1	0.1	0.0	0.1	0.1	0.4	1.3
120.0 ～ 139.9	0.9	1.7	1.0	0.6	0.4	0.4	0.4	0.4	0.7	2.0	4.6
140.0 ～ 159.9	2.4	5.4	2.7	1.7	1.2	1.0	0.9	1.3	1.9	5.8	10.8
160.0 ～ 179.9	4.3	13.1	4.8	3.5	2.3	1.9	1.9	2.1	2.7	8.5	12.6
180.0 ～ 199.9	5.9	21.1	8.8	5.5	3.8	3.0	2.9	2.9	3.3	9.9	12.1
200.0 ～ 219.9	7.5	23.3	14.8	8.2	5.5	4.1	3.5	3.3	4.1	11.3	11.9
220.0 ～ 239.9	8.0	16.5	18.4	10.3	7.0	5.5	4.5	3.8	4.4	9.5	7.9
240.0 ～ 259.9	8.1	9.2	16.3	12.7	9.0	6.5	5.1	4.2	4.4	8.3	7.3
260.0 ～ 279.9	7.3	4.3	11.3	11.9	9.9	7.3	5.4	4.5	4.6	6.3	4.8
280.0 ～ 299.9	6.7	2.2	7.3	10.4	9.6	8.0	5.8	4.7	4.7	5.3	4.0
300.0 ～ 319.9	6.1	1.2	4.9	8.4	8.9	7.9	6.3	4.9	4.8	5.0	4.2
320.0 ～ 339.9	5.3	0.7	2.8	6.6	7.6	7.4	5.9	5.1	4.9	3.6	2.4
340.0 ～ 359.9	4.8	0.4	2.0	4.8	6.8	6.7	6.0	5.1	5.1	3.3	2.3
360.0 ～ 399.9	7.6	0.3	2.0	5.9	9.4	11.4	10.8	9.4	9.1	4.6	3.1
400.0 ～ 449.9	7.4	0.2	1.2	4.1	7.8	10.1	11.4	11.4	11.0	4.3	2.9
450.0 ～ 499.9	5.2	0.1	0.5	2.1	4.5	6.6	8.7	9.4	8.9	2.7	1.6
500.0 ～ 599.9	6.2	0.0	0.5	1.8	3.6	7.1	10.7	12.9	12.0	4.1	2.0
600.0 ～ 699.9	3.0	0.0	0.2	0.7	1.2	2.7	5.0	7.1	6.6	2.3	1.3
700.0 ～ 799.9	1.4	0.0	0.1	0.3	0.7	1.2	2.2	3.6	3.3	1.1	0.9
800.0 ～ 899.9	0.7	0.0	0.0	0.2	0.3	0.5	1.2	1.8	1.6	0.5	0.6
900.0 ～ 999.9	0.3	0.0	0.0	0.1	0.1	0.3	0.5	0.8	0.7	0.3	0.3
1000.0 ～ 1199.9	0.3	－	0.0	0.1	0.1	0.3	0.5	0.7	0.7	0.3	0.3
1200.0 ～	0.3	－	0.0	0.0	0.1	0.2	0.3	0.6	0.6	0.5	0.6
平均値 （千円）	335.5	210.5	248.1	289.0	324.1	358.7	394.7	424.0	412.2	294.1	261.0
第１・十分位数1) （千円）	187.8	165.0	183.2	195.5	208.9	218.4	221.5	219.3	206.5	164.4	148.8
第１・四分位数1) （千円）	229.3	184.5	211.0	230.8	250.8	267.5	281.3	289.9	275.0	196.5	172.9
中位数1) （千円）	295.7	207.2	239.1	272.1	302.6	332.2	364.9	392.4	380.0	246.7	214.0
第３・四分位数1) （千円）	399.2	230.9	273.4	324.7	370.5	417.3	471.7	514.3	503.4	334.4	287.3
第９・十分位数1) （千円）	528.1	258.5	317.1	395.5	457.0	523.2	596.1	658.1	643.2	478.6	406.3
十分位分散係数2)	0.58	0.23	0.28	0.37	0.41	0.46	0.51	0.56	0.57	0.64	0.60
	(0.58)	(0.23)	(0.28)	(0.35)	(0.41)	(0.46)	(0.53)	(0.56)	(0.60)	(0.65)	(0.62)
四分位分散係数2)	0.29	0.11	0.13	0.17	0.20	0.23	0.26	0.29	0.30	0.28	0.27
	(0.29)	(0.11)	(0.13)	(0.17)	(0.20)	(0.22)	(0.26)	(0.29)	(0.31)	(0.28)	(0.29)

注：（　）内は、平成28年の数値である。

1）分位数とは、分布の形を示す値である。具体的には、該当労働者を賃金の低い者から高い者へと一列に並べたとき、以下の説明内容に該当する者の賃金である。図示すれば下図のとおりである。

○ 第１・十分位数……　低い方から数えて全体の10分の１番目に該当する者の賃金

○ 第１・四分位数……　低い方から数えて全体の４分の１番目に該当する者の賃金

○ 中位数……　低い方（あるいは高い方）から数えて全体の２分の１番目に該当する者の賃金

○ 第３・四分位数……　高い方から数えて全体の４分の１番目に該当する者の賃金

○ 第９・十分位数……　高い方から数えて全体の10分の１番目に該当する者の賃金

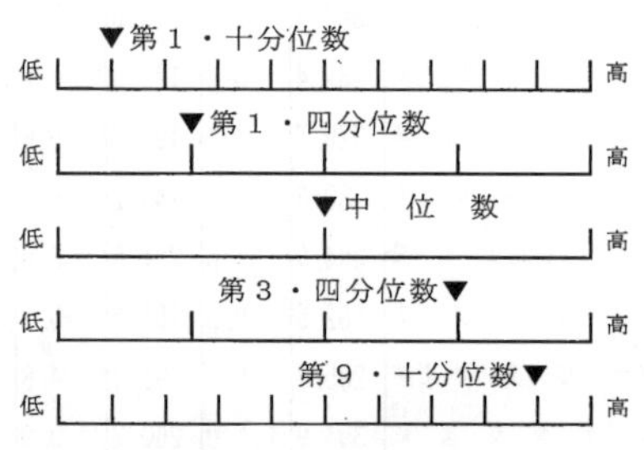

2）分散係数とは、分布の広がりを示す指標の一つであり、次の算式により計算された数値をいう。一般に、その値が小さいほど分布の広がりの程度が小さいことを示す。

○ 十分位分散係数 ＝ $\dfrac{\text{第9・十分位数} - \text{第1・十分位数}}{2 \times \text{中位数}}$

○ 四分位分散係数 ＝ $\dfrac{\text{第3・四分位数} - \text{第1・四分位数}}{2 \times \text{中位数}}$

第９表　賃金階級、性、年齢階級別労働者数割合（２－２）

平成29年

賃金階級	女										
	年齢計	20～24歳	25～29歳	30～34歳	35～39歳	40～44歳	45～49歳	50～54歳	55～59歳	60～64歳	65～69歳
計	% 100.0	% 100.0	% 100.0	% 100.0	% 100.0	% 100.0	% 100.0	% 100.0	% 100.0	% 100.0	% 100.0
～ 99.9 (千円)	0.0	0.0	0.0	0.0	0.0	0.0	0.0	0.0	0.1	0.1	0.2
100.0 ～ 119.9	0.8	0.3	0.4	0.5	0.7	0.7	0.8	0.8	1.2	1.9	2.9
120.0 ～ 139.9	3.7	3.1	2.5	2.7	3.1	3.0	3.1	3.8	4.3	9.5	13.1
140.0 ～ 159.9	8.3	9.0	6.1	6.3	6.3	7.0	7.8	8.6	10.0	15.9	17.9
160.0 ～ 179.9	11.1	17.3	9.7	9.3	9.0	9.3	9.4	10.7	10.6	15.3	15.8
180.0 ～ 199.9	12.1	21.3	14.5	10.9	10.4	9.9	10.0	10.0	10.4	12.9	11.2
200.0 ～ 219.9	12.2	20.8	17.5	13.0	10.6	9.7	9.6	9.4	8.8	9.9	8.7
220.0 ～ 239.9	10.8	12.9	16.6	12.8	11.0	9.6	8.9	8.1	8.8	6.5	7.4
240.0 ～ 259.9	9.0	7.5	12.0	12.1	10.3	9.3	8.0	7.5	7.1	6.0	4.1
260.0 ～ 279.9	7.0	3.7	7.4	9.6	8.7	8.0	7.3	6.4	6.3	4.1	3.3
280.0 ～ 299.9	5.4	1.9	4.8	7.0	7.5	6.8	6.4	5.1	5.1	3.3	2.2
300.0 ～ 319.9	4.1	0.9	3.1	4.2	5.6	5.7	5.2	4.5	4.2	2.5	2.7
320.0 ～ 359.9	5.6	0.9	2.9	5.6	7.2	8.2	7.7	7.3	6.9	3.3	3.2
360.0 ～ 399.9	3.5	0.2	1.4	2.8	4.1	5.0	5.3	5.3	4.8	2.0	1.7
400.0 ～ 449.9	2.6	0.1	0.6	1.9	2.6	3.4	4.1	4.6	4.3	2.0	1.1
450.0 ～ 499.9	1.3	0.0	0.3	0.5	1.1	1.6	2.2	2.7	2.4	1.5	0.9
500.0 ～ 599.9	1.3	0.0	0.2	0.5	1.0	1.5	2.1	2.6	2.6	1.6	1.5
600.0 ～ 699.9	0.5	0.0	0.1	0.2	0.4	0.6	0.9	1.1	1.0	0.9	0.7
700.0 ～ 799.9	0.3	-	0.0	0.1	0.2	0.3	0.4	0.5	0.4	0.3	0.6
800.0 ～ 899.9	0.1	-	0.0	0.0	0.2	0.2	0.2	0.3	0.2	0.2	0.3
900.0 ～ 999.9	0.1	-	-	0.0	0.1	0.1	0.2	0.2	0.1	0.1	0.0
1000.0 ～	0.2	-	0.0	0.0	0.1	0.2	0.3	0.3	0.3	0.2	0.6
平均値 (千円)	246.1	202.5	225.9	241.6	254.0	262.4	268.2	270.0	262.9	224.3	220.1
第１・十分位数[1] (千円)	154.1	155.4	162.3	161.1	159.8	158.3	156.2	153.6	150.1	137.7	132.3
第１・四分位数[1] (千円)	181.7	175.2	189.4	191.4	192.0	190.1	187.6	182.1	177.6	157.4	150.5
中位数[1] (千円)	223.2	199.1	219.3	231.3	238.1	241.9	240.8	236.2	229.7	190.5	180.3
第３・四分位数[1] (千円)	280.0	224.4	252.2	275.1	292.9	305.9	313.8	319.8	310.0	251.0	233.5
第９・十分位数[1] (千円)	358.9	252.7	293.7	329.3	358.1	380.9	403.7	421.2	414.2	344.8	327.4
十分位分散係数[2]	0.46 (0.46)	0.24 (0.24)	0.30 (0.30)	0.36 (0.37)	0.42 (0.41)	0.46 (0.46)	0.51 (0.54)	0.57 (0.57)	0.57 (0.59)	0.54 (0.54)	0.54 (0.55)
四分位分散係数[2]	0.22 (0.22)	0.12 (0.12)	0.14 (0.15)	0.18 (0.18)	0.21 (0.21)	0.24 (0.25)	0.26 (0.28)	0.29 (0.29)	0.29 (0.30)	0.25 (0.24)	0.23 (0.25)

注：（　）内は、平成28年の数値である。
「分位数」、「中位数」及び「分散係数」については左頁第9表の注：1)、2)を参照。

第８図　性、学歴、年齢階級別第１・十分位数、中位数及び第９・十分位数

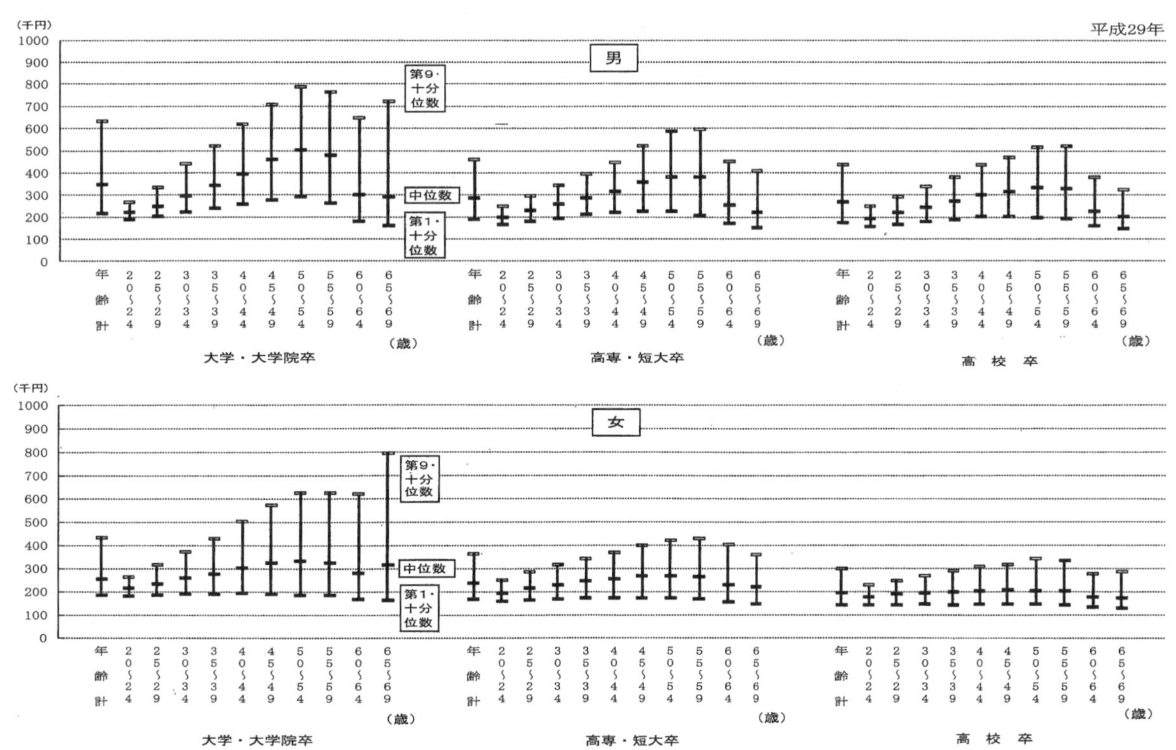

注：「分位数」及び「中位数」については左頁第9表の注・1)を参照。

(8) 都道府県別の賃金

都道府県別の賃金の水準をみると、全国計（304.3千円）よりも賃金が高かったのは６都府県（千葉県、東京都、神奈川県、愛知県、京都府、大阪府）となり、最も高かったのは、東京都（377.5千円）となっている（第９図）。

第９図　都道府県別賃金（男女計）

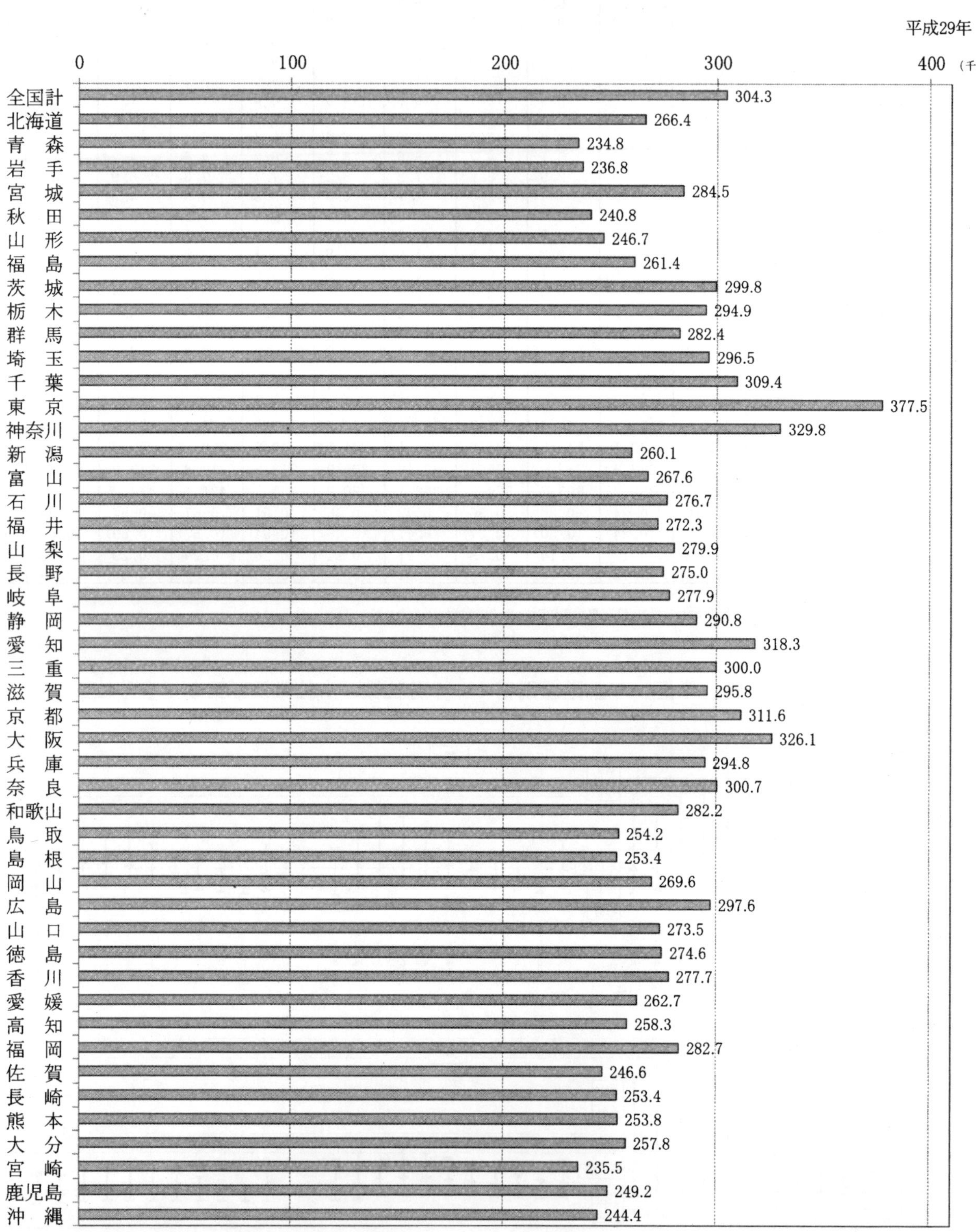

(9) 製造業における労働者の種類別にみた賃金

製造業について、賃金がピークとなる年齢階級を労働者の種類別にみると、男性では、生産労働者が50～54歳で325.4千円、管理・事務・技術労働者が55～59歳で497.6千円、女性では、生産労働者、管理・事務・技術労働者ともに45～49歳でそれぞれ197.3千円、284.2千円となっている（第10表）。

第10表　製造業の労働者の種類、性、年齢階級別賃金、対前年増減率及び年齢階級間賃金格差

平成29年

年齢階級	男						女					
	生産労働者			管理・事務・技術労働者			生産労働者			管理・事務・技術労働者		
	賃金（千円）	対前年増減率（%）	年齢階級間賃金格差（20～24歳=100）	賃金（千円）	対前年増減率（%）	年齢階級間賃金格差（20～24歳=100）	賃金（千円）	対前年増減率（%）	年齢階級間賃金格差（20～24歳=100）	賃金（千円）	対前年増減率（%）	年齢階級間賃金格差（20～24歳=100）
年齢計	270.7	0.1	134.3	389.8	-0.1	183.6	185.6	1.7	105.0	252.8	-3.0	128.3
２０～２４歳	201.5	1.4	100.0	212.3	-0.9	100.0	176.8	0.6	100.0	197.1	-0.2	100.0
２５～２９	228.0	0.9	113.2	254.1	0.4	119.7	188.0	0.9	106.3	222.7	-4.3	113.0
３０～３４	250.2	0.6	124.2	307.8	1.3	145.0	189.8	1.7	107.4	241.5	-2.4	122.5
３５～３９	274.9	0.4	136.4	352.1	0.3	165.9	192.2	0.6	108.7	254.3	-0.3	129.0
４０～４４	297.0	-0.6	147.4	395.7	-0.7	186.4	194.2	0.1	109.8	270.5	-1.4	137.2
４５～４９	313.7	0.3	155.7	446.4	-1.7	210.3	197.3	3.4	111.6	284.2	-6.1	144.2
５０～５４	325.4	-0.6	161.5	483.9	-0.4	227.9	191.9	2.0	108.5	280.9	-3.1	142.5
５５～５９	323.6	0.1	160.6	497.6	-1.8	234.4	185.3	2.0	104.8	272.4	-3.3	138.2
６０～６４	236.1	1.8	117.2	318.7	0.6	150.1	161.8	3.5	91.5	208.0	0.6	105.5
６５～６９	212.0	-5.3	105.2	305.1	1.0	143.7	158.6	5.8	89.7	202.9	-1.6	102.9
年齢（歳）	41.2			44.3			43.3			41.1		
勤続年数（年）	13.8			17.7			10.6			13.0		

(10) 役職別にみた賃金

企業全体の常用労働者が100人以上の企業に属する労働者について、役職別の賃金をみると、男性では、部長級655.2千円（前年比1.7%減）、課長級526.4千円（同1.1%減）、係長級401.7千円（同1.3%増）、女性では、部長級601.6千円（同1.5%増）、課長級471.2千円（同4.1%増）、係長級350.9千円（同0.7%減）となっている（第11表）。

第11表　役職、性別賃金、対前年増減率及び役職・非役職間賃金格差（企業規模100人以上）

平成29年

役職	男				女			
	賃金（千円）	対前年増減率（%）	役職・非役職間賃金格差（非役職者20～24歳=100）	年齢（歳）	賃金（千円）	対前年増減率（%）	役職・非役職間賃金格差（非役職者20～24歳=100）	年齢（歳）
部長級	655.2	-1.7	304.9 (311.5)	52.2	601.6	1.5	284.7 (283.5)	51.8
課長級	526.4	-1.1	245.0 (248.8)	48.2	471.2	4.1	223.0 (216.5)	48.9
係長級	401.7	1.3	186.9 (185.4)	44.8	350.9	-0.7	166.1 (169.0)	44.9
非役職者（20～24歳）	214.9	0.4	100.0 (100.0)		211.3	1.1	100.0 (100.0)	

注：( )内は、平成28年の数値である。

2　短時間労働者の賃金

(1)　性、年齢階級別にみた賃金

短時間労働者の１時間当たり賃金は、男女計1,096円（前年比2.0％増）、男性1,154円（同1.8％増）、女性1,074円（同1.9％増）となっており、いずれも過去最高となっている。

男女別に、年齢階級別でみると、男性、女性ともに、20～24歳以降で1,000円を超えており、最も賃金が高い年齢階級は、男性では、60～64歳で1,273円、女性では、30～34歳及び35～39歳で1,137円となっている。（第10図、第12表）

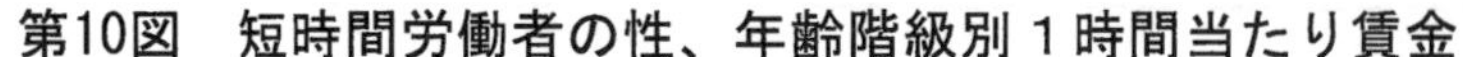

第10図　短時間労働者の性、年齢階級別１時間当たり賃金

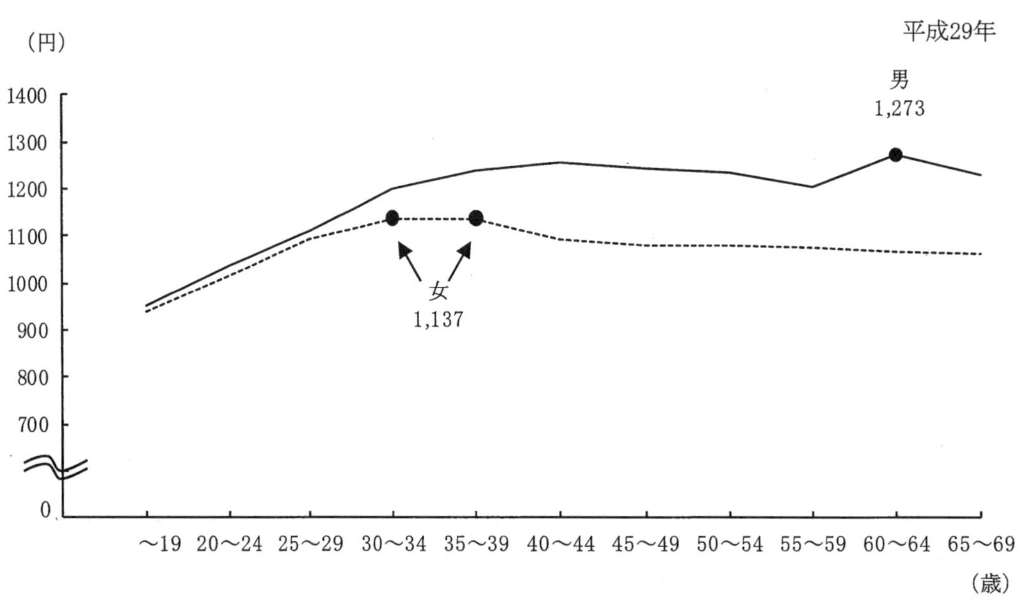

第12表　短時間労働者の性、年齢階級別１時間当たり賃金、対前年増減率及び年齢階級間賃金格差

平成29年

年齢階級	男女計			男			女		
	１時間当たり賃金（円）	対前年増減率（%）	年齢階級間賃金格差（20～24歳＝100）	１時間当たり賃金（円）	対前年増減率（%）	年齢階級間賃金格差（20～24歳＝100）	１時間当たり賃金（円）	対前年増減率（%）	年齢階級間賃金格差（20～24歳＝100）
年齢計	**1,096**	2.0	106.8	**1,154**	1.8	111.3	**1,074**	1.9	105.8
～１９歳	**944**	2.6	92.0	**952**	3.1	91.8	**938**	2.1	92.4
２０～２４	**1,026**	2.3	100.0	**1,037**	2.6	100.0	**1,015**	2.1	100.0
２５～２９	**1,098**	2.7	107.0	**1,111**	0.5	107.1	**1,092**	4.1	107.6
３０～３４	**1,151**	1.9	112.2	**1,200**	1.5	115.7	**1,137**	2.0	112.0
３５～３９	**1,153**	2.4	112.4	**1,240**	4.0	119.6	**1,137**	2.2	112.0
４０～４４	**1,112**	1.8	108.4	**1,257**	2.7	121.2	**1,093**	1.8	107.7
４５～４９	**1,099**	2.3	107.1	**1,245**	2.0	120.1	**1,080**	2.2	106.4
５０～５４	**1,098**	2.1	107.0	**1,236**	4.1	119.2	**1,080**	1.8	106.4
５５～５９	**1,094**	1.9	106.6	**1,205**	-1.3	116.2	**1,077**	2.4	106.1
６０～６４	**1,123**	2.1	109.5	**1,273**	1.8	122.8	**1,066**	2.4	105.0
６５～６９	**1,134**	1.0	110.5	**1,232**	1.7	118.8	**1,061**	0.8	104.5
年齢（歳）	45.8			44.4			46.4		
実労働日数（日）	16.1			15.2			16.5		
１日当たり所定内実労働時間数（時間）	5.3			5.4			5.3		
勤続年数（年）	5.8			5.2			6.1		

(2) 企業規模別にみた賃金

企業規模別に１時間当たり賃金をみると、男性では、大企業が1,113円（前年比1.6%増）、中企業が1,188円（同1.8%増）、小企業が1,180円（同2.6%増）、女性では、大企業が1,077円（同2.1%増）、中企業が1,092円（同2.0%増）、小企業が1,055円（同1.7%増）となっている（第13表）。

第13表　短時間労働者の企業規模、性別１時間当たり賃金、対前年増減率及び企業規模間賃金格差

平成29年

企業規模	男			女		
	1時間当たり賃金（円）	対前年増減率（%）	企業規模間賃金格差（大企業＝100）	1時間当たり賃金（円）	対前年増減率（%）	企業規模間賃金格差（大企業＝100）
大企業	1,113	1.6	100.0	1,077	2.1	100.0
中企業	1,188	1.8	106.7	1,092	2.0	101.4
小企業	1,180	2.6	106.0	1,055	1.7	98.0

(3) 産業別にみた賃金

主な産業別に１時間当たり賃金をみると、男性では、製造業、運輸業，郵便業、卸売業，小売業、サービス業（他に分類されないもの）が1,000円を超え、女性では、医療，福祉、サービス業（他に分類されないもの）が1,000円を超えている（第14表）。

第14表　短時間労働者の主な産業、性別１時間当たり賃金、対前年増減率及び産業間賃金格差

平成29年

性	産業	1時間当たり賃金（円）	対前年増減率（%）	産業間賃金格差（産業計＝100）
男	産業計 1)	1,154	1.8	100.0
	製造業	1,204	4.4	104.3
	運輸業，郵便業	1,209	4.5	104.8
	卸売業，小売業	1,043	2.2	90.4
	宿泊業，飲食サービス業	990	2.3	85.8
	サービス業（他に分類されないもの）	1,169	1.3	101.3
女	産業計 1)	1,074	1.9	100.0
	製造業	969	2.5	90.2
	卸売業，小売業	996	3.2	92.7
	宿泊業，飲食サービス業	966	2.4	89.9
	医療，福祉	1,258	0.0	117.1
	サービス業（他に分類されないもの）	1,062	2.8	98.9

注：1）産業計には、上掲のほか、男女とも、鉱業，採石業，砂利採取業、建設業、電気・ガス・熱供給・水道業、情報通信業、金融業，保険業、不動産業，物品賃貸業、学術研究，専門・技術サービス業、生活関連サービス業，娯楽業、教育，学習支援業、複合サービス事業を含み、更に、男性では医療，福祉、女性では運輸業，郵便業を含む。

3 新規学卒者の初任給

(1) 学歴別にみた初任給

平成29年の初任給を高校卒以上の学歴別にみると、男女計、男女別ともに、全ての学歴で前年を上回っている（第11図、第15表、第12図）。

男女計	大学院修士課程修了	233.4千円	（対前年増減率 0.9%）
	大学卒	206.1千円	（ 〃 1.3%）
	高専・短大卒	179.2千円	（ 〃 1.3%）
	高校卒	162.1千円	（ 〃 0.5%）
男性	大学院修士課程修了	233.6千円	（対前年増減率 0.8%）
	大学卒	207.8千円	（ 〃 0.9%）
	高専・短大卒	180.6千円	（ 〃 0.5%）
	高校卒	164.2千円	（ 〃 0.4%）
女性	大学院修士課程修了	232.4千円	（対前年増減率 1.2%）
	大学卒	204.1千円	（ 〃 2.1%）
	高専・短大卒	178.4千円	（ 〃 1.8%）
	高校卒	158.4千円	（ 〃 0.8%）

第11図　性、学歴別初任給の対前年増減率の推移

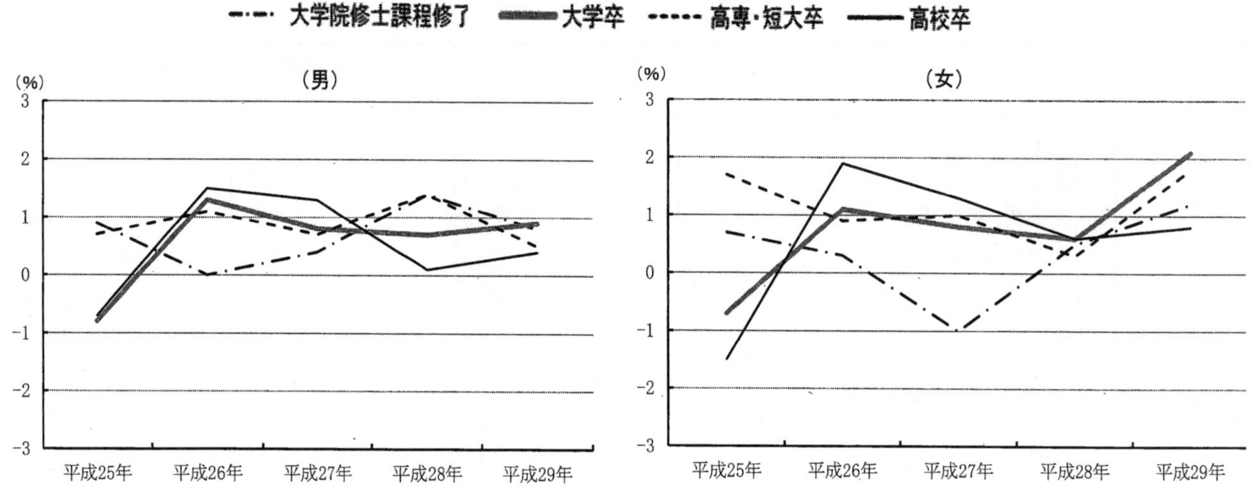

第15表　性、学歴別初任給の推移

性、学歴		平成25年		平成26年		平成27年		平成28年		平成29年	
		初任給（千円）	対前年増減率（%）	初任給（千円）	対前年増減率（%）	初任給（千円）	対前年増減率（%）	初任給（千円）	対前年増減率（%）	初任給（千円）	対前年増減率（%）
男女計	大学院修士課程修了	228.1	0.9	228.3	0.1	228.5	0.1	231.4	1.3	233.4	0.9
	大学卒	198.0	-0.8	200.4	1.2	202.0	0.8	203.4	0.7	206.1	1.3
	高専・短大卒	172.2	1.2	174.1	1.1	175.6	0.9	176.9	0.7	179.2	1.3
	高校卒	156.0	-1.2	158.8	1.8	160.9	1.3	161.3	0.2	162.1	0.5
男	大学院修士課程修了	227.7	0.9	227.7	0.0	228.5	0.4	231.7	1.4	233.6	0.8
	大学卒	200.2	-0.8	202.9	1.3	204.5	0.8	205.9	0.7	207.8	0.9
	高専・短大卒	174.2	0.7	176.1	1.1	177.3	0.7	179.7	1.4	180.6	0.5
	高校卒	158.9	-0.7	161.3	1.5	163.4	1.3	163.5	0.1	164.2	0.4
女	大学院修士課程修了	230.0	0.7	230.7	0.3	228.5	-1.0	229.7	0.5	232.4	1.2
	大学卒	195.1	-0.7	197.2	1.1	198.8	0.8	200.0	0.6	204.1	2.1
	高専・短大卒	171.2	1.7	172.8	0.9	174.6	1.0	175.2	0.3	178.4	1.8
	高校卒	151.3	-1.5	154.2	1.9	156.2	1.3	157.2	0.6	158.4	0.8

第12図　性、学歴別初任給の推移

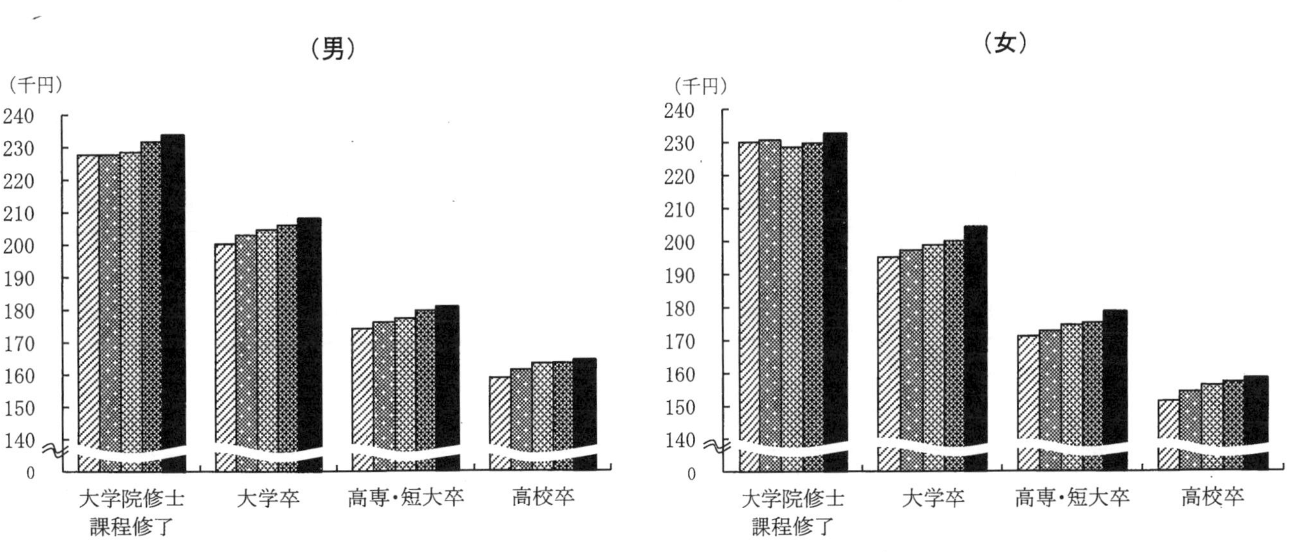

(2) 企業規模別にみた初任給

企業規模別の初任給を学歴別にみると、大学卒では、男女計、男女別ともに大企業（常用労働者1,000人以上）、中企業（同100～999人）及び小企業（同10～99人）の全ての企業規模において前年を上回っている。また、高校卒では、前年と同額だった大企業の男性を除き、男女計、男女別ともに全ての企業規模において前年を上回っている。

初任給の企業規模間格差（大企業=100）をみると、大学卒では、中企業、小企業ともに男女で、それぞれ前年に比べ格差が拡大しているが、高校卒では、中企業、小企業ともに男女で、それぞれ前年に比べ大企業との格差が縮小している。（第16表）

第16表　性、企業規模、学歴別初任給、対前年増減率及び企業規模間格差

性、企業規模[1)]			大学院修士課程修了			大　学　卒			高専・短大卒			高　校　卒		
			初任給（千円）		対前年増減率	初任給（千円）		対前年増減率	初任給（千円）		対前年増減率	初任給（千円）		対前年増減率
			平成29年	28年	(%)	平成29年	28年	(%)	平成29年	28年	(%)	平成29年	28年	(%)
初任給及び対前年増減率	男女計	企業規模計	233.4	231.4	0.9	206.1	203.4	1.3	179.2	176.9	1.3	162.1	161.3	0.5
		大企業	237.3	234.8	1.1	211.0	206.9	2.0	183.0	184.5	-0.8	164.0	163.8	0.1
		中企業	224.8	224.9	0.0	202.5	201.1	0.7	178.6	176.6	1.1	160.7	159.6	0.7
		小企業	222.2	219.2	1.4	199.6	199.1	0.3	177.6	173.1	2.6	162.3	161.2	0.7
	男	企業規模計	233.6	231.7	0.8	207.8	205.9	0.9	180.6	179.7	0.5	164.2	163.5	0.4
		大企業	236.8	234.9	0.8	212.6	209.5	1.5	183.4	184.1	-0.4	164.9	164.9	0.0
		中企業	224.9	224.6	0.1	203.9	203.6	0.1	179.7	178.6	0.6	162.5	161.6	0.6
		小企業	228.2	221.6	3.0	202.9	201.9	0.5	179.1	176.6	1.4	166.6	164.7	1.2
	女	企業規模計	232.4	229.7	1.2	204.1	200.0	2.1	178.4	175.2	1.8	158.4	157.2	0.8
		大企業	239.6	234.4	2.2	209.2	203.5	2.8	182.6	185.0	-1.3	161.7	160.8	0.6
		中企業	224.7	225.8	-0.5	200.6	197.7	1.5	177.8	175.1	1.5	158.0	156.9	0.7
		小企業	209.5	213.8	-2.0	196.5	195.9	0.3	177.2	172.2	2.9	156.0	154.3	1.1
企業規模間格差[2)]	男女計	中企業	94.7	95.8		96.0	97.2		97.6	95.7		98.0	97.4	
		小企業	93.6	93.4		94.6	96.2		97.0	93.8		99.0	98.4	
	男	中企業	95.0	95.6		95.9	97.2		98.0	97.0		98.5	98.0	
		小企業	96.4	94.3		95.4	96.4		97.7	95.9		101.0	99.9	
	女	中企業	93.8	96.3		95.9	97.1		97.4	94.6		97.7	97.6	
		小企業	87.4	91.2		93.9	96.3		97.0	93.1		96.5	96.0	

注：1)　企業規模については、常用労働者1,000人以上の企業を大企業、100～999人の企業を中企業、10～99人の企業を小企業としている。
　　2)　企業規模間格差については、大企業の初任給を100としている。

(3) 産業別にみた初任給

主な産業について初任給を学歴別にみると、大学卒では、男性は「学術研究，専門・技術サービス業」（217.0千円）、「情報通信業」（214.3千円）、女性は「情報通信業」（216.4千円）、「学術研究，専門・技術サービス業」（210.0千円）が高くなっている。高校卒では、男性は「建設業」（171.0千円）、「学術研究，専門・技術サービス業」（168.4千円）、女性は「情報通信業」（165.6千円）、「建設業」（162.1千円）が高くなっている。（第17表）

第17表　性、主な産業、学歴別初任給及び対前年増減率

性、産業		大学院修士課程修了			大学卒			高専・短大卒			高校卒		
		初任給（千円）		対前年増減率	初任給（千円）		対前年増減率	初任給（千円）		対前年増減率	初任給（千円）		対前年増減率
		平成29年	28年	(%)	平成29年	28年	(%)	平成29年	28年	(%)	平成29年	28年	(%)
男女計	産業計 1)	233.4	231.4	0.9	206.1	203.4	1.3	179.2	176.9	1.3	162.1	161.3	0.5
	建設業	237.1	235.1	0.9	208.7	210.2	-0.7	181.7	184.8	-1.7	169.7	170.3	-0.4
	製造業	230.9	229.5	0.6	203.2	202.0	0.6	177.7	176.8	0.5	162.2	161.4	0.5
	情報通信業	237.4	238.4	-0.4	215.0	212.0	1.4	189.3	189.3	0.0	164.6	168.7	-2.4
	運輸業，郵便業	217.2	210.2	3.3	195.0	192.8	1.1	173.6	168.0	3.3	160.5	161.2	-0.4
	卸売業，小売業	240.1	235.6	1.9	207.2	203.8	1.7	176.4	173.3	1.8	161.6	161.7	-0.1
	金融業，保険業	229.5	233.5	-1.7	205.4	202.7	1.3	170.7	174.4	-2.1	148.8	150.6	-1.2
	学術研究，専門・技術サービス業	236.1	229.2	3.0	213.9	204.2	4.8	182.6	185.3	-1.5	166.7	162.9	2.3
	宿泊業，飲食サービス業	* 193.7	196.1	-1.2	194.5	191.7	1.5	168.2	167.4	0.5	157.6	159.2	-1.0
	教育，学習支援業	247.0	235.4	4.9	206.4	200.6	2.9	179.2	175.9	1.9	157.3	157.6	-0.2
	医療，福祉	204.3	212.8	-4.0	204.9	196.7	4.2	183.0	179.2	2.1	159.1	151.5	5.0
	サービス業（他に分類されないもの）	220.6	220.0	0.3	199.2	203.6	-2.2	175.9	173.8	1.2	163.5	161.0	1.6
男	産業計 1)	233.6	231.7	0.8	207.8	205.9	0.9	180.6	179.7	0.5	164.2	163.5	0.4
	建設業	236.2	235.2	0.4	210.9	213.2	-1.1	183.1	187.0	-2.1	171.0	170.6	0.2
	製造業	231.4	229.4	0.9	204.4	203.3	0.5	178.7	179.6	-0.5	163.5	162.6	0.6
	情報通信業	236.5	238.3	-0.8	214.3	212.5	0.8	188.1	187.8	0.2	163.6	172.4	-5.1
	運輸業，郵便業	216.1	209.7	3.1	197.3	198.1	-0.4	174.2	174.1	0.1	160.5	162.6	-1.3
	卸売業，小売業	241.1	235.5	2.4	207.3	205.6	0.8	177.0	174.3	1.5	164.6	166.0	-0.8
	金融業，保険業	228.3	234.4	-2.6	210.1	208.3	0.9	193.4	197.3	-2.0	147.0	151.1	-2.7
	学術研究，専門・技術サービス業	237.6	229.2	3.7	217.0	204.2	6.3	183.6	192.1	-4.4	168.4	162.6	3.6
	宿泊業，飲食サービス業	-	* 161.8	-	199.7	194.1	2.9	168.2	168.6	-0.2	159.2	163.8	-2.8
	教育，学習支援業	244.9	235.9	3.8	213.9	203.2	5.3	177.0	179.4	-1.3	164.2	160.2	2.5
	医療，福祉	199.0	228.1	-12.8	202.9	196.7	3.2	189.5	184.1	2.9	166.4	148.2	12.3
	サービス業（他に分類されないもの）	224.1	218.3	2.7	200.2	202.8	-1.3	179.3	178.4	0.5	164.5	162.6	1.2
女	産業計 1)	232.4	229.7	1.2	204.1	200.0	2.1	178.4	175.2	1.8	158.4	157.2	0.8
	建設業	242.3	234.2	3.5	202.8	202.5	0.1	178.5	179.3	-0.4	162.1	163.2	-0.7
	製造業	227.9	229.8	-0.8	200.8	198.7	1.1	175.5	171.5	2.3	158.7	158.4	0.2
	情報通信業	240.7	238.6	0.9	216.4	210.9	2.6	192.2	194.4	-1.1	165.6	161.5	2.5
	運輸業，郵便業	223.6	213.4	4.8	191.9	185.2	3.6	173.3	157.6	10.0	160.6	154.6	3.9
	卸売業，小売業	236.7	236.2	0.2	207.0	201.3	2.8	175.8	172.1	2.1	158.7	158.4	0.2
	金融業，保険業	233.2	232.1	0.5	201.9	198.0	2.0	169.3	172.2	-1.7	148.9	150.6	-1.1
	学術研究，専門・技術サービス業	231.1	229.4	0.7	210.0	204.1	2.9	181.6	174.2	4.2	159.2	163.8	-2.8
	宿泊業，飲食サービス業	* 193.7	197.6	-2.0	192.1	190.4	0.9	168.3	166.7	1.0	156.9	156.7	0.1
	教育，学習支援業	249.7	234.3	6.6	203.2	199.1	2.1	179.4	175.6	2.2	149.2	156.4	-4.6
	医療，福祉	213.4	207.6	2.8	205.9	196.8	4.6	181.8	178.2	2.0	157.2	152.9	2.8
	サービス業（他に分類されないもの）	210.7	223.0	-5.5	197.7	205.0	-3.6	170.0	163.5	4.0	160.4	156.8	2.3

注．1）　産業計には、上掲の産業のほか、鉱業，採石業，砂利採取業、電気・ガス・熱供給・水道業、不動産業，物品賃貸業、生活関連サービス業，娯楽業及び複合サービス事業を含む。

(4) 学歴別にみた初任給の分布

初任給の分布を学歴別にみると、大学卒では、男女ともに20万円台が最も多く、それぞれ32.6%、26.4%となっている。高校卒では、男女ともに16万円台が最も多く、それぞれ46.0%、30.8%となっている。（第18表）

第 18 表　初任給の階級、性、学歴別新規学卒者数割合

平成29年

初任給の階級	男女計				男				女			
	大学院修士課程修了	大学卒	高専・短大卒	高校卒	大学院修士課程修了	大学卒	高専・短大卒	高校卒	大学院修士課程修了	大学卒	高専・短大卒	高校卒
千円	%	%	%	%	%	%	%	%	%	%	%	%
計	100.0	100.0	100.0	100.0	100.0	100.0	100.0	100.0	100.0	100.0	100.0	100.0
～ 109.9				0.0				0.0				－
110.0 ～ 119.9				0.2				0.0				0.4
120.0 ～ 129.9			0.1	1.1			0.0	0.4			0.1	2.2
130.0 ～ 139.9			1.3	4.5			0.7	2.3			1.6	8.2
140.0 ～ 149.9		0.5	3.4	11.0		0.3	3.2	8.0		0.9	3.5	16.1
150.0 ～ 159.9		1.0	9.5	19.4		0.7	7.5	17.1		1.3	10.7	23.3
160.0 ～ 169.9	0.1	2.7	15.1	40.4	0.0	2.0	13.9	46.0	0.3	3.5	15.9	30.8
170.0 ～ 179.9	0.1	5.5	22.8	14.6	0.0	4.2	22.2	16.8	0.2	7.2	23.2	10.9
180.0 ～ 189.9	1.2	9.3	23.6	4.8	0.9	7.4	26.9	5.1	2.8	11.5	21.9	4.3
190.0 ～ 199.9	1.8	13.9	10.5	2.1	1.5	12.8	12.4	2.3	2.8	15.4	9.4	1.7
200.0 ～ 209.9	4.1	29.8	5.6	2.0	3.7	32.6	6.3	2.0	5.8	26.4	5.2	2.1
210.0 ～ 219.9	10.2	16.9	2.8		9.8	18.6	2.5		11.8	15.0	2.9	
220.0 ～ 229.9	22.3	8.8	3.6		22.8	9.5	3.3		20.4	7.8	3.7	
230.0 ～ 239.9	26.9	4.3	1.6		28.5	4.8	1.2		20.1	3.6	1.9	
240.0 ～ 249.9	24.5	2.9			24.1	3.2			25.9	2.6		
250.0 ～ 259.9	3.6	1.0			3.7	1.1			3.3	1.0		
260.0 ～ 269.9	1.0	2.5			1.0	2.2			1.2	2.8		
270.0 ～ 279.9	1.0				1.0				0.8			
280.0 ～ 299.9	1.7				1.5				3.0			
300.0 ～	1.5	0.9			1.4	0.8			2.0	1.0		
平均額（千円）	233.4 (231.4)	206.1 (203.4)	179.2 (176.9)	162.1 (161.3)	233.6 (231.7)	207.8 (205.9)	180.6 (179.7)	164.2 (163.5)	232.4 (229.7)	204.1 (200.0)	178.4 (175.2)	158.4 (157.2)
第1・十分位数（千円）1)	212.8 (210.8)	180.2 (177.8)	155.7 (152.8)	144.1 (142.5)	214.2 (211.5)	183.4 (181.9)	158.8 (156.1)	148.8 (146.8)	206.8 (201.3)	176.5 (173.0)	153.9 (151.6)	138.6 (137.7)
中位数（千円）1)	233.5 (232.6)	205.7 (204.6)	178.3 (175.1)	162.9 (162.1)	233.5 (232.8)	206.4 (206.0)	180.7 (179.2)	164.8 (163.8)	233.1 (230.5)	203.5 (200.8)	176.8 (172.2)	159.9 (158.3)
第9・十分位数（千円）1)	247.3 (247.4)	231.7 (227.2)	204.8 (204.5)	178.1 (178.2)	247.1 (247.1)	231.9 (228.4)	202.4 (204.7)	178.9 (180.2)	250.2 (252.6)	231.3 (226.0)	206.2 (204.4)	177.3 (175.3)
十分位分散係数 2)	0.07 (0.08)	0.13 (0.12)	0.14 (0.15)	0.10 (0.11)	0.07 (0.08)	0.12 (0.11)	0.12 (0.14)	0.09 (0.10)	0.09 (0.11)	0.13 (0.13)	0.15 (0.15)	0.12 (0.12)

注：（ ）内は、平成28年の数値である。

1）分位数とは、分布の形を示す値である。具体的には、新規学卒者を初任給の低い者から高い者へと一列に並べて、低い方から全体の10分の１番目に該当する者の初任給が第１・十分位数、高い方から数えて全体の10分の１番目に該当する者の初任給が第９・十分位数、低い方（あるいは高い方）から数えて全体の２分の１番目（真ん中）に該当する者の初任給が中位数である。

2）十分位分散係数とは、分布の広がりを示す指標の一つであり、次の算式により計算された数値をいう。一般に、その値が小さいほど分布の広がりの程度が小さいことを示す。

$$\text{十分位分散係数} = \frac{\text{第9・十分位数} - \text{第1・十分位数}}{2 \times \text{中位数}}$$

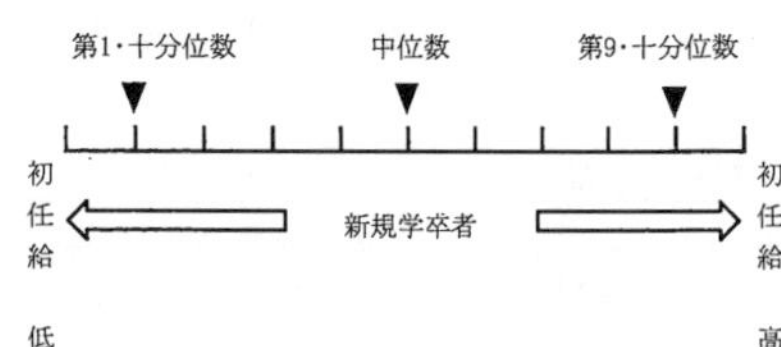

Basic Survey on Wage Structure 2017 (Vol. 1)

Contents

Statistical Tables

Japan (Major Groups by Industry)

1. List of Statistical Tables

Table 19. Number of employees and dispersion coefficient of scheduled cash earnings by age group and scheduled cash earnings group
Table 20. Hourly scheduled cash earnings and annual special cash earnings of part-time workers by age group
Table 21. Hourly scheduled cash earnings and annual special cash earnings of part-time workers by age group and length of service group
Table 22. Number of part-time workers and dispersion coefficient of hourly scheduled cash earnings by hourly scheduled cash earnings group

○ Vol. 4 (Prefectures : Hokkaido-Okinawa)

Table 1. Contractual cash earnings, scheduled cash earnings and annual special cash earnings by age group
Table 2. Contractual cash earnings, scheduled cash earnings and annual special cash earnings by occupation and sex
Table 3. Starting salary for new graduates
Table 4. Hourly scheduled cash earnings and annual special cash earnings of part-time workers
(Enterprises with 5 - 9 employees)
Table 5. Contractual cash earnings, scheduled cash earnings and annual special cash earnings by age group
Table 6. Hourly scheduled cash earnings and annual special cash earnings of part-time workers

○ Vol. 5 (Japan : Type of Employment)

(Regular employees)
Table 1. Contractual cash earnings, scheduled cash earnings and annual special cash earnings by age group
Table 2. Scheduled cash earnings and annual special cash earnings by age group and length of service group
Table 3. Number of employees and dispersion coefficient of scheduled cash earnings by age group and scheduled cash earnings group
Table 4. Hourly scheduled cash earnings and annual special cash earnings of part-time workers by age group
Table 5. Hourly scheduled cash earnings and annual special cash earnings of part-time workers by age group and length of service group
Table 6. Number of part-time workers and dispersion coefficient of hourly scheduled cash earnings by hourly scheduled cash earnings group
(Temporary employees)
Table 7. Hourly contractual cash earnings of temporary employees by age group
Table 8. Number of temporary employees and dispersion coefficient of hourly contractual cash earnings by hourly contractual cash earnings group
Table 9. Hourly contractual cash earnings of temporary employees by occupation

2. Outline of Survey

1. Explanation of Survey

(1) Legal Basis

The survey was taken in conformity with the regulation for the execution of the Basic Survey on Wage Structure (Ministry of Labour Order No. 8 of 1964), as the Fundamental Statistics according to the Statistics Act.

(2) Purpose

The survey aims at obtaining a clear picture of the wage structure of employees in major industries i.e., wage distribution by type of employment, type of work, occupation, sex, age, school career, length of service and occupational career, etc.

(3) Area

Japan

(4) Industry

1) Mining and quarrying of stone and gravel
2) Construction
3) Manufacturing
4) Electricity, Gas, Heat supply and Water
5) Information and communications
6) Transport and postal activities
7) Wholesale and Retail trade
8) Finance and Insurance
9) Real estate and goods rental and leasing
10) Scientific research, professional and technical services
11) Accommodations, eating and drinking services
12) Living-related and personal services and amusement services
13) Education, learning support
14) Medical, health care and welfare
15) Compound services
16) Services, n.e.c.

(5) Establishments

Establishments selected by a uniform sampling method from among the following establishments that are belonged to the industry and the area for this survey.

1) Establishments with 10 regular employees or more (private establishments and establishments of public corporations under Specified Agency Engaged in Administrative Execution or the Local Public Corporation Labour Relations Law)
2) Private establishments with 5-9 regular employees

(6) Workers

Employees selected by a uniform sampling method from among the establishments that were selected for this survey.

(7) Items

1) Establishments
  a) Name and address of establishment
  b) Name of main products or kind of business activity
  c) Number of employees by type of employment
  d) Total number of regular employees in enterprise to which the establishment belongs
  e) Starting salary for new graduates and number of appointment
2) Workers
  a) Code number or name of employee
  b) Sex
  c) Type of employment
  d) Type of work
  e) School career
  f) Age
  g) Length of service
  h) Type of worker whether production worker or non-production worker (establishments with 10 employees or more in mining, construction and manufacturing)
  i) Class of position (enterprises with 100 employees or more)
  j) Occupation
  k) Occupational career
  l) Actual number of days worked
  m) Actual number of scheduled hours worked
  n) Actual number of overtime worked
  o) Monthly Contractual cash earnings
  p) Overtime allowance
  q) Commuter allowance, regular attendance allowance and family allowance
  r) Annual special cash earnings

(8) Survey Period

1) The survey was conducted as of June 30 (if the end day of payroll period is fixed, as of the last end of payroll period in June) for facts in fixed time such as school career, age, length of service and occupational career.
2) This survey was conducted as for June 1-30 (if the end day of payroll period is fixed, as for one month ending the last end day of payroll period in June) for facts continuing for some items such as days worked, scheduled hours worked, overtime worked, contractual cash earnings and over-time allowance.
3) Annual special cash earnings such as bonus the survey was conducted for the period January 1 to December 31 in the previous year (as for workers employed in or after the course of

the period, the survey was conducted for one year beginning the day of engagement or the period until June 30).

(9) Date of Survey

This survey is conducted every year from July 1 to July 31.

(10) Survey Method

This survey is conducted by staff of Prefectural Labour Bureaus, and is carried out by staff of Labour Standards Inspection Offices and enumerators through field interview.

(11) Tabulation

Tabulation was carried out by the National Statistics Center.

2. History of Survey

The survey on wage structure has been carried out by the Ministry of Labour once a year since 1948. In 1958, the survey was designated according to the Statistics Law as the Designated Statistics No. 94, and in 1964 its name was changed to the existing appellation and has passed up to the present.

Since then, the survey on a large scale had been carried out every three years, and the survey on a small scale in the other years. But since 1982, the survey has been carried out on the same scale every years.

3. Definitions

(1) Industry

Industries are based on the Standard Industrial Classification for Japan.

(2) Size of Enterprise

Size of enterprise is shown according to the total number of regular employees in each enterprise.

(3) Employees

1) Regular employees
   ① Employees hired for an indefinite period
   ② Employees hired for longer than one month
   ③ Employees hired for less than one month or by the day and who were hired for 18 days or more in April and May
2) Temporary employees

(4) Type of Employment

1) Regular employees
   ① Regular staff for an indefinite period
   ② Regular staff for a definite period
   ③ Non-Regular staff for an indefinite period
   ④ Non-Regular staff for a definite period
2) Temporary employees

(5) Type of Work

Type of work are classified into 1) ordinary workers (to whom general scheduled working hours are applied) and 2) part-time workers (regular workers whose scheduled working hours a day or a week are less than those of general workers in establishments).

(6) School Career

An employee's school career means the highest of his/her history of school graduation or its equivalents.

The term "school" used herein means schools specified by the School Education Law and their equivalents.

School career for those employees who are actually learning but have not finished the full course should be based on schools from which they have graduated or courses which they have finished.

The school career is classified into:

1) graduates of junior high schools,
2) graduates of senior high schools,
3) graduates of higher professional schools and junior colleges, and so on
4) graduates of universities or graduate schools.

(7) Age

As of June 30.

(8) Length of Service

Length of service denote the number of years during which an employee has worked from a date employed to a date surveyed.

(9) Type of Workers

Employees are classified into either 1) production workers or 2) supervisory, clerical and technical workers. This classification is applicable only to mining, construction, manufacturing and port transport industries.

Production workers generally include those who engage in operations at production sites or construction sites (including ancillary sections thereof).

Supervisory, clerical and technical workers are those other than the production workers.

(10) Class of position or Occupation

Class of position and occupation in which surveyed employees engage include five classes of position (director, section manager, chief, foreman and others) and 129 occupations.

(11) Occupational Career

A number of years during which a worker has engaged in the present occupation as of the survey date.

(12) Actual Number of Days Worked

A number of days for which an employee really worked during the survey period. It does not include those days on which he/she did not work, even if they were paid. A day on which he/she worked only for an hour was included in the real working day. If guardsmen, taxi drivers and similar employees in shift systems went to office at 10:00 p.m. and worked till 6:00 a.m. of the following day, the number of days worked was regarded as two (2) days. If they went to office again at 10:00 p.m. on the same day on which they worked till 6:00 a.m. and then worked till 6:00 a.m. of the day next, the number of days worked was regarded as three (3) days in total.

(13) Actual Number of Scheduled Hours Worked

Actual number of scheduled hours from which overtime working hours are subtracted. This means the number of hours for which an employee really worked from a starting time to an ending time in a working day scheduled by working rules of his/her establishment.

(14) Actual Number of Overtime Worked

A number of hours really worked during hours other than those from a starting time to an ending time in a working day scheduled by working rules of establishments or in holidays determined by the rules.

(15) Daily Actual Number of Scheduled Hours Worked

A number of hours obtained by dividing actual number of scheduled hours worked by actual number of days worked.

(16) Daily Actual Number of Overtime Worked

A number of hours obtained by dividing actual number of overtime worked by actual number of days worked.

(17) Contractual Cash Earnings

Before-tax, not after-tax, amount of cash wages paid of employees, for the surveyed month of June, based on paying conditions and calculating methods specified in advance in labour contract, labour agreement, and/or working rules of establishments.

(18) Hourly Contractual Cash Earnings

Amount of cash obtained by dividing contractual cash earnings by actual number of scheduled hours worked and overtime worked.

(19) Scheduled Cash Earnings

Amount of contractual cash earnings, not including overtime allowance.

This amount is composed only of earnings in cash, not of earnings in kind.

(20) Hourly Scheduled Cash Earnings

Amount of cash obtained by dividing scheduled cash earnings by actual number of scheduled hours worked.

(21) Annual Special Cash Earnings

Special wages including bonus and term-end allowance paid in the previous year (in principle, a year from January to December).

Special wages including bonus and term-end allowance include 1) wages which are paid for temporary or unexpected reasons, not based upon agreements or rules established in advance and 2) wages paid in accordance with payment conditions and calculation methods already determined in labour agreements or working rules but paid based on a calculation period exceeding three months. They also include 3) wages paid under reason which are uncertain and 4) wages in back pay under a new labour agreement.

(22) Starting Salary

Amount of wages paid under a payment agreement, not including commuter allowance, to new graduates (persons who graduated in March senior high schools, higher professional schools or junior colleges or universities or graduate schools under the School Education Law) who have been employed in the year surveyed and are actually working as of the end of June, and the amount should be that which establishments have been determined as starting salary for the year concerned.

(23) Number of Employees

Number of employees estimated by multiplying the number of the valid responses by the inverse of the sampling ratio.

(24) Standard Employees

Standard employees denote those who are employed by enterprises immediately after graduating schools or universities and have been working for the same enterprises.

(25) Dispersion Coefficient

1) Quartile dispersion coefficient

$$= \frac{\text{3rd Quartile} - \text{1st Quartile}}{2\times\text{Median}}$$

2) Decile dispersion coefficient

$$= \frac{\text{9th Decile} - \text{1st Decile}}{2\times\text{Median}}$$

4. Sampling Method

(1) The Population

1) The population for this survey consists of the establishments with five regular employees or more. There are about 1.45 million establishments in this category and approximately 42 million employees nationwide.

2) The respective sample frames are taken from Establishment Frame Database for the establishments and the workers' roster and the wage ledger of the sampled establishments for regular employees.

(2) Sample Design

1) Sampling method

a. The sampling method consists of stratified 2-stage sampling where the establishments are the primary sampling unit while the employees are the secondary sampling unit.

b. The establishments are stratified by prefecture industry and size of establishment.

c. The desired precision is based on an average scheduled cash earnings of a regular employee. And considering the importance in the utilization of the survey results, the standard error rates are 5% for prefecture, industry and size of enterprise in the national scale statistics.

2) Sampling ratio

a. The sampling ratio for establishments are set by prefecture, industry and size of establishment.

The sampling ratio for the employees are determined in accordance with industry and size of the establishment for the establishments with 100 employees or more, while in accordance with size of the establishment for the establishments with 99 employees or less.

b. Number of the establishments and the employees sampled.

The number of the establishments sampled is about 78,000 while the number of the employees sampled approximately 1.67 million.

5. The Form of Questionnaire

Separately attached.

Form No. 1

Fundamental Statistical Survey under Statistics Act

Confidential Ministry of Health, Labour and Welfare

Basic Survey on Wage Structure

Establishments Sheet

(June, [ ] Year of Heisei)

* Bureau & Office Space to fill out

The items described in this Questionnaire will not be used for any purpose other than the statistics and will not be divulged to others.

Prefecture Number	Establishments Serial Number	Industrial Classification Number		
		Large	Medium	Small

(1) Name of establishments and address	Telephone number ( ) - ( ) (Extension) Name of person responsible for Questionnaire
(2) Name of main products or description of business	

Notes on how to fill out

1. Please fill out this sheet based on the situation as of June 30th (or as of the final closing date for salary in June, if closing date for salary is set) or the period from June 1st to June 30th (or one month period before the final closing date for salary in June if closing date for salary is set).
2. Please carefully read the "Guidelines on how to fill out the Questionnaire"
3. Please use a black or blue ballpoint pen to will out the Questionnaire.
4. Please circle only one number which applies, if multiple choices exist for an item in the Questionnaire.
5. Please do not fill out the column with [*] mark.

(3) Number of workers in establishments according to each employment type

(i) Number of regular workers in establishments

Classification			Number of regular workers	Extraction rate	Number of extracted workers
Regular workers Regular workers include workers who are employed without fixed term, employed with a period of more than one month or employed by day or with one month or shorter employment period, and whose number of days of employment at your establishments are 18 days or longer in either April or May.	Permanent employees and staff Persons who have the status of permanent employees or staff in your establishments	Male	employees	1/[ ]	employees
		Female			
	Other than permanent employees and staff Out of regular workers, persons who are not "permanent employees and staff"	Male			
		Female			
	Total of regular workers				

(ii) Number of temporary workers in establishments

Classification	Number of temporary workers	Extraction rate	Number of extracted workers
Temporary workers Workers who are not regular workers (Workers who are employed by day or with one month or shorter employment period, and whose number of days of employment at your establishments are 17 days or less in either April or May)	workers	1/[ ]	workers

(4) Number of regular workers in whole company

(Means the total number of regular employees in whole company (headquarters, branch, plant, office, etc.) to which your establishments belong)

1	2	3	4	5	6	7	8
5000 or more employees	1,000 - 4,999 employees	500 - 999 employees	300 - 499 employees	100 - 299 employees	30 - 99 employees	10 - 29 employees	5 - 9 employees

(5) Amount of starting salary and number of recruits of new graduates (Applicable only to private establishments.)

(i) Amount of starting salary and number of recruits of new graduates in your establishments

Classification		Male		Female	
		Amount of starting salary	Number of recruits	Amount of starting salary	Number of recruits
High school graduates		ten thousand / thousand / hundred yen	employees	ten thousand / thousand / hundred yen	employees
Graduates of technical college and junior college					
University graduates	White-collar worker				
	Engineers				
Graduates of master's course of university					

1. New graduates mean, in principle, those who has graduated high school, technical college, junior college or university or who has graduated master course of graduate school and has earned or is expected to earn a master's degree. However, new graduates do not include the graduates of medical school, dental school, several schools (such as practice nurses' training school and nurses' training school), vocational capability development facility, etc.
2. As for the amount of starting salary, please indicate the prescribed amount of salary excluding the commuting allowance for the new graduates who are assigned to your establishments.(The amount of prescribed salary is the amount of cash salary, which is payable regularly, excluding the salary for overtime works (such as overtime allowance, night work allowance, holiday allowance, night duty allowance, etc. Bonuses are not included.) Any fraction less than 100 yen should be rounded to the nearest Yen.
3. The number of the recruited employees, who are collectively recruited by headquarters, etc. and assigned to branch offices, etc., are included in the branch offices, etc. to which the employees are assigned and are excluded from headquarters, etc.

(ii) Whether the starting salary of (i) is fixed or not

1	This amount is fixed as the starting salary of this year.
2	The amount is not yet fixed because "base-up" is not determined, etc.

Notes

Number of personal sheets	sheets

* Person responsible for survey	* Persons responsible for check	
	Bureau	Office

The purpose of this survey is to prepare the Fundamental Statistical Survey under Statistics Act.

Concerned parties of the establishments, which are the subject of this survey, have an obligation to report under the Statistics Act, and a penalty will be imposed on refusal to report or false report.

When it is particularly necessary in implementation of this survey, you may be required to submit reference materials or respond to inquiries to concerned parties.

Form No. 2

Fundamental Statistical Survey under Statistics Act

Confidential

Prefecture Number	Establishment's Serial Number

Basic Survey on Wage Structure

Personal Sheet

([ ] Year of Heisei, June)

Ministry of Health, Labour and Welfare

The items described in this Questionnaire will not be used for any purpose other than the statistics and will not be divulged to others.

Sheet No.

(1) Serial number	(2) Number or name of workers	(3) Sex	(4) Type of employment 1 is permanent employee or staff with no fixed employment term. 2 is permanent employee or staff with a fixed employment term. 3 is a worker other than a permanent employee or staff, with no fixed employment term. 4 is a person other than a permanent employee or staff, with a fixed 5 is a person other than regular workers. Regular workers: Permanent employees and staff (1, 2) / Other than permanent employees and staff (3, 4); Temporary workers (5)	(5) Type of work	(6) Latest academic background (5) Applicable only in the case of a worker whose type of work column is checked as "1 General" In case of worker whose type of employment is checked as "5 Temporary worker", only (1)~(4), (7), (11) and (13)~(17) should be filled out.	(7) Age Fractions less than one year should be rounded off.	(8) Years of service If the term is less than one year, please fill out as "0"	(9) Type of workers Applicable only to establishments which belong to C mining, quarrying industry, gravel gathering industry, D construction industry, E manufacturing industry or H481harbor transport industry and which maintain 10 or more employees.	(10) Position number Applicable only to establishments which maintain 100 or more employees	(11) Job type number Applicable to employees who do not fall under the positions in Column (10)	(12) Years of experience Including experiences in other company. Fractions less than one year should be rounded off.	(13) Actual working	(14) Hours of actual work within Hours after subtracting the actual overtime working hours from the actual working hours. 30 minutes or more should be rounded up, and less than 30 minutes should be rounded off.	(15) Hours of actual overtime work Early leave, overtime work, holiday work, etc.	(16) The amount of cash salary, which is payable regularly The amount of salary for overtime work is included. Including the amount which is calculated for a period of more than one month and within three months. Excluding the additional payment of differences due to "base-up", for the period before May.	(17) Out of (16), the amount of salary for overtime work Overtime work, night work allowance, holiday work allowance, night duty allowance, etc.	(18) Out of (16), commuting allowance Allowance to be paid to commuting workers as whole or part of commuting expenses.	(19) Out of (16), perfect attendance allowance Allowance to be paid to workers whose late arrival, early leave, work absence, etc. within certain period are less than certain times.	(20) Out of (16), family allowance Allowance to be paid to workers with dependent family members.	(21) Amount of special salary such as bonus and terminal allowance in the last one year. The annual amount of bonus, terminal allowance, etc., excluding the monthly salary. The amount calculated for a period of more than three months is included.	Notes In case of any abnormality, please fill out the reason.
01		1 Male 2 Female	1 Fixed term No 2 Fixed term Yes 3 Fixed term No 4 Fixed term Yes 5 Temporary workers	1 General 2 Part time	1 Junior high school 2 High school 3 Technical college or junior college 4 University or graduate school	years	years	1 Production 2 Management, clerical, engineering			1 Less than one year 2 1-4 years 3 5-9 years 4 10-14 years 5 15 years or more	days	hours	hours	ten thousand / thousand / hundred yen	ten thousand / thousand / hundred yen	ten thousand / thousand / hundred yen	ten thousand / thousand / hundred yen	ten thousand / thousand / hundred yen	ten thousand / thousand / hundred yen	
02		1 Male 2 Female	1 Fixed term No 2 Fixed term Yes 3 Fixed term No 4 Fixed term Yes 5 Temporary workers	1 General 2 Part time	1 Junior high school 2 High school 3 Technical college or junior college 4 University or graduate school			1 Production 2 Management, clerical, engineering			1 Less than one year 2 1-4 years 3 5-9 years 4 10-14 years 5 15 years or more										
03		1 Male 2 Female	1 Fixed term No 2 Fixed term Yes 3 Fixed term No 4 Fixed term Yes 5 Temporary workers	1 General 2 Part time	1 Junior high school 2 High school 3 Technical college or junior college 4 University or graduate school			1 Production 2 Management, clerical, engineering			1 Less than one year 2 1-4 years 3 5-9 years 4 10-14 years 5 15 years or more										
04		1 Male 2 Female	1 Fixed term No 2 Fixed term Yes 3 Fixed term No 4 Fixed term Yes 5 Temporary workers	1 General 2 Part time	1 Junior high school 2 High school 3 Technical college or junior college 4 University or graduate school			1 Production 2 Management, clerical, engineering			1 Less than one year 2 1-4 years 3 5-9 years 4 10-14 years 5 15 years or more										
05		1 Male 2 Female	1 Fixed term No 2 Fixed term Yes 3 Fixed term No 4 Fixed term Yes 5 Temporary workers	1 General 2 Part time	1 Junior high school 2 High school 3 Technical college or junior college 4 University or graduate school			1 Production 2 Management, clerical, engineering			1 Less than one year 2 1-4 years 3 5-9 years 4 10-14 years 5 15 years or more										
06		1 Male 2 Female	1 Fixed term No 2 Fixed term Yes 3 Fixed term No 4 Fixed term Yes 5 Temporary workers	1 General 2 Part time	1 Junior high school 2 High school 3 Technical college or junior college 4 University or graduate school	years	years	1 Production 2 Management, clerical, engineering			1 Less than one year 2 1-4 years 3 5-9 years 4 10-14 years 5 15 years or more	days	hours	hours	ten thousand / thousand / hundred yen	ten thousand / thousand / hundred yen	ten thousand / thousand / hundred yen	ten thousand / thousand / hundred yen	ten thousand / thousand / hundred yen	ten thousand / thousand / hundred yen	
07		1 Male 2 Female	1 Fixed term No 2 Fixed term Yes 3 Fixed term No 4 Fixed term Yes 5 Temporary workers	1 General 2 Part time	1 Junior high school 2 High school 3 Technical college or junior college 4 University or graduate school			1 Production 2 Management, clerical, engineering			1 Less than one year 2 1-4 years 3 5-9 years 4 10-14 years 5 15 years or more										
08		1 Male 2 Female	1 Fixed term No 2 Fixed term Yes 3 Fixed term No 4 Fixed term Yes 5 Temporary workers	1 General 2 Part time	1 Junior high school 2 High school 3 Technical college or junior college 4 University or graduate school			1 Production 2 Management, clerical, engineering			1 Less than one year 2 1-4 years 3 5-9 years 4 10-14 years 5 15 years or more										
09		1 Male 2 Female	1 Fixed term No 2 Fixed term Yes 3 Fixed term No 4 Fixed term Yes 5 Temporary workers	1 General 2 Part time	1 Junior high school 2 High school 3 Technical college or junior college 4 University or graduate school			1 Production 2 Management, clerical, engineering			1 Less than one year 2 1-4 years 3 5-9 years 4 10-14 years 5 15 years or more										
10		1 Male 2 Female	1 Fixed term No 2 Fixed term Yes 3 Fixed term No 4 Fixed term Yes 5 Temporary workers	1 General 2 Part time	1 Junior high school 2 High school 3 Technical college or junior college 4 University or graduate school			1 Production 2 Management, clerical, engineering			1 Less than one year 2 1-4 years 3 5-9 years 4 10-14 years 5 15 years or more										

Note to (18)–(21): Applicable only to establishments which belong to E manufacturing industry and which maintain 99 employees or less, or establishments which belong to I wholesale industry, retail industry, K70 goods leasing industry, L academic research, specialized or technological service industry, M accommodation industry, drinking and eating service industry, N life related service industry, entertainment industry, P medical and welfare or R service industry (unclassified) and which maintain 29 employees or less.

Any fraction less than 100 yen should be rounded to nearest yen.

The purpose of this survey is to prepare the Fundamental Statistical Survey under Statistics Act.
Concerned parties of the establishments, which are the subject of this survey, have an obligation of report under the Statistics Act, and a penalty will be imposed on refusal submitting a report or falsified report.
When it is particularly necessary in implementation of this survey, you may be required to submit reference materials or respond to inquiries to concerned parties.

3. Japanese-English Contrast Table

(1) **産業**	**Industry**
産業計	Industries covered
C 鉱業，採石業，砂利採取業	Mining and quarrying of stone and gravel
D 建設業	Construction
D06 総合工事業	Construction work, general including public and private construction work
D07 職別工事業（設備工事業を除く）	Construction work by specialist contractor, except equip ment installation work
D08 設備工事業	Equipment installation work
E 製造業	Manufacturing
E09 食料品製造業	Manufacture of food
E10 飲料・たばこ・飼料製造業	Manufacture of beverages, tobacco and feed
E11 繊維工業	Manufacture of textile mill products
E12 木材・木製品製造業（家具を除く）	Manufacture of lumber and wood products, except furniture
E13 家具・装備品製造業	Manufacture of furniture and fixtures
E14 パルプ・紙・紙加工品製造業	Manufacture of pulp, paper and paper products
E15 印刷・同関連業	Printing and allied industries
E16 化学工業	Manufacture of chemical and allied products
E17 石油製品・石炭製品製造業	Manufacture of petroleum and coal products
E18 プラスチック製品製造業（別掲を除く）	Manufacture of plastic products, except otherwise classified
E19 ゴム製品製造業	Manufacture of rubber products
E20 なめし革・同製品・毛皮製造業	Manufacture of leather tanning, leather products and fur skins
E21 窯業・土石製品製造業	Manufacture of ceramic, stone and clay products
E22 鉄鋼業	Manufacture of iron and steel
E23 非鉄金属製造業	Manufacture of non-ferrous metals and products
E24 金属製品製造業	Manufacture of fabricated metal products
E25 はん用機械器具製造業	Manufacture of general-purpose machinery
E26 生産用機械器具製造業	Manufacture of production machinery
E27 業務用機械器具製造業	Manufacture of business oriented machinery
E28 電子部品・デバイス・電子回路製造業	Electronic parts, devices and electronic circuits
E29 電気機械器具製造業	Manufacture of electrical machinery, equipment and supplies
E30 情報通信機械器具製造業	Manufacture of information and communication electronics equipment
E31 輸送用機械器具製造業	Manufacture of transportation equipment
E32 その他の製造業	Miscellaneous manufacturing industries
F 電気・ガス・熱供給・水道業	Electricity, Gas, Heat supply and Water
F33 電気業	Production, transmission and distribution of electricity
F34 ガス業	Production and distribution of gas
F35 熱供給業	Heat supply
F36 水道業	Collection, purification and distribution of water, and sewage collection, processing and disposal
G 情報通信業	Information and communications
G37 通信業	Communications
G38 放送業	Broadcasting
G39 情報サービス業	Information services
G40 インターネット附随サービス業	Internet based services
G41 映像・音声・文字情報制作業	Video picture, sound information, Character information production and distribution
H 運輸業，郵便業	Transport and postal activities
H42 鉄道業	Railway transport
H43 道路旅客運送業	Road passenger transport
H44 道路貨物運送業	Road freight transport
H45 水運業	Water transport
H46 航空運輸業	Air transport
H47 倉庫業	Warehousing
H48 運輸に附帯するサービス業	Services incidental to transport
H49 郵便業（信書便事業を含む）	Postal activities, including mail delivery

I　卸売業，小売業	Wholesale and Retail trade
I50～55 卸売業	Wholesale trade
I50　各種商品卸売業	Wholesale trade, general merchandise
I51　繊維・衣服等卸売業	Wholesale trade (textile and apparel)
I52　飲食料品小売業	Wholesale trade (food and beverages)
I53　建築材料，鉱物・金属材料等卸売業	Wholesale trade (building materials, minerals and metals, etc.)
I54　機械器具卸売業	Wholesale trade(machinery and equipment)
I55　その他の卸売業	Miscellaneous wholesale trade
I56～61 小売業	Retail trade
I56　各種商品小売業	Retail trade, general merchandise
I57　織物・衣服・身の回り品小売業	Retail trade (dry goods, apparel and apparel accessories)
I58　飲食料品小売業	Retail trade (food and beverage)
I59　機械器具小売業	Retail trade (machinery and equipment)
I60　その他の小売業	Miscellaneous retail trade
I61　無店舗小売業	Non store retailers
J　金融業，保険業	Finance and Insurance
J62 銀行業	Banking
J63 協同組織金融業	Financial, institutions for cooperative organizations
J64 貸金業，クレジットカード業等非預金信用機関	Non-deposit money corporations, including lending and credit card business
J65 金融商品取引業，商品先物取引業	Financial products transaction dealers and futures commodity transaction dealers
J66 補助的金融業等	Financial auxiliaries
J67 保険業（保険媒介代理業，保険サービス業を含む）	Insurance institutions, including insurance agents, brokers and services
K　不動産業，物品賃貸業	Real estate and goods rental and leasing
K68 不動産取引業	Real estate agencies
K69 不動産賃貸業・管理業	Real estate lessors and managers
K70 物品賃貸業	Goods rental and leasing
L　学術研究，専門・技術サービス業	Scientific research, professional and technical services
L71 学術・開発研究機関	Scientific and development research institutes
L72 専門サービス業（他に分類されないもの）	Professional services, n.e.c.
L73 広告業	Advertising
L74 技術サービス業（他に分類されないもの）	Technical services, n.e.c.
M　宿泊業，飲食サービス業	Accommodations, eating and drinking services
M75 宿泊業	Accommodations
M76 飲食店	Eating and drinking places
M77 持ち帰り・配達飲食サービス業	Food take out and delivery services
N　生活関連サービス業，娯楽業	Living-related and personal services and amusement services
N78 洗濯・理容・美容・浴場業	Laundry, beauty and bath services
N79 その他の生活関連サービス業	Miscellaneous living-related and personal services
N80 娯楽業	Services for amusement and hobbies
O　教育，学習支援業	Education, learning support
O81 学校教育	School education
O82 その他の教育，学習支援業	Miscellaneous education, learning support
P　医療，福祉	Medical, health care and welfare
P83 医療業	Medical and other health services
P84 保健衛生	Public health and hygiene
P85 社会保険・社会福祉・介護事業	Social insurance, social welfare and care services
Q　複合サービス事業	Compound services
Q86 郵便局	Postal services
Q87 協同組合（他に分類されないもの）	Cooperative association, n.e.c.
R　サービス業（他に分類されないもの）	Services, n.e.c.
R88 廃棄物処理業	Waste disposal business
R89 自動車整備業	Automobile maintenance services
R90 機械等修理業（別掲を除く）	Machine, etc. repair services, except otherwise classified
R91 職業紹介・労働者派遣業	Employment and worker dispatching services
R92 その他の事業サービス業	Miscellaneous business services
R93 政治・経済・文化団体	Political, business and cultural organizations
R94 宗教	Religion
R95 その他のサービス業	Miscellaneous services

(2) 企業規模	**Size of enterprise**
企業規模計	Total for all sizes of enterprise
1,000 人以上	Enterprises with 1,000 employees or more
100～999 人	Enterprises with 100 ~ 999 employees
10～99 人	Enterprises with 10 ~ 99 employees
(3) 性	**Sex**
男女計	Total employees
男	Male employees (m.)
女	Female employees (f.)
(4) 雇用形態	**Type of Employment**
常用労働者	Regular employees
正社員・正職員のうち、雇用期間の定め無し	Regular staff for an indefinite period
正社員・正職員のうち、雇用期間の定め有り	Regular staff for a definite period
正社員・正職員以外のうち、雇用期間の定め無し	Non-Regular staff for an indefinite period
正社員・正職員以外のうち、雇用期間の定め有り	Non-Regular staff for a definite period
臨時労働者	Temporary employees
(5) 労働者の種類	**Type of workers**
生産労働者	Production workers
管理・事務・技術労働者	Supervisory, clerical and technical workers
(6) 学歴	**School career**
学歴計	Total for all school careers
中　学　卒	Graduates of junior high schools
高　校　卒	Graduates of senior high schools
高専・短大卒	Graduates of higher professional schools or junior colleges
大学・大学院卒	Graduates of universities or graduate schools
(7) 年齢（歳）	**Age**
年齢計	Total for all age groups
(8) 役職	**Class of position**
部長級	Senior management level
課長級	Middle management level
係長級	Lower management level
職長級	Foreman or equivalents
(9) 職種	**Occupation**
自然科学系研究者	Scientific researcher
化学分析員	Chemical analyst
技術士	Professional Engineer
一級建築士	First grade architect
測量技術者	Surveying engineer
システム・エンジニア	System engineer
プログラマー	Computer programmer
医師	Medical doctor
歯科医師	Dentist
獣医師	Veterinarian
薬剤師	Pharmacist
看護師	Professional nurse
准看護師	Auxiliary nurse
看護補助者	Nursing Aid
診療放射線・診療エックス線技師	Clinical X-ray technician
臨床検査技師	Clinical examination technician
理学療法士・作業療法士	Physical therapist or occupational therapist
歯科衛生士	Dental hygienist
歯科技工士	Dental technician
栄養士	Dietitian

保育士（保母・保父）	Nursery teacher
介護支援専門員（ケアマネージャー）	Care manager
ホームヘルパー	Home helper
福祉施設介護員	Nursing-care worker of welfare facility
弁護士	Lawyer
公認会計士、税理士	Certified public accountant or licensed tax accountant
社会保険労務士	Certified Social insurance labor consultant
不動産鑑定士	Real estate appraiser
幼稚園教諭	Kindergarten teacher
高等学校教員	High school teacher
大学教授	Professor of college and university
大学准教授	Assistant professor of college and university
大学講師	College and university lecturer
各種学校・専修学校教員	Miscellaneous school teacher
個人教師、塾・予備校講師	Tutor or cram school lecturer
記者	Journalist
デザイナー	Designer
ワープロ・オペレーター	Word processors operator
キーパンチャー	Key puncher
電子計算機オペレーター	Electronic computer operator
百貨店店員	Salesclerk, department-store
販売店員（百貨店店員を除く。）	Salesperson (except salesclerk, department-store.)
スーパー店チェッカー	Cashier, supermarket
自動車外交販売員	Salesperson of motor vehicles
家庭用品外交販売員	Salesperson of household utensils
保険外交員	Insurance canvasser
理容・美容師	Barber and Hairdresser
洗たく工	Laundryman
調理士	Cook
調理士見習	Probationer cook
給仕従事者	Waiter
娯楽接客員	Amusement receptionist
警備員	Private police guard
守衛	Watchman
電車運転士	Motorman
電車車掌	Train conductor
旅客掛	Ticket seller and ticket examiner
自家用乗用自動車運転者	Car driver, private
自家用貨物自動車運転者	Truck driver, private
タクシー運転者	Taxi driver
営業用バス運転者	Bus driver, business
営業用大型貨物自動車運転者	Large-sized truck driver, business
営業用普通・小型貨物自動車運転者	Small-sized or regular-sized truck driver, business
航空機操縦士	Pilot
航空機客室乗務員	Stewardess, Steward
製鋼工	Steel-making worker
非鉄金属精錬工	Non-ferrous metal smelter
鋳物工	Metal moulder
型鍛造工	Pattern forging worker
鉄鋼熱処理工	Iron and steel tempering worker
圧延伸張工	Steel rolling and drawing worker
金属検査工	Metallic materials inspecting worker
一般化学工	General chemical operative
化繊紡糸工	Chemical fiber spinner
ガラス製品工	Glass former
陶磁器工	Pottery worker, pottery and porcelain
旋盤工	Lathes operator
フライス盤工	Milling machine operator
金属プレス工	Metal press machine operator

鉄工	Iron worker
板金工	Sheet-metal worker
電気めっき工	Electroplating worker
バフ研磨工	Polisher
仕上工	Finisher
溶接工	Welder
機械組立工	Machine assembler
機械検査工	Machine inspecting worker
機械修理工	Machine mender
重電機器組立工	Heavy electric equipment assembler
通信機器組立工	Assembler, communication equipment
半導体チップ製造工	Semiconductor tips maker
プリント配線工	Printing wirer
軽電機器検査工	Light electric equipment inspecting worker
自動車組立工	Automobile assembler
自動車整備工	Automobile repairman
パン・洋生菓子製造工	Baker and confectioner
精紡工	Spinner
織布工	Weaver
洋裁工	Dress maker
ミシン縫製工	Sewing machine worker
製材工	Timber worker
木型工	Wood pattern maker
家具工	Furniture maker
建具製造工	Joiner
製紙工	Paper making worker
紙器工	Paper container maker
プロセス製版工	Process plate engraver
オフセット印刷工	Off-set printer
合成樹脂製品成形工	Plastic mold worker
金属・建築塗装工	Metal painter, architectural painter
機械製図工	Mechanical draftsman
ボイラー工	Boiler man
クレーン運転工	Crane man
建設機械運転工	Construction machine operator
玉掛け作業員	Slinger
発電・変電工	Generation or transformation of electricity worker
電気工	Electrician
掘削・発破工	Drilling worker, Blaster
型枠大工	Form builder
とび工	Scaffold worker
鉄筋工	Steel worker
大工	Carpenter
左官	Plasterer
配管工	Plumber
はつり工	Cement and concrete finisher
土工	Navvy
港湾荷役作業員	Stevedore
ビル清掃員	Building interior cleaner
用務員	Odd jobber

(10) 都道府県 **Prefecture**

01 北海道	Hokkaido	25 滋　賀	Shiga
02 青　森	Aomori	26 京　都	Kyoto
03 岩　手	Iwate	27 大　阪	Osaka
04 宮　城	Miyagi	28 兵　庫	Hyogo
05 秋　田	Akita	29 奈　良	Nara
06 山　形	Yamagata	30 和歌山	Wakayama
07 福　島	Fukushima	31 鳥　取	Tottori
08 茨　城	Ibaraki	32 島　根	Shimane
09 栃　木	Tochigi	33 岡　山	Okayama
10 群　馬	Gunma	34 広　島	Hiroshima
11 埼　玉	Saitama	35 山　口	Yamaguchi
12 千　葉	Chiba	36 徳　島	Tokushima
13 東　京	Tokyo	37 香　川	Kagawa
14 神奈川	Kanagawa	38 愛　媛	Ehime
15 新　潟	Niigata	39 高　知	Kochi
16 富　山	Toyama	40 福　岡	Fukuoka
17 石　川	Ishikawa	41 佐　賀	Saga
18 福　井	Fukui	42 長　崎	Nagasaki
19 山　梨	Yamanashi	43 熊　本	Kumamoto
20 長　野	Nagano	44 大　分	Oita
21 岐　阜	Gifu	45 宮　崎	Miyazaki
22 静　岡	Shizuoka	46 鹿児島	Kagoshima
23 愛　知	Aichi	47 沖　縄	Okinawa
24 三　重	Mie		

(11) 特性値 **Dispersion coefficient**

第１・十分位数	1st decile
第１・四分位数	1st quartile
中位数	Median
第３・四分位数	3rd quartile
第９・十分位数	9th decile
十分位分散係数	Decile dispersion coefficient
四分位分散係数	Quartile dispersion coefficient

(12) 民・公営計 **Total for all private establishments and establishments of public corporations under the National Enterprise and Agency Engaged in Administrative Execution Labour Relations Law or the Local Public Corporation Labour Relations Law**

(10) 都道府県 Prefecture

01	Hokkaido	25	Shiga
02	Aomori	26	Kyoto
03	Iwate	27	Osaka
04	Miyagi	28	Hyogo
05	Akita	29	Nara
06	Yamagata	[illegible]	Wakayama
07	Fukushima	31	Tottori
08	Ibaraki	32	Shimane
09	Tochigi	33	Okayama
[illegible]	Gunma	34	Hiroshima
[illegible]	Saitama	35	Yamaguchi
[illegible]	Chiba	36	Tokushima
[illegible]	To[illegible]	[illegible]	Kagawa
[illegible]	[illegible]	[illegible]	Ehime
[illegible]	[illegible]	[illegible]	Kochi
[illegible]	[illegible]	[illegible]	Fukuoka
[illegible]	[illegible]	[illegible]	Saga

(11) 分位数 Quantile classification

1st quintile

Median

3rd quartile

9th decile

Decile dispersion coefficient

Quartile dispersion coefficient

(12) 民 公 営計

Total of all private establishments and establishments of public corporations under the National Enterprise and Agency Engaged in Administrative Execution Labour Relations Law or the Local Public Corporation Labour Relations Law

第 1 表
Table 1

年齢階級別きまって支給する現金給与額、所定内給与額及び年間賞与その他特別給与額
Contractual Cash Earnings, Scheduled Cash Earnings and Annual Special Cash Earnings by Age Group

（産業、企業規模、性、労働者の種類、学歴、年齢階級別一般労働者の平均年齢、平均勤続年数、平均月間所定内実労働時間数、平均月間超過実労働時間数、平均月間きまって支給する現金給与額、平均月間所定内給与額、平均年間賞与その他特別給与額及び労働者数
Average age, average length of service, average monthly actual number of scheduled hours worked, average monthly actual number of overtime worked, average monthly contractual cash earnings, average monthly scheduled cash earnings, average annual special cash earnings and number of regular employees by industry, size of enterprise, sex, type of workers, school career and age group）

企業規模計 Total for all sizes of enterprise							
年齢 Age	勤続年数 Length of service	所定内実労働時間数 Actual number of scheduled hours worked	超過実労働時間数 Actual number of overtime worked	きまって支給する現金給与額 Contractual cash earnings	所定内給与額 Scheduled cash earnings	年間賞与その他特別給与額 Annual special cash earnings	労働者数 Number of employees
歳 age	年 years	時 hours	時 hours	千円 1,000yen	千円 1,000yen	千円 1,000yen	十人 10persons

第1表　年齢階級別きまって支給する現金給与額、

産　業

区分	企業規模計 年齢	勤続年数	所定内実労働時間数	超過実労働時間数	きまって支給する現金給与額	所定内給与額	年間賞与その他特別給与額	労働者数	1,000人以上 年齢	勤続年数	所定内実労働時間数	超過実労働時間数	きまって支給する現金給与額	所定内給与額	年間賞与その他特別給与額	労働者数
	歳	年	時	時	千円	千円	千円	十人	歳	年	時	時	千円	千円	千円	十人
産業計																
男女計																
学歴計	**42.5**	**12.1**	**165**	**13**	**333.8**	**304.3**	**905.9**	**2 272 196**	**41.7**	**13.9**	**160**	**16**	**385.5**	**346.8**	**1309.6**	**803 726**
〜 19歳	19.1	1.0	169	13	195.5	175.5	133.9	21 347	19.1	1.0	165	15	204.7	180.4	185.1	6 760
20 〜 24	23.0	2.2	167	14	231.3	206.7	373.6	169 891	23.2	2.1	161	17	250.2	218.2	452.7	60 532
25 〜 29	27.5	4.4	165	16	271.7	238.9	653.0	250 203	27.5	4.6	160	21	302.2	257.2	842.0	96 793
30 〜 34	32.5	7.1	165	17	308.6	272.2	802.2	260 348	32.5	7.7	160	20	347.4	299.2	1079.3	98 285
35 〜 39	37.6	9.8	165	16	336.5	301.1	913.3	272 438	37.5	10.7	160	18	384.4	337.9	1252.0	96 426
40 〜 44	42.6	12.8	165	14	361.0	327.4	1032.3	322 404	42.6	14.6	160	16	415.4	371.8	1454.0	113 080
45 〜 49	47.4	15.6	166	13	383.1	352.3	1165.2	309 485	47.5	18.6	161	14	448.7	410.1	1703.8	114 318
50 〜 54	52.5	18.3	165	11	399.8	372.5	1266.9	255 744	52.4	22.4	160	12	478.4	445.0	1915.8	95 964
55 〜 59	57.4	20.4	165	10	387.4	363.7	1182.8	211 055	57.4	25.1	160	11	461.8	432.5	1813.2	71 923
60 〜 64	62.3	18.3	164	8	289.6	274.5	617.5	133 981	62.2	22.2	158	8	314.3	297.4	919.7	39 189
65 〜 69	67.2	15.2	166	7	262.3	250.2	340.3	50 211	67.0	16.3	158	7	299.7	287.5	593.8	8 871
70歳〜	73.3	18.0	164	5	267.1	258.9	277.7	15 090	72.5	19.4	154	5	317.7	309.0	507.2	1 584
中学卒	**50.0**	**14.0**	**169**	**16**	**280.6**	**250.8**	**438.7**	**67 503**	**46.9**	**15.4**	**163**	**22**	**320.6**	**274.1**	**791.9**	**12 256**
〜 19歳	18.4	1.3	170	12	190.1	174.4	58.2	880	18.8	1.1	158	14	183.6	163.7	44.8	192
20 〜 24	22.6	2.6	169	18	221.5	195.3	157.9	2 364	22.8	2.3	163	20	237.7	202.3	198.6	462
25 〜 29	27.7	4.2	168	20	255.9	221.1	328.4	3 572	27.6	4.3	162	29	281.7	227.1	473.6	925
30 〜 34	32.7	6.1	170	20	276.4	240.0	414.5	5 243	32.7	6.5	161	25	302.4	249.4	671.5	1 123
35 〜 39	37.5	8.4	171	20	297.2	258.9	502.9	5 787	37.5	9.3	164	27	337.1	277.5	864.3	1 249
40 〜 44	42.7	11.1	170	20	312.2	272.1	542.8	7 003	42.7	12.0	165	25	349.3	294.3	880.2	1 360
45 〜 49	47.4	13.6	173	20	329.2	290.6	577.9	7 828	47.4	15.4	167	26	381.9	323.8	974.6	1 615
50 〜 54	52.6	16.1	171	19	328.6	290.8	598.5	6 639	52.5	17.3	165	22	371.5	319.7	930.8	1 390
55 〜 59	57.7	20.0	168	16	314.7	281.7	638.9	7 184	57.9	27.3	162	20	374.8	325.7	1264.5	1 400
60 〜 64	62.5	20.4	168	11	250.4	231.9	395.7	10 418	62.4	26.7	161	13	260.5	236.5	734.4	1 747
65 〜 69	67.3	17.6	167	9	227.8	213.1	183.4	7 288	67.1	15.8	160	11	217.1	197.8	267.0	596
70歳〜	73.6	20.6	167	7	210.2	200.6	177.2	3 297	72.9	24.4	157	8	230.0	218.5	287.4	196
高校卒	**44.4**	**12.9**	**167**	**16**	**296.9**	**264.8**	**673.7**	**966 536**	**43.8**	**15.7**	**160**	**18**	**337.0**	**294.2**	**990.6**	**292 878**
〜 19歳	19.1	0.9	169	13	195.7	175.5	137.2	20 467	19.1	1.0	165	15	205.4	180.9	189.2	6 568
20 〜 24	22.5	3.1	167	18	225.4	194.5	428.8	66 379	22.6	3.2	161	21	245.8	206.3	559.3	20 571
25 〜 29	27.6	5.7	166	18	252.5	217.5	525.3	73 663	27.6	6.5	161	22	277.2	231.3	698.1	24 833
30 〜 34	32.6	7.5	167	19	275.2	238.4	563.3	83 479	32.5	8.3	160	21	299.4	252.8	740.4	24 952
35 〜 39	37.6	10.0	167	18	299.3	261.4	657.1	99 458	37.6	11.4	160	21	333.1	282.3	896.2	29 375
40 〜 44	42.6	13.0	167	18	321.8	283.6	767.7	134 887	42.7	15.9	160	20	363.9	312.8	1097.8	41 934
45 〜 49	47.5	15.0	167	16	329.4	293.6	795.9	141 284	47.4	18.4	161	19	376.0	328.1	1155.1	43 148
50 〜 54	52.5	17.7	167	15	341.3	308.5	888.7	127 427	52.5	22.6	160	16	401.9	357.4	1359.0	40 790
55 〜 59	57.4	19.9	166	13	333.2	304.9	879.2	107 989	57.4	25.6	159	14	395.5	357.6	1386.2	33 465
60 〜 64	62.3	18.0	165	9	252.5	235.8	480.3	73 980	62.3	22.5	158	10	262.2	244.0	713.6	21 545
65 〜 69	67.2	14.8	166	8	229.8	216.7	246.5	29 465	67.1	16.6	158	8	241.1	227.4	358.0	4 823
70歳〜	72.9	17.2	165	5	223.5	215.1	227.1	8 058	72.5	19.7	153	5	258.3	251.2	504.1	874
高専・短大卒	**41.0**	**10.9**	**165**	**10**	**302.0**	**278.2**	**775.4**	**428 124**	**41.1**	**12.6**	**160**	**14**	**335.0**	**301.3**	**1000.0**	**123 864**
〜 19歳	–	–	–	–	–	–	–	–	–	–	–	–	–	–	–	–
20 〜 24	22.8	2.0	168	10	221.0	202.2	349.0	41 543	22.8	2.0	162	14	241.9	212.5	408.2	11 157
25 〜 29	27.5	4.6	166	11	251.7	227.4	570.1	46 745	27.6	4.8	160	15	277.3	241.2	693.7	12 720
30 〜 34	32.5	7.1	165	12	277.9	251.2	661.5	52 126	32.5	7.6	160	16	300.7	263.3	789.4	14 735
35 〜 39	37.6	9.6	164	12	301.2	274.3	766.5	56 783	37.6	10.4	159	15	329.0	292.5	930.4	16 613
40 〜 44	42.5	12.3	165	11	320.7	293.5	865.6	70 777	42.6	13.3	160	15	346.3	308.4	1051.6	20 942
45 〜 49	47.4	14.9	164	10	343.7	318.0	998.1	62 913	47.3	17.5	160	14	380.8	344.4	1293.7	20 574
50 〜 54	52.4	16.4	164	9	351.7	329.8	1021.2	44 038	52.4	19.6	159	11	398.2	369.1	1380.7	13 347
55 〜 59	57.4	18.2	164	8	343.6	324.3	981.2	33 334	57.3	21.2	159	9	392.8	367.1	1368.9	9 421
60 〜 64	62.2	17.8	163	6	281.8	269.6	614.0	14 638	62.2	22.6	157	6	298.8	285.5	877.1	3 531
65 〜 69	67.0	14.1	163	5	262.0	250.9	382.2	4 079	66.8	15.8	157	7	268.2	255.6	434.2	666
70歳〜	73.5	16.9	159	3	275.8	265.7	470.3	1 146	72.0	16.9	154	5	256.4	243.6	316.2	157
大学・大学院卒	**40.5**	**11.5**	**163**	**12**	**398.9**	**369.7**	**1290.9**	**810 033**	**40.2**	**12.8**	**160**	**14**	**442.3**	**405.3**	**1678.1**	**374 729**
〜 19歳	–	–	–	–	–	–	–	–	–	–	–	–	–	–	–	–
20 〜 24	23.7	1.3	165	12	245.3	223.7	337.9	59 605	23.7	1.3	162	15	256.9	229.3	397.0	28 341
25 〜 29	27.5	3.6	164	17	290.8	256.2	767.4	126 224	27.4	3.7	160	21	318.6	272.2	941.4	58 315
30 〜 34	32.5	6.9	163	17	346.7	306.4	1047.4	119 500	32.5	7.5	159	20	381.0	329.6	1308.7	57 475
35 〜 39	37.5	9.7	163	15	390.1	352.9	1241.2	110 409	37.5	10.5	160	17	435.0	388.0	1583.0	49 190
40 〜 44	42.5	12.9	164	12	438.1	406.5	1496.2	109 737	42.5	14.1	161	13	491.1	451.7	1948.3	48 844
45 〜 49	47.5	17.1	163	9	490.6	464.6	1855.6	97 460	47.6	19.4	161	10	543.4	512.9	2383.4	48 980
50 〜 54	52.4	20.6	163	7	529.1	508.9	2084.2	77 639	52.4	23.4	161	7	585.6	562.7	2688.0	40 437
55 〜 59	57.4	22.4	164	6	512.5	495.7	1876.8	62 548	57.4	25.9	160	7	569.9	550.9	2509.6	27 637
60 〜 64	62.2	18.5	163	6	383.0	371.2	975.4	34 945	62.2	20.8	159	6	417.1	402.5	1317.1	12 367
65 〜 69	67.1	14.7	163	4	391.3	383.7	738.7	9 378	67.0	16.1	158	3	426.3	418.5	1109.9	2 787
70歳〜	73.8	17.8	161	3	471.5	466.5	477.9	2 588	72.7	16.9	156	4	538.9	529.5	720.2	356

所定内給与額及び年間賞与その他特別給与額

計

100 ～ 999人								10 ～ 99人								区分
年齢	勤続年数	所定内実労働時間数	超過実労働時間数	きまって支給する現金給与額	所定内給与額	年間賞与その他特別給与額	労働者数	年齢	勤続年数	所定内実労働時間数	超過実労働時間数	きまって支給する現金給与額	所定内給与額	年間賞与その他特別給与額	労働者数	
歳	年	時	時	千円	千円	千円	十人	歳	年	時	時	千円	千円	千円	十人	
																産業計
																男女計
42.3	**11.5**	**166**	**13**	**317.1**	**289.7**	**805.2**	**852 190**	**43.9**	**10.5**	**171**	**11**	**289.2**	**269.0**	**518.9**	**616 280**	**学歴計**
19.1	1.0	169	13	193.1	172.9	128.0	8 911	19.0	1.0	173	11	188.1	173.6	82.2	5 676	～ 19歳
23.0	2.2	167	13	226.1	203.0	366.3	67 352	22.8	2.2	173	11	212.3	195.9	271.3	42 007	20 ～ 24
27.5	4.4	166	15	259.4	230.6	604.1	94 295	27.6	4.0	171	12	241.4	222.3	421.5	59 115	25 ～ 29
32.5	7.1	165	16	293.5	260.4	725.1	97 931	32.6	6.3	171	13	272.2	248.9	495.3	64 132	30 ～ 34
37.6	9.8	165	15	319.7	286.7	835.3	104 588	37.6	8.5	171	13	296.3	272.4	570.3	71 424	35 ～ 39
42.6	12.6	166	14	344.5	312.9	939.6	121 440	42.5	10.8	172	12	313.6	290.3	617.7	87 884	40 ～ 44
47.4	15.0	166	13	361.2	332.7	1010.3	114 198	47.5	12.2	172	12	321.4	298.4	623.3	80 969	45 ～ 49
52.5	17.3	166	11	374.6	349.0	1060.5	92 086	52.5	14.0	172	11	322.6	301.9	627.8	67 694	50 ～ 54
57.4	19.3	166	10	368.1	346.1	1043.5	78 902	57.4	16.0	171	10	323.8	304.7	612.4	60 230	55 ～ 59
62.3	17.4	164	8	280.5	265.7	574.7	49 868	62.4	15.8	169	8	278.1	264.3	401.3	44 924	60 ～ 64
67.2	13.5	165	8	259.7	245.8	314.7	17 806	67.3	16.0	169	7	250.2	239.4	264.0	23 533	65 ～ 69
73.2	13.8	163	7	300.5	289.1	261.8	4 812	73.5	20.1	167	4	239.4	233.0	244.6	8 694	70歳～
50.6	**13.2**	**168**	**18**	**266.8**	**234.8**	**435.1**	**20 906**	**50.7**	**14.1**	**173**	**13**	**274.8**	**252.1**	**314.8**	**34 342**	**中学卒**
18.5	1.1	168	15	196.4	174.0	35.6	179	18.3	1.4	176	10	190.4	178.6	71.3	509	～ 19歳
22.6	2.1	167	21	207.3	178.5	126.0	626	22.5	2.9	171	15	222.5	201.0	158.7	1 276	20 ～ 24
27.7	3.9	169	23	242.7	205.6	327.4	1 004	27.8	4.4	172	15	249.4	227.1	247.3	1 643	25 ～ 29
32.7	5.7	168	23	265.5	226.4	405.3	1 624	32.6	6.3	175	16	271.9	244.6	304.8	2 496	30 ～ 34
37.3	7.2	168	21	280.3	240.6	473.2	1 670	37.5	8.6	175	15	289.6	261.4	362.9	2 868	35 ～ 39
42.8	10.3	169	25	300.6	253.5	503.3	2 081	42.7	11.3	174	16	304.8	274.5	437.0	3 562	40 ～ 44
47.3	12.6	172	20	318.4	280.6	563.9	2 501	47.5	13.4	175	17	313.6	282.8	414.6	3 712	45 ～ 49
52.6	16.3	168	20	318.5	276.6	640.0	2 142	52.5	15.5	176	16	316.3	287.7	421.3	3 107	50 ～ 54
57.7	19.5	166	17	300.1	266.4	667.9	2 296	57.7	17.5	173	14	300.3	274.2	368.9	3 488	55 ～ 59
62.5	19.3	167	11	226.9	209.9	373.0	3 590	62.6	18.9	172	10	263.5	245.8	295.3	5 081	60 ～ 64
67.3	14.6	165	13	211.2	191.3	173.1	2 352	67.3	19.5	170	7	238.2	227.1	177.4	4 340	65 ～ 69
73.5	14.9	163	10	195.7	181.0	147.7	840	73.7	22.4	169	5	213.9	206.3	178.6	2 261	70歳～
44.0	**12.3**	**167**	**16**	**283.0**	**251.7**	**635.9**	**352 712**	**45.4**	**11.0**	**172**	**13**	**275.7**	**252.5**	**426.1**	**320 946**	**高校卒**
19.1	1.0	169	13	193.0	172.9	129.9	8 732	19.1	0.9	173	11	187.9	173.1	83.3	5 167	～ 19歳
22.5	3.1	168	19	219.5	188.6	439.2	26 291	22.6	2.8	173	15	211.9	190.1	277.2	19 518	20 ～ 24
27.6	5.8	166	19	243.7	209.7	509.4	27 533	27.6	4.6	173	15	234.9	211.6	344.3	21 297	25 ～ 29
32.5	7.6	167	19	267.2	229.8	557.6	30 704	32.6	6.7	172	16	262.4	235.0	410.8	27 822	30 ～ 34
37.6	10.1	167	19	287.7	250.1	646.5	36 410	37.6	8.7	173	15	282.6	255.3	460.0	33 673	35 ～ 39
42.6	12.8	167	18	307.5	270.0	735.6	48 345	42.6	10.6	173	15	297.9	271.0	492.2	44 608	40 ～ 44
47.5	14.8	167	17	313.3	278.9	763.4	51 521	47.5	12.2	173	14	304.1	277.8	499.3	46 614	45 ～ 49
52.5	17.0	167	15	323.0	292.6	814.3	45 438	52.4	13.8	173	13	301.6	277.7	505.3	41 199	50 ～ 54
57.5	18.7	167	13	314.7	287.8	797.1	38 700	57.4	15.8	172	11	295.2	274.1	494.4	35 824	55 ～ 59
62.3	16.9	165	9	241.0	224.5	438.0	26 478	62.4	15.4	170	9	256.2	240.4	329.7	25 957	60 ～ 64
67.1	13.1	166	9	219.1	204.6	212.8	10 164	67.3	15.4	169	7	233.6	221.8	232.9	14 478	65 ～ 69
72.6	13.8	165	8	214.8	201.8	170.7	2 395	73.2	18.5	167	4	221.6	215.1	204.7	4 789	70歳～
41.0	**10.8**	**165**	**10**	**297.8**	**274.8**	**754.5**	**183 949**	**40.8**	**9.5**	**170**	**8**	**274.6**	**259.4**	**576.2**	**120 312**	**高専・短大卒**
-	-	-	-	-	-	-	-	-	-	-	-	-	-	-	-	～ 19歳
22.8	1.9	168	9	220.8	203.2	344.3	17 625	22.7	2.0	174	7	202.9	192.0	303.6	12 761	20 ～ 24
27.5	4.6	166	11	251.3	227.5	566.6	19 671	27.5	4.4	171	9	229.4	214.8	465.3	14 354	25 ～ 29
32.5	7.2	165	11	276.0	250.1	668.1	22 826	32.5	6.6	170	9	257.7	240.8	521.6	14 565	30 ～ 34
37.6	9.6	164	11	294.6	268.8	760.9	24 788	37.6	8.9	170	9	281.8	263.4	598.3	15 383	35 ～ 39
42.5	12.4	165	11	318.2	292.0	871.5	30 298	42.5	11.1	170	9	297.0	280.0	657.3	19 536	40 ～ 44
47.4	14.4	164	9	337.6	314.5	943.0	26 972	47.4	12.0	169	8	304.9	288.7	699.0	15 367	45 ～ 49
52.4	15.9	165	8	345.5	323.8	968.7	18 661	52.5	13.5	169	7	309.6	295.3	703.9	12 031	50 ～ 54
57.4	17.8	164	7	330.9	312.3	916.7	14 583	57.4	16.0	169	6	313.5	299.7	690.6	9 331	55 ～ 59
62.2	16.6	163	6	274.6	260.6	537.4	6 274	62.1	15.8	168	5	278.6	269.5	521.2	4 833	60 ～ 64
67.0	12.6	162	4	257.0	245.0	349.3	1 738	67.2	15.0	166	4	264.6	255.0	395.7	1 676	65 ～ 69
73.9	11.2	155	4	274.2	260.6	377.3	514	73.4	23.1	165	2	283.9	278.5	621.8	475	70歳～
40.5	**11.0**	**165**	**11**	**373.7**	**348.5**	**1065.7**	**294 624**	**41.6**	**9.3**	**169**	**9**	**336.3**	**319.0**	**731.4**	**140 680**	**大学・大学院卒**
-	-	-	-	-	-	-	-	-	-	-	-	-	-	-	-	～ 19歳
23.7	1.3	166	10	238.2	220.2	305.9	22 811	23.7	1.3	172	7	225.7	214.5	225.9	8 452	20 ～ 24
27.4	3.6	166	14	272.5	245.0	682.8	46 087	27.6	3.2	170	11	255.1	237.2	481.3	21 821	25 ～ 29
32.5	6.7	164	15	322.8	289.2	887.8	42 777	32.5	5.4	170	11	297.3	275.7	622.1	19 248	30 ～ 34
37.5	9.6	164	14	364.2	331.0	1058.8	41 720	37.5	8.0	169	11	332.3	310.9	769.3	19 500	35 ～ 39
42.5	12.5	164	11	410.3	382.4	1254.8	40 715	42.5	10.8	169	9	365.9	345.8	888.8	20 178	40 ～ 44
47.4	16.1	164	9	457.9	434.7	1481.8	33 204	47.4	12.2	169	8	392.4	374.8	976.0	15 277	45 ～ 49
52.5	19.0	164	7	490.8	472.3	1594.6	25 845	52.5	14.6	169	6	414.6	400.9	1048.4	11 357	50 ～ 54
57.4	21.3	165	6	486.5	471.6	1568.7	23 323	57.4	16.2	169	7	427.6	412.6	987.7	11 587	55 ～ 59
62.3	18.5	164	5	374.8	363.3	912.9	13 526	62.3	15.4	167	5	348.8	340.3	601.9	9 052	60 ～ 64
67.2	14.3	164	4	409.0	400.3	683.0	3 552	67.2	14.0	167	3	338.4	332.5	463.3	3 039	65 ～ 69
73.8	14.1	161	3	589.1	584.6	501.3	1 064	74.2	21.4	163	3	343.8	339.7	382.7	1 168	70歳～

第1表　　年齢階級別きまって支給する現金給与額、

産　　業

区分	企業規模計 年齢	勤続年数	所定内実労働時間数	超過実労働時間数	きまって支給する現金給与額	所定内給与額	年間賞与その他特別給与額	労働者数	1,000人以上 年齢	勤続年数	所定内実労働時間数	超過実労働時間数	きまって支給する現金給与額	所定内給与額	年間賞与その他特別給与額	労働者数
	歳	年	時	時	千円	千円	千円	十人	歳	年	時	時	千円	千円	千円	十人
男																
学歴計	**43.3**	**13.5**	**166**	**16**	**371.3**	**335.5**	**1061.8**	**1 479 701**	**42.6**	**15.6**	**161**	**18**	**428.9**	**383.3**	**1555.4**	**543 122**
～19歳	19.1	1.0	168	16	204.3	179.4	158.3	13 229	19.1	1.0	164	17	211.9	183.4	217.5	4 584
20～24	23.0	2.3	167	18	242.3	210.5	407.2	88 168	23.1	2.3	162	20	259.2	220.1	502.0	32 470
25～29	27.6	4.6	166	21	288.9	248.1	710.1	146 948	27.5	4.9	161	25	319.6	265.8	918.4	59 294
30～34	32.5	7.4	166	20	333.9	289.0	902.2	168 378	32.5	8.0	161	23	376.5	318.4	1231.5	64 862
35～39	37.6	10.3	166	19	368.0	324.1	1036.9	182 961	37.5	11.3	161	22	420.5	364.0	1436.6	66 225
40～44	42.6	13.8	167	17	399.8	358.7	1184.8	217 455	42.6	15.8	162	19	461.6	408.8	1692.5	77 589
45～49	47.4	17.4	167	15	431.8	394.7	1381.5	205 771	47.5	20.5	162	16	502.6	458.0	2021.9	79 710
50～54	52.5	20.8	166	13	456.5	424.0	1536.7	170 247	52.5	25.0	162	13	538.5	500.4	2288.8	68 873
55～59	57.4	22.6	166	12	440.1	412.2	1415.1	142 551	57.4	27.6	160	11	514.7	481.6	2126.3	52 930
60～64	62.3	19.2	165	9	311.1	294.1	687.6	96 343	62.2	23.6	159	9	333.8	315.3	1044.3	29 570
65～69	67.2	14.8	167	8	274.7	261.0	351.5	36 964	67.0	15.4	160	7	318.0	304.3	657.0	6 145
70歳～	73.3	17.2	165	6	280.5	270.8	246.5	10 685	72.5	15.7	159	7	342.5	329.4	471.2	869
中学卒	**50.3**	**15.0**	**171**	**18**	**303.0**	**268.8**	**492.7**	**52 471**	**47.2**	**17.1**	**164**	**25**	**353.1**	**297.2**	**951.2**	**9 155**
～19歳	18.4	1.3	172	12	197.2	180.2	69.5	619	18.7	0.9	156	15	191.1	167.4	64.0	80
20～24	22.6	2.8	170	18	236.3	207.0	186.6	1 661	22.8	2.7	166	23	259.7	216.1	261.6	286
25～29	27.6	4.4	171	25	282.5	238.2	385.9	2 482	27.5	4.4	165	34	309.8	241.1	568.2	655
30～34	32.7	6.9	172	24	308.3	263.9	507.0	3 776	32.8	7.7	162	31	343.5	274.4	868.5	766
35～39	37.5	9.1	172	22	319.8	276.3	570.9	4 643	37.5	9.9	164	31	363.2	293.3	972.5	1 011
40～44	42.7	11.8	172	22	334.7	289.9	587.8	5 683	42.7	12.7	166	27	372.7	310.0	934.6	1 120
45～49	47.4	14.5	174	22	353.3	309.9	638.7	6 351	47.4	16.7	168	29	412.8	346.9	1118.4	1 317
50～54	52.6	17.3	173	21	352.8	310.3	666.1	5 245	52.7	20.5	166	27	413.9	349.7	1149.0	1 006
55～59	57.7	20.8	169	18	343.2	305.0	711.5	5 620	57.9	29.2	162	23	409.4	352.0	1454.9	1 118
60～64	62.5	21.9	170	12	268.4	248.2	440.0	8 117	62.4	30.5	162	13	280.8	256.3	903.3	1 309
65～69	67.3	17.8	168	10	240.1	223.6	183.0	5 726	66.9	13.9	163	13	218.1	196.4	258.4	403
70歳～	73.7	20.9	168	7	217.8	207.1	183.1	2 546	73.5	24.8	166	15	225.1	203.7	217.1	84
高校卒	**44.4**	**14.1**	**168**	**19**	**331.1**	**290.7**	**791.1**	**653 050**	**43.6**	**17.5**	**161**	**22**	**376.5**	**323.0**	**1190.7**	**203 442**
～19歳	19.1	1.0	168	16	204.7	179.4	162.7	12 610	19.1	1.0	164	17	212.2	183.6	220.2	4 505
20～24	22.6	3.2	168	22	239.1	201.0	485.4	42 150	22.6	3.5	161	24	258.4	211.5	643.2	14 085
25～29	27.6	6.0	167	23	272.8	229.0	601.1	49 769	27.6	7.0	161	26	298.7	242.9	812.3	17 804
30～34	32.6	7.9	168	23	300.4	254.4	651.1	58 191	32.5	9.0	161	25	329.1	270.9	891.4	17 653
35～39	37.6	10.7	169	22	330.1	282.5	755.8	70 224	37.6	12.3	162	26	368.5	305.1	1055.7	21 031
40～44	42.6	14.2	169	21	360.1	312.2	892.3	94 377	42.7	17.5	162	25	408.7	344.5	1294.2	29 793
45～49	47.4	16.9	169	20	375.6	329.4	945.0	93 599	47.4	21.1	163	23	432.8	370.8	1416.5	28 889
50～54	52.5	20.3	168	18	392.9	351.1	1080.0	83 616	52.6	26.2	162	19	465.2	408.8	1691.2	27 619
55～59	57.4	22.2	167	15	381.9	346.0	1065.9	71 083	57.4	28.8	160	16	450.3	403.4	1686.8	23 351
60～64	62.4	19.1	165	11	273.2	253.3	554.1	50 964	62.2	24.7	158	10	278.4	257.5	852.7	15 352
65～69	67.2	14.3	167	9	239.9	224.4	248.7	20 961	67.0	15.1	161	10	242.0	224.4	332.9	2 937
70歳～	73.0	15.7	166	6	228.0	217.7	191.3	5 506	72.2	12.8	159	7	220.8	209.6	338.5	424
高専・短大卒	**40.8**	**12.4**	**167**	**15**	**343.7**	**311.0**	**917.6**	**177 991**	**40.9**	**14.1**	**162**	**19**	**380.2**	**335.7**	**1225.6**	**51 035**
～19歳	-	-	-	-	-	-	-	-	-	-	-	-	-	-	-	-
20～24	22.8	2.0	167	15	230.3	204.2	369.8	14 102	22.8	2.0	162	18	244.8	209.9	451.3	4 263
25～29	27.6	4.8	166	17	268.5	235.6	615.5	18 637	27.6	5.2	161	21	290.0	245.8	784.7	5 398
30～34	32.5	7.4	166	17	303.1	267.0	748.0	24 530	32.4	8.1	161	23	327.8	277.8	920.2	6 617
35～39	37.6	10.4	166	17	337.4	299.6	879.0	26 208	37.6	11.1	161	22	371.4	319.3	1091.3	7 254
40～44	42.5	13.8	167	16	364.5	327.4	996.9	32 240	42.5	14.4	163	21	397.6	344.1	1251.5	8 568
45～49	47.3	17.7	167	14	404.5	371.1	1236.2	26 468	47.3	20.1	163	18	446.4	400.1	1633.9	8 300
50～54	52.4	20.6	166	12	428.6	399.8	1316.5	16 435	52.4	24.1	161	14	489.5	452.9	1885.2	5 101
55～59	57.4	22.1	165	10	421.6	396.5	1255.9	11 445	57.3	24.6	161	12	481.7	449.5	1850.3	3 606
60～64	62.3	19.0	166	9	301.9	286.4	642.0	5 811	62.4	24.2	161	8	312.0	295.7	1029.9	1 615
65～69	67.0	12.3	165	7	271.4	258.7	312.7	1 745	66.7	14.7	161	7	268.6	256.0	495.9	270
70歳～	72.7	14.7	165	8	253.0	236.8	266.0	370	72.3	18.6	160	9	241.1	205.7	382.6	43
大学・大学院卒	**42.2**	**13.0**	**164**	**13**	**429.6**	**397.7**	**1451.4**	**596 190**	**42.0**	**14.5**	**161**	**15**	**478.4**	**438.7**	**1900.8**	**279 490**
～19歳	-	-	-	-	-	-	-	-	-	-	-	-	-	-	-	-
20～24	23.7	1.3	165	14	252.7	227.0	327.8	30 254	23.7	1.2	162	17	264.4	232.2	378.8	13 835
25～29	27.5	3.6	165	20	304.7	263.9	815.2	76 061	27.5	3.7	161	24	334.8	280.8	998.6	35 437
30～34	32.5	7.0	164	20	368.2	321.3	1145.1	81 881	32.5	7.6	160	23	406.2	347.1	1441.0	39 826
35～39	37.5	10.0	164	17	413.0	370.4	1354.9	81 886	37.5	10.7	161	19	461.4	408.3	1734.1	36 928
40～44	42.5	13.6	165	13	461.6	426.7	1620.0	85 155	42.5	14.8	162	14	519.9	476.6	2125.4	38 108
45～49	47.5	18.1	164	9	513.4	486.4	2004.2	79 354	47.6	20.2	161	10	565.6	534.4	2553.4	41 204
50～54	52.5	21.9	164	7	553.9	533.3	2250.6	64 950	52.4	24.3	161	7	606.7	583.6	2849.5	35 148
55～59	57.4	23.4	164	6	530.1	513.1	1977.5	54 403	57.4	26.8	161	7	584.7	565.7	2609.4	24 855
60～64	62.3	18.8	163	6	385.4	373.5	976.2	31 451	62.2	21.2	159	7	418.5	403.5	1323.0	11 294
65～69	67.1	14.5	163	4	384.2	376.3	724.8	8 532	67.0	16.0	158	3	427.1	419.2	1113.1	2 535
70歳～	73.6	17.2	161	3	483.0	477.4	448.8	2 263	72.7	16.8	157	5	548.5	538.1	725.8	319

所定内給与額及び年間賞与その他特別給与額

計

100 ～ 999人								10 ～ 99人								区分
年齢	勤続年数	所定内実労働時間数	超過実労働時間数	きまって支給する現金給与額	所定内給与額	年間賞与その他特別給与額	労働者数	年齢	勤続年数	所定内実労働時間数	超過実労働時間数	きまって支給する現金給与額	所定内給与額	年間賞与その他特別給与額	労働者数	
歳	年	時	時	千円	千円	千円	十人	歳	年	時	時	千円	千円	千円	十人	
																男
43.0	**12.9**	**167**	**16**	**352.4**	**318.3**	**935.0**	**535 081**	**44.8**	**11.3**	**173**	**14**	**318.8**	**293.6**	**563.0**	**401 497**	**学歴計**
19.1	1.0	169	17	202.5	175.9	147.4	5 234	19.0	1.0	174	13	196.9	179.5	95.6	3 411	～ 19歳
23.0	2.3	167	18	236.0	205.8	400.7	34 944	22.9	2.4	174	15	226.5	203.6	269.9	20 754	20 ～ 24
27.6	4.6	167	19	274.3	237.8	657.5	53 587	27.6	4.1	173	15	258.5	233.4	430.4	34 068	25 ～ 29
32.6	7.4	166	20	315.7	274.0	809.1	61 572	32.6	6.4	173	16	294.7	265.4	529.8	41 944	30 ～ 34
37.6	10.3	166	19	349.4	307.6	945.5	68 002	37.6	9.0	173	16	322.4	292.8	621.3	48 734	35 ～ 39
42.5	13.7	167	17	380.6	341.5	1073.6	79 642	42.5	11.5	173	15	345.7	317.0	677.7	60 224	40 ～ 44
47.4	17.0	167	15	407.4	372.2	1189.2	72 665	47.4	13.3	174	14	359.3	331.0	687.2	53 396	45 ～ 49
52.5	20.0	167	14	429.3	398.2	1273.5	58 265	52.4	15.3	173	13	362.5	336.8	690.7	43 109	50 ～ 54
57.5	21.8	166	12	422.3	396.1	1248.4	50 335	57.5	17.1	173	12	362.4	339.2	670.4	39 285	55 ～ 59
62.3	18.4	165	9	303.1	286.2	641.9	34 433	62.4	16.1	171	9	298.9	283.1	410.0	32 340	60 ～ 64
67.2	13.3	166	10	275.4	259.3	325.9	12 926	67.3	15.7	169	7	259.3	247.2	264.9	17 892	65 ～ 69
73.2	13.8	164	8	330.4	317.7	258.9	3 477	73.4	19.2	167	5	244.6	237.1	208.9	6 339	70歳～
50.7	**14.2**	**169**	**21**	**293.0**	**254.1**	**500.6**	**14 835**	**51.1**	**14.7**	**174**	**14**	**292.1**	**267.4**	**341.2**	**28 481**	**中学卒**
18.6	1.1	168	20	204.8	175.4	19.9	111	18.3	1.5	176	10	196.4	183.9	83.4	428	～ 19歳
22.8	2.2	169	25	217.2	182.6	141.2	415	22.5	3.0	172	14	237.7	214.8	183.8	960	20 ～ 24
27.8	4.1	171	29	263.2	213.8	347.5	657	27.7	4.6	174	17	278.0	250.4	305.4	1 170	25 ～ 29
32.7	6.2	169	28	296.4	247.2	502.8	1 117	32.7	7.1	177	18	301.1	269.6	363.1	1 893	30 ～ 34
37.4	7.7	170	25	310.1	262.0	576.2	1 213	37.6	9.4	176	16	306.5	276.5	400.4	2 419	35 ～ 39
42.7	10.9	171	30	335.1	278.1	572.4	1 478	42.7	12.0	174	16	320.7	288.2	469.3	3 085	40 ～ 44
47.3	13.3	173	23	344.0	301.3	616.8	1 932	47.5	14.4	176	19	333.9	299.6	448.7	3 102	45 ～ 49
52.6	17.7	169	23	349.0	300.4	748.2	1 600	52.5	16.0	177	17	331.9	301.3	432.3	2 640	50 ～ 54
57.7	20.8	168	21	337.8	295.1	761.5	1 589	57.7	17.6	173	15	320.8	292.4	398.7	2 913	55 ～ 59
62.5	21.6	167	12	244.5	224.4	427.0	2 437	62.6	19.5	173	11	278.0	259.0	308.4	4 371	60 ～ 64
67.4	14.8	166	16	225.6	200.6	171.0	1 656	67.3	19.6	170	8	249.1	237.0	180.2	3 667	65 ～ 69
73.8	15.3	162	10	204.4	188.5	170.8	629	73.6	22.6	169	6	222.1	213.6	185.8	1 833	70歳～
44.2	**13.6**	**168**	**20**	**317.4**	**277.0**	**748.4**	**226 244**	**45.5**	**11.5**	**174**	**16**	**303.7**	**275.1**	**470.4**	**223 364**	**高校卒**
19.1	1.0	169	17	202.5	176.0	150.2	5 122	19.1	0.9	173	13	197.0	178.9	97.4	2 983	～ 19歳
22.5	3.2	168	24	233.1	193.6	490.8	15 616	22.6	2.8	174	18	224.8	198.3	300.1	12 449	20 ～ 24
27.6	6.1	167	24	263.7	219.3	576.0	17 195	27.6	4.7	174	17	252.1	223.5	375.6	14 770	25 ～ 29
32.5	7.9	168	25	292.0	244.0	639.1	20 363	32.6	6.9	174	19	283.7	250.4	453.1	20 176	30 ～ 34
37.6	10.8	168	24	320.1	271.3	749.4	24 347	37.6	9.1	175	18	307.3	274.3	508.4	24 845	35 ～ 39
42.6	14.0	169	22	345.8	297.8	863.6	32 294	42.5	11.3	175	17	329.5	296.9	550.0	32 291	40 ～ 44
47.5	16.8	168	21	360.7	315.0	914.2	32 360	47.4	13.2	175	17	339.6	306.9	554.7	32 350	45 ～ 49
52.5	19.6	168	18	374.2	334.8	989.9	28 465	52.4	15.0	174	15	339.8	309.9	560.0	27 533	50 ～ 54
57.5	21.2	168	16	364.0	329.3	973.2	23 933	57.4	16.8	174	14	332.7	306.4	549.8	23 799	55 ～ 59
62.4	17.8	165	12	261.5	241.6	505.3	17 522	62.4	15.6	171	11	280.1	261.1	347.8	18 090	60 ～ 64
67.1	12.9	167	11	231.5	214.2	225.6	7 297	67.3	15.1	170	8	245.0	231.3	241.4	10 727	65 ～ 69
72.7	13.3	166	9	229.0	213.6	164.6	1 730	73.3	17.2	167	5	228.4	220.8	186.6	3 352	70歳～
40.6	**12.4**	**166**	**14**	**333.4**	**302.2**	**893.0**	**78 932**	**41.0**	**10.7**	**172**	**12**	**321.8**	**299.4**	**630.5**	**48 024**	**高専・短大卒**
-	-	-	-	-	-	-	-	-	-	-	-	-	-	-	-	～ 19歳
22.8	2.0	167	15	227.0	203.0	378.7	6 463	22.9	2.0	175	12	218.4	199.5	249.9	3 376	20 ～ 24
27.6	4.8	167	16	264.1	232.8	615.0	8 172	27.5	4.2	172	14	252.6	229.4	436.1	5 067	25 ～ 29
32.5	7.5	165	16	297.3	262.6	762.9	11 101	32.5	6.6	173	14	288.5	263.7	556.5	6 812	30 ～ 34
37.6	10.3	166	16	324.1	288.4	871.4	11 675	37.6	9.8	172	13	324.8	297.7	679.5	7 279	35 ～ 39
42.5	14.1	167	15	356.8	321.1	1012.0	14 403	42.5	12.5	173	12	345.9	321.6	738.3	9 269	40 ～ 44
47.3	17.9	167	13	393.6	363.1	1182.3	11 861	47.4	14.0	172	11	369.8	347.7	814.3	6 306	45 ～ 49
52.4	20.6	167	12	414.0	385.3	1228.2	7 188	52.4	16.1	172	10	379.0	359.5	770.0	4 146	50 ～ 54
57.4	22.1	165	11	395.9	372.0	1145.5	4 767	57.4	18.9	171	8	390.9	372.5	729.5	3 072	55 ～ 59
62.4	18.0	166	10	292.0	273.6	516.2	2 360	62.2	15.7	170	6	305.7	294.8	462.3	1 836	60 ～ 64
66.9	10.1	164	8	263.0	248.7	274.6	756	67.2	13.6	168	6	281.2	270.2	283.8	719	65 ～ 69
72.7	13.3	165	9	266.1	250.4	305.2	186	72.7	15.3	166	6	239.5	228.4	178.7	141	70歳～
42.0	**12.3**	**165**	**12**	**400.1**	**372.2**	**1176.6**	**215 071**	**43.3**	**10.3**	**170**	**10**	**358.0**	**338.8**	**796.7**	**101 629**	**大学・大学院卒**
-	-	-	-	-	-	-	-	-	-	-	-	-	-	-	-	～ 19歳
23.7	1.3	167	13	245.1	223.3	307.7	12 450	23.7	1.2	172	10	235.8	220.8	212.8	3 969	20 ～ 24
27.5	3.6	166	17	284.2	251.3	728.2	27 562	27.6	3.3	171	13	266.4	244.5	501.3	13 061	25 ～ 29
32.6	6.9	165	18	340.2	300.4	957.9	28 992	32.5	5.5	171	13	314.1	288.8	658.5	13 063	30 ～ 34
37.5	10.0	165	16	383.7	345.5	1143.5	30 766	37.5	8.3	171	12	350.4	325.6	826.7	14 192	35 ～ 39
42.5	13.3	165	12	429.4	398.6	1340.9	31 467	42.5	11.3	171	10	384.1	361.5	947.6	15 579	40 ～ 44
47.4	17.0	165	9	475.3	451.2	1569.6	26 512	47.3	13.0	171	8	415.4	396.9	1049.9	11 638	45 ～ 49
52.5	20.4	165	7	515.3	496.0	1713.3	21 012	52.5	15.5	170	6	435.0	420.9	1140.1	8 790	50 ～ 54
57.4	22.4	165	6	504.9	489.6	1640.0	20 046	57.5	17.0	170	7	440.3	424.8	1036.7	9 502	55 ～ 59
62.3	18.7	164	6	377.3	365.5	907.2	12 115	62.3	15.5	168	4	351.2	343.2	593.2	8 042	60 ～ 64
67.2	14.1	164	5	403.8	394.5	645.3	3 217	67.1	13.7	167	3	322.4	316.2	462.7	2 779	65 ～ 69
73.8	13.9	160	4	616.7	611.7	484.6	931	73.8	20.3	163	3	339.5	334.8	328.6	1 013	70歳～

第1表　年齢階級別きまって支給する現金給与額、

産　業

区分	企業規模計								1,000人 以上							
	年齢	勤続年数	所定内実労働時間数	超過実労働時間数	きまって支給する現金給与額	所定内給与額	年間賞与その他特別給与額	労働者数	年齢	勤続年数	所定内実労働時間数	超過実労働時間数	きまって支給する現金給与額	所定内給与額	年間賞与その他特別給与額	労働者数
	歳	年	時	時	千円	千円	千円	十人	歳	年	時	時	千円	千円	千円	十人
女																
学歴計	**41.1**	**9.4**	**163**	**8**	**263.6**	**246.1**	**615.0**	**792 495**	**40.0**	**10.3**	**158**	**11**	**295.2**	**270.8**	**797.2**	**260 604**
～ 19歳	19.1	0.9	169	9	181.0	169.0	94.1	8 118	19.1	0.9	166	11	189.7	174.1	116.9	2 175
20 ～ 24	23.0	2.0	166	9	219.4	202.5	337.4	81 723	23.2	1.8	161	13	239.9	215.9	395.7	28 062
25 ～ 29	27.4	4.1	164	11	247.2	225.9	571.7	103 255	27.4	4.2	159	14	274.7	243.6	721.1	37 499
30 ～ 34	32.5	6.6	162	9	262.2	241.6	619.1	91 970	32.4	7.0	157	12	290.8	262.0	783.9	33 424
35 ～ 39	37.6	8.7	162	8	272.1	254.0	660.6	89 477	37.6	9.4	157	10	305.2	280.7	847.2	30 202
40 ～ 44	42.6	10.6	162	8	280.4	262.4	716.2	104 949	42.6	12.0	158	10	314.5	290.8	932.6	35 491
45 ～ 49	47.5	12.1	163	8	286.4	268.2	736.1	103 714	47.4	14.4	158	10	324.5	299.8	971.0	34 608
50 ～ 54	52.4	13.4	163	8	286.7	270.0	729.8	85 497	52.4	15.9	158	9	325.5	304.0	967.7	27 091
55 ～ 59	57.4	15.6	163	7	277.6	262.9	699.5	68 504	57.4	18.4	157	8	314.4	295.5	940.8	18 993
60 ～ 64	62.2	15.8	162	5	234.4	224.3	438.0	37 637	62.2	17.8	156	7	254.2	242.3	536.8	9 619
65 ～ 69	67.2	16.1	163	5	227.7	220.1	309.0	13 247	67.1	18.4	153	6	258.6	249.7	451.4	2 726
70歳～	73.3	20.0	161	3	234.8	229.9	353.3	4 405	72.5	23.8	148	3	287.6	284.3	551.1	714
中学卒	**48.9**	**10.8**	**165**	**10**	**202.4**	**187.6**	**250.3**	**15 032**	**46.2**	**10.3**	**158**	**12**	**224.6**	**205.8**	**321.7**	**3 100**
～ 19歳	18.6	1.2	166	10	173.2	160.7	31.4	261	18.9	1.2	160	14	178.4	161.1	31.2	112
20 ～ 24	22.4	2.1	165	15	186.3	167.8	89.9	702	22.7	1.7	158	16	202.1	179.9	96.4	176
25 ～ 29	27.8	3.8	163	10	195.3	182.0	197.5	1 090	27.8	4.2	153	14	213.4	193.4	244.0	270
30 ～ 34	32.6	4.1	165	11	194.3	178.4	176.5	1 467	32.6	3.9	158	11	214.1	195.8	249.0	357
35 ～ 39	37.2	5.6	166	11	205.5	187.9	227.2	1 144	37.5	7.0	160	11	226.6	210.5	405.7	239
40 ～ 44	42.7	8.1	165	13	215.4	195.5	348.7	1 319	42.5	8.7	161	13	239.7	221.0	625.4	239
45 ～ 49	47.5	9.4	167	11	225.6	207.4	316.3	1 477	47.1	10.1	161	13	245.5	222.0	340.1	298
50 ～ 54	52.5	11.5	164	11	237.2	217.5	344.2	1 394	52.2	8.9	161	11	260.5	241.0	359.4	384
55 ～ 59	57.6	17.2	164	9	212.3	198.0	378.3	1 564	57.5	19.3	160	11	237.4	221.1	507.2	281
60 ～ 64	62.5	15.0	165	8	186.8	174.3	239.6	2 302	62.4	15.4	159	14	199.6	177.2	229.1	437
65 ～ 69	67.3	17.1	164	6	182.6	174.7	184.7	1 562	67.4	19.7	153	8	215.2	200.7	285.1	193
70歳～	73.6	19.6	164	5	184.4	178.8	157.1	751	72.5	24.1	150	3	233.6	229.5	339.5	113
高校卒	**44.3**	**10.4**	**164**	**9**	**225.7**	**210.9**	**429.2**	**313 487**	**44.1**	**11.7**	**158**	**10**	**247.0**	**228.6**	**535.4**	**89 437**
～ 19歳	19.1	0.9	169	9	181.3	169.3	96.2	7 857	19.1	0.9	167	11	190.3	174.8	121.6	2 063
20 ～ 24	22.4	2.8	167	12	201.6	183.3	330.2	24 229	22.5	2.8	161	14	218.4	195.0	376.9	6 485
25 ～ 29	27.5	5.0	165	10	210.1	193.6	367.4	23 894	27.5	5.1	160	12	222.8	201.8	408.8	7 030
30 ～ 34	32.5	6.7	164	9	217.3	201.8	361.3	25 288	32.5	6.6	157	10	227.4	209.2	375.1	7 300
35 ～ 39	37.6	8.4	163	8	225.5	210.7	419.9	29 235	37.6	8.9	157	10	243.8	224.9	494.2	8 343
40 ～ 44	42.7	10.3	164	9	232.7	216.9	477.6	40 510	42.7	11.9	158	10	253.8	234.8	615.9	12 141
45 ～ 49	47.5	11.4	164	9	238.7	223.1	503.2	47 685	47.4	13.1	158	10	260.9	241.6	625.4	14 260
50 ～ 54	52.5	13.0	164	9	242.9	227.3	523.8	43 811	52.5	15.1	158	10	269.1	249.5	662.5	13 172
55 ～ 59	57.4	15.3	164	7	239.6	225.8	519.8	36 906	57.4	18.1	158	9	269.0	252.0	692.1	10 114
60 ～ 64	62.3	15.4	163	6	206.7	197.0	316.9	23 016	62.3	17.1	156	8	222.0	210.4	368.7	6 192
65 ～ 69	67.2	16.1	163	5	205.1	198.0	240.8	8 504	67.2	18.9	153	6	239.8	231.9	397.2	1 886
70歳～	72.8	20.5	162	3	213.9	209.4	304.2	2 552	72.7	26.1	148	3	293.5	290.3	659.7	451
高専・短大卒	**41.1**	**9.9**	**163**	**7**	**272.4**	**254.8**	**674.3**	**250 133**	**41.2**	**11.6**	**158**	**10**	**303.4**	**277.3**	**841.9**	**72 828**
～ 19歳	-	-	-	-	-	-	-	-	-	-	-	-	-	-	-	-
20 ～ 24	22.7	1.9	168	7	216.2	201.2	338.2	27 441	22.8	1.9	162	11	240.1	214.1	381.5	6 894
25 ～ 29	27.5	4.5	165	8	240.5	221.9	540.0	28 108	27.5	4.5	159	12	268.0	237.8	626.7	7 322
30 ～ 34	32.5	6.9	164	7	255.5	237.2	584.6	27 597	32.5	7.2	158	11	278.7	251.5	682.8	8 118
35 ～ 39	37.6	9.0	162	7	270.2	252.6	670.0	30 575	37.6	9.8	157	9	296.1	271.6	805.7	9 358
40 ～ 44	42.6	11.1	162	7	284.1	265.3	755.8	38 537	42.6	12.5	158	11	310.9	283.8	913.2	12 375
45 ～ 49	47.4	12.8	162	8	299.6	279.5	825.2	36 446	47.4	15.8	158	11	336.3	306.8	1063.7	12 274
50 ～ 54	52.4	13.9	163	7	305.8	288.1	845.4	27 603	52.3	16.8	158	9	341.7	317.4	1068.6	8 246
55 ～ 59	57.4	16.2	163	6	302.8	286.5	837.6	21 890	57.4	19.0	157	8	337.7	316.1	1070.4	5 815
60 ～ 64	62.1	16.9	162	4	268.5	258.5	595.6	8 826	62.0	21.2	154	5	287.8	276.9	748.4	1 916
65 ～ 69	67.0	15.5	161	3	254.9	245.0	434.2	2 334	66.8	16.5	154	8	267.9	255.4	392.1	395
70歳～	73.8	18.0	156	1	286.6	279.6	567.9	775	71.8	16.3	151	3	262.2	258.1	290.9	114
大学・大学院卒	**35.9**	**7.4**	**162**	**10**	**313.3**	**291.5**	**843.7**	**213 844**	**35.1**	**7.9**	**158**	**13**	**336.4**	**307.5**	**1024.4**	**95 238**
～ 19歳	-	-	-	-	-	-	-	-	-	-	-	-	-	-	-	-
20 ～ 24	23.7	1.3	164	10	237.8	220.4	348.4	29 351	23.7	1.3	161	12	249.9	226.5	414.5	14 506
25 ～ 29	27.4	3.5	163	12	269.8	244.6	695.0	50 163	27.3	3.8	159	16	293.6	258.8	852.9	22 878
30 ～ 34	32.4	6.5	160	11	300.1	274.1	834.9	37 618	32.4	7.2	157	14	324.2	290.0	1010.4	17 648
35 ～ 39	37.5	8.8	160	9	324.5	302.6	914.7	28 523	37.5	9.6	157	11	355.5	327.0	1127.7	12 261
40 ～ 44	42.4	10.5	160	8	356.7	336.6	1067.2	24 583	42.4	11.5	157	10	389.0	363.7	1319.8	10 736
45 ～ 49	47.4	12.8	161	8	390.4	368.9	1204.5	18 107	47.4	15.0	158	10	425.5	398.6	1482.6	7 775
50 ～ 54	52.3	14.4	161	7	401.8	384.3	1232.3	12 689	52.2	16.8	158	8	445.5	423.3	1614.3	5 289
55 ～ 59	57.3	15.3	162	6	394.9	379.9	1203.9	8 144	57.4	17.9	156	8	438.2	418.4	1617.5	2 782
60 ～ 64	62.0	16.3	161	4	361.5	350.9	968.2	3 494	61.8	17.1	156	5	402.5	391.2	1255.3	1 073
65 ～ 69	67.2	16.5	162	2	462.6	458.1	878.7	846	67.1	17.0	155	3	417.9	411.8	1078.3	252
70歳～	75.2	22.1	163	0	391.1	390.5	680.5	325	72.5	17.6	143	0	456.9	456.5	672.7	37

所定内給与額及び年間賞与その他特別給与額

計

100 ～ 999人 年齢	勤続年数	所定内実労働時間数	超過実労働時間数	きまって支給する現金給与額	所定内給与額	年間賞与その他特別給与額	労働者数	10 ～ 99人 年齢	勤続年数	所定内実労働時間数	超過実労働時間数	きまって支給する現金給与額	所定内給与額	年間賞与その他特別給与額	労働者数	区分
歳	年	時	時	千円	千円	千円	十人	歳	年	時	時	千円	千円	千円	十人	
																女
41.1	**9.2**	**164**	**8**	**257.7**	**241.4**	**586.1**	**317 108**	**42.4**	**8.8**	**168**	**6**	**234.1**	**223.0**	**436.5**	**214 783**	**学歴計**
19.1	0.9	169	8	179.7	168.7	100.3	3 678	19.1	0.9	172	8	174.8	164.6	62.1	2 265	～ 19歳
22.9	2.1	167	8	215.3	200.1	329.3	32 408	22.8	2.1	172	7	198.4	188.4	272.7	21 253	20 ～ 24
27.4	4.2	165	9	239.7	221.2	533.9	40 708	27.5	3.9	170	7	218.2	207.2	409.5	25 047	25 ～ 29
32.5	6.6	163	9	255.9	237.5	582.9	36 359	32.5	6.0	168	7	229.6	217.7	430.0	22 188	30 ～ 34
37.6	8.8	163	8	264.6	247.7	630.5	36 586	37.6	7.6	167	6	240.0	228.7	460.9	22 690	35 ～ 39
42.6	10.4	163	8	275.8	258.3	684.1	41 798	42.6	9.2	167	6	243.7	232.2	487.2	27 660	40 ～ 44
47.5	11.6	164	8	280.3	263.6	697.4	41 533	47.5	10.0	168	7	247.8	235.4	499.6	27 573	45 ～ 49
52.5	12.7	164	7	280.3	264.1	693.6	33 821	52.5	11.7	168	6	252.7	240.9	517.7	24 584	50 ～ 54
57.4	15.0	164	7	272.4	257.9	682.5	28 567	57.4	14.0	168	6	251.3	240.1	503.7	20 944	55 ～ 59
62.2	15.3	163	5	230.1	219.9	424.6	15 435	62.2	15.0	166	5	224.5	215.9	378.8	12 584	60 ～ 64
67.1	14.1	164	4	217.9	210.0	284.9	4 879	67.3	16.7	167	4	221.2	214.6	261.1	5 641	65 ～ 69
73.2	13.7	160	4	222.8	214.7	269.2	1 336	73.6	22.5	166	2	225.5	222.0	341.0	2 354	70歳～
50.3	**10.8**	**165**	**10**	**202.7**	**187.5**	**275.0**	**6 071**	**48.9**	**11.0**	**168**	**9**	**190.3**	**178.1**	**186.8**	**5 861**	**中学卒**
18.2	1.1	167	7	182.6	171.7	61.4	68	18.4	1.3	175	8	158.1	150.8	6.7	81	～ 19歳
22.2	1.9	164	13	187.7	170.5	95.8	210	22.4	2.5	169	16	176.4	159.1	82.3	316	20 ～ 24
27.5	3.4	166	10	204.0	190.1	289.4	347	27.9	3.8	167	8	178.7	169.5	103.7	473	25 ～ 29
32.8	4.6	165	12	197.3	180.7	190.4	507	32.3	3.8	169	11	180.1	166.2	122.0	603	30 ～ 34
37.2	5.8	163	10	201.0	183.9	199.2	456	37.1	4.6	172	13	198.9	180.0	160.9	449	35 ～ 39
42.9	8.7	163	13	216.0	193.2	334.1	603	42.5	7.0	169	12	202.5	185.5	228.3	477	40 ～ 44
47.4	10.2	169	13	231.5	210.4	384.1	569	47.7	8.4	169	9	210.3	197.5	241.2	609	45 ～ 49
52.5	12.2	164	11	228.6	206.7	321.0	543	52.7	12.7	168	11	228.1	210.7	358.7	467	50 ～ 54
57.8	16.5	162	8	215.5	201.9	457.7	707	57.6	17.0	169	8	196.0	181.9	217.6	575	55 ～ 59
62.5	14.6	166	7	189.7	179.2	258.8	1 154	62.7	15.4	165	6	174.2	164.5	214.7	710	60 ～ 64
67.1	13.9	163	6	176.9	169.3	178.2	696	67.5	19.5	168	5	179.1	172.8	162.6	673	65 ～ 69
72.9	13.8	166	10	169.8	158.6	78.7	211	74.2	21.3	166	3	178.7	175.3	147.6	428	70歳～
43.6	**10.0**	**165**	**9**	**221.5**	**206.4**	**434.5**	**126 467**	**45.3**	**9.7**	**169**	**7**	**211.6**	**200.5**	**324.9**	**97 583**	**高校卒**
19.1	0.9	169	8	179.6	168.6	101.0	3 610	19.1	0.9	172	8	175.4	165.1	64.1	2 184	～ 19歳
22.4	2.9	167	12	199.7	181.3	363.6	10 675	22.5	2.8	171	10	189.1	175.6	237.0	7 069	20 ～ 24
27.6	5.4	166	10	210.4	193.6	398.6	10 338	27.5	4.4	170	8	196.1	184.7	273.4	6 527	25 ～ 29
32.5	7.0	165	9	218.2	201.9	397.2	10 342	32.6	6.3	169	8	206.4	194.4	299.4	7 647	30 ～ 34
37.6	8.9	165	8	222.2	207.4	438.7	12 063	37.6	7.5	168	7	212.9	201.8	323.9	8 828	35 ～ 39
42.7	10.3	165	9	230.5	213.9	477.9	16 051	42.6	8.8	169	8	214.9	203.1	340.8	12 317	40 ～ 44
47.5	11.3	166	8	233.3	218.0	508.7	19 161	47.6	9.9	168	8	223.8	211.7	373.6	14 264	45 ～ 49
52.5	12.5	165	9	237.3	221.6	519.7	16 973	52.5	11.4	169	7	224.6	212.8	395.0	13 666	50 ～ 54
57.4	14.6	165	8	234.7	220.6	511.8	14 767	57.4	13.7	168	6	220.8	210.2	384.7	12 025	55 ～ 59
62.3	14.9	164	5	201.0	191.2	306.4	8 956	62.3	14.7	167	5	201.3	193.0	288.1	7 867	60 ～ 64
67.2	13.8	165	5	187.8	180.2	180.3	2 867	67.2	16.3	167	5	200.9	194.5	208.5	3 751	65 ～ 69
72.4	15.1	161	4	177.6	171.2	186.6	665	73.0	21.3	167	3	205.7	201.7	247.1	1 437	70歳～
41.3	**9.5**	**164**	**6**	**270.9**	**254.2**	**650.3**	**105 016**	**40.7**	**8.7**	**169**	**5**	**243.2**	**232.9**	**540.1**	**72 288**	**高専・短大卒**
-	-	-	-	-	-	-	-	-	-	-	-	-	-	-	-	～ 19歳
22.7	1.9	168	6	217.3	203.3	324.4	11 162	22.6	2.0	173	5	197.4	189.3	322.9	9 385	20 ～ 24
27.5	4.4	165	7	242.3	223.8	532.2	11 499	27.5	4.4	171	6	216.7	206.8	481.2	9 287	25 ～ 29
32.5	6.9	164	7	255.8	238.4	578.5	11 725	32.5	6.5	169	6	230.6	220.6	491.0	7 753	30 ～ 34
37.7	8.9	163	6	268.4	251.3	662.6	13 113	37.6	8.1	168	6	243.2	232.5	525.4	8 104	35 ～ 39
42.6	10.9	162	6	283.3	265.6	744.1	15 896	42.6	9.8	167	5	253.0	242.4	584.1	10 267	40 ～ 44
47.4	11.7	163	7	293.7	276.4	755.1	15 110	47.5	10.6	167	6	259.7	247.7	618.8	9 061	45 ～ 49
52.4	12.9	163	6	302.5	285.3	806.1	11 472	52.5	12.2	168	5	273.1	261.5	669.1	7 885	50 ～ 54
57.4	15.6	163	6	299.4	283.3	805.5	9 816	57.4	14.6	168	5	275.5	264.0	671.6	6 259	55 ～ 59
62.1	15.7	162	4	264.1	252.8	550.2	3 914	62.0	15.8	166	4	261.9	254.1	557.2	2 996	60 ～ 64
67.0	14.5	161	2	252.4	242.1	406.8	982	67.1	16.0	164	3	252.1	243.6	479.7	957	65 ～ 69
74.6	10.0	149	1	278.7	266.4	418.1	328	73.7	26.4	165	1	302.7	299.8	809.4	334	70歳～
36.2	**7.3**	**163**	**8**	**302.0**	**284.2**	**766.0**	**79 553**	**37.4**	**6.6**	**167**	**6**	**279.8**	**267.7**	**561.2**	**39 052**	**大学・大学院卒**
-	-	-	-	-	-	-	-	-	-	-	-	-	-	-	-	～ 19歳
23.7	1.3	166	7	229.9	216.6	303.8	10 361	23.7	1.3	171	5	216.7	209.0	237.4	4 483	20 ～ 24
27.3	3.5	165	10	255.2	235.6	615.1	18 525	27.5	3.1	168	7	238.4	226.3	451.5	8 760	25 ～ 29
32.5	6.3	162	10	286.3	265.5	740.3	13 785	32.4	5.2	167	7	261.8	248.0	545.2	6 185	30 ～ 34
37.5	8.7	161	9	309.5	290.4	821.1	10 954	37.5	7.2	164	6	283.9	271.7	615.7	5 308	35 ～ 39
42.4	10.0	161	8	345.3	327.1	961.8	9 248	42.4	9.1	164	5	304.2	292.5	689.7	4 599	40 ～ 44
47.4	12.1	162	7	388.7	369.7	1134.1	6 692	47.4	9.6	165	6	318.8	304.0	739.7	3 639	45 ～ 49
52.4	13.3	163	6	384.3	369.2	1078.8	4 833	52.3	11.5	165	5	344.9	332.3	734.4	2 567	50 ～ 54
57.4	14.7	164	4	374.0	361.7	1132.2	3 277	57.3	12.7	165	5	370.0	357.3	764.7	2 085	55 ～ 59
62.1	16.8	162	3	353.0	344.4	962.4	1 411	62.1	14.6	164	5	329.8	317.1	671.2	1 010	60 ～ 64
67.0	15.7	163	1	459.6	455.6	1045.7	335	67.5	17.1	168	2	509.8	506.0	470.2	260	65 ～ 69
73.8	15.6	167	0	395.0	394.3	618.1	133	77.0	28.6	165	0	372.0	371.6	735.6	155	70歳～

第1表　年齢階級別きまって支給する現金給与額、

C 鉱 業 , 採 石 業 ,

区分	企業規模計								1,000人 以上							
	年齢	勤続年数	所定内実労働時間数	超過実労働時間数	きまって支給する現金給与額	きまって支給する現金給与額：所定内給与額	年間賞与その他特別給与額	労働者数	年齢	勤続年数	所定内実労働時間数	超過実労働時間数	きまって支給する現金給与額	きまって支給する現金給与額：所定内給与額	年間賞与その他特別給与額	労働者数
	歳	年	時	時	千円	千円	千円	十人	歳	年	時	時	千円	千円	千円	十人
C 鉱業, 採石業, 砂利採取業																
男 女 計																
学 歴 計	**47.1**	**14.0**	**166**	**13**	**349.1**	**321.3**	**1011.2**	**1 111**	**41.8**	**18.0**	**152**	**10**	**425.4**	**391.0**	**1894.6**	**112**
～ 19歳	19.1	1.0	164	11	208.7	190.7	297.9	8	19.2	1.2	156	6	227.3	210.0	438.3	3
20 ～ 24	22.9	2.6	161	18	259.7	221.4	550.5	44	22.7	3.6	148	13	265.6	221.0	925.7	10
25 ～ 29	27.4	4.5	155	19	310.4	266.0	954.9	82	27.1	6.5	149	22	348.6	280.2	1222.2	18
30 ～ 34	32.6	6.8	162	16	333.0	293.6	1043.2	73	32.5	6.5	154	17	316.8	273.6	1185.2	8
35 ～ 39	37.7	8.2	163	13	347.5	320.3	1002.1	94	37.8	11.2	152	9	376.5	342.7	1441.6	8
40 ～ 44	42.4	11.8	167	15	349.5	319.3	914.1	149	42.9	17.6	153	10	474.8	437.1	1726.1	13
45 ～ 49	47.5	13.6	170	15	369.4	339.9	1107.8	173	48.0	21.1	151	6	483.6	466.3	2419.3	11
50 ～ 54	52.5	18.5	168	13	416.0	387.0	1440.5	158	52.6	29.8	156	5	540.3	519.4	2972.2	26
55 ～ 59	57.4	20.5	168	10	407.7	386.5	1435.2	144	57.3	35.4	154	3	582.5	562.7	3293.7	8
60 ～ 64	62.4	22.1	169	9	289.0	272.9	571.5	124	62.4	30.9	147	5	332.8	312.4	995.2	7
65 ～ 69	67.0	17.0	174	7	264.4	252.6	271.9	46	-	-	-	-	-	-	-	-
70歳～	72.6	20.4	162	7	242.8	232.2	140.3	15	70.5	7.5	124	0	530.9	530.9	0.0	0
男																
学 歴 計	**47.5**	**14.4**	**167**	**14**	**361.6**	**331.8**	**1046.5**	**979**	**42.2**	**18.7**	**151**	**11**	**446.9**	**409.4**	**2015.0**	**99**
～ 19歳	19.1	1.0	165	13	219.5	197.4	280.5	6	19.3	1.3	154	7	241.3	219.4	475.2	2
20 ～ 24	22.8	2.6	160	19	263.1	222.1	575.0	39	22.5	3.7	147	13	268.4	221.6	952.1	9
25 ～ 29	27.4	4.6	156	20	314.5	266.0	959.8	67	27.1	6.5	148	22	354.9	283.5	1232.8	16
30 ～ 34	32.6	6.8	164	18	338.9	297.4	1055.4	62	32.6	6.5	154	21	346.1	292.1	1313.0	6
35 ～ 39	37.7	8.0	164	14	358.3	328.4	1007.0	82	37.7	10.7	152	11	416.2	375.5	1640.0	7
40 ～ 44	42.4	11.8	169	17	362.6	328.6	911.1	128	42.7	18.6	151	13	535.6	486.7	1900.6	10
45 ～ 49	47.5	13.8	171	16	382.3	350.6	1151.9	155	48.0	22.4	150	7	499.6	481.0	2540.3	11
50 ～ 54	52.5	19.2	167	14	439.3	408.2	1543.1	139	52.7	30.1	156	5	554.2	532.8	3073.7	25
55 ～ 59	57.4	21.2	169	11	427.2	404.3	1528.1	130	57.3	35.6	153	3	611.0	590.3	3488.0	7
60 ～ 64	62.5	22.4	169	10	297.9	280.7	591.3	112	62.5	31.3	147	5	333.8	313.1	982.8	7
65 ～ 69	67.1	16.5	174	7	268.4	256.3	275.0	44	-	-	-	-	-	-	-	-
70歳～	72.5	20.3	162	7	241.4	230.7	130.0	15	70.5	7.5	124	0	530.9	530.9	0.0	0
中 学 卒	**52.1**	**13.3**	**177**	**17**	**294.7**	**265.4**	**433.3**	**133**	**18.5**	**0.5**	**134**	**0**	**217.3**	**217.3**	**0.0**	**0**
～ 19歳	18.5	0.5	134	0	217.3	217.3	0.0	0	18.5	0.5	134	0	217.3	217.3	0.0	0
20 ～ 24	22.5	2.5	172	16	243.1	220.2	203.4	6	-	-	-	-	-	-	-	-
25 ～ 29	27.3	5.0	183	48	340.6	268.2	378.8	2	-	-	-	-	-	-	-	-
30 ～ 34	32.5	4.5	182	15	272.4	248.5	485.9	4	-	-	-	-	-	-	-	-
35 ～ 39	37.2	5.0	184	16	284.7	256.3	327.9	9	-	-	-	-	-	-	-	-
40 ～ 44	41.9	6.6	181	28	318.8	269.5	362.1	19	-	-	-	-	-	-	-	-
45 ～ 49	47.9	10.3	184	16	317.3	285.4	548.1	21	-	-	-	-	-	-	-	-
50 ～ 54	52.4	17.5	177	21	329.6	291.0	653.6	11	-	-	-	-	-	-	-	-
55 ～ 59	57.6	17.1	175	19	339.2	301.7	763.7	13	-	-	-	-	-	-	-	-
60 ～ 64	62.9	21.6	172	10	273.5	257.3	390.1	28	-	-	-	-	-	-	-	-
65 ～ 69	67.1	15.4	173	11	258.0	240.9	289.6	15	-	-	-	-	-	-	-	-
70歳～	73.4	17.7	172	10	239.0	223.4	62.0	6	-	-	-	-	-	-	-	-
高 校 卒	**48.0**	**14.9**	**169**	**15**	**329.3**	**296.8**	**832.4**	**627**	**43.1**	**20.7**	**151**	**10**	**444.0**	**405.9**	**2024.5**	**78**
～ 19歳	19.2	1.1	167	14	219.6	196.0	299.6	6	19.4	1.4	159	8	246.1	219.8	570.3	2
20 ～ 24	22.5	3.3	160	19	251.4	211.1	720.9	24	22.5	3.8	147	13	268.8	221.4	962.5	9
25 ～ 29	27.5	6.0	160	19	285.8	237.0	822.9	33	27.3	8.8	145	20	349.4	277.9	1293.4	10
30 ～ 34	32.6	7.3	170	20	292.2	254.3	753.3	31	32.6	7.4	152	22	306.0	255.6	1174.9	3
35 ～ 39	37.8	8.3	167	15	299.4	268.4	747.4	52	37.7	11.4	151	13	395.4	347.2	1417.3	5
40 ～ 44	42.5	13.0	168	17	335.2	299.3	837.0	88	42.7	19.9	150	16	507.7	448.3	2012.4	8
45 ～ 49	47.4	13.5	172	19	342.3	303.2	763.6	103	48.1	25.7	150	8	494.7	472.8	2525.6	8
50 ～ 54	52.6	19.4	168	16	402.2	366.8	1355.3	100	52.7	30.6	156	5	552.6	530.8	2975.6	22
55 ～ 59	57.4	20.2	171	12	364.8	337.4	979.7	87	57.4	36.3	153	4	583.2	557.6	3138.0	6
60 ～ 64	62.5	22.8	169	11	287.0	266.3	507.3	69	62.6	31.1	147	6	320.0	294.2	919.9	5
65 ～ 69	67.1	17.2	175	6	255.6	245.1	158.7	26	-	-	-	-	-	-	-	-
70歳～	71.9	21.0	156	6	237.6	229.5	183.0	9	70.5	7.5	124	0	530.9	530.9	0.0	0
高 専 ・ 短 大 卒	**45.2**	**11.7**	**167**	**12**	**356.0**	**329.7**	**1014.4**	**29**	**38.4**	**10.7**	**144**	**12**	**376.7**	**335.3**	**1775.4**	**5**
～ 19歳	-	-	-	-	-	-	-	-	-	-	-	-	-	-	-	-
20 ～ 24	22.8	2.0	177	22	273.6	231.3	355.5	2	21.5	1.5	140	6	260.8	226.3	725.8	0
25 ～ 29	27.4	4.2	159	24	273.2	235.1	824.7	2	25.5	4.5	117	12	284.5	257.0	1360.8	0
30 ～ 34	32.5	3.8	156	16	308.0	270.9	885.1	5	32.3	4.5	142	21	370.9	307.9	1339.7	2
35 ～ 39	37.4	6.0	165	21	341.2	286.5	1248.3	2	37.2	5.7	157	11	368.1	313.1	1449.4	1
40 ～ 44	42.4	7.1	169	11	322.2	298.5	848.0	3	43.5	6.5	137	3	261.8	245.2	586.8	0
45 ～ 49	47.6	13.4	169	11	385.2	361.6	1123.0	5	48.5	16.5	145	5	473.7	457.7	2192.9	1
50 ～ 54	52.3	17.0	173	13	397.4	370.6	975.7	5	53.5	30.5	156	15	548.2	493.2	2659.6	0
55 ～ 59	56.9	25.7	172	5	397.3	384.2	1854.1	3	55.5	35.5	150	0	376.4	370.4	5186.0	0
60 ～ 64	62.1	18.4	179	1	312.9	311.0	363.8	3	-	-	-	-	-	-	-	-
65 ～ 69	68.1	13.7	142	0	649.2	649.2	2430.5	1	-	-	-	-	-	-	-	-
70歳～	-	-	-	-	-	-	-	-	-	-	-	-	-	-	-	-

所定内給与額及び年間賞与その他特別給与額

砂利採取業

100～999人 年齢	勤続年数	所定内実労働時間数	超過実労働時間数	きまって支給する現金給与額	きまって支給する現金給与額 うち所定内給与額	年間賞与その他特別給与額	労働者数	10～99人 年齢	勤続年数	所定内実労働時間数	超過実労働時間数	きまって支給する現金給与額	きまって支給する現金給与額 うち所定内給与額	年間賞与その他特別給与額	労働者数	区分
歳	年	時	時	千円	千円	千円	十人	歳	年	時	時	千円	千円	千円	十人	
																C 鉱業，採石業，砂利採取業
																男女計
43.8	**14.5**	**154**	**12**	**435.7**	**405.6**	**1763.2**	**324**	**49.6**	**13.1**	**174**	**14**	**294.9**	**269.3**	**503.7**	**675**	**学歴計**
18.8	0.8	158	9	208.1	192.7	328.0	2	19.2	1.0	174	16	190.9	171.1	145.6	3	～19歳
23.3	2.0	154	22	278.6	231.4	508.7	17	22.7	2.5	174	17	238.8	212.4	375.1	18	20～24
27.4	4.0	148	16	318.8	278.8	1055.6	42	27.7	3.9	173	20	262.9	229.7	540.8	22	25～29
32.8	7.9	151	17	404.0	350.9	1530.5	31	32.5	5.8	173	16	274.6	248.1	584.0	35	30～34
37.5	10.9	148	13	446.7	414.7	1662.0	34	37.8	6.0	175	13	278.0	254.9	499.8	52	35～39
42.4	14.7	154	13	436.3	406.3	1604.3	38	42.4	10.0	174	16	300.2	270.8	545.1	99	40～44
47.5	17.4	157	12	479.2	450.7	2182.4	47	47.4	11.4	177	16	312.5	281.3	531.2	114	45～49
52.3	20.8	156	11	549.4	521.5	2231.0	42	52.5	14.1	176	17	318.7	286.8	632.3	91	50～54
57.6	25.1	160	7	548.1	532.7	2839.6	44	57.4	17.1	174	12	325.6	301.5	605.6	92	55～59
62.2	21.4	159	5	321.4	312.9	1255.7	22	62.5	21.7	173	10	278.6	261.1	386.3	95	60～64
66.9	10.7	162	3	300.6	294.7	669.3	6	67.1	18.0	176	8	259.2	246.5	213.9	40	65～69
–	–	–	–	–	–	–	–	72.6	20.8	163	7	235.1	224.1	144.0	15	70歳～
																男
44.7	**15.1**	**155**	**13**	**453.0**	**421.5**	**1842.0**	**278**	**49.7**	**13.3**	**175**	**15**	**305.3**	**277.5**	**519.5**	**602**	**学歴計**
18.6	0.6	165	12	213.3	193.4	130.8	1	19.3	1.1	174	19	201.9	178.5	176.2	3	～19歳
23.3	2.2	153	25	284.8	231.5	577.9	14	22.6	2.5	174	18	241.9	214.4	364.4	16	20～24
27.4	4.0	150	18	321.5	277.2	1076.8	31	27.7	3.9	173	22	270.3	234.2	552.9	20	25～29
32.7	7.8	153	18	403.1	348.9	1540.8	25	32.5	6.1	174	17	286.1	257.3	614.4	31	30～34
37.5	11.0	149	15	469.3	433.0	1692.6	28	37.8	5.8	175	14	283.3	258.8	503.4	47	35～39
42.3	14.5	157	15	448.0	414.0	1566.5	31	42.4	10.1	175	17	313.1	280.7	567.9	87	40～44
47.5	17.5	157	13	501.0	470.6	2308.9	42	47.4	11.4	178	18	322.4	288.7	541.9	103	45～49
52.5	20.8	157	10	570.7	543.5	2304.3	37	52.5	14.9	176	19	338.3	302.3	680.6	77	50～54
57.6	25.2	160	7	558.9	543.1	2885.4	43	57.4	17.8	175	13	341.4	314.5	637.6	80	55～59
62.3	22.4	159	5	333.9	325.5	1314.0	20	62.6	21.8	173	11	286.9	268.0	396.1	86	60～64
66.9	10.7	162	3	300.6	294.7	669.3	6	67.1	17.4	175	8	263.4	250.4	213.6	38	65～69
–	–	–	–	–	–	–	–	72.5	20.7	163	7	233.5	222.5	133.6	15	70歳～
55.0	**11.9**	**173**	**7**	**275.1**	**262.3**	**862.8**	**19**	**51.7**	**13.6**	**178**	**18**	**298.3**	**266.1**	**360.9**	**113**	**中学卒**
–	–	–	–	–	–	–	–	–	–	–	–	–	–	–	–	～19歳
–	–	–	–	–	–	–	–	22.5	2.5	172	16	243.1	220.2	203.4	6	20～24
25.5	5.5	176	28	267.6	224.9	628.7	0	27.6	5.0	184	50	350.3	273.9	345.5	2	25～29
30.5	2.5	180	0	238.6	238.6	910.3	1	33.1	5.1	183	20	283.0	251.6	353.2	3	30～34
38.5	12.0	151	4	293.2	282.7	1088.8	1	37.1	4.3	187	17	283.9	253.8	256.3	9	35～39
43.3	11.3	167	38	401.6	314.1	752.9	1	41.8	6.4	182	28	315.1	267.5	344.5	18	40～44
48.7	6.0	181	6	270.5	261.3	896.5	3	47.8	10.9	184	18	324.1	288.9	497.4	18	45～49
51.4	13.6	176	3	299.1	292.9	1064.6	3	52.7	18.9	178	27	340.7	290.2	504.6	8	50～54
58.2	12.3	174	11	321.7	303.4	1177.7	4	57.3	19.0	175	22	346.5	301.0	593.9	9	55～59
62.4	17.1	174	5	245.2	237.1	674.4	5	63.0	22.5	171	10	278.9	261.1	335.8	24	60～64
66.9	10.4	163	3	212.0	206.6	464.8	3	67.1	16.6	175	12	269.1	249.1	247.6	12	65～69
–	–	–	–	–	–	–	–	73.4	17.7	172	10	239.0	223.4	62.0	6	70歳～
45.4	**17.4**	**159**	**20**	**357.8**	**312.7**	**1214.6**	**123**	**49.6**	**13.2**	**175**	**15**	**300.2**	**272.4**	**505.8**	**427**	**高校卒**
18.6	0.6	165	12	213.3	193.4	130.8	1	19.3	1.1	174	19	201.9	178.5	176.2	3	～19歳
22.6	3.5	159	25	246.4	200.7	728.6	6	22.5	2.6	173	20	237.8	208.4	478.9	9	20～24
27.5	5.8	157	21	260.9	209.9	719.8	10	27.7	4.0	173	18	253.9	224.5	527.1	13	25～29
33.0	9.8	160	25	314.3	257.4	1124.3	7	32.5	6.5	175	18	283.6	253.1	587.3	22	30～34
37.4	13.4	155	23	335.4	285.8	1197.0	12	38.0	6.0	173	12	273.0	251.2	491.4	34	35～39
42.3	16.8	158	23	357.1	307.4	1224.2	18	42.5	11.0	174	15	307.7	278.5	581.0	62	40～44
47.8	17.5	163	26	394.7	332.8	1084.6	18	47.3	11.3	177	19	313.6	278.2	501.4	76	45～49
52.6	21.3	156	17	438.3	392.8	1569.7	21	52.6	14.2	177	19	329.1	292.0	632.0	56	50～54
57.3	26.1	164	13	415.0	383.2	1678.8	18	57.4	17.0	175	13	331.4	305.1	590.3	63	55～59
62.4	28.3	157	8	260.5	246.9	981.7	9	62.5	21.1	173	12	288.1	266.8	392.4	55	60～64
66.2	12.2	167	6	249.4	236.8	157.7	2	67.1	17.5	176	6	256.0	245.6	158.7	25	65～69
–	–	–	–	–	–	–	–	72.0	21.6	157	6	223.5	215.0	191.8	8	70歳～
49.8	**14.7**	**166**	**7**	**408.4**	**397.1**	**1232.1**	**7**	**45.4**	**10.8**	**175**	**15**	**327.9**	**300.2**	**684.9**	**17**	**高専・短大卒**
–	–	–	–	–	–	–	–	–	–	–	–	–	–	–	–	～19歳
–	–	–	–	–	–	–	–	23.2	2.2	191	28	278.2	233.1	220.9	1	20～24
–	–	–	–	–	–	–	–	28.0	4.1	171	28	270.0	228.8	671.5	1	25～29
33.8	3.5	159	9	285.7	270.0	920.1	1	32.2	3.4	165	15	268.5	243.1	525.4	2	30～34
36.5	4.5	154	9	255.9	238.6	1433.8	0	38.1	6.8	177	37	330.8	266.1	936.9	1	35～39
41.1	6.9	170	5	402.5	395.3	1430.7	1	42.6	7.3	175	15	308.2	278.4	716.1	2	40～44
47.4	20.2	169	12	377.3	351.5	1190.7	1	47.4	8.5	177	12	360.3	335.5	726.9	2	45～49
51.1	16.9	171	6	396.4	388.1	919.6	2	53.2	15.1	177	18	375.7	338.9	769.9	3	50～54
55.8	35.5	187	0	364.1	364.1	837.9	1	57.7	19.2	171	8	416.2	395.9	1372.1	2	55～59
63.2	11.8	176	9	298.2	287.4	438.4	0	62.0	19.2	180	1	314.8	314.0	354.5	2	60～64
68.5	5.5	133	0	734.4	734.4	2806.4	1	66.5	46.5	176	0	308.4	308.4	927.0	0	65～69
–	–	–	–	–	–	–	–	–	–	–	–	–	–	–	–	70歳～

第1表　年齢階級別きまって支給する現金給与額、

C 鉱業，採石業，

区分	企業規模計								1,000人 以上							
	年齢	勤続年数	所定内実労働時間数	超過実労働時間数	きまって支給する現金給与額	所定内給与額	年間賞与その他特別給与額	労働者数	年齢	勤続年数	所定内実労働時間数	超過実労働時間数	きまって支給する現金給与額	所定内給与額	年間賞与その他特別給与額	労働者数
	歳	年	時	時	千円	千円	千円	十人	歳	年	時	時	千円	千円	千円	十人
大学・大学院卒	**43.2**	**13.7**	**155**	**9**	**515.0**	**493.2**	**2180.4**	**191**	**39.7**	**12.1**	**158**	**13**	**489.7**	**455.9**	**2098.2**	**16**
～ 19歳	-	-	-	-	-	-	-	-	-	-	-	-	-	-	-	-
20 ～ 24	23.8	1.1	152	22	306.6	252.1	445.6	9	-	-	-	-	-	-	-	-
25 ～ 29	27.3	3.0	151	19	346.8	299.5	1150.4	30	26.8	2.2	158	29	370.6	296.1	1106.6	5
30 ～ 34	32.6	7.1	153	15	422.0	371.3	1612.4	23	32.9	6.9	163	19	372.4	320.9	1444.5	2
35 ～ 39	37.7	8.9	149	10	551.4	525.8	1997.4	20	38.3	11.5	155	0	535.8	535.8	2673.9	1
40 ～ 44	42.5	12.6	158	5	550.2	539.6	1857.3	18	42.7	15.1	162	0	767.2	767.2	1661.1	1
45 ～ 49	47.3	17.3	155	3	581.6	576.3	3072.5	27	47.8	9.6	156	2	535.1	530.9	2772.7	2
50 ～ 54	52.3	19.6	158	4	666.7	657.9	2940.5	23	52.4	23.9	158	3	575.4	566.8	4386.9	2
55 ～ 59	57.6	26.0	157	1	675.3	673.5	3651.0	27	57.0	31.3	157	0	858.2	858.2	4733.5	1
60 ～ 64	62.3	23.2	159	3	405.5	402.2	1524.9	13	61.7	32.0	149	0	388.7	388.7	1234.3	1
65 ～ 69	66.8	16.5	176	1	320.4	318.6	611.3	2	-	-	-	-	-	-	-	-
70歳～	71.3	39.5	149	0	336.0	336.0	0.0	1	-	-	-	-	-	-	-	-
生産労働者（男）																
学歴計	**47.5**	**12.8**	**170**	**17**	**308.5**	**274.1**	**658.1**	**618**	**37.9**	**14.6**	**148**	**14**	**399.8**	**345.5**	**1512.2**	**53**
～ 19歳	19.1	1.0	165	13	217.8	194.7	235.7	5	19.1	1.1	151	5	246.5	221.0	419.3	2
20 ～ 24	22.6	3.0	164	18	254.0	215.5	581.7	28	22.4	3.8	144	14	284.8	228.8	1001.3	7
25 ～ 29	27.4	5.5	160	22	290.6	240.5	780.7	38	27.1	7.5	145	21	356.4	283.4	1209.1	11
30 ～ 34	32.7	6.6	169	19	290.8	254.8	747.1	39	32.5	6.3	152	20	334.8	281.8	1321.8	5
35 ～ 39	37.8	7.9	167	15	302.3	271.6	752.9	55	37.7	10.6	152	10	412.8	370.1	1585.3	6
40 ～ 44	42.4	10.8	170	20	329.2	289.0	751.1	83	42.4	18.2	148	21	479.9	404.0	1757.1	6
45 ～ 49	47.4	12.3	173	19	327.7	289.6	714.1	89	47.8	20.9	146	8	442.3	419.5	2018.7	5
50 ～ 54	52.4	15.8	171	20	351.5	308.3	816.8	85	52.4	26.0	155	10	513.5	464.2	2014.1	8
55 ～ 59	57.4	17.3	172	16	336.5	303.0	740.4	76	58.0	40.0	148	5	599.2	558.4	2570.4	2
60 ～ 64	62.5	20.8	170	11	276.4	256.6	400.6	77	62.3	34.6	139	6	300.2	252.0	1111.0	2
65 ～ 69	67.1	14.1	174	9	239.9	226.4	167.6	32	-	-	-	-	-	-	-	-
70歳～	73.4	20.8	173	11	232.1	215.0	61.7	9	-	-	-	-	-	-	-	-
中学卒	**52.7**	**13.5**	**175**	**16**	**293.4**	**264.4**	**449.2**	**111**	**18.5**	**0.5**	**134**	**0**	**217.3**	**217.3**	**0.0**	**0**
～ 19歳	18.5	0.5	134	0	217.3	217.3	0.0	0	18.5	0.5	134	0	217.3	217.3	0.0	0
20 ～ 24	22.5	2.5	172	16	244.2	221.0	207.1	5	-	-	-	-	-	-	-	-
25 ～ 29	27.2	4.8	182	53	356.9	275.7	384.0	2	-	-	-	-	-	-	-	-
30 ～ 34	32.4	4.6	181	15	271.8	247.7	494.1	4	-	-	-	-	-	-	-	-
35 ～ 39	37.7	6.1	174	11	292.9	271.4	370.1	5	-	-	-	-	-	-	-	-
40 ～ 44	42.1	6.9	176	30	324.7	274.6	373.8	14	-	-	-	-	-	-	-	-
45 ～ 49	47.7	11.7	179	16	318.4	286.9	635.0	16	-	-	-	-	-	-	-	-
50 ～ 54	52.4	17.6	177	21	330.7	291.6	659.9	11	-	-	-	-	-	-	-	-
55 ～ 59	57.6	16.8	175	18	333.2	295.9	759.4	12	-	-	-	-	-	-	-	-
60 ～ 64	62.8	20.4	175	10	274.5	257.5	397.9	23	-	-	-	-	-	-	-	-
65 ～ 69	67.0	13.4	172	10	243.9	227.5	247.3	13	-	-	-	-	-	-	-	-
70歳～	73.3	18.1	171	11	235.6	219.1	44.6	6	-	-	-	-	-	-	-	-
高校卒以上	**46.4**	**12.6**	**168**	**17**	**311.8**	**276.2**	**703.8**	**507**	**38.0**	**14.7**	**148**	**14**	**401.2**	**346.5**	**1523.6**	**53**
～ 19歳	19.1	1.0	168	14	217.8	192.9	254.3	5	19.3	1.3	157	7	256.2	222.2	559.1	1
20 ～ 24	22.7	3.1	162	19	256.3	214.2	670.0	23	22.4	3.8	144	14	284.8	228.8	1001.3	7
25 ～ 29	27.5	5.5	160	20	287.9	239.0	796.9	37	27.1	7.5	145	21	356.4	283.4	1209.1	11
30 ～ 34	32.7	6.8	167	19	293.0	255.6	775.8	35	32.5	6.3	152	20	334.8	281.8	1321.8	5
35 ～ 39	37.8	8.1	166	15	303.3	271.6	792.6	50	37.7	10.6	152	10	412.8	370.1	1585.3	6
40 ～ 44	42.5	11.6	168	18	330.1	291.8	826.3	69	42.4	18.2	148	21	479.9	404.0	1757.1	6
45 ～ 49	47.4	12.4	171	19	329.6	290.2	730.6	74	47.8	20.9	146	8	442.3	419.5	2018.7	5
50 ～ 54	52.4	15.5	170	20	354.5	310.7	839.3	74	52.4	26.0	155	10	513.5	464.2	2014.1	8
55 ～ 59	57.3	17.4	171	15	337.2	304.3	736.7	63	58.0	40.0	148	5	599.2	558.4	2570.4	2
60 ～ 64	62.4	21.0	168	11	277.2	256.3	401.8	54	62.3	34.6	139	6	300.2	252.0	1111.0	2
65 ～ 69	67.1	14.5	176	8	237.2	225.5	112.8	19	-	-	-	-	-	-	-	-
70歳～	73.6	24.5	175	13	227.3	209.2	85.8	4	-	-	-	-	-	-	-	-
管理・事務・技術労働者（男）																
学歴計	**47.5**	**17.2**	**163**	**10**	**452.2**	**430.4**	**1710.3**	**362**	**47.2**	**23.5**	**155**	**7**	**501.6**	**483.6**	**2598.7**	**46**
～ 19歳	19.5	1.5	161	10	231.0	216.2	587.1	1	19.5	1.5	161	10	231.0	216.2	587.1	1
20 ～ 24	23.3	1.7	152	22	286.1	238.8	558.0	11	22.6	3.1	154	11	214.0	197.7	787.8	2
25 ～ 29	27.4	3.4	151	19	346.2	299.9	1197.4	29	27.1	4.3	156	26	351.4	283.6	1285.8	5
30 ～ 34	32.5	7.1	155	16	420.0	369.2	1575.2	23	33.1	7.1	160	23	386.2	329.0	1281.4	1
35 ～ 39	37.5	8.3	160	12	472.5	444.3	1525.1	27	38.0	10.9	156	15	431.2	398.8	1875.7	1
40 ～ 44	42.4	13.7	168	11	424.9	402.5	1209.1	45	43.3	19.3	155	1	631.1	628.5	2146.7	4
45 ～ 49	47.6	15.8	168	12	457.0	433.9	1749.9	66	48.3	23.6	154	6	547.9	532.8	2979.4	6
50 ～ 54	52.7	24.5	161	5	576.6	564.6	2680.2	54	52.8	32.0	156	3	573.2	564.7	3565.7	17
55 ～ 59	57.5	26.5	164	3	553.4	545.4	2624.5	54	56.9	33.5	156	2	616.6	605.2	3917.5	5
60 ～ 64	62.6	26.0	167	6	345.0	333.6	1009.0	35	62.5	29.6	152	4	350.9	344.4	917.2	4
65 ～ 69	67.2	23.4	172	4	350.2	342.4	583.2	11	-	-	-	-	-	-	-	-
70歳～	70.9	19.6	144	0	257.0	257.0	244.6	6	70.5	7.5	124	0	530.9	530.9	0.0	0

所定内給与額及び年間賞与その他特別給与額

砂利採取業

100 ～ 999人								10 ～ 99人								区分
年齢	勤続年数	所定内実労働時間数	超過実労働時間数	きまって支給する現金給与額	所定内給与額	年間賞与その他特別給与額	労働者数	年齢	勤続年数	所定内実労働時間数	超過実労働時間数	きまって支給する現金給与額	所定内給与額	年間賞与その他特別給与額	労働者数	
歳	年	時	時	千円	千円	千円	十人	歳	年	時	時	千円	千円	千円	十人	
42.1	13.5	149	8	572.7	550.3	2618.6	129	47.6	15.0	171	9	361.6	345.4	976.1	46	**大学・大学院卒**
-	-	-	-	-	-	-	-	-	-	-	-	-	-	-	-	～ 19歳
23.8	1.0	148	24	316.6	257.0	452.9	8	23.7	1.5	179	9	230.8	215.2	389.8	1	20 ～ 24
27.3	3.2	147	17	349.5	308.2	1242.7	21	27.7	3.2	169	21	296.3	254.7	684.4	4	25 ～ 29
32.7	7.4	148	16	456.8	398.6	1787.8	16	32.4	5.9	170	10	311.2	291.6	1009.8	4	30 ～ 34
37.5	9.0	144	9	594.5	567.8	2146.7	15	38.0	7.6	171	19	374.3	345.0	1134.2	4	35 ～ 39
42.4	11.9	153	3	589.6	581.2	2140.6	12	42.7	13.5	169	9	381.6	362.2	1182.4	5	40 ～ 44
47.1	18.9	148	2	642.3	638.8	3747.9	19	47.8	14.4	175	6	408.4	397.4	1088.8	6	45 ～ 49
52.7	22.5	149	1	924.5	922.8	4275.2	11	51.7	15.4	169	9	380.2	362.8	1092.8	10	50 ～ 54
57.7	26.4	153	1	742.8	741.9	4387.8	20	57.0	23.6	172	2	420.4	415.5	1021.9	6	55 ～ 59
62.1	18.6	151	1	503.0	501.9	2286.7	6	62.6	26.3	169	4	297.1	290.6	716.9	5	60 ～ 64
66.8	14.4	178	0	275.1	275.1	200.0	1	66.7	17.6	175	1	344.8	342.1	832.8	1	65 ～ 69
-	-	-	-	-	-	-	-	71.3	39.5	149	0	336.0	336.0	0.0	1	70歳～
																生産労働者（男）
45.1	14.4	162	20	319.9	274.3	989.7	115	49.3	12.1	174	16	294.7	265.5	471.3	449	**学歴計**
18.6	0.6	165	12	213.3	193.4	130.8	1	19.3	1.1	174	19	201.9	178.5	176.2	3	～ 19歳
23.0	3.3	161	23	247.3	203.1	628.4	6	22.6	2.5	174	19	242.4	214.5	366.2	15	20 ～ 24
27.4	5.6	156	22	265.8	214.5	743.1	11	27.7	4.0	173	22	261.6	227.9	512.3	16	25 ～ 29
32.9	8.4	162	19	295.0	252.3	1065.0	8	32.6	6.1	174	18	281.2	250.4	542.3	26	30 ～ 34
37.4	13.5	154	22	327.0	280.0	1215.1	12	37.9	5.7	173	13	278.0	254.3	482.2	38	35 ～ 39
42.4	15.9	159	25	352.2	299.6	1119.3	16	42.4	8.7	175	18	308.2	274.8	554.1	61	40 ～ 44
47.7	14.5	168	26	349.0	289.7	1035.6	17	47.3	11.1	176	18	314.3	280.4	542.3	68	45 ～ 49
52.2	18.4	161	23	367.6	311.3	1173.7	16	52.4	13.8	176	20	326.4	287.4	566.4	61	50 ～ 54
57.7	19.8	167	18	360.5	320.2	1159.6	15	57.2	15.8	174	15	320.7	289.1	567.9	59	55 ～ 59
62.3	23.5	163	7	249.0	234.7	646.4	10	62.5	20.0	172	12	279.7	260.1	339.5	65	60 ～ 64
67.0	10.0	166	4	210.5	203.6	377.2	4	67.1	14.6	175	9	243.6	229.2	141.6	29	65 ～ 69
-	-	-	-	-	-	-	-	73.4	20.8	173	11	232.1	215.0	61.7	9	70歳～
55.1	11.6	173	7	275.8	263.1	885.6	19	52.3	13.9	176	18	297.3	264.9	362.8	92	**中学卒**
-	-	-	-	-	-	-	-	-	-	-	-	-	-	-	-	～ 19歳
-	-	-	-	-	-	-	-	22.5	2.5	172	16	244.2	221.0	207.1	5	20 ～ 24
25.5	5.5	176	28	267.6	224.9	628.7	0	27.4	4.7	183	57	370.7	283.5	346.3	1	25 ～ 29
30.5	2.5	180	0	238.6	238.6	910.3	1	33.0	5.2	182	21	282.9	250.7	355.4	3	30 ～ 34
38.5	12.0	151	4	293.2	282.7	1088.8	1	37.5	5.0	178	12	292.8	269.3	239.5	4	35 ～ 39
42.5	17.0	159	65	553.8	395.8	1085.0	0	42.1	6.6	177	29	317.9	270.9	352.5	13	40 ～ 44
48.7	6.0	181	6	270.5	261.3	896.5	3	47.5	12.8	179	17	328.1	292.1	582.3	13	45 ～ 49
51.5	13.8	177	3	304.5	297.9	1111.0	3	52.7	18.9	178	27	339.6	289.4	505.8	8	50 ～ 54
58.2	12.3	174	11	321.7	303.4	1177.7	4	57.3	18.8	175	21	338.3	292.6	573.8	9	55 ～ 59
62.4	17.1	174	5	245.2	237.1	674.4	5	62.9	21.1	175	12	281.4	262.3	332.3	19	60 ～ 64
67.0	7.2	166	2	203.9	201.1	496.4	3	67.0	15.0	174	12	253.7	234.0	186.2	11	65 ～ 69
-	-	-	-	-	-	-	-	73.3	18.1	171	11	235.6	219.1	44.6	6	70歳～
43.1	15.0	159	23	328.4	276.4	1009.7	97	48.5	11.7	174	16	294.1	265.7	499.3	357	**高校卒以上**
18.6	0.6	165	12	213.3	193.4	130.8	1	19.3	1.1	174	19	201.9	178.5	176.2	3	～ 19歳
23.0	3.3	161	23	247.3	203.1	628.4	6	22.6	2.5	175	20	241.4	210.8	455.7	10	20 ～ 24
27.4	5.6	156	22	265.7	214.3	745.3	10	27.7	3.9	173	19	252.2	223.2	526.6	15	25 ～ 29
33.2	9.3	159	22	303.2	254.2	1087.4	7	32.6	6.2	173	18	281.0	250.4	566.4	23	30 ～ 34
37.4	13.6	154	24	329.4	279.8	1224.1	11	38.0	5.8	173	14	276.0	252.3	514.3	33	35 ～ 39
42.4	15.9	159	24	347.1	297.2	1120.1	16	42.5	9.4	174	15	305.5	275.9	610.9	47	40 ～ 44
47.5	16.0	165	30	363.4	294.9	1061.1	14	47.3	10.7	175	18	311.1	277.7	532.9	55	45 ～ 49
52.4	19.3	157	27	380.1	314.0	1186.1	14	52.4	13.0	176	19	324.4	287.1	575.5	53	50 ～ 54
57.5	22.5	164	21	374.1	326.1	1153.2	11	57.2	15.3	174	15	317.7	288.5	566.9	50	55 ～ 59
62.3	28.9	154	9	252.2	232.6	622.5	5	62.4	19.5	170	12	279.0	259.2	342.5	46	60 ～ 64
67.1	17.6	169	10	228.1	210.0	61.0	1	67.1	14.3	176	7	237.7	226.4	115.6	18	65 ～ 69
-	-	-	-	-	-	-	-	73.6	24.5	175	13	227.3	209.2	85.8	4	70歳～
																管理・事務・技術労働者（男）
44.4	15.6	151	8	547.4	526.1	2446.9	163	50.9	16.9	177	12	336.3	312.7	660.8	153	**学歴計**
-	-	-	-	-	-	-	-	-	-	-	-	-	-	-	-	～ 19歳
23.5	1.2	147	26	315.8	255.0	536.0	8	23.0	2.2	178	14	236.4	213.8	345.6	1	20 ～ 24
27.4	3.2	147	16	350.5	309.8	1250.2	20	27.8	3.9	171	23	312.2	264.2	749.1	3	25 ～ 29
32.6	7.5	149	17	453.3	393.8	1762.0	17	32.0	5.8	173	10	312.7	294.7	1005.3	5	30 ～ 34
37.5	9.2	145	10	573.9	545.4	2043.6	16	37.3	6.4	184	17	304.4	277.0	587.3	10	35 ～ 39
42.2	13.1	154	5	551.3	537.5	2048.9	15	42.3	13.2	177	15	324.4	294.5	600.2	26	40 ～ 44
47.4	19.5	150	4	603.6	592.8	3169.0	25	47.6	11.9	183	18	338.0	304.9	541.2	35	45 ～ 49
52.6	22.7	153	1	727.7	722.8	3177.7	21	52.8	19.0	175	12	382.8	357.9	1108.9	16	50 ～ 54
57.5	27.9	156	1	661.8	658.7	3780.9	28	57.7	23.2	176	7	397.8	384.0	828.3	21	55 ～ 59
62.4	21.4	155	4	418.0	415.5	1974.8	10	62.7	27.4	176	8	309.3	292.6	571.7	21	60 ～ 64
66.8	11.7	155	1	440.8	436.5	1124.0	2	67.2	26.4	176	5	326.9	318.2	444.5	9	65 ～ 69
-	-	-	-	-	-	-	-	71.0	20.5	145	0	236.0	236.0	263.4	5	70歳～

第1表　年齢階級別きまって支給する現金給与額、

C 鉱業，採石業，

区分	企業規模計 年齢	勤続年数	所定内実労働時間数	超過実労働時間数	きまって支給する現金給与額	所定内給与額	年間賞与その他特別給与額	労働者数	1,000人以上 年齢	勤続年数	所定内実労働時間数	超過実労働時間数	きまって支給する現金給与額	所定内給与額	年間賞与その他特別給与額	労働者数
	歳	年	時	時	千円	千円	千円	十人	歳	年	時	時	千円	千円	千円	十人
中学卒	**49.2**	**12.5**	**186**	**17**	**301.4**	**270.2**	**352.0**	**22**	-	-	-	-	-	-	-	-
～19歳	-	-	-	-	-	-	-	-	-	-	-	-	-	-	-	-
20 ～ 24	20.5	1.5	176	7	186.1	177.2	0.0	0	-	-	-	-	-	-	-	-
25 ～ 29	28.5	6.5	192	4	217.8	212.0	340.0	0	-	-	-	-	-	-	-	-
30 ～ 34	34.5	2.5	192	11	284.7	264.6	320.0	0	-	-	-	-	-	-	-	-
35 ～ 39	36.5	3.6	195	22	274.4	237.2	274.3	4	-	-	-	-	-	-	-	-
40 ～ 44	41.0	5.7	197	24	301.7	255.0	328.4	5	-	-	-	-	-	-	-	-
45 ～ 49	48.6	5.9	197	19	313.8	280.8	278.6	5	-	-	-	-	-	-	-	-
50 ～ 54	51.5	11.2	168	9	292.3	268.8	428.7	0	-	-	-	-	-	-	-	-
55 ～ 59	57.2	21.5	179	31	446.5	402.7	839.9	1	-	-	-	-	-	-	-	-
60 ～ 64	63.4	28.0	156	6	268.5	256.4	350.2	5	-	-	-	-	-	-	-	-
65 ～ 69	67.9	35.2	181	15	401.6	376.9	719.1	1	-	-	-	-	-	-	-	-
70歳～	75.5	9.8	194	0	301.9	301.9	380.0	0	-	-	-	-	-	-	-	-
高校卒	**51.2**	**20.9**	**169**	**11**	**385.8**	**363.2**	**1261.6**	**160**	**48.8**	**26.3**	**155**	**5**	**490.2**	**478.0**	**2635.8**	**34**
～19歳	19.5	1.5	161	10	231.0	216.2	587.1	1	19.5	1.5	161	10	231.0	216.2	587.1	1
20 ～ 24	22.3	3.1	155	17	223.7	199.4	782.9	3	22.6	3.1	154	11	214.0	197.7	787.8	2
25 ～ 29	27.9	7.1	159	14	284.5	254.3	1007.2	2	27.6	8.1	151	8	278.6	260.8	1200.4	2
30 ～ 34	32.2	8.5	170	21	307.0	272.2	915.4	3	33.7	7.7	161	28	252.1	217.4	787.7	1
35 ～ 39	37.6	9.8	168	17	323.4	291.2	807.2	6	38.0	12.0	153	24	358.3	307.2	1325.2	1
40 ～ 44	42.6	16.8	169	13	355.1	327.4	882.9	23	43.7	25.7	154	0	606.0	604.5	2913.6	2
45 ～ 49	47.7	15.8	175	19	376.1	339.1	915.9	33	48.2	27.2	154	7	527.9	510.1	2874.6	4
50 ～ 54	52.8	26.5	163	7	488.6	471.8	2283.5	34	52.8	32.4	156	3	568.1	560.1	3434.6	15
55 ～ 59	57.6	26.4	171	5	437.3	423.6	1628.4	26	57.0	33.9	156	3	572.5	557.0	3516.5	3
60 ～ 64	62.6	28.4	175	10	320.0	300.6	871.2	16	62.9	28.6	153	6	334.6	325.2	779.8	3
65 ～ 69	67.0	24.0	173	3	301.2	294.1	286.3	7	-	-	-	-	-	-	-	-
70歳～	70.6	18.1	140	0	246.0	246.0	261.6	5	70.5	7.5	124	0	530.9	530.9	0.0	0
高専・短大卒	**52.0**	**17.3**	**169**	**4**	**405.4**	**395.5**	**1168.1**	**12**	**49.9**	**22.9**	**149**	**6**	**395.0**	**370.2**	**2760.4**	**1**
～19歳	-	-	-	-	-	-	-	-	-	-	-	-	-	-	-	-
20 ～ 24	21.5	1.5	192	0	226.8	226.8	230.0	0	-	-	-	-	-	-	-	-
25 ～ 29	26.8	2.8	184	31	273.2	230.1	341.5	0	-	-	-	-	-	-	-	-
30 ～ 34	34.0	1.5	172	10	294.9	274.2	656.9	0	-	-	-	-	-	-	-	-
35 ～ 39	39.2	3.5	183	1	309.8	306.0	952.1	0	38.5	7.5	160	4	389.3	378.0	2156.2	0
40 ～ 44	42.2	7.5	161	6	321.7	301.1	854.6	1	43.5	6.5	137	3	261.8	245.2	586.8	0
45 ～ 49	47.5	17.5	170	9	405.8	385.2	995.7	2	-	-	-	-	-	-	-	-
50 ～ 54	52.1	19.1	167	2	458.0	450.1	1268.2	3	53.5	30.5	156	15	548.2	493.2	2659.6	0
55 ～ 59	56.2	33.5	169	0	426.5	424.3	2295.0	2	55.5	35.5	150	0	376.4	370.4	5186.0	0
60 ～ 64	62.2	17.9	180	1	325.0	323.6	349.9	2	-	-	-	-	-	-	-	-
65 ～ 69	68.1	13.7	142	0	649.2	649.2	2430.5	1	-	-	-	-	-	-	-	-
70歳～	-	-	-	-	-	-	-	-	-	-	-	-	-	-	-	-
大学・大学院卒	**43.4**	**14.2**	**153**	**8**	**538.7**	**517.8**	**2354.3**	**168**	**42.3**	**14.8**	**158**	**13**	**548.4**	**514.1**	**2467.5**	**11**
～19歳	-	-	-	-	-	-	-	-	-	-	-	-	-	-	-	-
20 ～ 24	23.8	1.1	150	24	316.0	256.9	476.7	8	-	-	-	-	-	-	-	-
25 ～ 29	27.3	3.1	150	19	353.2	305.2	1229.9	26	26.9	2.4	158	34	385.6	294.3	1326.0	3
30 ～ 34	32.5	7.0	151	15	444.4	389.9	1727.0	19	32.7	6.7	160	21	460.8	391.1	1555.6	1
35 ～ 39	37.6	9.0	148	9	571.8	546.5	2070.1	17	38.0	9.5	162	0	587.4	587.4	2906.8	0
40 ～ 44	42.5	12.0	157	3	571.8	564.5	1980.6	16	42.7	15.1	162	0	767.2	767.2	1661.1	1
45 ～ 49	47.3	17.5	153	2	592.8	589.2	3170.3	26	48.5	11.2	156	2	615.3	609.9	3334.2	1
50 ～ 54	52.7	21.5	155	1	782.1	779.5	3770.9	17	52.4	27.1	161	0	634.9	634.9	5228.7	1
55 ～ 59	57.6	26.4	156	1	685.0	683.5	3729.3	25	57.0	31.3	157	0	858.2	858.2	4733.5	1
60 ～ 64	62.3	23.5	158	2	412.1	409.7	1574.1	12	61.7	32.0	149	0	388.7	388.7	1234.3	1
65 ～ 69	66.7	17.2	178	1	347.3	345.2	686.3	2	-	-	-	-	-	-	-	-
70歳～	71.3	39.5	149	0	336.0	336.0	0.0	1	-	-	-	-	-	-	-	-
女																
学歴計	**44.4**	**11.4**	**161**	**6**	**256.3**	**243.6**	**748.0**	**131**	**38.5**	**12.2**	**157**	**5**	**258.5**	**248.0**	**959.7**	**13**
～19歳	19.1	1.0	161	4	174.7	169.8	352.6	2	19.0	1.0	162	3	185.3	181.7	327.4	1
20 ～ 24	23.6	1.8	163	9	232.1	216.1	349.0	5	24.5	2.9	161	16	239.3	215.6	686.0	1
25 ～ 29	27.6	4.2	148	11	292.0	265.9	933.1	15	27.3	6.4	159	19	288.5	248.7	1121.0	2
30 ～ 34	32.7	6.6	152	9	299.2	272.1	973.4	11	32.0	6.5	154	1	200.0	199.4	674.2	2
35 ～ 39	37.9	9.5	155	4	271.8	263.4	968.2	12	38.3	13.3	149	1	193.6	191.9	528.6	2
40 ～ 44	42.5	11.8	158	3	272.4	264.3	931.9	22	43.3	14.2	159	1	282.1	280.0	1173.5	3
45 ～ 49	47.5	12.6	161	5	255.4	245.5	718.3	18	47.5	4.5	154	1	273.7	272.8	832.0	1
50 ～ 54	52.0	13.4	170	8	253.2	238.5	721.0	20	52.3	25.9	155	5	339.2	324.3	1504.0	2
55 ～ 59	57.6	14.7	167	4	226.4	221.1	573.2	14	58.2	33.8	157	5	254.2	245.7	1059.6	1
60 ～ 64	61.2	19.3	168	4	201.5	196.2	376.8	11	60.5	2.5	156	0	268.0	268.0	1800.7	0
65 ～ 69	66.2	26.3	179	6	197.6	190.3	219.0	3	-	-	-	-	-	-	-	-
70歳～	77.5	30.0	170	8	348.5	342.5	905.0	0	-	-	-	-	-	-	-	-

所定内給与額及び年間賞与その他特別給与額

砂利採取業

100 ～ 999人 年齢	勤続年数	所定内実労働時間数	超過実労働時間数	きまって支給する現金給与額	所定内給与額	年間賞与その他特別給与額	労働者数	10 ～ 99人 年齢	勤続年数	所定内実労働時間数	超過実労働時間数	きまって支給する現金給与額	所定内給与額	年間賞与その他特別給与額	労働者数	区分
歳	年	時	時	千円	千円	千円	十人	歳	年	時	時	千円	千円	千円	十人	
51.3	18.3	162	9	260.4	242.4	333.3	1	49.1	12.3	187	18	303.0	271.3	352.7	21	中学卒
-	-	-	-	-	-	-	-	-	-	-	-	-	-	-	-	～ 19歳
-	-	-	-	-	-	-	-	20.5	1.5	176	7	186.1	177.2	0.0	0	20 ～ 24
-	-	-	-	-	-	-	-	28.5	6.5	192	4	217.8	212.0	340.0	0	25 ～ 29
-	-	-	-	-	-	-	-	34.5	2.5	192	11	284.7	264.6	320.0	0	30 ～ 34
-	-	-	-	-	-	-	-	36.5	3.6	195	22	274.4	237.2	274.3	4	35 ～ 39
44.0	5.5	176	10	249.4	232.4	420.8	0	40.8	5.8	198	25	306.4	257.0	320.1	4	40 ～ 44
-	-	-	-	-	-	-	-	48.6	5.9	197	19	313.8	280.8	278.6	5	45 ～ 49
50.5	10.5	160	0	226.2	226.2	438.0	0	53.5	12.5	184	27	424.4	354.0	410.0	0	50 ～ 54
-	-	-	-	-	-	-	-	57.2	21.5	179	31	446.5	402.7	839.9	1	55 ～ 59
-	-	-	-	-	-	-	-	63.4	28.0	156	6	268.5	256.4	350.2	5	60 ～ 64
66.5	51.5	135	16	316.4	278.4	53.5	0	68.1	32.2	189	15	417.1	394.8	840.1	1	65 ～ 69
-	-	-	-	-	-	-	-	75.5	9.8	194	0	301.9	301.9	380.0	0	70歳～
50.9	23.2	159	8	445.2	425.4	1878.5	32	52.1	18.1	177	14	328.0	300.8	558.5	94	高校卒
-	-	-	-	-	-	-	-	-	-	-	-	-	-	-	-	～ 19歳
21.0	3.0	147	28	233.0	197.7	1050.9	1	23.0	3.5	172	30	257.4	212.3	201.6	0	20 ～ 24
26.5	1.5	176	0	187.6	187.6	378.5	0	29.5	6.0	184	47	356.4	261.4	549.0	0	25 ～ 29
32.2	10.2	159	29	325.8	271.8	1306.5	1	31.8	7.1	182	11	307.7	289.9	607.9	2	30 ～ 34
37.1	9.9	158	22	367.2	323.6	1160.0	2	37.8	9.1	179	12	285.0	265.6	433.1	3	35 ～ 39
41.4	20.0	154	14	425.6	385.1	1909.7	3	42.7	15.5	173	14	321.9	293.6	547.7	19	40 ～ 44
48.5	22.3	155	12	516.6	480.5	1486.2	5	47.4	12.4	183	22	320.4	279.6	439.3	24	45 ～ 49
52.8	24.6	157	1	523.8	513.6	2130.4	8	52.8	19.8	178	17	354.6	321.0	834.3	11	50 ～ 54
57.0	30.8	163	2	486.7	477.4	2501.8	8	58.0	22.2	178	8	379.1	363.3	710.8	15	55 ～ 59
62.7	27.4	160	7	273.5	269.2	1541.7	3	62.6	28.8	187	13	331.5	303.9	668.2	10	60 ～ 64
65.5	7.5	168	0	262.3	259.4	236.8	1	67.2	26.0	173	4	305.9	298.3	292.3	7	65 ～ 69
-	-	-	-	-	-	-	-	70.6	19.1	142	0	220.1	220.1	285.4	4	70歳～
53.1	16.7	166	5	444.1	434.6	1272.0	5	51.6	16.6	176	3	376.0	368.8	743.6	6	高専・短大卒
-	-	-	-	-	-	-	-	-	-	-	-	-	-	-	-	～ 19歳
-	-	-	-	-	-	-	-	21.5	1.5	192	0	226.8	226.8	230.0	0	20 ～ 24
-	-	-	-	-	-	-	-	26.8	2.8	184	31	273.2	230.1	341.5	0	25 ～ 29
34.5	0.5	176	20	316.1	274.8	100.0	0	33.5	2.5	168	0	273.6	273.6	1213.7	0	30 ～ 34
-	-	-	-	-	-	-	-	39.5	1.5	195	0	270.0	270.0	350.0	0	35 ～ 39
41.5	14.5	176	0	370.3	370.3	923.7	0	41.5	5.5	175	11	350.3	318.0	1041.3	1	40 ～ 44
47.4	20.2	169	12	377.3	351.5	1190.7	1	47.6	13.6	171	4	445.6	432.3	722.6	1	45 ～ 49
51.0	15.4	167	0	439.7	439.7	1072.8	2	53.2	20.1	170	0	448.4	448.4	975.5	1	50 ～ 54
55.8	35.5	187	0	364.1	364.1	837.9	1	57.0	30.2	163	1	522.4	520.4	1824.7	1	55 ～ 59
63.2	11.8	176	9	298.2	287.4	438.4	0	62.1	18.8	180	0	329.0	329.0	336.7	2	60 ～ 64
68.5	5.5	133	0	734.4	734.4	2806.4	1	66.5	46.5	176	0	308.4	308.4	927.0	0	65 ～ 69
-	-	-	-	-	-	-	-	-	-	-	-	-	-	-	-	70歳～
42.3	13.5	149	8	580.0	557.8	2655.7	124	48.4	16.4	170	6	374.8	363.9	1145.3	32	大学・大学院卒
-	-	-	-	-	-	-	-	-	-	-	-	-	-	-	-	～ 19歳
23.8	1.0	147	26	325.6	261.8	475.4	7	23.8	1.8	178	11	234.9	215.8	487.3	1	20 ～ 24
27.4	3.2	146	16	352.1	311.1	1258.9	20	27.6	3.4	166	19	317.4	273.0	863.3	2	25 ～ 29
32.6	7.3	147	16	466.7	406.4	1824.9	15	31.9	5.6	168	9	320.2	300.9	1255.8	3	30 ～ 34
37.6	9.1	144	8	601.1	574.7	2160.2	14	37.9	8.5	170	14	385.2	362.7	1360.5	2	35 ～ 39
42.4	11.7	153	3	593.8	585.9	2155.9	12	42.7	11.3	169	5	367.7	359.1	1363.9	3	40 ～ 44
47.2	18.8	148	2	641.5	637.9	3724.5	19	47.7	14.7	172	2	417.3	414.0	1195.1	5	45 ～ 49
52.7	22.5	149	1	924.5	922.8	4275.2	11	52.7	17.0	168	3	443.3	437.5	1895.4	4	50 ～ 54
57.8	26.4	152	0	748.2	747.7	4435.9	19	57.1	25.3	170	3	428.9	423.4	1038.1	5	55 ～ 59
62.1	18.6	151	1	503.0	501.9	2286.7	6	62.8	27.7	170	4	293.6	288.8	690.5	5	60 ～ 64
66.5	12.3	178	0	306.6	306.6	280.0	1	66.8	19.4	178	1	365.8	362.8	870.9	1	65 ～ 69
-	-	-	-	-	-	-	-	71.3	39.5	149	0	336.0	336.0	0.0	1	70歳～
																女
38.6	10.9	147	8	331.1	308.9	1285.4	46	49.1	11.6	170	5	208.9	201.8	373.3	73	学歴計
19.5	1.5	132	0	190.1	190.1	1008.2	0	19.0	0.8	174	7	156.3	147.9	50.0	1	～ 19歳
23.3	0.9	158	8	245.9	230.7	139.2	3	23.3	2.8	175	6	196.2	184.9	522.9	1	20 ～ 24
27.5	4.0	141	11	311.0	283.1	996.5	11	28.1	3.2	177	4	189.8	185.1	421.9	2	25 ～ 29
33.2	8.7	145	15	407.8	359.8	1484.7	6	32.2	3.4	163	4	177.9	170.7	328.7	4	30 ～ 34
37.5	10.1	146	3	332.7	322.3	1507.1	6	38.2	7.5	168	5	224.0	215.7	463.5	5	35 ～ 39
42.5	15.3	144	4	383.2	371.1	1775.3	7	42.3	9.1	165	4	205.1	197.9	377.3	12	40 ～ 44
47.3	16.6	152	7	320.4	305.7	1258.7	6	47.6	11.1	166	5	220.5	212.6	431.8	11	45 ～ 49
51.1	20.3	151	12	359.4	326.0	1578.7	4	52.2	9.7	177	6	210.5	201.6	365.4	14	50 ～ 54
57.7	22.0	159	2	277.4	272.3	1688.2	2	57.5	12.7	169	4	217.6	212.4	386.3	12	55 ～ 59
61.0	11.1	153	6	198.5	188.0	682.3	2	61.2	21.2	171	3	201.4	197.3	295.7	9	60 ～ 64
-	-	-	-	-	-	-	-	66.2	26.3	179	6	197.6	190.3	219.0	3	65 ～ 69
-	-	-	-	-	-	-	-	77.5	30.0	170	8	348.5	342.5	905.0	0	70歳～

第1表　年齢階級別きまって支給する現金給与額、

C 鉱業，採石業，

区分	企業規模計								1,000人以上							
	年齢	勤続年数	所定内実労働時間数	超過実労働時間数	きまって支給する現金給与額	所定内給与額	年間賞与その他特別給与額	労働者数	年齢	勤続年数	所定内実労働時間数	超過実労働時間数	きまって支給する現金給与額	所定内給与額	年間賞与その他特別給与額	労働者数
	歳	年	時	時	千円	千円	千円	十人	歳	年	時	時	千円	千円	千円	十人
中学卒	**51.7**	**12.7**	**169**	**4**	**202.4**	**196.3**	**285.4**	**4**	**54.5**	**10.5**	**137**	**0**	**188.3**	**188.3**	**483.3**	**0**
～19歳	-	-	-	-	-	-	-	-	-	-	-	-	-	-	-	-
20～24	-	-	-	-	-	-	-	-	-	-	-	-	-	-	-	-
25～29	-	-	-	-	-	-	-	-	-	-	-	-	-	-	-	-
30～34	30.5	0.5	142	0	110.7	110.7	0.0	0	-	-	-	-	-	-	-	-
35～39	39.5	2.5	184	0	272.7	272.7	100.0	1	-	-	-	-	-	-	-	-
40～44	40.5	2.5	165	0	153.5	153.5	250.0	0	-	-	-	-	-	-	-	-
45～49	45.5	15.0	167	0	150.1	150.1	315.0	0	-	-	-	-	-	-	-	-
50～54	54.5	10.5	137	0	188.3	188.3	483.3	0	54.5	10.5	137	0	188.3	188.3	483.3	0
55～59	57.8	8.0	175	10	224.7	209.5	215.2	1	-	-	-	-	-	-	-	-
60～64	61.4	16.2	163	9	167.7	156.3	442.4	1	-	-	-	-	-	-	-	-
65～69	65.5	39.5	172	8	187.4	176.8	460.0	1	-	-	-	-	-	-	-	-
70歳～	-	-	-	-	-	-	-	-	-	-	-	-	-	-	-	-
高校卒	**47.6**	**13.0**	**167**	**5**	**220.3**	**212.8**	**545.8**	**71**	**38.1**	**14.8**	**157**	**3**	**255.1**	**248.4**	**1019.8**	**7**
～19歳	19.1	1.0	161	4	174.7	169.8	352.6	2	19.0	1.0	162	3	185.3	181.7	327.4	1
20～24	23.9	4.2	172	5	194.8	185.1	644.1	1	24.5	5.5	163	6	205.0	195.1	1025.3	0
25～29	28.2	6.7	166	3	210.1	205.5	780.7	4	28.0	10.0	162	6	231.5	222.5	1051.2	1
30～34	32.1	4.2	162	3	178.5	174.9	410.1	3	31.5	13.5	153	0	246.3	246.3	1328.0	0
35～39	37.7	11.6	157	5	231.7	223.2	745.0	5	37.7	19.6	152	2	197.1	194.3	657.0	1
40～44	42.9	10.9	166	4	236.5	229.1	687.8	11	43.2	15.3	157	1	273.8	271.9	1142.3	2
45～49	47.7	11.2	162	6	217.3	208.2	472.0	11	49.5	4.5	148	0	281.3	281.3	740.0	0
50～54	52.1	13.5	171	6	230.8	219.9	565.1	15	52.0	33.0	159	11	384.4	356.5	1813.7	1
55～59	57.6	18.9	174	5	232.4	225.8	672.2	7	59.5	28.5	159	13	213.3	192.6	582.7	0
60～64	61.0	20.2	168	2	203.0	200.0	267.8	9	-	-	-	-	-	-	-	-
65～69	66.4	22.3	181	5	200.7	194.4	146.3	2	-	-	-	-	-	-	-	-
70歳～	77.5	30.0	170	8	348.5	342.5	905.0	0	-	-	-	-	-	-	-	-
高専・短大卒	**45.2**	**13.7**	**156**	**6**	**276.8**	**265.0**	**930.9**	**23**	**42.9**	**15.1**	**157**	**1**	**261.7**	**260.4**	**1026.9**	**3**
～19歳	-	-	-	-	-	-	-	-	-	-	-	-	-	-	-	-
20～24	22.5	0.5	173	7	195.7	185.5	448.7	1	-	-	-	-	-	-	-	-
25～29	28.5	8.5	156	1	320.8	314.6	1685.3	0	28.5	8.5	156	1	320.8	314.6	1685.3	0
30～34	33.3	5.4	149	9	262.2	239.8	873.3	2	33.0	4.0	154	1	187.8	186.7	461.5	1
35～39	38.2	8.5	152	2	218.2	214.0	613.8	1	38.5	0.5	141	0	178.5	178.5	36.4	0
40～44	42.1	13.0	147	4	273.3	263.6	896.9	8	44.5	24.5	167	0	341.1	341.1	1669.5	0
45～49	47.5	15.3	159	4	329.8	319.2	1141.4	6	45.5	4.5	160	1	266.1	264.3	923.9	0
50～54	51.4	14.0	171	14	286.6	266.6	844.5	2	50.5	30.5	165	0	379.2	379.2	1998.8	0
55～59	57.4	25.9	164	5	255.5	248.3	879.9	2	57.5	36.5	156	1	274.6	272.3	1298.0	0
60～64	62.2	14.9	166	10	205.5	187.2	1012.2	1	-	-	-	-	-	-	-	-
65～69	-	-	-	-	-	-	-	-	-	-	-	-	-	-	-	-
70歳～	-	-	-	-	-	-	-	-	-	-	-	-	-	-	-	-
大学・大学院卒	**36.2**	**6.2**	**150**	**9**	**325.7**	**300.8**	**1113.5**	**34**	**33.1**	**3.3**	**157**	**15**	**274.6**	**244.5**	**815.3**	**3**
～19歳	-	-	-	-	-	-	-	-	-	-	-	-	-	-	-	-
20～24	23.6	1.0	157	11	254.3	234.7	204.6	3	24.5	1.2	160	22	262.2	229.2	459.7	1
25～29	27.4	3.3	142	14	318.3	285.1	975.8	11	26.5	2.5	158	35	341.5	266.7	1120.3	1
30～34	32.9	8.5	149	12	382.4	340.2	1339.1	6	30.5	4.5	156	0	177.9	177.9	445.9	0
35～39	37.5	8.7	147	2	350.5	338.2	1657.7	4	39.5	5.5	148	0	193.2	193.2	485.9	0
40～44	42.4	12.4	154	2	412.8	406.2	1989.3	3	43.5	2.5	165	2	302.6	298.2	1112.2	0
45～49	45.8	11.3	155	4	330.9	308.3	1564.4	1	-	-	-	-	-	-	-	-
50～54	51.0	12.3	162	13	399.1	358.9	1795.9	2	52.5	11.5	156	8	420.8	392.1	1130.4	0
55～59	57.6	2.5	155	0	200.8	200.7	304.3	4	-	-	-	-	-	-	-	-
60～64	61.5	19.5	177	4	212.8	211.5	648.9	0	60.5	2.5	156	0	268.0	268.0	1800.7	0
65～69	-	-	-	-	-	-	-	-	-	-	-	-	-	-	-	-
70歳～	-	-	-	-	-	-	-	-	-	-	-	-	-	-	-	-
生産労働者（女）																
学歴計	**44.0**	**6.9**	**170**	**8**	**218.6**	**206.6**	**316.0**	**10**	**25.2**	**1.2**	**156**	**36**	**296.0**	**238.6**	**414.6**	**1**
～19歳	-	-	-	-	-	-	-	-	-	-	-	-	-	-	-	-
20～24	24.5	0.5	164	36	276.9	235.0	0.0	0	24.5	0.5	164	36	276.9	235.0	0.0	0
25～29	26.8	1.2	160	25	256.4	211.9	427.9	1	25.5	1.5	152	36	305.6	240.4	621.9	0
30～34	32.1	2.8	165	5	172.5	165.4	290.4	2	-	-	-	-	-	-	-	-
35～39	39.2	3.2	177	0	252.5	252.5	76.9	1	-	-	-	-	-	-	-	-
40～44	43.3	9.5	178	2	215.8	213.4	278.4	2	-	-	-	-	-	-	-	-
45～49	45.9	4.3	166	9	213.3	202.2	609.2	1	-	-	-	-	-	-	-	-
50～54	51.4	11.7	169	18	261.7	236.6	425.8	2	-	-	-	-	-	-	-	-
55～59	56.0	9.0	170	0	202.5	202.5	50.0	0	-	-	-	-	-	-	-	-
60～64	62.4	11.5	168	5	163.6	157.4	291.5	1	-	-	-	-	-	-	-	-
65～69	67.5	16.5	184	0	133.0	133.0	0.0	0	-	-	-	-	-	-	-	-
70歳～	-	-	-	-	-	-	-	-	-	-	-	-	-	-	-	-

所定内給与額及び年間賞与その他特別給与額

砂利採取業

100 ～ 999人								10 ～ 99人								区分
年齢	勤続年数	所定内実労働時間数	超過実労働時間数	きまって支給する現金給与額	所定内給与額	年間賞与その他特別給与額	労働者数	年齢	勤続年数	所定内実労働時間数	超過実労働時間数	きまって支給する現金給与額	所定内給与額	年間賞与その他特別給与額	労働者数	
歳	年	時	時	千円	千円	千円	十人	歳	年	時	時	千円	千円	千円	十人	
60.5	26.5	176	0	180.0	180.0	641.8	0	51.1	12.6	172	5	204.5	197.5	255.2	4	中学卒
-	-	-	-	-	-	-	-	-	-	-	-	-	-	-	-	～ 19歳
-	-	-	-	-	-	-	-	-	-	-	-	-	-	-	-	20 ～ 24
-	-	-	-	-	-	-	-	-	-	-	-	-	-	-	-	25 ～ 29
-	-	-	-	-	-	-	-	30.5	0.5	142	0	110.7	110.7	0.0	0	30 ～ 34
-	-	-	-	-	-	-	-	39.5	2.5	184	0	272.7	272.7	100.0	1	35 ～ 39
-	-	-	-	-	-	-	-	40.5	2.5	165	0	153.5	153.5	250.0	0	40 ～ 44
-	-	-	-	-	-	-	-	45.5	15.0	167	0	150.1	150.1	315.0	0	45 ～ 49
-	-	-	-	-	-	-	-	-	-	-	-	-	-	-	-	50 ～ 54
-	-	-	-	-	-	-	-	57.8	8.0	175	10	224.7	209.5	215.2	1	55 ～ 59
60.5	26.5	176	0	180.0	180.0	641.8	0	61.5	14.5	161	11	165.6	152.3	409.2	1	60 ～ 64
-	-	-	-	-	-	-	-	65.5	39.5	172	8	187.4	176.8	460.0	1	65 ～ 69
-	-	-	-	-	-	-	-	-	-	-	-	-	-	-	-	70歳～
45.9	15.5	150	6	264.6	252.4	1124.7	12	49.2	12.2	173	5	205.1	198.6	344.7	52	高校卒
19.5	1.5	132	0	190.1	190.1	1008.2	0	19.0	0.8	174	7	156.3	147.9	50.0	1	～ 19歳
-	-	-	-	-	-	-	-	23.6	3.6	176	4	190.3	180.6	474.6	1	20 ～ 24
28.3	9.6	153	0	224.6	224.6	1075.3	1	28.2	3.3	177	4	190.6	185.1	462.8	2	25 ～ 29
-	-	-	-	-	-	-	-	32.2	2.7	163	3	168.0	163.9	268.8	3	30 ～ 34
37.8	12.1	145	6	292.8	281.9	1162.6	2	37.7	8.9	164	6	209.5	200.4	547.7	3	35 ～ 39
42.4	16.7	157	8	307.4	287.4	1278.6	2	42.9	7.8	171	3	204.2	198.2	366.2	7	40 ～ 44
47.1	11.5	152	10	227.8	214.9	942.1	2	47.8	11.4	166	5	211.1	202.7	321.2	8	45 ～ 49
51.3	25.6	144	10	314.6	290.0	1310.0	2	52.3	9.9	178	5	204.2	197.1	336.1	12	50 ～ 54
57.8	21.8	158	2	286.0	281.8	1927.9	1	57.5	18.0	178	5	222.1	215.5	419.8	6	55 ～ 59
61.0	10.0	146	0	183.0	183.0	196.4	1	61.0	21.9	172	3	206.4	202.9	279.8	8	60 ～ 64
-	-	-	-	-	-	-	-	66.4	22.3	181	5	200.7	194.4	146.3	2	65 ～ 69
-	-	-	-	-	-	-	-	77.5	30.0	170	8	348.5	342.5	905.0	0	70歳～
44.4	15.3	146	6	348.0	330.7	1435.4	10	46.4	11.8	164	6	215.1	205.8	445.1	10	高専・短大卒
-	-	-	-	-	-	-	-	-	-	-	-	-	-	-	-	～ 19歳
22.5	0.5	176	1	168.0	167.1	120.0	0	22.5	0.5	171	11	214.1	197.8	667.8	0	20 ～ 24
-	-	-	-	-	-	-	-	-	-	-	-	-	-	-	-	25 ～ 29
33.3	6.3	142	16	331.1	289.9	1377.4	1	34.5	6.5	165	10	215.8	202.0	0.0	0	30 ～ 34
37.8	10.8	148	2	252.8	247.6	925.2	1	38.7	8.1	163	3	177.4	173.3	338.9	0	35 ～ 39
42.8	14.3	136	4	379.5	366.5	1552.4	3	41.4	11.5	155	4	186.6	179.1	345.0	4	40 ～ 44
47.4	20.9	151	5	391.2	374.6	1535.6	3	48.0	8.5	170	2	243.4	240.6	547.7	2	45 ～ 49
-	-	-	-	-	-	-	-	51.6	9.6	173	17	261.9	236.6	536.7	2	50 ～ 54
57.3	22.5	162	4	256.9	249.7	1112.9	1	57.4	23.5	168	7	248.0	239.0	621.9	1	55 ～ 59
61.2	10.8	164	19	235.1	200.2	1742.1	1	63.1	18.4	168	3	180.2	176.1	386.7	1	60 ～ 64
-	-	-	-	-	-	-	-	-	-	-	-	-	-	-	-	65 ～ 69
-	-	-	-	-	-	-	-	-	-	-	-	-	-	-	-	70歳～
32.4	6.7	146	10	358.9	329.6	1309.8	24	50.6	5.5	161	3	230.1	222.7	546.5	7	大学・大学院卒
-	-	-	-	-	-	-	-	-	-	-	-	-	-	-	-	～ 19歳
23.4	0.9	157	9	252.4	236.0	140.8	2	-	-	-	-	-	-	-	-	20 ～ 24
27.4	3.4	140	13	320.5	289.6	987.8	10	27.5	2.2	176	0	185.0	185.0	190.0	0	25 ～ 29
33.2	9.2	146	14	424.5	375.0	1508.1	5	32.2	5.9	168	7	222.8	204.4	738.9	1	30 ～ 34
37.3	9.0	146	1	372.6	361.1	1824.8	3	37.5	9.5	161	25	310.5	261.8	1327.6	0	35 ～ 39
42.2	15.9	145	2	465.9	463.3	2680.4	2	42.5	8.9	172	4	339.3	320.8	713.5	1	40 ～ 44
45.5	0.5	168	2	280.5	277.3	0.0	0	45.9	13.5	152	4	340.9	314.5	1877.3	1	45 ～ 49
50.8	13.3	161	15	419.3	373.9	1936.9	2	51.5	3.5	176	0	207.0	207.0	860.0	0	50 ～ 54
-	-	-	-	-	-	-	-	57.6	2.5	155	0	200.8	200.7	304.3	4	55 ～ 59
-	-	-	-	-	-	-	-	61.8	25.2	184	5	194.3	192.7	265.0	0	60 ～ 64
-	-	-	-	-	-	-	-	-	-	-	-	-	-	-	-	65 ～ 69
-	-	-	-	-	-	-	-	-	-	-	-	-	-	-	-	70歳～
																生産労働者（女）
37.5	7.5	147	0	211.2	211.2	0.0	0	45.4	7.3	172	7	213.4	204.3	316.5	9	学歴計
-	-	-	-	-	-	-	-	-	-	-	-	-	-	-	-	～ 19歳
-	-	-	-	-	-	-	-	-	-	-	-	-	-	-	-	20 ～ 24
-	-	-	-	-	-	-	-	29.5	0.5	176	3	158.0	155.0	40.0	0	25 ～ 29
-	-	-	-	-	-	-	-	32.1	2.8	165	5	172.5	165.4	290.4	2	30 ～ 34
37.5	7.5	147	0	211.2	211.2	0.0	0	39.5	2.4	182	0	260.0	260.0	90.9	1	35 ～ 39
-	-	-	-	-	-	-	-	43.3	9.5	178	2	215.8	213.4	278.4	2	40 ～ 44
-	-	-	-	-	-	-	-	45.9	4.3	166	9	213.3	202.2	609.2	1	45 ～ 49
-	-	-	-	-	-	-	-	51.4	11.7	169	18	261.7	236.6	425.8	2	50 ～ 54
-	-	-	-	-	-	-	-	56.0	9.0	170	0	202.5	202.5	50.0	0	55 ～ 59
-	-	-	-	-	-	-	-	62.4	11.5	168	5	163.6	157.4	291.5	1	60 ～ 64
-	-	-	-	-	-	-	-	67.5	16.5	184	0	133.0	133.0	0.0	0	65 ～ 69
-	-	-	-	-	-	-	-	-	-	-	-	-	-	-	-	70歳～

第1表　年齢階級別きまって支給する現金給与額、

C 鉱業，採石業，

区分	企業規模計								1,000人以上							
	年齢	勤続年数	所定内実労働時間数	超過実労働時間数	きまって支給する現金給与額	所定内給与額	年間賞与その他特別給与額	労働者数	年齢	勤続年数	所定内実労働時間数	超過実労働時間数	きまって支給する現金給与額	所定内給与額	年間賞与その他特別給与額	労働者数
	歳	年	時	時	千円	千円	千円	十人	歳	年	時	時	千円	千円	千円	十人
中学卒	**43.4**	**2.9**	**177**	**0**	**235.5**	**235.5**	**254.6**	**1**	-	-	-	-	-	-	-	-
～19歳	-	-	-	-	-	-	-	-	-	-	-	-	-	-	-	-
20～24	-	-	-	-	-	-	-	-	-	-	-	-	-	-	-	-
25～29	-	-	-	-	-	-	-	-	-	-	-	-	-	-	-	-
30～34	-	-	-	-	-	-	-	-	-	-	-	-	-	-	-	-
35～39	39.5	2.5	184	0	272.7	272.7	100.0	1	-	-	-	-	-	-	-	-
40～44	-	-	-	-	-	-	-	-	-	-	-	-	-	-	-	-
45～49	45.5	3.5	168	0	156.0	156.0	550.0	0	-	-	-	-	-	-	-	-
50～54	-	-	-	-	-	-	-	-	-	-	-	-	-	-	-	-
55～59	-	-	-	-	-	-	-	-	-	-	-	-	-	-	-	-
60～64	60.5	4.5	153	0	128.9	128.9	732.0	0	-	-	-	-	-	-	-	-
65～69	-	-	-	-	-	-	-	-	-	-	-	-	-	-	-	-
70歳～	-	-	-	-	-	-	-	-	-	-	-	-	-	-	-	-
高校卒以上	**44.1**	**7.6**	**169**	**10**	**215.7**	**201.7**	**326.5**	**8**	**25.2**	**1.2**	**156**	**36**	**296.0**	**238.6**	**414.6**	**1**
～19歳	-	-	-	-	-	-	-	-	-	-	-	-	-	-	-	-
20～24	24.5	0.5	164	36	276.9	235.0	0.0	0	24.5	0.5	164	36	276.9	235.0	0.0	0
25～29	26.8	1.2	160	25	256.4	211.9	427.9	1	25.5	1.5	152	36	305.6	240.4	621.9	0
30～34	32.1	2.8	165	5	172.5	165.4	290.4	2	-	-	-	-	-	-	-	-
35～39	38.2	5.5	153	0	185.2	185.2	0.0	0	-	-	-	-	-	-	-	-
40～44	43.3	9.5	178	2	215.8	213.4	278.4	2	-	-	-	-	-	-	-	-
45～49	45.9	4.5	165	10	226.0	212.4	622.3	1	-	-	-	-	-	-	-	-
50～54	51.4	11.7	169	18	261.7	236.6	425.8	2	-	-	-	-	-	-	-	-
55～59	56.0	9.0	170	0	202.5	202.5	50.0	0	-	-	-	-	-	-	-	-
60～64	62.8	13.1	172	6	171.3	163.8	193.6	1	-	-	-	-	-	-	-	-
65～69	67.5	16.5	184	0	133.0	133.0	0.0	0	-	-	-	-	-	-	-	-
70歳～	-	-	-	-	-	-	-	-	-	-	-	-	-	-	-	-
管理・事務・技術労働者（女）																
学歴計	**44.4**	**11.7**	**160**	**6**	**259.2**	**246.5**	**782.0**	**122**	**39.1**	**12.7**	**157**	**4**	**256.7**	**248.5**	**986.5**	**12**
～19歳	19.1	1.0	161	4	174.7	169.8	352.6	2	19.0	1.0	162	3	185.3	181.7	327.4	1
20～24	23.5	1.8	163	8	230.2	215.3	364.2	5	24.5	3.5	161	11	229.9	210.7	857.5	1
25～29	27.6	4.3	148	11	293.5	268.2	954.5	14	27.9	7.9	162	14	283.2	251.2	1274.6	1
30～34	32.8	7.2	150	10	321.0	290.4	1090.9	9	32.0	6.5	154	1	200.0	199.4	674.2	2
35～39	37.7	10.3	152	4	274.2	264.7	1078.9	10	38.3	13.3	149	1	193.6	191.9	528.6	2
40～44	42.5	12.0	156	4	276.9	268.4	983.9	20	43.3	14.2	159	1	282.1	280.0	1173.5	3
45～49	47.6	13.1	161	5	258.2	248.4	725.6	16	47.5	4.5	154	1	273.7	272.8	832.0	1
50～54	52.0	13.5	170	6	252.4	238.7	750.6	18	52.3	25.9	155	5	339.2	324.3	1504.0	2
55～59	57.6	14.8	167	4	226.8	221.3	580.8	14	58.2	33.8	157	5	254.2	245.7	1059.6	1
60～64	61.0	20.1	168	3	205.5	200.4	385.9	10	60.5	2.5	156	0	268.0	268.0	1800.7	0
65～69	66.1	26.7	179	6	200.2	192.6	227.8	2	-	-	-	-	-	-	-	-
70歳～	77.5	30.0	170	8	348.5	342.5	905.0	0	-	-	-	-	-	-	-	-
中学卒	**55.7**	**17.5**	**164**	**7**	**186.5**	**177.3**	**300.3**	**3**	**54.5**	**10.5**	**137**	**0**	**188.3**	**188.3**	**483.3**	**0**
～19歳	-	-	-	-	-	-	-	-	-	-	-	-	-	-	-	-
20～24	-	-	-	-	-	-	-	-	-	-	-	-	-	-	-	-
25～29	-	-	-	-	-	-	-	-	-	-	-	-	-	-	-	-
30～34	30.5	0.5	142	0	110.7	110.7	0.0	0	-	-	-	-	-	-	-	-
35～39	-	-	-	-	-	-	-	-	-	-	-	-	-	-	-	-
40～44	40.5	2.5	165	0	153.5	153.5	250.0	0	-	-	-	-	-	-	-	-
45～49	45.5	26.5	166	0	144.2	144.2	80.0	0	-	-	-	-	-	-	-	-
50～54	54.5	10.5	137	0	188.3	188.3	483.3	0	54.5	10.5	137	0	188.3	188.3	483.3	0
55～59	57.8	8.0	175	10	224.7	209.5	215.2	1	-	-	-	-	-	-	-	-
60～64	61.7	20.9	168	13	183.2	167.2	326.6	1	-	-	-	-	-	-	-	-
65～69	65.5	39.5	172	8	187.4	176.8	460.0	1	-	-	-	-	-	-	-	-
70歳～	-	-	-	-	-	-	-	-	-	-	-	-	-	-	-	-
高校卒	**47.8**	**13.5**	**167**	**4**	**221.6**	**214.3**	**570.7**	**65**	**38.1**	**14.8**	**157**	**3**	**255.1**	**248.4**	**1019.8**	**7**
～19歳	19.1	1.0	161	4	174.7	169.8	352.6	2	19.0	1.0	162	3	185.3	181.7	327.4	1
20～24	23.9	4.2	172	5	194.8	185.1	644.1	1	24.5	5.5	163	6	205.0	195.1	1025.3	0
25～29	28.1	7.1	166	3	213.2	208.5	824.2	3	28.0	10.0	162	6	231.5	222.5	1051.2	1
30～34	31.9	5.4	159	1	183.4	182.8	504.7	2	31.5	13.5	153	0	246.3	246.3	1328.0	0
35～39	37.7	11.8	157	6	232.5	223.6	773.1	5	37.7	19.6	152	2	197.1	194.3	657.0	1
40～44	42.8	11.1	164	4	240.3	231.9	757.7	9	43.2	15.3	157	1	273.8	271.9	1142.3	2
45～49	47.8	11.8	162	6	216.5	207.8	458.6	10	49.5	4.5	148	0	281.3	281.3	740.0	0
50～54	52.1	13.6	172	5	228.2	218.6	583.8	14	52.0	33.0	159	11	384.4	356.5	1813.7	1
55～59	57.7	19.2	174	5	233.2	226.4	689.7	7	59.5	28.5	159	13	213.3	192.6	582.7	0
60～64	60.9	20.7	168	2	205.9	203.1	278.6	8	-	-	-	-	-	-	-	-
65～69	66.3	22.7	181	6	204.2	197.6	154.0	2	-	-	-	-	-	-	-	-
70歳～	77.5	30.0	170	8	348.5	342.5	905.0	0	-	-	-	-	-	-	-	-

所定内給与額及び年間賞与その他特別給与額

砂 利 採 取 業

100～999人 年齢	勤続年数	所定内実労働時間数	超過実労働時間数	きまって支給する現金給与額	所定内給与額	年間賞与その他特別給与額	労働者数	10～99人 年齢	勤続年数	所定内実労働時間数	超過実労働時間数	きまって支給する現金給与額	所定内給与額	年間賞与その他特別給与額	労働者数	区分
歳	年	時	時	千円	千円	千円	十人	歳	年	時	時	千円	千円	千円	十人	
-	-	-	-	-	-	-	-	43.4	2.9	177	0	235.5	235.5	254.6	1	中学卒
-	-	-	-	-	-	-	-	-	-	-	-	-	-	-	-	～19歳
-	-	-	-	-	-	-	-	-	-	-	-	-	-	-	-	20～24
-	-	-	-	-	-	-	-	-	-	-	-	-	-	-	-	25～29
-	-	-	-	-	-	-	-	-	-	-	-	-	-	-	-	30～34
-	-	-	-	-	-	-	-	39.5	2.5	184	0	272.7	272.7	100.0	1	35～39
-	-	-	-	-	-	-	-	-	-	-	-	-	-	-	-	40～44
-	-	-	-	-	-	-	-	45.5	3.5	168	0	156.0	156.0	550.0	0	45～49
-	-	-	-	-	-	-	-	-	-	-	-	-	-	-	-	50～54
-	-	-	-	-	-	-	-	-	-	-	-	-	-	-	-	55～59
-	-	-	-	-	-	-	-	60.5	4.5	153	0	128.9	128.9	732.0	0	60～64
-	-	-	-	-	-	-	-	-	-	-	-	-	-	-	-	65～69
-	-	-	-	-	-	-	-	-	-	-	-	-	-	-	-	70歳～
37.5	7.5	147	0	211.2	211.2	0.0	0	45.8	8.1	170	8	209.3	198.5	328.2	7	高校卒以上
-	-	-	-	-	-	-	-	-	-	-	-	-	-	-	-	～19歳
-	-	-	-	-	-	-	-	-	-	-	-	-	-	-	-	20～24
-	-	-	-	-	-	-	-	29.5	0.5	176	3	158.0	155.0	40.0	0	25～29
-	-	-	-	-	-	-	-	32.1	2.8	165	5	172.5	165.4	290.4	2	30～34
37.5	7.5	147	0	211.2	211.2	0.0	0	39.5	1.5	166	0	133.3	133.3	0.0	0	35～39
-	-	-	-	-	-	-	-	43.3	9.5	178	2	215.8	213.4	278.4	2	40～44
-	-	-	-	-	-	-	-	45.9	4.5	165	10	226.0	212.4	622.3	1	45～49
-	-	-	-	-	-	-	-	51.4	11.7	169	18	261.7	236.6	425.8	2	50～54
-	-	-	-	-	-	-	-	56.0	9.0	170	0	202.5	202.5	50.0	0	55～59
-	-	-	-	-	-	-	-	62.8	13.1	172	6	171.3	163.8	193.6	1	60～64
-	-	-	-	-	-	-	-	67.5	16.5	184	0	133.0	133.0	0.0	0	65～69
-	-	-	-	-	-	-	-	-	-	-	-	-	-	-	-	70歳～
																管理・事務・技術労働者（女）
38.6	10.9	147	8	331.6	309.4	1291.0	46	49.6	12.2	170	4	208.2	201.5	381.0	64	学歴計
19.5	1.5	132	0	190.1	190.1	1008.2	0	19.0	0.8	174	7	156.3	147.9	50.0	1	～19歳
23.3	0.9	158	8	245.9	230.7	139.2	3	23.3	2.8	175	6	196.2	184.9	522.9	1	20～24
27.5	4.0	141	11	311.0	283.1	996.5	11	27.9	3.4	177	4	193.3	188.5	464.3	2	25～29
33.2	8.7	145	15	407.8	359.8	1484.7	6	32.3	3.9	161	3	181.9	174.8	357.9	2	30～34
37.5	10.2	146	3	337.2	326.4	1562.9	5	37.8	9.1	164	7	212.9	202.0	578.3	4	35～39
42.5	15.3	144	4	383.2	371.1	1775.3	7	42.2	9.0	163	4	203.4	195.5	392.8	10	40～44
47.3	16.6	152	7	320.4	305.7	1258.7	6	47.8	11.9	166	4	221.4	213.7	412.2	10	45～49
51.1	20.3	151	12	359.4	326.0	1578.7	4	52.3	9.5	178	5	202.9	196.3	356.4	12	50～54
57.7	22.0	159	2	277.4	272.3	1688.2	2	57.6	12.7	169	4	217.9	212.5	392.1	12	55～59
61.0	11.1	153	6	198.5	188.0	682.3	2	61.1	22.5	172	3	206.5	202.6	296.3	8	60～64
-	-	-	-	-	-	-	-	66.1	26.7	179	6	200.2	192.6	227.8	2	65～69
-	-	-	-	-	-	-	-	77.5	30.0	170	8	348.5	342.5	905.0	0	70歳～
60.5	26.5	176	0	180.0	180.0	641.8	0	55.7	18.3	168	8	186.5	175.4	255.5	2	中学卒
-	-	-	-	-	-	-	-	-	-	-	-	-	-	-	-	～19歳
-	-	-	-	-	-	-	-	-	-	-	-	-	-	-	-	20～24
-	-	-	-	-	-	-	-	-	-	-	-	-	-	-	-	25～29
-	-	-	-	-	-	-	-	30.5	0.5	142	0	110.7	110.7	0.0	0	30～34
-	-	-	-	-	-	-	-	-	-	-	-	-	-	-	-	35～39
-	-	-	-	-	-	-	-	40.5	2.5	165	0	153.5	153.5	250.0	0	40～44
-	-	-	-	-	-	-	-	45.5	26.5	166	0	144.2	144.2	80.0	0	45～49
-	-	-	-	-	-	-	-	-	-	-	-	-	-	-	-	50～54
-	-	-	-	-	-	-	-	57.8	8.0	175	10	224.7	209.5	215.2	1	55～59
60.5	26.5	176	0	180.0	180.0	641.8	0	62.0	19.5	166	16	184.0	164.0	247.8	0	60～64
-	-	-	-	-	-	-	-	65.5	39.5	172	8	187.4	176.8	460.0	1	65～69
-	-	-	-	-	-	-	-	-	-	-	-	-	-	-	-	70歳～
46.1	15.6	150	6	265.4	253.1	1143.5	12	49.8	12.8	173	4	204.9	198.8	349.7	46	高校卒
19.5	1.5	132	0	190.1	190.1	1008.2	0	19.0	0.8	174	7	156.3	147.9	50.0	1	～19歳
-	-	-	-	-	-	-	-	23.6	3.6	176	4	190.3	180.6	474.6	1	20～24
28.3	9.6	153	0	224.6	224.6	1075.3	1	28.0	3.7	177	4	195.0	189.1	519.1	2	25～29
-	-	-	-	-	-	-	-	32.0	2.7	160	1	162.4	161.6	230.3	1	30～34
37.8	12.8	145	7	304.4	292.0	1328.6	1	37.7	8.9	164	6	209.5	200.4	547.7	3	35～39
42.4	16.7	157	8	307.4	287.4	1278.6	2	42.8	7.2	169	4	201.6	194.3	399.8	5	40～44
47.1	11.5	152	10	227.8	214.9	942.1	2	48.0	12.2	166	5	209.3	201.4	284.0	7	45～49
51.3	25.6	144	10	314.6	290.0	1310.0	2	52.3	9.5	179	4	197.6	192.7	333.0	11	50～54
57.8	21.8	158	2	286.0	281.8	1927.9	1	57.6	18.3	178	5	222.8	216.0	432.8	6	55～59
61.0	10.0	146	0	183.0	183.0	196.4	1	60.8	22.7	172	2	210.2	206.9	293.9	7	60～64
-	-	-	-	-	-	-	-	66.3	22.7	181	6	204.2	197.6	154.0	2	65～69
-	-	-	-	-	-	-	-	77.5	30.0	170	8	348.5	342.5	905.0	0	70歳～

第1表　年齢階級別きまって支給する現金給与額、

C 鉱業，採石業，砂利採取業

区分	企業規模計 年齢	勤続年数	所定内実労働時間数	超過実労働時間数	きまって支給する現金給与額	所定内給与額	年間賞与その他特別給与額	労働者数	1,000人以上 年齢	勤続年数	所定内実労働時間数	超過実労働時間数	きまって支給する現金給与額	所定内給与額	年間賞与その他特別給与額	労働者数
	歳	年	時	時	千円	千円	千円	十人	歳	年	時	時	千円	千円	千円	十人
高専・短大卒	**44.9**	**13.9**	**155**	**5**	**278.6**	**267.1**	**949.1**	**22**	**42.9**	**15.1**	**157**	**1**	**261.7**	**260.4**	**1026.9**	**3**
～19歳	-	-	-	-	-	-	-	-	-	-	-	-	-	-	-	-
20～24	22.5	0.5	173	7	195.7	185.5	448.7	1	-	-	-	-	-	-	-	-
25～29	28.5	8.5	156	1	320.8	314.6	1685.3	0	28.5	8.5	156	1	320.8	314.6	1685.3	0
30～34	33.3	5.4	149	9	262.2	239.8	873.3	2	33.0	4.0	154	1	187.8	186.7	461.5	1
35～39	38.1	9.0	151	3	224.3	219.8	658.0	1	38.5	0.5	141	0	178.5	178.5	36.4	0
40～44	42.1	13.1	147	4	273.5	264.0	899.3	8	44.5	24.5	167	0	341.1	341.1	1669.5	0
45～49	47.5	15.3	159	4	329.8	319.2	1141.4	6	45.5	4.5	160	1	266.1	264.3	923.9	0
50～54	51.6	15.8	168	10	293.2	275.5	935.1	1	50.5	30.5	165	0	379.2	379.2	1998.8	0
55～59	57.4	25.9	164	5	255.5	248.3	879.9	2	57.5	36.5	156	1	274.6	272.3	1298.0	0
60～64	62.0	15.5	167	10	209.9	190.8	1126.6	1	-	-	-	-	-	-	-	-
65～69	-	-	-	-	-	-	-	-	-	-	-	-	-	-	-	-
70歳～	-	-	-	-	-	-	-	-	-	-	-	-	-	-	-	-
大学・大学院卒	**36.4**	**6.3**	**149**	**9**	**327.2**	**302.8**	**1131.9**	**33**	**35.2**	**3.8**	**158**	**9**	**268.7**	**246.1**	**924.6**	**2**
～19歳	-	-	-	-	-	-	-	-	-	-	-	-	-	-	-	-
20～24	23.6	1.0	157	9	252.7	234.6	219.2	3	24.5	1.5	158	15	254.8	226.3	689.6	0
25～29	27.4	3.4	142	13	318.8	286.7	989.0	11	27.5	3.5	163	33	377.3	292.9	1618.7	0
30～34	33.0	8.7	148	13	390.1	346.7	1380.1	6	30.5	4.5	156	0	177.9	177.9	445.9	0
35～39	37.5	8.7	147	2	350.5	338.2	1657.7	4	39.5	5.5	148	0	193.2	193.2	485.9	0
40～44	42.4	12.4	154	2	412.8	406.2	1989.3	3	43.5	2.5	165	2	302.6	298.2	1112.2	0
45～49	45.8	11.3	155	4	330.9	308.3	1564.4	1	-	-	-	-	-	-	-	-
50～54	51.0	12.3	162	13	399.1	358.9	1795.9	2	52.5	11.5	156	8	420.8	392.1	1130.4	0
55～59	57.6	2.5	155	0	200.8	200.7	304.3	4	-	-	-	-	-	-	-	-
60～64	61.5	19.5	177	4	212.8	211.5	648.9	0	60.5	2.5	156	0	268.0	268.0	1800.7	0
65～69	-	-	-	-	-	-	-	-	-	-	-	-	-	-	-	-
70歳～	-	-	-	-	-	-	-	-	-	-	-	-	-	-	-	-
D 建設業																
男女計																
学歴計	**44.5**	**13.7**	**170**	**13**	**359.6**	**330.5**	**991.1**	**134 889**	**43.3**	**17.1**	**163**	**20**	**463.5**	**411.7**	**1997.9**	**29 872**
～19歳	18.9	0.9	173	10	197.4	182.8	99.7	1 840	19.1	1.0	164	11	193.6	177.4	244.4	189
20～24	22.9	2.4	170	17	244.8	215.5	404.2	9 424	23.2	2.2	161	25	268.3	220.4	599.0	2 213
25～29	27.5	4.7	170	23	294.3	250.5	752.0	12 352	27.5	5.0	164	35	339.5	265.3	1161.4	3 801
30～34	32.5	7.4	170	19	332.3	290.9	811.5	11 508	32.4	8.4	162	32	404.6	324.9	1387.4	2 733
35～39	37.7	10.5	172	16	352.4	316.1	927.5	13 680	37.8	12.7	164	28	440.1	365.8	1821.9	2 385
40～44	42.6	13.8	171	14	383.1	347.9	1116.5	19 767	42.7	17.2	163	22	489.6	422.4	2175.1	4 117
45～49	47.4	16.4	170	12	413.6	385.2	1348.7	19 004	47.4	21.3	163	14	537.7	494.0	2635.7	4 806
50～54	52.4	18.9	170	10	434.7	410.4	1420.5	14 632	52.3	26.0	163	12	602.9	564.9	3001.8	3 761
55～59	57.5	20.5	170	8	419.3	399.8	1357.1	13 877	57.5	27.3	162	9	582.4	557.3	2914.6	3 117
60～64	62.4	21.0	169	6	336.6	323.2	732.9	11 087	62.3	30.2	159	7	412.3	395.4	1521.1	1 942
65～69	67.2	18.9	168	6	296.8	284.0	416.1	6 046	66.9	25.7	158	10	354.9	331.9	978.5	741
70歳～	73.4	23.2	165	4	247.4	240.1	251.8	1 673	71.5	22.9	157	6	330.8	311.0	1213.4	65
男																
学歴計	**44.9**	**14.1**	**171**	**14**	**375.4**	**343.9**	**1035.4**	**116 835**	**43.8**	**17.8**	**163**	**21**	**485.1**	**429.5**	**2100.3**	**25 735**
～19歳	18.9	1.0	173	11	201.1	184.9	106.8	1 637	19.1	1.0	164	11	193.6	177.4	244.4	189
20～24	22.9	2.5	171	19	251.2	218.4	411.5	7 957	23.2	2.3	162	29	279.9	224.1	587.2	1 784
25～29	27.5	4.9	171	25	303.9	255.6	778.2	10 356	27.6	5.2	165	37	348.6	268.3	1185.1	3 212
30～34	32.5	7.6	171	21	348.4	302.3	846.5	9 799	32.4	8.4	162	34	422.7	335.0	1443.4	2 347
35～39	37.6	10.9	173	18	370.5	330.1	971.1	11 545	37.7	13.3	165	32	474.4	387.6	1996.8	1 872
40～44	42.6	14.4	172	16	405.0	365.3	1162.9	16 725	42.7	18.0	164	25	521.2	443.6	2271.3	3 393
45～49	47.4	16.8	171	12	435.5	405.1	1424.2	16 211	47.4	21.6	164	14	559.3	514.5	2778.8	4 156
50～54	52.4	19.7	171	10	456.9	431.1	1519.0	12 707	52.4	26.8	164	12	632.9	593.7	3210.6	3 313
55～59	57.5	20.9	170	8	436.5	415.9	1419.3	12 395	57.6	27.4	162	8	601.0	575.7	3003.5	2 821
60～64	62.4	21.0	169	7	345.0	330.8	749.1	10 294	62.3	30.1	159	7	421.8	404.3	1547.3	1 848
65～69	67.2	18.7	168	7	300.5	287.1	427.1	5 747	66.9	25.8	158	10	356.3	333.2	984.2	736
70歳～	73.3	22.5	166	5	251.2	243.1	249.6	1 461	71.5	23.1	156	6	333.5	313.4	1231.3	64
中学卒	**50.7**	**15.5**	**173**	**11**	**328.5**	**304.0**	**442.6**	**10 659**	**47.0**	**21.2**	**165**	**32**	**535.8**	**430.3**	**1542.4**	**846**
～19歳	18.0	1.4	178	7	204.1	194.5	55.8	250	-	-	-	-	-	-	-	-
20～24	22.5	3.1	172	9	250.7	233.3	251.8	443	24.0	1.5	171	51	367.9	246.9	515.4	22
25～29	27.6	4.8	172	22	337.8	288.2	442.4	552	27.4	4.7	158	59	443.1	280.4	1067.4	86
30～34	32.5	8.4	179	12	339.9	313.4	430.4	626	32.7	8.3	162	41	419.5	296.1	1013.8	54
35～39	37.3	9.7	177	13	345.6	316.8	439.5	854	37.9	10.7	168	46	520.8	370.8	1380.2	47
40～44	42.6	13.5	174	15	378.1	338.2	680.7	1 082	43.2	19.0	168	41	629.1	481.1	1685.2	137
45～49	47.4	15.2	175	14	408.7	373.7	734.5	1 009	47.9	23.5	168	27	656.3	557.1	2029.3	158
50～54	52.5	16.7	173	15	382.2	348.6	667.2	885	52.2	25.4	167	26	604.9	505.5	1990.0	130
55～59	57.9	18.4	171	9	354.3	334.0	577.4	1 100	58.3	29.8	165	19	580.3	509.7	1967.6	98
60～64	62.3	21.3	173	8	299.9	284.8	348.3	1 797	62.3	42.0	159	14	327.8	299.1	814.2	74
65～69	67.2	20.6	171	8	284.6	270.4	187.6	1 514	66.7	21.7	153	13	258.1	232.1	465.4	40
70歳～	73.4	24.5	167	5	230.6	223.8	165.2	549	-	-	-	-	-	-	-	-

所定内給与額及び年間賞与その他特別給与額

D 建 設 業

100 ～ 999人								10 ～ 99人								区分
年齢	勤続年数	所定内実労働時間数	超過実労働時間数	きまって支給する現金給与額	所定内給与額	年間賞与その他特別給与額	労働者数	年齢	勤続年数	所定内実労働時間数	超過実労働時間数	きまって支給する現金給与額	所定内給与額	年間賞与その他特別給与額	労働者数	
歳	年	時	時	千円	千円	千円	十人	歳	年	時	時	千円	千円	千円	十人	
44.4	**15.3**	**146**	**6**	**348.0**	**330.7**	**1435.4**	**10**	**46.0**	**12.2**	**163**	**5**	**213.4**	**205.1**	**440.6**	**10**	**高専・短大卒**
-	-	-	-	-	-	-	-	-	-	-	-	-	-	-	-	～ 19歳
22.5	0.5	176	1	168.0	167.1	120.0	0	22.5	0.5	171	11	214.1	197.8	667.8	0	20 ～ 24
-	-	-	-	-	-	-	-	-	-	-	-	-	-	-	-	25 ～ 29
33.3	6.3	142	16	331.1	289.9	1377.4	1	34.5	6.5	165	10	215.8	202.0	0.0	0	30 ～ 34
37.8	10.8	148	2	252.8	247.6	925.2	1	38.5	9.8	162	4	188.9	183.6	426.6	0	35 ～ 39
42.8	14.3	136	4	379.5	366.5	1552.4	3	41.4	11.7	154	4	184.9	177.6	336.1	4	40 ～ 44
47.4	20.9	151	5	391.2	374.6	1535.6	3	48.0	8.5	170	2	243.4	240.6	547.7	2	45 ～ 49
-	-	-	-	-	-	-	-	52.0	9.9	169	15	258.8	234.1	509.6	1	50 ～ 54
57.3	22.5	162	4	256.9	249.7	1112.9	1	57.4	23.5	168	7	248.0	239.0	621.9	1	55 ～ 59
61.2	10.8	164	19	235.1	200.2	1742.1	1	62.9	21.1	170	0	179.6	179.6	388.0	1	60 ～ 64
-	-	-	-	-	-	-	-	-	-	-	-	-	-	-	-	65 ～ 69
-	-	-	-	-	-	-	-	-	-	-	-	-	-	-	-	70歳～
32.4	**6.7**	**146**	**10**	**358.9**	**329.6**	**1309.8**	**24**	**51.2**	**5.6**	**161**	**2**	**231.9**	**224.6**	**556.7**	**7**	**大学・大学院卒**
-	-	-	-	-	-	-	-	-	-	-	-	-	-	-	-	～ 19歳
23.4	0.9	157	9	252.4	236.0	140.8	2	-	-	-	-	-	-	-	-	20 ～ 24
27.4	3.4	140	13	320.5	289.6	987.8	10	27.5	2.2	176	0	185.0	185.0	190.0	0	25 ～ 29
33.2	9.2	146	14	424.5	375.0	1508.1	5	32.9	7.3	168	7	243.7	221.4	950.5	1	30 ～ 34
37.3	9.0	146	1	372.6	361.1	1824.8	3	37.5	9.5	161	25	310.5	261.8	1327.6	0	35 ～ 39
42.2	15.9	145	2	465.9	463.3	2680.4	2	42.5	8.9	172	4	339.3	320.8	713.5	1	40 ～ 44
45.5	0.5	168	2	280.5	277.3	0.0	0	45.9	13.5	152	4	340.9	314.5	1877.3	1	45 ～ 49
50.8	13.3	161	15	419.3	373.9	1936.9	2	51.5	3.5	176	0	207.0	207.0	860.0	0	50 ～ 54
-	-	-	-	-	-	-	-	57.6	2.5	155	0	200.8	200.7	304.3	4	55 ～ 59
-	-	-	-	-	-	-	-	61.8	25.2	184	5	194.3	192.7	265.0	0	60 ～ 64
-	-	-	-	-	-	-	-	-	-	-	-	-	-	-	-	65 ～ 69
-	-	-	-	-	-	-	-	-	-	-	-	-	-	-	-	70歳～
																D 建 設 業
																男 女 計
43.4	**14.3**	**168**	**15**	**372.7**	**340.7**	**1114.7**	**28 969**	**45.5**	**12.1**	**174**	**10**	**313.8**	**294.7**	**548.5**	**76 047**	**学 歴 計**
19.1	1.0	170	15	203.2	182.1	158.6	348	18.8	0.9	175	9	196.4	183.8	62.9	1 303	～ 19歳
23.0	2.1	168	20	249.6	216.2	448.7	2 243	22.8	2.7	176	12	232.1	213.0	297.3	4 968	20 ～ 24
27.3	4.9	167	23	290.0	246.8	795.6	2 952	27.6	4.5	175	14	266.0	242.5	451.1	5 599	25 ～ 29
32.6	7.5	168	21	337.6	295.5	881.4	2 617	32.6	6.9	175	13	297.9	273.8	526.2	6 158	30 ～ 34
37.7	11.1	168	20	365.6	321.6	1063.1	2 819	37.6	9.8	175	12	323.3	300.3	630.7	8 475	35 ～ 39
42.7	14.8	169	15	392.9	356.3	1286.1	4 341	42.5	12.3	176	11	340.5	317.5	665.9	11 309	40 ～ 44
47.4	18.4	168	12	421.7	392.8	1417.2	4 580	47.4	12.9	175	10	347.7	327.1	672.9	9 618	45 ～ 49
52.4	21.1	168	10	444.9	420.7	1411.8	3 251	52.4	14.5	175	9	347.2	329.7	643.7	7 620	50 ～ 54
57.4	22.9	168	9	447.3	424.6	1537.3	2 867	57.5	16.9	174	8	344.8	328.5	676.6	7 893	55 ～ 59
62.5	23.0	165	6	354.7	342.1	982.5	1 997	62.4	17.9	173	6	310.9	298.3	448.9	7 147	60 ～ 64
66.9	16.6	167	10	342.5	320.0	599.8	846	67.3	18.2	170	5	278.5	269.2	287.8	4 458	65 ～ 69
72.1	12.4	159	6	287.4	270.1	346.6	110	73.6	24.0	166	4	240.9	234.9	203.4	1 499	70歳～
																男
43.9	**15.2**	**168**	**16**	**394.4**	**359.0**	**1200.3**	**24 435**	**45.7**	**12.3**	**175**	**11**	**326.2**	**305.3**	**563.9**	**66 665**	**学 歴 計**
19.1	1.0	170	17	206.4	182.7	167.5	309	18.8	1.0	175	10	201.0	186.7	67.5	1 139	～ 19歳
23.0	2.3	167	23	256.3	218.5	489.3	1 859	22.7	2.8	177	14	237.2	216.1	305.2	4 313	20 ～ 24
27.4	5.2	167	27	303.3	253.1	881.1	2 323	27.6	4.6	176	16	274.5	248.2	457.5	4 821	25 ～ 29
32.5	7.6	169	24	360.1	311.0	945.6	2 101	32.6	7.1	176	14	311.2	284.4	545.7	5 350	30 ～ 34
37.7	11.5	170	23	389.3	339.2	1124.3	2 321	37.6	10.1	176	13	338.1	312.6	661.5	7 352	35 ～ 39
42.7	15.7	170	18	421.3	379.5	1394.8	3 567	42.5	12.6	176	12	358.7	332.9	693.1	9 765	40 ～ 44
47.4	19.3	168	13	451.5	419.7	1541.1	3 813	47.3	13.3	176	11	365.6	343.1	687.0	8 242	45 ～ 49
52.4	22.3	168	10	468.0	442.7	1519.3	2 850	52.4	14.9	175	10	363.0	343.7	662.5	6 544	50 ～ 54
57.5	23.8	168	9	469.9	446.0	1636.5	2 537	57.5	17.2	174	8	358.5	341.0	705.9	7 037	55 ～ 59
62.6	23.4	164	6	361.6	348.0	1001.1	1 846	62.4	17.7	174	7	318.9	305.4	455.0	6 600	60 ～ 64
66.9	17.1	167	10	351.1	327.4	629.7	803	67.3	17.7	170	5	281.2	271.3	291.0	4 208	65 ～ 69
72.0	12.4	160	6	295.3	277.1	347.5	104	73.4	23.3	166	4	243.6	236.9	193.5	1 293	70歳～
49.2	**12.1**	**173**	**20**	**377.4**	**336.9**	**608.7**	**561**	**51.1**	**15.2**	**174**	**9**	**306.6**	**290.4**	**332.0**	**9 253**	**中 学 卒**
18.4	1.1	177	20	209.5	180.7	348.6	3	18.0	1.4	178	7	204.0	194.7	51.8	246	～ 19歳
22.6	1.3	170	13	251.9	234.0	148.5	21	22.5	3.3	173	7	244.3	232.5	243.0	401	20 ～ 24
27.7	3.8	168	41	332.5	259.8	440.7	26	27.7	4.9	175	14	317.6	291.4	320.4	440	25 ～ 29
32.2	7.7	169	29	352.7	299.1	826.9	28	32.5	8.4	181	8	331.3	315.8	352.3	544	30 ～ 34
36.7	9.5	170	19	348.7	309.8	697.1	39	37.3	9.6	178	11	334.8	313.9	369.4	768	35 ～ 39
42.6	7.7	168	23	403.7	354.2	756.1	87	42.6	13.2	175	10	335.5	313.8	512.9	858	40 ～ 44
47.6	9.8	177	14	419.3	386.7	506.1	83	47.2	14.0	176	11	356.5	334.5	492.3	767	45 ～ 49
51.4	14.6	180	10	402.1	377.4	826.2	76	52.6	15.3	174	13	337.4	315.5	396.7	680	50 ～ 54
58.0	20.5	172	17	425.4	395.2	884.4	58	57.9	17.0	171	7	326.4	312.0	413.9	944	55 ～ 59
61.5	23.9	169	13	325.4	302.2	574.4	66	62.3	20.3	174	8	297.6	283.5	318.5	1 656	60 ～ 64
66.8	11.3	182	42	388.1	303.9	265.8	61	67.3	21.0	171	6	280.9	270.0	176.3	1 413	65 ～ 69
70.8	3.9	172	2	269.1	265.8	16.4	14	73.5	25.0	167	5	229.6	222.7	169.1	535	70歳～

第1表　年齢階級別きまって支給する現金給与額、

D　建　設

区分	企業規模計								1,000人以上							
	年齢	勤続年数	所定内実労働時間数	超過実労働時間数	きまって支給する現金給与額	所定内給与額	年間賞与その他特別給与額	労働者数	年齢	勤続年数	所定内実労働時間数	超過実労働時間数	きまって支給する現金給与額	所定内給与額	年間賞与その他特別給与額	労働者数
	歳	年	時	時	千円	千円	千円	十人	歳	年	時	時	千円	千円	千円	十人
高校卒	**45.0**	**13.5**	**173**	**14**	**341.8**	**311.9**	**731.3**	**57 805**	**45.0**	**19.7**	**161**	**24**	**417.4**	**353.8**	**1517.0**	**6 849**
～ 19歳	19.1	0.9	172	12	200.6	183.2	116.0	1 387	19.1	1.0	164	11	193.6	177.4	244.4	189
20 ～ 24	22.5	3.2	172	19	244.7	213.7	464.5	4 545	22.6	4.1	156	32	276.2	214.3	897.2	609
25 ～ 29	27.7	6.2	173	22	287.0	246.7	603.8	3 824	27.7	8.7	166	38	335.4	251.4	1085.5	681
30 ～ 34	32.6	8.1	173	17	320.0	286.5	605.7	4 316	32.2	10.1	158	30	361.7	299.6	1091.6	455
35 ～ 39	37.7	11.0	175	18	350.0	313.2	741.6	6 009	38.1	15.9	167	40	444.9	336.9	1585.0	456
40 ～ 44	42.5	14.1	175	17	383.0	342.7	884.4	8 587	42.8	20.6	164	34	503.9	399.8	1895.8	1 023
45 ～ 49	47.4	14.8	175	14	380.2	349.0	819.2	7 610	47.0	20.2	166	22	499.3	428.2	1767.6	624
50 ～ 54	52.4	17.0	173	12	387.9	359.5	905.0	6 091	52.6	27.5	161	23	536.4	463.2	2230.6	667
55 ～ 59	57.4	19.7	172	10	381.1	357.5	956.3	6 267	57.4	28.0	160	15	510.1	463.8	2099.5	750
60 ～ 64	62.4	21.0	168	8	327.9	311.5	691.3	5 441	62.3	31.6	157	7	361.5	343.7	1372.6	1 021
65 ～ 69	67.2	17.4	169	7	293.7	279.8	445.8	3 048	67.0	25.2	157	11	334.2	310.0	861.4	328
70歳～	73.2	19.0	165	5	250.3	241.5	242.2	679	71.8	14.6	154	2	270.2	267.4	1102.8	47
高専・短大卒	**43.7**	**13.5**	**171**	**14**	**382.1**	**352.6**	**1094.9**	**10 903**	**45.9**	**17.0**	**162**	**20**	**468.6**	**416.5**	**1919.0**	**1 997**
～ 19歳	-	-	-	-	-	-	-	-	-	-	-	-	-	-	-	-
20 ～ 24	22.8	2.2	174	18	235.9	205.0	374.3	793	22.1	1.9	161	21	242.1	206.0	537.3	161
25 ～ 29	27.6	5.1	174	18	282.3	252.2	686.1	753	27.7	6.8	158	37	348.0	275.8	1125.9	106
30 ～ 34	32.5	6.9	175	21	326.3	286.6	775.6	1 033	32.1	6.5	165	39	415.6	328.5	1199.3	107
35 ～ 39	37.9	11.3	173	16	371.1	338.2	955.0	1 248	37.7	12.6	168	24	449.9	385.0	1266.7	148
40 ～ 44	42.7	14.2	173	17	397.9	359.5	1133.5	2 263	42.8	15.5	165	35	501.6	391.8	1979.7	323
45 ～ 49	47.4	17.6	168	11	434.3	408.8	1577.9	1 643	47.7	22.0	158	13	488.7	451.0	2256.5	440
50 ～ 54	52.5	19.7	170	9	467.4	444.6	1367.7	1 098	53.0	26.2	158	14	701.6	664.1	2722.1	175
55 ～ 59	57.1	18.8	168	9	451.3	424.9	1549.6	1 043	56.8	15.3	164	11	508.0	481.3	2654.4	310
60 ～ 64	62.5	18.5	170	4	365.5	355.4	925.5	779	62.8	30.6	160	9	404.6	383.9	1931.1	178
65 ～ 69	66.8	16.1	163	4	340.2	332.0	514.0	218	66.7	17.2	162	3	390.5	384.8	622.4	46
70歳～	71.3	22.7	146	11	309.5	262.3	704.9	33	70.5	50.5	144	60	520.3	250.0	2200.0	3
大学・大学院卒	**43.4**	**14.9**	**167**	**15**	**438.8**	**402.1**	**1656.1**	**37 467**	**42.8**	**17.0**	**164**	**19**	**513.4**	**463.5**	**2401.4**	**16 043**
～ 19歳	-	-	-	-	-	-	-	-	-	-	-	-	-	-	-	-
20 ～ 24	23.7	1.3	167	22	270.5	230.2	346.7	2 176	23.7	1.2	165	28	286.5	232.6	406.5	992
25 ～ 29	27.5	4.0	168	29	315.9	259.1	954.5	5 227	27.5	4.1	165	36	349.0	272.5	1221.0	2 340
30 ～ 34	32.4	7.0	167	27	387.9	322.4	1205.5	3 824	32.4	8.1	163	35	439.3	346.0	1564.4	1 731
35 ～ 39	37.5	10.9	168	21	412.3	360.1	1510.7	3 435	37.5	12.5	164	29	486.6	407.5	2261.9	1 223
40 ～ 44	42.7	15.2	168	14	453.8	414.7	1784.5	4 793	42.7	17.1	163	17	526.0	473.2	2563.7	1 910
45 ～ 49	47.3	19.5	166	11	511.0	481.2	2272.6	5 949	47.4	21.8	164	12	577.4	540.1	3112.6	2 934
50 ～ 54	52.4	23.7	167	7	559.4	537.6	2524.5	4 634	52.3	26.8	165	8	656.8	630.5	3593.9	2 341
55 ～ 59	57.6	24.0	168	5	542.3	528.0	2345.7	3 985	57.7	29.3	163	5	660.7	647.7	3537.9	1 662
60 ～ 64	62.4	21.6	168	4	414.5	404.5	1142.9	2 278	62.2	25.8	162	5	546.3	531.8	1833.4	575
65 ～ 69	67.0	20.2	164	5	338.1	326.3	723.3	967	66.8	28.3	160	9	386.3	362.1	1227.4	321
70歳～	73.3	28.9	165	1	301.0	298.3	432.1	200	70.9	45.3	168	9	503.0	479.1	1449.7	14
生産労働者（男）																
学歴計	**44.4**	**11.9**	**174**	**14**	**324.9**	**296.5**	**551.1**	**49 147**	**38.9**	**14.5**	**163**	**27**	**393.6**	**324.1**	**1295.8**	**2 907**
～ 19歳	18.8	1.0	174	12	204.1	187.7	77.6	1 007	19.2	1.1	160	14	205.5	184.1	224.7	57
20 ～ 24	22.7	2.8	174	18	247.3	218.1	369.0	4 135	22.8	3.6	156	30	281.7	220.9	775.1	363
25 ～ 29	27.6	5.3	174	21	291.8	253.0	560.9	4 184	27.9	8.2	166	34	332.0	256.3	1043.8	522
30 ～ 34	32.5	7.5	174	17	323.9	290.2	614.4	4 366	32.3	9.4	159	29	387.7	319.7	1141.1	326
35 ～ 39	37.6	10.0	175	17	342.4	307.9	623.6	5 429	38.1	14.5	166	33	415.7	335.6	1352.0	325
40 ～ 44	42.5	12.7	175	16	366.9	331.3	702.5	6 888	42.9	21.2	166	28	492.5	407.4	1771.2	422
45 ～ 49	47.3	13.7	175	13	372.8	342.5	723.6	5 888	46.9	20.8	165	25	495.0	410.7	1757.1	378
50 ～ 54	52.4	14.9	174	12	352.3	327.8	589.0	4 287	52.7	25.8	163	17	441.4	391.4	1674.2	132
55 ～ 59	57.5	17.0	173	11	352.5	329.3	625.9	4 443	57.5	26.0	158	21	497.7	428.8	1869.3	164
60 ～ 64	62.4	17.5	172	9	301.5	284.9	397.0	4 543	62.8	20.9	159	11	286.4	263.8	1092.2	144
65 ～ 69	67.1	17.2	170	8	280.0	265.3	227.8	3 129	67.2	15.6	159	17	271.2	238.3	297.4	69
70歳～	73.4	22.6	165	6	240.3	230.3	170.4	847	70.9	9.1	170	6	227.8	218.8	419.9	8
中学卒	**50.8**	**14.4**	**174**	**9**	**306.9**	**289.5**	**314.2**	**8 427**	**52.4**	**26.0**	**166**	**23**	**451.7**	**375.8**	**1161.8**	**85**
～ 19歳	18.0	1.4	178	7	204.2	194.5	55.9	249	-	-	-	-	-	-	-	-
20 ～ 24	22.5	3.3	172	7	244.9	232.6	251.2	391	-	-	-	-	-	-	-	-
25 ～ 29	27.6	4.9	175	16	325.7	295.2	312.4	389	-	-	-	-	-	-	-	-
30 ～ 34	32.5	8.5	180	10	335.9	318.0	355.4	544	34.5	3.5	168	8	300.5	283.8	100.0	10
35 ～ 39	37.3	9.3	177	12	332.6	309.8	355.7	635	37.5	13.5	176	31	179.0	149.0	311.2	3
40 ～ 44	42.5	12.2	174	11	341.6	315.2	499.2	806	42.7	22.2	180	33	668.7	500.5	1680.4	13
45 ～ 49	47.2	12.9	177	12	358.4	334.1	487.7	731	47.4	30.8	184	30	576.2	468.3	1989.7	10
50 ～ 54	52.5	15.8	175	10	337.0	318.3	385.4	598	52.1	33.1	181	14	623.7	557.5	2104.7	13
55 ～ 59	58.0	15.7	171	7	325.1	310.4	335.6	841	57.9	37.9	166	28	484.7	390.1	1544.4	10
60 ～ 64	62.3	19.5	174	8	295.8	281.9	273.7	1 499	62.5	32.7	153	20	309.3	276.1	798.8	15
65 ～ 69	67.2	19.6	171	7	279.5	266.7	179.2	1 297	67.5	22.3	132	24	268.4	213.4	159.4	13
70歳～	73.2	23.9	168	6	226.5	218.4	181.5	448	-	-	-	-	-	-	-	-

所定内給与額及び年間賞与その他特別給与額

業

100 ～ 999人								10 ～ 99人								区分
年齢	勤続年数	所定内実労働時間数	超過実労働時間数	きまって支給する現金給与額	所定内給与額	年間賞与その他特別給与額	労働者数	年齢	勤続年数	所定内実労働時間数	超過実労働時間数	きまって支給する現金給与額	所定内給与額	年間賞与その他特別給与額	労働者数	
歳	年	時	時	千円	千円	千円	十人	歳	年	時	時	千円	千円	千円	十人	
44.6	**15.2**	**171**	**20**	**377.4**	**336.6**	**1027.4**	**10 281**	**45.1**	**12.0**	**175**	**11**	**320.0**	**298.6**	**524.1**	**40 675**	**高校卒**
19.1	1.0	170	17	206.3	182.8	165.5	305	19.0	0.8	174	10	200.1	184.5	71.9	893	～ 19歳
22.4	3.3	170	26	246.0	205.2	647.6	877	22.6	2.9	176	14	238.1	216.0	325.9	3 059	20 ～ 24
27.7	7.4	168	31	313.1	257.0	915.1	713	27.7	5.1	176	14	265.8	242.3	377.6	2 430	25 ～ 29
32.7	8.9	173	26	357.0	310.0	789.3	677	32.7	7.6	174	14	306.1	279.7	497.3	3 185	30 ～ 34
37.8	12.2	174	31	397.4	332.4	1007.2	928	37.6	10.3	176	13	331.2	307.0	605.2	4 626	35 ～ 39
42.6	16.2	172	23	421.1	366.9	1278.6	1 569	42.5	12.4	177	13	352.4	326.6	608.7	5 996	40 ～ 44
47.5	17.5	173	19	415.7	370.6	1160.1	1 508	47.4	13.4	177	11	356.9	334.0	617.4	5 479	45 ～ 49
52.5	20.4	173	13	445.3	413.9	1282.4	1 079	52.4	14.6	175	10	350.9	330.1	607.8	4 345	50 ～ 54
57.4	23.2	170	11	430.3	404.9	1343.7	1 114	57.4	17.4	175	9	346.7	327.4	663.5	4 403	55 ～ 59
62.5	23.0	164	8	344.8	330.0	873.4	989	62.4	17.2	173	8	313.0	296.7	436.0	3 431	60 ～ 64
66.9	16.6	168	12	352.6	323.8	668.9	464	67.3	16.4	170	5	275.7	266.3	339.4	2 256	65 ～ 69
72.2	11.6	161	7	277.1	258.1	224.4	59	73.5	20.1	167	5	245.9	237.7	174.2	574	70歳～
44.5	**15.6**	**168**	**14**	**392.4**	**360.6**	**1249.7**	**2 670**	**42.7**	**11.6**	**176**	**11**	**350.1**	**328.7**	**764.6**	**6 236**	**高専・短大卒**
-	-	-	-	-	-	-	-	-	-	-	-	-	-	-	-	～ 19歳
22.8	1.8	170	20	259.2	217.2	411.3	180	23.1	2.5	180	16	224.4	199.8	301.5	452	20 ～ 24
27.4	5.2	174	23	281.0	243.7	893.3	145	27.6	4.8	177	13	268.8	249.6	533.7	502	25 ～ 29
32.2	6.9	171	27	333.5	278.4	815.8	244	32.6	7.0	178	16	309.7	283.0	694.5	682	30 ～ 34
38.1	11.7	168	21	363.3	318.9	1130.5	243	37.9	11.0	175	13	359.7	335.6	851.5	857	35 ～ 39
42.5	15.7	168	13	390.9	361.4	1379.8	514	42.7	13.3	176	14	377.0	351.4	853.3	1 427	40 ～ 44
47.5	21.0	169	9	455.3	433.4	1805.4	497	47.2	12.6	174	10	385.7	365.1	994.9	706	45 ～ 49
52.1	22.8	168	11	451.6	422.5	1443.9	385	52.5	15.3	176	7	402.3	389.0	871.7	537	50 ～ 54
57.0	22.8	164	15	487.3	444.9	1678.3	208	57.4	19.2	172	7	403.5	383.6	845.0	525	55 ～ 59
62.9	16.8	165	2	334.5	330.4	517.8	183	62.2	14.1	176	3	362.5	354.3	676.6	418	60 ～ 64
66.4	13.0	167	2	391.9	388.0	713.5	57	67.0	17.2	162	5	294.3	283.2	371.9	115	65 ～ 69
71.5	22.1	139	13	337.4	287.9	904.5	15	71.2	17.6	153	0	239.2	239.2	204.3	15	70歳～
42.8	**15.2**	**165**	**13**	**411.6**	**380.9**	**1381.4**	**10 922**	**45.0**	**11.2**	**175**	**11**	**353.0**	**330.5**	**803.3**	**10 502**	**大学・大学院卒**
-	-	-	-	-	-	-	-	-	-	-	-	-	-	-	-	～ 19歳
23.6	1.3	164	20	267.2	233.2	338.8	782	23.7	1.3	179	13	237.6	218.4	214.2	401	20 ～ 24
27.3	4.2	166	25	300.2	251.9	871.1	1 439	27.5	3.5	175	21	278.0	244.5	606.8	1 448	25 ～ 29
32.4	7.1	166	22	367.7	318.7	1067.6	1 153	32.5	5.0	176	17	317.9	283.6	713.5	939	30 ～ 34
37.6	11.0	167	17	389.8	350.4	1235.9	1 110	37.5	9.0	175	17	352.5	317.3	953.8	1 101	35 ～ 39
42.8	15.6	168	13	433.8	402.0	1570.2	1 398	42.6	12.3	174	12	379.9	351.3	984.1	1 485	40 ～ 44
47.3	20.8	164	8	483.2	460.2	1847.7	1 726	47.1	12.7	174	11	397.4	375.1	930.2	1 290	45 ～ 49
52.5	24.2	163	7	495.3	476.2	1776.8	1 309	52.5	15.5	176	7	413.0	398.4	973.6	983	50 ～ 54
57.6	24.8	167	5	507.2	488.4	1948.6	1 157	57.3	15.8	175	4	408.5	396.7	1040.1	1 166	55 ～ 59
62.7	26.2	164	5	400.9	387.5	1400.4	608	62.2	16.8	173	3	352.8	347.1	636.7	1 094	60 ～ 64
67.1	20.8	159	1	327.3	326.0	626.2	222	67.1	13.9	169	4	307.3	299.4	393.2	425	65 ～ 69
72.9	14.0	161	0	344.3	344.3	563.1	17	73.5	28.9	165	1	280.0	278.8	334.9	169	70歳～
																生産労働者（男）
42.4	**12.7**	**170**	**22**	**369.7**	**323.4**	**999.0**	**7 096**	**45.2**	**11.5**	**175**	**12**	**311.7**	**289.6**	**414.6**	**39 144**	**学歴計**
19.2	0.9	170	16	204.4	181.6	138.6	159	18.7	1.0	176	10	203.9	189.1	54.7	791	～ 19歳
22.6	2.6	169	25	257.8	215.4	566.3	694	22.7	2.8	177	15	240.9	218.4	276.6	3 078	20 ～ 24
27.4	5.7	168	31	313.9	253.1	919.6	793	27.5	4.7	177	15	278.4	252.4	373.9	2 869	25 ～ 29
32.5	8.1	172	29	352.2	296.4	960.4	660	32.6	7.2	176	14	312.3	286.2	496.1	3 381	30 ～ 34
37.5	11.7	171	29	393.7	328.9	1144.9	686	37.5	9.4	176	14	329.1	302.5	489.2	4 418	35 ～ 39
42.6	13.6	169	25	422.5	362.1	1163.0	1 040	42.5	11.9	177	13	346.5	319.4	531.2	5 427	40 ～ 44
47.3	17.7	170	16	433.6	394.2	1331.6	981	47.3	12.2	177	11	349.4	325.6	505.8	4 529	45 ～ 49
52.3	20.2	171	14	422.3	390.4	1156.0	636	52.4	13.6	175	11	336.3	314.2	446.1	3 520	50 ～ 54
57.5	19.2	172	14	414.3	382.4	1166.6	636	57.6	16.3	174	10	335.2	315.6	475.6	3 643	55 ～ 59
62.4	19.7	168	13	326.3	300.5	790.9	435	62.4	17.2	173	8	299.3	284.0	328.6	3 965	60 ～ 64
66.9	14.7	169	13	324.7	292.6	522.3	351	67.2	17.6	170	7	274.4	262.4	187.8	2 709	65 ～ 69
71.1	7.7	164	14	303.2	265.8	231.3	25	73.4	23.2	165	6	238.4	229.3	166.2	815	70歳～
48.7	**11.5**	**172**	**20**	**384.2**	**344.7**	**574.7**	**390**	**50.8**	**14.4**	**174**	**9**	**301.6**	**285.9**	**292.4**	**7 952**	**中学卒**
18.2	1.2	180	23	217.7	183.9	408.7	3	18.0	1.4	178	7	204.0	194.7	51.8	246	～ 19歳
21.6	2.2	165	26	239.5	197.6	339.0	8	22.5	3.3	173	7	245.0	233.3	249.5	383	20 ～ 24
27.8	3.3	166	45	336.5	255.6	328.0	23	27.6	5.0	175	14	325.1	297.6	311.5	366	25 ～ 29
32.3	7.6	169	30	355.0	300.2	615.1	25	32.5	8.7	181	9	335.7	319.5	347.7	509	30 ～ 34
37.7	11.2	169	26	361.7	310.6	712.4	21	37.2	9.2	178	12	332.2	310.4	343.9	612	35 ～ 39
42.3	6.9	167	25	421.3	368.4	798.1	73	42.5	12.5	175	9	327.6	306.5	447.4	720	40 ～ 44
47.5	8.6	175	11	405.0	376.1	390.5	67	47.2	13.1	176	12	350.3	327.8	475.1	654	45 ～ 49
51.2	11.4	181	17	482.5	438.3	1125.1	30	52.6	15.7	174	10	322.6	306.3	305.9	555	50 ～ 54
58.2	18.1	175	16	434.3	405.6	796.8	46	58.0	15.2	171	6	316.7	303.8	293.5	785	55 ～ 59
61.6	22.7	170	15	317.0	290.6	265.8	56	62.3	19.3	175	8	294.8	281.6	268.7	1 428	60 ～ 64
66.5	12.2	174	11	340.6	318.6	356.2	37	67.2	19.8	171	7	277.8	265.7	174.2	1 248	65 ～ 69
71.8	5.2	188	8	339.2	323.8	76.7	3	73.3	24.1	167	6	225.7	217.7	182.2	445	70歳～

第1表　年齢階級別きまって支給する現金給与額、

D　建　設

区分	企業規模計 年齢	勤続年数	所定内実労働時間数	超過実労働時間数	きまって支給する現金給与額	所定内給与額	年間賞与その他特別給与額	労働者数	1,000人以上 年齢	勤続年数	所定内実労働時間数	超過実労働時間数	きまって支給する現金給与額	所定内給与額	年間賞与その他特別給与額	労働者数
	歳	年	時	時	千円	千円	千円	十人	歳	年	時	時	千円	千円	千円	十人
高校卒以上	**43.1**	**11.3**	**174**	**15**	**328.7**	**298.0**	**600.1**	**40 719**	**38.5**	**14.1**	**163**	**27**	**391.8**	**322.5**	**1299.8**	**2 822**
～19歳	19.1	0.8	172	13	204.0	185.4	84.8	758	19.2	1.1	160	14	205.5	184.1	224.7	57
20～24	22.7	2.8	174	19	247.6	216.6	381.3	3 744	22.8	3.6	156	30	281.7	220.9	775.1	363
25～29	27.6	5.4	174	21	288.3	248.7	586.3	3 795	27.9	8.2	166	34	332.0	256.3	1043.8	522
30～34	32.5	7.4	173	18	322.2	286.3	651.2	3 822	32.3	9.6	159	30	390.4	320.8	1173.7	316
35～39	37.6	10.1	175	18	343.7	307.6	659.1	4 794	38.1	14.5	166	33	417.6	337.0	1360.1	322
40～44	42.5	12.8	175	16	370.2	333.4	729.4	6 082	42.9	21.2	166	28	486.8	404.4	1774.1	408
45～49	47.3	13.8	175	13	374.8	343.6	757.1	5 157	46.9	20.6	165	25	492.9	409.2	1750.9	368
50～54	52.4	14.8	174	12	354.8	329.4	622.0	3 689	52.8	25.0	161	18	422.0	373.7	1628.2	119
55～59	57.4	17.4	173	12	358.9	333.7	693.6	3 602	57.5	25.2	158	21	498.5	431.2	1890.0	154
60～64	62.5	16.6	171	9	304.3	286.4	457.7	3 045	62.8	19.5	159	10	283.9	262.4	1125.1	129
65～69	67.1	15.6	169	8	280.3	264.3	262.1	1 832	67.1	14.1	166	15	271.9	244.0	328.6	56
70歳～	73.5	21.2	162	7	255.7	243.6	157.9	399	70.9	9.1	170	6	227.8	218.8	419.9	8
管理・事務・技術労働者(男)																
学歴計	**45.3**	**15.8**	**169**	**14**	**412.1**	**378.3**	**1387.1**	**67 688**	**44.4**	**18.3**	**163**	**20**	**496.7**	**443.0**	**2202.8**	**22 828**
～19歳	19.1	0.9	171	10	196.5	180.5	153.6	630	19.1	1.0	165	10	188.5	174.5	252.9	132
20～24	23.1	2.2	168	21	255.5	218.8	457.4	3 822	23.3	2.0	163	29	279.5	225.0	539.2	1 421
25～29	27.5	4.6	168	28	312.2	257.3	925.5	6 173	27.5	4.6	164	38	351.8	270.7	1212.5	2 690
30～34	32.5	7.6	169	24	368.1	311.9	1033.0	5 433	32.4	8.2	163	35	428.4	337.5	1492.1	2 022
35～39	37.7	11.7	171	19	395.4	349.9	1279.5	6 117	37.6	13.1	165	31	486.7	398.6	2132.2	1 548
40～44	42.7	15.5	171	16	431.7	389.1	1485.3	9 837	42.7	17.6	164	24	525.3	448.8	2342.3	2 971
45～49	47.4	18.7	169	12	471.3	440.8	1823.8	10 323	47.4	21.7	164	13	565.7	524.9	2881.0	3 778
50～54	52.4	22.1	169	10	510.2	483.6	1992.5	8 420	52.4	26.9	164	12	640.8	602.0	3274.2	3 181
55～59	57.5	23.0	169	7	483.4	464.3	1862.6	7 953	57.6	27.5	163	8	607.4	584.7	3073.4	2 657
60～64	62.4	23.7	167	5	379.4	367.0	1027.2	5 751	62.3	30.9	159	7	433.2	416.2	1585.7	1 704
65～69	67.2	20.4	166	5	325.1	313.2	665.3	2 618	66.8	26.9	158	9	365.1	343.0	1055.1	667
70歳～	73.1	22.3	166	2	266.3	260.8	359.1	613	71.6	25.0	155	6	347.7	326.1	1339.8	56
中学卒	**50.3**	**19.9**	**171**	**19**	**410.0**	**358.6**	**927.1**	**2 232**	**46.3**	**20.7**	**164**	**33**	**545.2**	**436.4**	**1585.0**	**761**
～19歳	19.5	0.5	158	0	162.5	162.5	0.0	1	-	-	-	-	-	-	-	-
20～24	22.9	1.8	172	24	293.7	238.4	256.3	52	24.0	1.5	171	51	367.9	246.9	515.4	22
25～29	27.6	4.8	165	37	366.5	271.5	750.8	164	27.4	4.7	158	59	443.1	280.4	1067.4	86
30～34	32.2	7.2	170	29	365.8	282.8	926.7	82	32.3	9.4	160	49	446.2	298.9	1219.4	44
35～39	37.6	10.8	177	16	383.5	337.1	683.0	219	37.9	10.6	167	47	540.3	383.4	1440.9	44
40～44	43.1	17.5	172	26	484.9	405.4	1211.9	276	43.2	18.7	167	42	625.0	479.0	1685.7	124
45～49	47.7	21.0	169	19	541.3	477.9	1384.0	278	48.0	23.0	166	27	661.6	562.9	2032.0	148
50～54	52.3	18.5	171	24	476.4	411.9	1255.1	287	52.2	24.6	165	28	602.9	499.8	1977.6	117
55～59	57.7	27.2	170	15	449.1	410.7	1362.2	259	58.3	28.9	165	18	590.8	523.0	2014.5	88
60～64	62.4	30.1	169	10	320.5	299.6	723.8	298	62.2	44.2	160	13	332.4	304.7	817.9	60
65～69	67.3	26.8	172	11	315.4	292.4	237.9	217	66.4	21.5	163	8	253.3	240.6	605.8	28
70歳～	74.1	27.0	166	1	248.9	247.5	92.8	101	-	-	-	-	-	-	-	-
高校卒	**46.8**	**16.0**	**171**	**13**	**366.2**	**336.1**	**1003.1**	**25 717**	**47.4**	**20.9**	**160**	**22**	**422.4**	**364.4**	**1565.5**	**4 994**
～19歳	19.1	0.9	171	10	196.5	180.5	153.7	630	19.1	1.0	165	10	188.5	174.5	252.9	132
20～24	22.4	3.3	169	20	236.9	204.4	602.5	1 537	22.5	4.0	155	31	261.9	205.9	927.3	348
25～29	27.7	6.3	170	24	290.7	246.5	731.0	1 261	27.3	7.5	159	40	330.0	249.5	1019.7	314
30～34	32.7	8.4	170	19	323.8	288.7	719.5	1 617	32.2	9.0	158	30	353.9	295.8	990.3	343
35～39	37.8	12.3	175	18	370.0	330.9	1027.8	2 346	38.0	14.8	165	37	456.4	348.7	1645.4	273
40～44	42.6	15.8	173	18	406.7	360.3	1189.8	3 780	42.7	19.6	162	36	502.2	391.1	1918.9	733
45～49	47.5	16.4	174	14	399.9	369.1	1042.6	3 536	47.0	18.1	163	18	488.0	436.7	1759.1	380
50～54	52.4	19.8	173	12	431.7	400.5	1287.7	3 089	52.6	27.9	161	24	554.6	477.2	2333.0	576
55～59	57.4	22.1	172	9	412.0	389.7	1311.0	3 272	57.4	28.1	161	13	508.8	467.3	2113.2	622
60～64	62.4	24.8	166	6	353.6	339.8	959.6	2 840	62.3	32.5	157	7	367.5	350.7	1392.8	931
65～69	67.3	18.8	167	5	306.2	295.4	680.6	1 439	67.0	25.7	157	9	334.1	313.0	906.0	302
70歳～	73.0	20.7	166	2	252.8	249.3	323.8	368	71.9	15.7	151	1	278.4	276.8	1234.1	39
高専・短大卒	**45.2**	**14.9**	**170**	**13**	**401.4**	**372.1**	**1240.2**	**7 388**	**47.3**	**18.1**	**162**	**19**	**484.2**	**431.7**	**2058.2**	**1 708**
～19歳	-	-	-	-	-	-	-	-	-	-	-	-	-	-	-	-
20～24	22.8	2.2	173	15	235.6	210.9	373.4	392	21.9	1.6	167	21	245.7	211.0	490.5	110
25～29	27.6	5.4	169	18	290.6	257.4	771.9	416	27.7	6.5	156	39	369.6	291.9	1157.7	79
30～34	32.4	7.5	176	21	328.4	287.8	838.1	536	32.3	7.6	171	31	386.9	312.9	1271.5	62
35～39	37.8	11.7	172	17	379.5	343.8	1083.5	736	37.6	13.4	166	32	447.2	360.6	1441.5	98
40～44	42.7	14.4	173	16	406.3	366.4	1210.6	1 682	42.8	15.0	167	36	511.3	395.6	2036.9	282
45～49	47.5	18.8	167	10	445.6	420.0	1736.9	1 198	47.8	22.4	158	14	497.1	457.2	2330.4	406
50～54	52.5	20.2	169	9	487.3	466.2	1415.9	842	53.1	26.5	157	13	718.3	682.3	2776.4	165
55～59	57.1	18.4	167	8	464.7	440.5	1735.3	825	56.8	15.7	164	10	513.8	489.1	2755.2	293
60～64	62.5	20.3	170	4	382.2	371.1	1020.1	568	62.8	32.0	161	9	415.9	394.7	2004.7	165
65～69	66.7	16.9	167	5	359.8	349.5	635.4	167	66.6	15.6	161	3	394.8	388.8	571.2	44
70歳～	71.4	24.7	152	14	344.8	287.5	856.3	27	70.5	50.5	144	60	520.3	250.0	2200.0	3

所定内給与額及び年間賞与その他特別給与額

業

100 ～ 999人								10 ～ 99人								区分
年齢	勤続年数	所定内実労働時間数	超過実労働時間数	きまって支給する現金給与額	所定内給与額	年間賞与その他特別給与額	労働者数	年齢	勤続年数	所定内実労働時間数	超過実労働時間数	きまって支給する現金給与額	所定内給与額	年間賞与その他特別給与額	労働者数	
歳	年	時	時	千円	千円	千円	十人	歳	年	時	時	千円	千円	千円	十人	
42.0	**12.8**	**170**	**22**	**368.8**	**322.2**	**1023.7**	**6 706**	**43.7**	**10.8**	**175**	**12**	**314.3**	**290.6**	**445.7**	**31 191**	**高校卒以上**
19.2	0.9	170	16	204.2	181.6	133.6	156	19.0	0.8	174	12	203.8	186.6	56.0	544	～ 19歳
22.6	2.6	169	25	258.0	215.6	568.8	687	22.7	2.7	177	16	240.3	216.3	280.4	2 694	20 ～ 24
27.4	5.7	168	31	313.3	253.1	937.0	770	27.5	4.7	177	16	271.5	245.8	383.0	2 503	25 ～ 29
32.5	8.2	172	29	352.1	296.3	973.9	635	32.6	7.0	175	14	308.1	280.3	522.4	2 872	30 ～ 34
37.5	11.7	171	29	394.6	329.5	1158.3	665	37.6	9.5	176	14	328.5	301.3	512.6	3 806	35 ～ 39
42.6	14.1	169	25	422.6	361.6	1190.6	967	42.5	11.8	177	13	349.4	321.4	544.0	4 707	40 ～ 44
47.3	18.3	169	16	435.7	395.5	1400.2	914	47.3	12.1	177	11	349.2	325.2	510.9	3 875	45 ～ 49
52.4	20.6	171	14	419.3	388.0	1157.5	605	52.4	13.2	175	11	338.9	315.6	472.3	2 965	50 ～ 54
57.4	19.2	172	13	412.7	380.6	1195.5	590	57.4	16.6	174	11	340.3	318.8	525.6	2 858	55 ～ 59
62.5	19.2	167	13	327.7	302.0	868.9	379	62.4	16.0	172	9	301.8	285.3	362.3	2 537	60 ～ 64
66.9	15.0	168	13	322.9	289.5	541.7	314	67.1	15.8	170	7	271.5	259.6	199.4	1 461	65 ～ 69
71.0	8.0	160	14	298.3	258.0	252.3	22	73.7	22.2	162	6	253.7	243.2	147.0	370	70歳～
																管理・事務・技術労働者（男）
44.5	**16.2**	**167**	**14**	**404.5**	**373.6**	**1282.7**	**17 339**	**46.4**	**13.4**	**175**	**10**	**346.7**	**327.6**	**776.3**	**27 521**	**学歴計**
19.0	1.0	169	18	208.4	183.9	198.3	149	19.0	0.9	174	8	194.4	181.3	96.7	348	～ 19歳
23.1	2.1	166	21	255.4	220.3	443.4	1 165	22.8	2.6	176	11	228.0	210.2	376.6	1 236	20 ～ 24
27.4	5.0	167	25	297.8	253.0	861.2	1 530	27.7	4.4	175	17	268.8	242.2	580.3	1 952	25 ～ 29
32.5	7.4	168	22	363.7	317.6	938.8	1 442	32.7	6.9	175	15	309.4	281.5	630.7	1 970	30 ～ 34
37.8	11.5	169	20	387.5	343.6	1115.7	1 635	37.7	11.1	176	12	351.6	327.7	921.1	2 934	35 ～ 39
42.7	16.5	170	15	420.8	386.7	1490.2	2 527	42.6	13.5	176	12	374.0	349.7	895.6	4 339	40 ～ 44
47.4	19.8	168	12	457.7	428.5	1613.7	2 832	47.3	14.7	175	10	385.5	364.5	908.2	3 712	45 ～ 49
52.4	23.0	167	9	481.1	457.7	1623.6	2 214	52.4	16.4	176	8	394.1	378.0	914.3	3 024	50 ～ 54
57.4	25.4	167	7	488.5	467.3	1793.7	1 901	57.4	18.2	175	6	383.4	368.3	953.2	3 394	55 ～ 59
62.6	24.6	163	4	372.4	362.6	1065.8	1 411	62.3	18.5	174	4	348.3	337.5	645.3	2 635	60 ～ 64
66.9	19.0	165	8	371.5	354.5	713.2	452	67.4	17.9	170	3	293.4	287.5	477.4	1 499	65 ～ 69
72.3	13.9	158	4	292.8	280.7	384.5	79	73.4	23.4	169	2	252.3	249.8	239.9	478	70歳～
50.1	**13.4**	**177**	**21**	**361.7**	**319.1**	**686.2**	**171**	**52.7**	**20.2**	**173**	**10**	**337.3**	**318.3**	**574.1**	**1 300**	**中学卒**
19.5	0.5	158	0	162.5	162.5	0.0	1	-	-	-	-	-	-	-	-	～ 19歳
23.1	0.7	173	6	259.0	254.8	39.3	13	21.4	2.9	172	6	229.5	216.1	102.7	18	20 ～ 24
27.4	6.5	182	9	306.9	287.0	1168.6	4	27.8	4.7	171	12	280.6	260.6	364.7	74	25 ～ 29
32.2	8.8	163	22	334.0	290.3	2578.2	3	32.1	4.4	182	4	267.7	262.0	418.6	35	30 ～ 34
35.5	7.6	171	11	334.5	309.0	680.3	19	37.8	11.2	180	8	345.2	327.4	469.5	156	35 ～ 39
43.8	12.1	172	17	309.7	277.9	530.7	14	42.9	16.9	178	13	376.7	351.9	854.2	138	40 ～ 44
48.0	14.5	184	22	476.5	428.9	969.8	17	47.2	19.3	171	9	392.4	373.1	591.9	113	45 ～ 49
51.5	16.7	180	5	348.6	336.9	627.5	45	52.7	13.5	174	27	403.7	356.5	802.8	124	50 ～ 54
57.5	30.0	161	20	391.1	355.0	1222.7	12	57.4	26.0	173	13	374.5	352.4	1009.5	159	55 ～ 59
61.2	30.8	162	4	372.9	367.6	2326.5	10	62.5	26.4	172	10	315.1	295.3	629.8	229	60 ～ 64
67.4	9.9	194	89	460.7	281.5	127.8	24	67.5	30.2	171	1	304.6	302.6	192.2	165	65 ～ 69
70.5	3.5	168	0	250.0	250.0	0.0	11	74.5	29.8	166	1	248.8	247.2	104.1	90	70歳～
46.1	**17.1**	**171**	**17**	**392.5**	**358.2**	**1201.5**	**5 985**	**46.8**	**14.0**	**175**	**9**	**336.5**	**317.6**	**731.9**	**14 739**	**高校卒**
19.0	1.0	170	18	208.6	184.0	199.0	149	19.0	0.9	174	8	194.4	181.3	96.7	348	～ 19歳
22.5	3.3	169	24	237.1	200.9	613.3	423	22.4	3.0	175	12	225.4	205.7	449.2	767	20 ～ 24
27.7	7.7	170	30	322.8	269.1	976.3	293	27.8	5.1	176	14	257.3	234.9	482.3	654	25 ～ 29
32.9	8.6	171	26	365.0	320.0	823.9	308	32.9	8.2	174	12	300.0	276.2	589.9	965	30 ～ 34
37.9	12.6	175	28	391.6	337.4	1072.9	527	37.8	11.8	177	11	347.4	325.5	903.6	1 547	35 ～ 39
42.7	17.4	173	20	419.4	374.8	1433.6	936	42.4	13.8	176	11	367.9	343.1	828.5	2 111	40 ～ 44
47.6	18.1	173	19	422.4	378.7	1278.3	963	47.5	15.3	177	11	374.7	353.2	814.7	2 193	45 ～ 49
52.5	21.7	173	10	469.6	442.0	1548.0	715	52.3	16.5	176	8	377.3	359.5	849.7	1 799	50 ～ 54
57.4	26.3	169	8	454.8	434.9	1701.0	734	57.5	18.5	176	7	364.1	347.2	900.9	1 915	55 ～ 59
62.5	24.6	162	5	360.0	350.5	962.3	694	62.4	19.1	175	5	339.4	325.3	626.2	1 216	60 ～ 64
66.9	16.6	166	7	367.1	352.5	934.9	206	67.6	17.1	171	3	283.7	277.1	551.2	931	65 ～ 69
73.0	13.7	162	3	264.3	258.2	207.5	37	73.1	22.3	168	2	248.0	244.6	217.1	293	70歳～
45.9	**16.9**	**167**	**12**	**397.3**	**368.7**	**1293.9**	**1 919**	**44.0**	**12.4**	**175**	**10**	**365.9**	**346.7**	**841.2**	**3 760**	**高専・短大卒**
-	-	-	-	-	-	-	-	-	-	-	-	-	-	-	-	～ 19歳
22.9	1.8	172	17	237.0	209.5	333.9	88	23.2	2.7	177	10	229.3	211.4	324.6	194	20 ～ 24
27.2	5.7	170	25	277.0	234.2	1005.7	82	27.6	4.9	173	9	270.5	254.2	577.6	255	25 ～ 29
32.1	7.2	173	20	315.1	272.0	838.7	139	32.6	7.6	178	19	323.0	289.6	757.1	335	30 ～ 34
38.2	12.4	166	23	365.7	319.4	1178.9	176	37.7	11.1	176	11	370.3	349.4	971.0	462	35 ～ 39
42.5	17.5	168	12	399.3	373.0	1464.5	406	42.8	13.0	177	12	379.4	355.4	872.4	994	40 ～ 44
47.5	21.1	169	8	444.6	424.9	1738.0	375	47.2	13.3	172	8	396.1	379.3	1155.9	416	45 ～ 49
52.2	22.8	167	11	457.6	428.5	1396.0	269	52.5	16.0	175	5	413.4	403.7	877.8	407	50 ～ 54
57.2	22.5	162	15	503.4	456.7	1775.1	161	57.3	18.7	172	4	409.3	395.2	913.5	372	55 ～ 59
62.9	17.8	165	1	331.1	328.3	544.9	159	62.0	14.1	179	3	392.7	383.0	664.4	244	60 ～ 64
66.5	12.4	167	1	407.4	404.0	803.5	50	67.0	20.7	171	8	306.2	288.8	559.7	73	65 ～ 69
71.5	22.1	139	13	337.4	287.9	904.5	15	71.6	20.3	176	0	299.2	299.2	334.5	9	70歳～

第1表　年齢階級別きまって支給する現金給与額、

D 建設

区分	企業規模計 年齢	勤続年数	所定内実労働時間数	超過実労働時間数	きまって支給する現金給与額	所定内給与額	年間賞与その他特別給与額	労働者数	1,000人以上 年齢	勤続年数	所定内実労働時間数	超過実労働時間数	きまって支給する現金給与額	所定内給与額	年間賞与その他特別給与額	労働者数
	歳	年	時	時	千円	千円	千円	十人	歳	年	時	時	千円	千円	千円	十人
大学・大学院卒	**43.7**	**15.5**	**167**	**15**	**451.1**	**414.6**	**1757.7**	**32 351**	**43.0**	**17.3**	**164**	**19**	**519.9**	**470.1**	**2456.6**	**15 365**
～ 19歳	-	-	-	-	-	-	-	-	-	-	-	-	-	-	-	-
20 ～ 24	23.7	1.3	166	23	274.2	231.9	359.8	1 840	23.7	1.2	165	28	287.9	233.1	402.2	942
25 ～ 29	27.5	4.1	168	30	318.5	259.9	1003.4	4 332	27.5	4.2	166	36	350.7	272.5	1247.4	2 212
30 ～ 34	32.5	7.1	167	28	397.2	328.5	1226.9	3 198	32.4	8.1	164	36	445.8	348.7	1618.0	1 572
35 ～ 39	37.5	11.2	168	21	421.7	368.3	1586.9	2 815	37.5	12.7	165	29	495.4	414.4	2336.1	1 133
40 ～ 44	42.7	15.5	168	14	461.6	424.0	1888.8	4 100	42.7	17.1	164	16	530.0	478.0	2603.2	1 832
45 ～ 49	47.3	20.0	166	11	520.9	491.2	2386.6	5 311	47.4	22.0	164	12	580.9	544.4	3154.1	2 843
50 ～ 54	52.4	24.4	166	7	574.8	553.1	2676.5	4 202	52.3	26.8	165	8	658.6	632.4	3608.2	2 323
55 ～ 59	57.6	24.6	167	5	555.1	541.4	2429.6	3 597	57.7	29.3	163	5	662.0	649.2	3547.6	1 654
60 ～ 64	62.4	22.1	168	4	423.0	413.5	1167.4	2 044	62.1	26.4	162	5	560.9	545.9	1870.6	549
65 ～ 69	67.0	22.1	163	5	354.7	343.3	760.1	796	66.8	30.3	159	10	403.1	376.6	1323.9	293
70歳～	73.2	22.7	170	2	305.4	301.9	585.3	117	70.9	45.3	168	9	503.0	479.1	1449.7	14
女																
学歴計	**42.2**	**10.7**	**166**	**7**	**256.9**	**244.0**	**704.0**	**18 054**	**40.2**	**12.8**	**160**	**13**	**329.1**	**301.1**	**1360.6**	**4 137**
～ 19歳	19.0	0.7	175	1	167.2	165.9	41.6	202	-	-	-	-	-	-	-	-
20 ～ 24	23.2	1.9	166	6	209.8	199.5	364.7	1 467	23.6	2.0	159	9	220.1	204.7	648.0	429
25 ～ 29	27.3	3.8	166	11	244.4	224.5	615.8	1 996	27.4	3.9	159	21	289.6	248.5	1032.0	588
30 ～ 34	32.5	6.4	166	8	239.7	225.6	611.1	1 708	32.4	8.0	162	15	294.4	263.5	1046.7	386
35 ～ 39	37.8	8.6	166	7	254.6	240.4	691.9	2 134	38.1	10.2	161	13	314.7	286.0	1183.3	513
40 ～ 44	42.6	11.0	166	5	262.4	252.1	861.2	3 042	42.4	13.1	158	8	341.7	323.3	1724.7	725
45 ～ 49	47.5	13.5	166	8	286.4	269.6	910.4	2 793	47.5	18.8	161	14	400.1	363.0	1721.1	650
50 ～ 54	52.3	14.0	167	7	287.6	273.9	770.5	1 925	52.2	20.1	158	12	381.7	352.1	1459.6	448
55 ～ 59	57.1	17.2	168	6	276.0	264.7	836.3	1 482	57.1	25.7	163	10	405.3	382.0	2067.6	296
60 ～ 64	62.3	20.8	164	2	227.2	224.9	522.6	793	62.1	30.8	152	4	225.3	219.4	1007.1	94
65 ～ 69	67.4	24.2	172	1	225.4	224.5	205.5	299	66.1	11.8	167	1	163.5	162.8	208.0	5
70歳～	74.3	28.2	163	1	221.3	220.0	266.4	213	70.5	12.0	164	0	156.6	156.6	73.6	1
中学卒	**57.7**	**16.4**	**163**	**4**	**191.8**	**186.8**	**253.2**	**278**	**27.3**	**2.2**	**163**	**20**	**273.5**	**232.7**	**474.8**	**12**
～ 19歳	-	-	-	-	-	-	-	-	-	-	-	-	-	-	-	-
20 ～ 24	23.4	1.5	164	18	258.7	222.5	424.4	14	23.5	1.5	163	22	284.6	240.0	513.0	11
25 ～ 29	27.5	1.5	169	0	202.8	202.8	426.2	19	-	-	-	-	-	-	-	-
30 ～ 34	33.2	2.6	171	0	143.1	142.9	283.0	12	-	-	-	-	-	-	-	-
35 ～ 39	38.1	3.2	164	12	205.8	189.7	320.4	11	-	-	-	-	-	-	-	-
40 ～ 44	42.7	15.0	160	6	316.2	306.4	487.1	18	-	-	-	-	-	-	-	-
45 ～ 49	47.6	15.8	148	5	201.9	195.4	208.4	24	-	-	-	-	-	-	-	-
50 ～ 54	51.9	8.2	155	21	286.9	270.6	217.8	4	-	-	-	-	-	-	-	-
55 ～ 59	56.4	32.8	178	0	196.1	196.1	339.6	6	-	-	-	-	-	-	-	-
60 ～ 64	63.7	15.6	166	0	175.4	174.9	410.0	32	63.5	3.5	167	0	156.6	156.6	73.6	1
65 ～ 69	66.6	24.1	171	1	172.9	171.1	221.4	57	-	-	-	-	-	-	-	-
70歳～	75.4	20.8	156	2	167.4	165.1	85.5	81	70.5	15.5	167	0	156.6	156.6	73.6	1
高校卒	**45.2**	**11.6**	**168**	**5**	**232.7**	**224.6**	**527.1**	**7 528**	**46.0**	**15.8**	**158**	**10**	**283.0**	**263.2**	**1063.4**	**777**
～ 19歳	19.0	0.7	175	1	167.2	165.9	41.6	202	-	-	-	-	-	-	-	-
20 ～ 24	22.5	2.7	170	7	192.5	182.7	309.5	385	22.0	3.0	155	14	197.2	178.8	679.4	34
25 ～ 29	27.5	4.4	167	4	199.9	192.6	430.8	413	27.3	4.9	141	7	193.3	183.0	556.2	36
30 ～ 34	32.7	5.9	168	5	211.0	203.9	385.9	598	32.9	5.6	170	3	234.2	229.7	230.1	39
35 ～ 39	37.9	8.0	166	5	226.1	216.5	451.6	778	37.4	7.4	156	9	265.8	247.7	706.3	100
40 ～ 44	42.7	11.2	169	4	229.5	222.2	593.1	1 149	42.8	16.4	165	8	294.7	279.9	1306.7	128
45 ～ 49	47.5	10.9	169	7	246.2	234.6	639.5	1 269	46.9	13.4	162	16	301.1	270.1	1225.3	143
50 ～ 54	52.5	13.2	170	7	261.0	249.3	627.7	1 005	52.7	17.9	155	11	312.1	285.1	1066.0	123
55 ～ 59	57.1	16.6	166	4	253.7	246.5	688.0	865	57.5	23.9	158	10	352.7	330.8	1613.4	110
60 ～ 64	62.3	21.7	163	2	228.9	226.9	501.2	575	62.3	36.0	151	3	199.2	193.5	861.7	60
65 ～ 69	67.8	22.7	177	1	247.3	246.6	137.4	172	66.9	10.9	166	0	140.5	140.5	82.9	2
70歳～	73.5	32.3	171	0	235.4	234.6	426.1	117	70.5	8.5	160	0	156.6	156.6	73.6	1
高専・短大卒	**43.3**	**11.8**	**166**	**7**	**263.4**	**250.2**	**761.0**	**4 982**	**44.7**	**17.0**	**159**	**12**	**350.9**	**322.1**	**1445.7**	**1 089**
～ 19歳	-	-	-	-	-	-	-	-	-	-	-	-	-	-	-	-
20 ～ 24	23.3	2.4	168	6	206.8	197.9	439.9	342	24.2	3.8	152	6	211.4	200.6	932.7	82
25 ～ 29	27.6	4.4	171	9	219.4	207.1	444.8	297	28.9	5.5	155	17	269.5	240.0	1181.9	33
30 ～ 34	32.6	6.1	166	5	214.5	206.9	536.4	429	33.3	9.2	161	3	234.5	227.8	652.4	55
35 ～ 39	37.8	9.2	167	7	250.4	238.9	623.4	626	38.5	10.2	158	12	336.1	311.4	837.4	110
40 ～ 44	42.7	11.3	166	5	263.1	252.5	824.9	1 057	42.6	14.6	154	10	321.8	298.9	1368.1	231
45 ～ 49	47.6	15.6	164	10	300.1	277.4	1037.3	963	47.8	20.9	162	18	399.6	347.6	1669.3	275
50 ～ 54	52.2	14.2	165	6	283.2	271.0	703.0	595	52.3	21.2	160	14	368.6	338.8	1228.9	157
55 ～ 59	57.1	17.7	171	8	306.4	290.5	1039.6	470	56.8	28.7	171	7	475.2	458.4	2759.8	118
60 ～ 64	62.4	18.8	167	3	231.2	226.9	697.7	140	61.6	19.6	153	4	283.4	276.5	1334.7	30
65 ～ 69	67.3	28.2	158	0	201.5	201.5	279.2	49	-	-	-	-	-	-	-	-
70歳～	73.9	36.0	142	0	397.0	397.0	0.0	15	-	-	-	-	-	-	-	-

所定内給与額及び年間賞与その他特別給与額

業

100 ～ 999人								10 ～ 99人								区分
年齢	勤続年数	所定内実労働時間数	超過実労働時間数	きまって支給する現金給与額	所定内給与額	年間賞与その他特別給与額	労働者数	年齢	勤続年数	所定内実労働時間数	超過実労働時間数	きまって支給する現金給与額	所定内給与額	年間賞与その他特別給与額	労働者数	
歳	年	時	時	千円	千円	千円	十人	歳	年	時	時	千円	千円	千円	十人	
43.2	**15.5**	**165**	**13**	**414.5**	**385.6**	**1343.9**	**9 264**	**45.9**	**11.8**	**174**	**10**	**358.3**	**338.9**	**863.4**	**7 722**	**大学・大学院卒**
–	–	–	–	–	–	–	–	–	–	–	–	–	–	–	–	～ 19歳
23.6	1.3	163	21	269.9	234.0	354.4	641	23.7	1.3	178	9	234.6	222.3	218.4	258	20 ～ 24
27.3	4.2	166	23	292.9	250.2	820.6	1 152	27.6	3.7	174	21	275.2	242.5	663.8	969	25 ～ 29
32.5	7.1	166	21	370.2	323.3	983.6	992	32.6	4.9	176	17	318.9	286.3	638.0	634	30 ～ 34
37.7	10.7	167	15	390.4	352.5	1137.1	914	37.5	9.4	174	16	350.2	319.0	1017.8	769	35 ～ 39
42.8	15.5	168	11	430.7	402.3	1555.5	1 172	42.6	12.9	174	12	380.5	357.0	1051.2	1 096	40 ～ 44
47.3	20.7	164	8	483.8	461.9	1808.1	1 477	47.1	13.2	173	11	404.1	382.4	1047.1	991	45 ～ 49
52.5	24.0	163	7	498.4	478.4	1759.2	1 185	52.6	16.9	175	5	424.8	414.9	1123.4	694	50 ～ 54
57.5	25.1	166	5	512.2	494.2	1872.0	994	57.3	16.0	174	4	413.8	402.8	1065.1	949	55 ～ 59
62.7	26.5	164	4	400.1	387.8	1324.7	549	62.3	17.1	173	2	356.3	351.7	668.6	947	60 ～ 64
67.1	24.9	159	0	354.0	352.8	504.0	172	67.1	13.3	167	2	312.1	308.7	393.5	330	65 ～ 69
72.9	14.0	161	0	344.3	344.3	563.1	17	73.6	20.8	172	1	265.8	265.0	448.9	86	70歳～
																女
40.6	**9.6**	**166**	**8**	**255.7**	**242.0**	**653.0**	**4 535**	**43.8**	**10.3**	**170**	**4**	**225.6**	**219.7**	**439.2**	**9 382**	**学歴計**
18.9	0.8	171	1	177.8	176.6	88.1	39	19.0	0.7	175	1	164.6	163.4	30.5	164	～ 19歳
23.0	1.5	171	7	217.3	205.2	252.1	383	23.2	2.1	169	5	198.6	192.8	244.9	654	20 ～ 24
27.1	3.7	166	11	240.7	223.7	479.5	629	27.5	3.8	171	4	213.2	207.1	411.3	779	25 ～ 29
32.8	7.1	164	8	245.7	232.4	619.5	515	32.5	5.1	169	4	209.7	203.0	397.4	807	30 ～ 34
37.6	8.9	162	8	255.0	239.4	778.3	499	37.8	7.7	171	4	226.9	220.1	429.1	1 123	35 ～ 39
42.6	10.9	165	6	262.1	249.4	785.0	774	42.7	10.0	171	3	225.3	220.1	494.0	1 544	40 ～ 44
47.6	13.9	164	9	273.3	259.0	800.7	766	47.5	10.8	169	5	239.9	231.3	588.3	1 376	45 ～ 49
52.1	12.6	166	10	280.6	264.6	647.3	401	52.4	12.0	172	4	251.0	244.8	529.3	1 076	50 ～ 54
57.1	16.0	164	8	272.8	259.9	772.8	329	57.2	14.8	171	3	232.5	226.1	435.0	856	55 ～ 59
62.1	17.4	168	1	271.0	269.4	754.3	151	62.4	20.0	164	2	215.5	213.7	375.3	547	60 ～ 64
67.5	7.8	174	2	183.1	180.8	40.2	43	67.4	27.3	172	0	234.1	233.3	233.9	250	65 ～ 69
72.7	12.5	157	0	139.9	139.9	328.2	6	74.3	28.7	163	1	223.8	222.5	265.6	206	70歳～
60.2	**11.1**	**162**	**8**	**189.2**	**181.0**	**253.2**	**22**	**58.9**	**17.5**	**163**	**2**	**188.1**	**185.1**	**242.9**	**245**	**中学卒**
–	–	–	–	–	–	–	–	–	–	–	–	–	–	–	–	～ 19歳
–	–	–	–	–	–	–	–	23.0	1.5	166	8	183.0	171.4	166.0	4	20 ～ 24
–	–	–	–	–	–	–	–	27.5	1.5	169	0	202.8	202.8	426.2	19	25 ～ 29
32.5	2.5	168	3	145.3	142.9	80.0	1	33.3	2.7	171	0	142.9	142.9	301.1	11	30 ～ 34
37.5	3.5	160	10	212.6	198.4	371.0	2	38.2	3.2	164	13	204.7	188.4	312.6	10	35 ～ 39
–	–	–	–	–	–	–	–	42.7	15.0	160	6	316.2	306.4	487.1	18	40 ～ 44
49.5	15.5	210	0	203.9	203.9	4000.0	1	47.5	15.8	146	5	201.8	195.0	44.3	23	45 ～ 49
51.9	8.2	155	21	286.9	270.6	217.8	4	–	–	–	–	–	–	–	–	50 ～ 54
–	–	–	–	–	–	–	–	56.4	32.8	178	0	196.1	196.1	339.6	6	55 ～ 59
–	–	–	–	–	–	–	–	63.7	15.7	166	0	175.7	175.2	415.4	31	60 ～ 64
65.5	13.1	161	7	171.3	162.4	0.0	11	66.9	26.7	173	0	173.3	173.1	273.3	47	65 ～ 69
72.0	12.4	160	0	145.1	145.1	32.8	4	75.6	21.3	156	2	168.6	166.2	88.3	76	70歳～
44.3	**10.6**	**167**	**8**	**246.3**	**233.3**	**605.8**	**1 606**	**45.4**	**11.3**	**171**	**3**	**220.9**	**216.1**	**421.6**	**5 145**	**高校卒**
18.9	0.8	171	1	177.8	176.6	88.1	39	19.0	0.7	175	1	164.6	163.4	30.5	164	～ 19歳
22.0	2.3	171	12	199.7	182.1	280.7	90	22.7	2.9	172	5	189.4	183.4	270.6	260	20 ～ 24
27.4	4.5	169	8	213.4	199.3	535.4	104	27.6	4.3	169	3	195.7	191.4	374.3	273	25 ～ 29
33.1	6.4	164	7	228.4	216.4	505.6	166	32.5	5.6	170	4	201.4	196.1	350.8	393	30 ～ 34
37.8	9.8	160	10	231.3	212.4	565.3	123	38.0	7.8	169	4	217.7	211.7	380.3	554	35 ～ 39
43.1	11.9	165	6	237.8	226.5	723.6	238	42.6	10.2	171	3	216.3	211.4	436.4	783	40 ～ 44
47.8	11.8	168	8	254.4	239.9	600.6	331	47.5	10.1	171	4	233.0	226.1	550.6	796	45 ～ 49
52.3	13.6	168	13	264.8	244.5	613.5	189	52.5	12.3	173	4	250.8	244.2	553.6	693	50 ～ 54
56.7	15.5	165	7	287.4	276.4	806.8	180	57.2	15.6	168	2	224.4	221.1	474.7	576	55 ～ 59
62.2	16.2	166	1	294.8	293.0	871.5	115	62.4	21.1	164	1	214.5	212.9	340.6	400	60 ～ 64
68.3	5.4	179	0	187.0	187.0	54.0	31	67.7	26.7	177	1	262.4	261.4	156.6	139	65 ～ 69
74.3	12.9	152	0	128.1	128.1	1005.9	2	73.5	32.7	171	0	237.3	236.5	419.0	115	70歳～
42.9	**11.8**	**163**	**7**	**256.8**	**245.2**	**775.5**	**1 350**	**42.9**	**9.6**	**171**	**5**	**229.4**	**222.2**	**460.1**	**2 543**	**高専・短大卒**
–	–	–	–	–	–	–	–	–	–	–	–	–	–	–	–	～ 19歳
22.7	1.8	174	5	209.6	200.9	357.3	71	23.1	2.0	173	7	203.8	195.6	258.2	190	20 ～ 24
27.4	4.9	162	12	231.6	214.6	490.9	67	27.4	4.0	177	6	206.9	199.1	305.8	197	25 ～ 29
32.4	7.2	162	5	217.8	208.6	676.9	139	32.6	4.7	170	5	207.9	201.0	426.4	235	30 ～ 34
37.5	9.8	161	6	237.7	226.3	848.4	183	37.7	8.5	173	5	229.2	221.9	429.8	334	35 ～ 39
42.4	12.4	165	6	274.2	261.3	964.9	283	42.9	9.3	171	2	232.3	228.2	521.2	543	40 ～ 44
47.3	15.8	161	7	282.5	269.9	873.0	297	47.8	11.7	168	6	243.7	233.9	718.8	392	45 ～ 49
52.1	12.4	164	5	280.2	272.2	689.2	166	52.1	11.1	170	3	235.7	231.1	407.4	272	50 ～ 54
57.6	16.9	161	9	247.9	233.3	669.3	127	56.9	12.4	176	8	251.2	235.0	349.9	225	55 ～ 59
62.9	15.3	176	1	180.9	179.3	498.3	17	62.5	19.2	169	3	223.5	219.5	530.9	94	60 ～ 64
66.1	17.4	154	2	188.1	185.9	52.2	2	67.3	28.5	158	0	202.0	202.0	286.8	48	65 ～ 69
–	–	–	–	–	–	–	–	73.9	36.0	142	0	397.0	397.0	0.0	15	70歳～

第1表　年齢階級別きまって支給する現金給与額、

D　建　設

区分	企業規模計 年齢	勤続年数	所定内実労働時間数	超過実労働時間数	きまって支給する現金給与額	所定内給与額	年間賞与その他特別給与額	労働者数	1,000人以上 年齢	勤続年数	所定内実労働時間数	超過実労働時間数	きまって支給する現金給与額	所定内給与額	年間賞与その他特別給与額	労働者数
	歳	年	時	時	千円	千円	千円	十人	歳	年	時	時	千円	千円	千円	十人
大学・大学院卒	**35.9**	**8.1**	**164**	**10**	**288.7**	**268.7**	**927.0**	**5 265**	**36.2**	**9.7**	**160**	**14**	**334.7**	**304.3**	**1426.2**	**2 260**
～ 19歳	-	-	-	-	-	-	-	-	-	-	-	-	-	-	-	-
20 ～ 24	23.6	1.3	164	6	219.5	208.7	357.4	726	23.6	1.4	161	8	222.9	207.4	572.3	303
25 ～ 29	27.2	3.5	165	14	265.4	239.4	719.1	1 267	27.3	3.8	160	23	297.6	253.6	1055.9	519
30 ～ 34	32.4	7.1	164	12	283.2	258.4	866.3	669	32.1	8.1	161	19	313.5	274.7	1228.8	293
35 ～ 39	37.7	8.8	166	10	289.9	268.5	1017.3	719	38.1	11.2	164	15	323.2	289.4	1467.0	303
40 ～ 44	42.3	10.1	163	6	306.5	292.5	1292.4	819	42.2	10.9	158	7	370.8	354.0	2096.6	366
45 ～ 49	47.3	15.8	163	9	360.7	341.5	1355.4	536	47.4	19.6	160	9	461.3	437.8	2085.2	233
50 ～ 54	51.8	16.1	162	10	379.1	356.1	1347.1	322	51.7	20.6	157	12	445.0	413.6	1963.3	168
55 ～ 59	57.2	18.7	164	9	315.5	294.3	1093.4	140	56.8	23.6	155	16	369.8	332.8	1607.9	69
60 ～ 64	60.8	19.8	158	0	229.2	228.9	335.2	47	62.3	39.9	165	3	195.9	191.7	872.8	4
65 ～ 69	67.0	27.7	171	2	247.5	244.9	565.1	20	65.5	12.5	168	1	181.9	180.7	308.0	3
70歳～	-	-	-	-	-	-	-	-	-	-	-	-	-	-	-	-
生産労働者（女）																
学歴計	**43.2**	**8.1**	**165**	**7**	**242.6**	**231.6**	**432.6**	**1 167**	**35.2**	**5.4**	**153**	**7**	**308.3**	**294.8**	**614.5**	**242**
～ 19歳	18.9	0.9	169	0	138.6	138.6	20.0	3	-	-	-	-	-	-	-	-
20 ～ 24	22.9	1.8	159	12	220.4	203.2	284.1	93	22.2	1.6	154	10	203.4	188.3	451.1	30
25 ～ 29	27.0	3.6	165	16	247.7	222.1	634.8	151	27.4	3.4	152	15	284.4	257.4	799.3	45
30 ～ 34	32.2	6.1	150	9	249.4	234.4	605.4	93	31.8	7.5	148	9	260.3	243.7	869.0	45
35 ～ 39	38.4	8.3	172	5	263.9	255.3	409.5	191	38.3	7.0	161	6	346.6	334.8	575.7	47
40 ～ 44	42.3	8.2	167	2	264.0	259.7	444.3	150	42.3	5.7	146	1	335.6	332.4	389.3	42
45 ～ 49	47.9	9.2	165	6	247.2	237.5	461.3	166	47.5	7.7	163	2	299.9	292.1	764.8	22
50 ～ 54	52.3	7.9	168	6	294.8	285.6	462.8	71	52.4	2.4	154	0	670.2	670.2	0.0	10
55 ～ 59	56.7	7.9	167	7	215.9	201.9	450.2	78	-	-	-	-	-	-	-	-
60 ～ 64	62.8	11.4	165	1	207.4	205.9	240.2	88	60.5	6.5	140	0	133.9	133.9	90.0	1
65 ～ 69	67.1	21.6	180	0	181.0	181.0	251.2	45	-	-	-	-	-	-	-	-
70歳～	73.2	17.8	154	3	171.2	165.8	119.3	40	-	-	-	-	-	-	-	-
中学卒	**62.7**	**18.8**	**167**	**4**	**189.2**	**183.8**	**225.3**	**101**	-	-	-	-	-	-	-	-
～ 19歳	-	-	-	-	-	-	-	-	-	-	-	-	-	-	-	-
20 ～ 24	22.9	1.8	164	10	184.9	170.1	213.4	3	-	-	-	-	-	-	-	-
25 ～ 29	-	-	-	-	-	-	-	-	-	-	-	-	-	-	-	-
30 ～ 34	32.5	2.5	168	3	145.3	142.9	80.0	1	-	-	-	-	-	-	-	-
35 ～ 39	38.4	3.5	141	0	179.3	179.3	20.6	4	-	-	-	-	-	-	-	-
40 ～ 44	42.5	11.5	184	29	299.3	250.0	240.0	3	-	-	-	-	-	-	-	-
45 ～ 49	48.5	14.5	184	13	202.3	186.0	0.0	10	-	-	-	-	-	-	-	-
50 ～ 54	51.8	6.3	155	25	299.6	280.7	189.4	3	-	-	-	-	-	-	-	-
55 ～ 59	55.5	28.8	168	0	194.3	194.3	494.0	4	-	-	-	-	-	-	-	-
60 ～ 64	64.2	25.2	165	1	182.4	181.3	415.9	14	-	-	-	-	-	-	-	-
65 ～ 69	67.1	26.3	176	0	181.8	181.8	356.2	29	-	-	-	-	-	-	-	-
70歳～	74.0	14.8	156	4	175.7	171.7	83.9	30	-	-	-	-	-	-	-	-
高校卒以上	**41.4**	**7.1**	**165**	**7**	**247.7**	**236.2**	**452.2**	**1 066**	**35.2**	**5.4**	**153**	**7**	**308.3**	**294.8**	**614.5**	**242**
～ 19歳	18.9	0.9	169	0	138.6	138.6	20.0	3	-	-	-	-	-	-	-	-
20 ～ 24	22.9	1.8	159	12	221.5	204.2	286.3	90	22.2	1.6	154	10	203.4	188.3	451.1	30
25 ～ 29	27.0	3.6	165	16	247.7	222.1	634.8	151	27.4	3.4	152	15	284.4	257.4	799.3	45
30 ～ 34	32.2	6.2	149	9	250.5	235.4	611.0	92	31.8	7.5	148	9	260.3	243.7	869.0	45
35 ～ 39	38.4	8.4	173	5	265.7	256.9	417.8	187	38.3	7.0	161	6	346.6	334.8	575.7	47
40 ～ 44	42.3	8.1	166	2	263.4	259.9	448.2	147	42.3	5.7	146	1	335.6	332.4	389.3	42
45 ～ 49	47.9	8.9	164	6	249.9	240.7	489.7	156	47.5	7.7	163	2	299.9	292.1	764.8	22
50 ～ 54	52.3	8.0	169	5	294.5	285.8	475.8	68	52.4	2.4	154	0	670.2	670.2	0.0	10
55 ～ 59	56.8	6.7	167	7	217.2	202.4	447.6	73	-	-	-	-	-	-	-	-
60 ～ 64	62.6	8.9	165	1	211.9	210.4	208.2	74	60.5	6.5	140	0	133.9	133.9	90.0	1
65 ～ 69	67.1	13.1	187	0	179.7	179.7	63.1	16	-	-	-	-	-	-	-	-
70歳～	70.6	27.6	147	0	156.4	146.5	235.1	9	-	-	-	-	-	-	-	-
管理・事務・技術労働者（女）																
学歴計	**42.1**	**10.9**	**167**	**7**	**257.9**	**244.8**	**722.8**	**16 887**	**40.5**	**13.2**	**160**	**13**	**330.4**	**301.5**	**1406.9**	**3 895**
～ 19歳	19.0	0.7	175	1	167.5	166.3	41.9	200	-	-	-	-	-	-	-	-
20 ～ 24	23.3	1.9	167	6	209.1	199.3	370.1	1 374	23.7	2.0	159	9	221.4	205.9	663.1	399
25 ～ 29	27.4	3.8	166	11	244.1	224.7	614.2	1 844	27.3	4.0	159	22	290.0	247.7	1051.2	544
30 ～ 34	32.6	6.4	167	8	239.1	225.0	611.4	1 615	32.4	8.1	164	16	298.8	266.1	1070.0	341
35 ～ 39	37.8	8.6	166	8	253.7	239.0	719.6	1 944	38.0	10.5	161	14	311.5	281.0	1244.8	466
40 ～ 44	42.6	11.1	166	5	262.3	251.7	882.8	2 892	42.4	13.5	159	9	342.1	322.7	1807.7	682
45 ～ 49	47.5	13.8	166	8	288.9	271.6	938.7	2 627	47.5	19.2	161	14	403.6	365.4	1753.9	629
50 ～ 54	52.3	14.2	167	7	287.4	273.5	782.3	1 855	52.2	20.5	158	13	375.0	344.6	1493.9	438
55 ～ 59	57.2	17.7	168	6	279.3	268.2	857.6	1 404	57.1	25.7	163	10	405.3	382.0	2067.6	296
60 ～ 64	62.2	22.0	164	2	229.7	227.3	557.7	705	62.1	30.9	152	4	225.8	219.9	1012.0	94
65 ～ 69	67.5	24.7	171	1	233.3	232.2	197.4	254	66.1	11.8	167	1	163.5	162.8	208.0	5
70歳～	74.5	30.6	165	0	232.8	232.4	300.2	173	70.5	12.0	164	0	156.6	156.6	73.6	1

所定内給与額及び年間賞与その他特別給与額

業

100～999人 年齢	勤続年数	所定内実労働時間数	超過実労働時間数	きまって支給する現金給与額	所定内給与額	年間賞与その他特別給与額	労働者数	10～99人 年齢	勤続年数	所定内実労働時間数	超過実労働時間数	きまって支給する現金給与額	所定内給与額	年間賞与その他特別給与額	労働者数	区分
歳	年	時	時	千円	千円	千円	十人	歳	年	時	時	千円	千円	千円	十人	
34.4	**6.6**	**166**	**9**	**265.3**	**249.2**	**601.1**	**1 556**	**37.2**	**7.0**	**168**	**4**	**241.9**	**234.1**	**498.5**	**1 449**	**大学・大学院卒**
–	–	–	–	–	–	–	–	–	–	–	–	–	–	–	–	～19歳
23.5	1.1	170	5	226.9	216.0	207.1	223	23.8	1.2	162	2	206.1	202.6	200.6	201	20～24
27.0	3.4	166	11	248.3	230.6	465.3	458	27.3	3.3	170	5	234.6	227.8	516.9	289	25～29
32.9	7.5	166	10	278.5	261.3	674.4	209	32.2	4.8	166	4	236.0	226.2	472.7	168	30～34
37.4	7.5	165	9	287.1	269.5	851.7	191	37.5	6.7	171	4	247.4	239.4	553.3	225	35～39
42.4	8.4	166	6	271.5	257.5	641.6	253	42.5	10.6	169	5	233.2	224.3	646.5	200	40～44
47.6	14.9	162	11	299.5	281.9	1102.7	137	47.0	11.2	167	9	269.9	255.3	536.6	165	45～49
51.8	9.4	167	19	351.7	323.5	671.0	43	52.0	11.8	168	4	290.0	281.8	675.1	111	50～54
56.9	15.8	170	8	296.3	278.0	1084.4	22	58.1	13.2	174	0	247.6	247.4	372.1	49	55～59
60.9	26.7	174	0	206.1	206.1	273.5	19	60.5	10.5	144	0	254.3	254.3	291.4	23	60～64
–	–	–	–	–	–	–	–	67.3	30.4	172	2	259.1	256.3	610.6	17	65～69
–	–	–	–	–	–	–	–	–	–	–	–	–	–	–	–	70歳～
																生産労働者（女）
40.5	**7.8**	**167**	**16**	**260.2**	**233.7**	**593.1**	**226**	**46.8**	**9.2**	**169**	**3**	**214.2**	**209.1**	**317.9**	**699**	**学歴計**
–	–	–	–	–	–	–	–	18.9	0.9	169	0	138.6	138.6	20.0	3	～19歳
23.6	1.6	166	24	275.2	237.8	373.8	17	23.1	2.1	160	9	210.7	199.9	136.6	45	20～24
27.0	3.6	165	25	258.8	220.2	579.2	62	26.5	3.9	180	4	194.9	188.8	546.6	44	25～29
31.9	6.5	155	6	272.6	260.3	630.1	14	32.7	4.2	150	10	226.0	212.1	255.1	35	30～34
37.4	8.8	171	10	234.9	222.5	284.6	29	38.8	8.7	177	4	237.3	231.0	372.8	115	35～39
43.1	12.7	168	9	316.4	298.9	571.2	12	42.3	8.8	176	2	225.7	222.6	452.9	96	40～44
48.6	11.8	177	13	284.8	258.4	944.2	30	47.8	8.8	162	5	227.3	221.8	277.2	114	45～49
52.2	7.3	167	17	258.7	236.8	350.6	21	52.3	9.7	172	2	216.2	211.4	640.6	40	50～54
57.0	13.1	167	20	297.5	253.5	1334.6	21	56.6	6.0	167	2	186.3	183.2	128.8	57	55～59
62.7	11.3	167	3	185.8	182.8	210.1	13	62.9	11.4	164	1	211.8	210.5	246.6	74	60～64
67.0	11.0	156	0	149.8	149.8	90.0	3	67.1	22.3	182	0	183.1	183.1	261.9	42	65～69
71.5	11.3	155	0	145.2	145.2	352.5	4	73.4	18.6	154	3	174.1	168.1	93.2	36	70歳～
59.1	**8.2**	**159**	**9**	**200.7**	**193.5**	**85.7**	**9**	**63.0**	**19.8**	**168**	**4**	**188.1**	**182.9**	**238.5**	**92**	**中学卒**
–	–	–	–	–	–	–	–	–	–	–	–	–	–	–	–	～19歳
–	–	–	–	–	–	–	–	22.9	1.8	164	10	184.9	170.1	213.4	3	20～24
–	–	–	–	–	–	–	–	–	–	–	–	–	–	–	–	25～29
32.5	2.5	168	3	145.3	142.9	80.0	1	–	–	–	–	–	–	–	–	30～34
–	–	–	–	–	–	–	–	38.4	3.5	141	0	179.3	179.3	20.6	4	35～39
–	–	–	–	–	–	–	–	42.5	11.5	184	29	299.3	250.0	240.0	3	40～44
–	–	–	–	–	–	–	–	48.5	14.5	184	13	202.3	186.0	0.0	10	45～49
51.8	6.3	155	25	299.6	280.7	189.4	3	–	–	–	–	–	–	–	–	50～54
–	–	–	–	–	–	–	–	55.5	28.8	168	0	194.3	194.3	494.0	4	55～59
–	–	–	–	–	–	–	–	64.2	25.2	165	1	182.4	181.3	415.9	14	60～64
65.5	9.5	168	0	130.2	130.2	0.0	1	67.2	26.9	177	0	183.6	183.6	369.0	28	65～69
71.5	11.2	157	0	146.2	146.2	17.1	4	74.4	15.3	156	4	179.6	175.0	92.6	27	70歳～
39.8	**7.8**	**167**	**16**	**262.6**	**235.3**	**613.4**	**217**	**44.4**	**7.6**	**169**	**3**	**218.2**	**213.1**	**329.9**	**607**	**高校卒以上**
–	–	–	–	–	–	–	–	18.9	0.9	169	0	138.6	138.6	20.0	3	～19歳
23.6	1.6	166	24	275.2	237.8	373.8	17	23.1	2.1	160	8	212.4	201.9	131.5	42	20～24
27.0	3.6	165	25	258.8	220.2	579.2	62	26.5	3.9	180	4	194.9	188.8	546.6	44	25～29
31.9	6.8	154	6	282.6	269.5	673.1	13	32.7	4.2	150	10	226.0	212.1	255.1	35	30～34
37.4	8.8	171	10	234.9	222.5	284.6	29	38.8	8.9	179	4	239.4	232.8	385.5	111	35～39
43.1	12.7	168	9	316.4	298.9	571.2	12	42.3	8.7	175	1	223.5	221.8	459.3	93	40～44
48.6	11.8	177	13	284.8	258.4	944.2	30	47.7	8.3	160	4	229.6	225.0	302.7	104	45～49
52.3	7.4	169	16	251.2	228.7	380.2	17	52.3	9.7	172	2	216.2	211.4	640.6	40	50～54
57.0	13.1	167	20	297.5	253.5	1334.6	21	56.7	4.1	167	2	185.6	182.3	98.2	53	55～59
62.7	11.3	167	3	185.8	182.8	210.1	13	62.6	8.3	164	1	218.3	217.1	208.7	60	60～64
67.8	11.9	150	0	160.6	160.6	140.0	2	67.1	13.3	192	0	182.1	182.1	53.5	14	65～69
71.5	11.5	142	0	137.8	137.8	2700.0	1	70.5	28.5	147	0	157.5	147.0	95.0	9	70歳～
																管理・事務・技術労働者（女）
40.6	**9.7**	**165**	**7**	**255.5**	**242.5**	**656.1**	**4 309**	**43.6**	**10.4**	**170**	**4**	**226.5**	**220.6**	**449.0**	**8 683**	**学歴計**
18.9	0.8	171	1	177.8	176.6	88.1	39	19.0	0.7	176	1	165.0	163.7	30.7	161	～19歳
23.0	1.5	171	6	214.6	203.7	246.3	366	23.2	2.1	170	4	197.7	192.3	252.9	609	20～24
27.1	3.8	167	9	238.8	224.1	468.6	566	27.5	3.8	171	4	214.3	208.2	403.1	734	25～29
32.8	7.1	165	8	244.9	231.6	619.2	501	32.5	5.2	170	4	208.9	202.6	403.8	773	30～34
37.6	8.9	162	8	256.2	240.4	808.8	470	37.7	7.6	170	4	225.8	218.9	435.5	1 008	35～39
42.6	10.9	165	6	261.3	248.6	788.3	762	42.7	10.1	170	3	225.2	219.9	496.7	1 448	40～44
47.5	14.0	164	8	272.9	259.0	794.8	736	47.5	11.0	170	5	241.1	232.2	616.5	1 262	45～49
52.1	12.9	166	10	281.8	266.1	663.4	380	52.4	12.1	171	4	252.4	246.1	525.0	1 036	50～54
57.1	16.2	164	7	271.1	260.3	735.1	309	57.2	15.4	171	4	235.8	229.1	456.9	799	55～59
62.0	18.0	168	1	279.2	277.8	807.0	137	62.3	21.4	164	2	216.1	214.1	395.4	474	60～64
67.6	7.6	175	2	185.4	182.9	36.8	40	67.5	28.3	170	1	244.4	243.5	228.2	208	65～69
75.8	15.8	164	0	126.8	126.8	267.5	2	74.5	30.8	165	0	234.2	233.9	301.8	170	70歳～

第1表　年齢階級別きまって支給する現金給与額、

D　建　設　業

区分	企業規模計								1,000人 以上							
	年齢	勤続年数	所定内実労働時間数	超過実労働時間数	きまって支給する現金給与額	所定内給与額	年間賞与その他特別給与額	労働者数	年齢	勤続年数	所定内実労働時間数	超過実労働時間数	きまって支給する現金給与額	所定内給与額	年間賞与その他特別給与額	労働者数
	歳	年	時	時	千円	千円	千円	十人	歳	年	時	時	千円	千円	千円	十人
中学卒	**54.9**	**15.0**	**160**	**3**	**193.2**	**188.4**	**269.0**	**178**	**27.3**	**2.2**	**163**	**20**	**273.5**	**232.7**	**474.8**	**12**
～ 19歳	-	-	-	-	-	-	-	-	-	-	-	-	-	-	-	-
20 ～ 24	23.5	1.4	164	20	276.9	235.5	476.7	11	23.5	1.5	163	22	284.6	240.0	513.0	11
25 ～ 29	27.5	1.5	169	0	202.8	202.8	426.2	19	-	-	-	-	-	-	-	-
30 ～ 34	33.3	2.7	171	0	142.9	142.9	301.1	11	-	-	-	-	-	-	-	-
35 ～ 39	38.0	3.1	176	19	220.3	195.5	484.6	7	-	-	-	-	-	-	-	-
40 ～ 44	42.7	15.7	156	2	319.3	316.9	533.2	15	-	-	-	-	-	-	-	-
45 ～ 49	46.9	16.7	125	0	201.6	201.6	346.4	15	-	-	-	-	-	-	-	-
50 ～ 54	52.5	20.5	150	0	205.6	205.6	400.0	1	-	-	-	-	-	-	-	-
55 ～ 59	58.5	41.5	200	0	200.0	200.0	0.0	2	-	-	-	-	-	-	-	-
60 ～ 64	63.3	8.3	167	0	170.1	170.1	405.6	18	63.5	3.5	167	0	156.6	156.6	73.6	1
65 ～ 69	66.1	22.0	165	3	163.9	160.3	85.0	29	-	-	-	-	-	-	-	-
70歳～	76.2	24.5	156	1	162.4	161.2	86.5	50	70.5	15.5	167	0	156.6	156.6	73.6	1
高校卒	**45.1**	**11.9**	**168**	**5**	**233.7**	**225.7**	**538.5**	**6 973**	**46.4**	**16.1**	**158**	**10**	**285.0**	**265.2**	**1073.7**	**755**
～ 19歳	19.0	0.7	175	1	167.5	166.3	41.9	200	-	-	-	-	-	-	-	-
20 ～ 24	22.5	2.8	172	6	192.6	184.0	305.8	352	22.5	3.6	156	14	198.8	180.2	682.0	20
25 ～ 29	27.5	4.4	166	3	198.0	192.8	423.4	390	27.3	4.9	141	7	193.3	183.0	556.2	36
30 ～ 34	32.7	5.9	168	5	211.7	204.5	388.9	590	32.9	5.6	170	3	234.2	229.7	230.1	39
35 ～ 39	37.8	8.0	165	5	225.0	215.3	458.6	687	37.4	7.5	156	9	268.8	250.4	724.3	98
40 ～ 44	42.7	11.2	169	4	229.5	222.0	600.2	1 091	42.8	16.2	165	8	294.8	279.9	1309.0	125
45 ～ 49	47.5	11.1	170	7	246.4	234.8	658.0	1 146	46.9	13.5	161	15	299.6	269.4	1220.4	141
50 ～ 54	52.5	13.5	170	7	263.7	251.8	631.4	954	52.7	17.9	155	11	312.8	285.6	1070.3	123
55 ～ 59	57.2	17.6	166	4	257.7	251.0	720.8	798	57.5	23.9	158	10	352.7	330.8	1613.4	110
60 ～ 64	62.3	23.6	163	2	231.4	229.3	544.1	501	62.4	36.2	151	3	199.7	194.0	868.2	60
65 ～ 69	67.9	23.7	176	1	254.1	253.3	144.9	156	66.9	10.9	166	0	140.5	140.5	82.9	2
70歳～	73.8	32.7	173	0	242.2	242.2	442.6	107	70.5	8.5	160	0	156.6	156.6	73.6	1
高専・短大卒	**43.6**	**12.1**	**167**	**7**	**262.5**	**249.2**	**775.6**	**4 734**	**45.0**	**18.0**	**160**	**12**	**350.4**	**320.0**	**1518.3**	**1 003**
～ 19歳	-	-	-	-	-	-	-	-	-	-	-	-	-	-	-	-
20 ～ 24	23.3	2.4	168	6	206.2	197.9	440.3	332	24.2	3.8	152	6	211.4	200.6	932.7	82
25 ～ 29	27.6	4.6	172	9	222.6	209.9	430.9	260	29.0	7.3	161	19	290.0	257.3	1278.0	23
30 ～ 34	32.6	6.1	167	5	211.7	204.5	546.1	401	33.3	9.2	161	3	234.5	227.8	652.4	55
35 ～ 39	37.7	9.2	166	7	242.5	230.9	645.7	556	38.4	11.1	156	13	312.1	283.1	864.4	75
40 ～ 44	42.7	11.8	166	5	264.1	253.0	848.5	988	42.6	16.1	157	12	331.1	305.4	1505.4	201
45 ～ 49	47.6	15.7	164	10	300.9	277.9	1046.1	950	47.8	20.9	162	18	400.4	348.1	1673.0	273
50 ～ 54	52.1	14.4	166	7	276.1	263.8	719.0	580	52.2	22.5	160	15	346.8	314.9	1310.8	147
55 ～ 59	57.1	17.6	171	8	305.9	290.2	1025.3	464	56.8	28.7	171	7	475.2	458.4	2759.8	118
60 ～ 64	62.4	18.9	167	3	231.3	227.0	700.8	139	61.6	19.6	153	4	283.4	276.5	1334.7	30
65 ～ 69	67.2	28.2	158	0	201.6	201.6	281.1	49	-	-	-	-	-	-	-	-
70歳～	73.9	36.0	142	0	397.0	397.0	0.0	15	-	-	-	-	-	-	-	-
大学・大学院卒	**36.2**	**8.2**	**164**	**10**	**289.4**	**269.3**	**945.9**	**5 001**	**36.4**	**10.0**	**161**	**15**	**337.4**	**306.0**	**1477.8**	**2 125**
～ 19歳	-	-	-	-	-	-	-	-	-	-	-	-	-	-	-	-
20 ～ 24	23.6	1.3	164	6	217.9	207.2	367.4	679	23.6	1.4	161	9	223.6	208.0	590.2	286
25 ～ 29	27.2	3.5	165	14	264.8	239.0	721.1	1 176	27.3	3.8	160	23	297.3	252.1	1077.7	484
30 ～ 34	32.4	7.1	165	12	285.3	259.8	874.4	613	32.1	8.2	163	20	323.1	280.3	1293.8	248
35 ～ 39	37.7	8.9	166	10	291.5	269.4	1040.5	693	38.2	11.4	165	15	325.7	290.8	1516.1	293
40 ～ 44	42.3	10.1	163	6	303.9	289.6	1318.5	798	42.2	11.1	158	7	365.0	347.7	2154.4	356
45 ～ 49	47.3	16.1	163	10	363.3	343.4	1380.1	517	47.4	20.8	160	10	476.2	450.7	2208.8	214
50 ～ 54	51.8	16.2	162	10	378.6	355.8	1347.6	320	51.7	20.6	157	12	445.0	413.6	1963.3	168
55 ～ 59	57.2	18.7	164	9	315.5	294.3	1093.4	140	56.8	23.6	155	16	369.8	332.8	1607.9	69
60 ～ 64	60.8	19.8	158	0	229.2	228.9	335.2	47	62.3	39.9	165	3	195.9	191.7	872.8	4
65 ～ 69	67.0	27.7	171	2	247.5	244.9	565.1	20	65.5	12.5	168	1	181.9	180.7	308.0	3
70歳～	-	-	-	-	-	-	-	-	-	-	-	-	-	-	-	-
E 製造業																
男女計																
学歴計	**42.4**	**14.5**	**166**	**18**	**333.8**	**294.5**	**1014.7**	**559 288**	**41.8**	**17.1**	**160**	**19**	**401.1**	**349.5**	**1590.7**	**188 018**
～ 19歳	19.1	1.0	168	16	202.1	176.4	166.0	9 959	19.1	1.0	164	17	213.8	183.5	234.1	3 308
20 ～ 24	22.7	2.8	167	22	235.0	197.9	465.7	40 443	22.8	2.9	161	22	259.6	214.1	626.4	13 383
25 ～ 29	27.6	5.4	165	23	273.6	229.0	722.8	57 955	27.6	5.8	160	26	310.1	252.1	989.1	21 547
30 ～ 34	32.5	8.1	165	23	311.2	261.1	892.6	61 861	32.5	8.9	159	25	362.5	298.1	1285.4	21 752
35 ～ 39	37.5	11.3	165	21	338.1	288.6	1024.4	67 126	37.5	12.4	159	24	404.1	338.3	1534.9	22 443
40 ～ 44	42.6	14.8	165	18	358.7	314.1	1132.7	79 662	42.6	17.3	160	20	427.2	369.3	1724.0	25 989
45 ～ 49	47.4	18.5	166	16	384.2	344.6	1292.3	77 963	47.5	22.3	160	16	467.8	417.3	2027.1	26 783
50 ～ 54	52.4	22.1	166	14	401.5	366.1	1418.0	66 735	52.5	27.2	160	14	499.7	454.5	2307.8	24 057
55 ～ 59	57.4	24.4	165	12	392.8	362.5	1350.4	53 120	57.4	31.0	159	12	499.4	459.9	2316.4	17 758
60 ～ 64	62.3	23.9	165	9	259.9	243.8	626.0	32 330	62.2	29.8	158	9	281.9	261.9	1009.2	9 899
65 ～ 69	67.1	19.2	168	7	231.0	220.5	298.0	9 271	66.9	19.3	157	10	252.6	235.5	419.1	969
70歳～	73.1	22.8	167	5	226.7	219.0	279.2	2 863	72.4	17.9	157	13	261.6	244.9	474.2	129

所定内給与額及び年間賞与その他特別給与額

E 製 造 業

100 ～ 999人								10 ～ 99人								区分
年齢	勤続年数	所定内実労働時間数	超過実労働時間数	きまって支給する現金給与額	所定内給与額	年間賞与その他特別給与額	労働者数	年齢	勤続年数	所定内実労働時間数	超過実労働時間数	きまって支給する現金給与額	所定内給与額	年間賞与その他特別給与額	労働者数	
歳	年	時	時	千円	千円	千円	十人	歳	年	時	時	千円	千円	千円	十人	
61.0	**13.1**	**164**	**7**	**181.7**	**172.8**	**362.7**	**13**	**56.4**	**16.1**	**159**	**1**	**188.2**	**186.5**	**245.4**	**153**	**中学卒**
-	-	-	-	-	-	-	-	-	-	-	-	-	-	-	-	～ 19歳
-	-	-	-	-	-	-	-	23.5	0.5	173	0	176.2	176.2	0.0	1	20 ～ 24
-	-	-	-	-	-	-	-	27.5	1.5	169	0	202.8	202.8	426.2	19	25 ～ 29
-	-	-	-	-	-	-	-	33.3	2.7	171	0	142.9	142.9	301.1	11	30 ～ 34
37.5	3.5	160	10	212.6	198.4	371.0	2	38.2	2.9	180	21	222.3	194.7	514.0	6	35 ～ 39
-	-	-	-	-	-	-	-	42.7	15.7	156	2	319.3	316.9	533.2	15	40 ～ 44
49.5	15.5	210	0	203.9	203.9	4000.0	1	46.7	16.7	119	0	201.4	201.4	75.8	14	45 ～ 49
52.5	20.5	150	0	205.6	205.6	400.0	1	-	-	-	-	-	-	-	-	50 ～ 54
-	-	-	-	-	-	-	-	58.5	41.5	200	0	200.0	200.0	0.0	2	55 ～ 59
-	-	-	-	-	-	-	-	63.3	8.4	167	0	170.5	170.5	415.1	18	60 ～ 64
65.5	13.5	160	8	175.4	165.7	0.0	10	66.4	26.5	167	0	157.7	157.4	130.2	19	65 ～ 69
76.5	22.5	186	0	135.0	135.0	170.0	0	76.3	24.6	155	1	162.6	161.4	86.0	49	70歳～
44.2	**10.8**	**166**	**7**	**246.7**	**234.9**	**603.3**	**1 494**	**45.1**	**11.5**	**171**	**3**	**221.4**	**216.5**	**432.5**	**4 724**	**高校卒**
18.9	0.8	171	1	177.8	176.6	88.1	39	19.0	0.7	176	1	165.0	163.7	30.7	161	～ 19歳
21.9	2.3	171	11	199.7	182.4	286.9	88	22.8	2.9	174	4	189.5	184.9	281.2	244	20 ～ 24
27.2	4.6	167	2	205.0	199.6	508.6	85	27.6	4.3	169	3	196.4	192.0	378.4	268	25 ～ 29
33.1	6.4	164	7	228.9	216.8	508.2	165	32.5	5.7	170	4	202.1	196.7	353.9	386	30 ～ 34
37.9	9.8	158	9	234.1	215.6	604.2	107	37.9	7.7	168	4	214.1	208.1	372.6	483	35 ～ 39
43.1	11.8	165	6	237.5	226.6	724.7	233	42.6	10.1	171	3	215.7	210.6	439.2	732	40 ～ 44
47.7	11.8	167	8	251.7	238.4	562.2	304	47.5	10.3	173	4	233.5	226.3	585.9	701	45 ～ 49
52.3	13.9	168	13	269.3	249.0	636.7	177	52.5	12.5	173	4	252.9	246.2	547.6	654	50 ～ 54
56.7	16.1	165	6	288.3	280.4	789.4	163	57.3	16.8	168	2	228.4	225.1	513.1	525	55 ～ 59
62.1	16.8	166	1	308.1	306.4	951.5	103	62.3	23.4	164	1	213.8	212.2	364.0	339	60 ～ 64
68.3	5.4	181	0	188.8	188.8	49.4	29	67.8	28.3	175	1	271.6	270.5	168.5	125	65 ～ 69
75.5	13.5	156	0	124.1	124.1	300.0	1	73.8	33.0	173	0	244.0	244.0	446.0	106	70歳～
43.0	**11.9**	**163**	**6**	**255.7**	**244.2**	**778.3**	**1 309**	**43.2**	**9.8**	**171**	**5**	**229.9**	**222.6**	**466.8**	**2 423**	**高専・短大卒**
-	-	-	-	-	-	-	-	-	-	-	-	-	-	-	-	～ 19歳
22.7	1.7	176	3	204.0	198.6	321.1	67	23.2	2.1	172	7	204.7	196.4	264.6	184	20 ～ 24
27.5	5.3	162	13	234.0	215.9	527.4	60	27.5	4.0	177	7	210.0	201.7	287.9	177	25 ～ 29
32.4	7.2	162	5	214.7	205.9	668.4	133	32.6	4.6	172	5	203.9	197.6	442.5	213	30 ～ 34
37.6	9.8	161	6	236.6	224.8	865.9	176	37.6	8.5	172	5	228.7	221.7	464.9	305	35 ～ 39
42.4	12.4	165	6	272.0	259.1	975.7	277	42.9	9.7	170	2	233.4	229.0	520.7	511	40 ～ 44
47.3	15.9	161	7	282.5	269.8	880.1	294	47.8	11.8	168	6	244.0	233.9	726.1	382	45 ～ 49
52.0	12.6	164	5	279.7	271.8	699.8	162	52.2	11.2	170	3	235.6	231.2	408.6	271	50 ～ 54
57.6	16.4	161	8	243.7	230.4	598.8	123	56.9	12.4	176	8	251.0	234.7	347.5	224	55 ～ 59
63.0	15.5	176	1	179.1	177.6	512.5	16	62.5	19.2	169	3	223.5	219.5	530.9	94	60 ～ 64
65.5	12.9	158	2	186.6	183.3	32.7	1	67.3	28.5	158	0	202.0	202.0	286.8	48	65 ～ 69
-	-	-	-	-	-	-	-	73.9	36.0	142	0	397.0	397.0	0.0	15	70歳～
34.7	**6.7**	**167**	**9**	**264.7**	**249.1**	**604.4**	**1 493**	**37.6**	**7.1**	**167**	**4**	**242.3**	**234.5**	**496.9**	**1 383**	**大学・大学院卒**
-	-	-	-	-	-	-	-	-	-	-	-	-	-	-	-	～ 19歳
23.5	1.1	170	5	224.1	214.1	205.9	212	23.7	1.2	161	2	201.9	198.1	204.2	181	20 ～ 24
27.1	3.4	167	10	246.2	230.2	452.1	422	27.4	3.2	169	5	235.7	229.1	501.6	270	25 ～ 29
32.9	7.5	167	11	277.8	260.5	677.2	203	32.1	4.9	167	3	236.6	227.5	479.2	162	30 ～ 34
37.4	7.7	165	9	288.0	269.9	875.8	185	37.4	6.4	170	4	247.9	239.9	533.3	214	35 ～ 39
42.4	8.4	166	6	271.5	257.4	641.4	252	42.5	10.5	169	5	232.5	223.7	651.2	190	40 ～ 44
47.6	14.9	162	11	299.5	281.9	1102.7	137	47.0	11.2	167	9	269.9	255.3	536.6	165	45 ～ 49
51.8	9.4	167	18	346.2	319.0	637.9	40	52.0	11.8	168	4	290.0	281.8	675.1	111	50 ～ 54
56.9	15.8	170	8	296.3	278.0	1084.4	22	58.1	13.2	174	0	247.6	247.4	372.1	49	55 ～ 59
60.9	26.7	174	0	206.1	206.1	273.5	19	60.5	10.5	144	0	254.3	254.3	291.4	23	60 ～ 64
-	-	-	-	-	-	-	-	67.3	30.4	172	2	259.1	256.3	610.6	17	65 ～ 69
-	-	-	-	-	-	-	-	-	-	-	-	-	-	-	-	70歳～
																E 製造業
																男女計
41.7	**14.1**	**166**	**18**	**314.3**	**276.3**	**870.6**	**221 910**	**44.2**	**11.9**	**172**	**15**	**278.2**	**252.2**	**503.6**	**149 359**	**学歴計**
19.1	1.0	170	16	199.4	174.1	148.1	4 652	19.1	1.0	173	15	188.9	169.9	95.3	1 999	～ 19歳
22.7	2.8	169	22	229.4	193.0	440.3	17 668	22.7	2.7	173	19	210.6	184.2	284.6	9 391	20 ～ 24
27.6	5.5	167	23	261.9	220.2	654.0	23 340	27.5	4.4	173	18	234.4	206.4	406.5	13 067	25 ～ 29
32.5	8.3	166	23	293.2	246.1	783.1	24 771	32.6	6.8	172	21	267.5	232.7	512.4	15 338	30 ～ 34
37.6	11.5	166	22	317.6	271.0	901.0	27 699	37.6	9.3	172	18	284.3	251.9	551.0	16 984	35 ～ 39
42.6	15.0	166	19	342.1	298.0	1006.8	32 392	42.6	11.6	173	16	300.2	271.1	602.2	21 281	40 ～ 44
47.4	18.5	166	16	362.8	324.9	1110.7	31 079	47.5	13.5	172	15	306.0	278.3	594.0	20 101	45 ～ 49
52.4	21.6	167	14	370.5	337.1	1144.6	24 925	52.4	15.8	172	13	311.9	287.3	595.9	17 752	50 ～ 54
57.4	23.7	166	13	364.9	336.2	1102.2	19 976	57.5	17.7	172	11	306.0	284.4	557.9	15 387	55 ～ 59
62.2	23.3	165	9	245.9	231.1	538.8	12 066	62.4	19.1	170	8	255.1	241.3	361.4	10 365	60 ～ 64
66.9	18.9	167	8	222.2	211.9	276.8	2 862	67.3	19.4	170	6	231.8	222.2	287.5	5 440	65 ～ 69
72.3	23.0	167	9	219.1	206.0	281.9	481	73.4	23.0	168	4	226.4	220.3	267.5	2 253	70歳～

第1表　年齢階級別きまって支給する現金給与額、

E　製　造

区　分	企業規模計 年齢	勤続年数	所定内実労働時間数	超過実労働時間数	きまって支給する現金給与額	所定内給与額	年間賞与その他特別給与額	労働者数	1,000人以上 年齢	勤続年数	所定内実労働時間数	超過実労働時間数	きまって支給する現金給与額	所定内給与額	年間賞与その他特別給与額	労働者数
	歳	年	時	時	千円	千円	千円	十人	歳	年	時	時	千円	千円	千円	十人
男																
学歴計	**42.4**	**15.4**	**166**	**20**	**364.3**	**318.9**	**1155.6**	**428 793**	**41.9**	**17.7**	**160**	**20**	**425.1**	**368.5**	**1724.0**	**156 086**
～19歳	19.1	1.0	168	18	209.2	179.7	189.6	6 943	19.1	1.0	164	17	217.6	185.3	259.1	2 541
20～24	22.8	3.0	167	24	246.5	203.7	518.1	28 475	22.9	3.1	161	24	267.3	217.9	668.7	10 406
25～29	27.6	5.5	165	26	287.6	236.6	779.1	43 930	27.6	5.9	160	28	319.3	256.7	1028.7	17 642
30～34	32.6	8.3	165	26	329.6	272.4	968.5	49 633	32.5	9.0	159	27	376.2	305.6	1348.2	18 595
35～39	37.5	11.5	165	24	361.8	304.9	1123.4	53 574	37.5	12.6	159	26	423.3	350.4	1623.7	19 043
40～44	42.6	15.4	166	21	389.3	337.4	1259.0	61 980	42.6	17.7	160	22	454.3	389.1	1847.9	21 300
45～49	47.4	19.6	166	17	423.2	377.4	1471.8	59 729	47.5	22.9	160	17	499.6	443.8	2198.4	22 030
50～54	52.4	23.9	166	15	447.6	407.3	1655.2	51 371	52.5	28.3	160	14	532.7	484.1	2515.7	20 433
55～59	57.4	26.5	165	13	444.5	409.9	1609.0	40 295	57.3	32.2	159	12	534.5	492.5	2534.2	15 103
60～64	62.3	25.8	164	9	285.3	267.8	751.9	24 140	62.2	31.9	158	9	299.8	279.6	1145.8	8 229
65～69	67.1	19.5	168	7	252.1	241.8	352.2	6 651	66.8	21.7	157	6	285.4	272.6	573.3	660
70歳～	73.4	23.2	167	6	245.4	237.0	324.3	2 073	72.8	20.1	155	11	279.6	264.2	582.4	104
中学卒	**49.6**	**19.2**	**168**	**18**	**305.3**	**267.4**	**696.0**	**14 826**	**47.3**	**22.0**	**159**	**22**	**360.5**	**303.1**	**1260.1**	**3 346**
～19歳	18.9	1.4	171	18	200.8	173.1	100.7	150	19.4	1.0	161	17	218.4	178.9	157.4	28
20～24	22.4	2.7	167	24	221.2	183.9	214.3	486	22.5	2.8	165	25	278.5	225.5	411.5	114
25～29	27.7	4.9	168	33	276.4	220.0	492.1	722	27.4	5.5	165	38	339.1	262.7	900.6	204
30～34	32.8	7.7	167	28	306.0	249.4	691.1	1 238	33.0	9.1	160	34	370.8	288.1	1185.0	367
35～39	37.5	10.7	167	25	324.5	269.4	835.3	1 518	37.6	11.3	161	33	394.3	311.4	1332.0	474
40～44	42.7	14.9	169	19	332.7	290.3	794.2	1 623	42.5	15.7	159	17	363.6	316.3	1315.3	341
45～49	47.4	18.4	170	20	350.6	305.2	865.2	1 663	47.6	19.9	162	23	420.0	349.1	1470.4	298
50～54	52.6	23.8	167	18	360.7	315.5	898.4	1 349	52.9	26.7	158	23	415.8	350.3	1485.7	231
55～59	57.8	28.7	166	17	369.3	325.7	1061.9	1 755	58.2	36.1	156	17	429.4	370.6	1792.6	550
60～64	62.5	29.0	166	9	255.9	238.7	564.7	2 532	62.3	36.8	158	9	267.7	247.6	1006.9	668
65～69	67.3	22.3	169	8	234.6	222.4	259.8	1 139	67.8	12.5	153	11	189.9	168.8	286.1	37
70歳～	73.7	27.0	168	7	223.5	213.5	293.5	650	74.9	30.7	160	17	258.3	237.2	424.7	34
高校卒	**42.4**	**15.8**	**166**	**21**	**339.9**	**290.2**	**974.6**	**247 668**	**41.8**	**19.0**	**159**	**23**	**390.9**	**326.6**	**1437.2**	**83 201**
～19歳	19.1	1.0	168	18	209.4	179.9	191.6	6 793	19.1	1.0	164	17	217.6	185.3	260.2	2 514
20～24	22.6	3.5	166	26	247.3	200.2	591.1	20 307	22.6	3.7	160	26	270.5	215.7	778.4	7 126
25～29	27.6	6.9	165	26	282.2	228.3	752.6	23 886	27.6	7.8	159	28	314.2	249.0	996.6	9 195
30～34	32.5	9.2	166	27	312.9	253.9	825.7	24 727	32.5	10.3	159	27	354.1	281.6	1149.9	7 868
35～39	37.6	12.4	165	26	339.9	280.5	940.4	27 699	37.5	14.0	158	28	390.9	313.3	1341.6	8 771
40～44	42.6	16.2	165	23	368.4	310.2	1088.7	34 756	42.8	19.5	158	25	423.8	347.8	1554.3	11 796
45～49	47.4	19.9	166	21	389.4	334.9	1184.6	34 010	47.4	24.1	159	22	458.1	384.9	1767.1	11 091
50～54	52.4	23.9	166	18	411.7	362.8	1336.9	31 179	52.5	29.8	160	20	489.8	422.9	2055.6	10 868
55～59	57.4	26.3	166	15	404.0	361.6	1317.8	23 739	57.3	33.2	159	16	484.5	427.0	2123.3	7 998
60～64	62.2	25.9	164	9	269.7	250.3	716.0	15 089	62.2	32.6	157	9	281.8	259.4	1086.7	5 453
65～69	67.1	19.3	168	7	235.5	224.1	316.8	4 309	66.7	24.0	157	8	250.6	235.7	411.5	465
70歳～	73.3	20.1	167	5	241.7	233.4	313.7	1 172	71.7	10.3	154	9	241.3	229.4	455.7	56
高専・短大卒	**41.3**	**14.1**	**166**	**19**	**353.4**	**310.5**	**1067.8**	**38 030**	**40.8**	**15.9**	**160**	**20**	**400.7**	**347.1**	**1575.6**	**11 292**
～19歳	-	-	-	-	-	-	-	-	-	-	-	-	-	-	-	-
20～24	22.8	2.2	168	21	235.8	200.1	419.3	2 675	22.8	2.2	160	19	250.7	209.5	568.1	1 035
25～29	27.5	5.0	166	24	272.9	227.5	731.7	3 510	27.6	6.2	159	25	305.9	247.9	1057.9	1 165
30～34	32.6	8.0	166	24	307.5	257.6	833.9	4 984	32.3	9.2	159	25	346.2	282.6	1178.7	1 548
35～39	37.6	11.0	166	23	339.2	286.9	990.7	5 597	37.6	12.2	158	24	392.0	324.0	1421.0	1 537
40～44	42.5	14.9	167	21	367.9	318.5	1078.8	7 157	42.6	15.1	160	23	418.7	352.7	1559.3	1 693
45～49	47.3	19.5	167	15	414.1	375.1	1408.7	6 023	47.3	22.4	161	17	479.2	426.3	2069.4	1 830
50～54	52.4	22.7	167	14	439.5	404.0	1559.8	4 088	52.4	27.0	159	12	521.3	483.9	2489.2	1 233
55～59	57.3	24.8	165	12	433.8	402.0	1462.0	2 430	57.3	30.4	160	13	522.0	482.9	2433.8	772
60～64	62.4	23.8	164	9	282.6	266.9	756.0	1 269	62.4	29.1	161	7	289.9	274.0	1234.3	458
65～69	66.8	14.3	169	4	284.1	276.7	441.7	248	66.3	5.8	147	5	318.1	306.5	1085.0	22
70歳～	72.4	23.7	169	2	253.2	250.4	305.6	50	-	-	-	-	-	-	-	-
大学・大学院卒	**42.1**	**14.4**	**165**	**16**	**421.6**	**382.8**	**1584.4**	**128 270**	**42.0**	**16.1**	**161**	**17**	**482.3**	**436.3**	**2189.0**	**58 247**
～19歳	-	-	-	-	-	-	-	-	-	-	-	-	-	-	-	-
20～24	23.8	1.2	168	16	251.2	221.6	304.4	5 006	23.9	1.1	163	17	264.2	228.8	364.8	2 131
25～29	27.6	3.5	165	24	299.4	252.1	842.9	15 813	27.6	3.5	160	28	327.6	268.0	1069.4	7 079
30～34	32.6	7.3	164	25	359.1	302.3	1211.9	18 684	32.6	7.7	160	28	401.4	331.8	1561.8	8 812
35～39	37.4	10.5	164	22	403.8	349.1	1456.6	18 760	37.4	11.3	160	24	465.1	396.9	1977.6	8 261
40～44	42.5	14.3	165	16	442.1	400.2	1690.9	18 444	42.5	15.5	162	16	514.8	465.7	2401.4	7 470
45～49	47.5	19.4	165	11	496.5	464.8	2090.6	18 033	47.6	21.5	161	11	558.6	524.7	2792.6	8 811
50～54	52.5	24.0	164	8	533.6	510.5	2423.4	14 755	52.4	26.5	161	8	595.4	570.0	3166.3	8 101
55～59	57.4	26.8	164	7	534.9	516.1	2274.3	12 371	57.3	30.6	159	6	615.3	595.8	3186.2	5 783
60～64	62.1	24.6	165	7	344.8	332.4	944.3	5 249	62.0	28.4	158	6	374.8	360.7	1372.9	1 649
65～69	66.9	18.6	168	3	339.9	335.3	598.9	955	66.7	19.1	157	1	424.8	421.3	1120.9	136
70歳～	73.5	28.9	162	3	336.4	331.0	490.1	201	71.9	33.9	150	3	483.6	467.9	1467.2	14

所定内給与額及び年間賞与その他特別給与額

業

100 ～ 999人								10 ～ 99人								区分
年齢	勤続年数	所定内実労働時間数	超過実労働時間数	きまって支給する現金給与額	所定内給与額	年間賞与その他特別給与額	労働者数	年齢	勤続年数	所定内実労働時間数	超過実労働時間数	きまって支給する現金給与額	所定内給与額	年間賞与その他特別給与額	労働者数	
歳	年	時	時	千円	千円	千円	十人	歳	年	時	時	千円	千円	千円	十人	
																男
41.8	**15.0**	**166**	**20**	**344.0**	**299.9**	**992.6**	**165 309**	**44.1**	**12.5**	**173**	**17**	**307.4**	**276.1**	**580.5**	**107 398**	**学歴計**
19.1	1.0	169	18	206.9	177.1	161.8	3 172	19.1	1.0	173	17	197.7	175.2	117.8	1 229	～ 19歳
22.7	3.0	168	25	240.4	197.5	483.2	11 990	22.8	2.8	174	22	222.9	191.8	329.1	6 079	20 ～ 24
27.6	5.6	166	26	275.2	227.0	700.1	17 007	27.5	4.5	173	22	249.9	216.0	449.4	9 282	25 ～ 29
32.5	8.4	166	26	311.1	256.7	845.7	19 290	32.6	7.1	173	24	286.2	245.4	569.2	11 747	30 ～ 34
37.6	11.6	166	24	340.2	286.2	986.5	21 490	37.6	9.8	173	21	307.5	269.3	618.6	13 041	35 ～ 39
42.5	15.6	166	22	372.6	320.8	1126.6	24 617	42.5	12.2	173	18	328.7	294.5	680.9	16 063	40 ～ 44
47.4	19.7	166	18	400.2	356.5	1264.8	23 340	47.4	14.6	174	17	343.3	309.4	693.7	14 359	45 ～ 49
52.4	23.5	166	15	415.4	377.6	1340.3	18 628	52.4	17.0	173	15	354.9	324.7	703.2	12 310	50 ～ 54
57.5	26.0	166	13	417.9	385.2	1335.6	14 680	57.4	19.0	173	13	352.2	325.6	661.6	10 513	55 ～ 59
62.2	25.4	165	8	271.2	255.3	658.4	8 699	62.4	19.3	171	9	285.6	269.3	415.2	7 212	60 ～ 64
66.8	19.4	168	7	245.0	235.3	335.8	2 043	67.3	19.2	171	7	250.3	240.0	323.7	3 948	65 ～ 69
72.5	24.0	166	10	239.0	223.7	335.2	354	73.6	23.2	168	4	244.6	238.1	305.3	1 616	70歳～
49.5	**19.7**	**167**	**19**	**293.6**	**253.3**	**672.5**	**4 388**	**50.7**	**17.6**	**172**	**15**	**286.6**	**259.3**	**444.4**	**7 092**	**中学卒**
18.8	1.0	168	25	222.1	183.2	14.2	41	18.8	1.7	176	15	183.9	166.0	125.4	81	～ 19歳
22.5	2.3	172	28	206.7	166.5	183.7	143	22.4	2.8	166	21	201.9	174.0	135.5	230	20 ～ 24
28.0	4.4	166	37	259.0	196.5	381.2	234	27.6	4.8	173	24	245.8	208.8	290.8	284	25 ～ 29
32.7	7.5	167	29	287.2	231.4	579.5	399	32.7	6.8	174	21	271.6	234.5	401.0	472	30 ～ 34
37.2	8.8	164	22	302.1	249.9	794.4	390	37.6	11.4	174	21	287.3	250.4	499.0	653	35 ～ 39
42.8	15.7	168	27	335.4	274.8	814.9	378	42.8	14.2	173	17	319.9	286.9	588.5	903	40 ～ 44
47.0	18.1	167	20	365.8	317.0	1046.3	469	47.5	18.1	174	18	319.4	284.5	569.1	896	45 ～ 49
52.6	25.7	164	18	355.6	304.1	916.7	508	52.4	21.2	174	15	344.1	311.8	660.4	610	50 ～ 54
57.9	28.5	167	18	348.0	306.0	969.1	498	57.5	23.1	173	16	337.7	304.7	559.3	708	55 ～ 59
62.4	29.7	167	8	236.9	222.2	481.3	921	62.8	22.8	171	10	265.9	248.6	332.8	943	60 ～ 64
67.1	22.2	169	10	214.5	199.4	243.6	315	67.4	22.8	170	7	244.8	234.1	265.0	787	65 ～ 69
72.7	26.9	164	10	199.7	189.7	290.9	92	73.8	26.7	169	6	225.4	216.1	285.6	525	70歳～
41.6	**15.4**	**166**	**22**	**324.1**	**275.4**	**884.6**	**94 348**	**44.1**	**12.6**	**173**	**19**	**300.6**	**266.9**	**546.7**	**70 118**	**高校卒**
19.1	1.0	169	18	206.7	177.0	163.8	3 131	19.1	0.9	173	17	198.7	175.9	117.2	1 148	～ 19歳
22.5	3.5	167	28	240.9	193.1	559.1	8 541	22.6	3.1	174	24	223.6	189.6	362.5	4 641	20 ～ 24
27.7	7.1	165	27	270.2	217.5	688.6	9 169	27.6	5.3	173	24	248.9	211.6	452.3	5 522	25 ～ 29
32.5	9.3	166	28	301.0	241.6	773.2	9 732	32.6	7.9	173	25	283.5	240.0	539.4	7 127	30 ～ 34
37.6	12.8	166	26	325.6	267.3	879.8	10 896	37.5	10.1	173	23	303.6	262.7	584.6	8 032	35 ～ 39
42.6	16.3	166	24	355.5	297.3	1020.8	13 103	42.5	12.1	173	20	319.1	282.4	621.7	9 857	40 ～ 44
47.4	20.2	166	21	371.6	320.3	1094.0	13 183	47.5	14.6	173	19	335.2	297.8	643.5	9 736	45 ～ 49
52.4	23.7	166	17	389.6	345.6	1191.7	11 379	52.4	17.2	173	16	344.7	311.7	647.3	8 932	50 ～ 54
57.4	25.9	166	16	383.5	342.9	1144.0	8 630	57.4	18.9	173	14	338.3	310.6	622.7	7 111	55 ～ 59
62.2	24.7	164	9	252.8	235.5	602.4	5 099	62.4	19.1	171	10	274.2	255.9	398.2	4 537	60 ～ 64
66.8	19.2	167	7	218.2	208.3	296.4	1 289	67.3	18.5	171	7	241.4	230.0	309.8	2 555	65 ～ 69
72.5	21.5	168	13	229.2	209.0	324.8	197	73.5	20.4	167	4	244.4	238.8	302.7	919	70歳～
41.5	**14.6**	**167**	**21**	**346.4**	**302.5**	**997.2**	**16 933**	**41.6**	**11.2**	**173**	**16**	**310.9**	**282.2**	**605.0**	**9 805**	**高専・短大卒**
－	－	－	－	－	－	－	－	－	－	－	－	－	－	－	－	～ 19歳
22.8	2.2	171	25	232.1	194.7	366.3	1 116	22.8	1.9	176	15	213.9	193.1	238.3	524	20 ～ 24
27.5	4.8	167	26	267.0	222.3	642.8	1 416	27.4	4.1	173	20	240.5	209.8	458.3	929	25 ～ 29
32.7	8.2	165	24	300.1	249.9	789.8	2 007	32.6	6.4	173	21	276.2	241.2	522.5	1 428	30 ～ 34
37.6	11.0	167	25	328.4	275.8	944.7	2 574	37.6	9.6	173	19	303.2	267.7	625.2	1 486	35 ～ 39
42.5	16.0	167	22	367.0	314.9	1052.8	3 524	42.6	12.6	174	16	325.2	295.2	706.8	1 941	40 ～ 44
47.3	19.8	168	15	398.4	362.1	1284.2	2 870	47.4	14.5	173	12	358.0	332.5	764.8	1 323	45 ～ 49
52.4	23.2	168	16	424.7	385.6	1385.6	1 878	52.3	16.2	173	13	364.6	338.4	721.9	977	50 ～ 54
57.3	24.1	165	13	399.5	367.8	1307.6	958	57.2	19.8	169	10	383.2	359.5	600.8	699	55 ～ 59
62.4	23.0	164	11	276.6	258.6	530.8	474	62.3	17.8	168	7	281.2	268.9	423.2	337	60 ～ 64
66.2	13.1	170	7	287.7	277.9	421.4	91	67.2	16.6	173	3	276.1	271.0	348.9	135	65 ～ 69
73.0	24.0	170	0	236.1	235.4	344.0	24	71.9	23.5	169	3	269.2	264.4	269.8	26	70歳～
41.7	**13.9**	**167**	**16**	**385.4**	**349.8**	**1224.7**	**49 640**	**43.0**	**10.7**	**173**	**14**	**336.2**	**310.4**	**732.5**	**20 384**	**大学・大学院卒**
－	－	－	－	－	－	－	－	－	－	－	－	－	－	－	－	～ 19歳
23.7	1.2	170	16	244.7	217.8	266.6	2 190	23.9	1.3	175	14	231.5	211.6	237.2	685	20 ～ 24
27.6	3.6	168	23	285.2	243.4	742.4	6 188	27.5	3.0	174	17	255.7	228.8	457.7	2 547	25 ～ 29
32.6	7.3	167	24	329.2	280.7	975.0	7 152	32.6	5.6	173	21	301.0	263.7	701.3	2 720	30 ～ 34
37.5	10.4	166	22	367.0	318.4	1162.9	7 630	37.6	8.6	173	17	325.2	292.9	737.6	2 870	35 ～ 39
42.5	14.2	165	17	406.4	366.2	1358.5	7 612	42.5	11.8	174	15	361.2	331.4	864.6	3 362	40 ～ 44
47.3	18.8	166	12	458.6	426.9	1601.8	6 818	47.3	13.1	174	12	376.8	353.1	904.5	2 404	45 ～ 49
52.5	23.1	166	8	478.3	457.1	1714.9	4 863	52.6	15.0	173	8	404.4	386.3	986.6	1 791	50 ～ 54
57.5	26.2	167	7	494.1	477.1	1741.2	4 593	57.5	17.4	174	10	396.0	374.8	858.0	1 995	55 ～ 59
62.2	25.8	165	7	327.1	314.4	889.1	2 205	62.2	18.2	171	6	337.3	327.3	524.5	1 394	60 ～ 64
66.9	19.5	169	3	360.6	356.3	542.8	348	67.0	17.9	171	3	300.0	294.9	489.8	471	65 ～ 69
71.6	29.7	161	7	377.0	364.5	480.6	41	74.2	28.3	164	2	310.9	308.4	399.0	146	70歳～

第1表　年齢階級別きまって支給する現金給与額、

E　製　造

区分	企業規模計 年齢	勤続年数	所定内実労働時間数	超過実労働時間数	きまって支給する現金給与額	所定内給与額	年間賞与その他特別給与額	労働者数	1,000人以上 年齢	勤続年数	所定内実労働時間数	超過実労働時間数	きまって支給する現金給与額	所定内給与額	年間賞与その他特別給与額	労働者数
	歳	年	時	時	千円	千円	千円	十人	歳	年	時	時	千円	千円	千円	十人
生産労働者（男）																
学歴計	41.2	13.8	166	23	322.0	270.7	839.3	255 211	39.9	16.0	159	24	369.7	302.9	1238.5	76 376
～19歳	19.1	1.0	168	19	211.7	180.6	185.6	6 239	19.1	1.0	163	18	222.5	187.1	248.9	2 161
20～24	22.7	3.2	167	26	247.4	201.5	530.5	22 611	22.7	3.4	161	25	271.6	217.5	704.9	7 726
25～29	27.6	6.1	166	26	281.0	228.0	707.9	29 348	27.6	7.0	160	28	316.9	250.4	964.0	10 336
30～34	32.5	8.4	166	27	308.0	250.2	780.0	30 544	32.5	9.2	159	27	348.4	277.2	1083.4	9 122
35～39	37.6	11.5	166	26	334.3	274.9	898.0	32 749	37.5	12.6	158	28	385.9	307.6	1275.5	9 638
40～44	42.6	14.9	166	24	356.2	297.0	990.2	36 599	42.6	17.8	159	26	414.2	336.2	1440.4	10 731
45～49	47.4	18.3	166	22	370.7	313.7	1047.0	31 072	47.4	22.2	160	23	441.3	365.5	1617.7	8 991
50～54	52.5	21.7	167	20	378.3	325.4	1069.4	24 841	52.5	27.4	160	22	454.7	381.1	1695.1	6 900
55～59	57.4	24.0	166	18	369.9	323.6	1048.6	20 325	57.4	30.8	159	18	445.3	383.0	1728.3	5 857
60～64	62.3	24.6	165	11	257.3	236.1	596.7	14 886	62.1	32.6	158	11	273.8	248.5	1001.0	4 524
65～69	67.1	18.5	168	8	223.7	212.0	250.7	4 525	66.7	17.5	154	8	224.9	210.3	334.4	333
70歳～	73.3	22.8	168	7	230.0	220.4	251.5	1 472	72.7	14.8	157	17	217.6	196.8	138.8	58
中学卒	49.3	18.7	168	19	295.2	256.3	644.2	12 725	47.2	21.6	159	23	349.6	290.1	1169.9	2 629
～19歳	18.9	1.4	171	18	200.1	173.3	104.1	142	19.5	1.0	162	17	218.7	182.7	201.4	22
20～24	22.4	2.7	167	24	219.2	181.8	201.2	472	22.4	2.8	165	25	274.8	221.1	377.2	107
25～29	27.7	4.9	168	34	274.9	216.1	476.1	671	27.5	5.7	165	43	345.2	259.5	885.3	171
30～34	32.8	7.6	167	28	300.2	243.9	641.8	1 126	33.0	9.1	158	38	369.1	280.2	1138.7	285
35～39	37.6	10.5	168	26	318.7	261.7	753.2	1 286	37.8	10.8	162	36	382.6	295.0	1200.5	366
40～44	42.8	14.5	168	20	321.6	278.2	712.2	1 353	42.7	15.8	156	17	339.8	289.5	1132.1	251
45～49	47.4	18.6	169	21	339.7	290.6	810.5	1 356	47.5	19.5	161	24	412.6	335.5	1417.1	224
50～54	52.6	23.8	167	18	343.1	298.0	851.8	1 122	52.8	27.3	158	21	376.6	316.0	1281.6	171
55～59	57.8	28.2	166	17	353.5	310.5	1010.3	1 433	58.2	35.5	156	16	408.3	353.6	1649.9	442
60～64	62.6	28.4	166	10	253.0	234.4	557.7	2 206	62.4	35.7	158	10	274.4	251.9	1037.5	535
65～69	67.3	21.8	169	8	222.5	210.1	225.0	1 000	67.9	13.7	154	13	186.0	162.3	261.3	30
70歳～	73.6	27.2	168	7	223.0	212.1	279.3	557	74.3	26.0	157	22	232.2	205.6	138.1	27
高校卒以上	40.7	13.5	166	23	323.4	271.5	849.5	242 486	39.7	15.8	159	24	370.4	303.4	1240.9	73 747
～19歳	19.1	1.0	168	19	212.0	180.8	187.5	6 096	19.1	1.0	163	18	222.5	187.2	249.4	2 139
20～24	22.7	3.2	167	26	248.0	201.9	537.6	22 139	22.7	3.4	161	25	271.5	217.4	709.5	7 619
25～29	27.6	6.1	166	26	281.1	228.3	713.3	28 677	27.6	7.0	160	27	316.4	250.2	965.3	10 165
30～34	32.5	8.4	166	27	308.3	250.5	785.2	29 419	32.4	9.3	159	26	347.7	277.1	1081.6	8 836
35～39	37.5	11.5	166	26	335.0	275.4	903.9	31 463	37.5	12.7	158	28	386.0	308.1	1278.4	9 272
40～44	42.5	14.9	166	24	357.5	297.7	1000.8	35 246	42.6	17.8	159	26	415.9	337.3	1447.8	10 480
45～49	47.4	18.2	166	22	372.1	314.8	1057.8	29 716	47.4	22.2	160	23	442.0	366.3	1622.8	8 768
50～54	52.5	21.6	166	20	379.9	326.7	1079.7	23 719	52.5	27.4	160	22	456.7	382.8	1705.6	6 729
55～59	57.4	23.7	166	18	371.2	324.6	1051.5	18 891	57.3	30.5	159	18	448.3	385.4	1734.7	5 415
60～64	62.2	24.0	165	11	258.1	236.4	603.5	12 680	62.1	32.1	158	11	273.7	248.0	996.1	3 989
65～69	67.1	17.5	168	8	224.0	212.5	257.9	3 525	66.6	17.8	154	7	228.7	215.0	341.5	303
70歳～	73.1	20.1	168	6	234.2	225.4	234.6	915	71.4	5.4	158	13	205.4	189.5	139.4	32
管理・事務・技術労働者（男）																
学歴計	44.3	17.7	165	15	426.6	389.8	1620.7	173 582	43.9	19.4	160	17	478.1	431.4	2189.2	79 710
～19歳	19.0	0.8	165	10	186.4	171.8	225.4	704	19.0	0.8	164	9	189.6	174.7	317.2	380
20～24	23.3	2.1	167	18	242.8	212.3	470.2	5 864	23.4	2.1	162	20	255.0	219.0	564.4	2 680
25～29	27.6	4.3	164	24	300.9	254.1	922.5	14 582	27.6	4.5	160	28	322.8	265.7	1120.3	7 306
30～34	32.6	8.2	164	25	364.1	307.8	1270.3	19 089	32.6	8.7	160	28	402.9	332.9	1603.2	9 473
35～39	37.5	11.6	164	21	404.9	352.1	1478.0	20 825	37.4	12.6	160	24	461.5	394.3	1980.5	9 405
40～44	42.6	16.2	166	16	437.1	395.7	1646.7	25 381	42.7	17.6	161	17	495.1	442.8	2261.7	10 570
45～49	47.5	21.1	165	12	480.1	446.4	1932.5	28 657	47.6	23.4	161	13	539.8	497.8	2598.8	13 039
50～54	52.4	25.9	165	10	512.4	483.9	2203.7	26 529	52.5	28.8	161	11	572.5	536.6	2934.1	13 533
55～59	57.4	29.0	164	8	520.3	497.6	2179.3	19 971	57.3	33.0	159	8	591.0	561.8	3044.6	9 245
60～64	62.2	27.7	163	6	330.2	318.7	1001.6	9 253	62.2	31.2	157	6	331.5	317.6	1322.6	3 705
65～69	67.0	21.8	169	4	312.7	305.1	568.2	2 126	66.8	26.1	160	5	346.9	335.8	816.3	327
70歳～	73.7	24.2	163	3	283.2	277.7	502.4	601	72.9	26.8	152	3	358.5	350.0	1147.2	46
中学卒	51.0	22.0	168	13	366.7	334.4	1009.4	2 101	47.5	23.5	160	17	400.2	350.6	1590.4	717
～19歳	19.2	1.2	162	18	214.1	169.0	34.1	7	19.1	1.1	155	18	217.3	165.0	0.0	6
20～24	23.5	2.3	168	19	288.4	252.2	646.0	14	24.0	2.5	164	22	335.1	292.5	934.3	7
25～29	27.4	4.5	169	13	296.6	272.8	705.5	50	27.1	4.2	163	14	307.3	279.1	980.0	33
30～34	32.5	8.8	168	26	364.8	304.0	1182.8	113	32.7	9.1	165	23	376.6	315.4	1346.0	82
35～39	37.0	11.5	163	19	357.0	311.7	1289.6	232	37.2	13.2	157	23	434.0	367.1	1777.0	108
40～44	42.4	17.0	173	16	388.2	351.2	1205.5	270	41.9	15.7	167	15	429.2	390.3	1821.4	91
45～49	47.4	17.6	174	12	398.6	369.7	1107.2	307	47.8	21.2	166	19	442.3	390.0	1630.3	75
50～54	52.4	24.0	170	18	448.2	402.1	1129.3	227	53.3	25.0	159	27	527.7	448.1	2068.7	60
55～59	57.8	31.2	165	15	439.6	393.2	1291.5	322	58.0	38.5	154	19	515.2	440.1	2374.5	108
60～64	62.2	33.2	164	4	275.1	268.0	612.5	326	62.2	41.2	157	6	241.0	230.7	884.1	133
65～69	67.4	25.9	171	6	321.7	311.0	509.0	139	67.0	7.6	152	5	205.6	195.3	387.8	7
70歳～	74.2	25.5	164	7	226.0	221.9	378.9	93	77.3	48.4	172	0	357.2	357.2	1509.4	7

所定内給与額及び年間賞与その他特別給与額

業

100 ～ 999人								10 ～ 99人								区分
年齢	勤続年数	所定内実労働時間数	超過実労働時間数	きまって支給する現金給与額	所定内給与額	年間賞与その他特別給与額	労働者数	年齢	勤続年数	所定内実労働時間数	超過実労働時間数	きまって支給する現金給与額	所定内給与額	年間賞与その他特別給与額	労働者数	
歳	年	時	時	千円	千円	千円	十人	歳	年	時	時	千円	千円	千円	十人	
																生産労働者（男）
40.4	**13.6**	**166**	**24**	**310.1**	**258.1**	**792.5**	**99 846**	**43.3**	**11.8**	**173**	**20**	**290.8**	**255.5**	**512.4**	**78 989**	**学歴計**
19.1	1.0	169	19	209.1	177.7	165.8	2 909	19.1	1.0	173	17	198.6	175.9	118.0	1 170	～ 19歳
22.6	3.2	168	28	241.9	194.9	504.6	9 547	22.7	2.8	173	23	222.4	190.0	324.6	5 337	20 ～ 24
27.7	6.2	166	27	270.6	218.6	662.6	11 575	27.5	4.7	173	23	247.2	211.4	422.5	7 437	25 ～ 29
32.5	8.6	166	28	298.4	239.8	750.1	12 165	32.6	7.3	173	25	280.9	237.2	520.2	9 257	30 ～ 34
37.6	11.8	166	27	322.3	263.2	866.6	13 237	37.5	9.9	173	23	300.2	258.6	571.6	9 874	35 ～ 39
42.5	15.1	165	25	346.7	285.9	960.9	14 665	42.5	11.8	173	21	313.0	274.1	597.3	11 203	40 ～ 44
47.4	18.6	166	24	354.5	297.1	978.7	12 000	47.4	14.4	173	20	327.0	287.3	619.3	10 080	45 ～ 49
52.5	22.1	166	21	364.1	311.6	1010.0	9 606	52.4	16.4	173	18	331.3	295.3	619.8	8 335	50 ～ 54
57.5	24.2	165	19	352.0	305.2	958.2	7 493	57.4	18.1	172	16	325.9	293.7	574.8	6 974	55 ～ 59
62.3	23.8	165	10	239.1	219.7	490.2	5 136	62.4	18.5	171	11	261.0	241.5	351.3	5 226	60 ～ 64
66.8	17.7	168	8	207.5	195.5	210.6	1 283	67.3	18.9	170	7	230.7	219.5	258.7	2 909	65 ～ 69
72.4	25.5	168	11	211.5	197.3	244.5	228	73.5	22.7	169	5	234.2	225.9	258.3	1 186	70歳～
49.1	**19.5**	**166**	**20**	**287.9**	**245.5**	**637.8**	**3 795**	**50.3**	**17.1**	**172**	**16**	**276.9**	**248.8**	**428.8**	**6 301**	**中学卒**
18.8	1.0	168	25	222.1	183.2	14.2	41	18.8	1.7	175	15	183.6	165.7	124.4	80	～ 19歳
22.5	2.3	171	28	205.0	164.8	178.4	138	22.4	2.9	166	21	201.7	173.7	132.2	227	20 ～ 24
28.0	4.4	166	37	259.1	196.5	380.3	233	27.6	4.8	173	25	243.9	205.4	298.9	268	25 ～ 29
32.8	7.4	167	29	284.3	229.0	560.0	380	32.7	6.8	173	21	270.5	233.8	401.2	460	30 ～ 34
37.4	8.7	165	24	306.6	249.6	709.8	329	37.6	11.4	174	21	285.8	247.8	500.0	590	35 ～ 39
42.8	14.6	167	28	330.7	267.9	764.0	314	42.8	14.0	173	17	312.2	278.6	558.1	789	40 ～ 44
47.1	18.2	165	23	363.6	305.4	998.6	344	47.4	18.5	173	19	308.5	271.5	556.1	788	45 ～ 49
52.7	25.4	163	19	350.0	295.9	896.4	454	52.4	21.1	173	15	325.1	293.7	663.0	497	50 ～ 54
57.8	29.2	166	19	344.7	302.1	954.6	413	57.5	21.8	173	17	318.1	283.7	562.4	579	55 ～ 59
62.5	30.2	167	9	230.9	215.2	490.2	828	62.8	22.0	171	11	261.2	242.2	319.5	843	60 ～ 64
67.1	21.4	169	10	199.6	185.3	195.1	260	67.3	22.3	169	7	232.4	221.1	234.5	710	65 ～ 69
72.6	31.2	167	7	207.1	194.3	316.0	61	73.7	26.8	169	6	224.6	214.7	282.5	470	70歳～
40.1	**13.3**	**166**	**24**	**311.0**	**258.6**	**798.6**	**96 051**	**42.7**	**11.4**	**173**	**20**	**292.0**	**256.1**	**519.7**	**72 688**	**高校卒以上**
19.1	1.0	169	19	208.9	177.6	168.0	2 867	19.1	1.0	173	17	199.7	176.6	117.5	1 090	～ 19歳
22.6	3.2	168	28	242.4	195.4	509.3	9 409	22.7	2.8	174	23	223.3	190.7	333.1	5 111	20 ～ 24
27.6	6.2	166	27	270.9	219.1	668.4	11 342	27.5	4.7	173	23	247.3	211.6	427.2	7 170	25 ～ 29
32.5	8.6	166	28	298.8	240.2	756.3	11 785	32.6	7.3	173	26	281.4	237.4	526.4	8 797	30 ～ 34
37.6	11.9	166	27	322.7	263.6	870.6	12 908	37.5	9.8	173	23	301.1	259.3	576.2	9 284	35 ～ 39
42.5	15.1	165	25	347.1	286.3	965.2	14 352	42.5	11.7	173	21	313.1	273.7	600.3	10 415	40 ～ 44
47.4	18.6	166	24	354.2	296.9	978.1	11 656	47.4	14.1	173	20	328.5	288.6	624.6	9 292	45 ～ 49
52.5	21.9	166	21	364.8	312.4	1015.7	9 152	52.4	16.1	173	18	331.7	295.4	617.0	7 838	50 ～ 54
57.5	23.9	165	19	352.4	305.3	958.4	7 080	57.4	17.7	172	16	326.6	294.5	576.0	6 395	55 ～ 59
62.2	22.6	165	11	240.7	220.6	490.2	4 308	62.4	17.9	171	11	260.9	241.4	357.5	4 383	60 ～ 64
66.8	16.8	168	8	209.5	198.0	214.6	1 023	67.3	17.8	170	7	230.1	218.9	266.6	2 198	65 ～ 69
72.3	23.5	168	12	213.1	198.4	218.7	167	73.4	20.0	169	5	240.5	233.3	242.5	716	70歳～
																管理・事務・技術労働者（男）
44.0	**17.2**	**167**	**14**	**395.6**	**363.7**	**1297.9**	**65 463**	**46.3**	**14.2**	**174**	**11**	**353.5**	**333.1**	**769.8**	**28 409**	**学歴計**
19.0	0.9	164	10	183.1	169.8	118.2	264	19.1	0.9	175	16	180.8	162.5	114.3	60	～ 19歳
23.2	2.1	169	17	234.5	207.4	399.8	2 442	23.2	2.3	176	15	226.3	204.6	361.5	742	20 ～ 24
27.6	4.3	167	22	285.1	245.0	780.3	5 431	27.5	3.9	174	16	260.7	234.8	557.9	1 844	25 ～ 29
32.6	8.2	166	23	332.8	285.6	1008.9	7 125	32.7	6.5	174	17	306.0	275.8	751.6	2 490	30 ～ 34
37.5	11.4	166	21	369.0	322.9	1179.0	8 253	37.6	9.5	173	15	330.4	302.6	765.0	3 167	35 ～ 39
42.6	16.3	166	16	410.7	372.1	1371.0	9 952	42.6	13.1	174	12	364.9	341.5	873.6	4 859	40 ～ 44
47.4	20.9	167	12	448.5	419.4	1567.5	11 340	47.5	14.9	174	10	381.8	361.6	869.1	4 279	45 ～ 49
52.4	25.0	167	8	469.9	447.9	1692.0	9 022	52.4	18.2	174	8	404.5	386.5	878.2	3 974	50 ～ 54
57.4	27.9	167	7	486.7	468.7	1729.1	7 187	57.4	20.8	174	7	404.2	388.6	832.7	3 539	55 ～ 59
62.2	27.6	164	6	317.6	306.7	900.9	3 562	62.3	21.4	172	4	350.5	342.5	583.4	1 986	60 ～ 64
66.9	22.3	168	4	308.3	302.5	547.3	760	67.2	20.2	173	4	305.2	297.3	505.3	1 039	65 ～ 69
72.6	21.2	164	10	288.8	271.6	499.5	126	74.1	24.7	164	1	273.6	271.8	434.9	430	70歳～
52.2	**20.9**	**168**	**13**	**329.9**	**303.2**	**894.3**	**593**	**53.4**	**21.4**	**175**	**10**	**363.9**	**343.1**	**568.5**	**791**	**中学卒**
-	-	-	-	-	-	-	-	19.5	1.5	192	18	200.3	186.3	180.0	1	～ 19歳
22.3	1.9	182	18	259.5	220.3	347.6	5	24.4	2.3	158	13	218.3	202.5	404.9	3	20 ～ 24
27.1	4.9	183	25	233.7	200.8	605.0	1	28.0	4.9	182	10	278.3	264.0	158.8	16	25 ～ 29
31.3	9.4	164	41	346.2	279.9	966.9	19	32.6	5.4	194	22	312.8	263.8	392.3	12	30 ～ 34
36.1	9.1	159	14	277.6	251.5	1251.4	61	37.5	10.9	176	15	301.6	274.8	489.2	63	35 ～ 39
42.9	20.8	173	25	358.0	308.4	1063.0	64	42.6	15.9	176	12	372.6	344.3	797.9	115	40 ～ 44
46.6	17.9	173	10	371.9	349.2	1177.9	125	47.9	14.8	181	10	399.2	379.2	664.0	108	45 ～ 49
51.5	28.1	169	11	402.2	372.9	1087.1	54	52.4	21.5	176	17	427.9	391.6	649.0	113	50 ～ 54
58.0	25.3	172	14	364.3	324.8	1039.5	85	57.6	29.0	170	11	425.9	399.2	545.6	128	55 ～ 59
61.8	25.3	165	5	291.3	284.6	401.8	93	62.5	29.8	171	3	305.5	302.2	445.2	100	60 ～ 64
67.2	26.4	168	11	284.4	265.8	471.4	55	67.7	27.3	174	2	359.4	354.4	547.4	77	65 ～ 69
72.9	18.7	157	14	185.3	181.0	242.3	31	74.6	26.4	167	4	232.5	228.0	312.7	55	70歳～

第1表　年齢階級別きまって支給する現金給与額、

E　製　造

区分	企業規模計 年齢	勤続年数	所定内実労働時間数	超過実労働時間数	きまって支給する現金給与額	所定内給与額	年間賞与その他特別給与額	労働者数	1,000人以上 年齢	勤続年数	所定内実労働時間数	超過実労働時間数	きまって支給する現金給与額	所定内給与額	年間賞与その他特別給与額	労働者数
	歳	年	時	時	千円	千円	千円	十人	歳	年	時	時	千円	千円	千円	十人
高校卒	**47.1**	**21.4**	**165**	**15**	**398.3**	**360.1**	**1396.2**	**57 848**	**46.9**	**24.8**	**159**	**18**	**444.8**	**391.9**	**1936.3**	**23 577**
～ 19歳	19.0	0.8	165	10	186.1	171.9	227.4	697	19.0	0.8	164	9	189.1	174.9	322.3	374
20 ～ 24	22.6	3.7	166	22	230.0	195.2	681.2	1 845	22.7	3.9	159	23	243.8	203.5	895.3	754
25 ～ 29	27.7	7.3	164	23	273.5	231.8	837.7	2 387	27.6	8.2	158	25	290.3	243.0	1046.8	1 112
30 ～ 34	32.8	10.5	165	24	336.0	282.8	1075.2	3 541	32.9	12.3	159	27	381.5	312.8	1518.9	1 416
35 ～ 39	37.6	13.4	165	22	365.2	314.1	1178.9	5 018	37.5	15.8	158	26	411.5	341.5	1637.5	1 892
40 ～ 44	42.7	18.1	165	18	399.9	352.8	1353.5	8 437	42.9	20.9	158	23	438.7	373.3	1804.1	3 328
45 ～ 49	47.5	22.6	166	16	434.7	392.5	1511.0	10 239	47.5	25.9	160	19	490.4	429.4	2061.5	3 955
50 ～ 54	52.4	27.3	165	13	469.7	431.5	1822.3	11 511	52.6	31.7	160	16	529.8	475.1	2483.7	5 135
55 ～ 59	57.4	30.1	165	10	469.1	437.8	1812.0	8 182	57.3	35.4	159	13	532.3	487.5	2632.0	3 447
60 ～ 64	62.2	28.9	163	6	298.9	286.3	935.3	4 537	62.2	32.1	157	7	295.3	279.5	1197.0	1 963
65 ～ 69	67.0	23.7	169	5	266.3	257.0	461.6	1 147	66.9	33.6	163	7	282.3	266.3	504.2	176
70歳～	73.7	21.0	162	4	269.9	261.6	537.5	307	72.1	16.6	148	4	287.5	280.7	861.5	25
高専・短大卒	**43.7**	**17.2**	**166**	**15**	**400.4**	**365.1**	**1393.4**	**16 440**	**43.5**	**19.4**	**160**	**17**	**444.9**	**398.9**	**1953.7**	**5 767**
～ 19歳	-	-	-	-	-	-	-	-	-	-	-	-	-	-	-	-
20 ～ 24	22.6	2.2	166	20	234.2	200.2	488.3	789	22.5	2.2	158	22	247.1	206.6	612.5	343
25 ～ 29	27.6	5.8	165	22	285.2	243.7	841.5	1 210	27.8	6.7	159	27	305.8	252.1	1126.5	523
30 ～ 34	32.6	9.0	166	25	339.7	287.0	1060.7	1 583	32.2	10.1	160	27	364.1	301.9	1329.7	606
35 ～ 39	37.6	11.8	165	20	364.9	320.0	1163.2	1 953	37.7	13.5	159	21	415.6	357.6	1632.2	599
40 ～ 44	42.6	16.1	168	17	401.9	360.7	1299.7	2 872	42.7	16.9	162	20	462.9	405.1	1911.6	738
45 ～ 49	47.4	21.1	166	12	449.1	416.8	1680.3	3 438	47.4	23.8	161	16	507.0	456.9	2320.1	1 188
50 ～ 54	52.4	24.6	166	10	487.1	459.9	1907.1	2 413	52.4	28.1	159	9	542.8	513.8	2729.1	929
55 ～ 59	57.1	28.6	165	7	492.6	472.4	1946.7	1 333	57.0	33.1	159	9	569.5	537.9	2832.6	531
60 ～ 64	62.6	25.9	163	7	329.5	313.2	1143.0	643	62.7	30.9	159	7	325.7	308.3	1570.6	290
65 ～ 69	66.6	13.5	170	4	308.0	300.4	600.9	160	66.4	5.8	151	6	336.9	324.2	1154.8	20
70歳～	72.2	24.2	168	0	251.1	250.8	320.4	46	-	-	-	-	-	-	-	-
大学・大学院卒	**42.6**	**15.5**	**164**	**15**	**449.2**	**412.8**	**1806.0**	**97 193**	**42.5**	**16.8**	**161**	**16**	**498.9**	**455.0**	**2345.3**	**49 648**
～ 19歳	-	-	-	-	-	-	-	-	-	-	-	-	-	-	-	-
20 ～ 24	23.8	1.2	167	15	252.1	225.0	343.9	3 216	23.9	1.1	164	17	261.8	228.7	394.0	1 576
25 ～ 29	27.6	3.5	164	24	308.6	260.0	951.0	10 934	27.6	3.5	160	28	330.9	271.3	1135.1	5 638
30 ～ 34	32.6	7.6	163	25	374.1	316.6	1344.8	13 852	32.6	7.9	160	28	410.5	339.5	1644.7	7 370
35 ～ 39	37.4	11.0	164	21	426.1	371.3	1636.5	13 622	37.4	11.6	160	23	479.9	412.6	2109.7	6 805
40 ～ 44	42.6	15.1	165	14	468.1	430.1	1906.7	13 802	42.6	16.0	162	15	529.1	483.9	2545.7	6 412
45 ～ 49	47.5	20.2	164	10	520.7	492.6	2302.9	14 674	47.6	22.0	162	10	570.6	539.6	2922.0	7 822
50 ～ 54	52.5	24.9	164	6	558.3	538.8	2635.9	12 378	52.4	26.9	161	7	606.2	582.7	3278.9	7 409
55 ～ 59	57.4	28.1	164	5	567.9	552.6	2534.7	10 134	57.3	31.2	159	5	634.0	616.5	3356.2	5 159
60 ～ 64	62.1	26.1	164	5	373.0	363.4	1091.6	3 747	62.1	28.8	158	5	395.7	385.1	1499.6	1 318
65 ～ 69	67.0	19.7	168	2	390.2	386.2	752.4	680	66.8	19.8	156	1	448.4	444.7	1228.6	124
70歳～	73.8	29.7	161	1	353.5	351.2	561.1	155	71.9	33.9	150	3	483.6	467.9	1467.2	14
女																
学歴計	**42.4**	**11.6**	**166**	**12**	**233.5**	**214.1**	**551.6**	**130 495**	**41.1**	**13.8**	**159**	**14**	**283.8**	**256.3**	**939.4**	**31 933**
～ 19歳	19.1	0.9	170	13	185.8	168.7	111.7	3 016	19.1	0.9	166	16	201.2	177.4	151.0	767
20 ～ 24	22.6	2.5	169	16	207.8	184.1	341.1	11 968	22.7	2.4	163	18	232.7	200.8	478.3	2 977
25 ～ 29	27.5	4.9	166	15	229.8	204.9	546.2	14 024	27.4	5.2	160	19	268.2	231.4	809.9	3 905
30 ～ 34	32.5	7.4	165	13	236.5	215.3	584.5	12 228	32.5	8.1	157	13	282.1	254.0	915.9	3 157
35 ～ 39	37.6	10.2	164	11	244.4	224.5	633.0	13 552	37.6	11.2	158	11	296.8	270.5	1038.1	3 400
40 ～ 44	42.6	12.7	165	11	251.2	232.3	689.8	17 682	42.7	15.9	159	11	304.0	279.8	1160.7	4 689
45 ～ 49	47.5	14.8	165	11	256.7	237.3	704.1	18 234	47.4	19.9	158	11	320.5	294.5	1233.5	4 753
50 ～ 54	52.5	16.2	166	11	247.4	228.6	624.9	15 364	52.4	21.3	158	13	313.8	287.5	1136.1	3 624
55 ～ 59	57.5	18.0	166	10	230.4	213.8	538.1	12 825	57.4	24.5	158	13	300.2	274.5	1077.8	2 655
60 ～ 64	62.3	18.4	166	9	185.1	173.1	254.9	8 191	62.4	19.4	158	13	193.8	174.5	336.3	1 670
65 ～ 69	67.2	18.5	166	9	177.3	166.4	160.3	2 620	67.1	14.0	157	18	182.7	156.5	89.9	309
70歳～	72.4	21.7	168	5	177.6	171.8	161.0	790	70.9	9.2	166	21	188.4	166.3	34.8	26
中学卒	**48.8**	**12.7**	**167**	**14**	**186.5**	**168.4**	**220.0**	**5 131**	**46.3**	**12.8**	**161**	**20**	**214.3**	**183.3**	**332.3**	**769**
～ 19歳	18.7	0.9	168	16	174.2	156.3	35.4	100	19.0	1.1	161	21	187.2	162.3	61.5	57
20 ～ 24	22.3	2.5	168	29	180.4	150.0	57.5	306	21.6	1.8	165	39	191.3	147.4	5.7	59
25 ～ 29	27.7	3.3	166	18	177.2	155.7	109.7	369	27.8	4.5	161	37	233.7	184.9	269.1	55
30 ～ 34	32.4	4.0	166	14	177.1	159.4	104.7	466	32.3	4.5	156	14	230.1	204.5	228.7	65
35 ～ 39	37.3	4.7	169	14	173.9	158.0	118.5	383	38.2	6.6	169	19	202.1	179.4	427.2	23
40 ～ 44	42.6	9.8	167	17	204.9	181.1	347.7	443	42.7	10.7	164	20	224.7	198.9	670.1	68
45 ～ 49	47.4	12.1	169	15	211.3	187.8	322.1	400	46.8	11.8	164	18	230.4	193.3	435.4	79
50 ～ 54	52.5	13.3	167	12	209.6	189.6	377.0	424	52.0	20.3	166	8	225.3	211.8	655.8	40
55 ～ 59	58.1	21.4	166	9	200.3	186.7	420.9	589	58.0	33.0	156	4	258.8	250.9	928.9	75
60 ～ 64	62.6	19.4	166	12	173.9	156.6	177.6	928	62.5	17.1	160	22	196.2	159.2	155.3	212
65 ～ 69	67.2	17.7	167	9	176.6	165.3	169.6	547	67.6	10.0	156	21	192.2	155.8	96.3	36
70歳～	73.1	23.8	165	5	168.3	163.0	139.8	173	79.5	16.5	168	0	150.0	150.0	90.0	1

所定内給与額及び年間賞与その他特別給与額

業

区分	100～999人 年齢	勤続年数	所定内実労働時間数	超過実労働時間数	きまって支給する現金給与額	所定内給与額	年間賞与その他特別給与額	労働者数	10～99人 年齢	勤続年数	所定内実労働時間数	超過実労働時間数	きまって支給する現金給与額	所定内給与額	年間賞与その他特別給与額	労働者数
	歳	年	時	時	千円	千円	千円	十人	歳	年	時	時	千円	千円	千円	十人
高校卒	**46.9**	**20.9**	**167**	**14**	**379.2**	**347.1**	**1224.5**	**21 173**	**48.0**	**16.0**	**174**	**12**	**345.5**	**323.7**	**701.6**	**13 098**
～19歳	19.0	0.9	164	10	183.1	169.8	118.2	264	19.1	0.9	175	15	180.4	161.9	112.7	58
20～24	22.5	3.7	169	21	221.8	189.5	584.0	745	22.7	3.1	176	21	217.7	189.5	424.2	347
25～29	27.8	7.2	167	24	265.2	224.2	742.8	790	27.5	5.5	174	19	248.6	218.4	512.6	485
30～34	32.6	10.2	166	26	311.1	261.3	843.9	1 284	32.8	7.9	174	18	297.1	265.1	681.1	840
35～39	37.6	13.2	168	22	346.5	300.5	1023.0	1 909	37.5	10.2	174	16	322.7	293.1	710.7	1 217
40～44	42.6	18.4	167	18	389.1	347.0	1270.6	3 029	42.6	13.4	174	13	353.5	328.4	753.2	2 080
45～49	47.5	22.7	168	14	413.6	379.8	1374.7	4 131	47.6	16.1	174	12	372.7	349.4	761.4	2 153
50～54	52.3	26.1	167	10	438.5	411.9	1552.2	4 122	52.3	19.5	174	10	389.7	368.2	809.5	2 254
55～59	57.4	29.1	166	9	448.2	423.7	1527.9	2 839	57.4	21.8	175	8	385.5	368.5	746.4	1 896
60～64	62.3	28.8	164	6	288.8	277.7	838.9	1 619	62.2	22.4	172	5	323.7	314.6	560.3	955
65～69	66.7	23.4	166	3	242.8	238.0	464.9	391	67.2	21.0	172	6	277.2	267.0	446.5	581
70歳～	72.4	17.5	163	15	316.2	277.1	677.0	50	74.1	22.2	164	1	258.0	256.2	472.9	232
高専・短大卒	**43.5**	**17.2**	**168**	**15**	**387.6**	**354.1**	**1240.2**	**7 419**	**44.6**	**13.0**	**174**	**11**	**351.0**	**330.1**	**749.4**	**3 253**
～19歳	-	-	-	-	-	-	-	-	-	-	-	-	-	-	-	-
20～24	22.6	2.3	171	21	224.5	192.4	400.9	365	23.0	2.3	174	11	223.7	208.5	355.6	81
25～29	27.5	5.3	168	22	276.3	237.9	653.0	486	27.5	4.7	175	11	252.8	235.9	554.9	201
30～34	33.0	9.4	166	24	335.0	284.6	1062.9	664	32.5	6.1	174	24	302.4	263.4	537.0	314
35～39	37.6	11.6	166	19	346.1	304.8	1060.3	905	37.7	10.0	171	18	335.1	300.6	744.1	448
40～44	42.5	17.0	168	18	395.3	353.2	1195.7	1 442	42.6	13.3	175	12	350.5	329.1	863.6	692
45～49	47.3	21.5	168	11	435.1	409.9	1514.0	1 687	47.5	13.9	173	8	369.0	352.5	828.4	563
50～54	52.3	24.4	169	12	467.4	436.5	1597.3	1 070	52.3	17.0	175	7	413.1	399.2	864.6	414
55～59	57.2	28.1	167	5	458.7	444.6	1737.7	491	57.0	21.9	172	4	415.1	404.3	765.0	311
60～64	62.3	24.2	161	8	307.9	292.3	782.6	240	62.7	16.7	175	8	385.1	370.3	811.6	113
65～69	66.4	14.6	170	6	318.0	309.4	765.9	45	66.8	14.7	174	3	297.1	291.0	404.0	95
70歳～	73.1	24.7	169	0	239.2	238.6	358.7	23	71.2	23.6	167	0	263.2	263.2	281.4	23
大学・大学院卒	**42.4**	**14.9**	**166**	**14**	**407.9**	**376.3**	**1359.1**	**36 278**	**44.4**	**11.9**	**173**	**10**	**362.8**	**344.3**	**869.2**	**11 267**
～19歳	-	-	-	-	-	-	-	-	-	-	-	-	-	-	-	-
20～24	23.8	1.2	168	14	244.3	221.6	296.4	1 328	23.8	1.4	176	11	236.5	220.4	293.0	312
25～29	27.6	3.7	167	22	289.9	249.8	802.3	4 154	27.5	3.1	174	16	267.0	241.2	583.5	1 142
30～34	32.6	7.6	166	22	337.8	291.8	1043.2	5 158	32.7	5.8	173	15	312.5	285.7	850.4	1 324
35～39	37.5	10.7	166	21	381.9	334.8	1253.5	5 378	37.7	8.6	172	13	336.8	312.4	829.6	1 439
40～44	42.6	15.0	166	14	427.5	392.0	1477.4	5 416	42.6	12.5	173	11	381.4	359.6	1008.4	1 973
45～49	47.3	19.4	166	10	481.3	454.3	1740.9	5 397	47.3	13.7	173	8	399.0	382.0	1059.6	1 455
50～54	52.5	24.0	166	5	506.0	491.4	1880.1	3 776	52.6	15.6	174	5	427.2	416.0	1034.5	1 193
55～59	57.4	27.0	167	5	522.0	509.0	1895.1	3 771	57.5	18.1	175	6	428.4	415.1	1016.9	1 203
60～64	62.2	27.1	165	6	349.5	339.1	1009.6	1 611	62.2	19.9	171	3	382.5	376.2	595.7	818
65～69	67.1	21.1	169	2	406.6	402.6	646.2	269	67.1	18.5	172	2	349.9	345.6	646.4	287
70歳～	72.3	30.2	169	1	432.7	430.0	613.8	21	74.3	29.1	162	0	324.4	323.8	446.2	120
女																
学歴計	**41.5**	**11.4**	**167**	**13**	**227.6**	**207.5**	**514.2**	**56 601**	**44.4**	**10.4**	**170**	**9**	**203.4**	**190.9**	**306.8**	**41 961**
～19歳	19.0	0.9	171	12	183.4	167.9	118.6	1 480	19.1	0.9	174	12	174.9	161.4	59.4	770
20～24	22.6	2.6	169	16	206.3	183.4	349.7	5 679	22.7	2.5	173	15	188.1	170.5	202.8	3 312
25～29	27.5	5.1	167	15	226.1	201.9	530.1	6 333	27.5	4.2	171	11	196.4	182.8	301.1	3 786
30～34	32.4	8.0	166	13	230.2	208.7	562.8	5 480	32.6	5.9	170	11	206.1	191.3	326.3	3 591
35～39	37.7	11.1	165	12	239.2	218.3	605.2	6 209	37.6	7.7	169	9	207.3	194.3	327.5	3 943
40～44	42.6	12.9	165	12	245.4	226.1	627.3	7 775	42.6	9.5	170	9	212.4	199.0	360.0	5 219
45～49	47.5	14.7	166	12	250.2	229.5	645.9	7 739	47.5	10.8	169	9	212.7	200.5	344.5	5 742
50～54	52.4	15.9	167	13	237.6	217.1	565.4	6 297	52.5	13.1	170	8	214.5	202.8	353.2	5 443
55～59	57.4	17.5	167	12	217.7	200.2	455.3	5 296	57.6	14.9	169	8	206.2	195.5	334.2	4 874
60～64	62.2	17.9	167	9	180.6	168.5	230.0	3 367	62.3	18.4	168	7	185.4	177.3	238.3	3 154
65～69	67.0	17.8	166	10	165.3	153.7	129.5	819	67.4	19.9	168	6	182.8	175.3	191.9	1 492
70歳～	71.7	20.2	169	6	163.5	156.8	133.5	127	72.6	22.5	167	4	180.0	174.9	171.5	637
中学卒	**51.5**	**14.4**	**166**	**15**	**190.6**	**170.6**	**264.4**	**1 812**	**47.6**	**11.4**	**169**	**11**	**175.2**	**162.3**	**154.6**	**2 550**
～19歳	17.7	0.7	170	4	169.4	164.9	0.3	19	18.7	0.6	179	13	147.9	135.6	3.1	25
20～24	22.0	2.6	166	36	200.5	160.4	82.8	55	22.6	2.7	169	23	171.3	147.9	66.1	192
25～29	27.8	2.9	165	19	171.0	150.1	110.6	94	27.7	3.1	167	13	165.8	150.8	69.5	220
30～34	32.8	4.3	167	21	170.4	147.9	79.4	106	32.3	3.8	167	12	167.8	153.7	86.6	296
35～39	37.6	6.4	165	18	189.4	166.8	206.4	125	37.0	3.6	171	11	162.9	151.2	41.7	236
40～44	43.0	12.4	165	20	230.2	198.2	428.3	150	42.4	7.9	170	13	182.1	164.4	196.9	225
45～49	47.3	13.8	170	18	227.3	198.8	378.0	143	47.7	11.0	171	10	189.9	176.6	227.1	178
50～54	52.2	14.0	166	15	216.8	190.9	351.4	216	53.0	10.6	168	11	196.6	182.5	343.1	169
55～59	58.2	23.1	163	11	202.5	184.8	465.3	278	58.2	15.8	172	8	179.2	168.5	208.1	237
60～64	62.6	19.5	170	11	167.9	154.9	200.1	392	62.6	20.7	166	8	166.6	156.9	165.0	325
65～69	67.0	15.2	166	9	159.4	149.6	115.6	214	67.4	20.4	169	7	187.0	177.6	217.4	297
70歳～	72.5	14.8	170	9	156.4	148.9	169.8	21	73.1	25.1	164	5	170.0	165.0	135.9	152

第1表　年齢階級別きまって支給する現金給与額、

E　製　造

区分	企業規模計 年齢	勤続年数	所定内実労働時間数	超過実労働時間数	きまって支給する現金給与額	所定内給与額	年間賞与その他特別給与額	労働者数	1,000人以上 年齢	勤続年数	所定内実労働時間数	超過実労働時間数	きまって支給する現金給与額	所定内給与額	年間賞与その他特別給与額	労働者数
	歳	年	時	時	千円	千円	千円	十人	歳	年	時	時	千円	千円	千円	十人
高校卒	**43.5**	**12.2**	**166**	**12**	**217.7**	**198.7**	**467.8**	**85 129**	**42.6**	**15.2**	**159**	**14**	**258.9**	**232.3**	**803.1**	**18 333**
～ 19歳	19.1	0.9	171	13	186.2	169.1	114.3	2 916	19.1	0.9	166	15	202.3	178.6	158.1	710
20 ～ 24	22.3	3.0	169	18	202.4	176.3	395.6	7 736	22.4	3.4	163	20	229.5	193.9	628.6	1 674
25 ～ 29	27.5	6.2	167	15	213.4	189.4	478.6	6 945	27.5	7.1	161	18	246.5	213.7	714.0	1 681
30 ～ 34	32.5	8.0	166	13	215.3	194.9	457.8	6 488	32.4	9.0	159	13	247.5	222.2	739.1	1 362
35 ～ 39	37.6	10.6	165	11	221.4	202.4	509.2	7 736	37.5	12.6	159	12	259.3	234.0	841.2	1 567
40 ～ 44	42.7	12.7	165	12	231.2	212.2	563.5	10 947	42.7	17.1	159	11	279.7	255.2	1000.4	2 633
45 ～ 49	47.5	14.5	165	11	234.4	215.2	572.4	12 359	47.4	19.6	158	12	285.4	258.9	997.2	2 832
50 ～ 54	52.5	16.1	166	12	232.6	213.3	544.2	11 576	52.5	21.4	157	14	283.5	256.0	942.3	2 531
55 ～ 59	57.4	17.6	166	10	220.0	203.6	480.0	9 735	57.4	24.3	158	13	280.4	255.7	946.1	1 857
60 ～ 64	62.3	18.2	165	8	182.2	170.7	255.1	6 194	62.5	19.6	158	12	190.0	172.6	330.8	1 247
65 ～ 69	67.3	18.8	167	9	176.7	166.1	159.6	1 904	67.2	14.6	156	17	175.5	150.5	86.4	219
70歳～	72.3	20.9	169	4	179.0	173.2	168.2	594	70.8	7.3	165	19	183.4	164.3	44.4	19
高専・短大卒	**42.6**	**12.3**	**165**	**10**	**250.3**	**232.8**	**665.3**	**21 039**	**42.7**	**15.4**	**158**	**12**	**293.5**	**268.9**	**1044.0**	**5 675**
～ 19歳	－	－	－	－	－	－	－	－	－	－	－	－	－	－	－	－
20 ～ 24	22.6	1.8	168	13	204.9	185.7	227.2	1 591	22.3	1.3	161	17	215.8	189.6	259.8	468
25 ～ 29	27.5	4.4	168	13	218.1	198.1	484.7	1 928	27.8	5.1	160	16	243.9	216.0	704.8	456
30 ～ 34	32.4	7.0	166	12	232.4	212.3	576.8	1 906	32.4	7.5	161	12	251.6	225.7	661.3	379
35 ～ 39	37.8	10.0	163	9	240.6	225.3	657.4	2 470	37.7	11.4	156	9	273.8	254.8	985.4	694
40 ～ 44	42.6	13.1	164	9	262.0	245.7	792.2	3 976	42.7	15.1	160	10	293.9	272.8	1152.3	1 065
45 ～ 49	47.3	16.2	164	9	281.1	262.3	883.5	3 826	47.2	21.7	157	11	341.2	314.8	1431.9	1 222
50 ～ 54	52.4	16.5	165	8	273.1	257.1	741.9	2 381	52.1	21.7	159	11	338.1	311.3	1247.6	624
55 ～ 59	57.6	18.9	164	11	262.8	244.1	738.0	1 944	57.5	24.1	157	14	330.2	299.7	1274.0	552
60 ～ 64	62.0	19.2	166	9	203.2	191.6	262.2	849	62.1	20.9	155	8	208.6	198.4	497.0	168
65 ～ 69	67.0	19.4	158	12	185.0	169.5	134.6	145	66.5	16.0	157	24	206.4	175.8	127.7	41
70歳～	71.7	25.3	161	11	217.2	203.4	120.8	22	70.5	14.5	168	28	207.6	174.2	0.0	6
大学・大学院卒	**35.5**	**8.1**	**164**	**12**	**297.9**	**274.4**	**887.2**	**19 196**	**35.7**	**9.1**	**158**	**14**	**347.2**	**315.7**	**1271.1**	**7 156**
～ 19歳	－	－	－	－	－	－	－	－	－	－	－	－	－	－	－	－
20 ～ 24	23.8	1.4	168	11	231.4	213.4	275.4	2 336	23.7	1.1	165	14	253.0	226.4	321.9	776
25 ～ 29	27.4	3.4	165	15	262.5	234.1	702.9	4 782	27.3	3.5	159	20	297.1	254.4	949.4	1 713
30 ～ 34	32.4	6.9	161	12	287.9	263.9	899.4	3 368	32.5	7.6	154	13	328.0	296.3	1198.1	1 352
35 ～ 39	37.6	9.8	162	12	316.6	289.9	1002.5	2 963	37.5	9.4	158	12	365.7	333.4	1360.4	1 115
40 ～ 44	42.3	12.2	163	9	335.9	314.5	1176.6	2 317	42.4	13.6	158	11	390.8	363.8	1664.0	923
45 ～ 49	47.5	15.0	163	10	379.0	357.4	1368.5	1 648	47.7	18.5	160	9	452.0	430.2	2023.4	620
50 ～ 54	52.2	16.9	164	8	376.0	357.9	1399.5	982	52.1	19.7	160	9	466.0	445.7	2164.1	429
55 ～ 59	57.0	17.6	165	7	330.9	315.7	982.0	556	56.8	23.9	157	10	436.4	407.4	1939.0	171
60 ～ 64	61.7	17.8	166	5	246.6	238.6	546.2	219	61.2	19.9	157	13	232.4	212.3	749.6	44
65 ～ 69	66.4	15.2	170	3	200.4	196.9	164.5	24	66.6	10.6	170	4	203.6	198.7	12.3	13
70歳～	71.1	39.1	170	0	147.9	147.9	312.9	1	－	－	－	－	－	－	－	－
生産労働者（女）																
学歴計	**43.3**	**10.6**	**167**	**13**	**206.0**	**185.6**	**360.0**	**75 128**	**41.4**	**11.5**	**160**	**17**	**242.5**	**211.5**	**589.0**	**14 974**
～ 19歳	19.1	0.9	171	15	188.5	168.6	116.7	2 256	19.1	0.9	165	19	207.4	179.3	161.1	593
20 ～ 24	22.4	2.6	169	20	205.0	176.8	321.6	7 628	22.4	2.6	163	23	233.0	193.9	485.5	1 848
25 ～ 29	27.5	5.2	167	16	214.8	188.0	407.5	7 195	27.4	5.5	161	21	253.5	213.0	620.0	1 774
30 ～ 34	32.5	7.3	166	14	211.8	189.8	399.0	6 203	32.5	8.7	157	14	250.3	221.3	690.4	1 248
35 ～ 39	37.6	9.0	165	12	212.6	192.2	411.4	6 516	37.5	10.3	161	15	259.2	227.1	692.0	1 236
40 ～ 44	42.6	10.8	166	13	213.8	194.2	429.0	8 839	42.6	13.6	160	13	256.9	230.8	776.5	1 831
45 ～ 49	47.5	12.6	166	13	218.1	197.3	428.3	9 840	47.4	16.6	159	15	261.6	230.4	767.0	1 799
50 ～ 54	52.5	13.8	167	13	211.1	191.9	386.8	9 020	52.6	16.4	159	16	246.6	216.9	602.0	1 626
55 ～ 59	57.5	15.9	166	11	202.4	185.3	370.0	8 628	57.5	19.5	160	15	245.1	219.6	658.8	1 505
60 ～ 64	62.3	16.8	166	11	176.0	161.8	190.1	6 188	62.5	15.9	160	16	188.4	164.8	177.1	1 196
65 ～ 69	67.2	17.3	166	9	170.4	158.6	137.6	2 159	67.2	13.8	157	19	184.3	157.0	88.7	292
70歳～	72.4	19.1	167	5	158.1	152.8	119.4	654	70.9	9.2	166	21	188.4	166.3	34.8	26
中学卒	**48.8**	**12.2**	**167**	**14**	**182.4**	**163.5**	**194.8**	**4 612**	**46.1**	**11.9**	**161**	**22**	**211.0**	**176.9**	**291.0**	**669**
～ 19歳	18.7	0.7	169	17	177.4	158.3	21.5	94	19.0	0.8	163	24	194.1	166.3	38.3	51
20 ～ 24	22.1	2.3	171	31	172.0	140.4	19.1	262	21.5	1.8	165	38	182.6	140.9	3.6	56
25 ～ 29	27.8	3.5	167	21	179.1	154.6	106.5	317	27.8	4.4	162	40	236.5	184.2	249.3	51
30 ～ 34	32.5	3.9	166	15	176.5	158.3	93.4	428	32.3	4.9	154	12	239.1	214.7	268.2	55
35 ～ 39	37.3	4.7	169	14	172.8	156.6	114.1	368	38.3	6.2	168	20	203.4	179.4	452.3	21
40 ～ 44	42.6	10.1	168	17	204.9	179.8	335.6	409	42.8	11.8	163	22	231.5	201.7	684.9	58
45 ～ 49	47.5	11.3	169	16	203.3	177.9	281.0	332	46.7	11.2	164	22	234.5	188.9	377.7	60
50 ～ 54	52.6	12.5	166	11	200.1	181.7	311.0	384	52.0	18.3	168	9	207.4	193.4	543.7	32
55 ～ 59	58.1	20.6	165	9	193.5	180.2	379.7	528	57.7	30.4	157	4	230.4	221.7	790.8	57
60 ～ 64	62.5	19.0	166	13	173.6	155.2	170.9	867	62.4	16.4	161	24	194.6	153.8	140.3	191
65 ～ 69	67.2	16.4	166	10	167.9	155.8	125.3	477	67.6	10.0	156	21	192.2	155.8	96.3	36
70歳～	72.8	21.5	164	6	155.1	148.8	117.6	147	79.5	16.5	168	0	150.0	150.0	90.0	1

所定内給与額及び年間賞与その他特別給与額

業

100 ～ 999人								10 ～ 99人								区分
年齢	勤続年数	所定内実労働時間数	超過実労働時間数	きまって支給する現金給与額	所定内給与額	年間賞与その他特別給与額	労働者数	年齢	勤続年数	所定内実労働時間数	超過実労働時間数	きまって支給する現金給与額	所定内給与額	年間賞与その他特別給与額	労働者数	
歳	年	時	時	千円	千円	千円	十人	歳	年	時	時	千円	千円	千円	十人	
42.4	**11.9**	**167**	**13**	**214.1**	**193.9**	**448.9**	**37 405**	**45.3**	**10.8**	**170**	**10**	**196.6**	**183.7**	**282.8**	**29 392**	**高校卒**
19.1	0.9	171	12	183.6	167.9	120.2	1 460	19.1	0.9	174	12	175.8	162.2	61.2	745	～ 19歳
22.2	3.0	169	18	200.8	174.8	400.4	3 762	22.5	2.8	173	16	185.4	166.1	218.0	2 300	20 ～ 24
27.6	6.6	167	16	212.1	186.8	484.1	3 190	27.5	5.0	171	12	188.6	173.7	279.3	2 075	25 ～ 29
32.4	8.7	168	14	214.1	192.9	459.8	3 011	32.7	6.5	169	12	196.4	180.2	273.7	2 115	30 ～ 34
37.6	11.7	166	12	220.8	201.0	516.5	3 663	37.7	7.9	169	10	198.6	184.6	290.7	2 505	35 ～ 39
42.7	12.6	165	13	224.3	204.7	502.0	4 891	42.7	9.5	170	10	203.9	189.8	315.2	3 422	40 ～ 44
47.5	14.5	166	12	230.7	209.9	549.6	5 285	47.6	11.0	169	9	204.9	192.6	317.1	4 242	45 ～ 49
52.4	16.0	167	13	228.6	207.6	525.7	4 831	52.5	13.2	171	9	206.6	194.0	326.3	4 214	50 ～ 54
57.4	17.1	167	12	212.3	194.5	424.7	4 108	57.5	14.8	169	8	198.8	187.8	310.7	3 771	55 ～ 59
62.2	17.8	166	8	177.7	166.1	219.1	2 517	62.3	17.9	168	7	182.8	174.6	253.6	2 430	60 ～ 64
67.0	18.9	167	10	166.6	154.5	134.0	581	67.4	19.5	169	6	182.3	175.2	187.6	1 104	65 ～ 69
71.5	21.3	169	5	165.0	158.4	127.4	106	72.5	21.4	169	4	182.0	176.9	182.4	470	70歳～
42.0	**12.0**	**166**	**11**	**243.5**	**225.5**	**617.4**	**9 067**	**43.3**	**10.0**	**169**	**7**	**221.3**	**210.7**	**392.7**	**6 296**	**高専・短大卒**
-	-	-	-	-	-	-	-	-	-	-	-	-	-	-	-	～ 19歳
22.8	2.1	169	12	207.3	188.9	236.8	690	22.7	1.7	175	11	189.4	176.5	176.7	433	20 ～ 24
27.5	4.5	170	14	219.4	197.6	500.7	819	27.4	3.7	171	9	198.4	186.3	310.9	653	25 ～ 29
32.4	7.2	166	13	232.6	210.9	598.2	971	32.6	6.4	170	9	218.9	205.7	481.7	555	30 ～ 34
37.8	10.3	165	10	232.2	216.5	603.9	1 119	37.8	8.0	167	7	219.8	209.1	401.8	657	35 ～ 39
42.7	14.0	165	9	265.9	249.6	801.0	1 777	42.5	9.9	168	8	226.1	214.0	440.2	1 134	40 ～ 44
47.3	15.4	166	10	269.1	250.7	740.1	1 659	47.5	10.4	170	6	224.6	214.8	426.4	946	45 ～ 49
52.5	16.0	167	9	256.3	240.4	671.7	915	52.6	13.2	168	6	243.1	235.0	443.2	842	50 ～ 54
57.5	17.7	165	12	233.8	215.9	569.4	726	57.8	15.8	169	7	238.4	228.7	478.0	667	55 ～ 59
62.2	17.8	168	13	195.1	178.3	235.5	373	61.9	20.0	169	5	209.9	204.0	166.9	309	60 ～ 64
66.0	10.8	152	15	185.3	165.0	48.9	17	67.4	22.8	159	6	174.9	167.4	154.9	87	65 ～ 69
73.5	13.5	156	2	150.7	148.6	23.2	1	72.1	30.6	158	5	225.8	219.2	177.5	15	70歳～
34.7	**7.7**	**165**	**12**	**278.8**	**256.9**	**750.0**	**8 318**	**37.1**	**7.0**	**171**	**7**	**245.7**	**234.2**	**455.6**	**3 723**	**大学・大学院卒**
-	-	-	-	-	-	-	-	-	-	-	-	-	-	-	-	～ 19歳
23.9	1.5	169	10	223.8	208.9	266.2	1 172	23.7	1.5	174	7	210.7	201.1	209.9	387	20 ～ 24
27.4	3.4	167	14	250.9	227.2	624.4	2 231	27.6	3.2	172	8	222.3	210.8	408.2	838	25 ～ 29
32.4	7.2	163	11	267.8	245.9	797.7	1 392	32.3	4.7	175	8	246.0	233.6	479.7	625	30 ～ 34
37.7	10.7	163	14	301.7	273.6	893.7	1 303	37.6	8.3	168	7	251.7	239.8	530.5	545	35 ～ 39
42.1	12.0	164	10	317.8	296.5	976.3	956	42.5	9.7	168	5	259.7	250.1	586.1	438	40 ～ 44
47.4	14.6	162	10	365.4	341.8	1244.6	652	47.5	10.1	168	10	282.3	264.3	503.4	376	45 ～ 49
52.4	15.5	165	11	329.4	307.5	986.6	335	52.1	13.5	169	4	271.0	263.1	533.9	219	50 ～ 54
57.0	17.4	168	6	298.1	288.5	671.7	185	57.3	12.5	170	6	270.8	262.0	448.2	200	55 ～ 59
61.3	15.0	165	1	260.8	259.1	662.5	86	62.2	19.4	171	4	240.0	231.8	335.1	90	60 ～ 64
65.6	19.4	172	2	191.9	189.8	395.3	7	66.7	22.4	164	1	203.7	202.3	273.9	4	65 ～ 69
-	-	-	-	-	-	-	-	71.1	39.1	170	0	147.9	147.9	312.9	1	70歳～
																生産労働者（女）
42.7	**10.8**	**167**	**14**	**206.2**	**184.8**	**362.3**	**33 597**	**45.0**	**9.9**	**169**	**10**	**185.3**	**172.0**	**227.9**	**26 557**	**学歴計**
19.0	1.0	172	13	186.8	168.6	124.7	1 088	19.1	0.8	174	14	172.1	157.5	55.9	576	～ 19歳
22.3	2.7	170	19	204.0	176.5	336.5	3 480	22.6	2.6	173	18	184.0	163.3	167.4	2 300	20 ～ 24
27.6	5.5	168	17	213.9	186.8	408.9	3 200	27.5	4.4	170	12	185.0	169.8	235.7	2 221	25 ～ 29
32.4	7.8	167	16	210.6	187.4	398.9	2 817	32.6	5.8	169	12	191.0	174.5	229.2	2 139	30 ～ 34
37.6	10.1	166	14	212.5	191.1	430.5	2 998	37.6	6.8	167	9	187.4	174.7	234.4	2 283	35 ～ 39
42.6	11.2	165	14	210.7	190.5	407.5	4 007	42.6	8.6	170	11	191.5	176.7	245.8	3 001	40 ～ 44
47.5	12.7	167	14	220.0	197.5	422.8	4 607	47.5	10.3	167	10	192.7	179.7	258.2	3 434	45 ～ 49
52.4	14.3	168	14	212.7	191.7	396.6	4 086	52.6	12.0	169	9	191.7	179.8	268.8	3 309	50 ～ 54
57.4	16.3	167	13	201.4	182.6	353.7	3 847	57.6	13.8	168	8	184.0	172.7	256.4	3 277	55 ～ 59
62.2	16.9	168	10	175.1	161.3	180.3	2 649	62.3	17.1	168	8	170.6	161.0	207.7	2 342	60 ～ 64
67.0	16.7	166	10	163.2	151.7	124.9	694	67.4	18.5	168	7	171.1	163.0	157.4	1 173	65 ～ 69
71.7	19.9	169	6	162.9	156.2	129.6	126	72.7	19.4	167	4	155.4	151.2	121.1	503	70歳～
51.7	**14.3**	**167**	**15**	**188.3**	**167.5**	**249.8**	**1 636**	**47.5**	**10.8**	**169**	**11**	**170.0**	**156.9**	**127.9**	**2 307**	**中学卒**
17.7	0.7	170	4	169.4	164.9	0.3	19	18.7	0.6	181	14	148.5	136.0	3.2	24	～ 19歳
21.8	2.2	174	37	187.3	147.7	55.6	42	22.5	2.5	172	26	164.5	138.4	15.1	165	20 ～ 24
27.9	3.1	164	22	168.2	143.7	124.2	77	27.8	3.4	169	15	168.1	150.9	60.6	189	25 ～ 29
32.8	4.3	167	22	169.2	146.2	62.4	103	32.5	3.6	168	13	166.5	151.5	69.6	270	30 ～ 34
37.6	6.5	165	18	189.4	166.3	194.1	118	37.1	3.6	171	11	161.5	149.6	41.5	228	35 ～ 39
43.0	13.4	166	22	233.6	198.4	422.8	130	42.4	7.8	170	13	181.2	163.2	192.5	221	40 ～ 44
47.4	12.4	170	19	214.9	184.8	327.0	113	47.8	10.6	171	11	183.3	168.9	211.7	159	45 ～ 49
52.3	13.6	166	15	210.6	184.0	284.6	203	53.2	9.7	167	6	184.3	176.1	296.8	149	50 ～ 54
58.1	23.2	162	11	202.4	184.1	474.3	262	58.1	14.7	172	7	172.3	164.0	148.8	209	55 ～ 59
62.5	19.3	170	11	168.0	154.5	195.1	371	62.6	20.5	166	8	167.2	157.0	160.8	305	60 ～ 64
67.0	13.7	166	10	159.3	148.1	99.6	179	67.2	19.2	168	8	170.4	161.1	146.8	262	65 ～ 69
72.5	14.8	170	9	156.4	148.9	169.8	21	72.8	22.6	163	6	154.9	148.8	109.2	125	70歳～

第1表　年齢階級別きまって支給する現金給与額、

E　製　造

区分	企業規模計								1,000人以上							
	年齢	勤続年数	所定内実労働時間数	超過実労働時間数	きまって支給する現金給与額	所定内給与額	年間賞与その他特別給与額	労働者数	年齢	勤続年数	所定内実労働時間数	超過実労働時間数	きまって支給する現金給与額	所定内給与額	年間賞与その他特別給与額	労働者数
	歳	年	時	時	千円	千円	千円	十人	歳	年	時	時	千円	千円	千円	十人
高校卒以上	**42.9**	**10.5**	**166**	**13**	**207.6**	**187.0**	**370.8**	**70 516**	**41.2**	**11.5**	**160**	**16**	**243.9**	**213.1**	**603.0**	**14 305**
～19歳	19.1	0.9	171	15	189.0	169.0	120.8	2 163	19.1	0.9	165	18	208.6	180.5	172.5	543
20～24	22.4	2.7	169	19	206.2	178.1	332.4	7 366	22.4	2.7	163	22	234.5	195.6	500.5	1 793
25～29	27.5	5.2	167	16	216.4	189.6	421.3	6 879	27.4	5.5	161	20	254.0	213.8	631.0	1 723
30～34	32.5	7.5	166	14	214.5	192.1	421.7	5 775	32.5	8.9	157	15	250.8	221.6	709.9	1 193
35～39	37.6	9.3	165	12	214.9	194.3	429.2	6 149	37.5	10.3	161	15	260.2	227.9	696.2	1 215
40～44	42.6	10.9	166	12	214.2	194.8	433.6	8 429	42.6	13.6	160	13	257.8	231.8	779.5	1 772
45～49	47.5	12.6	165	12	218.6	198.0	433.4	9 508	47.4	16.8	159	15	262.5	231.8	780.4	1 739
50～54	52.5	13.9	167	13	211.6	192.3	390.1	8 636	52.6	16.4	159	17	247.4	217.4	603.2	1 594
55～59	57.5	15.6	166	12	203.0	185.6	369.3	8 100	57.5	19.0	160	15	245.7	219.5	653.6	1 448
60～64	62.3	16.4	166	10	176.4	162.9	193.2	5 321	62.5	15.8	159	14	187.2	166.9	184.1	1 005
65～69	67.2	17.6	166	9	171.1	159.3	141.1	1 682	67.1	14.4	157	18	183.2	157.2	87.6	256
70歳～	72.3	18.4	168	4	159.0	153.9	119.9	507	70.7	9.1	166	21	189.2	166.7	33.7	25
管理・事務・技術労働者（女）																
学歴計	**41.1**	**13.0**	**165**	**10**	**270.8**	**252.8**	**811.6**	**55 367**	**40.9**	**15.8**	**158**	**11**	**320.3**	**295.9**	**1248.8**	**16 959**
～19歳	19.1	0.9	169	7	177.8	169.0	96.9	760	19.0	0.9	168	6	180.1	171.0	116.5	174
20～24	23.0	2.3	168	10	212.9	197.1	375.3	4 340	23.1	2.1	163	12	232.3	212.0	466.6	1 129
25～29	27.5	4.7	166	13	245.7	222.7	692.4	6 829	27.4	5.0	159	17	280.5	246.7	968.1	2 131
30～34	32.5	7.6	164	11	261.9	241.5	775.6	6 024	32.4	7.8	156	12	302.9	275.3	1063.2	1 909
35～39	37.7	11.2	163	10	273.9	254.3	838.2	7 036	37.6	11.8	156	9	318.2	295.3	1235.7	2 164
40～44	42.6	14.5	164	9	288.6	270.5	950.5	8 844	42.7	17.3	158	10	334.1	311.1	1406.9	2 858
45～49	47.5	17.5	164	9	302.0	284.2	1027.5	8 394	47.4	21.9	157	9	356.4	333.6	1517.7	2 954
50～54	52.4	19.5	165	9	299.0	280.9	963.5	6 344	52.2	25.2	157	9	368.5	344.9	1570.6	1 999
55～59	57.4	22.2	166	8	288.0	272.4	883.9	4 197	57.2	31.0	155	10	372.3	346.3	1626.1	1 150
60～64	62.2	23.5	164	4	213.4	208.0	455.0	2 003	62.2	28.2	155	5	207.4	199.2	738.0	474
65～69	67.3	24.2	167	6	210.0	202.9	266.5	461	66.0	17.4	154	7	156.1	148.5	109.9	18
70歳～	72.5	34.4	169	4	271.4	263.0	360.7	136	-	-	-	-	-	-	-	-
中学卒	**48.8**	**16.8**	**165**	**8**	**222.8**	**211.2**	**444.3**	**518**	**47.6**	**18.6**	**158**	**7**	**236.4**	**225.9**	**608.6**	**100**
～19歳	19.5	3.4	149	0	128.3	128.3	233.6	7	19.5	3.5	150	0	128.9	128.9	257.0	6
20～24	23.2	3.6	151	16	231.1	207.5	286.8	44	23.5	1.5	178	45	330.9	250.8	40.0	4
25～29	27.0	1.9	160	2	165.8	162.7	129.6	53	26.9	5.5	149	3	197.5	193.1	522.7	4
30～34	31.4	4.9	164	10	183.7	171.5	233.2	38	32.5	2.5	168	31	178.5	145.3	0.0	10
35～39	36.8	5.2	169	7	197.4	188.7	220.1	16	37.0	11.3	172	5	188.8	180.2	163.4	2
40～44	42.7	6.0	164	6	204.1	196.7	495.1	34	41.8	4.0	170	1	183.0	181.6	579.1	10
45～49	47.0	16.0	168	8	250.1	236.0	523.0	68	47.3	13.6	162	6	217.3	207.2	618.6	19
50～54	51.9	20.6	170	24	300.2	264.6	1009.3	40	51.8	28.1	159	5	297.0	285.6	1107.5	8
55～59	58.8	28.5	170	11	258.8	242.1	777.4	61	59.0	41.3	155	3	348.7	343.5	1366.5	18
60～64	63.1	24.2	161	2	178.3	175.3	271.7	62	63.3	24.3	147	1	211.0	209.8	295.1	21
65～69	67.7	26.0	172	4	235.3	229.3	469.8	70	-	-	-	-	-	-	-	-
70歳～	74.4	36.7	169	0	241.4	241.4	262.2	27	-	-	-	-	-	-	-	-
高校卒	**43.6**	**15.3**	**166**	**9**	**248.6**	**232.6**	**707.7**	**26 410**	**43.9**	**20.0**	**157**	**10**	**291.6**	**270.6**	**1138.6**	**6 919**
～19歳	19.0	0.9	170	7	178.2	169.3	95.7	753	18.9	0.8	168	6	182.0	172.5	111.4	168
20～24	22.3	3.3	168	10	195.4	180.6	477.7	1 789	22.5	3.9	162	9	207.4	192.8	679.6	332
25～29	27.5	7.0	168	13	219.0	200.0	605.9	1 846	27.6	8.2	162	15	245.7	219.6	795.5	507
30～34	32.6	8.6	167	10	230.5	213.9	601.2	1 963	32.3	8.2	161	10	251.5	232.7	814.6	491
35～39	37.7	12.5	165	9	240.1	224.0	695.0	2 869	37.6	14.6	155	8	268.9	250.4	1104.9	666
40～44	42.8	15.7	164	9	264.6	247.2	801.1	4 078	42.9	20.2	157	10	310.0	287.7	1254.7	1 190
45～49	47.6	17.8	165	9	271.7	254.7	864.0	4 441	47.5	22.8	157	9	316.7	294.8	1282.0	1 370
50～54	52.5	20.1	165	10	275.4	256.7	847.2	4 036	52.3	27.0	156	10	330.4	306.0	1362.5	1 140
55～59	57.4	22.5	166	8	269.7	254.8	790.2	2 762	57.2	32.9	154	9	345.7	321.7	1494.1	699
60～64	62.3	23.2	164	4	205.9	200.4	447.3	1 436	62.2	28.5	155	5	198.4	189.8	712.1	345
65～69	67.2	23.4	168	6	209.0	202.2	243.9	332	65.7	16.3	151	0	141.8	141.8	166.8	12
70歳～	72.0	33.7	169	5	279.6	268.7	396.2	103	-	-	-	-	-	-	-	-
高専・短大卒	**42.6**	**13.9**	**164**	**9**	**272.8**	**256.1**	**838.2**	**12 886**	**43.6**	**17.8**	**157**	**9**	**314.9**	**293.2**	**1249.3**	**3 881**
～19歳	-	-	-	-	-	-	-	-	-	-	-	-	-	-	-	-
20～24	22.8	2.0	169	11	208.2	191.5	328.5	710	22.5	1.7	161	12	221.9	201.4	447.1	191
25～29	27.5	4.9	170	12	226.7	208.6	605.2	1 070	27.9	6.2	160	14	258.7	234.2	920.9	227
30～34	32.4	7.3	166	10	239.0	222.2	670.5	1 196	32.2	7.6	162	7	254.1	237.9	707.3	214
35～39	37.8	10.7	162	8	252.8	237.8	728.0	1 682	37.8	12.1	155	7	274.9	259.7	1015.5	531
40～44	42.7	14.1	164	8	281.6	264.9	944.9	2 744	42.8	16.3	159	9	305.2	285.1	1282.9	827
45～49	47.4	17.9	163	9	307.2	288.3	1074.3	2 568	47.2	22.5	156	10	351.3	326.5	1511.9	1 016
50～54	52.4	18.7	165	8	306.7	289.9	937.9	1 472	52.1	24.4	158	10	363.4	337.6	1448.0	475
55～59	57.5	21.8	163	8	302.4	285.7	989.2	1 020	57.3	28.0	156	10	376.7	349.2	1602.4	319
60～64	62.2	25.2	164	3	222.3	218.4	398.5	364	62.4	31.1	155	3	231.0	226.8	891.9	75
65～69	67.8	27.1	153	8	182.1	170.6	132.3	55	66.5	19.5	160	19	183.6	161.4	0.0	6
70歳～	72.7	37.6	160	2	269.4	266.3	197.8	7	-	-	-	-	-	-	-	-

所定内給与額及び年間賞与その他特別給与額

業

100 ～ 999人								10 ～ 99人								区分
年齢	勤続年数	所定内実労働時間数	超過実労働時間数	きまって支給する現金給与額	所定内給与額	年間賞与その他特別給与額	労働者数	年齢	勤続年数	所定内実労働時間数	超過実労働時間数	きまって支給する現金給与額	所定内給与額	年間賞与その他特別給与額	労働者数	
歳	年	時	時	千円	千円	千円	十人	歳	年	時	時	千円	千円	千円	十人	
42.3	**10.6**	**167**	**14**	**207.1**	**185.6**	**368.0**	**31 961**	**44.7**	**9.8**	**169**	**10**	**186.8**	**173.4**	**237.4**	**24 250**	**高校卒以上**
19.1	1.0	172	14	187.1	168.6	126.9	1 068	19.1	0.9	174	14	173.1	158.4	58.2	552	～ 19歳
22.4	2.7	170	19	204.2	176.9	339.9	3 438	22.6	2.6	173	17	185.5	165.2	179.1	2 135	20 ～ 24
27.6	5.6	168	17	215.1	187.9	415.8	3 124	27.5	4.4	170	12	186.6	171.6	252.0	2 032	25 ～ 29
32.4	7.9	167	15	212.2	189.0	411.7	2 714	32.6	6.1	169	12	194.6	177.8	252.3	1 869	30 ～ 34
37.6	10.3	166	13	213.4	192.1	440.2	2 880	37.6	7.2	167	9	190.3	177.5	255.9	2 054	35 ～ 39
42.6	11.1	165	13	210.0	190.2	407.0	3 877	42.6	8.7	170	11	192.3	177.7	250.0	2 780	40 ～ 44
47.5	12.7	167	13	220.2	197.8	425.2	4 494	47.5	10.3	167	10	193.1	180.2	260.4	3 275	45 ～ 49
52.4	14.4	168	14	212.8	192.1	402.5	3 883	52.5	12.1	170	9	192.0	180.0	267.5	3 159	50 ～ 54
57.4	15.8	167	13	201.3	182.5	344.9	3 584	57.5	13.7	168	8	184.8	173.3	263.8	3 068	55 ～ 59
62.2	16.5	167	10	176.3	162.4	177.9	2 279	62.3	16.6	168	8	171.1	161.6	214.7	2 038	60 ～ 64
67.0	17.8	167	10	164.6	152.9	133.6	515	67.4	18.3	168	7	171.3	163.6	160.4	912	65 ～ 69
71.5	20.9	169	5	164.2	157.6	121.7	105	72.6	18.3	168	3	155.6	152.0	125.1	377	70歳～
																管理・事務・技術労働者（女）
39.7	**12.2**	**166**	**10**	**258.8**	**240.6**	**736.1**	**23 004**	**43.5**	**11.2**	**171**	**7**	**234.5**	**223.6**	**442.9**	**15 404**	**学歴計**
19.1	0.9	169	7	174.1	166.1	101.7	392	19.1	1.0	173	9	183.1	173.1	69.6	194	～ 19歳
23.0	2.3	168	11	210.1	194.2	370.7	2 199	22.9	2.4	173	8	197.2	186.7	283.5	1 012	20 ～ 24
27.4	4.7	167	13	238.5	217.2	654.0	3 133	27.5	4.1	174	8	212.6	201.2	393.9	1 565	25 ～ 29
32.5	8.2	165	11	250.9	231.1	736.2	2 664	32.6	6.1	173	8	228.4	216.0	469.4	1 451	30 ～ 34
37.7	12.0	164	11	264.2	243.8	768.2	3 212	37.7	8.9	171	8	234.7	221.4	455.4	1 660	35 ～ 39
42.6	14.6	164	9	282.3	264.0	860.9	3 768	42.7	10.7	169	7	240.8	229.3	514.5	2 218	40 ～ 44
47.5	17.6	164	9	294.6	276.6	974.0	3 132	47.6	11.7	171	7	242.5	231.4	472.9	2 308	45 ～ 49
52.5	18.8	166	10	283.6	264.1	877.4	2 211	52.5	14.8	172	7	250.0	238.4	484.1	2 134	50 ～ 54
57.4	20.7	168	9	261.0	246.9	724.9	1 449	57.5	17.2	172	6	251.7	242.3	493.7	1 597	55 ～ 59
62.2	21.8	164	4	200.6	195.4	413.3	718	62.2	22.3	170	3	228.3	224.2	326.6	811	60 ～ 64
66.9	23.5	164	10	176.9	165.3	155.4	125	67.5	24.8	168	4	226.0	220.6	318.7	319	65 ～ 69
71.4	39.2	166	3	211.4	208.0	437.5	2	72.5	34.4	169	4	272.1	263.6	359.8	135	70歳～
49.5	**15.6**	**165**	**8**	**211.8**	**199.2**	**401.7**	**175**	**48.8**	**17.0**	**168**	**8**	**225.2**	**213.7**	**407.5**	**243**	**中学卒**
-	-	-	-	-	-	-	-	19.3	2.2	137	0	122.2	122.2	0.0	1	～ 19歳
22.4	3.8	139	30	241.0	199.1	166.7	14	23.5	3.9	153	5	213.1	206.1	379.2	27	20 ～ 24
27.6	2.0	167	4	183.4	178.0	51.2	18	26.8	1.3	158	1	151.7	150.1	123.4	31	25 ～ 29
32.1	4.1	164	2	221.0	217.9	781.4	3	30.9	5.8	162	3	182.0	176.7	266.1	26	30 ～ 34
36.6	5.4	158	12	189.2	175.2	418.9	7	36.9	3.4	178	3	207.6	203.8	48.4	7	35 ～ 39
43.2	6.0	159	9	208.4	196.9	463.3	20	42.2	11.2	174	0	233.8	233.8	455.6	4	40 ～ 44
46.9	18.7	169	13	273.9	251.2	569.4	30	47.0	14.1	173	3	244.8	240.5	355.2	19	45 ～ 49
52.2	20.0	170	8	315.1	300.0	1410.8	13	51.8	17.9	175	43	291.6	232.3	702.2	19	50 ～ 54
58.9	22.4	177	6	204.4	195.4	311.3	15	58.7	23.6	176	19	230.5	202.3	652.7	28	55 ～ 59
63.4	23.7	166	4	166.4	161.4	287.5	21	62.6	24.7	170	2	157.2	154.7	230.4	20	60 ～ 64
67.0	23.1	165	2	160.1	157.4	197.3	35	68.3	28.9	179	5	309.2	300.0	737.9	35	65 ～ 69
-	-	-	-	-	-	-	-	74.4	36.7	169	0	241.4	241.4	262.2	27	70歳～
42.0	**14.5**	**166**	**10**	**238.9**	**222.2**	**665.9**	**10 635**	**45.3**	**12.5**	**172**	**8**	**226.6**	**215.4**	**421.2**	**8 856**	**高校卒**
19.1	0.9	169	7	174.1	166.1	101.7	392	19.1	1.0	173	9	183.3	173.3	69.8	193	～ 19歳
22.1	3.1	167	11	194.7	178.6	481.4	931	22.5	3.1	173	10	189.0	176.4	343.6	526	20 ～ 24
27.6	7.4	167	12	212.7	194.5	632.0	773	27.4	5.5	174	11	203.7	189.8	400.5	567	25 ～ 29
32.5	9.9	167	12	232.5	213.6	636.5	865	32.8	6.9	172	8	210.6	199.0	378.3	607	30 ～ 34
37.7	13.7	165	10	237.7	221.1	676.9	1 334	37.8	9.2	173	9	221.5	208.2	408.7	869	35 ～ 39
42.7	15.9	164	10	256.4	238.9	719.6	1 705	42.7	10.8	170	8	230.9	218.3	462.8	1 184	40 ～ 44
47.6	18.0	165	10	264.3	246.4	855.9	1 622	47.7	12.9	172	7	237.3	226.0	477.7	1 449	45 ～ 49
52.5	19.5	166	11	267.5	247.4	822.8	1 429	52.5	15.2	173	8	240.3	227.5	470.4	1 466	50 ～ 54
57.4	20.9	169	9	250.2	235.2	669.8	976	57.5	17.4	172	6	238.3	229.5	445.2	1 086	55 ～ 59
62.3	21.6	165	4	193.8	188.3	372.8	519	62.3	21.5	169	3	221.4	217.6	355.4	573	60 ～ 64
66.9	24.0	164	12	174.8	161.2	135.2	86	67.3	23.5	170	4	224.8	220.3	287.6	235	65 ～ 69
71.4	39.2	166	3	211.4	208.0	437.5	2	72.0	33.6	169	5	280.7	269.6	395.6	101	70歳～
41.3	**13.1**	**166**	**9**	**263.4**	**246.3**	**789.3**	**5 376**	**43.6**	**10.9**	**170**	**7**	**241.7**	**231.1**	**471.0**	**3 630**	**高専・短大卒**
-	-	-	-	-	-	-	-	-	-	-	-	-	-	-	-	～ 19歳
22.9	2.2	170	13	206.7	188.7	342.3	330	23.0	1.8	174	8	196.9	186.6	185.1	190	20 ～ 24
27.4	5.1	172	13	223.5	204.4	627.3	501	27.5	3.7	174	9	210.3	197.8	363.5	342	25 ～ 29
32.4	7.5	165	11	236.7	218.3	687.5	643	32.6	6.8	171	9	233.7	219.7	615.2	339	30 ～ 34
37.8	10.8	164	9	244.2	228.7	673.6	747	37.9	8.8	167	9	239.6	225.9	451.0	404	35 ～ 39
42.8	14.5	165	8	286.8	269.6	940.0	1 223	42.6	10.8	169	7	244.2	232.7	550.7	694	40 ～ 44
47.4	18.3	166	9	300.2	282.3	984.0	951	47.6	9.7	171	6	243.6	233.4	476.5	600	45 ～ 49
52.4	18.0	166	9	294.4	276.2	905.4	507	52.6	13.9	170	4	264.5	257.7	476.7	490	50 ～ 54
57.4	20.6	162	8	263.6	249.8	820.0	345	57.8	17.5	170	6	273.4	263.3	602.4	356	55 ～ 59
62.4	22.4	160	4	188.3	182.9	343.4	126	61.9	24.7	171	2	244.7	242.1	215.0	163	60 ～ 64
67.0	10.8	159	20	383.5	328.7	63.3	3	68.0	29.2	152	5	168.7	161.5	154.0	46	65 ～ 69
-	-	-	-	-	-	-	-	72.7	37.6	160	2	269.4	266.3	197.8	7	70歳～

第1表　年齢階級別きまって支給する現金給与額、

E 製造業

区分	企業規模計 年齢	勤続年数	所定内実労働時間数	超過実労働時間数	きまって支給する現金給与額	所定内給与額	年間賞与その他特別給与額	労働者数	1,000人以上 年齢	勤続年数	所定内実労働時間数	超過実労働時間数	きまって支給する現金給与額	所定内給与額	年間賞与その他特別給与額	労働者数
	歳	年	時	時	千円	千円	千円	十人	歳	年	時	時	千円	千円	千円	十人
大学・大学院卒	**35.4**	**8.4**	**163**	**11**	**308.6**	**285.7**	**978.3**	**15 553**	**35.8**	**9.6**	**158**	**13**	**357.8**	**327.7**	**1384.9**	**6 059**
～19歳	-	-	-	-	-	-	-	-	-	-	-	-	-	-	-	-
20～24	23.8	1.4	168	10	231.7	215.5	294.0	1 796	23.7	1.2	164	13	248.7	225.7	357.8	603
25～29	27.4	3.5	164	14	264.8	238.4	765.6	3 860	27.3	3.7	159	18	297.0	258.8	1039.9	1 393
30～34	32.5	7.0	161	12	294.5	269.8	948.3	2 827	32.5	7.7	153	14	333.7	300.6	1237.6	1 195
35～39	37.6	10.1	162	12	328.0	301.3	1083.7	2 469	37.5	9.7	158	11	376.3	346.1	1449.2	966
40～44	42.3	12.9	162	9	349.0	327.4	1272.3	1 988	42.4	14.3	158	10	399.0	371.8	1757.0	832
45～49	47.5	15.7	163	8	397.1	378.3	1513.7	1 317	47.7	18.8	160	9	469.8	447.9	2148.2	548
50～54	52.2	17.7	163	7	404.6	387.8	1597.8	796	52.0	20.7	159	8	492.1	473.4	2367.2	375
55～59	57.1	19.7	168	7	393.8	375.9	1329.4	354	56.8	26.7	157	11	527.4	489.7	2548.9	113
60～64	61.6	22.3	163	6	282.5	273.1	761.0	141	61.1	21.3	154	11	245.2	227.7	930.0	34
65～69	65.6	14.7	167	3	239.6	236.0	421.3	4	-	-	-	-	-	-	-	-
70歳～	73.5	15.5	176	0	140.0	140.0	470.0	0	-	-	-	-	-	-	-	-
F 電気・ガス・熱供給・水道業																
男女計																
学歴計	**42.0**	**18.8**	**156**	**13**	**451.7**	**404.2**	**1133.1**	**15 446**	**41.8**	**19.7**	**155**	**14**	**473.6**	**421.6**	**1131.3**	**12 783**
～19歳	19.2	1.1	160	9	203.8	183.6	180.5	268	19.2	1.1	160	10	205.5	185.1	172.5	218
20～24	22.8	3.1	155	16	257.2	219.0	536.9	1 551	22.8	3.1	154	16	260.8	221.2	530.4	1 370
25～29	27.2	6.1	155	18	322.1	271.1	718.5	1 867	27.2	6.3	154	19	331.9	277.7	692.2	1 590
30～34	32.3	9.7	156	19	388.7	330.1	910.1	1 046	32.3	10.3	154	22	413.4	345.6	903.1	811
35～39	37.7	15.8	156	16	443.7	386.4	1023.7	1 399	37.8	16.8	154	17	470.4	406.2	989.8	1 098
40～44	42.6	21.0	156	14	502.1	442.7	1168.7	2 365	42.6	22.1	155	15	531.1	465.4	1134.1	1 910
45～49	47.5	25.5	157	12	561.7	507.2	1384.3	2 389	47.5	26.5	156	13	588.7	529.3	1362.6	2 026
50～54	52.4	30.9	156	10	593.1	546.1	1614.8	1 947	52.4	32.0	155	10	616.5	565.8	1617.9	1 709
55～59	57.3	33.1	155	7	563.3	527.3	1683.4	1 686	57.3	34.9	154	7	588.4	549.1	1726.9	1 423
60～64	62.2	16.4	153	4	283.6	272.5	964.3	826	62.1	15.8	151	4	278.6	267.8	1046.3	585
65～69	67.0	11.7	157	3	261.2	254.5	437.3	90	67.1	11.7	154	2	270.7	266.6	409.8	39
70歳～	72.1	9.0	158	3	276.2	268.5	359.2	11	72.2	10.7	148	4	286.4	277.6	152.1	4
男																
学歴計	**42.4**	**19.3**	**156**	**14**	**465.6**	**415.2**	**1171.7**	**13 679**	**42.1**	**20.1**	**155**	**14**	**486.5**	**431.6**	**1168.0**	**11 422**
～19歳	19.2	1.1	160	9	204.9	184.2	182.0	236	19.2	1.1	160	10	206.7	185.9	170.2	188
20～24	22.8	3.3	155	17	262.1	220.8	562.0	1 306	22.8	3.3	154	17	265.6	222.8	559.3	1 169
25～29	27.2	6.2	156	20	329.3	274.1	719.0	1 638	27.2	6.4	155	20	337.5	279.8	697.7	1 433
30～34	32.3	10.0	156	21	403.7	339.2	927.1	885	32.3	10.6	155	23	427.8	354.3	923.3	701
35～39	37.7	16.2	156	17	458.0	395.3	1048.6	1 213	37.8	17.3	154	19	485.1	414.8	1011.3	958
40～44	42.6	21.2	156	15	518.7	454.7	1192.2	2 096	42.6	22.3	155	16	547.4	476.8	1152.6	1 699
45～49	47.5	26.0	157	12	581.9	524.4	1449.6	2 086	47.5	26.9	156	13	607.4	545.1	1419.8	1 780
50～54	52.4	31.3	156	10	606.5	558.4	1666.9	1 777	52.5	32.2	156	10	627.0	575.4	1661.4	1 573
55～59	57.3	33.2	155	7	572.5	535.7	1718.3	1 569	57.3	34.9	154	8	597.3	557.3	1759.5	1 333
60～64	62.2	16.6	153	4	288.2	276.8	977.6	775	62.1	16.0	151	4	283.2	272.2	1060.4	546
65～69	67.0	11.5	157	3	263.8	256.9	439.2	88	67.1	11.6	154	2	271.2	267.1	407.1	39
70歳～	72.1	9.0	158	3	276.2	268.5	359.2	11	72.2	10.7	148	4	286.4	277.6	152.1	4
中学卒	**51.2**	**23.1**	**155**	**18**	**436.5**	**364.8**	**1183.9**	**227**	**51.1**	**25.5**	**154**	**20**	**468.8**	**385.4**	**1292.8**	**188**
～19歳	-	-	-	-	-	-	-	-	-	-	-	-	-	-	-	-
20～24	24.5	4.9	153	9	304.7	286.9	438.9	4	24.5	6.5	144	20	265.5	226.9	951.0	2
25～29	28.7	2.0	171	0	216.1	206.2	326.1	1	-	-	-	-	-	-	-	-
30～34	32.8	5.7	177	23	296.0	270.2	860.1	3	30.5	4.5	168	0	208.0	202.1	622.0	1
35～39	38.1	6.6	172	16	258.4	234.2	884.7	3	39.1	4.1	177	6	222.5	203.0	585.1	1
40～44	43.1	21.6	156	27	472.3	365.0	1161.1	42	43.3	24.9	154	32	515.3	386.1	1241.2	34
45～49	47.4	26.6	153	22	499.2	404.6	1354.4	57	47.4	27.0	152	23	501.5	405.2	1357.1	56
50～54	53.1	31.1	154	20	527.3	433.2	1406.5	49	53.1	31.4	153	21	539.3	440.4	1435.5	46
55～59	58.0	27.2	155	8	423.7	385.8	1302.5	31	58.1	28.1	155	9	438.4	396.4	1329.6	28
60～64	62.1	8.8	153	4	237.7	228.8	817.0	29	62.2	8.5	155	3	232.3	225.4	962.7	20
65～69	67.4	14.3	168	6	203.5	195.5	232.2	8	67.1	21.6	166	0	206.7	200.8	367.0	1
70歳～	-	-	-	-	-	-	-	-	-	-	-	-	-	-	-	-
高校卒	**43.7**	**21.7**	**155**	**13**	**464.8**	**411.8**	**1076.2**	**8 786**	**43.6**	**22.5**	**154**	**14**	**485.1**	**428.5**	**1071.5**	**7 598**
～19歳	19.2	1.1	160	9	204.9	184.2	182.0	236	19.2	1.1	160	10	206.7	185.9	170.2	188
20～24	22.5	4.3	156	19	270.2	221.7	678.1	812	22.5	4.3	156	20	274.4	224.7	669.7	729
25～29	27.1	8.6	155	20	339.5	278.2	656.9	759	27.1	8.8	155	20	346.7	283.9	637.9	685
30～34	32.6	12.8	155	17	392.5	332.5	658.2	327	32.6	13.9	152	19	424.4	355.6	615.6	256
35～39	37.8	18.3	155	16	451.2	389.1	901.0	772	37.9	19.0	153	17	477.3	409.1	863.3	646
40～44	42.5	22.9	155	15	511.4	446.5	1062.9	1 394	42.5	23.6	154	16	533.3	464.1	1012.1	1 194
45～49	47.5	27.7	155	14	564.4	499.9	1210.7	1 311	47.6	28.5	155	15	585.9	517.4	1179.9	1 164
50～54	52.5	32.6	155	11	592.4	537.6	1473.7	1 283	52.5	33.4	155	11	609.0	551.4	1471.0	1 173
55～59	57.3	34.3	154	8	560.2	516.7	1539.9	1 219	57.3	35.6	153	9	581.1	534.8	1553.3	1 077
60～64	62.2	15.4	151	4	277.9	265.2	956.8	615	62.1	14.6	150	4	276.2	264.2	1036.0	460
65～69	66.9	12.7	156	2	253.7	245.6	497.0	50	66.9	11.8	149	1	241.6	236.1	510.5	23
70歳～	72.0	9.9	159	4	270.7	262.0	232.1	8	71.1	10.5	141	6	313.2	305.8	72.4	3

所定内給与額及び年間賞与その他特別給与額

F 電気・ガス・熱供給・水道業

100 ～ 999人								10 ～ 99人								区分
年齢	勤続年数	所定内実労働時間数	超過実労働時間数	きまって支給する現金給与額	所定内給与額	年間賞与その他特別給与額	労働者数	年齢	勤続年数	所定内実労働時間数	超過実労働時間数	きまって支給する現金給与額	所定内給与額	年間賞与その他特別給与額	労働者数	
歳	年	時	時	千円	千円	千円	十人	歳	年	時	時	千円	千円	千円	十人	
34.5	**8.0**	**165**	**11**	**287.3**	**265.9**	**812.4**	**6 819**	**36.8**	**6.9**	**172**	**6**	**251.7**	**241.3**	**480.1**	**2 675**	**大学・大学院卒**
–	–	–	–	–	–	–	–	–	–	–	–	–	–	–	–	～ 19歳
23.9	1.6	168	10	226.4	211.9	272.2	925	23.6	1.4	174	5	212.0	205.2	225.5	269	20 ～ 24
27.4	3.5	165	14	254.0	230.6	676.2	1 842	27.7	3.2	174	6	224.9	215.8	417.9	625	25 ～ 29
32.4	7.3	164	11	272.6	251.4	838.2	1 153	32.4	4.5	176	8	249.6	237.0	492.5	480	30 ～ 34
37.7	11.0	163	14	309.4	281.2	941.7	1 124	37.5	8.4	171	7	260.3	247.0	574.7	380	35 ～ 39
42.0	12.4	164	9	331.2	309.7	1046.9	819	42.6	10.3	169	5	268.7	260.7	622.3	337	40 ～ 44
47.2	15.4	162	8	378.6	360.5	1340.7	529	47.5	9.4	171	8	271.5	258.5	444.4	240	45 ～ 49
52.6	16.1	164	9	349.2	330.4	1095.2	262	52.1	13.3	169	4	289.1	280.0	606.9	159	50 ～ 54
57.4	20.1	173	6	354.2	345.6	966.7	113	57.0	13.1	172	6	310.5	301.7	568.8	128	55 ～ 59
61.1	21.3	163	1	314.6	313.3	1054.4	51	62.5	23.7	168	7	276.2	264.2	391.1	56	60 ～ 64
66.0	24.5	164	11	318.4	304.5	708.2	1	65.5	11.4	168	0	212.4	212.4	322.4	3	65 ～ 69
–	–	–	–	–	–	–	–	73.5	15.5	176	0	140.0	140.0	470.0	0	70歳～
																F 電気・ガス・熱供給・水道業
																男女計
42.7	**14.6**	**161**	**9**	**356.3**	**328.8**	**1225.4**	**1 664**	**43.8**	**14.2**	**162**	**8**	**330.6**	**307.6**	**1001.8**	**1 000**	**学歴計**
19.0	1.0	163	7	199.1	178.1	218.4	39	19.1	1.0	161	5	187.8	172.3	203.3	12	～ 19歳
22.9	2.8	160	11	231.0	202.5	595.8	125	23.0	2.8	164	10	226.8	202.6	564.1	55	20 ～ 24
27.1	4.7	161	13	269.4	236.8	910.7	183	27.4	4.7	161	12	257.8	226.5	789.0	94	25 ～ 29
32.5	8.0	163	10	310.4	283.7	996.8	146	32.4	7.5	160	11	291.7	264.3	830.9	88	30 ～ 34
37.6	11.7	163	12	358.7	324.3	1222.5	174	37.6	12.4	163	10	329.9	300.5	1044.1	127	35 ～ 39
42.6	16.7	162	11	406.5	370.5	1457.1	285	42.5	14.8	163	9	336.0	309.0	1073.8	170	40 ～ 44
47.4	20.8	161	8	425.5	396.0	1657.7	218	47.4	18.1	164	7	390.1	365.4	1277.0	146	45 ～ 49
52.3	23.5	160	6	439.2	418.0	1719.1	153	52.5	21.7	162	6	401.0	381.5	1367.2	86	50 ～ 54
57.6	24.8	160	5	442.0	421.4	1549.1	160	57.5	22.2	160	4	406.3	391.6	1294.5	104	55 ～ 59
62.5	16.9	157	4	298.1	284.9	828.9	154	62.3	19.8	157	4	291.3	281.8	652.1	87	60 ～ 64
67.1	13.9	159	6	248.2	237.5	576.3	23	66.8	10.0	160	2	258.7	251.4	360.4	28	65 ～ 69
70.7	6.5	162	5	296.6	283.4	703.1	4	73.5	9.4	168	0	240.4	240.4	238.3	3	70歳～
																男
43.5	**15.3**	**161**	**9**	**369.7**	**340.5**	**1285.3**	**1 407**	**44.4**	**14.7**	**162**	**8**	**342.9**	**318.1**	**1032.4**	**850**	**学歴計**
19.0	1.0	162	8	200.9	178.8	231.4	37	19.2	1.0	160	5	188.8	172.3	219.0	11	～ 19歳
22.9	2.9	160	11	232.4	202.0	618.8	94	23.1	2.9	164	11	233.7	206.8	512.8	44	20 ～ 24
27.2	4.8	161	16	278.2	238.1	905.5	131	27.4	4.9	161	13	261.8	227.5	800.4	75	25 ～ 29
32.4	7.8	163	12	318.4	289.0	1008.8	113	32.4	7.6	160	12	301.6	270.3	835.7	71	30 ～ 34
37.6	11.9	163	12	366.6	331.8	1265.3	149	37.6	13.1	163	11	341.0	309.1	1081.3	106	35 ～ 39
42.6	16.7	162	11	419.4	381.0	1485.3	256	42.4	15.4	163	9	352.7	322.1	1137.5	141	40 ～ 44
47.4	22.0	162	8	448.5	417.4	1807.4	181	47.4	18.6	164	7	410.7	383.7	1355.9	124	45 ～ 49
52.3	24.7	160	5	462.6	441.6	1851.8	131	52.5	22.4	162	6	422.1	401.0	1452.0	73	50 ～ 54
57.6	25.1	159	5	443.0	421.7	1599.7	144	57.5	22.1	160	4	416.9	401.7	1307.5	92	55 ～ 59
62.5	17.0	156	4	303.3	289.6	854.9	147	62.3	19.5	156	4	294.5	284.8	647.7	82	60 ～ 64
67.1	13.4	158	7	256.9	245.2	600.7	21	66.8	10.0	160	2	258.7	251.4	360.4	28	65 ～ 69
70.7	6.5	162	5	296.6	283.4	703.1	4	73.5	9.4	168	0	240.4	240.4	238.3	3	70歳～
52.7	**12.8**	**161**	**5**	**284.3**	**271.5**	**847.4**	**15**	**51.2**	**10.8**	**163**	**10**	**274.5**	**259.2**	**528.9**	**24**	**中学卒**
–	–	–	–	–	–	–	–	–	–	–	–	–	–	–	–	～ 19歳
–	–	–	–	–	–	–	–	24.5	3.5	161	0	338.3	338.3	0.0	2	20 ～ 24
28.7	2.0	171	0	216.1	206.2	326.1	1	–	–	–	–	–	–	–	–	25 ～ 29
34.0	5.5	187	22	352.4	318.2	945.0	1	32.9	6.3	172	35	284.8	257.7	891.2	1	30 ～ 34
39.5	11.5	187	2	279.0	275.6	1290.0	1	36.8	6.7	163	29	278.3	241.8	953.4	1	35 ～ 39
42.6	14.2	170	3	321.1	306.5	1211.2	3	42.3	4.6	162	14	284.6	263.1	613.9	5	40 ～ 44
46.8	22.6	177	6	442.1	427.4	1876.9	1	47.1	9.4	158	13	404.1	349.2	785.7	1	45 ～ 49
53.5	29.8	140	0	401.6	398.6	1719.3	0	51.7	26.3	165	3	301.6	293.0	780.0	2	50 ～ 54
57.2	26.9	156	1	328.8	321.9	1281.1	2	57.4	12.6	164	2	286.8	281.3	858.6	2	55 ～ 59
61.9	7.4	146	2	229.6	220.8	446.1	5	62.3	12.6	155	15	278.3	258.8	562.6	4	60 ～ 64
68.7	11.1	176	22	208.9	182.9	69.1	1	67.2	13.1	166	5	201.7	196.6	230.5	6	65 ～ 69
–	–	–	–	–	–	–	–	–	–	–	–	–	–	–	–	70歳～
44.3	**16.4**	**160**	**10**	**341.9**	**309.7**	**1182.6**	**713**	**45.3**	**16.4**	**161**	**8**	**324.1**	**298.8**	**990.4**	**475**	**高校卒**
19.0	1.0	162	8	200.9	178.8	231.4	37	19.2	1.0	160	5	188.8	172.3	219.0	11	～ 19歳
22.6	3.9	156	14	237.1	197.5	803.5	58	22.6	3.9	163	12	225.9	192.9	637.7	26	20 ～ 24
26.8	6.9	160	21	289.6	233.8	916.9	46	27.6	6.1	162	12	245.1	212.2	695.1	28	25 ～ 29
32.6	8.7	166	11	277.3	251.3	883.6	40	32.6	9.3	159	11	279.7	248.3	718.9	32	30 ～ 34
37.7	14.1	163	11	322.7	290.6	1156.4	64	37.7	15.2	163	9	312.5	282.7	1027.7	62	35 ～ 39
42.6	19.4	160	12	401.6	358.7	1521.5	123	42.3	16.8	162	10	345.9	312.3	1120.0	77	40 ～ 44
47.4	22.5	161	9	402.7	367.2	1564.2	84	47.4	20.2	164	8	383.5	353.2	1308.9	63	45 ～ 49
52.5	24.8	159	7	426.9	399.3	1605.1	66	52.5	22.2	162	6	395.7	373.4	1345.2	43	50 ～ 54
57.5	25.9	159	6	418.1	389.6	1570.0	83	57.5	23.3	161	4	380.1	365.1	1258.0	60	55 ～ 59
62.6	16.5	155	4	285.2	268.4	768.9	99	62.2	20.2	155	5	278.9	267.4	643.5	57	60 ～ 64
67.0	15.3	163	4	250.5	241.2	551.0	13	66.8	11.8	159	2	277.1	265.8	425.1	14	65 ～ 69
70.8	7.5	168	6	272.5	255.0	336.9	3	74.6	11.8	172	0	212.5	212.5	320.0	2	70歳～

第1表　年齢階級別きまって支給する現金給与額、

F 電気・ガス・

区分	企業規模計 年齢	勤続年数	所定内実労働時間数	超過実労働時間数	きまって支給する現金給与額	所定内給与額	年間賞与その他特別給与額	労働者数	1,000人以上 年齢	勤続年数	所定内実労働時間数	超過実労働時間数	きまって支給する現金給与額	所定内給与額	年間賞与その他特別給与額	労働者数
	歳	年	時	時	千円	千円	千円	十人	歳	年	時	時	千円	千円	千円	十人
高専・短大卒	**37.6**	**14.4**	**156**	**15**	**409.9**	**360.0**	**1069.3**	**1 065**	**36.1**	**14.4**	**155**	**17**	**422.0**	**367.2**	**1039.6**	**871**
～19歳	-	-	-	-	-	-	-	-	-	-	-	-	-	-	-	-
20～24	22.7	2.3	155	18	257.4	214.3	534.4	211	22.7	2.3	155	18	258.5	214.9	536.2	204
25～29	27.3	6.6	153	19	327.2	273.8	781.8	187	27.3	6.8	152	20	333.0	277.5	783.8	171
30～34	32.0	10.5	154	18	372.5	314.6	992.3	91	31.9	11.2	153	20	389.6	325.5	1033.2	77
35～39	37.6	14.8	155	17	429.4	371.9	1088.3	97	37.5	16.2	154	18	457.2	394.3	1082.0	76
40～44	42.6	19.1	157	19	484.8	412.9	1322.3	163	42.7	20.8	155	21	531.3	445.7	1330.9	115
45～49	47.4	23.2	159	11	522.6	470.4	1415.8	131	47.4	24.8	158	14	574.4	510.0	1356.4	93
50～54	52.7	28.8	158	8	571.8	539.2	1490.2	98	52.9	30.8	157	8	607.6	571.4	1477.8	77
55～59	57.5	29.4	155	5	568.1	546.9	1886.4	55	57.4	33.2	155	4	608.3	585.7	2086.7	42
60～64	62.3	21.2	154	3	348.5	337.0	1244.7	26	62.2	23.9	154	2	399.1	387.4	1446.2	14
65～69	67.2	10.8	163	4	327.9	322.5	291.8	6	67.8	16.4	168	0	411.9	411.4	319.3	3
70歳～	72.9	13.1	154	1	240.9	240.0	16.5	1	74.5	20.5	150	2	180.9	179.3	28.0	1
大学・大学院卒	**39.9**	**14.5**	**158**	**13**	**485.9**	**442.9**	**1434.2**	**3 601**	**39.3**	**14.8**	**157**	**15**	**512.0**	**463.8**	**1465.2**	**2 765**
～19歳	-	-	-	-	-	-	-	-	-	-	-	-	-	-	-	-
20～24	23.8	1.1	153	9	241.5	221.9	246.9	279	23.8	1.1	150	10	244.2	223.7	233.5	234
25～29	27.4	3.5	157	19	318.8	269.7	770.5	691	27.4	3.5	156	20	327.8	275.6	743.2	577
30～34	32.2	7.9	158	24	418.3	349.1	1104.2	464	32.1	8.1	157	27	438.6	359.6	1114.8	368
35～39	37.5	12.1	159	19	483.2	417.5	1373.5	340	37.5	12.9	157	22	516.7	437.7	1396.4	235
40～44	42.6	17.0	159	13	554.1	498.9	1514.6	498	42.7	18.2	156	15	602.7	537.7	1557.6	356
45～49	47.4	22.7	159	8	642.4	602.9	2000.6	586	47.5	23.4	158	9	680.2	637.6	2037.1	468
50～54	52.2	27.2	160	4	679.5	658.5	2467.6	347	52.2	27.8	160	5	723.6	701.1	2560.3	276
55～59	57.5	29.6	160	2	647.7	639.0	2556.6	264	57.4	32.1	159	2	711.6	704.6	2940.0	187
60～64	62.4	24.6	159	2	348.2	343.9	1077.5	104	62.4	29.8	158	2	333.9	329.7	1208.5	52
65～69	67.1	8.3	155	4	290.3	285.7	424.5	24	67.2	8.7	159	3	306.4	304.6	215.7	11
70歳～	72.1	4.0	158	1	311.0	304.0	954.1	2	75.5	2.5	176	0	257.3	234.9	656.0	1
女																
学歴計	**39.3**	**15.0**	**154**	**9**	**344.3**	**318.9**	**834.2**	**1 767**	**39.4**	**16.2**	**152**	**9**	**365.0**	**337.0**	**823.1**	**1 361**
～19歳	19.2	1.0	161	9	195.7	179.0	170.0	33	19.2	1.0	161	10	198.5	180.1	187.5	29
20～24	22.8	2.2	153	11	231.0	209.7	402.6	245	22.7	2.2	152	11	233.4	211.9	362.9	202
25～29	27.0	5.4	153	9	270.2	249.7	714.7	229	27.0	5.7	150	10	281.2	258.3	642.5	158
30～34	32.3	8.3	155	9	306.2	279.9	816.3	161	32.1	8.4	153	11	321.8	290.3	775.3	111
35～39	37.8	12.8	155	8	350.9	328.5	861.4	186	37.8	13.7	152	7	369.3	347.9	842.4	140
40～44	42.6	19.3	154	7	372.8	349.8	985.6	269	42.6	20.7	152	8	400.2	374.1	985.0	211
45～49	47.5	22.0	155	10	423.2	388.9	936.0	304	47.5	23.7	154	10	453.2	414.9	947.1	245
50～54	52.4	27.1	155	9	453.8	418.2	1072.2	170	52.3	29.8	154	10	495.2	455.0	1111.6	135
55～59	57.2	31.7	154	6	440.2	414.9	1216.5	117	57.1	34.5	151	7	456.8	427.6	1244.7	90
60～64	61.8	13.7	154	3	213.0	206.7	763.2	51	61.7	12.1	150	3	214.5	207.7	852.3	40
65～69	66.7	20.5	156	0	162.5	162.5	367.5	2	66.5	24.5	116	0	217.8	217.8	673.9	0
70歳～	-	-	-	-	-	-	-	-	-	-	-	-	-	-	-	-
中学卒	**47.0**	**12.9**	**154**	**1**	**245.6**	**241.6**	**810.9**	**41**	**47.2**	**13.2**	**153**	**1**	**247.5**	**243.4**	**822.3**	**40**
～19歳	-	-	-	-	-	-	-	-	-	-	-	-	-	-	-	-
20～24	-	-	-	-	-	-	-	-	-	-	-	-	-	-	-	-
25～29	28.5	5.4	156	2	261.8	254.7	867.1	8	28.5	5.4	156	2	261.8	254.7	867.1	8
30～34	30.7	6.3	163	0	223.5	223.5	151.5	3	30.5	6.5	161	0	231.6	231.6	0.0	2
35～39	37.8	11.0	150	8	314.6	293.5	1091.0	2	37.8	11.0	150	8	314.6	293.5	1091.0	2
40～44	42.6	16.2	163	0	240.2	239.8	772.6	6	42.8	17.4	162	0	241.1	240.6	762.0	6
45～49	47.5	19.8	162	7	380.9	362.4	1329.4	3	47.5	19.8	162	7	380.9	362.4	1329.4	3
50～54	50.5	17.7	153	0	254.0	253.8	611.5	4	50.5	17.7	153	0	254.0	253.8	611.5	4
55～59	56.9	13.3	153	1	244.9	242.7	812.1	5	56.9	13.9	151	1	252.9	251.3	882.6	5
60～64	61.2	14.3	145	0	192.8	192.7	828.6	11	61.2	14.3	145	0	192.8	192.7	828.6	11
65～69	-	-	-	-	-	-	-	-	-	-	-	-	-	-	-	-
70歳～	-	-	-	-	-	-	-	-	-	-	-	-	-	-	-	-
高校卒	**41.2**	**17.3**	**154**	**9**	**336.2**	**310.5**	**815.0**	**816**	**41.1**	**18.6**	**152**	**9**	**359.3**	**330.2**	**814.9**	**648**
～19歳	19.2	1.0	161	9	195.7	179.0	170.0	33	19.2	1.0	161	10	198.5	180.1	187.5	29
20～24	22.3	3.8	154	13	232.4	204.6	613.2	90	22.3	3.9	152	14	238.2	209.7	535.6	69
25～29	27.1	8.0	150	8	269.3	250.8	594.7	79	27.1	8.4	148	9	276.2	255.8	556.5	64
30～34	32.8	10.1	154	6	260.3	243.7	823.1	48	32.6	9.5	150	5	250.8	238.0	747.7	30
35～39	38.1	14.3	152	7	314.8	295.2	704.9	93	38.2	14.7	151	7	326.7	305.5	676.0	80
40～44	42.5	20.0	153	8	352.4	328.7	900.3	118	42.4	21.9	151	9	383.9	355.2	933.1	93
45～49	47.6	21.8	155	10	403.6	368.5	902.7	136	47.5	23.6	153	12	436.9	396.3	928.3	110
50～54	52.4	27.6	155	10	430.0	393.1	1000.2	103	52.4	30.4	153	11	473.6	429.6	1054.3	82
55～59	57.2	33.9	153	7	438.9	411.9	1135.0	80	57.1	36.7	150	7	476.4	444.8	1157.2	64
60～64	61.9	11.7	155	3	220.1	212.5	836.1	33	61.8	9.9	151	4	222.7	214.8	906.4	25
65～69	66.7	20.5	156	0	162.5	162.5	367.5	2	66.5	24.5	116	0	217.8	217.8	673.9	0
70歳～	-	-	-	-	-	-	-	-	-	-	-	-	-	-	-	-

所定内給与額及び年間賞与その他特別給与額

熱供給・水道業

100 ～ 999人								10 ～ 99人								区分
年齢	勤続年数	所定内実労働時間数	超過実労働時間数	きまって支給する現金給与額	所定内給与額	年間賞与その他特別給与額	労働者数	年齢	勤続年数	所定内実労働時間数	超過実労働時間数	きまって支給する現金給与額	所定内給与額	年間賞与その他特別給与額	労働者数	
歳	年	時	時	千円	千円	千円	十人	歳	年	時	時	千円	千円	千円	十人	
44.3	14.9	160	10	369.3	340.3	1231.8	114	43.5	13.2	162	8	335.6	310.4	1160.5	80	高専・短大卒
-	-	-	-	-	-	-	-	-	-	-	-	-	-	-	-	～ 19歳
22.5	2.0	171	12	210.7	185.8	547.3	5	23.1	1.5	165	12	252.1	213.7	370.3	3	20 ～ 24
28.4	4.9	157	10	263.5	236.0	776.4	8	27.3	3.9	153	12	268.6	235.0	744.3	8	25 ～ 29
32.1	5.9	161	4	247.9	234.5	698.5	5	32.5	7.7	157	13	296.4	267.2	809.1	9	30 ～ 34
37.8	9.2	159	11	330.5	295.9	1053.6	14	37.9	10.3	167	20	334.9	289.2	1215.7	8	35 ～ 39
42.5	15.0	164	18	388.9	342.3	1293.8	29	42.4	15.2	162	6	344.3	318.7	1314.0	18	40 ～ 44
47.3	21.5	159	6	428.4	401.3	1770.3	21	47.8	16.9	168	4	352.6	337.1	1300.9	17	45 ～ 49
52.2	21.2	162	4	441.9	429.6	1491.9	14	52.3	20.6	163	11	422.9	387.3	1645.6	6	50 ～ 54
57.7	16.9	151	8	452.7	433.8	1058.0	8	57.9	19.2	162	2	431.5	417.7	1597.7	5	55 ～ 59
62.2	19.1	148	7	291.9	275.9	969.7	7	62.9	16.8	160	1	287.1	282.8	1076.9	5	60 ～ 64
66.0	7.0	152	10	247.5	232.8	332.2	1	67.0	3.8	162	5	240.9	234.1	205.4	2	65 ～ 69
-	-	-	-	-	-	-	-	70.5	2.5	160	0	327.0	327.0	0.0	0	70歳～
42.0	14.0	163	8	407.1	381.3	1437.1	565	42.5	12.5	162	8	384.2	359.2	1112.6	271	大学・大学院卒
-	-	-	-	-	-	-	-	-	-	-	-	-	-	-	-	～ 19歳
23.5	1.1	164	4	227.1	212.6	293.0	32	23.8	1.3	168	9	228.8	211.9	375.9	13	20 ～ 24
27.2	3.5	163	13	273.5	241.1	917.6	76	27.3	4.1	163	14	272.7	237.3	889.8	38	25 ～ 29
32.3	7.5	161	13	347.9	315.2	1108.5	67	32.2	5.9	162	12	326.9	294.9	964.8	30	30 ～ 34
37.5	10.5	164	13	414.7	377.2	1407.5	70	37.4	10.2	163	11	395.0	362.6	1151.7	35	35 ～ 39
42.6	14.1	164	9	453.1	421.6	1505.6	101	42.6	14.0	164	8	378.0	349.6	1159.2	41	40 ～ 44
47.3	21.7	163	7	505.5	477.8	2088.7	75	47.2	17.1	162	7	472.4	446.5	1456.8	44	45 ～ 49
52.1	25.5	161	3	516.4	501.5	2284.4	50	52.6	22.7	163	4	489.1	473.0	1688.6	21	50 ～ 54
57.8	25.0	161	3	485.5	474.7	1745.2	52	57.4	20.6	158	4	508.4	492.0	1391.5	25	55 ～ 59
62.2	19.4	162	2	367.1	361.8	1131.7	35	62.6	19.3	161	1	352.8	349.9	558.4	17	60 ～ 64
67.3	11.3	147	9	279.9	266.6	847.7	6	66.6	4.9	155	0	273.2	272.3	372.5	7	65 ～ 69
70.5	4.1	146	2	358.8	356.7	1646.8	1	71.5	5.3	162	0	285.1	285.1	97.7	1	70歳～
																女
38.2	10.7	161	8	283.2	264.7	896.8	257	40.6	11.5	162	6	260.6	247.9	828.3	150	学歴計
18.6	0.5	164	0	168.1	167.6	0.0	2	18.7	0.7	162	3	176.3	172.1	30.4	1	～ 19歳
22.9	2.4	162	11	226.6	204.0	527.2	32	22.6	2.0	161	7	199.7	186.3	764.0	11	20 ～ 24
26.9	4.6	160	7	247.0	233.5	923.7	52	27.3	4.2	162	10	242.6	222.7	745.5	19	25 ～ 29
32.9	8.8	161	6	283.1	265.9	956.1	33	32.4	7.2	160	5	249.3	238.6	810.4	17	30 ～ 34
37.8	10.7	162	11	312.8	280.1	971.7	25	37.5	9.0	161	7	273.1	256.4	853.3	21	35 ～ 39
42.4	16.6	157	6	292.6	278.3	1208.9	29	42.8	12.2	162	6	256.0	246.5	768.6	29	40 ～ 44
47.5	14.9	159	8	313.7	292.6	932.1	37	47.8	14.8	163	5	269.4	257.8	814.4	21	45 ～ 49
52.6	16.3	159	9	300.8	278.5	934.4	22	52.5	18.0	162	4	283.6	273.3	896.9	13	50 ～ 54
57.5	22.0	163	5	433.2	419.3	1064.3	15	57.8	23.1	163	3	326.9	316.3	1196.9	12	55 ～ 59
62.5	14.7	170	2	189.0	186.5	282.8	7	61.5	25.5	163	1	235.9	227.6	728.3	5	60 ～ 64
66.7	19.7	164	0	150.8	150.8	303.0	2	-	-	-	-	-	-	-	-	65 ～ 69
-	-	-	-	-	-	-	-	-	-	-	-	-	-	-	-	70歳～
42.5	3.9	168	2	201.3	198.4	533.0	1	43.0	12.5	169	0	206.7	206.7	629.7	0	中学卒
-	-	-	-	-	-	-	-	-	-	-	-	-	-	-	-	～ 19歳
-	-	-	-	-	-	-	-	-	-	-	-	-	-	-	-	20 ～ 24
-	-	-	-	-	-	-	-	-	-	-	-	-	-	-	-	25 ～ 29
31.5	5.5	164	0	216.0	216.0	612.0	1	30.5	6.5	181	0	163.2	163.2	480.0	0	30 ～ 34
-	-	-	-	-	-	-	-	-	-	-	-	-	-	-	-	35 ～ 39
40.5	2.5	171	0	230.0	230.0	897.6	0	-	-	-	-	-	-	-	-	40 ～ 44
-	-	-	-	-	-	-	-	-	-	-	-	-	-	-	-	45 ～ 49
-	-	-	-	-	-	-	-	-	-	-	-	-	-	-	-	50 ～ 54
58.5	3.5	170	8	148.9	138.9	0.0	0	55.5	18.5	156	0	250.1	250.1	779.4	0	55 ～ 59
-	-	-	-	-	-	-	-	-	-	-	-	-	-	-	-	60 ～ 64
-	-	-	-	-	-	-	-	-	-	-	-	-	-	-	-	65 ～ 69
-	-	-	-	-	-	-	-	-	-	-	-	-	-	-	-	70歳～
40.5	11.9	161	7	252.2	237.3	824.2	95	42.8	13.1	162	5	239.8	230.8	804.3	73	高校卒
18.6	0.5	164	0	168.1	167.6	0.0	2	18.7	0.7	162	3	176.3	172.1	30.4	1	～ 19歳
22.5	4.0	162	15	223.6	192.4	829.9	15	22.0	2.2	158	6	189.2	177.7	956.2	6	20 ～ 24
26.8	6.4	158	3	243.6	237.5	811.7	10	27.7	5.6	163	9	227.6	210.0	665.2	5	25 ～ 29
33.6	12.1	162	12	302.1	269.4	1039.7	12	32.5	9.0	162	3	226.8	222.2	764.6	7	30 ～ 34
37.4	13.5	158	3	248.9	242.3	1006.3	5	37.6	9.8	161	5	234.0	222.0	799.8	7	35 ～ 39
42.7	15.1	158	4	253.3	246.1	870.0	10	43.0	11.7	162	5	224.4	220.4	717.1	15	40 ～ 44
48.0	13.4	159	6	264.6	253.8	793.5	15	47.6	15.2	162	6	266.4	252.3	800.2	11	45 ～ 49
52.8	15.0	163	5	252.5	244.3	752.2	11	52.7	18.2	162	4	263.7	253.3	823.0	10	50 ～ 54
57.9	23.3	164	5	291.4	278.5	1046.6	9	57.9	20.9	165	1	277.6	275.2	1041.3	7	55 ～ 59
62.2	7.6	174	3	189.8	185.8	320.9	4	61.8	28.1	164	1	234.8	224.9	902.5	4	60 ～ 64
66.7	19.7	164	0	150.8	150.8	303.0	2	-	-	-	-	-	-	-	-	65 ～ 69
-	-	-	-	-	-	-	-	-	-	-	-	-	-	-	-	70歳～

第1表　年齢階級別きまって支給する現金給与額、

F 電気・ガス・熱供給・水道業

区分	企業規模計								1,000人以上							
	年齢	勤続年数	所定内実労働時間数	超過実労働時間数	きまって支給する現金給与額	きまって支給する現金給与額 所定内給与額	年間賞与その他特別給与額	労働者数	年齢	勤続年数	所定内実労働時間数	超過実労働時間数	きまって支給する現金給与額	きまって支給する現金給与額 所定内給与額	年間賞与その他特別給与額	労働者数
	歳	年	時	時	千円	千円	千円	十人	歳	年	時	時	千円	千円	千円	十人
高専・短大卒	**41.9**	**18.3**	**155**	**9**	**372.9**	**345.1**	**862.0**	**449**	**41.7**	**19.1**	**154**	**9**	**393.7**	**363.6**	**815.0**	**357**
～ 19歳	-	-	-	-	-	-	-	-	-	-	-	-	-	-	-	-
20 ～ 24	22.0	1.8	154	14	224.1	199.3	428.3	43	22.0	1.8	154	14	226.4	200.2	428.2	40
25 ～ 29	27.4	6.5	152	12	300.3	274.6	695.4	30	27.4	6.7	149	14	319.5	289.3	657.0	23
30 ～ 34	31.8	8.3	152	7	279.0	259.8	737.0	30	31.5	7.7	151	7	284.9	263.6	665.2	25
35 ～ 39	37.5	11.7	160	9	306.0	281.0	988.1	38	37.1	13.0	159	7	313.4	296.4	976.8	18
40 ～ 44	42.7	20.2	154	8	391.3	364.5	927.4	105	42.7	21.0	153	8	410.3	381.9	851.4	85
45 ～ 49	47.6	23.1	155	8	420.7	391.4	859.6	124	47.6	24.1	154	9	444.7	412.7	845.5	106
50 ～ 54	52.1	28.1	156	9	489.0	449.1	955.2	50	52.2	30.1	155	10	528.4	484.1	877.5	40
55 ～ 59	57.3	32.5	156	7	426.0	398.6	1457.3	24	57.3	33.9	157	8	445.7	414.6	1483.3	18
60 ～ 64	62.5	21.9	161	7	203.4	191.4	407.8	5	63.0	20.7	155	13	226.5	202.6	618.4	3
65 ～ 69	-	-	-	-	-	-	-	-	-	-	-	-	-	-	-	-
70歳～	-	-	-	-	-	-	-	-	-	-	-	-	-	-	-	-
大学・大学院卒	**32.8**	**7.7**	**155**	**9**	**339.7**	**315.5**	**843.2**	**462**	**32.3**	**8.1**	**152**	**9**	**359.0**	**332.6**	**849.1**	**316**
～ 19歳	-	-	-	-	-	-	-	-	-	-	-	-	-	-	-	-
20 ～ 24	23.4	1.0	152	7	232.4	217.8	223.1	112	23.4	1.0	150	7	232.9	218.7	206.0	93
25 ～ 29	26.8	3.2	156	10	263.3	241.9	794.2	112	26.7	2.6	152	11	274.3	249.8	698.8	62
30 ～ 34	32.2	7.3	157	13	347.2	311.4	864.7	80	32.1	8.1	154	16	380.8	333.4	869.5	54
35 ～ 39	37.3	11.0	155	8	446.2	420.8	1035.7	54	37.3	12.1	153	7	484.0	460.2	1106.0	40
40 ～ 44	42.7	15.3	154	5	404.1	390.2	1417.7	40	42.9	16.2	153	4	456.6	441.8	1620.2	27
45 ～ 49	47.2	19.4	156	12	500.7	452.4	1255.3	40	47.0	22.5	155	12	561.9	506.3	1384.0	27
50 ～ 54	53.4	22.8	155	8	558.4	539.1	2159.1	14	53.4	28.1	155	2	639.9	634.4	2811.4	9
55 ～ 59	57.4	20.4	158	5	613.5	596.0	1571.2	8	58.0	23.8	140	3	424.9	414.1	2217.0	3
60 ～ 64	62.6	21.1	162	3	237.8	232.8	129.3	2	62.5	25.5	168	10	229.4	213.6	0.0	1
65 ～ 69	-	-	-	-	-	-	-	-	-	-	-	-	-	-	-	-
70歳～	-	-	-	-	-	-	-	-	-	-	-	-	-	-	-	-
G 情報通信業																
男女計																
学歴計	**39.8**	**12.1**	**159**	**12**	**407.2**	**376.7**	**1272.4**	**112 621**	**41.3**	**14.6**	**155**	**14**	**448.1**	**410.9**	**1682.1**	**49 255**
～ 19歳	19.1	1.1	163	11	187.8	173.7	163.9	137	19.2	1.1	148	7	190.8	179.5	332.7	18
20 ～ 24	23.5	1.5	163	12	254.2	232.4	312.5	7 865	23.7	1.5	159	19	288.6	250.9	426.8	2 363
25 ～ 29	27.5	3.7	161	18	305.6	269.2	738.3	15 930	27.4	3.8	156	24	346.7	292.6	956.1	6 175
30 ～ 34	32.6	7.1	160	17	359.5	319.0	997.0	17 696	32.6	7.8	155	19	393.1	343.3	1317.3	7 127
35 ～ 39	37.6	10.2	159	14	399.1	362.2	1203.1	16 967	37.5	10.9	155	15	430.9	389.6	1548.6	7 002
40 ～ 44	42.4	13.5	159	11	451.1	419.3	1414.9	17 598	42.3	15.1	155	12	480.7	440.9	1839.2	7 366
45 ～ 49	47.4	18.7	157	9	485.7	458.7	1776.2	15 316	47.6	21.3	155	10	510.9	478.0	2193.0	7 706
50 ～ 54	52.4	22.2	157	6	531.5	512.4	2091.2	11 730	52.5	25.1	154	6	570.7	549.5	2623.7	6 510
55 ～ 59	57.3	23.8	156	6	525.6	508.7	1954.3	6 176	57.3	25.8	153	6	545.7	524.9	2146.0	3 156
60 ～ 64	62.1	19.6	153	4	303.0	292.5	757.3	2 762	62.1	20.4	151	4	278.8	268.9	767.1	1 680
65 ～ 69	66.7	16.9	155	1	285.2	281.0	435.9	413	66.3	23.0	153	2	275.9	269.3	750.7	144
70歳～	75.9	26.6	163	0	427.9	425.9	734.7	30	72.8	30.1	145	0	782.2	782.1	0.0	6
男																
学歴計	**40.6**	**12.9**	**159**	**13**	**429.2**	**397.2**	**1389.7**	**86 910**	**42.2**	**15.5**	**155**	**14**	**473.5**	**434.8**	**1841.9**	**38 343**
～ 19歳	19.1	1.0	161	12	191.7	175.0	204.5	98	19.1	1.2	147	4	184.9	178.2	414.9	14
20 ～ 24	23.5	1.5	163	13	256.5	233.1	329.9	5 116	23.7	1.6	158	20	290.8	251.3	464.2	1 450
25 ～ 29	27.5	3.7	162	19	313.5	274.5	763.1	11 128	27.5	3.8	156	26	358.0	299.8	986.1	4 239
30 ～ 34	32.6	7.3	161	18	374.5	330.6	1065.4	13 160	32.6	7.9	156	21	416.5	361.6	1449.8	5 223
35 ～ 39	37.6	10.4	160	16	417.6	377.1	1294.4	13 393	37.5	11.0	156	16	452.7	407.8	1676.2	5 556
40 ～ 44	42.4	13.9	160	12	473.9	440.1	1533.0	13 875	42.4	15.8	155	13	516.2	471.9	2058.2	5 649
45 ～ 49	47.5	19.4	158	9	512.2	485.0	1945.5	12 033	47.6	21.9	156	10	537.7	505.8	2400.6	6 148
50 ～ 54	52.4	22.6	157	6	547.8	528.1	2188.9	10 049	52.5	25.3	154	6	580.1	558.3	2688.6	5 773
55 ～ 59	57.3	24.3	156	5	543.3	526.5	1987.6	5 246	57.2	26.5	153	6	559.4	538.6	2137.7	2 646
60 ～ 64	62.2	19.3	153	4	312.6	301.6	806.6	2 417	62.2	20.4	150	4	285.8	275.6	807.7	1 501
65 ～ 69	66.6	16.2	154	1	293.1	288.6	460.0	371	66.3	22.5	153	2	278.5	271.7	758.0	140
70歳～	73.8	17.8	163	0	348.2	345.5	105.2	23	72.2	35.2	147	0	911.6	911.4	0.0	5
中学卒	**43.0**	**12.9**	**163**	**7**	**324.6**	**310.9**	**663.1**	**151**	**44.3**	**16.6**	**157**	**10**	**298.6**	**277.2**	**1206.5**	**27**
～ 19歳	-	-	-	-	-	-	-	-	-	-	-	-	-	-	-	-
20 ～ 24	22.0	0.5	172	2	196.8	195.7	35.0	1	-	-	-	-	-	-	-	-
25 ～ 29	27.6	2.0	168	5	242.4	234.6	28.0	25	-	-	-	-	-	-	-	-
30 ～ 34	32.9	7.4	163	10	319.1	295.3	898.5	28	32.0	9.0	153	21	298.2	252.6	1301.7	9
35 ～ 39	38.0	3.7	170	7	332.4	321.8	332.7	17	37.2	2.2	160	9	231.9	219.3	94.2	2
40 ～ 44	42.3	11.4	151	7	336.0	320.5	904.6	10	42.8	14.2	159	3	262.8	256.7	393.2	5
45 ～ 49	46.2	13.1	155	12	413.2	386.5	597.5	20	47.8	9.2	143	6	352.8	334.9	1086.5	3
50 ～ 54	51.4	14.2	173	7	302.6	291.2	482.8	16	52.0	14.5	151	8	450.4	423.6	2083.0	2
55 ～ 59	56.1	28.1	162	0	448.9	448.7	1634.0	15	59.5	9.5	148	1	474.1	472.1	1271.0	1
60 ～ 64	61.5	30.9	160	3	265.0	258.7	809.0	19	60.5	43.5	172	2	237.2	233.9	1980.5	6
65 ～ 69	65.5	11.2	146	25	227.9	187.7	0.0	1	-	-	-	-	-	-	-	-
70歳～	-	-	-	-	-	-	-	-	-	-	-	-	-	-	-	-

所定内給与額及び年間賞与その他特別給与額

G　情　報　通　信　業

100～999人 年齢	勤続年数	所定内実労働時間数	超過実労働時間数	きまって支給する現金給与額	所定内給与額	年間賞与その他特別給与額	労働者数	10～99人 年齢	勤続年数	所定内実労働時間数	超過実労働時間数	きまって支給する現金給与額	所定内給与額	年間賞与その他特別給与額	労働者数	区分
歳	年	時	時	千円	千円	千円	十人	歳	年	時	時	千円	千円	千円	十人	
43.8	**17.6**	**160**	**8**	**310.7**	**287.2**	**1217.8**	**54**	**41.5**	**11.8**	**161**	**5**	**263.7**	**251.3**	**795.6**	**37**	**高専・短大卒**
–	–	–	–	–	–	–	–	–	–	–	–	–	–	–	–	～ 19歳
21.5	0.5	176	0	177.0	177.0	0.0	1	22.2	2.0	161	1	191.8	187.7	532.0	2	20 ～ 24
27.8	6.5	163	3	234.7	229.4	841.0	4	27.4	5.2	159	8	236.5	217.8	801.5	3	25 ～ 29
33.4	12.7	151	4	279.6	266.9	1395.9	3	32.2	9.2	156	1	209.5	205.1	629.0	2	30 ～ 34
38.5	11.1	163	13	324.9	281.9	1093.3	11	37.3	9.6	160	8	265.3	246.5	874.5	8	35 ～ 39
42.6	21.1	158	9	336.2	310.7	1558.7	11	42.6	12.2	163	6	280.7	266.7	892.6	9	40 ～ 44
47.2	18.9	160	7	295.3	278.4	1111.1	12	47.6	13.4	165	3	261.6	253.9	640.3	7	45 ～ 49
51.9	20.8	159	9	340.7	315.5	1377.5	8	51.6	17.9	158	4	290.8	281.5	829.2	2	50 ～ 54
57.6	32.2	153	7	406.3	384.0	1723.0	3	57.1	24.8	154	4	327.9	317.8	1056.0	3	55 ～ 59
62.7	28.6	163	1	181.2	180.4	229.6	2	60.5	8.1	173	3	189.4	185.0	217.5	1	60 ～ 64
–	–	–	–	–	–	–	–	–	–	–	–	–	–	–	–	65 ～ 69
–	–	–	–	–	–	–	–	–	–	–	–	–	–	–	–	70歳～
33.3	**6.3**	**161**	**8**	**298.0**	**278.7**	**802.8**	**106**	**35.6**	**8.4**	**161**	**9**	**296.5**	**276.8**	**905.0**	**40**	**大学・大学院卒**
–	–	–	–	–	–	–	–	–	–	–	–	–	–	–	–	～ 19歳
23.3	1.1	162	8	230.9	215.8	259.3	16	24.0	1.7	168	12	225.5	202.3	544.5	3	20 ～ 24
26.8	4.0	161	9	249.2	232.9	962.2	38	27.1	3.4	162	11	249.8	228.8	764.4	12	25 ～ 29
32.5	6.0	163	3	272.6	264.8	830.6	18	32.5	5.1	159	8	282.0	263.8	908.7	8	30 ～ 34
37.2	8.5	164	13	335.9	300.4	803.9	9	37.8	6.8	161	8	345.0	325.2	897.6	5	35 ～ 39
41.9	13.2	156	4	287.5	278.7	1186.7	8	42.4	13.9	159	8	303.4	286.0	698.0	5	40 ～ 44
47.3	12.6	158	14	406.3	365.4	932.8	10	48.7	16.0	160	5	296.6	285.5	1228.8	3	45 ～ 49
53.8	10.5	151	24	355.1	297.8	495.6	4	52.0	15.5	164	5	520.9	510.1	2014.9	1	50 ～ 54
55.8	11.0	169	3	920.8	910.9	640.4	3	58.4	27.9	169	11	478.1	441.7	1877.0	2	55 ～ 59
63.0	13.0	165	0	202.2	202.2	245.7	1	61.5	39.5	138	0	373.2	373.2	0.0	0	60 ～ 64
–	–	–	–	–	–	–	–	–	–	–	–	–	–	–	–	65 ～ 69
–	–	–	–	–	–	–	–	–	–	–	–	–	–	–	–	70歳～
																G 情報通信業
																男女計
38.5	**10.7**	**160**	**13**	**389.2**	**359.3**	**1062.9**	**40 935**	**38.7**	**9.2**	**165**	**8**	**349.9**	**333.4**	**755.1**	**22 432**	**学歴計**
19.1	1.2	163	15	188.8	168.3	154.6	76	19.0	1.0	168	4	184.9	180.6	109.6	43	～ 19歳
23.5	1.4	163	10	243.6	226.0	292.5	3 642	23.3	1.5	169	7	231.3	221.4	206.2	1 859	20 ～ 24
27.5	3.7	163	16	285.1	255.2	659.5	6 231	27.5	3.4	166	10	270.1	253.0	496.2	3 524	25 ～ 29
32.6	7.0	162	19	348.9	307.7	865.1	6 979	32.5	6.0	166	10	313.7	292.8	617.4	3 590	30 ～ 34
37.6	10.1	160	17	391.8	350.6	1056.7	6 501	37.6	8.9	164	9	348.7	328.2	779.4	3 464	35 ～ 39
42.4	13.0	160	12	449.5	419.4	1254.5	6 335	42.4	11.2	165	8	397.8	378.3	873.4	3 897	40 ～ 44
47.3	17.2	157	9	490.8	465.8	1565.1	4 894	47.3	13.9	164	6	405.1	391.2	973.8	2 716	45 ～ 49
52.3	19.5	159	7	513.3	494.2	1574.9	3 526	52.4	16.6	163	4	418.7	407.4	1119.8	1 694	50 ～ 54
57.3	23.6	156	6	498.6	483.1	1913.9	1 903	57.5	18.5	163	3	514.8	506.4	1481.5	1 117	55 ～ 59
62.2	19.1	157	5	319.7	306.3	800.5	721	61.9	16.7	160	3	381.8	375.3	625.7	361	60 ～ 64
66.7	12.7	151	1	274.3	269.6	286.8	125	67.3	14.3	160	1	303.9	302.8	249.7	144	65 ～ 69
74.9	32.3	162	3	216.7	212.2	107.9	3	76.8	25.0	168	0	367.2	365.0	1001.0	22	70歳～
																男
39.2	**11.4**	**161**	**14**	**408.1**	**376.2**	**1155.0**	**31 529**	**39.3**	**9.6**	**166**	**8**	**368.9**	**351.5**	**806.4**	**17 037**	**学歴計**
19.1	1.0	163	19	194.8	169.9	178.5	60	19.1	1.1	166	1	187.9	185.9	149.5	24	～ 19歳
23.6	1.4	163	12	248.8	228.4	316.1	2 465	23.2	1.5	168	7	231.1	220.8	196.0	1 201	20 ～ 24
27.5	3.7	164	17	292.2	259.6	691.9	4 404	27.5	3.4	167	11	275.3	257.7	509.1	2 486	25 ～ 29
32.6	7.4	162	20	357.7	313.9	918.0	5 199	32.5	6.0	167	11	326.0	303.3	611.9	2 738	30 ～ 34
37.6	10.3	161	18	407.8	362.6	1128.7	5 141	37.7	9.1	165	10	363.8	341.3	823.5	2 696	35 ～ 39
42.5	13.4	160	12	466.6	435.8	1337.1	5 059	42.4	11.4	166	8	410.3	390.2	909.2	3 167	40 ～ 44
47.3	17.8	157	9	510.2	484.0	1679.1	3 875	47.3	14.5	166	6	437.9	423.5	1067.1	2 010	45 ～ 49
52.3	20.0	160	8	534.5	514.9	1663.5	2 929	52.4	17.0	164	4	438.1	427.2	1189.3	1 347	50 ～ 54
57.3	23.9	157	5	516.8	501.7	1991.0	1 651	57.5	18.8	163	3	544.3	536.1	1563.0	949	55 ～ 59
62.3	18.2	157	6	331.9	317.5	855.0	634	61.8	16.2	161	3	411.3	404.1	691.6	282	60 ～ 64
66.5	10.1	151	1	280.5	275.2	296.2	109	67.2	14.3	159	1	321.1	319.9	263.9	122	65 ～ 69
74.9	32.3	162	3	216.7	212.2	107.9	3	74.1	10.1	169	0	210.1	207.0	135.0	16	70歳～
47.9	**15.6**	**161**	**8**	**326.9**	**311.0**	**590.3**	**66**	**36.8**	**8.1**	**168**	**4**	**334.2**	**326.7**	**489.2**	**58**	**中学卒**
–	–	–	–	–	–	–	–	–	–	–	–	–	–	–	–	～ 19歳
–	–	–	–	–	–	–	–	22.0	0.5	172	2	196.8	195.7	35.0	1	20 ～ 24
29.5	0.5	147	6	153.5	145.9	0.0	7	27.0	2.6	175	4	274.1	266.3	38.0	18	25 ～ 29
33.2	1.2	168	13	236.2	199.3	149.2	6	33.5	9.2	168	2	370.3	366.9	963.4	13	30 ～ 34
37.9	6.8	173	18	312.2	286.5	1107.8	4	38.3	2.9	171	3	360.7	355.5	130.7	11	35 ～ 39
43.5	2.5	157	0	206.5	206.5	60.0	2	41.3	11.6	139	13	473.7	440.9	1843.7	4	40 ～ 44
45.9	13.0	155	15	438.0	406.6	500.7	15	45.5	18.9	170	2	340.9	331.7	551.1	2	45 ～ 49
51.2	11.3	175	8	276.5	265.2	222.3	13	51.8	31.2	176	0	344.9	344.9	813.9	2	50 ～ 54
55.5	38.1	163	0	468.9	468.9	2149.3	11	56.5	1.7	166	0	367.2	367.2	0.0	3	55 ～ 59
61.8	24.4	154	4	276.0	269.9	142.2	11	61.9	30.8	159	4	276.1	264.0	972.9	3	60 ～ 64
65.5	13.5	160	35	256.2	200.0	0.0	1	65.5	5.5	110	0	157.0	157.0	0.0	0	65 ～ 69
–	–	–	–	–	–	–	–	–	–	–	–	–	–	–	–	70歳～

第1表　年齢階級別きまって支給する現金給与額、

G 情報

区分	企業規模計 年齢	勤続年数	所定内実労働時間数	超過実労働時間数	きまって支給する現金給与額	所定内給与額	年間賞与その他特別給与額	労働者数	1,000人以上 年齢	勤続年数	所定内実労働時間数	超過実労働時間数	きまって支給する現金給与額	所定内給与額	年間賞与その他特別給与額	労働者数
	歳	年	時	時	千円	千円	千円	十人	歳	年	時	時	千円	千円	千円	十人
高校卒	**46.4**	**16.5**	**157**	**10**	**397.4**	**371.1**	**1140.4**	**11 394**	**50.6**	**21.4**	**153**	**10**	**420.5**	**390.1**	**1532.5**	**5 376**
～19歳	19.1	1.0	161	12	191.7	175.0	204.5	98	19.1	1.2	147	4	184.9	178.2	414.9	14
20～24	23.0	2.4	163	10	220.4	204.0	367.9	345	23.2	3.3	154	10	236.1	216.8	584.1	111
25～29	27.7	3.7	161	14	272.8	247.0	414.1	580	27.8	4.7	151	16	267.3	235.2	626.9	134
30～34	32.5	5.7	157	16	313.1	278.8	578.7	884	32.5	6.4	153	22	293.0	243.9	637.7	212
35～39	37.8	9.2	161	15	372.2	337.5	735.0	1 293	37.6	11.4	156	14	366.6	330.5	1040.5	351
40～44	42.8	13.9	160	11	434.9	402.9	1201.4	1 629	42.8	18.6	157	15	487.6	436.2	1915.8	479
45～49	47.2	20.6	157	9	463.0	434.8	1609.0	1 783	47.2	24.4	154	12	506.9	468.1	2151.2	798
50～54	52.4	23.1	157	8	498.0	472.8	1616.2	2 143	52.6	27.0	154	8	529.8	499.5	2014.3	1 355
55～59	57.5	24.3	154	7	451.8	425.6	1555.1	1 231	57.4	24.1	152	8	461.0	430.1	1679.6	846
60～64	62.2	20.7	152	4	252.3	241.9	719.7	1 220	62.2	21.5	150	4	242.1	231.9	772.1	973
65～69	66.7	22.7	150	2	278.2	272.9	348.7	176	66.3	23.7	151	3	231.9	224.2	480.5	104
70歳～	74.7	14.8	160	1	203.6	199.2	129.2	12	73.5	42.5	160	0	165.5	165.0	0.0	2
高専・短大卒	**41.1**	**14.3**	**162**	**12**	**387.2**	**358.4**	**1078.7**	**14 869**	**43.9**	**18.7**	**157**	**15**	**445.9**	**404.1**	**1573.7**	**4 571**
～19歳	-	-	-	-	-	-	-	-	-	-	-	-	-	-	-	-
20～24	22.9	2.0	163	12	234.0	214.4	358.9	1 094	23.2	2.5	156	15	260.3	227.7	669.2	218
25～29	27.4	4.6	164	13	264.5	239.9	601.2	1 374	28.0	5.5	158	20	285.6	244.4	806.9	272
30～34	32.4	7.3	166	16	326.2	291.1	636.8	1 884	32.7	7.8	157	22	335.0	280.5	685.9	333
35～39	37.7	11.0	161	15	365.4	330.0	925.3	2 022	37.7	11.7	156	19	409.8	357.7	1200.3	572
40～44	42.4	14.5	161	13	400.7	367.0	1076.9	2 338	42.5	16.9	157	16	441.6	393.0	1551.6	658
45～49	47.3	20.7	162	12	448.2	415.8	1465.8	3 148	47.2	23.6	159	17	482.2	435.6	1840.5	1 303
50～54	52.3	23.5	162	8	478.9	459.8	1598.4	1 990	52.3	28.3	157	10	536.0	506.1	2250.7	764
55～59	57.4	24.7	159	6	518.0	500.6	1569.8	798	57.2	25.2	155	8	562.6	538.0	1868.7	364
60～64	62.1	15.9	158	6	330.9	317.8	923.1	176	61.7	20.5	155	2	266.1	265.4	1082.8	70
65～69	66.4	5.5	158	3	269.7	256.0	471.4	43	65.9	3.2	160	4	347.4	338.1	1077.3	16
70歳～	81.5	20.5	172	0	277.8	259.8	0.0	1	-	-	-	-	-	-	-	-
大学・大学院卒	**39.3**	**11.8**	**159**	**13**	**445.8**	**411.9**	**1515.0**	**60 496**	**40.4**	**13.9**	**156**	**14**	**488.2**	**448.4**	**1944.4**	**28 369**
～19歳	-	-	-	-	-	-	-	-	-	-	-	-	-	-	-	-
20～24	23.8	1.3	163	14	266.7	241.4	317.7	3 676	23.8	1.3	159	22	302.2	259.4	412.4	1 121
25～29	27.5	3.5	161	20	323.6	281.6	811.5	9 149	27.4	3.6	156	27	366.3	306.0	1011.3	3 833
30～34	32.6	7.4	160	19	388.6	342.3	1185.3	10 363	32.6	8.0	156	20	428.2	373.0	1541.4	4 669
35～39	37.6	10.4	159	16	434.0	391.7	1442.1	10 061	37.5	10.9	156	16	464.6	420.0	1783.8	4 631
40～44	42.4	13.8	159	11	497.7	463.5	1695.9	9 898	42.3	15.3	155	12	530.3	487.4	2149.0	4 507
45～49	47.6	18.5	156	7	553.3	528.7	2247.4	7 081	47.8	20.9	155	7	561.8	536.0	2631.2	4 044
50～54	52.5	22.1	156	5	589.7	571.9	2600.8	5 900	52.5	24.0	154	5	608.0	591.1	3030.5	3 653
55～59	57.2	24.2	156	4	585.2	572.1	2259.4	3 203	57.2	28.3	154	4	616.7	602.7	2477.0	1 435
60～64	62.1	18.0	154	4	383.5	372.1	891.8	1 003	62.1	17.6	151	4	383.6	371.5	827.2	452
65～69	66.7	11.6	158	1	317.3	316.4	588.3	152	66.3	31.0	160	0	459.6	459.0	1904.0	21
70歳～	72.4	20.8	166	0	507.3	507.3	85.2	11	71.5	31.5	140	0	1284.6	1284.6	0.0	3
女																
学歴計	**37.2**	**9.5**	**158**	**11**	**332.5**	**307.3**	**875.5**	**25 711**	**38.1**	**11.2**	**153**	**13**	**359.1**	**326.8**	**1120.2**	**10 911**
～19歳	19.0	1.3	166	6	178.0	170.4	61.5	39	19.3	0.9	151	17	209.1	183.3	76.9	4
20～24	23.5	1.4	164	11	249.8	231.0	280.1	2 749	23.6	1.4	160	18	284.9	250.1	367.3	913
25～29	27.4	3.7	160	15	287.5	257.0	681.0	4 802	27.4	3.9	155	21	322.1	276.8	890.4	1 937
30～34	32.4	6.7	157	13	316.3	285.3	798.5	4 536	32.4	7.4	153	14	328.7	293.1	954.0	1 904
35～39	37.5	9.3	155	10	330.0	306.3	860.9	3 574	37.5	10.2	150	11	347.3	319.8	1058.6	1 447
40～44	42.2	12.0	156	10	366.2	341.8	974.5	3 723	42.1	13.0	152	10	364.1	339.0	1118.6	1 717
45～49	47.4	16.1	156	10	388.7	362.2	1155.6	3 284	47.5	18.8	152	13	405.0	368.2	1374.2	1 558
50～54	52.2	19.6	156	6	434.2	418.1	1507.2	1 681	52.4	23.7	154	6	497.6	480.0	2115.2	736
55～59	57.4	20.8	153	7	425.8	408.1	1766.8	930	57.4	21.8	150	7	474.4	454.3	2189.1	510
60～64	61.9	21.3	154	3	235.5	229.2	411.7	344	61.9	20.3	152	3	220.2	213.0	426.9	179
65～69	67.7	23.1	159	0	214.4	213.8	221.2	42	65.5	42.6	161	0	184.5	183.1	493.4	4
70歳～	82.4	54.2	161	0	675.7	675.7	2691.5	7	75.5	7.5	135	0	200.0	200.0	0.0	1
中学卒	**31.4**	**4.9**	**161**	**15**	**232.6**	**208.0**	**330.3**	**46**	**30.3**	**3.9**	**158**	**17**	**248.8**	**219.5**	**415.0**	**17**
～19歳	18.5	1.5	176	0	170.0	170.0	0.0	3	-	-	-	-	-	-	-	-
20～24	20.6	0.5	171	0	192.0	192.0	0.0	7	-	-	-	-	-	-	-	-
25～29	28.7	3.5	157	19	249.9	217.3	421.8	21	29.3	4.0	156	18	257.0	225.6	473.7	15
30～34	32.4	4.1	155	15	211.2	187.7	142.3	5	32.9	3.5	165	15	210.1	188.4	75.8	2
35～39	38.5	4.5	163	24	219.2	186.2	281.7	4	-	-	-	-	-	-	-	-
40～44	-	-	-	-	-	-	-	-	-	-	-	-	-	-	-	-
45～49	48.7	15.3	160	21	269.9	238.8	657.6	7	49.5	4.5	176	0	159.0	159.0	0.0	1
50～54	-	-	-	-	-	-	-	-	-	-	-	-	-	-	-	-
55～59	-	-	-	-	-	-	-	-	-	-	-	-	-	-	-	-
60～64	60.5	5.5	152	11	173.8	164.2	340.5	0	-	-	-	-	-	-	-	-
65～69	-	-	-	-	-	-	-	-	-	-	-	-	-	-	-	-
70歳～	-	-	-	-	-	-	-	-	-	-	-	-	-	-	-	-

所定内給与額及び年間賞与その他特別給与額

通信業

100～999人 年齢	勤続年数	所定内実労働時間数	超過実労働時間数	きまって支給する現金給与額	所定内給与額	年間賞与その他特別給与額	労働者数	10～99人 年齢	勤続年数	所定内実労働時間数	超過実労働時間数	きまって支給する現金給与額	所定内給与額	年間賞与その他特別給与額	労働者数	区分
歳	年	時	時	千円	千円	千円	十人	歳	年	時	時	千円	千円	千円	十人	
42.7	13.5	158	12	392.9	364.4	918.2	3 208	42.7	10.5	165	8	358.3	342.2	644.0	2 810	高校卒
19.1	1.0	163	19	194.8	169.9	178.5	60	19.1	1.1	166	1	187.9	185.9	149.5	24	～19歳
23.0	2.2	165	9	219.1	203.2	296.8	152	22.8	1.8	172	10	201.7	188.3	206.7	82	20～24
27.8	4.1	158	17	299.1	266.0	410.2	204	27.6	2.9	168	10	253.7	237.5	300.0	242	25～29
32.4	6.4	151	16	346.7	313.7	635.7	325	32.5	4.5	165	13	293.9	267.3	489.2	347	30～34
38.0	8.6	159	18	391.3	349.1	695.5	548	37.8	8.2	167	11	350.7	327.7	518.5	395	35～39
42.6	13.5	158	12	435.8	405.1	1044.5	544	42.9	10.5	164	8	392.4	374.7	777.0	606	40～44
47.1	18.6	156	10	446.9	419.3	1292.4	541	47.4	16.1	164	4	403.6	393.8	1020.4	444	45～49
52.1	18.1	161	8	464.5	446.0	1080.4	435	52.1	14.5	164	6	417.3	403.4	750.9	354	50～54
57.8	29.4	157	6	451.2	428.4	1679.3	221	57.6	18.2	161	3	405.6	398.7	746.0	164	55～59
62.4	21.9	156	6	262.0	248.7	692.9	154	62.0	10.1	163	6	344.0	335.9	213.1	92	60～64
67.7	11.8	144	1	267.4	265.4	117.3	22	66.9	25.1	153	1	376.5	374.7	179.2	51	65～69
71.7	34.6	151	7	221.3	211.3	240.8	1	75.4	7.1	162	0	207.5	203.3	134.8	9	70歳～
41.2	13.8	162	13	378.9	349.8	1060.7	5 627	38.4	10.7	167	8	339.9	324.0	616.0	4 671	高専・短大卒
-	-	-	-	-	-	-	-	-	-	-	-	-	-	-	-	～19歳
22.8	1.8	160	13	232.9	211.6	351.8	429	22.8	1.9	170	9	222.2	210.5	214.2	447	20～24
27.4	4.6	163	15	267.7	239.4	661.8	531	27.2	4.2	167	9	251.5	238.2	447.0	571	25～29
32.2	7.8	164	19	336.4	293.1	723.4	743	32.5	6.8	171	10	313.1	293.7	536.9	808	30～34
37.8	10.3	161	17	355.8	319.6	1024.6	701	37.6	11.1	165	11	340.6	318.5	623.0	750	35～39
42.3	13.8	161	16	398.1	361.1	1107.1	821	42.4	13.4	165	8	371.8	352.8	684.0	858	40～44
47.5	20.2	161	10	436.7	409.7	1389.4	1 192	47.3	15.9	167	6	401.3	387.6	858.9	654	45～49
52.2	22.1	165	9	462.1	446.9	1434.5	838	52.5	17.3	167	3	403.1	396.2	667.8	388	50～54
57.3	24.7	160	5	443.6	428.7	1368.3	268	57.8	23.8	165	2	540.3	534.7	1237.4	165	55～59
62.5	11.7	160	9	381.9	356.7	860.4	85	61.6	17.4	160	3	342.8	336.9	632.3	20	60～64
66.6	8.0	153	3	233.2	210.3	145.1	18	66.6	4.2	167	0	201.3	199.5	29.5	8	65～69
-	-	-	-	-	-	-	-	81.5	20.5	172	0	277.8	259.8	0.0	1	70歳～
38.2	10.5	161	14	417.7	384.6	1213.7	22 629	38.7	8.8	165	9	386.4	367.9	950.0	9 498	大学・大学院卒
-	-	-	-	-	-	-	-	-	-	-	-	-	-	-	-	～19歳
23.8	1.3	164	12	254.8	234.3	309.5	1 884	23.6	1.1	167	6	240.6	231.6	182.7	671	20～24
27.5	3.6	164	17	295.6	262.4	713.2	3 662	27.6	3.2	166	11	286.7	267.4	566.3	1 654	25～29
32.7	7.4	163	20	362.6	317.8	976.5	4 125	32.6	5.9	166	12	339.3	315.6	674.6	1 570	30～34
37.6	10.5	161	19	419.6	372.3	1208.6	3 889	37.7	8.5	164	10	378.5	355.8	1004.1	1 541	35～39
42.5	13.3	161	11	486.4	457.0	1431.9	3 692	42.2	10.8	166	8	435.9	414.5	1068.0	1 700	40～44
47.4	16.3	155	9	567.9	542.7	1947.8	2 128	47.2	12.6	166	6	481.2	464.0	1241.1	909	45～49
52.4	19.5	157	7	591.9	569.8	1945.5	1 644	52.6	18.2	162	4	473.3	461.4	1783.8	603	50～54
57.2	22.5	156	6	547.0	533.1	2194.6	1 151	57.4	17.7	163	3	583.1	573.7	1874.7	617	55～59
62.2	17.9	157	5	350.4	337.7	938.3	385	61.7	19.2	159	2	460.0	453.3	960.0	166	60～64
66.0	10.0	152	1	297.4	296.0	394.5	69	67.6	6.8	164	0	292.2	291.7	366.0	62	65～69
77.5	30.5	171	0	213.0	213.0	0.0	2	71.5	13.2	178	0	207.2	207.2	148.4	6	70歳～
																女
36.2	8.5	159	11	326.0	302.4	753.8	9 406	37.0	7.8	163	7	290.0	276.3	592.9	5 394	学歴計
19.1	2.1	164	2	164.6	161.9	58.3	15	18.9	0.8	171	7	181.3	174.2	60.5	19	～19歳
23.3	1.3	164	7	232.7	220.9	243.2	1 177	23.5	1.7	170	7	231.9	222.5	224.9	659	20～24
27.4	3.7	163	13	267.9	244.6	581.6	1 827	27.5	3.3	165	9	257.6	241.7	465.3	1 038	25～29
32.5	6.0	160	15	323.1	289.4	710.3	1 779	32.5	6.2	163	8	274.3	259.2	635.2	853	30～34
37.6	9.1	158	11	331.0	305.5	784.1	1 360	37.5	7.9	161	6	295.8	282.3	624.6	768	35～39
42.4	11.6	158	11	381.7	354.3	927.4	1 277	42.4	10.1	161	8	343.8	326.7	717.6	729	40～44
47.3	14.7	157	8	417.0	396.6	1131.5	1 019	47.4	12.3	160	6	312.0	299.2	708.2	706	45～49
52.0	17.1	155	6	409.0	392.5	1139.3	596	52.1	15.2	162	5	343.2	331.0	850.6	348	50～54
57.3	21.4	152	8	379.2	361.1	1409.0	252	57.3	16.9	165	4	347.8	338.3	1020.4	168	55～59
61.6	26.3	154	3	230.4	224.1	400.9	87	62.3	18.2	159	3	276.1	271.8	388.8	79	60～64
67.9	30.6	155	0	232.5	232.2	223.3	16	67.9	13.8	162	0	206.3	205.7	169.0	22	65～69
-	-	-	-	-	-	-	-	83.5	61.5	165	0	750.0	750.0	3112.0	6	70歳～
42.7	10.5	159	27	261.7	223.2	475.0	12	24.1	1.7	166	6	194.1	184.9	134.4	16	中学卒
-	-	-	-	-	-	-	-	18.5	1.5	176	0	170.0	170.0	0.0	3	～19歳
-	-	-	-	-	-	-	-	20.6	0.5	171	0	192.0	192.0	0.0	7	20～24
25.5	2.5	161	53	251.3	180.9	0.0	1	27.6	2.4	160	15	228.0	201.3	370.5	5	25～29
34.5	9.5	150	23	331.7	285.6	496.4	1	30.5	1.5	145	11	137.1	125.7	0.0	2	30～34
38.6	4.4	165	25	224.1	189.3	296.9	4	36.5	6.5	134	0	128.7	128.7	0.0	0	35～39
-	-	-	-	-	-	-	-	-	-	-	-	-	-	-	-	40～44
48.8	16.4	157	24	281.1	246.1	685.2	6	46.5	12.5	186	7	240.4	230.1	1066.4	0	45～49
-	-	-	-	-	-	-	-	-	-	-	-	-	-	-	-	50～54
-	-	-	-	-	-	-	-	-	-	-	-	-	-	-	-	55～59
60.5	5.5	152	11	173.8	164.2	340.5	0	-	-	-	-	-	-	-	-	60～64
-	-	-	-	-	-	-	-	-	-	-	-	-	-	-	-	65～69
-	-	-	-	-	-	-	-	-	-	-	-	-	-	-	-	70歳～

第1表　年齢階級別きまって支給する現金給与額、

G　情　報　通　信　業

区分	企業規模計								1,000人　以上							
	年齢	勤続年数	所定内実労働時間数	超過実労働時間数	きまって支給する現金給与額	所定内給与額	年間賞与その他特別給与額	労働者数	年齢	勤続年数	所定内実労働時間数	超過実労働時間数	きまって支給する現金給与額	所定内給与額	年間賞与その他特別給与額	労働者数
	歳	年	時	時	千円	千円	千円	十人	歳	年	時	時	千円	千円	千円	十人
高校卒	**41.0**	**10.1**	**157**	**8**	**250.3**	**234.8**	**501.8**	**3 693**	**42.9**	**11.4**	**150**	**9**	**257.9**	**238.2**	**526.5**	**1 686**
～ 19歳	19.1	1.3	165	7	178.5	170.5	65.9	36	19.3	0.9	151	17	209.1	183.3	76.9	4
20 ～ 24	22.4	2.2	162	10	203.5	189.4	234.6	270	22.6	2.3	149	14	213.8	191.2	223.1	60
25 ～ 29	27.8	4.9	157	11	213.3	196.0	358.0	359	27.8	4.3	148	15	213.7	189.7	249.1	133
30 ～ 34	32.5	6.3	157	8	234.4	221.6	380.0	568	32.4	6.5	149	9	229.7	213.2	407.1	216
35 ～ 39	37.7	8.5	155	9	246.4	229.4	481.4	530	37.7	10.3	150	9	248.5	229.5	440.6	256
40 ～ 44	42.5	10.3	155	10	261.9	242.3	523.8	498	42.2	10.1	153	11	272.3	248.5	590.1	276
45 ～ 49	47.3	12.4	158	7	261.7	245.7	514.3	613	47.4	12.7	153	8	264.6	244.1	531.9	322
50 ～ 54	52.2	16.8	157	7	309.3	292.9	925.9	351	52.3	17.9	150	7	310.8	290.9	890.4	146
55 ～ 59	57.4	16.7	150	6	291.2	275.0	745.1	291	57.3	16.2	144	7	299.5	278.7	775.8	174
60 ～ 64	62.0	19.9	154	3	221.0	216.5	392.2	162	62.1	21.2	151	3	220.9	216.1	419.9	92
65 ～ 69	66.8	24.8	158	0	190.9	190.2	512.4	14	65.5	42.6	161	0	184.5	183.1	493.4	4
70歳～	75.5	7.5	135	0	200.0	200.0	0.0	1	75.5	7.5	135	0	200.0	200.0	0.0	1
高専・短大卒	**40.2**	**11.7**	**157**	**11**	**299.3**	**276.8**	**757.5**	**5 576**	**40.9**	**13.5**	**152**	**14**	**320.4**	**289.4**	**920.8**	**1 910**
～ 19歳	-	-	-	-	-	-	-	-	-	-	-	-	-	-	-	-
20 ～ 24	22.9	2.0	167	10	219.9	205.4	249.3	424	23.0	2.1	157	15	237.2	212.4	310.0	87
25 ～ 29	27.6	4.0	160	11	243.3	225.5	439.6	644	27.2	3.7	154	15	237.8	210.0	420.9	154
30 ～ 34	32.5	7.7	159	11	264.5	244.5	566.4	705	32.4	8.4	155	11	265.0	243.0	583.7	278
35 ～ 39	37.4	8.7	155	11	288.6	264.7	730.6	798	37.4	9.6	149	13	299.2	269.5	845.4	277
40 ～ 44	42.4	12.4	156	13	310.2	282.4	814.1	1 033	42.3	12.7	153	16	318.9	283.5	802.4	421
45 ～ 49	47.3	16.5	155	12	338.0	310.1	1053.2	1 086	46.9	19.5	148	17	366.4	327.5	1314.2	418
50 ～ 54	52.0	19.0	154	7	379.3	359.5	1039.7	527	51.7	24.4	154	10	461.7	429.5	1526.0	155
55 ～ 59	57.4	22.6	155	10	354.4	332.6	1091.2	231	57.7	27.2	150	11	389.6	361.5	1483.5	78
60 ～ 64	61.7	24.2	155	2	234.9	232.4	479.3	100	61.6	16.6	155	2	208.9	205.3	739.8	41
65 ～ 69	68.4	23.8	157	0	210.6	210.0	46.0	23	-	-	-	-	-	-	-	-
70歳～	83.5	61.5	165	0	750.0	750.0	3112.0	6	-	-	-	-	-	-	-	-
大学・大学院卒	**35.4**	**8.6**	**158**	**12**	**362.6**	**334.3**	**1001.4**	**16 396**	**36.3**	**10.5**	**154**	**14**	**392.8**	**357.4**	**1311.1**	**7 299**
～ 19歳	-	-	-	-	-	-	-	-	-	-	-	-	-	-	-	-
20 ～ 24	23.7	1.2	164	11	262.4	241.9	293.3	2 048	23.8	1.3	161	19	295.9	259.0	385.2	766
25 ～ 29	27.3	3.5	161	17	302.3	268.4	754.3	3 778	27.4	3.8	156	22	339.4	290.7	990.7	1 635
30 ～ 34	32.4	6.5	157	15	341.9	305.3	922.5	3 259	32.4	7.4	153	16	356.6	315.4	1112.2	1 408
35 ～ 39	37.5	9.7	155	10	364.7	339.5	998.0	2 242	37.5	10.4	151	11	389.6	360.5	1296.8	913
40 ～ 44	42.1	12.1	156	8	416.3	392.5	1152.6	2 191	41.9	14.0	152	7	407.8	386.5	1392.6	1 019
45 ～ 49	47.5	17.3	155	10	473.4	443.7	1477.1	1 579	47.8	20.8	154	14	480.3	438.2	1738.1	817
50 ～ 54	52.3	21.2	158	4	524.7	511.2	2067.5	803	52.6	25.3	156	3	572.7	561.1	2733.2	436
55 ～ 59	57.4	22.7	155	6	561.7	545.2	2874.1	409	57.5	23.8	155	6	617.6	600.3	3352.0	258
60 ～ 64	62.0	20.7	153	6	265.3	250.7	367.7	82	61.6	21.9	153	5	228.6	213.6	168.1	47
65 ～ 69	67.1	14.9	169	0	298.3	298.3	183.0	5	-	-	-	-	-	-	-	-
70歳～	-	-	-	-	-	-	-	-	-	-	-	-	-	-	-	-
H運輸業，郵便業																
男女計																
学歴計	**46.5**	**12.0**	**170**	**28**	**325.9**	**274.8**	**615.9**	**172 994**	**43.0**	**14.1**	**165**	**29**	**356.7**	**299.5**	**1006.3**	**59 709**
～ 19歳	19.0	0.9	168	18	200.6	177.0	118.3	1 196	19.0	0.8	168	19	203.4	178.5	139.1	692
20 ～ 24	23.0	2.3	166	24	245.5	207.1	396.2	7 204	23.0	2.6	164	23	251.2	214.1	523.1	3 559
25 ～ 29	27.6	4.7	163	25	281.6	236.7	667.4	10 658	27.6	5.3	159	24	292.2	245.5	875.9	5 865
30 ～ 34	32.5	6.9	167	30	314.1	260.1	707.5	13 949	32.5	8.3	161	29	332.1	276.5	1011.0	6 472
35 ～ 39	37.7	9.1	169	31	337.3	279.4	690.1	17 227	37.6	10.8	164	32	364.8	301.7	1010.5	7 054
40 ～ 44	42.6	11.5	172	31	350.3	291.7	696.2	25 824	42.6	14.2	167	33	382.7	317.1	1063.8	9 004
45 ～ 49	47.5	13.4	173	32	359.8	300.2	651.0	28 154	47.4	16.7	170	35	399.1	330.2	1037.0	9 093
50 ～ 54	52.5	15.4	172	29	357.5	302.6	694.9	23 792	52.5	20.7	167	30	408.9	344.4	1204.4	7 314
55 ～ 59	57.4	18.1	170	26	350.0	300.6	769.6	20 666	57.4	25.1	163	23	406.0	352.1	1427.8	6 730
60 ～ 64	62.4	14.6	169	21	271.7	236.7	313.7	14 613	62.2	18.2	163	20	269.7	234.8	527.5	3 109
65 ～ 69	67.3	13.4	168	18	239.6	210.6	142.9	7 601	67.1	15.0	165	15	230.3	202.9	303.2	675
70歳～	72.8	15.9	166	13	220.9	198.8	123.4	2 109	72.8	20.8	169	13	233.3	200.7	324.2	143
男																
学歴計	**47.2**	**12.5**	**171**	**30**	**338.3**	**283.1**	**631.8**	**149 665**	**43.7**	**15.0**	**165**	**31**	**373.2**	**311.0**	**1065.7**	**50 521**
～ 19歳	19.0	0.9	167	21	206.3	179.2	135.9	867	19.0	0.9	166	21	206.7	179.8	151.5	545
20 ～ 24	23.0	2.5	167	29	257.2	211.2	417.0	4 970	23.0	2.8	165	27	257.7	215.5	552.2	2 507
25 ～ 29	27.7	4.9	164	29	294.5	242.5	681.7	7 996	27.6	5.5	159	27	300.3	248.2	896.1	4 480
30 ～ 34	32.6	7.0	168	33	326.8	267.1	718.1	11 457	32.5	8.5	162	32	346.3	284.5	1052.9	5 202
35 ～ 39	37.7	9.2	171	34	351.0	287.4	700.1	14 823	37.7	11.0	164	35	381.5	312.5	1060.7	6 024
40 ～ 44	42.6	11.7	173	33	364.5	300.9	716.1	22 391	42.6	14.6	168	36	400.2	328.8	1114.4	7 764
45 ～ 49	47.5	13.7	173	34	373.1	309.3	670.5	24 606	47.4	17.2	170	38	414.2	340.3	1092.8	7 857
50 ～ 54	52.5	15.7	173	31	370.3	311.5	717.0	21 019	52.6	21.6	168	32	427.9	358.3	1278.0	6 376
55 ～ 59	57.4	18.5	170	27	362.6	310.4	805.8	18 727	57.4	26.2	162	24	421.6	365.3	1509.5	6 152
60 ～ 64	62.4	14.7	169	22	277.3	240.7	319.9	13 552	62.2	18.8	163	20	276.9	240.9	555.7	2 827
65 ～ 69	67.4	13.1	168	18	241.7	211.7	142.4	7 230	67.2	15.1	165	14	232.6	204.8	314.7	644
70歳～	72.8	15.9	166	14	222.9	199.9	126.1	2 026	72.8	20.9	169	13	233.9	200.8	326.3	141

所定内給与額及び年間賞与その他特別給与額

H 運 輸 業 ， 郵 便 業

100 ～ 999人								10 ～ 99人								区分
年齢	勤続年数	所定内実労働時間数	超過実労働時間数	きまって支給する現金給与額	所定内給与額	年間賞与その他特別給与額	労働者数	年齢	勤続年数	所定内実労働時間数	超過実労働時間数	きまって支給する現金給与額	所定内給与額	年間賞与その他特別給与額	労働者数	
歳	年	時	時	千円	千円	千円	十人	歳	年	時	時	千円	千円	千円	十人	
38.2	**9.5**	**160**	**8**	**240.2**	**226.7**	**474.6**	**1 103**	**40.8**	**8.6**	**164**	**6**	**248.4**	**238.3**	**489.0**	**904**	**高校卒**
19.1	2.1	164	2	164.6	161.9	58.3	15	19.0	0.7	170	8	183.0	174.8	69.8	17	～ 19歳
22.3	2.0	164	10	193.8	181.2	239.2	123	22.6	2.3	169	8	209.9	199.9	236.2	87	20 ～ 24
27.9	5.5	160	10	213.2	198.5	482.3	168	27.2	4.7	171	7	212.9	203.4	246.4	58	25 ～ 29
32.6	6.2	163	8	237.7	226.8	298.2	212	32.6	6.1	160	6	236.7	226.8	461.9	140	30 ～ 34
37.4	7.1	160	11	240.1	222.2	527.3	137	38.1	6.5	159	7	248.8	236.5	512.0	137	35 ～ 39
43.0	10.8	155	9	256.4	242.0	457.1	113	42.8	10.2	162	8	241.1	226.7	424.9	110	40 ～ 44
47.0	13.5	161	7	257.3	243.9	524.7	142	47.3	10.5	167	5	259.6	250.8	466.1	149	45 ～ 49
52.3	19.6	157	8	301.0	283.3	904.7	103	51.8	12.4	167	6	315.7	305.6	997.7	102	50 ～ 54
57.6	19.3	151	6	301.8	288.9	857.7	46	57.5	16.2	166	4	263.8	256.9	595.7	71	55 ～ 59
61.5	24.0	155	2	214.3	211.1	392.9	37	62.4	11.7	165	3	228.8	223.7	312.9	33	60 ～ 64
67.3	13.1	161	1	180.3	179.8	469.8	8	67.6	32.6	143	0	233.6	233.6	673.9	3	65 ～ 69
-	-	-	-	-	-	-	-	-	-	-	-	-	-	-	-	70歳～
40.9	**11.5**	**156**	**10**	**293.7**	**273.5**	**754.1**	**2 110**	**38.5**	**9.7**	**165**	**7**	**280.8**	**265.8**	**561.7**	**1 556**	**高専・短大卒**
-	-	-	-	-	-	-	-	-	-	-	-	-	-	-	-	～ 19歳
22.8	1.6	163	9	218.1	203.6	266.3	144	23.0	2.1	174	8	213.4	203.6	209.2	192	20 ～ 24
27.6	4.1	157	11	243.8	226.6	493.4	258	27.8	4.0	166	7	246.4	234.7	392.4	232	25 ～ 29
32.5	7.0	158	11	270.8	249.4	601.1	229	32.6	7.6	164	10	256.5	241.0	501.9	198	30 ～ 34
37.4	8.1	155	11	284.4	259.8	784.0	314	37.3	8.5	164	5	280.9	265.8	496.4	207	35 ～ 39
42.7	13.4	156	11	302.9	279.5	892.5	329	42.3	10.9	162	9	305.9	284.3	740.5	283	40 ～ 44
47.5	15.5	159	10	323.7	301.1	931.2	433	47.5	13.2	162	9	313.6	295.7	812.5	234	45 ～ 49
51.9	16.1	149	6	349.0	333.4	902.6	247	52.4	18.0	163	5	337.3	324.5	709.0	125	50 ～ 54
57.3	20.8	155	10	335.3	315.8	945.5	113	56.8	18.3	166	6	339.0	323.4	726.9	39	55 ～ 59
61.6	28.0	154	2	226.0	223.3	437.4	35	61.8	31.4	155	0	289.6	289.1	114.8	25	60 ～ 64
68.5	46.5	149	0	279.7	279.7	0.0	9	68.3	10.1	163	0	168.6	167.7	73.9	14	65 ～ 69
-	-	-	-	-	-	-	-	83.5	61.5	165	0	750.0	750.0	3112.0	6	70歳～
34.3	**7.2**	**160**	**11**	**352.5**	**326.0**	**804.1**	**6 180**	**35.2**	**6.6**	**162**	**7**	**308.3**	**294.2**	**644.3**	**2 918**	**大学・大学院卒**
-	-	-	-	-	-	-	-	-	-	-	-	-	-	-	-	～ 19歳
23.6	1.1	164	6	240.3	229.0	240.1	910	24.0	1.3	169	6	247.3	238.1	234.6	372	20 ～ 24
27.3	3.4	164	13	278.9	253.6	610.3	1 400	27.4	3.0	164	10	264.7	247.1	505.7	744	25 ～ 29
32.5	5.8	159	16	345.5	306.1	794.4	1 338	32.4	5.7	163	8	291.9	275.5	735.9	513	30 ～ 34
37.7	9.8	158	11	361.3	334.3	824.9	906	37.3	8.0	160	6	318.3	305.2	724.0	424	35 ～ 39
42.2	11.0	159	11	429.6	398.9	1004.6	835	42.3	9.5	161	6	409.2	394.8	793.6	337	40 ～ 44
47.2	14.2	155	6	562.7	542.4	1531.8	438	47.3	12.4	156	5	335.0	324.1	743.6	323	45 ～ 49
51.9	17.1	161	5	514.5	497.6	1475.1	246	52.0	14.7	158	3	372.6	359.1	872.7	121	50 ～ 54
57.2	23.0	150	6	471.8	452.8	2255.1	92	57.4	16.9	162	3	455.9	447.1	1733.2	58	55 ～ 59
61.8	28.6	151	10	284.1	260.9	334.5	14	62.9	12.5	153	5	334.0	326.4	835.4	21	60 ～ 64
-	-	-	-	-	-	-	-	67.1	14.9	169	0	298.3	298.3	183.0	5	65 ～ 69
-	-	-	-	-	-	-	-	-	-	-	-	-	-	-	-	70歳～
																H 運輸業，郵便業
																男女計
47.4	**11.4**	**170**	**28**	**311.6**	**261.8**	**512.4**	**65 450**	**49.5**	**10.4**	**175**	**26**	**307.0**	**261.9**	**270.1**	**47 835**	**学歴計**
19.0	0.9	168	18	200.4	175.2	99.5	344	19.1	1.0	174	13	189.1	174.5	68.7	160	～ 19歳
23.0	2.1	166	25	235.3	196.8	295.0	2 624	22.9	2.3	170	28	252.4	209.4	214.5	1 022	20 ～ 24
27.6	4.2	167	26	265.3	223.7	468.7	3 356	27.8	3.6	172	28	276.6	230.8	280.4	1 437	25 ～ 29
32.5	6.0	170	32	295.1	241.4	527.7	4 691	32.7	5.3	175	30	304.2	253.7	305.2	2 787	30 ～ 34
37.6	8.5	172	31	320.0	264.3	577.0	5 970	37.8	7.1	175	29	315.9	263.3	312.8	4 204	35 ～ 39
42.6	10.9	172	31	335.3	277.5	631.5	9 845	42.6	8.8	177	28	329.8	278.9	312.9	6 975	40 ～ 44
47.5	12.6	172	31	342.2	285.6	579.2	10 899	47.6	10.7	177	30	339.4	286.4	316.8	8 162	45 ～ 49
52.5	13.9	171	30	343.3	289.2	600.2	9 254	52.4	11.8	177	27	323.8	277.4	300.4	7 225	50 ～ 54
57.5	15.8	170	27	330.0	281.2	584.0	7 825	57.4	13.1	176	27	314.0	268.8	282.5	6 111	55 ～ 59
62.3	14.1	169	22	271.0	235.2	308.8	6 326	62.5	13.1	173	21	273.6	239.6	191.4	5 179	60 ～ 64
67.4	12.9	166	21	240.9	208.5	145.2	3 348	67.3	13.5	170	15	240.1	214.0	110.5	3 578	65 ～ 69
72.9	14.7	164	16	219.4	192.6	150.3	970	72.6	16.4	167	11	220.6	204.6	68.3	995	70歳～
																男
48.2	**11.7**	**171**	**30**	**324.1**	**269.7**	**519.2**	**56 184**	**50.0**	**10.6**	**176**	**28**	**316.0**	**267.8**	**268.8**	**42 959**	**学歴計**
19.1	0.9	167	22	208.5	176.7	119.8	220	19.1	1.0	175	17	199.9	181.2	87.4	101	～ 19歳
23.0	2.2	169	31	251.0	202.0	309.8	1 680	22.8	2.3	171	34	268.9	217.2	214.5	783	20 ～ 24
27.6	4.2	169	32	284.0	232.2	469.4	2 370	27.9	3.7	172	32	293.9	241.7	282.8	1 146	25 ～ 29
32.6	6.1	171	35	305.9	246.7	519.3	3 886	32.6	5.4	176	33	318.2	262.3	308.8	2 369	30 ～ 34
37.6	8.4	174	35	333.0	270.9	558.9	5 046	37.7	7.2	176	31	326.3	269.4	310.9	3 753	35 ～ 39
42.6	11.0	173	33	347.0	285.0	640.4	8 540	42.6	8.9	178	31	343.8	287.5	314.3	6 088	40 ～ 44
47.5	12.8	173	33	357.8	296.0	592.4	9 407	47.5	11.0	177	32	348.8	293.3	318.8	7 342	45 ～ 49
52.5	14.2	172	32	353.7	295.9	610.1	8 193	52.5	11.9	178	28	334.7	284.9	298.0	6 449	50 ～ 54
57.5	15.9	171	28	343.6	291.1	607.3	6 936	57.4	13.1	177	28	321.8	274.1	282.4	5 639	55 ～ 59
62.3	14.0	169	23	277.7	239.6	314.7	5 793	62.5	13.1	173	21	277.1	241.8	190.8	4 931	60 ～ 64
67.4	12.7	166	21	243.0	209.6	142.3	3 194	67.3	13.1	170	16	242.3	215.0	109.9	3 391	65 ～ 69
72.9	14.6	163	16	222.7	194.4	156.4	919	72.7	16.3	168	11	221.4	205.0	68.1	966	70歳～

第1表　年齢階級別きまって支給する現金給与額、

H 運輸業，

区分	企業規模計								1,000人以上							
	年齢	勤続年数	所定内実労働時間数	超過実労働時間数	きまって支給する現金給与額	きまって支給する現金給与額 所定内給与額	年間賞与その他特別給与額	労働者数	年齢	勤続年数	所定内実労働時間数	超過実労働時間数	きまって支給する現金給与額	きまって支給する現金給与額 所定内給与額	年間賞与その他特別給与額	労働者数
	歳	年	時	時	千円	千円	千円	十人	歳	年	時	時	千円	千円	千円	十人
中学卒	**52.4**	**13.4**	**173**	**31**	**309.1**	**256.7**	**360.7**	**11 983**	**48.2**	**15.7**	**171**	**38**	**334.2**	**269.6**	**699.2**	**1 986**
～19歳	18.6	1.2	162	17	200.6	180.8	73.4	51	18.1	1.0	139	10	146.1	134.5	14.2	22
20～24	23.1	2.5	174	43	286.9	223.8	129.1	183	23.6	2.6	174	35	266.1	220.8	126.3	31
25～29	28.0	4.1	175	39	299.0	245.4	277.7	310	27.7	2.8	172	37	281.3	230.9	265.7	110
30～34	32.6	5.4	176	44	330.2	259.3	366.7	583	33.0	6.9	170	46	309.8	247.6	551.2	84
35～39	37.5	7.6	174	36	327.8	264.2	398.2	879	37.4	10.2	171	40	342.3	275.1	630.7	217
40～44	42.8	9.5	174	36	344.1	278.5	431.7	1 356	42.6	10.7	171	45	337.5	267.5	614.9	237
45～49	47.4	12.5	178	36	352.0	288.7	463.3	1 823	47.4	15.1	177	43	376.8	300.1	867.8	427
50～54	52.6	15.1	178	36	355.9	292.1	483.5	1 435	53.1	21.0	172	36	393.9	319.9	978.5	285
55～59	57.5	16.9	173	33	336.4	278.7	495.5	1 431	57.7	22.2	173	44	359.8	284.7	1021.0	243
60～64	62.6	18.2	171	23	267.3	229.8	297.5	1 814	62.4	24.0	166	26	254.7	214.9	441.6	230
65～69	67.5	15.8	166	18	230.9	202.3	132.2	1 490	67.5	19.9	160	13	221.4	185.5	331.9	74
70歳～	73.4	16.5	165	13	221.6	201.6	120.9	629	72.9	26.9	175	16	216.5	179.4	114.0	27
高校卒	**47.8**	**12.9**	**172**	**31**	**334.5**	**277.0**	**573.9**	**102 745**	**45.1**	**16.5**	**166**	**33**	**370.0**	**304.3**	**1023.2**	**33 159**
～19歳	19.1	0.9	168	21	206.7	179.1	139.9	815	19.0	0.9	168	21	209.2	181.7	157.3	523
20～24	22.7	3.0	168	31	256.8	209.9	461.4	3 179	22.6	3.4	165	29	262.2	216.4	629.9	1 592
25～29	27.7	5.5	167	31	291.5	237.5	577.5	4 194	27.6	6.7	162	29	297.3	242.8	797.2	2 109
30～34	32.6	7.1	171	35	318.7	257.5	558.7	6 509	32.5	8.9	164	34	336.4	273.7	893.6	2 547
35～39	37.8	9.1	173	35	343.8	279.3	575.3	9 534	37.8	11.3	166	37	370.0	299.8	920.1	3 473
40～44	42.6	11.9	174	35	358.8	292.8	627.8	15 709	42.6	15.4	168	38	391.3	317.4	1035.8	5 299
45～49	47.5	13.5	174	36	365.0	297.8	585.3	17 872	47.4	17.5	170	41	398.9	318.8	981.8	5 460
50～54	52.5	15.9	173	33	361.2	298.6	659.4	15 744	52.7	22.4	167	35	420.7	343.0	1249.9	4 676
55～59	57.4	19.4	170	27	360.4	306.3	826.5	13 914	57.5	27.8	161	24	421.3	362.2	1557.8	4 919
60～64	62.3	14.2	169	23	273.6	235.9	306.6	9 257	62.1	19.3	162	21	278.0	240.5	580.8	2 038
65～69	67.3	12.6	168	19	238.2	208.1	134.0	4 858	67.2	14.3	166	16	221.9	193.2	279.4	437
70歳～	72.7	15.6	167	13	220.3	197.3	126.0	1 160	73.4	18.8	168	12	225.9	201.6	307.2	84
高専・短大卒	**43.7**	**11.2**	**168**	**29**	**343.3**	**287.6**	**756.8**	**11 136**	**40.5**	**11.9**	**164**	**30**	**364.2**	**304.0**	**1079.1**	**4 681**
～19歳	-	-	-	-	-	-	-	-	-	-	-	-	-	-	-	-
20～24	23.1	2.2	163	27	255.8	211.8	446.8	476	23.3	2.4	161	27	258.6	214.9	492.4	271
25～29	27.4	4.9	159	28	301.8	247.1	819.6	869	27.5	5.6	152	24	317.8	264.0	1063.8	516
30～34	32.6	7.2	164	29	331.0	276.2	864.6	1 207	32.5	8.2	160	32	351.0	290.1	1100.3	685
35～39	37.7	9.8	165	30	353.9	293.4	930.3	1 481	37.7	11.0	161	30	380.6	320.1	1211.9	817
40～44	42.7	11.4	172	30	350.7	293.0	842.1	2 194	42.4	12.5	170	34	378.4	311.1	1109.2	898
45～49	47.5	13.3	171	33	369.3	305.8	742.5	1 880	47.3	15.8	171	37	402.4	330.2	1115.0	667
50～54	52.4	13.9	171	30	372.3	314.7	762.6	1 188	52.4	17.4	168	30	392.8	334.4	1084.4	438
55～59	57.3	17.0	169	26	372.7	321.4	728.8	912	57.2	21.3	166	21	401.1	354.7	1326.8	248
60～64	62.4	15.0	170	22	299.6	260.2	329.2	617	62.9	16.5	161	15	285.2	252.1	546.3	90
65～69	67.1	12.5	168	20	271.2	236.2	226.1	239	66.7	21.4	174	17	252.9	216.8	578.4	43
70歳～	71.7	20.2	168	23	275.7	234.0	140.1	73	70.5	40.5	173	19	367.3	287.1	926.8	8
大学・大学院卒	**43.8**	**10.9**	**166**	**23**	**367.4**	**320.8**	**959.9**	**23 800**	**40.2**	**11.4**	**163**	**24**	**394.0**	**342.6**	**1259.8**	**10 695**
～19歳	-	-	-	-	-	-	-	-	-	-	-	-	-	-	-	-
20～24	23.7	1.3	166	24	254.1	212.5	326.3	1 132	23.7	1.3	165	20	245.3	213.1	398.0	613
25～29	27.6	3.9	160	25	296.5	248.7	850.5	2 623	27.6	4.2	157	24	299.9	251.1	1005.8	1 745
30～34	32.5	7.1	162	27	341.2	284.8	1055.4	3 158	32.5	8.1	159	27	359.5	298.8	1273.1	1 886
35～39	37.5	9.6	166	30	379.9	317.6	1080.0	2 930	37.4	10.4	162	31	413.7	343.0	1362.4	1 518
40～44	42.6	12.1	167	26	412.1	356.4	1193.5	3 133	42.6	13.4	165	28	461.3	397.1	1519.7	1 330
45～49	47.5	15.3	169	21	436.5	392.0	1252.9	3 031	47.6	17.6	168	22	496.7	448.6	1620.8	1 302
50～54	52.5	16.2	171	17	431.5	397.2	1164.4	2 652	52.2	20.1	169	17	488.0	453.7	1586.4	977
55～59	57.5	14.7	170	21	386.8	347.2	897.5	2 470	57.4	19.0	166	18	450.6	415.6	1410.0	742
60～64	62.3	13.2	170	17	297.9	268.9	404.7	1 864	62.3	14.7	167	15	281.3	253.0	504.6	469
65～69	67.5	11.0	166	14	282.5	251.6	199.2	643	67.0	12.0	161	7	283.7	270.5	345.2	91
70歳～	71.7	13.1	161	18	222.7	196.5	140.8	164	71.6	14.6	165	10	236.8	192.1	436.8	22
女																
学歴計	**41.6**	**9.2**	**164**	**15**	**246.0**	**221.8**	**513.6**	**23 329**	**39.0**	**9.2**	**161**	**17**	**265.9**	**236.4**	**679.2**	**9 187**
～19歳	18.9	0.8	171	11	185.7	171.2	71.9	329	18.9	0.7	172	13	191.5	173.5	93.1	147
20～24	23.0	2.0	162	13	219.6	198.0	350.0	2 234	23.2	2.1	161	14	235.6	210.8	453.7	1 052
25～29	27.6	4.4	160	13	242.8	219.1	624.3	2 662	27.6	4.9	157	14	266.0	236.8	810.7	1 385
30～34	32.4	6.5	161	15	255.7	228.1	658.7	2 492	32.5	7.4	158	16	274.0	243.7	839.1	1 270
35～39	37.6	8.6	161	14	253.0	229.9	628.4	2 404	37.5	9.5	159	17	266.9	238.5	716.8	1 029
40～44	42.7	10.3	164	16	257.6	231.9	566.3	3 433	42.7	11.8	163	17	273.3	243.9	746.8	1 240
45～49	47.5	11.6	167	18	267.0	237.2	515.6	3 548	47.4	13.4	163	21	302.9	265.7	682.8	1 236
50～54	52.3	12.4	164	16	260.4	235.4	527.7	2 774	52.2	14.4	162	19	279.8	249.7	704.0	938
55～59	57.3	14.1	165	14	228.1	206.6	420.0	1 939	57.0	13.1	165	17	240.7	211.7	558.3	578
60～64	62.4	14.3	165	10	199.8	185.1	234.5	1 061	62.3	12.1	161	18	197.5	174.1	243.7	281
65～69	66.9	18.1	168	7	197.6	188.8	152.2	371	66.9	12.0	162	17	179.6	162.2	57.9	30
70歳～	72.1	17.1	161	1	172.1	171.4	57.2	82	70.5	9.5	152	3	197.0	193.0	178.0	2

所定内給与額及び年間賞与その他特別給与額

郵便業

100 ～ 999人								10 ～ 99人								区分
年齢	勤続年数	所定内実労働時間数	超過実労働時間数	きまって支給する現金給与額	所定内給与額	年間賞与その他特別給与額	労働者数	年齢	勤続年数	所定内実労働時間数	超過実労働時間数	きまって支給する現金給与額	所定内給与額	年間賞与その他特別給与額	労働者数	
歳	年	時	時	千円	千円	千円	十人	歳	年	時	時	千円	千円	千円	十人	
52.9	13.0	170	33	306.3	251.8	384.2	4 809	53.6	12.8	177	26	302.2	256.4	209.3	5 188	中学卒
18.3	0.8	176	22	239.3	208.3	0.0	12	19.5	1.8	183	24	244.3	221.7	205.2	17	～ 19歳
23.4	2.8	173	54	254.6	189.0	186.5	70	22.7	2.2	174	37	322.1	254.6	81.4	82	20 ～ 24
28.2	5.2	177	38	325.1	268.5	323.6	116	28.0	4.4	174	42	286.1	232.4	230.1	84	25 ～ 29
32.7	5.4	177	48	337.1	266.1	427.3	262	32.5	4.8	178	39	329.9	256.0	235.2	238	30 ～ 34
37.3	6.5	174	40	324.9	258.1	385.2	365	37.9	7.1	177	29	320.9	263.8	244.2	296	35 ～ 39
42.7	9.7	173	41	358.8	286.1	524.1	538	42.9	8.7	177	27	333.1	275.9	271.1	580	40 ～ 44
47.2	11.5	176	35	342.5	284.3	408.0	699	47.5	11.9	180	34	346.2	286.2	270.5	697	45 ～ 49
52.4	14.4	172	44	359.3	282.9	506.9	488	52.6	13.1	185	31	336.9	286.8	253.2	662	50 ～ 54
57.4	19.1	167	33	348.3	287.1	622.5	521	57.5	13.3	177	29	318.7	270.0	205.6	668	55 ～ 59
62.4	17.8	168	22	258.7	223.3	351.2	728	62.7	17.1	175	23	277.9	239.5	213.1	856	60 ～ 64
67.7	14.8	163	23	234.4	198.3	138.0	685	67.4	16.3	169	14	228.5	207.7	106.6	731	65 ～ 69
74.1	14.4	160	15	213.6	189.1	171.6	325	72.7	18.0	171	10	231.4	218.4	62.1	277	70歳～
48.4	11.8	173	32	319.0	261.6	460.9	37 439	49.8	10.4	176	29	315.8	266.6	242.1	32 147	高校卒
19.1	0.9	166	22	206.6	174.8	126.9	208	19.0	0.8	173	15	191.1	173.1	64.0	85	～ 19歳
22.6	2.6	170	32	246.3	198.2	346.5	982	22.7	2.4	171	33	259.7	212.0	204.6	605	20 ～ 24
27.7	4.7	170	34	279.9	225.6	431.7	1 324	27.9	3.7	174	32	295.6	243.6	222.0	761	25 ～ 29
32.6	6.2	174	38	299.1	236.6	411.1	2 328	32.7	5.5	178	34	319.0	262.0	246.8	1 634	30 ～ 34
37.7	8.4	176	36	330.9	267.4	473.6	3 271	37.8	7.1	177	33	326.4	267.8	265.4	2 790	35 ～ 39
42.6	10.8	175	36	340.9	274.9	540.9	5 700	42.6	9.0	179	32	343.8	286.9	274.0	4 710	40 ～ 44
47.5	12.6	174	37	352.0	284.5	519.8	6 598	47.5	10.8	177	31	347.8	293.1	287.5	5 814	45 ～ 49
52.5	14.2	173	33	340.5	280.5	526.6	6 001	52.4	11.8	177	29	330.8	279.0	271.7	5 067	50 ～ 54
57.5	16.1	172	29	333.7	279.3	568.1	4 800	57.4	13.3	178	29	319.6	271.8	264.6	4 194	55 ～ 59
62.4	13.6	169	24	271.0	231.4	281.7	3 723	62.5	11.9	172	22	273.8	237.9	173.3	3 496	60 ～ 64
67.3	12.4	166	21	237.1	205.7	140.3	2 038	67.3	12.5	171	17	242.2	212.8	101.9	2 384	65 ～ 69
72.5	15.6	167	17	227.7	195.5	164.8	467	72.7	15.2	166	11	213.8	198.0	71.1	608	70歳～
46.1	10.9	169	28	324.8	272.3	577.7	4 356	46.1	10.2	175	28	335.4	282.5	409.5	2 099	高専・短大卒
-	-	-	-	-	-	-	-	-	-	-	-	-	-	-	-	～ 19歳
22.7	1.9	167	22	232.0	200.5	336.4	151	23.4	2.7	166	41	308.4	227.7	527.0	54	20 ～ 24
27.3	4.1	168	32	266.2	213.8	503.9	217	27.5	3.5	171	36	297.5	236.4	395.7	136	25 ～ 29
32.8	6.2	170	27	293.2	246.4	604.0	349	32.5	5.5	170	24	327.8	281.2	456.5	173	30 ～ 34
37.7	8.3	167	32	309.5	246.7	628.8	397	37.7	8.4	170	26	338.4	281.4	517.7	268	35 ～ 39
43.0	11.8	172	27	328.9	278.8	737.2	919	42.5	8.2	177	29	337.7	284.7	462.0	377	40 ～ 44
47.6	12.2	169	28	347.6	293.7	583.7	872	47.5	11.0	178	39	360.2	289.0	419.7	341	45 ～ 49
52.4	12.2	170	33	361.5	296.7	664.7	498	52.4	11.2	177	25	358.3	316.0	394.7	251	50 ～ 54
57.4	15.2	168	30	361.2	309.2	513.9	463	57.1	15.7	178	24	364.1	308.4	486.3	201	55 ～ 59
62.5	13.4	170	27	304.3	255.2	359.9	352	62.0	17.4	177	17	297.5	274.4	156.2	175	60 ～ 64
67.0	9.3	162	19	271.4	238.4	134.7	94	67.5	11.8	170	22	278.9	242.5	160.7	102	65 ～ 69
71.8	13.6	171	22	259.4	230.2	17.0	43	72.0	25.7	163	27	274.2	221.9	95.3	22	70歳～
45.9	10.8	168	23	352.7	309.0	788.2	9 581	48.6	9.6	171	22	326.3	286.3	516.2	3 524	大学・大学院卒
-	-	-	-	-	-	-	-	-	-	-	-	-	-	-	-	～ 19歳
23.8	1.3	167	30	266.1	212.3	243.9	478	23.8	1.3	171	27	245.2	206.2	217.5	42	20 ～ 24
27.5	3.3	165	27	290.4	244.2	552.8	712	27.9	3.2	165	27	287.2	241.8	496.1	166	25 ～ 29
32.4	5.9	165	28	318.8	266.1	779.5	947	32.4	5.1	169	26	300.5	258.4	595.6	325	30 ～ 34
37.5	9.2	170	30	352.1	296.0	869.6	1 013	37.4	7.2	170	26	321.6	276.2	540.2	399	35 ～ 39
42.7	11.8	168	25	379.4	330.5	1031.4	1 383	42.5	8.7	169	22	364.3	313.0	693.8	420	40 ～ 44
47.5	14.7	169	18	405.0	365.3	1089.4	1 238	47.5	10.8	172	25	356.2	308.6	688.4	490	45 ～ 49
52.7	14.8	170	17	413.6	377.7	1044.9	1 206	52.7	11.8	178	18	360.1	329.9	593.4	470	50 ～ 54
57.5	13.6	171	21	375.7	334.9	801.0	1 152	57.5	11.2	173	24	326.9	283.5	430.0	576	55 ～ 59
62.1	12.7	170	18	307.3	277.3	395.8	991	62.6	12.7	174	17	294.1	266.6	310.6	404	60 ～ 64
67.7	11.6	168	18	283.3	243.7	162.7	377	67.3	9.1	165	10	280.0	258.8	202.2	176	65 ～ 69
71.0	11.0	155	17	211.5	190.3	122.7	84	72.7	15.6	168	23	233.4	207.1	54.0	58	70歳～
																女
42.3	9.5	164	14	235.8	213.6	471.5	9 266	45.1	8.8	168	12	227.9	209.9	281.4	4 876	学歴計
18.9	0.9	169	11	186.1	172.5	63.5	124	19.0	0.9	172	6	170.2	162.9	36.1	58	～ 19歳
22.9	1.8	162	13	207.3	187.4	268.6	943	23.0	2.2	166	11	198.1	183.6	214.3	238	20 ～ 24
27.6	4.2	161	11	220.2	203.3	466.8	986	27.4	3.2	169	13	208.3	188.0	271.2	291	25 ～ 29
32.2	5.8	163	16	243.0	215.8	568.1	805	32.9	5.1	167	13	224.4	204.5	284.7	418	30 ～ 34
37.7	8.7	162	12	248.9	228.6	676.1	923	37.8	6.3	164	10	229.4	212.7	328.7	451	35 ～ 39
42.6	10.2	163	20	258.9	228.7	573.4	1 306	42.6	8.2	168	9	234.1	219.9	303.7	888	40 ～ 44
47.5	11.7	167	15	243.7	220.3	496.2	1 492	47.7	8.4	172	19	255.2	224.9	299.0	820	45 ～ 49
52.4	11.8	163	16	263.2	237.6	523.5	1 060	52.4	10.9	168	12	233.2	215.2	320.3	776	50 ～ 54
57.5	15.4	166	14	223.9	203.6	402.1	889	57.3	13.0	165	9	220.5	206.1	284.5	473	55 ～ 59
62.4	15.8	164	9	198.4	186.7	244.6	533	62.2	13.4	170	6	205.4	194.1	202.1	247	60 ～ 64
66.8	17.4	168	8	197.1	185.6	206.4	154	67.1	19.7	169	4	200.9	195.7	122.7	187	65 ～ 69
72.7	15.3	165	1	160.0	159.4	40.7	51	71.1	20.7	155	1	191.5	190.9	77.7	29	70歳～

第1表　年齢階級別きまって支給する現金給与額、

H 運 輸 業 ， 郵 便 業

区分	企業規模計 年齢	勤続年数	所定内実労働時間数	超過実労働時間数	きまって支給する現金給与額	所定内給与額	年間賞与その他特別給与額	労働者数	1,000人以上 年齢	勤続年数	所定内実労働時間数	超過実労働時間数	きまって支給する現金給与額	所定内給与額	年間賞与その他特別給与額	労働者数
	歳	年	時	時	千円	千円	千円	十人	歳	年	時	時	千円	千円	千円	十人
中学卒	**46.6**	**9.2**	**166**	**20**	**221.8**	**193.4**	**309.4**	**585**	**43.0**	**7.0**	**164**	**29**	**219.4**	**181.0**	**638.6**	**146**
～ 19歳	18.9	1.6	179	1	157.4	156.7	5.5	12	19.5	0.5	177	3	158.3	155.1	0.0	3
20 ～ 24	22.3	3.9	168	20	203.4	177.0	121.0	10	24.5	2.5	147	0	125.1	125.1	0.0	1
25 ～ 29	27.7	4.7	157	19	192.5	174.0	209.6	33	28.1	8.5	141	30	175.1	152.9	352.9	14
30 ～ 34	33.4	4.1	181	15	211.3	188.2	772.9	48	32.8	4.0	182	20	219.8	187.8	1454.6	23
35 ～ 39	37.6	5.9	163	20	240.3	205.9	143.3	77	37.6	6.3	151	30	206.8	164.6	119.9	25
40 ～ 44	43.0	7.6	156	25	229.3	189.2	473.2	120	41.3	7.7	172	48	269.2	198.4	1722.0	18
45 ～ 49	47.0	9.5	177	25	246.8	213.8	170.5	75	47.0	8.2	165	47	261.6	199.4	137.7	17
50 ～ 54	52.6	9.2	169	26	247.5	210.9	195.0	61	52.2	3.4	173	14	193.3	177.6	125.4	16
55 ～ 59	56.6	8.4	153	24	220.3	191.2	567.2	36	56.0	9.5	159	37	236.0	190.5	792.8	18
60 ～ 64	63.3	12.5	166	13	200.5	182.1	293.7	53	63.3	12.4	168	8	203.4	190.6	252.1	11
65 ～ 69	66.9	17.4	171	8	181.9	172.8	136.1	41	67.2	16.8	169	4	145.4	141.4	194.0	2
70歳～	71.3	33.8	164	2	193.3	191.9	64.5	19	－	－	－	－	－	－	－	－
高校卒	**44.8**	**9.8**	**167**	**16**	**223.2**	**198.8**	**339.3**	**12 435**	**42.6**	**9.8**	**164**	**20**	**232.3**	**201.1**	**473.2**	**4 343**
～ 19歳	18.9	0.8	171	11	186.7	171.8	74.3	318	18.9	0.7	172	13	192.1	173.8	94.8	144
20 ～ 24	22.5	3.1	165	18	211.5	184.4	424.8	665	22.7	3.4	160	22	233.7	198.6	579.3	304
25 ～ 29	27.6	4.7	167	15	203.4	182.3	324.8	815	27.5	5.7	161	18	216.8	188.5	565.1	328
30 ～ 34	32.6	5.8	165	18	225.5	197.3	356.9	986	32.6	7.0	161	20	237.9	206.0	438.3	404
35 ～ 39	37.6	8.2	167	15	223.7	201.9	405.2	1 099	37.6	9.7	164	20	238.5	209.1	576.7	469
40 ～ 44	42.6	9.5	169	18	236.1	209.0	356.7	1 834	42.6	10.1	167	18	233.4	203.9	466.8	646
45 ～ 49	47.6	10.4	169	20	236.7	206.8	340.2	2 291	47.5	11.7	165	23	242.4	206.5	452.9	766
50 ～ 54	52.3	11.9	165	17	232.3	206.9	370.3	1 831	52.2	13.3	162	22	241.7	209.0	517.8	609
55 ～ 59	57.4	14.1	166	14	219.8	198.3	365.1	1 427	57.0	13.4	167	18	239.7	207.3	549.4	410
60 ～ 64	62.4	14.0	165	11	195.7	179.9	215.0	830	62.3	11.8	161	19	187.0	162.7	176.9	234
65 ～ 69	67.0	18.2	168	7	197.0	188.0	131.6	280	66.9	12.6	161	19	181.8	162.4	54.6	27
70歳～	72.3	12.3	161	0	161.0	160.5	57.0	61	70.5	9.5	152	3	197.0	193.0	178.0	2
高専・短大卒	**40.8**	**9.8**	**161**	**14**	**257.8**	**233.8**	**654.0**	**5 218**	**39.5**	**10.1**	**159**	**16**	**277.8**	**248.1**	**843.6**	**2 030**
～ 19歳	－	－	－	－	－	－	－	－	－	－	－	－	－	－	－	－
20 ～ 24	22.5	1.8	161	12	206.2	188.8	291.3	592	22.4	1.9	163	14	215.0	195.2	338.6	208
25 ～ 29	27.9	5.2	156	13	243.8	218.9	770.9	489	27.8	5.6	156	18	276.0	239.2	1058.3	225
30 ～ 34	32.2	7.2	160	14	255.7	229.6	801.5	568	32.3	8.1	158	17	278.5	247.9	1067.6	279
35 ～ 39	37.6	9.0	158	11	258.6	235.6	734.7	668	37.4	8.4	155	13	270.5	242.5	823.6	293
40 ～ 44	42.6	11.7	160	14	268.2	243.1	719.3	992	42.9	14.1	159	16	291.4	262.8	993.4	397
45 ～ 49	47.4	12.9	163	16	293.8	264.8	752.9	795	47.2	14.7	162	20	344.3	302.9	975.7	278
50 ～ 54	52.3	12.4	164	17	282.8	255.1	650.5	543	52.1	13.2	163	19	276.8	246.7	638.6	191
55 ～ 59	57.3	15.3	163	12	245.6	225.4	539.5	388	57.3	12.9	160	10	232.1	216.5	515.4	130
60 ～ 64	62.3	17.0	166	7	199.5	190.6	225.1	133	62.4	11.4	160	16	196.0	174.4	349.8	25
65 ～ 69	66.9	18.3	165	4	215.9	208.4	280.8	49	66.5	0.5	160	0	175.0	175.0	0.0	2
70歳～	70.5	3.5	131	0	296.5	296.5	0.0	2	－	－	－	－	－	－	－	－
大学・大学院卒	**34.2**	**7.2**	**158**	**11**	**292.4**	**268.9**	**818.8**	**5 090**	**32.5**	**7.6**	**157**	**11**	**314.1**	**287.8**	**891.6**	**2 668**
～ 19歳	－	－	－	－	－	－	－	－	－	－	－	－	－	－	－	－
20 ～ 24	23.7	1.3	160	10	233.7	213.2	336.8	966	23.7	1.4	161	10	244.7	223.8	427.8	538
25 ～ 29	27.5	4.0	157	12	267.9	242.9	765.0	1 324	27.6	4.3	156	12	284.7	257.0	849.0	817
30 ～ 34	32.3	7.0	157	13	291.4	263.5	895.4	891	32.4	7.5	156	12	299.8	270.9	987.7	563
35 ～ 39	37.7	9.4	155	13	305.3	281.2	1005.4	561	37.4	10.9	155	13	323.8	298.3	921.0	242
40 ～ 44	42.7	11.0	159	8	324.2	305.9	1066.8	487	42.8	13.5	158	10	377.1	350.3	1113.6	179
45 ～ 49	47.4	15.9	163	12	395.1	364.6	1133.7	387	47.4	19.3	159	10	505.4	471.2	1273.4	176
50 ～ 54	52.2	16.0	156	7	378.6	361.8	1239.3	339	52.2	23.1	156	7	486.8	468.0	1816.1	122
55 ～ 59	57.3	11.5	165	14	287.6	264.9	719.2	89	57.4	11.9	161	16	323.2	291.7	816.3	20
60 ～ 64	61.4	13.3	152	4	274.3	266.9	548.7	45	61.4	20.5	148	10	410.5	392.2	1375.2	11
65 ～ 69	69.5	35.5	147	0	125.0	125.0	314.0	1	－	－	－	－	－	－	－	－
70歳～	－	－	－	－	－	－	－	－	－	－	－	－	－	－	－	－
I 卸売業，小売業																
男女計																
学歴計	**41.7**	**13.0**	**167**	**10**	**328.0**	**308.0**	**942.4**	**335 713**	**41.3**	**14.1**	**163**	**12**	**357.2**	**331.4**	**1235.1**	**125 954**
～ 19歳	19.1	1.0	171	11	186.8	171.5	109.4	2 593	19.1	1.0	168	13	198.0	177.8	121.7	1 088
20 ～ 24	23.1	2.0	168	11	221.5	204.4	329.6	26 006	23.2	1.9	165	13	234.0	213.2	367.2	9 942
25 ～ 29	27.5	4.4	168	13	257.9	234.7	640.8	39 563	27.5	4.7	164	17	277.1	245.5	785.4	15 148
30 ～ 34	32.6	7.6	167	13	296.7	270.6	834.2	40 593	32.5	8.3	163	16	321.2	286.7	1055.7	15 905
35 ～ 39	37.6	10.6	167	12	331.6	306.6	953.6	42 601	37.6	11.7	163	14	360.8	329.2	1203.9	15 505
40 ～ 44	42.6	14.1	167	10	354.0	332.4	1075.7	49 330	42.6	15.6	163	12	389.9	362.1	1423.6	17 489
45 ～ 49	47.4	17.5	167	9	383.5	364.0	1245.2	47 295	47.4	19.6	163	10	426.6	402.0	1681.6	18 564
50 ～ 54	52.5	20.3	167	7	397.1	380.8	1345.6	36 718	52.4	22.7	162	8	437.4	416.5	1794.3	15 205
55 ～ 59	57.4	22.9	167	6	391.6	377.7	1237.5	29 189	57.4	24.8	162	7	417.9	402.0	1635.8	10 645
60 ～ 64	62.3	21.2	166	6	278.9	269.5	545.3	15 976	62.2	21.6	160	6	267.2	255.3	620.4	5 401
65 ～ 69	67.1	17.2	168	5	249.6	242.6	275.2	4 430	67.0	13.8	161	5	255.7	248.4	262.6	971
70歳～	73.3	21.6	169	3	227.3	222.4	187.1	1 417	72.0	14.2	159	5	181.8	175.2	79.0	91

所定内給与額及び年間賞与その他特別給与額

I 卸 売 業 ， 小 売 業

100 ～ 999人								10 ～ 99人								区分
年齢	勤続年数	所定内実労働時間数	超過実労働時間数	きまって支給する現金給与額	きまって支給する現金給与額 所定内給与額	年間賞与その他特別給与額	労働者数	年齢	勤続年数	所定内実労働時間数	超過実労働時間数	きまって支給する現金給与額	きまって支給する現金給与額 所定内給与額	年間賞与その他特別給与額	労働者数	
歳	年	時	時	千円	千円	千円	十人	歳	年	時	時	千円	千円	千円	十人	
49.0	**11.2**	**166**	**17**	**213.7**	**187.4**	**189.3**	**256**	**46.2**	**8.1**	**168**	**17**	**235.0**	**211.8**	**214.2**	**183**	**中学卒**
16.5	0.5	152	0	125.2	125.2	0.0	2	19.4	2.3	187	0	166.2	166.1	8.9	7	～ 19歳
20.5	2.5	170	11	162.2	151.5	0.0	5	24.3	6.0	170	36	271.7	219.7	302.8	4	20 ～ 24
27.3	2.1	179	10	182.2	170.8	73.3	7	27.4	1.7	163	12	218.6	200.5	114.6	12	25 ～ 29
34.5	8.5	147	1	148.0	147.0	228.0	4	33.8	3.5	186	12	213.0	195.7	126.7	21	30 ～ 34
37.7	5.8	167	14	231.4	202.6	26.1	32	37.3	5.4	172	18	297.8	264.4	361.8	20	35 ～ 39
43.4	8.2	151	22	220.1	181.1	210.4	76	43.2	6.1	161	18	229.4	206.3	399.2	27	40 ～ 44
46.8	12.0	183	20	232.2	210.1	242.9	37	47.4	6.3	175	17	259.7	231.0	74.7	22	45 ～ 49
53.6	7.1	166	18	235.2	199.2	146.1	25	51.7	16.9	170	48	308.2	253.6	316.2	19	50 ～ 54
56.4	7.2	171	40	252.3	206.7	356.6	5	57.5	7.4	139	2	188.0	186.2	353.0	14	55 ～ 59
63.1	15.9	168	15	208.9	189.5	432.2	26	63.7	7.3	163	14	185.7	165.3	106.2	17	60 ～ 64
66.8	19.3	175	9	192.7	182.1	176.8	25	66.9	14.2	163	7	167.6	160.5	62.5	15	65 ～ 69
71.5	34.4	168	1	146.6	145.3	36.5	14	70.8	32.4	155	3	314.2	312.5	136.8	5	70歳～
45.6	**10.2**	**167**	**16**	**217.3**	**194.5**	**307.0**	**4 885**	**46.5**	**9.1**	**170**	**12**	**219.9**	**202.3**	**207.1**	**3 208**	**高校卒**
19.0	0.9	170	11	187.1	173.3	64.5	122	18.9	0.7	170	7	170.7	162.4	39.9	51	～ 19歳
22.3	3.0	167	18	191.8	168.0	320.8	252	22.5	2.8	172	10	194.9	182.5	233.2	109	20 ～ 24
27.7	4.4	169	15	196.3	177.9	171.4	349	27.5	3.1	176	7	189.4	178.5	142.0	138	25 ～ 29
32.4	4.9	170	21	219.8	188.5	363.1	320	32.8	5.0	166	12	213.5	194.6	223.7	262	30 ～ 34
37.5	7.9	170	13	216.1	196.6	301.3	388	37.9	5.8	166	9	207.4	196.3	239.9	242	35 ～ 39
42.7	10.1	170	26	245.8	210.3	378.9	646	42.6	8.1	170	9	227.8	213.4	198.9	542	40 ～ 44
47.6	11.2	167	16	224.3	201.5	337.7	923	47.7	7.6	175	22	248.6	215.4	200.7	602	45 ～ 49
52.4	11.8	165	17	232.8	208.0	347.1	687	52.4	10.3	169	11	220.9	203.3	232.1	535	50 ～ 54
57.6	15.1	166	14	209.4	190.2	321.3	633	57.3	13.3	166	10	215.7	202.0	240.2	383	55 ～ 59
62.4	14.9	164	9	196.8	184.7	235.3	431	62.3	14.8	174	6	205.1	191.8	216.0	165	60 ～ 64
66.7	16.3	166	8	189.7	178.1	173.1	97	67.1	20.3	171	4	204.1	198.6	119.0	156	65 ～ 69
73.1	8.3	163	0	165.0	164.6	42.3	37	71.2	19.5	158	0	150.7	150.3	71.2	22	70歳～
40.7	**9.9**	**161**	**12**	**249.0**	**228.4**	**598.8**	**2 268**	**43.7**	**9.1**	**164**	**11**	**235.3**	**216.0**	**372.0**	**920**	**高専・短大卒**
－	－	－	－	－	－	－	－	－	－	－	－	－	－	－	－	～ 19歳
22.5	1.7	160	11	202.6	187.1	279.8	319	23.2	2.1	164	13	195.4	176.7	196.8	66	20 ～ 24
28.1	5.0	155	4	214.1	204.7	550.0	215	27.1	4.3	166	24	226.0	187.5	416.4	49	25 ～ 29
32.0	6.6	161	10	233.9	213.7	600.4	231	32.9	5.5	165	17	233.0	204.6	314.9	57	30 ～ 34
37.8	10.6	158	8	251.2	235.4	825.4	249	37.6	7.2	164	12	245.5	219.7	346.0	125	35 ～ 39
42.3	11.0	158	15	266.3	238.2	687.7	356	42.7	8.7	162	9	232.6	217.8	310.0	239	40 ～ 44
47.5	12.1	164	15	265.9	241.9	647.2	385	47.9	11.5	164	9	268.6	251.4	591.9	132	45 ～ 49
52.3	11.7	163	18	317.3	286.4	781.8	219	52.7	12.3	167	14	235.0	216.1	452.8	134	50 ～ 54
57.3	17.8	166	15	256.6	233.9	586.9	196	57.4	12.5	160	9	238.9	217.0	439.6	62	55 ～ 59
62.4	22.0	167	6	204.6	197.7	239.0	67	62.1	12.3	168	4	193.4	189.2	124.2	41	60 ～ 64
67.1	19.5	169	6	222.5	211.2	329.9	32	66.6	18.1	156	0	206.9	206.9	209.8	14	65 ～ 69
－	－	－	－	－	－	－	－	70.5	3.5	131	0	296.5	296.5	0.0	2	70歳～
34.9	**6.7**	**158**	**12**	**271.5**	**249.6**	**787.6**	**1 857**	**39.5**	**7.1**	**163**	**10**	**258.9**	**242.9**	**577.2**	**565**	**大学・大学院卒**
－	－	－	－	－	－	－	－	－	－	－	－	－	－	－	－	～ 19歳
23.7	1.2	159	12	222.6	201.5	227.0	367	23.6	1.1	156	9	202.2	190.5	193.5	60	20 ～ 24
27.2	3.6	159	11	244.1	224.3	677.7	416	27.4	2.9	162	16	226.1	201.0	410.4	91	25 ～ 29
32.0	6.2	157	15	282.4	253.8	805.0	251	32.7	5.5	165	10	258.7	241.0	514.1	77	30 ～ 34
37.9	8.6	154	13	298.9	273.8	1180.8	255	38.0	7.0	157	8	260.5	245.6	622.6	64	35 ～ 39
42.6	10.0	155	8	297.2	282.0	1068.7	227	42.4	8.3	169	5	282.2	274.2	957.1	81	40 ～ 44
47.3	14.1	165	14	310.3	284.0	1158.3	147	47.8	10.5	166	15	288.2	258.1	696.5	64	45 ～ 49
52.4	12.6	150	8	339.1	319.6	1097.5	129	51.9	11.1	163	6	287.7	277.6	653.9	88	50 ～ 54
57.3	11.0	167	14	270.5	249.0	678.1	55	56.8	12.9	162	10	304.2	289.6	744.1	14	55 ～ 59
62.7	12.5	151	3	197.9	194.1	198.2	9	60.9	10.4	155	2	240.7	236.8	301.7	25	60 ～ 64
－	－	－	－	－	－	－	－	69.5	35.5	147	0	125.0	125.0	314.0	1	65 ～ 69
－	－	－	－	－	－	－	－	－	－	－	－	－	－	－	－	70歳～
																I 卸売業，小売業
																男女計
41.2	**13.1**	**168**	**10**	**321.6**	**302.7**	**926.1**	**119 339**	**42.8**	**11.3**	**173**	**7**	**295.7**	**282.5**	**556.3**	**90 420**	**学歴計**
19.2	1.0	170	9	176.6	165.8	122.7	862	19.0	1.0	175	11	181.4	168.4	70.8	642	～ 19歳
23.1	2.0	169	11	218.1	201.4	354.8	10 574	22.9	2.2	174	8	205.4	194.0	212.9	5 490	20 ～ 24
27.5	4.4	168	13	250.7	229.4	650.7	14 550	27.6	3.7	173	8	239.2	226.0	404.2	9 864	25 ～ 29
32.6	7.8	168	13	291.1	266.0	843.0	13 883	32.6	6.4	173	9	267.6	252.7	496.7	10 805	30 ～ 34
37.5	10.8	167	13	323.4	297.8	953.5	15 301	37.6	8.8	173	8	303.6	288.2	624.6	11 796	35 ～ 39
42.6	14.5	167	10	347.1	325.9	1034.2	18 048	42.5	11.7	173	8	317.5	303.5	688.7	13 794	40 ～ 44
47.5	17.7	168	8	369.8	352.2	1165.1	16 527	47.4	13.8	173	7	336.7	322.1	690.1	12 205	45 ～ 49
52.5	20.7	167	7	394.0	380.2	1294.9	12 283	52.5	16.0	173	7	334.7	322.7	674.0	9 230	50 ～ 54
57.4	24.1	167	6	404.5	391.8	1290.7	10 520	57.4	18.6	173	7	340.0	327.2	639.5	8 024	55 ～ 59
62.3	23.2	166	5	278.0	270.9	595.8	5 121	62.3	19.0	171	5	291.3	282.1	423.5	5 454	60 ～ 64
67.0	15.6	168	5	241.0	233.4	280.2	1 320	67.2	19.7	171	5	252.1	245.7	277.9	2 140	65 ～ 69
73.0	16.1	161	5	218.4	212.4	210.8	350	73.5	24.3	173	3	234.8	230.5	188.7	975	70歳～

第1表　年齢階級別きまって支給する現金給与額、

I 卸売業，

区分	企業規模計								1,000人以上							
	年齢	勤続年数	所定内実労働時間数	超過実労働時間数	きまって支給する現金給与額	所定内給与額	年間賞与その他特別給与額	労働者数	年齢	勤続年数	所定内実労働時間数	超過実労働時間数	きまって支給する現金給与額	所定内給与額	年間賞与その他特別給与額	労働者数
	歳	年	時	時	千円	千円	千円	十人	歳	年	時	時	千円	千円	千円	十人
男																
学歴計	42.6	14.6	168	11	368.2	345.0	1140.7	221 690	42.3	16.3	164	13	411.2	380.5	1554.4	80 488
～19歳	19.1	1.0	171	16	199.7	176.4	132.0	1 155	19.1	1.0	170	20	218.1	185.1	152.3	492
20～24	23.1	2.0	169	14	230.7	208.9	364.2	13 804	23.2	1.9	165	16	242.1	215.8	395.8	4 868
25～29	27.6	4.4	169	16	272.9	244.5	710.1	22 577	27.6	4.8	165	20	295.7	257.2	900.8	8 253
30～34	32.6	7.8	168	16	321.3	289.5	965.4	26 112	32.6	8.6	164	19	353.2	311.0	1257.5	10 035
35～39	37.6	10.9	169	14	360.7	330.9	1083.1	29 814	37.6	12.2	165	16	399.8	361.1	1401.4	10 512
40～44	42.6	14.9	169	11	391.0	366.1	1248.6	34 570	42.6	16.6	165	13	440.8	407.8	1694.5	11 803
45～49	47.4	19.1	168	9	434.7	412.8	1508.1	32 380	47.5	21.6	163	11	491.2	462.8	2065.8	12 683
50～54	52.5	22.9	167	7	456.6	438.8	1665.3	25 218	52.4	26.0	163	8	515.2	491.7	2282.3	10 273
55～59	57.4	25.8	168	6	451.7	437.0	1545.3	20 300	57.4	28.9	163	7	495.9	478.4	2129.4	7 282
60～64	62.3	22.8	166	6	305.2	295.4	650.0	11 664	62.1	24.7	161	7	303.3	289.8	811.3	3 622
65～69	67.1	17.9	169	5	266.8	259.9	324.6	3 171	66.9	13.9	162	4	286.5	280.0	368.9	617
70歳～	73.2	20.8	171	3	242.6	238.0	216.0	923	71.8	11.4	161	5	197.3	189.4	141.5	50
中学卒	48.5	16.0	174	11	305.6	284.8	602.4	3 908	46.1	16.5	166	11	317.1	290.8	760.9	552
～19歳	18.0	1.2	174	13	166.6	151.7	192.0	34	18.5	0.5	169	3	138.2	135.2	0.0	7
20～24	23.1	3.7	165	13	201.0	184.4	235.9	106	23.7	6.1	155	6	160.9	156.8	112.6	21
25～29	27.7	4.1	168	13	225.4	202.9	424.7	281	28.0	5.3	161	10	207.6	188.7	203.2	60
30～34	32.7	7.3	174	14	308.8	282.9	516.0	400	32.4	7.0	167	20	333.4	286.6	554.3	63
35～39	38.0	9.1	173	14	307.0	281.8	550.0	389	37.7	10.8	161	16	299.0	266.3	453.1	50
40～44	42.8	10.6	176	20	312.2	278.1	550.8	370	42.8	14.6	166	8	300.4	268.0	733.4	37
45～49	47.8	17.8	176	10	364.9	345.8	792.4	577	47.5	17.5	165	13	382.5	353.9	1155.3	98
50～54	52.7	18.3	178	7	375.9	359.0	910.2	413	52.6	24.7	177	5	448.1	440.6	1180.7	37
55～59	57.8	23.1	172	12	364.5	332.3	921.9	345	57.8	16.1	166	5	316.5	306.4	967.9	58
60～64	62.4	24.9	173	5	287.2	276.3	630.4	518	61.4	38.1	168	13	370.4	330.8	1316.1	81
65～69	66.9	20.6	174	9	224.0	211.1	165.8	263	66.3	12.1	174	10	223.0	207.8	46.3	40
70歳～	75.2	30.7	178	5	217.6	210.5	272.7	212	72.5	9.5	138	11	130.9	118.1	5.0	2
高校卒	44.3	14.9	171	12	325.4	302.2	784.7	74 478	43.3	16.9	165	16	351.5	316.8	1035.4	19 760
～19歳	19.1	1.0	171	16	200.7	177.1	130.1	1 121	19.1	1.0	170	20	219.2	185.8	154.5	485
20～24	22.5	2.9	172	15	215.6	193.8	351.6	4 261	22.5	3.1	167	20	223.2	191.8	424.7	1 304
25～29	27.6	5.1	171	16	252.3	224.5	468.9	5 457	27.7	6.6	165	22	265.9	224.3	611.9	1 687
30～34	32.6	7.2	173	15	279.2	252.5	551.2	6 931	32.6	8.9	167	20	291.2	252.1	665.9	1 754
35～39	37.6	10.1	173	14	311.8	283.6	679.3	8 592	37.5	11.8	168	19	337.3	294.8	769.0	2 157
40～44	42.6	14.5	171	13	348.8	322.3	901.5	11 526	42.7	17.3	165	16	396.4	356.7	1280.1	3 020
45～49	47.4	17.9	172	12	369.6	343.3	979.5	11 159	47.4	21.3	166	16	414.2	375.2	1340.1	2 896
50～54	52.5	21.8	170	9	392.4	370.9	1143.5	9 853	52.5	25.8	164	12	441.0	406.9	1638.9	2 807
55～59	57.4	24.4	170	9	383.1	364.1	1077.8	8 031	57.4	27.7	163	10	401.7	375.7	1404.7	1 979
60～64	62.4	21.8	167	7	278.5	267.7	522.8	5 289	62.2	22.7	161	7	261.6	249.5	583.8	1 396
65～69	67.3	17.7	169	5	241.6	234.6	271.6	1 761	67.4	11.6	160	5	253.1	245.9	89.9	245
70歳～	72.6	18.4	171	2	236.8	233.0	190.4	495	72.1	12.5	156	1	194.7	191.9	227.8	30
高専・短大卒	40.0	14.1	168	14	342.6	314.9	983.4	31 115	40.3	15.7	164	19	369.7	330.6	1182.3	7 509
～19歳	-	-	-	-	-	-	-	-	-	-	-	-	-	-	-	-
20～24	22.7	2.0	168	17	223.6	198.4	400.4	2 974	22.5	1.8	165	20	228.5	198.7	372.8	618
25～29	27.7	5.3	169	19	260.4	230.4	644.9	3 339	27.6	5.8	165	22	270.8	233.2	730.4	796
30～34	32.6	8.6	167	19	304.7	268.8	878.1	4 170	32.5	9.4	163	27	321.5	272.9	955.1	1 011
35～39	37.7	12.3	169	16	346.0	313.6	966.3	4 659	37.8	13.8	165	20	377.2	332.9	1132.4	1 150
40～44	42.5	16.3	169	14	371.7	341.9	1109.1	5 944	42.6	17.5	166	19	403.8	359.2	1292.8	1 368
45～49	47.2	20.3	169	11	407.4	381.7	1316.2	4 751	47.0	21.6	166	17	439.6	399.0	1589.1	1 217
50～54	52.4	23.1	167	9	417.9	396.3	1352.1	2 617	52.2	25.6	162	12	453.0	419.5	1769.4	758
55～59	57.4	27.1	167	5	431.7	418.7	1318.8	1 749	57.3	29.6	162	8	444.3	426.3	1635.6	382
60～64	62.3	25.8	168	5	275.4	266.7	530.3	681	62.1	27.5	163	6	301.1	288.5	704.5	184
65～69	67.0	17.0	166	8	277.3	265.1	170.3	189	66.2	23.5	162	7	184.8	176.3	47.2	20
70歳～	73.1	11.7	170	3	230.1	225.8	183.3	43	70.5	8.8	173	0	151.5	151.5	0.0	6
大学・大学院卒	41.9	14.5	166	10	405.9	383.9	1439.4	112 189	42.1	16.1	164	12	440.4	412.5	1810.5	52 667
～19歳	-	-	-	-	-	-	-	-	-	-	-	-	-	-	-	-
20～24	23.7	1.3	167	12	244.3	224.0	357.9	6 464	23.7	1.3	165	13	253.9	230.5	389.8	2 925
25～29	27.5	3.9	167	15	285.3	256.9	829.7	13 501	27.5	4.2	165	19	308.8	271.0	1017.2	5 711
30～34	32.6	7.9	166	15	346.3	313.2	1199.1	14 610	32.6	8.5	164	18	372.9	330.9	1450.1	7 207
35～39	37.5	11.0	167	13	392.2	362.1	1344.1	16 174	37.5	12.0	165	15	423.0	386.2	1641.9	7 156
40～44	42.5	14.8	167	9	428.7	406.8	1552.6	16 730	42.5	16.1	164	11	466.5	438.4	1943.4	7 378
45～49	47.5	19.6	165	6	491.2	473.4	1962.6	15 894	47.6	21.7	162	8	526.1	503.2	2392.9	8 471
50～54	52.5	23.9	165	5	518.8	504.7	2173.8	12 336	52.3	26.1	163	6	553.8	535.9	2617.4	6 671
55～59	57.4	26.8	165	4	512.2	501.2	1974.4	10 174	57.4	29.5	163	5	540.4	526.3	2476.8	4 863
60～64	62.1	23.3	165	5	338.2	329.4	797.7	5 175	62.1	25.3	161	6	330.4	316.9	962.5	1 961
65～69	66.9	17.7	166	3	322.9	318.5	495.9	959	66.7	15.3	162	3	327.3	322.7	649.7	312
70歳～	72.8	18.1	161	2	292.7	289.0	227.8	174	71.3	10.2	174	18	236.5	212.3	10.5	12

所定内給与額及び年間賞与その他特別給与額

小　売　業

100～999人								10～99人								区分
年齢	勤続年数	所定内実労働時間数	超過実労働時間数	きまって支給する現金給与額	所定内給与額	年間賞与その他特別給与額	労働者数	年齢	勤続年数	所定内実労働時間数	超過実労働時間数	きまって支給する現金給与額	所定内給与額	年間賞与その他特別給与額	労働者数	
歳	年	時	時	千円	千円	千円	十人	歳	年	時	時	千円	千円	千円	十人	
																男
42.2	**14.7**	**168**	**11**	**358.0**	**336.0**	**1102.9**	**81 020**	**43.5**	**12.2**	**174**	**8**	**324.5**	**309.5**	**638.3**	**60 181**	**学歴計**
19.2	1.1	169	13	183.3	167.5	142.1	351	19.0	0.9	176	14	189.2	172.6	88.6	313	～19歳
23.1	1.9	169	14	228.5	207.1	404.6	6 110	23.0	2.2	175	10	215.7	200.9	222.3	2 826	20～24
27.5	4.4	168	17	266.7	239.4	718.5	8 351	27.6	3.9	174	10	250.0	234.1	435.0	5 974	25～29
32.7	8.0	168	16	314.3	283.3	959.5	9 043	32.6	6.3	174	10	284.7	266.9	556.1	7 034	30～34
37.6	11.1	168	15	350.0	319.8	1074.5	11 043	37.6	9.2	175	9	325.3	307.2	689.6	8 258	35～39
42.6	15.4	169	12	379.9	355.4	1190.0	12 953	42.6	12.3	174	8	345.9	330.0	789.5	9 814	40～44
47.4	19.3	168	8	414.3	395.0	1398.0	11 401	47.4	14.9	175	7	376.5	360.9	806.8	8 296	45～49
52.5	23.0	167	7	445.4	430.6	1561.8	8 820	52.5	17.6	174	6	374.4	361.8	779.6	6 126	50～54
57.4	26.4	167	5	455.6	443.0	1540.3	7 771	57.5	20.6	175	7	384.7	370.5	742.2	5 247	55～59
62.3	24.7	166	5	299.7	292.2	706.0	3 944	62.3	19.5	172	5	312.1	303.4	453.5	4 098	60～64
67.1	17.0	168	6	260.9	252.6	344.4	992	67.2	20.0	172	4	262.8	256.5	294.6	1 562	65～69
72.8	17.2	160	3	237.1	232.6	282.1	240	73.5	22.9	175	3	248.2	243.9	196.7	633	70歳～
48.5	**16.1**	**170**	**11**	**322.1**	**300.0**	**749.4**	**1 189**	**49.2**	**15.9**	**178**	**11**	**293.5**	**274.9**	**481.5**	**2 168**	**中学卒**
-	-	-	-	-	-	-	-	17.9	1.4	175	16	173.6	155.8	239.5	28	～19歳
24.0	2.7	152	17	194.9	171.5	228.9	26	22.6	3.3	173	15	217.5	199.5	281.6	59	20～24
27.1	3.4	170	18	223.1	189.8	416.8	117	28.2	4.3	171	9	238.2	225.8	560.1	104	25～29
32.3	6.7	171	14	337.0	305.7	702.4	82	32.9	7.5	177	12	293.8	274.7	446.8	255	30～34
37.8	9.0	172	10	332.4	313.6	723.3	131	38.2	8.7	177	16	292.9	265.4	464.0	208	35～39
42.7	10.8	180	27	298.9	258.2	446.2	84	42.8	10.0	176	20	318.5	286.2	558.9	250	40～44
47.8	18.0	174	7	375.7	361.6	873.9	222	47.8	17.8	181	10	348.8	328.9	582.9	256	45～49
53.2	18.0	170	6	418.7	398.5	1461.6	140	52.5	17.4	182	8	339.3	322.8	541.7	236	50～54
58.5	26.5	167	14	441.4	396.4	1368.1	113	57.3	23.2	177	13	330.8	299.7	619.9	175	55～59
62.5	23.2	167	3	250.3	245.7	483.3	144	62.7	22.1	178	4	282.4	276.2	513.3	293	60～64
67.2	22.9	171	11	216.5	201.1	171.1	92	66.9	21.5	176	7	229.6	219.1	198.8	130	65～69
73.3	27.5	156	6	206.6	199.3	223.2	38	75.7	31.6	183	5	220.9	214.0	286.5	172	70歳～
44.8	**16.0**	**170**	**12**	**331.2**	**309.3**	**903.7**	**24 440**	**44.6**	**12.8**	**176**	**9**	**303.8**	**286.9**	**525.0**	**30 278**	**高校卒**
19.2	1.1	169	13	183.3	167.5	142.1	351	19.1	0.9	176	14	190.7	174.2	74.0	285	～19歳
22.5	2.9	171	16	216.1	194.8	414.9	1 484	22.6	2.6	176	10	208.3	194.5	223.1	1 473	20～24
27.6	4.6	171	19	249.8	221.5	445.1	1 465	27.6	4.2	176	11	244.0	226.6	379.5	2 306	25～29
32.7	7.1	173	16	282.9	256.8	622.7	1 937	32.6	6.3	176	12	270.4	250.2	446.5	3 241	30～34
37.6	10.2	172	15	313.1	284.4	802.2	2 838	37.6	9.0	176	11	295.5	276.1	528.6	3 597	35～39
42.8	15.3	171	13	340.9	315.4	929.3	3 921	42.5	12.0	176	10	324.3	305.7	628.4	4 585	40～44
47.5	18.7	171	12	371.4	346.6	1126.9	3 741	47.4	15.0	176	10	339.5	320.0	626.5	4 522	45～49
52.5	22.8	169	9	403.1	384.7	1266.2	3 353	52.5	17.8	175	7	345.7	331.0	655.6	3 693	50～54
57.5	26.2	170	8	406.0	389.0	1321.4	2 914	57.4	20.6	176	9	350.2	333.6	645.5	3 138	55～59
62.4	24.6	166	7	274.3	264.3	628.8	1 754	62.4	18.9	173	7	293.0	282.4	396.0	2 139	60～64
67.1	16.0	168	5	244.1	236.9	350.9	577	67.4	20.2	172	5	237.1	230.3	270.2	939	65～69
72.4	15.4	161	3	230.9	226.5	241.6	104	72.6	19.7	175	2	242.1	238.3	172.4	361	70歳～
39.5	**14.4**	**167**	**15**	**337.5**	**308.5**	**1040.1**	**15 646**	**40.8**	**12.0**	**174**	**8**	**327.1**	**312.5**	**684.4**	**7 959**	**高専・短大卒**
-	-	-	-	-	-	-	-	-	-	-	-	-	-	-	-	～19歳
22.6	2.0	167	18	223.6	198.6	455.5	1 815	23.0	1.9	177	14	218.1	197.5	247.3	540	20～24
27.7	5.6	168	20	260.8	229.4	726.4	1 663	27.7	4.4	175	14	250.2	229.6	413.6	880	25～29
32.6	9.1	166	21	307.1	267.6	969.4	2 173	32.6	7.0	174	9	282.1	267.2	598.1	987	30～34
37.6	12.6	166	19	335.6	299.2	1005.9	2 154	37.8	10.6	176	8	335.9	320.1	762.5	1 355	35～39
42.5	16.7	167	15	369.5	337.3	1180.4	2 982	42.6	14.5	174	7	348.3	335.5	818.0	1 594	40～44
47.3	21.7	169	10	404.4	380.1	1365.8	2 327	47.3	16.1	173	6	380.5	367.2	945.2	1 206	45～49
52.3	24.0	166	7	413.1	395.2	1357.1	1 231	52.6	18.3	174	8	384.8	370.3	838.2	628	50～54
57.4	28.7	166	6	440.1	426.4	1534.5	921	57.7	21.5	176	3	403.6	396.5	602.8	446	55～59
62.3	29.7	165	5	255.1	246.3	620.8	271	62.3	19.6	174	3	278.8	273.4	280.3	226	60～64
67.2	15.7	164	14	219.4	202.1	118.5	83	67.1	16.6	167	3	354.6	346.4	248.7	86	65～69
72.7	11.4	170	5	237.2	230.2	195.0	26	75.5	14.3	169	0	256.2	256.2	256.1	11	70歳～
41.5	**13.9**	**167**	**9**	**383.6**	**364.4**	**1260.6**	**39 746**	**42.3**	**11.1**	**172**	**6**	**358.5**	**346.7**	**810.5**	**19 776**	**大学・大学院卒**
-	-	-	-	-	-	-	-	-	-	-	-	-	-	-	-	～19歳
23.7	1.4	168	12	238.5	219.4	367.6	2 785	23.7	1.4	172	8	228.6	216.0	198.1	753	20～24
27.4	3.9	168	15	274.5	248.9	801.3	5 106	27.6	3.4	173	8	255.6	242.4	484.8	2 684	25～29
32.7	7.9	167	14	329.7	300.5	1093.9	4 852	32.5	6.0	172	8	302.8	287.4	690.1	2 551	30～34
37.5	11.1	166	13	373.3	344.4	1237.7	5 920	37.6	8.7	172	8	357.4	340.5	859.8	3 098	35～39
42.6	14.9	168	8	411.8	392.1	1376.5	5 966	42.6	11.9	173	6	375.9	363.7	1011.3	3 386	40～44
47.4	18.7	166	5	451.8	438.6	1633.9	5 111	47.4	13.9	171	3	449.9	441.1	1112.4	2 311	45～49
52.6	22.9	167	5	490.7	480.0	1868.8	4 096	52.6	16.7	170	3	443.1	436.6	1083.9	1 569	50～54
57.4	25.9	166	3	497.5	489.6	1713.7	3 823	57.7	19.9	171	4	458.0	449.0	1002.4	1 488	55～59
62.2	24.1	166	3	335.6	330.6	813.5	1 774	62.1	19.8	168	4	351.8	345.0	554.0	1 440	60～64
67.0	17.2	166	3	332.9	327.5	473.0	240	67.0	19.9	170	2	313.5	310.0	391.3	407	65～69
73.3	16.6	158	1	262.2	260.0	403.5	72	72.6	20.4	161	1	324.6	322.4	115.5	90	70歳～

第1表　年齢階級別きまって支給する現金給与額、

I 卸売業，

区分	企業規模計								1,000人以上							
	年齢	勤続年数	所定内実労働時間数	超過実労働時間数	きまって支給する現金給与額	所定内給与額	年間賞与その他特別給与額	労働者数	年齢	勤続年数	所定内実労働時間数	超過実労働時間数	きまって支給する現金給与額	所定内給与額	年間賞与その他特別給与額	労働者数
	歳	年	時	時	千円	千円	千円	十人	歳	年	時	時	千円	千円	千円	十人
女																
学歴計	**40.0**	**9.9**	**165**	**8**	**249.8**	**236.1**	**556.8**	**114 023**	**39.7**	**10.4**	**161**	**9**	**261.6**	**244.4**	**669.7**	**45 465**
～19歳	19.1	1.0	170	7	176.4	167.5	91.3	1 437	19.1	0.9	167	7	181.5	171.8	96.4	596
20～24	23.0	2.1	168	8	211.1	199.2	290.4	12 202	23.2	2.0	164	10	226.3	210.7	339.7	5 074
25～29	27.5	4.3	166	10	238.0	221.6	548.6	16 986	27.5	4.5	163	13	254.8	231.4	647.2	6 896
30～34	32.5	7.3	165	9	252.3	236.4	597.6	14 481	32.4	7.8	160	11	266.6	245.3	710.6	5 870
35～39	37.5	9.7	164	7	263.6	249.9	651.5	12 787	37.6	10.6	159	9	278.7	262.0	787.9	4 992
40～44	42.6	12.1	164	7	267.3	253.6	670.7	14 760	42.6	13.6	159	8	284.4	267.2	861.2	5 686
45～49	47.4	13.9	165	8	272.4	258.0	674.6	14 915	47.3	15.5	161	8	287.3	270.9	853.1	5 881
50～54	52.4	14.7	165	7	266.6	253.5	644.7	11 500	52.4	15.7	160	8	275.6	260.0	778.1	4 932
55～59	57.4	16.2	165	6	254.4	242.5	534.6	8 889	57.4	16.0	160	6	248.9	236.7	567.0	3 363
60～64	62.3	16.9	164	5	207.7	199.3	262.2	4 312	62.2	15.5	158	5	193.5	185.3	231.9	1 779
65～69	67.0	15.4	166	5	206.0	199.2	150.9	1 259	67.0	13.8	159	6	202.0	193.3	77.3	354
70歳～	73.3	23.2	166	4	198.7	193.3	133.1	494	72.3	17.6	155	4	163.2	158.2	3.9	41
中学卒	**46.9**	**9.1**	**168**	**8**	**199.4**	**185.4**	**194.3**	**1 395**	**49.6**	**9.7**	**162**	**10**	**203.1**	**186.3**	**166.2**	**445**
～19歳	18.4	1.8	178	12	160.1	147.5	3.6	23	19.0	2.9	167	17	191.1	169.8	0.0	6
20～24	22.8	1.8	175	5	171.0	164.1	90.6	52	23.5	0.6	168	0	224.7	224.3	0.0	5
25～29	28.0	3.7	167	4	220.7	212.6	328.3	119	29.0	9.5	157	3	159.5	152.4	103.5	14
30～34	32.4	4.9	171	10	170.1	157.6	68.5	164	32.3	4.8	155	12	183.9	166.3	117.5	36
35～39	36.9	7.4	166	10	202.8	184.9	163.8	111	37.3	9.9	159	4	174.1	168.5	88.1	28
40～44	41.8	8.8	169	10	221.1	204.8	399.9	92	41.3	12.3	165	5	239.9	235.4	441.9	28
45～49	47.2	10.1	172	8	218.5	206.4	340.2	210	46.8	11.3	162	10	209.8	195.4	231.7	45
50～54	52.0	9.2	168	14	230.2	204.1	231.4	230	51.8	6.8	166	16	226.9	196.6	184.4	154
55～59	57.6	10.4	160	6	187.1	172.1	155.7	128	57.7	12.5	162	7	194.8	185.3	200.8	68
60～64	62.3	11.0	162	4	171.3	162.0	73.6	122	62.2	14.2	155	3	145.8	142.4	17.7	19
65～69	67.3	12.9	164	10	180.1	168.4	36.4	60	66.9	11.2	157	12	208.0	193.2	26.2	23
70歳～	74.4	24.2	178	0	167.6	167.2	66.3	86	71.5	22.5	152	0	134.4	134.4	8.3	20
高校卒	**43.3**	**11.1**	**166**	**7**	**217.5**	**206.0**	**377.5**	**50 656**	**43.5**	**11.2**	**161**	**8**	**219.7**	**206.2**	**397.5**	**19 186**
～19歳	19.1	1.0	170	7	176.6	167.9	92.7	1 415	19.1	0.9	167	7	181.4	171.8	97.3	591
20～24	22.5	3.0	169	9	192.5	179.6	311.5	3 990	22.6	3.1	165	12	203.5	186.0	366.3	1 436
25～29	27.6	5.4	167	8	204.5	193.2	348.0	4 458	27.6	5.7	163	9	211.9	196.9	353.2	1 633
30～34	32.5	7.7	166	8	215.1	202.1	340.1	4 470	32.4	7.7	160	10	214.9	197.9	312.4	1 597
35～39	37.6	9.4	165	7	225.7	214.1	408.4	4 800	37.6	10.2	159	9	232.6	217.7	431.5	1 708
40～44	42.6	11.9	166	8	227.7	215.1	442.6	6 836	42.7	13.0	160	8	236.4	221.2	534.7	2 592
45～49	47.5	13.2	166	7	233.7	221.7	461.2	7 875	47.4	13.7	161	7	232.3	220.1	477.0	2 919
50～54	52.5	14.0	165	7	228.0	216.2	434.7	6 622	52.5	14.3	160	8	228.5	214.6	479.5	2 799
55～59	57.4	16.1	165	7	223.4	212.6	407.1	5 723	57.3	15.2	161	6	219.9	209.7	391.6	2 195
60～64	62.3	15.9	164	5	190.3	183.1	205.2	3 187	62.3	14.5	159	6	184.9	176.2	168.8	1 417
65～69	66.9	16.6	166	5	198.2	191.3	160.2	947	67.1	14.2	158	5	178.7	170.7	37.1	283
70歳～	73.1	22.8	163	6	193.3	185.7	134.7	334	73.3	13.5	163	8	177.1	167.3	0.0	15
高専・短大卒	**39.9**	**10.7**	**165**	**7**	**253.4**	**240.5**	**598.6**	**26 218**	**40.4**	**12.1**	**160**	**9**	**266.7**	**250.0**	**735.3**	**9 756**
～19歳	-	-	-	-	-	-	-	-	-	-	-	-	-	-	-	-
20～24	22.7	2.0	167	6	200.9	192.1	252.1	3 002	22.8	2.2	162	9	218.4	205.7	304.8	1 054
25～29	27.6	4.5	168	9	223.3	210.5	428.3	3 165	27.7	4.6	164	13	232.4	212.7	382.7	1 079
30～34	32.6	7.3	165	7	240.4	227.8	493.1	3 300	32.5	7.7	159	11	249.7	230.6	526.2	1 219
35～39	37.7	10.5	164	7	256.1	242.7	673.1	3 221	37.8	11.8	158	9	267.5	251.0	791.3	1 239
40～44	42.5	12.6	163	7	265.4	252.7	698.6	4 206	42.7	14.9	158	8	272.9	256.3	880.2	1 498
45～49	47.4	15.0	164	8	287.7	271.6	776.8	4 249	47.4	17.4	160	9	307.0	287.6	1036.5	1 700
50～54	52.4	15.6	165	7	285.0	271.1	820.0	2 505	52.3	17.0	160	6	299.2	285.6	994.2	1 032
55～59	57.4	17.5	166	6	274.5	261.1	672.2	1 838	57.4	18.1	161	7	283.3	267.5	831.6	691
60～64	62.0	22.0	164	4	215.7	208.1	402.5	581	61.8	22.6	156	4	205.6	198.3	606.5	223
65～69	66.8	12.3	167	4	182.0	177.5	95.3	117	66.2	5.0	168	8	170.9	162.3	22.6	15
70歳～	72.2	26.8	162	2	337.5	334.6	381.3	33	72.5	12.5	147	6	211.2	202.5	0.0	7
大学・大学院卒	**35.1**	**7.8**	**164**	**9**	**294.9**	**277.5**	**794.4**	**35 754**	**34.5**	**8.3**	**161**	**11**	**310.2**	**288.2**	**968.7**	**16 078**
～19歳	-	-	-	-	-	-	-	-	-	-	-	-	-	-	-	-
20～24	23.6	1.3	168	8	231.9	219.0	298.3	5 159	23.6	1.3	165	9	242.3	226.5	339.7	2 579
25～29	27.4	3.7	165	11	259.5	239.3	689.4	9 244	27.3	3.9	163	14	277.7	250.1	832.7	4 169
30～34	32.4	7.2	164	10	285.6	266.1	839.3	6 546	32.4	7.8	160	12	301.7	277.2	1003.0	3 018
35～39	37.4	9.5	162	8	309.3	293.4	898.8	4 656	37.4	10.3	160	9	326.1	307.5	1097.6	2 016
40～44	42.5	12.1	160	7	345.1	328.6	1075.2	3 626	42.4	13.2	158	9	375.5	354.3	1390.7	1 567
45～49	47.3	14.6	162	8	369.8	350.2	1184.5	2 581	47.2	17.0	160	9	394.3	372.2	1522.1	1 217
50～54	52.3	16.7	165	7	368.2	353.6	1132.9	2 143	52.2	20.1	161	8	396.7	376.4	1521.2	948
55～59	57.1	15.2	165	5	378.9	364.2	972.6	1 200	57.2	17.3	157	6	355.3	338.1	1123.0	409
60～64	62.4	19.4	165	7	339.2	320.9	554.1	422	61.9	13.8	160	3	279.4	273.4	314.8	121
65～69	67.1	11.1	167	4	293.0	287.1	184.8	135	67.0	15.6	160	6	407.6	396.4	474.7	34
70歳～	74.0	20.6	174	0	196.3	196.3	61.1	41	76.5	9.5	176	0	304.0	304.0	0.0	0

所定内給与額及び年間賞与その他特別給与額

小　売　業

100 ～ 999人								10 ～ 99人								
年齢	勤続年数	所定内実労働時間数	超過実労働時間数	きまって支給する現金給与額	所定内給与額	年間賞与その他特別給与額	労働者数	年齢	勤続年数	所定内実労働時間数	超過実労働時間数	きまって支給する現金給与額	所定内給与額	年間賞与その他特別給与額	労働者数	区分
歳	年	時	時	千円	千円	千円	十人	歳	年	時	時	千円	千円	千円	十人	
																女
39.2	**9.9**	**167**	**8**	**244.8**	**232.2**	**552.2**	**38 319**	**41.5**	**9.4**	**170**	**6**	**238.5**	**228.7**	**393.0**	**30 238**	**学歴計**
19.1	1.0	171	6	172.0	164.6	109.4	511	19.0	1.0	174	8	173.9	164.5	54.0	330	～ 19歳
23.0	2.0	169	7	203.8	193.7	286.6	4 464	22.8	2.2	173	6	194.4	186.7	202.9	2 664	20 ～ 24
27.4	4.6	168	9	229.2	215.8	559.3	6 199	27.6	3.6	170	6	222.5	213.5	356.9	3 891	25 ～ 29
32.5	7.6	166	8	247.8	233.6	625.3	4 839	32.5	6.4	170	6	235.7	226.1	385.9	3 771	30 ～ 34
37.5	10.0	165	8	254.6	240.9	639.9	4 258	37.5	8.1	168	6	253.0	243.7	473.0	3 538	35 ～ 39
42.5	12.0	165	7	263.5	250.8	638.3	5 095	42.5	10.2	169	6	247.5	237.9	440.0	3 980	40 ～ 44
47.5	14.1	166	8	270.9	257.0	646.9	5 126	47.4	11.3	170	7	252.2	239.8	442.4	3 909	45 ～ 49
52.4	15.1	167	7	263.1	251.6	615.1	3 463	52.5	12.8	170	7	256.3	245.5	465.7	3 104	50 ～ 54
57.5	17.5	167	7	260.0	246.8	585.1	2 750	57.3	15.0	169	6	255.7	245.3	445.4	2 777	55 ～ 59
62.2	18.2	166	4	205.3	199.4	226.7	1 177	62.3	17.8	170	6	228.5	217.7	332.8	1 356	60 ～ 64
66.8	11.4	169	4	180.7	175.3	86.0	328	67.0	18.7	168	5	222.9	216.5	232.7	578	65 ～ 69
73.2	13.6	162	9	177.4	168.1	54.7	110	73.5	26.9	169	3	209.8	205.6	173.8	342	70歳～
44.0	**9.6**	**167**	**8**	**213.8**	**200.3**	**298.6**	**410**	**46.7**	**8.4**	**175**	**7**	**185.2**	**173.3**	**138.2**	**540**	**中学卒**
-	-	-	-	-	-	-	-	18.2	1.4	182	11	150.1	140.3	4.7	17	～ 19歳
23.5	1.5	178	4	156.4	151.1	108.2	22	22.0	2.3	174	7	172.9	163.1	93.7	25	20 ～ 24
27.6	4.0	165	6	299.1	282.7	723.8	45	28.1	2.1	171	2	177.2	174.9	88.9	60	25 ～ 29
32.5	5.9	176	7	162.3	154.1	75.1	64	32.3	4.0	176	12	170.0	156.2	34.1	64	30 ～ 34
36.4	7.8	155	12	231.7	210.5	278.1	41	37.1	5.4	181	13	194.4	171.3	104.3	42	35 ～ 39
42.3	8.4	170	15	240.6	210.5	480.0	32	41.6	6.0	173	10	184.5	171.9	280.5	32	40 ～ 44
47.3	12.6	174	7	225.5	210.4	557.3	67	47.3	7.8	175	8	217.8	208.7	241.8	98	45 ～ 49
52.7	19.2	168	7	247.2	235.1	292.2	45	52.0	6.8	177	17	222.3	196.5	373.4	32	50 ～ 54
58.2	13.9	159	6	179.6	173.2	85.2	26	56.7	3.7	157	4	177.4	144.8	119.5	34	55 ～ 59
62.1	9.3	160	5	185.6	176.4	54.0	64	62.6	12.1	171	4	160.3	148.0	131.4	40	60 ～ 64
66.5	16.9	172	7	146.3	139.0	75.8	6	67.8	13.4	167	9	166.2	155.8	36.2	31	65 ～ 69
-	-	-	-	-	-	-	-	75.2	24.7	186	0	177.5	176.9	83.5	66	70歳～
42.2	**11.2**	**167**	**8**	**218.7**	**207.1**	**414.4**	**15 990**	**44.1**	**10.7**	**171**	**6**	**213.7**	**204.8**	**314.6**	**15 479**	**高校卒**
19.1	1.0	171	6	172.0	164.6	109.4	511	19.1	1.0	174	8	175.2	165.8	56.8	313	～ 19歳
22.4	3.1	169	10	188.8	176.5	342.1	1 328	22.5	2.9	174	6	183.5	175.5	214.2	1 226	20 ～ 24
27.7	5.9	168	7	203.3	193.3	417.4	1 626	27.5	4.3	171	6	196.2	188.0	246.7	1 199	25 ～ 29
32.5	8.0	167	8	224.1	210.3	415.9	1 443	32.6	7.2	172	6	206.2	198.5	294.6	1 430	30 ～ 34
37.7	9.9	167	8	225.4	213.2	466.5	1 569	37.4	8.2	169	5	218.3	210.9	322.5	1 522	35 ～ 39
42.6	11.8	168	8	226.4	214.1	424.2	2 198	42.5	10.5	172	6	218.2	208.4	345.8	2 046	40 ～ 44
47.6	14.2	168	9	240.4	227.3	519.3	2 669	47.6	11.4	170	7	227.7	217.1	373.2	2 287	45 ～ 49
52.4	14.5	166	6	224.8	214.9	429.5	1 877	52.6	13.0	170	7	230.4	219.8	375.2	1 945	50 ～ 54
57.5	17.8	166	8	230.1	217.1	473.4	1 675	57.4	15.5	170	6	221.5	211.9	365.4	1 853	55 ～ 59
62.2	15.9	167	5	188.9	183.2	199.4	809	62.3	18.0	170	5	199.4	193.0	263.8	961	60 ～ 64
66.7	13.3	169	6	179.6	172.0	98.4	214	67.0	19.7	169	5	219.3	213.4	266.8	450	65 ～ 69
72.7	12.1	157	13	172.2	158.0	68.9	72	73.2	26.6	164	4	200.5	194.9	162.2	247	70歳～
39.3	**10.5**	**166**	**6**	**251.4**	**240.2**	**574.3**	**9 803**	**40.2**	**9.0**	**171**	**6**	**236.8**	**227.0**	**434.2**	**6 658**	**高専・短大卒**
-	-	-	-	-	-	-	-	-	-	-	-	-	-	-	-	～ 19歳
22.7	1.9	169	5	193.9	187.8	239.6	1 282	22.6	1.8	172	6	186.9	178.9	192.9	665	20 ～ 24
27.3	4.8	170	6	221.9	213.3	494.2	1 259	27.8	3.9	172	7	213.5	203.4	387.3	828	25 ～ 29
32.5	7.8	167	6	237.0	227.3	527.1	1 154	32.8	6.2	170	5	232.4	224.8	407.2	927	30 ～ 34
37.6	10.6	166	7	251.3	237.7	670.4	1 132	37.6	8.7	172	5	245.8	237.2	504.3	850	35 ～ 39
42.4	12.2	163	6	268.4	257.3	679.2	1 670	42.5	10.0	169	6	249.6	240.1	467.2	1 037	40 ～ 44
47.4	14.3	164	7	283.4	270.7	663.7	1 566	47.2	11.8	169	7	260.9	245.5	507.8	983	45 ～ 49
52.5	15.5	166	8	288.8	272.7	783.0	865	52.4	13.5	171	7	255.5	244.3	577.5	608	50 ～ 54
57.4	19.0	167	8	293.2	277.2	673.9	637	57.3	14.6	172	4	239.0	232.2	454.0	510	55 ～ 59
62.1	24.9	165	3	215.5	209.8	253.0	188	62.0	18.0	173	6	229.2	219.1	301.1	170	60 ～ 64
67.0	8.9	166	1	180.0	178.6	108.8	48	66.7	17.1	167	4	186.8	180.6	102.9	55	65 ～ 69
75.5	3.5	154	0	207.2	207.2	50.0	2	71.9	32.5	167	1	382.0	380.4	510.6	24	70歳～
34.9	**7.6**	**166**	**8**	**274.9**	**260.0**	**724.9**	**12 115**	**36.9**	**6.9**	**167**	**6**	**294.5**	**283.0**	**535.3**	**7 561**	**大学・大学院卒**
-	-	-	-	-	-	-	-	-	-	-	-	-	-	-	-	～ 19歳
23.6	1.4	169	7	222.3	210.8	281.4	1 832	23.7	1.3	173	4	219.7	212.8	196.8	748	20 ～ 24
27.3	3.8	166	10	243.9	227.1	652.6	3 270	27.5	3.0	169	6	245.5	236.5	425.2	1 805	25 ～ 29
32.5	7.2	165	9	271.6	254.7	832.2	2 178	32.2	5.8	167	7	272.3	259.5	484.7	1 350	30 ～ 34
37.3	9.9	164	7	288.0	272.8	806.3	1 516	37.5	7.5	164	6	307.7	295.8	666.8	1 124	35 ～ 39
42.6	12.3	161	7	325.8	310.2	979.2	1 194	42.4	10.0	164	4	316.5	307.6	636.0	865	40 ～ 44
47.5	13.9	161	8	349.3	330.6	1035.0	824	47.2	10.3	167	7	345.9	330.6	652.5	541	45 ～ 49
52.1	15.7	170	5	337.5	327.6	936.5	676	52.7	11.8	167	5	356.2	345.9	679.8	519	50 ～ 54
57.2	14.3	175	4	335.2	325.4	933.4	412	56.9	14.0	162	5	451.7	434.4	853.2	380	55 ～ 59
62.5	27.8	162	3	314.3	308.3	468.5	116	62.8	17.8	170	13	394.4	360.0	765.7	184	60 ～ 64
67.0	6.3	171	0	188.6	188.1	24.9	60	67.2	14.4	165	7	351.7	342.0	181.5	41	65 ～ 69
74.2	17.2	174	0	186.4	186.4	26.2	36	72.5	43.6	176	0	255.6	255.6	294.8	5	70歳～

第1表　年齢階級別きまって支給する現金給与額、

J 金 融 業，

区分	企業規模計 年齢	勤続年数	所定内実労働時間数	超過実労働時間数	きまって支給する現金給与額	所定内給与額	年間賞与その他特別給与額	労働者数	1,000人以上 年齢	勤続年数	所定内実労働時間数	超過実労働時間数	きまって支給する現金給与額	所定内給与額	年間賞与その他特別給与額	労働者数
	歳	年	時	時	千円	千円	千円	十人	歳	年	時	時	千円	千円	千円	十人
J金融業，保険業																
男女計																
学歴計	**42.1**	**13.7**	**155**	**12**	**398.3**	**369.1**	**1501.9**	**103 648**	**42.2**	**13.8**	**153**	**13**	**399.6**	**368.2**	**1551.5**	**81 684**
～19歳	19.1	0.8	163	3	159.7	156.5	83.1	192	19.1	0.8	160	4	163.4	159.2	87.8	70
20～24	23.5	1.4	158	13	236.0	214.0	431.0	9 531	23.5	1.4	156	15	240.1	215.7	455.6	7 356
25～29	27.4	4.3	156	20	297.7	257.8	1021.1	12 625	27.4	4.3	155	22	304.0	260.1	1061.2	9 916
30～34	32.4	8.2	155	18	365.4	319.4	1386.7	12 914	32.4	8.3	154	19	371.1	321.5	1444.8	10 318
35～39	37.5	11.0	154	15	409.6	370.2	1568.9	10 239	37.5	11.1	153	15	409.9	367.9	1612.9	8 017
40～44	42.6	14.2	155	11	442.9	413.7	1818.2	12 706	42.6	14.3	154	11	442.9	411.6	1885.5	9 747
45～49	47.5	18.5	156	10	489.0	460.8	2088.6	14 713	47.5	18.7	154	11	492.2	462.3	2199.8	11 741
50～54	52.4	21.3	155	8	503.3	481.4	2143.2	13 444	52.4	21.3	154	8	501.1	478.0	2175.7	10 840
55～59	57.4	23.5	154	7	441.5	423.5	1614.8	9 986	57.4	23.2	152	8	427.0	406.9	1588.9	7 814
60～64	62.3	21.3	150	4	319.5	311.3	830.2	5 398	62.3	20.8	148	5	317.8	309.0	835.9	4 150
65～69	67.3	24.4	145	1	316.7	314.6	727.6	1 424	67.3	25.0	144	1	317.6	316.1	755.2	1 281
70歳～	73.0	30.6	145	0	329.5	329.3	817.0	476	73.0	31.8	143	0	334.5	334.4	851.1	435
男																
学歴計	**43.3**	**16.0**	**159**	**14**	**504.0**	**467.0**	**2082.7**	**49 477**	**43.1**	**16.3**	**158**	**16**	**524.7**	**482.4**	**2269.9**	**36 141**
～19歳	19.2	0.6	162	0	155.1	154.6	24.1	19	18.5	0.5	154	0	148.0	148.0	0.0	2
20～24	23.6	1.2	160	16	253.3	226.1	408.4	3 528	23.6	1.2	158	18	259.8	228.2	442.8	2 531
25～29	27.4	4.3	159	26	341.3	285.9	1176.7	5 504	27.3	4.4	158	29	355.2	292.2	1246.8	4 158
30～34	32.5	8.6	159	24	452.0	386.8	1816.1	5 920	32.5	8.9	158	26	472.8	399.5	1960.5	4 450
35～39	37.5	11.7	159	19	536.4	480.1	2215.9	4 424	37.5	12.2	158	21	566.6	501.3	2439.4	3 137
40～44	42.6	16.2	160	12	585.8	548.7	2643.6	5 969	42.6	16.9	159	13	613.6	571.7	2891.9	4 291
45～49	47.6	21.7	160	10	628.9	596.6	2949.6	7 593	47.7	22.7	159	11	658.3	622.9	3264.4	5 795
50～54	52.4	24.9	159	7	642.8	618.4	3005.0	7 295	52.4	25.5	159	8	665.8	639.3	3207.1	5 514
55～59	57.4	25.8	157	7	532.2	512.3	2066.5	5 570	57.4	25.9	156	9	535.3	510.8	2177.3	3 825
60～64	62.3	20.7	153	5	328.8	318.2	871.3	3 236	62.4	19.6	151	6	324.3	312.0	891.1	2 194
65～69	66.9	16.9	151	3	289.4	282.8	331.8	370	66.9	15.7	146	3	277.8	271.5	254.8	236
70歳～	72.9	19.0	158	1	286.0	285.3	426.5	48	72.8	28.9	153	0	329.2	329.2	343.1	9
中学卒	**43.4**	**9.9**	**154**	**12**	**340.8**	**317.3**	**645.7**	**82**	**40.9**	**10.8**	**154**	**13**	**339.8**	**314.0**	**708.1**	**65**
～19歳	-	-	-	-	-	-	-	-	-	-	-	-	-	-	-	-
20～24	24.0	1.5	154	17	235.4	208.7	284.5	14	24.0	1.5	154	17	235.4	208.7	284.5	14
25～29	28.0	6.0	154	32	346.5	277.2	711.5	15	28.0	6.0	154	32	346.5	277.2	711.5	15
30～34	34.2	0.5	157	7	240.0	232.1	46.6	1	33.5	0.5	154	22	176.9	153.2	139.8	0
35～39	36.7	11.1	156	9	459.0	436.5	1046.6	12	36.1	12.4	152	2	492.5	488.3	1005.5	9
40～44	42.6	15.9	167	0	494.7	494.7	1125.7	1	-	-	-	-	-	-	-	-
45～49	48.5	20.0	162	0	585.0	585.0	135.0	1	-	-	-	-	-	-	-	-
50～54	52.4	25.5	154	2	500.1	497.5	1272.5	12	52.4	25.5	154	2	500.1	497.5	1272.5	12
55～59	57.3	3.4	148	3	334.2	328.7	232.1	10	57.0	7.7	158	8	230.6	212.9	756.3	3
60～64	62.6	11.1	156	8	228.6	212.2	452.1	8	62.0	13.0	154	14	262.6	232.1	461.3	4
65～69	66.0	13.2	154	3	200.1	194.5	419.7	9	66.0	13.2	154	4	197.7	192.0	425.3	9
70歳～	73.5	4.5	171	0	200.0	200.0	400.0	0	-	-	-	-	-	-	-	-
高校卒	**51.8**	**21.1**	**158**	**8**	**405.3**	**386.5**	**1325.8**	**4 510**	**52.2**	**20.6**	**156**	**9**	**417.2**	**393.1**	**1420.4**	**2 864**
～19歳	19.2	0.6	162	0	155.1	154.6	24.1	19	18.5	0.5	154	0	148.0	148.0	0.0	2
20～24	22.7	3.2	166	11	206.6	190.3	380.2	35	22.4	2.6	149	11	192.8	176.8	235.8	10
25～29	28.1	4.3	158	9	267.0	254.4	387.4	86	28.2	3.1	151	11	272.1	257.8	328.2	53
30～34	32.8	6.8	159	13	355.3	312.4	856.9	216	32.8	6.6	157	14	390.2	338.5	887.7	145
35～39	37.6	8.4	161	12	362.1	339.9	837.7	217	37.4	7.0	159	14	371.5	345.1	861.7	149
40～44	42.9	17.3	161	9	419.8	397.6	1437.2	464	43.0	17.1	157	11	441.9	415.7	1619.3	261
45～49	47.4	20.5	160	8	453.2	432.6	1567.5	608	47.4	20.4	156	10	464.9	438.0	1807.9	362
50～54	52.6	25.5	159	7	496.2	475.4	1892.6	851	52.5	24.9	157	10	511.4	483.3	2041.9	535
55～59	57.6	28.0	158	8	450.7	430.3	1593.1	1 019	57.6	27.4	156	10	456.1	429.4	1637.3	691
60～64	62.3	21.4	157	5	289.0	280.7	750.5	864	62.4	19.6	156	6	293.1	282.8	768.8	599
65～69	66.5	17.3	151	3	294.1	288.7	474.9	100	66.6	17.2	147	3	318.3	313.9	514.3	50
70歳～	73.2	11.5	157	1	275.8	274.7	504.9	32	72.8	28.9	151	0	318.5	318.5	441.0	7
高専・短大卒	**45.7**	**16.3**	**159**	**9**	**433.3**	**412.0**	**1360.6**	**1 317**	**46.1**	**16.0**	**154**	**11**	**455.2**	**427.4**	**1418.4**	**675**
～19歳	-	-	-	-	-	-	-	-	-	-	-	-	-	-	-	-
20～24	22.9	1.7	165	6	203.5	195.5	290.9	40	22.9	1.1	155	10	220.2	206.1	200.2	13
25～29	27.7	3.7	159	7	262.1	248.1	580.8	47	28.1	3.4	149	6	292.0	281.9	720.8	22
30～34	32.1	8.4	155	13	329.0	301.9	1008.1	95	32.1	9.5	147	13	341.0	312.9	1051.5	51
35～39	37.5	8.7	157	6	370.7	356.7	1053.0	125	37.2	8.4	152	5	368.7	354.6	966.8	60
40～44	42.7	13.8	159	10	460.9	436.1	1270.1	288	42.6	12.3	155	12	504.9	474.7	1288.0	161
45～49	47.2	18.6	162	10	509.2	482.3	1734.2	298	46.9	18.9	158	13	543.1	509.2	1926.0	146
50～54	52.6	20.9	159	8	490.7	470.1	1794.5	191	52.7	19.4	156	13	498.9	465.0	1891.1	89
55～59	57.4	22.9	158	8	463.2	443.2	1585.7	150	57.5	20.0	155	14	468.2	434.7	1619.6	81
60～64	62.4	30.1	154	4	298.9	290.8	775.2	74	62.3	33.1	150	5	305.9	294.8	793.0	49
65～69	67.0	13.6	153	5	279.9	270.7	351.3	8	67.8	13.2	148	8	282.6	264.4	554.6	3
70歳～	77.5	55.5	150	0	300.0	300.0	1590.0	0	-	-	-	-	-	-	-	-

所定内給与額及び年間賞与その他特別給与額

保険業

100 ～ 999人								10 ～ 99人								区分
年齢	勤続年数	所定内実労働時間数	超過実労働時間数	きまって支給する現金給与額	所定内給与額	年間賞与その他特別給与額	労働者数	年齢	勤続年数	所定内実労働時間数	超過実労働時間数	きまって支給する現金給与額	所定内給与額	年間賞与その他特別給与額	労働者数	
歳	年	時	時	千円	千円	千円	十人	歳	年	時	時	千円	千円	千円	十人	
																J 金融業，保険業
																男女計
40.9	13.7	160	10	390.6	367.1	1325.1	17 686	44.5	11.9	161	4	404.5	395.2	1285.3	4 278	学歴計
19.0	0.7	165	2	158.2	155.8	62.8	98	19.0	0.9	160	3	154.9	151.8	152.3	24	～19歳
23.3	1.5	163	10	221.2	205.8	360.8	1 904	23.4	1.4	168	4	230.6	224.7	257.3	271	20 ～ 24
27.3	4.5	160	14	276.4	249.6	899.0	2 326	27.5	3.9	164	7	261.8	248.7	724.1	383	25 ～ 29
32.5	8.0	160	15	344.9	310.5	1186.4	2 233	32.6	6.4	162	8	331.8	315.0	968.6	363	30 ～ 34
37.6	11.0	159	13	415.2	381.1	1446.9	1 769	37.6	8.6	161	6	381.9	368.0	1267.6	453	35 ～ 39
42.6	14.3	160	9	446.3	420.6	1621.2	2 340	42.5	11.9	162	5	431.2	419.7	1504.1	619	40 ～ 44
47.4	18.3	161	8	477.2	452.6	1696.1	2 379	47.5	13.7	161	3	472.1	463.8	1461.6	593	45 ～ 49
52.4	22.7	160	6	518.8	499.1	2013.9	2 029	52.5	16.7	159	4	490.0	481.3	1987.7	575	50 ～ 54
57.5	26.8	160	4	487.8	475.4	1739.7	1 594	57.5	19.0	159	2	509.7	504.7	1620.7	577	55 ～ 59
62.1	25.5	156	3	312.1	303.8	776.9	893	62.2	16.5	158	1	358.5	356.1	898.6	355	60 ～ 64
67.0	22.8	158	5	306.9	297.2	479.2	92	66.7	11.9	161	1	309.7	307.9	480.1	51	65 ～ 69
71.6	22.1	159	1	236.8	235.6	590.8	28	75.6	8.6	158	0	355.5	355.4	194.8	14	70歳～
																男
43.2	15.7	162	10	443.7	418.0	1584.6	10 664	46.2	12.8	162	4	464.0	454.3	1538.4	2 672	学歴計
19.3	0.6	163	1	156.5	155.9	24.0	15	18.7	0.7	162	0	152.8	152.8	49.9	2	～19歳
23.5	1.3	164	11	234.6	216.4	345.9	850	23.5	0.9	170	3	250.4	244.7	178.3	148	20 ～ 24
27.4	4.3	161	17	301.8	267.4	990.2	1 144	27.5	3.6	165	8	278.0	262.3	791.1	202	25 ～ 29
32.5	7.9	162	18	391.2	347.3	1417.6	1 254	32.7	6.3	163	10	375.4	353.8	1153.8	216	30 ～ 34
37.6	10.9	161	14	466.7	428.6	1706.2	1 030	37.6	9.1	162	7	446.8	429.0	1529.0	256	35 ～ 39
42.7	14.7	162	9	516.5	488.3	2016.0	1 313	42.5	12.8	163	5	508.8	496.6	1983.5	365	40 ～ 44
47.4	19.2	163	8	531.6	506.3	1989.7	1 451	47.5	14.5	162	3	543.4	536.0	1709.7	347	45 ～ 49
52.5	24.2	161	6	570.1	550.3	2346.8	1 439	52.5	17.9	161	3	577.3	567.8	2516.4	342	50 ～ 54
57.6	27.8	161	4	513.4	501.5	1832.3	1 297	57.6	19.5	160	2	560.0	555.6	1798.0	447	55 ～ 59
62.2	25.5	157	4	322.3	313.5	778.7	756	62.3	16.1	158	1	379.7	377.8	963.5	287	60 ～ 64
67.0	22.7	158	5	305.7	295.6	474.2	88	66.8	11.9	162	1	318.3	316.4	456.1	46	65 ～ 69
71.6	21.5	159	1	231.9	230.6	574.8	26	75.7	7.4	157	0	364.0	363.9	189.0	13	70歳～
52.4	6.4	154	8	387.4	367.1	406.4	12	55.5	5.9	157	1	230.0	228.8	404.1	5	中学卒
-	-	-	-	-	-	-	-	-	-	-	-	-	-	-	-	～19歳
-	-	-	-	-	-	-	-	-	-	-	-	-	-	-	-	20 ～ 24
-	-	-	-	-	-	-	-	-	-	-	-	-	-	-	-	25 ～ 29
-	-	-	-	-	-	-	-	34.5	0.5	158	0	271.6	271.6	0.0	1	30 ～ 34
38.5	8.5	165	32	379.0	298.1	1303.7	3	35.5	0.5	176	0	297.8	297.8	50.0	0	35 ～ 39
43.5	23.5	176	0	605.7	605.7	1465.1	1	41.5	6.5	155	0	356.0	356.0	701.5	0	40 ～ 44
48.5	20.0	162	0	585.0	585.0	135.0	1	-	-	-	-	-	-	-	-	45 ～ 49
-	-	-	-	-	-	-	-	-	-	-	-	-	-	-	-	50 ～ 54
57.5	1.5	144	0	380.0	380.0	0.0	7	-	-	-	-	-	-	-	-	55 ～ 59
62.7	16.1	172	7	217.3	208.5	231.1	1	63.4	7.3	155	1	191.1	189.4	507.4	3	60 ～ 64
-	-	-	-	-	-	-	-	68.5	11.5	160	0	300.0	300.0	180.0	0	65 ～ 69
73.5	4.5	171	0	200.0	200.0	400.0	0	-	-	-	-	-	-	-	-	70歳～
51.0	23.7	163	5	392.4	380.9	1185.9	1 218	51.6	16.9	163	2	363.0	358.3	1091.1	428	高校卒
19.3	0.6	163	1	156.5	155.9	24.0	15	18.7	0.7	162	0	152.8	152.8	49.9	2	～19歳
22.7	3.8	170	12	215.4	196.8	464.9	21	22.9	1.9	183	4	195.2	189.6	296.6	4	20 ～ 24
28.0	6.4	166	7	264.8	253.8	488.9	24	28.0	5.5	173	5	240.8	234.8	470.2	8	25 ～ 29
32.8	7.4	163	12	291.8	264.6	836.6	54	32.7	6.9	165	12	259.8	241.8	659.0	17	30 ～ 34
37.9	13.4	166	9	368.7	350.1	942.4	42	37.8	8.5	167	2	297.3	293.6	528.0	26	35 ～ 39
42.9	18.5	166	8	391.6	371.4	1216.5	151	42.6	14.7	167	4	391.2	382.7	1162.4	52	40 ～ 44
47.2	22.3	164	5	451.4	438.0	1328.9	175	47.3	16.5	167	3	397.3	391.3	922.7	70	45 ～ 49
52.6	27.5	163	3	482.2	472.6	1563.3	249	52.6	22.9	161	2	426.7	422.5	1925.3	67	50 ～ 54
57.7	31.7	162	4	442.0	433.4	1510.1	246	57.7	22.3	160	1	431.5	428.7	1469.8	82	55 ～ 59
61.9	28.4	158	2	280.1	275.5	668.0	194	62.2	17.7	159	1	278.5	276.9	820.3	71	60 ～ 64
66.2	20.5	154	5	273.8	265.7	582.5	32	66.7	11.9	155	1	264.8	261.4	179.8	18	65 ～ 69
71.2	7.7	160	2	223.9	221.7	805.6	16	76.9	6.0	155	0	332.6	332.6	50.6	10	70歳～
44.9	17.1	164	7	414.2	397.9	1331.1	433	46.4	15.3	163	5	401.9	391.4	1234.7	208	高専・短大卒
-	-	-	-	-	-	-	-	-	-	-	-	-	-	-	-	～19歳
23.0	2.1	170	4	196.1	191.1	323.1	20	22.7	1.5	168	3	192.4	187.8	377.4	6	20 ～ 24
27.1	3.7	166	10	237.6	216.5	417.4	17	28.0	4.7	171	6	227.0	216.9	526.0	7	25 ～ 29
32.2	7.5	163	16	330.8	301.1	1025.0	32	32.1	5.8	168	9	271.4	256.1	771.4	12	30 ～ 34
37.9	8.3	163	5	380.3	368.7	1148.8	49	38.0	11.2	156	8	350.5	330.2	1079.6	17	35 ～ 39
43.2	16.0	163	8	380.9	360.8	1181.9	81	42.5	14.8	165	7	447.6	433.5	1363.0	46	40 ～ 44
47.5	19.4	167	10	505.6	479.6	1626.7	112	47.3	15.1	163	2	397.1	393.0	1343.0	41	45 ～ 49
52.5	24.9	159	2	505.0	500.0	1887.5	66	52.6	17.2	162	7	444.5	428.1	1385.7	36	50 ～ 54
57.8	28.1	159	2	421.1	416.9	1514.2	38	56.9	24.0	164	1	501.8	497.5	1586.2	31	55 ～ 59
62.6	25.7	164	1	277.3	275.0	769.5	16	62.7	21.5	160	2	298.5	296.1	687.2	9	60 ～ 64
66.7	23.8	163	4	419.8	413.3	368.8	2	66.3	6.7	152	0	174.8	174.8	88.5	3	65 ～ 69
77.5	55.5	150	0	300.0	300.0	1590.0	0	-	-	-	-	-	-	-	-	70歳～

第1表　年齢階級別きまって支給する現金給与額、

J 金融業,

区分	企業規模計 年齢	勤続年数	所定内実労働時間数	超過実労働時間数	きまって支給する現金給与額	所定内給与額	年間賞与その他特別給与額	労働者数	1,000人以上 年齢	勤続年数	所定内実労働時間数	超過実労働時間数	きまって支給する現金給与額	所定内給与額	年間賞与その他特別給与額	労働者数
	歳	年	時	時	千円	千円	千円	十人	歳	年	時	時	千円	千円	千円	十人
大学・大学院卒	**42.3**	**15.5**	**159**	**15**	**516.6**	**477.3**	**2185.6**	**43 568**	**42.2**	**16.0**	**158**	**16**	**536.0**	**491.8**	**2365.5**	**32 537**
～ 19歳	-	-	-	-	-	-	-	-	-	-	-	-	-	-	-	-
20 ～ 24	23.6	1.2	160	16	254.5	226.9	410.5	3 440	23.6	1.2	158	18	260.4	228.7	445.8	2 493
25 ～ 29	27.3	4.3	159	26	343.2	286.8	1195.8	5 357	27.3	4.4	158	30	356.7	292.7	1263.6	4 068
30 ～ 34	32.5	8.7	159	24	457.8	391.1	1866.9	5 609	32.4	8.9	158	27	477.2	402.7	2008.1	4 253
35 ～ 39	37.5	12.0	159	19	551.0	491.6	2328.9	4 069	37.5	12.5	158	22	580.8	512.2	2554.3	2 920
40 ～ 44	42.6	16.2	160	12	607.5	568.4	2827.0	5 216	42.5	17.1	159	13	629.7	586.3	3044.5	3 869
45 ～ 49	47.6	21.9	160	10	650.2	616.7	3129.8	6 687	47.7	23.0	159	11	674.8	638.7	3401.0	5 287
50 ～ 54	52.4	25.0	159	7	667.7	642.6	3197.1	6 241	52.4	25.7	159	8	686.2	659.9	3363.7	4 878
55 ～ 59	57.4	25.5	157	7	553.9	534.1	2197.0	4 390	57.3	25.8	156	9	555.4	531.6	2315.9	3 050
60 ～ 64	62.4	20.1	151	6	345.0	333.6	921.3	2 290	62.4	19.2	149	7	337.2	324.1	942.8	1 541
65 ～ 69	67.1	16.9	150	3	290.9	283.9	271.6	254	67.0	15.4	145	3	270.1	263.5	167.5	175
70歳～	72.3	33.3	159	0	307.1	307.0	249.5	16	73.1	28.8	157	0	358.3	358.3	78.0	2
女																
学歴計	**41.0**	**11.7**	**152**	**10**	**301.8**	**279.7**	**971.4**	**54 171**	**41.5**	**11.9**	**150**	**11**	**300.4**	**277.6**	**981.4**	**45 543**
～ 19歳	19.1	0.8	163	3	160.2	156.8	89.5	174	19.1	0.8	160	4	163.9	159.6	90.6	67
20 ～ 24	23.4	1.5	157	12	225.9	206.8	444.3	6 003	23.5	1.4	155	13	229.7	209.1	462.3	4 825
25 ～ 29	27.4	4.3	154	15	263.9	236.1	900.8	7 121	27.4	4.2	152	16	267.0	236.9	927.2	5 758
30 ～ 34	32.4	7.9	151	14	292.2	262.4	1023.3	6 994	32.4	7.9	150	14	293.9	262.4	1053.7	5 868
35 ～ 39	37.5	10.4	150	11	313.2	286.6	1076.7	5 815	37.5	10.4	149	12	309.2	282.2	1081.5	4 880
40 ～ 44	42.6	12.4	151	10	316.3	294.0	1086.9	6 737	42.6	12.3	150	10	308.6	285.7	1094.0	5 456
45 ～ 49	47.4	15.0	152	10	339.7	315.8	1170.2	7 120	47.4	14.8	150	10	330.3	305.7	1162.2	5 946
50 ～ 54	52.4	16.9	151	8	337.8	318.8	1120.8	6 149	52.4	16.8	150	8	330.6	311.1	1108.0	5 327
55 ～ 59	57.4	20.6	150	7	327.1	311.5	1045.2	4 416	57.4	20.5	149	8	323.2	307.2	1024.7	3 989
60 ～ 64	62.2	22.2	146	2	305.6	300.9	768.9	2 162	62.3	22.1	146	2	310.4	305.8	774.0	1 957
65 ～ 69	67.4	27.0	143	0	326.2	325.8	866.6	1 054	67.4	27.1	143	0	326.6	326.2	868.5	1 044
70歳～	73.0	31.9	143	0	334.3	334.3	861.0	428	73.0	31.9	143	0	334.6	334.5	861.7	426
中学卒	**48.2**	**13.7**	**142**	**1**	**260.0**	**258.7**	**473.6**	**507**	**48.6**	**14.0**	**142**	**1**	**262.4**	**261.2**	**466.8**	**481**
～ 19歳	18.5	0.5	155	0	138.6	138.0	0.0	0	18.5	0.5	155	0	138.6	138.0	0.0	0
20 ～ 24	23.0	0.9	140	0	187.4	187.4	76.1	34	23.0	0.9	140	0	187.4	187.4	76.1	34
25 ～ 29	27.6	2.5	145	4	205.0	198.3	262.9	62	27.5	2.1	141	4	201.6	195.1	156.1	53
30 ～ 34	32.6	4.7	144	1	220.6	218.0	259.9	55	32.6	5.0	143	1	223.3	220.6	275.2	51
35 ～ 39	37.8	4.7	138	0	231.3	231.3	365.7	33	37.8	4.7	138	0	231.3	231.3	365.7	33
40 ～ 44	43.0	6.8	141	0	223.3	222.8	344.9	47	43.1	6.9	140	0	223.6	223.6	344.6	46
45 ～ 49	47.6	10.4	139	0	316.1	316.1	604.5	41	47.6	10.5	139	0	318.8	318.8	604.8	40
50 ～ 54	52.5	13.0	147	0	330.3	330.2	568.7	47	52.5	13.6	147	0	335.9	335.8	593.8	45
55 ～ 59	57.8	16.1	143	2	306.2	303.1	723.8	25	57.9	16.8	143	2	315.5	312.4	676.2	22
60 ～ 64	62.4	21.1	141	0	277.2	277.2	635.1	50	62.4	21.8	140	0	286.0	286.0	648.4	46
65 ～ 69	67.8	29.5	141	0	262.9	262.9	663.9	59	67.8	29.5	141	0	262.9	262.9	663.9	59
70歳～	73.3	33.4	145	0	315.5	315.5	713.4	53	73.3	33.4	145	0	314.5	314.4	710.9	52
高校卒	**47.7**	**14.3**	**149**	**5**	**276.8**	**266.5**	**706.7**	**17 682**	**48.6**	**14.1**	**147**	**5**	**278.6**	**268.8**	**692.8**	**15 226**
～ 19歳	19.1	0.8	163	3	160.2	156.8	89.6	173	19.1	0.8	160	4	164.0	159.7	90.9	67
20 ～ 24	22.6	2.2	153	4	186.6	181.7	330.1	720	22.8	1.7	147	3	188.4	184.9	256.9	495
25 ～ 29	27.6	3.7	147	3	200.4	195.5	325.8	894	27.6	2.7	144	2	195.9	192.2	236.8	705
30 ～ 34	32.5	4.8	146	3	210.6	205.6	345.7	1 191	32.6	3.9	144	2	204.5	201.3	283.2	1 007
35 ～ 39	37.6	6.9	147	4	238.2	229.1	457.9	1 399	37.5	5.9	145	4	234.4	226.3	419.0	1 215
40 ～ 44	42.7	10.3	149	5	257.9	246.3	673.1	2 243	42.8	9.2	148	5	251.4	241.2	610.2	1 823
45 ～ 49	47.5	13.0	150	7	294.2	279.0	792.8	2 777	47.5	11.9	148	6	291.8	276.9	766.9	2 356
50 ～ 54	52.5	16.7	151	6	309.1	294.4	889.8	3 134	52.6	16.3	150	6	309.9	295.3	886.0	2 759
55 ～ 59	57.4	21.6	150	6	312.6	298.6	918.9	2 589	57.4	21.3	150	7	314.2	299.7	911.7	2 375
60 ～ 64	62.4	22.2	146	2	300.8	297.5	751.0	1 435	62.4	22.0	145	2	306.8	303.5	756.8	1 303
65 ～ 69	67.4	27.2	144	0	319.8	319.7	819.0	800	67.4	27.3	143	0	320.1	320.0	820.2	795
70歳～	73.0	31.7	143	0	331.3	331.2	879.0	327	73.0	31.7	143	0	331.4	331.3	879.0	327
高専・短大卒	**45.0**	**15.7**	**152**	**10**	**320.0**	**296.4**	**1137.0**	**11 540**	**45.8**	**16.2**	**150**	**11**	**323.6**	**298.6**	**1181.3**	**9 519**
～ 19歳	-	-	-	-	-	-	-	-	-	-	-	-	-	-	-	-
20 ～ 24	22.4	1.8	158	6	197.8	188.7	347.5	400	22.5	1.7	153	7	204.8	195.0	310.8	204
25 ～ 29	27.8	5.7	155	8	236.9	221.5	675.3	483	28.1	5.5	153	9	242.7	225.7	668.2	332
30 ～ 34	32.4	8.7	152	10	262.4	243.2	858.4	884	32.4	8.6	150	11	266.4	245.8	869.3	708
35 ～ 39	37.8	11.9	151	11	300.0	275.0	998.6	1 418	37.8	12.1	150	12	304.5	277.7	1033.1	1 187
40 ～ 44	42.7	14.8	152	12	320.8	293.2	1186.8	2 189	42.7	15.0	151	13	322.0	293.0	1236.8	1 774
45 ～ 49	47.4	17.6	153	13	348.8	317.5	1304.1	2 659	47.4	17.8	153	13	347.7	315.0	1331.0	2 232
50 ～ 54	52.3	19.3	151	9	353.9	331.0	1417.1	1 802	52.4	19.4	150	10	349.6	325.6	1458.9	1 545
55 ～ 59	57.4	21.1	149	9	338.9	320.2	1219.7	1 169	57.4	21.4	148	10	339.8	320.1	1238.9	1 053
60 ～ 64	62.2	25.5	148	3	320.9	316.5	770.8	383	62.3	26.2	147	3	322.4	318.6	759.5	335
65 ～ 69	67.3	26.5	142	0	372.4	372.2	964.3	119	67.3	26.7	141	0	373.7	373.6	977.6	117
70歳～	72.7	31.1	143	0	334.0	334.0	765.6	33	72.6	31.0	143	0	337.1	337.1	773.8	33

所定内給与額及び年間賞与その他特別給与額

保　険　業

100～999人 年齢	勤続年数	所定内実労働時間数	超過実労働時間数	きまって支給する現金給与額	きまって支給する現金給与額 所定内給与額	年間賞与その他特別給与額	労働者数	10～99人 年齢	勤続年数	所定内実労働時間数	超過実労働時間数	きまって支給する現金給与額	きまって支給する現金給与額 所定内給与額	年間賞与その他特別給与額	労働者数	区分
歳	年	時	時	千円	千円	千円	十人	歳	年	時	時	千円	千円	千円	十人	
42.1	**14.5**	**161**	**11**	**452.1**	**424.0**	**1652.4**	**9 000**	**45.0**	**11.8**	**162**	**4**	**492.2**	**481.5**	**1666.4**	**2 031**	**大学・大学院卒**
-	-	-	-	-	-	-	-	-	-	-	-	-	-	-	-	～19歳
23.5	1.3	164	11	236.1	217.6	343.5	809	23.6	0.9	169	3	254.8	249.0	165.3	137	20～24
27.4	4.2	161	17	303.6	268.5	1009.8	1 104	27.5	3.4	164	9	281.7	265.4	816.1	186	25～29
32.5	8.0	162	18	397.4	352.4	1455.1	1 169	32.8	6.3	162	10	392.8	370.5	1226.6	187	30～34
37.6	11.0	161	15	475.9	435.6	1771.0	936	37.6	9.0	162	7	472.9	453.6	1689.4	213	35～39
42.7	14.1	162	9	544.1	514.2	2190.5	1 081	42.5	12.1	162	5	542.4	529.8	2252.1	267	40～44
47.4	18.7	163	8	546.1	519.1	2125.3	1 163	47.6	13.8	161	3	612.0	603.6	2006.7	237	45～49
52.5	23.4	161	6	593.5	570.5	2547.6	1 124	52.4	16.5	160	3	639.4	629.5	2851.9	239	50～54
57.5	27.0	161	4	535.3	522.2	1935.8	1 006	57.6	18.3	160	2	597.0	592.3	1898.5	334	55～59
62.2	24.5	156	4	338.7	328.3	819.1	545	62.2	15.4	158	1	421.4	419.5	1032.6	204	60～64
67.5	23.9	160	5	320.9	309.5	412.6	54	66.8	12.4	168	1	373.3	372.2	701.9	25	65～69
72.0	42.7	159	0	243.2	243.2	180.8	10	72.5	11.0	163	0	444.7	444.2	544.6	4	70歳～
																女
37.3	**10.7**	**158**	**9**	**309.9**	**289.8**	**931.1**	**7 022**	**41.8**	**10.2**	**160**	**4**	**305.6**	**296.9**	**864.3**	**1 606**	**学歴計**
19.0	0.8	166	2	158.5	155.8	69.5	84	19.0	0.9	159	3	155.1	151.7	161.9	22	～19歳
23.1	1.7	162	9	210.3	197.2	372.8	1 054	23.3	2.0	166	4	206.9	200.8	352.2	123	20～24
27.3	4.7	159	10	251.8	232.3	810.6	1 181	27.5	4.2	162	6	243.8	233.5	649.6	181	25～29
32.4	8.1	157	11	285.7	263.2	890.0	979	32.4	6.6	160	5	268.1	258.1	697.6	148	30～34
37.6	11.1	155	11	343.4	315.0	1085.6	739	37.5	7.9	161	4	297.4	288.5	926.5	196	35～39
42.5	13.7	157	9	356.5	334.1	1116.6	1 027	42.6	10.6	160	4	319.4	308.9	813.1	254	40～44
47.4	16.9	158	9	392.0	368.5	1237.2	928	47.5	12.7	159	4	371.2	361.7	1111.0	246	45～49
52.2	19.0	158	7	393.4	374.0	1200.8	589	52.4	15.0	156	4	361.6	354.1	1210.5	233	50～54
57.2	22.5	157	5	375.8	361.3	1334.8	297	57.3	17.4	156	4	336.8	329.5	1010.9	130	55～59
62.0	25.6	151	3	256.1	250.4	767.0	138	62.1	18.5	158	2	269.0	264.2	624.2	68	60～64
66.7	25.7	148	2	333.5	329.9	586.3	4	66.5	12.8	159	1	230.3	229.8	700.7	5	65～69
70.8	32.9	154	0	329.0	329.0	891.4	1	75.5	35.5	165	0	168.5	168.5	322.1	1	70歳～
34.8	**6.6**	**165**	**4**	**239.8**	**232.9**	**812.3**	**13**	**49.7**	**7.4**	**150**	**1**	**193.5**	**191.8**	**382.6**	**13**	**中学卒**
-	-	-	-	-	-	-	-	-	-	-	-	-	-	-	-	～19歳
-	-	-	-	-	-	-	-	-	-	-	-	-	-	-	-	20～24
28.3	4.8	170	5	224.3	216.3	866.1	9	-	-	-	-	-	-	-	-	25～29
33.5	1.0	151	0	146.7	146.7	70.1	1	32.6	2.1	146	1	199.2	197.4	51.1	3	30～34
-	-	-	-	-	-	-	-	-	-	-	-	-	-	-	-	35～39
43.5	16.5	161	16	367.0	326.5	600.0	0	41.8	4.9	161	6	207.7	197.6	338.4	2	40～44
45.5	16.5	158	0	386.6	386.6	1501.1	1	48.5	3.5	147	0	172.0	172.0	144.6	1	45～49
-	-	-	-	-	-	-	-	51.5	0.5	140	0	203.2	203.2	0.0	2	50～54
58.8	6.8	150	3	283.9	276.5	762.4	2	55.5	15.5	137	0	222.0	222.0	1211.4	2	55～59
-	-	-	-	-	-	-	-	62.2	12.8	161	0	167.7	167.7	469.1	4	60～64
-	-	-	-	-	-	-	-	-	-	-	-	-	-	-	-	65～69
70.5	36.5	154	0	413.8	413.8	945.9	1	-	-	-	-	-	-	-	-	70歳～
41.8	**15.5**	**159**	**7**	**269.6**	**255.2**	**820.6**	**1 981**	**43.6**	**13.0**	**160**	**4**	**248.3**	**241.7**	**677.4**	**474**	**高校卒**
19.0	0.8	166	2	158.5	155.8	69.5	84	19.0	0.9	159	3	155.1	151.7	161.9	22	～19歳
22.2	3.2	166	7	184.2	175.8	493.7	193	22.4	3.7	162	4	173.2	168.2	478.3	32	20～24
27.3	7.4	158	6	221.2	210.9	705.3	155	27.6	6.5	158	5	200.2	193.0	440.1	35	25～29
32.2	10.3	157	9	245.5	228.9	703.0	146	32.4	9.0	164	5	238.9	230.1	635.6	37	30～34
37.9	14.3	158	8	269.0	252.3	746.6	154	37.6	9.0	160	4	231.1	225.3	551.3	30	35～39
42.6	15.7	158	8	293.7	273.8	980.3	352	42.8	13.0	160	3	245.0	239.7	768.0	67	40～44
47.7	19.8	161	8	310.9	292.0	955.3	347	47.4	14.9	160	4	292.0	284.6	851.9	74	45～49
52.4	21.1	159	7	309.8	292.4	958.0	290	52.3	15.2	159	3	279.1	271.9	780.8	85	50～54
57.3	25.9	158	4	298.7	291.4	1037.7	155	57.4	21.3	156	3	284.0	276.4	894.1	58	55～59
62.0	25.8	152	2	247.4	244.2	785.9	102	62.0	19.9	159	3	222.9	217.9	385.9	30	60～64
67.3	26.0	151	0	286.9	286.4	655.9	3	66.6	21.1	155	0	266.2	266.2	580.7	2	65～69
71.0	30.5	154	0	272.3	272.3	854.8	1	-	-	-	-	-	-	-	-	70歳～
40.6	**13.3**	**158**	**8**	**302.3**	**283.0**	**945.4**	**1 571**	**45.1**	**12.3**	**159**	**4**	**306.1**	**296.9**	**869.5**	**450**	**高専・短大卒**
-	-	-	-	-	-	-	-	-	-	-	-	-	-	-	-	～19歳
22.4	1.9	164	6	190.9	182.2	389.0	183	22.6	2.1	164	4	186.1	181.7	338.7	13	20～24
27.2	6.1	161	7	224.5	211.9	701.6	128	27.8	5.2	161	5	221.2	213.8	633.4	24	25～29
32.4	9.7	163	8	249.0	234.0	847.3	154	32.0	7.7	161	3	227.2	222.3	582.0	22	30～34
38.0	12.0	154	9	281.3	261.9	899.7	164	37.6	8.8	163	3	265.6	259.6	632.0	68	35～39
42.7	15.0	157	9	315.5	293.2	995.5	331	42.6	11.2	158	6	315.0	297.4	881.2	84	40～44
47.1	17.2	157	11	362.8	334.4	1217.6	329	47.7	14.3	158	5	328.3	316.9	977.7	97	45～49
52.1	19.7	158	8	394.3	374.2	1209.3	176	52.8	16.2	158	4	347.5	339.5	1075.9	82	50～54
57.4	20.6	156	5	326.5	313.2	1063.3	78	57.1	14.6	156	2	339.9	335.6	1008.5	38	55～59
61.5	22.5	149	6	285.1	271.6	747.4	27	62.2	17.1	160	0	342.3	341.4	982.8	21	60～64
65.5	25.0	141	5	426.9	417.0	446.8	1	68.5	7.5	154	3	117.5	114.8	30.0	1	65～69
-	-	-	-	-	-	-	-	75.5	35.5	165	0	168.5	168.5	322.1	1	70歳～

第1表　年齢階級別きまって支給する現金給与額、

J 金融業，保険業

区分	企業規模計 年齢	勤続年数	所定内実労働時間数	超過実労働時間数	きまって支給する現金給与額	所定内給与額	年間賞与その他特別給与額	労働者数	1,000人以上 年齢	勤続年数	所定内実労働時間数	超過実労働時間数	きまって支給する現金給与額	所定内給与額	年間賞与その他特別給与額	労働者数
	歳	年	時	時	千円	千円	千円	十人	歳	年	時	時	千円	千円	千円	十人
大学・大学院卒	**34.1**	**7.8**	**154**	**15**	**312.0**	**281.8**	**1094.9**	**24 443**	**34.1**	**8.1**	**153**	**16**	**306.6**	**274.7**	**1116.1**	**20 317**
～19歳	-	-	-	-	-	-	-	-	-	-	-	-	-	-	-	-
20～24	23.6	1.4	157	14	234.3	212.2	471.9	4 849	23.6	1.4	157	15	236.3	212.9	497.9	4 092
25～29	27.3	4.3	155	17	276.8	244.1	1017.6	5 681	27.3	4.4	154	19	280.2	244.9	1058.6	4 669
30～34	32.4	8.6	153	17	318.4	280.3	1227.7	4 865	32.3	8.8	152	18	321.4	280.7	1284.4	4 102
35～39	37.4	11.4	151	15	355.7	319.8	1414.0	2 965	37.4	11.9	151	16	349.7	312.8	1443.6	2 445
40～44	42.4	12.3	152	12	372.1	343.6	1416.9	2 257	42.4	12.9	150	13	355.3	324.9	1459.8	1 813
45～49	47.4	14.4	152	11	402.5	375.3	1605.9	1 642	47.4	15.1	151	12	369.8	340.9	1599.3	1 318
50～54	52.0	14.0	151	10	390.5	365.0	1305.9	1 165	52.0	14.2	150	11	358.7	331.7	1204.0	978
55～59	57.4	15.7	149	8	365.4	348.1	1251.9	633	57.5	15.7	148	8	330.3	314.6	1118.0	539
60～64	61.7	17.9	148	6	314.3	301.4	875.8	295	61.6	17.4	147	6	317.2	304.1	895.4	272
65～69	67.4	23.7	146	1	370.3	365.5	1373.1	76	67.5	24.2	145	1	373.5	368.5	1377.5	74
70歳～	72.7	32.1	145	0	475.3	475.3	1217.0	14	72.7	32.1	145	0	475.3	475.3	1217.0	14
K不動産業，物品賃貸業																
男女計																
学歴計	**42.2**	**9.7**	**165**	**12**	**345.8**	**321.6**	**980.5**	**29 262**	**42.4**	**10.6**	**160**	**15**	**374.4**	**342.6**	**1323.3**	**8 660**
～19歳	19.1	1.0	172	12	190.8	174.4	102.2	98	19.2	1.1	168	22	197.4	170.8	177.9	11
20～24	23.3	1.5	166	12	239.5	220.5	300.6	2 339	23.5	1.4	161	18	254.8	225.4	382.3	654
25～29	27.4	3.5	166	15	275.0	247.6	678.5	3 476	27.4	3.7	162	21	293.3	254.1	945.4	1 039
30～34	32.6	6.3	164	16	326.7	293.4	933.7	3 872	32.5	7.2	160	21	354.8	308.4	1336.8	1 242
35～39	37.6	8.5	165	15	358.2	324.8	1137.6	3 715	37.6	9.7	161	19	390.6	345.5	1571.9	1 104
40～44	42.5	11.5	165	12	384.2	356.4	1228.1	3 984	42.5	13.3	159	15	435.0	398.0	1683.4	1 165
45～49	47.4	13.9	166	10	405.8	382.6	1323.3	3 555	47.4	16.4	162	11	474.6	447.5	1960.2	985
50～54	52.4	16.3	164	8	442.0	423.5	1437.5	2 831	52.3	18.6	159	8	506.7	487.9	1971.3	801
55～59	57.4	16.7	164	8	415.0	397.9	1257.5	2 248	57.5	19.5	160	8	460.6	439.8	1693.8	578
60～64	62.5	10.7	162	6	283.2	272.2	530.4	1 938	62.6	9.3	158	7	261.6	249.9	500.9	633
65～69	67.1	8.9	160	4	229.9	223.5	225.7	967	67.2	7.2	158	5	192.1	185.2	149.0	373
70歳～	72.7	11.5	161	4	247.3	241.8	157.3	240	72.0	10.2	155	4	176.2	169.6	100.7	75
男																
学歴計	**43.8**	**10.5**	**166**	**13**	**382.0**	**354.9**	**1127.0**	**19 828**	**44.2**	**11.3**	**162**	**16**	**406.9**	**371.9**	**1495.0**	**6 130**
～19歳	19.2	1.1	172	15	195.1	176.3	97.5	49	19.2	1.0	171	22	195.7	169.1	208.8	7
20～24	23.4	1.5	168	13	248.2	226.6	291.4	1 223	23.5	1.4	163	21	258.0	222.6	409.7	343
25～29	27.4	3.5	168	18	293.2	260.8	738.0	1 998	27.4	3.7	165	25	306.5	260.6	1038.1	638
30～34	32.6	6.3	166	19	359.4	319.3	1060.3	2 412	32.6	7.1	163	25	387.0	329.4	1533.3	797
35～39	37.6	8.7	167	17	392.2	352.4	1288.7	2 606	37.6	10.0	162	22	424.8	371.7	1787.4	794
40～44	42.5	11.9	167	14	427.5	395.3	1396.6	2 742	42.5	13.3	162	17	482.9	439.5	1864.9	809
45～49	47.4	15.0	167	11	459.2	433.8	1559.3	2 381	47.4	17.4	164	11	533.1	504.4	2272.5	696
50～54	52.4	17.7	165	8	501.6	482.0	1709.7	2 019	52.3	20.2	160	8	577.8	559.4	2388.5	585
55～59	57.4	17.9	165	8	455.2	436.6	1437.9	1 708	57.5	20.7	160	8	489.1	467.7	1859.0	476
60～64	62.5	10.8	162	6	295.0	283.7	569.4	1 627	62.6	9.3	158	6	267.4	256.1	513.1	563
65～69	67.2	8.6	161	4	232.5	225.7	221.8	849	67.2	7.1	159	5	193.2	186.2	144.4	349
70歳～	72.7	10.8	161	4	250.5	244.9	149.2	215	72.0	10.2	155	4	176.7	170.0	102.0	74
中学卒	**47.4**	**10.0**	**169**	**16**	**300.7**	**271.3**	**577.1**	**360**	**45.3**	**8.9**	**164**	**22**	**314.1**	**269.1**	**954.3**	**92**
～19歳	18.8	1.3	174	4	189.7	183.7	166.6	4	-	-	-	-	-	-	-	-
20～24	23.2	1.6	172	20	228.0	197.6	81.6	18	21.9	0.9	164	27	210.5	174.0	13.4	5
25～29	27.7	3.7	170	33	302.9	240.6	595.6	31	27.5	3.6	165	49	330.6	236.6	853.0	15
30～34	32.8	6.1	169	14	318.6	289.9	577.8	35	34.2	4.9	162	32	261.5	209.9	1064.5	5
35～39	37.5	7.5	168	24	359.2	307.6	906.1	52	37.2	9.0	162	32	387.6	315.5	1316.2	17
40～44	42.8	10.4	175	11	334.5	310.9	808.6	33	42.8	8.3	164	16	281.6	241.7	910.6	7
45～49	47.5	10.6	173	17	340.3	308.4	692.3	31	47.5	9.5	166	4	357.5	349.1	1426.1	5
50～54	52.3	18.8	172	17	372.1	337.6	688.7	34	53.1	22.2	162	27	425.5	358.9	1677.0	8
55～59	57.3	15.3	170	15	344.3	324.5	809.4	24	56.7	23.7	166	5	467.1	450.5	1769.9	6
60～64	63.2	11.4	170	7	254.0	243.1	508.1	38	63.1	7.0	168	4	239.8	234.9	593.7	12
65～69	67.4	10.5	160	9	199.8	186.9	196.2	42	66.7	5.3	161	0	171.3	170.4	151.1	10
70歳～	74.0	16.4	165	2	209.3	205.7	105.2	19	71.4	19.2	135	0	119.5	119.5	30.9	1
高校卒	**46.5**	**10.6**	**169**	**14**	**328.0**	**301.5**	**732.9**	**5 821**	**49.5**	**11.3**	**165**	**14**	**319.9**	**290.8**	**954.1**	**1 280**
～19歳	19.2	1.0	172	17	195.6	175.6	90.7	45	19.2	1.0	171	22	195.7	169.1	208.8	7
20～24	22.8	2.1	171	14	220.9	200.3	270.9	287	23.0	2.5	169	20	221.5	191.5	423.2	31
25～29	27.6	3.5	169	15	254.6	229.8	411.4	388	27.5	3.9	164	20	245.8	210.1	565.5	89
30～34	32.7	6.1	170	17	304.5	274.5	639.7	520	32.5	5.8	167	19	304.9	268.5	1046.4	91
35～39	37.7	8.1	171	19	331.4	294.9	833.4	643	37.8	9.3	165	23	349.6	301.6	1339.6	119
40～44	42.6	11.0	170	18	374.1	338.4	956.6	865	42.6	12.1	166	21	406.7	360.0	1377.5	185
45～49	47.5	13.8	172	15	389.1	358.3	990.3	770	47.4	17.0	171	14	411.6	377.6	1597.1	144
50～54	52.5	16.5	171	12	412.2	385.3	1107.4	640	52.5	18.8	168	13	408.8	377.2	1610.9	118
55～59	57.5	16.2	168	12	370.1	344.5	919.6	554	57.6	18.2	165	9	381.1	359.9	1209.1	116
60～64	62.6	11.3	162	8	270.3	255.1	451.2	577	62.6	10.1	159	7	260.5	246.3	358.2	179
65～69	67.3	9.4	163	5	221.7	213.9	168.6	408	67.5	7.3	159	6	185.2	176.7	127.3	155
70歳～	72.5	11.0	163	3	228.6	223.6	149.6	123	71.9	10.7	157	3	172.1	164.6	88.9	47

所定内給与額及び年間賞与その他特別給与額

K 不 動 産 業 ， 物 品 賃 貸 業

100 ～ 999人								10 ～ 99人								区分
年齢	勤続年数	所定内実労働時間数	超過実労働時間数	きまって支給する現金給与額	所定内給与額	年間賞与その他特別給与額	労働者数	年齢	勤続年数	所定内実労働時間数	超過実労働時間数	きまって支給する現金給与額	所定内給与額	年間賞与その他特別給与額	労働者数	
歳	年	時	時	千円	千円	千円	十人	歳	年	時	時	千円	千円	千円	十人	
33.2	**6.7**	**157**	**11**	**336.8**	**313.0**	**988.3**	**3 457**	**38.1**	**7.0**	**160**	**5**	**348.0**	**338.1**	**1002.8**	**669**	**大学・大学院卒**
–	–	–	–	–	–	–	–	–	–	–	–	–	–	–	–	～19歳
23.6	1.3	161	10	223.0	207.4	334.0	678	23.8	1.3	167	4	224.1	217.3	303.1	78	20 ～ 24
27.2	4.0	159	12	261.3	239.1	844.0	890	27.4	3.4	163	7	260.7	249.0	713.1	122	25 ～ 29
32.4	7.3	155	12	302.9	277.5	941.4	677	32.5	5.5	158	6	293.4	281.3	774.6	86	30 ～ 34
37.4	9.5	154	13	394.8	358.6	1281.8	421	37.4	6.9	159	5	339.4	327.6	1242.4	99	35 ～ 39
42.3	10.5	156	9	460.1	435.2	1372.8	344	42.4	8.5	161	4	374.7	366.8	795.1	101	40 ～ 44
47.2	12.5	156	8	542.6	519.1	1652.1	251	47.2	8.5	160	4	511.5	502.3	1565.1	73	45 ～ 49
52.1	13.0	158	7	587.6	564.3	1756.4	124	52.2	13.5	152	4	494.3	487.0	1992.3	64	50 ～ 54
56.8	16.5	155	10	632.4	597.9	2429.2	62	57.4	13.6	155	6	438.5	427.4	1217.9	31	55 ～ 59
63.0	31.5	150	7	268.2	257.7	617.5	9	62.2	18.8	154	4	288.0	275.8	649.2	13	60 ～ 64
–	–	–	–	–	–	–	–	65.5	4.9	168	0	240.8	240.8	1189.5	2	65 ～ 69
–	–	–	–	–	–	–	–	–	–	–	–	–	–	–	–	70歳～
																K不動産業，物品賃貸業
																男　女　計
41.5	**9.6**	**164**	**12**	**347.1**	**323.0**	**1008.0**	**12 157**	**43.1**	**8.9**	**171**	**8**	**314.5**	**298.1**	**589.2**	**8 445**	**学　歴　計**
19.1	1.0	171	12	195.0	176.0	130.5	47	19.1	1.0	174	9	183.8	173.6	46.3	39	～19歳
23.4	1.6	166	12	242.1	223.1	334.0	1 032	23.2	1.5	172	6	220.1	211.3	166.1	653	20 ～ 24
27.3	3.5	165	15	275.5	248.6	665.0	1 494	27.4	3.3	171	9	253.9	239.0	406.0	943	25 ～ 29
32.6	6.2	161	16	324.2	291.7	879.5	1 704	32.6	5.3	173	9	293.6	276.5	492.9	926	30 ～ 34
37.6	8.5	164	15	359.1	326.3	1138.4	1 627	37.6	7.3	172	10	320.3	299.2	648.8	984	35 ～ 39
42.6	11.7	165	12	378.8	351.9	1293.2	1 628	42.5	9.4	170	10	341.8	322.0	694.3	1 191	40 ～ 44
47.4	14.0	164	11	402.9	378.9	1327.9	1 472	47.4	11.5	172	9	348.0	329.2	745.9	1 098	45 ～ 49
52.5	16.9	163	8	443.6	425.3	1509.8	1 132	52.4	13.5	170	8	382.2	363.7	869.7	897	50 ～ 54
57.3	17.0	163	7	428.6	413.1	1375.0	912	57.4	14.1	169	8	364.0	347.6	783.5	758	55 ～ 59
62.4	10.6	161	5	290.9	280.3	611.7	727	62.4	12.5	168	5	297.2	286.5	460.3	578	60 ～ 64
67.0	7.2	160	4	245.4	239.6	271.3	299	67.2	12.9	163	4	262.0	255.5	276.3	295	65 ～ 69
72.7	9.1	164	5	304.4	297.2	126.5	84	73.3	15.3	165	2	254.2	251.6	241.7	81	70歳～
																男
43.4	**10.8**	**165**	**13**	**389.5**	**362.7**	**1188.0**	**7 985**	**44.0**	**9.3**	**172**	**10**	**344.7**	**325.7**	**647.0**	**5 713**	**学　歴　計**
19.1	0.9	173	17	198.6	177.5	104.6	20	19.3	1.2	173	12	191.9	177.6	57.6	23	～19歳
23.4	1.6	167	13	257.5	236.5	338.0	496	23.2	1.4	173	7	227.5	217.3	125.6	384	20 ～ 24
27.4	3.5	167	19	298.9	265.4	720.2	793	27.6	3.2	173	9	270.2	254.7	425.1	567	25 ～ 29
32.6	6.2	164	19	363.9	324.6	1006.4	989	32.7	5.6	174	10	317.3	297.9	542.9	626	30 ～ 34
37.6	8.8	167	17	393.6	354.9	1301.4	1 126	37.6	7.2	173	13	351.9	326.2	691.5	687	35 ～ 39
42.6	12.4	167	13	422.4	392.0	1502.7	1 129	42.5	9.9	172	12	378.8	355.5	776.8	804	40 ～ 44
47.4	15.5	166	11	459.8	434.0	1603.2	964	47.4	12.0	173	11	387.1	365.2	811.9	721	45 ～ 49
52.6	18.7	164	8	503.9	485.0	1791.1	809	52.4	14.1	172	9	427.0	405.4	967.5	624	50 ～ 54
57.3	18.3	164	7	472.4	456.6	1554.4	700	57.4	15.0	170	9	402.1	382.3	908.1	532	55 ～ 59
62.5	11.6	161	5	306.8	296.2	687.4	607	62.5	11.8	167	6	313.1	301.1	482.1	457	60 ～ 64
67.1	7.2	160	4	252.5	246.5	287.6	273	67.3	12.6	164	4	268.9	261.5	261.7	227	65 ～ 69
72.7	9.1	163	5	310.0	302.5	129.8	80	73.4	13.9	164	1	262.2	260.2	231.8	61	70歳～
51.4	**10.5**	**172**	**15**	**275.8**	**247.8**	**469.4**	**90**	**46.5**	**10.3**	**171**	**13**	**306.4**	**284.2**	**437.1**	**178**	**中　学　卒**
–	–	–	–	–	–	–	–	18.8	1.3	174	4	189.7	183.7	166.6	4	～19歳
23.8	1.7	174	16	192.2	169.1	9.2	6	23.8	2.1	176	19	267.0	235.1	182.5	7	20 ～ 24
27.9	2.4	174	14	255.8	230.2	122.8	5	27.8	4.6	176	20	286.4	252.2	459.9	10	25 ～ 29
33.7	5.8	178	12	302.5	275.4	960.4	4	32.4	6.4	169	11	332.8	308.4	415.3	25	30 ～ 34
37.9	9.4	169	28	325.6	266.5	950.6	10	37.6	5.8	172	17	353.5	319.1	608.3	25	35 ～ 39
43.3	13.5	173	13	357.3	325.6	716.4	10	42.5	9.5	180	7	343.6	331.5	819.4	17	40 ～ 44
47.9	12.7	178	34	404.7	337.0	936.0	7	47.4	10.0	173	15	310.5	285.3	380.4	18	45 ～ 49
52.8	11.0	174	21	295.7	257.5	520.0	8	51.8	20.6	175	10	379.9	361.4	311.0	18	50 ～ 54
57.7	5.2	177	7	217.2	208.0	114.2	6	57.4	16.1	169	22	345.4	319.0	679.7	12	55 ～ 59
63.2	10.7	169	7	251.6	238.5	469.0	13	63.3	16.0	173	10	269.5	255.1	467.5	13	60 ～ 64
67.9	14.1	173	10	228.1	214.4	216.7	14	67.5	10.8	150	14	194.8	175.5	206.8	18	65 ～ 69
73.3	17.0	167	3	202.9	196.0	89.2	8	74.7	15.7	166	1	220.7	219.3	123.1	10	70歳～
46.4	**11.3**	**167**	**13**	**335.1**	**308.9**	**899.7**	**1 997**	**45.1**	**9.7**	**173**	**14**	**326.5**	**301.2**	**490.7**	**2 544**	**高　校　卒**
19.1	0.9	173	17	198.6	177.5	104.6	20	19.4	1.2	172	15	192.4	176.1	31.4	18	～19歳
22.4	2.7	171	19	228.1	198.7	460.0	96	23.0	1.6	171	9	216.5	203.0	129.0	160	20 ～ 24
27.4	3.9	170	15	244.8	219.8	459.9	116	27.7	3.1	170	12	265.1	245.7	306.1	183	25 ～ 29
32.8	6.9	166	20	305.3	269.9	710.2	177	32.7	5.7	174	14	303.7	279.9	443.7	252	30 ～ 34
37.9	9.3	168	18	334.6	300.0	967.0	241	37.6	6.7	175	18	321.0	287.6	506.9	283	35 ～ 39
42.7	12.2	170	16	374.7	341.0	1160.4	297	42.5	9.6	173	18	358.0	325.9	596.1	384	40 ～ 44
47.6	14.6	168	15	399.7	366.0	1183.6	259	47.5	12.0	176	14	372.7	345.2	616.2	368	45 ～ 49
52.6	18.5	165	9	423.5	402.7	1388.5	243	52.5	13.8	176	14	403.8	373.6	651.2	280	50 ～ 54
57.5	16.8	165	12	377.3	354.0	1132.6	195	57.5	14.7	173	14	359.1	329.7	611.4	243	55 ～ 59
62.6	10.7	159	6	258.7	247.0	561.0	197	62.5	13.0	169	10	290.2	270.9	426.8	201	60 ～ 64
67.0	7.2	164	5	232.7	224.8	132.1	120	67.3	13.9	166	4	254.3	247.5	249.5	133	65 ～ 69
72.3	7.2	167	4	282.4	278.2	95.5	38	73.5	15.3	166	2	244.6	242.0	277.2	38	70歳～

第1表　年齢階級別きまって支給する現金給与額、

K 不 動 産 業,

区分	企業規模計								1,000人以上							
	年齢	勤続年数	所定内実労働時間数	超過実労働時間数	きまって支給する現金給与額	所定内給与額	年間賞与その他特別給与額	労働者数	年齢	勤続年数	所定内実労働時間数	超過実労働時間数	きまって支給する現金給与額	所定内給与額	年間賞与その他特別給与額	労働者数
	歳	年	時	時	千円	千円	千円	十人	歳	年	時	時	千円	千円	千円	十人
高専・短大卒	**42.5**	**9.9**	**169**	**12**	**345.1**	**320.7**	**942.9**	**1 997**	**45.1**	**11.3**	**164**	**17**	**346.7**	**312.1**	**1172.1**	**573**
～ 19歳	-	-	-	-	-	-	-	-	-	-	-	-	-	-	-	-
20 ～ 24	22.8	1.7	172	9	220.8	207.6	238.4	131	23.0	2.6	160	18	219.2	191.7	549.1	24
25 ～ 29	27.8	4.0	174	16	266.4	240.8	430.2	157	27.9	4.4	168	25	258.0	218.5	637.9	32
30 ～ 34	32.6	5.8	170	15	308.4	282.0	651.7	276	32.5	6.2	168	26	305.5	257.6	806.4	88
35 ～ 39	37.6	8.2	172	13	348.3	318.9	905.3	304	37.7	7.9	165	19	343.3	300.2	1051.3	62
40 ～ 44	42.5	11.6	170	13	391.7	364.1	1216.4	352	42.5	13.1	168	17	392.8	355.7	1394.6	89
45 ～ 49	47.2	13.4	169	12	408.9	382.9	1380.0	281	47.0	15.1	165	17	434.4	393.7	1973.8	90
50 ～ 54	52.2	17.5	168	9	419.8	398.4	1474.1	179	52.1	18.7	165	9	435.7	414.3	1900.5	53
55 ～ 59	57.3	18.5	165	12	412.1	387.7	1436.3	132	57.3	21.8	161	13	438.4	408.0	1582.6	50
60 ～ 64	62.8	8.8	163	7	274.5	259.3	456.7	116	63.3	8.6	156	11	240.8	219.4	351.8	44
65 ～ 69	67.1	5.2	157	6	186.1	176.9	129.3	58	67.0	5.1	159	7	174.3	163.1	101.4	35
70歳～	75.1	8.7	150	20	241.9	211.7	50.6	12	75.5	9.5	146	8	178.9	168.7	40.0	5
大学・大学院卒	**42.6**	**10.6**	**164**	**12**	**417.8**	**389.9**	**1372.5**	**11 649**	**42.4**	**11.4**	**160**	**16**	**443.9**	**407.1**	**1716.6**	**4 184**
～ 19歳	-	-	-	-	-	-	-	-	-	-	-	-	-	-	-	-
20 ～ 24	23.7	1.2	166	14	263.2	240.0	312.5	787	23.7	1.2	162	21	266.2	229.5	403.2	283
25 ～ 29	27.4	3.4	167	19	306.4	271.9	864.3	1 422	27.3	3.6	164	25	319.5	272.9	1152.9	502
30 ～ 34	32.6	6.5	164	20	387.3	341.1	1280.3	1 581	32.6	7.4	161	26	412.0	349.8	1713.7	613
35 ～ 39	37.5	9.1	165	17	425.8	383.2	1555.4	1 608	37.6	10.3	161	22	449.4	394.7	1967.2	596
40 ～ 44	42.5	12.5	164	12	468.9	437.5	1707.6	1 491	42.5	13.8	159	16	527.4	483.9	2126.9	528
45 ～ 49	47.4	16.2	164	8	514.5	492.5	1955.8	1 299	47.5	18.1	161	9	592.9	568.0	2554.7	457
50 ～ 54	52.4	18.4	162	6	566.9	552.0	2105.8	1 166	52.3	20.8	157	5	648.6	635.4	2692.3	406
55 ～ 59	57.4	18.9	162	5	510.8	496.8	1741.1	998	57.6	21.4	157	7	539.2	519.1	2154.6	304
60 ～ 64	62.5	10.8	161	4	315.2	307.0	662.7	896	62.5	9.0	157	5	275.8	267.2	616.7	327
65 ～ 69	67.1	8.0	159	3	257.5	253.1	304.6	340	67.0	7.5	158	3	207.7	202.9	172.3	148
70歳～	72.1	9.2	157	2	309.5	306.7	181.6	61	71.5	9.0	153	4	188.0	183.6	145.2	22
女																
学歴計	**38.9**	**7.8**	**162**	**9**	**269.6**	**251.8**	**672.4**	**9 434**	**38.1**	**8.8**	**156**	**12**	**295.5**	**271.8**	**907.5**	**2 530**
～ 19歳	19.1	0.9	171	8	186.4	172.4	107.0	49	19.2	1.1	163	22	200.2	173.4	130.2	4
20 ～ 24	23.3	1.5	165	10	230.0	213.8	310.8	1 116	23.5	1.3	160	14	251.2	228.6	352.2	311
25 ～ 29	27.2	3.5	164	12	250.4	229.9	598.1	1 478	27.4	3.7	159	16	272.4	243.7	798.1	401
30 ～ 34	32.5	6.2	159	11	272.6	250.8	724.8	1 461	32.5	7.4	155	13	296.9	270.7	984.8	445
35 ～ 39	37.6	8.0	161	9	278.3	259.9	782.5	1 109	37.5	9.2	156	12	303.2	278.7	1021.0	310
40 ～ 44	42.5	10.5	160	8	288.6	270.6	856.0	1 241	42.3	13.3	151	10	326.2	303.9	1271.4	356
45 ～ 49	47.5	11.6	162	9	297.4	278.7	844.6	1 174	47.5	14.0	157	12	333.4	310.2	1207.1	289
50 ～ 54	52.4	12.8	161	8	294.0	278.2	760.9	812	52.3	14.3	156	10	313.5	293.8	838.4	216
55 ～ 59	57.4	12.6	164	6	288.1	275.7	687.6	541	57.5	13.9	159	8	328.4	310.5	928.2	103
60 ～ 64	62.2	10.2	164	5	221.8	212.2	326.4	311	62.4	9.8	157	8	215.0	199.2	403.4	70
65 ～ 69	66.8	11.5	157	2	210.7	207.1	253.3	118	66.7	9.3	151	3	175.7	170.8	214.9	24
70歳～	72.5	17.4	167	2	219.3	215.3	228.2	25	70.5	7.5	160	0	139.2	139.2	0.0	1
中学卒	**45.7**	**7.0**	**166**	**8**	**197.1**	**183.2**	**256.5**	**88**	**45.8**	**10.5**	**165**	**16**	**205.8**	**177.5**	**356.0**	**18**
～ 19歳	17.7	0.9	166	0	167.3	166.7	20.2	1	-	-	-	-	-	-	-	-
20 ～ 24	21.6	2.0	158	4	208.5	202.0	98.6	10	-	-	-	-	-	-	-	-
25 ～ 29	25.9	3.6	164	5	183.7	173.4	56.1	8	25.6	4.1	149	0	132.6	127.3	1.9	3
30 ～ 34	31.5	6.8	168	19	270.2	224.5	821.0	9	31.2	7.6	167	37	361.5	274.3	1096.0	4
35 ～ 39	37.7	4.2	170	7	234.2	225.0	356.6	3	36.5	4.5	168	12	229.7	214.1	309.9	0
40 ～ 44	43.7	4.4	175	3	196.6	190.0	419.8	9	43.8	10.0	157	2	177.6	171.9	474.2	1
45 ～ 49	47.5	11.1	164	17	213.1	187.0	235.2	12	47.8	23.5	175	21	183.3	158.2	283.4	4
50 ～ 54	52.1	8.9	161	3	190.6	183.1	214.5	8	51.5	18.5	192	5	172.2	166.9	70.0	1
55 ～ 59	57.9	6.7	172	10	178.6	167.3	206.9	7	59.5	1.3	160	3	229.1	212.6	166.4	0
60 ～ 64	62.9	9.0	169	7	160.7	152.3	145.1	11	62.4	6.1	173	15	164.9	147.6	116.5	3
65 ～ 69	67.2	9.9	161	5	161.6	156.3	121.4	9	67.0	7.4	150	7	146.9	139.5	66.1	2
70歳～	72.1	12.1	174	2	198.4	196.7	384.4	2	-	-	-	-	-	-	-	-
高校卒	**43.9**	**8.0**	**165**	**7**	**235.8**	**222.8**	**439.9**	**2 906**	**45.1**	**8.6**	**161**	**11**	**234.5**	**215.4**	**490.5**	**513**
～ 19歳	19.1	0.9	171	9	186.8	172.5	108.6	48	19.2	1.1	163	22	200.2	173.4	130.2	4
20 ～ 24	22.7	2.4	169	8	194.7	184.3	294.3	174	23.2	2.0	163	12	197.8	182.1	207.0	22
25 ～ 29	27.4	3.3	167	7	206.7	195.2	294.2	248	27.4	3.0	164	11	195.9	179.5	211.4	44
30 ～ 34	32.6	5.3	164	9	226.1	210.9	373.7	290	32.9	5.9	163	15	234.6	210.0	523.8	36
35 ～ 39	37.5	6.2	166	8	235.1	221.2	473.9	323	37.3	7.1	160	11	254.3	235.2	620.4	63
40 ～ 44	42.7	7.9	164	7	237.0	224.0	466.8	361	42.8	9.6	163	12	242.3	221.0	618.2	60
45 ～ 49	47.6	9.8	165	9	254.4	237.8	575.9	501	47.4	11.0	164	15	250.4	224.7	634.4	95
50 ～ 54	52.5	10.7	163	7	258.8	245.2	536.9	410	52.4	9.8	160	9	248.5	233.0	420.1	88
55 ～ 59	57.3	11.6	165	6	260.4	250.1	494.5	268	57.4	12.3	161	9	236.3	219.1	626.6	43
60 ～ 64	62.3	9.7	166	5	220.6	210.4	286.9	186	62.5	9.8	158	8	213.3	198.2	338.6	36
65 ～ 69	66.7	12.7	157	2	198.8	194.6	263.7	78	66.7	10.3	150	3	179.2	174.3	260.3	19
70歳～	72.9	18.1	165	3	217.3	212.3	196.1	19	70.5	7.5	160	0	139.2	139.2	0.0	1

所定内給与額及び年間賞与その他特別給与額

物品賃貸業

100 ～ 999人								10 ～ 99人								区分
年齢	勤続年数	所定内実労働時間数	超過実労働時間数	きまって支給する現金給与額	所定内給与額	年間賞与その他特別給与額	労働者数	年齢	勤続年数	所定内実労働時間数	超過実労働時間数	きまって支給する現金給与額	所定内給与額	年間賞与その他特別給与額	労働者数	
歳	年	時	時	千円	千円	千円	十人	歳	年	時	時	千円	千円	千円	十人	
42.7	**9.8**	**170**	**13**	**353.1**	**328.1**	**968.2**	**811**	**39.9**	**8.8**	**173**	**7**	**333.0**	**319.1**	**695.3**	**613**	**高専・短大卒**
-	-	-	-	-	-	-	-	-	-	-	-	-	-	-	-	～ 19歳
22.8	1.9	172	13	245.4	226.3	352.1	35	22.8	1.3	176	4	209.4	203.8	78.0	72	20 ～ 24
27.8	3.9	176	18	259.6	233.2	474.1	62	27.6	3.8	176	9	277.4	259.8	280.6	63	25 ～ 29
32.4	5.3	170	13	304.9	282.7	710.3	99	32.8	5.9	174	6	315.1	305.6	432.6	89	30 ～ 34
37.5	8.2	174	15	353.1	321.4	891.5	152	37.7	8.2	172	7	343.7	327.6	827.2	90	35 ～ 39
42.4	11.7	169	13	394.7	365.2	1294.2	157	42.6	10.2	172	8	386.4	369.4	952.7	106	40 ～ 44
47.3	13.6	169	11	412.7	390.9	1272.2	123	47.3	10.8	176	6	368.3	354.0	789.3	68	45 ～ 49
52.4	17.1	166	9	404.7	385.9	1381.6	63	52.1	17.0	171	9	421.4	397.2	1202.5	62	50 ～ 54
57.4	14.9	165	16	414.4	386.4	1192.7	49	57.0	18.5	170	3	367.8	358.2	1575.6	33	55 ～ 59
62.6	8.4	166	6	291.8	277.1	611.0	50	62.4	10.4	172	2	303.2	299.2	317.4	22	60 ～ 64
67.2	3.5	155	7	195.9	188.4	114.0	14	67.6	7.9	155	3	218.0	213.7	264.1	9	65 ～ 69
74.8	8.3	153	27	279.7	237.5	56.9	8	-	-	-	-	-	-	-	-	70歳～
42.2	**10.8**	**164**	**12**	**418.6**	**391.3**	**1349.0**	**5 087**	**43.6**	**9.0**	**170**	**6**	**370.2**	**356.8**	**817.5**	**2 378**	**大学・大学院卒**
-	-	-	-	-	-	-	-	-	-	-	-	-	-	-	-	～ 19歳
23.7	1.3	165	12	267.5	248.5	309.3	360	23.7	1.1	173	5	246.8	239.0	142.7	144	20 ～ 24
27.4	3.4	165	20	313.6	277.6	800.1	610	27.5	3.1	174	8	271.1	259.0	523.6	310	25 ～ 29
32.6	6.2	162	19	387.1	344.4	1122.2	708	32.6	5.3	176	8	329.6	311.6	688.9	260	30 ～ 34
37.5	8.7	165	17	422.8	381.5	1503.9	723	37.5	7.5	172	9	384.6	364.0	836.8	289	35 ～ 39
42.6	12.6	165	12	451.2	422.0	1716.3	665	42.4	10.1	171	6	404.8	390.0	944.5	298	40 ～ 44
47.4	16.4	164	9	497.6	475.0	1870.8	575	47.4	12.3	169	7	416.8	401.0	1116.1	267	45 ～ 49
52.6	19.1	163	6	559.0	541.3	2059.7	496	52.3	13.4	167	5	456.1	443.9	1291.5	264	50 ～ 54
57.2	19.5	163	4	523.1	511.8	1794.4	451	57.4	14.9	167	5	452.6	441.4	1126.9	243	55 ～ 59
62.4	12.5	161	4	338.2	328.8	777.8	348	62.3	10.7	166	3	337.5	331.4	549.8	221	60 ～ 64
67.1	6.9	156	2	280.3	277.0	462.7	125	67.4	11.1	166	3	324.1	318.4	300.1	67	65 ～ 69
72.6	9.8	160	2	391.1	388.6	212.2	26	72.3	8.0	156	0	349.9	349.5	181.0	13	70歳～
																女
37.9	**7.2**	**161**	**10**	**266.1**	**247.1**	**663.3**	**4 172**	**41.3**	**7.9**	**168**	**6**	**251.1**	**240.3**	**468.5**	**2 732**	**学歴計**
19.2	1.1	170	9	192.5	174.9	148.9	28	18.9	0.7	175	4	172.7	168.1	30.8	17	～ 19歳
23.3	1.6	165	11	227.9	210.7	330.4	536	23.1	1.7	170	5	209.6	202.7	223.9	269	20 ～ 24
27.2	3.5	164	11	249.0	229.7	602.5	700	27.2	3.4	169	8	229.5	215.5	377.2	377	25 ～ 29
32.5	6.1	158	12	269.3	246.3	704.1	715	32.4	4.7	169	7	244.3	232.0	388.8	300	30 ～ 34
37.5	7.7	159	10	281.5	262.0	772.5	501	37.6	7.4	169	6	247.1	236.8	550.1	297	35 ～ 39
42.6	10.1	160	9	280.0	260.9	818.0	498	42.6	8.5	167	6	265.0	252.5	522.8	387	40 ～ 44
47.5	11.0	160	10	295.0	274.3	805.6	508	47.5	10.5	169	6	273.1	260.4	619.6	377	45 ～ 49
52.4	12.7	161	8	293.0	276.0	806.1	323	52.4	11.9	167	6	279.9	268.3	646.2	273	50 ～ 54
57.4	12.9	162	7	283.4	269.2	781.6	212	57.5	11.9	167	4	274.3	266.0	490.7	226	55 ～ 59
62.1	5.8	165	5	210.4	200.3	230.1	120	62.3	14.8	168	2	237.0	231.6	377.7	121	60 ～ 64
66.8	7.6	157	3	171.5	168.2	104.0	26	66.8	13.9	158	2	238.7	235.4	325.6	67	65 ～ 69
71.4	7.4	167	1	183.9	182.5	54.0	4	72.8	19.7	167	3	229.9	225.2	271.9	20	70歳～
48.0	**6.2**	**168**	**8**	**189.6**	**177.4**	**273.2**	**33**	**43.7**	**6.1**	**165**	**4**	**199.3**	**191.1**	**193.5**	**37**	**中学卒**
17.5	2.5	147	0	121.5	121.5	90.9	0	17.8	0.5	172	1	180.3	179.6	0.0	1	～ 19歳
23.1	3.5	164	11	193.1	179.2	10.9	3	21.1	1.4	156	2	213.8	209.8	129.1	8	20 ～ 24
25.5	5.5	176	0	183.0	183.0	215.0	1	26.1	3.1	172	8	212.7	198.3	66.1	5	25 ～ 29
31.7	6.4	168	6	201.4	187.0	642.9	4	32.3	3.8	163	1	183.5	177.0	236.8	0	30 ～ 34
37.3	6.3	159	0	206.8	206.5	377.3	1	38.3	3.1	176	9	249.9	237.8	358.4	2	35 ～ 39
44.3	2.9	178	1	180.3	179.0	470.9	5	42.7	4.2	179	8	233.0	217.3	307.8	3	40 ～ 44
47.1	5.0	163	26	246.6	206.8	239.6	5	47.8	7.7	156	3	197.8	187.9	186.3	4	45 ～ 49
52.5	11.2	158	4	183.2	178.9	170.4	2	52.1	5.9	155	3	197.5	188.2	263.0	5	50 ～ 54
58.2	5.5	173	14	179.3	164.8	149.3	4	57.3	9.8	172	4	168.1	163.7	319.1	2	55 ～ 59
63.2	9.1	168	4	160.2	155.9	164.5	6	62.7	11.7	167	6	157.4	149.8	135.4	3	60 ～ 64
67.7	6.0	162	3	155.7	152.1	32.1	2	67.0	13.0	166	5	171.3	166.2	188.8	5	65 ～ 69
71.5	24.5	172	0	192.6	192.6	495.0	0	72.3	7.9	174	3	200.4	198.1	346.8	1	70歳～
42.6	**7.2**	**163**	**8**	**231.6**	**218.0**	**441.2**	**1 197**	**44.6**	**8.5**	**169**	**5**	**240.5**	**230.7**	**417.0**	**1 196**	**高校卒**
19.2	1.1	170	9	193.0	175.3	149.3	27	19.0	0.7	175	4	172.4	167.5	32.1	16	～ 19歳
22.4	2.5	167	8	191.6	179.8	365.1	77	22.8	2.3	173	6	197.1	189.7	245.9	75	20 ～ 24
27.4	3.4	163	7	201.5	191.3	280.3	94	27.5	3.4	171	6	215.5	205.0	339.7	109	25 ～ 29
32.9	5.3	160	10	222.3	206.0	381.4	151	32.2	5.1	171	7	228.8	218.4	309.7	103	30 ～ 34
37.5	5.7	164	8	235.9	221.9	455.0	147	37.7	6.3	171	6	223.4	212.4	416.6	113	35 ～ 39
42.8	8.3	162	6	237.1	226.5	443.4	149	42.5	6.9	167	5	234.8	222.7	429.7	151	40 ～ 44
47.7	9.1	160	8	253.9	237.3	614.0	205	47.5	9.9	169	6	256.8	244.6	509.5	201	45 ～ 49
52.6	9.8	161	8	253.3	237.9	529.9	161	52.5	12.1	166	6	269.9	259.2	608.2	161	50 ～ 54
57.3	12.3	164	6	243.0	232.1	561.8	96	57.3	10.7	168	4	281.3	273.9	400.2	129	55 ～ 59
62.3	5.9	167	5	215.8	203.6	167.4	74	62.2	13.4	170	2	228.7	223.0	378.3	76	60 ～ 64
66.7	10.3	168	4	161.2	157.1	110.8	12	66.7	14.3	157	2	215.8	211.8	302.5	48	65 ～ 69
71.4	5.3	166	1	182.9	181.3	0.6	3	73.4	21.6	165	3	230.3	224.3	253.4	15	70歳～

第1表　年齢階級別きまって支給する現金給与額、

K 不動産業，物品賃貸業

区分	企業規模計 年齢	勤続年数	所定内実労働時間数	超過実労働時間数	きまって支給する現金給与額	所定内給与額	年間賞与その他特別給与額	労働者数	1,000人以上 年齢	勤続年数	所定内実労働時間数	超過実労働時間数	きまって支給する現金給与額	所定内給与額	年間賞与その他特別給与額	労働者数
	歳	年	時	時	千円	千円	千円	十人	歳	年	時	時	千円	千円	千円	十人
高専・短大卒	**41.6**	**9.7**	**162**	**9**	**273.7**	**256.4**	**694.2**	**2 387**	**43.2**	**12.0**	**157**	**12**	**295.6**	**271.3**	**955.2**	**506**
～19歳	-	-	-	-	-	-	-	-	-	-	-	-	-	-	-	-
20～24	22.6	1.8	166	9	205.8	192.9	240.2	192	22.3	1.2	163	16	209.1	185.6	157.2	23
25～29	27.3	3.9	168	11	232.5	215.3	394.6	250	27.5	3.6	167	16	240.9	215.0	507.6	35
30～34	32.4	5.4	163	10	248.9	232.7	516.1	254	32.6	6.2	159	12	239.9	219.6	618.3	46
35～39	37.7	8.5	161	10	266.4	246.6	711.7	304	37.7	8.0	157	15	278.3	250.0	963.2	60
40～44	42.6	12.1	160	9	298.4	278.9	923.5	440	42.3	14.1	155	11	318.1	291.6	1216.4	122
45～49	47.4	12.2	162	9	299.7	279.9	843.8	389	47.5	16.1	156	12	324.5	298.2	1217.8	91
50～54	52.3	15.1	161	8	295.6	278.1	874.6	267	52.3	17.9	152	12	296.7	271.9	989.5	76
55～59	57.4	13.8	162	7	326.5	311.0	888.0	186	57.5	13.1	157	7	406.3	388.8	1008.7	36
60～64	62.1	10.3	161	3	220.3	215.0	285.4	83	62.7	8.4	157	3	188.7	184.0	357.4	17
65～69	66.8	12.2	160	1	258.3	256.6	322.5	16	66.4	2.4	148	5	156.5	151.2	9.4	1
70歳～	70.6	17.0	172	0	238.5	238.0	304.5	4	-	-	-	-	-	-	-	-
大学・大学院卒	**33.7**	**6.6**	**159**	**11**	**293.1**	**271.3**	**835.3**	**4 053**	**33.9**	**7.7**	**154**	**12**	**317.5**	**292.6**	**1041.2**	**1 493**
～19歳	-	-	-	-	-	-	-	-	-	-	-	-	-	-	-	-
20～24	23.7	1.3	163	11	244.9	226.2	335.9	740	23.6	1.3	160	14	259.1	236.0	380.6	267
25～29	27.2	3.5	162	13	266.6	242.9	732.3	973	27.4	3.8	157	16	287.7	256.8	918.0	319
30～34	32.5	6.8	157	12	294.1	268.9	894.4	908	32.4	7.7	153	12	309.8	283.3	1076.5	360
35～39	37.5	9.0	158	10	315.4	294.7	1038.5	478	37.5	10.2	154	11	327.7	302.7	1176.5	187
40～44	42.3	11.3	155	9	323.6	303.0	1121.5	432	42.1	13.9	144	9	362.5	342.7	1544.9	172
45～49	47.4	13.8	157	9	377.6	356.6	1370.6	271	47.6	14.6	151	7	426.2	408.2	1777.0	100
50～54	52.2	15.2	160	8	411.2	391.0	1280.4	127	52.3	16.5	155	9	455.3	435.4	1358.2	51
55～59	57.8	14.1	160	7	301.1	288.2	910.4	79	57.6	18.4	161	9	381.1	361.7	1384.4	23
60～64	62.1	13.3	158	8	255.6	237.5	746.7	31	61.6	12.3	152	13	261.7	231.1	689.3	14
65～69	67.1	5.3	147	2	253.8	252.1	207.6	15	66.8	7.0	161	1	192.1	190.1	82.7	2
70歳～	70.5	2.5	163	7	207.2	197.9	554.0	0	-	-	-	-	-	-	-	-
L 学術研究，専門・技術サービス業																
男女計																
学歴計	**42.3**	**12.8**	**161**	**12**	**412.8**	**382.8**	**1332.4**	**80 478**	**42.9**	**15.0**	**159**	**13**	**482.0**	**447.2**	**1820.1**	**33 938**
～19歳	19.1	1.0	166	11	195.5	180.9	183.6	414	19.0	0.8	158	5	182.3	174.1	172.0	140
20～24	23.2	1.9	164	14	240.7	216.3	386.1	4 478	23.3	2.0	159	17	267.9	234.0	518.7	1 316
25～29	27.5	3.5	162	20	306.4	264.2	767.6	9 328	27.5	3.5	159	22	346.7	295.5	1030.0	3 824
30～34	32.5	6.3	161	18	357.4	315.8	1039.3	10 117	32.4	6.4	158	19	405.9	356.8	1329.4	4 503
35～39	37.6	8.9	161	15	396.3	358.2	1246.2	10 145	37.5	9.8	159	17	467.9	420.0	1740.6	3 948
40～44	42.5	13.3	161	13	442.1	409.2	1525.4	12 807	42.5	14.7	158	13	515.0	476.9	2069.9	5 216
45～49	47.5	17.4	162	10	474.5	448.7	1718.3	11 690	47.6	20.0	160	9	549.1	521.5	2246.2	5 217
50～54	52.5	21.8	162	8	528.6	507.1	1936.7	8 782	52.5	24.8	160	7	616.6	595.5	2568.8	4 182
55～59	57.3	24.6	161	7	526.4	506.3	1887.1	6 886	57.4	28.2	160	7	587.7	565.1	2476.4	3 426
60～64	62.3	19.4	159	4	370.7	360.5	1058.7	4 129	62.3	22.1	156	5	387.1	375.5	1269.2	1 621
65～69	67.1	14.1	161	2	342.5	335.7	705.4	1 387	67.0	15.9	159	2	384.2	379.5	901.7	494
70歳～	72.9	15.6	160	2	285.4	278.7	413.5	317	72.0	8.0	149	4	396.4	384.4	436.7	50
男																
学歴計	**43.4**	**14.1**	**162**	**13**	**447.6**	**414.5**	**1499.1**	**59 154**	**43.6**	**15.8**	**160**	**13**	**504.8**	**468.1**	**1968.0**	**27 421**
～19歳	19.1	0.9	165	13	199.4	182.8	196.3	310	19.0	0.8	157	6	184.3	175.1	171.7	121
20～24	23.2	2.0	163	18	253.4	221.4	446.5	2 565	23.3	2.2	158	21	278.2	237.3	553.8	916
25～29	27.6	3.6	162	23	320.6	271.8	819.1	6 252	27.6	3.5	160	24	352.9	297.3	1044.5	2 880
30～34	32.4	6.5	162	20	382.0	333.9	1154.4	6 909	32.4	6.7	159	20	421.3	368.4	1444.4	3 462
35～39	37.6	9.5	162	18	432.8	387.6	1419.2	7 100	37.5	10.2	160	18	487.5	436.0	1875.4	3 170
40～44	42.5	13.9	162	14	480.2	442.4	1699.3	9 359	42.5	15.0	158	14	544.4	501.8	2265.9	4 065
45～49	47.5	18.5	162	10	512.6	485.1	1900.1	8 879	47.6	20.6	161	9	576.3	547.5	2428.8	4 274
50～54	52.5	22.8	162	7	564.3	542.6	2138.7	6 887	52.5	25.6	161	7	638.7	617.2	2728.3	3 509
55～59	57.3	25.5	162	7	559.3	538.2	2050.5	5 744	57.3	28.8	162	7	612.9	589.6	2637.6	2 981
60～64	62.3	19.8	159	4	382.1	372.7	1102.0	3 601	62.3	22.5	156	5	393.7	382.1	1311.6	1 515
65～69	67.2	14.3	161	3	350.0	342.9	739.9	1 281	67.0	16.0	160	2	385.0	380.2	930.3	477
70歳～	72.9	13.9	160	3	295.0	287.3	379.4	267	72.0	8.0	149	4	395.3	383.2	437.9	50
中学卒	**51.1**	**13.3**	**161**	**12**	**305.2**	**280.4**	**753.4**	**253**	**53.0**	**19.2**	**159**	**10**	**344.2**	**324.8**	**1113.9**	**77**
～19歳	-	-	-	-	-	-	-	-	-	-	-	-	-	-	-	-
20～24	22.0	1.2	174	26	245.1	213.6	137.7	9	20.5	2.5	172	16	193.2	171.4	639.2	2
25～29	27.3	5.3	164	23	297.9	255.3	563.1	15	28.2	6.6	165	32	346.1	280.0	559.5	4
30～34	32.6	4.2	165	23	320.6	276.6	341.7	15	32.6	3.2	152	21	316.4	276.5	326.6	7
35～39	36.6	6.0	147	16	278.5	242.1	482.5	23	37.4	21.1	161	20	406.4	350.0	1642.2	1
40～44	42.7	7.0	152	15	296.5	259.9	398.0	29	43.5	11.8	158	8	373.5	355.1	904.8	6
45～49	47.1	9.0	164	18	330.3	291.7	516.4	17	46.8	31.5	152	19	408.1	353.9	1747.8	1
50～54	52.2	17.3	167	6	363.7	353.3	1258.9	24	50.9	24.7	167	1	447.8	445.9	1845.4	12
55～59	57.6	24.9	164	4	385.5	375.0	1052.7	32	58.2	31.5	152	3	385.2	380.4	1368.1	17
60～64	62.4	24.7	166	10	321.3	299.3	1301.5	43	62.4	21.7	160	8	276.1	257.8	1062.9	17
65～69	67.1	10.6	158	7	229.3	218.0	615.4	32	66.7	11.3	161	14	290.1	264.9	855.3	11
70歳～	73.4	7.2	163	1	200.9	183.8	318.1	14	-	-	-	-	-	-	-	-

所定内給与額及び年間賞与その他特別給与額

L学術研究，専門・技術サービス業

100～999人 年齢	勤続年数	所定内実労働時間数	超過実労働時間数	きまって支給する現金給与額	所定内給与額	年間賞与その他特別給与額	労働者数	10～99人 年齢	勤続年数	所定内実労働時間数	超過実労働時間数	きまって支給する現金給与額	所定内給与額	年間賞与その他特別給与額	労働者数	区分
歳	年	時	時	千円	千円	千円	十人	歳	年	時	時	千円	千円	千円	十人	
40.8	**8.9**	**161**	**10**	**273.2**	**254.7**	**690.2**	**1 092**	**41.6**	**9.2**	**168**	**6**	**260.4**	**249.2**	**532.2**	**789**	**高専・短大卒**
-	-	-	-	-	-	-	-	-	-	-	-	-	-	-	-	～ 19歳
22.6	1.9	165	9	207.8	195.1	269.9	93	22.7	1.8	169	7	202.2	192.5	228.8	76	20 ～ 24
27.4	3.8	166	10	232.7	216.8	403.5	120	27.1	4.2	171	9	229.1	213.5	341.6	95	25 ～ 29
32.3	5.6	161	10	261.8	243.8	529.9	142	32.5	4.6	170	6	227.4	217.9	415.9	66	30 ～ 34
37.7	8.2	158	12	270.6	246.7	692.2	145	37.8	9.2	167	5	253.3	244.3	590.0	100	35 ～ 39
42.6	11.9	157	10	292.4	272.3	969.4	183	42.8	10.4	168	6	288.8	276.2	596.3	135	40 ～ 44
47.3	11.3	160	11	295.9	273.9	763.9	175	47.5	10.7	169	6	286.9	275.1	683.5	124	45 ～ 49
52.4	15.4	161	8	305.5	289.1	929.3	110	52.2	12.0	168	6	281.2	269.0	692.7	81	50 ～ 54
57.4	12.6	162	7	323.1	305.7	951.9	86	57.3	15.9	166	5	285.9	274.1	733.0	64	55 ～ 59
61.6	4.0	160	4	204.3	198.1	226.3	33	62.2	17.5	163	2	252.1	247.3	307.7	33	60 ～ 64
66.2	13.4	148	1	241.1	239.3	329.3	4	67.1	13.2	166	1	279.4	278.3	362.9	10	65 ～ 69
-	-	-	-	-	-	-	-	70.6	17.0	172	0	238.5	238.0	304.5	4	70歳～
32.9	**6.2**	**160**	**12**	**285.6**	**262.7**	**798.2**	**1 850**	**35.3**	**5.6**	**167**	**6**	**261.4**	**249.1**	**498.9**	**710**	**大学・大学院卒**
-	-	-	-	-	-	-	-	-	-	-	-	-	-	-	-	～ 19歳
23.7	1.3	164	12	241.1	221.6	340.8	362	23.7	1.2	170	3	222.7	217.9	212.2	111	20 ～ 24
27.1	3.4	163	13	262.3	240.3	714.5	486	27.1	3.1	167	8	239.2	223.9	430.3	168	25 ～ 29
32.5	6.6	156	13	289.7	262.4	881.2	417	32.6	4.5	168	7	265.2	250.0	437.5	131	30 ～ 34
37.5	8.9	157	10	321.4	300.9	1053.1	209	37.3	6.8	167	5	272.0	261.1	688.6	82	35 ～ 39
42.4	10.0	160	12	308.7	282.4	1003.7	161	42.4	8.6	164	5	279.6	266.9	571.3	98	40 ～ 44
47.3	13.8	159	11	363.7	339.0	1205.0	123	47.2	12.3	165	8	312.2	294.4	952.6	48	45 ～ 49
52.1	16.0	160	8	398.2	374.8	1453.8	50	52.2	11.4	169	7	351.6	336.6	805.0	26	50 ～ 54
57.3	17.1	157	9	317.4	301.4	1133.4	25	58.4	8.5	162	3	229.1	223.7	382.5	31	55 ～ 59
62.3	10.5	156	6	221.8	209.9	886.9	8	62.7	17.4	169	2	275.8	271.8	713.0	9	60 ～ 64
67.0	1.3	144	2	155.0	152.3	0.0	8	67.5	11.7	147	0	447.7	447.7	613.0	5	65 ～ 69
-	-	-	-	-	-	-	-	70.5	2.5	163	7	207.2	197.9	554.0	0	70歳～
																L学術研究，専門・技術サービス業
																男女計
41.6	**12.0**	**159**	**13**	**388.5**	**358.5**	**1176.0**	**24 350**	**42.3**	**10.5**	**168**	**12**	**333.8**	**310.8**	**757.9**	**22 190**	**学歴計**
19.2	1.1	165	8	190.5	180.3	227.7	100	19.2	1.0	174	18	209.2	186.8	167.4	173	～ 19歳
23.3	1.7	162	11	238.0	219.2	360.5	1 716	22.9	2.0	172	16	219.2	196.8	295.8	1 446	20 ～ 24
27.5	3.6	161	21	294.2	252.0	682.5	2 948	27.5	3.4	169	17	260.3	231.6	473.0	2 555	25 ～ 29
32.6	6.8	160	19	339.6	296.8	999.8	2 918	32.4	5.4	168	14	295.6	267.7	597.4	2 695	30 ～ 34
37.7	8.9	158	15	374.5	339.2	1088.2	3 437	37.5	7.7	168	14	321.0	293.4	735.8	2 760	35 ～ 39
42.6	12.7	159	13	421.9	389.1	1398.3	3 940	42.5	11.8	168	12	359.8	334.1	884.5	3 651	40 ～ 44
47.4	16.6	159	11	448.3	420.6	1473.2	3 428	47.4	13.8	167	10	376.2	355.5	1089.7	3 045	45 ～ 49
52.5	21.1	160	8	479.6	456.5	1660.4	2 420	52.4	16.9	168	9	414.2	393.9	1030.9	2 180	50 ～ 54
57.3	22.7	158	6	509.3	493.2	1624.1	1 864	57.3	19.2	167	9	414.5	395.0	928.8	1 596	55 ～ 59
62.2	18.0	156	4	370.2	359.2	1149.3	1 229	62.4	17.2	164	4	350.5	342.6	704.6	1 279	60 ～ 64
67.3	13.3	158	2	346.3	342.2	910.0	307	67.2	13.0	164	3	305.4	295.5	433.4	587	65 ～ 69
72.4	15.9	161	2	369.0	364.8	661.1	44	73.2	17.2	163	2	243.8	237.9	359.3	222	70歳～
																男
42.9	**13.2**	**160**	**14**	**425.1**	**391.8**	**1317.5**	**16 992**	**43.8**	**11.7**	**169**	**13**	**366.9**	**340.9**	**836.4**	**14 742**	**学歴計**
19.2	1.1	167	9	192.3	180.4	264.0	69	19.1	1.0	173	22	218.9	191.9	182.5	120	～ 19歳
23.3	1.7	162	12	239.4	216.8	389.9	973	22.9	2.3	172	22	239.8	206.4	382.7	677	20 ～ 24
27.6	3.8	160	25	310.7	259.4	751.8	1 828	27.5	3.5	170	19	272.1	239.3	478.6	1 544	25 ～ 29
32.6	7.0	162	24	365.1	311.4	1081.3	1 768	32.4	5.7	170	17	318.6	286.4	633.0	1 679	30 ～ 34
37.8	9.5	160	18	413.9	369.9	1232.7	2 222	37.6	8.3	170	17	355.9	320.7	814.9	1 707	35 ～ 39
42.6	13.3	161	14	459.4	422.5	1505.9	2 845	42.5	12.9	170	15	397.8	367.1	983.9	2 450	40 ～ 44
47.4	17.5	160	11	484.2	455.0	1588.2	2 584	47.4	15.3	169	10	414.2	391.5	1180.7	2 020	45 ～ 49
52.5	22.0	160	8	519.8	496.9	1850.5	1 807	52.5	17.7	169	9	449.2	428.8	1153.6	1 572	50 ～ 54
57.3	23.7	159	6	540.8	524.1	1725.6	1 542	57.3	20.0	168	9	451.4	430.5	1027.1	1 221	55 ～ 59
62.2	18.2	157	4	382.2	373.4	1214.4	1 049	62.5	17.4	165	3	365.1	358.2	682.1	1 037	60 ～ 64
67.4	13.6	157	2	362.3	358.7	996.6	270	67.2	13.0	164	3	312.4	301.8	440.6	535	65 ～ 69
72.4	19.3	163	3	417.9	412.6	808.0	36	73.2	14.4	163	2	242.8	235.7	277.9	181	70歳～
53.4	**13.1**	**162**	**14**	**321.3**	**285.8**	**856.3**	**70**	**48.2**	**9.2**	**163**	**11**	**266.2**	**244.4**	**423.2**	**106**	**中学卒**
-	-	-	-	-	-	-	-	-	-	-	-	-	-	-	-	～ 19歳
21.5	3.5	160	19	202.9	176.2	225.0	1	22.4	0.5	177	29	264.8	230.1	0.0	6	20 ～ 24
28.2	6.9	162	25	248.0	208.8	777.0	4	26.3	3.6	165	16	295.4	265.6	446.1	7	25 ～ 29
32.3	2.1	177	29	326.8	276.0	336.3	3	32.6	6.9	176	23	322.3	277.2	366.0	5	30 ～ 34
36.2	4.5	154	33	414.8	332.7	773.1	8	36.7	6.1	143	7	203.1	190.8	279.4	15	35 ～ 39
41.7	9.0	168	27	487.7	397.8	677.0	5	42.8	4.6	144	13	209.3	182.6	127.8	17	40 ～ 44
45.8	4.9	163	20	343.7	290.6	398.7	7	48.0	10.0	166	16	314.7	287.3	494.8	10	45 ～ 49
52.4	19.6	160	10	331.1	303.8	1120.4	3	53.6	7.6	169	11	268.7	252.6	572.2	9	50 ～ 54
57.6	19.1	183	5	421.3	396.6	1183.6	4	56.7	17.4	176	7	374.2	360.1	555.6	12	55 ～ 59
62.1	32.7	167	11	364.9	337.7	1642.6	18	63.2	13.1	177	10	319.4	301.3	1041.6	8	60 ～ 64
67.4	2.9	151	1	174.8	173.5	388.7	15	67.0	31.2	172	8	260.9	249.4	773.2	5	65 ～ 69
79.5	0.5	155	0	180.4	180.4	0.0	2	72.3	8.3	165	1	204.4	184.4	372.5	12	70歳～

第1表　年齢階級別きまって支給する現金給与額、

L 学術研究，

区分	企業規模計 年齢	勤続年数	所定内実労働時間数	超過実労働時間数	きまって支給する現金給与額	所定内給与額	年間賞与その他特別給与額	労働者数	1,000人以上 年齢	勤続年数	所定内実労働時間数	超過実労働時間数	きまって支給する現金給与額	所定内給与額	年間賞与その他特別給与額	労働者数
	歳	年	時	時	千円	千円	千円	十人	歳	年	時	時	千円	千円	千円	十人
高校卒	**45.8**	**17.0**	**163**	**14**	**369.6**	**336.5**	**1215.9**	**12 349**	**46.4**	**21.3**	**159**	**14**	**404.6**	**366.6**	**1631.4**	**4 873**
～19歳	19.1	0.9	165	13	199.4	182.8	196.3	310	19.0	0.8	157	6	184.3	175.1	171.7	121
20～24	22.4	3.5	165	22	233.0	196.7	667.5	787	22.4	4.0	158	21	238.4	200.2	843.0	291
25～29	27.7	6.0	165	23	267.8	228.2	649.4	802	27.7	6.9	158	22	277.5	235.0	881.7	257
30～34	32.4	8.6	165	19	312.0	271.7	839.0	822	32.5	10.2	162	20	338.8	290.2	1106.1	341
35～39	37.7	11.1	164	19	347.0	303.8	1075.9	984	37.5	13.0	161	21	378.0	323.8	1371.6	362
40～44	42.6	16.1	163	16	402.0	360.5	1334.1	1 708	42.8	20.0	157	19	441.5	385.8	1820.3	602
45～49	47.5	20.7	165	14	421.1	384.3	1512.6	1 942	47.5	25.0	163	15	472.0	429.0	2078.1	795
50～54	52.6	23.4	163	13	459.2	423.8	1681.1	1 704	52.8	27.2	160	12	506.1	470.2	2147.6	672
55～59	57.4	27.0	162	10	460.4	432.1	1674.2	1 469	57.5	32.6	159	11	501.9	469.6	2124.7	720
60～64	62.4	21.7	157	5	304.2	291.7	1034.7	1 302	62.5	27.4	153	7	303.2	287.7	1261.3	621
65～69	67.2	15.0	163	5	279.6	265.3	545.7	393	66.8	20.7	157	8	291.2	274.2	889.1	81
70歳～	73.0	17.1	161	3	292.3	285.1	451.7	125	71.0	18.7	140	4	209.6	204.7	671.4	10
高専・短大卒	**42.7**	**15.0**	**165**	**17**	**412.8**	**374.4**	**1217.0**	**6 593**	**43.7**	**18.5**	**163**	**17**	**483.0**	**438.4**	**1738.8**	**2 054**
～19歳	-	-	-	-	-	-	-	-	-	-	-	-	-	-	-	-
20～24	22.9	2.0	163	24	257.9	214.9	497.1	432	23.3	2.1	161	29	296.8	235.7	698.9	159
25～29	28.0	4.7	164	24	299.4	248.2	784.9	597	28.1	5.1	162	19	283.2	249.6	996.4	178
30～34	32.5	7.9	166	21	316.3	273.7	944.1	628	32.3	8.0	163	21	338.4	294.1	1217.2	199
35～39	37.6	9.9	166	23	370.7	318.7	921.4	760	37.8	12.2	162	31	447.7	368.1	1448.7	170
40～44	42.6	15.2	166	18	425.0	380.7	1258.3	1 317	42.5	16.1	160	22	493.6	426.6	1746.6	304
45～49	47.3	19.0	163	13	469.0	435.8	1546.0	1 191	47.3	22.4	163	11	552.7	518.1	2244.8	341
50～54	52.3	23.5	166	10	536.5	509.8	1636.8	782	52.2	27.9	166	10	631.8	600.2	2216.1	322
55～59	57.3	26.1	166	10	530.8	503.1	1725.0	543	57.3	31.1	165	11	630.9	596.2	2395.5	264
60～64	62.1	23.2	160	6	378.7	365.7	1036.1	290	62.2	28.3	155	10	364.1	344.7	1264.9	110
65～69	66.8	18.5	166	3	295.4	290.5	682.1	44	66.8	35.5	157	0	368.9	368.9	1856.2	8
70歳～	74.0	10.4	169	2	265.7	260.7	275.3	10	-	-	-	-	-	-	-	-
大学・大学院卒	**42.8**	**13.0**	**161**	**13**	**478.3**	**446.0**	**1637.9**	**39 959**	**42.9**	**14.2**	**160**	**13**	**531.5**	**495.8**	**2074.6**	**20 416**
～19歳	-	-	-	-	-	-	-	-	-	-	-	-	-	-	-	-
20～24	23.8	1.2	162	14	263.9	238.0	302.2	1 338	23.9	1.1	158	18	297.0	261.3	322.3	464
25～29	27.5	3.0	162	23	332.0	282.1	852.3	4 838	27.5	3.0	160	24	366.0	307.3	1066.0	2 440
30～34	32.4	6.1	161	20	400.3	350.4	1228.5	5 443	32.4	6.2	158	20	436.8	382.9	1502.1	2 916
35～39	37.6	9.2	161	17	458.2	413.5	1557.6	5 333	37.5	9.7	159	17	505.2	455.8	1972.0	2 638
40～44	42.5	13.1	161	13	513.7	478.4	1896.2	6 306	42.4	13.9	159	12	569.3	531.5	2403.8	3 152
45～49	47.5	17.7	161	8	553.2	530.1	2109.3	5 728	47.7	19.2	160	8	605.4	580.8	2537.8	3 137
50～54	52.5	22.5	161	5	611.2	595.8	2411.3	4 378	52.5	24.8	160	5	676.0	659.6	2954.3	2 503
55～59	57.3	24.8	161	5	604.2	586.9	2256.3	3 700	57.3	27.0	162	5	652.8	634.2	2867.1	1 980
60～64	62.3	17.9	160	3	435.6	429.0	1151.8	1 966	62.1	17.7	159	3	473.8	466.8	1364.5	767
65～69	67.2	13.8	160	1	391.8	388.3	842.0	812	67.1	14.8	160	1	408.3	406.5	922.2	377
70歳～	72.6	11.6	158	3	311.4	303.8	318.8	118	72.2	5.4	151	4	440.5	426.7	381.0	40
女																
学歴計	**39.3**	**9.5**	**160**	**10**	**316.5**	**294.8**	**869.8**	**21 324**	**40.0**	**11.5**	**156**	**10**	**386.2**	**359.4**	**1198.0**	**6 518**
～19歳	19.3	1.0	170	7	183.9	175.3	145.4	104	19.0	0.8	167	1	169.3	167.6	174.2	19
20～24	23.1	1.7	166	9	223.8	209.6	305.0	1 913	23.2	1.8	161	10	244.5	226.6	438.5	401
25～29	27.5	3.4	163	15	277.6	248.7	662.9	3 076	27.5	3.5	158	16	327.7	290.0	986.0	945
30～34	32.5	5.7	160	12	304.4	276.6	791.5	3 208	32.5	5.6	158	15	354.6	318.3	946.7	1 041
35～39	37.5	7.5	158	9	311.1	289.7	842.8	3 045	37.6	8.2	155	12	387.9	354.6	1191.0	778
40～44	42.6	11.4	157	8	338.7	318.9	1053.2	3 448	42.6	13.6	154	8	411.1	389.0	1378.3	1 152
45～49	47.4	13.8	159	9	354.3	333.8	1144.0	2 812	47.3	17.3	155	8	425.8	403.6	1418.6	943
50～54	52.4	18.1	161	8	399.0	378.1	1202.1	1 894	52.3	20.9	156	6	501.4	482.3	1736.6	672
55～59	57.4	20.1	157	7	360.9	345.4	1065.3	1 142	57.5	24.4	152	6	419.0	401.2	1397.1	445
60～64	62.1	16.6	156	6	292.8	277.0	762.9	527	62.2	15.8	153	6	291.4	280.7	660.9	105
65～69	66.5	12.3	160	2	252.4	248.9	290.1	106	67.0	12.0	150	0	361.1	359.9	94.5	17
70歳～	73.3	24.5	163	0	233.8	233.2	595.5	50	70.5	17.5	184	0	677.0	677.0	130.0	0
中学卒	**48.9**	**14.4**	**165**	**9**	**274.9**	**257.0**	**379.4**	**99**	**52.5**	**16.4**	**159**	**18**	**240.0**	**202.6**	**618.1**	**17**
～19歳	-	-	-	-	-	-	-	-	-	-	-	-	-	-	-	-
20～24	23.0	1.2	173	4	216.5	210.4	29.4	4	-	-	-	-	-	-	-	-
25～29	27.8	4.3	164	6	268.4	254.6	650.0	7	27.5	4.5	171	0	341.6	340.8	1630.1	1
30～34	32.4	7.8	168	7	271.5	256.1	305.7	6	-	-	-	-	-	-	-	-
35～39	37.7	3.8	170	21	293.9	247.9	711.5	18	37.5	5.5	176	5	245.5	235.7	1362.3	3
40～44	42.2	1.9	171	24	220.1	194.2	325.7	3	-	-	-	-	-	-	-	-
45～49	46.8	8.8	159	3	179.7	174.9	252.1	0	-	-	-	-	-	-	-	-
50～54	54.2	27.1	164	8	355.7	339.8	235.7	34	53.5	10.7	146	38	273.3	194.6	49.6	7
55～59	58.1	34.0	168	8	259.5	242.1	1074.5	6	58.5	34.5	171	16	292.6	257.3	1245.8	3
60～64	62.8	10.0	157	0	143.6	143.6	193.5	12	61.0	21.9	157	0	132.6	132.6	373.6	4
65～69	66.6	1.8	162	1	157.8	157.0	24.3	5	-	-	-	-	-	-	-	-
70歳～	73.0	0.5	163	0	158.7	158.7	0.0	4	-	-	-	-	-	-	-	-

所定内給与額及び年間賞与その他特別給与額

専門・技術サービス業

100 ～ 999人								10 ～ 99人								区分
年齢	勤続年数	所定内実労働時間数	超過実労働時間数	きまって支給する現金給与額	所定内給与額	年間賞与その他特別給与額	労働者数	年齢	勤続年数	所定内実労働時間数	超過実労働時間数	きまって支給する現金給与額	所定内給与額	年間賞与その他特別給与額	労働者数	
歳	年	時	時	千円	千円	千円	十人	歳	年	時	時	千円	千円	千円	十人	
46.4	**15.7**	**160**	**13**	**370.3**	**338.2**	**1213.4**	**3 311**	**44.7**	**12.8**	**170**	**15**	**328.0**	**300.0**	**731.8**	**4 166**	**高校卒**
19.2	1.1	167	9	192.3	180.4	264.0	69	19.1	1.0	173	22	218.9	191.9	182.5	120	～ 19歳
22.4	3.4	164	14	219.1	190.1	681.8	177	22.4	3.1	173	27	235.8	197.1	499.4	319	20 ～ 24
27.5	6.5	164	24	272.3	228.6	669.7	201	27.8	5.0	171	22	257.9	222.8	464.6	345	25 ～ 29
32.4	8.9	163	23	308.9	264.5	801.1	175	32.3	6.8	169	16	284.0	255.3	563.8	306	30 ～ 34
38.0	11.1	159	19	341.5	299.8	1117.4	243	37.7	9.2	170	18	320.9	287.2	767.6	380	35 ～ 39
42.6	14.0	161	16	399.4	361.8	1113.3	526	42.5	13.9	171	15	363.4	332.9	1029.6	580	40 ～ 44
47.6	18.7	161	15	395.4	358.3	1391.2	530	47.5	17.0	170	14	377.6	348.9	887.9	617	45 ～ 49
52.5	23.4	158	13	461.6	424.2	1698.6	553	52.4	18.0	173	14	390.7	358.1	1006.0	479	50 ～ 54
57.3	23.1	162	9	450.3	425.2	1660.5	355	57.4	20.4	168	10	393.6	369.8	862.8	394	55 ～ 59
62.3	15.7	155	4	298.2	286.9	1069.7	372	62.5	17.5	167	4	313.3	305.7	537.9	309	60 ～ 64
67.5	12.3	162	2	284.6	280.5	734.0	87	67.2	14.0	166	5	273.5	256.1	349.5	225	65 ～ 69
72.3	24.3	169	2	500.1	495.5	791.1	24	73.4	15.0	161	3	247.4	239.4	340.4	92	70歳～
41.2	**13.3**	**161**	**18**	**392.3**	**349.5**	**1211.0**	**1 893**	**43.1**	**13.5**	**170**	**16**	**372.9**	**342.5**	**816.1**	**2 646**	**高専・短大卒**
-	-	-	-	-	-	-	-	-	-	-	-	-	-	-	-	～ 19歳
22.6	1.7	162	15	224.6	200.3	369.2	138	22.8	2.1	168	25	246.2	205.2	390.0	135	20 ～ 24
28.1	5.2	162	32	349.0	268.3	836.3	205	27.8	3.9	169	21	265.3	227.8	559.2	214	25 ～ 29
32.7	8.3	159	24	306.3	258.8	1062.8	167	32.5	7.4	173	20	305.7	267.6	661.7	263	30 ～ 34
37.7	8.8	163	20	354.3	306.9	865.2	283	37.5	9.8	170	22	343.3	302.2	681.5	307	35 ～ 39
42.7	14.5	163	15	427.9	388.1	1448.4	384	42.7	15.1	171	18	390.0	354.0	906.5	629	40 ～ 44
47.2	19.3	157	16	456.4	414.8	1579.1	414	47.5	16.1	169	11	415.5	391.5	969.2	437	45 ～ 49
52.4	21.2	163	11	488.2	458.5	1571.6	142	52.3	20.0	168	9	461.4	441.1	1078.4	317	50 ～ 54
57.6	22.2	162	9	446.7	420.9	1630.7	93	57.1	20.8	169	9	430.5	411.8	819.7	186	55 ～ 59
62.4	19.3	156	3	371.6	362.4	953.7	60	61.9	20.4	166	4	395.4	386.5	868.5	120	60 ～ 64
65.9	23.2	163	11	337.9	317.4	879.5	6	67.0	13.3	170	2	268.2	265.1	341.2	30	65 ～ 69
73.5	14.5	173	0	250.0	250.0	800.0	2	74.1	9.5	168	3	269.1	263.0	162.9	8	70歳～
42.1	**12.5**	**160**	**13**	**446.6**	**414.4**	**1366.8**	**11 719**	**43.5**	**10.6**	**168**	**11**	**387.0**	**363.5**	**904.5**	**7 825**	**大学・大学院卒**
-	-	-	-	-	-	-	-	-	-	-	-	-	-	-	-	～ 19歳
23.7	1.3	162	11	248.0	227.5	316.1	657	23.8	1.2	172	13	241.2	220.1	217.4	217	20 ～ 24
27.5	3.2	159	24	310.7	262.6	751.1	1 419	27.4	2.8	170	18	278.4	247.3	466.2	979	25 ～ 29
32.6	6.6	162	24	378.9	323.5	1119.7	1 423	32.4	5.0	169	16	331.3	299.6	646.6	1 105	30 ～ 34
37.8	9.4	159	18	434.3	390.7	1312.9	1 689	37.6	7.6	169	16	375.2	340.9	881.4	1 006	35 ～ 39
42.6	12.8	160	13	482.0	445.9	1626.6	1 930	42.4	11.4	169	13	420.6	392.7	1014.0	1 224	40 ～ 44
47.3	16.8	160	8	520.5	497.2	1659.2	1 634	47.4	14.0	167	8	438.1	419.9	1472.8	957	45 ～ 49
52.4	21.4	160	5	553.4	538.5	1963.7	1 109	52.6	16.7	168	5	483.0	470.0	1284.3	766	50 ～ 54
57.3	24.0	157	4	578.8	565.6	1756.8	1 090	57.3	19.5	167	8	495.2	475.4	1199.8	630	55 ～ 59
62.2	19.2	158	3	436.0	429.3	1317.1	599	62.6	16.8	164	3	386.4	380.4	714.3	599	60 ～ 64
67.4	14.9	156	1	423.3	420.3	1201.3	161	67.3	11.8	162	2	350.4	344.4	520.1	274	65 ～ 69
70.8	10.9	144	4	280.0	270.8	1046.8	9	73.0	15.3	164	2	240.0	236.3	192.8	69	70歳～
																女
38.5	**9.0**	**157**	**11**	**303.8**	**281.8**	**849.3**	**7 359**	**39.4**	**8.1**	**166**	**9**	**268.2**	**251.1**	**602.7**	**7 448**	**学歴計**
19.3	1.0	163	5	186.8	180.2	148.5	31	19.3	1.1	175	10	187.3	175.2	133.4	53	～ 19歳
23.3	1.6	161	8	236.2	222.4	321.9	743	22.9	1.8	173	10	201.1	188.3	219.3	769	20 ～ 24
27.4	3.3	161	15	267.2	239.9	569.5	1 120	27.5	3.3	169	14	242.2	219.9	464.5	1 011	25 ～ 29
32.7	6.6	157	13	300.5	274.2	874.6	1 151	32.3	4.8	165	10	257.5	236.7	538.5	1 016	30 ～ 34
37.5	7.7	154	9	302.5	283.1	823.8	1 214	37.4	6.8	165	8	264.4	249.2	607.5	1 053	35 ～ 39
42.5	11.3	153	10	324.5	302.4	1118.7	1 095	42.6	9.5	164	8	282.4	266.6	681.7	1 201	40 ～ 44
47.4	13.6	156	10	338.5	315.2	1121.0	844	47.4	10.8	164	8	301.5	284.7	910.5	1 025	45 ～ 49
52.6	18.4	162	10	361.3	337.8	1100.6	614	52.3	14.8	164	9	323.9	303.8	713.9	609	50 ～ 54
57.4	18.1	156	5	358.0	345.3	1137.9	322	57.3	16.7	163	8	294.2	279.2	608.4	375	55 ～ 59
62.1	17.1	152	8	300.2	276.5	771.2	180	62.1	16.5	161	4	287.9	275.7	801.3	242	60 ～ 64
66.5	11.6	161	4	229.8	222.1	281.1	37	66.3	13.0	163	1	233.4	232.0	359.6	52	65 ～ 69
72.5	0.5	153	0	149.3	149.3	0.0	8	73.5	29.2	164	1	247.9	247.1	711.9	42	70歳～
52.9	**18.2**	**164**	**2**	**289.5**	**285.3**	**302.8**	**55**	**38.0**	**4.9**	**172**	**17**	**267.4**	**233.4**	**383.1**	**26**	**中学卒**
-	-	-	-	-	-	-	-	-	-	-	-	-	-	-	-	～ 19歳
22.8	0.5	171	5	225.5	215.8	0.0	2	23.1	1.8	175	2	207.5	205.0	58.8	2	20 ～ 24
27.7	3.6	161	8	270.0	251.7	600.6	5	28.5	7.5	176	0	224.5	224.5	382.0	1	25 ～ 29
31.5	3.3	165	16	312.7	277.7	596.1	3	33.1	11.2	171	0	240.1	239.6	83.6	4	30 ～ 34
36.5	1.5	176	13	223.1	203.0	250.0	0	37.8	3.4	169	25	304.8	250.9	585.3	15	35 ～ 39
42.3	2.2	172	2	265.8	261.0	678.5	1	42.1	1.6	170	45	177.8	132.5	0.0	1	40 ～ 44
-	-	-	-	-	-	-	-	46.8	8.8	159	3	179.7	174.9	252.1	0	45 ～ 49
54.5	33.5	166	0	389.0	389.0	293.0	25	53.5	5.0	195	7	232.0	221.3	142.5	2	50 ～ 54
57.7	33.5	165	0	228.6	227.9	913.9	3	-	-	-	-	-	-	-	-	55 ～ 59
63.9	3.2	157	0	149.9	149.9	89.9	7	-	-	-	-	-	-	-	-	60 ～ 64
66.5	0.5	158	0	154.1	154.1	0.0	4	67.5	10.5	185	6	182.8	176.3	186.2	1	65 ～ 69
73.0	0.5	163	0	158.7	158.7	0.0	4	-	-	-	-	-	-	-	-	70歳～

第1表　年齢階級別きまって支給する現金給与額、

L学術研究，専門・技術サービス業

区分	企業規模計								1,000人以上							
	年齢	勤続年数	所定内実労働時間数	超過実労働時間数	きまって支給する現金給与額	所定内給与額	年間賞与その他特別給与額	労働者数	年齢	勤続年数	所定内実労働時間数	超過実労働時間数	きまって支給する現金給与額	所定内給与額	年間賞与その他特別給与額	労働者数
	歳	年	時	時	千円	千円	千円	十人	歳	年	時	時	千円	千円	千円	十人
高校卒	**42.9**	**12.3**	**161**	**8**	**252.3**	**236.8**	**648.3**	**4 490**	**43.8**	**15.3**	**157**	**7**	**267.2**	**251.5**	**812.4**	**1 405**
～19歳	19.3	1.0	170	7	183.9	175.3	145.4	104	19.0	0.8	167	1	169.3	167.6	174.2	19
20～24	22.3	3.1	166	12	202.9	186.4	416.9	400	22.5	3.1	161	9	206.1	193.1	558.2	95
25～29	27.5	5.1	164	12	219.5	202.0	447.8	310	27.5	5.2	162	8	233.5	220.6	628.6	82
30～34	32.6	6.5	162	7	221.0	210.0	493.1	417	32.9	7.2	157	5	216.0	206.1	370.6	123
35～39	37.6	7.5	160	7	226.8	214.6	386.3	443	37.8	6.3	154	6	224.9	211.9	302.9	140
40～44	42.8	12.7	160	8	254.0	239.4	618.4	703	42.8	14.4	156	8	259.5	245.6	723.8	271
45～49	47.2	14.7	162	8	270.6	254.7	771.1	752	46.9	18.1	158	8	283.3	264.0	971.1	226
50～54	52.3	18.4	160	10	304.1	280.7	1027.8	585	52.8	24.9	158	8	349.6	327.3	1333.4	197
55～59	57.5	22.1	157	8	295.7	278.4	918.8	470	57.7	25.5	151	7	310.6	291.4	1210.9	201
60～64	62.5	15.6	159	4	243.5	232.1	610.1	237	62.5	18.6	155	5	191.8	183.4	560.3	40
65～69	66.7	15.1	157	1	203.4	201.6	215.5	47	67.4	17.7	153	0	187.4	185.5	104.5	11
70歳～	74.9	33.7	157	1	258.1	256.7	491.0	23	-	-	-	-	-	-	-	-
高専・短大卒	**41.2**	**10.6**	**161**	**9**	**279.4**	**262.9**	**708.8**	**4 667**	**43.2**	**13.7**	**153**	**9**	**314.3**	**293.5**	**1012.0**	**1 032**
～19歳	-	-	-	-	-	-	-	-	-	-	-	-	-	-	-	-
20～24	22.5	1.7	170	12	203.3	187.1	247.2	430	22.1	1.6	161	13	224.3	202.6	473.8	55
25～29	27.3	4.1	167	12	229.1	209.8	571.5	457	28.0	4.8	158	5	230.7	222.2	920.4	65
30～34	32.1	6.3	164	11	248.0	229.0	436.2	448	32.0	6.0	153	11	233.8	214.4	433.3	88
35～39	37.6	7.2	162	8	258.1	242.7	600.4	586	38.0	9.6	155	14	295.6	269.1	969.9	124
40～44	42.6	11.7	158	8	292.6	275.6	855.1	959	42.8	13.7	154	10	330.6	307.1	1139.0	206
45～49	47.5	13.9	158	8	313.0	294.0	927.7	847	47.4	18.8	154	9	353.3	327.6	1260.9	263
50～54	52.6	17.3	160	6	338.0	323.7	822.4	480	52.4	18.3	150	5	356.6	342.7	1100.6	119
55～59	57.0	18.6	154	6	335.7	324.6	936.6	302	56.9	20.4	149	7	341.1	326.3	1035.8	84
60～64	61.5	20.3	156	4	262.9	254.6	766.6	111	61.9	13.8	145	3	275.0	268.1	558.0	26
65～69	66.1	5.8	167	1	249.4	247.4	262.3	24	-	-	-	-	-	-	-	-
70歳～	71.7	16.7	168	0	207.0	207.0	819.2	21	-	-	-	-	-	-	-	-
大学・大学院卒	**37.1**	**7.9**	**159**	**11**	**355.1**	**329.0**	**1018.4**	**12 068**	**37.9**	**9.6**	**157**	**12**	**446.3**	**414.1**	**1381.1**	**4 063**
～19歳	-	-	-	-	-	-	-	-	-	-	-	-	-	-	-	-
20～24	23.6	1.2	164	7	239.8	227.2	287.6	1 078	23.7	1.3	162	10	263.5	244.6	385.4	250
25～29	27.5	3.0	162	16	295.1	262.7	710.1	2 301	27.5	3.3	158	18	345.4	302.7	1027.8	796
30～34	32.6	5.4	158	14	330.2	297.7	914.3	2 337	32.5	5.3	158	16	388.0	346.1	1087.0	829
35～39	37.5	7.6	157	10	345.5	320.4	1016.1	1 998	37.5	8.4	155	12	456.1	415.5	1488.2	510
40～44	42.4	10.8	156	9	397.1	373.6	1332.0	1 783	42.4	13.2	154	7	496.5	471.6	1713.7	675
45～49	47.4	13.2	157	9	435.2	410.7	1527.0	1 212	47.5	16.0	155	6	538.8	517.1	1732.6	454
50～54	52.3	18.0	161	9	507.6	484.4	1601.1	795	52.0	19.7	158	5	640.6	622.6	2211.7	350
55～59	57.6	18.6	158	6	468.0	451.2	1361.8	363	57.7	25.1	154	5	601.8	584.5	1832.2	157
60～64	61.9	15.9	153	10	392.6	364.6	1015.8	167	62.3	13.3	156	11	439.9	422.3	892.5	35
65～69	66.5	14.8	159	3	343.3	335.6	464.7	31	66.4	2.7	145	0	646.0	646.0	78.1	6
70歳～	72.4	42.5	166	0	344.6	344.6	657.8	3	70.5	17.5	184	0	677.0	677.0	130.0	0
M宿泊業，飲食サービス業																
男女計																
学歴計	**41.6**	**8.6**	**173**	**14**	**265.5**	**242.1**	**336.2**	**48 366**	**40.0**	**8.9**	**170**	**17**	**284.9**	**255.7**	**499.4**	**16 202**
～19歳	19.1	1.1	172	12	181.9	166.3	56.9	1 022	19.2	1.1	169	14	184.4	166.9	93.4	267
20～24	22.6	2.3	172	16	209.3	185.9	177.1	5 399	22.8	2.1	170	18	222.6	194.6	223.9	2 047
25～29	27.5	4.2	173	16	240.1	215.0	302.7	5 345	27.4	4.3	169	20	257.2	224.1	442.2	2 101
30～34	32.5	6.5	173	16	263.9	235.3	348.7	5 267	32.5	6.9	168	19	281.8	246.9	520.7	1 883
35～39	37.5	8.3	174	15	285.7	257.3	422.7	5 655	37.5	9.1	170	16	310.0	278.2	640.8	2 078
40～44	42.6	10.2	174	15	302.6	274.9	446.6	6 275	42.6	11.3	170	18	328.1	294.7	638.6	2 175
45～49	47.4	11.4	175	13	302.6	279.8	454.1	5 748	47.3	12.9	171	14	321.7	296.4	707.4	1 877
50～54	52.5	12.4	174	11	296.0	275.9	424.8	4 493	52.5	13.8	172	13	324.9	301.5	641.6	1 413
55～59	57.4	13.4	174	11	284.3	265.2	350.5	3 864	57.3	14.8	169	15	299.2	272.0	461.1	1 136
60～64	62.3	11.6	172	11	231.2	214.9	177.9	3 151	62.4	11.3	169	15	238.0	214.8	227.8	810
65～69	67.1	12.2	171	8	210.6	199.8	83.3	1 649	67.1	10.8	168	12	208.6	192.7	92.4	346
70歳～	73.0	14.0	168	6	188.9	180.9	57.7	499	71.9	11.5	164	13	199.1	184.8	42.0	70
男																
学歴計	**42.3**	**9.5**	**175**	**15**	**298.8**	**271.4**	**410.6**	**28 519**	**41.3**	**10.3**	**171**	**18**	**325.1**	**291.3**	**632.0**	**9 151**
～19歳	19.1	1.0	173	13	183.4	166.1	50.6	394	19.3	1.0	167	15	188.1	168.2	57.6	99
20～24	22.7	2.3	173	18	215.5	188.3	174.1	2 288	22.8	2.1	169	21	231.7	197.5	217.9	744
25～29	27.5	4.3	175	17	253.6	225.4	299.1	2 875	27.5	4.4	170	22	274.3	235.5	466.4	996
30～34	32.5	6.5	175	19	284.1	249.9	368.2	3 210	32.6	7.0	170	22	306.1	263.7	558.7	1 050
35～39	37.6	8.5	176	17	310.0	277.0	478.5	3 747	37.5	9.4	172	18	336.8	301.0	716.3	1 377
40～44	42.6	10.7	176	17	332.2	300.1	510.7	4 340	42.6	12.0	172	20	362.1	323.6	746.6	1 521
45～49	47.4	12.5	177	13	340.9	315.5	554.1	3 774	47.3	15.1	173	14	368.5	341.7	919.5	1 158
50～54	52.6	13.8	175	12	342.6	318.8	557.7	2 764	52.6	15.7	174	14	378.9	352.9	858.6	904
55～59	57.4	14.7	175	11	329.8	307.7	463.3	2 348	57.3	16.5	169	16	355.5	322.9	655.7	665
60～64	62.3	12.4	174	11	266.8	247.9	237.5	1 729	62.4	12.6	172	14	278.0	252.0	327.0	435
65～69	67.0	11.1	173	9	236.3	224.4	112.4	845	67.1	9.6	168	13	241.1	224.2	126.6	178
70歳～	72.9	14.0	167	3	205.9	200.2	75.2	204	71.1	6.7	162	5	228.0	221.8	55.8	24

所定内給与額及び年間賞与その他特別給与額

M 宿 泊 業 ， 飲 食 サ ー ビ ス 業

100 ～ 999人								10 ～ 99人								区分
年齢	勤続年数	所定内実労働時間数	超過実労働時間数	きまって支給する現金給与額	きまって支給する現金給与額 所定内給与額	年間賞与その他特別給与額	労働者数	年齢	勤続年数	所定内実労働時間数	超過実労働時間数	きまって支給する現金給与額	きまって支給する現金給与額 所定内給与額	年間賞与その他特別給与額	労働者数	
歳	年	時	時	千円	千円	千円	十人	歳	年	時	時	千円	千円	千円	十人	
42.5	**11.6**	**159**	**9**	**252.1**	**235.6**	**614.3**	**1 120**	**42.5**	**10.6**	**165**	**9**	**241.8**	**226.9**	**550.4**	**1 965**	**高校卒**
19.3	1.0	163	5	186.8	180.2	148.5	31	19.3	1.1	175	10	187.3	175.2	133.4	53	～ 19歳
22.0	3.4	164	9	211.7	197.3	417.6	118	22.4	3.0	170	14	195.8	176.1	344.7	187	20 ～ 24
27.6	5.1	158	18	240.9	210.9	379.9	72	27.4	5.0	168	12	202.2	188.1	383.7	156	25 ～ 29
32.8	6.4	162	7	226.2	215.7	563.5	119	32.4	6.1	165	8	221.0	209.0	531.6	174	30 ～ 34
37.4	6.7	155	10	238.9	222.5	404.9	104	37.5	8.8	166	6	221.8	212.4	435.6	198	35 ～ 39
42.8	15.2	158	10	287.2	268.7	698.9	135	42.8	10.0	164	8	234.0	220.3	485.9	297	40 ～ 44
47.4	15.2	159	10	276.2	256.5	790.1	189	47.3	12.1	166	7	258.9	247.5	626.1	337	45 ～ 49
52.0	16.9	159	11	275.8	254.4	926.6	154	52.1	13.8	163	11	284.4	258.7	836.2	233	50 ～ 54
57.1	17.9	155	7	285.8	271.0	793.6	111	57.5	20.7	165	9	283.6	267.2	636.0	158	55 ～ 59
62.6	17.3	155	2	193.9	191.0	349.4	60	62.5	13.9	161	5	280.6	264.4	739.1	137	60 ～ 64
66.6	8.5	160	2	220.0	217.6	73.3	22	66.4	23.0	156	1	190.1	189.0	508.7	15	65 ～ 69
72.0	0.5	144	0	140.0	140.0	0.0	4	75.5	40.8	160	1	283.4	281.7	596.0	19	70歳～
41.6	**10.8**	**157**	**9**	**293.3**	**275.2**	**817.6**	**1 432**	**39.9**	**9.0**	**167**	**8**	**254.0**	**240.6**	**496.0**	**2 202**	**高専・短大卒**
-	-	-	-	-	-	-	-	-	-	-	-	-	-	-	-	～ 19歳
22.5	1.8	166	11	236.8	216.1	365.0	76	22.7	1.8	172	12	190.9	176.9	175.6	300	20 ～ 24
27.2	3.7	167	17	245.7	215.5	580.4	138	27.1	4.0	169	11	219.7	203.5	477.4	254	25 ～ 29
32.2	6.6	164	12	267.3	245.0	592.5	139	32.1	6.2	169	11	241.5	224.8	338.8	221	30 ～ 34
37.8	6.1	157	5	256.4	245.7	488.4	211	37.3	7.0	169	8	240.9	227.2	511.4	250	35 ～ 39
42.5	12.6	150	10	303.2	283.1	1025.2	313	42.7	10.2	165	6	267.3	255.5	600.6	439	40 ～ 44
47.5	13.0	156	8	312.7	296.8	907.9	286	47.5	10.4	165	8	277.8	261.6	653.0	298	45 ～ 49
52.7	16.6	164	7	328.1	310.3	956.1	152	52.5	17.3	164	6	334.7	322.7	567.2	209	50 ～ 54
57.0	19.7	148	3	382.3	373.7	1365.8	93	57.2	16.6	162	6	297.0	286.6	547.7	125	55 ～ 59
61.6	25.9	152	9	291.9	271.9	1018.6	23	61.3	21.0	161	3	246.9	242.3	761.0	62	60 ～ 64
69.5	31.5	165	0	140.9	140.9	313.8	0	66.0	5.6	167	1	250.3	248.3	261.9	24	65 ～ 69
-	-	-	-	-	-	-	-	71.7	16.7	168	0	207.0	207.0	819.2	21	70歳～
36.4	**7.7**	**157**	**12**	**319.3**	**294.6**	**920.7**	**4 751**	**37.1**	**6.1**	**165**	**10**	**293.7**	**272.9**	**708.3**	**3 254**	**大学・大学院卒**
-	-	-	-	-	-	-	-	-	-	-	-	-	-	-	-	～ 19歳
23.7	1.2	159	7	241.4	228.7	296.4	547	23.6	1.1	175	5	215.4	208.6	183.3	281	20 ～ 24
27.4	3.1	161	15	272.6	245.8	582.8	905	27.7	2.5	169	15	262.2	235.0	480.1	600	25 ～ 29
32.7	6.6	155	13	315.6	286.5	961.3	890	32.4	4.0	164	11	273.7	248.8	614.5	618	30 ～ 34
37.5	8.1	154	10	320.7	298.9	951.2	899	37.5	6.1	162	8	287.7	271.0	706.7	590	35 ～ 39
42.5	9.9	154	10	342.7	318.9	1253.0	645	42.4	8.5	162	9	327.9	307.1	886.0	463	40 ～ 44
47.3	13.2	155	12	390.7	359.8	1456.7	368	47.4	10.0	162	9	356.6	334.7	1353.7	390	45 ～ 49
52.7	18.8	162	12	423.7	393.7	1345.7	282	52.1	13.1	166	11	367.8	345.2	735.2	163	50 ～ 54
57.8	16.7	163	5	412.0	397.4	1292.0	114	57.0	9.8	160	9	308.7	290.0	643.1	92	55 ～ 59
61.8	15.7	150	12	385.2	345.0	1043.3	90	61.8	18.3	158	5	370.1	359.5	1057.1	43	60 ～ 64
66.4	21.3	162	8	278.4	257.1	796.4	11	66.7	15.2	164	0	252.6	252.5	377.7	14	65 ～ 69
-	-	-	-	-	-	-	-	72.5	44.5	165	0	318.0	318.0	700.0	3	70歳～
																M 宿泊業，飲食サービス業
																男女計
40.8	**8.8**	**173**	**13**	**262.3**	**239.9**	**318.5**	**16 396**	**44.1**	**8.1**	**177**	**11**	**248.9**	**230.5**	**187.0**	**15 768**	**学歴計**
19.1	1.0	172	13	182.2	166.2	43.4	435	19.0	1.1	175	10	179.4	165.9	44.8	320	～ 19歳
22.5	2.2	171	16	203.2	180.4	172.3	2 029	22.6	2.6	176	13	198.1	180.6	112.2	1 323	20 ～ 24
27.5	4.2	174	16	230.3	206.3	245.4	1 914	27.5	4.2	177	9	227.2	212.9	165.2	1 331	25 ～ 29
32.5	6.7	171	17	252.8	224.0	317.3	1 707	32.4	5.9	179	13	255.0	233.8	187.6	1 677	30 ～ 34
37.5	8.5	173	16	277.8	248.8	373.9	1 824	37.6	7.2	179	13	265.2	241.6	215.0	1 753	35 ～ 39
42.5	11.0	174	14	299.8	274.1	428.3	2 086	42.6	8.1	178	14	277.8	254.3	258.0	2 014	40 ～ 44
47.5	12.1	176	11	308.0	287.9	409.5	2 049	47.4	9.0	178	13	276.9	253.6	243.2	1 822	45 ～ 49
52.5	13.5	172	11	297.6	278.4	424.7	1 572	52.5	9.8	177	10	267.2	249.4	221.7	1 508	50 ～ 54
57.5	14.2	173	10	294.4	277.2	420.2	1 269	57.5	11.8	178	8	263.9	249.6	203.9	1 459	55 ～ 59
62.4	12.3	171	9	232.4	219.0	198.7	901	62.2	11.2	173	9	226.7	212.4	136.7	1 440	60 ～ 64
67.1	12.5	168	9	201.4	188.8	78.5	471	67.2	12.6	174	6	216.7	208.9	82.2	832	65 ～ 69
72.6	10.3	169	8	203.9	193.6	72.8	139	73.5	16.3	169	4	179.2	173.8	54.4	291	70歳～
																男
42.1	**10.0**	**174**	**14**	**292.6**	**266.9**	**383.6**	**9 799**	**43.5**	**8.1**	**180**	**13**	**279.9**	**257.0**	**226.6**	**9 568**	**学歴計**
19.1	1.0	171	15	182.9	162.7	39.5	154	19.1	1.1	178	10	180.6	168.2	57.8	141	～ 19歳
22.6	2.3	171	18	206.8	181.2	183.7	856	22.7	2.5	178	15	208.8	187.3	114.8	688	20 ～ 24
27.5	4.2	177	18	242.7	215.7	241.8	1 068	27.6	4.3	180	10	242.4	225.8	169.1	811	25 ～ 29
32.5	6.8	173	21	272.0	235.5	347.6	999	32.5	5.9	182	15	274.5	249.8	213.8	1 161	30 ～ 34
37.6	8.8	175	18	299.9	265.7	425.6	1 189	37.6	7.1	182	15	288.9	260.6	254.6	1 181	35 ～ 39
42.5	11.5	176	15	325.6	296.8	474.8	1 408	42.6	8.4	181	16	306.6	278.1	292.1	1 411	40 ～ 44
47.5	13.0	178	11	339.3	317.9	466.5	1 454	47.3	9.4	181	15	315.3	286.3	299.5	1 161	45 ～ 49
52.6	15.7	173	11	342.7	319.7	544.2	982	52.6	9.8	180	12	305.2	282.9	262.9	878	50 ～ 54
57.5	15.5	175	9	334.1	316.0	533.5	815	57.6	12.6	180	9	306.2	288.3	250.3	869	55 ～ 59
62.3	13.6	172	8	260.2	245.9	253.6	530	62.2	11.4	177	11	265.0	247.0	175.3	763	60 ～ 64
67.0	12.9	169	10	220.4	206.4	100.9	279	67.0	10.4	177	6	245.5	237.4	114.2	388	65 ～ 69
72.2	9.5	165	4	223.4	217.7	90.3	64	73.6	17.9	170	3	191.9	186.2	70.8	117	70歳～

第1表　年齢階級別きまって支給する現金給与額、

M 宿 泊 業 ，

区分	企業規模計 年齢	勤続年数	所定内実労働時間数	超過実労働時間数	きまって支給する現金給与額	所定内給与額	年間賞与その他特別給与額	労働者数	1,000人以上 年齢	勤続年数	所定内実労働時間数	超過実労働時間数	きまって支給する現金給与額	所定内給与額	年間賞与その他特別給与額	労働者数
	歳	年	時	時	千円	千円	千円	十人	歳	年	時	時	千円	千円	千円	十人
中学卒	**46.2**	**10.6**	**178**	**14**	**286.0**	**261.8**	**266.0**	**1 465**	**41.7**	**10.0**	**172**	**19**	**303.4**	**271.9**	**465.5**	**388**
～19歳	18.3	1.5	169	17	179.8	158.8	12.9	45	19.2	0.8	171	21	227.7	208.9	0.0	11
20～24	22.6	3.1	181	11	217.9	201.7	49.4	80	22.3	2.7	175	12	223.7	206.6	30.3	33
25～29	27.3	4.6	172	11	249.2	227.1	245.7	105	27.0	4.5	166	15	265.1	235.5	378.8	61
30～34	32.4	7.2	176	25	291.2	250.6	346.5	147	31.7	7.1	173	20	328.8	287.5	553.3	41
35～39	37.3	8.5	181	17	310.8	275.8	485.9	138	36.6	7.5	176	22	321.3	274.2	495.7	37
40～44	42.8	10.8	181	16	314.3	291.3	340.5	153	42.5	10.1	172	28	347.1	310.2	608.7	54
45～49	47.8	10.5	186	9	323.6	308.2	212.5	191	47.7	15.4	174	6	360.5	352.0	711.0	31
50～54	52.4	12.9	179	14	326.3	290.4	307.7	148	52.3	20.4	177	18	387.7	339.3	950.9	21
55～59	57.7	15.5	176	13	316.5	296.4	315.4	153	57.2	15.9	168	25	333.4	294.8	456.8	47
60～64	62.6	18.1	175	9	276.9	256.4	256.7	157	62.9	16.4	171	17	273.9	248.8	429.7	26
65～69	66.8	11.3	177	15	232.1	216.3	121.8	105	66.8	11.5	174	27	209.4	191.1	306.3	26
70歳～	73.3	11.0	164	5	168.3	160.7	46.4	44	－	－	－	－	－	－	－	－
高校卒	**43.2**	**9.3**	**176**	**16**	**288.9**	**260.7**	**326.4**	**15 042**	**43.0**	**10.1**	**171**	**20**	**310.6**	**273.8**	**518.7**	**3 777**
～19歳	19.2	1.0	173	13	183.9	167.0	55.5	349	19.3	1.0	167	14	183.2	163.2	64.7	88
20～24	22.6	2.7	172	19	213.5	185.6	174.9	1 255	22.6	2.5	169	26	230.1	190.0	213.1	300
25～29	27.4	4.6	177	16	244.9	219.6	223.3	1 251	27.4	4.7	170	24	260.0	220.2	327.1	303
30～34	32.5	6.6	177	20	277.4	243.0	279.7	1 542	32.5	6.6	172	25	295.5	250.8	443.2	402
35～39	37.6	7.8	177	18	296.2	262.9	351.4	1 728	37.7	8.1	172	20	316.6	279.0	595.7	471
40～44	42.6	10.0	178	19	324.0	286.9	423.4	2 199	42.8	10.7	171	26	354.9	303.1	645.2	537
45～49	47.4	12.2	178	15	333.2	303.3	460.6	2 014	47.3	14.6	171	17	360.2	327.2	791.8	510
50～54	52.7	13.4	176	13	328.7	304.2	437.6	1 523	52.8	16.1	174	15	362.1	332.9	759.7	427
55～59	57.5	13.9	176	12	320.7	295.9	388.9	1 403	57.4	15.0	170	18	341.1	303.9	523.1	349
60～64	62.2	11.2	174	11	253.4	235.0	200.1	1 039	62.5	10.9	171	12	241.5	220.2	247.3	254
65～69	67.0	11.2	172	8	233.0	221.5	105.1	603	67.1	9.7	166	11	238.4	219.9	93.0	115
70歳～	72.6	15.9	169	3	218.2	213.4	77.9	136	71.0	6.5	162	5	221.6	214.4	28.5	20
高専・短大卒	**39.5**	**8.9**	**174**	**15**	**295.3**	**268.1**	**467.2**	**5 112**	**39.4**	**9.3**	**171**	**17**	**306.2**	**274.7**	**614.4**	**1 915**
～19歳	－	－	－	－	－	－	－	－	－	－	－	－	－	－	－	－
20～24	22.5	2.0	172	19	208.9	182.5	194.6	634	22.6	1.9	169	19	217.7	189.5	243.4	242
25～29	27.7	4.4	176	20	255.3	220.9	297.9	644	27.5	4.9	171	22	269.0	225.7	422.5	218
30～34	32.4	6.9	173	17	287.2	256.6	436.5	610	32.5	7.3	171	21	297.3	257.4	530.3	212
35～39	37.7	9.0	176	15	305.3	274.0	542.1	711	37.6	9.1	174	16	325.1	293.7	751.6	292
40～44	42.6	10.9	173	16	317.3	287.9	558.2	866	42.6	11.1	169	19	323.0	287.4	693.0	371
45～49	47.4	13.6	176	13	344.1	321.3	635.0	716	47.2	14.7	173	15	342.0	315.8	845.4	241
50～54	52.3	12.7	175	12	335.1	314.2	611.4	437	52.2	13.2	174	11	349.3	330.1	753.5	158
55～59	57.3	14.8	172	10	340.6	321.4	598.2	305	57.2	15.7	166	10	356.8	333.6	827.2	116
60～64	62.5	8.9	177	10	264.3	249.4	198.3	136	62.4	7.8	178	10	286.8	271.0	282.0	51
65～69	66.9	12.2	171	8	253.6	241.8	148.1	46	66.8	11.0	172	12	252.5	234.3	224.5	14
70歳～	73.4	9.5	183	0	218.9	218.9	5.6	8	72.5	13.5	173	0	221.1	221.1	440.0	0
大学・大学院卒	**41.8**	**10.1**	**173**	**13**	**325.5**	**299.2**	**583.2**	**6 900**	**40.4**	**11.4**	**172**	**16**	**357.4**	**325.7**	**803.4**	**3 072**
～19歳	－	－	－	－	－	－	－	－	－	－	－	－	－	－	－	－
20～24	23.7	1.4	173	17	235.8	207.4	161.5	319	23.7	1.5	169	19	256.0	220.3	226.1	170
25～29	27.6	3.7	173	16	265.2	236.8	414.6	876	27.6	4.0	170	21	289.0	251.9	604.3	414
30～34	32.7	6.0	173	17	292.0	256.8	475.5	913	32.8	7.1	169	19	319.2	277.7	692.0	395
35～39	37.5	9.3	174	16	333.2	299.9	626.9	1 169	37.4	10.8	171	17	360.2	324.5	811.2	576
40～44	42.6	11.9	174	13	362.2	336.7	668.2	1 122	42.5	14.1	174	13	396.4	368.5	892.8	559
45～49	47.3	13.0	175	10	360.0	341.0	783.7	853	47.3	16.0	174	11	397.4	377.2	1157.2	376
50～54	52.7	16.0	173	11	383.7	362.2	857.0	656	52.6	16.2	174	13	417.9	394.5	1049.4	298
55～59	57.4	16.7	173	8	353.6	336.5	639.7	487	57.1	20.6	170	14	394.3	366.8	889.8	152
60～64	62.2	14.3	173	10	298.7	277.9	341.1	398	62.0	18.3	171	19	363.2	320.6	515.6	105
65～69	67.3	9.3	168	7	254.3	243.7	132.4	91	67.5	6.0	168	4	284.5	277.7	31.6	23
70歳～	73.3	8.4	159	5	197.9	187.4	159.3	17	71.5	7.6	160	0	270.3	270.1	222.6	3
女																
学歴計	**40.6**	**7.4**	**170**	**12**	**217.7**	**200.1**	**229.2**	**19 847**	**38.3**	**7.0**	**168**	**15**	**232.6**	**209.4**	**327.1**	**7 051**
～19歳	19.1	1.1	172	12	181.0	166.4	60.9	628	19.2	1.1	171	13	182.2	166.1	114.6	168
20～24	22.6	2.2	171	15	204.8	184.0	179.3	3 111	22.8	2.0	170	17	217.5	193.0	227.3	1 302
25～29	27.4	4.1	170	14	224.4	202.8	307.0	2 470	27.3	4.2	169	18	241.8	213.8	420.3	1 104
30～34	32.4	6.6	169	12	232.3	212.6	318.2	2 056	32.4	6.9	166	15	251.2	225.8	472.8	833
35～39	37.5	8.0	169	12	238.1	218.7	313.1	1 908	37.4	8.5	167	14	257.4	233.3	492.6	702
40～44	42.6	9.0	170	11	236.1	218.2	302.7	1 935	42.7	9.7	168	13	249.2	227.5	387.6	654
45～49	47.4	9.1	170	11	229.4	211.7	262.7	1 974	47.2	9.3	168	14	246.2	223.3	365.4	718
50～54	52.3	10.0	171	10	221.5	207.4	212.4	1 729	52.3	10.3	168	13	229.2	210.3	256.4	509
55～59	57.4	11.5	171	10	213.7	199.5	175.9	1 516	57.4	12.3	168	13	219.9	200.3	186.7	471
60～64	62.4	10.6	169	10	187.9	174.7	105.3	1 422	62.5	9.8	167	15	191.4	171.4	112.3	374
65～69	67.3	13.3	169	8	183.6	173.9	52.6	803	67.1	12.1	167	12	174.0	159.2	56.1	168
70歳～	73.1	14.0	169	8	177.0	167.4	45.7	295	72.3	14.0	165	17	184.4	166.1	35.0	46

所定内給与額及び年間賞与その他特別給与額

飲食サービス業

100 ～ 999人								10 ～ 99人								区分
年齢	勤続年数	所定内実労働時間数	超過実労働時間数	きまって支給する現金給与額	きまって支給する現金給与額 所定内給与額	年間賞与その他特別給与額	労働者数	年齢	勤続年数	所定内実労働時間数	超過実労働時間数	きまって支給する現金給与額	きまって支給する現金給与額 所定内給与額	年間賞与その他特別給与額	労働者数	
歳	年	時	時	千円	千円	千円	十人	歳	年	時	時	千円	千円	千円	十人	
48.3	**9.7**	**180**	**13**	**278.9**	**257.1**	**163.9**	**415**	**47.5**	**11.4**	**180**	**11**	**280.3**	**258.8**	**213.2**	**662**	**中学卒**
17.8	1.7	169	22	175.0	146.1	16.6	15	18.3	1.8	168	12	156.9	140.6	17.4	20	～ 19歳
22.9	3.0	176	21	200.4	172.9	56.4	14	22.7	3.6	188	7	219.3	208.6	65.2	33	20 ～ 24
27.4	4.4	174	11	250.8	228.6	93.2	12	27.7	4.9	184	4	219.0	210.6	50.0	32	25 ～ 29
32.9	6.8	179	28	257.6	215.5	207.9	41	32.6	7.6	176	26	288.6	249.4	302.6	65	30 ～ 34
37.1	8.4	176	21	291.8	261.2	350.6	30	37.8	9.0	185	14	313.3	282.8	537.4	72	35 ～ 39
42.9	11.0	178	6	295.2	283.4	115.3	39	43.0	11.4	191	11	296.8	279.2	242.9	60	40 ～ 44
47.7	10.0	199	6	333.2	322.0	81.1	93	47.9	8.9	174	15	293.6	269.1	164.4	67	45 ～ 49
52.5	8.9	175	16	327.4	279.5	205.8	35	52.5	12.8	182	13	312.4	283.6	203.1	93	50 ～ 54
57.4	11.3	183	6	300.4	291.3	295.1	37	58.2	17.4	177	9	313.5	300.1	229.8	69	55 ～ 59
62.6	17.6	171	8	258.2	245.8	264.0	51	62.4	18.9	180	8	289.7	265.6	194.9	80	60 ～ 64
66.8	9.8	172	18	216.8	190.8	82.8	36	66.7	12.3	183	6	258.5	252.8	43.3	43	65 ～ 69
74.3	5.4	163	13	180.9	161.5	39.6	15	72.7	13.8	165	1	161.8	160.3	50.0	29	70歳～
42.7	**10.3**	**174**	**16**	**287.2**	**259.7**	**331.0**	**4 989**	**43.6**	**8.0**	**181**	**13**	**277.2**	**253.7**	**206.9**	**6 276**	**高校卒**
19.2	0.9	172	14	183.7	164.5	41.9	140	19.2	1.0	180	9	184.5	172.7	64.4	121	～ 19歳
22.6	2.8	170	19	207.3	181.0	207.5	454	22.6	2.7	177	15	209.1	187.1	122.6	502	20 ～ 24
27.3	4.6	178	17	238.7	214.3	207.2	464	27.6	4.5	181	10	241.5	224.3	173.6	483	25 ～ 29
32.5	7.3	174	24	270.7	229.9	287.7	439	32.5	6.2	183	16	271.2	246.7	181.0	701	30 ～ 34
37.5	8.5	175	20	293.9	256.3	360.2	529	37.5	7.0	183	15	284.6	257.2	186.8	728	35 ～ 39
42.4	11.4	176	19	323.7	288.0	427.3	739	42.5	8.4	182	15	306.2	276.6	291.4	924	40 ～ 44
47.5	13.7	177	12	334.9	311.3	411.9	712	47.2	9.2	184	17	314.4	280.6	290.9	792	45 ～ 49
52.6	15.9	174	13	331.4	307.0	419.3	513	52.7	9.1	179	11	301.8	280.8	217.6	583	50 ～ 54
57.6	15.2	174	11	327.4	304.9	476.6	475	57.5	12.2	182	10	302.9	283.8	235.9	579	55 ～ 59
62.2	12.0	172	10	251.8	235.9	221.2	292	62.1	10.9	176	12	260.5	242.0	163.3	494	60 ～ 64
66.9	13.6	169	9	214.2	202.6	95.7	191	67.1	10.3	177	6	243.0	234.3	115.8	297	65 ～ 69
71.6	11.1	166	0	248.1	247.9	119.4	42	73.7	21.3	172	3	200.4	193.6	68.1	74	70歳～
39.4	**9.5**	**176**	**15**	**291.9**	**266.1**	**431.5**	**2 155**	**39.7**	**7.1**	**179**	**13**	**282.7**	**260.2**	**270.6**	**1 043**	**高専・短大卒**
-	-	-	-	-	-	-	-	-	-	-	-	-	-	-	-	～ 19歳
22.3	2.0	172	19	204.8	177.2	187.9	281	22.7	2.0	180	17	200.5	180.8	105.0	111	20 ～ 24
27.8	4.1	179	23	249.5	214.1	261.7	304	27.5	4.2	180	10	245.1	229.3	164.6	122	25 ～ 29
32.3	7.2	171	16	271.3	244.1	420.9	230	32.4	5.9	179	14	296.4	272.6	339.4	168	30 ～ 34
37.7	9.8	176	17	300.9	267.1	466.4	258	38.0	7.4	177	12	276.3	249.4	283.6	161	35 ～ 39
42.5	12.0	176	12	317.5	294.2	536.5	328	42.6	8.5	177	16	304.6	276.5	302.5	168	40 ～ 44
47.4	13.8	177	12	347.7	325.9	572.7	354	47.6	10.9	180	11	337.9	318.8	397.7	121	45 ～ 49
52.5	13.3	173	10	335.3	314.9	605.8	204	51.9	9.9	184	17	304.7	278.7	326.2	75	50 ～ 54
57.3	17.3	179	9	338.0	324.1	551.6	117	57.5	9.0	172	11	318.5	296.9	299.3	71	55 ～ 59
62.8	10.6	180	9	257.5	244.5	183.2	58	62.0	7.6	171	14	237.1	219.8	75.7	27	60 ～ 64
67.4	14.7	166	8	253.8	242.0	105.0	19	66.2	9.8	179	2	254.7	249.4	129.3	13	65 ～ 69
-	-	-	-	-	-	-	-	73.5	9.5	183	0	218.9	218.9	0.0	8	70歳～
42.2	**10.0**	**173**	**12**	**307.9**	**285.5**	**495.5**	**2 241**	**43.8**	**7.8**	**178**	**12**	**288.6**	**267.3**	**280.7**	**1 587**	**大学・大学院卒**
-	-	-	-	-	-	-	-	-	-	-	-	-	-	-	-	～ 19歳
23.6	1.2	173	11	210.6	193.5	87.8	107	24.0	1.4	187	25	218.1	190.6	87.5	42	20 ～ 24
27.6	3.5	173	14	241.7	219.0	282.4	288	27.8	3.5	177	9	247.5	230.6	181.8	174	25 ～ 29
32.7	5.6	170	18	276.5	239.9	399.8	290	32.4	4.4	182	11	264.7	242.4	197.3	228	30 ～ 34
37.6	8.5	173	16	308.3	278.3	496.5	372	37.5	6.9	182	16	304.8	272.4	365.5	221	35 ～ 39
42.7	11.3	173	10	342.8	322.9	569.9	303	42.7	7.8	177	17	311.3	284.4	299.4	260	40 ～ 44
47.4	11.3	175	9	341.7	322.7	591.7	295	47.4	9.8	175	9	312.4	295.7	321.8	182	45 ～ 49
52.8	18.5	170	8	376.8	358.2	817.9	230	52.8	10.8	176	10	315.9	293.9	477.1	127	50 ～ 54
57.4	16.0	174	4	355.6	344.3	715.6	185	57.5	13.5	177	7	309.7	296.2	292.0	150	55 ～ 59
62.2	16.7	170	6	280.9	268.9	353.0	130	62.3	9.7	178	8	271.2	257.5	218.8	162	60 ～ 64
67.1	11.3	164	10	241.0	224.8	147.7	33	67.2	9.5	173	5	247.3	239.6	183.8	35	65 ～ 69
72.0	9.1	165	9	170.0	161.1	28.7	8	75.7	7.9	151	4	195.6	177.9	283.4	6	70歳～
																女
39.0	**7.1**	**170**	**12**	**217.3**	**199.8**	**221.6**	**6 596**	**45.0**	**8.1**	**172**	**8**	**201.1**	**189.6**	**126.1**	**6 200**	**学歴計**
19.1	1.0	173	11	181.9	168.0	45.6	281	19.0	1.1	173	11	178.5	164.1	34.7	179	～ 19歳
22.5	2.2	171	14	200.5	179.9	163.9	1 174	22.4	2.6	173	11	186.6	173.3	109.4	635	20 ～ 24
27.4	4.2	170	13	214.7	194.5	250.0	846	27.4	4.0	173	8	203.4	192.8	159.0	520	25 ～ 29
32.3	6.6	170	11	225.7	207.8	274.5	708	32.3	6.1	172	9	211.0	197.8	128.4	515	30 ～ 34
37.5	8.0	170	12	236.5	217.2	277.0	635	37.6	7.3	172	10	216.2	202.3	133.1	572	35 ～ 39
42.6	9.9	169	12	246.2	226.8	331.7	677	42.5	7.4	172	9	210.5	198.4	178.1	603	40 ～ 44
47.5	9.7	170	10	231.4	214.7	270.2	595	47.6	8.3	171	9	209.4	196.2	144.3	661	45 ～ 49
52.2	9.8	170	9	222.7	209.7	226.0	590	52.4	9.9	173	8	214.1	202.8	164.2	630	50 ～ 54
57.4	11.7	170	11	223.0	207.4	216.8	454	57.5	10.5	174	7	201.6	192.7	135.7	591	55 ～ 59
62.5	10.5	170	10	192.6	180.5	120.4	371	62.3	11.1	169	7	183.4	173.3	93.2	677	60 ～ 64
67.3	11.8	168	8	173.7	163.2	45.9	192	67.3	14.4	171	7	191.6	184.0	54.2	444	65 ～ 69
72.9	11.0	172	11	187.3	172.9	57.8	75	73.4	15.3	168	5	170.7	165.5	43.3	174	70歳～

第1表　年齢階級別きまって支給する現金給与額、

M 宿 泊 業 ，飲 食 サ ー ビ ス 業

区分	企業規模計 年齢	勤続年数	所定内実労働時間数	超過実労働時間数	きまって支給する現金給与額	所定内給与額	年間賞与その他特別給与額	労働者数	1,000人以上 年齢	勤続年数	所定内実労働時間数	超過実労働時間数	きまって支給する現金給与額	所定内給与額	年間賞与その他特別給与額	労働者数
	歳	年	時	時	千円	千円	千円	十人	歳	年	時	時	千円	千円	千円	十人
中学卒	**50.8**	**9.7**	**168**	**10**	**191.7**	**178.8**	**113.3**	**748**	**44.9**	**8.9**	**168**	**10**	**208.4**	**192.6**	**223.4**	**208**
～19歳	18.7	2.1	172	15	196.3	177.7	7.7	41	19.2	2.0	180	16	186.8	164.1	0.0	17
20～24	22.8	2.6	168	4	198.4	191.4	19.7	43	24.0	2.6	174	3	242.0	234.5	0.0	21
25～29	27.6	3.1	168	15	202.9	181.9	157.0	31	27.6	5.9	179	27	273.4	228.0	537.6	7
30～34	32.6	5.9	171	14	193.9	173.2	112.3	45	32.5	5.7	164	9	194.9	176.1	180.3	21
35～39	37.2	10.2	170	13	251.9	233.5	517.7	46	36.9	11.1	166	11	275.1	254.2	714.6	30
40～44	42.6	9.3	169	9	209.3	195.6	107.4	42	43.3	9.8	168	9	272.5	254.4	517.4	4
45～49	47.6	7.1	167	13	199.3	185.1	112.2	91	46.8	10.1	156	8	220.1	206.6	172.5	22
50～54	52.5	10.6	168	3	201.3	196.1	60.7	59	53.2	8.6	164	1	166.9	166.1	0.0	19
55～59	57.4	10.4	171	11	173.8	161.8	42.6	57	57.4	15.1	174	6	154.0	147.1	22.5	13
60～64	62.7	11.0	166	11	183.3	167.8	184.6	107	62.6	10.4	166	15	182.3	164.7	369.4	25
65～69	67.8	14.4	167	6	168.8	160.7	51.8	118	67.9	11.9	166	12	170.0	154.8	80.0	19
70歳～	74.1	15.9	167	8	176.2	166.1	49.0	68	72.5	17.0	176	17	190.6	172.3	45.8	10
高校卒	**43.7**	**7.9**	**171**	**11**	**204.7**	**188.8**	**154.9**	**10 863**	**43.5**	**7.8**	**168**	**16**	**211.2**	**189.0**	**200.8**	**2 858**
～19歳	19.1	1.0	172	11	179.9	165.6	64.7	586	19.2	1.0	170	12	181.7	166.3	127.7	151
20～24	22.2	2.9	171	15	196.7	177.2	183.0	1 292	22.3	2.8	171	21	214.8	185.6	289.4	330
25～29	27.5	4.9	171	13	209.7	191.0	202.0	873	27.6	5.1	170	19	224.8	197.1	272.7	252
30～34	32.4	6.4	170	11	213.2	196.7	172.1	823	32.4	6.2	168	14	215.8	196.0	266.0	195
35～39	37.5	7.5	170	13	219.5	201.1	162.2	835	37.5	7.6	168	16	223.2	197.0	234.4	193
40～44	42.6	8.4	171	11	220.0	202.9	208.8	1 030	42.8	9.0	167	13	214.6	196.4	235.7	287
45～49	47.4	8.9	170	12	217.2	199.5	192.9	1 162	47.3	8.6	168	18	223.4	197.3	232.0	351
50～54	52.3	9.6	171	10	212.0	198.0	170.8	1 165	52.3	9.1	168	13	216.3	198.1	169.8	311
55～59	57.5	11.4	172	10	210.0	195.4	152.9	1 118	57.4	12.4	170	13	220.2	199.3	166.4	339
60～64	62.4	10.1	169	10	182.7	169.9	91.9	1 137	62.5	9.6	166	16	186.2	165.0	96.1	282
65～69	67.2	12.8	170	9	185.4	175.6	52.8	634	67.0	11.8	168	12	170.9	156.6	50.5	131
70歳～	72.8	12.7	169	8	174.2	164.7	39.2	207	72.3	13.2	163	17	183.1	164.6	31.9	36
高専・短大卒	**36.9**	**6.9**	**170**	**13**	**224.1**	**204.9**	**277.3**	**4 889**	**35.5**	**6.6**	**169**	**15**	**230.8**	**207.9**	**322.0**	**2 089**
～19歳	-	-	-	-	-	-	-	-	-	-	-	-	-	-	-	-
20～24	22.5	1.9	171	16	201.2	179.5	182.1	1 196	22.4	1.9	170	17	204.8	181.7	213.2	579
25～29	27.5	4.4	170	14	216.5	194.8	267.9	632	27.3	4.5	169	15	222.2	197.5	290.8	291
30～34	32.3	6.7	170	13	228.9	208.8	329.6	564	32.5	7.0	167	16	239.1	213.1	413.1	263
35～39	37.5	8.4	170	11	236.7	219.1	343.0	541	37.3	8.6	168	13	244.7	223.5	397.5	199
40～44	42.5	9.8	169	12	245.4	226.0	382.0	581	42.5	10.0	167	14	259.9	234.6	448.0	235
45～49	47.4	9.4	170	11	247.1	227.8	348.5	518	47.3	9.7	170	13	266.9	243.5	417.6	236
50～54	52.2	10.2	172	10	234.7	219.5	276.1	388	52.1	11.5	171	14	238.2	215.5	361.8	124
55～59	57.4	11.4	165	7	216.2	205.0	254.0	266	57.6	11.9	163	8	211.1	200.9	257.2	93
60～64	62.4	11.7	172	9	210.9	195.9	119.8	145	62.8	9.4	170	9	206.3	194.0	68.3	57
65～69	67.4	15.3	162	10	188.5	173.1	50.1	41	66.7	7.8	160	18	197.4	172.3	61.0	13
70歳～	73.2	20.9	172	7	204.8	196.4	52.3	18	71.5	8.5	148	5	154.3	149.0	42.0	1
大学・大学院卒	**33.6**	**6.1**	**168**	**13**	**256.3**	**234.1**	**426.1**	**3 348**	**32.6**	**6.1**	**167**	**15**	**269.7**	**243.8**	**534.7**	**1 895**
～19歳	-	-	-	-	-	-	-	-	-	-	-	-	-	-	-	-
20～24	23.6	1.4	170	13	230.6	208.0	177.4	580	23.6	1.4	170	13	238.2	214.7	206.8	372
25～29	27.2	3.4	169	15	244.3	219.9	436.4	934	27.1	3.6	168	18	259.3	229.8	553.9	554
30～34	32.4	6.7	167	14	263.5	239.8	515.4	624	32.4	7.2	164	16	282.8	254.5	647.3	355
35～39	37.5	8.1	168	13	270.1	246.8	519.8	487	37.4	8.9	165	14	288.1	263.1	714.8	280
40～44	42.6	9.9	168	10	279.8	261.1	512.3	282	42.7	10.6	170	12	306.4	283.4	614.0	128
45～49	47.3	10.3	166	8	267.7	251.9	511.1	203	47.2	10.7	165	6	280.0	266.8	719.1	110
50～54	52.5	12.8	167	10	282.1	265.9	491.9	117	52.6	15.3	165	12	302.8	282.9	596.1	55
55～59	57.2	12.9	171	12	289.5	269.0	340.9	75	56.7	12.2	166	24	279.6	236.3	281.5	27
60～64	62.2	19.6	169	9	280.4	265.6	243.1	34	61.7	13.5	168	23	273.2	238.5	177.2	10
65～69	68.0	28.3	160	5	224.7	220.5	62.0	10	68.3	33.3	158	0	209.5	208.9	101.6	5
70歳～	71.5	10.0	163	0	281.0	281.0	876.5	1	-	-	-	-	-	-	-	-
N 生活関連サービス業，娯楽業																
男女計																
学歴計	**40.5**	**9.8**	**167**	**9**	**276.6**	**259.6**	**465.8**	**44 486**	**39.4**	**10.9**	**163**	**12**	**302.2**	**279.7**	**628.2**	**12 283**
～19歳	19.1	0.9	168	7	186.3	176.6	64.7	494	19.1	0.8	166	11	189.1	172.7	57.1	97
20～24	22.8	2.1	169	8	208.8	196.5	160.3	4 850	23.0	1.9	165	11	220.2	202.0	200.4	1 256
25～29	27.4	4.2	168	10	242.4	224.2	329.5	5 751	27.4	4.4	164	14	257.3	231.3	430.0	1 650
30～34	32.5	7.1	167	10	272.1	252.4	432.9	6 009	32.6	7.8	162	13	289.7	263.8	581.7	1 874
35～39	37.5	9.7	168	10	300.2	279.9	538.1	5 843	37.5	11.2	162	12	323.8	300.5	719.6	1 937
40～44	42.5	11.9	167	10	306.3	287.9	593.0	5 725	42.5	13.5	162	11	334.9	313.2	776.1	1 697
45～49	47.4	13.7	167	10	323.4	303.7	689.1	4 961	47.4	15.5	162	11	365.1	341.8	870.1	1 409
50～54	52.5	15.6	168	9	323.8	306.5	689.8	3 747	52.5	18.2	163	11	356.6	334.1	886.1	911
55～59	57.5	16.1	167	8	309.6	294.9	620.4	3 278	57.5	19.7	161	9	347.8	327.6	947.3	772
60～64	62.4	14.6	165	6	227.9	217.6	271.1	2 442	62.2	17.4	163	9	227.4	213.6	356.7	488
65～69	67.2	13.9	164	6	198.0	190.2	129.5	1 122	67.1	13.8	162	12	184.1	170.3	49.9	175
70歳～	72.6	14.6	164	5	199.4	191.6	124.9	266	71.8	12.7	164	8	186.1	175.4	39.6	16

所定内給与額及び年間賞与その他特別給与額

N 生活関連サービス業，娯楽業

100～999人 年齢	勤続年数	所定内実労働時間数	超過実労働時間数	きまって支給する現金給与額	所定内給与額	年間賞与その他特別給与額	労働者数	10～99人 年齢	勤続年数	所定内実労働時間数	超過実労働時間数	きまって支給する現金給与額	所定内給与額	年間賞与その他特別給与額	労働者数	区分
歳	年	時	時	千円	千円	千円	十人	歳	年	時	時	千円	千円	千円	十人	
53.5	**10.3**	**168**	**12**	**192.7**	**176.6**	**90.6**	**186**	**52.8**	**9.8**	**168**	**8**	**181.4**	**171.9**	**60.6**	**354**	**中学卒**
19.5	2.5	193	35	268.9	225.2	0.0	7	18.0	2.0	155	5	177.1	172.7	18.6	17	～19歳
21.6	2.0	170	0	150.2	146.7	0.0	10	21.6	3.0	156	7	164.9	156.1	68.7	12	20～24
27.0	1.6	179	20	190.0	165.5	0.5	11	28.0	2.7	153	3	172.0	169.0	69.3	12	25～29
33.0	6.5	178	24	201.9	172.2	82.7	15	32.0	5.7	174	7	178.6	168.3	10.4	9	30～34
38.3	4.7	172	9	170.4	160.1	173.3	3	37.5	9.7	179	18	219.3	204.8	152.5	13	35～39
42.5	14.0	171	15	271.4	239.7	38.9	8	42.5	7.9	169	7	182.0	174.2	65.4	29	40～44
48.1	9.8	159	18	220.3	198.3	112.0	11	47.8	5.4	173	14	187.2	174.2	89.1	58	45～49
51.0	5.7	176	0	165.6	165.6	77.4	5	52.3	12.6	168	5	225.9	217.6	92.0	34	50～54
57.3	13.4	171	14	202.0	188.1	67.5	17	57.5	6.4	169	12	165.9	152.6	37.0	27	55～59
62.8	13.1	163	12	200.3	182.9	248.5	31	62.8	10.0	168	8	173.5	160.3	56.4	51	60～64
67.4	14.2	165	5	172.0	164.6	69.3	49	68.1	15.5	169	6	165.2	159.0	23.9	50	65～69
73.0	9.0	159	13	173.9	159.4	45.0	17	74.9	18.6	168	4	173.7	167.4	51.5	41	70歳～
40.8	**7.3**	**171**	**12**	**209.7**	**193.1**	**176.4**	**3 592**	**46.2**	**8.3**	**172**	**8**	**196.4**	**185.3**	**107.7**	**4 412**	**高校卒**
19.1	1.0	172	11	179.7	166.6	46.7	274	19.2	1.1	175	12	178.6	163.2	36.4	162	～19歳
22.2	2.7	171	14	196.1	176.6	178.8	547	22.3	3.1	173	10	183.2	171.4	103.9	416	20～24
27.4	5.0	169	13	206.6	187.8	197.7	320	27.4	4.5	174	8	200.2	189.3	147.4	301	25～29
32.5	6.6	171	11	216.4	199.7	186.8	317	32.3	6.5	170	9	208.3	194.2	98.3	311	30～34
37.5	7.9	172	12	229.2	211.1	184.9	275	37.4	7.3	170	11	210.4	195.8	106.9	366	35～39
42.5	9.3	171	13	239.4	217.2	287.1	356	42.7	7.1	172	8	206.1	194.6	116.8	387	40～44
47.5	9.3	171	10	223.9	208.8	234.6	340	47.5	8.9	171	9	207.7	194.5	133.5	471	45～49
52.2	9.6	171	10	218.7	204.7	190.7	373	52.4	10.0	172	8	204.0	192.8	156.1	482	50～54
57.4	11.7	171	12	220.0	203.0	191.2	320	57.6	10.6	175	7	195.5	187.1	116.3	459	55～59
62.5	10.5	170	10	186.8	175.7	96.0	297	62.2	10.2	169	7	178.6	169.3	87.6	557	60～64
67.3	10.5	168	9	170.7	160.6	35.5	128	67.2	13.9	172	7	195.4	187.4	59.5	375	65～69
72.7	10.7	177	10	181.7	166.8	57.1	46	72.9	13.4	168	5	169.0	163.9	34.7	126	70歳～
36.6	**6.9**	**170**	**12**	**222.1**	**204.2**	**269.6**	**1 841**	**40.5**	**7.3**	**172**	**10**	**213.3**	**199.9**	**194.6**	**959**	**高専・短大卒**
-	-	-	-	-	-	-	-	-	-	-	-	-	-	-	-	～19歳
22.5	1.9	172	15	198.8	177.1	155.2	463	22.5	1.7	175	12	195.0	178.5	145.6	154	20～24
27.6	4.4	170	14	216.7	194.6	282.3	246	27.6	3.9	169	9	198.6	186.7	161.7	96	25～29
32.1	6.8	170	11	228.4	212.2	310.4	200	32.4	5.7	174	10	203.0	190.5	149.6	100	30～34
37.5	8.5	169	12	241.7	223.1	376.9	223	37.8	7.8	174	6	213.9	204.5	188.2	119	35～39
42.6	11.1	168	10	246.5	230.9	357.2	208	42.3	7.6	172	11	219.0	203.9	307.1	138	40～44
47.4	10.5	170	9	234.6	217.9	335.6	175	47.5	6.9	171	10	224.3	209.4	217.5	107	45～49
52.1	9.8	171	7	224.1	213.3	258.6	164	52.4	9.0	176	10	247.9	234.8	197.8	99	50～54
57.3	11.4	164	6	218.2	206.4	267.6	101	57.2	10.7	168	8	219.8	208.2	231.2	73	55～59
62.3	8.3	175	11	209.2	195.7	120.1	38	62.2	16.6	172	8	217.2	198.3	177.0	51	60～64
66.7	13.7	174	17	195.5	167.9	77.3	11	68.3	22.0	157	0	177.1	177.1	24.1	17	65～69
73.3	15.1	175	9	229.2	216.8	79.3	12	73.3	32.7	170	2	163.8	162.5	3.5	6	70歳～
34.1	**5.8**	**168**	**12**	**241.3**	**220.9**	**322.0**	**978**	**36.6**	**6.7**	**173**	**7**	**234.0**	**222.6**	**207.0**	**475**	**大学・大学院卒**
-	-	-	-	-	-	-	-	-	-	-	-	-	-	-	-	～19歳
23.6	1.3	171	13	225.0	202.5	147.9	154	23.6	1.3	170	13	194.0	177.2	57.3	53	20～24
27.4	3.0	170	13	223.6	203.5	293.1	269	27.0	3.2	175	6	219.8	210.0	198.3	111	25～29
32.3	6.3	168	13	241.5	220.4	408.8	175	32.4	5.6	174	7	231.7	220.7	216.8	94	30～34
37.3	7.4	168	12	244.3	221.5	302.8	133	37.9	6.5	175	11	248.3	230.4	171.0	74	35～39
42.7	9.4	165	9	266.7	249.9	455.0	105	42.4	9.2	169	5	238.3	227.0	368.9	49	40～44
47.3	9.9	164	13	263.0	239.0	306.4	68	48.2	9.5	174	4	227.3	222.1	162.6	25	45～49
52.5	11.6	163	9	255.5	241.9	407.8	48	52.3	7.1	184	3	291.1	280.5	372.4	15	50～54
57.9	13.3	174	8	331.6	318.9	558.3	16	57.3	13.3	175	4	276.2	270.5	279.2	32	55～59
61.6	15.0	170	11	348.5	323.2	724.6	6	62.7	24.5	169	0	264.1	263.8	135.8	18	60～64
67.6	19.6	163	11	234.3	226.6	0.0	4	67.7	31.0	157	5	245.7	239.1	71.5	2	65～69
-	-	-	-	-	-	-	-	71.5	10.0	163	0	281.0	281.0	876.5	1	70歳～
																N 生活関連サービス業，娯楽業
																男女計
40.4	**9.6**	**167**	**10**	**276.6**	**258.7**	**502.9**	**17 243**	**41.6**	**9.1**	**171**	**7**	**255.6**	**244.0**	**289.8**	**14 960**	**学歴計**
19.1	0.9	167	6	187.0	178.0	85.0	238	19.1	0.9	171	5	183.6	176.8	38.8	159	～19歳
22.7	2.1	168	9	214.4	200.5	185.2	1 913	22.7	2.2	173	4	193.9	187.9	102.0	1 681	20～24
27.4	4.1	168	10	245.3	227.0	348.6	2 338	27.5	4.2	173	7	224.7	213.9	210.1	1 762	25～29
32.5	7.0	168	10	271.7	251.8	431.9	2 260	32.4	6.3	172	7	254.8	241.9	285.5	1 875	30～34
37.5	9.2	169	11	298.4	277.0	524.1	2 211	37.5	8.7	173	8	275.7	260.2	349.1	1 695	35～39
42.6	12.0	168	10	301.3	282.1	621.6	2 155	42.5	10.5	171	8	286.0	271.6	394.1	1 873	40～44
47.4	13.6	168	11	320.4	298.2	786.2	1 935	47.4	12.4	171	7	290.6	277.1	415.0	1 616	45～49
52.5	16.0	166	10	331.2	313.2	845.4	1 463	52.5	13.4	172	7	294.2	281.1	393.8	1 373	50～54
57.5	15.6	167	9	312.9	298.1	697.8	1 228	57.5	14.3	171	7	283.4	272.0	348.6	1 278	55～59
62.5	14.0	164	6	225.7	215.2	301.4	1 003	62.4	13.8	168	5	230.5	222.1	195.1	951	60～64
67.1	14.7	164	6	202.3	193.7	181.4	404	67.2	13.2	165	4	199.4	194.1	116.7	543	65～69
72.5	17.3	160	7	220.9	209.9	167.7	95	72.8	13.2	167	4	187.7	182.2	107.5	155	70歳～

第1表　　年齢階級別きまって支給する現金給与額、

N生活関連サー

区分	企業規模計 年齢	勤続年数	所定内実労働時間数	超過実労働時間数	きまって支給する現金給与額	所定内給与額	年間賞与その他特別給与額	労働者数	1,000人以上 年齢	勤続年数	所定内実労働時間数	超過実労働時間数	きまって支給する現金給与額	所定内給与額	年間賞与その他特別給与額	労働者数
	歳	年	時	時	千円	千円	千円	十人	歳	年	時	時	千円	千円	千円	十人
男																
学歴計	41.7	10.8	169	10	311.2	291.0	594.3	24 240	40.2	12.1	164	12	344.8	318.5	833.1	6 715
～19歳	19.1	0.9	169	6	185.0	174.9	54.7	138	19.1	0.8	166	10	180.6	161.7	86.9	28
20～24	23.0	2.1	170	8	213.2	199.6	162.9	1 878	23.2	1.8	166	11	222.7	204.0	220.8	500
25～29	27.6	4.3	169	12	253.8	232.1	381.0	2 722	27.5	4.5	166	14	270.6	242.6	485.4	819
30～34	32.6	7.2	169	11	291.4	268.2	525.9	3 447	32.7	8.3	164	14	318.0	286.9	737.8	1 073
35～39	37.5	10.0	170	12	330.5	306.3	650.0	3 571	37.5	11.3	165	13	360.3	332.6	909.3	1 152
40～44	42.5	12.7	169	10	347.3	325.6	733.0	3 361	42.4	14.4	164	11	389.2	363.6	1029.1	958
45～49	47.4	15.2	169	11	376.0	351.9	853.4	2 875	47.4	16.9	164	12	424.0	395.3	1125.9	892
50～54	52.5	17.1	170	9	377.7	358.7	879.9	2 043	52.4	19.4	165	11	401.5	378.1	1032.6	502
55～59	57.5	17.5	169	8	356.9	340.3	821.7	1 905	57.6	22.9	161	9	419.8	394.6	1362.1	430
60～64	62.4	13.9	167	7	250.1	238.2	351.3	1 449	62.2	19.0	162	9	256.9	241.0	541.1	265
65～69	67.2	13.1	165	6	210.7	203.0	152.3	689	67.2	12.5	163	12	202.1	186.7	65.5	86
70歳～	72.6	12.8	166	6	216.1	206.6	169.8	160	72.5	9.9	162	12	192.4	176.5	51.5	9
中学卒	45.5	11.1	171	9	266.5	250.3	304.7	857	42.2	8.6	170	11	287.7	266.8	394.1	105
～19歳	18.7	1.4	166	9	183.1	172.4	6.2	6	-	-	-	-	-	-	-	-
20～24	22.7	2.6	177	4	212.9	203.9	58.3	60	21.7	1.8	168	6	202.8	192.8	113.1	10
25～29	27.6	4.9	171	10	250.4	229.6	225.1	75	27.8	2.5	168	19	257.1	225.9	253.2	13
30～34	32.7	7.4	172	11	282.9	258.8	369.0	96	33.2	6.9	168	13	299.9	269.2	592.1	14
35～39	37.5	9.9	170	10	291.3	271.8	357.7	124	37.0	8.3	168	6	292.3	278.3	407.0	23
40～44	42.6	13.9	169	10	312.7	290.2	464.5	108	42.6	13.2	174	6	399.9	383.3	800.8	10
45～49	47.4	14.7	170	9	296.8	278.4	376.3	78	48.2	26.0	170	11	581.7	544.3	1566.9	3
50～54	52.9	14.1	172	8	290.8	277.8	528.9	54	52.6	4.2	174	18	277.6	250.4	46.1	9
55～59	57.6	14.6	173	10	264.7	248.5	305.3	53	58.6	19.3	176	15	340.7	315.9	642.8	8
60～64	62.6	13.7	169	6	236.2	228.4	231.1	88	63.4	4.5	174	7	216.8	209.2	216.9	7
65～69	67.4	14.6	166	6	217.3	208.7	151.6	87	67.3	15.1	168	17	203.8	181.3	10.9	8
70歳～	72.2	14.2	169	6	220.0	214.0	119.0	28	74.5	14.5	176	13	182.1	167.8	10.0	2
高校卒	42.8	10.3	170	10	282.1	264.0	429.0	11 657	41.5	11.9	165	12	299.5	275.8	574.6	2 618
～19歳	19.1	0.9	169	6	185.1	175.0	57.0	132	19.1	0.8	166	10	180.6	161.7	86.9	28
20～24	22.7	2.5	169	8	202.4	189.5	143.8	834	22.6	2.3	164	11	197.8	180.4	128.1	156
25～29	27.6	4.4	169	10	234.8	215.8	251.2	1 113	27.4	4.5	166	11	236.9	214.8	291.3	277
30～34	32.6	6.7	170	10	266.3	246.6	383.8	1 522	32.7	7.7	164	12	277.0	251.5	540.3	395
35～39	37.5	9.5	172	11	300.9	279.2	487.9	1 594	37.6	10.4	165	12	310.8	287.5	602.1	410
40～44	42.5	12.1	170	11	307.7	287.0	519.5	1 658	42.4	14.0	164	14	323.5	296.0	642.3	379
45～49	47.4	14.0	172	10	336.8	316.0	639.8	1 380	47.4	16.1	167	11	368.6	343.2	865.1	371
50～54	52.6	15.4	172	10	331.3	312.2	616.7	1 080	52.5	19.2	164	14	349.5	323.5	786.3	216
55～59	57.5	15.7	172	8	321.9	306.3	578.6	1 008	57.3	21.5	166	12	368.4	342.9	962.6	186
60～64	62.5	12.1	168	7	229.7	218.4	222.0	787	62.7	14.0	166	9	222.4	209.1	185.1	131
65～69	67.3	12.0	165	6	199.1	190.5	104.2	449	67.3	13.4	164	14	192.6	175.9	48.2	64
70歳～	72.9	12.7	165	5	211.0	202.0	174.5	101	71.7	6.9	152	12	180.6	164.8	3.8	5
高専・短大卒	38.6	10.4	171	10	307.6	287.0	536.3	3 562	39.3	11.9	164	13	330.7	304.1	700.6	834
～19歳	-	-	-	-	-	-	-	-	-	-	-	-	-	-	-	-
20～24	22.8	2.1	174	7	202.7	192.0	115.4	458	23.0	2.1	165	11	209.5	192.8	171.4	92
25～29	27.5	4.5	173	10	243.5	226.5	288.7	434	27.5	4.9	167	15	261.0	234.3	363.4	87
30～34	32.4	7.4	173	9	294.5	275.3	448.8	558	32.6	8.7	166	13	320.6	295.3	626.8	115
35～39	37.5	10.9	171	11	328.9	305.1	574.9	574	37.5	11.3	163	13	335.3	311.0	809.0	147
40～44	42.5	12.6	170	9	344.4	324.5	729.5	548	42.5	13.0	165	12	358.0	331.9	883.4	154
45～49	47.3	15.8	170	13	372.0	343.2	836.5	438	47.0	17.3	163	15	385.6	355.6	781.7	102
50～54	52.4	17.9	172	10	385.6	362.9	815.0	224	52.5	18.5	171	7	403.3	384.2	889.5	59
55～59	57.5	18.8	166	11	357.9	328.2	833.2	198	57.2	22.3	154	16	430.2	366.2	1322.5	54
60～64	62.2	19.7	169	13	289.5	269.7	341.2	101	61.5	29.7	166	7	296.9	287.1	346.6	16
65～69	66.7	10.1	169	7	199.1	191.1	126.5	25	66.6	6.7	162	10	171.4	160.0	39.9	8
70歳～	71.7	22.4	165	0	219.3	219.3	47.7	4	70.5	5.5	186	0	197.0	197.0	965.5	0
大学・大学院卒	41.2	11.6	166	11	359.1	335.7	886.1	8 163	39.3	12.5	163	12	387.9	359.4	1096.9	3 158
～19歳	-	-	-	-	-	-	-	-	-	-	-	-	-	-	-	-
20～24	23.7	1.3	168	10	239.2	221.6	246.2	527	23.7	1.4	167	11	244.4	223.7	303.4	243
25～29	27.6	4.0	168	14	277.4	250.9	559.3	1 101	27.5	4.4	166	15	294.0	262.2	637.6	443
30～34	32.6	7.6	166	13	320.7	291.6	741.6	1 271	32.6	8.7	164	15	347.4	311.0	906.7	549
35～39	37.5	10.3	168	12	371.9	344.0	914.0	1 279	37.4	12.1	165	13	404.9	372.6	1175.3	572
40～44	42.5	13.6	167	10	415.1	391.0	1100.3	1 048	42.4	15.2	164	9	460.6	436.7	1441.4	415
45～49	47.5	16.6	164	11	439.4	412.1	1199.4	980	47.4	17.5	161	11	481.8	450.6	1440.5	416
50～54	52.5	19.7	166	8	455.4	437.3	1345.3	683	52.4	20.4	165	8	457.1	435.3	1352.4	219
55～59	57.5	20.0	164	6	418.7	404.6	1240.2	646	57.9	24.7	157	4	472.7	459.2	1812.5	182
60～64	62.1	15.5	164	5	278.1	266.0	590.3	474	61.6	24.4	155	8	294.7	274.3	1013.6	110
65～69	67.0	16.3	162	2	249.6	245.5	327.6	127	66.5	7.3	154	0	317.0	316.8	304.3	7
70歳～	72.0	10.1	163	12	230.6	213.9	223.4	27	72.9	14.5	174	14	236.0	216.3	128.9	2

所定内給与額及び年間賞与その他特別給与額

ビス業, 娯楽業

区分	年齢	勤続年数	所定内実労働時間数	超過実労働時間数	きまって支給する現金給与額	所定内給与額	年間賞与その他特別給与額	労働者数
	100 ～ 999人							
	歳	年	時	時	千円	千円	千円	十人
男								
学歴計	**41.6**	**10.8**	**169**	**11**	**309.0**	**288.3**	**626.7**	**9 415**
～19歳	19.2	0.9	171	6	184.0	175.0	66.4	68
20 ～ 24	23.0	2.1	169	9	220.4	205.0	186.5	733
25 ～ 29	27.6	4.2	169	11	254.0	233.1	409.3	1 099
30 ～ 34	32.5	7.0	169	11	287.9	265.3	491.1	1 340
35 ～ 39	37.5	9.7	171	12	328.0	303.1	613.7	1 364
40 ～ 44	42.5	12.9	170	11	339.5	317.0	746.2	1 290
45 ～ 49	47.4	15.3	169	13	369.8	342.8	932.1	1 066
50 ～ 54	52.5	18.2	170	10	393.3	373.1	1123.4	800
55 ～ 59	57.5	17.6	169	8	354.6	339.4	900.7	735
60 ～ 64	62.5	12.8	166	7	242.1	229.8	380.7	600
65 ～ 69	67.2	14.5	165	6	212.9	204.5	220.0	259
70歳～	72.4	16.1	162	9	240.8	226.3	198.4	61
中学卒	**45.1**	**12.0**	**169**	**10**	**264.8**	**245.3**	**361.2**	**337**
～19歳	18.8	1.5	171	11	172.9	160.4	0.0	3
20 ～ 24	22.9	2.7	167	6	203.5	192.6	51.7	24
25 ～ 29	27.3	5.0	169	13	252.7	220.8	244.8	27
30 ～ 34	32.6	7.6	170	9	294.9	267.2	415.9	44
35 ～ 39	37.9	10.3	169	14	309.1	285.8	401.4	47
40 ～ 44	42.7	16.3	172	9	299.0	276.3	483.0	36
45 ～ 49	47.3	15.7	164	14	251.5	229.4	347.0	38
50 ～ 54	53.1	14.1	169	6	299.6	290.6	760.4	27
55 ～ 59	56.8	13.6	168	11	224.4	207.0	276.3	21
60 ～ 64	62.9	17.4	167	7	238.4	229.5	288.5	29
65 ～ 69	67.6	16.3	169	11	226.9	212.0	289.2	32
70歳～	72.1	17.2	165	8	239.5	229.8	229.8	10
高校卒	**42.2**	**10.2**	**170**	**10**	**283.7**	**264.6**	**488.3**	**4 372**
～19歳	19.2	0.9	171	6	184.5	175.6	69.1	65
20 ～ 24	22.7	2.7	168	8	212.5	197.4	201.3	352
25 ～ 29	27.6	4.5	168	9	240.4	221.8	299.8	421
30 ～ 34	32.6	6.5	170	10	271.8	250.9	372.0	584
35 ～ 39	37.4	9.3	172	12	306.3	282.7	527.7	629
40 ～ 44	42.5	12.5	171	11	306.5	286.7	598.6	636
45 ～ 49	47.3	13.6	171	13	334.9	310.1	727.0	452
50 ～ 54	52.6	15.9	172	12	340.3	318.7	776.1	398
55 ～ 59	57.5	16.3	172	9	331.8	316.2	727.9	348
60 ～ 64	62.5	11.3	165	7	214.9	203.6	269.1	301
65 ～ 69	67.3	11.7	166	7	202.3	193.1	148.5	153
70歳～	72.7	17.7	162	8	254.7	239.5	278.0	34
高専・短大卒	**39.2**	**10.6**	**171**	**12**	**311.2**	**287.4**	**606.9**	**1 503**
～19歳	-	-	-	-	-	-	-	-
20 ～ 24	22.7	2.1	172	11	211.1	195.9	132.6	153
25 ～ 29	27.4	3.9	172	11	238.8	219.4	319.2	188
30 ～ 34	32.3	7.3	171	11	297.0	274.1	482.0	228
35 ～ 39	37.5	10.8	171	12	334.2	305.7	587.7	258
40 ～ 44	42.5	12.9	169	10	340.8	321.3	787.1	231
45 ～ 49	47.3	15.0	172	16	374.4	339.8	1015.2	206
50 ～ 54	52.5	18.1	171	13	387.4	359.4	949.2	88
55 ～ 59	57.8	17.5	170	11	322.0	301.8	821.1	90
60 ～ 64	62.4	17.9	171	16	296.3	271.5	381.0	56
65 ～ 69	66.6	15.0	163	0	185.5	185.5	163.7	3
70歳～	70.8	38.5	158	0	283.4	283.4	0.0	2
大学・大学院卒	**41.7**	**11.7**	**167**	**10**	**347.0**	**325.6**	**853.0**	**3 203**
～19歳	-	-	-	-	-	-	-	-
20 ～ 24	23.7	1.2	170	9	243.0	226.3	216.9	204
25 ～ 29	27.6	4.0	168	13	272.6	249.6	554.2	464
30 ～ 34	32.5	7.3	167	12	302.5	278.5	646.2	484
35 ～ 39	37.5	9.5	169	12	358.2	333.1	778.6	430
40 ～ 44	42.6	13.4	169	13	396.5	367.9	988.7	387
45 ～ 49	47.5	17.4	165	12	421.9	395.8	1195.4	371
50 ～ 54	52.4	21.6	165	8	477.2	460.3	1691.6	287
55 ～ 59	57.5	19.7	165	6	404.1	391.3	1192.6	276
60 ～ 64	62.4	13.1	166	4	266.6	255.6	549.1	215
65 ～ 69	66.8	19.7	161	3	230.7	226.7	345.5	71
70歳～	72.2	8.9	159	15	205.2	187.3	26.7	15

区分	年齢	勤続年数	所定内実労働時間数	超過実労働時間数	きまって支給する現金給与額	所定内給与額	年間賞与その他特別給与額	労働者数
	10 ～ 99人							
	歳	年	時	時	千円	千円	千円	十人
男								
学歴計	**43.1**	**9.7**	**173**	**8**	**286.1**	**271.5**	**359.0**	**8 109**
～19歳	19.0	0.8	169	3	189.4	183.4	15.1	42
20 ～ 24	22.8	2.2	175	5	197.5	190.0	91.1	645
25 ～ 29	27.7	4.2	173	10	236.5	219.9	236.1	804
30 ～ 34	32.5	6.2	174	9	268.3	252.4	351.0	1 034
35 ～ 39	37.5	9.1	175	10	301.1	281.8	413.7	1 055
40 ～ 44	42.5	11.0	173	9	320.4	303.0	463.1	1 114
45 ～ 49	47.5	13.3	174	8	336.6	320.2	496.8	917
50 ～ 54	52.5	14.3	174	7	344.7	330.1	512.8	740
55 ～ 59	57.5	14.1	173	7	322.5	309.4	429.0	740
60 ～ 64	62.3	12.6	170	6	255.2	245.4	235.0	584
65 ～ 69	67.2	12.2	165	4	211.3	205.9	123.2	344
70歳～	72.7	10.8	169	3	201.8	196.3	162.2	90
中学卒	**46.6**	**11.0**	**172**	**7**	**262.5**	**250.1**	**236.4**	**415**
～19歳	18.6	1.2	162	7	190.8	181.5	10.8	4
20 ～ 24	22.8	2.9	190	3	225.4	218.5	43.6	26
25 ～ 29	27.8	5.7	174	5	246.2	237.7	199.9	35
30 ～ 34	32.8	7.5	176	13	262.6	245.2	232.4	38
35 ～ 39	37.4	10.3	171	9	275.2	256.6	298.2	54
40 ～ 44	42.6	12.6	167	10	307.3	284.0	402.8	63
45 ～ 49	47.5	12.7	177	4	319.2	306.3	306.2	37
50 ～ 54	52.8	18.5	174	6	284.1	272.0	416.4	19
55 ～ 59	57.9	13.9	177	8	275.5	263.2	222.1	24
60 ～ 64	62.3	12.9	170	4	237.6	230.5	200.8	52
65 ～ 69	67.2	13.4	164	2	212.9	210.9	81.4	48
70歳～	71.9	12.4	170	5	212.9	209.9	67.8	17
高校卒	**44.1**	**9.7**	**173**	**8**	**270.7**	**256.7**	**291.9**	**4 668**
～19歳	19.1	0.8	170	3	189.3	183.6	15.5	39
20 ～ 24	22.7	2.4	172	6	193.7	185.3	89.1	326
25 ～ 29	27.7	4.3	171	10	227.7	210.4	175.4	416
30 ～ 34	32.5	6.1	174	8	252.7	238.3	282.6	543
35 ～ 39	37.4	9.2	176	10	287.5	269.1	358.5	555
40 ～ 44	42.6	10.6	173	9	299.7	282.0	368.8	643
45 ～ 49	47.5	13.0	176	7	317.0	302.5	418.7	557
50 ～ 54	52.6	13.1	175	7	315.2	301.5	402.4	467
55 ～ 59	57.7	13.0	175	7	296.3	284.6	318.2	474
60 ～ 64	62.4	12.2	171	6	245.0	234.4	195.6	355
65 ～ 69	67.2	11.9	165	4	198.7	192.8	90.5	233
70歳～	73.1	10.5	168	2	189.2	184.3	131.3	61
高専・短大卒	**37.3**	**9.3**	**176**	**6**	**287.5**	**274.9**	**337.6**	**1 224**
～19歳	-	-	-	-	-	-	-	-
20 ～ 24	22.7	2.1	179	4	193.8	188.8	78.9	213
25 ～ 29	27.5	4.8	179	6	239.6	230.6	211.9	159
30 ～ 34	32.4	6.7	178	6	277.9	265.9	317.7	215
35 ～ 39	37.5	10.6	177	7	315.3	299.0	351.2	169
40 ～ 44	42.6	11.7	176	7	336.8	322.1	502.7	163
45 ～ 49	47.5	15.7	173	9	357.5	338.9	595.9	129
50 ～ 54	52.2	17.2	172	7	370.1	350.7	604.1	77
55 ～ 59	57.4	17.6	173	6	345.5	334.2	365.9	54
60 ～ 64	62.2	17.4	166	10	272.4	256.5	261.8	29
65 ～ 69	66.8	10.7	174	8	217.0	208.9	164.1	14
70歳～	72.9	6.9	171	0	152.5	152.5	0.0	2
大学・大学院卒	**43.5**	**9.9**	**170**	**9**	**330.5**	**312.2**	**575.5**	**1 802**
～19歳	-	-	-	-	-	-	-	-
20 ～ 24	23.6	1.3	171	7	213.9	203.0	147.2	80
25 ～ 29	27.7	3.3	170	12	251.0	228.3	392.6	194
30 ～ 34	32.5	5.7	170	11	295.9	273.4	555.3	239
35 ～ 39	37.6	7.7	173	12	325.0	301.7	584.7	277
40 ～ 44	42.3	11.2	172	8	367.4	350.0	698.9	245
45 ～ 49	47.4	12.9	171	9	382.2	361.0	690.6	194
50 ～ 54	52.6	15.7	169	6	418.0	402.7	774.5	177
55 ～ 59	57.2	16.0	170	9	387.9	371.0	753.8	188
60 ～ 64	62.2	12.5	168	5	282.4	274.7	335.5	149
65 ～ 69	67.5	12.7	164	3	266.9	262.0	305.5	49
70歳～	71.5	11.0	168	7	267.8	253.4	535.0	10

第1表　年齢階級別きまって支給する現金給与額、

N 生活関連サー

区分	企業規模計 年齢	勤続年数	所定内実労働時間数	超過実労働時間数	きまって支給する現金給与額	所定内給与額	年間賞与その他特別給与額	労働者数	1,000人以上 年齢	勤続年数	所定内実労働時間数	超過実労働時間数	きまって支給する現金給与額	所定内給与額	年間賞与その他特別給与額	労働者数
	歳	年	時	時	千円	千円	千円	十人	歳	年	時	時	千円	千円	千円	十人
女																
学歴計	**39.1**	**8.6**	**165**	**8**	**235.2**	**221.9**	**312.0**	**20 247**	**38.5**	**9.4**	**161**	**11**	**250.9**	**233.0**	**381.1**	**5 568**
～19歳	19.1	0.9	168	7	186.8	177.2	68.5	356	19.1	0.8	166	12	192.5	177.0	45.3	70
20～24	22.7	2.1	168	8	206.1	194.6	158.7	2 971	22.9	1.9	164	12	218.6	200.8	187.0	756
25～29	27.3	4.1	168	9	232.1	217.1	283.2	3 028	27.2	4.3	162	14	244.2	220.0	375.4	831
30～34	32.5	6.9	165	8	246.0	231.3	307.8	2 562	32.5	7.1	159	11	251.7	232.8	372.5	801
35～39	37.5	9.3	164	9	252.7	238.5	362.3	2 272	37.6	11.1	158	10	270.2	253.5	441.1	785
40～44	42.5	10.8	164	8	247.9	234.3	394.0	2 364	42.6	12.3	159	10	264.7	248.0	448.7	740
45～49	47.4	11.7	165	8	250.8	237.3	462.7	2 086	47.4	12.9	160	9	263.4	249.4	428.7	517
50～54	52.5	13.8	165	9	259.3	243.9	462.1	1 704	52.6	16.6	160	11	301.5	280.0	706.1	409
55～59	57.4	14.1	165	8	244.1	231.9	341.0	1 373	57.3	15.8	161	9	257.1	243.1	424.9	342
60～64	62.5	15.7	164	6	195.5	187.5	154.0	993	62.3	15.4	164	9	192.2	181.1	137.9	223
65～69	67.1	15.1	163	6	177.8	169.9	93.3	433	67.1	15.1	161	11	166.6	154.4	34.8	89
70歳～	72.6	17.4	162	4	174.0	168.9	56.7	106	70.9	16.1	166	4	178.1	174.0	24.6	7
中学卒	**44.7**	**9.8**	**163**	**8**	**202.2**	**190.8**	**137.1**	**606**	**42.4**	**8.3**	**160**	**9**	**209.1**	**197.4**	**151.3**	**104**
～19歳	18.4	1.5	162	9	183.1	172.3	249.7	17	18.1	2.1	144	3	153.5	144.6	0.0	1
20～24	22.2	2.5	163	2	197.3	193.0	108.4	50	22.3	1.8	164	1	169.0	168.2	63.2	5
25～29	27.8	4.4	159	6	224.7	214.7	137.1	85	27.6	6.4	147	7	223.9	209.5	177.5	25
30～34	32.0	5.5	164	12	206.5	189.1	99.8	63	32.3	7.1	166	9	200.4	187.2	132.7	10
35～39	37.4	10.1	167	11	236.3	220.3	252.3	59	36.9	12.4	169	18	262.5	249.7	323.2	18
40～44	42.9	9.4	162	9	192.6	180.7	147.0	56	43.9	3.8	158	4	200.4	192.1	68.6	7
45～49	47.4	12.1	165	7	183.2	173.8	146.0	45	48.3	7.7	156	8	176.4	166.2	139.7	3
50～54	52.5	15.8	170	19	234.6	205.0	113.5	39	52.0	5.2	173	26	242.3	200.9	39.6	5
55～59	57.9	18.7	167	6	226.3	217.6	278.0	37	58.9	14.0	149	2	172.3	169.0	160.6	2
60～64	62.8	13.2	165	6	183.4	176.0	107.4	60	62.1	10.5	167	3	176.8	173.9	126.9	18
65～69	67.7	12.6	162	6	172.7	166.2	59.5	75	68.0	10.4	155	8	173.5	162.8	19.8	9
70歳～	73.6	15.9	153	6	152.3	146.1	18.6	21	70.5	15.5	160	23	193.1	167.6	42.0	1
高校卒	**41.7**	**9.1**	**165**	**7**	**215.3**	**204.5**	**218.6**	**10 636**	**41.3**	**9.7**	**161**	**9**	**216.1**	**202.1**	**203.5**	**2 634**
～19歳	19.1	0.9	168	7	187.0	177.4	59.7	339	19.1	0.7	167	12	193.2	177.6	46.2	68
20～24	22.3	2.4	166	7	201.9	192.3	148.7	1 266	22.5	2.5	162	10	199.3	184.7	129.8	264
25～29	27.3	4.3	165	6	218.3	207.8	144.9	1 082	27.5	4.3	160	9	212.9	197.9	132.5	251
30～34	32.4	6.3	165	7	225.0	214.2	168.0	1 083	32.4	6.2	159	8	216.3	204.6	154.4	353
35～39	37.6	9.1	164	8	224.5	213.1	249.6	1 079	37.8	11.3	156	9	233.0	218.8	310.0	326
40～44	42.6	10.1	164	8	215.8	204.3	258.6	1 277	42.7	10.9	160	10	220.5	206.2	232.7	374
45～49	47.4	10.6	166	8	223.9	212.7	313.9	1 269	47.4	11.5	161	9	218.1	205.0	204.4	288
50～54	52.5	12.4	166	9	231.0	218.2	350.3	1 147	52.5	13.1	163	12	241.4	223.5	347.4	244
55～59	57.4	13.7	166	8	221.8	210.1	247.9	930	57.4	14.5	164	9	220.7	206.6	261.0	206
60～64	62.6	15.6	163	6	193.0	185.0	142.1	781	62.4	16.6	164	10	194.6	181.9	125.2	180
65～69	66.9	16.2	163	7	174.8	167.0	101.0	312	66.9	16.3	161	11	163.9	152.3	38.0	74
70歳～	72.3	17.2	166	5	174.4	168.7	70.6	72	70.9	16.3	166	1	175.6	175.0	21.7	6
高専・短大卒	**36.3**	**8.3**	**167**	**8**	**247.7**	**234.7**	**345.0**	**5 324**	**38.5**	**11.2**	**160**	**11**	**282.1**	**263.7**	**511.4**	**1 278**
～19歳	-	-	-	-	-	-	-	-	-	-	-	-	-	-	-	-
20～24	22.6	2.0	171	7	197.4	188.0	129.6	1 048	22.6	1.9	168	12	221.3	205.0	176.7	185
25～29	27.3	4.5	172	8	228.2	216.2	247.6	943	27.5	5.0	163	17	250.3	227.2	228.9	145
30～34	32.5	7.4	168	7	253.6	241.3	279.7	798	32.5	7.6	160	12	265.6	248.6	389.2	186
35～39	37.5	9.4	164	9	269.8	254.2	356.4	613	37.5	11.1	158	10	280.7	263.5	391.4	199
40～44	42.5	12.3	164	8	276.7	261.9	489.3	677	42.4	14.8	156	10	294.2	276.7	566.9	227
45～49	47.3	13.5	164	8	277.8	264.3	649.5	457	47.3	16.8	158	11	323.2	307.1	959.8	106
50～54	52.6	16.8	162	10	310.4	290.0	732.0	354	53.3	25.1	151	11	404.9	374.1	1359.5	109
55～59	57.4	13.0	164	9	261.7	248.4	402.0	289	57.4	15.8	161	11	295.8	281.0	567.2	94
60～64	62.2	14.5	166	6	203.5	194.9	186.0	96	61.9	8.4	164	3	186.2	182.2	243.9	22
65～69	67.3	12.5	162	5	194.1	188.4	114.4	38	67.9	7.0	162	21	190.9	168.2	17.4	6
70歳～	72.7	18.4	150	1	188.4	187.9	25.4	11	-	-	-	-	-	-	-	-
大学・大学院卒	**34.8**	**7.6**	**164**	**12**	**280.1**	**258.8**	**562.9**	**3 681**	**33.4**	**7.5**	**161**	**13**	**287.0**	**262.7**	**590.7**	**1 552**
～19歳	-	-	-	-	-	-	-	-	-	-	-	-	-	-	-	-
20～24	23.6	1.4	166	12	230.2	210.9	233.9	607	23.5	1.4	164	13	234.6	212.8	245.2	303
25～29	27.1	3.6	166	14	253.2	229.2	496.2	918	27.0	3.9	164	17	262.4	231.7	588.1	410
30～34	32.6	7.4	163	13	277.1	252.7	610.4	618	32.4	8.1	157	16	293.2	262.7	675.8	252
35～39	37.3	9.2	162	10	293.0	274.6	614.7	522	37.4	10.8	160	11	312.4	292.4	668.1	241
40～44	42.5	10.9	164	10	317.1	298.0	739.0	354	42.7	12.5	163	12	342.5	320.2	878.1	132
45～49	47.5	13.5	162	10	330.1	306.5	836.9	315	47.6	12.7	161	8	321.0	306.7	502.7	120
50～54	52.2	16.7	156	9	352.1	332.5	742.9	165	51.9	16.5	162	7	373.7	356.1	1088.5	52
55～59	57.1	18.7	158	7	383.5	368.9	951.2	117	56.7	22.3	149	5	357.9	345.8	948.7	40
60～64	61.6	21.9	159	6	230.7	222.4	316.8	55	61.6	21.4	158	12	186.9	173.6	183.2	4
65～69	67.5	6.4	194	1	262.1	228.8	13.2	8	-	-	-	-	-	-	-	-
70歳～	74.7	38.7	182	0	339.4	339.4	132.9	2	-	-	-	-	-	-	-	-

所定内給与額及び年間賞与その他特別給与額

ビス業, 娯楽業

100～999人 年齢	勤続年数	所定内実労働時間数	超過実労働時間数	きまって支給する現金給与額	所定内給与額	年間賞与その他特別給与額	労働者数	10～99人 年齢	勤続年数	所定内実労働時間数	超過実労働時間数	きまって支給する現金給与額	所定内給与額	年間賞与その他特別給与額	労働者数	区分
歳	年	時	時	千円	千円	千円	十人	歳	年	時	時	千円	千円	千円	十人	
																女
38.8	**8.2**	**166**	**9**	**237.6**	**223.2**	**353.8**	**7 828**	**39.9**	**8.4**	**169**	**5**	**219.6**	**211.4**	**207.9**	**6 851**	**学歴計**
19.1	0.9	166	6	188.2	179.2	92.4	170	19.1	0.9	171	5	181.4	174.4	47.5	116	～ 19歳
22.6	2.0	168	9	210.6	197.7	184.4	1 179	22.6	2.2	171	4	191.7	186.6	108.9	1 036	20 ～ 24
27.3	4.0	167	10	237.5	221.6	294.8	1 239	27.3	4.2	173	4	214.8	208.8	188.3	959	25 ～ 29
32.5	7.1	166	9	248.1	232.1	345.5	920	32.4	6.5	170	6	238.3	228.9	205.0	841	30 ～ 34
37.5	8.4	166	9	250.8	235.2	379.8	847	37.4	8.1	168	6	233.9	224.6	242.7	640	35 ～ 39
42.6	10.5	165	9	244.3	230.2	435.7	865	42.4	9.7	168	6	235.5	225.6	293.0	759	40 ～ 44
47.4	11.6	166	9	259.9	243.5	607.4	870	47.4	11.1	167	6	230.3	220.6	307.8	699	45 ～ 49
52.5	13.3	162	10	256.3	240.8	509.6	662	52.4	12.4	170	8	235.2	223.7	254.5	633	50 ～ 54
57.5	12.7	165	9	250.7	236.5	395.2	493	57.4	14.4	167	6	229.8	220.5	238.0	538	55 ～ 59
62.6	15.7	162	6	201.4	193.4	183.2	403	62.5	15.8	165	5	191.1	184.9	131.7	367	60 ～ 64
67.1	15.2	164	6	183.4	174.3	112.6	145	67.1	15.0	164	5	178.7	173.6	105.4	198	65 ～ 69
72.6	19.5	157	4	185.0	180.2	112.5	34	72.9	16.5	164	5	167.9	162.5	31.0	65	70歳～
43.9	**10.6**	**161**	**8**	**203.8**	**192.0**	**172.4**	**241**	**46.4**	**9.6**	**167**	**8**	**198.1**	**187.1**	**99.0**	**261**	**中学卒**
18.9	1.6	158	12	202.3	187.9	374.5	11	17.4	1.1	177	3	142.1	139.8	0.0	4	～ 19歳
22.1	2.3	161	4	210.2	204.0	145.2	24	22.3	2.9	165	1	189.5	186.3	77.1	21	20 ～ 24
27.7	3.3	167	11	220.4	208.1	108.5	27	28.1	3.7	163	2	228.7	224.2	129.2	33	25 ～ 29
32.3	5.5	161	8	222.6	205.6	137.6	20	31.7	5.0	166	16	198.4	179.3	65.6	32	30 ～ 34
37.6	9.9	167	8	241.2	219.8	246.2	27	37.8	7.7	164	7	192.7	183.4	172.7	14	35 ～ 39
42.8	12.2	156	11	185.8	171.7	136.0	30	42.6	7.0	172	7	200.6	190.6	194.6	19	40 ～ 44
47.0	11.6	164	8	171.8	163.1	149.4	21	47.7	13.1	166	6	195.1	185.0	143.4	22	45 ～ 49
52.4	17.7	163	13	185.5	167.1	156.8	10	52.7	17.2	172	20	253.7	221.8	110.7	24	50 ～ 54
58.0	23.9	165	9	260.7	249.6	506.5	13	57.7	15.9	170	4	210.5	202.7	150.2	22	55 ～ 59
62.9	12.3	157	5	179.8	171.1	125.1	18	63.3	15.8	169	10	190.8	180.9	80.8	25	60 ～ 64
67.8	16.3	157	4	183.0	178.8	112.8	32	67.4	9.8	169	7	162.9	155.3	20.2	34	65 ～ 69
73.9	20.7	147	5	168.8	162.9	22.3	8	73.7	12.9	157	5	139.0	134.1	14.4	12	70歳～
41.2	**8.7**	**165**	**8**	**222.5**	**211.2**	**273.7**	**4 081**	**42.4**	**9.1**	**169**	**6**	**207.2**	**199.3**	**171.3**	**3 921**	**高校卒**
19.1	0.9	166	6	187.2	178.6	72.9	159	19.2	0.9	171	5	182.9	175.7	49.3	112	～ 19歳
22.2	2.4	164	7	210.7	199.7	206.0	519	22.4	2.4	171	4	193.9	188.6	97.5	483	20 ～ 24
27.3	4.1	164	6	236.0	224.7	174.6	451	27.3	4.6	170	5	200.9	194.4	117.9	380	25 ～ 29
32.3	6.5	165	7	243.3	231.0	191.8	372	32.5	6.3	170	6	214.6	206.1	156.8	358	30 ～ 34
37.5	8.1	166	9	224.6	212.2	270.9	391	37.5	8.3	170	6	216.6	209.0	172.1	361	35 ～ 39
42.6	10.3	165	8	216.1	205.1	316.3	477	42.4	9.2	169	7	211.4	201.8	216.6	426	40 ～ 44
47.4	10.1	167	8	230.3	218.2	421.4	491	47.4	10.6	168	7	221.0	211.7	270.7	490	45 ～ 49
52.6	12.6	164	9	234.6	221.6	480.4	444	52.4	11.7	170	7	222.1	212.2	226.3	459	50 ～ 54
57.5	12.6	165	9	230.6	217.5	300.9	343	57.4	14.3	169	6	214.5	205.3	193.1	381	55 ～ 59
62.7	15.3	162	5	200.5	193.3	168.3	322	62.5	15.1	164	4	183.2	177.5	122.8	278	60 ～ 64
66.8	16.0	163	8	179.5	170.4	116.9	93	67.0	16.4	163	4	177.4	172.3	123.2	145	65 ～ 69
72.0	20.2	168	5	186.9	180.8	179.8	19	72.6	16.1	165	5	169.0	162.9	31.8	47	70歳～
36.1	**7.6**	**168**	**9**	**241.8**	**226.4**	**365.6**	**2 106**	**35.0**	**7.2**	**171**	**4**	**231.3**	**224.7**	**212.9**	**1 939**	**高専・短大卒**
–	–	–	–	–	–	–	–	–	–	–	–	–	–	–	–	～ 19歳
22.5	1.9	172	9	198.6	186.3	139.6	411	22.6	2.1	172	3	186.6	182.7	101.3	452	20 ～ 24
27.4	4.6	169	10	224.7	209.4	289.7	407	27.2	4.2	179	3	223.7	219.2	210.8	392	25 ～ 29
32.7	7.6	167	8	237.3	222.3	333.6	303	32.4	7.1	173	4	262.3	255.5	160.6	308	30 ～ 34
37.6	8.9	167	10	273.6	255.7	418.7	242	37.4	8.0	167	6	251.5	241.1	227.3	171	35 ～ 39
42.6	11.0	167	11	271.7	252.7	542.6	237	42.5	11.0	168	4	263.5	256.4	346.8	212	40 ～ 44
47.4	12.4	166	9	274.0	258.1	640.2	217	47.2	12.8	165	5	247.5	240.0	416.8	133	45 ～ 49
52.1	13.2	165	11	282.0	264.5	578.8	135	52.5	13.1	170	8	251.5	238.0	298.5	110	50 ～ 54
57.4	10.2	165	9	256.6	242.2	400.5	91	57.3	13.0	165	7	235.1	224.1	252.9	104	55 ～ 59
62.3	17.5	165	9	207.2	194.6	190.3	38	62.3	15.0	169	6	209.8	202.5	148.2	37	60 ～ 64
66.8	11.3	172	4	180.8	176.4	110.1	17	67.7	15.9	151	1	209.9	208.9	155.1	15	65 ～ 69
72.3	13.0	135	0	196.3	196.3	24.2	6	73.2	26.5	173	1	176.3	175.0	27.1	4	70歳～
35.2	**7.5**	**165**	**12**	**281.3**	**259.0**	**600.8**	**1 400**	**37.0**	**7.8**	**167**	**7**	**262.8**	**250.2**	**430.9**	**729**	**大学・大学院卒**
–	–	–	–	–	–	–	–	–	–	–	–	–	–	–	–	～ 19歳
23.6	1.3	168	12	232.3	213.3	220.3	225	23.9	1.4	171	7	207.7	197.0	229.0	80	20 ～ 24
27.1	3.4	169	14	255.4	232.7	467.4	355	27.4	3.0	167	6	223.5	214.5	317.9	154	25 ～ 29
32.8	7.5	165	13	273.1	249.5	635.7	224	32.4	5.9	168	7	254.8	240.0	454.8	142	30 ～ 34
37.3	8.0	164	9	277.2	258.7	577.1	186	37.2	7.7	165	8	274.2	260.1	551.9	94	35 ～ 39
42.4	10.1	162	8	317.1	300.0	775.0	120	42.4	9.8	167	9	284.3	267.0	517.6	102	40 ～ 44
47.5	15.4	162	13	354.2	320.9	1271.8	141	47.0	10.3	167	9	287.3	268.2	442.1	54	45 ～ 49
52.0	17.6	148	12	349.3	323.0	606.9	73	52.9	15.4	164	5	329.2	319.4	546.8	40	50 ～ 54
57.5	14.7	163	12	385.6	362.9	1056.0	46	57.1	20.1	162	3	412.8	407.0	799.7	31	55 ～ 59
61.6	19.3	157	7	219.3	209.6	410.1	25	61.5	24.4	161	4	248.2	242.0	250.8	26	60 ～ 64
68.8	3.0	180	2	287.5	218.6	20.0	4	66.4	9.6	208	0	238.4	238.4	7.0	4	65 ～ 69
77.5	53.5	180	0	210.0	210.0	0.0	1	73.5	32.5	183	0	393.3	393.3	188.3	1	70歳～

第1表　年齢階級別きまって支給する現金給与額、

O 教育，

区分	企業規模計								1,000人 以上							
	年齢	勤続年数	所定内実労働時間数	超過実労働時間数	きまって支給する現金給与額	所定内給与額	年間賞与その他特別給与額	労働者数	年齢	勤続年数	所定内実労働時間数	超過実労働時間数	きまって支給する現金給与額	所定内給与額	年間賞与その他特別給与額	労働者数
	歳	年	時	時	千円	千円	千円	十人	歳	年	時	時	千円	千円	千円	十人
O 教育，学習支援業																
男女計																
学歴計	**43.2**	**11.4**	**167**	**5**	**391.1**	**379.3**	**1302.1**	**69 643**	**44.4**	**12.2**	**164**	**6**	**467.0**	**450.4**	**1751.6**	**26 087**
～19歳	18.9	0.9	166	5	174.1	167.5	97.7	88	18.8	0.9	164	4	182.9	176.0	86.4	31
20～24	23.0	1.7	172	5	216.1	207.9	379.7	5 780	23.6	1.4	164	9	255.2	234.2	420.4	1 070
25～29	27.5	3.7	169	7	259.3	245.6	663.5	7 632	27.6	3.2	163	10	294.5	270.3	748.0	2 361
30～34	32.5	5.7	167	6	312.1	297.9	817.0	7 660	32.5	5.1	163	7	351.5	331.1	923.1	3 069
35～39	37.6	8.0	167	6	363.1	348.1	1094.1	8 126	37.6	7.4	164	7	417.4	398.5	1322.6	3 374
40～44	42.6	10.6	166	6	407.5	392.2	1349.1	8 961	42.5	10.1	165	7	472.0	449.9	1728.1	3 766
45～49	47.4	13.6	166	5	438.0	424.9	1569.3	8 605	47.4	13.7	165	5	505.4	488.3	2004.6	3 508
50～54	52.5	17.3	166	4	485.1	473.8	1842.7	7 939	52.4	17.8	164	3	554.9	543.2	2372.2	3 186
55～59	57.4	21.1	166	4	514.5	504.0	2010.5	7 306	57.4	22.8	165	4	593.1	580.1	2630.4	2 909
60～64	62.3	19.5	165	2	490.0	485.9	1892.4	5 268	62.4	21.7	162	1	590.6	587.0	2674.6	2 161
65～69	67.2	17.5	164	2	481.1	478.5	1616.6	1 795	67.2	16.8	157	0	627.2	626.3	2566.3	591
70歳～	73.8	18.6	168	0	372.1	371.4	997.5	483	71.3	18.9	162	0	508.1	508.1	2154.9	61
男																
学歴計	**46.5**	**13.2**	**167**	**5**	**453.4**	**440.3**	**1584.0**	**37 074**	**46.5**	**13.5**	**165**	**5**	**517.0**	**501.8**	**2020.8**	**16 380**
～19歳	18.9	0.9	166	5	180.4	172.9	83.6	39	18.7	0.9	164	4	182.0	175.5	79.4	30
20～24	23.5	1.4	169	7	234.1	222.5	286.8	1 027	23.6	1.2	166	8	245.2	230.5	327.2	299
25～29	27.7	3.2	168	9	281.0	263.9	659.5	2 807	27.8	3.1	165	11	306.8	281.8	741.6	1 057
30～34	32.5	5.3	167	7	343.0	327.4	906.0	3 598	32.5	4.9	164	7	380.9	361.8	1007.0	1 542
35～39	37.6	7.8	167	7	406.7	388.6	1276.6	4 546	37.5	7.2	165	6	450.4	429.9	1484.0	2 202
40～44	42.5	11.1	167	6	455.4	437.7	1558.4	5 030	42.5	10.4	165	7	509.5	485.8	1896.2	2 408
45～49	47.4	14.5	167	5	492.7	478.6	1805.2	4 653	47.4	13.9	166	4	546.0	530.1	2200.6	2 150
50～54	52.5	18.4	166	4	536.5	524.7	2095.9	4 815	52.5	18.5	165	3	594.6	584.5	2611.5	2 199
55～59	57.5	21.9	166	4	556.1	544.9	2194.0	4 811	57.4	22.9	165	3	621.0	610.0	2766.5	2 148
60～64	62.4	19.6	165	2	508.5	504.2	2005.5	3 953	62.5	21.9	163	1	611.8	608.3	2788.6	1 762
65～69	67.2	16.3	163	2	489.4	486.8	1641.4	1 443	67.3	16.9	157	0	636.5	635.5	2604.2	528
70歳～	73.5	15.5	168	0	377.2	376.5	951.1	353	71.2	20.3	164	0	537.9	537.9	2261.3	55
中学卒	**58.8**	**11.3**	**173**	**4**	**379.6**	**372.1**	**1655.5**	**269**	**53.1**	**7.2**	**174**	**1**	**572.5**	**570.2**	**3338.2**	**98**
～19歳	-	-	-	-	-	-	-	-	-	-	-	-	-	-	-	-
20～24	-	-	-	-	-	-	-	-	-	-	-	-	-	-	-	-
25～29	28.5	4.0	175	0	286.7	286.7	1314.7	2	-	-	-	-	-	-	-	-
30～34	32.2	5.9	166	26	313.1	272.8	917.4	9	-	-	-	-	-	-	-	-
35～39	37.2	7.3	177	6	387.7	378.3	2014.3	16	36.8	4.8	180	4	412.6	404.9	2411.3	10
40～44	43.4	7.0	175	2	491.4	488.6	2670.0	21	43.5	5.5	176	0	542.5	542.5	3320.7	15
45～49	46.5	14.5	167	0	518.3	518.2	3012.7	21	46.0	15.0	167	0	581.2	581.2	3655.6	15
50～54	52.9	8.3	179	2	565.0	559.6	3075.6	21	52.7	5.2	175	0	593.4	591.6	3318.3	17
55～59	57.5	23.9	166	12	380.1	356.6	1421.5	14	59.5	36.5	171	33	422.2	338.4	1474.9	1
60～64	63.1	10.5	173	4	456.7	450.0	2140.0	82	63.2	5.9	175	1	620.9	619.0	3548.9	40
65～69	67.6	16.8	173	8	233.6	222.4	447.0	42	-	-	-	-	-	-	-	-
70歳～	73.8	8.5	175	0	173.1	172.9	138.7	42	73.5	17.5	135	0	224.0	224.0	462.0	1
高校卒	**50.0**	**16.2**	**166**	**13**	**328.1**	**302.0**	**854.1**	**3 578**	**48.8**	**21.5**	**163**	**11**	**413.0**	**382.0**	**1431.0**	**836**
～19歳	18.9	0.9	166	5	180.4	172.9	83.6	39	18.7	0.9	164	4	182.0	175.5	79.4	30
20～24	22.9	2.0	166	11	205.1	190.2	212.8	109	22.9	3.0	164	2	201.7	198.7	705.5	12
25～29	27.4	4.2	168	15	234.6	213.4	425.0	133	27.3	4.7	167	11	252.3	233.6	671.2	38
30～34	32.7	6.6	167	16	261.7	235.0	503.1	164	33.5	10.3	164	14	313.7	281.8	934.8	20
35～39	37.6	10.3	168	18	312.4	276.7	738.6	271	38.1	13.7	169	17	369.3	326.2	1188.6	45
40～44	42.7	14.1	165	13	353.0	326.4	1023.1	439	42.8	18.4	162	8	433.2	412.0	1437.9	143
45～49	47.6	17.4	166	17	360.3	324.5	906.9	462	47.5	22.7	167	16	444.0	395.1	1548.3	93
50～54	52.6	21.7	165	15	395.5	361.2	1201.0	545	52.4	27.3	163	12	466.3	431.6	1665.3	152
55～59	57.6	23.8	168	14	389.3	357.2	1174.2	641	57.6	31.9	164	12	502.2	460.6	1957.0	203
60～64	62.5	16.5	165	7	266.9	256.1	592.7	486	62.4	16.6	156	4	298.0	287.8	1010.1	80
65～69	67.2	13.6	167	5	241.7	234.0	426.9	244	66.7	10.3	154	9	255.3	237.5	382.2	20
70歳～	73.8	16.5	169	1	238.9	237.6	516.4	44	71.5	14.5	146	0	234.7	234.7	0.0	1
高専・短大卒	**42.5**	**12.9**	**169**	**8**	**347.5**	**330.6**	**904.1**	**2 277**	**44.7**	**16.8**	**166**	**13**	**402.7**	**369.0**	**1337.4**	**457**
～19歳	-	-	-	-	-	-	-	-	-	-	-	-	-	-	-	-
20～24	22.7	1.8	172	5	208.6	200.7	233.2	162	22.4	1.7	169	9	258.2	241.7	263.5	21
25～29	27.8	4.4	174	10	247.5	232.0	523.2	239	28.2	5.1	170	12	258.0	237.6	815.2	41
30～34	32.4	7.0	170	7	292.8	280.0	657.5	264	32.0	7.1	170	18	336.9	300.0	832.4	32
35～39	37.6	9.9	168	11	338.7	313.8	832.3	290	38.2	14.1	171	21	407.7	350.5	1027.1	63
40～44	42.7	13.8	169	8	368.8	352.1	982.2	359	42.7	13.5	164	15	420.4	382.1	1384.7	66
45～49	47.5	17.3	167	9	407.4	387.1	1151.5	350	47.4	19.3	163	12	437.6	403.2	1650.2	85
50～54	52.6	19.5	169	8	418.4	399.0	1241.2	257	53.0	24.4	167	14	486.0	444.4	1757.3	58
55～59	57.4	24.2	166	8	461.4	439.8	1447.3	192	57.3	30.7	160	10	484.7	457.4	1958.2	59
60～64	62.5	15.3	166	4	313.6	308.5	775.9	114	62.6	16.8	164	1	321.1	319.8	1026.7	30
65～69	67.5	16.7	169	1	333.5	332.8	876.8	42	66.1	20.8	171	0	244.8	244.6	808.7	4
70歳～	71.8	17.6	159	0	258.4	258.4	448.3	9	-	-	-	-	-	-	-	-

所定内給与額及び年間賞与その他特別給与額

学 習 支 援 業

区分	100～999人 年齢	勤続年数	所定内実労働時間数	超過実労働時間数	きまって支給する現金給与額	所定内給与額	年間賞与その他特別給与額	労働者数	10～99人 年齢	勤続年数	所定内実労働時間数	超過実労働時間数	きまって支給する現金給与額	所定内給与額	年間賞与その他特別給与額	労働者数
	歳	年	時	時	千円	千円	千円	十人	歳	年	時	時	千円	千円	千円	十人
O 教育，学習支援業																
男女計																
学歴計	44.1	11.8	167	4	395.3	386.0	1289.3	24 527	40.5	9.9	171	5	281.7	273.1	702.2	19 029
～19歳	19.1	0.9	166	5	167.7	160.9	108.9	34	19.0	0.9	170	5	171.9	166.2	96.2	23
20～24	23.1	1.6	172	5	218.8	211.6	331.0	1 640	22.8	1.9	175	3	201.0	196.7	391.4	3 071
25～29	27.5	3.5	169	6	259.6	249.1	664.9	2 677	27.3	4.2	174	5	226.9	219.5	585.3	2 594
30～34	32.5	5.5	167	5	309.3	298.8	840.0	2 557	32.4	6.8	172	6	256.1	246.8	627.9	2 034
35～39	37.5	8.0	167	6	358.5	345.5	1102.1	2 811	37.6	9.1	170	6	275.2	264.4	685.1	1 941
40～44	42.6	11.0	167	4	398.3	388.1	1301.4	3 036	42.6	11.0	169	6	307.9	297.3	755.0	2 159
45～49	47.5	14.0	166	4	436.4	426.2	1543.6	3 090	47.4	12.9	170	6	322.7	312.1	847.7	2 006
50～54	52.5	17.5	167	4	491.3	480.1	1803.1	2 929	52.5	16.2	170	5	353.4	342.6	981.6	1 825
55～59	57.5	20.8	166	3	515.1	507.8	1946.1	2 831	57.4	18.3	169	6	367.5	355.9	975.7	1 566
60～64	62.3	18.5	165	1	479.4	476.1	1670.0	1 963	62.4	17.3	168	4	318.1	311.9	796.6	1 144
65～69	67.1	18.3	167	2	473.8	470.9	1403.5	756	67.3	16.9	168	3	300.3	296.3	722.5	448
70歳～	73.6	14.1	169	1	410.5	409.5	988.5	203	74.8	22.7	170	0	298.2	297.6	680.8	219
男																
学歴計	46.5	13.1	167	4	437.5	427.9	1467.9	13 558	46.4	12.6	169	8	337.7	323.1	802.3	7 137
～19歳	19.4	0.9	168	9	173.7	163.1	120.4	7	19.3	0.6	177	8	179.1	168.9	36.1	3
20～24	23.5	1.3	169	7	236.4	225.4	267.3	454	23.3	1.7	172	6	218.0	208.8	275.2	275
25～29	27.6	3.1	169	7	271.6	260.2	670.4	1 170	27.6	3.5	171	9	252.9	238.5	487.7	580
30～34	32.6	5.5	168	6	332.1	320.6	937.0	1 300	32.4	5.7	171	9	284.3	268.9	646.3	756
35～39	37.6	8.4	168	6	390.9	375.5	1235.2	1 538	37.5	8.6	169	10	317.4	300.4	789.0	805
40～44	42.5	11.4	167	4	430.2	420.2	1459.4	1 656	42.6	12.1	170	9	363.8	347.6	885.9	966
45～49	47.4	15.0	167	4	478.8	468.9	1719.6	1 684	47.5	14.8	170	9	381.2	363.2	941.8	818
50～54	52.5	18.4	167	4	528.7	517.8	1960.0	1 769	52.5	18.3	169	9	402.2	384.2	1040.8	847
55～59	57.5	21.6	167	3	547.1	539.2	2059.0	1 812	57.5	20.1	169	9	411.1	392.8	1036.3	851
60～64	62.3	18.2	166	2	481.8	478.0	1703.3	1 435	62.5	16.9	168	4	318.2	311.6	754.6	756
65～69	67.2	17.1	167	2	472.0	469.3	1361.6	586	67.2	13.9	167	4	284.9	279.8	597.0	330
70歳～	73.7	12.4	168	1	403.5	402.2	846.1	147	74.1	16.8	170	0	293.5	292.9	577.3	151
中学卒	61.6	11.2	172	3	296.0	290.2	957.8	86	62.4	16.1	174	10	242.9	227.7	430.5	85
～19歳	-	-	-	-	-	-	-	-	-	-	-	-	-	-	-	-
20～24	-	-	-	-	-	-	-	-	-	-	-	-	-	-	-	-
25～29	28.5	4.0	175	0	286.7	286.7	1314.7	2	-	-	-	-	-	-	-	-
30～34	31.8	7.8	177	0	339.5	339.5	1285.4	4	32.6	4.3	156	48	290.1	214.8	597.3	5
35～39	37.5	11.5	175	0	412.5	412.5	1985.5	4	38.5	11.1	169	25	229.0	195.5	262.3	2
40～44	43.5	13.3	169	0	417.9	417.9	1676.8	4	42.5	5.8	176	21	286.5	260.1	153.4	2
45～49	49.2	15.8	175	0	450.4	450.4	1975.2	3	46.5	9.5	156	0	222.5	221.9	400.6	3
50～54	53.5	30.0	175	0	532.8	532.8	2839.3	2	54.5	13.5	217	21	356.2	314.9	1249.2	2
55～59	58.4	31.2	170	8	503.1	488.5	2417.6	6	56.6	16.6	162	14	266.4	239.3	521.1	7
60～64	63.2	14.8	166	7	329.5	313.7	1107.2	23	62.6	14.8	177	4	273.7	267.9	500.2	20
65～69	67.5	4.5	171	3	247.7	244.2	616.4	13	67.6	22.4	174	10	227.2	212.5	370.6	29
70歳～	74.1	5.1	176	0	156.7	156.7	0.0	25	73.3	13.3	176	0	195.5	195.1	333.1	17
高校卒	49.9	14.5	167	11	326.7	304.3	770.4	1 012	50.6	14.7	167	15	288.0	262.1	624.5	1 730
～19歳	19.4	0.9	168	9	173.7	163.1	120.4	7	19.3	0.6	177	8	179.1	168.9	36.1	3
20～24	22.9	1.4	166	13	214.3	196.9	131.4	52	22.8	2.3	166	11	195.3	180.0	176.2	45
25～29	27.6	3.2	169	12	213.7	196.6	254.8	37	27.5	4.4	169	18	236.3	210.7	370.5	58
30～34	32.6	8.1	163	10	281.1	262.4	619.2	41	32.5	5.3	170	19	243.8	214.9	372.9	103
35～39	37.5	10.0	170	18	325.4	284.2	690.0	85	37.5	9.3	167	18	286.3	256.3	624.4	141
40～44	42.8	12.3	166	12	348.4	324.9	989.6	109	42.6	11.8	166	18	294.0	261.5	723.7	186
45～49	47.5	15.3	167	15	369.1	337.7	868.5	132	47.7	16.5	166	18	322.7	289.6	678.0	238
50～54	52.9	21.8	166	15	424.5	390.7	1268.8	146	52.6	18.2	166	17	335.1	300.7	876.5	248
55～59	57.7	20.4	171	10	365.1	345.2	1094.4	157	57.5	19.9	168	17	321.2	289.4	653.9	281
60～64	62.4	16.0	164	6	273.9	265.3	473.4	139	62.5	16.8	168	8	254.0	241.7	529.9	267
65～69	67.5	12.8	167	6	258.1	249.5	323.4	96	67.1	14.7	170	4	227.3	221.8	511.3	128
70歳～	73.2	10.2	168	0	210.1	210.1	161.7	10	74.0	18.4	170	1	247.5	245.8	629.0	34
高専・短大卒	42.2	12.2	168	6	351.6	339.9	899.2	857	41.8	11.7	172	7	317.6	304.2	702.6	963
～19歳	-	-	-	-	-	-	-	-	-	-	-	-	-	-	-	-
20～24	22.8	1.7	169	4	203.9	196.8	185.0	67	22.7	1.9	177	5	199.2	192.9	268.4	74
25～29	27.8	4.3	171	10	252.4	235.9	440.7	90	27.7	4.2	177	9	239.5	226.6	481.7	108
30～34	32.7	7.4	168	4	297.7	289.9	654.5	98	32.1	6.8	172	6	278.6	267.9	617.8	134
35～39	37.3	8.6	165	8	324.9	308.7	825.5	117	37.5	9.1	170	9	314.4	298.6	729.6	111
40～44	42.5	13.3	167	4	374.1	363.7	976.7	132	42.8	14.4	172	7	343.2	330.2	821.2	161
45～49	47.3	17.6	165	6	405.5	392.4	1166.0	127	47.7	15.7	172	9	390.6	372.4	833.3	139
50～54	52.5	16.7	169	5	434.8	424.6	1247.0	100	52.6	19.4	171	8	362.1	346.5	933.7	99
55～59	57.5	21.8	169	7	472.6	455.2	1450.3	70	57.4	20.8	168	7	427.2	406.6	968.9	63
60～64	62.5	16.5	167	3	357.9	353.7	971.3	33	62.4	13.5	166	6	280.2	272.1	498.8	50
65～69	67.7	20.6	171	2	373.8	372.5	1009.0	22	67.5	10.4	167	0	301.6	301.6	717.2	16
70歳～	71.4	7.5	157	0	355.3	355.3	745.3	2	71.9	20.0	159	0	235.2	235.2	377.1	7

第1表　年齢階級別きまって支給する現金給与額、

O 教 育,

区分	企業規模計 年齢	勤続年数	所定内実労働時間数	超過実労働時間数	きまって支給する現金給与額	所定内給与額	年間賞与その他特別給与額	労働者数	1,000人以上 年齢	勤続年数	所定内実労働時間数	超過実労働時間数	きまって支給する現金給与額	所定内給与額	年間賞与その他特別給与額	労働者数
	歳	年	時	時	千円	千円	千円	十人	歳	年	時	時	千円	千円	千円	十人
大学・大学院卒	**46.3**	**12.9**	**166**	**4**	**476.3**	**465.0**	**1717.8**	**30 949**	**46.4**	**13.0**	**165**	**4**	**525.9**	**512.0**	**2065.9**	**14 989**
～19歳	-	-	-	-	-	-	-	-	-	-	-	-	-	-	-	-
20～24	23.7	1.2	169	7	243.7	231.8	309.1	755	23.8	1.1	166	8	246.2	231.1	315.0	266
25～29	27.7	3.0	167	9	286.8	269.7	685.1	2 433	27.8	3.0	165	11	311.0	285.5	741.3	978
30～34	32.5	5.0	167	6	351.4	336.3	947.5	3 162	32.5	4.7	164	6	382.7	364.2	1011.7	1 491
35～39	37.6	7.5	167	6	418.2	401.7	1342.9	3 968	37.5	6.8	165	6	453.6	434.6	1499.6	2 085
40～44	42.5	10.5	167	5	473.3	456.3	1657.7	4 211	42.5	9.8	165	6	517.0	493.4	1932.0	2 184
45～49	47.4	13.9	167	3	516.4	505.4	1967.3	3 820	47.4	13.3	166	3	555.3	541.6	2244.1	1 958
50～54	52.5	18.0	166	3	563.2	555.0	2267.9	3 992	52.5	17.8	165	2	607.7	600.3	2703.2	1 973
55～59	57.4	21.5	166	2	588.2	581.0	2397.7	3 964	57.4	21.7	165	2	638.1	631.0	2879.1	1 886
60～64	62.4	20.4	165	1	552.4	549.3	2254.6	3 271	62.4	22.6	163	1	632.6	629.3	2890.8	1 612
65～69	67.2	16.9	162	1	559.1	557.8	1980.6	1 116	67.3	17.1	157	0	654.6	654.3	2705.8	504
70歳～	73.5	16.4	167	0	438.8	438.0	1177.4	257	71.2	20.4	165	0	545.4	545.4	2309.3	54
女																
学歴計	**39.5**	**9.4**	**168**	**5**	**320.2**	**309.8**	**981.1**	**32 569**	**40.7**	**9.9**	**162**	**7**	**382.7**	**363.8**	**1297.4**	**9 707**
～19歳	19.0	0.9	167	4	168.9	163.1	109.3	48	19.5	1.5	164	20	237.2	205.5	508.5	1
20～24	23.0	1.8	173	4	212.2	204.7	399.7	4 753	23.6	1.4	163	10	259.0	235.7	456.6	771
25～29	27.3	3.9	169	6	246.6	235.0	665.9	4 826	27.5	3.3	161	9	284.4	261.1	753.2	1 304
30～34	32.4	6.1	167	6	284.7	271.8	738.2	4 062	32.5	5.4	162	8	321.9	300.1	838.3	1 526
35～39	37.6	8.2	167	5	307.7	296.8	862.2	3 580	37.7	7.7	162	7	355.3	339.5	1019.2	1 172
40～44	42.6	10.1	166	5	346.2	334.0	1081.3	3 931	42.6	9.6	163	7	405.5	386.3	1430.0	1 358
45～49	47.4	12.6	166	5	373.6	361.7	1291.5	3 952	47.4	13.3	163	7	441.0	422.0	1694.0	1 357
50～54	52.5	15.6	166	4	405.8	395.3	1452.4	3 124	52.4	16.3	162	5	466.3	451.1	1839.0	987
55～59	57.3	19.3	166	3	434.5	425.2	1656.9	2 495	57.3	22.3	164	6	514.2	495.8	2246.5	761
60～64	62.1	19.4	164	2	434.4	430.9	1552.6	1 316	62.0	20.8	160	2	497.1	493.0	2172.0	400
65～69	67.0	22.3	167	1	446.7	444.7	1514.8	352	66.9	16.1	156	0	549.8	549.8	2249.4	63
70歳～	74.8	27.0	168	0	358.2	357.7	1123.4	130	71.6	6.8	139	0	255.9	255.9	1256.2	7
中学卒	**43.2**	**7.0**	**172**	**2**	**326.9**	**323.3**	**1123.1**	**77**	**40.6**	**3.0**	**174**	**1**	**394.3**	**393.0**	**1456.6**	**37**
～19歳	-	-	-	-	-	-	-	-	-	-	-	-	-	-	-	-
20～24	22.9	1.0	180	13	217.3	202.3	184.1	2	-	-	-	-	-	-	-	-
25～29	26.8	2.5	175	3	273.2	270.0	1062.8	15	26.5	1.5	176	0	293.5	293.5	1247.2	8
30～34	32.7	3.8	170	2	245.0	242.4	731.8	8	33.0	2.5	163	5	203.2	196.4	406.4	3
35～39	36.1	5.1	167	3	334.8	329.7	1860.4	11	35.5	2.5	176	0	377.3	377.3	2296.6	8
40～44	44.1	4.0	173	1	437.0	435.8	2487.0	10	44.5	2.5	176	0	510.4	510.4	3134.9	8
45～49	48.8	5.1	174	0	450.0	450.0	354.5	13	49.5	1.4	175	0	531.5	531.5	50.6	8
50～54	51.0	22.9	176	23	350.6	305.8	1051.5	1	-	-	-	-	-	-	-	-
55～59	57.1	14.9	173	3	336.4	329.2	1323.0	4	56.5	18.5	171	7	348.0	329.7	1442.5	2
60～64	62.8	16.9	170	1	301.2	297.9	1054.9	8	61.8	7.5	163	0	173.6	173.6	8.7	2
65～69	66.6	7.2	169	0	161.9	161.8	120.3	3	-	-	-	-	-	-	-	-
70歳～	72.2	27.6	168	1	190.5	189.2	364.3	3	-	-	-	-	-	-	-	-
高校卒	**44.5**	**12.5**	**165**	**7**	**259.9**	**246.3**	**674.2**	**2 113**	**48.2**	**17.4**	**163**	**11**	**323.1**	**298.5**	**1039.1**	**490**
～19歳	19.0	0.9	167	4	168.9	163.1	109.3	48	19.5	1.5	164	20	237.2	205.5	508.5	1
20～24	22.4	2.5	167	7	182.3	173.0	271.7	146	21.6	2.7	153	0	223.8	223.8	412.7	5
25～29	27.2	3.9	168	7	195.9	186.5	420.6	164	27.8	3.1	163	4	189.3	182.7	196.6	21
30～34	32.5	6.4	168	9	208.7	195.3	404.8	164	32.7	5.1	178	11	216.6	193.8	280.3	33
35～39	37.5	9.1	166	9	242.0	226.1	468.4	183	37.7	8.9	164	10	262.1	244.3	451.5	49
40～44	42.6	10.8	167	9	255.9	238.5	562.7	257	42.3	10.3	165	10	284.6	262.6	684.0	48
45～49	47.3	13.3	165	9	273.7	256.9	715.8	364	46.9	15.4	160	16	329.0	295.7	1095.9	102
50～54	52.7	15.0	165	5	294.9	282.9	907.8	293	52.9	19.3	164	7	346.2	326.3	1195.7	84
55～59	57.1	22.4	163	6	342.6	325.8	1158.5	286	57.2	29.9	163	11	432.2	395.4	1692.5	97
60～64	62.1	20.4	161	4	272.7	266.1	863.0	145	62.0	27.2	158	8	321.9	308.8	1459.1	42
65～69	66.9	18.7	163	4	239.9	230.8	558.9	45	67.2	17.4	136	0	146.0	146.0	23.1	5
70歳～	74.1	24.2	154	2	204.5	202.1	315.2	17	71.5	2.5	148	0	137.9	137.9	0.0	3
高専・短大卒	**37.8**	**9.7**	**171**	**4**	**265.7**	**257.0**	**766.6**	**11 767**	**42.6**	**13.8**	**162**	**9**	**360.2**	**332.2**	**1218.0**	**1 818**
～19歳	-	-	-	-	-	-	-	-	-	-	-	-	-	-	-	-
20～24	22.5	2.1	175	3	201.6	196.5	431.1	2 759	23.3	2.0	166	9	270.0	240.4	522.3	147
25～29	27.3	5.2	174	4	223.5	216.6	638.9	1 550	27.3	4.3	161	9	264.5	240.0	775.2	137
30～34	32.5	7.9	170	5	256.4	243.6	718.8	1 242	32.8	7.0	161	10	326.5	286.8	966.5	270
35～39	37.6	9.7	169	3	252.7	246.1	664.8	1 102	37.9	9.9	155	7	328.6	311.1	849.9	167
40～44	42.6	11.5	168	5	284.3	273.0	813.8	1 305	42.6	12.6	162	12	350.3	321.1	1209.4	263
45～49	47.4	13.6	167	5	301.1	290.4	976.4	1 353	47.4	15.7	161	9	364.3	338.9	1350.7	294
50～54	52.5	16.2	169	5	339.1	327.1	1137.1	1 146	52.7	20.4	163	9	426.6	399.9	1623.3	276
55～59	57.2	19.5	168	4	351.6	339.7	1205.4	821	57.1	25.5	165	9	455.0	423.3	1797.7	199
60～64	62.1	22.1	167	2	350.2	345.1	1108.0	348	62.3	30.7	158	3	448.1	436.5	1731.5	61
65～69	67.3	27.2	172	1	357.9	357.1	1118.8	101	68.5	5.6	141	0	222.9	222.9	339.1	2
70歳～	76.1	37.8	170	0	324.9	324.9	1013.1	41	73.5	19.5	144	0	244.0	244.0	480.0	2

所定内給与額及び年間賞与その他特別給与額

学 習 支 援 業

100 ～ 999人								10 ～ 99人								区 分
年齢	勤続年数	所定内実労働時間数	超過実労働時間数	きまって支給する現金給与額	きまって支給する現金給与額 所定内給与額	年間賞与その他特別給与額	労働者数	年齢	勤続年数	所定内実労働時間数	超過実労働時間数	きまって支給する現金給与額	きまって支給する現金給与額 所定内給与額	年間賞与その他特別給与額	労働者数	
歳	年	時	時	千円	千円	千円	十人	歳	年	時	時	千円	千円	千円	十人	
46.4	**13.1**	**167**	**4**	**454.6**	**446.1**	**1574.5**	**11 603**	**45.5**	**12.0**	**170**	**6**	**363.7**	**353.3**	**902.3**	**4 358**	**大学・大学院卒**
-	-	-	-	-	-	-	-	-	-	-	-	-	-	-	-	～ 19歳
23.7	1.2	170	7	246.4	235.7	305.2	334	23.8	1.4	172	6	233.6	224.9	307.2	155	20 ～ 24
27.6	3.0	169	6	275.2	264.6	703.8	1 041	27.6	3.2	170	9	258.7	245.5	505.6	414	25 ～ 29
32.6	5.2	168	6	336.8	325.2	971.0	1 157	32.5	5.5	171	7	293.7	280.5	708.6	515	30 ～ 34
37.6	8.2	168	6	400.8	387.1	1303.8	1 332	37.5	8.4	169	8	326.4	312.4	845.1	552	35 ～ 39
42.5	11.2	167	3	441.8	432.9	1540.2	1 411	42.6	11.7	170	6	390.6	378.6	954.6	616	40 ～ 44
47.4	14.7	167	3	495.5	487.9	1847.0	1 423	47.3	13.6	171	5	410.9	401.0	1122.0	439	45 ～ 49
52.5	18.2	167	3	544.8	536.1	2072.1	1 521	52.5	18.3	169	5	443.6	433.3	1142.8	498	50 ～ 54
57.5	21.7	167	2	568.7	562.4	2180.5	1 578	57.5	20.2	169	5	461.6	451.3	1267.1	500	55 ～ 59
62.3	18.5	166	1	511.2	508.2	1871.6	1 240	62.6	17.5	168	2	365.8	362.8	940.6	419	60 ～ 64
67.1	18.2	166	1	528.3	526.7	1619.1	455	67.2	12.1	164	3	340.9	337.5	696.3	157	65 ～ 69
73.7	14.3	167	1	478.3	476.6	1103.5	110	74.4	16.6	170	0	331.8	331.6	617.0	94	70歳～
																女
41.1	**10.0**	**167**	**4**	**343.1**	**334.2**	**1068.6**	**10 970**	**37.0**	**8.3**	**172**	**3**	**248.1**	**243.2**	**642.2**	**11 893**	**学歴計**
19.0	0.9	165	4	166.2	160.4	106.0	27	19.0	0.9	169	5	171.0	165.8	104.0	20	～ 19歳
22.9	1.7	172	4	212.0	206.3	355.4	1 186	22.8	1.9	176	3	199.3	195.5	402.9	2 796	20 ～ 24
27.4	3.7	169	6	250.2	240.5	660.5	1 507	27.1	4.4	174	4	219.5	214.1	613.4	2 014	25 ～ 29
32.5	5.5	167	5	285.7	276.2	739.7	1 257	32.4	7.4	172	4	239.4	233.7	617.1	1 279	30 ～ 34
37.4	7.6	167	5	319.5	309.2	941.4	1 273	37.6	9.4	171	4	245.2	238.9	611.3	1 135	35 ～ 39
42.6	10.5	167	4	360.1	349.5	1111.8	1 380	42.6	10.1	168	4	262.6	256.5	649.1	1 193	40 ～ 44
47.5	12.8	165	4	385.7	375.1	1332.9	1 406	47.4	11.7	170	3	282.4	276.9	783.0	1 189	45 ～ 49
52.5	16.1	166	4	434.2	422.6	1563.8	1 160	52.6	14.3	171	2	311.2	306.6	930.4	978	50 ～ 54
57.4	19.3	165	2	458.3	451.9	1745.3	1 019	57.3	16.2	169	2	315.8	312.1	903.6	715	55 ～ 59
62.2	19.4	164	1	472.8	470.7	1579.4	528	62.1	17.9	168	3	317.7	312.7	878.4	388	60 ～ 64
66.8	22.6	167	1	479.9	476.5	1547.2	170	67.4	25.2	171	1	343.3	342.2	1073.4	118	65 ～ 69
73.3	18.4	170	0	428.9	428.4	1358.3	56	76.3	36.1	169	0	308.8	308.2	913.3	67	70歳～
44.8	**11.4**	**169**	**2**	**300.8**	**297.5**	**1100.3**	**25**	**46.8**	**9.7**	**171**	**7**	**199.9**	**190.2**	**310.8**	**14**	**中学卒**
-	-	-	-	-	-	-	-	-	-	-	-	-	-	-	-	～ 19歳
24.5	0.5	175	0	243.8	243.8	170.6	1	21.5	1.5	184	23	195.3	167.7	195.4	1	20 ～ 24
27.3	3.3	175	0	276.8	276.8	1076.4	5	26.7	3.7	172	16	201.9	182.5	458.2	2	25 ～ 29
33.2	6.8	175	0	328.9	328.9	1544.9	3	31.5	1.1	173	0	181.9	181.9	0.0	2	30 ～ 34
37.5	11.2	145	9	235.3	218.2	838.2	3	-	-	-	-	-	-	-	-	35 ～ 39
41.6	2.5	157	2	211.1	207.3	385.9	1	43.1	14.0	167	6	154.7	148.0	73.0	1	40 ～ 44
47.2	13.2	170	0	343.8	343.8	1037.6	4	49.0	4.1	176	0	196.8	196.8	138.0	1	45 ～ 49
-	-	-	-	-	-	-	-	51.0	22.9	176	23	350.6	305.8	1051.5	1	50 ～ 54
56.5	27.5	175	0	538.7	538.7	2708.8	1	58.3	1.2	173	0	167.5	167.5	119.0	1	55 ～ 59
62.7	26.8	175	2	428.3	421.4	2062.5	4	64.2	8.0	165	0	193.6	193.6	237.0	2	60 ～ 64
66.0	2.5	173	0	172.3	172.3	96.6	2	68.5	23.5	156	0	126.2	125.9	201.6	1	65 ～ 69
70.5	24.5	166	0	147.9	147.9	0.0	1	73.5	30.0	170	2	222.5	220.3	637.5	2	70歳～
44.3	**12.1**	**165**	**6**	**272.2**	**260.3**	**691.2**	**622**	**42.9**	**10.4**	**167**	**6**	**221.3**	**212.2**	**485.2**	**1 002**	**高校卒**
19.0	0.9	165	4	166.2	160.4	106.0	27	19.0	0.9	169	5	171.0	165.8	104.0	20	～ 19歳
22.4	2.7	163	6	193.8	183.5	320.3	44	22.4	2.4	169	8	175.0	165.7	242.7	97	20 ～ 24
27.4	4.3	170	8	215.1	200.5	476.4	43	26.9	3.9	169	7	189.2	181.2	444.7	100	25 ～ 29
32.4	6.3	163	10	217.8	204.6	380.2	37	32.4	6.9	167	8	202.2	192.1	458.7	93	30 ～ 34
37.3	8.4	165	10	258.5	236.1	566.8	50	37.4	9.7	169	7	220.4	209.7	419.6	84	35 ～ 39
42.4	13.3	167	7	290.8	276.0	794.7	76	42.7	9.5	167	11	225.2	208.0	384.1	132	40 ～ 44
47.4	13.5	165	6	285.7	272.1	690.2	106	47.5	11.8	167	5	229.6	221.3	486.6	157	45 ～ 49
52.4	10.9	165	5	282.9	271.1	791.8	92	52.7	15.0	167	4	267.3	260.8	791.5	117	50 ～ 54
56.9	21.2	162	2	339.0	333.2	1079.8	89	57.3	16.0	163	5	258.3	251.3	707.9	100	55 ～ 59
62.0	21.3	162	1	316.4	314.4	920.0	38	62.2	15.5	163	4	215.6	210.3	446.7	65	60 ～ 64
66.6	21.6	168	10	305.8	281.2	813.3	14	66.9	17.4	166	2	223.7	221.0	531.0	26	65 ～ 69
71.5	12.2	159	5	202.7	197.0	193.0	5	76.2	36.1	153	1	222.7	221.2	460.0	10	70歳～
38.7	**10.0**	**171**	**4**	**280.3**	**272.6**	**782.6**	**2 884**	**36.2**	**8.5**	**173**	**3**	**235.5**	**231.2**	**643.9**	**7 066**	**高専・短大卒**
-	-	-	-	-	-	-	-	-	-	-	-	-	-	-	-	～ 19歳
22.4	2.0	176	4	200.7	195.4	371.6	599	22.5	2.1	176	2	196.9	193.6	442.2	2 013	20 ～ 24
27.4	5.1	175	4	234.3	227.2	615.7	379	27.3	5.3	175	3	214.1	209.6	629.3	1 034	25 ～ 29
32.5	7.0	170	3	244.2	238.7	629.4	284	32.4	8.5	173	3	233.9	228.6	658.5	688	30 ～ 34
37.5	8.6	169	3	257.1	251.7	665.7	259	37.6	10.0	172	3	232.3	227.9	618.6	675	35 ～ 39
42.6	12.4	169	5	305.0	294.0	850.0	349	42.6	10.6	170	3	248.8	244.1	645.3	693	40 ～ 44
47.5	14.5	167	4	322.3	312.8	1023.5	349	47.3	12.3	170	3	264.6	259.3	798.1	710	45 ～ 49
52.2	16.6	168	5	368.2	356.2	1186.5	299	52.6	13.9	172	2	281.6	276.7	876.1	571	50 ～ 54
57.5	19.4	169	3	369.3	361.0	1312.6	247	57.1	16.3	170	2	284.9	281.2	819.7	374	55 ～ 59
61.8	20.9	166	2	383.8	380.5	1117.8	81	62.2	20.1	170	2	308.3	304.4	921.3	206	60 ～ 64
66.5	21.1	172	0	316.3	315.9	749.6	33	67.7	31.0	173	1	383.5	382.6	1332.1	66	65 ～ 69
72.1	21.5	179	0	303.1	303.1	334.3	4	76.7	40.6	170	0	331.1	331.1	1121.4	35	70歳～

第1表　年齢階級別きまって支給する現金給与額、

O 教育，学習支援業

区分	企業規模計 年齢	勤続年数	所定内実労働時間数	超過実労働時間数	きまって支給する現金給与額	きまって支給する 所定内給与額	年間賞与その他特別給与額	労働者数	1,000人以上 年齢	勤続年数	所定内実労働時間数	超過実労働時間数	きまって支給する現金給与額	きまって支給する 所定内給与額	年間賞与その他特別給与額	労働者数
	歳	年	時	時	千円	千円	千円	十人	歳	年	時	時	千円	千円	千円	十人
大学・大学院卒	**39.9**	**8.8**	**166**	**5**	**361.5**	**350.3**	**1151.0**	**18 612**	**39.7**	**8.5**	**163**	**6**	**392.1**	**375.8**	**1333.3**	**7 362**
～19歳	-	-	-	-	-	-	-	-	-	-	-	-	-	-	-	-
20～24	23.6	1.3	169	6	230.3	219.6	363.2	1 845	23.7	1.3	163	10	256.7	234.6	441.4	620
25～29	27.3	3.3	167	7	260.8	246.6	690.5	3 097	27.5	3.2	161	9	288.6	264.9	757.8	1 138
30～34	32.4	5.2	165	6	302.8	289.8	767.9	2 648	32.4	5.1	162	7	324.0	306.1	826.2	1 220
35～39	37.6	7.4	166	6	339.3	326.8	984.3	2 284	37.7	7.3	163	7	364.6	349.0	1068.1	949
40～44	42.6	9.3	165	5	389.9	377.7	1280.0	2 360	42.6	8.9	164	6	424.4	407.7	1508.3	1 039
45～49	47.5	12.0	165	4	433.7	421.7	1583.1	2 223	47.4	12.4	163	5	475.8	460.2	1877.4	954
50～54	52.4	15.3	165	3	470.6	461.3	1762.2	1 684	52.2	14.0	162	3	499.9	490.5	2020.7	626
55～59	57.5	18.7	165	2	502.8	496.6	2028.2	1 385	57.4	19.4	164	3	557.5	548.5	2558.3	463
60～64	62.1	18.1	163	1	500.6	498.2	1870.4	815	62.0	18.0	160	1	534.3	532.9	2378.1	295
65～69	67.0	20.9	165	0	541.1	540.0	1945.1	203	66.8	16.5	159	0	600.9	600.9	2535.6	56
70歳～	74.2	21.3	170	0	422.9	422.5	1420.1	69	70.5	3.5	126	0	381.1	381.1	2978.2	3
P 医療，福祉																
男女計																
学歴計	**41.4**	**8.4**	**164**	**6**	**300.4**	**279.7**	**671.6**	**349 774**	**38.9**	**8.7**	**160**	**11**	**372.4**	**331.5**	**872.7**	**72 185**
～19歳	19.1	0.9	166	3	178.7	171.0	92.1	1 510	19.2	1.0	166	2	173.7	171.2	114.6	134
20～24	23.0	2.0	166	6	229.4	212.1	383.2	32 669	23.3	1.7	161	10	264.5	234.5	435.2	8 240
25～29	27.5	4.0	165	8	265.6	241.2	581.9	47 146	27.4	3.8	161	14	319.6	275.2	689.3	12 827
30～34	32.5	6.1	164	7	287.7	262.6	630.7	43 786	32.4	6.2	160	12	355.9	306.0	779.5	9 968
35～39	37.5	7.9	163	7	306.6	284.3	698.5	43 195	37.5	8.1	159	11	388.2	345.3	883.3	9 474
40～44	42.5	9.3	164	7	322.5	298.7	770.0	45 430	42.5	10.3	161	12	423.4	374.8	1035.6	9 207
45～49	47.5	10.1	164	6	322.7	301.8	779.9	41 090	47.5	12.8	161	11	418.9	375.5	1117.2	7 859
50～54	52.5	11.4	164	6	332.9	313.0	808.0	35 426	52.5	14.3	161	9	431.2	392.7	1174.3	6 240
55～59	57.4	14.2	164	5	329.9	313.5	824.7	32 374	57.5	17.4	160	7	417.5	390.2	1187.0	5 121
60～64	62.2	13.2	163	3	302.6	290.7	599.5	18 295	62.0	18.2	158	6	423.6	400.3	1031.7	2 319
65～69	67.2	12.4	163	3	302.6	295.1	399.2	6 575	67.3	13.0	160	4	397.0	384.3	444.8	573
70歳～	74.1	14.2	159	1	450.5	446.2	473.3	2 279	73.2	13.2	155	1	558.7	555.6	210.2	223
男																
学歴計	**40.5**	**8.4**	**165**	**8**	**367.0**	**339.4**	**760.0**	**99 296**	**39.3**	**8.7**	**163**	**14**	**473.1**	**414.6**	**1021.3**	**21 519**
～19歳	19.2	0.9	168	3	184.1	173.4	127.3	351	19.4	1.1	158	1	157.7	157.0	138.0	24
20～24	23.2	1.9	167	6	228.1	212.5	344.0	7 004	23.4	1.7	163	9	253.7	228.4	330.1	1 695
25～29	27.7	3.9	166	9	284.9	255.6	563.9	14 744	27.6	3.5	164	17	353.0	297.0	611.5	3 940
30～34	32.5	5.8	165	9	320.2	287.7	664.8	16 105	32.4	5.5	161	15	408.8	341.3	783.9	3 529
35～39	37.5	7.9	165	8	354.3	324.1	771.3	14 975	37.5	7.2	162	16	473.7	409.6	928.7	3 148
40～44	42.3	9.7	166	9	390.5	356.9	866.7	14 205	42.4	9.6	163	15	545.3	469.0	1183.4	2 889
45～49	47.3	11.6	165	8	424.7	395.3	984.3	9 960	47.3	13.9	164	15	581.7	515.2	1479.5	2 138
50～54	52.5	13.4	165	7	504.7	473.2	1121.7	6 862	52.5	16.1	163	12	673.7	605.4	1851.6	1 482
55～59	57.5	16.0	164	5	470.7	450.0	1099.6	6 811	57.5	20.0	162	8	597.5	559.3	1761.8	1 463
60～64	62.4	12.1	165	4	409.8	395.5	704.0	5 242	62.3	16.4	161	7	591.4	555.0	1438.3	824
65～69	67.3	10.4	164	2	407.8	401.4	490.6	2 107	67.8	11.8	159	4	543.2	528.2	702.4	277
70歳～	74.4	13.2	160	1	709.1	706.4	444.3	930	74.7	16.7	154	0	835.4	832.7	288.1	110
中学卒	**47.1**	**7.2**	**168**	**6**	**226.2**	**211.9**	**454.7**	**1 113**	**48.9**	**10.2**	**165**	**6**	**257.6**	**237.3**	**662.1**	**79**
～19歳	18.9	0.5	167	0	156.1	156.1	0.0	11	-	-	-	-	-	-	-	-
20～24	22.7	2.2	167	2	197.4	188.5	190.8	77	-	-	-	-	-	-	-	-
25～29	27.5	2.8	173	10	209.7	192.1	390.5	60	26.5	0.5	168	0	153.0	153.0	0.0	1
30～34	32.8	4.9	170	14	229.7	199.7	367.2	155	31.9	2.5	164	5	255.3	223.5	642.6	18
35～39	37.5	6.2	167	1	261.0	252.6	486.2	110	37.5	3.5	144	0	349.7	349.7	197.3	0
40～44	42.5	8.3	170	15	247.7	222.6	532.3	113	41.2	4.1	179	11	236.2	216.4	191.6	8
45～49	47.8	8.0	167	5	252.1	237.4	652.8	102	47.6	16.4	165	14	342.1	301.5	769.2	16
50～54	52.8	8.2	167	8	268.8	243.4	569.0	98	50.9	6.6	162	4	257.6	250.9	662.2	12
55～59	57.3	10.3	165	4	232.8	224.9	535.5	68	55.5	28.5	160	10	409.9	382.2	1519.3	5
60～64	62.3	7.7	166	1	203.4	197.3	547.8	139	-	-	-	-	-	-	-	-
65～69	66.9	11.0	168	1	170.8	169.5	339.3	153	65.9	12.5	165	1	167.6	165.9	602.2	20
70歳～	73.5	8.9	176	1	281.8	278.4	391.8	27	-	-	-	-	-	-	-	-
高校卒	**43.0**	**8.2**	**166**	**5**	**261.4**	**246.1**	**553.6**	**22 213**	**43.5**	**11.3**	**161**	**10**	**322.1**	**292.2**	**749.2**	**2 726**
～19歳	19.2	0.9	169	3	185.0	174.0	131.2	340	19.4	1.1	158	1	157.7	157.0	138.0	24
20～24	22.6	2.9	168	5	204.4	190.8	371.2	1 723	23.1	3.0	167	8	228.2	210.9	245.8	208
25～29	27.5	4.4	165	5	232.4	215.9	396.3	2 310	27.5	4.0	161	10	249.3	231.1	317.0	285
30～34	32.6	5.4	166	6	244.8	228.2	498.3	2 743	32.4	4.8	164	12	267.2	239.7	355.7	216
35～39	37.5	7.5	166	6	266.5	248.8	604.7	2 682	37.6	7.7	159	12	320.7	280.8	780.2	355
40～44	42.5	8.6	165	6	277.4	260.7	624.2	2 903	42.7	10.5	160	10	319.5	291.8	919.4	410
45～49	47.4	9.8	166	6	288.2	271.2	682.5	2 603	47.3	13.8	165	14	379.4	335.2	950.9	381
50～54	52.6	12.1	166	6	310.5	290.5	756.1	1 978	52.5	18.7	160	8	462.4	410.8	1265.4	264
55～59	57.7	13.9	166	5	300.0	285.3	765.0	2 030	57.7	23.7	160	9	389.3	364.9	1209.7	307
60～64	62.6	11.1	165	3	250.0	242.1	467.3	1 857	62.4	16.2	154	3	268.0	253.4	512.2	159
65～69	67.3	8.0	162	4	204.7	199.0	209.9	862	67.7	8.1	157	7	198.2	189.9	160.8	106
70歳～	72.9	10.9	161	3	270.6	264.6	128.3	182	71.7	15.6	169	2	304.4	303.7	0.0	11

所定内給与額及び年間賞与その他特別給与額

P 医療，福祉

区分	100～999人 年齢	勤続年数	所定内実労働時間数	超過実労働時間数	きまって支給する現金給与額	所定内給与額	年間賞与その他特別給与額	労働者数	10～99人 年齢	勤続年数	所定内実労働時間数	超過実労働時間数	きまって支給する現金給与額	所定内給与額	年間賞与その他特別給与額	労働者数
	歳	年	時	時	千円	千円	千円	十人	歳	年	時	時	千円	千円	千円	十人
大学・大学院卒	**41.7**	**9.9**	**166**	**4**	**373.6**	**364.4**	**1210.9**	**7 439**	**36.8**	**7.3**	**172**	**3**	**278.9**	**273.7**	**681.5**	**3 811**
～19歳	-	-	-	-	-	-	-	-	-	-	-	-	-	-	-	-
20～24	23.6	1.2	169	4	226.0	220.2	340.7	541	23.5	1.3	176	3	209.8	205.5	310.3	684
25～29	27.4	3.2	167	6	257.1	246.6	681.6	1 080	27.1	3.5	175	4	229.3	223.2	614.2	878
30～34	32.4	5.0	166	5	300.9	290.3	785.1	933	32.3	5.9	171	4	254.4	248.7	591.9	495
35～39	37.4	7.3	166	5	339.8	328.9	1035.7	960	37.5	8.2	170	5	274.1	265.3	641.1	376
40～44	42.6	9.6	166	4	385.9	375.8	1233.7	954	42.5	9.5	164	3	302.4	297.7	753.6	367
45～49	47.5	12.2	165	4	420.3	409.7	1519.9	947	47.5	10.3	170	2	347.8	343.2	895.8	321
50～54	52.6	16.5	166	4	477.9	466.5	1802.4	769	52.6	14.7	170	1	387.5	384.4	1093.9	288
55～59	57.4	19.0	164	2	505.9	500.2	1987.5	682	57.6	16.2	169	1	388.7	386.2	1120.3	240
60～64	62.3	18.9	164	1	505.8	504.0	1729.8	405	62.0	15.5	166	3	395.0	388.2	1058.4	115
65～69	67.0	23.5	166	1	550.5	548.6	1877.3	121	67.3	18.1	172	0	366.7	366.7	981.2	26
70歳～	73.7	18.7	170	0	473.3	473.3	1620.7	46	75.8	29.0	176	1	318.0	316.8	797.7	21
P 医療，福祉																
男女計																
学歴計	**41.7**	**8.4**	**164**	**5**	**294.2**	**276.9**	**659.6**	**181 456**	**42.6**	**8.0**	**167**	**5**	**258.0**	**246.0**	**543.2**	**96 134**
～19歳	19.1	0.9	167	2	180.8	173.1	91.6	900	19.1	0.8	166	6	176.2	166.8	86.8	476
20～24	23.0	2.1	167	5	224.6	210.4	381.9	15 820	22.8	2.0	171	5	204.4	193.9	336.1	8 609
25～29	27.5	4.1	165	6	255.2	235.3	572.7	22 528	27.6	4.1	168	6	227.0	215.5	482.7	11 792
30～34	32.5	6.2	164	6	277.2	257.0	620.0	22 978	32.5	5.9	167	6	247.3	234.8	516.4	10 839
35～39	37.6	8.2	164	5	293.0	274.8	688.0	22 972	37.5	7.3	167	6	263.9	250.7	558.1	10 749
40～44	42.5	9.3	164	6	312.2	292.4	758.9	24 122	42.5	8.5	166	6	266.3	253.3	589.8	12 101
45～49	47.4	9.8	164	5	315.4	298.6	746.2	21 815	47.6	9.0	167	5	270.6	257.3	612.0	11 416
50～54	52.5	11.2	163	5	332.9	315.4	786.0	18 428	52.5	10.1	167	5	275.8	262.8	633.3	10 758
55～59	57.4	14.0	164	4	325.9	310.6	814.8	17 426	57.4	13.0	167	5	291.4	278.6	653.6	9 826
60～64	62.3	13.3	162	3	297.1	285.9	560.1	9 816	62.2	11.3	165	3	265.8	257.2	499.6	6 160
65～69	67.2	12.5	162	2	304.8	297.6	387.7	3 471	67.2	12.0	165	3	278.3	271.4	404.7	2 531
70歳～	74.1	12.6	156	1	527.3	522.0	419.5	1 179	74.3	16.5	165	1	319.9	316.5	612.4	878
男																
学歴計	**40.5**	**8.6**	**165**	**6**	**350.2**	**329.2**	**722.9**	**55 233**	**41.9**	**7.6**	**168**	**6**	**306.6**	**292.4**	**601.2**	**22 544**
～19歳	19.1	0.9	169	3	188.2	175.3	114.0	257	19.2	0.8	170	3	178.0	172.0	171.9	71
20～24	23.2	2.1	167	4	221.3	209.0	364.0	3 987	23.0	1.9	171	5	215.9	202.6	301.5	1 322
25～29	27.7	4.2	166	7	263.2	241.6	577.8	7 695	27.8	3.9	168	6	252.3	237.6	469.1	3 110
30～34	32.5	6.0	165	7	298.2	273.1	664.4	9 172	32.6	5.3	169	6	287.5	271.2	542.0	3 403
35～39	37.5	8.3	164	6	327.8	304.8	769.6	8 526	37.5	7.2	168	6	308.6	292.3	625.5	3 301
40～44	42.3	10.1	165	7	363.8	339.1	839.0	8 221	42.4	8.7	169	7	316.7	299.5	644.5	3 095
45～49	47.3	11.4	165	6	400.5	379.9	867.0	5 481	47.3	9.9	168	6	338.0	321.7	806.5	2 341
50～54	52.5	13.3	164	6	502.6	477.3	957.7	3 729	52.4	11.1	168	5	357.8	344.9	836.7	1 651
55～59	57.6	15.9	164	4	463.2	445.5	993.0	3 620	57.6	12.8	166	4	378.9	367.2	762.5	1 728
60～64	62.5	12.4	165	3	408.5	396.5	614.7	2 879	62.4	9.4	166	3	314.8	308.1	477.7	1 539
65～69	67.3	10.3	162	3	434.0	427.9	443.8	1 122	67.1	9.9	168	1	313.5	310.0	481.9	709
70歳～	74.5	13.3	158	1	841.5	840.0	485.9	544	74.3	11.5	165	1	397.0	392.1	424.7	275
中学卒	**48.1**	**7.0**	**167**	**7**	**221.3**	**207.5**	**508.0**	**595**	**45.4**	**7.0**	**170**	**5**	**227.1**	**213.4**	**344.7**	**438**
～19歳	19.5	0.5	168	0	164.4	164.4	0.0	4	18.5	0.5	166	0	150.6	150.6	0.0	6
20～24	23.0	1.3	167	3	179.8	176.6	64.5	47	22.1	3.5	167	1	224.2	206.4	382.7	31
25～29	27.6	4.2	185	2	182.4	166.8	641.4	17	27.5	2.3	168	13	222.3	203.5	296.3	41
30～34	33.0	4.9	166	13	220.0	200.1	403.5	79	32.7	5.6	178	18	235.1	192.0	234.5	58
35～39	37.5	6.2	171	1	234.6	217.4	612.6	37	37.5	6.2	166	1	274.1	270.1	423.0	72
40～44	42.8	7.4	170	24	278.9	239.5	647.2	66	42.2	10.5	168	1	197.2	195.3	404.3	39
45～49	48.1	7.3	168	3	244.0	233.4	698.4	66	47.3	3.6	165	5	207.2	199.5	413.2	20
50～54	53.6	8.9	168	11	288.8	257.5	658.5	60	52.0	7.2	168	2	228.2	208.0	324.2	26
55～59	57.4	6.9	162	1	187.3	185.6	408.0	53	57.5	18.7	186	15	381.6	351.0	713.2	10
60～64	62.6	8.9	164	1	203.6	201.7	676.2	97	61.5	5.0	171	1	202.8	187.2	252.6	42
65～69	67.1	9.2	166	1	166.9	165.4	252.3	61	67.0	12.1	170	0	175.0	174.1	338.8	72
70歳～	74.8	13.8	173	0	206.4	206.4	361.4	8	72.9	6.7	177	1	314.6	309.8	405.0	19
高校卒	**42.4**	**8.3**	**165**	**5**	**252.9**	**238.9**	**562.6**	**12 801**	**43.9**	**6.9**	**168**	**5**	**253.1**	**240.9**	**456.6**	**6 686**
～19歳	19.1	0.9	169	3	188.6	175.5	115.9	252	19.2	0.8	170	3	180.7	174.2	189.1	64
20～24	22.6	3.1	167	4	200.0	187.1	433.7	1 095	22.5	2.2	170	5	204.1	190.6	269.9	420
25～29	27.4	4.9	165	4	226.2	209.3	433.2	1 334	27.6	3.7	168	5	237.4	222.5	357.7	691
30～34	32.4	6.0	165	5	246.7	230.5	559.1	1 715	32.8	4.5	168	5	234.6	220.2	407.8	812
35～39	37.6	8.2	166	5	267.5	251.3	654.2	1 539	37.5	6.1	169	4	240.2	229.7	428.8	788
40～44	42.4	8.8	165	5	266.6	252.5	629.6	1 604	42.7	7.5	167	6	277.5	261.0	478.0	888
45～49	47.4	9.5	165	5	269.1	256.7	640.4	1 432	47.4	8.4	169	5	279.0	266.7	629.5	790
50～54	52.6	11.9	164	5	294.3	276.6	721.9	1 060	52.6	9.8	170	5	275.5	264.2	605.7	654
55～59	57.7	13.4	166	5	289.3	276.0	772.1	1 118	57.8	9.8	168	3	274.5	261.9	526.2	605
60～64	62.6	11.6	166	3	242.3	234.6	474.8	1 078	62.6	9.0	168	3	258.7	252.3	442.5	620
65～69	67.3	8.8	162	4	198.2	191.4	161.4	479	67.0	6.6	164	2	218.5	215.5	312.3	277
70歳～	72.5	8.6	152	3	306.9	302.0	100.4	95	73.6	13.1	171	2	220.4	212.4	180.9	76

第1表　年齢階級別きまって支給する現金給与額、

P 医 療,

区分	企業規模計								1,000人 以上							
	年齢	勤続年数	所定内実労働時間数	超過実労働時間数	きまって支給する現金給与額	所定内給与額	年間賞与その他特別給与額	労働者数	年齢	勤続年数	所定内実労働時間数	超過実労働時間数	きまって支給する現金給与額	所定内給与額	年間賞与その他特別給与額	労働者数
	歳	年	時	時	千円	千円	千円	十人	歳	年	時	時	千円	千円	千円	十人
高専・短大卒	**37.9**	**8.9**	**164**	**8**	**305.6**	**282.2**	**742.9**	**32 564**	**37.3**	**9.6**	**161**	**12**	**337.5**	**300.0**	**887.3**	**6 628**
～ 19歳	-	-	-	-	-	-	-	-	-	-	-	-	-	-	-	-
20 ～ 24	23.1	1.9	167	6	230.4	213.3	376.3	2 937	23.0	1.8	162	9	245.9	218.8	392.7	700
25 ～ 29	27.7	4.5	165	8	265.8	242.6	581.6	5 028	27.6	4.3	163	13	286.3	251.9	649.1	1 191
30 ～ 34	32.4	6.6	164	8	288.6	264.2	703.8	6 502	32.4	6.6	160	12	314.1	277.8	798.9	1 238
35 ～ 39	37.4	8.8	164	8	313.7	288.2	794.3	5 857	37.5	8.4	161	15	349.0	306.0	859.0	1 118
40 ～ 44	42.3	10.8	165	8	327.0	303.8	849.8	5 010	42.3	12.1	162	12	356.8	321.1	1001.2	895
45 ～ 49	47.2	13.3	163	9	363.4	334.0	950.1	2 945	47.4	16.9	160	15	423.1	371.0	1301.6	626
50 ～ 54	52.5	16.9	164	8	379.6	352.1	1044.6	1 664	52.6	19.8	161	13	436.2	385.6	1416.4	328
55 ～ 59	57.6	19.5	162	5	372.4	354.4	1021.4	1 610	57.7	22.5	161	7	440.6	409.4	1507.4	391
60 ～ 64	62.2	14.8	164	6	287.2	275.6	538.5	714	62.1	20.7	163	10	339.4	323.2	945.4	121
65 ～ 69	67.0	12.3	163	2	265.4	260.3	353.1	237	68.0	47.0	152	0	236.4	236.4	260.8	10
70歳～	72.7	8.8	162	1	274.7	272.2	461.6	60	71.5	11.5	160	0	177.4	177.4	186.6	10
大学・大学院卒	**41.1**	**8.1**	**165**	**9**	**470.6**	**433.3**	**886.2**	**43 406**	**39.3**	**7.6**	**163**	**15**	**582.9**	**506.3**	**1158.6**	**12 086**
～ 19歳	-	-	-	-	-	-	-	-	-	-	-	-	-	-	-	-
20 ～ 24	23.7	1.3	166	6	244.3	228.7	286.8	2 267	23.8	1.2	163	9	267.4	241.5	296.7	787
25 ～ 29	27.7	3.3	167	12	315.1	277.4	605.8	7 346	27.6	3.0	164	19	397.4	326.5	627.6	2 463
30 ～ 34	32.5	5.1	165	11	383.7	336.8	701.9	6 705	32.4	4.9	161	18	482.0	391.2	821.1	2 057
35 ～ 39	37.5	7.2	165	10	430.6	390.5	825.5	6 326	37.4	6.4	163	17	589.5	506.2	1007.0	1 674
40 ～ 44	42.3	9.3	167	11	497.6	447.5	1000.4	6 179	42.3	8.1	165	19	712.7	600.3	1360.5	1 576
45 ～ 49	47.3	11.6	166	8	553.1	515.8	1197.6	4 311	47.3	12.1	166	15	743.1	660.5	1769.8	1 116
50 ～ 54	52.4	12.5	164	7	701.8	660.6	1411.7	3 122	52.4	14.1	165	12	831.1	750.4	2205.4	879
55 ～ 59	57.4	15.7	164	5	638.6	612.5	1371.6	3 102	57.3	17.1	163	8	763.8	716.2	2117.8	759
60 ～ 64	62.4	12.4	164	4	572.8	552.6	932.8	2 532	62.2	15.5	162	8	742.1	694.8	1818.8	544
65 ～ 69	67.4	12.1	165	1	694.6	686.2	838.9	855	68.1	12.1	161	2	882.1	859.1	1160.2	140
70歳～	75.0	14.4	158	0	887.1	885.4	531.9	660	75.3	17.4	152	0	971.7	968.3	333.3	90
女																
学歴計	**41.7**	**8.3**	**164**	**6**	**274.0**	**256.0**	**636.5**	**250 478**	**38.8**	**8.7**	**159**	**10**	**329.6**	**296.2**	**809.6**	**50 666**
～ 19歳	19.1	0.8	166	3	177.1	170.2	81.5	1 159	19.2	1.0	167	2	177.1	174.2	109.6	110
20 ～ 24	23.0	2.0	166	6	229.7	212.0	394.0	25 665	23.3	1.8	160	10	267.3	236.1	462.4	6 545
25 ～ 29	27.4	4.1	164	8	256.9	234.7	590.2	32 402	27.4	3.9	160	13	304.7	265.6	723.8	8 887
30 ～ 34	32.5	6.3	163	7	268.9	248.1	610.8	27 681	32.4	6.6	159	11	326.9	286.7	777.1	6 439
35 ～ 39	37.6	8.0	163	6	281.4	263.2	659.9	28 220	37.6	8.6	158	9	345.6	313.4	860.6	6 326
40 ～ 44	42.6	9.1	163	6	291.6	272.2	726.0	31 225	42.5	10.6	160	10	367.7	331.8	968.0	6 318
45 ～ 49	47.5	9.7	164	6	290.1	271.9	714.5	31 130	47.5	12.4	160	9	358.1	323.3	981.8	5 721
50 ～ 54	52.5	10.9	164	6	291.6	274.6	732.7	28 564	52.5	13.7	160	9	355.7	326.4	963.3	4 758
55 ～ 59	57.4	13.7	164	5	292.4	277.1	751.5	25 562	57.4	16.3	159	6	345.6	322.6	957.1	3 658
60 ～ 64	62.1	13.7	162	3	259.5	248.6	557.5	13 052	61.9	19.3	156	6	331.0	315.0	807.5	1 494
65 ～ 69	67.2	13.3	163	3	253.0	244.9	356.1	4 468	66.8	14.1	161	4	260.5	249.9	204.2	296
70歳～	73.8	14.8	159	1	272.4	267.0	493.4	1 350	71.8	9.7	155	2	286.6	283.3	133.5	112
中学卒	**51.6**	**10.8**	**165**	**4**	**219.5**	**209.3**	**386.6**	**3 310**	**47.7**	**11.7**	**160**	**6**	**264.9**	**248.5**	**480.7**	**265**
～ 19歳	18.7	0.5	159	0	167.9	158.6	0.0	18	-	-	-	-	-	-	-	-
20 ～ 24	22.1	1.8	163	3	189.4	180.8	211.0	101	22.8	2.0	154	2	201.2	185.4	364.8	21
25 ～ 29	28.5	7.9	168	3	187.5	182.1	310.2	136	28.5	5.5	163	0	148.6	145.7	246.0	3
30 ～ 34	32.3	4.0	167	5	209.0	198.3	353.8	285	31.7	2.6	163	7	195.2	183.0	244.5	35
35 ～ 39	36.9	5.1	171	4	233.4	219.0	489.7	171	37.0	3.7	161	5	242.3	219.5	673.9	23
40 ～ 44	42.9	5.4	167	5	226.8	212.6	407.2	287	42.8	6.1	170	17	263.6	239.2	384.0	26
45 ～ 49	47.6	7.4	167	3	237.6	226.8	453.6	343	46.5	11.5	175	8	238.4	205.5	308.9	30
50 ～ 54	52.5	11.1	161	4	266.0	251.5	559.8	317	52.3	7.2	150	1	437.1	433.7	984.7	45
55 ～ 59	57.3	17.4	165	5	229.6	216.9	457.2	502	58.1	23.8	154	7	265.4	248.9	679.0	27
60 ～ 64	62.4	12.0	164	3	207.5	199.3	344.5	656	63.0	13.8	158	2	205.4	192.2	332.5	20
65 ～ 69	67.4	18.8	163	3	197.8	192.3	257.2	396	67.6	42.0	158	3	244.2	223.8	292.5	22
70歳～	73.0	9.4	161	1	192.5	189.2	247.0	99	70.5	14.6	162	5	209.4	198.8	0.0	14
高校卒	**45.8**	**8.3**	**164**	**5**	**231.5**	**218.4**	**477.0**	**71 127**	**44.5**	**8.7**	**160**	**7**	**260.8**	**238.7**	**529.2**	**8 527**
～ 19歳	19.1	0.8	166	3	177.2	170.4	82.7	1 141	19.2	1.0	167	2	177.1	174.2	109.6	110
20 ～ 24	22.6	2.9	165	5	208.1	192.4	380.2	4 810	22.5	2.6	160	7	242.4	216.1	355.7	597
25 ～ 29	27.6	4.4	166	6	214.6	199.7	404.4	4 562	27.6	3.6	162	8	238.2	212.4	384.3	740
30 ～ 34	32.6	6.1	164	5	222.9	208.2	427.5	5 020	32.5	6.6	157	8	275.4	243.3	504.2	565
35 ～ 39	37.6	6.9	163	4	228.2	215.6	460.3	6 365	37.6	7.0	155	8	273.1	245.5	561.1	843
40 ～ 44	42.7	7.4	164	6	234.8	220.1	503.4	8 493	42.5	8.4	159	8	276.1	251.5	636.1	953
45 ～ 49	47.7	8.0	165	5	236.1	223.3	519.6	10 992	47.8	8.8	160	7	257.9	237.0	606.6	1 472
50 ～ 54	52.6	9.2	164	5	242.4	228.9	533.0	11 028	52.5	10.0	161	8	263.0	241.7	527.8	1 487
55 ～ 59	57.4	11.8	164	4	251.4	238.5	589.7	9 974	57.4	12.8	159	6	271.3	255.3	629.2	1 121
60 ～ 64	62.2	12.5	163	3	225.8	215.1	421.5	5 889	62.1	17.3	159	6	256.5	242.5	434.7	523
65 ～ 69	67.2	12.1	163	3	210.4	203.7	271.5	2 306	67.2	11.5	164	5	210.1	201.8	245.0	92
70歳～	73.0	15.3	163	2	233.6	229.6	414.6	547	72.4	10.9	152	6	258.7	254.0	300.5	25

所定内給与額及び年間賞与その他特別給与額

福　祉

100 ～ 999人								10 ～ 99人								区分
年齢	勤続年数	所定内実労働時間数	超過実労働時間数	きまって支給する現金給与額	所定内給与額	年間賞与その他特別給与額	労働者数	年齢	勤続年数	所定内実労働時間数	超過実労働時間数	きまって支給する現金給与額	所定内給与額	年間賞与その他特別給与額	労働者数	
歳	年	時	時	千円	千円	千円	十人	歳	年	時	時	千円	千円	千円	十人	
37.7	**9.1**	**164**	**6**	**302.2**	**281.4**	**744.5**	**19 230**	**38.8**	**7.7**	**169**	**7**	**283.8**	**266.7**	**595.7**	**6 707**	**高専・短大卒**
-	-	-	-	-	-	-	-	-	-	-	-	-	-	-	-	～ 19歳
23.2	2.0	167	5	228.7	215.0	390.9	1 703	23.0	1.9	174	6	215.6	200.9	308.1	533	20 ～ 24
27.8	4.7	164	7	262.9	241.4	595.0	2 813	27.7	4.5	168	5	249.8	234.9	466.4	1 025	25 ～ 29
32.5	6.7	164	7	285.9	263.0	705.6	3 963	32.3	6.3	169	7	272.8	254.9	607.7	1 300	30 ～ 34
37.4	9.1	163	5	305.8	285.0	805.1	3 638	37.4	8.3	170	9	304.3	280.4	692.9	1 101	35 ～ 39
42.3	11.1	164	7	326.9	304.8	871.9	3 063	42.1	9.0	169	7	302.1	286.1	656.6	1 052	40 ～ 44
47.2	13.3	163	7	352.5	328.9	890.1	1 740	47.2	9.6	167	9	331.6	309.1	750.8	579	45 ～ 49
52.6	18.0	163	7	386.9	362.7	1050.2	973	52.3	11.4	168	7	309.1	293.7	694.7	363	50 ～ 54
57.5	20.3	162	5	357.4	340.9	913.3	847	57.6	14.5	163	3	334.7	327.0	756.4	372	55 ～ 59
62.0	15.2	164	5	295.3	283.7	477.3	363	62.5	11.1	165	5	246.8	237.6	420.9	230	60 ～ 64
66.5	10.3	157	2	263.5	260.1	436.3	93	67.3	11.2	168	3	268.9	262.3	302.0	134	65 ～ 69
72.4	10.4	162	1	356.1	352.0	688.5	34	74.1	3.8	164	1	168.2	167.4	166.7	17	70歳～
41.5	**8.4**	**166**	**7**	**449.6**	**424.2**	**801.1**	**22 607**	**42.5**	**8.2**	**168**	**6**	**369.3**	**355.6**	**729.4**	**8 713**	**大学・大学院卒**
-	-	-	-	-	-	-	-	-	-	-	-	-	-	-	-	～ 19歳
23.7	1.3	167	4	232.5	222.4	269.3	1 142	23.7	1.3	169	5	230.2	219.9	323.1	338	20 ～ 24
27.7	3.5	167	9	277.8	254.3	618.4	3 531	28.0	3.5	169	6	262.6	248.3	533.4	1 352	25 ～ 29
32.4	5.3	166	10	340.0	308.0	675.6	3 415	32.6	4.9	169	6	340.4	325.7	575.7	1 232	30 ～ 34
37.6	7.7	165	8	381.1	352.4	785.9	3 312	37.5	7.1	167	5	354.3	340.0	696.7	1 340	35 ～ 39
42.2	9.8	166	7	442.6	410.8	910.0	3 489	42.3	9.4	170	9	365.9	346.4	774.3	1 115	40 ～ 44
47.3	11.3	165	6	526.2	502.4	998.6	2 244	47.3	11.6	167	6	393.6	377.6	995.8	952	45 ～ 49
52.5	11.7	164	5	714.3	683.7	1066.4	1 635	52.3	12.4	165	4	481.1	468.4	1192.5	607	50 ～ 54
57.5	15.7	164	4	649.7	627.5	1208.7	1 602	57.4	14.2	164	5	486.4	473.7	959.1	741	55 ～ 59
62.5	12.5	165	3	587.5	571.3	759.9	1 341	62.3	9.6	164	2	400.1	394.5	546.2	647	60 ～ 64
67.4	11.9	163	2	730.6	724.0	745.5	489	67.2	12.4	172	0	500.4	497.2	842.0	226	65 ～ 69
75.1	14.7	159	0	1019.9	1019.4	562.0	406	74.8	12.0	161	1	511.5	507.7	566.2	164	70歳～
																女
42.3	**8.4**	**164**	**5**	**269.7**	**254.1**	**631.8**	**126 223**	**42.8**	**8.1**	**167**	**5**	**243.1**	**231.7**	**525.5**	**73 589**	**学歴計**
19.1	0.8	165	2	177.9	172.3	82.7	644	19.1	0.8	166	6	175.8	165.9	71.9	405	～ 19歳
23.0	2.1	167	5	225.7	210.9	387.9	11 833	22.8	2.0	171	5	202.4	192.3	342.4	7 287	20 ～ 24
27.4	4.1	165	6	251.0	232.0	570.1	14 833	27.5	4.2	168	6	217.9	207.6	487.6	8 682	25 ～ 29
32.5	6.3	163	5	263.3	246.2	590.5	13 805	32.5	6.2	166	5	228.9	218.1	504.7	7 437	30 ～ 34
37.6	8.0	163	5	272.5	257.1	639.9	14 447	37.6	7.4	166	5	244.1	232.3	528.2	7 447	35 ～ 39
42.6	8.9	163	5	285.5	268.2	717.5	15 900	42.6	8.4	166	5	249.0	237.5	571.0	9 006	40 ～ 44
47.5	9.2	164	5	286.8	271.3	705.7	16 334	47.6	8.7	166	5	253.2	240.6	561.9	9 075	45 ～ 49
52.5	10.6	163	5	289.9	274.3	742.4	14 699	52.5	9.9	167	5	261.0	247.9	596.5	9 107	50 ～ 54
57.4	13.5	163	4	289.8	275.3	768.1	13 806	57.4	13.0	167	5	272.8	259.7	630.3	8 098	55 ～ 59
62.2	13.7	161	3	250.9	240.0	537.4	6 938	62.1	11.9	164	4	249.4	240.2	506.9	4 620	60 ～ 64
67.2	13.6	162	2	243.0	235.4	360.8	2 349	67.2	12.8	164	3	264.6	256.4	374.7	1 822	65 ～ 69
73.7	12.0	154	1	258.3	249.8	362.7	635	74.3	18.8	165	1	284.7	282.0	698.2	602	70歳～
52.1	**9.6**	**164**	**3**	**216.9**	**207.9**	**418.0**	**1 857**	**51.7**	**12.6**	**167**	**4**	**213.5**	**202.7**	**316.7**	**1 189**	**中学卒**
18.8	0.5	155	0	173.0	161.0	0.0	14	18.5	0.5	176	0	150.4	150.4	0.0	4	～ 19歳
22.1	1.8	162	4	184.4	176.7	165.2	55	21.7	1.8	175	3	190.7	186.0	186.0	25	20 ～ 24
27.8	5.2	171	5	210.2	201.2	504.1	70	29.2	10.9	166	1	164.6	163.1	101.7	64	25 ～ 29
32.5	4.8	165	5	217.2	205.6	439.3	150	32.3	3.3	170	4	201.5	192.7	263.6	100	30 ～ 34
36.8	4.7	171	2	209.1	203.6	447.2	90	37.1	6.3	175	7	267.2	242.4	483.1	59	35 ～ 39
43.0	5.9	165	3	217.9	207.0	469.9	186	42.8	4.0	169	8	236.1	217.4	260.7	75	40 ～ 44
47.7	7.7	165	3	239.9	232.3	491.9	167	47.7	6.2	168	3	234.8	225.0	439.6	147	45 ～ 49
52.2	7.1	157	3	235.4	217.5	501.5	121	52.8	15.6	166	7	239.0	223.9	478.4	151	50 ～ 54
57.3	12.8	163	2	233.7	224.1	597.9	262	57.1	22.4	168	9	220.1	204.1	256.7	213	55 ～ 59
62.4	12.7	164	3	215.0	207.1	343.9	470	62.3	9.8	163	2	186.3	178.3	347.9	166	60 ～ 64
67.2	14.2	163	4	201.1	195.3	317.1	231	67.9	22.7	164	0	185.4	182.8	156.1	144	65 ～ 69
73.0	7.6	157	0	155.3	151.9	106.7	43	73.8	9.5	164	1	224.6	223.6	469.0	42	70歳～
45.6	**8.4**	**164**	**4**	**230.6**	**218.5**	**508.8**	**38 308**	**46.6**	**8.0**	**166**	**5**	**222.7**	**211.3**	**408.5**	**24 292**	**高校卒**
19.1	0.8	166	2	178.0	172.5	84.5	630	19.1	0.8	166	6	176.1	166.0	72.6	401	～ 19歳
22.6	3.1	165	5	205.3	191.1	400.7	2 785	22.6	2.6	167	6	199.2	185.2	350.7	1 428	20 ～ 24
27.6	4.8	166	5	213.4	200.3	435.5	2 561	27.6	4.2	168	5	203.1	191.1	352.8	1 260	25 ～ 29
32.7	6.1	165	4	219.5	206.2	462.1	2 668	32.5	5.9	166	6	211.3	200.1	351.7	1 787	30 ～ 34
37.6	7.1	164	3	222.7	212.8	476.2	3 462	37.6	6.7	166	4	219.1	208.0	392.4	2 061	35 ～ 39
42.7	7.5	164	5	236.3	221.7	545.7	4 489	42.7	6.9	165	6	219.7	207.8	399.7	3 051	40 ～ 44
47.6	7.9	166	4	232.5	221.1	544.6	5 941	47.7	7.9	166	5	233.1	221.4	442.3	3 579	45 ～ 49
52.6	9.4	163	4	246.2	233.4	591.0	5 704	52.5	8.7	167	5	228.6	217.3	448.7	3 837	50 ～ 54
57.4	11.8	165	3	254.8	242.3	635.7	5 440	57.4	11.5	166	5	239.4	226.9	503.2	3 413	55 ～ 59
62.2	13.1	162	2	225.1	214.3	447.7	3 147	62.2	10.4	164	4	219.6	209.9	381.2	2 220	60 ～ 64
67.3	13.0	164	2	206.7	200.8	256.3	1 229	67.1	11.1	163	4	215.1	207.6	292.9	985	65 ～ 69
72.6	15.5	161	2	201.1	195.9	336.3	252	73.5	15.6	166	2	261.5	258.7	498.4	270	70歳～

第1表　年齢階級別きまって支給する現金給与額、

P 医療，福祉

区分	企業規模計 年齢	勤続年数	所定内実労働時間数	超過実労働時間数	きまって支給する現金給与額	所定内給与額	年間賞与その他特別給与額	労働者数	1,000人以上 年齢	勤続年数	所定内実労働時間数	超過実労働時間数	きまって支給する現金給与額	所定内給与額	年間賞与その他特別給与額	労働者数
	歳	年	時	時	千円	千円	千円	十人	歳	年	時	時	千円	千円	千円	十人
高専・短大卒	**41.1**	**9.1**	**164**	**6**	**282.6**	**263.3**	**711.2**	**128 291**	**39.6**	**10.2**	**159**	**9**	**329.2**	**295.9**	**891.4**	**27 477**
～19歳	-	-	-	-	-	-	-	-	-	-	-	-	-	-	-	-
20～24	22.8	1.9	167	6	229.0	211.2	399.4	14 351	23.0	1.9	161	10	267.3	233.2	486.6	3 304
25～29	27.5	4.5	164	6	253.6	232.1	614.4	15 684	27.4	4.5	157	10	297.0	259.4	757.2	3 748
30～34	32.5	6.8	163	6	268.1	247.7	645.7	14 722	32.5	7.1	159	10	310.0	275.1	793.6	3 523
35～39	37.6	8.6	163	6	283.5	264.2	718.6	15 833	37.6	9.3	159	8	325.6	295.8	898.3	3 738
40～44	42.5	10.1	163	6	296.6	275.4	792.2	17 461	42.5	11.5	160	10	350.2	312.9	1002.6	4 004
45～49	47.5	10.9	163	6	306.2	285.1	815.9	15 983	47.4	14.4	159	10	368.7	330.2	1096.7	3 424
50～54	52.5	12.5	164	6	311.7	292.5	867.5	14 217	52.4	16.4	160	9	374.5	343.4	1140.2	2 634
55～59	57.4	15.5	164	5	314.5	297.6	881.1	12 606	57.5	18.5	158	6	365.8	341.7	1105.0	2 141
60～64	62.0	15.3	161	3	285.7	274.5	680.2	5 404	61.8	21.5	153	5	335.0	318.7	933.5	773
65～69	67.0	13.5	162	2	262.8	251.3	459.1	1 492	66.5	12.9	160	4	248.8	236.9	181.0	133
70歳～	74.0	14.3	155	1	286.6	277.8	590.9	537	71.7	8.2	159	1	257.4	255.7	135.3	53
大学・大学院卒	**36.4**	**6.2**	**163**	**8**	**318.0**	**295.6**	**690.9**	**47 750**	**33.6**	**5.7**	**160**	**13**	**372.3**	**331.8**	**825.6**	**14 398**
～19歳	-	-	-	-	-	-	-	-	-	-	-	-	-	-	-	-
20～24	23.7	1.4	165	7	248.1	229.3	394.8	6 403	23.7	1.4	160	11	273.5	244.7	456.9	2 623
25～29	27.4	3.4	164	10	278.0	251.9	632.2	12 020	27.3	3.5	161	15	322.6	279.9	752.8	4 395
30～34	32.4	5.7	163	8	302.8	276.9	673.5	7 655	32.3	5.8	160	13	367.1	316.4	826.5	2 316
35～39	37.4	7.5	161	7	334.9	313.6	723.0	5 850	37.5	7.9	158	12	425.8	386.1	928.1	1 722
40～44	42.4	8.8	163	7	374.7	353.4	891.4	4 984	42.5	9.4	161	11	487.4	447.2	1112.4	1 335
45～49	47.4	9.4	165	7	383.4	360.9	875.1	3 812	47.6	10.7	163	12	502.0	457.3	1206.4	796
50～54	52.4	9.8	162	6	380.4	359.5	846.3	3 001	52.3	11.5	160	10	498.3	455.0	1268.2	592
55～59	57.4	11.8	163	6	357.9	340.0	803.2	2 482	57.4	13.9	161	14	459.3	421.0	1114.5	370
60～64	61.9	13.0	162	4	342.2	330.4	810.0	1 103	61.8	16.3	161	7	546.0	525.2	1407.0	179
65～69	67.4	14.6	162	2	638.1	633.7	649.9	274	66.7	9.6	159	5	392.0	384.9	152.8	50
70歳～	76.1	18.0	159	0	401.2	400.6	583.4	167	72.5	9.0	144	0	453.2	452.5	9.9	20
Q 複合サービス事業																
男女計																
学歴計	**42.1**	**14.5**	**161**	**10**	**314.2**	**294.0**	**952.6**	**35 801**	**42.2**	**14.1**	**161**	**13**	**332.0**	**306.2**	**969.5**	**23 924**
～19歳	19.2	1.0	163	9	181.4	170.6	212.0	339	19.1	1.1	164	14	200.7	184.6	261.3	171
20～24	23.1	2.1	164	11	211.0	196.6	435.7	2 400	23.2	2.0	165	15	223.4	204.6	412.1	1 385
25～29	27.6	4.8	163	11	240.4	222.8	679.4	3 913	27.6	4.5	163	14	251.8	230.6	623.5	2 456
30～34	32.4	8.0	161	12	274.1	253.1	788.5	4 139	32.4	7.5	161	15	287.9	262.2	754.7	2 823
35～39	37.6	10.9	161	12	304.8	282.4	908.3	4 564	37.6	10.0	160	14	319.1	291.7	884.7	3 129
40～44	42.7	16.2	161	11	344.6	320.8	1115.4	5 711	42.7	15.7	160	13	360.9	332.0	1133.8	4 128
45～49	47.4	18.7	161	10	358.5	335.1	1166.0	4 741	47.4	17.9	160	13	371.6	342.1	1178.8	3 434
50～54	52.6	22.7	162	9	381.0	360.9	1270.6	4 406	52.6	22.1	161	11	401.1	374.6	1317.7	2 990
55～59	57.4	26.1	161	8	381.9	363.7	1261.2	3 730	57.4	24.6	160	11	397.6	371.2	1301.4	2 311
60～64	62.1	19.5	160	8	240.7	228.8	408.0	1 669	62.1	19.5	160	10	262.6	247.3	444.6	1 028
65～69	66.5	14.0	163	7	216.7	205.3	191.8	169	66.2	18.7	160	8	229.2	215.6	249.1	67
70歳～	72.6	11.3	169	4	205.1	199.7	157.8	19	73.5	9.8	148	10	198.9	186.2	78.4	2
男																
学歴計	**42.6**	**15.7**	**161**	**12**	**341.9**	**318.4**	**1053.8**	**25 781**	**42.5**	**15.1**	**161**	**14**	**353.4**	**324.5**	**1046.1**	**18 795**
～19歳	19.1	1.0	165	14	195.9	180.1	216.0	156	19.1	1.1	165	18	212.4	192.3	261.2	112
20～24	23.2	2.0	165	14	221.1	203.7	403.3	1 369	23.2	2.0	166	17	231.2	209.7	391.3	945
25～29	27.6	4.5	163	13	250.1	230.3	679.2	2 626	27.6	4.4	163	15	259.0	236.2	618.4	1 802
30～34	32.4	7.7	162	14	287.3	263.1	796.7	3 031	32.4	7.2	162	16	296.6	268.5	746.0	2 272
35～39	37.6	10.9	161	13	323.3	297.5	961.8	3 504	37.5	10.1	159	16	333.3	302.8	926.7	2 598
40～44	42.6	16.8	160	12	369.4	342.1	1207.0	4 245	42.7	16.3	159	15	380.6	348.3	1202.6	3 274
45～49	47.4	20.1	160	12	393.2	365.6	1313.7	3 427	47.4	19.2	159	14	401.1	367.5	1306.9	2 642
50～54	52.6	25.2	162	10	426.5	403.2	1480.0	3 151	52.6	24.6	161	12	438.2	408.3	1490.0	2 311
55～59	57.4	28.1	161	8	419.2	398.2	1433.5	2 864	57.4	26.5	160	12	425.9	396.5	1434.0	1 939
60～64	62.1	20.8	160	8	259.9	246.4	469.4	1 258	62.1	20.9	160	11	278.8	262.0	495.0	839
65～69	66.6	13.8	163	7	228.9	217.1	201.9	134	66.2	19.4	159	8	236.2	222.8	261.1	59
70歳～	72.9	10.1	169	4	210.1	204.3	157.9	16	73.5	9.8	148	10	198.9	186.2	78.4	2
中学卒	**44.5**	**8.5**	**167**	**12**	**304.9**	**282.3**	**540.7**	**226**	**42.3**	**6.7**	**164**	**14**	**299.9**	**272.8**	**558.1**	**163**
～19歳	17.9	1.3	155	1	158.5	157.0	38.2	12	17.4	1.3	157	2	169.6	167.7	48.3	9
20～24	21.4	2.9	169	3	216.1	212.5	176.8	6	20.9	3.4	169	3	207.9	203.7	196.6	5
25～29	27.6	2.3	172	16	262.2	238.7	238.1	19	27.8	1.6	174	19	238.9	211.3	155.8	16
30～34	33.7	5.4	163	18	270.3	245.1	397.6	28	33.7	4.3	164	20	267.5	238.4	404.5	24
35～39	37.1	7.2	160	6	336.5	319.7	984.0	28	37.1	6.6	158	7	332.4	311.7	1009.2	22
40～44	43.4	13.4	166	17	374.4	338.7	1161.1	29	43.4	11.3	162	18	378.7	341.7	1153.2	22
45～49	47.9	10.1	163	14	343.9	313.5	481.7	26	47.4	7.8	162	18	298.2	259.0	411.0	20
50～54	52.2	9.4	169	8	371.5	353.1	620.8	24	52.5	8.1	170	10	379.1	354.9	748.6	18
55～59	57.9	22.2	194	13	341.9	314.3	923.3	6	56.4	15.1	153	17	336.5	306.0	1012.4	1
60～64	62.3	9.1	168	7	256.2	244.9	256.5	25	63.0	7.1	163	10	265.4	248.1	274.7	15
65～69	66.4	9.5	173	17	295.7	260.2	159.4	20	65.8	10.2	163	22	304.1	262.5	247.8	11
70歳～	73.0	19.0	167	0	184.0	184.0	176.8	3	-	-	-	-	-	-	-	-

所定内給与額及び年間賞与その他特別給与額

Q 複合サービス事業

100～999人 年齢	勤続年数	所定内実労働時間数	超過実労働時間数	きまって支給する現金給与額	所定内給与額	年間賞与その他特別給与額	労働者数	10～99人 年齢	勤続年数	所定内実労働時間数	超過実労働時間数	きまって支給する現金給与額	所定内給与額	年間賞与その他特別給与額	労働者数	区分
歳	年	時	時	千円	千円	千円	十人	歳	年	時	時	千円	千円	千円	十人	
41.8	**9.0**	**163**	**5**	**283.0**	**264.9**	**696.9**	**62 827**	**41.1**	**8.5**	**168**	**5**	**248.3**	**237.2**	**604.6**	**37 987**	**高専・短大卒**
–	–	–	–	–	–	–	–	–	–	–	–	–	–	–	–	～ 19歳
22.8	1.9	167	5	230.1	214.2	383.6	6 408	22.7	2.0	173	5	200.2	191.2	359.2	4 639	20 ～ 24
27.5	4.4	164	5	256.5	234.7	591.9	6 837	27.5	4.6	169	5	218.0	208.5	539.7	5 099	25 ～ 29
32.5	6.8	163	5	269.6	250.4	628.4	7 066	32.5	6.6	167	5	229.7	219.7	549.1	4 133	30 ～ 34
37.6	8.7	163	5	282.5	264.2	701.4	7 983	37.6	7.9	167	6	247.0	235.3	588.7	4 112	35 ～ 39
42.6	9.8	163	5	293.2	273.7	767.8	8 651	42.6	9.5	167	4	258.0	247.1	660.8	4 806	40 ～ 44
47.5	10.0	162	5	303.5	285.3	787.3	8 113	47.5	9.9	166	5	262.7	250.2	652.0	4 447	45 ～ 49
52.5	11.8	163	5	309.7	291.5	848.4	7 148	52.5	11.2	168	5	277.5	264.1	736.3	4 436	50 ～ 54
57.4	15.1	163	4	312.5	295.8	871.5	6 757	57.4	14.4	168	5	288.5	275.5	769.1	3 707	55 ～ 59
62.2	14.5	160	3	279.0	267.6	636.3	2 785	62.0	14.0	165	4	275.2	266.4	640.3	1 847	60 ～ 64
67.1	14.3	160	1	261.0	249.8	445.6	789	67.1	12.5	165	4	268.6	256.7	542.9	570	65 ～ 69
74.8	9.9	147	0	287.3	274.1	461.5	291	73.6	22.8	165	1	293.6	289.4	912.7	193	70歳～
37.2	**6.6**	**164**	**6**	**302.6**	**287.1**	**675.9**	**23 230**	**38.5**	**6.1**	**166**	**6**	**276.1**	**263.5**	**533.7**	**10 121**	**大学・大学院卒**
–	–	–	–	–	–	–	–	–	–	–	–	–	–	–	–	～ 19歳
23.7	1.4	167	5	237.9	224.8	389.4	2 585	23.6	1.3	169	6	214.7	205.1	270.3	1 195	20 ～ 24
27.3	3.5	165	7	262.6	244.0	607.4	5 365	27.5	3.1	167	6	227.4	216.2	456.2	2 259	25 ～ 29
32.4	5.7	164	6	283.6	267.6	615.2	3 922	32.4	5.5	165	6	250.6	238.0	585.0	1 417	30 ～ 34
37.4	7.5	162	5	306.0	292.0	671.7	2 912	37.3	6.8	165	7	275.2	263.0	555.7	1 216	35 ～ 39
42.4	8.9	164	5	350.5	335.2	865.8	2 574	42.4	8.1	162	5	292.8	280.2	677.9	1 075	40 ～ 44
47.3	9.9	165	6	378.8	362.2	862.5	2 114	47.7	6.9	168	6	289.4	272.7	612.1	902	45 ～ 49
52.5	9.9	162	5	356.1	342.4	821.0	1 726	52.1	7.9	163	5	339.8	320.0	544.9	684	50 ～ 54
57.5	12.1	162	4	328.7	315.3	816.4	1 347	57.2	10.3	165	5	360.2	344.3	629.3	765	55 ～ 59
62.0	13.3	162	4	287.1	276.4	719.5	536	61.9	10.9	163	4	324.6	315.4	660.1	388	60 ～ 64
67.0	14.4	155	1	642.2	637.8	1072.3	101	67.9	16.7	170	1	733.9	730.4	505.1	123	65 ～ 69
73.6	10.2	158	1	468.1	466.2	136.2	49	78.1	23.8	163	0	356.9	356.9	925.8	98	70歳～
																Q 複合サービス事業
																男女計
41.7	**15.6**	**163**	**5**	**277.3**	**268.9**	**931.0**	**10 939**	**43.1**	**13.6**	**169**	**8**	**289.3**	**274.6**	**771.2**	**938**	**学歴計**
19.2	1.0	161	4	159.1	154.2	163.5	138	19.2	0.8	169	6	173.8	166.5	155.4	30	～ 19歳
23.1	2.3	163	6	194.3	185.9	463.3	948	22.7	2.9	169	6	190.5	182.9	535.0	66	20 ～ 24
27.5	5.2	163	8	220.2	208.8	774.0	1 368	27.6	5.9	169	9	238.0	223.2	769.1	89	25 ～ 29
32.5	9.1	162	6	243.8	233.6	860.9	1 238	32.5	9.5	168	13	253.6	232.4	862.4	78	30 ～ 34
37.6	13.1	162	6	273.7	262.8	972.7	1 315	37.4	11.3	170	13	271.5	253.0	816.8	121	35 ～ 39
42.5	17.8	163	5	299.9	290.0	1084.6	1 440	42.7	15.3	168	10	324.9	306.9	893.3	143	40 ～ 44
47.4	21.2	163	4	321.7	314.7	1150.4	1 199	47.5	16.9	171	7	349.0	338.7	933.5	108	45 ～ 49
52.6	24.4	164	3	338.8	333.0	1198.0	1 309	52.6	18.5	170	7	337.8	319.3	841.4	107	50 ～ 54
57.4	28.8	162	2	355.1	351.3	1204.6	1 330	57.5	25.8	169	7	373.5	357.5	1063.5	90	55 ～ 59
62.2	19.8	159	4	200.7	194.5	345.5	565	62.2	16.5	168	5	242.0	233.4	377.0	77	60 ～ 64
66.5	10.3	165	7	194.3	183.1	142.3	83	67.6	12.9	166	4	268.0	263.7	204.2	20	65 ～ 69
71.5	8.9	173	7	181.2	173.2	105.8	6	73.1	13.1	171	1	222.1	220.0	210.7	10	70歳～
																男
42.8	**17.5**	**163**	**5**	**310.5**	**302.4**	**1101.1**	**6 317**	**44.1**	**14.6**	**170**	**9**	**317.3**	**300.3**	**826.0**	**670**	**学歴計**
19.1	0.9	166	3	151.2	147.5	117.1	35	19.1	0.6	169	7	166.7	156.6	52.7	10	～ 19歳
23.3	1.9	164	6	199.3	190.8	421.3	384	22.4	2.3	169	6	193.4	185.0	514.9	41	20 ～ 24
27.6	4.7	162	8	229.1	216.4	811.3	757	27.7	6.0	169	10	248.4	231.9	821.1	67	25 ～ 29
32.6	9.0	163	7	259.0	247.4	952.4	706	32.5	9.0	167	16	267.9	240.7	897.2	52	30 ～ 34
37.7	13.3	163	6	294.6	283.4	1083.3	818	37.3	11.4	172	15	293.6	271.0	866.3	88	35 ～ 39
42.5	18.7	164	5	328.8	319.3	1253.5	873	42.8	15.5	169	11	358.0	336.9	940.3	98	40 ～ 44
47.4	23.4	163	3	365.1	358.4	1375.9	700	47.5	18.2	173	6	377.3	367.9	1014.2	85	45 ～ 49
52.6	27.8	165	2	395.1	391.2	1500.0	765	52.4	19.9	168	8	387.6	365.5	960.0	74	50 ～ 54
57.4	31.8	163	1	405.5	403.0	1459.6	854	57.4	26.7	169	8	403.9	385.7	1107.3	72	55 ～ 59
62.1	21.0	159	4	216.1	209.6	432.2	362	61.9	18.1	170	5	258.8	249.5	329.3	57	60 ～ 64
66.6	8.7	167	6	205.9	193.3	135.4	57	67.6	11.7	166	4	278.7	274.0	221.5	18	65 ～ 69
71.7	10.2	175	6	189.6	182.2	121.7	5	73.6	10.1	172	2	227.7	225.1	207.4	8	70歳～
49.6	**12.8**	**176**	**10**	**269.9**	**248.3**	**569.3**	**29**	**50.3**	**13.2**	**171**	**1**	**358.8**	**356.8**	**432.6**	**34**	**中学卒**
19.5	1.5	148	0	116.3	116.1	0.0	3	–	–	–	–	–	–	–	–	～ 19歳
24.0	0.5	169	1	256.3	255.6	79.7	1	–	–	–	–	–	–	–	–	20 ～ 24
28.5	3.5	161	0	300.1	300.1	998.5	1	25.5	7.5	168	0	433.0	433.0	591.7	2	25 ～ 29
32.5	5.1	149	4	185.3	179.6	178.5	2	34.3	18.0	167	5	393.1	388.1	564.9	2	30 ～ 34
36.5	14.5	165	0	394.2	394.2	1273.5	1	37.1	8.3	169	2	344.6	340.5	843.9	6	35 ～ 39
43.1	24.5	184	18	349.1	305.2	1419.4	5	44.5	8.5	168	0	390.4	390.4	591.7	2	40 ～ 44
46.8	9.3	165	24	234.3	209.6	275.9	1	49.5	18.4	164	0	522.8	522.8	763.7	6	45 ～ 49
51.6	14.8	158	0	261.5	260.0	639.6	1	51.4	12.6	170	1	375.9	374.6	126.1	5	50 ～ 54
58.3	25.9	209	12	355.5	326.4	975.3	4	58.5	6.5	172	0	210.6	210.6	40.0	0	55 ～ 59
61.8	13.6	158	0	177.4	177.1	280.8	3	61.2	11.1	183	3	272.4	268.4	209.4	7	60 ～ 64
66.3	4.0	194	19	304.5	260.9	74.0	6	68.8	16.8	171	0	251.2	251.2	5.0	3	65 ～ 69
71.6	9.9	160	0	155.8	155.8	328.3	1	74.5	29.5	175	0	217.0	217.0	0.0	1	70歳～

第1表　年齢階級別きまって支給する現金給与額、

Q 複合サー

区分	企業規模計 年齢	勤続年数	所定内実労働時間数	超過実労働時間数	きまって支給する現金給与額	所定内給与額	年間賞与その他特別給与額	労働者数	1,000人以上 年齢	勤続年数	所定内実労働時間数	超過実労働時間数	きまって支給する現金給与額	所定内給与額	年間賞与その他特別給与額	労働者数
	歳	年	時	時	千円	千円	千円	十人	歳	年	時	時	千円	千円	千円	十人
高校卒	**44.5**	**17.6**	**161**	**13**	**348.7**	**323.0**	**1028.4**	**13 654**	**44.0**	**17.0**	**161**	**14**	**357.3**	**327.8**	**1033.7**	**11 078**
～19歳	19.2	1.0	166	15	199.0	182.0	230.7	144	19.2	1.1	166	19	216.4	194.6	280.9	102
20～24	22.7	2.7	166	15	217.6	199.0	418.1	554	22.8	2.7	166	17	227.7	206.5	371.1	430
25～29	27.6	5.1	165	14	248.4	226.5	483.6	930	27.6	5.0	165	15	253.3	230.9	450.0	783
30～34	32.5	7.6	163	16	279.0	252.6	609.4	1 268	32.4	7.3	163	16	283.5	256.1	594.1	1 130
35～39	37.6	10.5	161	15	318.3	290.3	854.0	1 631	37.5	10.3	160	15	327.4	297.7	872.8	1 415
40～44	42.8	17.7	160	13	368.5	339.0	1154.9	2 321	42.8	17.5	159	15	377.2	344.4	1163.7	1 942
45～49	47.5	20.7	160	13	393.3	363.2	1283.3	2 090	47.4	20.2	159	14	402.1	367.6	1299.8	1 746
50～54	52.5	26.0	162	11	424.3	398.0	1455.4	2 034	52.6	25.8	161	13	436.6	405.0	1473.4	1 611
55～59	57.4	28.9	160	9	414.8	391.5	1381.8	1 791	57.4	27.5	159	11	422.3	391.9	1392.8	1 306
60～64	62.2	21.2	160	9	257.9	243.4	438.3	785	62.1	22.4	160	11	276.5	259.0	479.0	570
65～69	66.7	14.1	162	5	209.5	200.4	190.3	93	66.3	20.2	158	5	216.9	209.6	226.0	41
70歳～	72.9	8.4	171	6	214.2	207.0	125.8	12	73.5	9.8	148	10	198.9	186.2	78.4	2
高専・短大卒	**42.6**	**16.2**	**162**	**11**	**336.7**	**315.6**	**1009.5**	**2 671**	**41.1**	**13.7**	**160**	**14**	**341.3**	**312.9**	**953.9**	**1 706**
～19歳	-	-	-	-	-	-	-	-	-	-	-	-	-	-	-	-
20～24	22.7	2.1	167	15	213.5	193.8	364.3	139	22.6	1.9	168	18	222.6	199.0	321.2	103
25～29	27.6	4.4	164	12	233.7	215.9	486.9	188	27.7	3.8	164	15	239.2	217.1	387.9	127
30～34	32.5	8.2	162	13	282.7	260.6	677.7	304	32.5	7.9	162	15	297.6	271.6	644.8	224
35～39	37.6	11.8	158	13	325.4	299.7	990.4	424	37.4	10.7	156	16	336.4	305.5	960.0	311
40～44	42.5	16.4	162	13	354.3	327.5	1097.5	550	42.6	15.3	161	16	366.4	332.1	1072.3	389
45～49	47.2	20.9	162	8	374.7	355.1	1255.6	376	47.2	18.9	160	12	378.3	351.4	1170.9	228
50～54	52.4	25.5	162	6	409.2	393.0	1395.2	307	52.4	22.7	158	10	415.5	387.9	1490.1	143
55～59	57.4	25.6	164	8	403.0	386.0	1253.4	288	57.4	22.8	163	13	414.2	385.3	1292.4	142
60～64	61.9	25.7	160	3	257.1	249.7	678.5	93	62.1	21.6	159	4	280.6	271.6	568.6	39
65～69	66.6	20.9	161	3	192.6	189.7	251.5	3	65.5	44.5	155	2	146.7	145.2	336.5	1
70歳～	75.5	14.5	167	8	336.5	317.7	600.0	0	-	-	-	-	-	-	-	-
大学・大学院卒	**39.8**	**12.8**	**161**	**11**	**334.3**	**313.5**	**1116.9**	**9 230**	**40.1**	**12.1**	**160**	**14**	**350.8**	**323.0**	**1109.9**	**5 848**
～19歳	-	-	-	-	-	-	-	-	-	-	-	-	-	-	-	-
20～24	23.7	1.4	164	12	225.7	209.4	401.2	671	23.8	1.4	165	16	237.4	215.7	432.5	408
25～29	27.6	4.2	162	12	253.1	234.5	831.1	1 489	27.7	4.0	162	15	267.4	244.1	810.6	876
30～34	32.4	7.6	161	12	295.9	273.3	995.8	1 431	32.3	6.9	160	16	313.6	284.2	972.3	894
35～39	37.6	11.0	161	12	328.1	304.6	1076.6	1 420	37.6	9.7	159	16	342.1	309.9	1002.2	850
40～44	42.5	15.5	160	11	377.1	353.4	1342.7	1 345	42.5	14.5	158	13	393.8	363.5	1340.8	921
45～49	47.2	18.5	161	11	401.8	376.9	1428.7	934	47.2	17.1	159	14	409.7	376.2	1401.5	648
50～54	52.9	23.5	162	8	440.7	422.1	1602.4	787	52.8	22.0	161	11	450.6	425.5	1563.7	540
55～59	57.3	27.1	161	7	436.1	418.9	1622.7	779	57.3	24.8	160	11	439.2	412.3	1586.4	489
60～64	61.9	19.4	160	9	265.2	252.1	498.6	355	61.9	17.6	160	11	285.5	269.1	539.0	216
65～69	66.1	15.6	160	1	261.6	259.9	299.9	18	65.8	27.0	157	3	257.2	253.1	514.6	6
70歳～	71.5	5.5	152	0	201.0	201.0	467.5	1	-	-	-	-	-	-	-	-
女																
学歴計	**40.6**	**11.6**	**161**	**7**	**242.8**	**231.1**	**692.0**	**10 020**	**41.0**	**10.4**	**161**	**9**	**253.8**	**239.3**	**689.1**	**5 129**
～19歳	19.2	1.0	161	6	168.9	162.5	208.6	183	19.2	1.1	161	8	178.6	170.0	261.5	59
20～24	23.0	2.3	162	8	197.5	187.2	478.7	1 030	23.2	1.9	162	10	206.6	193.6	456.8	440
25～29	27.4	5.3	163	9	220.6	207.4	680.0	1 288	27.4	5.0	162	11	231.8	215.4	637.7	654
30～34	32.3	9.0	160	7	237.9	225.8	766.2	1 108	32.3	8.7	159	9	252.3	236.5	790.9	551
35～39	37.6	11.2	161	7	243.6	232.5	731.6	1 061	37.6	9.7	161	7	249.6	237.5	679.5	532
40～44	42.7	14.3	162	7	272.6	259.0	850.0	1 466	42.8	13.0	162	8	285.2	269.4	870.1	854
45～49	47.5	15.2	161	7	268.0	255.5	781.0	1 315	47.5	13.5	160	8	273.2	257.4	751.4	792
50～54	52.5	16.3	162	7	266.9	254.7	744.9	1 255	52.4	13.7	161	8	274.9	259.7	731.0	679
55～59	57.5	19.7	162	5	258.3	249.7	691.0	865	57.4	14.7	162	7	250.4	238.9	610.2	372
60～64	62.2	15.4	159	6	182.0	174.9	219.7	411	62.0	13.5	159	7	190.2	181.5	219.8	188
65～69	66.2	14.8	163	9	170.5	160.8	153.6	35	66.0	14.2	168	12	182.2	166.6	167.8	9
70歳～	71.1	17.2	165	3	180.1	176.4	157.4	3	-	-	-	-	-	-	-	-
中学卒	**48.8**	**10.6**	**164**	**5**	**214.8**	**204.9**	**325.0**	**55**	**44.9**	**6.3**	**164**	**8**	**239.4**	**224.6**	**354.2**	**35**
～19歳	-	-	-	-	-	-	-	-	-	-	-	-	-	-	-	-
20～24	22.5	1.5	160	1	142.8	141.8	140.4	2	22.5	1.5	160	1	142.8	141.8	140.4	2
25～29	28.0	6.8	162	5	172.8	166.4	278.7	4	27.8	6.8	161	5	160.8	155.7	71.7	3
30～34	-	-	-	-	-	-	-	-	-	-	-	-	-	-	-	-
35～39	39.0	3.4	167	2	188.1	184.5	182.8	9	39.0	3.4	167	2	188.1	184.5	182.8	9
40～44	41.7	18.7	182	3	207.2	202.8	510.4	4	41.5	15.0	176	4	209.4	202.3	208.2	0
45～49	47.0	9.2	154	5	287.9	278.4	1063.0	7	46.8	9.4	151	5	289.1	279.3	1094.0	7
50～54	52.3	11.3	166	14	267.7	239.3	214.4	14	52.5	7.5	171	20	321.2	281.4	284.0	10
55～59	58.8	27.1	155	0	212.7	212.7	575.4	3	58.5	1.5	160	0	165.6	165.6	33.6	0
60～64	62.9	10.6	164	2	167.0	165.0	96.2	12	61.5	7.0	167	4	192.1	187.3	35.7	4
65～69	67.5	46.0	162	0	174.4	174.4	20.0	1	-	-	-	-	-	-	-	-
70歳～	72.5	3.5	173	0	147.5	147.5	0.0	0	-	-	-	-	-	-	-	-

所定内給与額及び年間賞与その他特別給与額

ビス事業

100 ～ 999人								10 ～ 99人								区分
年齢	勤続年数	所定内実労働時間数	超過実労働時間数	きまって支給する現金給与額	所定内給与額	年間賞与その他特別給与額	労働者数	年齢	勤続年数	所定内実労働時間数	超過実労働時間数	きまって支給する現金給与額	所定内給与額	年間賞与その他特別給与額	労働者数	
歳	年	時	時	千円	千円	千円	十人	歳	年	時	時	千円	千円	千円	十人	
47.3	**21.3**	**163**	**5**	**312.1**	**304.1**	**1044.3**	**2 159**	**44.0**	**14.9**	**169**	**10**	**308.8**	**291.1**	**804.0**	**417**	**高校卒**
19.1	0.9	167	3	153.8	149.9	126.1	32	19.1	0.6	169	7	166.7	156.6	52.7	10	～ 19歳
22.3	3.1	164	8	181.9	171.0	586.9	94	22.2	2.7	169	5	186.1	179.4	561.5	30	20 ～ 24
27.7	5.4	164	14	212.2	193.1	603.9	108	28.0	7.3	172	11	251.5	232.1	823.6	39	25 ～ 29
33.0	10.1	166	10	238.2	222.9	709.5	115	32.6	10.2	167	21	266.5	227.8	859.9	23	30 ～ 34
37.7	12.9	165	8	251.1	237.8	730.6	167	37.5	10.5	170	19	282.7	253.8	730.5	50	35 ～ 39
42.7	19.9	163	5	315.8	305.8	1167.0	306	42.9	15.3	169	11	358.0	335.0	869.2	73	40 ～ 44
47.5	24.1	163	4	345.9	339.1	1230.0	294	47.5	20.0	170	9	363.5	351.0	1020.1	50	45 ～ 49
52.4	27.7	165	3	377.9	372.8	1424.4	375	52.4	22.4	168	6	370.9	359.9	1095.3	48	50 ～ 54
57.5	33.2	162	2	395.6	392.7	1388.2	434	57.5	27.3	169	8	386.3	368.6	1040.6	50	55 ～ 59
62.2	18.7	159	4	206.2	199.6	345.2	188	62.5	13.7	167	5	225.4	219.9	233.3	28	60 ～ 64
66.8	9.2	166	6	196.5	185.4	140.9	42	67.7	10.0	163	7	231.6	223.9	246.3	11	65 ～ 69
71.5	10.0	182	8	194.3	184.8	20.5	4	73.7	6.7	174	2	233.6	230.1	214.5	6	70歳～
45.3	**21.0**	**165**	**4**	**328.5**	**321.2**	**1123.7**	**909**	**43.7**	**12.9**	**171**	**8**	**325.7**	**304.8**	**852.5**	**57**	**高専・短大卒**
-	-	-	-	-	-	-	-	-	-	-	-	-	-	-	-	～ 19歳
22.9	2.6	165	6	187.6	179.9	456.4	34	22.5	1.5	174	20	181.5	165.8	1015.9	2	20 ～ 24
27.4	6.1	164	6	223.2	214.0	693.6	56	26.6	1.9	155	5	211.4	204.4	691.4	5	25 ～ 29
32.3	9.0	163	7	240.0	229.2	760.0	75	32.1	8.2	172	13	249.9	232.7	952.9	4	30 ～ 34
38.3	14.9	164	7	297.0	284.1	1061.3	102	37.2	16.3	175	2	283.1	280.8	1183.4	12	35 ～ 39
42.3	19.4	165	5	325.7	316.8	1169.5	153	41.5	13.2	172	1	312.9	310.5	947.3	8	40 ～ 44
47.3	24.4	164	3	370.4	361.9	1399.6	144	46.7	13.6	170	1	328.9	327.5	958.3	5	45 ～ 49
52.3	28.9	166	1	402.8	399.9	1364.9	154	52.4	12.8	173	17	417.8	359.3	500.9	10	50 ～ 54
57.4	29.1	166	1	390.1	387.4	1248.3	136	57.6	18.0	172	15	418.1	378.4	779.2	10	55 ～ 59
61.8	28.8	160	3	240.6	234.4	765.5	53	61.2	16.5	171	13	183.2	171.6	140.0	1	60 ～ 64
67.4	8.9	164	4	195.4	190.2	268.7	1	66.5	9.5	165	0	262.5	262.5	70.0	1	65 ～ 69
75.5	14.5	167	8	336.5	317.7	600.0	0	-	-	-	-	-	-	-	-	70歳～
39.0	**14.1**	**163**	**5**	**304.7**	**296.3**	**1137.7**	**3 220**	**43.1**	**14.6**	**171**	**9**	**327.5**	**310.4**	**956.5**	**162**	**大学・大学院卒**
-	-	-	-	-	-	-	-	-	-	-	-	-	-	-	-	～ 19歳
23.7	1.4	163	5	207.0	199.3	356.7	254	23.2	1.1	169	10	221.6	209.1	235.7	9	20 ～ 24
27.6	4.5	162	7	232.6	220.8	860.2	592	27.7	4.5	166	10	233.1	218.6	866.6	21	25 ～ 29
32.5	8.8	162	6	266.7	255.9	1038.3	514	32.4	7.0	167	13	260.7	241.3	958.0	22	30 ～ 34
37.5	13.1	163	5	307.2	296.9	1194.1	549	37.1	11.8	177	14	311.6	287.6	1017.5	21	35 ～ 39
42.4	17.5	164	4	339.4	330.4	1347.6	409	42.9	18.6	169	16	378.6	353.1	1320.3	15	40 ～ 44
47.2	22.1	162	2	384.3	378.8	1530.7	261	47.0	15.5	181	4	380.8	374.4	1068.6	25	45 ～ 49
52.9	27.4	164	1	418.2	415.8	1714.5	235	53.0	18.6	162	15	436.4	391.2	1123.4	11	50 ～ 54
57.4	31.0	162	1	429.2	428.0	1681.1	279	57.0	32.7	167	1	476.7	476.3	1748.3	11	55 ～ 59
62.0	21.4	159	4	221.8	215.3	424.6	117	61.4	26.0	170	5	299.0	283.1	497.8	22	60 ～ 64
66.3	9.1	156	0	189.0	188.6	127.8	9	66.2	12.6	174	0	457.0	456.5	373.1	3	65 ～ 69
-	-	-	-	-	-	-	-	71.5	5.5	152	0	201.0	201.0	467.5	1	70歳～
																女
40.2	**13.0**	**162**	**6**	**231.9**	**223.3**	**698.5**	**4 622**	**40.6**	**11.3**	**167**	**6**	**219.3**	**210.4**	**634.4**	**268**	**学歴計**
19.2	1.0	159	4	161.8	156.5	179.1	104	19.2	0.9	169	6	177.2	171.2	205.0	20	～ 19歳
22.9	2.5	162	6	191.0	182.5	491.8	564	23.1	3.8	168	5	185.9	179.6	566.5	26	20 ～ 24
27.4	5.7	163	7	209.1	199.3	727.8	611	27.1	5.5	169	7	207.0	197.2	614.6	23	25 ～ 29
32.3	9.2	161	5	223.7	215.3	739.2	531	32.3	10.4	168	7	224.5	215.7	792.3	26	30 ～ 34
37.6	12.8	161	6	239.2	228.9	790.5	496	37.7	11.1	165	7	211.8	204.6	683.3	33	35 ～ 39
42.6	16.3	161	6	255.4	244.8	824.3	567	42.5	15.0	166	7	251.6	240.6	789.5	45	40 ～ 44
47.4	18.1	163	4	261.0	253.5	834.7	500	47.6	11.9	165	8	243.7	229.7	632.6	23	45 ～ 49
52.6	19.6	162	5	259.5	250.9	772.7	544	53.1	15.3	175	5	225.6	215.2	574.1	33	50 ～ 54
57.5	23.5	162	4	264.7	258.3	746.9	476	57.6	22.1	167	5	250.8	243.8	886.5	18	55 ～ 59
62.3	17.5	159	5	173.4	167.6	191.2	203	63.0	12.1	162	7	192.8	186.4	516.7	20	60 ～ 64
66.2	14.2	162	8	168.0	159.6	157.8	25	67.8	27.5	160	0	148.1	148.1	10.0	2	65 ～ 69
70.5	2.3	160	10	136.1	124.5	20.0	1	71.5	24.3	168	0	201.1	201.1	222.9	2	70歳～
54.5	**18.0**	**162**	**1**	**172.2**	**170.7**	**312.6**	**16**	**59.9**	**17.8**	**174**	**1**	**173.8**	**172.4**	**124.7**	**4**	**中学卒**
-	-	-	-	-	-	-	-	-	-	-	-	-	-	-	-	～ 19歳
-	-	-	-	-	-	-	-	-	-	-	-	-	-	-	-	20 ～ 24
28.5	6.5	165	5	216.7	205.7	1037.9	1	-	-	-	-	-	-	-	-	25 ～ 29
-	-	-	-	-	-	-	-	-	-	-	-	-	-	-	-	30 ～ 34
-	-	-	-	-	-	-	-	-	-	-	-	-	-	-	-	35 ～ 39
40.9	22.1	182	3	222.4	217.1	657.0	3	44.5	8.5	183	0	151.1	151.1	130.0	1	40 ～ 44
-	-	-	-	-	-	-	-	49.5	4.5	213	0	260.0	260.0	380.0	0	45 ～ 49
52.1	20.7	152	0	135.4	135.4	42.3	4	-	-	-	-	-	-	-	-	50 ～ 54
58.8	29.3	152	0	220.6	220.6	637.2	2	59.5	43.5	176	0	204.5	204.5	770.6	0	55 ～ 59
63.7	12.5	162	0	151.8	151.8	134.8	7	62.8	11.1	169	3	171.5	167.8	76.9	2	60 ～ 64
-	-	-	-	-	-	-	-	67.5	46.0	162	0	174.4	174.4	20.0	1	65 ～ 69
-	-	-	-	-	-	-	-	72.5	3.5	173	0	147.5	147.5	0.0	0	70歳～

第1表　年齢階級別きまって支給する現金給与額、

Q　複　合　サ　ー　ビ　ス　事　業

区　分	企業規模計								1,000人　以上							
	年齢	勤続年数	所定内実労働時間数	超過実労働時間数	きまって支給する現金給与額	所定内給与額	年間賞与その他特別給与額	労働者数	年齢	勤続年数	所定内実労働時間数	超過実労働時間数	きまって支給する現金給与額	所定内給与額	年間賞与その他特別給与額	労働者数
	歳	年	時	時	千円	千円	千円	十人	歳	年	時	時	千円	千円	千円	十人
高校卒	**43.6**	**13.3**	**162**	**7**	**238.0**	**226.8**	**640.4**	**5 496**	**44.0**	**11.7**	**162**	**8**	**249.9**	**235.9**	**616.9**	**2 773**
～ 19歳	19.2	1.0	161	6	168.9	162.5	208.6	183	19.2	1.1	161	8	178.6	170.0	261.5	59
20 ～ 24	22.3	3.6	163	8	184.9	175.2	588.2	369	22.1	2.8	165	10	188.9	176.7	457.4	111
25 ～ 29	27.4	6.6	165	8	209.3	197.8	568.6	449	27.4	5.7	165	10	217.6	203.3	479.3	242
30 ～ 34	32.5	9.4	160	7	214.2	203.5	555.8	420	32.4	9.2	160	8	223.5	210.5	503.2	213
35 ～ 39	37.6	11.4	161	8	235.0	222.2	639.9	460	37.7	10.0	161	8	246.6	232.8	603.5	241
40 ～ 44	42.8	15.0	162	7	270.5	256.2	817.7	806	42.8	13.6	163	9	288.7	271.4	840.3	460
45 ～ 49	47.6	14.9	162	7	260.4	247.8	728.3	917	47.7	13.0	162	8	263.5	248.3	664.9	558
50 ～ 54	52.5	16.6	162	6	261.6	250.4	718.8	862	52.4	13.9	162	8	274.5	261.0	720.1	450
55 ～ 59	57.5	20.2	163	5	254.8	246.3	693.4	660	57.5	15.5	163	7	243.0	231.9	572.4	276
60 ～ 64	62.2	15.9	159	7	181.0	173.0	214.5	336	62.1	13.8	160	7	192.1	182.3	224.5	154
65 ～ 69	66.2	14.4	164	9	171.1	160.8	152.4	32	66.1	15.0	169	13	185.9	169.3	178.1	8
70歳～	70.9	19.2	164	4	185.0	180.7	180.7	3	-	-	-	-	-	-	-	-
高専・短大卒	**41.8**	**12.2**	**160**	**7**	**248.3**	**237.3**	**718.6**	**1 953**	**42.3**	**10.6**	**159**	**8**	**251.2**	**237.7**	**719.4**	**980**
～ 19歳	-	-	-	-	-	-	-	-	-	-	-	-	-	-	-	-
20 ～ 24	22.7	2.0	162	7	192.4	182.6	414.8	171	22.9	2.1	161	10	207.9	194.7	448.9	71
25 ～ 29	27.6	5.1	162	6	197.5	188.2	502.8	154	27.3	4.3	163	8	191.2	179.5	438.1	70
30 ～ 34	32.4	8.9	159	6	238.1	228.9	746.5	204	32.6	8.0	157	8	248.4	237.4	770.1	120
35 ～ 39	37.8	11.1	162	7	246.8	235.6	756.9	273	37.8	9.7	161	6	244.2	233.5	650.5	113
40 ～ 44	42.7	13.6	160	6	262.0	250.3	830.5	379	42.8	11.3	158	7	255.0	242.5	793.3	207
45 ～ 49	47.3	15.8	161	6	269.4	257.5	816.9	258	47.4	14.3	160	8	277.4	259.3	861.1	124
50 ～ 54	52.4	16.3	159	8	272.9	259.0	800.5	296	52.2	14.5	157	9	273.2	256.9	820.5	171
55 ～ 59	57.2	17.7	160	6	275.5	265.9	706.5	172	57.3	11.8	159	9	277.2	262.8	739.7	80
60 ～ 64	61.7	15.6	157	3	192.0	188.7	261.7	45	61.4	14.7	154	4	188.8	184.5	259.9	25
65 ～ 69	66.5	10.5	157	2	198.7	195.7	471.0	1	-	-	-	-	-	-	-	-
70歳～	-	-	-	-	-	-	-	-	-	-	-	-	-	-	-	-
大学・大学院卒	**33.0**	**7.7**	**161**	**8**	**249.3**	**236.2**	**792.3**	**2 515**	**33.7**	**7.7**	**160**	**10**	**264.2**	**247.8**	**825.1**	**1 341**
～ 19歳	-	-	-	-	-	-	-	-	-	-	-	-	-	-	-	-
20 ～ 24	23.6	1.4	161	8	209.0	198.0	419.9	488	23.7	1.5	161	10	214.4	201.1	461.1	256
25 ～ 29	27.4	4.5	162	10	233.5	218.4	796.0	681	27.4	4.6	161	12	250.8	231.8	796.5	339
30 ～ 34	32.0	8.6	160	8	258.5	243.9	957.1	484	31.9	8.4	159	11	282.8	261.4	1084.5	218
35 ～ 39	37.3	11.2	161	5	254.8	246.0	858.7	318	37.4	9.7	162	6	260.9	250.0	836.1	168
40 ～ 44	42.4	13.4	162	8	294.3	279.9	976.0	276	42.4	13.4	162	8	310.1	294.4	1030.4	187
45 ～ 49	46.9	16.5	153	7	316.5	302.6	1058.2	134	46.9	15.8	150	7	319.5	303.4	1064.5	103
50 ～ 54	53.0	14.4	168	8	301.3	287.0	904.0	83	52.8	10.2	167	12	275.2	253.1	603.5	48
55 ～ 59	57.6	18.7	159	4	242.0	235.0	564.7	32	57.2	15.4	159	2	246.5	242.8	626.6	15
60 ～ 64	62.3	8.8	155	2	185.3	182.9	295.0	18	62.5	4.2	155	1	141.6	139.8	25.4	5
65 ～ 69	65.9	9.0	157	7	138.6	131.0	39.2	2	65.5	1.5	150	0	122.6	122.6	0.0	1
70歳～	-	-	-	-	-	-	-	-	-	-	-	-	-	-	-	-
R サービス業（他に分類されないもの）																
男　女　計																
学　歴　計	**44.2**	**8.5**	**164**	**14**	**280.7**	**255.6**	**471.1**	**178 676**	**42.3**	**8.6**	**162**	**16**	**294.4**	**263.8**	**522.3**	**63 060**
～ 19歳	19.1	0.9	166	14	197.9	178.2	93.7	1 190	19.0	0.8	162	13	201.7	183.1	98.7	323
20 ～ 24	23.0	1.8	164	16	228.0	202.6	207.4	9 909	23.0	1.6	161	17	237.4	209.2	191.9	4 367
25 ～ 29	27.6	3.3	165	16	247.1	220.5	330.4	16 580	27.5	3.1	163	17	258.6	228.7	384.5	6 476
30 ～ 34	32.6	5.3	164	17	267.1	237.3	416.9	19 859	32.5	5.3	161	18	274.7	241.7	449.4	7 797
35 ～ 39	37.5	7.5	164	16	287.7	257.0	514.5	21 862	37.6	7.5	161	19	295.4	258.5	550.7	7 869
40 ～ 44	42.6	9.3	164	15	298.6	269.6	555.5	26 108	42.5	9.4	161	17	304.3	269.6	583.0	10 091
45 ～ 49	47.4	10.3	164	13	306.0	279.8	567.8	24 089	47.4	10.6	162	15	314.4	284.3	600.4	9 297
50 ～ 54	52.4	12.0	165	12	317.3	293.6	607.3	18 963	52.4	12.8	162	15	342.1	313.7	671.7	6 818
55 ～ 59	57.5	12.8	165	12	315.1	293.3	635.3	16 525	57.4	15.0	163	14	353.7	326.0	805.9	5 020
60 ～ 64	62.4	11.0	164	10	252.2	237.3	385.5	13 973	62.3	13.0	164	14	258.4	237.3	407.6	3 357
65 ～ 69	67.2	9.4	164	7	214.1	203.2	165.4	7 225	66.9	8.6	163	12	217.1	200.0	178.4	1 432
70歳～	73.2	11.6	164	5	207.3	200.4	97.1	2 393	72.1	10.6	158	9	191.7	182.2	127.9	214
男																
学　歴　計	**45.4**	**9.5**	**166**	**16**	**305.4**	**275.1**	**575.3**	**117 781**	**43.3**	**10.3**	**163**	**20**	**328.0**	**288.8**	**713.1**	**38 175**
～ 19歳	19.1	1.0	167	17	203.3	179.0	111.8	830	19.1	0.8	162	15	206.5	183.2	161.2	191
20 ～ 24	22.9	2.0	165	19	237.9	206.0	254.0	5 616	23.0	1.7	161	20	247.1	212.0	251.1	2 304
25 ～ 29	27.6	3.6	166	20	264.8	230.4	403.8	9 726	27.5	3.4	163	22	278.9	239.7	490.9	3 729
30 ～ 34	32.5	5.9	166	21	289.1	251.7	518.1	12 638	32.5	6.0	162	23	299.9	255.9	602.1	4 577
35 ～ 39	37.6	8.3	166	20	315.6	276.6	632.5	14 044	37.7	8.6	163	26	327.3	277.3	730.8	4 673
40 ～ 44	42.5	10.6	167	18	333.0	296.2	706.2	16 437	42.5	11.4	164	22	347.0	300.2	838.7	5 758
45 ～ 49	47.4	11.9	167	16	343.8	310.4	738.1	15 031	47.4	13.2	164	19	362.6	321.8	903.8	5 298
50 ～ 54	52.5	13.6	166	14	353.6	324.8	754.4	12 133	52.4	15.8	163	18	395.9	360.3	953.6	4 100
55 ～ 59	57.6	13.6	166	13	343.2	318.3	739.2	12 128	57.5	17.0	164	15	390.9	358.9	979.7	3 661
60 ～ 64	62.4	10.9	165	10	264.0	247.9	429.3	11 294	62.4	13.5	165	15	274.3	251.1	483.4	2 594
65 ～ 69	67.2	9.1	165	8	221.9	210.3	172.5	5 944	67.0	8.4	163	12	223.5	206.1	193.0	1 120
70歳～	73.3	10.6	165	5	210.3	203.3	95.1	1 960	72.2	10.3	161	10	201.9	191.8	159.1	169

所定内給与額及び年間賞与その他特別給与額

Ｒ サービス業（他に分類されないもの）

100 ～ 999人								10 ～ 99人								区分
年齢	勤続年数	所定内実労働時間数	超過実労働時間数	きまって支給する現金給与額	所定内給与額	年間賞与その他特別給与額	労働者数	年齢	勤続年数	所定内実労働時間数	超過実労働時間数	きまって支給する現金給与額	所定内給与額	年間賞与その他特別給与額	労働者数	
歳	年	時	時	千円	千円	千円	十人	歳	年	時	時	千円	千円	千円	十人	
43.4	15.2	161	6	227.3	218.7	668.4	2 534	40.0	11.3	169	5	208.4	202.0	608.7	189	高校卒
19.2	1.0	159	4	161.8	156.5	179.1	104	19.2	0.9	169	6	177.2	171.2	205.0	20	～ 19歳
22.4	3.9	162	7	183.2	174.3	647.0	237	22.9	4.5	169	4	182.9	177.5	618.4	20	20 ～ 24
27.4	7.8	164	6	199.7	191.4	683.9	193	26.9	6.1	170	6	198.6	190.3	519.0	14	25 ～ 29
32.7	9.4	159	6	203.5	195.0	594.2	189	32.2	11.3	168	5	216.2	210.3	775.6	18	30 ～ 34
37.6	13.1	160	7	223.3	211.3	683.5	199	38.0	11.7	165	6	209.9	203.1	645.5	19	35 ～ 39
42.7	16.8	161	6	246.3	235.5	785.4	318	42.4	17.5	167	4	247.6	242.8	812.6	28	40 ～ 44
47.5	18.2	162	5	256.4	248.2	832.4	345	47.6	12.4	170	7	238.0	222.7	696.7	14	45 ～ 49
52.6	19.8	161	6	250.5	241.5	726.1	385	52.9	16.0	175	2	203.8	200.8	594.4	27	50 ～ 54
57.5	23.8	163	4	264.7	258.2	780.8	372	57.8	18.2	168	6	215.5	206.6	778.3	12	55 ～ 59
62.3	18.3	159	6	170.5	163.7	184.2	168	62.7	10.7	167	8	186.5	180.4	465.9	14	60 ～ 64
66.2	14.4	162	8	167.6	159.1	148.6	23	68.0	9.0	159	0	121.9	121.9	0.0	1	65 ～ 69
70.5	2.3	160	10	136.1	124.5	20.0	1	71.2	29.2	167	0	213.8	213.8	275.3	2	70歳～
41.1	13.8	162	5	244.9	236.7	718.5	932	44.3	12.5	163	10	259.8	243.4	700.3	41	高専・短大卒
–	–	–	–	–	–	–	–	–	–	–	–	–	–	–	–	～ 19歳
22.6	1.9	163	6	181.3	174.0	389.8	100	22.8	1.6	168	7	205.4	193.6	531.6	1	20 ～ 24
27.8	5.8	161	5	202.8	195.5	555.3	84	26.5	5.9	152	4	189.0	184.1	629.8	1	25 ～ 29
32.1	10.1	162	4	222.1	215.7	712.8	81	32.4	9.9	172	11	256.2	242.3	713.0	3	30 ～ 34
37.9	12.4	162	8	250.7	239.0	836.4	153	37.4	7.7	165	13	209.2	198.6	735.4	8	35 ～ 39
42.7	16.4	161	6	269.4	259.3	876.9	162	42.6	13.5	163	9	285.6	266.1	849.8	10	40 ～ 44
47.2	17.6	163	3	262.9	257.0	793.8	126	47.6	10.5	156	8	247.6	237.8	498.3	8	45 ～ 49
52.5	19.0	162	6	270.4	261.3	788.7	120	54.0	11.0	174	16	319.9	272.8	393.6	5	50 ～ 54
57.1	22.6	160	3	273.8	268.5	657.0	87	57.1	27.5	161	2	275.7	271.8	1065.4	5	55 ～ 59
61.9	16.6	160	2	196.1	193.8	261.1	19	63.0	24.5	151	0	200.0	200.0	398.2	0	60 ～ 64
66.5	10.5	157	2	198.7	195.7	471.0	1	–	–	–	–	–	–	–	–	65 ～ 69
–	–	–	–	–	–	–	–	–	–	–	–	–	–	–	–	70歳～
32.0	7.7	162	6	232.2	223.1	754.7	1 140	37.3	9.1	162	10	236.5	222.4	757.4	35	大学・大学院卒
–	–	–	–	–	–	–	–	–	–	–	–	–	–	–	–	～ 19歳
23.5	1.3	162	6	203.3	194.8	374.6	227	24.0	1.3	164	6	195.3	185.8	359.5	5	20 ～ 24
27.3	4.4	163	7	216.2	204.9	795.9	333	27.3	4.6	167	9	222.9	210.1	773.7	8	25 ～ 29
32.1	8.8	161	6	238.7	229.7	851.9	262	32.5	6.9	164	11	235.5	218.5	913.7	5	30 ～ 34
37.3	12.8	159	4	249.0	242.4	889.3	145	37.1	13.7	163	2	222.0	218.4	743.9	5	35 ～ 39
42.3	14.1	160	6	263.8	253.0	876.4	84	43.0	6.2	159	22	225.5	197.7	660.6	6	40 ～ 44
46.6	18.8	164	3	305.8	300.3	1034.0	30	47.1	23.9	162	32	330.0	275.8	1181.7	1	45 ～ 49
53.1	20.1	170	2	335.4	332.3	1316.2	35	53.6	21.1	170	30	402.9	368.4	1068.5	1	50 ～ 54
58.0	20.7	157	7	216.0	205.3	438.6	15	56.7	32.5	173	4	451.8	448.3	1182.3	2	55 ～ 59
61.4	8.7	159	0	195.0	194.7	212.9	9	64.5	16.5	141	7	228.2	218.7	948.0	3	60 ～ 64
66.1	12.7	160	11	146.6	135.3	58.8	1	–	–	–	–	–	–	–	–	65 ～ 69
–	–	–	–	–	–	–	–	–	–	–	–	–	–	–	–	70歳～
																Ｒ サービス業（他に分類されないもの）
																男女計
45.2	8.0	164	13	268.9	244.8	447.1	68 845	45.4	9.1	168	11	279.5	260.3	437.6	46 770	学歴計
19.1	1.0	167	18	201.8	176.5	88.0	597	19.2	1.1	169	7	184.8	175.8	100.2	270	～ 19歳
23.0	2.0	165	16	222.8	197.2	241.5	3 458	22.9	1.9	170	13	217.0	197.9	183.3	2 084	20 ～ 24
27.5	3.4	164	16	236.3	210.4	309.1	6 048	27.7	3.4	169	14	244.7	222.5	275.9	4 056	25 ～ 29
32.6	5.1	163	17	257.4	227.7	395.0	7 220	32.6	5.5	169	14	269.2	244.6	397.3	4 842	30 ～ 34
37.5	7.3	163	16	278.0	248.5	499.9	8 124	37.5	7.6	169	13	291.0	267.0	486.2	5 869	35 ～ 39
42.6	8.9	164	14	291.1	264.0	546.3	9 410	42.6	9.8	169	12	300.8	277.5	526.7	6 608	40 ～ 44
47.4	9.8	164	14	297.0	270.3	564.5	8 587	47.5	10.5	169	10	305.8	286.3	523.7	6 205	45 ～ 49
52.5	10.9	164	12	300.0	277.2	559.4	7 372	52.4	12.4	169	10	308.7	290.1	589.3	4 773	50 ～ 54
57.5	11.0	165	12	294.2	272.7	558.5	7 154	57.5	13.3	167	8	304.9	289.3	564.9	4 351	55 ～ 59
62.4	9.7	164	10	241.9	227.7	385.5	6 364	62.5	11.5	165	7	262.8	251.5	368.1	4 252	60 ～ 64
67.2	8.2	166	8	210.7	199.6	136.0	3 393	67.3	11.5	164	4	217.1	210.2	199.1	2 400	65 ～ 69
73.2	9.8	166	6	192.1	184.2	76.9	1 117	73.5	13.7	163	4	226.4	221.1	112.2	1 062	70歳～
																男
46.5	8.8	166	16	294.5	265.0	542.5	44 957	46.2	9.6	169	12	294.7	273.0	465.9	34 649	学歴計
19.2	1.0	168	21	207.4	177.5	99.0	459	19.1	1.0	169	9	189.5	178.3	92.1	180	～ 19歳
22.9	2.2	166	21	233.9	200.3	295.3	2 000	22.9	2.1	171	15	228.0	204.3	196.2	1 312	20 ～ 24
27.5	3.9	167	21	256.0	220.9	390.3	3 416	27.7	3.6	171	16	256.2	229.2	295.8	2 581	25 ～ 29
32.6	5.9	166	22	283.6	244.7	505.8	4 385	32.6	5.9	171	16	282.3	254.9	428.1	3 676	30 ～ 34
37.6	8.2	166	20	311.8	273.5	626.0	4 971	37.4	8.1	171	15	307.4	279.5	535.2	4 399	35 ～ 39
42.6	10.2	167	17	326.8	292.3	688.7	5 882	42.5	10.3	170	14	323.8	296.2	568.4	4 796	40 ～ 44
47.4	11.3	166	17	338.1	303.4	718.7	5 222	47.4	11.2	171	12	328.3	305.3	565.9	4 511	45 ～ 49
52.5	12.3	167	14	336.0	307.8	686.1	4 576	52.4	12.8	170	11	326.8	305.2	608.5	3 457	50 ～ 54
57.6	11.4	166	14	324.7	299.8	666.0	5 197	57.5	13.5	168	9	319.2	302.3	586.3	3 269	55 ～ 59
62.4	9.3	165	10	253.0	237.5	431.3	5 133	62.5	11.3	165	7	272.2	260.4	386.8	3 567	60 ～ 64
67.2	7.9	167	8	219.5	207.2	141.4	2 825	67.3	11.1	164	5	224.4	217.0	205.1	1 998	65 ～ 69
73.3	8.8	168	6	199.4	191.9	78.5	890	73.5	12.5	162	4	222.7	216.8	99.5	901	70歳～

第1表　年齢階級別きまって支給する現金給与額、

Ｒ サ ー ビ ス 業

区分	企業規模計 年齢	勤続年数	所定内実労働時間数	超過実労働時間数	きまって支給する現金給与額	所定内給与額	年間賞与その他特別給与額	労働者数	1,000人以上 年齢	勤続年数	所定内実労働時間数	超過実労働時間数	きまって支給する現金給与額	所定内給与額	年間賞与その他特別給与額	労働者数
	歳	年	時	時	千円	千円	千円	十人	歳	年	時	時	千円	千円	千円	十人
中学卒	**51.0**	**9.6**	**168**	**15**	**251.9**	**227.3**	**257.5**	**5 958**	**47.7**	**7.9**	**165**	**24**	**251.3**	**213.5**	**166.6**	**1 142**
～19歳	18.6	1.2	166	17	205.3	179.7	33.6	55	18.5	0.5	144	77	350.3	230.8	0.0	3
20～24	22.4	2.2	166	21	244.1	210.4	75.4	169	22.9	1.5	157	17	260.8	227.0	28.7	29
25～29	27.4	3.5	172	22	262.0	226.6	152.2	269	26.9	2.9	165	32	246.0	197.3	13.1	70
30～34	32.6	5.2	166	18	278.2	247.1	371.1	408	32.5	5.4	159	24	281.7	238.9	285.4	80
35～39	37.8	6.7	172	17	268.2	237.4	288.5	471	37.9	4.3	162	25	242.6	200.8	201.5	101
40～44	42.7	7.8	168	20	274.6	240.2	244.2	696	42.9	5.3	168	24	252.1	212.5	103.1	208
45～49	47.3	8.7	170	20	288.6	255.6	326.3	717	46.9	7.0	166	27	279.1	241.0	209.9	185
50～54	52.7	11.4	168	16	278.5	251.6	386.4	672	52.2	7.2	166	34	252.2	203.7	80.9	168
55～59	57.8	12.5	168	15	263.2	237.3	377.9	569	57.1	19.7	163	25	288.9	240.8	637.1	53
60～64	62.7	13.4	167	11	221.4	205.9	251.1	800	63.2	16.6	163	15	219.3	196.3	241.7	109
65～69	67.4	12.5	165	7	205.4	195.7	111.5	807	67.0	10.5	167	14	211.8	192.9	89.2	116
70歳～	73.7	10.3	165	5	185.7	179.1	67.3	323	71.6	14.0	171	9	194.2	191.4	25.0	18
高校卒	**46.3**	**9.4**	**167**	**17**	**283.5**	**252.4**	**461.7**	**60 721**	**44.6**	**10.5**	**163**	**21**	**305.3**	**264.5**	**573.2**	**17 370**
～19歳	19.2	0.9	167	17	203.2	178.9	117.4	775	19.1	0.8	162	14	204.6	182.6	163.3	188
20～24	22.6	2.4	165	21	233.1	198.9	270.2	3 093	22.6	2.0	160	19	241.3	206.2	244.1	1 168
25～29	27.7	4.2	166	20	250.8	216.6	295.4	4 024	27.7	4.1	162	23	260.8	222.0	303.8	1 220
30～34	32.6	5.9	166	22	272.8	234.7	389.4	5 669	32.6	5.3	161	25	279.5	235.3	381.0	1 820
35～39	37.6	8.0	167	22	293.6	254.2	489.0	6 521	37.8	8.3	162	27	304.5	253.2	569.2	1 847
40～44	42.6	10.3	167	19	312.6	275.0	553.9	8 131	42.6	11.1	163	24	327.0	277.0	629.3	2 514
45～49	47.4	11.5	167	18	318.2	282.5	591.2	7 881	47.4	13.3	164	23	339.9	291.9	747.4	2 444
50～54	52.5	12.8	167	16	322.7	291.5	632.4	6 868	52.4	15.4	163	19	355.4	314.9	843.6	2 055
55～59	57.5	13.0	167	14	312.6	284.9	592.0	6 680	57.6	17.1	164	16	363.3	328.4	805.1	1 899
60～64	62.5	10.8	165	11	242.1	224.6	386.3	6 286	62.4	13.4	164	15	245.8	222.5	497.2	1 412
65～69	67.2	8.8	166	9	210.2	197.4	147.1	3 578	67.0	8.1	164	13	217.8	198.1	189.3	703
70歳～	73.1	9.8	166	5	194.0	187.4	89.7	1 216	72.0	8.9	162	9	198.1	186.7	192.5	99
高専・短大卒	**42.2**	**10.1**	**166**	**18**	**315.5**	**281.7**	**650.3**	**14 751**	**41.1**	**10.4**	**163**	**22**	**321.4**	**278.6**	**722.7**	**5 264**
～19歳	-	-	-	-	-	-	-	-	-	-	-	-	-	-	-	-
20～24	22.8	1.8	164	17	231.4	204.8	275.6	946	22.8	1.7	160	22	240.3	206.4	286.1	403
25～29	27.4	3.6	164	23	263.1	224.1	414.0	1 271	27.4	3.5	159	23	272.8	228.3	434.2	476
30～34	32.6	6.6	166	21	286.8	248.7	547.2	1 920	32.6	7.2	162	24	292.1	246.8	567.4	694
35～39	37.6	9.1	168	22	315.7	274.2	634.4	2 057	37.6	8.7	163	29	311.3	259.0	619.7	732
40～44	42.5	11.4	169	19	333.0	294.0	738.1	2 887	42.4	11.7	165	24	332.8	282.8	779.4	1 085
45～49	47.4	13.0	166	15	349.0	317.0	849.9	2 292	47.5	14.0	164	18	349.8	310.2	954.2	891
50～54	52.3	16.0	166	13	382.8	353.1	886.6	1 313	52.3	17.7	161	17	401.8	364.9	1091.7	446
55～59	57.4	15.9	166	13	355.6	330.2	845.5	1 036	57.2	16.8	162	17	381.4	345.5	1050.0	329
60～64	62.3	12.5	165	10	284.2	268.9	453.0	623	62.3	13.5	164	12	292.9	275.4	615.0	161
65～69	67.2	6.2	165	7	229.1	216.1	125.3	340	66.9	7.0	159	3	212.7	207.5	205.2	36
70歳～	73.6	6.3	166	5	200.2	192.4	90.8	67	74.5	9.5	152	1	209.3	205.9	24.0	11
大学・大学院卒	**44.2**	**9.5**	**165**	**15**	**346.8**	**318.0**	**786.6**	**36 351**	**42.3**	**10.2**	**164**	**18**	**363.8**	**327.8**	**921.7**	**14 399**
～19歳	-	-	-	-	-	-	-	-	-	-	-	-	-	-	-	-
20～24	23.8	1.2	166	17	252.2	221.9	225.4	1 409	23.8	1.1	163	20	259.9	224.3	251.8	704
25～29	27.6	3.1	166	19	279.1	245.8	521.8	4 163	27.5	3.0	164	21	292.9	255.0	638.0	1 964
30～34	32.5	5.7	166	19	310.9	274.1	676.1	4 641	32.4	6.1	164	22	322.0	278.7	830.0	1 984
35～39	37.5	8.6	165	18	348.8	310.6	851.4	4 995	37.6	9.0	163	24	358.7	310.2	948.5	1 992
40～44	42.4	11.2	166	16	376.6	342.3	1016.9	4 722	42.3	12.3	165	19	390.7	349.2	1220.3	1 950
45～49	47.4	12.7	166	13	399.3	369.5	1027.1	4 141	47.4	13.4	165	14	409.1	377.2	1165.7	1 778
50～54	52.5	15.0	165	11	422.1	398.2	1032.3	3 280	52.5	16.8	164	13	469.0	442.5	1170.9	1 431
55～59	57.6	14.3	164	10	404.9	385.1	1020.1	3 842	57.5	16.8	163	14	435.0	408.6	1216.5	1 380
60～64	62.3	10.4	164	9	308.3	294.5	540.3	3 585	62.3	13.3	167	16	321.8	297.9	467.8	911
65～69	67.0	8.2	163	6	265.2	256.2	300.9	1 219	66.7	8.4	160	8	245.2	233.2	246.7	264
70歳～	73.5	14.5	162	7	290.9	282.1	139.8	354	72.0	12.5	159	17	212.8	200.6	174.7	41
女																
学歴計	**42.0**	**6.6**	**161**	**9**	**232.7**	**217.9**	**269.8**	**60 895**	**40.8**	**6.0**	**160**	**10**	**242.9**	**225.4**	**229.7**	**24 885**
～19歳	19.0	0.9	164	7	185.5	176.3	51.9	360	19.0	0.6	162	9	194.8	183.0	8.9	133
20～24	23.1	1.6	162	11	215.1	198.2	146.4	4 293	23.0	1.5	160	14	226.6	206.1	125.8	2 062
25～29	27.5	2.8	163	10	221.9	206.5	226.3	6 854	27.6	2.8	162	11	231.0	213.7	239.9	2 746
30～34	32.6	4.2	160	10	228.6	212.1	239.8	7 220	32.6	4.4	160	10	239.0	221.5	232.3	3 220
35～39	37.5	5.9	160	9	237.7	221.9	302.7	7 818	37.5	5.9	159	10	248.7	230.9	287.4	3 196
40～44	42.7	7.0	159	9	240.3	224.3	299.5	9 672	42.6	6.6	158	11	247.6	229.0	243.2	4 332
45～49	47.4	7.6	160	8	243.1	229.1	285.3	9 057	47.3	7.1	159	9	250.4	234.7	198.5	3 999
50～54	52.4	9.0	161	9	252.9	238.1	346.1	6 830	52.3	8.3	160	10	261.0	243.5	246.6	2 719
55～59	57.4	10.5	161	8	237.5	224.3	348.8	4 397	57.2	9.4	160	10	253.6	237.3	337.5	1 359
60～64	62.3	11.6	161	7	202.7	192.5	201.0	2 678	62.1	11.4	160	10	204.2	190.2	149.5	763
65～69	67.1	10.9	160	6	177.9	170.4	132.0	1 282	66.7	9.5	160	11	194.2	178.3	125.8	312
70歳～	72.9	16.1	160	6	193.5	187.3	106.3	432	71.9	11.7	146	7	152.8	145.2	8.3	44

所定内給与額及び年間賞与その他特別給与額

（他に分類されないもの）

区分	100～999人 年齢	勤続年数	所定内実労働時間数	超過実労働時間数	きまって支給する現金給与額	所定内給与額	年間賞与その他特別給与額	労働者数	10～99人 年齢	勤続年数	所定内実労働時間数	超過実労働時間数	きまって支給する現金給与額	所定内給与額	年間賞与その他特別給与額	労働者数
	歳	年	時	時	千円	千円	千円	十人	歳	年	時	時	千円	千円	千円	十人
中学卒	**51.4**	**8.5**	**166**	**16**	**249.6**	**223.2**	**291.8**	**2 153**	**52.0**	**11.2**	**170**	**11**	**254.1**	**236.6**	**268.9**	**2 663**
～19歳	18.7	1.2	166	17	196.9	172.5	6.6	31	18.5	1.4	169	11	200.4	183.8	74.7	22
20～24	22.4	2.0	163	20	235.2	202.0	77.9	64	22.3	2.8	172	24	245.1	211.1	91.5	75
25～29	27.5	3.1	177	26	254.8	212.7	171.4	89	27.6	4.1	172	14	278.1	256.8	225.9	110
30～34	32.5	4.2	161	17	272.5	241.5	409.8	160	32.8	6.0	173	15	281.9	256.4	375.2	167
35～39	37.8	5.5	173	21	275.5	237.7	280.9	142	37.7	8.4	176	11	275.1	253.5	332.1	227
40～44	42.5	6.7	166	25	287.4	244.1	266.6	221	42.6	10.6	169	14	281.5	258.5	335.6	267
45～49	47.3	8.8	165	24	284.9	244.3	383.4	228	47.5	9.7	175	14	297.2	273.0	354.3	305
50～54	53.1	12.4	170	11	284.5	262.2	547.4	237	52.6	13.2	169	10	289.6	272.2	435.5	267
55～59	58.0	11.1	167	16	264.9	236.1	430.3	246	57.9	12.4	169	11	256.6	237.6	279.2	270
60～64	62.6	11.3	167	12	212.6	196.9	240.8	324	62.7	14.2	167	8	229.9	216.7	262.9	367
65～69	67.4	8.8	162	8	201.8	191.7	104.0	321	67.5	16.3	166	5	206.4	200.1	125.0	371
70歳～	74.3	8.3	166	3	180.0	176.0	101.4	91	73.7	10.8	164	6	187.3	179.4	56.5	214
高校卒	**47.3**	**8.7**	**167**	**18**	**272.4**	**241.7**	**450.5**	**23 834**	**46.6**	**9.3**	**170**	**13**	**277.6**	**254.7**	**376.1**	**19 517**
～19歳	19.2	1.0	169	21	208.1	177.9	105.6	429	19.2	1.0	169	9	188.0	177.5	94.6	158
20～24	22.7	2.7	166	25	233.0	193.1	334.4	1 177	22.7	2.4	171	16	220.4	196.8	209.9	748
25～29	27.6	4.6	166	23	247.6	208.8	325.0	1 560	27.7	3.8	171	15	244.9	221.0	250.0	1 244
30～34	32.5	6.2	166	24	268.5	226.7	407.6	2 018	32.6	6.3	171	17	271.0	243.1	377.6	1 831
35～39	37.6	7.9	167	22	284.5	244.5	507.3	2 315	37.5	7.9	171	16	293.9	264.3	408.2	2 359
40～44	42.6	10.0	168	18	304.7	270.2	582.7	2 948	42.6	9.9	171	16	307.9	278.4	451.0	2 669
45～49	47.5	11.0	166	19	308.9	273.7	601.7	2 703	47.3	10.4	171	13	308.0	282.8	441.4	2 735
50～54	52.6	11.7	167	16	309.5	279.9	594.9	2 595	52.4	11.6	171	12	307.7	283.5	480.5	2 219
55～59	57.5	10.7	167	16	294.2	265.0	535.3	2 823	57.5	12.5	169	10	290.0	271.4	466.8	1 957
60～64	62.5	9.0	165	11	238.1	220.8	391.9	2 936	62.5	11.5	167	8	245.6	231.8	297.0	1 938
65～69	67.2	8.1	168	9	206.4	193.3	119.1	1 695	67.4	10.3	164	5	211.2	203.0	162.1	1 180
70歳～	73.1	9.6	168	6	198.1	190.7	68.2	637	73.3	10.4	162	3	187.7	183.2	96.9	480
高専・短大卒	**43.6**	**9.7**	**167**	**15**	**313.7**	**283.9**	**648.4**	**5 790**	**41.6**	**10.0**	**171**	**15**	**310.0**	**282.6**	**550.1**	**3 697**
～19歳	－	－	－	－	－	－	－	－	－	－	－	－	－	－	－	－
20～24	22.8	1.7	167	15	227.7	203.2	290.4	334	23.0	2.0	168	11	220.1	204.3	231.7	209
25～29	27.3	4.1	165	17	254.5	226.3	461.8	457	27.4	3.2	170	29	261.3	215.1	320.6	338
30～34	32.7	6.3	165	18	282.3	249.4	612.7	687	32.5	6.2	171	22	285.8	250.4	437.9	540
35～39	37.7	9.1	168	19	317.1	280.2	647.6	737	37.6	9.5	173	18	319.5	285.8	636.1	587
40～44	42.6	11.2	170	16	333.1	298.9	756.5	1 084	42.5	11.4	172	14	333.2	303.5	647.9	718
45～49	47.3	12.1	165	15	360.2	327.3	878.1	861	47.4	12.8	172	9	330.1	312.0	632.9	540
50～54	52.3	14.2	167	12	378.3	347.4	804.2	549	52.2	16.5	169	9	363.9	346.3	741.0	318
55～59	57.5	14.7	166	12	344.8	323.1	761.9	499	57.5	17.4	170	9	340.6	322.8	722.9	208
60～64	62.3	11.7	167	11	272.6	258.5	397.7	299	62.2	13.0	161	8	296.6	281.5	393.9	163
65～69	67.3	5.6	165	8	230.2	214.4	112.4	251	67.3	8.8	167	4	235.4	230.0	132.2	52
70歳～	74.3	4.2	169	6	180.5	171.6	72.4	31	72.5	7.6	170	6	220.0	211.6	142.3	25
大学・大学院卒	**45.6**	**8.7**	**165**	**14**	**333.5**	**305.7**	**703.3**	**13 180**	**45.3**	**9.5**	**167**	**9**	**338.7**	**320.5**	**690.1**	**8 772**
～19歳	－	－	－	－	－	－	－	－	－	－	－	－	－	－	－	－
20～24	23.7	1.4	166	13	241.3	217.7	223.8	424	23.6	1.1	174	16	249.3	222.3	161.3	280
25～29	27.6	3.1	167	19	266.5	234.1	458.1	1 309	27.8	3.4	170	14	267.2	242.8	358.9	890
30～34	32.6	5.4	165	21	305.4	266.7	597.9	1 520	32.5	5.3	170	11	298.9	276.0	512.5	1 138
35～39	37.6	8.6	163	17	348.0	311.2	799.5	1 777	37.3	7.9	170	10	333.6	310.4	768.8	1 226
40～44	42.5	10.3	165	16	367.8	334.3	892.5	1 630	42.5	10.5	168	11	365.1	342.1	847.2	1 142
45～49	47.3	11.6	167	15	388.6	354.4	897.4	1 431	47.5	12.8	167	9	397.1	378.0	961.9	932
50～54	52.5	12.8	165	12	384.1	359.2	857.1	1 196	52.4	14.9	167	7	388.7	372.6	1049.4	653
55～59	57.6	11.6	166	9	380.4	362.4	898.5	1 629	57.5	15.2	164	5	402.8	390.6	932.4	834
60～64	62.3	9.0	164	8	285.6	273.1	550.5	1 574	62.4	9.9	162	4	329.5	322.3	585.5	1 100
65～69	67.0	7.6	164	6	264.7	255.1	243.5	558	67.1	9.0	162	3	279.2	273.2	417.9	396
70歳～	73.2	6.6	166	8	223.4	213.2	113.7	131	74.0	20.6	159	5	357.0	350.0	150.9	182
女																
学歴計	**42.7**	**6.5**	**160**	**8**	**220.7**	**206.8**	**267.5**	**23 888**	**43.2**	**7.9**	**164**	**7**	**235.8**	**224.2**	**356.6**	**12 121**
～19歳	19.0	1.0	163	8	183.2	173.4	51.4	138	19.2	1.2	170	3	175.3	170.9	116.5	90
20～24	23.2	1.7	163	10	207.6	193.0	167.6	1 458	22.9	1.6	167	8	198.3	187.0	161.4	772
25～29	27.4	2.8	161	9	210.9	196.6	203.7	2 632	27.6	2.9	166	9	224.6	210.7	241.0	1 475
30～34	32.6	4.0	159	9	217.0	201.5	223.5	2 835	32.7	4.3	164	11	227.9	211.9	300.2	1 166
35～39	37.4	5.9	159	9	224.7	209.1	301.0	3 153	37.6	6.0	163	7	241.9	229.6	339.4	1 470
40～44	42.6	6.8	159	9	231.6	216.8	308.8	3 527	42.7	8.4	164	7	240.0	227.8	416.2	1 812
45～49	47.3	7.5	160	8	233.0	219.1	325.0	3 365	47.6	8.8	164	6	246.0	235.8	411.2	1 694
50～54	52.5	8.6	160	8	241.0	227.1	352.0	2 796	52.4	11.3	164	7	261.3	250.3	539.0	1 315
55～59	57.4	10.0	160	8	213.1	201.0	273.0	1 957	57.4	12.9	165	7	261.4	250.3	500.1	1 082
60～64	62.3	11.5	161	7	195.5	186.9	194.3	1 231	62.4	12.1	164	6	214.1	205.2	270.4	685
65～69	67.3	9.9	161	4	166.9	161.8	109.4	568	67.2	13.3	160	3	180.9	176.4	169.0	401
70歳～	72.7	13.8	161	9	163.9	154.5	70.6	228	73.4	20.6	164	1	246.9	245.5	183.9	160

第1表　年齢階級別きまって支給する現金給与額、

Ｒサービス業（他に分類されないもの）

区分	企業規模計 年齢	勤続年数	所定内実労働時間数	超過実労働時間数	きまって支給する現金給与額	所定内給与額	年間賞与その他特別給与額	労働者数	1,000人以上 年齢	勤続年数	所定内実労働時間数	超過実労働時間数	きまって支給する現金給与額	所定内給与額	年間賞与その他特別給与額	労働者数
	歳	年	時	時	千円	千円	千円	十人	歳	年	時	時	千円	千円	千円	十人
中学卒	**47.3**	**6.8**	**162**	**12**	**192.5**	**175.1**	**101.1**	**2 061**	**43.3**	**5.3**	**159**	**12**	**196.6**	**178.8**	**63.0**	**507**
～19歳	18.3	0.8	153	1	160.1	158.5	0.8	47	18.5	0.6	142	0	156.8	156.7	0.9	29
20～24	22.8	1.3	155	9	180.0	164.6	25.4	67	23.4	1.9	149	8	185.0	166.4	31.8	19
25～29	27.4	2.1	159	6	185.2	176.9	46.9	173	27.8	2.3	154	8	197.2	185.9	48.8	62
30～34	33.1	3.2	159	14	207.0	186.5	53.6	298	33.3	2.2	157	12	215.2	196.0	28.6	106
35～39	37.1	4.7	161	11	190.8	171.9	41.9	205	37.7	5.2	169	12	198.4	181.7	46.3	36
40～44	42.6	7.2	164	14	196.4	175.5	123.3	183	41.9	7.3	159	12	197.7	177.9	170.5	28
45～49	47.5	6.2	166	20	219.3	189.0	137.4	204	47.5	4.9	164	16	194.1	173.1	106.6	42
50～54	52.6	6.7	162	17	217.2	193.5	165.8	152	52.8	3.8	158	16	195.9	176.4	100.6	38
55～59	57.3	9.4	162	18	212.2	189.1	135.8	158	56.4	11.0	171	27	231.1	193.5	36.4	47
60～64	62.5	10.1	166	10	170.4	157.9	176.8	239	62.3	10.3	167	12	183.3	168.0	76.2	63
65～69	67.2	10.9	160	6	161.9	154.8	115.4	191	66.2	8.6	159	9	173.4	159.7	163.9	23
70歳～	73.2	14.0	168	12	177.3	163.9	86.8	143	72.8	8.4	140	6	139.7	132.6	17.8	15
高校卒	**44.0**	**6.6**	**161**	**9**	**212.4**	**198.4**	**189.8**	**27 844**	**42.1**	**6.0**	**159**	**11**	**224.1**	**206.8**	**144.2**	**10 030**
～19歳	19.1	0.9	166	8	189.3	179.0	59.6	313	19.1	0.7	168	12	205.4	190.4	11.1	104
20～24	22.6	1.9	161	12	211.1	194.4	110.5	1 915	22.5	1.7	160	13	227.7	209.5	36.5	989
25～29	27.5	3.0	161	10	204.0	188.9	124.0	2 239	27.5	3.1	159	12	210.9	192.0	105.6	814
30～34	32.6	4.1	161	10	209.8	194.6	114.2	2 720	32.6	4.4	159	10	219.5	202.7	70.2	1 127
35～39	37.5	5.2	161	10	217.1	201.1	185.5	3 108	37.6	5.3	158	11	227.0	208.2	166.3	1 090
40～44	42.7	6.3	160	10	214.3	198.8	178.9	3 948	42.8	6.5	156	12	224.3	204.6	140.8	1 494
45～49	47.4	6.8	161	8	217.1	204.2	210.0	4 396	47.3	6.8	158	9	229.8	215.5	177.0	1 719
50～54	52.4	8.5	162	10	229.3	213.9	284.5	3 682	52.2	8.0	162	12	238.9	219.2	192.4	1 260
55～59	57.4	10.2	162	8	215.0	203.3	297.3	2 484	57.4	9.4	161	9	225.0	211.4	307.2	646
60～64	62.3	11.1	161	7	194.5	184.0	174.6	1 880	62.1	10.4	159	11	205.4	190.1	149.0	556
65～69	67.1	10.5	161	5	177.2	170.7	125.4	928	66.6	8.2	162	10	191.4	178.5	111.5	216
70歳～	72.4	15.3	156	2	167.9	165.5	128.9	231	72.1	11.6	158	6	162.4	155.7	6.4	16
高専・短大卒	**42.5**	**7.1**	**160**	**8**	**239.6**	**225.9**	**264.8**	**15 812**	**42.6**	**6.5**	**159**	**9**	**244.1**	**228.7**	**187.6**	**7 311**
～19歳	-	-	-	-	-	-	-	-	-	-	-	-	-	-	-	-
20～24	22.8	1.4	162	11	199.1	184.2	86.9	899	22.9	1.4	158	14	196.8	177.7	80.8	388
25～29	27.6	3.0	164	10	213.4	197.8	199.8	1 401	27.7	3.0	164	12	221.8	203.2	198.0	530
30～34	32.5	4.2	160	9	214.4	200.2	164.1	1 541	32.5	4.5	159	9	218.8	204.6	185.2	678
35～39	37.7	5.6	159	9	233.0	218.5	233.5	2 082	37.5	5.5	159	10	240.1	223.5	165.1	939
40～44	42.7	7.7	159	8	249.0	235.3	290.5	3 170	42.7	6.9	158	9	251.6	236.4	197.6	1 637
45～49	47.4	8.2	160	7	253.3	240.8	309.3	2 933	47.4	7.5	160	8	254.9	240.7	201.1	1 506
50～54	52.4	9.9	160	7	268.7	255.6	353.0	2 049	52.3	7.9	161	7	267.1	252.8	177.6	994
55～59	57.2	10.8	161	7	244.1	230.7	341.8	1 182	56.8	9.0	159	9	260.9	243.9	276.5	447
60～64	62.1	14.2	162	6	232.4	223.4	270.7	400	62.2	14.7	160	4	206.4	200.1	162.8	113
65～69	66.8	12.9	158	10	198.4	183.7	193.8	121	66.7	12.1	157	15	205.5	182.5	145.6	65
70歳～	72.3	9.6	157	4	177.1	171.4	62.4	33	70.7	15.4	139	8	156.1	147.1	0.0	14
大学・大学院卒	**37.2**	**5.9**	**160**	**9**	**268.4**	**251.2**	**444.5**	**15 177**	**36.8**	**5.4**	**160**	**11**	**271.7**	**251.9**	**407.3**	**7 037**
～19歳	-	-	-	-	-	-	-	-	-	-	-	-	-	-	-	-
20～24	23.8	1.3	164	12	232.2	213.9	238.8	1 412	23.8	1.3	161	16	243.5	218.6	286.9	667
25～29	27.6	2.7	163	10	241.1	225.2	323.9	3 041	27.5	2.5	163	9	248.5	232.4	346.8	1 341
30～34	32.6	4.5	159	10	258.4	239.8	432.9	2 661	32.5	4.6	161	11	268.3	248.6	412.7	1 309
35～39	37.4	7.2	159	9	272.3	255.7	534.5	2 422	37.4	6.9	158	10	278.4	260.5	513.4	1 130
40～44	42.5	7.2	158	10	275.4	256.1	526.0	2 371	42.5	6.5	159	12	272.8	250.9	439.0	1 173
45～49	47.2	8.6	160	8	301.6	283.6	476.2	1 523	47.0	7.2	161	11	292.6	270.6	249.1	732
50～54	52.3	9.5	158	7	316.0	301.4	599.2	946	52.4	10.3	156	10	318.1	299.1	579.1	428
55～59	57.4	11.4	158	8	328.7	312.3	645.2	573	57.7	9.9	157	9	328.1	310.0	617.2	218
60～64	62.2	13.3	158	4	273.8	266.7	373.3	160	61.6	18.6	154	9	217.4	201.4	263.1	30
65～69	67.7	11.8	160	7	208.9	196.9	177.0	42	69.1	21.4	156	26	230.5	188.8	233.9	9
70歳～	76.2	43.7	159	1	533.7	532.2	68.2	26	-	-	-	-	-	-	-	-
産業計（民・公営計）																
男女計																
学歴計	**42.5**	**12.1**	**165**	**13**	**334.7**	**305.0**	**909.1**	**2 291 234**	**41.7**	**13.9**	**160**	**16**	**386.5**	**347.5**	**1309.5**	**816 762**
～19歳	19.1	1.0	169	13	195.5	175.5	134.2	21 388	19.1	1.0	165	15	204.7	180.4	185.7	6 795
20～24	23.0	2.2	167	14	231.6	207.0	374.6	171 402	23.2	2.1	161	17	250.6	218.6	453.1	61 602
25～29	27.5	4.4	165	16	272.3	239.4	654.0	252 437	27.5	4.6	160	21	302.8	257.6	841.0	98 378
30～34	32.5	7.1	165	17	309.2	272.7	802.6	262 538	32.5	7.7	160	20	348.2	299.8	1076.3	99 720
35～39	37.6	9.8	165	16	337.3	301.7	915.4	274 609	37.5	10.7	160	18	385.3	338.6	1250.9	97 863
40～44	42.6	12.8	165	14	361.8	328.0	1035.6	325 184	42.6	14.6	160	16	416.5	372.5	1454.2	114 941
45～49	47.4	15.6	165	13	384.2	353.1	1169.3	312 462	47.5	18.6	161	14	449.7	410.6	1702.4	116 348
50～54	52.5	18.4	165	11	401.0	373.4	1271.5	258 271	52.4	22.5	160	12	479.5	445.3	1913.4	97 676
55～59	57.4	20.4	165	10	388.8	364.9	1189.3	212 980	57.4	25.2	160	11	463.1	433.2	1814.5	73 313
60～64	62.3	18.3	164	8	290.2	275.0	620.4	134 569	62.2	22.2	158	8	315.2	298.2	924.3	39 630
65～69	67.2	15.2	166	7	262.6	250.5	341.3	50 300	67.0	16.4	158	7	299.7	287.5	593.0	8 906
70歳～	73.3	18.0	164	5	267.5	259.3	278.9	15 096	72.5	19.3	154	5	321.6	313.0	517.9	1 590

所定内給与額及び年間賞与その他特別給与額

産業計（民・公営計）

100〜999人 年齢	勤続年数	所定内実労働時間数	超過実労働時間数	きまって支給する現金給与額	きまって支給する現金給与額 所定内給与額	年間賞与その他特別給与額	労働者数	10〜99人 年齢	勤続年数	所定内実労働時間数	超過実労働時間数	きまって支給する現金給与額	きまって支給する現金給与額 所定内給与額	年間賞与その他特別給与額	労働者数	区分
歳	年	時	時	千円	千円	千円	十人	歳	年	時	時	千円	千円	千円	十人	
49.0	**7.0**	**162**	**13**	**187.4**	**169.7**	**91.7**	**1 132**	**47.5**	**8.0**	**165**	**12**	**201.4**	**185.0**	**172.1**	**422**	**中学卒**
17.5	1.2	170	1	163.1	160.7	0.8	15	19.5	0.5	173	11	175.3	164.1	0.0	3	〜 19歳
22.4	0.9	155	11	187.6	170.5	14.0	34	22.7	1.6	162	7	156.9	149.3	43.4	15	20 〜 24
26.9	2.1	158	5	166.9	159.3	21.9	72	27.5	1.6	169	3	199.6	194.7	89.2	40	25 〜 29
33.3	3.6	158	14	204.1	183.3	18.5	135	32.2	4.0	166	17	198.8	176.8	180.7	58	30 〜 34
37.1	4.6	156	8	180.3	165.7	7.6	130	36.9	4.8	170	23	218.5	183.7	151.0	40	35 〜 39
42.8	7.9	164	15	188.4	167.7	75.6	111	42.5	5.4	167	14	215.7	193.6	213.0	44	40 〜 44
47.3	6.6	168	23	232.3	194.9	166.5	107	48.1	6.5	164	16	213.4	189.8	104.3	55	45 〜 49
52.7	6.3	163	20	201.9	173.9	120.3	86	52.0	12.2	162	12	293.5	277.4	396.0	28	50 〜 54
57.8	7.7	157	13	204.3	189.9	186.3	95	57.2	14.9	166	19	203.3	171.5	129.1	16	55 〜 59
62.5	9.7	168	10	159.4	148.4	183.6	130	62.8	10.9	161	10	183.6	170.9	295.3	46	60 〜 64
67.2	9.9	160	7	161.9	153.9	116.7	120	67.7	14.6	162	2	156.3	154.7	89.6	48	65 〜 69
73.1	14.0	173	16	181.7	163.9	63.0	99	73.9	16.6	166	1	181.8	179.9	200.5	30	70歳〜
44.7	**6.4**	**161**	**8**	**203.1**	**190.4**	**187.7**	**11 935**	**45.8**	**8.0**	**166**	**8**	**211.3**	**200.1**	**271.9**	**5 879**	**高校卒**
19.1	1.0	162	9	185.6	174.9	57.5	123	19.2	1.2	169	3	175.3	171.2	121.1	86	〜 19歳
22.9	2.2	161	11	198.5	181.8	192.0	584	22.6	2.2	163	10	185.0	172.1	185.2	342	20 〜 24
27.5	2.8	160	9	200.8	187.0	119.5	1 002	27.3	3.2	167	8	198.3	187.2	169.9	423	25 〜 29
32.5	3.6	161	9	202.5	188.7	110.0	1 177	32.7	4.8	166	11	203.8	189.3	245.4	415	30 〜 34
37.5	4.8	161	9	208.7	193.6	150.0	1 394	37.4	6.0	168	9	218.6	205.5	298.2	624	35 〜 39
42.7	5.7	160	8	206.2	193.2	177.8	1 600	42.8	7.1	166	9	212.0	198.9	247.8	854	40 〜 44
47.3	6.5	160	8	205.0	192.3	201.6	1 832	47.6	7.6	166	7	217.6	207.0	295.3	845	45 〜 49
52.5	7.9	161	8	222.1	208.3	301.4	1 670	52.4	10.5	166	8	229.4	217.4	401.2	753	50 〜 54
57.4	9.8	160	8	203.0	191.7	259.0	1 190	57.4	11.7	167	8	227.0	216.4	357.9	649	55 〜 59
62.3	11.1	160	6	180.5	172.6	170.9	835	62.4	11.9	165	6	205.8	196.7	210.1	489	60 〜 64
67.3	10.2	161	4	168.0	163.6	110.3	412	67.2	12.6	160	3	179.4	174.8	155.9	301	65 〜 69
72.3	14.2	150	3	143.2	140.0	84.5	117	72.5	17.1	163	1	198.3	197.3	201.4	98	70歳〜
42.5	**7.3**	**160**	**7**	**230.2**	**218.1**	**282.7**	**5 667**	**42.3**	**8.5**	**164**	**7**	**246.6**	**234.6**	**428.0**	**2 834**	**高専・短大卒**
−	−	−	−	−	−	−	−	−	−	−	−	−	−	−	−	〜 19歳
22.7	1.5	163	7	199.7	188.8	75.8	322	22.8	1.2	167	10	202.9	190.0	118.2	189	20 〜 24
27.5	3.0	161	6	198.5	189.9	136.8	539	27.4	3.1	169	15	224.1	202.0	305.3	332	25 〜 29
32.5	4.1	161	7	207.4	194.7	141.9	627	32.6	3.6	165	12	220.2	202.1	162.4	236	30 〜 34
37.8	5.9	157	8	215.4	201.9	273.7	724	37.7	5.7	160	6	247.6	236.0	317.4	420	35 〜 39
42.7	7.6	159	8	243.3	229.9	315.1	1 032	42.7	10.5	162	5	251.9	242.6	543.2	501	40 〜 44
47.4	8.5	158	6	250.6	239.1	383.4	985	47.7	10.3	164	5	254.1	244.9	512.2	443	45 〜 49
52.5	11.2	158	6	264.4	251.0	456.9	748	52.5	13.0	163	5	284.3	275.5	666.5	308	50 〜 54
57.6	10.4	161	7	212.0	200.6	264.1	472	57.5	14.7	162	5	273.2	262.5	592.0	263	55 〜 59
62.0	14.1	163	8	247.4	235.7	246.0	188	62.1	13.9	162	4	233.5	226.4	441.6	99	60 〜 64
67.3	9.0	159	2	157.3	155.4	65.3	18	66.9	16.4	160	5	206.3	199.8	344.0	37	65 〜 69
73.2	3.2	167	3	168.3	165.1	0.0	11	73.7	9.0	174	0	224.3	220.8	253.0	8	70歳〜
36.9	**5.9**	**159**	**9**	**258.2**	**240.8**	**473.9**	**5 154**	**38.5**	**6.9**	**162**	**6**	**278.5**	**267.3**	**481.5**	**2 987**	**大学・大学院卒**
−	−	−	−	−	−	−	−	−	−	−	−	−	−	−	−	〜 19歳
23.9	1.4	165	9	224.1	209.6	207.0	519	23.5	1.1	172	5	217.2	209.7	169.3	226	20 〜 24
27.4	2.9	163	11	230.4	212.2	334.8	1 019	28.0	2.8	164	7	242.7	230.5	262.7	680	25 〜 29
32.6	4.6	155	11	244.6	225.8	460.6	896	32.8	4.3	163	9	257.4	242.0	436.4	456	30 〜 34
37.2	7.8	160	10	263.1	245.2	597.7	905	37.8	6.4	158	5	275.9	266.2	448.6	387	35 〜 39
42.4	7.7	156	9	273.9	254.8	600.2	785	42.6	8.7	161	6	285.8	273.3	632.1	413	40 〜 44
47.2	9.4	158	8	310.5	291.4	746.6	440	47.4	10.3	160	3	309.3	300.8	610.3	351	45 〜 49
52.2	7.0	160	6	300.4	288.8	441.0	292	52.2	11.5	159	5	332.1	322.1	841.6	226	50 〜 54
57.4	10.7	160	8	280.3	262.6	418.0	200	57.2	14.6	157	6	392.2	380.0	979.8	154	55 〜 59
62.5	12.3	160	2	289.8	285.7	337.7	78	62.1	11.6	158	3	282.7	276.4	492.2	51	60 〜 64
67.5	5.2	168	2	185.2	181.4	83.9	18	67.1	14.2	154	3	224.7	219.6	254.6	15	65 〜 69
78.5	58.5	154	0	679.8	679.8	0.0	1	76.0	43.0	159	1	526.5	525.0	71.5	25	70歳〜
																産業計（民・公営計）
																男女計
42.3	**11.5**	**166**	**13**	**317.9**	**290.4**	**808.1**	**858 115**	**43.9**	**10.5**	**171**	**11**	**289.3**	**269.0**	**519.0**	**616 357**	**学歴計**
19.1	1.0	169	13	193.1	172.9	128.1	8 916	19.0	1.0	173	11	188.1	173.6	82.3	5 677	〜 19歳
23.0	2.2	167	13	226.3	203.3	367.2	67 784	22.8	2.2	173	11	212.3	195.9	271.4	42 016	20 〜 24
27.5	4.4	166	15	259.8	231.1	605.1	94 935	27.6	4.0	171	12	241.4	222.3	421.6	59 124	25 〜 29
32.5	7.1	165	16	294.0	260.9	725.6	98 679	32.6	6.3	171	13	272.2	248.9	495.3	64 139	30 〜 34
37.6	9.7	165	15	320.6	287.4	837.5	105 315	37.6	8.5	171	13	296.3	272.4	570.4	71 431	35 〜 39
42.6	12.6	166	14	345.1	313.4	942.5	122 349	42.5	10.8	172	12	313.6	290.3	617.9	87 894	40 〜 44
47.4	15.0	166	13	362.3	333.5	1014.4	115 131	47.5	12.2	172	12	321.4	298.4	623.5	80 983	45 〜 49
52.5	17.3	166	11	375.6	349.9	1065.5	92 896	52.5	14.0	172	11	322.6	302.0	628.0	67 699	50 〜 54
57.4	19.4	166	10	369.4	347.4	1049.4	79 425	57.4	16.0	171	10	323.8	304.8	612.8	60 242	55 〜 59
62.3	17.4	164	8	281.1	266.3	576.3	50 013	62.4	15.8	169	8	278.1	264.3	401.3	44 925	60 〜 64
67.2	13.5	165	8	260.5	246.7	317.6	17 860	67.3	16.0	169	7	250.2	239.4	264.0	23 534	65 〜 69
73.2	13.8	163	7	300.5	289.1	261.8	4 812	73.5	20.1	167	4	239.4	233.0	244.6	8 694	70歳〜

第1表　年齢階級別きまって支給する現金給与額、

産　業　計

区分	企業規模計								1,000人以上							
	年齢	勤続年数	所定内実労働時間数	超過実労働時間数	きまって支給する現金給与額	所定内給与額	年間賞与その他特別給与額	労働者数	年齢	勤続年数	所定内実労働時間数	超過実労働時間数	きまって支給する現金給与額	所定内給与額	年間賞与その他特別給与額	労働者数
	歳	年	時	時	千円	千円	千円	十人	歳	年	時	時	千円	千円	千円	十人
男																
学歴計	**43.3**	**13.5**	**166**	**16**	**372.3**	**336.1**	**1064.5**	**1 488 652**	**42.6**	**15.6**	**161**	**18**	**430.0**	**383.9**	**1555.0**	**549 877**
～19歳	19.1	1.0	168	16	204.3	179.4	158.7	13 264	19.1	1.0	164	17	211.9	183.4	217.9	4 614
20～24	23.0	2.3	167	18	242.4	210.6	407.3	88 629	23.1	2.3	162	20	259.3	220.2	501.4	32 791
25～29	27.6	4.6	166	21	289.3	248.3	710.4	147 791	27.5	4.8	161	25	320.1	266.1	916.7	59 918
30～34	32.5	7.4	166	20	334.6	289.4	902.5	169 238	32.5	8.0	161	23	377.5	319.1	1228.9	65 474
35～39	37.6	10.3	166	19	368.9	324.8	1038.4	183 891	37.5	11.3	161	22	421.6	364.7	1435.4	66 885
40～44	42.6	13.8	167	17	400.6	359.2	1187.1	218 727	42.6	15.8	162	19	462.4	409.2	1691.3	78 572
45～49	47.4	17.4	167	15	433.0	395.5	1384.7	207 247	47.5	20.5	162	16	503.7	458.5	2019.4	80 849
50～54	52.5	20.8	166	13	457.7	424.7	1539.5	171 591	52.5	25.0	161	13	539.3	500.3	2282.9	69 931
55～59	57.4	22.7	166	12	441.6	413.4	1421.4	143 801	57.4	27.6	160	11	515.9	482.2	2126.0	53 895
60～64	62.3	19.3	165	9	311.8	294.7	691.1	96 765	62.2	23.7	159	9	334.9	316.3	1049.1	29 909
65～69	67.2	14.8	166	8	275.1	261.3	352.8	37 018	67.0	15.4	160	7	318.0	304.4	656.4	6 164
70歳～	73.3	17.2	165	6	281.1	271.4	248.2	10 692	72.5	15.6	159	7	349.4	336.3	490.8	875
中学卒	**50.3**	**15.0**	**171**	**18**	**303.3**	**269.1**	**495.1**	**52 604**	**47.2**	**17.2**	**164**	**25**	**354.3**	**298.4**	**959.6**	**9 265**
～19歳	18.4	1.3	172	12	197.3	180.2	69.5	620	18.7	0.9	156	15	191.1	167.4	64.0	80
20～24	22.6	2.8	170	18	236.3	207.0	186.6	1 661	22.8	2.7	166	23	259.7	216.1	261.6	286
25～29	27.6	4.4	171	25	282.5	238.2	385.9	2 482	27.5	4.4	165	34	309.8	241.1	568.2	655
30～34	32.7	6.9	172	24	308.3	263.9	507.5	3 781	32.8	7.7	162	31	343.1	274.2	868.8	771
35～39	37.5	9.1	172	22	319.8	276.4	572.2	4 650	37.5	9.9	164	31	363.2	293.4	975.8	1 018
40～44	42.7	11.8	172	22	334.9	290.0	589.4	5 695	42.7	12.7	166	27	373.5	310.6	939.3	1 132
45～49	47.4	14.6	174	22	353.8	310.4	643.2	6 375	47.4	16.8	168	28	414.3	348.3	1131.7	1 340
50～54	52.6	17.4	173	21	353.2	310.6	670.8	5 283	52.7	20.6	166	27	416.0	351.6	1166.7	1 032
55～59	57.7	20.8	169	18	344.0	305.7	716.5	5 646	57.9	29.3	162	23	411.6	354.0	1463.4	1 140
60～64	62.5	21.9	170	12	268.5	248.3	441.4	8 134	62.4	30.5	162	13	281.3	257.0	907.9	1 322
65～69	67.3	17.8	168	10	240.1	223.6	183.1	5 731	66.9	14.0	163	13	217.8	196.2	257.1	405
70歳～	73.7	20.9	168	7	217.8	207.0	183.1	2 546	73.5	24.8	166	15	225.1	203.7	217.1	84
高校卒	**44.5**	**14.1**	**168**	**19**	**331.7**	**291.1**	**794.6**	**656 058**	**43.7**	**17.5**	**161**	**22**	**377.6**	**323.8**	**1195.6**	**206 010**
～19歳	19.1	1.0	168	16	204.7	179.4	163.1	12 644	19.1	1.0	164	17	212.2	183.6	220.7	4 534
20～24	22.6	3.2	168	22	239.1	200.9	485.7	42 280	22.6	3.5	161	24	258.2	211.3	642.6	14 192
25～29	27.6	6.0	167	23	272.8	229.0	601.4	49 860	27.6	7.0	161	26	298.6	242.8	812.3	17 888
30～34	32.6	7.9	168	23	300.4	254.4	651.7	58 277	32.5	9.0	161	25	329.1	270.9	892.0	17 724
35～39	37.6	10.7	168	22	330.1	282.6	756.6	70 376	37.6	12.3	162	26	368.5	305.2	1055.9	21 154
40～44	42.6	14.2	168	21	360.5	312.5	895.0	94 789	42.7	17.5	161	25	409.2	344.9	1296.9	30 148
45～49	47.4	16.9	169	20	376.6	330.0	950.3	94 234	47.4	21.1	163	23	434.6	371.8	1422.8	29 437
50～54	52.5	20.3	168	18	393.8	351.6	1085.7	84 298	52.5	26.2	161	20	466.4	409.1	1693.5	28 213
55～59	57.4	22.3	167	15	383.0	346.8	1073.2	71 685	57.4	28.9	160	16	452.0	404.3	1692.6	23 844
60～64	62.3	19.2	165	11	273.3	253.4	555.8	51 133	62.2	24.8	158	10	278.7	257.8	855.1	15 504
65～69	67.2	14.3	167	9	239.8	224.3	248.7	20 977	67.0	15.2	160	10	241.8	224.3	332.7	2 948
70歳～	73.0	15.7	166	6	228.0	217.7	191.3	5 506	72.2	12.8	159	7	220.8	209.6	338.5	424
高専・短大卒	**40.8**	**12.4**	**166**	**15**	**344.5**	**311.6**	**922.0**	**179 743**	**40.9**	**14.1**	**162**	**19**	**381.6**	**336.6**	**1230.1**	**52 279**
～19歳	-	-	-	-	-	-	-	-	-	-	-	-	-	-	-	-
20～24	22.8	2.0	167	15	230.5	204.4	371.2	14 222	22.8	2.0	161	18	245.0	210.1	453.9	4 334
25～29	27.6	4.8	166	17	268.8	235.9	617.5	18 774	27.6	5.2	161	21	290.6	246.3	786.8	5 488
30～34	32.5	7.4	166	17	303.3	267.2	750.2	24 746	32.4	8.1	161	22	328.0	278.1	922.9	6 744
35～39	37.6	10.4	166	17	338.0	300.0	882.3	26 451	37.6	11.1	161	22	372.5	320.0	1095.2	7 437
40～44	42.5	13.7	167	16	365.4	328.0	1001.3	32 560	42.5	14.4	163	21	399.6	345.6	1257.4	8 804
45～49	47.3	17.7	167	14	405.2	371.6	1239.8	26 704	47.3	20.1	163	18	447.3	400.5	1633.9	8 452
50～54	52.4	20.6	166	12	429.9	400.5	1323.1	16 615	52.4	24.1	161	14	491.6	453.1	1887.0	5 228
55～59	57.4	22.2	165	10	423.3	397.7	1268.6	11 657	57.3	24.9	161	12	483.3	449.6	1853.5	3 780
60～64	62.3	19.2	166	9	302.6	286.8	649.1	5 899	62.4	24.5	161	8	314.0	296.9	1033.6	1 697
65～69	67.0	12.3	165	7	271.3	258.6	312.6	1 746	66.7	14.7	161	7	268.6	256.0	495.9	270
70歳～	72.7	14.7	165	8	253.0	236.8	266.0	370	72.3	18.6	160	9	241.1	205.7	382.6	43
大学・大学院卒	**42.2**	**13.0**	**164**	**13**	**430.9**	**398.6**	**1452.0**	**600 248**	**41.9**	**14.5**	**161**	**15**	**479.7**	**439.4**	**1897.0**	**282 324**
～19歳	-	-	-	-	-	-	-	-	-	-	-	-	-	-	-	-
20～24	23.7	1.3	165	14	252.9	227.1	327.4	30 466	23.7	1.2	162	17	264.8	232.4	377.8	13 978
25～29	27.5	3.6	165	20	305.4	264.3	814.6	76 675	27.5	3.7	161	24	335.5	281.2	994.9	35 887
30～34	32.5	7.0	164	20	369.4	322.0	1143.7	82 435	32.5	7.6	160	23	407.8	348.0	1435.5	40 235
35～39	37.5	10.0	164	17	414.6	371.4	1355.4	82 415	37.5	10.7	161	19	463.1	409.3	1731.1	37 277
40～44	42.5	13.6	165	13	462.6	427.4	1620.6	85 683	42.5	14.8	162	14	521.1	477.1	2121.6	38 488
45～49	47.5	18.1	164	9	515.1	487.5	2004.5	79 934	47.6	20.2	161	10	567.0	535.2	2548.2	41 619
50～54	52.5	21.9	164	7	555.4	534.3	2249.7	65 396	52.4	24.3	161	7	608.0	584.2	2842.7	35 457
55～59	57.4	23.5	164	6	532.2	514.8	1982.0	54 813	57.4	26.7	161	7	586.3	566.8	2608.1	25 131
60～64	62.3	18.8	163	6	386.8	374.8	982.1	31 599	62.2	21.2	159	7	420.8	405.7	1332.1	11 385
65～69	67.1	14.5	163	4	385.7	377.8	729.5	8 563	67.0	16.0	158	3	427.7	419.7	1112.8	2 541
70歳～	73.6	17.1	161	3	485.3	479.7	456.4	2 269	72.7	16.5	157	5	563.2	553.0	773.9	325

所定内給与額及び年間賞与その他特別給与額

（民・公営計）

100 ～ 999人								10 ～ 99人								区分
年齢	勤続年数	所定内実労働時間数	超過実労働時間数	きまって支給する現金給与額	所定内給与額	年間賞与その他特別給与額	労働者数	年齢	勤続年数	所定内実労働時間数	超過実労働時間数	きまって支給する現金給与額	所定内給与額	年間賞与その他特別給与額	労働者数	
歳	年	時	時	千円	千円	千円	十人	歳	年	時	時	千円	千円	千円	十人	
																男
43.0	**12.9**	**167**	**16**	**353.1**	**319.0**	**937.2**	**537 212**	**44.8**	**11.3**	**173**	**14**	**318.8**	**293.6**	**563.1**	**401 563**	**学歴計**
19.1	1.0	169	17	202.5	175.9	147.5	5 238	19.0	1.0	174	13	196.9	179.5	95.7	3 412	～ 19歳
23.0	2.3	167	18	236.0	205.8	400.6	35 079	22.9	2.4	174	15	226.5	203.6	270.0	20 759	20 ～ 24
27.6	4.6	167	19	274.6	238.0	658.1	53 797	27.6	4.1	173	15	258.5	233.4	430.5	34 076	25 ～ 29
32.6	7.3	166	20	316.2	274.4	809.7	61 815	32.6	6.4	173	16	294.7	265.4	529.8	41 949	30 ～ 34
37.6	10.3	166	19	350.4	308.4	947.1	68 265	37.6	9.0	173	16	322.4	292.8	621.4	48 741	35 ～ 39
42.5	13.7	167	17	381.1	341.9	1075.3	79 921	42.5	11.5	173	15	345.7	317.0	677.8	60 234	40 ～ 44
47.4	17.0	167	15	408.5	372.9	1191.9	72 992	47.4	13.3	174	14	359.3	331.0	687.4	53 406	45 ～ 49
52.5	20.0	167	14	430.2	399.1	1276.6	58 545	52.4	15.3	173	13	362.5	336.8	690.8	43 115	50 ～ 54
57.5	21.8	166	12	423.9	397.6	1254.0	50 609	57.5	17.1	173	12	362.5	339.2	670.9	39 297	55 ～ 59
62.3	18.4	165	9	303.7	286.7	644.1	34 515	62.4	16.1	171	9	298.9	283.1	410.0	32 341	60 ～ 64
67.2	13.3	166	10	276.4	260.3	329.6	12 961	67.3	15.7	169	7	259.3	247.2	264.9	17 892	65 ～ 69
73.2	13.8	164	8	330.4	317.7	258.9	3 477	73.4	19.2	167	5	244.6	237.1	208.8	6 340	70歳 ～
50.7	**14.2**	**169**	**21**	**292.9**	**254.1**	**500.5**	**14 858**	**51.1**	**14.7**	**174**	**14**	**292.1**	**267.4**	**341.2**	**28 481**	**中学卒**
18.6	1.1	168	20	204.8	175.4	19.8	112	18.3	1.5	176	10	196.4	183.9	83.4	428	～ 19歳
22.8	2.2	169	25	217.2	182.6	141.2	415	22.5	3.0	172	14	237.7	214.8	183.8	960	20 ～ 24
27.8	4.1	171	29	263.2	213.8	347.5	657	27.7	4.6	174	17	278.0	250.4	305.4	1 170	25 ～ 29
32.7	6.2	169	28	296.4	247.2	502.8	1 117	32.7	7.1	177	18	301.1	269.6	363.1	1 893	30 ～ 34
37.4	7.7	170	25	310.1	262.0	576.2	1 213	37.6	9.4	176	16	306.5	276.5	400.4	2 419	35 ～ 39
42.7	10.9	171	30	335.1	278.1	572.4	1 478	42.7	12.0	174	16	320.7	288.2	469.3	3 085	40 ～ 44
47.3	13.3	173	23	344.0	301.3	616.8	1 932	47.5	14.4	176	19	333.9	299.6	448.7	3 102	45 ～ 49
52.6	17.6	169	23	347.9	299.6	743.7	1 610	52.5	16.0	177	17	331.9	301.3	432.3	2 640	50 ～ 54
57.7	20.8	168	21	338.0	295.3	763.2	1 594	57.7	17.6	173	15	320.8	292.4	398.7	2 913	55 ～ 59
62.5	21.6	167	12	244.5	224.4	426.9	2 441	62.6	19.5	173	11	278.0	259.0	308.4	4 371	60 ～ 64
67.4	14.9	166	16	225.5	200.6	171.6	1 659	67.3	19.6	170	8	249.1	237.0	180.2	3 667	65 ～ 69
73.8	15.3	162	10	204.4	188.5	170.8	629	73.6	22.6	169	6	222.1	213.6	185.8	1 833	70歳 ～
44.2	**13.6**	**168**	**20**	**317.6**	**277.1**	**749.7**	**226 655**	**45.5**	**11.5**	**174**	**16**	**303.7**	**275.1**	**470.5**	**223 393**	**高校卒**
19.1	1.0	169	17	202.5	176.0	150.3	5 126	19.1	0.9	173	13	197.0	178.9	97.5	2 984	～ 19歳
22.5	3.2	168	24	233.0	193.6	491.0	15 636	22.6	2.8	174	18	224.8	198.3	300.2	12 452	20 ～ 24
27.6	6.1	167	24	263.7	219.3	576.0	17 199	27.6	4.7	174	17	252.1	223.5	375.7	14 772	25 ～ 29
32.5	8.0	168	25	292.0	244.0	639.4	20 377	32.6	6.9	174	19	283.7	250.4	453.1	20 176	30 ～ 34
37.6	10.8	168	24	320.1	271.4	749.7	24 377	37.6	9.1	175	18	307.3	274.3	508.4	24 845	35 ～ 39
42.6	14.0	169	22	345.9	297.9	864.7	32 345	42.5	11.3	175	17	329.6	296.9	550.2	32 296	40 ～ 44
47.5	16.8	168	21	360.8	315.2	915.7	32 443	47.4	13.2	175	17	339.6	307.0	554.9	32 355	45 ～ 49
52.5	19.6	168	18	374.3	335.0	991.9	28 550	52.4	15.0	174	15	339.8	309.9	560.1	27 534	50 ～ 54
57.5	21.3	168	16	364.4	329.7	976.4	24 032	57.4	16.8	174	14	332.8	306.5	550.5	23 809	55 ～ 59
62.4	17.8	165	12	261.5	241.6	505.7	17 538	62.4	15.6	171	11	280.1	261.1	347.8	18 090	60 ～ 64
67.1	12.9	167	11	231.4	214.1	225.6	7 302	67.3	15.1	170	8	245.0	231.3	241.4	10 727	65 ～ 69
72.7	13.3	166	9	229.0	213.6	164.6	1 730	73.3	17.2	167	5	228.4	220.8	186.6	3 352	70歳 ～
40.6	**12.4**	**166**	**14**	**333.7**	**302.5**	**895.4**	**79 435**	**41.0**	**10.7**	**172**	**12**	**321.8**	**299.4**	**630.6**	**48 029**	**高専・短大卒**
-	-	-	-	-	-	-	-	-	-	-	-	-	-	-	-	～ 19歳
22.8	2.0	167	15	227.1	203.2	379.1	6 511	22.9	2.0	175	12	218.4	199.5	249.9	3 377	20 ～ 24
27.6	4.8	167	16	264.2	232.9	616.2	8 220	27.5	4.2	172	14	252.6	229.4	436.1	5 067	25 ～ 29
32.5	7.5	165	16	297.5	262.7	764.0	11 189	32.5	6.6	173	14	288.5	263.7	556.5	6 813	30 ～ 34
37.6	10.3	166	16	324.3	288.7	873.0	11 733	37.6	9.8	172	13	324.8	297.8	679.7	7 280	35 ～ 39
42.5	14.1	167	15	357.0	321.3	1014.0	14 484	42.5	12.5	173	12	345.9	321.6	738.4	9 271	40 ～ 44
47.3	17.9	167	13	394.2	363.7	1185.6	11 946	47.4	14.0	172	11	369.8	347.7	814.3	6 306	45 ～ 49
52.4	20.7	167	12	414.5	385.9	1232.7	7 240	52.4	16.1	172	10	379.0	359.5	770.0	4 146	50 ～ 54
57.4	22.2	165	11	396.6	372.9	1153.1	4 804	57.4	18.9	171	8	391.0	372.5	729.7	3 072	55 ～ 59
62.4	18.0	166	10	291.9	273.5	518.2	2 366	62.2	15.7	170	6	305.7	294.8	462.3	1 836	60 ～ 64
66.9	10.1	164	8	262.9	248.6	274.4	757	67.2	13.6	168	6	281.2	270.2	283.8	719	65 ～ 69
72.7	13.3	165	9	266.1	250.4	305.2	186	72.7	15.3	166	6	239.5	228.4	178.7	141	70歳 ～
42.0	**12.3**	**165**	**12**	**401.6**	**373.4**	**1179.0**	**216 265**	**43.3**	**10.3**	**170**	**10**	**358.0**	**338.8**	**796.9**	**101 659**	**大学・大学院卒**
-	-	-	-	-	-	-	-	-	-	-	-	-	-	-	-	～ 19歳
23.7	1.3	167	13	245.1	223.2	307.4	12 517	23.7	1.2	172	10	235.8	220.8	213.0	3 970	20 ～ 24
27.5	3.6	166	17	284.7	251.8	728.8	27 721	27.6	3.3	171	13	266.4	244.5	501.4	13 067	25 ～ 29
32.6	6.9	165	18	341.1	301.1	958.2	29 132	32.5	5.5	171	13	314.1	288.8	658.6	13 068	30 ～ 34
37.5	10.0	165	16	385.7	346.9	1145.2	30 942	37.5	8.3	171	12	350.4	325.6	826.9	14 197	35 ～ 39
42.5	13.3	165	12	430.2	399.3	1342.3	31 613	42.5	11.3	171	10	384.1	361.5	947.7	15 582	40 ～ 44
47.4	17.0	165	9	477.5	452.5	1572.4	26 671	47.3	13.0	171	8	415.4	397.0	1050.4	11 643	45 ～ 49
52.5	20.4	165	7	517.3	497.7	1716.7	21 144	52.5	15.5	170	6	435.0	421.0	1140.6	8 794	50 ～ 54
57.4	22.4	165	6	508.0	492.5	1647.3	20 179	57.5	17.0	170	7	440.3	424.8	1036.8	9 503	55 ～ 59
62.3	18.7	164	6	378.6	366.8	911.5	12 170	62.3	15.5	168	4	351.2	343.2	593.3	8 043	60 ～ 64
67.2	14.1	164	5	406.9	397.7	657.8	3 243	67.1	13.7	167	3	322.4	316.2	462.7	2 779	65 ～ 69
73.8	13.9	160	4	616.7	611.7	484.6	931	73.8	20.3	163	3	339.5	334.8	328.6	1 013	70歳 ～

第1表　年齢階級別きまって支給する現金給与額、

産　業　計

区分	企業規模計 年齢	勤続年数	所定内実労働時間数	超過実労働時間数	きまって支給する現金給与額	所定内給与額	年間賞与その他特別給与額	労働者数	1,000人以上 年齢	勤続年数	所定内実労働時間数	超過実労働時間数	きまって支給する現金給与額	所定内給与額	年間賞与その他特別給与額	労働者数
	歳	年	時	時	千円	千円	千円	十人	歳	年	時	時	千円	千円	千円	十人
女																
学歴計	**41.1**	**9.5**	**163**	**8**	**265.0**	**247.2**	**620.8**	**802 581**	**40.0**	**10.3**	**158**	**11**	**297.1**	**272.3**	**803.6**	**266 885**
～ 19歳	19.1	0.9	169	9	181.0	169.0	94.3	8 124	19.1	0.9	166	11	189.7	174.1	117.5	2 181
20 ～ 24	23.0	2.0	166	9	220.0	203.1	339.5	82 773	23.2	1.8	161	12	240.8	216.8	398.0	28 811
25 ～ 29	27.4	4.1	164	11	248.2	226.7	574.4	104 647	27.4	4.2	159	14	276.0	244.5	723.0	38 461
30 ～ 34	32.5	6.6	162	10	263.2	242.4	621.3	93 299	32.4	7.0	157	12	292.0	262.9	784.6	34 246
35 ～ 39	37.6	8.7	162	8	273.4	255.1	666.0	90 718	37.6	9.5	157	10	307.1	282.2	852.7	30 978
40 ～ 44	42.6	10.7	162	8	282.2	263.9	724.3	106 458	42.6	12.0	158	10	317.3	293.0	942.0	36 369
45 ～ 49	47.5	12.2	163	8	288.3	269.7	744.9	105 215	47.4	14.5	158	10	326.8	301.6	980.5	35 499
50 ～ 54	52.4	13.5	163	8	288.9	271.9	740.9	86 679	52.4	16.0	158	10	328.8	306.6	982.2	27 745
55 ～ 59	57.4	15.7	163	7	279.0	264.1	706.7	69 179	57.4	18.5	157	8	316.5	297.4	950.2	19 418
60 ～ 64	62.2	15.8	162	5	234.9	224.8	439.4	37 804	62.2	17.8	156	7	254.6	242.7	540.3	9 722
65 ～ 69	67.2	16.1	163	5	227.9	220.3	309.3	13 282	67.1	18.5	153	6	258.4	249.5	450.4	2 741
70歳 ～	73.3	20.0	161	3	234.8	229.9	353.3	4 405	72.5	23.8	148	3	287.6	284.3	551.1	714
中学卒	**48.9**	**10.8**	**165**	**10**	**202.4**	**187.6**	**250.3**	**15 033**	**46.2**	**10.3**	**158**	**12**	**224.7**	**205.9**	**322.1**	**3 101**
～ 19歳	18.6	1.2	166	10	173.2	160.7	31.4	261	18.9	1.2	160	14	178.4	161.1	31.2	112
20 ～ 24	22.4	2.1	165	15	186.3	167.8	89.9	702	22.7	1.7	158	16	202.1	179.9	96.4	176
25 ～ 29	27.8	3.8	163	10	195.3	182.0	197.5	1 090	27.8	4.2	153	14	213.4	193.4	244.0	270
30 ～ 34	32.6	4.1	165	11	194.3	178.4	176.5	1 467	32.6	3.9	158	11	214.1	195.8	249.0	357
35 ～ 39	37.2	5.6	166	11	205.5	187.9	227.2	1 144	37.5	7.0	160	11	226.6	210.5	405.7	239
40 ～ 44	42.7	8.1	165	13	215.6	195.6	349.7	1 320	42.5	8.8	161	13	240.4	221.8	629.8	240
45 ～ 49	47.5	9.4	167	11	225.6	207.4	316.3	1 477	47.1	10.1	161	13	245.5	222.0	340.1	298
50 ～ 54	52.5	11.5	164	11	237.2	217.5	344.2	1 394	52.2	8.9	161	11	260.5	241.0	359.4	384
55 ～ 59	57.6	17.2	164	9	212.3	198.0	378.3	1 564	57.5	19.3	160	11	237.4	221.1	507.2	281
60 ～ 64	62.5	15.0	165	8	186.8	174.3	239.6	2 302	62.4	15.4	159	14	199.6	177.2	229.1	437
65 ～ 69	67.3	17.1	164	6	182.6	174.7	184.7	1 562	67.4	19.7	153	8	215.2	200.7	285.1	193
70歳 ～	73.6	19.6	164	5	184.4	178.8	157.1	751	72.5	24.1	150	3	233.6	229.5	339.5	113
高校卒	**44.3**	**10.4**	**164**	**8**	**225.9**	**211.1**	**430.1**	**314 514**	**44.1**	**11.7**	**158**	**10**	**247.3**	**228.9**	**537.3**	**90 050**
～ 19歳	19.1	0.9	169	9	181.3	169.3	96.4	7 863	19.1	0.9	167	11	190.3	174.8	122.1	2 068
20 ～ 24	22.4	2.8	167	12	201.6	183.3	330.4	24 288	22.5	2.7	161	14	218.3	194.9	376.8	6 529
25 ～ 29	27.5	5.0	165	10	210.2	193.6	367.5	23 941	27.5	5.1	160	12	222.9	201.9	409.3	7 066
30 ～ 34	32.5	6.7	164	9	217.2	201.7	360.6	25 387	32.5	6.6	157	10	227.3	209.1	374.4	7 357
35 ～ 39	37.6	8.5	163	8	225.7	210.8	420.8	29 297	37.6	8.9	157	10	244.0	225.0	496.0	8 383
40 ～ 44	42.7	10.3	164	9	233.0	217.1	479.0	40 642	42.7	11.9	158	10	254.4	235.4	619.5	12 217
45 ～ 49	47.5	11.4	164	9	239.0	223.4	505.4	47 910	47.4	13.1	158	10	261.5	242.1	629.3	14 380
50 ～ 54	52.5	13.0	164	9	243.1	227.4	525.2	44 008	52.5	15.2	158	10	269.6	249.9	666.3	13 262
55 ～ 59	57.4	15.3	164	7	239.7	225.9	520.2	37 045	57.4	18.0	158	8	268.9	252.0	691.7	10 228
60 ～ 64	62.3	15.4	163	6	206.7	196.9	316.7	23 069	62.3	17.0	156	8	221.9	210.4	368.9	6 222
65 ～ 69	67.2	16.1	163	5	205.1	198.0	240.6	8 512	67.2	18.9	153	6	239.6	231.8	396.6	1 889
70歳 ～	72.8	20.5	162	3	213.9	209.4	304.2	2 552	72.7	26.1	148	3	293.5	290.3	659.7	451
高専・短大卒	**41.1**	**10.0**	**163**	**7**	**275.0**	**256.9**	**686.9**	**256 756**	**41.2**	**11.6**	**158**	**10**	**307.0**	**280.2**	**856.8**	**76 747**
～ 19歳	-	-	-	-	-	-	-	-	-	-	-	-	-	-	-	-
20 ～ 24	22.7	1.9	168	7	217.5	202.2	342.8	28 012	22.9	1.9	161	11	242.5	216.3	391.3	7 316
25 ～ 29	27.5	4.5	165	8	242.2	223.1	547.2	28 801	27.5	4.5	159	12	271.1	240.4	642.0	7 804
30 ～ 34	32.5	6.9	163	8	257.3	238.7	591.7	28 416	32.5	7.2	158	11	281.6	253.7	693.0	8 583
35 ～ 39	37.6	9.0	162	7	272.6	254.5	680.7	31 449	37.6	9.8	157	9	299.5	274.4	818.8	9 864
40 ～ 44	42.6	11.2	162	8	287.6	268.1	772.1	39 712	42.6	12.5	158	11	315.7	287.8	932.3	13 005
45 ～ 49	47.4	12.9	162	8	303.0	282.2	841.4	37 545	47.4	15.8	158	11	340.2	309.8	1078.5	12 932
50 ～ 54	52.4	14.1	163	7	310.2	291.8	868.5	28 446	52.3	17.2	158	9	347.3	321.7	1095.1	8 693
55 ～ 59	57.4	16.4	163	6	305.3	288.8	852.1	22 340	57.4	19.3	157	8	341.3	319.1	1087.6	6 063
60 ～ 64	62.0	17.0	161	4	268.9	258.8	598.5	8 910	62.0	21.2	154	5	288.1	276.9	751.4	1 973
65 ～ 69	67.1	15.4	161	3	255.0	245.1	431.3	2 350	66.8	16.4	154	7	267.1	254.7	387.2	400
70歳 ～	73.8	18.0	156	1	286.6	279.6	567.9	775	71.8	16.3	151	3	262.2	258.1	290.9	114
大学・大学院卒	**35.9**	**7.4**	**162**	**10**	**314.4**	**292.4**	**845.4**	**216 278**	**35.1**	**7.9**	**158**	**13**	**337.7**	**308.4**	**1024.1**	**96 986**
～ 19歳	-	-	-	-	-	-	-	-	-	-	-	-	-	-	-	-
20 ～ 24	23.7	1.3	164	10	238.3	220.8	349.8	29 770	23.7	1.3	161	12	250.4	227.0	414.3	14 790
25 ～ 29	27.4	3.5	163	12	270.7	245.3	695.3	50 815	27.3	3.8	159	16	294.4	259.4	850.7	23 321
30 ～ 34	32.4	6.5	160	11	301.0	274.9	834.5	38 029	32.4	7.2	157	14	325.1	290.7	1007.2	17 949
35 ～ 39	37.5	8.8	160	9	325.5	303.4	916.7	28 828	37.5	9.6	157	11	357.1	328.1	1127.4	12 493
40 ～ 44	42.4	10.5	160	8	358.0	337.6	1070.0	24 783	42.4	11.5	157	10	391.3	365.2	1321.7	10 907
45 ～ 49	47.4	12.9	161	8	392.1	370.1	1208.9	18 283	47.4	15.0	158	10	426.9	399.8	1484.1	7 889
50 ～ 54	52.3	14.4	161	7	404.4	386.3	1240.5	12 833	52.2	16.8	158	8	449.3	426.0	1619.7	5 406
55 ～ 59	57.4	15.4	162	6	397.3	381.8	1214.1	8 230	57.4	18.2	157	8	442.7	422.2	1630.5	2 846
60 ～ 64	62.0	16.2	161	4	364.7	353.9	970.5	3 523	61.8	17.1	156	5	402.9	391.5	1262.1	1 089
65 ～ 69	67.2	16.7	162	2	462.7	457.8	883.0	858	67.1	17.8	154	4	414.1	406.6	1063.7	259
70歳 ～	75.2	22.1	163	0	391.1	390.5	680.5	325	72.5	17.6	143	0	456.9	456.5	672.7	37

所定内給与額及び年間賞与その他特別給与額

（民・公営計）

100 ～ 999人								10 ～ 99人								区分
年齢	勤続年数	所定内実労働時間数	超過実労働時間数	きまって支給する現金給与額	所定内給与額	年間賞与その他特別給与額	労働者数	年齢	勤続年数	所定内実労働時間数	超過実労働時間数	きまって支給する現金給与額	所定内給与額	年間賞与その他特別給与額	労働者数	
歳	年	時	時	千円	千円	千円	十人	歳	年	時	時	千円	千円	千円	十人	
																女
41.1	**9.2**	**164**	**8**	**259.0**	**242.6**	**592.0**	**320 903**	**42.4**	**8.8**	**168**	**6**	**234.1**	**223.0**	**436.6**	**214 794**	**学歴計**
19.1	0.9	169	8	179.7	168.7	100.3	3 678	19.1	0.9	172	8	174.8	164.6	62.1	2 265	～ 19歳
22.9	2.0	167	8	215.8	200.5	331.4	32 705	22.8	2.1	172	7	198.4	188.4	272.8	21 257	20 ～ 24
27.4	4.2	165	9	240.5	221.9	535.8	41 138	27.5	3.9	170	7	218.2	207.2	409.5	25 047	25 ～ 29
32.5	6.6	163	9	256.7	238.2	584.6	36 864	32.5	6.0	168	7	229.6	217.7	430.1	22 189	30 ～ 34
37.6	8.8	163	8	265.6	248.6	635.5	37 050	37.6	7.6	167	6	240.0	228.7	460.9	22 690	35 ～ 39
42.6	10.5	163	8	277.3	259.7	692.3	42 428	42.6	9.2	167	6	243.7	232.2	487.2	27 660	40 ～ 44
47.5	11.6	164	8	282.2	265.1	706.8	42 139	47.5	10.0	168	7	247.9	235.4	499.8	27 577	45 ～ 49
52.5	12.9	164	7	282.5	266.1	705.7	34 350	52.5	11.7	168	6	252.7	240.9	517.7	24 584	50 ～ 54
57.4	15.1	164	7	273.8	259.1	690.2	28 816	57.4	14.0	168	6	251.3	240.1	503.7	20 945	55 ～ 59
62.2	15.2	163	5	230.9	220.7	425.3	15 498	62.2	15.0	166	5	224.5	215.9	378.8	12 584	60 ～ 64
67.1	14.1	164	4	218.6	210.7	285.8	4 899	67.3	16.7	167	4	221.2	214.6	261.1	5 641	65 ～ 69
73.2	13.7	160	4	222.8	214.7	269.2	1 336	73.6	22.5	166	2	225.5	222.0	341.0	2 354	70歳 ～
50.3	**10.8**	**165**	**10**	**202.7**	**187.5**	**275.0**	**6 071**	**48.9**	**11.0**	**168**	**9**	**190.3**	**178.1**	**186.8**	**5 861**	**中学卒**
18.2	1.1	167	7	182.6	171.7	61.4	68	18.4	1.3	175	8	158.1	150.8	6.7	81	～ 19歳
22.2	1.9	164	13	187.7	170.5	95.8	210	22.4	2.5	169	16	176.4	159.1	82.3	316	20 ～ 24
27.5	3.4	166	10	204.0	190.1	289.4	347	27.9	3.8	167	8	178.7	169.5	103.7	473	25 ～ 29
32.8	4.6	165	12	197.3	180.7	190.4	507	32.3	3.8	169	11	180.1	166.2	122.0	603	30 ～ 34
37.2	5.8	163	10	201.0	183.9	199.2	456	37.1	4.6	172	13	198.9	180.0	160.9	449	35 ～ 39
42.9	8.7	163	13	216.0	193.2	334.1	603	42.5	7.0	169	12	202.5	185.5	228.3	477	40 ～ 44
47.4	10.2	169	13	231.5	210.4	384.1	569	47.7	8.4	169	9	210.3	197.5	241.2	609	45 ～ 49
52.5	12.2	164	11	228.6	206.7	321.0	543	52.7	12.7	168	11	228.1	210.7	358.7	467	50 ～ 54
57.8	16.5	162	8	215.5	201.9	457.7	707	57.6	17.0	169	8	196.0	181.9	217.6	575	55 ～ 59
62.5	14.6	166	7	189.7	179.2	258.8	1 154	62.7	15.4	165	6	174.2	164.5	214.7	710	60 ～ 64
67.1	13.9	163	6	176.9	169.3	178.2	696	67.5	19.5	168	5	179.1	172.8	162.6	673	65 ～ 69
72.9	13.8	166	10	169.8	158.6	78.7	211	74.2	21.3	166	3	178.7	175.3	147.6	428	70歳 ～
43.6	**10.0**	**165**	**9**	**221.5**	**206.5**	**434.8**	**126 877**	**45.3**	**9.7**	**169**	**7**	**211.7**	**200.5**	**324.9**	**97 587**	**高校卒**
19.1	0.9	169	8	179.6	168.6	101.1	3 611	19.1	0.9	172	8	175.4	165.1	64.1	2 184	～ 19歳
22.4	2.9	167	12	199.7	181.3	363.8	10 689	22.5	2.8	171	10	189.1	175.6	237.0	7 071	20 ～ 24
27.5	5.4	166	10	210.3	193.6	398.3	10 348	27.5	4.4	170	8	196.1	184.7	273.4	6 527	25 ～ 29
32.5	7.0	165	9	218.0	201.8	395.9	10 383	32.6	6.3	169	8	206.4	194.4	299.4	7 647	30 ～ 34
37.6	8.9	165	8	222.4	207.5	439.4	12 086	37.6	7.5	168	7	212.9	201.8	323.9	8 828	35 ～ 39
42.7	10.3	165	9	230.5	214.0	478.1	16 107	42.6	8.8	169	8	214.9	203.1	340.9	12 318	40 ～ 44
47.5	11.3	166	8	233.5	218.2	510.3	19 264	47.6	9.9	168	8	223.8	211.7	373.8	14 265	45 ～ 49
52.5	12.5	165	8	237.3	221.6	519.9	17 080	52.5	11.4	169	7	224.6	212.8	395.0	13 666	50 ～ 54
57.4	14.6	165	8	234.8	220.7	511.9	14 792	57.4	13.7	168	6	220.8	210.2	384.7	12 025	55 ～ 59
62.3	14.9	164	5	200.9	191.1	305.7	8 980	62.3	14.7	167	5	201.3	193.0	288.1	7 867	60 ～ 64
67.2	13.8	165	5	187.8	180.3	180.0	2 872	67.2	16.3	167	5	200.9	194.5	208.5	3 751	65 ～ 69
72.4	15.1	161	4	177.6	171.2	186.6	665	73.0	21.3	167	3	205.7	201.7	247.1	1 437	70歳 ～
41.3	**9.6**	**164**	**6**	**273.5**	**256.5**	**664.3**	**107 719**	**40.7**	**8.7**	**169**	**5**	**243.2**	**232.9**	**540.2**	**72 291**	**高専・短大卒**
－	－	－	－	－	－	－	－	－	－	－	－	－	－	－	－	～ 19歳
22.7	1.9	168	6	217.9	203.7	327.9	11 310	22.6	2.0	173	5	197.4	189.3	323.0	9 386	20 ～ 24
27.5	4.4	165	7	243.2	224.6	536.5	11 710	27.5	4.4	171	6	216.7	206.8	481.2	9 287	25 ～ 29
32.5	6.8	164	7	257.1	239.5	584.4	12 080	32.5	6.5	169	6	230.6	220.6	491.0	7 754	30 ～ 34
37.7	8.9	163	7	270.5	253.2	673.0	13 481	37.6	8.1	168	6	243.2	232.5	525.4	8 104	35 ～ 39
42.6	10.9	162	7	286.9	268.6	762.8	16 440	42.6	9.8	167	5	253.0	242.4	584.1	10 267	40 ～ 44
47.4	11.8	163	7	297.2	279.3	773.9	15 551	47.5	10.6	167	6	259.7	247.7	618.9	9 062	45 ～ 49
52.4	13.2	163	6	307.7	289.9	835.1	11 868	52.5	12.2	168	5	273.1	261.5	669.1	7 885	50 ～ 54
57.4	15.8	163	6	302.1	285.9	822.2	10 017	57.4	14.6	168	5	275.5	264.0	671.7	6 259	55 ～ 59
62.1	15.7	162	4	264.7	253.3	553.4	3 941	62.0	15.8	166	4	261.9	254.1	557.2	2 996	60 ～ 64
67.0	14.4	161	2	252.9	242.7	402.5	992	67.1	16.0	164	3	252.1	243.6	479.7	957	65 ～ 69
74.6	10.0	149	1	278.7	266.4	418.1	328	73.7	26.4	165	1	302.7	299.8	809.4	334	70歳 ～
36.2	**7.3**	**163**	**8**	**303.0**	**285.0**	**767.6**	**80 236**	**37.4**	**6.6**	**167**	**6**	**279.8**	**267.7**	**561.3**	**39 055**	**大学・大学院卒**
－	－	－	－	－	－	－	－	－	－	－	－	－	－	－	－	～ 19歳
23.7	1.3	166	7	230.5	217.2	306.8	10 496	23.7	1.3	171	5	216.7	209.0	237.4	4 484	20 ～ 24
27.3	3.5	165	10	256.2	236.5	615.9	18 733	27.5	3.1	168	7	238.4	226.3	451.5	8 761	25 ～ 29
32.5	6.3	162	10	287.4	266.4	740.2	13 894	32.4	5.2	167	7	261.8	248.0	545.3	6 186	30 ～ 34
37.5	8.7	161	9	309.8	290.7	822.7	11 026	37.5	7.2	164	6	283.9	271.7	615.7	5 308	35 ～ 39
42.4	10.0	161	7	345.6	327.4	962.7	9 278	42.4	9.1	164	5	304.2	292.5	689.7	4 599	40 ～ 44
47.4	12.2	162	8	390.8	371.0	1140.2	6 754	47.4	9.6	165	6	318.8	304.0	740.0	3 640	45 ～ 49
52.4	13.3	163	6	385.9	370.6	1085.9	4 860	52.3	11.5	165	5	344.9	332.3	734.4	2 567	50 ～ 54
57.4	14.8	164	5	375.4	362.5	1138.9	3 299	57.3	12.7	165	5	370.0	357.3	764.7	2 085	55 ～ 59
62.1	16.7	162	3	360.2	351.1	959.5	1 424	62.1	14.6	164	5	329.8	317.1	671.2	1 010	60 ～ 64
67.0	15.5	163	1	463.8	459.8	1061.2	339	67.5	17.1	168	2	509.8	506.0	470.2	260	65 ～ 69
73.8	15.6	167	0	395.0	394.3	618.1	133	77.0	28.6	165	0	372.0	371.6	735.6	155	70歳 ～

第 2 表
Table 2

年齢階級、勤続年数階級別所定内給与額及び年間賞与その他特別給与額
Scheduled Cash Earnings and Annual Special Cash Earnings by Age Group and Length of Service Group

（産業、企業規模、性、労働者の種類、学歴、年齢階級、勤続年数階級別一般労働者の平均月間所定内給与額、平均年間賞与その他特別給与額及び労働者数
Average monthly scheduled cash earnings, average annual special cash earnings and number of regular employees by industry, size of enterprise, sex, type of workers, school career, age group and length of service group）

勤続年数計 Total for all length of service		
所定内給与額 Scheduled cash earnings	年間賞与その他特別給与額 Annual special cash earnings	労働者数 Number of employees
千円 1,000yen	千円 1,000yen	十人 10persons

第2表　年齢階級、勤続年数階級別所定内給与額

企業規模	計

産　　業

区　分	勤続年数計			0　年			1～2年			3～4年			5～9年		
	所定内給与額	年間賞与その他特別給与額	労働者数	所定内給与額	年間賞与その他特別給与額	労働者数	所定内給与額	年間賞与その他特別給与額	労働者数	所定内給与額	年間賞与その他特別給与額	労働者数	所定内給与額	年間賞与その他特別給与額	労働者数
	千円	千円	十人	千円	千円	十人	千円	千円	十人	千円	千円	十人	千円	千円	十人
産業計															
企業規模計															
男女計	**304.3**	**905.9**	**2 272 196**	**231.5**	**48.0**	**180 398**	**241.5**	**440.9**	**342 789**	**255.2**	**623.5**	**256 523**	**275.0**	**780.2**	**449 440**
～19歳	175.5	133.9	21 347	171.0	15.4	12 191	181.2	291.2	9 012	189.0	330.2	144	-	-	-
20～24	206.7	373.6	169 891	205.6	21.0	47 893	208.5	460.7	81 171	201.1	572.4	28 716	211.6	712.6	12 111
25～29	238.9	653.0	250 203	227.1	40.6	27 962	230.4	492.4	62 881	244.0	779.6	66 024	244.9	850.8	82 692
30～34	272.2	802.2	260 348	246.5	54.0	19 565	250.0	438.7	41 233	257.0	617.8	32 696	282.3	987.1	92 290
35～39	301.1	913.3	272 438	258.7	55.4	16 097	264.8	467.2	33 207	273.0	649.2	27 621	288.5	820.6	58 531
40～44	327.4	1032.3	322 404	256.5	50.2	15 940	269.3	449.9	31 632	277.3	581.4	27 500	297.4	807.6	56 595
45～49	352.3	1165.2	309 485	250.1	48.6	13 200	263.7	393.2	27 102	277.2	564.3	23 067	291.6	704.4	47 930
50～54	372.5	1266.9	255 744	267.5	58.7	10 286	272.8	404.6	19 592	278.6	547.5	17 162	287.0	665.2	35 964
55～59	363.7	1182.8	211 055	259.3	89.7	6 885	275.2	434.2	15 680	278.6	592.3	13 899	282.1	593.3	28 300
60～64	274.5	617.5	133 981	253.1	217.1	7 114	256.6	392.7	14 929	258.9	446.8	13 327	252.3	408.9	20 336
65～69	250.2	340.3	50 211	240.9	62.3	2 694	233.0	181.3	5 301	232.6	213.2	5 065	242.9	292.5	11 748
70歳～	258.9	277.7	15 090	217.5	11.5	571	244.3	92.9	1 049	240.6	144.3	1 302	251.7	208.6	2 942
男															
学歴計	**335.5**	**1061.8**	**1 479 701**	**250.3**	**61.9**	**99 142**	**260.0**	**485.6**	**191 950**	**275.3**	**684.5**	**149 737**	**297.3**	**872.5**	**279 440**
～19歳	179.4	158.3	13 229	174.5	21.0	7 322	185.3	327.3	5 791	197.0	396.6	115	-	-	-
20～24	210.5	407.2	88 168	209.8	23.9	23 403	211.5	472.1	40 056	205.3	606.5	16 115	217.7	774.8	8 594
25～29	248.1	710.1	146 948	235.4	42.6	15 005	239.1	537.7	36 075	252.4	825.8	37 996	254.3	907.7	49 739
30～34	289.0	902.2	168 378	265.5	60.9	11 299	265.5	489.4	24 323	273.5	677.4	19 459	296.9	1082.8	62 670
35～39	324.1	1036.9	182 961	289.4	70.5	9 125	288.7	541.2	19 160	298.2	755.5	16 206	307.6	913.1	38 582
40～44	358.7	1184.8	217 455	288.6	57.3	8 614	306.8	512.4	16 525	310.8	665.2	15 261	329.1	925.0	34 529
45～49	394.7	1381.5	205 771	289.5	64.7	6 565	302.1	467.9	13 454	321.5	684.4	11 934	334.0	827.7	25 873
50～54	424.0	1536.7	170 247	317.5	80.6	5 418	319.3	505.8	9 933	324.4	632.6	8 971	337.2	813.9	18 102
55～59	412.2	1415.1	142 551	289.9	126.2	4 145	310.5	518.7	9 735	315.3	703.6	8 421	325.4	692.7	15 958
60～64	294.1	687.6	96 343	265.2	249.3	5 685	270.2	425.0	11 690	274.6	491.7	10 138	275.2	462.1	13 837
65～69	261.0	351.5	36 964	251.3	70.1	2 198	238.3	198.6	4 297	238.1	207.3	4 061	256.0	314.1	9 322
70歳～	270.8	246.5	10 685	247.6	16.8	363	255.2	85.4	911	236.8	115.7	1 059	266.2	205.3	2 234
中学卒	**268.8**	**492.7**	**52 471**	**216.5**	**28.4**	**3 472**	**227.9**	**204.6**	**6 318**	**239.8**	**310.1**	**5 534**	**257.5**	**457.8**	**9 864**
～19歳	180.2	69.5	619	173.2	4.1	310	185.2	116.9	252	196.1	214.7	57	-	-	-
20～24	207.0	186.6	1 661	190.5	11.0	306	203.8	184.3	701	218.5	242.9	437	217.1	327.6	218
25～29	238.2	385.9	2 482	226.6	20.8	373	215.3	262.1	656	224.4	479.0	557	267.9	551.8	700
30～34	263.9	507.0	3 776	217.7	41.1	347	227.5	240.4	659	256.9	390.7	544	274.4	658.3	1 183
35～39	276.3	570.9	4 643	230.4	34.3	409	237.2	223.7	579	246.3	407.5	560	288.3	676.5	1 087
40～44	289.9	587.8	5 683	231.5	12.7	341	246.3	245.5	801	257.6	378.7	583	292.9	614.3	977
45～49	309.9	638.7	6 351	250.7	7.0	306	248.8	234.8	571	277.7	387.8	482	271.3	443.9	1 293
50～54	310.3	666.1	5 245	207.6	9.5	234	272.5	229.8	457	260.2	317.7	387	277.2	417.1	789
55～59	305.0	711.5	5 620	235.8	39.8	209	245.2	153.2	381	247.6	185.6	353	240.7	365.1	883
60～64	248.2	440.0	8 117	215.5	106.9	360	218.3	210.4	629	235.1	249.1	769	231.6	412.8	1 053
65～69	223.6	183.0	5 726	199.4	10.6	198	206.5	76.0	488	212.6	139.8	556	215.5	173.2	1 263
70歳～	207.1	183.1	2 546	186.7	2.0	80	182.6	71.6	143	187.3	100.5	251	198.7	156.6	419
高校卒	**290.7**	**791.1**	**653 050**	**216.1**	**51.3**	**43 285**	**226.1**	**322.2**	**83 468**	**237.8**	**455.9**	**64 471**	**258.3**	**615.3**	**121 969**
～19歳	179.4	162.7	12 610	174.6	21.7	7 012	185.3	336.8	5 539	198.0	575.9	58	-	-	-
20～24	201.0	485.4	42 150	193.9	26.2	5 505	194.0	392.0	16 020	202.0	607.5	12 376	217.7	790.0	8 249
25～29	229.0	601.1	49 769	205.5	25.4	4 867	212.8	308.5	9 183	226.0	460.5	6 932	233.7	771.8	20 975
30～34	254.4	651.1	58 191	216.0	33.7	4 514	230.6	308.9	9 177	236.4	474.1	6 975	255.4	650.6	14 643
35～39	282.5	755.8	70 224	236.2	48.0	3 934	240.8	307.1	8 134	255.1	490.9	6 925	272.7	674.1	15 005
40～44	312.2	892.3	94 377	237.3	34.9	4 213	261.5	330.3	7 839	261.8	438.5	7 291	282.3	654.7	16 131
45～49	329.4	945.0	93 599	240.0	34.3	3 516	252.8	301.9	7 437	264.2	427.5	6 402	285.9	574.2	13 554
50～54	351.1	1080.0	83 616	255.4	31.2	3 205	251.1	263.0	5 582	262.1	397.5	5 101	284.5	567.0	10 373
55～59	346.0	1065.9	71 083	232.7	89.7	2 131	250.7	316.5	5 390	251.5	383.0	4 451	271.7	504.1	8 703
60～64	253.3	554.1	50 964	230.9	275.1	2 928	231.6	354.8	6 245	234.1	369.6	5 151	236.6	349.9	7 856
65～69	224.4	248.7	20 961	219.8	70.2	1 273	201.8	135.2	2 381	208.9	142.7	2 265	212.3	219.1	5 268
70歳～	217.7	191.3	5 506	227.0	30.0	185	190.2	70.5	542	193.1	89.7	543	208.7	157.4	1 212
高専・短大卒	**311.0**	**917.6**	**177 991**	**228.1**	**39.9**	**12 121**	**242.2**	**446.9**	**23 889**	**259.0**	**633.4**	**18 903**	**281.4**	**791.0**	**34 935**
～19歳	-	-	-	-	-	-	-	-	-	-	-	-	-	-	-
20～24	204.2	369.8	14 102	193.8	19.7	4 048	205.5	439.7	6 776	214.6	659.6	3 171	212.1	602.9	108
25～29	235.6	615.5	18 637	217.5	41.5	1 934	222.5	386.6	3 747	233.2	630.9	4 056	246.5	831.6	8 793
30～34	267.0	748.0	24 530	243.6	37.3	1 572	241.9	451.2	3 720	259.3	638.3	3 271	270.4	785.4	7 112
35～39	299.6	879.0	26 208	259.3	32.5	1 236	265.6	537.3	2 811	281.7	701.8	2 168	288.5	816.5	5 808
40～44	327.4	996.9	32 240	257.8	46.4	1 186	272.8	485.1	2 614	288.9	624.7	2 228	301.9	832.6	5 164
45～49	371.1	1236.2	26 468	269.3	72.4	778	287.2	398.9	1 704	294.5	625.2	1 474	320.7	856.2	3 207
50～54	399.8	1316.5	16 435	272.8	31.3	435	293.5	511.5	959	319.6	604.2	913	331.7	792.2	1 852
55～59	396.5	1255.9	11 445	238.7	61.1	315	311.4	643.0	664	295.7	629.4	736	318.9	650.3	1 401
60～64	286.4	642.0	5 811	247.3	154.5	405	264.3	264.1	594	267.0	506.3	668	265.8	360.0	937
65～69	258.7	312.7	1 745	227.7	90.1	199	223.5	136.5	281	217.4	248.4	183	260.3	329.2	448
70歳～	236.8	266.0	370	170.9	0.0	14	200.9	4.8	21	146.8	40.6	36	258.4	178.3	105

及び年間賞与その他特別給与額

計

10～14年 所定内給与額	10～14年 年間賞与その他特別給与額	10～14年 労働者数	15～19年 所定内給与額	15～19年 年間賞与その他特別給与額	15～19年 労働者数	20～24年 所定内給与額	20～24年 年間賞与その他特別給与額	20～24年 労働者数	25～29年 所定内給与額	25～29年 年間賞与その他特別給与額	25～29年 労働者数	30年以上 所定内給与額	30年以上 年間賞与その他特別給与額	30年以上 労働者数	区分
千円	千円	十人	千円	千円	十人	千円	千円	十人	千円	千円	十人	千円	千円	十人	
															産業計
															企業規模計
307.6	974.5	328 041	340.6	1182.9	203 259	377.5	1420.9	165 722	420.0	1754.0	158 141	418.8	1677.1	187 884	男女計
-	-	-	-	-	-	-	-	-	-	-	-	-	-	-	～19歳
-	-	-	-	-	-	-	-	-	-	-	-	-	-	-	20～24
243.1	888.2	10 644	-	-	-	-	-	-	-	-	-	-	-	-	25～29
286.3	1053.0	67 493	278.4	1037.2	7 072	-	-	-	-	-	-	-	-	-	30～34
327.7	1198.2	75 452	326.0	1248.4	52 785	310.1	1160.9	8 746	-	-	-	-	-	-	35～39
327.5	1008.4	51 869	381.0	1499.9	60 656	365.2	1437.3	63 270	353.7	1463.1	14 940	-	-	-	40～44
329.0	958.5	40 945	357.7	1160.5	28 187	436.5	1808.6	50 201	418.2	1803.2	68 528	396.5	1570.3	10 326	45～49
317.2	910.6	31 454	346.2	1030.0	20 261	381.4	1276.9	17 588	484.1	2141.8	46 028	454.5	1944.0	57 409	50～54
303.1	742.4	24 900	314.5	846.7	17 917	350.5	1059.1	14 126	399.5	1455.8	17 576	468.9	1992.1	71 773	55～59
254.0	464.9	15 460	258.9	519.5	10 324	279.8	599.7	8 287	293.0	786.3	7 761	312.0	1027.0	36 442	60～64
238.6	310.3	7 108	253.2	361.2	4 442	245.4	353.1	2 645	271.6	533.9	2 619	287.0	616.9	8 587	65～69
240.9	245.7	2 716	253.2	314.3	1 615	245.5	304.1	859	264.5	402.6	688	303.5	469.4	3 348	70歳～
															男
334.8	1107.2	216 161	371.3	1329.4	139 529	404.9	1554.1	123 111	445.0	1889.9	124 027	435.1	1755.2	156 604	学歴計
-	-	-	-	-	-	-	-	-	-	-	-	-	-	-	～19歳
-	-	-	-	-	-	-	-	-	-	-	-	-	-	-	20～24
252.8	957.7	8 132	-	-	-	-	-	-	-	-	-	-	-	-	25～29
302.5	1151.8	45 210	294.0	1146.9	5 416	-	-	-	-	-	-	-	-	-	30～34
345.7	1307.3	55 797	346.6	1339.4	37 109	325.4	1229.5	6 982	-	-	-	-	-	-	35～39
350.9	1120.1	36 425	402.4	1608.6	46 969	386.4	1522.2	47 244	371.2	1541.0	11 888	-	-	-	40～44
371.3	1120.5	25 199	387.6	1288.1	19 852	453.3	1902.6	41 787	442.1	1913.5	52 674	415.3	1643.9	8 434	45～49
375.1	1153.1	16 825	395.3	1220.3	11 853	407.6	1379.1	12 856	500.5	2251.4	39 474	476.0	2035.2	46 814	50～54
360.9	879.9	12 664	379.7	1032.8	9 123	398.2	1225.8	8 015	426.1	1588.8	13 354	486.9	2086.5	61 137	55～59
283.0	526.4	9 058	298.2	596.8	5 310	327.2	711.2	4 370	314.3	877.6	5 005	317.6	1057.3	31 251	60～64
257.9	347.2	4 928	263.0	384.1	2 716	276.8	370.7	1 400	288.5	532.6	1 278	291.9	629.8	6 765	65～69
255.2	248.7	1 922	269.3	297.6	1 180	278.2	304.7	458	292.0	378.4	355	311.5	393.0	2 204	70歳～
275.4	521.6	7 253	282.1	533.6	4 474	309.4	675.4	3 758	322.8	882.9	3 560	300.6	773.9	8 238	中学卒
-	-	-	-	-	-	-	-	-	-	-	-	-	-	-	～19歳
-	-	-	-	-	-	-	-	-	-	-	-	-	-	-	20～24
270.4	635.7	197	-	-	-	-	-	-	-	-	-	-	-	-	25～29
286.6	753.8	769	315.6	623.0	273	-	-	-	-	-	-	-	-	-	30～34
299.5	774.6	1 165	303.1	776.4	521	290.0	734.1	322	-	-	-	-	-	-	35～39
296.0	613.8	966	329.7	796.5	725	324.4	863.6	728	308.7	922.7	563	-	-	-	40～44
307.3	572.8	896	320.0	672.0	613	365.1	977.7	830	365.6	1086.3	908	350.5	962.3	453	45～49
292.1	570.3	688	286.9	515.6	525	333.9	695.1	449	371.3	1211.2	646	367.8	1098.9	1 071	50～54
283.4	456.6	644	282.4	572.0	383	304.7	634.1	453	333.7	885.0	505	372.8	1269.6	1 809	55～59
239.4	225.9	846	239.9	331.2	541	268.0	342.6	527	252.2	531.8	558	268.5	679.9	2 833	60～64
218.2	215.5	665	229.9	196.0	586	234.9	188.9	353	260.1	230.1	276	235.2	241.3	1 342	65～69
199.1	119.0	418	194.4	127.1	306	185.3	150.5	96	216.6	450.9	103	237.1	295.4	730	70歳～
285.5	763.9	92 100	309.0	885.2	56 337	336.6	1101.4	51 954	368.6	1366.3	55 302	394.4	1545.2	84 163	高校卒
-	-	-	-	-	-	-	-	-	-	-	-	-	-	-	～19歳
-	-	-	-	-	-	-	-	-	-	-	-	-	-	-	20～24
252.8	970.2	7 812	-	-	-	-	-	-	-	-	-	-	-	-	25～29
271.5	904.5	17 823	293.0	1176.1	5 060	-	-	-	-	-	-	-	-	-	30～34
294.6	833.2	14 046	308.1	1082.1	15 682	326.8	1262.7	6 497	-	-	-	-	-	-	35～39
304.4	800.9	14 788	327.9	904.0	10 617	349.1	1284.8	22 427	374.3	1577.2	11 070	-	-	-	40～44
309.8	755.1	12 331	325.8	842.0	8 719	341.4	983.9	9 099	384.7	1486.7	24 742	417.9	1689.2	7 798	45～49
311.5	722.1	9 040	321.6	799.9	5 960	343.6	966.6	6 389	367.3	1253.9	9 723	437.1	1811.6	28 242	50～54
292.6	594.2	6 943	308.2	686.9	4 997	329.3	891.5	4 099	357.7	1142.0	6 163	430.3	1755.8	28 206	55～59
244.1	394.8	5 206	258.3	418.4	2 966	263.4	470.4	2 373	269.3	661.6	2 625	278.9	923.2	15 614	60～64
222.3	292.4	3 135	240.6	239.0	1 672	246.9	282.1	792	244.2	388.4	781	255.1	436.8	3 393	65～69
206.0	181.6	975	218.7	259.8	664	232.5	299.4	276	250.2	225.0	198	259.0	322.2	911	70歳～
312.6	983.9	27 391	346.1	1146.4	18 089	369.2	1305.6	16 468	417.6	1650.8	14 375	437.9	1661.2	11 819	高専・短大卒
-	-	-	-	-	-	-	-	-	-	-	-	-	-	-	～19歳
-	-	-	-	-	-	-	-	-	-	-	-	-	-	-	20～24
225.3	665.7	107	-	-	-	-	-	-	-	-	-	-	-	-	25～29
281.8	1008.3	8 801	284.8	1175.0	55	-	-	-	-	-	-	-	-	-	30～34
304.6	951.5	6 366	327.1	1175.7	7 692	334.9	952.9	128	-	-	-	-	-	-	35～39
329.6	1035.5	5 472	346.9	1141.0	5 346	358.8	1306.1	10 013	375.0	1302.1	217	-	-	-	40～44
354.7	1079.7	3 271	378.4	1224.4	2 534	387.2	1343.9	3 976	419.4	1722.6	9 357	459.9	1329.4	166	45～49
351.3	928.8	1 574	392.0	1131.8	1 290	394.4	1330.7	1 347	431.5	1636.8	3 082	470.4	1877.0	4 984	50～54
374.7	923.9	1 084	386.7	964.3	743	400.9	1389.8	692	406.5	1495.1	1 350	464.7	1761.5	4 459	55～59
282.9	499.2	431	301.9	656.7	313	313.8	692.9	259	302.1	769.1	292	310.6	1051.5	1 913	60～64
287.9	277.0	193	243.6	432.3	95	277.2	459.2	50	374.3	297.6	53	306.5	672.5	242	65～69
205.2	197.1	93	265.2	242.8	22	170.9	6.8	2	403.5	1090.7	24	257.0	526.9	55	70歳～

第2表　年齢階級、勤続年数階級別所定内給与額

企業規模	計

産　　業

区　分	勤続年数計			0　年			1～2年			3～4年			5～9年		
	所定内給与額	年間賞与その他特別給与額	労働者数	所定内給与額	年間賞与その他特別給与額	労働者数	所定内給与額	年間賞与その他特別給与額	労働者数	所定内給与額	年間賞与その他特別給与額	労働者数	所定内給与額	年間賞与その他特別給与額	労働者数
	千円	千円	十人	千円	千円	十人	千円	千円	十人	千円	千円	十人	千円	千円	十人
大学・大学院卒	**397.7**	**1451.4**	**596 190**	**296.8**	**82.8**	**40 264**	**304.1**	**694.3**	**78 274**	**323.3**	**976.7**	**60 828**	**348.0**	**1212.5**	**112 671**
～ 19歳	－	－	－	－	－	－	－	－	－	－	－	－	－	－	－
20 ～ 24	227.0	327.8	30 254	221.6	24.5	13 545	231.3	575.0	16 559	247.1	443.6	132	224.7	229.4	18
25 ～ 29	263.9	815.2	76 061	258.8	54.6	7 831	253.2	664.5	22 490	262.9	958.8	26 451	279.8	1103.3	19 272
30 ～ 34	321.3	1145.1	81 881	321.8	95.0	4 866	305.7	671.7	10 768	309.8	873.7	8 669	317.6	1307.9	39 732
35 ～ 39	370.4	1354.9	81 886	365.7	113.0	3 546	352.1	816.0	7 636	353.7	1082.5	6 553	346.9	1177.0	16 683
40 ～ 44	426.7	1620.0	85 155	383.4	99.8	2 874	400.2	837.4	5 272	395.4	1035.5	5 159	404.9	1344.4	12 257
45 ～ 49	486.4	2004.2	79 354	392.0	124.9	1 965	415.0	865.0	3 742	441.3	1208.6	3 576	433.2	1318.7	7 820
50 ～ 54	533.3	2250.6	64 950	475.8	207.5	1 545	464.9	1008.6	2 935	459.4	1156.3	2 571	456.0	1386.6	5 088
55 ～ 59	513.1	1977.5	54 403	390.1	204.3	1 489	415.4	866.4	3 300	427.1	1281.4	2 881	436.4	1093.0	4 971
60 ～ 64	373.5	976.2	31 451	328.3	256.3	1 991	335.9	583.6	4 222	343.3	718.6	3 550	364.9	719.8	3 991
65 ～ 69	376.3	724.8	8 532	355.7	84.8	528	331.3	397.3	1 148	317.5	374.3	1 057	375.3	600.7	2 342
70歳～	477.4	448.8	2 263	362.9	4.8	85	484.2	142.8	204	408.4	205.6	229	464.9	368.3	498
女															
学歴計	**246.1**	**615.0**	**792 495**	**208.6**	**31.0**	**81 256**	**218.1**	**384.0**	**150 840**	**227.1**	**538.0**	**106 786**	**238.2**	**628.5**	**170 000**
～ 19歳	169.0	94.1	8 118	165.8	6.9	4 869	173.9	226.3	3 220	156.6	62.7	29	－	－	－
20 ～ 24	202.5	337.4	81 723	201.5	18.3	24 490	205.6	449.7	41 115	195.8	528.9	12 601	196.8	560.7	3 517
25 ～ 29	225.9	571.7	103 255	217.5	38.4	12 957	218.7	431.5	26 806	232.5	716.9	28 028	230.6	765.0	32 952
30 ～ 34	241.6	619.1	91 970	220.7	44.6	8 266	227.8	365.8	16 910	232.7	530.2	13 236	251.4	784.7	29 619
35 ～ 39	254.0	660.6	89 477	218.6	35.6	6 971	232.2	366.4	14 047	237.3	498.3	11 415	251.4	641.8	19 949
40 ～ 44	262.4	716.2	104 949	218.8	41.9	7 326	228.3	381.6	15 108	235.6	477.0	12 239	247.9	623.8	22 066
45 ～ 49	268.2	736.1	103 714	211.1	32.6	6 635	225.9	319.4	13 649	229.7	435.6	11 133	242.0	559.8	22 057
50 ～ 54	270.0	729.8	85 497	211.8	34.4	4 868	225.0	300.5	9 659	228.5	454.4	8 191	236.1	514.6	17 862
55 ～ 59	262.9	699.5	68 504	212.9	34.6	2 740	217.6	295.8	5 945	222.3	421.2	5 478	226.0	464.8	12 342
60 ～ 64	224.3	438.0	37 637	205.0	89.0	1 429	207.3	276.0	3 239	209.2	304.1	3 189	203.5	295.6	6 499
65 ～ 69	220.1	309.0	13 247	195.0	27.7	496	210.2	107.7	1 005	210.7	237.1	1 004	192.7	209.6	2 427
70歳～	229.9	353.3	4 405	165.0	2.2	208	172.1	142.4	138	257.5	269.3	243	205.7	219.0	708
中学卒	**187.6**	**250.3**	**15 032**	**169.8**	**11.2**	**1 670**	**175.2**	**153.2**	**2 886**	**181.4**	**210.7**	**1 675**	**184.1**	**288.3**	**2 834**
～ 19歳	160.7	31.4	261	148.0	0.5	157	183.9	71.9	89	155.4	114.3	15	－	－	－
20 ～ 24	167.8	89.9	702	165.6	3.6	234	167.3	98.5	310	168.2	159.9	105	178.8	279.9	53
25 ～ 29	182.0	197.5	1 090	167.9	9.3	198	175.2	118.3	436	204.0	357.1	161	196.4	419.1	209
30 ～ 34	178.4	176.5	1 467	170.7	15.8	263	172.1	104.8	515	182.2	199.8	262	184.2	379.7	292
35 ～ 39	187.9	227.2	1 144	170.4	15.7	148	178.3	181.7	336	176.4	216.5	190	197.3	306.6	271
40 ～ 44	195.5	348.7	1 319	174.1	24.1	147	186.3	316.1	275	187.6	218.0	155	191.0	427.1	322
45 ～ 49	207.4	316.3	1 477	206.8	1.4	138	197.3	159.1	250	191.1	215.3	201	192.8	301.3	329
50 ～ 54	217.5	344.2	1 394	172.8	2.9	136	173.6	160.0	221	191.3	235.6	151	187.7	239.7	274
55 ～ 59	198.0	378.3	1 564	175.4	8.6	55	166.2	188.4	144	176.3	225.5	77	185.7	257.2	294
60 ～ 64	174.3	239.6	2 302	164.6	52.0	85	159.1	174.6	188	172.2	204.1	194	168.4	225.8	433
65 ～ 69	174.7	184.7	1 562	151.6	5.4	71	166.4	137.0	89	164.6	94.0	129	173.7	147.1	256
70歳～	178.8	157.1	751	164.8	0.0	38	147.0	132.8	33	144.9	45.3	33	153.2	72.5	101
高校卒	**210.9**	**429.2**	**313 487**	**178.8**	**21.7**	**29 155**	**186.9**	**222.9**	**54 029**	**192.5**	**321.4**	**38 743**	**201.1**	**397.1**	**67 092**
～ 19歳	169.3	96.2	7 857	166.4	7.1	4 713	173.6	230.7	3 131	157.8	5.7	14	－	－	－
20 ～ 24	183.3	330.2	24 229	177.6	12.5	3 868	180.0	287.5	10 487	185.2	466.6	6 581	196.4	566.8	3 293
25 ～ 29	193.6	367.4	23 894	181.6	17.9	3 193	183.8	203.5	6 068	192.3	301.4	3 622	200.6	553.4	8 711
30 ～ 34	201.8	361.3	25 288	179.3	25.4	2 814	189.8	194.5	5 445	193.9	310.6	3 775	205.8	391.2	5 660
35 ～ 39	210.7	419.9	29 235	181.4	20.6	2 697	192.6	208.6	5 261	196.1	296.6	4 021	208.8	403.2	6 634
40 ～ 44	216.9	477.6	40 510	181.0	23.2	3 280	190.4	234.3	6 212	195.7	301.7	5 312	202.1	384.9	8 937
45 ～ 49	223.1	503.2	47 685	185.5	24.6	3 430	193.7	202.1	6 868	195.8	291.5	5 332	206.8	403.9	10 795
50 ～ 54	227.3	523.8	43 811	180.8	31.8	2 526	193.9	205.8	4 991	196.4	307.5	4 244	204.1	369.6	9 809
55 ～ 59	225.8	519.8	36 906	190.1	27.0	1 365	187.5	205.2	3 183	196.8	318.2	3 094	196.8	347.0	7 107
60 ～ 64	197.0	316.9	23 016	178.2	91.4	851	181.2	199.7	1 740	177.8	176.5	2 008	182.9	207.2	4 210
65 ～ 69	198.0	240.8	8 504	180.1	34.0	281	173.9	64.6	585	182.1	186.0	607	175.2	157.9	1 562
70歳～	209.4	304.2	2 552	145.4	1.2	137	175.0	78.8	57	182.5	85.9	133	173.0	140.1	374
高専・短大卒	**254.8**	**674.3**	**250 133**	**209.2**	**32.5**	**23 393**	**220.7**	**401.2**	**44 636**	**232.6**	**565.2**	**33 186**	**243.2**	**645.3**	**53 313**
～ 19歳	－	－	－	－	－	－	－	－	－	－	－	－	－	－	－
20 ～ 24	201.2	338.2	27 441	191.8	14.5	8 099	203.9	417.8	13 465	207.8	604.1	5 725	210.3	532.7	152
25 ～ 29	221.9	540.0	28 108	208.9	40.4	3 521	212.1	405.0	6 115	226.6	613.4	6 227	228.0	714.9	12 120
30 ～ 34	237.2	584.6	27 597	211.0	37.5	2 367	226.5	432.9	4 879	232.7	520.0	3 834	240.5	630.2	7 716
35 ～ 39	252.6	670.0	30 575	224.7	33.5	2 254	227.9	402.6	4 607	239.8	558.8	3 829	248.7	651.4	6 785
40 ～ 44	265.3	755.8	38 537	223.1	58.2	2 456	231.1	398.0	5 160	240.2	538.8	4 217	251.6	651.7	8 001
45 ～ 49	279.5	825.2	36 446	221.4	34.0	1 987	232.7	368.3	4 346	243.0	537.4	3 935	247.7	626.0	7 619
50 ～ 54	288.1	845.4	27 603	228.9	39.1	1 398	240.4	362.6	3 064	252.4	584.2	2 803	254.6	659.3	5 372
55 ～ 59	286.5	837.6	21 890	218.1	46.5	866	236.9	386.3	1 862	244.2	553.6	1 680	249.2	572.1	3 521
60 ～ 64	258.5	595.6	8 826	235.1	91.9	307	237.6	368.0	857	237.3	442.6	703	237.7	429.7	1 387
65 ～ 69	245.0	434.2	2 334	216.7	21.0	114	247.0	133.3	239	211.3	316.3	181	231.8	368.0	465
70歳～	279.6	567.9	775	242.6	12.6	23	172.9	139.9	44	299.2	457.5	52	236.8	388.9	176

及び年間賞与その他特別給与額

計

10～14年			15～19年			20～24年			25～29年			30年以上			区分
所定内給与額	年間賞与その他特別給与額	労働者数	所定内給与額	年間賞与その他特別給与額	労働者数	所定内給与額	年間賞与その他特別給与額	労働者数	所定内給与額	年間賞与その他特別給与額	労働者数	所定内給与額	年間賞与その他特別給与額	労働者数	
千円	千円	十人	千円	千円	十人	千円	千円	十人	千円	千円	十人	千円	千円	十人	
397.2	**1546.1**	**89 418**	**443.4**	**1855.4**	**60 628**	**493.1**	**2161.0**	**50 931**	**544.5**	**2598.4**	**50 791**	**521.1**	**2268.1**	**52 384**	**大学・大学院卒**
-	-	-	-	-	-	-	-	-	-	-	-	-	-	-	～ 19歳
-	-	-	-	-	-	-	-	-	-	-	-	-	-	-	20 ～ 24
225.3	782.0	17	-	-	-	-	-	-	-	-	-	-	-	-	25 ～ 29
344.4	1487.2	17 818	283.6	933.2	28	-	-	-	-	-	-	-	-	-	30 ～ 34
376.0	1586.3	34 220	405.5	1762.2	13 214	367.8	628.5	35	-	-	-	-	-	-	35 ～ 39
407.2	1493.3	15 200	440.0	1957.6	30 281	468.6	2088.6	14 075	367.4	1554.0	38	-	-	-	40 ～ 44
471.1	1709.9	8 701	463.2	1842.7	7 986	501.9	2309.6	27 881	538.4	2654.8	17 667	516.9	2150.7	16	45 ～ 49
496.3	1994.9	5 523	518.0	1953.5	4 078	506.1	2023.2	4 670	561.7	2722.7	26 022	575.3	2682.9	12 518	50 ～ 54
488.4	1433.1	3 993	509.5	1684.4	3 001	514.8	1776.4	2 770	518.8	2195.1	5 336	558.4	2546.1	26 663	55 ～ 59
376.3	896.0	2 575	398.2	1035.9	1 490	480.9	1347.5	1 211	416.4	1395.0	1 530	387.2	1348.6	10 891	60 ～ 64
399.3	639.3	935	425.3	1345.4	362	463.8	1004.0	205	514.9	1781.2	167	402.5	1282.0	1 787	65 ～ 69
429.8	534.3	436	570.0	714.0	188	536.4	505.5	84	736.1	576.3	30	518.4	645.5	508	70歳～
															女
255.0	**718.0**	**111 880**	**273.2**	**862.2**	**63 730**	**298.5**	**1036.1**	**42 610**	**328.9**	**1259.7**	**34 114**	**337.2**	**1286.0**	**31 280**	**学歴計**
-	-	-	-	-	-	-	-	-	-	-	-	-	-	-	～ 19歳
-	-	-	-	-	-	-	-	-	-	-	-	-	-	-	20 ～ 24
211.6	663.2	2 512	-	-	-	-	-	-	-	-	-	-	-	-	25 ～ 29
253.3	852.6	22 282	227.5	678.3	1 656	-	-	-	-	-	-	-	-	-	30 ～ 34
276.4	888.5	19 656	277.2	1033.1	15 676	249.4	889.2	1 763	-	-	-	-	-	-	35 ～ 39
272.3	745.0	15 444	307.5	1127.1	13 687	302.6	1187.0	16 026	285.7	1159.6	3 052	-	-	-	40 ～ 44
261.3	699.4	15 746	286.4	856.4	8 334	352.9	1342.1	8 415	338.9	1436.8	15 854	312.8	1241.8	1 892	45 ～ 49
250.6	631.7	14 629	277.0	761.7	8 407	310.2	999.3	4 732	384.9	1482.2	6 554	359.5	1541.0	10 594	50 ～ 54
243.4	600.2	12 236	246.8	653.6	8 794	288.0	840.5	6 111	315.7	1035.0	4 222	365.0	1449.8	10 636	55 ～ 59
213.0	377.9	6 402	217.3	437.6	5 014	226.9	475.2	3 917	254.2	620.4	2 756	278.3	845.1	5 192	60 ～ 64
194.8	226.6	2 180	237.7	325.0	1 726	210.2	333.4	1 245	255.5	535.1	1 342	268.6	569.1	1 822	65 ～ 69
206.3	238.5	793	209.7	359.5	436	208.0	303.6	401	235.3	428.4	334	288.0	616.4	1 144	70歳～
191.5	**308.5**	**2 114**	**198.2**	**333.4**	**1 239**	**200.1**	**353.7**	**828**	**222.7**	**512.5**	**610**	**215.4**	**391.2**	**1 176**	**中学卒**
-	-	-	-	-	-	-	-	-	-	-	-	-	-	-	～ 19歳
-	-	-	-	-	-	-	-	-	-	-	-	-	-	-	20 ～ 24
172.3	196.9	87	-	-	-	-	-	-	-	-	-	-	-	-	25 ～ 29
197.6	275.3	128	196.2	323.4	7	-	-	-	-	-	-	-	-	-	30 ～ 34
212.8	390.3	120	244.1	346.4	54	164.6	275.2	23	-	-	-	-	-	-	35 ～ 39
220.1	469.7	204	188.0	251.6	88	240.7	623.7	65	211.6	626.4	64	-	-	-	40 ～ 44
211.5	379.8	223	225.6	514.8	167	276.5	710.3	67	236.0	679.7	76	205.7	590.6	25	45 ～ 49
221.9	524.2	232	342.5	861.4	105	214.3	332.7	89	333.0	788.1	50	277.8	451.7	136	50 ～ 54
195.9	391.9	326	173.3	354.4	198	231.4	623.8	87	245.6	636.4	61	231.9	560.1	321	55 ～ 59
169.6	190.2	421	175.7	213.6	312	178.3	282.7	260	184.0	375.5	154	196.3	388.2	254	60 ～ 64
158.1	142.8	254	159.3	144.3	204	174.5	194.4	166	229.9	519.2	156	186.1	199.6	236	65 ～ 69
167.4	53.3	118	183.9	258.8	104	186.5	126.7	72	174.8	82.5	49	206.7	287.1	204	70歳～
212.6	**464.0**	**46 418**	**224.5**	**556.2**	**27 182**	**246.4**	**706.9**	**18 273**	**276.0**	**948.7**	**15 616**	**299.3**	**1082.7**	**16 979**	**高校卒**
-	-	-	-	-	-	-	-	-	-	-	-	-	-	-	～ 19歳
-	-	-	-	-	-	-	-	-	-	-	-	-	-	-	20 ～ 24
212.0	684.5	2 300	-	-	-	-	-	-	-	-	-	-	-	-	25 ～ 29
217.5	588.4	5 993	227.1	681.9	1 601	-	-	-	-	-	-	-	-	-	30 ～ 34
221.5	505.5	4 253	240.2	768.2	4 709	247.0	896.3	1 660	-	-	-	-	-	-	35 ～ 39
219.1	453.4	5 802	234.6	639.8	2 693	266.6	936.6	5 412	286.1	1171.0	2 862	-	-	-	40 ～ 44
216.5	483.9	7 562	235.1	595.4	3 829	260.0	757.4	1 938	292.1	1134.8	6 137	313.7	1247.2	1 794	45 ～ 49
217.9	478.9	8 000	230.9	544.7	4 590	257.9	691.0	2 186	286.8	911.9	1 830	320.3	1312.8	5 635	50 ～ 54
207.1	403.8	6 547	217.8	499.4	5 090	243.9	618.6	3 435	268.9	771.2	1 955	320.0	1213.6	5 130	55 ～ 59
193.0	299.4	4 032	194.9	306.7	3 278	203.3	361.0	2 563	227.2	485.9	1 688	233.3	636.1	2 645	60 ～ 64
179.9	148.5	1 490	191.8	262.4	1 144	206.1	299.1	830	230.9	425.6	901	254.0	442.1	1 103	65 ～ 69
189.0	217.1	439	193.7	234.4	249	211.3	332.0	249	232.8	492.5	243	261.0	523.9	672	70歳～
261.9	**756.8**	**35 772**	**282.8**	**932.1**	**21 407**	**311.8**	**1149.5**	**16 451**	**340.8**	**1348.0**	**12 255**	**367.6**	**1479.2**	**9 719**	**高専・短大卒**
-	-	-	-	-	-	-	-	-	-	-	-	-	-	-	～ 19歳
-	-	-	-	-	-	-	-	-	-	-	-	-	-	-	20 ～ 24
231.9	594.1	125	-	-	-	-	-	-	-	-	-	-	-	-	25 ～ 29
249.4	804.9	8 757	244.6	606.1	45	-	-	-	-	-	-	-	-	-	30 ～ 34
266.4	793.8	5 957	275.7	1018.2	7 071	334.2	959.4	73	-	-	-	-	-	-	35 ～ 39
268.7	784.2	5 307	292.2	1006.0	5 005	305.7	1222.0	8 284	313.6	1151.2	108	-	-	-	40 ～ 44
272.7	765.5	5 154	297.6	907.1	2 714	338.2	1252.2	3 339	346.9	1488.7	7 297	332.4	1277.4	54	45 ～ 49
266.7	730.8	4 563	292.2	885.6	2 588	324.3	1123.7	1 730	363.4	1313.5	2 391	383.4	1699.6	3 694	50 ～ 54
265.9	720.2	3 902	273.2	793.8	2 657	311.4	992.6	1 963	321.2	1132.1	1 627	382.1	1553.7	3 811	55 ～ 59
240.6	505.5	1 500	255.8	631.3	993	263.8	652.8	804	265.1	709.7	602	312.2	997.9	1 672	60 ～ 64
230.5	432.9	327	257.6	543.2	271	228.7	447.2	210	261.8	571.2	200	294.6	773.2	329	65 ～ 69
256.0	386.1	180	289.7	855.4	65	228.2	518.5	49	254.8	298.7	30	398.9	1160.1	158	70歳～

第2表　年齢階級、勤続年数階級別所定内給与額

企業規模	計
	1,000人以上

産　　業

区　分	勤続年数計			0　年			1～2年			3～4年			5～9年		
	所定内給与額	年間賞与その他特別給与額	労働者数	所定内給与額	年間賞与その他特別給与額	労働者数	所定内給与額	年間賞与その他特別給与額	労働者数	所定内給与額	年間賞与その他特別給与額	労働者数	所定内給与額	年間賞与その他特別給与額	労働者数
	千円	千円	十人	千円	千円	十人	千円	千円	十人	千円	千円	十人	千円	千円	十人
大学・大学院卒	**291.5**	**843.7**	**213 844**	**242.6**	**41.1**	**27 037**	**252.4**	**558.6**	**49 289**	**264.2**	**780.3**	**33 182**	**289.2**	**962.2**	**46 760**
～19歳	-	-	-	-	-	-	-	-	-	-	-	-	-	-	-
20～24	220.4	348.4	29 351	216.0	22.9	12 289	223.6	582.5	16 853	213.0	620.2	189	217.3	516.8	19
25～29	244.6	695.0	50 163	243.2	49.0	6 045	237.8	550.1	14 187	242.9	839.4	18 018	255.9	976.9	11 912
30～34	274.1	834.9	37 618	274.8	72.3	2 822	267.7	487.6	6 071	262.4	708.1	5 366	274.0	1006.5	15 951
35～39	302.6	914.7	28 523	268.8	61.3	1 872	296.3	555.0	3 843	286.8	686.2	3 375	301.9	898.8	6 259
40～44	336.6	1067.2	24 583	302.1	58.6	1 443	295.4	626.5	3 461	313.5	755.0	2 556	330.6	1034.6	4 806
45～49	368.9	1204.5	18 107	274.2	59.7	1 080	316.9	609.6	2 184	311.3	683.1	1 664	348.0	941.1	3 314
50～54	384.3	1232.3	12 689	285.8	39.7	807	311.4	527.2	1 383	303.5	749.0	993	330.3	813.7	2 408
55～59	379.9	1203.9	8 144	276.4	37.8	453	306.5	475.3	756	295.0	599.4	626	323.6	830.8	1 420
60～64	350.9	968.2	3 494	296.5	89.9	186	270.4	436.4	454	386.9	931.5	284	319.4	757.2	469
65～69	458.1	878.7	846	356.8	47.3	30	388.1	287.4	92	476.9	641.3	87	290.1	370.3	144
70歳～	390.5	680.5	325	252.5	0.0	10	301.4	1003.0	5	741.7	1195.4	24	414.4	467.1	58
企業規模1,000人以上															
男女計	**346.8**	**1309.6**	**803 726**	**244.4**	**71.5**	**56 613**	**255.8**	**553.2**	**104 891**	**270.4**	**798.3**	**77 554**	**293.8**	**1035.9**	**148 960**
～19歳	180.4	185.1	6 760	174.7	34.4	3 837	187.6	378.5	2 867	203.2	621.1	55	-	-	-
20～24	218.2	452.7	60 532	215.2	29.1	18 121	220.6	566.8	29 555	211.1	713.7	8 286	226.6	921.6	4 569
25～29	257.2	842.0	96 793	244.4	48.0	9 570	247.4	626.2	22 356	260.2	982.3	26 642	264.1	1063.0	33 597
30～34	299.2	1079.3	98 285	266.9	77.5	5 928	269.8	493.6	12 134	277.6	756.4	9 757	306.3	1273.3	39 682
35～39	337.9	1252.0	96 426	286.7	83.0	4 744	299.8	593.8	9 555	303.8	837.4	7 828	308.5	1036.2	17 988
40～44	371.8	1454.0	113 080	282.3	70.5	4 270	289.5	542.2	8 236	294.0	689.4	7 132	328.1	1075.1	16 695
45～49	410.1	1703.8	114 318	273.3	59.8	3 538	276.9	447.4	6 813	287.9	632.8	5 794	302.7	857.2	12 725
50～54	445.0	1915.8	95 964	276.6	104.2	2 634	285.2	499.2	4 823	273.1	588.8	4 091	300.7	804.9	9 446
55～59	432.5	1813.2	71 923	285.4	175.0	1 477	300.5	589.1	3 644	304.6	701.7	3 318	290.7	735.7	7 177
60～64	297.4	919.7	39 189	263.3	482.9	2 000	267.5	538.6	4 038	282.3	614.9	3 727	264.5	530.8	4 613
65～69	287.5	593.8	8 871	273.0	142.1	457	307.8	342.9	811	261.1	262.1	863	273.5	440.3	2 130
70歳～	309.0	507.2	1 584	266.7	1.5	35	469.8	138.4	58	317.5	314.0	60	274.8	250.9	337
男															
学歴計	**383.3**	**1555.4**	**543 122**	**266.4**	**95.3**	**31 212**	**275.1**	**643.3**	**57 624**	**291.9**	**928.1**	**44 021**	**317.2**	**1200.5**	**93 923**
～19歳	183.4	217.5	4 584	176.5	45.9	2 498	191.0	415.3	2 045	219.9	802.5	41	-	-	-
20～24	220.1	502.0	32 470	218.5	30.4	8 999	221.1	578.9	14 659	212.8	766.5	5 232	230.9	985.9	3 578
25～29	265.8	918.4	59 294	258.3	52.1	5 236	256.5	688.7	13 300	268.4	1057.1	15 362	271.0	1130.7	21 527
30～34	318.4	1231.5	64 862	290.8	90.5	3 441	289.3	589.5	6 885	301.2	886.4	5 462	323.3	1409.2	27 370
35～39	364.0	1436.6	66 225	330.8	105.1	2 657	333.8	753.7	5 324	336.5	1038.0	4 490	327.8	1184.1	12 010
40～44	408.8	1692.5	77 589	329.0	76.5	2 198	337.0	697.0	3 896	342.0	924.7	3 534	371.3	1298.0	9 899
45～49	458.0	2021.9	79 710	328.4	79.3	1 789	331.9	648.8	3 088	349.6	914.3	2 526	354.3	1146.2	6 385
50～54	500.4	2288.8	68 873	341.2	158.2	1 404	355.1	838.7	2 061	327.5	845.9	1 760	375.2	1196.4	4 247
55～59	481.6	2126.3	52 930	333.3	255.5	942	352.6	791.6	2 238	361.3	925.2	1 931	345.9	985.9	3 872
60～64	315.3	1044.3	29 570	278.9	538.6	1 649	277.5	585.9	3 439	298.1	689.1	2 906	295.4	681.9	3 033
65～69	304.3	657.0	6 145	280.0	158.0	379	316.1	413.3	637	270.2	280.3	732	293.3	507.2	1 741
70歳～	329.4	471.2	869	278.4	0.0	19	519.0	126.3	50	361.0	223.1	45	281.0	289.7	260
中学卒	**297.2**	**951.2**	**9 155**	**214.2**	**56.7**	**555**	**238.5**	**353.1**	**914**	**228.9**	**474.9**	**854**	**275.5**	**826.3**	**1 652**
～19歳	167.4	64.0	80	161.6	0.3	47	174.1	160.6	32	244.2	0.0	1	-	-	-
20～24	216.1	261.6	286	194.4	10.7	55	231.3	279.7	147	203.2	255.5	39	204.3	512.5	45
25～29	241.1	568.2	655	234.8	24.8	104	229.9	406.4	164	216.3	620.6	174	268.2	817.4	157
30～34	274.4	868.5	766	207.8	50.1	41	224.0	295.0	95	263.9	291.8	106	266.3	977.0	267
35～39	293.3	972.5	1 011	224.1	3.6	39	255.5	381.6	64	231.7	569.6	127	294.8	994.5	278
40～44	310.0	934.6	1 120	221.5	5.1	91	229.5	326.4	135	205.7	361.8	62	310.9	901.5	214
45～49	346.9	1118.4	1 317	241.7	2.8	63	285.3	354.4	69	240.0	503.6	87	273.8	770.7	217
50～54	349.7	1149.0	1 006	195.1	1.8	58	301.8	406.4	55	284.5	826.1	61	323.8	799.0	147
55～59	352.0	1454.9	1 118	337.5	835.0	3	221.5	171.1	27	187.9	123.8	25	227.8	463.0	115
60～64	256.3	903.3	1 309	214.1	467.6	49	245.0	731.5	81	226.6	485.0	118	321.2	1369.3	75
65～69	196.4	258.4	403	142.0	0.0	4	223.1	56.2	45	180.7	127.9	52	201.9	331.3	121
70歳～	203.7	217.1	84	-	-	-	-	-	-	230.5	17.1	1	165.6	179.7	16
高校卒	**323.0**	**1190.7**	**203 442**	**216.3**	**85.2**	**11 465**	**222.7**	**395.6**	**20 077**	**234.0**	**568.7**	**14 430**	**262.1**	**844.9**	**33 695**
～19歳	183.6	220.2	4 505	176.8	46.8	2 451	191.2	419.3	2 014	219.4	818.5	40	-	-	-
20～24	211.5	643.2	14 085	203.1	30.2	1 456	201.0	479.9	4 978	210.2	757.6	4 158	231.3	995.5	3 493
25～29	242.9	812.3	17 804	215.5	27.6	1 347	215.0	317.0	2 219	224.8	528.3	1 538	246.0	957.4	8 930
30～34	270.9	891.4	17 653	216.6	42.9	1 308	234.5	313.7	2 140	238.5	545.0	1 429	263.0	811.8	4 044
35～39	305.1	1055.7	21 031	245.2	62.3	985	240.9	314.0	1 834	255.0	535.9	1 348	277.5	878.0	4 105
40～44	344.5	1294.2	29 793	232.2	35.6	866	247.1	329.8	1 507	257.9	480.7	1 250	288.0	849.3	3 908
45～49	370.8	1416.5	28 889	237.3	39.7	805	237.9	349.4	1 358	253.5	470.6	1 020	284.4	748.8	2 928
50～54	408.8	1691.2	27 619	254.9	45.0	703	235.1	292.4	928	242.3	408.6	892	295.4	839.8	2 051
55～59	403.4	1686.8	23 351	215.5	104.5	358	255.1	408.9	999	263.3	451.8	889	280.8	730.6	1 822
60～64	257.5	852.7	15 352	247.1	547.6	951	240.6	573.0	1 867	236.6	541.1	1 479	236.6	482.8	1 477
65～69	224.4	332.9	2 937	215.4	50.7	217	205.8	168.5	209	213.5	156.4	361	215.8	300.0	826
70歳～	209.6	338.5	424	291.9	0.0	17	179.9	61.9	25	176.8	203.8	25	182.9	259.5	110

及び年間賞与その他特別給与額

計

10～14年 所定内給与額	10～14年 年間賞与その他特別給与額	10～14年 労働者数	15～19年 所定内給与額	15～19年 年間賞与その他特別給与額	15～19年 労働者数	20～24年 所定内給与額	20～24年 年間賞与その他特別給与額	20～24年 労働者数	25～29年 所定内給与額	25～29年 年間賞与その他特別給与額	25～29年 労働者数	30年以上 所定内給与額	30年以上 年間賞与その他特別給与額	30年以上 労働者数	区分
千円	千円	十人	千円	千円	十人	千円	千円	十人	千円	千円	十人	千円	千円	十人	
322.1	**1126.7**	**27 576**	**360.2**	**1399.9**	**13 902**	**414.1**	**1704.1**	**7 058**	**461.5**	**2010.6**	**5 633**	**481.1**	**2057.3**	**3 406**	**大学・大学院卒**
-	-	-	-	-	-	-	-	-	-	-	-	-	-	-	～19歳
-	-	-	-	-	-	-	-	-	-	-	-	-	-	-	20～24
215.2	741.9	1	-	-	-	-	-	-	-	-	-	-	-	-	25～29
287.9	1132.7	7 406	251.6	739.1	2	-	-	-	-	-	-	-	-	-	30～34
308.7	1130.1	9 325	326.0	1394.6	3 842	228.6	512.1	8	-	-	-	-	-	-	35～39
354.2	1117.9	4 131	355.5	1465.1	5 902	379.0	1673.6	2 266	321.7	1292.5	18	-	-	-	40～44
364.9	1184.1	2 806	394.9	1422.2	1 624	429.3	1822.5	3 071	439.6	2090.6	2 344	313.2	1476.0	20	45～49
357.0	1065.2	1 834	424.2	1353.0	1 125	446.0	1711.8	727	487.1	2130.7	2 284	487.1	2293.2	1 128	50～54
356.3	1206.4	1 461	355.8	1209.1	849	464.6	1611.4	626	465.8	1696.0	578	516.5	2250.7	1 375	55～59
340.9	833.9	448	328.6	1147.6	432	376.4	1164.6	290	414.0	1297.6	312	412.3	1511.4	620	60～64
377.4	874.4	108	826.2	786.9	107	346.3	1024.4	40	550.2	1646.5	84	445.0	1612.6	153	65～69
262.9	320.5	57	289.9	869.2	19	200.0	150.4	32	486.0	873.3	12	445.8	1015.5	110	70歳～
															企業規模1,000人以上
340.3	**1351.8**	**109 157**	**389.7**	**1684.2**	**70 899**	**436.9**	**1984.2**	**63 766**	**474.0**	**2269.2**	**78 239**	**465.9**	**2169.9**	**93 647**	**男女計**
-	-	-	-	-	-	-	-	-	-	-	-	-	-	-	～19歳
-	-	-	-	-	-	-	-	-	-	-	-	-	-	-	20～24
263.1	1114.5	4 628	-	-	-	-	-	-	-	-	-	-	-	-	25～29
315.3	1352.8	27 999	309.5	1381.3	2 785	-	-	-	-	-	-	-	-	-	30～34
365.1	1589.8	30 745	362.8	1617.0	21 941	343.8	1409.2	3 625	-	-	-	-	-	-	35～39
358.1	1352.4	15 557	430.5	1995.5	26 366	407.8	1855.4	26 396	378.3	1679.8	8 429	-	-	-	40～44
369.7	1344.7	11 241	404.6	1644.8	8 215	497.2	2403.3	23 388	458.5	2200.4	37 237	435.0	1893.0	5 366	45～49
357.9	1367.5	8 269	408.5	1507.6	5 026	449.5	1869.0	4 887	548.5	2750.1	24 377	495.5	2347.9	32 410	50～54
330.0	999.1	5 760	351.7	1176.4	3 754	413.5	1552.2	3 308	457.0	2024.3	5 686	510.7	2475.9	37 798	55～59
268.4	539.7	3 440	271.4	726.4	1 930	314.4	964.1	1 721	346.8	1252.8	1 865	324.2	1318.7	15 855	60～64
239.5	435.0	1 226	266.9	693.0	686	260.5	708.3	363	324.8	880.6	543	346.5	1125.8	1 791	65～69
234.4	141.6	292	265.0	421.7	196	281.9	604.5	77	311.8	801.9	102	392.1	1030.6	427	70歳～
															男
370.7	**1576.3**	**73 648**	**421.7**	**1895.6**	**50 935**	**463.5**	**2151.4**	**49 417**	**497.9**	**2419.1**	**63 283**	**482.9**	**2265.0**	**79 060**	**学歴計**
-	-	-	-	-	-	-	-	-	-	-	-	-	-	-	～19歳
-	-	-	-	-	-	-	-	-	-	-	-	-	-	-	20～24
268.5	1149.3	3 869	-	-	-	-	-	-	-	-	-	-	-	-	25～29
331.5	1481.3	19 322	319.2	1459.3	2 381	-	-	-	-	-	-	-	-	-	30～34
385.9	1744.1	23 113	385.2	1745.0	15 577	355.0	1465.2	3 054	-	-	-	-	-	-	35～39
385.6	1562.4	10 776	454.0	2151.6	20 727	432.3	1971.8	19 749	395.9	1754.3	6 811	-	-	-	40～44
431.7	1742.2	6 728	435.5	1849.8	6 007	514.7	2528.0	19 839	484.3	2338.2	28 922	455.0	1983.8	4 426	45～49
439.5	1994.3	4 421	474.9	1912.8	3 016	477.9	2050.9	3 680	559.7	2841.7	21 770	519.2	2456.0	26 515	50～54
412.3	1304.5	2 646	431.6	1587.8	1 944	458.5	1878.4	2 064	477.9	2168.7	4 534	528.4	2585.0	32 759	55～59
322.7	779.8	1 795	324.7	1069.5	853	373.8	1369.3	856	370.1	1514.6	1 090	327.5	1345.6	13 948	60～64
270.7	583.2	784	337.4	1098.8	322	282.0	916.5	144	341.8	1137.5	133	351.2	1202.7	1 275	65～69
246.0	166.9	194	307.6	616.8	108	228.8	567.0	32	251.7	649.2	23	517.9	1340.9	139	70歳～
280.7	**885.2**	**1 258**	**337.6**	**1167.3**	**560**	**362.6**	**1319.4**	**657**	**373.1**	**1478.9**	**792**	**343.6**	**1451.6**	**1 913**	**中学卒**
-	-	-	-	-	-	-	-	-	-	-	-	-	-	-	～19歳
-	-	-	-	-	-	-	-	-	-	-	-	-	-	-	20～24
286.8	1198.3	55	-	-	-	-	-	-	-	-	-	-	-	-	25～29
308.0	1244.4	214	357.0	1771.3	43	-	-	-	-	-	-	-	-	-	30～34
308.9	1152.4	329	342.2	1431.1	115	324.1	1134.3	58	-	-	-	-	-	-	35～39
283.4	705.2	181	402.4	1590.4	129	381.5	1489.5	160	354.0	1452.5	148	-	-	-	40～44
279.3	851.8	160	353.3	985.1	119	455.9	1708.2	236	396.3	1579.2	268	420.8	1608.7	97	45～49
239.7	332.3	98	267.4	738.5	30	301.0	1150.7	45	429.9	1702.7	207	409.7	1661.9	304	50～54
288.7	883.5	79	311.1	996.6	61	282.3	1009.2	77	342.1	1387.8	93	408.1	1922.3	638	55～59
208.1	254.9	62	206.8	274.0	24	188.4	364.4	49	220.9	822.4	60	270.5	1075.6	791	60～64
182.8	289.0	66	203.9	23.7	17	193.5	371.0	31	171.9	68.3	13	202.9	430.0	53	65～69
174.1	8.0	13	224.6	22.5	23	-	-	-	140.3	4.8	2	224.1	493.7	30	70歳～
295.7	**1069.0**	**24 037**	**330.2**	**1295.4**	**15 230**	**364.7**	**1490.7**	**17 600**	**398.9**	**1731.6**	**23 553**	**429.2**	**1942.2**	**43 356**	**高校卒**
-	-	-	-	-	-	-	-	-	-	-	-	-	-	-	～19歳
-	-	-	-	-	-	-	-	-	-	-	-	-	-	-	20～24
269.1	1156.5	3 770	-	-	-	-	-	-	-	-	-	-	-	-	25～29
289.0	1180.4	6 454	319.2	1461.2	2 278	-	-	-	-	-	-	-	-	-	30～34
313.0	1127.7	3 647	334.4	1423.1	6 171	355.6	1476.3	2 942	-	-	-	-	-	-	35～39
315.8	1127.9	3 452	347.9	1223.4	2 590	377.3	1598.4	9 699	397.5	1770.9	6 520	-	-	-	40～44
326.8	1053.9	2 383	335.9	1169.0	1 814	357.1	1336.8	2 315	412.5	1794.7	11 988	455.1	1987.4	4 278	45～49
316.5	1049.9	1 599	342.8	1245.8	969	363.3	1410.7	1 293	387.8	1616.1	2 982	469.5	2147.4	16 201	50～54
300.2	774.1	1 277	310.2	946.0	808	350.5	1344.7	840	370.7	1533.2	1 584	462.0	2159.2	14 774	55～59
232.5	395.3	849	243.4	665.9	364	244.7	734.7	424	246.5	1102.8	391	276.0	1147.9	7 550	60～64
218.5	357.4	489	239.9	356.7	162	206.5	359.0	68	205.3	584.8	73	262.1	616.6	531	65～69
205.5	185.2	116	235.3	769.2	73	224.3	367.5	19	209.0	129.3	16	272.8	948.7	23	70歳～

第2表　年齢階級、勤続年数階級別所定内給与額

企業規模	1,000人以上

産　　業

区分	勤続年数計			0　年			1～2年			3～4年			5～9年		
	所定内給与額	年間賞与その他特別給与額	労働者数	所定内給与額	年間賞与その他特別給与額	労働者数	所定内給与額	年間賞与その他特別給与額	労働者数	所定内給与額	年間賞与その他特別給与額	労働者数	所定内給与額	年間賞与その他特別給与額	労働者数
	千円	千円	十人	千円	千円	十人	千円	千円	十人	千円	千円	十人	千円	千円	十人
高専・短大卒	**335.7**	**1225.6**	**51 035**	**225.0**	**47.1**	**3 112**	**242.7**	**517.2**	**5 817**	**260.5**	**752.2**	**4 820**	**283.6**	**966.4**	**9 333**
～19歳	-	-	-	-	-	-	-	-	-	-	-	-	-	-	-
20～24	209.9	451.3	4 263	194.5	16.3	1 260	212.7	530.4	1 963	223.3	828.7	1 009	213.4	848.4	31
25～29	245.8	784.7	5 398	229.4	32.0	505	225.8	456.1	880	237.5	760.6	1 070	258.6	1028.2	2 909
30～34	277.8	920.2	6 617	250.5	43.2	360	235.2	453.8	790	263.6	686.7	744	275.7	945.1	1 768
35～39	319.3	1091.3	7 254	252.2	52.5	306	264.1	507.3	584	296.4	772.3	580	296.1	924.2	1 583
40～44	344.1	1251.5	8 568	233.5	19.2	255	255.6	447.0	588	286.1	712.9	506	306.3	920.0	1 320
45～49	400.1	1633.9	8 300	228.5	65.4	170	261.8	416.9	437	320.2	754.8	348	307.8	1028.1	666
50～54	452.9	1885.2	5 101	292.3	108.1	78	299.8	726.9	196	293.3	675.0	154	313.6	1072.7	425
55～59	449.5	1850.3	3 606	283.8	139.0	77	407.2	1269.6	209	273.7	785.6	192	347.7	1077.1	381
60～64	295.7	1029.9	1 615	271.1	399.0	67	267.2	317.2	136	261.3	752.2	178	238.3	419.7	174
65～69	256.0	495.9	270	315.4	472.4	34	308.4	452.3	34	192.3	121.8	39	233.3	462.1	62
70歳～	205.7	382.6	43	-	-	-	-	-	-	-	-	-	174.8	27.4	14
大学・大学院卒	**438.7**	**1900.8**	**279 490**	**311.9**	**113.0**	**16 080**	**316.5**	**837.2**	**30 815**	**335.4**	**1196.6**	**23 917**	**362.8**	**1500.7**	**49 242**
～19歳	-	-	-	-	-	-	-	-	-	-	-	-	-	-	-
20～24	232.2	378.8	13 835	227.1	33.5	6 228	236.3	662.4	7 572	225.9	556.2	27	247.1	119.5	9
25～29	280.8	998.6	35 437	281.1	66.1	3 281	268.8	795.9	10 036	277.1	1153.1	12 580	298.1	1329.5	9 531
30～34	347.1	1441.0	39 826	357.1	137.2	1 733	332.4	777.3	3 861	339.3	1106.1	3 184	339.5	1566.6	21 291
35～39	408.3	1734.1	36 928	415.6	151.9	1 327	409.9	1096.4	2 842	396.6	1403.7	2 435	371.9	1468.8	6 044
40～44	476.6	2125.4	38 108	448.7	133.9	985	455.9	1147.4	1 666	424.6	1330.8	1 717	466.8	1822.5	4 457
45～49	534.4	2553.4	41 204	456.1	131.4	750	463.8	1080.6	1 224	459.8	1422.7	1 070	452.8	1660.5	2 574
50～54	583.6	2849.5	35 148	470.3	322.0	565	496.8	1464.5	883	456.2	1486.5	652	496.7	1714.8	1 625
55～59	565.7	2609.4	24 855	424.6	377.2	504	441.8	1089.8	1 003	492.8	1493.0	824	430.5	1301.8	1 553
60～64	403.5	1323.0	11 294	337.2	546.1	581	331.4	621.9	1 355	391.6	893.9	1 131	368.0	902.3	1 308
65～69	419.2	1113.1	2 535	388.3	264.6	124	395.1	602.9	348	371.2	491.0	279	401.2	774.3	731
70歳～	538.1	725.8	319	123.9	0.0	2	847.6	188.7	26	616.5	257.1	19	397.5	361.1	121
女															
学歴計	**270.8**	**797.2**	**260 604**	**217.4**	**42.4**	**25 401**	**232.1**	**443.3**	**47 267**	**242.2**	**627.9**	**33 533**	**253.8**	**755.0**	**55 037**
～19歳	174.1	116.9	2 175	171.2	12.9	1 339	179.1	286.6	822	156.0	107.1	14	-	-	-
20～24	215.9	395.7	28 062	212.1	27.9	9 122	220.1	554.8	14 896	208.3	623.1	3 054	211.3	689.3	991
25～29	243.6	721.1	37 499	227.6	43.0	4 334	234.1	534.3	9 056	249.0	880.4	11 280	251.9	942.2	12 070
30～34	262.0	783.9	33 424	233.8	59.6	2 487	244.2	367.8	5 249	247.7	591.0	4 294	268.6	971.2	12 313
35～39	280.7	847.2	30 202	230.6	54.8	2 087	257.0	392.6	4 231	259.9	567.6	3 339	269.6	739.2	5 978
40～44	290.8	932.6	35 491	232.8	64.0	2 072	246.8	403.3	4 340	246.9	458.3	3 598	265.2	750.5	6 796
45～49	299.8	971.0	34 608	216.9	39.8	1 749	231.3	280.5	3 725	240.2	415.1	3 268	250.7	566.2	6 340
50～54	304.0	967.7	27 091	202.8	42.5	1 230	233.0	245.8	2 762	232.0	394.7	2 331	239.8	485.2	5 199
55～59	295.5	940.8	18 993	200.9	33.3	535	217.6	266.8	1 406	225.7	390.8	1 388	226.1	442.5	3 305
60～64	242.3	536.8	9 619	190.2	221.4	351	209.8	266.6	598	226.4	352.2	821	205.0	240.6	1 579
65～69	249.7	451.4	2 726	238.8	64.8	78	277.7	86.5	175	210.2	160.6	132	184.8	141.6	390
70歳～	284.3	551.1	714	253.5	3.2	17	160.5	214.4	8	187.3	586.1	15	253.9	120.1	77
中学卒	**205.8**	**321.7**	**3 100**	**177.3**	**18.0**	**405**	**196.3**	**202.3**	**605**	**188.7**	**199.9**	**313**	**186.8**	**375.0**	**645**
～19歳	161.1	31.2	112	143.9	0.0	70	207.4	70.7	28	156.0	107.1	14	-	-	-
20～24	179.9	96.4	176	172.7	4.7	60	185.4	151.7	101	166.3	107.5	13	205.0	0.0	2
25～29	193.4	244.0	270	183.6	7.3	44	201.8	158.0	100	196.9	352.4	22	193.4	431.8	85
30～34	195.8	249.0	357	191.6	37.8	68	194.3	45.6	148	190.7	294.8	50	200.1	861.6	57
35～39	210.5	405.7	239	184.7	6.7	26	223.7	627.7	50	187.2	249.0	21	198.7	417.0	85
40～44	221.0	625.4	239	184.0	7.7	12	239.7	701.4	48	224.0	156.9	22	187.8	750.6	78
45～49	222.0	340.1	298	279.3	0.8	26	187.5	96.3	24	180.1	152.1	53	195.9	297.5	86
50～54	241.0	359.4	384	161.2	4.5	52	169.7	94.8	72	207.8	236.8	69	185.8	143.2	64
55～59	221.1	507.2	281	190.0	0.0	10	213.1	577.3	8	163.3	182.7	15	174.0	99.9	47
60～64	177.2	229.1	437	159.8	118.6	30	162.4	166.1	24	160.9	85.4	12	161.2	185.9	94
65～69	200.7	285.1	193	173.4	16.2	3	156.5	0.0	2	169.5	15.2	22	181.0	141.4	37
70歳～	229.5	339.5	113	127.6	0.0	5	-	-	-	-	-	-	189.8	12.4	10
高校卒	**228.6**	**535.4**	**89 437**	**180.4**	**25.3**	**8 201**	**192.6**	**200.6**	**14 140**	**198.0**	**295.8**	**10 467**	**206.6**	**404.3**	**18 463**
～19歳	174.8	121.6	2 063	172.7	13.6	1 269	178.1	294.1	794	-	-	-	-	-	-
20～24	195.0	376.9	6 485	186.9	12.3	1 232	193.3	316.2	2 764	196.1	575.9	1 577	209.4	708.9	913
25～29	201.8	408.8	7 030	182.9	17.7	1 038	187.7	176.8	1 690	193.6	220.2	1 039	212.3	642.0	2 536
30～34	209.2	375.1	7 300	176.1	21.4	829	193.9	137.1	1 584	198.0	245.7	1 110	208.8	396.8	1 620
35～39	224.9	494.2	8 343	182.6	20.3	830	195.8	172.2	1 433	210.8	296.5	1 080	216.0	422.2	1 700
40～44	234.8	615.9	12 141	178.6	22.2	904	196.4	203.4	1 518	204.2	261.0	1 538	207.3	394.0	2 347
45～49	241.6	625.4	14 260	185.4	25.5	893	195.2	130.6	1 837	201.1	251.8	1 513	211.4	350.6	3 035
50～54	249.5	662.5	13 172	180.6	31.9	655	199.9	171.4	1 342	194.3	204.8	1 152	207.1	332.8	3 003
55～59	252.0	692.1	10 114	167.6	17.8	273	183.4	174.9	689	198.4	300.0	818	198.2	324.3	1 948
60～64	210.4	368.7	6 192	175.5	227.5	218	181.8	171.2	372	173.1	166.9	574	180.5	160.5	1 083
65～69	231.9	397.2	1 886	225.2	74.2	57	199.8	26.2	114	160.1	91.5	53	166.0	112.9	232
70歳～	290.3	659.7	451	153.3	25.0	2	154.0	0.0	4	148.2	103.8	12	190.5	185.6	46

及び年間賞与その他特別給与額

計

10～14年 所定内給与額	10～14年 年間賞与その他特別給与額	10～14年 労働者数	15～19年 所定内給与額	15～19年 年間賞与その他特別給与額	15～19年 労働者数	20～24年 所定内給与額	20～24年 年間賞与その他特別給与額	20～24年 労働者数	25～29年 所定内給与額	25～29年 年間賞与その他特別給与額	25～29年 労働者数	30年以上 所定内給与額	30年以上 年間賞与その他特別給与額	30年以上 労働者数	区分
千円	千円	十人	千円	千円	十人	千円	千円	十人	千円	千円	十人	千円	千円	十人	
320.9	1190.9	7 437	363.2	1459.0	5 173	399.8	1718.6	4 571	447.5	1997.4	5 923	489.6	2198.3	4 849	高専・短大卒
-	-	-	-	-	-	-	-	-	-	-	-	-	-	-	～ 19歳
-	-	-	-	-	-	-	-	-	-	-	-	-	-	-	20 ～ 24
183.1	376.3	34	-	-	-	-	-	-	-	-	-	-	-	-	25 ～ 29
297.3	1194.7	2 917	296.1	1248.4	39	-	-	-	-	-	-	-	-	-	30 ～ 34
325.8	1128.4	1 686	356.0	1515.3	2 467	344.4	1090.8	47	-	-	-	-	-	-	35 ～ 39
342.2	1244.6	1 472	355.8	1394.8	1 545	395.8	1716.1	2 754	368.8	1293.5	127	-	-	-	40 ～ 44
359.3	1352.5	705	382.7	1464.2	597	405.4	1693.6	1 189	450.2	2044.7	4 146	502.8	2435.3	42	45 ～ 49
358.7	1122.4	286	420.6	1485.0	295	426.5	1627.6	355	464.7	2052.1	1 195	527.4	2416.4	2 118	50 ～ 54
342.2	1262.8	203	427.1	1450.0	154	429.4	2528.2	182	412.3	1688.1	388	525.2	2330.6	1 819	55 ～ 59
275.8	842.4	103	284.2	1093.4	56	222.0	624.9	38	332.8	1290.1	62	326.8	1417.5	801	60 ～ 64
217.5	361.5	13	245.0	437.1	20	222.6	337.9	5	226.3	468.6	5	274.5	884.2	59	65 ～ 69
186.5	120.5	18	-	-	-	179.3	28.0	1	-	-	-	277.0	1274.0	11	70歳～
426.5	1965.7	40 917	479.8	2289.6	29 972	542.3	2683.6	26 590	580.7	3007.8	33 014	571.4	2813.4	28 943	大学・大学院卒
-	-	-	-	-	-	-	-	-	-	-	-	-	-	-	～ 19歳
-	-	-	-	-	-	-	-	-	-	-	-	-	-	-	20 ～ 24
233.7	786.7	10	-	-	-	-	-	-	-	-	-	-	-	-	25 ～ 29
370.5	1771.8	9 737	287.3	1005.5	21	-	-	-	-	-	-	-	-	-	30 ～ 34
408.4	1943.5	17 451	442.4	2124.4	6 824	443.5	2178.3	6	-	-	-	-	-	-	35 ～ 39
442.7	1936.7	5 671	480.3	2373.2	16 462	522.3	2588.9	7 136	371.2	1430.4	15	-	-	-	40 ～ 44
525.2	2333.2	3 481	499.4	2300.5	3 478	546.3	2773.0	16 098	566.2	2972.0	12 520	562.8	2238.2	8	45 ～ 49
537.7	2783.5	2 437	562.2	2382.3	1 722	565.8	2563.7	1 987	597.3	3119.7	17 386	623.1	3130.7	7 892	50 ～ 54
566.3	1966.3	1 086	546.8	2212.4	922	571.8	2289.2	966	562.2	2681.8	2 468	596.9	3047.1	15 529	55 ～ 59
436.2	1231.5	781	409.4	1470.9	409	576.3	2377.9	344	473.2	1889.3	578	417.8	1688.8	4 806	60 ～ 64
419.0	1197.7	216	500.0	2337.3	123	484.5	2345.5	40	651.8	2539.2	41	445.4	1788.5	632	65 ～ 69
387.8	182.1	47	895.6	809.7	12	237.8	892.0	13	413.9	2367.9	6	742.5	1802.5	75	70歳～
															女
277.3	886.2	35 509	308.2	1144.6	19 964	345.3	1408.5	14 348	372.7	1635.3	14 957	373.6	1654.5	14 587	学歴計
-	-	-	-	-	-	-	-	-	-	-	-	-	-	-	～ 19歳
-	-	-	-	-	-	-	-	-	-	-	-	-	-	-	20 ～ 24
235.3	937.5	759	-	-	-	-	-	-	-	-	-	-	-	-	25 ～ 29
279.0	1066.7	8 677	252.2	921.1	404	-	-	-	-	-	-	-	-	-	30 ～ 34
302.2	1122.5	7 632	308.1	1303.7	6 364	284.0	1110.0	571	-	-	-	-	-	-	35 ～ 39
296.2	879.2	4 781	344.3	1421.7	5 639	334.9	1509.6	6 647	304.1	1366.4	1 618	-	-	-	40 ～ 44
277.2	752.1	4 512	320.3	1086.9	2 208	399.1	1706.3	3 549	368.5	1721.4	8 316	341.1	1465.8	940	45 ～ 49
264.2	647.5	3 849	308.9	899.5	2 010	362.9	1314.8	1 208	454.8	1985.5	2 607	388.9	1861.9	5 895	50 ～ 54
260.0	739.8	3 114	265.8	734.6	1 810	339.0	1010.8	1 244	374.8	1455.7	1 152	395.8	1766.6	5 039	55 ～ 59
209.2	277.7	1 645	229.2	454.9	1 077	255.5	562.9	865	313.9	884.3	775	300.7	1121.3	1 907	60 ～ 64
184.2	171.8	442	204.7	334.7	364	246.4	571.3	219	319.3	797.5	410	334.9	936.3	517	65 ～ 69
211.2	91.4	98	212.5	181.6	88	319.1	630.6	46	329.5	847.0	79	331.5	881.3	288	70歳～
191.0	282.0	413	253.3	404.3	259	234.4	547.5	102	258.3	790.3	108	286.3	801.5	251	中学卒
-	-	-	-	-	-	-	-	-	-	-	-	-	-	-	～ 19歳
-	-	-	-	-	-	-	-	-	-	-	-	-	-	-	20 ～ 24
167.2	276.8	19	-	-	-	-	-	-	-	-	-	-	-	-	25 ～ 29
210.6	446.7	34	204.9	997.1	1	-	-	-	-	-	-	-	-	-	30 ～ 34
208.4	377.6	38	298.9	553.1	18	-	-	-	-	-	-	-	-	-	35 ～ 39
235.3	642.5	36	259.0	417.9	24	250.1	1108.4	8	260.9	1104.8	10	-	-	-	40 ～ 44
226.1	355.7	36	252.3	531.7	36	545.3	1527.0	8	231.9	771.0	24	210.4	566.0	7	45 ～ 49
196.7	224.1	51	666.8	1490.0	27	432.9	699.7	5	358.3	1148.1	17	348.0	1135.1	27	50 ～ 54
188.9	259.1	81	188.7	194.1	28	325.2	1327.7	18	228.5	788.2	8	296.8	1110.9	66	55 ～ 59
163.3	135.6	82	175.0	154.7	64	144.4	79.8	55	217.5	533.7	26	268.5	692.2	50	60 ～ 64
142.1	78.5	20	168.3	194.7	40	211.9	378.2	4	260.1	742.7	17	265.3	551.1	47	65 ～ 69
151.9	24.6	15	157.3	23.1	20	240.3	426.9	4	282.5	518.6	6	288.0	610.1	54	70歳～
220.4	471.6	12 418	246.1	695.8	6 784	282.8	970.7	4 855	315.8	1286.3	6 045	331.3	1390.6	8 063	高校卒
-	-	-	-	-	-	-	-	-	-	-	-	-	-	-	～ 19歳
-	-	-	-	-	-	-	-	-	-	-	-	-	-	-	20 ～ 24
237.1	963.4	726	-	-	-	-	-	-	-	-	-	-	-	-	25 ～ 29
236.3	693.9	1 757	252.4	922.2	400	-	-	-	-	-	-	-	-	-	30 ～ 34
235.0	558.5	1 140	265.7	976.9	1 622	279.1	1115.9	539	-	-	-	-	-	-	35 ～ 39
222.5	411.6	1 693	256.1	828.9	671	297.6	1270.7	1 936	303.8	1375.4	1 535	-	-	-	40 ～ 44
219.1	460.4	2 035	254.0	723.1	934	291.2	977.7	425	319.8	1435.7	2 673	342.0	1471.5	914	45 ～ 49
220.1	392.9	1 984	248.8	604.9	1 013	300.2	870.4	527	344.5	1292.0	498	345.4	1583.4	2 998	50 ～ 54
216.9	406.0	1 592	240.8	590.1	1 093	279.6	700.2	686	328.2	1069.5	503	343.3	1467.7	2 513	55 ～ 59
188.0	169.2	1 129	206.6	274.2	729	228.1	378.5	548	292.7	788.5	488	258.3	871.7	1 052	60 ～ 64
178.0	143.0	334	184.6	243.9	263	221.5	402.3	164	312.5	736.2	287	316.5	843.6	381	65 ～ 69
201.6	116.9	29	234.7	234.8	58	371.4	779.6	31	308.7	813.7	62	335.2	948.0	207	70歳～

第2表　年齢階級、勤続年数階級別所定内給与額

企業規模	1,000人以上
	100〜999人

産　　業

区分	勤続年数計			0年			1〜2年			3〜4年			5〜9年		
	所定内給与額	年間賞与その他特別給与額	労働者数	所定内給与額	年間賞与その他特別給与額	労働者数	所定内給与額	年間賞与その他特別給与額	労働者数	所定内給与額	年間賞与その他特別給与額	労働者数	所定内給与額	年間賞与その他特別給与額	労働者数
	千円	千円	十人	千円	千円	十人	千円	千円	十人	千円	千円	十人	千円	千円	十人
高専・短大卒	**277.3**	**841.9**	**72 828**	**213.9**	**47.5**	**5 832**	**227.5**	**401.8**	**11 238**	**244.4**	**605.1**	**8 858**	**252.9**	**674.3**	**14 547**
〜 19歳	-	-	-	-	-	-	-	-	-	-	-	-	-	-	-
20 〜 24	214.1	381.5	6 894	201.6	24.7	2 076	217.8	472.2	3 347	222.7	688.7	1 405	233.1	466.9	67
25 〜 29	237.8	626.7	7 322	216.7	45.1	907	213.6	444.3	1 503	248.5	741.8	1 716	249.5	817.1	3 183
30 〜 34	251.5	682.8	8 118	210.4	34.4	571	239.0	488.7	1 242	239.2	556.7	1 110	250.6	691.2	2 444
35 〜 39	271.6	805.7	9 358	238.0	52.4	609	238.7	414.9	1 187	248.3	592.9	1 071	265.8	696.7	1 897
40 〜 44	283.8	913.2	12 375	226.6	111.3	644	233.7	343.9	1 389	249.6	531.3	1 199	257.7	657.7	2 359
45 〜 49	306.8	1063.7	12 274	223.0	55.9	439	230.0	273.2	1 119	258.0	538.7	1 106	247.0	633.2	2 024
50 〜 54	317.4	1068.6	8 246	206.1	49.0	341	240.1	252.6	796	252.9	516.3	687	259.6	585.4	1 322
55 〜 59	316.1	1070.4	5 815	213.5	35.1	175	239.0	297.0	498	248.5	537.2	401	244.1	529.1	903
60 〜 64	276.9	748.4	1 916	217.4	292.9	49	230.5	271.0	119	228.5	444.9	131	247.1	260.3	262
65 〜 69	255.4	392.1	395	199.4	0.0	12	189.5	34.3	33	201.3	165.1	32	184.9	167.5	75
70歳〜	258.1	290.9	114	331.2	0.0	10	165.5	381.2	5	-	-	-	174.7	48.7	11
大学・大学院卒	**307.5**	**1024.4**	**95 238**	**248.3**	**53.3**	**10 963**	**261.9**	**633.4**	**21 284**	**275.3**	**902.2**	**13 896**	**297.2**	**1124.0**	**21 383**
〜 19歳	-	-	-	-	-	-	-	-	-	-	-	-	-	-	-
20 〜 24	226.5	414.5	14 506	221.7	32.6	5 755	230.0	667.3	8 684	198.8	433.5	59	248.3	526.8	9
25 〜 29	258.8	852.9	22 878	252.4	54.1	2 344	253.6	669.2	5 763	256.1	990.3	8 503	269.8	1134.1	6 267
30 〜 34	290.0	1010.4	17 648	296.5	106.3	1 020	285.4	483.4	2 274	280.9	806.5	2 024	286.2	1169.0	8 192
35 〜 39	327.0	1127.7	12 261	289.4	105.3	622	328.3	570.4	1 561	317.3	801.0	1 167	315.0	1020.9	2 297
40 〜 44	363.7	1319.8	10 736	337.5	79.6	512	315.2	671.3	1 386	322.0	724.1	838	344.7	1275.3	2 011
45 〜 49	398.6	1482.6	7 775	277.6	57.2	391	323.9	666.8	746	311.8	623.6	597	360.8	1019.9	1 195
50 〜 54	423.3	1614.3	5 289	288.7	79.4	181	311.4	437.2	552	304.3	740.2	423	333.0	913.4	810
55 〜 59	418.4	1617.5	2 782	291.1	88.6	77	278.9	483.5	211	317.5	512.1	154	325.6	855.8	407
60 〜 64	391.2	1255.3	1 073	241.5	188.9	54	319.2	715.7	83	524.2	1284.4	104	344.5	856.4	141
65 〜 69	411.8	1078.3	252	484.9	128.8	6	754.4	434.4	25	366.4	434.4	25	284.5	246.1	45
70歳〜	456.5	672.7	37	-	-	-	-	-	-	381.1	2978.2	3	681.9	0.0	10
企業規模 100〜999人															
男女計	**289.7**	**805.2**	**852 190**	**229.9**	**41.8**	**69 181**	**239.6**	**447.1**	**133 705**	**252.6**	**624.1**	**99 282**	**268.3**	**739.0**	**172 391**
〜 19歳	172.9	128.0	8 911	169.3	7.2	4 925	177.6	279.4	3 950	153.5	41.4	37	-	-	-
20 〜 24	203.0	366.3	67 352	203.5	18.0	18 406	205.3	444.3	32 620	196.0	578.3	11 537	202.5	662.9	4 790
25 〜 29	230.6	604.1	94 295	224.2	40.6	10 250	224.7	472.8	23 265	235.3	710.6	25 344	233.8	777.6	31 220
30 〜 34	260.4	725.1	97 931	246.8	44.5	7 692	248.9	471.6	15 922	253.3	628.7	12 490	265.8	864.5	33 091
35 〜 39	286.7	835.3	104 588	255.1	46.9	6 054	259.2	483.2	12 482	265.7	643.2	10 701	280.9	808.0	23 446
40 〜 44	312.9	939.6	121 440	250.5	49.7	5 987	272.6	480.8	12 384	282.1	633.3	10 583	289.7	785.0	21 900
45 〜 49	332.7	1010.3	114 198	243.6	52.7	5 090	265.9	432.0	10 680	283.7	633.1	8 853	292.2	733.7	19 193
50 〜 54	349.0	1060.5	92 086	281.2	39.5	4 095	279.1	428.7	7 687	290.9	637.0	6 651	290.2	677.3	13 913
55 〜 59	346.1	1043.5	78 902	256.1	84.3	2 918	271.7	478.0	6 418	275.3	607.0	5 493	283.2	605.2	10 993
60 〜 64	265.7	574.7	49 868	255.9	178.1	2 485	262.0	407.7	5 768	250.6	429.3	5 052	251.2	420.1	8 229
65 〜 69	245.8	314.7	17 806	247.4	59.2	1 062	229.2	149.0	2 140	238.3	209.8	1 984	244.8	286.5	4 511
70歳〜	289.1	261.8	4 812	233.6	3.1	217	275.6	85.1	389	277.8	148.9	557	299.3	261.5	1 106
男															
学歴計	**318.3**	**935.0**	**535 081**	**247.5**	**54.9**	**36 715**	**257.2**	**493.2**	**72 880**	**272.4**	**684.2**	**55 497**	**289.5**	**820.2**	**103 510**
〜 19歳	175.9	147.4	5 234	172.2	8.1	2 780	180.4	307.7	2 431	151.3	56.1	23	-	-	-
20 〜 24	205.8	400.7	34 944	207.0	21.8	9 136	208.2	472.7	16 403	197.1	613.4	6 192	206.2	700.1	3 214
25 〜 29	237.8	657.5	53 587	227.2	42.6	5 406	232.2	516.8	12 708	242.2	754.0	14 334	241.6	831.5	18 137
30 〜 34	274.0	809.1	61 572	263.9	50.0	4 230	262.5	520.4	9 271	269.5	689.9	7 046	275.8	936.6	22 137
35 〜 39	307.6	945.5	68 002	285.1	60.5	3 352	279.6	547.9	7 009	290.0	760.2	5 816	299.5	900.1	14 951
40 〜 44	341.5	1073.6	79 642	280.5	61.3	3 027	314.3	559.4	6 176	316.0	707.1	5 544	318.1	895.5	12 943
45 〜 49	372.2	1189.2	72 665	283.4	81.1	2 237	302.9	504.0	4 925	337.6	787.3	4 305	336.4	862.6	9 807
50 〜 54	398.2	1273.5	58 265	345.8	53.8	2 002	330.9	502.4	3 736	350.5	745.8	3 314	345.7	811.7	6 699
55 〜 59	396.1	1248.4	50 335	287.8	123.0	1 644	307.7	570.3	3 776	308.7	696.8	3 170	329.6	691.4	5 907
60 〜 64	286.2	641.9	34 433	263.5	214.6	1 934	277.4	443.4	4 374	267.5	471.7	3 695	273.1	468.5	5 469
65 〜 69	259.3	325.9	12 926	269.6	70.1	819	233.0	158.7	1 737	238.3	191.2	1 623	259.5	300.4	3 456
70歳〜	317.7	258.9	3 477	252.5	2.5	149	289.8	83.0	334	265.5	88.2	437	334.3	263.7	790
中学卒	**254.1**	**500.6**	**14 835**	**212.8**	**22.3**	**943**	**216.6**	**201.0**	**2 017**	**224.2**	**325.0**	**1 744**	**240.1**	**464.2**	**2 902**
〜 19歳	175.4	19.9	111	183.7	0.8	60	166.9	33.9	47	153.4	121.1	5	-	-	-
20 〜 24	182.6	141.2	415	183.8	4.6	119	179.8	147.7	182	188.6	281.7	77	179.5	259.8	37
25 〜 29	213.8	347.5	657	203.1	12.3	94	196.6	255.1	173	205.0	426.9	194	238.5	525.6	154
30 〜 34	247.2	502.8	1 117	232.1	76.3	90	224.0	244.7	254	244.4	468.1	193	250.3	728.5	335
35 〜 39	262.0	576.2	1 213	230.3	19.1	137	222.4	197.2	211	229.8	413.3	138	274.2	787.6	300
40 〜 44	278.1	572.4	1 478	251.8	13.1	54	253.1	305.2	259	249.3	511.3	211	284.7	484.8	237
45 〜 49	301.3	616.8	1 932	250.2	12.2	103	230.2	270.5	205	267.5	439.0	135	277.4	416.8	491
50 〜 54	300.4	748.2	1 600	206.1	13.3	67	251.4	158.3	163	272.5	266.8	82	252.0	452.4	209
55 〜 59	295.1	761.5	1 589	205.9	43.2	72	239.9	155.1	69	239.2	276.1	110	230.0	396.6	284
60 〜 64	224.4	427.0	2 437	207.0	36.4	75	192.8	169.3	224	198.9	189.4	229	203.4	452.0	351
65 〜 69	200.6	171.0	1 656	180.1	21.5	50	198.9	85.1	216	205.9	163.1	234	193.2	160.2	401
70歳〜	188.5	170.8	629	167.5	0.0	21	155.5	113.6	15	190.2	95.0	134	162.1	260.2	103

及び年間賞与その他特別給与額

計

10～14年			15～19年			20～24年			25～29年			30年以上			区分
所定内給与額	年間賞与その他特別給与額	労働者数	所定内給与額	年間賞与その他特別給与額	労働者数	所定内給与額	年間賞与その他特別給与額	労働者数	所定内給与額	年間賞与その他特別給与額	労働者数	所定内給与額	年間賞与その他特別給与額	労働者数	
千円	千円	十人	千円	千円	十人	千円	千円	十人	千円	千円	十人	千円	千円	十人	
276.5	**861.6**	**9 909**	**304.5**	**1104.2**	**6 380**	**337.3**	**1408.6**	**5 944**	**366.2**	**1611.1**	**5 567**	**399.4**	**1851.7**	**4 553**	**高専・短大卒**
-	-	-	-	-	-	-	-	-	-	-	-	-	-	-	～19歳
-	-	-	-	-	-	-	-	-	-	-	-	-	-	-	20～24
237.9	491.7	14	-	-	-	-	-	-	-	-	-	-	-	-	25～29
271.4	948.6	2 748	249.3	712.9	3	-	-	-	-	-	-	-	-	-	30～34
280.5	927.6	1 984	300.7	1234.5	2 582	385.0	1094.8	29	-	-	-	-	-	-	35～39
279.3	904.1	1 384	313.7	1163.6	1 851	329.0	1457.7	3 493	310.6	1185.4	56	-	-	-	40～44
284.4	803.8	1 409	331.8	1036.4	669	357.5	1491.1	1 431	365.6	1689.1	4 069	352.5	1801.1	9	45～49
283.0	809.5	1 151	305.0	881.8	600	342.8	1294.7	423	399.6	1571.0	816	407.0	1978.8	2 110	50～54
280.4	763.4	824	273.7	768.7	481	358.8	1158.2	369	352.0	1468.8	415	411.8	1911.0	1 749	55～59
235.5	420.1	296	253.0	615.9	149	287.4	756.7	157	286.4	672.0	133	334.3	1349.7	620	60～64
185.5	170.2	54	253.9	439.3	36	270.7	628.7	35	307.8	625.6	70	452.9	939.2	48	65～69
238.1	114.3	44	185.1	192.5	10	170.6	196.1	9	253.4	736.7	9	428.5	903.8	18	70歳～
335.9	**1328.1**	**12 769**	**378.5**	**1678.7**	**6 541**	**450.3**	**2050.4**	**3 448**	**493.8**	**2356.9**	**3 236**	**516.3**	**2494.7**	**1 719**	**大学・大学院卒**
-	-	-	-	-	-	-	-	-	-	-	-	-	-	-	～19歳
-	-	-	-	-	-	-	-	-	-	-	-	-	-	-	20～24
215.2	741.9	1	-	-	-	-	-	-	-	-	-	-	-	-	25～29
302.8	1308.5	4 138	-	-	-	-	-	-	-	-	-	-	-	-	30～34
329.8	1359.4	4 469	349.3	1640.9	2 142	222.7	421.4	4	-	-	-	-	-	-	35～39
386.2	1338.2	1 669	382.4	1712.6	3 093	412.1	2043.6	1 211	327.2	1302.8	17	-	-	-	40～44
383.6	1270.2	1 032	419.8	1778.3	569	461.0	2073.3	1 686	462.3	2313.4	1 550	339.0	1280.3	10	45～49
368.8	1160.7	663	453.4	1691.9	370	524.9	2280.8	254	534.6	2532.8	1 276	511.3	2659.7	761	50～54
353.5	1634.2	616	389.0	1486.8	208	536.3	1907.0	171	525.4	2314.7	226	550.9	2528.1	712	55～59
353.2	945.1	138	350.6	1396.6	135	410.4	1492.6	105	442.9	1540.8	128	438.9	1893.4	185	60～64
268.8	517.6	34	408.8	1391.0	24	455.0	2209.8	16	424.1	1653.5	36	449.1	2249.7	41	65～69
211.7	19.8	10	677.0	130.0	0	319.0	650.7	1	1105.8	2546.4	3	320.1	922.5	10	70歳～
															企業規模 100～999人
294.8	**898.6**	**126 322**	**322.9**	**1054.2**	**76 093**	**354.5**	**1254.9**	**61 153**	**381.0**	**1446.7**	**53 849**	**391.9**	**1424.0**	**60 214**	**男女計**
-	-	-	-	-	-	-	-	-	-	-	-	-	-	-	～19歳
-	-	-	-	-	-	-	-	-	-	-	-	-	-	-	20～24
227.4	774.2	4 215	-	-	-	-	-	-	-	-	-	-	-	-	25～29
268.5	930.4	26 066	255.8	915.3	2 670	-	-	-	-	-	-	-	-	-	30～34
305.7	1040.1	28 165	305.0	1097.3	20 418	282.4	1060.1	3 322	-	-	-	-	-	-	35～39
320.5	987.1	20 175	350.8	1258.6	21 611	340.8	1273.6	24 032	326.0	1307.1	4 769	-	-	-	40～44
322.4	923.0	15 848	349.1	1088.7	10 457	401.4	1483.5	17 625	378.0	1470.6	23 008	365.0	1397.7	3 444	45～49
311.8	857.3	12 421	343.5	1037.3	7 569	373.2	1274.9	6 562	428.0	1659.5	15 047	413.6	1582.4	18 141	50～54
294.2	775.3	9 648	315.6	864.9	7 312	348.5	1101.8	5 508	392.8	1424.9	7 082	439.5	1660.4	23 531	55～59
243.1	480.7	5 978	256.4	498.5	4 105	276.7	572.8	3 086	261.0	744.9	2 976	297.9	929.8	12 188	60～64
239.8	314.5	2 759	225.5	267.1	1 434	238.3	270.0	708	264.3	605.7	825	283.1	659.6	2 383	65～69
264.3	277.6	1 049	281.9	350.2	517	280.5	229.2	309	342.0	401.7	142	359.5	481.3	528	70歳～
															男
320.2	**1007.3**	**80 952**	**353.3**	**1182.5**	**50 114**	**381.1**	**1369.4**	**44 080**	**403.5**	**1551.3**	**41 320**	**406.3**	**1483.2**	**50 015**	**学歴計**
-	-	-	-	-	-	-	-	-	-	-	-	-	-	-	～19歳
-	-	-	-	-	-	-	-	-	-	-	-	-	-	-	20～24
236.2	847.5	3 002	-	-	-	-	-	-	-	-	-	-	-	-	25～29
282.5	1014.3	17 073	270.6	1028.6	1 817	-	-	-	-	-	-	-	-	-	30～34
321.2	1126.6	20 396	324.3	1183.4	14 094	301.1	1140.8	2 384	-	-	-	-	-	-	35～39
342.9	1078.5	14 166	369.4	1342.4	16 349	359.3	1350.7	17 766	342.6	1397.9	3 672	-	-	-	40～44
359.7	1038.7	9 712	379.2	1195.4	7 047	415.0	1545.5	14 497	398.3	1550.5	17 434	384.8	1462.1	2 700	45～49
367.7	1020.8	6 301	396.9	1228.8	4 163	397.2	1360.2	4 764	443.8	1735.0	12 459	432.1	1663.4	14 828	50～54
357.6	965.0	4 558	397.5	1093.8	3 375	410.8	1298.7	2 843	423.2	1573.7	5 238	455.1	1723.4	19 823	55～59
268.5	526.4	3 229	297.1	570.2	2 090	346.9	702.1	1 349	283.6	864.9	1 986	303.7	959.2	10 308	60～64
259.1	340.7	1 809	250.2	256.8	789	285.7	243.5	328	280.1	729.9	429	290.8	681.6	1 936	65～69
293.1	274.2	706	311.6	365.4	391	388.5	281.7	149	402.9	457.2	102	387.2	478.2	419	70歳～
272.3	**536.0**	**1 952**	**251.8**	**516.4**	**1 288**	**291.2**	**706.9**	**818**	**319.0**	**1027.3**	**1 060**	**290.3**	**808.5**	**2 111**	**中学卒**
-	-	-	-	-	-	-	-	-	-	-	-	-	-	-	～19歳
-	-	-	-	-	-	-	-	-	-	-	-	-	-	-	20～24
259.8	462.9	42	-	-	-	-	-	-	-	-	-	-	-	-	25～29
271.6	648.6	194	287.5	640.0	50	-	-	-	-	-	-	-	-	-	30～34
299.9	859.6	285	286.4	881.8	118	253.4	519.1	23	-	-	-	-	-	-	35～39
287.4	625.2	248	298.6	650.6	214	309.8	1034.5	147	288.2	903.0	107	-	-	-	40～44
334.9	649.9	262	286.1	683.9	151	321.5	821.2	209	371.8	1168.8	283	359.9	1016.5	93	45～49
284.1	679.5	212	264.4	636.0	217	321.4	709.6	112	362.0	1381.3	211	369.1	1224.5	328	50～54
296.5	566.0	140	233.4	488.1	115	293.5	761.2	122	350.2	1128.0	174	359.4	1250.4	502	55～59
235.0	221.0	233	206.8	268.9	180	254.6	450.1	129	234.4	738.2	199	244.6	603.7	816	60～64
202.5	221.4	198	207.8	192.1	150	215.7	212.6	50	200.7	242.8	67	203.8	212.4	290	65～69
194.0	87.3	138	175.9	159.8	93	163.2	76.7	26	242.1	540.0	17	233.3	344.5	81	70歳～

第2表　年齢階級、勤続年数階級別所定内給与額

産　　業

企業規模	100～999人

区分	勤続年数計			0年			1～2年			3～4年			5～9年		
	所定内給与額	年間賞与その他特別給与額	労働者数	所定内給与額	年間賞与その他特別給与額	労働者数	所定内給与額	年間賞与その他特別給与額	労働者数	所定内給与額	年間賞与その他特別給与額	労働者数	所定内給与額	年間賞与その他特別給与額	労働者数
	千円	千円	十人	千円	千円	十人	千円	千円	十人	千円	千円	十人	千円	千円	十人
高校卒	**277.0**	**748.4**	**226 244**	**210.6**	**50.4**	**15 134**	**220.0**	**344.1**	**29 821**	**231.4**	**483.3**	**22 445**	**249.7**	**608.1**	**43 201**
～19歳	176.0	150.2	5 122	172.0	8.3	2 720	180.7	313.0	2 384	150.7	38.8	18	-	-	-
20～24	193.6	490.8	15 616	190.2	30.4	1 794	188.3	425.1	6 035	193.2	608.0	4 648	206.3	706.7	3 139
25～29	219.3	576.0	17 195	200.4	32.5	1 732	208.7	331.9	3 065	223.5	490.4	2 368	220.4	728.2	7 132
30～34	244.0	639.1	20 363	212.1	32.8	1 587	225.9	344.4	3 225	234.4	515.3	2 295	247.8	656.3	5 098
35～39	271.3	749.4	24 347	225.9	40.2	1 344	234.2	352.4	2 601	249.9	554.8	2 313	267.9	675.5	5 276
40～44	297.8	863.6	32 294	225.9	35.5	1 397	260.2	380.7	2 612	252.3	476.7	2 560	275.7	690.1	5 573
45～49	315.0	914.2	32 360	221.7	31.9	1 086	246.2	343.7	2 533	262.4	470.9	2 200	278.7	621.7	4 771
50～54	334.8	989.9	28 465	261.0	26.7	1 142	247.5	277.0	1 954	256.9	452.2	1 708	279.2	544.8	3 544
55～59	329.3	973.2	23 933	235.7	134.1	880	245.0	341.8	2 025	239.8	410.9	1 514	262.9	511.4	3 085
60～64	241.6	505.3	17 522	227.4	253.1	935	226.8	318.7	2 208	228.9	353.4	1 784	228.1	366.0	3 187
65～69	214.2	225.6	7 297	229.3	115.9	457	198.7	93.4	987	210.2	120.1	845	203.0	199.3	1 950
70歳～	213.6	164.6	1 730	182.0	6.2	59	190.5	65.6	193	196.7	59.1	191	225.5	165.5	446
高専・短大卒	**302.2**	**893.0**	**78 932**	**227.9**	**41.5**	**5 273**	**242.3**	**477.9**	**10 713**	**250.5**	**651.9**	**7 899**	**274.3**	**789.6**	**15 818**
～19歳	-	-	-	-	-	-	-	-	-	-	-	-	-	-	-
20～24	203.0	378.7	6 463	196.1	23.5	1 806	203.9	455.8	3 196	209.3	651.4	1 427	216.1	569.9	34
25～29	232.8	615.0	8 172	216.6	37.1	800	224.9	400.2	1 577	230.3	656.4	1 914	240.4	801.5	3 822
30～34	262.6	762.9	11 101	243.4	38.9	694	249.7	527.2	1 690	253.0	696.6	1 310	263.4	781.3	3 363
35～39	288.4	871.4	11 675	249.8	38.6	479	267.6	611.9	1 388	270.1	724.2	863	277.1	830.0	2 735
40～44	321.1	1012.0	14 403	259.5	58.2	535	277.4	550.9	1 062	282.1	687.2	783	300.2	861.9	2 349
45～49	363.1	1182.3	11 861	280.6	98.4	325	288.7	407.2	734	277.8	593.4	552	318.8	920.0	1 452
50～54	385.3	1228.2	7 188	267.7	10.5	192	295.5	547.3	390	320.1	613.3	373	323.3	797.4	801
55～59	372.0	1145.5	4 767	223.3	44.4	118	258.9	413.8	264	277.9	600.6	307	284.4	488.8	613
60～64	273.6	516.2	2 360	263.9	152.0	198	279.3	261.8	275	273.6	428.2	256	249.2	340.8	391
65～69	248.7	274.6	756	205.6	5.8	114	210.4	107.0	121	238.1	361.6	102	272.5	331.7	201
70歳～	250.4	305.2	186	170.0	0.0	10	207.0	6.8	15	116.9	37.0	11	270.9	189.8	58
大学・大学院卒	**372.2**	**1176.6**	**215 071**	**292.7**	**66.0**	**15 366**	**301.7**	**664.6**	**30 328**	**322.7**	**914.4**	**23 409**	**340.0**	**1077.1**	**41 588**
～19歳	-	-	-	-	-	-	-	-	-	-	-	-	-	-	-
20～24	223.3	307.7	12 450	216.8	18.8	5 416	228.2	530.1	6 990	235.8	511.1	40	234.9	723.7	4
25～29	251.3	728.2	27 562	247.8	51.5	2 779	243.5	617.7	7 892	249.7	842.7	9 858	263.8	959.3	7 029
30～34	300.4	957.9	28 992	317.2	67.5	1 858	298.9	673.0	4 102	302.5	823.9	3 248	290.2	1088.0	13 341
35～39	345.5	1143.5	30 766	359.9	91.7	1 392	331.8	723.7	2 810	337.4	981.7	2 501	335.0	1112.6	6 640
40～44	398.6	1340.9	31 467	365.9	100.1	1 041	401.9	800.9	2 243	418.4	1032.0	1 990	378.0	1171.7	4 783
45～49	451.2	1569.6	26 512	381.9	157.1	723	419.0	864.8	1 454	484.2	1387.1	1 418	443.1	1277.8	3 094
50～54	496.0	1713.3	21 012	547.8	123.7	600	485.3	892.3	1 229	504.9	1259.1	1 150	473.0	1292.9	2 145
55～59	489.6	1640.0	20 046	391.1	132.2	575	409.7	946.2	1 417	406.7	1107.2	1 239	465.5	1087.9	1 925
60～64	365.5	907.2	12 115	315.7	200.6	726	355.4	675.4	1 667	325.7	673.3	1 424	388.2	716.8	1 540
65～69	394.5	645.3	3 217	421.8	13.7	198	339.2	368.2	413	309.3	302.9	442	408.0	573.6	905
70歳～	611.7	484.6	931	369.1	0.0	58	490.4	119.1	112	514.4	140.4	100	717.9	528.6	183
女															
学歴計	**241.4**	**586.1**	**317 108**	**210.1**	**26.9**	**32 466**	**218.6**	**391.7**	**60 825**	**227.4**	**548.0**	**43 785**	**236.6**	**616.9**	**68 881**
～19歳	168.7	100.3	3 678	165.6	6.1	2 145	173.1	234.1	1 519	157.2	17.6	14	-	-	-
20～24	200.1	329.3	32 408	200.0	14.2	9 270	202.3	415.6	16 217	194.8	537.7	5 345	195.2	587.3	1 576
25～29	221.2	533.9	40 708	220.8	38.4	4 845	215.7	419.9	10 557	226.4	654.0	11 010	222.9	702.9	13 083
30～34	237.5	582.9	36 359	225.9	37.9	3 462	229.9	403.5	6 652	232.3	549.6	5 444	245.7	718.9	10 954
35～39	247.7	630.5	36 586	217.8	30.0	2 702	233.1	400.2	5 473	236.8	504.0	4 885	248.0	645.9	8 495
40～44	258.3	684.1	41 798	219.8	37.9	2 960	231.1	402.6	6 208	244.8	552.1	5 039	248.6	625.4	8 957
45～49	263.6	697.4	41 533	212.5	30.4	2 853	234.3	370.4	5 754	232.7	487.1	4 548	246.0	599.0	9 385
50～54	264.1	693.6	33 821	219.4	25.9	2 094	230.2	359.0	3 951	231.8	529.0	3 337	238.7	552.4	7 214
55～59	257.9	682.5	28 567	215.1	34.2	1 273	220.2	346.0	2 642	229.6	484.5	2 323	229.3	505.2	5 086
60～64	219.9	424.6	15 435	229.1	50.0	551	213.8	295.7	1 395	204.7	313.6	1 357	207.7	324.2	2 760
65～69	210.0	284.9	4 879	172.4	22.5	243	213.0	107.3	403	238.1	293.1	362	196.7	240.8	1 055
70歳～	214.7	269.2	1 336	192.1	4.3	68	188.6	98.1	54	322.7	370.8	120	211.9	255.9	317
中学卒	**187.5**	**275.0**	**6 071**	**173.6**	**5.7**	**584**	**173.8**	**162.0**	**934**	**182.7**	**233.7**	**802**	**187.0**	**281.3**	**1 281**
～19歳	171.7	61.4	68	164.5	0.1	44	186.0	170.9	23	141.6	287.4	1	-	-	-
20～24	170.5	95.8	210	166.4	5.9	88	171.9	123.5	68	177.9	218.1	50	148.2	63.2	4
25～29	190.1	289.4	347	171.8	4.3	53	168.5	104.2	139	209.2	463.7	77	213.6	580.8	68
30～34	180.7	190.4	507	177.0	0.5	72	169.5	118.0	122	185.3	174.9	127	187.0	356.9	146
35～39	183.9	199.2	456	184.0	31.8	42	171.2	181.0	89	171.9	187.0	125	185.8	173.4	134
40～44	193.2	334.1	603	162.3	10.1	56	186.9	275.6	127	185.0	268.4	91	196.8	328.7	119
45～49	210.4	384.1	569	190.5	3.1	58	192.3	157.5	92	225.3	388.4	58	202.3	299.5	130
50～54	206.7	321.0	543	183.3	0.9	65	181.0	234.0	65	166.9	174.8	41	190.2	211.2	140
55～59	201.9	457.7	707	204.1	1.3	17	160.7	41.5	50	185.3	385.6	23	189.9	354.3	157
60～64	179.2	258.8	1 154	166.4	13.9	29	162.5	188.8	83	173.3	159.2	142	174.7	252.8	214
65～69	169.3	178.2	696	151.3	0.0	43	166.1	175.8	63	171.3	170.6	51	174.6	179.8	133
70歳～	158.6	78.7	211	178.0	0.0	19	137.7	25.7	12	124.4	44.7	17	154.9	124.6	38

及び年間賞与その他特別給与額

計

区分	10～14年			15～19年			20～24年			25～29年			30年以上		
	所定内給与額	年間賞与その他特別給与額	労働者数	所定内給与額	年間賞与その他特別給与額	労働者数	所定内給与額	年間賞与その他特別給与額	労働者数	所定内給与額	年間賞与その他特別給与額	労働者数	所定内給与額	年間賞与その他特別給与額	労働者数
	千円	千円	十人	千円	千円	十人	千円	千円	十人	千円	千円	十人	千円	千円	十人
高校卒	**274.7**	**762.3**	**33 769**	**294.4**	**870.1**	**19 214**	**323.3**	**1080.3**	**17 624**	**350.9**	**1295.6**	**19 675**	**370.4**	**1348.0**	**25 361**
～19歳	-	-	-	-	-	-	-	-	-	-	-	-	-	-	-
20～24	-	-	-	-	-	-	-	-	-	-	-	-	-	-	-
25～29	235.7	854.4	2 897	-	-	-	-	-	-	-	-	-	-	-	-
30～34	254.0	858.3	6 400	270.2	1041.3	1 757	-	-	-	-	-	-	-	-	-
35～39	285.7	851.1	5 111	287.1	1001.5	5 410	300.5	1160.1	2 293	-	-	-	-	-	-
40～44	294.1	810.1	5 441	316.2	922.2	3 697	328.5	1202.4	7 517	343.7	1407.7	3 497	-	-	-
45～49	297.2	764.4	4 667	317.2	843.0	2 934	338.9	1052.1	3 126	361.6	1359.3	8 532	382.1	1492.6	2 511
50～54	310.4	747.6	3 549	314.9	876.3	1 885	340.7	1030.3	2 372	365.9	1334.5	3 854	403.0	1538.5	8 456
55～59	284.8	660.3	2 328	305.2	800.5	1 743	325.3	924.0	1 360	363.9	1234.8	2 386	406.2	1526.5	8 612
60～64	233.3	445.7	1 875	234.3	398.4	1 126	239.0	423.4	676	246.2	701.3	1 078	270.0	814.8	4 652
65～69	219.8	314.3	1 172	214.3	122.7	477	240.0	230.2	195	220.8	424.0	276	235.4	449.7	940
70歳～	188.9	160.2	328	197.6	183.9	185	252.9	237.7	84	242.9	174.3	53	268.7	371.2	190
高専・短大卒	**303.5**	**987.6**	**12 268**	**340.6**	**1109.4**	**8 032**	**358.4**	**1270.6**	**7 591**	**398.4**	**1503.3**	**6 510**	**406.7**	**1460.1**	**4 829**
～19歳	-	-	-	-	-	-	-	-	-	-	-	-	-	-	-
20～24	-	-	-	-	-	-	-	-	-	-	-	-	-	-	-
25～29	244.0	776.6	59	-	-	-	-	-	-	-	-	-	-	-	-
30～34	273.7	992.2	4 040	243.7	564.4	4	-	-	-	-	-	-	-	-	-
35～39	290.8	964.4	2 788	313.9	1088.7	3 377	325.7	995.6	46	-	-	-	-	-	-
40～44	322.1	1055.4	2 426	341.8	1148.0	2 409	342.8	1250.6	4 792	374.1	1694.2	46	-	-	-
45～49	351.3	1057.0	1 565	379.1	1254.2	1 136	386.5	1338.8	1 797	396.6	1532.4	4 214	482.3	1008.4	88
50～54	354.5	1008.2	685	410.5	1138.1	598	390.4	1361.8	603	411.2	1475.1	1 412	431.2	1626.6	2 134
55～59	347.6	942.4	425	383.8	893.6	312	415.0	1302.9	250	411.4	1565.4	670	427.1	1553.2	1 808
60～64	264.2	301.2	167	290.3	469.5	154	294.4	592.4	85	276.8	660.6	125	282.9	871.0	709
65～69	260.7	119.9	67	235.3	294.4	37	244.0	226.4	18	247.1	475.3	24	327.5	781.1	72
70歳～	190.0	184.0	47	344.6	50.0	6	-	-	-	422.5	1322.3	19	285.4	546.7	19
大学・大学院卒	**375.9**	**1293.7**	**32 963**	**416.7**	**1527.6**	**21 580**	**451.1**	**1723.3**	**18 047**	**485.7**	**1970.5**	**14 076**	**471.5**	**1763.6**	**17 713**
～19歳	-	-	-	-	-	-	-	-	-	-	-	-	-	-	-
20～24	-	-	-	-	-	-	-	-	-	-	-	-	-	-	-
25～29	209.2	863.5	5	-	-	-	-	-	-	-	-	-	-	-	-
30～34	316.6	1194.4	6 438	263.4	839.6	6	-	-	-	-	-	-	-	-	-
35～39	343.5	1285.2	12 213	370.7	1441.6	5 188	360.7	96.5	22	-	-	-	-	-	-
40～44	397.3	1347.7	6 050	397.1	1558.8	10 029	419.3	1659.8	5 310	366.4	1651.3	21	-	-	-
45～49	456.4	1459.4	3 218	448.7	1564.8	2 827	448.0	1766.1	9 365	472.6	1962.8	4 405	468.1	2057.8	8
50～54	492.0	1587.1	1 854	516.5	1808.0	1 463	484.6	1869.3	1 677	495.9	2019.2	6 983	500.6	1990.6	3 910
55～59	467.2	1430.4	1 665	550.3	1627.8	1 205	527.4	1815.4	1 111	504.0	2017.7	2 009	513.5	1975.1	8 901
60～64	346.4	798.5	955	436.8	987.5	630	541.7	1204.4	458	370.9	1254.3	583	356.9	1207.3	4 131
65～69	412.6	526.7	372	440.5	829.0	126	489.9	312.6	65	642.3	2715.6	62	408.5	1228.3	634
70歳～	567.8	625.8	192	625.0	875.8	107	839.7	517.9	38	1255.6	192.3	13	674.8	710.3	128
女															
学歴計	**249.6**	**704.6**	**45 370**	**264.1**	**806.7**	**25 979**	**286.0**	**959.3**	**17 073**	**306.9**	**1101.7**	**12 529**	**321.1**	**1133.8**	**10 199**
～19歳	-	-	-	-	-	-	-	-	-	-	-	-	-	-	-
20～24	-	-	-	-	-	-	-	-	-	-	-	-	-	-	-
25～29	205.8	593.0	1 213	-	-	-	-	-	-	-	-	-	-	-	-
30～34	242.0	771.2	8 993	224.2	674.2	854	-	-	-	-	-	-	-	-	-
35～39	264.9	813.1	7 768	261.9	905.5	6 325	234.7	855.1	938	-	-	-	-	-	-
40～44	267.6	771.8	6 009	292.9	998.2	5 262	288.2	1054.9	6 266	270.6	1003.3	1 097	-	-	-
45～49	263.5	739.8	6 135	286.9	868.2	3 410	338.5	1196.0	3 128	314.6	1220.6	5 574	293.2	1164.0	744
50～54	254.2	688.9	6 120	278.2	803.3	3 407	309.5	1049.0	1 798	351.8	1296.2	2 587	331.2	1219.6	3 313
55～59	237.3	605.4	5 090	245.4	668.8	3 937	282.0	891.8	2 665	306.5	1002.3	1 844	356.2	1323.5	3 707
60～64	213.4	427.0	2 749	214.1	424.3	2 016	222.3	472.6	1 738	215.8	504.4	990	266.3	768.5	1 880
65～69	203.0	264.7	950	195.3	279.7	644	197.5	292.8	380	247.3	471.2	396	249.9	564.1	446
70歳～	205.0	284.8	343	189.5	302.9	126	179.7	180.1	160	187.1	260.5	40	252.8	493.1	109
中学卒	**193.3**	**359.3**	**920**	**180.5**	**302.4**	**488**	**192.1**	**392.0**	**394**	**228.0**	**546.2**	**266**	**214.3**	**471.0**	**401**
～19歳	-	-	-	-	-	-	-	-	-	-	-	-	-	-	-
20～24	-	-	-	-	-	-	-	-	-	-	-	-	-	-	-
25～29	274.5	998.0	11	-	-	-	-	-	-	-	-	-	-	-	-
30～34	184.3	194.9	39	155.3	136.3	2	-	-	-	-	-	-	-	-	-
35～39	222.1	575.0	34	229.9	188.1	25	174.2	349.3	8	-	-	-	-	-	-
40～44	230.1	543.5	90	144.0	115.1	47	226.1	696.4	41	209.1	609.3	32	-	-	-
45～49	221.1	538.6	87	202.3	569.6	59	217.6	661.8	34	256.9	743.5	41	248.6	893.4	10
50～54	223.4	578.2	67	203.5	751.0	38	177.7	343.6	38	251.4	487.0	26	303.4	461.7	63
55～59	202.6	490.4	182	178.1	344.8	77	209.8	487.4	45	266.3	698.2	39	228.3	783.4	118
60～64	175.7	217.2	229	185.1	262.9	153	190.6	389.5	114	188.7	352.2	66	191.5	389.5	124
65～69	150.4	123.0	131	156.0	80.6	70	176.7	207.1	86	229.6	531.2	61	156.8	146.8	60
70歳～	168.3	57.8	50	154.0	153.9	17	160.9	127.1	29	136.8	142.6	2	164.2	51.4	27

第2表　年齢階級、勤続年数階級別所定内給与額

企業規模	100～999人
	10～99人

産　　業

区分	勤続年数計			0年			1～2年			3～4年			5～9年		
	所定内給与額	年間賞与その他特別給与額	労働者数	所定内給与額	年間賞与その他特別給与額	労働者数	所定内給与額	年間賞与その他特別給与額	労働者数	所定内給与額	年間賞与その他特別給与額	労働者数	所定内給与額	年間賞与その他特別給与額	労働者数
	千円	千円	十人	千円	千円	十人	千円	千円	十人	千円	千円	十人	千円	千円	十人
高校卒	**206.4**	**434.5**	**126 467**	**179.1**	**18.5**	**11 567**	**186.7**	**249.8**	**22 567**	**192.2**	**364.3**	**15 718**	**200.1**	**430.7**	**27 695**
～19歳	168.6	101.0	3 610	165.6	6.2	2 101	172.9	235.1	1 496	157.8	5.7	14	-	-	-
20～24	181.3	363.6	10 675	175.3	9.7	1 399	177.2	313.3	4 736	183.5	493.7	3 012	195.1	587.6	1 528
25～29	193.6	398.6	10 338	185.3	17.1	1 230	184.0	214.2	2 399	196.1	374.4	1 507	198.4	578.8	4 073
30～34	201.9	397.2	10 342	182.6	22.0	1 084	192.4	233.3	2 184	192.8	365.6	1 506	203.7	414.9	2 132
35～39	207.4	438.7	12 063	177.4	11.9	1 019	195.9	220.6	2 021	188.5	295.1	1 593	208.0	428.2	2 826
40～44	213.9	477.9	16 051	184.6	30.5	1 210	193.0	254.4	2 680	197.0	347.8	1 996	202.0	415.5	3 640
45～49	218.0	508.7	19 161	183.7	20.4	1 389	191.6	241.1	2 802	194.8	319.2	2 107	204.7	448.9	4 534
50～54	221.6	519.7	16 973	178.9	30.7	1 017	194.7	238.9	2 015	197.6	364.8	1 595	202.6	400.2	3 739
55～59	220.6	511.8	14 767	197.9	36.0	626	189.1	237.7	1 383	203.2	361.0	1 294	196.8	378.2	2 811
60～64	191.2	306.4	8 956	181.6	22.7	313	178.2	236.4	654	180.2	217.6	802	186.4	217.4	1 681
65～69	180.2	180.3	2 867	167.6	27.6	152	176.2	59.3	180	189.5	251.3	247	175.4	150.5	615
70歳～	171.2	186.6	665	189.8	0.0	26	182.1	22.1	18	166.3	34.3	47	153.7	113.1	116
高専・短大卒	**254.2**	**650.3**	**105 016**	**213.9**	**30.5**	**9 797**	**228.0**	**424.2**	**18 975**	**236.3**	**583.6**	**14 520**	**245.6**	**655.6**	**22 663**
～19歳	-	-	-	-	-	-	-	-	-	-	-	-	-	-	-
20～24	203.3	324.4	11 162	193.5	13.3	3 252	206.5	393.7	5 652	209.4	598.4	2 215	202.1	629.7	42
25～29	223.8	532.2	11 499	215.1	53.4	1 313	220.1	440.5	2 581	225.9	586.1	2 790	226.8	681.9	4 741
30～34	238.4	578.5	11 725	212.1	31.1	1 073	233.6	458.9	2 058	238.2	558.3	1 691	245.1	637.2	3 092
35～39	251.3	662.6	13 113	224.6	38.5	911	234.5	451.4	1 883	246.4	584.6	1 814	245.3	659.8	2 981
40～44	265.6	744.1	15 896	231.4	42.1	1 101	240.1	442.6	2 071	245.2	601.8	1 819	251.9	682.1	3 420
45～49	276.4	755.1	15 110	225.3	30.0	965	244.4	428.1	1 980	245.7	555.3	1 732	255.2	648.2	3 481
50～54	285.3	806.1	11 472	246.7	18.7	628	250.8	435.4	1 327	252.2	621.4	1 308	258.8	721.3	2 335
55～59	283.3	805.5	9 816	216.7	42.0	380	240.3	446.7	861	248.9	607.3	752	256.8	601.4	1 526
60～64	252.8	550.2	3 914	268.0	108.9	125	257.3	359.1	437	239.9	444.0	327	235.5	476.4	672
65～69	242.1	406.8	982	188.6	18.3	35	292.8	92.1	107	223.3	452.6	32	236.8	423.0	250
70歳～	266.4	418.1	328	171.6	23.1	13	199.7	0.0	19	327.1	585.5	40	243.3	359.7	124
大学・大学院卒	**284.2**	**766.0**	**79 553**	**242.6**	**33.8**	**10 519**	**250.3**	**544.4**	**18 348**	**263.5**	**753.8**	**12 744**	**286.9**	**890.0**	**17 242**
～19歳	-	-	-	-	-	-	-	-	-	-	-	-	-	-	-
20～24	216.6	303.8	10 361	212.9	16.3	4 531	219.3	524.7	5 760	231.6	744.7	68	237.6	505.7	1
25～29	235.6	615.1	18 525	244.7	42.1	2 249	228.8	508.8	5 439	233.6	748.3	6 636	242.6	848.9	4 202
30～34	265.5	740.3	13 785	278.7	59.9	1 233	265.6	531.4	2 288	258.4	695.6	2 121	263.7	889.6	5 584
35～39	290.4	821.1	10 954	267.8	44.5	729	285.9	593.7	1 479	286.7	670.9	1 354	298.7	895.2	2 555
40～44	327.1	961.8	9 248	275.5	47.5	593	298.1	651.1	1 331	333.1	855.2	1 133	340.9	965.8	1 779
45～49	369.7	1134.1	6 692	278.1	66.2	441	351.5	674.4	881	321.3	857.7	651	375.4	1040.9	1 241
50～54	369.2	1078.8	4 833	288.5	29.4	384	317.1	632.6	544	309.2	925.6	393	333.1	775.1	1 000
55～59	361.7	1132.2	3 277	256.5	20.2	250	302.5	571.5	348	310.9	758.5	254	323.2	900.1	592
60～64	344.4	962.4	1 411	367.9	76.2	85	252.4	386.0	220	351.1	966.1	86	333.1	802.5	193
65～69	455.6	1045.7	335	248.9	46.8	14	232.2	217.2	54	734.0	652.3	32	303.9	564.2	56
70歳～	394.3	618.1	133	252.5	0.0	10	306.0	1022.9	5	956.9	1139.4	17	338.9	475.6	39
企業規模 10～99人															
男女計	**269.0**	**518.9**	**616 280**	**220.3**	**31.5**	**54 604**	**229.7**	**319.9**	**104 194**	**243.8**	**452.7**	**79 686**	**262.0**	**538.4**	**128 089**
～19歳	173.6	82.2	5 676	169.4	5.7	3 430	179.4	198.5	2 195	199.3	226.7	52	-	-	-
20～24	195.9	271.3	42 007	193.5	13.0	11 365	195.3	323.8	18 996	198.3	433.3	8 893	202.4	452.1	2 752
25～29	222.3	421.5	59 115	210.5	32.1	8 142	215.9	345.7	17 259	228.8	519.5	14 038	228.1	580.0	17 875
30～34	248.9	495.3	64 132	226.0	42.7	5 945	233.2	348.5	13 177	242.1	475.2	10 449	261.2	613.1	19 517
35～39	272.4	570.3	71 424	237.8	40.5	5 299	241.0	341.2	11 170	255.1	494.2	9 091	277.8	611.0	17 097
40～44	290.3	617.7	87 884	243.6	35.5	5 683	250.5	346.2	11 012	259.9	446.7	9 786	278.3	586.8	18 000
45～49	298.4	623.3	80 969	239.3	35.3	4 572	251.9	311.5	9 609	263.0	444.8	8 419	282.1	547.8	16 012
50～54	301.9	627.8	67 694	245.0	47.1	3 557	257.6	314.0	7 082	269.4	428.5	6 420	273.2	547.3	12 605
55～59	304.7	612.4	60 230	247.5	45.4	2 489	263.0	283.8	5 618	265.3	505.1	5 088	274.8	479.5	10 130
60～64	264.3	401.3	44 924	242.8	51.6	2 628	241.9	260.8	5 123	249.0	328.6	4 548	246.0	321.4	7 495
65～69	239.4	264.0	23 533	222.7	34.1	1 176	210.7	155.0	2 350	216.5	197.4	2 217	228.5	236.1	5 107
70歳～	233.0	244.6	8 694	201.1	18.4	319	202.3	93.5	602	203.8	125.9	686	211.3	160.0	1 499
男															
学歴計	**293.6**	**563.0**	**401 497**	**237.7**	**36.8**	**31 216**	**249.1**	**328.7**	**61 446**	**264.0**	**471.2**	**50 219**	**284.4**	**562.9**	**82 008**
～19歳	179.5	95.6	3 411	175.1	8.1	2 044	185.6	226.5	1 315	199.3	226.7	52	-	-	-
20～24	203.6	269.9	20 754	200.0	16.4	5 268	201.9	296.7	8 993	207.6	419.1	4 691	211.9	488.7	1 802
25～29	233.4	430.4	34 068	218.0	31.2	4 363	224.7	364.7	10 067	240.5	521.7	8 300	241.5	568.4	10 076
30～34	265.4	529.8	41 944	243.3	45.4	3 628	248.8	369.9	8 167	255.8	500.4	6 951	277.4	649.9	13 164
35～39	292.8	621.3	48 734	258.6	51.9	3 116	262.7	368.5	6 826	277.2	535.9	5 900	297.1	649.6	11 621
40～44	317.0	677.7	60 224	269.7	41.1	3 389	281.3	356.0	6 453	288.2	479.4	6 183	305.4	641.8	11 687
45～49	331.0	687.2	53 396	267.4	39.9	2 539	284.5	332.6	5 440	294.1	483.7	5 103	318.0	582.2	9 681
50～54	336.8	690.7	43 109	272.9	53.0	2 013	291.0	342.9	4 136	300.8	440.0	3 897	306.8	588.9	7 156
55～59	339.2	670.4	39 285	265.9	51.2	1 558	287.9	302.3	3 721	294.7	581.4	3 320	308.6	510.2	6 178
60～64	283.1	410.0	32 340	256.2	54.1	2 101	255.7	261.6	3 877	262.7	350.4	3 537	265.8	330.4	5 334
65～69	247.2	264.9	17 892	225.5	36.8	1 000	217.5	163.5	1 923	224.0	191.4	1 706	237.3	244.0	4 125
70歳～	237.1	208.9	6 339	240.9	29.4	196	208.1	83.0	526	205.5	128.2	578	217.6	147.8	1 184

及び年間賞与その他特別給与額

計

10～14年			15～19年			20～24年			25～29年			30年以上			区分
所定内給与額	年間賞与その他特別給与額	労働者数	所定内給与額	年間賞与その他特別給与額	労働者数	所定内給与額	年間賞与その他特別給与額	労働者数	所定内給与額	年間賞与その他特別給与額	労働者数	所定内給与額	年間賞与その他特別給与額	労働者数	
千円	千円	十人	千円	千円	十人	千円	千円	十人	千円	千円	十人	千円	千円	十人	
210.2	**498.2**	**18 869**	**218.7**	**569.7**	**11 186**	**239.3**	**707.8**	**7 560**	**258.6**	**860.1**	**5 909**	**279.5**	**971.0**	**5 396**	**高校卒**
-	-	-	-	-	-	-	-	-	-	-	-	-	-	-	～19歳
-	-	-	-	-	-	-	-	-	-	-	-	-	-	-	20～24
202.8	588.6	1 128	-	-	-	-	-	-	-	-	-	-	-	-	25～29
215.1	607.5	2 597	223.1	670.2	838	-	-	-	-	-	-	-	-	-	30～34
213.5	511.2	1 728	232.2	758.7	1 994	231.9	859.3	883	-	-	-	-	-	-	35～39
213.1	496.7	2 092	226.8	630.3	1 116	256.5	856.9	2 287	270.8	1013.5	1 031	-	-	-	40～44
211.8	510.4	2 844	229.1	625.4	1 491	260.7	789.0	800	276.4	1006.5	2 509	291.7	1159.8	686	45～49
220.9	558.6	3 378	229.0	593.8	1 845	251.2	748.1	795	270.7	879.0	728	295.3	1082.2	1 861	50～54
206.7	444.2	2 618	212.6	508.6	2 119	238.9	666.7	1 400	257.4	762.7	792	305.2	1100.6	1 724	55～59
198.3	366.4	1 691	188.2	291.6	1 294	198.5	356.6	1 099	181.4	343.4	562	211.4	534.9	860	60～64
178.6	124.0	598	174.6	226.0	409	195.1	291.0	198	184.2	264.3	255	192.1	261.0	214	65～69
170.2	207.7	195	166.0	242.3	81	184.3	244.2	99	179.7	264.0	33	183.7	316.7	51	70歳～
261.6	**764.2**	**15 445**	**280.4**	**901.2**	**9 320**	**306.5**	**1065.2**	**6 567**	**327.2**	**1215.3**	**4 538**	**353.8**	**1222.7**	**3 192**	**高専・短大卒**
-	-	-	-	-	-	-	-	-	-	-	-	-	-	-	～19歳
-	-	-	-	-	-	-	-	-	-	-	-	-	-	-	20～24
241.0	601.1	74	-	-	-	-	-	-	-	-	-	-	-	-	25～29
242.8	757.8	3 799	295.2	969.1	13	-	-	-	-	-	-	-	-	-	30～34
265.7	787.2	2 503	266.5	929.6	2 976	302.8	876.4	44	-	-	-	-	-	-	35～39
273.2	822.0	2 202	290.4	966.2	2 079	298.4	1130.4	3 170	326.3	1068.1	33	-	-	-	40～44
280.6	801.5	2 130	293.2	929.0	1 199	339.6	1112.1	1 247	331.7	1309.5	2 340	333.6	1180.8	39	45～49
269.2	763.2	1 956	301.1	939.5	1 118	337.4	1175.0	659	349.7	1276.1	1 027	364.5	1375.5	1 115	50～54
260.0	751.9	1 853	277.1	827.5	1 346	304.5	994.3	949	319.9	1107.7	807	380.6	1332.8	1 341	55～59
239.7	556.4	663	260.1	601.2	427	245.5	578.0	404	251.3	690.1	291	289.4	806.0	568	60～64
239.5	521.1	174	249.7	456.6	138	211.9	381.7	88	197.6	277.9	39	260.5	593.1	119	65～69
292.8	520.3	92	267.5	572.3	24	173.3	160.7	5	136.5	0.0	1	397.7	693.9	9	70歳～
309.5	**1029.3**	**10 136**	**343.9**	**1211.3**	**4 986**	**386.2**	**1519.6**	**2 551**	**424.6**	**1684.9**	**1 817**	**456.3**	**1844.6**	**1 210**	**大学・大学院卒**
-	-	-	-	-	-	-	-	-	-	-	-	-	-	-	～19歳
-	-	-	-	-	-	-	-	-	-	-	-	-	-	-	20～24
-	-	-	-	-	-	-	-	-	-	-	-	-	-	-	25～29
269.0	966.0	2 558	261.2	903.3	2	-	-	-	-	-	-	-	-	-	30～34
290.1	982.7	3 504	296.7	1084.9	1 330	235.3	615.8	4	-	-	-	-	-	-	35～39
332.3	1070.5	1 625	335.4	1255.0	2 020	343.9	1352.5	767	226.4	1114.0	1	-	-	-	40～44
369.9	1241.1	1 074	413.6	1332.2	661	400.4	1624.1	1 047	399.9	1729.4	685	285.1	1688.5	9	45～49
372.7	1109.0	720	446.0	1385.8	406	417.2	1646.6	306	430.8	1724.8	807	445.1	1691.5	274	50～54
339.6	997.8	437	325.8	1050.6	395	438.4	1763.9	271	449.6	1564.6	207	490.5	2155.5	524	55～59
313.5	816.4	166	343.5	1277.2	142	390.4	1250.9	121	369.1	1162.9	71	398.7	1461.3	327	60～64
524.9	1502.3	47	331.2	698.2	27	308.1	281.3	9	705.7	1833.1	42	558.7	2162.2	54	65～69
294.5	1079.3	6	361.1	550.8	3	184.8	0.0	26	265.6	338.8	5	458.7	1345.3	22	70歳～
															企業規模 10～99人
286.3	**633.1**	**92 562**	**302.5**	**725.3**	**56 267**	**319.2**	**789.3**	**40 802**	**338.2**	**841.8**	**26 053**	**337.0**	**768.5**	**34 023**	**男女計**
-	-	-	-	-	-	-	-	-	-	-	-	-	-	-	～19歳
-	-	-	-	-	-	-	-	-	-	-	-	-	-	-	20～24
228.3	573.2	1 801	-	-	-	-	-	-	-	-	-	-	-	-	25～29
260.2	665.8	13 428	262.1	645.7	1 617	-	-	-	-	-	-	-	-	-	30～34
295.5	739.6	16 542	289.8	768.7	10 426	293.5	846.6	1 799	-	-	-	-	-	-	35～39
306.7	703.4	16 137	329.3	880.7	12 680	323.1	884.3	12 842	310.7	841.9	1 743	-	-	-	40～44
303.4	685.9	13 857	326.7	821.1	9 514	349.5	918.6	9 188	348.8	941.3	8 282	331.7	819.6	1 516	45～49
292.2	621.1	10 765	308.1	709.7	7 665	336.0	807.7	6 138	373.9	995.5	6 605	369.2	991.8	6 858	50～54
296.0	553.3	9 493	292.9	646.5	6 851	313.3	707.7	5 309	341.5	828.8	4 807	383.5	988.9	10 444	55～59
256.6	406.8	6 041	255.8	446.4	4 289	265.4	443.2	3 480	291.1	530.4	2 920	309.4	617.6	8 400	60～64
237.1	257.6	3 124	266.2	321.2	2 322	245.1	308.6	1 574	253.3	336.0	1 251	264.9	387.3	4 413	65～69
224.5	243.5	1 375	234.3	270.4	903	216.6	303.9	472	228.9	311.5	445	275.3	366.7	2 393	70歳～
															男
311.0	**677.4**	**61 562**	**328.2**	**771.2**	**38 480**	**342.5**	**832.3**	**29 614**	**360.8**	**886.4**	**19 425**	**350.4**	**785.3**	**27 529**	**学歴計**
-	-	-	-	-	-	-	-	-	-	-	-	-	-	-	～19歳
-	-	-	-	-	-	-	-	-	-	-	-	-	-	-	20～24
244.1	632.1	1 261	-	-	-	-	-	-	-	-	-	-	-	-	25～29
277.6	695.8	8 815	279.3	712.6	1 218	-	-	-	-	-	-	-	-	-	30～34
310.9	785.7	12 288	308.2	785.6	7 438	304.7	900.6	1 544	-	-	-	-	-	-	35～39
328.2	756.4	11 484	348.6	910.7	9 894	342.5	922.7	9 729	326.1	881.6	1 405	-	-	-	40～44
337.7	733.5	8 758	354.0	887.8	6 798	364.6	932.0	7 451	369.6	971.1	6 319	343.8	869.4	1 308	45～49
336.1	680.4	6 104	342.5	765.9	4 675	360.2	839.4	4 412	389.4	1027.8	5 245	386.1	1003.8	5 472	50～54
338.7	603.2	5 460	337.4	695.1	3 804	346.6	725.7	3 107	364.6	876.7	3 581	401.9	1019.0	8 554	55～59
277.1	413.7	4 033	289.7	450.0	2 368	296.5	456.7	2 166	314.4	530.7	1 929	318.6	626.7	6 995	60～64
252.7	273.1	2 335	254.4	303.4	1 605	272.8	330.9	927	283.7	302.2	716	271.3	396.1	3 554	65～69
230.9	246.7	1 022	238.9	207.9	680	224.6	286.8	277	246.7	316.0	229	274.9	291.5	1 646	70歳～

第2表　年齢階級、勤続年数階級別所定内給与額

企業規模	10～99人

産　　業

区　分	勤続年数計			0　年			1～2年			3～4年			5～9年		
	所定内給与額	年間賞与その他特別給与額	労働者数	所定内給与額	年間賞与その他特別給与額	労働者数	所定内給与額	年間賞与その他特別給与額	労働者数	所定内給与額	年間賞与その他特別給与額	労働者数	所定内給与額	年間賞与その他特別給与額	労働者数
	千円	千円	十人	千円	千円	十人	千円	千円	十人	千円	千円	十人	千円	千円	十人
中学卒	**267.4**	**341.2**	**28 481**	**218.9**	**23.3**	**1 974**	**231.7**	**166.6**	**3 387**	**252.2**	**253.3**	**2 936**	**261.4**	**339.7**	**5 310**
～19歳	183.9	83.4	428	172.8	5.9	203	192.1	131.1	174	199.3	226.7	52	-	-	-
20～24	214.8	183.8	960	195.0	16.8	132	204.6	164.5	372	227.5	232.1	321	231.6	284.6	135
25～29	250.4	305.4	1 170	234.4	22.9	174	218.1	191.4	318	251.9	401.9	189	279.3	454.8	389
30～34	269.6	363.1	1 893	213.6	24.7	216	231.5	220.1	310	263.7	372.3	245	292.0	471.5	581
35～39	276.5	400.4	2 419	231.5	48.4	232	243.6	208.6	304	260.4	334.5	294	293.0	437.3	509
40～44	288.2	469.3	3 085	230.6	16.1	196	247.5	180.7	407	273.7	291.7	309	289.2	556.1	526
45～49	299.6	448.7	3 102	255.2	5.0	140	253.1	182.5	297	295.7	322.1	259	265.2	345.3	585
50～54	301.3	432.3	2 640	215.2	11.4	109	280.1	238.1	240	250.0	207.2	243	273.5	271.0	434
55～59	292.4	398.7	2 913	249.7	21.4	135	248.7	151.1	285	258.8	147.0	217	250.1	323.3	483
60～64	259.0	308.4	4 371	218.5	54.3	236	229.2	107.9	324	257.1	215.8	422	236.7	276.4	627
65～69	237.0	180.2	3 667	207.8	7.1	144	210.4	71.4	227	224.6	121.9	270	229.8	154.3	740
70歳～	213.6	185.8	1 833	193.6	2.8	59	185.7	66.8	128	183.7	107.3	116	213.0	119.6	300
高校卒	**275.1**	**470.4**	**223 364**	**220.9**	**28.8**	**16 686**	**233.6**	**258.9**	**33 570**	**245.1**	**374.7**	**27 596**	**263.7**	**450.6**	**45 073**
～19歳	178.9	97.4	2 983	175.4	8.3	1 842	184.6	241.1	1 141	-	-	-	-	-	-
20～24	198.3	300.1	12 449	190.9	20.3	2 254	193.8	264.8	5 008	203.7	432.0	3 570	210.5	508.2	1 618
25～29	223.5	375.6	14 770	203.0	16.9	1 788	214.8	285.2	3 899	228.6	402.6	3 026	230.5	497.5	4 913
30～34	250.4	453.1	20 176	219.2	27.2	1 619	232.5	276.2	3 812	236.8	413.9	3 251	257.0	526.7	5 501
35～39	274.3	508.4	24 845	239.2	45.7	1 606	245.3	271.9	3 700	258.9	427.1	3 264	273.8	524.0	5 624
40～44	296.9	550.0	32 291	247.7	34.1	1 950	268.2	295.0	3 720	270.3	395.1	3 481	284.5	510.6	6 649
45～49	306.9	554.7	32 350	253.5	33.2	1 625	263.1	253.8	3 546	268.9	383.7	3 182	292.4	448.3	5 855
50～54	309.9	560.0	27 533	250.8	27.9	1 359	259.1	242.8	2 700	272.7	356.2	2 501	283.8	466.4	4 778
55～59	306.4	549.8	23 799	236.8	40.0	893	253.8	255.8	2 366	255.0	332.6	2 048	274.4	389.3	3 795
60～64	261.1	347.8	18 090	219.3	45.8	1 041	228.8	203.8	2 170	237.0	250.6	1 888	245.0	272.4	3 192
65～69	231.3	241.4	10 727	214.1	42.4	600	203.6	164.1	1 185	206.3	156.0	1 058	218.4	207.9	2 492
70歳～	220.8	186.6	3 352	241.2	47.7	109	190.8	74.1	324	192.3	98.8	327	201.6	134.9	657
高専・短大卒	**299.4**	**630.5**	**48 024**	**231.1**	**31.6**	**3 737**	**241.8**	**346.2**	**7 359**	**268.7**	**517.1**	**6 185**	**290.7**	**625.8**	**9 784**
～19歳	-	-	-	-	-	-	-	-	-	-	-	-	-	-	-
20～24	199.5	249.9	3 376	188.6	16.9	981	199.9	297.9	1 617	212.8	443.4	735	208.1	453.1	44
25～29	229.4	436.1	5 067	208.9	54.7	629	217.2	322.6	1 290	234.2	456.0	1 072	240.8	609.9	2 062
30～34	263.7	556.5	6 812	239.2	31.1	518	235.7	345.8	1 239	263.4	546.1	1 218	277.6	649.6	1 981
35～39	297.7	679.5	7 279	274.1	12.5	451	263.1	435.0	839	283.6	618.7	725	301.3	677.0	1 489
40～44	321.6	738.3	9 269	270.9	47.9	396	278.2	435.7	963	296.1	525.2	939	301.5	709.5	1 495
45～49	347.7	814.3	6 306	280.8	46.6	283	305.9	372.6	533	295.0	577.0	574	331.0	666.1	1 089
50～54	359.5	770.0	4 146	269.6	19.2	164	288.0	361.2	373	329.6	567.0	385	354.7	595.5	626
55～59	372.5	729.5	3 072	225.0	27.5	120	279.1	273.5	191	336.6	540.1	237	343.9	493.5	407
60～64	294.8	462.3	1 836	212.3	40.4	140	239.6	228.1	183	264.2	404.5	233	296.3	352.2	372
65～69	270.2	283.8	719	218.3	21.3	51	213.0	78.8	125	191.0	93.3	42	256.1	282.6	186
70歳～	228.4	178.7	141	173.4	0.0	4	186.3	0.0	6	160.5	42.2	24	271.0	220.5	33
大学・大学院卒	**338.8**	**796.7**	**101 629**	**276.4**	**57.1**	**8 819**	**285.9**	**489.9**	**17 130**	**303.1**	**695.0**	**13 501**	**329.9**	**820.5**	**21 840**
～19歳	-	-	-	-	-	-	-	-	-	-	-	-	-	-	-
20～24	220.8	212.8	3 969	217.0	11.6	1 901	223.1	400.2	1 997	262.5	357.7	66	174.0	0.0	5
25～29	244.5	501.3	13 061	234.9	38.0	1 772	235.8	456.5	4 561	250.6	634.7	4 014	256.7	681.8	2 712
30～34	288.8	658.5	13 063	280.5	78.0	1 275	278.8	524.4	2 805	278.4	615.2	2 238	297.7	803.1	5 101
35～39	325.6	826.7	14 192	295.2	86.3	827	297.8	545.1	1 984	314.5	755.0	1 617	328.8	843.1	3 999
40～44	361.5	947.6	15 579	329.0	59.7	847	329.4	518.3	1 363	329.3	691.5	1 453	356.2	912.2	3 017
45～49	396.9	1049.9	11 638	309.0	67.7	491	353.5	617.4	1 064	367.0	765.4	1 088	395.4	968.6	2 152
50～54	420.9	1140.1	8 790	370.0	169.6	380	400.2	693.2	824	393.9	722.5	769	378.1	1134.7	1 318
55～59	424.8	1036.7	9 502	346.5	92.4	410	394.3	482.8	879	391.8	1332.1	818	405.1	882.4	1 493
60～64	343.2	593.2	8 042	334.2	69.4	685	314.0	412.7	1 200	313.4	584.1	994	330.0	515.0	1 143
65～69	316.2	462.7	2 779	272.5	45.2	206	265.4	243.3	387	283.6	371.3	336	306.7	455.7	706
70歳～	334.8	328.6	1 013	362.8	16.6	25	336.3	164.6	67	277.4	256.0	111	269.5	222.6	195
女															
学歴計	**223.0**	**436.5**	**214 783**	**197.1**	**24.5**	**23 389**	**201.9**	**307.4**	**42 747**	**209.3**	**421.0**	**29 467**	**222.2**	**495.0**	**46 081**
～19歳	164.6	62.1	2 265	161.0	2.2	1 385	170.2	156.5	879	-	-	-	-	-	-
20～24	188.4	272.7	21 253	187.9	10.1	6 097	189.4	348.2	10 003	188.0	449.1	4 202	184.5	382.9	951
25～29	207.2	409.5	25 047	201.8	33.1	3 778	203.7	319.1	7 192	211.9	516.2	5 738	210.7	595.0	7 798
30～34	217.7	430.0	22 188	198.9	38.4	2 316	207.8	313.7	5 010	215.0	425.3	3 498	227.7	536.9	6 353
35～39	228.7	460.9	22 690	208.2	24.2	2 183	206.8	298.2	4 344	214.3	417.2	3 191	236.8	529.0	5 476
40～44	232.2	487.2	27 660	204.9	27.2	2 294	207.0	332.3	4 559	211.3	390.6	3 603	228.2	485.1	6 313
45～49	235.4	499.6	27 573	204.2	29.6	2 033	209.5	283.8	4 169	215.2	385.1	3 317	227.3	495.3	6 332
50～54	240.9	517.7	24 584	208.6	39.4	1 544	210.7	273.3	2 946	220.9	410.8	2 522	229.0	492.7	5 449
55～59	240.1	503.7	20 944	216.9	35.7	932	214.0	247.5	1 897	210.0	361.9	1 767	221.8	431.4	3 952
60～64	215.9	378.8	12 584	189.6	41.4	527	198.9	258.4	1 246	201.2	252.3	1 011	196.9	299.3	2 161
65～69	214.6	261.1	5 641	206.9	18.5	176	180.0	116.8	427	191.4	217.3	511	191.5	203.0	982
70歳～	222.0	341.0	2 354	138.2	0.9	124	161.4	166.5	76	194.9	113.3	108	187.8	206.0	315

及び年間賞与その他特別給与額

計

10～14年 所定内給与額	10～14年 年間賞与その他特別給与額	10～14年 労働者数	15～19年 所定内給与額	15～19年 年間賞与その他特別給与額	15～19年 労働者数	20～24年 所定内給与額	20～24年 年間賞与その他特別給与額	20～24年 労働者数	25～29年 所定内給与額	25～29年 年間賞与その他特別給与額	25～29年 労働者数	30年以上 所定内給与額	30年以上 年間賞与その他特別給与額	30年以上 労働者数	区分
千円	千円	十人	千円	千円	十人	千円	千円	十人	千円	千円	十人	千円	千円	十人	
275.4	**401.6**	**4 043**	**285.2**	**406.8**	**2 626**	**300.5**	**478.6**	**2 283**	**301.9**	**516.6**	**1 707**	**286.2**	**449.0**	**4 215**	**中学卒**
-	-	-	-	-	-	-	-	-	-	-	-	-	-	-	～19歳
-	-	-	-	-	-	-	-	-	-	-	-	-	-	-	20～24
265.7	396.1	100	-	-	-	-	-	-	-	-	-	-	-	-	25～29
281.9	519.0	360	313.4	340.6	180	-	-	-	-	-	-	-	-	-	30～34
293.6	505.2	551	294.4	472.9	288	285.3	657.9	240	-	-	-	-	-	-	35～39
304.3	577.8	537	322.5	609.1	382	307.7	566.3	422	294.0	673.9	308	-	-	-	40～44
301.5	435.8	473	323.4	558.5	344	333.1	614.9	385	337.6	649.8	356	321.0	703.4	263	45～49
310.2	570.9	377	306.6	397.3	278	343.8	619.0	292	326.8	608.4	228	337.7	614.5	439	50～54
278.1	341.2	425	301.2	494.3	207	316.9	459.7	254	318.2	508.5	237	349.1	661.6	669	55～59
244.7	224.7	551	259.8	368.2	338	284.2	299.6	348	270.3	335.9	299	283.0	475.5	1 226	60～64
231.8	200.3	401	238.8	204.4	420	243.2	163.5	271	286.6	236.5	196	246.0	239.8	999	65～69
202.9	140.6	267	199.8	123.6	190	193.6	178.2	70	213.1	443.0	83	238.2	279.5	620	70歳～
288.8	**551.8**	**34 294**	**307.0**	**613.2**	**21 894**	**321.0**	**714.2**	**16 730**	**338.4**	**768.9**	**12 074**	**336.3**	**754.7**	**15 446**	**高校卒**
-	-	-	-	-	-	-	-	-	-	-	-	-	-	-	～19歳
-	-	-	-	-	-	-	-	-	-	-	-	-	-	-	20～24
242.2	649.4	1 144	-	-	-	-	-	-	-	-	-	-	-	-	25～29
271.3	605.6	4 968	273.5	773.4	1 024	-	-	-	-	-	-	-	-	-	30～34
290.4	612.7	5 288	295.9	675.2	4 101	307.4	951.5	1 262	-	-	-	-	-	-	35～39
307.3	600.9	5 895	326.0	697.3	4 330	326.1	820.0	5 212	332.6	940.4	1 053	-	-	-	40～44
313.4	612.2	5 281	327.7	692.0	3 972	333.6	702.2	3 658	352.4	870.0	4 223	349.3	914.3	1 009	45～49
310.6	564.3	3 893	319.1	614.4	3 106	336.8	700.4	2 724	348.0	772.2	2 888	371.2	938.1	3 585	50～54
295.2	479.3	3 338	309.7	520.4	2 446	322.7	667.9	1 900	341.5	758.3	2 193	376.1	929.5	4 820	55～59
256.1	356.1	2 482	280.3	372.6	1 476	282.5	407.2	1 273	298.6	475.3	1 156	297.4	573.8	3 412	60～64
225.6	253.4	1 474	252.8	274.1	1 033	254.7	291.4	529	265.7	332.4	432	262.7	380.8	1 923	65～69
216.7	194.1	531	225.3	202.6	405	223.4	322.2	172	258.2	257.1	130	255.9	288.6	698	70歳～
319.1	**777.6**	**7 686**	**337.3**	**876.3**	**4 884**	**355.6**	**928.9**	**4 306**	**390.7**	**1088.0**	**1 942**	**391.1**	**898.3**	**2 140**	**高専・短大卒**
-	-	-	-	-	-	-	-	-	-	-	-	-	-	-	～19歳
-	-	-	-	-	-	-	-	-	-	-	-	-	-	-	20～24
248.0	893.2	14	-	-	-	-	-	-	-	-	-	-	-	-	25～29
274.7	748.5	1 844	262.4	1131.8	13	-	-	-	-	-	-	-	-	-	30～34
306.1	774.8	1 892	312.7	881.1	1 848	334.0	710.5	35	-	-	-	-	-	-	35～39
329.4	809.3	1 574	346.0	847.3	1 392	348.6	955.7	2 467	393.9	915.8	44	-	-	-	40～44
357.0	923.0	1 001	374.2	1003.5	801	366.7	933.4	990	387.8	1186.8	998	356.1	824.8	36	45～49
344.1	746.5	602	342.8	859.9	397	371.4	1012.5	390	408.5	1073.2	475	419.8	1047.3	733	50～54
414.6	755.1	456	367.6	774.9	277	367.4	676.6	260	387.8	1077.1	292	414.1	970.1	832	55～59
306.7	485.1	162	328.8	697.2	103	352.1	775.7	135	314.3	592.3	105	327.1	642.4	403	60～64
311.7	360.1	113	250.8	563.1	38	309.4	639.0	27	529.3	88.6	24	309.8	491.4	112	65～69
242.6	268.6	28	234.9	316.4	16	168.2	0.0	2	319.7	69.5	4	225.0	171.4	24	70歳～
365.2	**976.7**	**15 538**	**387.0**	**1201.2**	**9 076**	**405.7**	**1208.3**	**6 294**	**445.4**	**1334.7**	**3 701**	**420.4**	**1072.9**	**5 728**	**大学・大学院卒**
-	-	-	-	-	-	-	-	-	-	-	-	-	-	-	～19歳
-	-	-	-	-	-	-	-	-	-	-	-	-	-	-	20～24
220.8	614.3	2	-	-	-	-	-	-	-	-	-	-	-	-	25～29
298.8	948.4	1 642	307.0	257.1	2	-	-	-	-	-	-	-	-	-	30～34
338.7	1025.0	4 556	346.4	1090.1	1 202	320.6	1027.5	6	-	-	-	-	-	-	35～39
366.7	1023.5	3 479	378.1	1208.2	3 790	394.7	1293.7	1 629	329.2	1394.9	1	-	-	-	40～44
400.8	1028.9	2 003	412.9	1362.5	1 681	415.6	1329.6	2 418	458.6	1410.8	742	-	-	-	45～49
421.1	1048.5	1 232	435.2	1365.7	893	424.1	1212.6	1 006	464.9	1519.0	1 654	455.6	1527.0	716	50～54
448.6	970.3	1 241	413.8	1205.9	875	415.0	999.8	694	428.6	1212.3	860	469.0	1337.4	2 233	55～59
354.5	694.6	839	334.0	708.6	450	332.3	639.6	409	399.4	844.1	369	376.1	810.7	1 954	60～64
372.8	412.7	347	327.8	848.6	114	438.6	910.3	100	302.2	381.2	64	343.2	732.2	521	65～69
305.2	529.8	197	427.3	446.7	69	298.6	346.0	33	330.5	158.0	12	397.0	332.2	305	70歳～
															女
237.3	**545.0**	**31 001**	**247.0**	**626.1**	**17 787**	**257.7**	**675.7**	**11 189**	**271.9**	**710.9**	**6 628**	**280.5**	**697.4**	**6 494**	**学歴計**
-	-	-	-	-	-	-	-	-	-	-	-	-	-	-	～19歳
-	-	-	-	-	-	-	-	-	-	-	-	-	-	-	20～24
191.4	435.8	540	-	-	-	-	-	-	-	-	-	-	-	-	25～29
227.0	608.5	4 613	209.5	441.5	399	-	-	-	-	-	-	-	-	-	30～34
251.3	606.4	4 255	243.9	726.6	2 987	226.1	519.1	254	-	-	-	-	-	-	35～39
253.8	572.6	4 653	260.7	774.1	2 786	262.5	764.3	3 114	246.7	676.3	337	-	-	-	40～44
244.5	604.2	5 098	258.2	654.3	2 717	284.7	861.0	1 737	281.9	845.3	1 964	255.2	505.4	207	45～49
234.7	543.5	4 660	254.2	621.7	2 990	274.1	726.7	1 726	313.9	870.8	1 360	302.6	944.4	1 386	50～54
238.2	485.8	4 032	237.5	585.9	3 047	266.4	682.2	2 202	273.9	688.7	1 226	300.2	853.1	1 890	55～59
215.5	392.9	2 008	214.0	441.9	1 921	214.1	421.0	1 315	245.9	529.9	991	263.9	572.5	1 405	60～64
190.9	211.4	788	292.5	360.8	717	205.4	276.6	646	212.7	381.2	535	238.4	350.8	859	65～69
206.1	234.3	352	220.1	461.8	222	205.3	328.2	195	210.0	306.8	215	276.3	532.3	747	70歳～

第2表　年齢階級、勤続年数階級別所定内給与額

企業規模	10～99人
	計

産　業　計

区分	勤続年数計			0　年			1～2年			3～4年			5～9年		
	所定内給与額	年間賞与その他特別給与額	労働者数	所定内給与額	年間賞与その他特別給与額	労働者数	所定内給与額	年間賞与その他特別給与額	労働者数	所定内給与額	年間賞与その他特別給与額	労働者数	所定内給与額	年間賞与その他特別給与額	労働者数
	千円	千円	十人	千円	千円	十人	千円	千円	十人	千円	千円	十人	千円	千円	十人
中学卒	**178.1**	**186.8**	**5 861**	**162.2**	**11.8**	**681**	**166.7**	**125.1**	**1 346**	**175.5**	**184.0**	**560**	**178.0**	**236.7**	**908**
～19歳	150.8	6.7	81	137.8	1.9	43	165.4	12.1	38	-	-	-	-	-	-
20～24	159.1	82.3	316	160.0	0.6	86	152.1	48.1	141	157.4	107.0	43	180.3	313.8	47
25～29	169.5	103.7	473	159.1	12.8	102	166.4	108.1	197	200.2	224.4	61	180.4	206.2	56
30～34	166.2	122.0	603	155.5	12.5	123	159.9	134.2	244	172.8	181.8	86	169.6	112.0	90
35～39	180.0	160.9	449	158.6	10.1	80	170.0	68.0	197	184.0	283.3	45	223.9	465.9	53
40～44	185.5	228.3	477	181.0	36.5	79	160.1	183.9	100	173.9	139.4	41	187.5	318.3	125
45～49	197.5	241.2	609	190.2	0.0	54	202.4	171.3	135	175.4	140.4	90	179.4	306.1	113
50～54	210.7	358.7	467	169.0	5.6	19	171.1	158.7	83	187.9	293.5	41	184.5	383.9	70
55～59	181.9	217.6	575	153.6	15.8	29	165.2	239.2	87	176.2	150.9	40	184.7	169.7	89
60～64	164.5	214.7	710	168.2	17.6	26	154.7	162.6	81	171.9	401.2	40	163.1	209.8	126
65～69	172.8	162.6	673	149.3	12.8	26	168.0	47.3	24	156.5	56.2	57	169.3	99.1	86
70歳～	175.3	147.6	428	158.8	0.0	15	152.7	197.6	20	165.7	45.8	17	145.3	46.6	53
高校卒	**200.5**	**324.9**	**97 583**	**177.0**	**22.3**	**9 387**	**182.5**	**206.1**	**17 322**	**188.2**	**289.2**	**12 557**	**197.6**	**346.2**	**20 935**
～19歳	165.1	64.1	2 184	161.8	2.2	1 343	170.4	163.0	841	-	-	-	-	-	-
20～24	175.6	237.0	7 069	171.0	16.0	1 237	172.3	220.2	2 987	179.4	339.3	1 992	184.9	377.5	852
25～29	184.7	273.4	6 527	175.0	19.3	924	180.2	213.3	1 979	185.7	277.5	1 076	190.8	397.2	2 102
30～34	194.4	299.4	7 647	178.2	33.3	901	182.6	198.2	1 677	191.4	301.2	1 158	205.5	360.1	1 908
35～39	201.8	323.9	8 828	185.0	31.5	847	186.3	224.1	1 807	193.4	298.3	1 348	204.0	354.3	2 109
40～44	203.1	340.8	12 317	179.1	16.4	1 166	182.5	231.0	2 014	187.0	285.2	1 778	197.9	339.8	2 949
45～49	211.7	373.6	14 264	187.6	28.9	1 147	195.2	212.1	2 229	192.3	292.6	1 712	205.5	390.8	3 226
50～54	212.8	395.0	13 666	183.2	33.0	854	188.1	193.3	1 635	196.8	325.5	1 496	202.9	368.5	3 067
55～59	210.2	384.7	12 025	192.8	20.3	466	188.1	183.4	1 111	187.1	277.0	983	195.5	328.5	2 349
60～64	193.0	288.1	7 867	176.6	65.6	320	183.6	180.9	714	179.0	133.2	632	180.7	230.2	1 447
65～69	194.5	208.5	3 751	170.8	15.9	73	162.4	82.8	291	179.9	149.6	307	178.0	178.9	715
70歳～	201.7	247.1	1 437	134.7	1.1	109	173.5	115.4	35	198.5	115.3	74	179.6	144.9	212
高専・短大卒	**232.9**	**540.1**	**72 288**	**199.7**	**23.6**	**7 765**	**205.7**	**370.3**	**14 422**	**216.5**	**502.0**	**9 808**	**230.9**	**604.6**	**16 103**
～19歳	-	-	-	-	-	-	-	-	-	-	-	-	-	-	-
20～24	189.3	322.9	9 385	182.5	8.2	2 772	190.3	407.4	4 466	196.3	553.8	2 105	182.8	538.9	43
25～29	206.8	481.2	9 287	197.2	24.0	1 301	200.9	330.8	2 031	205.9	529.7	1 721	213.0	674.5	4 196
30～34	220.6	491.0	7 753	209.8	49.4	723	207.3	355.1	1 578	216.9	417.6	1 032	222.7	552.0	2 181
35～39	232.5	525.4	8 104	213.7	11.6	734	211.5	333.3	1 537	217.4	470.2	944	237.0	593.1	1 907
40～44	242.4	584.1	10 267	206.9	35.0	711	218.2	388.0	1 701	223.4	450.8	1 199	244.8	598.5	2 222
45～49	247.7	618.8	9 061	213.7	24.3	583	216.5	358.5	1 247	223.8	507.8	1 098	236.0	582.7	2 115
50～54	261.5	669.1	7 885	220.9	61.0	429	225.9	353.1	941	252.4	581.7	807	245.1	631.8	1 715
55～59	264.0	671.6	6 259	222.5	58.3	311	229.2	371.3	503	234.4	489.6	527	242.7	566.9	1 092
60～64	254.1	557.2	2 996	210.7	2.4	133	211.8	419.6	300	238.5	439.4	246	235.6	458.4	453
65～69	243.6	479.7	957	234.3	26.1	67	216.8	211.5	99	210.8	320.7	118	248.1	377.3	139
70歳～	299.8	809.4	334	281.9	0.0	1	148.4	222.2	20	210.2	48.3	12	233.0	562.8	41
大学・大学院卒	**267.7**	**561.2**	**39 052**	**231.4**	**31.1**	**5 556**	**235.7**	**420.5**	**9 657**	**241.9**	**572.9**	**6 542**	**273.2**	**689.8**	**8 135**
～19歳	-	-	-	-	-	-	-	-	-	-	-	-	-	-	-
20～24	209.0	237.4	4 483	206.8	9.6	2 003	211.0	414.9	2 409	206.1	659.9	62	184.2	507.9	9
25～29	226.3	451.5	8 760	225.9	51.4	1 452	223.7	395.2	2 985	225.4	603.6	2 879	233.9	666.8	1 444
30～34	248.0	545.2	6 185	227.4	38.2	569	244.0	427.6	1 510	238.6	566.5	1 222	254.5	694.2	2 175
35～39	271.7	615.7	5 308	245.5	32.4	521	253.2	453.9	803	245.5	553.5	854	286.3	706.1	1 408
40～44	292.5	689.7	4 599	295.0	46.2	339	253.9	499.0	744	263.3	605.2	585	284.6	679.0	1 016
45～49	304.0	739.7	3 639	261.7	52.0	248	252.8	430.8	558	295.2	495.2	416	292.1	693.1	878
50～54	332.3	734.4	2 567	279.3	26.4	242	300.7	500.5	287	289.2	379.3	177	322.0	743.3	598
55～59	357.3	764.7	2 085	306.6	41.5	126	343.2	296.6	197	260.5	475.0	217	322.3	709.4	421
60～64	317.1	671.2	1 010	230.2	0.0	47	269.6	355.6	151	266.2	503.9	93	273.5	588.8	135
65～69	506.0	470.2	260	429.7	0.9	10	321.5	293.3	13	297.1	796.3	31	277.8	247.1	43
70歳～	371.6	735.6	155	-	-	-	197.9	554.0	0	201.2	474.2	5	440.0	1000.0	8
C 鉱業，採石業，砂利採取業															
企業規模計															
男女計	**321.3**	**1011.2**	**1 111**	**257.5**	**56.0**	**63**	**254.8**	**626.0**	**138**	**265.4**	**667.0**	**144**	**297.9**	**901.9**	**195**
～19歳	190.7	297.9	8	183.4	30.9	4	197.2	533.4	4	-	-	-	-	-	-
20～24	221.4	550.5	44	223.1	45.3	11	221.7	647.1	18	211.8	625.5	10	236.7	1090.9	5
25～29	266.0	954.9	82	259.8	24.9	10	252.3	875.5	23	289.1	1194.0	19	263.5	1140.7	26
30～34	293.6	1043.2	73	223.7	113.9	5	258.2	612.6	13	268.0	977.4	14	325.8	1470.4	20
35～39	320.3	1002.1	94	373.9	62.1	9	280.7	625.9	14	274.1	795.4	16	313.5	1088.7	24
40～44	319.3	914.1	149	220.5	34.9	6	239.1	380.4	19	326.0	486.7	23	331.0	944.2	24
45～49	339.9	1107.8	173	239.1	28.6	5	258.5	530.0	16	259.3	565.3	28	303.1	768.1	31
50～54	387.0	1440.5	158	276.3	178.6	4	256.4	501.7	9	229.8	472.8	12	308.0	839.4	23
55～59	386.5	1435.2	144	265.2	8.7	3	255.0	572.5	12	271.2	636.6	6	304.2	762.1	16
60～64	272.9	571.5	124	297.1	15.6	3	378.1	1363.4	6	222.4	410.9	9	243.6	255.9	16
65～69	252.6	271.9	46	239.3	130.9	4	256.5	28.0	3	202.9	258.7	6	284.2	434.7	8
70歳～	232.2	140.3	15	187.7	0.0	0	160.8	50.0	0	209.9	41.8	2	276.0	106.2	3

及び年間賞与その他特別給与額

C 鉱業，採石業，砂利採取業

10～14年 所定内給与額	10～14年 年間賞与その他特別給与額	10～14年 労働者数	15～19年 所定内給与額	15～19年 年間賞与その他特別給与額	15～19年 労働者数	20～24年 所定内給与額	20～24年 年間賞与その他特別給与額	20～24年 労働者数	25～29年 所定内給与額	25～29年 年間賞与その他特別給与額	25～29年 労働者数	30年以上 所定内給与額	30年以上 年間賞与その他特別給与額	30年以上 労働者数	区分
千円	千円	十人	千円	千円	十人	千円	千円	十人	千円	千円	十人	千円	千円	十人	
189.5	262.8	781	186.8	326.9	493	199.1	248.6	332	200.3	347.6	236	182.2	133.1	524	中学卒
-	-	-	-	-	-	-	-	-	-	-	-	-	-	-	～19歳
-	-	-	-	-	-	-	-	-	-	-	-	-	-	-	20～24
154.8	19.2	57	-	-	-	-	-	-	-	-	-	-	-	-	25～29
198.9	227.5	55	206.9	213.2	5	-	-	-	-	-	-	-	-	-	30～34
209.6	269.8	48	185.9	372.2	11	159.9	239.3	16	-	-	-	-	-	-	35～39
201.6	304.9	78	210.0	401.8	16	274.4	171.7	15	191.6	421.2	21	-	-	-	40～44
197.8	249.6	100	231.4	462.7	73	276.1	527.9	25	170.9	270.8	12	145.2	216.6	8	45～49
232.3	627.0	114	253.5	536.8	40	222.9	287.7	46	627.0	1068.4	6	204.2	52.9	47	50～54
185.3	276.9	62	164.8	409.9	93	200.5	343.9	24	200.7	387.0	15	203.3	97.8	136	55～59
161.8	174.7	111	160.9	173.8	95	183.5	272.1	91	164.8	333.8	62	158.2	193.8	80	60～64
171.0	180.7	103	157.8	170.0	94	169.9	170.3	76	223.7	462.7	79	170.5	95.3	129	65～69
171.1	57.3	52	199.6	356.4	67	200.8	96.7	38	162.1	23.4	42	180.5	197.7	124	70歳～
209.3	415.2	15 130	215.6	436.9	9 213	225.5	487.0	5 857	238.3	534.3	3 662	256.3	548.5	3 519	高校卒
-	-	-	-	-	-	-	-	-	-	-	-	-	-	-	～19歳
-	-	-	-	-	-	-	-	-	-	-	-	-	-	-	20～24
194.3	473.4	446	-	-	-	-	-	-	-	-	-	-	-	-	25～29
201.4	445.0	1 638	208.4	444.8	364	-	-	-	-	-	-	-	-	-	30～34
220.5	454.7	1 385	216.8	476.2	1 094	230.4	537.2	238	-	-	-	-	-	-	35～39
222.4	443.5	2 017	228.2	511.7	907	235.3	546.2	1 190	247.0	660.3	297	-	-	-	40～44
219.6	473.7	2 684	229.0	478.6	1 403	240.6	590.7	714	256.0	629.3	955	258.4	500.0	194	45～49
212.4	441.5	2 639	222.3	457.1	1 731	238.1	529.3	864	258.8	638.2	604	283.4	821.0	777	50～54
201.0	356.9	2 337	210.1	436.1	1 878	230.8	527.1	1 348	237.4	554.3	661	283.2	716.3	893	55～59
190.3	327.4	1 212	195.0	341.2	1 254	194.4	355.9	917	217.6	380.2	638	223.1	416.6	733	60～64
182.5	178.1	558	210.8	304.2	471	205.3	266.3	468	198.7	291.7	359	233.2	217.7	508	65～69
204.3	239.1	215	192.5	228.4	110	191.5	287.0	118	213.1	409.7	149	233.5	338.0	415	70歳～
248.4	646.1	10 418	262.5	790.1	5 707	282.1	899.0	3 940	303.3	947.1	2 150	316.6	1034.6	1 974	高専・短大卒
-	-	-	-	-	-	-	-	-	-	-	-	-	-	-	～19歳
-	-	-	-	-	-	-	-	-	-	-	-	-	-	-	20～24
211.9	617.8	38	-	-	-	-	-	-	-	-	-	-	-	-	25～29
233.3	707.3	2 209	222.9	444.0	30	-	-	-	-	-	-	-	-	-	30～34
248.4	624.3	1 469	251.1	823.1	1 512	203.6	548.2	1	-	-	-	-	-	-	35～39
254.5	639.5	1 721	258.8	811.2	1 074	269.8	893.1	1 621	300.8	1194.6	20	-	-	-	40～44
252.1	684.7	1 616	276.9	774.0	846	293.6	999.5	661	301.0	1043.2	889	292.1	1070.4	6	45～49
250.6	625.2	1 456	271.9	819.0	870	298.8	960.1	649	335.3	1000.1	548	322.3	1214.5	469	50～54
265.0	643.1	1 225	266.5	753.8	830	294.4	895.3	644	292.1	835.9	405	312.5	1098.2	721	55～59
244.3	489.9	541	252.4	667.6	417	278.9	710.2	243	271.9	769.8	178	310.7	772.7	484	60～64
239.4	421.6	99	270.3	706.3	96	229.0	440.9	87	254.0	657.0	90	272.7	856.4	162	65～69
195.8	374.9	44	341.3	1296.9	30	252.1	659.9	34	262.4	127.8	20	395.0	1225.8	131	70歳～
311.6	787.4	4 671	344.1	1027.8	2 374	363.5	1021.7	1 060	396.5	1098.0	580	417.6	1020.6	477	大学・大学院卒
-	-	-	-	-	-	-	-	-	-	-	-	-	-	-	～19歳
-	-	-	-	-	-	-	-	-	-	-	-	-	-	-	20～24
-	-	-	-	-	-	-	-	-	-	-	-	-	-	-	25～29
268.8	708.1	710	208.2	0.0	0	-	-	-	-	-	-	-	-	-	30～34
287.4	754.3	1 352	296.0	1081.9	370	-	-	-	-	-	-	-	-	-	35～39
333.0	770.8	838	301.7	1032.8	789	333.3	972.4	288	-	-	-	-	-	-	40～44
329.6	969.5	699	327.4	1058.6	394	361.3	1185.5	338	366.4	1187.2	108	-	-	-	45～49
314.7	855.3	451	368.0	955.9	349	378.5	963.8	167	411.7	1210.2	202	413.1	1062.9	93	50～54
378.3	783.7	408	376.0	1229.0	246	436.9	1114.8	185	396.1	919.6	145	439.1	1196.2	140	55～59
360.6	747.7	144	295.9	812.4	155	294.4	464.9	64	409.4	1106.0	113	408.0	1010.8	108	60～64
258.6	241.2	28	1254.2	564.1	55	251.0	179.4	15	269.4	500.0	7	338.1	670.7	59	65～69
270.9	286.6	41	268.4	952.1	15	253.1	897.1	4	323.6	367.4	4	458.5	932.3	77	70歳～
															C 鉱業，採石業，砂利採取業
															企業規模計
347.8	1058.5	116	317.5	826.9	121	356.2	1369.5	110	365.6	1325.1	82	432.7	1969.8	142	男女計
-	-	-	-	-	-	-	-	-	-	-	-	-	-	-	～19歳
-	-	-	-	-	-	-	-	-	-	-	-	-	-	-	20～24
268.1	1265.0	5	-	-	-	-	-	-	-	-	-	-	-	-	25～29
323.0	1133.3	19	262.3	1234.4	3	-	-	-	-	-	-	-	-	-	30～34
409.7	1729.0	13	303.5	1181.4	13	324.2	1470.6	6	-	-	-	-	-	-	35～39
298.8	891.8	18	352.3	1243.1	22	346.2	1325.1	30	407.4	1848.0	6	-	-	-	40～44
363.3	1166.8	15	345.5	882.3	20	433.9	1990.9	29	380.0	1522.7	23	530.4	2698.3	6	45～49
452.6	893.0	16	339.9	756.0	26	309.9	996.0	15	460.2	2356.9	16	529.3	2914.2	38	50～54
348.3	1060.1	19	316.7	638.6	16	435.9	1884.3	13	352.1	945.0	18	520.9	2671.1	42	55～59
253.0	422.1	6	258.0	367.3	13	236.2	413.3	13	265.6	374.5	16	300.5	866.0	41	60～64
271.8	235.5	4	223.0	187.6	4	249.3	99.5	4	262.4	491.7	3	266.5	316.9	10	65～69
214.7	0.0	1	226.7	283.8	5	189.8	40.0	1	368.8	0.0	0	229.3	115.7	4	70歳～

第2表　年齢階級、勤続年数階級別所定内給与額

企業規模	計

C 鉱業, 採石業,

区分	勤続年数計			0年			1～2年			3～4年			5～9年		
	所定内給与額	年間賞与その他特別給与額	労働者数	所定内給与額	年間賞与その他特別給与額	労働者数	所定内給与額	年間賞与その他特別給与額	労働者数	所定内給与額	年間賞与その他特別給与額	労働者数	所定内給与額	年間賞与その他特別給与額	労働者数
	千円	千円	十人	千円	千円	十人	千円	千円	十人	千円	千円	十人	千円	千円	十人
男															
学歴計	**331.8**	**1046.5**	**979**	**268.3**	**56.8**	**51**	**261.4**	**643.4**	**117**	**274.4**	**674.0**	**126**	**302.6**	**890.1**	**172**
～19歳	197.4	280.5	6	193.1	27.7	3	201.1	494.6	3	–	–	–	–	–	–
20～24	222.1	575.0	39	221.9	26.2	8	221.2	649.5	18	214.0	640.3	10	243.0	1109.1	5
25～29	266.0	959.8	67	255.4	31.5	7	243.4	851.6	18	294.2	1188.0	16	264.9	1125.8	22
30～34	297.4	1055.4	62	225.5	123.9	4	276.5	679.6	10	275.9	989.7	11	328.6	1440.7	17
35～39	328.4	1007.0	82	405.4	44.3	7	289.4	665.9	12	275.5	771.9	15	313.9	1067.6	21
40～44	328.6	911.1	128	234.8	39.3	4	247.2	358.7	16	332.9	493.1	22	341.9	943.0	20
45～49	350.6	1151.9	155	242.7	31.0	5	264.6	550.5	15	274.1	593.4	23	313.4	778.2	27
50～54	408.2	1543.1	139	298.7	207.9	3	270.6	526.2	8	263.2	619.2	7	315.9	864.8	20
55～59	404.3	1528.1	130	265.2	8.7	3	285.2	720.2	8	275.2	661.8	5	314.9	812.6	14
60～64	280.7	591.3	112	346.6	22.7	2	379.9	1356.1	6	225.1	317.3	9	245.4	257.4	16
65～69	256.3	275.0	44	239.3	130.9	4	256.5	28.0	3	202.7	262.8	6	284.2	434.7	8
70歳～	230.7	130.0	15	187.7	0.0	0	160.8	50.0	0	209.9	41.8	2	276.0	106.2	3
高校卒	**296.8**	**832.4**	**627**	**229.7**	**65.9**	**30**	**235.7**	**386.9**	**69**	**239.8**	**495.1**	**71**	**269.4**	**654.6**	**113**
～19歳	196.0	299.6	6	189.2	32.2	2	201.1	494.6	3	–	–	–	–	–	–
20～24	211.1	720.9	24	199.2	60.9	3	195.9	749.3	8	212.3	706.7	9	243.0	1109.1	5
25～29	237.0	822.9	33	206.0	18.1	3	200.6	342.0	7	207.3	622.2	3	252.7	1090.8	16
30～34	254.3	753.3	31	220.6	160.4	3	252.0	608.6	5	240.0	647.4	6	247.1	872.7	5
35～39	268.4	747.4	52	234.7	55.4	6	255.6	445.0	8	233.7	595.2	8	271.4	609.6	13
40～44	299.3	837.0	88	234.7	34.2	3	239.4	343.6	12	277.8	558.5	10	293.1	794.1	13
45～49	303.2	763.6	103	230.6	26.6	4	243.5	340.8	8	248.1	386.1	19	276.8	488.2	19
50～54	366.8	1355.3	100	303.0	255.5	3	252.2	272.7	6	253.2	529.2	5	285.5	583.6	15
55～59	337.4	979.7	87	267.2	5.7	2	251.5	211.8	5	255.9	357.7	4	292.2	663.4	11
60～64	266.3	507.3	69	211.4	0.0	1	260.9	91.4	3	205.5	247.6	4	237.9	249.5	11
65～69	245.1	158.7	26	204.7	45.7	1	263.7	9.0	3	207.6	183.2	3	235.9	180.4	5
70歳～	229.5	183.0	9	–	–	–	160.8	50.0	0	224.0	290.0	0	300.6	96.1	1
高専・短大卒	**329.7**	**1014.4**	**29**	**244.1**	**73.3**	**1**	**238.5**	**588.7**	**5**	**295.0**	**991.7**	**6**	**352.0**	**1089.9**	**6**
～19歳	–	–	–	–	–	–	–	–	–	–	–	–	–	–	–
20～24	231.3	355.5	2	–	–	–	218.0	410.2	1	317.5	0.0	0	–	–	–
25～29	235.1	824.7	2	–	–	–	221.5	456.4	1	237.5	954.2	1	263.7	1281.5	0
30～34	270.9	885.1	5	245.9	94.3	1	266.0	948.0	2	268.4	1081.2	1	293.8	1222.8	0
35～39	286.5	1248.3	2	–	–	–	270.0	350.0	0	238.6	1433.8	0	295.7	1350.2	1
40～44	298.5	848.0	3	–	–	–	213.2	480.7	1	345.9	1276.7	1	274.5	592.0	1
45～49	361.6	1123.0	5	–	–	–	255.5	675.5	1	451.1	2093.5	1	307.8	630.2	1
50～54	370.6	975.7	5	237.6	0.0	0	193.1	0.0	0	339.3	725.0	0	299.4	398.8	1
55～59	384.2	1854.1	3	–	–	–	267.9	395.0	0	314.5	1181.2	0	–	–	–
60～64	311.0	363.8	3	–	–	–	–	–	–	248.3	331.3	1	–	–	–
65～69	649.2	2430.5	1	–	–	–	–	–	–	–	–	–	734.4	2806.4	1
70歳～	–	–	–	–	–	–	–	–	–	–	–	–	–	–	–
大学・大学院卒	**493.2**	**2180.4**	**191**	**383.9**	**28.7**	**12**	**337.4**	**1544.8**	**26**	**428.2**	**1601.5**	**21**	**426.8**	**1936.8**	**34**
～19歳	–	–	–	–	–	–	–	–	–	–	–	–	–	–	–
20～24	252.1	445.6	9	237.4	8.3	4	267.6	903.7	4	–	–	–	–	–	–
25～29	299.5	1150.4	30	288.7	23.7	4	270.5	1180.6	11	325.0	1395.1	11	318.3	1439.6	4
30～34	371.3	1612.4	23	256.6	25.0	0	353.4	584.7	2	347.2	1741.3	3	368.6	1733.9	12
35～39	525.8	1997.4	20	1208.9	4.6	1	576.1	2955.4	1	487.1	2393.8	2	416.1	2066.5	6
40～44	539.6	1857.3	18	224.0	10.0	0	266.7	830.0	1	1173.4	1185.1	2	503.3	1544.5	5
45～49	576.3	3072.5	27	279.5	31.7	1	368.8	2743.6	1	561.8	2503.0	2	582.7	3064.1	3
50～54	657.9	2940.5	23	302.8	15.0	0	373.2	1822.0	1	243.4	376.7	1	602.0	3728.1	2
55～59	673.5	3651.0	27	213.6	83.3	0	503.7	3891.1	1	850.2	5129.2	0	527.6	2283.2	1
60～64	402.2	1524.9	13	573.3	0.0	1	513.7	2786.2	3	228.0	560.0	0	333.2	277.4	1
65～69	318.6	611.3	2	216.6	860.0	0	–	–	–	–	–	–	234.0	311.7	0
70歳～	336.0	0.0	1	–	–	–	–	–	–	280.0	0.0	0	–	–	–
生産労働者(男)															
学歴計	**274.1**	**658.1**	**618**	**233.8**	**58.4**	**37**	**236.5**	**398.3**	**82**	**243.5**	**538.0**	**85**	**263.0**	**624.6**	**120**
～19歳	194.7	235.7	5	193.1	27.7	3	196.4	466.2	3	–	–	–	–	–	–
20～24	215.5	581.7	28	209.5	46.1	4	209.2	552.3	12	214.5	619.8	8	242.4	1086.6	4
25～29	240.5	780.7	38	241.2	49.0	4	208.8	412.1	8	232.3	780.0	6	249.5	1039.4	17
30～34	254.8	747.1	39	226.2	78.6	3	254.8	696.5	8	247.7	744.0	8	255.6	997.1	7
35～39	271.6	752.9	55	227.5	34.6	6	257.4	411.3	10	250.9	570.1	9	274.7	717.6	14
40～44	289.0	751.1	83	229.8	42.2	4	240.7	324.1	13	270.1	466.2	16	282.6	711.7	13
45～49	289.6	714.1	89	247.0	31.6	3	244.3	408.1	9	255.0	527.9	13	275.9	510.8	18
50～54	308.3	816.8	85	287.1	238.8	3	251.8	290.7	7	257.4	659.3	6	276.5	494.3	15
55～59	303.0	740.4	76	267.2	5.7	2	244.5	202.2	6	251.2	619.3	4	273.1	562.7	11
60～64	256.6	400.6	77	217.1	35.7	1	233.7	85.6	2	222.3	322.0	7	239.8	253.0	14
65～69	226.4	167.6	32	240.7	86.7	3	254.3	28.9	3	199.5	282.1	6	214.1	94.9	5
70歳～	215.0	61.7	9	187.7	0.0	0	160.8	50.0	0	205.5	44.4	2	226.5	83.3	2

及び年間賞与その他特別給与額

砂利採取業

10～14年			15～19年			20～24年			25～29年			30年以上			区分
所定内給与額	年間賞与その他特別給与額	労働者数	所定内給与額	年間賞与その他特別給与額	労働者数	所定内給与額	年間賞与その他特別給与額	労働者数	所定内給与額	年間賞与その他特別給与額	労働者数	所定内給与額	年間賞与その他特別給与額	労働者数	
千円	千円	十人	千円	千円	十人	千円	千円	十人	千円	千円	十人	千円	千円	十人	
															男
363.6	**1100.5**	**100**	**321.5**	**810.5**	**112**	**372.2**	**1442.0**	**94**	**376.8**	**1381.3**	**73**	**440.3**	**2017.6**	**135**	**学歴計**
-	-	-	-	-	-	-	-	-	-	-	-	-	-	-	～19歳
-	-	-	-	-	-	-	-	-	-	-	-	-	-	-	20～24
281.8	1275.0	4	-	-	-	-	-	-	-	-	-	-	-	-	25～29
317.0	1151.2	16	262.3	1234.4	3	-	-	-	-	-	-	-	-	-	30～34
424.4	1776.4	11	320.1	1258.5	11	331.6	1467.6	5	-	-		-	-	-	35～39
333.8	1066.2	14	345.8	1166.3	20	344.2	1236.8	26	430.6	1990.0	5	-	-	-	40～44
370.0	1215.3	14	348.8	860.8	19	445.1	2076.2	27	388.0	1566.9	19	530.4	2698.3	6	45～49
488.0	916.6	13	347.3	741.7	24	315.1	992.3	13	480.5	2523.5	15	545.3	3022.7	35	50～54
361.4	1046.7	18	322.8	648.6	15	466.1	2067.2	11	362.1	965.9	17	533.2	2761.0	40	55～59
265.5	462.4	5	265.8	366.5	12	257.0	439.3	8	272.4	382.6	14	302.0	879.5	41	60～64
280.3	218.2	3	225.1	192.0	4	265.3	113.7	3	263.8	495.5	3	276.4	319.6	9	65～69
214.7	0.0	1	226.7	283.8	5	192.8	20.0	0	368.8	0.0	0	222.0	74.2	4	70歳～
291.5	**748.2**	**64**	**287.6**	**579.5**	**81**	**314.4**	**1010.7**	**62**	**348.0**	**1118.4**	**44**	**415.2**	**1901.0**	**94**	**高校卒**
-	-	-	-	-	-	-	-	-	-	-	-	-	-	-	～19歳
-	-	-	-	-	-	-	-	-	-	-	-	-	-	-	20～24
281.8	1275.0	4	-	-	-	-	-	-	-	-	-	-	-	-	25～29
275.8	859.6	10	257.3	1341.7	2	-	-	-	-	-	-	-	-	-	30～34
294.1	1391.2	4	287.3	1168.0	9	333.3	1504.6	4	-	-	-	-	-	-	35～39
312.2	794.1	9	276.4	579.4	14	333.7	1286.5	22	440.0	2092.5	5	-	-	-	40～44
319.9	970.7	6	310.1	539.5	14	304.7	840.4	13	354.1	1326.1	14	530.4	2698.3	6	45～49
293.4	641.3	10	325.2	477.2	15	311.7	914.9	10	324.5	1338.4	6	523.4	2984.6	31	50～54
294.1	470.6	13	302.1	519.6	10	308.0	951.1	6	352.3	782.3	12	438.9	2107.3	23	55～59
256.0	446.7	4	251.0	386.1	9	259.8	447.7	5	292.2	444.8	6	291.8	796.0	26	60～64
253.2	109.7	2	220.6	156.8	3	298.2	72.8	2	287.0	716.8	1	259.4	145.0	6	65～69
230.7	0.0	0	224.3	284.2	4	-	-	-	-	-	-	203.8	86.5	2	70歳～
347.9	**808.3**	**2**	**352.1**	**517.8**	**2**	**352.7**	**1382.1**	**2**	**419.6**	**1224.7**	**3**	**431.6**	**1925.8**	**3**	**高専・短大卒**
-	-	-	-	-	-	-	-	-	-	-	-	-	-	-	～19歳
-	-	-	-	-	-	-	-	-	-	-	-	-	-	-	20～24
-	-	-	-	-	-	-	-	-	-	-	-	-	-	-	25～29
309.4	984.2	1	-	-	-	-	-	-	-	-	-	-	-	-	30～34
-	-	-	-	-	-	-	-	-	-	-	-	-	-	-	35～39
335.8	501.9	0	-	-	-	346.7	1362.8	0	-	-	-	-	-	-	40～44
419.3	931.7	1	317.3	1345.2	0	-	-	-	406.1	1425.0	1	-	-	-	45～49
396.4	1220.8	0	357.9	354.0	1	412.4	1972.6	1	432.2	982.7	1	486.5	2476.7	1	50～54
230.1	405.0	0	-	-	-	468.3	1650.0	0	-	-	-	420.6	2369.3	2	55～59
-	-	-	366.6	225.0	0	209.8	377.1	0	482.5	840.0	0	438.3	433.3	1	60～64
-	-	-	-	-	-	-	-	-	-	-	-	308.4	927.0	0	65～69
-	-	-	-	-	-	-	-	-	-	-	-	-	-	-	70歳～
587.7	**2281.5**	**24**	**490.1**	**1967.4**	**18**	**603.5**	**3174.9**	**20**	**607.6**	**3649.3**	**11**	**623.5**	**3314.4**	**24**	**大学・大学院卒**
-	-	-	-	-	-	-	-	-	-	-	-	-	-	-	～19歳
-	-	-	-	-	-	-	-	-	-	-	-	-	-	-	20～24
-	-	-	-	-	-	-	-	-	-	-	-	-	-	-	25～29
412.7	1889.2	5	320.0	0.0	0	-	-	-	-	-	-	-	-	-	30～34
502.6	2039.0	7	488.9	1873.4	2	-	-	-	-	-	-	-	-	-	35～39
428.2	2059.6	3	522.3	2664.1	6	463.6	1148.5	2	-	-	-	-	-	-	40～44
555.8	2635.7	3	563.9	2731.5	3	602.4	3358.6	13	641.5	3750.3	2	-	-	-	45～49
1560.1	2494.9	2	426.7	1440.7	6	374.0	2074.7	1	669.8	4352.2	7	811.4	3987.9	3	50～54
670.8	3685.2	3	534.8	914.1	1	788.9	4459.8	4	434.3	1905.2	2	727.5	4128.1	14	55～59
377.7	293.3	1	558.0	504.0	0	357.4	823.8	1	279.3	580.0	0	345.4	1648.3	6	60～64
522.4	1000.0	0	303.1	665.0	0	400.0	1400.0	0	-	-	-	260.2	240.0	1	65～69
-	-	-	-	-	-	-	-	-	-	-	-	350.0	0.0	0	70歳～
															生産労働者（男）
288.3	**748.4**	**68**	**276.8**	**605.1**	**69**	**307.6**	**993.8**	**62**	**317.5**	**969.1**	**36**	**335.8**	**1050.3**	**60**	**学歴計**
-	-	-	-	-	-	-	-	-	-	-	-	-	-	-	～19歳
-	-	-	-	-	-	-	-	-	-	-	-	-	-	-	20～24
280.9	1285.1	4	-	-	-	-	-	-	-	-	-	-	-	-	25～29
268.8	761.8	11	254.5	1165.2	2	-	-	-	-	-	-	-	-	-	30～34
331.4	1605.8	5	279.1	1137.0	8	320.5	1404.1	4	-	-	-	-	-	-	35～39
300.1	813.1	10	285.2	692.0	7	340.8	1332.1	18	371.8	1710.4	3	-	-	-	40～44
308.4	798.7	10	289.3	525.5	12	312.2	1060.4	13	356.6	1376.5	8	419.3	2227.1	2	45～49
299.2	697.6	9	287.8	532.8	17	301.7	884.6	10	323.7	1209.0	5	439.6	1946.6	13	50～54
287.4	455.6	13	285.7	669.7	10	313.0	958.6	7	324.6	974.2	8	385.5	1365.7	14	55～59
253.8	511.6	4	254.9	295.5	9	237.9	372.2	7	272.4	412.3	10	281.3	581.5	24	60～64
210.3	71.1	2	211.8	120.8	4	251.0	38.8	3	243.4	315.3	2	239.9	324.1	5	65～69
205.9	0.0	1	224.0	110.0	1	192.8	20.0	0	368.8	0.0	0	214.4	82.6	3	70歳～

第2表　年齢階級、勤続年数階級別所定内給与額

企業規模	計

C 鉱業, 採石業,

区分	勤続年数計			0年			1～2年			3～4年			5～9年		
	所定内給与額	年間賞与その他特別給与額	労働者数	所定内給与額	年間賞与その他特別給与額	労働者数	所定内給与額	年間賞与その他特別給与額	労働者数	所定内給与額	年間賞与その他特別給与額	労働者数	所定内給与額	年間賞与その他特別給与額	労働者数
	千円	千円	十人	千円	千円	十人	千円	千円	十人	千円	千円	十人	千円	千円	十人
管理・事務・技術労働者(男)															
学歴計	**430.4**	**1710.3**	**362**	**365.8**	**52.3**	**13**	**318.4**	**1205.7**	**36**	**337.1**	**950.3**	**42**	**393.6**	**1499.1**	**52**
～19歳	216.2	587.1	1	-	-	-	216.2	587.1	1	-	-	-	-	-	-
20～24	238.8	558.0	11	232.9	8.7	4	248.8	873.4	5	210.9	785.3	1	248.2	1289.2	1
25～29	299.9	1197.4	29	278.1	3.7	3	270.6	1197.3	10	327.2	1405.6	11	314.5	1405.9	5
30～34	369.2	1575.2	23	223.4	277.8	1	352.4	620.4	2	349.8	1632.1	3	372.2	1705.5	11
35～39	444.3	1525.1	27	1050.6	79.1	2	432.9	1809.2	2	308.6	1042.1	7	398.0	1820.8	7
40～44	402.5	1209.1	45	258.2	25.4	1	285.4	561.4	2	480.4	556.2	7	446.6	1351.1	7
45～49	433.9	1749.9	66	232.8	29.5	2	297.0	777.8	6	299.8	681.6	10	393.3	1347.7	9
50～54	564.6	2680.2	54	377.5	0.0	0	416.8	2358.4	1	301.4	356.7	1	444.1	2068.9	5
55～59	545.4	2624.5	54	213.6	83.3	0	426.4	2518.1	2	378.7	844.6	1	505.2	1949.8	3
60～64	333.6	1009.0	35	573.3	0.0	1	452.6	1987.6	4	239.5	293.2	1	282.4	286.2	2
65～69	342.4	583.2	11	216.6	860.0	0	325.8	0.0	0	239.5	40.0	1	384.5	920.6	3
70歳～	257.0	244.6	6	-	-	-	-	-	-	280.0	0.0	0	457.3	190.0	1
女															
学歴計	**243.6**	**748.0**	**131**	**211.4**	**52.6**	**12**	**217.9**	**527.6**	**21**	**203.2**	**618.0**	**18**	**263.2**	**988.6**	**23**
～19歳	169.8	352.6	2	155.7	40.0	1	184.0	665.2	1	-	-	-	-	-	-
20～24	216.1	349.0	5	226.7	103.2	3	233.3	594.5	1	184.8	448.3	1	189.1	954.5	1
25～29	265.9	933.1	15	271.6	6.9	3	288.0	970.9	5	255.2	1234.6	2	255.9	1221.1	4
30～34	272.1	973.4	11	207.4	26.0	1	179.9	325.3	2	226.5	913.2	2	309.9	1642.5	3
35～39	263.4	968.2	12	179.7	172.0	1	230.7	394.4	2	229.2	1509.8	1	311.1	1239.5	3
40～44	264.3	931.9	22	186.9	24.5	2	199.3	487.2	3	188.8	358.2	1	279.8	949.9	4
45～49	245.5	718.3	18	195.2	0.0	0	168.6	227.3	1	190.1	433.3	5	224.3	691.0	4
50～54	238.5	721.0	20	176.6	48.6	1	176.1	363.1	1	186.1	281.3	5	251.3	657.3	3
55～59	221.1	573.2	14	-	-	-	200.5	305.1	4	218.2	302.5	0	226.7	393.6	2
60～64	196.2	376.8	11	188.1	0.0	1	268.0	1800.7	0	184.0	1768.1	1	172.5	198.0	0
65～69	190.3	219.0	3	-	-	-	-	-	-	216.3	0.0	0	-	-	-
70歳～	342.5	905.0	0	-	-	-	-	-	-	-	-	-	-	-	-
高校卒	**212.8**	**545.8**	**71**	**175.7**	**55.1**	**6**	**172.2**	**335.5**	**8**	**182.4**	**319.9**	**11**	**213.3**	**565.0**	**11**
～19歳	169.8	352.6	2	155.7	40.0	1	184.0	665.2	1	-	-	-	-	-	-
20～24	185.1	644.1	1	144.0	0.0	0	-	-	-	187.9	441.0	1	189.1	954.5	1
25～29	205.5	780.7	4	196.2	20.0	0	171.6	302.5	1	156.3	50.0	0	224.5	1071.6	1
30～34	174.9	410.1	3	169.5	130.0	0	168.6	228.3	2	147.7	891.2	0	148.1	185.0	0
35～39	223.2	745.0	5	189.9	248.9	1	187.8	440.5	0	-	-	-	219.1	828.3	1
40～44	229.1	687.8	11	167.2	25.6	2	169.1	239.2	2	187.8	408.9	1	223.6	617.6	2
45～49	208.2	472.0	11	167.8	0.0	0	141.3	223.5	1	178.0	357.3	4	211.2	559.1	2
50～54	219.9	565.1	15	192.9	25.0	0	176.4	350.3	1	182.9	256.1	5	212.4	156.0	2
55～59	225.8	672.2	7	-	-	-	233.5	946.9	0	218.2	302.5	0	228.9	410.5	2
60～64	200.0	267.8	9	188.1	0.0	1	-	-	-	-	-	-	172.5	198.0	0
65～69	194.4	146.3	2	-	-	-	-	-	-	216.3	0.0	0	-	-	-
70歳～	342.5	905.0	0	-	-	-	-	-	-	-	-	-	-	-	-
高専・短大卒	**265.0**	**930.9**	**23**	**174.0**	**175.7**	**2**	**215.4**	**615.8**	**1**	**239.8**	**1034.1**	**3**	**286.6**	**954.6**	**4**
～19歳	-	-	-	-	-	-	-	-	-	-	-	-	-	-	-
20～24	185.5	448.7	1	185.5	448.7	1	-	-	-	-	-	-	-	-	-
25～29	314.6	1685.3	0	-	-	-	-	-	-	-	-	-	314.6	1685.3	0
30～34	239.8	873.3	2	-	-	-	-	-	-	248.5	1032.8	2	202.0	0.0	0
35～39	214.0	613.8	1	159.3	18.2	0	186.0	413.7	0	135.4	150.0	0	255.2	598.9	0
40～44	263.6	896.9	8	193.5	26.7	0	240.5	1020.2	1	-	-	-	333.4	1267.2	2
45～49	319.2	1141.4	6	-	-	-	209.7	232.9	0	241.7	691.0	1	246.7	701.6	1
50～54	266.6	844.5	2	155.0	80.0	0	171.3	530.0	0	299.3	361.0	0	167.4	263.6	0
55～59	248.3	879.9	2	-	-	-	-	-	-	-	-	-	-	-	-
60～64	187.2	1012.2	1	-	-	-	-	-	-	211.5	2286.1	0	-	-	-
65～69	-	-	-	-	-	-	-	-	-	-	-	-	-	-	-
70歳～	-	-	-	-	-	-	-	-	-	-	-	-	-	-	-
大学・大学院卒	**300.8**	**1113.5**	**34**	**271.4**	**11.7**	**5**	**249.9**	**721.5**	**10**	**241.3**	**1156.5**	**4**	**325.6**	**1652.2**	**8**
～19歳	-	-	-	-	-	-	-	-	-	-	-	-	-	-	-
20～24	234.7	204.6	3	241.1	22.0	2	233.3	594.5	1	175.6	470.3	0	-	-	-
25～29	285.1	975.8	11	285.3	4.5	2	312.5	1111.6	4	264.2	1342.3	2	264.7	1256.6	3
30～34	340.2	1339.1	6	323.0	0.0	0	222.5	694.0	1	177.9	445.9	0	345.8	2022.3	2
35～39	338.2	1657.7	4	-	-	-	200.2	1064.6	0	252.7	1849.7	0	404.5	1712.8	1
40～44	406.2	1989.3	3	463.0	0.0	0	249.3	740.3	1	193.0	130.0	0	-	-	-
45～49	308.3	1564.4	1	277.3	0.0	0	-	-	-	-	-	-	262.9	1710.1	0
50～54	358.9	1795.9	2	-	-	-	-	-	-	207.0	860.0	0	370.5	1848.1	1
55～59	200.7	304.3	4	-	-	-	200.7	304.3	4	-	-	-	-	-	-
60～64	211.5	648.9	0	-	-	-	268.0	1800.7	0	-	-	-	-	-	-
65～69	-	-	-	-	-	-	-	-	-	-	-	-	-	-	-
70歳～	-	-	-	-	-	-	-	-	-	-	-	-	-	-	-

及び年間賞与その他特別給与額

砂利採取業

区分	10～14年 所定内給与額	10～14年 年間賞与その他特別給与額	10～14年 労働者数	15～19年 所定内給与額	15～19年 年間賞与その他特別給与額	15～19年 労働者数	20～24年 所定内給与額	20～24年 年間賞与その他特別給与額	20～24年 労働者数	25～29年 所定内給与額	25～29年 年間賞与その他特別給与額	25～29年 労働者数	30年以上 所定内給与額	30年以上 年間賞与その他特別給与額	30年以上 労働者数
	千円	千円	十人	千円	千円	十人	千円	千円	十人	千円	千円	十人	千円	千円	十人
管理・事務・技術労働者(男)															
学歴計	**525.2**	**1856.5**	**32**	**393.3**	**1140.2**	**43**	**494.7**	**2292.2**	**32**	**435.3**	**1787.8**	**37**	**523.5**	**2787.9**	**75**
～19歳	-	-	-	-	-	-	-	-	-	-	-	-	-	-	-
20～24	-	-	-	-	-	-	-	-	-	-	-	-	-	-	-
25～29	299.1	1088.0	0	-	-	-	-	-	-	-	-	-	-	-	-
30～34	410.1	1902.3	6	319.5	1741.4	0	-	-	-	-	-	-	-	-	-
35～39	488.3	1893.5	7	430.6	1585.7	3	420.9	1975.0	1	-	-	-	-	-	-
40～44	407.9	1622.7	4	379.3	1429.1	13	351.6	1029.1	8	514.6	2389.6	2	-	-	-
45～49	531.9	2308.7	4	444.8	1402.9	7	572.3	3049.2	14	413.0	1718.3	11	573.8	2882.5	4
50～54	954.9	1458.1	4	480.9	1210.8	7	354.9	1312.9	3	560.7	3194.7	10	604.3	3622.6	23
55～59	555.1	2595.1	5	407.7	600.5	5	686.9	3665.8	5	396.1	958.5	9	610.7	3493.3	26
60～64	303.2	304.7	1	299.9	587.0	3	339.3	727.3	2	272.4	318.5	4	331.2	1299.0	17
65～69	451.3	577.8	1	294.9	565.3	1	358.7	600.0	0	308.4	888.2	1	319.0	314.3	4
70歳～	285.6	0.0	0	227.0	305.5	4	-	-	-	-	-	-	250.5	42.5	1
女															
学歴計	**249.9**	**798.9**	**16**	**269.0**	**1022.2**	**9**	**259.6**	**931.7**	**16**	**275.0**	**868.8**	**9**	**289.3**	**1063.3**	**7**
～19歳	-	-	-	-	-	-	-	-	-	-	-	-	-	-	-
20～24	-	-	-	-	-	-	-	-	-	-	-	-	-	-	-
25～29	223.6	1232.4	1	-	-	-	-	-	-	-	-	-	-	-	-
30～34	358.0	1028.3	3	-	-	-	-	-	-	-	-	-	-	-	-
35～39	322.0	1447.2	2	211.1	751.1	2	296.3	1482.1	1	-	-	-	-	-	-
40～44	175.9	280.1	4	425.7	2105.1	2	357.7	1841.8	4	288.9	1123.7	1	-	-	-
45～49	283.5	597.7	1	297.1	1197.9	1	245.7	552.5	2	337.7	1290.4	4	-	-	-
50～54	249.6	757.9	2	246.4	936.2	2	245.6	1042.1	1	224.5	423.5	1	347.6	1682.1	3
55～59	203.9	1207.3	2	226.4	490.6	1	205.0	485.0	2	232.9	696.9	1	274.4	874.9	2
60～64	164.1	135.3	1	188.9	374.6	1	200.9	369.2	5	206.8	304.6	2	210.5	85.7	1
65～69	206.0	370.0	0	133.0	0.0	0	179.5	37.8	1	217.8	367.9	0	191.5	296.7	1
70歳～	-	-	-	-	-	-	177.9	120.0	0	-	-	-	507.0	1690.0	0
高校卒	**221.5**	**839.5**	**7**	**205.3**	**445.5**	**6**	**236.8**	**767.4**	**12**	**232.9**	**577.3**	**6**	**298.3**	**1044.9**	**5**
～19歳	-	-	-	-	-	-	-	-	-	-	-	-	-	-	-
20～24	-	-	-	-	-	-	-	-	-	-	-	-	-	-	-
25～29	223.6	1232.4	1	-	-	-	-	-	-	-	-	-	-	-	-
30～34	246.3	1328.0	0	-	-	-	-	-	-	-	-	-	-	-	-
35～39	247.0	46.7	0	190.5	574.6	1	296.3	1482.1	1	-	-	-	-	-	-
40～44	205.6	423.9	1	247.2	375.7	1	328.8	1785.6	2	288.9	1123.7	1	-	-	-
45～49	316.7	718.7	1	234.2	307.1	1	232.7	549.3	1	237.4	715.6	2	-	-	-
50～54	206.4	525.5	1	206.5	466.9	2	224.8	854.2	1	192.2	311.5	1	343.1	1656.9	3
55～59	206.6	1536.3	1	192.1	407.6	1	201.3	500.9	1	226.6	516.3	1	281.3	680.5	1
60～64	154.3	60.0	0	195.1	439.1	1	202.4	349.7	5	223.8	196.3	1	210.5	85.7	1
65～69	206.0	370.0	0	133.0	0.0	0	179.5	37.8	1	217.8	367.9	0	206.3	133.3	1
70歳～	-	-	-	-	-	-	177.9	120.0	0	-	-	-	507.0	1690.0	0
高専・短大卒	**181.6**	**226.1**	**5**	**280.4**	**1282.3**	**2**	**328.5**	**1318.9**	**3**	**396.6**	**1761.4**	**2**	**305.4**	**1415.2**	**1**
～19歳	-	-	-	-	-	-	-	-	-	-	-	-	-	-	-
20～24	-	-	-	-	-	-	-	-	-	-	-	-	-	-	-
25～29	-	-	-	-	-	-	-	-	-	-	-	-	-	-	-
30～34	208.4	470.0	0	-	-	-	-	-	-	-	-	-	-	-	-
35～39	-	-	-	260.2	1172.4	1	-	-	-	-	-	-	-	-	-
40～44	147.5	104.7	3	296.5	1541.5	0	366.9	1671.7	2	-	-	-	-	-	-
45～49	250.2	476.7	1	359.6	2291.6	0	274.4	559.5	1	448.3	1935.7	2	-	-	-
50～54	288.4	475.0	0	-	-	-	450.0	2894.8	0	-	-	-	371.4	1813.0	1
55～59	195.9	220.2	0	287.2	820.0	0	222.3	454.8	0	270.7	1780.2	0	264.1	1166.5	1
60～64	167.5	383.4	0	155.0	20.0	0	216.0	550.0	0	170.3	702.7	0	-	-	-
65～69	-	-	-	-	-	-	-	-	-	-	-	-	-	-	-
70歳～	-	-	-	-	-	-	-	-	-	-	-	-	-	-	-
大学・大学院卒	**368.0**	**1376.8**	**5**	**497.2**	**2974.7**	**2**	**393.9**	**2267.7**	**1**	**296.0**	**560.0**	**0**	**-**	**-**	**-**
～19歳	-	-	-	-	-	-	-	-	-	-	-	-	-	-	-
20～24	-	-	-	-	-	-	-	-	-	-	-	-	-	-	-
25～29	-	-	-	-	-	-	-	-	-	-	-	-	-	-	-
30～34	391.9	1024.6	2	-	-	-	-	-	-	-	-	-	-	-	-
35～39	336.1	1709.8	2	-	-	-	-	-	-	-	-	-	-	-	-
40～44	395.0	1857.3	0	558.7	3255.4	1	426.5	2539.9	1	-	-	-	-	-	-
45～49	-	-	-	392.0	2128.0	0	-	-	-	-	-	-	-	-	-
50～54	354.0	1669.0	1	396.2	2696.2	0	-	-	-	402.0	1039.9	0	-	-	-
55～59	-	-	-	-	-	-	-	-	-	-	-	-	-	-	-
60～64	-	-	-	-	-	-	198.0	635.0	0	190.0	80.0	0	-	-	-
65～69	-	-	-	-	-	-	-	-	-	-	-	-	-	-	-
70歳～	-	-	-	-	-	-	-	-	-	-	-	-	-	-	-

第2表　年齢階級、勤続年数階級別所定内給与額

企業規模	計

C 鉱業，採石業，砂利採取業

区分	勤続年数計 所定内給与額	勤続年数計 年間賞与その他特別給与額	勤続年数計 労働者数	0年 所定内給与額	0年 年間賞与その他特別給与額	0年 労働者数	1～2年 所定内給与額	1～2年 年間賞与その他特別給与額	1～2年 労働者数	3～4年 所定内給与額	3～4年 年間賞与その他特別給与額	3～4年 労働者数	5～9年 所定内給与額	5～9年 年間賞与その他特別給与額	5～9年 労働者数
	千円	千円	十人	千円	千円	十人	千円	千円	十人	千円	千円	十人	千円	千円	十人
生産労働者（女）															
学歴計	**206.6**	**316.0**	**10**	**173.4**	**47.9**	**1**	**216.3**	**236.5**	**3**	**174.2**	**522.4**	**1**	**210.7**	**431.7**	**2**
～19歳	-	-	-	-	-	-	-	-	-	-	-	-	-	-	-
20～24	235.0	0.0	0	235.0	0.0	0	-	-	-	-	-	-	-	-	-
25～29	211.9	427.9	1	155.0	40.0	0	240.4	621.9	0	-	-	-	-	-	-
30～34	165.4	290.4	2	169.5	130.0	0	169.6	211.2	1	147.7	891.2	0	158.0	205.0	0
35～39	252.5	76.9	1	-	-	-	260.0	90.9	1	-	-	-	211.2	0.0	0
40～44	213.4	278.4	2	169.4	60.8	1	-	-	-	196.6	366.7	0	239.0	710.0	0
45～49	202.2	609.2	1	-	-	-	155.0	55.0	0	171.2	466.7	0	233.4	865.1	1
50～54	236.6	425.8	2	-	-	-	236.1	470.0	0	-	-	-	213.4	210.8	1
55～59	202.5	50.0	0	-	-	-	-	-	-	260.0	0.0	0	-	-	-
60～64	157.4	291.5	1	115.2	0.0	0	-	-	-	128.9	732.0	0	174.1	203.0	0
65～69	133.0	0.0	0	-	-	-	-	-	-	-	-	-	-	-	-
70歳～	-	-	-	-	-	-	-	-	-	-	-	-	-	-	-
管理・事務・技術労働者(女)															
学歴計	**246.5**	**782.0**	**122**	**215.6**	**53.1**	**11**	**218.2**	**578.6**	**18**	**205.1**	**624.1**	**17**	**267.5**	**1034.9**	**22**
～19歳	169.8	352.6	2	155.7	40.0	1	184.0	665.2	1	-	-	-	-	-	-
20～24	215.3	364.2	5	226.0	111.8	2	233.3	594.5	1	184.8	448.3	1	189.1	954.5	1
25～29	268.2	954.5	14	281.3	4.2	2	292.6	1004.2	4	255.2	1234.6	2	255.9	1221.1	4
30～34	290.4	1090.9	9	216.9	0.0	0	188.6	421.8	1	234.4	915.4	2	320.7	1745.2	3
35～39	264.7	1078.9	10	179.7	172.0	1	198.0	732.8	1	229.2	1509.8	1	318.5	1331.3	3
40～44	268.4	983.9	20	195.0	7.7	1	199.3	487.2	3	185.8	355.0	1	280.8	955.7	4
45～49	248.4	725.6	16	195.2	0.0	0	172.1	270.4	1	191.3	431.1	5	222.4	655.8	3
50～54	238.7	750.6	18	176.6	48.6	1	159.7	334.0	1	186.1	281.3	5	259.6	754.9	2
55～59	221.3	580.8	14	-	-	-	200.5	305.1	4	204.3	403.3	0	226.7	393.6	2
60～64	200.4	385.9	10	196.2	0.0	1	268.0	1800.7	0	211.5	2286.1	0	170.9	193.0	0
65～69	192.6	227.8	2	-	-	-	-	-	-	216.3	0.0	0	-	-	-
70歳～	342.5	905.0	0	-	-	-	-	-	-	-	-	-	-	-	-
D 建設業															
企業規模計															
男女計	**330.5**	**991.1**	**134 889**	**246.2**	**47.7**	**9 497**	**255.6**	**481.2**	**17 665**	**279.2**	**644.0**	**15 077**	**301.4**	**802.2**	**23 579**
～19歳	182.8	99.7	1 840	178.0	5.5	1 150	189.2	265.7	658	224.5	64.3	32	-	-	-
20～24	215.5	404.2	9 424	212.1	18.2	2 183	214.5	480.1	4 238	216.6	524.5	2 109	225.9	702.8	894
25～29	250.5	752.0	12 352	231.5	32.9	924	234.2	541.5	2 806	252.3	877.1	3 641	263.4	900.9	4 233
30～34	290.9	811.5	11 508	265.1	32.4	865	249.9	409.6	1 682	286.5	579.8	1 491	302.2	1033.0	3 964
35～39	316.1	927.5	13 680	265.9	44.1	780	268.4	456.5	1 433	284.5	627.8	1 412	306.4	747.4	2 595
40～44	347.9	1116.5	19 767	278.0	36.0	872	294.3	651.1	1 736	304.7	669.0	1 572	312.0	790.6	2 969
45～49	385.2	1348.7	19 004	278.3	32.5	766	280.4	405.1	1 526	305.3	631.3	1 283	338.0	807.6	2 525
50～54	410.4	1420.5	14 632	317.0	59.6	488	312.6	396.1	1 007	316.3	570.0	1 080	322.6	731.4	1 882
55～59	399.8	1357.1	13 877	266.2	86.2	470	331.7	624.1	1 026	369.3	728.0	873	332.6	810.0	1 709
60～64	323.2	732.9	11 087	288.1	176.3	598	297.6	562.1	885	307.7	423.1	1 017	313.3	520.5	1 533
65～69	284.0	416.1	6 046	288.9	233.3	350	254.6	244.3	567	271.5	200.8	489	296.4	438.8	1 065
70歳～	240.1	251.8	1 673	213.7	15.7	51	170.1	53.8	101	224.3	184.7	77	213.1	131.0	211
男															
学歴計	**343.9**	**1035.4**	**116 835**	**255.3**	**51.9**	**7 860**	**264.2**	**483.9**	**14 303**	**289.9**	**653.7**	**12 779**	**312.3**	**822.0**	**20 309**
～19歳	184.9	106.8	1 637	179.8	6.4	987	191.0	269.5	618	224.5	64.3	32	-	-	-
20～24	218.4	411.5	7 957	215.8	19.0	1 714	216.7	474.1	3 551	220.1	513.7	1 842	227.5	719.5	850
25～29	255.6	778.2	10 356	238.1	35.2	723	237.5	569.9	2 162	257.6	891.0	3 042	267.7	912.3	3 712
30～34	302.3	846.5	9 799	280.9	31.0	724	264.6	435.0	1 275	298.0	594.4	1 298	311.1	1068.4	3 412
35～39	330.1	971.1	11 545	274.5	44.7	631	280.7	493.0	1 085	300.8	681.6	1 149	327.1	766.3	2 056
40～44	365.3	1162.9	16 725	292.6	38.0	716	315.1	544.6	1 199	326.6	718.7	1 232	330.1	828.1	2 392
45～49	405.1	1424.2	16 211	286.7	32.6	631	304.4	446.8	1 170	324.9	612.9	1 050	364.7	850.3	2 048
50～54	431.1	1519.0	12 707	333.7	44.9	415	330.4	445.0	795	326.6	593.1	916	340.0	774.4	1 525
55～59	415.9	1419.3	12 395	295.6	110.5	348	340.9	655.1	958	402.9	779.1	715	339.2	811.9	1 598
60～64	330.8	749.1	10 294	292.0	182.6	577	301.8	531.2	844	314.1	423.5	937	319.3	530.5	1 474
65～69	287.1	427.1	5 747	288.9	233.3	350	258.0	253.6	543	272.0	201.2	487	297.7	445.6	1 042
70歳～	243.1	249.6	1 461	217.1	18.1	44	170.1	53.8	101	224.3	184.7	77	217.3	134.7	200
高校卒	**311.9**	**731.3**	**57 805**	**247.5**	**54.5**	**4 242**	**258.7**	**378.0**	**7 675**	**273.2**	**490.7**	**6 221**	**296.6**	**649.4**	**10 418**
～19歳	183.2	116.0	1 387	179.8	7.3	855	188.7	290.9	532	-	-	-	-	-	-
20～24	213.7	464.5	4 545	207.7	28.5	572	205.9	404.2	1 707	218.5	548.2	1 488	225.9	757.0	778
25～29	246.7	603.8	3 824	211.3	15.6	314	230.1	329.2	675	266.8	425.6	534	251.2	718.5	1 626
30～34	286.5	605.7	4 316	254.2	32.2	252	260.6	276.8	702	274.1	411.2	533	298.7	645.4	1 119
35～39	313.2	741.6	6 009	274.3	51.3	416	283.1	416.8	642	295.8	621.3	640	315.5	596.2	1 087
40～44	342.7	884.4	8 587	287.5	34.4	440	311.9	394.5	691	299.3	550.0	663	322.4	687.5	1 413
45～49	349.0	819.2	7 610	273.5	37.3	428	298.5	352.1	781	300.0	474.0	590	341.1	684.3	1 191
50～54	359.5	905.0	6 091	311.8	55.8	278	305.3	352.6	533	303.0	438.5	595	319.0	688.0	954
55～59	357.5	956.3	6 267	281.5	89.7	221	307.4	520.8	602	309.4	558.7	354	314.2	648.5	832
60～64	311.5	691.3	5 441	289.5	209.6	262	288.0	470.4	469	305.3	451.6	482	307.6	517.8	749
65～69	279.8	445.8	3 048	318.9	269.9	193	250.9	332.8	300	251.5	214.4	292	264.6	468.0	531
70歳～	241.5	242.2	679	264.9	64.3	12	171.6	80.4	42	221.6	189.5	49	215.7	136.7	137

及び年間賞与その他特別給与額

D 建 設 業

10～14年			15～19年			20～24年			25～29年			30年以上			区分
所定内給与額	年間賞与その他特別給与額	労働者数	所定内給与額	年間賞与その他特別給与額	労働者数	所定内給与額	年間賞与その他特別給与額	労働者数	所定内給与額	年間賞与その他特別給与額	労働者数	所定内給与額	年間賞与その他特別給与額	労働者数	
千円	千円	十人	千円	千円	十人	千円	千円	十人	千円	千円	十人	千円	千円	十人	
															生産労働者（女）
221.9	491.9	1	216.6	367.1	1	245.0	330.0	0	222.8	210.0	1	-	-	-	学歴計
-	-	-	-	-	-	-	-	-	-	-	-	-	-	-	～19歳
-	-	-	-	-	-	-	-	-	-	-	-	-	-	-	20～24
-	-	-	-	-	-	-	-	-	-	-	-	-	-	-	25～29
-	-	-	-	-	-	-	-	-	-	-	-	-	-	-	30～34
-	-	-	-	-	-	-	-	-	-	-	-	-	-	-	35～39
297.5	720.0	0	303.0	720.0	0	-	-	-	242.0	210.0	0	-	-	-	40～44
-	-	-	-	-	-	-	-	-	-	-	-	-	-	-	45～49
304.4	896.7	0	216.0	370.0	1	245.0	330.0	0	-	-	-	-	-	-	50～54
145.0	100.0	0	-	-	-	-	-	-	-	-	-	-	-	-	55～59
160.4	229.2	0	-	-	-	-	-	-	184.5	210.0	0	-	-	-	60～64
-	-	-	133.0	0.0	0	-	-	-	-	-	-	-	-	-	65～69
-	-	-	-	-	-	-	-	-	-	-	-	-	-	-	70歳～
															管理・事務・技術労働者(女)
251.6	817.1	15	273.3	1075.0	9	259.7	939.5	15	278.7	915.9	8	289.3	1063.3	7	学歴計
-	-	-	-	-	-	-	-	-	-	-	-	-	-	-	～19歳
-	-	-	-	-	-	-	-	-	-	-	-	-	-	-	20～24
223.6	1232.4	1	-	-	-	-	-	-	-	-	-	-	-	-	25～29
358.0	1028.3	3	-	-	-	-	-	-	-	-	-	-	-	-	30～34
322.0	1447.2	2	211.1	751.1	2	296.3	1482.1	1	-	-	-	-	-	-	35～39
172.7	268.8	4	432.9	2186.6	2	357.7	1841.8	4	320.1	1732.8	1	-	-	-	40～44
283.5	597.7	1	297.1	1197.9	1	245.7	552.5	2	337.7	1290.4	4	-	-	-	45～49
241.4	737.1	2	257.3	1138.5	1	245.7	1202.7	1	224.5	423.5	1	347.6	1682.1	3	50～54
207.8	1281.1	2	226.4	490.6	1	205.0	485.0	2	232.9	696.9	1	274.4	874.9	2	55～59
169.0	10.0	0	188.9	374.6	1	200.9	369.2	5	210.0	318.1	1	210.5	85.7	1	60～64
206.0	370.0	0	-	-	-	179.5	37.8	1	217.8	367.9	0	191.5	296.7	1	65～69
-	-	-	-	-	-	177.9	120.0	0	-	-	-	507.0	1690.0	0	70歳～
															D 建設業
															企業規模計
324.5	954.4	17 489	350.8	1128.8	12 415	391.5	1515.6	14 245	442.8	1913.6	10 435	427.2	1646.0	14 487	男女計
-	-	-	-	-	-	-	-	-	-	-	-	-	-	-	～19歳
-	-	-	-	-	-	-	-	-	-	-	-	-	-	-	20～24
254.2	977.5	748	-	-	-	-	-	-	-	-	-	-	-	-	25～29
306.7	1072.7	2 994	301.5	881.2	511	-	-	-	-	-	-	-	-	-	30～34
339.1	1195.4	3 477	343.3	1262.3	3 108	330.8	1250.4	876	-	-	-	-	-	-	35～39
335.2	913.1	2 701	387.4	1522.0	3 418	383.4	1498.1	5 664	379.3	1623.6	834	-	-	-	40～44
343.1	929.8	2 246	368.2	1091.1	1 712	457.3	2085.0	4 287	448.1	2031.3	4 209	413.7	1544.1	449	45～49
340.7	905.5	1 527	349.9	931.1	1 117	381.4	1185.3	1 246	516.9	2452.4	3 143	501.4	2150.1	3 143	50～54
357.8	948.5	1 650	337.6	709.0	1 199	345.0	1085.7	1 013	398.6	1420.6	1 150	498.9	2294.3	4 787	55～59
312.9	626.8	1 089	294.9	624.8	674	301.9	533.1	721	309.5	780.1	710	356.9	1101.7	3 860	60～64
250.5	422.2	781	287.3	351.8	488	267.1	253.2	342	318.8	488.8	299	300.7	598.3	1 665	65～69
233.2	284.1	277	237.5	460.0	187	218.0	232.8	96	229.8	258.9	90	275.9	279.0	583	70歳～
															男
336.7	978.0	15 144	365.0	1164.6	10 653	403.9	1568.6	12 822	455.9	1964.8	9 355	434.7	1681.8	13 611	学歴計
-	-	-	-	-	-	-	-	-	-	-	-	-	-	-	～19歳
-	-	-	-	-	-	-	-	-	-	-	-	-	-	-	20～24
256.0	982.8	716	-	-	-	-	-	-	-	-	-	-	-	-	25～29
316.1	1099.2	2 618	307.6	896.6	472	-	-	-	-	-	-	-	-	-	30～34
349.7	1218.8	3 082	353.6	1286.9	2 723	335.2	1256.7	819	-	-	-	-	-	-	35～39
348.7	937.2	2 372	405.2	1561.6	2 952	394.4	1532.7	5 115	388.2	1645.7	747	-	-	-	40～44
366.7	958.9	1 811	389.3	1177.3	1 381	466.9	2136.4	3 993	459.2	2057.8	3 685	415.4	1547.2	443	45～49
371.8	968.9	1 154	370.9	999.0	898	397.5	1237.5	1 092	525.2	2487.2	2 974	510.7	2192.0	2 939	50～54
371.5	954.0	1 433	357.5	714.8	992	364.9	1159.8	794	410.0	1479.1	1 055	507.8	2335.7	4 501	55～59
318.2	638.9	979	306.1	664.5	595	316.2	552.8	627	321.8	788.4	604	363.8	1130.9	3 656	60～64
256.4	446.8	732	289.7	336.8	466	272.8	268.0	315	331.9	497.4	259	303.6	628.2	1 553	65～69
237.8	309.6	247	241.7	485.5	173	214.0	139.6	67	256.2	206.3	32	278.1	270.9	520	70歳～
312.5	740.3	7 937	333.9	780.2	5 491	358.6	1080.8	5 616	380.6	1241.8	3 903	379.2	1308.2	6 301	高校卒
-	-	-	-	-	-	-	-	-	-	-	-	-	-	-	～19歳
-	-	-	-	-	-	-	-	-	-	-	-	-	-	-	20～24
253.0	1017.1	675	-	-	-	-	-	-	-	-	-	-	-	-	25～29
299.8	816.0	1 326	291.0	1012.6	384	-	-	-	-	-	-	-	-	-	30～34
319.3	709.1	1 085	328.5	988.4	1 416	334.9	1317.1	724	-	-	-	-	-	-	35～39
331.5	731.7	1 228	350.3	772.0	954	373.0	1258.4	2 567	392.7	1751.1	631	-	-	-	40～44
340.5	693.3	1 101	363.5	842.5	807	357.1	812.9	792	398.0	1392.2	1 522	415.0	1614.0	397	45～49
364.2	834.9	605	336.6	574.6	537	384.6	994.9	614	371.6	919.0	595	432.9	1753.8	1 380	50～54
337.9	808.1	691	336.4	529.4	694	341.0	873.7	474	397.6	1156.4	590	419.6	1603.6	1 809	55～59
302.4	585.8	591	312.9	670.4	344	312.7	586.2	321	305.6	710.7	390	327.7	1002.3	1 834	60～64
246.3	485.0	504	318.4	398.2	253	264.5	259.3	104	332.0	700.4	159	304.8	578.8	712	65～69
207.2	167.6	131	259.6	706.8	103	259.9	105.2	21	268.9	318.6	16	294.7	180.1	169	70歳～

第2表　年齢階級、勤続年数階級別所定内給与額

企業規模	計

D　建　設

区　分	勤続年数計			0　年			1～2年			3～4年			5～9年		
	所定内給与額	年間賞与その他特別給与額	労働者数	所定内給与額	年間賞与その他特別給与額	労働者数	所定内給与額	年間賞与その他特別給与額	労働者数	所定内給与額	年間賞与その他特別給与額	労働者数	所定内給与額	年間賞与その他特別給与額	労働者数
	千円	千円	十人	千円	千円	十人	千円	千円	十人	千円	千円	十人	千円	千円	十人
高専・短大卒	**352.6**	**1094.9**	**10 903**	**256.7**	**56.9**	**598**	**279.1**	**614.2**	**1 417**	**307.1**	**660.5**	**1 110**	**330.1**	**847.1**	**2 015**
～ 19歳	-	-	-	-	-	-	-	-	-	-	-	-	-	-	-
20 ～ 24	205.0	374.3	793	198.4	12.2	166	204.3	462.8	443	212.2	469.0	158	216.8	611.9	25
25 ～ 29	252.2	686.1	753	215.6	18.6	24	211.6	429.4	178	260.2	714.6	119	268.7	822.4	430
30 ～ 34	286.6	775.6	1 033	233.7	12.4	81	268.6	519.8	128	300.7	752.3	243	281.9	853.5	260
35 ～ 39	338.2	955.0	1 248	251.3	19.6	65	265.0	575.2	116	307.7	665.6	100	361.1	919.8	209
40 ～ 44	359.5	1133.5	2 263	309.9	68.7	77	305.8	648.9	187	342.8	690.5	147	330.4	929.4	334
45 ～ 49	408.8	1577.9	1 643	390.1	57.6	25	337.1	485.4	112	376.8	757.2	165	418.2	919.8	181
50 ～ 54	444.6	1367.7	1 098	378.2	40.8	35	391.5	710.8	62	369.8	691.4	72	364.1	846.7	147
55 ～ 59	424.9	1549.6	1 043	247.5	215.9	16	542.1	2191.7	96	320.6	603.6	46	366.0	1077.0	190
60 ～ 64	355.4	925.5	779	257.1	198.2	90	349.6	346.6	72	318.3	249.2	44	346.7	483.3	170
65 ～ 69	332.0	514.0	218	325.2	0.0	20	252.6	14.3	23	288.5	607.9	15	399.5	535.9	69
70歳～	262.3	704.9	33	-	-	-	-	-	-	-	-	-	223.0	80.0	2
大学・大学院卒	**402.1**	**1656.1**	**37 467**	**274.3**	**52.8**	**2 279**	**270.5**	**703.5**	**4 084**	**310.0**	**1001.5**	**4 252**	**336.2**	**1228.3**	**6 087**
～ 19歳	-	-	-	-	-	-	-	-	-	-	-	-	-	-	-
20 ～ 24	230.2	346.7	2 176	223.3	14.9	939	235.4	598.8	1 236	-	-	-	-	-	-
25 ～ 29	259.1	954.5	5 227	259.9	56.5	319	243.8	742.3	1 202	254.9	1033.4	2 267	278.2	1206.5	1 439
30 ～ 34	322.4	1205.5	3 824	313.9	31.1	353	276.2	726.1	390	324.1	810.7	431	321.1	1433.9	1 801
35 ～ 39	360.1	1510.7	3 435	301.7	21.1	83	285.4	711.0	242	316.1	1021.7	276	327.1	1112.2	611
40 ～ 44	414.7	1784.5	4 793	301.7	46.3	143	337.5	943.6	228	376.5	1224.3	314	361.3	1231.8	498
45 ～ 49	481.2	2272.6	5 949	312.4	23.4	135	316.8	926.3	188	360.0	1001.3	204	417.0	1283.1	515
50 ～ 54	537.6	2524.5	4 634	417.8	11.6	84	389.8	709.5	135	402.2	1159.3	182	411.3	1175.5	279
55 ～ 59	528.0	2345.7	3 985	400.0	289.7	45	376.5	520.1	148	547.0	1217.9	266	412.3	1252.4	387
60 ～ 64	404.5	1142.9	2 278	366.8	199.2	113	344.5	1035.0	184	337.4	644.2	233	379.6	781.9	325
65 ～ 69	326.3	723.3	967	260.5	459.4	64	283.2	274.5	118	310.8	101.5	75	327.3	596.8	227
70歳～	298.3	432.1	200	270.0	0.0	2	165.1	6.3	12	150.0	400.0	2	278.9	405.8	5
生産労働者（男）															
学歴計	**296.5**	**551.1**	**49 147**	**243.6**	**27.9**	**4 099**	**252.7**	**322.5**	**7 281**	**271.1**	**438.5**	**6 068**	**292.5**	**564.6**	**9 166**
～ 19歳	187.7	77.6	1 007	181.6	6.4	636	195.7	212.0	340	224.5	64.3	32	-	-	-
20 ～ 24	218.1	369.0	4 135	212.0	21.0	682	210.8	368.5	1 688	225.7	452.3	1 210	231.3	616.3	556
25 ～ 29	253.0	560.9	4 184	239.0	13.2	400	231.2	319.8	839	252.9	563.5	902	268.4	703.4	1 554
30 ～ 34	290.2	614.4	4 366	245.9	46.7	233	263.7	356.0	775	288.8	551.3	628	298.0	668.1	1 267
35 ～ 39	307.9	623.6	5 429	268.8	44.3	413	271.7	382.0	666	293.1	465.5	611	312.1	567.0	1 055
40 ～ 44	331.3	702.5	6 888	288.9	36.2	474	294.3	383.0	680	297.5	436.9	589	309.3	523.9	1 118
45 ～ 49	342.5	723.6	5 888	267.5	37.8	371	294.9	289.3	626	293.8	444.9	544	334.4	626.4	913
50 ～ 54	327.8	589.0	4 287	302.9	31.7	239	292.6	188.1	381	286.6	352.3	495	310.4	532.3	765
55 ～ 59	329.3	625.9	4 443	272.5	21.9	162	302.6	337.4	536	313.5	427.8	248	288.8	497.2	650
60 ～ 64	284.9	397.0	4 543	266.7	46.3	250	253.6	359.7	411	280.7	271.5	497	275.3	356.5	685
65 ～ 69	265.3	227.8	3 129	232.6	34.0	205	241.2	43.5	262	267.4	166.9	271	281.6	301.9	492
70歳～	230.3	170.4	847	220.1	23.0	35	164.8	30.2	77	232.1	304.9	42	225.2	126.1	111
管理・事務・技術労働者（男）															
学歴計	**378.3**	**1387.1**	**67 688**	**268.1**	**78.0**	**3 761**	**276.1**	**651.3**	**7 022**	**306.8**	**848.2**	**6 711**	**328.6**	**1033.7**	**11 142**
～ 19歳	180.5	153.6	630	176.7	6.3	352	185.3	339.8	278	-	-	-	-	-	-
20 ～ 24	218.8	457.4	3 822	218.3	17.7	1 031	222.0	569.7	1 863	209.4	631.0	632	220.3	914.5	294
25 ～ 29	257.3	925.5	6 173	236.9	62.4	323	241.6	728.5	1 323	259.6	1029.0	2 140	267.2	1062.7	2 158
30 ～ 34	311.9	1033.0	5 433	297.6	23.6	491	266.1	557.4	500	306.6	634.9	670	318.8	1304.8	2 145
35 ～ 39	349.9	1279.5	6 117	285.2	45.3	218	295.0	669.0	420	309.6	927.2	538	343.0	976.4	1 001
40 ～ 44	389.1	1485.3	9 837	300.0	41.5	242	342.3	756.6	519	353.1	976.4	644	348.3	1095.0	1 274
45 ～ 49	440.8	1823.8	10 323	314.0	25.2	260	315.5	628.1	544	358.2	793.3	506	389.2	1030.6	1 135
50 ～ 54	483.6	1992.5	8 420	375.6	62.9	176	365.3	681.9	413	373.6	876.1	421	369.9	1018.3	760
55 ～ 59	464.3	1862.6	7 953	315.7	187.5	186	389.5	1058.1	423	450.5	966.1	466	373.8	1027.9	948
60 ～ 64	367.0	1027.2	5 751	311.3	286.6	328	347.7	693.9	433	351.9	595.0	440	357.6	681.8	788
65 ～ 69	313.2	665.3	2 618	368.1	513.5	146	273.7	449.9	281	277.8	244.1	216	312.1	574.1	550
70歳～	260.8	359.1	613	206.0	0.0	9	187.1	129.9	24	215.0	42.7	35	207.5	145.4	89
女															
学歴計	**244.0**	**704.0**	**18 054**	**202.3**	**27.5**	**1 637**	**218.8**	**469.9**	**3 363**	**219.9**	**590.0**	**2 298**	**233.5**	**679.8**	**3 271**
～ 19歳	165.9	41.6	202	166.8	0.4	162	162.5	207.6	40	-	-	-	-	-	-
20 ～ 24	199.5	364.7	1 467	198.5	15.1	469	203.3	511.3	687	192.2	599.5	267	195.3	379.0	44
25 ～ 29	224.5	615.8	1 996	208.0	24.7	201	222.8	446.3	644	225.5	806.7	598	232.7	819.4	521
30 ～ 34	225.6	611.1	1 708	183.8	39.5	141	203.9	329.9	407	208.9	481.5	193	247.1	814.8	552
35 ～ 39	240.4	691.9	2 134	229.6	41.5	149	230.0	342.6	348	213.2	392.3	263	227.4	675.5	539
40 ～ 44	252.1	861.2	3 042	211.1	27.0	157	247.8	888.8	537	225.3	488.9	340	237.2	635.3	577
45 ～ 49	269.6	910.4	2 793	239.1	32.0	135	201.5	268.3	356	217.0	714.3	233	223.2	624.3	477
50 ～ 54	273.9	770.5	1 925	222.5	142.8	73	245.9	212.9	212	258.9	440.3	164	248.3	547.5	357
55 ～ 59	264.7	836.3	1 482	182.7	17.1	123	201.9	184.2	68	217.0	497.1	158	236.9	782.1	110
60 ～ 64	224.9	522.6	793	177.7	0.0	20	208.7	1213.1	40	232.5	418.4	80	164.8	275.2	60
65 ～ 69	224.5	205.5	299	-	-	-	177.1	32.9	24	155.5	133.6	2	235.0	119.6	23
70歳～	220.0	266.4	213	192.1	0.0	7	-	-	-	-	-	-	138.2	65.0	11

及び年間賞与その他特別給与額

業

10～14年 所定内給与額	10～14年 年間賞与その他特別給与額	10～14年 労働者数	15～19年 所定内給与額	15～19年 年間賞与その他特別給与額	15～19年 労働者数	20～24年 所定内給与額	20～24年 年間賞与その他特別給与額	20～24年 労働者数	25～29年 所定内給与額	25～29年 年間賞与その他特別給与額	25～29年 労働者数	30年以上 所定内給与額	30年以上 年間賞与その他特別給与額	30年以上 労働者数	区分
千円	千円	十人	千円	千円	十人	千円	千円	十人	千円	千円	十人	千円	千円	十人	
356.9	**1135.4**	**1 587**	**364.8**	**1185.4**	**930**	**380.8**	**1551.6**	**1 415**	**439.5**	**2047.4**	**936**	**484.5**	**1761.2**	**896**	**高専・短大卒**
-	-	-	-	-	-	-	-	-	-	-	-	-	-	-	～19歳
-	-	-	-	-	-	-	-	-	-	-	-	-	-	-	20～24
260.6	448.0	2	-	-	-	-	-	-	-	-	-	-	-	-	25～29
300.5	1022.6	321	231.9	1186.0	1	-	-	-	-	-	-	-	-	-	30～34
359.7	993.3	297	352.2	1272.9	431	338.9	724.6	30	-	-	-	-	-	-	35～39
382.8	1284.5	402	359.0	905.4	229	375.7	1481.8	865	477.6	958.6	23	-	-	-	40～44
376.9	1492.8	186	396.2	1621.3	122	414.0	1607.4	223	437.9	2243.9	629	408.5	1699.2	1	45～49
370.7	1150.1	147	359.7	1031.8	45	364.6	1630.3	122	457.1	1604.0	142	583.1	1956.2	328	50～54
384.2	1001.8	144	417.0	1085.2	60	424.3	2701.1	108	442.3	1894.4	102	467.6	1689.8	282	55～59
382.7	1089.8	59	428.8	1165.2	30	320.8	621.9	48	397.6	1756.2	34	393.3	1705.1	232	60～64
315.9	251.0	13	192.0	0.0	9	307.6	749.5	20	227.2	318.4	6	343.7	1053.6	43	65～69
142.3	232.2	17	310.4	526.8	4	-	-	-	-	-	-	463.0	1732.8	10	70歳～
382.3	**1529.5**	**4 225**	**431.5**	**1980.3**	**3 344**	**479.6**	**2393.4**	**4 657**	**550.6**	**2883.8**	**3 825**	**546.2**	**2559.0**	**4 713**	**大学・大学院卒**
-	-	-	-	-	-	-	-	-	-	-	-	-	-	-	～19歳
-	-	-	-	-	-	-	-	-	-	-	-	-	-	-	20～24
-	-	-	-	-	-	-	-	-	-	-	-	-	-	-	25～29
349.2	1631.1	847	216.0	1128.0	1	-	-	-	-	-	-	-	-	-	30～34
374.5	1744.2	1 465	405.3	1977.2	757	-	-	-	-	-	-	-	-	-	35～39
368.6	1278.8	536	441.8	2148.4	1 656	451.4	2179.2	1 418	-	-	-	-	-	-	40～44
441.1	1630.6	388	441.6	1781.5	386	504.6	2644.7	2 765	537.8	2811.1	1 368	-	-	-	45～49
402.0	1317.2	262	495.9	2294.4	226	464.9	2023.0	238	577.2	3043.0	2 119	599.2	2947.3	1 109	50～54
440.9	1353.2	440	421.1	1330.3	198	413.9	1428.1	105	460.6	2493.4	260	601.4	3179.2	2 137	55～59
385.3	1034.4	174	326.7	878.3	100	359.5	996.6	95	368.3	1284.8	70	462.4	1558.6	984	60～64
302.8	589.1	72	221.8	189.0	14	336.9	774.4	26	231.7	90.7	9	364.6	1181.2	363	65～69
337.0	1069.1	41	436.9	850.0	6	181.6	40.9	12	-	-	-	307.2	284.5	119	70歳～
															生産労働者（男）
306.6	**637.1**	**6 996**	**326.5**	**676.6**	**4 769**	**350.3**	**858.4**	**4 499**	**354.7**	**960.0**	**2 593**	**329.8**	**748.3**	**3 676**	**学歴計**
-	-	-	-	-	-	-	-	-	-	-	-	-	-	-	～19歳
-	-	-	-	-	-	-	-	-	-	-	-	-	-	-	20～24
253.2	964.6	489	-	-	-	-	-	-	-	-	-	-	-	-	25～29
301.8	833.9	1 160	318.3	776.9	304	-	-	-	-	-	-	-	-	-	30～34
325.7	734.8	1 120	323.9	864.9	1 164	322.9	1001.4	400	-	-	-	-	-	-	35～39
328.9	599.5	1 096	349.6	830.1	876	366.1	1096.0	1 768	382.0	1376.8	288	-	-	-	40～44
333.7	604.8	868	360.8	796.6	681	391.0	953.6	879	379.0	1315.7	833	420.0	1447.3	173	45～49
311.3	532.8	512	324.4	496.0	384	341.8	585.2	428	355.9	798.7	466	398.9	1261.9	617	50～54
328.6	552.5	598	332.4	503.3	546	332.1	654.2	405	358.8	958.8	432	374.0	1019.2	866	55～59
281.2	413.6	576	285.7	428.6	374	308.7	347.5	358	294.2	357.4	356	300.6	593.5	1 036	60～64
245.0	327.0	469	279.3	200.7	356	251.4	174.0	224	325.0	421.7	188	266.4	237.9	662	65～69
215.0	174.1	108	226.5	205.5	85	225.3	193.9	38	241.7	118.8	29	254.2	209.0	323	70歳～
															管理・事務・技術労働者(男)
362.6	**1270.7**	**8 148**	**396.3**	**1560.1**	**5 885**	**432.8**	**1952.5**	**8 323**	**494.7**	**2350.1**	**6 761**	**473.5**	**2027.2**	**9 935**	**学歴計**
-	-	-	-	-	-	-	-	-	-	-	-	-	-	-	～19歳
-	-	-	-	-	-	-	-	-	-	-	-	-	-	-	20～24
262.0	1022.0	227	-	-	-	-	-	-	-	-	-	-	-	-	25～29
327.5	1310.2	1 458	288.3	1113.2	168	-	-	-	-	-	-	-	-	-	30～34
363.4	1495.0	1 962	375.7	1602.0	1 559	347.0	1500.2	419	-	-	-	-	-	-	35～39
365.7	1227.2	1 276	428.6	1870.1	2 077	409.4	1763.4	3 347	392.1	1814.9	459	-	-	-	40～44
397.0	1285.2	942	417.0	1547.5	700	488.3	2470.2	3 114	482.6	2274.5	2 852	412.5	1611.2	270	45～49
419.9	1316.6	642	405.7	1374.8	514	433.4	1657.6	664	556.7	2801.3	2 507	540.4	2438.9	2 322	50～54
402.2	1241.5	835	388.3	973.1	447	399.0	1685.3	389	445.5	1839.6	623	539.7	2649.4	3 635	55～59
371.2	961.3	403	340.5	1062.0	222	326.1	825.6	269	361.6	1408.0	248	388.8	1343.4	2 620	60～64
276.6	660.0	263	323.2	778.1	110	325.5	499.5	91	350.6	700.2	70	331.3	918.4	891	65～69
255.6	415.2	139	256.3	752.8	89	198.9	67.4	29	432.7	1274.0	2	317.1	372.3	197	70歳～
															女
245.5	**802.0**	**2 345**	**264.6**	**912.3**	**1 761**	**279.8**	**1038.3**	**1 423**	**329.9**	**1470.2**	**1 080**	**310.8**	**1088.4**	**876**	**学歴計**
-	-	-	-	-	-	-	-	-	-	-	-	-	-	-	～19歳
-	-	-	-	-	-	-	-	-	-	-	-	-	-	-	20～24
212.2	855.7	31	-	-	-	-	-	-	-	-	-	-	-	-	25～29
241.4	888.3	376	227.0	695.4	39	-	-	-	-	-	-	-	-	-	30～34
256.2	1013.4	395	270.7	1088.0	385	266.7	1158.8	57	-	-	-	-	-	-	35～39
237.9	739.1	329	275.2	1270.8	466	281.3	1175.7	549	302.9	1432.7	87	-	-	-	40～44
245.2	808.7	435	280.2	731.9	331	327.0	1387.8	294	370.2	1844.9	524	292.7	1323.3	6	45～49
244.6	709.3	373	263.7	653.6	219	266.9	816.7	154	371.4	1840.2	169	367.3	1547.0	204	50～54
267.5	912.3	217	241.8	681.5	206	273.1	818.1	220	270.5	766.9	94	358.0	1641.1	286	55～59
265.6	518.2	110	209.5	322.2	78	206.6	401.4	94	239.5	732.6	106	232.5	577.7	204	60～64
162.8	54.2	49	236.2	674.7	22	199.7	78.0	27	234.0	433.9	40	261.1	184.8	112	65～69
193.8	70.1	29	185.0	147.3	14	227.0	446.9	29	215.5	287.3	59	258.0	345.7	63	70歳～

第2表　年齢階級、勤続年数階級別所定内給与額

企業規模	計

D　建　設

区分	勤続年数計			0年			1～2年			3～4年			5～9年		
	所定内給与額	年間賞与その他特別給与額	労働者数	所定内給与額	年間賞与その他特別給与額	労働者数	所定内給与額	年間賞与その他特別給与額	労働者数	所定内給与額	年間賞与その他特別給与額	労働者数	所定内給与額	年間賞与その他特別給与額	労働者数
	千円	千円	十人	千円	千円	十人	千円	千円	十人	千円	千円	十人	千円	千円	十人
高校卒	**224.6**	**527.1**	**7 528**	**193.6**	**32.4**	**736**	**191.0**	**301.3**	**1 242**	**208.1**	**503.5**	**794**	**212.6**	**475.2**	**1 397**
～19歳	165.9	41.6	202	166.8	0.4	162	162.5	207.6	40	-	-	-	-	-	-
20～24	182.7	309.5	385	202.1	8.9	46	180.1	297.0	169	175.0	411.4	130	196.5	380.9	40
25～29	192.6	430.8	413	189.9	24.5	81	183.3	304.7	120	189.4	364.5	47	199.3	716.9	133
30～34	203.9	385.9	598	171.1	28.4	69	198.2	302.2	176	205.4	253.3	68	211.1	420.8	151
35～39	216.5	451.6	778	222.8	43.9	90	200.8	252.4	148	220.5	438.2	79	189.5	375.8	217
40～44	222.2	593.1	1 149	196.7	13.9	87	189.7	319.7	198	196.5	649.1	104	222.3	402.3	216
45～49	234.6	639.5	1 269	211.0	56.2	67	188.5	249.3	203	211.2	759.6	136	217.8	576.6	293
50～54	249.3	627.7	1 005	240.4	216.3	48	208.9	237.3	77	240.0	343.2	105	239.1	469.1	225
55～59	246.5	688.0	865	191.1	0.0	65	203.5	184.5	59	221.0	800.2	73	199.9	643.8	60
60～64	226.9	501.2	575	177.7	0.0	20	194.4	1625.6	28	227.1	239.4	50	169.5	141.6	41
65～69	246.6	137.4	172	-	-	-	177.5	23.6	23	148.3	115.4	2	240.6	128.2	21
70歳～	234.6	426.1	117	-	-	-	-	-	-	-	-	-	156.6	73.6	1
高専・短大卒	**250.2**	**761.0**	**4 982**	**210.6**	**38.9**	**381**	**214.1**	**308.6**	**789**	**210.8**	**508.3**	**676**	**241.4**	**738.4**	**802**
～19歳	-	-	-	-	-	-	-	-	-	-	-	-	-	-	-
20～24	197.9	439.9	342	196.2	54.0	88	188.3	358.6	120	208.4	781.3	129	184.0	362.0	4
25～29	207.1	444.8	297	188.8	32.9	34	186.7	260.4	95	224.3	532.7	42	221.8	666.9	126
30～34	206.9	536.4	429	197.1	41.4	40	179.1	337.1	110	205.7	672.3	87	220.4	545.1	74
35～39	238.9	623.4	626	256.1	48.8	43	257.0	344.9	100	182.2	289.7	82	224.6	716.6	109
40～44	252.5	824.9	1 057	223.2	46.5	55	210.2	348.7	136	214.9	380.7	134	258.9	809.6	231
45～49	277.4	1037.3	963	271.8	12.7	42	226.9	358.4	113	211.3	529.0	82	231.7	726.3	122
50～54	271.0	703.0	595	183.7	0.0	23	259.7	127.6	103	239.0	545.8	26	264.0	708.3	88
55～59	290.5	1039.6	470	173.4	37.9	55	190.3	182.0	8	213.3	189.1	72	338.9	1365.3	29
60～64	226.9	697.7	140	-	-	-	182.0	467.4	3	260.1	736.5	21	154.4	573.3	19
65～69	201.5	279.2	49	-	-	-	161.4	394.6	1	-	-	-	210.4	0.0	1
70歳～	397.0	0.0	15	-	-	-	-	-	-	-	-	-	-	-	-
大学・大学院卒	**268.7**	**927.0**	**5 265**	**208.8**	**12.4**	**511**	**249.2**	**734.5**	**1 284**	**240.0**	**747.2**	**808**	**256.2**	**912.6**	**1 058**
～19歳	-	-	-	-	-	-	-	-	-	-	-	-	-	-	-
20～24	208.7	357.4	726	198.8	5.7	333	217.2	653.3	385	209.5	712.8	8	-	-	-
25～29	239.4	719.1	1 267	232.8	21.6	86	243.7	532.2	409	228.9	870.1	510	254.9	944.4	262
30～34	258.4	866.3	669	194.7	60.8	32	242.7	367.6	112	225.9	471.3	36	269.8	1056.7	328
35～39	268.5	1017.3	719	198.4	10.7	17	248.0	476.3	96	236.8	454.2	93	267.8	961.2	212
40～44	292.5	1292.4	819	250.8	30.6	15	330.2	1812.8	202	269.5	466.0	101	223.1	713.0	130
45～49	341.5	1355.4	536	259.3	0.0	25	196.0	109.6	40	301.0	1318.5	15	232.1	649.3	62
50～54	356.1	1347.1	322	250.0	0.0	2	287.9	449.1	30	336.4	670.0	32	264.5	627.6	44
55～59	294.3	1093.4	140	169.9	0.0	3	-	-	-	215.5	514.8	13	200.5	364.6	20
60～64	228.9	335.2	47	-	-	-	255.0	280.0	10	-	-	-	-	-	-
65～69	244.9	565.1	20	-	-	-	-	-	-	-	-	-	-	-	-
70歳～	-	-	-	-	-	-	-	-	-	-	-	-	-	-	-
生産労働者（女）															
学歴計	**231.6**	**432.6**	**1 167**	**190.8**	**16.2**	**144**	**245.3**	**226.0**	**240**	**226.4**	**327.8**	**203**	**224.2**	**640.3**	**168**
～19歳	138.6	20.0	3	135.6	0.0	2	143.0	50.0	1	-	-	-	-	-	-
20～24	203.2	284.1	93	192.3	6.7	24	209.0	347.9	57	213.9	898.5	6	181.0	170.0	6
25～29	222.1	634.8	151	213.4	0.0	8	222.6	331.2	50	219.6	781.3	56	226.9	963.1	37
30～34	234.4	605.4	93	153.9	150.0	1	214.1	188.4	31	241.2	25.3	16	248.2	1171.0	25
35～39	255.3	409.5	191	161.1	0.0	17	459.7	17.2	17	220.9	82.7	45	227.7	394.7	38
40～44	259.7	444.3	150	250.0	0.0	10	264.5	394.5	24	292.7	170.4	43	263.0	736.5	23
45～49	237.5	461.3	166	237.0	97.7	21	138.4	17.4	31	163.7	189.4	19	252.5	580.1	8
50～54	285.6	462.8	71	147.0	0.0	2	456.9	52.4	21	176.8	141.4	5	194.9	350.1	6
55～59	201.9	450.2	78	172.4	0.0	40	125.9	6.7	2	173.2	175.6	5	180.7	737.2	3
60～64	205.9	240.2	88	173.1	0.0	20	143.8	57.6	6	154.4	104.7	9	164.6	39.1	16
65～69	181.0	251.2	45	-	-	-	126.7	25.0	1	162.9	240.0	0	130.2	0.0	1
70歳～	165.8	119.3	40	-	-	-	-	-	-	-	-	-	151.4	13.9	4
管理・事務・技術労働者（女）															
学歴計	**244.8**	**722.8**	**16 887**	**203.4**	**28.5**	**1 493**	**216.8**	**488.6**	**3 123**	**219.3**	**615.4**	**2 095**	**234.0**	**682.0**	**3 103**
～19歳	166.3	41.9	200	167.1	0.4	161	163.0	211.7	39	-	-	-	-	-	-
20～24	199.3	370.1	1 374	198.8	15.5	445	202.8	526.0	630	191.7	592.6	261	197.6	413.3	38
25～29	224.7	614.2	1 844	207.8	25.7	193	222.8	456.0	594	226.1	809.4	543	233.2	808.3	484
30～34	225.0	611.4	1 615	183.9	39.1	140	203.0	341.7	376	206.0	522.2	177	247.1	798.2	528
35～39	239.0	719.6	1 944	238.2	46.8	132	218.5	358.9	331	211.6	455.5	218	227.4	697.0	500
40～44	251.7	882.8	2 892	208.5	28.8	147	247.0	912.2	513	215.7	534.5	297	236.1	631.0	554
45～49	271.6	938.7	2 627	239.5	19.6	114	207.5	291.9	325	221.7	759.8	214	222.7	625.1	469
50～54	273.5	782.3	1 855	225.0	147.5	71	223.0	230.2	191	261.6	450.3	158	249.2	550.8	351
55～59	268.2	857.6	1 404	187.7	25.4	82	203.6	188.2	66	218.5	507.6	153	238.4	783.4	107
60～64	227.3	557.7	705	290.2	0.0	1	220.5	1423.8	34	242.3	457.6	71	164.9	362.9	44
65～69	232.2	197.4	254	-	-	-	178.2	33.1	23	154.1	112.3	2	239.9	125.2	22
70歳～	232.4	300.2	173	192.1	0.0	7	-	-	-	-	-	-	129.7	98.0	7

及び年間賞与その他特別給与額

業

10～14年			15～19年			20～24年			25～29年			30年以上			区分
所定内給与額	年間賞与その他特別給与額	労働者数	所定内給与額	年間賞与その他特別給与額	労働者数	所定内給与額	年間賞与その他特別給与額	労働者数	所定内給与額	年間賞与その他特別給与額	労働者数	所定内給与額	年間賞与その他特別給与額	労働者数	
千円	千円	十人	千円	千円	十人	千円	千円	十人	千円	千円	十人	千円	千円	十人	
232.1	**610.6**	**960**	**249.8**	**669.5**	**762**	**246.9**	**792.3**	**663**	**271.2**	**1053.1**	**480**	**287.4**	**768.5**	**493**	**高校卒**
-	-	-	-	-	-	-	-	-	-	-	-	-	-	-	～19歳
-	-	-	-	-	-	-	-	-	-	-	-	-	-	-	20～24
212.2	855.7	31	-	-	-	-	-	-	-	-	-	-	-	-	25～29
216.2	707.7	96	227.0	695.4	39	-	-	-	-	-	-	-	-	-	30～34
250.7	529.4	89	231.0	826.7	98	266.7	1158.8	57	-	-	-	-	-	-	35～39
219.3	526.4	130	223.1	819.9	153	249.2	835.2	174	302.1	1429.4	86	-	-	-	40～44
238.9	814.1	180	278.0	511.6	187	269.1	1248.5	56	290.8	1173.4	140	292.7	1323.3	6	45～49
222.5	598.5	190	264.8	564.1	114	235.3	891.1	89	285.7	1322.2	59	344.1	1285.8	97	50～54
227.2	494.7	143	262.1	819.8	128	260.4	743.1	155	259.0	898.7	51	312.7	1145.3	132	55～59
304.8	594.7	69	206.5	272.3	35	210.1	403.6	87	245.1	794.8	90	222.9	441.7	154	60～64
167.5	75.9	23	220.2	272.0	8	237.2	74.7	17	222.3	407.5	17	318.5	133.8	62	65～69
225.6	201.2	9	-	-	-	229.4	458.7	28	206.1	441.5	38	266.9	440.1	42	70歳～
248.3	**888.6**	**687**	**251.9**	**762.0**	**513**	**285.6**	**1184.2**	**475**	**337.9**	**1519.1**	**413**	**350.9**	**1646.0**	**246**	**高専・短大卒**
-	-	-	-	-	-	-	-	-	-	-	-	-	-	-	～19歳
-	-	-	-	-	-	-	-	-	-	-	-	-	-	-	20～24
-	-	-	-	-	-	-	-	-	-	-	-	-	-	-	25～29
228.3	781.8	119	-	-	-	-	-	-	-	-	-	-	-	-	30～34
239.3	881.3	108	258.7	849.7	184	-	-	-	-	-	-	-	-	-	35～39
252.3	792.1	125	259.0	1023.9	98	289.4	1385.2	276	368.2	1713.0	1	-	-	-	40～44
222.7	940.9	120	267.3	722.8	79	273.2	1029.3	114	362.7	1853.1	291	-	-	-	45～49
250.1	651.4	133	279.0	717.2	61	284.5	749.2	38	291.2	1152.7	44	342.6	1527.0	78	50～54
389.1	2173.6	51	201.5	356.0	60	306.9	775.7	43	290.7	677.2	38	387.6	2119.8	113	55～59
222.2	609.8	21	193.8	389.1	30	-	-	-	208.1	383.5	16	299.1	1313.8	30	60～64
150.0	0.0	10	160.8	60.0	1	145.0	220.0	4	235.3	359.3	13	216.8	382.4	21	65～69
-	-	-	-	-	-	-	-	-	344.0	0.0	10	500.0	0.0	5	70歳～
270.0	**1069.6**	**631**	**310.1**	**1543.4**	**451**	**354.7**	**1457.4**	**265**	**499.2**	**2716.4**	**165**	**398.4**	**1712.3**	**91**	**大学・大学院卒**
-	-	-	-	-	-	-	-	-	-	-	-	-	-	-	～19歳
-	-	-	-	-	-	-	-	-	-	-	-	-	-	-	20～24
-	-	-	-	-	-	-	-	-	-	-	-	-	-	-	25～29
266.0	1074.6	161	-	-	-	-	-	-	-	-	-	-	-	-	30～34
268.0	1302.4	198	330.0	1761.4	103	-	-	-	-	-	-	-	-	-	35～39
249.5	1085.6	64	319.6	1704.3	215	305.2	1253.0	93	-	-	-	-	-	-	40～44
280.1	736.6	126	329.8	1661.2	51	403.1	1782.7	124	513.4	2836.3	93	-	-	-	45～49
317.7	1309.2	49	239.2	797.3	44	347.6	674.4	27	501.1	2759.4	66	510.9	2475.6	29	50～54
247.6	708.7	24	233.3	794.1	18	297.7	1454.0	21	237.2	166.5	6	453.1	2127.4	36	55～59
208.0	51.8	7	253.8	300.0	13	-	-	-	-	-	-	201.7	513.7	17	60～64
180.7	308.0	3	335.0	1500.0	7	-	-	-	-	-	-	203.5	14.3	10	65～69
-	-	-	-	-	-	-	-	-	-	-	-	-	-	-	70歳～
															生産労働者（女）
234.7	**696.0**	**222**	**260.9**	**531.7**	**90**	**234.0**	**721.5**	**46**	**214.8**	**394.2**	**28**	**306.4**	**1051.8**	**26**	**学歴計**
-	-	-	-	-	-	-	-	-	-	-	-	-	-	-	～19歳
-	-	-	-	-	-	-	-	-	-	-	-	-	-	-	20～24
-	-	-	-	-	-	-	-	-	-	-	-	-	-	-	25～29
245.3	1009.6	21	-	-	-	-	-	-	-	-	-	-	-	-	30～34
263.7	731.1	54	208.2	0.0	5	292.0	1266.8	15	-	-	-	-	-	-	35～39
210.1	720.7	24	252.9	503.3	10	242.5	575.2	14	272.9	1314.3	2	-	-	-	40～44
257.2	783.4	39	325.6	781.3	41	189.8	330.2	1	233.1	469.1	5	-	-	-	45～49
231.0	809.3	32	188.5	434.5	2	205.0	530.0	1	-	-	-	219.0	1150.0	1	50～54
268.5	1157.1	13	234.5	561.8	7	140.0	0.0	2	-	-	-	291.1	2141.3	6	55～59
187.8	264.5	12	185.9	285.1	4	171.1	444.6	10	271.1	16.7	2	503.8	1124.2	9	60～64
172.9	44.1	16	156.0	355.0	6	200.0	0.0	1	254.1	557.8	10	144.2	291.9	10	65～69
163.5	144.1	12	186.0	150.0	14	166.2	0.0	1	146.2	98.9	10	-	-	-	70歳～
															管理・事務・技術労働者(女)
246.7	**813.1**	**2 123**	**264.8**	**932.9**	**1 671**	**281.3**	**1048.8**	**1 377**	**332.9**	**1498.4**	**1 052**	**310.9**	**1089.5**	**849**	**学歴計**
-	-	-	-	-	-	-	-	-	-	-	-	-	-	-	～19歳
-	-	-	-	-	-	-	-	-	-	-	-	-	-	-	20～24
212.2	855.7	31	-	-	-	-	-	-	-	-	-	-	-	-	25～29
241.1	881.1	355	227.0	695.4	39	-	-	-	-	-	-	-	-	-	30～34
255.1	1058.2	341	271.6	1102.9	380	257.2	1118.3	41	-	-	-	-	-	-	35～39
240.1	740.6	305	275.7	1288.5	456	282.3	1191.1	535	303.4	1434.7	85	-	-	-	40～44
244.0	811.2	397	273.7	724.9	290	327.7	1393.1	293	371.6	1859.2	519	292.7	1323.3	6	45～49
245.9	699.8	341	264.4	655.6	217	267.3	818.6	153	371.4	1840.2	169	368.1	1549.2	203	50～54
267.4	897.4	205	242.1	685.9	199	274.3	825.3	218	270.5	766.9	94	359.5	1630.0	280	55～59
274.8	548.2	98	210.9	324.2	74	211.0	396.0	83	239.0	742.8	105	219.8	552.3	195	60～64
157.9	59.0	33	268.3	802.6	16	199.7	82.4	25	227.6	394.6	31	272.4	174.4	102	65～69
214.1	20.5	18	156.6	73.6	1	228.1	454.7	29	228.9	323.8	49	258.0	345.7	63	70歳～

第2表　年齢階級、勤続年数階級別所定内給与額

D　建　設

企業規模	1,000人以上

区　分	勤続年数計			0　年			1～2年			3～4年			5～9年		
	所定内給与額	年間賞与その他特別給与額	労働者数	所定内給与額	年間賞与その他特別給与額	労働者数	所定内給与額	年間賞与その他特別給与額	労働者数	所定内給与額	年間賞与その他特別給与額	労働者数	所定内給与額	年間賞与その他特別給与額	労働者数
	千円	千円	十人	千円	千円	十人	千円	千円	十人	千円	千円	十人	千円	千円	十人
企業規模1,000人以上															
男女計	**411.7**	**1997.9**	**29 872**	**261.5**	**95.5**	**1 341**	**274.0**	**933.0**	**2 891**	**304.4**	**1058.6**	**2 944**	**319.4**	**1394.1**	**4 274**
～19歳	177.4	244.4	189	174.1	49.8	89	180.3	417.5	100	-	-	-	-	-	-
20～24	220.4	599.0	2 213	218.3	2.8	589	222.0	737.0	1 110	207.3	928.5	303	236.3	1064.1	212
25～29	265.3	1161.4	3 801	259.9	94.0	164	254.6	987.3	661	263.2	1262.4	1 405	277.6	1268.7	1 298
30～34	324.9	1387.4	2 733	290.8	40.3	122	290.0	857.6	149	333.0	628.2	250	326.1	1561.3	1 368
35～39	365.8	1821.9	2 385	289.1	18.1	48	314.1	707.8	161	300.0	1039.6	123	305.0	1428.1	287
40～44	422.4	2175.1	4 117	306.8	40.5	85	347.3	1877.2	224	302.3	962.9	169	342.1	1518.2	304
45～49	494.0	2635.7	4 806	310.2	17.8	101	274.3	699.7	110	361.6	894.7	179	408.7	1626.6	248
50～54	564.9	3001.8	3 761	347.1	128.9	49	450.2	629.9	51	369.9	1055.0	99	366.9	1594.4	135
55～59	557.3	2914.6	3 117	495.9	820.8	22	492.7	1963.3	144	643.6	1331.3	149	445.2	1489.8	203
60～64	395.4	1521.1	1 942	481.7	1228.6	40	385.8	780.3	136	373.5	701.0	205	344.5	896.5	109
65～69	331.9	978.5	741	316.5	696.6	32	252.5	532.9	45	298.0	111.2	61	356.6	566.8	104
70歳～	311.0	1213.4	65	-	-	-	-	-	-	150.0	0.0	1	203.7	119.9	6
男															
学歴計	**429.5**	**2100.3**	**25 735**	**269.3**	**112.7**	**1 060**	**273.8**	**877.4**	**2 166**	**316.7**	**1077.5**	**2 405**	**330.7**	**1439.2**	**3 616**
～19歳	177.4	244.4	189	174.1	49.8	89	180.3	417.5	100	-	-	-	-	-	-
20～24	224.1	587.2	1 784	223.3	2.9	473	225.5	707.3	879	208.5	904.7	223	236.9	1066.4	209
25～29	268.3	1185.1	3 212	267.4	120.2	122	258.1	1035.6	484	265.7	1251.6	1 218	281.2	1290.7	1 119
30～34	335.0	1443.4	2 347	301.1	26.9	111	291.8	925.0	113	347.6	667.0	223	336.4	1629.1	1 160
35～39	387.6	1996.8	1 872	348.1	44.4	20	292.6	790.7	106	335.0	1430.0	77	346.1	1601.8	178
40～44	443.6	2271.3	3 393	317.4	26.7	56	320.1	923.0	80	311.1	1413.1	104	365.0	1594.0	239
45～49	514.5	2778.8	4 156	333.9	3.5	55	307.2	847.7	57	394.9	748.5	136	433.4	1740.4	215
50～54	593.7	3210.6	3 313	363.2	141.9	45	401.3	703.0	27	408.0	1131.3	60	425.5	1868.9	90
55～59	575.7	3003.5	2 821	541.8	858.6	19	492.7	1963.3	144	756.2	1336.7	116	452.5	1486.9	189
60～64	404.3	1547.3	1 848	481.7	1228.6	40	395.8	756.4	130	384.5	685.8	187	346.4	904.0	108
65～69	333.2	984.2	736	316.5	696.6	32	252.5	532.9	45	299.2	111.5	60	357.5	569.2	104
70歳～	313.4	1231.3	64	-	-	-	-	-	-	150.0	0.0	1	208.3	124.5	5
高校卒	**353.8**	**1517.0**	**6 849**	**264.0**	**231.8**	**202**	**262.2**	**734.3**	**567**	**285.7**	**688.3**	**538**	**285.8**	**1135.2**	**981**
～19歳	177.4	244.4	189	174.1	49.8	89	180.3	417.5	100	-	-	-	-	-	-
20～24	214.3	897.2	609	237.2	0.0	7	195.0	740.8	194	208.7	902.8	200	236.9	1066.4	209
25～29	251.4	1085.5	681	294.9	0.0	2	277.1	526.7	31	278.8	694.1	36	250.2	1097.8	342
30～34	299.6	1091.6	455	185.5	26.8	11	271.8	380.2	22	345.7	159.1	71	294.9	1324.3	81
35～39	336.9	1585.0	456	325.5	0.0	12	311.2	909.9	20	343.0	627.0	16	287.7	1429.8	48
40～44	399.8	1895.8	1 023	278.4	0.0	9	291.1	580.6	20	274.9	1254.8	21	325.0	1297.2	74
45～49	428.2	1767.6	624	388.4	0.0	13	300.8	823.4	29	364.9	526.6	48	426.3	1450.8	58
50～54	463.2	2230.6	667	309.8	203.3	21	478.9	676.5	14	331.0	1139.9	2	391.6	1568.3	32
55～59	463.8	2099.5	750	408.7	730.6	7	431.4	1736.1	51	350.5	480.7	19	385.4	871.3	44
60～64	343.7	1372.6	1 021	445.4	1342.2	25	361.3	657.8	67	349.7	768.3	96	300.2	827.2	56
65～69	310.0	861.4	328	275.3	0.0	7	243.7	530.0	19	263.7	239.3	28	355.5	726.6	33
70歳～	267.4	1102.8	47	-	-	-	-	-	-	150.0	0.0	1	220.8	140.0	5
高専・短大卒	**416.5**	**1919.0**	**1 997**	**273.6**	**353.7**	**50**	**330.3**	**1114.9**	**294**	**354.7**	**727.8**	**148**	**345.7**	**1367.8**	**310**
～19歳	-	-	-	-	-	-	-	-	-	-	-	-	-	-	-
20～24	206.0	537.3	161	202.6	0.0	28	206.8	595.1	109	206.6	920.6	23	-	-	-
25～29	275.8	1125.9	106	263.1	0.0	3	279.4	1666.2	13	298.2	1318.5	8	273.5	1061.7	82
30～34	328.5	1199.3	107	277.8	0.0	1	257.3	1011.1	19	416.9	1158.7	35	315.9	1034.4	24
35～39	385.0	1266.7	148	-	-	-	245.2	468.0	31	362.3	1467.6	0	342.0	1252.4	15
40～44	391.8	1979.7	323	-	-	-	311.6	940.9	15	297.8	896.1	7	306.2	1312.0	57
45～49	451.0	2256.5	440	-	-	-	381.4	1096.3	4	431.0	372.6	45	539.1	2120.2	23
50～54	664.1	2722.1	175	331.8	1077.0	1	329.8	1311.8	4	252.5	353.9	10	404.3	1995.0	5
55～59	481.3	2654.4	310	473.4	681.6	3	550.4	2349.5	74	297.0	810.0	8	407.0	1790.9	79
60～64	383.9	1931.1	178	300.0	4822.5	3	395.3	498.4	23	376.0	200.0	8	241.7	635.1	10
65～69	384.8	622.4	46	400.0	0.0	11	480.0	0.0	3	385.0	0.0	4	375.2	780.6	15
70歳～	250.0	2200.0	3	-	-	-	-	-	-	-	-	-	-	-	-
大学・大学院卒	**463.5**	**2401.4**	**16 043**	**269.8**	**68.9**	**797**	**266.0**	**889.9**	**1 257**	**324.8**	**1241.6**	**1 671**	**348.4**	**1593.0**	**2 197**
～19歳	-	-	-	-	-	-	-	-	-	-	-	-	-	-	-
20～24	232.6	406.5	992	224.5	3.2	438	239.0	725.1	554	-	-	-	-	-	-
25～29	272.5	1221.0	2 340	267.1	125.0	116	256.1	1061.4	419	264.9	1272.6	1 153	297.3	1428.0	652
30～34	346.0	1564.4	1 731	313.5	27.2	99	306.9	1065.5	73	332.1	898.0	107	341.6	1681.6	1 021
35～39	407.5	2261.9	1 223	382.3	111.7	8	309.1	941.6	54	351.2	1707.7	50	370.7	1716.9	116
40～44	473.2	2563.7	1 910	327.3	41.5	36	326.7	995.9	42	322.5	1508.1	75	416.4	1924.9	105
45～49	540.1	3112.6	2 934	317.2	4.5	42	304.1	841.1	24	391.3	1377.7	44	420.7	1801.9	121
50～54	630.5	3593.9	2 341	414.3	43.2	23	314.2	479.6	9	450.4	1333.9	47	462.1	2207.1	31
55～59	647.7	3537.9	1 662	661.5	1009.5	9	434.4	1076.2	19	889.4	1568.2	88	551.6	1528.4	66
60～64	531.8	1833.4	575	601.9	96.6	12	452.4	1063.4	41	437.1	664.4	79	430.5	1065.2	43
65～69	362.1	1227.4	321	277.1	1556.6	15	227.7	611.6	22	323.5	0.0	29	384.7	458.6	43
70歳～	479.1	1449.7	14	-	-	-	-	-	-	-	-	-	108.0	0.0	1

及び年間賞与その他特別給与額

業

区分	10～14年			15～19年			20～24年			25～29年			30年以上		
	所定内給与額	年間賞与その他特別給与額	労働者数	所定内給与額	年間賞与その他特別給与額	労働者数	所定内給与額	年間賞与その他特別給与額	労働者数	所定内給与額	年間賞与その他特別給与額	労働者数	所定内給与額	年間賞与その他特別給与額	労働者数
	千円	千円	十人	千円	千円	十人	千円	千円	十人	千円	千円	十人	千円	千円	十人
企業規模1,000人以上															
男女計	**368.9**	**1817.0**	**3 260**	**431.1**	**2353.7**	**2 396**	**483.6**	**2744.6**	**3 827**	**541.0**	**3044.7**	**3 939**	**535.6**	**2744.3**	**5 000**
～19歳	－	－	－	－	－	－	－	－	－	－	－	－	－	－	－
20～24	－	－	－	－	－	－	－	－	－	－	－	－	－	－	－
25～29	245.6	1195.1	272	－	－	－	－	－	－	－	－	－	－	－	－
30～34	333.1	1628.4	793	312.0	1462.6	52	－	－	－	－	－	－	－	－	－
35～39	384.0	2087.1	901	404.1	2184.8	698	332.4	1724.4	167	－	－	－	－	－	－
40～44	399.7	2037.6	341	464.1	2532.4	1 199	444.6	2359.6	1 522	406.5	2141.5	273	－	－	－
45～49	440.4	2050.9	334	434.7	2801.8	136	539.2	3166.1	1 870	511.9	2794.2	1 742	466.6	1970.2	88
50～54	404.6	1790.3	227	440.7	2439.6	144	438.3	2487.5	108	606.1	3504.4	1 671	613.1	3170.7	1 277
55～59	436.9	1976.3	237	346.9	937.7	69	419.2	3658.8	95	484.0	2734.2	198	602.8	3430.5	2 000
60～64	392.3	1624.9	44	366.8	2635.8	51	424.3	1991.1	40	360.7	2650.0	54	403.5	1685.4	1 263
65～69	265.6	1016.8	99	290.0	1201.3	19	230.8	280.9	25	375.0	1012.5	1	369.4	1355.2	356
70歳～	281.3	186.6	14	268.3	1690.0	29	－	－	－	－	－	－	450.0	1635.3	17
男															
学歴計	**380.5**	**1876.7**	**2 850**	**453.9**	**2485.1**	**2 001**	**495.1**	**2822.9**	**3 498**	**558.9**	**3152.5**	**3 484**	**547.0**	**2805.3**	**4 655**
～19歳	－	－	－	－	－	－	－	－	－	－	－	－	－	－	－
20～24	－	－	－	－	－	－	－	－	－	－	－	－	－	－	－
25～29	246.0	1195.7	270	－	－	－	－	－	－	－	－	－	－	－	－
30～34	342.9	1693.6	690	311.0	1464.0	49	－	－	－	－	－	－	－	－	－
35～39	402.7	2182.8	765	422.6	2319.7	563	333.4	1730.2	163	－	－	－	－	－	－
40～44	405.9	2051.6	319	487.3	2619.5	1 015	461.0	2437.2	1 338	418.6	2185.0	241	－	－	－
45～49	467.5	2216.8	282	460.7	3054.3	118	544.0	3219.0	1 773	533.1	2902.0	1 435	469.5	1966.8	85
50～54	457.2	2154.5	169	520.8	3131.1	100	475.0	2810.4	84	616.1	3576.2	1 576	633.7	3289.9	1 162
55～59	435.4	1833.7	202	376.2	914.4	58	448.0	4005.7	75	498.5	2838.3	184	618.6	3537.8	1 835
60～64	392.3	1624.9	44	366.8	2635.8	51	424.3	1991.1	40	388.9	2832.9	47	413.0	1722.0	1 201
65～69	268.3	1039.0	96	302.8	1290.2	18	230.8	280.9	25	375.0	1012.5	1	369.4	1355.2	356
70歳～	281.3	186.6	14	270.3	1718.9	28	－	－	－	－	－	－	450.0	1635.3	17
高校卒	**309.9**	**1449.2**	**1 004**	**370.8**	**1809.2**	**334**	**403.0**	**1964.6**	**829**	**443.3**	**2241.5**	**643**	**418.5**	**1892.6**	**1 751**
～19歳	－	－	－	－	－	－	－	－	－	－	－	－	－	－	－
20～24	－	－	－	－	－	－	－	－	－	－	－	－	－	－	－
25～29	246.0	1195.7	270	－	－	－	－	－	－	－	－	－	－	－	－
30～34	291.7	1344.3	222	312.9	1470.9	48	－	－	－	－	－	－	－	－	－
35～39	306.3	1373.0	56	373.5	1885.8	142	333.4	1730.2	163	－	－	－	－	－	－
40～44	348.3	1775.5	118	566.4	1511.5	25	416.3	1994.3	529	420.1	2217.7	227	－	－	－
45～49	394.0	1849.1	83	340.3	1892.5	13	479.6	2528.2	46	450.7	2034.2	263	471.5	1984.9	71
50～54	387.5	2110.0	67	344.3	1029.3	17	428.3	2310.4	40	446.2	2234.8	38	496.7	2488.1	437
55～59	420.6	1829.0	82	419.5	1145.5	25	458.3	2047.9	10	509.3	2762.1	94	483.0	2329.6	419
60～64	294.1	1196.4	22	410.2	4055.1	22	452.4	2088.1	27	303.8	2770.0	21	337.4	1419.7	685
65～69	261.4	1057.1	72	311.8	1433.5	16	245.1	367.7	13	－	－	－	351.1	992.1	139
70歳～	281.3	186.6	14	270.3	1718.9	28	－	－	－	－	－	－	－	－	－
高専・短大卒	**433.3**	**2009.5**	**215**	**386.5**	**1831.3**	**106**	**430.4**	**2830.9**	**233**	**453.4**	**2561.0**	**349**	**576.3**	**2648.3**	**294**
～19歳	－	－	－	－	－	－	－	－	－	－	－	－	－	－	－
20～24	－	－	－	－	－	－	－	－	－	－	－	－	－	－	－
25～29	－	－	－	－	－	－	－	－	－	－	－	－	－	－	－
30～34	281.3	1585.6	27	231.9	1186.0	1	－	－	－	－	－	－	－	－	－
35～39	539.5	821.8	28	394.3	1763.3	75	－	－	－	－	－	－	－	－	－
40～44	424.7	2308.2	84	347.5	1392.5	11	423.2	2264.1	146	356.5	1488.0	3	－	－	－
45～49	435.5	2494.2	34	412.1	2773.8	11	436.2	2318.3	31	452.8	2513.1	293	－	－	－
50～54	581.4	2154.9	22	357.4	1751.6	5	498.5	1943.0	1	427.7	2880.4	34	864.0	3230.5	93
55～59	326.9	1619.7	13	－	－	－	451.9	4767.7	53	495.9	2504.6	10	562.3	2877.7	70
60～64	413.6	2596.5	7	342.9	1932.4	3	314.4	1805.0	3	582.3	3692.9	8	383.6	2212.4	114
65～69	－	－	－	－	－	－	－	－	－	375.0	1012.5	1	361.4	1210.7	14
70歳～	－	－	－	－	－	－	－	－	－	－	－	－	250.0	2200.0	3
大学・大学院卒	**418.9**	**2155.0**	**1 566**	**475.2**	**2702.6**	**1 518**	**534.7**	**3214.1**	**2 268**	**606.9**	**3550.8**	**2 354**	**645.5**	**3582.6**	**2 415**
～19歳	－	－	－	－	－	－	－	－	－	－	－	－	－	－	－
20～24	－	－	－	－	－	－	－	－	－	－	－	－	－	－	－
25～29	－	－	－	－	－	－	－	－	－	－	－	－	－	－	－
30～34	373.9	1890.1	432	－	－	－	－	－	－	－	－	－	－	－	－
35～39	405.7	2335.3	658	448.5	2650.7	337	－	－	－	－	－	－	－	－	－
40～44	450.1	2145.3	118	485.0	2691.6	948	507.8	2958.4	586	－	－	－	－	－	－
45～49	510.4	2346.5	162	482.7	3244.4	94	546.3	3314.5	1 621	583.8	3357.9	827	－	－	－
50～54	480.5	2191.5	80	569.0	3671.0	78	517.7	3281.2	44	629.5	3706.8	1 430	704.5	3950.7	600
55～59	483.9	2029.6	83	344.0	742.9	33	450.8	3066.1	8	486.3	2970.4	80	669.0	4040.6	1 277
60～64	522.8	1774.6	15	334.5	1541.4	25	376.3	1778.0	10	409.6	2555.0	17	601.0	2355.7	333
65～69	291.4	994.9	18	233.5	180.0	2	－	－	－	－	－	－	392.8	1662.0	192
70歳～	－	－	－	－	－	－	－	－	－	－	－	－	494.4	1509.8	14

第2表　年齢階級、勤続年数階級別所定内給与額

企業規模	1,000人以上

D　建　設

区分	勤続年数計			0年			1～2年			3～4年			5～9年		
	所定内給与額	年間賞与その他特別給与額	労働者数	所定内給与額	年間賞与その他特別給与額	労働者数	所定内給与額	年間賞与その他特別給与額	労働者数	所定内給与額	年間賞与その他特別給与額	労働者数	所定内給与額	年間賞与その他特別給与額	労働者数
	千円	千円	十人	千円	千円	十人	千円	千円	十人	千円	千円	十人	千円	千円	十人
生産労働者(男)															
学歴計	**324.1**	**1295.8**	**2 907**	**242.6**	**85.2**	**103**	**246.6**	**590.1**	**264**	**249.7**	**733.0**	**290**	**275.0**	**1117.2**	**526**
～19歳	184.1	224.7	57	174.7	114.2	22	190.2	295.4	35	-	-	-	-	-	-
20～24	220.9	775.1	363	206.8	0.0	30	206.1	693.8	133	209.9	908.2	100	255.3	981.1	101
25～29	256.3	1043.8	522	327.0	0.0	11	313.5	486.7	21	253.0	808.5	76	256.7	1075.2	205
30～34	319.7	1141.1	326	217.7	785.0	4	370.8	721.0	26	376.4	465.6	41	303.3	1172.7	94
35～39	335.6	1352.0	325	-	-	-	313.6	54.9	20	293.4	1500.9	10	283.2	1419.8	41
40～44	407.4	1771.2	422	276.5	106.3	13	273.2	884.7	2	150.0	374.0	1	268.7	1208.5	4
45～49	410.7	1757.1	378	331.1	0.0	10	188.5	489.0	1	261.5	295.3	16	348.5	1682.7	32
50～54	391.4	1674.2	132	254.6	0.0	9	-	-	-	259.2	180.0	2	300.2	1463.9	15
55～59	428.8	1869.3	164	321.9	0.0	1	351.9	1242.3	17	358.2	30.9	2	319.6	823.9	7
60～64	263.8	1092.2	144	274.6	855.4	2	-	-	-	198.8	620.9	33	219.2	809.3	18
65～69	238.3	297.4	69	402.3	0.0	1	200.0	0.0	10	194.0	0.0	10	437.0	0.0	6
70歳～	218.8	419.9	8	-	-	-	-	-	-	-	-	-	220.8	140.0	5
管理・事務・技術労働者(男)															
学歴計	**443.0**	**2202.8**	**22 828**	**272.2**	**115.7**	**957**	**277.6**	**917.3**	**1 901**	**325.8**	**1124.7**	**2 116**	**340.2**	**1494.0**	**3 090**
～19歳	174.5	252.9	132	173.9	28.3	67	175.0	482.5	65	-	-	-	-	-	-
20～24	225.0	539.2	1 421	224.4	3.1	443	228.9	709.8	746	207.3	901.8	123	219.7	1145.6	108
25～29	270.7	1212.5	2 690	261.5	132.1	111	255.6	1060.3	463	266.5	1281.2	1 142	286.6	1338.9	914
30～34	337.5	1492.1	2 022	303.9	1.4	107	268.6	985.0	88	341.2	712.1	182	339.3	1669.1	1 067
35～39	398.6	2132.2	1 548	348.1	44.4	20	287.7	961.9	86	341.4	1419.1	67	364.7	1655.8	138
40～44	448.8	2342.3	2 971	329.5	3.1	43	321.3	924.0	78	311.9	1418.1	103	366.6	1600.6	235
45～49	524.9	2881.0	3 778	334.6	4.3	45	308.2	850.9	56	412.4	807.9	121	448.0	1750.4	183
50～54	602.0	3274.2	3 181	391.1	178.4	35	401.3	703.0	27	411.8	1155.7	59	450.5	1949.7	75
55～59	584.7	3073.4	2 657	550.5	892.4	18	512.1	2062.6	127	762.2	1356.2	114	457.9	1513.9	181
60～64	416.2	1585.7	1 704	495.1	1252.6	37	395.8	756.4	130	424.4	699.7	154	371.2	922.5	91
65～69	343.0	1055.1	667	313.8	718.8	31	267.6	685.6	35	320.1	133.7	50	352.6	604.3	98
70歳～	326.1	1339.8	56	-	-	-	-	-	-	150.0	0.0	1	108.0	0.0	1
女															
学歴計	**301.1**	**1360.6**	**4 137**	**231.9**	**30.6**	**280**	**274.6**	**1098.9**	**726**	**249.7**	**974.1**	**538**	**257.6**	**1147.0**	**659**
～19歳	-	-	-	-	-	-	-	-	-	-	-	-	-	-	-
20～24	204.7	648.0	429	197.6	2.1	116	208.6	850.1	231	203.9	995.3	80	193.3	880.0	3
25～29	248.5	1032.0	588	238.4	18.2	42	245.1	855.9	178	247.6	1332.5	187	255.7	1131.2	180
30～34	263.5	1046.7	386	185.4	177.2	11	284.2	639.6	35	213.1	309.3	27	268.3	1183.5	208
35～39	286.0	1183.3	513	248.5	0.0	29	355.8	546.8	55	241.7	389.9	46	238.0	1144.3	109
40～44	323.3	1724.7	725	286.5	66.9	29	362.5	2410.5	144	288.2	249.0	66	258.0	1239.9	65
45～49	363.0	1721.1	650	281.8	35.0	46	239.3	542.1	53	254.7	1364.4	42	246.0	877.5	33
50～54	352.1	1459.6	448	188.5	0.0	5	503.7	550.0	24	310.6	936.4	39	250.8	1050.5	45
55～59	382.0	2067.6	296	245.8	615.0	3	-	-	-	255.4	1312.7	34	348.5	1529.0	14
60～64	219.4	1007.1	94	-	-	-	169.8	1299.6	6	259.7	858.8	18	144.0	80.0	1
65～69	162.8	208.0	5	-	-	-	-	-	-	156.6	72.3	1	156.6	73.6	1
70歳～	156.6	73.6	1	-	-	-	-	-	-	-	-	-	156.6	73.6	1
高校卒	**263.2**	**1063.4**	**777**	**240.6**	**28.7**	**51**	**213.7**	**643.2**	**97**	**233.4**	**959.4**	**118**	**220.8**	**588.1**	**109**
～19歳	-	-	-	-	-	-	-	-	-	-	-	-	-	-	-
20～24	178.8	679.4	34	187.8	127.0	1	179.6	660.2	18	174.5	686.4	14	193.3	880.0	3
25～29	183.0	556.2	36	-	-	-	197.7	491.1	17	227.5	591.0	4	150.6	528.0	14
30～34	229.7	230.1	39	191.8	40.0	5	179.4	355.2	4	163.2	186.7	5	250.8	106.9	22
35～39	247.7	706.3	100	238.0	0.0	18	262.1	600.4	22	267.0	642.1	19	163.0	441.9	12
40～44	279.9	1306.7	128	292.5	0.0	9	243.8	1265.6	9	153.9	0.0	8	290.4	1137.2	18
45～49	270.1	1225.3	143	237.0	71.0	17	197.3	339.4	18	224.0	1539.3	20	239.5	756.7	18
50～54	285.1	1066.0	123	142.6	0.0	1	271.3	797.7	4	278.9	922.1	18	212.7	733.4	17
55～59	330.8	1613.4	110	156.6	0.0	1	-	-	-	253.4	1340.4	31	159.8	95.0	5
60～64	193.5	861.7	60	-	-	-	167.9	1308.3	6	186.2	1080.2	2	133.9	90.0	1
65～69	140.5	82.9	2	-	-	-	-	-	-	156.6	72.3	1	156.6	73.6	1
70歳～	156.6	73.6	1	-	-	-	-	-	-	-	-	-	156.6	73.6	1
高専・短大卒	**322.1**	**1445.7**	**1 089**	**277.6**	**78.8**	**51**	**303.5**	**438.2**	**114**	**230.2**	**875.4**	**126**	**280.7**	**1323.8**	**105**
～19歳	-	-	-	-	-	-	-	-	-	-	-	-	-	-	-
20～24	200.6	932.7	82	179.4	0.0	4	160.5	582.9	13	210.0	1060.8	65	-	-	-
25～29	240.0	1181.9	33	-	-	-	196.1	783.5	13	438.7	1094.5	3	237.5	1485.4	17
30～34	227.8	652.4	55	-	-	-	192.8	250.9	8	163.2	434.7	9	272.0	753.6	7
35～39	311.4	837.4	110	267.4	0.0	10	432.0	203.5	20	149.5	539.0	2	244.3	925.4	10
40～44	298.9	1368.1	231	284.2	77.2	19	264.0	185.9	12	245.4	325.6	19	247.0	1192.1	40
45～49	347.6	1669.3	275	338.3	35.0	12	260.5	644.2	35	258.4	1001.2	11	258.1	984.4	10
50～54	338.8	1228.9	157	160.7	0.0	3	595.7	57.8	12	291.7	1365.0	3	301.0	1216.3	16
55～59	458.4	2759.8	118	261.2	721.0	3	-	-	-	-	-	-	973.1	5909.8	4
60～64	276.5	1334.7	30	-	-	-	190.9	1203.9	1	271.4	858.5	16	154.1	70.0	1
65～69	-	-	-	-	-	-	-	-	-	-	-	-	-	-	-
70歳～	-	-	-	-	-	-	-	-	-	-	-	-	-	-	-

及び年間賞与その他特別給与額

業

区分	10～14年 所定内給与額	10～14年 年間賞与その他特別給与額	10～14年 労働者数	15～19年 所定内給与額	15～19年 年間賞与その他特別給与額	15～19年 労働者数	20～24年 所定内給与額	20～24年 年間賞与その他特別給与額	20～24年 労働者数	25～29年 所定内給与額	25～29年 年間賞与その他特別給与額	25～29年 労働者数	30年以上 所定内給与額	30年以上 年間賞与その他特別給与額	30年以上 労働者数
	千円	千円	十人	千円	千円	十人	千円	千円	十人	千円	千円	十人	千円	千円	十人
生産労働者(男)															
学歴計	306.0	1371.7	613	340.6	1553.2	177	397.1	1727.4	457	425.3	1891.8	214	434.9	1867.7	265
～19歳	-	-	-	-	-	-	-	-	-	-	-	-	-	-	-
20～24	-	-	-	-	-	-	-	-	-	-	-	-	-	-	-
25～29	247.8	1208.8	209	-	-	-	-	-	-	-	-	-	-	-	-
30～34	300.0	1351.9	131	346.7	1435.6	31	-	-	-	-	-	-	-	-	-
35～39	378.3	1211.2	85	347.2	1475.2	73	320.5	1609.2	96	-	-	-	-	-	-
40～44	314.5	1405.1	47	386.7	1874.9	37	432.1	1870.6	266	429.7	2015.0	52	-	-	-
45～49	378.1	1812.8	77	256.7	1424.6	3	447.0	1936.7	59	431.4	1904.3	134	482.6	1984.6	46
50～54	302.8	1415.2	10	326.2	1435.8	3	354.0	1563.8	5	394.2	1631.4	12	444.1	1999.7	77
55～59	378.4	1994.0	27	304.1	1306.2	9	258.6	686.7	4	424.6	1737.0	13	493.2	2229.7	84
60～64	283.2	1345.0	19	282.0	1838.5	16	314.4	1805.0	3	229.8	1009.7	4	309.1	1148.7	50
65～69	220.9	1215.6	5	179.0	663.8	5	232.4	285.1	24	-	-	-	237.6	569.8	8
70歳～	215.9	839.8	3	-	-	-	-	-	-	-	-	-	-	-	-
管理・事務・技術労働者(男)															
学歴計	400.9	2015.0	2 238	464.9	2575.3	1 824	509.8	2987.4	3 041	567.7	3235.0	3 270	553.7	2861.8	4 390
～19歳	-	-	-	-	-	-	-	-	-	-	-	-	-	-	-
20～24	-	-	-	-	-	-	-	-	-	-	-	-	-	-	-
25～29	239.9	1150.0	60	-	-	-	-	-	-	-	-	-	-	-	-
30～34	353.0	1773.4	560	250.0	1512.2	18	-	-	-	-	-	-	-	-	-
35～39	405.7	2303.9	680	433.7	2444.8	491	352.0	1904.4	67	-	-	-	-	-	-
40～44	421.6	2163.0	272	491.1	2647.6	978	468.2	2578.0	1 072	415.5	2231.9	189	-	-	-
45～49	501.3	2369.5	205	465.8	3095.3	115	547.4	3263.2	1 713	543.5	3004.7	1 301	454.0	1945.7	39
50～54	467.0	2201.1	159	526.8	3183.5	97	482.4	2886.9	79	617.8	3590.6	1 565	647.1	3381.0	1 086
55～59	444.3	1808.7	175	388.7	846.4	49	457.2	4167.2	72	504.2	2922.0	171	624.6	3600.8	1 750
60～64	471.8	1828.8	25	406.5	3009.2	35	431.6	2003.5	38	401.8	2981.3	43	417.5	1746.6	1 151
65～69	270.7	1029.9	91	352.4	1540.8	13	156.6	73.6	1	375.0	1012.5	1	372.5	1373.2	348
70歳～	300.0	0.0	11	270.3	1718.9	28	-	-	-	-	-	-	450.0	1635.3	17
女															
学歴計	288.2	1401.5	410	315.6	1688.7	395	360.4	1911.5	329	404.1	2218.8	455	382.4	1921.6	345
～19歳	-	-	-	-	-	-	-	-	-	-	-	-	-	-	-
20～24	-	-	-	-	-	-	-	-	-	-	-	-	-	-	-
25～29	201.6	1122.6	2	-	-	-	-	-	-	-	-	-	-	-	-
30～34	266.8	1187.2	102	333.3	1435.5	3	-	-	-	-	-	-	-	-	-
35～39	278.7	1547.9	136	326.7	1620.0	135	294.0	1490.0	4	-	-	-	-	-	-
40～44	308.7	1830.9	22	335.6	2051.3	184	324.9	1793.3	183	315.8	1816.1	32	-	-	-
45～49	291.3	1140.0	51	260.5	1106.2	18	452.7	2208.6	98	413.1	2290.2	307	378.5	2074.2	3
50～54	252.4	737.5	58	257.1	854.6	44	309.3	1353.2	24	438.7	2306.4	95	404.6	1967.5	115
55～59	445.6	2802.3	35	195.4	1058.2	11	307.2	2308.7	19	292.7	1365.1	14	428.6	2240.5	166
60～64	-	-	-	-	-	-	-	-	-	185.8	1515.8	8	217.8	975.2	62
65～69	180.7	308.0	3	129.0	90.0	1	-	-	-	-	-	-	-	-	-
70歳～	-	-	-	156.6	73.6	1	-	-	-	-	-	-	-	-	-
高校卒	223.9	773.7	59	232.7	896.3	44	312.0	1951.5	66	315.1	1781.9	98	333.4	1459.2	135
～19歳	-	-	-	-	-	-	-	-	-	-	-	-	-	-	-
20～24	-	-	-	-	-	-	-	-	-	-	-	-	-	-	-
25～29	201.6	1122.6	2	-	-	-	-	-	-	-	-	-	-	-	-
30～34	197.7	939.1	1	333.3	1435.5	3	-	-	-	-	-	-	-	-	-
35～39	270.6	1746.2	6	256.3	1237.7	20	294.0	1490.0	4	-	-	-	-	-	-
40～44	254.0	887.9	5	171.1	777.6	10	308.6	1734.5	39	314.1	1819.4	31	-	-	-
45～49	233.5	943.5	13	208.9	853.6	2	318.3	1935.4	11	342.4	1976.9	43	378.5	2074.2	3
50～54	212.1	481.8	31	248.1	130.9	8	333.9	2527.0	3	337.5	1513.6	7	385.2	1862.4	35
55～59	152.3	612.1	1	199.2	1133.3	1	320.2	2899.0	9	282.0	1190.9	10	410.5	1803.6	53
60～64	-	-	-	-	-	-	-	-	-	185.8	1515.8	8	198.9	696.8	45
65～69	-	-	-	129.0	90.0	1	-	-	-	-	-	-	-	-	-
70歳～	-	-	-	-	-	-	-	-	-	-	-	-	-	-	-
高専・短大卒	317.1	1540.1	137	323.4	1485.5	56	329.4	1733.1	142	369.5	1950.6	212	389.7	2170.8	146
～19歳	-	-	-	-	-	-	-	-	-	-	-	-	-	-	-
20～24	-	-	-	-	-	-	-	-	-	-	-	-	-	-	-
25～29	-	-	-	-	-	-	-	-	-	-	-	-	-	-	-
30～34	244.2	790.1	31	-	-	-	-	-	-	-	-	-	-	-	-
35～39	268.3	1155.8	38	334.8	1126.3	29	-	-	-	-	-	-	-	-	-
40～44	290.5	1606.0	9	298.9	1979.0	21	333.7	1840.2	110	368.2	1713.0	1	-	-	-
45～49	222.3	1313.4	6	288.8	3105.1	1	330.0	1648.9	15	381.0	2049.3	184	-	-	-
50～54	298.2	1028.8	27	366.0	1166.0	5	301.4	1121.8	17	281.5	1158.7	23	357.4	1750.9	51
55～59	530.9	3603.8	26	-	-	-	-	-	-	339.6	2004.0	4	425.3	2463.8	82
60～64	-	-	-	-	-	-	-	-	-	-	-	-	290.8	1964.4	13
65～69	-	-	-	-	-	-	-	-	-	-	-	-	-	-	-
70歳～	-	-	-	-	-	-	-	-	-	-	-	-	-	-	-

第2表　年齢階級、勤続年数階級別所定内給与額

企業規模	1,000人以上 100～999人

D　建　設

区分	勤続年数計			0　年			1～2年			3～4年			5～9年		
	所定内給与額	年間賞与その他特別給与額	労働者数	所定内給与額	年間賞与その他特別給与額	労働者数	所定内給与額	年間賞与その他特別給与額	労働者数	所定内給与額	年間賞与その他特別給与額	労働者数	所定内給与額	年間賞与その他特別給与額	労働者数
	千円	千円	十人	千円	千円	十人	千円	千円	十人	千円	千円	十人	千円	千円	十人
大学・大学院卒	304.3	1426.2	2 260	216.4	17.5	179	280.5	1347.2	505	264.9	1024.1	293	261.2	1242.8	444
～19歳	-	-	-	-	-	-	-	-	-	-	-	-	-	-	-
20～24	207.4	572.3	303	198.3	1.6	111	212.8	904.9	190	203.0	948.1	1	-	-	-
25～29	253.6	1055.9	519	238.4	18.2	42	254.6	903.3	148	244.8	1350.9	180	267.6	1145.8	148
30～34	274.7	1228.8	293	179.6	302.3	6	333.6	820.3	23	260.1	270.9	14	270.3	1333.7	179
35～39	289.4	1467.0	303	-	-	-	395.3	970.3	13	228.5	185.9	25	247.3	1264.9	87
40～44	354.0	2096.6	366	268.1	901.0	1	380.9	2717.4	123	336.8	261.2	39	239.2	1749.2	7
45～49	437.8	2085.2	233	287.1	0.0	17	-	-	-	300.4	1403.9	12	246.1	1120.7	5
50～54	413.6	1963.3	168	250.0	0.0	2	486.4	1197.8	8	342.8	892.5	19	235.7	1287.3	12
55～59	332.8	1607.9	69	-	-	-	-	-	-	276.0	1031.0	3	118.4	0.0	6
60～64	191.7	872.8	4	-	-	-	-	-	-	-	-	-	-	-	-
65～69	180.7	308.0	3	-	-	-	-	-	-	-	-	-	-	-	-
70歳～	-	-	-	-	-	-	-	-	-	-	-	-	-	-	-
生産労働者（女）															
学歴計	294.8	614.5	242	232.8	0.0	33	363.8	322.5	68	314.6	243.8	46	253.1	1110.4	52
～19歳	-	-	-	-	-	-	-	-	-	-	-	-	-	-	-
20～24	188.3	451.1	30	185.0	0.0	10	188.9	651.8	19	203.0	948.1	1	-	-	-
25～29	257.4	799.3	45	-	-	-	275.2	485.2	20	231.0	983.9	10	251.4	1090.9	15
30～34	243.7	869.0	45	-	-	-	250.0	0.0	10	239.6	0.0	5	246.3	1297.5	20
35～39	334.8	575.7	47	142.3	0.0	3	662.6	0.0	10	250.3	0.0	10	251.7	0.0	5
40～44	332.4	389.3	42	250.0	0.0	10	-	-	-	416.4	0.0	20	264.0	1288.4	10
45～49	292.1	764.8	22	292.0	0.0	10	-	-	-	-	-	-	354.8	1802.8	1
50～54	670.2	0.0	10	142.6	0.0	1	697.1	0.0	10	-	-	-	-	-	-
55～59	-	-	-	-	-	-	-	-	-	-	-	-	-	-	-
60～64	133.9	90.0	1	-	-	-	-	-	-	-	-	-	133.9	90.0	1
65～69	-	-	-	-	-	-	-	-	-	-	-	-	-	-	-
70歳～	-	-	-	-	-	-	-	-	-	-	-	-	-	-	-
管理・事務・技術労働者(女)															
学歴計	301.5	1406.9	3 895	231.8	34.7	248	265.4	1179.4	658	243.7	1042.0	492	258.0	1150.1	607
～19歳	-	-	-	-	-	-	-	-	-	-	-	-	-	-	-
20～24	205.9	663.1	399	198.8	2.3	106	210.3	867.9	212	203.9	996.2	78	193.3	880.0	3
25～29	247.7	1051.2	544	238.4	18.2	42	241.3	902.4	158	248.5	1352.3	177	256.1	1134.9	165
30～34	266.1	1070.0	341	185.4	177.2	11	297.5	887.7	25	207.1	379.0	22	270.6	1171.4	188
35～39	281.0	1244.8	466	258.7	0.0	26	289.0	665.8	45	239.4	495.1	36	237.3	1199.3	104
40～44	322.7	1807.7	682	305.1	100.9	19	362.5	2410.5	144	233.5	355.3	46	257.0	1231.1	55
45～49	365.4	1753.9	629	279.0	44.5	36	239.3	542.1	53	254.7	1364.4	42	241.8	842.2	31
50～54	344.6	1493.9	438	194.2	0.0	4	373.0	921.7	15	310.6	936.4	39	250.8	1050.5	45
55～59	382.0	2067.6	296	245.8	615.0	3	-	-	-	255.4	1312.7	34	348.5	1529.0	14
60～64	219.9	1012.0	94	-	-	-	169.8	1299.6	6	259.7	858.8	18	154.1	70.0	1
65～69	162.8	208.0	5	-	-	-	-	-	-	156.6	72.3	1	156.6	73.6	1
70歳～	156.6	73.6	1	-	-	-	-	-	-	-	-	-	156.6	73.6	1
企業規模 100～999人															
男女計	340.7	1114.7	28 969	263.2	56.9	1 900	258.2	533.6	3 680	280.4	754.5	2 937	311.6	925.3	5 014
～19歳	182.1	158.6	348	176.1	2.5	184	188.8	334.9	163	-	-	-	-	-	-
20～24	216.2	448.7	2 243	222.0	27.6	637	216.8	537.6	1 093	203.8	745.7	339	215.2	852.2	174
25～29	246.8	795.6	2 952	235.0	11.1	116	240.6	522.3	666	249.5	740.2	919	249.5	1042.6	1 068
30～34	295.5	881.4	2 617	316.3	8.7	227	250.5	475.0	321	282.6	787.1	310	304.5	986.0	870
35～39	321.6	1063.1	2 819	285.9	64.9	140	270.3	535.9	247	266.0	670.0	263	312.0	829.4	529
40～44	356.3	1286.1	4 341	320.1	28.4	132	317.6	585.5	321	342.2	993.2	372	314.0	888.9	619
45～49	392.8	1417.2	4 580	265.0	12.7	104	288.6	387.3	255	302.2	735.9	201	369.2	890.2	622
50～54	420.7	1411.8	3 251	373.9	5.0	90	322.7	314.2	171	348.1	823.5	153	382.2	830.9	365
55～59	424.6	1537.3	2 867	234.2	64.1	83	359.1	709.9	157	375.5	1047.3	104	350.6	912.8	284
60～64	342.1	982.5	1 997	289.8	147.6	117	317.4	1218.1	190	323.5	538.6	164	361.4	910.5	258
65～69	320.0	599.8	846	435.9	721.7	69	287.4	66.8	92	321.4	261.8	86	328.2	868.4	202
70歳～	270.1	346.6	110	195.0	0.0	1	309.6	0.0	4	254.8	10.7	27	245.9	202.6	23
男															
学歴計	359.0	1200.3	24 435	277.7	68.6	1 499	271.5	598.3	2 766	295.0	801.3	2 349	327.8	995.1	4 131
～19歳	182.7	167.5	309	176.5	2.5	157	189.2	338.0	152	-	-	-	-	-	-
20～24	218.5	489.3	1 859	227.3	35.1	470	218.8	562.5	916	205.4	765.7	303	215.9	858.0	170
25～29	253.1	881.1	2 323	238.3	5.7	90	247.6	656.7	420	258.3	802.9	721	253.8	1083.7	915
30～34	311.0	945.6	2 101	328.8	3.5	204	275.5	586.9	208	300.7	810.2	244	315.6	1061.0	717
35～39	339.2	1124.3	2 321	297.0	60.9	116	283.6	591.7	179	281.3	677.2	184	340.2	924.1	401
40～44	379.5	1394.8	3 567	356.3	38.2	97	360.5	731.5	207	389.1	1135.4	269	344.0	988.6	440
45～49	419.7	1541.1	3 813	271.5	17.5	68	315.9	419.7	189	332.5	829.4	149	406.8	1010.4	480
50～54	442.7	1519.3	2 850	433.0	6.4	65	394.2	426.8	100	365.1	954.0	126	415.5	929.4	294
55～59	446.0	1636.5	2 537	297.6	117.4	45	384.6	794.0	140	392.4	1006.8	94	365.1	942.7	251
60～64	348.0	1001.1	1 846	289.8	147.6	117	323.3	1076.6	180	326.8	560.8	146	375.2	957.5	241
65～69	327.4	629.7	803	435.9	721.7	69	318.5	86.5	71	323.7	263.4	85	329.5	874.9	200
70歳～	277.1	347.5	104	195.0	0.0	1	309.6	0.0	4	254.8	10.7	27	260.2	229.5	20

及び年間賞与その他特別給与額

業

10～14年			15～19年			20～24年			25～29年			30年以上			区分
所定内給与額	年間賞与その他特別給与額	労働者数	所定内給与額	年間賞与その他特別給与額	労働者数	所定内給与額	年間賞与その他特別給与額	労働者数	所定内給与額	年間賞与その他特別給与額	労働者数	所定内給与額	年間賞与その他特別給与額	労働者数	
千円	千円	十人	千円	千円	十人	千円	千円	十人	千円	千円	十人	千円	千円	十人	
287.4	**1484.9**	**214**	**326.7**	**1847.8**	**295**	**423.0**	**2099.0**	**121**	**514.0**	**2901.4**	**146**	**469.9**	**2332.1**	**64**	**大学・大学院卒**
-	-	-	-	-	-	-	-	-	-	-	-	-	-	-	～19歳
-	-	-	-	-	-	-	-	-	-	-	-	-	-	-	20～24
-	-	-	-	-	-	-	-	-	-	-	-	-	-	-	25～29
277.1	1361.3	71	-	-	-	-	-	-	-	-	-	-	-	-	30～34
283.6	1699.1	92	339.9	1876.4	86	-	-	-	-	-	-	-	-	-	35～39
355.3	2546.8	9	351.2	2143.3	153	315.4	1711.4	35	-	-	-	-	-	-	40～44
328.4	1184.4	32	263.8	971.5	15	498.1	2366.4	72	524.7	3011.9	80	-	-	-	45～49
-	-	-	241.8	984.2	31	325.5	1516.8	4	505.2	2797.6	65	510.9	2475.6	29	50～54
224.8	630.9	8	195.0	1050.0	10	295.1	1755.0	10	230.7	783.0	1	468.4	2391.2	31	55～59
-	-	-	-	-	-	-	-	-	-	-	-	191.7	872.8	4	60～64
180.7	308.0	3	-	-	-	-	-	-	-	-	-	-	-	-	65～69
-	-	-	-	-	-	-	-	-	-	-	-	-	-	-	70歳～
															生産労働者（女）
260.4	**1353.7**	**39**	-	-	-	**280.9**	**1207.2**	**3**	**262.5**	**1037.0**	**2**	-	-	-	**学歴計**
-	-	-	-	-	-	-	-	-	-	-	-	-	-	-	～19歳
-	-	-	-	-	-	-	-	-	-	-	-	-	-	-	20～24
-	-	-	-	-	-	-	-	-	-	-	-	-	-	-	25～29
234.5	1298.2	10	-	-	-	-	-	-	-	-	-	-	-	-	30～34
260.5	1355.7	20	-	-	-	-	-	-	-	-	-	-	-	-	35～39
-	-	-	-	-	-	280.9	1207.2	3	-	-	-	-	-	-	40～44
289.2	1410.9	9	-	-	-	-	-	-	262.5	1037.0	2	-	-	-	45～49
-	-	-	-	-	-	-	-	-	-	-	-	-	-	-	50～54
-	-	-	-	-	-	-	-	-	-	-	-	-	-	-	55～59
-	-	-	-	-	-	-	-	-	-	-	-	-	-	-	60～64
-	-	-	-	-	-	-	-	-	-	-	-	-	-	-	65～69
-	-	-	-	-	-	-	-	-	-	-	-	-	-	-	70歳～
															管理・事務・技術労働者(女)
291.1	**1406.6**	**371**	**315.6**	**1688.7**	**395**	**361.1**	**1918.0**	**326**	**404.6**	**2223.0**	**453**	**382.4**	**1921.6**	**345**	**学歴計**
-	-	-	-	-	-	-	-	-	-	-	-	-	-	-	～19歳
-	-	-	-	-	-	-	-	-	-	-	-	-	-	-	20～24
201.6	1122.6	2	-	-	-	-	-	-	-	-	-	-	-	-	25～29
270.3	1175.1	92	333.3	1435.5	3	-	-	-	-	-	-	-	-	-	30～34
281.9	1581.1	116	326.7	1620.0	135	294.0	1490.0	4	-	-	-	-	-	-	35～39
308.7	1830.9	22	335.6	2051.3	184	325.6	1803.1	180	315.8	1816.1	32	-	-	-	40～44
291.8	1082.5	42	260.5	1106.2	18	452.7	2208.6	98	413.9	2296.8	305	378.5	2074.2	3	45～49
252.4	737.5	58	257.1	854.6	44	309.3	1353.2	24	438.7	2306.4	95	404.6	1967.5	115	50～54
445.6	2802.3	35	195.4	1058.2	11	307.2	2308.7	19	292.7	1365.1	14	428.6	2240.5	166	55～59
-	-	-	-	-	-	-	-	-	185.8	1515.8	8	217.8	975.2	62	60～64
180.7	308.0	3	129.0	90.0	1	-	-	-	-	-	-	-	-	-	65～69
-	-	-	156.6	73.6	1	-	-	-	-	-	-	-	-	-	70歳～
															企業規模 100～999人
331.9	**1131.8**	**3 521**	**357.3**	**1299.9**	**2 322**	**403.2**	**1660.9**	**3 478**	**427.8**	**1833.5**	**2 787**	**432.9**	**1643.3**	**3 332**	**男女計**
-	-	-	-	-	-	-	-	-	-	-	-	-	-	-	～19歳
-	-	-	-	-	-	-	-	-	-	-	-	-	-	-	20～24
247.5	1122.9	183	-	-	-	-	-	-	-	-	-	-	-	-	25～29
302.4	1180.3	794	299.3	1190.6	95	-	-	-	-	-	-	-	-	-	30～34
344.5	1396.5	700	344.4	1361.7	754	343.3	1267.7	187	-	-	-	-	-	-	35～39
335.4	1052.4	497	365.8	1468.1	647	387.6	1682.5	1 494	380.5	1876.7	258	-	-	-	40～44
329.3	865.2	475	399.7	1413.9	335	437.8	1812.7	1 131	428.9	1943.4	1 270	414.2	1534.0	186	45～49
373.9	976.5	287	353.4	1216.0	155	419.8	1827.2	383	463.4	1716.1	772	463.4	1843.0	876	50～54
407.5	1300.5	319	370.7	945.0	239	399.2	1277.9	188	441.5	1996.4	297	483.4	2046.8	1 196	55～59
341.8	1009.4	160	254.4	621.5	43	295.6	571.9	58	340.0	1313.4	135	359.9	1136.8	873	60～64
260.9	783.6	75	321.4	226.4	41	302.7	72.6	37	266.7	1144.5	54	325.9	635.5	191	65～69
241.2	485.5	30	261.4	365.9	14	135.0	170.0	0	126.5	0.0	1	470.7	1330.3	10	70歳～
															男
349.8	**1192.7**	**2 866**	**378.0**	**1381.9**	**1 896**	**415.9**	**1715.3**	**3 156**	**438.5**	**1875.7**	**2 535**	**437.4**	**1660.0**	**3 236**	**学歴計**
-	-	-	-	-	-	-	-	-	-	-	-	-	-	-	～19歳
-	-	-	-	-	-	-	-	-	-	-	-	-	-	-	20～24
248.5	1130.2	176	-	-	-	-	-	-	-	-	-	-	-	-	25～29
315.2	1240.6	654	313.3	1273.3	74	-	-	-	-	-	-	-	-	-	30～34
356.6	1398.5	612	356.4	1401.8	670	357.7	1296.2	159	-	-	-	-	-	-	35～39
350.4	1081.6	429	387.0	1569.8	539	397.8	1712.8	1 366	392.2	1955.7	220	-	-	-	40～44
382.5	946.9	307	451.3	1594.6	245	447.7	1850.5	1 068	440.4	1999.2	1 124	416.4	1541.1	184	45～49
412.9	1053.7	208	364.0	1217.1	123	430.6	1905.0	352	472.6	1738.4	731	468.0	1862.1	850	50～54
431.6	1386.0	276	414.9	1037.2	157	433.5	1425.3	137	450.6	2043.1	281	489.3	2067.4	1 156	55～59
329.1	1095.4	114	260.4	641.8	40	323.7	620.3	37	348.6	1354.2	125	364.8	1160.3	845	60～64
278.8	944.6	62	339.4	232.5	36	302.7	72.6	37	268.2	1161.4	53	325.9	635.5	191	65～69
247.9	454.5	29	261.4	365.9	14	-	-	-	-	-	-	470.7	1330.3	10	70歳～

第2表　年齢階級、勤続年数階級別所定内給与額

企業規模	100～999人

D　建　設

区分	勤続年数計			0 年			1～2年			3～4年			5～9年		
	所定内給与額	年間賞与その他特別給与額	労働者数	所定内給与額	年間賞与その他特別給与額	労働者数	所定内給与額	年間賞与その他特別給与額	労働者数	所定内給与額	年間賞与その他特別給与額	労働者数	所定内給与額	年間賞与その他特別給与額	労働者数
	千円	千円	十人	千円	千円	十人	千円	千円	十人	千円	千円	十人	千円	千円	十人
高校卒	**336.6**	**1027.4**	**10 281**	**287.0**	**126.3**	**610**	**264.2**	**486.7**	**1 219**	**278.6**	**629.0**	**947**	**327.5**	**885.7**	**1 863**
～19歳	182.8	165.5	305	176.6	2.5	155	189.1	334.4	150	-	-	-	-	-	-
20～24	205.2	647.6	877	228.5	54.5	69	196.0	558.5	354	204.5	778.1	287	216.3	857.9	167
25～29	257.0	915.1	713	212.2	10.8	17	251.4	636.6	64	333.6	511.0	115	239.1	1040.0	342
30～34	310.0	789.3	677	333.7	19.7	26	267.1	412.4	78	239.1	629.2	68	366.4	672.0	195
35～39	332.4	1007.2	928	317.3	105.1	61	309.3	351.9	75	265.0	502.1	76	375.3	945.2	159
40～44	366.9	1278.6	1 569	354.5	3.6	38	366.2	492.9	108	324.9	676.7	112	348.7	840.6	204
45～49	370.6	1160.1	1 508	277.6	3.2	47	308.1	347.9	124	286.8	531.4	53	361.8	879.9	315
50～54	413.9	1282.4	1 079	429.1	10.8	39	353.5	271.0	67	324.2	854.4	55	411.0	803.6	125
55～59	404.9	1343.7	1 114	294.1	97.4	39	328.0	689.6	80	361.5	817.4	42	379.7	864.2	104
60～64	330.0	873.4	989	302.2	213.0	55	315.4	805.9	91	336.6	503.9	84	361.5	931.3	143
65～69	323.8	668.9	464	460.3	800.2	62	267.9	104.9	23	343.4	105.9	41	317.6	1018.7	92
70歳～	258.1	224.4	59	195.0	0.0	1	309.6	0.0	4	241.2	12.9	13	250.2	231.2	17
高専・短大卒	**360.6**	**1249.7**	**2 670**	**262.7**	**52.5**	**185**	**292.1**	**591.7**	**270**	**289.7**	**831.3**	**161**	**306.0**	**912.5**	**489**
～19歳	-	-	-	-	-	-	-	-	-	-	-	-	-	-	-
20～24	217.2	411.3	180	200.4	25.7	51	224.9	553.4	112	218.5	553.5	15	195.9	1017.9	2
25～29	243.7	893.3	145	210.7	0.0	2	216.5	259.9	23	260.0	939.7	33	245.1	1053.5	88
30～34	278.4	815.8	244	234.2	3.1	26	328.6	583.9	27	275.5	799.9	41	258.1	800.7	71
35～39	318.9	1130.5	243	266.9	3.7	13	264.7	475.7	20	295.6	1044.8	7	297.3	1226.0	68
40～44	361.4	1379.8	514	356.2	103.6	34	249.4	441.2	14	331.9	1481.6	18	320.6	1133.4	87
45～49	433.4	1805.4	497	311.0	100.0	1	385.7	827.9	22	379.6	821.1	21	404.0	623.5	16
50～54	422.5	1443.9	385	750.0	0.0	1	325.3	555.9	7	429.0	648.0	2	342.6	669.0	76
55～59	444.9	1678.3	208	267.6	353.1	4	587.8	2147.8	17	219.3	97.9	4	280.2	656.0	36
60～64	330.4	517.8	183	270.0	60.1	55	366.3	50.8	28	289.3	16.0	16	442.9	1227.8	7
65～69	388.0	713.5	57	-	-	-	-	-	-	289.0	1843.5	5	412.3	513.3	38
70歳～	287.9	904.5	15	-	-	-	-	-	-	-	-	-	-	-	-
大学・大学院卒	**380.9**	**1381.4**	**10 922**	**273.2**	**23.4**	**683**	**268.5**	**725.5**	**1 198**	**306.6**	**989.0**	**1 120**	**334.6**	**1155.2**	**1 718**
～19歳	-	-	-	-	-	-	-	-	-	-	-	-	-	-	-
20～24	233.2	338.8	782	230.2	34.0	336	235.5	568.3	446	-	-	-	-	-	-
25～29	251.9	871.1	1 439	244.9	4.7	72	249.1	707.0	324	242.4	860.8	560	265.9	1120.8	484
30～34	318.7	1067.6	1 153	344.1	0.8	152	265.1	782.6	93	340.3	904.0	134	303.0	1269.9	445
35～39	350.4	1235.9	1 110	276.6	14.1	42	265.4	840.1	83	292.2	840.9	90	322.2	790.7	166
40～44	402.0	1570.2	1 398	339.0	3.5	20	369.8	1138.0	58	458.1	1509.3	126	360.1	1162.4	138
45～49	460.2	1847.7	1 726	256.4	47.8	21	281.7	464.9	37	364.2	1418.9	53	526.6	1485.5	127
50～54	476.2	1776.8	1 309	431.4	0.0	26	413.2	1040.4	20	394.6	1099.5	61	481.7	1313.2	93
55～59	488.4	1948.6	1 157	420.3	44.5	2	423.1	467.6	39	431.7	1236.6	48	376.5	1171.7	105
60～64	387.5	1400.4	608	357.9	349.9	6	315.8	1982.6	60	318.3	1001.8	38	391.3	977.7	92
65～69	326.0	626.2	222	223.3	38.0	7	359.9	98.6	38	201.4	16.7	11	308.3	942.5	66
70歳～	344.3	563.1	17	-	-	-	-	-	-	-	-	-	308.9	220.8	3
生産労働者(男)															
学歴計	**323.4**	**999.0**	**7 096**	**274.6**	**25.6**	**447**	**273.4**	**575.3**	**1 030**	**275.0**	**640.3**	**802**	**298.9**	**887.9**	**1 323**
～19歳	181.6	138.6	159	170.7	3.9	89	195.4	308.3	70	-	-	-	-	-	-
20～24	215.4	566.3	694	232.7	39.2	133	211.4	618.9	322	210.2	761.0	155	213.0	835.4	84
25～29	253.1	919.6	793	246.5	3.7	34	251.2	566.9	131	266.2	727.9	222	246.9	1254.6	312
30～34	296.4	960.4	660	375.2	17.3	15	289.9	666.3	102	260.9	997.8	74	305.4	777.2	239
35～39	328.9	1144.9	686	355.1	8.0	32	291.0	483.2	70	282.3	747.7	48	303.7	954.6	112
40～44	362.1	1163.0	1 040	396.4	50.9	49	366.9	663.0	119	333.5	595.6	83	305.0	836.6	166
45～49	394.2	1331.6	981	261.4	4.2	11	383.7	426.6	57	267.0	352.7	49	373.9	761.0	144
50～54	390.4	1156.0	636	521.3	9.4	16	458.8	285.4	25	272.7	256.3	44	421.6	680.6	56
55～59	382.4	1166.6	636	278.6	0.0	12	315.9	247.1	69	307.6	305.2	30	326.9	406.5	51
60～64	300.5	790.9	435	309.4	93.9	22	268.9	1464.3	46	323.5	509.1	48	394.1	869.6	60
65～69	292.6	522.3	351	305.3	14.2	33	318.9	27.6	14	379.5	262.9	47	257.3	678.8	86
70歳～	265.8	231.3	25	-	-	-	309.6	0.0	4	348.1	46.0	3	239.1	246.6	14
管理・事務・技術労働者(男)															
学歴計	**373.6**	**1282.7**	**17 339**	**279.1**	**86.8**	**1 052**	**270.3**	**612.0**	**1 736**	**305.4**	**884.8**	**1 548**	**341.5**	**1045.6**	**2 808**
～19歳	183.9	198.3	149	184.1	0.7	68	183.8	363.7	81	-	-	-	-	-	-
20～24	220.3	443.4	1 165	225.1	33.4	337	222.8	531.9	594	200.4	770.5	148	218.8	880.3	85
25～29	253.0	861.2	1 530	233.2	7.0	56	245.9	697.6	289	254.8	836.3	500	257.4	995.5	604
30～34	317.6	938.8	1 442	325.1	2.4	189	261.7	510.9	106	318.1	727.8	170	320.6	1202.5	479
35～39	343.6	1115.7	1 635	274.6	81.3	84	278.9	661.7	109	280.9	652.2	136	354.3	912.4	290
40～44	386.7	1490.2	2 527	314.7	25.1	48	352.0	823.2	89	413.7	1375.1	186	367.6	1080.3	275
45～49	428.5	1613.7	2 832	273.5	20.1	57	286.4	416.7	131	364.6	1062.6	100	420.9	1117.7	335
50～54	457.7	1623.6	2 214	404.4	5.4	49	373.2	472.7	76	413.9	1322.4	83	414.1	987.6	238
55～59	467.3	1793.7	1 901	304.4	159.5	33	451.8	1328.7	71	432.3	1336.6	64	374.8	1077.9	201
60～64	362.6	1065.8	1 411	285.2	160.2	94	342.1	942.6	134	328.4	585.6	99	369.0	986.5	182
65～69	354.5	713.2	452	555.9	1371.6	36	318.4	101.6	57	255.8	264.0	39	383.8	1022.3	114
70歳～	280.7	384.5	79	195.0	0.0	1	-	-	-	245.2	7.1	24	308.8	189.8	6

及び年間賞与その他特別給与額

業

10～14年			15～19年			20～24年			25～29年			30年以上			区分
所定内給与額	年間賞与その他特別給与額	労働者数	所定内給与額	年間賞与その他特別給与額	労働者数	所定内給与額	年間賞与その他特別給与額	労働者数	所定内給与額	年間賞与その他特別給与額	労働者数	所定内給与額	年間賞与その他特別給与額	労働者数	
千円	千円	十人	千円	千円	十人	千円	千円	十人	千円	千円	十人	千円	千円	十人	
326.2	**1019.3**	**1 262**	**342.8**	**1168.5**	**789**	**387.0**	**1454.6**	**1 150**	**390.8**	**1621.3**	**1 011**	**396.9**	**1486.3**	**1 431**	**高校卒**
-	-	-	-	-	-	-	-	-	-	-	-	-	-	-	～19歳
-	-	-	-	-	-	-	-	-	-	-	-	-	-	-	20～24
248.2	1124.0	175	-	-	-	-	-	-	-	-	-	-	-	-	25～29
293.6	987.2	239	316.5	1310.7	69	-	-	-	-	-	-	-	-	-	30～34
302.9	1152.5	146	337.0	1341.1	254	358.2	1302.2	158	-	-	-	-	-	-	35～39
350.4	985.4	202	348.0	1421.5	136	383.7	1606.2	553	392.5	1970.9	215	-	-	-	40～44
370.8	671.7	149	368.8	1408.6	102	391.6	1363.9	121	391.4	1715.2	413	416.7	1547.9	182	45～49
442.8	958.8	113	347.0	911.5	53	438.3	1651.4	190	400.8	1346.7	125	433.2	1852.5	313	50～54
353.4	1227.3	100	374.5	691.6	105	384.5	1127.8	77	440.0	1257.1	130	451.4	1988.2	437	55～59
333.7	1316.9	79	235.5	715.3	27	326.6	567.9	22	364.4	1496.6	76	324.0	858.3	411	60～64
275.4	946.7	53	357.3	275.4	29	305.5	62.2	30	268.1	1175.0	51	295.1	486.2	84	65～69
234.1	134.8	6	261.4	365.9	14	-	-	-	-	-	-	331.5	792.4	4	70歳～
336.5	**1191.8**	**282**	**376.8**	**1386.4**	**199**	**391.1**	**1692.4**	**445**	**458.4**	**2093.0**	**356**	**465.8**	**1685.0**	**284**	**高専・短大卒**
-	-	-	-	-	-	-	-	-	-	-	-	-	-	-	～19歳
-	-	-	-	-	-	-	-	-	-	-	-	-	-	-	20～24
-	-	-	-	-	-	-	-	-	-	-	-	-	-	-	25～29
295.7	1179.3	79	-	-	-	-	-	-	-	-	-	-	-	-	30～34
318.0	1211.2	36	353.3	1318.1	99	-	-	-	-	-	-	-	-	-	35～39
368.8	1253.7	65	361.3	1445.1	29	381.5	1688.6	266	427.5	1492.3	1	-	-	-	40～44
403.5	1264.8	52	433.9	1620.8	62	445.9	1716.0	92	447.1	2280.2	232	346.3	1128.0	1	45～49
354.6	1347.9	24	322.9	329.6	7	334.2	1915.1	65	491.6	1371.5	67	495.0	1820.3	137	50～54
415.1	1364.0	8	-	-	-	534.5	1342.6	14	498.0	2390.9	50	462.7	1827.9	76	55～59
250.5	582.3	6	240.0	495.5	3	253.5	503.6	3	216.8	619.0	7	397.8	1206.9	58	60～64
302.7	1071.1	3	-	-	-	307.5	81.1	5	-	-	-	410.6	1299.8	7	65～69
139.6	383.8	10	-	-	-	-	-	-	-	-	-	600.0	2000.0	5	70歳～
374.4	**1395.5**	**1 222**	**417.0**	**1644.3**	**848**	**445.6**	**1932.2**	**1 531**	**479.7**	**2070.1**	**1 121**	**474.4**	**1844.7**	**1 482**	**大学・大学院卒**
-	-	-	-	-	-	-	-	-	-	-	-	-	-	-	～19歳
-	-	-	-	-	-	-	-	-	-	-	-	-	-	-	20～24
-	-	-	-	-	-	-	-	-	-	-	-	-	-	-	25～29
334.9	1433.2	329	216.0	1128.0	1	-	-	-	-	-	-	-	-	-	30～34
379.9	1507.9	420	375.2	1490.9	311	-	-	-	-	-	-	-	-	-	35～39
343.1	1206.5	149	402.6	1646.8	367	421.1	1838.5	542	-	-	-	-	-	-	40～44
372.1	1232.5	86	581.6	1922.1	73	456.3	1938.8	851	480.0	2114.2	477	-	-	-	45～49
384.0	1029.6	47	464.6	2257.1	40	484.8	2435.6	94	488.9	1882.3	531	486.4	1885.6	398	50～54
483.6	1563.1	152	503.0	1775.0	51	495.6	2084.3	36	445.9	3061.9	93	521.4	2165.8	631	55～59
333.1	733.6	22	461.5	794.0	5	293.7	1030.7	8	385.6	1377.2	20	410.9	1529.8	358	60～64
303.3	920.3	6	181.5	223.0	1	-	-	-	-	-	-	349.9	722.9	93	65～69
346.8	676.0	12	-	-	-	-	-	-	-	-	-	435.2	375.0	1	70歳～
															生産労働者（男）
319.5	**1166.4**	**905**	**358.3**	**1154.5**	**692**	**399.0**	**1452.7**	**755**	**380.8**	**1856.7**	**583**	**383.5**	**1364.4**	**560**	**学歴計**
-	-	-	-	-	-	-	-	-	-	-	-	-	-	-	～19歳
-	-	-	-	-	-	-	-	-	-	-	-	-	-	-	20～24
248.2	1088.9	94	-	-	-	-	-	-	-	-	-	-	-	-	25～29
294.5	1318.7	194	306.9	1395.8	35	-	-	-	-	-	-	-	-	-	30～34
334.2	1790.5	136	352.4	1311.2	224	342.7	1120.2	64	-	-	-	-	-	-	35～39
333.0	890.7	130	375.9	1513.7	129	381.4	1587.7	286	438.0	2218.4	79	-	-	-	40～44
353.4	680.2	109	392.3	1293.6	113	470.0	1869.8	227	381.4	1968.5	207	416.1	1627.4	63	45～49
336.5	1057.3	91	328.7	584.7	38	349.3	903.5	103	399.3	1586.5	114	457.8	1912.0	150	50～54
378.5	985.2	85	398.6	745.2	97	424.8	1259.2	36	408.9	2462.8	104	417.6	1555.6	153	55～59
311.8	1295.0	28	199.1	649.9	26	337.4	688.0	12	234.2	188.7	40	294.6	843.3	152	60～64
261.9	1268.1	38	308.4	50.8	26	307.2	28.3	28	279.1	1396.7	37	269.0	232.9	42	65～69
202.5	230.0	1	265.9	609.6	3	-	-	-	-	-	-	326.1	0.0	1	70歳～
															管理・事務・技術労働者(男)
363.8	**1204.8**	**1 961**	**389.3**	**1512.4**	**1 205**	**421.2**	**1797.9**	**2 401**	**455.6**	**1881.3**	**1 952**	**448.6**	**1721.9**	**2 676**	**学歴計**
-	-	-	-	-	-	-	-	-	-	-	-	-	-	-	～19歳
-	-	-	-	-	-	-	-	-	-	-	-	-	-	-	20～24
248.8	1177.4	82	-	-	-	-	-	-	-	-	-	-	-	-	25～29
324.0	1207.6	459	319.2	1160.9	39	-	-	-	-	-	-	-	-	-	30～34
363.0	1286.5	476	358.5	1447.3	446	367.7	1413.9	96	-	-	-	-	-	-	35～39
357.9	1164.1	300	390.4	1587.4	410	402.2	1745.9	1 079	366.4	1807.7	141	-	-	-	40～44
398.7	1094.6	197	501.7	1851.7	132	441.6	1845.3	841	453.7	2006.2	917	416.6	1496.3	121	45～49
472.1	1050.9	117	380.0	1503.9	85	464.1	2318.2	249	486.1	1766.4	617	470.2	1851.5	701	50～54
455.0	1563.0	191	441.1	1509.6	60	436.5	1483.4	101	475.1	1795.3	177	500.2	2145.3	1 003	55～59
334.8	1029.6	86	373.2	626.9	14	317.2	588.0	25	402.8	1907.1	85	380.3	1230.1	693	60～64
305.7	431.7	24	427.5	747.5	9	289.0	208.6	9	243.0	617.7	16	341.9	749.3	149	65～69
248.7	458.5	28	260.0	284.7	10	-	-	-	-	-	-	478.4	1400.3	10	70歳～

第2表　年齢階級、勤続年数階級別所定内給与額

企業規模	100～999人

D　建　設

区　分	勤続年数計			0　年			1～2年			3～4年			5～9年		
	所定内給与額	年間賞与その他特別給与額	労働者数	所定内給与額	年間賞与その他特別給与額	労働者数	所定内給与額	年間賞与その他特別給与額	労働者数	所定内給与額	年間賞与その他特別給与額	労働者数	所定内給与額	年間賞与その他特別給与額	労働者数
	千円	千円	十人	千円	千円	十人	千円	千円	十人	千円	千円	十人	千円	千円	十人
女															
学　歴　計	**242.0**	**653.0**	**4 535**	**208.7**	**13.5**	**401**	**218.1**	**338.0**	**914**	**222.0**	**567.1**	**588**	**235.5**	**599.2**	**883**
～19歳	176.6	88.1	39	173.5	2.2	27	184.2	293.6	12	－	－	－	－	－	－
20～24	205.2	252.1	383	207.3	6.6	167	206.7	408.3	177	190.8	578.4	36	185.8	611.9	4
25～29	223.7	479.5	629	223.8	29.7	26	228.7	292.6	246	217.6	510.5	197	223.7	797.1	153
30～34	232.4	619.5	515	205.1	55.0	23	204.4	268.8	113	215.4	701.0	66	252.7	633.6	153
35～39	239.4	778.3	499	232.0	84.2	24	235.4	389.7	68	230.3	653.2	79	223.3	531.4	128
40～44	249.4	785.0	774	220.9	1.4	35	239.6	320.1	114	219.7	621.3	103	240.1	643.3	179
45～49	259.0	800.7	766	252.8	3.6	36	210.9	295.4	67	214.5	465.2	52	242.5	485.3	142
50～54	264.6	647.3	401	217.9	1.3	25	220.8	153.7	70	267.4	205.0	27	244.1	423.4	71
55～59	259.9	772.8	329	157.9	0.0	38	150.9	23.4	17	220.0	1418.5	10	238.1	681.2	33
60～64	269.4	754.3	151	－	－	－	208.1	3869.9	10	296.1	350.7	17	162.9	234.4	17
65～69	180.8	40.2	43	－	－	－	182.6	0.6	21	144.5	135.0	1	156.9	0.0	2
70歳～	139.9	328.2	6	－	－	－	－	－	－	－	－	－	149.5	20.0	3
高　校　卒	**233.3**	**605.8**	**1 606**	**200.1**	**4.5**	**121**	**192.2**	**371.0**	**325**	**214.6**	**521.1**	**149**	**205.8**	**475.8**	**306**
～19歳	176.6	88.1	39	173.5	2.2	27	184.2	293.6	12	－	－	－	－	－	－
20～24	182.1	280.7	90	202.7	13.5	16	180.2	295.5	47	171.3	372.7	23	185.8	611.9	4
25～29	199.3	535.4	104	245.1	3.5	6	184.0	206.4	53	228.0	700.0	1	209.3	997.7	38
30～34	216.4	505.6	166	188.3	30.2	6	205.9	360.8	67	235.1	340.3	25	200.1	599.8	27
35～39	212.4	565.3	123	164.2	0.0	1	175.3	314.1	16	218.3	617.4	10	195.4	399.5	55
40～44	226.5	723.6	238	201.0	2.3	21	179.8	305.2	27	201.5	769.0	24	202.9	471.1	54
45～49	239.9	600.6	331	230.4	0.0	11	222.7	340.3	41	201.2	517.6	27	230.1	323.6	76
50～54	244.5	613.5	189	221.1	1.4	23	194.4	184.3	20	189.4	81.1	11	200.3	337.5	35
55～59	276.4	806.8	180	172.1	0.0	11	155.1	30.7	13	220.0	1418.5	10	160.4	415.5	9
60～64	293.0	871.5	115	－	－	－	208.1	3869.9	10	296.1	350.7	17	148.6	149.4	8
65～69	187.0	54.0	31	－	－	－	182.6	0.6	21	144.5	135.0	1	－	－	－
70歳～	128.1	1005.9	2	－	－	－	－	－	－	－	－	－	－	－	－
高専・短大卒	**245.2**	**775.5**	**1 350**	**206.9**	**39.9**	**108**	**206.8**	**248.8**	**194**	**211.3**	**661.1**	**140**	**244.0**	**669.7**	**238**
～19歳	－	－	－	－	－	－	－	－	－	－	－	－	－	－	－
20～24	200.9	357.3	71	191.6	30.2	18	197.1	315.6	39	225.0	938.2	13	－	－	－
25～29	214.6	490.9	67	199.9	101.4	7	205.1	293.2	13	199.0	299.0	9	224.5	680.9	38
30～34	208.6	676.9	139	219.2	114.2	7	166.8	183.2	16	203.5	1003.7	28	213.8	342.2	36
35～39	226.3	848.4	183	225.4	98.6	20	224.0	459.3	23	192.1	613.5	24	190.6	651.9	23
40～44	261.3	964.9	283	169.9	0.0	0	221.5	202.1	40	221.7	692.0	38	272.1	910.9	56
45～49	269.9	873.0	297	263.4	5.1	25	189.4	257.3	16	219.2	338.5	22	253.8	638.9	32
50～54	272.2	689.2	166	174.2	0.0	2	221.7	152.0	43	217.4	182.2	6	296.5	680.9	25
55～59	233.3	669.3	127	152.1	0.0	27	138.8	2.3	4	－	－	－	273.7	825.5	18
60～64	179.3	498.3	17	－	－	－	－	－	－	－	－	－	174.6	304.6	9
65～69	185.9	52.2	2	－	－	－	－	－	－	－	－	－	210.4	0.0	1
70歳～	－	－	－	－	－	－	－	－	－	－	－	－	－	－	－
大学・大学院卒	**249.2**	**601.1**	**1 556**	**215.8**	**3.3**	**172**	**244.8**	**356.2**	**392**	**230.8**	**546.9**	**298**	**257.5**	**668.6**	**336**
～19歳	－	－	－	－	－	－	－	－	－	－	－	－	－	－	－
20～24	216.0	207.1	223	210.0	2.5	133	224.8	507.8	90	－	－	－	－	－	－
25～29	230.6	465.3	458	228.1	0.0	13	243.4	317.6	181	218.4	520.4	188	230.4	754.1	77
30～34	261.3	674.4	209	204.7	24.6	10	223.9	108.5	29	204.0	736.6	13	284.4	763.0	89
35～39	269.5	851.7	191	287.7	0.0	3	276.1	375.2	30	255.3	693.5	43	270.0	621.1	49
40～44	257.5	641.6	253	252.9	0.0	14	288.6	427.4	47	228.3	472.6	41	243.3	560.2	69
45～49	281.9	1102.7	137	175.1	0.0	0	196.9	172.4	10	322.9	1034.4	2	259.0	695.3	35
50～54	323.5	671.0	43	－	－	－	270.6	38.5	5	380.6	352.0	10	267.0	95.0	10
55～59	278.0	1084.4	22	－	－	－	－	－	－	－	－	－	242.8	628.4	6
60～64	206.1	273.5	19	－	－	－	－	－	－	－	－	－	－	－	－
65～69	－	－	－	－	－	－	－	－	－	－	－	－	－	－	－
70歳～	－	－	－	－	－	－	－	－	－	－	－	－	－	－	－
生産労働者（女）															
学　歴　計	**233.7**	**593.1**	**226**	**217.5**	**14.6**	**21**	**235.8**	**315.0**	**37**	**219.7**	**588.7**	**46**	**207.1**	**548.2**	**44**
～19歳	－	－	－	－	－	－	－	－	－	－	－	－	－	－	－
20～24	237.8	373.8	17	228.4	21.3	8	246.3	390.7	6	242.3	1098.2	4	－	－	－
25～29	220.2	579.2	62	213.4	0.0	8	226.1	358.6	16	221.3	723.2	27	214.5	955.1	12
30～34	260.3	630.1	14	153.9	150.0	1	247.0	432.9	5	－	－	－	256.5	620.8	5
35～39	222.5	284.6	29	－	－	－	285.0	350.0	1	257.2	105.7	6	144.0	421.8	9
40～44	298.9	571.2	12	－	－	－	160.5	100.0	1	－	－	－	366.1	381.6	5
45～49	258.4	944.2	30	295.1	30.0	2	142.0	160.0	1	237.2	564.2	4	182.4	360.9	1
50～54	236.8	350.6	21	132.3	0.0	1	299.5	148.7	5	161.2	106.2	3	201.4	449.2	4
55～59	253.5	1334.6	21	133.3	0.0	1	125.9	6.7	2	132.3	239.0	1	170.6	1214.0	1
60～64	182.8	210.1	13	－	－	－	－	－	－	141.4	235.5	2	136.1	158.1	3
65～69	149.8	90.0	3	－	－	－	126.7	25.0	1	162.9	240.0	0	130.2	0.0	1
70歳～	145.2	352.5	4	－	－	－	－	－	－	－	－	－	149.5	20.0	3

及び年間賞与その他特別給与額

業

10～14年 所定内給与額	10～14年 年間賞与その他特別給与額	10～14年 労働者数	15～19年 所定内給与額	15～19年 年間賞与その他特別給与額	15～19年 労働者数	20～24年 所定内給与額	20～24年 年間賞与その他特別給与額	20～24年 労働者数	25～29年 所定内給与額	25～29年 年間賞与その他特別給与額	25～29年 労働者数	30年以上 所定内給与額	30年以上 年間賞与その他特別給与額	30年以上 労働者数	区分
千円	千円	十人	千円	千円	十人	千円	千円	十人	千円	千円	十人	千円	千円	十人	
															女
253.7	**865.1**	**654**	**265.0**	**934.7**	**426**	**279.0**	**1126.3**	**321**	**320.6**	**1409.3**	**252**	**281.8**	**1079.7**	**96**	**学歴計**
-	-	-	-	-	-	-	-	-	-	-	-	-	-	-	～19歳
-	-	-	-	-	-	-	-	-	-	-	-	-	-	-	20～24
221.8	927.7	7	-	-	-	-	-	-	-	-	-	-	-	-	25～29
242.5	898.9	140	250.3	900.0	21	-	-	-	-	-	-	-	-	-	30～34
260.1	1382.8	88	249.1	1043.0	84	259.8	1102.0	27	-	-	-	-	-	-	35～39
240.6	868.4	68	260.7	961.9	108	278.9	1361.3	129	312.5	1415.9	38	-	-	-	40～44
232.1	716.2	168	260.2	925.3	90	269.6	1169.5	63	340.1	1512.4	146	253.6	1011.7	3	45～49
271.4	773.5	79	312.9	1211.5	32	295.1	929.1	31	300.9	1319.4	41	308.3	1205.8	26	50～54
254.7	756.7	43	285.1	766.4	81	306.6	879.1	51	282.7	1179.9	16	316.2	1457.1	40	55～59
373.2	795.3	46	181.6	377.5	3	245.3	485.5	21	227.6	775.6	10	208.9	410.8	27	60～64
177.2	29.2	13	195.7	183.5	5	-	-	-	188.5	247.5	1	-	-	-	65～69
128.1	1005.9	2	-	-	-	135.0	170.0	0	126.5	0.0	1	-	-	-	70歳～
269.3	**715.9**	**237**	**258.9**	**860.9**	**186**	**273.0**	**859.6**	**117**	**303.6**	**1286.6**	**118**	**281.4**	**974.7**	**48**	**高校卒**
-	-	-	-	-	-	-	-	-	-	-	-	-	-	-	～19歳
-	-	-	-	-	-	-	-	-	-	-	-	-	-	-	20～24
221.8	927.7	7	-	-	-	-	-	-	-	-	-	-	-	-	25～29
223.4	790.8	20	250.3	900.0	21	-	-	-	-	-	-	-	-	-	30～34
245.3	438.5	10	178.0	405.8	4	259.8	1102.0	27	-	-	-	-	-	-	35～39
217.7	646.3	16	239.3	1007.7	40	228.6	873.2	18	312.5	1415.9	38	-	-	-	40～44
248.2	642.4	73	215.5	696.3	52	264.5	731.8	4	308.3	1276.9	45	253.6	1011.7	3	45～49
257.1	737.4	30	296.6	955.2	10	272.3	1020.0	19	297.6	1294.1	27	307.8	978.3	13	50～54
254.8	689.1	37	326.7	984.6	53	340.3	797.9	27	252.8	869.9	2	315.9	1398.0	18	55～59
402.0	924.5	39	141.4	225.7	1	245.3	485.5	21	263.9	671.0	5	216.0	408.0	14	60～64
211.6	117.0	3	200.3	200.0	5	-	-	-	185.4	400.0	1	-	-	-	65～69
128.1	1005.9	2	-	-	-	-	-	-	-	-	-	-	-	-	70歳～
237.1	**897.1**	**196**	**260.2**	**892.8**	**187**	**272.8**	**1273.5**	**135**	**323.9**	**1495.2**	**119**	**309.9**	**1463.8**	**35**	**高専・短大卒**
-	-	-	-	-	-	-	-	-	-	-	-	-	-	-	～19歳
-	-	-	-	-	-	-	-	-	-	-	-	-	-	-	20～24
-	-	-	-	-	-	-	-	-	-	-	-	-	-	-	25～29
219.0	970.4	52	-	-	-	-	-	-	-	-	-	-	-	-	30～34
232.6	1837.6	23	249.1	1022.5	69	-	-	-	-	-	-	-	-	-	35～39
266.4	910.6	26	277.7	905.1	36	281.9	1512.9	87	-	-	-	-	-	-	40～44
222.8	685.8	60	278.6	811.9	28	250.7	907.2	26	339.7	1585.9	88	-	-	-	45～49
270.2	547.0	35	319.9	1321.9	22	293.6	713.1	9	305.6	1402.2	12	308.7	1450.8	12	50～54
223.9	531.0	2	204.1	338.0	28	241.7	780.0	13	287.4	1228.3	14	317.9	1513.7	22	55～59
-	-	-	204.6	464.3	2	-	-	-	181.1	909.6	4	163.1	624.5	1	60～64
-	-	-	160.8	60.0	1	-	-	-	191.6	95.0	1	-	-	-	65～69
-	-	-	-	-	-	-	-	-	-	-	-	-	-	-	70歳～
255.9	**1047.0**	**211**	**305.0**	**1288.5**	**52**	**302.5**	**1299.8**	**69**	**443.6**	**1769.3**	**14**	**207.0**	**424.5**	**13**	**大学・大学院卒**
-	-	-	-	-	-	-	-	-	-	-	-	-	-	-	～19歳
-	-	-	-	-	-	-	-	-	-	-	-	-	-	-	20～24
-	-	-	-	-	-	-	-	-	-	-	-	-	-	-	25～29
265.9	877.1	68	-	-	-	-	-	-	-	-	-	-	-	-	30～34
274.0	1367.7	56	277.5	1431.6	11	-	-	-	-	-	-	-	-	-	35～39
229.5	958.5	27	268.6	969.0	32	306.5	1181.2	24	-	-	-	-	-	-	40～44
214.6	919.7	35	459.0	2216.4	9	285.5	1434.0	33	458.1	1848.4	13	-	-	-	45～49
312.3	1473.0	14	-	-	-	557.1	1145.9	2	323.0	1109.6	2	-	-	-	50～54
265.7	1419.6	4	330.9	1200.0	1	300.0	1185.2	11	-	-	-	256.9	1157.0	1	55～59
208.0	51.8	7	-	-	-	-	-	-	-	-	-	205.0	395.0	12	60～64
-	-	-	-	-	-	-	-	-	-	-	-	-	-	-	65～69
-	-	-	-	-	-	-	-	-	-	-	-	-	-	-	70歳～
															生産労働者（女）
261.2	**763.7**	**57**	**233.6**	**942.5**	**14**	**252.2**	**652.5**	**2**	**241.0**	**681.3**	**3**	**371.7**	**3527.3**	**3**	**学歴計**
-	-	-	-	-	-	-	-	-	-	-	-	-	-	-	～19歳
-	-	-	-	-	-	-	-	-	-	-	-	-	-	-	20～24
-	-	-	-	-	-	-	-	-	-	-	-	-	-	-	25～29
300.3	1003.8	4	-	-	-	-	-	-	-	-	-	-	-	-	30～34
257.0	270.3	14	-	-	-	-	-	-	-	-	-	-	-	-	35～39
266.0	1202.6	1	267.6	459.8	2	249.0	753.3	2	272.9	1314.3	2	-	-	-	40～44
289.5	1142.1	13	232.0	1207.6	9	261.6	350.0	1	-	-	-	-	-	-	45～49
281.6	658.0	5	188.5	434.5	2	-	-	-	-	-	-	-	-	-	50～54
268.5	1157.1	13	-	-	-	-	-	-	-	-	-	371.7	3527.3	3	55～59
193.5	215.2	8	280.0	500.0	1	-	-	-	309.4	50.0	1	-	-	-	60～64
162.0	240.0	0	-	-	-	-	-	-	191.6	95.0	1	-	-	-	65～69
137.8	2700.0	1	-	-	-	-	-	-	126.5	0.0	1	-	-	-	70歳～

第2表　年齢階級、勤続年数階級別所定内給与額

D　建　設

企業規模	100～999人
	10～99人

区分	勤続年数計			0年			1～2年			3～4年			5～9年		
	所定内給与額	年間賞与その他特別給与額	労働者数	所定内給与額	年間賞与その他特別給与額	労働者数	所定内給与額	年間賞与その他特別給与額	労働者数	所定内給与額	年間賞与その他特別給与額	労働者数	所定内給与額	年間賞与その他特別給与額	労働者数
	千円	千円	十人	千円	千円	十人	千円	千円	十人	千円	千円	十人	千円	千円	十人
管理・事務・技術労働者(女)															
学歴計	**242.5**	**656.1**	**4 309**	**208.2**	**13.4**	**380**	**217.4**	**338.9**	**877**	**222.2**	**565.3**	**542**	**236.9**	**601.9**	**839**
～19歳	176.6	88.1	39	173.5	2.2	27	184.2	293.6	12	-	-	-	-	-	-
20～24	203.7	246.3	366	206.3	5.9	159	205.2	409.0	170	185.3	522.7	33	185.8	611.9	4
25～29	224.1	468.6	566	228.6	43.4	18	228.9	288.1	230	217.0	476.7	170	224.4	784.2	142
30～34	231.6	619.2	501	206.2	52.9	22	202.4	260.9	108	215.4	701.0	66	252.6	634.0	148
35～39	240.4	808.8	470	232.0	84.2	24	235.1	389.9	68	228.1	698.1	73	229.4	539.7	119
40～44	248.6	788.3	762	220.9	1.4	35	240.3	322.1	113	219.7	621.3	103	236.4	651.0	174
45～49	259.0	794.8	736	250.0	1.8	34	211.4	296.4	66	212.8	457.7	48	243.1	486.6	141
50～54	266.1	663.4	380	222.2	1.3	24	214.3	154.1	65	279.4	216.1	24	246.7	421.8	67
55～59	260.3	735.1	309	158.5	0.0	37	153.3	25.0	16	231.7	1575.8	9	240.9	659.0	31
60～64	277.8	807.0	137	-	-	-	208.1	3869.9	10	311.8	362.4	16	168.2	249.7	14
65～69	182.9	36.8	40	-	-	-	184.0	0.0	21	134.0	75.0	1	210.4	0.0	1
70歳～	126.8	267.5	2	-	-	-	-	-	-	-	-	-	-	-	-
企業規模 10～99人															
男女計	**294.7**	**548.5**	**76 047**	**237.8**	**34.6**	**6 256**	**249.9**	**346.1**	**11 094**	**270.7**	**475.9**	**9 197**	**292.4**	**582.0**	**14 291**
～19歳	183.8	62.9	1 303	178.8	1.6	876	191.7	198.6	395	224.5	64.3	32	-	-	-
20～24	213.0	297.3	4 968	201.6	21.4	957	209.2	309.1	2 035	221.4	390.1	1 467	225.2	501.5	509
25～29	242.5	451.1	5 599	223.6	21.3	644	222.1	350.7	1 479	242.6	561.8	1 317	261.4	564.0	1 867
30～34	273.8	526.2	6 158	236.5	41.0	516	244.8	337.3	1 213	275.2	497.9	931	282.1	637.9	1 726
35～39	300.3	630.7	8 475	259.3	41.3	592	260.8	397.9	1 025	287.4	567.7	1 026	305.0	613.1	1 778
40～44	317.5	665.9	11 309	265.8	37.0	656	278.0	437.7	1 190	291.5	503.7	1 031	306.9	652.5	2 045
45～49	327.1	672.9	9 618	275.0	38.8	561	279.2	381.2	1 161	294.8	556.0	904	315.7	653.9	1 655
50～54	329.7	643.7	7 620	298.1	64.0	349	301.5	398.8	785	304.1	465.3	828	302.6	621.0	1 382
55～59	328.5	676.6	7 893	259.7	47.1	365	293.8	339.1	725	302.3	529.6	620	309.7	673.2	1 222
60～64	298.3	448.9	7 147	270.2	89.4	442	269.4	286.7	559	282.8	305.7	648	299.7	398.9	1 166
65～69	269.2	287.8	4 458	244.6	37.7	249	247.8	252.2	430	254.1	201.4	342	279.7	307.0	759
70歳～	234.9	203.4	1 499	214.1	16.0	50	164.3	56.0	97	208.8	278.9	50	209.2	122.2	182
男															
学歴計	**305.3**	**563.9**	**66 665**	**246.2**	**35.0**	**5 300**	**259.8**	**359.2**	**9 371**	**280.3**	**483.4**	**8 024**	**301.9**	**587.4**	**12 562**
～19歳	186.7	67.5	1 139	181.2	1.9	741	194.7	200.6	366	224.5	64.3	32	-	-	-
20～24	216.1	305.2	4 313	204.1	19.1	770	211.2	311.2	1 756	225.5	389.3	1 316	227.5	515.9	471
25～29	248.2	457.5	4 821	231.0	20.1	511	226.3	361.8	1 258	248.3	550.1	1 103	266.3	566.6	1 678
30～34	284.4	545.7	5 350	251.6	45.9	409	259.0	343.5	953	283.9	511.6	831	289.8	647.9	1 535
35～39	312.6	661.5	7 352	266.3	40.9	495	278.5	431.4	800	301.9	617.9	889	321.3	622.5	1 477
40～44	332.9	693.1	9 765	279.2	39.1	563	304.3	468.8	911	308.8	504.3	859	321.6	679.8	1 712
45～49	343.1	687.0	8 242	283.6	37.7	508	301.9	427.8	925	310.9	546.5	765	338.9	652.0	1 353
50～54	343.7	662.5	6 544	308.1	39.1	305	318.0	437.5	668	313.2	486.4	730	313.9	648.7	1 141
55～59	341.0	705.9	7 037	279.3	60.6	284	299.4	346.7	675	324.2	609.6	506	315.1	673.5	1 158
60～64	305.4	455.0	6 600	274.7	93.7	421	271.8	292.8	535	289.2	308.6	603	304.7	402.8	1 124
65～69	271.3	291.0	4 208	244.6	37.7	249	248.5	252.0	428	254.3	201.4	341	280.7	311.9	738
70歳～	236.9	193.5	1 293	217.6	18.5	43	164.3	56.0	97	208.8	278.9	50	212.5	123.9	174
高校卒	**298.6**	**524.1**	**40 675**	**239.5**	**31.2**	**3 430**	**257.3**	**321.3**	**5 890**	**270.8**	**440.6**	**4 737**	**290.4**	**528.4**	**7 575**
～19歳	184.5	71.9	893	181.4	2.2	611	191.4	222.8	282	-	-	-	-	-	-
20～24	216.0	325.9	3 059	204.4	25.3	496	210.8	300.7	1 159	224.4	411.7	1 002	224.2	554.8	403
25～29	242.3	377.6	2 430	210.5	16.0	295	225.2	284.7	580	245.7	375.1	384	256.0	463.8	942
30～34	279.7	497.3	3 185	247.8	34.0	215	259.4	255.6	602	267.2	419.2	394	283.4	573.5	842
35～39	307.0	605.2	4 626	264.8	43.5	343	278.4	408.1	547	298.7	637.5	548	306.2	487.9	881
40～44	326.6	608.7	5 996	281.2	38.2	392	302.2	369.0	563	294.9	495.2	530	317.6	620.4	1 135
45～49	334.0	617.4	5 479	269.0	43.0	368	296.5	330.9	627	295.0	462.6	488	327.1	554.9	818
50～54	330.1	607.8	4 345	291.3	49.6	218	292.9	354.9	452	300.7	393.4	538	301.7	634.3	797
55～59	327.4	663.5	4 403	273.8	63.9	175	290.4	359.3	471	299.3	526.9	293	299.7	601.4	684
60～64	296.7	436.0	3 431	264.5	54.9	182	264.3	331.8	311	282.2	335.5	301	294.3	379.0	550
65～69	266.3	339.4	2 256	251.0	21.6	124	250.0	338.1	258	233.1	231.2	223	245.4	323.5	407
70歳～	237.7	174.2	574	271.5	70.4	11	157.2	88.9	38	215.3	257.4	36	210.5	122.7	116
高専・短大卒	**328.7**	**764.6**	**6 236**	**251.4**	**18.8**	**364**	**257.4**	**449.1**	**853**	**301.7**	**613.7**	**801**	**335.8**	**688.2**	**1 216**
～19歳	-	-	-	-	-	-	-	-	-	-	-	-	-	-	-
20～24	199.8	301.5	452	195.9	8.3	87	192.6	352.0	222	212.5	370.0	120	218.8	572.6	23
25～29	249.6	533.7	502	209.6	22.5	20	204.8	346.8	142	256.5	559.8	79	275.1	668.0	260
30～34	283.0	694.5	682	232.6	17.1	54	252.0	384.9	83	282.5	655.2	167	287.1	849.5	165
35～39	335.6	851.5	857	247.4	23.5	52	274.3	654.7	66	308.5	633.6	93	397.8	715.7	126
40～44	351.4	853.3	1 427	273.6	41.4	43	310.4	641.0	158	347.1	562.7	122	342.1	719.8	189
45～49	365.1	994.9	706	392.0	56.6	24	322.8	372.4	86	351.9	915.8	99	400.3	759.5	142
50～54	389.0	871.7	537	372.8	10.0	33	406.0	687.0	50	388.4	750.2	60	386.2	969.6	66
55～59	383.6	845.0	525	164.0	0.0	9	275.4	94.8	5	336.5	607.1	34	364.2	519.2	74
60～64	354.3	676.6	418	230.1	0.0	31	278.0	572.0	21	318.5	443.3	21	348.9	439.7	153
65～69	283.2	371.9	115	245.0	0.0	10	215.8	16.7	20	240.0	100.0	7	392.0	376.1	17
70歳～	239.2	204.3	15	-	-	-	-	-	-	-	-	-	223.0	80.0	2

及び年間賞与その他特別給与額

業

区分	10～14年 所定内給与額	10～14年 年間賞与その他特別給与額	10～14年 労働者数	15～19年 所定内給与額	15～19年 年間賞与その他特別給与額	15～19年 労働者数	20～24年 所定内給与額	20～24年 年間賞与その他特別給与額	20～24年 労働者数	25～29年 所定内給与額	25～29年 年間賞与その他特別給与額	25～29年 労働者数	30年以上 所定内給与額	30年以上 年間賞与その他特別給与額	30年以上 労働者数
	千円	千円	十人	千円	千円	十人	千円	千円	十人	千円	千円	十人	千円	千円	十人
管理・事務・技術労働者(女)															
学歴計	**252.9**	**874.7**	**597**	**266.0**	**934.4**	**412**	**279.2**	**1129.3**	**319**	**321.6**	**1418.1**	**249**	**278.7**	**995.2**	**93**
～19歳	-	-	-	-	-	-	-	-	-	-	-	-	-	-	-
20～24	-	-	-	-	-	-	-	-	-	-	-	-	-	-	-
25～29	221.8	927.7	7	-	-	-	-	-	-	-	-	-	-	-	-
30～34	241.0	896.2	137	250.3	900.0	21	-	-	-	-	-	-	-	-	-
35～39	260.7	1584.1	75	249.1	1043.0	84	259.8	1102.0	27	-	-	-	-	-	-
40～44	240.4	866.0	67	260.6	973.2	106	279.2	1368.5	127	314.1	1420.1	36	-	-	-
45～49	227.5	681.4	155	263.3	894.1	81	269.7	1176.1	62	340.1	1512.4	146	253.6	1011.7	3
50～54	270.7	781.6	74	321.2	1263.5	30	295.1	929.1	31	300.9	1319.4	41	308.3	1205.8	26
55～59	249.1	594.6	31	285.1	766.4	81	306.6	879.1	51	282.7	1179.9	16	311.5	1279.4	37
60～64	410.6	915.8	38	164.1	355.7	3	245.3	485.5	21	223.0	815.9	9	208.9	410.8	27
65～69	177.6	22.7	13	195.7	183.5	5	-	-	-	185.4	400.0	1	-	-	-
70歳～	124.1	300.0	1	-	-	-	135.0	170.0	0	-	-	-	-	-	-
企業規模 10～99人															
男女計	**308.5**	**633.5**	**10 709**	**323.8**	**695.9**	**7 697**	**334.8**	**765.2**	**6 941**	**349.8**	**772.4**	**3 709**	**336.1**	**755.2**	**6 155**
～19歳	-	-	-	-	-	-	-	-	-	-	-	-	-	-	-
20～24	-	-	-	-	-	-	-	-	-	-	-	-	-	-	-
25～29	266.3	684.3	293	-	-	-	-	-	-	-	-	-	-	-	-
30～34	294.3	699.1	1 407	300.5	718.1	364	-	-	-	-	-	-	-	-	-
35～39	315.5	692.5	1 876	317.2	828.2	1 656	325.8	1092.4	522	-	-	-	-	-	-
40～44	323.3	670.4	1 863	337.9	773.7	1 572	345.9	899.2	2 648	353.8	940.6	303	-	-	-
45～49	325.1	690.8	1 437	352.4	817.0	1 242	355.2	752.1	1 286	375.5	1014.2	1 197	386.6	1341.1	175
50～54	317.0	686.9	1 013	333.2	612.1	819	353.7	673.2	755	362.9	753.7	700	390.8	1104.6	990
55～59	326.2	623.0	1 094	328.1	628.3	891	321.4	702.7	731	353.2	761.3	654	379.8	1051.8	1 591
60～64	303.8	508.0	885	291.5	446.5	579	294.6	435.6	623	296.3	448.5	521	321.3	656.5	1 725
65～69	246.8	280.9	607	283.9	326.3	428	265.7	274.4	280	330.1	340.0	243	274.6	351.5	1 119
70歳～	229.3	263.7	233	229.1	227.0	145	218.3	233.1	96	230.4	260.3	90	267.2	220.0	557
男															
学歴計	**319.5**	**641.0**	**9 427**	**335.1**	**712.6**	**6 756**	**346.0**	**782.1**	**6 167**	**361.4**	**791.8**	**3 336**	**341.8**	**780.1**	**5 721**
～19歳	-	-	-	-	-	-	-	-	-	-	-	-	-	-	-
20～24	-	-	-	-	-	-	-	-	-	-	-	-	-	-	-
25～29	270.9	674.2	270	-	-	-	-	-	-	-	-	-	-	-	-
30～34	302.0	704.4	1 274	305.9	736.8	349	-	-	-	-	-	-	-	-	-
35～39	323.4	721.9	1 705	326.2	844.7	1 490	328.7	1088.6	497	-	-	-	-	-	-
40～44	337.0	680.1	1 624	352.5	790.5	1 398	355.5	928.9	2 411	359.5	952.5	286	-	-	-
45～49	339.4	671.1	1 221	366.2	859.2	1 018	366.0	736.2	1 152	383.6	1039.6	1 125	388.0	1348.8	174
50～54	342.2	688.8	777	349.9	642.7	675	369.8	676.2	655	367.7	732.8	667	395.4	1117.4	927
55～59	340.6	642.9	955	344.6	634.8	778	337.9	728.0	581	363.1	786.1	590	387.5	1081.5	1 511
60～64	312.8	522.7	821	303.6	465.3	504	307.8	443.4	550	306.9	404.4	432	326.6	674.6	1 610
65～69	252.0	294.6	574	284.8	305.4	413	272.6	295.0	254	348.3	321.1	204	276.2	370.1	1 006
70歳～	233.6	297.6	205	233.6	235.0	131	214.0	139.6	67	256.2	206.3	32	268.4	203.8	493
高校卒	**310.0**	**552.8**	**5 671**	**329.5**	**631.3**	**4 368**	**339.4**	**761.2**	**3 637**	**358.1**	**785.4**	**2 249**	**348.9**	**898.3**	**3 119**
～19歳	-	-	-	-	-	-	-	-	-	-	-	-	-	-	-
20～24	-	-	-	-	-	-	-	-	-	-	-	-	-	-	-
25～29	264.9	726.6	230	-	-	-	-	-	-	-	-	-	-	-	-
30～34	303.5	633.3	866	280.4	852.1	266	-	-	-	-	-	-	-	-	-
35～39	322.8	594.1	884	320.1	776.1	1 021	326.4	1155.7	403	-	-	-	-	-	-
40～44	325.2	540.1	908	343.9	637.4	793	353.6	866.7	1 485	360.0	937.0	188	-	-	-
45～49	330.2	586.5	869	363.2	739.9	692	341.5	581.2	626	384.8	1035.0	846	385.0	1513.9	144
50～54	339.7	602.9	426	335.2	519.5	467	353.5	533.4	384	356.7	681.4	432	388.5	1195.8	630
55～59	321.5	561.0	508	325.8	472.7	565	329.2	792.3	387	353.9	708.2	366	377.2	1108.7	954
60～64	297.7	440.3	490	312.8	412.1	294	297.5	436.8	272	290.4	356.4	293	320.8	695.1	738
65～69	239.3	311.4	379	313.6	338.1	208	248.2	333.9	60	362.4	473.9	108	293.2	476.8	488
70歳～	196.8	167.0	111	254.3	319.5	61	259.9	105.2	21	268.9	318.6	16	293.8	164.4	165
高専・短大卒	**347.1**	**948.5**	**1 090**	**357.3**	**1012.3**	**626**	**359.0**	**1063.5**	**738**	**389.4**	**1199.1**	**231**	**416.6**	**1010.5**	**318**
～19歳	-	-	-	-	-	-	-	-	-	-	-	-	-	-	-
20～24	-	-	-	-	-	-	-	-	-	-	-	-	-	-	-
25～29	260.6	448.0	2	-	-	-	-	-	-	-	-	-	-	-	-
30～34	304.7	894.9	215	-	-	-	-	-	-	-	-	-	-	-	-
35～39	345.0	980.0	234	339.5	1113.3	257	338.9	724.6	30	-	-	-	-	-	-
40～44	372.5	954.8	254	359.3	794.2	189	356.8	1106.4	452	497.6	863.5	20	-	-	-
45～49	343.1	1266.8	100	345.1	1357.6	49	377.9	1290.2	100	375.6	1405.1	104	450.0	2080.0	1
50～54	327.4	879.3	100	367.2	1066.3	33	398.4	1298.5	56	424.8	912.0	41	438.8	929.4	97
55～59	388.5	913.4	123	417.0	1085.2	60	351.8	534.5	41	362.4	1148.9	42	421.3	998.8	136
60～64	396.4	922.8	46	462.9	1146.2	24	325.8	560.6	43	385.3	1382.7	20	407.4	1226.0	60
65～69	320.0	0.0	10	192.0	0.0	9	307.7	938.6	16	187.8	133.3	5	312.2	882.8	23
70歳～	146.0	19.4	7	310.4	526.8	4	-	-	-	-	-	-	453.0	320.0	2

第2表　年齢階級、勤続年数階級別所定内給与額

企業規模	10～99人

D　建　設

区　分	勤続年数計			0　年			1～2年			3～4年			5～9年		
	所定内給与額	年間賞与その他特別給与額	労働者数	所定内給与額	年間賞与その他特別給与額	労働者数	所定内給与額	年間賞与その他特別給与額	労働者数	所定内給与額	年間賞与その他特別給与額	労働者数	所定内給与額	年間賞与その他特別給与額	労働者数
	千円	千円	十人	千円	千円	十人	千円	千円	十人	千円	千円	十人	千円	千円	十人
大学・大学院卒	**330.5**	**803.3**	**10 502**	**279.6**	**61.7**	**799**	**275.5**	**543.6**	**1 630**	**295.7**	**736.3**	**1 460**	**325.2**	**917.1**	**2 172**
～19歳	-	-	-	-	-	-	-	-	-	-	-	-	-	-	-
20～24	218.4	214.2	401	206.2	7.1	166	226.9	359.5	236	-	-	-	-	-	-
25～29	244.5	606.8	1 448	261.7	23.9	131	229.0	476.1	459	246.8	710.4	555	256.6	867.1	303
30～34	283.6	713.5	939	269.3	80.0	102	270.8	593.1	225	308.4	696.2	190	283.1	897.6	335
35～39	317.3	953.8	1 101	314.6	8.5	33	289.1	489.5	105	318.8	888.0	137	314.2	1061.2	329
40～44	351.3	984.1	1 485	282.9	57.8	87	326.5	839.3	128	322.0	719.5	113	339.3	983.4	255
45～49	375.1	930.2	1 290	325.5	27.3	72	329.3	1076.4	128	345.1	639.6	107	363.2	952.6	267
50～54	398.4	973.6	983	409.6	0.0	35	391.9	667.6	106	378.4	1099.3	75	359.2	887.3	155
55～59	396.7	1040.1	1 166	328.6	112.2	34	344.0	425.7	90	359.3	975.1	130	387.2	1207.4	216
60～64	347.1	636.7	1 094	337.5	202.5	95	312.5	344.8	84	275.7	514.3	116	362.6	624.4	191
65～69	299.4	393.2	425	261.0	154.7	42	254.1	259.8	58	336.2	213.3	35	317.1	454.7	118
70歳～	278.8	334.9	169	270.0	0.0	2	165.1	6.3	12	150.0	400.0	2	273.5	1023.0	1
生産労働者（男）															
学歴計	**289.6**	**414.6**	**39 144**	**239.7**	**26.6**	**3 549**	**249.5**	**267.2**	**5 986**	**271.7**	**388.9**	**4 977**	**292.6**	**466.5**	**7 318**
～19歳	189.1	54.7	791	183.7	2.2	524	196.5	170.7	235	224.5	64.3	32	-	-	-
20～24	218.4	276.6	3 078	207.0	17.6	520	211.2	267.9	1 232	229.9	354.6	955	228.9	467.4	371
25～29	252.4	373.9	2 869	235.5	14.5	354	224.9	267.4	687	248.0	472.2	604	277.2	464.7	1 038
30～34	286.2	496.1	3 381	237.3	36.3	215	255.3	292.6	647	285.9	493.2	512	295.6	589.8	935
35～39	302.5	489.2	4 418	261.5	47.4	380	267.9	381.1	575	294.0	421.9	553	314.5	480.5	903
40～44	319.4	531.2	5 427	276.4	32.3	412	279.0	321.9	560	291.8	411.0	505	310.2	466.3	948
45～49	325.6	505.8	4 529	265.9	39.9	350	286.0	275.3	568	297.6	459.3	479	326.0	554.6	737
50～54	314.2	446.1	3 520	288.7	34.8	214	281.2	181.4	357	288.0	362.2	450	301.7	500.4	695
55～59	315.6	475.6	3 643	271.8	23.8	149	298.6	316.0	449	313.9	447.9	217	285.1	500.8	592
60～64	284.0	328.6	3 965	262.4	32.9	225	251.6	219.8	365	282.3	216.6	416	265.2	292.8	608
65～69	262.4	187.8	2 709	217.6	38.1	171	238.2	46.3	238	246.3	153.6	214	284.5	225.5	400
70歳～	229.3	166.2	815	220.1	23.0	35	156.9	31.9	73	224.7	321.3	39	223.3	106.7	92
管理・事務・技術労働者(男)															
学歴計	**327.6**	**776.3**	**27 521**	**259.3**	**52.0**	**1 751**	**278.2**	**522.0**	**3 385**	**294.3**	**637.7**	**3 047**	**314.9**	**756.1**	**5 244**
～19歳	181.3	96.7	348	175.2	1.2	217	191.3	254.0	132	-	-	-	-	-	-
20～24	210.2	376.6	1 236	198.1	22.2	251	211.2	413.0	523	213.8	481.2	361	222.2	694.6	101
25～29	242.2	580.3	1 952	220.8	32.8	157	228.0	475.3	571	248.6	644.5	499	248.5	731.8	641
30～34	281.5	630.7	1 970	267.3	56.4	195	266.9	451.1	306	280.7	541.1	318	280.9	738.4	600
35～39	327.7	921.1	2 934	282.2	19.2	115	305.5	560.0	225	314.9	941.0	336	332.0	845.9	574
40～44	349.7	895.6	4 339	286.9	57.6	151	344.6	702.4	352	333.2	637.4	354	335.8	944.6	764
45～49	364.5	908.2	3 712	322.7	32.8	159	327.3	670.9	356	333.2	692.7	286	354.3	768.7	616
50～54	378.0	914.3	3 024	353.8	49.2	91	360.3	731.1	311	353.7	686.0	280	332.8	879.1	447
55～59	368.3	953.2	3 394	287.5	101.4	135	301.0	407.8	225	331.8	730.9	289	346.4	854.3	566
60～64	337.5	645.3	2 635	289.0	163.7	196	315.1	450.0	170	304.5	513.6	187	351.3	532.3	516
65～69	287.5	477.4	1 499	303.6	36.8	78	261.4	510.3	190	267.8	281.6	127	276.2	414.1	339
70歳～	249.8	239.9	478	207.3	0.0	8	187.1	129.9	24	150.5	124.4	11	200.6	143.1	82
女															
学歴計	**219.7**	**439.2**	**9 382**	**190.9**	**32.4**	**956**	**195.7**	**274.9**	**1 723**	**205.2**	**425.2**	**1 172**	**223.3**	**543.0**	**1 729**
～19歳	163.4	30.5	164	165.4	0.0	135	153.8	173.3	29	-	-	-	-	-	-
20～24	192.8	244.9	654	191.2	30.7	187	196.8	296.0	279	186.3	396.7	152	196.4	318.5	37
25～29	207.1	411.3	779	195.3	25.7	133	198.2	287.7	220	213.6	621.8	215	218.2	540.6	188
30～34	203.0	397.4	807	179.1	22.1	107	192.7	314.6	259	203.4	384.8	100	219.8	558.0	192
35～39	220.1	429.1	1 123	223.4	43.3	97	197.7	278.5	225	193.7	242.6	137	225.4	567.0	302
40～44	220.1	494.0	1 544	183.5	24.1	92	192.0	336.2	279	204.7	501.0	172	231.5	512.7	333
45～49	231.3	588.3	1 376	193.3	48.6	53	190.4	199.1	236	206.5	608.1	139	211.7	662.5	302
50～54	244.8	529.3	1 076	228.6	237.2	44	207.5	178.6	117	236.2	308.4	98	249.1	489.6	241
55～59	226.1	435.0	856	191.6	0.0	81	219.2	238.7	51	205.5	175.8	114	211.3	666.9	64
60～64	213.7	375.3	547	177.7	0.0	20	218.4	155.2	25	197.0	267.0	45	166.1	296.1	42
65～69	233.3	233.9	250	-	-	-	135.2	276.3	3	170.0	170.0	1	242.6	129.5	21
70歳～	222.5	265.6	206	192.1	0.0	7	-	-	-	-	-	-	132.5	82.4	8
高校卒	**216.1**	**421.6**	**5 145**	**188.0**	**38.7**	**564**	**187.8**	**233.3**	**820**	**200.5**	**396.1**	**527**	**213.8**	**462.5**	**982**
～19歳	163.4	30.5	164	165.4	0.0	135	153.8	173.3	29	-	-	-	-	-	-
20～24	183.4	270.6	260	202.0	4.6	30	180.1	235.6	104	175.9	381.2	93	198.1	312.7	33
25～29	191.4	374.3	273	185.7	26.0	76	177.9	345.0	51	185.9	342.4	43	202.8	616.1	81
30～34	196.1	350.8	393	167.5	27.2	58	194.0	262.3	104	191.5	205.9	39	205.3	441.5	102
35～39	211.7	380.3	554	219.3	55.6	71	192.5	175.9	111	202.8	321.0	50	189.4	362.1	151
40～44	211.4	436.4	783	179.5	20.5	56	188.4	271.0	163	199.5	679.8	73	221.2	285.5	144
45～49	226.1	550.6	796	194.8	65.1	40	177.9	212.8	145	211.4	662.1	89	211.2	656.3	199
50～54	244.2	553.6	693	260.4	420.8	25	209.3	211.7	53	238.3	248.1	77	249.7	469.9	172
55～59	221.1	474.7	576	195.3	0.0	53	216.7	226.4	47	190.5	88.2	32	211.1	739.8	47
60～64	212.9	340.6	400	177.7	0.0	20	195.7	28.8	12	191.3	129.6	31	174.8	140.6	33
65～69	261.4	156.6	139	-	-	-	128.1	244.0	2	-	-	-	242.6	129.5	21
70歳～	236.5	419.0	115	-	-	-	-	-	-	-	-	-	-	-	-

及び年間賞与その他特別給与額

業

区分	10～14年			15～19年			20～24年			25～29年			30年以上		
	所定内給与額	年間賞与その他特別給与額	労働者数	所定内給与額	年間賞与その他特別給与額	労働者数	所定内給与額	年間賞与その他特別給与額	労働者数	所定内給与額	年間賞与その他特別給与額	労働者数	所定内給与額	年間賞与その他特別給与額	労働者数
	千円	千円	十人	千円	千円	十人	千円	千円	十人	千円	千円	十人	千円	千円	十人
大学・大学院卒	**349.2**	**962.3**	**1 438**	**376.5**	**1151.4**	**979**	**394.8**	**1047.0**	**858**	**398.5**	**1004.0**	**350**	**382.3**	**825.2**	**815**
～19歳	-	-	-	-	-	-	-	-	-	-	-	-	-	-	-
20～24	-	-	-	-	-	-	-	-	-	-	-	-	-	-	-
25～29	-	-	-	-	-	-	-	-	-	-	-	-	-	-	-
30～34	280.8	1094.2	87	-	-	-	-	-	-	-	-	-	-	-	-
35～39	315.8	996.4	388	358.2	1289.5	110	-	-	-	-	-	-	-	-	-
40～44	347.1	940.5	269	363.9	1179.2	341	394.0	1242.4	290	-	-	-	-	-	-
45～49	403.3	1048.4	140	377.0	1104.6	219	414.4	986.9	293	374.2	939.0	64	-	-	-
50～54	362.1	901.8	136	454.3	1303.5	107	423.3	1092.2	100	400.6	930.2	158	434.2	1329.0	111
55～59	391.5	920.3	204	407.0	1302.9	114	362.2	846.8	62	452.7	1443.3	87	445.0	1172.0	229
60～64	378.5	1000.9	137	315.0	644.2	70	364.4	887.7	76	336.4	567.5	33	367.9	687.9	293
65～69	307.0	399.9	48	221.5	189.1	11	336.9	774.4	26	231.7	90.7	9	312.4	542.3	78
70歳～	332.9	1234.8	29	436.9	850.0	6	181.6	40.9	12	-	-	-	281.8	125.5	105
生産労働者（男）															
学歴計	**304.5**	**467.5**	**5 478**	**320.2**	**552.2**	**3 901**	**332.6**	**601.1**	**3 287**	**337.8**	**558.3**	**1 797**	**309.5**	**523.3**	**2 851**
～19歳	-	-	-	-	-	-	-	-	-	-	-	-	-	-	-
20～24	-	-	-	-	-	-	-	-	-	-	-	-	-	-	-
25～29	261.9	626.0	186	-	-	-	-	-	-	-	-	-	-	-	-
30～34	303.7	639.8	834	316.3	598.8	238	-	-	-	-	-	-	-	-	-
35～39	319.4	530.4	899	314.6	698.6	867	318.7	725.9	240	-	-	-	-	-	-
40～44	329.0	517.3	919	342.9	651.7	710	348.0	810.5	1 215	337.9	739.7	157	-	-	-
45～49	325.5	455.5	682	355.1	694.4	565	355.2	504.8	593	363.7	880.2	492	378.8	882.6	64
50～54	306.0	395.6	411	323.9	477.9	343	339.2	467.9	320	340.0	506.6	341	367.4	867.9	390
55～59	317.2	396.4	486	318.3	434.3	440	323.8	595.1	366	339.5	427.5	315	347.5	726.8	629
60～64	279.5	334.0	530	292.6	341.6	331	307.7	324.9	343	302.6	371.9	312	301.2	514.7	834
65～69	243.8	233.4	426	278.5	205.7	325	245.1	181.8	172	336.3	181.9	151	266.6	233.9	612
70歳～	215.0	154.8	105	224.9	188.5	81	225.3	193.9	38	241.7	118.8	29	254.1	209.3	322
管理・事務・技術労働者（男）															
学歴計	**340.3**	**881.7**	**3 949**	**355.4**	**931.8**	**2 856**	**361.2**	**988.6**	**2 880**	**389.0**	**1064.4**	**1 539**	**374.0**	**1035.2**	**2 870**
～19歳	-	-	-	-	-	-	-	-	-	-	-	-	-	-	-
20～24	-	-	-	-	-	-	-	-	-	-	-	-	-	-	-
25～29	290.6	779.8	85	-	-	-	-	-	-	-	-	-	-	-	-
30～34	298.8	827.1	439	283.8	1031.4	111	-	-	-	-	-	-	-	-	-
35～39	327.9	935.6	806	342.4	1048.4	622	338.0	1427.2	257	-	-	-	-	-	-
40～44	347.5	892.6	705	362.5	933.6	688	363.1	1049.2	1 196	385.8	1211.7	129	-	-	-
45～49	356.8	943.5	540	380.0	1065.0	453	377.4	981.3	560	399.1	1163.3	633	393.3	1619.6	110
50～54	382.9	1018.1	366	376.7	812.8	332	399.0	874.9	335	396.7	969.3	326	415.8	1299.0	536
55～59	365.0	898.5	469	378.8	895.9	338	362.0	953.0	216	390.1	1195.6	275	416.1	1334.5	882
60～64	373.2	865.5	292	324.5	702.6	173	307.9	640.3	206	317.9	489.3	120	353.9	846.3	776
65～69	275.6	470.1	148	308.1	673.2	88	330.6	534.3	82	382.7	718.2	53	290.9	581.4	394
70歳～	252.9	446.6	100	247.7	310.0	50	198.9	67.4	29	432.7	1274.0	2	295.3	193.5	171
女															
学歴計	**227.7**	**578.2**	**1 282**	**243.0**	**575.9**	**940**	**245.9**	**630.6**	**773**	**245.8**	**598.8**	**373**	**260.2**	**428.0**	**434**
～19歳	-	-	-	-	-	-	-	-	-	-	-	-	-	-	-
20～24	-	-	-	-	-	-	-	-	-	-	-	-	-	-	-
25～29	210.5	805.9	22	-	-	-	-	-	-	-	-	-	-	-	-
30～34	220.9	649.2	134	178.2	297.9	16	-	-	-	-	-	-	-	-	-
35～39	236.4	399.1	171	236.5	680.2	166	269.9	1168.0	25	-	-	-	-	-	-
40～44	230.7	604.1	240	220.4	638.5	174	248.9	596.5	237	256.9	739.4	17	-	-	-
45～49	244.3	801.9	216	289.8	624.0	223	262.0	889.3	134	247.9	616.7	72	150.0	0.0	1
50～54	233.7	680.7	235	254.7	468.9	144	248.2	653.5	100	268.2	1166.5	34	323.1	916.3	63
55～59	226.7	486.0	139	215.4	584.1	114	257.4	604.4	150	262.5	533.9	64	232.8	490.3	80
60～64	188.1	318.5	64	210.8	319.7	75	195.5	377.3	73	245.3	662.1	89	246.0	403.9	115
65～69	155.3	41.0	33	259.7	893.3	15	199.7	78.0	27	235.2	438.7	39	261.1	184.8	112
70歳～	197.8	12.6	28	186.0	150.0	14	228.3	450.7	29	216.3	289.8	58	258.0	345.7	63
高校卒	**219.6**	**558.6**	**665**	**248.1**	**584.1**	**533**	**231.6**	**617.3**	**480**	**240.4**	**679.1**	**264**	**268.3**	**434.6**	**310**
～19歳	-	-	-	-	-	-	-	-	-	-	-	-	-	-	-
20～24	-	-	-	-	-	-	-	-	-	-	-	-	-	-	-
25～29	210.5	805.9	22	-	-	-	-	-	-	-	-	-	-	-	-
30～34	214.4	683.7	75	178.2	297.9	16	-	-	-	-	-	-	-	-	-
35～39	249.8	444.2	73	227.4	743.4	74	269.9	1168.0	25	-	-	-	-	-	-
40～44	218.1	494.5	110	221.8	750.2	102	232.5	528.2	117	256.9	739.4	17	-	-	-
45～49	232.3	929.9	94	303.0	436.2	134	257.2	1125.6	42	233.5	426.0	52	150.0	0.0	1
50～54	217.0	594.7	130	263.0	559.7	97	220.5	785.3	67	258.1	1300.0	25	324.2	950.6	49
55～59	218.3	423.3	104	216.4	696.1	74	237.9	561.4	119	253.7	829.6	39	227.4	501.3	61
60～64	179.0	167.6	30	208.8	273.9	34	199.0	377.5	66	249.5	733.4	77	235.2	327.2	96
65～69	160.1	69.0	20	319.1	535.3	2	237.2	74.7	17	223.5	407.7	16	318.5	133.8	62
70歳～	250.0	0.0	7	-	-	-	229.4	458.7	28	206.1	441.5	38	266.9	440.1	42

第2表　年齢階級、勤続年数階級別所定内給与額

企業規模	10～99人
	計

D　建　設　業

区分	勤続年数計			0年			1～2年			3～4年			5～9年		
	所定内給与額	年間賞与その他特別給与額	労働者数	所定内給与額	年間賞与その他特別給与額	労働者数	所定内給与額	年間賞与その他特別給与額	労働者数	所定内給与額	年間賞与その他特別給与額	労働者数	所定内給与額	年間賞与その他特別給与額	労働者数
	千円	千円	十人	千円	千円	十人	千円	千円	十人	千円	千円	十人	千円	千円	十人
高専・短大卒	**222.2**	**460.1**	**2 543**	**197.1**	**29.3**	**222**	**196.0**	**302.0**	**481**	**204.7**	**343.2**	**410**	**231.0**	**639.6**	**459**
～19歳	-	-	-	-	-	-	-	-	-	-	-	-	-	-	-
20～24	195.6	258.2	190	198.5	63.9	66	188.5	340.4	68	202.1	389.4	51	184.0	362.0	4
25～29	199.1	305.8	197	185.7	13.8	27	181.8	160.6	70	210.3	548.5	29	216.6	458.3	71
30～34	201.0	426.4	235	192.0	24.7	32	180.1	373.3	86	214.3	530.5	50	215.8	739.1	30
35～39	221.9	429.8	334	298.6	5.5	12	209.3	347.8	57	179.1	146.6	57	232.4	707.9	76
40～44	228.2	521.2	543	190.3	30.2	35	197.0	441.7	84	203.8	239.6	76	257.0	654.6	135
45～49	233.9	718.8	392	171.9	0.0	6	217.4	220.5	62	197.7	511.5	50	219.7	729.7	80
50～54	231.1	407.4	272	187.6	0.0	19	207.6	123.7	48	238.6	549.3	18	233.2	542.1	46
55～59	235.0	349.9	225	185.9	0.0	25	250.0	390.0	4	213.3	189.1	72	196.7	513.6	8
60～64	219.5	530.9	94	-	-	-	180.0	300.0	2	228.9	400.0	6	133.2	882.8	9
65～69	202.0	286.8	48	-	-	-	161.4	394.6	1	-	-	-	-	-	-
70歳～	397.0	0.0	15	-	-	-	-	-	-	-	-	-	-	-	-
大学・大学院卒	**234.1**	**498.5**	**1 449**	**192.7**	**16.4**	**161**	**213.0**	**318.4**	**387**	**218.9**	**648.2**	**217**	**246.7**	**680.9**	**279**
～19歳	-	-	-	-	-	-	-	-	-	-	-	-	-	-	-
20～24	202.6	200.6	201	182.8	15.6	89	218.7	325.9	106	210.8	664.4	7	-	-	-
25～29	227.8	516.9	289	227.2	35.2	31	224.3	329.1	80	222.7	722.1	142	255.2	532.8	37
30～34	226.2	472.7	168	194.2	0.0	17	216.5	317.2	60	205.2	398.7	9	246.4	665.0	60
35～39	239.4	553.3	225	179.0	13.0	14	195.9	409.2	54	212.2	303.9	24	289.8	833.6	76
40～44	224.3	646.5	200	160.0	0.0	0	196.7	390.1	32	226.7	835.5	21	195.0	766.0	54
45～49	255.3	536.6	165	201.3	0.0	8	195.6	88.8	30	208.7	600.0	1	187.6	478.9	23
50～54	281.8	675.1	111	-	-	-	201.8	231.8	17	180.2	396.6	4	278.3	534.5	22
55～59	247.4	372.1	49	169.9	0.0	3	-	-	-	197.3	360.0	10	230.3	441.7	8
60～64	254.3	291.4	23	-	-	-	255.0	280.0	10	-	-	-	-	-	-
65～69	256.3	610.6	17	-	-	-	-	-	-	-	-	-	-	-	-
70歳～	-	-	-	-	-	-	-	-	-	-	-	-	-	-	-
生産労働者（女）															
学歴計	**209.1**	**317.9**	**699**	**169.7**	**22.3**	**91**	**187.8**	**152.9**	**135**	**192.8**	**254.3**	**111**	**214.0**	**361.0**	**73**
～19歳	138.6	20.0	3	135.6	0.0	2	143.0	50.0	1	-	-	-	-	-	-
20～24	199.9	136.6	45	160.8	0.0	6	213.6	155.2	31	137.4	200.0	1	181.0	170.0	6
25～29	188.8	546.6	44	-	-	-	147.5	92.7	15	211.0	757.0	19	206.1	794.0	11
30～34	212.1	255.1	35	-	-	-	182.0	223.6	16	242.0	37.0	11	-	-	-
35～39	231.0	372.8	115	164.4	0.0	14	158.0	17.5	6	203.3	106.2	29	253.8	466.2	24
40～44	222.6	452.9	96	-	-	-	269.0	407.2	23	187.2	315.6	23	196.8	278.5	8
45～49	221.8	277.2	114	166.0	215.5	9	138.4	15.0	30	146.0	99.4	15	248.0	369.2	6
50～54	211.4	640.6	40	180.0	0.0	1	184.9	51.1	6	193.0	178.0	3	180.8	136.3	2
55～59	183.2	128.8	57	173.4	0.0	39	-	-	-	186.2	155.5	4	188.6	361.5	2
60～64	210.5	246.6	74	173.1	0.0	20	143.8	57.6	6	157.2	76.0	7	171.9	11.3	13
65～69	183.1	261.9	42	-	-	-	-	-	-	-	-	-	-	-	-
70歳～	168.1	93.2	36	-	-	-	-	-	-	-	-	-	155.8	0.0	1
管理・事務・技術労働者（女）															
学歴計	**220.6**	**449.0**	**8 683**	**193.1**	**33.4**	**865**	**196.4**	**285.2**	**1 588**	**206.5**	**443.1**	**1 061**	**223.7**	**550.9**	**1 656**
～19歳	163.7	30.7	161	165.7	0.0	133	154.2	177.8	28	-	-	-	-	-	-
20～24	192.3	252.9	609	192.3	31.8	180	194.7	313.8	248	186.7	398.1	150	199.5	348.1	31
25～29	208.2	403.1	734	195.3	25.7	133	201.8	301.5	206	213.8	608.8	196	219.0	525.1	178
30～34	202.6	403.8	773	179.1	22.1	107	193.4	320.7	243	198.7	426.8	89	219.8	558.0	192
35～39	218.9	435.5	1 008	233.6	50.7	82	198.8	286.1	218	191.1	278.7	109	222.9	575.8	278
40～44	219.9	496.7	1 448	183.5	24.1	92	184.9	329.7	256	207.4	529.7	149	232.4	518.5	325
45～49	232.2	616.5	1 262	199.2	13.0	44	198.0	226.0	206	213.8	669.6	124	211.0	667.9	296
50～54	246.1	525.0	1 036	229.3	240.4	43	208.7	184.9	112	237.4	312.0	96	249.7	492.4	239
55～59	229.1	456.9	799	208.5	0.0	42	219.2	238.7	51	206.2	176.5	111	211.9	675.0	62
60～64	214.1	395.4	474	290.2	0.0	1	243.5	188.0	18	204.8	304.2	37	163.5	422.4	29
65～69	243.5	228.2	208	-	-	-	135.2	276.3	3	170.0	170.0	1	242.6	129.5	21
70歳～	233.9	301.8	170	192.1	0.0	7	-	-	-	-	-	-	127.5	100.0	6
E　製造業															
企業規模計															
男女計	**294.5**	**1014.7**	**559 288**	**206.5**	**44.6**	**32 880**	**219.2**	**440.6**	**66 605**	**233.1**	**634.9**	**47 529**	**254.9**	**831.6**	**104 584**
～19歳	176.4	166.0	9 959	171.5	23.2	5 490	182.2	337.4	4 415	197.3	671.8	54	-	-	-
20～24	197.9	465.7	40 443	196.7	20.4	7 654	193.8	430.4	16 894	196.7	665.4	9 405	211.9	793.5	6 490
25～29	229.0	722.8	57 955	206.2	25.9	5 145	217.0	516.4	13 223	236.2	819.2	10 819	233.6	891.8	22 524
30～34	261.1	892.6	61 861	214.2	51.2	3 445	228.2	441.5	8 202	233.3	614.6	5 887	275.1	1072.5	21 004
35～39	288.6	1024.4	67 126	226.6	64.4	2 784	232.1	448.6	5 912	247.9	637.3	4 729	271.1	910.3	13 655
40～44	314.1	1132.7	79 662	226.0	40.9	2 701	238.5	435.4	5 336	247.4	562.9	4 663	269.8	818.0	12 515
45～49	344.6	1292.3	77 963	237.8	54.0	1 872	250.0	405.4	4 281	248.0	524.5	3 936	265.6	708.8	10 011
50～54	366.1	1418.0	66 735	229.2	45.6	1 508	256.7	426.5	2 867	262.7	546.7	2 845	260.5	632.9	7 345
55～59	362.5	1350.4	53 120	232.2	74.5	714	262.8	428.0	2 343	259.4	462.7	2 310	253.2	567.1	5 444
60～64	243.8	626.0	32 330	235.0	327.9	1 067	236.2	447.2	2 358	230.6	439.4	2 086	213.0	326.8	3 298
65～69	220.5	298.0	9 271	196.4	26.9	351	196.5	184.6	653	208.4	222.9	579	228.8	279.7	1 942
70歳～	219.0	279.2	2 863	166.3	2.3	149	234.9	196.2	121	187.3	116.3	213	198.4	260.1	356

及び年間賞与その他特別給与額

E　製　造　業

10～14年 所定内給与額	10～14年 年間賞与その他特別給与額	10～14年 労働者数	15～19年 所定内給与額	15～19年 年間賞与その他特別給与額	15～19年 労働者数	20～24年 所定内給与額	20～24年 年間賞与その他特別給与額	20～24年 労働者数	25～29年 所定内給与額	25～29年 年間賞与その他特別給与額	25～29年 労働者数	30年以上 所定内給与額	30年以上 年間賞与その他特別給与額	30年以上 労働者数	区分
千円	千円	十人	千円	千円	十人	千円	千円	十人	千円	千円	十人	千円	千円	十人	
227.9	**632.9**	**355**	**231.3**	**520.5**	**270**	**262.9**	**731.0**	**198**	**277.1**	**450.1**	**83**	**286.0**	**567.2**	**65**	**高専・短大卒**
－	－	－	－	－	－	－	－	－	－	－	－	－	－	－	～19歳
－	－	－	－	－	－	－	－	－	－	－	－	－	－	－	20～24
－	－	－	－	－	－	－	－	－	－	－	－	－	－	－	25～29
228.0	505.9	36	－	－	－	－	－	－	－	－	－	－	－	－	30～34
219.2	203.4	47	240.3	612.8	85	－	－	－	－	－	－	－	－	－	35～39
244.7	683.4	91	222.1	646.0	41	236.6	617.4	79	－	－	－	－	－	－	40～44
222.7	1177.3	54	260.3	613.9	50	269.5	943.8	73	289.1	1164.3	18	－	－	－	45～49
221.6	557.2	71	239.5	256.9	34	253.9	249.0	12	296.5	795.1	9	319.3	800.8	14	50～54
248.9	758.6	24	199.3	371.6	32	334.2	773.9	30	284.6	79.9	21	217.4	497.4	9	55～59
222.2	609.8	21	193.0	383.5	28	－	－	－	217.5	199.2	12	315.5	823.3	16	60～64
150.0	0.0	10	－	－	－	145.0	220.0	4	237.0	369.6	13	216.8	382.4	21	65～69
－	－	－	－	－	－	－	－	－	344.0	0.0	10	500.0	0.0	5	70歳～
266.4	**661.4**	**206**	**266.0**	**811.4**	**104**	**292.3**	**562.2**	**74**	**240.2**	**133.0**	**5**	**254.6**	**142.1**	**15**	**大学・大学院卒**
－	－	－	－	－	－	－	－	－	－	－	－	－	－	－	～19歳
－	－	－	－	－	－	－	－	－	－	－	－	－	－	－	20～24
－	－	－	－	－	－	－	－	－	－	－	－	－	－	－	25～29
231.0	765.6	22	－	－	－	－	－	－	－	－	－	－	－	－	30～34
233.2	516.7	51	287.5	831.6	7	－	－	－	－	－	－	－	－	－	35～39
236.5	764.1	28	213.1	248.2	30	294.2	842.2	35	－	－	－	－	－	－	40～44
293.3	378.1	58	321.3	1849.5	27	243.6	154.3	19	249.0	715.0	1	－	－	－	45～49
319.8	1245.8	35	232.9	348.3	13	333.0	467.4	21	－	－	－	－	－	－	50～54
256.8	488.2	11	276.7	435.5	8	－	－	－	238.6	29.5	5	370.0	430.0	5	55～59
－	－	－	253.8	300.0	13	－	－	－	－	－	－	－	－	－	60～64
－	－	－	335.0	1500.0	7	－	－	－	－	－	－	203.5	14.3	10	65～69
－	－	－	－	－	－	－	－	－	－	－	－	－	－	－	70歳～
															生産労働者（女）
214.8	**463.0**	**127**	**265.9**	**457.2**	**77**	**229.7**	**689.2**	**41**	**208.1**	**312.0**	**23**	**297.3**	**708.8**	**23**	**学歴計**
－	－	－	－	－	－	－	－	－	－	－	－	－	－	－	～19歳
－	－	－	－	－	－	－	－	－	－	－	－	－	－	－	20～24
－	－	－	－	－	－	－	－	－	－	－	－	－	－	－	25～29
234.3	632.5	8	－	－	－	－	－	－	－	－	－	－	－	－	30～34
271.2	426.8	21	208.2	0.0	5	292.0	1266.8	15	－	－	－	－	－	－	35～39
208.9	710.7	24	248.6	516.0	8	228.9	340.0	9	－	－	－	－	－	－	40～44
215.7	176.1	17	351.6	662.9	32	153.0	320.0	1	220.7	230.0	4	－	－	－	45～49
221.3	838.3	27	－	－	－	205.0	530.0	1	－	－	－	219.0	1150.0	1	50～54
－	－	－	234.5	561.8	7	140.0	0.0	2	－	－	－	205.2	663.0	3	55～59
175.5	369.9	4	172.8	255.3	4	171.1	444.6	10	252.0	0.0	1	503.8	1124.2	9	60～64
173.2	39.0	16	156.0	355.0	6	200.0	0.0	1	257.5	582.9	9	144.2	291.9	10	65～69
164.6	31.0	11	186.0	150.0	14	166.2	0.0	1	147.3	104.4	9	－	－	－	70歳～
															管理・事務・技術労働者(女)
229.2	**590.8**	**1 155**	**241.0**	**586.5**	**864**	**246.8**	**627.3**	**732**	**248.2**	**617.6**	**350**	**258.1**	**412.2**	**411**	**学歴計**
－	－	－	－	－	－	－	－	－	－	－	－	－	－	－	～19歳
－	－	－	－	－	－	－	－	－	－	－	－	－	－	－	20～24
210.5	805.9	22	－	－	－	－	－	－	－	－	－	－	－	－	25～29
220.0	650.2	126	178.2	297.9	16	－	－	－	－	－	－	－	－	－	30～34
231.6	395.3	151	237.4	702.2	161	234.8	1011.1	10	－	－	－	－	－	－	35～39
233.2	592.3	216	219.0	644.5	166	249.7	606.8	228	256.9	739.4	17	－	－	－	40～44
246.7	854.7	199	279.3	617.4	191	262.8	893.5	133	249.4	638.3	68	150.0	0.0	1	45～49
235.3	660.2	208	254.7	468.9	144	248.6	654.7	99	268.2	1166.5	34	324.9	912.2	62	50～54
226.7	486.0	139	214.1	585.6	107	258.9	612.2	148	262.5	533.9	64	233.8	483.6	77	55～59
188.9	315.3	60	212.7	323.0	71	199.5	366.1	63	245.2	669.6	88	223.8	342.1	106	60～64
139.3	42.8	17	331.1	1264.2	9	199.7	82.4	25	228.3	394.5	30	272.4	174.4	102	65～69
220.7	0.0	16	－	－	－	229.4	458.7	28	228.9	323.8	49	258.0	345.7	63	70歳～
															E　製造業
															企業規模計
286.3	**1007.0**	**83 932**	**315.3**	**1168.7**	**53 500**	**348.7**	**1368.3**	**47 296**	**387.3**	**1679.9**	**53 467**	**395.1**	**1697.4**	**69 494**	**男女計**
－	－	－	－	－	－	－	－	－	－	－	－	－	－	－	～19歳
－	－	－	－	－	－	－	－	－	－	－	－	－	－	－	20～24
243.9	957.0	6 244	－	－	－	－	－	－	－	－	－	－	－	－	25～29
273.1	1071.5	19 180	278.2	1140.7	4 142	－	－	－	－	－	－	－	－	－	30～34
318.6	1296.7	19 424	308.4	1241.1	16 108	297.2	1177.0	4 513	－	－	－	－	－	－	35～39
306.0	1078.7	12 824	372.5	1551.6	14 083	342.7	1396.8	19 691	342.8	1496.5	7 848	－	－	－	40～44
297.2	942.0	9 294	333.3	1156.7	6 659	423.5	1840.1	12 462	390.5	1729.2	23 957	383.1	1627.8	5 491	45～49
280.8	790.1	6 893	300.0	912.7	4 712	342.4	1182.7	4 306	457.0	2117.6	13 053	426.8	1924.1	23 206	50～54
271.6	613.4	5 228	264.5	678.1	4 128	301.9	843.4	3 298	364.5	1351.5	5 391	454.5	2079.2	24 264	55～59
216.9	350.6	3 252	213.2	349.2	2 466	217.7	389.0	2 262	233.9	631.2	2 361	274.3	946.0	13 179	60～64
206.6	253.7	1 207	208.4	244.8	922	216.8	272.6	555	214.8	294.6	635	240.4	449.1	2 427	65～69
228.5	304.1	385	217.7	246.8	280	195.6	300.1	210	213.6	204.6	223	243.6	392.1	926	70歳～

第2表　年齢階級、勤続年数階級別所定内給与額

企業規模	計

E　製　造

区　分	勤続年数計			0　年			1～2年			3～4年			5～9年		
	所定内給与額	年間賞与その他特別給与額	労働者数	所定内給与額	年間賞与その他特別給与額	労働者数	所定内給与額	年間賞与その他特別給与額	労働者数	所定内給与額	年間賞与その他特別給与額	労働者数	所定内給与額	年間賞与その他特別給与額	労働者数
	千円	千円	十人	千円	千円	十人	千円	千円	十人	千円	千円	十人	千円	千円	十人
男															
学歴計	**318.9**	**1155.6**	**428 793**	**219.0**	**54.9**	**22 277**	**234.4**	**511.2**	**45 749**	**248.2**	**705.4**	**34 679**	**272.5**	**936.7**	**77 884**
～19歳	179.7	189.6	6 943	174.1	31.4	3 714	185.9	366.3	3 181	205.8	723.3	48	-	-	-
20～24	203.7	518.1	28 475	203.1	25.0	5 180	199.4	486.1	11 129	201.4	701.4	6 961	216.7	832.1	5 204
25～29	236.6	779.1	43 930	213.0	28.0	3 615	225.5	579.0	9 554	243.6	867.8	8 281	240.2	935.0	17 272
30～34	272.4	968.5	49 633	225.7	56.2	2 461	243.3	505.6	5 948	243.1	650.2	4 541	283.6	1138.6	17 554
35～39	304.9	1123.4	53 574	247.3	80.6	1 852	250.2	517.7	4 001	266.5	725.5	3 430	285.0	991.6	10 965
40～44	337.4	1259.0	61 980	249.3	46.7	1 686	268.9	532.9	3 345	272.5	649.5	3 159	294.9	948.8	9 038
45～49	377.4	1471.8	59 729	277.9	72.0	1 113	292.4	529.5	2 594	283.5	672.2	2 506	303.1	881.2	6 306
50～54	407.3	1655.2	51 371	258.8	51.3	979	297.8	559.4	1 805	305.5	685.7	1 837	310.4	836.4	4 236
55～59	409.9	1609.0	40 295	259.7	101.3	485	308.2	567.3	1 581	299.1	587.5	1 575	298.3	732.3	3 374
60～64	267.8	751.9	24 140	250.4	363.8	879	251.8	517.6	1 939	247.2	512.3	1 662	239.8	422.2	2 132
65～69	241.8	352.2	6 651	210.0	34.7	264	205.5	202.4	565	220.0	247.4	493	247.1	318.9	1 524
70歳～	237.0	324.3	2 073	236.8	7.0	49	237.8	213.4	106	192.9	126.6	186	212.1	303.6	280
高校卒	**290.2**	**974.6**	**247 668**	**201.7**	**51.3**	**13 081**	**215.3**	**411.7**	**26 287**	**226.2**	**566.8**	**19 746**	**250.3**	**783.4**	**44 064**
～19歳	179.9	191.6	6 793	174.1	31.8	3 642	186.1	370.3	3 119	228.1	970.6	32	-	-	-
20～24	200.2	591.1	20 307	190.3	29.8	1 869	191.1	471.9	7 228	200.0	698.2	6 116	217.0	837.5	5 094
25～29	228.3	752.6	23 886	199.6	19.8	1 681	205.6	386.2	3 205	217.8	566.3	2 349	231.1	884.4	11 573
30～34	253.9	825.7	24 727	209.0	49.8	1 345	225.8	401.3	2 940	224.3	504.7	2 256	250.3	809.8	5 352
35～39	280.5	940.4	27 699	226.8	57.2	1 014	231.9	373.9	2 190	243.1	559.7	1 817	264.4	816.6	5 287
40～44	310.2	1088.7	34 756	231.9	35.5	1 052	249.0	410.7	2 034	251.2	533.0	1 787	274.8	834.8	5 275
45～49	334.9	1184.6	34 010	233.3	53.7	667	255.6	403.4	1 642	259.7	579.4	1 655	277.4	718.9	3 959
50～54	362.8	1336.9	31 179	232.2	37.9	703	255.0	377.5	1 175	253.4	486.3	1 161	284.2	697.8	2 840
55～59	361.6	1317.8	23 739	211.4	53.0	328	257.6	361.3	1 001	253.9	391.0	1 068	273.3	594.5	2 148
60～64	250.3	716.0	15 089	223.3	399.3	545	229.5	486.9	1 328	228.3	410.5	1 006	228.3	388.6	1 385
65～69	224.1	316.8	4 309	193.5	31.3	197	182.8	169.9	340	209.2	237.7	362	219.1	275.6	971
70歳～	233.4	313.7	1 172	250.2	9.0	38	210.5	158.3	86	189.9	83.2	136	218.6	303.4	181
高専・短大卒	**310.5**	**1067.8**	**38 030**	**212.3**	**40.7**	**1 856**	**225.3**	**451.8**	**3 989**	**252.2**	**705.2**	**3 220**	**269.2**	**883.3**	**7 568**
～19歳	-	-	-	-	-	-	-	-	-	-	-	-	-	-	-
20～24	200.1	419.3	2 675	189.1	14.0	733	198.3	435.9	1 173	213.7	780.8	732	206.6	774.2	36
25～29	227.5	731.7	3 510	197.3	34.8	259	203.6	399.3	713	226.7	726.4	639	240.8	951.7	1 880
30～34	257.6	833.9	4 984	233.8	48.6	227	220.1	404.5	685	241.1	603.7	569	254.6	834.4	1 531
35～39	286.9	990.7	5 597	225.9	79.7	195	247.2	532.6	517	255.8	743.7	312	266.5	920.9	1 361
40～44	318.5	1078.8	7 157	247.1	53.3	178	246.8	469.0	344	274.9	677.3	377	281.0	846.1	1 178
45～49	375.1	1408.7	6 023	255.6	70.6	121	264.4	531.7	249	275.4	627.8	200	322.1	1066.9	626
50～54	404.0	1559.8	4 088	220.6	5.6	63	302.4	801.8	121	367.8	679.6	195	349.2	1019.7	376
55～59	402.0	1462.0	2 430	194.5	4.6	21	319.8	360.1	57	374.0	570.6	75	304.4	654.6	311
60～64	266.9	756.0	1 269	245.0	200.1	55	284.6	312.9	85	293.3	863.1	119	227.7	276.5	157
65～69	276.7	441.7	248	193.9	1.8	2	272.2	365.3	44	183.1	96.5	2	267.9	367.0	102
70歳～	250.4	305.6	50	-	-	-	502.4	70.0	1	-	-	-	296.5	461.9	10
大学・大学院卒	**382.8**	**1584.4**	**128 270**	**257.0**	**67.4**	**6 664**	**274.4**	**735.2**	**14 121**	**290.8**	**994.3**	**10 647**	**317.5**	**1268.8**	**23 795**
～19歳	-	-	-	-	-	-	-	-	-	-	-	-	-	-	-
20～24	221.6	304.4	5 006	218.5	25.4	2 485	224.8	579.5	2 485	219.6	558.3	33	219.6	705.5	3
25～29	252.1	842.9	15 813	229.4	36.5	1 566	241.1	725.6	5 444	258.5	1030.4	5 161	269.2	1099.6	3 639
30～34	302.3	1211.9	18 684	255.3	71.3	801	277.9	706.8	2 145	270.4	881.8	1 597	306.8	1371.3	10 226
35～39	349.1	1456.6	18 760	297.2	135.3	550	290.1	811.1	1 160	306.3	972.4	1 218	321.3	1260.3	3 918
40～44	400.2	1690.9	18 444	298.3	74.4	404	329.3	887.9	821	323.3	936.1	860	349.2	1274.6	2 306
45～49	464.8	2090.6	18 033	400.5	122.7	285	409.8	896.5	604	357.2	984.4	560	370.3	1290.0	1 459
50～54	510.5	2423.4	14 755	373.7	117.8	195	400.2	920.7	456	428.2	1269.9	422	388.9	1265.3	869
55～59	516.1	2274.3	12 371	417.8	266.3	118	432.0	1093.3	460	416.7	1149.8	392	387.5	1247.3	725
60～64	332.4	944.3	5 249	333.2	344.5	221	329.4	704.8	426	319.7	855.9	334	295.4	640.3	415
65～69	335.3	598.9	955	298.2	38.5	40	259.1	300.9	112	309.9	373.3	58	397.8	563.7	226
70歳～	331.0	490.1	201	-	-	-	328.7	799.3	9	230.2	497.6	12	246.9	765.5	9
生産労働者（男）															
学歴計	**270.7**	**839.3**	**255 211**	**202.5**	**36.3**	**16 119**	**214.0**	**399.3**	**31 776**	**224.9**	**563.9**	**23 739**	**246.9**	**766.9**	**51 052**
～19歳	180.6	185.6	6 239	174.7	15.9	3 254	186.7	364.8	2 937	205.8	723.3	48	-	-	-
20～24	201.5	530.5	22 611	194.7	19.3	3 293	195.2	452.8	8 464	201.7	693.8	6 203	217.3	816.2	4 650
25～29	228.0	707.9	29 348	205.0	24.0	2 541	210.8	416.7	5 370	222.7	639.2	4 083	233.2	879.8	12 699
30～34	250.2	780.0	30 544	212.7	35.7	1 826	223.2	409.5	4 205	228.8	529.2	3 173	252.3	842.8	8 296
35～39	274.9	898.0	32 749	225.3	48.5	1 325	231.8	397.8	2 888	244.1	568.4	2 250	262.3	840.1	7 153
40～44	297.0	990.2	36 599	230.5	32.0	1 281	242.2	389.6	2 420	243.4	537.6	2 301	269.1	790.5	6 161
45～49	313.7	1047.0	31 072	225.7	35.8	751	242.7	359.9	1 707	249.4	506.5	1 815	266.1	680.8	4 222
50～54	325.4	1069.4	24 841	219.0	39.6	713	250.3	368.0	1 199	243.6	453.2	1 232	265.4	589.6	2 748
55～59	323.6	1048.6	20 325	207.4	13.7	363	237.3	267.9	969	248.1	366.9	1 057	245.8	475.3	2 274
60～64	236.1	596.7	14 886	197.1	321.7	537	208.0	301.1	1 166	205.7	278.0	1 051	216.3	313.7	1 594
65～69	212.0	250.7	4 525	179.3	26.9	204	180.4	140.0	372	193.6	181.2	372	200.8	194.2	1 056
70歳～	220.4	251.5	1 472	257.4	0.0	34	237.2	186.1	79	189.4	116.3	154	187.3	167.4	198

及び年間賞与その他特別給与額

業

10 ～ 14 年			15 ～ 19 年			20 ～ 24 年			25 ～ 29 年			30 年 以 上			区　分
所定内給与額	年間賞与その他特別給与額	労働者数	所定内給与額	年間賞与その他特別給与額	労働者数	所定内給与額	年間賞与その他特別給与額	労働者数	所定内給与額	年間賞与その他特別給与額	労働者数	所定内給与額	年間賞与その他特別給与額	労働者数	
千円	千円	十人	千円	千円	十人	千円	千円	十人	千円	千円	十人	千円	千円	十人	
															男
307.7	1135.4	64 627	344.8	1331.6	40 566	375.4	1513.6	37 436	409.9	1802.9	44 520	411.8	1788.1	61 056	学歴計
-	-	-	-	-	-	-	-	-	-	-	-	-	-	-	～ 19歳
-	-	-	-	-	-	-	-	-	-	-	-	-	-	-	20 ～ 24
250.7	1010.1	5 208	-	-	-	-	-	-	-	-	-	-	-	-	25 ～ 29
282.6	1129.0	15 747	290.9	1244.1	3 382	-	-	-	-	-	-	-	-	-	30 ～ 34
329.4	1376.6	16 785	323.5	1313.4	12 889	311.3	1251.1	3 652	-	-	-	-	-	-	35 ～ 39
325.9	1189.8	10 299	388.2	1635.0	12 084	359.3	1472.4	15 877	356.4	1564.6	6 491	-	-	-	40 ～ 44
330.5	1101.9	6 595	363.0	1310.1	5 227	438.5	1928.0	11 077	410.2	1825.4	19 624	398.4	1690.3	4 687	45 ～ 49
329.4	1007.4	4 110	352.9	1158.7	2 969	374.9	1343.3	3 320	471.1	2206.1	11 933	445.3	2021.5	20 182	50 ～ 54
329.2	801.2	2 991	339.9	971.9	2 108	357.6	1064.6	1 992	395.3	1495.3	4 405	471.5	2173.0	21 785	55 ～ 59
256.2	440.6	1 819	262.1	501.9	1 173	260.9	548.8	1 157	257.9	770.9	1 600	284.1	1003.2	11 779	60 ～ 64
236.6	344.4	760	242.7	284.1	520	272.5	380.5	251	239.5	334.3	329	256.1	512.0	1 945	65 ～ 69
244.5	352.6	314	229.3	239.7	212	234.4	433.4	110	241.8	218.8	138	257.6	444.2	678	70歳～
276.8	926.2	35 906	304.5	1051.0	22 099	327.5	1203.1	20 452	359.9	1453.8	26 121	383.8	1631.3	39 912	高校卒
-	-	-	-	-	-	-	-	-	-	-	-	-	-	-	～ 19歳
-	-	-	-	-	-	-	-	-	-	-	-	-	-	-	20 ～ 24
250.5	1012.0	5 077	-	-	-	-	-	-	-	-	-	-	-	-	25 ～ 29
265.1	1004.0	9 600	291.2	1254.6	3 235	-	-	-	-	-	-	-	-	-	30 ～ 34
284.9	1003.0	5 727	302.3	1180.8	8 218	312.6	1274.1	3 446	-	-	-	-	-	-	35 ～ 39
296.1	970.6	5 094	322.9	1028.6	3 444	332.5	1339.4	9 994	360.3	1602.3	6 076	-	-	-	40 ～ 44
298.5	908.6	3 859	315.4	941.9	2 783	335.1	1088.4	2 794	371.7	1549.0	12 328	402.4	1739.5	4 323	45 ～ 49
302.1	825.0	2 773	325.1	921.5	1 892	344.2	1052.5	2 023	363.5	1351.2	4 063	420.8	1856.8	14 550	50 ～ 54
293.0	681.7	1 914	308.2	840.8	1 343	335.8	929.3	1 268	351.2	1202.0	2 431	420.3	1852.8	12 238	55 ～ 59
235.5	399.2	1 203	235.4	417.6	728	256.0	539.9	689	247.8	693.2	960	267.1	989.2	7 246	60 ～ 64
216.5	296.9	509	245.6	270.3	329	272.5	401.4	169	215.9	264.9	192	240.8	474.4	1 241	65 ～ 69
243.5	396.1	150	246.2	259.3	127	226.2	565.9	69	278.9	215.0	71	246.1	448.0	315	70歳～
301.5	1072.8	6 038	333.8	1208.1	4 195	356.8	1305.9	3 962	406.8	1683.4	3 811	437.2	1958.5	3 390	高専・短大卒
-	-	-	-	-	-	-	-	-	-	-	-	-	-	-	～ 19歳
-	-	-	-	-	-	-	-	-	-	-	-	-	-	-	20 ～ 24
246.8	1103.4	19	-	-	-	-	-	-	-	-	-	-	-	-	25 ～ 29
280.4	1135.9	1 949	275.7	1462.8	22	-	-	-	-	-	-	-	-	-	30 ～ 34
292.0	1053.0	1 363	320.5	1260.0	1 828	355.1	1447.3	20	-	-	-	-	-	-	35 ～ 39
315.4	1125.0	1 286	333.8	1191.4	1 180	349.8	1307.0	2 555	386.9	1797.7	59	-	-	-	40 ～ 44
334.7	1118.2	734	373.5	1345.0	582	386.2	1433.9	901	418.9	1785.1	2 546	442.6	1741.5	63	45 ～ 49
326.5	950.7	391	356.4	1014.2	357	351.5	1297.6	291	404.4	1638.7	644	472.9	2179.7	1 650	50 ～ 54
340.4	666.9	195	327.5	851.2	148	363.2	907.9	124	382.7	1486.5	445	475.7	2138.2	1 055	55 ～ 59
243.9	334.0	75	285.7	710.1	55	242.2	326.3	64	248.1	420.1	89	278.6	1147.6	569	60 ～ 64
320.0	543.1	16	251.4	719.2	23	282.0	316.9	6	356.8	523.3	13	283.3	551.2	40	65 ～ 69
276.6	442.8	10	-	-	-	-	-	-	240.2	264.0	15	178.3	151.5	13	70歳～
366.2	1550.1	20 757	422.1	1900.5	13 096	470.6	2173.4	11 952	520.1	2603.6	13 321	516.2	2435.7	13 915	大学・大学院卒
-	-	-	-	-	-	-	-	-	-	-	-	-	-	-	～ 19歳
-	-	-	-	-	-	-	-	-	-	-	-	-	-	-	20 ～ 24
214.9	713.2	3	-	-	-	-	-	-	-	-	-	-	-	-	25 ～ 29
326.7	1440.6	3 907	306.9	1260.8	8	-	-	-	-	-	-	-	-	-	30 ～ 34
364.5	1672.4	9 249	392.8	1772.9	2 659	281.1	976.3	6	-	-	-	-	-	-	35 ～ 39
371.8	1534.2	3 708	429.1	2008.5	7 268	458.3	2080.7	3 068	327.5	1476.3	8	-	-	-	40 ～ 44
403.4	1546.4	1 798	442.2	1951.0	1 709	487.8	2334.3	7 195	517.8	2663.8	4 417	467.9	2543.2	6	45 ～ 49
427.1	1675.6	838	443.0	2024.4	631	463.5	2089.1	876	543.1	2778.0	7 052	551.8	2803.3	3 416	50 ～ 54
426.0	1169.8	732	431.2	1379.6	537	414.4	1458.3	531	483.1	2052.3	1 391	568.8	2808.3	7 484	55 ～ 59
355.2	733.1	346	337.6	770.0	251	279.2	776.0	222	299.2	1101.2	399	346.2	1126.9	2 636	60 ～ 64
314.4	562.9	123	320.5	607.8	31	332.0	303.4	37	298.8	402.2	49	343.3	960.0	281	65 ～ 69
347.1	493.2	54	551.4	1130.3	3	367.2	306.0	18	384.4	124.5	5	326.0	465.4	92	70歳～
															生産労働者（男）
273.8	919.3	40 068	295.4	988.3	22 782	320.9	1171.0	19 776	341.6	1334.8	21 327	341.5	1309.2	28 571	学歴計
-	-	-	-	-	-	-	-	-	-	-	-	-	-	-	～ 19歳
-	-	-	-	-	-	-	-	-	-	-	-	-	-	-	20 ～ 24
250.8	1008.4	4 656	-	-	-	-	-	-	-	-	-	-	-	-	25 ～ 29
265.6	1002.8	10 485	278.1	1113.7	2 559	-	-	-	-	-	-	-	-	-	30 ～ 34
287.3	1027.2	8 103	295.0	1113.4	8 111	304.3	1217.1	2 919	-	-	-	-	-	-	35 ～ 39
290.1	954.6	6 051	317.1	1059.0	4 582	324.5	1277.5	9 383	343.5	1478.1	4 421	-	-	-	40 ～ 44
289.0	867.8	4 136	301.9	921.6	2 852	345.8	1204.0	3 390	354.1	1453.0	9 405	368.1	1479.1	2 795	45 ～ 49
281.5	785.5	2 594	305.8	837.6	1 843	330.1	1038.3	1 843	354.7	1297.7	3 785	377.5	1520.5	8 886	50 ～ 54
278.6	618.6	2 014	299.3	815.4	1 407	320.2	934.0	1 205	331.6	1095.1	2 316	380.2	1550.8	8 721	55 ～ 59
224.3	341.8	1 293	232.8	400.2	876	240.0	504.3	814	236.5	666.4	1 086	256.5	871.7	6 469	60 ～ 64
215.7	297.5	556	227.6	219.2	380	248.7	469.7	150	224.7	342.5	225	229.0	337.2	1 209	65 ～ 69
216.5	258.8	181	215.5	184.1	173	200.3	254.0	74	210.1	217.6	90	246.3	382.8	490	70歳～

第2表　年齢階級、勤続年数階級別所定内給与額

企業規模	計

E　製　造

区分	勤続年数計			0　年			1～2年			3～4年			5～9年		
	所定内給与額	年間賞与その他特別給与額	労働者数	所定内給与額	年間賞与その他特別給与額	労働者数	所定内給与額	年間賞与その他特別給与額	労働者数	所定内給与額	年間賞与その他特別給与額	労働者数	所定内給与額	年間賞与その他特別給与額	労働者数
	千円	千円	十人	千円	千円	十人	千円	千円	十人	千円	千円	十人	千円	千円	十人
管理・事務・技術労働者(男)															
学歴計	**389.8**	**1620.7**	**173 582**	**262.2**	**103.5**	**6 158**	**281.0**	**765.8**	**13 973**	**298.7**	**1012.6**	**10 940**	**321.2**	**1259.8**	**26 832**
～19歳	171.8	225.4	704	169.9	141.2	460	175.4	384.0	244	-	-	-	-	-	-
20～24	212.3	470.2	5 864	217.8	35.0	1 887	212.7	591.9	2 665	198.6	763.9	758	211.0	964.9	554
25～29	254.1	922.5	14 582	232.0	37.3	1 074	244.5	787.3	4 184	263.9	1090.0	4 198	259.5	1088.1	4 574
30～34	307.8	1270.3	19 089	263.1	115.0	636	291.6	737.5	1 743	276.4	931.0	1 368	311.6	1403.7	9 258
35～39	352.1	1478.0	20 825	302.6	161.3	527	298.0	829.0	1 112	309.2	1025.1	1 180	327.7	1276.1	3 812
40～44	395.7	1646.7	25 381	308.7	93.1	406	338.7	907.7	925	350.5	949.5	859	350.4	1287.9	2 876
45～49	446.4	1932.5	28 657	386.1	146.9	362	387.9	856.0	887	373.2	1107.5	691	378.0	1287.1	2 084
50～54	483.9	2203.7	26 529	365.4	82.5	266	391.9	938.4	606	431.4	1158.7	606	393.3	1292.2	1 488
55～59	497.6	2179.3	19 971	415.1	361.6	122	420.4	1041.4	612	403.3	1037.6	518	406.8	1263.8	1 100
60～64	318.7	1001.6	9 253	334.0	429.7	343	317.8	844.4	773	318.6	915.2	611	309.5	743.7	538
65～69	305.1	568.2	2 126	312.9	60.8	61	253.8	322.7	193	301.4	451.9	121	351.9	601.0	467
70歳～	277.7	502.4	601	190.2	22.9	15	239.2	290.0	28	210.4	177.5	31	272.4	634.6	82
女															
学歴計	**214.1**	**551.6**	**130 495**	**180.1**	**23.0**	**10 603**	**185.8**	**285.6**	**20 857**	**192.5**	**444.5**	**12 850**	**203.6**	**525.1**	**26 700**
～19歳	168.7	111.7	3 016	166.1	6.1	1 776	172.6	263.0	1 234	128.9	257.0	6	-	-	-
20～24	184.1	341.1	11 968	183.2	10.8	2 474	183.1	322.7	5 765	183.2	562.9	2 444	192.3	637.4	1 286
25～29	204.9	546.2	14 024	190.2	20.9	1 530	194.6	353.5	3 668	212.1	661.0	2 539	212.0	749.9	5 251
30～34	215.3	584.5	12 228	185.3	39.0	984	188.5	272.4	2 254	200.1	494.5	1 347	231.7	735.9	3 450
35～39	224.5	633.0	13 552	185.6	32.1	932	194.2	304.1	1 912	198.9	404.3	1 299	214.5	578.6	2 690
40～44	232.3	689.8	17 682	187.3	31.3	1 015	187.4	271.6	1 991	194.5	380.8	1 504	204.6	478.1	3 477
45～49	237.3	704.1	18 234	178.8	27.6	759	184.9	214.6	1 687	185.7	265.6	1 430	201.7	415.4	3 705
50～54	228.6	624.9	15 364	174.6	35.0	530	186.8	200.7	1 062	184.6	293.3	1 007	192.7	355.6	3 109
55～59	213.8	538.1	12 825	173.7	17.7	229	168.5	139.1	762	174.3	195.6	736	179.8	297.9	2 071
60～64	173.1	254.9	8 191	162.8	159.9	188	163.7	120.7	418	165.7	154.1	424	164.0	152.6	1 167
65～69	166.4	160.3	2 620	154.8	3.4	87	138.9	70.6	88	142.8	83.5	87	161.8	136.6	418
70歳～	171.8	161.0	790	132.3	0.0	101	214.9	73.9	15	148.9	46.9	27	147.8	99.8	76
高校卒	**198.7**	**467.8**	**85 129**	**164.5**	**18.8**	**6 277**	**171.0**	**209.7**	**12 850**	**177.4**	**343.2**	**8 132**	**186.6**	**412.4**	**17 387**
～19歳	169.1	114.3	2 916	167.2	6.4	1 703	171.8	265.9	1 213	-	-	-	-	-	-
20～24	176.3	395.6	7 736	156.6	11.9	905	171.9	293.7	3 453	182.3	576.4	2 132	192.5	646.9	1 246
25～29	189.4	478.6	6 945	166.8	16.3	560	167.3	168.6	1 381	178.7	309.1	744	198.4	661.2	3 252
30～34	194.9	457.8	6 488	162.8	25.3	521	174.9	182.4	1 258	177.3	353.6	680	192.9	436.8	1 232
35～39	202.4	509.2	7 736	173.0	19.8	553	174.1	194.6	1 105	175.4	284.8	797	189.3	388.3	1 499
40～44	212.2	563.5	10 947	164.7	16.9	638	171.6	183.2	1 309	182.9	299.4	985	186.3	361.6	2 289
45～49	215.2	572.4	12 359	167.8	30.7	535	170.2	145.5	1 280	174.1	219.4	1 018	187.4	350.5	2 582
50～54	213.3	544.2	11 576	161.4	25.1	416	173.4	161.2	785	176.8	226.8	813	183.2	308.8	2 365
55～59	203.6	480.0	9 735	171.3	19.4	161	166.1	125.2	653	170.1	183.5	579	174.0	269.6	1 608
60～64	170.7	255.1	6 194	157.9	151.6	149	158.8	121.2	327	163.3	155.6	326	165.2	155.4	955
65～69	166.1	159.6	1 904	159.4	0.0	39	140.0	79.1	73	132.7	104.5	38	157.3	137.1	313
70歳～	173.2	168.2	594	132.8	0.0	97	223.1	81.5	14	137.0	38.9	21	153.9	127.3	46
高専・短大卒	**232.8**	**665.3**	**21 039**	**187.2**	**32.1**	**1 554**	**194.8**	**308.7**	**2 776**	**197.4**	**427.2**	**1 938**	**211.8**	**570.1**	**4 169**
～19歳	-	-	-	-	-	-	-	-	-	-	-	-	-	-	-
20～24	185.7	227.2	1 591	177.4	7.0	532	188.5	272.4	804	193.5	546.7	250	229.9	404.6	5
25～29	198.1	484.7	1 928	173.5	22.3	311	180.1	255.3	413	199.7	440.0	402	216.3	801.9	795
30～34	212.3	576.8	1 906	190.7	85.0	132	197.4	456.7	381	195.8	422.4	207	209.1	523.6	522
35～39	225.3	657.4	2 470	182.1	21.3	139	195.4	347.6	339	210.0	516.9	238	216.6	611.4	503
40～44	245.7	792.2	3 976	222.9	62.1	196	203.8	320.2	365	205.2	482.5	320	223.8	609.0	731
45～49	262.3	883.5	3 826	194.3	18.8	122	211.8	285.6	243	193.0	304.0	257	206.4	512.4	763
50～54	257.1	741.9	2 381	209.6	70.9	59	210.2	225.7	153	199.0	411.1	112	211.6	419.3	450
55～59	244.1	738.0	1 944	198.7	16.8	38	202.9	299.0	56	168.9	173.3	86	195.1	392.5	300
60～64	191.6	262.2	849	189.4	277.6	21	185.8	163.1	18	176.3	161.0	59	169.4	168.5	75
65～69	169.5	134.6	145	204.3	0.0	3	115.3	25.0	4	130.1	116.9	7	178.9	60.2	26
70歳～	203.4	120.8	22	-	-	-	-	-	-	-	-	-	-	-	-
大学・大学院卒	**274.4**	**887.2**	**19 196**	**226.3**	**30.8**	**2 217**	**232.6**	**554.6**	**4 243**	**243.4**	**840.6**	**2 426**	**271.2**	**993.8**	**4 309**
～19歳	-	-	-	-	-	-	-	-	-	-	-	-	-	-	-
20～24	213.4	275.4	2 336	213.7	12.7	971	213.5	463.6	1 347	195.3	349.0	18	222.0	771.0	0
25～29	234.1	702.9	4 782	226.1	25.6	593	225.1	561.8	1 699	235.2	928.7	1 356	250.4	998.7	1 133
30～34	263.9	899.4	3 368	243.8	53.0	234	238.4	487.2	416	243.1	793.0	413	271.1	1053.3	1 631
35～39	289.9	1002.5	2 963	239.1	85.1	172	293.4	802.5	300	273.7	747.7	231	278.8	1048.4	617
40～44	314.5	1176.6	2 317	263.8	55.8	114	261.2	746.9	236	242.8	669.7	178	288.5	959.2	366
45～49	357.4	1368.5	1 648	226.8	24.6	90	317.1	976.3	101	273.7	597.8	117	331.6	815.2	273
50～54	357.9	1399.5	982	304.6	135.7	28	295.9	620.2	81	285.0	1121.8	55	269.1	829.0	192
55～59	315.7	982.0	556	159.8	0.0	8	178.2	204.5	27	236.2	438.0	49	256.7	661.8	70
60～64	238.6	546.2	219	220.5	195.6	7	208.6	7.2	36	231.0	0.0	7	163.1	354.2	14
65～69	196.9	164.5	24	-	-	-	-	-	-	200.0	550.0	2	199.2	45.7	12
70歳～	147.9	312.9	1	-	-	-	-	-	-	-	-	-	-	-	-

及び年間賞与その他特別給与額

業

10～14年			15～19年			20～24年			25～29年			30年以上			区分
所定内給与額	年間賞与その他特別給与額	労働者数	所定内給与額	年間賞与その他特別給与額	労働者数	所定内給与額	年間賞与その他特別給与額	労働者数	所定内給与額	年間賞与その他特別給与額	労働者数	所定内給与額	年間賞与その他特別給与額	労働者数	
千円	千円	十人	千円	千円	十人	千円	千円	十人	千円	千円	十人	千円	千円	十人	
															管理・事務・技術労働者(男)
362.9	1487.9	24 559	408.1	1771.5	17 784	436.4	1897.2	17 660	472.8	2233.3	23 193	473.7	2209.3	32 485	学歴計
-	-	-	-	-	-	-	-	-	-	-	-	-	-	-	～19歳
-	-	-	-	-	-	-	-	-	-	-	-	-	-	-	20～24
249.4	1024.3	552	-	-	-	-	-	-	-	-	-	-	-	-	25～29
316.6	1380.5	5 261	330.6	1649.9	823	-	-	-	-	-	-	-	-	-	30～34
368.8	1702.7	8 682	371.7	1653.0	4 779	339.1	1386.4	733	-	-	-	-	-	-	35～39
376.9	1524.7	4 248	431.7	1986.9	7 502	409.7	1754.1	6 495	384.1	1749.3	2 070	-	-	-	40～44
400.4	1495.8	2 459	436.3	1776.4	2 376	479.4	2247.2	7 687	461.8	2168.3	10 218	443.2	2002.4	1 892	45～49
411.5	1386.8	1 516	430.1	1684.2	1 126	430.7	1723.5	1 478	525.2	2628.0	8 148	498.6	2415.6	11 296	50～54
433.4	1177.6	977	421.2	1285.6	702	414.7	1264.3	787	465.9	1938.9	2 089	532.4	2588.5	13 064	55～59
334.8	683.9	525	348.8	802.1	297	310.3	654.6	343	302.9	991.7	514	317.6	1163.5	5 309	60～64
293.5	472.0	204	283.8	460.5	140	307.9	247.2	100	271.4	316.6	104	300.5	799.2	736	65～69
282.6	480.0	133	289.5	482.3	40	304.1	800.4	36	300.1	220.9	49	287.0	604.6	188	70歳～
															女
215.0	577.3	19 305	222.8	657.6	12 935	247.2	816.8	9 860	274.9	1068.3	8 947	274.4	1041.1	8 437	学歴計
-	-	-	-	-	-	-	-	-	-	-	-	-	-	-	～19歳
-	-	-	-	-	-	-	-	-	-	-	-	-	-	-	20～24
209.9	690.3	1 036	-	-	-	-	-	-	-	-	-	-	-	-	25～29
229.4	807.8	3 433	221.5	680.1	759	-	-	-	-	-	-	-	-	-	30～34
249.5	788.6	2 639	248.3	951.2	3 219	237.5	862.6	861	-	-	-	-	-	-	35～39
224.8	625.9	2 525	277.6	1047.3	1 999	273.2	1082.1	3 814	277.4	1170.7	1 357	-	-	-	40～44
215.9	551.1	2 700	225.1	596.8	1 431	303.5	1137.3	1 385	301.2	1293.4	4 333	294.1	1263.3	804	45～49
208.9	469.2	2 783	210.0	493.8	1 743	232.7	641.8	985	306.1	1175.5	1 120	303.3	1273.8	3 024	50～54
194.5	362.4	2 237	185.8	371.3	2 020	217.0	506.0	1 306	226.7	709.5	986	305.0	1254.6	2 479	55～59
167.1	236.5	1 434	168.7	210.7	1 293	172.5	221.8	1 105	183.5	337.4	761	192.2	464.3	1 400	60～64
155.4	99.5	447	164.0	193.9	402	170.9	183.6	304	188.2	251.7	305	177.1	195.3	482	65～69
157.7	88.7	71	181.3	269.0	68	152.8	153.3	100	167.8	181.6	85	205.3	249.9	248	70歳～
195.2	462.7	12 561	203.4	524.8	8 666	225.6	684.8	6 591	253.1	923.3	6 113	266.7	997.2	6 551	高校卒
-	-	-	-	-	-	-	-	-	-	-	-	-	-	-	～19歳
-	-	-	-	-	-	-	-	-	-	-	-	-	-	-	20～24
211.1	696.2	1 008	-	-	-	-	-	-	-	-	-	-	-	-	25～29
212.5	702.0	2 041	221.9	682.7	755	-	-	-	-	-	-	-	-	-	30～34
202.2	485.1	947	231.9	856.1	1 995	238.3	877.3	840	-	-	-	-	-	-	35～39
201.8	447.1	1 528	215.6	634.9	662	256.0	961.6	2 239	279.2	1186.1	1 297	-	-	-	40～44
197.9	450.3	1 882	202.6	442.7	964	234.9	718.6	604	276.4	1120.4	2 713	296.3	1275.8	779	45～49
191.6	408.7	2 047	203.0	464.6	1 407	224.2	585.3	710	239.8	721.1	575	290.3	1190.8	2 459	50～54
185.1	332.8	1 677	183.2	345.3	1 537	204.9	482.7	1 079	214.9	600.7	677	288.5	1151.8	1 764	55～59
162.8	249.0	1 018	167.9	218.0	1 012	174.7	247.0	819	180.4	330.9	574	186.4	446.3	1 014	60～64
156.2	95.9	360	167.0	200.0	287	167.3	173.6	220	178.6	188.9	212	184.0	223.7	363	65～69
156.6	87.6	52	198.9	325.4	47	146.9	156.4	80	158.6	225.1	65	217.2	261.4	173	70歳～
230.0	650.1	3 358	239.1	786.9	2 182	281.2	1049.4	2 119	303.9	1269.2	1 942	319.2	1294.1	1 002	高専・短大卒
-	-	-	-	-	-	-	-	-	-	-	-	-	-	-	～19歳
-	-	-	-	-	-	-	-	-	-	-	-	-	-	-	20～24
197.4	1048.9	7	-	-	-	-	-	-	-	-	-	-	-	-	25～29
232.9	834.8	663	171.4	36.1	1	-	-	-	-	-	-	-	-	-	30～34
232.3	663.7	508	252.2	993.7	738	453.0	270.5	4	-	-	-	-	-	-	35～39
239.0	792.8	571	253.8	912.1	534	284.1	1177.8	1 246	260.6	1092.5	13	-	-	-	40～44
233.8	633.8	493	253.3	730.3	249	314.7	1194.0	406	321.0	1438.1	1 294	-	-	-	45～49
241.7	603.2	511	231.4	545.6	243	259.0	857.6	167	318.4	1118.1	272	339.1	1460.1	415	50～54
219.5	466.3	390	198.3	528.4	275	282.7	713.8	155	253.9	968.8	259	344.4	1544.6	387	55～59
177.4	139.6	186	186.5	259.0	123	175.1	106.3	118	187.3	383.8	82	241.6	538.9	167	60～64
161.0	134.5	20	167.6	253.2	20	214.1	179.6	18	178.4	197.4	23	142.8	69.2	25	65～69
170.5	3.3	7	-	-	-	181.9	120.7	6	199.3	180.0	1	248.0	218.4	8	70歳～
297.2	1081.8	2 754	323.2	1317.0	1 609	381.2	1606.5	742	441.2	2208.9	593	450.4	2264.9	304	大学・大学院卒
-	-	-	-	-	-	-	-	-	-	-	-	-	-	-	～19歳
-	-	-	-	-	-	-	-	-	-	-	-	-	-	-	20～24
-	-	-	-	-	-	-	-	-	-	-	-	-	-	-	25～29
281.7	1141.1	673	-	-	-	-	-	-	-	-	-	-	-	-	30～34
296.1	1094.1	1 167	313.4	1304.0	473	192.5	341.0	1	-	-	-	-	-	-	35～39
311.0	1180.8	352	348.6	1504.7	785	367.6	1665.0	286	-	-	-	-	-	-	40～44
319.9	1198.9	260	323.9	1362.1	162	414.0	1829.4	353	457.7	2362.7	284	280.0	1510.1	9	45～49
346.7	813.6	137	280.2	893.6	70	316.0	1015.8	54	447.3	2286.2	259	485.9	2618.3	107	50～54
265.0	560.4	113	220.2	317.5	95	334.1	406.3	35	342.8	1384.0	17	505.1	2416.1	141	55～59
254.2	621.9	52	221.6	250.5	17	207.7	120.4	12	299.1	673.7	32	243.4	1272.6	42	60～64
-	-	-	171.8	342.4	6	230.0	0.0	1	-	-	-	215.9	139.8	4	65～69
-	-	-	140.0	470.0	0	-	-	-	-	-	-	150.0	270.0	1	70歳～

第2表　年齢階級、勤続年数階級別所定内給与額

企業規模	計
	1,000人以上

E　製　造

区　分	勤続年数計			0　年			1～2年			3～4年			5～9年		
	所定内給与額	年間賞与その他特別給与額	労働者数	所定内給与額	年間賞与その他特別給与額	労働者数	所定内給与額	年間賞与その他特別給与額	労働者数	所定内給与額	年間賞与その他特別給与額	労働者数	所定内給与額	年間賞与その他特別給与額	労働者数
	千円	千円	十人	千円	千円	十人	千円	千円	十人	千円	千円	十人	千円	千円	十人
生産労働者（女）															
学歴計	**185.6**	**360.0**	**75 128**	**165.8**	**19.8**	**6 998**	**169.5**	**184.6**	**13 065**	**174.1**	**310.4**	**7 612**	**180.8**	**357.9**	**16 217**
～19歳	168.6	116.7	2 256	164.9	6.1	1 314	173.6	270.9	942	－	－	－	－	－	－
20～24	176.8	321.6	7 628	168.9	11.6	1 465	172.9	256.6	3 520	183.7	573.4	1 697	190.8	591.9	947
25～29	188.0	407.5	7 195	176.3	21.3	902	170.6	179.7	1 902	184.8	378.0	959	198.7	634.3	2 674
30～34	189.8	399.0	6 203	163.0	33.9	615	166.7	148.5	1 306	174.0	288.9	646	193.6	432.9	1 436
35～39	192.2	411.4	6 516	166.7	29.5	574	166.6	147.6	1 215	175.3	295.0	798	179.6	343.1	1 333
40～44	194.2	429.0	8 839	164.3	19.4	690	167.8	160.6	1 216	173.5	247.6	890	178.3	303.2	2 177
45～49	197.3	428.3	9 840	161.7	28.7	482	171.6	130.7	1 209	165.9	173.5	930	178.6	281.2	2 389
50～54	191.9	386.8	9 020	157.2	15.9	398	170.7	135.3	711	166.6	143.8	700	174.9	262.2	2 230
55～59	185.3	370.0	8 628	170.3	8.4	208	163.0	96.2	649	162.8	156.8	522	168.5	230.1	1 598
60～64	161.8	190.1	6 188	153.6	127.7	163	153.5	66.4	311	161.2	95.6	364	159.9	129.6	1 007
65～69	158.6	137.6	2 159	154.8	3.4	87	138.9	75.4	81	141.1	61.2	79	157.7	131.7	349
70歳～	152.8	119.4	654	130.8	0.0	99	148.4	2.6	3	148.9	46.9	27	147.8	99.8	76
管理・事務・技術労働者（女）															
学歴計	**252.8**	**811.6**	**55 367**	**208.0**	**29.2**	**3 605**	**213.0**	**454.9**	**7 791**	**219.3**	**639.5**	**5 238**	**239.0**	**783.6**	**10 484**
～19歳	169.0	96.9	760	169.4	6.3	462	169.2	237.3	291	128.9	257.0	6	－	－	－
20～24	197.1	375.3	4 340	203.9	9.8	1 009	199.1	426.4	2 245	182.2	538.9	747	196.5	764.6	339
25～29	222.7	692.4	6 829	210.2	20.4	628	220.6	540.5	1 767	228.6	832.9	1 579	225.7	869.8	2 577
30～34	241.5	775.6	6 024	222.5	47.5	369	218.6	443.1	948	224.1	684.2	700	258.9	952.0	2 014
35～39	254.3	838.2	7 036	215.8	36.2	358	242.4	576.9	697	236.3	578.2	502	248.7	809.8	1 357
40～44	270.5	950.5	8 844	236.4	56.4	325	218.2	445.6	775	225.0	574.2	614	248.7	770.9	1 300
45～49	284.2	1027.5	8 394	208.8	25.7	276	218.6	426.7	478	222.6	437.1	500	243.5	658.9	1 316
50～54	280.9	963.5	6 344	226.9	92.4	132	219.5	333.4	351	225.7	633.7	307	237.7	592.8	878
55～59	272.4	883.9	4 197	208.4	112.7	20	200.3	386.1	113	202.2	290.1	214	217.8	527.2	473
60～64	208.0	455.0	2 003	224.9	375.8	24	193.5	278.1	107	193.2	506.3	60	189.8	297.1	160
65～69	202.9	266.5	461	－	－	－	138.4	15.9	7	159.6	299.8	8	182.5	161.6	69
70歳～	263.0	360.7	136	230.0	0.0	2	234.4	94.8	12	－	－	－	176.7	120.0	0
企業規模1,000人以上															
男女計	**349.5**	**1590.7**	**188 018**	**226.5**	**82.0**	**9 116**	**241.0**	**631.6**	**17 770**	**251.6**	**926.3**	**12 049**	**281.7**	**1211.4**	**32 611**
～19歳	183.5	234.1	3 308	176.0	53.4	1 810	191.9	441.8	1 460	213.0	865.6	38	－	－	－
20～24	214.1	626.4	13 383	213.3	27.0	2 749	209.5	581.5	5 071	209.7	902.3	2 970	228.8	1033.2	2 594
25～29	252.1	989.1	21 547	235.2	32.4	1 453	240.7	717.4	4 425	260.9	1152.2	3 761	252.0	1133.7	9 197
30～34	298.1	1285.4	21 752	247.7	88.0	868	269.9	612.5	1 934	258.8	892.2	1 345	307.4	1437.6	8 771
35～39	338.3	1534.9	22 443	282.1	146.4	608	267.5	618.7	1 436	281.7	893.2	906	307.9	1329.2	3 823
40～44	369.3	1724.0	25 989	249.2	78.6	422	274.4	641.7	1 062	297.5	906.4	809	304.5	1210.2	3 233
45～49	417.3	2027.1	26 783	321.2	119.3	407	289.8	660.5	784	264.8	720.4	641	306.0	1155.4	1 911
50～54	454.5	2307.8	24 057	241.1	80.3	257	316.6	766.5	448	264.1	600.3	503	292.9	1021.7	1 363
55～59	459.9	2316.4	17 758	293.5	113.2	97	286.2	647.4	360	304.7	516.5	366	282.4	904.2	920
60～64	261.9	1009.2	9 899	235.2	628.3	393	255.7	773.0	719	230.8	634.0	609	203.7	454.8	504
65～69	235.5	419.1	969	231.2	84.1	46	322.6	734.4	66	219.1	364.7	85	257.5	474.8	256
70歳～	244.9	474.2	129	338.6	0.0	6	168.2	346.5	4	158.3	152.6	17	192.9	308.2	41
男															
学歴計	**368.5**	**1724.0**	**156 086**	**235.1**	**98.0**	**6 699**	**250.8**	**698.2**	**13 300**	**262.2**	**998.9**	**9 305**	**293.2**	**1300.0**	**26 443**
～19歳	185.3	259.1	2 541	177.7	69.0	1 350	192.9	460.8	1 160	229.0	981.5	32	－	－	－
20～24	217.9	668.7	10 406	218.4	31.2	1 993	212.7	618.5	3 753	212.8	906.0	2 429	231.5	1064.5	2 231
25～29	256.7	1028.7	17 642	240.3	37.9	1 071	244.8	757.7	3 520	266.5	1183.9	3 088	255.9	1163.2	7 558
30～34	305.6	1348.2	18 595	248.7	99.1	705	283.9	693.7	1 481	269.2	920.9	1 037	312.8	1484.9	7 731
35～39	350.4	1623.7	19 043	297.2	177.5	450	277.2	696.4	962	295.5	995.7	664	316.4	1380.8	3 241
40～44	389.1	1847.9	21 300	271.6	71.2	283	300.3	767.6	718	320.5	1040.3	582	329.5	1359.8	2 433
45～49	443.8	2198.4	22 030	368.3	155.4	287	335.1	820.9	525	306.8	1074.7	366	336.0	1364.4	1 326
50～54	484.1	2515.7	20 433	290.3	88.2	121	387.6	1058.1	280	303.7	763.4	301	351.0	1388.7	786
55～59	492.5	2534.2	15 103	321.2	134.9	82	372.8	1034.4	193	351.4	643.2	272	329.1	1141.8	623
60～64	279.6	1145.8	8 229	249.1	706.0	313	266.6	835.7	644	248.2	764.2	464	235.6	703.9	294
65～69	272.6	573.3	660	250.2	101.7	38	342.8	813.5	60	237.5	491.3	62	294.4	611.5	188
70歳～	264.2	582.4	104	338.6	0.0	6	168.2	346.5	4	163.3	265.4	9	197.5	377.0	32
高校卒	**326.6**	**1437.2**	**83 201**	**211.7**	**97.6**	**3 542**	**222.4**	**500.3**	**6 844**	**225.8**	**740.8**	**4 529**	**260.7**	**1073.7**	**13 565**
～19歳	185.3	260.2	2 514	177.7	69.7	1 336	193.1	462.5	1 146	229.0	981.5	32	－	－	－
20～24	215.7	778.4	7 126	213.7	21.6	561	205.2	584.5	2 262	210.7	887.4	2 113	231.8	1067.3	2 189
25～29	249.0	996.6	9 195	229.6	13.1	425	223.2	416.0	808	234.1	738.0	530	246.1	1084.4	5 078
30～34	281.6	1149.9	7 868	228.3	92.7	346	254.1	390.9	703	227.2	467.6	404	268.7	1062.6	1 549
35～39	313.3	1341.6	8 771	255.5	132.3	215	242.0	324.4	488	239.2	605.7	296	281.4	1097.7	1 426
40～44	347.8	1554.3	11 796	239.9	55.4	143	253.0	397.9	418	257.7	711.4	229	295.3	1163.8	1 381
45～49	384.9	1767.1	11 091	264.8	116.0	130	275.4	579.2	279	259.2	825.7	197	293.0	1060.6	818
50～54	422.9	2055.6	10 868	241.3	69.4	72	248.5	449.4	135	225.4	440.2	197	309.6	1157.5	493
55～59	427.0	2123.3	7 998	191.1	44.1	52	227.8	317.1	107	283.0	286.4	196	279.2	958.8	300
60～64	259.4	1086.7	5 453	247.8	617.2	229	241.3	773.7	468	221.9	695.7	286	227.3	669.5	178
65～69	235.7	411.5	465	224.9	94.3	26	215.5	655.9	25	213.3	480.0	40	258.2	383.6	128
70歳～	229.4	455.7	56	338.6	0.0	6	168.2	346.5	4	164.0	271.6	9	193.3	318.8	24

及び年間賞与その他特別給与額

業

区分	10～14年 所定内給与額	10～14年 年間賞与その他特別給与額	10～14年 労働者数	15～19年 所定内給与額	15～19年 年間賞与その他特別給与額	15～19年 労働者数	20～24年 所定内給与額	20～24年 年間賞与その他特別給与額	20～24年 労働者数	25～29年 所定内給与額	25～29年 年間賞与その他特別給与額	25～29年 労働者数	30年以上 所定内給与額	30年以上 年間賞与その他特別給与額	30年以上 労働者数
	千円	千円	十人	千円	千円	十人	千円	千円	十人	千円	千円	十人	千円	千円	十人
生産労働者（女）															
学歴計	187.6	408.4	11 207	191.5	436.0	7 242	205.2	552.0	4 833	231.0	762.6	4 102	229.0	725.6	3 852
～19歳	–	–	–	–	–	–	–	–	–	–	–	–	–	–	–
20～24	–	–	–	–	–	–	–	–	–	–	–	–	–	–	–
25～29	212.2	675.1	758	–	–	–	–	–	–	–	–	–	–	–	–
30～34	212.8	673.2	1 689	213.9	616.8	510	–	–	–	–	–	–	–	–	–
35～39	203.3	507.3	851	229.8	773.6	1 326	231.3	796.4	420	–	–	–	–	–	–
40～44	190.0	403.3	1 276	214.6	640.1	637	236.6	847.1	1 285	259.0	1036.6	667	–	–	–
45～49	189.6	386.3	1 578	193.9	445.7	790	230.5	692.8	495	258.3	962.9	1 643	260.0	996.1	324
50～54	179.5	351.7	1 733	184.7	330.0	1 084	202.2	471.0	576	240.6	729.9	392	266.0	983.6	1 195
55～59	176.9	286.1	1 642	172.2	304.0	1 430	190.4	454.0	870	210.0	655.3	599	247.9	889.3	1 109
60～64	159.6	208.1	1 202	162.6	186.0	1 048	164.6	211.1	841	162.9	243.9	508	168.8	299.6	745
65～69	154.0	91.1	410	160.0	170.6	359	165.6	173.7	247	164.8	178.6	225	164.1	180.8	323
70歳～	158.3	89.8	69	145.2	141.3	57	152.8	153.0	99	155.9	168.3	68	168.9	182.5	155
管理・事務・技術労働者(女)															
学歴計	253.0	811.0	8 098	262.7	939.6	5 693	287.6	1071.4	5 027	312.0	1327.0	4 846	312.4	1306.0	4 586
～19歳	–	–	–	–	–	–	–	–	–	–	–	–	–	–	–
20～24	–	–	–	–	–	–	–	–	–	–	–	–	–	–	–
25～29	203.6	731.8	278	–	–	–	–	–	–	–	–	–	–	–	–
30～34	245.5	938.2	1 744	237.2	809.8	249	–	–	–	–	–	–	–	–	–
35～39	271.5	922.3	1 788	261.2	1075.6	1 893	243.5	925.7	440	–	–	–	–	–	–
40～44	260.3	853.1	1 249	307.0	1237.9	1 362	291.8	1201.5	2 529	295.3	1300.4	690	–	–	–
45～49	252.8	783.1	1 121	263.5	782.8	642	344.1	1384.2	890	327.4	1495.3	2 690	317.0	1443.7	480
50～54	257.5	663.0	1 050	251.5	763.1	659	275.7	882.5	409	341.5	1415.8	728	327.7	1463.4	1 829
55～59	242.9	573.1	595	218.9	534.7	589	270.3	609.8	435	252.6	793.4	387	351.1	1550.6	1 369
60～64	205.8	383.3	232	194.8	316.6	245	197.7	255.7	264	224.8	524.6	254	218.8	651.3	656
65～69	171.2	193.0	37	196.7	386.5	43	193.8	226.4	57	253.5	455.8	81	203.5	224.7	159
70歳～	134.7	50.0	2	378.4	965.8	11	162.4	183.4	1	215.6	235.1	17	266.4	362.8	93
企業規模1,000人以上															
男女計	330.1	1526.6	24 709	374.0	1861.8	16 312	409.3	2064.7	15 868	442.1	2261.8	25 147	443.5	2286.1	34 436
～19歳	–	–	–	–	–	–	–	–	–	–	–	–	–	–	–
20～24	–	–	–	–	–	–	–	–	–	–	–	–	–	–	–
25～29	268.2	1228.6	2 710	–	–	–	–	–	–	–	–	–	–	–	–
30～34	304.1	1434.4	7 155	314.6	1565.7	1 678	–	–	–	–	–	–	–	–	–
35～39	371.1	1850.7	7 722	347.9	1713.5	6 268	332.1	1517.4	1 680	–	–	–	–	–	–
40～44	358.9	1671.9	3 179	434.4	2269.0	5 383	382.8	1891.9	7 626	369.3	1751.2	4 276	–	–	–
45～49	359.3	1571.1	1 605	401.5	2014.2	1 455	495.0	2647.1	4 956	430.0	2176.2	12 350	425.8	2097.3	2 675
50～54	331.9	1296.4	953	369.5	1779.6	699	423.3	2269.9	816	527.8	2855.8	6 624	466.4	2437.5	12 395
55～59	302.3	885.6	706	297.8	1072.9	447	360.0	1578.1	400	430.1	2114.9	1 473	503.5	2696.1	12 988
60～64	213.6	215.3	556	192.9	396.9	265	195.8	516.2	354	232.4	1156.1	414	285.5	1263.0	6 086
65～69	158.7	71.2	107	218.3	236.5	104	172.5	51.2	32	127.5	118.4	8	247.2	627.7	265
70歳～	310.6	754.8	16	321.2	237.0	13	136.4	14.0	5	151.8	0.0	2	317.0	1092.4	28
男															
学歴計	344.7	1640.9	20 865	396.3	2011.1	13 526	430.0	2195.1	13 410	461.0	2370.0	21 680	457.1	2372.8	30 859
～19歳	–	–	–	–	–	–	–	–	–	–	–	–	–	–	–
20～24	–	–	–	–	–	–	–	–	–	–	–	–	–	–	–
25～29	271.5	1244.8	2 405	–	–	–	–	–	–	–	–	–	–	–	–
30～34	310.4	1480.4	6 139	322.5	1630.5	1 501	–	–	–	–	–	–	–	–	–
35～39	377.3	1902.4	7 085	362.3	1787.8	5 195	342.6	1568.7	1 445	–	–	–	–	–	–
40～44	374.3	1778.0	2 728	449.5	2368.7	4 703	399.7	1979.4	6 234	381.2	1808.9	3 619	–	–	–
45～49	395.9	1814.1	1 237	422.0	2158.4	1 272	507.4	2734.6	4 546	451.2	2288.7	10 178	441.1	2196.6	2 293
50～54	366.3	1591.4	622	434.6	2257.0	503	450.3	2467.1	689	536.4	2911.3	6 250	484.4	2550.5	10 882
55～59	383.2	1279.6	382	380.8	1530.8	239	426.1	1981.6	268	451.2	2233.5	1 311	519.6	2800.8	11 733
60～64	291.9	386.1	223	242.5	749.9	78	216.2	759.8	220	246.9	1309.3	319	291.9	1300.3	5 676
65～69	175.8	142.9	36	456.2	789.0	22	163.8	232.7	4	152.1	0.0	2	252.2	633.8	248
70歳～	461.8	1559.9	8	328.4	243.2	12	136.4	14.0	5	151.8	0.0	2	317.0	1092.4	28
高校卒	294.2	1320.9	9 815	331.2	1548.5	6 350	356.9	1666.0	6 824	388.9	1838.5	11 337	417.3	2102.4	20 396
～19歳	–	–	–	–	–	–	–	–	–	–	–	–	–	–	–
20～24	–	–	–	–	–	–	–	–	–	–	–	–	–	–	–
25～29	271.0	1242.1	2 354	–	–	–	–	–	–	–	–	–	–	–	–
30～34	288.2	1333.3	3 423	321.4	1623.4	1 443	–	–	–	–	–	–	–	–	–
35～39	316.9	1450.6	1 636	333.5	1587.5	3 308	343.3	1578.0	1 402	–	–	–	–	–	–
40～44	323.7	1459.8	1 126	344.7	1476.3	757	361.4	1716.5	4 241	382.1	1813.3	3 501	–	–	–
45～49	321.7	1399.0	545	332.2	1422.8	450	365.6	1618.6	575	399.9	1900.7	5 876	442.3	2202.5	2 221
50～54	296.8	1202.7	320	364.9	1614.7	195	379.8	1839.4	284	387.0	1767.4	1 243	453.1	2295.5	7 927
55～59	299.3	1071.5	234	286.9	1086.7	134	413.1	1759.2	180	370.1	1698.2	543	457.2	2393.9	6 252
60～64	231.7	347.2	137	189.9	302.5	45	208.3	795.2	136	225.3	1202.6	172	271.8	1243.5	3 803
65～69	171.1	118.0	36	421.4	436.0	17	127.4	58.0	2	152.1	0.0	2	227.0	489.2	190
70歳～	477.5	2298.6	4	230.4	180.0	1	136.4	14.0	5	–	–	–	343.8	1209.2	4

第2表　年齢階級、勤続年数階級別所定内給与額

企業規模	1,000人以上

E　製　造

区分	勤続年数計			0　年			1～2年			3～4年			5～9年		
	所定内給与額	年間賞与その他特別給与額	労働者数	所定内給与額	年間賞与その他特別給与額	労働者数	所定内給与額	年間賞与その他特別給与額	労働者数	所定内給与額	年間賞与その他特別給与額	労働者数	所定内給与額	年間賞与その他特別給与額	労働者数
	千円	千円	十人	千円	千円	十人	千円	千円	十人	千円	千円	十人	千円	千円	十人
高専・短大卒	**347.1**	**1575.6**	**11 292**	**217.5**	**50.3**	**493**	**234.2**	**631.7**	**927**	**246.7**	**970.0**	**785**	**279.1**	**1205.3**	**2 226**
～19歳	-	-	-	-	-	-	-	-	-	-	-	-	-	-	-
20～24	209.5	568.1	1 035	193.3	9.1	292	207.6	598.4	416	227.6	1031.8	308	208.4	993.3	19
25～29	247.9	1057.9	1 165	218.3	95.8	40	210.3	532.1	116	242.5	1005.8	171	255.8	1187.5	833
30～34	282.6	1178.7	1 548	259.0	63.1	67	238.1	554.1	129	236.6	767.5	76	268.8	1134.9	448
35～39	324.0	1421.0	1 537	255.8	203.7	26	255.2	557.0	88	300.3	1002.5	71	296.7	1261.2	336
40～44	352.7	1559.3	1 693	255.3	15.9	45	249.9	673.2	70	293.0	789.1	55	297.9	1164.7	313
45～49	426.3	2069.4	1 830	270.3	471.3	11	260.1	702.6	55	254.4	613.0	39	322.1	1313.1	98
50～54	483.9	2489.2	1 233	-	-	-	426.2	1587.3	28	222.8	722.5	9	394.9	2112.5	69
55～59	482.9	2433.8	772	186.2	0.0	1	372.1	986.2	7	270.5	733.9	3	344.7	1160.8	67
60～64	274.0	1234.3	458	307.4	273.0	11	309.3	433.3	8	262.5	1242.5	54	212.9	498.7	31
65～69	306.5	1085.0	22	-	-	-	470.7	1503.7	8	-	-	-	206.8	875.2	12
70歳～	-	-	-	-	-	-	-	-	-	-	-	-	-	-	-
大学・大学院卒	**436.3**	**2189.0**	**58 247**	**270.5**	**105.9**	**2 583**	**289.5**	**972.7**	**5 268**	**310.6**	**1331.5**	**3 791**	**341.9**	**1644.8**	**10 086**
～19歳	-	-	-	-	-	-	-	-	-	-	-	-	-	-	-
20～24	228.8	364.8	2 131	228.1	42.2	1 123	229.6	724.7	1 006	215.7	500.0	2	-	-	-
25～29	268.0	1069.4	7 079	245.5	53.4	584	253.2	879.0	2 551	276.4	1304.9	2 331	287.4	1398.0	1 613
30～34	331.8	1561.8	8 812	271.2	114.3	283	331.1	1103.1	612	304.8	1283.5	542	330.0	1640.6	5 586
35～39	396.9	1977.6	8 261	353.0	236.7	195	330.4	1243.4	363	352.6	1401.8	286	359.6	1711.6	1 352
40～44	465.7	2401.4	7 470	327.3	117.5	95	401.5	1490.7	213	388.0	1427.3	273	423.3	1939.2	655
45～49	524.7	2792.6	8 811	467.7	167.3	146	441.1	1208.9	178	412.0	1722.4	110	440.5	2090.8	369
50～54	570.0	3166.3	8 101	362.7	115.8	49	532.0	1582.9	107	490.1	1474.9	87	455.5	1802.7	195
55～59	595.8	3186.2	5 783	556.4	299.8	29	594.9	2126.4	73	539.4	1599.4	73	419.0	1595.7	213
60～64	360.7	1372.9	1 649	248.9	990.9	66	356.5	1062.4	142	370.0	946.9	81	289.2	1079.0	65
65～69	421.3	1120.9	136	305.4	117.9	12	453.2	797.1	23	534.8	1205.8	7	489.2	1381.8	37
70歳～	467.9	1467.2	14	-	-	-	-	-	-	134.0	0.0	0	546.0	2032.5	1
生産労働者（男）															
学歴計	**302.9**	**1238.5**	**76 376**	**214.2**	**57.2**	**4 192**	**224.7**	**488.5**	**7 975**	**230.8**	**759.4**	**5 372**	**262.7**	**1065.9**	**15 159**
～19歳	187.1	248.9	2 161	178.9	27.6	1 097	194.6	461.9	1 032	229.0	981.5	32	-	-	-
20～24	217.5	704.9	7 726	213.4	11.7	1 060	210.3	575.9	2 594	213.8	899.7	2 093	233.0	1039.4	1 978
25～29	250.4	964.0	10 336	234.7	31.7	615	233.0	506.7	1 423	242.4	882.9	1 014	249.3	1103.4	5 159
30～34	277.2	1083.4	9 122	230.7	38.5	445	251.6	418.7	947	245.3	640.3	622	276.2	1145.0	2 481
35～39	307.6	1275.5	9 638	252.2	80.7	291	243.9	404.0	643	252.2	688.9	354	286.3	1153.8	2 032
40～44	336.2	1440.4	10 731	237.1	36.1	212	250.6	399.5	476	248.3	765.0	357	290.1	1064.4	1 525
45～49	365.5	1617.7	8 991	242.6	37.3	176	253.5	364.5	328	247.5	633.0	217	284.5	1016.2	834
50～54	381.1	1695.1	6 900	214.5	52.7	72	248.6	332.6	142	204.4	192.3	181	276.9	894.9	420
55～59	383.0	1728.3	5 857	195.8	18.9	53	210.0	156.2	78	281.3	302.3	208	251.1	659.0	394
60～64	248.5	1001.0	4 524	212.3	859.3	137	207.4	562.7	291	204.9	411.4	242	214.8	400.8	207
65～69	210.3	334.4	333	181.3	21.4	28	215.4	816.0	17	191.9	390.1	48	240.2	278.1	107
70歳～	196.8	138.8	58	338.6	0.0	6	168.2	346.5	4	151.0	269.5	5	153.1	190.2	22
管理・事務・技術労働者（男）															
学歴計	**431.4**	**2189.2**	**79 710**	**270.1**	**166.4**	**2 507**	**290.0**	**1012.3**	**5 325**	**305.1**	**1326.0**	**3 933**	**334.2**	**1614.6**	**11 283**
～19歳	174.7	317.2	380	172.4	249.0	253	179.2	452.3	128	-	-	-	-	-	-
20～24	219.0	564.4	2 680	224.0	53.4	933	218.2	713.8	1 159	206.9	945.5	335	220.0	1260.9	252
25～29	265.7	1120.3	7 306	247.7	46.4	456	252.8	928.0	2 097	278.3	1330.9	2 074	270.0	1291.8	2 399
30～34	332.9	1603.2	9 473	279.6	203.1	259	341.2	1181.1	534	304.9	1341.1	415	330.1	1645.5	5 250
35～39	394.3	1980.5	9 405	379.6	354.8	159	344.3	1285.8	319	344.8	1344.8	311	366.8	1762.2	1 209
40～44	442.8	2261.7	10 570	374.8	176.2	71	397.8	1489.5	243	435.3	1478.2	225	395.7	1855.8	908
45～49	497.8	2598.8	13 039	565.5	340.7	112	471.1	1582.4	197	393.7	1722.1	148	423.3	1954.8	492
50～54	536.6	2934.1	13 533	400.7	139.8	49	530.7	1805.4	138	453.7	1625.7	120	436.3	1956.7	366
55～59	561.8	3044.6	9 245	553.9	350.2	29	483.8	1632.9	115	580.6	1757.4	64	463.2	1972.2	229
60～64	317.6	1322.6	3 705	277.6	587.1	176	315.4	1061.1	353	295.3	1148.1	222	285.2	1428.3	87
65～69	335.8	816.3	327	439.7	322.6	10	391.3	812.6	43	384.8	818.1	15	365.3	1047.2	82
70歳～	350.0	1147.2	46	-	-	-	-	-	-	179.8	259.8	4	299.8	806.9	10
女															
学歴計	**256.3**	**939.4**	**31 933**	**202.5**	**37.5**	**2 417**	**212.0**	**433.3**	**4 470**	**215.9**	**680.2**	**2 745**	**232.6**	**831.4**	**6 169**
～19歳	177.4	151.0	767	171.2	7.8	460	188.0	368.4	300	128.9	257.0	6	-	-	-
20～24	200.8	478.3	2 977	199.8	16.0	755	200.4	476.1	1 318	195.6	885.5	541	211.7	841.2	363
25～29	231.4	809.9	3 905	221.0	16.9	382	224.6	560.8	905	235.5	1006.8	673	234.0	997.4	1 639
30～34	254.0	915.9	3 157	243.4	40.4	164	224.2	347.1	453	223.9	795.9	308	266.9	1085.8	1 039
35～39	270.5	1038.1	3 400	239.2	57.5	158	247.7	460.8	474	243.7	611.5	242	260.8	1041.9	582
40～44	279.8	1160.7	4 689	203.3	93.8	139	220.4	378.6	344	238.5	562.7	227	228.5	755.7	801
45～49	294.5	1233.5	4 753	207.9	32.5	120	198.3	336.0	260	208.9	248.8	275	237.8	681.2	584
50～54	287.5	1136.1	3 624	197.1	73.3	136	198.5	281.0	168	205.1	357.8	202	213.8	522.1	577
55～59	274.5	1077.8	2 655	149.6	0.0	16	186.0	199.5	167	170.1	151.3	94	184.3	404.9	296
60～64	174.5	336.3	1 670	181.0	324.4	80	162.3	234.6	75	175.3	219.4	146	159.2	105.9	210
65～69	156.5	89.9	309	140.8	0.0	8	136.4	6.5	7	168.9	19.3	23	155.6	97.8	68
70歳～	166.3	34.8	26	-	-	-	-	-	-	152.8	30.0	8	177.0	67.0	9

及び年間賞与その他特別給与額

業

10～14年 所定内給与額	10～14年 年間賞与その他特別給与額	10～14年 労働者数	15～19年 所定内給与額	15～19年 年間賞与その他特別給与額	15～19年 労働者数	20～24年 所定内給与額	20～24年 年間賞与その他特別給与額	20～24年 労働者数	25～29年 所定内給与額	25～29年 年間賞与その他特別給与額	25～29年 労働者数	30年以上 所定内給与額	30年以上 年間賞与その他特別給与額	30年以上 労働者数	区分
千円	千円	十人	千円	千円	十人	千円	千円	十人	千円	千円	十人	千円	千円	十人	
321.0	**1433.2**	**1 758**	**358.4**	**1699.8**	**1 167**	**410.5**	**2055.2**	**896**	**452.7**	**2217.9**	**1 484**	**487.3**	**2635.0**	**1 556**	**高専・短大卒**
-	-	-	-	-	-	-	-	-	-	-	-	-	-	-	～ 19歳
-	-	-	-	-	-	-	-	-	-	-	-	-	-	-	20 ～ 24
231.8	1244.7	5	-	-	-	-	-	-	-	-	-	-	-	-	25 ～ 29
303.4	1425.1	814	290.7	1598.8	14	-	-	-	-	-	-	-	-	-	30 ～ 34
321.7	1396.4	364	353.7	1730.6	644	373.4	1499.1	8	-	-	-	-	-	-	35 ～ 39
350.7	1554.8	323	332.1	1509.3	279	415.9	2082.6	581	418.9	1876.5	27	-	-	-	40 ～ 44
375.2	1730.7	144	390.0	1839.0	132	421.3	2143.2	216	463.5	2320.6	1 108	419.6	2380.4	26	45 ～ 49
316.1	1018.8	68	442.1	1816.9	72	403.9	2111.3	59	451.2	2010.3	194	532.3	2938.5	735	50 ～ 54
346.5	1406.3	15	389.8	1725.5	21	384.0	2051.2	11	414.3	2013.1	135	532.1	2812.2	512	55 ～ 59
208.6	222.9	27	463.7	3172.6	5	193.2	436.3	19	187.5	448.6	21	295.3	1547.9	283	60 ～ 64
-	-	-	-	-	-	217.1	488.9	2	-	-	-	-	-	-	65 ～ 69
-	-	-	-	-	-	-	-	-	-	-	-	-	-	-	70歳～
407.7	**2053.9**	**8 831**	**475.7**	**2586.0**	**5 824**	**527.8**	**2901.6**	**5 512**	**561.4**	**3122.3**	**8 580**	**574.6**	**3150.4**	**7 771**	**大学・大学院卒**
-	-	-	-	-	-	-	-	-	-	-	-	-	-	-	～ 19歳
-	-	-	-	-	-	-	-	-	-	-	-	-	-	-	20 ～ 24
-	-	-	-	-	-	-	-	-	-	-	-	-	-	-	25 ～ 29
355.7	1787.8	1 781	322.2	1372.2	7	-	-	-	-	-	-	-	-	-	30 ～ 34
404.3	2111.9	4 890	448.1	2380.3	1 175	-	-	-	-	-	-	-	-	-	35 ～ 39
428.3	2137.0	1 248	480.8	2623.4	3 623	516.3	2776.1	1 359	329.4	1540.3	6	-	-	-	40 ～ 44
488.8	2327.8	512	489.9	2724.6	678	535.8	2950.6	3 719	546.4	3031.1	3 094	521.0	2985.6	5	45 ～ 49
479.2	2310.6	231	490.1	2922.4	236	531.1	3174.4	324	580.4	3258.5	4 771	592.1	3425.2	2 101	50 ～ 54
550.8	1642.1	124	547.5	2296.0	76	484.7	2662.2	67	537.6	2803.0	601	616.7	3437.8	4 528	55 ～ 59
585.0	647.2	42	297.2	1192.5	24	250.9	984.5	44	296.3	1584.3	109	375.5	1513.4	1 078	60 ～ 64
1072.8	3498.7	0	585.3	2096.5	5	-	-	-	-	-	-	353.4	1205.6	52	65 ～ 69
486.1	829.9	3	814.0	1825.3	2	-	-	-	-	-	-	401.0	1610.2	9	70歳～
															生産労働者（男）
296.3	**1309.0**	**10 921**	**325.9**	**1455.2**	**5 616**	**356.7**	**1659.5**	**6 014**	**380.3**	**1780.5**	**8 650**	**378.8**	**1793.0**	**12 475**	**学歴計**
-	-	-	-	-	-	-	-	-	-	-	-	-	-	-	～ 19歳
-	-	-	-	-	-	-	-	-	-	-	-	-	-	-	20 ～ 24
273.0	1240.3	2 125	-	-	-	-	-	-	-	-	-	-	-	-	25 ～ 29
289.7	1327.4	3 701	300.5	1422.9	925	-	-	-	-	-	-	-	-	-	30 ～ 34
320.6	1444.8	2 431	329.1	1518.2	2 836	333.2	1526.0	1 051	-	-	-	-	-	-	35 ～ 39
320.3	1387.7	1 313	354.6	1523.6	940	359.1	1689.1	3 509	372.3	1743.2	2 399	-	-	-	40 ～ 44
318.7	1357.1	621	324.3	1340.1	485	400.3	1875.5	784	391.3	1850.8	4 277	415.1	2012.9	1 268	45 ～ 49
267.9	976.3	323	334.8	1370.9	212	374.2	1732.1	336	396.0	1779.7	1 212	415.4	1971.3	4 002	50 ～ 54
279.5	960.9	244	291.8	1093.7	145	369.2	1697.1	150	362.1	1644.0	544	419.8	2040.7	4 041	55 ～ 59
190.7	132.2	127	192.8	241.0	54	218.0	781.5	182	208.8	1154.0	218	267.7	1187.3	3 067	60 ～ 64
171.9	117.0	35	235.9	699.5	10	127.4	58.0	2	-	-	-	206.5	432.5	87	65 ～ 69
255.2	22.0	1	262.0	0.0	10	-	-	-	-	-	-	175.7	105.9	11	70歳～
															管理・事務・技術労働者(男)
397.9	**2005.3**	**9 944**	**446.2**	**2405.8**	**7 910**	**489.7**	**2630.7**	**7 395**	**514.6**	**2761.4**	**13 030**	**510.3**	**2766.2**	**18 383**	**学歴計**
-	-	-	-	-	-	-	-	-	-	-	-	-	-	-	～ 19歳
-	-	-	-	-	-	-	-	-	-	-	-	-	-	-	20 ～ 24
260.3	1279.4	280	-	-	-	-	-	-	-	-	-	-	-	-	25 ～ 29
341.8	1712.8	2 438	358.0	1963.9	576	-	-	-	-	-	-	-	-	-	30 ～ 34
406.9	2141.4	4 654	402.3	2111.8	2 359	367.7	1682.7	394	-	-	-	-	-	-	35 ～ 39
424.5	2140.2	1 415	473.2	2579.7	3 763	452.1	2353.4	2 725	398.8	1938.2	1 221	-	-	-	40 ～ 44
473.7	2274.1	617	482.3	2663.6	786	529.8	2913.7	3 762	494.6	2606.1	5 900	473.4	2423.9	1 025	45 ～ 49
472.8	2257.5	299	506.9	2899.1	292	522.9	3168.9	352	570.2	3183.6	5 038	524.5	2887.5	6 880	50 ～ 54
567.1	1844.5	138	517.5	2202.3	94	498.1	2341.5	118	514.4	2651.8	767	572.0	3200.1	7 692	55 ～ 59
426.7	724.1	95	350.5	1857.7	25	207.7	657.0	38	329.1	1644.8	101	320.4	1433.2	2 608	60 ～ 64
256.1	672.8	2	663.9	873.4	11	217.1	488.9	2	152.1	0.0	2	276.7	742.2	161	65 ～ 69
493.6	1796.5	7	580.6	1167.2	3	136.4	14.0	5	151.8	0.0	2	404.2	1701.6	17	70歳～
															女
251.1	**906.1**	**3 844**	**265.8**	**1136.7**	**2 786**	**296.3**	**1353.4**	**2 458**	**323.7**	**1585.3**	**3 467**	**325.5**	**1538.2**	**3 577**	**学歴計**
-	-	-	-	-	-	-	-	-	-	-	-	-	-	-	～ 19歳
-	-	-	-	-	-	-	-	-	-	-	-	-	-	-	20 ～ 24
241.6	1101.0	305	-	-	-	-	-	-	-	-	-	-	-	-	25 ～ 29
266.2	1155.8	1 016	246.8	1016.3	177	-	-	-	-	-	-	-	-	-	30 ～ 34
302.9	1276.6	638	277.8	1353.6	1 072	267.6	1202.2	235	-	-	-	-	-	-	35 ～ 39
265.6	1030.2	451	330.1	1579.4	680	307.1	1499.8	1 392	303.2	1433.1	656	-	-	-	40 ～ 44
236.2	752.7	367	259.7	1016.0	184	356.9	1675.3	409	331.0	1649.3	2 172	333.8	1501.3	382	45 ～ 49
267.3	742.5	331	201.5	548.9	195	278.0	1206.3	128	384.4	1929.3	374	336.9	1624.4	1 513	50 ～ 54
206.8	420.4	324	202.6	547.4	208	225.6	757.7	132	259.9	1157.6	162	353.3	1717.3	1 256	55 ～ 59
161.3	101.4	334	172.1	248.8	187	162.3	116.4	134	184.4	646.5	96	196.7	746.5	410	60 ～ 64
149.8	34.3	71	156.3	92.4	83	173.7	27.2	28	119.2	157.8	6	172.7	536.9	17	65 ～ 69
168.9	0.0	8	150.0	90.0	1	-	-	-	-	-	-	-	-	-	70歳～

第2表　年齢階級、勤続年数階級別所定内給与額

E　製　造

企業規模	1,000人以上

区分	勤続年数計			0年			1～2年			3～4年			5～9年		
	所定内給与額	年間賞与その他特別給与額	労働者数	所定内給与額	年間賞与その他特別給与額	労働者数	所定内給与額	年間賞与その他特別給与額	労働者数	所定内給与額	年間賞与その他特別給与額	労働者数	所定内給与額	年間賞与その他特別給与額	労働者数
	千円	千円	十人	千円	千円	十人	千円	千円	十人	千円	千円	十人	千円	千円	十人
高校卒	**232.3**	**803.1**	**18 333**	**177.3**	**36.4**	**1 139**	**189.1**	**266.8**	**2 422**	**189.8**	**485.3**	**1 557**	**200.6**	**600.8**	**3 279**
～19歳	178.6	158.1	710	174.4	8.5	425	185.0	381.0	285	-	-	-	-	-	-
20～24	193.9	628.6	1 674	158.9	32.4	103	189.0	419.1	717	195.4	900.4	493	211.5	843.5	361
25～29	213.7	714.0	1 681	196.6	2.5	111	198.5	231.6	229	162.2	145.0	121	216.8	866.3	922
30～34	222.2	739.1	1 362	186.9	35.4	66	204.0	184.5	251	196.1	551.2	148	202.4	650.6	192
35～39	234.0	841.2	1 567	199.2	17.3	80	198.6	159.6	246	195.3	394.1	90	214.2	653.3	192
40～44	255.2	1000.4	2 633	163.5	27.2	92	187.5	120.3	165	228.2	558.6	147	198.1	525.7	416
45～49	258.9	997.2	2 832	194.5	37.9	89	177.3	107.3	209	186.2	220.0	168	194.7	479.9	356
50～54	256.0	942.3	2 531	169.2	56.3	104	182.6	179.6	117	182.2	130.5	172	191.0	340.1	412
55～59	255.7	946.1	1 857	148.5	0.0	15	178.2	161.2	130	165.2	107.1	69	174.5	313.3	230
60～64	172.6	330.8	1 247	175.5	401.4	47	160.6	210.2	68	172.2	202.7	137	159.1	70.5	140
65～69	150.5	86.4	219	140.8	0.0	8	143.0	5.4	5	150.0	44.3	5	146.1	80.0	48
70歳～	164.3	44.4	19	-	-	-	-	-	-	152.8	30.0	8	177.0	67.0	9
高専・短大卒	**268.9**	**1044.0**	**5 675**	**193.9**	**53.5**	**398**	**200.3**	**387.1**	**582**	**216.4**	**606.2**	**335**	**234.6**	**867.4**	**959**
～19歳	-	-	-	-	-	-	-	-	-	-	-	-	-	-	-
20～24	189.6	259.8	468	180.8	8.6	241	197.6	456.5	187	203.0	864.7	39	267.9	285.0	2
25～29	216.0	704.8	456	187.0	48.8	52	180.2	254.6	87	215.2	728.1	57	233.8	980.1	260
30～34	225.7	661.3	379	232.1	24.9	14	201.2	350.8	56	224.2	655.2	48	201.5	474.8	129
35～39	254.8	985.4	694	200.3	39.5	23	213.0	404.8	73	232.2	638.7	89	253.9	983.7	103
40～44	272.8	1152.3	1 065	300.4	386.8	22	207.6	435.9	90	223.7	626.1	36	249.5	931.1	195
45～49	314.8	1431.9	1 222	257.2	36.8	11	196.8	412.0	37	195.5	267.2	36	245.8	1114.9	117
50～54	311.3	1247.6	624	185.1	54.3	16	193.1	103.2	24	192.8	350.0	8	240.6	759.2	80
55～59	299.7	1274.0	552	164.9	0.0	1	241.7	455.2	27	167.3	69.6	16	215.4	742.8	46
60～64	198.4	497.0	168	192.0	300.9	19	149.5	6.4	1	256.1	567.6	6	187.8	231.0	21
65～69	175.8	127.7	41	-	-	-	114.5	10.0	2	-	-	-	160.1	245.0	6
70歳～	174.2	0.0	6	-	-	-	-	-	-	-	-	-	-	-	-
大学・大学院卒	**315.7**	**1271.1**	**7 156**	**247.0**	**34.6**	**800**	**261.1**	**788.8**	**1 329**	**271.9**	**1144.6**	**785**	**295.3**	**1272.9**	**1 789**
～19歳	-	-	-	-	-	-	-	-	-	-	-	-	-	-	-
20～24	226.4	321.9	776	225.2	17.0	392	227.7	634.9	380	215.9	421.4	4	-	-	-
25～29	254.4	949.4	1 713	242.1	16.8	217	243.7	768.0	563	256.0	1252.3	494	272.2	1303.7	439
30～34	296.3	1198.1	1 352	292.2	52.7	73	280.7	735.5	123	265.8	1256.6	103	297.7	1324.6	707
35～39	333.4	1360.4	1 115	320.3	129.1	53	346.5	982.0	150	330.4	892.5	62	301.1	1370.2	272
40～44	363.8	1664.0	923	265.6	81.9	25	309.5	876.3	75	287.3	526.6	43	288.4	1145.7	166
45～49	430.2	2023.4	620	243.5	6.1	17	603.6	4466.5	11	303.5	339.7	53	422.0	1034.0	86
50～54	445.7	2164.1	429	388.4	201.2	16	329.9	1317.3	18	393.8	2181.3	22	299.4	1188.7	85
55～59	407.4	1939.0	171	-	-	-	135.8	0.0	10	294.6	1292.7	5	248.2	893.8	13
60～64	212.3	749.6	44	220.5	195.6	7	-	-	-	-	-	-	166.6	437.4	11
65～69	198.7	12.3	13	-	-	-	-	-	-	-	-	-	189.3	12.0	11
70歳～	-	-	-	-	-	-	-	-	-	-	-	-	-	-	-
生産労働者（女）															
学歴計	**211.5**	**589.0**	**14 974**	**182.6**	**27.2**	**1 473**	**188.8**	**243.9**	**2 515**	**188.0**	**471.3**	**1 492**	**196.4**	**543.8**	**3 115**
～19歳	179.3	161.1	593	170.7	3.6	336	190.6	367.0	257	-	-	-	-	-	-
20～24	193.9	485.5	1 848	182.2	15.5	401	192.1	381.4	781	196.9	920.3	418	213.4	838.2	249
25～29	213.0	620.0	1 774	208.5	11.2	244	200.8	239.4	395	189.4	570.3	190	216.1	880.9	732
30～34	221.3	690.4	1 248	202.3	15.5	71	192.4	177.7	202	188.4	342.6	114	212.6	670.3	298
35～39	227.1	692.0	1 236	205.3	58.6	107	190.6	107.2	238	213.4	542.9	101	201.3	589.3	187
40～44	230.8	776.5	1 831	164.2	19.4	84	186.2	148.5	171	214.4	580.6	112	195.5	435.2	470
45～49	230.4	767.0	1 799	182.4	36.0	39	171.1	60.2	162	173.2	122.3	181	185.4	413.9	318
50～54	216.9	602.0	1 626	158.4	23.9	107	174.3	107.4	112	177.9	72.2	153	183.5	278.0	364
55～59	219.6	658.8	1 505	148.6	0.0	15	174.0	108.6	142	164.4	108.2	76	170.7	290.9	238
60～64	164.8	177.1	1 196	167.0	272.7	62	154.0	53.3	48	163.9	80.5	116	157.2	89.2	190
65～69	157.0	88.7	292	140.8	0.0	8	136.4	6.5	7	168.9	19.3	23	160.1	99.0	59
70歳～	166.3	34.8	26	-	-	-	-	-	-	152.8	30.0	8	177.0	67.0	9
管理・事務・技術労働者(女)															
学歴計	**295.9**	**1248.8**	**16 959**	**233.6**	**53.5**	**944**	**241.8**	**676.8**	**1 955**	**249.2**	**929.1**	**1 252**	**269.6**	**1124.8**	**3 054**
～19歳	171.0	116.5	174	172.6	19.1	124	172.2	376.6	43	128.9	257.0	6	-	-	-
20～24	212.0	466.6	1 129	219.6	16.5	355	212.4	613.9	537	191.5	768.1	124	208.0	848.0	114
25～29	246.7	968.1	2 131	243.1	27.1	138	243.0	810.2	510	253.6	1178.8	483	248.4	1091.4	907
30～34	275.3	1063.2	1 909	274.8	59.4	93	249.7	483.4	251	244.8	1062.1	194	288.7	1253.0	741
35～39	295.3	1235.7	2 164	310.4	55.2	51	305.5	818.0	236	265.3	660.5	141	289.0	1256.2	395
40～44	311.1	1406.9	2 858	263.4	208.2	55	254.4	607.3	172	262.2	545.1	114	275.5	1212.1	330
45～49	333.6	1517.7	2 954	220.2	30.8	81	243.3	790.6	98	277.8	493.9	94	300.3	999.9	267
50～54	344.9	1570.6	1 999	339.7	255.0	29	247.0	630.1	56	291.1	1259.1	49	265.6	939.1	213
55～59	346.3	1626.1	1 150	164.9	0.0	1	255.8	726.1	25	193.1	326.1	19	239.4	868.3	58
60～64	199.2	738.0	474	230.8	509.0	18	176.5	548.4	27	220.4	765.3	30	178.9	268.4	20
65～69	148.5	109.9	18	-	-	-	-	-	-	-	-	-	126.4	90.0	9
70歳～	-	-	-	-	-	-	-	-	-	-	-	-	-	-	-

及び年間賞与その他特別給与額

業

10～14年			15～19年			20～24年			25～29年			30年以上			区分
所定内給与額	年間賞与その他特別給与額	労働者数	所定内給与額	年間賞与その他特別給与額	労働者数	所定内給与額	年間賞与その他特別給与額	労働者数	所定内給与額	年間賞与その他特別給与額	労働者数	所定内給与額	年間賞与その他特別給与額	労働者数	
千円	千円	十人	千円	千円	十人	千円	千円	十人	千円	千円	十人	千円	千円	十人	
210.6	**679.2**	**2 134**	**224.9**	**841.6**	**1 499**	**267.3**	**1184.3**	**1 417**	**294.5**	**1393.9**	**2 106**	**309.6**	**1433.6**	**2 779**	**高校卒**
-	-	-	-	-	-	-	-	-	-	-	-	-	-	-	～19歳
-	-	-	-	-	-	-	-	-	-	-	-	-	-	-	20～24
243.1	1109.8	298	-	-	-	-	-	-	-	-	-	-	-	-	25～29
241.3	1080.3	529	247.2	1021.9	176	-	-	-	-	-	-	-	-	-	30～34
223.1	756.0	122	255.5	1227.5	605	264.8	1216.3	232	-	-	-	-	-	-	35～39
208.4	610.0	232	240.5	929.4	120	290.1	1384.3	816	304.0	1440.1	644	-	-	-	40～44
197.5	526.2	243	198.1	572.8	100	243.0	1000.2	85	301.6	1451.3	1 207	334.9	1512.7	376	45～49
193.5	457.9	198	185.8	434.3	148	269.6	1108.5	90	273.8	1273.2	102	320.7	1523.4	1 189	50～54
186.8	329.1	213	198.8	440.9	142	201.4	684.0	100	246.8	969.2	75	329.6	1564.3	884	55～59
161.2	98.3	244	170.8	275.0	145	170.6	169.7	77	183.2	724.0	72	188.7	672.6	316	60～64
150.7	24.5	54	155.5	51.0	63	149.3	43.5	18	119.5	157.6	6	163.6	619.2	14	65～69
153.0	0.0	2	-	-	-	-	-	-	-	-	-	-	-	-	70歳～
257.7	**887.3**	**655**	**261.8**	**1136.5**	**624**	**307.3**	**1395.5**	**652**	**332.8**	**1599.9**	**951**	**358.2**	**1777.3**	**518**	**高専・短大卒**
-	-	-	-	-	-	-	-	-	-	-	-	-	-	-	～19歳
-	-	-	-	-	-	-	-	-	-	-	-	-	-	-	20～24
-	-	-	-	-	-	-	-	-	-	-	-	-	-	-	25～29
260.2	1052.3	131	171.4	36.1	1	-	-	-	-	-	-	-	-	-	30～34
246.4	992.8	112	277.7	1317.5	291	453.0	270.5	4	-	-	-	-	-	-	35～39
260.0	1106.2	107	261.4	1149.8	188	308.4	1503.5	425	242.2	716.3	2	-	-	-	40～44
280.5	764.1	87	281.1	961.9	35	327.2	1474.5	142	340.8	1697.0	757	-	-	-	45～49
317.1	1185.2	93	225.1	649.0	33	257.3	1081.2	32	347.4	1328.5	99	360.9	1730.1	240	50～54
230.6	451.3	78	221.0	857.7	55	310.3	964.8	26	269.1	1291.7	75	384.3	1973.5	229	55～59
151.7	25.0	30	198.7	519.3	9	209.8	113.8	14	194.9	414.8	19	224.9	1098.0	50	60～64
162.2	96.8	12	170.0	230.0	12	214.4	0.0	11	-	-	-	-	-	-	65～69
174.2	0.0	6	-	-	-	-	-	-	-	-	-	-	-	-	70歳～
347.8	**1501.2**	**950**	**377.8**	**1938.0**	**610**	**418.0**	**2144.0**	**339**	**474.3**	**2687.4**	**377**	**514.5**	**2794.8**	**179**	**大学・大学院卒**
-	-	-	-	-	-	-	-	-	-	-	-	-	-	-	～19歳
-	-	-	-	-	-	-	-	-	-	-	-	-	-	-	20～24
-	-	-	-	-	-	-	-	-	-	-	-	-	-	-	25～29
309.2	1329.0	345	-	-	-	-	-	-	-	-	-	-	-	-	30～34
343.0	1513.5	403	355.4	1851.4	176	-	-	-	-	-	-	-	-	-	35～39
425.2	2036.8	97	394.1	2007.8	371	398.1	2129.6	147	-	-	-	-	-	-	40～44
410.1	2430.9	34	400.9	2237.5	39	435.6	2159.6	181	479.9	2726.8	197	355.4	904.4	3	45～49
585.6	1280.4	34	342.4	1922.4	10	512.3	3334.5	6	472.1	2668.6	172	563.3	3184.9	66	50～54
283.0	949.9	32	161.1	380.1	12	281.1	449.1	2	366.8	2036.1	7	545.0	2896.0	91	55～59
282.7	885.5	6	306.7	200.0	3	164.9	160.0	2	-	-	-	205.9	1292.8	17	60～64
-	-	-	-	-	-	-	-	-	-	-	-	251.1	14.0	2	65～69
-	-	-	-	-	-	-	-	-	-	-	-	-	-	-	70歳～
															生産労働者（女）
205.6	**603.7**	**2 028**	**219.2**	**706.7**	**1 203**	**237.7**	**939.6**	**851**	**282.0**	**1288.5**	**1 137**	**282.3**	**1233.5**	**1 160**	**学歴計**
-	-	-	-	-	-	-	-	-	-	-	-	-	-	-	～19歳
-	-	-	-	-	-	-	-	-	-	-	-	-	-	-	20～24
251.3	1175.4	212	-	-	-	-	-	-	-	-	-	-	-	-	25～29
246.6	1080.0	429	241.6	916.2	133	-	-	-	-	-	-	-	-	-	30～34
234.7	858.6	139	259.7	1155.9	359	269.2	1180.5	105	-	-	-	-	-	-	35～39
208.4	610.4	239	266.2	1016.3	106	270.0	1303.6	368	298.4	1397.8	280	-	-	-	40～44
186.6	456.8	193	209.1	623.9	92	260.1	1017.8	87	289.3	1337.8	627	299.9	1408.5	101	45～49
183.6	372.7	176	185.2	388.1	125	193.2	633.2	65	299.6	1406.5	69	293.6	1319.7	454	50～54
180.8	271.8	253	189.0	431.8	156	197.3	680.4	77	247.1	1050.9	113	303.5	1357.9	436	55～59
160.2	68.0	307	169.3	157.5	155	160.4	108.5	121	153.7	437.3	43	188.3	576.7	154	60～64
149.8	34.3	71	155.9	99.7	77	173.7	27.2	28	115.4	116.4	6	168.3	557.5	15	65～69
168.9	0.0	8	150.0	90.0	1	-	-	-	-	-	-	-	-	-	70歳～
															管理・事務・技術労働者(女)
301.8	**1244.0**	**1 816**	**301.1**	**1463.4**	**1 583**	**327.4**	**1572.4**	**1 608**	**344.1**	**1730.0**	**2 330**	**346.2**	**1684.4**	**2 417**	**学歴計**
-	-	-	-	-	-	-	-	-	-	-	-	-	-	-	～19歳
-	-	-	-	-	-	-	-	-	-	-	-	-	-	-	20～24
219.5	931.5	93	-	-	-	-	-	-	-	-	-	-	-	-	25～29
280.5	1211.2	587	262.9	1322.9	44	-	-	-	-	-	-	-	-	-	30～34
322.0	1393.6	498	287.0	1453.1	713	266.3	1219.7	131	-	-	-	-	-	-	35～39
330.1	1503.8	212	341.9	1683.0	574	320.5	1570.4	1 024	306.8	1459.3	376	-	-	-	40～44
291.2	1081.1	174	310.2	1406.8	92	383.1	1853.0	322	347.9	1775.6	1 545	346.0	1534.7	281	45～49
362.8	1164.0	155	230.5	834.4	70	364.8	1794.1	63	403.6	2047.4	305	355.5	1755.2	1 059	50～54
300.1	954.0	71	242.9	890.6	53	265.1	865.5	55	289.1	1400.3	50	379.8	1908.4	820	55～59
173.8	487.8	27	185.8	695.0	32	181.2	193.1	13	209.1	814.7	53	201.7	848.8	256	60～64
-	-	-	161.4	0.0	6	-	-	-	161.1	614.1	1	203.9	392.6	2	65～69
-	-	-	-	-	-	-	-	-	-	-	-	-	-	-	70歳～

第2表　年齢階級、勤続年数階級別所定内給与額

E　製　造

企業規模	100～999人

区分	勤続年数計			0年			1～2年			3～4年			5～9年		
	所定内給与額	年間賞与その他特別給与額	労働者数	所定内給与額	年間賞与その他特別給与額	労働者数	所定内給与額	年間賞与その他特別給与額	労働者数	所定内給与額	年間賞与その他特別給与額	労働者数	所定内給与額	年間賞与その他特別給与額	労働者数
	千円	千円	十人	千円	千円	十人	千円	千円	十人	千円	千円	十人	千円	千円	十人
企業規模 100～999人															
男女計	**276.3**	**870.6**	**221 910**	**199.7**	**33.8**	**13 072**	**212.9**	**429.1**	**26 970**	**226.9**	**615.8**	**18 974**	**244.3**	**759.6**	**41 970**
～19歳	174.1	148.1	4 652	171.1	9.4	2 498	177.7	309.2	2 150	150.3	168.1	4	－	－	－
20～24	193.0	440.3	17 668	192.3	16.1	2 980	190.6	417.2	7 811	191.3	610.9	4 213	203.1	712.7	2 665
25～29	220.2	654.0	23 340	196.2	24.4	2 011	212.0	488.8	5 008	227.9	723.4	4 507	224.1	801.6	9 141
30～34	246.1	783.1	24 771	206.2	35.1	1 294	220.5	445.2	3 238	225.6	600.2	2 253	255.0	895.8	7 978
35～39	271.0	901.0	27 699	213.6	49.1	1 152	228.2	485.7	1 952	244.5	668.2	2 000	259.4	853.5	5 866
40～44	298.0	1006.8	32 392	225.7	38.4	1 127	231.8	433.8	1 982	235.7	541.6	1 686	261.1	790.0	4 944
45～49	324.9	1110.7	31 079	221.0	39.7	682	244.5	412.5	1 652	244.3	514.0	1 412	259.1	699.2	4 178
50～54	337.1	1144.6	24 925	223.3	45.1	651	250.9	430.3	1 037	270.7	641.1	1 062	251.1	622.6	2 875
55～59	336.2	1102.2	19 976	236.6	122.3	274	268.5	460.0	977	258.9	554.1	893	247.1	572.1	2 205
60～64	231.1	538.8	12 066	236.4	309.9	273	237.3	386.6	923	233.1	428.1	720	211.2	304.7	1 450
65～69	211.9	276.8	2 862	178.3	9.0	127	185.8	70.2	230	211.0	171.5	179	243.8	243.3	590
70歳～	206.0	281.9	481	160.5	0.0	4	302.9	289.9	10	178.9	177.4	46	202.5	473.0	78
男															
学歴計	**299.9**	**992.6**	**165 309**	**210.3**	**41.8**	**8 742**	**228.1**	**503.9**	**17 629**	**242.6**	**692.4**	**13 394**	**262.0**	**861.2**	**30 192**
～19歳	177.1	161.8	3 172	173.3	9.8	1 669	181.4	331.0	1 499	150.3	168.1	4	－	－	－
20～24	197.5	483.2	11 990	197.9	19.3	1 987	194.6	473.0	4 888	195.3	640.7	2 983	206.8	718.6	2 132
25～29	227.0	700.1	17 007	200.3	24.4	1 427	219.9	554.5	3 403	234.2	759.6	3 325	230.8	834.4	6 689
30～34	256.7	845.7	19 290	218.7	41.0	913	233.9	487.3	2 373	236.9	657.2	1 699	262.9	945.8	6 433
35～39	286.2	986.5	21 490	230.4	54.0	798	246.6	560.1	1 339	266.3	799.7	1 410	273.2	943.0	4 639
40～44	320.8	1126.6	24 617	245.1	48.4	680	273.6	588.2	1 058	262.5	633.7	1 085	284.1	929.4	3 541
45～49	356.5	1264.8	23 340	250.0	59.4	397	298.1	594.8	869	284.1	660.8	895	303.1	920.5	2 450
50～54	377.6	1340.3	18 628	256.2	57.8	420	289.8	606.1	625	327.9	872.8	645	307.3	866.6	1 559
55～59	385.2	1335.6	14 680	269.0	205.5	160	321.1	622.6	659	307.6	782.9	543	292.7	767.7	1 320
60～64	255.3	658.4	8 699	256.3	366.0	220	258.7	473.0	707	249.6	488.1	591	240.3	396.9	884
65～69	235.3	335.8	2 043	201.2	17.1	67	192.0	79.4	198	214.7	169.8	169	264.5	276.2	483
70歳～	223.7	335.2	354	160.5	0.0	4	313.2	308.0	10	178.5	179.3	45	213.6	559.7	64
高校卒	**275.4**	**884.6**	**94 348**	**194.3**	**37.8**	**5 241**	**207.3**	**436.9**	**10 105**	**220.3**	**576.8**	**7 487**	**240.4**	**745.1**	**16 662**
～19歳	177.0	163.8	3 131	172.9	10.0	1 642	181.5	333.4	1 489	172.1	284.7	1	－	－	－
20～24	193.1	559.1	8 541	180.7	34.1	635	185.6	484.5	3 153	194.1	643.4	2 646	207.0	722.9	2 107
25～29	217.5	688.6	9 169	188.3	21.9	692	198.1	415.3	1 125	214.2	569.7	840	220.0	798.5	4 379
30～34	241.6	773.2	9 732	205.0	37.7	515	215.9	457.6	1 141	224.5	599.1	850	239.4	761.9	2 033
35～39	267.3	879.8	10 896	214.4	32.0	461	226.2	490.6	646	242.3	620.1	688	253.7	782.1	2 022
40～44	297.3	1020.8	13 103	218.8	33.0	393	252.8	495.1	626	247.0	554.6	671	267.1	864.5	1 933
45～49	320.3	1094.0	13 183	219.7	41.7	281	245.1	450.8	552	255.1	599.5	569	268.8	738.7	1 398
50～54	345.6	1191.7	11 379	226.9	31.1	300	256.2	432.7	378	247.5	518.8	387	277.1	680.5	1 007
55～59	342.9	1144.0	8 630	212.3	97.0	123	258.3	394.4	401	241.7	441.3	322	271.2	668.8	867
60～64	235.5	602.4	5 099	236.2	464.0	139	226.3	402.1	470	229.2	350.2	343	222.5	350.0	584
65～69	208.3	296.4	1 289	173.2	1.2	59	186.8	105.3	117	215.0	171.4	138	208.7	238.1	302
70歳～	209.0	324.8	197	226.8	0.0	1	196.1	390.4	7	171.3	52.2	33	239.2	654.1	32
高専・短大卒	**302.5**	**997.2**	**16 933**	**211.3**	**55.1**	**705**	**218.6**	**422.1**	**1 643**	**243.9**	**684.2**	**1 275**	**264.0**	**838.5**	**3 305**
～19歳	－	－	－	－	－	－	－	－	－	－	－	－	－	－	－
20～24	194.7	366.3	1 116	186.0	25.6	250	192.2	370.9	540	205.4	616.1	320	212.6	756.3	6
25～29	222.3	642.8	1 416	191.9	34.1	103	205.3	412.1	320	219.3	668.1	308	236.0	828.9	681
30～34	249.9	789.8	2 007	222.4	52.0	75	216.6	365.5	267	230.7	685.4	205	250.0	784.3	650
35～39	275.8	944.7	2 574	232.3	89.4	104	250.5	583.5	216	246.3	840.6	108	254.7	907.1	678
40～44	314.9	1052.8	3 524	258.4	60.6	86	249.4	460.0	84	269.8	822.7	115	274.3	801.4	515
45～49	362.1	1284.2	2 870	239.7	87.6	25	259.4	564.9	81	259.2	458.8	72	320.6	1166.8	349
50～54	385.6	1385.6	1 878	202.5	3.5	47	256.5	853.3	40	439.6	879.8	76	340.5	1000.5	159
55～59	367.8	1307.6	958	229.2	0.0	4	223.6	171.7	20	266.7	729.8	41	271.9	514.4	144
60～64	258.6	530.8	474	295.9	772.3	10	279.8	261.9	59	332.6	485.5	29	215.2	132.0	76
65～69	277.9	421.4	91	247.7	4.4	1	257.6	32.5	15	183.1	96.5	2	265.0	239.7	39
70歳～	235.4	344.0	24	－	－	－	502.4	70.0	1	－	－	－	272.7	589.4	7
大学・大学院卒	**349.8**	**1224.7**	**49 640**	**244.2**	**47.5**	**2 592**	**271.7**	**669.7**	**5 509**	**284.1**	**922.2**	**4 317**	**300.8**	**1086.9**	**9 463**
～19歳	－	－	－	－	－	－	－	－	－	－	－	－	－	－	－
20～24	217.8	266.6	2 190	212.7	9.7	1 064	222.8	508.8	1 121	178.6	768.9	1	219.6	705.5	3
25～29	243.4	742.4	6 188	217.0	26.7	592	236.4	669.1	1 901	246.0	859.0	2 127	258.5	943.7	1 566
30～34	280.7	975.0	7 152	243.1	45.7	298	264.7	579.8	908	257.8	741.2	603	279.6	1088.7	3 601
35～39	318.4	1162.9	7 630	270.9	90.4	199	279.6	679.4	430	299.0	1011.9	592	302.7	1130.4	1 806
40～44	366.2	1358.5	7 612	291.4	73.6	197	321.8	816.0	327	307.0	824.6	257	321.9	1115.3	1 040
45～49	426.9	1601.8	6 818	369.3	116.0	80	449.2	996.1	217	362.8	876.6	244	375.3	1230.2	601
50～54	457.1	1714.9	4 863	415.2	204.9	71	374.6	926.7	183	471.9	1737.6	167	385.1	1374.3	346
55～59	477.1	1741.2	4 593	516.4	685.9	30	445.6	1087.3	227	446.5	1443.4	171	391.9	1297.5	249
60～64	314.4	889.1	2 205	305.0	111.7	55	368.2	832.0	151	320.5	1042.4	132	319.4	637.9	178
65～69	356.3	542.8	348	575.3	0.0	5	189.2	61.2	41	249.2	251.2	17	546.8	398.6	70
70歳～	364.5	480.6	41	－	－	－	654.6	168.0	2	239.4	662.0	6	283.0	1245.2	3

及び年間賞与その他特別給与額

業

10 ～ 14 年			15 ～ 19 年			20 ～ 24 年			25 ～ 29 年			30 年 以 上			区　分
所定内給与額	年間賞与その他特別給与額	労働者数	所定内給与額	年間賞与その他特別給与額	労働者数	所定内給与額	年間賞与その他特別給与額	労働者数	所定内給与額	年間賞与その他特別給与額	労働者数	所定内給与額	年間賞与その他特別給与額	労働者数	
千円	千円	十人	千円	千円	十人	千円	千円	十人	千円	千円	十人	千円	千円	十人	
															企業規模 100～999人
270.7	**922.7**	**34 696**	**298.5**	**1018.0**	**21 555**	**329.7**	**1199.1**	**20 179**	**351.1**	**1349.5**	**20 267**	**363.9**	**1325.3**	**24 227**	男　女　計
-	-	-	-	-	-	-	-	-	-	-	-	-	-	-	～ 19歳
-	-	-	-	-	-	-	-	-	-	-	-	-	-	-	20 ～ 24
227.6	815.3	2 674	-	-	-	-	-	-	-	-	-	-	-	-	25 ～ 29
257.8	945.0	8 298	253.4	919.0	1 710	-	-	-	-	-	-	-	-	-	30 ～ 34
289.4	1061.8	7 657	287.5	1041.1	7 011	277.1	1058.0	2 062	-	-	-	-	-	-	35 ～ 39
293.8	1019.0	5 632	343.5	1271.9	5 494	323.4	1200.2	8 714	317.1	1316.8	2 813	-	-	-	40 ～ 44
289.1	970.8	3 984	328.6	1092.6	2 637	394.6	1503.5	5 313	356.6	1379.9	9 200	356.2	1351.3	2 022	45 ～ 49
277.9	863.2	2 883	297.2	902.5	1 749	334.2	1132.9	1 720	397.4	1563.1	4 604	390.8	1482.5	8 345	50 ～ 54
257.6	642.2	1 877	270.9	739.6	1 647	288.0	945.0	1 332	354.7	1279.5	2 375	411.7	1555.3	8 395	55 ～ 59
201.5	368.5	1 186	207.4	347.1	1 001	203.8	365.1	892	218.9	642.3	1 028	256.3	770.7	4 593	60 ～ 64
196.2	252.5	439	190.8	202.6	265	194.5	300.6	90	182.8	249.1	213	228.3	488.5	729	65 ～ 69
202.7	232.4	67	170.0	144.7	41	157.8	136.1	56	210.9	138.9	35	240.3	373.0	144	70歳～
															男
290.7	**1037.6**	**26 126**	**326.3**	**1155.4**	**15 864**	**356.1**	**1320.9**	**15 638**	**371.9**	**1445.9**	**16 634**	**380.9**	**1394.9**	**21 090**	学　歴　計
-	-	-	-	-	-	-	-	-	-	-	-	-	-	-	～ 19歳
-	-	-	-	-	-	-	-	-	-	-	-	-	-	-	20 ～ 24
233.4	868.4	2 163	-	-	-	-	-	-	-	-	-	-	-	-	25 ～ 29
267.3	1003.6	6 591	267.2	1018.2	1 282	-	-	-	-	-	-	-	-	-	30 ～ 34
299.9	1125.9	6 393	302.5	1109.6	5 353	292.6	1134.6	1 558	-	-	-	-	-	-	35 ～ 39
312.7	1123.8	4 487	358.1	1338.0	4 644	340.0	1268.0	6 880	331.8	1391.7	2 242	-	-	-	40 ～ 44
316.0	1109.1	2 869	356.2	1205.4	2 042	408.5	1559.5	4 666	374.1	1455.5	7 481	375.9	1391.0	1 670	45 ～ 49
332.9	1107.8	1 684	353.0	1138.3	1 056	366.1	1269.2	1 333	410.6	1624.4	4 149	409.4	1558.0	7 158	50 ～ 54
319.4	874.0	1 037	355.4	1112.5	824	357.1	1280.3	750	386.0	1404.8	1 916	430.5	1639.7	7 471	55 ～ 59
230.3	518.5	611	249.3	511.2	497	250.4	534.8	400	243.2	802.3	713	265.9	813.5	4 076	60 ～ 64
233.6	372.6	244	218.0	248.4	143	238.9	439.5	44	203.7	302.5	112	246.5	562.1	582	65 ～ 69
222.8	276.9	47	180.4	52.0	24	193.5	445.2	7	245.5	231.8	20	246.1	374.2	132	70歳～
264.2	**893.2**	**14 373**	**291.3**	**990.5**	**8 462**	**313.8**	**1134.6**	**8 062**	**341.9**	**1321.6**	**10 425**	**359.0**	**1328.1**	**13 531**	高　校　卒
-	-	-	-	-	-	-	-	-	-	-	-	-	-	-	～ 19歳
-	-	-	-	-	-	-	-	-	-	-	-	-	-	-	20 ～ 24
233.4	870.2	2 134	-	-	-	-	-	-	-	-	-	-	-	-	25 ～ 29
250.4	924.8	3 931	267.0	1022.2	1 261	-	-	-	-	-	-	-	-	-	30 ～ 34
270.8	940.4	2 258	282.4	1028.9	3 282	292.2	1134.6	1 539	-	-	-	-	-	-	35 ～ 39
284.8	921.6	2 070	317.2	1053.0	1 308	315.9	1191.1	3 964	333.1	1404.3	2 139	-	-	-	40 ～ 44
285.0	959.6	1 637	312.5	951.0	1 060	326.6	1125.4	1 101	351.2	1351.6	4 980	372.7	1395.2	1 605	45 ～ 49
304.7	903.1	1 125	322.5	1033.2	664	343.1	1110.4	791	354.3	1391.4	1 734	390.5	1503.6	4 994	50 ～ 54
282.8	757.0	646	315.3	974.6	500	322.3	1037.6	428	349.1	1230.8	1 073	389.6	1461.1	4 271	55 ～ 59
213.9	466.0	401	216.1	479.1	301	249.1	484.7	222	232.3	703.1	423	247.5	793.1	2 216	60 ～ 64
211.0	315.2	137	210.5	156.6	76	213.4	511.5	15	194.6	191.9	69	218.6	526.5	376	65 ～ 69
195.3	251.1	35	215.1	111.4	11	335.2	1280.0	2	302.0	47.4	8	205.6	371.0	68	70歳～
290.1	**1051.5**	**2 661**	**329.5**	**1123.3**	**1 967**	**346.2**	**1236.7**	**2 121**	**381.1**	**1457.4**	**1 886**	**407.0**	**1554.4**	**1 370**	高専・短大卒
-	-	-	-	-	-	-	-	-	-	-	-	-	-	-	～ 19歳
-	-	-	-	-	-	-	-	-	-	-	-	-	-	-	20 ～ 24
257.7	1063.6	5	-	-	-	-	-	-	-	-	-	-	-	-	25 ～ 29
268.2	1029.2	809	286.1	769.0	2	-	-	-	-	-	-	-	-	-	30 ～ 34
275.6	1088.4	632	308.3	1073.4	825	348.6	1505.6	11	-	-	-	-	-	-	35 ～ 39
309.0	1089.2	614	332.7	1153.5	622	333.5	1178.0	1 460	376.8	1867.9	28	-	-	-	40 ～ 44
311.5	1005.5	360	383.6	1447.4	269	385.1	1407.7	472	387.1	1434.8	1 225	608.3	1427.9	17	45 ～ 49
329.4	1180.8	147	364.7	948.1	149	351.4	1264.6	147	386.8	1630.9	358	429.0	1665.1	755	50 ～ 54
309.8	835.6	73	336.2	1003.1	53	352.2	1365.2	25	368.9	1464.6	224	440.8	1786.0	375	55 ～ 59
294.5	365.2	18	240.6	371.1	28	235.7	388.0	6	244.8	458.2	36	258.4	796.9	211	60 ～ 64
436.4	266.0	3	227.2	553.7	19	-	-	-	456.8	1447.4	4	367.8	1356.8	9	65 ～ 69
-	-	-	-	-	-	-	-	-	207.6	360.0	11	158.0	0.0	5	70歳～
337.7	**1296.2**	**8 551**	**388.0**	**1473.8**	**5 118**	**429.8**	**1671.5**	**5 154**	**455.8**	**1812.5**	**3 928**	**456.0**	**1667.4**	**5 009**	大学・大学院卒
-	-	-	-	-	-	-	-	-	-	-	-	-	-	-	～ 19歳
-	-	-	-	-	-	-	-	-	-	-	-	-	-	-	20 ～ 24
215.2	803.6	2	-	-	-	-	-	-	-	-	-	-	-	-	25 ～ 29
305.7	1186.0	1 741	168.5	382.3	1	-	-	-	-	-	-	-	-	-	30 ～ 34
324.9	1259.7	3 401	355.1	1363.5	1 200	322.3	969.9	2	-	-	-	-	-	-	35 ～ 39
348.8	1385.8	1 736	384.6	1525.7	2 679	418.1	1595.1	1 372	323.6	1350.4	3	-	-	-	40 ～ 44
381.6	1458.0	823	420.2	1530.6	658	443.4	1746.7	3 022	460.1	1926.0	1 170	336.4	1447.6	2	45 ～ 49
423.6	1720.3	380	451.1	1642.7	213	430.5	1663.4	361	468.3	1845.0	1 979	493.3	1835.9	1 163	50 ～ 54
410.7	1205.5	269	456.5	1506.8	245	415.2	1667.0	280	469.7	1735.6	568	507.2	1963.4	2 553	55 ～ 59
290.0	888.0	125	366.7	771.9	111	247.5	753.8	91	280.7	1121.3	197	314.9	936.7	1 165	60 ～ 64
297.9	509.3	68	330.9	624.6	11	258.8	325.3	25	218.7	447.4	11	382.2	992.6	101	65 ～ 69
424.0	408.2	5	-	-	-	-	-	-	300.0	500.0	0	375.9	377.8	25	70歳～

第2表　年齢階級、勤続年数階級別所定内給与額

企業規模	100～999人

E　製　造

区　分	勤続年数計			0　年			1～2年			3～4年			5～9年		
	所定内給与額	年間賞与その他特別給与額	労働者数	所定内給与額	年間賞与その他特別給与額	労働者数	所定内給与額	年間賞与その他特別給与額	労働者数	所定内給与額	年間賞与その他特別給与額	労働者数	所定内給与額	年間賞与その他特別給与額	労働者数
	千円	千円	十人	千円	千円	十人	千円	千円	十人	千円	千円	十人	千円	千円	十人
生産労働者（男）															
学歴計	**258.1**	**792.5**	**99 846**	**195.6**	**31.1**	**6 383**	**206.1**	**420.1**	**12 171**	**218.7**	**571.3**	**9 236**	**235.8**	**731.3**	**19 851**
～19歳	177.7	165.8	2 909	173.8	10.5	1 497	181.9	331.1	1 407	150.3	168.1	4	-	-	-
20～24	194.9	504.6	9 547	188.5	21.2	1 239	190.5	457.4	3 732	195.5	644.0	2 664	206.9	715.6	1 912
25～29	218.6	662.6	11 575	194.0	22.2	1 030	203.5	439.1	1 863	218.9	630.0	1 717	223.4	802.7	4 997
30～34	239.8	750.1	12 165	209.9	32.5	691	214.0	440.5	1 614	224.7	592.0	1 174	239.3	784.4	3 292
35～39	263.2	866.6	13 237	215.2	41.1	568	224.2	480.5	888	244.3	632.7	874	250.4	813.0	2 881
40～44	285.9	960.9	14 665	219.0	32.5	483	240.0	454.1	745	241.7	536.3	864	260.9	822.8	2 452
45～49	297.1	978.7	12 000	203.4	39.3	257	230.2	415.5	547	240.9	488.1	665	252.1	676.0	1 536
50～54	311.6	1010.0	9 606	216.2	45.4	303	256.8	450.5	444	241.9	499.6	393	255.1	567.2	975
55～59	305.2	958.2	7 493	197.0	17.1	108	229.9	257.0	385	223.7	369.7	338	233.3	456.2	861
60～64	219.7	490.2	5 136	218.7	313.2	144	208.7	251.5	438	196.4	252.7	371	201.3	271.1	590
65～69	195.5	210.6	1 283	173.3	18.9	60	174.7	67.4	102	196.3	148.4	130	184.4	147.7	325
70歳～	197.3	244.5	228	226.8	0.0	1	172.9	444.4	5	173.2	187.6	41	162.4	97.2	29
管理・事務・技術労働者（男）															
学歴計	**363.7**	**1297.9**	**65 463**	**250.4**	**70.8**	**2 359**	**277.4**	**690.8**	**5 458**	**295.5**	**961.4**	**4 158**	**312.3**	**1110.6**	**10 341**
～19歳	169.8	118.2	264	168.0	3.9	171	173.2	328.9	93	-	-	-	-	-	-
20～24	207.4	399.8	2 442	213.4	16.2	748	207.8	523.5	1 156	193.4	613.5	319	205.5	744.9	220
25～29	245.0	780.3	5 431	216.7	30.3	396	239.8	694.3	1 540	250.5	898.1	1 608	252.6	927.8	1 692
30～34	285.6	1008.9	7 125	245.9	67.3	222	276.1	586.6	759	264.0	802.8	525	287.6	1114.9	3 141
35～39	322.9	1179.0	8 253	268.1	85.7	231	290.9	716.7	451	302.0	1072.0	536	310.8	1156.3	1 757
40～44	372.1	1371.0	9 952	309.3	87.4	197	353.7	908.4	312	344.0	1015.3	220	336.3	1169.3	1 089
45～49	419.4	1567.5	11 340	335.1	96.3	141	413.5	899.3	322	409.3	1160.8	230	388.8	1331.9	913
50～54	447.9	1692.0	9 022	359.3	89.9	117	371.1	989.2	180	462.4	1456.8	251	394.5	1367.5	583
55～59	468.7	1729.1	7 187	419.8	599.9	52	449.0	1134.8	275	446.2	1465.9	205	404.3	1352.7	459
60～64	306.7	900.9	3 562	328.3	467.1	76	340.1	833.8	269	339.0	884.4	220	318.6	649.8	294
65～69	302.5	547.3	760	463.8	0.0	6	210.4	92.1	96	275.5	240.4	39	429.7	541.3	158
70歳～	271.6	499.5	126	138.4	0.0	3	470.8	154.7	5	226.9	103.8	5	255.6	938.5	35
女															
学歴計	**207.5**	**514.2**	**56 601**	**178.3**	**17.5**	**4 330**	**184.3**	**288.0**	**9 341**	**189.4**	**432.0**	**5 581**	**198.8**	**499.2**	**11 778**
～19歳	167.9	118.6	1 480	166.9	8.5	829	169.2	258.9	651	-	-	-	-	-	-
20～24	183.4	349.7	5 679	181.0	9.6	993	184.1	323.9	2 923	181.5	538.5	1 230	188.5	689.1	534
25～29	201.9	530.1	6 333	186.1	24.3	584	195.2	349.4	1 604	210.3	621.3	1 181	205.7	712.3	2 452
30～34	208.7	562.8	5 480	176.3	21.2	381	184.0	329.8	865	191.2	425.4	554	222.3	687.9	1 546
35～39	218.3	605.2	6 209	175.7	38.0	353	187.8	322.8	612	192.6	354.0	590	207.2	515.0	1 228
40～44	226.1	627.3	7 775	196.4	23.2	447	184.1	257.1	925	187.3	375.7	601	202.9	438.1	1 403
45～49	229.5	645.9	7 739	180.4	12.1	284	184.9	209.8	782	175.5	260.0	517	196.7	385.5	1 728
50～54	217.1	565.4	6 297	163.5	21.9	231	192.1	164.4	413	182.3	282.8	417	184.6	333.6	1 316
55～59	200.2	455.3	5 296	191.2	5.7	114	159.4	123.1	318	183.3	199.1	350	179.1	280.5	885
60～64	168.5	230.0	3 367	153.9	77.3	53	167.4	104.0	216	157.7	154.2	129	165.8	160.6	566
65～69	153.7	129.5	819	152.9	0.0	60	147.6	13.6	32	145.9	203.1	10	151.2	96.0	108
70歳～	156.8	133.5	127	-	-	-	137.3	0.0	1	199.7	70.0	1	148.0	50.4	13
高校卒	**193.9**	**448.9**	**37 405**	**163.2**	**14.9**	**2 674**	**169.3**	**222.5**	**5 780**	**175.0**	**343.2**	**3 533**	**184.8**	**411.9**	**7 878**
～19歳	167.9	120.2	1 460	166.9	8.6	814	169.3	260.6	647	-	-	-	-	-	-
20～24	174.8	400.4	3 762	156.7	8.6	426	172.2	313.8	1 743	179.3	553.9	1 063	188.6	691.6	531
25～29	186.8	484.1	3 190	161.8	28.3	221	163.6	171.0	539	183.3	372.2	337	193.7	644.0	1 581
30～34	192.9	459.8	3 011	157.6	18.0	202	172.0	203.2	481	173.0	330.2	287	191.3	448.9	582
35～39	201.0	516.5	3 663	162.3	20.1	231	163.8	172.7	332	170.7	231.3	387	191.4	381.6	726
40～44	204.7	502.0	4 891	167.3	17.6	278	170.8	206.3	687	170.2	233.9	382	183.0	346.0	975
45～49	209.9	549.6	5 285	166.3	11.6	165	169.9	149.7	598	165.0	186.3	411	184.8	336.4	1 202
50～54	207.6	525.7	4 831	154.7	21.2	169	171.6	135.3	297	174.2	240.7	317	179.5	313.5	1 035
55～59	194.5	424.7	4 108	183.4	6.7	93	161.0	117.4	287	183.7	218.8	262	176.7	247.7	683
60～64	166.1	219.1	2 517	156.0	77.2	48	161.3	122.0	150	159.2	165.4	87	166.8	164.3	479
65～69	154.5	134.0	581	156.0	0.0	27	156.1	2.0	19	184.1	413.3	2	144.4	82.9	73
70歳～	158.4	127.4	106	-	-	-	137.3	0.0	1	-	-	-	152.7	38.2	9
高専・短大卒	**225.5**	**617.4**	**9 067**	**193.3**	**20.1**	**583**	**195.6**	**310.9**	**1 287**	**195.3**	**406.8**	**856**	**205.0**	**542.0**	**1 801**
～19歳	-	-	-	-	-	-	-	-	-	-	-	-	-	-	-
20～24	188.9	236.8	690	176.3	3.5	125	189.9	222.1	413	196.3	467.9	152	-	-	-
25～29	197.6	500.7	819	178.0	24.4	129	179.1	229.9	158	200.9	421.6	185	211.6	844.2	347
30～34	210.9	598.2	971	172.8	20.4	60	199.5	584.4	225	192.0	386.8	93	202.2	605.8	203
35～39	216.5	603.9	1 119	177.9	30.6	51	198.5	380.3	146	200.9	462.8	87	209.7	567.8	245
40～44	249.6	801.0	1 777	254.5	27.7	84	202.7	292.7	130	203.8	483.9	131	219.4	523.2	300
45～49	250.7	740.1	1 659	190.8	18.6	83	214.9	246.6	112	179.2	261.1	69	200.5	391.2	378
50～54	240.4	671.7	915	208.1	45.6	33	222.9	207.0	71	212.3	463.9	58	186.0	367.1	161
55～59	215.9	569.4	726	234.5	1.1	19	156.6	173.1	18	168.9	185.9	61	197.6	408.1	126
60～64	178.3	235.5	373	103.9	0.0	1	153.9	131.7	12	157.9	161.9	21	164.5	198.1	31
65～69	165.0	48.9	17	-	-	-	115.9	36.2	2	-	-	-	182.0	0.0	10
70歳～	148.6	23.2	1	-	-	-	-	-	-	-	-	-	-	-	-

及び年間賞与その他特別給与額

業

10～14年			15～19年			20～24年			25～29年			30年以上			区分
所定内給与額	年間賞与その他特別給与額	労働者数	所定内給与額	年間賞与その他特別給与額	労働者数	所定内給与額	年間賞与その他特別給与額	労働者数	所定内給与額	年間賞与その他特別給与額	労働者数	所定内給与額	年間賞与その他特別給与額	労働者数	
千円	千円	十人	千円	千円	十人	千円	千円	十人	千円	千円	十人	千円	千円	十人	
															生産労働者（男）
260.8	**885.2**	**16 245**	**284.9**	**981.8**	**9 196**	**307.6**	**1121.1**	**8 064**	**318.5**	**1195.1**	**8 604**	**320.8**	**1118.2**	**10 097**	**学歴計**
-	-	-	-	-	-	-	-	-	-	-	-	-	-	-	～19歳
-	-	-	-	-	-	-	-	-	-	-	-	-	-	-	20～24
233.6	882.0	1 967	-	-	-	-	-	-	-	-	-	-	-	-	25～29
251.8	928.2	4 308	267.7	1026.8	1 088	-	-	-	-	-	-	-	-	-	30～34
273.9	969.0	3 310	276.6	1010.5	3 416	290.1	1127.7	1 300	-	-	-	-	-	-	35～39
278.6	938.6	2 580	310.4	1092.2	1 973	308.5	1161.3	4 015	315.4	1299.5	1 552	-	-	-	40～44
273.2	878.4	1 747	296.6	989.6	1 101	333.7	1165.6	1 415	326.9	1249.6	3 815	345.2	1203.3	917	45～49
279.5	846.7	1 045	302.1	904.0	631	309.6	1045.8	632	332.6	1242.3	1 652	351.9	1294.6	3 530	50～54
259.2	578.3	671	303.3	950.4	508	309.7	1101.1	418	322.2	1074.4	1 037	350.1	1299.6	3 167	55～59
204.2	362.2	432	209.6	398.4	371	239.7	496.9	259	224.0	668.6	464	233.1	660.7	2 067	60～64
197.7	294.4	165	214.1	157.3	85	214.0	582.2	20	190.0	266.4	84	211.7	317.8	312	65～69
190.0	253.2	21	173.2	17.7	22	117.9	0.0	5	188.6	208.9	0	227.4	358.0	104	70歳～
															管理・事務・技術労働者(男)
339.7	**1288.2**	**9 881**	**383.5**	**1394.7**	**6 669**	**407.8**	**1533.6**	**7 575**	**429.2**	**1714.7**	**8 030**	**436.2**	**1649.1**	**10 993**	**学歴計**
-	-	-	-	-	-	-	-	-	-	-	-	-	-	-	～19歳
-	-	-	-	-	-	-	-	-	-	-	-	-	-	-	20～24
232.0	731.3	195	-	-	-	-	-	-	-	-	-	-	-	-	25～29
296.7	1145.9	2 283	264.2	969.7	194	-	-	-	-	-	-	-	-	-	30～34
327.9	1294.4	3 083	348.2	1284.4	1 937	305.2	1169.4	258	-	-	-	-	-	-	35～39
358.9	1374.5	1 907	393.3	1519.6	2 671	384.1	1417.5	2 865	368.8	1598.8	691	-	-	-	40～44
382.6	1468.1	1 123	425.9	1458.1	941	441.0	1730.9	3 251	423.1	1669.9	3 666	413.2	1619.8	752	45～49
420.2	1534.8	639	428.6	1486.2	425	417.0	1470.8	701	462.3	1877.3	2 496	465.3	1814.3	3 629	50～54
429.8	1415.5	366	438.9	1372.8	316	417.1	1506.8	331	461.2	1794.7	879	489.5	1889.8	4 305	55～59
293.5	897.2	178	366.7	845.2	125	270.1	604.2	141	278.7	1050.8	250	299.5	970.8	2 009	60～64
307.3	533.6	80	223.7	382.6	58	258.8	325.3	25	244.4	410.0	28	286.8	844.8	270	65～69
248.3	295.4	27	270.0	480.0	2	335.2	1280.0	2	245.8	232.0	20	316.1	435.1	28	70歳～
															女
209.9	**572.6**	**8 570**	**220.9**	**634.9**	**5 690**	**238.7**	**779.5**	**4 540**	**255.8**	**908.1**	**3 633**	**249.2**	**857.4**	**3 137**	**学歴計**
-	-	-	-	-	-	-	-	-	-	-	-	-	-	-	～19歳
-	-	-	-	-	-	-	-	-	-	-	-	-	-	-	20～24
202.8	590.8	512	-	-	-	-	-	-	-	-	-	-	-	-	25～29
220.8	718.6	1 707	212.1	621.5	428	-	-	-	-	-	-	-	-	-	30～34
236.3	737.7	1 264	239.2	819.8	1 658	229.0	821.3	504	-	-	-	-	-	-	35～39
219.4	608.1	1 145	263.9	910.6	849	261.4	946.1	1 834	259.2	1022.1	571	-	-	-	40～44
220.0	614.7	1 114	234.2	705.3	595	294.2	1099.2	646	280.6	1050.5	1 719	262.9	1162.4	352	45～49
200.7	519.8	1 199	212.2	543.5	694	224.2	662.7	386	277.2	1003.5	455	278.7	1026.6	1 186	50～54
181.3	355.9	840	186.4	366.1	823	199.1	513.7	583	224.5	756.5	459	259.9	872.8	924	55～59
171.0	209.3	576	166.3	185.6	504	165.9	227.1	492	163.9	278.9	314	181.1	432.8	516	60～64
149.2	101.2	194	159.0	149.0	122	151.3	165.7	46	159.5	189.5	101	156.2	196.6	147	65～69
152.8	122.1	19	155.0	277.7	17	152.8	92.5	49	166.2	18.5	15	177.5	359.8	12	70歳～
192.2	**470.5**	**5 544**	**205.9**	**548.6**	**3 840**	**218.5**	**664.9**	**3 048**	**241.5**	**831.3**	**2 619**	**244.5**	**838.8**	**2 489**	**高校卒**
-	-	-	-	-	-	-	-	-	-	-	-	-	-	-	～19歳
-	-	-	-	-	-	-	-	-	-	-	-	-	-	-	20～24
202.8	590.8	512	-	-	-	-	-	-	-	-	-	-	-	-	25～29
207.9	640.5	1 033	212.3	623.2	426	-	-	-	-	-	-	-	-	-	30～34
190.9	503.6	419	229.0	785.9	1 070	229.8	827.8	497	-	-	-	-	-	-	35～39
194.6	416.0	672	218.1	679.7	292	243.7	800.5	1 060	258.8	1019.7	545	-	-	-	40～44
198.5	505.2	746	211.4	535.6	385	233.7	813.6	280	263.8	973.2	1 159	264.2	1162.9	338	45～49
194.3	486.1	947	206.6	531.5	536	213.5	636.0	277	240.0	765.5	267	270.6	982.7	986	50～54
177.9	344.5	671	185.5	361.6	632	194.8	525.9	496	215.2	676.8	315	247.7	821.9	670	55～59
159.2	184.0	376	165.7	164.2	400	167.1	253.7	369	162.7	258.7	230	178.6	392.4	378	60～64
148.5	96.6	156	159.5	145.8	85	156.0	164.0	26	159.1	188.7	89	161.0	216.4	105	65～69
151.2	56.8	11	157.3	289.3	14	154.0	85.4	43	166.2	18.5	15	177.5	359.8	12	70歳～
222.3	**618.5**	**1 508**	**235.8**	**784.8**	**965**	**274.6**	**1026.0**	**1 029**	**283.3**	**1093.3**	**750**	**298.7**	**1027.7**	**288**	**高専・短大卒**
-	-	-	-	-	-	-	-	-	-	-	-	-	-	-	～19歳
-	-	-	-	-	-	-	-	-	-	-	-	-	-	-	20～24
-	-	-	-	-	-	-	-	-	-	-	-	-	-	-	25～29
232.1	740.2	392	-	-	-	-	-	-	-	-	-	-	-	-	30～34
214.3	578.1	245	240.1	862.5	345	-	-	-	-	-	-	-	-	-	35～39
245.4	816.5	254	256.6	951.5	231	280.8	1133.7	639	274.2	1257.4	9	-	-	-	40～44
234.9	613.2	220	255.0	905.6	118	310.7	1172.2	225	299.9	1161.0	454	-	-	-	45～49
207.1	549.3	172	232.3	563.0	115	257.3	912.6	42	302.9	1194.5	120	318.6	1200.5	142	50～54
184.8	400.3	114	186.1	482.7	103	195.5	468.3	55	244.8	967.3	124	309.9	1001.8	106	55～59
191.1	173.5	109	179.6	354.6	53	171.7	61.4	68	165.2	411.2	40	196.9	482.1	38	60～64
145.7	40.4	2	148.7	80.0	1	-	-	-	136.3	260.0	2	173.4	180.0	2	65～69
148.6	23.2	1	-	-	-	-	-	-	-	-	-	-	-	-	70歳～

第2表　年齢階級、勤続年数階級別所定内給与額

企業規模	100～999人
	10～99人

E　製　造

区　分	勤続年数計			0　年			1～2年			3～4年			5～9年		
	所定内給与額	年間賞与その他特別給与額	労働者数	所定内給与額	年間賞与その他特別給与額	労働者数	所定内給与額	年間賞与その他特別給与額	労働者数	所定内給与額	年間賞与その他特別給与額	労働者数	所定内給与額	年間賞与その他特別給与額	労働者数
	千円	千円	十人	千円	千円	十人	千円	千円	十人	千円	千円	十人	千円	千円	十人
大学・大学院卒	**256.9**	**750.0**	**8 318**	**215.9**	**24.6**	**923**	**224.7**	**488.7**	**2 011**	**234.8**	**774.1**	**1 077**	**260.0**	**896.6**	**1 770**
～19歳	-	-	-	-	-	-	-	-	-	-	-	-	-	-	-
20～24	208.9	266.2	1 172	206.9	12.5	431	210.1	413.3	741	-	-	-	222.0	771.0	0
25～29	227.2	624.4	2 231	215.4	20.9	229	221.6	506.4	849	228.7	820.7	640	240.1	843.2	513
30～34	245.9	797.7	1 392	216.6	29.6	108	221.5	495.0	111	227.8	648.0	159	253.2	908.1	745
35～39	273.6	893.7	1 303	223.4	112.1	60	267.3	797.1	100	268.9	746.4	105	269.5	997.8	204
40～44	296.5	976.3	956	277.6	47.1	55	260.6	606.0	95	240.2	857.8	84	332.7	1055.4	110
45～49	341.8	1244.6	652	223.8	0.1	36	322.0	1005.3	41	287.7	1102.0	36	313.0	931.6	114
50～54	307.5	986.6	335	165.4	0.0	5	310.7	345.9	35	224.8	544.4	26	267.5	657.9	57
55～59	288.5	671.7	185	-	-	-	157.8	270.7	4	212.5	34.3	27	216.8	586.1	22
60～64	259.1	662.5	86	-	-	-	207.1	0.0	35	-	-	-	151.8	81.1	3
65～69	189.8	395.3	7	-	-	-	-	-	-	-	-	-	420.7	800.0	1
70歳～	-	-	-	-	-	-	-	-	-	-	-	-	-	-	-
生産労働者(女)															
学歴計	**184.8**	**362.3**	**33 597**	**165.0**	**16.7**	**2 877**	**170.4**	**202.6**	**5 775**	**173.5**	**305.0**	**3 283**	**179.7**	**348.9**	**7 506**
～19歳	168.6	124.7	1 088	166.4	11.0	597	171.3	262.9	491	-	-	-	-	-	-
20～24	176.5	336.5	3 480	166.3	11.3	576	174.5	276.0	1 679	182.4	532.6	810	187.4	650.0	415
25～29	186.8	408.9	3 200	171.8	23.8	349	169.3	202.4	755	187.1	377.7	413	195.7	596.6	1 319
30～34	187.4	398.9	2 817	156.9	14.9	261	165.8	157.9	510	173.3	323.1	295	187.1	428.4	607
35～39	191.1	430.5	2 998	160.4	38.9	198	166.6	199.2	369	165.0	220.8	385	180.1	341.7	702
40～44	190.5	407.5	4 007	165.2	22.7	290	167.2	181.5	600	163.5	166.1	364	175.6	279.3	910
45～49	197.5	422.8	4 607	169.0	13.2	204	175.9	151.1	643	163.8	164.0	385	177.1	238.7	1 179
50～54	191.7	396.6	4 086	150.5	6.4	184	179.1	111.3	274	169.6	171.6	289	174.5	268.0	1 040
55～59	182.6	353.7	3 847	184.9	6.2	106	155.1	87.7	277	178.0	206.7	223	171.7	227.1	720
60～64	161.3	180.3	2 649	152.9	74.9	51	156.4	64.1	148	156.3	116.1	109	165.4	149.6	504
65～69	151.7	124.9	694	152.9	0.0	60	150.0	15.1	28	138.7	163.7	8	142.1	87.8	97
70歳～	156.2	129.6	126	-	-	-	137.3	0.0	1	199.7	70.0	1	148.0	50.4	13
管理・事務・技術労働者(女)															
学歴計	**240.6**	**736.1**	**23 004**	**204.7**	**19.2**	**1 453**	**206.7**	**426.2**	**3 567**	**212.1**	**613.5**	**2 297**	**232.4**	**763.2**	**4 273**
～19歳	166.1	101.7	392	168.2	1.9	232	162.9	246.8	160	-	-	-	-	-	-
20～24	194.2	370.7	2 199	201.3	7.2	417	197.0	388.6	1 244	179.7	550.1	420	192.2	825.6	119
25～29	217.2	654.0	3 133	207.3	25.1	235	218.2	480.2	849	222.7	752.2	768	217.4	847.1	1 133
30～34	231.1	736.2	2 664	218.5	34.6	120	210.1	577.0	355	211.6	542.0	259	245.1	855.5	939
35～39	243.8	768.2	3 212	195.2	36.9	155	220.0	510.2	243	244.5	604.9	205	243.6	746.8	525
40～44	264.0	860.9	3 768	254.1	24.2	157	215.2	396.7	325	223.9	698.0	237	253.5	731.7	493
45～49	276.6	974.0	3 132	209.4	9.3	80	226.4	479.5	140	209.3	538.5	133	238.9	700.3	550
50～54	264.1	877.4	2 211	215.1	83.4	46	217.7	269.2	139	211.2	535.2	128	222.8	580.4	276
55～59	246.9	724.9	1 449	271.3	0.0	8	188.4	364.6	41	192.7	185.5	126	211.7	513.3	165
60～64	195.4	413.3	718	181.8	145.1	2	191.5	191.7	68	165.2	355.6	21	168.9	250.4	62
65～69	165.3	155.4	125	-	-	-	132.5	3.6	4	184.1	413.3	2	230.2	167.4	11
70歳～	208.0	437.5	2	-	-	-	-	-	-	-	-	-	-	-	-
企業規模 10～99人															
男女計	**252.2**	**503.6**	**149 359**	**197.6**	**25.9**	**10 692**	**209.2**	**299.5**	**21 865**	**226.7**	**444.1**	**16 505**	**240.7**	**519.6**	**30 002**
～19歳	169.9	95.3	1 999	165.5	6.3	1 182	176.4	223.4	805	166.6	264.4	13	-	-	-
20～24	184.2	284.6	9 391	179.8	17.7	1 926	180.2	265.0	4 012	189.4	452.2	2 222	195.2	463.4	1 231
25～29	206.4	406.5	13 067	193.2	22.0	1 680	195.8	318.2	3 790	214.3	497.8	2 552	214.0	557.3	4 186
30～34	232.7	512.4	15 338	199.5	42.6	1 283	209.8	328.5	3 030	225.8	465.6	2 289	246.1	651.0	4 255
35～39	251.9	551.0	16 984	208.3	32.9	1 024	215.1	323.2	2 525	234.8	476.2	1 823	253.0	590.5	3 966
40～44	271.1	602.2	21 281	217.8	29.5	1 152	227.6	341.1	2 292	237.8	451.2	2 169	254.0	557.6	4 338
45～49	278.3	594.0	20 101	209.0	32.5	783	238.0	290.6	1 844	245.1	465.8	1 883	252.8	501.4	3 922
50～54	287.3	595.9	17 752	230.5	31.2	601	241.6	313.4	1 382	255.5	447.4	1 280	255.1	471.8	3 106
55～59	284.4	557.9	15 387	211.1	25.2	342	248.8	318.3	1 006	244.0	366.3	1 051	247.5	428.8	2 320
60～64	241.3	361.4	10 365	233.8	46.7	402	215.0	197.8	715	228.2	293.7	757	218.3	302.7	1 345
65～69	222.2	287.5	5 440	200.2	24.9	178	180.0	156.3	357	204.0	213.7	316	213.9	253.6	1 095
70歳～	220.3	267.5	2 253	159.1	2.5	139	230.9	181.6	107	193.0	93.5	150	198.0	182.4	237
男															
学歴計	**276.1**	**580.5**	**107 398**	**214.2**	**29.3**	**6 836**	**227.2**	**352.1**	**14 819**	**243.5**	**492.1**	**11 980**	**261.7**	**591.9**	**21 249**
～19歳	175.2	117.8	1 229	169.4	10.3	695	183.2	257.5	522	166.6	264.4	13	-	-	-
20～24	191.8	329.1	6 079	186.4	24.0	1 200	188.7	312.3	2 488	195.1	497.5	1 549	202.4	503.6	842
25～29	216.0	449.4	9 282	203.1	22.9	1 117	207.0	371.5	2 631	222.4	537.6	1 868	221.7	587.0	3 025
30～34	245.4	569.2	11 747	214.1	36.7	843	225.2	393.4	2 095	234.1	488.1	1 805	256.3	714.7	3 390
35～39	269.3	618.6	13 041	232.3	43.6	603	237.8	383.0	1 699	252.5	516.0	1 356	269.8	656.0	3 085
40～44	294.5	680.9	16 063	244.6	35.5	723	251.4	388.1	1 569	261.1	508.7	1 493	280.0	644.9	3 064
45～49	309.4	693.7	14 359	243.2	27.6	428	269.5	354.6	1 199	276.3	562.2	1 246	285.9	589.7	2 530
50～54	324.7	703.2	12 310	252.5	34.8	438	275.5	372.0	900	290.0	524.3	892	296.0	581.9	1 891
55～59	325.6	661.6	10 513	233.0	21.5	243	279.4	393.4	728	274.4	428.0	760	290.0	521.4	1 431
60～64	269.3	415.2	7 212	247.9	54.1	347	227.3	222.8	588	244.1	343.7	608	240.7	358.8	954
65～69	240.0	323.7	3 948	204.1	26.0	159	187.5	162.8	307	219.2	239.7	261	226.9	278.6	853
70歳～	238.1	305.3	1 616	228.9	8.8	39	232.9	197.8	93	199.8	99.2	132	214.0	201.3	184

及び年間賞与その他特別給与額

業

10～14年 所定内給与額	10～14年 年間賞与その他特別給与額	10～14年 労働者数	15～19年 所定内給与額	15～19年 年間賞与その他特別給与額	15～19年 労働者数	20～24年 所定内給与額	20～24年 年間賞与その他特別給与額	20～24年 労働者数	25～29年 所定内給与額	25～29年 年間賞与その他特別給与額	25～29年 労働者数	30年以上 所定内給与額	30年以上 年間賞与その他特別給与額	30年以上 労働者数	区分
千円	千円	十人	千円	千円	十人	千円	千円	十人	千円	千円	十人	千円	千円	十人	
279.0	**1010.4**	**1 284**	**294.7**	**983.4**	**719**	**363.3**	**1370.2**	**287**	**414.9**	**1674.9**	**143**	**372.5**	**1691.0**	**103**	**大学・大学院卒**
-	-	-	-	-	-	-	-	-	-	-	-	-	-	-	～19歳
-	-	-	-	-	-	-	-	-	-	-	-	-	-	-	20～24
-	-	-	-	-	-	-	-	-	-	-	-	-	-	-	25～29
258.0	1012.3	270	-	-	-	-	-	-	-	-	-	-	-	-	30～34
277.5	968.5	597	284.8	921.5	236	192.5	341.0	1	-	-	-	-	-	-	35～39
275.2	1013.3	190	314.0	1109.2	319	331.7	1347.8	103	-	-	-	-	-	-	40～44
320.6	1264.9	132	343.7	1441.7	70	399.9	1615.5	133	411.5	1555.8	83	251.0	1743.0	7	45～49
278.6	916.8	58	236.9	616.8	32	314.2	909.0	35	422.6	1877.4	55	382.2	1846.7	32	50～54
284.3	792.6	22	211.2	193.2	49	407.5	555.7	14	362.6	938.3	4	434.3	1666.4	42	55～59
386.8	1047.7	16	199.5	461.3	7	164.9	33.3	2	464.0	2838.1	2	276.8	1516.1	21	60～64
-	-	-	169.6	340.0	6	-	-	-	-	-	-	188.3	616.4	1	65～69
-	-	-	-	-	-	-	-	-	-	-	-	-	-	-	70歳～
															生産労働者（女）
186.4	**414.8**	**4 921**	**193.3**	**461.4**	**3 203**	**203.3**	**571.7**	**2 330**	**222.4**	**692.8**	**1 960**	**220.7**	**644.9**	**1 743**	**学歴計**
-	-	-	-	-	-	-	-	-	-	-	-	-	-	-	～19歳
-	-	-	-	-	-	-	-	-	-	-	-	-	-	-	20～24
205.1	561.5	364	-	-	-	-	-	-	-	-	-	-	-	-	25～29
209.3	612.1	861	203.5	554.3	283	-	-	-	-	-	-	-	-	-	30～34
190.9	505.1	380	225.2	703.2	719	226.0	766.6	243	-	-	-	-	-	-	35～39
188.1	396.4	554	205.5	656.7	304	230.2	756.2	690	238.5	890.9	294	-	-	-	40～44
193.9	454.7	641	201.4	590.8	326	225.7	742.1	251	249.2	843.8	795	250.6	883.1	184	45～49
180.3	388.6	781	182.3	369.0	442	195.5	548.2	251	228.2	695.6	218	256.7	832.3	606	50～54
170.4	303.9	655	176.3	297.1	604	186.9	466.1	430	206.8	653.3	302	218.4	660.6	530	55～59
163.1	176.2	497	161.5	145.1	396	160.7	232.5	376	156.6	239.0	253	161.4	265.3	314	60～64
148.2	86.9	169	159.0	162.4	111	152.1	188.3	40	162.6	198.3	84	149.8	200.0	98	65～69
152.8	122.1	19	155.0	277.7	17	152.8	92.5	49	166.2	18.5	15	173.0	348.2	11	70歳～
															管理・事務・技術労働者(女)
241.6	**785.5**	**3 648**	**256.6**	**858.3**	**2 487**	**276.0**	**998.6**	**2 210**	**294.9**	**1160.3**	**1 673**	**284.9**	**1123.1**	**1 394**	**学歴計**
-	-	-	-	-	-	-	-	-	-	-	-	-	-	-	～19歳
-	-	-	-	-	-	-	-	-	-	-	-	-	-	-	20～24
197.2	662.7	148	-	-	-	-	-	-	-	-	-	-	-	-	25～29
232.5	827.0	846	229.1	753.0	145	-	-	-	-	-	-	-	-	-	30～34
255.8	837.7	884	249.9	909.0	939	231.9	872.4	260	-	-	-	-	-	-	35～39
248.9	807.0	590	296.4	1052.1	545	280.3	1060.7	1 144	281.1	1161.2	277	-	-	-	40～44
255.3	831.0	474	274.0	844.5	268	337.7	1325.9	395	307.6	1228.2	924	276.5	1469.9	167	45～49
238.7	765.0	418	264.7	850.0	252	277.2	874.3	136	322.4	1287.1	237	301.8	1229.8	580	50～54
220.0	540.0	185	214.3	557.0	219	233.6	647.4	153	258.3	954.1	157	315.8	1158.1	394	55～59
221.6	420.1	78	183.8	334.2	108	182.9	209.3	116	193.8	444.5	61	211.6	692.5	202	60～64
155.7	196.3	25	159.0	19.6	12	144.9	1.2	6	143.8	145.4	17	169.1	189.9	49	65～69
-	-	-	-	-	-	-	-	-	-	-	-	208.0	437.5	2	70歳～
															企業規模 10～99人
264.3	**602.8**	**24 528**	**277.4**	**653.3**	**15 634**	**297.1**	**689.6**	**11 250**	**307.6**	**694.5**	**8 053**	**311.4**	**658.2**	**10 831**	**男女計**
-	-	-	-	-	-	-	-	-	-	-	-	-	-	-	～19歳
-	-	-	-	-	-	-	-	-	-	-	-	-	-	-	20～24
218.3	541.6	860	-	-	-	-	-	-	-	-	-	-	-	-	25～29
247.7	656.7	3 727	253.2	697.1	754	-	-	-	-	-	-	-	-	-	30～34
273.4	683.6	4 045	272.9	690.0	2 830	275.0	753.2	771	-	-	-	-	-	-	35～39
281.2	692.8	4 014	318.4	826.5	3 207	301.3	781.5	3 351	288.7	727.7	759	-	-	-	40～44
279.0	638.5	3 706	299.5	736.4	2 567	332.0	832.4	2 194	316.8	770.8	2 406	308.0	750.8	795	45～49
267.5	563.2	3 057	280.8	653.1	2 264	313.0	729.8	1 770	350.2	837.5	1 825	349.4	838.3	2 467	50～54
273.2	520.4	2 645	251.9	541.4	2 034	299.0	569.4	1 566	316.7	733.4	1 543	358.0	824.8	2 880	55～59
230.3	386.4	1 510	222.4	340.5	1 200	237.5	365.7	1 016	251.3	382.1	919	280.1	496.4	2 501	60～64
221.2	284.1	661	215.0	266.6	553	224.7	282.9	433	233.0	321.4	414	245.3	396.1	1 434	65～69
230.0	296.8	303	220.7	265.9	226	211.6	370.7	149	214.7	218.7	186	241.5	370.3	754	70歳～
															男
289.0	**682.2**	**17 636**	**308.9**	**759.5**	**11 176**	**323.9**	**783.3**	**8 388**	**333.4**	**778.3**	**6 206**	**329.8**	**717.7**	**9 108**	**学歴計**
-	-	-	-	-	-	-	-	-	-	-	-	-	-	-	～19歳
-	-	-	-	-	-	-	-	-	-	-	-	-	-	-	20～24
230.6	606.9	640	-	-	-	-	-	-	-	-	-	-	-	-	25～29
259.5	687.7	3 016	262.1	759.0	599	-	-	-	-	-	-	-	-	-	30～34
284.0	734.9	3 308	285.2	726.7	2 341	286.3	823.9	649	-	-	-	-	-	-	35～39
302.2	765.5	3 084	334.2	878.2	2 737	316.6	837.8	2 763	301.4	775.2	629	-	-	-	40～44
314.8	739.5	2 488	331.1	858.0	1 914	345.6	883.5	1 864	335.3	834.3	1 965	315.2	777.6	724	45～49
313.5	712.3	1 804	323.7	781.7	1 410	344.0	823.4	1 299	369.1	906.2	1 534	366.6	883.0	2 142	50～54
322.5	636.8	1 571	318.3	733.2	1 045	339.1	646.5	975	348.3	820.8	1 178	371.6	863.4	2 581	55～59
264.2	404.6	985	275.4	461.7	598	286.9	472.9	537	282.5	429.4	568	298.6	553.0	2 027	60～64
242.8	345.3	479	239.7	267.9	356	281.8	370.3	203	259.0	354.0	215	262.0	458.8	1 115	65～69
242.2	331.5	259	229.3	265.3	176	242.1	453.0	98	242.3	219.3	117	257.3	427.7	518	70歳～

第2表　年齢階級、勤続年数階級別所定内給与額

企業規模	10～99人

E　製　造

区分	勤続年数計 所定内給与額	勤続年数計 年間賞与その他特別給与額	勤続年数計 労働者数	0年 所定内給与額	0年 年間賞与その他特別給与額	0年 労働者数	1～2年 所定内給与額	1～2年 年間賞与その他特別給与額	1～2年 労働者数	3～4年 所定内給与額	3～4年 年間賞与その他特別給与額	3～4年 労働者数	5～9年 所定内給与額	5～9年 年間賞与その他特別給与額	5～9年 労働者数
	千円	千円	十人	千円	千円	十人	千円	千円	十人	千円	千円	十人	千円	千円	十人
高校卒	**266.9**	**546.7**	**70 118**	**202.4**	**29.6**	**4 298**	**218.9**	**319.5**	**9 339**	**232.0**	**455.1**	**7 730**	**251.8**	**545.1**	**13 837**
～ 19歳	175.9	117.2	1 148	170.2	9.2	664	183.7	265.6	484	-	-	-	-	-	-
20 ～ 24	189.6	362.5	4 641	179.7	32.4	673	183.2	309.3	1 812	195.0	510.4	1 357	202.9	509.9	799
25 ～ 29	211.6	452.3	5 522	191.0	22.2	565	201.0	341.5	1 272	212.1	470.6	979	217.9	582.2	2 116
30 ～ 34	240.0	539.4	7 127	199.3	31.9	483	217.8	349.4	1 096	222.8	439.5	1 002	246.6	643.5	1 770
35 ～ 39	262.7	584.6	8 032	225.6	43.6	337	230.6	325.4	1 056	245.2	493.5	833	262.9	636.3	1 839
40 ～ 44	282.4	621.7	9 857	239.6	32.0	517	244.8	362.6	990	252.8	470.5	886	267.9	573.9	1 961
45 ～ 49	297.8	643.5	9 736	232.2	35.1	256	255.8	310.5	811	262.8	511.8	889	277.0	542.7	1 743
50 ～ 54	311.7	647.3	8 932	235.1	37.1	331	255.6	331.2	661	266.9	480.2	577	280.1	541.5	1 340
55 ～ 59	310.6	622.7	7 111	217.7	20.8	153	263.4	344.0	492	250.7	398.8	551	273.3	417.4	981
60 ～ 64	255.9	398.2	4 537	181.5	66.6	177	219.4	245.5	390	232.4	249.1	377	234.0	344.5	623
65 ～ 69	230.0	309.8	2 555	196.9	32.3	112	176.4	147.5	199	204.0	234.7	184	215.6	271.1	541
70歳～	238.8	302.7	919	233.7	11.1	31	214.0	127.5	75	198.9	77.3	94	218.1	211.0	125
高専・短大卒	**282.2**	**605.0**	**9 805**	**209.6**	**18.1**	**659**	**227.3**	**368.6**	**1 419**	**265.0**	**549.1**	**1 161**	**266.8**	**604.0**	**2 037**
～ 19歳	-	-	-	-	-	-	-	-	-	-	-	-	-	-	-
20 ～ 24	193.1	238.3	524	186.8	6.3	192	195.7	285.8	217	198.2	544.9	104	200.5	431.6	12
25 ～ 29	209.8	458.3	929	194.8	14.1	115	198.8	328.7	277	224.2	540.7	160	215.4	643.8	366
30 ～ 34	241.2	522.5	1 428	223.8	34.0	85	215.4	373.9	289	249.7	502.5	288	247.0	598.7	433
35 ～ 39	267.7	625.2	1 486	204.2	16.1	66	240.6	470.8	213	239.7	525.9	133	260.6	619.1	348
40 ～ 44	295.2	706.8	1 941	219.3	75.3	48	244.5	397.4	190	273.0	567.5	207	275.9	626.5	349
45 ～ 49	332.5	764.8	1 323	258.5	15.0	85	270.1	425.1	113	297.3	768.6	90	324.9	735.7	178
50 ～ 54	338.4	721.9	977	272.4	11.7	16	271.0	341.7	53	329.7	539.1	111	337.3	528.4	147
55 ～ 59	359.5	600.8	699	187.3	5.7	17	374.2	332.6	29	528.2	340.8	31	323.9	516.0	100
60 ～ 64	268.9	423.2	337	209.2	0.0	34	289.5	427.5	18	306.9	608.6	36	255.8	359.2	50
65 ～ 69	271.0	348.9	135	156.5	0.0	1	204.0	145.3	21	-	-	-	285.2	340.6	50
70歳～	264.4	269.8	26	-	-	-	-	-	-	-	-	-	350.0	175.0	3
大学・大学院卒	**310.4**	**732.5**	**20 384**	**255.7**	**35.0**	**1 490**	**255.1**	**468.7**	**3 345**	**272.6**	**613.1**	**2 538**	**297.0**	**780.7**	**4 246**
～ 19歳	-	-	-	-	-	-	-	-	-	-	-	-	-	-	-
20 ～ 24	211.6	237.2	685	203.2	18.6	298	217.7	392.7	358	221.8	551.3	30	-	-	-
25 ～ 29	228.8	457.7	2 547	224.0	25.8	389	219.1	439.8	993	236.5	639.0	703	241.9	584.0	460
30 ～ 34	263.7	701.3	2 720	251.5	50.5	219	245.2	503.9	625	246.0	587.1	451	276.4	902.6	1 039
35 ～ 39	292.9	737.6	2 870	261.1	65.7	156	262.4	537.7	367	279.9	543.5	341	297.4	767.0	761
40 ～ 44	331.4	864.6	3 362	285.9	39.6	113	283.4	514.5	281	282.7	617.4	331	316.1	833.5	611
45 ～ 49	353.1	904.5	2 404	276.0	20.5	59	342.3	527.4	209	321.2	717.1	205	311.0	758.1	488
50 ～ 54	386.3	986.6	1 791	341.3	35.8	75	343.7	487.3	166	352.8	699.3	168	353.5	831.5	328
55 ～ 59	374.8	858.0	1 995	298.0	32.6	59	337.8	627.5	160	323.0	595.4	149	357.8	917.3	263
60 ～ 64	327.3	524.5	1 394	403.8	49.2	100	256.1	175.2	132	285.4	593.3	122	273.0	475.8	172
65 ～ 69	294.9	489.8	471	238.9	4.8	23	224.5	266.4	47	294.4	262.0	33	281.8	406.5	119
70歳～	308.4	399.0	146	-	-	-	260.8	930.8	7	223.6	336.4	6	180.1	293.8	5
生産労働者（男）															
学歴計	**255.5**	**512.4**	**78 989**	**201.7**	**26.4**	**5 544**	**215.0**	**316.4**	**11 630**	**227.6**	**441.4**	**9 131**	**245.7**	**528.6**	**16 041**
～ 19歳	175.9	118.0	1 170	169.9	8.8	659	184.1	258.8	498	166.6	264.4	13	-	-	-
20 ～ 24	190.0	324.6	5 337	182.4	24.9	994	185.1	295.6	2 138	195.6	487.4	1 446	202.8	488.4	760
25 ～ 29	211.4	422.5	7 437	197.2	20.9	896	202.1	335.1	2 084	212.7	468.1	1 352	219.8	577.5	2 543
30 ～ 34	237.2	520.2	9 257	203.8	37.0	689	216.0	373.8	1 645	224.8	425.5	1 378	245.9	621.8	2 523
35 ～ 39	258.6	571.6	9 874	220.7	37.3	465	231.2	340.6	1 357	241.1	471.8	1 023	255.7	590.5	2 240
40 ～ 44	274.1	597.3	11 203	237.6	30.1	585	240.3	345.5	1 199	243.2	463.2	1 079	263.5	563.0	2 185
45 ～ 49	287.3	619.3	10 080	234.3	32.1	318	246.8	321.4	832	255.9	490.1	932	269.5	533.7	1 851
50 ～ 54	295.3	619.8	8 335	222.5	31.7	338	246.0	316.3	613	255.4	497.2	658	269.3	510.8	1 352
55 ～ 59	293.7	574.8	6 974	216.1	10.4	201	247.2	293.4	506	250.7	391.4	510	254.4	420.4	1 019
60 ～ 64	241.5	351.3	5 226	176.6	39.3	256	207.7	176.4	437	214.0	226.0	439	227.8	322.7	796
65 ～ 69	219.5	258.7	2 909	181.9	32.4	115	180.5	125.2	254	192.2	152.0	195	202.7	204.1	625
70歳～	225.9	258.3	1 186	240.3	0.0	27	245.9	157.9	69	197.2	82.4	109	197.3	177.8	147
管理・事務・技術労働者（男）															
学歴計	**333.1**	**769.8**	**28 409**	**268.2**	**41.4**	**1 292**	**272.0**	**482.6**	**3 189**	**294.5**	**654.6**	**2 849**	**311.0**	**787.1**	**5 208**
～ 19歳	162.5	114.3	60	161.6	38.1	36	163.8	231.1	24	-	-	-	-	-	-
20 ～ 24	204.6	361.5	742	205.5	19.6	206	210.6	414.4	350	187.6	638.6	104	198.1	643.9	82
25 ～ 29	234.8	557.9	1 844	227.1	31.2	222	225.7	509.8	548	247.8	719.6	516	231.8	637.2	483
30 ～ 34	275.8	751.6	2 490	260.1	35.7	154	258.8	465.2	450	264.0	689.9	427	286.4	985.0	867
35 ～ 39	302.6	765.0	3 167	271.5	64.6	138	264.1	551.0	342	287.7	651.7	333	307.1	829.5	845
40 ～ 44	341.5	873.6	4 859	273.8	58.4	138	287.4	525.9	370	307.8	627.2	413	321.1	848.5	880
45 ～ 49	361.6	869.1	4 279	268.8	14.4	110	320.9	429.6	368	337.1	777.1	313	330.7	742.7	679
50 ～ 54	386.5	878.2	3 974	355.1	45.2	99	338.5	490.8	287	386.8	600.4	234	362.9	760.3	539
55 ～ 59	388.6	832.7	3 539	314.3	74.6	42	352.4	620.7	223	322.9	502.8	250	378.2	771.1	412
60 ～ 64	342.5	583.4	1 986	447.3	95.5	91	283.9	357.0	151	322.5	649.3	169	306.0	541.7	157
65 ～ 69	297.3	505.3	1 039	261.8	9.4	44	220.7	340.4	54	298.2	496.0	67	293.3	482.7	228
70歳～	271.8	434.9	430	203.2	28.6	12	194.3	316.3	23	212.1	178.7	23	281.5	295.8	37

及び年間賞与その他特別給与額

業

区分	10～14年 所定内給与額	10～14年 年間賞与その他特別給与額	10～14年 労働者数	15～19年 所定内給与額	15～19年 年間賞与その他特別給与額	15～19年 労働者数	20～24年 所定内給与額	20～24年 年間賞与その他特別給与額	20～24年 労働者数	25～29年 所定内給与額	25～29年 年間賞与その他特別給与額	25～29年 労働者数	30年以上 所定内給与額	30年以上 年間賞与その他特別給与額	30年以上 労働者数
	千円	千円	十人	千円	千円	十人	千円	千円	十人	千円	千円	十人	千円	千円	十人
高校卒	**277.6**	**636.0**	**11 718**	**296.6**	**687.6**	**7 286**	**311.2**	**734.7**	**5 566**	**327.6**	**769.5**	**4 359**	**325.6**	**711.0**	**5 984**
～19歳	-	-	-	-	-	-	-	-	-	-	-	-	-	-	-
20～24	-	-	-	-	-	-	-	-	-	-	-	-	-	-	-
25～29	230.7	606.6	590	-	-	-	-	-	-	-	-	-	-	-	-
30～34	255.6	641.0	2 246	266.7	804.8	531	-	-	-	-	-	-	-	-	-
35～39	273.8	680.5	1 833	278.8	660.8	1 629	289.9	855.9	505	-	-	-	-	-	-
40～44	292.2	733.9	1 898	316.5	759.8	1 379	301.0	774.2	1 789	317.7	879.3	436	-	-	-
45～49	304.0	699.4	1 677	311.9	764.2	1 273	327.8	779.9	1 119	328.5	813.0	1 472	320.0	782.4	497
50～54	301.1	667.7	1 328	319.2	718.7	1 033	334.5	768.4	948	351.3	810.3	1 086	356.3	804.6	1 628
55～59	298.0	546.4	1 034	307.2	700.2	710	323.5	633.3	660	341.3	834.2	816	362.3	855.3	1 714
60～64	249.2	369.6	666	256.2	382.7	381	280.1	472.2	331	276.2	442.3	365	287.5	555.1	1 226
65～69	223.6	308.5	336	244.2	294.9	236	280.6	395.3	151	229.2	310.9	121	257.0	441.3	676
70歳～	250.3	373.5	111	249.2	273.5	115	228.9	581.1	62	276.2	235.1	64	255.8	457.1	242
高専・短大卒	**299.2**	**716.4**	**1 618**	**314.6**	**824.6**	**1 061**	**329.6**	**751.2**	**945**	**362.0**	**849.6**	**441**	**358.7**	**883.3**	**464**
～19歳	-	-	-	-	-	-	-	-	-	-	-	-	-	-	-
20～24	-	-	-	-	-	-	-	-	-	-	-	-	-	-	-
25～29	248.6	1057.7	10	-	-	-	-	-	-	-	-	-	-	-	-
30～34	253.1	680.0	327	241.7	1348.3	7	-	-	-	-	-	-	-	-	-
35～39	290.8	652.0	367	289.0	844.3	359	282.4	369.3	1	-	-	-	-	-	-
40～44	294.0	791.5	350	337.9	957.6	279	321.2	796.5	514	244.2	753.7	4	-	-	-
45～49	345.9	910.5	230	346.6	832.3	181	353.2	772.0	213	369.8	1011.7	212	329.3	1156.2	20
50～54	328.1	731.2	175	302.2	664.3	136	315.6	793.4	85	374.0	882.9	92	407.9	1130.1	161
55～59	360.3	451.7	107	303.4	491.8	74	363.9	640.9	88	369.1	721.0	86	381.3	864.9	167
60～64	244.5	415.5	30	302.1	580.5	22	268.1	260.3	38	290.3	360.5	33	272.0	631.2	76
65～69	288.5	618.0	12	369.6	1525.3	4	301.8	264.2	5	317.7	162.3	9	260.3	331.0	31
70歳～	276.6	442.8	10	-	-	-	-	-	-	330.0	0.0	4	188.8	229.9	9
大学・大学院卒	**330.1**	**875.5**	**3 375**	**358.4**	**1060.6**	**2 154**	**388.3**	**1063.9**	**1 287**	**394.1**	**950.9**	**813**	**382.6**	**932.8**	**1 135**
～19歳	-	-	-	-	-	-	-	-	-	-	-	-	-	-	-
20～24	-	-	-	-	-	-	-	-	-	-	-	-	-	-	-
25～29	214.6	590.0	1	-	-	-	-	-	-	-	-	-	-	-	-
30～34	287.7	984.2	384	248.1	630.0	0	-	-	-	-	-	-	-	-	-
35～39	301.7	893.6	958	323.7	990.0	284	258.4	979.8	4	-	-	-	-	-	-
40～44	329.9	850.3	724	358.4	1041.8	966	388.4	1254.3	337	-	-	-	-	-	-
45～49	348.0	839.6	463	394.1	1285.4	373	390.2	1197.9	455	380.0	875.3	153	-	-	-
50～54	379.9	955.5	227	372.7	1306.1	182	411.1	1050.0	190	444.5	1302.6	303	441.2	1606.1	152
55～59	392.5	968.5	339	362.1	915.7	217	387.7	703.7	184	369.6	828.3	222	419.9	1090.5	403
60～64	347.1	645.0	179	317.8	680.3	115	326.8	693.5	87	341.7	495.8	93	358.8	631.9	394
65～69	331.9	618.1	55	232.9	144.9	15	471.8	261.7	13	321.8	389.3	38	308.5	834.4	128
70歳～	329.5	480.6	46	270.0	385.6	1	367.2	306.0	18	392.1	90.4	4	294.1	336.5	59
生産労働者（男）															
学歴計	**271.2**	**632.5**	**12 902**	**286.1**	**666.9**	**7 971**	**302.1**	**726.0**	**5 698**	**308.4**	**683.3**	**4 073**	**298.6**	**624.6**	**5 999**
～19歳	-	-	-	-	-	-	-	-	-	-	-	-	-	-	-
20～24	-	-	-	-	-	-	-	-	-	-	-	-	-	-	-
25～29	227.5	575.6	563	-	-	-	-	-	-	-	-	-	-	-	-
30～34	253.5	647.6	2 477	260.7	762.5	546	-	-	-	-	-	-	-	-	-
35～39	271.9	679.0	2 363	276.9	684.7	1 858	283.1	850.1	568	-	-	-	-	-	-
40～44	285.4	710.1	2 157	303.9	758.2	1 669	293.8	751.3	1 858	289.4	715.3	471	-	-	-
45～49	294.2	685.6	1 768	297.9	701.8	1 265	324.4	807.1	1 190	311.8	747.6	1 313	305.0	783.3	610
50～54	286.6	683.1	1 226	302.0	683.1	1 001	328.0	765.8	874	340.0	762.0	920	332.3	777.4	1 354
55～59	290.4	567.0	1 099	298.1	670.9	754	315.6	644.7	636	322.3	717.9	735	337.4	768.7	1 514
60～64	242.0	366.0	734	256.6	420.7	452	250.9	374.6	373	265.8	401.2	404	267.0	473.5	1 335
65～69	228.3	316.4	356	231.3	220.1	285	256.1	459.5	128	245.4	387.8	141	238.1	334.4	810
70歳～	219.7	261.0	159	219.1	223.0	141	205.7	270.4	69	210.1	217.6	90	253.5	397.4	375
管理・事務・技術労働者（男）															
学歴計	**337.6**	**817.7**	**4 733**	**365.6**	**989.8**	**3 205**	**370.2**	**904.6**	**2 690**	**381.3**	**959.7**	**2 133**	**389.8**	**897.5**	**3 109**
～19歳	-	-	-	-	-	-	-	-	-	-	-	-	-	-	-
20～24	-	-	-	-	-	-	-	-	-	-	-	-	-	-	-
25～29	254.0	836.9	77	-	-	-	-	-	-	-	-	-	-	-	-
30～34	286.8	871.7	540	276.4	723.7	53	-	-	-	-	-	-	-	-	-
35～39	314.3	874.6	945	317.0	888.7	483	308.7	640.5	81	-	-	-	-	-	-
40～44	341.1	894.4	927	381.6	1065.9	1 067	363.3	1015.4	905	336.9	952.6	159	-	-	-
45～49	365.5	872.0	720	395.8	1162.6	649	383.0	1018.5	674	382.5	1009.0	652	369.5	747.5	115
50～54	370.3	774.3	579	376.8	1022.9	409	376.9	941.9	425	412.7	1122.3	614	425.5	1064.4	788
55～59	397.3	798.9	473	370.7	894.3	291	383.2	649.9	338	391.4	991.5	443	420.1	997.8	1 067
60～64	329.2	517.2	252	333.2	588.0	147	369.1	697.6	163	323.6	499.2	164	359.7	706.5	692
65～69	285.0	429.0	123	273.5	459.7	71	326.0	216.4	74	284.9	289.5	74	325.3	789.1	305
70歳～	278.0	443.6	100	269.9	433.9	35	329.4	891.2	29	347.5	224.9	27	267.4	507.1	143

第2表　年齢階級、勤続年数階級別所定内給与額

企業規模	10～99人

E　製　造

区　分	勤続年数計			0　年			1～2年			3～4年			5～9年		
	所定内給与額	年間賞与その他特別給与額	労働者数	所定内給与額	年間賞与その他特別給与額	労働者数	所定内給与額	年間賞与その他特別給与額	労働者数	所定内給与額	年間賞与その他特別給与額	労働者数	所定内給与額	年間賞与その他特別給与額	労働者数
	千円	千円	十人	千円	千円	十人	千円	千円	十人	千円	千円	十人	千円	千円	十人
女															
学歴計	**190.9**	**306.8**	**41 961**	**168.1**	**20.0**	**3 856**	**171.2**	**188.7**	**7 045**	**182.2**	**317.0**	**4 525**	**189.7**	**344.0**	**8 753**
～19歳	161.4	59.4	770	159.8	0.6	486	164.1	160.4	283	－	－	－	－	－	－
20～24	170.5	202.8	3 312	168.9	7.2	726	166.3	187.7	1 524	176.4	347.7	673	179.5	376.4	389
25～29	182.8	301.1	3 786	173.6	20.1	563	170.5	197.3	1 159	192.1	389.1	684	194.0	479.6	1 160
30～34	191.3	326.3	3 591	171.4	53.9	439	175.5	183.2	936	195.0	381.9	484	206.2	401.5	865
35～39	194.3	327.5	3 943	173.8	17.6	421	168.3	200.4	826	183.6	360.7	468	194.0	361.2	881
40～44	199.0	360.0	5 219	172.8	19.5	429	176.0	239.2	722	186.2	324.5	676	191.4	347.6	1 273
45～49	200.5	344.5	5 742	167.8	38.4	355	179.5	171.5	645	184.1	277.4	637	192.7	341.0	1 393
50～54	202.8	353.2	5 443	171.5	21.6	163	178.2	203.8	481	176.4	270.9	388	191.3	300.4	1 215
55～59	195.5	334.2	4 874	157.3	34.4	99	168.4	121.0	277	164.8	205.7	292	178.9	279.6	889
60～64	177.3	238.3	3 154	145.0	0.0	55	158.4	82.1	127	163.3	90.3	149	163.8	165.9	391
65～69	175.3	191.9	1 492	167.1	15.5	19	133.5	115.9	50	131.4	89.5	55	168.2	165.6	242
70歳～	174.9	171.5	637	132.3	0.0	101	218.1	77.0	14	145.1	53.2	19	142.9	117.5	54
高校卒	**183.7**	**282.8**	**29 392**	**159.9**	**15.0**	**2 464**	**163.8**	**164.0**	**4 648**	**173.9**	**270.4**	**3 043**	**181.4**	**313.9**	**6 231**
～19歳	162.2	61.2	745	161.1	0.6	464	164.2	161.3	281	－	－	－	－	－	－
20～24	166.1	218.0	2 300	155.9	10.0	377	159.2	168.1	993	176.6	341.1	576	179.0	378.9	354
25～29	173.7	279.3	2 075	157.0	11.5	228	158.9	142.9	613	180.2	304.0	286	185.6	445.2	750
30～34	180.2	273.7	2 115	160.7	28.5	253	163.7	162.4	526	170.8	261.4	245	191.0	331.7	457
35～39	184.6	290.7	2 505	174.5	20.4	241	169.1	224.9	526	175.6	318.8	320	178.4	309.0	581
40～44	189.8	315.2	3 422	162.4	12.6	267	167.1	171.2	456	179.0	270.6	456	184.3	302.3	898
45～49	192.6	317.1	4 242	160.2	39.7	282	167.4	156.9	474	178.1	250.3	439	188.0	322.0	1 023
50～54	194.0	326.3	4 214	163.6	7.3	144	171.9	176.2	371	176.5	264.4	324	183.8	289.4	918
55～59	187.8	310.7	3 771	156.4	46.6	54	165.5	114.8	236	157.1	167.3	248	171.2	276.7	694
60～64	174.6	253.6	2 430	144.1	0.0	54	154.2	64.7	109	155.0	84.4	103	165.4	178.3	336
65～69	175.2	187.6	1 104	226.6	0.0	4	133.5	115.9	50	127.8	98.4	32	165.0	172.2	191
70歳～	176.9	182.4	470	132.8	0.0	97	227.1	85.3	13	127.1	44.5	13	147.1	173.2	29
高専・短大卒	**210.7**	**392.7**	**6 296**	**176.4**	**29.5**	**573**	**189.9**	**255.2**	**906**	**191.3**	**370.4**	**747**	**205.1**	**403.7**	**1 409**
～19歳	－	－	－	－	－	－	－	－	－	－	－	－	－	－	－
20～24	176.5	176.7	433	173.3	7.3	167	177.5	205.8	204	179.9	539.8	59	211.5	462.5	3
25～29	186.3	310.9	653	163.7	9.5	130	181.0	279.6	168	192.9	358.7	160	200.4	476.8	188
30～34	205.7	481.7	555	198.9	166.1	58	190.5	229.7	100	180.8	305.0	67	221.6	469.2	190
35～39	209.1	401.8	657	179.1	7.8	66	181.0	272.9	120	190.8	418.7	62	202.5	432.2	155
40～44	214.0	440.2	1 134	175.0	15.5	91	202.4	273.6	146	202.0	447.7	153	208.2	450.8	236
45～49	214.8	426.4	946	179.6	12.4	28	213.9	282.6	94	198.7	332.2	152	197.6	421.4	268
50～54	235.0	443.2	842	247.1	165.6	11	201.7	300.8	58	182.9	354.5	45	220.2	329.5	209
55～59	228.7	478.0	667	163.8	33.9	18	183.5	122.9	11	171.1	262.7	9	185.4	250.2	127
60～64	204.0	166.9	309	190.8	0.0	1	258.3	256.3	6	172.3	78.7	32	159.4	73.5	23
65～69	167.4	154.9	87	204.3	0.0	3	－	－	－	130.1	116.9	7	186.1	18.8	10
70歳～	219.2	177.5	15	－	－	－	－	－	－	－	－	－	－	－	－
大学・大学院卒	**234.2**	**455.6**	**3 723**	**212.1**	**36.2**	**494**	**208.3**	**356.4**	**902**	**220.2**	**544.6**	**564**	**240.2**	**558.1**	**751**
～19歳	－	－	－	－	－	－	－	－	－	－	－	－	－	－	－
20～24	201.1	209.9	387	203.1	1.6	148	200.4	339.7	225	189.3	328.0	14	－	－	－
25～29	210.8	408.2	838	219.3	45.6	147	198.7	321.5	287	207.8	522.2	223	226.6	700.1	181
30～34	233.6	479.7	625	232.4	100.9	53	220.2	315.4	183	243.6	627.9	151	240.7	586.4	179
35～39	239.8	530.5	545	183.6	19.6	60	186.9	276.7	50	226.6	609.5	64	249.5	504.2	142
40～44	250.1	586.1	438	239.8	51.0	34	208.6	802.0	67	209.4	481.1	51	235.0	502.1	91
45～49	264.3	503.4	376	221.9	56.6	37	249.6	180.3	48	198.7	429.7	28	254.3	377.0	73
50～54	263.1	533.9	219	213.4	83.7	7	253.9	515.6	27	180.6	77.9	8	219.5	416.1	50
55～59	262.0	448.2	200	159.8	0.0	8	214.7	330.2	13	257.3	834.1	18	285.2	624.0	35
60～64	231.8	335.1	90	－	－	－	266.6	290.0	1	231.0	0.0	7	－	－	－
65～69	202.3	273.9	4	－	－	－	－	－	－	200.0	550.0	2	－	－	－
70歳～	147.9	312.9	1	－	－	－	－	－	－	－	－	－	－	－	－
生産労働者（女）															
学歴計	**172.0**	**227.9**	**26 557**	**157.2**	**19.0**	**2 648**	**158.4**	**131.6**	**4 776**	**167.6**	**232.0**	**2 837**	**173.5**	**266.6**	**5 596**
～19歳	157.5	55.9	576	157.6	0.5	381	157.2	164.3	195	－	－	－	－	－	－
20～24	163.3	167.4	2 300	161.0	8.7	489	156.2	133.8	1 060	174.2	335.1	469	176.0	289.4	283
25～29	169.8	235.7	2 221	155.9	26.6	309	155.9	125.5	751	179.6	275.6	356	184.6	424.8	623
30～34	174.5	229.2	2 139	158.9	55.9	284	158.7	130.5	594	167.9	220.5	237	190.5	304.6	531
35～39	174.7	234.4	2 283	156.0	11.0	269	157.3	132.2	608	175.7	306.7	312	169.8	241.8	444
40～44	176.7	245.8	3 001	163.4	16.5	316	161.5	137.0	444	171.2	228.9	414	171.2	252.7	796
45～49	179.7	258.2	3 434	152.0	40.7	239	165.0	126.5	405	164.6	209.0	364	178.3	290.1	893
50～54	179.8	268.8	3 309	167.7	24.3	107	162.3	165.1	325	156.3	155.1	257	171.7	248.0	826
55～59	172.7	256.4	3 277	156.5	12.5	88	165.7	98.7	230	147.1	123.2	223	164.2	210.9	640
60～64	161.0	207.7	2 342	137.3	0.0	50	149.4	74.9	115	162.8	92.2	139	152.5	121.9	313
65～69	163.0	157.4	1 173	167.1	15.5	19	132.7	120.5	47	128.3	64.1	48	164.8	163.7	194
70歳～	151.2	121.1	503	130.8	0.0	99	150.7	3.2	3	145.1	53.2	19	142.8	117.5	54

及び年間賞与その他特別給与額

業

10～14年			15～19年			20～24年			25～29年			30年以上			区　分
所定内給与額	年間賞与その他特別給与額	労働者数	所定内給与額	年間賞与その他特別給与額	労働者数	所定内給与額	年間賞与その他特別給与額	労働者数	所定内給与額	年間賞与その他特別給与額	労働者数	所定内給与額	年間賞与その他特別給与額	労働者数	
千円	千円	十人	千円	千円	十人	千円	千円	十人	千円	千円	十人	千円	千円	十人	
															女
201.2	399.7	6 892	198.4	387.2	4 458	218.5	415.1	2 862	220.6	412.7	1 847	214.1	343.3	1 723	学歴計
-	-	-	-	-	-	-	-	-	-	-	-	-	-	-	～19歳
-	-	-	-	-	-	-	-	-	-	-	-	-	-	-	20～24
182.4	351.5	220	-	-	-	-	-	-	-	-	-	-	-	-	25～29
197.6	525.0	711	218.6	457.5	155	-	-	-	-	-	-	-	-	-	30～34
225.9	453.7	737	214.3	514.3	489	214.6	375.2	121	-	-	-	-	-	-	35～39
211.6	451.8	930	226.4	525.1	470	229.8	516.9	588	227.3	497.3	130	-	-	-	40～44
206.0	432.1	1 218	207.1	380.1	653	255.4	542.9	329	234.6	488.0	442	233.8	473.7	70	45～49
201.4	348.5	1 253	210.1	440.8	854	227.4	471.8	471	250.7	475.3	291	236.5	543.8	325	50～54
201.0	350.0	1 074	181.8	338.6	989	232.8	442.2	591	214.9	450.9	365	241.0	491.6	299	55～59
166.5	352.2	525	169.7	219.9	602	182.2	245.7	480	200.8	305.5	351	200.6	254.3	474	60～64
164.3	123.0	182	170.2	264.3	197	174.5	206.2	231	204.8	286.1	199	186.9	177.0	319	65～69
157.8	90.4	44	190.5	267.8	50	152.9	211.8	51	168.1	217.8	69	206.8	244.1	236	70歳～
191.8	359.3	4 883	190.8	354.6	3 327	208.0	380.3	2 126	212.1	383.1	1 388	216.5	358.4	1 282	高校卒
-	-	-	-	-	-	-	-	-	-	-	-	-	-	-	～19歳
-	-	-	-	-	-	-	-	-	-	-	-	-	-	-	20～24
184.6	345.4	198	-	-	-	-	-	-	-	-	-	-	-	-	25～29
190.8	417.2	479	219.4	458.6	153	-	-	-	-	-	-	-	-	-	30～34
207.5	385.0	407	196.7	387.8	319	221.0	388.9	111	-	-	-	-	-	-	35～39
207.1	420.0	624	200.6	440.6	250	215.4	482.5	363	234.2	508.9	108	-	-	-	40～44
197.5	383.8	893	196.5	341.0	479	233.4	507.1	239	230.7	461.6	347	240.0	494.1	65	45～49
188.2	316.6	902	203.8	421.1	723	220.9	407.1	343	222.5	390.1	206	231.7	519.4	283	50～54
190.6	323.9	794	178.4	314.1	764	216.0	396.9	484	206.4	421.1	287	245.9	468.0	210	55～59
167.1	403.0	398	168.8	246.3	466	183.1	256.2	373	194.7	288.2	273	193.3	286.1	319	60～64
166.3	120.8	150	176.6	299.9	139	170.7	187.8	177	196.0	190.5	118	195.1	203.9	243	65～69
158.4	100.9	39	216.6	340.8	33	138.6	239.5	37	156.2	289.8	49	220.2	253.9	160	70歳～
224.6	559.8	1 194	220.6	421.7	592	258.1	588.5	437	254.2	512.3	241	246.0	406.6	196	高専・短大卒
-	-	-	-	-	-	-	-	-	-	-	-	-	-	-	～19歳
-	-	-	-	-	-	-	-	-	-	-	-	-	-	-	20～24
197.4	1048.9	7	-	-	-	-	-	-	-	-	-	-	-	-	25～29
209.7	895.2	140	-	-	-	-	-	-	-	-	-	-	-	-	30～34
250.9	559.2	152	220.4	515.7	102	-	-	-	-	-	-	-	-	-	35～39
220.5	603.8	210	235.7	443.1	115	239.1	573.7	182	197.6	546.1	1	-	-	-	40～44
210.7	597.3	187	241.1	428.1	96	291.8	308.8	39	255.1	587.9	83	-	-	-	45～49
237.5	421.1	246	232.6	488.6	95	260.3	756.1	93	299.4	548.5	53	269.5	614.9	33	50～54
235.0	510.2	198	198.5	414.3	117	338.5	810.5	74	254.0	569.7	60	237.6	755.5	51	55～59
161.9	133.1	48	190.7	135.9	61	168.6	188.8	36	220.0	310.9	23	273.1	217.9	80	60～64
162.9	220.0	7	164.8	305.3	7	213.8	437.8	7	181.4	193.0	21	140.9	62.2	24	65～69
-	-	-	-	-	-	181.9	120.7	6	199.3	180.0	1	248.0	218.4	8	70歳～
249.5	490.8	519	277.4	821.9	280	318.4	625.9	116	321.5	785.3	73	296.2	671.6	22	大学・大学院卒
-	-	-	-	-	-	-	-	-	-	-	-	-	-	-	～19歳
-	-	-	-	-	-	-	-	-	-	-	-	-	-	-	20～24
-	-	-	-	-	-	-	-	-	-	-	-	-	-	-	25～29
229.2	627.9	59	-	-	-	-	-	-	-	-	-	-	-	-	30～34
249.7	532.6	168	303.0	1211.0	61	-	-	-	-	-	-	-	-	-	35～39
245.8	398.5	65	286.9	864.5	95	344.9	652.7	35	-	-	-	-	-	-	40～44
286.4	663.3	94	240.5	609.0	53	362.1	1025.7	39	319.2	1156.8	4	-	-	-	45～49
253.6	325.9	45	306.8	856.4	29	231.0	238.3	13	354.6	913.7	32	273.8	1105.5	9	50～54
247.9	260.7	59	252.9	475.0	34	288.4	294.9	19	304.5	960.0	6	414.5	717.0	7	55～59
178.9	349.1	30	212.8	77.8	7	225.5	127.4	9	291.1	567.9	31	221.8	14.8	4	60～64
-	-	-	295.0	476.9	0	230.0	0.0	1	-	-	-	172.5	150.0	1	65～69
-	-	-	140.0	470.0	0	-	-	-	-	-	-	150.0	270.0	1	70歳～
															生産労働者（女）
180.4	308.1	4 258	177.7	292.4	2 836	191.2	324.8	1 653	190.1	303.4	1 004	179.2	252.8	948	学歴計
-	-	-	-	-	-	-	-	-	-	-	-	-	-	-	～19歳
-	-	-	-	-	-	-	-	-	-	-	-	-	-	-	20～24
180.9	319.6	182	-	-	-	-	-	-	-	-	-	-	-	-	25～29
184.3	368.3	399	206.2	379.8	94	-	-	-	-	-	-	-	-	-	30～34
204.2	361.8	331	200.2	423.2	248	194.2	338.7	72	-	-	-	-	-	-	35～39
183.1	308.7	482	202.9	443.2	228	202.2	383.3	227	205.4	412.8	94	-	-	-	40～44
186.7	309.3	745	183.5	274.3	372	221.6	432.8	157	203.3	329.6	222	200.5	452.7	38	45～49
177.7	309.7	775	186.8	282.5	517	210.9	356.5	261	227.7	357.8	105	214.5	530.4	135	50～54
181.4	275.1	734	164.5	280.6	670	193.2	391.9	364	192.6	416.5	184	188.4	311.3	144	55～59
154.9	356.4	397	161.5	227.5	497	170.4	223.9	344	172.2	210.7	212	166.5	184.0	276	60～64
161.5	118.8	170	162.5	207.7	171	167.3	193.4	179	168.2	168.9	135	170.4	145.9	211	65～69
158.8	92.3	42	141.0	84.1	40	152.7	212.3	50	152.8	212.2	53	168.6	170.3	145	70歳～

第2表　年齢階級、勤続年数階級別所定内給与額

企業規模	10～99人
	計

E　製　造　業

区　分	勤続年数計			0　年			1～2年			3～4年			5～9年		
	所定内給与額	年間賞与その他特別給与額	労働者数	所定内給与額	年間賞与その他特別給与額	労働者数	所定内給与額	年間賞与その他特別給与額	労働者数	所定内給与額	年間賞与その他特別給与額	労働者数	所定内給与額	年間賞与その他特別給与額	労働者数
	千円	千円	十人	千円	千円	十人	千円	千円	十人	千円	千円	十人	千円	千円	十人
管理・事務・技術労働者(女)															
学歴計	**223.6**	**442.9**	**15 404**	**191.9**	**22.2**	**1 208**	**198.2**	**308.9**	**2 269**	**206.9**	**460.0**	**1 688**	**218.4**	**481.2**	**3 157**
～19歳	173.1	69.6	194	168.0	0.9	106	179.3	151.7	88	－	－	－	－	－	－
20～24	186.7	283.5	1 012	185.2	4.3	237	189.2	310.8	464	181.7	376.7	204	189.1	607.4	106
25～29	201.2	393.9	1 565	195.0	12.4	254	197.3	329.4	408	205.7	512.5	328	205.0	543.3	537
30～34	216.0	469.4	1 451	194.3	50.2	156	204.6	274.7	342	221.0	536.5	247	231.3	555.5	334
35～39	221.4	455.4	1 660	205.1	29.3	152	199.2	390.7	218	199.4	468.8	156	218.5	482.4	437
40～44	229.3	514.5	2 218	198.8	27.8	113	199.1	402.4	278	209.9	475.0	262	225.1	506.0	477
45～49	231.4	472.9	2 308	200.4	33.5	115	203.9	247.5	240	210.1	368.5	273	218.3	431.7	500
50～54	238.4	484.1	2 134	178.7	16.5	57	211.4	284.5	156	215.6	497.6	131	233.0	411.6	389
55～59	242.3	493.7	1 597	164.3	209.1	11	181.7	228.6	48	222.2	472.4	69	216.9	456.3	249
60～64	224.2	326.6	811	219.8	0.0	5	242.1	149.5	12	170.9	64.8	10	209.1	341.2	79
65～69	220.6	318.7	319	－	－	－	147.8	35.9	3	154.0	274.0	7	181.9	173.5	49
70歳～	263.6	359.8	135	230.0	0.0	2	234.4	94.8	12	－	－	－	176.7	120.0	0
F電気・ガス・熱供給・水道業															
企業規模計															
男女計	**404.2**	**1133.1**	**15 446**	**222.1**	**170.7**	**685**	**251.1**	**573.4**	**1 454**	**248.4**	**828.0**	**1 129**	**286.5**	**803.8**	**2 177**
～19歳	183.6	180.5	268	166.7	5.5	114	196.0	309.7	154	－	－	－	－	－	－
20～24	219.0	536.9	1 551	205.2	12.5	288	216.8	532.1	523	217.6	759.1	428	237.6	723.5	312
25～29	271.1	718.5	1 867	225.3	21.2	90	257.7	602.6	285	266.4	931.6	341	272.8	754.6	975
30～34	330.1	910.1	1 046	248.4	75.5	18	278.8	585.9	54	252.5	774.8	52	329.6	1030.7	441
35～39	386.4	1023.7	1 399	251.5	58.1	21	302.1	575.1	46	307.2	909.0	41	303.4	828.8	83
40～44	442.7	1168.7	2 365	276.6	181.1	18	318.8	724.3	47	253.3	644.4	39	319.3	783.9	95
45～49	507.2	1384.3	2 389	294.2	174.2	15	276.3	400.2	40	305.2	947.3	28	337.3	836.2	78
50～54	546.1	1614.8	1 947	332.0	45.7	11	336.0	502.7	19	240.6	527.4	16	319.2	775.5	45
55～59	527.3	1683.4	1 686	364.4	863.3	22	436.9	398.5	80	281.7	602.9	26	323.6	761.7	38
60～64	272.5	964.3	826	260.6	959.1	86	248.7	968.3	189	260.5	907.0	147	277.2	527.6	78
65～69	254.5	437.3	90	254.7	129.6	4	278.9	162.0	14	263.8	569.7	10	253.1	632.2	31
70歳～	268.5	359.2	11	－	－	－	346.9	424.2	2	268.3	244.4	2	328.5	816.2	2
男															
学歴計	**415.2**	**1171.7**	**13 679**	**227.4**	**198.1**	**521**	**255.0**	**590.4**	**1 225**	**252.7**	**838.0**	**953**	**289.7**	**814.8**	**1 927**
～19歳	184.2	182.0	236	166.7	5.8	96	196.3	303.9	139	－	－	－	－	－	－
20～24	220.8	562.0	1 306	206.4	13.2	204	216.9	541.3	431	218.8	748.4	384	239.3	734.0	288
25～29	274.1	719.0	1 638	227.6	16.5	68	261.2	581.5	247	270.2	926.3	287	274.8	756.4	876
30～34	339.2	927.1	885	281.1	97.3	13	311.5	666.0	35	263.1	850.3	32	333.0	1060.2	379
35～39	395.3	1048.6	1 213	221.7	42.9	8	361.3	647.6	26	335.5	991.9	33	318.2	840.6	70
40～44	454.7	1192.2	2 096	276.2	203.1	14	336.9	764.6	40	280.8	773.4	24	338.1	817.6	78
45～49	524.4	1449.6	2 086	326.5	286.7	9	308.7	632.4	19	366.1	1162.9	14	347.9	911.8	60
50～54	558.4	1666.9	1 777	414.0	35.3	7	372.3	554.3	14	259.5	725.7	8	345.7	847.2	34
55～59	535.7	1718.3	1 569	364.4	863.3	22	422.5	411.4	76	297.9	620.5	23	335.3	773.9	35
60～64	276.8	977.6	775	272.9	948.7	76	250.5	983.2	182	262.5	910.4	137	281.3	538.8	74
65～69	256.9	439.2	88	254.7	129.6	4	283.2	166.1	14	263.8	569.7	10	253.1	632.2	31
70歳～	268.5	359.2	11	－	－	－	346.9	424.2	2	268.3	244.4	2	328.5	816.2	2
高校卒	**411.8**	**1076.2**	**8 786**	**214.3**	**368.8**	**199**	**242.8**	**586.8**	**642**	**233.9**	**771.5**	**521**	**269.1**	**682.1**	**1 104**
～19歳	184.2	182.0	236	166.7	5.8	96	196.3	303.9	139	－	－	－	－	－	－
20～24	221.7	678.1	812	198.4	42.5	3	205.6	512.2	202	216.7	737.4	322	239.1	734.4	285
25～29	278.2	656.9	759	198.8	20.6	5	216.8	489.0	14	214.8	663.9	9	270.6	667.0	572
30～34	332.5	658.2	327	231.2	50.2	5	223.6	421.1	9	254.7	771.6	10	256.5	832.4	28
35～39	389.1	901.0	772	218.5	44.8	5	231.4	593.1	11	252.0	544.0	9	285.7	799.6	30
40～44	446.5	1062.9	1 394	205.1	21.2	5	268.9	844.1	18	225.8	653.9	10	350.5	594.4	39
45～49	499.9	1210.7	1 311	325.9	86.2	3	257.1	642.6	12	283.4	922.7	8	347.4	700.0	29
50～54	537.6	1473.7	1 283	236.6	70.4	3	315.1	502.3	9	267.9	701.5	5	336.6	683.1	21
55～59	516.7	1539.9	1 219	269.9	880.2	12	437.8	418.2	68	293.7	587.3	17	283.2	729.0	20
60～64	265.2	956.8	615	273.0	986.3	62	244.2	1021.3	154	263.7	926.0	125	282.1	471.0	58
65～69	245.6	497.0	50	222.7	0.0	1	172.9	174.9	5	251.6	505.8	4	251.2	716.3	19
70歳～	262.0	232.1	8	－	－	－	512.3	0.0	1	262.1	314.3	1	278.6	353.3	1
高専・短大卒	**360.0**	**1069.3**	**1 065**	**196.4**	**50.8**	**52**	**239.1**	**576.4**	**144**	**240.7**	**818.2**	**102**	**285.5**	**842.5**	**198**
～19歳	－	－	－	－	－	－	－	－	－	－	－	－	－	－	－
20～24	214.3	534.4	211	183.0	5.8	40	217.5	572.8	110	229.1	815.0	61	－	－	－
25～29	273.8	781.8	187	218.2	26.9	4	234.0	363.0	11	245.3	850.9	17	281.1	823.0	155
30～34	314.6	992.3	91	245.1	34.7	2	225.3	582.8	4	248.9	604.2	3	260.6	901.2	11
35～39	371.9	1088.3	97	201.8	105.3	1	260.0	404.2	4	292.8	1128.6	8	288.9	992.1	3
40～44	412.9	1322.3	163	214.9	0.0	2	239.2	521.8	3	284.7	909.9	5	298.9	1103.6	11
45～49	470.4	1415.8	131	235.0	0.0	2	313.0	496.7	2	240.7	798.9	2	293.3	855.8	8
50～54	539.2	1490.2	98	－	－	－	520.2	733.2	4	202.2	630.0	1	314.0	1328.8	2
55～59	546.9	1886.4	55	365.6	1981.9	1	185.8	13.3	1	250.1	503.5	1	487.6	736.5	5
60～64	337.0	1244.7	26	364.7	854.0	0	400.2	1477.2	5	256.7	430.3	4	217.0	640.0	2
65～69	322.5	291.8	6	333.4	0.0	0	807.5	66.7	1	200.0	150.0	0	215.7	326.3	2
70歳～	240.0	16.5	1	－	－	－	327.0	0.0	0	－	－	－	－	－	－

及び年間賞与その他特別給与額

F電気・ガス・熱供給・水道業

10～14年 所定内給与額	10～14年 年間賞与その他特別給与額	10～14年 労働者数	15～19年 所定内給与額	15～19年 年間賞与その他特別給与額	15～19年 労働者数	20～24年 所定内給与額	20～24年 年間賞与その他特別給与額	20～24年 労働者数	25～29年 所定内給与額	25～29年 年間賞与その他特別給与額	25～29年 労働者数	30年以上 所定内給与額	30年以上 年間賞与その他特別給与額	30年以上 労働者数	区分
千円	千円	十人	千円	千円	十人	千円	千円	十人	千円	千円	十人	千円	千円	十人	
															管理・事務・技術労働者(女)
235.0	547.8	2 634	234.7	552.9	1 622	255.9	538.5	1 209	256.9	543.1	842	256.7	454.2	775	学歴計
-	-	-	-	-	-	-	-	-	-	-	-	-	-	-	～19歳
-	-	-	-	-	-	-	-	-	-	-	-	-	-	-	20～24
189.9	507.3	37	-	-	-	-	-	-	-	-	-	-	-	-	25～29
214.7	725.8	312	237.9	577.4	61	-	-	-	-	-	-	-	-	-	30～34
243.7	528.6	406	228.8	607.9	241	244.3	428.7	49	-	-	-	-	-	-	35～39
242.3	606.1	447	248.5	602.0	242	247.2	601.0	361	283.8	715.1	36	-	-	-	40～44
236.3	625.4	473	238.1	519.8	281	286.1	642.7	173	266.2	647.6	220	274.2	499.3	32	45～49
239.9	411.4	478	246.0	683.5	337	248.0	614.7	210	263.7	541.9	186	252.0	553.2	191	50～54
243.5	512.0	340	218.0	460.7	318	296.1	522.7	227	237.6	486.2	180	289.7	658.3	155	55～59
202.8	338.9	127	208.7	184.0	105	211.9	301.0	136	244.3	449.3	140	248.3	352.6	197	60～64
205.9	185.8	11	221.9	641.0	26	199.0	250.3	52	283.1	536.4	63	218.9	237.1	109	65～69
134.7	50.0	2	378.4	965.8	11	162.4	183.4	1	215.6	235.1	17	267.4	361.5	91	70歳～
															F電気・ガス・熱供給・水道業
															企業規模計
351.9	1013.8	1 085	409.7	1134.3	1 150	467.5	1307.8	2 155	514.9	1449.7	1 978	534.7	1589.8	3 634	男女計
-	-	-	-	-	-	-	-	-	-	-	-	-	-	-	～19歳
-	-	-	-	-	-	-	-	-	-	-	-	-	-	-	20～24
315.5	648.5	176	-	-	-	-	-	-	-	-	-	-	-	-	25～29
341.4	961.3	360	365.8	644.4	121	-	-	-	-	-	-	-	-	-	30～34
391.2	1358.8	290	395.6	1018.8	608	418.4	917.4	309	-	-	-	-	-	-	35～39
383.1	1134.8	100	463.3	1493.3	330	450.4	1189.4	1 269	479.7	1094.8	468	-	-	-	40～44
342.2	1014.3	48	367.5	1204.0	40	567.1	1916.8	476	509.4	1364.1	1 152	534.2	1203.9	511	45～49
334.2	993.6	28	448.8	1922.8	22	396.4	1196.0	52	628.5	2373.8	291	555.0	1549.0	1 464	50～54
320.2	877.9	38	340.0	1066.2	16	359.0	1214.1	34	410.3	1670.3	43	561.0	1857.3	1 388	55～59
345.9	557.4	28	245.8	672.1	8	255.8	618.1	13	288.4	936.8	20	291.8	1199.0	259	60～64
232.2	392.6	14	313.6	84.2	2	211.0	521.9	1	204.9	409.0	4	253.4	377.5	11	65～69
212.2	248.7	3	201.8	120.8	1	179.3	28.0	1	-	-	-	-	-	-	70歳～
															男
360.0	1017.9	944	416.4	1142.2	1 025	477.9	1341.1	1 918	526.2	1488.4	1 776	540.5	1618.3	3 389	学歴計
-	-	-	-	-	-	-	-	-	-	-	-	-	-	-	～19歳
-	-	-	-	-	-	-	-	-	-	-	-	-	-	-	20～24
316.7	654.9	160	-	-	-	-	-	-	-	-	-	-	-	-	25～29
348.4	946.8	311	371.0	627.5	115	-	-	-	-	-	-	-	-	-	30～34
398.7	1378.5	248	397.7	1020.8	540	421.4	937.3	288	-	-	-	-	-	-	35～39
393.7	1153.5	93	477.0	1522.9	293	461.0	1209.9	1 107	483.1	1098.2	447	-	-	-	40～44
373.4	1065.3	36	380.4	1257.1	36	579.7	1984.1	434	522.1	1411.5	996	540.4	1218.7	480	45～49
362.9	1071.9	22	473.8	2054.3	19	399.1	1180.8	48	638.9	2408.4	277	561.7	1581.9	1 347	50～54
330.2	892.2	34	367.5	1014.6	11	376.9	1282.3	29	417.3	1675.8	39	568.4	1890.9	1 302	55～59
374.0	593.8	24	252.2	691.1	7	268.2	666.8	11	319.7	867.5	15	293.1	1215.0	249	60～64
233.4	392.0	14	313.6	84.2	2	206.4	420.6	1	232.5	430.9	2	253.4	377.5	11	65～69
212.2	248.7	3	201.8	120.8	1	179.3	28.0	1	-	-	-	-	-	-	70歳～
313.4	693.2	457	379.4	856.4	576	433.8	1060.3	1 229	489.8	1206.4	1 219	531.5	1502.8	2 839	高校卒
-	-	-	-	-	-	-	-	-	-	-	-	-	-	-	～19歳
-	-	-	-	-	-	-	-	-	-	-	-	-	-	-	20～24
316.7	653.9	159	-	-	-	-	-	-	-	-	-	-	-	-	25～29
332.4	675.4	160	371.0	626.5	115	-	-	-	-	-	-	-	-	-	30～34
280.8	971.9	29	390.4	903.8	402	421.6	936.9	288	-	-	-	-	-	-	35～39
305.8	888.1	28	330.7	1064.8	24	445.8	1094.4	852	488.9	1086.1	417	-	-	-	40～44
315.7	945.3	19	320.5	1040.5	14	364.2	1331.2	36	498.1	1256.9	750	548.5	1198.8	442	45～49
323.5	657.4	14	316.8	948.9	10	394.5	1014.9	25	406.7	1720.1	25	555.1	1521.2	1 171	50～54
292.1	739.3	17	292.6	825.7	5	345.3	1112.5	20	381.2	1456.9	18	543.1	1678.3	1 042	55～59
252.2	410.0	18	284.2	969.5	4	245.0	588.3	7	298.1	728.2	9	276.2	1155.3	177	60～64
232.1	423.6	11	612.6	112.5	1	-	-	-	215.0	330.0	0	262.5	380.9	8	65～69
212.2	248.7	3	201.8	120.8	1	-	-	-	-	-	-	-	-	-	70歳～
330.7	1074.9	114	380.3	1151.0	89	445.3	1440.5	142	515.7	1542.9	109	579.0	1779.9	115	高専・短大卒
-	-	-	-	-	-	-	-	-	-	-	-	-	-	-	～19歳
-	-	-	-	-	-	-	-	-	-	-	-	-	-	-	20～24
311.9	1165.4	0	-	-	-	-	-	-	-	-	-	-	-	-	25～29
331.6	1065.0	72	330.3	1206.9	0	-	-	-	-	-	-	-	-	-	30～34
340.1	854.0	11	397.3	1175.0	71	288.0	870.0	0	-	-	-	-	-	-	35～39
324.0	1324.3	18	315.2	1079.1	9	457.7	1417.4	115	-	-	-	-	-	-	40～44
331.2	1172.9	7	308.0	1094.7	6	405.5	1645.0	16	535.2	1533.6	87	-	-	-	45～49
298.2	1032.4	1	336.0	1397.8	2	388.3	1500.4	7	489.7	1663.0	13	588.4	1527.5	68	50～54
339.0	714.4	3	550.5	556.1	0	461.6	1905.4	1	388.0	1607.4	5	621.0	2275.3	37	55～59
351.3	1114.7	1	178.0	60.0	1	289.6	915.4	1	365.6	1478.7	2	369.3	1650.6	11	60～64
280.9	0.0	1	-	-	-	-	-	-	192.5	745.1	1	-	-	-	65～69
-	-	-	-	-	-	179.3	28.0	1	-	-	-	-	-	-	70歳～

第2表　年齢階級、勤続年数階級別所定内給与額

企業規模	計

F 電気・ガス・

区分	勤続年数計			0年			1～2年			3～4年			5～9年		
	所定内給与額	年間賞与その他特別給与額	労働者数	所定内給与額	年間賞与その他特別給与額	労働者数	所定内給与額	年間賞与その他特別給与額	労働者数	所定内給与額	年間賞与その他特別給与額	労働者数	所定内給与額	年間賞与その他特別給与額	労働者数
	千円	千円	十人	千円	千円	十人	千円	千円	十人	千円	千円	十人	千円	千円	十人
大学・大学院卒	**442.9**	**1434.2**	**3 601**	**242.7**	**87.7**	**262**	**280.7**	**600.0**	**421**	**286.6**	**955.6**	**324**	**330.7**	**1051.0**	**590**
～ 19歳	-	-	-	-	-	-	-	-	-	-	-	-	-	-	-
20 ～ 24	221.9	246.9	279	211.8	14.7	161	235.6	561.7	118	-	-	-	-	-	-
25 ～ 29	269.7	770.5	691	230.6	15.5	60	265.4	599.4	222	273.8	940.5	260	284.5	1029.2	150
30 ～ 34	349.1	1104.2	464	331.2	152.6	6	365.6	784.8	21	271.0	932.4	19	341.9	1084.6	339
35 ～ 39	417.5	1373.5	340	237.8	11.7	2	542.8	799.1	11	398.1	1156.5	17	348.7	863.1	37
40 ～ 44	498.9	1514.6	498	349.5	399.5	7	435.6	739.1	17	337.9	846.0	9	350.3	1033.8	21
45 ～ 49	602.9	2000.6	586	381.3	581.9	4	436.0	672.2	5	598.7	1834.0	4	417.5	1288.0	15
50 ～ 54	658.5	2467.6	347	744.8	0.0	2	364.3	405.5	1	285.3	912.4	1	428.0	1111.9	6
55 ～ 59	639.0	2556.6	264	486.5	718.5	9	292.0	394.6	6	331.3	805.5	4	423.7	872.6	6
60 ～ 64	343.9	1077.5	104	292.0	763.5	9	321.7	643.7	11	261.3	1024.8	5	309.8	910.7	11
65 ～ 69	285.7	424.5	24	256.3	210.6	2	296.9	111.7	7	287.4	750.3	4	300.8	680.0	7
70歳～	304.0	954.1	2	-	-	-	243.4	848.3	1	289.8	0.0	0	434.6	1801.7	1
女															
学歴計	**318.9**	**834.2**	**1 767**	**205.4**	**83.6**	**164**	**230.3**	**482.2**	**229**	**225.5**	**774.3**	**176**	**262.4**	**719.4**	**250**
～ 19歳	179.0	170.0	33	167.0	4.3	18	193.2	363.8	15	-	-	-	-	-	-
20 ～ 24	209.7	402.6	245	202.4	10.9	84	216.1	489.0	92	206.6	851.6	45	216.5	598.6	24
25 ～ 29	249.7	714.7	229	218.1	36.4	21	235.2	740.6	38	245.9	959.5	54	255.2	739.5	99
30 ～ 34	279.9	816.3	161	167.0	21.2	5	219.7	440.5	19	235.0	650.8	20	309.3	849.0	62
35 ～ 39	328.5	861.4	186	270.0	67.5	13	223.4	478.7	20	195.6	582.5	8	224.3	765.8	13
40 ～ 44	349.8	985.6	269	278.0	95.9	4	217.8	499.1	7	206.9	427.0	14	227.8	620.5	16
45 ～ 49	388.9	936.0	304	249.1	16.8	6	247.0	190.2	21	239.4	714.2	13	301.4	580.7	18
50 ～ 54	418.2	1072.2	170	170.9	66.0	4	238.1	363.3	5	220.2	312.7	7	238.2	557.0	11
55 ～ 59	414.9	1216.5	117	-	-	-	691.2	171.1	4	185.9	498.4	4	206.5	640.8	4
60 ～ 64	206.7	763.2	51	165.3	1038.7	10	197.2	549.9	7	232.3	861.5	10	193.0	296.1	4
65 ～ 69	162.5	367.5	2	-	-	-	131.8	21.0	0	-	-	-	-	-	-
70歳～	-	-	-	-	-	-	-	-	-	-	-	-	-	-	-
高校卒	**310.5**	**815.0**	**816**	**177.1**	**166.5**	**39**	**196.4**	**389.2**	**87**	**205.3**	**729.6**	**78**	**231.3**	**609.5**	**118**
～ 19歳	179.0	170.0	33	167.0	4.3	18	193.2	363.8	15	-	-	-	-	-	-
20 ～ 24	204.6	613.2	90	161.3	79.5	2	200.0	388.1	28	203.0	838.4	35	216.5	598.6	24
25 ～ 29	250.8	594.7	79	178.8	0.0	2	187.0	615.9	4	172.8	372.9	3	246.4	630.5	54
30 ～ 34	243.7	823.1	48	143.2	0.0	3	177.9	374.8	6	171.6	384.5	5	212.9	516.2	4
35 ～ 39	295.2	704.9	93	193.8	0.0	5	206.3	568.5	11	186.8	641.1	5	199.2	794.1	4
40 ～ 44	328.7	900.3	118	162.9	0.0	0	187.9	269.6	4	183.2	460.2	6	191.9	435.6	8
45 ～ 49	368.5	902.7	136	239.4	24.6	3	165.4	177.8	9	248.0	851.2	9	280.6	724.7	10
50 ～ 54	393.1	1000.2	103	143.3	25.7	2	204.8	211.3	4	185.5	451.7	5	200.1	624.3	8
55 ～ 59	411.9	1135.0	80	-	-	-	288.5	336.2	2	193.0	498.3	2	210.7	584.8	2
60 ～ 64	212.5	836.1	33	192.2	1235.9	5	227.0	693.1	3	242.5	929.3	9	193.0	296.1	4
65 ～ 69	162.5	367.5	2	-	-	-	131.8	21.0	0	-	-	-	-	-	-
70歳～	-	-	-	-	-	-	-	-	-	-	-	-	-	-	-
高専・短大卒	**345.1**	**862.0**	**449**	**202.9**	**35.7**	**19**	**205.1**	**372.9**	**40**	**217.5**	**689.7**	**27**	**284.4**	**619.6**	**54**
～ 19歳	-	-	-	-	-	-	-	-	-	-	-	-	-	-	-
20 ～ 24	199.3	428.3	43	184.1	0.0	14	200.4	512.6	19	219.9	900.7	9	-	-	-
25 ～ 29	274.6	695.4	30	-	-	-	232.8	298.3	2	264.0	859.4	4	280.3	710.1	24
30 ～ 34	259.8	737.0	30	152.1	0.0	0	160.5	162.2	5	193.6	636.1	4	280.5	486.0	10
35 ～ 39	281.0	988.1	38	333.3	3.9	1	169.9	267.4	4	194.1	646.8	2	219.5	711.2	6
40 ～ 44	364.5	927.4	105	188.4	1.0	1	208.4	579.4	1	218.2	477.2	5	292.2	814.0	4
45 ～ 49	391.4	859.6	124	257.6	13.8	2	264.0	209.6	7	209.8	332.1	3	337.1	396.9	7
50 ～ 54	449.1	955.2	50	224.2	188.9	1	169.1	0.0	1	175.0	230.0	1	343.1	347.1	3
55 ～ 59	398.6	1457.3	24	-	-	-	161.3	148.3	0	-	-	-	217.8	958.4	0
60 ～ 64	191.4	407.8	5	212.0	1405.0	0	181.6	625.0	1	149.2	220.0	0	-	-	-
65 ～ 69	-	-	-	-	-	-	-	-	-	-	-	-	-	-	-
70歳～	-	-	-	-	-	-	-	-	-	-	-	-	-	-	-
大学・大学院卒	**315.5**	**843.2**	**462**	**220.7**	**28.5**	**99**	**272.0**	**608.2**	**99**	**255.5**	**890.3**	**65**	**300.1**	**983.1**	**67**
～ 19歳	-	-	-	-	-	-	-	-	-	-	-	-	-	-	-
20 ～ 24	217.8	223.1	112	207.7	11.0	67	233.2	543.3	44	-	-	-	-	-	-
25 ～ 29	241.9	794.2	112	221.9	39.9	20	241.0	788.7	32	251.8	1031.2	46	239.7	1066.3	15
30 ～ 34	311.4	864.7	80	197.9	49.1	2	276.6	625.7	9	275.7	763.7	11	330.4	1005.9	44
35 ～ 39	420.8	1035.7	54	314.4	130.6	7	302.2	439.8	5	221.1	364.1	2	246.8	571.7	1
40 ～ 44	390.2	1417.7	40	312.2	131.1	3	309.3	966.7	1	221.1	211.0	3	234.4	774.8	4
45 ～ 49	452.4	1255.3	40	262.4	0.0	1	386.9	185.3	5	244.0	666.5	2	265.3	352.9	1
50 ～ 54	539.1	2159.1	14	-	-	-	711.0	2639.3	0	318.0	0.0	2	248.2	679.5	1
55 ～ 59	596.0	1571.2	8	-	-	-	1167.0	0.0	2	-	-	-	219.8	0.0	0
60 ～ 64	232.8	129.3	2	-	-	-	222.4	20.0	1	-	-	-	-	-	-
65 ～ 69	-	-	-	-	-	-	-	-	-	-	-	-	-	-	-
70歳～	-	-	-	-	-	-	-	-	-	-	-	-	-	-	-

及び年間賞与その他特別給与額

熱供給・水道業

10～14年			15～19年			20～24年			25～29年			30年以上			区分
所定内給与額	年間賞与その他特別給与額	労働者数	所定内給与額	年間賞与その他特別給与額	労働者数	所定内給与額	年間賞与その他特別給与額	労働者数	所定内給与額	年間賞与その他特別給与額	労働者数	所定内給与額	年間賞与その他特別給与額	労働者数	
千円	千円	十人	千円	千円	十人	千円	千円	十人	千円	千円	十人	千円	千円	十人	
429.2	**1409.3**	**366**	**486.7**	**1605.7**	**356**	**590.9**	**1963.3**	**535**	**653.3**	**2347.5**	**405**	**626.1**	**2544.9**	**342**	**大学・大学院卒**
-	-	-	-	-	-	-	-	-	-	-	-	-	-	-	～19歳
-	-	-	-	-	-	-	-	-	-	-	-	-	-	-	20～24
-	-	-	-	-	-	-	-	-	-	-	-	-	-	-	25～29
395.9	1387.7	79	-	-	-	-	-	-	-	-	-	-	-	-	30～34
418.5	1462.7	208	442.3	1565.7	66	-	-	-	-	-	-	-	-	-	35～39
472.8	1243.7	47	497.5	1582.4	258	558.3	1747.5	139	426.7	1517.0	1	-	-	-	40～44
494.8	1202.4	11	457.6	1498.4	16	611.4	2070.6	376	633.8	2090.6	155	-	-	-	45～49
459.6	1964.0	7	703.4	3606.2	8	426.6	1392.1	14	677.8	2546.2	235	680.3	2588.1	73	50～54
452.3	1290.3	7	422.8	1220.2	6	501.3	1875.8	5	506.1	2240.3	11	691.1	2899.2	209	55～59
817.8	1185.2	5	227.9	476.1	3	302.8	594.9	1	382.6	1013.5	3	332.7	1271.5	58	60～64
239.6	551.6	1	-	-	-	206.4	420.6	1	318.7	0.0	1	265.5	328.1	2	65～69
-	-	-	-	-	-	-	-	-	-	-	-	-	-	-	70歳～
															女
297.4	**986.1**	**140**	**354.7**	**1069.6**	**125**	**383.4**	**1038.4**	**237**	**416.2**	**1109.3**	**202**	**454.3**	**1194.2**	**245**	**学歴計**
-	-	-	-	-	-	-	-	-	-	-	-	-	-	-	～19歳
-	-	-	-	-	-	-	-	-	-	-	-	-	-	-	20～24
303.8	586.0	16	-	-	-	-	-	-	-	-	-	-	-	-	25～29
297.3	1053.1	49	271.1	954.3	6	-	-	-	-	-	-	-	-	-	30～34
346.9	1242.5	42	379.3	1003.0	69	377.4	647.8	21	-	-	-	-	-	-	35～39
235.6	876.2	7	355.9	1261.9	38	377.6	1049.0	162	409.1	1024.0	22	-	-	-	40～44
246.4	857.5	12	251.4	725.3	4	436.7	1221.6	42	427.9	1060.2	155	439.8	978.4	32	45～49
229.3	707.5	6	237.8	813.6	2	361.7	1393.5	4	421.9	1690.7	14	477.9	1170.4	117	50～54
238.4	760.8	4	283.7	1171.9	5	267.6	864.2	6	345.8	1619.0	4	449.1	1351.1	86	55～59
174.7	335.3	4	193.7	515.8	1	185.5	341.8	2	198.2	1136.8	5	257.7	778.8	9	60～64
154.0	429.2	0	-	-	-	217.8	673.9	0	156.2	370.3	1	-	-	-	65～69
-	-	-	-	-	-	-	-	-	-	-	-	-	-	-	70歳～
267.6	**827.1**	**72**	**300.9**	**838.9**	**58**	**354.0**	**937.5**	**101**	**401.1**	**1074.5**	**89**	**447.6**	**1134.9**	**174**	**高校卒**
-	-	-	-	-	-	-	-	-	-	-	-	-	-	-	～19歳
-	-	-	-	-	-	-	-	-	-	-	-	-	-	-	20～24
303.8	586.0	16	-	-	-	-	-	-	-	-	-	-	-	-	25～29
280.3	1113.0	25	275.4	966.3	6	-	-	-	-	-	-	-	-	-	30～34
274.8	713.2	9	318.4	864.8	38	377.4	647.8	21	-	-	-	-	-	-	35～39
218.7	865.5	4	308.4	791.8	8	350.1	1012.5	66	410.1	1019.3	21	-	-	-	40～44
244.1	826.8	8	227.7	539.7	2	378.8	1110.7	7	426.0	1073.8	56	441.3	973.2	31	45～49
202.6	557.0	3	231.0	815.3	2	361.3	1374.6	2	360.1	1179.9	4	455.7	1137.8	74	50～54
237.1	771.2	3	170.4	590.5	2	259.0	822.9	3	290.6	1516.7	2	451.1	1227.9	65	55～59
167.4	350.5	3	193.7	515.8	1	208.4	253.3	1	196.1	1288.3	5	235.8	719.9	3	60～64
154.0	429.2	0	-	-	-	217.8	673.9	0	156.2	370.3	1	-	-	-	65～69
-	-	-	-	-	-	-	-	-	-	-	-	-	-	-	70歳～
281.1	**1088.4**	**27**	**316.1**	**1164.1**	**32**	**381.6**	**993.2**	**99**	**425.4**	**961.3**	**93**	**461.0**	**1134.4**	**58**	**高専・短大卒**
-	-	-	-	-	-	-	-	-	-	-	-	-	-	-	～19歳
-	-	-	-	-	-	-	-	-	-	-	-	-	-	-	20～24
-	-	-	-	-	-	-	-	-	-	-	-	-	-	-	25～29
309.0	1244.2	11	187.1	716.0	0	-	-	-	-	-	-	-	-	-	30～34
301.9	1228.9	9	322.9	1244.4	16	-	-	-	-	-	-	-	-	-	35～39
201.1	495.0	1	315.2	1096.2	12	389.6	953.6	81	303.2	1530.5	0	-	-	-	40～44
209.9	772.3	2	277.5	930.3	2	361.6	1235.3	13	425.8	924.5	88	325.2	1388.9	0	45～49
223.5	918.7	2	236.4	948.5	1	362.3	1418.3	2	424.3	1659.6	4	491.5	957.1	37	50～54
231.5	727.6	1	370.3	1328.0	1	256.3	808.8	2	418.5	1342.9	1	431.6	1613.4	18	55～59
189.1	304.9	1	-	-	-	147.7	371.6	1	-	-	-	206.3	233.7	2	60～64
-	-	-	-	-	-	-	-	-	-	-	-	-	-	-	65～69
-	-	-	-	-	-	-	-	-	-	-	-	-	-	-	70歳～
358.8	**1192.4**	**40**	**486.8**	**1378.8**	**34**	**509.8**	**1530.6**	**31**	**459.0**	**2098.3**	**17**	**617.6**	**2757.1**	**9**	**大学・大学院卒**
-	-	-	-	-	-	-	-	-	-	-	-	-	-	-	～19歳
-	-	-	-	-	-	-	-	-	-	-	-	-	-	-	20～24
-	-	-	-	-	-	-	-	-	-	-	-	-	-	-	25～29
320.3	768.6	13	-	-	-	-	-	-	-	-	-	-	-	-	30～34
388.8	1441.2	25	605.5	1085.5	14	-	-	-	-	-	-	-	-	-	35～39
268.2	1231.2	1	403.5	1581.1	18	521.8	2144.5	10	-	-	-	-	-	-	40～44
240.2	891.0	1	-	-	-	515.3	1239.2	20	453.4	2040.6	11	-	-	-	45～49
310.2	840.0	1	293.0	396.0	0	-	-	-	548.6	2631.5	4	685.6	3055.8	6	50～54
275.4	789.2	0	370.0	1906.0	2	283.1	1208.4	0	355.7	1960.3	1	513.0	2473.6	3	55～59
-	-	-	-	-	-	181.9	471.3	1	213.6	0.0	1	373.2	0.0	0	60～64
-	-	-	-	-	-	-	-	-	-	-	-	-	-	-	65～69
-	-	-	-	-	-	-	-	-	-	-	-	-	-	-	70歳～

第2表　年齢階級、勤続年数階級別所定内給与額

企業規模	1,000人以上

F 電気・ガス・

区分	勤続年数計			0年			1～2年			3～4年			5～9年		
	所定内給与額	年間賞与その他特別給与額	労働者数	所定内給与額	年間賞与その他特別給与額	労働者数	所定内給与額	年間賞与その他特別給与額	労働者数	所定内給与額	年間賞与その他特別給与額	労働者数	所定内給与額	年間賞与その他特別給与額	労働者数
	千円	千円	十人	千円	千円	十人	千円	千円	十人	千円	千円	十人	千円	千円	十人
企業規模1,000人以上															
男女計	**421.6**	**1131.3**	**12 783**	**214.1**	**206.5**	**527**	**245.4**	**565.8**	**1 092**	**245.5**	**815.1**	**862**	**290.1**	**772.2**	**1 735**
～19歳	185.1	172.5	218	165.9	4.7	87	197.9	283.9	131	－	－	－	－	－	－
20～24	221.2	530.4	1 370	205.1	12.5	246	219.0	516.9	458	220.2	746.7	382	240.0	709.4	285
25～29	277.7	692.2	1 590	227.5	10.2	71	268.8	572.1	217	275.1	918.3	267	276.6	720.3	869
30～34	345.6	903.1	811	214.5	151.8	6	242.1	521.6	22	253.6	804.0	29	343.8	1031.4	346
35～39	406.2	989.8	1 098	242.9	82.8	11	216.7	533.1	18	232.0	652.0	15	319.3	667.0	43
40～44	465.4	1134.1	1 910	289.1	293.0	8	279.4	885.4	8	219.4	562.5	16	357.2	734.0	48
45～49	529.3	1362.6	2 026	322.9	552.4	4	239.9	441.5	20	253.5	813.0	15	351.1	760.5	48
50～54	565.8	1617.9	1 709	217.8	36.8	6	208.8	839.9	2	206.6	646.3	6	337.5	706.6	28
55～59	549.1	1726.9	1 423	308.5	1441.9	12	450.9	359.2	61	331.8	538.1	11	276.4	863.8	13
60～64	267.8	1046.3	585	252.2	1047.3	77	248.1	1079.7	147	256.8	916.2	117	272.7	282.7	36
65～69	266.6	409.8	39	258.3	636.4	1	342.4	0.0	7	238.8	205.1	4	255.3	696.6	17
70歳～	277.6	152.1	4	－	－	－	393.4	281.1	1	－	－	－	－	－	－
男															
学歴計	**431.6**	**1168.0**	**11 422**	**218.1**	**242.5**	**396**	**250.6**	**581.3**	**935**	**248.6**	**826.6**	**743**	**291.6**	**781.6**	**1 561**
～19歳	185.9	170.2	188	165.8	4.6	72	198.4	273.3	116	－	－	－	－	－	－
20～24	222.8	559.3	1 169	206.2	13.3	175	219.2	525.7	380	220.9	747.7	350	241.6	720.2	264
25～29	279.8	697.7	1 433	230.4	9.8	55	271.1	551.7	195	277.7	918.7	236	278.1	726.4	795
30～34	354.3	923.3	701	286.4	354.2	2	293.4	719.1	13	282.0	967.5	13	346.1	1062.3	299
35～39	414.8	1011.3	958	218.5	13.3	2	257.9	669.5	5	260.3	752.7	10	338.0	666.0	37
40～44	476.8	1152.6	1 699	278.0	400.7	5	300.3	960.3	7	244.2	723.0	5	362.7	723.4	45
45～49	545.1	1419.8	1 780	409.8	1094.0	2	279.0	833.5	8	275.4	841.5	6	352.4	805.0	38
50～54	575.4	1661.4	1 573	254.3	33.8	3	269.5	1196.7	1	279.4	934.0	2	355.4	737.3	22
55～59	557.3	1759.5	1 333	308.5	1441.9	12	450.7	361.6	60	359.4	503.7	9	295.4	901.4	11
60～64	272.2	1060.4	546	265.1	1048.6	67	249.8	1094.6	142	258.8	923.5	108	277.9	281.7	34
65～69	267.1	407.1	39	258.3	636.4	1	342.4	0.0	7	238.8	205.1	4	255.3	696.6	17
70歳～	277.6	152.1	4	－	－	－	393.4	281.1	1	－	－	－	－	－	－
高校卒	**428.5**	**1071.5**	**7 598**	**215.9**	**487.5**	**144**	**247.5**	**592.2**	**497**	**233.6**	**784.2**	**413**	**271.4**	**646.0**	**920**
～19歳	185.9	170.2	188	165.8	4.6	72	198.4	273.3	116	－	－	－	－	－	－
20～24	224.7	669.7	729	200.0	0.0	0	208.7	492.4	177	219.1	734.3	290	241.7	718.6	262
25～29	283.9	637.9	685	197.5	0.0	1	225.5	521.7	3	229.0	589.7	1	273.8	639.2	528
30～34	355.6	615.6	256	204.1	0.0	0	215.0	519.8	2	299.1	1131.8	1	262.4	930.5	10
35～39	409.1	863.3	646	218.5	13.3	2	252.5	709.2	2	252.1	711.3	2	304.3	633.5	15
40～44	464.1	1012.1	1 194	204.4	52.4	2	282.2	887.7	4	224.8	643.1	2	407.7	355.1	22
45～49	517.4	1179.9	1 164	－	－	－	277.8	780.6	5	293.9	928.0	3	372.1	610.4	20
50～54	551.4	1471.0	1 173	213.1	72.3	1	394.0	2032.6	0	324.6	1276.9	1	358.8	591.8	14
55～59	534.8	1553.3	1 077	271.3	1240.1	8	460.7	375.3	58	369.5	571.8	8	310.2	938.6	6
60～64	264.2	1036.0	460	271.2	1034.7	58	247.1	1110.0	128	260.4	949.2	102	271.4	161.7	29
65～69	236.1	510.5	23	－	－	－	133.1	0.0	2	247.9	270.5	3	237.1	791.2	13
70歳～	305.8	72.4	3	－	－	－	512.3	0.0	1	－	－	－	－	－	－
高専・短大卒	**367.2**	**1039.6**	**871**	**189.8**	**55.1**	**40**	**230.3**	**568.3**	**120**	**234.0**	**787.8**	**84**	**284.1**	**826.1**	**169**
～19歳	－	－	－	－	－	－	－	－	－	－	－	－	－	－	－
20～24	214.9	536.2	204	183.6	6.1	38	218.0	570.9	106	229.4	812.7	60	－	－	－
25～29	277.5	783.8	171	－	－	－	240.5	176.7	8	246.5	850.5	16	282.8	809.7	147
30～34	325.5	1033.2	77	－	－	－	200.2	545.2	1	278.4	649.7	2	272.7	929.7	7
35～39	394.3	1082.0	76	－	－	－	310.5	862.8	1	224.2	370.4	2	329.3	938.5	2
40～44	445.7	1330.9	115	254.3	0.0	1	228.6	264.0	0	247.1	689.1	1	302.1	1107.4	8
45～49	510.0	1356.4	93	249.4	0.0	1	244.4	220.0	1	231.5	711.9	2	295.8	704.2	5
50～54	571.4	1477.8	77	－	－	－	169.9	528.0	1	－	－	－	－	－	－
55～59	585.7	2086.7	42	365.6	1981.9	1	－	－	－	－	－	－	264.7	334.0	0
60～64	387.4	1446.2	14	－	－	－	550.0	2200.0	2	234.5	304.8	3	－	－	－
65～69	411.4	319.3	3	－	－	－	870.4	0.0	1	－	－	－	－	－	－
70歳～	179.3	28.0	1	－	－	－	－	－	－	－	－	－	－	－	－
大学・大学院卒	**463.8**	**1465.2**	**2 765**	**224.5**	**93.1**	**205**	**265.2**	**566.4**	**307**	**279.7**	**915.0**	**242**	**336.2**	**1030.2**	**449**
～19歳	－	－	－	－	－	－	－	－	－	－	－	－	－	－	－
20～24	223.7	233.5	234	212.5	15.4	136	239.4	537.0	98	－	－	－	－	－	－
25～29	275.6	743.2	577	230.9	9.9	54	273.3	568.6	184	280.3	925.7	218	290.8	1006.5	121
30～34	359.6	1114.8	368	298.1	404.8	2	316.8	772.5	10	284.6	1024.6	9	351.0	1070.5	282
35～39	437.7	1396.4	235	－	－	－	218.2	245.0	1	273.1	871.8	6	367.0	670.5	20
40～44	537.7	1557.6	356	335.2	730.9	2	327.6	1116.6	3	260.9	804.6	2	344.6	1070.4	10
45～49	637.6	2037.1	468	467.1	1484.7	1	312.9	1245.3	2	277.6	641.0	1	441.9	1261.7	5
50～54	701.1	2560.3	276	282.0	0.0	1	－	－	－	238.9	626.5	1	451.9	907.6	3
55～59	704.6	2940.0	187	381.8	1768.6	3	199.6	15.7	2	298.3	91.8	1	254.1	610.8	1
60～64	329.7	1208.5	52	216.2	1410.4	4	328.0	962.5	3	275.7	759.2	2	320.2	1084.3	4
65～69	304.6	215.7	11	258.3	636.4	1	334.0	0.0	4	234.6	100.0	1	325.2	333.2	4
70歳～	234.9	656.0	1	－	－	－	234.9	656.0	1	－	－	－	－	－	－

及び年間賞与その他特別給与額

熱供給・水道業

10～14年			15～19年			20～24年			25～29年			30年以上			区分
所定内給与額	年間賞与その他特別給与額	労働者数	所定内給与額	年間賞与その他特別給与額	労働者数	所定内給与額	年間賞与その他特別給与額	労働者数	所定内給与額	年間賞与その他特別給与額	労働者数	所定内給与額	年間賞与その他特別給与額	労働者数	
千円	千円	十人	千円	千円	十人	千円	千円	十人	千円	千円	十人	千円	千円	十人	
															企業規模1,000人以上
364.6	**967.3**	**759**	**430.6**	**1089.3**	**920**	**485.9**	**1260.8**	**1 819**	**528.2**	**1395.9**	**1 739**	**545.9**	**1572.1**	**3 330**	**男女計**
-	-	-	-	-	-	-	-	-	-	-	-	-	-	-	～19歳
-	-	-	-	-	-	-	-	-	-	-	-	-	-	-	20～24
320.3	630.0	166	-	-	-	-	-	-	-	-	-	-	-	-	25～29
354.5	922.7	301	379.1	577.3	107	-	-	-	-	-	-	-	-	-	30～34
423.3	1389.3	208	410.1	970.4	523	427.9	860.9	279	-	-	-	-	-	-	35～39
400.0	757.2	34	497.6	1495.1	251	462.5	1133.3	1 114	487.4	1040.9	430	-	-	-	40～44
312.8	806.6	13	396.6	1104.5	18	609.1	1961.1	377	519.2	1302.7	1 039	539.8	1174.3	490	45～49
345.5	1076.9	11	575.1	2684.7	10	436.3	1032.7	27	667.4	2438.4	234	561.1	1517.5	1 384	50～54
293.9	770.6	14	299.7	1103.8	6	380.2	1183.9	18	432.3	1808.5	23	569.4	1834.6	1 264	55～59
260.5	381.0	7	297.5	920.5	3	243.8	546.3	2	274.1	1136.1	12	295.7	1278.8	185	60～64
267.9	53.8	3	187.3	100.0	1	211.0	521.9	1	192.5	745.1	1	268.1	255.0	5	65～69
236.8	100.0	1	208.0	100.0	1	179.3	28.0	1	-	-	-	-	-	-	70歳～
															男
369.3	**967.3**	**674**	**436.1**	**1094.0**	**825**	**497.2**	**1294.4**	**1 614**	**539.3**	**1434.2**	**1 563**	**551.6**	**1601.7**	**3 110**	**学歴計**
-	-	-	-	-	-	-	-	-	-	-	-	-	-	-	～19歳
-	-	-	-	-	-	-	-	-	-	-	-	-	-	-	20～24
321.0	640.1	152	-	-	-	-	-	-	-	-	-	-	-	-	25～29
360.1	919.1	268	380.9	568.2	104	-	-	-	-	-	-	-	-	-	30～34
432.1	1414.9	179	410.8	971.5	467	431.8	878.7	258	-	-	-	-	-	-	35～39
406.6	745.8	33	513.9	1530.2	222	473.7	1152.4	971	490.1	1046.2	412	-	-	-	40～44
309.2	715.0	9	421.3	1183.7	16	623.0	2037.0	344	532.1	1348.6	897	545.5	1190.0	461	45～49
349.2	1104.1	10	584.0	2745.9	10	438.4	1012.7	25	677.0	2470.4	224	567.3	1549.8	1 276	50～54
302.9	788.2	14	263.3	632.0	2	401.2	1248.2	14	435.3	1803.4	22	576.6	1869.4	1 189	55～59
280.3	379.4	5	316.2	958.9	2	254.3	690.1	2	327.4	1090.2	7	296.8	1292.4	179	60～64
267.9	53.8	3	187.3	100.0	1	206.4	420.6	1	192.5	745.1	1	268.1	255.0	5	65～69
236.8	100.0	1	208.0	100.0	1	179.3	28.0	1	-	-	-	-	-	-	70歳～
326.8	**631.8**	**329**	**393.9**	**803.5**	**487**	**447.6**	**993.9**	**1 054**	**500.5**	**1154.4**	**1 101**	**540.4**	**1485.9**	**2 651**	**高校卒**
-	-	-	-	-	-	-	-	-	-	-	-	-	-	-	～19歳
-	-	-	-	-	-	-	-	-	-	-	-	-	-	-	20～24
321.0	640.1	152	-	-	-	-	-	-	-	-	-	-	-	-	25～29
346.2	625.3	137	380.9	568.2	104	-	-	-	-	-	-	-	-	-	30～34
292.7	931.4	8	403.1	867.8	358	431.8	878.7	258	-	-	-	-	-	-	35～39
294.1	595.2	10	339.3	942.7	10	455.2	1032.5	762	496.9	1029.6	383	-	-	-	40～44
270.5	567.8	4	322.4	887.3	6	393.9	1456.6	10	506.5	1210.3	693	554.5	1166.6	423	45～49
289.9	644.8	7	306.4	800.4	4	447.2	711.9	13	412.5	1738.4	13	559.7	1496.4	1 120	50～54
286.9	897.9	4	263.3	632.0	2	354.9	982.3	10	399.8	1509.6	7	548.7	1648.9	973	55～59
245.7	169.1	4	343.5	1318.5	2	232.2	388.7	1	305.5	933.4	5	277.5	1256.1	131	60～64
262.9	71.4	1	184.9	100.0	0	-	-	-	-	-	-	270.5	133.7	4	65～69
236.8	100.0	1	208.0	100.0	1	-	-	-	-	-	-	-	-	-	70歳～
333.2	**976.1**	**84**	**395.7**	**1134.6**	**72**	**462.3**	**1411.4**	**114**	**542.6**	**1458.8**	**86**	**598.1**	**1755.8**	**103**	**高専・短大卒**
-	-	-	-	-	-	-	-	-	-	-	-	-	-	-	～19歳
-	-	-	-	-	-	-	-	-	-	-	-	-	-	-	20～24
-	-	-	-	-	-	-	-	-	-	-	-	-	-	-	25～29
334.1	1061.5	67	-	-	-	-	-	-	-	-	-	-	-	-	30～34
357.7	672.5	8	406.7	1160.1	63	-	-	-	-	-	-	-	-	-	35～39
263.0	685.3	3	314.4	971.7	5	473.4	1403.6	97	-	-	-	-	-	-	40～44
384.5	916.5	1	274.8	411.0	2	429.7	1583.4	10	553.3	1428.4	72	-	-	-	45～49
284.7	911.2	1	337.2	1414.0	1	375.3	1425.6	5	598.3	1738.9	7	598.9	1470.7	62	50～54
334.2	364.3	2	-	-	-	-	-	-	405.4	1717.0	4	631.9	2268.8	34	55～59
278.0	678.0	0	-	-	-	197.7	610.2	0	393.1	1543.3	2	419.1	1767.9	7	60～64
280.9	0.0	1	-	-	-	-	-	-	192.5	745.1	1	-	-	-	65～69
-	-	-	-	-	-	179.3	28.0	1	-	-	-	-	-	-	70歳～
438.1	**1399.0**	**256**	**524.5**	**1617.0**	**266**	**628.6**	**1987.8**	**438**	**683.1**	**2366.0**	**336**	**676.1**	**2709.3**	**266**	**大学・大学院卒**
-	-	-	-	-	-	-	-	-	-	-	-	-	-	-	～19歳
-	-	-	-	-	-	-	-	-	-	-	-	-	-	-	20～24
-	-	-	-	-	-	-	-	-	-	-	-	-	-	-	25～29
417.3	1400.8	64	-	-	-	-	-	-	-	-	-	-	-	-	30～34
442.7	1475.1	163	476.1	1518.3	46	-	-	-	-	-	-	-	-	-	35～39
480.9	826.5	20	527.3	1572.2	207	601.0	1752.5	111	-	-	-	-	-	-	40～44
326.6	806.0	4	528.5	1572.8	8	640.8	2081.0	319	662.6	2052.1	128	-	-	-	45～49
570.1	2674.2	2	919.9	4976.0	5	504.7	1290.9	6	701.9	2563.0	201	729.2	2615.6	59	50～54
380.2	731.4	1	-	-	-	693.8	2685.1	2	527.5	2559.5	6	733.5	3077.2	169	55～59
403.0	1011.8	1	243.6	0.0	1	-	-	-	283.1	855.2	0	344.9	1265.7	37	60～64
-	-	-	-	-	-	206.4	420.6	1	-	-	-	291.8	372.5	1	65～69
-	-	-	-	-	-	-	-	-	-	-	-	-	-	-	70歳～

第2表　年齢階級、勤続年数階級別所定内給与額

企業規模	1,000人以上
	100～999人

F 電気・ガス・

区分	勤続年数計			0年			1～2年			3～4年			5～9年		
	所定内給与額	年間賞与その他特別給与額	労働者数	所定内給与額	年間賞与その他特別給与額	労働者数	所定内給与額	年間賞与その他特別給与額	労働者数	所定内給与額	年間賞与その他特別給与額	労働者数	所定内給与額	年間賞与その他特別給与額	労働者数
	千円	千円	十人	千円	千円	十人	千円	千円	十人	千円	千円	十人	千円	千円	十人
女															
学歴計	**337.0**	**823.1**	**1 361**	**201.8**	**97.2**	**131**	**214.8**	**473.6**	**157**	**225.7**	**742.8**	**119**	**276.8**	**687.8**	**174**
～19歳	180.1	187.5	29	166.4	5.1	15	193.6	366.7	15	-	-	-	-	-	-
20～24	211.9	362.9	202	202.6	10.4	71	218.2	473.9	78	212.0	735.4	32	220.1	576.4	22
25～29	258.3	642.5	158	217.5	11.6	16	248.6	750.4	22	255.2	915.3	32	261.3	654.0	74
30～34	290.3	775.3	111	160.6	0.0	3	166.2	230.2	9	231.1	674.4	16	329.3	834.0	47
35～39	347.9	842.4	140	249.4	101.6	8	201.0	481.0	13	168.8	426.5	5	216.8	672.7	7
40～44	374.1	985.0	211	306.6	122.1	3	164.3	471.8	1	206.8	481.5	10	287.3	870.0	4
45～49	414.9	947.1	245	242.6	52.0	2	215.2	194.0	12	241.2	796.8	10	346.4	594.0	10
50～54	455.0	1111.6	135	170.1	40.8	3	154.2	518.8	1	165.8	484.9	4	268.2	588.4	6
55～59	427.6	1244.7	90	-	-	-	475.9	0.0	0	191.9	713.1	2	198.3	709.1	3
60～64	207.7	852.3	40	165.3	1038.7	10	201.9	675.3	5	229.5	821.5	8	204.4	296.0	3
65～69	217.8	673.9	0	-	-	-	-	-	-	-	-	-	-	-	-
70歳～	-	-	-	-	-	-	-	-	-	-	-	-	-	-	-
高校卒	**330.2**	**814.9**	**648**	**172.9**	**229.9**	**28**	**197.8**	**414.8**	**68**	**205.8**	**659.8**	**55**	**237.4**	**608.1**	**84**
～19歳	180.1	187.5	29	166.4	5.1	15	193.6	366.7	15	-	-	-	-	-	-
20～24	209.7	535.6	69	-	-	-	202.1	377.7	25	208.1	668.0	23	220.1	576.4	22
25～29	255.8	556.5	64	-	-	-	209.3	771.9	2	158.4	197.1	3	245.8	581.1	47
30～34	238.0	747.7	30	140.7	0.0	2	178.3	358.8	5	156.4	317.4	3	174.0	721.4	1
35～39	305.5	676.0	80	194.2	0.0	4	213.9	608.1	10	166.6	480.3	4	167.6	783.5	2
40～44	355.2	933.1	93	-	-	-	164.3	471.8	1	188.7	561.9	4	159.5	553.2	1
45～49	396.3	928.3	110	166.8	203.2	0	160.1	193.2	7	250.3	902.3	8	338.9	954.7	5
50～54	429.6	1054.3	82	151.2	0.0	1	154.2	518.8	1	164.2	529.1	3	206.6	728.2	4
55～59	444.8	1157.2	64	-	-	-	475.9	0.0	0	201.5	965.6	0	202.1	721.0	2
60～64	214.8	906.4	25	192.2	1235.9	5	240.0	794.6	3	239.2	880.3	7	204.4	296.0	3
65～69	217.8	673.9	0	-	-	-	-	-	-	-	-	-	-	-	-
70歳～	-	-	-	-	-	-	-	-	-	-	-	-	-	-	-
高専・短大卒	**363.6**	**815.0**	**357**	**193.5**	**37.0**	**16**	**207.4**	**353.4**	**31**	**221.9**	**762.4**	**21**	**300.0**	**559.5**	**40**
～19歳	-	-	-	-	-	-	-	-	-	-	-	-	-	-	-
20～24	200.2	428.2	40	184.4	0.0	14	201.2	512.5	18	222.0	906.5	9	-	-	-
25～29	289.3	657.0	23	-	-	-	245.3	0.0	1	284.6	930.8	3	292.7	658.8	19
30～34	263.6	665.2	25	152.1	0.0	0	151.8	87.6	4	193.6	636.1	4	285.7	470.7	9
35～39	296.4	976.8	18	-	-	-	149.7	11.7	3	-	-	-	202.5	460.4	2
40～44	381.9	851.4	85	232.0	0.0	0	-	-	-	213.1	494.0	4	319.3	1044.1	2
45～49	412.7	845.5	106	260.9	15.5	2	295.9	195.0	5	225.8	843.4	1	357.0	301.2	5
50～54	484.1	877.5	40	-	-	-	-	-	-	175.0	230.0	1	393.2	304.8	2
55～59	414.6	1483.3	18	-	-	-	-	-	-	-	-	-	-	-	-
60～64	202.6	618.4	3	212.0	1405.0	0	200.0	1000.0	1	-	-	-	-	-	-
65～69	-	-	-	-	-	-	-	-	-	-	-	-	-	-	-
70歳～	-	-	-	-	-	-	-	-	-	-	-	-	-	-	-
大学・大学院卒	**332.6**	**849.1**	**316**	**217.6**	**26.2**	**81**	**242.0**	**614.6**	**56**	**260.4**	**887.3**	**38**	**342.5**	**959.2**	**39**
～19歳	-	-	-	-	-	-	-	-	-	-	-	-	-	-	-
20～24	218.7	206.0	93	206.8	12.8	57	238.0	521.5	35	-	-	-	-	-	-
25～29	249.8	698.8	62	217.5	11.6	16	251.8	794.7	20	266.3	1025.5	25	284.6	1223.8	2
30～34	333.4	869.5	54	210.2	0.0	1	171.0	60.0	0	276.3	824.9	9	351.5	983.1	35
35～39	460.2	1106.0	40	309.6	212.3	4	209.0	481.8	1	176.9	230.0	1	228.8	319.6	1
40～44	441.8	1620.2	27	312.2	131.1	3	-	-	-	201.5	246.6	2	292.4	740.8	1
45～49	506.3	1384.0	27	-	-	-	-	-	-	200.0	230.0	2	315.0	0.0	1
50～54	634.4	2811.4	9	-	-	-	-	-	-	-	-	-	-	-	-
55～59	414.1	2217.0	3	-	-	-	-	-	-	-	-	-	-	-	-
60～64	213.6	0.0	1	-	-	-	-	-	-	-	-	-	-	-	-
65～69	-	-	-	-	-	-	-	-	-	-	-	-	-	-	-
70歳～	-	-	-	-	-	-	-	-	-	-	-	-	-	-	-
企業規模 100～999人															
男女計	**328.8**	**1225.4**	**1 664**	**229.7**	**48.2**	**100**	**271.8**	**605.1**	**229**	**257.0**	**902.8**	**170**	**274.0**	**990.1**	**274**
～19歳	178.1	218.4	39	169.2	10.7	21	188.6	462.2	18	-	-	-	-	-	-
20～24	202.5	595.8	125	204.8	13.7	31	203.1	677.9	42	196.0	841.5	34	209.2	932.5	19
25～29	236.8	910.7	183	218.8	90.3	9	225.9	704.8	46	237.2	995.1	51	244.0	1076.9	71
30～34	283.7	996.8	146	231.2	37.4	6	334.4	586.4	18	241.8	737.2	13	283.1	1091.2	65
35～39	324.3	1222.5	174	261.2	38.0	7	343.4	500.3	17	374.9	1102.9	17	287.9	1108.1	22
40～44	370.5	1457.1	285	261.5	32.4	6	398.5	828.6	19	314.9	902.5	11	292.8	890.4	26
45～49	396.0	1657.7	218	247.4	0.8	5	278.1	264.8	12	417.9	1384.5	6	274.3	1009.9	12
50～54	418.0	1719.1	153	220.0	101.9	3	376.7	421.6	10	248.7	266.5	7	301.5	939.5	10
55～59	421.4	1549.1	160	410.0	195.4	7	433.7	515.9	12	217.7	522.7	9	363.5	616.6	15
60～64	284.9	828.9	154	312.3	202.8	5	237.9	607.0	33	258.3	950.8	20	284.4	812.0	26
65～69	237.5	576.3	23	174.3	0.0	1	201.5	322.0	2	318.9	1157.8	1	272.3	805.1	7
70歳～	283.4	703.1	4	-	-	-	251.8	1040.6	1	239.0	380.0	1	356.9	971.9	1

及び年間賞与その他特別給与額

熱供給・水道業

10～14年			15～19年			20～24年			25～29年			30年以上			区分
所定内給与額	年間賞与その他特別給与額	労働者数	所定内給与額	年間賞与その他特別給与額	労働者数	所定内給与額	年間賞与その他特別給与額	労働者数	所定内給与額	年間賞与その他特別給与額	労働者数	所定内給与額	年間賞与その他特別給与額	労働者数	
千円	千円	十人	千円	千円	十人	千円	千円	十人	千円	千円	十人	千円	千円	十人	
															女
327.0	967.8	85	383.7	1048.8	96	396.7	995.7	204	430.5	1056.3	176	465.5	1152.9	220	学歴計
－	－	－	－	－	－	－	－	－	－	－	－	－	－	－	～19歳
－	－	－	－	－	－	－	－	－	－	－	－	－	－	－	20～24
313.2	517.6	14	－	－	－	－	－	－	－	－	－	－	－	－	25～29
308.7	951.8	33	309.2	933.1	3	－	－	－	－	－	－	－	－	－	30～34
370.0	1234.3	30	404.4	961.3	56	379.0	640.7	21	－	－	－	－	－	－	35～39
273.2	974.1	2	374.1	1230.8	29	386.1	1004.2	143	427.5	922.3	18	－	－	－	40～44
322.3	1044.0	4	252.8	644.4	3	467.7	1189.0	34	437.7	1011.3	141	449.3	926.0	29	45～49
310.7	822.1	1	273.6	626.4	0	408.4	1292.9	2	452.2	1726.0	10	488.1	1137.1	109	50～54
158.9	505.4	1	321.4	1384.3	4	292.9	916.6	3	394.2	1872.9	2	456.2	1285.1	75	55～59
189.7	386.8	2	194.4	709.2	0	204.0	0.0	1	198.7	1201.0	5	263.5	897.2	6	60～64
－	－	－	－	－	－	217.8	673.9	0	－	－	－	－	－	－	65～69
－	－	－	－	－	－	－	－	－	－	－	－	－	－	－	70歳～
288.7	759.0	42	318.8	820.9	45	364.2	891.7	88	417.0	1052.8	79	458.5	1103.1	160	高校卒
－	－	－	－	－	－	－	－	－	－	－	－	－	－	－	～19歳
－	－	－	－	－	－	－	－	－	－	－	－	－	－	－	20～24
313.2	517.6	14	－	－	－	－	－	－	－	－	－	－	－	－	25～29
279.2	1031.5	16	309.2	933.1	3	－	－	－	－	－	－	－	－	－	30～34
286.8	590.5	7	328.3	842.1	33	379.0	640.7	21	－	－	－	－	－	－	35～39
217.9	997.9	1	312.8	776.0	8	356.6	991.4	61	427.5	922.3	18	－	－	－	40～44
316.0	964.2	3	217.2	350.0	1	431.6	739.8	4	433.7	1061.6	53	449.3	926.0	29	45～49
138.5	122.8	0	234.9	1087.1	0	436.3	1106.0	1	368.1	1179.0	3	466.4	1117.2	69	50～54
140.9	417.6	1	178.2	660.6	0	347.5	1008.8	1	363.0	2172.2	0	458.7	1186.2	60	55～59
196.9	527.4	1	194.4	709.2	0	204.0	0.0	1	196.6	1372.6	4	214.3	438.9	1	60～64
－	－	－	－	－	－	217.8	673.9	0	－	－	－	－	－	－	65～69
－	－	－	－	－	－	－	－	－	－	－	－	－	－	－	70歳～
310.4	1105.5	10	336.6	1127.1	23	393.7	922.8	85	435.4	892.3	84	475.4	1067.7	49	高専・短大卒
－	－	－	－	－	－	－	－	－	－	－	－	－	－	－	～19歳
－	－	－	－	－	－	－	－	－	－	－	－	－	－	－	20～24
－	－	－	－	－	－	－	－	－	－	－	－	－	－	－	25～29
334.6	1232.9	8	－	－	－	－	－	－	－	－	－	－	－	－	30～34
241.3	805.6	1	349.5	1291.1	12	－	－	－	－	－	－	－	－	－	35～39
－	－	－	321.5	899.8	8	399.2	861.5	71	－	－	－	－	－	－	40～44
－	－	－	281.3	880.0	2	380.7	1282.1	11	434.6	875.3	81	－	－	－	45～49
－	－	－	－	－	－	388.1	1428.9	1	456.3	1379.3	2	499.5	870.7	34	50～54
181.3	615.0	0	394.9	1364.1	1	253.0	828.1	2	457.8	1401.1	1	439.8	1596.3	14	55～59
169.7	0.0	0	－	－	－	－	－	－	－	－	－	211.6	403.4	1	60～64
－	－	－	－	－	－	－	－	－	－	－	－	－	－	－	65～69
－	－	－	－	－	－	－	－	－	－	－	－	－	－	－	70歳～
379.3	1183.2	33	540.8	1373.0	27	556.8	1625.3	25	509.5	2250.5	12	680.1	3081.8	6	大学・大学院卒
－	－	－	－	－	－	－	－	－	－	－	－	－	－	－	～19歳
－	－	－	－	－	－	－	－	－	－	－	－	－	－	－	20～24
－	－	－	－	－	－	－	－	－	－	－	－	－	－	－	25～29
336.0	603.5	10	－	－	－	－	－	－	－	－	－	－	－	－	30～34
403.8	1466.3	21	697.0	941.7	11	－	－	－	－	－	－	－	－	－	35～39
245.0	779.3	0	438.5	1673.1	14	591.5	2603.6	7	－	－	－	－	－	－	40～44
－	－	－	－	－	－	541.9	1202.9	17	498.9	2121.6	8	－	－	－	45～49
327.9	892.0	1	293.0	396.0	0	－	－	－	647.1	3102.1	3	698.4	3108.0	5	50～54
－	－	－	370.0	1906.0	2	－	－	－	358.8	2121.0	1	559.1	2908.3	1	55～59
－	－	－	－	－	－	－	－	－	213.6	0.0	1	－	－	－	60～64
－	－	－	－	－	－	－	－	－	－	－	－	－	－	－	65～69
－	－	－	－	－	－	－	－	－	－	－	－	－	－	－	70歳～
															企業規模 100～999人
339.0	1217.9	193	335.2	1442.0	136	384.4	1699.8	201	435.9	1981.4	158	424.0	1898.6	203	男女計
－	－	－	－	－	－	－	－	－	－	－	－	－	－	－	～19歳
－	－	－	－	－	－	－	－	－	－	－	－	－	－	－	20～24
258.5	996.8	6	－	－	－	－	－	－	－	－	－	－	－	－	25～29
283.4	1231.5	37	280.3	1138.6	8	－	－	－	－	－	－	－	－	－	30～34
320.3	1430.5	46	321.5	1419.1	52	350.1	1563.0	15	－	－	－	－	－	－	35～39
391.8	1427.1	46	375.3	1690.1	49	376.9	1673.1	101	404.5	1815.8	27	－	－	－	40～44
365.4	1087.1	18	330.8	1348.7	12	424.5	1937.0	63	433.9	2017.7	77	407.2	1899.2	14	45～49
331.0	1000.8	12	332.7	1301.2	6	377.1	1625.3	11	490.7	2254.3	40	457.5	2155.2	55	50～54
331.5	956.0	10	302.5	1063.4	5	307.9	1210.9	7	401.3	1761.7	9	481.9	2184.5	85	55～59
463.8	752.0	13	211.6	459.5	4	253.9	503.6	5	289.6	720.1	3	287.5	1114.4	45	60～64
189.6	415.7	6	－	－	－	－	－	－	210.8	232.9	2	293.4	785.8	3	65～69
－	－	－	193.0	150.0	1	－	－	－	－	－	－	－	－	－	70歳～

第2表　年齢階級、勤続年数階級別所定内給与額

企業規模	100～999人

F 電 気・ガ ス・

区分	勤続年数計			0年			1～2年			3～4年			5～9年		
	所定内給与額	年間賞与その他特別給与額	労働者数	所定内給与額	年間賞与その他特別給与額	労働者数	所定内給与額	年間賞与その他特別給与額	労働者数	所定内給与額	年間賞与その他特別給与額	労働者数	所定内給与額	年間賞与その他特別給与額	労働者数
	千円	千円	十人	千円	千円	十人	千円	千円	十人	千円	千円	十人	千円	千円	十人
男															
学歴計	**340.5**	**1285.3**	**1 407**	**231.6**	**56.6**	**75**	**267.2**	**637.6**	**187**	**267.8**	**942.2**	**130**	**282.6**	**1009.4**	**230**
～19歳	178.8	231.4	37	169.4	11.9	19	188.6	462.2	18	-	-	-	-	-	-
20～24	202.0	618.8	94	202.3	12.1	21	200.6	688.8	34	196.4	814.3	23	212.3	959.6	16
25～29	238.1	905.5	131	214.4	113.0	4	227.8	667.2	38	238.2	975.8	33	246.0	1094.1	52
30～34	289.0	1008.8	113	238.8	41.2	5	373.9	644.1	11	246.5	757.8	11	289.2	1116.4	56
35～39	331.8	1265.3	149	224.1	64.7	4	358.6	574.7	14	394.9	1176.5	15	293.8	1133.6	20
40～44	381.0	1485.3	256	265.2	33.5	6	417.4	839.0	17	314.9	902.5	11	318.1	975.2	20
45～49	417.4	1807.4	181	205.7	4.0	1	236.1	409.2	5	530.6	2044.1	4	287.4	1073.4	11
50～54	441.6	1851.8	131	252.5	87.2	2	432.1	540.5	7	214.9	464.3	3	325.2	949.9	7
55～59	421.7	1599.7	144	410.0	195.4	7	288.5	652.1	9	228.7	615.8	8	366.6	610.9	14
60～64	289.6	854.9	147	312.3	202.8	5	239.6	624.1	32	259.2	986.0	19	289.4	833.0	25
65～69	245.2	600.7	21	174.3	0.0	1	217.9	392.8	2	318.9	1157.8	1	272.3	805.1	7
70歳～	283.4	703.1	4	-	-	-	251.8	1040.6	1	239.0	380.0	1	356.9	971.9	1
高校卒	**309.7**	**1182.6**	**713**	**203.0**	**63.3**	**36**	**227.3**	**604.8**	**95**	**228.6**	**758.3**	**66**	**256.1**	**942.1**	**114**
～19歳	178.8	231.4	37	169.4	11.9	19	188.6	462.2	18	-	-	-	-	-	-
20～24	197.5	803.5	58	177.9	81.7	1	185.8	696.0	18	196.7	809.6	22	212.3	959.6	16
25～29	233.8	916.9	46	199.0	79.0	0	220.9	511.2	6	208.0	576.9	4	237.4	1031.1	33
30～34	251.3	883.6	40	221.3	66.4	3	212.8	420.1	3	247.0	866.9	5	249.1	945.3	11
35～39	290.6	1156.4	64	222.3	81.9	2	221.2	542.9	5	266.4	376.0	4	258.6	1071.0	8
40～44	358.7	1521.5	123	202.4	9.0	2	300.2	1092.7	8	221.9	703.4	3	281.0	980.5	8
45～49	367.2	1564.2	84	205.7	4.0	1	223.6	405.3	3	284.7	1043.9	3	272.0	828.0	5
50～54	399.3	1605.1	66	253.2	99.6	1	348.3	403.4	5	221.7	386.0	2	282.9	895.2	4
55～59	389.6	1570.0	83	246.7	159.9	3	300.9	679.1	6	210.7	472.0	5	245.3	688.2	7
60～64	268.4	768.9	99	366.8	401.7	2	226.1	603.4	22	259.8	908.9	16	310.9	891.4	17
65～69	241.2	551.0	13	185.9	0.0	1	226.9	214.4	1	-	-	-	288.8	750.5	3
70歳～	255.0	336.9	3	-	-	-	-	-	-	239.0	380.0	1	298.5	383.6	1
高専・短大卒	**340.3**	**1231.8**	**114**	**217.7**	**63.0**	**6**	**298.0**	**606.4**	**14**	**269.7**	**1049.2**	**12**	**314.1**	**890.3**	**16**
～19歳	-	-	-	-	-	-	-	-	-	-	-	-	-	-	-
20～24	185.8	547.3	5	184.1	0.0	1	186.8	683.1	3	184.8	990.4	1	-	-	-
25～29	236.0	776.4	8	220.2	45.9	2	215.8	582.4	1	235.5	787.7	1	244.7	1143.0	4
30～34	234.5	698.5	5	320.8	0.0	1	226.9	675.8	1	192.0	558.5	1	186.8	697.5	1
35～39	295.9	1053.6	14	201.8	105.3	1	227.2	28.8	2	319.4	1440.0	5	248.5	1260.0	0
40～44	342.3	1293.8	29	183.4	0.0	1	234.8	946.5	1	290.1	1032.2	3	281.4	1073.4	2
45～49	401.3	1770.3	21	-	-	-	241.9	414.3	1	-	-	-	335.8	1244.9	2
50～54	429.6	1491.9	14	-	-	-	660.6	947.4	2	203.1	601.4	1	303.8	1211.6	1
55～59	433.8	1058.0	8	-	-	-	178.0	15.0	1	200.1	406.5	1	531.2	515.8	3
60～64	275.9	969.7	7	364.7	854.0	0	306.5	773.5	2	-	-	-	209.8	719.8	1
65～69	232.8	332.2	1	-	-	-	-	-	-	-	-	-	232.8	332.2	1
70歳～	-	-	-	-	-	-	-	-	-	-	-	-	-	-	-
大学・大学院卒	**381.3**	**1437.1**	**565**	**265.0**	**48.2**	**33**	**312.4**	**693.6**	**75**	**317.2**	**1157.1**	**52**	**311.6**	**1130.5**	**95**
～19歳	-	-	-	-	-	-	-	-	-	-	-	-	-	-	-
20～24	212.6	293.0	32	205.0	8.8	18	223.0	680.4	13	-	-	-	-	-	-
25～29	241.1	917.6	76	211.4	175.5	2	230.3	712.3	30	242.0	1029.7	29	265.0	1215.1	15
30～34	315.2	1108.5	67	248.2	0.0	1	493.4	757.2	6	255.1	689.0	5	302.0	1170.6	43
35～39	377.2	1407.5	70	245.5	0.0	1	481.1	732.0	7	514.8	1445.5	7	322.1	1176.4	11
40～44	421.6	1505.6	101	333.7	60.6	3	549.0	579.2	8	386.0	950.3	5	367.5	952.9	8
45～49	477.8	2088.7	75	-	-	-	261.7	416.0	1	1156.5	4590.0	1	286.6	1253.5	5
50～54	501.5	2284.4	50	247.8	0.0	0	222.3	76.7	1	-	-	-	418.9	959.6	2
55～59	474.7	1745.2	52	548.1	225.5	4	293.5	790.1	3	314.8	1289.8	1	466.1	539.8	4
60～64	361.8	1131.7	35	265.7	0.0	3	263.8	730.3	5	255.6	1492.8	3	292.6	953.4	4
65～69	266.6	847.7	6	158.0	0.0	1	201.5	719.8	1	367.7	1672.4	1	270.5	1113.0	3
70歳～	356.7	1646.8	1	-	-	-	251.8	1040.6	1	-	-	-	514.0	2556.1	0
女															
学歴計	**264.7**	**896.8**	**257**	**224.2**	**23.3**	**25**	**291.9**	**462.2**	**42**	**222.0**	**775.6**	**40**	**229.4**	**890.1**	**44**
～19歳	167.6	0.0	2	167.6	0.0	2	-	-	-	-	-	-	-	-	-
20～24	204.0	527.2	32	209.8	16.7	10	213.8	631.1	8	195.0	898.7	11	186.4	735.9	2
25～29	233.5	923.7	52	223.4	66.7	4	217.1	878.1	8	235.4	1031.0	18	238.2	1029.6	19
30～34	265.9	956.1	33	155.0	0.0	1	277.7	503.4	7	199.2	551.9	1	247.5	942.6	9
35～39	280.1	971.7	25	314.3	0.0	3	274.2	160.5	3	196.0	444.7	2	231.6	867.1	2
40～44	278.3	1208.9	29	151.8	0.0	0	259.0	751.5	2	-	-	-	209.0	608.6	6
45～49	292.6	932.1	37	258.1	0.0	4	307.3	164.5	7	218.2	215.4	2	192.4	610.5	2
50～54	278.5	934.4	22	172.8	123.3	1	215.1	74.5	3	283.5	62.5	3	234.6	909.9	3
55～59	419.3	1064.3	15	-	-	-	979.8	4.0	3	165.4	80.7	2	213.7	892.5	0
60～64	186.5	282.8	7	-	-	-	186.7	61.0	1	243.9	437.7	1	163.5	296.3	1
65～69	150.8	303.0	2	-	-	-	131.8	21.0	0	-	-	-	-	-	-
70歳～	-	-	-	-	-	-	-	-	-	-	-	-	-	-	-

及び年間賞与その他特別給与額

熱供給・水道業

区分	10～14年 所定内給与額	10～14年 年間賞与その他特別給与額	10～14年 労働者数	15～19年 所定内給与額	15～19年 年間賞与その他特別給与額	15～19年 労働者数	20～24年 所定内給与額	20～24年 年間賞与その他特別給与額	20～24年 労働者数	25～29年 所定内給与額	25～29年 年間賞与その他特別給与額	25～29年 労働者数	30年以上 所定内給与額	30年以上 年間賞与その他特別給与額	30年以上 労働者数
	千円	千円	十人	千円	千円	十人	千円	千円	十人	千円	千円	十人	千円	千円	十人
男															
学歴計	356.8	1246.2	158	344.4	1471.2	119	394.0	1735.2	180	449.3	2031.5	141	428.6	1915.7	188
～19歳	-	-	-	-	-	-	-	-	-	-	-	-	-	-	-
20～24	-	-	-	-	-	-	-	-	-	-	-	-	-	-	-
25～29	260.2	1027.7	3	-	-	-	-	-	-	-	-	-	-	-	-
30～34	281.0	1190.1	25	294.8	1210.0	5	-	-	-	-	-	-	-	-	-
35～39	324.1	1438.9	38	329.2	1432.8	44	350.1	1563.0	15	-	-	-	-	-	-
40～44	400.7	1455.3	44	380.4	1705.9	45	385.9	1697.9	89	413.5	1832.1	24	-	-	-
45～49	417.8	1194.3	13	332.1	1350.3	11	436.0	1988.4	56	447.2	2068.6	67	414.9	1921.3	12
50～54	382.5	1119.9	8	351.4	1365.6	5	380.6	1636.5	10	498.5	2280.7	38	469.1	2209.1	50
55～59	340.0	982.7	9	344.3	1219.1	4	325.3	1292.2	6	414.4	1815.5	8	487.9	2204.3	79
60～64	503.8	802.8	11	214.6	470.5	4	276.2	524.1	4	289.6	720.1	3	289.4	1138.9	44
65～69	190.8	415.2	6	-	-	-	-	-	-	289.8	34.4	1	293.4	785.8	3
70歳～	-	-	-	193.0	150.0	1	-	-	-	-	-	-	-	-	-
高校卒	277.2	872.7	65	299.2	1230.2	42	367.6	1601.1	102	404.8	1835.5	72	415.2	1828.2	122
～19歳	-	-	-	-	-	-	-	-	-	-	-	-	-	-	-
20～24	-	-	-	-	-	-	-	-	-	-	-	-	-	-	-
25～29	255.3	1014.7	3	-	-	-	-	-	-	-	-	-	-	-	-
30～34	253.2	1014.2	12	294.8	1210.0	5	-	-	-	-	-	-	-	-	-
35～39	270.1	1109.4	10	298.0	1309.9	21	350.1	1563.0	15	-	-	-	-	-	-
40～44	297.3	1120.7	11	329.6	1385.3	6	382.0	1707.1	60	413.2	1838.7	24	-	-	-
45～49	314.6	932.9	7	306.8	1125.0	4	366.6	1531.7	14	403.4	1899.8	36	414.9	1921.3	12
50～54	350.4	594.7	4	288.3	900.0	3	349.2	1541.1	6	403.6	1852.0	6	457.4	2113.4	36
55～59	295.5	607.0	6	275.4	1515.7	1	329.0	1334.9	4	414.8	1705.6	5	474.7	2213.3	45
60～64	273.5	572.0	8	224.5	498.7	1	268.1	560.5	3	295.6	800.9	2	272.5	862.7	27
65～69	191.7	413.2	5	-	-	-	-	-	-	-	-	-	302.2	884.2	2
70歳～	-	-	-	193.0	150.0	1	-	-	-	-	-	-	-	-	-
高専・短大卒	332.7	1321.8	17	302.5	1184.3	10	395.2	1580.6	16	422.9	1824.4	15	436.9	2004.1	9
～19歳	-	-	-	-	-	-	-	-	-	-	-	-	-	-	-
20～24	-	-	-	-	-	-	-	-	-	-	-	-	-	-	-
25～29	311.9	1165.4	0	-	-	-	-	-	-	-	-	-	-	-	-
30～34	272.4	1034.3	2	-	-	-	-	-	-	-	-	-	-	-	-
35～39	319.2	1440.9	1	314.2	1160.6	6	-	-	-	-	-	-	-	-	-
40～44	334.6	1330.9	11	348.8	1732.7	1	395.7	1453.3	11	-	-	-	-	-	-
45～49	346.7	1367.8	3	292.1	1349.3	2	378.2	1990.0	3	470.9	2078.9	10	-	-	-
50～54	343.5	1436.5	0	-	-	-	456.7	1664.3	1	327.8	1321.0	4	493.0	2164.6	4
55～59	-	-	-	-	-	-	255.4	1050.0	0	337.1	1366.5	1	521.1	2449.7	2
60～64	449.0	1696.9	0	178.0	60.0	1	-	-	-	-	-	-	284.4	1414.3	3
65～69	-	-	-	-	-	-	-	-	-	-	-	-	-	-	-
70歳～	-	-	-	-	-	-	-	-	-	-	-	-	-	-	-
大学・大学院卒	434.3	1564.7	74	380.4	1669.7	66	437.9	2000.0	61	518.8	2368.7	53	460.2	2110.8	55
～19歳	-	-	-	-	-	-	-	-	-	-	-	-	-	-	-
20～24	-	-	-	-	-	-	-	-	-	-	-	-	-	-	-
25～29	-	-	-	-	-	-	-	-	-	-	-	-	-	-	-
30～34	311.5	1396.2	11	-	-	-	-	-	-	-	-	-	-	-	-
35～39	344.3	1558.9	27	373.8	1681.9	17	-	-	-	-	-	-	-	-	-
40～44	483.4	1680.0	22	392.5	1768.4	36	395.8	1830.4	18	426.7	1517.0	1	-	-	-
45～49	672.9	1504.4	4	375.8	1561.5	5	466.2	2154.5	38	509.1	2345.5	21	-	-	-
50～54	421.1	1676.2	4	419.3	1867.0	3	406.3	1797.5	3	542.9	2509.1	28	505.3	2616.8	9
55～59	433.3	1771.5	3	355.2	1172.4	3	323.5	1176.2	1	487.4	2644.0	2	509.2	2196.6	32
60～64	1096.0	1304.5	3	223.4	612.1	2	308.7	378.6	1	278.8	574.6	1	323.9	1628.4	14
65～69	209.2	703.2	1	-	-	-	-	-	-	318.7	0.0	1	242.7	220.0	0
70歳～	-	-	-	-	-	-	-	-	-	-	-	-	-	-	-
女															
学歴計	259.2	1090.9	35	270.6	1235.4	17	303.1	1400.0	21	324.5	1565.9	17	363.4	1672.6	14
～19歳	-	-	-	-	-	-	-	-	-	-	-	-	-	-	-
20～24	-	-	-	-	-	-	-	-	-	-	-	-	-	-	-
25～29	256.0	952.1	2	-	-	-	-	-	-	-	-	-	-	-	-
30～34	288.3	1315.9	12	251.5	995.9	3	-	-	-	-	-	-	-	-	-
35～39	303.4	1392.0	8	276.8	1339.6	8	-	-	-	-	-	-	-	-	-
40～44	208.2	842.2	2	316.9	1511.3	4	311.9	1492.7	12	309.1	1644.3	2	-	-	-
45～49	197.2	743.0	4	294.5	1304.0	0	322.5	1482.9	6	341.4	1663.1	10	352.0	1740.3	2
50～54	208.3	717.0	3	206.4	866.9	1	305.5	1395.0	1	358.7	1810.1	2	358.8	1697.7	6
55～59	259.9	730.2	1	174.2	586.2	1	216.4	782.0	1	334.3	1485.8	2	399.6	1911.7	6
60～64	162.3	369.0	2	150.7	240.0	0	164.8	421.5	1	-	-	-	200.0	30.0	1
65～69	154.0	429.2	0	-	-	-	-	-	-	156.2	370.3	1	-	-	-
70歳～	-	-	-	-	-	-	-	-	-	-	-	-	-	-	-

第2表　年齢階級、勤続年数階級別所定内給与額

企業規模	100～999人
	10～99人

F 電気・ガス・

区分	勤続年数計			0年			1～2年			3～4年			5～9年		
	所定内給与額	年間賞与その他特別給与額	労働者数	所定内給与額	年間賞与その他特別給与額	労働者数	所定内給与額	年間賞与その他特別給与額	労働者数	所定内給与額	年間賞与その他特別給与額	労働者数	所定内給与額	年間賞与その他特別給与額	労働者数
	千円	千円	十人	千円	千円	十人	千円	千円	十人	千円	千円	十人	千円	千円	十人
高校卒	**237.3**	**824.2**	**95**	**198.4**	**27.4**	**8**	**187.3**	**283.4**	**8**	**204.2**	**735.7**	**16**	**218.0**	**692.4**	**18**
～19歳	167.6	0.0	2	167.6	0.0	2	-	-	-	-	-	-	-	-	-
20～24	192.4	829.9	15	164.3	349.9	1	191.2	613.7	1	195.0	898.7	11	186.4	735.9	2
25～29	237.5	811.7	10	185.7	0.0	2	135.9	432.4	0	240.0	1076.4	1	250.0	1009.0	5
30～34	269.4	1039.7	12	-	-	-	176.2	515.7	1	150.9	677.1	0	231.9	537.2	2
35～39	242.3	1006.3	5	-	-	-	152.2	606.4	1	266.7	991.3	0	211.3	238.9	1
40～44	246.1	870.0	10	-	-	-	199.7	208.6	1	-	-	-	204.2	417.3	4
45～49	253.8	793.5	15	249.4	0.0	3	160.7	153.5	2	234.9	100.0	1	194.2	555.8	2
50～54	244.3	752.2	11	130.0	68.6	1	245.8	124.2	2	225.9	166.6	1	234.7	958.9	2
55～59	278.5	1046.6	9	-	-	-	231.1	20.0	1	174.2	107.6	1	-	-	-
60～64	185.8	320.9	4	-	-	-	151.0	102.0	1	261.2	477.3	1	163.5	296.3	1
65～69	150.8	303.0	2	-	-	-	131.8	21.0	0	-	-	-	-	-	-
70歳～	-	-	-	-	-	-	-	-	-	-	-	-	-	-	-
高専・短大卒	**287.2**	**1217.8**	**54**	**275.5**	**47.2**	**2**	**191.2**	**235.6**	**3**	**193.2**	**287.7**	**4**	**226.5**	**950.7**	**6**
～19歳	-	-	-	-	-	-	-	-	-	-	-	-	-	-	-
20～24	177.0	0.0	1	177.0	0.0	1	-	-	-	-	-	-	-	-	-
25～29	229.4	841.0	4	-	-	-	197.5	668.8	0	200.0	499.7	1	237.7	913.6	3
30～34	266.9	1395.9	3	-	-	-	237.5	451.3	0	-	-	-	224.7	956.3	0
35～39	281.9	1093.3	11	400.0	0.0	1	200.0	356.7	1	167.1	263.1	1	222.8	1075.0	1
40～44	310.7	1558.7	11	151.8	0.0	0	218.0	90.0	0	-	-	-	161.0	734.0	0
45～49	278.4	1111.1	12	-	-	-	191.8	223.3	1	213.3	249.3	2	179.0	1021.0	0
50～54	315.5	1377.5	8	224.2	188.9	1	169.1	0.0	1	-	-	-	199.0	1044.1	0
55～59	384.0	1723.0	3	-	-	-	-	-	-	-	-	-	213.7	892.5	0
60～64	180.4	229.6	2	-	-	-	-	-	-	149.2	220.0	0	-	-	-
65～69	-	-	-	-	-	-	-	-	-	-	-	-	-	-	-
70歳～	-	-	-	-	-	-	-	-	-	-	-	-	-	-	-
大学・大学院卒	**278.7**	**802.8**	**106**	**230.7**	**18.1**	**15**	**331.4**	**527.2**	**31**	**242.7**	**907.3**	**20**	**240.2**	**1049.4**	**21**
～19歳	-	-	-	-	-	-	-	-	-	-	-	-	-	-	-
20～24	215.8	259.3	16	213.9	0.0	9	218.5	634.7	7	-	-	-	-	-	-
25～29	232.9	962.2	38	249.0	112.0	3	220.2	900.6	8	236.3	1045.4	17	232.7	1075.8	11
30～34	264.8	830.6	18	155.0	0.0	1	291.8	503.5	6	208.2	528.6	1	254.4	1070.6	7
35～39	300.4	803.9	9	280.0	0.0	2	323.2	0.0	2	213.8	350.0	0	355.0	1818.6	0
40～44	278.7	1186.7	8	-	-	-	316.7	1140.0	1	-	-	-	220.1	882.4	2
45～49	365.4	932.8	10	283.4	0.0	1	388.4	155.6	5	-	-	-	-	-	-
50～54	297.8	495.6	4	-	-	-	-	-	-	318.0	0.0	2	248.2	679.5	1
55～59	910.9	640.4	3	-	-	-	1167.0	0.0	2	-	-	-	-	-	-
60～64	202.2	245.7	1	-	-	-	222.4	20.0	1	-	-	-	-	-	-
65～69	-	-	-	-	-	-	-	-	-	-	-	-	-	-	-
70歳～	-	-	-	-	-	-	-	-	-	-	-	-	-	-	-
企業規模 10～99人															
男女計	**307.6**	**1001.8**	**1 000**	**281.3**	**58.5**	**59**	**262.6**	**581.0**	**133**	**259.8**	**812.2**	**97**	**270.1**	**826.8**	**168**
～19歳	172.3	203.3	12	168.8	0.0	6	176.1	421.6	6	-	-	-	-	-	-
20～24	202.6	564.1	55	208.9	10.8	11	197.3	568.0	23	197.4	911.0	13	218.0	739.4	8
25～29	226.5	789.0	94	216.0	40.1	10	214.2	689.8	22	229.2	944.9	22	236.9	954.3	35
30～34	264.3	830.9	88	290.8	42.9	7	266.0	687.0	14	262.3	738.8	10	265.1	885.3	29
35～39	300.5	1044.1	127	260.0	17.2	3	380.1	754.2	11	306.1	973.7	9	283.8	878.1	18
40～44	309.0	1073.8	170	276.4	200.4	4	258.5	554.1	20	242.8	524.0	12	262.1	765.2	20
45～49	365.4	1277.0	146	312.4	73.3	6	363.4	502.3	8	323.8	851.4	6	343.7	924.1	17
50～54	381.5	1367.2	86	769.1	0.0	2	313.0	525.2	7	301.1	876.9	3	273.6	822.8	8
55～59	391.6	1294.5	104	497.9	29.6	3	325.9	533.6	7	288.2	836.6	6	327.4	837.3	10
60～64	281.8	652.1	87	351.0	266.4	4	294.9	484.9	9	309.8	704.6	10	276.0	631.9	16
65～69	251.4	360.4	28	301.8	30.0	2	230.6	299.5	5	270.2	727.3	4	225.3	264.5	6
70歳～	240.4	238.3	3	-	-	-	327.0	0.0	0	304.9	75.0	1	223.7	241.5	0
男															
学歴計	**318.1**	**1032.4**	**850**	**293.8**	**59.4**	**50**	**273.2**	**587.6**	**104**	**265.9**	**774.0**	**80**	**279.7**	**867.1**	**136**
～19歳	172.3	219.0	11	167.9	0.0	5	176.7	431.3	6	-	-	-	-	-	-
20～24	206.8	512.8	44	220.6	13.5	9	198.4	596.5	17	200.0	628.9	11	219.2	723.4	8
25～29	227.5	800.4	75	217.2	10.1	9	214.0	759.1	14	230.6	934.5	18	237.4	969.8	29
30～34	270.3	835.7	71	318.5	33.9	5	273.4	623.6	11	256.4	794.6	8	270.3	900.9	24
35～39	309.1	1081.3	106	220.4	30.2	2	434.5	763.2	8	319.4	949.3	7	300.1	883.2	13
40～44	322.1	1137.5	141	291.8	232.6	4	269.1	599.8	16	259.9	638.9	8	285.9	896.2	13
45～49	383.7	1355.9	124	320.2	78.2	6	401.4	563.4	6	338.7	828.1	5	390.1	1120.4	11
50～54	401.0	1452.0	73	769.1	0.0	2	307.4	464.2	5	300.2	881.1	3	330.8	1216.0	5
55～59	401.7	1307.5	92	497.9	29.6	3	347.0	537.2	6	291.4	811.3	6	333.0	875.7	10
60～64	284.8	647.7	82	351.0	266.4	4	299.7	501.1	9	312.3	602.6	9	276.0	631.9	16
65～69	251.4	360.4	28	301.8	30.0	2	230.6	299.5	5	270.2	727.3	4	225.3	264.5	6
70歳～	240.4	238.3	3	-	-	-	327.0	0.0	0	304.9	75.0	1	223.7	241.5	0

及び年間賞与その他特別給与額

熱供給・水道業

10～14年			15～19年			20～24年			25～29年			30年以上			区分
所定内給与額	年間賞与その他特別給与額	労働者数	所定内給与額	年間賞与その他特別給与額	労働者数	所定内給与額	年間賞与その他特別給与額	労働者数	所定内給与額	年間賞与その他特別給与額	労働者数	所定内給与額	年間賞与その他特別給与額	労働者数	
千円	千円	十人	千円	千円	十人	千円	千円	十人	千円	千円	十人	千円	千円	十人	
242.0	**916.0**	**19**	**237.7**	**949.7**	**7**	**308.2**	**1289.0**	**6**	**273.5**	**1240.1**	**6**	**350.5**	**1692.0**	**7**	**高校卒**
-	-	-	-	-	-	-	-	-	-	-	-	-	-	-	～19歳
-	-	-	-	-	-	-	-	-	-	-	-	-	-	-	20～24
256.0	952.1	2	-	-	-	-	-	-	-	-	-	-	-	-	25～29
301.9	1269.1	7	251.5	995.9	3	-	-	-	-	-	-	-	-	-	30～34
237.6	1235.9	1	266.6	1187.2	3	-	-	-	-	-	-	-	-	-	35～39
183.7	600.9	2	-	-	-	306.9	1161.7	2	309.1	1644.3	2	-	-	-	40～44
190.8	705.5	3	292.0	1088.0	0	341.7	1555.1	3	270.2	1208.1	1	360.2	1848.4	1	45～49
193.5	540.9	2	149.0	414.8	0	-	-	-	390.2	1400.6	1	301.5	1451.4	3	50～54
259.9	730.2	1	166.3	527.7	1	216.4	782.0	1	281.5	1513.5	1	384.4	1816.2	3	55～59
153.0	301.1	1	150.7	240.0	0	-	-	-	-	-	-	-	-	-	60～64
154.0	429.2	0	-	-	-	-	-	-	156.2	370.3	1	-	-	-	65～69
-	-	-	-	-	-	-	-	-	-	-	-	-	-	-	70歳～
278.8	**1288.6**	**11**	**285.1**	**1447.5**	**5**	**300.9**	**1500.1**	**11**	**345.3**	**1642.4**	**7**	**374.1**	**1607.3**	**6**	**高専・短大卒**
-	-	-	-	-	-	-	-	-	-	-	-	-	-	-	～19歳
-	-	-	-	-	-	-	-	-	-	-	-	-	-	-	20～24
-	-	-	-	-	-	-	-	-	-	-	-	-	-	-	25～29
272.2	1498.5	3	-	-	-	-	-	-	-	-	-	-	-	-	30～34
320.5	1432.9	5	256.2	1281.0	2	-	-	-	-	-	-	-	-	-	35～39
-	-	-	342.3	1799.7	2	314.5	1606.1	9	-	-	-	-	-	-	40～44
208.6	810.5	2	297.0	1520.0	0	262.2	1229.2	1	334.7	1554.3	6	325.2	1388.9	0	45～49
230.8	1033.3	1	240.8	1138.2	1	305.5	1395.0	1	393.2	2343.1	1	408.5	1909.1	3	50～54
-	-	-	261.9	1229.1	0	-	-	-	371.3	1273.0	1	420.6	1998.5	2	55～59
188.1	556.0	0	-	-	-	147.7	371.6	1	-	-	-	200.0	30.0	1	60～64
-	-	-	-	-	-	-	-	-	-	-	-	-	-	-	65～69
-	-	-	-	-	-	-	-	-	-	-	-	-	-	-	70歳～
280.4	**1304.2**	**5**	**302.2**	**1438.1**	**5**	**300.8**	**1309.9**	**4**	**365.5**	**1929.7**	**4**	**401.0**	**2077.0**	**1**	**大学・大学院卒**
-	-	-	-	-	-	-	-	-	-	-	-	-	-	-	～19歳
-	-	-	-	-	-	-	-	-	-	-	-	-	-	-	20～24
-	-	-	-	-	-	-	-	-	-	-	-	-	-	-	25～29
271.2	1247.8	3	-	-	-	-	-	-	-	-	-	-	-	-	30～34
298.0	1378.9	2	302.6	1528.1	3	-	-	-	-	-	-	-	-	-	35～39
286.8	1614.2	1	301.7	1338.2	3	304.3	1301.4	1	-	-	-	-	-	-	40～44
-	-	-	-	-	-	325.6	1508.3	2	389.6	2109.6	3	-	-	-	45～49
221.4	580.0	0	-	-	-	-	-	-	283.6	1420.4	1	346.3	1671.2	0	50～54
-	-	-	-	-	-	-	-	-	350.1	1670.9	1	424.0	2247.4	0	55～59
-	-	-	-	-	-	181.9	471.3	1	-	-	-	-	-	-	60～64
-	-	-	-	-	-	-	-	-	-	-	-	-	-	-	65～69
-	-	-	-	-	-	-	-	-	-	-	-	-	-	-	70歳～
															企業規模 10～99人
297.7	**982.8**	**133**	**312.1**	**1129.1**	**94**	**343.8**	**1356.1**	**135**	**384.0**	**1566.3**	**81**	**388.8**	**1553.7**	**101**	**男女計**
-	-	-	-	-	-	-	-	-	-	-	-	-	-	-	～19歳
-	-	-	-	-	-	-	-	-	-	-	-	-	-	-	20～24
214.1	869.8	5	-	-	-	-	-	-	-	-	-	-	-	-	25～29
258.9	1041.7	22	249.9	1147.1	6	-	-	-	-	-	-	-	-	-	30～34
297.1	1092.7	36	283.0	1158.9	34	312.4	1328.6	16	-	-	-	-	-	-	35～39
332.9	1113.7	20	319.5	1152.6	30	337.6	1442.6	53	361.3	1442.1	11	-	-	-	40～44
340.9	1096.6	18	356.6	1218.9	10	376.8	1422.3	36	388.0	1736.1	37	400.0	1864.0	7	45～49
317.6	805.9	6	332.6	1124.6	5	337.5	1176.2	14	421.6	1770.2	17	430.7	1959.3	24	50～54
340.7	935.7	13	413.8	1029.6	6	357.2	1269.7	10	370.2	1290.8	11	458.5	1881.2	39	55～59
230.9	397.5	8	252.2	836.8	2	263.1	759.3	5	318.3	621.2	5	273.4	806.5	28	60～64
268.8	545.7	5	376.7	76.3	2	-	-	-	215.0	330.0	0	191.6	226.5	3	65～69
190.7	378.8	2	-	-	-	-	-	-	-	-	-	-	-	-	70歳～
															男
308.2	**1001.1**	**113**	**322.1**	**1148.4**	**81**	**348.3**	**1377.3**	**124**	**393.4**	**1597.5**	**73**	**393.7**	**1572.1**	**91**	**学歴計**
-	-	-	-	-	-	-	-	-	-	-	-	-	-	-	～19歳
-	-	-	-	-	-	-	-	-	-	-	-	-	-	-	20～24
213.2	868.6	4	-	-	-	-	-	-	-	-	-	-	-	-	25～29
264.9	1029.0	18	255.3	1189.5	5	-	-	-	-	-	-	-	-	-	30～34
300.7	1104.2	32	289.4	1191.8	29	313.4	1332.3	15	-	-	-	-	-	-	35～39
350.2	1160.7	17	328.6	1138.3	26	340.8	1476.7	47	366.7	1441.9	10	-	-	-	40～44
374.2	1182.4	14	369.4	1269.2	9	382.8	1449.7	35	399.4	1793.8	32	414.6	1936.7	7	45～49
358.5	886.8	4	358.1	1216.9	4	339.8	1140.3	13	432.1	1820.0	15	444.0	2033.0	22	50～54
356.3	945.4	11	427.9	1031.9	5	371.9	1330.4	9	379.5	1280.8	10	467.3	1911.3	34	55～59
238.5	423.4	7	259.9	935.6	1	267.1	774.8	5	325.9	651.3	5	273.9	809.0	26	60～64
268.8	545.7	5	376.7	76.3	2	-	-	-	215.0	330.0	0	191.6	226.5	3	65～69
190.7	378.8	2	-	-	-	-	-	-	-	-	-	-	-	-	70歳～

第2表　年齢階級、勤続年数階級別所定内給与額

F 電気・ガス・

企業規模	10～99人

区分	勤続年数計			0年			1～2年			3～4年			5～9年		
	所定内給与額	年間賞与その他特別給与額	労働者数	所定内給与額	年間賞与その他特別給与額	労働者数	所定内給与額	年間賞与その他特別給与額	労働者数	所定内給与額	年間賞与その他特別給与額	労働者数	所定内給与額	年間賞与その他特別給与額	労働者数
	千円	千円	十人	千円	千円	十人	千円	千円	十人	千円	千円	十人	千円	千円	十人
高校卒	**298.8**	**990.4**	**475**	**224.3**	**32.9**	**18**	**225.8**	**499.6**	**50**	**245.2**	**669.2**	**43**	**260.6**	**733.1**	**69**
～19歳	172.3	219.0	11	167.9	0.0	5	176.7	431.3	6	－	－	－	－	－	－
20～24	192.9	637.7	26	220.4	16.5	1	182.3	541.2	8	188.9	666.5	10	206.8	794.7	7
25～29	212.2	695.1	28	199.1	20.8	4	203.7	428.7	4	216.1	756.9	4	217.2	904.0	12
30～34	248.3	718.9	32	256.9	26.7	2	234.9	378.4	4	249.1	482.6	3	260.0	476.2	7
35～39	282.7	1027.7	62	205.4	39.6	1	230.6	581.0	3	229.8	636.6	3	277.3	836.0	6
40～44	312.3	1120.0	77	210.3	0.0	1	222.5	509.5	6	228.8	627.3	5	271.9	836.6	9
45～49	353.2	1308.9	63	401.0	137.5	2	258.2	662.6	4	270.1	769.3	2	314.0	963.6	5
50～54	373.4	1345.2	43	225.5	0.0	1	269.9	460.6	4	285.0	722.2	2	298.6	852.9	2
55～59	365.1	1258.0	60	378.9	128.1	1	320.6	632.2	4	258.7	764.4	4	298.9	572.9	6
60～64	267.4	643.5	57	212.3	88.2	2	250.1	501.7	4	321.8	627.6	7	268.3	622.8	13
65～69	265.8	425.1	14	287.1	0.0	0	179.0	292.0	2	256.5	822.3	2	275.1	284.2	3
70歳～	212.5	320.0	2	－	－	－	－	－	－	320.0	150.0	0	171.6	190.0	0
高専・短大卒	**310.4**	**1160.5**	**80**	**220.0**	**11.9**	**6**	**263.5**	**630.3**	**11**	**281.7**	**802.0**	**6**	**267.9**	**999.2**	**13**
～19歳	－	－	－	－	－	－	－	－	－	－	－	－	－	－	－
20～24	213.7	370.3	3	159.2	0.0	1	239.2	503.3	2	255.7	972.5	0	－	－	－
25～29	235.0	744.3	8	216.2	7.9	2	220.8	954.6	2	183.8	1104.7	0	255.1	989.3	4
30～34	267.2	809.1	9	213.6	49.1	1	240.4	532.9	2	239.7	400.0	0	259.4	910.5	3
35～39	289.2	1215.7	8	－	－	－	243.4	452.2	1	290.1	1042.3	1	251.9	969.8	1
40～44	318.7	1314.0	18	258.3	0.0	0	242.8	416.3	2	294.0	753.4	1	346.5	1230.1	0
45～49	337.1	1300.9	17	230.5	0.0	2	440.8	842.1	1	275.3	1125.1	0	255.2	935.5	2
50～54	387.3	1645.6	6	－	－	－	353.0	272.3	1	196.8	801.9	0	323.0	1432.9	1
55～59	417.7	1597.7	5	－	－	－	248.0	0.0	0	350.3	697.4	0	413.7	1875.7	1
60～64	282.8	1076.9	5	－	－	－	271.5	1517.5	1	308.5	723.2	1	231.5	480.5	1
65～69	234.1	205.4	2	333.4	0.0	0	304.6	600.0	0	200.0	150.0	0	178.8	313.5	1
70歳～	327.0	0.0	0	－	－	－	327.0	0.0	0	－	－	－	－	－	－
大学・大学院卒	**359.2**	**1112.6**	**271**	**368.9**	**96.6**	**24**	**342.6**	**686.0**	**38**	**288.7**	**933.9**	**30**	**316.2**	**1090.7**	**46**
～19歳	－	－	－	－	－	－	－	－	－	－	－	－	－	－	－
20～24	211.9	375.9	13	217.1	16.6	6	207.6	680.7	7	－	－	－	－	－	－
25～29	237.3	889.8	38	237.0	0.0	3	217.4	876.6	8	236.2	991.5	13	250.4	1022.2	14
30～34	294.9	964.8	30	402.5	31.0	3	317.3	841.8	5	262.4	1035.6	5	278.2	1105.2	14
35～39	362.6	1151.7	35	229.3	24.5	1	774.4	1099.5	3	392.9	1097.7	3	337.6	918.0	6
40～44	349.6	1159.2	41	400.7	538.0	2	338.7	747.5	6	310.0	617.2	2	313.9	1164.9	2
45～49	446.5	1456.8	44	335.1	95.8	3	708.1	284.5	2	421.9	835.6	2	521.6	1351.4	5
50～54	473.0	1688.6	21	973.0	0.0	2	534.8	800.0	1	563.5	2628.0	0	396.5	1748.1	1
55～59	492.0	1391.5	25	533.6	0.0	2	422.4	321.4	2	386.4	1013.7	1	468.6	1813.2	2
60～64	349.9	558.4	17	501.7	513.5	2	422.0	199.4	3	254.4	304.3	1	320.3	497.3	2
65～69	272.3	372.5	7	296.1	50.0	1	257.3	147.4	2	282.4	722.7	2	289.4	826.4	1
70歳～	285.1	97.7	1	－	－	－	－	－	－	289.8	0.0	0	275.8	293.0	0
女															
学歴計	**247.9**	**828.3**	**150**	**203.4**	**52.9**	**8**	**224.5**	**557.6**	**29**	**231.7**	**990.3**	**17**	**229.7**	**655.6**	**32**
～19歳	172.1	30.4	1	174.9	0.0	1	160.9	152.0	0	－	－	－	－	－	－
20～24	186.3	764.0	11	163.1	0.0	2	194.5	496.4	7	184.5	2358.3	2	186.7	1155.7	0
25～29	222.7	745.5	19	206.9	262.1	1	214.6	552.2	7	223.7	984.8	5	234.1	881.3	6
30～34	238.6	810.4	17	185.8	77.1	1	237.6	927.7	3	284.1	533.5	2	241.8	814.8	5
35～39	256.4	853.3	21	302.4	3.4	2	264.1	735.0	4	257.5	1062.9	2	232.6	862.0	4
40～44	246.5	768.6	29	181.8	1.5	1	211.0	349.3	4	207.4	285.4	4	213.7	499.1	7
45～49	257.8	814.4	21	194.1	0.0	0	220.6	272.2	2	263.2	946.7	1	255.1	549.1	6
50～54	273.3	896.9	13	－	－	－	332.5	740.9	2	312.2	825.0	0	181.3	186.9	3
55～59	316.3	1196.9	12	－	－	－	237.3	518.3	1	241.0	1203.1	0	238.3	219.3	1
60～64	227.6	728.3	5	－	－	－	150.8	0.0	0	251.6	3069.0	0	－	－	－
65～69	－	－	－	－	－	－	－	－	－	－	－	－	－	－	－
70歳～	－	－	－	－	－	－	－	－	－	－	－	－	－	－	－
高校卒	**230.8**	**804.3**	**73**	**164.0**	**0.0**	**4**	**194.7**	**305.3**	**11**	**204.0**	**1250.0**	**7**	**213.6**	**523.5**	**16**
～19歳	172.1	30.4	1	174.9	0.0	1	160.9	152.0	0	－	－	－	－	－	－
20～24	177.7	956.2	6	160.4	0.0	2	183.7	365.9	2	185.1	2846.6	2	186.7	1155.7	0
25～29	210.0	665.2	5	120.0	0.0	0	175.4	517.2	2	190.7	899.2	0	251.2	825.2	2
30～34	222.2	764.6	7	152.3	0.0	1	168.9	0.0	0	226.1	547.1	1	217.6	346.1	2
35～39	222.0	799.8	7	190.7	0.0	1	159.9	169.8	1	233.3	1138.9	1	234.1	1054.9	2
40～44	220.4	717.1	15	162.9	0.0	0	198.6	166.8	2	174.3	292.1	2	184.9	437.0	4
45～49	252.3	800.2	11	－	－	－	281.8	0.0	0	192.0	740.0	0	241.1	501.0	4
50～54	253.3	823.0	10	－	－	－	194.8	50.5	1	312.2	825.0	0	159.7	162.4	2
55～59	275.2	1041.3	7	－	－	－	250.0	580.0	1	241.0	1203.1	0	245.0	40.0	0
60～64	224.9	902.5	4	－	－	－	－	－	－	251.6	3069.0	0	－	－	－
65～69	－	－	－	－	－	－	－	－	－	－	－	－	－	－	－
70歳～	－	－	－	－	－	－	－	－	－	－	－	－	－	－	－

及び年間賞与その他特別給与額

熱供給・水道業

10～14年			15～19年			20～24年			25～29年			30年以上			区分
所定内給与額	年間賞与その他特別給与額	労働者数	所定内給与額	年間賞与その他特別給与額	労働者数	所定内給与額	年間賞与その他特別給与額	労働者数	所定内給与額	年間賞与その他特別給与額	労働者数	所定内給与額	年間賞与その他特別給与額	労働者数	
千円	千円	十人	千円	千円	十人	千円	千円	十人	千円	千円	十人	千円	千円	十人	
280.6	**827.9**	**63**	**301.0**	**1067.9**	**47**	**327.1**	**1264.6**	**73**	**367.3**	**1469.1**	**46**	**387.8**	**1577.3**	**65**	**高校卒**
-	-	-	-	-	-	-	-	-	-	-	-	-	-	-	～19歳
-	-	-	-	-	-	-	-	-	-	-	-	-	-	-	20～24
213.2	868.6	4	-	-	-	-	-	-	-	-	-	-	-	-	25～29
243.2	943.0	11	252.4	1188.9	5	-	-	-	-	-	-	-	-	-	30～34
281.2	882.8	11	280.1	1084.0	23	314.1	1335.6	15	-	-	-	-	-	-	35～39
334.4	926.7	7	321.4	961.2	8	334.8	1439.9	30	366.7	1441.9	10	-	-	-	40～44
340.1	1152.3	8	336.0	1235.9	3	337.3	1007.8	13	381.9	1701.1	21	414.6	1936.7	7	45～49
364.9	769.3	3	358.0	1202.4	3	335.3	1132.8	7	397.3	1559.5	6	444.6	1964.0	15	50～54
291.9	773.5	6	323.0	859.6	2	340.8	1173.6	6	328.8	1179.3	6	447.0	1874.7	24	55～59
229.5	355.1	6	259.9	935.6	1	224.8	692.1	3	288.3	370.1	3	272.2	866.7	18	60～64
271.0	556.4	4	1040.3	125.0	0	-	-	-	215.0	330.0	0	194.8	259.5	2	65～69
190.7	378.8	2	-	-	-	-	-	-	-	-	-	-	-	-	70歳～
312.6	**1381.7**	**13**	**337.6**	**1262.8**	**8**	**350.4**	**1532.6**	**12**	**405.5**	**1902.2**	**8**	**385.1**	**1892.2**	**3**	**高専・短大卒**
-	-	-	-	-	-	-	-	-	-	-	-	-	-	-	～19歳
-	-	-	-	-	-	-	-	-	-	-	-	-	-	-	20～24
-	-	-	-	-	-	-	-	-	-	-	-	-	-	-	25～29
306.6	1160.7	3	330.3	1206.9	0	-	-	-	-	-	-	-	-	-	30～34
288.3	1285.7	2	332.4	1746.8	2	288.0	870.0	0	-	-	-	-	-	-	35～39
337.1	1692.8	5	301.4	992.3	3	337.6	1551.2	7	-	-	-	-	-	-	40～44
273.0	995.2	2	347.0	1315.6	2	338.6	1429.9	2	411.1	1935.4	5	-	-	-	45～49
-	-	-	327.8	1284.0	0	362.6	1780.4	1	439.0	2161.5	2	430.0	2008.7	1	50～54
350.4	1554.7	1	550.5	556.1	0	507.4	2095.5	1	369.4	1398.4	1	438.9	2118.2	1	55～59
-	-	-	-	-	-	330.4	1051.1	1	200.9	1091.0	0	273.7	1525.8	1	60～64
-	-	-	-	-	-	-	-	-	-	-	-	-	-	-	65～69
-	-	-	-	-	-	-	-	-	-	-	-	-	-	-	70歳～
355.4	**1161.7**	**36**	**365.5**	**1318.5**	**25**	**392.9**	**1602.3**	**36**	**477.4**	**1890.1**	**16**	**424.9**	**1583.9**	**21**	**大学・大学院卒**
-	-	-	-	-	-	-	-	-	-	-	-	-	-	-	～19歳
-	-	-	-	-	-	-	-	-	-	-	-	-	-	-	20～24
-	-	-	-	-	-	-	-	-	-	-	-	-	-	-	25～29
291.7	1159.0	4	-	-	-	-	-	-	-	-	-	-	-	-	30～34
313.9	1213.6	19	329.0	1627.6	4	-	-	-	-	-	-	-	-	-	35～39
387.8	975.8	5	338.9	1266.6	15	361.7	1537.2	10	-	-	-	-	-	-	40～44
510.0	1358.1	4	409.3	1267.5	4	417.6	1736.0	20	451.6	1995.3	6	-	-	-	45～49
333.8	1342.0	1	367.0	1260.0	1	350.8	1238.0	5	501.1	2151.8	6	445.8	2233.4	5	50～54
506.7	1062.2	3	512.3	1283.6	2	416.7	1487.9	2	472.7	1422.9	3	526.1	1990.9	9	55～59
309.7	961.0	1	-	-	-	279.0	1460.0	0	493.1	1399.8	1	280.5	549.0	7	60～64
270.0	400.0	1	-	-	-	-	-	-	-	-	-	166.0	300.0	0	65～69
-	-	-	-	-	-	-	-	-	-	-	-	-	-	-	70歳～
															女
238.9	**879.8**	**20**	**248.4**	**1006.1**	**13**	**295.2**	**1130.5**	**12**	**302.3**	**1296.9**	**8**	**347.7**	**1399.5**	**11**	**学歴計**
-	-	-	-	-	-	-	-	-	-	-	-	-	-	-	～19歳
-	-	-	-	-	-	-	-	-	-	-	-	-	-	-	20～24
233.3	896.4	0	-	-	-	-	-	-	-	-	-	-	-	-	25～29
233.4	1095.8	4	217.3	892.2	1	-	-	-	-	-	-	-	-	-	30～34
269.8	1004.7	4	245.1	962.2	5	262.3	1141.8	0	-	-	-	-	-	-	35～39
233.3	843.3	3	262.8	1241.9	4	314.8	1200.2	7	306.3	1444.7	1	-	-	-	40～44
228.7	807.2	4	228.0	710.5	1	267.5	924.8	2	304.3	1314.0	4	281.2	1273.5	1	45～49
217.8	608.8	2	249.8	824.8	1	315.2	1539.9	1	327.2	1322.1	2	324.8	1369.5	3	50～54
261.3	886.3	2	267.6	1005.2	1	240.3	784.3	1	280.8	1387.2	1	402.2	1686.5	5	55～59
170.2	193.3	1	221.5	441.7	0	213.9	569.9	0	189.7	108.8	0	267.5	775.4	2	60～64
-	-	-	-	-	-	-	-	-	-	-	-	-	-	-	65～69
-	-	-	-	-	-	-	-	-	-	-	-	-	-	-	70歳～
232.9	**928.7**	**11**	**236.9**	**843.0**	**6**	**265.2**	**1203.2**	**7**	**293.8**	**1232.3**	**5**	**304.5**	**1274.0**	**7**	**高校卒**
-	-	-	-	-	-	-	-	-	-	-	-	-	-	-	～19歳
-	-	-	-	-	-	-	-	-	-	-	-	-	-	-	20～24
233.3	896.4	0	-	-	-	-	-	-	-	-	-	-	-	-	25～29
237.5	1195.9	3	232.4	980.3	1	-	-	-	-	-	-	-	-	-	30～34
226.2	1002.5	1	236.6	825.5	2	262.3	1141.8	0	-	-	-	-	-	-	35～39
252.1	1052.2	2	241.3	1031.8	1	265.2	1281.6	4	307.1	1423.3	1	-	-	-	40～44
228.2	814.1	3	227.3	708.4	1	253.5	1040.4	1	313.0	1338.4	2	281.2	1273.5	1	45～49
223.2	620.1	1	253.1	899.8	1	315.2	1539.9	1	292.7	963.2	1	325.6	1371.8	3	50～54
258.1	972.8	1	185.2	1000.0	0	204.3	618.9	1	280.8	1387.2	1	335.5	1479.6	2	55～59
126.0	0.0	0	221.5	441.7	0	213.9	569.9	0	189.7	108.8	0	249.9	904.7	2	60～64
-	-	-	-	-	-	-	-	-	-	-	-	-	-	-	65～69
-	-	-	-	-	-	-	-	-	-	-	-	-	-	-	70歳～

第2表　年齢階級、勤続年数階級別所定内給与額

F電気・ガス・熱供給・水道業

企業規模	10～99人
	計

区分	勤続年数計			0年			1～2年			3～4年			5～9年		
	所定内給与額	年間賞与その他特別給与額	労働者数	所定内給与額	年間賞与その他特別給与額	労働者数	所定内給与額	年間賞与その他特別給与額	労働者数	所定内給与額	年間賞与その他特別給与額	労働者数	所定内給与額	年間賞与その他特別給与額	労働者数
	千円	千円	十人	千円	千円	十人	千円	千円	十人	千円	千円	十人	千円	千円	十人
高専・短大卒	**251.3**	**795.6**	**37**	**206.2**	**4.3**	**1**	**201.0**	**549.6**	**6**	**215.3**	**657.0**	**3**	**252.0**	**677.5**	**9**
～19歳	-	-	-	-	-	-	-	-	-	-	-	-	-	-	-
20～24	187.7	532.0	2	182.3	0.0	0	190.3	513.8	1	182.6	795.8	1	-	-	-
25～29	217.8	801.5	3	-	-	-	231.7	560.5	1	202.3	818.1	0	214.6	925.6	2
30～34	205.1	629.0	2	-	-	-	208.9	763.8	0	-	-	-	215.0	571.1	1
35～39	246.5	874.5	8	226.5	10.2	1	223.1	1153.3	1	253.4	1490.8	1	232.5	755.6	3
40～44	266.7	892.6	9	185.5	1.8	1	206.5	677.3	1	238.4	410.0	1	280.2	604.4	2
45～49	253.9	640.3	7	230.6	0.0	0	191.9	258.6	1	178.9	0.0	1	298.6	599.2	2
50～54	281.5	829.2	2	-	-	-	-	-	-	-	-	-	248.1	262.9	1
55～59	317.8	1056.0	3	-	-	-	161.3	148.3	0	-	-	-	229.9	1156.0	0
60～64	185.0	217.5	1	-	-	-	150.8	0.0	0	-	-	-	-	-	-
65～69	-	-	-	-	-	-	-	-	-	-	-	-	-	-	-
70歳～	-	-	-	-	-	-	-	-	-	-	-	-	-	-	-
大学・大学院卒	**276.8**	**905.0**	**40**	**256.8**	**150.9**	**3**	**261.5**	**778.7**	**12**	**266.1**	**858.3**	**7**	**238.7**	**923.7**	**7**
～19歳	-	-	-	-	-	-	-	-	-	-	-	-	-	-	-
20～24	202.3	544.5	3	165.6	0.0	0	206.2	602.9	3	-	-	-	-	-	-
25～29	228.8	764.4	12	224.3	314.6	1	229.3	566.5	4	227.5	1005.8	4	231.7	900.9	3
30～34	263.8	908.7	8	210.9	135.0	1	245.3	993.7	2	332.5	522.2	1	264.3	1117.8	3
35～39	325.2	897.6	5	490.0	0.0	1	334.0	878.4	2	297.2	592.3	1	210.3	598.9	0
40～44	286.0	698.0	5	-	-	-	290.9	533.3	0	267.7	126.3	1	194.7	538.7	1
45～49	285.5	1228.8	3	157.5	0.0	0	320.4	1524.2	0	376.0	1976.2	1	203.2	794.1	0
50～54	510.1	2014.9	1	-	-	-	711.0	2639.3	0	-	-	-	-	-	-
55～59	441.7	1877.0	2	-	-	-	-	-	-	-	-	-	219.8	0.0	0
60～64	373.2	0.0	0	-	-	-	-	-	-	-	-	-	-	-	-
65～69	-	-	-	-	-	-	-	-	-	-	-	-	-	-	-
70歳～	-	-	-	-	-	-	-	-	-	-	-	-	-	-	-
G情報通信業															
企業規模計															
男女計	**376.7**	**1272.4**	**112 621**	**303.1**	**96.1**	**8 735**	**294.8**	**600.2**	**16 784**	**313.2**	**881.2**	**12 046**	**343.5**	**1151.4**	**21 103**
～19歳	173.7	163.9	137	169.7	14.6	71	178.9	348.7	61	166.0	0.0	5	-	-	-
20～24	232.4	312.5	7 865	227.3	15.9	3 155	238.4	499.4	4 223	213.2	600.6	427	211.4	691.3	61
25～29	269.2	738.3	15 930	260.5	59.3	1 666	258.4	578.2	4 796	273.1	866.0	5 382	281.2	1038.1	4 022
30～34	319.0	997.0	17 696	320.3	146.5	1 130	306.9	541.9	2 387	297.7	687.8	1 966	323.1	1208.6	7 879
35～39	362.2	1203.1	16 967	363.3	75.9	985	329.4	782.3	1 784	333.2	886.8	1 452	356.5	1036.7	2 899
40～44	419.3	1414.9	17 598	415.7	74.8	657	376.8	687.2	1 328	413.2	852.3	1 168	392.0	1290.1	2 556
45～49	458.7	1776.2	15 316	447.6	26.4	301	402.0	604.9	748	418.9	1074.0	709	432.8	1096.9	1 594
50～54	512.4	2091.2	11 730	560.0	163.4	349	403.6	856.1	476	451.7	976.0	333	431.8	1454.3	927
55～59	508.7	1954.3	6 176	516.1	523.4	148	563.5	1158.6	334	474.2	3101.6	217	398.4	1153.8	806
60～64	292.5	757.3	2 762	304.1	1001.4	233	299.3	521.5	588	289.9	854.9	323	328.2	732.8	281
65～69	281.0	435.9	413	355.6	603.5	40	234.0	259.2	59	251.8	447.7	65	247.9	324.3	66
70歳～	425.9	734.7	30	-	-	-	213.5	100.0	0	150.0	150.0	1	183.4	87.5	12
男															
学歴計	**397.2**	**1389.7**	**86 910**	**326.6**	**119.3**	**5 999**	**309.7**	**674.9**	**11 634**	**332.9**	**978.1**	**8 449**	**357.5**	**1227.2**	**16 186**
～19歳	175.0	204.5	98	169.0	6.5	48	180.6	393.5	50	-	-	-	-	-	-
20～24	233.1	329.9	5 116	226.4	15.8	1 987	240.0	515.6	2 804	214.5	632.3	282	215.7	748.0	43
25～29	274.5	763.1	11 128	267.9	70.4	1 103	264.7	606.2	3 327	278.6	885.4	3 897	283.4	1053.1	2 770
30～34	330.6	1065.4	13 160	343.5	157.5	790	316.1	601.6	1 588	321.8	732.0	1 249	329.9	1265.7	6 321
35～39	377.1	1294.4	13 393	399.1	87.5	730	353.4	943.8	1 327	359.5	1043.6	1 029	369.1	1103.2	2 233
40～44	440.1	1533.0	13 875	432.5	74.7	473	411.0	875.4	885	439.0	978.8	791	415.8	1359.9	1 972
45～49	485.0	1945.5	12 033	538.6	14.2	202	437.5	747.4	426	504.8	1392.9	452	484.7	1303.9	1 093
50～54	528.1	2188.9	10 049	657.7	196.1	260	454.6	1034.8	367	544.6	1281.0	237	462.7	1740.9	729
55～59	526.5	1987.6	5 246	527.0	536.3	144	647.6	1396.1	266	560.0	4036.0	163	414.6	1215.7	709
60～64	301.6	806.6	2 417	309.9	1021.8	223	307.4	554.4	544	287.7	877.0	285	344.0	787.0	244
65～69	288.6	460.0	371	355.6	603.5	40	250.8	311.9	49	255.6	468.7	61	248.0	339.5	63
70歳～	345.5	105.2	23	-	-	-	213.5	100.0	0	150.0	150.0	1	181.8	95.7	11
高校卒	**371.1**	**1140.4**	**11 394**	**304.3**	**236.5**	**809**	**267.8**	**403.3**	**1 444**	**309.2**	**589.0**	**900**	**360.9**	**927.2**	**1 963**
～19歳	175.0	204.5	98	169.0	6.5	48	180.6	393.5	50	-	-	-	-	-	-
20～24	204.0	367.9	345	207.9	19.9	92	203.4	420.6	151	192.2	527.1	64	217.4	730.7	38
25～29	247.0	414.1	580	279.0	147.8	104	234.1	326.3	252	245.8	211.0	62	245.1	756.3	132
30～34	278.8	578.7	884	220.6	52.6	91	299.2	195.5	260	251.4	574.5	134	288.5	914.3	207
35～39	337.5	735.0	1 293	292.7	33.0	109	271.5	343.0	140	336.0	498.1	137	346.4	637.9	365
40～44	402.9	1201.4	1 629	331.4	119.8	36	343.2	467.1	175	368.6	925.6	178	431.5	602.1	259
45～49	434.8	1609.0	1 783	263.4	62.2	17	343.7	750.6	46	503.0	229.9	75	379.8	844.8	226
50～54	472.8	1616.2	2 143	495.5	3.0	157	377.9	292.4	68	369.5	627.6	40	448.6	1647.6	233
55～59	425.6	1555.1	1 231	509.8	647.4	18	345.6	808.7	24	296.5	982.6	28	393.1	1262.9	358
60～64	241.9	719.7	1 220	244.1	1138.5	123	224.3	600.2	270	250.1	581.8	166	287.6	713.2	110
65～69	272.9	348.7	176	331.8	532.6	15	204.6	2.3	7	186.5	417.7	15	207.8	264.3	28
70歳～	199.2	129.2	12	-	-	-	213.5	100.0	0	-	-	-	189.7	148.4	7

及び年間賞与その他特別給与額

G 情 報 通 信 業

10 ～ 14 年			15 ～ 19 年			20 ～ 24 年			25 ～ 29 年			30 年 以 上			区　分
所定内給与額	年間賞与その他特別給与額	労働者数	所定内給与額	年間賞与その他特別給与額	労働者数	所定内給与額	年間賞与その他特別給与額	労働者数	所定内給与額	年間賞与その他特別給与額	労働者数	所定内給与額	年間賞与その他特別給与額	労働者数	
千円	千円	十人	千円	千円	十人	千円	千円	十人	千円	千円	十人	千円	千円	十人	
240.4	**706.9**	**6**	**247.7**	**1069.7**	**5**	**323.5**	**1184.1**	**3**	**312.0**	**1364.2**	**2**	**367.1**	**1308.1**	**2**	**高 専 ・ 短 大 卒**
-	-	-	-	-	-	-	-	-	-	-	-	-	-	-	～ 19歳
-	-	-	-	-	-	-	-	-	-	-	-	-	-	-	20 ～ 24
-	-	-	-	-	-	-	-	-	-	-	-	-	-	-	25 ～ 29
203.3	576.9	1	187.1	716.0	0	-	-	-	-	-	-	-	-	-	30 ～ 34
288.4	958.6	2	229.3	902.4	2	-	-	-	-	-	-	-	-	-	35 ～ 39
201.1	495.0	1	269.8	1354.1	2	366.1	1535.8	2	303.2	1530.5	0	-	-	-	40 ～ 44
215.1	629.2	0	230.1	718.0	0	268.7	770.8	1	285.6	1227.2	1	-	-	-	45 ～ 49
201.7	574.9	0	214.2	0.0	0	-	-	-	367.1	1590.7	1	301.9	1310.0	0	50 ～ 54
260.2	792.0	1	326.4	1233.5	0	284.4	644.5	0	-	-	-	371.2	1308.0	2	55 ～ 59
205.5	348.0	1	-	-	-	-	-	-	-	-	-	-	-	-	60 ～ 64
-	-	-	-	-	-	-	-	-	-	-	-	-	-	-	65 ～ 69
-	-	-	-	-	-	-	-	-	-	-	-	-	-	-	70歳～
261.5	**1079.8**	**3**	**279.1**	**1305.9**	**2**	**359.4**	**788.3**	**2**	**312.2**	**1381.6**	**2**	**493.9**	**1956.8**	**2**	**大 学 ・ 大 学 院 卒**
-	-	-	-	-	-	-	-	-	-	-	-	-	-	-	～ 19歳
-	-	-	-	-	-	-	-	-	-	-	-	-	-	-	20 ～ 24
-	-	-	-	-	-	-	-	-	-	-	-	-	-	-	25 ～ 29
271.5	1537.2	0	-	-	-	-	-	-	-	-	-	-	-	-	30 ～ 34
264.8	1090.7	1	328.0	1675.6	1	-	-	-	-	-	-	-	-	-	35 ～ 39
268.3	1124.0	0	260.8	1167.2	2	383.8	607.4	1	-	-	-	-	-	-	40 ～ 44
240.2	891.0	1	-	-	-	303.1	1424.5	0	313.2	1378.7	1	-	-	-	45 ～ 49
-	-	-	-	-	-	-	-	-	309.1	1390.5	0	-	-	-	50 ～ 54
275.4	789.2	0	-	-	-	283.1	1208.4	0	-	-	-	516.5	2323.7	2	55 ～ 59
-	-	-	-	-	-	-	-	-	-	-	-	373.2	0.0	0	60 ～ 64
-	-	-	-	-	-	-	-	-	-	-	-	-	-	-	65 ～ 69
-	-	-	-	-	-	-	-	-	-	-	-	-	-	-	70歳～
															G 情 報 通 信 業
															企 業 規 模 計
397.5	**1560.0**	**17 219**	**426.7**	**1727.9**	**12 064**	**453.1**	**1823.9**	**7 328**	**491.1**	**2211.7**	**9 625**	**487.9**	**1957.5**	**7 717**	**男 女 計**
-	-	-	-	-	-	-	-	-	-	-	-	-	-	-	～ 19歳
-	-	-	-	-	-	-	-	-	-	-	-	-	-	-	20 ～ 24
230.6	840.0	64	-	-	-	-	-	-	-	-	-	-	-	-	25 ～ 29
328.3	1225.1	4 282	266.8	1197.7	53	-	-	-	-	-	-	-	-	-	30 ～ 34
371.2	1450.6	6 153	379.3	1558.1	3 602	346.8	1210.2	93	-	-	-	-	-	-	35 ～ 39
440.6	1343.7	2 944	431.8	1799.3	5 627	418.6	1640.4	2 983	431.5	2001.7	335	-	-	-	40 ～ 44
473.1	1936.3	1 816	473.1	1797.0	1 506	479.0	1991.1	3 148	459.8	2147.6	5 260	448.9	1908.9	234	45 ～ 49
521.1	2858.6	1 421	497.5	1818.7	816	510.0	2107.4	708	548.3	2376.4	3 443	514.7	2202.6	3 257	50 ～ 54
495.6	2451.8	423	482.1	2054.3	403	467.5	1744.3	327	502.0	2050.3	495	545.1	2167.4	3 023	55 ～ 59
310.1	749.4	73	351.8	605.4	43	241.4	415.8	55	301.1	1363.8	91	276.1	783.3	1 075	60 ～ 64
285.7	277.2	41	673.5	112.4	15	300.3	432.7	13	603.7	0.0	1	256.8	631.7	113	65 ～ 69
232.8	64.5	2	-	-	-	259.8	0.0	1	-	-	-	669.1	1411.4	15	70歳～
															男
414.0	**1655.0**	**13 797**	**442.8**	**1807.6**	**9 909**	**469.2**	**1893.9**	**6 019**	**504.3**	**2290.6**	**8 067**	**491.8**	**1965.2**	**6 852**	**学 歴 計**
-	-	-	-	-	-	-	-	-	-	-	-	-	-	-	～ 19歳
-	-	-	-	-	-	-	-	-	-	-	-	-	-	-	20 ～ 24
255.2	965.6	31	-	-	-	-	-	-	-	-	-	-	-	-	25 ～ 29
339.9	1252.3	3 179	293.4	1351.1	32	-	-	-	-	-	-	-	-	-	30 ～ 34
378.8	1519.3	5 082	391.0	1595.7	2 924	403.5	1397.6	67	-	-	-	-	-	-	35 ～ 39
465.7	1457.2	2 386	446.0	1889.1	4 652	434.2	1706.5	2 430	451.1	2066.3	288	-	-	-	40 ～ 44
495.4	2117.7	1 489	499.7	1946.0	1 254	492.3	2061.2	2 603	474.3	2245.5	4 299	458.2	1962.8	214	45 ～ 49
536.4	3084.7	1 260	508.8	1829.7	708	501.7	1998.2	633	552.2	2403.0	3 003	522.7	2219.8	2 853	50 ～ 54
521.8	1915.5	273	511.8	2230.7	293	521.0	1976.0	259	527.0	2172.5	418	544.3	2153.7	2 721	55 ～ 59
349.0	941.2	53	409.3	717.8	33	280.4	823.2	19	345.3	1825.7	58	281.1	816.9	958	60 ～ 64
286.4	276.6	41	779.0	7.4	12	336.0	344.0	8	665.0	0.0	1	258.4	697.3	97	65 ～ 69
232.8	64.5	2	-	-	-	259.8	0.0	1	-	-	-	608.2	130.9	9	70歳～
365.5	**1018.4**	**1 151**	**410.2**	**1499.4**	**843**	**414.4**	**1548.8**	**594**	**452.5**	**1971.8**	**1 214**	**422.7**	**1664.1**	**2 477**	**高 校 卒**
-	-	-	-	-	-	-	-	-	-	-	-	-	-	-	～ 19歳
-	-	-	-	-	-	-	-	-	-	-	-	-	-	-	20 ～ 24
255.2	965.6	31	-	-	-	-	-	-	-	-	-	-	-	-	25 ～ 29
285.2	915.9	160	296.6	1367.4	31	-	-	-	-	-	-	-	-	-	30 ～ 34
342.0	781.5	230	360.4	1320.2	249	407.0	1418.5	63	-	-	-	-	-	-	35 ～ 39
379.4	1095.9	258	434.7	1457.3	149	398.6	1595.1	299	455.2	2084.1	275	-	-	-	40 ～ 44
421.1	1306.3	212	427.6	1662.9	127	424.2	1477.3	149	455.1	2086.4	719	459.8	1971.3	212	45 ～ 49
436.5	1054.3	158	428.0	1845.6	222	460.6	1710.1	52	451.1	1448.8	166	503.8	2031.8	1 047	50 ～ 54
336.5	1143.3	64	426.3	1262.8	41	502.5	1861.1	22	415.8	1567.3	48	457.8	1851.0	628	55 ～ 59
229.1	525.7	11	463.9	204.6	13	432.1	654.7	1	322.4	638.2	5	231.9	746.0	520	60 ～ 64
310.8	397.5	24	853.1	0.0	11	336.0	344.0	8	-	-	-	200.9	400.6	68	65 ～ 69
232.8	64.5	2	-	-	-	-	-	-	-	-	-	194.4	136.1	2	70歳～

第2表　年齢階級、勤続年数階級別所定内給与額

G 情 報

企業規模	計

区分	勤続年数計			0 年			1～2年			3～4年			5～9年		
	所定内給与額	年間賞与その他特別給与額	労働者数	所定内給与額	年間賞与その他特別給与額	労働者数	所定内給与額	年間賞与その他特別給与額	労働者数	所定内給与額	年間賞与その他特別給与額	労働者数	所定内給与額	年間賞与その他特別給与額	労働者数
	千円	千円	十人	千円	千円	十人	千円	千円	十人	千円	千円	十人	千円	千円	十人
高専・短大卒	**358.4**	**1078.7**	**14 869**	**274.6**	**73.6**	**895**	**281.5**	**462.5**	**1 667**	**290.2**	**686.3**	**1 320**	**311.2**	**967.5**	**2 541**
～19歳	-	-	-	-	-	-	-	-	-	-	-	-	-	-	-
20～24	214.4	358.9	1 094	204.9	7.5	293	218.0	432.3	585	218.0	629.7	211	203.4	870.3	5
25～29	239.9	601.2	1 374	231.0	107.4	165	244.8	372.5	245	227.6	550.4	361	247.7	859.6	603
30～34	291.1	636.8	1 884	312.8	52.5	170	275.8	326.7	219	301.9	506.3	227	287.4	800.2	686
35～39	330.0	925.3	2 022	293.0	9.9	100	324.9	613.0	222	341.5	851.5	178	334.6	1052.6	341
40～44	367.0	1076.9	2 338	391.0	89.2	69	344.0	433.6	142	365.8	784.2	119	338.8	1226.8	371
45～49	415.8	1465.8	3 148	473.0	4.6	28	365.3	340.0	100	384.4	1188.2	119	357.0	1142.9	247
50～54	459.8	1598.4	1 990	302.7	0.2	26	432.8	647.8	73	417.6	522.2	38	406.1	994.9	186
55～59	500.6	1569.8	798	466.7	365.3	13	497.7	1232.8	53	378.3	1157.4	22	409.5	1149.8	67
60～64	317.8	923.1	176	355.6	495.2	19	222.6	458.7	25	295.0	787.0	36	405.2	1076.3	23
65～69	256.0	471.4	43	350.5	1235.9	13	214.0	64.0	4	188.3	2.5	10	236.5	290.4	12
70歳～	259.8	0.0	1	-	-	-	-	-	-	-	-	-	-	-	-
大学・大学院卒	**411.9**	**1515.0**	**60 496**	**342.2**	**107.1**	**4 280**	**322.4**	**764.4**	**8 498**	**345.2**	**1099.2**	**6 209**	**367.1**	**1334.4**	**11 659**
～19歳	-	-	-	-	-	-	-	-	-	-	-	-	-	-	-
20～24	241.4	317.7	3 676	231.4	17.1	1 602	249.0	546.2	2 068	325.3	1813.6	6	-	-	-
25～29	281.6	811.5	9 149	275.0	54.0	826	269.2	653.3	2 822	284.4	934.1	3 466	296.5	1129.8	2 035
30～34	342.3	1185.3	10 363	375.5	210.2	527	328.4	753.5	1 103	337.4	812.5	887	337.0	1338.0	5 419
35～39	391.7	1442.1	10 061	442.3	114.6	517	372.0	1113.7	959	368.6	1197.7	713	382.5	1226.9	1 522
40～44	463.5	1695.9	9 898	450.2	67.6	368	449.2	1114.5	566	481.9	1044.6	495	433.9	1541.0	1 340
45～49	528.7	2247.4	7 081	581.0	10.6	156	478.9	889.5	279	563.9	1889.6	249	574.5	1537.9	619
50～54	571.9	2600.8	5 900	1098.4	646.5	78	484.5	1380.4	227	618.7	1624.9	160	508.0	2270.4	307
55～59	572.1	2259.4	3 203	536.3	538.0	114	732.5	1537.9	187	662.9	5384.1	113	442.9	1171.3	282
60～64	372.1	891.8	1 003	399.5	968.4	81	406.9	514.7	248	360.3	1510.5	83	389.0	798.8	110
65～69	316.4	588.3	152	393.2	0.0	12	262.8	392.4	38	302.0	614.0	36	304.1	460.5	23
70歳～	507.3	85.2	11	-	-	-	-	-	-	150.0	150.0	1	167.5	0.0	4
女															
学歴計	**307.3**	**875.5**	**25 711**	**251.6**	**45.1**	**2 736**	**261.3**	**431.4**	**5 150**	**267.0**	**653.7**	**3 598**	**297.3**	**901.8**	**4 916**
～19歳	170.4	61.5	39	171.1	31.8	23	171.2	148.5	11	166.0	0.0	5	-	-	-
20～24	231.0	280.1	2 749	228.7	16.2	1 168	235.3	467.3	1 419	210.8	539.1	145	201.0	553.8	18
25～29	257.0	681.0	4 802	246.1	37.4	563	244.1	514.9	1 469	258.5	815.2	1 484	276.4	1005.0	1 252
30～34	285.3	798.5	4 536	266.4	121.1	340	288.7	423.3	799	255.6	610.9	717	295.5	976.9	1 558
35～39	306.3	860.9	3 574	261.0	42.6	255	259.8	313.0	457	269.2	505.5	423	314.6	813.4	665
40～44	341.8	974.5	3 723	372.8	75.1	185	308.7	311.3	443	359.0	586.1	376	311.7	1054.3	584
45～49	362.2	1155.6	3 284	262.9	51.0	100	354.9	416.0	321	267.4	511.7	256	319.6	645.8	502
50～54	418.1	1507.2	1 681	273.2	67.4	89	232.5	257.0	109	221.7	220.3	96	318.4	402.5	199
55～59	408.1	1766.8	930	151.2	90.8	4	229.6	215.9	67	211.0	235.8	53	280.5	704.5	98
60～64	229.2	411.7	344	175.2	546.0	10	199.4	112.8	44	306.4	687.3	38	224.4	376.9	37
65～69	213.8	221.2	42	-	-	-	151.1	0.0	10	192.9	117.8	4	246.7	52.1	4
70歳～	675.7	2691.5	7	-	-	-	-	-	-	-	-	-	200.0	0.0	1
高校卒	**234.8**	**501.8**	**3 693**	**191.9**	**64.5**	**360**	**206.9**	**199.1**	**678**	**210.5**	**286.5**	**563**	**229.6**	**427.1**	**757**
～19歳	170.5	65.9	36	171.1	31.8	23	171.5	193.2	9	166.0	0.0	5	-	-	-
20～24	189.4	234.6	270	182.7	19.5	60	192.9	205.1	147	184.0	479.5	48	198.4	580.7	16
25～29	196.0	358.0	359	186.3	12.8	79	186.6	150.8	54	193.0	243.5	70	204.9	637.4	123
30～34	221.6	380.0	568	190.9	21.7	64	199.5	216.3	123	195.9	309.4	93	254.9	270.7	145
35～39	229.4	481.4	530	203.2	119.9	51	211.5	298.4	88	233.2	202.6	80	236.8	812.3	107
40～44	242.3	523.8	498	213.0	27.6	33	221.1	171.5	66	224.2	412.8	104	236.6	437.0	83
45～49	245.7	514.3	613	223.8	24.3	25	220.7	102.5	83	212.9	209.2	74	229.9	185.1	166
50～54	292.9	925.9	351	177.5	368.6	16	222.6	242.6	38	217.3	267.5	40	199.5	278.5	44
55～59	275.0	745.1	291	135.0	33.9	2	237.3	232.3	40	202.0	99.5	36	229.7	483.5	41
60～64	216.5	392.2	162	169.2	709.3	8	209.3	127.5	30	269.5	315.6	12	226.0	343.7	30
65～69	190.2	512.4	14	-	-	-	-	-	-	205.0	153.1	3	139.9	334.6	1
70歳～	200.0	0.0	1	-	-	-	-	-	-	-	-	-	200.0	0.0	1
高専・短大卒	**276.8**	**757.5**	**5 576**	**222.7**	**38.9**	**423**	**228.8**	**294.3**	**989**	**248.3**	**456.0**	**754**	**259.6**	**681.0**	**899**
～19歳	-	-	-	-	-	-	-	-	-	-	-	-	-	-	-
20～24	205.4	249.3	424	200.2	14.3	129	204.7	284.5	199	213.7	495.6	94	225.0	300.0	2
25～29	225.5	439.6	644	226.0	47.5	97	210.7	185.0	181	235.9	533.4	153	230.5	766.6	213
30～34	244.5	566.4	705	196.9	17.2	24	230.1	405.1	138	246.8	416.6	91	250.5	634.1	162
35～39	264.7	730.6	798	206.2	31.9	40	240.6	298.0	133	257.5	567.6	170	266.0	657.2	143
40～44	282.4	814.1	1 033	242.7	154.4	49	256.6	344.2	163	275.3	402.1	73	267.4	747.2	162
45～49	310.1	1053.2	1 086	255.0	14.4	38	247.9	344.2	128	278.3	298.2	112	289.8	747.7	125
50～54	359.5	1039.7	527	265.1	5.2	43	242.8	42.5	27	214.3	168.2	30	251.7	367.7	63
55～59	332.6	1091.2	231	140.8	14.8	1	213.3	418.1	10	209.4	240.2	13	375.3	464.8	22
60～64	232.4	479.3	100	195.4	0.0	2	185.4	263.9	2	249.8	608.0	16	220.5	531.5	7
65～69	210.0	46.0	23	-	-	-	151.1	0.0	10	152.4	0.0	1	-	-	-
70歳～	750.0	3112.0	6	-	-	-	-	-	-	-	-	-	-	-	-

及び年間賞与その他特別給与額

通　信　業

10～14年			15～19年			20～24年			25～29年			30年以上			区分
所定内給与額	年間賞与その他特別給与額	労働者数	所定内給与額	年間賞与その他特別給与額	労働者数	所定内給与額	年間賞与その他特別給与額	労働者数	所定内給与額	年間賞与その他特別給与額	労働者数	所定内給与額	年間賞与その他特別給与額	労働者数	
千円	千円	十人	千円	千円	十人	千円	千円	十人	千円	千円	十人	千円	千円	十人	
363.7	**965.9**	**1 893**	**387.9**	**1213.3**	**1 664**	**400.3**	**1386.7**	**1 458**	**433.6**	**1763.0**	**2 355**	**466.3**	**1689.3**	**1 075**	**高専・短大卒**
–	–	–	–	–	–	–	–	–	–	–	–	–	–	–	～19歳
–	–	–	–	–	–	–	–	–	–	–	–	–	–	–	20～24
–	–	–	–	–	–	–	–	–	–	–	–	–	–	–	25～29
290.8	781.3	582	297.3	1958.6	1	–	–	–	–	–	–	–	–	–	30～34
308.0	866.6	460	345.9	1145.1	719	288.7	708.2	3	–	–	–	–	–	–	35～39
378.9	967.9	409	363.3	1118.2	416	378.3	1281.7	810	277.3	1166.1	2	–	–	–	40～44
461.1	1201.0	284	429.9	1239.5	294	399.2	1413.5	436	423.3	1729.2	1 639	293.1	1061.9	2	45～49
494.2	1258.1	100	522.0	1599.4	147	484.3	1840.8	146	463.9	1884.3	652	457.8	1719.4	623	50～54
789.3	2128.3	52	493.6	1533.1	75	510.4	1532.6	60	390.4	1407.5	59	503.0	1710.6	397	55～59
236.8	327.0	4	446.4	1347.4	11	373.4	1757.4	4	416.8	1139.7	3	297.1	1219.6	51	60～64
142.9	197.1	2	252.7	60.0	2	–	–	–	–	–	–	313.6	130.8	1	65～69
–	–	–	–	–	–	259.8	0.0	1	–	–	–	–	–	–	70歳～
428.4	**1847.8**	**10 725**	**458.9**	**1977.0**	**7 397**	**502.8**	**2132.8**	**3 965**	**556.2**	**2660.2**	**4 482**	**553.1**	**2283.4**	**3 281**	**大学・大学院卒**
–	–	–	–	–	–	–	–	–	–	–	–	–	–	–	～19歳
–	–	–	–	–	–	–	–	–	–	–	–	–	–	–	20～24
–	–	–	–	–	–	–	–	–	–	–	–	–	–	–	25～29
355.1	1388.3	2 427	–	–	–	–	–	–	–	–	–	–	–	–	30～34
388.2	1626.4	4 392	411.4	1796.2	1 957	513.0	2075.0	1	–	–	–	–	–	–	35～39
500.0	1631.2	1 714	454.9	1984.1	4 084	476.6	1992.2	1 321	374.5	1743.4	11	–	–	–	40～44
521.1	2553.6	993	535.5	2239.5	832	517.6	2245.3	2 017	525.2	2745.5	1 935	–	–	–	45～49
559.9	3624.8	991	556.2	1917.9	338	512.8	2087.4	434	586.3	2630.7	2 183	573.9	2651.7	1 182	50～54
509.6	2161.8	157	539.0	2748.7	177	526.8	2139.2	177	570.3	2412.2	311	586.6	2370.8	1 686	55～59
400.2	1136.1	38	272.6	691.3	8	249.2	590.6	15	354.9	2398.4	41	347.1	841.8	379	60～64
268.9	95.2	14	–	–	–	–	–	–	665.0	0.0	1	398.9	1460.4	27	65～69
–	–	–	–	–	–	–	–	–	–	–	–	761.7	129.0	6	70歳～
															女
331.2	**1176.9**	**3 423**	**352.7**	**1361.5**	**2 156**	**379.3**	**1502.0**	**1 309**	**423.1**	**1802.9**	**1 559**	**456.6**	**1896.6**	**865**	**学歴計**
–	–	–	–	–	–	–	–	–	–	–	–	–	–	–	～19歳
–	–	–	–	–	–	–	–	–	–	–	–	–	–	–	20～24
208.0	724.1	33	–	–	–	–	–	–	–	–	–	–	–	–	25～29
294.6	1146.6	1 102	224.3	953.4	20	–	–	–	–	–	–	–	–	–	30～34
334.9	1124.5	1 071	328.6	1396.1	677	199.9	724.8	26	–	–	–	–	–	–	35～39
333.3	858.9	559	364.0	1371.0	975	350.2	1349.7	553	311.9	1608.9	47	–	–	–	40～44
371.3	1110.2	327	341.1	1055.6	252	415.5	1655.9	545	394.8	1709.4	961	349.3	1335.7	20	45～49
401.1	1086.4	161	423.4	1746.7	108	579.7	3022.4	76	521.6	2194.9	440	458.2	2081.1	404	50～54
447.8	3428.6	150	403.0	1584.3	110	265.5	869.6	69	367.0	1390.4	77	552.6	2291.0	302	55～59
205.9	235.1	20	169.8	250.1	10	220.6	199.2	36	222.5	542.0	33	235.4	507.8	117	60～64
178.2	368.5	0	179.7	603.8	3	238.1	587.0	5	266.3	0.0	0	247.7	251.6	17	65～69
–	–	–	–	–	–	–	–	–	–	–	–	750.0	3112.0	6	70歳～
246.9	**620.5**	**481**	**261.1**	**846.1**	**264**	**270.5**	**1036.2**	**142**	**301.8**	**1250.4**	**221**	**319.8**	**1169.5**	**227**	**高校卒**
–	–	–	–	–	–	–	–	–	–	–	–	–	–	–	～19歳
–	–	–	–	–	–	–	–	–	–	–	–	–	–	–	20～24
208.0	724.1	33	–	–	–	–	–	–	–	–	–	–	–	–	25～29
239.5	814.4	123	224.6	972.6	20	–	–	–	–	–	–	–	–	–	30～34
232.5	274.6	90	255.8	867.6	88	199.9	724.8	26	–	–	–	–	–	–	35～39
231.3	242.2	78	270.2	795.9	50	267.8	962.1	37	311.4	1609.2	47	–	–	–	40～44
222.9	319.2	62	269.9	1058.2	39	283.8	1270.2	35	290.4	1183.3	112	354.4	1303.0	16	45～49
334.7	1527.2	49	287.3	825.1	25	386.5	1782.8	16	329.0	1065.8	35	372.2	1426.3	88	50～54
317.5	949.5	33	270.6	685.3	33	281.0	805.8	21	303.6	1084.1	25	345.5	1443.7	59	55～59
215.4	350.2	12	198.1	231.3	6	199.7	231.8	5	226.9	1934.7	2	214.2	513.8	58	60～64
178.2	368.5	0	178.5	608.0	3	152.8	692.3	3	–	–	–	211.1	607.2	5	65～69
–	–	–	–	–	–	–	–	–	–	–	–	–	–	–	70歳～
263.2	**809.7**	**640**	**314.4**	**1222.6**	**515**	**316.9**	**1189.8**	**518**	**359.6**	**1412.6**	**589**	**385.1**	**1460.5**	**250**	**高専・短大卒**
–	–	–	–	–	–	–	–	–	–	–	–	–	–	–	～19歳
–	–	–	–	–	–	–	–	–	–	–	–	–	–	–	20～24
–	–	–	–	–	–	–	–	–	–	–	–	–	–	–	25～29
251.3	697.9	290	–	–	–	–	–	–	–	–	–	–	–	–	30～34
250.5	788.1	107	304.2	1299.9	206	–	–	–	–	–	–	–	–	–	35～39
283.9	962.6	118	281.1	991.8	162	312.3	1151.8	306	360.4	1581.0	1	–	–	–	40～44
288.5	1093.4	64	294.7	1122.7	73	340.0	1451.9	152	346.1	1523.0	394	210.5	586.0	1	45～49
265.6	662.8	35	497.3	2215.4	50	445.3	832.0	15	434.8	1319.6	144	381.9	1514.0	120	50～54
314.2	1130.1	22	313.1	385.6	24	217.5	700.1	40	284.7	1064.3	26	449.7	1960.6	74	55～59
153.9	53.4	5	113.4	78.6	1	310.7	602.1	6	210.7	542.0	24	246.3	458.9	38	60～64
–	–	–	211.0	500.0	0	–	–	–	266.3	0.0	0	264.7	86.3	11	65～69
–	–	–	–	–	–	–	–	–	–	–	–	750.0	3112.0	6	70歳～

第2表　年齢階級、勤続年数階級別所定内給与額

企業規模	計
	1,000人以上

G　情　報

区　分	勤続年数計			0　年			1～2年			3～4年			5～9年		
	所定内給与額	年間賞与その他特別給与額	労働者数	所定内給与額	年間賞与その他特別給与額	労働者数	所定内給与額	年間賞与その他特別給与額	労働者数	所定内給与額	年間賞与その他特別給与額	労働者数	所定内給与額	年間賞与その他特別給与額	労働者数
	千円	千円	十人	千円	千円	十人	千円	千円	十人	千円	千円	十人	千円	千円	十人
大学・大学院卒	**334.3**	**1001.4**	**16 396**	**269.2**	**43.1**	**1 945**	**281.6**	**517.3**	**3 465**	**287.5**	**811.4**	**2 273**	**323.6**	**1074.0**	**3 252**
～ 19歳	－	－	－	－	－	－	－	－	－	－	－	－	－	－	－
20 ～ 24	241.9	293.3	2 048	235.6	16.3	972	246.7	537.2	1 073	522.9	2705.5	3	－	－	－
25 ～ 29	268.4	754.3	3 778	263.5	40.0	385	252.0	582.7	1 222	265.0	881.8	1 259	296.9	1110.2	912
30 ～ 34	305.3	922.5	3 259	292.5	156.6	251	324.6	476.5	537	267.7	697.5	532	306.1	1104.2	1 249
35 ～ 39	339.5	998.0	2 242	292.3	21.0	164	288.8	327.1	236	299.0	588.0	170	351.7	869.0	415
40 ～ 44	392.5	1152.6	2 191	485.6	52.8	103	375.7	329.5	213	460.0	743.8	199	351.3	1352.2	339
45 ～ 49	443.7	1477.1	1 579	297.0	106.7	37	580.9	736.8	110	310.2	1192.1	69	409.4	955.1	209
50 ～ 54	511.2	2067.5	803	333.5	0.0	31	234.6	397.7	45	237.5	208.6	26	423.3	487.5	91
55 ～ 59	545.2	2874.1	409	188.3	253.6	1	220.8	66.5	17	284.0	1265.1	5	280.0	1112.6	35
60 ～ 64	250.7	367.7	82	－	－	－	175.6	43.9	11	445.8	1261.9	10	－	－	－
65 ～ 69	298.3	183.0	5	－	－	－	－	－	－	－	－	－	264.5	5.0	3
70歳～	－	－	－	－	－	－	－	－	－	－	－	－	－	－	－
企業規模1,000人以上															
男女計	**410.9**	**1682.1**	**49 255**	**325.3**	**195.0**	**3 001**	**294.2**	**757.8**	**5 573**	**302.8**	**1039.8**	**4 128**	**353.4**	**1420.4**	**8 058**
～ 19歳	179.5	332.7	18	182.5	52.1	7	177.4	526.8	11	－	－	－	－	－	－
20 ～ 24	250.9	426.8	2 363	237.8	18.3	833	263.0	637.0	1 384	207.9	750.4	106	219.2	798.3	40
25 ～ 29	292.6	956.1	6 175	266.5	55.0	626	279.0	803.7	1 654	298.5	1106.8	2 131	307.8	1236.4	1 749
30 ～ 34	343.3	1317.3	7 127	351.5	289.6	394	296.4	469.1	662	285.5	795.2	543	351.9	1561.6	3 529
35 ～ 39	389.6	1548.6	7 002	384.9	104.8	420	349.7	1080.0	572	344.8	1201.7	600	355.3	1244.7	772
40 ～ 44	440.9	1839.2	7 366	449.0	42.7	225	364.5	1065.5	384	320.3	938.3	299	418.6	1774.6	831
45 ～ 49	478.0	2193.0	7 706	528.4	20.2	132	277.3	392.7	195	348.7	967.0	136	347.6	720.9	405
50 ～ 54	549.5	2623.7	6 510	460.6	402.8	120	377.1	1314.1	131	226.4	293.6	65	480.0	2062.1	181
55 ～ 59	524.9	2146.0	3 156	453.8	1163.0	61	434.3	1390.9	143	407.9	1683.4	58	393.8	1305.2	428
60 ～ 64	268.9	767.1	1 680	298.5	1409.0	157	253.3	509.1	437	257.4	942.8	178	353.5	693.0	104
65 ～ 69	269.3	750.7	144	358.2	979.3	24	218.4	53.4	2	208.1	437.1	12	195.8	520.4	18
70歳～	782.1	0.0	6	－	－	－	－	－	－	－	－	－	200.0	0.0	1
男															
学歴計	**434.8**	**1841.9**	**38 343**	**356.8**	**252.7**	**2 113**	**311.1**	**885.5**	**3 701**	**325.5**	**1184.9**	**2 766**	**369.3**	**1536.7**	**6 108**
～ 19歳	178.2	414.9	14	183.4	59.5	5	175.5	606.6	9	－	－	－	－	－	－
20 ～ 24	251.3	464.2	1 450	238.9	19.3	479	263.4	667.7	863	203.8	787.3	77	224.8	867.7	31
25 ～ 29	299.8	986.1	4 239	279.6	67.1	451	286.4	853.6	1 110	308.6	1144.1	1 500	309.2	1260.9	1 165
30 ～ 34	361.6	1449.8	5 223	378.5	333.5	269	308.3	493.5	421	307.9	950.7	294	364.0	1670.1	2 849
35 ～ 39	407.8	1676.2	5 556	431.9	137.7	305	384.4	1286.0	437	378.5	1415.5	444	367.5	1325.6	619
40 ～ 44	471.9	2058.2	5 649	536.6	27.7	143	412.9	1633.4	219	399.0	1362.4	160	447.6	1923.1	595
45 ～ 49	505.8	2400.6	6 148	579.9	16.4	115	354.8	732.2	66	434.2	1396.7	81	429.6	959.6	204
50 ～ 54	558.3	2688.6	5 773	482.7	413.0	111	477.1	2007.8	84	350.1	599.6	9	517.8	2538.1	142
55 ～ 59	538.6	2137.7	2 646	464.0	1198.5	60	551.0	2073.8	90	558.5	2922.5	33	407.7	1372.0	393
60 ～ 64	275.6	807.7	1 501	302.8	1421.4	152	257.7	545.0	401	257.9	992.8	156	358.5	684.1	93
65 ～ 69	271.7	758.0	140	358.2	979.3	24	218.4	53.4	2	208.1	437.1	12	195.8	520.4	18
70歳～	911.4	0.0	5	－	－	－	－	－	－	－	－	－	－	－	－
高校卒	**390.1**	**1532.5**	**5 376**	**319.4**	**526.7**	**310**	**227.2**	**535.6**	**484**	**233.5**	**681.5**	**295**	**370.8**	**1390.5**	**711**
～ 19歳	178.2	414.9	14	183.4	59.5	5	175.5	606.6	9	－	－	－	－	－	－
20 ～ 24	216.8	584.1	111	188.8	0.0	7	224.9	501.7	59	186.3	653.2	20	229.3	870.4	26
25 ～ 29	235.2	626.9	134	236.9	28.7	11	212.5	201.5	46	212.0	205.3	17	249.2	1129.7	48
30 ～ 34	243.9	637.7	212	210.4	126.2	33	230.0	386.1	52	224.3	346.8	38	230.7	682.8	27
35 ～ 39	330.5	1040.5	351	322.6	45.7	27	258.7	776.2	31	224.1	275.1	23	291.8	926.5	82
40 ～ 44	436.2	1915.8	479	216.1	359.5	7	212.2	161.3	23	277.7	981.4	52	334.4	1204.7	20
45 ～ 49	468.1	2151.2	798	193.7	116.9	8	270.4	435.6	11	273.1	733.7	4	488.9	832.4	39
50 ～ 54	499.5	2014.3	1 355	502.1	0.0	82	282.0	310.5	24	402.9	729.6	5	528.8	3203.2	86
55 ～ 59	430.1	1679.6	846	481.9	669.8	9	400.0	1097.8	6	429.5	2077.4	9	401.7	1423.5	301
60 ～ 64	231.9	772.1	973	235.7	1271.2	110	216.8	662.9	224	211.4	713.7	117	311.7	722.4	70
65 ～ 69	224.2	480.5	104	355.7	658.9	12	－	－	－	170.4	485.0	11	124.6	460.0	12
70歳～	165.0	0.0	2	－	－	－	－	－	－	－	－	－	－	－	－
高専・短大卒	**404.1**	**1573.7**	**4 571**	**303.4**	**145.7**	**150**	**298.7**	**716.3**	**367**	**334.0**	**1019.3**	**296**	**296.4**	**1110.5**	**447**
～ 19歳	－	－	－	－	－	－	－	－	－	－	－	－	－	－	－
20 ～ 24	227.7	669.2	218	218.2	6.0	36	240.2	784.4	120	209.8	833.7	57	202.1	854.0	5
25 ～ 29	244.4	806.9	272	261.4	20.7	26	260.0	304.5	35	238.9	676.4	38	239.9	1057.9	173
30 ～ 34	280.5	685.9	333	400.0	14.8	28	210.4	110.9	46	308.1	589.6	45	268.6	926.6	80
35 ～ 39	357.7	1200.3	572	272.8	5.0	30	340.8	690.8	56	399.5	1053.7	77	366.2	1227.7	57
40 ～ 44	393.0	1551.6	658	336.1	0.0	2	315.6	879.7	24	485.9	1684.5	18	359.2	1215.0	67
45 ～ 49	435.6	1840.5	1 303	327.2	5.6	6	382.8	739.3	24	425.8	1539.3	47	276.9	1113.9	20
50 ～ 54	506.1	2250.7	764	－	－	－	－	－	－	317.3	0.0	2	363.2	1223.9	9
55 ～ 59	538.0	1868.7	364	465.9	491.0	9	549.6	1709.0	38	547.3	2898.2	4	423.7	1431.8	29
60 ～ 64	265.4	1082.8	70	228.6	1362.0	0	224.3	477.0	23	235.9	948.5	9	421.5	1774.5	5
65 ～ 69	338.1	1077.3	16	360.8	1308.0	12	266.4	0.0	1	－	－	－	250.0	500.0	3
70歳～	－	－	－	－	－	－	－	－	－	－	－	－	－	－	－

及び年間賞与その他特別給与額

通　信　業

区分	10～14年 所定内給与額	10～14年 年間賞与その他特別給与額	10～14年 労働者数	15～19年 所定内給与額	15～19年 年間賞与その他特別給与額	15～19年 労働者数	20～24年 所定内給与額	20～24年 年間賞与その他特別給与額	20～24年 労働者数	25～29年 所定内給与額	25～29年 年間賞与その他特別給与額	25～29年 労働者数	30年以上 所定内給与額	30年以上 年間賞与その他特別給与額	30年以上 労働者数
	千円	千円	十人	千円	千円	十人	千円	千円	十人	千円	千円	十人	千円	千円	十人
大学・大学院卒	**367.8**	**1396.0**	**2 300**	**384.7**	**1512.6**	**1 376**	**452.9**	**1852.9**	**649**	**508.7**	**2272.7**	**749**	**583.3**	**2604.3**	**387**
～19歳	-	-	-	-	-	-	-	-	-	-	-	-	-	-	-
20～24	-	-	-	-	-	-	-	-	-	-	-	-	-	-	-
25～29	-	-	-	-	-	-	-	-	-	-	-	-	-	-	-
30～34	322.6	1394.7	689	208.2	0.0	0	-	-	-	-	-	-	-	-	-
35～39	355.8	1253.2	873	358.4	1568.4	384	-	-	-	-	-	-	-	-	-
40～44	371.5	958.5	362	387.7	1489.2	763	419.6	1704.4	211	-	-	-	-	-	-
45～49	445.5	1367.9	199	385.5	1019.9	140	460.4	1780.1	358	462.7	2000.3	455	385.1	1580.5	1
50～54	504.2	998.1	77	415.9	1743.1	33	693.0	4181.5	45	595.0	2827.4	261	543.6	2722.4	196
55～59	523.9	4821.3	95	525.9	2680.9	53	473.9	1934.2	8	510.2	2011.9	26	670.2	2732.3	169
60～64	239.1	100.4	4	133.7	339.4	3	204.0	102.1	26	263.6	124.8	7	273.2	576.8	22
65～69	-	-	-	-	-	-	349.0	450.0	2	-	-	-	-	-	-
70歳～	-	-	-	-	-	-	-	-	-	-	-	-	-	-	-
企業規模1,000人以上															
男女計	**425.1**	**2126.4**	**7 753**	**453.0**	**2040.4**	**5 900**	**493.0**	**2154.8**	**3 695**	**520.4**	**2509.7**	**5 997**	**507.4**	**2090.6**	**5 150**
～19歳	-	-	-	-	-	-	-	-	-	-	-	-	-	-	-
20～24	-	-	-	-	-	-	-	-	-	-	-	-	-	-	-
25～29	275.7	1240.7	15	-	-	-	-	-	-	-	-	-	-	-	-
30～34	359.1	1513.1	1 964	283.7	1402.3	35	-	-	-	-	-	-	-	-	-
35～39	401.1	1818.7	2 883	416.6	1873.5	1 707	377.1	1228.7	48	-	-	-	-	-	-
40～44	433.3	1841.4	934	458.0	2062.5	3 111	461.0	1998.7	1 382	480.8	2377.6	200	-	-	-
45～49	522.2	2954.7	779	491.5	2368.7	626	505.2	2235.3	1 861	481.6	2383.9	3 415	458.6	1994.2	158
50～54	547.4	3787.7	936	549.0	2243.4	291	573.8	2661.0	290	589.2	2769.4	2 138	539.6	2364.7	2 358
55～59	474.5	3342.9	195	479.5	1978.2	118	629.0	2341.9	86	527.3	2239.5	218	571.4	2310.5	1 849
60～64	281.2	1102.7	24	237.6	477.9	12	200.6	215.8	27	209.2	968.4	26	267.3	758.0	716
65～69	312.1	405.9	23	-	-	-	-	-	-	-	-	-	253.6	930.7	65
70歳～	-	-	-	-	-	-	-	-	-	-	-	-	911.4	0.0	5
男															
学歴計	**448.4**	**2316.2**	**6 085**	**471.5**	**2161.6**	**4 878**	**511.2**	**2242.2**	**3 004**	**530.7**	**2585.8**	**5 111**	**509.9**	**2088.9**	**4 578**
～19歳	-	-	-	-	-	-	-	-	-	-	-	-	-	-	-
20～24	-	-	-	-	-	-	-	-	-	-	-	-	-	-	-
25～29	297.8	1377.0	12	-	-	-	-	-	-	-	-	-	-	-	-
30～34	382.7	1612.1	1 363	300.8	1463.5	27	-	-	-	-	-	-	-	-	-
35～39	411.0	1935.7	2 330	430.8	1945.6	1 387	453.8	1503.8	35	-	-	-	-	-	-
40～44	479.4	2175.7	689	474.5	2202.5	2 556	482.8	2110.0	1 116	504.4	2452.5	171	-	-	-
45～49	548.2	3257.1	650	517.3	2503.8	555	520.1	2323.5	1 503	496.2	2510.3	2 830	467.2	2050.2	144
50～54	557.8	3895.0	905	560.2	2290.2	272	550.0	2395.7	267	582.5	2736.5	1 925	547.9	2373.8	2 058
55～59	438.7	2088.0	92	528.7	2110.9	76	644.8	2381.5	80	562.4	2391.6	171	569.7	2307.6	1 652
60～64	305.9	1291.8	20	365.5	815.5	5	250.0	1779.1	3	269.6	983.3	13	271.2	777.9	659
65～69	312.1	405.9	23	-	-	-	-	-	-	-	-	-	258.2	959.7	61
70歳～	-	-	-	-	-	-	-	-	-	-	-	-	911.4	0.0	5
高校卒	**365.4**	**1494.6**	**313**	**421.1**	**1973.0**	**338**	**450.8**	**1966.5**	**250**	**494.3**	**2389.2**	**703**	**425.4**	**1683.5**	**1 974**
～19歳	-	-	-	-	-	-	-	-	-	-	-	-	-	-	-
20～24	-	-	-	-	-	-	-	-	-	-	-	-	-	-	-
25～29	297.8	1377.0	12	-	-	-	-	-	-	-	-	-	-	-	-
30～34	282.6	1130.7	36	300.8	1454.2	26	-	-	-	-	-	-	-	-	-
35～39	241.4	935.6	28	381.9	1441.5	124	453.8	1503.8	35	-	-	-	-	-	-
40～44	514.0	2356.9	41	457.9	1695.0	35	445.5	1999.3	130	504.4	2452.5	171	-	-	-
45～49	395.0	1592.0	63	454.7	2012.9	45	442.8	1913.9	62	494.1	2532.3	423	467.2	2050.2	144
50～54	395.2	1840.9	59	462.7	2806.8	102	463.8	2501.7	16	498.7	1700.1	76	514.2	2075.3	906
55～59	358.1	1505.7	42	577.2	2651.3	6	568.9	2871.7	7	439.6	1813.5	31	451.2	1851.3	434
60～64	248.3	602.2	8	532.3	1290.1	2	-	-	-	235.5	1264.5	1	230.1	726.0	443
65～69	312.1	405.9	23	-	-	-	-	-	-	-	-	-	181.9	475.0	45
70歳～	-	-	-	-	-	-	-	-	-	-	-	-	165.0	0.0	2
高専・短大卒	**350.8**	**1075.3**	**386**	**402.7**	**1706.9**	**560**	**430.6**	**1885.2**	**517**	**456.3**	**2053.1**	**1 311**	**519.6**	**1999.5**	**536**
～19歳	-	-	-	-	-	-	-	-	-	-	-	-	-	-	-
20～24	-	-	-	-	-	-	-	-	-	-	-	-	-	-	-
25～29	-	-	-	-	-	-	-	-	-	-	-	-	-	-	-
30～34	277.5	911.9	133	297.3	1958.6	1	-	-	-	-	-	-	-	-	-
35～39	304.0	866.7	94	376.4	1607.8	258	-	-	-	-	-	-	-	-	-
40～44	380.1	1060.0	113	361.4	1471.8	143	422.5	1915.3	291	-	-	-	-	-	-
45～49	734.1	2926.9	20	443.2	1856.0	95	384.4	1663.4	162	443.4	1918.3	928	-	-	-
50～54	577.2	2418.4	4	530.7	2116.4	36	551.3	2230.6	53	494.1	2424.1	365	514.5	2100.2	296
55～59	451.5	1101.0	23	558.7	2821.7	27	743.6	2696.6	11	364.5	1520.6	18	565.4	1945.5	206
60～64	-	-	-	569.4	1523.5	1	-	-	-	219.6	698.6	1	277.7	1455.9	33
65～69	-	-	-	-	-	-	-	-	-	-	-	-	381.6	0.0	1
70歳～	-	-	-	-	-	-	-	-	-	-	-	-	-	-	-

第2表　年齢階級、勤続年数階級別所定内給与額

企業規模	1,000人以上

G　情　報

区分	勤続年数計			0　年			1～2年			3～4年			5～9年		
	所定内給与額	年間賞与その他特別給与額	労働者数	所定内給与額	年間賞与その他特別給与額	労働者数	所定内給与額	年間賞与その他特別給与額	労働者数	所定内給与額	年間賞与その他特別給与額	労働者数	所定内給与額	年間賞与その他特別給与額	労働者数
	千円	千円	十人	千円	千円	十人	千円	千円	十人	千円	千円	十人	千円	千円	十人
大学・大学院卒	**448.4**	**1944.4**	**28 369**	**368.7**	**210.9**	**1 653**	**327.0**	**966.8**	**2 849**	**336.9**	**1276.0**	**2 175**	**375.9**	**1597.2**	**4 938**
～ 19歳	-	-	-	-	-	-	-	-	-	-	-	-	-	-	-
20 ～ 24	259.4	412.4	1 121	241.4	20.7	436	270.8	661.5	685	-	-	-	-	-	-
25 ～ 29	306.0	1011.3	3 833	281.9	71.0	415	290.6	901.8	1 028	311.5	1167.3	1 446	324.9	1304.7	944
30 ～ 34	373.0	1541.4	4 669	402.0	409.6	208	334.9	565.6	323	322.7	1135.3	211	368.5	1703.0	2 733
35 ～ 39	420.0	1783.8	4 631	463.1	163.8	248	403.7	1433.6	348	384.5	1576.8	343	380.5	1405.1	480
40 ～ 44	487.4	2149.0	4 507	555.5	10.8	134	453.1	1934.7	172	451.1	1516.7	91	463.9	2046.0	507
45 ～ 49	536.0	2631.2	4 044	626.1	9.2	100	360.1	797.9	31	466.3	1254.4	30	436.1	978.2	143
50 ～ 54	591.1	3030.5	3 653	427.7	1586.3	29	553.5	2672.7	60	253.3	855.1	2	526.0	1565.3	47
55 ～ 59	602.7	2477.0	1 435	459.9	1465.9	42	572.1	2497.8	46	620.5	3319.8	20	428.2	1095.9	62
60 ～ 64	371.5	827.2	452	482.3	1822.5	41	322.1	384.2	154	443.1	2076.9	30	519.2	274.7	19
65 ～ 69	459.0	1904.0	21	-	-	-	196.5	77.7	1	499.4	67.9	1	418.3	771.1	3
70歳～	1284.6	0.0	3	-	-	-	-	-	-	-	-	-	-	-	-
女															
学歴計	**326.8**	**1120.2**	**10 911**	**250.4**	**57.6**	**888**	**260.8**	**505.2**	**1 872**	**256.5**	**745.0**	**1 362**	**303.7**	**1056.0**	**1 950**
～ 19歳	183.3	76.9	4	180.8	38.5	3	187.0	132.3	2	-	-	-	-	-	-
20 ～ 24	250.1	367.3	913	236.3	17.0	354	262.2	586.2	521	218.9	653.6	29	199.5	554.5	9
25 ～ 29	276.8	890.4	1 937	232.7	23.8	174	263.9	702.0	545	274.4	1017.9	630	305.1	1187.7	585
30 ～ 34	293.1	954.0	1 904	293.6	195.3	125	275.4	426.3	240	259.2	612.4	250	301.4	1106.4	680
35 ～ 39	319.8	1058.6	1 447	260.3	17.6	115	238.3	417.8	136	248.9	593.6	156	306.3	918.3	153
40 ～ 44	339.0	1118.6	1 717	297.6	68.8	83	300.3	310.9	165	229.1	446.4	138	345.5	1399.9	236
45 ～ 49	368.2	1374.2	1 558	198.8	44.4	18	237.4	217.7	129	224.2	340.9	56	264.7	479.4	201
50 ～ 54	480.0	2115.2	736	181.4	274.7	9	199.4	81.9	47	206.0	243.1	56	341.9	323.5	39
55 ～ 59	454.3	2189.1	510	132.9	50.4	2	234.9	224.4	53	208.9	45.9	25	236.0	546.3	35
60 ～ 64	213.0	426.9	179	173.0	1048.9	5	204.0	104.1	36	253.8	590.3	22	313.0	764.8	12
65 ～ 69	183.1	493.4	4	-	-	-	-	-	-	-	-	-	-	-	-
70歳～	200.0	0.0	1	-	-	-	-	-	-	-	-	-	200.0	0.0	1
高校卒	**238.2**	**526.5**	**1 686**	**197.2**	**85.7**	**119**	**214.1**	**186.3**	**280**	**211.1**	**291.8**	**299**	**224.8**	**432.0**	**315**
～ 19歳	183.3	76.9	4	180.8	38.5	3	187.0	132.3	2	-	-	-	-	-	-
20 ～ 24	191.2	223.1	60	213.9	2.6	13	178.9	152.1	34	207.3	597.5	7	193.4	615.2	7
25 ～ 29	189.7	249.1	133	189.2	18.3	40	198.4	66.5	15	196.5	158.9	33	182.1	568.9	42
30 ～ 34	213.2	407.1	216	189.5	17.8	13	211.1	241.0	50	198.8	131.9	51	220.3	461.3	45
35 ～ 39	229.5	440.6	256	196.5	38.3	17	206.5	197.8	31	213.8	219.9	35	253.2	891.3	32
40 ～ 44	248.5	590.1	276	241.3	24.0	17	225.3	228.9	37	217.9	547.0	75	248.1	516.8	26
45 ～ 49	244.1	531.9	322	190.3	62.3	5	240.2	152.4	34	212.6	252.2	42	222.9	162.3	110
50 ～ 54	290.9	890.4	146	159.5	365.9	6	174.3	95.3	13	216.0	307.4	26	192.6	241.3	18
55 ～ 59	278.7	775.8	174	126.0	47.5	2	243.5	246.5	37	213.0	27.0	23	249.2	637.8	25
60 ～ 64	216.1	419.9	92	175.8	1136.3	5	213.7	132.3	27	261.1	512.3	6	319.8	741.3	10
65 ～ 69	183.1	493.4	4	-	-	-	-	-	-	-	-	-	-	-	-
70歳～	200.0	0.0	1	-	-	-	-	-	-	-	-	-	200.0	0.0	1
高専・短大卒	**289.4**	**920.8**	**1 910**	**216.5**	**71.7**	**114**	**232.3**	**270.5**	**329**	**229.9**	**487.8**	**202**	**246.7**	**633.2**	**203**
～ 19歳	-	-	-	-	-	-	-	-	-	-	-	-	-	-	-
20 ～ 24	212.4	310.0	87	178.8	37.3	26	229.0	276.9	37	222.2	669.6	23	225.0	300.0	2
25 ～ 29	210.0	420.9	154	205.9	3.3	25	184.9	121.7	51	225.7	552.2	33	229.1	891.3	45
30 ～ 34	243.0	583.7	278	212.2	50.2	8	221.4	462.8	50	200.4	174.3	18	271.3	673.0	62
35 ～ 39	269.5	845.4	277	227.3	73.3	14	242.9	415.1	48	238.9	525.8	52	209.8	263.4	14
40 ～ 44	283.5	802.4	421	250.9	140.6	35	258.2	145.1	68	241.4	433.9	34	250.3	479.0	46
45 ～ 49	327.5	1314.2	418	167.7	201.7	2	248.6	259.3	62	267.8	662.8	12	240.0	636.0	26
50 ～ 54	429.5	1526.0	155	236.0	88.9	3	223.2	102.4	9	173.3	98.6	12	262.9	619.4	2
55 ～ 59	361.5	1483.5	78	161.4	74.0	0	197.7	641.7	4	153.3	302.6	2	183.0	148.6	4
60 ～ 64	205.3	739.8	41	140.3	0.0	0	222.8	243.8	1	251.0	620.0	16	267.4	922.0	2
65 ～ 69	-	-	-	-	-	-	-	-	-	-	-	-	-	-	-
70歳～	-	-	-	-	-	-	-	-	-	-	-	-	-	-	-
大学・大学院卒	**357.4**	**1311.1**	**7 299**	**266.0**	**50.1**	**655**	**279.0**	**639.6**	**1 254**	**278.7**	**964.9**	**859**	**329.4**	**1254.7**	**1 427**
～ 19歳	-	-	-	-	-	-	-	-	-	-	-	-	-	-	-
20 ～ 24	259.0	385.2	766	241.8	16.0	316	271.1	644.0	450	-	-	-	-	-	-
25 ～ 29	290.7	990.7	1 635	254.6	30.4	110	275.5	794.2	469	281.9	1096.9	563	323.3	1270.1	492
30 ～ 34	315.4	1112.2	1 408	313.2	229.1	104	317.8	479.3	140	282.9	797.1	179	311.0	1204.8	572
35 ～ 39	360.5	1296.8	913	278.8	4.0	84	251.6	540.0	57	274.1	833.5	69	334.2	1008.4	108
40 ～ 44	386.5	1392.6	1 019	381.1	10.5	31	395.1	551.6	60	243.5	204.8	30	387.8	1799.8	164
45 ～ 49	438.2	1738.1	817	210.1	0.0	10	213.0	206.4	33	174.8	263.1	0	344.5	946.3	66
50 ～ 54	561.1	2733.2	436	166.6	0.0	0	204.1	68.3	26	213.5	246.1	18	495.5	371.8	19
55 ～ 59	600.3	3352.0	258	156.2	49.0	0	219.9	27.7	12	-	-	-	215.5	425.7	6
60 ～ 64	213.6	168.1	47	-	-	-	170.0	0.0	8	-	-	-	-	-	-
65 ～ 69	-	-	-	-	-	-	-	-	-	-	-	-	-	-	-
70歳～	-	-	-	-	-	-	-	-	-	-	-	-	-	-	-

及び年間賞与その他特別給与額

通　信　業

10～14年			15～19年			20～24年			25～29年			30年以上			区分
所定内給与額	年間賞与その他特別給与額	労働者数	所定内給与額	年間賞与その他特別給与額	労働者数	所定内給与額	年間賞与その他特別給与額	労働者数	所定内給与額	年間賞与その他特別給与額	労働者数	所定内給与額	年間賞与その他特別給与額	労働者数	
千円	千円	十人	千円	千円	十人	千円	千円	十人	千円	千円	十人	千円	千円	十人	
460.3	**2454.2**	**5 382**	**485.6**	**2242.3**	**3 976**	**536.6**	**2355.6**	**2 237**	**570.4**	**2856.0**	**3 097**	**589.0**	**2500.3**	**2 063**	**大学・大学院卒**
－	－	－	－	－	－	－	－	－	－	－	－	－	－	－	～19歳
－	－	－	－	－	－	－	－	－	－	－	－	－	－	－	20～24
－	－	－	－	－	－	－	－	－	－	－	－	－	－	－	25～29
397.5	1704.7	1 194	－	－	－	－	－	－	－	－	－	－	－	－	30～34
417.7	1994.0	2 208	450.8	2094.4	1 005	－	－	－	－	－	－	－	－	－	35～39
499.1	2409.6	532	481.7	2254.7	2 377	515.0	2212.5	695	－	－	－	－	－	－	40～44
558.5	3453.1	567	541.6	2708.3	414	541.1	2427.1	1 279	530.0	2875.3	1 479	－	－	－	45～49
569.4	4048.1	841	642.0	1945.7	134	556.3	2431.1	199	608.5	2866.1	1 485	595.1	2784.8	855	50～54
551.2	3790.8	27	503.6	1594.3	43	635.9	2265.3	62	623.4	2669.9	122	621.5	2577.6	1 011	55～59
339.7	1695.9	13	251.8	471.6	3	250.0	1779.1	3	275.2	968.2	11	373.1	746.0	179	60～64
－	－	－	－	－	－	－	－	－	－	－	－	483.0	2445.7	15	65～69
－	－	－	－	－	－	－	－	－	－	－	－	1284.6	0.0	3	70歳～
															女
340.3	**1434.3**	**1 668**	**364.8**	**1461.8**	**1 022**	**413.9**	**1774.5**	**691**	**461.4**	**2071.0**	**886**	**487.5**	**2103.8**	**572**	**学歴計**
－	－	－	－	－	－	－	－	－	－	－	－	－	－	－	～19歳
－	－	－	－	－	－	－	－	－	－	－	－	－	－	－	20～24
187.1	695.4	3	－	－	－	－	－	－	－	－	－	－	－	－	25～29
305.6	1288.7	601	229.8	1208.5	9	－	－	－	－	－	－	－	－	－	30～34
359.1	1325.4	553	354.9	1561.1	320	182.1	528.9	14	－	－	－	－	－	－	35～39
304.1	904.3	246	382.1	1418.4	555	369.4	1531.5	266	337.3	1922.5	28	－	－	－	40～44
390.6	1423.0	128	289.8	1310.7	71	442.6	1864.6	357	410.7	1772.3	585	367.0	1396.6	14	45～49
240.3	619.7	31	388.3	1570.5	19	846.6	5698.0	23	650.1	3067.0	213	482.9	2302.1	301	50～54
506.3	4456.1	103	390.6	1738.4	42	418.7	1813.0	6	400.4	1689.5	47	585.3	2334.6	198	55～59
142.9	45.6	4	143.2	228.4	7	195.5	56.9	25	151.1	954.1	13	221.2	526.6	57	60～64
－	－	－	－	－	－	－	－	－	－	－	－	183.1	493.4	4	65～69
－	－	－	－	－	－	－	－	－	－	－	－	－	－	－	70歳～
234.2	**391.3**	**221**	**258.0**	**887.1**	**143**	**248.1**	**911.8**	**48**	**312.1**	**1485.1**	**104**	**326.0**	**1210.5**	**157**	**高校卒**
－	－	－	－	－	－	－	－	－	－	－	－	－	－	－	～19歳
－	－	－	－	－	－	－	－	－	－	－	－	－	－	－	20～24
187.1	695.4	3	－	－	－	－	－	－	－	－	－	－	－	－	25～29
227.1	773.2	49	229.8	1208.5	9	－	－	－	－	－	－	－	－	－	30～34
224.0	165.5	67	263.7	850.2	61	182.1	528.9	14	－	－	－	－	－	－	35～39
234.3	81.3	48	279.6	882.3	33	281.3	954.4	13	337.3	1922.5	28	－	－	－	40～44
203.1	109.7	23	240.5	1026.5	20	278.8	1225.7	17	294.5	1308.5	57	367.0	1396.6	14	45～49
223.6	555.5	15	293.4	1228.5	7	397.9	2102.0	1	496.8	2565.7	4	400.6	1530.8	57	50～54
365.6	1299.6	16	216.7	572.7	11	222.5	602.5	1	297.6	1160.2	15	343.9	1453.1	44	55～59
114.0	269.6	0	165.5	152.3	3	157.2	137.0	2	168.2	188.7	1	196.8	472.6	39	60～64
－	－	－	－	－	－	－	－	－	－	－	－	183.1	493.4	4	65～69
－	－	－	－	－	－	－	－	－	－	－	－	－	－	－	70歳～
247.1	**697.1**	**250**	**314.7**	**1370.8**	**193**	**330.8**	**1417.3**	**266**	**398.8**	**1693.3**	**229**	**429.7**	**1860.6**	**124**	**高専・短大卒**
－	－	－	－	－	－	－	－	－	－	－	－	－	－	－	～19歳
－	－	－	－	－	－	－	－	－	－	－	－	－	－	－	20～24
－	－	－	－	－	－	－	－	－	－	－	－	－	－	－	25～29
245.7	673.3	139	－	－	－	－	－	－	－	－	－	－	－	－	30～34
255.8	871.7	63	329.2	1478.7	86	－	－	－	－	－	－	－	－	－	35～39
255.0	611.6	21	315.7	1234.2	67	311.8	1273.5	150	－	－	－	－	－	－	40～44
262.6	806.5	8	300.6	1631.5	29	354.5	1589.7	113	367.0	1660.1	165	－	－	－	45～49
234.0	443.2	9	275.2	1069.4	3	411.5	2357.0	3	671.1	2256.6	37	417.7	1744.9	78	50～54
222.5	381.0	7	223.7	507.5	6	－	－	－	279.6	1205.2	15	478.5	2186.3	41	55～59
144.6	32.5	3	113.4	78.6	1	176.0	377.6	0	150.3	1033.8	12	235.0	1083.7	5	60～64
－	－	－	－	－	－	－	－	－	－	－	－	－	－	－	65～69
－	－	－	－	－	－	－	－	－	－	－	－	－	－	－	70歳～
379.4	**1781.2**	**1 197**	**401.1**	**1607.3**	**686**	**493.3**	**2135.1**	**378**	**515.6**	**2338.2**	**553**	**599.2**	**2688.7**	**291**	**大学・大学院卒**
－	－	－	－	－	－	－	－	－	－	－	－	－	－	－	～19歳
－	－	－	－	－	－	－	－	－	－	－	－	－	－	－	20～24
－	－	－	－	－	－	－	－	－	－	－	－	－	－	－	25～29
335.2	1557.1	413	－	－	－	－	－	－	－	－	－	－	－	－	30～34
396.0	1577.2	423	399.8	1852.8	173	－	－	－	－	－	－	－	－	－	35～39
328.6	1159.6	177	399.4	1484.6	455	464.2	1979.8	103	－	－	－	－	－	－	40～44
446.6	1792.2	97	321.6	1141.8	21	498.8	2049.7	227	448.9	1896.0	363	－	－	－	45～49
286.3	1011.9	7	494.4	1983.2	9	919.3	6262.0	20	648.8	3250.4	172	541.6	2827.7	166	50～54
558.0	5421.1	81	511.2	2576.5	25	473.3	2149.8	5	590.7	2552.0	18	718.2	2732.8	113	55～59
－	－	－	133.7	339.4	3	198.7	46.6	23	112.7	0.0	0	290.3	453.1	13	60～64
－	－	－	－	－	－	－	－	－	－	－	－	－	－	－	65～69
－	－	－	－	－	－	－	－	－	－	－	－	－	－	－	70歳～

第2表　年齢階級、勤続年数階級別所定内給与額

企業規模	100～999人

G　情　報

区　分	勤続年数計			0　年			1～2年			3～4年			5～9年		
	所定内給与額	年間賞与その他特別給与額	労働者数	所定内給与額	年間賞与その他特別給与額	労働者数	所定内給与額	年間賞与その他特別給与額	労働者数	所定内給与額	年間賞与その他特別給与額	労働者数	所定内給与額	年間賞与その他特別給与額	労働者数
	千円	千円	十人	千円	千円	十人	千円	千円	十人	千円	千円	十人	千円	千円	十人
企業規模 100～999人															
男女計	359.3	1062.9	40 935	296.8	43.1	3 449	303.9	599.8	6 929	331.3	811.4	4 927	338.5	1044.6	8 465
～19歳	168.3	154.6	76	167.4	0.6	40	169.8	376.8	31	166.0	0.0	5	-	-	-
20～24	226.0	292.5	3 642	221.0	17.4	1 574	230.8	484.0	1 908	220.7	742.7	144	191.2	483.9	15
25～29	255.2	659.5	6 231	267.3	48.9	580	247.8	476.9	1 887	252.8	768.4	2 207	264.4	958.3	1 518
30～34	307.7	865.1	6 979	318.9	108.7	401	333.6	609.3	1 052	324.6	649.1	810	294.7	997.3	3 043
35～39	350.6	1056.7	6 501	361.4	35.7	352	342.2	804.4	749	336.4	620.5	449	368.3	1010.0	1 323
40～44	419.4	1254.5	6 335	335.1	142.8	125	410.2	611.3	583	506.4	898.6	551	388.5	1050.6	1 021
45～49	465.8	1565.1	4 894	490.8	5.9	68	531.2	871.6	329	484.0	1228.1	379	472.4	1437.8	709
50～54	494.2	1574.9	3 526	707.5	26.4	179	456.9	977.6	190	560.3	1459.3	188	451.3	1074.8	438
55～59	483.1	1913.9	1 903	588.8	105.6	55	499.2	1579.4	110	362.8	850.7	55	411.2	1347.7	236
60～64	306.3	800.5	721	320.6	121.3	65	349.6	983.5	76	303.3	942.2	91	320.0	873.0	141
65～69	269.6	286.8	125	398.1	0.0	11	207.9	1.2	14	260.6	481.2	48	285.8	247.1	20
70歳～	212.2	107.9	3	-	-	-	-	-	-	-	-	-	150.2	0.0	1
男															
学歴計	376.2	1155.0	31 529	327.3	49.6	2 259	313.7	681.6	4 851	349.3	889.5	3 513	348.0	1089.0	6 641
～19歳	169.9	178.5	60	169.9	0.8	33	169.9	390.7	28	-	-	-	-	-	-
20～24	228.4	316.1	2 465	221.4	18.2	970	234.0	496.1	1 389	223.6	718.9	96	190.6	357.6	10
25～29	259.6	691.9	4 404	278.9	61.5	365	254.0	502.8	1 290	254.3	791.3	1 675	268.6	979.8	1 062
30～34	313.9	918.0	5 199	350.3	110.2	254	345.1	732.9	644	362.8	691.7	513	293.4	1013.7	2 472
35～39	362.6	1128.7	5 141	396.0	35.3	269	362.0	1002.4	557	363.5	687.8	278	378.4	1039.9	1 032
40～44	435.8	1337.1	5 059	371.6	198.8	82	440.2	802.8	397	518.4	978.5	374	410.3	1081.8	832
45～49	484.0	1679.1	3 875	593.8	2.8	46	516.4	924.0	202	608.4	1682.2	234	494.1	1625.6	548
50～54	514.9	1663.5	2 929	928.8	39.0	116	503.1	1112.0	160	600.9	1637.9	167	480.6	1222.3	342
55～59	501.7	1991.0	1 651	601.0	103.3	54	530.5	1726.4	100	412.9	1050.2	42	422.2	1390.4	199
60～64	317.5	855.0	634	331.9	130.4	60	357.4	1018.0	72	302.8	947.4	91	339.7	954.3	125
65～69	275.2	296.2	109	398.1	0.0	11	207.9	1.2	14	264.3	503.3	45	289.6	244.8	19
70歳～	212.2	107.9	3	-	-	-	-	-	-	-	-	-	150.2	0.0	1
高校卒	364.4	918.2	3 208	322.6	70.8	315	289.3	391.3	373	380.8	597.0	295	363.4	728.3	707
～19歳	169.9	178.5	60	169.9	0.8	33	169.9	390.7	28	-	-	-	-	-	-
20～24	203.2	296.8	152	217.1	3.4	51	194.8	397.8	64	201.4	594.9	26	190.6	357.6	10
25～29	266.0	410.2	204	316.2	228.6	64	232.1	364.1	55	241.1	246.4	20	257.0	640.2	55
30～34	313.7	635.7	325	155.8	8.9	11	400.3	65.8	98	233.2	595.0	23	297.6	1029.1	115
35～39	349.1	695.5	548	289.8	1.3	63	243.7	493.0	32	395.5	836.6	60	380.4	533.2	190
40～44	405.1	1044.5	544	380.0	119.0	14	332.4	720.1	57	464.5	1106.9	59	538.1	490.7	104
45～49	419.3	1292.4	541	180.8	0.0	1	226.9	466.4	1	552.7	181.6	57	351.5	973.3	112
50～54	446.0	1080.4	435	518.9	3.2	63	283.2	559.4	6	354.9	222.0	21	391.2	976.7	55
55～59	428.4	1679.3	221	625.7	1117.1	5	421.1	1114.3	11	238.1	794.5	5	293.8	806.8	19
60～64	248.7	692.9	154	351.0	0.0	10	256.7	553.4	19	235.3	340.3	21	242.7	768.8	33
65～69	265.4	117.3	22	-	-	-	239.5	5.3	3	232.0	88.0	3	291.2	116.2	13
70歳～	211.3	240.8	1	-	-	-	-	-	-	-	-	-	150.2	0.0	1
高専・短大卒	349.8	1060.7	5 627	275.6	64.6	287	290.7	470.8	639	272.7	669.4	511	316.0	1069.9	1 136
～19歳	-	-	-	-	-	-	-	-	-	-	-	-	-	-	-
20～24	211.6	351.8	429	203.3	12.1	121	212.8	437.0	244	222.7	664.9	64	-	-	-
25～29	239.4	661.8	531	221.9	0.3	44	253.3	403.2	88	220.0	683.8	206	257.9	908.3	192
30～34	293.1	723.4	743	360.0	119.4	51	310.9	320.9	82	302.1	333.7	59	272.0	838.5	303
35～39	319.6	1024.6	701	247.7	20.9	19	340.4	715.5	99	276.6	535.1	39	337.6	1160.6	181
40～44	361.1	1107.1	821	322.6	253.2	18	375.2	403.1	59	347.3	601.6	37	331.8	1118.1	163
45～49	409.7	1389.4	1 192	700.1	0.0	10	339.5	185.6	24	391.9	1312.0	40	357.3	1418.9	140
50～54	446.9	1434.5	838	375.5	0.7	7	561.2	1037.6	32	441.5	860.8	21	397.4	1425.2	99
55～59	428.7	1368.3	268	571.5	0.0	2	409.4	0.0	10	312.1	513.6	14	411.8	1003.3	35
60～64	356.7	860.4	85	335.4	379.6	16	203.5	256.1	2	338.6	858.4	21	378.8	961.2	17
65～69	210.3	145.1	18	-	-	-	-	-	-	189.9	0.0	10	260.5	444.4	5
70歳～	-	-	-	-	-	-	-	-	-	-	-	-	-	-	-
大学・大学院卒	384.6	1213.7	22 629	338.2	43.2	1 648	320.1	745.8	3 833	360.0	966.1	2 698	353.4	1146.6	4 793
～19歳	-	-	-	-	-	-	-	-	-	-	-	-	-	-	-
20～24	234.3	309.5	1 884	224.4	20.1	798	241.1	515.3	1 080	349.3	2041.1	5	-	-	-
25～29	262.4	713.2	3 662	282.9	31.6	251	255.1	517.0	1 148	259.4	814.1	1 449	271.9	1019.7	815
30～34	317.8	976.5	4 125	361.0	114.7	190	340.5	952.0	461	377.9	745.7	431	296.3	1038.7	2 053
35～39	372.3	1208.6	3 889	446.9	48.3	187	375.9	1107.2	426	372.1	672.6	179	389.3	1151.9	657
40～44	457.0	1431.9	3 692	386.7	202.4	50	477.0	907.3	280	552.9	1001.9	278	409.5	1179.9	565
45～49	542.7	1947.8	2 128	577.4	3.7	35	541.2	1024.5	177	707.8	2571.4	129	612.6	1970.0	296
50～54	569.8	1945.5	1 644	1565.2	93.1	46	499.0	1159.9	121	670.1	2012.6	124	551.8	1190.4	186
55～59	533.1	2194.6	1 151	599.6	1.7	47	561.4	2033.3	79	518.4	1453.6	23	441.9	1562.0	144
60～64	337.7	938.3	385	324.6	51.7	34	402.1	1224.1	51	316.8	1251.9	48	375.9	1034.9	74
65～69	296.0	394.5	69	398.1	0.0	11	198.4	0.0	10	288.6	682.3	33	345.0	612.5	2
70歳～	213.0	0.0	2	-	-	-	-	-	-	-	-	-	-	-	-

及び年間賞与その他特別給与額

通　信　業

10～14年			15～19年			20～24年			25～29年			30年以上			区　分
所定内給与額	年間賞与その他特別給与額	労働者数	所定内給与額	年間賞与その他特別給与額	労働者数	所定内給与額	年間賞与その他特別給与額	労働者数	所定内給与額	年間賞与その他特別給与額	労働者数	所定内給与額	年間賞与その他特別給与額	労働者数	
千円	千円	十人	千円	千円	十人	千円	千円	十人	千円	千円	十人	千円	千円	十人	
															企業規模 100～999人
380.1	1172.3	6 005	403.7	1572.9	4 043	422.6	1708.9	2 419	455.0	1867.0	2 755	457.1	1897.1	1 944	**男女計**
–	–	–	–	–	–	–	–	–	–	–	–	–	–	–	～19歳
–	–	–	–	–	–	–	–	–	–	–	–	–	–	–	20～24
215.7	800.4	38	–	–	–	–	–	–	–	–	–	–	–	–	25～29
304.3	1071.2	1 665	233.1	1040.3	8	–	–	–	–	–	–	–	–	–	30～34
345.0	1188.4	2 237	350.1	1428.3	1 356	318.6	1253.1	36	–	–	–	–	–	–	35～39
488.3	1208.1	1 082	395.0	1565.6	1 824	394.7	1606.6	1 045	371.6	1576.2	104	–	–	–	40～44
470.3	1348.3	534	522.9	1706.6	445	455.2	1778.2	910	430.6	1832.2	1 470	444.1	1920.2	50	45～49
502.6	1046.8	304	500.1	1982.1	282	461.3	1937.3	248	497.8	1909.3	972	461.1	1935.5	725	50～54
453.2	1728.8	117	499.6	2056.9	108	399.1	1823.8	166	495.0	2292.2	183	516.8	2236.7	871	55～59
421.1	781.8	23	380.5	965.5	17	276.3	563.4	11	281.5	393.0	25	273.8	865.3	271	60～64
198.8	253.2	5	220.8	390.0	3	151.1	750.0	2	–	–	–	285.7	165.3	23	65～69
–	–	–	–	–	–	–	–	–	–	–	–	225.2	130.4	2	70歳～
															男
391.6	1218.7	4 927	414.0	1607.8	3 363	439.8	1789.7	1 981	470.9	1916.3	2 275	464.1	1934.7	1 720	**学歴計**
–	–	–	–	–	–	–	–	–	–	–	–	–	–	–	～19歳
–	–	–	–	–	–	–	–	–	–	–	–	–	–	–	20～24
234.7	834.6	11	–	–	–	–	–	–	–	–	–	–	–	–	25～29
311.2	1072.7	1 316	273.8	1217.4	1	–	–	–	–	–	–	–	–	–	30～34
351.1	1244.2	1 880	359.5	1452.7	1 099	353.2	1330.4	27	–	–	–	–	–	–	35～39
513.0	1275.7	927	402.4	1598.3	1 527	409.1	1679.2	829	384.4	1622.9	91	–	–	–	40～44
475.4	1407.2	440	534.4	1795.8	392	465.9	1831.9	790	444.5	1846.4	1 179	456.9	1985.8	45	45～49
504.3	1075.3	231	498.0	1878.3	237	459.0	1856.0	216	514.4	1980.2	819	468.7	1999.6	642	50～54
476.5	1830.8	96	533.2	2242.8	91	470.5	2305.3	116	513.0	2429.0	166	517.7	2207.5	788	55～59
433.5	823.4	22	409.9	1075.7	14	304.1	865.9	4	289.8	495.9	20	280.3	923.3	227	60～64
200.1	245.8	5	252.7	60.0	2	–	–	–	–	–	–	289.2	259.6	15	65～69
–	–	–	–	–	–	–	–	–	–	–	–	225.2	130.4	2	70歳～
358.7	843.9	442	343.2	1265.9	156	400.9	1369.9	209	412.3	1679.4	328	415.2	1769.9	384	**高校卒**
–	–	–	–	–	–	–	–	–	–	–	–	–	–	–	～19歳
–	–	–	–	–	–	–	–	–	–	–	–	–	–	–	20～24
234.7	834.6	11	–	–	–	–	–	–	–	–	–	–	–	–	25～29
274.6	861.2	77	273.8	1217.4	1	–	–	–	–	–	–	–	–	–	30～34
351.7	807.8	106	318.5	1311.5	72	359.3	1352.1	25	–	–	–	–	–	–	35～39
335.7	977.4	99	347.1	1010.6	26	376.1	1495.8	107	387.8	1614.8	79	–	–	–	40～44
395.6	1181.4	61	393.7	1555.9	22	441.2	1192.6	49	416.3	1680.5	195	464.5	2028.9	43	45～49
497.5	516.1	71	350.9	1269.9	27	470.4	1156.1	25	452.6	1938.1	42	441.1	1823.1	123	50～54
282.8	367.5	16	423.3	1034.0	5	380.0	1852.9	2	380.3	1304.2	10	467.0	2076.3	147	55～59
181.5	506.5	0	354.1	313.2	2	–	–	–	257.2	256.3	2	235.8	929.2	68	60～64
206.8	0.0	0	–	–	–	–	–	–	–	–	–	214.8	269.9	3	65～69
–	–	–	–	–	–	–	–	–	–	–	–	249.5	391.3	1	70歳～
366.4	1079.3	796	394.4	1222.8	573	393.1	1470.8	480	412.7	1467.3	829	416.6	1621.1	377	**高専・短大卒**
–	–	–	–	–	–	–	–	–	–	–	–	–	–	–	～19歳
–	–	–	–	–	–	–	–	–	–	–	–	–	–	–	20～24
–	–	–	–	–	–	–	–	–	–	–	–	–	–	–	25～29
297.3	930.8	249	–	–	–	–	–	–	–	–	–	–	–	–	30～34
304.8	1134.6	167	320.9	1154.3	195	250.2	967.9	2	–	–	–	–	–	–	35～39
399.1	1180.5	157	374.1	1103.7	161	348.6	1385.4	225	277.3	1166.1	2	–	–	–	40～44
461.1	1063.2	158	419.0	1305.2	91	415.5	1488.5	159	404.5	1540.3	568	293.1	1061.9	2	45～49
509.8	1400.3	57	535.1	1595.7	94	462.8	1716.1	64	435.5	1286.8	229	411.3	1598.2	235	50～54
370.3	1194.5	3	481.6	733.0	20	480.1	1559.2	28	393.2	1473.0	28	435.1	1734.5	127	55～59
214.6	166.2	3	453.4	1400.0	10	312.5	1126.9	3	622.2	1688.5	1	353.6	1044.3	12	60～64
142.9	197.1	2	252.7	60.0	2	–	–	–	–	–	–	265.0	224.3	1	65～69
–	–	–	–	–	–	–	–	–	–	–	–	–	–	–	70歳～
401.4	1297.3	3 679	422.4	1711.8	2 634	463.4	1975.9	1 292	534.4	2342.7	1 103	502.8	2124.1	948	**大学・大学院卒**
–	–	–	–	–	–	–	–	–	–	–	–	–	–	–	～19歳
–	–	–	–	–	–	–	–	–	–	–	–	–	–	–	20～24
–	–	–	–	–	–	–	–	–	–	–	–	–	–	–	25～29
317.5	1124.8	990	–	–	–	–	–	–	–	–	–	–	–	–	30～34
355.8	1284.2	1 607	372.2	1534.9	832	–	–	–	–	–	–	–	–	–	35～39
565.7	1341.8	671	406.9	1669.3	1 340	443.5	1851.1	498	374.5	1743.4	11	–	–	–	40～44
508.0	1717.9	220	583.2	1975.3	279	481.7	1979.6	582	515.6	2358.6	410	–	–	–	45～49
536.7	1423.7	92	502.6	2251.3	116	454.9	2066.6	127	552.3	2274.6	546	528.1	2407.2	284	50～54
519.7	2151.3	78	558.5	2817.0	65	469.9	2566.1	85	550.5	2733.3	127	554.3	2366.1	504	55～59
471.9	929.6	18	272.6	327.9	2	276.5	0.0	1	264.1	896.7	9	294.8	911.9	147	60～64
256.7	380.6	2	–	–	–	–	–	–	–	–	–	310.6	259.1	11	65～69
–	–	–	–	–	–	–	–	–	–	–	–	213.0	0.0	2	70歳～

第2表　年齢階級、勤続年数階級別所定内給与額

企業規模	100～999人
	10～99人

G　情　　報

区　分	勤続年数計			0　年			1～2年			3～4年			5～9年		
	所定内給与額	年間賞与その他特別給与額	労働者数	所定内給与額	年間賞与その他特別給与額	労働者数	所定内給与額	年間賞与その他特別給与額	労働者数	所定内給与額	年間賞与その他特別給与額	労働者数	所定内給与額	年間賞与その他特別給与額	労働者数
	千円	千円	十人	千円	千円	十人	千円	千円	十人	千円	千円	十人	千円	千円	十人
女															
学歴計	**302.4**	**753.8**	**9 406**	**238.9**	**30.7**	**1 190**	**281.0**	**408.9**	**2 078**	**286.4**	**617.4**	**1 414**	**304.0**	**883.0**	**1 823**
～19歳	161.9	58.3	15	154.9	0.0	7	169.6	262.5	3	166.0	0.0	5	－	－	－
20～24	220.9	243.2	1 177	220.4	16.0	604	222.3	451.8	520	215.1	789.4	49	192.6	755.7	5
25～29	244.6	581.6	1 827	247.6	27.5	215	234.5	420.8	597	247.9	696.3	532	254.8	908.0	456
30～34	289.4	710.3	1 779	264.6	106.1	147	315.3	414.1	408	258.8	575.8	297	300.5	926.2	572
35～39	305.5	784.1	1 360	249.1	37.2	83	284.7	230.5	192	292.3	511.1	171	332.4	904.0	291
40～44	354.3	927.4	1 277	265.2	35.4	43	346.5	203.9	186	481.1	729.9	177	292.3	913.5	189
45～49	396.6	1131.5	1 019	274.1	12.3	22	554.5	788.6	127	284.0	497.9	145	398.5	798.8	161
50～54	392.5	1139.3	596	297.9	2.9	63	214.3	271.9	30	237.9	39.0	21	346.3	547.2	96
55～59	361.1	1409.0	252	180.8	184.1	2	208.6	209.9	11	200.1	202.6	13	353.0	1120.7	37
60～64	224.1	400.9	87	169.8	0.0	4	184.9	247.4	3	400.0	0.0	1	168.5	250.1	16
65～69	232.2	223.3	16	－	－	－	－	－	－	205.0	153.1	3	139.9	334.6	1
70歳～	－	－	－	－	－	－	－	－	－	－	－	－	－	－	－
高校卒	**226.7**	**474.6**	**1 103**	**184.3**	**8.8**	**153**	**192.8**	**169.3**	**207**	**205.7**	**251.4**	**155**	**233.7**	**490.7**	**226**
～19歳	161.9	58.3	15	154.9	0.0	7	169.6	262.5	3	166.0	0.0	5	－	－	－
20～24	181.2	239.2	123	175.2	13.6	35	184.4	197.7	62	179.1	614.1	21	192.6	755.7	5
25～29	198.5	482.3	168	181.8	3.5	34	169.1	165.9	25	186.8	310.0	22	219.5	804.8	61
30～34	226.8	298.2	212	164.6	1.1	23	189.0	144.8	44	182.4	351.2	29	288.5	181.0	68
35～39	222.2	527.3	137	204.1	0.0	18	210.8	109.2	25	213.9	160.7	24	230.6	905.2	37
40～44	242.0	457.1	113	178.5	19.7	14	236.4	142.9	16	254.6	49.3	23	201.0	440.3	11
45～49	243.9	524.7	142	247.0	19.9	13	189.8	107.8	19	234.5	167.3	18	195.7	121.3	20
50～54	283.3	904.7	103	189.5	30.7	6	231.0	441.2	9	219.1	0.0	8	187.1	163.1	9
55～59	288.9	857.7	46	157.5	0.0	1	165.5	68.5	3	175.3	231.7	3	226.4	408.5	3
60～64	211.1	392.9	37	158.2	0.0	3	176.5	171.4	1	－	－	－	150.6	168.1	11
65～69	179.8	469.8	8	－	－	－	－	－	－	205.0	153.1	3	139.9	334.6	1
70歳～	－	－	－	－	－	－	－	－	－	－	－	－	－	－	－
高専・短大卒	**273.5**	**754.1**	**2 110**	**234.0**	**3.8**	**143**	**231.7**	**273.4**	**373**	**258.4**	**465.0**	**334**	**258.6**	**760.3**	**376**
～19歳	－	－	－	－	－	－	－	－	－	－	－	－	－	－	－
20～24	203.6	266.3	144	210.5	9.8	55	196.9	325.5	65	205.9	685.0	24	－	－	－
25～29	226.6	493.4	258	249.4	0.0	21	223.0	241.2	95	225.3	580.2	56	225.8	836.1	86
30～34	249.4	601.1	229	187.2	0.1	6	244.5	247.0	56	277.9	548.6	43	227.0	633.4	40
35～39	259.8	784.0	314	174.0	0.0	10	245.9	158.2	48	264.9	635.3	98	258.4	1104.8	59
40～44	279.5	892.5	329	191.9	0.0	4	259.3	206.7	41	269.7	441.2	18	263.3	878.3	65
45～49	301.1	931.2	433	336.5	0.0	7	251.1	480.6	54	288.2	132.8	79	286.7	653.8	63
50～54	333.4	902.6	247	270.2	0.0	39	192.0	28.7	9	189.4	4.6	6	241.5	325.5	45
55～59	315.8	945.5	113	－	－	－	236.1	418.9	4	208.5	192.3	9	499.0	647.1	13
60～64	223.3	437.4	35	190.7	0.0	2	171.4	175.8	2	－	－	－	206.7	416.6	5
65～69	279.7	0.0	9	－	－	－	－	－	－	－	－	－	－	－	－
70歳～	－	－	－	－	－	－	－	－	－	－	－	－	－	－	－
大学・大学院卒	**326.0**	**804.1**	**6 180**	**249.0**	**38.8**	**894**	**305.6**	**476.4**	**1 495**	**310.5**	**735.9**	**921**	**331.2**	**995.2**	**1 219**
～19歳	－	－	－	－	－	－	－	－	－	－	－	－	－	－	－
20～24	229.0	240.1	910	224.5	16.8	515	232.5	512.8	392	546.8	2883.5	3	－	－	－
25～29	253.6	610.3	1 400	261.4	36.2	160	240.3	470.9	476	253.5	728.8	455	270.0	948.6	308
30～34	306.1	794.4	1 338	288.1	132.1	118	346.4	483.2	308	264.8	609.5	225	308.7	1061.6	463
35～39	334.3	824.9	906	277.1	55.9	55	315.9	284.6	119	395.2	434.7	47	374.4	846.2	195
40～44	398.9	1004.6	835	322.6	49.3	26	387.8	210.7	129	548.8	886.5	135	318.0	980.9	113
45～49	542.4	1531.8	438	240.4	0.0	2	987.0	1334.9	54	298.0	1234.5	48	547.5	1109.1	76
50～54	497.6	1475.1	246	393.5	0.0	18	219.1	335.6	12	304.0	114.1	7	492.6	866.8	42
55～59	452.8	2255.1	92	194.7	294.5	1	218.9	140.2	4	209.2	200.0	1	285.9	1510.1	21
60～64	260.9	334.5	14	－	－	－	249.0	675.0	1	400.0	0.0	1	－	－	－
65～69	－	－	－	－	－	－	－	－	－	－	－	－	－	－	－
70歳～	－	－	－	－	－	－	－	－	－	－	－	－	－	－	－
企業規模 10～99人															
男女計	**333.4**	**755.1**	**22 432**	**283.5**	**46.2**	**2 285**	**281.0**	**395.7**	**4 282**	**297.8**	**777.4**	**2 991**	**335.0**	**875.6**	**4 580**
～19歳	180.6	109.6	43	169.5	26.3	24	193.8	208.4	20	－	－	－	－	－	－
20～24	221.4	206.2	1 859	228.7	10.2	747	217.7	326.3	931	210.2	393.7	176	209.9	488.6	6
25～29	253.0	496.2	3 524	243.9	78.1	460	247.2	433.4	1 255	264.1	581.0	1 043	253.4	738.9	754
30～34	292.8	617.4	3 590	285.3	23.7	335	275.7	508.1	673	272.8	643.7	613	311.6	747.7	1 307
35～39	328.2	779.4	3 464	323.8	85.0	213	283.7	378.2	463	312.2	715.0	403	338.5	880.8	804
40～44	378.3	873.4	3 897	424.2	70.7	307	336.0	407.9	361	339.2	691.2	318	365.8	1065.9	704
45～49	391.2	973.8	2 716	313.3	48.1	101	320.8	397.9	224	340.8	847.2	193	446.2	911.0	480
50～54	407.4	1119.8	1 694	275.7	81.2	51	360.8	324.2	156	380.1	399.1	81	375.9	1636.9	308
55～59	506.4	1481.5	1 117	509.6	3.1	31	879.6	172.7	81	570.3	5089.2	104	390.7	377.2	142
60～64	375.3	625.7	361	288.3	379.5	11	516.2	126.5	75	374.9	415.1	54	287.1	297.9	36
65～69	302.8	249.7	144	249.6	20.3	5	242.7	346.9	44	273.8	172.1	5	254.7	253.3	28
70歳～	365.0	1001.0	22	－	－	－	213.5	100.0	0	150.0	150.0	1	183.4	100.4	10

及び年間賞与その他特別給与額

通　信　業

10～14年 所定内給与額	10～14年 年間賞与その他特別給与額	10～14年 労働者数	15～19年 所定内給与額	15～19年 年間賞与その他特別給与額	15～19年 労働者数	20～24年 所定内給与額	20～24年 年間賞与その他特別給与額	20～24年 労働者数	25～29年 所定内給与額	25～29年 年間賞与その他特別給与額	25～29年 労働者数	30年以上 所定内給与額	30年以上 年間賞与その他特別給与額	30年以上 労働者数	区分
千円	千円	十人	千円	千円	十人	千円	千円	十人	千円	千円	十人	千円	千円	十人	
															女
328.0	**960.1**	**1 078**	**352.9**	**1400.3**	**680**	**345.0**	**1343.7**	**438**	**379.4**	**1633.4**	**480**	**403.3**	**1608.2**	**224**	**学歴計**
－	－	－	－	－	－	－	－	－	－	－	－	－	－	－	～19歳
－	－	－	－	－	－	－	－	－	－	－	－	－	－	－	20～24
208.0	786.5	27	－	－	－	－	－	－	－	－	－	－	－	－	25～29
278.6	1065.9	349	226.3	1010.8	7	－	－	－	－	－	－	－	－	－	30～34
313.1	894.5	357	309.8	1323.4	256	221.8	1036.8	10	－	－	－	－	－	－	35～39
341.6	806.1	156	356.9	1397.0	297	339.2	1328.1	216	277.4	1233.5	12	－	－	－	40～44
446.3	1073.6	94	438.2	1052.4	53	385.3	1425.7	120	373.8	1774.5	291	330.0	1332.8	5	45～49
497.1	956.7	73	511.2	2522.8	45	476.1	2484.2	32	409.1	1530.4	153	402.0	1438.0	83	50～54
344.0	1251.1	21	325.4	1092.5	17	234.5	714.6	50	327.4	1019.8	18	508.3	2513.0	83	55～59
228.9	138.3	1	219.2	359.6	3	262.0	409.2	8	253.8	49.5	6	240.7	568.8	44	60～64
178.2	368.5	0	188.8	720.0	2	151.1	750.0	2	－	－	－	279.7	0.0	9	65～69
－	－	－	－	－	－	－	－	－	－	－	－	－	－	－	70歳～
238.7	**650.9**	**121**	**246.3**	**885.2**	**48**	**285.7**	**1144.2**	**61**	**287.7**	**1103.0**	**75**	**308.1**	**1123.5**	**57**	**高校卒**
－	－	－	－	－	－	－	－	－	－	－	－	－	－	－	～19歳
－	－	－	－	－	－	－	－	－	－	－	－	－	－	－	20～24
208.0	786.5	27	－	－	－	－	－	－	－	－	－	－	－	－	25～29
231.5	664.7	42	226.3	1010.8	7	－	－	－	－	－	－	－	－	－	30～34
244.9	821.9	10	240.3	996.8	14	221.8	1036.8	10	－	－	－	－	－	－	35～39
240.5	241.2	11	287.8	989.8	8	265.5	1042.0	17	273.9	1219.0	12	－	－	－	40～44
258.3	402.8	17	280.4	939.4	5	257.6	1059.1	6	280.2	1132.1	41	287.1	762.3	2	45～49
236.7	873.8	6	267.3	929.5	7	389.1	1882.1	12	299.5	906.1	20	328.2	1331.9	27	50～54
332.0	903.1	8	184.7	352.3	4	308.2	826.7	12	450.9	1941.9	2	351.2	1516.8	11	55～59
307.1	260.0	1	219.2	359.6	3	208.3	293.3	1	－	－	－	254.9	621.1	18	60～64
178.2	368.5	0	188.8	720.0	2	151.1	750.0	2	－	－	－	－	－	－	65～69
－	－	－	－	－	－	－	－	－	－	－	－	－	－	－	70歳～
264.9	**919.8**	**191**	**333.0**	**1436.6**	**186**	**283.3**	**1068.9**	**165**	**337.3**	**1358.4**	**261**	**323.2**	**910.0**	**82**	**高専・短大卒**
－	－	－	－	－	－	－	－	－	－	－	－	－	－	－	～19歳
－	－	－	－	－	－	－	－	－	－	－	－	－	－	－	20～24
－	－	－	－	－	－	－	－	－	－	－	－	－	－	－	25～29
253.5	894.3	83	－	－	－	－	－	－	－	－	－	－	－	－	30～34
231.9	722.6	26	284.5	1259.1	74	－	－	－	－	－	－	－	－	－	35～39
282.7	914.1	43	265.1	966.8	57	309.7	1241.5	101	360.4	1581.0	1	－	－	－	40～44
258.0	1039.5	12	309.2	1146.4	20	285.0	1059.7	21	330.1	1512.4	177	－	－	－	45～49
269.4	900.3	14	584.7	2926.4	33	331.4	1447.4	1	362.7	1052.7	73	308.6	788.0	27	50～54
355.6	1479.5	13	227.7	449.3	4	210.6	678.3	38	289.8	903.6	9	435.3	1671.6	25	55～59
185.4	70.6	1	－	－	－	287.9	346.1	4	147.2	323.5	1	226.7	531.6	21	60～64
－	－	－	－	－	－	－	－	－	－	－	－	279.7	0.0	9	65～69
－	－	－	－	－	－	－	－	－	－	－	－	－	－	－	70歳～
358.2	**1020.5**	**764**	**372.6**	**1440.3**	**446**	**409.6**	**1613.4**	**213**	**502.3**	**2401.1**	**145**	**550.0**	**2632.2**	**83**	**大学・大学院卒**
－	－	－	－	－	－	－	－	－	－	－	－	－	－	－	～19歳
－	－	－	－	－	－	－	－	－	－	－	－	－	－	－	20～24
－	－	－	－	－	－	－	－	－	－	－	－	－	－	－	25～29
296.7	1204.3	224	－	－	－	－	－	－	－	－	－	－	－	－	30～34
321.8	910.5	321	326.7	1378.8	169	－	－	－	－	－	－	－	－	－	35～39
377.8	823.5	101	381.5	1514.7	233	382.4	1467.0	98	－	－	－	－	－	－	40～44
539.2	1278.8	63	551.3	1007.7	29	417.1	1535.1	93	535.1	2788.3	72	385.1	1580.5	1	45～49
584.1	980.3	53	381.3	2095.6	6	539.5	2925.0	19	500.6	2309.5	61	560.2	2158.2	29	50～54
234.8	798.0	1	416.2	1614.9	10	－	－	－	348.4	973.5	7	581.7	3177.2	48	55～59
－	－	－	－	－	－	243.7	520.0	3	273.1	0.0	5	247.5	539.1	5	60～64
－	－	－	－	－	－	－	－	－	－	－	－	－	－	－	65～69
－	－	－	－	－	－	－	－	－	－	－	－	－	－	－	70歳～
															企業規模 10～99人
366.0	**964.0**	**3 462**	**397.3**	**1154.2**	**2 121**	**392.5**	**1046.1**	**1 214**	**404.1**	**1252.7**	**874**	**422.6**	**1047.0**	**624**	**男女計**
－	－	－	－	－	－	－	－	－	－	－	－	－	－	－	～19歳
－	－	－	－	－	－	－	－	－	－	－	－	－	－	－	20～24
221.0	456.3	12	－	－	－	－	－	－	－	－	－	－	－	－	25～29
296.4	750.5	652	230.8	562.1	9	－	－	－	－	－	－	－	－	－	30～34
344.5	991.6	1 033	334.4	886.3	539	296.0	929.8	9	－	－	－	－	－	－	35～39
392.4	1000.6	928	410.8	1231.8	692	358.5	812.3	556	316.4	1023.0	32	－	－	－	40～44
400.0	984.1	503	395.8	1067.7	435	407.4	1299.9	377	375.6	1233.3	375	400.1	1383.3	27	45～49
416.2	1095.6	181	432.6	1118.5	242	472.3	1410.5	170	432.5	1215.7	333	400.8	1112.6	173	50～54
576.5	1655.4	112	473.1	2103.6	177	433.4	880.7	75	456.8	1135.7	94	465.8	1092.4	302	55～59
239.5	400.9	26	414.9	279.9	14	283.9	640.8	17	374.1	2250.7	39	355.2	736.5	88	60～64
270.9	47.6	13	788.9	41.6	12	335.4	358.0	10	603.7	0.0	1	238.5	304.3	26	65～69
232.8	64.5	2	－	－	－	259.8	0.0	1	－	－	－	666.0	2589.6	8	70歳～

第2表　年齢階級、勤続年数階級別所定内給与額

企業規模	10～99人

G　情　報

区分	勤続年数計			0　年			1～2年			3～4年			5～9年		
	所定内給与額	年間賞与その他特別給与額	労働者数	所定内給与額	年間賞与その他特別給与額	労働者数	所定内給与額	年間賞与その他特別給与額	労働者数	所定内給与額	年間賞与その他特別給与額	労働者数	所定内給与額	年間賞与その他特別給与額	労働者数
	千円	千円	十人	千円	千円	十人	千円	千円	十人	千円	千円	十人	千円	千円	十人
男															
学歴計	**351.5**	**806.4**	**17 037**	**286.4**	**42.9**	**1 627**	**301.6**	**411.4**	**3 082**	**315.5**	**858.0**	**2 169**	**354.7**	**944.4**	**3 437**
～19歳	185.9	149.5	24	159.4	0.0	10	205.6	260.8	14	-	-	-	-	-	-
20～24	220.8	196.0	1 201	224.3	8.3	538	218.7	327.2	552	214.0	446.7	109	199.8	926.0	2
25～29	257.7	509.1	2 486	235.5	86.9	287	253.7	453.9	927	272.6	565.9	722	257.2	750.6	543
30～34	303.3	611.9	2 738	301.9	25.3	267	286.7	526.8	523	283.5	633.6	443	323.4	736.5	1 000
35～39	341.3	823.5	2 696	340.0	79.4	156	298.4	398.6	334	328.3	828.5	307	354.2	979.3	583
40～44	390.2	909.2	3 167	392.7	60.6	247	366.4	366.3	269	348.6	739.9	257	389.5	1169.9	545
45～49	423.5	1067.1	2 010	364.0	20.8	42	371.5	528.7	158	370.5	899.1	138	502.6	993.0	341
50～54	427.2	1189.3	1 347	298.8	22.4	34	376.9	278.7	124	420.7	413.4	61	405.6	2004.0	244
55～59	536.1	1563.0	949	519.5	3.2	30	912.5	175.5	77	630.8	5877.2	88	425.0	391.8	117
60～64	404.1	691.6	282	288.1	389.7	11	539.3	129.6	70	372.5	245.3	39	313.4	360.4	27
65～69	319.9	263.9	122	249.6	20.3	5	269.7	449.1	34	298.6	207.3	4	253.5	282.5	25
70歳～	207.0	135.0	16	-	-	-	213.5	100.0	0	150.0	150.0	1	183.4	100.4	10
高校卒	**342.2**	**644.0**	**2 810**	**247.3**	**31.2**	**184**	**287.5**	**302.0**	**588**	**312.9**	**493.6**	**310**	**344.8**	**580.6**	**545**
～19歳	185.9	149.5	24	159.4	0.0	10	205.6	260.8	14	-	-	-	-	-	-
20～24	188.3	206.7	82	197.8	48.8	34	178.6	305.3	29	185.5	293.4	18	194.5	874.5	1
25～29	237.5	300.0	242	213.9	16.6	29	241.5	351.1	150	271.7	187.2	25	215.9	359.2	29
30～34	267.3	489.2	347	242.6	11.9	48	242.4	220.9	111	270.9	685.1	73	296.5	806.6	65
35～39	327.7	518.5	395	258.1	122.9	19	288.1	105.0	77	318.0	214.5	53	324.5	598.9	93
40～44	374.7	777.0	606	338.4	6.2	15	380.9	388.9	96	354.5	723.0	67	364.0	597.3	135
45～49	393.8	1020.4	444	340.0	20.2	8	368.2	851.6	35	365.8	294.3	15	365.0	658.4	75
50～54	403.4	750.9	354	327.6	22.4	12	452.8	237.5	38	379.9	1218.8	14	407.8	595.1	92
55～59	398.7	746.0	164	427.6	24.0	4	170.5	36.8	7	229.1	316.8	14	375.5	203.9	37
60～64	335.9	213.1	92	192.0	16.6	3	262.9	129.3	28	418.0	224.5	29	259.7	379.4	7
65～69	374.7	179.2	51	236.9	31.4	3	177.6	0.0	4	222.4	475.3	2	189.0	118.5	3
70歳～	203.3	134.8	9	-	-	-	213.5	100.0	0	-	-	-	192.8	160.0	6
高専・短大卒	**324.0**	**616.0**	**4 671**	**264.4**	**55.5**	**457**	**263.1**	**313.8**	**661**	**282.3**	**511.0**	**513**	**312.3**	**779.6**	**959**
～19歳	-	-	-	-	-	-	-	-	-	-	-	-	-	-	-
20～24	210.5	214.2	447	202.6	3.9	136	211.6	237.0	221	219.8	474.3	90	236.5	1286.7	0
25～29	238.2	447.0	571	226.7	181.8	94	234.4	369.9	122	237.4	274.8	117	245.2	676.4	238
30～34	293.7	536.9	808	259.3	26.9	91	277.7	442.3	91	299.5	558.5	123	307.9	728.2	302
35～39	318.5	623.0	750	321.4	8.7	51	288.5	396.3	67	310.6	799.0	63	311.6	764.1	102
40～44	352.8	684.0	858	417.4	32.9	50	324.6	279.7	59	343.2	640.8	64	337.1	1357.9	141
45～49	387.6	858.9	654	358.7	7.9	12	369.0	227.7	52	314.3	519.3	32	374.8	706.8	87
50～54	396.2	667.8	388	275.4	0.0	19	331.9	341.6	41	396.9	106.8	15	421.9	425.0	78
55～59	534.7	1237.4	165	298.8	0.0	1	284.9	126.1	5	458.7	1856.7	4	288.8	416.5	4
60～64	336.9	632.3	20	477.1	1077.3	3	-	-	-	230.7	295.3	6	746.5	0.0	1
65～69	199.5	29.5	8	174.0	0.0	1	205.2	74.7	3	110.1	120.0	0	203.7	0.0	5
70歳～	259.8	0.0	1	-	-	-	-	-	-	-	-	-	-	-	-
大学・大学院卒	**367.9**	**950.0**	**9 498**	**304.1**	**39.4**	**979**	**320.0**	**485.8**	**1 816**	**329.0**	**1080.0**	**1 336**	**378.5**	**1128.1**	**1 929**
～19歳	-	-	-	-	-	-	-	-	-	-	-	-	-	-	-
20～24	231.6	182.7	671	234.8	6.2	368	227.8	395.2	302	214.2	759.1	1	-	-	-
25～29	267.4	566.3	1 654	245.2	45.4	161	260.2	499.7	646	279.4	648.8	572	272.0	856.0	276
30～34	315.6	674.6	1 570	353.9	29.2	129	304.3	657.5	320	279.0	652.2	245	333.6	733.3	633
35～39	355.8	1004.1	1 541	369.3	116.9	83	303.5	528.9	185	337.0	1009.7	191	373.4	1132.7	385
40～44	414.5	1068.0	1 700	390.4	72.5	183	375.8	392.0	115	348.2	798.7	127	428.6	1346.9	268
45～49	464.0	1241.1	909	376.3	28.1	22	375.0	591.7	71	391.8	1132.0	90	622.0	1271.3	179
50～54	461.4	1783.8	603	331.1	162.2	3	354.0	256.5	45	448.2	212.2	33	385.4	5466.8	73
55～59	573.7	1874.7	617	544.8	0.0	25	1066.8	202.3	62	721.5	7237.2	70	456.9	483.9	75
60～64	453.3	960.0	166	238.9	223.2	5	721.6	129.8	42	257.2	320.5	4	309.0	374.5	18
65～69	291.7	366.0	62	342.2	0.0	1	290.8	558.8	27	365.5	32.0	3	279.2	387.9	18
70歳～	207.2	148.4	6	-	-	-	-	-	-	150.0	150.0	1	167.5	0.0	4
女															
学歴計	**276.3**	**592.9**	**5 394**	**276.3**	**54.4**	**658**	**228.1**	**355.4**	**1 200**	**251.2**	**564.7**	**822**	**275.8**	**668.7**	**1 143**
～19歳	174.2	60.5	19	177.3	46.5	13	167.4	90.9	6	-	-	-	-	-	-
20～24	222.5	224.9	659	240.0	15.2	209	216.2	325.1	378	204.1	307.6	67	213.9	317.8	4
25～29	241.7	465.3	1 038	257.7	63.5	173	228.8	375.6	328	245.2	614.9	322	243.4	708.9	212
30～34	259.2	635.2	853	220.3	17.3	68	237.9	443.3	151	244.8	670.2	170	273.1	784.2	306
35～39	282.3	624.6	768	279.7	100.5	57	245.4	325.5	129	261.1	352.7	96	296.8	621.0	221
40～44	326.7	717.6	729	555.8	112.6	59	247.1	529.6	92	299.3	485.3	61	284.7	709.7	159
45～49	299.2	708.2	706	278.0	67.1	60	198.3	82.3	66	267.3	718.7	56	307.7	709.9	139
50～54	331.0	850.6	348	230.4	196.0	17	298.4	500.4	32	249.8	353.0	19	262.3	233.8	64
55～59	338.3	1020.4	168	135.6	0.0	1	215.3	115.3	4	223.6	570.8	15	234.8	310.7	26
60～64	271.8	388.8	79	294.0	0.0	0	175.9	82.2	5	381.0	853.3	15	212.6	120.6	9
65～69	205.7	169.0	22	-	-	-	151.1	0.0	10	152.4	0.0	1	264.5	5.0	3
70歳～	750.0	3112.0	6	-	-	-	-	-	-	-	-	-	-	-	-

及び年間賞与その他特別給与額

通　信　業

10～14年 所定内給与額	10～14年 年間賞与その他特別給与額	10～14年 労働者数	15～19年 所定内給与額	15～19年 年間賞与その他特別給与額	15～19年 労働者数	20～24年 所定内給与額	20～24年 年間賞与その他特別給与額	20～24年 労働者数	25～29年 所定内給与額	25～29年 年間賞与その他特別給与額	25～29年 労働者数	30年以上 所定内給与額	30年以上 年間賞与その他特別給与額	30年以上 労働者数	区分
千円	千円	十人	千円	千円	十人	千円	千円	十人	千円	千円	十人	千円	千円	十人	
															男
378.7	**982.5**	**2 785**	**416.9**	**1175.1**	**1 668**	**403.4**	**1081.9**	**1 034**	**417.8**	**1326.3**	**682**	**428.8**	**1038.3**	**554**	**学歴計**
-	-	-	-	-	-	-	-	-	-	-	-	-	-	-	～19歳
-	-	-	-	-	-	-	-	-	-	-	-	-	-	-	20～24
219.2	527.0	8	-	-	-	-	-	-	-	-	-	-	-	-	25～29
299.1	744.7	500	252.6	681.6	4	-	-	-	-	-	-	-	-	-	30～34
352.7	1000.2	872	343.8	846.5	438	335.6	1077.8	6	-	-	-	-	-	-	35～39
396.8	1033.3	770	434.9	1261.6	569	365.4	823.4	484	329.1	1035.0	25	-	-	-	40～44
431.4	1043.1	399	423.5	1130.9	307	425.0	1373.6	310	381.1	1285.3	290	409.1	1418.7	25	45～49
439.9	907.6	124	451.3	1140.7	199	477.2	1494.7	150	445.8	1256.7	258	411.2	1071.4	153	50～54
662.0	1826.4	85	486.2	2294.1	127	455.8	848.9	63	481.2	1190.1	81	469.2	1099.7	281	55～59
265.8	544.1	12	425.5	292.0	13	279.2	623.0	13	424.6	3248.8	26	373.8	839.4	72	60～64
270.9	47.6	13	853.1	0.0	11	336.0	344.0	8	665.0	0.0	1	237.4	259.8	21	65～69
232.8	64.5	2	-	-	-	259.8	0.0	1	-	-	-	330.0	500.0	2	70歳～
373.0	**837.5**	**397**	**429.4**	**1143.9**	**348**	**368.3**	**1054.8**	**136**	**363.9**	**893.5**	**183**	**402.3**	**1002.4**	**119**	**高校卒**
-	-	-	-	-	-	-	-	-	-	-	-	-	-	-	～19歳
-	-	-	-	-	-	-	-	-	-	-	-	-	-	-	20～24
219.2	527.0	8	-	-	-	-	-	-	-	-	-	-	-	-	25～29
305.0	839.5	47	273.1	792.1	4	-	-	-	-	-	-	-	-	-	30～34
361.2	707.0	96	367.1	1047.7	53	287.1	1052.0	4	-	-	-	-	-	-	35～39
368.7	754.7	119	451.3	1495.7	89	338.8	916.1	62	329.1	1035.0	25	-	-	-	40～44
457.3	1189.6	88	419.5	1438.2	60	371.3	1130.0	38	366.6	999.7	101	409.1	1418.7	25	45～49
365.3	758.5	27	412.9	969.4	93	435.0	1860.4	12	375.2	624.7	48	409.4	1247.1	18	50～54
328.9	726.5	7	398.9	1047.2	30	486.4	1249.8	12	357.6	806.8	7	490.6	1141.7	47	55～59
184.2	323.6	3	474.8	17.2	10	432.1	654.7	1	405.8	605.7	2	284.6	385.5	10	60～64
273.5	0.0	0	853.1	0.0	11	336.0	344.0	8	-	-	-	241.3	254.1	20	65～69
232.8	64.5	2	-	-	-	-	-	-	-	-	-	-	-	-	70歳～
367.6	**779.8**	**712**	**365.1**	**681.9**	**531**	**373.6**	**739.1**	**461**	**375.3**	**1133.8**	**215**	**406.0**	**823.3**	**162**	**高専・短大卒**
-	-	-	-	-	-	-	-	-	-	-	-	-	-	-	～19歳
-	-	-	-	-	-	-	-	-	-	-	-	-	-	-	20～24
-	-	-	-	-	-	-	-	-	-	-	-	-	-	-	25～29
291.6	509.4	201	-	-	-	-	-	-	-	-	-	-	-	-	30～34
312.5	642.3	199	334.5	689.1	266	330.0	430.0	1	-	-	-	-	-	-	35～39
355.2	654.0	140	350.2	687.4	112	357.1	574.0	294	-	-	-	-	-	-	40～44
409.0	1079.2	106	427.4	637.9	108	397.5	956.3	115	367.4	1253.4	143	-	-	-	45～49
463.2	936.9	39	432.7	550.1	17	411.0	1412.9	29	385.5	850.2	58	393.6	799.7	92	50～54
1120.7	3100.4	26	438.4	851.6	28	422.5	843.1	20	421.0	1101.0	13	436.0	902.9	64	55～59
299.1	777.2	1	228.0	324.4	1	600.0	4103.7	1	334.7	887.2	1	289.1	388.8	7	60～64
-	-	-	-	-	-	-	-	-	-	-	-	-	-	-	65～69
-	-	-	-	-	-	259.8	0.0	1	-	-	-	-	-	-	70歳～
384.9	**1103.7**	**1 665**	**446.5**	**1523.6**	**787**	**446.0**	**1454.4**	**436**	**485.0**	**1753.6**	**283**	**455.5**	**1184.4**	**270**	**大学・大学院卒**
-	-	-	-	-	-	-	-	-	-	-	-	-	-	-	～19歳
-	-	-	-	-	-	-	-	-	-	-	-	-	-	-	20～24
-	-	-	-	-	-	-	-	-	-	-	-	-	-	-	25～29
300.4	907.8	243	-	-	-	-	-	-	-	-	-	-	-	-	30～34
365.2	1172.9	577	354.3	1107.8	119	513.0	2075.0	1	-	-	-	-	-	-	35～39
414.9	1201.5	511	457.0	1381.6	367	397.0	1348.7	129	-	-	-	-	-	-	40～44
431.9	961.6	205	422.4	1379.8	140	458.8	1745.9	156	456.5	2019.9	46	-	-	-	45～49
459.2	958.1	57	495.7	1438.0	88	500.5	1480.8	108	491.1	1611.7	152	452.1	1601.6	42	50～54
472.6	1323.6	52	542.9	3408.3	69	465.5	692.2	30	506.7	1249.2	62	475.8	1161.7	171	55～59
316.8	628.3	7	295.6	1245.9	3	246.9	373.8	11	431.5	3722.2	22	403.6	968.4	54	60～64
270.8	48.8	12	-	-	-	-	-	-	665.0	0.0	1	171.5	356.5	1	65～69
-	-	-	-	-	-	-	-	-	-	-	-	330.0	500.0	2	70歳～
															女
313.7	**887.7**	**676**	**325.2**	**1077.0**	**453**	**330.0**	**840.0**	**180**	**355.7**	**992.0**	**193**	**373.0**	**1116.5**	**69**	**学歴計**
-	-	-	-	-	-	-	-	-	-	-	-	-	-	-	～19歳
-	-	-	-	-	-	-	-	-	-	-	-	-	-	-	20～24
224.9	307.3	4	-	-	-	-	-	-	-	-	-	-	-	-	25～29
287.6	769.9	152	212.7	463.2	5	-	-	-	-	-	-	-	-	-	30～34
299.7	944.9	161	293.4	1058.7	101	212.6	617.4	3	-	-	-	-	-	-	35～39
370.8	840.3	157	299.0	1093.7	123	311.6	736.7	71	268.4	978.1	7	-	-	-	40～44
279.7	758.3	104	329.0	915.4	128	326.4	960.6	67	356.9	1056.8	85	260.3	831.5	2	45～49
365.0	1502.1	57	347.6	1017.7	44	435.8	783.3	20	386.2	1073.7	74	321.5	1425.9	20	50～54
299.1	1100.3	26	440.3	1626.0	50	318.1	1044.1	12	295.8	776.5	12	419.9	993.6	21	55～59
219.1	290.4	15	239.3	81.0	1	300.0	700.7	4	278.2	354.8	14	271.0	272.0	16	60～64
-	-	-	167.4	445.5	1	333.1	409.1	2	266.3	0.0	0	244.3	530.7	4	65～69
-	-	-	-	-	-	-	-	-	-	-	-	750.0	3112.0	6	70歳～

第2表　年齢階級、勤続年数階級別所定内給与額

企業規模	10～99人
	計

G 情 報 通 信 業

区　分	勤続年数計			0　年			1～2年			3～4年			5～9年		
	所定内給与額	年間賞与その他特別給与額	労働者数	所定内給与額	年間賞与その他特別給与額	労働者数	所定内給与額	年間賞与その他特別給与額	労働者数	所定内給与額	年間賞与その他特別給与額	労働者数	所定内給与額	年間賞与その他特別給与額	労働者数
	千円	千円	十人	千円	千円	十人	千円	千円	十人	千円	千円	十人	千円	千円	十人
高校卒	**238.3**	**489.0**	**904**	**198.0**	**132.8**	**88**	**211.8**	**250.2**	**191**	**215.3**	**321.7**	**110**	**232.4**	**353.5**	**216**
～19歳	174.8	69.8	17	177.3	46.5	13	165.4	158.4	4	-	-	-	-	-	-
20～24	199.9	236.2	87	171.0	56.1	12	212.1	248.4	52	181.7	293.4	20	213.9	317.8	4
25～29	203.4	246.4	58	192.6	31.4	6	204.7	217.9	14	194.1	329.9	16	209.0	248.6	19
30～34	226.8	461.9	140	212.3	39.8	29	195.4	284.8	28	214.1	917.4	13	232.7	196.1	33
35～39	236.5	512.0	137	209.1	334.6	16	216.7	537.9	32	285.4	220.4	22	229.1	656.4	38
40～44	226.7	424.9	110	212.8	81.0	3	190.1	44.3	13	177.0	108.1	5	238.8	391.9	46
45～49	250.8	466.1	149	200.6	0.0	6	217.9	44.1	31	185.7	129.2	14	269.6	288.3	37
50～54	305.6	997.7	102	187.8	936.4	4	257.3	248.1	16	220.7	427.3	6	213.5	380.7	17
55～59	256.9	595.7	71	-	-	-	-	-	-	184.2	231.7	9	192.4	200.7	13
60～64	223.7	312.9	33	-	-	-	169.5	22.2	2	279.1	93.3	5	212.6	120.6	9
65～69	233.6	673.9	3	-	-	-	-	-	-	-	-	-	-	-	-
70歳～	-	-	-	-	-	-	-	-	-	-	-	-	-	-	-
高専・短大卒	**265.8**	**561.7**	**1 556**	**217.2**	**46.6**	**166**	**221.0**	**348.9**	**287**	**249.8**	**412.6**	**218**	**268.9**	**618.3**	**320**
～19歳	-	-	-	-	-	-	-	-	-	-	-	-	-	-	-
20～24	203.6	209.2	192	199.7	7.2	49	200.7	259.5	96	213.6	314.7	47	-	-	-
25～29	234.7	392.4	232	226.2	88.5	51	214.7	123.6	35	250.2	483.4	65	236.3	624.5	82
30～34	241.0	501.9	198	190.0	0.0	10	218.4	591.1	32	230.0	372.8	29	244.8	594.3	60
35～39	265.8	496.4	207	207.4	14.5	16	230.6	326.9	37	269.4	341.7	20	283.0	361.3	71
40～44	284.3	740.5	283	233.2	271.8	9	252.7	695.8	55	333.7	318.4	21	288.5	825.2	50
45～49	295.7	812.5	234	243.2	2.9	29	228.2	153.8	11	247.1	706.1	21	332.3	998.9	35
50～54	324.5	709.0	125	177.0	0.0	1	315.6	0.0	9	269.1	327.1	12	277.3	449.0	17
55～59	323.4	726.9	39	135.6	0.0	1	204.3	72.2	2	267.0	425.7	2	223.0	264.5	5
60～64	289.1	114.8	25	294.0	0.0	0	196.5	975.2	0	200.0	100.0	0	-	-	-
65～69	167.7	73.9	14	-	-	-	151.1	0.0	10	152.4	0.0	1	-	-	-
70歳～	750.0	3112.0	6	-	-	-	-	-	-	-	-	-	-	-	-
大学・大学院卒	**294.2**	**644.3**	**2 918**	**320.0**	**41.2**	**396**	**235.9**	**388.7**	**716**	**259.9**	**685.1**	**493**	**295.0**	**807.7**	**607**
～19歳	-	-	-	-	-	-	-	-	-	-	-	-	-	-	-
20～24	238.1	234.6	372	261.7	15.3	142	223.5	369.9	230	165.0	36.0	0	-	-	-
25～29	247.1	505.7	744	274.9	54.3	116	232.2	416.4	277	247.4	667.0	240	254.6	849.6	111
30～34	275.5	735.9	513	237.7	1.2	30	260.3	449.2	89	251.4	713.0	128	287.2	927.2	214
35～39	305.2	724.0	424	370.7	1.1	25	270.1	209.1	60	248.5	409.1	55	329.0	774.1	112
40～44	394.8	793.6	337	643.6	82.7	47	264.8	417.3	25	296.4	645.2	34	315.6	851.5	63
45～49	324.1	743.6	323	336.5	157.5	25	157.9	97.7	23	339.7	1109.7	21	315.6	788.3	67
50～54	359.1	872.7	121	249.1	0.0	12	365.1	1639.8	7	201.3	200.0	1	281.5	29.3	30
55～59	447.1	1733.2	58	-	-	-	234.1	189.1	1	292.9	1391.9	4	313.8	527.0	8
60～64	326.4	835.4	21	-	-	-	178.5	56.8	3	448.2	1330.4	9	-	-	-
65～69	298.3	183.0	5	-	-	-	-	-	-	-	-	-	264.5	5.0	3
70歳～	-	-	-	-	-	-	-	-	-	-	-	-	-	-	-
H 運輸業，郵便業															
企業規模計															
男女計	**274.8**	**615.9**	**172 994**	**215.4**	**40.1**	**11 479**	**230.1**	**278.5**	**23 106**	**240.3**	**408.0**	**19 552**	**255.4**	**513.1**	**37 368**
～19歳	177.0	118.3	1 196	173.6	8.8	764	183.0	311.9	432	-	-	-	-	-	-
20～24	207.1	396.2	7 204	200.6	31.8	1 771	206.2	399.4	3 310	208.1	605.0	1 449	226.9	890.0	674
25～29	236.7	667.4	10 658	211.1	35.0	1 126	222.7	412.8	2 432	238.8	721.3	2 553	247.8	912.5	3 938
30～34	260.1	707.5	13 949	213.7	32.5	1 208	236.3	326.2	2 303	243.9	484.9	1 866	263.9	836.3	4 635
35～39	279.4	690.1	17 227	231.9	44.1	1 007	242.9	300.5	2 427	249.9	423.0	2 175	268.3	602.6	4 195
40～44	291.7	696.2	25 824	231.4	45.3	1 370	248.8	250.9	2 876	249.0	393.3	2 801	268.8	505.2	5 087
45～49	300.2	651.0	28 154	225.9	27.4	1 357	245.2	235.8	2 813	255.8	307.9	2 555	267.6	432.9	5 408
50～54	302.6	694.9	23 792	226.8	33.3	1 070	242.2	200.1	2 095	243.4	301.6	2 034	258.8	352.2	4 380
55～59	300.6	769.6	20 666	212.2	40.0	754	226.2	199.4	1 811	251.2	349.6	1 565	248.2	303.5	3 455
60～64	236.7	313.7	14 613	227.1	130.6	767	226.3	151.0	1 586	226.4	182.2	1 481	233.9	248.9	3 239
65～69	210.6	142.9	7 601	190.7	24.0	250	196.1	92.1	892	204.3	108.7	845	214.2	117.8	1 905
70歳～	198.8	123.4	2 109	205.6	78.9	36	187.6	52.6	130	185.2	108.8	228	211.3	100.3	453
男															
学歴計	**283.1**	**631.8**	**149 665**	**223.6**	**45.3**	**9 038**	**236.2**	**261.6**	**19 100**	**247.5**	**406.4**	**16 427**	**263.0**	**507.5**	**31 898**
～19歳	179.2	135.9	867	174.2	10.2	529	187.0	332.7	338	-	-	-	-	-	-
20～24	211.2	417.0	4 970	206.6	38.2	1 097	207.9	384.2	2 225	213.7	606.8	1 102	228.8	929.4	546
25～29	242.5	681.7	7 996	218.8	37.2	862	228.6	394.2	1 774	242.3	747.2	1 807	254.1	926.9	3 007
30～34	267.1	718.1	11 457	223.0	34.0	919	243.1	318.7	1 894	250.4	498.8	1 536	270.0	841.1	3 823
35～39	287.4	700.1	14 823	239.1	47.9	875	247.8	271.6	2 059	259.3	434.3	1 828	275.8	597.3	3 592
40～44	300.9	716.1	22 391	236.1	44.7	1 126	257.9	241.3	2 418	260.5	421.5	2 384	280.3	514.9	4 281
45～49	309.3	670.5	24 606	240.2	33.5	1 061	252.7	240.8	2 363	264.5	327.4	2 194	279.3	441.1	4 620
50～54	311.5	717.0	21 019	237.4	38.9	872	248.8	208.4	1 872	251.5	286.6	1 752	270.0	355.1	3 740
55～59	310.4	805.8	18 727	218.2	43.4	680	231.2	185.6	1 638	256.3	343.8	1 431	257.8	314.4	2 994
60～64	240.7	319.9	13 552	228.7	132.9	750	229.3	154.4	1 512	232.3	193.4	1 365	237.0	252.9	3 012
65～69	211.7	142.4	7 230	189.6	23.2	232	196.5	91.1	879	205.5	111.2	822	215.1	116.8	1 845
70歳～	199.9	126.1	2 026	207.3	81.6	35	188.3	53.9	127	185.7	114.0	204	213.4	101.8	440

及び年間賞与その他特別給与額

H 運輸業，郵便業

10～14年			15～19年			20～24年			25～29年			30年以上			区分
所定内給与額	年間賞与その他特別給与額	労働者数	所定内給与額	年間賞与その他特別給与額	労働者数	所定内給与額	年間賞与その他特別給与額	労働者数	所定内給与額	年間賞与その他特別給与額	労働者数	所定内給与額	年間賞与その他特別給与額	労働者数	
千円	千円	十人	千円	千円	十人	千円	千円	十人	千円	千円	十人	千円	千円	十人	
274.4	**960.4**	**138**	**276.8**	**740.8**	**73**	**274.9**	**1018.5**	**34**	**301.3**	**930.6**	**42**	**295.1**	**858.0**	**12**	**高校卒**
－	－	－	－	－	－	－	－	－	－	－	－	－	－	－	～19歳
－	－	－	－	－	－	－	－	－	－	－	－	－	－	－	20～24
224.9	307.3	4	－	－	－	－	－	－	－	－	－	－	－	－	25～29
268.5	1068.9	32	213.0	501.8	5	－	－	－	－	－	－	－	－	－	30～34
268.1	415.8	13	235.3	808.9	13	212.6	617.4	3	－	－	－	－	－	－	35～39
218.6	638.1	19	224.0	344.2	10	245.9	763.6	6	268.4	978.1	7	－	－	－	40～44
216.5	481.7	22	308.1	1142.9	14	305.9	1454.4	11	303.9	822.6	14	310.2	1077.0	1	45～49
413.3	2172.9	28	295.0	539.5	12	374.0	1343.0	3	328.1	882.8	12	277.2	672.7	5	50～54
225.7	402.8	10	322.0	826.5	18	246.6	806.9	8	289.0	818.8	9	348.9	1164.9	4	55～59
213.0	355.8	11	239.3	81.0	1	230.7	285.0	2	285.7	3680.8	1	168.5	253.1	1	60～64
－	－	－	163.0	440.0	1	173.6	0.0	0	－	－	－	297.2	957.6	1	65～69
－	－	－	－	－	－	－	－	－	－	－	－	－	－	－	70歳～
281.7	**845.4**	**199**	**288.5**	**719.8**	**136**	**337.9**	**726.2**	**87**	**327.6**	**903.9**	**99**	**374.6**	**1356.7**	**44**	**高専・短大卒**
－	－	－	－	－	－	－	－	－	－	－	－	－	－	－	～19歳
－	－	－	－	－	－	－	－	－	－	－	－	－	－	－	20～24
－	－	－	－	－	－	－	－	－	－	－	－	－	－	－	25～29
260.3	505.8	67	－	－	－	－	－	－	－	－	－	－	－	－	30～34
257.9	595.7	19	288.9	1030.2	46	－	－	－	－	－	－	－	－	－	35～39
296.0	1135.3	54	243.2	598.2	38	318.0	659.5	55	－	－	－	－	－	－	40～44
302.0	1161.8	43	275.9	487.8	24	313.6	1037.0	17	334.1	1117.9	51	210.5	586.0	1	45～49
286.0	561.1	12	344.0	830.5	14	464.4	423.9	11	334.7	882.3	34	326.8	1643.6	14	50～54
352.2	1389.1	3	376.3	312.8	14	363.4	1161.4	2	301.2	714.1	2	352.4	1726.3	8	55～59
171.8	334.0	0	－	－	－	385.5	1214.1	2	281.1	28.0	11	289.0	17.4	11	60～64
－	－	－	211.0	500.0	0	－	－	－	266.3	0.0	0	220.6	339.3	3	65～69
－	－	－	－	－	－	－	－	－	－	－	－	750.0	3112.0	6	70歳～
348.6	**882.6**	**339**	**360.3**	**1378.1**	**243**	**350.0**	**906.4**	**59**	**453.7**	**1210.9**	**52**	**440.2**	**551.5**	**13**	**大学・大学院卒**
－	－	－	－	－	－	－	－	－	－	－	－	－	－	－	～19歳
－	－	－	－	－	－	－	－	－	－	－	－	－	－	－	20～24
－	－	－	－	－	－	－	－	－	－	－	－	－	－	－	25～29
334.8	925.4	52	208.2	0.0	0	－	－	－	－	－	－	－	－	－	30～34
308.7	1046.2	130	315.7	1164.6	43	－	－	－	－	－	－	－	－	－	35～39
454.8	695.4	84	336.5	1437.9	75	318.4	1166.2	10	－	－	－	－	－	－	40～44
290.4	458.6	39	346.7	994.6	89	338.2	778.4	38	451.3	1061.5	20	－	－	－	45～49
340.0	1047.9	17	386.4	1496.9	18	417.1	1143.6	6	471.3	1379.4	29	424.6	1638.2	1	50～54
338.3	1515.8	14	604.8	3397.1	18	475.0	1584.7	3	335.2	571.4	1	524.0	171.7	8	55～59
239.1	100.4	4	－	－	－	－	－	－	252.3	555.5	2	252.5	1064.2	4	60～64
－	－	－	－	－	－	349.0	450.0	2	－	－	－	－	－	－	65～69
－	－	－	－	－	－	－	－	－	－	－	－	－	－	－	70歳～
															H 運輸業，郵便業
															企業規模計
276.5	**622.7**	**27 906**	**297.8**	**732.6**	**16 645**	**322.1**	**940.9**	**13 709**	**351.6**	**1182.0**	**11 017**	**372.6**	**1392.1**	**12 211**	**男女計**
－	－	－	－	－	－	－	－	－	－	－	－	－	－	－	～19歳
－	－	－	－	－	－	－	－	－	－	－	－	－	－	－	20～24
258.9	1042.1	609	－	－	－	－	－	－	－	－	－	－	－	－	25～29
289.4	1071.8	3 502	309.2	1249.4	435	－	－	－	－	－	－	－	－	－	30～34
296.5	826.6	4 076	330.8	1246.8	2 615	337.8	1414.7	733	－	－	－	－	－	－	35～39
291.6	701.2	4 865	332.6	901.0	3 976	349.9	1315.2	3 749	348.1	1452.0	1 101	－	－	－	40～44
292.8	563.1	4 681	305.4	651.7	3 196	359.7	1012.7	3 722	378.4	1337.7	3 752	373.7	1481.4	671	45～49
273.9	485.7	3 677	285.9	580.0	2 140	313.3	748.3	2 298	388.4	1286.3	3 011	425.1	1717.6	3 087	50～54
262.4	375.0	2 696	272.2	510.4	1 823	274.2	635.7	1 648	325.7	1040.8	1 877	421.9	1781.6	5 038	55～59
230.9	252.5	2 095	235.3	291.7	1 369	229.7	307.3	986	237.0	541.1	878	267.6	661.0	2 212	60～64
206.7	153.9	1 301	218.6	148.9	800	213.3	156.2	423	206.0	262.3	337	228.5	245.3	850	65～69
196.4	115.8	404	186.6	119.9	292	188.4	180.3	151	198.6	224.0	60	212.1	163.1	355	70歳～
															男
284.2	**626.9**	**24 276**	**303.3**	**737.5**	**14 946**	**327.8**	**956.0**	**12 425**	**354.5**	**1195.1**	**9 981**	**375.1**	**1403.4**	**11 575**	**学歴計**
－	－	－	－	－	－	－	－	－	－	－	－	－	－	－	～19歳
－	－	－	－	－	－	－	－	－	－	－	－	－	－	－	20～24
262.1	1066.3	547	－	－	－	－	－	－	－	－	－	－	－	－	25～29
295.6	1072.9	2 877	312.5	1284.0	408	－	－	－	－	－	－	－	－	－	30～34
304.1	836.7	3 530	339.7	1275.1	2 260	346.7	1475.3	679	－	－	－	－	－	－	35～39
297.4	705.9	4 297	337.5	906.3	3 599	357.4	1333.4	3 308	359.5	1518.2	979	－	－	－	40～44
303.6	576.5	4 065	310.8	656.2	2 936	361.5	1012.7	3 464	380.8	1344.8	3 325	387.0	1537.3	578	45～49
289.7	517.8	3 095	291.4	581.6	1 866	317.1	760.8	2 164	384.7	1272.8	2 825	427.3	1724.7	2 833	50～54
274.8	381.0	2 307	280.9	519.6	1 610	282.0	669.9	1 472	331.8	1066.2	1 720	425.5	1803.0	4 875	55～59
236.4	259.7	1 904	241.0	296.5	1 225	236.3	294.0	833	241.9	567.1	802	268.4	660.2	2 149	60～64
208.0	155.5	1 256	220.6	144.6	751	214.4	150.8	359	212.6	269.4	274	228.9	253.4	812	65～69
197.0	117.7	398	186.6	120.1	292	188.7	185.2	147	197.8	225.3	57	215.0	170.8	328	70歳～

第2表　年齢階級、勤続年数階級別所定内給与額

企業規模	計

H 運 輸 業，

区分	勤続年数計			0 年			1 ～ 2 年			3 ～ 4 年			5 ～ 9 年		
	所定内給与額	年間賞与その他特別給与額	労働者数	所定内給与額	年間賞与その他特別給与額	労働者数	所定内給与額	年間賞与その他特別給与額	労働者数	所定内給与額	年間賞与その他特別給与額	労働者数	所定内給与額	年間賞与その他特別給与額	労働者数
	千円	千円	十人	千円	千円	十人	千円	千円	十人	千円	千円	十人	千円	千円	十人
高校卒	**277.0**	**573.9**	**102 745**	**220.4**	**43.7**	**6 110**	**235.7**	**218.2**	**12 663**	**244.0**	**331.2**	**10 689**	**256.7**	**410.0**	**21 419**
～ 19歳	179.1	139.9	815	175.3	10.7	505	185.2	350.5	310	-	-	-	-	-	-
20 ～ 24	209.9	461.4	3 179	202.0	48.8	486	205.4	315.0	1 253	209.9	602.5	911	228.1	945.0	529
25 ～ 29	237.5	577.5	4 194	211.8	36.6	514	230.4	252.0	842	237.6	497.9	626	241.4	771.8	1 681
30 ～ 34	257.5	558.7	6 509	220.0	23.8	635	241.5	246.3	1 139	249.5	409.7	899	248.9	512.2	1 720
35 ～ 39	279.3	575.3	9 534	240.9	59.4	589	250.8	238.7	1 444	256.4	362.5	1 289	268.9	484.1	2 365
40 ～ 44	292.8	627.8	15 709	233.6	34.7	822	263.0	204.3	1 551	259.5	326.2	1 673	276.5	441.7	3 202
45 ～ 49	297.8	585.3	17 872	240.0	20.6	788	251.4	239.7	1 807	263.0	304.2	1 667	279.9	400.6	3 208
50 ～ 54	298.6	659.4	15 744	227.8	23.8	631	240.1	185.8	1 374	245.4	275.6	1 284	264.7	331.5	2 855
55 ～ 59	306.3	826.5	13 914	207.7	40.1	419	229.6	182.3	1 177	241.5	265.8	852	252.0	299.7	2 147
60 ～ 64	235.9	306.6	9 257	227.2	160.5	531	222.6	137.2	1 073	225.5	171.6	923	232.1	227.1	2 109
65 ～ 69	208.1	134.0	4 858	193.6	27.2	162	199.4	80.9	623	201.2	91.2	476	207.6	106.3	1 241
70歳～	197.3	126.0	1 160	209.4	102.6	27	189.7	59.7	68	178.8	106.5	90	201.7	86.5	272
高専・短大卒	**287.6**	**756.8**	**11 136**	**223.1**	**43.6**	**612**	**229.3**	**290.6**	**1 623**	**247.9**	**529.8**	**1 335**	**269.1**	**715.9**	**2 537**
～ 19歳	-	-	-	-	-	-	-	-	-	-	-	-	-	-	-
20 ～ 24	211.8	446.8	476	192.7	85.0	120	205.8	423.3	211	236.5	782.4	144	213.7	448.4	1
25 ～ 29	247.1	819.6	869	219.4	19.7	78	216.1	344.9	144	237.3	653.8	212	267.1	1205.8	433
30 ～ 34	276.2	864.6	1 207	238.8	27.9	51	225.5	307.6	251	237.3	487.2	123	286.1	937.6	385
35 ～ 39	293.4	930.3	1 481	220.3	15.4	60	239.7	349.5	192	259.1	560.8	138	279.1	756.6	375
40 ～ 44	293.0	842.1	2 194	227.9	48.7	108	246.4	251.3	337	253.4	585.1	237	260.8	634.9	342
45 ～ 49	305.8	742.5	1 880	244.5	16.8	86	219.1	181.2	198	281.6	517.5	152	268.9	578.5	398
50 ～ 54	314.7	762.6	1 188	256.6	102.9	43	242.6	283.8	142	248.4	339.3	108	270.8	523.0	229
55 ～ 59	321.4	728.8	912	246.1	43.8	33	230.2	166.7	51	220.7	481.8	105	252.4	228.8	165
60 ～ 64	260.2	329.2	617	189.3	0.0	20	241.9	153.7	62	280.8	153.1	81	226.8	256.7	132
65 ～ 69	236.2	226.1	239	179.2	5.0	13	208.4	268.6	35	192.8	63.9	25	263.1	174.6	58
70歳～	234.0	140.1	73	-	-	-	-	-	-	123.8	61.8	10	368.1	0.0	19
大学・大学院卒	**320.8**	**959.9**	**23 800**	**235.6**	**60.3**	**1 645**	**241.4**	**451.6**	**3 380**	**265.2**	**677.1**	**2 990**	**287.8**	**875.9**	**5 528**
～ 19歳	-	-	-	-	-	-	-	-	-	-	-	-	-	-	-
20 ～ 24	212.5	326.3	1 132	214.7	16.1	462	211.0	538.5	668	218.2	900.8	2	-	-	-
25 ～ 29	248.7	850.5	2 623	236.4	44.6	216	229.2	597.5	711	247.1	969.9	891	270.9	1158.8	804
30 ～ 34	284.8	1055.4	3 158	222.4	58.9	151	251.0	556.3	376	260.4	758.7	380	289.8	1208.1	1 588
35 ～ 39	317.6	1080.0	2 930	233.6	31.6	136	251.0	440.0	266	287.0	723.3	253	297.6	932.5	683
40 ～ 44	356.4	1193.5	3 133	264.5	132.6	119	247.4	423.2	286	277.9	846.5	280	304.4	974.3	494
45 ～ 49	392.0	1252.9	3 031	246.6	140.8	125	286.8	337.1	221	273.7	376.1	224	292.1	738.2	421
50 ～ 54	397.2	1164.4	2 652	280.4	106.6	135	320.8	480.0	171	286.9	400.7	253	288.6	473.4	431
55 ～ 59	347.2	897.5	2 470	232.0	66.7	163	237.0	231.8	320	307.1	572.7	334	296.3	395.0	428
60 ～ 64	268.9	404.7	1 864	252.3	78.5	121	261.6	225.5	245	237.8	218.6	224	269.2	315.6	451
65 ～ 69	251.6	199.2	643	208.1	59.5	13	187.5	92.9	83	227.3	157.5	136	287.2	210.1	193
70歳～	196.5	140.8	164	173.9	0.0	3	188.6	5.4	32	169.3	113.6	11	233.7	191.7	35
女															
学歴計	**221.8**	**513.6**	**23 329**	**185.2**	**20.7**	**2 442**	**201.2**	**359.2**	**4 006**	**202.8**	**416.9**	**3 125**	**211.4**	**546.1**	**5 470**
～ 19歳	171.2	71.9	329	172.2	5.7	235	168.9	237.3	94	-	-	-	-	-	-
20 ～ 24	198.0	350.0	2 234	190.7	21.5	674	202.6	430.6	1 085	189.9	599.2	346	218.6	722.0	128
25 ～ 29	219.1	624.3	2 662	186.0	27.7	264	206.8	463.2	658	230.2	658.5	747	227.3	865.9	931
30 ～ 34	228.1	658.7	2 492	184.2	27.8	289	204.9	360.9	409	213.4	420.0	330	235.4	813.8	812
35 ～ 39	229.9	628.4	2 404	183.7	19.1	132	215.6	462.5	368	200.2	363.5	346	223.4	634.0	603
40 ～ 44	231.9	566.3	3 433	209.5	48.2	244	200.6	301.9	458	183.6	232.8	417	207.8	454.1	806
45 ～ 49	237.2	515.6	3 548	174.3	5.7	296	205.4	209.8	449	202.8	189.4	361	199.2	384.9	788
50 ～ 54	235.4	527.7	2 774	180.4	8.3	198	186.6	130.3	223	192.7	394.9	281	193.5	335.1	640
55 ～ 59	206.6	420.0	1 939	157.2	8.2	74	178.3	331.2	173	196.4	411.8	134	186.1	233.1	461
60 ～ 64	185.1	234.5	1 061	158.1	28.6	17	164.2	82.0	74	156.9	50.2	116	193.0	195.4	227
65 ～ 69	188.8	152.2	371	206.4	34.0	18	169.7	161.5	13	162.8	18.6	23	186.0	146.1	59
70歳～	171.4	57.2	82	155.7	0.0	1	156.3	0.0	3	181.4	65.6	24	143.0	51.8	13
高校卒	**198.8**	**339.3**	**12 435**	**174.9**	**14.4**	**1 290**	**182.6**	**182.3**	**1 814**	**186.9**	**259.7**	**1 529**	**190.6**	**347.8**	**3 008**
～ 19歳	171.8	74.3	318	172.9	5.9	230	168.8	253.6	88	-	-	-	-	-	-
20 ～ 24	184.4	424.8	665	181.4	27.5	99	170.4	322.2	219	179.8	527.6	223	219.5	738.3	124
25 ～ 29	182.3	324.8	815	172.1	12.4	151	166.8	97.3	185	177.2	264.1	116	189.6	547.1	303
30 ～ 34	197.3	356.9	986	165.7	19.6	157	185.0	232.4	232	188.5	233.2	139	197.0	374.9	227
35 ～ 39	201.9	405.2	1 099	170.2	2.0	61	188.7	113.2	194	190.3	335.3	188	194.9	446.6	277
40 ～ 44	209.0	356.7	1 834	209.4	49.8	109	196.2	189.4	301	189.6	143.9	246	193.7	344.4	454
45 ～ 49	206.8	340.2	2 291	170.5	6.3	258	197.2	113.7	304	205.7	147.9	221	190.8	321.3	559
50 ～ 54	206.9	370.3	1 831	174.0	8.3	139	179.4	110.1	140	186.0	214.0	166	180.2	292.9	448
55 ～ 59	198.3	365.1	1 427	160.7	7.3	55	165.3	312.7	99	198.4	493.0	95	186.4	207.7	361
60 ～ 64	179.9	215.0	830	153.4	13.3	15	154.8	107.7	37	153.7	12.5	95	190.0	153.6	191
65 ～ 69	188.0	131.6	280	209.8	40.4	15	169.7	161.5	13	165.1	19.6	22	179.6	162.9	52
70歳～	160.5	57.0	61	146.1	0.0	1	156.3	0.0	3	173.1	79.0	20	143.0	51.8	13

及び年間賞与その他特別給与額

郵　便　業

10～14年			15～19年			20～24年			25～29年			30年以上			区分
所定内給与額	年間賞与その他特別給与額	労働者数	所定内給与額	年間賞与その他特別給与額	労働者数	所定内給与額	年間賞与その他特別給与額	労働者数	所定内給与額	年間賞与その他特別給与額	労働者数	所定内給与額	年間賞与その他特別給与額	労働者数	
千円	千円	十人	千円	千円	十人	千円	千円	十人	千円	千円	十人	千円	千円	十人	
277.4	**519.7**	**16 775**	**287.2**	**620.1**	**10 159**	**308.1**	**852.3**	**8 918**	**330.5**	**1076.0**	**7 321**	**377.5**	**1509.1**	**8 692**	**高校卒**
-	-	-	-	-	-	-	-	-	-	-	-	-	-	-	～19歳
-	-	-	-	-	-	-	-	-	-	-	-	-	-	-	20～24
261.3	1096.7	531	-	-	-	-	-	-	-	-	-	-	-	-	25～29
281.9	915.1	1 730	313.6	1317.8	386	-	-	-	-	-	-	-	-	-	30～34
294.3	561.2	1 800	313.6	1087.6	1 402	346.2	1486.2	645	-	-	-	-	-	-	35～39
291.6	573.3	3 022	307.6	679.9	2 122	339.8	1236.7	2 358	360.2	1529.2	958	-	-	-	40～44
299.0	515.3	3 078	301.5	569.1	2 145	317.6	711.5	2 116	356.9	1241.9	2 408	387.6	1559.3	565	45～49
285.8	442.6	2 378	280.7	520.2	1 306	305.7	717.8	1 749	329.8	967.3	1 875	417.6	1750.6	2 290	50～54
270.4	356.6	1 784	276.1	483.0	1 236	276.1	682.4	1 060	315.8	930.3	1 332	415.0	1844.2	3 906	55～59
229.6	274.4	1 308	238.0	283.5	843	235.5	294.2	623	246.7	570.1	525	263.9	671.5	1 322	60～64
203.7	155.2	926	216.4	124.7	540	216.8	149.1	269	214.6	342.8	186	225.4	242.9	435	65～69
204.8	152.4	219	178.6	110.0	179	192.1	186.2	97	181.1	148.5	36	217.0	172.2	173	70歳～
291.0	**898.9**	**1 720**	**332.7**	**1088.1**	**1 262**	**354.2**	**1109.0**	**1 049**	**372.6**	**1407.9**	**568**	**410.5**	**1218.4**	**429**	**高専・短大卒**
-	-	-	-	-	-	-	-	-	-	-	-	-	-	-	～19歳
-	-	-	-	-	-	-	-	-	-	-	-	-	-	-	20～24
283.3	389.9	3	-	-	-	-	-	-	-	-	-	-	-	-	25～29
315.7	1381.9	387	316.2	1000.4	10	-	-	-	-	-	-	-	-	-	30～34
297.7	961.4	340	355.1	1644.7	370	381.9	2143.3	6	-	-	-	-	-	-	35～39
282.4	900.4	364	333.4	1072.0	315	362.8	1500.9	490	376.7	1185.9	1	-	-	-	40～44
303.5	831.8	254	316.1	853.0	237	345.8	816.7	274	405.6	1481.5	278	354.5	0.0	3	45～49
268.6	662.3	150	365.7	803.1	158	368.8	843.1	123	365.2	1457.1	149	487.4	1854.9	85	50～54
261.7	315.8	104	316.6	734.8	82	361.4	688.9	97	334.1	1377.2	95	489.6	1524.7	182	55～59
220.0	183.3	67	262.6	314.9	56	281.3	336.4	55	303.6	1090.4	36	307.4	553.4	108	60～64
312.5	33.9	36	204.7	302.3	35	257.4	761.9	2	167.2	21.8	10	243.6	751.5	26	65～69
202.4	12.0	17	-	-	-	122.4	0.0	1	-	-	-	207.5	360.6	26	70歳～
319.5	**1089.5**	**3 899**	**378.6**	**1246.2**	**2 249**	**441.1**	**1604.2**	**1 660**	**526.1**	**2099.0**	**1 311**	**463.4**	**1657.2**	**1 140**	**大学・大学院卒**
-	-	-	-	-	-	-	-	-	-	-	-	-	-	-	～19歳
-	-	-	-	-	-	-	-	-	-	-	-	-	-	-	20～24
-	-	-	-	-	-	-	-	-	-	-	-	-	-	-	25～29
320.5	1369.8	662	-	-	-	-	-	-	-	-	-	-	-	-	30～34
323.0	1282.8	1 176	424.0	1718.0	416	-	-	-	-	-	-	-	-	-	35～39
336.1	1219.2	679	420.0	1470.8	906	482.3	1964.9	365	364.8	1666.4	3	-	-	-	40～44
335.8	924.5	446	374.9	1237.0	297	485.2	1857.7	856	528.9	2135.5	440	-	-	-	45～49
319.0	985.2	341	317.6	790.9	237	388.1	1173.4	186	575.9	2266.2	616	542.6	1949.8	281	50～54
315.9	617.9	244	303.4	734.2	161	306.9	745.8	146	477.5	2135.6	171	520.9	2042.7	504	55～59
270.2	346.0	250	261.9	414.9	157	239.1	297.9	59	237.4	559.1	78	324.8	1022.8	279	60～64
232.8	198.9	77	259.7	267.0	53	205.2	76.8	27	238.9	276.4	2	329.7	432.5	59	65～69
180.2	121.3	24	196.4	172.4	23	187.9	353.6	20	-	-	-	189.1	67.7	17	70歳～
															女
224.9	**594.9**	**3 630**	**249.5**	**689.3**	**1 700**	**266.7**	**795.1**	**1 285**	**323.3**	**1056.1**	**1 036**	**326.9**	**1186.3**	**637**	**学歴計**
-	-	-	-	-	-	-	-	-	-	-	-	-	-	-	～19歳
-	-	-	-	-	-	-	-	-	-	-	-	-	-	-	20～24
230.6	830.5	62	-	-	-	-	-	-	-	-	-	-	-	-	25～29
260.7	1067.0	625	259.2	725.9	27	-	-	-	-	-	-	-	-	-	30～34
247.8	761.5	546	274.6	1066.5	354	226.7	657.8	54	-	-	-	-	-	-	35～39
247.6	665.3	568	285.8	850.1	377	293.4	1178.6	441	256.8	922.9	122	-	-	-	40～44
221.7	474.6	616	244.9	600.9	260	335.1	1012.5	258	360.0	1281.7	427	290.2	1131.4	92	45～49
190.1	314.8	582	248.5	569.4	275	252.9	546.3	134	444.7	1490.6	187	401.0	1638.8	254	50～54
189.0	339.8	389	206.1	440.7	212	209.7	350.7	176	259.3	763.0	157	314.2	1143.0	163	55～59
176.4	180.8	191	187.0	250.3	145	193.8	379.4	153	184.9	266.0	76	242.0	688.7	63	60～64
170.4	108.8	45	186.8	216.0	48	206.8	186.2	64	177.6	231.8	64	219.9	72.8	38	65～69
158.8	0.0	7	174.2	0.0	0	176.0	0.0	4	213.0	200.0	3	176.4	67.7	26	70歳～
202.2	**375.7**	**2 161**	**213.1**	**442.3**	**912**	**220.5**	**486.9**	**707**	**249.6**	**727.8**	**576**	**286.8**	**1022.5**	**438**	**高校卒**
-	-	-	-	-	-	-	-	-	-	-	-	-	-	-	～19歳
-	-	-	-	-	-	-	-	-	-	-	-	-	-	-	20～24
228.2	807.5	60	-	-	-	-	-	-	-	-	-	-	-	-	25～29
233.4	773.1	205	261.7	713.3	26	-	-	-	-	-	-	-	-	-	30～34
206.0	534.1	204	255.2	763.1	120	226.7	657.8	54	-	-	-	-	-	-	35～39
217.9	430.2	343	223.4	429.7	125	249.2	725.9	163	253.3	867.6	93	-	-	-	40～44
206.4	270.0	417	204.5	470.4	160	221.2	556.9	97	276.8	1005.7	184	290.2	1131.4	92	45～49
185.8	240.3	441	219.3	375.1	180	237.7	466.4	91	345.6	1040.5	62	326.8	1309.5	164	50～54
189.0	322.0	296	197.0	388.6	169	200.0	275.9	130	228.2	532.3	112	281.7	1024.2	108	55～59
177.1	191.4	157	181.8	264.7	109	193.8	395.1	135	178.2	258.6	63	191.3	522.0	29	60～64
184.6	116.6	30	162.1	100.3	23	211.8	129.7	33	176.9	217.0	59	230.6	69.8	34	65～69
158.8	0.0	7	174.2	0.0	0	187.8	0.0	3	213.0	200.0	3	139.1	51.7	11	70歳～

第2表　年齢階級、勤続年数階級別所定内給与額

企業規模	計
	1,000人以上

H 運　輸　業，

区分	勤続年数計			0年			1～2年			3～4年			5～9年		
	所定内給与額	年間賞与その他特別給与額	労働者数	所定内給与額	年間賞与その他特別給与額	労働者数	所定内給与額	年間賞与その他特別給与額	労働者数	所定内給与額	年間賞与その他特別給与額	労働者数	所定内給与額	年間賞与その他特別給与額	労働者数
	千円	千円	十人	千円	千円	十人	千円	千円	十人	千円	千円	十人	千円	千円	十人
高専・短大卒	**233.8**	**654.0**	**5 218**	**186.7**	**25.3**	**491**	**191.7**	**358.6**	**831**	**190.0**	**417.2**	**755**	**218.4**	**645.6**	**1 087**
～19歳	-	-	-	-	-	-	-	-	-	-	-	-	-	-	-
20～24	188.8	291.3	592	182.8	35.0	197	184.6	281.6	274	208.1	730.7	121	-	-	-
25～29	218.9	770.9	489	173.4	10.4	27	194.4	613.3	116	206.8	589.9	85	237.8	973.1	259
30～34	229.6	801.5	568	179.9	8.1	44	216.4	709.7	61	202.5	434.3	106	219.5	750.9	160
35～39	235.6	734.7	668	197.3	52.7	43	193.2	218.6	88	204.2	390.2	96	232.3	879.2	166
40～44	243.1	719.3	992	190.3	20.4	89	204.4	470.2	81	156.3	288.9	137	207.4	288.7	157
45～49	264.8	752.9	795	205.3	0.2	34	200.3	342.1	101	184.8	297.2	96	211.2	484.2	145
50～54	255.1	650.5	543	199.6	7.1	38	191.8	159.7	62	174.1	248.3	69	205.8	356.5	105
55～59	225.4	539.5	388	151.0	12.7	15	153.3	132.9	35	190.8	179.9	29	180.5	319.7	82
60～64	190.6	225.1	133	210.9	214.1	1	150.5	0.0	14	165.6	193.8	15	194.1	339.0	13
65～69	208.4	280.8	49	188.5	0.0	3	-	-	-	-	-	-	-	-	-
70歳～	296.5	0.0	2	-	-	-	-	-	-	296.5	0.0	2	-	-	-
大学・大学院卒	**268.9**	**818.8**	**5 090**	**206.5**	**31.5**	**601**	**235.2**	**633.3**	**1 249**	**246.9**	**733.4**	**795**	**259.8**	**962.2**	**1 178**
～19歳	-	-	-	-	-	-	-	-	-	-	-	-	-	-	-
20～24	213.2	336.8	966	197.3	12.9	378	223.4	544.7	586	219.0	616.7	3	-	-	-
25～29	242.9	765.0	1 324	215.6	58.9	79	232.9	618.6	347	245.4	755.3	543	254.9	1081.2	355
30～34	263.5	895.4	891	229.6	67.8	68	241.1	446.7	112	267.0	698.5	84	265.8	1044.3	403
35～39	281.2	1005.4	561	183.7	2.2	21	327.7	1944.9	65	235.4	477.9	52	272.5	820.1	133
40～44	305.9	1066.8	487	255.5	111.0	41	238.2	802.6	44	250.2	657.5	34	262.0	916.6	132
45～49	364.6	1133.7	387	156.4	26.6	1	277.0	794.2	31	239.1	216.8	32	235.1	723.7	68
50～54	361.8	1239.3	339	208.6	23.8	9	218.5	178.0	21	263.3	1500.3	37	255.0	624.6	69
55～59	264.9	719.2	89	130.6	2.6	4	251.9	553.9	25	175.8	271.3	6	216.4	391.8	15
60～64	266.9	548.7	45	-	-	-	203.2	108.9	16	195.2	323.8	5	274.6	177.7	3
65～69	125.0	314.0	1	-	-	-	-	-	-	-	-	-	-	-	-
70歳～	-	-	-	-	-	-	-	-	-	-	-	-	-	-	-
企業規模1,000人以上															
男女計	**299.5**	**1006.3**	**59 709**	**205.3**	**44.2**	**3 572**	**219.3**	**419.1**	**6 314**	**236.0**	**652.0**	**5 703**	**259.9**	**837.2**	**12 033**
～19歳	178.5	139.1	692	175.2	10.4	457	184.9	390.0	235	-	-	-	-	-	-
20～24	214.1	523.1	3 559	200.8	26.5	803	212.3	527.8	1 540	217.5	725.5	758	237.7	1042.2	458
25～29	245.5	875.9	5 865	208.1	44.5	490	225.3	548.3	1 009	244.3	896.5	1 354	257.3	1098.0	2 578
30～34	276.5	1011.0	6 472	196.1	15.0	334	226.5	399.9	762	241.3	634.1	620	279.5	1128.3	2 208
35～39	301.7	1010.5	7 054	239.8	63.1	269	242.9	313.3	676	258.5	659.5	697	272.8	764.6	1 639
40～44	317.1	1063.8	9 004	223.5	25.8	305	230.9	352.4	641	238.0	599.6	614	267.2	704.3	1 468
45～49	330.2	1037.0	9 093	208.8	24.7	305	216.4	398.6	530	236.6	415.9	596	260.6	667.7	1 327
50～54	344.4	1204.4	7 314	219.3	47.8	201	208.1	274.2	304	205.7	474.7	384	251.6	583.6	964
55～59	352.1	1427.8	6 730	180.4	6.9	173	195.5	314.6	270	266.7	766.8	287	230.2	467.4	685
60～64	234.8	527.5	3 109	227.1	272.3	227	211.0	220.7	298	199.6	207.5	285	221.3	354.2	544
65～69	202.9	303.2	675	164.3	7.7	8	175.7	20.1	44	191.0	223.4	105	205.6	147.7	144
70歳～	200.7	324.2	143	-	-	-	135.4	0.0	5	202.1	306.7	4	171.9	238.6	18
男															
学歴計	**311.0**	**1065.7**	**50 521**	**212.4**	**52.6**	**2 660**	**222.9**	**399.8**	**4 788**	**243.6**	**683.5**	**4 447**	**269.7**	**858.4**	**9 755**
～19歳	179.8	151.5	545	175.5	13.2	343	187.1	385.5	202	-	-	-	-	-	-
20～24	215.5	552.2	2 507	201.9	25.8	488	209.5	510.6	1 027	222.8	728.0	609	237.2	1055.0	383
25～29	248.2	896.1	4 480	214.0	48.0	377	226.2	506.4	737	242.6	956.6	948	260.4	1106.6	2 030
30～34	284.5	1052.9	5 202	214.9	18.4	207	228.9	390.0	586	244.8	688.9	493	287.2	1157.7	1 802
35～39	312.5	1060.7	6 024	244.7	63.3	241	251.0	329.4	561	272.2	703.6	550	284.0	775.3	1 388
40～44	328.8	1114.4	7 764	230.6	27.9	255	240.0	310.1	518	261.2	715.7	460	280.9	728.4	1 220
45～49	340.3	1092.8	7 857	217.3	27.4	234	227.5	469.3	358	245.9	455.8	503	275.5	701.2	1 057
50～54	358.3	1278.0	6 376	227.6	59.3	161	217.2	318.0	244	226.6	526.1	262	270.6	600.9	762
55～59	365.3	1509.5	6 152	189.9	6.3	130	200.0	236.7	235	277.1	728.6	254	244.0	530.9	504
60～64	240.9	555.7	2 827	229.0	279.2	221	216.2	228.4	273	204.0	217.5	259	231.5	400.4	451
65～69	204.8	314.7	644	164.2	16.4	4	173.7	22.1	40	191.3	224.2	105	206.3	149.0	142
70歳～	200.8	326.3	141	-	-	-	135.4	0.0	5	202.1	306.7	4	169.2	246.4	16
高校卒	**304.3**	**1023.2**	**33 159**	**210.1**	**61.6**	**1 729**	**219.7**	**332.8**	**2 804**	**236.1**	**529.4**	**2 418**	**259.1**	**686.1**	**5 726**
～19歳	181.7	157.3	523	178.1	13.7	330	188.0	403.2	193	-	-	-	-	-	-
20～24	216.4	629.9	1 592	192.7	36.8	166	207.3	421.8	539	218.1	724.1	505	237.3	1056.4	382
25～29	242.8	797.2	2 109	203.8	50.9	206	228.1	334.2	239	234.1	611.1	205	244.4	930.2	1 070
30～34	273.7	893.6	2 547	214.1	9.8	149	227.1	319.4	346	243.5	653.9	226	262.6	759.2	588
35～39	299.8	920.1	3 473	245.8	61.5	201	252.6	270.6	362	270.2	606.7	306	278.4	631.8	781
40～44	317.4	1035.8	5 299	223.3	35.9	166	243.3	287.3	296	267.5	438.0	257	276.8	610.7	863
45～49	318.8	981.8	5 460	220.9	17.1	145	222.4	476.2	268	243.2	364.9	342	277.3	590.9	756
50～54	343.0	1249.9	4 676	220.7	58.9	124	205.0	225.4	168	233.5	611.7	170	263.7	557.7	527
55～59	362.2	1557.8	4 919	173.4	3.4	71	192.7	273.0	180	227.1	463.0	141	234.9	544.6	334
60～64	240.5	580.8	2 038	237.8	331.5	168	204.1	206.8	190	199.1	201.9	192	230.7	417.3	309
65～69	193.2	279.4	437	164.2	16.4	4	187.5	27.9	17	181.1	145.4	75	194.3	95.1	107
70歳～	201.6	307.2	84	-	-	-	135.4	0.0	5	-	-	-	155.5	100.4	8

及び年間賞与その他特別給与額

郵　便　業

10 ～ 14 年			15 ～ 19 年			20 ～ 24 年			25 ～ 29 年			30 年 以 上			区　分
所定内給与額	年間賞与その他特別給与額	労働者数	所定内給与額	年間賞与その他特別給与額	労働者数	所定内給与額	年間賞与その他特別給与額	労働者数	所定内給与額	年間賞与その他特別給与額	労働者数	所定内給与額	年間賞与その他特別給与額	労働者数	
千円	千円	十人	千円	千円	十人	千円	千円	十人	千円	千円	十人	千円	千円	十人	
238.3	**783.5**	**775**	**267.7**	**882.7**	**500**	**292.7**	**1176.2**	**380**	**380.5**	**1430.4**	**274**	**437.0**	**1593.4**	**124**	**高専・短大卒**
-	-	-	-	-	-	-	-	-	-	-	-	-	-	-	～ 19歳
-	-	-	-	-	-	-	-	-	-	-	-	-	-	-	20 ～ 24
302.5	1508.4	2	-	-	-	-	-	-	-	-	-	-	-	-	25 ～ 29
267.7	1246.1	197	-	-	-	-	-	-	-	-	-	-	-	-	30 ～ 34
257.0	823.7	129	277.8	1231.2	146	-	-	-	-	-	-	-	-	-	35 ～ 39
247.6	649.7	136	291.5	995.4	148	316.4	1444.5	233	289.9	1484.0	11	-	-	-	40 ～ 44
237.8	755.9	126	298.6	724.9	65	289.4	1097.6	60	405.6	1528.6	168	-	-	-	45 ～ 49
200.6	497.3	89	214.9	534.9	63	287.4	972.6	17	385.4	1422.1	43	570.8	2327.5	57	50 ～ 54
177.5	312.6	70	246.7	737.6	30	224.1	466.1	41	330.0	1295.0	41	373.4	1241.9	45	55 ～ 59
169.2	139.9	22	196.0	170.1	24	194.3	292.0	16	253.2	278.9	8	219.7	408.3	21	60 ～ 64
147.0	1.3	5	212.3	323.8	24	230.3	352.9	14	214.3	508.8	2	155.7	0.0	1	65 ～ 69
-	-	-	-	-	-	-	-	-	-	-	-	-	-	-	70歳～
290.6	**1145.3**	**625**	**342.0**	**1191.5**	**270**	**433.9**	**1431.4**	**152**	**503.7**	**1669.7**	**167**	**457.6**	**2017.2**	**53**	**大学・大学院卒**
-	-	-	-	-	-	-	-	-	-	-	-	-	-	-	～ 19歳
-	-	-	-	-	-	-	-	-	-	-	-	-	-	-	20 ～ 24
-	-	-	-	-	-	-	-	-	-	-	-	-	-	-	25 ～ 29
279.7	1180.6	223	-	-	-	-	-	-	-	-	-	-	-	-	30 ～ 34
285.5	956.8	206	301.1	1266.8	84	-	-	-	-	-	-	-	-	-	35 ～ 39
382.2	1759.9	79	352.4	1148.0	105	337.8	1458.1	43	352.8	1468.4	9	-	-	-	40 ～ 44
305.8	1424.5	57	333.7	993.4	34	500.8	1513.7	91	472.2	1445.7	73	-	-	-	45 ～ 49
205.6	691.9	44	481.3	1751.1	31	309.9	827.8	14	551.7	1870.3	81	473.7	2073.1	33	50 ～ 54
251.9	382.1	12	237.2	516.6	11	508.0	2231.0	3	484.0	2266.9	3	397.0	1980.0	10	55 ～ 59
194.7	192.1	4	235.9	276.4	6	186.4	0.0	2	279.5	1838.0	1	514.9	2084.7	8	60 ～ 64
-	-	-	-	-	-	-	-	-	-	-	-	125.0	314.0	1	65 ～ 69
-	-	-	-	-	-	-	-	-	-	-	-	-	-	-	70歳～
															企業規模1,000人以上
295.2	**964.9**	**9 268**	**331.7**	**1161.6**	**5 581**	**356.2**	**1378.2**	**5 645**	**387.8**	**1514.7**	**5 063**	**418.5**	**1931.5**	**6 529**	**男女計**
-	-	-	-	-	-	-	-	-	-	-	-	-	-	-	～ 19歳
-	-	-	-	-	-	-	-	-	-	-	-	-	-	-	20 ～ 24
268.3	1193.5	433	-	-	-	-	-	-	-	-	-	-	-	-	25 ～ 29
305.9	1300.0	2 239	323.4	1417.2	309	-	-	-	-	-	-	-	-	-	30 ～ 34
317.5	1123.2	1 744	353.3	1594.0	1 495	356.8	1580.5	535	-	-	-	-	-	-	35 ～ 39
305.1	940.6	1 702	369.1	1216.0	1 423	373.8	1606.7	2 059	361.9	1644.4	793	-	-	-	40 ～ 44
297.7	728.0	1 283	329.2	990.7	1 095	400.6	1430.5	1 460	406.6	1569.0	2 059	393.3	1686.9	439	45 ～ 49
272.9	655.6	838	288.0	727.3	543	334.9	1108.5	730	427.3	1619.8	1 340	441.8	2013.8	2 010	50 ～ 54
270.3	552.2	538	278.8	823.4	414	278.7	1035.1	592	334.4	1263.8	631	450.5	2208.6	3 140	55 ～ 59
231.8	375.2	316	220.4	380.4	210	213.1	459.9	215	244.5	737.9	187	274.7	996.7	828	60 ～ 64
183.6	362.5	142	214.4	367.6	75	176.1	260.4	35	197.6	665.3	43	271.5	535.3	79	65 ～ 69
189.3	138.7	34	180.7	215.3	17	221.5	474.3	21	174.8	120.5	11	241.5	627.7	34	70歳～
															男
305.1	**998.7**	**7 764**	**339.4**	**1198.7**	**5 006**	**359.6**	**1402.5**	**5 206**	**385.7**	**1531.3**	**4 625**	**421.6**	**1951.3**	**6 272**	**学歴計**
-	-	-	-	-	-	-	-	-	-	-	-	-	-	-	～ 19歳
-	-	-	-	-	-	-	-	-	-	-	-	-	-	-	20 ～ 24
272.5	1208.7	389	-	-	-	-	-	-	-	-	-	-	-	-	25 ～ 29
311.9	1315.4	1 822	325.6	1446.5	292	-	-	-	-	-	-	-	-	-	30 ～ 34
329.4	1188.3	1 444	360.1	1644.9	1 327	361.9	1614.9	513	-	-	-	-	-	-	35 ～ 39
310.9	959.6	1 439	373.2	1239.4	1 303	381.4	1644.0	1 847	372.5	1710.0	722	-	-	-	40 ～ 44
312.6	768.6	1 109	334.5	1003.9	1 025	396.5	1439.1	1 360	404.6	1596.3	1 840	413.6	1796.5	370	45 ～ 49
293.7	742.1	684	301.1	763.9	453	339.6	1120.3	699	418.2	1610.9	1 231	446.9	2046.2	1 879	50 ～ 54
289.5	605.2	433	290.8	847.4	361	281.3	1076.0	549	336.6	1280.9	592	451.9	2217.1	3 095	55 ～ 59
243.5	411.7	273	231.4	421.2	165	220.8	469.8	184	245.3	744.5	186	273.7	985.8	815	60 ～ 64
184.2	370.7	136	226.7	426.2	62	177.6	276.2	33	197.6	665.3	43	271.5	535.3	79	65 ～ 69
189.3	138.7	34	180.7	215.3	17	221.5	474.3	21	174.8	120.5	11	241.5	627.7	34	70歳～
291.4	**859.6**	**4 781**	**311.4**	**1050.0**	**3 183**	**330.5**	**1269.1**	**3 737**	**351.7**	**1417.8**	**3 404**	**416.5**	**1982.2**	**5 377**	**高校卒**
-	-	-	-	-	-	-	-	-	-	-	-	-	-	-	～ 19歳
-	-	-	-	-	-	-	-	-	-	-	-	-	-	-	20 ～ 24
272.5	1208.7	389	-	-	-	-	-	-	-	-	-	-	-	-	25 ～ 29
298.2	1210.5	957	326.0	1462.8	282	-	-	-	-	-	-	-	-	-	30 ～ 34
303.3	836.6	554	327.1	1464.5	786	362.2	1636.9	484	-	-	-	-	-	-	35 ～ 39
298.6	817.4	933	331.5	984.6	689	356.2	1515.8	1 375	372.9	1713.4	719	-	-	-	40 ～ 44
309.8	742.4	782	315.3	895.9	677	315.1	989.4	765	373.9	1513.2	1 357	413.8	1798.3	368	45 ～ 49
287.2	661.0	504	286.5	739.3	307	329.6	1101.4	541	336.0	1249.3	699	438.5	2061.3	1 636	50 ～ 54
281.3	598.2	351	276.0	775.3	262	278.5	1079.6	401	313.7	1139.1	484	441.3	2214.0	2 696	55 ～ 59
242.2	454.9	193	235.1	405.7	117	229.2	476.0	151	266.4	925.7	94	269.2	1003.3	625	60 ～ 64
188.9	405.4	95	204.3	266.0	47	186.9	474.7	11	198.9	697.5	41	211.7	392.7	39	65 ～ 69
197.0	203.5	22	182.0	224.8	17	250.8	446.9	11	174.8	120.5	11	280.4	950.4	12	70歳～

第2表　年齢階級、勤続年数階級別所定内給与額

企業規模	1,000人以上

H 運 輸 業 ,

区分	勤続年数計			0年			1～2年			3～4年			5～9年		
	所定内給与額	年間賞与その他特別給与額	労働者数	所定内給与額	年間賞与その他特別給与額	労働者数	所定内給与額	年間賞与その他特別給与額	労働者数	所定内給与額	年間賞与その他特別給与額	労働者数	所定内給与額	年間賞与その他特別給与額	労働者数
	千円	千円	十人	千円	千円	十人	千円	千円	十人	千円	千円	十人	千円	千円	十人
高専・短大卒	**304.0**	**1079.1**	**4 681**	**209.0**	**27.0**	**220**	**225.5**	**397.9**	**532**	**238.9**	**799.5**	**490**	**275.2**	**1034.4**	**1 140**
～ 19歳	-	-	-	-	-	-	-	-	-	-	-	-	-	-	-
20 ～ 24	214.9	492.4	271	183.6	18.1	59	207.3	465.7	123	246.6	848.5	88	-	-	-
25 ～ 29	264.0	1063.8	516	232.8	22.6	43	225.7	433.5	45	238.1	807.8	99	281.0	1361.6	330
30 ～ 34	290.1	1100.3	685	229.9	57.2	24	221.5	338.1	104	238.3	538.4	48	281.1	1136.6	214
35 ～ 39	320.1	1211.9	817	204.4	31.9	13	249.2	399.2	81	266.1	545.3	72	289.9	905.2	207
40 ～ 44	311.1	1109.2	898	226.4	1.0	34	228.5	252.0	110	245.4	1149.9	77	257.7	661.5	142
45 ～ 49	330.2	1115.0	667	195.6	8.1	37	241.8	398.4	19	239.0	1330.8	32	263.4	1025.6	117
50 ～ 54	334.4	1084.4	438	203.7	199.4	9	230.0	745.6	39	187.8	237.1	25	280.4	874.2	77
55 ～ 59	354.7	1326.8	248	139.0	26.6	0	191.8	183.6	5	188.1	1224.0	27	233.9	343.5	31
60 ～ 64	252.1	546.3	90	-	-	-	243.4	331.2	6	274.7	221.2	12	209.8	357.0	23
65 ～ 69	216.8	578.4	43	-	-	-	-	-	-	165.3	0.0	12	-	-	-
70歳～	287.1	926.8	8	-	-	-	-	-	-	-	-	-	-	-	-
大学・大学院卒	**342.6**	**1259.8**	**10 695**	**221.8**	**35.7**	**591**	**228.6**	**566.8**	**1 283**	**261.8**	**958.0**	**1 343**	**290.6**	**1191.0**	**2 609**
～ 19歳	-	-	-	-	-	-	-	-	-	-	-	-	-	-	-
20 ～ 24	213.1	398.0	613	211.7	19.1	260	214.1	676.0	350	218.2	900.8	2	-	-	-
25 ～ 29	251.1	1005.8	1 745	227.1	52.3	96	225.5	632.9	422	248.0	1122.5	615	275.8	1296.1	611
30 ～ 34	298.8	1273.1	1 886	210.5	31.1	31	240.7	611.5	124	253.4	851.1	191	303.1	1400.0	996
35 ～ 39	343.0	1362.4	1 518	249.7	103.1	23	250.9	481.2	108	287.6	1016.3	127	295.7	1065.5	349
40 ～ 44	397.1	1519.7	1 330	285.6	35.7	32	244.8	426.8	79	260.8	1051.9	119	322.5	1426.8	171
45 ～ 49	448.6	1620.8	1 302	228.1	84.9	41	243.0	496.0	54	269.3	466.5	80	279.2	984.6	127
50 ～ 54	453.7	1586.4	977	306.5	29.8	16	239.1	430.5	23	234.1	441.7	56	271.6	701.5	125
55 ～ 59	415.6	1410.0	742	209.7	9.7	59	224.7	130.9	38	396.9	1061.3	82	283.4	466.2	94
60 ～ 64	253.0	504.6	469	187.2	65.0	33	251.6	293.3	66	205.6	275.6	47	241.1	347.5	108
65 ～ 69	270.5	345.2	91	-	-	-	157.0	5.1	17	251.1	700.0	18	279.3	375.7	22
70歳～	192.1	436.8	22	-	-	-	-	-	-	202.1	306.7	4	190.0	500.0	6
女															
学歴計	**236.4**	**679.2**	**9 187**	**184.7**	**19.6**	**912**	**207.8**	**479.5**	**1 527**	**208.7**	**540.4**	**1 255**	**218.1**	**746.4**	**2 278**
～ 19歳	173.5	93.1	147	174.2	1.9	115	170.9	418.1	32	-	-	-	-	-	-
20 ～ 24	210.8	453.7	1 052	199.1	27.5	315	218.0	562.4	513	195.5	715.2	149	240.1	977.3	75
25 ～ 29	236.8	810.7	1 385	188.6	32.9	114	222.9	661.6	272	248.3	756.3	406	245.6	1066.3	548
30 ～ 34	243.7	839.1	1 270	165.6	9.5	127	218.3	432.8	176	227.7	420.2	126	245.4	997.9	406
35 ～ 39	238.5	716.8	1 029	197.4	61.7	28	203.4	234.4	114	207.3	494.5	147	210.8	705.4	251
40 ～ 44	243.9	746.8	1 240	187.4	14.8	50	192.5	530.6	123	168.3	250.9	153	199.8	586.2	248
45 ～ 49	265.7	682.8	1 236	180.8	15.7	71	193.2	251.4	172	186.3	199.0	93	201.9	536.4	270
50 ～ 54	249.7	704.0	938	185.9	1.2	40	171.5	97.9	61	160.6	363.7	122	179.9	518.6	202
55 ～ 59	211.7	558.3	578	151.6	8.6	43	164.8	835.7	35	186.8	1058.6	33	191.6	290.6	181
60 ～ 64	174.1	243.7	281	157.4	12.4	6	152.2	134.1	24	155.7	108.7	26	171.2	128.9	93
65 ～ 69	162.2	57.9	30	164.4	0.0	4	196.0	0.0	4	125.7	51.2	1	159.6	62.9	2
70歳～	193.0	178.0	2	-	-	-	-	-	-	-	-	-	193.0	178.0	2
高校卒	**201.1**	**473.2**	**4 343**	**171.6**	**11.2**	**449**	**174.7**	**258.2**	**558**	**183.9**	**370.0**	**556**	**191.1**	**514.2**	**1 132**
～ 19歳	173.8	94.8	144	174.7	2.0	112	170.9	418.1	32	-	-	-	-	-	-
20 ～ 24	198.6	579.3	304	198.9	43.1	52	179.7	446.9	74	181.8	653.7	103	240.1	977.3	75
25 ～ 29	188.5	565.1	328	159.7	3.8	56	155.3	179.7	35	172.8	338.8	54	202.1	831.2	140
30 ～ 34	206.0	438.3	404	147.8	4.2	65	177.4	113.7	76	188.7	139.6	50	204.5	385.9	73
35 ～ 39	209.1	576.7	469	138.9	5.4	6	181.4	83.2	42	213.8	508.4	95	175.5	572.2	114
40 ～ 44	203.9	466.8	646	191.4	20.8	34	181.3	347.2	102	173.9	90.3	89	192.4	552.5	141
45 ～ 49	206.5	452.9	766	181.2	16.0	67	176.8	111.2	117	185.7	209.8	51	191.7	447.0	204
50 ～ 54	209.0	517.8	609	177.6	3.3	15	163.3	77.8	42	173.1	196.7	70	171.0	515.3	170
55 ～ 59	207.3	549.4	410	153.2	5.4	34	162.3	1945.8	12	181.3	1321.3	24	196.7	256.4	130
60 ～ 64	162.7	176.9	234	157.4	12.4	6	154.6	154.0	21	152.6	24.9	19	166.9	103.4	81
65 ～ 69	162.4	54.6	27	154.7	0.0	2	196.0	0.0	4	125.7	51.2	1	159.6	62.9	2
70歳～	193.0	178.0	2	-	-	-	-	-	-	-	-	-	193.0	178.0	2
高専・短大卒	**248.1**	**843.6**	**2 030**	**190.7**	**39.9**	**157**	**190.5**	**584.6**	**309**	**187.6**	**496.1**	**278**	**227.0**	**845.6**	**453**
～ 19歳	-	-	-	-	-	-	-	-	-	-	-	-	-	-	-
20 ～ 24	195.2	338.6	208	200.7	61.0	68	176.5	297.4	95	226.2	845.9	45	-	-	-
25 ～ 29	239.2	1058.3	225	188.8	17.8	12	191.1	1076.1	55	220.0	797.6	27	267.6	1197.1	129
30 ～ 34	247.9	1067.6	279	170.7	0.0	24	224.7	1432.4	25	214.1	387.4	33	223.8	1108.6	71
35 ～ 39	242.5	823.6	293	207.0	98.2	17	186.4	200.7	46	196.7	545.7	42	227.2	875.8	81
40 ～ 44	262.8	993.4	397	176.7	3.3	10	264.7	1687.4	18	155.9	535.5	54	193.2	338.4	50
45 ～ 49	302.9	975.7	278	170.5	0.0	3	191.9	357.5	44	193.1	292.5	21	211.5	678.4	49
50 ～ 54	246.7	638.6	191	204.4	0.0	12	180.3	89.6	10	135.6	62.7	43	227.2	479.9	26
55 ～ 59	216.5	515.4	130	145.2	22.1	8	151.6	103.8	16	194.9	330.7	7	172.0	354.5	38
60 ～ 64	174.4	349.8	25	-	-	-	-	-	-	170.5	393.7	6	169.7	294.5	8
65 ～ 69	175.0	0.0	2	175.0	0.0	2	-	-	-	-	-	-	-	-	-
70歳～	-	-	-	-	-	-	-	-	-	-	-	-	-	-	-

及び年間賞与その他特別給与額

郵　便　業

10～14年			15～19年			20～24年			25～29年			30年以上			区　分
所定内給与額	年間賞与その他特別給与額	労働者数	所定内給与額	年間賞与その他特別給与額	労働者数	所定内給与額	年間賞与その他特別給与額	労働者数	所定内給与額	年間賞与その他特別給与額	労働者数	所定内給与額	年間賞与その他特別給与額	労働者数	
千円	千円	十人	千円	千円	十人	千円	千円	十人	千円	千円	十人	千円	千円	十人	
321.5	**1200.6**	**777**	**353.0**	**1413.9**	**642**	**378.4**	**1615.7**	**429**	**390.5**	**1444.4**	**289**	**460.7**	**1921.6**	**162**	**高専・短大卒**
-	-	-	-	-	-	-	-	-	-	-	-	-	-	-	～19歳
-	-	-	-	-	-	-	-	-	-	-	-	-	-	-	20～24
-	-	-	-	-	-	-	-	-	-	-	-	-	-	-	25～29
334.9	1536.2	286	316.2	1000.4	10	-	-	-	-	-	-	-	-	-	30～34
321.0	1135.5	169	382.7	1954.8	269	381.9	2143.3	6	-	-	-	-	-	-	35～39
317.5	1024.3	161	322.3	1185.4	153	409.7	1986.0	222	-	-	-	-	-	-	40～44
333.2	956.9	106	324.3	957.8	107	329.3	1308.3	91	442.4	1580.5	158	-	-	-	45～49
257.0	804.2	37	427.1	762.7	40	390.7	1129.1	65	344.7	1418.3	102	500.2	2061.4	45	50～54
238.3	392.6	12	363.8	1051.6	41	324.3	1192.9	34	258.3	765.6	21	524.2	2332.2	78	55～59
203.6	486.9	2	204.3	707.4	13	241.0	540.9	11	330.9	1128.4	6	321.5	790.2	17	60～64
196.6	255.4	5	234.5	651.7	11	-	-	-	171.8	0.0	2	257.9	1172.9	14	65～69
-	-	-	-	-	-	-	-	-	-	-	-	287.1	926.8	8	70歳～
342.1	**1349.3**	**1 853**	**420.9**	**1575.7**	**1 010**	**497.7**	**1992.0**	**823**	**570.0**	**2247.6**	**732**	**542.2**	**2118.5**	**451**	**大学・大学院卒**
-	-	-	-	-	-	-	-	-	-	-	-	-	-	-	～19歳
-	-	-	-	-	-	-	-	-	-	-	-	-	-	-	20～24
-	-	-	-	-	-	-	-	-	-	-	-	-	-	-	25～29
325.0	1410.0	544	-	-	-	-	-	-	-	-	-	-	-	-	30～34
359.9	1559.1	650	437.6	1914.5	260	-	-	-	-	-	-	-	-	-	35～39
352.5	1429.7	281	465.5	1692.9	425	523.3	2225.0	223	332.1	1481.0	1	-	-	-	40～44
334.5	822.5	157	406.3	1508.7	159	555.6	2238.1	431	585.7	2310.8	253	-	-	-	45～49
340.5	1244.4	106	299.8	818.1	89	375.1	1230.3	77	608.9	2368.3	365	599.6	2196.3	119	50～54
360.8	656.1	56	311.2	994.1	42	306.3	1183.1	64	553.6	2566.1	64	576.8	2438.6	243	55～59
277.1	381.2	49	233.5	395.9	30	154.6	341.5	5	228.9	645.6	50	337.9	1239.1	81	60～64
175.0	218.3	8	407.6	1388.4	5	171.0	55.5	12	-	-	-	702.2	68.6	8	65～69
176.0	120.0	2	-	-	-	192.2	501.6	11	-	-	-	-	-	-	70歳～
															女
244.1	**789.9**	**1 503**	**264.7**	**839.3**	**576**	**316.1**	**1090.0**	**440**	**410.6**	**1340.4**	**439**	**343.1**	**1447.8**	**258**	**学歴計**
-	-	-	-	-	-	-	-	-	-	-	-	-	-	-	～19歳
-	-	-	-	-	-	-	-	-	-	-	-	-	-	-	20～24
232.1	1059.5	44	-	-	-	-	-	-	-	-	-	-	-	-	25～29
279.7	1232.5	416	286.8	929.1	18	-	-	-	-	-	-	-	-	-	30～34
259.9	809.0	299	299.5	1192.2	168	239.1	778.6	22	-	-	-	-	-	-	35～39
273.4	837.1	263	324.8	964.4	121	308.0	1281.5	211	252.6	974.0	71	-	-	-	40～44
202.6	468.8	174	252.0	796.0	70	456.6	1313.3	100	423.7	1339.3	219	284.8	1098.8	69	45～49
180.5	271.0	154	221.7	541.8	90	228.9	841.3	31	529.8	1721.5	109	368.9	1546.1	130	50～54
191.4	334.9	105	196.9	659.4	53	245.6	508.8	43	301.4	1004.0	39	358.7	1627.4	45	55～59
155.6	139.4	42	180.3	231.2	45	167.0	400.8	31	154.4	58.9	2	338.9	1687.0	13	60～64
167.5	145.2	5	151.8	69.2	12	151.2	0.0	2	-	-	-	-	-	-	65～69
-	-	-	-	-	-	-	-	-	-	-	-	-	-	-	70歳～
206.3	**512.4**	**773**	**222.0**	**621.8**	**318**	**224.3**	**669.4**	**180**	**285.0**	**910.1**	**186**	**298.6**	**1232.7**	**190**	**高校卒**
-	-	-	-	-	-	-	-	-	-	-	-	-	-	-	～19歳
-	-	-	-	-	-	-	-	-	-	-	-	-	-	-	20～24
228.7	1037.9	42	-	-	-	-	-	-	-	-	-	-	-	-	25～29
250.9	956.3	123	292.8	924.1	16	-	-	-	-	-	-	-	-	-	30～34
211.0	611.5	118	264.6	882.9	73	239.1	778.6	22	-	-	-	-	-	-	35～39
218.7	510.3	153	241.3	638.8	23	256.7	891.5	52	226.2	779.2	51	-	-	-	40～44
185.3	303.2	120	212.4	673.6	46	218.4	762.2	12	280.2	981.6	81	284.8	1098.8	69	45～49
170.5	181.0	110	219.3	516.7	63	214.6	816.6	28	430.1	1166.2	33	305.8	1243.9	78	50～54
197.1	324.6	71	192.2	637.7	49	231.0	383.5	34	227.3	604.1	19	338.6	1585.1	36	55～59
152.3	126.4	31	172.4	232.7	37	167.0	400.8	31	154.4	58.9	2	148.4	620.8	7	60～64
169.0	156.5	5	153.3	51.3	11	151.2	0.0	2	-	-	-	-	-	-	65～69
-	-	-	-	-	-	-	-	-	-	-	-	-	-	-	70歳～
267.9	**1041.9**	**350**	**278.6**	**1060.6**	**148**	**307.8**	**1312.0**	**168**	**446.8**	**1514.3**	**132**	**404.2**	**1800.4**	**34**	**高専・短大卒**
-	-	-	-	-	-	-	-	-	-	-	-	-	-	-	～19歳
-	-	-	-	-	-	-	-	-	-	-	-	-	-	-	20～24
302.5	1508.4	2	-	-	-	-	-	-	-	-	-	-	-	-	25～29
289.7	1353.9	126	-	-	-	-	-	-	-	-	-	-	-	-	30～34
287.2	1144.5	54	315.4	1398.0	54	-	-	-	-	-	-	-	-	-	35～39
287.9	937.8	69	277.6	1028.4	49	316.8	1376.8	136	289.9	1484.0	11	-	-	-	40～44
257.1	1113.7	36	257.0	934.8	13	288.3	1236.0	23	471.2	1535.2	88	-	-	-	45～49
210.6	652.7	32	225.7	590.1	26	236.4	651.4	2	505.0	1493.7	16	408.3	1799.5	25	50～54
175.0	87.0	24	260.6	957.5	4	219.4	517.6	8	371.1	1447.7	18	420.1	1850.6	8	55～59
160.7	218.4	8	195.7	129.8	3	-	-	-	-	-	-	249.5	1547.1	1	60～64
-	-	-	-	-	-	-	-	-	-	-	-	-	-	-	65～69
-	-	-	-	-	-	-	-	-	-	-	-	-	-	-	70歳～

第2表　年齢階級、勤続年数階級別所定内給与額

企業規模	1,000人以上
	100～999人

H　運　輸　業，

区分	勤続年数計			0　年			1～2年			3～4年			5～9年		
	所定内給与額	年間賞与その他特別給与額	労働者数	所定内給与額	年間賞与その他特別給与額	労働者数	所定内給与額	年間賞与その他特別給与額	労働者数	所定内給与額	年間賞与その他特別給与額	労働者数	所定内給与額	年間賞与その他特別給与額	労働者数
	千円	千円	十人	千円	千円	十人	千円	千円	十人	千円	千円	十人	千円	千円	十人
大学・大学院卒	**287.8**	**891.6**	**2 668**	**202.7**	**23.6**	**276**	**244.7**	**620.7**	**649**	**258.8**	**826.0**	**404**	**263.7**	**1043.1**	**640**
～19歳	-	-	-	-	-	-	-	-	-	-	-	-	-	-	-
20～24	223.8	427.8	538	198.6	11.6	195	238.0	661.9	343	227.0	1141.2	1	-	-	-
25～29	257.0	849.0	817	224.4	73.0	45	245.7	629.3	182	263.1	822.1	325	263.0	1165.9	265
30～34	270.9	987.7	563	201.7	34.2	27	260.6	435.7	72	283.7	772.8	43	264.5	1048.9	254
35～39	298.3	921.0	242	-	-	-	268.7	535.4	26	206.1	257.3	5	291.2	895.0	46
40～44	350.3	1113.6	179	183.1	0.0	6	157.6	76.7	4	185.3	142.1	10	233.8	512.3	40
45～49	471.2	1273.4	176	185.8	93.1	0	378.4	1348.1	11	177.3	143.6	11	300.3	1219.8	16
50～54	468.0	1816.1	122	187.4	0.0	2	201.6	208.4	8	185.7	3946.1	7	230.3	797.5	6
55～59	291.7	816.3	20	-	-	-	155.5	0.0	2	249.4	643.6	1	213.3	530.2	11
60～64	392.2	1375.2	11	-	-	-	131.2	0.0	2	-	-	-	303.8	201.8	2
65～69	-	-	-	-	-	-	-	-	-	-	-	-	-	-	-
70歳～	-	-	-	-	-	-	-	-	-	-	-	-	-	-	-
企業規模 100～999人															
男女計	**261.8**	**512.4**	**65 450**	**214.4**	**41.5**	**4 362**	**226.1**	**278.3**	**9 276**	**236.3**	**381.3**	**7 588**	**250.2**	**440.2**	**14 251**
～19歳	175.2	99.5	344	174.1	4.8	209	176.9	245.1	136	-	-	-	-	-	-
20～24	196.8	295.0	2 624	200.6	43.2	758	197.3	329.2	1 259	189.8	500.9	465	194.3	663.6	142
25～29	223.7	468.7	3 356	214.0	30.7	393	216.9	376.8	960	232.5	571.4	892	224.6	611.8	963
30～34	241.4	527.7	4 691	214.7	49.5	555	233.4	345.7	891	240.9	451.6	733	246.9	676.2	1 553
35～39	264.3	577.0	5 970	237.7	26.7	365	235.3	379.9	942	235.3	410.6	726	262.1	584.9	1 539
40～44	277.5	631.5	9 845	225.2	59.5	532	241.5	290.1	1 098	245.0	427.6	1 168	268.8	549.2	1 996
45～49	285.6	579.2	10 899	210.8	26.6	500	245.8	251.3	1 135	254.8	320.6	1 017	264.7	427.9	2 258
50～54	289.2	600.2	9 254	217.0	31.4	411	240.7	199.3	914	245.1	353.6	843	260.1	316.2	1 833
55～59	281.2	584.0	7 825	223.0	54.7	317	220.3	203.3	764	240.9	360.9	622	250.1	321.1	1 437
60～64	235.2	308.8	6 326	237.5	98.6	228	229.3	164.7	684	235.6	181.8	590	234.1	269.1	1 505
65～69	208.5	145.2	3 348	185.2	3.1	86	199.2	106.9	438	210.0	121.6	406	208.2	119.6	828
70歳～	192.6	150.3	970	162.6	0.0	7	187.3	88.0	55	188.9	138.6	127	204.0	162.8	195
男															
学歴計	**269.7**	**519.2**	**56 184**	**223.4**	**46.0**	**3 399**	**232.4**	**264.0**	**7 676**	**244.0**	**381.7**	**6 321**	**257.0**	**436.1**	**12 228**
～19歳	176.7	119.8	220	173.5	5.3	129	181.2	280.7	91	-	-	-	-	-	-
20～24	202.0	309.8	1 680	210.9	60.3	464	201.6	328.1	792	191.9	482.1	311	196.6	730.1	113
25～29	232.2	469.4	2 370	224.2	34.0	301	223.8	378.8	682	241.7	565.6	617	235.2	624.3	636
30～34	246.7	519.3	3 886	215.7	44.9	470	241.5	350.0	736	250.7	449.6	583	249.1	654.2	1 295
35～39	270.9	558.9	5 046	244.9	28.6	325	235.2	296.4	787	241.8	429.5	608	267.3	570.6	1 291
40～44	285.0	640.4	8 540	229.6	53.3	425	248.8	295.4	911	251.9	453.3	1 014	279.9	561.1	1 675
45～49	296.0	592.4	9 407	230.8	36.0	353	252.7	248.2	1 025	266.5	351.4	841	275.9	448.8	1 939
50～54	295.9	610.1	8 193	231.3	38.3	321	247.8	208.1	811	248.4	333.2	748	269.0	333.9	1 600
55～59	291.1	607.3	6 936	226.8	57.2	299	225.2	198.8	682	246.8	376.5	572	258.5	331.9	1 272
60～64	239.6	314.7	5 793	239.6	99.5	222	230.9	167.4	672	247.5	199.7	526	235.8	267.0	1 418
65～69	209.6	142.3	3 194	185.1	1.1	84	199.6	105.9	434	211.7	126.0	391	208.5	116.8	804
70歳～	194.4	156.4	919	162.6	0.0	7	189.1	93.1	52	191.0	147.0	109	207.5	169.7	187
高校卒	**261.6**	**460.9**	**37 439**	**214.5**	**37.8**	**2 147**	**230.4**	**228.2**	**4 936**	**238.0**	**356.8**	**4 022**	**250.1**	**390.4**	**8 169**
～19歳	174.8	126.9	208	171.9	5.7	120	178.8	291.8	88	-	-	-	-	-	-
20～24	198.2	346.5	982	206.3	79.0	214	197.6	285.0	409	192.7	508.6	252	197.5	740.6	106
25～29	225.6	431.7	1 324	213.8	35.5	182	220.4	275.6	364	237.0	509.0	287	226.5	595.5	373
30～34	236.6	411.1	2 328	204.7	26.3	320	233.3	257.2	425	241.9	352.1	329	236.4	469.4	681
35～39	267.4	473.6	3 271	249.4	37.7	191	235.3	274.3	542	237.4	407.5	434	260.3	499.6	874
40～44	274.9	540.9	5 700	224.0	31.7	317	252.8	220.7	578	244.6	388.9	700	273.7	507.5	1 181
45～49	284.5	519.8	6 598	222.4	24.3	241	250.6	257.7	733	263.4	362.5	638	270.2	432.9	1 285
50～54	280.5	526.6	6 001	210.9	11.8	199	240.6	204.4	577	230.9	286.1	550	264.2	327.1	1 198
55～59	279.3	568.1	4 800	216.5	54.2	168	221.2	206.8	464	232.7	370.4	311	248.0	318.8	884
60～64	231.4	281.7	3 723	222.1	105.6	134	223.2	154.8	437	244.6	198.2	305	228.9	232.6	947
65～69	205.7	140.3	2 038	183.8	0.4	57	205.5	81.7	299	210.6	130.8	191	196.4	124.9	519
70歳～	195.5	164.8	467	167.5	0.0	6	186.4	161.2	19	192.7	255.3	25	203.8	149.1	122
高専・短大卒	**272.3**	**577.7**	**4 356**	**222.4**	**50.7**	**241**	**221.5**	**259.3**	**716**	**246.9**	**379.0**	**534**	**260.3**	**501.5**	**953**
～19歳	-	-	-	-	-	-	-	-	-	-	-	-	-	-	-
20～24	200.5	336.4	151	199.1	159.1	54	205.5	358.1	62	194.3	576.4	34	144.4	431.7	1
25～29	213.8	503.9	217	200.7	19.0	18	213.6	345.6	59	217.4	561.6	63	211.5	701.0	75
30～34	246.4	604.0	349	230.0	0.0	16	224.1	321.0	90	220.7	452.5	46	269.4	673.6	119
35～39	246.7	628.8	397	208.8	8.3	17	222.9	325.9	72	210.2	713.7	33	257.9	566.2	124
40～44	278.8	737.2	919	225.7	26.3	33	237.5	331.0	133	264.5	336.0	105	258.9	693.5	140
45～49	293.7	583.7	872	271.1	0.0	36	207.3	149.9	147	315.7	342.1	76	278.3	511.1	183
50～54	296.7	664.7	498	234.7	32.7	23	238.5	113.6	61	234.6	390.9	54	269.7	353.7	108
55～59	309.2	513.9	463	239.1	61.0	24	208.3	166.0	27	209.9	196.2	52	253.0	222.7	100
60～64	255.2	359.9	352	200.9	0.0	9	241.1	147.9	49	306.2	179.2	51	223.9	311.2	68
65～69	238.4	134.7	94	171.2	5.7	11	189.5	380.1	16	234.1	105.1	11	280.4	109.1	24
70歳～	230.2	17.0	43	-	-	-	-	-	-	105.6	0.0	9	390.2	0.0	12

及び年間賞与その他特別給与額

郵　便　業

10～14年			15～19年			20～24年			25～29年			30年以上			区分
所定内給与額	年間賞与その他特別給与額	労働者数	所定内給与額	年間賞与その他特別給与額	労働者数	所定内給与額	年間賞与その他特別給与額	労働者数	所定内給与額	年間賞与その他特別給与額	労働者数	所定内給与額	年間賞与その他特別給与額	労働者数	
千円	千円	十人	千円	千円	十人	千円	千円	十人	千円	千円	十人	千円	千円	十人	
307.0	**1162.9**	**353**	**381.3**	**1221.1**	**103**	**516.0**	**1520.1**	**90**	**566.9**	**1822.3**	**120**	**531.6**	**2301.6**	**34**	**大学・大学院卒**
-	-	-	-	-	-	-	-	-	-	-	-	-	-	-	～19歳
-	-	-	-	-	-	-	-	-	-	-	-	-	-	-	20～24
-	-	-	-	-	-	-	-	-	-	-	-	-	-	-	25～29
293.3	1344.5	167	-	-	-	-	-	-	-	-	-	-	-	-	30～34
297.2	857.5	123	339.9	1466.2	42	-	-	-	-	-	-	-	-	-	35～39
460.6	1932.6	40	411.2	1052.6	49	372.3	1607.4	23	368.2	1511.6	8	-	-	-	40～44
201.9	283.1	12	415.9	1150.7	11	563.6	1448.5	64	571.7	1571.9	50	-			45～49
193.3	1.5	9	326.6	1228.1	1	486.6	1490.0	2	590.7	2083.9	60	512.3	2175.4	27	50～54
149.2	41.3	1	-	-	-	706.5	3275.0	2	528.2	1313.8	1	489.3	1520.8	2	55～59
145.4	0.0	2	300.0	0.0	1	-	-	-	-	-	-	667.9	3411.1	4	60～64
-	-	-	-	-	-	-	-	-	-	-	-	-	-	-	65～69
-	-	-	-	-	-	-	-	-	-	-	-	-	-	-	70歳～
															企業規模 100～999人
263.2	**524.2**	**11 204**	**281.7**	**648.1**	**6 452**	**304.9**	**766.9**	**5 003**	**329.0**	**1085.4**	**3 943**	**341.5**	**1020.2**	**3 372**	**男女計**
-	-	-	-	-	-	-	-	-	-	-	-	-	-	-	～19歳
-	-	-	-	-	-	-	-	-	-	-	-	-	-	-	20～24
235.7	676.4	148	-	-	-	-	-	-	-	-	-	-	-	-	25～29
254.8	774.7	863	263.2	945.0	95	-	-	-	-	-	-	-	-	-	30～34
284.1	683.6	1 504	302.7	933.3	750	285.0	1054.8	143	-	-	-	-	-	-	35～39
275.9	645.7	1 955	314.6	874.6	1 710	324.9	1102.8	1 147	312.9	1043.2	238	-	-	-	40～44
282.7	547.1	2 072	284.8	566.9	1 151	345.8	881.7	1 472	347.9	1254.1	1 139	341.3	1351.3	155	45～49
269.5	506.3	1 669	288.2	685.3	790	302.4	700.8	923	367.9	1212.7	1 125	420.6	1454.0	745	50～54
249.3	387.4	1 149	265.6	512.5	813	275.3	455.2	656	334.7	1133.9	819	396.6	1300.3	1 247	55～59
233.0	266.4	980	235.0	302.7	709	227.3	332.6	439	230.1	588.2	458	252.8	565.9	734	60～64
206.7	151.8	653	222.9	164.2	289	208.3	128.6	142	204.0	233.5	138	217.3	254.6	368	65～69
200.6	142.1	211	173.9	159.8	145	175.6	176.4	82	182.7	313.7	26	203.8	130.2	122	70歳～
															男
270.9	**528.3**	**9 815**	**286.7**	**641.3**	**5 755**	**314.2**	**776.8**	**4 382**	**336.2**	**1099.8**	**3 492**	**341.5**	**1001.8**	**3 116**	**学歴計**
-	-	-	-	-	-	-	-	-	-	-	-	-	-	-	～19歳
-	-	-	-	-	-	-	-	-	-	-	-	-	-	-	20～24
235.8	732.8	133	-	-	-	-	-	-	-	-	-	-	-	-	25～29
262.2	762.4	711	266.2	965.3	91	-	-	-	-	-	-	-	-	-	30～34
291.4	675.3	1 314	316.8	919.0	605	304.4	1172.6	117	-	-	-	-	-	-	35～39
279.8	648.6	1 819	320.4	871.2	1 530	332.4	1085.4	973	326.4	1081.0	193	-	-	-	40～44
292.1	553.3	1 786	290.3	573.6	1 027	353.4	879.5	1 352	358.7	1253.6	948	346.6	1367.9	135	45～49
282.8	531.7	1 408	288.2	663.7	725	303.9	708.2	870	369.8	1213.0	1 067	414.8	1387.8	644	50～54
266.1	400.3	931	272.9	525.9	729	290.2	487.5	556	344.7	1185.7	725	401.7	1312.0	1 170	55～59
239.2	276.9	867	239.5	308.3	638	235.2	325.1	336	235.7	624.8	415	255.3	571.3	698	60～64
207.9	154.2	637	224.9	149.9	264	217.1	111.6	99	203.7	195.3	119	218.8	257.5	361	65～69
200.7	144.2	208	173.9	160.2	144	175.6	183.5	79	182.7	313.7	26	211.6	144.4	107	70歳～
267.2	**453.4**	**6 932**	**273.6**	**534.9**	**3 775**	**295.3**	**674.2**	**3 035**	**312.7**	**951.2**	**2 451**	**328.9**	**955.4**	**1 972**	**高校卒**
-	-	-	-	-	-	-	-	-	-	-	-	-	-	-	～19歳
-	-	-	-	-	-	-	-	-	-	-	-	-	-	-	20～24
229.6	817.9	118	-	-	-	-	-	-	-	-	-	-	-	-	25～29
252.3	649.8	492	264.9	1042.0	80	-	-	-	-	-	-	-	-	-	30～34
303.3	520.3	721	293.4	690.5	397	302.2	1163.6	112	-	-	-	-	-	-	35～39
274.4	538.9	1 270	291.0	669.6	858	321.9	1009.6	615	326.1	1072.0	181	-	-	-	40～44
285.3	482.7	1 381	282.9	502.2	774	327.1	671.1	807	332.3	1097.3	606	349.5	1399.0	132	45～49
280.5	445.6	1 093	275.6	555.5	458	288.4	641.5	717	330.1	993.5	769	376.2	1192.4	441	50～54
259.3	363.5	706	274.3	517.4	571	276.8	473.4	421	328.1	1029.8	502	373.6	1236.1	774	55～59
229.0	286.1	581	235.8	287.5	415	223.8	318.1	241	231.0	576.3	296	243.8	417.6	367	60～64
204.0	145.7	470	220.8	133.0	148	199.8	93.6	74	204.6	234.0	84	227.5	289.7	196	65～69
209.6	215.3	99	175.3	125.9	73	175.9	223.0	48	131.6	59.6	13	215.5	119.2	63	70歳～
254.8	**672.2**	**653**	**311.8**	**850.2**	**421**	**339.0**	**775.8**	**456**	**348.2**	**1414.8**	**240**	**411.1**	**1044.3**	**141**	**高専・短大卒**
-	-	-	-	-	-	-	-	-	-	-	-	-	-	-	～19歳
-	-	-	-	-	-	-	-	-	-	-	-	-	-	-	20～24
283.3	389.9	3	-	-	-	-	-	-	-	-	-	-	-	-	25～29
255.7	1034.1	78	-	-	-	-	-	-	-	-	-	-	-	-	30～34
250.9	764.0	91	277.5	1055.4	59	-	-	-	-	-	-	-	-	-	35～39
247.2	834.7	163	339.4	919.5	127	319.5	1133.4	217	376.7	1185.9	1	-	-	-	40～44
274.0	736.3	104	319.7	955.7	82	353.1	463.3	132	354.4	1353.0	112	-	-	-	45～49
238.0	727.4	74	352.1	1005.1	80	335.2	527.5	32	402.7	1749.4	32	495.2	1700.6	33	50～54
271.6	245.0	62	239.1	366.6	35	435.9	469.0	43	354.4	1621.5	62	507.4	862.0	59	55～59
228.6	111.9	50	255.1	230.3	30	289.3	264.5	30	290.5	1149.8	26	257.9	991.9	39	60～64
364.7	0.0	14	170.1	33.7	8	257.4	761.9	2	151.6	25.0	7	212.3	570.0	2	65～69
218.9	14.3	14	-	-	-	-	-	-	-	-	-	163.4	63.7	8	70歳～

第2表　年齢階級、勤続年数階級別所定内給与額

企業規模	100～999人

H　運　輸　業，

区分	勤続年数計			0年			1～2年			3～4年			5～9年		
	所定内給与額	年間賞与その他特別給与額	労働者数	所定内給与額	年間賞与その他特別給与額	労働者数	所定内給与額	年間賞与その他特別給与額	労働者数	所定内給与額	年間賞与その他特別給与額	労働者数	所定内給与額	年間賞与その他特別給与額	労働者数
	千円	千円	十人	千円	千円	十人	千円	千円	十人	千円	千円	十人	千円	千円	十人
大学・大学院卒	**309.0**	**788.2**	**9 581**	**244.0**	**72.3**	**775**	**247.2**	**400.3**	**1 478**	**272.3**	**494.1**	**1 116**	**284.9**	**629.3**	**2 085**
～19歳	－	－	－	－	－	－	－	－	－	－	－	－	－	－	－
20～24	212.3	243.9	478	219.5	13.2	184	207.8	388.7	293	－	－	－	－	－	－
25～29	244.2	552.8	712	244.8	36.0	96	231.0	569.1	236	250.1	659.9	224	255.5	692.0	157
30～34	266.1	779.5	947	224.2	73.3	97	263.8	595.4	172	279.0	677.6	132	263.3	939.0	439
35～39	296.0	869.6	1 013	219.4	26.3	71	268.2	514.6	86	294.4	430.2	80	296.9	852.5	233
40～44	330.5	1031.4	1 383	252.3	175.2	65	244.4	531.2	127	289.9	885.1	90	293.7	784.5	254
45～49	365.3	1089.4	1 238	259.4	149.4	45	346.2	313.1	93	269.8	250.5	83	305.7	650.6	209
50～54	377.7	1044.9	1 206	278.5	99.2	93	316.2	386.7	98	327.7	538.2	126	291.3	365.2	215
55～59	334.9	801.0	1 152	249.4	88.8	73	237.5	183.8	190	282.5	493.4	159	313.1	397.3	209
60～64	277.3	395.8	991	302.8	149.2	49	262.3	202.8	115	252.8	208.2	130	275.3	314.3	262
65～69	243.7	162.7	377	530.1	0.0	1	172.0	109.4	38	225.9	71.3	93	290.7	122.4	99
70歳～	190.3	122.7	84	－	－	－	190.5	4.1	31	－	－	－	229.3	199.1	9
女															
学歴計	**213.6**	**471.5**	**9 266**	**182.3**	**25.8**	**963**	**196.0**	**346.8**	**1 600**	**197.6**	**379.6**	**1 268**	**209.3**	**464.7**	**2 023**
～19歳	172.5	63.5	124	175.0	3.9	80	168.0	171.5	44	－	－	－	－	－	－
20～24	187.4	268.6	943	184.5	16.3	295	190.0	331.0	467	185.5	539.2	153	184.9	400.8	29
25～29	203.3	466.8	986	180.4	19.5	92	199.9	371.7	278	211.8	584.4	274	204.0	587.6	328
30～34	215.8	568.1	805	209.2	75.1	86	194.9	325.1	154	202.9	459.4	151	235.8	786.0	259
35～39	228.6	676.1	923	180.8	12.1	41	235.6	804.0	155	201.8	313.1	118	235.1	659.1	249
40～44	228.7	573.4	1 306	207.6	84.0	107	206.6	264.0	187	199.9	259.6	155	211.0	487.1	321
45～49	220.3	496.2	1 492	162.5	3.9	147	181.9	280.5	110	198.3	172.5	175	196.9	300.4	319
50～54	237.6	523.5	1 060	166.3	6.8	90	184.7	130.9	104	219.9	514.0	95	198.6	195.3	234
55～59	203.6	402.1	889	159.6	13.1	18	179.8	240.8	82	173.1	181.7	50	186.2	238.2	165
60～64	186.7	244.6	533	164.5	66.2	6	146.2	17.1	12	138.1	35.6	64	206.8	302.5	87
65～69	185.6	206.4	154	189.1	96.8	2	148.8	227.4	3	166.5	6.6	15	197.4	208.5	25
70歳～	159.4	40.7	51	－	－	－	156.3	0.0	3	176.1	87.8	18	122.7	0.0	8
高校卒	**194.5**	**307.0**	**4 885**	**162.5**	**23.4**	**444**	**175.2**	**148.3**	**728**	**182.2**	**208.0**	**576**	**190.5**	**271.5**	**1 089**
～19歳	173.3	64.5	122	176.2	4.0	78	168.0	171.5	44	－	－	－	－	－	－
20～24	168.0	320.8	252	154.3	9.8	29	158.4	286.4	99	176.5	420.8	97	187.1	419.9	27
25～29	177.9	171.4	349	171.8	31.3	53	164.3	49.7	98	184.4	220.2	47	181.9	298.3	136
30～34	188.5	363.1	320	166.9	74.4	36	182.2	289.9	101	188.9	350.5	60	203.2	534.4	68
35～39	196.6	301.3	388	154.1	2.2	17	191.5	70.8	94	167.2	159.4	45	210.2	378.3	110
40～44	210.3	378.9	646	187.2	112.4	37	203.0	125.8	115	224.9	264.7	65	187.2	274.0	158
45～49	201.5	337.7	923	149.7	4.9	114	165.3	111.8	54	201.9	113.4	92	188.4	251.8	207
50～54	208.0	347.1	687	151.4	3.0	64	178.0	77.8	50	173.1	125.8	44	188.5	120.4	154
55～59	190.2	321.3	633	158.5	20.2	11	148.3	106.6	55	175.8	146.8	35	185.1	238.6	126
60～64	184.7	235.3	431	150.0	30.7	4	144.5	17.9	12	132.8	9.1	59	201.4	229.4	71
65～69	178.1	173.1	97	162.7	174.2	1	148.8	227.4	3	166.5	6.6	15	186.2	224.0	22
70歳～	164.6	42.3	37	－	－	－	156.3	0.0	3	176.1	87.8	18	122.7	0.0	8
高専・短大卒	**228.4**	**598.8**	**2 268**	**183.4**	**13.7**	**262**	**197.5**	**260.3**	**366**	**189.7**	**402.5**	**354**	**210.3**	**580.9**	**416**
～19歳	－	－	－	－	－	－	－	－	－	－	－	－	－	－	－
20～24	187.1	279.8	319	173.2	16.8	116	192.8	308.7	148	200.8	756.7	55	－	－	－
25～29	204.7	550.0	215	159.8	4.5	13	206.4	198.5	44	207.0	526.7	45	208.3	756.2	114
30～34	213.7	600.4	231	205.0	5.3	13	221.5	178.6	24	196.1	448.5	67	216.7	539.3	63
35～39	235.4	825.4	249	192.2	22.0	19	216.6	366.4	22	208.9	291.6	24	236.7	1179.2	51
40～44	238.2	687.7	356	179.7	13.8	38	197.4	93.1	30	152.2	71.8	70	213.5	375.9	50
45～49	241.9	647.2	385	213.4	0.2	29	194.7	389.6	43	182.0	294.0	65	210.2	351.7	67
50～54	286.4	781.8	219	197.4	10.5	26	191.2	181.1	50	250.0	697.5	20	177.3	233.9	31
55～59	233.9	586.9	196	158.9	0.0	6	146.1	0.8	5	153.1	287.2	9	186.6	259.0	34
60～64	197.7	239.0	67	210.9	214.1	1	179.1	0.0	1	－	－	－	235.8	415.4	5
65～69	211.2	329.9	32	222.1	0.0	1	－	－	－	－	－	－	－	－	－
70歳～	－	－	－	－	－	－	－	－	－	－	－	－	－	－	－
大学・大学院卒	**249.6**	**787.6**	**1 857**	**217.6**	**43.7**	**248**	**230.1**	**745.4**	**461**	**235.0**	**675.7**	**321**	**256.2**	**914.5**	**417**
～19歳	－	－	－	－	－	－	－	－	－	－	－	－	－	－	－
20～24	201.5	227.0	367	199.0	17.0	150	203.1	373.0	216	213.6	267.0	2	－	－	－
25～29	224.3	677.7	416	209.5	2.9	25	225.8	686.5	130	220.0	692.9	183	236.4	846.5	78
30～34	253.8	805.0	251	252.4	101.0	37	217.6	571.6	29	257.3	761.7	24	266.5	1070.2	123
35～39	273.8	1180.8	255	235.3	9.7	5	423.3	3747.3	29	240.6	530.8	43	261.8	805.5	76
40～44	282.0	1068.7	227	270.5	143.9	30	274.6	1418.0	18	283.9	896.4	20	272.6	1172.5	76
45～49	284.0	1158.3	147	144.4	0.0	0	208.2	615.8	13	237.4	27.1	16	208.8	553.0	29
50～54	319.6	1097.5	129	470.0	324.9	0	187.1	177.9	4	287.8	1077.7	27	261.6	565.5	30
55～59	249.0	678.1	55	187.1	16.7	1	262.0	612.2	23	143.5	32.3	3	220.1	38.9	4
60～64	194.1	198.2	9	－	－	－	－	－	－	195.2	323.8	5	194.4	111.5	1
65～69	－	－	－	－	－	－	－	－	－	－	－	－	－	－	－
70歳～	－	－	－	－	－	－	－	－	－	－	－	－	－	－	－

及び年間賞与その他特別給与額

郵　便　業

10～14年			15～19年			20～24年			25～29年			30年以上			区　分
所定内給与額	年間賞与その他特別給与額	労働者数	所定内給与額	年間賞与その他特別給与額	労働者数	所定内給与額	年間賞与その他特別給与額	労働者数	所定内給与額	年間賞与その他特別給与額	労働者数	所定内給与額	年間賞与その他特別給与額	労働者数	
千円	千円	十人	千円	千円	十人	千円	千円	十人	千円	千円	十人	千円	千円	十人	
296.7	**889.1**	**1 501**	**350.9**	**1094.0**	**1 002**	**407.8**	**1406.4**	**614**	**482.8**	**1961.2**	**472**	**432.7**	**1524.0**	**538**	**大学・大学院卒**
-	-	-	-	-	-	-	-	-	-	-	-	-	-	-	～ 19歳
-	-	-	-	-	-	-	-	-	-	-	-	-	-	-	20 ～ 24
-	-	-	-	-	-	-	-	-	-	-	-	-	-	-	25 ～ 29
303.6	1188.7	106	-	-	-	-	-	-	-	-	-	-	-	-	30 ～ 34
277.0	960.7	417	420.8	1601.7	125	-	-	-	-	-	-	-	-	-	35 ～ 39
319.2	1029.7	304	382.2	1365.7	421	419.5	1481.6	119	371.1	1702.0	3	-	-	-	40 ～ 44
333.2	997.7	196	332.5	927.5	119	429.9	1588.1	343	470.4	2026.1	150	-	-	-	45 ～ 49
315.1	1037.6	148	330.6	929.6	106	429.4	1621.7	68	533.1	2062.7	208	504.1	1896.5	146	50 ～ 54
309.4	675.3	116	305.5	755.6	74	345.3	615.3	28	444.5	1989.5	90	487.7	1823.2	213	55 ～ 59
270.2	362.4	139	274.3	445.7	108	266.3	337.0	35	254.8	410.3	21	325.1	1005.5	133	60 ～ 64
205.4	204.8	60	250.9	118.7	35	266.5	121.1	11	-	-	-	272.8	530.3	39	65 ～ 69
174.8	200.0	13	173.7	234.0	14	183.2	190.0	10	-	-	-	210.6	90.0	8	70歳～
															女
208.8	**495.3**	**1 389**	**240.8**	**703.9**	**697**	**239.4**	**696.9**	**621**	**272.9**	**973.4**	**450**	**341.8**	**1244.8**	**256**	**学歴計**
-	-	-	-	-	-	-	-	-	-	-	-	-	-	-	～ 19歳
-	-	-	-	-	-	-	-	-	-	-	-	-	-	-	20 ～ 24
234.8	164.6	15	-	-	-	-	-	-	-	-	-	-	-	-	25 ～ 29
220.3	832.3	152	188.9	449.5	4	-	-	-	-	-	-	-	-	-	30 ～ 34
234.1	740.3	190	243.6	993.1	145	197.3	521.8	26	-	-	-	-	-	-	35 ～ 39
223.5	605.7	135	265.2	903.5	180	283.2	1199.9	174	255.6	882.3	45	-	-	-	40 ～ 44
223.8	508.5	285	239.1	511.3	124	259.8	906.5	119	294.3	1256.5	192	306.3	1241.0	20	45 ～ 49
197.2	369.1	261	288.7	927.8	65	277.4	579.4	53	334.2	1206.6	58	457.8	1877.4	101	50 ～ 54
178.0	332.4	219	201.7	395.4	84	192.9	276.9	101	257.5	733.4	94	319.5	1123.8	77	55 ～ 59
185.4	185.5	113	194.7	251.4	70	201.4	357.2	103	175.3	229.1	42	203.2	459.0	35	60 ～ 64
157.7	55.1	16	201.6	314.6	25	187.9	168.4	42	205.9	469.9	19	136.6	99.9	7	65 ～ 69
190.8	0.0	3	174.2	0.0	0	174.3	0.0	3	-	-	-	150.2	32.3	16	70歳～
198.4	**318.4**	**922**	**197.3**	**404.1**	**325**	**211.7**	**437.7**	**374**	**246.3**	**758.1**	**280**	**292.4**	**1121.1**	**148**	**高校卒**
-	-	-	-	-	-	-	-	-	-	-	-	-	-	-	～ 19歳
-	-	-	-	-	-	-	-	-	-	-	-	-	-	-	20 ～ 24
234.8	164.6	15	-	-	-	-	-	-	-	-	-	-	-	-	25 ～ 29
195.9	491.5	51	188.9	449.5	4	-	-	-	-	-	-	-	-	-	30 ～ 34
201.9	419.1	63	217.3	643.1	34	197.3	521.8	26	-	-	-	-	-	-	35 ～ 39
214.7	451.8	93	197.9	459.9	64	239.3	737.2	79	282.4	1038.5	35	-	-	-	40 ～ 44
210.0	265.1	205	202.0	417.3	83	205.4	564.6	55	271.4	1056.8	92	306.3	1241.0	20	45 ～ 49
197.9	314.0	215	202.3	469.9	30	257.0	291.2	38	252.1	932.1	26	348.2	1448.9	64	50 ～ 54
180.5	325.5	169	183.1	280.8	55	185.2	229.1	70	238.5	519.4	74	257.0	957.6	39	55 ～ 59
188.0	211.3	97	193.0	278.3	50	202.8	372.3	86	177.4	231.7	37	213.3	601.8	15	60 ～ 64
169.7	29.6	11	138.4	6.9	4	182.3	95.5	17	211.2	479.9	17	133.3	116.8	6	65 ～ 69
190.8	0.0	3	174.2	0.0	0	189.8	0.0	2	-	-	-	171.9	0.0	3	70歳～
210.4	**674.0**	**253**	**263.1**	**869.6**	**261**	**281.4**	**1098.1**	**168**	**335.3**	**1531.5**	**109**	**471.5**	**1595.9**	**79**	**高専・短大卒**
-	-	-	-	-	-	-	-	-	-	-	-	-	-	-	～ 19歳
-	-	-	-	-	-	-	-	-	-	-	-	-	-	-	20 ～ 24
-	-	-	-	-	-	-	-	-	-	-	-	-	-	-	25 ～ 29
228.5	1111.0	63	-	-	-	-	-	-	-	-	-	-	-	-	30 ～ 34
238.8	704.1	57	256.7	1179.1	76	-	-	-	-	-	-	-	-	-	35 ～ 39
209.8	544.7	20	302.2	1125.0	74	326.8	1674.9	74	-	-	-	-	-	-	40 ～ 44
203.0	543.3	48	308.8	575.0	27	290.0	996.6	31	340.6	1564.1	75	-	-	-	45 ～ 49
185.8	509.3	15	210.1	508.8	22	319.9	1160.1	10	337.8	1617.9	14	696.6	2736.4	32	50 ～ 54
170.3	402.0	40	251.5	744.1	22	210.4	379.8	29	317.7	1392.2	19	378.8	1076.9	31	55 ～ 59
169.1	0.0	10	199.3	177.6	19	195.6	315.8	15	258.1	728.0	1	199.9	323.5	15	60 ～ 64
-	-	-	214.3	376.5	21	209.2	290.0	10	-	-	-	155.7	0.0	1	65 ～ 69
-	-	-	-	-	-	-	-	-	-	-	-	-	-	-	70歳～
259.3	**1129.3**	**197**	**320.8**	**1234.2**	**107**	**330.7**	**1509.0**	**51**	**340.0**	**1280.8**	**43**	**355.2**	**1964.7**	**12**	**大学・大学院卒**
-	-	-	-	-	-	-	-	-	-	-	-	-	-	-	～ 19歳
-	-	-	-	-	-	-	-	-	-	-	-	-	-	-	20 ～ 24
-	-	-	-	-	-	-	-	-	-	-	-	-	-	-	25 ～ 29
239.3	826.6	39	-	-	-	-	-	-	-	-	-	-	-	-	30 ～ 34
259.9	1068.9	69	246.3	1015.4	33	-	-	-	-	-	-	-	-	-	35 ～ 39
282.2	1429.3	20	302.8	1192.2	42	298.7	1289.0	20	226.4	1114.0	1	-	-	-	40 ～ 44
350.7	2093.6	31	337.2	1010.9	12	366.9	1803.6	24	250.4	1164.6	23	-	-	-	45 ～ 49
200.2	747.5	28	620.3	2690.2	13	348.2	1615.6	5	447.7	1285.0	18	309.4	1841.9	4	50 ～ 54
164.6	158.1	9	187.6	171.7	7	267.3	900.0	1	446.0	3086.1	2	408.6	2350.0	7	55 ～ 59
167.6	17.0	0	-	-	-	186.4	0.0	2	-	-	-	210.0	0.0	1	60 ～ 64
-	-	-	-	-	-	-	-	-	-	-	-	-	-	-	65 ～ 69
-	-	-	-	-	-	-	-	-	-	-	-	-	-	-	70歳～

第2表　年齢階級、勤続年数階級別所定内給与額

企業規模	10～99人

H 運 輸 業，

区分	勤続年数計			0 年			1～2年			3～4年			5～9年		
	所定内給与額	年間賞与その他特別給与額	労働者数	所定内給与額	年間賞与その他特別給与額	労働者数	所定内給与額	年間賞与その他特別給与額	労働者数	所定内給与額	年間賞与その他特別給与額	労働者数	所定内給与額	年間賞与その他特別給与額	労働者数
	千円	千円	十人	千円	千円	十人	千円	千円	十人	千円	千円	十人	千円	千円	十人
企業規模 10～99人															
男女計	**261.9**	**270.1**	**47 835**	**226.8**	**34.2**	**3 546**	**244.2**	**160.7**	**7 516**	**249.3**	**218.3**	**6 261**	**257.2**	**255.1**	**11 084**
～19歳	174.5	68.7	160	165.1	10.0	98	189.5	161.8	62	－	－	－	－	－	－
20～24	209.4	214.5	1 022	199.3	11.4	210	209.5	185.1	511	214.0	415.0	226	222.5	381.0	74
25～29	230.8	280.4	1 437	212.7	22.7	243	229.2	192.4	463	232.8	384.2	308	242.1	436.0	396
30～34	253.7	305.2	2 787	230.4	21.1	319	251.9	213.1	650	251.3	352.2	513	254.9	383.0	874
35～39	263.3	312.8	4 204	220.4	47.5	373	251.8	197.3	809	256.0	216.0	752	270.2	368.2	1 016
40～44	278.9	312.9	6 975	242.1	42.3	532	265.8	156.0	1 137	260.3	229.9	1 019	270.4	271.0	1 623
45～49	286.4	316.8	8 162	248.9	29.8	553	257.8	145.2	1 147	269.1	225.9	943	276.4	268.4	1 823
50～54	277.4	300.4	7 225	239.0	28.6	458	255.6	175.1	876	259.4	164.9	807	261.8	252.9	1 583
55～59	268.8	282.5	6 111	220.1	44.0	264	242.6	155.6	776	254.2	156.3	656	255.4	200.3	1 332
60～64	239.6	191.4	5 179	219.5	51.1	312	230.3	101.2	605	230.2	170.6	606	239.3	175.1	1 190
65～69	214.0	110.5	3 578	195.2	36.4	156	195.0	84.0	410	201.6	56.7	333	220.8	111.5	932
70歳～	204.6	68.3	995	216.0	98.1	29	191.5	28.8	70	179.7	61.8	97	220.2	39.4	240
男															
学歴計	**267.8**	**268.8**	**42 959**	**233.7**	**38.2**	**2 979**	**250.1**	**159.1**	**6 637**	**254.4**	**216.2**	**5 659**	**263.7**	**250.3**	**9 915**
～19歳	181.2	87.4	101	168.0	2.9	57	198.3	197.6	44	－	－	－	－	－	－
20～24	217.2	214.5	783	208.6	9.3	146	216.2	173.3	406	220.7	414.6	182	237.5	417.9	50
25～29	241.7	282.8	1 146	219.9	20.2	184	242.9	190.7	355	242.8	389.3	242	251.5	420.9	341
30～34	262.3	308.8	2 369	244.1	26.1	242	259.8	205.4	572	256.2	357.4	461	264.6	388.6	726
35～39	269.4	310.9	3 753	228.6	56.2	310	259.2	198.4	711	264.7	217.9	670	275.2	364.6	913
40～44	287.5	314.3	6 088	245.5	46.0	446	275.6	155.5	990	269.7	237.1	910	280.4	271.1	1 386
45～49	293.3	318.8	7 342	258.6	34.7	474	261.9	149.4	980	273.7	227.5	849	285.9	262.8	1 625
50～54	284.9	298.0	6 449	246.5	31.0	390	259.2	176.0	817	263.5	155.0	742	270.9	243.8	1 378
55～59	274.1	282.4	5 639	222.6	46.3	251	247.0	156.4	721	256.6	151.5	605	262.8	206.5	1 218
60～64	241.8	190.8	4 931	220.7	51.9	307	233.7	103.3	567	231.3	176.9	581	240.6	177.0	1 142
65～69	215.0	109.9	3 391	192.8	36.4	144	195.4	81.9	405	202.6	57.0	326	222.3	111.8	900
70歳～	205.0	68.1	966	218.7	102.4	28	191.5	28.8	70	178.6	66.0	91	221.0	38.5	237
高校卒	**266.6**	**242.1**	**32 147**	**234.1**	**35.5**	**2 234**	**250.1**	**142.8**	**4 923**	**254.1**	**194.3**	**4 249**	**262.0**	**221.3**	**7 524**
～19歳	173.1	64.0	85	166.5	3.0	55	185.7	179.1	29	－	－	－	－	－	－
20～24	212.0	204.6	605	208.0	6.4	106	212.5	166.2	305	211.2	356.5	154	221.0	433.8	41
25～29	243.6	222.0	761	221.9	14.9	127	247.8	133.8	239	244.4	300.3	134	251.2	335.2	238
30～34	262.0	246.8	1 634	254.6	31.5	166	264.4	164.9	367	260.8	304.7	344	250.0	254.8	451
35～39	267.8	265.4	2 790	227.6	78.2	197	265.0	181.7	540	263.8	191.1	550	269.1	302.5	710
40～44	286.9	274.0	4 710	247.5	36.9	339	280.3	154.1	677	271.3	224.8	717	279.1	248.4	1 158
45～49	293.1	287.5	5 814	257.4	19.6	402	261.9	144.5	806	272.5	219.8	686	291.4	252.9	1 257
50～54	279.0	271.7	5 067	241.5	17.3	309	249.0	158.3	629	263.1	164.1	564	265.8	230.9	1 130
55～59	271.8	264.6	4 194	213.0	41.5	181	249.4	130.5	534	253.5	115.4	401	261.9	193.6	930
60～64	237.9	173.3	3 496	222.4	67.5	230	230.0	90.2	446	223.7	139.1	426	236.2	152.1	853
65～69	212.8	101.9	2 384	200.1	42.5	102	194.1	83.0	307	199.8	35.7	210	219.4	92.5	615
70歳～	198.0	71.1	608	222.1	133.7	21	197.3	21.6	44	173.4	48.8	65	202.7	31.3	141
高専・短大卒	**282.5**	**409.5**	**2 099**	**244.7**	**56.5**	**152**	**249.3**	**198.4**	**375**	**263.9**	**363.6**	**311**	**272.5**	**357.8**	**443**
～19歳	－	－	－	－	－	－	－	－	－	－	－	－	－	－	－
20～24	227.7	527.0	54	223.4	79.7	6	199.4	378.8	26	262.1	838.1	21	283.0	465.0	1
25～29	236.4	395.7	136	205.3	13.5	17	209.0	244.0	40	260.7	466.0	50	251.0	719.3	28
30～34	281.2	456.5	173	268.5	4.6	12	235.0	230.8	57	261.5	458.2	29	345.7	720.6	52
35～39	281.4	517.7	268	234.2	12.1	29	250.8	291.0	39	294.2	437.5	32	287.7	597.5	45
40～44	284.7	462.0	377	231.0	106.9	41	279.5	139.7	95	243.3	272.3	55	272.9	434.1	60
45～49	289.0	419.7	341	309.4	88.3	13	260.7	198.6	32	254.5	226.0	44	257.7	167.7	97
50～54	316.0	394.7	251	341.0	168.3	11	260.8	96.2	41	323.7	329.5	30	256.9	330.2	45
55～59	308.4	486.3	201	265.2	0.1	9	273.3	162.8	18	275.9	292.0	26	267.4	144.2	34
60～64	274.4	156.2	175	179.5	0.0	11	245.7	47.5	7	215.2	39.7	19	241.2	110.2	41
65～69	242.5	160.7	102	236.0	0.0	2	223.8	178.2	19	153.9	164.7	3	250.6	222.1	34
70歳～	221.9	95.3	22	－	－	－	－	－	－	250.0	490.0	1	332.4	0.0	7
大学・大学院卒	**286.3**	**516.2**	**3 524**	**241.5**	**79.0**	**280**	**254.1**	**335.0**	**618**	**259.1**	**351.1**	**531**	**286.0**	**506.7**	**833**
～19歳	－	－	－	－	－	－	－	－	－	－	－	－	－	－	－
20～24	206.2	217.5	42	207.9	0.0	17	205.0	368.2	25	－	－	－	－	－	－
25～29	241.8	496.1	166	239.9	48.3	24	251.4	441.4	53	223.9	498.6	52	254.9	867.0	37
30～34	258.4	595.6	325	230.3	35.3	23	239.3	385.6	80	240.6	635.9	57	278.6	730.8	153
35～39	276.2	540.2	399	248.9	2.2	42	230.3	286.9	71	272.6	418.5	45	305.7	658.3	101
40～44	313.0	693.8	420	270.4	145.9	22	254.8	247.1	80	291.2	458.5	72	299.2	546.9	68
45～49	308.6	688.4	490	251.0	189.0	39	245.9	251.7	75	298.3	427.2	61	278.3	587.3	86
50～54	329.9	593.4	470	271.0	180.5	26	367.4	683.0	51	256.7	128.2	72	305.6	415.1	91
55～59	283.5	430.0	576	233.6	124.2	31	241.0	372.3	92	269.9	277.7	93	278.0	337.6	125
60～64	266.6	310.6	404	243.7	2.2	40	270.7	196.1	64	228.3	189.4	46	286.6	277.6	81
65～69	258.8	202.2	176	172.8	66.0	12	228.8	125.7	27	215.6	90.4	25	284.8	281.1	71
70歳～	207.1	54.0	58	173.9	0.0	3	115.6	54.2	1	150.0	0.0	7	248.6	96.7	20

及び年間賞与その他特別給与額

郵　便　業

10～14年			15～19年			20～24年			25～29年			30年以上			区分
所定内給与額	年間賞与その他特別給与額	労働者数	所定内給与額	年間賞与その他特別給与額	労働者数	所定内給与額	年間賞与その他特別給与額	労働者数	所定内給与額	年間賞与その他特別給与額	労働者数	所定内給与額	年間賞与その他特別給与額	労働者数	
千円	千円	十人	千円	千円	十人	千円	千円	十人	千円	千円	十人	千円	千円	十人	
															企業規模 10～99人
273.2	**344.7**	**7 434**	**279.4**	**331.5**	**4 612**	**287.0**	**418.9**	**3 061**	**304.8**	**533.6**	**2 011**	**288.3**	**410.5**	**2 310**	**男女計**
-	-	-	-	-	-	-	-	-	-	-	-	-	-	-	～19歳
-	-	-	-	-	-	-	-	-	-	-	-	-	-	-	20～24
234.4	631.3	28	-	-	-	-	-	-	-	-	-	-	-	-	25～29
271.3	435.4	400	308.6	503.1	31	-	-	-	-	-	-	-	-	-	30～34
275.0	462.2	828	297.4	480.0	370	290.1	735.8	55	-	-	-	-	-	-	35～39
297.9	453.9	1 209	307.5	422.1	842	311.9	658.9	543	312.3	666.8	70	-	-	-	40～44
303.9	428.5	1 326	302.9	363.7	949	310.2	485.1	791	336.4	649.5	554	326.6	568.2	77	45～49
281.0	334.5	1 170	282.3	378.1	808	304.5	408.9	645	335.1	620.0	546	334.3	516.3	332	50～54
273.2	266.3	1 008	276.5	289.7	595	265.9	341.5	400	295.7	533.9	428	332.4	643.6	651	55～59
228.0	187.1	800	242.6	233.0	450	243.6	175.2	332	244.3	290.6	233	275.4	340.8	650	60～64
213.2	98.2	507	216.4	101.4	436	221.4	157.2	246	210.1	175.8	156	230.4	180.2	403	65～69
192.3	75.9	159	201.5	62.8	130	195.8	58.7	48	226.3	172.6	24	212.2	103.7	198	70歳～
															男
279.5	**340.3**	**6 696**	**283.1**	**318.1**	**4 185**	**290.3**	**413.4**	**2 837**	**311.7**	**539.3**	**1 864**	**289.8**	**404.4**	**2 187**	**学歴計**
-	-	-	-	-	-	-	-	-	-	-	-	-	-	-	～19歳
-	-	-	-	-	-	-	-	-	-	-	-	-	-	-	20～24
240.2	620.2	25	-	-	-	-	-	-	-	-	-	-	-	-	25～29
278.1	428.2	343	328.9	552.3	25	-	-	-	-	-	-	-	-	-	30～34
278.3	453.4	772	299.4	438.1	329	288.6	728.7	49	-	-	-	-	-	-	35～39
309.5	455.1	1 039	310.9	409.8	765	316.7	652.2	488	312.4	668.5	64	-	-	-	40～44
312.5	429.8	1 170	307.0	348.5	883	313.0	480.9	752	338.1	644.2	537	327.6	543.3	73	45～49
296.5	345.2	1 002	288.5	374.9	687	309.7	415.6	596	336.5	603.8	527	334.4	471.5	309	50～54
276.7	259.0	944	285.1	282.7	520	270.6	338.9	367	301.5	536.4	403	337.6	643.9	610	55～59
230.6	185.8	763	247.1	229.9	421	246.6	157.2	313	251.4	284.9	202	276.0	340.4	636	60～64
214.9	96.3	483	217.1	100.0	425	218.6	149.7	226	228.0	194.6	111	229.7	189.7	372	65～69
193.7	77.7	156	201.5	62.8	130	196.1	59.7	47	228.4	168.3	21	212.1	102.9	187	70歳～
278.2	**289.6**	**5 063**	**279.1**	**293.1**	**3 201**	**287.3**	**378.0**	**2 146**	**311.2**	**490.7**	**1 466**	**292.5**	**427.9**	**1 343**	**高校卒**
-	-	-	-	-	-	-	-	-	-	-	-	-	-	-	～19歳
-	-	-	-	-	-	-	-	-	-	-	-	-	-	-	20～24
236.4	646.5	24	-	-	-	-	-	-	-	-	-	-	-	-	25～29
278.3	373.5	281	331.1	532.6	24	-	-	-	-	-	-	-	-	-	30～34
272.3	327.1	526	301.6	455.2	219	288.6	728.7	49	-	-	-	-	-	-	35～39
310.2	348.0	818	303.7	329.7	575	308.7	573.9	368	309.1	671.8	58	-	-	-	40～44
310.5	370.4	915	308.7	324.9	694	306.9	380.6	544	338.4	611.4	445	317.3	538.0	65	45～49
292.4	297.2	781	281.7	365.8	541	304.6	407.4	492	318.5	433.7	407	342.4	521.3	214	50～54
275.9	233.2	727	278.7	244.8	403	270.7	382.7	238	300.9	493.7	346	325.8	634.5	435	55～59
225.7	196.3	534	242.0	232.4	311	251.8	150.8	231	267.5	310.4	135	276.3	324.4	330	60～64
207.3	101.3	360	216.1	102.0	345	225.3	152.9	185	239.1	252.3	61	225.9	167.4	200	65～69
201.8	78.1	98	180.7	75.8	89	196.1	71.8	39	233.3	255.7	13	210.6	115.3	99	70歳～
290.6	**600.7**	**290**	**311.4**	**542.3**	**200**	**333.4**	**710.7**	**164**	**390.7**	**1090.9**	**38**	**345.1**	**507.6**	**126**	**高専・短大卒**
-	-	-	-	-	-	-	-	-	-	-	-	-	-	-	～19歳
-	-	-	-	-	-	-	-	-	-	-	-	-	-	-	20～24
-	-	-	-	-	-	-	-	-	-	-	-	-	-	-	25～29
282.0	649.1	23	-	-	-	-	-	-	-	-	-	-	-	-	30～34
301.8	816.9	80	288.1	495.6	42	-	-	-	-	-	-	-	-	-	35～39
284.5	672.0	40	360.3	1131.9	35	343.5	956.4	51	-	-	-	-	-	-	40～44
302.1	758.8	44	291.8	448.1	48	356.3	847.2	51	394.4	1323.6	8	354.5	0.0	3	45～49
339.6	396.4	38	331.2	426.5	39	355.6	517.8	26	426.9	1071.4	14	365.0	1229.2	7	50～54
250.8	430.7	30	435.8	727.3	7	261.6	299.7	20	362.1	1161.8	11	407.7	1001.6	45	55～59
192.1	387.1	14	341.2	103.0	13	293.5	337.0	15	347.6	674.2	4	340.7	138.6	52	60～64
304.0	0.0	18	202.7	209.4	16	-	-	-	323.6	55.0	1	227.6	160.0	10	65～69
115.2	0.0	3	-	-	-	122.4	0.0	1	-	-	-	179.8	150.0	10	70歳～
305.5	**758.7**	**545**	**315.3**	**485.6**	**237**	**323.7**	**716.3**	**223**	**415.5**	**1687.1**	**106**	**337.1**	**753.9**	**151**	**大学・大学院卒**
-	-	-	-	-	-	-	-	-	-	-	-	-	-	-	～19歳
-	-	-	-	-	-	-	-	-	-	-	-	-	-	-	20～24
-	-	-	-	-	-	-	-	-	-	-	-	-	-	-	25～29
266.8	1155.5	12	-	-	-	-	-	-	-	-	-	-	-	-	30～34
279.1	868.0	109	319.1	492.0	30	-	-	-	-	-	-	-	-	-	35～39
341.9	1204.5	94	363.4	642.9	61	410.4	1934.8	24	-	-	-	-	-	-	40～44
343.6	942.4	92	378.8	882.8	18	346.1	982.6	82	380.4	1391.5	37	-	-	-	45～49
299.4	582.5	87	322.5	390.8	43	345.1	342.1	42	502.1	2382.4	43	465.2	533.7	15	50～54
291.1	494.7	71	292.7	454.1	45	287.5	288.7	54	365.6	1286.8	17	385.3	1014.8	48	55～59
264.7	280.5	61	236.9	275.4	20	211.8	216.3	19	245.5	390.6	7	307.9	791.8	66	60～64
462.6	143.2	9	222.6	206.8	13	117.1	0.0	3	238.9	276.4	2	273.8	355.2	12	65～69
189.3	0.7	9	232.3	74.9	9	-	-	-	-	-	-	172.1	50.0	10	70歳～

第2表　年齢階級、勤続年数階級別所定内給与額

企業規模	10～99人
	計

H 運輸業，郵便業

区分	勤続年数計			0年			1～2年			3～4年			5～9年		
	所定内給与額	年間賞与その他特別給与額	労働者数	所定内給与額	年間賞与その他特別給与額	労働者数	所定内給与額	年間賞与その他特別給与額	労働者数	所定内給与額	年間賞与その他特別給与額	労働者数	所定内給与額	年間賞与その他特別給与額	労働者数
	千円	千円	十人	千円	千円	十人	千円	千円	十人	千円	千円	十人	千円	千円	十人
女															
学歴計	**209.9**	**281.4**	**4 876**	**190.9**	**13.7**	**567**	**199.3**	**172.7**	**879**	**201.5**	**237.9**	**602**	**202.2**	**296.5**	**1 168**
～19歳	162.9	36.1	58	160.9	20.1	41	167.4	72.9	18	-	-	-	-	-	-
20～24	183.6	214.3	238	178.4	16.2	65	183.7	230.4	106	186.5	416.6	44	191.5	304.5	24
25～29	188.0	271.2	291	189.8	30.7	58	183.9	198.1	108	196.2	365.3	66	184.1	529.1	55
30～34	204.5	284.7	418	187.0	5.5	77	194.6	269.7	79	208.8	306.5	53	207.2	355.5	147
35～39	212.7	328.7	451	179.5	4.7	63	198.3	189.4	98	185.2	201.0	82	225.9	399.3	103
40～44	219.9	303.7	888	224.7	23.2	87	199.8	158.9	147	181.9	169.5	110	212.0	270.9	237
45～49	224.9	299.0	820	190.4	0.0	79	233.4	120.7	167	227.7	211.5	93	199.2	314.9	199
50～54	215.2	320.3	776	196.0	14.3	68	205.6	162.9	59	212.9	278.3	65	201.0	313.5	205
55～59	206.1	284.5	473	172.1	0.0	13	184.9	144.8	55	225.5	213.4	51	177.0	134.9	115
60～64	194.1	202.1	247	151.5	2.6	5	178.0	69.5	37	205.4	27.1	26	210.0	128.8	48
65～69	195.7	122.7	187	224.5	36.5	12	163.3	240.8	5	157.8	40.5	7	179.0	103.9	33
70歳～	190.9	77.7	29	155.7	0.0	1	-	-	-	196.9	0.0	6	161.8	101.1	3
高校卒	**202.3**	**207.1**	**3 208**	**192.3**	**7.9**	**397**	**201.2**	**148.8**	**528**	**198.0**	**180.6**	**398**	**190.0**	**214.1**	**787**
～19歳	162.4	39.9	51	161.4	20.5	40	166.0	107.7	11	-	-	-	-	-	-
20～24	182.5	233.2	109	174.9	11.3	18	181.5	197.2	46	184.8	414.9	23	188.6	305.0	22
25～29	178.5	142.0	138	189.2	0.0	42	179.4	131.7	52	170.4	132.0	15	162.9	319.5	27
30～34	194.6	223.7	262	185.7	2.3	56	200.6	291.4	54	187.4	153.4	29	185.6	238.1	86
35～39	196.3	239.9	242	182.0	1.4	38	189.4	201.7	59	165.1	156.6	48	204.6	319.5	53
40～44	213.4	198.9	542	247.0	14.6	38	205.0	84.5	84	179.9	110.5	92	201.5	227.6	155
45～49	215.4	200.7	602	192.2	0.0	77	228.1	116.8	133	223.3	147.9	78	193.0	244.9	147
50～54	203.3	232.1	535	197.1	15.3	60	195.1	173.0	47	214.8	314.0	51	182.3	201.3	123
55～59	202.0	240.2	383	188.8	0.0	10	195.2	35.3	32	230.8	274.7	37	175.3	109.7	104
60～64	191.8	216.0	165	151.5	2.6	5	183.1	127.0	4	228.3	10.1	17	217.1	119.7	39
65～69	198.6	119.0	156	224.5	36.5	12	163.3	240.8	5	164.8	48.4	6	175.8	121.1	28
70歳～	150.3	71.2	22	146.1	0.0	1	-	-	-	146.1	0.0	2	161.8	101.1	3
高専・短大卒	**216.0**	**372.0**	**920**	**190.2**	**35.4**	**73**	**180.5**	**141.1**	**156**	**195.9**	**280.9**	**123**	**216.2**	**354.4**	**219**
～19歳	-	-	-	-	-	-	-	-	-	-	-	-	-	-	-
20～24	176.7	196.8	66	173.7	59.5	13	170.2	104.3	31	188.3	418.3	21	-	-	-
25～29	187.5	416.4	49	163.5	0.0	2	174.9	193.6	17	179.1	376.8	13	209.6	720.4	17
30～34	204.6	314.9	57	164.2	41.9	7	188.0	253.0	12	210.5	542.8	6	214.3	276.0	25
35～39	219.7	346.0	125	189.4	30.2	8	183.3	96.1	20	210.9	250.8	30	238.0	427.4	34
40～44	217.8	310.0	239	203.5	30.6	41	179.0	171.3	33	179.3	423.4	13	214.7	166.6	57
45～49	251.4	591.9	132	114.5	0.0	1	246.2	139.1	13	185.4	326.3	10	213.3	459.8	28
50～54	216.1	452.8	134	203.7	0.0	1	260.0	0.0	2	195.3	114.6	7	212.5	368.5	48
55～59	217.0	439.6	62	-	-	-	157.8	211.9	14	218.1	2.6	12	192.6	393.2	10
60～64	189.2	124.2	41	-	-	-	149.2	0.0	13	162.3	59.0	9	-	-	-
65～69	206.9	209.8	14	-	-	-	-	-	-	-	-	-	-	-	-
70歳～	296.5	0.0	2	-	-	-	-	-	-	296.5	0.0	2	-	-	-
大学・大学院卒	**242.9**	**577.2**	**565**	**184.1**	**20.8**	**77**	**207.5**	**317.1**	**138**	**233.0**	**466.6**	**71**	**251.9**	**700.3**	**122**
～19歳	-	-	-	-	-	-	-	-	-	-	-	-	-	-	-
20～24	190.5	193.5	60	182.2	1.6	33	200.7	428.0	27	-	-	-	-	-	-
25～29	201.0	410.4	91	188.3	147.7	9	193.1	313.6	35	213.7	463.9	35	196.0	732.6	12
30～34	241.0	514.1	77	213.7	0.0	4	178.8	205.5	12	239.3	429.4	18	275.6	881.3	27
35～39	245.6	622.6	64	168.9	0.0	17	200.8	334.4	10	217.2	186.2	4	268.5	598.1	11
40～44	274.2	957.1	81	255.3	43.9	4	221.9	430.1	23	241.2	730.6	4	281.8	720.3	16
45～49	258.1	696.5	64	144.8	0.0	1	252.5	315.5	8	390.5	1001.3	5	221.6	583.3	23
50～54	277.6	653.9	88	195.6	8.6	6	247.8	149.6	9	224.0	0.0	3	253.4	647.9	33
55～59	289.6	744.1	14	120.0	0.0	3	-	-	-	170.0	340.0	2	401.3	533.0	0
60～64	236.8	301.7	25	-	-	-	211.8	121.8	14	-	-	-	-	-	-
65～69	125.0	314.0	1	-	-	-	-	-	-	-	-	-	-	-	-
70歳～	-	-	-	-	-	-	-	-	-	-	-	-	-	-	-
I 卸売業，小売業															
企業規模計															
男女計	**308.0**	**942.4**	**335 713**	**223.3**	**37.7**	**21 929**	**233.6**	**428.0**	**45 000**	**248.0**	**617.6**	**35 346**	**272.6**	**768.9**	**61 080**
～19歳	171.5	109.4	2 593	167.7	8.1	1 426	176.8	232.0	1 144	141.6	304.2	22	-	-	-
20～24	204.4	329.6	26 006	204.3	11.7	7 654	206.9	441.5	13 219	196.8	508.7	3 863	200.7	535.3	1 271
25～29	234.7	640.8	39 563	219.5	38.4	3 694	222.2	469.5	9 556	238.9	756.3	12 018	244.4	820.0	13 058
30～34	270.6	834.2	40 593	231.9	52.5	2 128	240.0	414.3	5 162	246.7	638.2	4 726	278.7	963.0	15 287
35～39	306.6	953.6	42 601	257.2	74.2	1 817	262.6	513.7	4 068	266.7	659.6	3 713	293.3	808.6	8 211
40～44	332.4	1075.7	49 330	244.3	41.7	1 626	276.6	425.1	3 486	274.8	554.4	3 141	293.7	755.0	7 650
45～49	364.0	1245.2	47 295	248.4	42.9	1 155	267.2	353.1	3 171	275.6	554.0	2 697	287.4	669.5	5 587
50～54	380.8	1345.6	36 718	264.5	43.4	990	254.2	368.0	1 987	263.8	471.2	1 948	283.4	587.6	4 099
55～59	377.7	1237.5	29 189	270.9	84.8	665	277.4	415.7	1 440	290.2	522.4	1 347	271.7	521.3	3 027
60～64	269.5	545.3	15 976	258.8	195.3	594	254.6	349.9	1 349	251.3	303.4	1 311	240.2	266.6	1 765
65～69	242.6	275.2	4 430	216.1	15.3	156	196.7	91.7	355	236.8	89.6	469	255.3	228.9	903
70歳～	222.4	187.1	1 417	352.1	50.4	24	210.4	130.5	64	249.1	78.6	91	193.4	160.9	221

及び年間賞与その他特別給与額

I 卸売業，小売業

区分	10～14年 所定内給与額	10～14年 年間賞与その他特別給与額	10～14年 労働者数	15～19年 所定内給与額	15～19年 年間賞与その他特別給与額	15～19年 労働者数	20～24年 所定内給与額	20～24年 年間賞与その他特別給与額	20～24年 労働者数	25～29年 所定内給与額	25～29年 年間賞与その他特別給与額	25～29年 労働者数	30年以上 所定内給与額	30年以上 年間賞与その他特別給与額	30年以上 労働者数
	千円	千円	十人	千円	千円	十人	千円	千円	十人	千円	千円	十人	千円	千円	十人
女															
学歴計	215.9	385.0	738	243.4	463.3	427	245.2	488.6	224	217.1	460.4	147	262.4	518.6	123
～19歳	–	–	–	–	–	–	–	–	–	–	–	–	–	–	–
20～24	–	–	–	–	–	–	–	–	–	–	–	–	–	–	–
25～29	191.5	714.0	3	–	–	–	–	–	–	–	–	–	–	–	–
30～34	229.6	479.7	56	221.0	290.8	6	–	–	–	–	–	–	–	–	–
35～39	230.0	581.6	57	281.7	812.9	41	301.4	788.6	7	–	–	–	–	–	–
40～44	227.0	446.7	170	272.8	545.1	77	269.5	718.6	55	311.5	650.7	7	–	–	–
45～49	239.2	419.3	157	248.2	563.5	67	254.5	566.5	39	280.4	820.9	17	303.5	1138.7	3
50～54	187.8	270.4	167	246.7	396.5	120	241.5	327.8	50	299.9	1052.7	20	333.5	1118.0	23
55～59	222.2	372.8	65	217.3	338.0	76	214.3	370.9	33	199.4	492.9	24	254.6	639.3	41
60～64	172.6	214.7	36	178.9	277.0	29	195.8	461.6	20	199.3	326.7	32	249.9	356.9	14
65～69	179.3	136.0	24	191.8	154.7	11	252.6	243.0	20	165.3	128.6	44	238.4	66.7	31
70歳～	132.2	0.0	4	–	–	–	182.8	0.0	1	213.0	200.0	3	213.7	118.2	11
高校卒	202.9	262.2	466	221.8	275.8	269	237.5	392.0	153	198.1	343.7	110	256.5	481.0	101
～19歳	–	–	–	–	–	–	–	–	–	–	–	–	–	–	–
20～24	–	–	–	–	–	–	–	–	–	–	–	–	–	–	–
25～29	191.5	714.0	3	–	–	–	–	–	–	–	–	–	–	–	–
30～34	225.7	510.8	32	221.0	290.8	6	–	–	–	–	–	–	–	–	–
35～39	192.1	452.5	23	297.7	429.7	14	301.4	788.6	7	–	–	–	–	–	–
40～44	219.6	282.6	97	255.3	253.9	38	261.0	424.4	32	311.5	650.7	7	–	–	–
45～49	225.9	238.2	92	199.3	308.8	30	250.8	464.7	30	296.6	763.3	11	303.5	1138.7	3
50～54	177.7	159.7	116	225.3	238.1	86	234.0	342.0	25	243.5	653.0	3	338.8	1130.1	21
55～59	204.3	308.3	56	212.3	290.7	65	200.3	263.4	26	189.8	509.7	19	249.3	495.0	33
60～64	166.8	193.2	29	171.6	288.2	21	197.0	491.5	19	181.3	314.6	24	187.4	262.9	7
65～69	201.4	171.9	14	188.1	223.4	8	258.3	192.3	14	163.3	113.4	43	251.4	59.7	28
70歳～	132.2	0.0	4	–	–	–	182.8	0.0	1	213.0	200.0	3	126.6	71.3	8
高専・短大卒	218.9	416.8	171	262.8	632.8	92	278.4	954.3	44	263.5	759.3	33	282.6	902.4	11
～19歳	–	–	–	–	–	–	–	–	–	–	–	–	–	–	–
20～24	–	–	–	–	–	–	–	–	–	–	–	–	–	–	–
25～29	–	–	–	–	–	–	–	–	–	–	–	–	–	–	–
30～34	229.1	607.6	8	–	–	–	–	–	–	–	–	–	–	–	–
35～39	224.0	237.6	18	251.8	923.6	16	–	–	–	–	–	–	–	–	–
40～44	203.9	266.6	47	287.0	542.1	25	281.0	1113.7	24	–	–	–	–	–	–
45～49	260.5	692.2	42	309.3	778.5	25	290.7	1078.8	5	247.4	938.7	6	–	–	–
50～54	198.2	372.0	41	203.6	479.4	16	239.7	705.4	5	293.1	1137.6	14	–	–	–
55～59	233.1	586.0	6	210.0	517.7	4	327.5	971.1	4	235.2	430.8	5	287.0	1323.1	6
60～64	186.3	367.0	4	170.3	153.3	2	178.0	0.0	1	252.3	195.8	7	276.5	319.0	4
65～69	147.0	1.3	5	200.0	0.0	3	275.9	488.6	4	214.3	508.8	2	–	–	–
70歳～	–	–	–	–	–	–	–	–	–	–	–	–	–	–	–
大学・大学院卒	295.5	1105.4	76	313.0	1066.5	61	238.6	325.5	11	372.0	1280.1	4	277.6	753.9	7
～19歳	–	–	–	–	–	–	–	–	–	–	–	–	–	–	–
20～24	–	–	–	–	–	–	–	–	–	–	–	–	–	–	–
25～29	–	–	–	–	–	–	–	–	–	–	–	–	–	–	–
30～34	237.5	363.1	17	–	–	–	–	–	–	–	–	–	–	–	–
35～39	309.6	1279.5	14	320.0	1261.6	9	–	–	–	–	–	–	–	–	–
40～44	325.5	1750.2	19	295.4	1350.3	14	–	–	–	–	–	–	–	–	–
45～49	293.6	914.9	14	248.2	817.3	11	230.4	689.4	3	–	–	–	–	–	–
50～54	239.9	1295.2	8	384.7	1083.8	18	244.7	123.2	7	397.5	1126.2	3	262.7	956.0	2
55～59	597.0	1283.5	3	320.9	1099.4	4	212.4	730.0	1	–	–	–	241.0	1019.0	2
60～64	245.6	400.0	2	222.6	334.0	5	–	–	–	279.5	1838.0	1	375.8	672.5	3
65～69	–	–	–	–	–	–	–	–	–	–	–	–	125.0	314.0	1
70歳～	–	–	–	–	–	–	–	–	–	–	–	–	–	–	–
I 卸売業，小売業															
企業規模計															
男女計	307.9	948.7	53 334	341.3	1190.6	34 137	378.7	1427.6	27 743	422.0	1756.1	27 693	418.3	1630.4	29 451
～19歳	–	–	–	–	–	–	–	–	–	–	–	–	–	–	–
20～24	–	–	–	–	–	–	–	–	–	–	–	–	–	–	–
25～29	232.1	749.5	1 237	–	–	–	–	–	–	–	–	–	–	–	–
30～34	289.7	1059.0	12 578	253.2	776.5	713	–	–	–	–	–	–	–	–	–
35～39	329.5	1164.0	14 167	327.5	1225.3	9 688	304.4	1012.9	938	–	–	–	–	–	–
40～44	326.3	929.1	8 229	374.3	1495.5	11 649	363.8	1415.6	11 465	341.6	1295.4	2 083	–	–	–
45～49	323.7	897.2	6 395	367.1	1169.6	4 559	429.1	1786.1	9 609	417.7	1749.3	12 837	391.8	1402.4	1 285
50～54	309.8	751.1	4 376	339.4	959.8	2 962	373.3	1173.5	2 553	475.1	2146.8	8 788	449.1	1920.7	9 017
55～59	294.4	647.3	3 433	302.5	728.0	2 592	353.0	999.9	1 830	415.3	1524.8	2 627	466.2	1900.6	12 228
60～64	242.4	353.6	1 993	250.8	368.6	1 405	244.5	365.4	970	263.2	495.4	1 022	307.6	929.1	5 567
65～69	247.3	353.0	651	211.5	465.0	409	251.6	252.4	290	227.9	263.0	269	267.2	400.6	927
70歳～	205.7	129.2	276	208.3	161.9	159	187.2	114.3	88	227.6	435.9	66	248.8	263.2	427

第2表　年齢階級、勤続年数階級別所定内給与額

企業規模	計

I 卸　売　業，

区　分	勤続年数計			0　年			1～2年			3～4年			5～9年		
	所定内給与額	年間賞与その他特別給与額	労働者数	所定内給与額	年間賞与その他特別給与額	労働者数	所定内給与額	年間賞与その他特別給与額	労働者数	所定内給与額	年間賞与その他特別給与額	労働者数	所定内給与額	年間賞与その他特別給与額	労働者数
	千円	千円	十人	千円	千円	十人	千円	千円	十人	千円	千円	十人	千円	千円	十人
男															
学歴計	**345.0**	**1140.7**	**221 690**	**241.3**	**50.8**	**11 912**	**253.4**	**507.0**	**25 485**	**274.0**	**727.6**	**20 155**	**302.5**	**919.2**	**36 568**
～19歳	176.4	132.0	1 155	172.0	3.8	624	183.3	279.4	513	132.1	370.4	18	-	-	-
20～24	208.9	364.2	13 804	205.8	14.4	4 141	212.2	493.4	7 133	202.7	567.7	1 918	210.4	587.0	612
25～29	244.5	710.1	22 577	226.4	44.8	1 905	228.2	515.0	5 368	248.5	809.9	6 876	256.6	914.0	7 769
30～34	289.5	965.4	26 112	247.7	59.9	1 277	253.5	501.8	3 065	267.7	750.5	2 744	296.1	1074.7	10 103
35～39	330.9	1083.1	29 814	285.1	88.6	1 113	283.0	582.3	2 601	290.8	768.6	2 351	321.5	953.3	5 216
40～44	366.1	1248.6	34 570	279.9	48.1	877	323.4	538.0	1 960	327.0	735.8	1 780	328.0	911.1	4 581
45～49	412.8	1508.1	32 380	298.2	63.4	566	324.0	517.0	1 574	341.1	882.6	1 321	353.1	923.1	2 965
50～54	438.8	1665.3	25 218	343.3	73.2	478	319.7	580.2	983	331.1	711.2	906	366.7	896.8	1 856
55～59	437.0	1545.3	20 300	351.5	175.8	305	338.0	611.3	852	348.3	737.8	809	347.9	789.3	1 426
60～64	295.4	650.0	11 664	272.3	235.1	483	266.5	388.6	1 144	284.9	393.2	947	274.5	336.6	1 184
65～69	259.9	324.6	3 171	204.9	6.6	117	208.3	122.5	235	243.4	90.4	422	269.5	275.3	696
70歳～	238.0	216.0	923	352.1	50.4	24	219.0	145.0	58	286.2	111.9	63	201.7	209.3	162
高校卒	**302.2**	**784.7**	**74 478**	**217.5**	**44.5**	**4 158**	**226.6**	**307.8**	**9 255**	**242.0**	**458.7**	**7 232**	**263.1**	**577.5**	**11 890**
～19歳	177.1	130.1	1 121	172.9	4.0	601	183.5	282.8	506	127.5	34.6	14	-	-	-
20～24	193.8	351.6	4 261	188.7	8.5	639	189.3	292.8	1 861	195.5	503.5	1 195	210.6	611.6	566
25～29	224.5	468.9	5 457	196.4	20.6	561	211.6	272.2	1 364	231.4	452.6	1 108	231.1	653.7	1 803
30～34	252.5	551.2	6 931	222.7	19.9	485	220.3	278.2	1 171	238.9	517.9	1 040	259.6	593.1	2 066
35～39	283.6	679.3	8 592	239.2	83.1	493	244.2	366.8	1 041	256.8	513.6	1 046	273.0	647.1	1 659
40～44	322.3	901.5	11 526	232.1	25.4	409	268.0	367.5	832	276.4	470.9	717	283.6	642.7	1 909
45～49	343.3	979.5	11 159	230.2	4.5	269	263.2	384.4	855	269.7	468.5	582	294.0	548.4	1 266
50～54	370.9	1143.5	9 853	304.6	27.4	285	272.3	308.9	498	281.1	472.9	486	292.5	577.4	880
55～59	364.1	1077.8	8 031	259.9	255.4	146	236.8	254.5	371	249.8	397.9	388	277.3	524.3	715
60～64	267.7	522.8	5 289	236.0	310.3	184	246.8	298.0	584	228.3	313.7	404	239.9	255.6	625
65～69	234.6	271.6	1 761	173.9	5.4	69	203.6	145.3	136	238.6	57.7	227	214.2	189.9	321
70歳～	233.0	190.4	495	398.9	73.5	17	215.9	151.1	36	238.0	130.6	24	195.1	228.9	81
高専・短大卒	**314.9**	**983.4**	**31 115**	**217.3**	**37.6**	**1 740**	**234.7**	**470.6**	**3 585**	**253.6**	**666.1**	**2 509**	**279.6**	**793.1**	**4 943**
～19歳	-	-	-	-	-	-	-	-	-	-	-	-	-	-	-
20～24	198.4	400.4	2 974	187.7	16.9	832	199.3	474.8	1 476	210.2	719.7	655	193.1	421.8	9
25～29	230.4	644.9	3 339	205.5	46.6	267	208.5	358.6	547	229.5	611.4	664	241.2	834.3	1 825
30～34	268.8	878.1	4 170	233.5	58.9	202	247.9	530.9	448	262.9	781.7	370	275.7	796.6	1 022
35～39	313.6	966.3	4 659	322.3	16.6	145	295.3	555.3	374	312.2	662.7	214	305.2	809.0	643
40～44	341.9	1109.1	5 944	239.8	21.9	145	339.4	742.0	316	310.6	663.8	208	317.5	803.7	631
45～49	381.7	1316.2	4 751	287.6	281.4	71	255.3	148.7	125	297.9	485.4	169	330.2	831.1	399
50～54	396.3	1352.1	2 617	300.9	0.0	20	269.4	534.7	147	264.0	621.7	88	360.1	722.7	213
55～59	418.7	1318.8	1 749	257.0	154.0	9	206.7	156.2	52	448.7	949.1	65	296.2	415.0	111
60～64	266.7	530.3	681	196.7	1.0	33	234.0	90.0	45	197.5	393.0	65	245.0	222.9	52
65～69	265.1	170.3	189	195.4	9.6	17	214.8	15.9	55	186.3	62.8	11	209.8	221.6	30
70歳～	225.8	183.3	43	-	-	-	-	-	-	-	-	-	199.3	392.8	9
大学・大学院卒	**383.9**	**1439.4**	**112 189**	**267.3**	**60.5**	**5 806**	**280.3**	**677.7**	**12 254**	**304.3**	**949.7**	**9 964**	**334.4**	**1179.6**	**19 078**
～19歳	-	-	-	-	-	-	-	-	-	-	-	-	-	-	-
20～24	224.0	357.9	6 464	215.9	15.0	2 652	229.1	603.2	3 759	283.6	108.6	40	224.7	124.4	12
25～29	256.9	829.7	13 501	248.3	57.9	1 059	238.8	645.6	3 375	256.1	920.7	4 999	275.2	1071.6	4 067
30～34	313.2	1199.1	14 610	279.2	97.6	551	284.1	686.4	1 410	292.8	940.5	1 271	309.4	1267.6	6 879
35～39	362.1	1344.1	16 174	328.9	124.7	441	315.2	809.3	1 119	323.4	1061.5	1 047	353.7	1172.3	2 836
40～44	406.8	1552.6	16 730	372.8	92.5	295	382.1	664.2	768	376.4	983.0	818	376.4	1219.5	1 974
45～49	473.4	1962.6	15 894	383.5	65.6	226	441.1	829.6	558	435.3	1471.5	526	428.9	1375.4	1 225
50～54	504.7	2173.8	12 336	436.5	178.4	152	422.9	1066.5	313	432.3	1149.4	304	462.7	1353.2	734
55～59	501.2	1974.4	10 174	461.2	103.4	143	442.8	979.9	427	453.3	1125.7	337	450.1	1197.4	577
60～64	329.4	797.7	5 175	313.8	227.1	250	295.6	528.0	480	362.2	500.6	431	323.7	429.7	474
65～69	318.5	495.9	959	280.1	8.5	29	249.0	228.6	30	257.1	142.2	162	363.8	431.8	264
70歳～	289.0	227.8	174	249.6	0.0	8	232.3	19.7	16	372.6	118.5	29	228.8	183.6	37
女															
学歴計	**236.1**	**556.8**	**114 023**	**201.9**	**22.1**	**10 018**	**207.7**	**324.8**	**19 514**	**213.4**	**471.7**	**15 192**	**228.0**	**544.7**	**24 512**
～19歳	167.5	91.3	1 437	164.3	11.3	802	171.5	193.5	631	185.0	0.0	4	-	-	-
20～24	199.2	290.4	12 202	202.6	8.5	3 513	200.8	380.6	6 086	191.1	450.6	1 945	191.6	487.3	658
25～29	221.6	548.6	16 986	212.2	31.7	1 789	214.6	411.1	4 188	226.1	684.6	5 142	226.6	681.9	5 290
30～34	236.4	597.6	14 481	208.2	41.4	851	220.3	286.6	2 097	217.7	482.6	1 982	244.7	745.4	5 184
35～39	249.9	651.5	12 787	213.0	51.6	704	226.4	392.1	1 467	225.0	471.4	1 362	244.2	556.6	2 995
40～44	253.6	670.7	14 760	202.6	34.1	749	216.4	280.1	1 526	206.5	317.2	1 362	242.5	522.0	3 069
45～49	258.0	674.6	14 915	200.4	23.2	588	211.2	191.5	1 597	212.8	238.5	1 376	213.1	382.9	2 622
50～54	253.5	644.7	11 500	191.1	15.6	512	190.1	160.1	1 003	205.3	262.6	1 042	214.6	331.8	2 243
55～59	242.5	534.6	8 889	202.6	7.6	360	189.6	132.0	588	202.8	198.5	538	203.9	282.7	1 601
60～64	199.3	262.2	4 312	200.1	20.9	111	188.1	133.9	205	163.9	70.0	364	170.3	124.3	582
65～69	199.2	150.9	1 259	249.6	41.4	39	174.0	31.7	120	177.7	81.7	47	208.0	73.8	208
70歳～	193.3	133.1	494	-	-	-	132.6	0.0	6	165.2	3.6	28	170.8	30.0	60

及び年間賞与その他特別給与額

小　売　業

10～14年			15～19年			20～24年			25～29年			30年以上			区分
所定内給与額	年間賞与その他特別給与額	労働者数	所定内給与額	年間賞与その他特別給与額	労働者数	所定内給与額	年間賞与その他特別給与額	労働者数	所定内給与額	年間賞与その他特別給与額	労働者数	所定内給与額	年間賞与その他特別給与額	労働者数	
千円	千円	十人	千円	千円	十人	千円	千円	十人	千円	千円	十人	千円	千円	十人	
															男
342.0	1135.5	35 060	376.5	1379.6	24 015	407.6	1579.7	21 367	451.4	1908.5	21 889	433.5	1688.3	25 239	学歴計
-	-	-	-	-	-	-	-	-	-	-	-	-	-	-	～19歳
-	-	-	-	-	-	-	-	-	-	-	-	-	-	-	20～24
245.5	779.2	660	-	-	-	-	-	-	-	-	-	-	-	-	25～29
308.3	1205.2	8 567	278.8	987.2	357	-	-	-	-	-	-	-	-	-	30～34
350.0	1281.8	10 702	347.8	1326.7	7 133	319.8	1030.9	698	-	-	-	-	-	-	35～39
354.5	1086.1	5 746	394.1	1591.2	9 446	388.1	1515.1	8 776	374.9	1435.4	1 404	-	-	-	40～44
383.2	1168.5	3 720	407.4	1377.8	3 106	444.5	1866.3	8 339	446.2	1872.3	9 862	424.5	1539.8	927	45～49
380.6	1015.0	2 306	402.2	1254.1	1 717	407.4	1355.4	1 916	493.3	2249.8	7 672	470.4	1994.8	7 385	50～54
376.1	955.7	1 673	388.2	1043.1	1 261	404.8	1253.0	1 054	444.9	1713.0	2 078	482.1	1962.6	10 842	55～59
282.4	444.7	1 102	320.2	536.9	688	300.1	500.2	407	283.9	593.2	715	311.9	954.2	4 994	60～64
301.9	535.6	389	234.6	716.4	212	262.9	302.4	147	266.3	209.5	123	267.8	409.0	831	65～69
224.6	141.5	194	247.8	174.7	96	186.2	257.5	30	244.6	758.3	36	254.0	267.7	260	70歳～
304.6	762.5	11 209	323.7	878.2	6 840	345.4	1099.3	6 396	379.0	1292.3	7 059	393.8	1390.7	10 440	高校卒
-	-	-	-	-	-	-	-	-	-	-	-	-	-	-	～19歳
-	-	-	-	-	-	-	-	-	-	-	-	-	-	-	20～24
247.2	798.9	621	-	-	-	-	-	-	-	-	-	-	-	-	25～29
275.3	752.7	1 839	281.4	1020.0	330	-	-	-	-	-	-	-	-	-	30～34
312.1	800.6	2 021	297.9	879.4	1 716	325.7	1098.0	615	-	-	-	-	-	-	35～39
325.3	831.3	2 118	345.6	976.0	1 649	350.9	1249.0	2 610	376.9	1467.1	1 282	-	-	-	40～44
326.2	830.6	1 602	351.3	981.1	1 117	353.5	1092.8	1 476	388.2	1341.2	3 182	422.5	1636.0	810	45～49
332.2	778.9	1 141	340.4	829.6	780	348.1	979.3	858	391.7	1333.8	1 375	438.5	1734.9	3 549	50～54
312.1	735.7	894	329.0	810.7	663	361.1	993.9	504	387.7	1205.9	763	425.9	1499.3	3 588	55～59
257.0	417.3	608	310.2	517.0	369	285.8	481.1	217	287.4	580.6	334	283.8	765.9	1 965	60～64
294.3	560.4	247	222.7	437.8	154	268.4	335.8	85	214.9	221.5	101	235.4	302.7	421	65～69
214.7	151.8	118	253.5	200.2	61	186.2	257.5	30	207.9	140.2	21	266.7	233.3	108	70歳～
309.2	1039.3	5 348	346.5	1211.4	3 601	360.4	1265.9	3 844	409.5	1600.0	3 100	410.4	1435.2	2 444	高専・短大卒
-	-	-	-	-	-	-	-	-	-	-	-	-	-	-	～19歳
-	-	-	-	-	-	-	-	-	-	-	-	-	-	-	20～24
213.1	454.8	37	-	-	-	-	-	-	-	-	-	-	-	-	25～29
274.2	1084.6	2 129	-	-	-	-	-	-	-	-	-	-	-	-	30～34
307.6	988.4	1 358	323.6	1195.2	1 888	328.3	844.9	36	-	-	-	-	-	-	35～39
331.4	1056.2	823	354.4	1259.8	1 026	353.7	1274.3	2 710	353.8	1105.6	86	-	-	-	40～44
361.4	1139.1	549	382.3	1245.7	447	378.4	1286.9	777	410.4	1654.7	2 153	521.1	917.4	62	45～49
369.1	881.4	220	406.6	1222.1	146	366.4	1211.5	191	422.8	1640.8	585	430.7	1676.6	1 006	50～54
435.8	1078.6	174	589.6	1199.1	51	406.9	1356.5	104	410.9	1491.0	211	434.6	1527.7	972	55～59
315.2	306.6	29	339.3	419.4	23	328.5	370.3	25	234.0	534.4	57	285.7	743.6	352	60～64
250.9	175.8	9	210.0	860.0	6	240.0	0.0	0	900.0	0.0	10	276.6	336.5	52	65～69
210.2	132.7	20	264.0	124.7	14	-	-	-	-	-	-	-	-	-	70歳～
376.9	1415.3	17 894	413.7	1701.7	13 257	463.4	1998.2	10 847	509.0	2392.6	11 383	480.0	2056.4	11 706	大学・大学院卒
-	-	-	-	-	-	-	-	-	-	-	-	-	-	-	～19歳
-	-	-	-	-	-	-	-	-	-	-	-	-	-	-	20～24
316.6	787.1	1	-	-	-	-	-	-	-	-	-	-	-	-	25～29
338.2	1464.2	4 489	260.8	971.3	10	-	-	-	-	-	-	-	-	-	30～34
368.8	1475.0	7 236	386.4	1626.4	3 479	309.0	794.6	16	-	-	-	-	-	-	35～39
387.0	1311.9	2 700	412.9	1799.1	6 723	443.4	1910.2	3 443	367.0	1377.8	9	-	-	-	40～44
454.6	1584.0	1 470	458.7	1732.1	1 489	476.7	2144.6	6 000	505.9	2382.0	4 401	-	-	-	45～49
457.3	1381.8	870	467.9	1770.7	742	480.4	1807.1	833	525.7	2543.6	5 636	526.3	2454.9	2 751	50～54
463.4	1278.0	576	459.2	1357.3	487	465.4	1614.2	395	493.0	2124.1	1 058	524.1	2316.3	6 175	55～59
324.5	505.5	407	340.7	590.9	275	309.8	472.6	138	288.9	573.2	267	338.0	1145.9	2 454	60～64
335.6	568.9	112	279.1	1595.9	49	333.3	431.3	23	159.2	348.7	7	325.6	626.8	283	65～69
285.1	34.8	34	252.4	603.6	3	-	-	-	295.0	0.0	5	316.4	614.3	43	70歳～
															女
242.4	590.3	18 273	257.6	742.1	10 122	281.7	918.0	6 376	311.1	1181.4	5 804	327.7	1283.4	4 212	学歴計
-	-	-	-	-	-	-	-	-	-	-	-	-	-	-	～19歳
-	-	-	-	-	-	-	-	-	-	-	-	-	-	-	20～24
216.8	715.5	577	-	-	-	-	-	-	-	-	-	-	-	-	25～29
250.0	746.7	4 011	227.5	565.0	356	-	-	-	-	-	-	-	-	-	30～34
265.9	800.0	3 465	270.9	942.4	2 555	259.6	960.5	240	-	-	-	-	-	-	35～39
261.0	565.7	2 483	289.5	1085.4	2 203	284.6	1090.8	2 689	272.8	1006.1	679	-	-	-	40～44
240.8	519.8	2 674	281.1	724.8	1 454	327.7	1259.0	1 270	323.3	1341.6	2 976	307.4	1047.3	358	45～49
230.9	457.0	2 070	252.8	554.1	1 245	271.0	626.1	637	350.1	1439.1	1 116	353.0	1585.2	1 632	50～54
216.7	354.0	1 760	221.3	429.5	1 331	282.8	656.4	776	303.3	812.8	549	341.7	1415.5	1 386	55～59
192.9	240.8	890	184.2	207.1	717	204.3	267.9	563	215.2	268.2	307	270.6	710.0	573	60～64
166.3	82.3	262	186.7	194.7	197	239.9	201.1	143	195.7	307.9	146	262.2	328.4	96	65～69
160.4	99.9	81	148.7	142.6	63	187.7	39.6	58	207.7	57.6	31	240.8	256.0	166	70歳～

第2表　年齢階級、勤続年数階級別所定内給与額

企業規模	計
	1,000人以上

I 卸　売　業，

区　分	勤続年数計			0　年			1～2年			3～4年			5～9年		
	所定内給与額	年間賞与その他特別給与額	労働者数	所定内給与額	年間賞与その他特別給与額	労働者数	所定内給与額	年間賞与その他特別給与額	労働者数	所定内給与額	年間賞与その他特別給与額	労働者数	所定内給与額	年間賞与その他特別給与額	労働者数
	千円	千円	十人	千円	千円	十人	千円	千円	十人	千円	千円	十人	千円	千円	十人
高校卒	**206.0**	**377.5**	**50 656**	**174.9**	**18.8**	**3 657**	**182.6**	**194.0**	**7 575**	**185.2**	**242.5**	**6 147**	**193.9**	**309.3**	**10 559**
～19歳	167.9	92.7	1 415	164.8	11.4	792	171.7	196.2	623	-	-	-	-	-	-
20～24	179.6	311.5	3 990	170.3	16.2	459	178.0	262.8	1 765	179.7	408.3	1 149	190.9	490.5	617
25～29	193.2	348.0	4 458	173.8	31.8	447	184.8	202.3	1 084	186.2	233.5	801	199.1	459.5	1 573
30～34	202.1	340.1	4 470	191.5	31.4	327	192.6	201.2	680	187.1	248.2	734	193.9	327.8	1 057
35～39	214.1	408.4	4 800	177.6	17.9	316	192.5	168.3	615	195.4	257.4	574	215.1	379.2	1 152
40～44	215.1	442.6	6 836	175.8	17.8	405	180.0	203.4	716	186.2	217.2	773	200.9	303.4	1 530
45～49	221.7	461.2	7 875	185.4	10.9	331	192.8	160.9	916	193.5	169.2	784	192.7	284.4	1 507
50～54	216.2	434.7	6 622	180.2	17.7	280	175.1	107.1	563	192.2	218.2	638	187.9	217.6	1 474
55～59	212.6	407.1	5 723	171.5	12.2	199	176.1	123.2	383	171.5	118.2	350	179.7	185.4	1 027
60～64	183.1	205.2	3 187	164.3	29.6	78	184.8	131.7	152	159.0	73.7	285	164.9	96.2	464
65～69	191.3	160.2	947	205.1	73.4	22	166.9	45.8	79	174.5	82.7	34	182.5	73.3	113
70歳～	185.7	134.7	334	-	-	-	135.0	0.0	0	162.0	0.0	26	166.9	9.8	46
高専・短大卒	**240.5**	**598.6**	**26 218**	**194.0**	**30.7**	**2 144**	**205.3**	**275.7**	**3 991**	**211.7**	**408.9**	**3 236**	**226.2**	**491.8**	**5 617**
～19歳	-	-	-	-	-	-	-	-	-	-	-	-	-	-	-
20～24	192.1	252.1	3 002	186.3	7.6	925	186.4	273.7	1 293	208.0	508.1	757	215.8	419.1	26
25～29	210.5	428.3	3 165	193.6	41.9	385	194.5	307.0	674	209.9	449.8	748	223.8	588.8	1 344
30～34	227.8	493.1	3 300	202.2	63.0	232	213.3	276.5	517	214.0	433.8	330	225.1	510.3	1 091
35～39	242.7	673.1	3 221	228.6	62.4	160	210.7	389.6	278	213.5	406.7	306	235.6	522.6	789
40～44	252.7	698.6	4 206	201.9	64.9	192	237.2	250.6	463	216.3	364.4	357	234.8	467.9	750
45～49	271.6	776.8	4 249	195.4	18.4	168	231.0	241.9	362	225.6	278.2	334	214.9	420.0	718
50～54	271.1	820.0	2 505	159.5	44.7	54	213.6	263.6	259	212.7	324.6	259	236.0	529.3	426
55～59	261.1	672.2	1 838	198.3	7.6	19	212.3	132.3	121	186.1	221.5	113	225.0	263.2	363
60～64	208.1	402.5	581	255.0	0.0	4	165.7	20.3	19	185.8	75.0	17	179.7	187.7	76
65～69	177.5	95.3	117	121.0	0.0	6	154.7	0.0	6	186.4	79.1	13	185.4	98.5	35
70歳～	334.6	381.3	33	-	-	-	-	-	-	207.2	50.0	2	-	-	-
大学・大学院卒	**277.5**	**794.4**	**35 754**	**231.9**	**21.1**	**4 065**	**234.9**	**487.7**	**7 675**	**246.3**	**769.4**	**5 614**	**275.7**	**900.7**	**8 037**
～19歳	-	-	-	-	-	-	-	-	-	-	-	-	-	-	-
20～24	219.0	298.3	5 159	217.3	7.4	2 098	220.4	496.4	3 018	202.3	609.2	34	185.4	520.6	9
25～29	239.3	689.4	9 244	238.5	27.9	946	234.2	542.4	2 374	238.3	836.0	3 567	246.1	881.0	2 358
30～34	266.1	839.3	6 546	239.1	39.4	262	249.7	371.7	858	246.3	708.0	888	271.0	985.3	3 000
35～39	293.4	898.8	4 656	258.0	94.5	210	272.0	644.0	563	268.8	774.8	477	286.2	801.5	1 007
40～44	328.6	1075.2	3 626	280.5	40.8	145	266.5	484.8	339	263.0	599.4	221	336.0	1014.4	757
45～49	350.2	1184.5	2 581	272.0	83.1	84	248.8	237.9	270	265.5	430.5	234	302.0	727.5	345
50～54	353.6	1132.9	2 143	232.9	4.3	145	208.3	180.1	151	277.3	457.1	93	323.0	635.8	301
55～59	364.2	972.6	1 200	250.7	1.1	138	253.5	231.5	59	382.9	558.9	72	308.7	944.7	176
60～64	320.9	554.1	422	290.5	0.0	28	403.8	681.8	10	176.6	76.0	27	253.8	448.5	27
65～69	287.1	184.8	135	441.7	0.0	10	197.4	0.1	33	-	-	-	286.9	72.5	46
70歳～	196.3	61.1	41	-	-	-	-	-	-	-	-	-	194.0	93.6	10
企業規模1,000人以上															
男女計	**331.4**	**1235.1**	**125 954**	**224.0**	**38.3**	**7 166**	**234.9**	**489.9**	**14 404**	**251.7**	**724.2**	**11 580**	**271.8**	**881.1**	**22 971**
～19歳	177.8	121.7	1 088	173.2	10.9	619	183.8	270.4	465	185.0	0.0	4	-	-	-
20～24	213.2	367.2	9 942	215.3	12.4	2 983	214.9	504.0	5 238	205.8	572.2	1 266	199.7	548.1	455
25～29	245.5	785.4	15 148	226.5	33.3	1 193	229.8	574.8	3 052	249.8	909.6	4 722	254.8	950.8	5 551
30～34	286.7	1055.7	15 905	222.9	55.0	558	236.5	417.5	1 345	256.9	767.3	1 337	290.2	1136.3	6 829
35～39	329.2	1203.9	15 505	257.2	154.9	431	282.8	677.8	1 038	286.9	848.0	938	292.4	885.9	2 654
40～44	362.1	1423.6	17 489	263.9	35.2	410	282.9	475.7	858	291.2	663.9	939	298.2	933.8	2 088
45～49	402.0	1681.6	18 564	237.7	62.3	235	261.8	351.0	779	248.8	511.8	804	268.7	708.3	1 824
50～54	416.5	1794.3	15 205	281.7	26.2	296	239.2	393.7	683	223.6	368.6	582	242.7	479.2	1 519
55～59	402.0	1635.8	10 645	237.0	46.2	203	257.7	351.8	403	264.4	373.4	383	251.2	410.7	1 182
60～64	255.3	620.4	5 401	241.1	235.2	194	272.0	361.5	489	258.7	312.4	440	215.6	152.7	613
65～69	248.4	262.6	971	177.4	41.1	43	225.1	49.1	53	259.8	85.6	161	277.3	222.8	236
70歳～	175.2	79.0	91	-	-	-	128.6	0.0	0	202.8	568.9	5	166.2	22.3	19
男															
学歴計	**380.5**	**1554.4**	**80 488**	**244.2**	**55.7**	**3 314**	**257.9**	**594.1**	**7 439**	**284.5**	**914.8**	**5 960**	**308.7**	**1139.0**	**12 387**
～19歳	185.1	152.3	492	176.8	0.9	257	194.3	317.6	235	-	-	-	-	-	-
20～24	215.8	395.8	4 868	214.4	15.5	1 494	219.7	550.6	2 621	205.6	627.4	576	201.8	562.3	176
25～29	257.2	900.8	8 253	240.9	56.0	466	236.3	659.4	1 647	261.1	1002.2	2 539	268.1	1076.3	3 226
30～34	311.0	1257.5	10 035	240.4	69.2	274	265.1	561.7	721	296.2	1005.9	676	310.5	1300.8	4 341
35～39	361.1	1401.4	10 512	304.1	175.6	230	315.4	872.2	558	328.1	1146.4	558	332.2	1155.9	1 548
40～44	407.8	1694.5	11 803	348.5	44.7	155	350.4	636.7	432	376.0	1034.5	481	357.5	1277.1	980
45～49	462.8	2065.8	12 683	322.1	158.6	73	350.9	545.5	340	348.7	1132.7	290	354.9	1194.7	751
50～54	491.7	2282.3	10 273	430.0	41.4	121	325.1	734.1	247	295.3	748.1	197	359.9	1070.2	435
55～59	478.4	2129.4	7 282	334.8	96.8	82	328.3	560.6	202	314.2	571.8	180	361.3	878.6	422
60～64	289.8	811.3	3 622	257.0	330.3	134	283.4	403.6	412	302.0	435.4	311	263.4	213.3	304
65～69	280.0	368.9	617	146.6	5.5	29	266.0	85.4	23	265.4	86.1	149	284.9	276.1	187
70歳～	189.4	141.5	50	-	-	-	128.6	0.0	0	226.2	731.4	4	162.3	25.3	17

及び年間賞与その他特別給与額

小　売　業

10～14年 所定内給与額	10～14年 年間賞与その他特別給与額	10～14年 労働者数	15～19年 所定内給与額	15～19年 年間賞与その他特別給与額	15～19年 労働者数	20～24年 所定内給与額	20～24年 年間賞与その他特別給与額	20～24年 労働者数	25～29年 所定内給与額	25～29年 年間賞与その他特別給与額	25～29年 労働者数	30年以上 所定内給与額	30年以上 年間賞与その他特別給与額	30年以上 労働者数	区分
千円	千円	十人	千円	千円	十人	千円	千円	十人	千円	千円	十人	千円	千円	十人	
204.0	**375.5**	**8 857**	**212.0**	**438.4**	**5 040**	**239.8**	**589.4**	**3 351**	**269.2**	**870.9**	**2 909**	**299.2**	**1086.9**	**2 561**	**高校卒**
-	-	-	-	-	-	-	-	-	-	-	-	-	-	-	～19歳
-	-	-	-	-	-	-	-	-	-	-	-	-	-	-	20～24
218.4	737.8	553	-	-	-	-	-	-	-	-	-	-	-	-	25～29
217.6	487.5	1 321	228.3	570.5	352	-	-	-	-	-	-	-	-	-	30～34
212.4	464.3	964	240.8	626.9	943	259.2	962.0	237	-	-	-	-	-	-	35～39
211.9	347.8	1 153	220.9	590.9	474	258.0	791.0	1 134	272.5	1018.7	650	-	-	-	40～44
199.1	375.2	1 518	223.9	483.2	762	267.0	703.8	434	290.2	1028.6	1 267	307.6	1049.1	355	45～49
207.1	343.1	1 290	203.9	340.1	752	225.0	432.0	373	271.5	844.2	361	315.2	1334.0	892	50～54
190.7	246.2	1 103	202.3	396.7	994	223.0	405.0	600	257.4	699.3	238	318.5	1173.8	829	55～59
184.1	170.5	675	172.6	150.8	553	192.8	267.6	436	201.4	230.7	248	226.3	657.2	294	60～64
162.8	92.6	221	180.9	175.9	151	242.9	193.7	119	193.5	308.3	127	249.5	323.9	80	65～69
158.3	102.4	58	145.4	149.1	58	158.6	35.2	17	252.6	37.7	18	228.4	259.2	110	70歳～
247.4	**598.3**	**4 199**	**267.4**	**865.6**	**2 502**	**284.7**	**1061.6**	**1 760**	**315.4**	**1290.7**	**1 697**	**345.6**	**1591.9**	**1 072**	**高専・短大卒**
-	-	-	-	-	-	-	-	-	-	-	-	-	-	-	～19歳
-	-	-	-	-	-	-	-	-	-	-	-	-	-	-	20～24
194.4	330.5	15	-	-	-	-	-	-	-	-	-	-	-	-	25～29
246.6	683.2	1 127	152.1	48.0	4	-	-	-	-	-	-	-	-	-	30～34
252.2	721.8	777	262.6	1044.9	909	296.0	848.9	3	-	-	-	-	-	-	35～39
250.6	574.8	639	271.0	967.6	635	280.8	1160.4	1 147	288.8	698.3	23	-	-	-	40～44
269.7	600.9	709	298.4	753.5	420	304.0	1125.5	307	323.4	1402.5	1 232	389.9	1410.1	1	45～49
237.3	516.8	399	276.3	701.6	242	272.6	737.8	155	321.4	1311.9	222	377.1	1824.8	489	50～54
227.5	364.4	387	239.6	447.3	197	348.5	688.6	73	289.2	832.5	182	350.3	1738.7	384	55～59
191.4	299.9	113	195.8	291.3	79	228.4	328.5	71	153.1	66.8	24	241.1	765.3	178	60～64
191.0	11.4	20	166.2	241.4	16	218.8	220.7	3	170.5	125.7	11	172.2	80.0	7	65～69
191.2	151.1	13	-	-	-	-	-	-	200.6	330.0	3	513.4	648.5	14	70歳～
308.4	**980.0**	**5 018**	**342.6**	**1258.2**	**2 470**	**397.1**	**1648.3**	**1 199**	**413.3**	**1831.6**	**1 151**	**443.7**	**1725.4**	**525**	**大学・大学院卒**
-	-	-	-	-	-	-	-	-	-	-	-	-	-	-	～19歳
-	-	-	-	-	-	-	-	-	-	-	-	-	-	-	20～24
-	-	-	-	-	-	-	-	-	-	-	-	-	-	-	25～29
281.6	1027.4	1 538	-	-	-	-	-	-	-	-	-	-	-	-	30～34
304.2	1037.2	1 695	321.9	1232.7	704	-	-	-	-	-	-	-	-	-	35～39
357.6	943.5	666	330.3	1374.2	1 084	369.1	1728.5	408	248.4	818.3	6	-	-	-	40～44
342.1	907.9	428	434.1	1464.5	244	397.5	1842.7	504	412.8	2032.2	472	-	-	-	45～49
312.0	823.7	358	383.8	1092.9	235	430.1	1146.0	107	417.3	1931.7	513	447.9	2087.2	240	50～54
322.1	843.7	241	365.9	761.9	115	599.4	2124.3	98	408.4	992.7	129	433.5	1856.5	173	55～59
265.9	714.7	91	258.0	545.4	74	288.3	199.8	42	451.6	908.4	24	459.3	784.9	98	60～64
418.3	133.8	2	311.1	589.9	13	263.2	308.1	15	267.2	561.5	8	432.7	539.4	9	65～69
-	-	-	200.0	280.0	1	184.8	0.0	26	-	-	-	275.0	300.0	4	70歳～
															企業規模1,000人以上
315.3	**1134.1**	**19 546**	**364.8**	**1498.3**	**13 143**	**422.0**	**1872.7**	**10 705**	**463.9**	**2212.8**	**13 473**	**452.5**	**2150.4**	**12 967**	**男女計**
-	-	-	-	-	-	-	-	-	-	-	-	-	-	-	～19歳
-	-	-	-	-	-	-	-	-	-	-	-	-	-	-	20～24
241.9	841.7	630	-	-	-	-	-	-	-	-	-	-	-	-	25～29
308.8	1282.9	5 629	265.1	926.3	206	-	-	-	-	-	-	-	-	-	30～34
349.9	1389.0	5 827	351.6	1474.4	4 219	330.4	1094.0	397	-	-	-	-	-	-	35～39
333.8	1121.5	2 440	404.3	1832.6	5 268	400.0	1799.1	4 348	352.8	1483.5	1 139	-	-	-	40～44
321.6	1008.2	1 861	386.5	1421.9	1 382	475.6	2278.4	4 593	454.3	2141.5	6 559	411.5	1656.9	527	45～49
285.8	754.2	1 207	345.1	1219.4	842	400.6	1323.5	702	518.8	2608.3	4 703	477.7	2340.5	4 669	50～54
269.2	598.0	1 019	267.8	641.5	671	329.6	888.2	391	454.4	2065.3	818	497.6	2431.4	5 576	55～59
216.2	247.3	705	216.2	282.1	452	196.4	182.5	226	226.0	494.3	225	295.5	1187.5	2 057	60～64
226.1	75.0	182	242.2	817.3	95	175.5	124.0	46	209.2	224.0	28	285.5	636.5	128	65～69
179.1	44.7	47	175.8	0.0	8	280.1	880.0	2	-	-	-	136.9	0.0	10	70歳～
															男
358.9	**1426.3**	**12 294**	**406.4**	**1782.1**	**9 080**	**458.4**	**2073.6**	**8 241**	**496.4**	**2398.6**	**10 698**	**468.8**	**2210.5**	**11 074**	**学歴計**
-	-	-	-	-	-	-	-	-	-	-	-	-	-	-	～19歳
-	-	-	-	-	-	-	-	-	-	-	-	-	-	-	20～24
248.3	815.9	375	-	-	-	-	-	-	-	-	-	-	-	-	25～29
328.5	1471.9	3 898	281.1	1052.5	124	-	-	-	-	-	-	-	-	-	30～34
375.8	1529.9	4 318	375.3	1610.0	3 012	344.3	1114.7	289	-	-	-	-	-	-	35～39
369.3	1378.9	1 606	426.7	1962.8	4 283	434.9	1948.0	3 170	398.0	1685.6	697	-	-	-	40～44
424.7	1591.2	952	433.9	1842.1	833	490.0	2339.3	4 063	485.9	2305.2	5 012	455.4	1814.5	368	45～49
418.5	1492.4	438	446.7	1893.1	440	458.4	1664.3	502	533.1	2699.8	4 185	502.5	2433.6	3 709	50～54
394.3	1126.1	340	397.0	1243.5	217	401.9	1362.4	167	485.5	2246.1	691	513.5	2505.1	4 982	55～59
268.8	387.9	279	305.8	674.6	133	267.8	618.8	32	276.4	734.4	113	298.8	1169.9	1 903	60～64
335.1	151.5	62	322.2	1795.0	39	163.7	143.8	16	146.2	38.0	1	300.8	706.6	112	65～69
194.2	72.8	27	-	-	-	280.1	880.0	2	-	-	-	-	-	-	70歳～

第2表　年齢階級、勤続年数階級別所定内給与額

企業規模	1,000人以上

I 卸 売 業 ,

区分	勤続年数計			0年			1～2年			3～4年			5～9年		
	所定内給与額	年間賞与その他特別給与額	労働者数	所定内給与額	年間賞与その他特別給与額	労働者数	所定内給与額	年間賞与その他特別給与額	労働者数	所定内給与額	年間賞与その他特別給与額	労働者数	所定内給与額	年間賞与その他特別給与額	労働者数
	千円	千円	十人	千円	千円	十人	千円	千円	十人	千円	千円	十人	千円	千円	十人
高校卒	**316.8**	**1035.4**	**19 760**	**206.2**	**65.2**	**909**	**220.2**	**325.1**	**2 252**	**232.0**	**458.6**	**1 559**	**242.9**	**585.6**	**2 933**
～19歳	185.8	154.5	485	177.9	1.0	250	194.3	317.6	235	-	-	-	-	-	-
20～24	191.8	424.7	1 304	175.2	4.7	109	184.4	337.9	598	202.3	577.3	439	202.2	620.1	158
25～29	224.3	611.9	1 687	189.7	39.6	109	204.9	272.5	278	198.8	351.1	183	229.8	773.8	761
30～34	252.1	665.9	1 754	211.2	9.6	72	197.6	196.9	174	225.5	449.4	146	246.9	528.5	574
35～39	294.8	769.0	2 157	259.0	128.4	101	246.9	410.9	215	257.9	533.5	162	242.5	520.9	393
40～44	356.7	1280.1	3 020	262.3	24.0	88	271.6	413.1	166	290.8	619.0	123	279.1	646.1	310
45～49	375.2	1340.1	2 896	221.0	1.1	19	272.9	379.1	129	253.3	412.2	116	242.0	525.3	215
50～54	406.9	1638.9	2 807	256.8	50.0	39	254.6	357.7	158	205.7	315.0	113	271.7	482.8	164
55～59	375.7	1404.7	1 979	206.7	10.4	42	222.8	251.0	82	233.2	366.4	71	270.4	561.6	175
60～64	249.5	583.8	1 396	220.0	651.0	55	264.3	304.1	198	273.0	401.4	141	203.1	170.2	143
65～69	245.9	89.9	245	145.9	0.0	24	227.6	106.1	18	287.3	10.1	62	231.8	185.9	37
70歳～	191.9	227.8	30	-	-	-	128.6	0.0	0	206.0	800.0	3	155.2	120.0	3
高専・短大卒	**330.6**	**1182.3**	**7 509**	**197.2**	**40.5**	**340**	**217.7**	**334.9**	**613**	**251.3**	**664.5**	**548**	**275.2**	**883.8**	**1 108**
～19歳	-	-	-	-	-	-	-	-	-	-	-	-	-	-	-
20～24	198.7	372.8	618	182.4	21.6	203	202.4	425.0	284	216.2	805.0	131	-	-	-
25～29	233.2	730.4	796	198.1	127.0	21	196.6	271.9	126	227.7	612.3	189	249.8	957.7	441
30～34	272.9	955.1	1 011	205.6	62.1	60	222.5	295.2	58	255.9	594.0	63	276.1	864.1	211
35～39	332.9	1132.4	1 150	230.8	160.3	12	266.3	116.0	21	346.2	800.7	51	304.2	815.0	146
40～44	359.2	1292.8	1 368	240.8	16.8	13	322.1	632.3	42	301.9	585.7	51	291.3	878.9	96
45～49	399.0	1589.1	1 217	195.2	85.2	9	218.2	32.3	55	320.8	766.5	32	302.1	972.8	92
50～54	419.5	1769.4	758	591.4	0.0	6	289.8	1.2	13	275.9	741.3	13	334.3	1122.8	62
55～59	426.3	1635.6	382	274.4	0.0	1	279.2	538.5	4	217.4	75.0	2	323.2	350.5	34
60～64	288.5	704.5	184	151.6	0.0	11	227.4	30.3	10	168.7	12.1	14	180.4	0.0	18
65～69	176.3	47.2	20	150.0	31.8	5	-	-	-	224.6	25.0	2	183.5	0.0	4
70歳～	151.5	0.0	6	-	-	-	-	-	-	-	-	-	151.5	0.0	3
大学・大学院卒	**412.5**	**1810.5**	**52 667**	**270.2**	**54.6**	**2 031**	**281.9**	**763.0**	**4 553**	**312.8**	**1154.0**	**3 781**	**338.0**	**1384.4**	**8 225**
～19歳	-	-	-	-	-	-	-	-	-	-	-	-	-	-	-
20～24	230.5	389.8	2 925	223.5	15.4	1 182	235.0	645.8	1 735	289.7	366.0	2	259.6	159.9	7
25～29	271.0	1017.2	5 711	261.8	58.0	330	247.4	785.6	1 242	270.8	1103.7	2 137	287.2	1226.8	2 001
30～34	330.9	1450.1	7 207	278.4	104.7	133	294.0	722.4	490	324.8	1259.8	458	323.0	1456.6	3 539
35～39	386.2	1641.9	7 156	356.2	225.8	113	362.4	1235.7	315	362.0	1508.6	339	371.4	1463.1	1 000
40～44	438.4	1943.4	7 378	513.8	84.9	54	416.1	809.2	223	422.7	1276.8	307	411.0	1686.0	573
45～49	503.2	2392.9	8 471	391.9	241.8	44	468.4	885.3	152	435.0	1817.6	141	433.4	1638.6	422
50～54	535.9	2617.4	6 671	538.1	44.4	68	480.5	1661.7	75	443.1	1447.1	70	436.9	1517.0	209
55～59	526.3	2476.8	4 863	470.8	189.2	40	404.4	779.4	116	393.5	790.2	96	453.6	1251.2	202
60～64	316.9	962.5	1 961	304.4	121.9	68	306.1	523.3	202	340.1	504.9	156	339.4	291.0	139
65～69	322.7	649.7	312	-	-	-	423.8	0.0	4	255.5	161.8	75	315.9	359.0	123
70歳～	212.3	10.5	12	-	-	-	-	-	-	442.2	0.0	0	176.0	13.0	10
女															
学歴計	**244.4**	**669.7**	**45 465**	**206.6**	**23.3**	**3 851**	**210.3**	**378.7**	**6 965**	**216.9**	**522.1**	**5 620**	**228.5**	**579.3**	**10 584**
～19歳	171.8	96.4	596	170.7	17.9	363	173.2	222.1	230	185.0	0.0	4	-	-	-
20～24	210.7	339.7	5 074	216.3	9.3	1 489	210.1	457.2	2 617	206.0	526.1	690	198.3	539.1	279
25～29	231.4	647.2	6 896	217.3	18.8	727	222.3	475.5	1 405	236.6	801.8	2 183	236.3	776.7	2 326
30～34	245.3	710.6	5 870	206.0	41.2	284	203.6	250.8	624	216.7	523.1	661	254.7	849.2	2 488
35～39	262.0	787.9	4 992	203.4	131.1	201	244.8	452.1	480	226.2	408.6	379	236.8	508.4	1 107
40～44	267.2	861.2	5 686	212.3	29.4	255	214.3	312.1	426	202.0	274.9	458	245.9	630.4	1 109
45～49	270.9	853.1	5 881	199.8	19.0	162	192.7	200.2	439	192.5	161.9	514	208.3	367.6	1 073
50～54	260.0	778.1	4 932	180.1	15.8	176	190.7	201.5	437	187.1	175.1	386	195.7	241.9	1 084
55～59	236.7	567.0	3 363	171.0	12.2	121	186.5	141.1	200	220.4	198.2	203	190.1	150.6	760
60～64	185.3	231.9	1 779	205.9	23.8	60	210.6	136.6	77	154.2	15.8	129	168.6	93.1	309
65～69	193.3	77.3	354	238.8	112.2	14	194.2	21.7	30	189.7	79.5	12	248.1	20.2	49
70歳～	158.2	3.9	41	-	-	-	-	-	-	120.7	0.0	1	195.1	0.0	2
高校卒	**206.2**	**397.5**	**19 186**	**172.2**	**16.5**	**1 365**	**179.4**	**189.3**	**2 516**	**180.6**	**186.8**	**2 168**	**189.6**	**259.7**	**4 594**
～19歳	171.8	97.3	591	170.8	17.9	362	173.3	222.6	229	-	-	-	-	-	-
20～24	186.0	366.3	1 436	159.3	1.4	152	186.4	322.3	653	189.2	466.6	378	196.1	549.4	253
25～29	196.9	353.2	1 633	174.1	18.7	153	173.8	87.4	326	188.4	131.5	326	204.2	477.0	583
30～34	197.9	312.4	1 597	171.3	33.5	108	176.0	153.9	193	174.9	127.4	253	191.3	295.1	477
35～39	217.7	431.5	1 708	175.5	30.9	108	169.3	99.0	181	178.8	158.3	142	206.3	297.1	454
40～44	221.2	534.7	2 592	163.2	5.8	147	180.8	262.2	209	188.0	209.6	288	196.5	246.8	575
45～49	220.1	477.0	2 919	178.1	4.5	83	183.6	101.0	283	178.6	113.7	327	184.9	181.9	631
50～54	214.6	479.5	2 799	194.6	3.8	96	176.4	136.6	213	173.5	101.2	198	182.0	188.0	808
55～59	209.7	391.6	2 195	167.3	12.9	105	180.7	137.9	144	172.4	87.6	132	174.8	132.1	508
60～64	176.2	168.8	1 417	176.9	36.4	39	190.6	91.8	58	155.0	12.6	123	168.2	85.1	277
65～69	170.7	37.1	283	246.0	120.6	13	156.5	26.3	25	328.4	469.4	2	183.8	29.8	26
70歳～	167.3	0.0	15	-	-	-	-	-	-	120.7	0.0	1	178.8	0.0	2

及び年間賞与その他特別給与額

小　売　業

区　分	10～14年 所定内給与額	10～14年 年間賞与その他特別給与額	10～14年 労働者数	15～19年 所定内給与額	15～19年 年間賞与その他特別給与額	15～19年 労働者数	20～24年 所定内給与額	20～24年 年間賞与その他特別給与額	20～24年 労働者数	25～29年 所定内給与額	25～29年 年間賞与その他特別給与額	25～29年 労働者数	30年以上 所定内給与額	30年以上 年間賞与その他特別給与額	30年以上 労働者数
	千円	千円	十人	千円	千円	十人	千円	千円	十人	千円	千円	十人	千円	千円	十人
高校卒	**304.1**	**872.4**	**2 816**	**332.1**	**1117.6**	**1 555**	**373.6**	**1427.8**	**1 692**	**406.8**	**1668.3**	**2 219**	**417.0**	**1809.8**	**3 825**
～19歳	-	-	-	-	-	-	-	-	-	-	-	-	-	-	-
20～24	-	-	-	-	-	-	-	-	-	-	-	-	-	-	-
25～29	251.5	842.2	354	-	-	-	-	-	-	-	-	-	-	-	-
30～34	275.4	953.8	675	283.0	1059.8	114	-	-	-	-	-	-	-	-	-
35～39	342.2	778.8	475	305.0	1093.9	561	343.8	1132.3	250	-	-	-	-	-	-
40～44	340.8	1188.2	439	372.7	1271.1	418	385.7	1698.9	869	405.5	1773.7	606	-	-	-
45～49	347.3	1009.8	344	346.9	1287.6	182	385.3	1409.7	337	412.1	1649.9	1 197	447.6	1788.6	359
50～54	336.8	829.1	171	370.1	1147.7	101	360.0	1181.6	133	414.7	1704.2	301	465.2	2152.4	1 625
55～59	287.6	545.6	152	352.5	903.1	99	381.8	1404.6	72	357.2	1368.2	92	430.2	1871.7	1 194
60～64	235.7	325.7	142	261.7	513.6	58	212.1	464.2	13	253.0	545.8	22	255.3	872.0	623
65～69	262.9	67.1	42	305.3	120.7	22	163.7	143.8	16	-	-	-	246.5	198.6	24
70歳～	184.9	87.7	22	-	-	-	280.1	880.0	2	-	-	-	-	-	-
高専・短大卒	**309.8**	**1122.0**	**1 377**	**359.6**	**1434.2**	**877**	**371.1**	**1388.8**	**846**	**430.5**	**1807.3**	**1 043**	**441.2**	**1916.8**	**758**
～19歳	-	-	-	-	-	-	-	-	-	-	-	-	-	-	-
20～24	-	-	-	-	-	-	-	-	-	-	-	-	-	-	-
25～29	185.3	337.9	19	-	-	-	-	-	-	-	-	-	-	-	-
30～34	284.7	1170.1	619	-	-	-	-	-	-	-	-	-	-	-	-
35～39	333.0	1082.0	385	345.2	1384.9	502	330.4	795.8	33	-	-	-	-	-	-
40～44	339.0	1111.4	213	391.7	1608.9	268	373.1	1436.1	605	355.9	1136.9	80	-	-	-
45～49	361.7	1396.1	85	346.0	1309.9	45	380.6	1389.3	158	437.7	1904.7	732	749.8	2795.0	10
50～54	345.1	1107.5	26	350.6	1204.9	58	342.3	1273.9	34	448.7	1921.0	176	449.8	2111.7	371
55～59	222.2	460.5	26	441.9	1535.3	0	368.3	1146.3	13	409.4	1083.6	50	472.0	2100.8	251
60～64	415.5	1248.0	1	309.6	798.0	5	180.8	449.7	2	201.5	1542.7	6	343.4	977.6	116
65～69	-	-	-	-	-	-	-	-	-	-	-	-	178.1	78.2	10
70歳～	151.6	0.0	3	-	-	-	-	-	-	-	-	-	-	-	-
大学・大学院卒	**386.9**	**1678.1**	**8 023**	**431.1**	**1993.2**	**6 593**	**496.6**	**2371.3**	**5 677**	**533.0**	**2703.3**	**7 399**	**504.5**	**2498.7**	**6 385**
～19歳	-	-	-	-	-	-	-	-	-	-	-	-	-	-	-
20～24	-	-	-	-	-	-	-	-	-	-	-	-	-	-	-
25～29	316.6	787.1	1	-	-	-	-	-	-	-	-	-	-	-	-
30～34	352.8	1684.3	2 578	260.8	971.3	10	-	-	-	-	-	-	-	-	-
35～39	385.4	1684.1	3 454	405.2	1830.2	1 929	452.7	2239.2	6	-	-	-	-	-	-
40～44	392.3	1548.0	927	435.6	2069.6	3 596	482.3	2310.3	1 694	370.3	1177.2	5	-	-	-
45～49	487.9	2024.2	510	469.7	2070.7	595	504.8	2476.0	3 546	526.7	2657.7	3 061	-	-	-
50～54	486.1	2013.2	239	494.7	2308.6	280	509.6	1897.0	334	546.7	2818.5	3 705	549.6	2786.7	1 690
55～59	525.9	1794.0	160	451.0	1585.9	99	425.6	1364.0	80	514.8	2499.6	543	544.8	2751.9	3 528
60～64	305.3	463.0	132	348.9	830.2	67	318.6	751.2	18	288.1	723.9	85	315.1	1336.3	1 095
65～69	487.4	329.6	20	343.8	3939.2	17	-	-	-	146.2	38.0	1	348.9	1004.7	72
70歳～	350.0	0.0	2	-	-	-	-	-	-	-	-	-	-	-	-
女															
学歴計	**241.5**	**638.8**	**7 252**	**271.9**	**864.0**	**4 063**	**300.2**	**1200.5**	**2 464**	**338.9**	**1496.1**	**2 774**	**357.2**	**1798.4**	**1 893**
～19歳	-	-	-	-	-	-	-	-	-	-	-	-	-	-	-
20～24	-	-	-	-	-	-	-	-	-	-	-	-	-	-	-
25～29	232.6	879.6	255	-	-	-	-	-	-	-	-	-	-	-	-
30～34	264.2	857.3	1 731	240.9	736.8	83	-	-	-	-	-	-	-	-	-
35～39	275.9	985.8	1 509	292.5	1136.1	1 207	293.4	1039.0	109	-	-	-	-	-	-
40～44	265.7	626.2	834	307.1	1266.4	985	305.9	1398.4	1 178	281.6	1165.0	442	-	-	-
45～49	213.5	397.2	909	314.4	784.0	549	365.3	1811.1	530	352.0	1611.3	1 547	309.9	1291.9	159
50～54	210.0	333.0	768	234.1	483.4	402	256.1	472.5	201	403.9	1870.4	518	381.9	1981.1	960
55～59	206.5	333.4	679	206.3	354.6	455	275.5	533.3	223	286.0	1086.2	128	364.7	1813.6	594
60～64	181.7	155.2	426	178.7	118.0	319	184.4	109.9	194	174.8	250.3	112	255.6	1404.2	155
65～69	170.5	36.0	121	186.4	135.3	56	181.9	113.2	30	210.4	227.4	27	172.2	115.5	15
70歳～	159.2	8.0	20	175.8	0.0	8	-	-	-	-	-	-	136.9	0.0	10
高校卒	**196.1**	**319.7**	**3 322**	**214.5**	**453.1**	**1 839**	**248.3**	**705.1**	**1 109**	**287.1**	**1088.8**	**1 255**	**319.4**	**1458.8**	**1 018**
～19歳	-	-	-	-	-	-	-	-	-	-	-	-	-	-	-
20～24	-	-	-	-	-	-	-	-	-	-	-	-	-	-	-
25～29	235.5	914.0	246	-	-	-	-	-	-	-	-	-	-	-	-
30～34	223.8	479.0	484	240.9	736.8	83	-	-	-	-	-	-	-	-	-
35～39	213.6	435.3	310	260.1	768.6	408	293.0	1040.6	106	-	-	-	-	-	-
40～44	200.0	237.3	391	222.1	619.3	163	279.7	1090.5	394	281.9	1185.4	426	-	-	-
45～49	175.3	227.3	520	219.3	469.7	275	277.4	1000.4	98	318.0	1213.1	546	310.4	1300.1	157
50～54	188.5	244.6	521	193.3	332.9	252	214.9	441.7	155	299.1	1216.1	100	335.2	1618.7	457
55～59	184.7	216.1	405	200.5	340.8	339	230.9	324.3	180	251.0	840.3	73	331.0	1408.2	311
60～64	174.2	126.6	329	175.9	107.3	273	185.3	110.1	150	166.0	181.2	88	229.4	1294.2	80
65～69	166.9	33.1	115	155.2	18.6	39	162.8	11.4	26	180.5	74.9	24	152.1	0.0	13
70歳～	156.2	0.0	4	175.8	0.0	8	-	-	-	-	-	-	-	-	-

第2表　年齢階級、勤続年数階級別所定内給与額

企業規模	1,000人以上
	100～999人

Ⅰ 卸 売 業，

区分	勤続年数計			0年			1～2年			3～4年			5～9年		
	所定内給与額	年間賞与その他特別給与額	労働者数	所定内給与額	年間賞与その他特別給与額	労働者数	所定内給与額	年間賞与その他特別給与額	労働者数	所定内給与額	年間賞与その他特別給与額	労働者数	所定内給与額	年間賞与その他特別給与額	労働者数
	千円	千円	十人	千円	千円	十人	千円	千円	十人	千円	千円	十人	千円	千円	十人
高専・短大卒	**250.0**	**735.3**	**9 756**	**201.5**	**35.2**	**750**	**199.4**	**294.1**	**1 169**	**210.7**	**425.2**	**1 019**	**221.9**	**447.3**	**2 179**
～19歳	-	-	-	-	-	-	-	-	-	-	-	-	-	-	-
20～24	205.7	304.8	1 054	198.5	18.6	271	194.9	278.2	465	228.0	599.1	294	221.9	446.1	24
25～29	212.7	382.7	1 079	201.1	2.0	208	187.5	332.3	176	208.6	443.6	176	227.2	531.6	519
30～34	230.6	526.2	1 219	221.5	24.9	79	201.3	335.8	116	206.5	503.7	138	224.3	442.0	469
35～39	251.0	791.3	1 239	224.5	291.7	34	247.3	362.6	57	195.0	346.2	69	223.6	425.7	308
40～44	256.3	880.2	1 498	207.2	80.8	58	198.4	129.6	106	205.9	240.3	95	225.0	595.4	212
45～49	287.6	1036.5	1 700	188.2	33.6	57	209.3	471.6	73	213.5	278.4	104	210.4	459.6	291
50～54	285.6	994.2	1 032	172.3	74.7	32	213.8	317.3	140	187.9	240.2	97	215.3	385.8	162
55～59	267.5	831.6	691	196.8	11.4	11	163.1	125.6	30	213.2	316.2	31	227.1	142.8	168
60～64	198.3	606.5	223	-	-	-	156.0	38.1	6	134.0	109.6	4	162.9	121.6	20
65～69	162.3	22.6	15	-	-	-	-	-	-	165.0	10.0	10	156.1	51.0	5
70歳～	202.5	0.0	7	-	-	-	-	-	-	-	-	-	-	-	-
大学・大学院卒	**288.2**	**968.7**	**16 078**	**237.8**	**24.3**	**1 689**	**238.9**	**559.2**	**3 246**	**253.7**	**882.8**	**2 361**	**282.4**	**1069.8**	**3 697**
～19歳	-	-	-	-	-	-	-	-	-	-	-	-	-	-	-
20～24	226.5	339.7	2 579	228.9	8.1	1 062	225.2	571.8	1 498	200.7	581.0	19	185.0	229.1	1
25～29	250.1	832.7	4 169	244.5	28.3	366	247.0	645.6	900	248.9	969.7	1 680	255.5	1023.3	1 223
30～34	277.2	1003.0	3 018	234.8	68.9	89	224.3	288.9	303	263.1	919.2	263	283.7	1144.7	1 541
35～39	307.5	1097.6	2 016	242.1	222.2	59	300.5	736.2	243	280.2	651.5	167	294.5	896.6	331
40～44	354.3	1390.7	1 567	363.4	39.5	50	293.2	583.4	110	252.5	575.2	74	355.5	1391.6	308
45～49	372.2	1522.1	1 217	311.1	35.4	22	209.4	300.0	83	223.3	211.2	81	325.2	1091.1	129
50～54	376.4	1521.2	948	166.1	0.0	15	191.6	179.3	71	239.0	425.8	38	288.2	500.0	94
55～59	338.1	1123.0	409	189.8	0.0	5	246.8	177.9	26	389.4	483.3	39	233.5	457.4	51
60～64	273.4	314.8	121	260.4	0.0	21	459.3	664.4	7	146.1	0.0	1	191.0	277.0	10
65～69	396.4	474.7	34	-	-	-	370.4	0.4	5	-	-	-	493.6	0.0	9
70歳～	304.0	0.0	0	-	-	-	-	-	-	-	-	-	304.0	0.0	0
企業規模 100～999人															
男女計	**302.7**	**926.1**	**119 339**	**223.8**	**40.8**	**7 874**	**234.6**	**474.0**	**16 701**	**248.4**	**669.5**	**12 582**	**270.0**	**812.6**	**20 555**
～19歳	165.8	122.7	862	161.6	9.3	430	171.3	242.5	418	127.5	34.6	14	-	-	-
20～24	201.4	354.8	10 574	198.7	11.7	3 068	204.8	460.8	5 471	194.3	568.2	1 537	202.9	644.7	499
25～29	229.4	650.7	14 550	218.4	39.8	1 227	219.0	499.9	3 301	231.1	749.5	4 538	238.0	807.3	5 107
30～34	266.0	843.0	13 883	235.0	30.0	713	243.3	503.3	1 799	253.9	733.8	1 535	273.5	963.6	4 882
35～39	297.8	953.5	15 301	267.1	56.6	624	257.5	525.1	1 456	263.3	689.0	1 298	290.7	886.2	2 781
40～44	325.9	1034.2	18 048	268.2	61.0	514	283.4	485.4	1 317	267.2	511.5	1 000	293.3	785.5	2 744
45～49	352.2	1165.1	16 527	272.8	60.8	443	278.1	438.2	1 258	294.6	702.0	922	280.4	732.3	1 653
50～54	380.2	1294.9	12 283	259.0	51.1	362	263.3	409.7	626	306.0	657.3	624	320.9	823.4	1 185
55～59	391.8	1290.7	10 520	280.1	153.1	245	337.9	705.2	500	340.3	816.2	486	275.1	608.3	811
60～64	270.9	595.8	5 121	253.1	313.1	193	267.9	437.0	371	245.0	328.3	467	245.4	340.3	503
65～69	233.4	280.2	1 320	181.5	13.0	47	181.0	71.5	152	231.6	70.5	124	246.2	209.9	346
70歳～	212.4	210.8	350	250.0	0.0	8	224.7	26.0	31	192.5	27.9	38	181.2	237.2	44
男															
学歴計	**336.0**	**1102.9**	**81 020**	**243.4**	**56.5**	**4 552**	**253.8**	**572.9**	**9 815**	**274.3**	**792.5**	**7 233**	**296.9**	**962.2**	**12 644**
～19歳	167.5	142.1	351	166.0	9.1	169	172.4	285.2	168	127.5	34.6	14	-	-	-
20～24	207.1	404.6	6 110	202.2	14.5	1 822	211.1	533.0	3 213	200.6	666.9	800	210.6	725.3	275
25～29	239.4	718.5	8 351	223.8	36.7	721	228.9	557.1	1 898	239.8	806.3	2 606	249.8	910.0	2 983
30～34	283.3	959.5	9 043	256.7	40.2	400	253.6	579.3	1 064	273.6	824.1	946	288.7	1062.8	3 371
35～39	319.8	1074.5	11 043	287.8	72.8	430	272.7	571.7	999	285.3	785.5	832	318.7	1040.7	1 785
40～44	355.4	1190.0	12 953	314.1	82.6	305	323.6	626.0	766	323.3	682.0	508	327.1	968.9	1 630
45～49	395.0	1398.0	11 401	350.3	87.1	219	336.2	704.4	593	356.9	1142.9	450	333.0	972.6	920
50～54	430.6	1561.8	8 820	336.2	77.2	175	329.1	664.1	348	416.5	978.2	290	411.8	1214.1	622
55～59	443.0	1540.3	7 771	383.6	365.2	100	409.8	1037.6	317	405.2	1101.7	335	340.0	832.8	424
60～64	292.2	706.0	3 944	277.5	386.3	156	278.5	459.9	323	271.3	424.4	337	274.5	432.3	359
65～69	252.6	344.4	992	181.1	13.2	47	194.9	114.0	95	240.4	69.9	105	266.4	269.4	241
70歳～	232.6	282.1	240	250.0	0.0	8	225.2	26.2	31	255.4	87.3	11	177.8	281.4	34
高校卒	**309.3**	**903.7**	**24 440**	**213.8**	**69.2**	**1 272**	**227.6**	**383.0**	**2 948**	**251.0**	**547.9**	**2 068**	**265.4**	**657.9**	**3 585**
～19歳	167.5	142.1	351	166.0	9.1	169	172.4	285.2	168	127.5	34.6	14	-	-	-
20～24	194.8	414.9	1 484	190.2	10.5	238	191.5	345.1	607	191.7	558.8	373	211.2	735.9	265
25～29	221.5	445.1	1 465	198.3	16.7	201	215.8	302.9	386	230.5	519.6	291	227.7	628.6	461
30～34	256.8	622.7	1 937	218.4	40.5	150	221.0	333.9	379	265.9	560.9	277	279.3	738.0	534
35～39	284.4	802.2	2 838	210.7	91.8	133	251.9	457.2	385	260.8	653.1	317	291.0	729.6	542
40～44	315.4	929.3	3 921	210.7	64.7	94	250.2	484.0	254	267.4	356.1	190	286.3	706.5	640
45～49	346.6	1126.9	3 741	200.3	4.2	56	269.6	565.9	305	291.7	655.5	192	294.1	669.1	368
50～54	384.7	1266.2	3 353	363.7	8.6	108	273.9	297.4	161	395.2	863.6	105	283.2	839.2	232
55～59	389.0	1321.4	2 914	264.1	745.6	47	234.5	393.1	100	264.8	700.0	117	276.8	602.1	196
60～64	264.3	628.8	1 754	215.4	437.2	45	245.8	411.9	145	218.1	298.0	133	227.5	248.1	193
65～69	236.9	350.9	577	180.8	12.4	30	219.6	219.4	43	241.6	92.6	60	191.8	171.9	134
70歳～	226.5	241.6	104	-	-	-	218.0	32.9	15	-	-	-	148.0	129.1	20

及び年間賞与その他特別給与額

小　売　業

10～14年 所定内給与額	10～14年 年間賞与その他特別給与額	10～14年 労働者数	15～19年 所定内給与額	15～19年 年間賞与その他特別給与額	15～19年 労働者数	20～24年 所定内給与額	20～24年 年間賞与その他特別給与額	20～24年 労働者数	25～29年 所定内給与額	25～29年 年間賞与その他特別給与額	25～29年 労働者数	30年以上 所定内給与額	30年以上 年間賞与その他特別給与額	30年以上 労働者数	区分
千円	千円	十人	千円	千円	十人	千円	千円	十人	千円	千円	十人	千円	千円	十人	
241.4	**629.1**	**1 455**	**284.4**	**969.7**	**992**	**289.7**	**1261.1**	**780**	**332.8**	**1552.5**	**831**	**379.2**	**2140.3**	**581**	**高専・短大卒**
－	－	－	－	－	－	－	－	－	－	－	－	－	－	－	～19歳
－	－	－	－	－	－	－	－	－	－	－	－	－	－	－	20～24
156.9	0.0	0	－	－	－	－	－	－	－	－	－	－	－	－	25～29
255.6	775.8	417	－	－	－	－	－	－	－	－	－	－	－	－	30～34
255.1	786.0	354	279.4	1238.7	415	308.3	973.7	3	－	－	－	－	－	－	35～39
227.0	660.7	163	277.9	1000.8	271	288.8	1317.1	582	290.5	541.9	11	－	－	－	40～44
238.8	525.2	211	384.9	725.9	132	310.0	1583.4	124	338.9	1639.9	707	389.9	1410.1	1	45～49
223.7	271.8	100	252.1	557.7	72	239.2	642.5	16	334.7	1255.1	83	406.7	2161.0	329	50～54
219.8	315.6	152	222.6	471.6	69	421.5	186.4	19	229.2	1034.2	19	374.9	2258.1	192	55～59
191.5	390.3	52	197.9	234.6	33	186.3	117.8	36	149.0	51.7	11	241.7	1654.2	60	60～64
－	－	－	－	－	－	－	－	－	－	－	－	－	－	－	65～69
202.5	0.0	7	－	－	－	－	－	－	－	－	－	－	－	－	70歳～
306.9	**1105.2**	**2 389**	**353.1**	**1444.1**	**1 179**	**418.4**	**2100.5**	**563**	**444.1**	**2198.7**	**673**	**458.1**	**2396.2**	**281**	**大学・大学院卒**
－	－	－	－	－	－	－	－	－	－	－	－	－	－	－	～19歳
－	－	－	－	－	－	－	－	－	－	－	－	－	－	－	20～24
－	－	－	－	－	－	－	－	－	－	－	－	－	－	－	25～29
293.6	1128.1	822	－	－	－	－	－	－	－	－	－	－	－	－	30～34
309.2	1287.9	833	341.2	1415.1	384	－	－	－	－	－	－	－	－	－	35～39
380.9	1150.4	277	347.4	1604.3	541	406.2	2235.9	201	248.4	818.3	6	－	－	－	40～44
296.5	758.3	170	453.9	1564.7	130	415.5	2161.3	308	446.8	2282.3	294	－	－	－	45～49
284.9	753.4	134	357.1	975.3	68	483.8	542.9	29	455.7	2252.5	325	459.6	2603.1	173	50～54
273.9	809.8	108	241.5	373.6	34	543.3	2562.5	19	387.4	1607.1	36	458.2	2258.2	91	55～59
228.1	93.7	43	193.9	52.0	13	183.0	240.4	2	307.5	1186.9	10	460.4	977.7	14	60～64
425.4	171.0	2	348.8	759.6	9	312.2	804.0	4	425.5	1327.2	3	311.6	920.0	2	65～69
－	－	－	－	－	－	－	－	－	－	－	－	－	－	－	70歳～
															企業規模 100～999人
304.6	**970.4**	**18 463**	**334.4**	**1150.3**	**12 102**	**363.8**	**1377.3**	**10 258**	**394.8**	**1529.5**	**9 845**	**408.5**	**1471.5**	**10 961**	**男女計**
－	－	－	－	－	－	－	－	－	－	－	－	－	－	－	～19歳
－	－	－	－	－	－	－	－	－	－	－	－	－	－	－	20～24
217.1	647.4	377	－	－	－	－	－	－	－	－	－	－	－	－	25～29
275.9	1001.3	4 649	260.6	951.9	306	－	－	－	－	－	－	－	－	－	30～34
313.9	1122.9	5 035	315.9	1169.1	3 772	277.9	1099.6	333	－	－	－	－	－	－	35～39
324.8	954.7	2 814	357.9	1331.7	4 030	346.7	1310.0	4 961	333.4	1162.1	668	－	－	－	40～44
333.0	959.6	2 190	361.3	1190.1	1 516	404.3	1580.6	3 177	383.1	1475.0	4 827	377.8	1428.5	540	45～49
327.5	916.1	1 517	347.1	981.5	1 036	384.6	1492.4	794	439.6	1803.6	2 954	433.1	1671.7	3 185	50～54
318.3	813.9	1 038	331.2	948.2	950	381.8	1387.7	702	423.4	1613.8	1 024	451.0	1663.8	4 764	55～59
244.8	367.1	555	240.3	291.3	322	212.2	344.4	224	233.6	557.5	322	307.3	900.9	2 165	60～64
294.4	712.9	180	184.5	194.2	120	230.8	154.9	39	149.8	51.7	50	254.3	447.4	261	65～69
184.1	72.7	106	230.0	274.9	49	182.3	39.1	29	158.7	100.0	0	309.5	854.3	46	70歳～
															男
336.2	**1138.9**	**12 557**	**367.4**	**1323.7**	**8 662**	**386.2**	**1499.7**	**8 134**	**420.0**	**1643.6**	**7 866**	**422.6**	**1536.5**	**9 557**	**学歴計**
－	－	－	－	－	－	－	－	－	－	－	－	－	－	－	～19歳
－	－	－	－	－	－	－	－	－	－	－	－	－	－	－	20～24
234.8	706.1	143	－	－	－	－	－	－	－	－	－	－	－	－	25～29
293.7	1118.4	3 140	289.8	1398.7	122	－	－	－	－	－	－	－	－	－	30～34
335.1	1245.0	3 862	332.6	1267.2	2 905	299.2	1140.9	229	－	－	－	－	－	－	35～39
354.8	1105.4	2 027	376.3	1419.7	3 226	363.6	1381.6	3 995	357.0	1296.2	497	－	－	－	40～44
389.3	1192.3	1 339	405.7	1392.6	1 037	417.0	1676.2	2 742	408.4	1566.2	3 733	408.6	1654.2	369	45～49
377.5	1145.8	899	425.7	1336.6	587	407.6	1634.3	627	460.3	1903.6	2 533	451.7	1763.6	2 739	50～54
401.2	1203.4	598	440.0	1421.1	495	448.5	1716.7	441	443.9	1739.3	834	465.8	1715.6	4 226	55～59
275.6	492.9	327	295.5	407.5	192	228.2	473.5	71	249.4	650.4	251	313.0	954.9	1 928	60～64
332.2	889.6	141	194.0	196.0	68	265.1	141.5	26	149.0	78.0	17	256.7	454.3	252	65～69
195.1	93.8	82	280.1	301.2	29	157.5	430.5	3	158.7	100.0	0	315.6	897.5	44	70歳～
307.8	**865.2**	**3 520**	**319.8**	**998.4**	**2 131**	**344.4**	**1263.5**	**2 152**	**379.7**	**1358.2**	**2 811**	**397.4**	**1434.1**	**3 953**	**高校卒**
－	－	－	－	－	－	－	－	－	－	－	－	－	－	－	～19歳
－	－	－	－	－	－	－	－	－	－	－	－	－	－	－	20～24
233.4	723.9	125	－	－	－	－	－	－	－	－	－	－	－	－	25～29
258.6	744.9	474	289.8	1398.7	122	－	－	－	－	－	－	－	－	－	30～34
308.4	957.8	686	292.7	1004.0	570	309.0	1248.5	206	－	－	－	－	－	－	35～39
319.3	870.6	699	334.8	933.1	501	335.7	1221.3	1 064	357.5	1294.6	479	－	－	－	40～44
324.2	871.6	508	358.6	1061.7	342	360.4	1403.9	426	383.0	1366.8	1 258	406.1	1908.5	287	45～49
342.1	1007.5	417	352.6	1057.3	219	351.9	1276.2	254	413.0	1526.6	585	431.3	1605.4	1 272	50～54
348.1	1012.5	279	338.9	1210.6	227	420.6	1442.9	159	411.8	1456.2	346	435.7	1583.1	1 445	55～59
259.4	424.1	188	249.4	452.6	86	211.9	322.1	27	217.6	627.3	129	298.6	900.1	809	60～64
355.2	1020.2	106	184.0	52.2	53	327.4	21.6	13	149.0	26.3	14	224.8	424.3	125	65～69
162.4	88.0	38	318.7	604.8	14	157.5	430.5	3	158.7	100.0	0	448.2	664.7	14	70歳～

第2表　年齢階級、勤続年数階級別所定内給与額

企業規模	100～999人

I 卸　売　業，

区分	勤続年数計			0　年			1～2年			3～4年			5～9年		
	所定内給与額	年間賞与その他特別給与額	労働者数	所定内給与額	年間賞与その他特別給与額	労働者数	所定内給与額	年間賞与その他特別給与額	労働者数	所定内給与額	年間賞与その他特別給与額	労働者数	所定内給与額	年間賞与その他特別給与額	労働者数
	千円	千円	十人	千円	千円	十人	千円	千円	十人	千円	千円	十人	千円	千円	十人
高専・短大卒	**308.5**	**1040.1**	**15 646**	**217.2**	**37.3**	**911**	**234.0**	**595.4**	**1 893**	**250.0**	**780.8**	**1 174**	**265.0**	**846.7**	**2 329**
～19歳	-	-	-	-	-	-	-	-	-	-	-	-	-	-	-
20～24	198.6	455.5	1 815	190.0	7.4	469	198.5	538.5	929	208.8	781.6	408	193.1	421.8	9
25～29	229.4	726.4	1 663	205.7	60.7	147	223.0	489.9	214	228.6	732.4	259	234.1	872.3	1 025
30～34	267.6	969.4	2 173	253.4	31.5	97	260.3	824.7	186	270.3	931.5	188	264.5	881.1	509
35～39	299.2	1005.9	2 154	272.2	3.9	66	292.9	714.5	212	278.0	573.4	95	283.9	813.9	255
40～44	337.3	1180.4	2 982	257.3	21.9	73	333.8	819.8	190	356.1	891.4	62	333.1	1024.3	265
45～49	380.1	1365.8	2 327	347.5	501.2	33	234.8	306.6	29	290.3	559.1	62	319.1	533.0	143
50～54	395.2	1357.1	1 231	206.3	0.0	10	255.8	672.6	67	261.8	627.6	45	330.5	804.3	62
55～59	426.4	1534.5	921	-	-	-	192.4	180.1	27	576.1	1514.2	24	260.5	385.4	32
60～64	246.3	620.8	271	227.7	0.0	16	255.8	538.5	2	206.1	941.4	26	181.7	106.3	8
65～69	202.1	118.5	83	-	-	-	192.4	19.2	36	181.5	45.9	6	189.3	185.8	15
70歳～	230.2	195.0	26	-	-	-	-	-	-	-	-	-	230.0	644.8	5
大学・大学院卒	**364.4**	**1260.6**	**39 746**	**270.2**	**57.5**	**2 340**	**279.4**	**695.7**	**4 794**	**296.3**	**939.3**	**3 827**	**326.3**	**1180.3**	**6 578**
～19歳	-	-	-	-	-	-	-	-	-	-	-	-	-	-	-
20～24	219.4	367.6	2 785	210.1	18.1	1 110	225.9	601.3	1 667	173.2	119.2	8	183.2	736.3	1
25～29	248.9	801.3	5 106	244.9	38.1	372	235.0	657.0	1 249	244.3	865.7	2 004	268.0	1027.5	1 481
30～34	300.5	1093.9	4 852	299.1	46.2	149	277.2	681.8	491	277.0	930.0	461	295.5	1182.4	2 289
35～39	344.4	1237.7	5 920	342.7	84.1	222	281.1	644.6	372	308.4	953.4	405	343.2	1276.3	973
40～44	392.1	1376.5	5 966	415.2	127.2	138	385.3	665.9	301	359.9	888.6	251	364.8	1201.9	710
45～49	438.6	1633.9	5 111	416.3	17.1	129	449.5	991.3	236	453.8	1826.1	179	381.3	1475.7	385
50～54	480.0	1868.8	4 096	322.1	265.5	48	471.4	1287.4	105	485.3	1213.5	136	523.6	1587.1	320
55～59	489.6	1713.7	3 823	489.3	28.9	53	533.7	1501.0	190	473.3	1311.0	190	417.8	1139.9	193
60～64	330.6	813.5	1 774	316.4	430.6	94	316.6	507.5	162	347.8	524.6	148	343.7	689.8	151
65～69	327.5	473.0	240	181.7	14.5	17	169.5	68.6	5	241.1	40.6	37	451.5	517.6	72
70歳～	260.0	403.5	72	250.0	0.0	8	232.3	19.7	16	313.0	61.6	7	265.9	847.0	4
女															
学歴計	**232.2**	**552.2**	**38 319**	**196.9**	**19.2**	**3 321**	**207.3**	**333.0**	**6 886**	**213.5**	**503.2**	**5 348**	**227.0**	**573.5**	**7 911**
～19歳	164.6	109.4	511	158.8	9.4	261	170.7	213.8	250	-	-	-	-	-	-
20～24	193.7	286.6	4 464	193.7	7.8	1 246	195.7	357.9	2 258	187.5	461.1	737	193.6	545.4	224
25～29	215.8	559.3	6 199	210.7	44.3	506	205.7	422.5	1 403	219.3	672.8	1 933	221.6	663.1	2 124
30～34	233.6	625.3	4 839	207.0	16.8	312	228.4	393.1	734	222.3	588.8	589	239.7	742.5	1 511
35～39	240.9	639.9	4 258	221.6	20.9	195	224.3	423.3	457	224.1	516.4	466	240.5	609.3	996
40～44	250.8	638.3	5 095	200.9	29.2	209	227.7	290.4	552	209.3	335.7	492	243.8	517.4	1 115
45～49	257.0	646.9	5 126	197.4	35.2	225	226.4	201.1	666	235.3	281.4	472	214.4	430.8	733
50～54	251.6	615.1	3 463	186.5	26.5	186	180.9	91.3	278	209.9	378.6	334	220.6	392.4	564
55～59	246.8	585.1	2 750	208.7	7.0	145	213.2	129.5	183	196.8	184.5	151	203.9	362.0	387
60～64	199.4	226.7	1 177	148.5	0.0	37	196.9	283.2	48	176.8	78.8	130	173.0	110.9	144
65～69	175.3	86.0	328	221.1	0.0	1	157.6	0.4	57	181.2	74.1	18	199.7	72.9	105
70歳～	168.1	54.7	110	-	-	-	135.0	0.0	0	166.8	3.7	27	192.6	91.8	10
高校卒	**207.1**	**414.4**	**15 990**	**176.0**	**19.5**	**1 091**	**184.2**	**212.1**	**2 525**	**189.4**	**303.1**	**1 910**	**195.7**	**382.5**	**3 221**
～19歳	164.6	109.4	511	158.8	9.4	261	170.7	213.8	250	-	-	-	-	-	-
20～24	176.5	342.1	1 328	177.1	14.6	121	169.0	266.5	579	177.6	434.0	407	194.0	549.5	222
25～29	193.3	417.4	1 626	174.2	37.7	134	179.8	267.5	358	184.4	351.7	237	202.9	526.3	676
30～34	210.3	415.9	1 443	205.8	5.6	98	212.4	247.9	288	186.5	397.2	171	179.4	303.2	248
35～39	213.2	466.5	1 569	174.1	10.9	76	214.1	197.2	199	207.7	344.6	169	213.2	474.3	354
40～44	214.1	424.2	2 198	194.5	24.2	110	172.3	106.5	201	185.4	196.6	258	206.2	345.0	546
45～49	227.3	519.3	2 669	177.3	21.0	128	201.0	213.7	342	217.5	197.6	224	196.4	429.8	433
50～54	214.9	429.5	1 877	176.9	47.8	90	162.5	54.5	148	201.5	373.1	210	184.4	188.5	340
55～59	217.1	473.4	1 675	188.7	27.2	37	176.2	53.3	97	172.4	93.1	105	175.9	256.1	252
60～64	183.2	199.4	809	149.2	0.0	35	211.9	357.8	38	170.7	103.6	88	155.0	38.1	98
65～69	172.0	98.4	214	221.1	0.0	1	153.8	1.0	25	166.4	27.9	16	198.1	85.9	51
70歳～	158.0	68.9	72	-	-	-	135.0	0.0	0	163.6	0.0	25	230.4	0.0	1
高専・短大卒	**240.2**	**574.3**	**9 803**	**189.1**	**20.5**	**773**	**216.5**	**296.6**	**1 625**	**214.9**	**414.1**	**1 343**	**228.7**	**535.7**	**1 908**
～19歳	-	-	-	-	-	-	-	-	-	-	-	-	-	-	-
20～24	187.8	239.6	1 282	181.9	4.1	421	185.4	280.5	545	200.1	484.5	315	141.2	90.8	2
25～29	213.3	494.2	1 259	190.2	113.7	72	189.1	342.8	230	214.7	460.5	387	225.8	633.8	555
30～34	227.3	527.1	1 154	181.7	28.3	88	230.0	358.4	188	215.1	500.0	75	234.1	559.9	306
35～39	237.7	670.4	1 132	252.3	0.0	68	210.2	468.0	101	214.1	461.5	112	229.6	546.7	280
40～44	257.3	679.2	1 670	195.1	41.8	66	267.9	321.8	242	221.5	423.2	154	238.2	517.5	274
45～49	270.7	663.7	1 566	176.0	16.3	44	259.0	198.8	191	239.7	245.7	152	213.2	284.7	206
50～54	272.7	783.0	865	126.3	0.0	10	210.3	169.5	62	220.9	303.9	104	254.1	743.4	145
55～59	277.2	673.9	637	213.6	0.0	4	251.1	169.0	54	191.3	28.4	32	219.3	359.0	86
60～64	209.8	253.0	188	-	-	-	160.4	0.0	6	213.9	0.0	8	173.1	123.3	27
65～69	178.6	108.8	48	-	-	-	154.7	0.0	6	275.2	368.0	3	195.8	120.8	26
70歳～	207.2	50.0	2	-	-	-	-	-	-	207.2	50.0	2	-	-	-

及び年間賞与その他特別給与額

小　売　業

10～14年			15～19年			20～24年			25～29年			30年以上			区分
所定内給与額	年間賞与その他特別給与額	労働者数	所定内給与額	年間賞与その他特別給与額	労働者数	所定内給与額	年間賞与その他特別給与額	労働者数	所定内給与額	年間賞与その他特別給与額	労働者数	所定内給与額	年間賞与その他特別給与額	労働者数	
千円	千円	十人	千円	千円	十人	千円	千円	十人	千円	千円	十人	千円	千円	十人	
303.5	1125.6	2 503	338.9	1217.3	1 825	352.4	1351.8	2 039	394.6	1548.1	1 696	399.6	1412.5	1 276	高専・短大卒
-	-	-	-	-	-	-	-	-	-	-	-	-	-	-	～19歳
-	-	-	-	-	-	-	-	-	-	-	-	-	-	-	20～24
244.4	586.7	17	-	-	-	-	-	-	-	-	-	-	-	-	25～29
270.8	1112.1	1 193	-	-	-	-	-	-	-	-	-	-	-	-	30～34
291.9	1028.0	475	311.2	1202.5	1 048	306.8	1354.3	3	-	-	-	-	-	-	35～39
326.2	1124.5	369	340.7	1254.9	492	343.2	1311.0	1 526	326.0	709.7	6	-	-	-	40～44
369.3	1304.9	238	382.2	1297.1	184	382.6	1488.9	362	393.1	1562.3	1 233	497.0	648.3	43	45～49
407.3	1086.8	109	506.0	1287.2	45	376.9	1376.9	78	409.1	1514.2	317	419.3	1574.1	498	50～54
466.3	1861.5	77	706.4	1279.2	34	403.8	1798.7	57	406.4	1697.4	121	424.9	1575.1	549	55～59
232.2	421.6	7	347.9	306.1	18	232.4	302.9	14	196.7	511.5	19	254.0	739.0	163	60～64
229.2	0.0	2	-	-	-	240.0	0.0	0	-	-	-	226.8	260.2	23	65～69
183.3	91.2	15	344.6	50.0	6	-	-	-	-	-	-	-	-	-	70歳～
365.3	1307.4	6 349	401.7	1522.1	4 637	428.3	1717.5	3 897	465.4	1936.1	3 226	458.3	1703.0	4 098	大学・大学院卒
-	-	-	-	-	-	-	-	-	-	-	-	-	-	-	～19歳
-	-	-	-	-	-	-	-	-	-	-	-	-	-	-	20～24
-	-	-	-	-	-	-	-	-	-	-	-	-	-	-	25～29
323.8	1252.3	1 461	-	-	-	-	-	-	-	-	-	-	-	-	30～34
348.6	1354.8	2 667	367.4	1438.1	1 270	229.9	0.0	10	-	-	-	-	-	-	35～39
394.3	1285.7	938	394.0	1569.3	2 223	406.6	1581.8	1 402	373.5	1636.6	4	-	-	-	40～44
455.7	1483.7	545	448.8	1660.4	501	435.9	1770.8	1 953	447.7	1793.3	1 184	-	-	-	45～49
423.3	1352.4	340	465.8	1536.2	321	465.7	2021.2	291	485.1	2105.3	1 599	494.3	2057.0	936	50～54
446.0	1229.5	238	517.6	1710.9	218	488.7	1950.9	209	481.9	2018.1	344	496.8	1840.9	2 188	55～59
312.2	638.0	119	329.7	383.8	89	240.8	683.1	30	302.6	597.2	92	338.1	1073.1	887	60～64
273.6	712.4	19	229.1	701.3	15	181.5	0.0	2	144.0	321.0	3	339.5	693.7	71	65～69
267.1	53.7	22	-	-	-	-	-	-	-	-	-	256.2	1540.1	15	70歳～
															女
237.4	612.3	5 906	251.3	713.8	3 440	277.8	908.9	2 124	294.6	1076.1	1 979	313.2	1028.4	1 403	学歴計
-	-	-	-	-	-	-	-	-	-	-	-	-	-	-	～19歳
-	-	-	-	-	-	-	-	-	-	-	-	-	-	-	20～24
206.3	611.5	234	-	-	-	-	-	-	-	-	-	-	-	-	25～29
238.9	757.5	1 509	241.3	656.3	184	-	-	-	-	-	-	-	-	-	30～34
244.2	721.1	1 173	260.3	840.3	867	231.0	1008.7	104	-	-	-	-	-	-	35～39
247.4	566.8	787	283.7	978.6	804	276.7	1013.7	965	264.8	772.5	171	-	-	-	40～44
244.5	593.7	851	265.2	751.6	479	324.1	977.6	435	296.6	1164.1	1 094	311.5	941.7	171	45～49
255.0	582.6	619	244.3	516.8	449	298.1	957.2	166	315.1	1202.0	421	318.4	1107.2	446	50～54
205.7	284.5	440	212.7	433.4	455	269.0	830.9	261	332.7	1060.4	189	335.1	1256.8	538	55～59
200.6	186.5	228	158.6	119.2	130	204.8	285.1	153	177.7	228.6	71	260.6	460.8	237	60～64
159.5	83.2	39	172.3	191.8	52	165.4	180.5	14	150.2	38.1	33	181.9	245.0	9	65～69
146.4	0.0	24	158.2	237.1	20	184.8	0.0	26	-	-	-	200.0	72.0	2	70歳～
204.9	414.9	2 771	209.4	468.1	1 624	242.6	652.7	1 025	255.6	841.1	950	301.0	1007.5	874	高校卒
-	-	-	-	-	-	-	-	-	-	-	-	-	-	-	～19歳
-	-	-	-	-	-	-	-	-	-	-	-	-	-	-	20～24
207.1	629.1	220	-	-	-	-	-	-	-	-	-	-	-	-	25～29
223.3	582.2	454	241.3	656.3	184	-	-	-	-	-	-	-	-	-	30～34
201.9	494.7	413	239.0	614.7	254	231.0	1012.6	104	-	-	-	-	-	-	35～39
204.2	381.5	354	220.5	561.4	188	258.1	802.7	382	263.2	768.2	159	-	-	-	40～44
192.6	368.7	443	224.7	564.5	242	298.3	680.1	180	266.8	982.8	506	311.5	940.6	170	45～49
215.6	383.7	350	190.8	290.3	260	222.0	427.3	60	256.5	814.1	150	303.7	1096.9	268	50～54
198.1	248.6	289	188.3	412.5	336	205.8	414.6	173	258.3	815.9	51	322.6	1164.4	333	55～59
202.1	183.2	188	157.2	131.9	95	187.5	306.4	120	182.6	270.0	56	209.0	394.2	92	60～64
156.7	92.9	35	181.5	208.1	44	150.5	97.0	6	150.0	44.1	29	179.3	241.1	8	65～69
146.4	0.0	24	158.2	237.1	20	-	-	-	-	-	-	200.0	72.0	2	70歳～
247.8	624.1	1 518	255.9	823.9	1 009	291.5	987.7	652	315.4	1208.0	619	315.8	1075.0	356	高専・短大卒
-	-	-	-	-	-	-	-	-	-	-	-	-	-	-	～19歳
-	-	-	-	-	-	-	-	-	-	-	-	-	-	-	20～24
194.9	339.8	14	-	-	-	-	-	-	-	-	-	-	-	-	25～29
231.9	662.9	497	-	-	-	-	-	-	-	-	-	-	-	-	30～34
244.2	814.3	199	252.3	929.5	370	232.3	200.0	1	-	-	-	-	-	-	35～39
256.0	494.1	233	268.1	1007.7	254	279.0	1070.6	435	287.5	832.9	12	-	-	-	40～44
291.2	700.2	296	242.2	675.0	160	321.7	850.4	101	309.9	1210.2	416	-	-	-	45～49
244.9	645.0	142	303.5	787.6	126	282.4	825.6	62	330.0	1525.7	86	334.7	1203.2	129	50～54
219.8	277.6	114	221.4	314.2	72	357.5	959.4	39	352.6	1107.3	92	345.3	1347.3	144	55～59
166.2	261.4	18	148.7	24.6	18	328.5	289.8	15	156.2	80.6	13	235.4	404.8	83	60～64
156.2	0.0	4	126.5	113.8	9	126.4	160.1	1	-	-	-	-	-	-	65～69
-	-	-	-	-	-	-	-	-	-	-	-	-	-	-	70歳～

第2表　年齢階級、勤続年数階級別所定内給与額

企業規模	100～999人
	10～99人

I　卸　売　業，

区　分	勤続年数計			0　年			1～2年			3～4年			5～9年		
	所定内給与額	年間賞与その他特別給与額	労働者数	所定内給与額	年間賞与その他特別給与額	労働者数	所定内給与額	年間賞与その他特別給与額	労働者数	所定内給与額	年間賞与その他特別給与額	労働者数	所定内給与額	年間賞与その他特別給与額	労働者数
	千円	千円	十人	千円	千円	十人	千円	千円	十人	千円	千円	十人	千円	千円	十人
大学・大学院卒	**260.0**	**724.9**	**12 115**	**217.9**	**18.1**	**1 427**	**223.6**	**472.6**	**2 688**	**236.6**	**766.5**	**2 006**	**264.3**	**831.3**	**2 678**
～19歳	-	-	-	-	-	-	-	-	-	-	-	-	-	-	-
20～24	210.8	281.4	1 832	204.1	8.9	694	214.9	444.1	1 127	207.2	817.8	11	-	-	-
25～29	227.1	652.6	3 270	232.9	30.8	297	220.0	513.9	807	226.5	795.3	1 288	232.4	781.0	878
30～34	254.7	832.2	2 178	232.2	19.0	116	246.3	590.6	254	247.0	746.1	323	259.6	926.9	940
35～39	272.8	806.3	1 516	260.0	54.1	45	246.6	689.9	153	246.0	711.6	183	279.0	822.1	340
40～44	310.2	979.2	1 194	239.3	22.4	30	242.9	571.0	107	270.3	650.1	75	320.4	817.2	284
45～49	330.6	1035.0	824	263.7	85.3	53	252.5	191.4	119	272.2	548.7	93	319.5	749.7	74
50～54	327.6	936.5	676	204.0	7.2	86	197.1	107.8	63	241.5	816.7	20	348.5	716.7	67
55～59	325.4	933.4	412	215.7	0.0	104	261.1	280.1	32	407.9	1299.8	13	330.0	952.9	47
60～64	308.3	468.5	116	135.0	0.0	2	-	-	-	-	-	-	328.9	677.3	13
65～69	188.1	24.9	60	-	-	-	162.0	0.0	26	-	-	-	210.0	0.0	26
70歳～	186.4	26.2	36	-	-	-	-	-	-	-	-	-	190.6	96.5	10
企業規模 10～99人															
男女計	**282.5**	**556.3**	**90 420**	**222.1**	**33.4**	**6 890**	**230.9**	**308.5**	**13 895**	**243.6**	**448.8**	**11 185**	**276.7**	**570.9**	**17 555**
～19歳	168.4	70.8	642	165.6	2.0	377	172.9	147.0	261	147.0	1438.7	4	-	-	-
20～24	194.0	212.9	5 490	194.6	10.3	1 603	194.9	269.0	2 510	189.7	346.7	1 060	198.6	344.9	317
25～29	226.0	404.2	9 864	214.1	41.9	1 274	218.3	337.8	3 202	233.3	505.0	2 758	233.9	544.5	2 400
30～34	252.7	496.7	10 805	235.3	69.6	857	239.4	332.9	2 018	233.5	465.8	1 854	263.7	631.3	3 577
35～39	288.2	624.6	11 796	249.0	43.0	761	253.9	394.8	1 573	256.8	514.3	1 477	296.7	656.8	2 775
40～44	303.5	688.7	13 794	215.4	31.3	703	265.6	331.4	1 311	268.3	504.4	1 203	290.7	592.7	2 818
45～49	322.1	690.1	12 205	230.9	16.6	477	258.9	260.1	1 133	279.7	448.6	972	309.1	586.9	2 110
50～54	322.7	674.0	9 230	255.2	50.3	332	261.1	303.5	677	259.8	395.4	742	296.0	505.3	1 395
55～59	327.2	639.5	8 024	292.5	43.5	216	235.8	193.7	537	259.9	343.1	478	292.6	579.6	1 034
60～64	282.1	423.5	5 454	280.8	48.2	207	227.1	272.3	490	250.5	264.9	404	259.3	317.1	650
65～69	245.7	277.9	2 140	266.8	0.0	65	202.6	127.2	150	220.2	105.7	184	249.1	253.9	322
70歳～	230.5	188.7	975	397.9	73.1	17	197.2	231.5	33	297.5	72.9	49	200.1	156.8	158
男															
学歴計	**309.5**	**638.3**	**60 181**	**236.7**	**40.3**	**4 045**	**248.9**	**349.7**	**8 232**	**264.9**	**499.9**	**6 961**	**301.9**	**636.1**	**11 538**
～19歳	172.6	88.6	313	171.0	3.1	198	176.5	188.8	110	147.0	1438.7	4	-	-	-
20～24	200.9	222.3	2 826	198.2	12.3	825	199.6	279.9	1 298	202.6	357.8	542	219.6	377.4	161
25～29	234.1	435.0	5 974	219.5	45.6	717	220.2	340.7	1 823	243.2	533.1	1 731	245.6	586.2	1 560
30～34	266.9	556.1	7 034	245.1	68.7	603	246.9	403.4	1 279	245.7	534.4	1 121	280.4	680.9	2 391
35～39	307.2	689.6	8 258	272.9	59.3	453	275.6	437.5	1 043	274.0	534.4	960	315.2	703.8	1 883
40～44	330.0	789.5	9 814	229.3	24.0	417	307.9	393.6	762	299.6	588.8	791	314.1	681.4	1 971
45～49	360.9	806.8	8 296	250.5	19.3	275	298.5	328.7	641	325.0	556.7	582	366.5	730.2	1 294
50～54	361.8	779.6	6 126	292.7	90.4	182	307.9	407.6	389	288.8	509.3	419	335.3	555.5	799
55～59	370.5	742.2	5 247	336.4	74.4	123	275.3	235.7	333	304.6	425.8	295	344.0	692.3	580
60～64	303.4	453.5	4 098	278.6	47.1	193	240.0	317.3	410	282.5	314.1	299	281.1	342.7	521
65～69	256.5	294.6	1 562	272.8	0.0	41	208.0	136.6	117	225.7	107.1	168	261.5	280.0	268
70歳～	243.9	196.7	633	397.9	73.1	17	212.4	286.1	26	297.5	72.9	49	215.0	215.8	111
高校卒	**286.9**	**525.0**	**30 278**	**225.0**	**19.2**	**1 977**	**229.4**	**243.6**	**4 055**	**241.1**	**407.6**	**3 605**	**272.6**	**519.5**	**5 371**
～19歳	174.2	74.0	285	172.4	3.4	182	177.3	199.2	103	-	-	-	-	-	-
20～24	194.5	223.1	1 473	192.6	8.2	292	191.8	203.2	656	191.5	365.5	383	218.6	370.9	143
25～29	226.6	379.5	2 306	197.7	15.4	251	211.9	255.1	699	241.2	451.1	633	235.4	516.4	581
30～34	250.2	446.5	3 241	228.4	11.0	262	226.3	266.8	618	229.9	514.7	618	256.4	551.1	958
35～39	276.1	528.6	3 597	246.1	61.0	259	236.2	266.5	441	254.2	429.7	566	276.2	653.9	724
40～44	305.7	628.4	4 585	229.3	9.5	227	277.5	277.2	411	276.2	480.0	405	283.2	599.0	959
45～49	320.0	626.5	4 522	239.6	5.0	194	255.5	254.8	421	261.3	361.5	275	310.3	490.6	683
50～54	331.0	655.6	3 693	271.8	35.8	138	286.4	276.0	179	268.6	387.3	268	303.9	484.2	485
55～59	333.6	645.5	3 138	295.4	31.4	57	244.1	183.1	189	246.9	233.5	200	281.1	461.1	344
60～64	282.4	396.0	2 139	257.8	15.2	83	233.1	224.7	241	190.3	235.1	130	266.4	302.9	289
65～69	230.3	270.2	939	203.9	0.0	15	188.7	113.0	75	208.5	65.6	106	229.9	207.1	149
70歳～	238.3	172.4	361	398.9	73.5	17	215.1	240.8	21	243.0	26.1	21	213.6	268.9	58
高専・短大卒	**312.5**	**684.4**	**7 959**	**231.3**	**36.1**	**489**	**245.8**	**329.0**	**1 079**	**260.5**	**496.1**	**787**	**305.5**	**643.6**	**1 506**
～19歳	-	-	-	-	-	-	-	-	-	-	-	-	-	-	-
20～24	197.5	247.3	540	187.8	38.2	161	198.6	304.0	263	208.4	407.0	116	-	-	-
25～29	229.6	413.6	880	206.7	8.9	99	200.7	275.6	207	232.1	465.3	216	251.1	574.1	358
30～34	267.2	598.1	987	227.2	113.7	45	243.9	328.8	203	254.9	645.1	120	294.5	606.9	302
35～39	320.1	762.5	1 355	387.1	3.7	67	303.2	381.3	141	334.2	683.5	68	328.3	800.1	242
40～44	335.5	818.0	1 594	217.6	23.0	58	360.9	620.2	84	285.9	558.6	96	311.5	560.4	270
45～49	367.2	945.2	1 206	247.2	88.1	28	319.5	190.4	41	294.2	303.5	75	355.9	1013.1	163
50～54	370.3	838.2	628	144.5	0.0	5	279.0	501.6	67	262.4	562.4	30	398.8	386.7	89
55～59	396.5	602.8	446	256.0	163.0	9	210.1	42.5	21	380.3	637.7	38	300.8	484.2	45
60～64	273.4	280.3	226	195.5	5.5	6	235.0	88.5	34	204.3	52.6	26	309.3	415.1	26
65～69	346.4	248.7	86	215.1	0.0	12	256.9	9.6	19	173.0	120.0	3	243.5	336.5	12
70歳～	256.2	256.1	11	-	-	-	-	-	-	-	-	-	-	-	-

及び年間賞与その他特別給与額

小　売　業

10～14年			15～19年			20～24年			25～29年			30年以上			区分
所定内給与額	年間賞与その他特別給与額	労働者数	所定内給与額	年間賞与その他特別給与額	労働者数	所定内給与額	年間賞与その他特別給与額	労働者数	所定内給与額	年間賞与その他特別給与額	労働者数	所定内給与額	年間賞与その他特別給与額	労働者数	
千円	千円	十人	千円	千円	十人	千円	千円	十人	千円	千円	十人	千円	千円	十人	
287.2	972.4	1 553	333.6	1093.2	786	346.4	1427.1	423	355.0	1458.3	393	376.4	1093.6	161	大学・大学院卒
-	-	-	-	-	-	-	-	-	-	-	-	-	-	-	～ 19歳
-	-	-	-	-	-	-	-	-	-	-	-	-	-	-	20 ～ 24
-	-	-	-	-	-	-	-	-	-	-	-	-	-	-	25 ～ 29
259.4	1006.0	546	-	-	-	-	-	-	-	-	-	-	-	-	30 ～ 34
276.6	862.4	553	294.7	940.7	243	-	-	-	-	-	-	-	-	-	35 ～ 39
321.2	1040.7	187	327.5	1174.8	362	317.8	1389.9	149	-	-	-	-	-	-	40 ～ 44
334.4	1252.4	106	450.5	1521.1	74	370.9	1469.8	140	355.6	1617.6	167	-	-	-	45 ～ 49
388.6	1127.5	118	347.5	914.2	63	423.8	1864.0	44	354.2	1400.1	176	373.2	1078.1	40	50 ～ 54
233.1	797.0	27	451.4	1009.2	34	423.6	2214.0	49	376.4	1241.9	45	379.0	1547.5	61	55 ～ 59
239.7	198.5	17	169.0	213.7	11	210.1	77.6	13	-	-	-	376.3	648.6	60	60 ～ 64
392.9	0.0	1	-	-	-	241.7	486.9	3	151.1	0.0	5	290.0	410.0	0	65 ～ 69
-	-	-	-	-	-	184.8	0.0	26	-	-	-	-	-	-	70歳～
															企業規模 10 ～ 99 人
302.3	686.1	15 325	315.8	790.5	8 892	332.7	801.0	6 780	353.9	859.9	4 376	357.5	725.0	5 523	男女計
-	-	-	-	-	-	-	-	-	-	-	-	-	-	-	～ 19歳
-	-	-	-	-	-	-	-	-	-	-	-	-	-	-	20 ～ 24
229.6	663.9	229	-	-	-	-	-	-	-	-	-	-	-	-	25 ～ 29
271.2	627.7	2 300	229.5	353.8	200	-	-	-	-	-	-	-	-	-	30 ～ 34
317.1	829.8	3 305	293.4	731.2	1 697	297.2	718.4	207	-	-	-	-	-	-	35 ～ 39
321.5	747.1	2 975	335.4	1021.1	2 351	330.2	885.4	2 157	315.6	842.3	276	-	-	-	40 ～ 44
316.6	750.7	2 343	356.3	941.0	1 661	355.6	911.4	1 839	367.5	888.5	1 451	378.9	721.9	218	45 ～ 49
311.1	597.2	1 652	327.6	737.3	1 083	346.8	834.4	1 057	385.9	1123.5	1 130	378.3	915.9	1 162	50 ～ 54
295.1	558.0	1 376	298.4	572.3	971	338.0	690.2	738	364.0	845.8	785	411.7	930.6	1 888	55 ～ 59
265.9	445.6	733	280.9	469.9	631	279.4	454.1	519	300.9	454.0	475	326.6	579.0	1 345	60 ～ 64
231.4	304.1	289	213.2	460.4	194	272.5	299.8	205	251.2	324.2	191	269.1	322.2	539	65 ～ 69
234.3	209.9	123	200.4	120.1	102	185.7	119.7	57	228.0	437.9	66	244.3	197.0	371	70歳～
															男
328.9	781.1	10 209	346.0	874.1	6 273	358.4	894.6	4 992	380.8	958.3	3 325	371.2	747.9	4 607	学歴計
-	-	-	-	-	-	-	-	-	-	-	-	-	-	-	～ 19歳
-	-	-	-	-	-	-	-	-	-	-	-	-	-	-	20 ～ 24
248.7	755.8	142	-	-	-	-	-	-	-	-	-	-	-	-	25 ～ 29
287.0	703.6	1 529	264.0	463.6	111	-	-	-	-	-	-	-	-	-	30 ～ 34
328.8	913.4	2 523	316.3	767.0	1 216	306.6	757.1	180	-	-	-	-	-	-	35 ～ 39
343.0	845.2	2 114	351.8	1055.2	1 937	356.5	994.4	1 611	341.0	935.2	210	-	-	-	40 ～ 44
350.0	864.4	1 429	390.8	1052.2	1 235	373.1	953.0	1 534	394.3	952.5	1 117	395.3	783.0	189	45 ～ 49
366.3	677.8	969	353.9	776.3	690	374.7	936.5	788	406.3	1194.9	954	397.7	932.9	936	50 ～ 54
347.3	675.2	735	337.9	623.2	549	362.5	752.8	445	395.6	1007.5	553	428.8	947.7	1 635	55 ～ 59
294.5	444.7	496	338.7	554.9	363	320.2	493.8	304	311.1	506.6	350	331.4	600.1	1 163	60 ～ 64
268.2	395.9	187	228.2	651.5	105	277.6	366.3	105	286.1	231.8	105	265.8	312.8	467	65 ～ 69
262.1	208.0	86	233.8	119.8	67	180.2	180.4	25	245.5	765.7	36	241.6	141.4	217	70歳～
302.7	624.7	4 873	322.3	678.9	3 153	327.6	742.9	2 552	347.5	789.8	2 029	355.2	723.9	2 662	高校卒
-	-	-	-	-	-	-	-	-	-	-	-	-	-	-	～ 19歳
-	-	-	-	-	-	-	-	-	-	-	-	-	-	-	20 ～ 24
248.8	756.5	141	-	-	-	-	-	-	-	-	-	-	-	-	25 ～ 29
286.8	561.4	690	268.5	484.7	95	-	-	-	-	-	-	-	-	-	30 ～ 34
298.6	687.4	861	296.1	552.8	586	319.0	850.6	160	-	-	-	-	-	-	35 ～ 39
322.6	643.3	980	337.4	836.5	730	330.3	842.9	677	335.7	941.4	197	-	-	-	40 ～ 44
318.0	720.7	750	348.5	841.0	594	334.3	757.4	713	357.7	788.9	727	396.3	827.3	164	45 ～ 49
323.3	591.0	553	328.1	651.4	460	342.7	761.4	471	352.1	874.1	488	385.9	946.2	652	50 ～ 54
298.5	631.5	463	315.4	514.6	337	321.0	624.7	273	370.7	893.5	325	405.5	902.8	949	55 ～ 59
266.3	459.8	277	345.8	542.4	225	302.2	506.1	178	340.5	552.0	183	294.6	437.6	532	60 ～ 64
243.1	280.7	100	225.6	781.2	79	284.7	466.1	56	225.4	252.4	87	239.3	255.8	272	65 ～ 69
260.1	217.8	58	235.0	85.7	48	180.2	180.4	25	208.8	141.0	21	239.5	168.5	94	70歳～
318.3	814.6	1 469	349.2	981.7	898	367.9	974.7	958	419.2	1244.0	361	386.8	617.2	411	高専・短大卒
-	-	-	-	-	-	-	-	-	-	-	-	-	-	-	～ 19歳
-	-	-	-	-	-	-	-	-	-	-	-	-	-	-	20 ～ 24
-	-	-	-	-	-	-	-	-	-	-	-	-	-	-	25 ～ 29
266.5	813.6	317	-	-	-	-	-	-	-	-	-	-	-	-	30 ～ 34
303.1	878.6	499	330.0	890.9	338	-	-	-	-	-	-	-	-	-	35 ～ 39
332.7	902.6	241	342.2	919.0	267	361.1	1008.1	579	351.4	561.0	0	-	-	-	40 ～ 44
353.0	868.3	226	389.8	1189.3	219	371.1	940.4	257	418.1	1286.8	187	403.8	271.4	10	45 ～ 49
327.2	547.6	85	378.8	1177.9	44	366.5	1021.4	79	420.3	1541.9	92	420.3	874.3	137	50 ～ 54
479.6	455.8	71	358.7	1030.6	17	427.3	702.7	34	426.4	1374.5	39	410.7	537.1	172	55 ～ 59
341.5	244.5	21	330.8	644.0	0	500.7	451.8	9	263.0	346.7	32	264.4	380.7	73	60 ～ 64
258.8	239.8	7	210.0	860.0	6	-	-	-	900.0	0.0	10	389.3	564.4	19	65 ～ 69
418.0	493.0	3	204.3	180.0	8	-	-	-	-	-	-	-	-	-	70歳～

第2表　年齢階級、勤続年数階級別所定内給与額

企業規模	10～99人

I 卸売業，

区分	勤続年数計			0年			1～2年			3～4年			5～9年		
	所定内給与額	年間賞与その他特別給与額	労働者数	所定内給与額	年間賞与その他特別給与額	労働者数	所定内給与額	年間賞与その他特別給与額	労働者数	所定内給与額	年間賞与その他特別給与額	労働者数	所定内給与額	年間賞与その他特別給与額	労働者数
	千円	千円	十人	千円	千円	十人	千円	千円	十人	千円	千円	十人	千円	千円	十人
大学・大学院卒	**346.7**	**810.5**	**19 776**	**258.4**	**73.5**	**1 435**	**279.0**	**514.5**	**2 906**	**303.7**	**638.6**	**2 356**	**339.7**	**784.3**	**4 275**
～19歳	-	-	-	-	-	-	-	-	-	-	-	-	-	-	-
20～24	216.0	198.1	753	208.9	4.5	361	215.6	405.6	357	311.4	89.0	31	175.6	0.0	4
25～29	242.4	484.8	2 684	239.3	78.3	357	232.1	433.0	884	247.3	593.3	857	252.5	652.1	585
30～34	287.4	690.1	2 551	268.6	122.5	270	280.6	650.5	429	272.0	538.9	352	294.2	816.9	1 051
35～39	340.5	859.8	3 098	270.8	101.6	106	310.2	640.3	432	300.2	705.2	303	345.1	718.3	863
40～44	363.7	1011.3	3 386	242.0	50.1	103	347.2	529.7	244	337.9	728.5	261	359.7	851.0	692
45～49	441.1	1112.4	2 311	294.3	36.3	52	404.9	554.0	170	419.4	929.0	206	468.4	1016.0	417
50～54	436.6	1083.9	1 569	395.8	314.8	37	352.1	556.3	133	350.7	845.4	98	393.6	820.1	205
55～59	449.0	1002.4	1 488	423.6	114.5	50	336.7	352.4	121	491.8	1067.0	51	480.4	1198.4	182
60～64	345.0	554.0	1 440	318.2	89.1	88	247.6	565.2	115	406.6	467.2	126	295.0	320.1	183
65～69	310.0	391.3	407	421.1	0.0	12	230.8	315.4	21	271.4	187.8	50	358.3	471.9	70
70歳～	322.4	115.5	90	222.4	0.0	0	-	-	-	392.1	139.5	22	243.9	139.5	23
女															
学歴計	**228.7**	**393.0**	**30 238**	**201.4**	**23.7**	**2 845**	**204.8**	**248.7**	**5 663**	**208.6**	**364.7**	**4 224**	**228.4**	**445.9**	**6 017**
～19歳	164.5	54.0	330	159.6	0.8	178	170.2	116.7	152	-	-	-	-	-	-
20～24	186.7	202.9	2 664	190.8	8.2	778	189.9	257.4	1 211	176.2	335.2	518	176.8	311.5	156
25～29	213.5	356.9	3 891	207.1	37.1	557	215.8	334.0	1 379	216.5	457.7	1 027	212.1	467.0	840
30～34	226.1	385.9	3 771	212.1	71.8	255	226.4	210.9	739	214.8	360.8	732	229.9	531.3	1 186
35～39	243.7	473.0	3 538	213.8	19.1	308	211.4	310.7	530	224.9	476.9	517	257.5	557.6	892
40～44	237.9	440.0	3 980	195.1	41.9	286	206.6	245.0	548	207.9	342.2	412	236.3	386.0	846
45～49	239.8	442.4	3 909	204.3	13.0	202	207.3	170.8	492	212.2	287.3	390	218.1	359.9	817
50～54	245.5	465.7	3 104	209.7	1.8	150	198.0	163.4	289	222.2	247.3	323	243.3	438.1	596
55～59	245.3	445.4	2 777	234.4	2.6	93	171.3	125.3	204	188.2	210.2	184	227.1	435.9	455
60～64	217.7	332.8	1 356	311.6	63.4	14	161.2	41.9	80	159.9	125.5	105	171.3	213.9	129
65～69	216.5	232.7	578	256.6	0.0	24	183.6	94.1	33	165.5	91.7	17	187.6	124.3	54
70歳～	205.6	173.8	342	-	-	-	132.5	0.0	6	-	-	-	164.9	18.1	47
高校卒	**204.8**	**314.6**	**15 479**	**177.0**	**20.8**	**1 201**	**184.4**	**180.7**	**2 535**	**186.2**	**244.9**	**2 069**	**199.2**	**306.5**	**2 744**
～19歳	165.8	56.8	313	161.2	0.4	169	171.2	123.1	144	-	-	-	-	-	-
20～24	175.5	214.2	1 226	174.8	29.4	186	177.7	185.8	533	172.1	319.3	364	176.9	293.8	142
25～29	188.0	246.7	1 199	173.1	39.3	161	198.4	237.6	399	185.0	255.1	238	181.6	283.1	314
30～34	198.5	294.6	1 430	198.0	50.6	121	180.0	179.3	198	197.3	264.6	310	208.4	393.2	332
35～39	210.9	322.5	1 522	181.4	11.4	132	192.0	197.2	234	196.5	254.8	262	228.8	389.7	344
40～44	208.4	345.8	2 046	174.5	24.9	148	184.5	226.8	306	184.9	250.1	227	200.1	327.6	408
45～49	217.1	373.2	2 287	198.9	4.5	121	192.1	157.2	291	191.4	219.8	233	200.4	288.5	442
50～54	219.8	375.2	1 945	168.8	2.8	94	183.1	114.7	201	199.8	177.6	230	206.3	321.3	326
55～59	211.9	365.4	1 853	168.0	1.3	57	171.5	155.8	142	169.5	176.9	114	192.7	219.9	267
60～64	193.0	263.8	961	172.4	224.4	4	160.6	21.0	57	151.6	139.4	75	165.5	196.1	88
65～69	213.4	266.8	450	136.5	0.0	8	186.7	100.5	29	165.5	93.4	17	159.9	86.2	37
70歳～	194.9	162.2	247	-	-	-	-	-	-	-	-	-	165.6	10.4	43
高専・短大卒	**227.0**	**434.2**	**6 658**	**190.9**	**37.9**	**621**	**195.9**	**229.3**	**1 198**	**208.0**	**382.1**	**874**	**229.1**	**500.2**	**1 530**
～19歳	-	-	-	-	-	-	-	-	-	-	-	-	-	-	-
20～24	178.9	192.9	665	180.0	1.2	233	174.7	253.3	283	185.3	378.2	149	-	-	-
25～29	203.4	387.3	828	181.3	71.4	105	203.8	259.6	268	200.9	433.2	185	213.2	606.4	270
30～34	224.8	407.2	927	206.7	155.6	65	205.1	172.2	213	222.1	308.1	116	217.7	563.6	316
35～39	237.2	504.3	850	202.8	1.9	57	193.7	336.5	120	223.0	390.8	125	262.7	638.3	200
40～44	240.1	467.2	1 037	203.9	73.6	68	208.3	212.3	115	218.0	390.0	108	239.1	313.7	263
45～49	245.5	507.8	983	214.4	6.7	67	192.2	154.6	98	213.9	341.7	78	222.3	493.9	221
50～54	244.3	577.5	608	153.2	0.0	11	216.5	234.1	58	240.0	503.4	58	242.2	464.5	119
55～59	232.2	454.0	510	185.1	4.4	3	196.2	84.3	37	166.4	285.9	50	226.3	373.6	109
60～64	219.1	301.1	170	255.0	0.0	4	180.3	22.2	6	189.1	155.8	5	197.8	294.9	29
65～69	180.6	102.9	55	121.0	0.0	6	-	-	-	165.4	0.0	0	147.6	0.0	4
70歳～	380.4	510.6	24	-	-	-	-	-	-	-	-	-	-	-	-
大学・大学院卒	**283.0**	**535.3**	**7 561**	**242.4**	**19.9**	**948**	**244.9**	**377.9**	**1 742**	**247.8**	**559.1**	**1 246**	**278.9**	**636.6**	**1 662**
～19歳	-	-	-	-	-	-	-	-	-	-	-	-	-	-	-
20～24	212.8	196.8	748	208.2	2.0	342	217.6	358.8	393	197.0	215.6	4	185.5	560.2	8
25～29	236.5	425.2	1 805	236.7	24.3	282	234.1	437.5	667	234.1	548.5	599	248.1	545.6	257
30～34	259.5	484.7	1 350	260.0	35.3	57	277.9	270.9	302	230.9	483.8	302	253.8	617.9	519
35～39	295.8	666.8	1 124	266.0	40.4	106	253.8	467.7	167	286.6	1026.7	127	285.3	687.5	337
40～44	307.6	636.0	865	236.1	50.4	65	263.1	321.3	123	266.3	571.5	72	326.3	647.5	164
45～49	330.6	652.5	541	221.9	195.2	8	290.4	243.5	68	311.6	541.8	60	272.1	387.0	143
50～54	345.9	679.8	519	311.5	0.0	44	320.1	452.7	17	339.9	282.3	35	334.4	688.9	140
55～59	434.4	853.2	380	388.3	5.3	29	185.1	60.0	1	352.7	210.1	20	344.5	1253.1	79
60～64	360.0	765.7	184	455.5	0.0	6	250.0	730.0	3	178.2	80.2	26	185.0	200.0	5
65～69	342.0	181.5	41	441.7	0.0	10	200.0	0.0	2	-	-	-	299.9	314.3	11
70歳～	255.6	294.8	5	-	-	-	-	-	-	-	-	-	-	-	-

及び年間賞与その他特別給与額

小　売　業

10～14年 所定内給与額	10～14年 年間賞与その他特別給与額	10～14年 労働者数	15～19年 所定内給与額	15～19年 年間賞与その他特別給与額	15～19年 労働者数	20～24年 所定内給与額	20～24年 年間賞与その他特別給与額	20～24年 労働者数	25～29年 所定内給与額	25～29年 年間賞与その他特別給与額	25～29年 労働者数	30年以上 所定内給与額	30年以上 年間賞与その他特別給与額	30年以上 労働者数	区分
千円	千円	十人	千円	千円	十人	千円	千円	十人	千円	千円	十人	千円	千円	十人	
374.9	**1011.1**	**3 522**	**384.8**	**1164.6**	**2 027**	**422.4**	**1193.9**	**1 274**	**460.3**	**1302.1**	**758**	**425.2**	**932.4**	**1 223**	**大学・大学院卒**
-	-	-	-	-	-	-	-	-	-	-	-	-	-	-	～19歳
-	-	-	-	-	-	-	-	-	-	-	-	-	-	-	20～24
-	-	-	-	-	-	-	-	-	-	-	-	-	-	-	25～29
301.1	890.7	450	-	-	-	-	-	-	-	-	-	-	-	-	30～34
365.8	1114.2	1 114	342.7	1076.8	280	-	-	-	-	-	-	-	-	-	35～39
372.9	1079.1	835	369.4	1287.9	903	402.3	1282.9	347	329.2	1394.9	1	-	-	-	40～44
412.3	1175.2	416	454.6	1310.5	393	437.2	1257.3	502	540.1	1443.3	156	-	-	-	45～49
473.2	897.2	291	419.1	1235.9	141	454.0	1361.7	207	485.9	1588.2	332	450.6	949.6	125	50～54
430.7	880.2	178	389.3	772.7	170	449.5	1141.0	106	446.0	1140.9	170	494.3	1233.8	459	55～59
350.2	440.7	156	344.3	610.8	120	331.4	347.4	90	275.7	406.1	90	390.7	841.5	473	60～64
310.6	596.2	73	257.8	0.0	17	343.9	461.4	22	173.6	415.0	4	306.4	397.0	140	65～69
312.0	0.0	10	252.4	603.6	3	-	-	-	295.0	0.0	5	350.7	88.1	27	70歳～
															女
249.3	**496.4**	**5 116**	**243.7**	**590.2**	**2 619**	**260.7**	**539.5**	**1 788**	**268.8**	**548.6**	**1 051**	**288.8**	**609.7**	**916**	**学歴計**
-	-	-	-	-	-	-	-	-	-	-	-	-	-	-	～19歳
-	-	-	-	-	-	-	-	-	-	-	-	-	-	-	20～24
198.6	514.9	88	-	-	-	-	-	-	-	-	-	-	-	-	25～29
239.9	477.2	771	186.4	216.2	89	-	-	-	-	-	-	-	-	-	30～34
279.4	560.0	782	235.6	640.7	481	234.5	461.1	27	-	-	-	-	-	-	35～39
268.8	506.2	862	258.9	862.1	414	252.8	563.6	546	234.7	546.7	66	-	-	-	40～44
264.4	572.8	914	256.1	618.6	426	267.7	702.8	306	277.8	674.8	334	269.3	314.2	28	45～49
232.5	482.7	682	281.7	669.0	394	265.3	536.2	270	275.6	736.5	176	298.0	845.1	225	50～54
235.1	423.6	641	246.9	506.0	422	300.7	594.9	292	289.0	461.3	232	301.6	820.2	254	55～59
205.8	447.4	236	203.0	355.2	269	221.8	398.1	215	272.5	306.6	125	296.4	444.2	182	60～64
164.1	136.5	102	195.4	233.8	89	267.2	229.9	100	208.6	436.9	86	290.6	382.9	72	65～69
170.0	214.2	37	137.1	120.7	35	190.1	71.8	32	207.7	57.6	31	248.0	275.2	154	70歳～
212.5	**403.2**	**2 763**	**211.8**	**390.5**	**1 577**	**229.6**	**430.6**	**1 217**	**255.5**	**522.7**	**704**	**266.1**	**624.5**	**669**	**高校卒**
-	-	-	-	-	-	-	-	-	-	-	-	-	-	-	～19歳
-	-	-	-	-	-	-	-	-	-	-	-	-	-	-	20～24
198.6	516.1	87	-	-	-	-	-	-	-	-	-	-	-	-	25～29
203.1	386.1	383	187.9	223.8	85	-	-	-	-	-	-	-	-	-	30～34
228.8	449.4	241	214.3	432.1	281	234.5	461.1	27	-	-	-	-	-	-	35～39
229.9	424.2	408	220.1	598.5	124	234.1	448.2	358	234.7	546.7	66	-	-	-	40～44
226.5	518.8	555	228.3	417.9	245	224.3	544.4	156	274.7	668.5	216	269.3	314.2	28	45～49
223.0	431.7	419	229.4	401.9	240	236.1	424.4	158	267.2	552.2	111	278.5	933.9	167	50～54
191.4	274.3	409	219.0	439.7	319	229.2	457.0	247	261.1	556.4	114	290.1	797.5	185	55～59
183.3	246.3	159	175.8	224.4	186	203.4	381.4	166	241.0	251.0	105	237.3	435.3	122	60～64
159.2	188.4	71	195.5	246.9	68	272.7	254.0	87	214.2	483.0	75	281.6	408.9	59	65～69
167.8	195.7	31	128.5	129.4	30	158.6	35.2	17	252.6	37.7	18	229.0	263.4	108	70歳～
254.1	**529.8**	**1 226**	**256.7**	**743.4**	**501**	**259.4**	**734.2**	**328**	**256.2**	**613.8**	**246**	**279.5**	**595.5**	**135**	**高専・短大卒**
-	-	-	-	-	-	-	-	-	-	-	-	-	-	-	～19歳
-	-	-	-	-	-	-	-	-	-	-	-	-	-	-	20～24
199.9	0.0	0	-	-	-	-	-	-	-	-	-	-	-	-	25～29
263.6	549.0	212	152.1	48.0	4	-	-	-	-	-	-	-	-	-	30～34
254.8	538.5	224	236.7	738.1	123	-	-	-	-	-	-	-	-	-	35～39
261.1	594.5	244	260.6	792.3	110	251.0	760.1	130	-	-	-	-	-	-	40～44
270.5	534.7	202	279.9	880.0	128	273.4	774.5	83	274.4	588.0	108	-	-	-	45～49
239.0	556.0	157	238.5	690.8	45	271.6	686.9	77	286.1	1052.2	52	242.6	862.0	32	50～54
244.6	508.0	121	283.6	587.3	56	235.3	618.5	15	222.7	420.8	71	266.9	834.6	48	55～59
202.0	206.7	43	224.5	535.5	28	231.2	729.7	20	177.6	15.0	0	253.8	93.6	35	60～64
198.2	13.7	17	211.0	385.9	8	238.1	233.3	2	170.5	125.7	11	172.2	80.0	7	65～69
180.0	300.0	7	-	-	-	-	-	-	200.6	330.0	3	513.4	648.5	14	70歳～
342.1	**713.0**	**1 076**	**332.0**	**1081.4**	**505**	**441.6**	**891.6**	**213**	**438.0**	**651.8**	**85**	**525.9**	**683.0**	**83**	**大学・大学院卒**
-	-	-	-	-	-	-	-	-	-	-	-	-	-	-	～19歳
-	-	-	-	-	-	-	-	-	-	-	-	-	-	-	20～24
-	-	-	-	-	-	-	-	-	-	-	-	-	-	-	25～29
295.4	608.5	170	-	-	-	-	-	-	-	-	-	-	-	-	30～34
340.0	674.3	309	311.3	1242.8	77	-	-	-	-	-	-	-	-	-	35～39
359.4	569.8	202	284.5	1084.8	181	371.7	833.7	58	-	-	-	-	-	-	40～44
398.2	836.0	153	341.1	1041.5	41	365.3	1030.9	57	372.5	1650.4	11	-	-	-	45～49
261.3	575.6	106	423.2	1278.3	104	391.5	729.0	34	305.7	1055.8	12	484.0	275.8	27	50～54
393.3	889.9	106	392.5	859.1	47	916.2	1707.2	30	454.8	294.3	48	484.5	990.0	21	55～59
333.6	1876.9	31	294.2	743.7	50	336.4	258.1	27	547.4	723.4	14	669.1	1013.9	24	60～64
-	-	-	232.8	237.8	4	247.3	0.0	8	-	-	-	468.1	443.8	7	65～69
-	-	-	200.0	280.0	1	-	-	-	-	-	-	275.0	300.0	4	70歳～

第2表　年齢階級、勤続年数階級別所定内給与額

企業規模	計

J　金　融　業，

区分	勤続年数計			0　年			1～2年			3～4年			5～9年		
	所定内給与額	年間賞与その他特別給与額	労働者数	所定内給与額	年間賞与その他特別給与額	労働者数	所定内給与額	年間賞与その他特別給与額	労働者数	所定内給与額	年間賞与その他特別給与額	労働者数	所定内給与額	年間賞与その他特別給与額	労働者数
	千円	千円	十人	千円	千円	十人	千円	千円	十人	千円	千円	十人	千円	千円	十人
J金融業，保険業															
企業規模計															
男女計	**369.1**	**1501.9**	**103 648**	**232.3**	**101.9**	**8 206**	**256.2**	**639.3**	**13 575**	**288.6**	**1015.7**	**9 603**	**323.2**	**1298.3**	**18 827**
～19歳	156.5	83.1	192	156.1	16.0	137	157.7	251.0	55	－	－	－	－	－	－
20～24	214.0	431.0	9 531	208.5	55.9	3 813	218.7	678.9	5 395	195.0	653.2	243	210.7	915.6	81
25～29	257.8	1021.1	12 625	222.0	96.5	882	245.5	700.7	2 475	251.4	1078.7	4 585	278.0	1315.7	4 614
30～34	319.4	1386.7	12 914	240.7	80.8	691	277.9	581.6	1 129	321.8	1088.9	726	318.9	1510.0	5 938
35～39	370.2	1568.9	10 239	255.5	63.0	596	287.9	456.6	865	336.0	1119.3	780	360.9	1316.0	1 429
40～44	413.7	1818.2	12 706	248.4	59.9	594	295.1	530.8	1 013	330.1	1003.2	891	381.9	1331.9	1 781
45～49	460.8	2088.6	14 713	254.1	155.6	539	281.5	409.9	764	352.7	1050.9	804	352.4	1137.6	1 693
50～54	481.4	2143.2	13 444	289.8	213.4	435	313.8	781.7	711	330.6	818.4	602	352.9	1092.4	1 459
55～59	423.5	1614.8	9 986	319.6	284.5	236	358.9	823.4	622	341.0	946.0	483	336.2	988.5	962
60～64	311.3	830.2	5 398	315.6	657.7	243	300.4	589.3	476	275.7	619.5	456	300.9	749.4	752
65～69	314.6	727.6	1 424	323.8	66.3	40	221.4	260.8	64	247.1	471.1	28	308.9	315.4	101
70歳～	329.3	817.0	476	841.2	0.0	0	309.0	49.3	7	335.7	306.3	5	221.0	761.1	17
男															
学歴計	**467.0**	**2082.7**	**49 477**	**295.5**	**184.0**	**2 794**	**318.3**	**858.4**	**5 106**	**359.3**	**1372.3**	**4 077**	**400.5**	**1736.4**	**8 017**
～19歳	154.6	24.1	19	152.8	2.5	16	166.5	165.0	3	－	－	－	－	－	－
20～24	226.1	408.4	3 528	219.6	59.9	1 562	231.6	687.8	1 940	205.2	468.4	20	210.7	600.9	6
25～29	285.9	1176.7	5 504	281.2	158.9	228	272.0	840.3	1 085	270.6	1171.4	2 133	309.9	1474.3	2 050
30～34	386.8	1816.1	5 920	368.0	159.0	165	404.0	1058.6	359	435.3	1727.0	298	367.6	1809.1	2 951
35～39	480.1	2215.9	4 424	444.6	111.7	133	464.3	828.2	242	488.0	2051.9	277	485.5	2084.4	547
40～44	548.7	2643.6	5 969	526.0	163.7	88	495.8	1208.3	243	544.3	1857.8	270	560.9	2206.1	646
45～49	596.6	2949.6	7 593	497.8	571.3	97	510.9	940.4	140	625.3	2485.4	220	562.7	2128.6	435
50～54	618.4	3005.0	7 295	459.0	479.0	157	513.2	1856.1	209	631.9	2131.7	149	606.4	2541.7	367
55～59	512.3	2066.5	5 570	413.1	448.9	134	433.8	1111.0	419	405.8	1265.3	300	469.1	1537.5	411
60～64	318.2	871.3	3 236	347.3	719.4	193	318.0	657.5	396	291.5	652.3	383	336.2	914.1	506
65～69	282.8	331.8	370	336.3	4.1	22	221.0	260.7	64	242.5	433.5	26	335.5	299.4	81
70歳～	285.3	426.5	48	841.2	0.0	0	309.0	49.3	7	449.6	127.6	3	221.0	761.1	17
高校卒	**386.5**	**1325.8**	**4 510**	**269.8**	**166.4**	**227**	**310.6**	**556.0**	**418**	**302.4**	**699.7**	**364**	**338.7**	**954.8**	**525**
～19歳	154.6	24.1	19	152.8	2.5	16	166.5	165.0	3	－	－	－	－	－	－
20～24	190.3	380.2	35	195.5	0.3	6	170.7	392.4	11	194.3	441.4	12	210.7	600.9	6
25～29	254.4	387.4	86	245.6	16.0	21	308.6	304.7	21	190.8	171.9	16	253.3	786.2	22
30～34	312.4	856.9	216	252.5	13.4	24	271.6	179.8	39	294.1	822.2	32	422.4	1209.3	53
35～39	339.9	837.7	217	268.5	196.5	16	279.0	266.4	47	422.9	785.7	41	371.0	685.2	34
40～44	397.6	1437.2	464	356.5	107.9	18	411.4	190.7	22	319.5	784.0	32	374.0	997.4	65
45～49	432.6	1567.5	608	264.0	164.7	10	329.7	302.7	23	332.0	436.8	24	351.7	901.1	94
50～54	475.4	1892.6	851	264.8	159.2	33	406.1	1290.2	30	422.6	799.2	25	389.9	1897.6	39
55～59	430.3	1593.1	1 019	302.7	270.1	27	332.2	628.5	74	318.5	1093.0	71	324.5	967.3	52
60～64	280.7	750.5	864	287.6	354.5	51	299.2	739.5	137	234.3	516.3	100	292.1	785.3	128
65～69	288.7	474.9	100	291.5	0.0	7	236.4	622.6	8	257.5	339.1	10	360.5	372.6	15
70歳～	274.7	504.9	32	－	－	－	303.0	52.5	6	427.7	170.6	2	218.3	777.6	16
高専・短大卒	**412.0**	**1360.6**	**1 317**	**262.6**	**91.8**	**65**	**295.8**	**603.1**	**105**	**369.3**	**1101.3**	**143**	**466.1**	**1110.8**	**179**
～19歳	－	－	－	－	－	－	－	－	－	－	－	－	－	－	－
20～24	195.5	290.9	40	200.9	6.6	14	185.3	406.9	19	213.5	563.0	7	－	－	－
25～29	248.1	580.8	47	212.1	0.0	10	302.9	259.8	8	258.8	858.0	13	232.2	887.2	16
30～34	301.9	1008.1	95	231.6	0.0	2	262.2	354.4	11	283.6	945.5	11	365.3	1050.2	22
35～39	356.7	1053.0	125	308.2	162.5	23	360.2	575.9	8	400.7	1742.5	24	394.7	1035.7	15
40～44	436.1	1270.1	288	323.9	24.7	4	304.9	426.3	21	426.3	1361.4	29	551.3	903.2	63
45～49	482.3	1734.2	298	294.0	158.5	1	338.6	994.1	12	403.3	540.1	22	565.6	1506.3	35
50～54	470.1	1794.5	191	297.0	217.2	9	349.6	1354.6	10	478.3	1625.9	14	387.7	617.7	8
55～59	443.2	1585.7	150	203.3	13.0	3	386.9	1078.4	8	365.1	1008.0	12	438.3	1664.8	17
60～64	290.8	775.2	74	209.0	0.0	0	280.4	169.0	7	276.5	376.4	9	269.6	1039.4	3
65～69	270.7	351.3	8	－	－	－	－	－	－	131.2	0.0	2	239.6	1042.9	1
70歳～	300.0	1590.0	0	－	－	－	－	－	－	－	－	－	－	－	－
大学・大学院卒	**477.3**	**2185.6**	**43 568**	**299.0**	**188.8**	**2 492**	**319.6**	**893.9**	**4 567**	**365.0**	**1453.4**	**3 563**	**403.7**	**1811.2**	**7 293**
～19歳	－	－	－	－	－	－	－	－	－	－	－	－	－	－	－
20～24	226.9	410.5	3 440	219.9	60.9	1 535	232.4	692.7	1 903	246.1	293.8	2	－	－	－
25～29	286.8	1195.8	5 357	288.4	181.6	197	271.1	855.5	1 056	271.4	1182.3	2 098	311.1	1489.3	2 004
30～34	391.1	1866.9	5 609	390.3	186.6	139	425.3	1192.2	310	459.5	1873.5	255	366.6	1826.0	2 876
35～39	491.6	2328.9	4 069	507.0	85.8	95	515.0	979.3	187	510.6	2332.2	211	497.9	2221.9	494
40～44	568.4	2827.0	5 216	584.9	187.3	66	525.4	1403.6	199	595.2	2091.4	209	585.6	2517.5	518
45～49	616.7	3129.8	6 687	528.2	626.1	85	570.3	1071.7	105	695.5	3027.3	173	627.4	2577.0	306
50～54	642.6	3197.1	6 241	528.8	593.1	114	541.4	1983.8	170	699.5	2500.3	110	640.8	2682.3	319
55～59	534.1	2197.0	4 390	446.6	505.8	105	460.6	1248.0	328	436.5	1335.3	217	493.4	1620.4	341
60～64	333.6	921.3	2 290	369.6	856.1	141	329.3	626.0	252	313.2	711.1	273	353.4	963.1	372
65～69	283.9	271.6	254	355.2	5.8	16	218.9	209.8	56	248.0	563.4	14	335.1	273.0	63
70歳～	307.0	249.5	16	841.2	0.0	0	399.3	0.0	0	536.7	0.0	1	328.0	84.0	0

及び年間賞与その他特別給与額

保　険　業

10～14年			15～19年			20～24年			25～29年			30年以上			区分
所定内給与額	年間賞与その他特別給与額	労働者数	所定内給与額	年間賞与その他特別給与額	労働者数	所定内給与額	年間賞与その他特別給与額	労働者数	所定内給与額	年間賞与その他特別給与額	労働者数	所定内給与額	年間賞与その他特別給与額	労働者数	
千円	千円	十人	千円	千円	十人	千円	千円	十人	千円	千円	十人	千円	千円	十人	
															J金融業，保険業
															企業規模計
368.5	**1603.4**	**13 591**	**433.6**	**2012.2**	**9 209**	**493.4**	**2401.2**	**8 743**	**531.7**	**2649.8**	**10 376**	**450.2**	**2009.2**	**11 518**	男女計
-	-	-	-	-	-	-	-	-	-	-	-	-	-	-	～19歳
-	-	-	-	-	-	-	-	-	-	-	-	-	-	-	20～24
233.8	800.9	69	-	-	-	-	-	-	-	-	-	-	-	-	25～29
343.6	1686.8	4 374	262.4	1084.0	57	-	-	-	-	-	-	-	-	-	30～34
402.3	1980.5	3 674	395.0	1957.6	2 793	294.2	1308.6	102	-	-	-	-	-	-	35～39
393.6	1668.5	1 315	485.7	2542.6	3 250	458.8	2339.3	3 514	364.8	1681.4	348	-	-	-	40～44
392.4	1418.8	1 272	455.1	1735.1	918	559.9	2910.2	3 671	516.2	2718.9	4 754	404.2	1861.9	298	45～49
372.4	1327.1	1 302	452.1	1893.3	897	495.3	1859.8	488	619.3	3191.4	3 749	514.2	2573.1	3 800	50～54
330.5	987.0	1 024	395.5	1335.5	782	434.1	1306.3	537	470.2	1821.7	633	480.9	2173.5	4 705	55～59
315.0	632.6	436	328.7	847.6	377	338.2	824.6	284	363.4	1014.3	469	304.9	992.2	1 905	60～64
275.2	561.7	117	289.9	635.6	106	292.7	761.3	109	347.1	943.6	343	327.3	836.5	517	65～69
273.9	494.7	9	303.8	520.0	28	351.4	759.4	38	333.3	841.1	81	335.9	884.6	293	70歳～
															男
466.4	**2242.7**	**5 876**	**536.8**	**2652.4**	**4 518**	**582.8**	**2975.8**	**5 256**	**620.5**	**3230.1**	**6 653**	**504.7**	**2275.9**	**7 179**	学歴計
-	-	-	-	-	-	-	-	-	-	-	-	-	-	-	～19歳
-	-	-	-	-	-	-	-	-	-	-	-	-	-	-	20～24
268.9	1004.7	9	-	-	-	-	-	-	-	-	-	-	-	-	25～29
405.5	2096.1	2 137	309.9	1220.4	11	-	-	-	-	-	-	-	-	-	30～34
474.1	2417.4	2 034	494.8	2499.2	1 174	389.7	1663.1	17	-	-	-	-	-	-	35～39
544.9	2678.2	482	545.2	2922.0	2 272	566.0	2908.8	1 847	436.5	2009.3	122	-	-	-	40～44
592.2	2482.6	365	581.8	2091.2	355	594.3	3137.7	3 023	614.2	3265.0	2 887	504.8	2501.3	72	45～49
586.4	2615.4	372	624.8	3110.4	330	618.5	2515.3	192	642.0	3349.2	3 334	609.3	3001.7	2 185	50～54
550.0	1953.8	217	578.6	2150.1	247	605.4	1752.6	134	580.8	2413.3	237	524.5	2365.6	3 471	55～59
360.1	729.4	210	384.2	874.7	106	344.9	900.5	41	322.5	1116.9	59	302.1	1012.6	1 342	60～64
298.3	543.0	48	263.9	304.4	22	373.9	230.4	2	315.8	1104.8	12	268.6	262.0	94	65～69
382.8	524.2	4	208.2	113.8	2	-	-	-	498.1	400.1	2	273.8	291.5	15	70歳～
333.0	**1147.1**	**334**	**407.3**	**1355.8**	**258**	**421.7**	**1649.7**	**292**	**454.3**	**1833.5**	**544**	**437.8**	**1771.6**	**1 547**	高校卒
-	-	-	-	-	-	-	-	-	-	-	-	-	-	-	～19歳
-	-	-	-	-	-	-	-	-	-	-	-	-	-	-	20～24
265.0	980.2	7	-	-	-	-	-	-	-	-	-	-	-	-	25～29
273.3	1276.6	58	311.6	1230.7	11	-	-	-	-	-	-	-	-	-	30～34
322.7	1413.0	33	314.8	1203.4	30	389.7	1663.1	17	-	-	-	-	-	-	35～39
398.5	1204.2	33	388.9	1888.5	41	397.3	1590.0	131	437.2	2013.4	122	-	-	-	40～44
411.8	1145.8	39	532.7	1422.8	30	419.6	1592.1	61	461.4	1905.0	256	509.1	2514.4	70	45～49
318.3	1406.9	78	486.0	1717.2	51	514.0	2014.3	39	494.2	1790.2	96	522.9	2226.2	461	50～54
444.6	1072.3	32	398.1	1277.6	57	487.7	1896.5	31	462.4	1554.2	44	465.7	1913.5	630	55～59
262.2	478.7	35	365.6	578.3	27	261.9	775.7	12	300.7	841.8	15	276.7	898.7	359	60～64
286.8	588.5	19	243.7	246.8	8	569.7	0.0	0	286.4	1181.4	10	287.2	373.1	23	65～69
278.8	186.8	1	221.0	59.6	2	-	-	-	498.1	400.1	2	326.7	473.2	4	70歳～
404.4	**1534.6**	**178**	**437.7**	**1631.6**	**123**	**425.3**	**1640.5**	**179**	**483.2**	**1853.4**	**193**	**414.5**	**1586.5**	**153**	高専・短大卒
-	-	-	-	-	-	-	-	-	-	-	-	-	-	-	～19歳
-	-	-	-	-	-	-	-	-	-	-	-	-	-	-	20～24
-	-	-	-	-	-	-	-	-	-	-	-	-	-	-	25～29
289.3	1179.3	50	-	-	-	-	-	-	-	-	-	-	-	-	30～34
364.7	1154.6	26	330.8	1218.0	30	-	-	-	-	-	-	-	-	-	35～39
467.9	1899.9	31	426.8	1507.2	49	389.3	1405.8	90	330.3	1386.4	1	-	-	-	40～44
499.8	1948.8	37	537.4	2271.8	22	472.4	1968.3	57	479.6	1850.7	112	382.9	1542.8	0	45～49
541.4	2328.6	17	479.2	1855.5	19	467.5	2233.8	14	498.8	1952.8	59	474.4	1886.1	41	50～54
369.9	958.0	14	846.1	2403.9	2	429.5	1323.3	17	470.2	1743.0	18	474.8	1954.2	59	55～59
211.3	391.1	2	240.6	376.2	0	248.2	589.5	0	343.3	894.6	2	297.7	927.2	51	60～64
250.2	50.0	2	257.8	100.0	1	258.1	738.6	1	589.1	488.0	1	405.0	860.2	0	65～69
-	-	-	-	-	-	-	-	-	-	-	-	300.0	1590.0	0	70歳～
477.0	**2338.4**	**5 350**	**547.8**	**2763.8**	**4 137**	**598.5**	**3106.6**	**4 785**	**640.3**	**3406.2**	**5 907**	**526.3**	**2438.7**	**5 476**	大学・大学院卒
-	-	-	-	-	-	-	-	-	-	-	-	-	-	-	～19歳
-	-	-	-	-	-	-	-	-	-	-	-	-	-	-	20～24
281.6	1084.1	2	-	-	-	-	-	-	-	-	-	-	-	-	25～29
412.1	2142.0	2 029	215.0	668.0	0	-	-	-	-	-	-	-	-	-	30～34
477.9	2455.8	1 968	504.0	2568.1	1 114	-	-	-	-	-	-	-	-	-	35～39
562.2	2853.0	418	550.8	2973.6	2 181	589.3	3098.5	1 626	-	-	-	-	-	-	40～44
628.1	2729.4	289	589.8	2145.1	303	600.4	3193.5	2 904	635.7	3466.6	2 519	380.3	2236.4	2	45～49
664.2	2971.3	277	662.9	3477.3	259	662.8	2683.7	139	649.0	3425.6	3 172	636.9	3245.1	1 681	50～54
584.1	2198.3	171	630.6	2414.5	187	682.8	1783.8	86	623.0	2702.7	174	538.9	2476.8	2 782	55～59
382.6	782.4	171	391.3	979.3	78	378.2	951.7	29	332.4	1251.8	42	312.1	1061.3	931	60～64
342.2	546.9	21	279.2	364.2	13	355.4	83.2	1	351.8	852.0	1	262.4	218.5	69	65～69
403.5	591.6	3	159.9	316.9	0	-	-	-	-	-	-	254.7	192.3	11	70歳～

第2表　年齢階級、勤続年数階級別所定内給与額

企業規模	計
	1,000人以上

J　金　融　業，

区分	勤続年数計			0年			1～2年			3～4年			5～9年		
	所定内給与額	年間賞与その他特別給与額	労働者数	所定内給与額	年間賞与その他特別給与額	労働者数	所定内給与額	年間賞与その他特別給与額	労働者数	所定内給与額	年間賞与その他特別給与額	労働者数	所定内給与額	年間賞与その他特別給与額	労働者数
	千円	千円	十人	千円	千円	十人	千円	千円	十人	千円	千円	十人	千円	千円	十人
女															
学歴計	279.7	971.4	54 171	199.7	59.5	5 412	218.8	507.1	8 469	236.5	752.7	5 526	265.9	973.3	10 810
～19歳	156.8	89.5	174	156.5	17.8	121	157.3	255.1	52	－	－	－	－	－	－
20～24	206.8	444.3	6 003	200.8	53.2	2 251	211.5	673.8	3 455	194.0	670.0	222	210.7	942.0	75
25～29	236.1	900.8	7 121	201.3	74.8	654	224.8	591.7	1 390	234.8	998.1	2 452	252.4	1189.0	2 564
30～34	262.4	1023.3	6 994	200.8	56.3	526	219.1	359.1	770	242.8	645.1	428	270.9	1214.5	2 987
35～39	286.6	1076.7	5 815	201.0	48.9	463	219.5	312.6	623	252.4	606.9	503	283.5	839.3	882
40～44	294.0	1086.9	6 737	199.9	41.7	505	232.0	317.6	771	237.1	632.3	621	279.9	834.0	1 135
45～49	315.8	1170.2	7 120	200.8	64.7	442	230.0	290.7	624	250.2	511.4	585	279.6	794.5	1 258
50～54	318.8	1120.8	6 149	194.8	64.1	279	230.4	332.7	501	231.6	387.3	454	267.7	605.0	1 091
55～59	311.5	1045.2	4 416	197.0	68.9	102	204.9	231.8	204	235.5	425.6	184	237.1	579.2	551
60～64	300.9	768.9	2 162	195.8	424.8	51	212.7	249.3	80	192.4	446.8	73	228.3	411.0	246
65～69	325.8	866.6	1 054	308.0	144.6	18	470.9	328.8	0	294.3	856.5	3	201.7	380.3	20
70歳～	334.3	861.0	428	－	－	－	－	－	－	141.5	611.1	2	－	－	－
高校卒	266.5	706.7	17 682	171.5	40.8	1 949	194.3	221.3	2 365	209.4	379.1	1 486	237.3	550.4	2 838
～19歳	156.8	89.6	173	156.5	17.9	121	157.3	255.1	52	－	－	－	－	－	－
20～24	181.7	330.1	720	165.3	14.9	253	186.4	337.5	268	187.8	591.4	123	210.7	942.0	75
25～29	195.5	325.8	894	168.6	33.1	259	190.6	171.7	255	227.3	373.8	116	208.8	708.0	215
30～34	205.6	345.7	1 191	170.0	38.4	276	193.0	204.2	356	206.0	336.3	142	233.6	531.7	202
35～39	229.1	457.9	1 399	168.0	36.2	260	199.2	196.1	300	212.5	331.4	204	245.0	474.8	273
40～44	246.3	673.1	2 243	171.9	24.7	255	199.4	205.0	389	208.1	425.3	264	236.7	561.9	417
45～49	279.0	792.8	2 777	178.5	42.4	248	198.7	194.3	326	225.4	348.5	231	254.9	565.4	586
50～54	294.4	889.8	3 134	173.8	48.3	172	202.5	239.1	255	207.3	355.6	238	243.9	478.5	566
55～59	298.6	918.9	2 589	171.8	48.9	50	181.3	239.9	112	195.7	228.8	103	227.3	603.7	330
60～64	297.5	751.0	1 435	192.1	414.1	36	191.7	256.2	51	195.2	474.8	63	217.8	377.7	154
65～69	319.7	819.0	800	308.0	144.6	18	470.9	328.8	0	138.9	0.0	0	204.7	400.2	19
70歳～	331.2	879.0	327	－	－	－	－	－	－	141.5	611.1	2	－	－	－
高専・短大卒	296.4	1137.0	11 540	192.8	62.7	682	211.2	298.1	974	232.3	498.5	825	256.3	759.1	1 683
～19歳	－	－	－	－	－	－	－	－	－	－	－	－	－	－	－
20～24	188.7	347.5	400	179.8	36.7	148	188.9	385.1	159	202.6	778.0	93	－	－	－
25～29	221.5	675.3	483	192.5	56.0	62	200.5	256.4	69	224.5	531.2	50	231.8	944.9	291
30～34	243.2	858.4	884	181.6	26.5	61	216.9	264.2	110	225.1	385.3	69	238.7	758.6	129
35～39	275.0	998.6	1 418	197.4	26.8	78	200.8	316.6	125	235.3	460.2	126	274.6	713.0	189
40～44	293.2	1186.8	2 189	189.7	44.5	132	230.6	311.8	158	239.5	596.9	145	263.5	775.1	302
45～49	317.5	1304.1	2 659	206.8	122.9	111	234.7	288.4	165	227.8	466.3	198	261.6	851.0	338
50～54	331.0	1417.1	1 802	215.8	114.0	63	208.4	283.9	121	256.7	337.7	99	283.3	616.5	249
55～59	320.2	1219.7	1 169	185.0	136.6	23	181.3	165.6	57	252.4	366.1	39	232.6	530.7	148
60～64	316.5	770.8	383	136.7	70.6	3	216.6	203.1	9	176.0	227.9	6	224.3	452.4	36
65～69	372.2	964.3	119	－	－	－	－	－	－	752.8	0.0	0	154.0	68.1	1
70歳～	334.0	765.6	33	－	－	－	－	－	－	－	－	－	－	－	－
大学・大学院卒	281.8	1094.9	24 443	222.7	74.0	2 684	231.9	683.7	5 072	250.4	997.8	3 170	282.0	1228.7	6 230
～19歳	－	－	－	－	－	－	－	－	－	－	－	－	－	－	－
20～24	212.2	471.9	4 849	207.8	60.4	1 823	214.9	719.8	3 021	196.8	677.7	5	－	－	－
25～29	244.1	1017.6	5 681	231.6	118.0	310	234.8	721.8	1 052	235.6	1044.1	2 268	260.1	1275.7	2 051
30～34	280.3	1227.7	4 865	260.9	102.1	169	252.1	588.3	292	273.9	936.4	215	275.4	1292.4	2 645
35～39	319.8	1414.0	2 965	281.7	97.9	113	264.1	494.0	192	313.2	1044.0	170	313.3	1140.8	412
40～44	343.6	1416.9	2 257	275.7	78.1	113	296.3	531.0	210	273.2	926.8	207	339.1	1172.6	405
45～49	375.3	1605.9	1 642	259.2	54.0	83	302.7	535.8	131	318.0	827.1	148	344.8	1162.8	323
50～54	365.0	1305.9	1 165	263.6	63.5	35	313.6	580.5	121	258.0	497.8	109	304.5	864.1	271
55～59	348.1	1251.9	633	261.3	54.3	26	320.4	312.5	34	316.2	969.1	41	291.4	552.0	70
60～64	301.4	875.8	295	221.8	545.1	12	266.9	252.5	19	171.5	322.3	4	269.0	491.4	52
65～69	365.5	1373.1	76	－	－	－	－	－	－	223.0	1259.5	2	－	－	－
70歳～	475.3	1217.0	14	－	－	－	－	－	－	－	－	－	－	－	－
企業規模1,000人以上															
男女計	368.2	1551.5	81 684	218.9	102.2	6 340	239.3	599.8	10 481	267.2	915.2	7 193	315.2	1265.7	14 920
～19歳	159.2	87.8	70	161.3	28.9	49	154.4	224.8	21	－	－	－	－	－	－
20～24	215.7	455.6	7 356	207.8	64.4	2 924	221.3	711.5	4 283	200.2	646.6	116	232.6	1231.5	33
25～29	260.1	1061.2	9 916	211.8	69.7	662	242.6	692.3	1 956	253.1	1104.9	3 655	285.9	1401.5	3 607
30～34	321.5	1444.8	10 318	209.4	61.0	525	247.8	412.2	807	299.9	830.9	513	323.7	1559.3	4 919
35～39	367.9	1612.9	8 017	225.7	57.9	485	253.0	357.4	673	288.5	834.6	517	342.6	1149.0	1 060
40～44	411.6	1885.5	9 747	220.9	63.5	465	247.8	347.4	766	268.9	640.3	622	359.3	1152.0	1 318
45～49	462.3	2199.8	11 741	200.9	74.7	424	238.8	350.7	584	280.1	642.6	571	317.2	973.5	1 354
50～54	478.0	2175.7	10 840	269.1	225.3	387	254.1	521.4	555	288.4	629.1	469	319.1	817.9	1 181
55～59	406.9	1588.9	7 814	265.1	303.4	194	298.4	766.9	463	305.0	819.5	364	297.5	820.5	769
60～64	309.0	835.9	4 150	304.5	753.1	189	287.7	580.1	329	267.4	698.1	354	296.1	742.8	602
65～69	316.1	755.2	1 281	327.7	68.8	37	198.5	33.0	44	223.3	507.3	10	289.7	238.4	76
70歳～	334.4	851.1	435	－	－	－	399.3	0.0	0	159.3	549.5	2	275.0	330.0	0

及び年間賞与その他特別給与額

保　険　業

区分	10～14年			15～19年			20～24年			25～29年			30年以上		
	所定内給与額	年間賞与その他特別給与額	労働者数	所定内給与額	年間賞与その他特別給与額	労働者数	所定内給与額	年間賞与その他特別給与額	労働者数	所定内給与額	年間賞与その他特別給与額	労働者数	所定内給与額	年間賞与その他特別給与額	労働者数
	千円	千円	十人	千円	千円	十人	千円	千円	十人	千円	千円	十人	千円	千円	十人
女															
学歴計	**294.0**	**1116.5**	**7 714**	**334.2**	**1395.8**	**4 691**	**358.6**	**1535.1**	**3 487**	**372.9**	**1613.0**	**3 723**	**360.1**	**1567.8**	**4 339**
～19歳	-	-	-	-	-	-	-	-	-	-	-	-	-	-	-
20～24	-	-	-	-	-	-	-	-	-	-	-	-	-	-	-
25～29	228.9	772.3	61	-	-	-	-	-	-	-	-	-	-	-	-
30～34	284.4	1295.9	2 237	251.2	1051.6	46	-	-	-	-	-	-	-	-	-
35～39	313.2	1438.4	1 639	322.7	1565.2	1 620	275.4	1238.5	85	-	-	-	-	-	-
40～44	306.1	1085.0	834	347.6	1661.0	978	340.1	1708.5	1 667	326.0	1503.9	226	-	-	-
45～49	312.0	991.0	907	375.3	1510.7	563	399.4	1849.9	648	364.7	1874.4	1 867	372.1	1658.2	226
50～54	286.8	811.5	930	351.8	1186.8	568	415.5	1434.9	296	436.9	1924.4	415	385.4	1993.0	1 615
55～59	271.5	727.2	807	310.9	959.4	535	377.1	1157.6	403	403.9	1467.5	396	358.3	1633.4	1 234
60～64	273.2	543.2	227	307.1	837.0	272	337.1	811.7	243	369.4	999.4	409	311.6	943.6	562
65～69	259.0	574.8	69	296.8	723.4	84	291.2	771.3	107	348.2	937.9	331	340.3	963.7	423
70歳～	195.6	473.4	5	310.7	549.2	26	351.4	759.4	38	329.8	850.6	79	339.1	916.0	278
高校卒	**267.6**	**681.2**	**2 084**	**321.2**	**998.3**	**1 478**	**345.3**	**1077.4**	**1 163**	**356.7**	**1249.7**	**1 575**	**341.9**	**1330.3**	**2 746**
～19歳	-	-	-	-	-	-	-	-	-	-	-	-	-	-	-
20～24	-	-	-	-	-	-	-	-	-	-	-	-	-	-	-
25～29	229.1	878.3	49	-	-	-	-	-	-	-	-	-	-	-	-
30～34	244.3	739.9	169	250.8	1057.3	45	-	-	-	-	-	-	-	-	-
35～39	283.5	653.6	115	314.9	1208.6	162	275.1	1238.3	84	-	-	-	-	-	-
40～44	265.1	810.4	291	306.1	915.0	97	318.1	1353.4	310	327.2	1514.2	220	-	-	-
45～49	283.1	726.8	403	343.0	1223.0	252	382.8	1124.3	88	350.2	1539.0	424	373.0	1658.9	220
50～54	273.0	694.3	461	340.9	1009.8	339	414.6	1147.2	164	392.9	1320.1	129	362.6	1657.5	810
55～59	263.5	564.2	397	311.4	970.8	345	370.7	946.2	238	392.4	1227.9	230	329.9	1353.2	783
60～64	254.3	490.9	147	312.6	646.7	160	333.6	810.7	168	367.5	995.9	273	315.2	987.9	383
65～69	266.9	615.8	47	287.6	758.1	54	277.5	691.5	82	341.7	874.9	237	334.1	906.8	343
70歳～	195.8	507.6	5	323.7	564.9	24	386.0	839.0	29	309.2	818.4	62	335.5	949.2	206
高専・短大卒	**286.3**	**1086.9**	**1 822**	**311.5**	**1261.6**	**1 332**	**341.7**	**1633.8**	**1 467**	**367.4**	**1727.1**	**1 525**	**376.1**	**1957.0**	**1 231**
～19歳	-	-	-	-	-	-	-	-	-	-	-	-	-	-	-
20～24	-	-	-	-	-	-	-	-	-	-	-	-	-	-	-
25～29	227.8	319.6	12	-	-	-	-	-	-	-	-	-	-	-	-
30～34	259.7	1174.1	514	281.8	695.3	0	-	-	-	-	-	-	-	-	-
35～39	291.4	1300.7	233	299.8	1317.0	667	342.5	1580.0	0	-	-	-	-	-	-
40～44	299.3	1147.2	262	319.8	1427.6	189	327.1	1652.9	995	280.0	1127.0	6	-	-	-
45～49	310.4	1111.2	315	351.3	1378.6	141	354.7	1580.8	219	361.9	1823.4	1 168	323.2	1465.6	5
50～54	278.6	851.0	256	334.9	1231.0	138	394.6	1920.1	88	392.9	1729.5	116	392.8	2335.8	671
55～59	296.6	957.5	180	291.4	914.9	136	400.0	1690.6	108	387.3	1579.7	117	371.1	1820.5	360
60～64	352.5	617.0	43	316.1	748.2	45	355.0	848.6	38	410.3	1021.4	62	293.3	848.8	140
65～69	202.3	421.8	7	332.3	661.5	13	393.5	1282.4	14	365.6	885.3	47	423.3	1193.4	37
70歳～	-	-	-	201.4	416.7	3	197.5	502.8	4	253.4	736.7	9	419.8	884.6	18
大学・大学院卒	**312.8**	**1381.3**	**3 753**	**362.2**	**1827.9**	**1 844**	**405.4**	**2017.5**	**834**	**434.3**	**2335.0**	**590**	**478.3**	**2493.5**	**267**
～19歳	-	-	-	-	-	-	-	-	-	-	-	-	-	-	-
20～24	-	-	-	-	-	-	-	-	-	-	-	-	-	-	-
25～29	-	-	-	-	-	-	-	-	-	-	-	-	-	-	-
30～34	296.9	1401.7	1 543	266.0	476.1	0	-	-	-	-	-	-	-	-	-
35～39	319.8	1536.2	1 288	343.6	1848.2	790	275.4	1008.8	1	-	-	-	-	-	-
40～44	356.1	1329.7	274	361.4	1841.9	685	394.6	2165.7	362	-	-	-	-	-	-
45～49	386.3	1415.4	178	443.7	2096.7	164	427.6	2207.9	339	399.1	2606.5	276	390.5	2132.0	2
50～54	325.3	1025.8	207	421.7	1800.1	89	460.0	1611.8	40	500.8	2541.5	166	480.0	2375.8	126
55～59	267.1	837.8	225	366.4	1020.2	49	352.8	1016.3	52	501.7	2389.3	47	556.5	3371.7	89
60～64	274.5	750.3	25	297.4	1533.3	55	340.9	810.7	33	347.0	1005.8	67	314.5	813.4	27
65～69	270.7	518.9	13	356.1	767.3	10	279.0	861.8	6	415.4	1588.7	31	405.8	2400.5	14
70歳～	-	-	-	-	-	-	319.0	650.7	1	1105.8	2546.4	3	320.1	922.5	10
企業規模1,000人以上															
男女計	**363.0**	**1614.1**	**10 844**	**435.9**	**2065.6**	**7 351**	**511.8**	**2580.3**	**7 096**	**548.3**	**2829.6**	**8 659**	**458.7**	**2139.8**	**8 799**
～19歳	-	-	-	-	-	-	-	-	-	-	-	-	-	-	-
20～24	-	-	-	-	-	-	-	-	-	-	-	-	-	-	-
25～29	232.5	818.1	36	-	-	-	-	-	-	-	-	-	-	-	-
30～34	355.6	1818.3	3 526	262.3	1244.2	28	-	-	-	-	-	-	-	-	-
35～39	410.2	2092.4	2 972	408.9	2088.9	2 259	289.7	1474.0	51	-	-	-	-	-	-
40～44	373.6	1616.6	980	496.2	2691.6	2 627	482.8	2583.4	2 738	378.0	1899.7	231	-	-	-
45～49	367.7	1219.1	942	435.9	1719.8	695	583.2	3148.5	3 026	536.4	2949.4	3 935	419.7	2036.0	210
50～54	332.8	1083.1	1 060	428.2	1558.7	676	485.7	1776.3	387	641.4	3421.9	3 131	529.9	2787.3	2 994
55～59	295.3	801.8	862	385.3	1241.4	652	427.6	1280.4	489	461.0	1790.5	530	484.2	2290.4	3 492
60～64	296.9	582.4	355	307.7	766.5	294	340.4	812.9	261	369.1	992.8	420	310.3	1025.7	1 346
65～69	269.3	586.5	105	290.3	672.1	93	292.3	761.2	108	347.9	938.4	333	330.9	887.2	476
70歳～	195.6	473.4	5	307.9	536.4	27	351.4	759.4	38	333.1	837.6	80	339.0	908.5	281

第2表　年齢階級、勤続年数階級別所定内給与額

企業規模	1,000人以上

J　金　　融　　業，

区　分	勤続年数計			0　年			1～2年			3～4年			5～9年		
	所定内給与額	年間賞与その他特別給与額	労働者数	所定内給与額	年間賞与その他特別給与額	労働者数	所定内給与額	年間賞与その他特別給与額	労働者数	所定内給与額	年間賞与その他特別給与額	労働者数	所定内給与額	年間賞与その他特別給与額	労働者数
	千円	千円	十人	千円	千円	十人	千円	千円	十人	千円	千円	十人	千円	千円	十人
男															
学歴計	**482.4**	**2269.9**	**36 141**	**279.5**	**204.1**	**1 823**	**293.2**	**816.0**	**3 473**	**331.1**	**1255.6**	**2 761**	**397.7**	**1733.3**	**5 868**
～19歳	148.0	0.0	2	148.0	0.0	2	－	－	－	－	－	－	－	－	－
20～24	228.2	442.8	2 531	219.1	72.7	1 095	235.4	726.5	1 428	208.2	453.5	7	215.6	770.0	0
25～29	292.2	1246.8	4 158	284.8	98.0	118	275.3	844.2	816	273.4	1209.3	1 641	321.1	1579.5	1 579
30～34	399.5	1960.5	4 450	380.2	117.1	64	363.3	814.4	197	427.2	1352.6	199	381.8	1913.4	2 295
35～39	501.3	2439.4	3 137	437.6	139.8	78	418.2	726.0	144	467.0	1966.1	131	489.2	1934.5	348
40～44	571.7	2891.9	4 291	476.5	273.7	47	435.4	815.3	128	474.0	1123.3	114	580.7	2044.3	402
45～49	622.9	3264.4	5 795	305.0	175.0	33	553.4	1466.2	46	608.9	2054.2	79	516.5	2039.5	298
50～54	639.3	3207.1	5 514	440.2	550.2	127	412.5	1501.7	120	648.2	2276.8	82	570.3	1991.0	230
55～59	510.8	2177.3	3 825	345.4	528.5	99	369.9	1107.0	285	374.5	1219.8	207	418.3	1295.5	275
60～64	312.0	891.1	2 194	341.8	866.5	141	304.8	656.1	265	283.3	745.4	290	335.0	934.9	384
65～69	271.5	254.8	236	345.5	0.0	19	198.5	33.0	44	226.8	528.9	9	317.3	184.6	57
70歳～	329.2	343.1	9	－	－	－	399.3	0.0	0	202.5	400.0	1	275.0	330.0	0
高校卒	**393.1**	**1420.4**	**2 864**	**274.3**	**186.0**	**154**	**311.4**	**612.3**	**270**	**300.8**	**703.5**	**265**	**344.2**	**901.7**	**353**
～19歳	148.0	0.0	2	148.0	0.0	2	－	－	－	－	－	－	－	－	－
20～24	176.8	235.8	10	173.1	0.0	3	155.1	107.8	2	187.6	430.0	4	215.6	770.0	0
25～29	257.8	328.2	53	244.3	18.2	16	327.8	322.9	17	159.6	106.7	11	282.1	1069.1	6
30～34	338.5	887.7	145	283.7	23.1	12	281.7	137.5	29	299.1	680.5	24	485.3	1273.6	38
35～39	345.1	861.7	149	289.7	268.1	11	280.7	315.0	36	427.0	890.4	35	371.1	676.8	26
40～44	415.7	1619.3	261	406.5	178.9	11	423.8	120.0	11	301.7	586.4	19	363.7	984.3	45
45～49	438.0	1807.9	362	230.2	232.6	6	246.2	692.3	5	379.4	593.1	14	319.3	874.5	73
50～54	483.3	2041.9	535	229.0	187.2	28	382.8	1104.5	15	444.4	796.6	19	373.3	888.1	29
55～59	429.4	1637.3	691	281.6	148.9	21	294.6	597.9	49	299.0	1022.1	53	301.6	934.7	35
60～64	282.8	768.8	599	289.0	347.1	39	319.8	887.4	105	230.4	534.4	84	297.4	826.4	95
65～69	313.9	514.3	50	296.3	0.0	6	271.6	328.4	2	271.6	1364.1	2	421.6	256.9	7
70歳～	318.5	441.0	7	－	－	－	－	－	－	202.5	400.0	1	275.0	330.0	0
高専・短大卒	**427.4**	**1418.4**	**675**	**264.9**	**140.6**	**40**	**308.7**	**549.5**	**40**	**377.6**	**1133.5**	**81**	**547.9**	**1204.1**	**96**
～19歳	－	－	－	－	－	－	－	－	－	－	－	－	－	－	－
20～24	206.1	200.2	13	202.9	9.4	10	209.9	674.2	3	225.0	804.9	1	－	－	－
25～29	281.9	720.8	22	248.2	0.0	3	346.5	321.8	5	271.9	1018.0	9	254.0	1071.6	5
30～34	312.9	1051.5	51	248.0	0.0	1	253.0	564.2	1	305.7	1026.8	6	403.2	680.8	12
35～39	354.6	966.8	60	297.3	214.8	17	402.4	843.8	3	315.6	936.2	9	395.8	1452.3	6
40～44	474.7	1288.0	161	－	－	－	295.6	164.5	11	383.9	1347.5	21	653.5	817.5	41
45～49	509.2	1926.0	146	296.0	0.0	1	230.3	653.2	4	421.2	533.5	14	599.3	1872.2	19
50～54	465.0	1891.1	89	308.9	269.9	7	370.2	1280.3	7	637.4	2793.0	7	436.6	457.2	3
55～59	434.7	1619.6	81	161.0	0.0	2	278.5	685.4	2	368.4	995.3	11	527.9	2332.7	9
60～64	294.8	793.0	49	－	－	－	299.3	124.8	3	242.3	362.0	4	288.0	1054.7	2
65～69	264.4	554.6	3	－	－	－	－	－	－	－	－	－	265.3	1921.9	1
70歳～	－	－	－	－	－	－	－	－	－	－	－	－	－	－	－
大学・大学院卒	**491.8**	**2365.5**	**32 537**	**280.7**	**208.4**	**1 620**	**291.7**	**837.5**	**3 154**	**333.1**	**1322.0**	**2 408**	**398.9**	**1800.2**	**5 405**
～19歳	－	－	－	－	－	－	－	－	－	－	－	－	－	－	－
20～24	228.7	445.8	2 493	219.4	73.9	1 075	235.6	728.3	1 416	246.1	293.8	2	－	－	－
25～29	292.7	1263.6	4 068	292.6	114.3	99	273.7	859.1	794	274.4	1220.1	1 614	321.5	1587.5	1 559
30～34	402.7	2008.1	4 253	404.6	139.4	52	378.1	932.1	167	449.0	1456.7	170	380.0	1930.4	2 246
35～39	512.2	2554.3	2 920	519.6	84.8	49	465.3	862.4	105	497.5	2492.2	88	501.7	2054.3	314
40～44	586.3	3044.5	3 869	497.5	302.0	36	451.8	957.8	105	542.1	1192.8	75	601.9	2350.3	317
45～49	638.7	3401.0	5 287	321.6	166.3	26	628.7	1655.9	38	721.9	2861.7	52	579.5	2471.0	206
50～54	659.9	3363.7	4 878	515.3	683.6	92	420.1	1579.0	98	718.5	2707.8	56	604.8	2190.5	197
55～59	531.6	2315.9	3 050	368.4	649.4	76	388.2	1222.2	232	403.2	1310.9	143	432.2	1311.4	231
60～64	324.1	942.8	1 541	362.7	1072.3	101	294.9	511.9	156	306.1	840.9	202	348.0	971.4	287
65～69	263.5	167.5	175	365.9	0.0	14	195.6	21.1	42	216.3	331.1	8	307.4	153.3	48
70歳～	358.3	78.0	2	－	－	－	399.3	0.0	0	－	－	－	－	－	－
女															
学歴計	**277.6**	**981.4**	**45 543**	**194.5**	**61.0**	**4 517**	**212.6**	**492.7**	**7 008**	**227.4**	**703.1**	**4 432**	**261.8**	**962.5**	**9 052**
～19歳	159.6	90.6	67	162.0	30.2	47	154.4	224.8	21	－	－	－	－	－	－
20～24	209.1	462.3	4 825	201.0	59.4	1 829	214.3	704.0	2 855	199.7	659.2	109	232.7	1235.7	33
25～29	236.9	927.2	5 758	195.9	63.6	544	219.2	583.5	1 140	236.5	1019.8	2 014	258.4	1262.9	2 029
30～34	262.4	1053.7	5 868	185.6	53.1	461	210.5	282.3	610	219.5	501.2	315	272.9	1249.5	2 624
35～39	282.2	1081.5	4 880	185.2	42.3	407	208.2	257.4	530	227.8	449.5	386	271.0	765.8	713
40～44	285.7	1094.0	5 456	192.0	39.7	418	210.3	253.9	639	222.7	531.5	507	262.1	760.5	916
45～49	305.7	1162.2	5 946	192.2	66.2	391	211.6	254.2	538	227.0	414.6	492	261.0	672.9	1 056
50～54	311.1	1108.0	5 327	185.9	67.4	261	210.4	251.1	435	212.2	280.2	387	258.3	534.2	951
55～59	307.2	1024.7	3 989	181.2	68.2	95	183.7	222.5	178	212.8	289.2	156	230.3	556.5	495
60～64	305.8	774.0	1 957	196.0	423.0	48	217.0	266.7	64	195.8	485.3	64	227.2	403.2	217
65～69	326.2	868.5	1 044	308.0	144.6	18	－	－	－	138.9	0.0	0	206.4	400.9	19
70歳～	334.5	861.7	426	－	－	－	－	－	－	141.5	611.1	2	－	－	－

及び年間賞与その他特別給与額

保　険　業

10～14年			15～19年			20～24年			25～29年			30年以上			区　分
所定内給与額	年間賞与その他特別給与額	労働者数	所定内給与額	年間賞与その他特別給与額	労働者数	所定内給与額	年間賞与その他特別給与額	労働者数	所定内給与額	年間賞与その他特別給与額	労働者数	所定内給与額	年間賞与その他特別給与額	労働者数	
千円	千円	十人	千円	千円	十人	千円	千円	十人	千円	千円	十人	千円	千円	十人	
															男
472.9	**2364.1**	**4 292**	**557.2**	**2818.3**	**3 356**	**617.7**	**3293.6**	**4 138**	**649.6**	**3513.8**	**5 452**	**535.1**	**2572.0**	**4 977**	**学歴計**
-	-	-	-	-	-	-	-	-	-	-	-	-	-	-	～19歳
-	-	-	-	-	-	-	-	-	-	-	-	-	-	-	20～24
256.9	1447.1	4	-	-	-	-	-	-	-	-	-	-	-	-	25～29
425.3	2300.5	1 692	402.0	1138.3	3	-	-	-	-	-	-	-	-	-	30～34
500.3	2672.2	1 554	532.5	2784.4	878	417.9	1911.0	4	-	-	-	-	-	-	35～39
552.4	2818.4	311	567.2	3143.1	1 794	608.2	3275.7	1 418	463.2	2362.0	76	-	-	-	40～44
624.2	2277.0	201	602.4	2128.0	227	623.6	3425.9	2 472	645.4	3566.5	2 388	534.0	2889.5	50	45～49
534.5	2138.6	231	595.9	2384.1	213	678.0	2689.1	119	667.1	3601.3	2 777	651.0	3383.9	1 616	50～54
454.9	1320.9	113	567.3	1992.2	179	610.0	1701.6	100	596.2	2473.1	168	545.1	2609.3	2 400	55～59
329.1	640.4	148	314.4	444.8	52	349.3	722.9	23	273.1	1041.3	39	306.2	1066.8	851	60～64
285.1	600.8	37	245.9	244.3	11	379.1	242.6	2	305.2	965.9	2	254.8	286.8	55	65～69
-	-	-	215.4	111.8	1	-	-	-	498.1	400.1	2	304.8	380.0	5	70歳～
320.8	**1284.4**	**207**	**397.6**	**1271.7**	**151**	**433.4**	**1807.0**	**166**	**479.6**	**2097.7**	**319**	**456.7**	**1984.8**	**979**	**高校卒**
-	-	-	-	-	-	-	-	-	-	-	-	-	-	-	～19歳
-	-	-	-	-	-	-	-	-	-	-	-	-	-	-	20～24
230.9	1829.2	2	-	-	-	-	-	-	-	-	-	-	-	-	25～29
278.3	1406.8	41	402.0	1138.3	3	-	-	-	-	-	-	-	-	-	30～34
326.2	1700.2	22	312.5	1325.3	15	417.9	1911.0	4	-	-	-	-	-	-	35～39
389.4	966.6	16	424.5	2271.8	19	431.8	1935.9	65	463.2	2362.0	76	-	-	-	40～44
418.1	1209.4	18	472.8	1637.1	17	423.5	1752.6	39	487.3	2244.2	143	541.7	2928.2	48	45～49
275.2	1645.6	53	494.0	1313.6	29	457.1	1878.7	21	521.8	1999.3	58	559.3	2643.7	283	50～54
449.6	1118.6	23	397.2	1185.8	45	493.7	1866.5	27	475.0	1443.3	29	475.7	2053.9	410	55～59
259.8	361.8	18	266.7	281.2	18	253.8	810.5	9	246.8	726.7	8	283.2	921.9	223	60～64
291.1	752.0	15	207.0	233.3	4	569.7	0.0	0	305.2	965.9	2	329.2	531.5	12	65～69
-	-	-	215.4	111.8	1	-	-	-	498.1	400.1	2	275.5	564.8	3	70歳～
417.2	**1532.1**	**98**	**430.8**	**1522.7**	**59**	**434.0**	**1823.4**	**89**	**497.9**	**2138.3**	**95**	**392.4**	**1527.1**	**76**	**高専・短大卒**
-	-	-	-	-	-	-	-	-	-	-	-	-	-	-	～19歳
-	-	-	-	-	-	-	-	-	-	-	-	-	-	-	20～24
-	-	-	-	-	-	-	-	-	-	-	-	-	-	-	25～29
285.6	1224.7	32	-	-	-	-	-	-	-	-	-	-	-	-	30～34
400.7	1063.9	11	384.8	1632.6	14	-	-	-	-	-	-	-	-	-	35～39
511.4	2084.1	22	451.7	1414.2	33	375.5	1562.8	33	-	-	-	-	-	-	40～44
551.5	1475.0	13	439.0	1824.6	8	525.1	2353.1	33	516.8	2284.4	54	382.9	1542.8	0	45～49
566.1	2567.7	11	365.3	1940.3	2	408.6	1591.6	9	473.5	2059.6	26	466.4	2101.9	17	50～54
342.7	949.7	9	708.4	744.9	1	375.3	1330.4	12	490.6	1882.1	14	502.3	2218.9	21	55～59
-	-	-	243.1	1039.2	0	248.2	589.5	0	343.3	894.6	2	298.5	885.4	38	60～64
269.1	0.0	1	257.8	100.0	1	258.1	738.6	1	-	-	-	-	-	-	65～69
-	-	-	-	-	-	-	-	-	-	-	-	-	-	-	70歳～
482.6	**2446.2**	**3 973**	**567.3**	**2917.2**	**3 146**	**629.8**	**3390.8**	**3 883**	**663.3**	**3632.7**	**5 029**	**557.7**	**2740.5**	**3 919**	**大学・大学院卒**
-	-	-	-	-	-	-	-	-	-	-	-	-	-	-	～19歳
-	-	-	-	-	-	-	-	-	-	-	-	-	-	-	20～24
281.6	1084.1	2	-	-	-	-	-	-	-	-	-	-	-	-	25～29
431.8	2344.6	1 618	-	-	-	-	-	-	-	-	-	-	-	-	30～34
503.3	2705.1	1 514	539.0	2830.3	849	-	-	-	-	-	-	-	-	-	35～39
565.0	2982.6	274	570.9	3185.2	1 742	622.8	3385.4	1 320	-	-	-	-	-	-	40～44
651.3	2448.5	171	619.8	2181.2	202	628.1	3467.7	2 400	658.9	3684.4	2 191	380.3	2236.4	2	45～49
615.2	2268.7	167	615.5	2563.1	181	758.6	2996.3	88	672.1	3655.4	2 686	673.9	3564.6	1 314	50～54
468.5	1417.4	81	623.7	2269.5	133	710.2	1702.9	60	637.3	2783.9	124	559.9	2728.9	1 969	55～59
339.3	674.8	129	340.7	532.7	33	414.9	666.0	14	278.5	1175.9	28	315.4	1133.2	590	60～64
316.0	527.5	15	274.3	290.2	6	363.5	91.6	1	-	-	-	233.8	210.3	41	65～69
-	-	-	-	-	-	-	-	-	-	-	-	350.2	93.6	2	70歳～
															女
291.0	**1122.7**	**6 551**	**333.9**	**1433.3**	**3 995**	**363.6**	**1582.4**	**2 958**	**376.2**	**1666.7**	**3 208**	**359.2**	**1577.2**	**3 822**	**学歴計**
-	-	-	-	-	-	-	-	-	-	-	-	-	-	-	～19歳
-	-	-	-	-	-	-	-	-	-	-	-	-	-	-	20～24
229.4	740.5	32	-	-	-	-	-	-	-	-	-	-	-	-	25～29
291.4	1373.5	1 834	248.4	1254.8	25	-	-	-	-	-	-	-	-	-	30～34
311.4	1456.7	1 418	330.2	1646.3	1 380	278.3	1434.9	47	-	-	-	-	-	-	35～39
290.4	1057.3	669	343.3	1719.1	833	347.9	1839.2	1 319	335.9	1671.6	155	-	-	-	40～44
298.0	931.7	741	355.3	1522.4	469	403.1	1909.9	554	368.2	1996.5	1 547	384.0	1769.8	160	45～49
276.6	789.1	829	351.3	1180.3	464	400.7	1372.7	268	439.2	2012.7	354	387.8	2087.6	1 378	50～54
271.2	723.5	749	316.5	957.7	473	380.7	1172.2	389	398.4	1474.7	363	350.6	1589.5	1 092	55～59
273.9	540.7	207	306.3	835.2	243	339.5	821.6	237	378.9	987.9	381	317.4	954.9	494	60～64
260.6	578.5	68	295.9	726.6	82	290.8	770.5	106	348.1	938.2	330	340.8	965.0	421	65～69
195.6	473.4	5	310.7	549.2	26	351.4	759.4	38	329.5	847.0	79	339.6	918.3	276	70歳～

第2表　年齢階級、勤続年数階級別所定内給与額

企業規模	1,000人以上 100～999人

J 金 融 業，

区分	勤続年数計			0 年			1～2年			3～4年			5～9年		
	所定内給与額	年間賞与その他特別給与額	労働者数	所定内給与額	年間賞与その他特別給与額	労働者数	所定内給与額	年間賞与その他特別給与額	労働者数	所定内給与額	年間賞与その他特別給与額	労働者数	所定内給与額	年間賞与その他特別給与額	労働者数
	千円	千円	十人	千円	千円	十人	千円	千円	十人	千円	千円	十人	千円	千円	十人
高校卒	**268.8**	**692.8**	**15 226**	**171.4**	**41.2**	**1 776**	**195.4**	**203.3**	**2 068**	**209.0**	**339.2**	**1 287**	**239.6**	**535.3**	**2 411**
～19歳	159.7	90.9	67	162.1	30.4	46	154.4	224.8	21	-	-	-	-	-	-
20～24	184.9	256.9	495	165.0	15.8	234	199.3	286.5	168	195.7	574.0	60	232.7	1235.7	33
25～29	192.2	236.8	705	168.5	34.8	241	190.4	169.4	247	228.5	302.1	100	210.6	690.4	96
30～34	201.3	283.2	1 007	169.6	37.2	266	191.9	170.9	335	202.6	328.4	130	233.1	523.3	182
35～39	226.3	419.0	1 215	167.9	30.0	253	198.6	193.0	285	210.5	312.6	186	244.5	493.1	248
40～44	241.2	610.2	1 823	169.0	23.6	231	197.6	198.7	355	205.3	348.9	230	233.2	538.9	356
45～49	276.9	766.9	2 356	176.5	42.5	237	197.2	190.0	291	227.4	354.9	217	256.9	539.7	524
50～54	295.3	886.0	2 759	173.3	48.4	168	204.6	233.9	228	201.5	296.3	206	246.6	482.9	504
55～59	299.7	911.7	2 375	170.1	48.7	49	177.9	233.6	97	194.8	227.0	99	229.0	609.0	314
60～64	303.5	756.8	1 303	192.7	405.7	34	197.3	283.6	41	198.7	516.9	56	214.3	364.0	136
65～69	320.0	820.2	795	308.0	144.6	18	-	-	-	138.9	0.0	0	205.3	404.5	19
70歳～	331.3	879.0	327	-	-	-	-	-	-	141.5	611.1	2	-	-	-
高専・短大卒	**298.6**	**1181.3**	**9 519**	**189.0**	**70.7**	**526**	**207.5**	**274.0**	**737**	**225.8**	**441.7**	**642**	**255.2**	**724.2**	**1 323**
～19歳	-	-	-	-	-	-	-	-	-	-	-	-	-	-	-
20～24	195.0	310.8	204	186.4	41.6	84	197.7	340.1	76	206.9	782.8	43	-	-	-
25～29	225.7	668.2	332	191.4	63.6	54	200.1	255.2	53	242.2	481.3	33	240.3	1026.9	180
30～34	245.8	869.3	708	175.4	20.3	53	216.0	282.0	85	227.0	394.9	66	235.8	711.7	99
35～39	277.7	1033.1	1 187	196.1	31.5	64	189.9	284.9	96	231.0	451.1	104	277.0	691.3	153
40～44	293.0	1236.8	1 774	178.1	51.4	98	224.1	300.8	125	229.5	539.2	120	252.5	697.2	242
45～49	315.0	1331.0	2 232	201.5	128.8	93	220.9	237.8	140	217.3	390.1	156	258.2	821.3	282
50～54	325.6	1458.9	1 545	201.0	128.8	56	203.1	285.0	103	230.8	304.5	84	282.7	594.2	212
55～59	320.1	1238.9	1 053	176.0	131.0	20	181.1	175.0	52	235.7	280.5	32	224.3	466.3	126
60～64	318.6	759.5	335	136.7	70.6	3	198.3	266.7	6	181.5	230.4	4	225.5	408.1	28
65～69	373.6	977.6	117	-	-	-	-	-	-	-	-	-	271.6	182.2	0
70歳～	337.1	773.8	33	-	-	-	-	-	-	-	-	-	-	-	-
大学・大学院卒	**274.7**	**1116.1**	**20 317**	**215.9**	**77.4**	**2 123**	**222.1**	**679.4**	**4 146**	**237.4**	**965.6**	**2 464**	**274.0**	**1223.5**	**5 264**
～19歳	-	-	-	-	-	-	-	-	-	-	-	-	-	-	-
20～24	212.9	497.9	4 092	208.0	68.1	1 485	215.7	742.7	2 604	195.2	707.3	4	-	-	-
25～29	244.9	1058.6	4 669	227.0	99.1	227	229.1	735.9	826	237.1	1072.7	1 867	263.1	1320.3	1 749
30～34	280.7	1284.4	4 102	225.7	107.1	125	242.6	494.4	178	235.5	757.1	117	277.7	1333.1	2 332
35～39	312.8	1443.6	2 445	232.8	95.8	78	240.0	366.9	144	258.2	714.2	92	289.5	1026.3	304
40～44	324.9	1459.8	1 813	272.0	71.8	84	232.1	344.4	145	244.6	804.9	154	305.5	1081.8	308
45～49	340.9	1599.3	1 318	239.7	63.3	60	239.6	456.7	104	236.3	556.2	112	274.6	799.2	240
50～54	331.7	1204.0	978	231.6	69.6	30	233.4	254.8	100	213.5	207.4	90	263.0	596.2	230
55～59	314.6	1118.0	539	213.6	61.3	23	204.5	266.3	28	250.7	543.6	24	251.4	445.2	53
60～64	304.1	895.4	272	220.8	563.7	12	271.9	225.6	17	171.5	322.3	4	271.0	520.0	49
65～69	368.5	1377.5	74	-	-	-	-	-	-	-	-	-	-	-	-
70歳～	475.3	1217.0	14	-	-	-	-	-	-	-	-	-	-	-	-
企業規模 100～999人															
男女計	**367.1**	**1325.1**	**17 686**	**263.1**	**106.5**	**1 449**	**297.6**	**769.2**	**2 420**	**342.0**	**1369.4**	**1 913**	**345.8**	**1332.7**	**3 133**
～19歳	155.8	62.8	98	153.3	7.7	75	163.6	237.3	24	-	-	-	-	-	-
20～24	205.8	360.8	1 904	204.0	31.7	746	208.8	556.6	1 010	193.0	677.2	108	199.6	702.3	40
25～29	249.6	899.0	2 326	242.7	225.0	170	254.0	732.5	412	246.8	992.5	819	251.5	1020.2	899
30～34	310.5	1186.4	2 233	348.6	143.1	130	344.5	1086.0	253	390.6	1894.1	168	294.9	1272.9	883
35～39	381.1	1446.9	1 769	385.7	42.9	78	402.7	835.4	127	443.6	1913.6	193	423.1	1679.8	277
40～44	420.6	1621.2	2 340	328.1	36.9	88	473.3	1328.8	172	444.4	1822.5	214	438.9	1659.4	362
45～49	452.6	1696.1	2 379	446.4	639.4	78	376.3	444.2	110	546.9	2315.6	179	471.7	1717.1	253
50～54	499.1	2013.9	2 029	463.2	42.3	24	528.8	1619.2	106	437.9	1500.4	87	503.9	1840.8	191
55～59	475.4	1739.7	1 594	587.6	124.8	18	528.7	925.2	95	429.1	1344.3	66	498.6	1428.6	126
60～64	303.8	776.9	893	371.7	329.9	40	308.1	657.4	100	256.8	216.5	70	354.3	783.2	70
65～69	297.2	479.2	92	217.4	0.0	1	229.9	775.1	11	288.1	673.1	8	373.3	401.1	17
70歳～	235.6	590.8	28	-	-	-	-	-	-	200.0	400.0	0	208.2	846.9	15
男															
学歴計	**418.0**	**1584.6**	**10 664**	**302.8**	**163.2**	**723**	**347.5**	**930.2**	**1 232**	**404.1**	**1691.1**	**1 014**	**399.1**	**1625.8**	**1 685**
～19歳	155.9	24.0	15	154.2	3.3	13	166.1	153.9	2	-	-	-	-	-	-
20～24	216.4	345.9	850	210.5	35.4	363	221.4	580.8	470	207.3	437.5	11	210.4	592.5	6
25～29	267.4	990.2	1 144	265.4	283.1	85	258.2	816.7	209	264.5	1074.8	425	275.2	1138.1	420
30～34	347.3	1417.6	1 254	356.9	179.5	84	457.7	1584.8	115	470.7	2753.5	78	317.3	1449.7	563
35～39	428.6	1706.2	1 030	438.9	45.6	39	517.0	966.1	62	503.5	2226.3	118	496.1	2278.6	145
40～44	488.3	2016.0	1 313	529.3	13.8	26	579.5	1905.9	86	570.5	2423.7	115	520.4	2091.9	187
45～49	506.3	1989.7	1 451	577.2	1093.5	44	448.5	369.1	52	630.4	3023.6	111	641.8	2332.5	93
50～54	550.3	2346.8	1 439	501.6	61.3	14	626.0	2047.3	59	577.4	1993.1	41	672.9	2930.7	98
55～59	501.5	1832.3	1 297	674.3	160.3	13	566.1	1064.6	77	462.6	1334.6	45	578.5	1685.4	92
60～64	313.5	778.7	756	375.0	305.6	39	323.3	730.3	89	268.9	224.7	62	397.7	857.1	50
65～69	295.6	474.2	88	217.4	0.0	1	227.6	779.3	11	263.4	709.0	8	375.9	405.9	17
70歳～	230.6	574.8	26	-	-	-	-	-	-	200.0	400.0	0	208.2	846.9	15

及び年間賞与その他特別給与額

保　険　業

10～14年			15～19年			20～24年			25～29年			30年以上			区　分
所定内給与額	年間賞与その他特別給与額	労働者数	所定内給与額	年間賞与その他特別給与額	労働者数	所定内給与額	年間賞与その他特別給与額	労働者数	所定内給与額	年間賞与その他特別給与額	労働者数	所定内給与額	年間賞与その他特別給与額	労働者数	
千円	千円	十人	千円	千円	十人	千円	千円	十人	千円	千円	十人	千円	千円	十人	
272.9	**658.3**	**1 764**	**331.0**	**1013.9**	**1 250**	**357.6**	**1072.1**	**973**	**365.0**	**1276.1**	**1 300**	**341.8**	**1333.3**	**2 399**	**高校卒**
-	-	-	-	-	-	-	-	-	-	-	-	-	-	-	～19歳
-	-	-	-	-	-	-	-	-	-	-	-	-	-	-	20～24
230.4	981.0	20	-	-	-	-	-	-	-	-	-	-	-	-	25～29
265.7	701.6	69	248.4	1254.8	25	-	-	-	-	-	-	-	-	-	30～34
291.5	648.2	100	352.3	1392.2	97	277.7	1433.6	46	-	-	-	-	-	-	35～39
265.0	712.5	235	309.7	840.9	83	337.6	1501.4	183	338.2	1693.6	149	-	-	-	40～44
287.7	723.9	352	350.9	1236.1	218	390.3	1075.0	81	356.2	1761.5	282	385.6	1773.3	155	45～49
276.0	694.5	424	347.6	1029.1	294	418.8	1141.8	158	405.2	1327.1	109	364.9	1730.8	669	50～54
267.0	572.7	373	320.9	999.1	308	375.9	952.3	229	399.6	1242.3	214	325.0	1330.3	693	55～59
255.1	475.6	139	318.8	660.5	150	337.3	820.9	164	380.0	979.6	249	321.3	1012.3	335	60～64
269.3	622.1	46	285.9	764.0	52	277.1	688.6	82	341.7	874.8	237	334.5	907.7	341	65～69
195.8	507.6	5	323.7	564.9	24	386.0	839.0	29	308.7	813.7	62	335.8	950.7	206	70歳～
284.6	**1087.7**	**1 497**	**313.1**	**1290.9**	**1 122**	**344.5**	**1702.2**	**1 234**	**367.7**	**1780.6**	**1 330**	**375.6**	**2001.8**	**1 108**	**高専・短大卒**
-	-	-	-	-	-	-	-	-	-	-	-	-	-	-	～19歳
-	-	-	-	-	-	-	-	-	-	-	-	-	-	-	20～24
227.8	319.6	12	-	-	-	-	-	-	-	-	-	-	-	-	25～29
266.8	1219.0	405	-	-	-	-	-	-	-	-	-	-	-	-	30～34
294.7	1367.9	199	304.3	1352.4	570	342.5	1580.0	0	-	-	-	-	-	-	35～39
295.6	1165.3	214	325.0	1488.6	155	332.0	1756.9	815	280.0	1127.0	6	-	-	-	40～44
295.2	1014.2	246	342.2	1428.7	117	355.7	1642.9	185	363.8	1890.5	1 008	322.3	1508.6	4	45～49
270.6	807.9	220	338.5	1246.2	111	363.9	1768.7	74	371.9	1889.4	89	393.4	2434.8	595	50～54
296.1	977.2	158	296.9	926.6	122	401.6	1726.9	105	387.0	1591.2	113	367.7	1836.4	325	55～59
359.7	684.7	37	281.3	589.2	32	357.5	849.9	37	419.7	1017.1	58	294.6	815.6	130	60～64
202.3	421.8	7	332.3	661.5	13	396.1	1307.5	14	365.6	885.3	47	425.8	1199.9	36	65～69
-	-	-	201.4	416.7	3	197.5	502.8	4	253.4	736.7	9	428.5	903.8	18	70歳～
304.0	**1401.2**	**3 239**	**352.0**	**1883.4**	**1 589**	**402.2**	**2083.5**	**727**	**427.9**	**2376.4**	**544**	**473.7**	**2436.1**	**220**	**大学・大学院卒**
-	-	-	-	-	-	-	-	-	-	-	-	-	-	-	～19歳
-	-	-	-	-	-	-	-	-	-	-	-	-	-	-	20～24
-	-	-	-	-	-	-	-	-	-	-	-	-	-	-	25～29
300.0	1459.5	1 349	-	-	-	-	-	-	-	-	-	-	-	-	30～34
316.2	1548.7	1 115	347.9	1916.7	713	-	-	-	-	-	-	-	-	-	35～39
312.6	1346.2	212	353.2	1916.2	589	394.2	2240.9	321	-	-	-	-	-	-	40～44
337.5	1380.4	132	371.7	2137.1	128	431.8	2317.7	284	398.6	2670.8	257	390.5	2132.0	2	45～49
282.4	990.9	180	397.6	1832.9	58	389.1	1673.5	32	502.0	2590.9	152	486.1	2453.4	107	50～54
261.5	806.6	214	344.3	773.0	41	352.9	1013.9	50	427.5	2566.0	35	522.5	3023.5	71	55～59
263.8	711.9	24	300.1	1585.3	50	338.1	831.6	32	348.2	1005.1	66	350.8	904.6	18	60～64
270.7	518.9	13	356.1	767.3	10	279.0	861.8	6	415.0	1593.8	31	405.8	2400.5	14	65～69
-	-	-	-	-	-	319.0	650.7	1	1105.8	2546.4	3	320.1	922.5	10	70歳～
															企業規模 100～999人
377.5	**1565.9**	**2 159**	**430.4**	**1870.1**	**1 442**	**414.3**	**1638.1**	**1 409**	**454.3**	**1772.4**	**1 454**	**421.7**	**1587.7**	**2 307**	**男女計**
-	-	-	-	-	-	-	-	-	-	-	-	-	-	-	～19歳
-	-	-	-	-	-	-	-	-	-	-	-	-	-	-	20～24
244.7	803.1	26	-	-	-	-	-	-	-	-	-	-	-	-	25～29
294.5	1150.5	780	259.5	843.5	18	-	-	-	-	-	-	-	-	-	30～34
375.5	1549.6	579	338.8	1417.9	469	301.1	1171.2	46	-	-	-	-	-	-	35～39
460.1	1935.6	225	455.2	2007.2	516	373.3	1469.9	665	341.0	1248.8	99	-	-	-	40～44
468.0	2114.2	241	532.1	1844.8	159	450.6	1793.7	575	422.1	1613.5	704	368.0	1475.1	79	45～49
548.4	2504.5	162	552.5	3272.8	150	573.2	2390.1	68	514.7	2073.8	543	459.8	1785.1	696	50～54
408.2	1946.0	100	466.7	1975.3	78	493.1	1819.8	33	555.7	2055.5	64	470.1	1848.0	1 013	55～59
338.6	517.4	43	358.5	843.5	43	321.2	998.8	20	330.1	1387.4	34	285.8	886.5	473	60～64
437.4	174.8	3	301.2	465.2	8	356.4	915.4	1	314.6	1169.8	9	267.4	235.3	35	65～69
282.0	70.1	2	344.7	1.0	0	-	-	-	380.8	1517.9	0	258.9	285.3	10	70歳～
															男
431.7	**1926.5**	**1 232**	**477.1**	**2209.8**	**937**	**454.6**	**1810.7**	**949**	**495.0**	**1975.0**	**1 027**	**433.8**	**1602.6**	**1 864**	**学歴計**
-	-	-	-	-	-	-	-	-	-	-	-	-	-	-	～19歳
-	-	-	-	-	-	-	-	-	-	-	-	-	-	-	20～24
279.1	629.6	5	-	-	-	-	-	-	-	-	-	-	-	-	25～29
332.8	1330.2	409	285.7	1238.5	5	-	-	-	-	-	-	-	-	-	30～34
395.2	1648.9	400	386.2	1667.5	255	389.5	1667.5	11	-	-	-	-	-	-	35～39
547.8	2689.9	105	474.9	2182.9	401	427.1	1693.7	355	392.4	1402.7	37	-	-	-	40～44
572.2	2997.7	118	555.5	2022.9	94	462.8	1846.2	491	467.8	1827.7	430	446.6	1691.4	17	45～49
690.9	3571.4	96	683.6	4767.5	85	549.2	2306.2	53	522.6	2135.4	497	494.3	1928.7	496	50～54
509.9	2763.3	61	592.5	2630.3	49	591.2	2237.0	23	581.0	2417.3	41	475.8	1818.5	894	55～59
351.1	484.1	33	372.7	893.8	40	344.6	1172.2	16	480.1	1479.8	13	287.1	882.9	414	60～64
437.4	174.8	3	303.3	464.0	7	-	-	-	314.6	1169.8	9	268.1	211.7	33	65～69
282.0	70.1	2	344.7	1.0	0	-	-	-	-	-	-	253.7	249.1	9	70歳～

第2表　年齢階級、勤続年数階級別所定内給与額

企業規模	100～999人

J　金　融　業，

区分	勤続年数計			0年			1～2年			3～4年			5～9年		
	所定内給与額	年間賞与その他特別給与額	労働者数	所定内給与額	年間賞与その他特別給与額	労働者数	所定内給与額	年間賞与その他特別給与額	労働者数	所定内給与額	年間賞与その他特別給与額	労働者数	所定内給与額	年間賞与その他特別給与額	労働者数
	千円	千円	十人	千円	千円	十人	千円	千円	十人	千円	千円	十人	千円	千円	十人
高校卒	**380.9**	**1185.9**	**1 218**	**262.4**	**67.3**	**49**	**297.6**	**522.5**	**91**	**298.9**	**687.8**	**62**	**332.2**	**864.0**	**113**
～19歳	155.9	24.0	15	154.2	3.3	13	166.1	153.9	2	–	–	–	–	–	–
20～24	196.8	464.9	21	257.8	0.0	1	174.2	478.7	8	202.9	389.4	6	210.4	592.5	6
25～29	253.8	488.9	24	243.2	8.9	4	220.5	285.2	2	262.0	330.6	2	251.4	659.2	12
30～34	264.6	836.6	54	231.8	0.0	9	249.9	48.7	6	287.3	1395.4	7	280.6	1228.2	12
35～39	350.1	942.4	42	256.0	0.0	0	253.2	79.3	6	461.9	165.6	4	446.0	788.6	3
40～44	371.4	1216.5	151	307.6	0.0	5	333.3	354.5	5	317.8	1117.6	10	418.1	1034.1	15
45～49	438.0	1328.9	175	339.1	8.8	3	301.9	321.0	5	281.6	241.4	8	494.1	1160.2	14
50～54	472.6	1563.3	249	468.1	0.0	5	448.7	1680.4	12	479.8	1260.6	3	468.5	724.6	5
55～59	433.4	1510.1	246	267.6	892.4	1	410.0	558.3	18	302.4	1086.4	8	361.8	1098.3	12
60～64	275.5	668.0	194	301.2	289.5	8	209.8	161.1	21	262.8	349.3	13	283.2	480.5	14
65～69	265.7	582.5	32	259.6	0.0	0	233.2	872.0	5	265.6	183.4	2	301.0	319.0	6
70歳～	221.7	805.6	16	–	–	–	–	–	–	–	–	–	208.2	846.9	15
高専・短大卒	**397.9**	**1331.1**	**433**	**258.2**	**2.2**	**18**	**273.4**	**485.7**	**37**	**368.7**	**1322.5**	**42**	**373.0**	**1054.9**	**56**
～19歳	–	–	–	–	–	–	–	–	–	–	–	–	–	–	–
20～24	191.1	323.1	20	186.4	0.8	3	183.2	317.0	13	212.4	493.0	5	–	–	–
25～29	216.5	417.4	17	194.4	0.0	7	259.6	267.0	1	232.8	421.0	3	224.7	884.9	6
30～34	301.1	1025.0	32	278.5	0.0	0	283.6	116.7	5	263.1	983.9	4	320.3	1361.1	9
35～39	368.7	1148.8	49	349.3	0.0	5	275.3	64.7	3	454.7	2307.8	15	405.4	719.7	8
40～44	360.8	1181.9	81	351.7	18.0	2	347.0	696.4	7	478.8	1757.6	5	314.9	913.2	14
45～49	479.6	1626.7	112	–	–	–	400.0	183.1	3	408.2	713.2	6	612.9	1434.0	10
50～54	500.0	1887.5	66	204.9	0.0	1	332.1	2295.7	2	275.6	206.5	1	386.1	775.2	2
55～59	416.9	1514.2	38	–	–	–	356.3	1257.1	3	291.7	1289.0	1	309.7	1020.8	6
60～64	275.0	769.5	16	160.0	0.0	0	208.1	50.0	2	306.8	299.4	3	194.8	905.4	1
65～69	413.3	368.8	2	–	–	–	–	–	–	–	–	–	123.2	0.0	0
70歳～	300.0	1590.0	0	–	–	–	–	–	–	–	–	–	–	–	–
大学・大学院卒	**424.0**	**1652.4**	**9 000**	**307.0**	**174.7**	**656**	**354.0**	**984.9**	**1 097**	**413.0**	**1776.8**	**910**	**405.4**	**1705.4**	**1 511**
～19歳	–	–	–	–	–	–	–	–	–	–	–	–	–	–	–
20～24	217.6	343.5	809	210.5	35.8	360	223.3	589.9	449	–	–	–	–	–	–
25～29	268.5	1009.8	1 104	272.8	322.5	75	258.6	824.3	206	264.7	1083.1	420	276.7	1155.8	402
30～34	352.4	1455.1	1 169	372.2	201.6	75	478.6	1748.1	104	501.9	2998.6	67	318.0	1456.0	542
35～39	435.6	1771.0	936	453.8	52.9	34	559.7	1114.2	54	512.5	2297.3	99	507.2	2430.1	131
40～44	514.2	2190.5	1 081	613.4	17.3	19	616.8	2117.3	75	599.0	2579.8	101	548.7	2299.6	158
45～49	519.1	2125.3	1 163	592.3	1163.8	42	469.4	386.8	44	672.1	3389.0	97	676.1	2705.9	69
50～54	570.5	2547.6	1 124	557.4	102.2	9	687.3	2139.6	44	595.7	2113.8	37	690.8	3102.8	90
55～59	522.2	1935.8	1 006	703.6	107.4	12	662.2	1392.0	49	497.0	1384.9	37	636.0	1835.7	74
60～64	328.3	819.1	545	395.8	311.8	31	362.3	928.6	66	268.8	186.2	46	452.9	1026.8	34
65～69	309.5	412.6	54	202.4	0.0	1	222.8	699.3	6	262.4	941.5	5	417.4	455.9	11
70歳～	243.2	180.8	10	–	–	–	–	–	–	–	–	–	–	–	–
女															
学歴計	**289.8**	**931.1**	**7 022**	**223.6**	**50.2**	**727**	**245.8**	**602.2**	**1 188**	**271.9**	**1006.3**	**899**	**283.7**	**991.9**	**1 448**
～19歳	155.8	69.5	84	153.1	8.6	62	163.4	245.0	22	–	–	–	–	–	–
20～24	197.2	372.8	1 054	197.8	28.2	383	197.8	535.6	540	191.3	704.9	97	197.6	721.6	34
25～29	232.3	810.6	1 181	219.8	166.6	85	249.7	645.5	203	227.7	903.8	394	230.6	916.6	478
30～34	263.2	890.0	979	333.4	76.3	46	249.8	668.8	138	321.9	1157.2	91	255.7	962.4	321
35～39	315.0	1085.6	739	332.8	40.3	39	292.4	709.5	65	349.3	1421.8	75	343.2	1024.1	132
40～44	334.1	1116.6	1 027	243.0	46.7	62	365.9	744.7	85	298.0	1124.8	99	351.3	1195.2	174
45～49	368.5	1237.2	928	275.5	46.5	34	312.2	510.8	58	410.9	1163.8	68	372.4	1357.5	160
50～54	374.0	1200.8	589	407.3	14.5	10	407.7	1085.6	47	311.9	1055.7	46	327.6	703.7	93
55～59	361.3	1334.8	297	332.7	20.5	5	369.7	331.9	18	354.0	1366.2	20	288.1	752.7	35
60～64	250.4	767.0	138	210.5	1527.7	1	191.1	95.2	12	164.3	154.7	8	248.3	602.5	20
65～69	329.9	586.3	4	–	–	–	470.9	328.8	0	752.8	0.0	0	148.6	0.0	0
70歳～	329.0	891.4	1	–	–	–	–	–	–	–	–	–	–	–	–
高校卒	**255.2**	**820.6**	**1 981**	**171.7**	**30.8**	**135**	**184.7**	**356.8**	**228**	**212.4**	**683.9**	**159**	**225.3**	**649.6**	**340**
～19歳	155.8	69.5	84	153.1	8.6	62	163.4	245.0	22	–	–	–	–	–	–
20～24	175.8	493.7	193	168.7	1.4	18	164.5	430.7	90	183.7	626.9	51	197.6	721.6	34
25～29	210.9	705.3	155	163.8	11.5	13	184.6	327.3	4	221.2	874.6	14	210.7	752.9	103
30～34	228.9	703.0	146	182.6	87.8	8	215.2	816.2	18	280.7	445.5	4	245.1	682.8	13
35～39	252.3	746.6	154	166.1	5.3	6	218.0	234.3	11	222.1	450.9	12	264.0	295.1	18
40～44	273.8	980.3	352	204.4	47.0	18	225.0	202.6	22	230.9	996.8	31	264.3	675.5	52
45～49	292.0	955.3	347	256.6	67.5	6	203.9	206.5	27	198.5	263.5	12	229.1	780.5	50
50～54	292.4	958.0	290	197.3	75.8	2	190.0	348.6	16	247.7	843.1	26	207.4	383.8	42
55～59	291.4	1037.7	155	224.9	60.2	2	180.8	272.0	10	177.8	270.9	2	190.4	465.5	13
60～64	244.2	785.9	102	210.5	1527.7	1	169.8	78.9	8	167.1	137.0	7	260.0	568.2	14
65～69	286.4	655.9	3	–	–	–	470.9	328.8	0	–	–	–	148.6	0.0	0
70歳～	272.3	854.8	1	–	–	–	–	–	–	–	–	–	–	–	–

及び年間賞与その他特別給与額

保　険　業

10～14年 所定内給与額	10～14年 年間賞与その他特別給与額	10～14年 労働者数	15～19年 所定内給与額	15～19年 年間賞与その他特別給与額	15～19年 労働者数	20～24年 所定内給与額	20～24年 年間賞与その他特別給与額	20～24年 労働者数	25～29年 所定内給与額	25～29年 年間賞与その他特別給与額	25～29年 労働者数	30年以上 所定内給与額	30年以上 年間賞与その他特別給与額	30年以上 労働者数	区分
千円	千円	十人	千円	千円	十人	千円	千円	十人	千円	千円	十人	千円	千円	十人	
350.9	1014.8	75	446.7	1647.6	74	408.1	1414.8	97	421.9	1423.6	182	404.4	1385.8	476	高校卒
-	-	-	-	-	-	-	-	-	-	-	-	-	-	-	～19歳
-	-	-	-	-	-	-	-	-	-	-	-	-	-	-	20～24
279.1	629.6	5	-	-	-	-	-	-	-	-	-	-	-	-	25～29
261.4	988.9	15	285.7	1238.5	5	-	-	-	-	-	-	-	-	-	30～34
330.7	1006.0	8	306.5	1031.4	10	389.5	1667.5	11	-	-	-	-	-	-	35～39
442.3	1272.1	9	348.2	1660.7	18	358.7	1199.2	53	393.8	1403.1	37	-	-	-	40～44
422.5	1276.0	13	760.5	1253.0	7	402.9	1320.7	16	436.0	1485.6	93	446.6	1691.4	17	45～49
386.0	1037.3	11	489.8	2442.5	19	628.4	2057.3	13	454.9	1386.2	31	469.0	1558.5	151	50～54
443.0	924.8	5	451.6	1808.3	6	451.2	2201.6	4	431.5	1611.3	8	445.3	1636.7	184	55～59
295.1	760.1	10	671.4	1415.2	6	288.5	553.6	1	369.7	631.6	5	258.7	801.8	115	60～64
294.2	242.2	0	272.2	157.5	2	-	-	-	279.1	1257.9	8	247.5	237.9	9	65～69
151.4	280.2	0	524.0	0.0	0	-	-	-	-	-	-	782.0	0.0	0	70歳～
393.3	1699.7	44	451.2	1764.3	45	386.0	1351.8	60	480.4	1568.0	77	434.1	1627.9	53	高専・短大卒
-	-	-	-	-	-	-	-	-	-	-	-	-	-	-	～19歳
-	-	-	-	-	-	-	-	-	-	-	-	-	-	-	20～24
-	-	-	-	-	-	-	-	-	-	-	-	-	-	-	25～29
306.8	1157.6	13	-	-	-	-	-	-	-	-	-	-	-	-	30～34
361.2	1230.0	7	269.2	669.6	11	-	-	-	-	-	-	-	-	-	35～39
311.8	1273.8	2	384.4	1750.3	14	362.0	1150.3	37	330.3	1386.4	1	-	-	-	40～44
496.3	2544.2	18	669.4	2803.2	9	397.2	1318.0	20	454.9	1417.0	46	-	-	-	45～49
471.9	809.4	1	555.3	2100.8	10	548.8	3877.1	3	530.6	1928.0	26	484.7	1774.6	20	50～54
-	-	-	454.8	1770.8	1	554.1	1589.5	1	423.6	1037.9	3	446.4	1710.4	24	55～59
211.5	416.2	1	-	-	-	-	-	-	-	-	-	296.2	1108.3	9	60～64
197.1	190.0	1	-	-	-	-	-	-	589.1	488.0	1	350.0	570.4	0	65～69
-	-	-	-	-	-	-	-	-	-	-	-	300.0	1590.0	0	70歳～
438.6	1996.9	1 113	481.3	2204.7	818	465.4	1894.6	791	513.6	2147.7	768	444.3	1679.0	1 335	大学・大学院卒
-	-	-	-	-	-	-	-	-	-	-	-	-	-	-	～19歳
-	-	-	-	-	-	-	-	-	-	-	-	-	-	-	20～24
-	-	-	-	-	-	-	-	-	-	-	-	-	-	-	25～29
336.6	1349.9	381	-	-	-	-	-	-	-	-	-	-	-	-	30～34
397.2	1669.8	385	395.2	1742.9	234	-	-	-	-	-	-	-	-	-	35～39
563.0	2852.1	94	484.4	2224.4	370	449.4	1867.6	265	-	-	-	-	-	-	40～44
609.5	3339.8	88	524.1	1998.1	78	467.8	1887.3	456	479.6	2005.8	290	-	-	-	45～49
733.4	3936.4	84	769.2	5984.3	57	520.7	2261.9	36	526.9	2200.7	440	506.6	2108.7	326	50～54
515.3	2913.1	56	617.4	2777.4	42	619.6	2274.6	19	633.9	2747.0	31	485.0	1871.2	686	55～59
385.1	366.3	22	317.3	797.1	33	349.4	1225.3	15	557.2	2072.5	7	298.0	907.9	290	60～64
536.0	155.6	2	318.5	614.1	5	-	-	-	-	-	-	275.0	199.2	24	65～69
325.5	0.0	1	165.3	2.0	0	-	-	-	-	-	-	233.5	210.6	9	70歳～
															女
305.6	1086.8	927	343.9	1239.9	505	331.1	1282.0	460	356.3	1283.9	426	370.9	1525.0	442	学歴計
-	-	-	-	-	-	-	-	-	-	-	-	-	-	-	～19歳
-	-	-	-	-	-	-	-	-	-	-	-	-	-	-	20～24
237.2	840.4	21	-	-	-	-	-	-	-	-	-	-	-	-	25～29
252.2	952.2	371	249.0	687.0	13	-	-	-	-	-	-	-	-	-	30～34
331.4	1327.9	179	282.1	1119.2	213	274.1	1019.7	35	-	-	-	-	-	-	35～39
383.1	1272.5	120	386.4	1394.9	115	311.9	1214.2	310	309.6	1154.8	61	-	-	-	40～44
367.0	1257.3	122	498.7	1590.2	65	379.0	1486.7	84	350.6	1277.8	274	346.3	1415.4	62	45～49
338.3	930.8	65	383.5	1346.1	66	653.4	2669.7	16	428.7	1408.9	46	374.2	1428.8	200	50～54
249.3	669.2	39	250.7	850.6	29	256.0	810.5	10	510.0	1401.9	23	427.4	2070.4	119	55～59
296.4	629.1	10	165.3	156.5	3	222.3	268.1	4	240.5	1332.2	21	276.9	911.7	59	60～64
-	-	-	280.7	477.1	1	356.4	915.4	1	-	-	-	254.2	683.1	2	65～69
-	-	-	-	-	-	-	-	-	380.8	1517.9	0	306.9	623.6	1	70歳～
236.4	817.9	251	270.2	944.8	164	282.9	1106.8	167	320.5	1145.0	231	343.1	1312.0	305	高校卒
-	-	-	-	-	-	-	-	-	-	-	-	-	-	-	～19歳
-	-	-	-	-	-	-	-	-	-	-	-	-	-	-	20～24
237.2	840.4	21	-	-	-	-	-	-	-	-	-	-	-	-	25～29
228.5	753.8	91	247.7	690.2	12	-	-	-	-	-	-	-	-	-	30～34
225.8	704.1	11	261.1	948.3	62	274.1	1019.9	35	-	-	-	-	-	-	35～39
275.5	1357.5	43	283.4	1343.3	12	289.6	1140.0	113	309.6	1154.8	61	-	-	-	40～44
223.4	610.2	35	281.2	1143.0	27	280.4	1585.6	5	342.8	1105.7	124	346.2	1413.5	62	45～49
234.1	622.2	25	301.0	889.8	34	319.6	1493.0	4	309.5	1237.8	17	352.4	1304.6	123	50～54
213.7	523.6	18	236.1	690.6	16	250.7	803.5	8	276.2	847.7	11	367.2	1544.4	74	55～59
244.7	955.3	7	160.6	18.2	1	150.6	313.5	3	239.5	1478.7	18	276.2	824.0	44	60～64
-	-	-	280.7	477.1	1	399.0	1345.5	0	-	-	-	259.8	665.7	1	65～69
-	-	-	-	-	-	-	-	-	380.8	1517.9	0	163.7	191.7	0	70歳～

第2表　年齢階級、勤続年数階級別所定内給与額

企業規模	100～999人
	10～99人

J 金　融　業，

区分	勤続年数計			0　年			1～2年			3～4年			5～9年		
	所定内給与額	年間賞与その他特別給与額	労働者数	所定内給与額	年間賞与その他特別給与額	労働者数	所定内給与額	年間賞与その他特別給与額	労働者数	所定内給与額	年間賞与その他特別給与額	労働者数	所定内給与額	年間賞与その他特別給与額	労働者数
	千円	千円	十人	千円	千円	十人	千円	千円	十人	千円	千円	十人	千円	千円	十人
高専・短大卒	**283.0**	**945.4**	**1 571**	**203.4**	**29.9**	**127**	**219.1**	**375.3**	**195**	**224.8**	**710.0**	**123**	**259.1**	**875.3**	**281**
～ 19歳	-	-	-	-	-	-	-	-	-	-	-	-	-	-	-
20 ～ 24	182.2	389.0	183	170.9	31.4	60	180.7	430.6	77	199.9	790.9	46	-	-	-
25 ～ 29	211.9	701.6	128	207.3	0.0	4	197.1	256.1	13	188.7	640.1	15	217.7	800.8	96
30 ～ 34	234.0	847.3	154	218.1	124.0	3	217.6	188.7	23	177.6	102.1	2	249.2	896.5	28
35 ～ 39	261.9	899.7	164	217.1	0.2	11	241.8	467.4	20	205.7	688.7	7	249.3	809.7	27
40 ～ 44	293.2	995.5	331	215.5	16.1	27	235.5	302.0	21	229.6	767.0	18	312.6	1075.2	45
45 ～ 49	334.4	1217.6	329	235.6	75.3	14	319.8	585.3	22	284.9	893.6	24	289.8	1042.8	42
50 ～ 54	374.2	1209.3	176	408.4	0.0	5	242.9	269.9	13	282.2	49.9	7	301.9	694.2	23
55 ～ 59	313.2	1063.3	78	178.6	0.0	2	182.4	92.0	4	187.3	340.0	3	262.9	701.0	12
60 ～ 64	271.6	747.4	27	-	-	-	263.6	36.1	3	148.3	256.7	1	223.6	674.3	7
65 ～ 69	417.0	446.8	1	-	-	-	-	-	-	752.8	0.0	0	-	-	-
70歳～	-	-	-	-	-	-	-	-	-	-	-	-	-	-	-
大学・大学院卒	**313.0**	**988.3**	**3 457**	**244.4**	**61.5**	**463**	**271.1**	**734.4**	**763**	**297.2**	**1149.9**	**612**	**316.6**	**1173.7**	**822**
～ 19歳	-	-	-	-	-	-	-	-	-	-	-	-	-	-	-
20 ～ 24	207.4	334.0	678	204.8	29.2	305	209.4	582.5	373	185.8	747.0	0	-	-	-
25 ～ 29	239.1	844.0	890	231.9	208.0	67	254.8	680.3	185	229.7	914.7	361	242.6	1016.6	276
30 ～ 34	277.5	941.4	677	384.5	69.5	34	264.3	760.4	97	327.7	1220.2	84	256.9	982.5	279
35 ～ 39	358.6	1281.8	421	430.3	68.3	23	346.8	1007.4	34	394.6	1720.8	56	389.5	1245.1	87
40 ～ 44	435.2	1372.8	344	328.7	95.5	17	507.6	1259.9	42	362.9	1328.1	51	432.4	1614.5	77
45 ～ 49	519.1	1652.1	251	322.7	9.3	14	603.5	1210.5	10	587.5	1715.0	32	530.0	1980.9	68
50 ～ 54	564.3	1756.4	124	538.4	0.0	3	726.5	2353.6	18	458.2	2025.7	13	531.9	1198.1	28
55 ～ 59	597.9	2429.2	62	807.7	0.0	1	1034.6	707.7	4	415.3	1745.0	15	502.9	1338.0	8
60 ～ 64	257.7	617.5	9	-	-	-	185.4	499.4	1	-	-	-	-	-	-
65 ～ 69	-	-	-	-	-	-	-	-	-	-	-	-	-	-	-
70歳～	-	-	-	-	-	-	-	-	-	-	-	-	-	-	-
企業規模 10 ～ 99 人															
男女計	**395.2**	**1285.3**	**4 278**	**328.9**	**81.2**	**416**	**371.4**	**785.9**	**674**	**393.6**	**1110.5**	**497**	**386.1**	**1787.7**	**774**
～ 19歳	151.8	152.3	24	152.4	15.7	14	151.0	334.7	10	-	-	-	-	-	-
20 ～ 24	224.7	257.3	271	246.7	9.1	142	207.1	517.8	102	173.7	554.6	19	175.5	668.6	8
25 ～ 29	248.7	724.1	383	287.6	13.8	50	265.2	731.9	107	232.4	853.6	111	234.5	910.0	108
30 ～ 34	315.0	968.6	363	306.2	145.3	36	386.1	708.9	69	314.2	1021.4	45	302.7	1264.6	136
35 ～ 39	368.0	1267.6	453	383.8	184.3	33	425.8	746.9	64	390.4	1036.2	70	384.2	2147.1	92
40 ～ 44	419.7	1504.1	619	391.5	67.9	40	370.6	578.5	76	578.4	1923.4	54	472.5	2502.1	101
45 ～ 49	463.8	1461.6	593	453.3	58.0	37	490.4	853.4	69	475.8	1172.3	54	553.9	2010.9	87
50 ～ 54	481.3	1987.7	575	454.0	194.0	23	519.9	1890.9	50	554.7	1447.2	46	482.1	3193.7	86
55 ～ 59	504.7	1620.7	577	553.8	252.4	25	542.4	1078.2	65	476.5	1312.4	54	475.3	2093.5	67
60 ～ 64	356.1	898.6	355	303.1	323.9	14	373.9	507.0	46	410.3	626.1	32	290.3	769.6	80
65 ～ 69	307.9	480.1	51	292.6	45.0	2	321.3	743.4	9	238.5	283.6	10	356.2	879.3	8
70歳～	355.4	194.8	14	841.2	0.0	0	303.0	52.5	6	561.0	5.0	2	319.9	102.0	2
男															
学歴計	**454.3**	**1538.4**	**2 672**	**391.2**	**97.8**	**248**	**446.3**	**1005.9**	**400**	**467.5**	**1369.0**	**302**	**440.4**	**2177.0**	**464**
～ 19歳	152.8	49.9	2	147.9	0.0	2	168.4	209.6	1	-	-	-	-	-	-
20 ～ 24	244.7	178.3	148	257.4	10.1	104	216.2	568.5	42	183.3	694.5	2	-	-	-
25 ～ 29	262.3	791.1	202	319.2	20.5	24	275.1	869.4	59	241.0	858.1	67	248.2	981.4	51
30 ～ 34	353.8	1153.8	216	377.7	218.9	16	442.6	787.3	47	382.5	1480.4	22	320.4	1407.6	93
35 ～ 39	429.0	1529.0	256	491.0	135.9	16	558.7	1000.0	35	522.1	1713.4	27	434.0	2522.7	55
40 ～ 44	496.6	1983.5	365	678.4	76.6	15	512.5	856.8	29	670.2	2330.5	40	554.6	3717.7	57
45 ～ 49	536.0	1709.7	347	642.1	50.9	20	541.1	1064.9	42	649.8	1622.5	29	706.3	2297.5	44
50 ～ 54	567.8	2516.4	342	573.6	284.1	15	690.0	2867.1	31	668.4	1891.0	25	652.5	4788.4	40
55 ～ 59	555.6	1798.0	447	561.1	263.9	22	573.8	1194.1	57	488.5	1398.8	47	557.5	2725.0	45
60 ～ 64	377.8	963.5	287	321.0	372.2	13	389.4	515.1	43	412.1	631.4	31	299.8	842.2	72
65 ～ 69	316.4	456.1	46	292.6	45.0	2	321.3	743.4	9	241.5	92.9	9	387.7	990.1	7
70歳～	363.9	189.0	13	841.2	0.0	0	303.0	52.5	6	561.0	5.0	2	319.9	102.0	2
高校卒	**358.3**	**1091.1**	**428**	**256.1**	**239.9**	**24**	**327.6**	**344.4**	**57**	**319.6**	**691.9**	**38**	**317.6**	**1451.0**	**59**
～ 19歳	152.8	49.9	2	147.9	0.0	2	168.4	209.6	1	-	-	-	-	-	-
20 ～ 24	189.6	296.6	4	201.1	1.0	2	178.4	296.6	1	180.1	666.1	2	-	-	-
25 ～ 29	234.8	470.2	8	322.8	0.0	0	197.5	117.6	2	280.9	351.1	2	214.6	706.1	4
30 ～ 34	241.8	659.0	17	189.8	16.9	3	230.2	728.8	4	246.1	530.1	2	247.0	551.8	4
35 ～ 39	293.6	528.0	26	213.9	19.0	4	299.8	143.7	5	273.5	200.0	2	316.8	656.2	5
40 ～ 44	382.7	1162.4	52	216.1	11.6	2	450.3	188.2	6	418.6	903.6	4	334.2	1003.5	5
45 ～ 49	391.3	922.7	70	269.0	161.9	2	373.1	147.1	13	237.1	203.4	3	407.3	663.5	7
50 ～ 54	422.5	1925.3	67	313.8	123.3	1	318.4	272.5	2	241.4	387.6	3	406.9	9006.8	5
55 ～ 59	428.7	1469.8	82	411.7	726.9	4	388.3	1001.3	7	432.6	1469.0	10	383.9	896.0	6
60 ～ 64	276.9	820.3	71	241.7	581.9	4	272.6	427.1	11	226.8	668.6	4	272.1	810.8	19
65 ～ 69	261.4	179.8	18	262.0	0.0	1	200.0	0.0	1	249.8	78.2	6	325.3	805.3	3
70歳～	332.6	50.6	10	-	-	-	303.0	52.5	6	585.3	10.0	1	317.5	107.1	1

及び年間賞与その他特別給与額

保　険　業

10～14年 所定内給与額	10～14年 年間賞与その他特別給与額	10～14年 労働者数	15～19年 所定内給与額	15～19年 年間賞与その他特別給与額	15～19年 労働者数	20～24年 所定内給与額	20～24年 年間賞与その他特別給与額	20～24年 労働者数	25～29年 所定内給与額	25～29年 年間賞与その他特別給与額	25～29年 労働者数	30年以上 所定内給与額	30年以上 年間賞与その他特別給与額	30年以上 労働者数	区分
千円	千円	十人	千円	千円	十人	千円	千円	十人	千円	千円	十人	千円	千円	十人	
295.2	1167.0	241	287.6	1138.1	143	325.9	1291.1	199	367.7	1343.7	161	388.1	1561.6	101	高専・短大卒
–	–	–	–	–	–	–	–	–	–	–	–	–	–	–	～19歳
–	–	–	–	–	–	–	–	–	–	–	–	–	–	–	20～24
–	–	–	–	–	–	–	–	–	–	–	–	–	–	–	25～29
235.2	1032.3	97	281.8	695.3	0	–	–	–	–	–	–	–	–	–	30～34
286.8	1116.6	14	277.2	1131.5	84	–	–	–	–	–	–	–	–	–	35～39
329.2	1133.9	33	299.7	1271.5	25	306.9	1182.4	161	–	–	–	–	–	–	40～44
369.7	1623.9	53	354.8	1112.5	11	340.8	1233.0	28	352.4	1390.6	136	383.5	2005.7	0	45～49
325.0	1169.4	24	319.6	1296.9	14	631.9	3512.1	9	503.1	1123.8	19	391.5	1514.6	61	50～54
281.4	801.6	15	209.5	544.2	8	173.8	439.1	1	362.6	1468.9	3	415.4	1730.6	30	55～59
396.0	0.0	3	–	–	–	–	–	–	245.8	607.6	4	287.7	1367.2	10	60～64
–	–	–	–	–	–	318.3	530.0	0	–	–	–	240.0	727.0	1	65～69
–	–	–	–	–	–	–	–	–	–	–	–	–	–	–	70歳～
351.1	1197.3	436	445.6	1558.4	198	427.7	1573.1	94	547.7	1952.5	34	560.2	3264.9	35	大学・大学院卒
–	–	–	–	–	–	–	–	–	–	–	–	–	–	–	～19歳
–	–	–	–	–	–	–	–	–	–	–	–	–	–	–	20～24
–	–	–	–	–	–	–	–	–	–	–	–	–	–	–	25～29
272.9	1007.9	183	266.0	476.1	0	–	–	–	–	–	–	–	–	–	30～34
343.1	1391.8	154	307.3	1259.7	68	275.4	1008.8	1	–	–	–	–	–	–	35～39
530.6	1293.8	44	431.5	1444.8	77	401.6	1579.5	37	–	–	–	–	–	–	40～44
509.3	1342.2	34	766.4	2209.3	28	408.7	1612.5	52	399.9	1682.8	15	–	–	–	45～49
520.9	1056.4	16	589.5	2244.4	18	1130.3	1565.3	3	494.0	2228.4	10	480.7	2084.6	15	50～54
280.9	793.6	5	359.3	1817.9	5	350.7	1132.8	1	852.7	2084.7	9	768.1	5544.5	14	55～59
–	–	–	168.3	241.1	2	430.0	136.4	1	–	–	–	264.3	829.4	6	60～64
–	–	–	–	–	–	–	–	–	–	–	–	–	–	–	65～69
–	–	–	–	–	–	–	–	–	–	–	–	–	–	–	70歳～
															企業規模 10～99人
437.7	1544.5	588	404.6	1563.2	416	414.6	1576.8	237	411.5	1581.0	263	428.4	1578.2	412	男女計
–	–	–	–	–	–	–	–	–	–	–	–	–	–	–	～19歳
–	–	–	–	–	–	–	–	–	–	–	–	–	–	–	20～24
203.1	713.2	8	–	–	–	–	–	–	–	–	–	–	–	–	25～29
280.4	1019.1	68	267.5	1072.7	11	–	–	–	–	–	–	–	–	–	30～34
338.8	1304.6	123	319.3	1298.3	66	277.1	892.2	5	–	–	–	–	–	–	35～39
435.1	1585.9	110	375.9	1466.3	107	379.9	1531.7	111	327.9	1274.2	19	–	–	–	40～44
449.2	1652.3	89	472.4	1628.4	64	450.4	1787.6	70	399.8	1593.0	114	358.2	1159.0	9	45～49
541.7	2180.9	80	466.8	2156.9	71	446.1	1739.3	33	456.5	1676.4	76	430.8	1730.6	110	50～54
696.5	2017.3	62	415.4	1553.7	52	517.2	1017.9	15	453.3	1860.6	38	476.8	1784.2	201	55～59
458.8	1244.4	37	449.8	1443.0	40	264.1	665.6	3	280.3	778.3	15	324.9	1050.9	86	60～64
296.4	385.5	9	265.4	233.1	5	213.3	167.6	0	372.9	755.2	1	388.7	344.4	6	65～69
463.4	887.5	2	121.8	180.5	1	–	–	–	–	–	–	238.1	248.4	1	70歳～
															男
507.7	1868.9	352	480.3	2021.1	225	449.6	1733.2	168	451.2	1748.5	174	448.5	1630.5	338	学歴計
–	–	–	–	–	–	–	–	–	–	–	–	–	–	–	～19歳
–	–	–	–	–	–	–	–	–	–	–	–	–	–	–	20～24
–	–	–	–	–	–	–	–	–	–	–	–	–	–	–	25～29
303.4	1189.9	36	277.1	1254.7	3	–	–	–	–	–	–	–	–	–	30～34
361.1	1312.4	81	359.6	1542.3	40	328.5	1090.6	2	–	–	–	–	–	–	35～39
504.2	1990.4	65	399.0	1620.9	77	422.1	1697.7	74	391.7	1525.6	9	–	–	–	40～44
501.6	2046.6	45	517.7	2035.6	35	465.2	1822.0	59	445.5	1773.7	69	410.0	1358.2	5	45～49
629.2	3018.5	45	660.8	3540.6	32	453.6	2051.2	21	468.9	1737.6	60	468.9	1838.1	73	50～54
858.3	2470.0	43	649.4	2389.2	19	593.2	1174.3	11	487.6	2045.9	28	491.6	1826.5	177	55～59
536.2	1499.6	28	668.8	2378.9	14	287.1	687.0	2	312.5	908.3	8	337.1	1111.1	77	60～64
313.1	398.5	8	241.6	183.1	4	274.6	0.0	0	365.1	730.3	1	398.9	316.4	6	65～69
463.4	887.5	2	121.8	180.5	1	–	–	–	–	–	–	321.6	160.0	1	70歳～
355.8	792.1	52	364.5	1094.5	34	400.3	1533.2	28	404.0	1609.8	43	410.4	1501.5	93	高校卒
–	–	–	–	–	–	–	–	–	–	–	–	–	–	–	～19歳
–	–	–	–	–	–	–	–	–	–	–	–	–	–	–	20～24
–	–	–	–	–	–	–	–	–	–	–	–	–	–	–	25～29
262.2	763.6	2	281.1	1292.5	3	–	–	–	–	–	–	–	–	–	30～34
281.8	509.0	3	339.3	1162.4	5	328.5	1090.6	2	–	–	–	–	–	–	35～39
373.0	1550.7	9	403.1	1131.5	4	380.5	1435.8	13	391.7	1525.6	9	–	–	–	40～44
380.4	791.1	8	450.6	1040.9	7	435.0	1324.7	7	393.4	1428.5	20	410.0	1358.2	5	45～49
435.4	753.6	13	402.0	1225.0	4	440.8	2516.9	5	432.3	1841.8	6	446.0	1600.7	28	50～54
422.7	994.7	5	350.3	1393.7	6	435.0	1428.6	1	443.8	1988.4	6	457.1	1735.7	36	55～59
225.7	390.3	8	331.5	677.6	3	298.0	747.9	1	337.5	1953.9	2	304.7	1178.4	21	60～64
269.8	0.0	4	279.4	374.1	2	–	–	–	445.0	0.0	0	211.3	28.9	2	65～69
533.7	0.0	0	108.8	0.0	1	–	–	–	–	–	–	400.1	0.0	0	70歳～

第2表　年齢階級、勤続年数階級別所定内給与額

企業規模	10～99人

J　金　融　業，

区分	勤続年数計			0　年			1～2年			3～4年			5～9年		
	所定内給与額	年間賞与その他特別給与額	労働者数	所定内給与額	年間賞与その他特別給与額	労働者数	所定内給与額	年間賞与その他特別給与額	労働者数	所定内給与額	年間賞与その他特別給与額	労働者数	所定内給与額	年間賞与その他特別給与額	労働者数
	千円	千円	十人	千円	千円	十人	千円	千円	十人	千円	千円	十人	千円	千円	十人
高専・短大卒	**391.4**	**1234.7**	**208**	**261.1**	**40.7**	**7**	**307.4**	**843.2**	**27**	**334.3**	**459.1**	**19**	**369.9**	**894.8**	**27**
～19歳	-	-	-	-	-	-	-	-	-	-	-	-	-	-	-
20～24	187.8	377.4	6	208.8	0.0	2	176.4	523.0	4	196.1	808.2	0	-	-	-
25～29	216.9	526.0	7	-	-	-	213.3	100.1	2	231.1	852.6	1	215.0	653.5	4
30～34	256.1	771.4	12	219.8	0.0	1	240.5	562.0	4	257.6	509.6	1	338.5	2259.0	1
35～39	330.2	1079.6	17	214.7	0.0	0	403.2	818.6	2	327.5	264.8	1	327.6	960.4	1
40～44	433.5	1363.0	46	291.6	32.6	2	243.9	801.5	3	624.9	898.5	3	459.6	1294.9	9
45～49	393.0	1343.0	41	292.2	294.4	1	390.9	1679.9	5	286.3	145.6	2	362.2	405.8	6
50～54	428.1	1385.7	36	326.9	0.0	1	255.9	376.3	1	312.1	391.2	6	350.5	639.7	3
55～59	497.5	1586.2	31	330.3	51.9	1	496.3	1204.9	3	-	-	-	436.6	723.5	2
60～64	296.1	687.2	9	258.0	0.0	0	310.7	369.6	2	313.9	549.5	2	346.3	1270.5	0
65～69	174.8	88.5	3	-	-	-	-	-	-	131.2	0.0	2	250.0	0.0	0
70歳～	-	-	-	-	-	-	-	-	-	-	-	-	-	-	-
大学・大学院卒	**481.5**	**1666.4**	**2 031**	**411.3**	**84.1**	**216**	**479.9**	**1140.2**	**316**	**500.9**	**1543.9**	**245**	**466.4**	**2394.3**	**376**
～19歳	-	-	-	-	-	-	-	-	-	-	-	-	-	-	-
20～24	249.0	165.3	137	259.5	10.5	100	221.1	578.5	37	-	-	-	-	-	-
25～29	265.4	816.1	186	319.1	20.9	24	279.5	918.5	56	239.7	876.6	64	254.8	1041.2	42
30～34	370.5	1226.6	187	443.5	299.8	12	485.4	818.0	39	402.9	1630.1	19	323.6	1435.0	87
35～39	453.6	1689.4	213	609.6	186.6	11	615.6	1158.8	28	550.5	1896.9	24	448.1	2744.9	49
40～44	529.8	2252.1	267	825.8	95.6	11	573.7	1078.1	19	703.6	2635.7	33	600.9	4540.5	43
45～49	603.6	2006.7	237	691.0	30.7	17	664.1	1411.3	24	733.3	1932.0	24	831.2	2982.2	32
50～54	629.5	2851.9	239	599.0	305.4	14	735.6	3162.2	28	866.5	2669.0	17	721.6	4552.9	31
55～59	592.3	1898.5	334	610.4	150.1	17	608.3	1224.1	47	504.1	1379.3	37	592.4	3134.8	37
60～64	419.5	1032.6	204	355.2	294.0	9	435.9	555.0	30	448.7	627.9	26	316.2	871.9	50
65～69	372.2	701.9	25	309.1	69.2	1	339.5	854.9	8	414.6	362.8	1	440.5	1204.7	4
70歳～	444.2	544.6	4	841.2	0.0	0	-	-	-	536.7	0.0	1	328.0	84.0	0
女															
学歴計	**296.9**	**864.3**	**1 606**	**237.0**	**56.8**	**168**	**261.8**	**464.1**	**274**	**279.2**	**710.8**	**195**	**304.5**	**1203.9**	**310**
～19歳	151.7	161.9	22	153.0	17.8	12	150.2	341.0	10	-	-	-	-	-	-
20～24	200.8	352.2	123	218.0	6.5	39	200.8	482.3	60	172.5	537.8	17	175.5	668.6	8
25～29	233.5	649.6	181	256.9	7.2	25	252.7	559.4	47	219.2	846.7	44	222.5	846.7	57
30～34	258.1	697.6	148	246.8	84.3	19	266.1	542.3	22	250.8	596.0	23	264.2	955.5	43
35～39	288.5	926.5	196	277.9	232.2	17	262.0	435.0	29	305.5	599.6	42	310.9	1593.1	37
40～44	308.9	813.1	254	225.0	62.9	26	283.8	408.3	47	323.5	792.5	14	366.5	932.0	44
45～49	361.7	1111.0	246	246.6	65.8	18	413.7	534.1	28	268.9	637.1	25	393.6	1709.3	42
50～54	354.1	1210.5	233	220.7	18.3	8	248.8	335.4	19	415.2	903.1	21	338.3	1847.3	47
55～59	329.5	1010.9	130	499.8	166.3	3	306.9	210.0	8	397.2	741.4	7	309.0	815.1	22
60～64	264.2	624.2	68	185.6	6.3	2	205.1	418.4	4	214.1	66.7	0	208.6	147.1	8
65～69	229.8	700.7	5	-	-	-	-	-	-	223.0	1259.5	2	114.8	30.0	1
70歳～	168.5	322.1	1	-	-	-	-	-	-	-	-	-	-	-	-
高校卒	**241.7**	**677.4**	**474**	**173.7**	**56.8**	**38**	**191.2**	**312.2**	**69**	**208.3**	**450.6**	**39**	**222.7**	**580.0**	**86**
～19歳	151.7	161.9	22	153.0	17.8	12	150.2	341.0	10	-	-	-	-	-	-
20～24	168.2	478.3	32	166.4	35.7	2	166.0	357.5	10	165.6	527.8	12	175.5	668.6	8
25～29	193.0	440.1	35	186.0	6.9	6	208.2	161.1	4	200.4	484.5	1	185.9	530.3	16
30～34	230.1	635.6	37	178.2	0.0	2	183.5	350.6	3	222.3	405.6	8	223.9	451.3	6
35～39	225.3	551.3	30	197.9	1051.4	2	191.3	289.9	5	253.0	675.3	6	216.6	301.3	7
40～44	239.7	768.0	67	187.3	0.0	6	205.4	408.7	11	182.2	401.1	2	214.3	822.4	9
45～49	284.6	851.9	74	181.6	9.0	5	237.8	317.6	8	179.8	195.0	2	272.6	770.4	13
50～54	271.9	780.8	85	198.0	0.0	2	177.9	186.4	11	234.8	258.3	5	252.6	565.5	20
55～59	276.4	894.1	58	153.3	0.0	0	253.8	299.8	5	287.5	294.0	1	208.3	675.0	3
60～64	217.9	385.9	30	168.5	8.0	2	169.3	421.5	2	200.0	200.0	0	192.1	200.1	4
65～69	266.2	580.7	2	-	-	-	-	-	-	-	-	-	-	-	-
70歳～	-	-	-	-	-	-	-	-	-	-	-	-	-	-	-
高専・短大卒	**296.9**	**869.5**	**450**	**214.9**	**59.4**	**29**	**241.0**	**362.6**	**41**	**317.4**	**672.6**	**60**	**263.0**	**929.7**	**79**
～19歳	-	-	-	-	-	-	-	-	-	-	-	-	-	-	-
20～24	181.7	338.7	13	174.3	7.9	3	183.0	373.3	6	186.1	574.0	4	-	-	-
25～29	213.8	633.4	24	192.6	9.5	4	222.3	279.0	3	205.5	535.3	2	218.8	880.2	15
30～34	222.3	582.0	22	220.3	26.9	5	256.8	395.9	2	206.8	371.0	1	235.0	1028.7	3
35～39	259.6	632.0	68	154.6	23.0	3	224.4	313.7	9	280.3	413.3	15	312.8	795.2	8
40～44	297.4	881.2	84	252.6	58.7	7	291.5	445.1	12	413.5	1090.4	8	294.9	1135.2	15
45～49	316.9	977.7	97	233.6	156.1	4	263.7	482.9	3	243.1	563.0	18	243.9	876.5	13
50～54	339.5	1075.9	82	158.4	0.0	2	228.8	298.7	5	486.7	886.6	9	258.6	842.3	13
55～59	335.6	1008.5	38	465.5	689.1	1	185.6	19.0	2	453.0	1127.4	4	299.0	1123.8	10
60～64	341.4	982.8	21	-	-	-	192.6	376.0	0	221.2	0.0	0	198.7	261.4	1
65～69	114.8	30.0	1	-	-	-	-	-	-	-	-	-	114.8	30.0	1
70歳～	168.5	322.1	1	-	-	-	-	-	-	-	-	-	-	-	-

及び年間賞与その他特別給与額

保　険　業

10～14年 所定内給与額	10～14年 年間賞与その他特別給与額	10～14年 労働者数	15～19年 所定内給与額	15～19年 年間賞与その他特別給与額	15～19年 労働者数	20～24年 所定内給与額	20～24年 年間賞与その他特別給与額	20～24年 労働者数	25～29年 所定内給与額	25～29年 年間賞与その他特別給与額	25～29年 労働者数	30年以上 所定内給与額	30年以上 年間賞与その他特別給与額	30年以上 労働者数	区分
千円	千円	十人	千円	千円	十人	千円	千円	十人	千円	千円	十人	千円	千円	十人	
382.8	1339.6	36	427.2	1656.9	19	480.0	1681.1	29	426.7	1605.6	21	442.0	1686.2	23	高専・短大卒
-	-	-	-	-	-	-	-	-	-	-	-	-	-	-	～19歳
-	-	-	-	-	-	-	-	-	-	-	-	-	-	-	20～24
-	-	-	-	-	-	-	-	-	-	-	-	-	-	-	25～29
257.7	860.5	4	-	-	-	-	-	-	-	-	-	-	-	-	30～34
320.9	1207.5	8	313.8	1309.0	4	-	-	-	-	-	-	-	-	-	35～39
382.0	1523.7	7	340.4	1418.3	3	462.8	1611.5	20	-	-	-	-	-	-	40～44
408.6	1199.4	6	439.7	1970.7	4	408.9	1989.2	4	404.7	1554.3	12	-	-	-	45～49
508.5	2174.6	6	413.6	1476.2	7	624.2	2645.1	2	471.5	1659.5	7	459.8	1537.2	4	50～54
419.8	973.1	5	1724.0	5500.0	1	583.8	1232.8	4	398.2	1702.4	2	483.0	1983.4	14	55～59
210.4	300.0	0	239.8	155.2	0	-	-	-	-	-	-	294.1	917.7	5	60～64
-	-	-	-	-	-	-	-	-	-	-	-	460.0	1150.0	0	65～69
-	-	-	-	-	-	-	-	-	-	-	-	-	-	-	70歳～
554.9	2155.4	264	508.5	2240.5	173	454.2	1798.2	111	474.5	1830.5	110	465.1	1678.6	222	大学・大学院卒
-	-	-	-	-	-	-	-	-	-	-	-	-	-	-	～19歳
-	-	-	-	-	-	-	-	-	-	-	-	-	-	-	20～24
-	-	-	-	-	-	-	-	-	-	-	-	-	-	-	25～29
311.7	1257.5	30	215.0	668.0	0	-	-	-	-	-	-	-	-	-	30～34
369.8	1364.4	69	368.5	1630.0	31	-	-	-	-	-	-	-	-	-	35～39
545.3	2135.8	49	401.1	1658.5	70	415.5	1821.3	41	-	-	-	-	-	-	40～44
552.2	2546.3	31	550.5	2319.3	24	474.6	1882.4	48	486.2	2028.1	37	-	-	-	45～49
754.9	4364.7	26	778.0	4544.3	22	433.0	1826.6	14	473.4	1735.4	47	485.7	2035.5	41	50～54
984.6	2899.7	33	753.6	2759.4	12	612.7	1119.3	7	512.5	2104.6	19	502.5	1834.8	127	55～59
664.3	1958.2	20	753.4	2806.7	12	267.0	575.4	1	305.2	601.2	6	354.2	1100.2	51	60～64
356.0	798.0	4	207.0	8.7	2	274.6	0.0	0	351.8	852.0	1	513.3	449.4	4	65～69
455.6	986.1	2	154.4	631.8	0	-	-	-	-	-	-	204.0	400.0	0	70歳～
															女
333.4	1060.5	236	315.5	1023.6	191	329.3	1195.4	69	334.7	1256.4	90	337.0	1339.6	74	学歴計
-	-	-	-	-	-	-	-	-	-	-	-	-	-	-	～19歳
-	-	-	-	-	-	-	-	-	-	-	-	-	-	-	20～24
203.1	713.2	8	-	-	-	-	-	-	-	-	-	-	-	-	25～29
255.0	829.9	32	263.4	996.7	8	-	-	-	-	-	-	-	-	-	30～34
296.4	1289.8	42	257.2	923.2	26	246.7	774.4	3	-	-	-	-	-	-	35～39
334.8	998.6	45	316.4	1069.0	30	296.4	1203.2	37	274.0	1061.9	10	-	-	-	40～44
395.8	1249.8	44	418.4	1144.3	29	368.1	1597.3	11	331.3	1321.5	46	291.4	902.2	4	45～49
430.5	1117.3	35	303.6	992.5	38	433.0	1201.3	12	408.8	1439.1	15	355.0	1516.9	37	50～54
330.5	992.9	19	282.4	1079.0	33	325.8	623.9	4	360.7	1359.6	10	366.5	1470.0	24	55～59
235.0	506.1	10	329.8	930.2	26	236.2	639.6	1	245.7	639.1	7	220.0	530.1	9	60～64
127.5	253.8	1	440.0	600.0	1	151.9	335.1	0	382.1	784.3	1	187.0	895.0	0	65～69
-	-	-	-	-	-	-	-	-	-	-	-	168.5	322.1	1	70歳～
246.4	770.0	69	261.2	829.4	64	276.7	1088.7	23	301.7	1020.4	43	339.1	1293.9	42	高校卒
-	-	-	-	-	-	-	-	-	-	-	-	-	-	-	～19歳
-	-	-	-	-	-	-	-	-	-	-	-	-	-	-	20～24
203.1	713.2	8	-	-	-	-	-	-	-	-	-	-	-	-	25～29
239.4	882.7	10	263.4	996.7	8	-	-	-	-	-	-	-	-	-	30～34
236.2	649.9	4	225.4	682.8	3	246.7	774.4	3	-	-	-	-	-	-	35～39
228.9	768.4	12	297.6	1317.6	2	292.2	1129.0	14	274.0	1061.9	10	-	-	-	40～44
312.4	1046.2	16	331.5	1117.0	7	328.9	2031.0	2	306.5	1038.5	18	291.8	952.3	4	45～49
247.8	846.1	12	287.1	873.8	12	243.1	909.1	2	423.3	1523.4	3	349.5	1357.6	18	50～54
198.4	150.3	6	232.5	774.1	22	224.8	786.0	2	348.9	1468.6	5	370.5	1457.9	15	55～59
225.6	6.3	2	234.0	504.0	10	175.0	238.6	0	228.9	281.4	6	234.0	758.1	4	60～64
127.5	253.8	1	440.0	600.0	1	151.9	335.1	0	350.0	941.1	1	187.0	895.0	0	65～69
-	-	-	-	-	-	-	-	-	-	-	-	-	-	-	70歳～
290.8	845.4	85	335.9	1037.6	68	330.8	1145.8	33	350.7	1446.2	34	346.1	1506.6	21	高専・短大卒
-	-	-	-	-	-	-	-	-	-	-	-	-	-	-	～19歳
-	-	-	-	-	-	-	-	-	-	-	-	-	-	-	20～24
-	-	-	-	-	-	-	-	-	-	-	-	-	-	-	25～29
216.1	778.8	11	-	-	-	-	-	-	-	-	-	-	-	-	30～34
261.4	760.6	20	247.1	949.1	13	-	-	-	-	-	-	-	-	-	35～39
285.5	911.9	15	283.7	756.9	8	286.7	1192.2	20	-	-	-	-	-	-	40～44
344.6	891.1	16	426.7	1158.0	14	386.9	1256.8	6	334.2	1441.9	23	283.6	0.0	0	45～49
328.9	990.4	13	321.3	1038.1	14	421.4	1202.8	5	369.7	1362.8	8	372.7	1740.6	14	50～54
343.2	844.0	7	286.8	1134.0	7	418.0	469.2	2	438.3	1056.9	2	329.5	1306.8	5	55～59
228.4	499.8	3	397.8	1121.3	14	260.7	800.0	1	480.0	4467.4	1	190.7	328.9	1	60～64
-	-	-	-	-	-	-	-	-	-	-	-	-	-	-	65～69
-	-	-	-	-	-	-	-	-	-	-	-	168.5	322.1	1	70歳～

第2表　年齢階級、勤続年数階級別所定内給与額

企業規模	10～99人
	計

J 金融業，保険業

区分	勤続年数計			0年			1～2年			3～4年			5～9年		
	所定内給与額	年間賞与その他特別給与額	労働者数	所定内給与額	年間賞与その他特別給与額	労働者数	所定内給与額	年間賞与その他特別給与額	労働者数	所定内給与額	年間賞与その他特別給与額	労働者数	所定内給与額	年間賞与その他特別給与額	労働者数
	千円	千円	十人	千円	千円	十人	千円	千円	十人	千円	千円	十人	千円	千円	十人
大学・大学院卒	**338.1**	**1002.8**	**669**	**270.0**	**58.4**	**97**	**297.2**	**554.6**	**163**	**286.0**	**851.9**	**94**	**377.5**	**1735.6**	**144**
～ 19歳	-	-	-	-	-	-	-	-	-	-	-	-	-	-	-
20 ～ 24	217.3	303.1	78	225.4	4.7	33	211.3	526.3	44	210.0	510.0	1	-	-	-
25 ～ 29	249.0	713.1	122	297.0	6.8	16	259.9	624.2	40	220.5	875.4	40	247.4	1025.9	26
30 ～ 34	281.3	774.6	86	284.8	150.7	10	282.1	592.3	17	272.4	727.8	14	274.0	1041.7	34
35 ～ 39	327.6	1242.4	99	320.3	167.9	12	309.1	558.6	15	337.3	704.7	22	341.8	2339.7	21
40 ～ 44	366.8	795.1	101	228.4	96.9	12	317.6	389.8	24	227.7	440.0	3	495.9	863.3	20
45 ～ 49	502.3	1565.1	73	289.3	62.5	9	525.8	643.9	17	455.8	1329.4	4	613.4	3145.5	16
50 ～ 54	487.0	1992.3	64	321.9	69.0	2	501.1	858.0	4	467.9	1444.4	7	541.7	4712.6	14
55 ～ 59	427.4	1217.9	31	546.5	0.0	2	591.0	125.9	2	370.9	340.4	2	346.4	521.4	9
60 ～ 64	275.8	649.2	13	250.0	0.0	0	250.0	417.0	2	-	-	-	235.8	29.6	3
65 ～ 69	240.8	1189.5	2	-	-	-	-	-	-	223.0	1259.5	2	-	-	-
70歳～	-	-	-	-	-	-	-	-	-	-	-	-	-	-	-
K 不動産業，物品賃貸業															
企業規模計															
男女計	**321.6**	**980.5**	**29 262**	**245.3**	**54.6**	**2 963**	**258.3**	**545.6**	**5 518**	**273.9**	**739.3**	**3 949**	**298.8**	**944.7**	**5 941**
～ 19歳	174.4	102.2	98	168.6	8.3	49	180.1	195.4	49	-	-	-	-	-	-
20 ～ 24	220.5	300.6	2 339	215.2	19.7	962	228.4	492.4	1 195	194.9	522.4	146	201.8	542.1	37
25 ～ 29	247.6	678.5	3 476	232.1	64.9	489	238.4	527.0	1 061	255.7	869.5	1 122	259.4	992.1	777
30 ～ 34	293.4	933.7	3 872	251.0	57.4	370	257.7	592.0	716	285.3	820.0	564	306.4	1150.1	1 419
35 ～ 39	324.8	1137.6	3 715	265.4	67.1	233	273.9	661.4	572	298.0	949.7	466	316.6	1140.8	865
40 ～ 44	356.4	1228.1	3 984	288.5	56.1	170	273.6	583.2	399	305.6	729.0	396	332.9	1052.5	818
45 ～ 49	382.6	1323.3	3 555	261.5	58.1	149	280.0	588.5	389	286.1	652.0	288	328.4	887.1	570
50 ～ 54	423.5	1437.5	2 831	320.3	145.3	131	359.9	841.8	264	334.4	750.3	252	328.5	817.5	380
55 ～ 59	397.9	1257.5	2 248	277.8	120.3	132	304.8	587.9	267	298.6	636.4	214	306.8	733.0	323
60 ～ 64	272.2	530.4	1 938	293.9	92.8	197	264.0	462.1	407	238.7	396.8	330	259.1	564.1	350
65 ～ 69	223.5	225.7	967	230.7	35.6	69	243.8	114.8	184	188.8	181.0	144	208.9	258.4	318
70歳～	241.8	157.3	240	252.8	0.1	12	183.8	90.8	16	323.8	108.4	26	200.3	110.3	84
男															
学歴計	**354.9**	**1127.0**	**19 828**	**264.7**	**66.5**	**1 804**	**282.1**	**622.2**	**3 331**	**299.1**	**806.5**	**2 534**	**321.6**	**1054.6**	**4 024**
～ 19歳	176.3	97.5	49	168.9	11.0	22	182.2	165.2	28	-	-	-	-	-	-
20 ～ 24	226.6	291.4	1 223	220.3	17.6	531	235.4	490.2	601	202.9	581.4	67	210.0	548.6	24
25 ～ 29	260.8	738.0	1 998	241.6	70.6	295	251.6	595.4	623	268.8	926.1	620	277.3	1116.5	440
30 ～ 34	319.3	1060.3	2 412	265.7	52.9	223	274.1	711.3	436	314.1	943.1	363	331.8	1316.5	874
35 ～ 39	352.4	1288.7	2 606	293.6	83.2	150	300.0	759.4	341	321.5	1063.1	332	337.4	1287.7	638
40 ～ 44	395.3	1396.6	2 742	351.1	75.9	86	311.6	720.8	227	347.2	840.7	252	364.9	1225.1	567
45 ～ 49	433.8	1559.3	2 381	310.1	71.2	72	341.9	774.3	203	336.3	751.1	156	371.8	1049.6	362
50 ～ 54	482.0	1709.7	2 019	366.4	230.8	78	433.7	1120.9	170	399.8	947.4	161	389.6	1069.2	213
55 ～ 59	436.6	1437.9	1 708	300.2	142.8	105	348.8	717.0	180	339.2	735.6	150	342.9	848.4	235
60 ～ 64	283.7	569.4	1 627	307.8	106.9	168	273.8	503.3	351	247.1	418.0	279	268.6	605.0	293
65 ～ 69	225.7	221.8	849	235.4	37.7	65	249.0	102.0	159	190.6	188.8	129	209.0	263.9	298
70歳～	244.9	149.2	215	283.4	0.1	9	184.5	79.8	13	332.1	87.1	25	195.8	112.6	80
高校卒	**301.5**	**732.9**	**5 821**	**230.1**	**59.6**	**524**	**251.7**	**387.7**	**1 006**	**271.7**	**551.4**	**769**	**284.5**	**687.2**	**1 182**
～ 19歳	175.6	90.7	45	169.1	8.0	21	181.2	161.7	24	-	-	-	-	-	-
20 ～ 24	200.3	270.9	287	195.8	9.9	108	201.5	350.6	112	204.2	521.7	48	209.0	641.4	19
25 ～ 29	229.8	411.4	388	214.5	53.6	67	232.3	307.7	150	231.7	518.4	76	236.4	697.5	82
30 ～ 34	274.5	639.7	520	221.8	33.1	58	246.7	462.7	104	283.4	706.0	98	290.5	803.0	143
35 ～ 39	294.9	833.4	643	238.4	30.8	59	274.5	466.0	103	282.2	699.0	97	308.8	1114.7	144
40 ～ 44	338.4	956.6	865	267.0	82.7	31	306.5	647.0	108	316.4	598.7	98	343.6	960.2	180
45 ～ 49	358.3	990.3	770	294.3	85.6	34	287.6	481.5	71	303.7	576.4	68	346.1	718.4	139
50 ～ 54	385.3	1107.4	640	304.5	176.4	25	282.3	391.5	53	324.9	796.0	72	338.6	712.2	87
55 ～ 59	344.5	919.6	554	251.7	134.3	41	272.6	514.0	77	253.3	457.2	56	297.6	536.4	80
60 ～ 64	255.1	451.2	577	234.7	128.5	47	233.7	290.4	119	232.2	366.2	88	238.7	489.0	131
65 ～ 69	213.9	168.6	408	219.8	41.4	32	245.7	73.4	76	197.0	169.9	55	182.9	153.2	130
70歳～	223.6	149.6	123	248.0	0.3	2	179.7	69.6	10	435.6	71.9	14	180.1	110.1	45
高専・短大卒	**320.7**	**942.9**	**1 997**	**245.6**	**44.7**	**175**	**250.2**	**419.0**	**303**	**272.2**	**710.4**	**268**	**303.5**	**848.6**	**471**
～ 19歳	-	-	-	-	-	-	-	-	-	-	-	-	-	-	-
20 ～ 24	207.6	238.4	131	203.4	17.2	57	214.2	304.9	52	200.2	734.8	19	218.3	134.5	3
25 ～ 29	240.8	430.2	157	245.4	25.2	20	256.2	331.2	42	228.6	469.7	43	236.5	638.6	52
30 ～ 34	282.0	651.7	276	239.6	29.9	29	265.2	596.1	64	262.0	740.7	42	296.1	728.2	83
35 ～ 39	318.9	905.3	304	301.2	44.2	12	278.8	631.0	29	308.8	677.0	50	320.6	969.3	102
40 ～ 44	364.1	1216.4	352	296.6	121.7	14	298.8	693.4	20	316.5	1035.1	31	336.5	998.7	85
45 ～ 49	382.9	1380.0	281	278.6	68.5	15	280.1	503.9	29	314.2	741.9	24	397.1	1468.5	50
50 ～ 54	398.4	1474.1	179	229.9	26.9	4	332.6	257.0	12	292.5	980.0	21	356.4	936.6	22
55 ～ 59	387.7	1436.3	132	237.4	27.4	4	221.4	276.6	9	233.6	719.7	13	260.9	464.9	23
60 ～ 64	259.3	456.7	116	310.0	110.0	15	206.4	216.0	26	303.0	584.8	15	235.4	653.7	23
65 ～ 69	176.9	129.3	58	212.1	82.9	4	169.2	39.1	20	174.5	243.1	10	170.6	107.6	19
70歳～	211.7	50.6	12	-	-	-	131.1	0.0	0	239.0	591.8	1	195.6	18.2	10

及び年間賞与その他特別給与額

K 不動産業，物品賃貸業

10～14年 所定内給与額	10～14年 年間賞与その他特別給与額	10～14年 労働者数	15～19年 所定内給与額	15～19年 年間賞与その他特別給与額	15～19年 労働者数	20～24年 所定内給与額	20～24年 年間賞与その他特別給与額	20～24年 労働者数	25～29年 所定内給与額	25～29年 年間賞与その他特別給与額	25～29年 労働者数	30年以上 所定内給与額	30年以上 年間賞与その他特別給与額	30年以上 労働者数	区分
千円	千円	十人	千円	千円	十人	千円	千円	十人	千円	千円	十人	千円	千円	十人	
465.7	**1586.2**	**78**	**355.2**	**1217.4**	**57**	**422.8**	**1525.0**	**13**	**406.4**	**1564.6**	**12**	**312.3**	**1194.0**	**11**	**大学・大学院卒**
-	-	-	-	-	-	-	-	-	-	-	-	-	-	-	～19歳
-	-	-	-	-	-	-	-	-	-	-	-	-	-	-	20～24
-	-	-	-	-	-	-	-	-	-	-	-	-	-	-	25～29
311.0	858.2	11	-	-	-	-	-	-	-	-	-	-	-	-	30～34
345.5	1977.1	19	279.7	966.6	10	-	-	-	-	-	-	-	-	-	35～39
445.6	1223.1	18	332.2	1172.0	20	359.4	1519.1	4	-	-	-	-	-	-	40～44
577.1	2013.1	12	475.7	1144.9	9	354.4	2032.5	3	424.6	1893.3	4	-	-	-	45～49
748.2	1560.6	11	300.1	1052.1	13	502.1	1292.4	6	471.5	1519.6	4	316.5	1434.7	4	50～54
434.9	1885.6	7	717.7	3295.2	3	302.6	806.7	0	334.1	1367.8	3	396.6	1722.5	4	55～59
646.9	2088.1	1	330.0	1433.7	3	-	-	-	227.3	1072.7	1	212.6	312.7	3	60～64
-	-	-	-	-	-	-	-	-	542.5	0.0	0	-	-	-	65～69
-	-	-	-	-	-	-	-	-	-	-	-	-	-	-	70歳～
															K 不動産業，物品賃貸業
															企業規模計
353.7	**1285.5**	**4 324**	**399.9**	**1483.8**	**2 179**	**420.1**	**1716.6**	**1 734**	**480.4**	**2116.7**	**1 458**	**478.6**	**1782.0**	**1 196**	**男女計**
-	-	-	-	-	-	-	-	-	-	-	-	-	-	-	～19歳
-	-	-	-	-	-	-	-	-	-	-	-	-	-	-	20～24
218.3	792.7	27	-	-	-	-	-	-	-	-	-	-	-	-	25～29
329.9	1354.3	770	274.8	990.7	33	-	-	-	-	-	-	-	-	-	30～34
364.3	1494.7	1 067	367.7	1606.9	482	318.4	1111.8	30	-	-	-	-	-	-	35～39
373.4	1410.5	839	411.3	1672.0	719	404.6	1726.4	616	378.4	1898.6	27	-	-	-	40～44
391.0	1396.2	639	426.6	1460.6	340	466.4	1976.1	608	466.2	2111.6	539	385.9	1346.7	34	45～49
377.5	1243.5	359	453.6	1536.8	290	425.5	1587.7	237	526.9	2367.9	592	530.8	2020.1	325	50～54
360.3	907.8	256	432.6	1251.6	177	414.3	1690.8	134	487.3	2028.0	202	535.2	2193.5	543	55～59
259.5	551.0	199	273.1	521.7	89	295.7	848.2	68	305.1	1041.1	75	331.1	905.9	222	60～64
223.1	232.1	114	215.9	262.6	28	236.1	452.7	34	243.1	323.4	20	310.6	554.3	55	65～69
242.6	179.0	55	275.5	259.6	20	227.4	370.1	7	279.9	81.8	3	324.3	366.9	17	70歳～
															男
384.8	**1420.4**	**3 070**	**433.0**	**1619.9**	**1 596**	**460.3**	**1886.6**	**1 273**	**511.5**	**2256.8**	**1 161**	**497.6**	**1836.3**	**1 034**	**学歴計**
-	-	-	-	-	-	-	-	-	-	-	-	-	-	-	～19歳
-	-	-	-	-	-	-	-	-	-	-	-	-	-	-	20～24
219.5	846.4	20	-	-	-	-	-	-	-	-	-	-	-	-	25～29
366.2	1461.0	493	291.8	946.0	23	-	-	-	-	-	-	-	-	-	30～34
389.9	1644.8	793	406.2	1773.4	326	328.1	1157.1	26	-	-	-	-	-	-	35～39
405.7	1530.3	622	432.3	1727.1	558	456.9	1942.6	407	392.9	2036.9	23	-	-	-	40～44
437.6	1654.8	430	465.0	1615.3	264	489.3	2072.6	493	509.8	2289.6	376	410.8	1337.7	26	45～49
435.1	1506.9	236	505.1	1802.5	218	466.3	1706.5	182	551.5	2494.7	503	575.1	2129.1	258	50～54
394.6	1039.6	164	456.5	1453.6	110	455.9	1954.0	102	513.1	2168.4	178	551.9	2244.8	484	55～59
272.6	609.8	159	304.5	574.7	62	319.8	927.6	49	313.6	1056.8	64	337.3	953.6	202	60～64
230.9	240.6	101	216.3	190.2	18	265.8	462.6	13	257.0	294.0	15	302.0	566.1	50	65～69
245.1	182.0	53	289.2	211.8	17	193.8	177.7	3	273.7	49.8	2	366.8	455.8	13	70歳～
312.9	**853.7**	**884**	**348.0**	**1027.4**	**429**	**377.6**	**1291.9**	**343**	**392.4**	**1422.4**	**322**	**426.6**	**1412.7**	**363**	**高校卒**
-	-	-	-	-	-	-	-	-	-	-	-	-	-	-	～19歳
-	-	-	-	-	-	-	-	-	-	-	-	-	-	-	20～24
227.2	980.6	14	-	-	-	-	-	-	-	-	-	-	-	-	25～29
300.1	820.2	96	291.1	940.2	22	-	-	-	-	-	-	-	-	-	30～34
311.8	988.0	139	314.5	1190.5	76	326.1	1181.4	26	-	-	-	-	-	-	35～39
328.3	1046.1	202	355.4	1042.2	106	387.8	1320.7	117	395.4	2065.5	22	-	-	-	40～44
350.2	1075.7	140	411.5	1237.2	81	401.0	1352.6	93	392.2	1475.5	120	413.3	1361.6	25	45～49
380.3	852.0	89	391.7	1201.7	61	386.4	1519.1	49	429.4	1472.8	101	495.8	1860.1	103	50～54
322.4	697.3	63	351.3	854.0	32	386.6	1275.7	29	403.4	1432.1	46	462.3	1699.1	131	55～59
277.3	473.6	58	293.6	504.4	28	315.8	922.1	17	263.6	860.8	20	315.0	711.0	69	60～64
200.0	228.0	51	204.7	145.7	14	243.5	447.9	10	268.3	326.2	13	297.1	386.7	27	65～69
168.6	115.2	31	209.4	331.2	10	197.5	159.2	2	193.6	94.4	1	389.4	589.5	8	70歳～
359.2	**1232.6**	**329**	**392.1**	**1528.1**	**151**	**410.0**	**1510.4**	**132**	**449.2**	**2032.7**	**96**	**430.9**	**1752.0**	**74**	**高専・短大卒**
-	-	-	-	-	-	-	-	-	-	-	-	-	-	-	～19歳
-	-	-	-	-	-	-	-	-	-	-	-	-	-	-	20～24
-	-	-	-	-	-	-	-	-	-	-	-	-	-	-	25～29
316.7	839.0	58	216.7	1600.0	1	-	-	-	-	-	-	-	-	-	30～34
337.1	1037.6	76	328.9	1296.6	34	-	-	-	-	-	-	-	-	-	35～39
407.8	1626.7	96	382.9	1404.2	55	381.0	1219.8	51	-	-	-	-	-	-	40～44
423.7	1374.8	45	384.6	1526.9	33	407.2	1533.0	37	438.0	2315.7	49	-	-	-	45～49
339.0	1572.9	16	484.6	2598.9	15	458.6	1797.1	33	431.9	1668.3	29	444.3	1747.0	28	50～54
377.2	1870.4	14	565.3	1661.9	11	449.5	2078.9	9	507.6	2258.5	15	466.7	2031.9	35	55～59
233.1	412.9	19	226.6	106.9	2	273.8	1403.0	2	501.5	221.1	3	289.0	937.1	10	60～64
188.5	322.9	5	182.2	30.2	0	175.5	632.5	0	150.0	546.0	0	280.2	489.5	1	65～69
179.0	17.9	1	-	-	-	-	-	-	570.0	0.0	1	-	-	-	70歳～

第2表　年齢階級、勤続年数階級別所定内給与額

企業規模	計

K 不動産業,

区分	勤続年数計			0年			1～2年			3～4年			5～9年		
	所定内給与額	年間賞与その他特別給与額	労働者数	所定内給与額	年間賞与その他特別給与額	労働者数	所定内給与額	年間賞与その他特別給与額	労働者数	所定内給与額	年間賞与その他特別給与額	労働者数	所定内給与額	年間賞与その他特別給与額	労働者数
	千円	千円	十人	千円	千円	十人	千円	千円	十人	千円	千円	十人	千円	千円	十人
大学・大学院卒	**389.9**	**1372.5**	**11 649**	**285.7**	**74.1**	**1 082**	**304.2**	**779.1**	**1 964**	**321.2**	**971.7**	**1 442**	**346.8**	**1309.7**	**2 274**
～ 19歳	-	-	-	-	-	-	-	-	-	-	-	-	-	-	-
20 ～ 24	240.0	312.5	787	230.3	19.1	357	247.9	556.1	430	-	-	-	-	-	-
25 ～ 29	271.9	864.3	1 422	250.2	81.9	203	258.5	721.6	419	278.0	1030.0	497	296.5	1325.3	298
30 ～ 34	341.1	1280.3	1 581	289.9	66.2	136	288.8	852.1	258	339.1	1082.6	217	345.9	1529.1	634
35 ～ 39	383.2	1555.4	1 608	336.3	130.4	77	317.7	942.2	204	347.5	1381.1	175	352.8	1448.6	372
40 ～ 44	437.5	1707.6	1 491	433.6	56.5	41	324.8	815.3	94	383.2	996.5	119	387.4	1470.8	294
45 ～ 49	492.5	1955.8	1 299	354.9	52.6	23	398.7	1067.8	101	393.6	1006.9	58	390.3	1226.5	165
50 ～ 54	552.0	2105.8	1 166	422.4	291.6	46	525.8	1608.3	103	519.1	1124.7	66	443.6	1422.6	101
55 ～ 59	496.8	1741.1	998	337.1	156.4	60	430.7	949.7	92	419.1	946.5	79	390.0	1137.6	127
60 ～ 64	307.0	662.7	896	342.9	99.1	104	305.5	646.9	200	251.7	432.4	171	309.5	740.3	127
65 ～ 69	253.1	304.6	340	257.6	27.6	29	284.8	161.4	60	192.5	214.1	51	242.4	400.3	136
70歳～	306.7	181.6	61	327.3	0.0	4	201.4	113.8	3	198.2	86.4	8	237.1	179.9	20
女															
学歴計	**251.8**	**672.4**	**9 434**	**215.2**	**36.1**	**1 159**	**222.1**	**428.8**	**2 187**	**228.6**	**618.8**	**1 414**	**251.0**	**714.1**	**1 917**
～ 19歳	172.4	107.0	49	168.5	6.3	27	177.5	234.3	21	-	-	-	-	-	-
20 ～ 24	213.8	310.8	1 116	208.9	22.2	431	221.3	494.6	594	187.9	471.6	78	186.5	529.9	13
25 ～ 29	229.9	598.1	1 478	217.7	56.3	195	219.7	429.7	438	239.5	799.5	501	236.1	829.5	337
30 ～ 34	250.8	724.8	1 461	228.6	64.1	147	232.0	406.1	280	233.7	598.5	202	265.7	883.2	545
35 ～ 39	259.9	782.5	1 109	214.2	37.9	83	235.3	517.0	231	239.8	669.0	134	258.1	728.2	227
40 ～ 44	270.6	856.0	1 241	223.9	35.7	84	223.6	401.6	172	233.0	533.7	144	260.7	661.8	251
45 ～ 49	278.7	844.6	1 174	215.5	45.8	76	212.4	385.7	186	226.4	534.2	131	253.1	605.2	208
50 ～ 54	278.2	760.9	812	251.5	17.9	53	227.7	342.0	95	219.1	402.3	91	250.5	495.7	167
55 ～ 59	275.7	687.6	541	190.9	33.2	27	213.4	319.8	87	205.0	407.4	65	210.1	423.8	88
60 ～ 64	212.2	326.4	311	213.4	10.8	29	203.3	208.0	57	192.5	280.8	51	210.6	355.2	57
65 ～ 69	207.1	253.3	118	158.3	3.1	4	210.0	198.8	24	173.4	113.5	15	207.9	180.3	21
70歳～	215.3	228.2	25	174.0	0.0	3	180.1	149.5	3	177.6	482.1	1	298.8	58.8	4
高校卒	**222.8**	**439.9**	**2 906**	**187.6**	**26.1**	**323**	**200.7**	**267.1**	**699**	**198.2**	**371.8**	**447**	**222.5**	**455.9**	**573**
～ 19歳	172.5	108.6	48	168.2	6.4	26	178.0	235.7	21	-	-	-	-	-	-
20 ～ 24	184.3	294.3	174	190.0	17.0	41	179.8	309.8	81	186.5	465.3	40	188.4	568.5	12
25 ～ 29	195.2	294.2	248	188.3	17.6	42	199.3	269.0	108	188.6	356.3	46	195.3	487.0	44
30 ～ 34	210.9	373.7	290	187.9	26.5	34	213.4	272.2	88	206.7	432.3	50	216.0	421.8	66
35 ～ 39	221.2	473.9	323	189.1	17.0	40	208.6	343.9	93	209.4	416.9	46	237.1	721.5	66
40 ～ 44	224.0	466.8	361	194.4	33.6	40	199.2	263.9	76	203.1	383.4	56	225.4	449.7	77
45 ～ 49	237.8	575.9	501	193.9	84.4	31	198.0	235.7	87	201.9	362.8	87	229.3	523.7	98
50 ～ 54	245.2	536.9	410	182.3	24.3	30	219.8	251.5	59	196.0	326.4	41	242.6	371.2	101
55 ～ 59	250.1	494.5	268	175.6	28.5	17	205.9	189.7	38	189.8	347.3	41	199.2	328.2	58
60 ～ 64	210.4	286.9	186	206.2	6.2	16	197.2	175.5	35	199.0	268.3	28	220.4	367.5	36
65 ～ 69	194.6	263.7	78	175.5	1.2	3	172.9	252.0	11	175.7	131.1	10	172.1	127.7	12
70歳～	212.3	196.1	19	174.0	0.0	3	167.8	5.3	2	204.0	666.7	1	283.2	65.9	3
高専・短大卒	**256.4**	**694.2**	**2 387**	**210.3**	**43.4**	**228**	**218.5**	**402.5**	**458**	**212.6**	**504.8**	**325**	**252.0**	**615.6**	**469**
～ 19歳	-	-	-	-	-	-	-	-	-	-	-	-	-	-	-
20 ～ 24	192.9	240.2	192	194.7	23.2	60	192.9	284.2	99	189.7	498.9	34	202.5	0.0	0
25 ～ 29	215.3	394.6	250	218.5	118.8	41	216.9	252.4	61	207.7	483.1	55	217.4	558.2	93
30 ～ 34	232.7	516.1	254	203.1	21.0	30	226.1	426.3	63	213.8	460.0	44	262.2	566.4	62
35 ～ 39	246.6	711.7	304	208.8	34.5	17	217.6	525.7	53	225.1	621.2	49	256.4	685.0	67
40 ～ 44	278.9	923.5	440	247.5	55.0	19	235.6	467.3	46	221.6	542.0	46	268.7	635.5	89
45 ～ 49	279.9	843.8	389	195.6	31.4	29	226.7	503.8	67	217.2	502.9	25	276.2	693.8	69
50 ～ 54	278.1	874.6	267	233.7	6.1	13	227.1	342.4	23	209.7	459.1	38	259.1	659.4	46
55 ～ 59	311.0	888.0	186	211.3	12.5	6	256.4	656.0	30	236.4	577.8	18	216.2	639.7	20
60 ～ 64	215.0	285.4	83	229.8	18.4	11	190.3	226.1	14	185.7	311.8	15	198.4	363.8	15
65 ～ 69	256.6	322.5	16	254.5	50.0	0	168.7	7.8	2	180.3	122.0	1	288.8	328.2	7
70歳～	238.0	304.5	4	-	-	-	-	-	-	130.0	150.0	1	427.5	0.0	0
大学・大学院卒	**271.3**	**835.3**	**4 053**	**232.6**	**39.5**	**593**	**239.6**	**556.8**	**1 010**	**259.8**	**862.9**	**628**	**270.9**	**947.9**	**855**
～ 19歳	-	-	-	-	-	-	-	-	-	-	-	-	-	-	-
20 ～ 24	226.2	335.9	740	213.7	23.0	324	236.2	581.2	414	195.0	298.0	2	-	-	-
25 ～ 29	242.9	732.3	973	228.6	48.1	110	228.8	535.8	269	250.3	900.5	397	255.1	1042.3	197
30 ～ 34	268.9	894.4	908	254.8	95.5	83	248.5	491.5	127	254.6	733.7	107	274.7	1003.6	410
35 ～ 39	294.7	1038.5	478	257.7	73.3	25	277.1	707.4	83	294.6	1035.1	39	274.5	768.6	93
40 ～ 44	303.0	1121.5	432	261.6	21.6	22	256.6	559.9	45	284.1	727.5	42	284.9	888.2	84
45 ～ 49	356.6	1370.6	271	295.1	0.6	16	231.8	603.4	28	353.4	1377.1	19	271.8	654.8	41
50 ～ 54	391.0	1280.4	127	595.5	16.9	7	281.5	881.0	10	327.9	482.1	12	272.9	762.2	19
55 ～ 59	288.2	910.4	79	226.7	90.8	4	158.2	52.0	17	236.9	350.9	4	276.5	594.7	9
60 ～ 64	237.5	746.7	31	214.1	0.0	0	274.6	370.6	6	197.1	327.6	6	219.1	369.2	2
65 ～ 69	252.1	207.6	15	116.7	0.0	2	274.0	198.5	10	202.5	100.6	1	-	-	-
70歳～	197.9	554.0	0	-	-	-	197.9	554.0	0	-	-	-	-	-	-

及び年間賞与その他特別給与額

物 品 賃 貸 業

10～14年 所定内給与額	10～14年 年間賞与その他特別給与額	10～14年 労働者数	15～19年 所定内給与額	15～19年 年間賞与その他特別給与額	15～19年 労働者数	20～24年 所定内給与額	20～24年 年間賞与その他特別給与額	20～24年 労働者数	25～29年 所定内給与額	25～29年 年間賞与その他特別給与額	25～29年 労働者数	30年以上 所定内給与額	30年以上 年間賞与その他特別給与額	30年以上 労働者数	区分
千円	千円	十人	千円	千円	十人	千円	千円	十人	千円	千円	十人	千円	千円	十人	
426.8	**1746.6**	**1 805**	**478.7**	**1909.2**	**996**	**507.6**	**2229.2**	**785**	**575.3**	**2677.4**	**729**	**557.0**	**2168.8**	**575**	**大学・大学院卒**
－	－	－	－	－	－	－	－	－	－	－	－	－	－	－	～ 19歳
－	－	－	－	－	－	－	－	－	－	－	－	－	－	－	20 ～ 24
195.0	564.0	5	－	－	－	－	－	－	－	－	－	－	－	－	25 ～ 29
394.3	1761.1	336	－	－	－	－	－	－	－	－	－	－	－	－	30 ～ 34
418.0	1898.8	567	452.7	2073.3	213	－	－	－	－	－	－	－	－	－	35 ～ 39
455.6	1816.4	315	461.2	1967.9	394	510.2	2431.5	234	－	－	－	－	－	－	40 ～ 44
493.8	2074.3	236	515.3	1855.2	147	520.6	2313.6	363	596.3	2765.2	206	－	－	－	45 ～ 49
486.6	1939.7	127	559.1	1988.3	140	514.9	1788.5	95	598.5	2870.4	368	680.9	2566.7	120	50 ～ 54
455.2	1175.3	85	494.0	1756.9	63	493.4	2284.5	63	559.3	2464.8	112	598.8	2495.6	317	55 ～ 59
279.5	774.4	75	323.0	678.5	31	329.1	907.8	28	325.0	1223.3	41	356.6	1111.1	118	60 ～ 64
281.2	257.2	40	314.4	241.9	2	433.0	664.3	2	195.9	95.5	2	311.9	850.2	19	65 ～ 69
370.3	305.6	20	476.7	3.8	5	－	－	－	－	－	－	601.1	343.3	1	70歳～
															女
277.7	**955.4**	**1 254**	**309.2**	**1111.2**	**583**	**308.7**	**1246.6**	**460**	**359.0**	**1569.2**	**297**	**357.6**	**1437.1**	**163**	**学歴計**
－	－	－	－	－	－	－	－	－	－	－	－	－	－	－	～ 19歳
－	－	－	－	－	－	－	－	－	－	－	－	－	－	－	20 ～ 24
215.3	654.7	8	－	－	－	－	－	－	－	－	－	－	－	－	25 ～ 29
265.2	1164.4	277	236.7	1091.0	10	－	－	－	－	－	－	－	－	－	30 ～ 34
290.3	1060.0	274	287.5	1260.1	156	244.6	768.9	4	－	－	－	－	－	－	35 ～ 39
280.6	1067.0	217	338.3	1480.8	161	302.9	1306.1	209	300.6	1154.1	4	－	－	－	40 ～ 44
295.6	866.2	210	292.9	922.2	76	368.1	1562.6	115	365.9	1702.1	163	300.4	1377.7	8	45 ～ 49
266.9	737.3	123	297.8	733.0	72	292.0	1200.0	56	387.7	1651.2	89	361.6	1603.4	67	50 ～ 54
298.9	672.4	92	393.5	921.9	67	281.4	849.6	32	298.0	996.8	24	398.5	1771.9	59	55 ～ 59
207.2	315.6	40	200.9	399.8	27	236.0	651.6	20	253.4	945.7	11	270.1	431.3	20	60 ～ 64
163.3	167.1	13	215.1	399.9	10	218.4	446.7	21	204.1	405.7	5	408.8	418.2	4	65 ～ 69
154.4	69.6	1	208.7	493.7	3	248.1	489.3	4	312.5	250.0	0	192.3	91.0	4	70歳～
235.3	**544.2**	**379**	**284.7**	**732.5**	**186**	**269.3**	**890.3**	**149**	**310.5**	**1220.1**	**90**	**335.2**	**1181.0**	**61**	**高校卒**
－	－	－	－	－	－	－	－	－	－	－	－	－	－	－	～ 19歳
－	－	－	－	－	－	－	－	－	－	－	－	－	－	－	20 ～ 24
215.3	654.7	8	－	－	－	－	－	－	－	－	－	－	－	－	25 ～ 29
215.2	555.2	41	236.7	1091.0	10	－	－	－	－	－	－	－	－	－	30 ～ 34
247.6	523.6	46	244.4	941.3	28	246.2	786.2	3	－	－	－	－	－	－	35 ～ 39
229.6	646.2	52	269.7	697.9	23	298.3	1106.0	33	300.6	1154.1	4	－	－	－	40 ～ 44
264.9	574.3	85	271.1	849.9	34	282.0	1103.5	30	320.5	1462.7	44	299.2	1271.9	6	45 ～ 49
245.0	595.4	73	273.0	801.3	38	278.8	1097.3	28	321.1	1044.3	23	360.5	1485.9	17	50 ～ 54
224.3	561.1	33	476.1	472.0	27	261.3	716.8	20	305.9	1031.5	11	350.5	1497.9	23	55 ～ 59
197.0	298.4	28	192.7	379.5	16	242.8	444.3	15	233.2	676.1	3	287.1	399.4	8	60 ～ 64
152.9	117.7	12	196.1	428.8	6	214.5	405.6	18	210.0	547.2	4	475.3	526.3	3	65 ～ 69
160.9	45.4	1	212.4	507.1	3	257.9	666.7	2	375.0	0.0	0	189.4	45.9	4	70歳～
283.4	**852.0**	**335**	**301.7**	**1025.2**	**186**	**303.3**	**1331.0**	**187**	**333.3**	**1341.5**	**112**	**363.4**	**1546.7**	**88**	**高専・短大卒**
－	－	－	－	－	－	－	－	－	－	－	－	－	－	－	～ 19歳
－	－	－	－	－	－	－	－	－	－	－	－	－	－	－	20 ～ 24
－	－	－	－	－	－	－	－	－	－	－	－	－	－	－	25 ～ 29
238.3	878.5	55	－	－	－	－	－	－	－	－	－	－	－	－	30 ～ 34
262.4	876.8	59	275.5	1028.9	58	189.9	180.9	0	－	－	－	－	－	－	35 ～ 39
294.0	1072.1	72	327.3	1179.3	47	301.5	1405.2	121	－	－	－	－	－	－	40 ～ 44
293.6	852.5	66	317.7	1005.1	28	311.0	1277.3	28	346.1	1461.8	75	303.7	1674.0	2	45 ～ 49
261.0	707.0	29	285.7	736.5	18	303.8	1314.8	25	323.5	1207.1	27	356.0	1638.3	48	50 ～ 54
351.1	592.7	46	334.4	1186.7	27	353.7	995.9	7	295.4	1016.0	5	416.0	1893.3	27	55 ～ 59
256.1	442.4	6	217.6	336.4	7	205.2	393.1	2	244.2	706.6	5	267.9	154.0	9	60 ～ 64
269.1	530.0	1	206.3	50.0	1	292.7	980.0	2	214.3	0.0	0	284.4	238.1	1	65 ～ 69
－	－	－	190.6	429.1	1	240.8	356.3	2	－	－	－	－	－	－	70歳～
305.4	**1320.0**	**533**	**341.8**	**1553.4**	**206**	**369.0**	**1578.9**	**121**	**444.2**	**2232.6**	**92**	**424.1**	**1883.2**	**14**	**大学・大学院卒**
－	－	－	－	－	－	－	－	－	－	－	－	－	－	－	～ 19歳
－	－	－	－	－	－	－	－	－	－	－	－	－	－	－	20 ～ 24
－	－	－	－	－	－	－	－	－	－	－	－	－	－	－	25 ～ 29
284.8	1391.5	181	－	－	－	－	－	－	－	－	－	－	－	－	30 ～ 34
311.8	1270.5	169	314.9	1579.1	70	－	－	－	－	－	－	－	－	－	35 ～ 39
299.5	1301.7	92	361.3	1831.9	91	309.2	1211.9	55	－	－	－	－	－	－	40 ～ 44
345.0	1338.2	56	306.8	1008.6	12	441.1	1942.3	57	463.9	2487.2	41	－	－	－	45 ～ 49
357.3	1313.1	20	395.9	609.2	14	376.1	1470.7	2	469.8	2305.2	39	496.1	1723.3	2	50 ～ 54
319.5	1334.6	11	358.0	1342.3	13	269.9	1250.4	5	288.7	934.3	8	468.9	2109.9	9	55 ～ 59
232.2	326.0	4	222.4	710.7	3	232.9	2027.0	3	289.4	1627.1	3	238.3	1422.6	3	60 ～ 64
－	－	－	309.7	627.3	2	－	－	－	191.6	0.0	1	240.0	0.0	0	65 ～ 69
－	－	－	－	－	－	－	－	－	－	－	－	－	－	－	70歳～

第2表　年齢階級、勤続年数階級別所定内給与額

企業規模	1,000人以上

K 不 動 産 業,

区分	勤続年数計			0年			1～2年			3～4年			5～9年		
	所定内給与額	年間賞与その他特別給与額	労働者数	所定内給与額	年間賞与その他特別給与額	労働者数	所定内給与額	年間賞与その他特別給与額	労働者数	所定内給与額	年間賞与その他特別給与額	労働者数	所定内給与額	年間賞与その他特別給与額	労働者数
	千円	千円	十人	千円	千円	十人	千円	千円	十人	千円	千円	十人	千円	千円	十人
企業規模1,000人以上															
男女計	**342.6**	**1323.3**	**8 660**	**251.0**	**65.4**	**727**	**258.9**	**693.0**	**1 362**	**264.1**	**930.1**	**1 100**	**292.7**	**1205.2**	**1 810**
～19歳	170.8	177.9	11	156.8	33.5	5	181.6	289.3	6	-	-	-	-	-	-
20～24	225.4	382.3	654	215.4	16.4	280	236.9	654.9	345	184.7	695.5	23	187.3	577.2	6
25～29	254.1	945.4	1 039	245.1	99.8	126	248.9	724.6	296	256.1	1151.5	348	263.6	1345.7	256
30～34	308.4	1336.8	1 242	273.7	77.1	87	269.9	852.2	142	311.6	1052.1	163	312.6	1564.4	515
35～39	345.5	1571.9	1 104	256.8	64.5	41	270.4	838.0	102	315.0	1366.0	131	315.2	1507.1	247
40～44	398.0	1683.4	1 165	456.6	55.9	24	289.4	712.9	73	284.6	976.5	66	367.1	1557.6	208
45～49	447.5	1960.2	985	272.6	68.0	17	313.1	932.6	67	310.1	986.7	48	340.8	1124.8	130
50～54	487.9	1971.3	801	479.5	181.3	21	387.7	976.8	54	306.1	881.9	70	291.8	720.6	79
55～59	439.8	1693.8	578	217.9	150.1	42	316.9	540.5	50	238.3	628.7	46	274.0	784.2	70
60～64	249.9	500.9	633	270.2	121.6	64	243.0	595.3	157	201.6	334.4	136	225.1	406.2	116
65～69	185.2	149.0	373	194.4	17.9	20	186.6	103.7	67	168.3	116.8	64	185.9	148.6	151
70歳～	169.6	100.7	75	-	-	-	237.5	10.0	2	160.6	28.4	5	167.6	139.9	33
男															
学歴計	**371.9**	**1495.0**	**6 130**	**262.9**	**84.1**	**442**	**269.9**	**750.0**	**897**	**271.3**	**980.2**	**761**	**308.4**	**1343.5**	**1 260**
～19歳	169.1	208.8	7	158.0	50.4	3	179.3	354.1	4	-	-	-	-	-	-
20～24	222.6	409.7	343	218.1	20.2	144	230.1	679.6	177	186.6	782.6	18	213.5	792.0	4
25～29	260.6	1038.1	638	260.3	132.6	76	259.0	835.1	192	258.2	1229.9	204	268.7	1493.4	155
30～34	329.4	1533.3	797	283.3	71.8	51	275.5	1004.2	101	331.6	1197.3	118	340.7	1870.9	314
35～39	371.7	1787.4	794	288.7	75.7	27	285.9	880.3	57	333.5	1563.5	91	335.6	1767.3	182
40～44	439.5	1864.9	809	681.8	33.0	11	312.9	820.9	48	300.3	1268.5	39	393.9	1778.6	160
45～49	504.4	2272.5	696	205.8	5.3	5	394.4	1176.3	36	347.2	990.4	20	397.3	1417.8	85
50～54	559.4	2388.5	585	504.1	361.5	11	482.9	1305.5	36	358.4	1117.3	49	344.9	1058.6	30
55～59	467.7	1859.0	476	229.0	173.4	34	339.2	456.8	37	262.5	734.9	31	284.6	766.0	60
60～64	256.1	513.1	563	274.4	128.4	61	245.0	608.3	147	203.2	333.4	124	231.3	428.8	91
65～69	186.2	144.4	349	194.4	17.9	20	187.9	77.5	61	168.0	120.1	60	186.5	152.8	147
70歳～	170.0	102.0	74	-	-	-	237.5	10.0	2	160.6	28.4	5	168.5	144.3	32
高校卒	**290.8**	**954.1**	**1 280**	**209.1**	**82.1**	**80**	**225.1**	**416.2**	**211**	**233.5**	**688.2**	**154**	**251.2**	**830.0**	**296**
～19歳	169.1	208.8	7	158.0	50.4	3	179.3	354.1	4	-	-	-	-	-	-
20～24	191.5	423.2	31	187.2	43.5	9	194.0	444.1	11	184.8	667.8	8	207.9	798.0	4
25～29	210.1	565.5	89	226.8	31.0	13	205.1	497.7	33	198.1	535.6	15	209.4	873.1	22
30～34	268.5	1046.4	91	221.1	28.8	9	241.0	770.9	19	280.3	1273.7	20	299.0	1448.9	24
35～39	301.6	1339.6	119	246.6	106.3	3	253.3	691.5	16	276.1	1161.9	14	294.9	1644.5	33
40～44	360.0	1377.5	185	169.2	118.6	1	294.2	732.0	20	268.7	1187.1	12	378.1	1582.0	47
45～49	377.6	1597.1	144	223.5	1.8	2	257.4	530.7	6	277.6	908.5	10	303.3	832.8	20
50～54	377.2	1610.9	118	217.4	36.8	3	193.3	246.2	9	241.4	662.2	14	262.3	793.3	10
55～59	359.9	1209.1	116	186.4	6.7	6	235.1	360.7	17	248.0	656.6	12	241.1	545.8	18
60～64	246.3	358.2	179	219.1	241.7	20	225.4	245.0	49	210.6	295.7	31	220.8	444.2	32
65～69	176.7	127.3	155	193.6	0.0	11	180.6	49.4	26	175.8	79.9	18	165.2	143.6	68
70歳～	164.6	88.9	47	-	-	-	237.5	10.0	2	158.5	35.0	0	163.5	103.6	19
高専・短大卒	**312.1**	**1172.1**	**573**	**212.4**	**86.3**	**38**	**226.9**	**498.3**	**72**	**239.3**	**801.2**	**70**	**282.2**	**939.4**	**133**
～19歳	-	-	-	-	-	-	-	-	-	-	-	-	-	-	-
20～24	191.7	549.1	24	195.0	61.6	7	189.2	573.5	6	187.8	864.7	11	255.9	746.4	1
25～29	218.5	637.9	32	236.4	61.4	6	222.1	655.0	6	200.7	615.5	7	217.2	922.6	13
30～34	257.6	806.4	88	211.9	30.8	13	233.2	666.7	12	263.1	1017.5	17	269.1	939.2	23
35～39	300.2	1051.3	62	232.1	4.0	1	288.6	721.3	9	263.1	923.3	8	306.6	1160.4	24
40～44	355.7	1394.6	89	175.8	0.0	1	322.4	853.8	6	278.5	952.7	2	356.3	1096.3	19
45～49	393.7	1973.8	90	191.2	6.4	3	288.6	882.0	7	428.0	1269.4	4	403.2	1712.4	20
50～54	414.3	1900.5	53	179.0	106.5	1	252.7	923.5	1	227.6	594.1	9	287.3	953.4	3
55～59	408.0	1582.6	50	267.3	53.3	1	168.5	220.5	2	210.2	609.8	4	212.2	458.3	8
60～64	219.4	351.8	44	235.2	419.5	4	183.7	94.8	14	279.1	1349.2	2	203.1	300.3	6
65～69	163.1	101.4	35	182.6	193.5	2	161.4	66.1	10	168.8	104.5	7	159.4	91.4	14
70歳～	168.7	40.0	5	-	-	-	-	-	-	-	-	-	168.7	40.0	5
大学・大学院卒	**407.1**	**1716.6**	**4 184**	**283.4**	**85.4**	**320**	**291.9**	**895.2**	**595**	**289.5**	**1107.9**	**518**	**334.7**	**1606.3**	**812**
～19歳	-	-	-	-	-	-	-	-	-	-	-	-	-	-	-
20～24	229.5	403.2	283	222.3	16.6	124	235.2	706.6	158	-	-	-	-	-	-
25～29	272.9	1152.9	502	270.9	163.9	56	273.8	917.1	144	265.3	1310.4	182	287.8	1705.4	115
30～34	349.8	1713.7	613	333.9	103.2	29	293.4	1134.1	69	364.7	1214.0	78	350.9	1991.7	267
35～39	394.7	1967.2	596	297.6	74.3	22	301.7	1020.2	32	355.8	1742.1	66	352.7	1944.4	117
40～44	483.9	2126.9	528	759.0	28.4	10	344.7	916.2	20	317.0	1336.4	25	412.9	2036.5	93
45～49	568.0	2554.7	457	234.0	10.5	0	463.8	1443.5	23	426.4	1008.4	6	443.3	1578.3	44
50～54	635.4	2692.3	406	684.2	546.6	7	585.0	1667.0	27	469.8	1556.6	26	400.2	1224.4	17
55～59	519.1	2154.6	304	236.9	213.9	28	451.2	574.2	18	289.3	832.1	15	328.4	973.8	33
60～64	267.2	616.7	327	310.1	42.0	37	262.2	874.7	80	200.1	333.4	88	241.4	439.4	53
65～69	202.9	172.3	148	199.1	0.0	6	206.4	110.7	25	163.1	141.5	28	214.5	173.4	65
70歳～	183.6	145.2	22	-	-	-	-	-	-	161.0	26.7	5	179.3	287.4	9

及び年間賞与その他特別給与額

物品賃貸業

10～14年 所定内給与額	10～14年 年間賞与その他特別給与額	10～14年 労働者数	15～19年 所定内給与額	15～19年 年間賞与その他特別給与額	15～19年 労働者数	20～24年 所定内給与額	20～24年 年間賞与その他特別給与額	20～24年 労働者数	25～29年 所定内給与額	25～29年 年間賞与その他特別給与額	25～29年 労働者数	30年以上 所定内給与額	30年以上 年間賞与その他特別給与額	30年以上 労働者数	区分
千円	千円	十人	千円	千円	十人	千円	千円	十人	千円	千円	十人	千円	千円	十人	
															企業規模1,000人以上
365.0	1589.9	1 468	433.0	1890.1	741	471.2	2264.6	522	544.5	2671.8	523	551.8	2337.6	407	男女計
-	-	-	-	-	-	-	-	-	-	-	-	-	-	-	～19歳
-	-	-	-	-	-	-	-	-	-	-	-	-	-	-	20～24
216.7	787.1	13	-	-	-	-	-	-	-	-	-	-	-	-	25～29
326.2	1661.7	334	239.6	911.0	2	-	-	-	-	-	-	-	-	-	30～34
379.8	1851.8	384	396.7	1963.0	192	311.3	1070.6	7	-	-	-	-	-	-	35～39
397.4	1621.8	281	437.3	2041.6	287	440.8	2132.1	219	400.5	1698.4	7	-	-	-	40～44
442.8	1997.4	195	457.7	1729.7	112	528.6	2604.3	195	526.4	2678.2	210	429.1	1795.4	12	45～49
414.1	1622.4	90	506.9	1983.0	89	493.5	2187.3	50	595.5	2949.6	229	604.8	2498.2	119	50～54
412.7	1048.1	39	495.1	1710.8	33	431.3	2076.1	39	509.9	2060.6	60	600.1	2819.5	199	55～59
250.5	315.8	50	257.2	505.7	16	239.3	967.8	10	274.1	1554.2	16	379.9	957.5	67	60～64
180.8	172.6	53	227.6	330.1	6	178.4	224.6	2	261.5	69.0	1	252.8	708.6	10	65～69
171.6	87.1	31	160.1	31.1	5	-	-	-	105.6	19.2	1	-	-	-	70歳～
															男
392.5	1773.2	1 055	470.9	2019.2	543	521.3	2505.1	385	578.0	2821.0	431	580.7	2441.5	355	学歴計
-	-	-	-	-	-	-	-	-	-	-	-	-	-	-	～19歳
-	-	-	-	-	-	-	-	-	-	-	-	-	-	-	20～24
217.5	845.6	11	-	-	-	-	-	-	-	-	-	-	-	-	25～29
348.7	1825.2	212	251.7	932.8	2	-	-	-	-	-	-	-	-	-	30～34
403.0	2061.5	299	433.3	2122.0	131	318.9	1096.2	6	-	-	-	-	-	-	35～39
439.0	1756.3	194	463.4	2088.9	210	519.9	2457.0	141	419.6	1742.4	6	-	-	-	40～44
509.6	2463.5	136	484.2	1797.8	96	548.4	2721.7	159	581.9	2921.7	152	494.4	1902.5	8	45～49
502.3	2176.5	57	571.9	2416.8	67	529.1	2334.1	42	617.1	3066.2	201	687.7	2815.4	92	50～54
372.1	1508.3	23	591.6	1860.0	20	460.7	2290.5	32	527.6	2134.6	57	616.4	2903.0	181	55～59
256.9	300.5	46	305.3	556.1	10	266.4	1538.2	5	281.9	1707.0	14	386.8	933.6	64	60～64
185.4	179.3	48	252.2	34.6	2	174.3	622.0	0	261.5	69.0	1	252.8	708.6	10	65～69
171.6	87.1	31	160.1	31.1	5	-	-	-	105.6	19.2	1	-	-	-	70歳～
288.5	994.7	202	341.3	1519.8	82	419.4	1795.9	79	428.9	1843.9	92	463.4	1647.4	84	高校卒
-	-	-	-	-	-	-	-	-	-	-	-	-	-	-	～19歳
-	-	-	-	-	-	-	-	-	-	-	-	-	-	-	20～24
234.1	1052.8	6	-	-	-	-	-	-	-	-	-	-	-	-	25～29
268.9	1071.1	17	251.7	932.8	2	-	-	-	-	-	-	-	-	-	30～34
324.3	1445.2	26	344.4	1638.7	20	318.9	1096.2	6	-	-	-	-	-	-	35～39
342.3	1370.4	46	323.2	1388.6	22	458.6	1537.3	31	419.6	1742.4	6	-	-	-	40～44
388.7	1829.8	27	406.4	1866.8	18	383.4	1756.5	21	423.5	2006.6	33	494.4	1902.5	8	45～49
314.9	1237.9	6	391.1	2018.2	10	452.5	2693.7	13	447.1	1944.1	34	492.5	2232.5	18	50～54
274.9	936.8	5	320.1	1418.1	3	424.9	2072.0	6	428.6	1537.7	18	539.9	2179.8	31	55～59
295.1	349.4	20	252.9	710.5	2	251.1	1850.5	1	261.1	694.0	2	352.7	524.6	23	60～64
183.8	191.5	28	176.4	40.0	1	173.0	611.5	0	201.9	37.5	0	274.7	613.7	3	65～69
160.4	95.3	22	160.1	31.1	5	-	-	-	-	-	-	-	-	-	70歳～
309.6	1161.2	105	410.7	2001.0	50	418.1	1911.4	41	481.1	2770.4	27	456.3	2053.1	37	高専・短大卒
-	-	-	-	-	-	-	-	-	-	-	-	-	-	-	～19歳
-	-	-	-	-	-	-	-	-	-	-	-	-	-	-	20～24
-	-	-	-	-	-	-	-	-	-	-	-	-	-	-	25～29
279.0	1006.9	24	-	-	-	-	-	-	-	-	-	-	-	-	30～34
309.2	1128.5	15	333.0	1268.1	6	-	-	-	-	-	-	-	-	-	35～39
330.7	1442.2	27	411.3	1827.5	22	349.7	1384.3	12	-	-	-	-	-	-	40～44
332.1	1445.0	10	376.6	1824.1	15	409.4	2037.8	15	484.0	3554.4	17	-	-	-	45～49
368.7	1642.0	6	568.6	3786.9	7	505.3	1889.9	8	448.1	1757.7	7	463.8	2410.1	12	50～54
447.9	1863.9	7	-	-	-	589.1	3356.9	4	782.6	864.9	2	467.2	2003.6	23	55～59
231.8	268.2	13	237.9	148.8	1	257.9	1764.3	2	227.1	286.1	1	296.0	553.9	2	60～64
153.7	191.9	3	-	-	-	175.5	632.5	0	150.0	546.0	0	257.0	37.2	0	65～69
-	-	-	-	-	-	-	-	-	-	-	-	-	-	-	70歳～
434.4	2081.8	731	504.9	2125.5	410	570.3	2824.8	262	636.7	3158.6	303	644.5	2799.1	233	大学・大学院卒
-	-	-	-	-	-	-	-	-	-	-	-	-	-	-	～19歳
-	-	-	-	-	-	-	-	-	-	-	-	-	-	-	20～24
195.0	564.0	5	-	-	-	-	-	-	-	-	-	-	-	-	25～29
366.5	2014.0	171	-	-	-	-	-	-	-	-	-	-	-	-	30～34
419.0	2199.1	253	456.8	2267.3	105	-	-	-	-	-	-	-	-	-	35～39
505.1	1992.4	117	489.4	2218.8	165	561.0	2884.5	97	-	-	-	-	-	-	40～44
563.9	2756.2	96	530.1	1772.8	64	594.8	2976.4	123	649.6	3112.2	102	-	-	-	45～49
549.2	2323.6	43	609.2	2308.9	50	621.9	2416.7	18	667.2	3406.6	158	791.1	3071.2	61	50～54
370.0	1560.2	10	634.4	1929.6	17	450.9	2185.0	23	571.3	2532.7	32	662.2	3242.7	127	55～59
232.3	278.7	12	326.1	576.6	8	297.7	815.8	1	291.7	2046.2	11	417.1	1220.2	38	60～64
193.1	165.6	17	388.0	0.0	1	-	-	-	300.0	0.0	1	241.8	777.7	6	65～69
199.3	66.8	9	-	-	-	-	-	-	-	-	-	-	-	-	70歳～

第2表　年齢階級、勤続年数階級別所定内給与額

企業規模	1,000人以上
	100〜999人

K 不 動 産 業,

区　分	勤続年数計			0　年			1〜2年			3〜4年			5〜9年		
	所定内給与額	年間賞与その他特別給与額	労働者数	所定内給与額	年間賞与その他特別給与額	労働者数	所定内給与額	年間賞与その他特別給与額	労働者数	所定内給与額	年間賞与その他特別給与額	労働者数	所定内給与額	年間賞与その他特別給与額	労働者数
	千円	千円	十人	千円	千円	十人	千円	千円	十人	千円	千円	十人	千円	千円	十人
女															
学歴計	**271.8**	**907.5**	**2 530**	**232.6**	**36.4**	**285**	**237.7**	**583.0**	**465**	**247.9**	**817.7**	**339**	**256.7**	**888.1**	**550**
〜19歳	173.4	130.2	4	154.5	0.0	2	184.5	206.7	3	−	−	−	−	−	−
20〜24	228.6	352.2	311	212.6	12.3	136	244.1	629.1	168	178.2	381.7	5	117.0	0.0	2
25〜29	243.7	798.1	401	222.2	50.4	50	230.3	520.1	104	253.1	1040.1	144	255.6	1119.0	101
30〜34	270.7	984.8	445	260.2	84.5	36	256.2	479.3	41	258.6	668.3	45	268.6	1083.4	200
35〜39	278.7	1021.0	310	194.6	42.6	14	250.8	784.5	45	273.1	916.4	40	258.8	785.6	66
40〜44	303.9	1271.4	356	259.8	75.9	13	243.9	504.2	25	261.3	543.6	27	277.6	818.0	48
45〜49	310.2	1207.1	289	297.7	91.6	12	222.9	662.2	32	283.7	984.0	28	233.9	570.8	45
50〜54	293.8	838.4	216	455.3	2.9	11	194.9	310.6	18	184.1	332.4	21	259.4	514.3	49
55〜59	310.5	928.2	103	170.2	50.1	8	253.4	779.1	13	187.7	407.4	15	208.2	896.2	10
60〜64	199.2	403.4	70	193.9	0.0	3	212.9	398.7	10	185.5	345.8	12	202.4	322.4	25
65〜69	170.8	214.9	24	−	−	−	173.6	362.5	6	173.6	51.7	3	167.1	6.0	4
70歳〜	139.2	0.0	1	−	−	−	−	−	−	−	−	−	139.2	0.0	1
高校卒	**215.4**	**490.5**	**513**	**187.0**	**35.8**	**45**	**186.2**	**288.3**	**97**	**194.9**	**377.5**	**83**	**223.6**	**514.5**	**116**
〜19歳	173.4	130.2	4	154.5	0.0	2	184.5	206.7	3	−	−	−	−	−	−
20〜24	182.1	207.0	22	217.5	51.0	7	171.6	306.3	10	174.8	321.6	3	117.0	0.0	2
25〜29	179.5	211.4	44	185.9	26.8	10	175.8	139.7	18	173.3	361.8	9	177.1	416.6	6
30〜34	210.0	523.8	36	185.2	15.6	2	206.2	144.1	8	202.9	572.0	8	209.4	658.7	10
35〜39	235.2	620.4	63	167.6	0.0	8	199.4	545.9	11	222.1	454.1	11	238.3	1100.4	14
40〜44	221.0	618.2	60	216.3	100.1	4	205.3	437.5	9	207.2	456.8	10	198.1	496.3	11
45〜49	224.7	634.4	95	191.0	79.4	3	197.4	277.4	13	195.1	313.4	15	220.0	662.3	20
50〜54	233.0	420.1	88	173.6	0.0	3	177.5	246.6	11	195.5	326.4	11	264.4	269.2	29
55〜59	219.1	626.6	43	182.6	56.6	6	160.0	172.3	3	180.0	367.7	11	192.7	723.4	5
60〜64	198.2	338.6	36	144.1	0.0	1	170.0	249.6	5	160.6	34.9	4	225.0	373.5	15
65〜69	174.3	260.3	19	−	−	−	182.7	485.7	5	264.8	99.0	0	167.6	6.2	4
70歳〜	139.2	0.0	1	−	−	−	−	−	−	−	−	−	139.2	0.0	1
高専・短大卒	**271.3**	**955.2**	**506**	**213.8**	**51.7**	**42**	**226.5**	**617.6**	**79**	**199.9**	**606.4**	**45**	**236.0**	**753.7**	**87**
〜19歳	−	−	−	−	−	−	−	−	−	−	−	−	−	−	−
20〜24	185.6	157.2	23	184.1	19.7	13	190.0	326.4	9	173.5	368.6	2	−	−	−
25〜29	215.0	507.6	35	204.9	49.6	7	225.9	353.5	11	184.9	500.6	5	224.6	908.2	12
30〜34	219.6	618.3	46	178.1	16.2	8	224.1	354.2	9	195.2	425.0	4	217.2	601.9	7
35〜39	250.0	963.2	60	218.5	294.5	1	215.0	716.1	15	216.2	624.9	11	231.4	571.0	11
40〜44	291.6	1216.4	122	338.7	52.8	5	213.6	406.7	8	250.2	1071.1	7	247.2	755.9	20
45〜49	298.2	1217.8	91	210.4	287.0	3	239.8	1065.6	13	174.5	454.5	2	240.4	582.2	13
50〜54	271.9	989.5	76	228.3	7.5	4	219.9	347.0	5	175.8	496.9	6	274.8	1104.4	13
55〜59	388.8	1008.7	36	200.0	155.4	1	303.2	1155.4	8	180.7	590.8	3	239.1	1395.7	3
60〜64	184.0	357.4	17	262.9	0.0	2	181.1	1125.9	1	177.3	495.1	5	168.0	303.5	7
65〜69	151.2	9.4	1	−	−	−	151.2	9.4	1	−	−	−	−	−	−
70歳〜	−	−	−	−	−	−	−	−	−	−	−	−	−	−	−
大学・大学院卒	**292.6**	**1041.2**	**1 493**	**247.6**	**33.6**	**197**	**258.6**	**676.5**	**287**	**280.2**	**1044.6**	**210**	**274.1**	**1054.7**	**340**
〜19歳	−	−	−	−	−	−	−	−	−	−	−	−	−	−	−
20〜24	236.0	380.6	267	215.4	9.3	117	252.2	668.8	150	206.1	704.7	1	−	−	−
25〜29	256.8	918.0	319	237.0	57.8	33	245.2	642.4	74	261.5	1109.8	129	267.9	1216.1	82
30〜34	283.3	1076.5	360	289.5	109.3	27	289.2	659.9	23	281.5	726.3	32	273.6	1123.7	180
35〜39	302.7	1176.5	187	232.4	68.7	5	308.0	974.3	19	341.0	1400.1	18	273.3	740.5	41
40〜44	342.7	1544.9	172	224.8	89.3	4	324.4	693.9	8	327.5	260.7	10	366.2	1105.3	17
45〜49	408.2	1777.0	100	394.8	0.0	6	239.1	622.6	7	439.6	2093.3	10	249.2	415.0	13
50〜54	435.4	1358.2	51	907.7	0.0	4	236.5	624.9	2	161.6	47.7	3	205.8	421.8	7
55〜59	361.7	1384.4	23	120.5	0.0	2	194.8	202.8	2	247.5	364.9	2	200.1	438.6	1
60〜64	231.1	689.3	14	151.2	0.0	0	278.0	514.9	4	222.5	472.2	4	215.4	0.0	1
65〜69	190.1	82.7	2	−	−	−	−	−	−	202.5	100.6	1	−	−	−
70歳〜	−	−	−	−	−	−	−	−	−	−	−	−	−	−	−
企業規模 100〜999人															
男女計	**323.0**	**1008.0**	**12 157**	**247.7**	**64.3**	**1 257**	**260.1**	**599.3**	**2 431**	**275.4**	**769.3**	**1 578**	**300.4**	**957.6**	**2 431**
〜19歳	176.0	130.5	47	172.1	7.2	24	180.0	256.2	23	−	−	−	−	−	−
20〜24	223.1	334.0	1 032	221.2	27.2	378	228.0	497.6	571	196.5	566.0	68	204.3	789.0	15
25〜29	248.6	665.0	1 494	229.1	74.7	226	233.6	555.1	421	263.0	823.1	506	259.6	958.8	331
30〜34	291.7	879.5	1 704	252.1	59.8	180	255.0	657.8	339	268.0	876.1	232	307.3	1023.4	613
35〜39	326.3	1138.4	1 627	279.6	88.1	98	283.3	809.5	293	292.0	912.4	188	321.4	1159.1	360
40〜44	351.9	1293.2	1 628	250.0	65.4	67	271.7	675.9	152	306.2	828.4	146	311.0	1018.2	348
45〜49	378.9	1327.9	1 472	264.3	78.3	67	275.0	652.1	175	262.0	723.7	110	326.2	995.0	227
50〜54	425.3	1509.8	1 132	257.3	147.3	39	376.7	1113.8	99	367.6	667.7	84	328.9	895.7	168
55〜59	413.1	1375.0	912	334.7	169.9	49	326.5	722.2	116	313.9	800.0	76	312.2	734.9	121
60〜64	280.3	611.7	727	310.3	90.4	94	263.7	342.8	157	247.2	459.1	115	285.0	809.1	114
65〜69	239.6	271.3	299	257.1	63.2	30	290.1	86.5	79	207.6	319.1	40	220.0	408.3	99
70歳〜	297.2	126.5	84	261.0	0.0	5	185.6	93.2	4	470.7	69.3	13	218.6	69.4	35

及び年間賞与その他特別給与額

物 品 賃 貸 業

区分	10～14年			15～19年			20～24年			25～29年			30年以上		
	所定内給与額	年間賞与その他特別給与額	労働者数	所定内給与額	年間賞与その他特別給与額	労働者数	所定内給与額	年間賞与その他特別給与額	労働者数	所定内給与額	年間賞与その他特別給与額	労働者数	所定内給与額	年間賞与その他特別給与額	労働者数
	千円	千円	十人	千円	千円	十人	千円	千円	十人	千円	千円	十人	千円	千円	十人
女															
学歴計	**294.9**	**1121.4**	**413**	**328.6**	**1535.1**	**198**	**329.6**	**1585.7**	**137**	**387.5**	**1974.0**	**92**	**354.2**	**1626.3**	**52**
～19歳	-	-	-	-	-	-	-	-	-	-	-	-	-	-	-
20～24	-	-	-	-	-	-	-	-	-	-	-	-	-	-	-
25～29	212.5	500.2	2	-	-	-	-	-	-	-	-	-	-	-	-
30～34	287.0	1378.3	122	203.2	845.5	1	-	-	-	-	-	-	-	-	-
35～39	297.5	1109.3	85	317.7	1619.2	61	258.1	891.2	1	-	-	-	-	-	-
40～44	305.2	1324.3	88	366.1	1912.7	77	298.3	1546.9	78	312.4	1495.7	1	-	-	-
45～49	287.9	915.9	59	289.5	1296.8	15	440.2	2081.5	36	381.3	2042.8	58	297.9	1580.5	4
50～54	259.6	652.3	33	305.8	641.4	22	297.8	1380.9	8	437.8	2100.1	28	326.1	1432.4	27
55～59	469.3	406.6	16	348.7	1484.7	13	287.6	1030.0	7	196.7	748.3	3	431.6	1960.2	18
60～64	179.3	487.2	4	173.1	417.4	6	216.7	492.5	5	217.1	428.1	2	226.9	1488.5	3
65～69	136.9	107.8	5	211.5	524.3	4	178.8	186.7	2	-	-	-	-	-	-
70歳～	-	-	-	-	-	-	-	-	-	-	-	-	-	-	-
高校卒	**230.1**	**515.1**	**81**	**232.8**	**865.4**	**40**	**248.0**	**895.6**	**26**	**274.3**	**1029.2**	**13**	**320.3**	**1417.5**	**13**
～19歳	-	-	-	-	-	-	-	-	-	-	-	-	-	-	-
20～24	-	-	-	-	-	-	-	-	-	-	-	-	-	-	-
25～29	212.5	500.2	2	-	-	-	-	-	-	-	-	-	-	-	-
30～34	231.9	851.7	7	203.2	845.5	1	-	-	-	-	-	-	-	-	-
35～39	323.0	432.1	11	246.4	962.7	8	258.1	891.2	1	-	-	-	-	-	-
40～44	207.7	648.6	10	248.6	924.6	7	273.4	1050.5	7	312.4	1495.7	1	-	-	-
45～49	224.7	523.0	21	274.0	1291.1	7	268.3	1085.0	7	254.8	1126.6	7	292.0	1487.0	2
50～54	230.8	446.3	18	210.9	748.1	8	234.3	1345.7	2	325.3	835.4	4	293.9	1258.9	3
55～59	237.0	677.6	4	211.6	756.1	3	229.3	631.8	2	165.5	435.7	1	339.9	1467.4	8
60～64	174.8	404.1	3	163.2	200.1	3	215.4	553.8	5	-	-	-	279.1	1235.9	1
65～69	136.9	107.8	5	220.0	605.0	3	176.7	150.0	2	-	-	-	-	-	-
70歳～	-	-	-	-	-	-	-	-	-	-	-	-	-	-	-
高専・短大卒	**327.2**	**1012.0**	**87**	**295.5**	**1337.8**	**35**	**304.9**	**1569.3**	**63**	**337.1**	**1568.4**	**37**	**333.2**	**1530.3**	**31**
～19歳	-	-	-	-	-	-	-	-	-	-	-	-	-	-	-
20～24	-	-	-	-	-	-	-	-	-	-	-	-	-	-	-
25～29	-	-	-	-	-	-	-	-	-	-	-	-	-	-	-
30～34	243.1	1085.9	17	-	-	-	-	-	-	-	-	-	-	-	-
35～39	284.5	1342.9	11	316.9	1699.8	11	-	-	-	-	-	-	-	-	-
40～44	344.3	1351.1	24	314.1	1291.6	10	294.1	1602.2	48	-	-	-	-	-	-
45～49	293.9	908.3	15	297.1	1390.4	6	349.0	1584.8	7	355.8	1704.1	30	303.7	1674.0	2
50～54	241.1	623.8	9	211.6	422.5	4	324.4	1383.8	5	275.8	1217.6	6	321.3	1430.8	24
55～59	566.6	326.4	12	308.2	1671.7	3	342.5	1321.4	3	272.2	1407.6	0	412.4	1984.5	4
60～64	217.2	219.3	0	172.2	332.0	1	-	-	-	184.0	60.0	1	334.0	2197.0	0
65～69	-	-	-	-	-	-	-	-	-	-	-	-	-	-	-
70歳～	-	-	-	-	-	-	-	-	-	-	-	-	-	-	-
大学・大学院卒	**305.4**	**1365.3**	**243**	**371.1**	**1825.2**	**122**	**410.5**	**2007.7**	**47**	**489.0**	**2791.3**	**39**	**490.2**	**2333.6**	**8**
～19歳	-	-	-	-	-	-	-	-	-	-	-	-	-	-	-
20～24	-	-	-	-	-	-	-	-	-	-	-	-	-	-	-
25～29	-	-	-	-	-	-	-	-	-	-	-	-	-	-	-
30～34	298.6	1466.7	98	-	-	-	-	-	-	-	-	-	-	-	-
35～39	295.6	1180.9	63	331.7	1725.4	42	-	-	-	-	-	-	-	-	-
40～44	307.7	1448.1	53	389.2	2138.7	60	316.6	1597.1	22	-	-	-	-	-	-
45～49	348.0	1315.5	22	344.2	1236.7	2	524.5	2560.4	22	506.5	3225.8	18	-	-	-
50～54	361.9	1247.9	7	436.8	701.6	9	292.7	1499.8	1	511.0	2634.8	18	724.0	2376.0	1
55～59	174.2	105.0	1	425.4	1735.7	7	267.2	1097.7	1	206.0	846.2	2	575.3	2630.6	6
60～64	186.2	1196.2	1	194.3	940.5	2	224.5	140.0	1	304.8	1405.0	1	197.9	1506.1	2
65～69	-	-	-	160.3	40.0	1	-	-	-	-	-	-	-	-	-
70歳～	-	-	-	-	-	-	-	-	-	-	-	-	-	-	-
企業規模 100～999人															
男女計	**362.7**	**1372.2**	**1 759**	**399.4**	**1498.7**	**854**	**426.5**	**1734.9**	**764**	**475.6**	**2127.6**	**608**	**471.8**	**1816.1**	**474**
～19歳	-	-	-	-	-	-	-	-	-	-	-	-	-	-	-
20～24	-	-	-	-	-	-	-	-	-	-	-	-	-	-	-
25～29	227.8	905.8	10	-	-	-	-	-	-	-	-	-	-	-	-
30～34	342.9	1287.3	318	257.0	1161.4	22	-	-	-	-	-	-	-	-	-
35～39	363.5	1483.7	477	366.1	1483.1	195	317.0	1324.4	16	-	-	-	-	-	-
40～44	380.7	1618.8	347	410.0	1637.7	280	398.7	1707.3	277	403.0	2583.3	12	-	-	-
45～49	396.1	1386.5	247	445.0	1741.7	118	455.8	1840.2	290	447.5	1893.4	229	463.2	1713.6	8
50～54	382.5	1460.6	138	466.3	1479.3	111	431.2	1551.7	105	510.1	2327.7	252	512.8	2004.0	135
55～59	382.8	1129.9	102	407.6	1406.3	82	435.7	1869.8	56	530.3	2542.3	84	528.1	2048.4	227
60～64	258.9	677.9	80	270.1	622.4	33	436.7	1606.1	18	301.3	1209.8	25	299.4	1143.0	90
65～69	197.6	322.0	24	181.7	166.6	7	261.5	341.9	2	201.8	88.7	6	264.3	767.4	12
70歳～	376.2	331.7	16	245.0	102.5	7	-	-	-	381.1	85.0	1	369.0	236.6	3

第2表　年齢階級、勤続年数階級別所定内給与額

企業規模	100～999人

K 不 動 産 業，

区　分	勤続年数計			0　年			1～2年			3～4年			5～9年		
	所定内給与額	年間賞与その他特別給与額	労働者数	所定内給与額	年間賞与その他特別給与額	労働者数	所定内給与額	年間賞与その他特別給与額	労働者数	所定内給与額	年間賞与その他特別給与額	労働者数	所定内給与額	年間賞与その他特別給与額	労働者数
	千円	千円	十人	千円	千円	十人	千円	千円	十人	千円	千円	十人	千円	千円	十人
男															
学歴計	**362.7**	**1188.0**	**7 985**	**273.4**	**79.7**	**718**	**292.9**	**715.2**	**1 377**	**309.7**	**871.0**	**927**	**326.2**	**1082.1**	**1 578**
～ 19歳	177.5	104.6	20	167.4	0.0	12	192.0	255.0	8	－	－	－	－	－	－
20 ～ 24	236.5	338.0	496	235.8	22.7	180	240.9	500.4	280	205.5	596.0	27	206.4	820.7	9
25 ～ 29	265.4	720.2	793	232.7	72.8	135	252.7	660.2	213	283.2	852.6	261	280.8	1083.1	177
30 ～ 34	324.6	1006.4	989	268.8	46.8	110	276.5	787.0	193	303.1	1097.5	124	335.6	1169.1	353
35 ～ 39	354.9	1301.4	1 126	332.3	140.4	55	309.5	965.3	176	318.0	1053.3	133	340.7	1289.4	270
40 ～ 44	392.0	1502.7	1 129	275.4	94.6	39	320.4	864.9	84	363.9	1016.8	83	343.8	1176.3	223
45 ～ 49	434.0	1603.2	964	344.4	117.6	27	346.6	967.3	85	315.5	1035.3	53	367.3	1194.6	135
50 ～ 54	485.0	1791.1	809	340.5	347.7	16	467.1	1532.7	65	478.9	819.9	50	391.3	1220.9	94
55 ～ 59	456.6	1554.4	700	354.7	194.6	41	366.1	863.9	83	352.8	934.7	54	362.5	929.5	85
60 ～ 64	296.2	687.4	607	337.0	113.8	73	286.1	405.7	118	263.6	534.8	93	293.9	858.0	104
65 ～ 69	246.5	287.6	273	264.5	66.5	29	308.8	97.8	69	210.2	327.1	38	222.4	422.1	93
70歳～	302.5	129.8	80	288.7	0.0	3	187.1	109.1	3	473.4	69.8	12	218.6	69.4	35
高校卒	**308.9**	**899.7**	**1 997**	**240.3**	**113.2**	**166**	**257.0**	**480.4**	**331**	**280.5**	**647.1**	**258**	**265.9**	**729.2**	**371**
～ 19歳	177.5	104.6	20	167.4	0.0	12	192.0	255.0	8	－	－	－	－	－	－
20 ～ 24	198.7	460.0	96	222.0	0.8	12	190.5	459.8	53	202.2	575.1	21	206.4	820.7	9
25 ～ 29	219.8	459.9	116	214.7	96.5	29	224.2	301.0	26	238.3	592.3	21	207.4	722.0	34
30 ～ 34	269.9	710.2	177	204.4	25.4	22	220.6	536.8	25	283.2	823.5	33	270.0	695.7	42
35 ～ 39	300.0	967.0	241	267.3	6.7	13	295.1	622.8	33	289.1	746.1	43	312.5	1206.5	53
40 ～ 44	341.0	1160.4	297	250.8	81.7	14	327.3	861.1	34	300.7	764.6	20	302.6	875.6	48
45 ～ 49	366.0	1183.6	259	302.4	196.8	14	330.5	803.0	26	259.7	448.1	15	318.1	861.4	35
50 ～ 54	402.7	1388.5	243	339.4	606.2	7	269.8	615.4	18	418.1	1385.2	22	292.9	756.7	33
55 ～ 59	354.0	1132.6	195	273.7	250.8	21	261.6	499.8	30	244.4	535.0	15	322.0	731.2	21
60 ～ 64	247.0	561.0	197	230.6	69.2	13	222.7	318.5	44	249.0	490.8	37	239.4	663.0	45
65 ～ 69	224.8	132.1	120	238.6	122.7	9	299.5	50.1	35	193.8	225.2	20	172.7	90.4	35
70歳～	278.2	95.5	38	－	－	－	206.3	150.4	2	501.6	40.3	11	191.1	78.5	18
高専・短大卒	**328.1**	**968.2**	**811**	**264.4**	**32.3**	**48**	**248.3**	**487.3**	**126**	**260.6**	**620.6**	**104**	**311.0**	**845.2**	**218**
～ 19歳	－	－	－	－	－	－	－	－	－	－	－	－	－	－	－
20 ～ 24	226.3	352.1	35	211.7	0.0	9	235.1	415.9	21	217.8	674.2	6	－	－	－
25 ～ 29	233.2	474.1	62	233.1	9.1	4	235.8	350.2	17	228.7	467.6	24	237.3	750.1	16
30 ～ 34	282.7	710.3	99	244.1	22.9	6	263.8	739.0	34	247.8	829.9	7	298.6	662.8	38
35 ～ 39	321.4	891.5	152	276.1	7.0	5	277.8	668.3	12	304.6	673.5	22	325.3	894.7	56
40 ～ 44	365.2	1294.2	157	264.7	149.9	6	270.3	542.7	5	259.3	664.1	11	323.2	890.8	47
45 ～ 49	390.9	1272.2	123	270.7	91.7	3	265.8	395.9	16	281.5	758.9	12	406.8	1576.2	17
50 ～ 54	385.9	1381.6	63	164.5	0.0	1	264.3	258.0	3	229.8	336.4	5	357.0	1059.6	13
55 ～ 59	386.4	1192.7	49	231.8	13.3	2	209.9	215.9	5	248.0	627.1	6	303.4	259.8	10
60 ～ 64	277.1	611.0	50	355.1	17.0	10	231.5	469.1	7	283.7	604.3	9	244.9	898.0	14
65 ～ 69	188.4	114.0	14	234.3	0.0	2	175.8	0.6	7	211.5	641.2	2	167.3	175.4	3
70歳～	237.5	56.9	8	－	－	－	131.1	0.0	0	239.0	591.8	1	218.0	0.0	5
大学・大学院卒	**391.3**	**1349.0**	**5 087**	**286.4**	**74.3**	**494**	**313.6**	**841.7**	**905**	**333.9**	**1028.4**	**558**	**354.9**	**1284.9**	**965**
～ 19歳	－	－	－	－	－	－	－	－	－	－	－	－	－	－	－
20 ～ 24	248.5	309.3	360	238.9	25.6	157	256.0	529.1	203	－	－	－	－	－	－
25 ～ 29	277.6	800.1	610	237.6	71.1	97	258.8	746.3	170	293.6	921.3	216	306.3	1224.0	127
30 ～ 34	344.4	1122.2	708	287.8	54.3	82	290.8	849.8	133	315.5	1227.3	84	350.7	1310.1	272
35 ～ 39	381.5	1503.9	723	363.2	205.6	37	317.0	1092.7	129	340.9	1375.0	67	356.3	1446.6	159
40 ～ 44	422.0	1716.3	665	297.7	89.3	19	322.0	912.5	44	413.6	1205.6	51	366.7	1403.1	126
45 ～ 49	475.0	1870.8	575	426.8	14.5	10	387.3	1305.6	42	362.9	1493.8	26	380.6	1261.0	82
50 ～ 54	541.3	2059.7	496	411.1	202.5	6	562.3	2001.3	44	603.7	383.0	22	469.9	1595.1	48
55 ～ 59	511.8	1794.4	451	456.4	149.8	18	460.9	1210.6	46	428.3	1202.7	32	397.4	1178.4	52
60 ～ 64	328.8	777.8	348	364.3	147.0	49	334.6	454.7	67	271.8	544.4	47	389.8	1159.1	38
65 ～ 69	277.0	462.7	125	284.0	46.6	17	361.4	184.0	26	247.8	497.1	13	259.2	676.9	52
70歳～	388.6	212.2	26	300.0	0.0	3	164.3	58.3	1	－	－	－	288.6	82.9	9
女															
学歴計	**247.1**	**663.3**	**4 172**	**213.6**	**43.9**	**539**	**217.3**	**447.8**	**1 054**	**226.4**	**624.2**	**651**	**252.7**	**727.1**	**852**
～ 19歳	174.9	148.9	28	176.5	13.9	12	173.7	256.8	15	－	－	－	－	－	－
20 ～ 24	210.7	330.4	536	207.9	31.3	198	215.7	494.9	291	190.5	546.1	41	201.0	740.7	6
25 ～ 29	229.7	602.5	700	223.9	77.5	91	214.1	447.3	208	241.5	791.8	246	235.2	814.9	153
30 ～ 34	246.3	704.1	715	226.3	80.0	71	226.7	487.7	147	227.3	619.2	107	269.0	826.2	261
35 ～ 39	262.0	772.5	501	213.9	23.2	44	244.0	575.5	117	229.7	574.6	55	263.9	770.1	90
40 ～ 44	260.9	818.0	498	213.8	23.8	27	211.2	441.1	68	230.6	581.2	63	252.4	736.1	125
45 ～ 49	274.3	805.6	508	211.8	52.5	41	207.7	356.0	90	212.7	436.5	57	265.5	699.9	91
50 ～ 54	276.0	806.1	323	200.8	11.0	23	209.4	337.8	35	209.1	450.8	35	249.5	481.4	74
55 ～ 59	269.2	781.6	212	233.0	44.1	8	226.7	365.9	33	218.5	469.9	22	191.1	266.4	35
60 ～ 64	200.3	230.1	120	218.5	9.9	21	196.0	152.8	39	177.2	134.1	22	199.0	334.5	11
65 ～ 69	168.2	104.0	26	116.7	0.0	2	161.2	8.9	10	168.7	198.2	3	181.7	190.9	6
70歳～	182.5	54.0	4	200.0	0.0	2	177.6	3.2	1	136.4	0.0	0	－	－	－

及び年間賞与その他特別給与額

物品賃貸業

10～14年			15～19年			20～24年			25～29年			30年以上			区分
所定内給与額	年間賞与その他特別給与額	労働者数	所定内給与額	年間賞与その他特別給与額	労働者数	所定内給与額	年間賞与その他特別給与額	労働者数	所定内給与額	年間賞与その他特別給与額	労働者数	所定内給与額	年間賞与その他特別給与額	労働者数	
千円	千円	十人	千円	千円	十人	千円	千円	十人	千円	千円	十人	千円	千円	十人	
															男
398.2	**1521.8**	**1 229**	**432.9**	**1644.6**	**657**	**462.2**	**1875.3**	**585**	**501.4**	**2263.6**	**488**	**483.1**	**1828.4**	**425**	**学歴計**
-	-	-	-	-	-	-	-	-	-	-	-	-	-	-	～19歳
-	-	-	-	-	-	-	-	-	-	-	-	-	-	-	20～24
225.9	894.0	7	-	-	-	-	-	-	-	-	-	-	-	-	25～29
400.3	1398.0	196	269.7	1177.6	13	-	-	-	-	-	-	-	-	-	30～34
389.9	1633.4	338	402.4	1629.0	140	320.6	1343.4	15	-	-	-	-	-	-	35～39
413.5	1806.5	264	428.8	1735.8	231	438.9	1881.4	196	420.1	2896.6	10	-	-	-	40～44
440.8	1586.6	168	484.0	1944.5	94	480.7	1935.7	237	484.0	2044.5	158	475.3	1737.7	8	45～49
422.8	1695.2	93	512.0	1695.3	88	487.6	1708.5	76	529.3	2427.5	217	540.4	2037.3	111	50～54
438.3	1190.8	62	467.2	1616.8	53	482.1	2185.9	44	553.6	2686.2	74	542.5	2079.3	205	55～59
275.9	790.2	65	287.4	636.3	27	452.1	1498.0	16	301.8	1216.6	24	300.7	1152.8	88	60～64
195.7	328.1	22	197.5	200.8	5	261.5	341.9	2	213.1	104.3	5	271.4	827.7	11	65～69
394.2	357.9	15	245.0	102.5	7	-	-	-	381.1	85.0	1	382.1	185.8	3	70歳～
325.9	**1128.7**	**308**	**347.3**	**1103.0**	**161**	**373.7**	**1409.6**	**138**	**399.7**	**1683.3**	**114**	**451.3**	**1810.4**	**148**	**高校卒**
-	-	-	-	-	-	-	-	-	-	-	-	-	-	-	～19歳
-	-	-	-	-	-	-	-	-	-	-	-	-	-	-	20～24
229.6	929.5	7	-	-	-	-	-	-	-	-	-	-	-	-	25～29
320.4	943.6	44	269.7	1177.6	13	-	-	-	-	-	-	-	-	-	30～34
301.9	1158.0	45	300.3	1131.5	39	320.6	1343.4	15	-	-	-	-	-	-	35～39
346.0	1351.7	78	383.2	1139.6	41	369.8	1463.9	52	421.8	2961.1	9	-	-	-	40～44
364.0	1248.9	54	443.5	1557.6	24	408.9	1502.6	36	385.4	1549.0	48	475.3	1737.7	8	45～49
352.0	1154.2	37	389.7	1074.0	14	343.8	1343.3	17	456.8	1685.0	35	520.7	2100.8	61	50～54
325.4	1192.9	18	395.0	1027.9	13	369.7	1339.4	13	417.8	1933.7	11	460.5	1926.3	55	55～59
267.4	648.2	15	247.7	427.2	11	447.4	729.1	4	253.0	1614.8	6	263.5	968.4	22	60～64
183.0	191.7	8	196.0	226.3	4	372.0	682.2	0	219.5	71.6	5	254.7	565.5	4	65～69
162.8	240.9	4	140.4	175.5	2	-	-	-	192.2	170.0	1	200.0	443.0	0	70歳～
394.1	**1438.6**	**142**	**401.4**	**1391.7**	**55**	**407.1**	**1300.2**	**56**	**439.8**	**2100.8**	**43**	**397.6**	**1600.5**	**19**	**高専・短大卒**
-	-	-	-	-	-	-	-	-	-	-	-	-	-	-	～19歳
-	-	-	-	-	-	-	-	-	-	-	-	-	-	-	20～24
-	-	-	-	-	-	-	-	-	-	-	-	-	-	-	25～29
319.3	1003.9	14	-	-	-	-	-	-	-	-	-	-	-	-	30～34
343.8	1089.2	45	310.6	1104.3	12	-	-	-	-	-	-	-	-	-	35～39
443.4	2044.6	46	375.8	1350.9	16	380.9	1317.1	26	-	-	-	-	-	-	40～44
480.3	1467.6	26	380.4	1258.7	11	424.3	1265.2	16	417.3	1850.3	23	-	-	-	45～49
339.0	1036.4	5	420.1	1821.2	6	464.1	1408.5	11	432.0	2172.4	13	432.9	1851.1	6	50～54
280.6	558.4	2	613.3	1862.9	8	321.5	1083.7	2	522.8	3220.5	6	469.1	1804.9	7	55～59
191.8	690.2	2	186.7	84.0	1	334.0	30.0	1	630.0	800.0	0	283.3	1128.2	6	60～64
150.0	0.0	0	182.2	30.2	0	-	-	-	-	-	-	-	-	-	65～69
179.0	17.9	1	-	-	-	-	-	-	570.0	0.0	1	-	-	-	70歳～
430.6	**1711.6**	**765**	**471.7**	**1895.7**	**432**	**503.9**	**2139.1**	**386**	**545.9**	**2494.8**	**329**	**511.5**	**1883.0**	**252**	**大学・大学院卒**
-	-	-	-	-	-	-	-	-	-	-	-	-	-	-	～19歳
-	-	-	-	-	-	-	-	-	-	-	-	-	-	-	20～24
-	-	-	-	-	-	-	-	-	-	-	-	-	-	-	25～29
435.1	1585.9	137	-	-	-	-	-	-	-	-	-	-	-	-	30～34
417.0	1832.8	243	462.9	1945.5	87	-	-	-	-	-	-	-	-	-	35～39
440.6	1985.7	139	446.4	1927.0	171	486.7	2224.7	115	-	-	-	-	-	-	40～44
479.1	1849.9	86	522.7	2239.2	58	499.4	2076.1	185	559.9	2389.3	86	-	-	-	45～49
486.5	2179.9	50	552.1	1834.4	66	547.0	1922.0	47	552.7	2607.5	168	581.3	1976.4	45	50～54
494.5	1229.0	42	456.8	1784.5	32	547.4	2668.9	28	581.8	2771.5	57	577.2	2150.8	144	55～59
284.7	858.0	46	323.7	838.1	14	464.3	1884.4	11	310.8	1113.8	18	314.3	1228.3	58	60～64
211.4	467.0	12	216.1	60.0	1	304.6	0.0	0	165.0	350.0	1	239.3	1154.9	5	65～69
524.5	470.5	10	338.6	6.3	3	-	-	-	-	-	-	800.0	400.0	1	70歳～
															女
280.3	**1025.3**	**530**	**287.7**	**1012.6**	**197**	**310.3**	**1278.0**	**180**	**370.6**	**1574.6**	**120**	**375.1**	**1710.1**	**49**	**学歴計**
-	-	-	-	-	-	-	-	-	-	-	-	-	-	-	～19歳
-	-	-	-	-	-	-	-	-	-	-	-	-	-	-	20～24
232.5	935.8	3	-	-	-	-	-	-	-	-	-	-	-	-	25～29
250.1	1108.4	121	239.0	1138.4	9	-	-	-	-	-	-	-	-	-	30～34
299.2	1119.1	139	273.9	1112.4	55	263.0	1034.9	1	-	-	-	-	-	-	35～39
276.7	1022.5	83	321.5	1176.5	49	301.5	1285.9	81	309.4	869.3	2	-	-	-	40～44
301.8	963.9	80	288.8	930.4	24	346.5	1421.2	54	366.0	1555.8	71	283.1	1353.1	1	45～49
298.6	972.2	45	289.5	644.8	23	286.4	1148.5	30	393.1	1720.5	36	384.5	1849.2	24	50～54
298.4	1037.1	41	299.4	1024.4	29	264.2	702.9	12	362.4	1504.5	10	390.7	1752.7	21	55～59
189.6	218.9	16	198.1	565.0	6	334.2	2326.8	2	289.1	1006.5	1	241.9	731.3	2	60～64
213.8	269.9	3	143.9	84.3	2	-	-	-	138.0	0.0	1	194.6	176.7	1	65～69
147.7	0.0	1	-	-	-	-	-	-	-	-	-	260.2	660.0	0	70歳～

第2表　年齢階級、勤続年数階級別所定内給与額

企業規模	100～999人
	10～99人

K 不 動 産 業，

区分	勤続年数計			0年			1～2年			3～4年			5～9年		
	所定内給与額	年間賞与その他特別給与額	労働者数	所定内給与額	年間賞与その他特別給与額	労働者数	所定内給与額	年間賞与その他特別給与額	労働者数	所定内給与額	年間賞与その他特別給与額	労働者数	所定内給与額	年間賞与その他特別給与額	労働者数
	千円	千円	十人	千円	千円	十人	千円	千円	十人	千円	千円	十人	千円	千円	十人
高校卒	**218.0**	**441.2**	**1 197**	**191.4**	**25.8**	**157**	**195.4**	**282.2**	**317**	**197.1**	**345.4**	**183**	**221.3**	**444.5**	**233**
～19歳	175.3	149.3	27	176.5	13.9	12	174.4	259.0	15	－	－	－	－	－	－
20～24	179.8	365.1	77	170.2	11.5	17	175.2	374.8	33	187.6	507.4	22	208.1	870.9	5
25～29	191.3	280.3	94	197.6	15.7	18	183.7	206.1	38	185.0	288.4	17	200.7	601.0	18
30～34	206.0	381.4	151	191.4	23.5	22	208.4	360.5	44	192.8	312.8	28	214.0	355.4	30
35～39	221.9	455.0	147	198.4	3.6	23	218.8	473.7	47	216.2	406.0	17	250.5	516.8	29
40～44	226.5	443.4	149	190.7	26.9	16	188.8	209.6	29	202.1	249.5	17	222.6	469.9	38
45～49	237.3	614.0	205	203.4	141.3	15	197.1	231.1	44	207.8	409.1	43	230.7	570.4	37
50～54	237.9	529.9	161	183.6	13.6	17	182.2	197.5	22	196.8	328.5	12	232.8	404.2	46
55～59	232.1	561.8	96	160.2	6.0	3	201.5	176.0	15	185.5	287.2	12	189.0	180.1	23
60～64	203.6	167.4	74	216.3	0.0	12	201.5	138.6	26	187.0	138.9	13	182.5	188.4	5
65～69	157.1	110.8	12	－	－	－	166.3	34.6	3	166.0	222.2	2	142.0	132.2	2
70歳～	181.3	0.6	3	200.0	0.0	2	177.6	3.2	1	136.4	0.0	0	－	－	－
高専・短大卒	**254.7**	**690.2**	**1 092**	**211.9**	**50.1**	**107**	**216.6**	**375.8**	**218**	**216.9**	**530.2**	**164**	**257.5**	**675.8**	**224**
～19歳	－	－	－	－	－	－	－	－	－	－	－	－	－	－	－
20～24	195.1	269.9	93	195.9	5.5	25	194.5	279.1	51	195.7	638.2	17	202.5	0.0	0
25～29	216.8	403.5	120	223.5	187.5	23	218.1	186.1	27	207.4	465.3	27	218.2	619.2	43
30～34	243.8	529.9	142	214.7	34.5	9	232.3	465.2	41	226.0	499.4	26	281.1	533.9	34
35～39	246.7	692.2	145	202.9	15.1	9	225.6	579.1	24	228.2	666.6	26	264.6	807.6	30
40～44	272.3	969.4	183	200.1	32.2	4	224.9	493.8	14	214.9	482.8	26	262.5	768.1	42
45～49	273.9	763.9	175	202.7	0.2	17	214.3	379.0	27	230.9	569.9	11	289.0	850.9	38
50～54	289.1	929.3	110	253.0	0.0	6	205.5	231.3	7	200.3	398.2	17	257.8	488.6	20
55～59	305.7	951.9	86	241.6	0.4	3	260.1	605.7	15	266.9	735.8	9	203.1	475.4	11
60～64	198.1	226.3	33	219.4	23.5	9	184.0	172.0	13	178.6	185.9	5	222.4	516.5	3
65～69	239.3	329.3	4	－	－	－	260.0	0.0	0	－	－	－	235.8	334.6	2
70歳～	－	－	－	－	－	－	－	－	－	－	－	－	－	－	－
大学・大学院卒	**262.7**	**798.2**	**1 850**	**227.1**	**52.1**	**274**	**232.4**	**586.3**	**507**	**250.5**	**852.8**	**300**	**270.6**	**936.0**	**386**
～19歳	－	－	－	－	－	－	－	－	－	－	－	－	－	－	－
20～24	221.6	340.8	362	214.0	37.9	154	227.4	567.0	207	176.0	90.0	1	－	－	－
25～29	240.3	714.5	486	233.6	48.1	49	221.5	562.2	142	250.8	877.1	202	250.1	952.0	92
30～34	262.4	881.2	417	248.6	122.5	39	236.8	598.8	60	245.7	834.8	54	276.8	951.0	194
35～39	300.9	1053.1	209	256.2	71.3	11	279.7	678.4	46	252.3	609.7	12	276.4	981.5	30
40～44	282.4	1003.7	161	279.9	13.0	7	239.8	725.5	20	273.9	980.4	21	267.8	928.8	45
45～49	339.0	1205.0	123	245.4	1.2	8	235.3	679.0	17	215.4	352.2	3	291.0	648.2	16
50～54	374.8	1453.8	50	197.4	30.0	1	334.8	1121.1	5	264.0	886.3	6	336.1	970.0	7
55～59	301.4	1133.4	25	317.0	167.9	2	178.7	192.3	1	315.6	826.0	0	149.9	175.8	1
60～64	209.9	886.9	8	402.9	0.0	0	220.6	368.4	1	140.0	0.0	2	234.2	618.5	1
65～69	152.3	0.0	8	116.7	0.0	2	160.1	0.0	7	－	－	－	－	－	－
70歳～	－	－	－	－	－	－	－	－	－	－	－	－	－	－	－
企業規模 10～99人															
男女計	**298.1**	**589.2**	**8 445**	**238.0**	**34.1**	**978**	**255.3**	**353.4**	**1 725**	**280.4**	**536.7**	**1 270**	**303.0**	**648.9**	**1 700**
～19歳	173.6	46.3	39	167.5	3.5	20	179.9	90.6	19	－	－	－	－	－	－
20～24	211.3	166.1	653	207.5	13.4	304	218.6	280.2	278	197.1	396.1	55	204.8	297.7	16
25～29	239.0	406.0	943	225.0	16.6	137	235.2	322.8	344	241.5	590.9	268	253.5	573.2	190
30～34	276.5	492.9	926	229.6	36.4	103	254.1	339.5	234	283.9	520.1	169	293.4	684.6	291
35～39	299.2	648.8	984	254.2	46.1	94	260.2	315.5	177	290.5	626.2	147	311.2	764.6	258
40～44	322.0	694.3	1 191	268.8	48.2	79	268.7	447.5	174	312.8	561.4	184	335.0	697.2	262
45～49	329.2	745.9	1 098	255.7	34.8	65	270.8	353.4	146	297.7	466.0	129	323.2	628.7	214
50～54	363.7	869.7	897	307.1	133.3	70	331.1	530.9	111	326.1	727.1	98	349.8	776.0	133
55～59	347.6	783.5	758	272.2	30.2	41	273.8	456.7	101	316.6	506.2	92	319.2	704.2	132
60～64	286.5	460.3	578	293.6	51.1	39	300.1	438.9	93	289.9	413.4	79	267.2	482.5	120
65～69	255.5	276.3	295	226.2	10.8	20	249.1	195.1	37	202.5	144.4	40	244.2	283.9	68
70歳～	251.6	241.7	81	247.2	0.1	7	173.4	104.5	10	203.2	210.8	9	227.1	139.7	16
男															
学歴計	**325.7**	**647.0**	**5 713**	**256.3**	**39.6**	**643**	**278.2**	**392.4**	**1 057**	**312.4**	**579.5**	**846**	**329.4**	**710.6**	**1 185**
～19歳	177.6	57.6	23	176.7	10.4	7	178.0	77.6	16	－	－	－	－	－	－
20～24	217.3	125.6	384	208.3	11.4	207	231.2	239.1	145	213.0	401.9	22	211.6	219.3	11
25～29	254.7	425.1	567	239.1	10.8	84	243.9	320.6	218	258.5	650.9	156	284.0	628.1	108
30～34	297.9	542.9	626	246.2	48.3	62	270.0	401.5	142	308.1	532.2	120	311.6	726.2	207
35～39	326.2	691.5	687	264.7	40.6	69	292.1	361.0	108	315.8	654.1	108	334.6	818.9	187
40～44	355.5	776.8	804	328.5	69.0	36	303.1	541.3	94	350.8	598.2	130	365.2	803.0	184
45～49	365.2	811.9	721	299.3	48.4	41	314.5	403.2	83	347.0	512.9	83	360.8	691.0	142
50～54	405.4	967.5	624	346.1	168.3	52	376.4	635.8	69	369.4	915.0	62	402.7	912.2	89
55～59	382.3	908.1	532	308.1	36.6	30	330.7	673.1	60	365.3	570.1	64	363.2	826.5	90
60～64	301.1	482.1	457	304.9	54.6	35	306.9	456.9	85	310.2	411.4	62	276.7	500.8	98
65～69	261.5	261.7	227	233.3	11.8	17	235.4	163.4	29	210.8	154.2	31	245.2	291.2	57
70歳～	260.2	231.8	61	280.1	0.1	5	171.7	83.1	8	207.2	155.9	7	200.5	151.8	13

及び年間賞与その他特別給与額

物品賃貸業

10～14年			15～19年			20～24年			25～29年			30年以上			区分
所定内給与額	年間賞与その他特別給与額	労働者数	所定内給与額	年間賞与その他特別給与額	労働者数	所定内給与額	年間賞与その他特別給与額	労働者数	所定内給与額	年間賞与その他特別給与額	労働者数	所定内給与額	年間賞与その他特別給与額	労働者数	
千円	千円	十人	千円	千円	十人	千円	千円	十人	千円	千円	十人	千円	千円	十人	
227.6	**590.6**	**139**	**256.8**	**801.8**	**66**	**291.4**	**1080.0**	**50**	**342.4**	**1475.9**	**35**	**354.5**	**1532.0**	**18**	**高校卒**
-	-	-	-	-	-	-	-	-	-	-	-	-	-	-	～19歳
-	-	-	-	-	-	-	-	-	-	-	-	-	-	-	20～24
232.5	935.8	3	-	-	-	-	-	-	-	-	-	-	-	-	25～29
207.9	623.6	19	239.0	1138.4	9	-	-	-	-	-	-	-	-	-	30～34
208.9	534.6	19	240.2	1121.2	10	263.0	1034.9	1	-	-	-	-	-	-	35～39
236.9	630.8	27	299.1	572.4	9	320.5	1145.9	12	309.4	869.3	2	-	-	-	40～44
230.6	495.0	18	277.9	909.7	12	293.1	1289.9	13	355.9	1668.8	22	283.1	1353.1	1	45～49
271.7	800.9	26	286.6	704.4	14	279.3	1036.5	15	281.4	1000.1	4	345.4	1611.2	5	50～54
224.4	603.6	14	212.1	597.1	6	235.1	775.4	8	397.3	1604.2	5	388.8	1717.3	11	55～59
177.5	185.7	10	212.5	482.0	5	820.8	0.0	1	289.1	1006.5	1	246.0	633.4	2	60～64
176.9	96.6	2	143.1	82.5	2	-	-	-	138.0	0.0	1	167.0	274.0	1	65～69
150.3	0.0	1	-	-	-	-	-	-	-	-	-	279.1	0.0	0	70歳～
279.7	**898.6**	**158**	**304.3**	**1045.5**	**76**	**299.4**	**1327.6**	**73**	**337.1**	**1289.8**	**47**	**391.5**	**1879.7**	**27**	**高専・短大卒**
-	-	-	-	-	-	-	-	-	-	-	-	-	-	-	～19歳
-	-	-	-	-	-	-	-	-	-	-	-	-	-	-	20～24
-	-	-	-	-	-	-	-	-	-	-	-	-	-	-	25～29
242.4	779.2	32	-	-	-	-	-	-	-	-	-	-	-	-	30～34
258.2	730.7	33	268.3	914.2	22	-	-	-	-	-	-	-	-	-	35～39
289.7	1093.3	32	320.8	1243.8	21	302.4	1473.9	44	-	-	-	-	-	-	40～44
296.7	867.8	32	292.5	921.2	7	288.6	1061.8	13	329.2	1226.8	30	-	-	-	45～49
304.7	1063.7	8	300.8	542.2	7	290.1	1282.1	14	353.8	1436.5	15	391.1	1947.4	17	50～54
329.4	1097.7	18	348.7	1252.3	17	403.2	221.5	2	332.0	1154.9	2	409.7	1914.2	9	55～59
242.9	646.7	2	140.0	989.7	1	168.7	743.0	1	-	-	-	219.3	477.0	0	60～64
269.1	530.0	1	151.1	100.0	0	-	-	-	-	-	-	227.8	60.0	1	65～69
-	-	-	-	-	-	-	-	-	-	-	-	-	-	-	70歳～
313.7	**1386.6**	**230**	**304.7**	**1235.9**	**54**	**343.8**	**1408.0**	**56**	**436.9**	**2009.8**	**38**	**364.8**	**1420.1**	**4**	**大学・大学院卒**
-	-	-	-	-	-	-	-	-	-	-	-	-	-	-	～19歳
-	-	-	-	-	-	-	-	-	-	-	-	-	-	-	20～24
-	-	-	-	-	-	-	-	-	-	-	-	-	-	-	25～29
265.1	1389.7	70	-	-	-	-	-	-	-	-	-	-	-	-	30～34
335.1	1398.3	87	293.9	1301.6	23	-	-	-	-	-	-	-	-	-	35～39
304.0	1366.7	24	333.1	1373.1	20	290.3	1019.1	25	-	-	-	-	-	-	40～44
351.6	1397.6	28	313.3	1004.6	4	398.8	1650.3	28	436.5	1944.5	19	-	-	-	45～49
367.1	1371.0	11	265.5	593.9	2	508.1	1707.1	1	458.6	2170.0	16	429.1	1531.4	2	50～54
355.4	1646.4	8	259.9	866.3	5	246.6	863.2	2	334.8	1595.9	3	325.1	1283.8	2	55～59
234.7	85.8	2	163.0	540.0	0	250.0	5677.8	1	-	-	-	256.4	1974.1	0	60～64
-	-	-	-	-	-	-	-	-	-	-	-	-	-	-	65～69
-	-	-	-	-	-	-	-	-	-	-	-	-	-	-	70歳～
															企業規模 10～99人
324.3	**738.7**	**1 096**	**358.7**	**946.8**	**584**	**349.4**	**1046.4**	**448**	**387.2**	**1211.0**	**328**	**394.3**	**1014.8**	**316**	**男女計**
-	-	-	-	-	-	-	-	-	-	-	-	-	-	-	～19歳
-	-	-	-	-	-	-	-	-	-	-	-	-	-	-	20～24
202.2	561.6	5	-	-	-	-	-	-	-	-	-	-	-	-	25～29
305.5	672.9	119	325.2	600.1	9	-	-	-	-	-	-	-	-	-	30～34
337.4	855.1	206	312.2	1140.1	95	329.4	633.0	7	-	-	-	-	-	-	35～39
329.0	784.5	210	365.0	1041.1	153	352.3	1035.1	121	330.6	1168.4	9	-	-	-	40～44
333.4	814.4	197	375.6	890.0	111	392.2	1295.9	122	383.0	1426.2	100	302.3	734.5	14	45～49
347.3	755.3	131	385.8	1169.6	91	376.5	1268.4	82	423.9	1263.9	111	440.9	1249.0	71	50～54
322.1	661.0	114	432.2	801.8	62	367.1	1055.3	39	402.4	1255.1	58	439.6	1416.7	118	55～59
266.8	573.8	68	282.1	444.4	40	244.7	468.8	40	322.6	673.0	34	324.5	527.0	65	60～64
300.2	258.8	37	226.5	279.4	16	239.3	475.4	30	260.1	443.9	14	343.4	434.9	33	65～69
239.7	215.9	8	354.8	488.1	9	227.4	370.1	7	265.9	110.0	1	315.6	392.3	14	70歳～
															男
353.4	**787.5**	**786**	**381.2**	**1031.3**	**396**	**379.2**	**1122.5**	**303**	**413.7**	**1241.6**	**242**	**406.0**	**1003.6**	**254**	**学歴計**
-	-	-	-	-	-	-	-	-	-	-	-	-	-	-	～19歳
-	-	-	-	-	-	-	-	-	-	-	-	-	-	-	20～24
206.2	671.1	2	-	-	-	-	-	-	-	-	-	-	-	-	25～29
331.2	704.2	85	331.9	601.1	8	-	-	-	-	-	-	-	-	-	30～34
364.5	868.1	156	350.4	1302.5	54	362.9	664.9	5	-	-	-	-	-	-	35～39
353.8	819.7	164	384.0	1066.3	118	380.9	1085.2	70	339.4	1157.6	8	-	-	-	40～44
355.1	870.0	126	415.4	953.8	73	413.0	1339.3	97	405.6	1425.1	66	301.0	620.7	11	45～49
403.6	855.0	86	424.1	1297.3	63	399.2	1286.3	64	453.2	1320.9	86	456.9	1165.3	55	50～54
367.1	787.8	79	368.4	1001.5	37	405.3	1140.7	26	433.1	1406.3	47	452.2	1374.2	98	55～59
283.1	662.3	48	322.4	516.9	25	253.0	504.6	28	341.8	554.7	26	337.4	630.3	50	60～64
324.4	274.0	31	217.0	217.3	11	268.0	476.0	11	281.2	422.6	9	328.5	428.0	30	65～69
241.6	210.4	8	443.9	484.7	6	193.8	177.7	3	234.9	16.7	1	363.2	520.1	10	70歳～

第2表　年齢階級、勤続年数階級別所定内給与額

企業規模	10～99人

K 不 動 産 業，

区　分	勤続年数計			0　年			1～2年			3～4年			5～9年		
	所定内給与額	年間賞与その他特別給与額	労働者数	所定内給与額	年間賞与その他特別給与額	労働者数	所定内給与額	年間賞与その他特別給与額	労働者数	所定内給与額	年間賞与その他特別給与額	労働者数	所定内給与額	年間賞与その他特別給与額	労働者数
	千円	千円	十人	千円	千円	十人	千円	千円	十人	千円	千円	十人	千円	千円	十人
高校卒	**301.2**	**490.7**	**2 544**	**230.2**	**20.9**	**277**	**259.9**	**308.6**	**464**	**281.8**	**423.1**	**357**	**317.0**	**574.6**	**515**
～19歳	176.1	31.4	18	178.8	0.0	6	174.9	46.2	12	－	－	－	－	－	－
20～24	203.0	129.0	160	192.9	7.6	86	215.1	211.3	48	213.9	405.9	19	213.3	303.5	7
25～29	245.7	306.1	183	207.8	14.0	24	244.3	241.8	92	241.2	473.1	40	295.5	522.5	26
30～34	279.9	443.7	252	236.2	41.0	27	259.0	335.6	60	285.0	362.6	45	298.8	657.1	77
35～39	287.6	506.9	283	228.7	32.3	42	268.3	303.0	54	277.0	482.9	40	313.3	734.2	59
40～44	325.9	596.1	384	286.3	81.9	16	298.0	477.3	53	329.5	445.8	67	347.8	666.1	85
45～49	345.2	616.2	368	294.0	11.6	19	263.9	264.1	39	324.7	544.9	43	367.8	632.0	84
50～54	373.6	651.2	280	304.9	3.6	15	320.9	289.8	26	301.5	489.9	36	389.5	661.1	44
55～59	329.7	611.4	243	247.4	18.5	14	303.6	611.0	31	260.5	329.6	28	310.3	432.8	41
60～64	270.9	426.8	201	261.6	21.5	13	267.7	328.7	26	234.1	248.1	21	248.5	373.5	55
65～69	247.5	249.5	133	231.0	17.7	11	233.3	165.2	16	224.8	201.3	16	238.4	254.0	28
70歳～	242.0	277.2	38	248.0	0.3	2	153.1	60.3	6	191.5	200.8	3	193.6	194.4	8
高専・短大卒	**319.1**	**695.3**	**613**	**249.6**	**33.7**	**89**	**268.4**	**282.1**	**105**	**309.5**	**742.6**	**94**	**313.7**	**753.3**	**119**
～19歳	－	－	－	－	－	－	－	－	－	－	－	－	－	－	－
20～24	203.8	78.0	72	203.1	13.1	41	203.4	154.0	26	210.8	383.9	3	210.0	0.0	2
25～29	259.8	280.6	63	257.0	8.8	10	286.8	203.9	19	244.1	392.0	12	246.9	399.4	23
30～34	305.6	432.6	89	271.1	33.0	10	289.1	283.8	18	266.5	440.8	18	319.8	622.4	22
35～39	327.6	827.2	90	329.2	76.2	7	270.2	487.4	9	332.1	581.0	20	323.9	950.3	22
40～44	369.4	952.7	106	334.5	110.7	7	299.4	674.4	9	356.3	1273.6	18	349.5	1163.0	20
45～49	354.0	789.3	68	306.8	78.6	9	304.7	378.8	7	307.0	481.6	9	376.0	972.9	13
50～54	397.2	1202.5	62	289.3	0.0	2	370.2	195.1	8	415.3	1886.6	7	380.4	707.7	7
55～59	358.2	1575.6	33	224.2	27.9	1	305.0	508.1	2	234.3	1131.6	2	257.1	923.6	5
60～64	299.2	317.4	22	209.3	0.0	2	233.2	204.2	5	355.2	185.4	4	250.9	185.3	3
65～69	213.7	264.1	9	－	－	－	181.1	31.9	3	154.2	452.8	1	244.6	125.5	2
70歳～	－	－	－	－	－	－	－	－	－	－	－	－	－	－	－
大学・大学院卒	**356.8**	**817.5**	**2 378**	**287.0**	**60.2**	**268**	**301.8**	**507.8**	**463**	**346.7**	**692.7**	**366**	**350.8**	**872.6**	**496**
～19歳	－	－	－	－	－	－	－	－	－	－	－	－	－	－	－
20～24	239.0	142.7	144	225.8	9.5	76	253.6	289.3	69	－	－	－	－	－	－
25～29	259.0	523.6	310	251.5	9.8	49	237.1	414.6	105	267.3	752.4	100	292.3	774.9	56
30～34	311.6	688.9	260	246.9	62.2	26	278.3	518.2	57	338.7	673.8	55	318.4	856.8	95
35～39	364.0	836.8	289	329.6	47.4	18	332.1	423.0	42	345.2	817.4	42	347.3	846.4	96
40～44	390.0	944.5	298	379.6	29.5	13	315.9	605.6	30	386.1	548.6	43	390.7	872.8	74
45～49	401.0	1116.1	267	304.6	82.5	13	371.2	558.3	36	417.2	522.1	26	351.8	760.3	39
50～54	443.9	1291.5	264	372.9	257.4	34	428.4	1034.0	33	486.8	1408.5	19	428.7	1283.4	35
55～59	441.4	1126.9	243	375.4	55.1	14	366.1	760.5	27	471.2	747.5	32	429.3	1216.0	42
60～64	331.4	549.8	221	351.6	86.3	19	334.2	546.1	53	349.3	526.8	37	323.9	737.4	37
65～69	318.4	300.1	67	242.5	0.0	5	278.8	240.7	9	200.4	48.0	10	289.8	421.3	20
70歳～	349.5	181.0	13	377.9	0.0	1	221.6	144.0	2	254.1	176.0	3	249.0	163.6	2
女															
学歴計	**240.3**	**468.5**	**2 732**	**202.8**	**23.4**	**335**	**219.0**	**291.8**	**668**	**216.6**	**451.3**	**424**	**242.0**	**506.9**	**515**
～19歳	168.1	30.8	17	162.8	0.0	13	189.1	153.9	3	－	－	－	－	－	－
20～24	202.7	223.9	269	205.6	17.5	98	204.9	324.7	134	186.2	392.1	32	191.2	454.7	5
25～29	215.5	377.2	377	202.9	25.5	53	220.2	326.4	127	217.8	507.5	112	213.7	501.6	82
30～34	232.0	388.8	300	203.9	17.8	40	229.7	243.7	92	225.2	490.7	50	248.7	582.1	84
35～39	236.8	550.1	297	225.5	61.2	25	210.6	244.5	69	219.9	548.3	39	250.0	622.5	71
40～44	252.5	522.8	387	219.5	31.0	43	227.7	335.5	79	222.0	473.6	54	263.6	447.3	78
45～49	260.4	619.6	377	180.4	11.2	24	213.9	288.6	64	208.3	380.9	46	249.4	506.6	72
50～54	268.3	646.2	273	197.5	35.2	18	257.0	359.0	42	249.8	396.2	35	242.3	499.0	44
55～59	266.0	490.7	226	175.4	13.0	11	190.0	137.7	41	203.8	358.3	28	226.5	446.6	43
60～64	231.6	377.7	121	204.1	23.1	4	227.8	247.0	8	216.8	420.5	17	225.3	401.8	22
65～69	235.4	325.6	67	181.4	4.8	3	298.3	309.1	8	174.6	111.2	9	238.9	244.6	11
70歳～	225.2	271.9	20	152.4	0.0	2	180.9	195.7	2	180.8	519.2	1	357.9	80.6	3
高校卒	**230.7**	**417.0**	**1 196**	**183.0**	**23.0**	**122**	**211.6**	**243.1**	**285**	**200.7**	**396.0**	**181**	**223.2**	**437.5**	**225**
～19歳	167.5	32.1	16	161.9	0.0	13	189.1	153.9	3	－	－	－	－	－	－
20～24	189.7	245.9	75	198.8	9.6	17	186.2	252.5	37	187.2	430.6	15	191.2	454.7	5
25～29	205.0	339.7	109	177.6	13.4	14	219.0	360.9	52	198.3	410.6	20	195.6	410.4	21
30～34	218.4	309.7	103	181.1	35.1	10	221.2	192.2	36	235.6	581.6	14	220.6	406.5	26
35～39	212.4	416.6	113	183.6	68.2	9	197.6	104.4	35	194.8	403.7	18	220.1	753.1	24
40～44	222.7	429.7	151	192.9	25.6	20	205.7	264.3	38	202.2	437.5	28	239.7	405.1	29
45～49	244.6	509.5	201	183.2	17.9	13	199.7	224.9	30	196.5	319.5	29	232.5	415.5	41
50～54	259.2	608.2	161	182.5	47.2	11	270.8	300.2	26	195.9	324.9	18	235.3	428.4	25
55～59	273.9	400.2	129	175.9	16.8	9	217.0	203.7	19	198.0	372.8	19	208.3	372.3	30
60～64	223.0	378.3	76	188.5	32.8	3	205.5	300.8	4	224.3	486.1	12	227.8	416.1	16
65～69	211.8	302.5	48	175.5	1.2	3	166.3	130.8	4	173.6	109.3	8	189.5	225.8	5
70歳～	224.3	253.4	15	152.4	0.0	2	161.3	6.7	1	212.5	750.0	1	345.8	94.6	2

及び年間賞与その他特別給与額

物品賃貸業

10～14年			15～19年			20～24年			25～29年			30年以上			区分
所定内給与額	年間賞与その他特別給与額	労働者数	所定内給与額	年間賞与その他特別給与額	労働者数	所定内給与額	年間賞与その他特別給与額	労働者数	所定内給与額	年間賞与その他特別給与額	労働者数	所定内給与額	年間賞与その他特別給与額	労働者数	
千円	千円	十人	千円	千円	十人	千円	千円	十人	千円	千円	十人	千円	千円	十人	
315.3	550.2	373	351.6	744.1	186	355.7	847.3	126	356.1	832.0	116	374.9	809.4	130	高校卒
-	-	-	-	-	-	-	-	-	-	-	-	-	-	-	～19歳
-	-	-	-	-	-	-	-	-	-	-	-	-	-	-	20～24
178.0	891.8	1	-	-	-	-	-	-	-	-	-	-	-	-	25～29
289.7	552.7	36	336.0	532.7	7	-	-	-	-	-	-	-	-	-	30～34
313.6	702.9	68	311.3	773.5	16	355.6	741.0	4	-	-	-	-	-	-	35～39
302.3	549.5	78	345.6	765.6	43	351.9	906.5	34	344.3	1172.7	7	-	-	-	40～44
319.9	570.9	59	394.1	750.0	39	403.7	953.5	35	374.3	938.1	39	298.3	623.7	10	45～49
411.9	557.2	46	392.6	1024.1	37	379.1	882.6	19	380.8	743.5	32	436.2	978.3	24	50～54
327.5	449.8	40	323.8	633.4	17	387.0	753.7	10	367.5	1004.8	17	411.0	1092.0	45	55～59
268.8	465.8	24	333.1	539.6	15	273.8	877.6	11	268.9	542.1	12	325.1	659.1	24	60～64
236.1	308.4	16	211.7	121.1	9	238.6	435.7	9	297.1	474.8	8	308.9	316.2	20	65～69
205.3	106.7	5	318.5	834.8	3	197.5	159.2	2	195.3	0.0	0	394.6	593.5	7	70歳～
362.2	967.1	82	360.7	1178.7	46	405.2	1371.3	35	431.7	1167.0	26	412.9	1270.3	17	高専・短大卒
-	-	-	-	-	-	-	-	-	-	-	-	-	-	-	～19歳
-	-	-	-	-	-	-	-	-	-	-	-	-	-	-	20～24
-	-	-	-	-	-	-	-	-	-	-	-	-	-	-	25～29
359.7	523.7	20	216.7	1600.0	1	-	-	-	-	-	-	-	-	-	30～34
344.1	805.5	16	340.4	1440.6	17	-	-	-	-	-	-	-	-	-	35～39
426.2	983.7	22	352.6	900.0	17	411.6	864.0	13	-	-	-	-	-	-	40～44
363.1	1033.1	9	408.6	1343.9	7	355.0	911.1	6	402.3	1096.9	8	-	-	-	45～49
298.7	2081.2	5	400.9	988.9	2	426.3	2070.4	13	419.8	920.5	9	425.6	792.6	9	50～54
312.3	2512.0	5	419.8	1052.2	3	377.8	1281.8	3	429.1	1804.9	7	461.4	2466.7	5	55～59
264.9	751.5	4	281.2	16.7	0	-	-	-	700.0	0.0	1	298.1	749.2	2	60～64
238.4	529.2	2	-	-	-	-	-	-	-	-	-	286.8	618.8	1	65～69
-	-	-	-	-	-	-	-	-	-	-	-	-	-	-	70歳～
399.3	1038.3	308	428.1	1367.3	153	397.7	1340.5	136	482.4	1787.2	96	458.1	1340.8	90	大学・大学院卒
-	-	-	-	-	-	-	-	-	-	-	-	-	-	-	～19歳
-	-	-	-	-	-	-	-	-	-	-	-	-	-	-	20～24
-	-	-	-	-	-	-	-	-	-	-	-	-	-	-	25～29
362.4	1071.2	28	-	-	-	-	-	-	-	-	-	-	-	-	30～34
418.4	1052.0	71	389.0	1628.9	21	-	-	-	-	-	-	-	-	-	35～39
392.2	1067.5	59	423.7	1364.5	57	408.5	1516.8	22	-	-	-	-	-	-	40～44
392.3	1215.0	54	460.7	1181.3	25	427.2	1638.2	55	472.8	2598.3	19	-	-	-	45～49
407.9	1097.3	34	474.6	1743.3	24	400.0	1199.3	30	523.7	1908.3	42	520.7	2255.5	14	50～54
431.5	988.3	33	404.4	1478.8	14	444.2	1535.0	12	485.7	1595.2	23	492.3	1517.1	46	55～59
298.2	892.4	17	319.1	506.7	9	239.4	249.4	16	375.6	640.1	12	363.7	596.5	21	60～64
468.9	179.2	12	305.7	500.4	1	442.1	711.7	1	152.0	0.0	1	410.6	728.1	8	65～69
396.8	662.0	2	697.8	0.0	2	-	-	-	-	-	-	253.0	244.0	0	70歳～
															女
250.4	615.1	310	311.3	768.7	188	286.9	886.5	144	311.6	1123.6	85	346.4	1060.5	62	学歴計
-	-	-	-	-	-	-	-	-	-	-	-	-	-	-	～19歳
-	-	-	-	-	-	-	-	-	-	-	-	-	-	-	20～24
199.3	484.4	3	-	-	-	-	-	-	-	-	-	-	-	-	25～29
240.5	593.8	34	231.2	585.3	1	-	-	-	-	-	-	-	-	-	30～34
253.7	814.7	50	260.8	922.1	40	225.5	533.8	2	-	-	-	-	-	-	35～39
240.9	659.4	46	300.8	955.8	35	312.3	965.0	50	277.5	1233.1	1	-	-	-	40～44
295.2	716.7	71	296.9	763.7	37	312.2	1129.9	25	339.9	1428.4	34	306.5	1120.0	3	45～49
240.9	567.2	45	298.4	877.7	28	298.6	1207.0	18	326.5	1074.9	26	387.3	1530.1	16	50～54
219.8	372.2	35	526.8	505.6	25	293.5	890.6	13	267.3	590.8	11	377.6	1626.2	20	55～59
226.9	357.2	20	213.3	320.4	15	224.9	383.6	12	258.7	1067.4	8	282.2	189.8	15	60～64
164.4	174.2	6	252.1	446.5	4	222.7	475.1	19	217.3	487.3	4	480.7	499.2	3	65～69
183.9	372.4	0	208.7	493.7	3	248.1	489.3	4	312.5	250.0	0	187.1	47.1	4	70歳～
244.8	518.7	159	333.6	608.9	80	261.7	759.0	73	295.5	1067.4	42	329.9	861.6	29	高校卒
-	-	-	-	-	-	-	-	-	-	-	-	-	-	-	～19歳
-	-	-	-	-	-	-	-	-	-	-	-	-	-	-	20～24
199.3	484.4	3	-	-	-	-	-	-	-	-	-	-	-	-	25～29
216.9	336.8	15	231.2	585.3	1	-	-	-	-	-	-	-	-	-	30～34
245.0	570.7	16	246.9	754.3	10	227.8	557.3	2	-	-	-	-	-	-	35～39
231.3	673.2	15	254.8	618.4	7	291.4	1099.4	14	277.5	1233.1	1	-	-	-	40～44
297.2	629.3	46	264.4	606.2	15	276.4	854.7	9	299.7	1319.2	15	306.5	1120.0	3	45～49
230.5	506.7	30	290.7	908.2	16	286.5	1132.3	11	331.8	1110.7	15	386.1	1481.4	9	50～54
220.9	490.5	15	617.7	375.9	18	288.9	692.2	10	252.5	650.1	6	282.0	1055.4	5	55～59
215.6	352.8	15	191.7	384.7	8	225.7	414.7	10	210.9	543.9	2	298.1	245.9	6	60～64
161.5	133.4	5	211.0	488.2	2	218.3	431.1	16	231.7	712.7	3	555.7	592.2	2	65～69
266.9	499.7	0	212.4	507.1	3	257.9	666.7	2	375.0	0.0	0	187.1	47.1	4	70歳～

第2表　年齢階級、勤続年数階級別所定内給与額

企業規模	10～99人
	計

K 不動産業，物品賃貸業

区分	勤続年数計			0年			1～2年			3～4年			5～9年		
	所定内給与額	年間賞与その他特別給与額	労働者数	所定内給与額	年間賞与その他特別給与額	労働者数	所定内給与額	年間賞与その他特別給与額	労働者数	所定内給与額	年間賞与その他特別給与額	労働者数	所定内給与額	年間賞与その他特別給与額	労働者数
	千円	千円	十人	千円	千円	十人	千円	千円	十人	千円	千円	十人	千円	千円	十人
高専・短大卒	**249.2**	**532.2**	**789**	**206.5**	**30.0**	**80**	**217.1**	**333.2**	**161**	**211.4**	**430.1**	**117**	**253.1**	**455.0**	**158**
～19歳	-	-	-	-	-	-	-	-	-	-	-	-	-	-	-
20～24	192.5	228.8	76	199.5	46.0	22	191.6	281.6	39	184.6	355.0	15	-	-	-
25～29	213.5	341.6	95	216.5	17.8	11	211.3	284.0	23	213.3	499.5	23	214.1	375.9	38
30～34	217.9	415.9	66	209.4	14.2	13	207.2	351.1	12	196.6	396.3	14	248.0	606.1	21
35～39	244.3	590.0	100	215.4	31.0	7	207.7	256.4	15	226.2	518.7	12	257.7	590.5	26
40～44	276.2	596.3	135	225.6	65.8	10	250.2	473.3	23	220.1	384.6	13	294.2	341.6	27
45～49	275.1	683.5	124	176.8	4.6	9	232.5	366.1	28	213.2	449.4	12	274.3	445.1	18
50～54	269.0	692.7	81	208.5	14.3	3	243.0	406.3	12	235.3	514.2	15	244.4	468.4	12
55～59	274.1	733.0	64	173.7	0.0	3	195.4	198.9	7	216.8	345.1	6	226.6	554.4	7
60～64	247.3	307.7	33	273.6	0.0	1	260.5	422.1	1	200.4	266.3	5	227.2	364.6	5
65～69	278.3	362.9	10	254.5	50.0	0	245.1	0.0	0	180.3	122.0	1	317.7	324.8	4
70歳～	238.0	304.5	4	-	-	-	-	-	-	130.0	150.0	1	427.5	0.0	0
大学・大学院卒	**249.1**	**498.9**	**710**	**220.5**	**20.9**	**122**	**231.5**	**328.1**	**216**	**247.1**	**568.2**	**119**	**262.9**	**700.8**	**129**
～19歳	-	-	-	-	-	-	-	-	-	-	-	-	-	-	-
20～24	217.9	212.2	111	208.9	10.0	53	226.4	403.0	57	206.8	0.0	0	-	-	-
25～29	223.9	430.3	168	209.1	36.3	27	225.3	311.1	52	226.7	559.2	65	229.9	787.4	23
30～34	250.0	437.5	131	213.8	9.8	17	243.4	256.0	44	236.5	491.2	21	269.3	693.7	37
35～39	261.1	688.6	82	273.5	78.2	9	237.1	495.4	18	259.6	883.2	9	273.8	522.9	22
40～44	266.9	571.3	98	262.5	5.2	12	247.0	312.3	18	267.4	666.9	12	257.7	637.2	22
45～49	294.4	952.6	48	185.0	0.0	2	208.2	290.8	5	265.1	563.7	5	270.2	907.0	12
50～54	336.6	805.0	26	267.0	38.3	2	224.4	651.1	3	623.8	241.4	3	272.1	894.8	6
55～59	223.7	382.5	31	-	-	-	152.6	24.0	15	225.1	318.4	2	312.8	694.5	6
60～64	271.8	713.0	9	-	-	-	289.1	48.7	2	253.7	663.9	0	181.4	360.0	0
65～69	447.7	613.0	5	-	-	-	563.1	702.2	3	-	-	-	-	-	-
70歳～	197.9	554.0	0	-	-	-	197.9	554.0	0	-	-	-	-	-	-
L学術研究，専門・技術サービス業															
企業規模計															
男女計	**382.8**	**1332.4**	**80 478**	**276.6**	**74.3**	**6 700**	**288.8**	**675.8**	**11 741**	**310.5**	**904.6**	**8 619**	**341.9**	**1180.9**	**14 462**
～19歳	180.9	183.6	414	174.6	25.2	222	188.2	367.4	191	-	-	-	-	-	-
20～24	216.3	386.1	4 478	221.7	21.8	1 593	216.7	537.3	2 085	202.2	652.6	540	209.7	851.7	260
25～29	264.2	767.6	9 328	254.9	63.7	1 466	256.7	697.5	3 067	269.8	994.4	2 509	276.9	1073.2	2 098
30～34	315.8	1039.3	10 117	313.4	104.4	822	293.8	672.7	1 855	313.1	920.1	1 510	325.6	1327.8	4 080
35～39	358.2	1246.2	10 145	292.3	70.1	650	307.9	678.2	1 352	341.3	1101.2	1 124	347.8	1171.7	2 386
40～44	409.2	1525.4	12 807	335.4	119.6	660	338.8	750.6	956	337.9	829.1	878	381.0	1321.4	1 912
45～49	448.7	1718.3	11 690	309.9	70.6	434	373.1	931.5	721	375.9	704.8	643	378.5	1222.5	1 333
50～54	507.1	1936.7	8 782	365.0	69.5	254	395.6	900.5	347	379.8	990.7	352	387.1	1006.1	810
55～59	506.3	1887.1	6 886	358.3	68.7	174	398.2	915.2	365	355.4	807.0	398	422.5	958.1	528
60～64	360.5	1058.7	4 129	314.2	282.4	286	355.5	582.3	576	345.1	779.7	535	386.0	974.6	479
65～69	335.7	705.4	1 387	290.3	99.2	129	329.7	328.2	190	286.7	450.4	103	353.4	854.1	473
70歳～	278.7	413.5	317	195.7	39.1	13	319.0	160.6	35	206.7	297.4	28	281.8	424.7	103
男															
学歴計	**414.5**	**1499.1**	**59 154**	**303.7**	**89.9**	**4 207**	**314.4**	**773.6**	**7 433**	**335.4**	**1008.9**	**5 723**	**365.9**	**1281.2**	**10 484**
～19歳	182.8	196.3	310	176.2	29.5	175	191.3	411.9	135	-	-	-	-	-	-
20～24	221.4	446.5	2 565	230.3	31.2	898	220.2	597.2	1 129	206.5	755.0	350	213.3	951.0	188
25～29	271.8	819.1	6 252	262.5	40.6	938	265.8	763.5	2 097	272.8	1034.5	1 644	288.0	1144.5	1 421
30～34	333.9	1154.4	6 909	352.4	139.0	475	312.3	713.9	1 141	338.7	1021.4	937	337.9	1407.4	3 077
35～39	387.6	1419.2	7 100	341.9	106.2	354	352.8	876.3	742	382.5	1366.7	754	372.4	1246.8	1 620
40～44	442.4	1699.3	9 359	381.0	157.1	447	414.6	990.1	496	383.4	878.2	548	419.0	1536.1	1 338
45～49	485.1	1900.1	8 879	365.7	96.5	247	436.9	1108.2	448	431.7	893.5	396	434.3	1427.6	877
50～54	542.6	2138.7	6 887	406.2	61.3	198	439.2	1096.8	243	464.7	1267.0	221	445.2	1199.1	530
55～59	538.2	2050.5	5 744	401.7	90.8	121	424.6	1056.5	300	401.1	974.3	278	459.9	1022.0	429
60～64	372.7	1102.0	3 601	338.9	311.1	241	370.2	642.3	498	347.5	814.9	479	396.8	1026.0	447
65～69	342.9	739.9	1 281	304.2	97.6	109	329.7	349.1	171	288.0	420.4	89	354.6	868.3	464
70歳～	287.3	379.4	267	276.5	107.1	5	334.6	100.7	32	207.5	293.3	28	293.8	356.3	93
高校卒	**336.5**	**1215.9**	**12 349**	**243.5**	**90.7**	**806**	**262.9**	**530.9**	**1 324**	**270.7**	**766.8**	**1 177**	**277.2**	**879.9**	**1 897**
～19歳	182.8	196.3	310	176.2	29.5	175	191.3	411.9	135	-	-	-	-	-	-
20～24	196.7	667.5	787	186.1	14.6	71	189.5	575.7	281	195.4	740.1	249	213.4	958.1	185
25～29	228.2	649.4	802	221.3	32.4	119	208.3	337.0	123	222.9	522.5	97	228.6	866.0	312
30～34	271.7	839.0	822	263.8	70.5	55	254.9	558.1	105	257.7	647.6	102	252.6	613.9	179
35～39	303.8	1075.9	984	277.3	64.6	24	260.8	518.4	83	310.1	741.9	140	282.4	923.6	236
40～44	360.5	1334.1	1 708	297.5	7.0	54	406.8	564.4	140	320.1	865.0	115	302.4	1028.5	227
45～49	384.3	1512.6	1 942	288.7	37.2	53	293.3	470.6	92	305.6	898.7	88	324.8	879.9	179
50～54	423.8	1681.1	1 704	283.0	19.6	61	330.9	522.5	68	333.6	754.7	69	345.8	1083.8	174
55～59	432.1	1674.2	1 469	268.3	195.4	33	331.7	795.8	86	321.1	807.0	105	355.9	854.3	106
60～64	291.7	1034.7	1 302	305.4	363.8	104	287.1	642.7	168	289.6	991.3	170	294.5	1048.6	135
65～69	265.3	545.7	393	267.3	165.1	57	255.9	204.9	30	243.8	400.9	24	237.2	537.3	133
70歳～	285.1	451.7	125	602.1	393.8	1	313.5	173.6	14	177.7	227.4	18	228.7	317.5	30

及び年間賞与その他特別給与額

L 学術研究，専門・技術サービス業

10～14年			15～19年			20～24年			25～29年			30年以上			区分
所定内給与額	年間賞与その他特別給与額	労働者数	所定内給与額	年間賞与その他特別給与額	労働者数	所定内給与額	年間賞与その他特別給与額	労働者数	所定内給与額	年間賞与その他特別給与額	労働者数	所定内給与額	年間賞与その他特別給与額	労働者数	
千円	千円	十人	千円	千円	十人	千円	千円	十人	千円	千円	十人	千円	千円	十人	
247.2	**614.2**	**90**	**302.0**	**859.7**	**75**	**306.8**	**1040.3**	**51**	**322.0**	**1124.2**	**28**	**369.3**	**1262.9**	**30**	**高専・短大卒**
−	−	−	−	−	−	−	−	−	−	−	−	−	−	−	～19歳
−	−	−	−	−	−	−	−	−	−	−	−	−	−	−	20～24
−	−	−	−	−	−	−	−	−	−	−	−	−	−	−	25～29
203.1	812.8	6	−	−	−	−	−	−	−	−	−	−	−	−	30～34
255.1	847.8	15	263.6	836.4	25	189.9	180.9	0	−	−	−	−	−	−	35～39
230.1	632.7	17	344.4	1023.8	16	312.7	966.9	28	−	−	−	−	−	−	40～44
288.3	785.6	20	338.0	894.3	15	313.7	1351.4	8	360.4	1440.0	15	−	−	−	45～49
248.0	545.7	12	308.6	1092.2	7	315.6	1328.5	7	293.6	641.1	6	391.3	1592.9	7	50～54
218.9	199.2	16	308.0	808.7	7	319.9	1271.0	2	270.1	904.9	3	421.1	1851.6	14	55～59
265.6	359.6	4	250.1	182.1	4	219.2	258.5	1	268.2	965.2	4	268.7	89.3	8	60～64
−	−	−	217.4	40.0	1	292.7	980.0	2	214.3	0.0	0	320.8	352.6	1	65～69
−	−	−	190.6	429.1	1	240.8	356.3	2	−	−	−	−	−	−	70歳～
272.7	**875.9**	**59**	**289.2**	**1021.5**	**30**	**340.5**	**1015.4**	**19**	**343.4**	**1325.4**	**15**	**281.0**	**1030.9**	**2**	**大学・大学院卒**
−	−	−	−	−	−	−	−	−	−	−	−	−	−	−	～19歳
−	−	−	−	−	−	−	−	−	−	−	−	−	−	−	20～24
−	−	−	−	−	−	−	−	−	−	−	−	−	−	−	25～29
288.2	806.3	12	−	−	−	−	−	−	−	−	−	−	−	−	30～34
259.7	989.1	19	274.5	1622.7	6	−	−	−	−	−	−	−	−	−	35～39
262.2	664.0	15	268.5	1056.1	12	345.0	740.1	8	−	−	−	−	−	−	40～44
304.2	1149.0	6	289.9	936.6	6	355.5	1227.7	8	407.3	1786.4	5	−	−	−	45～49
313.5	1248.0	3	346.4	348.5	3	335.6	1249.5	1	351.9	1515.4	5	−	−	−	50～54
244.1	672.5	3	358.7	810.6	1	315.3	2113.2	1	300.0	0.0	2	244.9	1238.0	1	55～59
246.8	426.0	1	273.1	498.2	1	224.3	251.0	1	285.9	1678.0	2	366.9	960.4	1	60～64
−	−	−	372.0	872.0	1	−	−	−	191.6	0.0	1	240.0	0.0	0	65～69
−	−	−	−	−	−	−	−	−	−	−	−	−	−	−	70歳～
															L 学術研究，専門・技術サービス業
															企業規模計
392.6	**1504.4**	**10 731**	**445.0**	**1909.1**	**6 923**	**471.5**	**1886.4**	**6 541**	**514.1**	**2202.6**	**6 941**	**510.7**	**2165.3**	**7 821**	**男女計**
−	−	−	−	−	−	−	−	−	−	−	−	−	−	−	～19歳
−	−	−	−	−	−	−	−	−	−	−	−	−	−	−	20～24
243.2	963.3	188	−	−	−	−	−	−	−	−	−	−	−	−	25～29
323.1	1296.2	1 703	274.6	1133.7	146	−	−	−	−	−	−	−	−	−	30～34
397.9	1644.0	3 192	382.8	1685.8	1 315	320.3	1452.3	126	−	−	−	−	−	−	35～39
417.5	1609.2	2 428	474.8	2110.6	3 324	416.0	1733.8	2 251	355.6	1652.8	399	−	−	−	40～44
418.6	1673.4	1 496	469.8	2003.3	1 071	514.8	2102.6	2 774	482.4	2132.1	2 900	436.9	1999.6	319	45～49
415.6	1343.7	843	464.5	1729.1	492	497.9	1928.0	821	585.9	2493.9	2 704	557.9	2410.2	2 159	50～54
449.8	1354.0	451	434.1	1721.1	330	525.8	1605.3	397	505.2	2008.1	739	566.7	2432.1	3 503	55～59
373.9	936.7	288	386.7	1252.8	161	360.6	1159.2	130	368.8	1197.1	172	362.2	1493.2	1 502	60～64
361.6	674.9	103	270.1	701.6	55	370.2	1364.0	34	227.3	434.0	25	357.8	1042.3	277	65～69
224.4	388.5	40	252.7	471.0	29	263.9	299.4	8	172.7	398.3	2	354.3	675.7	60	70歳～
															男
416.8	**1631.5**	**7 812**	**471.5**	**2045.4**	**5 474**	**488.0**	**1973.6**	**5 317**	**533.2**	**2333.0**	**5 763**	**524.9**	**2228.0**	**6 940**	**学歴計**
−	−	−	−	−	−	−	−	−	−	−	−	−	−	−	～19歳
−	−	−	−	−	−	−	−	−	−	−	−	−	−	−	20～24
252.2	1021.1	152	−	−	−	−	−	−	−	−	−	−	−	−	25～29
337.0	1425.0	1 172	293.3	1276.5	108	−	−	−	−	−	−	−	−	−	30～34
411.0	1725.0	2 546	405.5	1829.2	970	328.5	1515.7	113	−	−	−	−	−	−	35～39
444.9	1745.8	1 752	490.1	2193.5	2 779	435.2	1826.3	1 701	376.7	1824.4	299	−	−	−	40～44
458.8	1880.6	1 001	502.6	2169.8	869	525.8	2152.1	2 353	502.5	2215.5	2 401	450.3	2067.0	288	45～49
467.4	1561.2	525	518.5	1884.0	338	513.0	2015.8	707	590.7	2621.0	2 311	585.9	2533.6	1 815	50～54
521.1	1556.7	298	505.5	2119.0	238	534.7	1802.1	308	537.4	2177.9	626	581.8	2496.8	3 145	55～59
398.4	949.6	233	419.2	1145.9	99	394.0	1309.5	98	439.2	1375.4	112	366.0	1511.8	1 394	60～64
373.3	728.4	94	283.2	756.4	45	401.2	1398.6	29	227.5	565.5	14	364.6	1078.0	265	65～69
224.4	388.5	40	252.7	486.6	27	266.9	303.3	8	139.0	360.0	1	403.5	731.6	34	70歳～
323.1	**1114.5**	**1 329**	**325.0**	**1294.9**	**771**	**385.0**	**1622.5**	**1 068**	**403.7**	**1754.1**	**1 440**	**431.3**	**1942.5**	**2 538**	**高校卒**
−	−	−	−	−	−	−	−	−	−	−	−	−	−	−	～19歳
−	−	−	−	−	−	−	−	−	−	−	−	−	−	−	20～24
252.2	1025.7	151	−	−	−	−	−	−	−	−	−	−	−	−	25～29
288.9	1146.8	274	293.3	1276.5	108	−	−	−	−	−	−	−	−	−	30～34
325.1	1251.1	175	312.5	1419.2	217	328.5	1510.8	110	−	−	−	−	−	−	35～39
342.4	991.6	192	343.9	1261.0	161	391.4	1789.3	526	376.3	1817.3	292	−	−	−	40～44
353.2	1369.8	198	374.1	1434.5	118	396.3	1469.5	179	408.8	1812.8	759	448.2	2087.9	276	45～49
412.5	1299.6	160	340.8	1254.3	66	412.4	1763.4	126	425.2	1665.3	221	480.2	2245.2	761	50～54
386.7	934.8	60	398.0	1794.9	29	410.1	1490.3	75	432.8	1655.6	124	477.8	2094.6	852	55～59
261.7	535.5	80	239.4	697.6	39	317.3	625.3	35	338.1	1212.8	31	294.4	1410.1	541	60～64
239.9	669.7	26	231.0	711.4	17	256.5	518.7	10	236.8	591.1	11	334.9	897.3	86	65～69
246.7	599.7	15	269.1	441.9	18	271.8	316.0	7	139.0	360.0	1	473.0	950.0	22	70歳～

第2表　年齢階級、勤続年数階級別所定内給与額

企業規模	計

L 学 術 研 究，

区　分	勤続年数計			0　年			1 ～ 2 年			3 ～ 4 年			5 ～ 9 年		
	所定内給与額	年間賞与その他特別給与額	労働者数	所定内給与額	年間賞与その他特別給与額	労働者数	所定内給与額	年間賞与その他特別給与額	労働者数	所定内給与額	年間賞与その他特別給与額	労働者数	所定内給与額	年間賞与その他特別給与額	労働者数
	千円	千円	十人	千円	千円	十人	千円	千円	十人	千円	千円	十人	千円	千円	十人
高専・短大卒	**374.4**	**1217.0**	**6 593**	**265.4**	**77.9**	**311**	**279.2**	**599.2**	**687**	**287.1**	**717.5**	**703**	**327.3**	**973.0**	**1 116**
～ 19歳	-	-	-	-	-	-	-	-	-	-	-	-	-	-	-
20 ～ 24	214.9	497.1	432	198.2	63.9	132	216.1	633.8	198	234.6	798.5	100	208.5	516.2	3
25 ～ 29	248.2	784.9	597	231.5	48.6	58	241.6	654.6	123	227.2	731.7	147	266.3	1035.9	268
30 ～ 34	273.7	944.1	628	326.6	119.2	27	258.3	561.5	82	261.3	778.0	76	268.4	913.5	184
35 ～ 39	318.7	921.4	760	299.6	3.7	13	269.2	360.6	91	267.8	688.4	95	319.1	806.5	195
40 ～ 44	380.7	1258.3	1 317	354.9	36.5	29	319.7	1088.8	37	353.3	481.1	94	377.0	1259.4	196
45 ～ 49	435.8	1546.0	1 191	310.4	24.3	10	437.6	501.5	79	327.6	776.1	64	371.3	1064.6	117
50 ～ 54	509.8	1636.8	782	494.9	9.0	21	324.7	631.1	16	428.6	1059.6	49	435.4	945.0	59
55 ～ 59	503.1	1725.0	543	302.9	67.5	13	415.9	991.6	23	316.6	1025.7	26	437.1	734.2	57
60 ～ 64	365.7	1036.1	290	325.4	1098.9	7	352.4	441.9	29	318.8	383.8	49	443.4	235.3	21
65 ～ 69	290.5	682.1	44	234.3	0.0	1	258.5	190.0	9	201.2	75.0	2	290.7	617.2	10
70歳～	260.7	275.3	10	-	-	-	180.0	0.0	1	188.9	50.0	1	247.3	229.0	6
大学・大学院卒	**446.0**	**1637.9**	**39 959**	**324.1**	**89.9**	**3 061**	**332.1**	**858.3**	**5 384**	**364.5**	**1139.6**	**3 825**	**395.8**	**1437.8**	**7 396**
～ 19歳	-	-	-	-	-	-	-	-	-	-	-	-	-	-	-
20 ～ 24	238.0	302.2	1 338	240.9	26.9	690	234.9	595.2	648	194.5	392.5	0	-	-	-
25 ～ 29	282.1	852.3	4 838	271.3	41.4	759	271.3	799.6	1 850	281.0	1101.5	1 400	317.8	1291.4	829
30 ～ 34	350.4	1228.5	5 443	366.9	150.4	392	323.3	743.9	952	358.1	1104.2	752	348.3	1495.0	2 710
35 ～ 39	413.5	1557.6	5 333	348.6	113.7	317	380.5	1015.8	565	423.7	1662.2	518	401.1	1395.1	1 175
40 ～ 44	478.4	1896.2	6 306	395.5	189.1	363	433.8	1199.8	309	413.9	991.3	337	460.6	1739.1	902
45 ～ 49	530.1	2109.3	5 728	392.0	118.4	182	487.4	1511.0	273	504.8	922.6	244	483.0	1686.5	574
50 ～ 54	595.8	2411.3	4 378	460.6	94.6	114	498.1	1398.7	159	574.3	1722.4	102	508.8	1320.4	294
55 ～ 59	586.9	2256.3	3 700	485.9	19.8	71	467.6	1184.4	190	471.2	1090.2	146	506.3	1151.2	265
60 ～ 64	429.0	1151.8	1 966	368.9	209.4	126	420.9	654.3	297	391.3	782.1	259	444.7	1074.4	285
65 ～ 69	388.3	842.0	812	372.9	26.8	45	360.8	392.8	125	314.6	453.1	60	407.4	1006.6	314
70歳～	303.8	318.8	118	238.5	98.6	2	363.7	48.3	17	274.3	460.0	8	367.9	389.9	46
女															
学歴計	**294.8**	**869.8**	**21 324**	**230.8**	**48.1**	**2 493**	**244.5**	**507.0**	**4 309**	**261.2**	**698.5**	**2 896**	**278.6**	**916.4**	**3 977**
～ 19歳	175.3	145.4	104	169.0	9.1	47	180.7	260.4	56	-	-	-	-	-	-
20 ～ 24	209.6	305.0	1 913	210.7	9.6	695	212.5	466.7	957	194.3	463.3	190	200.3	591.5	72
25 ～ 29	248.7	662.9	3 076	241.3	104.8	527	237.1	554.8	970	264.1	918.0	865	253.6	923.6	677
30 ～ 34	276.6	791.5	3 208	260.0	57.1	347	264.2	607.1	714	271.4	754.7	574	288.0	1083.2	1 003
35 ～ 39	289.7	842.8	3 045	233.0	26.9	296	253.3	437.1	610	257.2	559.3	370	295.9	1012.7	766
40 ～ 44	318.9	1053.2	3 448	240.0	41.0	213	256.9	491.7	459	262.5	747.6	330	292.2	820.2	573
45 ～ 49	333.8	1144.0	2 812	236.1	36.3	187	268.8	642.8	274	286.2	401.6	246	271.4	828.7	456
50 ～ 54	378.1	1202.1	1 894	220.1	98.3	56	292.8	438.3	103	237.1	526.3	131	277.0	640.6	280
55 ～ 59	345.4	1065.3	1 142	258.4	17.6	53	275.8	260.5	65	249.7	420.3	120	261.3	681.9	99
60 ～ 64	277.0	762.9	527	180.7	126.8	45	261.5	200.6	78	325.0	476.7	56	232.5	249.2	32
65 ～ 69	248.9	290.1	106	212.0	107.9	19	329.8	138.8	19	278.0	646.5	14	290.5	144.1	9
70歳～	233.2	595.5	50	149.3	0.0	8	154.6	794.2	3	135.0	675.0	0	170.5	1061.0	10
高校卒	**236.8**	**648.3**	**4 490**	**178.9**	**12.7**	**410**	**196.2**	**292.4**	**778**	**213.2**	**513.1**	**507**	**220.0**	**527.8**	**792**
～ 19歳	175.3	145.4	104	169.0	9.1	47	180.7	260.4	56	-	-	-	-	-	-
20 ～ 24	186.4	416.9	400	171.9	8.0	46	175.8	390.1	168	200.0	504.7	118	198.9	608.1	68
25 ～ 29	202.0	447.8	310	209.4	0.0	41	174.9	247.0	82	226.6	502.2	37	209.5	645.1	114
30 ～ 34	210.0	493.1	417	178.8	18.4	21	202.1	353.7	99	207.0	596.3	95	212.5	382.5	105
35 ～ 39	214.6	386.3	443	187.6	22.3	57	188.2	179.4	114	227.4	238.0	41	221.0	518.3	100
40 ～ 44	239.4	618.4	703	163.3	22.4	70	232.8	168.6	100	208.8	509.8	44	217.2	401.2	135
45 ～ 49	254.7	771.1	752	198.2	14.0	60	219.7	432.3	77	215.4	378.9	51	215.0	501.8	125
50 ～ 54	280.7	1027.8	585	154.7	7.5	12	177.2	205.8	15	210.2	578.3	73	258.4	785.0	87
55 ～ 59	278.4	918.8	470	181.2	14.3	18	212.6	343.4	29	260.0	825.8	33	241.0	592.6	34
60 ～ 64	232.1	610.1	237	163.4	0.0	29	219.2	212.3	32	205.8	322.7	13	213.1	242.4	17
65 ～ 69	201.6	215.5	47	151.5	0.0	5	184.3	255.6	4	163.7	20.0	2	269.7	200.0	7
70歳～	256.7	491.0	23	140.0	0.0	4	-	-	-	135.0	675.0	0	-	-	-
高専・短大卒	**262.9**	**708.8**	**4 667**	**202.4**	**39.7**	**464**	**218.2**	**353.7**	**911**	**222.4**	**398.9**	**520**	**239.3**	**709.4**	**824**
～ 19歳	-	-	-	-	-	-	-	-	-	-	-	-	-	-	-
20 ～ 24	187.1	247.2	430	178.4	6.6	133	192.8	343.8	224	185.0	395.8	72	199.0	0.0	1
25 ～ 29	209.8	571.5	457	184.8	33.4	51	210.7	520.1	153	203.3	484.7	70	218.3	795.7	184
30 ～ 34	229.0	436.2	448	225.8	48.1	38	207.8	216.0	97	223.8	253.2	79	231.5	661.0	105
35 ～ 39	242.7	600.4	586	215.0	41.0	69	236.3	398.0	163	221.7	520.4	46	237.1	624.6	135
40 ～ 44	275.6	855.1	959	215.7	11.5	56	247.3	339.0	123	229.5	442.9	90	259.7	812.2	147
45 ～ 49	294.0	927.7	847	216.3	39.1	68	216.8	233.6	93	263.9	374.2	73	261.2	660.3	131
50 ～ 54	323.7	822.4	480	172.2	18.6	21	252.2	446.4	21	252.1	496.6	36	247.6	670.6	83
55 ～ 59	324.6	936.6	302	212.2	25.1	12	263.3	138.0	15	196.4	355.7	36	210.6	416.1	25
60 ～ 64	254.6	766.6	111	315.5	1051.2	5	224.4	143.2	9	231.4	199.4	19	213.1	617.1	4
65 ～ 69	247.4	262.3	24	255.8	159.4	10	229.4	145.9	11	-	-	-	-	-	-
70歳～	207.0	819.2	21	-	-	-	154.6	794.2	3	-	-	-	170.5	1061.0	10

及び年間賞与その他特別給与額

専門・技術サービス業

10～14年 所定内給与額	10～14年 年間賞与その他特別給与額	10～14年 労働者数	15～19年 所定内給与額	15～19年 年間賞与その他特別給与額	15～19年 労働者数	20～24年 所定内給与額	20～24年 年間賞与その他特別給与額	20～24年 労働者数	25～29年 所定内給与額	25～29年 年間賞与その他特別給与額	25～29年 労働者数	30年以上 所定内給与額	30年以上 年間賞与その他特別給与額	30年以上 労働者数	区分
千円	千円	十人	千円	千円	十人	千円	千円	十人	千円	千円	十人	千円	千円	十人	
339.1	**1146.2**	**900**	**396.2**	**1270.2**	**616**	**412.4**	**1529.3**	**705**	**489.9**	**1983.5**	**750**	**520.9**	**2008.8**	**805**	**高専・短大卒**
-	-	-	-	-	-	-	-	-	-	-	-	-	-	-	～ 19歳
-	-	-	-	-	-	-	-	-	-	-	-	-	-	-	20 ～ 24
257.3	240.0	1	-	-	-	-	-	-	-	-	-	-	-	-	25 ～ 29
280.4	1221.1	259	-	-	-	-	-	-	-	-	-	-	-	-	30 ～ 34
338.5	1089.3	176	350.2	1324.3	188	337.4	1773.2	2	-	-	-	-	-	-	35 ～ 39
360.7	1172.4	223	406.9	1239.1	316	386.3	1581.6	416	403.7	2205.5	6	-	-	-	40 ～ 44
391.3	1230.4	148	461.5	1323.0	65	447.0	1479.0	162	471.0	2057.9	540	392.6	1352.7	6	45 ～ 49
427.2	1258.1	44	484.0	1464.2	24	439.9	1239.0	93	574.2	1806.5	165	547.2	2112.7	312	50 ～ 54
325.7	600.5	31	329.2	450.1	18	420.1	937.4	13	416.5	1781.7	36	583.1	2275.0	326	55 ～ 59
325.2	310.0	16	464.0	3264.8	3	623.9	3183.3	15	329.3	407.6	3	350.6	1307.9	146	60 ～ 64
191.8	0.0	1	364.2	1440.0	2	283.6	113.7	4	-	-	-	326.0	1248.5	15	65 ～ 69
242.9	685.7	2	-	-	-	-	-	-	-	-	-	600.0	0.0	1	70歳～
452.3	**1838.3**	**5 557**	**510.8**	**2305.9**	**4 079**	**534.3**	**2170.0**	**3 539**	**594.7**	**2641.6**	**3 570**	**594.5**	**2488.4**	**3 549**	**大学・大学院卒**
-	-	-	-	-	-	-	-	-	-	-	-	-	-	-	～ 19歳
-	-	-	-	-	-	-	-	-	-	-	-	-	-	-	20 ～ 24
-	-	-	-	-	-	-	-	-	-	-	-	-	-	-	25 ～ 29
380.8	1628.0	638	-	-	-	-	-	-	-	-	-	-	-	-	30 ～ 34
423.7	1814.1	2 194	459.7	2155.0	564	-	-	-	-	-	-	-	-	-	35 ～ 39
473.9	1953.3	1 334	511.8	2390.2	2 302	492.5	1988.0	758	323.2	1169.7	0	-	-	-	40 ～ 44
506.4	2184.5	654	529.6	2382.1	682	543.6	2266.6	2 013	582.6	2570.1	1 102	670.3	1815.5	5	45 ～ 49
503.0	1742.6	316	568.8	2090.7	249	552.8	2228.9	488	611.3	2802.0	1 923	712.7	3014.6	734	50 ～ 54
596.9	1922.8	203	540.5	2336.8	190	587.6	1978.0	217	575.4	2350.7	464	628.1	2715.6	1 952	55 ～ 59
495.7	1296.7	131	547.2	1324.0	55	376.2	1208.5	48	484.0	1480.0	78	426.5	1628.1	688	60 ～ 64
438.2	724.8	63	310.1	738.7	27	544.4	2398.3	14	188.9	695.9	2	386.9	1172.5	160	65 ～ 69
208.6	226.9	23	223.2	567.1	10	150.0	0.0	0	-	-	-	253.4	344.9	11	70歳～
															女
327.8	**1164.1**	**2 919**	**345.2**	**1394.3**	**1 449**	**400.0**	**1507.0**	**1 223**	**420.5**	**1564.1**	**1 178**	**398.6**	**1671.0**	**881**	**学歴計**
-	-	-	-	-	-	-	-	-	-	-	-	-	-	-	～ 19歳
-	-	-	-	-	-	-	-	-	-	-	-	-	-	-	20 ～ 24
206.0	723.5	37	-	-	-	-	-	-	-	-	-	-	-	-	25 ～ 29
292.5	1012.3	532	222.7	736.4	39	-	-	-	-	-	-	-	-	-	30 ～ 34
346.3	1324.9	646	318.8	1282.4	345	247.3	889.3	13	-	-	-	-	-	-	35 ～ 39
346.4	1255.2	676	396.5	1687.6	545	356.8	1447.5	550	293.1	1145.2	101	-	-	-	40 ～ 44
337.2	1254.7	495	328.5	1287.4	202	453.1	1826.1	421	385.8	1730.8	499	315.1	1387.1	32	45 ～ 49
329.9	984.4	318	346.2	1389.3	154	404.8	1384.3	114	557.8	1746.8	393	410.5	1760.3	345	50 ～ 54
309.9	956.3	152	249.6	692.6	92	495.0	924.0	89	327.3	1070.5	113	434.5	1863.3	358	55 ～ 59
271.3	882.5	55	334.6	1424.0	62	257.2	693.8	32	237.7	865.1	60	313.7	1253.2	108	60 ～ 64
227.8	59.3	8	206.2	433.8	9	178.2	1150.0	5	227.1	262.2	11	211.1	267.4	12	65 ～ 69
-	-	-	252.1	142.3	1	150.0	150.0	0	240.0	475.0	1	291.7	604.5	27	70歳～
237.9	**690.4**	**523**	**246.1**	**763.5**	**336**	**267.8**	**919.9**	**296**	**302.4**	**1195.2**	**438**	**331.5**	**1429.8**	**411**	**高校卒**
-	-	-	-	-	-	-	-	-	-	-	-	-	-	-	～ 19歳
-	-	-	-	-	-	-	-	-	-	-	-	-	-	-	20 ～ 24
206.0	723.5	37	-	-	-	-	-	-	-	-	-	-	-	-	25 ～ 29
227.6	736.4	62	220.4	783.6	36	-	-	-	-	-	-	-	-	-	30 ～ 34
210.2	499.3	49	260.3	750.4	69	247.3	889.3	13	-	-	-	-	-	-	35 ～ 39
204.8	522.2	67	254.7	628.2	33	285.0	1110.0	155	291.1	1136.6	99	-	-	-	40 ～ 44
256.4	741.5	120	248.5	817.4	39	260.6	665.6	53	309.9	1346.2	197	316.4	1391.2	31	45 ～ 49
246.4	739.6	93	251.1	989.9	62	268.5	752.4	29	371.2	1516.8	54	347.8	1590.2	160	50 ～ 54
236.2	536.1	51	227.7	513.1	59	250.5	765.4	29	285.4	951.4	55	347.7	1500.2	161	55 ～ 59
304.1	1179.6	38	277.5	1039.3	31	178.0	326.5	12	215.0	466.9	28	234.8	970.1	37	60 ～ 64
231.9	49.3	8	168.3	103.9	7	178.2	1150.0	5	205.3	87.0	7	203.3	164.6	4	65 ～ 69
-	-	-	174.8	144.5	1	150.0	150.0	0	-	-	-	292.6	628.9	17	70歳～
287.3	**786.0**	**711**	**279.9**	**1049.2**	**282**	**318.7**	**1316.9**	**389**	**368.5**	**1377.8**	**371**	**397.6**	**1522.9**	**195**	**高専・短大卒**
-	-	-	-	-	-	-	-	-	-	-	-	-	-	-	～ 19歳
-	-	-	-	-	-	-	-	-	-	-	-	-	-	-	20 ～ 24
-	-	-	-	-	-	-	-	-	-	-	-	-	-	-	25 ～ 29
247.1	645.1	130	221.5	200.0	1	-	-	-	-	-	-	-	-	-	30 ～ 34
249.1	799.3	71	284.4	1167.2	102	-	-	-	-	-	-	-	-	-	35 ～ 39
284.8	867.2	215	288.1	1087.1	89	318.4	1403.1	239	243.6	340.0	0	-	-	-	40 ～ 44
336.1	853.8	140	264.4	704.7	44	295.7	1478.0	80	359.3	1734.8	218	226.0	1105.0	0	45 ～ 49
257.2	595.8	74	272.6	1026.0	32	385.1	1019.8	46	447.6	818.6	93	401.9	1501.5	74	50 ～ 54
356.8	947.6	68	254.8	656.4	11	270.2	474.2	24	313.4	888.9	35	456.0	1880.9	76	55 ～ 59
218.0	253.4	12	300.1	3030.5	3	217.8	1515.7	0	232.5	1034.8	23	294.8	1047.1	35	60 ～ 64
-	-	-	-	-	-	-	-	-	277.0	1697.4	1	284.9	796.2	2	65 ～ 69
-	-	-	-	-	-	-	-	-	240.0	475.0	1	279.7	509.5	7	70歳～

第2表　年齢階級、勤続年数階級別所定内給与額

企業規模	計
	1,000人以上

L 学 術 研 究，

区分	勤続年数計			0　年			1～2年			3～4年			5～9年		
	所定内給与額	年間賞与その他特別給与額	労働者数	所定内給与額	年間賞与その他特別給与額	労働者数	所定内給与額	年間賞与その他特別給与額	労働者数	所定内給与額	年間賞与その他特別給与額	労働者数	所定内給与額	年間賞与その他特別給与額	労働者数
	千円	千円	十人	千円	千円	十人	千円	千円	十人	千円	千円	十人	千円	千円	十人
大学・大学院卒	**329.0**	**1018.4**	**12 068**	**253.2**	**60.3**	**1 597**	**268.1**	**625.5**	**2 612**	**285.4**	**833.0**	**1 855**	**312.2**	**1119.6**	**2 351**
～19歳	-	-	-	-	-	-	-	-	-	-	-	-	-	-	-
20～24	227.2	287.6	1 078	222.5	10.6	513	231.3	540.0	562	-	-	-	239.9	374.0	3
25～29	262.7	710.1	2 301	251.1	123.6	434	249.6	596.5	735	271.5	977.8	757	284.1	1070.5	375
30～34	297.7	914.3	2 337	270.5	61.4	287	286.6	728.6	518	296.3	893.9	399	305.3	1231.1	792
35～39	320.4	1016.1	1 998	255.5	22.6	170	284.0	551.1	329	268.2	604.6	273	325.6	1204.2	527
40～44	373.6	1332.0	1 783	319.9	75.9	86	272.4	709.9	235	289.7	940.8	196	343.1	1017.6	292
45～49	410.7	1527.0	1 212	298.1	55.8	59	351.6	1163.3	104	328.5	427.1	123	313.4	1143.2	200
50～54	484.4	1601.1	795	302.1	227.0	22	332.4	469.3	67	309.6	418.0	21	315.1	508.2	108
55～59	451.2	1361.8	363	347.4	16.4	22	375.2	231.6	21	280.9	205.4	51	310.3	923.5	40
60～64	364.6	1015.8	167	171.2	20.4	4	307.4	205.1	37	472.3	799.6	23	269.2	139.3	11
65～69	335.6	464.7	31	450.7	1249.3	0	750.0	0.0	4	293.3	730.1	12	344.1	0.0	3
70歳～	344.6	657.8	3	-	-	-	-	-	-	-	-	-	-	-	-
企業規模1,000人以上															
男女計	**447.2**	**1820.1**	**33 938**	**319.5**	**90.1**	**2 399**	**326.5**	**915.4**	**4 094**	**342.8**	**1197.4**	**2 913**	**375.0**	**1534.9**	**5 413**
～19歳	174.1	172.0	140	171.5	51.3	100	180.7	471.3	40	-	-	-	-	-	-
20～24	234.0	518.7	1 316	253.0	32.3	467	228.4	731.4	581	213.6	879.4	149	212.7	938.1	119
25～29	295.5	1030.0	3 824	285.1	79.7	551	285.3	907.5	1 267	297.9	1343.8	1 073	318.6	1416.5	853
30～34	356.8	1329.4	4 503	378.6	129.0	344	347.3	868.3	705	356.6	1164.8	630	360.4	1632.3	2 050
35～39	420.0	1740.6	3 948	327.8	73.5	201	380.2	1066.7	492	423.6	1521.7	343	396.4	1606.0	706
40～44	476.9	2069.9	5 216	383.3	159.8	268	370.1	1007.3	257	413.2	990.6	176	427.0	1775.1	613
45～49	521.5	2246.2	5 217	336.2	45.8	172	408.7	1230.0	227	446.8	905.8	137	450.2	1673.9	321
50～54	595.5	2568.8	4 182	405.4	8.6	106	447.0	1372.4	133	370.9	1125.7	54	420.1	1140.3	192
55～59	565.1	2476.4	3 426	473.1	137.8	61	431.4	1090.4	143	336.5	1000.2	97	412.8	1267.7	135
60～64	375.5	1269.2	1 621	350.5	292.3	111	356.9	552.7	184	364.4	821.1	227	429.8	1410.5	194
65～69	379.5	901.7	494	367.8	29.2	17	456.9	738.0	51	302.7	723.7	22	375.4	1007.2	202
70歳～	384.4	436.7	50	-	-	-	405.3	0.0	12	184.5	0.0	5	438.2	553.0	28
男															
学歴計	**468.1**	**1968.0**	**27 421**	**336.3**	**101.1**	**1 734**	**344.9**	**1027.5**	**2 960**	**363.2**	**1322.9**	**2 070**	**390.3**	**1634.2**	**4 371**
～19歳	175.1	171.7	121	172.7	55.1	88	181.5	473.9	34	-	-	-	-	-	-
20～24	237.3	553.8	916	262,0	44.2	320	230.5	761.9	372	215.1	891.3	129	210.3	1003.1	94
25～29	297.3	1044.5	2 880	287.3	72.1	402	287.1	937.5	1 036	297.0	1347.7	746	326.2	1470.3	626
30～34	368.4	1444.4	3 462	397.5	131.6	227	360.8	937.9	495	388.1	1335.9	411	366.5	1695.3	1 713
35～39	436.0	1875.4	3 170	358.7	80.4	135	435.7	1383.3	308	458.4	1813.5	275	400.1	1628.4	584
40～44	501.8	2265.9	4 065	410.8	211.4	189	434.5	1289.0	149	463.1	1257.9	128	483.1	2216.7	441
45～49	547.5	2428.8	4 274	389.6	54.3	102	485.0	1672.3	147	513.7	1269.9	83	492.1	1891.8	255
50～54	617.2	2728.3	3 509	443.0	4.8	91	552.7	2159.4	70	514.2	1878.7	31	484.0	1381.4	133
55～59	589.6	2637.6	2 981	488.2	146.5	58	467.7	1288.3	118	464.3	1286.3	50	457.6	1353.7	101
60～64	382.1	1311.6	1 515	357.9	302.7	107	368.1	586.1	172	360.3	861.8	193	429.8	1410.5	194
65～69	380.2	930.3	477	380.6	0.0	16	432.2	800.3	47	285.5	795.0	20	375.4	1007.2	202
70歳～	383.2	437.9	50	-	-	-	405.3	0.0	12	184.5	0.0	5	438.2	553.0	28
高校卒	**366.6**	**1631.4**	**4 873**	**253.8**	**68.0**	**282**	**253.2**	**823.6**	**317**	**276.7**	**964.3**	**309**	**276.4**	**1108.3**	**550**
～19歳	175.1	171.7	121	172.7	55.1	88	181.5	473.9	34	-	-	-	-	-	-
20～24	200.2	843.0	291	206.0	0.0	4	194.8	771.5	104	195.4	796.5	89	210.3	1003.1	94
25～29	235.0	881.7	257	224.6	39.7	45	218.6	564.3	18	257.4	778.8	10	231.0	1092.3	113
30～34	290.2	1106.1	341	298.0	66.5	22	285.6	846.9	15	272.3	875.1	42	268.6	786.7	56
35～39	323.8	1371.6	362	400.5	0.0	3	280.4	635.9	23	329.1	810.7	32	294.6	1124.1	92
40～44	385.8	1820.3	602	413.0	0.0	4	305.8	1005.9	27	408.0	1129.0	26	372.8	1695.5	44
45～49	429.0	2078.1	795	305.6	0.7	22	253.3	413.3	11	301.4	1021.1	6	355.2	1049.4	23
50～54	470.2	2147.6	672	294.7	0.0	22	282.1	1092.4	8	254.2	265.2	4	346.7	1037.2	60
55～59	469.6	2124.7	720	265.0	653.2	8	425.2	1439.0	24	440.9	1199.6	18	304.5	1133.9	12
60～64	287.7	1261.3	621	324.9	106.2	56	293.3	978.2	54	277.1	1297.7	73	288.3	1295.5	32
65～69	274.2	889.1	81	315.7	0.0	9	-	-	-	254.7	844.0	5	241.2	1181.1	24
70歳～	204.7	671.4	10	-	-	-	-	-	-	184.5	0.0	5	-	-	-
高専・短大卒	**438.4**	**1738.8**	**2 054**	**293.0**	**168.7**	**88**	**262.2**	**771.9**	**158**	**280.1**	**986.4**	**182**	**313.9**	**1228.0**	**232**
～19歳	-	-	-	-	-	-	-	-	-	-	-	-	-	-	-
20～24	235.7	698.9	159	211.5	99.7	44	237.6	834.8	75	258.6	1101.6	40	-	-	-
25～29	249.6	996.4	178	222.4	40.6	5	264.1	960.2	34	206.8	823.5	49	268.9	1158.2	90
30～34	294.1	1217.2	199	451.9	292.2	11	286.9	626.5	15	269.6	1063.9	36	277.7	1225.9	45
35～39	368.1	1448.7	170	313.1	0.0	4	235.2	731.7	12	262.8	969.2	8	296.3	997.4	18
40～44	426.6	1746.6	304	342.0	0.0	6	360.1	349.7	4	429.4	1060.2	12	409.9	1540.8	40
45～49	518.1	2244.8	341	356.8	0.0	2	320.1	1396.7	3	395.4	1285.7	17	329.0	1311.9	14
50～54	600.2	2216.1	322	465.5	0.0	10	-	-	-	470.5	1501.7	6	482.9	3258.6	1
55～59	596.2	2395.5	264	273.2	0.0	4	277.8	747.9	4	519.0	3958.0	0	389.1	1088.3	23
60～64	344.7	1264.9	110	324.0	3518.8	2	355.3	83.9	12	280.8	372.5	14	437.0	0.0	1
65～69	368.9	1856.2	8	-	-	-	375.0	0.0	1	-	-	-	-	-	-
70歳～	-	-	-	-	-	-	-	-	-	-	-	-	-	-	-

及び年間賞与その他特別給与額

専門・技術サービス業

区分	10～14年 所定内給与額	10～14年 年間賞与その他特別給与額	10～14年 労働者数	15～19年 所定内給与額	15～19年 年間賞与その他特別給与額	15～19年 労働者数	20～24年 所定内給与額	20～24年 年間賞与その他特別給与額	20～24年 労働者数	25～29年 所定内給与額	25～29年 年間賞与その他特別給与額	25～29年 労働者数	30年以上 所定内給与額	30年以上 年間賞与その他特別給与額	30年以上 労働者数
	千円	千円	十人	千円	千円	十人	千円	千円	十人	千円	千円	十人	千円	千円	十人
大学・大学院卒	**373.5**	**1476.2**	**1 678**	**408.2**	**1773.1**	**828**	**534.9**	**1980.4**	**533**	**614.0**	**2193.2**	**368**	**514.2**	**2332.8**	**246**
～19歳	-	-	-	-	-	-	-	-	-	-	-	-	-	-	-
20～24	-	-	-	-	-	-	-	-	-	-	-	-	-	-	-
25～29	-	-	-	-	-	-	-	-	-	-	-	-	-	-	-
30～34	321.5	1202.1	340	-	-	-	-	-	-	-	-	-	-	-	-
35～39	372.3	1473.4	525	362.3	1561.9	174	-	-	-	-	-	-	-	-	-
40～44	404.1	1591.3	394	430.2	1895.0	423	487.6	1852.3	156	401.3	1727.5	2	-	-	-
45～49	379.2	1755.5	235	378.4	1657.2	119	532.4	2136.6	287	631.0	2616.8	84	-	-	-
50～54	423.9	1367.7	146	483.6	1995.5	60	532.5	2302.8	39	639.7	2145.7	247	541.9	2733.4	85
55～59	325.5	1611.8	33	317.6	1261.2	21	848.9	1366.1	36	451.3	1644.1	23	545.0	2362.3	117
60～64	166.1	157.4	4	399.4	1686.6	28	344.8	1018.1	16	331.9	1742.2	8	414.8	1754.5	36
65～69	-	-	-	309.5	1331.1	3	-	-	-	256.9	299.6	4	185.9	119.5	6
70歳～	-	-	-	677.0	130.0	0	-	-	-	-	-	-	318.0	700.0	3
企業規模1,000人以上															
男女計	**448.4**	**1993.5**	**4 238**	**509.9**	**2460.1**	**3 305**	**540.3**	**2384.9**	**3 046**	**570.4**	**2629.4**	**4 032**	**559.0**	**2571.1**	**4 499**
～19歳	-	-	-	-	-	-	-	-	-	-	-	-	-	-	-
20～24	-	-	-	-	-	-	-	-	-	-	-	-	-	-	-
25～29	248.7	1191.5	80	-	-	-	-	-	-	-	-	-	-	-	-
30～34	353.1	1631.2	705	282.7	1436.0	69	-	-	-	-	-	-	-	-	-
35～39	449.7	2131.5	1 565	437.0	2117.3	594	349.7	1786.7	46	-	-	-	-	-	-
40～44	488.8	2154.6	928	540.6	2666.0	1 816	463.3	2104.1	950	383.3	1892.6	208	-	-	-
45～49	502.5	2279.1	516	549.5	2429.0	463	582.3	2570.8	1 458	525.9	2466.4	1 733	475.3	2347.0	190
50～54	506.3	1831.3	217	516.5	2249.8	163	575.1	2593.3	405	643.0	2958.5	1 652	633.3	2840.3	1 260
55～59	462.0	1556.9	122	500.7	2808.5	131	617.7	2243.3	164	577.8	2535.8	376	599.4	2810.0	2 197
60～64	466.3	1311.8	55	337.0	1490.3	39	295.5	825.3	19	518.4	1672.3	51	360.7	1662.0	742
65～69	456.4	609.1	48	233.6	462.3	27	240.7	457.8	5	240.7	605.3	12	391.1	1246.6	109
70歳～	-	-	-	291.9	838.5	3	-	-	-	-	-	-	188.5	1401.6	3
男															
学歴計	**460.3**	**2100.5**	**3 453**	**526.7**	**2595.8**	**2 792**	**553.0**	**2510.7**	**2 452**	**578.6**	**2710.8**	**3 533**	**570.4**	**2621.3**	**4 056**
～19歳	-	-	-	-	-	-	-	-	-	-	-	-	-	-	-
20～24	-	-	-	-	-	-	-	-	-	-	-	-	-	-	-
25～29	249.0	1174.7	71	-	-	-	-	-	-	-	-	-	-	-	-
30～34	362.8	1729.4	557	292.6	1525.3	59	-	-	-	-	-	-	-	-	-
35～39	451.0	2146.7	1 353	454.9	2281.0	471	350.8	1800.7	45	-	-	-	-	-	-
40～44	500.4	2242.9	750	547.4	2752.4	1 567	482.5	2239.7	672	400.3	2005.6	168	-	-	-
45～49	535.0	2561.6	403	567.2	2530.6	424	593.0	2681.4	1 215	543.7	2555.2	1 470	485.9	2412.1	175
50～54	528.6	2225.0	139	559.8	2387.0	113	579.6	2604.7	374	634.8	3017.4	1 484	661.8	2932.0	1 074
55～59	556.4	2023.0	91	570.3	3394.8	105	559.0	2463.6	130	588.6	2595.0	352	614.5	2897.5	1 977
60～64	536.8	1534.8	43	400.3	2008.5	29	412.3	1236.0	10	531.6	1728.2	49	361.5	1660.7	719
65～69	467.8	629.1	46	248.5	545.0	22	240.7	457.8	5	242.1	731.9	10	391.1	1246.6	109
70歳～	-	-	-	266.2	885.7	3	-	-	-	-	-	-	188.5	1401.6	3
高校卒	**344.2**	**1503.2**	**426**	**332.5**	**1582.1**	**320**	**388.1**	**1910.0**	**397**	**423.8**	**2085.1**	**760**	**441.6**	**2163.8**	**1 513**
～19歳	-	-	-	-	-	-	-	-	-	-	-	-	-	-	-
20～24	-	-	-	-	-	-	-	-	-	-	-	-	-	-	-
25～29	249.0	1174.7	71	-	-	-	-	-	-	-	-	-	-	-	-
30～34	301.7	1304.2	148	292.6	1525.3	59	-	-	-	-	-	-	-	-	-
35～39	352.9	1745.1	43	330.5	1577.6	125	351.3	1804.3	45	-	-	-	-	-	-
40～44	353.3	1546.7	33	360.2	1670.5	39	392.1	1961.2	261	400.7	2008.4	167	-	-	-
45～49	444.4	2597.1	49	419.1	1648.4	39	384.3	1452.9	34	426.6	2177.5	441	483.2	2439.3	171
50～54	533.0	1829.8	42	306.5	1483.6	19	451.5	2382.1	29	445.6	1979.2	83	511.0	2547.7	406
55～59	396.2	972.5	21	417.1	2469.0	14	370.6	1829.3	19	471.0	1950.6	57	486.3	2289.8	548
60～64	253.7	735.4	18	242.4	1187.0	16	317.8	1543.5	7	266.4	1548.7	5	286.6	1492.9	361
65～69	339.3	465.9	2	209.5	917.9	7	209.5	330.0	2	255.2	783.2	7	316.1	1042.3	25
70歳～	-	-	-	254.7	949.0	3	-	-	-	-	-	-	185.0	1570.0	2
高専・短大卒	**354.4**	**1543.1**	**248**	**453.9**	**1831.5**	**177**	**489.2**	**1924.6**	**194**	**566.6**	**2467.1**	**312**	**582.1**	**2418.9**	**463**
～19歳	-	-	-	-	-	-	-	-	-	-	-	-	-	-	-
20～24	-	-	-	-	-	-	-	-	-	-	-	-	-	-	-
25～29	-	-	-	-	-	-	-	-	-	-	-	-	-	-	-
30～34	294.3	1470.3	93	-	-	-	-	-	-	-	-	-	-	-	-
35～39	391.3	1557.5	69	408.7	1769.7	58	-	-	-	-	-	-	-	-	-
40～44	378.4	1536.6	55	455.5	1979.9	94	442.0	1991.5	92	355.8	1681.4	1	-	-	-
45～49	418.3	1669.6	27	541.1	1178.9	15	606.5	2254.6	51	535.4	2564.5	211	430.6	2131.2	2
50～54	164.0	361.9	1	609.8	967.0	7	461.7	1471.0	48	692.2	2312.5	79	611.6	2592.0	171
55～59	426.2	2680.2	4	-	-	-	448.2	1916.0	4	419.6	2117.9	21	654.2	2643.8	206
60～64	-	-	-	499.8	3935.0	2	-	-	-	-	-	-	348.9	1475.0	78
65～69	-	-	-	-	-	-	200.2	80.0	1	-	-	-	383.9	2220.0	7
70歳～	-	-	-	-	-	-	-	-	-	-	-	-	-	-	-

第2表　年齢階級、勤続年数階級別所定内給与額

企業規模	1,000人以上

L 学 術 研 究 ,

区分	勤続年数計			0年			1～2年			3～4年			5～9年		
	所定内給与額	年間賞与その他特別給与額	労働者数	所定内給与額	年間賞与その他特別給与額	労働者数	所定内給与額	年間賞与その他特別給与額	労働者数	所定内給与額	年間賞与その他特別給与額	労働者数	所定内給与額	年間賞与その他特別給与額	労働者数
	千円	千円	十人	千円	千円	十人	千円	千円	十人	千円	千円	十人	千円	千円	十人
大学・大学院卒	**495.8**	**2074.6**	**20 416**	**356.3**	**99.8**	**1 359**	**362.2**	**1070.1**	**2 478**	**390.8**	**1439.3**	**1 568**	**413.1**	**1743.5**	**3 575**
～19歳	-	-	-	-	-	-	-	-	-	-	-	-	-	-	-
20～24	261.3	322.3	464	271.0	35.9	272	247.6	729.1	192	-	-	-	-	-	-
25～29	307.3	1066.0	2 440	296.3	76.8	352	289.1	943.6	984	304.0	1392.8	686	364.8	1649.1	418
30～34	382.9	1502.1	2 916	405.5	129.9	195	365.7	950.5	465	417.9	1444.6	327	372.3	1740.0	1 612
35～39	455.8	1972.0	2 638	359.3	84.4	129	457.5	1474.4	273	483.0	1980.9	234	424.5	1750.5	474
40～44	531.5	2403.8	3 152	413.2	223.8	178	466.7	1383.4	118	484.1	1323.7	89	505.8	2360.1	356
45～49	580.8	2537.8	3 137	413.8	70.6	78	507.5	1781.7	133	567.5	1289.2	60	516.9	2016.9	218
50～54	659.6	2954.3	2 503	493.5	7.4	59	590.5	2325.5	62	594.5	2368.5	21	599.5	1652.6	72
55～59	634.2	2867.1	1 980	556.2	22.2	44	487.1	1270.6	90	477.0	1325.3	32	507.7	1483.3	66
60～64	466.8	1364.5	767	402.2	345.7	46	413.5	413.0	103	428.8	624.6	106	461.8	1453.1	158
65～69	406.5	922.2	377	477.3	0.0	6	433.0	812.3	47	325.0	906.8	13	395.5	967.3	173
70歳～	426.7	381.0	40	-	-	-	405.3	0.0	12	-	-	-	438.2	553.0	28
女															
学歴計	**359.4**	**1198.0**	**6 518**	**275.6**	**61.4**	**665**	**278.6**	**622.9**	**1 134**	**292.5**	**888.9**	**843**	**310.9**	**1118.0**	**1 042**
～19歳	167.6	174.2	19	162.8	24.4	12	176.6	457.6	7	-	-	-	-	-	-
20～24	226.6	438.5	401	233.5	6.2	147	224.5	677.4	210	203.9	801.9	20	221.6	689.3	25
25～29	290.0	986.0	945	279.1	100.1	149	277.0	773.1	231	300.1	1335.1	327	297.7	1268.3	227
30～34	318.3	946.7	1 041	342.0	123.9	117	315.2	703.7	210	297.4	844.1	219	329.4	1312.2	337
35～39	354.6	1191.0	778	265.0	59.5	67	287.8	538.9	185	284.7	355.6	69	379.0	1498.3	121
40～44	389.0	1378.3	1 152	317.7	37.0	79	281.8	621.1	109	281.4	283.5	48	282.4	635.5	171
45～49	403.6	1418.6	943	258.2	33.5	70	267.7	411.8	80	343.4	343.5	54	290.1	841.2	67
50～54	482.3	1736.6	672	183.2	30.8	15	327.8	484.9	62	171.0	75.0	23	277.4	601.8	59
55～59	401.2	1397.1	445	235.4	0.0	4	259.7	154.3	25	201.8	698.5	47	281.9	1016.1	34
60～64	280.7	660.9	105	140.0	0.0	4	204.4	99.3	13	388.2	586.8	34	-	-	-
65～69	359.9	94.5	17	224.4	356.9	1	750.0	0.0	4	477.0	0.0	2	-	-	-
70歳～	677.0	130.0	0	-	-	-	-	-	-	-	-	-	-	-	-
高校卒	**251.5**	**812.4**	**1 405**	**178.9**	**11.7**	**116**	**174.4**	**241.8**	**217**	**203.1**	**466.4**	**125**	**213.1**	**434.7**	**234**
～19歳	167.6	174.2	19	162.8	24.4	12	176.6	457.6	7	-	-	-	-	-	-
20～24	193.1	558.2	95	179.4	20.8	16	182.1	581.3	39	197.0	798.1	17	219.5	724.9	22
25～29	220.6	628.6	82	248.5	0.0	7	159.7	278.4	19	241.0	651.8	13	234.7	751.3	33
30～34	206.1	370.6	123	178.9	16.3	4	198.5	175.4	26	179.8	159.8	23	211.2	303.5	42
35～39	211.9	302.9	140	195.1	19.5	26	170.0	111.4	55	252.6	149.0	12	211.9	412.7	11
40～44	245.6	723.8	271	161.0	0.0	22	178.1	64.8	30	166.1	288.0	10	216.4	305.2	65
45～49	264.0	971.1	226	169.9	2.7	25	163.0	212.6	18	139.2	0.0	4	162.9	87.5	32
50～54	327.3	1333.4	197	186.3	56.3	2	177.5	555.9	4	162.0	44.7	18	226.8	566.3	18
55～59	291.4	1210.9	201	144.3	0.0	0	148.0	163.9	13	241.0	1024.6	23	250.1	994.1	11
60～64	183.4	560.3	40	151.1	0.0	2	173.0	93.0	6	214.0	689.4	5	-	-	-
65～69	185.5	104.5	11	133.9	0.0	1	-	-	-	-	-	-	-	-	-
70歳～	-	-	-	-	-	-	-	-	-	-	-	-	-	-	-
高専・短大卒	**293.5**	**1012.0**	**1 032**	**219.9**	**42.2**	**84**	**221.7**	**470.9**	**150**	**223.8**	**423.2**	**119**	**235.1**	**859.8**	**115**
～19歳	-	-	-	-	-	-	-	-	-	-	-	-	-	-	-
20～24	202.6	473.8	55	201.3	3.2	15	199.8	644.1	37	250.1	827.5	3	-	-	-
25～29	222.2	920.4	65	206.3	0.0	2	208.9	377.2	16	202.8	932.0	16	240.7	1275.7	30
30～34	214.4	433.3	88	246.0	40.9	9	194.0	211.6	11	194.6	158.7	25	225.0	648.6	24
35～39	269.1	969.9	124	260.4	143.3	17	219.8	570.8	25	237.8	309.1	9	251.3	844.9	15
40～44	307.1	1139.0	206	241.6	0.0	18	245.4	445.7	22	206.0	331.4	19	279.9	992.3	24
45～49	327.6	1260.9	263	194.9	49.0	7	217.4	225.0	17	311.5	437.3	22	228.8	631.9	3
50～54	342.7	1100.6	119	146.8	35.6	11	273.9	535.5	16	259.6	1137.0	1	164.0	279.4	13
55～59	326.3	1035.8	84	240.6	0.0	3	319.7	869.8	1	174.7	523.6	19	185.6	469.2	7
60～64	268.1	558.0	26	141.8	0.0	1	226.7	171.0	4	246.9	91.2	8	-	-	-
65～69	-	-	-	-	-	-	-	-	-	-	-	-	-	-	-
70歳～	-	-	-	-	-	-	-	-	-	-	-	-	-	-	-
大学・大学院卒	**414.1**	**1381.1**	**4 063**	**309.8**	**77.3**	**465**	**319.2**	**760.3**	**767**	**325.2**	**1071.4**	**596**	**357.4**	**1393.7**	**689**
～19歳	-	-	-	-	-	-	-	-	-	-	-	-	-	-	-
20～24	244.6	385.4	250	245.4	4.5	115	244.0	715.1	133	-	-	-	239.9	374.0	3
25～29	302.7	1027.8	796	281.7	106.6	140	294.3	855.1	195	307.9	1386.6	298	321.3	1373.1	163
30～34	346.1	1087.0	829	356.3	135.1	104	341.1	817.3	172	328.1	1035.2	171	356.7	1525.6	272
35～39	415.5	1488.2	510	343.4	44.8	24	366.6	758.1	104	301.5	415.5	48	424.7	1741.2	92
40～44	471.6	1713.7	675	437.5	73.9	40	350.1	979.8	57	409.7	236.5	20	334.9	791.9	83
45～49	517.1	1732.6	454	329.9	51.0	37	328.9	562.4	45	396.7	320.1	28	426.6	1635.5	31
50～54	622.6	2211.7	350	312.5	0.0	3	360.3	460.4	43	207.6	0.0	3	361.9	777.4	28
55～59	584.5	1832.2	157	-	-	-	375.9	81.7	12	136.2	0.0	6	340.3	1248.7	17
60～64	422.3	892.5	35	118.3	0.0	1	245.9	0.0	3	480.2	739.4	21	-	-	-
65～69	646.0	78.1	6	450.7	1249.3	0	750.0	0.0	4	477.0	0.0	2	-	-	-
70歳～	677.0	130.0	0	-	-	-	-	-	-	-	-	-	-	-	-

及び年間賞与その他特別給与額

専門・技術サービス業

区分	10～14年 所定内給与額	10～14年 年間賞与その他特別給与額	10～14年 労働者数	15～19年 所定内給与額	15～19年 年間賞与その他特別給与額	15～19年 労働者数	20～24年 所定内給与額	20～24年 年間賞与その他特別給与額	20～24年 労働者数	25～29年 所定内給与額	25～29年 年間賞与その他特別給与額	25～29年 労働者数	30年以上 所定内給与額	30年以上 年間賞与その他特別給与額	30年以上 労働者数
	千円	千円	十人	千円	千円	十人	千円	千円	十人	千円	千円	十人	千円	千円	十人
大学・大学院卒	487.9	2245.4	2 773	559.7	2798.1	2 293	594.9	2700.5	1 859	628.2	2936.3	2 460	665.2	3018.8	2 052
～19歳	－	－	－	－	－	－	－	－	－	－	－	－	－	－	－
20～24	－	－	－	－	－	－	－	－	－	－	－	－	－	－	－
25～29	－	－	－	－	－	－	－	－	－	－	－	－	－	－	－
30～34	411.5	2004.3	316	－	－	－	－	－	－	－	－	－	－	－	－
35～39	457.7	2193.4	1 241	518.4	2691.1	287	－	－	－	－	－	－	－	－	－
40～44	518.4	2345.0	659	558.8	2833.9	1 433	567.9	2538.4	320	－	－	－	－	－	－
45～49	558.1	2628.6	327	583.7	2676.9	371	598.8	2738.0	1 130	608.9	2756.4	818	931.2	0.0	2
50～54	533.4	2431.2	94	610.3	2693.9	87	611.4	2810.0	297	643.2	3124.6	1 322	806.7	3380.4	490
55～59	613.5	2317.5	66	598.8	3573.7	90	595.6	2592.4	108	626.6	2769.3	274	667.9	3229.0	1 211
60～64	739.1	2105.8	25	641.6	2901.0	10	610.0	593.3	3	558.4	1746.4	44	467.3	1955.2	273
65～69	480.6	643.0	43	265.9	378.2	15	275.8	659.5	2	201.7	980.7	2	416.9	1237.2	76
70歳～	－	－	－	427.4	0.0	0	－	－	－	－	－	－	217.3	0.0	0
女															
学歴計	395.8	1522.5	785	418.8	1721.2	513	488.3	1866.5	595	512.4	2053.5	499	454.7	2110.7	443
～19歳	－	－	－	－	－	－	－	－	－	－	－	－	－	－	－
20～24	－	－	－	－	－	－	－	－	－	－	－	－	－	－	－
25～29	247.2	1315.4	10	－	－	－	－	－	－	－	－	－	－	－	－
30～34	316.4	1261.2	148	225.8	921.9	10	－	－	－	－	－	－	－	－	－
35～39	441.9	2034.5	212	368.8	1493.1	123	302.3	1153.3	1	－	－	－	－	－	－
40～44	440.2	1783.6	179	497.6	2121.0	248	417.0	1775.6	277	312.0	1417.8	40	－	－	－
45～49	387.3	1279.2	114	357.2	1330.5	39	528.5	2016.8	242	426.2	1969.8	263	349.8	1582.8	15
50～54	466.4	1128.5	78	419.3	1941.9	50	519.9	2455.5	31	715.9	2439.3	168	468.0	2308.1	185
55～59	187.0	199.7	31	220.8	450.6	26	839.7	1409.4	34	417.8	1664.4	24	463.1	2023.0	220
60～64	212.3	508.9	12	157.7	23.2	10	155.3	332.6	9	138.5	61.8	2	335.6	1703.0	23
65～69	192.8	147.5	2	168.1	98.5	5	－	－	－	235.2	123.8	3	－	－	－
70歳～	－	－	－	677.0	130.0	0	－	－	－	－	－	－	－	－	－
高校卒	203.4	537.5	108	227.9	637.4	80	296.9	1120.9	118	341.2	1594.1	180	364.4	1756.8	228
～19歳	－	－	－	－	－	－	－	－	－	－	－	－	－	－	－
20～24	－	－	－	－	－	－	－	－	－	－	－	－	－	－	－
25～29	247.2	1315.4	10	－	－	－	－	－	－	－	－	－	－	－	－
30～34	233.1	840.2	18	225.8	921.9	10	－	－	－	－	－	－	－	－	－
35～39	246.9	474.0	11	286.6	959.8	24	302.3	1153.3	1	－	－	－	－	－	－
40～44	172.0	316.3	17	357.9	1547.0	0	306.2	1257.9	89	307.3	1401.5	38	－	－	－
45～49	193.5	507.6	20	－	－	－	373.6	1003.2	10	331.6	1654.4	102	349.8	1582.8	15
50～54	190.2	311.0	12	215.8	850.4	8	184.8	305.8	5	461.5	2003.7	29	373.5	1748.1	103
55～59	175.1	141.2	16	213.9	474.4	22	232.9	789.3	9	235.0	841.6	7	369.3	1799.3	101
60～64	179.7	1168.3	3	157.7	23.2	10	162.4	26.3	4	140.7	70.0	2	227.7	1663.6	9
65～69	192.8	147.5	2	168.1	98.5	5	－	－	－	235.2	123.8	3	－	－	－
70歳～	－	－	－	－	－	－	－	－	－	－	－	－	－	－	－
高専・短大卒	297.8	825.0	138	295.8	1207.2	82	346.6	1710.9	138	364.9	1815.2	131	492.3	1811.4	73
～19歳	－	－	－	－	－	－	－	－	－	－	－	－	－	－	－
20～24	－	－	－	－	－	－	－	－	－	－	－	－	－	－	－
25～29	－	－	－	－	－	－	－	－	－	－	－	－	－	－	－
30～34	223.4	844.5	19	－	－	－	－	－	－	－	－	－	－	－	－
35～39	247.8	1193.3	16	322.1	1625.0	43	－	－	－	－	－	－	－	－	－
40～44	279.4	975.6	22	262.1	890.2	9	372.3	1785.2	93	－	－	－	－	－	－
45～49	402.7	903.0	47	273.6	649.1	15	293.7	1558.7	45	349.8	1815.4	106	－	－	－
50～54	288.6	928.3	12	261.2	903.0	14	－	－	－	444.2	1896.3	21	498.4	1671.9	33
55～59	183.9	89.2	14	285.3	0.0	2	－	－	－	363.7	1478.6	4	496.4	1903.8	35
60～64	227.6	306.1	9	－	－	－	－	－	－	122.0	0.0	0	426.5	2069.2	5
65～69	－	－	－	－	－	－	－	－	－	－	－	－	－	－	－
70歳～	－	－	－	－	－	－	－	－	－	－	－	－	－	－	－
大学・大学院卒	462.0	1917.1	533	492.0	2093.2	350	618.0	2208.3	335	779.3	2659.9	188	584.2	2849.4	140
～19歳	－	－	－	－	－	－	－	－	－	－	－	－	－	－	－
20～24	－	－	－	－	－	－	－	－	－	－	－	－	－	－	－
25～29	－	－	－	－	－	－	－	－	－	－	－	－	－	－	－
30～34	346.2	1402.3	111	－	－	－	－	－	－	－	－	－	－	－	－
35～39	470.2	2199.3	185	438.8	1620.2	57	－	－	－	－	－	－	－	－	－
40～44	498.7	2092.0	139	506.0	2165.2	240	564.4	2251.7	95	401.3	1727.5	2	－	－	－
45～49	452.4	1970.9	47	411.3	1771.4	24	594.1	2183.9	187	752.7	2862.7	54	－	－	－
50～54	598.2	1471.5	50	550.5	2735.7	29	578.5	2831.5	26	827.1	2643.5	118	643.2	3883.3	50
55～59	353.2	1949.2	1	328.0	1079.9	1	1049.2	1623.4	26	522.7	2118.9	13	569.2	2359.6	81
60～64	－	－	－	－	－	－	217.0	1153.4	1	－	－	－	392.8	1567.8	9
65～69	－	－	－	－	－	－	－	－	－	－	－	－	－	－	－
70歳～	－	－	－	677.0	130.0	0	－	－	－	－	－	－	－	－	－

第2表　年齢階級、勤続年数階級別所定内給与額

企業規模	100～999人

L 学 術 研 究，

区　分	勤続年数計			0　年			1～2年			3～4年			5～9年		
	所定内給与額	年間賞与その他特別給与額	労働者数	所定内給与額	年間賞与その他特別給与額	労働者数	所定内給与額	年間賞与その他特別給与額	労働者数	所定内給与額	年間賞与その他特別給与額	労働者数	所定内給与額	年間賞与その他特別給与額	労働者数
	千円	千円	十人	千円	千円	十人	千円	千円	十人	千円	千円	十人	千円	千円	十人
企業規模 100～999人															
男　女　計	**358.5**	**1176.0**	**24 350**	**263.6**	**81.9**	**2 149**	**290.6**	**645.3**	**3 762**	**306.8**	**909.1**	**2 754**	**336.4**	**1162.9**	**4 748**
～19歳	180.3	227.7	100	171.2	7.4	41	186.5	378.0	60	－	－	－	－	－	－
20～24	219.2	360.5	1 716	221.3	26.7	672	221.7	547.9	839	203.1	658.2	140	200.4	753.8	65
25～29	252.0	682.5	2 948	251.6	33.2	460	246.6	617.7	884	252.8	842.7	868	258.9	982.5	695
30～34	296.8	999.8	2 918	290.1	110.4	197	289.7	652.4	472	287.1	878.6	359	297.5	1191.3	1 241
35～39	339.2	1088.2	3 437	304.9	67.1	214	278.3	438.8	443	328.8	1040.3	374	338.3	1125.5	913
40～44	389.1	1398.3	3 940	325.3	143.3	161	376.8	740.2	329	328.4	1011.8	334	393.9	1392.8	655
45～49	420.6	1473.2	3 428	310.6	128.5	135	424.0	1059.3	234	413.7	750.1	242	378.3	1188.0	484
50～54	456.5	1660.4	2 420	322.4	224.9	72	420.7	802.5	109	405.1	1451.7	108	395.6	1198.7	287
55～59	493.2	1624.1	1 864	295.4	27.9	63	399.0	1083.0	120	394.1	960.0	150	466.4	1180.6	164
60～64	359.2	1149.3	1 229	301.8	497.2	92	384.6	769.5	226	327.8	932.8	149	375.1	965.9	133
65～69	342.2	910.0	307	217.3	54.9	31	308.5	345.9	47	316.4	573.5	31	421.8	1275.8	103
70歳～	364.8	661.1	44	188.6	29.2	11	254.4	0.0	2	134.0	0.0	1	262.9	1.3	9
男															
学　歴　計	**391.8**	**1317.5**	**16 992**	**285.4**	**111.7**	**1 266**	**321.6**	**755.8**	**2 289**	**334.2**	**1041.1**	**1 751**	**363.4**	**1250.3**	**3 241**
～19歳	180.4	264.0	69	166.5	11.9	25	188.4	410.3	44	－	－	－	－	－	－
20～24	216.8	389.9	973	217.6	32.9	384	221.1	571.7	467	194.7	814.6	78	203.7	818.6	44
25～29	259.4	751.8	1 828	260.5	22.0	271	256.2	725.6	516	257.7	901.0	533	264.9	1014.0	474
30～34	311.4	1081.3	1 768	357.6	216.6	94	304.9	695.0	283	300.8	995.1	204	309.2	1246.9	798
35～39	369.9	1232.7	2 222	348.4	112.0	106	318.1	545.4	207	364.8	1327.9	257	371.0	1202.5	547
40～44	422.5	1505.9	2 845	354.6	152.7	129	478.9	1039.5	184	384.3	1041.7	177	410.3	1428.7	504
45～49	455.0	1588.2	2 584	358.3	176.7	88	478.2	1122.2	164	484.7	924.9	152	441.8	1443.9	308
50～54	496.9	1850.5	1 807	386.5	260.2	44	445.1	845.2	97	513.8	2112.7	59	449.8	1433.0	193
55～59	524.1	1725.6	1 542	311.7	56.4	26	417.4	1221.1	99	401.7	1102.0	129	505.3	1303.4	141
60～64	373.4	1214.4	1 049	324.3	545.3	74	410.8	914.6	181	333.7	968.8	138	384.9	1005.6	126
65～69	358.7	996.6	270	238.7	73.7	23	316.4	365.4	44	320.7	381.0	23	432.4	1350.8	96
70歳～	412.6	808.0	36	300.9	112.5	3	254.4	0.0	2	134.0	0.0	1	262.9	1.3	9
高　校　卒	**338.2**	**1213.4**	**3 311**	**258.6**	**187.3**	**211**	**312.8**	**530.1**	**383**	**271.6**	**901.1**	**342**	**284.8**	**998.7**	**603**
～19歳	180.4	264.0	69	166.5	11.9	25	188.4	410.3	44	－	－	－	－	－	－
20～24	190.1	681.8	177	187.0	16.6	18	182.0	658.4	62	190.5	820.2	54	203.0	820.7	42
25～29	228.6	669.7	201	249.0	70.7	24	204.6	146.3	26	231.6	563.0	25	222.3	897.1	92
30～34	264.5	801.1	175	287.2	142.6	13	289.6	541.8	22	270.9	626.6	16	232.9	721.1	40
35～39	299.8	1117.4	243	291.0	85.4	8	288.8	797.3	11	298.9	768.6	53	296.9	1213.7	47
40～44	361.8	1113.3	526	297.6	0.9	31	600.4	432.2	56	299.4	997.5	44	263.8	977.0	90
45～49	358.3	1391.2	530	286.3	30.9	20	279.5	529.5	31	312.6	1116.5	36	328.8	1130.3	73
50～54	424.2	1698.6	553	293.4	56.5	18	389.2	612.7	32	305.7	1222.5	19	347.9	1289.1	54
55～59	425.2	1660.5	355	232.1	25.3	11	335.3	631.7	26	290.7	1017.2	42	392.1	989.9	50
60～64	286.9	1069.7	372	293.6	979.8	33	305.2	672.0	57	268.4	933.5	51	299.5	1186.3	76
65～69	280.5	734.0	87	228.5	53.0	10	290.7	336.3	15	258.9	702.5	2	271.7	654.9	30
70歳～	495.5	791.1	24	602.1	393.8	1	211.9	0.0	2	－	－	－	262.9	1.3	9
高専・短大卒	**349.5**	**1211.0**	**1 893**	**251.0**	**67.4**	**104**	**321.4**	**571.9**	**228**	**279.7**	**847.9**	**203**	**329.6**	**1150.4**	**397**
～19歳	－	－	－	－	－	－	－	－	－	－	－	－	－	－	－
20～24	200.3	369.2	138	195.4	67.0	55	202.3	460.6	58	205.6	827.0	23	218.3	774.3	2
25～29	268.3	836.3	205	255.0	58.1	22	248.2	639.6	26	255.0	852.7	55	283.5	1046.0	102
30～34	258.8	1062.8	167	189.1	13.7	5	251.9	803.0	18	252.8	744.9	16	254.0	1016.1	55
35～39	306.9	865.2	283	253.5	9.6	5	299.8	204.2	47	270.1	657.5	57	309.8	929.9	62
40～44	388.1	1448.4	384	293.1	120.6	8	295.8	1064.9	11	360.6	1739.7	9	402.6	1496.9	92
45～49	414.8	1579.1	414	－	－	－	547.8	581.0	40	281.9	978.0	7	352.0	1271.8	57
50～54	458.5	1571.6	142	610.3	28.4	7	324.7	675.8	10	547.7	911.7	8	407.0	1246.2	14
55～59	420.9	1630.7	93	443.1	411.4	2	488.0	1961.5	8	327.6	1373.6	16	332.4	360.8	7
60～64	362.4	953.7	60	448.4	0.0	1	420.5	552.4	10	316.7	385.6	11	526.2	640.8	5
65～69	317.4	879.5	6	－	－	－	312.1	775.4	1	167.9	165.0	1	406.4	1114.1	1
70歳～	250.0	800.0	2	－	－	－	－	－	－	－	－	－	－	－	－
大学・大学院卒	**414.4**	**1366.8**	**11 719**	**296.4**	**101.1**	**939**	**324.3**	**837.8**	**1 659**	**361.4**	**1114.4**	**1 203**	**391.1**	**1339.1**	**2 227**
～19歳	－	－	－	－	－	－	－	－	－	－	－	－	－	－	－
20～24	227.5	316.1	657	223.3	27.9	311	231.2	574.8	346	－	－	－	－	－	－
25～29	262.6	751.1	1 419	262.2	13.3	225	259.5	763.2	464	259.4	925.6	453	273.0	1043.9	277
30～34	323.5	1119.7	1 423	383.8	246.5	75	310.2	701.3	242	308.1	1057.5	171	317.9	1295.1	703
35～39	390.7	1312.9	1 689	358.5	119.9	93	327.1	639.3	147	426.0	1792.9	147	387.4	1240.7	434
40～44	445.9	1626.6	1 930	379.4	207.6	91	437.4	1348.0	116	417.6	1000.4	123	453.7	1537.7	320
45～49	497.2	1659.2	1 634	379.4	219.5	68	523.7	1605.8	90	553.6	858.8	109	518.3	1636.3	177
50～54	538.5	1963.7	1 109	394.3	522.8	19	498.9	1011.5	55	630.4	2958.6	32	499.8	1518.7	124
55～59	565.6	1756.8	1 090	371.2	27.9	12	440.8	1361.7	66	483.4	1090.2	71	586.6	1564.8	84
60～64	429.3	1317.1	599	349.6	214.8	39	464.4	1072.5	113	378.9	1072.0	77	524.9	762.4	43
65～69	420.3	1201.3	161	316.1	159.8	8	380.3	359.2	21	332.9	357.8	20	510.8	1691.1	64
70歳～	270.8	1046.8	9	－	－	－	360.7	0.0	1	134.0	0.0	1	－	－	－

及び年間賞与その他特別給与額

専門・技術サービス業

10～14年 所定内給与額	10～14年 年間賞与その他特別給与額	10～14年 労働者数	15～19年 所定内給与額	15～19年 年間賞与その他特別給与額	15～19年 労働者数	20～24年 所定内給与額	20～24年 年間賞与その他特別給与額	20～24年 労働者数	25～29年 所定内給与額	25～29年 年間賞与その他特別給与額	25～29年 労働者数	30年以上 所定内給与額	30年以上 年間賞与その他特別給与額	30年以上 労働者数	区分
千円	千円	十人	千円	千円	十人	千円	千円	十人	千円	千円	十人	千円	千円	十人	
															企業規模 100～999人
369.8	**1362.9**	**3 440**	**403.0**	**1639.9**	**1 876**	**444.3**	**1641.8**	**1 801**	**461.8**	**1902.9**	**1 798**	**479.4**	**1910.4**	**2 023**	**男女計**
-	-	-	-	-	-	-	-	-	-	-	-	-	-	-	～19歳
-	-	-	-	-	-	-	-	-	-	-	-	-	-	-	20～24
236.4	886.8	42	-	-	-	-	-	-	-	-	-	-	-	-	25～29
310.8	1231.0	608	264.5	1105.3	42	-	-	-	-	-	-	-	-	-	30～34
368.1	1336.7	999	364.6	1594.1	449	314.0	1418.6	45	-	-	-	-	-	-	35～39
390.8	1481.1	861	420.0	1794.9	802	405.4	1621.2	684	335.5	1473.3	114	-	-	-	40～44
383.5	1444.8	389	421.3	1614.5	296	471.6	1760.9	788	436.9	1859.0	778	391.5	1872.3	83	45～49
398.5	1345.5	261	471.8	1838.7	128	455.4	1352.4	173	519.8	2109.1	677	468.3	1925.4	606	50～54
498.7	1676.7	163	358.1	970.8	87	592.5	1703.5	81	472.3	1806.7	184	551.4	2029.1	852	55～59
303.8	803.6	84	425.3	1114.0	57	351.3	779.2	27	299.7	1063.8	43	372.9	1738.9	419	60～64
281.1	1242.2	27	223.3	316.4	8	296.2	1210.2	4	164.4	60.0	2	362.1	1304.2	55	65～69
250.0	763.2	7	267.4	1488.2	7	-	-	-	-	-	-	940.9	1700.0	8	70歳～
															男
395.8	**1448.5**	**2 355**	**430.5**	**1699.2**	**1 418**	**463.2**	**1679.4**	**1 510**	**485.2**	**1990.9**	**1 419**	**496.8**	**1984.1**	**1 743**	**学歴計**
-	-	-	-	-	-	-	-	-	-	-	-	-	-	-	～19歳
-	-	-	-	-	-	-	-	-	-	-	-	-	-	-	20～24
247.8	961.9	34	-	-	-	-	-	-	-	-	-	-	-	-	25～29
319.5	1290.3	356	270.8	1138.8	33	-	-	-	-	-	-	-	-	-	30～34
384.4	1388.2	749	386.3	1639.8	314	316.6	1423.2	43	-	-	-	-	-	-	35～39
422.4	1588.5	591	440.9	1824.5	650	431.3	1718.6	531	352.5	1677.5	78	-	-	-	40～44
415.5	1612.9	257	452.5	1664.7	223	480.2	1730.8	706	457.3	1909.3	611	399.9	1923.5	76	45～49
480.9	1550.8	151	523.2	2169.3	90	466.3	1402.9	145	538.1	2171.8	549	496.5	2136.4	479	50～54
554.9	1727.6	109	423.5	1006.0	52	642.5	1821.6	70	499.1	1924.8	154	566.3	2032.8	761	55～59
312.0	831.0	79	476.2	953.7	43	373.4	504.2	12	342.7	1434.2	27	379.6	1778.9	369	60～64
283.3	1489.9	22	230.2	349.1	7	296.2	1210.2	4	-	-	-	383.5	1438.2	50	65～69
250.0	763.2	7	267.4	1488.2	7	-	-	-	-	-	-	940.9	1700.0	8	70歳～
309.4	**1047.9**	**361**	**307.1**	**1259.8**	**189**	**383.9**	**1616.2**	**264**	**394.4**	**1724.1**	**346**	**446.6**	**2003.0**	**611**	**高校卒**
-	-	-	-	-	-	-	-	-	-	-	-	-	-	-	～19歳
-	-	-	-	-	-	-	-	-	-	-	-	-	-	-	20～24
247.8	961.9	34	-	-	-	-	-	-	-	-	-	-	-	-	25～29
266.6	990.4	50	270.8	1138.8	33	-	-	-	-	-	-	-	-	-	30～34
305.1	1192.0	39	289.0	1354.1	45	315.7	1402.7	41	-	-	-	-	-	-	35～39
328.9	908.8	78	326.6	1237.7	27	400.0	1620.5	125	348.9	1638.7	75	-	-	-	40～44
316.4	1130.6	56	383.9	1575.1	37	384.8	1709.9	44	391.2	1638.0	163	393.4	1895.7	72	45～49
398.8	1376.4	51	343.0	1491.3	21	381.7	1731.5	27	452.1	1939.7	71	470.4	2076.1	260	50～54
419.8	1374.9	11	429.7	2074.7	4	440.3	2231.1	18	407.9	1927.3	25	495.6	2192.2	169	55～59
223.0	543.9	30	200.4	353.4	15	399.4	227.5	6	358.8	1744.6	13	289.7	1577.2	92	60～64
247.1	1118.9	12	144.0	0.0	4	296.2	1210.2	4	-	-	-	428.0	1832.1	11	65～69
-	-	-	238.0	1121.5	4	-	-	-	-	-	-	940.9	1700.0	8	70歳～
326.3	**1169.8**	**277**	**386.6**	**1516.1**	**145**	**391.4**	**1694.8**	**155**	**437.5**	**1875.8**	**272**	**433.1**	**1878.2**	**111**	**高専・短大卒**
-	-	-	-	-	-	-	-	-	-	-	-	-	-	-	～19歳
-	-	-	-	-	-	-	-	-	-	-	-	-	-	-	20～24
-	-	-	-	-	-	-	-	-	-	-	-	-	-	-	25～29
270.5	1304.7	73	-	-	-	-	-	-	-	-	-	-	-	-	30～34
305.2	1042.1	51	350.3	1407.5	59	334.9	1841.2	2	-	-	-	-	-	-	35～39
366.1	1106.8	86	395.7	1443.1	72	405.1	1765.5	104	475.1	2992.6	2	-	-	-	40～44
341.2	1375.1	44	421.7	1854.2	9	354.7	1623.6	39	435.9	1883.2	218	417.3	1566.9	1	45～49
412.8	1479.0	8	593.9	3044.2	6	408.5	1207.1	9	461.1	2024.0	37	463.5	1746.3	44	50～54
374.0	621.0	5	-	-	-	421.1	1373.6	2	419.1	1384.3	13	464.3	2150.2	41	55～59
358.1	448.4	8	-	-	-	237.0	1373.8	1	227.2	0.0	2	330.4	1774.6	22	60～64
-	-	-	-	-	-	-	-	-	-	-	-	326.5	1018.8	3	65～69
250.0	800.0	2	-	-	-	-	-	-	-	-	-	-	-	-	70歳～
425.8	**1578.8**	**1 712**	**457.9**	**1800.4**	**1 084**	**493.2**	**1694.4**	**1 088**	**540.9**	**2147.3**	**800**	**535.4**	**1980.4**	**1 007**	**大学・大学院卒**
-	-	-	-	-	-	-	-	-	-	-	-	-	-	-	～19歳
-	-	-	-	-	-	-	-	-	-	-	-	-	-	-	20～24
-	-	-	-	-	-	-	-	-	-	-	-	-	-	-	25～29
346.2	1350.1	233	-	-	-	-	-	-	-	-	-	-	-	-	30～34
395.3	1426.8	659	417.1	1765.6	211	-	-	-	-	-	-	-	-	-	35～39
450.9	1809.6	427	452.3	1902.2	551	453.6	1746.5	301	323.2	1169.7	0	-	-	-	40～44
472.8	1858.1	156	468.2	1674.0	178	494.6	1738.9	624	524.3	2126.0	230	544.0	2694.0	3	45～49
534.7	1653.2	91	577.8	2319.4	63	491.7	1337.1	109	558.9	2225.2	440	543.6	2324.8	175	50～54
581.5	1833.0	92	423.0	926.9	49	736.2	1707.1	49	526.8	1982.9	117	595.0	1972.9	550	55～59
371.1	1127.9	41	624.4	1276.2	28	357.9	734.5	5	342.7	1315.6	12	418.0	1833.2	242	60～64
349.6	1959.9	8	353.4	847.9	3	-	-	-	-	-	-	375.3	1358.7	37	65～69
250.0	750.0	5	320.1	2145.1	2	-	-	-	-	-	-	-	-	-	70歳～

第2表　年齢階級、勤続年数階級別所定内給与額

企業規模	100～999人
	10～99人

L 学 術 研 究，

区　分	勤続年数計			0　年			1～2年			3～4年			5～9年		
	所定内給与額	年間賞与その他特別給与額	労働者数	所定内給与額	年間賞与その他特別給与額	労働者数	所定内給与額	年間賞与その他特別給与額	労働者数	所定内給与額	年間賞与その他特別給与額	労働者数	所定内給与額	年間賞与その他特別給与額	労働者数
	千円	千円	十人	千円	千円	十人	千円	千円	十人	千円	千円	十人	千円	千円	十人
女															
学　歴　計	**281.8**	**849.3**	**7 359**	**232.5**	**39.1**	**882**	**242.3**	**473.7**	**1 473**	**258.9**	**679.0**	**1 003**	**278.4**	**974.7**	**1 507**
～19歳	180.2	148.5	31	179.0	0.0	15	181.3	290.7	16	－	－	－	－	－	－
20～24	222.4	321.9	743	226.2	18.5	288	222.5	518.0	372	213.8	458.8	61	193.3	616.6	21
25～29	239.9	569.5	1 120	238.9	49.1	189	233.2	466.2	368	245.0	750.0	335	245.8	914.8	221
30～34	274.2	874.6	1 151	228.3	13.2	103	266.8	588.3	188	269.3	726.6	156	276.4	1090.9	442
35～39	283.1	823.8	1 214	262.5	23.5	109	243.3	345.2	236	249.4	406.6	117	289.6	1010.6	367
40～44	302.4	1118.7	1 095	204.6	104.4	32	246.1	357.3	144	265.3	978.2	157	338.9	1272.2	150
45～49	315.2	1121.0	844	221.5	38.7	47	296.0	910.7	70	293.9	455.0	90	266.5	737.7	175
50～54	337.8	1100.6	614	225.3	171.4	29	215.5	443.9	12	272.5	645.5	49	284.3	718.0	94
55～59	345.3	1137.9	322	283.6	7.2	36	310.2	415.0	21	347.7	95.5	21	228.2	428.3	23
60～64	276.5	771.2	180	212.0	305.6	19	279.8	187.9	45	247.9	445.9	10	200.6	263.3	7
65～69	222.1	281.1	37	155.0	0.0	8	167.9	0.0	3	303.4	1156.9	8	269.7	200.0	7
70歳～	149.3	0.0	8	149.3	0.0	8	－	－	－	－	－	－	－	－	－
高　校　卒	**235.6**	**614.3**	**1 120**	**178.0**	**10.1**	**105**	**216.3**	**334.0**	**185**	**223.6**	**446.5**	**175**	**223.8**	**537.0**	**186**
～19歳	180.2	148.5	31	179.0	0.0	15	181.3	290.7	16	－	－	－	－	－	－
20～24	197.3	417.6	118	172.9	0.0	8	174.4	311.0	36	217.7	471.5	54	193.3	616.6	21
25～29	210.9	379.9	72	215.8	0.0	17	196.1	90.4	7	228.4	375.6	16	207.9	672.2	25
30～34	215.7	563.5	119	175.1	0.0	8	209.9	470.5	24	198.2	562.2	23	227.8	501.5	35
35～39	222.5	404.9	104	161.2	1.4	6	206.2	231.7	32	224.6	215.1	19	220.3	476.8	25
40～44	268.7	698.9	135	166.2	109.2	7	344.1	38.9	20	202.1	284.4	12	260.9	867.6	12
45～49	256.5	790.1	189	174.3	0.0	6	214.1	787.3	22	232.2	451.2	21	237.3	366.5	31
50～54	254.4	926.6	154	149.8	0.0	8	152.4	97.8	5	272.1	751.5	21	226.5	731.5	20
55～59	271.0	793.6	111	184.3	18.1	15	306.1	663.8	11	－	－	－	203.4	303.2	9
60～64	191.0	349.4	60	177.0	0.0	7	175.7	87.9	10	213.8	40.1	6	163.4	23.6	1
65～69	217.6	73.3	22	155.9	0.0	4	167.9	0.0	3	163.7	20.0	2	269.7	200.0	7
70歳～	140.0	0.0	4	140.0	0.0	4	－	－	－	－	－	－	－	－	－
高専・短大卒	**275.2**	**817.6**	**1 432**	**221.2**	**80.6**	**111**	**237.5**	**403.5**	**299**	**239.5**	**407.2**	**138**	**253.8**	**739.5**	**268**
～19歳	－	－	－	－	－	－	－	－	－	－	－	－	－	－	－
20～24	216.1	365.0	76	203.5	35.7	14	223.5	449.6	54	186.4	369.3	8	－	－	－
25～29	215.5	580.4	138	198.0	50.4	16	213.8	566.7	60	221.4	595.4	20	221.6	787.8	42
30～34	245.0	592.5	139	191.0	0.0	10	226.6	353.4	32	274.4	287.7	24	238.5	817.0	30
35～39	245.7	488.4	211	266.9	0.0	11	249.4	389.6	98	201.4	409.4	8	238.0	422.3	47
40～44	283.1	1025.2	313	180.9	30.3	8	269.1	145.7	29	212.3	531.2	24	280.3	872.9	52
45～49	296.8	907.9	286	227.9	45.3	40	243.0	487.1	18	273.1	298.8	21	253.0	611.4	77
50～54	310.3	956.1	152	200.9	0.0	9	130.0	60.0	0	253.7	484.5	20	352.1	1789.0	15
55～59	373.7	1365.8	93	294.2	0.0	1	287.0	21.2	8	233.4	101.2	11	207.4	360.8	4
60～64	271.9	1018.6	23	429.9	1857.2	3	193.0	0.0	0	212.2	724.9	2	215.4	204.4	2
65～69	140.9	313.8	0	－	－	－	－	－	－	－	－	－	－	－	－
70歳～	－	－	－	－	－	－	－	－	－	－	－	－	－	－	－
大学・大学院卒	**294.6**	**920.7**	**4 751**	**245.1**	**37.8**	**647**	**248.6**	**521.1**	**988**	**271.8**	**792.2**	**690**	**294.3**	**1111.4**	**1 049**
～19歳	－	－	－	－	－	－	－	－	－	－	－	－	－	－	－
20～24	228.7	296.4	547	229.1	18.2	265	228.4	557.4	282	－	－	－	－	－	－
25～29	245.8	582.8	905	245.9	55.2	154	238.0	455.5	301	247.5	780.2	299	257.8	984.6	151
30～34	286.5	961.3	890	238.0	16.1	83	286.5	664.8	133	283.5	859.1	109	283.7	1167.2	376
35～39	298.9	951.2	899	268.9	27.7	92	248.9	338.3	105	259.0	447.2	89	303.6	1149.7	295
40～44	318.9	1253.0	645	235.0	141.8	16	217.1	488.2	93	281.8	1132.7	122	384.9	1567.9	86
45～49	359.8	1456.7	368	227.2	0.0	1	390.2	1262.0	29	331.4	528.0	47	295.2	1050.3	68
50～54	393.7	1345.7	282	300.8	435.4	11	266.4	719.5	6	326.6	779.4	7	287.1	440.7	59
55～59	397.4	1292.0	114	351.1	0.0	21	420.7	555.0	2	478.3	89.0	10	256.0	555.4	11
60～64	345.0	1043.3	90	188.8	27.2	3	311.8	219.9	34	390.0	1431.2	2	207.6	364.3	4
65～69	257.1	796.4	11	－	－	－	－	－	－	340.7	1460.1	6	－	－	－
70歳～	－	－	－	－	－	－	－	－	－	－	－	－	－	－	－
企業規模 10～99人															
男　女　計	**310.8**	**757.9**	**22 190**	**241.7**	**49.3**	**2 153**	**247.3**	**452.7**	**3 885**	**282.0**	**611.5**	**2 952**	**306.3**	**755.3**	**4 302**
～19歳	186.8	167.4	173	180.2	2.0	82	192.6	314.9	92	－	－	－	－	－	－
20～24	196.8	295.8	1 446	190.1	3.6	453	200.1	354.2	665	194.9	515.3	251	213.2	800.2	76
25～29	231.6	473.0	2 555	221.6	75.3	455	227.0	484.3	917	242.6	565.7	568	235.0	655.9	550
30～34	267.7	597.4	2 695	249.8	70.3	281	241.1	483.7	678	278.5	653.1	521	279.6	750.9	789
35～39	293.4	735.8	2 760	250.5	69.9	234	254.1	473.6	417	283.3	802.4	407	314.6	827.3	767
40～44	334.1	884.5	3 651	287.0	56.4	231	283.2	581.1	370	310.5	585.8	368	324.1	817.6	644
45～49	355.5	1089.7	3 045	273.7	42.6	127	296.6	557.4	261	304.3	558.6	263	335.1	979.5	528
50～54	393.9	1030.9	2 180	348.7	6.2	75	304.8	406.3	105	368.1	692.2	191	360.5	761.4	331
55～59	395.0	928.8	1 596	295.5	34.6	50	350.5	472.9	102	328.9	530.4	151	397.0	617.0	229
60～64	342.6	704.6	1 279	279.9	30.6	83	314.0	359.1	165	333.9	577.8	159	339.4	424.7	152
65～69	295.5	433.4	587	302.3	131.4	80	269.4	90.0	92	261.1	251.4	50	284.8	411.2	168
70歳～	237.9	359.3	222	238.5	98.6	2	275.3	270.5	21	212.7	362.7	23	219.0	429.3	66

及び年間賞与その他特別給与額

専門・技術サービス業

10～14年			15～19年			20～24年			25～29年			30年以上			区分
所定内給与額	年間賞与その他特別給与額	労働者数	所定内給与額	年間賞与その他特別給与額	労働者数	所定内給与額	年間賞与その他特別給与額	労働者数	所定内給与額	年間賞与その他特別給与額	労働者数	所定内給与額	年間賞与その他特別給与額	労働者数	
千円	千円	十人	千円	千円	十人	千円	千円	十人	千円	千円	十人	千円	千円	十人	
															女
313.4	**1177.1**	**1 085**	**317.8**	**1456.1**	**458**	**346.0**	**1447.0**	**291**	**374.5**	**1573.6**	**379**	**370.8**	**1451.1**	**280**	**学歴計**
-	-	-	-	-	-	-	-	-	-	-	-	-	-	-	～19歳
-	-	-	-	-	-	-	-	-	-	-	-	-	-	-	20～24
186.4	554.8	8	-	-	-	-	-	-	-	-	-	-	-	-	25～29
298.6	1147.4	253	241.6	982.8	9	-	-	-	-	-	-	-	-	-	30～34
319.4	1182.5	250	314.0	1487.3	134	257.4	1322.3	2	-	-	-	-	-	-	35～39
321.5	1245.4	269	331.3	1669.5	153	316.1	1284.6	154	298.8	1032.9	36	-	-	-	40～44
321.5	1119.1	132	325.8	1461.1	73	397.8	2020.3	82	362.7	1675.5	168	300.5	1321.0	7	45～49
284.3	1061.1	109	352.0	1067.8	38	400.0	1095.2	28	441.8	1840.9	128	361.6	1125.0	126	50～54
387.4	1575.8	55	258.6	917.3	34	270.8	944.9	11	332.6	1190.2	30	427.0	1998.6	91	55～59
144.6	273.9	4	277.3	1579.7	15	332.7	1010.4	15	228.3	447.3	16	323.8	1444.6	50	60～64
270.0	9.7	5	176.2	94.0	1	-	-	-	164.4	60.0	2	156.2	12.1	5	65～69
-	-	-	-	-	-	-	-	-	-	-	-	-	-	-	70歳～
241.3	**805.0**	**122**	**232.7**	**702.9**	**74**	**252.6**	**952.0**	**58**	**291.0**	**1051.8**	**134**	**297.9**	**1240.7**	**81**	**高校卒**
-	-	-	-	-	-	-	-	-	-	-	-	-	-	-	～19歳
-	-	-	-	-	-	-	-	-	-	-	-	-	-	-	20～24
186.4	554.8	8	-	-	-	-	-	-	-	-	-	-	-	-	25～29
227.1	831.6	20	241.6	982.8	9	-	-	-	-	-	-	-	-	-	30～34
227.9	530.1	8	291.2	1007.4	12	257.4	1322.3	2	-	-	-	-	-	-	35～39
190.5	235.7	12	258.5	1078.6	4	268.0	1090.9	31	298.8	1032.9	36	-	-	-	40～44
274.4	976.3	27	202.9	642.7	9	215.0	650.2	9	299.7	1108.5	58	305.6	1335.9	7	45～49
254.1	1203.1	28	220.7	635.6	17	230.3	744.1	6	257.5	1164.9	8	309.5	1313.1	41	50～54
261.9	786.1	13	228.0	485.2	17	301.2	1055.6	6	332.9	1304.5	19	315.9	1307.9	22	55～59
145.2	104.6	3	178.2	383.3	5	183.9	551.4	5	192.0	466.3	11	220.1	814.5	12	60～64
270.0	9.7	5	176.2	94.0	1	-	-	-	164.4	60.0	2	-	-	-	65～69
-	-	-	-	-	-	-	-	-	-	-	-	-	-	-	70歳～
291.5	**1003.3**	**257**	**279.0**	**993.0**	**64**	**321.0**	**1353.9**	**110**	**377.9**	**1727.6**	**110**	**371.1**	**1687.0**	**75**	**高専・短大卒**
-	-	-	-	-	-	-	-	-	-	-	-	-	-	-	～19歳
-	-	-	-	-	-	-	-	-	-	-	-	-	-	-	20～24
-	-	-	-	-	-	-	-	-	-	-	-	-	-	-	25～29
258.6	907.6	44	-	-	-	-	-	-	-	-	-	-	-	-	30～34
233.2	756.0	19	259.5	966.8	28	-	-	-	-	-	-	-	-	-	35～39
291.2	1199.9	100	316.8	1133.5	20	302.6	1446.6	81	-	-	-	-	-	-	40～44
301.6	680.3	28	264.4	824.0	10	297.9	1470.1	9	391.9	1880.7	82	226.0	1105.0	0	45～49
248.0	479.7	41	278.5	908.8	4	451.7	953.4	16	349.6	1527.5	18	355.3	1492.4	29	50～54
450.3	1770.5	26	239.1	987.8	2	233.5	862.6	4	286.7	1052.0	5	440.1	2053.4	33	55～59
-	-	-	-	-	-	-	-	-	338.1	420.4	4	229.9	1196.9	12	60～64
-	-	-	-	-	-	-	-	-	-	-	-	140.9	313.8	0	65～69
-	-	-	-	-	-	-	-	-	-	-	-	-	-	-	70歳～
334.2	**1306.0**	**704**	**345.8**	**1727.2**	**319**	**413.8**	**1772.4**	**123**	**454.8**	**1967.1**	**136**	**429.1**	**1745.4**	**96**	**大学・大学院卒**
-	-	-	-	-	-	-	-	-	-	-	-	-	-	-	～19歳
-	-	-	-	-	-	-	-	-	-	-	-	-	-	-	20～24
-	-	-	-	-	-	-	-	-	-	-	-	-	-	-	25～29
315.3	1236.0	189	-	-	-	-	-	-	-	-	-	-	-	-	30～34
330.1	1242.7	223	333.0	1701.6	95	-	-	-	-	-	-	-	-	-	35～39
350.5	1350.3	158	336.1	1773.6	128	378.3	1116.8	42	-	-	-	-	-	-	40～44
345.1	1325.0	78	356.6	1709.4	54	437.2	2286.7	64	409.2	2269.2	27	-	-	-	45～49
343.3	1559.9	40	497.9	1527.2	17	426.6	1739.7	7	471.1	1943.9	103	413.5	1202.5	31	50～54
384.2	1870.1	16	302.5	1458.5	15	642.1	2433.1	0	379.6	914.8	5	494.2	2423.9	34	55～59
149.9	471.6	1	331.6	2236.0	9	399.6	1217.0	10	176.1	200.0	0	415.1	1848.3	26	60～64
-	-	-	-	-	-	-	-	-	-	-	-	156.8	0.0	5	65～69
-	-	-	-	-	-	-	-	-	-	-	-	-	-	-	70歳～
															企業規模 10～99人
340.7	**984.9**	**3 054**	**367.2**	**1153.9**	**1 742**	**376.6**	**1249.5**	**1 693**	**394.0**	**1138.5**	**1 111**	**392.0**	**1156.3**	**1 298**	**男女計**
-	-	-	-	-	-	-	-	-	-	-	-	-	-	-	～19歳
-	-	-	-	-	-	-	-	-	-	-	-	-	-	-	20～24
240.8	733.5	66	-	-	-	-	-	-	-	-	-	-	-	-	25～29
288.1	791.6	390	270.7	578.3	35	-	-	-	-	-	-	-	-	-	30～34
316.2	918.1	628	294.2	893.1	272	289.2	1049.8	35	-	-	-	-	-	-	35～39
349.7	989.0	639	367.6	1041.1	706	355.0	1288.4	617	310.6	1271.2	77	-	-	-	40～44
368.3	1294.3	590	397.3	1739.7	312	392.9	1319.9	528	380.0	1188.0	389	361.4	811.8	47	45～49
373.9	1052.6	365	418.0	1238.6	201	399.9	1230.5	243	453.3	1140.8	375	419.4	1565.0	294	50～54
392.6	886.9	166	415.0	1031.1	113	391.0	864.3	152	386.4	1106.1	179	437.6	1360.4	454	55～59
379.0	872.6	150	382.2	1233.9	65	377.9	1352.2	85	309.7	962.4	78	352.5	824.9	341	60～64
274.0	235.4	27	337.7	1175.0	20	403.2	1544.3	26	222.1	305.0	11	323.7	717.0	113	65～69
219.2	312.0	33	240.8	45.9	19	263.9	299.4	8	172.7	398.3	2	268.9	469.2	50	70歳～

第2表　年齢階級、勤続年数階級別所定内給与額

企業規模	10～99人

L 学 術 研 究，

区分	勤続年数計			0年			1～2年			3～4年			5～9年		
	所定内給与額	年間賞与その他特別給与額	労働者数	所定内給与額	年間賞与その他特別給与額	労働者数	所定内給与額	年間賞与その他特別給与額	労働者数	所定内給与額	年間賞与その他特別給与額	労働者数	所定内給与額	年間賞与その他特別給与額	労働者数
	千円	千円	十人	千円	千円	十人	千円	千円	十人	千円	千円	十人	千円	千円	十人
男															
学歴計	**340.9**	**836.4**	**14 742**	**276.2**	**50.9**	**1 207**	**265.7**	**448.2**	**2 183**	**306.2**	**637.6**	**1 903**	**331.7**	**778.9**	**2 873**
～19歳	191.9	182.5	120	185.1	0.6	62	199.3	377.0	58	－	－	－	－	－	－
20～24	206.4	382.7	677	203.0	6.1	194	205.6	426.8	290	205.1	599.6	143	227.6	969.7	50
25～29	239.3	478.6	1 544	227.0	11.9	266	234.4	469.2	546	245.5	590.4	366	247.5	702.3	321
30～34	286.4	633.0	1 679	282.6	102.5	154	251.8	422.1	362	299.6	637.7	323	291.8	762.3	566
35～39	320.7	814.9	1 707	316.0	131.6	114	272.3	491.2	228	309.4	860.7	223	340.9	841.1	490
40～44	367.1	983.9	2 450	363.8	81.8	129	323.6	661.5	163	340.8	559.3	243	358.2	908.4	392
45～49	391.5	1180.7	2 020	334.5	48.8	57	335.2	480.9	136	339.2	668.9	161	379.9	1034.5	314
50～54	428.8	1153.6	1 572	366.6	5.5	63	326.5	433.0	76	430.5	735.6	130	415.6	860.4	205
55～59	430.5	1027.1	1 221	330.7	28.4	37	371.6	528.5	83	368.4	651.1	99	427.0	632.7	188
60～64	358.2	682.1	1 037	323.2	41.8	61	322.1	368.6	145	343.6	608.8	147	358.3	459.4	127
65～69	301.8	440.6	535	308.9	127.4	70	276.1	71.0	80	272.6	273.5	46	283.9	417.7	165
70歳～	235.7	277.9	181	238.5	98.6	2	295.9	181.3	18	213.8	358.5	23	227.6	316.8	56
高校卒	**300.0**	**731.8**	**4 166**	**224.2**	**45.9**	**313**	**237.1**	**382.9**	**624**	**266.6**	**563.7**	**527**	**271.6**	**614.7**	**744**
～19歳	191.9	182.5	120	185.1	0.6	62	199.3	377.0	58	－	－	－	－	－	－
20～24	197.1	499.4	319	184.0	15.2	49	188.7	355.3	115	197.8	652.1	106	228.4	989.5	49
25～29	222.8	464.6	345	205.0	7.5	50	207.3	349.3	79	214.2	467.1	63	231.4	600.0	107
30～34	255.3	563.8	306	210.6	26.2	20	236.8	500.4	68	239.1	441.1	44	251.4	444.1	83
35～39	287.2	767.6	380	247.1	64.9	14	245.9	405.2	50	309.7	674.7	54	263.8	592.0	97
40～44	332.9	1029.6	580	272.5	18.8	19	266.2	482.0	57	288.7	580.1	45	306.4	762.2	93
45～49	348.9	887.9	617	260.2	118.3	11	310.4	447.2	50	300.7	715.8	47	313.1	614.9	83
50～54	358.1	1006.0	479	262.6	9.3	21	276.1	260.3	28	352.4	602.6	46	343.1	944.9	60
55～59	369.8	862.8	394	299.6	68.4	14	266.2	480.0	36	302.8	463.1	45	328.0	626.6	44
60～64	305.7	537.9	309	260.3	2.6	16	262.7	292.7	56	332.6	569.4	46	287.9	386.8	28
65～69	256.1	349.5	225	265.4	234.7	38	219.2	66.3	15	238.6	225.8	17	223.2	301.3	79
70歳～	239.4	340.4	92	－	－	－	326.2	195.3	12	175.4	301.6	14	213.7	456.8	21
高専・短大卒	**342.5**	**816.1**	**2 646**	**257.8**	**20.5**	**119**	**256.1**	**528.9**	**300**	**295.9**	**480.2**	**318**	**331.8**	**707.0**	**487**
～19歳	－	－	－	－	－	－	－	－	－	－	－	－	－	－	－
20～24	205.2	390.0	135	185.2	10.6	33	203.5	555.8	64	226.6	448.0	37	188.9	0.0	1
25～29	227.8	559.2	214	216.6	43.2	31	226.6	494.7	63	214.6	470.1	43	240.4	877.9	76
30～34	267.6	661.7	263	269.4	0.7	11	252.2	455.5	49	254.5	382.7	24	272.8	681.6	85
35～39	302.2	681.5	307	341.1	0.0	4	237.5	449.4	32	264.7	672.2	29	327.7	709.8	115
40～44	354.0	906.5	629	390.1	10.8	16	324.8	1218.0	23	339.3	219.2	72	319.2	737.3	64
45～49	391.5	969.2	437	299.2	30.2	8	323.9	343.1	36	306.7	527.1	41	408.7	728.9	46
50～54	441.1	1078.4	317	386.0	0.0	4	324.6	560.5	6	393.8	1021.0	35	443.9	810.1	44
55～59	411.8	819.7	186	276.4	0.0	7	411.8	390.2	11	296.9	436.2	10	500.5	532.5	28
60～64	386.5	868.5	120	292.9	87.8	4	263.3	840.4	8	341.3	389.5	25	413.1	100.8	15
65～69	265.1	341.2	30	234.3	0.0	1	240.4	129.5	7	217.9	30.0	2	276.6	556.5	9
70歳～	263.0	162.9	8	－	－	－	180.0	0.0	1	188.9	50.0	1	247.3	229.0	6
大学・大学院卒	**363.5**	**904.5**	**7 825**	**301.0**	**58.5**	**764**	**282.5**	**464.1**	**1 246**	**328.8**	**722.3**	**1 054**	**363.6**	**890.3**	**1 594**
～19歳	－	－	－	－	－	－	－	－	－	－	－	－	－	－	－
20～24	220.1	217.4	217	215.5	1.0	107	224.6	426.5	110	194.5	392.5	0	－	－	－
25～29	247.3	466.2	979	234.3	7.8	183	241.0	489.6	402	258.1	639.7	260	263.3	684.8	134
30～34	299.6	646.6	1 105	295.1	124.4	122	255.9	393.7	245	314.5	696.6	254	304.5	850.3	395
35～39	340.9	881.4	1 006	324.7	147.1	96	289.5	532.5	145	319.7	976.3	137	381.8	1015.5	267
40～44	392.7	1014.0	1 224	377.5	105.8	94	376.8	687.1	76	360.5	746.9	126	399.1	1048.5	226
45～49	419.9	1472.8	957	368.5	33.1	37	368.4	614.5	50	381.2	717.0	74	407.2	1335.1	180
50～54	470.0	1284.3	766	441.4	4.3	35	359.9	534.8	42	529.8	654.7	49	453.7	826.1	98
55～59	475.4	1199.8	630	380.2	7.4	16	467.6	616.7	34	446.5	913.3	43	447.1	659.3	115
60～64	380.4	714.3	599	349.8	52.6	41	369.4	375.6	81	352.0	706.8	76	372.3	525.9	84
65～69	344.4	520.1	274	365.4	0.0	31	295.0	64.6	58	296.4	316.6	27	347.5	521.6	77
70歳～	236.3	192.8	69	238.5	98.6	2	248.0	190.0	4	283.2	489.2	8	262.7	145.7	19
女															
学歴計	**251.1**	**602.7**	**7 448**	**197.7**	**47.2**	**946**	**223.7**	**458.4**	**1 701**	**238.2**	**564.2**	**1 050**	**255.2**	**707.8**	**1 429**
～19歳	175.2	133.4	53	165.0	6.6	20	181.2	207.7	34	－	－	－	－	－	－
20～24	188.3	219.3	769	180.5	1.8	260	195.9	298.1	375	181.5	403.9	108	185.9	480.4	26
25～29	219.9	464.5	1 011	213.9	164.4	189	216.2	506.5	371	237.5	521.0	202	217.5	591.0	229
30～34	236.7	538.5	1 016	210.3	31.4	127	228.8	554.2	316	244.3	678.2	199	248.5	722.1	223
35～39	249.2	607.5	1 053	188.9	12.0	121	232.3	452.4	189	251.8	731.9	184	268.0	803.0	278
40～44	266.6	681.7	1 201	190.6	24.6	102	251.3	517.5	207	251.6	637.4	125	271.0	676.4	252
45～49	284.7	910.5	1 025	224.0	37.5	70	254.4	640.8	125	249.4	385.3	102	269.6	899.2	214
50～54	303.8	713.9	609	255.1	10.0	12	248.8	337.1	29	233.4	598.8	60	271.3	601.2	126
55～59	279.2	608.4	375	192.2	52.7	13	260.0	234.0	19	253.3	299.4	52	262.6	546.7	42
60～64	275.7	801.3	242	161.7	0.0	22	256.5	291.6	20	213.1	192.9	12	241.8	245.2	25
65～69	232.0	359.6	52	255.8	159.4	10	226.9	211.6	12	130.3	0.0	4	344.1	0.0	3
70歳～	247.1	711.9	42	－	－	－	154.6	794.2	3	135.0	675.0	0	170.5	1061.0	10

及び年間賞与その他特別給与額

専門・技術サービス業

10～14年			15～19年			20～24年			25～29年			30年以上			区分
所定内給与額	年間賞与その他特別給与額	労働者数	所定内給与額	年間賞与その他特別給与額	労働者数	所定内給与額	年間賞与その他特別給与額	労働者数	所定内給与額	年間賞与その他特別給与額	労働者数	所定内給与額	年間賞与その他特別給与額	労働者数	
千円	千円	十人	千円	千円	十人	千円	千円	十人	千円	千円	十人	千円	千円	十人	
															男
366.3	**1038.3**	**2 004**	**395.5**	**1217.8**	**1 264**	**397.9**	**1330.3**	**1 356**	**419.3**	**1287.1**	**812**	**406.0**	**1201.6**	**1 140**	**学歴計**
-	-	-	-	-	-	-	-	-	-	-	-	-	-	-	～19歳
-	-	-	-	-	-	-	-	-	-	-	-	-	-	-	20～24
260.4	831.4	47	-	-	-	-	-	-	-	-	-	-	-	-	25～29
305.6	954.2	259	342.2	643.4	16	-	-	-	-	-	-	-	-	-	30～34
334.1	1007.7	444	312.5	999.5	185	308.6	1157.8	25	-	-	-	-	-	-	35～39
375.9	1064.4	410	387.1	1062.9	563	375.5	1383.0	498	337.3	1461.6	52	-	-	-	40～44
401.6	1278.7	341	429.4	1988.0	222	411.4	1351.0	432	400.0	1239.3	320	384.8	726.9	37	45～49
422.4	1174.2	234	481.2	1278.9	136	416.6	1317.8	188	459.3	1393.2	278	437.6	1621.8	261	50～54
452.0	945.1	99	474.3	1181.2	81	435.7	996.2	108	435.6	1272.6	119	451.6	1418.4	407	55～59
406.3	805.9	110	351.2	554.8	28	394.8	1448.3	76	385.3	852.9	36	360.2	841.6	307	60～64
281.7	245.1	26	350.4	1200.7	17	453.6	1632.5	21	197.3	221.7	5	328.4	734.2	106	65～69
219.2	312.0	33	244.9	39.8	18	266.9	303.3	8	139.0	360.0	1	242.7	313.2	23	70歳～
315.5	**853.2**	**542**	**328.8**	**969.8**	**262**	**382.5**	**1345.8**	**407**	**367.8**	**1033.0**	**334**	**371.1**	**1044.6**	**414**	**高校卒**
-	-	-	-	-	-	-	-	-	-	-	-	-	-	-	～19歳
-	-	-	-	-	-	-	-	-	-	-	-	-	-	-	20～24
260.5	842.9	46	-	-	-	-	-	-	-	-	-	-	-	-	25～29
278.8	944.1	76	342.2	643.4	16	-	-	-	-	-	-	-	-	-	30～34
320.7	1049.7	93	287.1	1061.1	47	308.0	1155.8	25	-	-	-	-	-	-	35～39
351.1	844.2	81	342.1	1101.2	95	382.3	1618.5	140	336.2	1449.5	50	-	-	-	40～44
327.1	865.1	93	325.1	1120.0	43	405.3	1371.1	101	376.5	959.5	155	386.8	716.1	34	45～49
346.7	905.2	67	363.9	893.0	26	407.9	1514.0	69	372.2	997.5	68	375.8	1417.0	95	50～54
366.3	728.5	28	364.0	864.6	11	415.2	970.6	38	395.5	1099.2	42	421.0	1179.8	135	55～59
301.5	416.2	32	310.2	311.5	8	293.6	450.4	22	342.3	592.7	14	331.2	898.0	88	60～64
217.5	215.4	12	314.7	955.8	6	243.8	85.0	5	203.8	246.2	4	324.8	628.2	50	65～69
246.7	599.7	15	285.7	28.3	11	271.8	316.0	7	139.0	360.0	1	210.0	293.6	12	70歳～
338.5	**865.6**	**374**	**366.2**	**811.4**	**294**	**379.6**	**1240.5**	**355**	**432.0**	**1256.3**	**167**	**440.1**	**1248.0**	**231**	**高専・短大卒**
-	-	-	-	-	-	-	-	-	-	-	-	-	-	-	～19歳
-	-	-	-	-	-	-	-	-	-	-	-	-	-	-	20～24
257.3	240.0	1	-	-	-	-	-	-	-	-	-	-	-	-	25～29
274.2	905.4	93	-	-	-	-	-	-	-	-	-	-	-	-	30～34
303.1	543.7	55	302.2	889.3	71	354.0	1320.0	0	-	-	-	-	-	-	35～39
343.2	999.2	83	381.6	675.2	150	354.3	1324.7	221	359.3	1713.3	2	-	-	-	40～44
410.3	1000.1	78	441.3	1264.5	42	384.1	855.6	72	417.8	1443.6	112	362.8	841.2	3	45～49
438.3	1230.7	34	350.2	965.0	11	418.8	942.9	37	469.6	836.6	49	472.0	1434.6	97	50～54
298.5	267.8	22	329.2	450.1	18	407.3	408.8	8	374.8	928.9	2	459.4	1380.6	79	55～59
289.7	160.7	8	315.0	475.0	1	639.6	3256.7	15	460.6	931.6	1	363.5	787.7	45	60～64
191.8	0.0	1	364.2	1440.0	2	300.9	120.7	3	-	-	-	258.6	243.9	6	65～69
200.0	0.0	0	-	-	-	-	-	-	-	-	-	600.0	0.0	1	70歳～
402.9	**1200.3**	**1 072**	**433.1**	**1478.7**	**702**	**419.7**	**1377.3**	**592**	**468.4**	**1577.3**	**310**	**420.4**	**1313.6**	**491**	**大学・大学院卒**
-	-	-	-	-	-	-	-	-	-	-	-	-	-	-	～19歳
-	-	-	-	-	-	-	-	-	-	-	-	-	-	-	20～24
-	-	-	-	-	-	-	-	-	-	-	-	-	-	-	25～29
361.9	1015.7	89	-	-	-	-	-	-	-	-	-	-	-	-	30～34
344.1	1082.1	295	341.4	1073.4	67	-	-	-	-	-	-	-	-	-	35～39
395.0	1157.8	247	403.2	1234.7	317	402.5	1236.7	137	-	-	-	-	-	-	40～44
438.3	1631.7	170	461.1	2505.4	134	421.4	1481.2	259	430.8	1626.6	53	-	-	-	45～49
458.9	1307.3	131	526.7	1415.1	99	422.9	1319.8	83	492.9	1731.3	161	474.4	2166.4	69	50～54
603.9	1521.1	45	549.6	1508.2	51	453.5	1108.5	61	462.2	1381.4	74	470.5	1598.3	191	55～59
479.2	1090.3	66	371.2	519.1	17	359.1	1323.7	39	407.7	1013.6	21	374.1	826.9	173	60～64
348.5	152.8	12	371.1	1313.5	9	594.1	2719.8	12	161.4	85.7	1	347.5	924.0	47	65～69
197.2	83.2	18	185.2	56.7	7	150.0	0.0	0	-	-	-	254.4	354.4	11	70歳～
															女
291.8	**882.8**	**1 049**	**292.5**	**984.9**	**479**	**291.0**	**924.7**	**337**	**325.4**	**734.9**	**299**	**291.2**	**830.1**	**158**	**学歴計**
-	-	-	-	-	-	-	-	-	-	-	-	-	-	-	～19歳
-	-	-	-	-	-	-	-	-	-	-	-	-	-	-	20～24
193.3	496.3	19	-	-	-	-	-	-	-	-	-	-	-	-	25～29
253.6	471.1	131	212.4	525.2	19	-	-	-	-	-	-	-	-	-	30～34
272.9	701.8	184	255.3	667.3	87	239.6	773.1	10	-	-	-	-	-	-	35～39
302.4	853.4	228	290.9	955.6	143	269.1	891.9	119	254.1	869.0	25	-	-	-	40～44
322.7	1315.6	249	318.3	1128.2	90	309.8	1180.1	96	286.8	947.7	68	272.5	1134.4	10	45～49
286.7	834.4	131	286.8	1155.0	66	342.5	931.0	55	435.9	411.2	96	275.2	1116.9	33	50～54
303.5	799.5	66	263.7	648.6	32	280.8	538.7	44	288.6	774.5	60	316.4	861.0	47	55～59
302.5	1060.1	39	405.5	1743.8	37	231.4	521.0	9	245.3	1055.8	42	284.7	678.4	35	60～64
157.5	86.9	2	273.1	1044.8	3	178.2	1150.0	5	239.1	362.2	7	251.8	457.1	7	65～69
-	-	-	174.8	144.5	1	150.0	150.0	0	240.0	475.0	1	291.7	604.5	27	70歳～

第2表　年齢階級、勤続年数階級別所定内給与額

L 学術研究，専門・技術サービス業

企業規模	10～99人
	計

区分	勤続年数計			0年			1～2年			3～4年			5～9年		
	所定内給与額	年間賞与その他特別給与額	労働者数	所定内給与額	年間賞与その他特別給与額	労働者数	所定内給与額	年間賞与その他特別給与額	労働者数	所定内給与額	年間賞与その他特別給与額	労働者数	所定内給与額	年間賞与その他特別給与額	労働者数
	千円	千円	十人	千円	千円	十人	千円	千円	十人	千円	千円	十人	千円	千円	十人
高校卒	**226.9**	**550.4**	**1 965**	**179.4**	**14.8**	**189**	**198.8**	**301.0**	**375**	**210.5**	**597.4**	**207**	**222.4**	**581.8**	**372**
～19歳	175.2	133.4	53	165.0	6.6	20	181.2	207.7	34	-	-	-	-	-	-
20～24	176.1	344.7	187	166.0	1.5	22	173.6	339.8	93	180.7	434.6	47	185.4	499.3	25
25～29	188.1	383.7	156	187.1	0.0	17	177.6	255.2	56	200.5	505.2	8	195.1	569.4	56
30～34	209.0	531.6	174	182.2	36.3	9	200.4	393.0	49	224.4	822.5	48	195.1	351.1	28
35～39	212.4	435.6	198	186.4	30.7	24	204.7	257.8	27	203.3	383.9	10	222.8	553.0	64
40～44	220.3	485.9	297	164.0	19.1	42	220.0	281.4	50	231.2	725.5	23	208.8	409.6	58
45～49	247.5	626.1	337	226.8	26.4	29	250.8	326.0	37	213.3	377.7	25	231.1	783.8	62
50～54	258.7	836.2	233	149.6	0.0	2	194.3	93.2	7	196.5	749.4	34	283.7	888.8	49
55～59	267.2	636.0	158	170.6	0.0	4	176.7	131.6	6	302.8	377.5	10	257.0	478.3	15
60～64	264.4	739.1	137	160.2	0.0	21	266.7	343.0	15	157.7	284.8	2	217.5	261.9	16
65～69	189.0	508.7	15	-	-	-	209.9	655.0	2	-	-	-	-	-	-
70歳～	281.7	596.0	19	-	-	-	-	-	-	135.0	675.0	0	-	-	-
高専・短大卒	**240.6**	**496.0**	**2 202**	**189.1**	**22.1**	**269**	**204.5**	**283.6**	**462**	**212.8**	**383.6**	**262**	**231.7**	**651.7**	**441**
～19歳	-	-	-	-	-	-	-	-	-	-	-	-	-	-	-
20～24	176.9	175.6	300	171.6	3.2	104	178.4	216.4	133	182.0	380.8	62	199.0	0.0	1
25～29	203.5	477.4	254	177.1	27.7	33	208.8	514.3	77	192.6	200.5	33	211.0	667.4	111
30～34	224.8	338.8	221	233.5	76.4	19	199.7	136.4	54	207.3	303.2	30	230.4	574.8	51
35～39	227.2	511.4	250	184.2	11.0	42	214.2	309.3	39	222.4	620.1	28	233.5	709.1	73
40～44	255.5	600.6	439	209.8	13.3	30	238.9	385.5	71	247.2	442.4	48	238.2	708.6	72
45～49	261.6	653.0	298	201.5	23.7	21	208.5	157.6	58	222.1	382.6	29	275.6	736.6	51
50～54	322.7	567.2	209	189.4	0.0	1	195.2	205.0	5	249.7	491.6	15	238.3	457.3	55
55～59	286.6	547.7	125	194.7	37.6	8	226.3	162.4	6	193.6	320.2	7	223.0	404.7	15
60～64	242.3	761.0	62	185.0	0.0	1	225.0	132.4	5	223.6	175.4	10	211.5	911.8	2
65～69	248.3	261.9	24	255.8	159.4	10	229.4	145.9	11	-	-	-	-	-	-
70歳～	207.0	819.2	21	-	-	-	154.6	794.2	3	-	-	-	170.5	1061.0	10
大学・大学院卒	**272.9**	**708.3**	**3 254**	**209.8**	**73.9**	**486**	**244.9**	**625.2**	**857**	**260.0**	**632.4**	**568**	**292.2**	**826.1**	**614**
～19歳	-	-	-	-	-	-	-	-	-	-	-	-	-	-	-
20～24	208.6	183.3	281	189.9	0.7	133	225.5	348.6	147	-	-	-	-	-	-
25～29	235.0	480.1	600	225.8	216.4	139	227.5	562.6	238	248.7	588.1	161	249.6	475.8	61
30～34	248.8	614.5	618	208.4	22.4	100	242.7	696.7	213	262.1	722.4	119	265.0	844.5	145
35～39	271.0	706.7	590	193.7	4.3	54	242.9	558.1	119	262.5	775.4	135	306.7	966.0	140
40～44	307.1	886.0	463	209.4	43.9	30	281.2	774.0	84	263.8	770.1	55	319.2	782.5	123
45～49	334.7	1353.7	390	243.2	68.2	20	347.6	1964.1	30	285.4	390.9	48	290.5	1052.7	101
50～54	345.2	735.2	163	300.0	15.2	8	287.2	475.7	17	323.5	288.6	11	330.2	335.5	21
55～59	290.0	643.1	92	258.3	403.9	1	360.9	385.6	7	250.1	273.2	35	315.5	793.5	12
60～64	359.5	1057.1	43	-	-	-	-	-	-	-	-	-	307.3	0.0	7
65～69	252.5	377.7	14	-	-	-	-	-	-	130.3	0.0	4	344.1	0.0	3
70歳～	318.0	700.0	3	-	-	-	-	-	-	-	-	-	-	-	-
M 宿泊業，飲食サービス業															
企業規模計															
男女計	**242.1**	**336.2**	**48 366**	**199.5**	**22.5**	**4 944**	**210.5**	**194.9**	**9 652**	**219.6**	**286.9**	**7 135**	**237.1**	**335.4**	**10 922**
～19歳	166.3	56.9	1 022	164.7	8.7	541	168.1	115.5	461	164.2	7.9	19	-	-	-
20～24	185.9	177.1	5 399	184.1	7.0	1 361	186.3	226.1	2 526	186.6	263.2	1 153	186.8	201.1	358
25～29	215.0	302.7	5 345	194.9	39.0	603	206.7	220.3	1 360	220.8	362.1	1 474	222.2	406.5	1 765
30～34	235.3	348.7	5 267	207.2	37.2	438	218.8	230.2	972	225.4	332.6	873	246.8	399.8	1 667
35～39	257.3	422.7	5 655	217.9	50.1	373	233.3	212.1	897	231.4	331.1	687	250.7	393.9	1 561
40～44	274.9	446.6	6 275	224.2	28.5	405	245.5	231.0	874	248.2	304.3	804	260.8	408.1	1 382
45～49	279.8	454.1	5 748	245.3	33.6	407	236.9	182.3	748	233.3	261.1	662	251.9	345.0	1 263
50～54	275.9	424.8	4 493	202.3	21.1	292	225.2	114.4	606	248.0	308.1	467	250.6	317.1	931
55～59	265.2	350.5	3 864	211.1	6.1	188	223.2	147.3	526	213.7	174.3	398	233.8	204.4	765
60～64	214.9	177.9	3 151	198.1	21.1	218	200.8	105.6	456	191.3	112.4	410	197.8	144.5	698
65～69	199.8	83.3	1 649	209.0	10.4	88	192.8	50.0	181	187.5	93.3	156	191.3	79.1	423
70歳～	180.9	57.7	499	200.4	6.6	29	197.9	23.5	44	162.7	25.3	33	169.0	59.1	108
男															
学歴計	**271.4**	**410.6**	**28 519**	**215.2**	**21.3**	**2 585**	**230.1**	**204.4**	**5 320**	**239.3**	**315.2**	**4 017**	**264.0**	**390.7**	**6 273**
～19歳	166.1	50.6	394	168.7	4.0	226	161.7	117.3	162	179.4	11.4	7	-	-	-
20～24	188.3	174.1	2 288	183.0	1.9	565	190.0	219.0	1 039	189.2	260.0	520	193.0	211.5	164
25～29	225.4	299.1	2 875	201.3	20.5	290	214.4	210.1	740	231.9	352.2	801	233.3	404.8	965
30～34	249.9	368.2	3 210	217.6	33.1	232	229.1	250.2	659	233.7	321.0	505	265.9	414.5	1 030
35～39	277.0	478.5	3 747	228.7	65.0	225	250.4	216.1	593	250.2	366.4	426	268.1	462.4	1 015
40～44	300.1	510.7	4 340	241.2	23.7	273	272.1	255.1	576	276.9	372.8	537	290.6	480.4	884
45～49	315.5	554.1	3 774	271.3	26.8	266	271.9	213.9	437	264.6	330.1	350	294.6	434.9	707
50～54	318.8	557.7	2 764	235.3	35.7	164	259.1	133.6	335	278.8	382.3	302	287.6	417.0	502
55～59	307.7	463.3	2 348	226.6	4.3	138	251.4	202.9	322	239.1	222.8	235	270.1	238.7	417
60～64	247.9	237.5	1 729	223.6	34.6	127	220.2	115.7	305	213.1	161.4	218	231.2	187.3	327
65～69	224.4	112.4	845	234.9	7.7	61	205.0	54.0	125	209.1	118.9	91	219.3	105.6	219
70歳～	200.2	75.2	204	221.7	1.2	18	222.0	3.2	28	169.7	31.9	25	174.4	83.7	42

及び年間賞与その他特別給与額

M 宿泊業，飲食サービス業

10～14年 所定内給与額	10～14年 年間賞与その他特別給与額	10～14年 労働者数	15～19年 所定内給与額	15～19年 年間賞与その他特別給与額	15～19年 労働者数	20～24年 所定内給与額	20～24年 年間賞与その他特別給与額	20～24年 労働者数	25～29年 所定内給与額	25～29年 年間賞与その他特別給与額	25～29年 労働者数	30年以上 所定内給与額	30年以上 年間賞与その他特別給与額	30年以上 労働者数	区分
千円	千円	十人	千円	千円	十人	千円	千円	十人	千円	千円	十人	千円	千円	十人	
249.3	**699.0**	**293**	**259.5**	**843.4**	**182**	**246.7**	**706.7**	**120**	**258.7**	**773.0**	**125**	**284.5**	**848.4**	**101**	**高校卒**
–	–	–	–	–	–	–	–	–	–	–	–	–	–	–	～19歳
–	–	–	–	–	–	–	–	–	–	–	–	–	–	–	20～24
193.3	496.3	19	–	–	–	–	–	–	–	–	–	–	–	–	25～29
224.0	580.0	24	205.6	591.9	17	–	–	–	–	–	–	–	–	–	30～34
192.0	500.3	30	230.5	509.4	33	239.6	773.1	10	–	–	–	–	–	–	35～39
224.1	704.7	38	253.4	552.5	28	245.7	744.7	35	254.3	877.7	24	–	–	–	40～44
266.5	716.5	73	261.3	866.4	30	238.0	566.7	34	265.0	856.6	36	272.5	1134.4	10	45～49
254.7	587.0	53	272.4	1180.5	37	300.6	863.2	19	263.8	820.7	17	281.7	1291.3	16	50～54
265.9	681.2	22	243.2	582.9	19	241.3	637.7	15	266.2	750.9	30	308.8	815.8	38	55～59
328.0	1263.9	32	389.7	1927.2	15	187.7	379.2	4	239.8	506.8	15	249.4	710.3	16	60～64
147.3	32.7	1	159.4	150.0	1	178.2	1150.0	5	201.3	66.7	2	203.3	164.6	4	65～69
–	–	–	174.8	144.5	1	150.0	150.0	0	–	–	–	292.6	628.9	17	70歳～
279.2	**591.2**	**315**	**270.7**	**979.8**	**135**	**289.5**	**901.5**	**141**	**364.4**	**643.0**	**130**	**293.0**	**814.0**	**47**	**高専・短大卒**
–	–	–	–	–	–	–	–	–	–	–	–	–	–	–	～19歳
–	–	–	–	–	–	–	–	–	–	–	–	–	–	–	20～24
–	–	–	–	–	–	–	–	–	–	–	–	–	–	–	25～29
246.3	414.0	67	221.5	200.0	1	–	–	–	–	–	–	–	–	–	30～34
258.1	648.1	36	255.2	720.4	31	–	–	–	–	–	–	–	–	–	35～39
279.1	484.9	93	282.2	1099.3	60	261.3	808.1	66	243.6	340.0	0	–	–	–	40～44
303.0	891.8	65	256.8	685.5	19	298.2	1339.3	26	302.7	1040.3	30	–	–	–	45～49
257.3	633.0	21	281.6	1177.2	14	350.1	1054.7	30	480.9	169.7	54	256.1	1072.4	12	50～54
355.3	620.5	29	249.9	765.0	7	278.6	385.2	19	311.2	763.8	26	343.6	1050.4	8	55～59
196.9	138.5	4	300.1	3030.5	3	217.8	1515.7	0	210.7	1179.6	19	300.9	643.5	18	60～64
–	–	–	–	–	–	–	–	–	277.0	1697.4	1	298.0	840.0	2	65～69
–	–	–	–	–	–	–	–	–	240.0	475.0	1	279.7	509.5	7	70歳～
329.3	**1214.6**	**441**	**349.0**	**1162.8**	**159**	**363.9**	**1311.9**	**76**	**398.8**	**899.0**	**44**	**351.5**	**717.6**	**10**	**大学・大学院卒**
–	–	–	–	–	–	–	–	–	–	–	–	–	–	–	～19歳
–	–	–	–	–	–	–	–	–	–	–	–	–	–	–	20～24
–	–	–	–	–	–	–	–	–	–	–	–	–	–	–	25～29
282.9	500.7	41	–	–	–	–	–	–	–	–	–	–	–	–	30～34
298.2	769.8	118	292.3	828.0	22	–	–	–	–	–	–	–	–	–	35～39
355.4	1264.3	97	319.6	1003.3	55	339.8	1457.4	19	–	–	–	–	–	–	40～44
371.8	1966.4	110	388.1	1522.2	41	384.2	1632.2	37	403.9	1149.3	3	–	–	–	45～49
327.5	1141.2	57	330.1	1065.5	14	443.2	492.1	6	453.0	655.4	25	305.7	584.0	4	50～54
260.1	1304.6	15	358.7	731.4	5	342.4	688.6	10	308.9	1014.0	4	372.0	1027.4	1	55～59
169.2	96.6	3	433.2	1412.4	19	262.6	601.7	5	335.7	1779.8	8	650.0	800.0	1	60～64
–	–	–	309.5	1331.1	3	–	–	–	256.9	299.6	4	367.5	866.3	1	65～69
–	–	–	–	–	–	–	–	–	–	–	–	318.0	700.0	3	70歳～
															M 宿泊業，飲食サービス業
															企業規模計
261.1	**435.9**	**6 835**	**283.3**	**526.9**	**3 763**	**317.1**	**673.9**	**2 175**	**334.3**	**752.2**	**1 580**	**343.2**	**692.7**	**1 360**	**男女計**
–	–	–	–	–	–	–	–	–	–	–	–	–	–	–	～19歳
–	–	–	–	–	–	–	–	–	–	–	–	–	–	–	20～24
228.9	307.3	143	–	–	–	–	–	–	–	–	–	–	–	–	25～29
248.1	488.2	1 209	257.6	458.1	107	–	–	–	–	–	–	–	–	–	30～34
287.0	611.2	1 257	290.0	664.5	805	270.1	485.5	74	–	–	–	–	–	–	35～39
286.6	529.5	994	316.2	656.8	969	314.2	744.8	748	334.0	606.7	99	–	–	–	40～44
276.9	510.4	889	312.0	621.2	506	369.6	811.5	573	347.5	891.6	637	343.4	801.3	63	45～49
270.8	371.2	744	294.3	515.8	432	326.5	723.3	289	358.0	928.3	364	385.3	946.2	368	50～54
248.3	287.9	656	270.2	399.3	385	308.1	630.3	210	352.8	638.2	243	378.4	852.3	492	55～59
218.5	187.7	519	205.7	187.6	265	254.9	307.8	162	260.4	362.2	154	284.5	401.5	268	60～64
201.3	92.0	325	196.7	77.3	200	192.4	148.2	88	199.6	125.9	68	255.8	102.6	120	65～69
173.8	49.2	100	166.0	59.5	93	179.1	102.4	30	273.3	218.5	15	208.3	76.2	48	70歳～
															男
295.5	**550.6**	**4 115**	**319.8**	**651.1**	**2 390**	**351.3**	**778.8**	**1 519**	**360.4**	**841.4**	**1 195**	**360.0**	**761.4**	**1 105**	**学歴計**
–	–	–	–	–	–	–	–	–	–	–	–	–	–	–	～19歳
–	–	–	–	–	–	–	–	–	–	–	–	–	–	–	20～24
254.3	326.3	79	–	–	–	–	–	–	–	–	–	–	–	–	25～29
265.4	539.1	698	272.8	512.1	87	–	–	–	–	–	–	–	–	–	30～34
311.2	686.1	903	306.0	710.3	539	292.9	486.8	45	–	–	–	–	–	–	35～39
310.8	616.5	656	331.7	712.4	767	331.6	774.3	564	349.7	607.2	83	–	–	–	40～44
308.3	614.4	623	337.6	716.9	367	380.8	850.1	486	368.0	956.2	487	361.9	846.1	49	45～49
317.2	533.1	409	366.1	770.4	230	369.1	823.2	201	377.4	991.1	291	392.4	961.6	329	50～54
303.3	459.3	324	339.8	546.9	190	375.5	880.6	114	375.0	728.4	198	394.0	908.9	410	55～59
267.0	275.8	248	243.1	258.3	103	310.7	429.7	80	290.6	474.9	101	298.7	443.5	219	60～64
234.2	132.0	146	231.3	104.5	84	224.7	367.4	24	229.2	211.1	32	257.1	160.6	64	65～69
184.8	69.6	28	176.3	101.5	22	175.1	356.4	4	572.0	691.0	3	222.8	94.1	34	70歳～

第2表　年齢階級、勤続年数階級別所定内給与額

企業規模	計

M 宿 泊 業，

区分	勤続年数計			0年			1～2年			3～4年			5～9年		
	所定内給与額	年間賞与その他特別給与額	労働者数	所定内給与額	年間賞与その他特別給与額	労働者数	所定内給与額	年間賞与その他特別給与額	労働者数	所定内給与額	年間賞与その他特別給与額	労働者数	所定内給与額	年間賞与その他特別給与額	労働者数
	千円	千円	十人	千円	千円	十人	千円	千円	十人	千円	千円	十人	千円	千円	十人
高校卒	**260.7**	**326.4**	**15 042**	**207.8**	**13.8**	**1 419**	**224.6**	**181.7**	**2 955**	**232.5**	**258.3**	**2 124**	**256.5**	**313.8**	**3 402**
～ 19歳	167.0	55.5	349	167.4	4.1	211	165.7	136.1	135	194.7	25.0	3	－	－	－
20 ～ 24	185.6	174.9	1 255	173.7	0.9	235	186.6	206.8	537	189.7	230.8	350	191.3	206.5	133
25 ～ 29	219.6	223.3	1 251	201.3	20.9	158	211.7	158.5	313	225.5	254.9	267	224.0	302.8	442
30 ～ 34	243.0	279.7	1 542	219.9	9.7	109	227.5	213.3	310	228.7	283.8	243	261.5	289.5	502
35 ～ 39	262.9	351.4	1 728	223.1	25.0	123	241.6	212.1	358	251.1	271.7	196	260.5	392.4	481
40 ～ 44	286.9	423.4	2 199	244.3	23.6	145	259.4	267.7	343	263.4	327.7	305	279.7	429.7	502
45 ～ 49	303.3	460.6	2 014	239.0	22.7	127	253.8	168.7	254	253.4	298.3	207	286.7	374.5	400
50 ～ 54	304.2	437.6	1 523	227.9	14.8	108	257.0	125.6	194	276.5	335.4	169	283.6	339.0	301
55 ～ 59	295.9	388.9	1 403	226.3	1.1	82	247.9	157.3	208	226.9	194.8	160	270.9	224.1	263
60 ～ 64	235.0	200.1	1 039	195.3	44.1	64	210.6	114.2	192	202.9	129.5	140	218.5	151.0	214
65 ～ 69	221.5	105.1	603	240.4	7.5	48	194.0	21.9	86	218.6	144.8	66	206.1	82.0	146
70歳～	213.4	77.9	136	268.3	0.0	10	235.9	2.3	24	174.2	21.5	18	170.6	84.9	18
高専・短大卒	**268.1**	**467.2**	**5 112**	**208.5**	**21.4**	**459**	**229.1**	**232.3**	**1 029**	**241.9**	**373.1**	**761**	**263.7**	**458.7**	**1 108**
～ 19歳	－	－	－	－	－	－	－	－	－	－	－	－	－	－	－
20 ～ 24	182.5	194.6	634	177.2	3.9	190	182.0	220.3	290	188.0	376.8	141	211.8	428.4	13
25 ～ 29	220.9	297.9	644	219.3	25.7	59	215.8	179.6	161	220.4	232.1	154	224.6	465.9	269
30 ～ 34	256.6	436.5	610	203.1	4.1	40	221.9	344.6	122	231.1	378.8	88	282.6	411.1	165
35 ～ 39	274.0	542.1	711	219.6	19.8	29	259.5	248.6	98	243.7	386.3	92	276.0	521.5	195
40 ～ 44	287.9	558.2	866	223.3	57.6	42	271.9	204.7	122	283.2	459.2	115	270.9	544.6	161
45 ～ 49	321.3	635.0	716	272.4	59.0	27	316.8	362.8	104	292.6	483.4	54	300.9	520.7	127
50 ～ 54	314.2	611.4	437	288.2	158.7	17	245.0	174.4	61	296.9	450.0	68	274.1	393.7	68
55 ～ 59	321.4	598.2	305	191.6	6.6	24	184.0	38.0	38	276.9	504.5	28	282.2	294.3	57
60 ～ 64	249.4	198.3	136	276.7	0.0	29	227.8	91.8	19	224.6	133.1	17	227.9	252.7	37
65 ～ 69	241.8	148.1	46	－	－	－	238.7	235.9	14	179.5	55.6	4	215.0	112.7	13
70歳～	218.9	5.6	8	160.0	0.0	3	－	－	－	－	－	－	250.0	0.0	4
大学・大学院卒	**299.2**	**583.2**	**6 900**	**234.3**	**32.8**	**576**	**247.7**	**261.3**	**1 106**	**256.0**	**423.7**	**923**	**281.6**	**532.4**	**1 436**
～ 19歳	－	－	－	－	－	－	－	－	－	－	－	－	－	－	－
20 ～ 24	207.4	161.5	319	208.4	0.9	129	207.6	284.6	178	192.0	86.9	10	210.1	0.0	2
25 ～ 29	236.8	414.6	876	188.0	16.2	68	220.4	306.4	232	245.1	487.2	347	255.4	532.2	229
30 ～ 34	256.8	475.5	913	222.3	77.5	80	239.7	249.6	197	243.7	401.1	141	264.1	586.7	323
35 ～ 39	299.9	626.9	1 169	250.3	87.7	63	266.4	224.7	121	258.5	512.7	113	271.1	537.3	304
40 ～ 44	336.7	668.2	1 122	248.1	8.6	72	313.4	271.6	106	311.1	360.9	107	332.4	598.5	168
45 ～ 49	341.0	783.7	853	296.2	36.0	74	277.0	193.3	64	270.0	337.9	73	320.3	556.4	149
50 ～ 54	362.2	857.0	656	237.7	32.6	24	276.4	150.8	62	266.8	509.2	50	314.0	659.0	98
55 ～ 59	336.5	639.7	487	253.1	11.6	29	307.0	466.6	63	260.1	215.9	27	254.8	239.4	67
60 ～ 64	277.9	341.1	398	238.9	54.1	29	236.6	145.4	67	233.3	252.9	43	284.4	271.1	60
65 ～ 69	243.7	132.4	91	244.7	0.0	7	208.7	100.7	14	206.6	111.2	8	271.3	253.5	31
70歳～	187.4	159.3	17	－	－	－	133.5	15.0	2	172.2	9.4	3	179.4	360.0	5
女															
学歴計	**200.1**	**229.2**	**19 847**	**182.2**	**23.7**	**2 359**	**186.6**	**183.2**	**4 332**	**194.3**	**250.6**	**3 118**	**200.8**	**260.8**	**4 649**
～ 19歳	166.4	60.9	628	161.8	12.1	315	171.6	114.6	300	156.3	6.2	13	－	－	－
20 ～ 24	184.0	179.3	3 111	184.9	10.7	796	183.7	231.0	1 488	184.4	265.8	633	181.5	192.4	194
25 ～ 29	202.8	307.0	2 470	189.0	56.1	314	197.4	232.5	620	207.7	373.9	673	208.7	408.6	800
30 ～ 34	212.6	318.2	2 056	195.6	41.8	206	197.2	188.0	313	214.0	348.7	368	215.9	376.1	637
35 ～ 39	218.7	313.1	1 908	201.7	27.6	149	200.1	204.3	304	200.6	273.2	260	218.4	266.7	547
40 ～ 44	218.2	302.7	1 935	189.1	38.3	132	193.9	184.3	298	190.4	166.4	267	207.7	279.6	498
45 ～ 49	211.7	262.7	1 974	196.3	46.5	141	187.8	137.9	311	198.1	183.8	312	197.5	230.6	556
50 ～ 54	207.4	212.4	1 729	160.1	2.4	128	183.2	90.7	271	191.6	171.9	165	207.4	200.1	429
55 ～ 59	199.5	175.9	1 516	168.4	10.9	50	178.5	59.5	204	177.2	104.5	163	190.3	163.2	348
60 ～ 64	174.7	105.3	1 422	162.4	2.1	91	161.3	85.1	151	166.5	56.7	192	168.3	106.6	370
65 ～ 69	173.9	52.6	803	149.9	16.7	27	165.6	40.9	56	157.1	57.4	65	161.2	50.8	204
70歳～	167.4	45.7	295	163.8	15.8	11	157.3	57.7	16	140.1	3.6	8	165.6	43.6	66
高校卒	**188.8**	**154.9**	**10 863**	**171.5**	**14.8**	**1 119**	**176.5**	**129.0**	**2 240**	**183.2**	**150.6**	**1 596**	**188.3**	**166.0**	**2 669**
～ 19歳	165.6	64.7	586	162.0	12.2	311	170.1	127.7	266	153.1	9.0	9	－	－	－
20 ～ 24	177.2	183.0	1 292	177.8	15.2	200	172.6	197.6	544	182.6	250.7	365	179.7	188.1	183
25 ～ 29	191.0	202.0	873	183.6	52.2	94	189.6	108.1	220	189.2	154.5	157	193.7	307.2	344
30 ～ 34	196.7	172.1	823	185.7	30.6	69	182.2	86.2	152	200.0	201.4	158	201.0	184.9	248
35 ～ 39	201.1	162.2	835	186.4	4.5	79	193.4	166.4	145	186.8	98.3	126	199.8	114.9	235
40 ～ 44	202.9	208.8	1 030	180.9	8.4	57	182.7	160.1	183	183.7	119.0	158	192.4	176.5	270
45 ～ 49	199.5	192.9	1 162	183.8	11.0	78	182.7	134.8	186	191.2	135.9	183	189.2	187.6	325
50 ～ 54	198.0	170.8	1 165	156.7	2.2	94	175.5	63.9	189	189.7	153.3	114	205.0	159.0	292
55 ～ 59	195.4	152.9	1 118	167.9	12.5	33	166.6	38.1	152	175.3	89.6	112	187.2	139.2	274
60 ～ 64	169.9	91.9	1 137	161.5	1.5	74	160.3	82.7	137	163.4	39.6	157	164.5	92.6	281
65 ～ 69	175.6	52.8	634	142.8	6.4	22	166.4	43.9	52	151.6	58.4	50	160.5	50.8	163
70歳～	164.7	39.2	207	136.2	24.6	7	157.5	49.7	13	141.4	3.9	7	171.0	45.9	54

及び年間賞与その他特別給与額

飲食サービス業

10～14年			15～19年			20～24年			25～29年			30年以上			区分
所定内給与額	年間賞与その他特別給与額	労働者数	所定内給与額	年間賞与その他特別給与額	労働者数	所定内給与額	年間賞与その他特別給与額	労働者数	所定内給与額	年間賞与その他特別給与額	労働者数	所定内給与額	年間賞与その他特別給与額	労働者数	
千円	千円	十人	千円	千円	十人	千円	千円	十人	千円	千円	十人	千円	千円	十人	
277.8	**429.7**	**2 088**	**304.5**	**445.0**	**1 082**	**339.2**	**606.2**	**683**	**350.1**	**745.2**	**621**	**356.8**	**719.6**	**669**	**高校卒**
-	-	-	-	-	-	-	-	-	-	-	-	-	-	-	～19歳
-	-	-	-	-	-	-	-	-	-	-	-	-	-	-	20～24
245.6	345.3	71	-	-	-	-	-	-	-	-	-	-	-	-	25～29
245.2	370.3	315	255.9	528.3	63	-	-	-	-	-	-	-	-	-	30～34
288.5	499.4	332	294.1	512.4	199	294.5	466.1	40	-	-	-	-	-	-	35～39
286.6	601.5	294	326.3	519.4	301	328.2	599.3	245	356.8	623.6	65	-	-	-	40～44
291.7	523.5	354	340.7	468.3	163	380.4	600.1	189	370.1	936.1	272	364.8	846.3	48	45～49
298.1	367.3	229	325.4	489.7	112	351.6	777.7	91	340.7	759.6	93	391.4	892.7	226	50～54
301.7	380.1	195	321.2	369.4	109	346.5	758.0	63	363.1	642.5	101	383.6	880.0	222	55～59
261.6	306.5	173	238.2	146.3	61	278.9	376.0	33	279.2	374.5	65	297.3	347.2	98	60～64
246.7	150.0	109	211.9	129.5	62	204.3	118.4	17	240.9	251.7	22	256.6	163.9	46	65～69
177.0	41.5	16	174.6	140.0	13	175.1	356.4	4	572.0	691.0	3	231.2	87.8	29	70歳～
301.6	**656.4**	**732**	**306.4**	**773.7**	**407**	**339.1**	**857.3**	**260**	**351.2**	**900.6**	**240**	**388.6**	**973.2**	**116**	**高専・短大卒**
-	-	-	-	-	-	-	-	-	-	-	-	-	-	-	～19歳
-	-	-	-	-	-	-	-	-	-	-	-	-	-	-	20～24
-	-	-	-	-	-	-	-	-	-	-	-	-	-	-	25～29
279.1	619.3	188	264.5	885.1	7	-	-	-	-	-	-	-	-	-	30～34
290.3	694.5	149	295.5	815.7	143	256.4	707.1	4	-	-	-	-	-	-	35～39
290.7	637.2	137	305.3	771.5	118	321.1	798.7	166	282.0	890.6	5	-	-	-	40～44
316.2	685.0	128	321.0	700.2	63	371.6	975.2	55	345.6	866.8	159	291.6	876.6	2	45～49
335.6	584.9	66	321.7	806.7	52	389.7	1129.0	21	378.4	1129.0	51	374.8	1070.0	32	50～54
380.6	952.1	47	339.0	664.4	19	387.3	837.7	12	377.5	770.4	20	432.3	1108.1	61	55～59
262.2	154.8	13	239.3	427.0	5	-	-	-	250.6	400.0	2	299.2	625.6	14	60～64
335.8	0.0	3	-	-	-	299.1	213.2	3	203.1	105.9	3	285.2	146.5	6	65～69
221.1	440.0	0	-	-	-	-	-	-	-	-	-	237.7	0.0	1	70歳～
330.3	**754.1**	**1 106**	**352.7**	**910.8**	**776**	**377.9**	**1073.9**	**481**	**402.4**	**1109.0**	**254**	**380.2**	**914.2**	**241**	**大学・大学院卒**
-	-	-	-	-	-	-	-	-	-	-	-	-	-	-	～19歳
-	-	-	-	-	-	-	-	-	-	-	-	-	-	-	20～24
-	-	-	-	-	-	-	-	-	-	-	-	-	-	-	25～29
289.9	773.0	172	-	-	-	-	-	-	-	-	-	-	-	-	30～34
340.0	837.7	398	327.3	857.6	169	350.0	450.0	2	-	-	-	-	-	-	35～39
367.8	720.1	188	348.5	871.4	333	353.9	1053.7	148	-	-	-	-	-	-	40～44
350.7	892.4	114	342.7	1027.1	135	390.3	1214.5	197	437.1	1396.4	48	-	-	-	45～49
352.1	924.4	101	480.9	1261.1	62	382.4	972.8	67	400.1	1100.6	135	449.5	1344.5	57	50～54
268.3	410.1	64	409.9	1005.2	44	421.0	1135.1	34	404.6	1028.5	49	398.8	919.0	110	55～59
290.6	203.2	50	255.0	462.6	23	352.7	548.6	34	338.8	741.8	21	299.4	602.2	69	60～64
193.2	59.8	14	248.5	21.7	9	600.0	0.0	1	269.0	110.0	1	294.0	152.2	5	65～69
219.2	147.6	6	198.4	70.0	1	-	-	-	-	-	-	-	-	-	70歳～
															女
209.1	**262.4**	**2 720**	**219.7**	**310.6**	**1 373**	**238.0**	**430.9**	**656**	**253.2**	**475.1**	**385**	**270.6**	**395.3**	**256**	**学歴計**
-	-	-	-	-	-	-	-	-	-	-	-	-	-	-	～19歳
-	-	-	-	-	-	-	-	-	-	-	-	-	-	-	20～24
196.9	283.3	63	-	-	-	-	-	-	-	-	-	-	-	-	25～29
224.5	418.7	512	192.6	227.6	20	-	-	-	-	-	-	-	-	-	30～34
225.0	419.8	353	257.6	571.6	266	234.2	483.6	29	-	-	-	-	-	-	35～39
239.8	360.8	338	257.4	445.9	202	260.9	654.6	184	252.4	604.2	16	-	-	-	40～44
203.1	266.1	265	244.0	367.7	139	306.7	594.6	87	280.7	681.0	150	276.5	639.1	14	45～49
214.1	173.1	335	212.7	226.5	202	228.9	494.5	88	280.8	677.6	73	325.3	815.9	39	50～54
194.5	120.4	332	202.4	255.6	195	227.6	331.8	96	256.2	246.8	46	301.2	571.7	83	55～59
174.3	107.4	272	181.9	142.6	162	201.1	190.5	83	202.7	146.4	53	221.4	215.7	49	60～64
174.6	59.4	179	171.7	57.6	116	180.2	65.9	64	173.3	50.4	36	254.2	36.9	56	65～69
169.5	41.1	71	162.7	46.2	70	179.7	64.5	26	193.5	92.2	12	174.5	34.3	15	70歳～
195.3	**171.9**	**1 631**	**198.5**	**184.3**	**812**	**225.8**	**321.1**	**387**	**236.4**	**322.4**	**243**	**268.5**	**367.6**	**166**	**高校卒**
-	-	-	-	-	-	-	-	-	-	-	-	-	-	-	～19歳
-	-	-	-	-	-	-	-	-	-	-	-	-	-	-	20～24
197.1	307.7	57	-	-	-	-	-	-	-	-	-	-	-	-	25～29
205.0	249.8	176	192.4	233.5	20	-	-	-	-	-	-	-	-	-	30～34
201.5	230.5	124	235.6	303.9	103	235.8	497.1	23	-	-	-	-	-	-	35～39
222.4	232.7	214	235.3	345.2	66	257.9	543.3	68	252.4	604.2	16	-	-	-	40～44
198.4	223.4	175	212.1	206.0	87	271.8	178.9	38	259.7	533.3	77	287.6	648.8	11	45～49
200.9	192.0	205	199.6	189.5	148	221.6	416.3	68	263.6	379.1	34	312.3	683.3	21	50～54
193.1	110.0	244	200.7	211.6	132	221.6	314.8	79	243.3	144.3	34	298.4	556.7	58	55～59
174.6	107.4	233	167.1	93.6	111	195.1	175.0	69	204.0	164.0	43	184.2	197.3	32	60～64
176.2	58.3	153	172.8	57.9	91	194.5	88.9	35	182.0	50.6	30	280.8	28.6	40	65～69
158.3	18.7	48	163.3	27.8	56	184.0	113.1	7	212.2	118.8	9	150.9	76.2	6	70歳～

第2表　年齢階級、勤続年数階級別所定内給与額

企業規模	計
	1,000人以上

M 宿 泊 業，

区分	勤続年数計			0 年			1～2年			3～4年			5～9年		
	所定内給与額	年間賞与その他特別給与額	労働者数	所定内給与額	年間賞与その他特別給与額	労働者数	所定内給与額	年間賞与その他特別給与額	労働者数	所定内給与額	年間賞与その他特別給与額	労働者数	所定内給与額	年間賞与その他特別給与額	労働者数
	千円	千円	十人	千円	千円	十人	千円	千円	十人	千円	千円	十人	千円	千円	十人
高専・短大卒	**204.9**	**277.3**	**4 889**	**186.4**	**23.2**	**663**	**189.0**	**215.6**	**1 183**	**193.7**	**264.1**	**809**	**203.9**	**319.0**	**1 018**
～19歳	-	-	-	-	-	-	-	-	-	-	-	-	-	-	-
20～24	179.5	182.1	1 196	176.2	8.6	339	179.6	230.2	609	184.3	305.8	244	152.2	0.0	4
25～29	194.8	267.9	632	191.5	1.5	83	189.9	205.1	141	192.2	239.6	142	199.8	408.1	259
30～34	208.8	329.6	564	202.9	14.2	65	206.4	311.7	79	211.1	292.2	109	200.4	367.0	126
35～39	219.1	343.0	541	208.0	80.8	30	201.0	194.1	92	205.5	387.3	55	212.3	314.7	163
40～44	226.0	382.0	581	196.8	58.9	49	207.5	174.1	79	199.0	236.2	80	213.6	322.7	138
45～49	227.8	348.5	518	221.8	117.4	48	190.1	154.0	92	192.6	200.8	76	203.3	235.7	125
50～54	219.5	276.1	388	163.6	2.7	27	200.3	196.6	52	205.1	250.0	39	204.5	312.1	92
55～59	205.0	254.0	266	171.9	10.5	13	226.0	162.9	31	180.3	141.0	32	204.1	298.5	52
60～64	195.9	119.8	145	166.6	7.6	8	156.2	8.9	6	180.9	120.3	22	191.8	48.2	48
65～69	173.1	50.1	41	245.4	168.0	1	148.1	0.0	1	184.1	49.4	8	163.9	105.4	8
70歳～	196.4	52.3	18	-	-	-	-	-	-	-	-	-	191.3	7.8	3
大学・大学院卒	**234.1**	**426.1**	**3 348**	**201.8**	**45.7**	**520**	**213.2**	**309.7**	**787**	**225.6**	**504.5**	**636**	**247.3**	**539.3**	**766**
～19歳	-	-	-	-	-	-	-	-	-	-	-	-	-	-	-
20～24	208.0	177.4	580	203.6	10.4	246	208.8	301.5	316	246.2	152.2	14	275.0	657.0	5
25～29	219.9	436.4	934	193.4	97.6	128	209.9	364.1	251	222.0	526.5	367	247.2	588.4	188
30～34	239.8	515.4	624	201.5	83.5	67	217.2	259.5	75	241.9	653.3	99	243.8	603.6	240
35～39	246.8	519.8	487	227.1	33.0	40	218.0	318.2	64	218.7	463.1	76	255.9	447.5	135
40～44	261.1	512.3	282	197.2	69.7	24	221.4	330.8	36	210.1	293.4	21	262.2	621.0	73
45～49	251.9	511.1	203	178.2	14.7	6	242.7	107.7	17	247.7	430.0	38	234.9	474.2	73
50～54	265.9	491.9	117	200.6	0.0	6	226.0	106.6	20	172.6	117.9	8	260.6	374.2	27
55～59	269.0	340.9	75	170.5	0.0	3	256.8	119.0	8	228.3	194.6	10	209.3	170.9	17
60～64	265.6	243.1	34	-	-	-	529.3	1061.6	1	198.1	53.3	2	186.9	111.7	6
65～69	220.5	62.0	10	-	-	-	153.2	0.0	2	151.0	0.0	1	265.7	0.0	1
70歳～	281.0	876.5	1	-	-	-	-	-	-	124.4	0.0	1	-	-	-
企業規模1,000人以上															
男女計	**255.7**	**499.4**	**16 202**	**203.3**	**23.2**	**1 555**	**210.0**	**276.5**	**2 869**	**224.5**	**422.6**	**2 444**	**247.3**	**489.0**	**3 713**
～19歳	166.9	93.4	267	163.7	26.3	141	169.6	178.7	119	184.6	0.0	7	-	-	-
20～24	194.6	223.9	2 047	192.8	8.0	572	197.0	290.7	1 019	190.2	358.4	382	198.8	275.9	74
25～29	224.1	442.2	2 101	195.6	25.0	200	210.1	330.3	508	229.8	525.0	644	235.9	560.6	699
30～34	246.9	520.7	1 883	213.3	20.1	139	225.4	342.0	263	235.8	542.4	306	252.2	593.7	694
35～39	278.2	640.8	2 078	228.2	36.3	101	231.3	341.8	262	231.2	485.9	268	268.7	634.4	492
40～44	294.7	638.6	2 175	225.5	28.4	117	245.2	292.4	199	254.2	449.2	223	277.5	550.6	517
45～49	296.4	707.4	1 877	246.2	65.6	108	220.1	198.1	156	224.5	340.2	207	253.5	447.6	416
50～54	301.5	641.6	1 413	206.0	42.4	68	211.6	118.0	129	249.2	335.0	137	261.8	418.6	288
55～59	272.0	461.1	1 136	206.5	2.1	31	211.0	118.4	105	218.5	243.8	115	215.4	183.4	187
60～64	214.8	227.8	810	215.2	49.3	58	203.6	109.0	80	199.1	142.8	105	196.9	188.4	231
65～69	192.7	92.4	346	233.4	8.1	13	216.9	115.3	27	190.4	42.8	45	189.0	79.2	100
70歳～	184.8	42.0	70	280.8	6.5	8	202.7	0.0	3	170.1	9.1	4	158.7	92.8	14
男															
学歴計	**291.3**	**632.0**	**9 151**	**221.0**	**20.7**	**715**	**226.5**	**294.0**	**1 394**	**245.2**	**471.1**	**1 233**	**277.0**	**574.2**	**2 005**
～19歳	168.2	57.6	99	170.2	0.3	63	160.1	171.3	33	210.8	0.0	3	-	-	-
20～24	197.5	217.9	744	194.3	2.3	198	201.0	286.0	366	193.0	335.2	149	197.3	224.2	31
25～29	235.5	466.4	996	198.0	21.4	81	218.6	342.8	246	238.9	521.6	306	250.9	596.3	338
30～34	263.7	558.7	1 050	228.1	9.7	62	239.1	371.6	161	240.7	532.4	169	271.2	635.5	383
35～39	301.0	716.3	1 377	243.1	48.6	70	245.6	391.4	155	256.9	554.9	150	286.9	711.8	322
40～44	323.6	746.6	1 521	236.8	14.2	81	267.6	352.1	129	290.1	610.1	142	313.9	649.3	324
45～49	341.7	919.5	1 158	284.1	31.2	57	261.3	273.4	76	254.9	466.0	87	305.8	620.2	200
50～54	352.9	858.6	904	308.5	124.9	22	244.1	155.2	64	285.6	439.0	87	293.8	542.4	168
55～59	322.9	655.7	665	212.2	2.0	23	227.8	146.5	81	242.3	330.4	60	263.0	247.0	80
60～64	252.0	327.0	435	240.3	67.4	42	215.4	66.1	57	229.6	223.2	56	226.0	198.5	100
65～69	224.2	126.6	178	249.0	0.0	11	225.9	127.9	24	218.0	51.5	23	215.0	92.7	54
70歳～	221.8	55.8	24	325.4	0.0	6	202.7	0.0	3	184.1	12.0	3	155.3	70.0	6
高校卒	**273.8**	**518.7**	**3 777**	**207.6**	**15.2**	**328**	**223.4**	**258.8**	**702**	**230.0**	**411.0**	**472**	**265.1**	**463.3**	**867**
～19歳	163.2	64.7	88	162.8	0.4	53	160.9	176.6	32	200.1	0.0	3	-	-	-
20～24	190.0	213.1	300	173.9	0.9	48	192.2	234.0	156	195.3	305.5	76	190.8	207.5	20
25～29	220.2	327.1	303	195.0	4.3	41	213.9	211.4	73	199.2	412.7	67	237.9	397.2	102
30～34	250.8	443.2	402	229.5	19.5	22	249.2	307.3	90	227.1	604.2	62	265.8	475.8	144
35～39	279.0	595.7	471	225.2	4.7	34	230.3	359.1	96	266.3	492.6	48	278.2	734.5	123
40～44	303.1	645.2	537	228.4	3.2	35	266.0	387.7	78	270.0	447.7	54	288.5	605.3	136
45～49	327.2	791.8	510	275.3	38.2	28	264.9	269.6	50	251.4	569.4	45	296.8	468.9	94
50～54	332.9	759.7	427	246.2	10.8	11	251.0	199.5	28	254.0	464.8	40	287.1	475.4	94
55～59	303.9	523.1	349	211.6	2.7	17	235.2	200.8	46	211.1	191.8	34	271.7	235.1	49
60～64	220.2	247.3	254	190.0	100.4	28	184.9	82.8	39	217.8	223.3	27	221.1	174.9	67
65～69	219.9	93.0	115	227.3	0.0	5	179.1	43.1	13	240.2	61.1	15	193.2	119.8	34
70歳～	214.4	28.5	20	325.4	0.0	6	202.7	0.0	3	164.2	0.0	1	155.3	70.0	6

及び年間賞与その他特別給与額

飲食サービス業

区分	10～14年 所定内給与額	10～14年 年間賞与その他特別給与額	10～14年 労働者数	15～19年 所定内給与額	15～19年 年間賞与その他特別給与額	15～19年 労働者数	20～24年 所定内給与額	20～24年 年間賞与その他特別給与額	20～24年 労働者数	25～29年 所定内給与額	25～29年 年間賞与その他特別給与額	25～29年 労働者数	30年以上 所定内給与額	30年以上 年間賞与その他特別給与額	30年以上 労働者数
	千円	千円	十人	千円	千円	十人	千円	千円	十人	千円	千円	十人	千円	千円	十人
高専・短大卒	**219.8**	**350.0**	**613**	**248.0**	**475.0**	**304**	**263.6**	**609.7**	**174**	**274.2**	**744.5**	**81**	**276.6**	**490.3**	**44**
～19歳	-	-	-	-	-	-	-	-	-	-	-	-	-	-	-
20～24	-	-	-	-	-	-	-	-	-	-	-	-	-	-	-
25～29	196.2	56.1	6	-	-	-	-	-	-	-	-	-	-	-	-
30～34	216.2	445.2	184	-	-	-	-	-	-	-	-	-	-	-	-
35～39	226.5	392.8	109	252.8	539.3	91	236.8	690.0	2	-	-	-	-	-	-
40～44	243.3	575.1	69	260.6	565.4	77	259.7	667.3	88	-	-	-	-	-	-
45～49	210.8	408.6	59	342.6	618.8	27	329.5	799.8	36	296.3	841.6	54	287.2	1098.2	1
50～54	237.6	140.8	100	247.3	346.0	35	235.4	696.9	16	250.9	708.2	16	300.5	865.3	11
55～59	185.1	135.6	61	202.9	385.8	45	234.8	331.0	10	234.9	505.6	6	294.7	645.9	16
60～64	188.7	143.9	16	186.1	229.5	25	250.9	377.3	9	186.7	80.0	2	301.4	45.0	8
65～69	152.6	0.0	5	108.9	105.0	1	182.8	8.8	11	163.9	123.0	1	163.2	46.7	5
70歳～	250.5	193.3	4	177.7	11.3	4	184.6	24.7	3	115.7	0.0	2	205.4	0.0	3
大学・大学院卒	**265.2**	**583.8**	**348**	**286.3**	**699.3**	**165**	**301.0**	**951.3**	**53**	**312.4**	**936.7**	**46**	**303.6**	**484.9**	**27**
～19歳	-	-	-	-	-	-	-	-	-	-	-	-	-	-	-
20～24	-	-	-	-	-	-	-	-	-	-	-	-	-	-	-
25～29	-	-	-	-	-	-	-	-	-	-	-	-	-	-	-
30～34	261.5	607.2	144	-	-	-	-	-	-	-	-	-	-	-	-
35～39	254.4	686.7	102	289.2	970.4	67	224.3	327.5	4	-	-	-	-	-	-
40～44	313.1	648.0	47	282.3	447.7	53	274.8	897.7	28	-	-	-	-	-	-
45～49	244.1	351.3	20	249.7	637.4	20	344.5	1221.3	13	306.8	891.4	17	-	-	-
50～54	246.9	233.5	19	233.1	569.6	6	325.5	1030.8	4	329.4	1116.1	22	452.9	1485.1	5
55～59	305.8	320.3	13	276.6	497.3	8	437.5	1141.3	3	351.4	1032.0	3	330.2	537.7	9
60～64	183.1	126.3	4	386.3	531.9	10	-	-	-	217.5	102.1	4	211.1	8.2	7
65～69	168.1	0.0	0	-	-	-	184.8	55.0	1	-	-	-	241.0	95.0	7
70歳～	-	-	-	437.5	1752.9	1	-	-	-	-	-	-	-	-	-
企業規模1,000人以上															
男女計	**278.7**	**594.6**	**2 516**	**303.8**	**755.7**	**1 486**	**363.7**	**1071.0**	**696**	**365.6**	**1131.8**	**485**	**396.1**	**1140.3**	**439**
～19歳	-	-	-	-	-	-	-	-	-	-	-	-	-	-	-
20～24	-	-	-	-	-	-	-	-	-	-	-	-	-	-	-
25～29	244.1	522.8	51	-	-	-	-	-	-	-	-	-	-	-	-
30～34	267.2	634.5	460	279.8	836.1	21	-	-	-	-	-	-	-	-	-
35～39	319.8	809.4	578	308.4	877.9	360	256.8	720.3	16	-	-	-	-	-	-
40～44	302.3	671.0	364	335.4	894.5	423	340.9	986.4	285	352.8	828.3	46	-	-	-
45～49	285.1	753.7	279	323.7	907.2	216	413.2	1315.3	219	375.4	1244.4	249	373.2	1067.7	27
50～54	283.0	516.6	275	337.6	806.6	158	375.0	1249.2	83	386.9	1158.1	115	428.5	1353.3	159
55～59	245.2	331.4	280	267.4	464.6	160	414.6	906.9	38	332.7	923.9	35	411.9	1163.0	185
60～64	194.2	102.9	127	195.9	134.5	76	281.3	419.4	45	306.8	1072.9	30	299.9	691.7	58
65～69	198.6	67.8	85	163.2	52.2	49	173.1	735.1	9	200.2	187.8	9	228.3	231.9	10
70歳～	189.6	69.6	17	164.6	12.8	23	-	-	-	-	-	-	171.5	60.0	1
男															
学歴計	**321.7**	**764.3**	**1 505**	**341.2**	**942.2**	**972**	**387.8**	**1164.5**	**553**	**379.3**	**1182.5**	**402**	**407.7**	**1186.0**	**373**
～19歳	-	-	-	-	-	-	-	-	-	-	-	-	-	-	-
20～24	-	-	-	-	-	-	-	-	-	-	-	-	-	-	-
25～29	275.7	697.8	25	-	-	-	-	-	-	-	-	-	-	-	-
30～34	290.6	689.8	254	279.8	836.1	21	-	-	-	-	-	-	-	-	-
35～39	345.3	885.2	432	321.5	919.3	240	270.9	801.6	9	-	-	-	-	-	-
40～44	332.6	802.7	237	354.4	983.6	340	358.7	1026.9	229	359.8	811.9	39	-	-	-
45～49	337.1	1007.2	171	342.8	1077.3	152	420.4	1346.6	187	383.9	1275.4	211	400.8	1160.1	19
50～54	335.5	741.7	165	411.4	1145.6	99	417.1	1445.3	63	403.4	1185.7	94	438.2	1386.2	140
55～59	309.9	594.6	132	343.1	801.5	72	434.5	965.0	34	339.0	938.7	33	428.0	1228.9	150
60～64	237.8	174.1	47	239.7	229.2	32	354.3	716.8	25	355.9	1486.8	20	299.7	690.9	58
65～69	255.6	80.5	36	179.0	71.0	16	198.4	1395.8	5	208.8	278.0	4	243.9	281.8	6
70歳～	206.8	130.6	7	-	-	-	-	-	-	-	-	-	-	-	-
高校卒	**290.6**	**579.0**	**587**	**315.1**	**706.9**	**247**	**394.5**	**1085.9**	**164**	**362.2**	**1138.0**	**213**	**407.3**	**1224.5**	**199**
～19歳	-	-	-	-	-	-	-	-	-	-	-	-	-	-	-
20～24	-	-	-	-	-	-	-	-	-	-	-	-	-	-	-
25～29	271.1	733.4	21	-	-	-	-	-	-	-	-	-	-	-	-
30～34	240.1	443.9	66	284.2	807.4	19	-	-	-	-	-	-	-	-	-
35～39	327.9	780.7	105	316.1	754.0	58	270.9	801.6	9	-	-	-	-	-	-
40～44	284.4	766.4	81	369.6	976.0	50	372.2	1016.3	74	383.1	807.7	30	-	-	-
45～49	315.8	833.6	74	335.3	900.3	35	427.5	978.7	45	373.1	1339.0	120	403.0	1166.3	19
50～54	294.8	434.3	84	346.3	747.9	28	458.2	1953.6	20	383.3	992.7	36	438.2	1419.2	87
55～59	307.0	522.6	83	305.1	418.1	30	406.4	833.0	14	321.0	604.3	14	422.5	1262.8	63
60～64	239.1	181.8	36	204.3	114.6	17	386.9	509.1	1	199.5	1127.4	12	291.5	622.7	27
65～69	267.3	84.3	32	170.0	55.7	11	228.3	70.0	1	232.0	100.0	2	258.5	520.8	3
70歳～	165.3	36.1	5	-	-	-	-	-	-	-	-	-	-	-	-

第2表　年齢階級、勤続年数階級別所定内給与額

企業規模	1,000人以上

M 宿 泊 業，

区分	勤続年数計			0 年			1 ～ 2 年			3 ～ 4 年			5 ～ 9 年		
	所定内給与額	年間賞与その他特別給与額	労働者数	所定内給与額	年間賞与その他特別給与額	労働者数	所定内給与額	年間賞与その他特別給与額	労働者数	所定内給与額	年間賞与その他特別給与額	労働者数	所定内給与額	年間賞与その他特別給与額	労働者数
	千円	千円	十人	千円	千円	十人	千円	千円	十人	千円	千円	十人	千円	千円	十人
高専・短大卒	**274.7**	**614.4**	**1 915**	**222.5**	**29.5**	**169**	**222.7**	**280.4**	**325**	**243.1**	**434.6**	**279**	**267.5**	**643.3**	**441**
～ 19歳	－	－	－	－	－	－	－	－	－	－	－	－	－	－	－
20 ～ 24	189.5	243.4	242	182.7	5.0	82	191.7	306.2	100	192.5	462.9	56	229.2	465.0	4
25 ～ 29	225.7	422.5	218	233.6	55.4	14	207.9	194.3	55	202.9	284.7	39	241.8	633.3	110
30 ～ 34	257.4	530.3	212	212.2	3.2	12	218.0	419.2	39	217.8	246.7	34	257.2	633.7	48
35 ～ 39	293.7	751.6	292	262.1	0.0	12	281.8	403.4	32	250.0	512.5	35	306.8	762.5	85
40 ～ 44	287.4	693.0	371	212.9	40.5	21	257.8	210.2	40	296.3	657.4	44	267.4	642.6	81
45 ～ 49	315.8	845.4	241	255.5	44.1	10	292.0	426.3	14	248.9	323.6	18	290.7	811.0	51
50 ～ 54	330.1	753.5	158	412.6	424.7	6	266.4	247.2	11	335.6	419.0	23	265.3	444.6	28
55 ～ 59	333.6	827.2	116	213.1	0.0	3	162.3	47.1	21	290.8	707.3	15	256.9	294.3	18
60 ～ 64	271.0	282.0	51	391.1	0.0	9	263.8	13.7	8	231.8	198.4	10	214.3	383.1	15
65 ～ 69	234.3	224.5	14	－	－	－	277.5	449.0	5	179.5	55.6	4	252.1	36.9	1
70歳～	221.1	440.0	0	－	－	－	－	－	－	－	－	－	－	－	－
大学・大学院卒	**325.7**	**803.4**	**3 072**	**243.8**	**24.3**	**196**	**237.5**	**407.8**	**319**	**269.4**	**589.8**	**405**	**298.0**	**716.5**	**576**
～ 19歳	－	－	－	－	－	－	－	－	－	－	－	－	－	－	－
20 ～ 24	220.3	226.1	170	223.3	0.0	64	221.1	392.6	96	190.3	93.7	8	210.1	0.0	2
25 ～ 29	251.9	604.3	414	184.3	33.6	23	230.0	526.7	101	266.7	633.5	179	261.9	746.3	112
30 ～ 34	277.7	692.0	395	233.9	4.9	28	234.6	487.9	30	257.6	677.6	65	278.7	778.7	163
35 ～ 39	324.5	811.2	576	258.6	131.4	25	258.2	502.9	26	261.0	643.8	57	273.7	697.7	95
40 ～ 44	368.5	892.8	559	278.4	6.8	21	316.0	622.2	11	321.4	660.7	37	401.2	851.4	74
45 ～ 49	377.2	1157.2	376	320.3	13.6	17	211.5	119.0	11	268.8	382.6	20	340.7	726.9	48
50 ～ 54	394.5	1049.4	298	322.9	40.0	6	226.4	65.0	25	291.9	353.7	19	328.9	761.3	44
55 ～ 59	366.8	889.8	152	215.2	0.0	2	328.6	134.3	10	328.8	475.9	4	227.8	191.8	10
60 ～ 64	320.6	515.6	105	247.6	0.2	4	316.5	59.9	7	268.0	247.1	14	260.1	158.0	14
65 ～ 69	277.7	31.6	23	270.3	0.0	6	291.6	175.4	2	149.0	10.0	1	291.5	14.9	13
70歳～	270.1	222.6	3	－	－	－	－	－	－	197.3	20.0	2	－	－	－
女															
学歴計	**209.4**	**327.1**	**7 051**	**188.3**	**25.3**	**841**	**194.5**	**260.0**	**1 475**	**203.5**	**373.2**	**1 210**	**212.5**	**388.8**	**1 707**
～ 19歳	166.1	114.6	168	158.4	47.1	78	173.2	181.5	86	163.1	0.0	4	－	－	－
20 ～ 24	193.0	227.3	1 302	192.0	11.0	374	194.7	293.4	653	188.4	373.2	233	199.9	313.1	43
25 ～ 29	213.8	420.3	1 104	194.0	27.5	118	202.1	318.4	262	221.5	528.1	337	221.8	527.2	361
30 ～ 34	225.8	472.8	833	201.3	28.5	77	203.6	295.0	101	229.9	554.7	137	228.9	542.2	311
35 ～ 39	233.3	492.6	702	195.1	9.0	31	210.7	270.4	107	198.9	399.1	119	234.4	488.4	171
40 ～ 44	227.5	387.6	654	200.0	60.3	36	204.5	184.0	71	191.7	168.9	81	216.2	384.8	193
45 ～ 49	223.3	365.4	718	204.4	103.4	51	181.4	127.2	80	202.3	248.3	119	205.3	288.5	217
50 ～ 54	210.3	256.4	509	155.7	1.8	46	179.2	80.7	64	187.0	157.6	51	217.1	245.4	120
55 ～ 59	200.3	186.7	471	191.5	2.5	8	154.1	23.2	24	192.9	150.9	56	179.6	135.6	107
60 ～ 64	171.4	112.3	374	150.0	2.4	16	174.7	213.6	23	165.1	53.1	50	174.8	180.7	131
65 ～ 69	159.2	56.1	168	162.7	45.0	2	145.9	16.7	3	161.0	33.4	22	158.2	63.2	46
70歳～	166.1	35.0	46	153.3	25.0	2	－	－	－	149.5	4.9	2	161.1	108.5	8
高校卒	**189.0**	**200.8**	**2 858**	**171.9**	**19.3**	**281**	**177.3**	**189.8**	**514**	**183.6**	**225.0**	**436**	**187.0**	**215.8**	**736**
～ 19歳	166.3	127.7	151	158.9	49.5	74	173.5	203.9	76	－	－	－	－	－	－
20 ～ 24	185.6	289.4	330	173.9	2.5	48	184.4	299.0	147	191.5	413.0	99	190.0	289.2	36
25 ～ 29	197.1	272.7	252	204.1	27.1	34	179.8	148.3	58	185.8	298.4	37	204.6	397.1	99
30 ～ 34	196.0	266.0	195	177.1	4.6	15	168.0	135.8	31	198.5	317.6	46	204.9	318.6	65
35 ～ 39	197.0	234.4	193	182.0	0.0	15	186.4	308.8	31	167.8	125.1	40	196.9	223.1	49
40 ～ 44	196.4	235.7	287	189.8	20.7	23	179.7	161.2	32	171.7	97.1	33	185.4	166.3	88
45 ～ 49	197.3	232.0	351	178.4	0.0	20	171.5	48.1	43	187.1	177.5	59	185.9	204.7	113
50 ～ 54	198.1	169.8	311	147.8	0.4	31	180.4	78.9	51	192.8	128.9	35	210.7	198.3	69
55 ～ 59	199.3	166.4	339	179.7	3.1	7	157.2	19.6	22	190.2	190.9	30	170.1	100.1	86
60 ～ 64	165.0	96.1	282	151.0	1.4	12	159.5	182.0	22	166.5	54.8	39	162.8	165.7	85
65 ～ 69	156.6	50.5	131	152.9	55.0	1	144.7	26.3	2	148.2	23.2	15	154.6	60.8	37
70歳～	164.6	31.9	36	153.3	25.0	2	－	－	－	149.5	4.9	2	163.7	118.3	7
高専・短大卒	**207.9**	**322.0**	**2 089**	**187.8**	**34.4**	**284**	**189.8**	**238.0**	**512**	**193.8**	**289.3**	**355**	**207.8**	**366.6**	**441**
～ 19歳	－	－	－	－	－	－	－	－	－	－	－	－	－	－	－
20 ～ 24	181.7	213.2	579	179.6	13.4	166	180.6	262.2	288	187.1	366.0	125	－	－	－
25 ～ 29	197.5	290.8	291	189.5	2.0	30	192.4	163.4	66	204.4	261.9	62	198.6	433.8	132
30 ～ 34	213.1	413.1	263	200.7	6.5	31	217.3	368.1	43	208.6	316.0	27	205.1	474.3	73
35 ～ 39	223.5	397.5	199	168.4	45.2	6	198.9	158.7	38	200.3	404.3	27	216.5	417.4	46
40 ～ 44	234.6	448.0	235	218.7	360.6	5	228.3	181.7	34	204.3	261.1	40	216.9	358.7	64
45 ～ 49	243.5	417.6	236	225.9	184.3	29	184.5	205.8	31	187.3	167.4	29	216.6	219.1	53
50 ～ 54	215.5	361.8	124	171.7	4.7	15	179.7	105.8	11	186.2	305.8	10	202.8	418.7	25
55 ～ 59	200.9	257.2	93	235.2	0.0	2	140.7	114.6	1	182.4	93.8	20	246.4	356.0	12
60 ～ 64	194.0	68.3	57	149.6	0.0	1	223.5	10.0	0	157.0	48.8	10	203.1	28.2	31
65 ～ 69	172.3	61.0	13	－	－	－	148.1	0.0	1	206.7	68.6	4	160.9	95.6	4
70歳～	149.0	42.0	1	－	－	－	－	－	－	－	－	－	149.0	42.0	1

及び年間賞与その他特別給与額

飲食サービス業

10～14年			15～19年			20～24年			25～29年			30年以上			区分
所定内給与額	年間賞与その他特別給与額	労働者数	所定内給与額	年間賞与その他特別給与額	労働者数	所定内給与額	年間賞与その他特別給与額	労働者数	所定内給与額	年間賞与その他特別給与額	労働者数	所定内給与額	年間賞与その他特別給与額	労働者数	
千円	千円	十人	千円	千円	十人	千円	千円	十人	千円	千円	十人	千円	千円	十人	
314.6	848.9	289	304.2	943.3	190	352.9	1078.9	91	351.0	1085.5	78	421.8	1307.3	52	高専・短大卒
-	-	-	-	-	-	-	-	-	-	-	-	-	-	-	～19歳
-	-	-	-	-	-	-	-	-	-	-	-	-	-	-	20～24
-	-	-	-	-	-	-	-	-	-	-	-	-	-	-	25～29
303.7	717.9	75	250.9	1024.1	3	-	-	-	-	-	-	-	-	-	30～34
314.2	950.5	67	290.0	981.4	61	-	-	-	-	-	-	-	-	-	35～39
285.1	769.7	59	304.0	927.0	59	339.0	1006.3	61	282.0	890.6	5	-	-	-	40～44
314.0	850.3	45	322.7	984.0	27	364.3	1346.2	12	359.0	1082.9	64	-	-	-	45～49
356.9	906.3	27	325.3	914.0	33	396.8	1390.2	10	265.8	938.0	4	391.0	1232.2	16	50～54
431.3	1353.1	15	287.5	758.2	4	452.4	1042.3	5	431.2	1640.9	4	453.3	1417.9	31	55～59
190.6	136.0	2	268.5	586.1	3	-	-	-	-	-	-	361.7	1207.1	4	60～64
-	-	-	-	-	-	226.8	187.2	2	200.0	400.0	1	238.1	0.0	1	65～69
221.1	440.0	0	-	-	-	-	-	-	-	-	-	-	-	-	70歳～
359.5	920.1	599	370.7	1069.0	505	397.1	1246.7	279	457.8	1434.2	81	410.0	1128.9	112	大学・大学院卒
-	-	-	-	-	-	-	-	-	-	-	-	-	-	-	～19歳
-	-	-	-	-	-	-	-	-	-	-	-	-	-	-	20～24
-	-	-	-	-	-	-	-	-	-	-	-	-	-	-	25～29
311.4	804.5	109	-	-	-	-	-	-	-	-	-	-	-	-	30～34
362.9	917.3	254	341.3	961.8	119	-	-	-	-	-	-	-	-	-	35～39
401.9	853.3	97	365.5	994.2	224	360.9	1048.6	94	-	-	-	-	-	-	40～44
396.5	1434.8	50	348.2	1165.9	86	423.8	1531.9	121	491.1	1488.5	23	-	-	-	45～49
387.1	1128.9	55	532.5	1632.9	38	404.4	1146.0	31	432.9	1364.9	45	467.2	1405.6	35	50～54
268.3	458.5	28	436.1	1449.2	24	445.7	1018.0	11	351.2	1161.6	9	417.6	1142.8	53	55～59
260.4	228.8	5	284.7	350.2	11	371.7	778.1	22	778.0	2500.0	4	307.0	683.0	23	60～64
243.6	540.0	0	250.0	105.0	2	-	-	-	-	-	-	-	-	-	65～69
338.3	412.5	2	-	-	-	-	-	-	-	-	-	-	-	-	70歳～
															女
214.5	342.1	1 012	233.3	402.9	514	270.3	709.0	143	298.8	885.5	83	331.2	883.5	66	学歴計
-	-	-	-	-	-	-	-	-	-	-	-	-	-	-	～19歳
-	-	-	-	-	-	-	-	-	-	-	-	-	-	-	20～24
213.9	355.8	26	-	-	-	-	-	-	-	-	-	-	-	-	25～29
238.5	566.6	206	-	-	-	-	-	-	-	-	-	-	-	-	30～34
244.2	584.9	146	282.5	795.8	121	236.8	605.9	7	-	-	-	-	-	-	35～39
246.0	425.6	127	257.2	527.3	83	268.4	821.2	56	312.9	920.7	7	-	-	-	40～44
203.1	353.3	108	278.5	505.3	64	370.9	1131.8	32	329.0	1075.0	39	305.9	842.0	8	45～49
204.0	178.6	110	212.9	233.8	59	239.3	617.2	20	314.2	1036.2	21	354.3	1101.2	18	50～54
187.5	96.7	148	205.4	188.8	88	251.4	431.0	4	183.0	570.3	1	343.4	882.9	35	55～59
168.8	61.5	80	164.3	66.1	44	187.1	35.6	20	203.1	199.1	10	339.7	931.0	0	60～64
157.3	58.6	49	155.4	42.9	33	147.3	60.0	5	193.6	118.3	5	201.0	145.0	4	65～69
178.1	29.0	10	164.6	12.8	23	-	-	-	-	-	-	171.5	60.0	1	70歳～
192.2	175.7	499	197.4	145.1	261	232.5	501.4	62	269.2	719.2	30	336.8	922.6	39	高校卒
-	-	-	-	-	-	-	-	-	-	-	-	-	-	-	～19歳
-	-	-	-	-	-	-	-	-	-	-	-	-	-	-	20～24
214.5	360.8	26	-	-	-	-	-	-	-	-	-	-	-	-	25～29
208.4	326.1	37	-	-	-	-	-	-	-	-	-	-	-	-	30～34
212.9	283.8	27	237.4	302.8	26	251.6	863.7	5	-	-	-	-	-	-	35～39
186.1	198.0	64	229.1	395.8	23	286.2	918.3	18	312.9	920.7	7	-	-	-	40～44
203.1	338.6	62	221.6	136.4	36	244.3	730.4	3	328.5	1311.7	10	338.8	997.0	5	45～49
206.3	169.2	64	197.5	169.5	38	238.8	490.3	13	227.3	39.3	2	290.1	916.3	7	50～54
195.4	86.8	105	202.6	118.9	58	242.0	357.6	4	179.0	367.9	1	349.3	909.1	26	55～59
166.8	41.1	69	161.4	55.4	33	176.0	40.7	17	205.5	279.9	6	-	-	-	60～64
158.8	55.8	41	156.0	32.5	27	150.7	60.0	3	193.6	118.3	5	-	-	-	65～69
168.8	22.4	5	166.3	5.9	20	-	-	-	-	-	-	-	-	-	70歳～
213.5	399.7	267	276.8	620.1	117	293.9	823.4	70	299.8	924.9	29	331.6	943.9	14	高専・短大卒
-	-	-	-	-	-	-	-	-	-	-	-	-	-	-	～19歳
-	-	-	-	-	-	-	-	-	-	-	-	-	-	-	20～24
-	-	-	-	-	-	-	-	-	-	-	-	-	-	-	25～29
223.1	553.5	90	-	-	-	-	-	-	-	-	-	-	-	-	30～34
231.7	358.7	40	269.6	680.5	41	-	-	-	-	-	-	-	-	-	35～39
252.7	561.1	31	279.8	751.5	25	260.5	763.3	37	-	-	-	-	-	-	40～44
197.4	390.3	38	416.5	941.2	15	377.3	1042.0	22	327.7	965.7	19	317.9	1023.8	1	45～49
207.3	218.2	26	246.1	308.3	17	240.5	869.2	7	262.5	941.4	8	346.3	989.4	6	50～54
163.5	108.5	34	210.7	406.1	15	370.3	1359.3	0	187.0	772.6	1	320.5	897.8	7	55～59
180.4	211.5	8	195.1	154.1	4	291.6	10.0	2	163.3	120.0	1	365.0	1324.0	0	60～64
166.0	0.0	2	-	-	-	140.9	60.0	2	-	-	-	-	-	-	65～69
-	-	-	-	-	-	-	-	-	-	-	-	-	-	-	70歳～

第2表　年齢階級、勤続年数階級別所定内給与額

企業規模	1,000人以上
	100～999人

Ｍ 宿 泊 業，

区分	勤続年数計			0 年			1～2年			3～4年			5～9年		
	所定内給与額	年間賞与その他特別給与額	労働者数	所定内給与額	年間賞与その他特別給与額	労働者数	所定内給与額	年間賞与その他特別給与額	労働者数	所定内給与額	年間賞与その他特別給与額	労働者数	所定内給与額	年間賞与その他特別給与額	労働者数
	千円	千円	十人	千円	千円	十人	千円	千円	十人	千円	千円	十人	千円	千円	十人
大学・大学院卒	**243.8**	**534.7**	**1 895**	**207.9**	**23.3**	**259**	**220.6**	**389.8**	**416**	**234.8**	**616.6**	**403**	**258.5**	**691.5**	**467**
～19歳	-	-	-	-	-	-	-	-	-	-	-	-	-	-	-
20～24	214.7	206.8	372	210.2	11.3	156	218.2	351.6	205	172.8	19.0	7	275.0	657.0	5
25～29	229.8	553.9	554	190.2	41.8	55	216.5	466.2	138	231.4	633.2	238	259.1	724.5	124
30～34	254.5	647.3	355	220.9	69.6	28	224.2	350.5	23	261.3	824.3	64	252.4	685.3	164
35～39	263.1	714.8	280	229.0	0.0	11	247.3	367.7	36	222.1	598.8	48	269.0	687.2	68
40～44	283.4	614.0	128	218.2	7.9	8	200.2	355.0	5	213.3	0.0	7	282.9	907.5	41
45～49	266.8	719.1	110	175.0	0.0	2	251.4	407.3	4	259.7	532.6	27	239.0	671.0	41
50～54	282.9	596.1	55	-	-	-	158.3	26.9	3	148.8	66.3	5	302.2	386.0	14
55～59	236.3	281.5	27	-	-	-	102.6	0.0	1	262.3	156.6	5	179.7	197.4	7
60～64	238.5	177.2	10	-	-	-	529.3	1061.6	1	206.9	0.0	1	213.1	0.0	3
65～69	208.9	101.6	5	-	-	-	-	-	-	151.0	0.0	1	265.7	0.0	1
70歳～	-	-	-	-	-	-	-	-	-	-	-	-	-	-	-
企業規模 100～999人															
男女計	**239.9**	**318.5**	**16 396**	**199.0**	**27.7**	**1 884**	**209.1**	**190.4**	**3 509**	**217.6**	**266.4**	**2 199**	**231.1**	**317.1**	**3 309**
～19歳	166.2	43.4	435	164.5	1.6	243	168.9	100.5	183	153.9	16.8	9	-	-	-
20～24	180.4	172.3	2 029	178.5	8.1	510	179.2	199.7	943	184.0	281.7	427	184.7	246.8	149
25～29	206.3	245.4	1 914	194.6	59.3	260	201.7	184.6	512	209.6	274.6	455	211.4	356.1	629
30～34	224.0	317.3	1 707	203.8	71.1	177	213.5	213.2	289	226.4	246.8	297	224.7	351.0	439
35～39	248.8	373.9	1 824	214.9	63.1	135	235.4	176.0	315	241.1	310.5	178	243.8	386.5	464
40～44	274.1	428.3	2 086	231.8	40.1	123	243.3	282.3	324	256.6	290.9	194	260.4	388.7	402
45～49	287.9	409.5	2 049	269.7	20.9	158	240.7	208.5	308	245.0	344.8	198	260.7	348.0	382
50～54	278.4	424.7	1 572	191.7	13.9	102	236.9	126.7	199	261.7	409.7	143	234.4	263.1	316
55～59	277.2	420.2	1 269	231.4	8.4	79	242.7	244.0	198	211.6	134.2	119	233.7	204.6	228
60～64	219.0	198.7	901	205.2	5.3	73	194.3	130.0	134	187.6	100.5	119	220.0	166.5	162
65～69	188.8	78.5	471	163.1	20.6	15	189.4	35.9	77	167.9	20.7	46	188.0	68.1	109
70歳～	193.6	72.8	139	200.1	0.0	9	211.9	25.1	28	159.4	1.3	14	167.9	59.1	29
男															
学歴計	**266.9**	**383.6**	**9 799**	**216.2**	**23.5**	**951**	**227.0**	**204.7**	**1 935**	**236.3**	**305.0**	**1 229**	**252.7**	**365.4**	**1 934**
～19歳	162.7	39.5	154	163.8	3.9	85	161.4	82.2	69	168.0	150.0	1	-	-	-
20～24	181.2	183.7	856	176.4	2.3	211	180.9	194.1	378	182.9	323.4	199	192.4	280.6	67
25～29	215.7	241.8	1 068	199.5	12.3	121	210.5	169.0	298	220.6	283.6	249	219.0	353.5	369
30～34	235.5	347.6	999	217.7	70.0	95	217.9	230.8	186	236.8	246.1	148	241.5	377.9	273
35～39	265.7	425.6	1 189	225.7	78.5	67	251.6	173.3	198	261.3	348.0	117	257.2	454.4	303
40～44	296.8	474.8	1 408	258.2	49.8	73	269.0	300.8	195	282.0	315.5	138	284.9	449.5	261
45～49	317.9	466.5	1 454	295.7	22.3	119	265.8	271.2	197	281.0	460.5	107	297.1	417.7	233
50～54	319.7	544.2	982	212.5	21.3	57	263.8	166.0	121	279.9	478.0	100	270.9	360.0	133
55～59	316.0	533.5	815	249.7	7.4	60	275.7	327.3	129	244.0	196.5	72	254.4	197.3	135
60～64	245.9	253.6	530	223.0	4.7	50	209.1	142.2	86	204.2	127.0	57	255.4	235.1	93
65～69	206.4	100.9	279	165.3	0.0	7	202.4	47.9	57	177.5	25.0	31	207.8	91.7	58
70歳～	217.7	90.3	64	181.8	0.0	6	232.9	0.6	20	166.9	0.0	11	171.2	74.6	10
高校卒	**259.7**	**331.0**	**4 989**	**201.1**	**14.4**	**438**	**220.5**	**167.8**	**980**	**227.4**	**273.8**	**607**	**247.0**	**317.8**	**1 020**
～19歳	164.5	41.9	140	164.0	3.3	83	165.1	97.7	56	168.0	150.0	1	-	-	-
20～24	181.0	207.5	454	171.9	0.7	81	180.7	206.1	177	183.4	306.6	136	188.8	266.8	59
25～29	214.3	207.2	464	195.5	12.3	55	207.6	145.0	138	229.6	213.4	70	215.7	320.2	172
30～34	229.9	287.7	439	213.3	11.6	42	202.9	129.2	70	234.1	330.1	56	235.6	282.9	119
35～39	256.3	360.2	529	225.4	64.8	39	229.4	204.4	81	263.8	251.9	56	258.9	408.8	134
40～44	288.0	427.3	739	253.7	58.1	33	264.7	264.9	106	232.3	285.7	67	285.2	433.7	163
45～49	311.3	411.9	712	235.1	10.1	30	245.8	166.6	89	262.9	356.3	66	274.4	377.8	110
50～54	307.0	419.3	513	206.6	0.9	26	269.4	167.6	64	292.5	415.0	48	265.4	352.8	83
55～59	304.9	476.6	475	249.1	1.7	29	254.0	172.3	85	233.9	253.2	38	253.2	170.2	91
60～64	235.9	221.2	292	198.8	0.0	12	214.4	141.9	56	199.0	92.2	44	233.0	116.4	50
65～69	202.6	95.7	191	190.0	0.0	5	204.0	17.2	41	172.9	31.4	19	196.6	47.5	34
70歳～	247.9	119.4	42	234.2	0.0	2	248.8	0.2	17	183.8	0.0	7	175.4	98.7	5
高専・短大卒	**266.1**	**431.5**	**2 155**	**202.6**	**16.1**	**205**	**225.1**	**244.3**	**452**	**243.5**	**353.5**	**305**	**250.1**	**388.6**	**400**
～19歳	-	-	-	-	-	-	-	-	-	-	-	-	-	-	-
20～24	177.2	187.9	281	173.0	4.5	73	175.3	188.0	144	182.0	379.7	60	239.0	628.2	5
25～29	214.1	261.7	304	218.0	17.4	37	210.1	236.4	67	226.6	213.8	87	205.6	394.4	113
30～34	244.1	420.9	230	204.8	0.0	18	235.1	274.6	41	244.7	338.9	26	250.3	433.4	61
35～39	267.1	466.4	258	193.7	59.1	8	251.0	183.0	46	260.9	394.1	25	236.6	398.0	55
40～44	294.2	536.5	328	239.3	105.0	15	271.7	325.9	41	282.9	353.2	45	279.9	484.9	49
45～49	325.9	572.7	354	268.3	0.0	11	299.5	437.7	65	331.0	610.6	21	313.9	327.8	57
50～54	314.9	605.8	204	222.7	23.5	10	232.7	110.5	33	273.5	532.1	32	291.1	399.4	28
55～59	324.1	551.6	117	179.6	3.8	14	234.9	76.3	3	251.6	221.9	10	233.0	161.5	14
60～64	244.5	183.2	58	230.9	0.0	18	206.6	215.3	7	-	-	-	243.7	224.2	16
65～69	242.0	105.0	19	-	-	-	172.5	149.6	6	-	-	-	232.7	193.5	4
70歳～	-	-	-	-	-	-	-	-	-	-	-	-	-	-	-

及び年間賞与その他特別給与額

飲 食 サ ー ビ ス 業

10～14年 所定内給与額	10～14年 年間賞与その他特別給与額	10～14年 労働者数	15～19年 所定内給与額	15～19年 年間賞与その他特別給与額	15～19年 労働者数	20～24年 所定内給与額	20～24年 年間賞与その他特別給与額	20～24年 労働者数	25～29年 所定内給与額	25～29年 年間賞与その他特別給与額	25～29年 労働者数	30年以上 所定内給与額	30年以上 年間賞与その他特別給与額	30年以上 労働者数	区分
千円	千円	十人	千円	千円	十人	千円	千円	十人	千円	千円	十人	千円	千円	十人	
279.0	704.2	201	282.6	807.5	106	342.2	1201.1	11	343.5	1100.9	23	351.5	855.3	10	大学・大学院卒
-	-	-	-	-	-	-	-	-	-	-	-	-	-	-	～19歳
-	-	-	-	-	-	-	-	-	-	-	-	-	-	-	20～24
-	-	-	-	-	-	-	-	-	-	-	-	-	-	-	25～29
274.4	714.3	76	-	-	-	-	-	-	-	-	-	-	-	-	30～34
272.8	884.8	65	303.9	1081.4	50	202.0	0.0	2	-	-	-	-	-	-	35～39
361.6	733.7	30	259.3	455.2	36	253.4	1112.7	2	-	-	-	-	-	-	40～44
235.2	322.5	8	286.8	1048.3	10	398.1	1543.7	7	331.8	1055.8	10	-	-	-	45～49
223.6	242.0	13	215.6	551.9	4	-	-	-	372.6	1315.7	11	452.9	1485.1	5	50～54
216.8	279.2	5	279.0	461.5	8	-	-	-	-	-	-	353.4	350.4	2	55～59
183.1	126.3	4	-	-	-	-	-	-	242.0	130.0	2	314.3	538.0	0	60～64
-	-	-	-	-	-	-	-	-	-	-	-	201.0	145.0	4	65～69
-	-	-	-	-	-	-	-	-	-	-	-	-	-	-	70歳～
															企業規模 100～999人
253.1	431.5	2 221	278.8	428.9	1 219	314.3	628.2	833	343.7	740.6	696	340.2	658.9	524	男女計
-	-	-	-	-	-	-	-	-	-	-	-	-	-	-	～19歳
-	-	-	-	-	-	-	-	-	-	-	-	-	-	-	20～24
218.3	187.4	57	-	-	-	-	-	-	-	-	-	-	-	-	25～29
235.4	490.0	446	232.2	361.2	59	-	-	-	-	-	-	-	-	-	30～34
262.9	506.2	430	271.2	540.7	271	261.8	627.1	30	-	-	-	-	-	-	35～39
273.0	501.9	355	312.0	485.0	343	307.4	711.0	313	303.3	525.8	33	-	-	-	40～44
288.1	539.6	282	310.5	391.2	173	350.1	540.1	230	346.3	722.9	290	326.4	591.8	29	45～49
254.9	328.0	231	293.4	430.7	139	323.7	691.0	104	375.6	999.9	179	370.1	708.6	160	50～54
272.1	382.7	166	247.4	409.0	92	315.4	729.3	92	374.5	864.2	107	371.6	854.6	188	55～59
203.7	223.5	143	218.1	267.8	71	253.7	376.1	42	245.8	193.3	57	290.4	444.8	100	60～64
183.6	96.5	82	186.4	75.9	60	171.2	119.1	15	215.6	160.0	27	227.3	176.4	39	65～69
179.3	60.0	29	172.1	31.5	12	170.8	113.9	6	536.2	612.0	4	230.3	339.9	8	70歳～
															男
281.2	533.6	1 338	308.5	485.2	812	343.5	671.6	591	366.3	810.2	536	349.2	677.1	474	学歴計
-	-	-	-	-	-	-	-	-	-	-	-	-	-	-	～19歳
-	-	-	-	-	-	-	-	-	-	-	-	-	-	-	20～24
249.4	175.0	31	-	-	-	-	-	-	-	-	-	-	-	-	25～29
245.9	553.3	255	245.5	400.8	43	-	-	-	-	-	-	-	-	-	30～34
281.3	567.6	301	286.3	573.4	185	265.7	621.8	17	-	-	-	-	-	-	35～39
294.1	604.0	223	322.3	502.0	273	324.0	722.1	221	338.8	580.1	25	-	-	-	40～44
309.8	594.8	223	347.3	435.5	126	361.2	546.3	209	365.8	739.6	214	335.7	594.1	27	45～49
311.3	484.9	105	341.6	517.0	84	361.6	724.1	77	389.9	1032.5	157	374.7	710.4	148	50～54
327.8	552.7	88	334.6	586.1	35	395.5	1103.8	43	407.3	1084.0	77	376.1	860.4	176	55～59
239.1	364.6	64	250.9	364.2	32	285.9	419.8	20	260.2	235.0	41	300.2	457.6	87	60～64
205.5	144.4	41	197.2	72.4	31	202.5	188.8	4	239.7	203.6	19	240.9	216.0	31	65～69
159.4	31.0	7	207.7	156.4	2	-	-	-	572.0	691.0	3	259.4	407.2	6	70歳～
268.4	456.8	677	304.6	389.7	458	340.3	578.3	265	358.2	656.0	244	343.2	631.0	299	高校卒
-	-	-	-	-	-	-	-	-	-	-	-	-	-	-	～19歳
-	-	-	-	-	-	-	-	-	-	-	-	-	-	-	20～24
236.3	186.5	29	-	-	-	-	-	-	-	-	-	-	-	-	25～29
240.0	430.5	115	243.5	410.2	36	-	-	-	-	-	-	-	-	-	30～34
267.3	456.3	131	269.8	464.1	75	268.4	596.5	13	-	-	-	-	-	-	35～39
274.3	611.0	107	323.8	435.4	148	321.1	561.2	93	328.6	647.1	22	-	-	-	40～44
292.8	546.4	120	363.1	296.3	79	378.2	506.9	83	376.2	610.3	111	338.3	577.4	25	45～49
314.3	391.8	54	309.2	415.2	50	329.3	605.2	39	334.2	684.2	34	367.1	579.5	115	50～54
340.7	460.4	45	325.7	510.6	25	366.5	881.8	24	422.0	1216.6	35	361.3	877.1	102	55～59
212.1	388.3	45	282.4	278.1	18	307.4	535.9	12	284.3	285.3	25	288.2	351.5	30	60～64
192.7	143.0	28	190.8	84.8	26	230.6	259.8	2	251.2	253.7	15	230.6	237.9	21	65～69
133.0	0.0	3	-	-	-	-	-	-	572.0	691.0	3	259.4	407.2	6	70歳～
296.4	623.9	301	312.5	660.6	154	332.6	741.2	141	361.7	848.2	139	366.8	709.0	58	高専・短大卒
-	-	-	-	-	-	-	-	-	-	-	-	-	-	-	～19歳
-	-	-	-	-	-	-	-	-	-	-	-	-	-	-	20～24
-	-	-	-	-	-	-	-	-	-	-	-	-	-	-	25～29
252.7	602.6	83	-	-	-	-	-	-	-	-	-	-	-	-	30～34
285.2	569.8	55	300.4	695.0	66	256.4	707.1	4	-	-	-	-	-	-	35～39
303.4	730.8	46	316.2	626.7	44	311.6	681.7	89	-	-	-	-	-	-	40～44
326.6	659.4	62	308.8	564.5	23	373.8	827.9	35	346.3	740.2	80	291.6	876.6	2	45～49
333.8	499.1	23	354.5	647.2	12	386.8	913.5	11	394.7	1190.7	43	357.5	901.6	12	50～54
349.5	843.6	23	348.6	916.9	8	404.8	1005.0	2	377.2	548.9	13	411.0	795.8	30	55～59
270.6	158.4	7	268.0	346.7	1	-	-	-	-	-	-	274.6	423.6	10	60～64
363.0	0.0	2	-	-	-	-	-	-	204.0	15.4	3	311.8	61.8	4	65～69
-	-	-	-	-	-	-	-	-	-	-	-	-	-	-	70歳～

第2表　年齢階級、勤続年数階級別所定内給与額

企業規模	100～999人

M 宿 泊 業，

区分	勤続年数計			0年			1～2年			3～4年			5～9年		
	所定内給与額	年間賞与その他特別給与額	労働者数	所定内給与額	年間賞与その他特別給与額	労働者数	所定内給与額	年間賞与その他特別給与額	労働者数	所定内給与額	年間賞与その他特別給与額	労働者数	所定内給与額	年間賞与その他特別給与額	労働者数
	千円	千円	十人	千円	千円	十人	千円	千円	十人	千円	千円	十人	千円	千円	十人
大学・大学院卒	**285.5**	**495.5**	**2 241**	**242.2**	**49.5**	**237**	**247.8**	**261.5**	**447**	**253.1**	**364.4**	**255**	**270.0**	**470.4**	**446**
～19歳	-	-	-	-	-	-	-	-	-	-	-	-	-	-	-
20～24	193.5	87.8	107	188.1	1.9	53	198.8	176.0	52	201.4	50.0	2	-	-	-
25～29	219.0	282.4	288	182.9	5.5	29	216.4	157.4	91	209.4	429.5	84	243.9	366.8	84
30～34	239.9	399.8	290	230.3	179.2	33	227.8	326.6	69	243.8	137.6	48	243.5	460.9	87
35～39	278.3	496.5	372	252.6	130.5	17	279.8	136.0	70	257.4	463.5	34	266.1	536.7	101
40～44	322.9	569.9	303	287.0	8.5	19	276.8	374.6	45	407.6	334.2	26	286.2	467.0	46
45～49	322.7	591.7	295	312.1	51.3	46	258.7	316.0	32	292.6	640.1	18	321.9	575.6	64
50～54	358.2	817.9	230	203.0	33.0	9	290.4	253.9	23	261.4	650.0	17	293.9	427.9	17
55～59	344.3	715.6	185	310.5	21.6	16	326.2	675.6	38	233.4	132.9	13	265.1	360.1	16
60～64	268.9	353.0	130	243.1	14.4	16	203.9	86.3	18	223.4	203.7	7	314.0	458.2	23
65～69	224.8	147.7	33	-	-	-	229.9	147.9	8	223.1	29.4	5	192.9	350.0	7
70歳～	161.1	28.7	8	-	-	-	126.9	4.0	1	150.0	0.0	2	150.0	0.0	1
女															
学歴計	**199.8**	**221.6**	**6 596**	**181.4**	**31.9**	**933**	**187.0**	**172.9**	**1 574**	**193.9**	**217.5**	**970**	**200.8**	**249.2**	**1 376**
～19歳	168.0	45.6	281	164.9	0.4	159	173.5	111.8	113	153.1	9.0	9	-	-	-
20～24	179.9	163.9	1 174	180.0	12.3	299	178.0	203.4	565	185.0	245.1	227	178.4	219.2	82
25～29	194.5	250.0	846	190.4	100.4	139	189.5	206.3	214	196.3	263.7	206	200.6	359.8	261
30～34	207.8	274.5	708	187.7	72.4	82	205.5	181.4	103	216.0	247.5	149	197.1	307.1	166
35～39	217.2	277.0	635	204.2	48.0	68	207.8	180.5	116	202.6	239.2	61	218.6	259.1	161
40～44	226.8	331.7	677	192.8	25.7	50	204.3	254.4	129	193.9	230.0	56	214.9	276.2	141
45～49	214.7	270.2	595	190.6	17.0	39	196.4	97.5	111	202.4	208.1	91	203.9	239.0	149
50～54	209.7	226.0	590	165.1	4.5	45	195.3	65.9	78	218.6	247.9	42	208.1	193.3	184
55～59	207.4	216.8	454	171.7	12.0	19	181.6	89.3	69	162.3	39.5	47	203.4	215.2	93
60～64	180.5	120.4	371	165.5	6.8	23	167.9	108.0	48	172.4	76.2	62	172.6	74.3	69
65～69	163.2	45.9	192	160.9	41.0	8	151.6	1.0	20	147.5	11.7	15	165.4	41.0	51
70歳～	172.9	57.8	75	233.8	0.0	3	160.3	85.4	8	136.8	5.3	4	166.2	51.0	19
高校卒	**193.1**	**176.4**	**3 592**	**173.4**	**20.4**	**450**	**181.5**	**134.5**	**843**	**187.7**	**147.6**	**497**	**196.2**	**197.4**	**796**
～19歳	166.6	46.7	274	164.9	0.4	159	170.2	118.9	106	153.1	9.0	9	-	-	-
20～24	176.6	178.8	547	186.2	24.5	104	170.5	196.5	238	178.5	246.3	123	179.1	222.7	81
25～29	187.8	197.7	320	175.5	123.3	31	187.3	100.9	86	197.0	111.0	64	188.0	341.2	113
30～34	199.7	186.8	317	185.4	53.9	34	200.0	109.4	50	214.5	151.8	74	189.4	208.1	75
35～39	211.1	184.9	275	161.3	4.7	24	223.5	82.9	49	197.9	116.5	40	218.7	113.0	65
40～44	217.2	287.1	356	193.3	0.0	9	199.7	234.8	84	171.7	185.1	26	203.7	242.3	85
45～49	208.8	234.6	340	186.4	12.9	24	190.2	117.6	62	201.4	155.4	49	209.5	249.0	94
50～54	204.7	190.7	373	163.0	5.8	29	179.1	32.2	52	224.6	229.2	24	209.3	129.0	117
55～59	203.0	191.2	320	177.7	6.9	13	172.6	29.1	47	163.8	44.8	35	204.0	189.2	70
60～64	175.7	96.0	297	161.4	5.9	16	169.6	116.2	45	158.1	15.7	43	170.5	65.8	52
65～69	160.6	35.5	128	141.8	12.3	6	150.6	1.2	17	141.2	5.8	8	161.5	32.1	31
70歳～	166.8	57.1	46	132.5	0.0	0	162.2	65.7	6	136.8	5.3	4	180.8	54.1	12
高専・短大卒	**204.2**	**269.6**	**1 841**	**185.8**	**20.2**	**255**	**187.7**	**198.6**	**449**	**197.1**	**262.4**	**313**	**203.3**	**329.6**	**361**
～19歳	-	-	-	-	-	-	-	-	-	-	-	-	-	-	-
20～24	177.1	155.2	463	168.9	5.4	118	178.5	191.2	250	184.0	249.4	94	139.0	0.0	1
25～29	194.6	282.3	246	196.6	1.7	38	185.6	277.4	50	187.7	255.1	59	202.5	408.2	98
30～34	212.2	310.4	200	202.7	22.4	19	200.2	273.6	18	220.3	317.4	60	204.0	285.6	30
35～39	223.1	376.9	223	231.1	110.6	19	208.9	237.8	42	208.4	526.5	10	210.4	371.1	70
40～44	230.9	357.2	208	205.6	42.5	30	193.3	221.2	18	214.1	167.4	20	218.3	345.7	40
45～49	217.9	335.6	175	205.3	23.7	12	193.9	92.2	34	198.3	291.5	30	180.0	207.2	38
50～54	213.3	258.6	164	148.7	0.0	8	223.4	85.4	19	210.3	283.0	16	208.3	311.3	50
55～59	206.4	267.6	101	157.2	24.3	5	208.3	233.2	17	169.5	33.8	8	194.3	307.3	19
60～64	195.7	120.1	38	182.1	10.4	6	133.6	0.0	1	202.4	191.4	12	195.2	87.9	10
65～69	167.9	77.3	11	245.4	168.0	1	-	-	-	161.5	30.2	4	175.4	139.3	2
70歳～	216.8	79.3	12	-	-	-	-	-	-	-	-	-	200.9	0.0	2
大学・大学院卒	**220.9**	**322.0**	**978**	**194.7**	**73.5**	**209**	**204.8**	**269.2**	**255**	**210.9**	**372.4**	**142**	**228.1**	**367.3**	**170**
～19歳	-	-	-	-	-	-	-	-	-	-	-	-	-	-	-
20～24	202.5	147.9	154	194.0	6.6	71	199.9	264.7	77	327.5	300.0	6	-	-	-
25～29	203.5	293.1	269	194.9	152.7	66	197.3	299.1	72	201.8	386.6	83	227.6	313.7	48
30～34	220.4	408.8	175	181.4	129.7	28	218.8	251.9	33	206.4	434.8	15	209.9	509.4	51
35～39	221.5	302.8	133	224.3	42.8	26	178.1	301.8	23	214.4	432.0	11	241.8	316.1	25
40～44	249.9	455.0	105	160.1	0.0	10	226.3	337.5	27	213.8	487.5	10	271.6	270.0	15
45～49	239.0	306.4	68	173.0	31.1	3	239.7	2.1	12	219.3	173.6	11	231.4	269.9	16
50～54	241.9	407.8	48	200.6	0.0	6	240.2	264.8	7	215.3	210.3	3	206.7	348.8	12
55～59	318.9	558.3	16	-	-	-	167.4	228.1	3	141.8	36.7	1	292.1	346.8	3
60～64	323.2	724.6	6	-	-	-	-	-	-	195.2	71.0	2	-	-	-
65～69	226.6	0.0	4	-	-	-	153.2	0.0	2	-	-	-	-	-	-
70歳～	-	-	-	-	-	-	-	-	-	-	-	-	-	-	-

及び年間賞与その他特別給与額

飲食サービス業

10～14年 所定内給与額	10～14年 年間賞与その他特別給与額	10～14年 労働者数	15～19年 所定内給与額	15～19年 年間賞与その他特別給与額	15～19年 労働者数	20～24年 所定内給与額	20～24年 年間賞与その他特別給与額	20～24年 労働者数	25～29年 所定内給与額	25～29年 年間賞与その他特別給与額	25～29年 労働者数	30年以上 所定内給与額	30年以上 年間賞与その他特別給与額	30年以上 労働者数	区分
千円	千円	十人	千円	千円	十人	千円	千円	十人	千円	千円	十人	千円	千円	十人	
292.1	**659.3**	**307**	**325.8**	**597.2**	**174**	**367.7**	**976.2**	**137**	**392.4**	**1096.7**	**139**	**357.5**	**875.7**	**99**	**大学・大学院卒**
-	-	-	-	-	-	-	-	-	-	-	-	-	-	-	～19歳
-	-	-	-	-	-	-	-	-	-	-	-	-	-	-	20～24
-	-	-	-	-	-	-	-	-	-	-	-	-	-	-	25～29
251.7	763.6	54	-	-	-	-	-	-	-	-	-	-	-	-	30～34
293.7	732.0	106	293.2	579.1	44	-	-	-	-	-	-	-	-	-	35～39
329.2	661.8	51	328.8	581.8	77	361.3	1209.3	39	-	-	-	-	-	-	40～44
329.3	689.0	34	339.2	803.1	23	343.2	738.0	56	385.6	1370.7	23	-	-	-	45～49
284.8	651.0	26	432.5	704.7	18	386.5	919.1	23	410.5	1103.2	79	428.2	1333.6	20	50～54
268.5	373.3	18	393.7	283.0	2	455.7	1566.0	15	408.9	1203.0	28	389.8	883.0	38	55～59
329.4	269.6	9	208.6	400.0	6	329.3	166.7	4	228.5	178.0	11	294.0	686.7	36	60～64
224.8	112.6	5	234.5	0.0	5	-	-	-	-	-	-	259.0	178.0	4	65～69
174.8	49.1	4	-	-	-	-	-	-	-	-	-	-	-	-	70歳～
															女
210.5	**276.7**	**883**	**219.6**	**316.7**	**407**	**243.1**	**522.4**	**242**	**268.6**	**508.8**	**161**	**255.5**	**487.6**	**50**	**学歴計**
-	-	-	-	-	-	-	-	-	-	-	-	-	-	-	～19歳
-	-	-	-	-	-	-	-	-	-	-	-	-	-	-	20～24
181.2	202.2	26	-	-	-	-	-	-	-	-	-	-	-	-	25～29
221.4	405.6	191	195.5	252.7	16	-	-	-	-	-	-	-	-	-	30～34
219.9	362.6	129	238.3	469.7	85	256.6	634.2	13	-	-	-	-	-	-	35～39
237.4	329.7	132	271.5	418.2	70	267.7	684.4	92	201.0	369.2	9	-	-	-	40～44
205.7	329.5	59	211.5	271.9	47	244.4	480.8	22	290.9	675.8	76	207.9	561.9	2	45～49
207.9	197.4	126	219.4	298.0	55	212.8	594.1	27	273.7	766.3	22	314.1	687.7	12	50～54
208.8	189.6	78	194.1	300.7	57	245.2	400.7	49	289.7	296.8	30	309.2	774.8	13	55～59
175.1	109.5	79	190.5	186.5	38	225.3	337.7	22	209.7	88.8	16	223.7	358.6	13	60～64
161.8	49.1	41	175.3	79.6	30	160.3	94.8	11	160.4	60.3	8	178.1	34.1	9	65～69
185.4	68.9	22	164.8	6.0	10	170.8	113.9	6	259.0	0.0	0	150.2	153.9	2	70歳～
197.4	**217.3**	**537**	**206.3**	**262.0**	**218**	**242.1**	**477.2**	**127**	**254.7**	**365.9**	**96**	**243.8**	**398.1**	**28**	**高校卒**
-	-	-	-	-	-	-	-	-	-	-	-	-	-	-	～19歳
-	-	-	-	-	-	-	-	-	-	-	-	-	-	-	20～24
180.5	195.9	25	-	-	-	-	-	-	-	-	-	-	-	-	25～29
202.8	309.2	68	195.5	252.7	16	-	-	-	-	-	-	-	-	-	30～34
199.1	236.7	54	234.8	483.4	33	261.9	620.9	9	-	-	-	-	-	-	35～39
238.6	319.6	93	249.6	340.0	21	268.6	585.3	29	201.0	369.2	9	-	-	-	40～44
187.8	221.8	40	203.2	313.5	26	220.0	272.4	7	287.3	588.6	37	192.7	371.0	2	45～49
203.9	251.8	81	208.8	249.6	38	202.4	566.8	17	265.1	649.7	8	334.6	583.6	8	50～54
181.8	163.1	52	199.2	257.3	37	260.4	484.9	38	273.2	165.6	22	292.6	763.4	6	55～59
176.6	113.0	73	180.8	65.5	25	220.2	343.6	21	207.3	99.2	15	165.3	59.3	8	60～64
160.7	38.1	36	178.9	86.1	18	173.2	19.6	4	167.6	55.6	6	157.0	54.9	1	65～69
169.9	43.7	14	153.0	0.0	6	180.2	412.7	2	259.0	0.0	0	150.2	153.9	2	70歳～
223.3	**357.7**	**214**	**235.2**	**411.1**	**125**	**247.1**	**508.3**	**71**	**284.3**	**772.9**	**37**	**243.2**	**526.0**	**15**	**高専・短大卒**
-	-	-	-	-	-	-	-	-	-	-	-	-	-	-	～19歳
-	-	-	-	-	-	-	-	-	-	-	-	-	-	-	20～24
205.7	400.0	1	-	-	-	-	-	-	-	-	-	-	-	-	25～29
214.3	398.1	73	-	-	-	-	-	-	-	-	-	-	-	-	30～34
241.1	559.1	44	240.9	413.9	37	236.8	690.0	2	-	-	-	-	-	-	35～39
234.1	351.1	22	256.5	524.1	37	261.3	599.7	42	-	-	-	-	-	-	40～44
248.5	626.4	10	236.6	230.1	10	240.1	424.5	10	290.1	816.5	31	256.5	1172.6	1	45～49
205.4	106.7	41	245.6	419.6	16	229.4	639.5	8	234.8	417.4	3	274.2	890.7	4	50～54
231.5	198.7	17	184.5	365.0	19	207.2	144.0	7	279.7	792.6	3	312.8	619.7	5	55～59
168.8	80.5	3	220.6	265.1	3	335.3	210.0	1	233.4	0.0	1	154.2	95.0	2	60～64
132.7	0.0	0	-	-	-	-	-	-	-	-	-	142.1	64.0	4	65～69
279.6	237.5	4	186.4	6.4	3	184.6	24.7	3	-	-	-	-	-	-	70歳～
258.1	**462.1**	**108**	**282.2**	**470.7**	**37**	**274.7**	**917.9**	**31**	**288.6**	**812.2**	**22**	**318.7**	**565.0**	**3**	**大学・大学院卒**
-	-	-	-	-	-	-	-	-	-	-	-	-	-	-	～19歳
-	-	-	-	-	-	-	-	-	-	-	-	-	-	-	20～24
-	-	-	-	-	-	-	-	-	-	-	-	-	-	-	25～29
260.1	567.8	48	-	-	-	-	-	-	-	-	-	-	-	-	30～34
226.7	307.3	31	239.8	578.8	15	246.6	655.0	2	-	-	-	-	-	-	35～39
221.9	435.3	14	401.5	325.7	9	278.7	975.3	22	-	-	-	-	-	-	40～44
311.9	816.7	5	210.8	205.2	10	290.4	911.8	5	263.6	611.2	6	-	-	-	45～49
311.8	22.9	4	202.8	190.0	1	231.5	638.0	3	289.2	930.3	12	-	-	-	50～54
411.4	467.5	6	-	-	-	-	-	-	351.4	1032.0	3	380.5	1506.6	1	55～59
-	-	-	413.5	1293.0	3	-	-	-	244.1	0.0	1	-	-	-	60～64
-	-	-	-	-	-	-	-	-	-	-	-	281.6	0.0	2	65～69
-	-	-	-	-	-	-	-	-	-	-	-	-	-	-	70歳～

第2表　年齢階級、勤続年数階級別所定内給与額

企業規模	10～99人

M 宿 泊 業，

区分	勤続年数計			0 年			1～2年			3～4年			5～9年		
	所定内給与額	年間賞与その他特別給与額	労働者数	所定内給与額	年間賞与その他特別給与額	労働者数	所定内給与額	年間賞与その他特別給与額	労働者数	所定内給与額	年間賞与その他特別給与額	労働者数	所定内給与額	年間賞与その他特別給与額	労働者数
	千円	千円	十人	千円	千円	十人	千円	千円	十人	千円	千円	十人	千円	千円	十人
企業規模 10～99人															
男女計	**230.5**	**187.0**	**15 768**	**196.2**	**15.1**	**1 504**	**212.6**	**128.3**	**3 274**	**216.6**	**172.0**	**2 492**	**232.5**	**204.8**	**3 900**
～19歳	165.9	44.8	320	166.0	4.0	157	166.2	85.7	160	144.4	0.0	3	–	–	–
20～24	180.6	112.2	1 323	176.5	3.0	279	179.1	153.4	564	185.7	134.4	344	182.5	109.7	135
25～29	212.9	165.2	1 331	194.5	21.4	143	209.1	109.7	340	219.1	188.9	375	215.7	233.0	437
30～34	233.8	187.6	1 677	205.4	7.6	122	218.3	172.0	420	212.6	189.6	270	257.9	188.0	534
35～39	241.6	215.0	1 753	213.3	47.3	137	233.0	141.7	321	224.4	173.3	240	241.4	203.9	605
40～44	254.3	258.0	2 014	217.7	20.0	166	247.6	148.6	351	240.6	227.4	387	242.4	265.7	463
45～49	253.6	243.2	1 822	217.4	23.4	141	242.0	145.3	285	231.4	133.5	257	243.2	250.6	465
50～54	249.4	221.7	1 508	209.1	15.2	122	223.0	104.0	279	236.8	210.9	187	256.5	279.5	326
55～59	249.6	203.9	1 459	192.3	5.2	78	211.5	75.0	223	212.0	154.7	164	243.8	215.5	350
60～64	212.4	136.7	1 440	180.8	15.5	87	203.4	90.9	242	189.2	102.9	185	186.7	99.6	305
65～69	208.9	82.2	832	215.2	8.3	59	187.8	41.5	77	199.3	179.0	65	194.0	84.8	214
70歳～	173.8	54.4	291	147.3	11.5	12	168.2	24.8	14	164.0	54.6	14	171.7	51.9	65
男															
学歴計	**257.0**	**226.6**	**9 568**	**209.8**	**19.5**	**919**	**235.5**	**141.5**	**1 992**	**237.1**	**199.4**	**1 554**	**262.3**	**254.0**	**2 334**
～19歳	168.2	57.8	141	172.9	7.1	79	163.0	128.2	59	144.4	0.0	3	–	–	–
20～24	187.3	114.8	688	177.6	0.7	156	188.1	167.7	295	193.2	120.1	171	191.6	135.4	66
25～29	225.8	169.1	811	207.0	30.9	87	215.3	105.6	195	234.5	210.5	246	230.8	227.4	258
30～34	249.8	213.8	1 161	208.8	6.0	75	230.5	199.0	312	225.1	190.6	188	278.2	215.2	375
35～39	260.6	254.6	1 181	219.5	67.6	88	252.5	138.7	240	235.9	203.7	160	261.1	263.0	390
40～44	278.1	292.1	1 411	233.7	14.2	119	276.8	170.3	252	267.0	272.8	257	270.3	324.4	299
45～49	286.3	299.5	1 161	231.3	30.0	90	284.0	118.2	165	258.9	164.3	156	284.4	314.9	275
50～54	282.9	262.9	878	231.2	21.7	84	261.7	98.2	150	272.6	256.6	115	293.4	349.6	201
55～59	288.3	250.3	869	207.1	1.9	55	240.8	101.0	112	233.9	179.2	104	283.4	263.2	202
60～64	247.0	175.3	763	204.3	38.4	35	227.8	119.0	163	209.2	147.6	105	218.4	146.3	135
65～69	237.4	114.2	388	243.5	11.0	43	197.0	22.3	44	230.3	240.4	37	227.8	119.7	106
70歳～	186.2	70.8	117	162.9	3.4	7	190.3	15.1	5	169.2	65.6	12	179.7	90.1	26
高校卒	**253.7**	**206.9**	**6 276**	**212.3**	**12.8**	**653**	**228.5**	**149.8**	**1 272**	**236.6**	**180.5**	**1 046**	**258.0**	**225.6**	**1 515**
～19歳	172.7	64.4	121	174.6	7.5	74	169.7	154.3	47	–	–	–	–	–	–
20～24	187.1	122.6	502	174.9	1.0	106	187.6	186.7	204	192.9	113.8	137	194.1	140.2	54
25～29	224.3	173.6	483	210.5	39.3	62	215.6	139.2	103	236.9	196.5	130	224.0	228.0	168
30～34	246.7	181.0	701	221.5	3.1	45	225.9	196.1	150	227.1	104.7	125	271.7	180.0	239
35～39	257.2	186.8	728	219.9	8.2	50	253.1	137.9	181	235.5	168.9	92	251.8	195.4	224
40～44	276.6	291.4	924	247.4	17.9	77	252.5	210.9	159	272.8	307.8	184	269.4	308.9	203
45～49	280.6	290.9	792	225.6	21.7	68	255.2	126.9	116	247.9	130.9	96	288.7	327.5	197
50～54	280.8	217.6	583	233.0	20.6	71	250.9	79.4	102	278.3	224.5	81	293.1	227.0	124
55～59	283.8	235.9	579	214.6	0.0	36	248.8	114.4	77	229.9	170.5	88	283.7	259.9	123
60～64	242.0	163.3	494	199.6	0.0	24	218.8	110.7	97	199.5	115.9	69	209.3	152.1	97
65～69	234.3	115.8	297	249.5	9.6	37	187.2	19.5	32	235.0	249.9	32	215.7	80.6	78
70歳～	193.6	68.1	74	154.0	0.0	2	203.9	12.4	4	169.2	36.9	11	179.0	87.4	8
高専・短大卒	**260.2**	**270.6**	**1 043**	**194.5**	**18.2**	**85**	**244.4**	**148.5**	**252**	**237.3**	**309.8**	**177**	**277.8**	**258.7**	**267**
～19歳	–	–	–	–	–	–	–	–	–	–	–	–	–	–	–
20～24	180.8	105.0	111	172.9	0.0	34	182.0	136.7	47	192.2	179.7	25	162.6	161.0	4
25～29	229.3	164.6	122	199.5	11.0	8	236.9	59.9	39	225.7	216.3	29	230.2	244.4	47
30～34	272.6	339.4	168	187.9	13.2	9	212.3	343.5	41	234.7	575.7	28	341.2	190.0	55
35～39	249.4	283.6	161	190.8	10.5	10	242.9	149.7	20	223.8	243.8	33	267.6	273.3	55
40～44	276.5	302.5	168	219.9	0.0	6	285.8	78.4	41	261.3	303.8	26	266.1	386.4	32
45～49	318.8	397.7	121	308.9	192.5	6	374.1	137.2	25	292.8	502.7	14	289.2	306.3	19
50～54	278.7	326.2	75	233.1	0.0	1	254.8	252.5	16	285.1	295.0	13	256.2	272.0	13
55～59	296.9	299.3	71	207.9	17.2	6	204.1	16.7	14	289.0	371.8	3	326.9	366.7	25
60～64	219.8	75.7	27	163.8	0.0	2	196.1	45.8	4	213.9	36.5	7	220.7	23.6	6
65～69	249.4	129.3	13	–	–	–	297.9	85.7	4	–	–	–	197.2	77.1	7
70歳～	218.9	0.0	8	160.0	0.0	3	–	–	–	–	–	–	250.0	0.0	4
大学・大学院卒	**267.3**	**280.7**	**1 587**	**207.9**	**16.7**	**143**	**257.2**	**123.7**	**340**	**238.3**	**224.5**	**262**	**271.5**	**343.8**	**415**
～19歳	–	–	–	–	–	–	–	–	–	–	–	–	–	–	–
20～24	190.6	87.5	42	217.9	0.8	13	178.8	124.9	29	–	–	–	–	–	–
25～29	230.6	181.8	174	202.8	10.0	16	205.3	92.1	40	234.9	235.1	85	262.4	234.4	34
30～34	242.4	197.3	228	191.8	9.9	19	249.5	122.6	99	211.5	212.7	28	255.9	307.8	73
35～39	272.4	365.5	221	238.5	0.0	21	237.8	189.3	26	253.5	249.3	22	273.6	395.2	107
40～44	284.4	299.4	260	204.4	9.9	32	345.4	104.9	50	245.0	119.6	44	271.2	337.4	48
45～49	295.7	321.8	182	193.8	8.2	11	343.8	38.9	20	259.0	156.1	35	291.1	303.6	37
50～54	293.9	477.1	127	218.5	27.8	10	341.4	139.9	15	239.6	548.7	14	305.1	641.2	37
55～59	296.2	292.0	150	180.6	0.0	11	237.5	136.6	14	268.7	225.7	10	257.7	203.7	41
60～64	257.5	218.8	162	227.1	152.2	9	236.7	185.9	42	214.1	273.0	22	269.3	149.3	23
65～69	239.6	183.8	35	170.6	0.0	2	153.3	9.0	5	191.4	310.4	3	294.7	474.7	11
70歳～	177.9	283.4	6	–	–	–	139.5	25.0	1	–	–	–	182.9	402.9	4

及び年間賞与その他特別給与額

飲食サービス業

10～14年 所定内給与額	10～14年 年間賞与その他特別給与額	10～14年 労働者数	15～19年 所定内給与額	15～19年 年間賞与その他特別給与額	15～19年 労働者数	20～24年 所定内給与額	20～24年 年間賞与その他特別給与額	20～24年 労働者数	25～29年 所定内給与額	25～29年 年間賞与その他特別給与額	25～29年 労働者数	30年以上 所定内給与額	30年以上 年間賞与その他特別給与額	30年以上 労働者数	区分
千円	千円	十人	千円	千円	十人	千円	千円	十人	千円	千円	十人	千円	千円	十人	
															企業規模 10～99人
248.6	**250.3**	**2 098**	**259.6**	**318.4**	**1 057**	**270.6**	**305.3**	**646**	**279.9**	**311.3**	**399**	**288.8**	**242.2**	**397**	**男女計**
-	-	-	-	-	-	-	-	-	-	-	-	-	-	-	～19歳
-	-	-	-	-	-	-	-	-	-	-	-	-	-	-	20～24
224.1	191.2	35	-	-	-	-	-	-	-	-	-	-	-	-	25～29
237.7	263.1	303	296.3	371.2	27	-	-	-	-	-	-	-	-	-	30～34
252.3	331.9	248	281.2	414.6	174	287.0	195.8	28	-	-	-	-	-	-	35～39
283.5	377.9	275	283.5	452.4	204	277.7	354.2	149	341.6	209.6	19	-	-	-	40～44
260.1	277.9	328	292.8	434.5	118	328.7	424.1	123	280.1	491.6	98	303.4	669.0	7	45～49
272.2	244.6	238	244.7	263.9	135	289.7	326.7	102	264.5	361.1	69	296.8	413.8	50	50～54
233.4	154.5	210	289.3	314.7	134	249.9	388.3	81	336.7	302.1	102	336.7	363.7	119	55～59
239.4	210.2	249	204.5	173.7	119	239.7	202.9	75	252.1	187.0	67	271.1	210.3	110	60～64
212.0	102.7	158	221.9	91.8	90	200.0	70.2	64	185.9	81.1	33	275.1	44.7	71	65～69
166.0	37.0	54	165.3	83.5	58	181.4	99.3	24	191.2	95.5	11	205.1	23.5	39	70歳～
															男
279.7	**315.8**	**1 272**	**300.8**	**406.4**	**606**	**309.8**	**379.7**	**375**	**318.8**	**374.1**	**258**	**311.2**	**303.1**	**258**	**学歴計**
-	-	-	-	-	-	-	-	-	-	-	-	-	-	-	～19歳
-	-	-	-	-	-	-	-	-	-	-	-	-	-	-	20～24
238.4	137.9	24	-	-	-	-	-	-	-	-	-	-	-	-	25～29
257.8	317.5	189	319.3	418.3	22	-	-	-	-	-	-	-	-	-	30～34
277.6	389.6	170	305.4	493.7	114	329.7	200.3	19	-	-	-	-	-	-	35～39
303.4	405.9	196	298.2	485.7	154	292.1	367.5	114	342.8	212.8	19	-	-	-	40～44
285.2	340.4	229	315.6	503.5	90	344.2	524.3	91	322.1	620.9	62	354.5	1089.3	4	45～49
299.8	321.7	139	313.7	428.4	47	328.0	294.6	60	266.4	365.7	40	300.5	419.0	41	50～54
274.0	207.6	104	339.2	310.8	83	300.5	552.2	38	360.2	333.4	87	370.4	439.0	84	55～59
290.0	268.9	137	239.3	194.1	39	292.9	225.1	35	288.2	203.7	40	296.2	234.5	74	60～64
240.1	151.4	69	282.8	146.0	37	238.0	101.9	16	216.0	200.0	9	278.5	70.6	27	65～69
186.3	59.3	15	173.2	96.1	20	175.1	356.4	4	-	-	-	215.2	29.3	28	70歳～
276.4	**301.1**	**824**	**297.4**	**340.9**	**377**	**302.4**	**326.1**	**254**	**322.3**	**369.3**	**164**	**322.0**	**287.8**	**171**	**高校卒**
-	-	-	-	-	-	-	-	-	-	-	-	-	-	-	～19歳
-	-	-	-	-	-	-	-	-	-	-	-	-	-	-	20～24
232.1	162.6	20	-	-	-	-	-	-	-	-	-	-	-	-	25～29
252.3	282.7	134	247.1	416.6	8	-	-	-	-	-	-	-	-	-	30～34
274.2	250.3	96	302.1	359.5	67	327.9	178.4	17	-	-	-	-	-	-	35～39
300.9	465.0	106	309.0	420.7	103	295.4	254.7	79	342.9	164.4	13	-	-	-	40～44
279.8	363.6	160	308.2	434.0	49	348.5	446.3	61	344.9	644.8	41	354.5	1089.3	4	45～49
291.5	290.8	91	332.0	386.3	34	312.5	260.0	33	284.6	510.0	23	337.2	468.4	24	50～54
269.1	150.5	67	328.1	275.4	53	295.2	599.8	25	335.5	276.7	53	380.6	461.5	57	55～59
295.0	315.5	92	228.6	72.5	26	257.9	279.3	21	308.4	135.0	28	307.6	166.3	41	60～64
263.5	195.3	50	253.8	211.3	25	199.4	100.7	14	218.9	283.7	6	280.7	41.8	22	65～69
196.2	56.5	9	174.6	140.0	13	175.1	356.4	4	-	-	-	224.3	8.9	24	70歳～
286.0	**333.2**	**142**	**297.7**	**538.1**	**63**	**327.4**	**726.9**	**29**	**287.7**	**583.1**	**23**	**319.1**	**674.3**	**6**	**高専・短大卒**
-	-	-	-	-	-	-	-	-	-	-	-	-	-	-	～19歳
-	-	-	-	-	-	-	-	-	-	-	-	-	-	-	20～24
-	-	-	-	-	-	-	-	-	-	-	-	-	-	-	25～29
291.2	418.6	30	272.8	800.0	5	-	-	-	-	-	-	-	-	-	30～34
241.1	310.3	27	296.2	686.2	16	-	-	-	-	-	-	-	-	-	35～39
282.7	264.6	32	277.9	577.1	15	305.4	653.5	16	-	-	-	-	-	-	40～44
290.6	415.4	21	339.6	333.0	13	373.5	1059.6	8	286.2	626.7	15	-	-	-	45～49
304.7	200.4	17	249.2	577.8	7	287.5	307.6	0	308.6	551.3	3	363.6	948.0	4	50～54
376.5	551.6	9	359.3	325.7	7	302.5	520.1	4	293.3	483.6	3	-	-	-	55～59
282.5	158.0	4	128.4	100.0	1	-	-	-	250.6	400.0	2	312.5	100.0	0	60～64
270.4	0.0	1	-	-	-	540.0	300.0	1	-	-	-	250.0	673.3	1	65～69
-	-	-	-	-	-	-	-	-	-	-	-	237.7	0.0	1	70歳～
301.5	**401.8**	**200**	**307.1**	**647.4**	**96**	**317.2**	**544.1**	**66**	**309.6**	**374.1**	**34**	**345.4**	**269.6**	**31**	**大学・大学院卒**
-	-	-	-	-	-	-	-	-	-	-	-	-	-	-	～19歳
-	-	-	-	-	-	-	-	-	-	-	-	-	-	-	20～24
-	-	-	-	-	-	-	-	-	-	-	-	-	-	-	25～29
258.9	458.4	9	-	-	-	-	-	-	-	-	-	-	-	-	30～34
315.6	597.9	38	295.0	806.2	6	350.0	450.0	2	-	-	-	-	-	-	35～39
334.9	473.4	40	274.3	703.4	31	289.8	676.7	15	-	-	-	-	-	-	40～44
300.2	237.9	31	327.5	763.5	26	318.4	618.5	20	388.4	677.2	2	-	-	-	45～49
343.6	710.7	19	284.7	494.6	6	323.3	657.5	13	206.3	79.9	12	361.6	445.9	2	50～54
268.3	371.5	18	376.3	485.1	18	315.9	433.9	8	434.0	528.2	12	362.6	343.3	18	55～59
285.5	183.9	37	250.7	729.0	6	314.2	134.2	8	245.3	567.8	6	300.7	118.2	10	60～64
172.0	19.7	8	270.0	0.0	3	600.0	0.0	1	269.0	110.0	1	500.0	0.0	1	65～69
-	-	-	198.4	70.0	1	-	-	-	-	-	-	-	-	-	70歳～

第2表　年齢階級、勤続年数階級別所定内給与額

企業規模	10～99人
	計

M 宿泊業，飲食サービス業

区分	勤続年数計			0年			1～2年			3～4年			5～9年		
	所定内給与額	年間賞与その他特別給与額	労働者数	所定内給与額	年間賞与その他特別給与額	労働者数	所定内給与額	年間賞与その他特別給与額	労働者数	所定内給与額	年間賞与その他特別給与額	労働者数	所定内給与額	年間賞与その他特別給与額	労働者数
	千円	千円	十人	千円	千円	十人	千円	千円	十人	千円	千円	十人	千円	千円	十人
女															
学歴計	**189.6**	**126.1**	**6 200**	**174.9**	**8.3**	**585**	**177.0**	**107.7**	**1 283**	**182.7**	**126.4**	**938**	**188.2**	**131.4**	**1 566**
～19歳	164.1	34.7	179	159.0	0.9	78	168.0	60.8	101	-	-	-	-	-	-
20～24	173.3	109.4	635	175.0	5.8	123	169.2	137.9	270	178.3	148.4	173	173.7	85.1	69
25～29	192.8	159.0	520	175.0	6.6	56	200.7	115.1	145	189.8	147.8	130	193.9	241.1	179
30～34	197.8	128.4	515	199.9	10.1	47	183.4	94.4	109	183.6	187.2	82	210.0	124.1	160
35～39	202.3	133.1	572	202.3	10.9	49	174.8	150.7	80	201.5	112.7	80	205.5	96.4	215
40～44	198.4	178.1	603	176.7	34.8	47	172.6	92.8	98	188.1	137.2	129	191.6	158.6	164
45～49	196.2	144.3	661	192.5	11.5	51	184.3	182.4	120	189.4	86.3	102	183.7	157.9	190
50～54	202.8	164.2	630	159.7	0.7	38	178.0	110.7	129	178.8	137.0	71	197.1	166.6	125
55～59	192.7	135.7	591	157.3	13.1	23	181.9	48.6	111	174.4	112.5	60	189.9	150.7	148
60～64	173.3	93.2	677	165.0	0.0	52	153.4	33.5	79	162.7	43.7	80	161.6	62.6	170
65～69	184.0	54.2	444	143.1	1.5	17	175.7	66.9	33	159.1	99.3	28	160.5	50.3	108
70歳～	165.5	43.3	174	128.3	21.3	6	154.4	30.8	8	138.4	0.0	2	166.3	26.2	39
高校卒	**185.3**	**107.7**	**4 412**	**168.9**	**5.1**	**388**	**171.2**	**88.4**	**883**	**179.5**	**103.9**	**662**	**183.6**	**111.8**	**1 137**
～19歳	163.2	36.4	162	159.0	0.9	78	167.1	69.5	84	-	-	-	-	-	-
20～24	171.4	103.9	416	163.6	7.5	49	164.7	105.2	159	179.8	141.9	143	174.9	89.5	66
25～29	189.3	147.4	301	168.8	4.7	29	199.7	85.8	76	182.7	110.4	57	190.3	211.1	133
30～34	194.2	98.3	311	193.1	9.3	19	176.1	48.4	71	173.7	155.9	38	206.7	88.0	108
35～39	195.8	106.9	366	202.8	6.0	40	173.6	161.2	64	193.8	58.2	45	190.7	71.7	120
40～44	194.6	116.8	387	168.3	0.0	25	162.6	65.7	67	190.9	108.7	99	188.7	127.5	96
45～49	194.5	133.5	471	185.2	16.0	34	183.0	194.0	81	187.9	91.0	76	176.2	122.7	118
50～54	192.8	156.1	482	159.5	0.8	34	170.4	74.4	86	172.6	136.2	55	196.7	166.5	106
55～59	187.1	116.3	459	152.4	22.6	13	165.7	47.9	84	174.2	57.9	47	189.8	138.2	117
60～64	169.3	87.6	557	164.3	0.0	47	154.7	31.3	71	164.7	45.2	75	163.4	58.9	143
65～69	187.4	59.5	375	142.4	0.0	15	175.7	66.9	33	156.7	95.2	27	162.5	53.2	94
70歳～	163.9	34.7	126	128.5	26.0	5	153.5	36.1	7	143.0	0.0	2	169.4	28.5	35
高専・短大卒	**199.9**	**194.6**	**959**	**184.3**	**3.8**	**124**	**189.6**	**198.2**	**221**	**186.0**	**204.6**	**142**	**197.1**	**204.6**	**217**
～19歳	-	-	-	-	-	-	-	-	-	-	-	-	-	-	-
20～24	178.5	145.6	154	181.3	0.6	55	179.5	237.6	71	171.6	216.6	25	159.3	0.0	2
25～29	186.7	161.7	96	183.1	0.0	16	191.7	171.8	26	168.4	129.4	21	196.1	289.9	29
30～34	190.5	149.6	100	207.2	19.3	16	186.0	213.0	18	188.3	192.1	22	181.4	141.4	24
35～39	204.5	188.2	119	172.7	16.9	5	179.3	151.0	12	211.8	287.3	18	210.8	127.0	46
40～44	203.9	307.1	138	172.7	1.2	15	190.8	133.9	27	173.9	254.4	20	201.9	228.5	34
45～49	209.4	217.5	107	231.0	4.3	8	191.9	173.3	27	191.8	97.5	17	208.3	292.9	34
50～54	234.8	197.8	99	162.6	0.0	3	190.6	331.2	23	213.1	170.3	14	196.1	160.7	17
55～59	208.2	231.2	73	165.5	0.0	5	257.7	70.4	13	189.2	545.2	4	188.3	257.1	21
60～64	198.3	177.0	51	115.9	0.0	2	161.0	11.4	4	167.5	0.0	1	135.6	80.9	7
65～69	177.1	24.1	17	-	-	-	-	-	-	-	-	-	158.6	91.6	2
70歳～	162.5	3.5	6	-	-	-	-	-	-	-	-	-	-	-	-
大学・大学院卒	**222.6**	**207.0**	**475**	**199.7**	**45.0**	**52**	**205.0**	**110.7**	**115**	**208.0**	**214.4**	**91**	**231.7**	**213.8**	**129**
～19歳	-	-	-	-	-	-	-	-	-	-	-	-	-	-	-
20～24	177.2	57.3	53	185.3	16.4	20	172.5	81.0	34	-	-	-	-	-	-
25～29	210.0	198.3	111	202.0	27.9	8	210.1	135.6	41	209.6	224.0	45	215.1	366.4	17
30～34	220.7	216.8	94	204.7	0.0	11	205.6	161.0	19	205.7	264.5	20	255.3	267.6	26
35～39	230.4	171.0	74	243.5	62.5	3	180.9	0.0	5	211.1	74.8	16	243.1	133.7	42
40～44	227.0	368.9	49	229.0	275.9	6	214.1	258.8	4	196.6	337.8	4	207.3	262.9	18
45～49	222.1	162.6	25	198.9	0.0	1	-	-	-	225.3	600.0	0	227.6	164.5	15
50～54	280.5	372.4	15	-	-	-	238.6	15.1	9	-	-	-	400.0	623.0	1
55～59	270.5	279.2	32	170.5	0.0	3	359.8	68.3	4	210.9	274.7	4	208.9	92.1	8
60～64	263.8	135.8	18	-	-	-	-	-	-	-	-	-	161.6	220.0	3
65～69	239.1	71.5	2	-	-	-	-	-	-	-	-	-	-	-	-
70歳～	281.0	876.5	1	-	-	-	-	-	-	124.4	0.0	1	-	-	-
N 生活関連サービス業，娯楽業															
企業規模計															
男女計	**259.6**	**465.8**	**44 486**	**204.5**	**27.3**	**4 045**	**211.9**	**219.6**	**7 616**	**226.9**	**327.5**	**5 899**	**247.4**	**436.8**	**9 411**
～19歳	176.6	64.7	494	173.2	5.8	309	182.3	163.0	184	165.4	172.4	1	-	-	-
20～24	196.5	160.3	4 850	192.4	21.9	1 397	197.7	209.4	2 320	198.5	220.4	934	202.4	278.2	199
25～29	224.2	329.5	5 751	205.4	24.9	656	211.0	245.3	1 402	228.2	424.9	1 670	236.3	405.8	1 917
30～34	252.4	432.9	6 009	210.1	31.4	337	220.0	210.5	902	237.1	320.7	900	259.0	531.2	2 231
35～39	279.9	538.1	5 843	235.5	32.7	276	228.5	262.1	655	237.4	352.9	499	260.8	474.2	1 412
40～44	287.9	593.0	5 725	239.7	36.6	269	219.4	193.3	573	238.7	356.4	483	256.5	479.9	1 030
45～49	303.7	689.1	4 961	220.5	47.3	219	235.4	282.6	474	240.1	331.0	434	266.6	481.9	782
50～54	306.5	689.8	3 747	217.0	25.1	147	236.3	199.4	311	243.3	258.1	301	253.0	438.6	630
55～59	294.9	620.4	3 278	223.2	77.0	153	231.8	248.2	325	241.6	322.8	302	242.3	335.5	459
60～64	217.6	271.1	2 442	205.9	30.3	209	210.3	181.2	297	211.6	201.0	243	198.9	186.7	441
65～69	190.2	129.5	1 122	172.8	1.2	61	174.2	74.4	131	172.6	83.6	116	185.4	136.3	270
70歳～	191.6	124.9	266	157.9	0.0	11	158.6	8.8	44	202.8	148.9	16	188.6	54.1	40

及び年間賞与その他特別給与額

N 生活関連サービス業，娯楽業

10 ～ 14 年			15 ～ 19 年			20 ～ 24 年			25 ～ 29 年			30 年以上			区　分
所定内給与額	年間賞与その他特別給与額	労働者数	所定内給与額	年間賞与その他特別給与額	労働者数	所定内給与額	年間賞与その他特別給与額	労働者数	所定内給与額	年間賞与その他特別給与額	労働者数	所定内給与額	年間賞与その他特別給与額	労働者数	
千円	千円	十人	千円	千円	十人	千円	千円	十人	千円	千円	十人	千円	千円	十人	
															女
200.8	149.5	826	204.4	200.2	452	216.3	202.4	271	208.9	196.6	141	247.1	129.0	139	学歴計
-	-	-	-	-	-	-	-	-	-	-	-	-	-	-	～ 19歳
-	-	-	-	-	-	-	-	-	-	-	-	-	-	-	20 ～ 24
193.8	303.9	11	-	-	-	-	-	-	-	-	-	-	-	-	25 ～ 29
204.5	173.1	114	182.6	139.2	4	-	-	-	-	-	-	-	-	-	30 ～ 34
197.5	206.8	78	235.0	263.6	60	201.4	186.6	9	-	-	-	-	-	-	35 ～ 39
233.8	308.6	79	238.0	349.9	50	231.2	311.1	35	284.0	60.0	0	-	-	-	40 ～ 44
201.5	132.1	98	219.0	210.7	28	285.7	146.8	33	206.4	264.8	36	254.9	270.8	4	45 ～ 49
233.2	135.6	98	208.5	177.7	89	234.2	373.0	42	262.0	354.9	30	279.2	389.1	9	50 ～ 54
193.7	102.5	106	206.7	321.1	50	205.3	243.5	43	193.2	110.6	14	255.5	181.8	35	55 ～ 59
177.6	138.6	112	187.5	163.8	80	194.6	184.1	41	198.3	162.1	27	219.9	161.1	36	60 ～ 64
190.1	64.7	89	179.8	54.3	53	187.8	60.0	49	173.7	32.7	23	273.0	28.9	44	65 ～ 69
158.3	28.7	39	161.0	76.7	38	182.7	48.5	20	191.2	95.5	11	179.5	8.6	11	70歳～
196.0	127.8	594	194.3	164.0	333	213.3	165.8	199	213.1	185.9	117	248.6	142.4	100	高校卒
-	-	-	-	-	-	-	-	-	-	-	-	-	-	-	～ 19歳
-	-	-	-	-	-	-	-	-	-	-	-	-	-	-	20 ～ 24
193.1	535.5	6	-	-	-	-	-	-	-	-	-	-	-	-	25 ～ 29
205.4	153.6	71	180.3	157.2	4	-	-	-	-	-	-	-	-	-	30 ～ 34
197.4	188.8	43	235.1	170.6	44	201.4	186.6	9	-	-	-	-	-	-	35 ～ 39
236.8	129.3	57	228.1	299.5	22	220.0	177.1	21	284.0	60.0	0	-	-	-	40 ～ 44
200.2	128.2	74	207.6	194.5	25	288.0	100.8	28	205.5	227.3	31	254.9	270.8	4	45 ～ 49
190.9	134.9	60	195.9	168.5	72	224.1	326.9	39	266.4	327.0	25	309.0	518.2	5	50 ～ 54
197.2	106.1	87	199.1	311.4	37	179.0	132.8	37	189.5	89.5	11	246.6	136.4	25	55 ～ 59
178.8	152.8	91	164.4	130.9	53	188.0	131.1	31	201.5	176.9	23	190.8	246.1	23	60 ～ 64
192.8	69.0	76	180.5	62.1	46	202.2	101.7	28	183.9	31.4	19	284.7	27.8	38	65 ～ 69
150.8	5.6	29	163.3	47.9	30	185.0	37.4	6	210.0	124.3	9	151.4	28.2	3	70歳～
226.8	236.9	132	219.3	328.8	62	234.7	374.2	33	199.6	324.5	15	259.1	40.4	15	高専・短大卒
-	-	-	-	-	-	-	-	-	-	-	-	-	-	-	～ 19歳
-	-	-	-	-	-	-	-	-	-	-	-	-	-	-	20 ～ 24
194.7	0.0	5	-	-	-	-	-	-	-	-	-	-	-	-	25 ～ 29
194.3	157.7	22	-	-	-	-	-	-	-	-	-	-	-	-	30 ～ 34
192.7	157.6	25	232.1	447.3	12	-	-	-	-	-	-	-	-	-	35 ～ 39
237.7	894.7	17	239.6	366.6	15	248.6	581.8	9	-	-	-	-	-	-	40 ～ 44
222.7	284.7	11	330.7	229.7	2	286.7	380.0	4	190.5	431.0	4	-	-	-	45 ～ 49
300.4	122.3	33	278.6	0.0	2	243.1	192.3	1	241.0	489.5	5	166.7	173.3	1	50 ～ 54
178.6	119.4	10	225.8	394.6	10	286.6	670.7	3	207.8	193.8	3	205.3	101.9	3	55 ～ 59
211.4	83.8	6	179.2	239.9	19	222.9	534.7	6	-	-	-	337.3	12.5	6	60 ～ 64
144.7	0.0	3	108.9	105.0	1	190.0	0.0	9	163.9	123.0	1	220.0	0.0	1	65 ～ 69
123.4	0.0	1	132.9	36.5	1	-	-	-	115.7	0.0	2	205.4	0.0	3	70歳～
214.7	304.9	39	312.2	556.0	21	334.4	799.5	11	220.8	440.2	2	264.7	192.1	14	大学・大学院卒
-	-	-	-	-	-	-	-	-	-	-	-	-	-	-	～ 19歳
-	-	-	-	-	-	-	-	-	-	-	-	-	-	-	20 ～ 24
-	-	-	-	-	-	-	-	-	-	-	-	-	-	-	25 ～ 29
213.8	279.1	19	-	-	-	-	-	-	-	-	-	-	-	-	30 ～ 34
199.3	519.0	6	295.9	1141.3	2	-	-	-	-	-	-	-	-	-	35 ～ 39
241.1	797.4	3	261.2	530.4	9	263.4	456.3	5	-	-	-	-	-	-	40 ～ 44
199.9	9.7	7	-	-	-	229.9	471.7	1	317.6	927.9	1	-	-	-	45 ～ 49
262.8	620.8	2	326.4	1012.8	1	472.4	1644.5	2	-	-	-	-	-	-	50 ～ 54
239.2	65.3	3	245.9	948.9	1	437.5	1141.3	3	-	-	-	315.3	400.0	6	55 ～ 59
-	-	-	375.2	219.2	7	-	-	-	161.3	140.0	1	209.5	0.0	7	60 ～ 64
168.1	0.0	0	-	-	-	184.8	55.0	1	-	-	-	300.0	110.0	1	65 ～ 69
-	-	-	437.5	1752.9	1	-	-	-	-	-	-	-	-	-	70歳～
															N 生活関連サービス業，娯楽業
															企業規模計
285.6	598.9	7 577	306.8	683.5	3 964	332.0	854.5	2 445	358.0	993.0	1 814	348.8	1025.2	1 716	男女計
-	-	-	-	-	-	-	-	-	-	-	-	-	-	-	～ 19歳
-	-	-	-	-	-	-	-	-	-	-	-	-	-	-	20 ～ 24
233.5	444.5	107	-	-	-	-	-	-	-	-	-	-	-	-	25 ～ 29
279.3	572.4	1 571	260.7	408.7	68	-	-	-	-	-	-	-	-	-	30 ～ 34
305.4	698.0	1 879	323.9	722.0	1 042	288.8	675.4	80	-	-	-	-	-	-	35 ～ 39
295.2	649.3	1 255	333.0	823.3	1 192	342.5	881.8	845	279.3	856.4	77	-	-	-	40 ～ 44
302.4	678.5	1 023	314.9	721.6	575	375.9	1157.6	705	373.5	1119.3	698	354.2	938.4	50	45 ～ 49
285.3	560.6	644	289.6	740.5	394	334.6	782.6	332	414.6	1275.4	562	395.7	1257.8	426	50 ～ 54
276.6	549.9	605	291.4	513.4	320	304.5	653.4	228	331.1	700.8	246	408.3	1360.9	640	55 ～ 59
207.3	202.7	278	209.8	237.3	233	216.6	282.3	188	241.9	344.5	151	256.0	631.7	402	60 ～ 64
176.7	98.5	153	185.0	158.5	113	186.0	124.3	53	202.3	158.2	62	243.7	244.2	162	65 ～ 69
178.7	88.2	61	204.7	97.9	25	226.5	394.5	15	203.2	157.0	18	233.9	329.3	36	70歳～

第2表　年齢階級、勤続年数階級別所定内給与額

企業規模	計

N生活関連サービス業，

区分	勤続年数計			0　年			1～2年			3～4年			5～9年		
	所定内給与額	年間賞与その他特別給与額	労働者数	所定内給与額	年間賞与その他特別給与額	労働者数	所定内給与額	年間賞与その他特別給与額	労働者数	所定内給与額	年間賞与その他特別給与額	労働者数	所定内給与額	年間賞与その他特別給与額	労働者数
	千円	千円	十人	千円	千円	十人	千円	千円	十人	千円	千円	十人	千円	千円	十人
男															
学歴計	**291.0**	**594.3**	**24 240**	**217.0**	**39.7**	**1 908**	**224.5**	**244.4**	**3 668**	**244.4**	**390.0**	**2 897**	**269.8**	**520.6**	**5 178**
～19歳	174.9	54.7	138	176.6	1.6	89	171.7	151.7	49	－	－	－	－	－	－
20～24	199.6	162.9	1 878	196.9	32.2	584	201.8	213.8	865	197.7	220.8	331	201.8	295.3	99
25～29	232.1	381.0	2 722	205.3	40.2	287	213.9	264.0	643	235.0	483.6	775	248.8	468.2	962
30～34	268.2	525.9	3 447	219.6	35.8	208	228.1	253.9	468	246.6	421.4	479	272.5	612.7	1 337
35～39	306.3	650.0	3 571	254.2	36.5	168	238.6	282.0	382	261.2	461.9	249	280.7	557.4	818
40～44	325.6	733.0	3 361	282.3	48.7	128	250.5	227.5	275	271.0	413.0	255	287.4	567.0	548
45～49	351.9	853.4	2 875	255.9	79.8	92	274.8	345.5	230	282.2	371.9	199	314.1	588.8	403
50～54	358.7	879.9	2 043	243.2	27.0	60	257.7	265.8	172	296.5	341.5	147	311.8	659.4	294
55～59	340.3	821.7	1 905	243.6	128.4	85	246.7	292.8	217	264.0	409.7	186	293.0	462.8	221
60～64	238.2	351.3	1 449	208.2	35.0	161	221.2	203.3	238	232.5	268.2	176	218.3	240.6	274
65～69	203.0	152.3	689	168.6	1.3	41	178.9	84.5	94	181.2	109.8	85	194.9	153.0	197
70歳～	206.6	169.8	160	166.7	0.0	7	160.7	8.2	36	204.6	172.6	14	197.9	62.8	28
高校卒	**264.0**	**429.0**	**11 657**	**201.8**	**27.1**	**938**	**211.5**	**158.9**	**1 886**	**233.0**	**285.6**	**1 504**	**248.6**	**387.3**	**2 497**
～19歳	175.0	57.0	132	177.3	1.7	87	170.5	164.7	45	－	－	－	－	－	－
20～24	189.5	143.8	834	184.5	23.6	206	187.2	118.9	337	194.9	240.9	209	197.5	300.2	82
25～29	215.8	251.2	1 113	194.5	46.2	128	205.7	156.7	286	217.7	283.7	269	224.2	323.8	384
30～34	246.6	383.8	1 522	207.1	19.1	101	216.8	200.3	257	234.6	358.2	259	247.9	436.4	522
35～39	279.2	487.9	1 594	224.4	55.5	84	225.6	209.9	186	253.8	352.8	145	269.3	450.7	402
40～44	287.0	519.5	1 658	232.6	34.0	74	238.0	163.5	167	266.2	323.1	151	265.7	435.8	280
45～49	316.0	639.8	1 380	245.2	25.0	58	254.1	296.5	138	267.3	324.6	108	306.7	511.4	204
50～54	312.2	616.7	1 080	235.3	23.9	39	222.4	71.8	98	264.4	256.9	90	284.5	572.4	181
55～59	306.3	578.6	1 008	214.2	11.1	41	231.1	131.6	134	242.1	197.8	115	271.5	356.7	137
60～64	218.4	222.0	787	187.8	28.8	88	195.0	123.7	143	232.7	230.5	97	182.7	118.4	161
65～69	190.5	104.2	449	166.0	1.9	28	175.7	82.7	71	168.2	108.1	54	175.9	83.3	127
70歳～	202.0	174.5	101	164.5	0.0	4	153.9	12.2	24	175.2	136.1	7	202.8	39.9	17
高専・短大卒	**287.0**	**536.3**	**3 562**	**200.0**	**39.5**	**279**	**215.5**	**224.3**	**577**	**236.5**	**311.1**	**416**	**274.3**	**491.5**	**765**
～19歳	－	－	－	－	－	－	－	－	－	－	－	－	－	－	－
20～24	192.0	115.4	458	185.5	13.2	133	189.9	124.6	212	199.7	205.8	105	253.6	385.9	8
25～29	226.5	288.7	434	198.9	53.5	42	213.9	294.1	102	222.5	337.0	94	241.0	313.6	195
30～34	275.3	448.8	558	195.2	32.9	35	230.5	285.1	66	269.9	311.1	74	274.1	521.3	208
35～39	305.1	574.9	574	236.6	3.4	19	213.3	239.2	70	267.1	437.3	15	289.8	646.3	110
40～44	324.5	729.5	548	225.4	16.3	15	260.2	367.4	48	262.4	382.0	46	291.9	619.2	99
45～49	343.2	836.5	438	273.6	467.5	11	258.8	360.5	35	263.0	350.5	40	304.5	554.7	59
50～54	362.9	815.0	224	180.9	0.0	6	280.4	264.0	18	286.6	534.8	14	367.5	701.9	33
55～59	328.2	833.2	198	277.1	0.0	7	199.4	141.0	15	228.3	185.3	15	290.1	467.4	23
60～64	269.7	341.2	101	202.6	47.2	10	278.3	28.5	7	234.8	830.6	5	213.6	120.4	23
65～69	191.1	126.5	25	150.5	0.0	3	140.6	44.7	4	162.9	52.6	7	185.0	212.1	5
70歳～	219.3	47.7	4	120.0	0.0	0	－	－	－	129.2	0.0	0	161.0	99.0	2
大学・大学院卒	**335.7**	**886.1**	**8 163**	**247.2**	**61.9**	**625**	**253.4**	**419.3**	**1 089**	**268.4**	**637.7**	**859**	**301.6**	**756.3**	**1 725**
～19歳	－	－	－	－	－	－	－	－	－	－	－	－	－	－	－
20～24	221.6	246.2	527	214.7	51.8	230	227.2	397.3	295	174.4	400.3	1	－	－	－
25～29	250.9	559.3	1 101	217.6	31.5	105	222.9	391.7	238	250.1	660.8	394	279.7	711.1	364
30～34	291.6	741.6	1 271	249.5	64.6	64	249.7	367.8	130	254.7	597.4	134	294.8	811.6	578
35～39	344.0	914.0	1 279	308.2	24.1	59	276.4	435.0	115	276.5	698.7	76	295.8	718.4	271
40～44	391.0	1100.3	1 048	394.1	92.6	37	281.3	295.1	52	298.0	728.3	51	325.1	800.0	150
45～49	412.1	1199.4	980	276.2	35.9	21	344.7	478.5	53	334.5	622.8	40	340.7	780.9	123
50～54	437.3	1345.3	683	321.3	83.6	8	321.5	651.4	51	389.5	564.0	33	353.8	865.6	77
55～59	404.6	1240.2	646	277.8	313.4	33	300.7	721.3	60	327.9	1003.5	48	373.0	814.2	49
60～64	266.0	590.3	474	242.3	46.3	57	272.0	400.0	72	238.8	322.2	64	297.9	587.0	70
65～69	245.5	327.6	127	191.2	0.0	9	210.3	123.5	14	230.1	158.4	16	261.0	482.5	36
70歳～	213.9	223.4	27	162.6	0.0	2	172.7	0.0	7	300.0	1200.0	1	210.4	127.0	7
女															
学歴計	**221.9**	**312.0**	**20 247**	**193.3**	**16.2**	**2 137**	**200.3**	**196.5**	**3 948**	**210.1**	**267.3**	**3 002**	**219.9**	**334.3**	**4 232**
～19歳	177.2	68.5	356	171.8	7.5	220	186.1	167.2	135	165.4	172.4	1	－	－	－
20～24	194.6	158.7	2 971	189.2	14.5	813	195.3	206.8	1 456	198.9	220.1	602	202.9	261.3	100
25～29	217.1	283.2	3 028	205.6	13.0	369	208.6	229.5	758	222.2	374.1	895	223.7	343.1	955
30～34	231.3	307.8	2 562	194.8	24.2	129	211.2	163.5	433	226.3	202.8	421	238.8	409.2	894
35～39	238.5	362.3	2 272	206.3	26.8	108	214.2	234.1	272	213.6	244.2	250	233.3	359.6	594
40～44	234.3	394.0	2 364	201.1	25.7	141	190.7	161.8	298	202.4	293.1	228	221.4	381.2	483
45～49	237.3	462.7	2 086	195.0	24.0	128	198.4	223.5	244	204.4	296.2	235	216.2	368.5	380
50～54	243.9	462.1	1 704	199.1	23.8	88	209.7	117.4	139	192.5	178.5	154	201.5	245.3	336
55～59	231.9	341.0	1 373	198.0	13.5	69	201.8	158.3	108	205.6	182.9	116	195.3	217.6	238
60～64	187.5	154.0	993	198.0	14.3	47	166.3	91.4	59	157.0	25.5	67	167.1	98.5	167
65～69	169.9	93.3	433	181.2	1.2	20	162.4	49.1	38	149.0	11.3	31	160.1	92.0	74
70歳～	168.9	56.7	106	144.9	0.0	5	149.1	11.1	8	191.8	3.7	2	167.8	34.3	12

及び年間賞与その他特別給与額

娯楽業

区分	10～14年 所定内給与額	10～14年 年間賞与その他特別給与額	10～14年 労働者数	15～19年 所定内給与額	15～19年 年間賞与その他特別給与額	15～19年 労働者数	20～24年 所定内給与額	20～24年 年間賞与その他特別給与額	20～24年 労働者数	25～29年 所定内給与額	25～29年 年間賞与その他特別給与額	25～29年 労働者数	30年以上 所定内給与額	30年以上 年間賞与その他特別給与額	30年以上 労働者数
	千円	千円	十人	千円	千円	十人	千円	千円	十人	千円	千円	十人	千円	千円	十人
男															
学歴計	323.0	761.9	4 315	352.0	856.4	2 344	379.0	1057.0	1 474	394.7	1133.6	1 221	366.6	1111.3	1 235
～19歳	–	–	–	–	–	–	–	–	–	–	–	–	–	–	–
20～24	–	–	–	–	–	–	–	–	–	–	–	–	–	–	–
25～29	250.4	556.7	56	–	–	–	–	–	–	–	–	–	–	–	–
30～34	304.3	706.2	911	276.1	495.3	44	–	–	–	–	–	–	–	–	–
35～39	333.6	840.4	1 221	353.9	830.9	691	321.5	862.7	41	–	–	–	–	–	–
40～44	324.8	793.5	770	371.7	1000.7	778	374.7	975.7	553	302.0	917.9	54	–	–	–
45～49	346.9	808.4	569	365.0	891.1	332	404.2	1297.9	537	403.7	1184.4	473	388.8	1047.1	40
50～54	356.0	761.2	295	334.5	934.7	201	394.1	1025.9	171	435.7	1367.7	448	407.0	1195.2	256
55～59	344.5	905.4	273	366.7	714.2	157	349.1	786.9	104	358.0	804.0	151	426.6	1466.9	511
60～64	249.6	279.0	109	244.9	309.2	85	260.0	450.9	47	283.7	531.4	63	270.5	778.2	296
65～69	193.7	111.1	79	210.7	200.9	46	230.0	211.6	13	225.4	136.9	23	261.9	299.6	113
70歳～	189.8	138.1	31	249.0	108.9	10	285.0	617.9	9	253.0	293.8	8	275.5	533.9	18
高校卒	295.6	591.6	2 007	311.5	620.5	1 108	334.7	749.3	679	340.4	854.2	503	337.9	870.9	536
～19歳	–	–	–	–	–	–	–	–	–	–	–	–	–	–	–
20～24	–	–	–	–	–	–	–	–	–	–	–	–	–	–	–
25～29	256.8	613.7	46	–	–	–	–	–	–	–	–	–	–	–	–
30～34	283.6	551.3	348	278.2	519.6	35	–	–	–	–	–	–	–	–	–
35～39	305.1	631.5	475	309.5	631.1	267	332.3	947.9	35	–	–	–	–	–	–
40～44	298.2	637.5	385	304.3	645.4	297	331.0	704.0	261	297.5	936.6	43	–	–	–
45～49	316.9	651.7	300	341.5	726.2	176	342.3	852.3	164	357.7	1025.8	199	387.9	1025.0	33
50～54	318.6	708.7	177	320.9	681.5	133	380.5	811.2	105	361.3	913.1	124	354.4	878.7	133
55～59	311.8	569.1	133	354.5	663.2	106	324.8	714.7	64	343.1	662.6	89	389.2	1285.3	189
60～64	235.2	258.2	72	246.9	247.7	56	242.7	431.8	33	270.5	404.3	28	267.6	503.5	110
65～69	187.4	110.3	53	204.7	142.5	30	234.2	239.7	10	217.1	128.6	17	251.6	165.1	60
70歳～	179.9	67.1	19	234.1	171.3	6	290.3	651.4	8	234.8	51.2	4	279.6	697.5	11
高専・短大卒	328.3	740.3	628	353.7	738.7	364	366.3	1051.0	205	375.4	1043.3	182	380.8	855.4	147
～19歳	–	–	–	–	–	–	–	–	–	–	–	–	–	–	–
20～24	–	–	–	–	–	–	–	–	–	–	–	–	–	–	–
25～29	–	–	–	–	–	–	–	–	–	–	–	–	–	–	–
30～34	312.1	563.9	175	242.8	832.8	1	–	–	–	–	–	–	–	–	–
35～39	326.5	726.3	189	340.3	577.3	169	264.3	200.0	2	–	–	–	–	–	–
40～44	324.6	761.2	122	373.5	875.8	107	372.2	1034.5	108	382.1	1409.3	3	–	–	–
45～49	361.4	831.6	70	394.0	1073.0	43	363.2	1160.6	58	381.2	1064.3	121	361.1	1270.2	1
50～54	367.5	793.4	24	329.8	823.4	27	387.8	1226.7	23	368.6	1010.8	37	444.6	951.1	42
55～59	345.5	1314.3	43	318.9	539.3	12	319.7	531.3	10	404.7	1085.2	11	379.6	1100.2	63
60～64	262.8	521.1	3	237.5	311.1	4	293.6	537.0	3	307.9	818.4	10	316.9	396.8	37
65～69	191.1	47.4	1	316.8	531.1	1	179.1	0.0	1	173.5	40.0	1	324.4	268.4	3
70歳～	–	–	–	–	–	–	–	–	–	–	–	–	333.6	0.0	2
大学・大学院卒	363.0	1029.3	1 532	413.8	1269.9	801	442.6	1474.1	553	468.6	1496.3	485	403.4	1517.7	495
～19歳	–	–	–	–	–	–	–	–	–	–	–	–	–	–	–
20～24	–	–	–	–	–	–	–	–	–	–	–	–	–	–	–
25～29	–	–	–	–	–	–	–	–	–	–	–	–	–	–	–
30～34	321.9	939.5	364	341.0	248.3	3	–	–	–	–	–	–	–	–	–
35～39	364.6	1093.3	524	418.3	1272.7	233	–	–	–	–	–	–	–	–	–
40～44	373.5	1100.6	236	431.2	1352.5	356	452.0	1427.5	165	–	–	–	–	–	–
45～49	396.2	1070.2	188	395.7	1107.0	105	446.1	1577.5	308	502.2	1585.2	139	469.3	1770.0	3
50～54	437.6	887.2	85	405.9	2054.6	36	443.1	1505.3	38	480.1	1597.6	280	487.9	1947.0	75
55～59	391.6	1207.1	95	417.5	914.9	39	416.7	1061.0	29	385.1	1067.5	45	472.6	1734.0	248
60～64	281.3	259.8	28	239.1	489.9	22	317.8	494.3	10	284.8	594.5	17	264.1	1148.5	134
65～69	253.4	188.5	9	236.2	421.8	4	223.5	143.3	2	274.7	164.4	4	262.3	468.8	34
70歳～	268.3	801.0	4	273.5	0.0	3	173.5	200.0	1	185.1	262.0	1	198.1	385.0	2
女															
学歴計	236.2	383.4	3 262	241.4	433.3	1 620	260.8	547.4	972	282.4	703.7	593	303.0	804.4	482
～19歳	–	–	–	–	–	–	–	–	–	–	–	–	–	–	–
20～24	–	–	–	–	–	–	–	–	–	–	–	–	–	–	–
25～29	215.0	322.4	51	–	–	–	–	–	–	–	–	–	–	–	–
30～34	244.6	387.6	660	233.5	256.7	25	–	–	–	–	–	–	–	–	–
35～39	253.0	433.4	658	265.0	508.1	352	253.7	473.9	38	–	–	–	–	–	–
40～44	248.1	419.9	484	260.2	489.7	414	281.8	704.6	293	225.3	710.0	23	–	–	–
45～49	246.6	515.4	454	246.3	489.8	243	285.6	710.9	168	309.8	982.0	224	214.8	500.2	10
50～54	225.7	391.6	350	242.9	538.6	193	271.4	524.5	161	331.8	913.3	114	378.6	1352.4	170
55～59	220.8	257.6	332	218.5	319.4	163	266.9	541.0	124	288.3	536.9	95	335.9	941.6	129
60～64	180.2	153.8	170	189.6	196.0	148	202.1	226.3	141	212.0	210.2	88	215.3	219.4	105
65～69	158.6	85.0	74	167.4	129.5	67	172.4	97.2	40	189.1	170.2	40	201.7	116.2	49
70歳～	167.0	35.6	30	176.5	90.9	15	138.7	59.4	6	158.1	33.1	9	193.3	129.8	18

第2表　年齢階級、勤続年数階級別所定内給与額

企業規模	計
	1,000人以上

N 生 活 関 連 サ ー ビ ス 業 ,

区分	勤続年数計			0 年			1 ～ 2 年			3 ～ 4 年			5 ～ 9 年		
	所定内給与額	年間賞与その他特別給与額	労働者数	所定内給与額	年間賞与その他特別給与額	労働者数	所定内給与額	年間賞与その他特別給与額	労働者数	所定内給与額	年間賞与その他特別給与額	労働者数	所定内給与額	年間賞与その他特別給与額	労働者数
	千円	千円	十人	千円	千円	十人	千円	千円	十人	千円	千円	十人	千円	千円	十人
高校卒	**204.5**	**218.6**	**10 636**	**186.3**	**11.5**	**1 101**	**191.8**	**128.6**	**1 916**	**197.1**	**177.9**	**1 491**	**201.9**	**228.4**	**2 246**
～ 19歳	177.4	59.7	339	171.9	7.8	214	186.8	148.6	125	-	-	-	-	-	-
20 ～ 24	192.3	148.7	1 266	183.6	6.1	273	188.1	143.5	575	202.9	238.2	331	207.1	291.1	86
25 ～ 29	207.8	144.9	1 082	204.2	14.6	151	201.2	82.6	279	211.6	146.2	265	210.8	224.2	344
30 ～ 34	214.2	168.0	1 083	185.8	9.0	68	210.4	88.1	225	203.8	126.8	190	223.4	228.0	365
35 ～ 39	213.1	249.6	1 079	180.9	32.5	60	215.5	209.5	134	191.3	142.3	120	206.7	247.6	306
40 ～ 44	204.3	258.6	1 277	183.1	17.2	89	173.9	115.9	175	189.4	207.4	142	198.9	262.1	279
45 ～ 49	212.7	313.9	1 269	185.7	13.1	89	189.4	188.9	170	202.6	266.6	174	203.6	287.4	251
50 ～ 54	218.2	350.3	1 147	190.4	23.2	61	194.7	121.0	97	186.3	168.7	114	193.2	219.8	253
55 ～ 59	210.1	247.9	930	200.2	6.5	45	169.0	109.4	77	175.7	127.1	76	185.7	189.8	167
60 ～ 64	185.0	142.1	781	210.7	3.7	38	156.8	21.9	38	156.5	25.3	60	166.0	98.7	133
65 ～ 69	167.0	101.0	312	194.0	2.4	10	150.7	67.8	19	144.8	9.8	17	157.6	112.6	50
70歳～	168.7	70.6	72	150.8	0.0	3	154.3	4.8	4	161.7	0.0	2	168.4	37.7	11
高専・短大卒	**234.7**	**345.0**	**5 324**	**191.4**	**24.4**	**541**	**197.9**	**188.3**	**1 094**	**217.1**	**240.7**	**814**	**233.9**	**355.0**	**1 120**
～ 19歳	-	-	-	-	-	-	-	-	-	-	-	-	-	-	-
20 ～ 24	188.0	129.6	1 048	180.3	15.3	284	190.9	174.0	518	191.4	172.3	239	172.5	26.9	8
25 ～ 29	216.2	247.6	943	196.8	5.8	93	204.8	239.5	220	217.9	300.0	246	226.1	277.8	382
30 ～ 34	241.3	279.7	798	198.6	46.7	37	201.2	154.7	120	258.2	222.2	137	249.0	372.8	225
35 ～ 39	254.2	356.4	613	230.8	32.8	25	212.9	152.5	78	231.6	180.1	72	245.8	406.9	135
40 ～ 44	261.9	489.3	677	220.3	65.7	32	196.2	185.8	62	220.0	411.2	43	244.0	492.7	138
45 ～ 49	264.3	649.5	457	207.8	77.2	24	196.3	300.0	40	232.7	589.3	20	230.5	500.1	95
50 ～ 54	290.0	732.0	354	206.6	35.3	18	189.2	92.4	18	202.2	98.2	22	217.5	331.5	64
55 ～ 59	248.4	402.0	289	194.3	27.8	23	245.3	130.3	20	196.1	199.2	30	236.8	279.3	48
60 ～ 64	194.9	186.0	96	143.2	150.0	4	198.1	454.3	9	169.1	30.7	5	164.5	109.7	18
65 ～ 69	188.4	114.4	38	130.7	0.0	2	176.0	68.0	8	125.9	20.0	1	178.5	96.5	9
70歳～	187.9	25.4	11	-	-	-	-	-	-	300.0	17.0	1	-	-	-
大学・大学院卒	**258.8**	**562.9**	**3 681**	**218.2**	**20.2**	**434**	**225.6**	**380.0**	**820**	**235.0**	**545.4**	**604**	**256.6**	**647.7**	**747**
～ 19歳	-	-	-	-	-	-	-	-	-	-	-	-	-	-	-
20 ～ 24	210.9	233.9	607	206.9	23.7	244	213.5	369.6	345	216.7	488.9	17	182.5	150.0	1
25 ～ 29	229.2	496.2	918	220.1	18.5	111	220.8	404.3	236	230.4	593.8	367	241.8	686.2	204
30 ～ 34	252.7	610.4	618	220.7	36.0	22	235.6	422.8	75	235.6	413.1	73	253.5	691.5	284
35 ～ 39	274.6	614.7	522	268.2	5.5	18	215.6	427.3	53	247.5	606.9	50	280.1	548.6	142
40 ～ 44	298.0	739.0	354	274.1	0.4	17	250.4	323.1	49	243.5	531.6	36	282.8	767.3	50
45 ～ 49	306.5	836.9	315	258.7	2.2	11	257.4	336.5	29	206.0	343.5	34	285.5	707.5	27
50 ～ 54	332.5	742.9	165	245.4	4.0	9	339.0	146.1	15	222.2	353.1	17	264.6	334.2	16
55 ～ 59	368.9	951.2	117	-	-	-	485.8	910.9	7	484.3	596.8	9	183.6	323.8	19
60 ～ 64	222.4	316.8	55	-	-	-	175.5	53.5	7	-	-	-	194.7	152.5	4
65 ～ 69	228.8	13.2	8	208.1	0.0	3	195.0	8.6	4	-	-	-	305.4	0.0	1
70歳～	339.4	132.9	2	-	-	-	-	-	-	-	-	-	-	-	-
企業規模1,000人以上															
男女計	**279.7**	**628.2**	**12 283**	**199.9**	**35.0**	**875**	**211.5**	**244.2**	**1 764**	**224.9**	**369.4**	**1 448**	**256.6**	**539.5**	**2 397**
～ 19歳	172.7	57.1	97	171.2	13.0	70	176.1	175.7	26	201.0	0.0	0	-	-	-
20 ～ 24	202.0	200.4	1 256	199.7	30.7	398	205.0	288.5	643	196.4	222.2	189	206.7	463.9	26
25 ～ 29	231.3	430.0	1 650	194.5	54.1	139	210.9	270.4	369	234.4	519.0	545	249.1	529.8	579
30 ～ 34	263.8	581.7	1 874	196.9	42.6	77	211.8	170.3	205	229.0	264.9	244	264.3	677.8	725
35 ～ 39	300.5	719.6	1 937	240.8	44.4	52	217.4	200.0	118	226.5	379.1	112	263.3	542.3	378
40 ～ 44	313.2	776.1	1 697	195.3	17.7	38	222.9	241.6	115	230.4	313.4	116	258.5	442.4	219
45 ～ 49	341.8	870.1	1 409	227.3	36.5	32	215.9	150.8	97	239.4	336.6	83	271.0	468.1	169
50 ～ 54	334.1	886.1	911	224.9	2.8	21	232.1	189.1	68	211.3	277.4	49	291.2	587.7	124
55 ～ 59	327.6	947.3	772	190.1	20.9	18	224.3	142.7	48	233.8	455.1	39	222.4	230.5	73
60 ～ 64	213.6	356.7	488	203.8	89.7	24	231.5	315.8	60	197.8	114.0	58	197.4	175.6	55
65 ～ 69	170.3	49.9	175	173.3	3.3	6	196.9	95.5	13	151.3	39.8	12	174.5	53.9	45
70歳～	175.4	39.6	16	184.3	0.0	1	132.8	0.0	2	-	-	-	210.4	59.4	4
男															
学歴計	**318.5**	**833.1**	**6 715**	**212.6**	**48.5**	**404**	**224.3**	**298.2**	**797**	**242.5**	**477.6**	**620**	**283.1**	**666.3**	**1 332**
～ 19歳	161.7	86.9	28	163.2	2.2	19	158.2	274.0	9	-	-	-	-	-	-
20 ～ 24	204.0	220.8	500	203.2	48.7	174	209.0	327.4	253	183.7	201.6	63	214.2	611.4	10
25 ～ 29	242.6	485.4	819	204.9	72.9	75	215.9	303.5	169	245.3	570.3	249	261.4	596.6	316
30 ～ 34	286.9	737.8	1 073	207.5	60.1	38	229.0	236.3	93	233.6	491.3	96	281.8	772.3	445
35 ～ 39	332.6	909.3	1 152	278.9	27.2	29	224.5	242.5	77	237.9	497.0	50	283.6	642.2	213
40 ～ 44	363.6	1029.1	958	229.3	17.4	13	259.7	412.7	52	262.6	407.7	50	306.0	643.0	114
45 ～ 49	395.3	1125.9	892	294.3	55.8	11	245.6	173.7	44	320.0	530.2	36	330.7	637.7	87
50 ～ 54	378.1	1032.6	502	248.5	0.0	13	238.2	361.2	28	266.5	452.6	15	378.4	961.4	66
55 ～ 59	394.6	1362.1	430	189.1	16.5	11	280.5	242.4	23	319.2	949.3	17	270.0	504.3	21
60 ～ 64	241.0	541.1	265	219.4	84.7	18	257.7	382.2	39	229.7	187.8	33	229.8	276.9	26
65 ～ 69	186.7	65.5	86	183.2	0.0	2	206.9	128.4	9	152.4	45.1	11	184.7	72.4	32
70歳～	176.5	51.5	9	184.3	0.0	1	132.8	0.0	2	-	-	-	200.3	93.2	2

及び年間賞与その他特別給与額

娯楽業

10～14年 所定内給与額	10～14年 年間賞与その他特別給与額	10～14年 労働者数	15～19年 所定内給与額	15～19年 年間賞与その他特別給与額	15～19年 労働者数	20～24年 所定内給与額	20～24年 年間賞与その他特別給与額	20～24年 労働者数	25～29年 所定内給与額	25～29年 年間賞与その他特別給与額	25～29年 労働者数	30年以上 所定内給与額	30年以上 年間賞与その他特別給与額	30年以上 労働者数	区分
千円	千円	十人	千円	千円	十人	千円	千円	十人	千円	千円	十人	千円	千円	十人	
210.3	**274.6**	**1 699**	**214.9**	**305.5**	**990**	**234.2**	**388.4**	**588**	**239.6**	**468.1**	**338**	**249.8**	**493.9**	**267**	**高校卒**
-	-	-	-	-	-	-	-	-	-	-	-	-	-	-	～19歳
-	-	-	-	-	-	-	-	-	-	-	-	-	-	-	20～24
215.8	359.7	44	-	-	-	-	-	-	-	-	-	-	-	-	25～29
220.5	230.5	215	215.8	231.1	20	-	-	-	-	-	-	-	-	-	30～34
219.7	288.4	254	229.9	332.2	171	261.8	480.6	34	-	-	-	-	-	-	35～39
210.0	304.0	249	221.2	255.6	200	244.8	501.0	127	259.4	943.3	16	-	-	-	40～44
222.0	357.2	251	219.9	327.5	146	241.6	408.6	82	257.2	726.4	98	246.1	598.0	7	45～49
218.1	341.4	253	227.3	511.1	153	250.5	546.0	104	254.9	481.2	48	333.1	1071.3	65	50～54
204.4	216.3	220	209.6	284.1	129	257.3	320.6	83	266.3	453.1	66	269.7	592.8	67	55～59
178.5	173.5	130	186.8	170.7	115	201.8	233.2	119	209.1	211.7	71	201.5	134.3	76	60～64
158.3	85.4	62	165.5	141.2	47	167.9	98.5	35	182.3	116.1	33	191.9	132.0	38	65～69
161.9	39.1	21	191.6	109.2	9	143.8	63.9	4	166.7	34.7	6	182.8	195.8	12	70歳～
252.4	**390.3**	**912**	**279.1**	**533.1**	**366**	**295.1**	**702.5**	**228**	**344.1**	**1058.3**	**134**	**392.7**	**1478.2**	**116**	**高専・短大卒**
-	-	-	-	-	-	-	-	-	-	-	-	-	-	-	～19歳
-	-	-	-	-	-	-	-	-	-	-	-	-	-	-	20～24
251.3	199.4	3	-	-	-	-	-	-	-	-	-	-	-	-	25～29
248.5	320.4	277	360.0	0.0	3	-	-	-	-	-	-	-	-	-	30～34
262.5	411.1	196	300.9	538.9	106	-	-	-	-	-	-	-	-	-	35～39
277.8	483.2	140	282.2	541.4	144	300.7	732.1	117	248.4	742.0	1	-	-	-	40～44
242.6	517.6	111	277.6	668.4	44	310.6	915.2	44	361.2	1220.2	79	-	-	-	45～49
244.9	457.0	72	266.3	703.0	23	312.7	662.6	25	377.3	1115.2	35	421.7	1679.3	77	50～54
240.3	311.9	83	253.5	403.4	22	282.2	604.3	24	246.7	425.5	12	364.8	1441.3	27	55～59
189.2	69.2	22	216.3	257.6	15	203.9	172.1	15	202.4	199.9	3	255.4	366.0	8	60～64
182.6	88.2	4	158.2	223.5	7	248.5	124.8	3	151.2	0.0	1	304.2	149.0	4	65～69
199.2	0.0	4	166.2	46.0	2	294.7	392.7	0	140.2	30.0	3	258.6	0.0	1	70歳～
291.4	**717.7**	**582**	**313.0**	**931.3**	**207**	**339.7**	**1138.3**	**122**	**375.3**	**1177.5**	**92**	**397.4**	**1105.2**	**72**	**大学・大学院卒**
-	-	-	-	-	-	-	-	-	-	-	-	-	-	-	～19歳
-	-	-	-	-	-	-	-	-	-	-	-	-	-	-	20～24
-	-	-	-	-	-	-	-	-	-	-	-	-	-	-	25～29
271.1	719.5	162	260.6	956.7	2	-	-	-	-	-	-	-	-	-	30～34
287.0	646.4	198	299.1	1026.7	59	210.8	501.7	2	-	-	-	-	-	-	35～39
307.7	655.1	90	330.7	1073.3	67	350.9	1267.5	45	-	-	-	-	-	-	40～44
332.0	1028.1	82	304.9	823.7	49	350.1	1122.0	41	356.3	1243.4	42	-	-	-	45～49
280.4	973.2	17	371.8	616.5	15	339.0	486.6	21	405.6	1380.3	31	400.4	1281.4	23	50～54
305.5	466.0	24	326.2	794.3	6	310.6	2072.8	12	438.8	1086.0	12	488.4	1406.1	28	55～59
197.5	154.9	8	201.9	418.5	8	194.8	430.1	3	259.1	143.1	8	254.7	540.5	18	60～64
-	-	-	319.8	159.9	1	-	-	-	-	-	-	350.0	0.0	1	65～69
180.0	565.0	0	-	-	-	-	-	-	-	-	-	388.5	0.0	1	70歳～
															企業規模1,000人以上
308.4	**746.2**	**2 803**	**338.8**	**915.7**	**1 213**	**377.3**	**1188.5**	**660**	**377.3**	**1157.8**	**503**	**375.7**	**1383.5**	**620**	**男女計**
-	-	-	-	-	-	-	-	-	-	-	-	-	-	-	～19歳
-	-	-	-	-	-	-	-	-	-	-	-	-	-	-	20～24
263.6	715.1	17	-	-	-	-	-	-	-	-	-	-	-	-	25～29
302.9	803.7	603	279.1	549.0	20	-	-	-	-	-	-	-	-	-	30～34
317.9	800.9	818	348.9	1027.6	424	316.3	837.1	36	-	-	-	-	-	-	35～39
310.8	764.5	471	361.6	1031.1	435	369.3	1129.9	283	347.9	1348.2	20	-	-	-	40～44
341.1	755.8	375	336.3	733.6	178	437.2	1559.6	219	403.8	1335.2	236	429.8	1527.0	22	45～49
297.4	691.7	196	328.1	1183.4	48	372.4	1031.3	54	417.1	1251.3	159	401.1	1362.6	190	50～54
306.3	730.4	204	286.3	459.3	49	319.0	911.7	36	270.6	630.8	50	439.4	1786.1	253	55～59
200.0	120.9	70	196.5	130.7	39	189.6	196.0	19	206.9	321.1	26	237.3	811.3	137	60～64
170.6	71.5	44	135.5	20.9	17	159.0	0.0	12	177.4	22.6	11	189.1	54.7	17	65～69
176.6	3.2	6	158.2	46.2	3	-	-	-	227.8	464.0	1	135.9	29.0	1	70歳～
															男
349.6	**997.6**	**1 647**	**395.4**	**1217.7**	**706**	**431.3**	**1437.5**	**421**	**402.3**	**1200.4**	**364**	**385.5**	**1433.9**	**425**	**学歴計**
-	-	-	-	-	-	-	-	-	-	-	-	-	-	-	～19歳
-	-	-	-	-	-	-	-	-	-	-	-	-	-	-	20～24
307.9	953.1	11	-	-	-	-	-	-	-	-	-	-	-	-	25～29
328.2	953.1	385	278.9	576.8	16	-	-	-	-	-	-	-	-	-	30～34
348.4	1040.2	506	392.4	1212.1	268	437.2	1628.0	10	-	-	-	-	-	-	35～39
360.0	1063.4	262	406.8	1286.8	277	409.7	1239.8	175	347.3	1233.8	16	-	-	-	40～44
378.6	967.7	245	431.6	1208.2	86	463.0	1682.1	185	414.1	1328.3	179	455.0	1660.4	20	45～49
366.3	989.8	96	358.3	1955.1	24	389.8	1079.9	39	434.9	1253.0	127	390.2	1006.8	94	50～54
396.8	1334.8	94	370.6	713.4	22	390.8	1545.3	13	285.9	525.7	32	459.6	1911.2	196	55～59
238.2	104.8	28	235.1	234.8	12	-	-	-	214.0	325.0	6	248.1	1029.2	103	60～64
184.7	26.3	16	197.2	133.2	1	-	-	-	221.0	67.4	3	201.5	74.0	12	65～69
176.2	4.7	4	-	-	-	-	-	-	227.8	464.0	1	-	-	-	70歳～

第2表　年齢階級、勤続年数階級別所定内給与額

企業規模	1,000人以上

N 生 活 関 連 サ ー ビ ス 業，

区分	勤続年数計			0年			1～2年			3～4年			5～9年		
	所定内給与額	年間賞与その他特別給与額	労働者数	所定内給与額	年間賞与その他特別給与額	労働者数	所定内給与額	年間賞与その他特別給与額	労働者数	所定内給与額	年間賞与その他特別給与額	労働者数	所定内給与額	年間賞与その他特別給与額	労働者数
	千円	千円	十人	千円	千円	十人	千円	千円	十人	千円	千円	十人	千円	千円	十人
高校卒	**275.8**	**574.6**	**2 618**	**197.2**	**43.8**	**176**	**198.3**	**149.8**	**320**	**210.9**	**231.2**	**250**	**251.5**	**495.2**	**544**
～19歳	161.7	86.9	28	163.2	2.2	19	158.2	274.0	9	–	–	–	–	–	–
20～24	180.4	128.1	156	178.4	25.2	43	175.9	125.3	68	183.1	160.2	37	216.4	548.3	8
25～29	214.8	291.3	277	194.5	94.4	39	193.4	118.9	62	207.7	222.6	60	229.1	435.2	104
30～34	251.5	540.3	395	200.1	34.3	19	211.0	220.8	50	210.1	311.5	49	247.4	598.5	146
35～39	287.5	602.1	410	229.6	7.0	9	208.5	192.6	32	219.0	344.3	26	280.6	616.0	113
40～44	296.0	642.3	379	233.0	10.0	10	226.0	224.9	25	252.0	270.2	25	270.7	455.7	51
45～49	343.2	865.1	371	275.8	83.7	8	226.2	87.2	28	257.7	242.8	13	290.5	479.9	39
50～54	323.5	786.3	216	271.2	0.0	5	204.5	33.7	11	236.3	233.4	8	272.4	598.9	26
55～59	342.9	962.6	186	193.0	22.0	8	183.6	80.5	10	179.7	228.7	7	208.6	124.2	13
60～64	209.1	185.1	131	199.4	94.2	14	198.6	159.5	20	200.7	37.5	19	214.1	132.0	18
65～69	175.9	48.2	64	135.6	0.0	2	182.5	25.5	4	156.8	46.7	6	177.7	43.4	26
70歳～	164.8	3.8	5	184.3	0.0	1	132.8	0.0	2	–	–	–	181.8	25.0	1
高専・短大卒	**304.1**	**700.6**	**834**	**191.1**	**45.2**	**56**	**228.3**	**271.6**	**108**	**232.0**	**371.9**	**75**	**287.3**	**572.7**	**156**
～19歳	–	–	–	–	–	–	–	–	–	–	–	–	–	–	–
20～24	192.8	171.4	92	190.1	29.1	28	199.1	197.6	37	185.0	252.4	25	214.7	943.8	1
25～29	234.3	363.4	87	175.6	70.9	10	231.9	274.4	14	247.8	393.6	18	242.9	446.3	44
30～34	295.3	626.8	115	193.1	124.0	7	210.2	149.8	9	246.1	554.3	7	264.8	591.7	39
35～39	311.0	809.0	147	246.3	0.0	4	198.8	165.7	18	–	–	–	271.7	579.0	21
40～44	331.9	883.4	154	193.8	50.0	3	295.0	563.5	17	247.1	399.1	11	313.4	656.1	23
45～49	355.6	781.7	102	–	–	–	298.0	446.6	7	343.2	352.6	6	394.2	266.7	10
50～54	384.2	889.5	59	173.4	0.0	3	257.1	269.7	2	292.0	942.2	4	431.0	1041.0	14
55～59	366.2	1322.5	54	203.4	0.0	1	249.8	123.7	3	–	–	–	–	–	–
60～64	287.1	346.6	16	–	–	–	–	–	–	–	–	–	196.0	672.0	0
65～69	160.0	39.9	8	–	–	–	–	–	–	148.8	47.2	4	166.8	39.7	3
70歳～	197.0	965.5	0	–	–	–	–	–	–	–	–	–	197.0	965.5	0
大学・大学院卒	**359.4**	**1096.9**	**3 158**	**234.1**	**58.5**	**157**	**247.8**	**450.8**	**351**	**274.5**	**738.0**	**272**	**310.8**	**848.4**	**617**
～19歳	–	–	–	–	–	–	–	–	–	–	–	–	–	–	–
20～24	223.7	303.4	243	217.3	65.0	98	228.6	465.7	143	174.4	400.3	1	–	–	–
25～29	262.2	637.6	443	223.0	50.9	21	229.9	436.7	91	260.2	721.5	164	286.5	736.9	167
30～34	311.0	906.7	549	227.9	66.9	12	261.4	303.4	31	256.2	682.9	36	303.8	899.1	257
35～39	372.6	1175.3	572	314.3	44.9	16	259.9	350.4	28	255.9	804.9	16	291.7	719.8	74
40～44	436.7	1441.4	415	294.8	0.0	1	289.6	643.4	8	294.5	665.2	14	351.2	910.7	38
45～49	450.6	1440.5	416	331.2	0.0	4	266.2	229.5	8	359.4	813.9	17	356.0	892.3	38
50～54	435.3	1352.4	219	168.2	0.0	0	270.3	686.4	13	345.2	543.3	3	457.8	1287.5	26
55～59	459.2	1812.5	182	162.7	0.0	2	422.3	540.3	8	437.5	1544.6	9	384.7	1228.5	7
60～64	274.3	1013.6	110	332.8	78.2	3	328.9	654.5	18	279.7	467.5	12	276.3	652.3	7
65～69	316.8	304.3	7	421.3	0.0	0	241.2	273.0	4	–	–	–	346.9	573.3	2
70歳～	216.3	128.9	2	–	–	–	–	–	–	–	–	–	211.9	0.0	1
女															
学歴計	**233.0**	**381.1**	**5 568**	**189.0**	**23.5**	**471**	**201.0**	**199.7**	**967**	**211.8**	**288.4**	**828**	**223.5**	**381.1**	**1 066**
～19歳	177.0	45.3	70	174.2	17.0	51	184.7	128.2	18	201.0	0.0	0	–	–	–
20～24	200.8	187.0	756	196.9	16.7	224	202.3	263.2	390	202.7	232.3	127	201.5	363.1	15
25～29	220.0	375.4	831	182.5	32.1	64	206.8	242.7	201	225.2	475.8	296	234.4	449.7	264
30～34	232.8	372.5	801	186.7	25.9	39	197.6	115.7	112	226.0	117.4	148	236.5	527.8	280
35～39	253.5	441.1	785	192.6	66.2	23	203.9	118.4	40	217.4	284.9	62	237.1	413.5	165
40～44	248.0	448.7	740	176.8	17.9	24	192.7	101.6	63	206.3	242.7	66	207.4	226.1	106
45～49	249.4	428.7	517	189.5	25.6	20	191.3	131.8	53	178.4	190.4	47	207.3	287.0	82
50～54	280.0	706.1	409	184.4	7.5	8	228.0	73.2	41	186.5	198.7	34	192.9	166.1	58
55～59	243.1	424.9	342	191.9	27.9	7	172.0	50.1	25	164.9	56.1	22	203.5	121.7	52
60～64	181.1	137.9	223	155.9	105.1	6	184.2	196.2	22	154.1	12.7	24	169.0	86.9	30
65～69	154.4	34.8	89	166.9	5.4	4	167.8	0.0	3	143.2	0.0	1	150.0	9.2	13
70歳～	174.0	24.6	7	–	–	–	–	–	–	–	–	–	228.1	0.0	1
高校卒	**202.1**	**203.5**	**2 634**	**170.3**	**21.8**	**199**	**184.2**	**88.7**	**443**	**193.4**	**120.5**	**369**	**197.4**	**191.4**	**527**
～19歳	177.6	46.2	68	174.2	17.0	51	188.2	135.0	17	–	–	–	–	–	–
20～24	184.7	129.8	264	168.2	13.5	51	181.0	96.0	123	198.5	216.5	75	201.5	363.1	15
25～29	197.9	132.5	251	164.7	27.3	25	193.9	58.6	79	197.2	157.6	65	214.2	211.3	78
30～34	204.6	154.4	353	173.7	13.1	26	182.9	82.4	74	214.1	66.3	72	201.3	262.2	104
35～39	218.8	310.0	326	163.6	125.7	8	191.6	161.6	19	189.9	69.1	31	214.3	312.7	83
40～44	206.2	232.7	374	167.8	18.3	15	178.7	99.1	34	196.2	100.6	42	189.8	114.0	72
45～49	205.0	204.4	288	180.6	9.1	10	184.4	104.2	40	174.3	132.3	29	194.4	106.8	57
50～54	223.5	347.4	244	157.4	7.5	5	191.7	99.8	25	174.7	102.8	22	184.8	95.4	50
55～59	206.6	261.0	206	166.1	47.3	4	170.4	59.7	21	164.6	37.6	10	176.6	137.3	33
60～64	181.9	125.2	180	169.3	57.3	2	167.9	18.0	12	154.4	10.5	21	169.2	87.8	23
65～69	152.3	38.0	74	177.6	10.0	2	–	–	–	140.5	0.0	1	147.1	9.4	11
70歳～	175.0	21.7	6	–	–	–	–	–	–	–	–	–	228.1	0.0	1

及び年間賞与その他特別給与額

娯 楽 業

10～14年			15～19年			20～24年			25～29年			30年以上			区分
所定内給与額	年間賞与その他特別給与額	労働者数	所定内給与額	年間賞与その他特別給与額	労働者数	所定内給与額	年間賞与その他特別給与額	労働者数	所定内給与額	年間賞与その他特別給与額	労働者数	所定内給与額	年間賞与その他特別給与額	労働者数	
千円	千円	十人	千円	千円	十人	千円	千円	十人	千円	千円	十人	千円	千円	十人	
308.5	**723.5**	**609**	**327.3**	**782.9**	**246**	**353.9**	**982.6**	**158**	**342.5**	**1001.2**	**137**	**355.3**	**1103.5**	**177**	**高校卒**
-	-	-	-	-	-	-	-	-	-	-	-	-	-	-	～19歳
-	-	-	-	-	-	-	-	-	-	-	-	-	-	-	20～24
307.9	953.1	11	-	-	-	-	-	-	-	-	-	-	-	-	25～29
296.7	771.2	118	271.6	608.7	14	-	-	-	-	-	-	-	-	-	30～34
296.7	571.7	147	324.6	843.9	73	437.2	1628.0	10	-	-	-	-	-	-	35～39
307.3	784.5	99	300.6	674.1	82	338.4	791.5	74	304.1	1196.6	14	-	-	-	40～44
340.4	786.0	112	424.4	1155.2	40	332.9	1081.7	40	378.6	1210.2	73	451.1	1690.3	17	45～49
341.6	1245.6	47	276.8	615.5	12	394.4	947.2	27	360.4	1008.2	28	329.2	611.0	51	50～54
379.9	806.6	36	386.4	771.1	15	365.9	1788.7	6	224.6	198.8	17	419.7	1627.2	74	55～59
210.4	46.1	24	229.6	182.9	9	-	-	-	223.3	158.4	3	215.4	530.2	26	60～64
166.3	28.0	13	187.3	206.9	1	-	-	-	221.0	67.4	3	189.1	92.0	9	65～69
183.8	0.0	2	-	-	-	-	-	-	-	-	-	-	-	-	70歳～
345.3	**1042.6**	**217**	**361.9**	**979.9**	**73**	**377.4**	**1093.9**	**43**	**336.2**	**788.2**	**54**	**387.3**	**909.6**	**53**	**高専・短大卒**
-	-	-	-	-	-	-	-	-	-	-	-	-	-	-	～19歳
-	-	-	-	-	-	-	-	-	-	-	-	-	-	-	20～24
-	-	-	-	-	-	-	-	-	-	-	-	-	-	-	25～29
351.8	808.2	53	-	-	-	-	-	-	-	-	-	-	-	-	30～34
323.6	1007.0	67	372.6	983.5	37	-	-	-	-	-	-	-	-	-	35～39
346.3	1114.2	40	370.8	1132.5	24	356.3	971.3	36	-	-	-	-	-	-	40～44
384.8	1045.1	28	341.9	802.9	7	502.1	1691.3	3	330.4	763.9	41	361.1	1270.2	1	45～49
340.4	747.8	6	295.8	670.9	1	475.0	1826.4	3	360.6	813.4	7	431.5	928.6	19	50～54
350.4	1691.6	22	-	-	-	429.8	1362.0	2	406.7	1058.1	5	390.2	1204.0	21	55～59
-	-	-	252.7	400.0	3	-	-	-	204.5	568.4	2	311.0	290.8	11	60～64
149.0	0.0	1	210.5	35.0	1	-	-	-	-	-	-	-	-	-	65～69
-	-	-	-	-	-	-	-	-	-	-	-	-	-	-	70歳～
384.5	**1208.8**	**799**	**445.3**	**1541.5**	**386**	**498.0**	**1839.1**	**218**	**469.3**	**1493.4**	**167**	**412.8**	**1901.3**	**190**	**大学・大学院卒**
-	-	-	-	-	-	-	-	-	-	-	-	-	-	-	～19歳
-	-	-	-	-	-	-	-	-	-	-	-	-	-	-	20～24
-	-	-	-	-	-	-	-	-	-	-	-	-	-	-	25～29
340.9	1095.4	211	332.8	339.8	2	-	-	-	-	-	-	-	-	-	30～34
383.6	1314.6	282	428.9	1438.9	157	-	-	-	-	-	-	-	-	-	35～39
409.5	1284.2	120	462.4	1600.5	171	520.9	1914.2	64	-	-	-	-	-	-	40～44
418.4	1146.9	105	455.2	1336.4	39	499.4	1854.2	141	504.1	1804.6	64	-	-	-	45～49
398.3	736.9	42	470.9	3881.0	10	352.6	1307.1	8	462.9	1359.0	93	484.5	1885.7	25	50～54
442.5	1640.8	36	340.3	603.3	8	404.8	1327.1	5	333.7	875.6	9	504.5	2285.5	99	55～59
404.2	157.1	4	-	-	-	-	-	-	209.7	286.8	1	249.9	1350.6	66	60～64
834.0	100.0	0	-	-	-	-	-	-	-	-	-	315.4	45.0	1	65～69
-	-	-	-	-	-	-	-	-	227.8	464.0	1	-	-	-	70歳～
															女
249.7	**387.9**	**1 156**	**260.0**	**495.3**	**507**	**282.4**	**750.3**	**239**	**312.1**	**1046.9**	**139**	**354.3**	**1273.5**	**195**	**学歴計**
-	-	-	-	-	-	-	-	-	-	-	-	-	-	-	～19歳
-	-	-	-	-	-	-	-	-	-	-	-	-	-	-	20～24
175.6	243.3	6	-	-	-	-	-	-	-	-	-	-	-	-	25～29
258.4	539.6	218	280.2	422.0	4	-	-	-	-	-	-	-	-	-	30～34
268.3	412.7	312	274.4	711.1	156	270.8	539.4	26	-	-	-	-	-	-	35～39
249.3	390.6	209	282.4	582.2	158	304.4	953.5	109	350.1	1749.9	5	-	-	-	40～44
269.8	353.4	129	248.4	295.3	93	297.1	894.5	34	371.2	1357.0	57	232.9	486.6	3	45～49
232.0	408.6	101	298.2	417.6	24	328.4	908.3	15	345.7	1244.3	32	411.9	1712.7	96	50～54
229.4	216.8	110	215.8	246.8	27	280.1	567.9	24	243.1	819.9	18	370.2	1356.4	57	55～59
173.7	132.0	41	179.9	86.0	27	189.6	196.0	19	205.0	320.0	21	204.5	147.0	34	60～64
162.4	97.6	28	129.8	10.4	15	159.0	0.0	12	161.7	6.5	8	158.7	7.3	5	65～69
177.3	0.0	2	158.2	46.2	3	-	-	-	-	-	-	135.9	29.0	1	70歳～
209.6	**234.2**	**577**	**217.1**	**272.4**	**232**	**229.8**	**391.0**	**130**	**225.9**	**485.3**	**64**	**277.0**	**719.5**	**93**	**高校卒**
-	-	-	-	-	-	-	-	-	-	-	-	-	-	-	～19歳
-	-	-	-	-	-	-	-	-	-	-	-	-	-	-	20～24
178.3	350.0	4	-	-	-	-	-	-	-	-	-	-	-	-	25～29
228.8	197.8	73	280.2	422.0	4	-	-	-	-	-	-	-	-	-	30～34
218.3	352.6	94	232.0	336.3	67	274.7	541.8	25	-	-	-	-	-	-	35～39
206.7	233.6	123	235.2	406.5	35	234.4	414.6	48	350.1	1749.9	5	-	-	-	40～44
223.6	228.3	70	205.7	198.5	51	236.1	586.7	13	257.6	660.6	14	232.9	486.6	3	45～49
217.6	266.9	79	263.3	472.7	19	288.0	826.5	5	194.6	137.0	10	355.5	1373.1	29	50～54
198.2	175.2	73	207.6	192.3	22	214.9	206.3	7	230.5	630.4	12	315.2	899.7	24	55～59
174.3	146.1	35	182.6	60.7	20	189.6	196.0	19	210.1	317.1	16	203.7	150.1	33	60～64
160.8	106.5	25	120.2	0.0	12	159.0	0.0	12	161.7	6.5	8	158.7	7.3	5	65～69
177.3	0.0	2	154.3	48.0	2	-	-	-	-	-	-	135.9	29.0	1	70歳～

第2表　年齢階級、勤続年数階級別所定内給与額

企業規模	1,000人以上
	100～999人

N 生 活 関 連 サ ー ビ ス 業，

区分	勤続年数計			0年			1～2年			3～4年			5～9年		
	所定内給与額	年間賞与その他特別給与額	労働者数	所定内給与額	年間賞与その他特別給与額	労働者数	所定内給与額	年間賞与その他特別給与額	労働者数	所定内給与額	年間賞与その他特別給与額	労働者数	所定内給与額	年間賞与その他特別給与額	労働者数
	千円	千円	十人	千円	千円	十人	千円	千円	十人	千円	千円	十人	千円	千円	十人
高専・短大卒	**263.7**	**511.4**	**1 278**	**197.8**	**43.4**	**102**	**208.3**	**188.1**	**186**	**216.2**	**222.0**	**159**	**242.5**	**328.8**	**215**
～19歳	–	–	–	–	–	–	–	–	–	–	–	–	–	–	–
20～24	205.0	176.7	185	199.1	37.7	52	208.2	217.7	95	205.1	264.3	38	–	–	–
25～29	227.2	228.9	145	201.0	31.0	11	223.8	174.5	24	220.1	327.7	45	238.1	214.3	64
30～34	248.6	389.2	186	201.6	74.1	9	203.2	110.7	15	246.9	128.3	46	245.0	375.3	57
35～39	263.5	391.4	199	189.9	50.1	8	218.7	58.4	15	199.1	351.7	6	257.3	409.4	34
40～44	276.7	566.9	227	181.3	22.7	7	192.9	141.8	15	161.8	162.3	7	232.4	305.2	19
45～49	307.1	959.8	106	201.3	55.4	7	226.3	183.3	6	169.9	113.2	1	225.3	638.5	15
50～54	374.1	1359.5	109	221.7	6.4	3	155.1	91.3	4	203.0	105.9	4	246.6	751.2	6
55～59	281.0	567.2	94	226.2	2.0	3	183.8	0.0	4	168.1	85.1	10	266.1	103.9	16
60～64	182.2	243.9	22	147.8	510.0	1	213.8	597.0	7	157.7	39.1	2	146.8	7.6	3
65～69	168.2	17.4	6	129.7	0.0	1	178.8	0.0	1	–	–	–	150.8	5.0	1
70歳～	–	–	–	–	–	–	–	–	–	–	–	–	–	–	–
大学・大学院卒	**262.7**	**590.7**	**1 552**	**208.3**	**14.3**	**159**	**222.0**	**374.2**	**317**	**233.3**	**544.1**	**291**	**258.6**	**777.1**	**291**
～19歳	–	–	–	–	–	–	–	–	–	–	–	–	–	–	–
20～24	212.8	245.2	303	209.3	9.2	119	214.8	410.6	171	218.3	234.2	13	–	–	–
25～29	231.7	588.1	410	188.6	42.4	24	214.2	416.3	95	236.7	630.7	183	248.5	789.3	107
30～34	262.7	675.8	252	242.1	7.0	4	243.9	231.4	22	226.3	226.5	27	266.5	867.1	114
35～39	292.4	668.1	241	245.8	16.3	6	210.1	163.8	6	259.3	570.0	24	267.0	567.9	44
40～44	320.2	878.1	132	214.3	2.3	3	249.5	104.3	9	248.7	616.1	17	262.5	700.3	14
45～49	306.7	502.7	120	192.2	9.2	3	208.8	294.5	6	186.0	294.0	17	257.3	830.0	10
50～54	356.1	1088.5	52	226.8	15.0	0	383.6	13.4	9	211.6	538.4	7	241.8	455.0	0
55～59	345.8	948.7	40	–	–	–	–	–	–	149.2	5.0	2	166.4	28.7	2
60～64	173.6	183.2	4	–	–	–	–	–	–	–	–	–	163.6	42.0	1
65～69	–	–	–	–	–	–	–	–	–	–	–	–	–	–	–
70歳～	–	–	–	–	–	–	–	–	–	–	–	–	–	–	–
企業規模 100～999人															
男女計	**258.7**	**502.9**	**17 243**	**212.5**	**29.9**	**1 681**	**215.1**	**257.5**	**2 999**	**226.4**	**397.0**	**2 224**	**246.7**	**469.4**	**3 864**
～19歳	178.0	85.0	238	176.3	4.5	141	180.7	201.9	96	141.6	287.4	1	–	–	–
20～24	200.5	185.2	1 913	200.0	22.8	549	201.5	225.6	918	198.6	305.6	356	200.9	287.3	90
25～29	227.0	348.6	2 338	219.1	24.4	303	215.3	256.8	577	232.3	468.7	675	234.6	434.9	740
30～34	251.8	431.9	2 260	214.9	49.8	124	232.1	250.5	354	242.2	443.8	314	259.3	506.5	875
35～39	277.0	524.1	2 211	231.2	22.5	107	238.1	338.2	287	239.5	351.7	201	261.2	507.5	603
40～44	282.1	621.6	2 155	253.9	51.5	119	214.3	202.9	189	228.9	456.1	169	256.7	545.7	433
45～49	298.2	786.2	1 935	224.0	86.6	96	229.2	353.8	187	230.0	385.1	166	273.0	618.7	350
50～54	313.2	845.4	1 463	237.7	49.7	51	224.8	241.0	100	249.6	351.3	104	239.8	507.0	252
55～59	298.1	697.8	1 228	217.4	13.4	70	232.8	412.7	126	217.3	393.2	110	253.4	417.7	186
60～64	215.2	301.4	1 003	216.6	30.4	106	210.7	226.6	115	200.4	267.1	86	185.3	178.6	217
65～69	193.7	181.4	404	185.9	0.0	16	172.1	128.6	40	185.8	97.2	41	190.4	185.4	101
70歳～	209.9	167.7	95	335.7	0.0	0	165.4	12.6	9	195.2	53.2	2	198.8	47.4	17
男															
学歴計	**288.3**	**626.7**	**9 415**	**220.8**	**43.0**	**744**	**225.8**	**290.3**	**1 414**	**240.7**	**461.5**	**1 117**	**265.6**	**551.2**	**2 155**
～19歳	175.0	66.4	68	178.2	2.5	41	170.0	163.2	27	–	–	–	–	–	–
20～24	205.0	186.5	733	203.9	24.9	222	208.9	230.0	321	199.0	303.9	136	201.2	295.0	55
25～29	233.1	409.3	1 099	213.6	48.4	122	214.3	277.4	269	236.5	533.1	316	249.0	506.9	372
30～34	265.3	491.1	1 340	223.5	55.1	83	234.5	278.0	196	257.2	498.9	191	269.0	571.1	541
35～39	303.1	613.7	1 364	246.6	21.7	63	252.2	327.2	164	257.7	486.3	96	280.0	620.4	348
40～44	317.0	746.2	1 290	297.1	73.2	51	240.6	238.6	83	264.9	503.5	86	279.0	615.1	237
45～49	342.8	932.1	1 066	242.6	162.4	38	267.3	493.6	89	247.9	420.5	64	320.7	772.6	169
50～54	373.1	1123.4	800	280.8	91.0	13	252.1	334.6	47	285.5	471.9	62	293.8	801.3	103
55～59	339.4	900.7	735	215.4	8.1	31	228.6	492.1	80	246.8	575.1	64	310.9	540.0	93
60～64	229.8	380.7	600	214.1	42.6	75	222.2	260.7	97	209.0	330.8	68	192.7	221.2	151
65～69	204.5	220.0	259	154.5	0.0	5	175.5	161.1	31	198.5	125.4	31	198.5	213.8	73
70歳～	226.3	198.4	61	335.7	0.0	0	164.3	12.8	9	142.8	71.3	1	205.3	40.3	14
高校卒	**264.6**	**488.3**	**4 372**	**202.5**	**22.6**	**329**	**213.8**	**219.1**	**689**	**232.0**	**374.4**	**566**	**246.3**	**412.4**	**1 034**
～19歳	175.6	69.1	65	178.6	2.5	40	170.7	175.5	25	–	–	–	–	–	–
20～24	197.4	201.3	352	195.2	8.0	72	197.1	161.7	136	201.5	345.0	99	193.0	316.2	45
25～29	221.8	299.8	421	200.9	46.9	46	213.6	188.0	115	225.5	396.7	103	228.6	361.9	139
30～34	250.9	372.0	584	208.7	21.8	34	224.5	194.0	108	255.7	439.3	98	245.0	373.4	217
35～39	282.7	527.7	629	215.9	26.5	35	238.1	269.8	80	251.3	358.9	60	260.4	452.8	155
40～44	286.7	598.6	636	236.5	36.5	21	233.5	254.5	39	248.3	341.6	54	256.0	457.6	132
45～49	310.1	727.0	452	217.5	12.7	22	258.2	574.1	48	245.7	484.4	31	323.7	694.7	85
50～54	318.7	776.1	398	262.0	90.8	9	217.1	133.1	24	266.4	386.7	31	294.6	795.2	67
55～59	316.2	727.9	348	192.5	19.0	13	202.3	125.7	35	222.0	268.7	34	304.8	484.0	52
60～64	203.6	269.1	301	191.5	24.3	32	194.0	200.7	52	208.8	421.7	36	156.5	91.7	90
65～69	193.1	148.5	153	144.3	0.0	4	168.6	198.6	24	182.3	124.1	19	177.6	108.9	43
70歳～	239.5	278.0	34	–	–	–	133.1	60.0	2	142.8	71.3	1	224.0	45.9	11

及び年間賞与その他特別給与額

娯楽業

10～14年			15～19年			20～24年			25～29年			30年以上			区分
所定内給与額	年間賞与その他特別給与額	労働者数	所定内給与額	年間賞与その他特別給与額	労働者数	所定内給与額	年間賞与その他特別給与額	労働者数	所定内給与額	年間賞与その他特別給与額	労働者数	所定内給与額	年間賞与その他特別給与額	労働者数	
千円	千円	十人	千円	千円	十人	千円	千円	十人	千円	千円	十人	千円	千円	十人	
270.3	521.1	275	280.8	501.8	146	331.2	1043.9	67	408.2	1556.9	46	429.8	1831.1	82	高専・短大卒
-	-	-	-	-	-	-	-	-	-	-	-	-	-	-	～19歳
-	-	-	-	-	-	-	-	-	-	-	-	-	-	-	20～24
-	-	-	-	-	-	-	-	-	-	-	-	-	-	-	25～29
272.7	731.5	58	-	-	-	-	-	-	-	-	-	-	-	-	30～34
269.0	269.9	100	297.0	913.3	37	-	-	-	-	-	-	-	-	-	35～39
286.2	710.3	51	281.2	362.3	86	343.4	1263.0	41	-	-	-	-	-	-	40～44
245.5	926.6	18	272.6	386.0	15	310.8	908.7	9	423.5	1694.8	36	-	-	-	45～49
290.5	821.1	14	204.8	275.2	2	344.6	710.4	4	403.5	1107.2	8	441.8	1870.3	64	50～54
274.6	339.6	25	252.3	431.1	4	303.4	543.6	13	234.2	1264.9	2	390.5	1751.8	18	55～59
170.0	46.2	6	160.9	120.0	2	-	-	-	196.9	195.0	1	304.1	0.0	1	60～64
190.8	42.8	2	-	-	-	-	-	-	-	-	-	-	-	-	65～69
-	-	-	-	-	-	-	-	-	-	-	-	-	-	-	70歳～
310.6	570.0	296	326.3	1005.1	111	365.5	1379.5	43	365.5	1596.2	26	409.4	1596.2	19	大学・大学院卒
-	-	-	-	-	-	-	-	-	-	-	-	-	-	-	～19歳
-	-	-	-	-	-	-	-	-	-	-	-	-	-	-	20～24
-	-	-	-	-	-	-	-	-	-	-	-	-	-	-	25～29
274.9	709.8	85	-	-	-	-	-	-	-	-	-	-	-	-	30～34
307.5	582.1	118	315.8	1228.7	43	210.8	501.7	2	-	-	-	-	-	-	35～39
352.4	485.2	34	331.7	1283.1	36	391.1	1602.2	20	-	-	-	-	-	-	40～44
365.2	316.6	40	316.1	429.4	27	356.9	1238.9	12	336.9	1053.7	7	-	-	-	45～49
272.9	1149.3	7	598.3	154.5	3	352.3	1079.0	7	423.9	2126.5	14	330.4	1613.2	4	50～54
317.1	214.2	13	261.3	760.1	1	338.3	1565.0	3	285.9	1142.0	4	437.4	1638.7	15	55～59
-	-	-	203.6	172.1	2	-	-	-	155.0	250.0	2	145.0	176.7	1	60～64
-	-	-	-	-	-	-	-	-	-	-	-	-	-	-	65～69
-	-	-	-	-	-	-	-	-	-	-	-	-	-	-	70歳～
															企業規模 100～999人
278.1	627.1	2 606	301.6	696.0	1 530	329.7	915.5	986	372.4	1178.0	759	351.7	1103.9	594	男女計
-	-	-	-	-	-	-	-	-	-	-	-	-	-	-	～19歳
-	-	-	-	-	-	-	-	-	-	-	-	-	-	-	20～24
227.7	496.5	44	-	-	-	-	-	-	-	-	-	-	-	-	25～29
266.0	505.8	567	250.1	455.6	26	-	-	-	-	-	-	-	-	-	30～34
304.8	701.8	654	322.0	625.9	343	248.3	541.7	15	-	-	-	-	-	-	35～39
285.7	697.2	428	319.2	790.1	452	343.5	915.0	320	243.5	737.3	46	-	-	-	40～44
291.0	837.9	337	313.8	827.3	205	362.2	1223.3	289	368.7	1199.2	294	309.8	769.1	11	45～49
278.2	656.7	210	288.9	812.9	211	353.3	930.8	156	444.0	1631.7	240	404.4	1441.1	139	50～54
271.6	630.2	189	302.8	688.0	149	306.2	817.0	81	384.8	888.1	96	417.0	1398.2	222	55～59
208.3	218.3	101	207.7	319.8	83	221.8	300.3	96	246.7	461.5	56	264.4	756.6	143	60～64
176.7	117.7	53	203.0	201.5	50	149.1	113.2	16	201.8	197.1	20	233.3	350.6	66	65～69
168.9	29.7	23	211.7	79.6	10	235.8	446.7	12	254.5	263.8	8	273.1	434.8	13	70歳～
															男
313.0	730.2	1 491	345.4	822.3	920	373.1	1095.9	594	412.6	1350.3	517	367.2	1209.6	464	学歴計
-	-	-	-	-	-	-	-	-	-	-	-	-	-	-	～19歳
-	-	-	-	-	-	-	-	-	-	-	-	-	-	-	20～24
255.7	619.8	20	-	-	-	-	-	-	-	-	-	-	-	-	25～29
293.6	594.1	314	279.7	558.2	15	-	-	-	-	-	-	-	-	-	30～34
335.0	777.7	445	346.9	706.2	237	267.1	524.3	10	-	-	-	-	-	-	35～39
309.4	792.9	278	358.2	922.3	301	371.9	1015.0	220	267.9	853.8	32	-	-	-	40～44
325.0	881.4	169	348.9	853.7	131	385.9	1342.6	213	415.5	1258.3	185	335.0	830.1	8	45～49
344.7	819.7	95	338.8	961.7	103	419.2	1142.5	83	462.0	1754.2	198	429.1	1577.8	95	50～54
328.7	911.0	92	381.8	960.3	78	317.7	689.5	38	411.0	1101.3	61	418.1	1435.1	197	55～59
251.6	216.2	31	250.6	451.5	25	268.5	492.3	18	298.6	786.1	26	277.5	882.7	110	60～64
187.1	139.1	35	217.4	227.9	26	182.4	156.6	4	204.9	88.2	9	250.4	441.8	46	65～69
159.0	54.0	12	297.4	4.5	4	308.5	734.8	7	277.3	333.1	6	310.0	504.9	7	70歳～
301.0	670.2	713	317.7	697.5	445	336.4	804.8	238	339.4	953.9	198	334.4	1055.2	160	高校卒
-	-	-	-	-	-	-	-	-	-	-	-	-	-	-	～19歳
-	-	-	-	-	-	-	-	-	-	-	-	-	-	-	20～24
255.0	628.8	18	-	-	-	-	-	-	-	-	-	-	-	-	25～29
290.7	559.3	118	292.4	586.4	10	-	-	-	-	-	-	-	-	-	30～34
323.9	757.2	200	317.1	675.7	91	269.5	583.9	8	-	-	-	-	-	-	35～39
301.7	721.3	148	306.7	704.3	133	339.8	810.1	86	276.9	903.9	24	-	-	-	40～44
318.2	783.8	83	323.4	642.3	59	346.3	1023.5	52	340.7	1007.7	69	290.1	426.8	4	45～49
299.7	686.5	61	336.9	816.2	72	385.9	763.5	46	347.5	1127.7	45	359.0	1259.6	42	50～54
306.5	681.0	40	362.1	918.5	52	305.6	671.3	26	406.2	996.8	40	391.1	1480.6	56	55～59
242.7	247.4	19	270.9	246.5	9	221.1	531.6	10	289.0	606.5	13	261.6	665.3	39	60～64
194.8	161.1	20	220.1	179.2	19	185.1	193.2	3	196.8	45.5	6	265.6	221.1	15	65～69
132.8	40.1	6	409.6	27.1	1	317.6	788.9	6	280.1	0.0	2	303.8	639.4	6	70歳～

第2表　年齢階級、勤続年数階級別所定内給与額

企業規模	100〜999人

N生活関連サービス業，

区分	勤続年数計			0年			1〜2年			3〜4年			5〜9年		
	所定内給与額	年間賞与その他特別給与額	労働者数	所定内給与額	年間賞与その他特別給与額	労働者数	所定内給与額	年間賞与その他特別給与額	労働者数	所定内給与額	年間賞与その他特別給与額	労働者数	所定内給与額	年間賞与その他特別給与額	労働者数
	千円	千円	十人	千円	千円	十人	千円	千円	十人	千円	千円	十人	千円	千円	十人
高専・短大卒	**287.4**	**606.9**	**1 503**	**209.7**	**62.9**	**119**	**213.2**	**247.4**	**239**	**229.9**	**364.0**	**153**	**276.1**	**575.1**	**341**
〜 19歳	-	-	-	-	-	-	-	-	-	-	-	-	-	-	-
20 〜 24	195.9	132.6	153	191.1	1.5	45	193.5	168.1	71	195.2	213.0	32	269.4	293.0	6
25 〜 29	219.4	319.2	188	205.5	65.7	23	202.6	249.7	58	217.6	487.2	37	238.4	368.9	71
30 〜 34	274.1	482.0	228	200.3	17.1	16	231.0	297.7	28	259.3	384.2	26	284.5	569.2	95
35 〜 39	305.7	587.7	258	242.4	1.9	11	209.8	322.4	26	261.6	542.0	10	301.6	792.0	58
40 〜 44	321.3	787.1	231	241.1	17.0	6	232.1	328.4	16	274.1	458.0	15	300.7	674.4	43
45 〜 49	339.8	1015.2	206	317.5	688.6	7	245.7	394.0	23	228.8	262.2	16	290.9	811.4	29
50 〜 54	359.4	949.2	88	196.1	0.0	2	280.8	202.8	7	269.8	418.9	6	309.6	680.1	6
55 〜 59	301.8	821.1	90	-	-	-	151.7	88.0	8	198.2	192.4	9	274.4	587.1	15
60 〜 64	271.5	381.0	56	188.5	53.6	9	373.0	20.9	4	166.8	30.0	2	207.2	126.5	17
65 〜 69	185.5	163.7	3	156.4	0.0	1	-	-	-	141.0	110.3	1	-	-	-
70歳〜	283.4	0.0	2	-	-	-	-	-	-	-	-	-	132.6	0.0	1
大学・大学院卒	**325.6**	**853.0**	**3 203**	**247.4**	**61.2**	**272**	**252.7**	**439.5**	**448**	**259.4**	**662.3**	**364**	**293.2**	**781.7**	**694**
〜 19歳	-	-	-	-	-	-	-	-	-	-	-	-	-	-	-
20 〜 24	226.3	216.9	204	217.4	49.4	98	234.5	371.6	106	-	-	-	-	-	-
25 〜 29	249.6	554.2	464	227.9	44.6	50	222.8	423.9	91	247.8	633.1	171	274.6	709.8	153
30 〜 34	278.5	646.2	484	254.9	116.5	29	253.0	446.4	56	257.0	633.8	63	287.8	780.1	212
35 〜 39	333.1	778.6	430	315.2	25.4	16	297.0	426.8	53	275.3	802.5	24	297.1	822.6	116
40 〜 44	367.9	988.7	387	358.1	121.9	24	256.1	154.3	27	320.1	1171.5	15	315.1	972.6	57
45 〜 49	395.8	1195.4	371	242.2	107.6	7	316.4	408.7	19	285.5	551.4	14	345.5	963.9	48
50 〜 54	460.3	1691.6	287	1259.1	800.0	0	305.0	799.2	14	318.3	799.8	18	289.7	882.1	29
55 〜 59	391.3	1192.6	276	233.5	0.0	15	281.5	1030.9	33	314.9	1291.7	20	395.8	726.6	20
60 〜 64	255.6	549.1	215	242.1	57.8	33	253.8	386.6	38	211.7	242.3	30	273.2	624.9	33
65 〜 69	226.7	345.5	71	200.0	0.0	0	224.9	10.9	4	233.1	96.0	9	243.5	445.4	24
70歳〜	187.3	26.7	15	-	-	-	172.7	0.0	7	-	-	-	150.1	39.0	2
女															
学歴計	**223.2**	**353.8**	**7 828**	**205.9**	**19.5**	**937**	**205.5**	**228.3**	**1 585**	**212.1**	**332.0**	**1 107**	**222.8**	**366.2**	**1 709**
〜 19歳	179.2	92.4	170	175.4	5.4	100	184.9	217.0	69	141.6	287.4	1	-	-	-
20 〜 24	197.7	184.4	1 179	197.3	21.3	327	197.5	223.3	597	198.3	306.6	220	200.5	275.3	35
25 〜 29	221.6	294.8	1 239	222.8	8.1	181	216.2	238.7	308	228.6	412.0	359	219.9	362.1	368
30 〜 34	232.1	345.5	920	197.1	38.9	41	229.1	216.6	159	218.7	357.4	122	243.5	402.1	334
35 〜 39	235.2	379.8	847	209.2	23.8	44	219.3	352.9	123	222.9	229.6	105	235.7	353.8	255
40 〜 44	230.2	435.7	865	221.1	35.0	68	193.5	174.5	105	191.6	407.0	83	229.9	461.9	196
45 〜 49	243.5	607.4	870	212.1	37.9	59	194.6	226.4	98	218.7	362.6	101	228.5	475.4	181
50 〜 54	240.8	509.6	662	223.6	36.1	38	200.3	157.0	53	196.0	171.4	42	202.3	302.8	149
55 〜 59	236.5	395.2	493	218.9	17.7	38	240.3	273.1	46	175.3	134.3	45	196.1	296.0	93
60 〜 64	193.4	183.2	403	222.5	1.0	31	147.6	39.6	18	166.8	19.3	18	168.7	82.1	67
65 〜 69	174.3	112.6	145	199.9	0.0	11	161.3	24.5	10	149.1	16.1	11	169.2	110.7	28
70歳〜	180.2	112.5	34	-	-	-	269.7	0.0	0	300.0	17.0	1	163.2	86.6	3
高校卒	**211.2**	**273.7**	**4 081**	**202.4**	**9.8**	**492**	**202.6**	**167.1**	**772**	**205.6**	**252.9**	**539**	**208.9**	**269.2**	**868**
〜 19歳	178.6	72.9	159	175.1	5.5	97	184.1	177.6	62	-	-	-	-	-	-
20 〜 24	199.7	206.0	519	202.5	3.0	105	195.8	216.5	263	205.6	344.8	116	200.7	276.9	35
25 〜 29	224.7	174.6	451	229.3	8.5	77	223.2	97.8	108	239.8	187.1	120	211.8	288.4	125
30 〜 34	231.0	191.8	372	190.2	3.0	14	249.0	69.5	84	189.7	230.8	55	245.5	216.5	134
35 〜 39	212.2	270.9	391	183.6	23.0	26	222.7	315.3	57	199.3	207.1	42	204.7	237.3	125
40 〜 44	205.1	316.3	477	190.2	12.7	42	180.0	127.8	55	184.0	339.4	51	213.8	340.4	108
45 〜 49	218.2	421.4	491	198.0	16.8	46	179.3	122.1	60	217.9	344.0	80	212.2	416.5	101
50 〜 54	221.6	480.4	444	223.5	48.9	28	199.8	147.4	41	189.1	199.5	25	195.4	303.0	103
55 〜 59	217.5	300.9	343	218.7	1.9	27	175.7	198.9	29	158.7	92.2	28	194.6	199.1	61
60 〜 64	193.3	168.3	322	227.8	0.0	29	134.8	33.1	10	160.9	21.3	16	172.8	88.8	53
65 〜 69	170.4	116.9	93	251.8	0.0	3	126.6	0.0	2	151.5	0.0	7	162.0	105.8	21
70歳〜	180.8	179.8	19	-	-	-	-	-	-	-	-	-	161.3	90.1	3
高専・短大卒	**226.4**	**365.6**	**2 106**	**199.8**	**31.5**	**238**	**195.9**	**213.1**	**436**	**213.6**	**312.5**	**323**	**228.8**	**428.2**	**513**
〜 19歳	-	-	-	-	-	-	-	-	-	-	-	-	-	-	-
20 〜 24	186.3	139.6	411	182.2	16.1	121	188.0	160.7	199	188.0	258.6	91	160.8	0.0	0
25 〜 29	209.4	289.7	407	201.8	2.2	41	192.0	228.7	95	215.8	423.2	102	217.5	313.5	168
30 〜 34	222.3	333.6	303	203.0	52.1	20	207.8	292.4	44	232.3	338.1	38	242.3	508.0	83
35 〜 39	255.7	418.7	242	228.7	38.1	12	220.6	333.3	26	247.1	94.9	42	247.3	504.6	63
40 〜 44	252.7	542.6	237	258.4	129.1	14	193.1	211.3	27	212.6	487.6	18	241.8	574.5	63
45 〜 49	258.1	640.2	217	244.2	186.5	8	197.0	448.5	24	267.5	724.9	8	236.6	497.5	68
50 〜 54	264.5	578.8	135	235.2	0.0	9	189.9	80.7	7	173.6	28.3	8	217.4	335.8	36
55 〜 59	242.2	400.5	91	219.4	53.1	12	294.6	67.0	10	203.7	194.9	16	213.0	583.6	17
60 〜 64	194.6	190.3	38	157.9	20.0	2	153.6	72.8	2	236.0	0.0	1	148.0	46.4	9
65 〜 69	176.4	110.1	17	-	-	-	183.8	57.3	4	-	-	-	187.9	135.0	6
70歳〜	196.3	24.2	6	-	-	-	-	-	-	300.0	17.0	1	-	-	-

及び年間賞与その他特別給与額

娯楽業

区分	10～14年			15～19年			20～24年			25～29年			30年以上		
	所定内給与額	年間賞与その他特別給与額	労働者数	所定内給与額	年間賞与その他特別給与額	労働者数	所定内給与額	年間賞与その他特別給与額	労働者数	所定内給与額	年間賞与その他特別給与額	労働者数	所定内給与額	年間賞与その他特別給与額	労働者数
	千円	千円	十人	千円	千円	十人	千円	千円	十人	千円	千円	十人	千円	千円	十人
高専・短大卒	**316.0**	**666.1**	**247**	**356.6**	**841.6**	**170**	**364.5**	**1194.7**	**108**	**397.6**	**1481.3**	**71**	**373.5**	**954.4**	**54**
～19歳	－	－	－	－	－	－	－	－	－	－	－	－	－	－	－
20～24	－	－	－	－	－	－	－	－	－	－	－	－	－	－	－
25～29	－	－	－	－	－	－	－	－	－	－	－	－	－	－	－
30～34	302.4	585.9	63	242.8	832.8	1	－	－	－	－	－	－	－	－	－
35～39	326.8	640.6	74	335.5	568.0	78	264.3	200.0	2	－	－	－	－	－	－
40～44	295.3	579.1	57	374.2	1031.9	45	374.2	1237.6	47	402.2	1577.0	2	－	－	－
45～49	317.1	699.1	23	407.5	1261.2	27	356.0	1278.6	40	427.1	1619.6	41	－	－	－
50～54	410.7	1102.0	11	331.4	960.2	16	404.0	1283.6	14	364.9	1367.3	16	451.2	820.8	10
55～59	331.5	1048.1	18	350.6	767.4	4	264.5	435.3	4	426.0	1250.3	5	355.2	1241.7	26
60～64	261.4	273.6	1	－	－	－	386.5	205.4	1	283.2	1162.7	6	359.4	675.9	16
65～69	－	－	－	－	－	－	179.1	0.0	1	173.5	40.0	1	324.0	845.2	1
70歳～	－	－	－	－	－	－	－	－	－	－	－	－	333.6	0.0	2
大学・大学院卒	**336.1**	**893.1**	**474**	**394.6**	**1057.8**	**267**	**416.3**	**1362.4**	**237**	**501.8**	**1717.1**	**220**	**399.7**	**1447.4**	**227**
～19歳	－	－	－	－	－	－	－	－	－	－	－	－	－	－	－
20～24	－	－	－	－	－	－	－	－	－	－	－	－	－	－	－
25～29	－	－	－	－	－	－	－	－	－	－	－	－	－	－	－
30～34	290.4	635.4	124	－	－	－	－	－	－	－	－	－	－	－	－
35～39	352.6	875.2	161	412.6	945.8	59	－	－	－	－	－	－	－	－	－
40～44	337.7	1127.2	68	416.5	1149.2	115	409.9	1149.6	81	－	－	－	－	－	－
45～49	359.3	1187.5	54	354.8	933.2	39	412.8	1502.4	121	513.2	1408.7	66	469.3	1770.0	3
50～54	455.0	1137.9	21	400.6	1998.7	13	519.0	1942.2	19	515.3	1963.6	133	500.9	2139.8	41
55～59	358.6	1155.3	32	438.6	1108.7	22	388.8	895.5	8	421.1	1332.2	16	454.5	1496.3	110
60～64	278.3	120.5	8	238.9	590.7	15	322.0	474.9	7	264.8	645.1	3	273.6	1230.0	47
65～69	158.8	114.5	4	234.6	322.7	2	150.0	0.0	0	249.0	200.0	1	220.1	458.0	25
70歳～	133.3	134.1	2	273.5	0.0	3	173.5	200.0	1	142.4	60.0	1	－	－	－
女															
学歴計	**231.4**	**489.4**	**1 115**	**235.4**	**505.5**	**610**	**263.9**	**642.2**	**392**	**286.6**	**810.7**	**242**	**296.0**	**725.1**	**130**
～19歳	－	－	－	－	－	－	－	－	－	－	－	－	－	－	－
20～24	－	－	－	－	－	－	－	－	－	－	－	－	－	－	－
25～29	204.7	395.3	24	－	－	－	－	－	－	－	－	－	－	－	－
30～34	231.9	396.2	253	211.1	320.3	11	－	－	－	－	－	－	－	－	－
35～39	240.2	539.5	208	266.5	446.6	106	209.8	577.1	5	－	－	－	－	－	－
40～44	241.6	518.6	149	241.3	525.6	151	280.2	692.6	99	186.8	466.7	14	－	－	－
45～49	256.8	794.3	168	251.8	780.7	74	296.1	890.1	76	289.6	1099.3	109	224.7	563.8	3
50～54	223.0	521.2	115	241.1	670.6	108	278.9	692.0	73	358.3	1048.9	42	349.8	1139.1	43
55～59	217.9	366.4	98	215.8	388.1	71	296.1	930.1	43	338.0	507.6	34	408.5	1103.9	25
60～64	189.6	219.3	71	189.3	263.4	58	210.7	254.7	77	202.6	185.0	30	220.9	335.7	33
65～69	157.1	77.4	18	188.1	174.0	25	139.0	100.1	12	199.2	287.8	11	194.1	140.9	20
70歳～	180.2	2.2	11	153.6	130.5	6	139.2	64.4	5	197.3	89.6	2	230.5	354.1	6
高校卒	**214.8**	**357.8**	**571**	**210.4**	**396.2**	**405**	**238.0**	**519.3**	**234**	**251.0**	**642.4**	**128**	**248.8**	**622.1**	**72**
～19歳	－	－	－	－	－	－	－	－	－	－	－	－	－	－	－
20～24	－	－	－	－	－	－	－	－	－	－	－	－	－	－	－
25～29	207.0	426.8	21	－	－	－	－	－	－	－	－	－	－	－	－
30～34	226.4	285.6	77	202.9	214.7	10	－	－	－	－	－	－	－	－	－
35～39	223.5	278.8	96	226.4	482.2	40	205.2	609.4	4	－	－	－	－	－	－
40～44	217.0	464.0	74	197.3	222.7	101	251.3	671.8	39	230.6	768.0	8	－	－	－
45～49	232.3	484.1	85	239.1	547.8	40	235.0	557.3	31	247.3	1055.0	45	224.7	563.8	3
50～54	213.1	518.0	70	225.9	633.0	90	250.8	773.9	55	284.5	756.4	14	334.8	1275.9	19
55～59	204.7	283.8	72	208.1	375.0	63	308.2	517.5	27	327.3	525.2	24	271.4	974.7	13
60～64	193.1	239.0	57	182.1	214.8	43	214.9	277.0	64	203.6	186.8	29	193.2	133.8	21
65～69	156.5	55.4	15	190.4	267.3	14	137.8	107.9	11	172.4	35.8	6	198.0	185.5	14
70歳～	159.3	5.5	4	156.6	190.1	3	145.5	72.5	3	197.3	89.6	2	260.9	593.3	4
高専・短大卒	**233.2**	**434.2**	**312**	**287.8**	**648.3**	**123**	**293.2**	**674.3**	**94**	**331.5**	**1183.1**	**46**	**310.8**	**784.3**	**21**
～19歳	－	－	－	－	－	－	－	－	－	－	－	－	－	－	－
20～24	－	－	－	－	－	－	－	－	－	－	－	－	－	－	－
25～29	187.3	220.0	2	－	－	－	－	－	－	－	－	－	－	－	－
30～34	213.8	273.8	118	－	－	－	－	－	－	－	－	－	－	－	－
35～39	251.0	726.7	52	305.1	393.6	48	－	－	－	－	－	－	－	－	－
40～44	245.9	436.1	39	306.5	1178.7	31	288.0	512.0	45	－	－	－	－	－	－
45～49	262.3	531.2	43	260.0	629.9	16	319.0	1135.0	24	304.2	1004.2	28	－	－	－
50～54	231.0	436.5	34	301.1	963.0	9	392.0	762.0	9	425.3	1915.6	13	327.4	870.9	11
55～59	232.9	535.7	17	313.6	453.5	6	263.8	935.9	6	238.6	142.8	4	363.5	985.4	4
60～64	181.9	183.1	2	220.4	320.2	9	189.9	80.8	9	－	－	－	270.2	596.8	5
65～69	297.7	1161.6	0	154.6	96.0	3	142.3	0.0	1	151.2	0.0	1	162.5	148.8	1
70歳～	199.2	0.0	4	147.3	40.0	2	294.7	392.7	0	－	－	－	－	－	－

第2表　年齢階級、勤続年数階級別所定内給与額

企業規模	100〜999人
	10〜99人

N生活関連サービス業，

区分	勤続年数計			0年			1〜2年			3〜4年			5〜9年		
	所定内給与額	年間賞与その他特別給与額	労働者数	所定内給与額	年間賞与その他特別給与額	労働者数	所定内給与額	年間賞与その他特別給与額	労働者数	所定内給与額	年間賞与その他特別給与額	労働者数	所定内給与額	年間賞与その他特別給与額	労働者数
	千円	千円	十人	千円	千円	十人	千円	千円	十人	千円	千円	十人	千円	千円	十人
大学・大学院卒	**259.0**	**600.8**	**1 400**	**229.9**	**32.8**	**180**	**226.7**	**399.9**	**329**	**230.3**	**591.7**	**210**	**254.9**	**568.2**	**295**
〜19歳	-	-	-	-	-	-	-	-	-	-	-	-	-	-	-
20〜24	213.3	220.3	225	211.6	49.7	94	215.3	345.9	129	165.4	190.4	2	-	-	-
25〜29	232.7	467.4	355	237.8	12.8	57	230.4	419.4	93	228.4	606.1	135	239.9	635.4	70
30〜34	249.5	635.7	224	195.8	77.6	6	213.5	622.4	25	258.2	691.8	25	244.3	564.9	110
35〜39	258.7	577.1	186	314.6	0.0	5	211.6	429.0	37	237.0	647.3	17	286.6	443.9	64
40〜44	300.0	775.0	120	322.0	0.0	9	242.3	272.9	20	208.2	697.7	11	291.7	902.4	17
45〜49	320.9	1271.8	141	334.3	0.0	4	270.8	319.9	12	215.0	407.0	9	352.1	1016.7	10
50〜54	323.0	606.9	73	164.1	13.1	2	213.4	445.1	4	232.1	216.1	10	224.6	187.8	9
55〜59	362.9	1056.0	46	-	-	-	479.6	1003.5	6	189.4	278.8	2	182.6	358.2	15
60〜64	209.6	410.1	25	-	-	-	177.4	54.1	5	-	-	-	146.3	507.5	0
65〜69	218.6	20.0	4	208.1	0.0	3	180.0	0.0	1	-	-	-	-	-	-
70歳〜	210.0	0.0	1	-	-	-	-	-	-	-	-	-	-	-	-
企業規模 10〜99人															
男女計	**244.0**	**289.8**	**14 960**	**198.2**	**19.9**	**1 488**	**208.9**	**164.4**	**2 853**	**228.8**	**230.9**	**2 227**	**241.1**	**318.6**	**3 150**
〜19歳	176.8	38.8	159	170.2	2.6	97	187.3	96.6	61	-	-	-	-	-	-
20〜24	187.9	102.0	1 681	176.8	13.2	451	187.0	122.8	759	199.4	141.3	388	202.6	210.6	83
25〜29	213.9	210.1	1 762	193.1	6.6	214	205.7	210.5	455	214.3	244.9	450	226.0	249.8	598
30〜34	241.9	285.5	1 875	213.1	8.2	136	212.4	193.0	343	238.0	247.7	342	252.6	396.9	631
35〜39	260.2	349.1	1 695	237.0	36.8	118	222.5	203.7	249	241.7	338.5	186	257.9	367.7	431
40〜44	271.6	394.1	1 873	239.7	27.4	112	221.5	166.1	270	251.9	296.5	198	255.0	426.3	378
45〜49	277.1	415.0	1 616	214.4	9.4	91	251.4	279.6	190	249.4	280.2	186	255.3	308.9	264
50〜54	281.1	393.8	1 373	200.8	14.7	75	246.3	175.1	142	249.5	185.7	147	247.4	297.4	253
55〜59	272.0	348.6	1 278	238.6	160.1	66	233.4	144.9	151	261.1	238.6	153	239.2	297.2	199
60〜64	222.1	195.1	951	192.0	12.1	78	199.6	72.3	122	229.3	194.6	99	216.9	200.9	169
65〜69	194.1	116.7	543	167.4	1.4	39	171.6	43.1	78	167.9	83.0	62	185.3	126.5	124
70歳〜	182.2	107.5	155	155.0	0.0	11	158.1	8.1	33	203.6	158.5	15	176.1	58.7	20
男															
学歴計	**271.5**	**359.0**	**8 109**	**215.8**	**31.9**	**760**	**223.3**	**170.4**	**1 458**	**249.1**	**274.3**	**1 161**	**264.5**	**366.8**	**1 692**
〜19歳	183.4	15.1	42	183.1	0.0	29	184.1	48.4	13	-	-	-	-	-	-
20〜24	190.0	91.1	645	182.9	25.7	188	187.6	96.8	291	202.9	144.6	133	198.9	196.8	34
25〜29	219.9	236.1	804	194.3	1.8	90	211.8	214.0	206	220.6	306.1	210	233.9	267.6	274
30〜34	252.4	351.0	1 034	221.0	6.7	87	220.7	236.7	180	242.4	308.3	191	266.3	474.8	352
35〜39	281.8	413.7	1 055	251.1	52.2	76	230.6	251.0	140	275.6	422.8	104	279.3	402.0	257
40〜44	303.0	463.1	1 114	281.6	35.6	63	253.0	152.5	140	279.0	350.0	119	286.7	465.1	197
45〜49	320.2	496.8	917	257.5	12.7	42	294.9	286.6	96	290.9	283.9	99	296.7	348.1	147
50〜54	330.1	512.8	740	227.2	13.6	34	266.0	205.0	97	313.0	199.5	69	291.6	382.5	125
55〜59	309.4	429.0	740	279.0	247.3	42	252.5	162.7	114	265.5	217.5	104	281.9	387.7	107
60〜64	245.4	235.0	584	198.7	13.5	68	206.4	81.7	103	255.4	246.8	74	255.0	261.1	97
65〜69	205.9	123.2	344	169.6	1.6	34	176.0	32.9	54	175.9	114.6	44	195.7	132.6	92
70歳〜	196.3	162.2	90	162.5	0.0	6	161.6	7.1	25	209.3	180.3	13	188.1	85.0	11
高校卒	**256.7**	**291.9**	**4 668**	**203.2**	**23.8**	**433**	**214.5**	**114.9**	**877**	**241.9**	**232.2**	**688**	**249.6**	**295.2**	**919**
〜19歳	183.6	15.5	39	185.2	0.0	28	179.5	54.6	11	-	-	-	-	-	-
20〜24	185.3	89.1	326	178.8	35.4	91	182.9	71.6	133	192.1	141.3	74	199.2	205.5	29
25〜29	210.4	175.4	416	187.7	1.7	43	204.3	145.3	109	215.9	207.8	105	216.3	204.4	141
30〜34	238.3	282.6	543	208.7	11.3	48	211.3	197.0	99	226.7	307.5	112	252.4	373.7	159
35〜39	269.1	358.5	555	230.6	91.8	40	219.4	153.1	75	271.5	350.3	59	270.0	308.7	134
40〜44	282.0	368.8	643	230.6	38.2	44	242.6	114.0	103	284.5	327.5	72	276.0	396.3	98
45〜49	302.5	418.7	557	259.1	18.9	28	263.7	179.1	62	279.5	265.0	64	296.6	331.2	80
50〜54	301.5	402.4	467	217.5	4.2	25	227.5	54.3	63	267.5	180.7	51	280.4	396.7	88
55〜59	284.6	318.2	474	238.0	1.0	20	248.2	139.9	88	257.6	162.2	74	258.2	304.3	72
60〜64	234.4	195.6	355	181.1	10.8	42	194.8	57.1	71	267.5	151.6	42	215.8	158.4	54
65〜69	192.8	90.5	233	172.3	2.3	22	179.1	22.2	43	161.6	111.6	29	174.0	82.0	58
70歳〜	184.3	131.3	61	161.7	0.0	4	157.9	8.6	20	180.3	146.3	6	164.2	30.2	6
高専・短大卒	**274.9**	**337.6**	**1 224**	**193.6**	**9.6**	**104**	**211.8**	**178.2**	**230**	**243.7**	**243.5**	**187**	**264.3**	**337.7**	**268**
〜19歳	-	-	-	-	-	-	-	-	-	-	-	-	-	-	-
20〜24	188.8	78.9	213	178.9	14.5	59	184.2	68.7	104	209.8	178.1	49	206.9	0.0	1
25〜29	230.6	211.9	159	208.2	6.2	10	226.9	387.2	30	215.2	169.1	39	242.3	190.9	80
30〜34	265.9	317.7	215	189.8	3.0	12	236.4	315.9	29	281.1	218.6	40	265.6	423.1	74
35〜39	299.0	351.2	169	213.1	10.5	4	227.0	209.2	26	277.5	240.4	5	279.8	415.1	31
40〜44	322.1	502.7	163	224.0	0.2	6	251.6	188.8	15	261.9	312.0	19	264.6	519.4	32
45〜49	338.9	595.9	129	180.7	0.0	4	260.5	94.9	5	266.7	430.2	18	281.6	314.2	20
50〜54	350.7	604.1	77	172.0	0.0	1	286.0	312.2	9	308.0	322.0	4	326.9	359.0	13
55〜59	334.2	365.9	54	290.2	0.0	6	267.9	269.0	4	270.1	175.5	6	322.4	220.8	7
60〜64	256.5	261.8	29	305.4	0.0	1	177.4	36.6	4	264.6	1182.3	3	235.4	79.2	5
65〜69	208.9	164.1	14	147.7	0.0	2	140.6	44.7	4	191.9	42.5	2	206.3	414.5	2
70歳〜	152.5	0.0	2	120.0	0.0	0	-	-	-	129.2	0.0	0	166.6	0.0	1

及び年間賞与その他特別給与額

娯楽業

10～14年			15～19年			20～24年			25～29年			30年以上			区分
所定内給与額	年間賞与その他特別給与額	労働者数	所定内給与額	年間賞与その他特別給与額	労働者数	所定内給与額	年間賞与その他特別給与額	労働者数	所定内給与額	年間賞与その他特別給与額	労働者数	所定内給与額	年間賞与その他特別給与額	労働者数	
千円	千円	十人	千円	千円	十人	千円	千円	十人	千円	千円	十人	千円	千円	十人	
281.3	**1005.3**	**200**	**310.4**	**1037.1**	**60**	**349.4**	**1223.0**	**53**	**377.2**	**1126.6**	**47**	**461.2**	**1208.1**	**25**	**大学・大学院卒**
-	-	-	-	-	-	-	-	-	-	-	-	-	-	-	～19歳
-	-	-	-	-	-	-	-	-	-	-	-	-	-	-	20～24
-	-	-	-	-	-	-	-	-	-	-	-	-	-	-	25～29
277.2	804.9	57	260.6	956.7	2	-	-	-	-	-	-	-	-	-	30～34
259.6	860.5	52	260.4	618.4	12	-	-	-	-	-	-	-	-	-	35～39
287.9	768.2	33	384.8	1141.2	18	380.3	1562.6	12	-	-	-	-	-	-	40～44
311.0	1850.1	37	292.1	1598.4	15	362.6	1115.8	21	355.3	1377.8	33	-	-	-	45～49
309.9	1151.6	7	335.5	744.7	9	368.6	114.4	8	381.0	553.4	14	427.2	1332.7	12	50～54
344.3	908.9	6	189.3	465.1	1	301.3	2242.5	9	1077.6	931.6	1	769.1	1573.1	6	55～59
192.7	193.1	7	173.2	549.4	3	194.8	430.1	3	196.7	253.5	0	273.3	769.8	7	60～64
-	-	-	319.8	159.9	1	-	-	-	-	-	-	-	-	-	65～69
-	-	-	-	-	-	-	-	-	-	-	-	210.0	0.0	1	70歳～
															企業規模 10～99人
265.2	**374.6**	**2 168**	**281.5**	**437.2**	**1 221**	**297.5**	**503.5**	**799**	**320.6**	**588.0**	**552**	**312.1**	**490.6**	**503**	**男女計**
-	-	-	-	-	-	-	-	-	-	-	-	-	-	-	～19歳
-	-	-	-	-	-	-	-	-	-	-	-	-	-	-	20～24
227.8	295.1	46	-	-	-	-	-	-	-	-	-	-	-	-	25～29
262.3	318.6	401	256.9	235.8	23	-	-	-	-	-	-	-	-	-	30～34
281.2	485.0	407	287.8	371.9	275	275.7	540.6	28	-	-	-	-	-	-	35～39
285.9	439.5	356	312.7	577.0	306	310.0	548.1	242	302.0	441.5	11	-	-	-	40～44
268.4	413.0	312	296.0	597.2	192	327.9	614.9	197	339.2	676.7	168	286.5	300.5	17	45～49
281.5	368.0	238	276.8	468.1	135	293.6	481.4	122	368.8	774.2	163	372.5	789.7	97	50～54
252.5	303.2	211	279.4	322.3	122	298.3	446.9	110	310.1	557.4	100	348.9	658.1	165	55～59
211.2	241.0	107	216.0	213.1	111	216.8	281.3	73	251.3	257.7	69	267.1	284.7	122	60～64
181.6	101.5	56	183.1	160.8	46	222.7	191.3	25	210.8	179.2	32	264.0	194.6	79	65～69
185.9	143.4	33	212.5	131.4	11	179.6	131.7	2	151.4	34.5	9	213.2	274.5	22	70歳～
															男
298.5	**472.1**	**1 177**	**317.7**	**544.9**	**718**	**338.6**	**657.7**	**459**	**359.4**	**733.0**	**340**	**342.5**	**582.6**	**346**	**学歴計**
-	-	-	-	-	-	-	-	-	-	-	-	-	-	-	～19歳
-	-	-	-	-	-	-	-	-	-	-	-	-	-	-	20～24
219.8	324.2	25	-	-	-	-	-	-	-	-	-	-	-	-	25～29
277.0	423.4	212	268.6	320.5	13	-	-	-	-	-	-	-	-	-	30～34
303.4	569.3	270	307.5	441.6	186	293.9	669.7	21	-	-	-	-	-	-	35～39
303.5	487.4	230	343.6	722.9	200	339.9	628.1	158	360.6	459.3	6	-	-	-	40～44
320.5	477.5	155	333.9	698.4	116	354.1	718.2	139	366.6	825.0	110	321.1	230.1	12	45～49
356.9	497.1	104	320.6	562.9	74	355.3	787.4	49	393.7	860.7	122	399.2	913.1	66	50～54
305.0	437.9	87	344.4	377.0	57	361.6	674.2	53	341.9	643.1	58	386.1	779.4	118	55～59
254.9	416.9	50	244.4	254.0	48	254.5	424.2	29	283.8	359.9	32	288.9	331.3	84	60～64
207.0	125.1	28	202.6	169.0	19	250.0	234.8	9	243.2	194.5	11	284.7	228.4	55	65～69
217.3	236.5	15	211.4	190.0	5	194.7	170.0	2	178.5	114.8	2	252.7	553.0	11	70歳～
278.3	**392.5**	**685**	**295.5**	**442.6**	**417**	**322.4**	**572.8**	**283**	**339.9**	**615.6**	**168**	**325.2**	**512.7**	**198**	**高校卒**
-	-	-	-	-	-	-	-	-	-	-	-	-	-	-	～19歳
-	-	-	-	-	-	-	-	-	-	-	-	-	-	-	20～24
224.4	369.2	17	-	-	-	-	-	-	-	-	-	-	-	-	25～29
262.7	314.4	113	273.8	343.4	11	-	-	-	-	-	-	-	-	-	30～34
285.4	503.4	128	292.1	440.9	103	300.9	722.8	17	-	-	-	-	-	-	35～39
287.9	441.9	138	303.8	521.5	82	318.0	549.0	101	371.7	404.8	5	-	-	-	40～44
290.7	404.3	105	312.5	568.4	77	344.6	596.0	71	351.5	811.6	57	323.8	223.0	12	45～49
319.6	356.6	68	308.7	503.3	50	360.1	762.6	31	374.2	669.0	51	381.3	821.0	41	50～54
272.7	340.0	57	332.7	291.8	40	332.5	554.2	33	327.2	493.9	32	349.1	671.5	59	55～59
250.7	441.5	29	245.2	263.1	38	252.5	386.3	23	259.9	232.0	12	302.2	349.9	45	60～64
193.7	112.2	20	177.3	68.8	10	256.5	260.9	7	230.2	208.3	8	261.8	160.2	35	65～69
202.4	92.6	11	211.4	190.0	5	194.7	170.0	2	178.5	114.8	2	255.4	756.0	6	70歳～
324.2	**451.1**	**164**	**344.8**	**451.2**	**122**	**361.1**	**727.1**	**54**	**384.7**	**737.1**	**57**	**382.0**	**648.0**	**40**	**高専・短大卒**
-	-	-	-	-	-	-	-	-	-	-	-	-	-	-	～19歳
-	-	-	-	-	-	-	-	-	-	-	-	-	-	-	20～24
-	-	-	-	-	-	-	-	-	-	-	-	-	-	-	25～29
286.2	317.9	59	-	-	-	-	-	-	-	-	-	-	-	-	30～34
330.0	472.0	49	325.1	312.1	54	-	-	-	-	-	-	-	-	-	35～39
357.0	608.1	25	374.2	541.3	39	390.9	750.4	26	326.8	948.0	1	-	-	-	40～44
380.6	681.4	19	394.4	742.3	9	354.7	767.4	16	385.9	790.9	39	-	-	-	45～49
329.4	391.5	7	331.0	613.8	10	315.6	846.2	6	376.9	682.2	14	458.8	1086.0	13	50～54
401.0	14.4	3	300.8	408.6	8	323.0	178.3	4	336.8	673.0	2	405.4	721.3	15	55～59
263.7	699.8	2	184.3	0.0	1	248.1	699.0	2	479.0	43.0	2	247.5	26.6	9	60～64
222.7	83.0	1	396.5	903.2	1	-	-	-	-	-	-	324.4	143.0	2	65～69
-	-	-	-	-	-	-	-	-	-	-	-	-	-	-	70歳～

第2表　年齢階級、勤続年数階級別所定内給与額

企業規模	10～99人

N 生 活 関 連 サ ー ビ ス 業，

区　分	勤続年数計			0　年			1 ～ 2 年			3 ～ 4 年			5 ～ 9 年		
	所定内給与額	年間賞与その他特別給与額	労働者数	所定内給与額	年間賞与その他特別給与額	労働者数	所定内給与額	年間賞与その他特別給与額	労働者数	所定内給与額	年間賞与その他特別給与額	労働者数	所定内給与額	年間賞与その他特別給与額	労働者数
	千円	千円	十人	千円	千円	十人	千円	千円	十人	千円	千円	十人	千円	千円	十人
大学・大学院卒	**312.2**	**575.5**	**1 802**	**257.3**	**65.6**	**195**	**261.2**	**350.0**	**290**	**275.8**	**474.2**	**222**	**302.2**	**576.5**	**414**
～ 19歳	-	-	-	-	-	-	-	-	-	-	-	-	-	-	-
20 ～ 24	203.0	147.2	80	199.3	21.0	34	205.9	241.9	46	-	-	-	-	-	-
25 ～ 29	228.3	392.6	194	199.4	0.8	34	211.7	267.1	56	228.3	571.1	58	271.7	618.7	45
30 ～ 34	273.4	555.3	239	253.9	0.0	23	237.2	312.3	43	249.1	440.2	34	287.3	664.9	108
35 ～ 39	301.7	584.7	277	300.3	10.8	27	257.8	515.1	35	286.5	582.1	36	297.9	567.5	81
40 ～ 44	350.0	698.9	245	467.3	45.2	13	316.2	347.9	17	285.1	465.3	22	317.8	551.4	56
45 ～ 49	361.0	690.6	194	278.7	1.4	10	388.9	604.3	26	363.8	384.0	9	318.8	429.4	37
50 ～ 54	402.7	774.5	177	278.3	48.9	7	358.4	547.9	24	494.7	247.4	13	316.2	354.3	22
55 ～ 59	371.0	753.8	188	331.8	640.4	16	280.5	266.6	19	287.4	417.7	19	348.9	756.8	22
60 ～ 64	274.7	335.5	149	228.3	22.3	20	254.2	171.6	17	254.0	353.4	22	331.0	528.5	30
65 ～ 69	262.0	305.5	49	179.1	0.0	8	176.4	105.0	6	225.9	245.0	7	288.0	556.4	10
70歳～	253.4	535.0	10	162.6	0.0	2	-	-	-	300.0	1200.0	1	243.3	221.8	4
女															
学　歴　計	**211.4**	**207.9**	**6 851**	**179.8**	**7.4**	**729**	**193.8**	**158.1**	**1 395**	**206.7**	**183.7**	**1 067**	**214.0**	**262.7**	**1 458**
～ 19歳	174.4	47.5	116	164.7	3.7	68	188.2	109.8	48	-	-	-	-	-	-
20 ～ 24	186.6	108.9	1 036	172.4	4.2	262	186.6	138.9	469	197.6	139.6	256	205.1	219.9	50
25 ～ 29	208.8	188.3	959	192.3	10.2	124	200.6	207.6	250	208.9	191.3	240	219.4	234.7	324
30 ～ 34	228.9	205.0	841	199.4	10.8	50	203.1	144.6	163	232.6	171.1	151	235.3	298.6	279
35 ～ 39	224.6	242.7	640	210.8	8.2	41	212.2	142.7	109	198.9	232.3	82	226.2	316.8	174
40 ～ 44	225.6	293.0	759	185.8	16.7	49	187.6	180.7	130	210.6	215.0	79	220.5	384.1	181
45 ～ 49	220.6	307.8	699	176.8	6.5	49	206.4	272.4	93	201.6	276.0	86	203.2	259.6	117
50 ～ 54	223.7	254.5	633	179.3	15.5	42	204.3	111.1	45	193.3	173.5	78	204.6	214.8	129
55 ～ 59	220.5	238.0	538	165.3	2.4	23	174.6	90.3	37	251.7	283.9	49	189.8	192.5	93
60 ～ 64	184.9	131.7	367	148.0	2.5	10	163.7	22.7	19	153.1	42.0	25	164.8	118.7	71
65 ～ 69	173.6	105.4	198	154.5	0.6	6	162.2	65.0	25	149.3	9.5	19	156.4	109.5	33
70歳～	162.5	31.0	65	144.9	0.0	5	147.6	11.3	8	161.7	0.0	2	160.0	23.6	8
高　校　卒	**199.3**	**171.3**	**3 921**	**174.7**	**8.5**	**410**	**184.7**	**111.5**	**701**	**191.5**	**144.8**	**583**	**197.6**	**209.7**	**851**
～ 19歳	175.7	49.3	112	165.6	3.8	66	190.0	114.3	46	-	-	-	-	-	-
20 ～ 24	188.6	97.5	483	173.2	5.7	117	182.1	73.1	190	203.1	161.4	140	215.7	274.5	36
25 ～ 29	194.4	117.9	380	185.0	17.7	49	181.6	85.4	92	181.2	75.6	80	208.1	174.7	141
30 ～ 34	206.1	156.8	358	194.4	8.3	29	192.2	118.0	66	204.3	105.6	63	218.1	212.3	128
35 ～ 39	209.0	172.1	361	183.7	12.8	26	216.0	119.3	58	185.1	132.3	47	202.6	205.5	98
40 ～ 44	201.8	216.6	426	180.8	22.4	32	168.1	115.0	86	189.4	162.5	50	189.0	284.2	99
45 ～ 49	211.7	270.7	490	170.2	9.3	33	201.1	295.1	70	196.4	232.0	65	200.1	259.0	93
50 ～ 54	212.2	226.3	459	163.3	0.7	29	190.2	103.1	31	189.0	179.0	67	195.3	195.9	99
55 ～ 59	205.3	193.1	381	175.6	3.8	15	160.6	50.1	27	191.5	177.5	37	182.3	205.9	73
60 ～ 64	177.5	122.8	278	152.8	3.6	7	163.2	17.2	16	155.3	41.1	23	158.5	112.2	58
65 ～ 69	172.3	123.2	145	158.8	0.8	5	153.3	74.9	17	140.0	18.8	9	158.5	177.1	19
70歳～	162.9	31.8	47	150.8	0.0	3	154.3	4.8	4	161.7	0.0	2	160.3	26.7	7
高専・短大卒	**224.7**	**212.9**	**1 939**	**178.1**	**6.3**	**200**	**195.6**	**165.3**	**472**	**221.0**	**179.6**	**331**	**235.8**	**273.5**	**392**
～ 19歳	-	-	-	-	-	-	-	-	-	-	-	-	-	-	-
20 ～ 24	182.7	101.3	452	169.4	4.0	111	186.2	167.4	225	189.5	68.5	109	172.8	27.6	7
25 ～ 29	219.2	210.8	392	190.8	2.3	41	212.4	264.8	102	219.0	159.6	98	230.6	264.9	150
30 ～ 34	255.5	160.6	308	182.8	0.0	8	195.9	65.5	60	286.6	222.0	53	258.4	238.3	84
35 ～ 39	241.1	227.3	171	287.7	0.0	6	205.4	66.4	38	212.4	286.6	25	233.4	245.7	38
40 ～ 44	256.4	346.8	212	195.7	9.2	10	203.0	184.3	20	250.5	434.1	18	250.5	463.9	55
45 ～ 49	240.0	416.8	133	181.8	0.9	9	176.2	28.1	10	213.5	528.2	11	203.8	353.8	13
50 ～ 54	238.0	298.5	110	160.9	96.3	6	209.2	104.1	7	224.0	148.9	10	209.3	203.2	22
55 ～ 59	224.1	252.9	104	145.2	0.0	8	206.8	296.8	7	230.3	464.2	4	232.6	116.2	15
60 ～ 64	202.5	148.2	37	119.1	0.0	1	152.7	0.0	1	135.1	40.0	1	198.1	252.8	6
65 ～ 69	208.9	155.1	15	133.8	0.0	0	161.1	123.1	2	125.9	20.0	1	157.9	0.0	2
70歳～	175.0	27.1	4	-	-	-	-	-	-	-	-	-	-	-	-
大学・大学院卒	**250.2**	**430.9**	**729**	**212.3**	**6.4**	**95**	**229.8**	**353.1**	**174**	**249.3**	**455.2**	**103**	**256.0**	**560.3**	**162**
～ 19歳	-	-	-	-	-	-	-	-	-	-	-	-	-	-	-
20 ～ 24	197.0	229.0	80	182.8	0.0	30	203.7	283.0	46	243.1	1791.3	3	182.5	150.0	1
25 ～ 29	214.5	317.9	154	211.3	10.3	30	215.4	351.3	48	212.7	421.8	49	219.7	407.5	27
30 ～ 34	240.0	454.8	142	226.0	24.7	12	248.9	393.0	28	221.0	323.7	21	245.7	590.6	60
35 ～ 39	260.1	551.9	94	257.9	0.0	7	231.6	555.4	11	236.4	627.4	9	284.8	718.7	34
40 ～ 44	267.0	517.6	102	211.4	0.0	5	258.8	465.1	20	280.9	114.6	8	289.2	697.0	20
45 ～ 49	268.2	442.1	54	229.1	0.0	4	267.4	372.9	12	240.5	378.0	7	232.2	135.5	8
50 ～ 54	319.4	546.8	40	267.8	0.9	6	359.6	177.4	3	139.6	6.0	0	316.9	516.7	7
55 ～ 59	407.0	799.7	31	-	-	-	547.0	0.0	1	687.9	892.7	5	203.7	329.2	2
60 ～ 64	242.0	250.8	26	-	-	-	172.2	52.4	3	-	-	-	208.8	121.8	3
65 ～ 69	238.4	7.0	4	-	-	-	197.5	10.0	3	-	-	-	305.4	0.0	1
70歳～	393.3	188.3	1	-	-	-	-	-	-	-	-	-	-	-	-

及び年間賞与その他特別給与額

娯楽業

10～14年			15～19年			20～24年			25～29年			30年以上			区分
所定内給与額	年間賞与その他特別給与額	労働者数	所定内給与額	年間賞与その他特別給与額	労働者数	所定内給与額	年間賞与その他特別給与額	労働者数	所定内給与額	年間賞与その他特別給与額	労働者数	所定内給与額	年間賞与その他特別給与額	労働者数	
千円	千円	十人	千円	千円	十人	千円	千円	十人	千円	千円	十人	千円	千円	十人	
345.9	**724.5**	**259**	**365.9**	**942.5**	**148**	**383.1**	**931.3**	**98**	**392.9**	**1005.1**	**98**	**391.7**	**796.3**	**79**	**大学・大学院卒**
-	-	-	-	-	-	-	-	-	-	-	-	-	-	-	～19歳
-	-	-	-	-	-	-	-	-	-	-	-	-	-	-	20～24
-	-	-	-	-	-	-	-	-	-	-	-	-	-	-	25～29
318.8	1110.5	29	363.3	0.0	1	-	-	-	-	-	-	-	-	-	30～34
322.1	757.0	81	343.7	886.7	18	-	-	-	-	-	-	-	-	-	35～39
334.1	599.0	48	378.6	1077.3	69	404.5	1014.4	20	-	-	-	-	-	-	40～44
384.8	569.7	29	369.3	1028.4	28	369.9	927.3	46	400.1	1314.4	8	-	-	-	45～49
494.8	937.2	22	362.9	767.4	14	373.9	853.7	11	423.9	1112.5	55	437.6	1235.1	9	50～54
363.1	691.3	27	432.3	723.2	9	434.6	1063.3	16	378.5	938.8	20	443.8	1021.4	39	55～59
256.4	345.5	17	239.6	270.0	7	307.1	543.5	3	297.6	610.4	12	288.3	306.5	20	60～64
297.2	273.2	4	237.5	504.2	2	230.2	156.3	2	284.6	150.8	3	385.4	532.0	8	65～69
369.5	1301.2	2	-	-	-	-	-	-	-	-	-	198.1	385.0	2	70歳～
															女
225.7	**258.8**	**991**	**229.9**	**283.4**	**503**	**242.0**	**295.6**	**340**	**258.0**	**354.7**	**211**	**245.0**	**288.2**	**157**	**学歴計**
-	-	-	-	-	-	-	-	-	-	-	-	-	-	-	～19歳
-	-	-	-	-	-	-	-	-	-	-	-	-	-	-	20～24
237.1	261.6	21	-	-	-	-	-	-	-	-	-	-	-	-	25～29
245.8	200.9	189	242.2	128.5	10	-	-	-	-	-	-	-	-	-	30～34
237.6	319.4	137	246.7	226.9	89	221.1	152.9	7	-	-	-	-	-	-	35～39
253.8	351.7	126	254.0	300.0	106	254.6	399.8	85	218.6	416.2	5	-	-	-	40～44
216.5	349.0	156	238.4	443.5	76	265.1	367.8	58	287.8	398.3	58	200.7	475.1	5	45～49
223.3	268.2	134	224.0	353.8	61	251.6	273.1	72	293.6	513.7	41	314.4	521.4	31	50～54
215.4	208.4	124	222.6	274.4	65	239.2	234.8	57	267.4	442.4	43	256.6	357.0	47	55～59
173.3	88.8	58	194.1	181.5	63	192.7	189.7	45	223.5	170.1	37	219.9	183.8	39	60～64
155.7	77.4	28	169.6	155.1	27	207.7	167.5	16	194.1	171.3	21	216.8	117.3	24	65～69
157.8	59.9	17	213.5	73.8	6	134.4	16.7	1	144.2	13.2	7	176.4	15.2	12	70歳～
206.3	**230.8**	**551**	**218.7**	**223.2**	**353**	**232.7**	**250.4**	**225**	**235.6**	**307.5**	**146**	**225.8**	**198.2**	**102**	**高校卒**
-	-	-	-	-	-	-	-	-	-	-	-	-	-	-	～19歳
-	-	-	-	-	-	-	-	-	-	-	-	-	-	-	20～24
232.5	286.1	19	-	-	-	-	-	-	-	-	-	-	-	-	25～29
204.3	202.7	65	201.4	158.0	7	-	-	-	-	-	-	-	-	-	30～34
216.2	208.7	64	230.0	231.9	63	246.4	116.2	6	-	-	-	-	-	-	35～39
207.8	242.6	51	251.0	223.9	64	250.9	435.9	40	212.2	345.8	4	-	-	-	40～44
211.8	338.6	96	219.0	285.1	54	249.1	221.2	38	268.5	373.2	39	282.1	749.9	2	45～49
221.9	279.2	104	214.2	277.2	44	245.6	228.0	44	263.7	471.0	24	295.9	381.9	18	50～54
210.0	192.0	76	212.6	200.0	44	235.9	230.3	49	230.8	323.7	30	234.2	204.0	31	55～59
160.5	101.2	38	192.3	176.3	52	185.1	175.1	36	214.7	176.2	26	205.8	112.2	23	60～64
156.7	82.6	23	173.6	133.0	21	203.5	187.8	12	193.2	181.8	20	195.7	125.0	20	65～69
160.8	54.1	15	246.7	80.4	4	134.4	16.7	1	147.4	0.0	4	149.8	22.3	8	70歳～
255.7	**237.7**	**325**	**265.3**	**433.6**	**96**	**261.9**	**403.5**	**67**	**287.2**	**373.1**	**42**	**292.1**	**383.5**	**13**	**高専・短大卒**
-	-	-	-	-	-	-	-	-	-	-	-	-	-	-	～19歳
-	-	-	-	-	-	-	-	-	-	-	-	-	-	-	20～24
366.4	162.3	1	-	-	-	-	-	-	-	-	-	-	-	-	25～29
275.3	136.3	100	360.0	0.0	3	-	-	-	-	-	-	-	-	-	30～34
261.5	357.1	44	297.9	204.7	21	-	-	-	-	-	-	-	-	-	35～39
294.4	286.8	50	257.8	392.7	27	262.7	350.7	31	248.4	742.0	1	-	-	-	40～44
224.4	356.7	50	304.7	1031.2	13	292.9	462.2	11	320.5	519.9	16	-	-	-	45～49
238.2	276.8	24	248.8	566.9	11	248.4	579.8	13	314.9	329.2	14	308.2	211.5	2	50～54
222.5	199.5	41	227.3	372.7	13	245.3	334.0	5	255.8	294.7	6	282.7	778.9	5	55～59
198.3	63.1	14	234.3	194.3	4	229.4	337.9	5	203.7	201.0	3	213.1	0.0	2	60～64
151.1	0.0	1	160.7	310.4	4	275.5	156.4	2	-	-	-	394.3	149.1	2	65～69
-	-	-	273.0	80.0	0	-	-	-	140.2	30.0	3	258.6	0.0	1	70歳～
248.8	**558.3**	**86**	**277.0**	**533.7**	**36**	**278.3**	**577.1**	**26**	**383.8**	**726.2**	**19**	**328.8**	**656.1**	**27**	**大学・大学院卒**
-	-	-	-	-	-	-	-	-	-	-	-	-	-	-	～19歳
-	-	-	-	-	-	-	-	-	-	-	-	-	-	-	20～24
-	-	-	-	-	-	-	-	-	-	-	-	-	-	-	25～29
238.9	525.8	21	-	-	-	-	-	-	-	-	-	-	-	-	30～34
251.4	514.4	28	247.7	262.0	5	-	-	-	-	-	-	-	-	-	35～39
271.9	738.1	24	259.0	439.9	14	257.5	440.4	13	-	-	-	-	-	-	40～44
229.3	561.2	5	288.7	675.1	7	307.3	967.8	8	414.2	132.3	3	-	-	-	45～49
220.1	2.3	3	283.8	679.6	4	283.4	342.6	6	431.6	1650.7	3	392.4	1036.3	8	50～54
214.0	566.5	4	370.5	872.2	4	-	-	-	432.7	1076.8	7	362.1	775.7	7	55～59
217.2	0.0	2	236.2	400.3	3	-	-	-	287.4	112.6	6	247.7	407.8	11	60～64
-	-	-	-	-	-	-	-	-	-	-	-	350.0	0.0	1	65～69
180.0	565.0	0	-	-	-	-	-	-	-	-	-	500.0	0.0	1	70歳～

第2表　年齢階級、勤続年数階級別所定内給与額

O 教育，

企業規模	計

区分	勤続年数計 所定内給与額	勤続年数計 年間賞与その他特別給与額	勤続年数計 労働者数	0年 所定内給与額	0年 年間賞与その他特別給与額	0年 労働者数	1～2年 所定内給与額	1～2年 年間賞与その他特別給与額	1～2年 労働者数	3～4年 所定内給与額	3～4年 年間賞与その他特別給与額	3～4年 労働者数	5～9年 所定内給与額	5～9年 年間賞与その他特別給与額	5～9年 労働者数
	千円	千円	十人	千円	千円	十人	千円	千円	十人	千円	千円	十人	千円	千円	十人
O 教育，学習支援業															
企業規模計															
男女計	379.3	1302.1	69 643	281.2	79.7	6 740	298.8	750.2	11 725	327.4	1031.9	8 623	360.2	1272.3	13 070
～19歳	167.5	97.7	88	164.2	10.4	62	173.4	274.6	23	191.3	539.8	3	－	－	－
20～24	207.9	379.7	5 780	205.3	17.0	2 086	210.7	556.4	2 838	205.1	674.9	828	193.8	762.7	28
25～29	245.6	663.5	7 632	249.0	76.9	1 102	244.7	605.7	2 208	243.9	808.3	2 218	246.7	880.8	2 087
30～34	297.9	817.0	7 660	305.1	107.6	870	293.0	644.9	1 644	306.1	894.7	1 200	300.5	1018.1	2 728
35～39	348.1	1094.1	8 126	316.7	111.5	670	351.9	872.5	1 284	358.0	1120.2	1 038	357.4	1260.4	2 094
40～44	392.2	1349.1	8 961	347.9	107.8	483	360.8	926.0	1 116	407.3	1191.2	962	395.9	1441.7	1 879
45～49	424.9	1569.3	8 605	353.8	162.1	459	370.7	1001.9	828	402.0	1285.8	743	414.2	1505.4	1 442
50～54	473.8	1842.7	7 939	360.4	130.3	336	415.4	1148.7	514	433.2	1500.5	459	453.8	1669.6	1 097
55～59	504.0	2010.5	7 306	377.1	113.6	281	406.0	1098.1	408	422.3	1397.9	348	465.3	1655.4	781
60～64	485.9	1892.4	5 268	361.8	136.0	276	373.4	907.3	638	410.8	1385.9	554	481.8	1775.6	485
65～69	478.5	1616.6	1 795	427.2	76.7	107	466.3	1030.4	194	424.6	1031.3	212	412.0	1157.4	344
70歳～	371.4	997.5	483	247.2	0.0	8	326.4	434.4	30	323.2	778.0	57	388.2	857.2	106
男															
学歴計	440.3	1584.0	37 074	341.7	115.3	2 742	359.7	900.6	4 953	387.9	1250.7	4 029	411.3	1504.7	6 701
～19歳	172.9	83.6	39	171.5	17.3	33	171.0	286.7	4	191.3	539.8	3	－	－	－
20～24	222.5	286.8	1 027	219.5	27.3	473	226.6	515.3	477	214.8	421.3	71	219.0	901.9	7
25～29	263.9	659.5	2 807	270.1	94.9	474	258.4	605.5	970	259.7	843.4	786	273.7	966.6	572
30～34	327.4	906.0	3 598	338.8	106.0	435	325.4	745.0	792	333.1	1017.2	615	322.6	1125.9	1 357
35～39	388.6	1276.6	4 546	392.4	151.5	308	401.4	1047.5	743	399.6	1335.9	591	386.3	1416.8	1 273
40～44	437.7	1558.4	5 030	425.7	168.2	197	434.8	1122.8	482	476.3	1424.7	514	443.0	1727.2	1 096
45～49	478.6	1805.2	4 653	464.2	235.5	190	477.9	1372.3	332	475.7	1619.5	355	476.4	1766.6	681
50～54	524.7	2095.9	4 815	450.4	185.2	159	486.4	1448.3	248	506.5	1780.4	245	538.1	2153.9	534
55～59	544.9	2194.0	4 811	435.5	139.6	153	454.0	1198.5	230	486.3	1859.6	196	532.6	1879.5	439
60～64	504.2	2005.5	3 953	356.1	127.4	223	383.8	904.9	492	420.2	1420.8	435	509.6	2044.3	338
65～69	486.8	1641.4	1 443	438.3	86.7	91	472.3	1071.7	162	429.6	1090.9	174	417.9	1156.6	309
70歳～	376.5	951.1	353	233.9	0.0	6	366.2	359.8	21	260.1	342.6	45	376.2	762.9	95
高校卒	302.0	854.1	3 578	225.5	116.3	238	231.8	404.9	425	230.9	497.9	288	263.2	599.5	536
～19歳	172.9	83.6	39	171.5	17.3	33	171.0	286.7	4	191.3	539.8	3	－	－	－
20～24	190.2	212.8	109	187.8	70.7	39	192.5	169.1	41	180.5	326.8	22	223.6	972.4	6
25～29	213.4	425.0	133	181.1	308.9	5	199.1	267.2	51	210.2	392.7	36	236.1	666.9	38
30～34	235.0	503.1	164	209.4	100.7	17	201.6	283.1	35	225.9	613.0	24	233.2	500.1	43
35～39	276.7	738.6	271	248.3	3.5	7	247.2	517.1	35	207.3	446.9	16	269.5	663.1	73
40～44	326.4	1023.1	439	280.5	375.4	12	270.2	781.4	40	286.9	557.6	28	266.8	725.4	73
45～49	324.5	906.9	462	279.4	16.5	9	265.9	259.8	32	261.5	597.5	23	295.3	639.2	58
50～54	361.2	1201.0	545	260.0	99.7	22	320.4	713.7	25	242.4	806.5	24	315.8	841.3	39
55～59	357.2	1174.2	641	288.2	116.5	35	240.5	551.9	42	243.0	539.5	25	256.2	642.6	60
60～64	256.1	592.7	486	223.5	229.0	45	232.2	412.8	91	243.1	494.3	59	250.6	402.3	58
65～69	234.0	426.9	244	198.0	2.1	15	191.0	132.6	23	184.8	276.3	24	258.4	409.4	79
70歳～	237.6	516.4	44	－	－	－	165.3	68.8	5	215.9	127.5	4	196.6	306.3	8
高専・短大卒	330.6	904.1	2 277	246.7	31.5	173	268.1	513.0	291	267.8	608.4	252	309.2	857.7	430
～19歳	－	－	－	－	－	－	－	－	－	－	－	－	－	－	－
20～24	200.7	233.2	162	193.6	11.1	65	191.8	390.3	58	225.3	367.2	40	－	－	－
25～29	232.0	523.2	239	207.5	14.0	20	223.0	317.9	73	219.2	541.9	57	253.0	793.1	89
30～34	280.0	657.5	264	265.7	2.4	20	271.5	627.2	31	287.5	643.7	36	283.3	721.5	109
35～39	313.8	832.3	290	309.1	44.3	17	302.0	890.1	28	315.5	807.5	34	321.1	895.5	70
40～44	352.1	982.2	359	318.7	0.0	10	336.9	551.8	35	313.9	583.9	18	359.2	919.1	66
45～49	387.1	1151.5	350	337.6	237.4	13	347.6	558.3	25	343.4	1029.1	12	363.5	892.6	32
50～54	399.0	1241.2	257	262.7	120.5	5	358.5	650.7	19	280.8	274.5	12	374.3	1179.7	31
55～59	439.8	1447.3	192	242.8	27.1	6	306.1	691.7	12	348.5	877.3	12	449.7	1675.6	5
60～64	308.5	775.9	114	319.2	0.0	15	281.8	565.6	11	251.7	740.0	26	273.2	757.8	12
65～69	332.8	876.8	42	195.6	0.0	4	310.3	0.0	1	186.7	186.8	3	277.6	916.7	11
70歳～	258.4	448.3	9	－	－	－	－	－	－	220.0	158.9	2	289.8	566.5	3
大学・大学院卒	465.0	1717.8	30 949	360.8	121.3	2 327	379.5	978.0	4 204	411.1	1361.2	3 436	432.1	1622.3	5 646
～19歳	－	－	－	－	－	－	－	－	－	－	－	－	－	－	－
20～24	231.8	309.1	755	227.5	25.5	369	235.7	572.5	378	255.1	909.4	9	160.0	0.0	1
25～29	269.7	685.1	2 433	273.8	96.0	449	265.1	650.8	846	265.5	889.9	692	281.0	1026.6	445
30～34	336.3	947.5	3 162	347.9	111.4	398	333.9	772.4	725	341.1	1060.5	553	329.4	1185.2	1 200
35～39	401.7	1342.9	3 968	400.9	161.4	284	414.2	1082.4	677	410.9	1396.8	540	397.4	1487.8	1 121
40～44	456.3	1657.7	4 211	441.5	163.9	175	460.1	1208.2	406	493.9	1509.2	468	461.2	1838.8	940
45～49	505.4	1967.3	3 820	484.4	244.4	168	514.4	1575.2	275	496.4	1716.6	319	500.1	1908.2	582
50～54	555.0	2267.9	3 992	489.0	201.9	132	518.8	1612.7	204	548.3	1916.1	201	567.9	2318.4	453
55～59	581.0	2397.7	3 964	491.0	152.4	112	521.2	1409.6	172	535.7	2145.1	159	579.3	2087.1	373
60～64	549.3	2254.6	3 271	397.3	111.2	161	423.5	1015.3	373	460.4	1590.0	339	576.2	2343.1	242
65～69	557.8	1980.6	1 116	501.6	109.1	72	536.0	1285.3	132	477.8	1251.0	145	494.4	1478.0	209
70歳～	438.0	1177.4	257	241.4	0.0	5	437.8	463.5	15	497.8	1100.8	12	407.6	852.2	80

及び年間賞与その他特別給与額

学 習 支 援 業

区分	10～14年 所定内給与額	10～14年 年間賞与その他特別給与額	10～14年 労働者数	15～19年 所定内給与額	15～19年 年間賞与その他特別給与額	15～19年 労働者数	20～24年 所定内給与額	20～24年 年間賞与その他特別給与額	20～24年 労働者数	25～29年 所定内給与額	25～29年 年間賞与その他特別給与額	25～29年 労働者数	30年以上 所定内給与額	30年以上 年間賞与その他特別給与額	30年以上 労働者数
	千円	千円	十人	千円	千円	十人	千円	千円	十人	千円	千円	十人	千円	千円	十人
○ 教育，学習支援業															
企業規模計															
男女計	**402.7**	**1547.7**	**8 811**	**446.5**	**1818.0**	**5 846**	**470.5**	**2009.4**	**4 958**	**494.3**	**2116.9**	**4 296**	**515.2**	**2242.0**	**5 574**
～19歳	－	－	－	－	－	－	－	－	－	－	－	－	－	－	－
20～24	－	－	－	－	－	－	－	－	－	－	－	－	－	－	－
25～29	238.1	658.2	17	－	－	－	－	－	－	－	－	－	－	－	－
30～34	285.2	1029.6	1 190	300.0	989.8	28	－	－	－	－	－	－	－	－	－
35～39	349.1	1298.0	2 066	331.9	1241.2	954	349.2	1405.3	20	－	－	－	－	－	－
40～44	408.4	1555.3	1 809	407.5	1639.4	1 634	375.9	1548.8	1 023	344.9	1312.0	57	－	－	－
45～49	440.2	1723.7	1 296	468.2	1975.0	1 132	453.1	1889.7	1 603	422.7	1801.0	1 062	387.6	1556.5	40
50～54	467.1	1870.1	1 008	503.5	2001.3	919	516.5	2262.9	1 127	503.0	2149.2	1 601	466.0	2003.6	878
55～59	500.6	2028.7	756	540.9	2279.0	686	540.5	2323.4	720	538.5	2340.4	1 033	525.7	2285.7	2 293
60～64	526.3	2100.0	415	509.4	2206.1	351	553.9	2578.4	361	540.2	2322.3	427	529.7	2360.4	1 761
65～69	458.9	1882.4	162	604.4	2742.8	109	424.5	1692.5	88	574.9	2397.9	98	534.5	2261.9	481
70歳～	345.1	826.5	93	340.4	795.3	33	381.4	1054.9	16	349.2	1195.6	18	428.4	1573.0	122
男															
学歴計	**451.5**	**1774.1**	**5 173**	**493.0**	**2030.9**	**3 554**	**505.5**	**2166.5**	**3 199**	**528.1**	**2267.8**	**2 839**	**536.6**	**2333.7**	**3 884**
～19歳	－	－	－	－	－	－	－	－	－	－	－	－	－	－	－
20～24	－	－	－	－	－	－	－	－	－	－	－	－	－	－	－
25～29	253.7	647.4	4	－	－	－	－	－	－	－	－	－	－	－	－
30～34	327.2	1184.6	381	320.4	1033.6	18	－	－	－	－	－	－	－	－	－
35～39	378.0	1444.2	1 228	385.0	1517.5	393	387.0	1590.7	11	－	－	－	－	－	－
40～44	436.2	1688.2	1 223	431.6	1705.0	994	414.9	1703.5	489	356.7	1327.8	35	－	－	－
45～49	482.1	1933.4	774	496.8	2118.7	770	475.3	1948.4	1 071	465.4	1910.9	459	402.2	1395.3	20
50～54	532.8	2167.2	582	556.9	2223.4	610	546.1	2419.4	826	521.4	2239.6	1 114	485.4	2024.8	496
55～59	567.6	2336.0	474	593.5	2522.9	450	572.7	2454.7	487	555.1	2411.9	831	544.9	2337.8	1 550
60～64	563.4	2300.3	298	559.2	2505.2	207	573.6	2792.0	241	575.7	2565.1	318	546.2	2464.8	1 399
65～69	481.3	2005.7	133	609.0	2883.6	85	436.6	1780.1	61	625.0	2583.8	70	548.0	2347.3	358
70歳～	367.5	886.3	75	338.0	782.2	27	450.5	1309.6	12	341.0	1544.7	11	500.3	1965.9	61
高校卒	**282.3**	**790.0**	**429**	**311.4**	**901.4**	**307**	**342.2**	**1072.8**	**354**	**357.5**	**1222.4**	**349**	**396.1**	**1487.0**	**652**
～19歳	－	－	－	－	－	－	－	－	－	－	－	－	－	－	－
20～24	－	－	－	－	－	－	－	－	－	－	－	－	－	－	－
25～29	260.9	646.6	3	－	－	－	－	－	－	－	－	－	－	－	－
30～34	247.4	586.2	27	320.4	1033.6	18	－	－	－	－	－	－	－	－	－
35～39	280.9	755.0	83	305.8	1015.2	47	389.3	1594.8	10	－	－	－	－	－	－
40～44	299.2	906.7	82	334.1	881.8	63	403.0	1524.9	121	364.2	1513.7	20	－	－	－
45～49	296.4	828.8	78	313.4	820.5	50	323.0	896.2	79	383.3	1368.2	114	402.2	1395.3	20
50～54	326.1	820.9	50	330.8	1005.5	54	344.2	1057.4	55	355.5	1151.7	104	436.6	1806.6	170
55～59	301.4	794.0	36	322.3	1048.3	37	306.3	731.9	44	344.1	1186.6	80	438.3	1698.7	282
60～64	233.1	731.3	26	229.4	623.6	23	253.1	380.3	21	311.1	824.6	25	289.6	911.3	138
65～69	210.2	771.2	33	265.6	464.1	11	218.0	386.0	22	279.4	1047.3	3	274.0	578.8	35
70歳～	233.7	514.7	12	204.3	348.6	5	251.1	893.2	2	177.3	406.7	2	400.1	1351.7	7
高専・短大卒	**335.9**	**934.1**	**298**	**372.5**	**1141.8**	**238**	**388.5**	**1332.4**	**219**	**403.4**	**1323.6**	**189**	**437.1**	**1553.0**	**187**
～19歳	－	－	－	－	－	－	－	－	－	－	－	－	－	－	－
20～24	－	－	－	－	－	－	－	－	－	－	－	－	－	－	－
25～29	－	－	－	－	－	－	－	－	－	－	－	－	－	－	－
30～34	278.6	769.3	68	－	－	－	－	－	－	－	－	－	－	－	－
35～39	284.4	761.7	63	335.7	993.6	78	－	－	－	－	－	－	－	－	－
40～44	341.0	987.1	53	362.9	1129.3	73	362.5	1248.9	91	344.2	1019.9	13	－	－	－
45～49	390.6	1041.5	54	428.0	1389.8	40	381.1	1259.3	81	403.7	1405.5	93	－	－	－
50～54	392.0	1325.1	29	387.3	1351.8	26	433.5	1318.3	29	405.8	1169.5	50	447.9	1697.7	56
55～59	395.5	1013.9	20	438.1	779.1	12	521.1	2552.4	14	475.9	1675.1	22	470.9	1662.2	90
60～64	388.0	1188.4	5	332.6	969.9	7	388.0	971.2	3	316.0	988.9	10	355.3	1133.3	26
65～69	467.2	867.9	7	773.4	3000.0	1	302.2	30.0	1	－	－	－	343.0	1195.9	13
70歳～	－	－	－	284.9	1125.0	1	－	－	－	216.9	765.0	0	238.0	41.1	2
大学・大学院卒	**476.3**	**1929.5**	**4 426**	**522.6**	**2224.7**	**2 991**	**537.6**	**2382.7**	**2 614**	**565.2**	**2509.3**	**2 291**	**575.0**	**2575.9**	**3 015**
～19歳	－	－	－	－	－	－	－	－	－	－	－	－	－	－	－
20～24	－	－	－	－	－	－	－	－	－	－	－	－	－	－	－
25～29	230.0	650.0	1	－	－	－	－	－	－	－	－	－	－	－	－
30～34	346.4	1340.0	286	－	－	－	－	－	－	－	－	－	－	－	－
35～39	390.9	1535.8	1 078	414.2	1765.7	267	341.8	1508.8	1	－	－	－	－	－	－
40～44	451.2	1781.5	1 085	444.5	1813.4	858	437.3	1931.8	277	366.9	1562.3	2	－	－	－
45～49	512.7	2145.2	641	514.2	2255.9	681	495.9	2085.3	903	525.5	2342.3	251	－	－	－
50～54	561.2	2348.3	504	588.9	2392.8	529	565.6	2563.8	742	545.6	2413.5	958	523.9	2229.1	268
55～59	598.3	2529.3	418	624.0	2714.3	401	601.3	2625.9	430	580.6	2568.4	730	577.0	2546.5	1 169
60～64	603.9	2501.5	263	621.0	2867.2	171	606.9	3047.7	217	609.9	2790.4	280	581.0	2678.4	1 224
65～69	594.3	2599.6	90	678.2	3375.9	69	599.4	2886.2	35	672.3	2801.7	62	596.5	2656.5	302
70歳～	404.0	992.9	60	422.2	941.8	16	535.3	1541.5	9	394.3	1911.4	8	526.6	2144.5	51

第2表　年齢階級、勤続年数階級別所定内給与額

企業規模	計
	1,000人以上

O 教 育，

区　分	勤続年数計			0　年			1～2年			3～4年			5～9年		
	所定内給与額	年間賞与その他特別給与額	労働者数	所定内給与額	年間賞与その他特別給与額	労働者数	所定内給与額	年間賞与その他特別給与額	労働者数	所定内給与額	年間賞与その他特別給与額	労働者数	所定内給与額	年間賞与その他特別給与額	労働者数
	千円	千円	十人	千円	千円	十人	千円	千円	十人	千円	千円	十人	千円	千円	十人
女															
学歴計	**309.8**	**981.1**	**32 569**	**239.7**	**55.2**	**3 997**	**254.2**	**640.2**	**6 772**	**274.3**	**839.9**	**4 593**	**306.4**	**1027.8**	**6 369**
～19歳	163.1	109.3	48	156.1	2.8	29	173.9	272.1	19	－	－	－	－	－	－
20～24	204.7	399.7	4 753	201.2	14.0	1 613	207.5	564.7	2 361	204.2	698.6	758	185.4	716.1	21
25～29	235.0	665.9	4 826	233.0	63.3	628	233.8	605.8	1 238	235.3	789.1	1 432	236.5	848.4	1 515
30～34	271.8	738.2	4 062	271.4	109.2	435	262.9	551.9	852	277.8	766.0	585	278.7	911.3	1 371
35～39	296.8	862.2	3 580	252.3	77.5	362	284.0	632.1	541	303.0	835.1	447	312.7	1018.2	822
40～44	334.0	1081.3	3 931	294.3	66.1	286	304.4	776.2	634	328.2	923.5	448	330.0	1041.8	783
45～49	361.7	1291.5	3 952	275.6	110.1	269	299.0	754.3	496	334.7	981.3	388	358.4	1271.5	761
50～54	395.3	1452.4	3 124	279.3	80.8	177	349.1	868.4	265	349.5	1181.2	214	373.9	1210.6	563
55～59	425.2	1656.9	2 495	307.1	82.4	128	344.0	968.3	178	339.9	802.6	152	379.0	1367.4	342
60～64	430.9	1552.6	1 316	385.5	172.1	53	338.5	915.4	146	376.7	1258.1	119	417.5	1155.5	147
65～69	444.7	1514.8	352	360.6	16.5	15	435.9	822.8	32	401.3	753.2	37	359.4	1164.0	34
70歳～	357.7	1123.4	130	289.8	0.0	2	241.4	593.7	10	565.0	2446.0	12	489.4	1654.6	11
高校卒	**246.3**	**674.2**	**2 113**	**179.7**	**47.4**	**195**	**189.1**	**303.3**	**362**	**199.0**	**359.9**	**264**	**210.2**	**469.0**	**376**
～19歳	163.1	109.3	48	156.1	2.8	29	173.9	272.1	19	－	－	－	－	－	－
20～24	173.0	271.7	146	178.1	5.2	31	172.0	229.4	63	170.1	366.6	38	174.3	778.1	14
25～29	186.5	420.6	164	176.5	30.6	17	178.1	547.3	59	193.8	375.2	47	190.9	427.5	35
30～34	195.3	404.8	164	165.2	4.8	12	186.3	217.7	50	193.1	411.6	19	185.1	381.0	35
35～39	226.1	468.4	183	156.6	9.5	20	206.4	246.2	25	212.3	341.2	19	227.5	527.8	42
40～44	238.5	562.7	257	219.9	137.7	28	192.2	319.2	29	216.5	405.8	35	198.9	295.2	59
45～49	256.9	715.8	364	173.8	68.5	21	197.4	219.2	40	206.8	373.0	46	235.4	656.2	73
50～54	282.9	907.8	293	174.2	108.3	19	215.9	322.4	35	195.8	387.2	24	231.9	562.2	56
55～59	325.8	1158.5	286	237.5	0.0	6	198.8	324.7	23	213.2	384.9	20	207.4	335.5	39
60～64	266.1	863.0	145	205.7	169.6	5	217.4	320.4	14	205.9	31.1	13	155.4	137.4	16
65～69	230.8	558.9	45	182.4	13.6	6	153.9	0.0	3	173.3	169.0	3	201.0	392.0	8
70歳～	202.1	315.2	17	280.0	0.0	1	137.9	0.0	3	207.5	23.0	1	－	－	－
高専・短大卒	**257.0**	**766.6**	**11 767**	**200.2**	**16.8**	**1 362**	**210.5**	**517.0**	**2 455**	**228.9**	**690.8**	**1 674**	**245.2**	**749.1**	**2 173**
～19歳	－	－	－	－	－	－	－	－	－	－	－	－	－	－	－
20～24	196.5	431.1	2 759	187.6	9.2	750	196.6	522.1	1 305	205.7	713.3	698	210.7	590.3	6
25～29	216.6	638.9	1 550	198.9	23.4	127	204.6	467.1	232	215.4	653.9	315	222.5	768.3	870
30～34	243.6	718.8	1 242	230.1	27.6	64	218.2	530.0	193	235.2	615.6	144	260.0	829.0	370
35～39	246.1	664.8	1 102	207.6	31.6	129	220.4	488.0	129	236.1	643.6	112	234.4	601.7	175
40～44	273.0	813.8	1 305	222.6	18.7	91	235.4	471.3	204	247.5	636.5	106	260.3	608.3	237
45～49	290.4	976.4	1 353	225.0	38.9	84	224.5	547.4	184	264.3	768.9	128	248.3	739.4	216
50～54	327.1	1137.1	1 146	241.1	37.6	57	252.9	520.8	78	320.2	883.9	100	292.4	856.6	181
55～59	339.7	1205.4	821	190.6	0.0	49	277.1	761.1	67	264.1	525.2	55	280.8	741.9	87
60～64	345.1	1108.0	348	280.0	8.6	8	213.3	395.4	53	284.4	504.0	13	244.1	612.6	24
65～69	357.1	1118.8	101	268.6	0.0	2	373.7	487.6	8	326.0	696.4	4	291.0	695.8	7
70歳～	324.9	1013.1	41	298.2	0.0	1	229.6	428.0	3	563.7	1000.0	0	461.5	1852.8	1
大学・大学院卒	**350.3**	**1151.0**	**18 612**	**265.8**	**76.9**	**2 424**	**286.8**	**739.6**	**3 924**	**310.7**	**982.9**	**2 648**	**350.8**	**1242.0**	**3 815**
～19歳	－	－	－	－	－	－	－	－	－	－	－	－	－	－	－
20～24	219.6	363.2	1 845	214.3	18.4	831	224.2	642.6	991	215.0	802.5	22	211.7	439.3	1
25～29	246.6	690.5	3 097	244.0	74.7	483	244.0	638.0	939	243.0	846.5	1 066	259.1	986.2	609
30～34	289.8	767.9	2 648	283.1	124.9	355	283.4	585.3	607	296.6	836.7	420	289.2	961.5	964
35～39	326.8	984.3	2 284	288.6	111.8	213	309.1	674.9	379	332.4	933.6	316	341.3	1172.9	604
40～44	377.7	1280.0	2 360	345.8	80.0	167	344.8	923.9	393	369.0	1083.1	307	379.9	1344.0	486
45～49	421.7	1583.1	2 223	303.8	161.4	154	364.8	975.1	271	403.6	1236.4	215	428.1	1612.1	471
50～54	461.3	1762.2	1 684	320.0	99.8	102	428.6	1170.5	153	422.0	1715.6	91	443.3	1517.6	326
55～59	496.6	2028.2	1 385	391.5	144.6	73	434.4	1301.4	87	426.9	1108.9	77	449.1	1803.3	216
60～64	498.2	1870.4	815	434.3	199.2	39	442.7	1364.6	80	412.1	1524.5	94	497.8	1442.4	106
65～69	540.0	1945.1	203	533.4	23.8	7	523.3	1134.4	20	446.2	855.2	29	446.9	1639.7	20
70歳～	422.5	1420.1	69	－	－	－	306.0	1022.9	5	584.9	2634.2	11	491.0	1643.5	11
企業規模1,000人以上															
男女計	**450.4**	**1751.6**	**26 087**	**339.8**	**141.6**	**2 280**	**362.1**	**961.0**	**4 148**	**402.4**	**1338.4**	**3 020**	**425.7**	**1708.7**	**4 852**
～19歳	176.0	86.4	31	173.9	21.3	26	186.6	411.7	1	191.3	539.8	3	－	－	－
20～24	234.2	420.4	1 070	227.9	34.7	460	236.2	691.3	556	273.1	892.5	49	221.4	1086.3	6
25～29	270.3	748.0	2 361	274.2	91.3	413	267.4	678.3	790	261.7	916.0	641	282.5	1171.7	516
30～34	331.1	923.1	3 069	345.0	148.2	404	324.9	678.9	736	344.6	1025.0	506	324.5	1188.6	1 115
35～39	398.5	1322.6	3 374	378.9	202.9	275	405.5	1011.8	658	416.5	1427.5	469	404.6	1549.5	880
40～44	449.9	1728.1	3 766	430.6	192.2	172	405.1	1126.9	508	491.2	1484.0	478	468.0	1974.7	852
45～49	488.3	2004.6	3 508	438.8	206.5	195	463.1	1410.4	327	474.8	1502.3	331	485.3	2016.8	548
50～54	543.2	2372.2	3 186	409.0	254.3	131	494.1	1598.6	185	524.8	1979.9	141	545.4	2219.8	442
55～59	580.1	2630.4	2 909	470.9	235.4	83	555.3	1692.4	116	516.2	2036.7	104	584.3	2343.5	229
60～64	587.0	2674.6	2 161	418.7	240.2	81	484.3	1305.8	179	465.3	1912.4	224	608.6	2699.9	172
65～69	626.3	2566.3	591	558.2	183.6	40	593.8	1575.4	86	531.3	1226.2	68	656.1	2721.6	74
70歳～	508.1	2154.9	61	－	－	－	392.7	803.3	6	667.6	1937.6	6	423.4	1089.5	19

及び年間賞与その他特別給与額

学　習　支　援　業

10～14年			15～19年			20～24年			25～29年			30年以上			区　分
所定内給与額	年間賞与その他特別給与額	労働者数	所定内給与額	年間賞与その他特別給与額	労働者数	所定内給与額	年間賞与その他特別給与額	労働者数	所定内給与額	年間賞与その他特別給与額	労働者数	所定内給与額	年間賞与その他特別給与額	労働者数	
千円	千円	十人	千円	千円	十人	千円	千円	十人	千円	千円	十人	千円	千円	十人	
															女
333.3	**1225.8**	**3 639**	**374.5**	**1487.9**	**2 292**	**406.9**	**1723.6**	**1 759**	**428.3**	**1822.9**	**1 457**	**466.1**	**2031.4**	**1 691**	**学歴計**
-	-	-	-	-	-	-	-	-	-	-	-	-	-	-	～19歳
-	-	-	-	-	-	-	-	-	-	-	-	-	-	-	20～24
232.8	661.8	13	-	-	-	-	-	-	-	-	-	-	-	-	25～29
265.5	956.6	809	263.7	912.0	10	-	-	-	-	-	-	-	-	-	30～34
306.9	1083.8	838	294.7	1047.8	561	304.6	1186.9	9	-	-	-	-	-	-	35～39
350.4	1278.1	586	370.0	1537.3	639	340.2	1406.9	534	326.0	1286.6	22	-	-	-	40～44
378.2	1412.7	522	407.2	1668.8	362	408.3	1771.6	532	390.1	1717.3	603	372.4	1725.3	19	45～49
377.3	1463.3	425	398.4	1564.0	310	435.5	1833.4	301	460.7	1942.2	487	440.8	1976.1	381	50～54
388.3	1513.3	282	440.3	1813.0	236	473.1	2048.6	233	470.3	2046.2	202	485.6	2176.9	743	55～59
431.5	1587.8	117	437.5	1774.0	143	514.5	2150.2	120	436.1	1609.2	108	466.0	1957.0	362	60～64
356.0	1317.5	29	588.6	2255.3	24	397.2	1493.0	27	451.5	1939.2	28	495.4	2015.1	124	65～69
248.9	569.2	18	350.3	849.0	6	149.3	200.0	4	363.5	590.2	6	357.5	1185.7	62	70歳～
238.0	**630.6**	**246**	**261.6**	**739.3**	**138**	**288.7**	**953.8**	**134**	**347.5**	**1341.1**	**154**	**404.9**	**1819.2**	**243**	**高校卒**
-	-	-	-	-	-	-	-	-	-	-	-	-	-	-	～19歳
-	-	-	-	-	-	-	-	-	-	-	-	-	-	-	20～24
210.9	603.4	7	-	-	-	-	-	-	-	-	-	-	-	-	25～29
219.9	723.1	45	234.4	644.0	3	-	-	-	-	-	-	-	-	-	30～34
228.2	388.5	31	262.9	765.3	37	304.6	1186.9	9	-	-	-	-	-	-	35～39
250.8	700.4	25	226.6	562.1	16	303.9	1032.7	44	331.4	1322.1	21	-	-	-	40～44
232.7	451.3	46	272.0	883.7	25	257.4	787.1	23	349.4	1327.3	77	366.6	1609.1	14	45～49
269.8	972.5	36	274.3	791.4	26	318.2	1094.2	18	366.0	1237.5	29	422.1	2004.3	50	50～54
257.9	679.7	37	305.4	880.0	10	269.7	798.4	24	310.7	1156.4	12	448.6	2024.8	117	55～59
223.2	545.1	10	241.4	532.2	21	292.8	1026.6	12	361.9	1822.3	14	334.0	1546.0	40	60～64
197.1	380.1	5	-	-	-	242.2	662.6	5	273.6	1198.7	1	310.4	1118.3	13	65～69
171.2	193.8	5	239.0	1001.1	1	-	-	-	-	-	-	229.4	486.3	8	70歳～
268.3	**895.8**	**1 329**	**297.3**	**1082.7**	**903**	**329.7**	**1249.5**	**658**	**363.5**	**1451.0**	**563**	**417.6**	**1748.2**	**651**	**高専・短大卒**
-	-	-	-	-	-	-	-	-	-	-	-	-	-	-	～19歳
-	-	-	-	-	-	-	-	-	-	-	-	-	-	-	20～24
256.2	724.0	6	-	-	-	-	-	-	-	-	-	-	-	-	25～29
245.0	832.6	463	275.7	1021.2	7	-	-	-	-	-	-	-	-	-	30～34
263.5	806.8	215	268.8	920.4	341	-	-	-	-	-	-	-	-	-	35～39
279.8	917.8	169	298.0	1178.4	171	311.1	1208.8	328	-	-	-	-	-	-	40～44
289.3	983.5	170	312.1	1125.4	111	343.8	1340.0	120	353.3	1482.2	336	398.3	2247.3	4	45～49
280.0	1003.1	176	310.3	1165.9	132	348.4	1232.3	100	401.6	1608.0	131	410.7	1831.9	194	50～54
303.3	1052.2	88	324.7	1086.0	88	369.0	1455.4	74	334.4	1141.5	61	433.0	1904.6	252	55～59
310.6	940.5	35	339.2	1370.6	42	352.2	1186.6	22	386.2	1136.9	26	431.3	1567.0	126	60～64
202.1	581.4	6	576.8	2551.4	8	295.4	620.8	12	319.4	949.7	8	371.8	1332.7	47	65～69
312.3	328.9	3	244.0	480.0	2	150.0	300.0	2	344.0	1427.6	0	348.1	1231.8	29	70歳～
387.0	**1510.6**	**2 056**	**442.8**	**1863.3**	**1 250**	**476.2**	**2155.4**	**965**	**496.0**	**2213.1**	**735**	**524.6**	**2328.9**	**795**	**大学・大学院卒**
-	-	-	-	-	-	-	-	-	-	-	-	-	-	-	～19歳
-	-	-	-	-	-	-	-	-	-	-	-	-	-	-	20～24
-	-	-	-	-	-	-	-	-	-	-	-	-	-	-	25～29
303.5	1179.7	300	-	-	-	-	-	-	-	-	-	-	-	-	30～34
327.1	1221.2	589	349.4	1342.0	183	-	-	-	-	-	-	-	-	-	35～39
387.1	1469.7	392	402.0	1706.2	453	409.0	1910.5	162	-	-	-	-	-	-	40～44
449.5	1795.7	306	468.5	2020.2	226	436.8	1960.4	388	472.7	2295.9	189	365.6	1580.3	2	45～49
476.2	1929.6	213	496.5	2044.4	152	494.2	2231.6	184	492.7	2137.8	327	490.8	2171.7	137	50～54
466.1	1964.5	158	526.5	2357.6	136	565.5	2591.2	135	549.0	2552.9	128	532.7	2407.6	374	55～59
523.4	2063.7	70	542.3	2321.1	80	588.2	2560.6	86	478.5	1770.5	66	515.3	2289.7	195	60～64
451.3	1823.6	18	594.7	2102.8	16	588.5	2885.8	10	530.6	2468.5	18	623.7	2698.3	64	65～69
273.3	818.7	9	405.9	953.7	4	-	-	-	364.8	534.4	6	414.9	1381.4	24	70歳～
															企業規模1,000人以上
476.5	**2125.8**	**3 199**	**519.4**	**2368.8**	**2 373**	**530.1**	**2529.6**	**2 054**	**555.9**	**2673.0**	**1 735**	**570.2**	**2802.3**	**2 425**	**男女計**
-	-	-	-	-	-	-	-	-	-	-	-	-	-	-	～19歳
-	-	-	-	-	-	-	-	-	-	-	-	-	-	-	20～24
340.7	1698.6	0	-	-	-	-	-	-	-	-	-	-	-	-	25～29
329.7	1395.6	297	319.7	1397.8	10	-	-	-	-	-	-	-	-	-	30～34
390.1	1550.0	772	377.2	1594.5	305	394.1	1669.0	15	-	-	-	-	-	-	35～39
454.8	1986.3	760	445.3	2085.9	609	426.6	1891.1	370	376.7	1781.2	18	-	-	-	40～44
523.2	2367.0	484	521.2	2437.0	529	488.1	2275.6	665	466.1	2298.7	408	433.1	2006.2	21	45～49
566.4	2689.4	362	594.3	2543.0	421	568.0	2726.8	515	553.5	2646.9	606	489.0	2393.0	384	50～54
606.3	2971.8	284	623.7	2855.6	311	621.5	2911.8	309	604.3	2897.4	478	552.4	2685.2	995	55～59
636.3	2989.0	175	659.5	3193.1	131	638.1	3582.7	148	632.8	3081.4	182	611.8	2993.3	868	60～64
596.0	3109.9	61	662.9	3345.9	56	681.2	3911.2	31	680.0	2753.4	38	668.8	3543.7	139	65～69
342.5	984.0	4	237.0	473.7	2	477.1	2941.3	2	432.6	2558.3	5	672.1	3956.2	19	70歳～

第2表　年齢階級、勤続年数階級別所定内給与額

企業規模	1,000人以上

O 教育，

区分	勤続年数計			0年			1～2年			3～4年			5～9年		
	所定内給与額	年間賞与その他特別給与額	労働者数	所定内給与額	年間賞与その他特別給与額	労働者数	所定内給与額	年間賞与その他特別給与額	労働者数	所定内給与額	年間賞与その他特別給与額	労働者数	所定内給与額	年間賞与その他特別給与額	労働者数
	千円	千円	十人	千円	千円	十人	千円	千円	十人	千円	千円	十人	千円	千円	十人
男															
学歴計	**501.8**	**2020.8**	**16 380**	**394.1**	**175.8**	**1 215**	**424.7**	**1132.0**	**2 145**	**454.0**	**1571.0**	**1 755**	**471.2**	**1974.3**	**2 872**
～19歳	175.5	79.4	30	173.9	21.3	26	170.8	331.0	1	191.3	539.8	3	－	－	－
20～24	230.5	327.2	299	226.7	34.9	161	231.1	642.3	124	283.6	722.0	11	226.3	1325.4	4
25～29	281.8	741.6	1 057	292.2	96.7	203	281.9	685.3	369	269.6	924.0	257	285.9	1199.7	228
30～34	361.8	1007.0	1 542	380.4	153.7	224	361.6	786.3	381	377.3	1148.0	277	347.6	1318.2	520
35～39	429.9	1484.0	2 202	419.8	204.1	186	445.4	1161.0	447	450.3	1661.9	306	432.0	1755.6	585
40～44	485.8	1896.2	2 408	490.7	266.3	95	485.0	1289.1	241	534.5	1664.2	313	494.9	2153.5	590
45～49	530.1	2200.6	2 150	541.2	243.5	111	567.4	1830.4	165	515.6	1682.9	213	537.4	2302.9	299
50～54	584.5	2611.5	2 199	536.9	393.8	57	557.0	1946.9	103	581.7	2306.6	92	608.4	2670.3	274
55～59	610.0	2766.5	2 148	552.1	320.8	51	610.2	1781.6	84	608.9	2953.9	57	640.1	2560.5	143
60～64	608.3	2788.6	1 762	446.4	251.9	68	497.4	1262.1	149	496.4	2053.0	169	628.5	2908.7	143
65～69	635.5	2604.2	528	585.2	218.8	34	587.8	1546.5	80	545.6	1352.0	55	666.1	2750.3	69
70歳～	537.9	2261.3	55	－	－	－	605.0	1472.7	3	898.7	1098.3	3	423.4	1089.5	19
高校卒	**382.0**	**1431.0**	**836**	**264.7**	**306.1**	**71**	**267.1**	**463.2**	**69**	**251.4**	**561.0**	**47**	**311.5**	**1089.0**	**63**
～19歳	175.5	79.4	30	173.9	21.3	26	170.8	331.0	1	191.3	539.8	3	－	－	－
20～24	198.7	705.5	12	153.2	103.2	4	215.5	499.8	3	219.2	1039.2	2	226.3	1325.4	4
25～29	233.6	671.2	38	205.5	619.4	3	230.1	286.4	14	210.7	770.3	8	253.4	980.1	14
30～34	281.8	934.8	20	210.5	834.7	2	194.4	0.0	3	260.4	360.0	1	326.6	551.4	3
35～39	326.2	1188.6	45	－	－	－	221.4	11.6	7	199.6	370.5	1	330.4	1286.3	5
40～44	412.0	1437.9	143	510.8	922.2	4	291.0	465.2	12	310.1	373.8	6	370.0	1380.9	6
45～49	395.1	1548.3	93	－	－	－	284.5	210.6	7	324.3	317.4	3	357.3	1338.8	7
50～54	431.6	1665.3	152	468.4	254.9	4	461.9	2394.7	4	202.0	91.5	4	293.1	1076.5	8
55～59	460.6	1957.0	203	353.4	337.6	12	449.5	1611.7	5	292.2	669.2	2	339.1	1200.3	5
60～64	287.8	1010.1	80	286.3	689.4	14	207.2	370.9	8	257.4	683.2	15	381.6	1079.2	8
65～69	237.5	382.2	20	242.5	0.0	3	217.0	0.0	7	255.6	385.7	2	215.8	184.7	3
70歳～	234.7	0.0	1	－	－	－	－	－	－	－	－	－	－	－	－
高専・短大卒	**369.0**	**1337.4**	**457**	**288.8**	**125.4**	**30**	**263.6**	**641.9**	**39**	**295.8**	**681.5**	**35**	**328.7**	**1235.9**	**78**
～19歳	－	－	－	－	－	－	－	－	－	－	－	－	－	－	－
20～24	241.7	263.5	21	200.6	33.7	9	228.2	536.4	6	321.9	372.7	6	－	－	－
25～29	237.6	815.2	41	230.2	0.0	1	219.0	747.2	11	216.9	407.7	8	256.0	1036.3	21
30～34	300.0	832.4	32	299.4	0.0	2	263.8	644.0	5	275.0	470.0	1	301.4	920.7	20
35～39	350.5	1027.1	63	395.5	206.7	4	253.1	649.1	4	269.1	808.3	5	317.6	1178.0	7
40～44	382.1	1384.7	66	221.8	0.0	2	320.0	395.7	9	390.8	0.0	2	365.3	1176.6	16
45～49	403.2	1650.2	85	370.2	379.6	6	388.4	1180.6	2	460.4	2833.6	3	388.3	1645.7	7
50～54	444.4	1757.3	58	334.7	369.5	2	241.7	808.5	2	304.8	12.1	3	549.8	3105.7	6
55～59	457.4	1958.2	59	－	－	－	－	－	－	－	－	－	－	－	－
60～64	319.8	1026.7	30	296.6	0.0	6	188.0	799.8	0	310.7	856.1	8	235.5	0.0	2
65～69	244.6	808.7	4	231.8	0.0	0	－	－	－	194.7	435.2	1	－	－	－
70歳～	－	－	－	－	－	－	－	－	－	－	－	－	－	－	－
大学・大学院卒	**512.0**	**2065.9**	**14 989**	**405.2**	**168.9**	**1 114**	**432.8**	**1159.2**	**2 027**	**461.5**	**1597.8**	**1 658**	**476.6**	**1981.6**	**2 670**
～19歳	－	－	－	－	－	－	－	－	－	－	－	－	－	－	－
20～24	231.1	315.0	266	230.4	33.1	147	231.5	650.5	116	249.5	1175.6	3	－	－	－
25～29	285.5	741.3	978	293.5	90.3	200	286.0	699.0	344	273.4	947.1	240	291.4	1232.9	194
30～34	364.2	1011.7	1 491	382.1	150.1	221	364.3	794.5	373	378.0	1152.2	276	349.6	1339.3	497
35～39	434.6	1499.6	2 085	420.2	204.1	183	452.1	1186.5	433	453.8	1679.0	300	433.8	1751.3	566
40～44	493.4	1932.0	2 184	494.4	244.4	90	502.4	1370.7	220	540.0	1699.5	305	498.6	2158.2	553
45～49	541.6	2244.1	1 958	550.4	236.1	105	583.2	1915.2	155	519.4	1691.5	207	544.9	2312.1	277
50～54	600.3	2703.2	1 973	548.7	406.4	51	566.3	1951.9	97	611.9	2380.9	77	619.3	2691.8	251
55～59	631.0	2879.1	1 886	614.1	315.5	39	620.6	1792.6	79	621.5	3045.2	55	651.9	2613.9	138
60～64	629.3	2890.8	1 612	510.8	158.0	48	509.2	1242.6	133	522.5	2161.3	139	652.5	2875.9	110
65～69	654.3	2705.8	504	623.6	243.2	31	620.4	1682.7	74	557.8	1390.2	52	684.4	2854.6	66
70歳～	545.4	2309.3	54	－	－	－	605.0	1472.7	3	898.7	1098.3	3	423.4	1089.5	19
女															
学歴計	**363.8**	**1297.4**	**9 707**	**277.8**	**102.5**	**1 065**	**295.0**	**777.9**	**2 003**	**330.8**	**1015.8**	**1 265**	**359.6**	**1323.3**	**1 980**
～19歳	205.5	508.5	1	－	－	－	205.5	508.5	1	－	－	－	－	－	－
20～24	235.7	456.6	771	228.6	34.6	299	237.6	705.3	432	270.2	939.9	38	211.9	632.0	2
25～29	261.1	753.2	1 304	257.0	86.1	211	254.6	672.2	421	256.3	910.6	384	279.8	1149.5	288
30～34	300.1	838.3	1 526	300.9	141.4	180	285.6	563.8	356	304.9	876.0	229	304.3	1075.4	595
35～39	339.5	1019.2	1 172	293.2	200.3	89	321.2	696.0	211	353.4	989.3	164	350.2	1139.9	294
40～44	386.3	1430.0	1 358	356.7	100.9	77	333.1	980.7	267	409.1	1142.3	165	407.6	1572.3	262
45～49	422.0	1694.0	1 357	303.0	157.5	84	357.5	985.9	163	401.5	1178.1	118	422.9	1673.6	249
50～54	451.1	1839.0	987	310.7	147.0	74	416.1	1166.3	83	419.1	1373.8	49	442.9	1487.0	168
55～59	495.8	2246.5	761	345.9	103.9	33	411.7	1459.1	32	403.5	920.7	47	492.2	1984.8	86
60～64	493.0	2172.0	400	268.4	176.2	13	420.4	1517.7	31	369.9	1480.3	55	512.9	1700.7	30
65～69	549.8	2249.4	63	417.2	0.0	7	681.1	1997.7	6	471.4	698.8	13	506.3	2291.9	5
70歳～	255.9	1256.2	7	－	－	－	137.9	0.0	3	381.1	2978.2	3	－	－	－

及び年間賞与その他特別給与額

学 習 支 援 業

区分	10～14年 所定内給与額	10～14年 年間賞与その他特別給与額	10～14年 労働者数	15～19年 所定内給与額	15～19年 年間賞与その他特別給与額	15～19年 労働者数	20～24年 所定内給与額	20～24年 年間賞与その他特別給与額	20～24年 労働者数	25～29年 所定内給与額	25～29年 年間賞与その他特別給与額	25～29年 労働者数	30年以上 所定内給与額	30年以上 年間賞与その他特別給与額	30年以上 労働者数
	千円	千円	十人	千円	千円	十人	千円	千円	十人	千円	千円	十人	千円	千円	十人
男															
学歴計	**514.8**	**2346.3**	**2 186**	**553.6**	**2527.7**	**1 630**	**553.8**	**2646.5**	**1 510**	**586.3**	**2801.1**	**1 266**	**595.5**	**2909.0**	**1 802**
～19歳	–	–	–	–	–	–	–	–	–	–	–	–	–	–	–
20～24	–	–	–	–	–	–	–	–	–	–	–	–	–	–	–
25～29	340.7	1698.6	0	–	–	–	–	–	–	–	–	–	–	–	–
30～34	356.6	1543.8	131	324.7	1453.6	9	–	–	–	–	–	–	–	–	–
35～39	415.7	1722.4	505	400.1	1778.0	162	387.0	1590.7	11	–	–	–	–	–	–
40～44	482.6	2133.6	550	461.5	2126.3	388	448.7	1917.2	219	371.8	1672.9	13	–	–	–
45～49	545.5	2535.2	325	546.9	2595.2	368	511.7	2375.3	461	489.1	2341.1	197	440.1	1854.7	13
50～54	599.8	2864.7	250	628.8	2633.0	320	582.8	2842.7	418	582.5	2799.6	465	506.9	2396.0	222
55～59	646.8	3122.8	222	644.8	2943.1	244	630.6	2914.9	262	608.1	2906.3	409	576.8	2776.2	678
60～64	664.0	3185.9	146	709.1	3563.7	87	635.5	3662.9	114	671.7	3276.0	141	628.0	3074.5	745
65～69	648.2	3441.7	53	664.6	3291.0	51	668.5	3757.7	25	682.9	2718.1	36	664.6	3498.6	126
70歳～	342.5	984.0	4	224.0	462.0	1	477.1	2941.3	2	432.6	2558.3	5	672.1	3956.2	19
高校卒	**343.0**	**1332.8**	**48**	**392.2**	**1442.0**	**47**	**425.5**	**1669.5**	**106**	**414.0**	**1809.8**	**87**	**452.2**	**1953.8**	**297**
～19歳	–	–	–	–	–	–	–	–	–	–	–	–	–	–	–
20～24	–	–	–	–	–	–	–	–	–	–	–	–	–	–	–
25～29	340.7	1698.6	0	–	–	–	–	–	–	–	–	–	–	–	–
30～34	233.6	1003.9	3	324.7	1453.6	9	–	–	–	–	–	–	–	–	–
35～39	305.2	1164.9	7	351.6	1527.9	15	389.3	1594.8	10	–	–	–	–	–	–
40～44	378.6	1038.4	8	500.3	1241.2	12	430.7	1708.7	85	375.2	1744.8	10	–	–	–
45～49	373.8	1465.9	6	377.1	1664.4	2	335.8	1495.7	1	412.8	1767.5	54	440.1	1854.7	13
50～54	446.3	1248.6	9	446.6	1608.0	5	391.5	996.8	5	390.6	1520.3	8	451.2	1885.3	105
55～59	344.4	1478.6	5	356.8	1508.9	5	488.7	1895.9	4	471.7	2228.1	12	481.3	2149.2	153
60～64	259.7	1987.8	6	273.4	1132.2	1	364.7	1600.3	1	399.6	1896.0	3	292.4	1192.2	24
65～69	244.3	1405.5	4	–	–	–	–	–	–	–	–	–	286.8	612.9	3
70歳～	234.7	0.0	1	–	–	–	–	–	–	–	–	–	–	–	–
高専・短大卒	**347.3**	**1294.3**	**33**	**402.7**	**1317.0**	**59**	**411.8**	**1881.0**	**49**	**423.7**	**1781.6**	**56**	**441.8**	**1908.6**	**79**
～19歳	–	–	–	–	–	–	–	–	–	–	–	–	–	–	–
20～24	–	–	–	–	–	–	–	–	–	–	–	–	–	–	–
25～29	–	–	–	–	–	–	–	–	–	–	–	–	–	–	–
30～34	336.2	994.2	5	–	–	–	–	–	–	–	–	–	–	–	–
35～39	321.6	1381.2	6	375.0	1087.2	38	–	–	–	–	–	–	–	–	–
40～44	378.0	1440.3	5	474.6	2500.4	10	390.6	1613.8	22	354.5	1298.8	2	–	–	–
45～49	338.8	1031.6	7	430.2	1615.5	4	403.5	1925.6	22	417.8	1762.1	35	–	–	–
50～54	390.1	842.0	3	–	–	–	423.2	1333.9	2	443.9	1667.0	13	463.5	1962.9	28
55～59	332.6	1373.4	5	423.2	98.9	4	602.7	3652.7	3	500.1	2428.7	6	458.8	2029.2	41
60～64	359.2	2555.0	2	494.9	2047.3	2	–	–	–	180.4	1328.6	2	349.8	1473.8	9
65～69	368.0	1633.5	2	–	–	–	–	–	–	–	–	–	133.0	269.1	2
70歳～	–	–	–	–	–	–	–	–	–	–	–	–	–	–	–
大学・大学院卒	**521.4**	**2386.2**	**2 104**	**564.6**	**2609.1**	**1 523**	**568.9**	**2744.7**	**1 348**	**607.9**	**2929.4**	**1 122**	**634.5**	**3166.8**	**1 423**
～19歳	–	–	–	–	–	–	–	–	–	–	–	–	–	–	–
20～24	–	–	–	–	–	–	–	–	–	–	–	–	–	–	–
25～29	–	–	–	–	–	–	–	–	–	–	–	–	–	–	–
30～34	360.2	1577.6	124	–	–	–	–	–	–	–	–	–	–	–	–
35～39	418.2	1733.6	493	415.7	2056.4	109	341.8	1508.8	1	–	–	–	–	–	–
40～44	485.1	2156.0	537	459.8	2144.6	367	474.0	2137.5	111	366.9	1562.3	2	–	–	–
45～49	553.5	2589.7	312	549.0	2610.4	363	516.1	2374.4	431	549.7	2809.8	108	–	–	–
50～54	608.5	2953.5	237	631.5	2648.3	316	586.0	2871.5	411	590.1	2857.0	443	586.7	3139.5	89
55～59	661.2	3202.2	212	654.4	3023.9	235	633.0	2919.7	255	613.9	2934.1	391	617.2	3038.5	484
60～64	686.0	3247.3	138	720.2	3631.4	84	637.9	3681.1	113	683.6	3330.0	137	643.6	3163.0	711
65～69	687.3	3652.2	48	664.6	3291.0	51	668.5	3757.7	25	682.9	2718.1	36	678.8	3597.3	122
70歳～	357.9	1124.6	4	–	–	–	477.1	2941.3	2	432.6	2558.3	5	672.1	3956.2	19
女															
学歴計	**393.8**	**1650.5**	**1 014**	**444.4**	**2020.5**	**744**	**464.0**	**2204.9**	**544**	**473.9**	**2327.3**	**469**	**496.9**	**2493.9**	**623**
～19歳	–	–	–	–	–	–	–	–	–	–	–	–	–	–	–
20～24	–	–	–	–	–	–	–	–	–	–	–	–	–	–	–
25～29	–	–	–	–	–	–	–	–	–	–	–	–	–	–	–
30～34	308.2	1277.7	165	297.2	1148.4	2	–	–	–	–	–	–	–	–	–
35～39	341.6	1223.9	267	351.2	1385.8	143	412.9	1876.7	4	–	–	–	–	–	–
40～44	382.0	1602.2	211	416.9	2014.9	221	394.6	1853.4	151	390.9	2096.8	5	–	–	–
45～49	477.3	2021.4	158	462.2	2074.5	161	434.8	2051.3	205	444.8	2259.2	212	422.3	2243.7	8
50～54	492.1	2299.1	112	484.3	2255.7	100	503.9	2226.0	97	458.4	2144.6	141	464.6	2388.9	162
55～59	461.0	2430.0	62	547.1	2536.6	67	571.3	2895.1	47	582.0	2845.4	70	500.2	2490.7	317
60～64	500.7	2026.4	30	561.9	2462.1	44	647.0	3312.1	34	497.8	2406.7	41	513.9	2502.3	123
65～69	272.1	1052.9	9	645.3	3900.1	5	733.1	4538.1	6	610.2	3605.6	2	711.2	3991.2	13
70歳～	–	–	–	244.0	480.0	2	–	–	–	–	–	–	–	–	–

第2表　年齢階級、勤続年数階級別所定内給与額

企業規模	1,000人以上
	100～999人

O 教 育，

区分	勤続年数計			0年			1～2年			3～4年			5～9年		
	所定内給与額	年間賞与その他特別給与額	労働者数	所定内給与額	年間賞与その他特別給与額	労働者数	所定内給与額	年間賞与その他特別給与額	労働者数	所定内給与額	年間賞与その他特別給与額	労働者数	所定内給与額	年間賞与その他特別給与額	労働者数
	千円	千円	十人	千円	千円	十人	千円	千円	十人	千円	千円	十人	千円	千円	十人
高校卒	**298.5**	**1039.1**	**490**	**214.3**	**103.1**	**38**	**200.3**	**172.1**	**66**	**201.2**	**245.4**	**56**	**214.3**	**462.4**	**68**
～ 19歳	205.5	508.5	1	-	-	-	205.5	508.5	1	-	-	-	-	-	-
20 ～ 24	223.8	412.7	5	325.0	0.0	2	152.5	598.6	2	191.5	419.6	0	202.5	637.6	2
25 ～ 29	182.7	196.6	21	182.6	37.6	4	168.2	279.5	9	197.2	160.4	7	192.1	250.6	2
30 ～ 34	193.8	280.3	33	183.0	0.0	2	186.8	139.1	14	197.1	289.1	4	167.0	122.9	8
35 ～ 39	244.3	451.5	49	180.5	23.5	8	207.7	8.6	7	196.0	159.4	5	219.1	326.8	7
40 ～ 44	262.6	684.0	48	213.5	101.3	6	191.4	347.5	6	237.8	345.2	8	213.7	88.6	8
45 ～ 49	295.7	1095.9	102	203.8	250.4	5	251.2	174.9	10	180.8	258.2	12	220.6	938.9	23
50 ～ 54	326.3	1195.7	84	200.8	308.7	6	213.6	100.0	10	186.1	299.1	4	232.3	228.4	17
55 ～ 59	395.4	1692.5	97	360.8	0.0	3	187.4	7.5	5	231.2	387.8	9	184.4	396.0	1
60 ～ 64	308.8	1459.1	42	273.9	0.0	2	276.0	604.0	2	174.5	0.0	7	-	-	-
65 ～ 69	146.0	23.1	5	196.7	0.0	2	-	-	-	-	-	-	-	-	-
70歳～	137.9	0.0	3	-	-	-	137.9	0.0	3	-	-	-	-	-	-
高専・短大卒	**332.2**	**1218.0**	**1 818**	**227.2**	**42.8**	**140**	**240.8**	**627.1**	**269**	**282.8**	**850.9**	**177**	**301.5**	**1006.1**	**336**
～ 19歳	-	-	-	-	-	-	-	-	-	-	-	-	-	-	-
20 ～ 24	240.4	522.3	147	209.3	9.2	42	240.6	612.0	70	276.3	947.3	36	-	-	-
25 ～ 29	240.0	775.2	137	196.2	27.8	15	214.5	501.9	38	231.8	642.7	30	274.6	1250.3	54
30 ～ 34	286.8	966.5	270	271.0	68.5	15	230.4	727.0	51	262.2	716.9	19	308.8	1094.3	140
35 ～ 39	311.1	849.9	167	278.2	125.4	17	271.7	643.0	13	287.5	944.7	21	279.1	810.8	21
40 ～ 44	321.1	1209.4	263	208.4	43.7	10	240.8	573.3	33	313.9	1046.4	20	307.2	954.7	46
45 ～ 49	338.9	1350.7	294	236.8	64.8	15	219.2	630.4	41	268.3	851.3	25	285.9	891.2	29
50 ～ 54	399.9	1623.3	276	221.2	41.0	14	346.5	652.4	12	359.4	614.1	12	350.8	813.8	30
55 ～ 59	423.3	1797.7	199	210.1	0.0	12	311.4	1115.7	5	397.0	1197.0	10	301.1	489.2	12
60 ～ 64	436.5	1731.5	61	-	-	-	305.1	489.1	6	193.3	582.5	3	204.2	0.0	3
65 ～ 69	222.9	339.1	2	-	-	-	-	-	-	264.0	520.0	2	145.7	0.0	1
70歳～	244.0	480.0	2	-	-	-	-	-	-	-	-	-	-	-	-
大学・大学院卒	**375.8**	**1333.3**	**7 362**	**286.4**	**111.6**	**878**	**306.3**	**806.9**	**1 646**	**346.3**	**1087.4**	**1 031**	**378.5**	**1429.3**	**1 574**
～ 19歳	-	-	-	-	-	-	-	-	-	-	-	-	-	-	-
20 ～ 24	234.6	441.4	620	231.1	38.9	256	237.4	723.8	361	186.1	916.2	2	240.0	615.0	1
25 ～ 29	264.9	757.8	1 138	263.2	91.7	192	259.9	687.1	367	259.7	949.5	347	281.7	1133.7	232
30 ～ 34	306.1	826.2	1 220	306.4	144.2	161	300.2	555.7	290	312.0	909.5	204	305.5	1087.2	447
35 ～ 39	349.0	1068.1	949	311.9	243.5	63	326.5	658.8	184	369.4	1026.8	137	359.4	1188.3	266
40 ～ 44	407.7	1508.3	1 039	394.8	110.0	61	344.5	985.0	221	432.9	1203.2	137	437.3	1765.8	208
45 ～ 49	460.2	1877.4	954	296.3	195.7	56	417.9	1189.0	112	473.1	1407.4	82	466.4	1872.7	198
50 ～ 54	490.5	2020.7	626	343.6	156.9	55	463.2	1443.4	61	469.5	1777.3	33	495.7	1833.6	121
55 ～ 59	548.5	2558.3	463	433.0	186.2	18	481.0	1835.4	22	457.8	979.5	28	528.4	2257.1	73
60 ～ 64	532.9	2378.1	295	267.7	200.2	11	458.9	1837.0	23	409.4	1750.4	46	564.4	1979.8	26
65 ～ 69	600.9	2535.6	56	483.4	0.0	5	681.1	1997.7	6	498.5	722.1	12	582.2	2774.4	4
70歳～	381.1	2978.2	3	-	-	-	-	-	-	381.1	2978.2	3	-	-	-
企業規模 100～999人															
男女計	**386.0**	**1289.3**	**24 527**	**277.4**	**66.6**	**2 370**	**302.8**	**760.4**	**3 854**	**325.0**	**1041.6**	**3 044**	**371.1**	**1267.1**	**4 466**
～ 19歳	160.9	108.9	34	155.7	3.8	21	169.2	274.6	13	-	-	-	-	-	-
20 ～ 24	211.6	331.0	1 640	206.0	14.7	683	218.4	534.5	760	204.9	648.6	191	199.1	415.4	6
25 ～ 29	249.1	664.9	2 677	242.5	93.9	405	245.4	620.4	799	248.4	830.1	889	260.2	872.3	576
30 ～ 34	298.8	840.0	2 557	290.6	77.7	307	284.8	691.0	567	298.8	934.7	412	308.9	1071.0	880
35 ～ 39	345.5	1102.1	2 811	297.2	55.4	265	334.2	891.7	374	345.2	1017.8	352	349.9	1250.6	737
40 ～ 44	388.1	1301.4	3 036	344.4	90.4	178	384.8	975.9	336	360.5	1116.5	287	378.8	1265.9	583
45 ～ 49	426.2	1543.6	3 090	328.3	173.7	151	355.4	953.1	272	381.0	1411.4	237	423.5	1496.2	529
50 ～ 54	480.1	1803.1	2 929	345.1	57.3	102	416.3	1096.5	207	448.8	1537.0	203	443.2	1570.8	391
55 ～ 59	507.8	1946.1	2 831	413.5	74.7	89	420.2	1111.3	169	448.0	1466.7	150	476.3	1750.8	353
60 ～ 64	476.1	1670.0	1 963	368.0	126.8	128	361.4	865.2	269	440.6	1332.9	203	501.4	1658.0	196
65 ～ 69	470.9	1403.5	756	431.1	4.3	40	423.6	773.9	73	387.2	979.9	81	414.6	903.6	163
70歳～	409.5	988.5	203	281.2	0.0	2	315.5	538.5	13	303.8	742.2	40	466.5	1064.8	51
男															
学歴計	**427.9**	**1467.9**	**13 558**	**316.0**	**83.2**	**987**	**337.3**	**846.2**	**1 833**	**365.3**	**1182.5**	**1 481**	**403.7**	**1385.1**	**2 441**
～ 19歳	163.1	120.4	7	157.3	0.0	4	170.5	276.1	3	-	-	-	-	-	-
20 ～ 24	225.4	267.3	454	219.3	29.8	219	234.0	511.4	206	210.5	312.5	27	219.6	456.3	3
25 ～ 29	260.2	670.4	1 170	258.3	122.2	189	250.9	610.3	421	262.4	899.3	358	277.7	903.9	202
30 ～ 34	320.6	937.0	1 300	314.3	56.3	145	310.3	807.7	266	319.2	1075.5	199	325.3	1146.1	520
35 ～ 39	375.5	1235.2	1 538	379.1	87.7	92	369.7	1036.0	189	368.5	1105.8	201	366.7	1282.2	438
40 ～ 44	420.2	1459.4	1 656	405.6	100.7	60	423.3	1076.5	173	410.2	1243.8	139	409.2	1497.7	310
45 ～ 49	468.9	1719.6	1 684	420.9	311.9	41	422.6	1144.5	112	457.1	1915.5	91	467.7	1584.4	270
50 ～ 54	517.8	1960.0	1 769	413.9	53.9	49	472.3	1280.0	101	513.6	1722.5	108	513.8	1953.6	183
55 ～ 59	539.2	2059.0	1 812	449.3	80.1	53	441.9	1158.6	86	476.1	1698.7	97	535.6	1920.2	202
60 ～ 64	478.0	1703.3	1 435	333.0	107.7	98	369.4	875.0	213	437.0	1293.6	162	497.0	1841.7	131
65 ～ 69	469.3	1361.6	586	425.8	0.0	36	436.1	820.9	55	389.4	1010.7	67	422.2	874.5	141
70歳～	402.2	846.1	147	250.0	0.0	1	320.9	266.0	8	212.4	305.6	33	460.1	913.6	41

及び年間賞与その他特別給与額

学　習　支　援　業

10～14年 所定内給与額	10～14年 年間賞与その他特別給与額	10～14年 労働者数	15～19年 所定内給与額	15～19年 年間賞与その他特別給与額	15～19年 労働者数	20～24年 所定内給与額	20～24年 年間賞与その他特別給与額	20～24年 労働者数	25～29年 所定内給与額	25～29年 年間賞与その他特別給与額	25～29年 労働者数	30年以上 所定内給与額	30年以上 年間賞与その他特別給与額	30年以上 労働者数	区分
千円	千円	十人	千円	千円	十人	千円	千円	十人	千円	千円	十人	千円	千円	十人	
266.5	**794.4**	**39**	**254.2**	**802.1**	**19**	**349.2**	**1428.3**	**18**	**396.3**	**1817.7**	**58**	**425.2**	**2110.3**	**129**	**高校卒**
-	-	-	-	-	-	-	-	-	-	-	-	-	-	-	～19歳
-	-	-	-	-	-	-	-	-	-	-	-	-	-	-	20～24
-	-	-	-	-	-	-	-	-	-	-	-	-	-	-	25～29
279.6	1315.5	4	281.7	1089.5	0	-	-	-	-	-	-	-	-	-	30～34
261.3	216.5	10	287.4	1120.5	8	412.9	1876.7	4	-	-	-	-	-	-	35～39
284.0	838.0	9	-	-	-	338.1	1428.5	7	390.9	2096.8	5	-	-	-	40～44
308.3	1052.8	5	274.8	947.9	4	367.1	1502.7	3	384.7	1680.2	34	407.5	2068.4	7	45～49
205.6	809.5	2	225.2	326.9	4	231.8	0.0	1	408.1	1313.0	7	445.6	2361.9	34	50～54
343.5	1857.7	6	-	-	-	291.7	993.5	3	340.5	1568.7	6	448.8	2083.6	66	55～59
144.0	44.4	3	164.6	332.7	3	-	-	-	490.9	3017.0	7	335.4	1901.8	20	60～64
117.4	0.0	3	-	-	-	-	-	-	-	-	-	142.0	100.0	1	65～69
-	-	-	-	-	-	-	-	-	-	-	-	-	-	-	70歳～
328.3	**1213.5**	**176**	**352.3**	**1395.0**	**188**	**396.7**	**1660.3**	**150**	**419.4**	**1965.5**	**136**	**469.1**	**2272.2**	**245**	**高専・短大卒**
-	-	-	-	-	-	-	-	-	-	-	-	-	-	-	～19歳
-	-	-	-	-	-	-	-	-	-	-	-	-	-	-	20～24
-	-	-	-	-	-	-	-	-	-	-	-	-	-	-	25～29
298.6	1258.5	43	301.3	1164.1	2	-	-	-	-	-	-	-	-	-	30～34
352.3	1002.5	40	322.6	995.5	54	-	-	-	-	-	-	-	-	-	35～39
306.3	1153.0	36	360.5	1709.8	46	366.2	1575.4	72	-	-	-	-	-	-	40～44
302.4	1088.7	16	354.9	1362.0	36	389.6	1662.1	40	422.1	2055.3	90	482.3	2955.7	2	45～49
396.1	1849.3	24	376.9	1601.7	34	460.1	1794.7	26	409.7	1815.1	42	447.4	2256.2	82	50～54
331.2	1073.7	13	359.5	1295.5	12	464.5	1870.0	11	460.5	1525.4	4	476.4	2332.4	119	55～59
268.4	0.0	2	520.1	2949.7	3	449.6	1830.6	2	-	-	-	490.2	2108.8	42	60～64
-	-	-	-	-	-	-	-	-	-	-	-	-	-	-	65～69
-	-	-	244.0	480.0	2	-	-	-	-	-	-	-	-	-	70歳～
414.8	**1790.6**	**798**	**483.8**	**2285.2**	**535**	**496.4**	**2459.0**	**376**	**517.3**	**2614.6**	**275**	**561.3**	**2910.1**	**249**	**大学・大学院卒**
-	-	-	-	-	-	-	-	-	-	-	-	-	-	-	～19歳
-	-	-	-	-	-	-	-	-	-	-	-	-	-	-	20～24
-	-	-	-	-	-	-	-	-	-	-	-	-	-	-	25～29
312.6	1283.5	119	-	-	-	-	-	-	-	-	-	-	-	-	30～34
343.2	1310.0	218	376.8	1675.3	80	-	-	-	-	-	-	-	-	-	35～39
404.1	1742.9	165	431.7	2095.0	175	428.4	2171.9	72	-	-	-	-	-	-	40～44
504.9	2169.4	137	500.1	2322.5	121	447.2	2157.1	162	492.1	2699.2	87	-	-	-	45～49
523.9	2450.7	87	561.4	2749.0	62	522.1	2402.2	70	484.2	2355.2	92	510.3	2651.4	45	50～54
517.9	2932.7	43	594.9	2843.1	54	631.8	3404.9	33	612.8	3054.9	60	547.3	2838.0	132	55～59
570.1	2479.3	24	591.5	2571.1	39	656.2	3381.0	32	499.2	2282.5	34	590.1	2978.1	61	60～64
336.6	1491.6	6	645.3	3900.1	5	733.1	4538.1	6	610.2	3605.6	2	770.6	4397.2	12	65～69
-	-	-	-	-	-	-	-	-	-	-	-	-	-	-	70歳～
															企業規模 100～999人
408.2	**1496.0**	**3 217**	**451.7**	**1763.5**	**2 001**	**476.4**	**1947.6**	**1 844**	**497.4**	**2024.4**	**1 657**	**519.0**	**2130.2**	**2 074**	**男女計**
-	-	-	-	-	-	-	-	-	-	-	-	-	-	-	～19歳
-	-	-	-	-	-	-	-	-	-	-	-	-	-	-	20～24
240.1	726.9	8	-	-	-	-	-	-	-	-	-	-	-	-	25～29
301.8	1037.3	382	344.7	970.2	8	-	-	-	-	-	-	-	-	-	30～34
354.5	1352.0	810	370.0	1375.9	272	220.9	534.9	1	-	-	-	-	-	-	35～39
404.9	1459.3	650	411.9	1580.5	640	378.7	1646.4	343	348.4	1266.9	19	-	-	-	40～44
445.4	1697.9	478	461.3	1792.3	390	454.7	1808.9	633	441.5	1763.1	392	354.3	1408.1	8	45～49
491.4	1795.4	354	500.7	2007.6	285	536.3	2242.3	392	504.1	2104.2	670	479.4	1928.2	324	50～54
490.0	1830.1	279	532.0	2170.5	244	535.5	2231.3	280	529.0	2125.8	361	537.4	2256.2	905	55～59
515.7	1906.5	144	498.6	2061.4	124	572.2	2359.0	150	527.1	2047.6	169	502.5	2073.9	581	60～64
435.0	1252.9	66	619.0	2388.4	30	301.2	513.7	37	594.9	2643.3	42	559.4	2194.6	225	65～69
416.9	1121.9	46	500.2	981.6	9	418.9	618.3	9	398.2	982.5	4	457.5	1328.9	30	70歳～
															男
441.5	**1613.7**	**1 920**	**483.2**	**1902.4**	**1 270**	**501.1**	**2015.0**	**1 163**	**524.4**	**2112.5**	**1 054**	**530.4**	**2166.2**	**1 409**	**学歴計**
-	-	-	-	-	-	-	-	-	-	-	-	-	-	-	～19歳
-	-	-	-	-	-	-	-	-	-	-	-	-	-	-	20～24
-	-	-	-	-	-	-	-	-	-	-	-	-	-	-	25～29
328.3	1098.4	165	369.8	772.5	5	-	-	-	-	-	-	-	-	-	30～34
377.5	1429.7	479	412.3	1629.1	140	-	-	-	-	-	-	-	-	-	35～39
428.5	1570.5	418	433.8	1626.0	384	401.6	1803.9	165	355.4	1344.9	7	-	-	-	40～44
475.3	1842.8	289	481.1	1884.6	288	471.5	1818.0	414	481.1	1817.2	178	406.2	1339.5	1	45～49
528.8	1937.9	228	530.4	2143.1	198	558.4	2269.4	292	515.4	2122.7	420	491.2	1958.3	188	50～54
542.1	1993.3	164	586.7	2386.5	147	554.3	2255.7	165	551.6	2198.6	289	549.5	2277.7	610	55～59
530.2	1898.5	93	503.0	2098.2	82	583.5	2491.1	96	539.4	2196.8	132	516.3	2146.3	429	60～64
441.5	1148.6	49	634.0	2992.6	21	291.7	549.4	26	651.0	2890.6	25	549.2	2144.2	166	65～69
453.5	1209.8	37	646.0	1306.0	5	602.5	903.4	5	331.4	1007.0	2	447.4	1104.8	15	70歳～

第2表　年齢階級、勤続年数階級別所定内給与額

企業規模	100～999人

O 教 育，

区分	勤続年数計			0年			1～2年			3～4年			5～9年		
	所定内給与額	年間賞与その他特別給与額	労働者数	所定内給与額	年間賞与その他特別給与額	労働者数	所定内給与額	年間賞与その他特別給与額	労働者数	所定内給与額	年間賞与その他特別給与額	労働者数	所定内給与額	年間賞与その他特別給与額	労働者数
	千円	千円	十人	千円	千円	十人	千円	千円	十人	千円	千円	十人	千円	千円	十人
高校卒	**304.3**	**770.4**	**1 012**	**210.1**	**50.3**	**69**	**229.0**	**404.3**	**138**	**235.2**	**467.7**	**88**	**287.3**	**546.2**	**180**
～19歳	163.1	120.4	7	157.3	0.0	4	170.5	276.1	3	-	-	-	-	-	-
20～24	196.9	131.4	52	200.3	85.6	28	193.5	161.9	17	179.8	116.0	6	219.6	456.3	3
25～29	196.6	254.8	37	175.0	0.0	0	184.8	187.0	18	206.8	229.1	12	210.4	484.6	7
30～34	262.4	619.2	41	-	-	-	223.2	420.1	6	260.8	807.9	10	233.8	521.7	8
35～39	284.2	690.0	85	307.8	0.0	3	241.4	112.9	7	214.7	421.0	3	282.8	669.3	31
40～44	324.9	989.6	109	167.6	94.0	2	287.8	844.5	13	305.7	882.9	11	290.2	753.1	23
45～49	337.7	868.5	132	425.1	0.0	2	251.8	269.3	15	257.5	498.2	5	328.7	607.5	21
50～54	390.7	1268.8	146	210.3	37.0	8	322.8	879.3	8	303.3	468.6	6	404.9	1074.8	10
55～59	345.2	1094.4	157	298.8	0.0	3	214.7	510.3	15	236.9	630.6	14	250.9	515.1	24
60～64	265.3	473.4	139	193.5	57.1	11	232.3	479.7	31	190.8	229.4	11	258.6	243.8	21
65～69	249.5	323.4	96	189.1	0.0	9	196.6	250.8	5	196.7	234.8	7	305.3	325.1	34
70歳～	210.1	161.7	10	-	-	-	190.0	127.0	1	218.0	142.9	4	-	-	-
高専・短大卒	**339.9**	**899.2**	**857**	**243.6**	**11.0**	**69**	**292.4**	**597.9**	**135**	**267.7**	**658.1**	**76**	**339.6**	**884.9**	**166**
～19歳	-	-	-	-	-	-	-	-	-	-	-	-	-	-	-
20～24	196.8	185.0	67	195.9	0.0	30	192.3	415.5	21	204.4	226.5	16	-	-	-
25～29	235.9	440.7	90	214.2	0.0	7	223.5	156.8	35	215.4	544.5	15	263.5	790.9	33
30～34	289.9	654.5	98	250.9	5.9	8	266.8	657.7	14	247.2	753.2	10	322.1	655.8	34
35～39	308.7	825.5	117	295.5	0.0	7	320.5	1172.3	15	342.5	697.7	12	330.9	1047.4	34
40～44	363.7	976.7	132	310.7	0.0	3	379.2	775.8	14	310.9	954.5	8	422.8	885.6	28
45～49	392.4	1166.0	127	324.8	201.4	3	350.9	721.3	11	266.6	585.5	4	354.3	674.9	9
50～54	424.6	1247.0	100	216.5	0.0	2	409.1	773.9	12	315.0	623.7	2	385.1	907.7	14
55～59	455.2	1450.3	70	274.9	75.0	2	389.2	981.8	7	422.0	1612.4	5	542.4	1885.0	3
60～64	353.7	971.3	33	398.3	0.0	5	400.3	905.1	5	255.1	886.1	4	313.8	1190.6	6
65～69	372.5	1009.0	22	231.2	0.0	2	310.3	0.0	1	-	-	-	306.3	1354.5	5
70歳～	355.3	745.3	2	-	-	-	-	-	-	-	-	-	355.3	745.3	2
大学・大学院卒	**446.1**	**1574.5**	**11 603**	**330.5**	**90.9**	**846**	**352.1**	**912.3**	**1 545**	**384.0**	**1283.3**	**1 290**	**419.5**	**1500.1**	**2 082**
～19歳	-	-	-	-	-	-	-	-	-	-	-	-	-	-	-
20～24	235.7	305.2	334	226.9	25.8	161	243.3	558.2	168	258.4	754.5	6	-	-	-
25～29	264.6	703.8	1 041	260.3	127.4	182	256.7	673.4	368	266.4	937.4	328	283.4	944.7	163
30～34	325.2	971.0	1 157	318.1	59.3	137	314.9	825.6	246	326.5	1108.6	179	326.9	1189.3	475
35～39	387.1	1303.8	1 332	389.6	99.2	81	379.7	1062.8	167	372.9	1144.3	185	376.7	1352.6	373
40～44	432.9	1540.2	1 411	418.9	106.0	56	439.3	1125.4	146	426.0	1294.7	120	418.4	1628.8	259
45～49	487.9	1847.0	1 423	431.8	326.3	35	460.3	1344.6	87	480.1	2077.3	82	484.0	1703.7	240
50～54	536.1	2072.1	1 521	462.8	59.5	40	496.7	1396.6	81	529.9	1817.6	100	531.8	2099.3	159
55～59	562.4	2180.5	1 578	464.4	84.5	48	501.3	1330.7	64	523.1	1899.3	78	574.7	2114.1	175
60～64	508.2	1871.6	1 240	347.2	119.4	81	401.4	971.9	168	462.4	1394.1	146	556.9	2199.7	104
65～69	526.7	1619.1	455	518.8	0.0	26	495.4	983.6	44	416.7	1110.5	58	474.5	1033.4	98
70歳～	476.6	1103.5	110	250.0	0.0	1	348.6	295.5	7	385.6	1232.7	8	482.7	983.9	37
女															
学歴計	**334.2**	**1068.6**	**10 970**	**249.9**	**54.7**	**1 383**	**271.4**	**682.7**	**2 021**	**286.7**	**908.0**	**1 563**	**331.8**	**1125.0**	**2 026**
～19歳	160.4	106.0	27	155.3	4.7	17	168.8	274.2	10	-	-	-	-	-	-
20～24	206.3	355.4	1 186	199.7	7.6	464	212.7	543.1	554	204.0	703.1	165	181.4	379.8	3
25～29	240.5	660.5	1 507	228.7	69.2	216	239.3	631.5	379	239.0	783.6	531	250.7	855.2	374
30～34	276.2	739.7	1 257	269.3	96.8	162	262.3	587.8	301	279.7	802.5	212	285.2	962.7	360
35～39	309.2	941.4	1 273	253.9	38.3	174	298.0	744.1	185	314.4	901.4	151	325.4	1204.4	299
40～44	349.5	1111.8	1 380	313.0	85.2	118	344.0	869.2	163	314.0	997.5	148	344.2	1002.8	273
45～49	375.1	1332.9	1 406	293.7	122.3	110	308.0	818.4	160	333.3	1096.0	146	377.3	1404.0	259
50～54	422.6	1563.8	1 160	280.7	60.5	53	362.9	921.7	106	374.8	1324.9	95	381.1	1234.3	208
55～59	451.9	1745.3	1 019	361.4	66.7	36	398.1	1063.0	84	396.7	1043.1	53	397.1	1524.8	151
60～64	470.7	1579.4	528	483.3	189.5	30	330.7	827.8	56	454.7	1489.6	41	510.0	1292.1	66
65～69	476.5	1547.2	170	490.7	53.4	3	385.8	631.4	18	376.7	828.1	14	366.3	1090.2	22
70歳～	428.4	1358.3	56	293.6	0.0	1	306.0	1022.9	5	776.3	3000.0	6	491.0	1643.5	11
高校卒	**260.3**	**691.2**	**622**	**176.1**	**52.6**	**70**	**194.7**	**314.8**	**114**	**203.8**	**461.7**	**68**	**248.6**	**617.1**	**89**
～19歳	160.4	106.0	27	155.3	4.7	17	168.8	274.2	10	-	-	-	-	-	-
20～24	183.5	320.3	44	196.9	0.0	5	184.3	260.7	21	178.9	479.0	16	181.4	379.8	3
25～29	200.5	476.4	43	189.7	35.6	9	192.8	640.5	9	201.4	505.6	12	210.0	612.2	10
30～34	204.6	380.2	37	170.7	15.7	4	194.5	195.0	11	194.0	284.1	4	194.6	471.2	5
35～39	236.1	566.8	50	138.4	0.0	6	202.6	366.2	10	217.9	311.5	1	238.7	680.8	17
40～44	276.0	794.7	76	227.4	242.0	12	221.6	445.0	3	245.6	617.5	9	259.5	819.6	10
45～49	272.1	690.2	106	166.3	9.3	4	178.4	246.9	17	226.8	454.5	13	277.3	552.3	14
50～54	271.1	791.8	92	161.9	30.4	11	235.0	459.6	15	189.8	437.7	11	273.8	775.7	12
55～59	333.2	1079.8	89	108.1	0.0	2	188.8	147.5	7	162.0	3.0	1	296.2	618.4	12
60～64	314.4	920.0	38	192.2	0.0	0	206.6	255.0	8	-	-	-	200.8	61.7	2
65～69	281.2	813.3	14	146.3	0.0	1	150.6	0.0	1	159.7	0.0	1	177.0	268.4	4
70歳～	197.0	193.0	5	280.0	0.0	1	-	-	-	-	-	-	-	-	-

及び年間賞与その他特別給与額

学　習　支　援　業

10 ～ 14 年			15 ～ 19 年			20 ～ 24 年			25 ～ 29 年			30 年 以 上			区　分
所定内給与額	年間賞与その他特別給与額	労働者数	所定内給与額	年間賞与その他特別給与額	労働者数	所定内給与額	年間賞与その他特別給与額	労働者数	所定内給与額	年間賞与その他特別給与額	労働者数	所定内給与額	年間賞与その他特別給与額	労働者数	
千円	千円	十人	千円	千円	十人	千円	千円	十人	千円	千円	十人	千円	千円	十人	
298.9	**732.3**	**128**	**331.8**	**1023.8**	**95**	**321.6**	**887.7**	**88**	**378.2**	**1152.4**	**81**	**418.6**	**1505.8**	**145**	**高校卒**
-	-	-	-	-	-	-	-	-	-	-	-	-	-	-	～ 19歳
-	-	-	-	-	-	-	-	-	-	-	-	-	-	-	20 ～ 24
-	-	-	-	-	-	-	-	-	-	-	-	-	-	-	25 ～ 29
256.8	558.4	13	369.8	772.5	5	-	-	-	-	-	-	-	-	-	30 ～ 34
298.4	821.9	31	290.0	1073.8	10	-	-	-	-	-	-	-	-	-	35 ～ 39
374.6	993.8	20	348.7	1268.6	17	336.3	1158.0	17	355.4	1344.9	7	-	-	-	40 ～ 44
320.0	837.5	23	349.6	907.5	25	375.4	1256.9	23	385.5	1308.0	18	406.2	1339.5	1	45 ～ 49
294.7	808.5	9	393.5	1474.8	15	394.4	612.3	13	430.7	1156.6	29	429.7	1920.1	49	50 ～ 54
362.2	1008.7	10	340.2	1125.9	9	301.1	855.0	12	362.1	1230.8	18	458.6	1719.0	52	55 ～ 59
253.8	237.7	6	211.1	491.8	9	249.2	595.3	5	250.3	530.8	8	362.2	803.6	37	60 ～ 64
196.0	281.8	13	233.9	152.2	4	218.6	440.8	18	322.4	1020.0	1	335.9	701.1	7	65 ～ 69
222.1	218.3	4	-	-	-	-	-	-	145.8	0.0	1	-	-	-	70歳～
330.2	**867.0**	**130**	**388.6**	**1245.6**	**73**	**397.5**	**1340.9**	**88**	**421.8**	**1264.2**	**58**	**443.5**	**1565.0**	**63**	**高専・短大卒**
-	-	-	-	-	-	-	-	-	-	-	-	-	-	-	～ 19歳
-	-	-	-	-	-	-	-	-	-	-	-	-	-	-	20 ～ 24
-	-	-	-	-	-	-	-	-	-	-	-	-	-	-	25 ～ 29
289.6	783.7	32	-	-	-	-	-	-	-	-	-	-	-	-	30 ～ 34
263.3	580.6	32	322.8	992.5	16	-	-	-	-	-	-	-	-	-	35 ～ 39
321.8	887.5	19	357.5	1052.3	22	354.8	1194.3	38	-	-	-	-	-	-	40 ～ 44
397.7	1106.5	14	462.5	1461.1	18	385.8	1273.2	33	406.0	1367.5	34	-	-	-	45 ～ 49
389.5	1535.6	16	423.1	1590.3	15	510.2	1405.0	11	436.0	969.3	11	472.0	1580.5	17	50 ～ 54
423.4	907.2	12	418.1	1223.3	2	528.8	2625.6	6	466.1	1299.0	9	477.6	1646.1	27	55 ～ 59
281.6	990.8	1	240.7	571.1	1	-	-	-	421.0	1114.7	3	360.8	1436.4	9	60 ～ 64
528.6	0.0	4	-	-	-	-	-	-	-	-	-	382.4	1444.5	10	65 ～ 69
-	-	-	-	-	-	-	-	-	-	-	-	-	-	-	70歳～
461.6	**1740.8**	**1 655**	**502.7**	**2021.0**	**1 100**	**526.2**	**2174.6**	**987**	**543.9**	**2249.5**	**912**	**549.8**	**2279.6**	**1 186**	**大学・大学院卒**
-	-	-	-	-	-	-	-	-	-	-	-	-	-	-	～ 19歳
-	-	-	-	-	-	-	-	-	-	-	-	-	-	-	20 ～ 24
-	-	-	-	-	-	-	-	-	-	-	-	-	-	-	25 ～ 29
346.5	1241.4	120	-	-	-	-	-	-	-	-	-	-	-	-	30 ～ 34
392.1	1536.8	413	435.9	1769.1	114	-	-	-	-	-	-	-	-	-	35 ～ 39
437.0	1636.4	376	442.7	1678.4	344	428.3	2118.3	110	-	-	-	-	-	-	40 ～ 44
493.8	1975.8	252	495.7	2013.0	246	485.4	1902.6	357	515.2	2006.9	125	-	-	-	45 ～ 49
549.4	2016.4	204	552.3	2252.6	168	568.3	2384.6	268	524.2	2228.8	379	518.0	2019.4	121	50 ～ 54
563.7	2147.1	142	605.6	2486.3	136	575.2	2352.6	148	567.8	2296.6	262	562.6	2362.6	525	55 ～ 59
552.3	2026.9	86	547.3	2331.9	70	601.6	2593.4	91	560.8	2327.6	120	538.1	2303.9	375	60 ～ 64
542.7	1655.5	31	725.2	3640.4	17	456.3	794.3	8	657.6	2928.2	25	570.4	2257.2	149	65 ～ 69
490.4	1372.4	32	646.0	1306.0	5	602.5	903.4	5	479.9	1812.6	1	447.4	1104.8	15	70歳～
															女
358.9	**1321.7**	**1 297**	**396.8**	**1522.1**	**731**	**434.3**	**1832.4**	**681**	**450.3**	**1870.5**	**603**	**495.0**	**2053.9**	**665**	**学歴計**
-	-	-	-	-	-	-	-	-	-	-	-	-	-	-	～ 19歳
-	-	-	-	-	-	-	-	-	-	-	-	-	-	-	20 ～ 24
240.1	726.9	8	-	-	-	-	-	-	-	-	-	-	-	-	25 ～ 29
281.8	991.1	218	305.2	1281.1	3	-	-	-	-	-	-	-	-	-	30 ～ 34
321.3	1239.8	331	325.1	1107.6	132	220.9	534.9	1	-	-	-	-	-	-	35 ～ 39
362.5	1259.7	233	378.9	1512.2	256	357.4	1500.3	178	344.0	1218.3	11	-	-	-	40 ～ 44
399.6	1476.6	189	405.1	1531.2	102	423.0	1791.8	220	408.4	1718.0	214	347.7	1416.7	8	45 ～ 49
423.5	1536.0	126	432.7	1697.1	87	471.5	2162.8	100	485.1	2072.9	250	463.1	1886.8	136	50 ～ 54
416.4	1599.9	116	449.0	1842.4	97	508.4	2196.0	114	439.0	1836.3	73	512.5	2211.6	295	55 ～ 59
489.4	1920.9	51	489.9	1989.6	42	551.9	2123.9	54	483.7	1519.6	37	463.4	1869.3	152	60 ～ 64
416.7	1545.1	17	583.5	961.9	9	323.2	431.7	11	510.0	2269.0	17	587.9	2335.3	59	65 ～ 69
263.1	753.4	9	340.6	626.4	4	149.3	200.0	4	469.0	956.6	2	467.5	1551.3	15	70歳～
242.2	**608.8**	**88**	**318.0**	**922.1**	**46**	**310.7**	**989.0**	**45**	**366.2**	**1390.1**	**49**	**439.8**	**1777.9**	**54**	**高校卒**
-	-	-	-	-	-	-	-	-	-	-	-	-	-	-	～ 19歳
-	-	-	-	-	-	-	-	-	-	-	-	-	-	-	20 ～ 24
217.7	643.3	4	-	-	-	-	-	-	-	-	-	-	-	-	25 ～ 29
229.7	630.4	12	229.0	780.0	1	-	-	-	-	-	-	-	-	-	30 ～ 34
213.6	566.2	4	311.8	849.9	12	220.9	534.9	1	-	-	-	-	-	-	35 ～ 39
236.4	766.5	8	259.3	513.6	3	315.3	1054.7	20	344.0	1218.3	11	-	-	-	40 ～ 44
241.9	354.1	18	336.4	718.6	4	294.0	832.1	9	371.3	1456.6	23	349.4	1223.5	4	45 ～ 49
298.1	1074.0	14	314.5	1079.2	12	289.6	748.3	3	406.7	1635.4	12	276.8	822.6	1	50 ～ 54
226.0	463.3	21	317.5	902.8	7	284.8	928.3	7	305.9	686.0	2	490.8	2106.1	30	55 ～ 59
312.6	1118.7	3	381.2	1127.8	5	408.5	1428.3	4	172.2	321.1	1	361.7	1264.5	13	60 ～ 64
200.0	0.0	0	-	-	-	286.3	756.0	1	-	-	-	458.7	1883.0	5	65 ～ 69
168.4	78.6	4	239.0	1001.1	1	-	-	-	-	-	-	-	-	-	70歳～

第2表　年齢階級、勤続年数階級別所定内給与額

企業規模	100～999人
	10～99人

O 教 育，

区分	勤続年数計			0年			1～2年			3～4年			5～9年		
	所定内給与額	年間賞与その他特別給与額	労働者数	所定内給与額	年間賞与その他特別給与額	労働者数	所定内給与額	年間賞与その他特別給与額	労働者数	所定内給与額	年間賞与その他特別給与額	労働者数	所定内給与額	年間賞与その他特別給与額	労働者数
	千円	千円	十人	千円	千円	十人	千円	千円	十人	千円	千円	十人	千円	千円	十人
高専・短大卒	**272.6**	**782.6**	**2 884**	**201.5**	**13.6**	**337**	**221.9**	**475.1**	**558**	**242.3**	**693.2**	**470**	**267.6**	**754.3**	**480**
～19歳	-	-	-	-	-	-	-	-	-	-	-	-	-	-	-
20～24	195.4	371.6	599	182.9	2.8	178	197.9	425.6	276	206.1	722.8	145	-	-	-
25～29	227.2	615.7	379	189.8	21.4	22	209.2	372.3	52	221.6	657.7	130	241.1	730.6	171
30～34	238.7	629.4	284	229.1	12.3	17	215.9	425.8	58	239.9	633.9	53	237.3	731.0	61
35～39	251.7	665.7	259	191.2	6.1	52	263.3	620.7	31	244.4	609.4	29	255.0	663.2	25
40～44	294.0	850.0	349	274.7	52.9	22	260.8	562.5	46	259.9	631.9	20	304.0	595.0	65
45～49	312.8	1023.5	349	241.9	22.7	26	252.2	646.4	36	270.0	668.1	36	256.1	746.8	52
50～54	356.2	1186.5	299	271.3	118.2	11	223.2	573.6	19	380.2	1001.7	40	316.0	914.0	62
55～59	361.0	1312.6	247	200.6	0.0	5	349.5	876.9	23	277.3	493.3	14	304.3	988.2	34
60～64	380.5	1117.8	81	275.7	0.0	2	247.0	242.4	15	411.4	820.9	3	375.8	908.8	4
65～69	315.9	749.6	33	-	-	-	266.8	344.2	4	-	-	-	306.1	759.9	6
70歳～	303.1	334.3	4	322.6	0.0	0	-	-	-	563.7	1000.0	0	-	-	-
大学・大学院卒	**364.4**	**1210.9**	**7 439**	**271.9**	**69.0**	**972**	**298.6**	**799.9**	**1 345**	**312.7**	**1036.7**	**1 022**	**358.1**	**1278.2**	**1 454**
～19歳	-	-	-	-	-	-	-	-	-	-	-	-	-	-	-
20～24	220.2	340.7	541	210.3	10.2	280	230.9	692.2	257	225.1	873.4	4	-	-	-
25～29	246.6	681.6	1 080	234.9	75.8	184	245.5	671.9	317	245.7	831.1	388	261.2	976.8	192
30～34	290.3	785.1	933	276.9	109.3	141	277.1	643.6	231	295.7	874.1	155	296.3	1016.7	294
35～39	328.9	1035.7	960	287.7	54.7	116	312.5	799.0	144	332.4	978.2	121	338.1	1292.2	257
40～44	375.8	1233.7	954	334.9	71.5	84	382.5	1010.4	113	328.2	1103.9	119	361.6	1146.0	198
45～49	409.7	1519.9	947	317.4	163.3	78	347.7	968.7	107	370.6	1338.1	97	417.2	1643.4	193
50～54	466.5	1802.4	769	327.7	49.7	30	426.4	1110.3	72	415.0	1835.6	44	420.9	1423.9	134
55～59	500.2	1987.5	682	404.8	82.7	29	445.7	1259.5	54	448.2	1279.2	38	438.8	1803.4	105
60～64	504.0	1729.8	405	504.2	207.7	27	398.6	1229.2	33	458.3	1544.7	38	531.0	1364.9	59
65～69	548.6	1877.3	121	647.2	77.7	2	466.8	832.6	12	419.9	988.2	11	459.7	1529.9	12
70歳～	473.3	1620.7	46	-	-	-	306.0	1022.9	5	790.5	3133.3	6	491.0	1643.5	11
企業規模 10～99人															
男女計	**273.1**	**702.2**	**19 029**	**221.6**	**27.0**	**2 089**	**224.0**	**504.8**	**3 723**	**241.7**	**658.5**	**2 559**	**262.4**	**714.0**	**3 751**
～19歳	166.2	96.2	23	158.9	0.0	14	178.3	256.9	9	-	-	-	-	-	-
20～24	196.7	391.4	3 071	193.9	10.0	944	197.5	518.0	1 522	199.5	665.5	588	182.0	766.9	16
25～29	219.5	585.3	2 594	221.3	31.4	284	214.7	494.0	619	221.7	679.9	688	220.4	734.7	994
30～34	246.8	627.9	2 034	231.5	62.0	158	237.5	494.8	341	247.7	602.5	282	253.9	694.9	733
35～39	264.4	685.1	1 941	225.2	32.8	130	238.1	480.3	252	252.0	621.1	217	282.1	742.3	477
40～44	297.3	755.0	2 159	245.6	22.0	133	247.8	487.7	271	272.0	590.0	197	280.3	650.4	444
45～49	312.1	847.7	2 006	241.7	70.4	114	256.6	474.9	229	292.5	704.0	174	293.8	750.9	365
50～54	342.6	981.6	1 825	313.6	44.9	103	293.6	549.6	121	293.3	848.8	115	316.0	894.5	264
55～59	355.9	975.7	1 566	275.5	52.0	109	245.5	518.7	123	277.4	579.6	94	308.7	692.6	199
60～64	311.9	796.6	1 144	283.0	30.4	68	285.6	590.5	190	267.6	542.7	127	259.8	598.8	116
65～69	296.3	722.5	448	221.7	21.9	27	245.4	238.3	35	358.5	889.4	63	240.1	466.7	107
70歳～	297.6	680.8	219	237.3	0.0	6	308.0	165.9	12	225.6	351.5	12	259.9	446.5	36
男															
学歴計	**323.1**	**802.3**	**7 137**	**270.7**	**37.9**	**540**	**258.9**	**494.4**	**975**	**283.7**	**669.7**	**793**	**300.6**	**742.9**	**1 388**
～19歳	168.9	36.1	3	168.0	0.0	2	176.0	304.0	0	-	-	-	-	-	-
20～24	208.8	275.2	275	207.7	8.2	93	212.5	414.3	147	196.4	412.7	33	160.0	0.0	1
25～29	238.5	487.7	580	242.5	27.1	82	228.1	431.8	181	239.2	606.3	172	248.4	680.0	141
30～34	268.9	646.3	756	251.0	52.9	66	258.0	521.9	145	264.1	670.2	138	277.0	777.8	317
35～39	300.4	789.0	805	264.7	21.0	30	273.6	594.3	107	290.3	703.7	85	313.7	857.6	249
40～44	347.6	885.9	966	307.1	43.1	42	286.1	652.4	68	330.8	624.8	62	340.8	810.1	196
45～49	363.2	941.8	818	286.7	130.5	38	322.5	463.0	55	341.5	817.0	51	334.6	774.5	112
50～54	384.2	1040.8	847	391.5	83.2	53	355.7	682.2	44	335.5	842.5	45	346.0	796.3	77
55～59	392.8	1036.3	851	303.1	19.0	50	255.3	448.7	61	342.8	739.1	42	363.7	764.4	95
60～64	311.6	754.6	756	288.2	12.9	57	277.3	545.6	130	270.2	592.1	104	273.2	549.2	65
65～69	279.8	597.0	330	222.7	23.8	21	200.8	162.7	27	360.7	923.2	53	238.9	447.1	99
70歳～	292.9	577.3	151	232.4	0.0	5	329.8	92.9	10	215.4	218.5	9	256.5	422.9	36
高校卒	**262.1**	**624.5**	**1 730**	**207.9**	**24.7**	**98**	**222.5**	**386.8**	**218**	**222.0**	**495.8**	**153**	**238.1**	**527.9**	**294**
～19歳	168.9	36.1	3	168.0	0.0	2	176.0	304.0	0	-	-	-	-	-	-
20～24	180.0	176.2	45	160.9	0.0	8	189.1	137.3	22	176.4	323.3	15	-	-	-
25～29	210.7	370.5	58	153.5	0.0	2	190.6	325.2	20	212.6	320.4	16	232.7	487.8	17
30～34	214.9	372.9	103	209.3	28.7	15	197.4	284.5	26	197.3	473.9	13	223.1	489.6	32
35～39	256.3	624.4	141	192.2	6.8	4	258.2	831.8	21	205.9	460.8	11	250.0	573.2	37
40～44	261.5	723.7	186	181.6	144.9	6	239.3	977.4	15	255.9	353.4	11	241.0	624.1	45
45～49	289.6	678.0	238	242.2	20.7	7	272.6	280.6	10	248.4	698.1	15	258.2	500.7	30
50～54	300.7	876.5	248	207.6	81.4	10	283.5	198.4	14	230.5	1143.8	14	281.6	645.7	21
55～59	289.4	653.9	281	249.0	1.9	21	210.1	337.1	22	240.4	365.2	9	245.9	644.4	31
60～64	241.7	529.9	267	196.3	2.1	20	235.8	379.2	52	254.1	496.4	33	209.3	329.2	29
65～69	221.8	511.3	128	180.7	9.5	3	173.9	158.4	11	171.4	284.4	15	224.6	489.2	43
70歳～	245.8	629.0	34	-	-	-	154.2	42.5	3	201.2	20.0	1	196.6	306.3	8

及び年間賞与その他特別給与額

学　習　支　援　業

10 ～ 14 年			15 ～ 19 年			20 ～ 24 年			25 ～ 29 年			30 年 以 上			区　分
所定内給与額	年間賞与その他特別給与額	労働者数	所定内給与額	年間賞与その他特別給与額	労働者数	所定内給与額	年間賞与その他特別給与額	労働者数	所定内給与額	年間賞与その他特別給与額	労働者数	所定内給与額	年間賞与その他特別給与額	労働者数	
千円	千円	十人	千円	千円	十人	千円	千円	十人	千円	千円	十人	千円	千円	十人	
287.1	**939.3**	**319**	**300.8**	**1095.8**	**184**	**333.3**	**1224.3**	**173**	**381.5**	**1494.7**	**196**	**436.4**	**1759.6**	**167**	**高専・短大卒**
-	-	-	-	-	-	-	-	-	-	-	-	-	-	-	～ 19歳
-	-	-	-	-	-	-	-	-	-	-	-	-	-	-	20 ～ 24
259.8	800.0	4	-	-	-	-	-	-	-	-	-	-	-	-	25 ～ 29
252.4	780.6	93	340.1	1511.0	2	-	-	-	-	-	-	-	-	-	30 ～ 34
262.2	873.2	60	288.6	1066.2	63	-	-	-	-	-	-	-	-	-	35 ～ 39
290.2	906.7	52	293.1	1130.5	50	317.3	1235.6	94	-	-	-	-	-	-	40 ～ 44
336.2	1101.2	45	309.3	1141.3	21	377.1	1379.4	27	367.0	1494.3	105	331.1	1680.5	2	45 ～ 49
271.4	744.5	19	313.4	922.4	23	356.3	1299.5	15	431.0	1785.8	45	421.0	1707.3	65	50 ～ 54
361.8	1447.3	30	327.2	1204.9	25	368.7	1351.2	19	316.3	1084.8	30	453.8	1976.0	67	55 ～ 59
357.9	1270.7	12	-	-	-	386.5	1385.7	6	484.6	1573.9	15	415.6	1407.6	24	60 ～ 64
204.4	556.8	5	166.2	0.0	0	266.1	360.7	9	204.1	37.8	1	489.0	1602.6	8	65 ～ 69
398.5	701.5	1	-	-	-	150.0	300.0	2	-	-	-	600.0	0.0	1	70歳～
396.5	**1529.2**	**886**	**439.3**	**1733.8**	**501**	**484.7**	**2145.9**	**461**	**500.8**	**2145.5**	**355**	**523.6**	**2196.1**	**444**	**大学・大学院卒**
-	-	-	-	-	-	-	-	-	-	-	-	-	-	-	～ 19歳
-	-	-	-	-	-	-	-	-	-	-	-	-	-	-	20 ～ 24
-	-	-	-	-	-	-	-	-	-	-	-	-	-	-	25 ～ 29
311.5	1200.5	111	-	-	-	-	-	-	-	-	-	-	-	-	30 ～ 34
336.8	1333.4	265	368.1	1209.3	57	-	-	-	-	-	-	-	-	-	35 ～ 39
390.2	1389.0	173	401.7	1619.3	203	430.2	2034.6	63	-	-	-	-	-	-	40 ～ 44
444.3	1767.7	127	435.1	1683.2	77	435.6	1894.9	183	471.1	2069.3	85	365.6	1580.3	2	45 ～ 49
472.5	1762.5	93	514.9	2195.0	51	499.8	2376.6	81	502.6	2167.1	193	505.3	2071.7	70	50 ～ 54
502.9	2035.8	65	510.0	2190.3	65	557.6	2486.3	88	531.6	2410.3	40	535.7	2307.5	198	55 ～ 59
552.3	2214.7	35	506.0	2117.2	36	588.7	2292.7	44	521.0	1568.1	20	484.8	2030.8	113	60 ～ 64
508.1	1988.3	12	602.9	1006.7	9	707.9	645.5	1	537.8	2472.3	15	619.3	2514.1	46	65 ～ 69
317.0	1240.7	5	361.1	550.8	3	-	-	-	469.0	956.6	2	461.2	1625.6	15	70歳～
															企業規模 10 ～ 99 人
296.6	**844.7**	**2 395**	**322.1**	**1004.1**	**1 472**	**344.9**	**1109.7**	**1 061**	**370.2**	**1219.1**	**904**	**383.7**	**1194.1**	**1 075**	**男　女　計**
-	-	-	-	-	-	-	-	-	-	-	-	-	-	-	～ 19歳
-	-	-	-	-	-	-	-	-	-	-	-	-	-	-	20 ～ 24
233.1	569.2	9	-	-	-	-	-	-	-	-	-	-	-	-	25 ～ 29
247.0	811.2	511	242.1	575.8	10	-	-	-	-	-	-	-	-	-	30 ～ 34
274.7	804.4	483	267.9	858.9	377	217.6	646.3	5	-	-	-	-	-	-	35 ～ 39
325.7	889.5	398	340.2	1029.7	384	312.1	1030.9	309	315.3	960.0	21	-	-	-	40 ～ 44
313.1	831.9	335	349.2	1162.5	213	373.3	1213.9	304	326.8	1082.2	262	324.0	781.9	10	45 ～ 49
314.5	944.6	292	328.6	927.4	214	361.3	1217.6	221	406.5	1315.3	325	388.6	1269.0	170	50 ～ 54
360.7	930.1	193	361.3	1115.6	131	361.6	1142.9	132	393.5	1363.1	193	430.8	1341.2	393	55 ～ 59
340.7	761.7	96	319.7	1052.8	96	317.4	777.0	64	344.9	1098.2	75	351.6	1130.4	311	60 ～ 64
266.1	929.6	35	447.9	1769.7	24	268.8	544.0	21	309.3	1084.2	18	327.7	874.1	117	65 ～ 69
267.3	490.4	43	287.7	754.9	22	272.1	1076.9	5	283.8	521.5	9	355.0	1074.3	73	70歳～
															男
339.6	**890.6**	**1 067**	**360.8**	**1043.4**	**655**	**376.4**	**1123.9**	**526**	**393.8**	**1283.6**	**520**	**391.6**	**1143.8**	**673**	**学　歴　計**
-	-	-	-	-	-	-	-	-	-	-	-	-	-	-	～ 19歳
-	-	-	-	-	-	-	-	-	-	-	-	-	-	-	20 ～ 24
247.2	568.6	4	-	-	-	-	-	-	-	-	-	-	-	-	25 ～ 29
279.6	794.8	85	259.9	551.7	5	-	-	-	-	-	-	-	-	-	30 ～ 34
300.7	895.7	244	315.8	880.1	91	-	-	-	-	-	-	-	-	-	35 ～ 39
348.9	922.5	256	375.4	1103.1	222	365.2	1100.9	105	344.1	1018.4	15	-	-	-	40 ～ 44
365.4	874.9	160	374.4	1171.6	114	398.1	1223.4	197	377.2	1107.6	84	329.3	526.3	7	45 ～ 49
380.7	998.4	104	361.7	958.2	91	382.3	1272.2	116	408.9	1318.9	229	417.9	1222.3	87	50 ～ 54
415.8	994.8	88	400.3	1135.9	59	373.5	1013.6	61	400.5	1361.7	134	451.3	1342.8	262	55 ～ 59
370.7	774.4	60	342.4	994.9	39	318.6	549.9	31	379.1	1404.9	45	331.9	1051.1	225	60 ～ 64
267.4	942.3	32	352.6	1125.0	13	262.5	285.8	11	284.7	1023.1	8	321.3	650.1	66	65 ～ 69
275.8	518.7	34	276.0	681.5	21	272.1	1076.9	5	238.5	591.3	4	412.8	1090.1	27	70歳～
262.3	**715.7**	**253**	**276.5**	**675.8**	**165**	**298.6**	**780.7**	**161**	**320.9**	**969.6**	**180**	**301.0**	**813.4**	**210**	**高　校　卒**
-	-	-	-	-	-	-	-	-	-	-	-	-	-	-	～ 19歳
-	-	-	-	-	-	-	-	-	-	-	-	-	-	-	20 ～ 24
252.9	541.4	3	-	-	-	-	-	-	-	-	-	-	-	-	25 ～ 29
240.2	515.0	11	259.9	551.7	5	-	-	-	-	-	-	-	-	-	30 ～ 34
265.7	652.2	46	282.1	640.3	22	-	-	-	-	-	-	-	-	-	35 ～ 39
259.8	855.1	54	269.2	565.6	34	336.9	1011.7	18	348.7	1147.6	3	-	-	-	40 ～ 44
275.2	742.0	49	271.1	674.6	23	300.4	731.3	54	345.0	888.2	42	329.3	526.3	7	45 ～ 49
299.6	700.2	32	286.9	712.6	34	321.4	1214.9	38	319.0	1104.1	67	365.0	980.3	17	50 ～ 54
263.9	537.1	21	308.2	925.1	23	285.2	532.5	28	306.4	916.4	50	338.5	784.8	77	55 ～ 59
211.9	405.7	14	238.2	665.7	13	247.1	230.7	15	324.4	747.4	14	254.1	876.3	77	60 ～ 64
214.6	1038.0	16	284.1	645.6	7	215.5	172.4	5	269.6	1053.6	2	257.3	544.9	26	65 ～ 69
240.9	740.4	7	204.3	348.6	5	251.1	893.2	2	193.0	610.0	2	400.1	1351.7	7	70歳～

第2表　年齢階級、勤続年数階級別所定内給与額

企業規模	10～99人

O 教 育，

区　分	勤続年数計			0　年			1～2年			3～4年			5～9年		
	所定内給与額	年間賞与その他特別給与額	労働者数	所定内給与額	年間賞与その他特別給与額	労働者数	所定内給与額	年間賞与その他特別給与額	労働者数	所定内給与額	年間賞与その他特別給与額	労働者数	所定内給与額	年間賞与その他特別給与額	労働者数
	千円	千円	十人	千円	千円	十人	千円	千円	十人	千円	千円	十人	千円	千円	十人
高専・短大卒	**304.2**	**702.6**	**963**	**232.4**	**12.5**	**74**	**241.8**	**373.5**	**118**	**261.0**	**563.7**	**141**	**273.9**	**675.5**	**186**
～19歳	-	-	-	-	-	-	-	-	-	-	-	-	-	-	-
20～24	192.9	268.4	74	188.2	16.1	25	185.0	346.6	31	213.1	486.8	18	-	-	-
25～29	226.6	481.7	108	202.2	23.4	12	223.9	348.9	27	221.5	574.1	33	241.6	651.5	35
30～34	267.9	617.8	134	272.4	0.0	11	280.3	584.1	12	304.0	607.2	25	253.7	690.4	56
35～39	298.6	729.6	111	273.3	0.0	6	289.8	494.5	9	308.9	882.4	18	311.0	658.8	30
40～44	330.2	821.2	161	348.7	0.0	6	298.4	400.5	12	302.8	344.0	8	278.0	779.5	23
45～49	372.4	833.3	139	300.2	60.0	4	336.1	271.6	11	351.8	555.1	5	357.6	677.5	16
50～54	346.5	933.7	99	240.0	0.0	2	266.6	250.9	5	258.1	262.9	7	279.5	578.1	12
55～59	406.6	968.9	63	224.6	0.0	4	211.6	361.5	6	305.1	442.0	8	307.8	1355.0	2
60～64	272.1	498.8	50	248.4	0.0	4	191.2	270.0	6	218.8	637.9	15	235.1	468.7	5
65～69	301.6	717.2	16	150.0	0.0	2	-	-	-	185.0	135.0	2	255.1	574.7	6
70歳～	235.2	377.1	7	-	-	-	-	-	-	220.0	158.9	2	220.3	376.5	2
大学・大学院卒	**353.3**	**902.3**	**4 358**	**295.7**	**46.7**	**367**	**275.6**	**557.2**	**631**	**311.3**	**764.0**	**488**	**328.1**	**833.7**	**894**
～19歳	-	-	-	-	-	-	-	-	-	-	-	-	-	-	-
20～24	224.9	307.2	155	221.9	5.9	60	227.1	502.2	94	-	-	-	160.0	0.0	1
25～29	245.5	505.6	414	252.4	28.6	68	234.6	464.6	134	247.3	651.4	123	254.2	727.7	89
30～34	280.5	708.6	515	261.3	76.0	40	270.9	571.2	106	264.0	714.8	98	290.6	840.6	228
35～39	312.4	845.1	552	274.9	29.4	21	276.0	541.1	77	303.4	700.1	54	326.9	947.3	183
40～44	378.6	954.6	616	324.9	30.4	30	303.7	618.2	40	356.2	752.2	43	386.6	885.3	128
45～49	401.0	1122.0	439	296.3	169.6	27	333.5	585.9	33	384.2	920.3	31	367.1	932.4	64
50～54	433.3	1142.8	498	440.7	86.7	42	410.0	1017.3	26	419.7	825.9	24	398.3	926.8	42
55～59	451.3	1267.1	500	356.9	35.3	26	302.7	571.8	30	389.5	956.9	26	427.9	816.0	61
60～64	362.8	940.6	419	353.0	21.4	33	315.6	693.3	71	296.4	658.1	54	352.0	810.2	29
65～69	337.5	696.3	157	239.6	29.4	16	224.5	157.2	14	459.0	1275.4	35	257.6	413.9	45
70歳～	331.6	617.0	94	240.6	0.0	5	452.7	132.8	6	253.2	419.9	2	284.5	479.2	25
女															
学歴計	**243.2**	**642.2**	**11 893**	**204.5**	**23.1**	**1 549**	**211.7**	**508.5**	**2 748**	**222.8**	**653.5**	**1 766**	**240.0**	**697.0**	**2 363**
～19歳	165.8	104.0	20	157.2	0.0	12	178.4	255.1	8	-	-	-	-	-	-
20～24	195.5	402.9	2 796	192.3	10.2	850	195.9	529.2	1 375	199.7	680.6	555	182.8	791.5	16
25～29	214.1	613.4	2 014	212.7	33.2	202	209.2	519.7	438	215.8	704.4	516	215.8	743.8	853
30～34	233.7	617.1	1 279	217.7	68.6	93	222.2	474.7	195	231.9	537.7	144	236.2	631.6	415
35～39	238.9	611.3	1 135	213.2	36.3	100	211.8	396.1	145	227.5	568.2	132	247.5	616.2	228
40～44	256.5	649.1	1 193	217.6	12.3	91	235.0	432.4	203	244.7	573.9	135	232.3	523.6	248
45～49	276.9	783.0	1 189	219.0	39.9	75	235.8	478.6	174	272.5	658.0	124	275.7	740.4	253
50～54	306.6	930.4	978	231.5	4.5	50	257.4	472.4	76	266.6	852.8	70	303.7	935.0	187
55～59	312.1	903.6	715	252.1	80.1	59	235.9	587.1	62	224.5	450.6	52	258.9	627.5	104
60～64	312.7	878.4	388	255.9	120.8	11	303.7	688.0	60	255.4	320.2	23	242.7	661.7	51
65～69	342.2	1073.4	118	218.0	14.5	6	384.5	474.4	9	347.6	724.3	11	254.7	712.9	8
70歳～	308.2	913.3	67	281.9	0.0	1	229.6	428.0	3	257.1	764.6	3	461.5	1852.8	1
高校卒	**212.2**	**485.2**	**1 002**	**167.7**	**19.1**	**87**	**181.7**	**343.2**	**183**	**195.7**	**356.5**	**141**	**193.3**	**410.9**	**219**
～19歳	165.8	104.0	20	157.2	0.0	12	178.4	255.1	8	-	-	-	-	-	-
20～24	165.7	242.7	97	165.6	6.5	25	166.5	200.3	41	163.3	283.2	22	167.9	920.5	10
25～29	181.2	444.7	100	150.6	17.8	5	176.9	582.8	41	189.8	377.7	28	182.6	362.5	23
30～34	192.1	458.7	93	154.9	0.0	6	182.1	274.8	24	191.2	508.3	11	189.9	459.4	22
35～39	209.7	419.6	84	142.1	0.0	7	209.4	289.2	9	218.1	414.2	13	220.2	462.6	18
40～44	208.0	384.1	132	215.0	36.2	10	187.4	289.1	20	191.4	323.0	18	181.9	210.9	42
45～49	221.3	486.6	157	163.9	12.5	12	181.3	216.2	13	208.9	386.7	21	228.2	515.2	36
50～54	260.8	791.5	117	170.2	0.0	2	187.8	335.5	10	207.4	368.2	9	213.2	679.6	27
55～59	251.3	707.9	100	168.6	0.0	2	209.4	560.3	11	203.6	419.0	11	165.2	195.8	25
60～64	210.3	446.7	65	173.0	271.3	3	217.7	346.0	4	239.3	64.3	6	148.0	149.9	13
65～69	221.0	531.0	26	186.8	23.5	3	156.3	0.0	2	179.5	245.8	2	226.9	525.7	4
70歳～	221.2	460.0	10	-	-	-	-	-	-	207.5	23.0	1	-	-	-
高専・短大卒	**231.2**	**643.9**	**7 066**	**195.5**	**14.0**	**885**	**201.7**	**513.2**	**1 628**	**213.4**	**662.2**	**1 027**	**223.3**	**683.6**	**1 357**
～19歳	-	-	-	-	-	-	-	-	-	-	-	-	-	-	-
20～24	193.6	442.2	2 013	187.4	11.4	531	193.0	543.4	959	200.7	694.6	518	210.7	590.3	6
25～29	209.6	629.3	1 034	201.6	23.1	89	200.3	492.5	142	207.0	652.9	155	213.2	737.9	645
30～34	228.6	658.5	688	210.9	16.3	32	212.3	481.2	84	224.7	575.2	72	227.9	645.7	170
35～39	227.9	618.6	675	201.6	26.9	60	197.1	416.4	85	214.4	555.8	62	222.9	555.0	129
40～44	244.1	645.3	693	205.9	2.2	60	224.5	410.7	125	224.2	546.2	66	220.2	487.1	125
45～49	259.3	798.1	710	210.6	39.5	43	217.3	483.1	108	259.7	792.1	67	237.4	704.5	136
50～54	276.7	876.1	571	238.8	7.1	32	240.9	466.3	47	260.2	851.9	48	255.6	830.6	88
55～59	281.2	819.7	374	181.4	0.0	31	228.9	642.6	39	212.2	309.7	30	255.3	614.6	41
60～64	304.4	921.3	206	281.7	12.2	6	181.3	447.5	32	265.9	316.6	7	217.5	637.1	17
65～69	382.6	1332.1	66	268.6	0.0	2	460.7	604.2	4	368.2	816.7	2	355.1	1127.0	0
70歳～	331.1	1121.4	35	281.9	0.0	1	229.6	428.0	3	-	-	-	461.5	1852.8	1

及び年間賞与その他特別給与額

学　習　支　援　業

区　分	10～14年			15～19年			20～24年			25～29年			30年以上		
	所定内給与額	年間賞与その他特別給与額	労働者数	所定内給与額	年間賞与その他特別給与額	労働者数	所定内給与額	年間賞与その他特別給与額	労働者数	所定内給与額	年間賞与その他特別給与額	労働者数	所定内給与額	年間賞与その他特別給与額	労働者数
	千円	千円	十人	千円	千円	十人	千円	千円	十人	千円	千円	十人	千円	千円	十人
高専・短大卒	**338.6**	**909.4**	**135**	**345.0**	**974.9**	**107**	**365.3**	**999.4**	**82**	**374.0**	**1024.1**	**75**	**419.6**	**906.4**	**45**
～19歳	－	－	－	－	－	－	－	－	－	－	－	－	－	－	－
20～24	－	－	－	－	－	－	－	－	－	－	－	－	－	－	－
25～29	－	－	－	－	－	－	－	－	－	－	－	－	－	－	－
30～34	257.9	718.5	31	－	－	－	－	－	－	－	－	－	－	－	－
35～39	303.2	857.4	26	279.3	838.3	23	－	－	－	－	－	－	－	－	－
40～44	347.9	981.0	29	338.5	835.9	41	352.0	1055.5	31	342.9	984.7	12	－	－	－
45～49	398.3	1015.4	33	394.0	1268.4	18	357.1	702.1	27	380.6	955.9	24	－	－	－
50～54	396.7	1129.2	10	340.3	1038.8	11	378.8	1253.6	16	372.9	1004.6	26	374.5	1224.1	12
55～59	393.5	835.9	3	454.1	1166.8	6	457.5	1729.3	5	469.2	1547.1	7	484.6	1030.5	23
60～64	443.2	0.0	2	293.6	679.3	5	388.0	971.2	3	289.0	789.2	5	355.2	365.3	8
65～69	436.0	1874.8	2	773.4	3000.0	1	302.2	30.0	1	－	－	－	248.2	0.0	1
70歳～	－	－	－	284.9	1125.0	1	－	－	－	216.9	765.0	0	238.0	41.1	2
大学・大学院卒	**370.8**	**957.0**	**667**	**408.3**	**1243.6**	**368**	**426.6**	**1371.9**	**280**	**454.1**	**1596.9**	**257**	**439.7**	**1367.4**	**405**
～19歳	－	－	－	－	－	－	－	－	－	－	－	－	－	－	－
20～24	－	－	－	－	－	－	－	－	－	－	－	－	－	－	－
25～29	230.0	650.0	1	－	－	－	－	－	－	－	－	－	－	－	－
30～34	305.8	925.2	43	－	－	－	－	－	－	－	－	－	－	－	－
35～39	309.7	966.4	172	355.2	1044.1	44	－	－	－	－	－	－	－	－	－
40～44	376.8	933.8	173	410.2	1302.2	147	381.7	1155.3	56	－	－	－	－	－	－
45～49	409.9	906.9	78	402.8	1307.7	73	453.3	1573.3	116	450.2	1845.8	18	－	－	－
50～54	419.9	1131.1	62	425.6	1116.8	45	419.8	1311.4	63	460.2	1484.3	136	441.5	1290.5	59
55～59	466.9	1153.3	64	466.8	1303.7	30	449.0	1379.4	28	454.8	1631.8	77	502.8	1661.6	160
60～64	429.8	934.1	40	441.4	1351.4	18	385.0	825.3	14	431.0	2015.1	24	375.0	1201.1	138
65～69	338.9	706.7	11	591.0	3208.7	1	373.9	955.8	3	645.0	2655.0	1	397.5	862.4	31
70歳～	294.3	462.0	24	333.5	797.4	12	364.6	1950.2	1	273.8	548.1	2	442.9	1148.2	18
女															
学歴計	**262.1**	**807.9**	**1 328**	**291.0**	**972.7**	**817**	**314.0**	**1095.8**	**535**	**338.2**	**1131.9**	**384**	**370.4**	**1278.1**	**402**
～19歳	－	－	－	－	－	－	－	－	－	－	－	－	－	－	－
20～24	－	－	－	－	－	－	－	－	－	－	－	－	－	－	－
25～29	222.5	569.7	5	－	－	－	－	－	－	－	－	－	－	－	－
30～34	240.5	814.5	426	225.9	597.8	5	－	－	－	－	－	－	－	－	－
35～39	248.1	711.5	239	252.7	852.1	287	217.6	646.3	5	－	－	－	－	－	－
40～44	284.2	830.3	143	292.3	929.9	163	284.8	994.9	204	244.5	816.6	6	－	－	－
45～49	265.1	792.4	175	320.2	1152.1	99	327.7	1196.5	107	302.8	1070.1	177	314.9	1229.3	4
50～54	277.7	914.7	188	303.9	904.5	123	338.1	1157.0	105	400.7	1306.8	96	357.8	1317.9	83
55～59	314.2	875.6	105	329.1	1098.8	72	351.5	1252.9	71	377.6	1366.2	60	389.8	1338.2	131
60～64	290.0	740.4	36	304.4	1091.8	58	316.2	995.1	33	294.2	643.9	30	402.6	1335.9	87
65～69	253.5	806.1	3	565.9	2567.9	11	276.0	840.7	10	329.2	1133.9	10	335.9	1159.7	52
70歳～	234.1	378.6	9	600.0	2700.0	1	－	－	－	325.4	457.7	5	321.2	1065.1	46
高校卒	**225.4**	**592.6**	**119**	**227.8**	**607.3**	**73**	**260.2**	**816.4**	**72**	**267.7**	**701.2**	**47**	**330.6**	**1235.3**	**60**
～19歳	－	－	－	－	－	－	－	－	－	－	－	－	－	－	－
20～24	－	－	－	－	－	－	－	－	－	－	－	－	－	－	－
25～29	203.2	558.3	3	－	－	－	－	－	－	－	－	－	－	－	－
30～34	208.5	690.7	29	225.8	443.1	2	－	－	－	－	－	－	－	－	－
35～39	212.4	447.6	17	213.5	525.3	16	217.6	646.3	5	－	－	－	－	－	－
40～44	227.7	475.8	8	220.0	571.8	13	276.0	840.3	17	256.8	903.4	6	－	－	－
45～49	211.3	410.1	24	254.8	912.0	17	196.5	549.4	11	263.3	570.5	20	314.9	1229.3	4
50～54	255.8	917.2	21	243.7	623.0	10	327.5	1208.2	14	287.6	703.3	10	379.3	1263.5	15
55～59	274.0	436.5	10	269.8	812.7	3	256.6	683.2	13	274.6	802.9	4	387.4	1721.5	21
60～64	201.8	402.7	4	200.0	330.9	13	238.2	836.9	8	252.9	755.8	6	274.5	1035.3	7
65～69	279.6	839.3	2	－	－	－	231.5	639.8	4	273.6	1198.7	1	229.6	728.8	7
70歳～	178.7	504.1	1	－	－	－	－	－	－	－	－	－	229.4	486.3	8
高専・短大卒	**248.4**	**812.2**	**834**	**276.6**	**967.4**	**531**	**297.8**	**1077.8**	**335**	**315.1**	**1109.2**	**230**	**351.6**	**1202.2**	**239**
～19歳	－	－	－	－	－	－	－	－	－	－	－	－	－	－	－
20～24	－	－	－	－	－	－	－	－	－	－	－	－	－	－	－
25～29	249.7	585.8	2	－	－	－	－	－	－	－	－	－	－	－	－
30～34	235.8	791.2	327	226.0	665.0	4	－	－	－	－	－	－	－	－	－
35～39	233.5	705.1	116	250.3	861.6	224	－	－	－	－	－	－	－	－	－
40～44	261.1	818.1	80	263.0	884.8	75	282.9	1029.7	162	－	－	－	－	－	－
45～49	268.0	919.3	109	284.2	959.1	54	292.9	1080.0	53	298.6	1104.0	140	－	－	－
50～54	260.1	885.0	133	278.8	1040.8	75	296.6	964.5	59	364.0	1230.8	44	331.3	1254.7	47
55～59	255.6	779.7	45	315.5	981.7	52	345.1	1396.9	44	335.1	1145.4	27	333.0	1057.9	66
60～64	286.9	848.1	20	326.8	1262.9	40	327.3	1034.1	15	263.2	590.7	12	395.6	1243.9	59
65～69	185.8	749.7	1	597.4	2679.1	8	387.3	1437.2	3	344.3	1147.0	6	347.1	1275.7	39
70歳～	293.6	247.9	2	－	－	－	－	－	－	344.0	1427.6	0	341.9	1262.3	28

第2表　年齢階級、勤続年数階級別所定内給与額

企業規模	10～99人
	計

O 教育，学習支援業

区分	勤続年数計			0　年			1～2年			3～4年			5～9年		
	所定内給与額	年間賞与その他特別給与額	労働者数	所定内給与額	年間賞与その他特別給与額	労働者数	所定内給与額	年間賞与その他特別給与額	労働者数	所定内給与額	年間賞与その他特別給与額	労働者数	所定内給与額	年間賞与その他特別給与額	労働者数
	千円	千円	十人	千円	千円	十人	千円	千円	十人	千円	千円	十人	千円	千円	十人
大学・大学院卒	**273.7**	**681.5**	**3 811**	**224.0**	**37.2**	**574**	**235.2**	**534.1**	**933**	**245.5**	**709.6**	**595**	**281.8**	**800.4**	**787**
～19歳	-	-	-	-	-	-	-	-	-	-	-	-	-	-	-
20～24	205.5	310.3	684	203.4	8.4	295	206.8	529.9	373	216.4	767.9	16	141.0	0.0	0
25～29	223.2	614.2	878	225.4	42.5	107	219.3	524.9	255	222.3	756.7	331	228.7	811.4	185
30～34	248.7	591.9	495	229.3	108.6	54	243.8	528.6	86	247.6	498.6	61	247.1	637.8	224
35～39	265.3	641.1	376	247.6	60.1	34	236.7	381.2	51	243.8	616.8	57	292.4	746.2	81
40～44	297.7	753.6	367	250.8	29.1	22	273.3	526.6	59	291.6	704.6	50	277.1	742.8	81
45～49	343.2	895.8	321	271.6	58.1	20	287.2	535.4	53	334.1	565.9	36	361.2	903.8	81
50～54	384.4	1093.9	288	225.5	0.0	16	330.6	553.5	20	328.1	1176.9	14	396.9	1159.6	72
55～59	386.2	1120.3	240	346.4	185.4	25	290.6	458.8	11	277.3	861.3	11	325.2	929.1	38
60～64	388.2	1058.4	115	385.4	0.0	1	489.1	1084.1	23	258.3	471.0	11	323.0	1006.6	21
65～69	366.7	981.2	26	-	-	-	440.3	644.2	2	398.7	857.8	6	271.1	851.5	4
70歳～	316.8	797.7	21	-	-	-	-	-	-	270.0	958.0	2	-	-	-
P 医療，福祉															
企業規模計															
男女計	**279.7**	**671.6**	**349 774**	**244.4**	**39.1**	**36 767**	**255.5**	**506.3**	**69 047**	**259.6**	**655.6**	**54 583**	**271.9**	**707.3**	**82 304**
～19歳	171.0	92.1	1 510	166.1	7.8	975	179.8	246.0	534	-	-	-	-	-	-
20～24	212.1	383.2	32 669	207.9	18.1	9 779	216.9	521.7	16 431	206.2	587.6	5 546	207.5	560.7	913
25～29	241.2	581.9	47 146	248.2	42.5	6 211	242.6	515.9	11 617	243.5	723.2	13 271	236.5	728.8	15 501
30～34	262.6	630.7	43 786	272.8	44.6	4 283	268.9	532.7	8 506	260.3	648.1	7 366	260.2	734.2	13 841
35～39	284.3	698.5	43 195	281.2	56.5	3 301	290.4	528.6	7 241	281.5	668.6	6 254	276.8	735.1	11 033
40～44	298.7	770.0	45 430	267.1	64.5	3 527	279.4	556.6	7 084	274.1	648.5	6 110	301.5	799.6	10 763
45～49	301.8	779.9	41 090	242.2	42.9	3 112	263.2	514.8	5 870	275.2	673.6	5 382	285.2	719.6	10 056
50～54	313.0	808.0	35 426	275.8	50.4	2 434	287.5	479.6	5 087	283.7	678.6	4 209	283.3	742.4	7 870
55～59	313.5	824.7	32 374	247.3	39.7	1 636	258.6	436.4	3 296	262.9	661.7	3 307	288.2	644.3	6 268
60～64	290.7	599.5	18 295	243.2	54.1	1 039	256.8	354.0	2 523	279.3	502.3	2 113	266.2	440.6	3 765
65～69	295.1	399.2	6 575	255.6	19.1	392	293.5	207.6	691	263.5	294.0	799	272.3	333.9	1 695
70歳～	446.2	473.3	2 279	363.6	4.4	79	487.6	141.8	166	424.3	207.2	227	422.3	300.3	599
男															
学歴計	**339.4**	**760.0**	**99 296**	**295.1**	**51.7**	**10 625**	**308.8**	**538.5**	**19 426**	**303.4**	**718.7**	**15 620**	**325.4**	**791.1**	**23 941**
～19歳	173.4	127.3	351	171.7	30.2	202	175.7	258.8	149	-	-	-	-	-	-
20～24	212.5	344.0	7 004	210.7	16.0	2 237	215.8	470.5	3 379	208.6	569.9	1 185	199.4	536.4	203
25～29	255.6	563.9	14 744	274.7	42.7	2 029	264.2	508.7	3 864	249.5	711.2	4 277	245.8	710.7	4 426
30～34	287.7	664.8	16 105	314.8	54.3	1 677	303.5	558.9	3 366	284.3	696.3	2 799	276.5	788.5	5 304
35～39	324.1	771.3	14 975	358.6	86.1	1 167	356.5	631.7	2 468	332.6	771.0	1 928	304.6	814.5	4 148
40～44	356.9	866.7	14 205	342.1	78.5	1 129	374.3	630.5	1 958	331.1	706.3	1 590	376.4	940.4	3 372
45～49	395.3	984.3	9 960	313.8	89.8	623	349.1	619.2	1 196	386.5	875.6	1 148	375.7	864.9	2 085
50～54	473.2	1121.7	6 862	455.5	104.8	474	484.4	686.7	942	453.8	909.4	715	438.9	1033.1	1 288
55～59	450.0	1099.6	6 811	304.4	29.2	416	318.6	449.8	711	338.6	906.8	757	452.1	817.0	1 161
60～64	395.5	704.0	5 242	273.4	47.9	443	314.4	383.0	968	344.6	619.4	853	363.0	519.6	1 059
65～69	401.4	490.6	2 107	324.4	11.4	191	357.8	316.3	312	323.5	244.5	261	363.9	379.3	659
70歳～	706.4	444.3	930	499.5	1.4	37	635.0	132.1	113	547.9	146.6	107	692.0	297.2	238
高校卒	**246.1**	**553.6**	**22 213**	**203.8**	**37.3**	**2 547**	**211.0**	**344.2**	**4 535**	**220.2**	**490.6**	**3 816**	**242.3**	**583.4**	**5 546**
～19歳	174.0	131.2	340	172.6	31.9	191	175.7	258.8	149	-	-	-	-	-	-
20～24	190.8	371.2	1 723	182.9	23.0	288	187.1	352.8	674	196.2	514.6	566	199.7	532.5	195
25～29	215.9	396.3	2 310	203.9	21.9	289	218.4	391.5	553	219.0	469.4	656	212.9	479.2	706
30～34	228.2	498.3	2 743	209.4	42.8	389	213.9	399.6	625	220.3	520.0	417	237.5	639.8	876
35～39	248.8	604.7	2 682	203.3	9.4	204	222.6	325.5	471	231.4	579.2	419	264.6	687.6	804
40～44	260.7	624.2	2 903	197.4	82.2	290	235.7	457.8	476	214.7	407.7	427	262.3	681.8	753
45～49	271.2	682.5	2 603	248.6	88.1	224	221.1	325.1	444	231.5	604.0	354	256.4	635.1	649
50～54	290.5	756.1	1 978	205.3	3.8	150	215.0	320.7	332	275.4	587.6	259	260.3	681.0	379
55～59	285.3	765.0	2 030	221.9	37.5	214	213.0	329.7	289	222.7	368.5	262	240.2	665.0	374
60～64	242.1	467.3	1 857	203.1	24.1	189	205.7	244.3	330	211.7	489.2	313	218.0	369.5	471
65～69	199.0	209.9	862	189.7	5.6	103	185.7	113.1	154	191.5	168.3	138	194.6	238.3	282
70歳～	264.6	128.3	182	154.5	3.5	15	150.9	79.1	39	178.6	50.6	5	416.6	113.6	56
高専・短大卒	**282.2**	**742.9**	**32 564**	**230.0**	**33.4**	**3 020**	**246.2**	**529.4**	**5 788**	**252.5**	**680.4**	**4 905**	**271.7**	**767.4**	**7 678**
～19歳	-	-	-	-	-	-	-	-	-	-	-	-	-	-	-
20～24	213.3	376.3	2 937	201.0	18.7	876	218.0	484.2	1 482	220.0	641.4	579	-	-	-
25～29	242.6	581.6	5 028	234.8	34.1	598	239.9	467.1	1 021	240.7	678.3	1 275	247.6	733.3	2 093
30～34	264.2	703.8	6 502	238.8	30.8	496	252.7	566.8	1 152	257.6	712.0	1 136	267.8	778.3	1 874
35～39	288.2	794.3	5 857	259.4	29.8	334	267.0	673.4	754	277.6	750.6	682	286.2	785.8	1 602
40～44	303.8	849.8	5 010	252.0	56.5	290	250.5	538.3	632	271.0	679.6	506	290.4	828.2	976
45～49	334.0	950.1	2 945	261.4	46.8	160	315.7	653.6	302	246.6	611.9	304	291.3	814.3	503
50～54	352.1	1044.6	1 664	251.6	12.6	107	270.5	579.7	173	275.8	708.3	95	296.1	814.4	247
55～59	354.4	1021.4	1 610	184.1	2.3	64	231.7	337.4	137	281.9	710.0	170	316.6	815.8	196
60～64	275.6	538.5	714	209.6	193.3	65	255.4	227.4	105	238.0	463.2	108	235.8	329.1	120
65～69	260.3	353.1	237	193.7	33.4	31	168.8	59.1	24	240.6	351.5	35	184.8	377.9	45
70歳～	272.2	461.6	60	-	-	-	235.8	0.0	6	141.2	0.0	15	256.2	197.7	22

及び年間賞与その他特別給与額

P 医療，福祉

区分	10～14年 所定内給与額	10～14年 年間賞与その他特別給与額	10～14年 労働者数	15～19年 所定内給与額	15～19年 年間賞与その他特別給与額	15～19年 労働者数	20～24年 所定内給与額	20～24年 年間賞与その他特別給与額	20～24年 労働者数	25～29年 所定内給与額	25～29年 年間賞与その他特別給与額	25～29年 労働者数	30年以上 所定内給与額	30年以上 年間賞与その他特別給与額	30年以上 労働者数
	千円	千円	十人	千円	千円	十人	千円	千円	十人	千円	千円	十人	千円	千円	十人
大学・大学院卒	304.7	867.6	373	348.3	1110.6	214	386.2	1299.2	128	424.0	1392.0	105	439.6	1486.3	102
～19歳	-	-	-	-	-	-	-	-	-	-	-	-	-	-	-
20～24	-	-	-	-	-	-	-	-	-	-	-	-	-	-	-
25～29	-	-	-	-	-	-	-	-	-	-	-	-	-	-	-
30～34	275.8	972.6	71	-	-	-	-	-	-	-	-	-	-	-	-
35～39	269.8	760.7	107	278.2	922.0	46	-	-	-	-	-	-	-	-	-
40～44	326.2	899.5	55	333.9	1036.4	75	302.6	876.8	26	-	-	-	-	-	-
45～49	287.3	679.9	43	424.7	1648.9	29	403.2	1500.9	43	382.2	1371.4	17	-	-	-
50～54	362.4	1038.1	33	367.7	710.2	38	418.8	1487.1	32	465.6	1527.9	42	401.6	1487.6	21
55～59	374.4	1048.4	50	378.1	1489.2	17	460.0	1347.2	14	436.0	1674.1	28	475.2	1572.7	44
60～64	329.4	669.7	11	415.5	1834.4	5	364.9	1069.7	10	351.8	671.2	12	463.8	1694.2	21
65～69	-	-	-	470.4	2230.0	3	231.6	548.9	3	386.7	1365.8	2	380.1	890.1	6
70歳～	222.3	326.3	4	600.0	2700.0	1	-	-	-	323.6	367.4	4	343.2	1003.4	9
P 医療，福祉															
企業規模計															
男女計	296.3	822.0	47 359	317.3	947.2	25 798	351.6	1132.2	15 308	372.9	1276.5	8 551	384.2	1282.5	10 057
～19歳	-	-	-	-	-	-	-	-	-	-	-	-	-	-	-
20～24	-	-	-	-	-	-	-	-	-	-	-	-	-	-	-
25～29	209.2	522.3	547	-	-	-	-	-	-	-	-	-	-	-	-
30～34	258.4	813.8	9 567	237.8	764.9	222	-	-	-	-	-	-	-	-	-
35～39	289.0	857.1	8 998	288.6	972.4	6 069	277.8	837.9	299	-	-	-	-	-	-
40～44	309.4	880.5	6 852	325.1	1075.4	6 029	324.8	1130.6	4 864	341.0	1117.1	201	-	-	-
45～49	335.5	905.8	6 211	323.2	991.8	3 643	372.0	1289.7	3 629	361.1	1308.5	2 965	324.6	1035.3	221
50～54	309.7	871.8	5 634	354.1	968.6	3 365	381.9	1251.4	1 940	371.8	1334.8	2 458	387.5	1434.2	2 430
55～59	308.8	805.2	5 365	314.7	864.7	3 686	361.3	1126.4	2 682	396.6	1346.3	1 780	396.1	1388.6	4 353
60～64	274.6	613.1	2 602	286.4	689.1	1 831	359.2	863.8	1 432	374.6	1032.1	797	353.0	1086.3	2 193
65～69	318.1	405.6	1 053	347.3	513.4	714	268.3	415.5	358	338.7	866.9	301	322.2	821.4	571
70歳～	361.8	438.3	529	502.4	806.8	239	474.8	632.7	103	593.9	1028.6	50	584.0	995.8	289
男															
学歴計	375.1	981.9	12 713	395.7	1110.0	6 987	455.7	1348.2	4 216	449.1	1484.5	2 443	445.7	1425.2	3 326
～19歳	-	-	-	-	-	-	-	-	-	-	-	-	-	-	-
20～24	-	-	-	-	-	-	-	-	-	-	-	-	-	-	-
25～29	232.4	502.4	148	-	-	-	-	-	-	-	-	-	-	-	-
30～34	277.2	878.9	2 940	296.4	1004.6	18	-	-	-	-	-	-	-	-	-
35～39	311.9	925.8	3 345	315.0	1012.9	1 849	342.8	790.2	71	-	-	-	-	-	-
40～44	343.8	971.5	2 376	354.7	1151.8	2 320	350.0	1172.8	1 391	401.4	1195.2	68	-	-	-
45～49	508.6	1186.9	1 516	378.4	1157.1	1 175	399.1	1368.7	1 419	395.4	1368.2	753	384.7	1468.7	47
50～54	568.2	1432.7	767	561.5	1306.0	610	502.9	1490.5	533	403.3	1452.4	845	432.6	1601.9	688
55～59	558.3	1219.7	756	558.9	1058.0	537	658.8	1722.6	437	491.9	1648.4	536	438.2	1596.9	1 501
60～64	430.3	941.9	402	525.3	1089.7	242	749.8	1535.8	313	664.1	1553.5	185	401.4	1042.0	777
65～69	508.8	441.2	308	468.2	945.0	113	920.3	373.6	27	630.6	2476.5	39	450.2	1367.8	197
70歳～	645.7	548.5	155	705.1	799.2	124	1145.1	653.7	24	1152.4	1211.9	18	943.9	791.4	114
高校卒	275.3	731.2	2 284	292.4	875.5	1 111	328.4	1031.5	796	362.7	1258.9	608	381.1	1343.9	971
～19歳	-	-	-	-	-	-	-	-	-	-	-	-	-	-	-
20～24	-	-	-	-	-	-	-	-	-	-	-	-	-	-	-
25～29	236.7	435.7	106	-	-	-	-	-	-	-	-	-	-	-	-
30～34	253.6	738.4	429	280.8	905.2	8	-	-	-	-	-	-	-	-	-
35～39	264.0	793.2	476	274.1	939.1	270	305.0	1030.2	39	-	-	-	-	-	-
40～44	297.8	730.8	367	312.1	1053.6	220	310.0	999.2	314	410.4	1247.1	54	-	-	-
45～49	287.4	841.4	250	312.7	902.0	259	324.6	1105.7	156	373.6	1349.0	239	391.3	1674.8	29
50～54	347.8	840.6	225	299.9	902.1	121	360.8	1203.6	121	333.4	1203.2	184	400.3	1512.5	206
55～59	265.8	779.1	198	300.7	840.0	117	448.8	1090.7	86	366.8	1404.4	73	404.6	1572.5	418
60～64	262.9	506.6	115	267.0	487.0	57	230.6	645.6	77	399.1	1107.7	48	358.7	1038.8	257
65～69	231.5	489.1	91	174.4	195.9	37	615.6	2244.4	2	196.9	0.0	11	255.8	376.4	43
70歳～	216.5	167.1	27	263.2	202.0	22	-	-	-	-	-	-	221.7	257.6	18
高専・短大卒	302.5	917.0	5 064	328.9	1033.2	2 755	368.4	1211.1	1 430	412.2	1307.5	874	398.9	1364.0	1 051
～19歳	-	-	-	-	-	-	-	-	-	-	-	-	-	-	-
20～24	-	-	-	-	-	-	-	-	-	-	-	-	-	-	-
25～29	221.5	670.6	42	-	-	-	-	-	-	-	-	-	-	-	-
30～34	278.5	888.4	1 834	308.1	1079.1	10	-	-	-	-	-	-	-	-	-
35～39	299.5	907.3	1 428	306.0	1016.5	1 035	338.6	718.9	22	-	-	-	-	-	-
40～44	324.8	963.6	984	335.9	1087.6	940	343.7	1144.0	668	364.8	985.1	13	-	-	-
45～49	337.9	1035.1	427	356.8	1087.3	357	395.9	1337.9	529	397.2	1273.2	345	374.2	1141.3	18
50～54	341.8	906.4	128	382.2	1107.5	169	397.5	1213.6	147	396.0	1320.5	271	424.8	1620.8	325
55～59	346.8	899.0	118	348.4	817.4	169	361.8	1210.1	47	452.4	1418.0	199	411.9	1438.3	510
60～64	378.5	1178.1	42	251.8	686.7	68	290.6	467.6	13	467.4	797.8	29	317.3	811.6	164
65～69	354.8	525.8	50	375.0	0.0	6	273.0	574.0	4	214.5	595.7	9	363.0	550.0	33
70歳～	177.4	186.6	10	-	-	-	-	-	-	712.5	2746.0	8	-	-	-

第2表　年齢階級、勤続年数階級別所定内給与額

企業規模	計

P　医　療，

区　分	勤続年数計			0　年			1～2年			3～4年			5～9年		
	所定内給与額	年間賞与その他特別給与額	労働者数	所定内給与額	年間賞与その他特別給与額	労働者数	所定内給与額	年間賞与その他特別給与額	労働者数	所定内給与額	年間賞与その他特別給与額	労働者数	所定内給与額	年間賞与その他特別給与額	労働者数
	千円	千円	十人	千円	千円	十人	千円	千円	十人	千円	千円	十人	千円	千円	十人
大学・大学院卒	**433.3**	**886.2**	**43 406**	**386.6**	**71.6**	**4 893**	**402.5**	**648.9**	**8 868**	**389.7**	**883.8**	**6 746**	**413.4**	**927.3**	**10 386**
～ 19歳	-	-	-	-	-	-	-	-	-	-	-	-	-	-	-
20 ～ 24	228.7	286.8	2 267	227.4	11.3	1 042	229.5	524.0	1 208	249.0	318.4	17	-	-	-
25 ～ 29	277.4	605.8	7 346	313.9	52.8	1 138	287.5	558.6	2 252	263.0	797.5	2 342	258.4	783.6	1 614
30 ～ 34	336.8	701.9	6 705	420.0	76.5	772	381.4	621.8	1 537	331.4	743.5	1 232	298.4	854.8	2 512
35 ～ 39	390.5	825.5	6 326	471.5	146.0	607	463.7	728.4	1 231	435.5	899.2	804	340.4	902.7	1 709
40 ～ 44	447.5	1000.4	6 179	474.6	90.9	532	556.5	816.3	817	454.1	921.6	654	482.6	1134.3	1 625
45 ～ 49	515.8	1197.6	4 311	424.2	128.7	222	535.2	927.5	401	585.7	1236.1	489	507.5	1057.5	922
50 ～ 54	660.6	1411.7	3 122	785.3	242.2	197	791.9	1034.5	424	650.0	1235.8	342	606.0	1337.7	644
55 ～ 59	612.5	1371.6	3 102	515.6	11.6	128	474.8	637.9	277	465.4	1457.1	321	651.9	937.0	565
60 ～ 64	552.6	932.8	2 532	380.2	23.3	176	393.8	500.2	531	489.6	789.8	397	610.9	715.8	393
65 ～ 69	686.2	838.9	855	642.4	9.7	57	611.0	623.3	128	744.0	382.6	61	643.0	522.5	254
70歳～	885.4	531.9	660	734.7	0.0	22	1029.3	180.5	62	638.2	177.1	87	886.0	359.9	147
女															
学　歴　計	**256.0**	**636.5**	**250 478**	**223.8**	**34.0**	**26 142**	**234.6**	**493.7**	**49 621**	**242.0**	**630.4**	**38 963**	**249.9**	**672.9**	**58 363**
～ 19歳	170.2	81.5	1 159	164.7	1.9	773	181.4	241.1	386	-	-	-	-	-	-
20 ～ 24	212.0	394.0	25 665	207.0	18.7	7 542	217.2	535.0	13 051	205.6	592.5	4 361	209.8	567.7	710
25 ～ 29	234.7	590.2	32 402	235.3	42.4	4 181	231.9	519.5	7 753	240.7	728.8	8 994	232.8	736.0	11 075
30 ～ 34	248.1	610.8	27 681	245.8	38.3	2 606	246.2	515.5	5 140	245.5	618.5	4 567	250.1	700.5	8 537
35 ～ 39	263.2	659.9	28 220	238.9	40.3	2 134	256.2	475.3	4 773	258.7	622.9	4 326	260.0	687.4	6 886
40 ～ 44	272.2	726.0	31 225	231.8	57.9	2 398	243.1	528.4	5 125	254.0	628.1	4 520	267.4	735.4	7 391
45 ～ 49	271.9	714.5	31 130	224.3	31.1	2 489	241.3	488.1	4 675	245.0	618.8	4 234	261.6	681.6	7 970
50 ～ 54	274.6	732.7	28 564	232.3	37.2	1 960	242.7	432.5	4 145	248.9	631.4	3 494	252.8	685.5	6 581
55 ～ 59	277.1	751.5	25 562	227.9	43.3	1 221	242.1	432.7	2 585	240.4	588.9	2 549	250.9	605.1	5 107
60 ～ 64	248.6	557.5	13 052	220.7	58.7	596	220.9	335.9	1 555	235.1	423.1	1 260	228.4	409.6	2 707
65 ～ 69	244.9	356.1	4 468	190.1	26.5	201	240.6	118.1	379	234.4	317.9	538	214.1	305.1	1 036
70歳～	267.0	493.4	1 350	242.5	7.1	42	174.1	162.4	53	313.9	261.3	120	244.8	302.2	361
高　校　卒	**218.4**	**477.0**	**71 127**	**190.0**	**27.8**	**6 988**	**201.7**	**355.2**	**13 327**	**204.4**	**434.2**	**11 192**	**214.4**	**501.5**	**17 631**
～ 19歳	170.4	82.7	1 141	164.8	2.0	756	181.4	241.1	386	-	-	-	-	-	-
20 ～ 24	192.4	380.2	4 810	186.1	18.9	790	192.1	422.7	1 961	189.3	445.7	1 447	209.0	555.2	613
25 ～ 29	199.7	404.4	4 562	194.3	14.6	605	194.8	358.9	1 347	205.1	487.7	767	204.6	527.0	1 571
30 ～ 34	208.2	427.5	5 020	191.0	39.8	622	197.1	328.7	1 014	207.3	438.5	915	217.3	532.7	1 251
35 ～ 39	215.6	460.3	6 365	186.4	20.8	551	204.8	323.2	1 330	206.7	434.5	1 144	214.7	476.0	1 693
40 ～ 44	220.1	503.4	8 493	189.0	32.9	899	205.0	426.3	1 564	208.1	438.6	1 604	213.5	519.5	2 184
45 ～ 49	223.3	519.6	10 992	195.1	26.3	1 075	208.3	369.2	1 939	203.4	446.8	1 644	221.8	571.2	3 040
50 ～ 54	228.9	533.0	11 028	195.8	38.5	795	209.6	332.6	1 877	206.3	441.6	1 433	219.2	534.6	2 827
55 ～ 59	238.5	589.7	9 974	212.6	36.3	528	212.1	343.3	1 081	216.2	475.9	1 238	218.8	522.1	2 361
60 ～ 64	215.1	421.5	5 889	198.8	82.2	250	194.7	265.1	638	193.8	284.8	645	202.4	299.6	1 390
65 ～ 69	203.7	271.5	2 306	165.6	43.3	106	186.8	89.7	177	202.2	291.3	313	192.4	231.0	563
70歳～	229.6	414.6	547	218.9	0.0	11	167.7	170.9	15	235.0	167.3	42	206.5	289.9	138
高専・短大卒	**263.3**	**711.2**	**128 291**	**221.9**	**37.0**	**12 158**	**233.4**	**511.5**	**23 751**	**247.7**	**694.5**	**18 367**	**254.8**	**733.8**	**29 584**
～ 19歳	-	-	-	-	-	-	-	-	-	-	-	-	-	-	-
20 ～ 24	211.2	399.4	14 351	200.9	16.1	4 019	215.4	501.5	7 390	214.4	667.4	2 846	214.4	648.4	96
25 ～ 29	232.1	614.4	15 684	222.6	51.1	1 878	227.6	526.8	3 142	238.6	725.7	3 692	233.1	747.7	6 896
30 ～ 34	247.7	645.7	14 722	223.8	39.6	1 251	243.9	542.7	2 575	246.7	645.7	2 094	251.2	698.4	4 316
35 ～ 39	264.2	718.6	15 833	239.0	38.7	1 122	241.3	520.3	2 422	257.1	679.2	2 117	262.1	743.9	3 707
40 ～ 44	275.4	792.2	17 461	236.6	71.4	1 144	238.9	535.5	2 600	259.7	691.6	2 186	265.7	792.8	3 996
45 ～ 49	285.1	815.9	15 983	232.7	31.1	1 023	244.1	517.1	1 967	260.8	738.0	2 075	266.0	743.4	4 003
50 ～ 54	292.5	867.5	14 217	245.0	40.9	849	254.5	500.4	1 691	266.5	752.4	1 664	265.5	805.2	3 022
55 ～ 59	297.6	881.1	12 606	236.4	59.6	548	249.7	512.0	1 118	268.6	726.3	1 061	266.5	695.8	2 069
60 ～ 64	274.5	680.2	5 404	244.2	61.4	228	252.8	419.5	651	257.9	548.0	449	257.3	504.4	978
65 ～ 69	251.3	459.1	1 492	222.3	5.5	84	264.1	155.5	163	220.4	377.4	137	249.2	443.2	340
70歳～	277.8	590.9	537	297.9	23.8	12	176.9	80.5	32	304.9	512.1	45	240.5	352.3	160
大学・大学院卒	**295.6**	**690.9**	**47 750**	**263.9**	**36.1**	**6 706**	**274.9**	**616.2**	**12 039**	**280.8**	**763.5**	**8 868**	**299.0**	**806.8**	**10 497**
～ 19歳	-	-	-	-	-	-	-	-	-	-	-	-	-	-	-
20 ～ 24	229.3	394.8	6 403	222.9	22.7	2 697	234.4	664.7	3 658	197.0	738.4	47	221.0	476.7	1
25 ～ 29	251.9	632.2	12 020	264.2	43.0	1 691	251.8	580.0	3 245	248.7	775.4	4 503	249.4	833.9	2 580
30 ～ 34	276.9	673.5	7 655	340.9	35.8	680	286.0	601.3	1 489	270.2	700.2	1 484	264.0	784.0	2 882
35 ～ 39	313.6	723.0	5 850	302.6	68.3	457	363.8	564.2	979	325.8	739.3	1 000	308.0	788.6	1 453
40 ～ 44	353.4	891.4	4 984	333.5	79.7	334	325.1	689.0	889	356.0	930.5	645	378.4	962.7	1 153
45 ～ 49	360.9	875.1	3 812	296.4	52.4	328	322.6	732.4	722	325.2	716.6	460	388.4	815.2	851
50 ～ 54	359.5	846.3	3 001	299.9	26.2	289	335.2	591.3	503	340.4	841.9	361	337.5	794.7	692
55 ～ 59	340.0	803.2	2 482	252.4	6.4	134	314.2	450.8	355	245.8	582.2	226	334.3	654.8	580
60 ～ 64	330.4	810.0	1 103	237.1	4.9	86	217.2	307.9	187	460.6	894.2	91	287.1	706.0	216
65 ～ 69	633.7	649.9	274	353.6	299.1	1	806.4	128.6	14	598.5	469.1	40	269.3	322.9	51
70歳～	400.6	583.4	167	252.5	0.0	10	-	-	-	1052.0	0.0	11	451.5	231.8	37

及び年間賞与その他特別給与額

福　祉

10～14年 所定内給与額	10～14年 年間賞与その他特別給与額	10～14年 労働者数	15～19年 所定内給与額	15～19年 年間賞与その他特別給与額	15～19年 労働者数	20～24年 所定内給与額	20～24年 年間賞与その他特別給与額	20～24年 労働者数	25～29年 所定内給与額	25～29年 年間賞与その他特別給与額	25～29年 労働者数	30年以上 所定内給与額	30年以上 年間賞与その他特別給与額	30年以上 労働者数	区分
千円	千円	十人	千円	千円	十人	千円	千円	十人	千円	千円	十人	千円	千円	十人	
489.5	1159.2	5 291	496.0	1269.8	3 061	573.5	1575.8	1 966	543.1	1799.8	926	539.3	1563.3	1 269	大学・大学院卒
-	-	-	-	-	-	-	-	-	-	-	-	-	-	-	～19歳
-	-	-	-	-	-	-	-	-	-	-	-	-	-	-	20～24
-	-	-	-	-	-	-	-	-	-	-	-	-	-	-	25～29
290.9	963.7	652	-	-	-	-	-	-	-	-	-	-	-	-	30～34
340.5	987.2	1 430	354.2	1046.2	535	500.7	0.0	10	-	-	-	-	-	-	35～39
381.3	1075.1	1 013	378.9	1223.5	1 150	399.6	1351.7	388	-	-	-	-	-	-	40～44
661.9	1367.3	837	422.4	1319.4	559	418.3	1447.9	730	429.0	1616.6	150	-	-	-	45～49
763.8	1934.1	409	774.3	1579.8	305	627.1	1776.9	264	442.3	1660.9	380	491.1	1680.1	157	50～54
746.5	1503.8	440	845.0	1345.3	241	763.9	1980.1	304	560.0	1897.9	259	485.6	1762.8	568	55～59
521.3	1111.6	240	814.0	1624.5	116	954.0	1901.9	224	831.5	1946.8	109	477.6	1168.7	346	60～64
745.2	402.5	155	721.6	1635.9	59	1061.0	170.5	22	1075.8	4791.8	19	615.3	2249.9	101	65～69
796.2	680.7	116	835.7	952.9	96	1145.1	653.7	24	1500.0	0.0	10	1078.4	890.8	96	70歳～
															女
267.5	763.3	34 646	288.1	886.7	18 812	312.0	1050.0	11 092	342.4	1193.3	6 108	353.9	1211.9	6 731	学歴計
-	-	-	-	-	-	-	-	-	-	-	-	-	-	-	～19歳
-	-	-	-	-	-	-	-	-	-	-	-	-	-	-	20～24
200.6	529.7	399	-	-	-	-	-	-	-	-	-	-	-	-	25～29
250.1	784.9	6 626	232.8	744.4	205	-	-	-	-	-	-	-	-	-	30～34
275.5	816.5	5 653	277.0	954.7	4 220	257.5	852.8	228	-	-	-	-	-	-	35～39
291.1	832.1	4 476	306.5	1027.6	3 708	314.6	1113.7	3 473	310.3	1077.5	133	-	-	-	40～44
279.6	815.1	4 696	296.9	913.2	2 469	354.6	1239.0	2 211	349.4	1288.2	2 212	308.3	918.2	174	45～49
269.0	783.4	4 867	308.2	893.9	2 755	336.0	1160.8	1 407	355.3	1273.1	1 613	369.6	1367.9	1 741	50～54
267.9	737.2	4 609	273.1	831.8	3 150	303.5	1010.5	2 245	355.5	1216.1	1 244	373.9	1279.0	2 852	55～59
246.2	553.1	2 200	250.1	628.2	1 589	249.9	675.7	1 119	287.1	874.6	612	326.4	1110.6	1 415	60～64
239.4	391.0	746	324.4	432.0	601	214.2	419.0	331	295.4	628.5	262	254.7	532.8	374	65～69
244.1	392.6	374	284.5	814.9	115	267.7	626.2	78	278.6	925.1	32	349.5	1129.1	175	70歳～
230.9	603.2	10 502	243.2	679.6	5 569	259.6	798.4	2 771	284.4	882.6	1 386	319.4	987.7	1 762	高校卒
-	-	-	-	-	-	-	-	-	-	-	-	-	-	-	～19歳
-	-	-	-	-	-	-	-	-	-	-	-	-	-	-	20～24
193.0	552.6	273	-	-	-	-	-	-	-	-	-	-	-	-	25～29
215.2	563.6	1 042	231.4	758.6	176	-	-	-	-	-	-	-	-	-	30～34
244.9	683.9	963	237.9	765.2	519	229.1	785.2	166	-	-	-	-	-	-	35～39
244.9	651.3	1 082	257.1	811.7	578	282.1	971.2	496	290.0	995.2	86	-	-	-	40～44
238.0	673.2	1 635	252.2	772.7	885	271.2	869.8	274	287.5	983.5	367	300.7	846.0	133	45～49
237.8	663.8	2 098	251.3	689.7	998	286.3	857.7	316	308.7	999.7	291	330.9	1106.6	394	50～54
227.3	586.7	1 820	244.0	687.5	1 201	276.1	925.3	770	319.8	991.7	297	352.2	1134.7	677	55～59
218.3	496.4	1 028	228.0	522.9	825	215.7	521.0	534	227.7	595.9	188	297.2	921.9	391	60～64
211.3	231.7	385	220.8	396.0	358	214.6	437.3	173	217.0	393.5	129	215.5	263.0	102	65～69
222.8	413.7	176	253.5	491.3	30	278.4	589.4	41	291.1	1021.4	28	240.8	557.5	65	70歳～
273.0	819.6	18 349	294.4	965.5	10 682	325.7	1127.2	7 190	348.8	1270.0	3 943	371.0	1340.4	4 267	高専・短大卒
-	-	-	-	-	-	-	-	-	-	-	-	-	-	-	～19歳
-	-	-	-	-	-	-	-	-	-	-	-	-	-	-	20～24
241.2	662.8	75	-	-	-	-	-	-	-	-	-	-	-	-	25～29
253.7	824.1	4 457	241.3	657.6	29	-	-	-	-	-	-	-	-	-	30～34
279.4	834.8	3 203	280.8	981.5	3 201	333.7	1033.8	62	-	-	-	-	-	-	35～39
280.9	845.6	2 438	310.2	1070.2	2 356	317.4	1128.0	2 694	346.6	1224.9	48	-	-	-	40～44
282.0	829.1	2 414	305.3	988.5	1 257	361.8	1271.1	1 611	359.3	1347.0	1 598	336.1	1146.3	35	45～49
282.5	847.4	2 282	302.1	945.3	1 412	341.4	1235.7	929	364.5	1345.5	1 141	383.4	1478.5	1 228	50～54
282.7	848.6	2 207	290.7	904.0	1 638	313.5	1048.2	1 269	344.9	1238.1	780	386.3	1378.7	1 916	55～59
261.6	653.0	888	280.3	748.1	571	281.9	837.9	481	267.7	820.5	298	334.7	1156.5	860	60～64
251.9	541.1	237	270.1	550.5	171	215.5	443.1	118	251.3	642.5	77	288.8	807.7	164	65～69
265.8	438.7	148	325.7	1092.7	48	268.8	808.2	26	380.0	1400.0	0	391.7	1480.8	65	70歳～
327.9	920.3	5 175	368.7	1040.2	2 331	367.8	1252.9	1 013	436.4	1446.2	677	407.2	1476.9	444	大学・大学院卒
-	-	-	-	-	-	-	-	-	-	-	-	-	-	-	～19歳
-	-	-	-	-	-	-	-	-	-	-	-	-	-	-	20～24
-	-	-	-	-	-	-	-	-	-	-	-	-	-	-	25～29
268.0	836.8	1 120	-	-	-	-	-	-	-	-	-	-	-	-	30～34
287.7	869.9	1 461	293.4	980.2	500	-	-	-	-	-	-	-	-	-	35～39
375.5	1022.2	905	332.2	1059.1	775	345.1	1227.7	283	-	-	-	-	-	-	40～44
387.3	1154.5	591	401.3	1018.4	294	389.6	1391.0	325	383.5	1385.4	234	316.5	1191.6	6	45～49
350.8	1011.2	425	485.7	1216.7	314	405.1	1333.3	160	372.0	1257.1	180	438.9	1665.4	78	50～54
388.6	861.5	416	300.2	1049.6	286	356.6	1135.0	181	483.7	1569.5	153	417.6	1437.8	151	55～59
391.4	639.8	152	294.7	1031.5	101	304.6	847.2	55	514.2	1759.9	85	382.9	1563.5	131	60～64
424.1	878.8	60	1359.7	353.3	49	228.3	40.9	5	953.3	1791.1	21	344.0	959.3	33	65～69
264.4	198.3	45	249.0	886.0	12	253.1	897.1	4	154.0	0.0	3	446.0	1451.6	45	70歳～

第2表　年齢階級、勤続年数階級別所定内給与額

企業規模	1,000人以上

P 医 療，

区分	勤続年数計			0年			1～2年			3～4年			5～9年		
	所定内給与額	年間賞与その他特別給与額	労働者数	所定内給与額	年間賞与その他特別給与額	労働者数	所定内給与額	年間賞与その他特別給与額	労働者数	所定内給与額	年間賞与その他特別給与額	労働者数	所定内給与額	年間賞与その他特別給与額	労働者数
	千円	千円	十人	千円	千円	十人	千円	千円	十人	千円	千円	十人	千円	千円	十人
企業規模1,000人以上															
男女計	331.5	872.7	72 185	294.7	59.2	7 585	310.3	644.8	14 462	305.1	842.1	11 985	314.1	892.3	16 135
～19歳	171.2	114.6	134	166.6	2.0	66	175.7	224.3	68	-	-	-	-	-	-
20～24	234.5	435.2	8 240	228.0	29.4	2 723	240.2	636.3	4 428	227.2	645.7	980	231.3	506.3	109
25～29	275.2	689.3	12 827	293.1	55.5	1 736	283.9	633.0	3 165	270.5	857.4	4 240	265.1	847.8	3 656
30～34	306.0	779.5	9 968	362.4	80.4	776	334.1	673.4	1 929	299.4	796.9	1 773	291.4	893.5	3 327
35～39	345.3	883.3	9 474	376.8	80.6	712	419.8	715.5	1 459	355.3	902.0	1 447	315.2	896.3	2 364
40～44	374.8	1035.6	9 207	376.8	148.6	649	386.1	689.2	1 188	326.6	847.9	1 043	398.0	1121.3	2 261
45～49	375.5	1117.2	7 859	330.0	46.8	404	387.0	793.6	718	347.0	904.1	979	330.7	888.0	1 623
50～54	392.7	1174.3	6 240	319.8	94.4	243	352.2	597.8	776	357.6	1033.6	624	339.3	951.4	1 228
55～59	390.2	1187.0	5 121	401.3	8.0	126	330.3	524.1	406	298.8	810.6	591	299.5	787.8	964
60～64	400.3	1031.7	2 319	245.4	131.7	94	233.9	307.0	256	524.3	834.0	241	320.9	436.8	358
65～69	384.3	444.8	573	270.4	23.1	45	637.1	17.9	58	457.7	196.0	63	391.8	459.4	179
70歳～	555.6	210.2	223	331.2	0.0	10	1314.9	149.1	12	1338.4	0.0	5	495.3	117.2	65
男															
学歴計	414.6	1021.3	21 519	384.2	64.4	2 491	404.1	715.9	4 279	369.6	961.6	3 414	384.9	1079.6	4 961
～19歳	157.0	138.0	24	152.6	15.6	9	159.4	207.3	15	-	-	-	-	-	-
20～24	228.4	330.1	1 695	229.2	17.6	660	228.1	529.1	820	227.3	531.3	190	221.9	527.3	24
25～29	297.0	611.5	3 940	350.2	36.7	651	319.5	563.5	1 122	272.6	818.9	1 261	265.6	813.2	884
30～34	341.3	783.9	3 529	440.5	89.5	363	377.7	712.3	778	332.8	862.4	655	313.0	935.2	1 197
35～39	409.6	928.7	3 148	493.0	87.0	303	577.6	935.1	521	428.0	986.5	478	330.1	931.5	928
40～44	469.0	1183.4	2 889	503.9	136.5	250	602.5	1053.2	356	413.5	1006.6	242	521.2	1392.1	873
45～49	515.2	1479.5	2 138	623.0	124.0	89	609.7	1024.8	216	613.8	1488.7	175	448.0	1311.2	400
50～54	605.4	1851.6	1 482	694.5	334.8	52	665.4	1346.1	171	548.0	1839.8	122	610.5	1908.6	248
55～59	559.3	1761.8	1 463	850.6	0.0	31	526.8	666.4	109	448.1	1564.0	156	475.8	1534.3	185
60～64	555.0	1438.3	824	275.7	53.2	47	239.0	407.6	132	771.7	1297.6	102	438.9	713.8	95
65～69	528.2	702.4	277	281.2	21.7	36	773.0	0.0	30	828.0	232.1	26	535.9	735.1	100
70歳～	832.7	288.1	110	-	-	-	1540.4	0.0	10	1338.4	0.0	5	732.3	18.5	25
高校卒	292.2	749.2	2 726	237.8	51.4	255	216.7	258.9	451	247.4	459.3	443	280.8	788.9	612
～19歳	157.0	138.0	24	152.6	15.6	9	159.4	207.3	15	-	-	-	-	-	-
20～24	210.9	245.8	208	191.1	98.0	35	197.8	223.2	82	233.3	249.2	67	221.9	527.3	24
25～29	231.1	317.0	285	214.2	0.0	39	214.6	328.8	68	226.2	413.4	103	254.0	393.8	64
30～34	239.7	355.7	216	225.4	97.0	45	254.2	318.5	59	204.2	391.5	32	247.0	448.9	45
35～39	280.8	780.2	355	213.1	0.0	19	254.0	316.5	66	243.0	651.6	58	304.0	868.5	104
40～44	291.8	919.4	410	205.5	90.3	31	236.7	608.6	17	212.2	345.1	82	318.1	995.8	125
45～49	335.2	950.9	381	458.4	65.7	32	216.1	148.6	56	489.5	1869.0	5	278.7	987.5	107
50～54	410.8	1265.4	264	220.4	0.0	1	182.2	251.0	17	490.7	889.2	40	372.5	1212.4	41
55～59	364.9	1209.7	307	241.6	0.0	8	194.3	246.7	27	203.8	379.1	29	235.6	617.0	36
60～64	253.4	512.2	159	223.9	0.0	11	182.4	101.9	38	174.3	475.6	20	226.4	706.3	23
65～69	189.9	160.8	106	171.6	9.3	25	226.1	0.0	6	154.2	0.0	7	206.7	362.7	42
70歳～	303.7	0.0	11	-	-	-	-	-	-	-	-	-	-	-	-
高専・短大卒	300.0	887.3	6 628	236.6	19.5	578	254.1	618.7	1 116	264.5	796.5	1 057	284.6	858.0	1 573
～19歳	-	-	-	-	-	-	-	-	-	-	-	-	-	-	-
20～24	218.8	392.7	700	203.7	10.3	235	227.8	555.5	347	222.4	674.2	118	-	-	-
25～29	251.9	649.1	1 191	255.8	26.7	162	240.7	610.3	263	248.6	824.1	310	261.5	790.0	446
30～34	277.8	798.9	1 238	260.7	20.8	36	257.7	611.2	210	265.7	789.7	275	287.2	883.4	386
35～39	306.0	859.0	1 118	268.8	15.9	72	307.1	652.9	85	287.1	844.2	167	298.5	839.7	411
40～44	321.1	1001.2	895	248.0	10.7	35	256.7	569.0	78	297.0	929.6	72	304.0	900.3	177
45～49	371.0	1301.6	626	312.5	138.9	16	316.0	966.7	68	310.7	632.7	31	256.4	917.5	62
50～54	385.6	1416.4	328	302.0	0.0	5	333.7	864.8	50	383.6	1403.6	13	257.3	702.9	41
55～59	409.4	1507.4	391	220.8	0.0	7	229.6	0.0	5	284.1	674.1	59	372.4	1487.4	41
60～64	323.2	945.4	121	197.1	0.0	10	168.0	8.0	10	212.2	363.0	12	233.2	600.0	9
65～69	236.4	260.8	10	-	-	-	-	-	-	-	-	-	-	-	-
70歳～	177.4	186.6	10	-	-	-	-	-	-	-	-	-	-	-	-
大学・大学院卒	506.3	1158.6	12 086	460.1	82.7	1 645	498.7	833.1	2 695	456.7	1171.0	1 906	466.5	1272.7	2 760
～19歳	-	-	-	-	-	-	-	-	-	-	-	-	-	-	-
20～24	241.5	296.7	787	248.1	14.8	390	234.7	569.6	392	262.6	909.3	5	-	-	-
25～29	326.5	627.6	2 463	396.4	43.6	449	354.8	568.0	791	287.1	866.4	849	272.3	912.5	374
30～34	391.2	821.1	2 057	498.0	97.1	282	449.2	805.0	491	397.8	963.6	348	329.8	989.6	766
35～39	506.2	1007.0	1 674	594.0	118.9	212	698.2	1111.3	369	563.4	1158.2	253	368.1	1038.8	413
40～44	600.3	1360.5	1 576	614.7	173.2	179	729.1	1226.1	261	697.6	1688.9	88	633.1	1631.4	571
45～49	660.5	1769.8	1 116	1017.7	199.1	33	1067.7	1604.6	92	684.9	1663.4	140	578.0	1567.5	231
50～54	750.4	2205.4	879	741.8	374.4	47	900.5	1750.1	105	654.5	2669.8	62	756.6	2378.6	166
55～59	716.2	2117.8	759	1495.8	0.0	15	662.5	858.1	77	693.2	2834.5	68	593.8	1854.4	109
60～64	694.8	1818.8	544	326.7	95.1	27	273.1	594.1	84	1040.7	1696.8	70	546.3	733.1	63
65～69	859.1	1160.2	140	528.6	49.7	11	917.9	0.0	23	1074.7	317.1	19	1040.3	1136.8	41
70歳～	968.3	333.3	90	-	-	-	1540.4	0.0	10	1338.4	0.0	5	732.3	18.5	25

及び年間賞与その他特別給与額

福　祉

区分	10～14年 所定内給与額	10～14年 年間賞与その他特別給与額	10～14年 労働者数	15～19年 所定内給与額	15～19年 年間賞与その他特別給与額	15～19年 労働者数	20～24年 所定内給与額	20～24年 年間賞与その他特別給与額	20～24年 労働者数	25～29年 所定内給与額	25～29年 年間賞与その他特別給与額	25～29年 労働者数	30年以上 所定内給与額	30年以上 年間賞与その他特別給与額	30年以上 労働者数
	千円	千円	十人	千円	千円	十人	千円	千円	十人	千円	千円	十人	千円	千円	十人
企業規模1,000人以上															
男女計	**352.9**	**1085.2**	**8 835**	**368.3**	**1219.4**	**4 352**	**417.8**	**1495.8**	**3 480**	**427.4**	**1609.5**	**2 448**	**435.1**	**1616.6**	**2 903**
～19歳	–	–	–	–	–	–	–	–	–	–	–	–	–	–	–
20～24	–	–	–	–	–	–	–	–	–	–	–	–	–	–	–
25～29	233.3	219.7	30	–	–	–	–	–	–	–	–	–	–	–	–
30～34	288.8	935.6	2 117	281.6	925.3	45	–	–	–	–	–	–	–	–	–
35～39	323.7	1062.7	2 091	323.3	1153.7	1 349	355.7	1245.1	53	–	–	–	–	–	–
40～44	375.8	1152.8	1 310	373.7	1335.2	1 439	361.6	1333.1	1 233	373.6	1482.3	86	–	–	–
45～49	411.6	1302.1	1 278	382.8	1287.4	497	402.6	1482.8	1 170	401.8	1534.4	1 121	369.5	1532.7	70
50～54	395.3	1228.7	926	488.8	1280.0	461	480.7	1648.9	424	417.6	1636.8	719	433.6	1695.7	839
55～59	441.5	1138.8	647	356.7	1047.0	354	513.5	1738.2	382	466.7	1771.5	379	442.7	1716.6	1 272
60～64	392.9	1064.9	293	339.0	1057.8	124	546.7	1847.4	215	703.1	2069.4	114	399.8	1392.3	623
65～69	187.9	145.1	69	345.1	935.3	52	224.4	495.6	4	220.3	298.9	29	460.7	1215.3	73
70歳～	330.0	107.6	74	465.1	230.2	31	263.2	0.0	1	–	–	–	1082.7	885.9	25
男															
学歴計	**464.3**	**1403.4**	**2 460**	**462.8**	**1415.5**	**1 096**	**533.4**	**1856.5**	**1 101**	**479.8**	**1809.8**	**802**	**485.5**	**1766.3**	**915**
～19歳	–	–	–	–	–	–	–	–	–	–	–	–	–	–	–
20～24	–	–	–	–	–	–	–	–	–	–	–	–	–	–	–
25～29	235.8	29.3	21	–	–	–	–	–	–	–	–	–	–	–	–
30～34	294.9	920.3	524	301.1	1102.7	13	–	–	–	–	–	–	–	–	–
35～39	361.0	1197.3	648	348.2	1086.4	261	376.3	1538.6	11	–	–	–	–	–	–
40～44	392.0	1242.4	486	419.1	1407.4	372	357.4	1339.3	269	409.1	1564.1	39	–	–	–
45～49	658.8	2047.6	341	454.8	1530.6	186	446.1	1571.2	429	423.5	1607.9	279	397.6	1740.3	23
50～54	800.0	2619.0	176	818.1	1979.3	101	660.6	2134.9	139	434.9	1724.8	271	475.4	1851.9	202
55～59	887.3	1863.8	138	537.0	1554.9	91	792.0	2710.3	150	519.8	2150.9	141	461.5	1878.5	463
60～64	667.9	2028.5	84	504.2	1909.6	37	824.8	2810.8	103	946.7	2801.3	59	466.5	1419.7	164
65～69	156.9	158.0	19	626.8	1833.5	16	–	–	–	278.8	398.9	13	571.9	2042.6	38
70歳～	490.4	77.6	24	609.6	339.7	21	–	–	–	–	–	–	1082.7	885.9	25
高校卒	**326.9**	**989.4**	**238**	**320.1**	**1051.6**	**111**	**363.2**	**1064.5**	**156**	**375.6**	**1390.9**	**187**	**426.7**	**1639.2**	**274**
～19歳	–	–	–	–	–	–	–	–	–	–	–	–	–	–	–
20～24	–	–	–	–	–	–	–	–	–	–	–	–	–	–	–
25～29	311.0	0.0	11	–	–	–	–	–	–	–	–	–	–	–	–
30～34	255.6	553.9	33	273.1	1197.3	3	–	–	–	–	–	–	–	–	–
35～39	294.6	1117.2	76	317.2	1268.4	22	376.3	1538.6	11	–	–	–	–	–	–
40～44	356.1	1465.7	60	313.4	1342.9	10	274.1	1042.1	54	411.3	1719.6	31	–	–	–
45～49	232.0	671.8	27	433.8	1505.6	27	324.8	946.1	28	426.6	1469.7	77	397.6	1740.3	23
50～54	863.9	1588.6	14	271.3	943.9	13	335.1	1022.7	29	340.0	1385.2	49	466.6	1866.0	59
55～59	263.3	363.8	6	274.8	1030.3	20	805.1	1427.3	20	305.7	1279.3	20	432.4	1789.8	144
60～64	240.8	422.2	4	–	–	–	225.9	639.4	15	–	–	–	373.6	851.3	48
65～69	187.6	141.4	9	167.6	36.0	7	–	–	–	184.5	0.0	10	–	–	–
70歳～	–	–	–	303.7	0.0	11	–	–	–	–	–	–	–	–	–
高専・短大卒	**312.5**	**1038.6**	**891**	**357.7**	**1184.3**	**435**	**394.7**	**1441.3**	**407**	**428.8**	**1679.8**	**261**	**433.1**	**1686.0**	**310**
～19歳	–	–	–	–	–	–	–	–	–	–	–	–	–	–	–
20～24	–	–	–	–	–	–	–	–	–	–	–	–	–	–	–
25～29	156.8	60.0	10	–	–	–	–	–	–	–	–	–	–	–	–
30～34	290.9	906.5	322	308.1	1079.1	10	–	–	–	–	–	–	–	–	–
35～39	318.6	1051.3	240	346.1	1152.6	143	–	–	–	–	–	–	–	–	–
40～44	328.4	1041.9	209	354.9	1213.4	179	351.3	1333.6	137	400.5	953.7	8	–	–	–
45～49	329.5	1455.4	58	378.9	1174.9	49	418.5	1478.7	222	414.4	1674.4	119	–	–	–
50～54	393.8	1525.9	9	300.0	1340.7	10	411.7	1575.0	44	415.3	1688.4	65	451.9	1849.2	90
55～59	337.6	1555.2	16	468.2	1309.6	32	365.0	1630.3	3	446.4	1787.4	60	460.0	1849.2	169
60～64	491.3	2246.9	16	250.6	795.7	12	–	–	–	605.2	1627.8	10	329.9	1009.9	41
65～69	–	–	–	–	–	–	–	–	–	–	–	–	236.4	260.8	10
70歳～	177.4	186.6	10	–	–	–	–	–	–	–	–	–	–	–	–
大学・大学院卒	**592.2**	**1728.1**	**1 324**	**574.4**	**1671.1**	**551**	**687.4**	**2399.4**	**538**	**581.2**	**2156.7**	**340**	**586.6**	**1964.1**	**329**
～19歳	–	–	–	–	–	–	–	–	–	–	–	–	–	–	–
20～24	–	–	–	–	–	–	–	–	–	–	–	–	–	–	–
25～29	–	–	–	–	–	–	–	–	–	–	–	–	–	–	–
30～34	309.9	1016.9	170	–	–	–	–	–	–	–	–	–	–	–	–
35～39	406.9	1321.3	332	358.3	946.2	96	–	–	–	–	–	–	–	–	–
40～44	465.1	1382.7	215	487.4	1599.8	183	425.9	1556.1	78	–	–	–	–	–	–
45～49	778.1	2325.5	256	493.5	1694.4	111	499.0	1782.2	179	442.9	1674.0	75	–	–	–
50～54	835.9	2853.8	148	977.4	2236.7	78	970.3	2998.6	66	473.1	1847.6	156	525.2	1840.6	53
55～59	994.9	1978.9	116	720.0	2006.1	40	800.1	2932.2	127	680.7	2878.8	57	490.8	1995.9	150
60～64	742.3	2080.8	64	627.9	2452.9	25	927.0	3181.3	88	1016.4	3040.7	49	600.1	2003.9	75
65～69	129.3	173.0	10	1005.0	3313.8	9	–	–	–	656.0	1994.4	3	753.3	3004.3	25
70歳～	713.1	0.0	14	916.1	680.0	11	–	–	–	–	–	–	1082.7	885.9	25

第2表　年齢階級、勤続年数階級別所定内給与額

企業規模	1,000人以上
	100～999人

P　医　療，

区　分	勤続年数計			0　年			1～2年			3～4年			5～9年		
	所定内給与額	年間賞与その他特別給与額	労働者数	所定内給与額	年間賞与その他特別給与額	労働者数	所定内給与額	年間賞与その他特別給与額	労働者数	所定内給与額	年間賞与その他特別給与額	労働者数	所定内給与額	年間賞与その他特別給与額	労働者数
	千円	千円	十人	千円	千円	十人	千円	千円	十人	千円	千円	十人	千円	千円	十人
女															
学歴計	**296.2**	**809.6**	**50 666**	**250.9**	**56.7**	**5 094**	**270.8**	**615.0**	**10 183**	**279.4**	**794.5**	**8 572**	**282.7**	**809.1**	**11 173**
～19歳	174.2	109.6	110	168.7	0.0	57	180.3	229.1	53	-	-	-	-	-	-
20～24	236.1	462.4	6 545	227.5	33.2	2 063	243.0	660.7	3 607	227.1	673.3	790	234.0	500.3	85
25～29	265.6	723.8	8 887	258.8	66.8	1 085	264.3	671.2	2 043	269.6	873.8	2 978	265.0	858.9	2 772
30～34	286.7	777.1	6 439	293.7	72.3	413	304.7	647.2	1 152	279.9	758.5	1 118	279.2	870.1	2 130
35～39	313.4	860.6	6 326	291.0	75.9	410	332.2	693.6	938	319.4	860.3	969	305.7	873.6	1 436
40～44	331.8	968.0	6 318	297.0	156.2	399	293.5	533.4	832	300.3	799.9	801	320.4	950.8	1 387
45～49	323.3	981.8	5 721	247.8	25.2	316	291.0	694.0	502	288.9	776.6	804	292.3	749.4	1 223
50～54	326.4	963.3	4 758	217.3	28.7	190	263.5	385.6	604	311.0	836.7	501	270.6	708.8	980
55～59	322.6	957.1	3 658	254.9	10.6	95	258.7	472.3	298	245.4	541.1	435	257.7	610.3	778
60～64	315.0	807.5	1 494	214.6	211.3	47	228.5	199.8	124	341.9	492.3	139	278.1	336.2	263
65～69	249.9	204.2	296	229.9	28.3	10	494.5	36.6	28	197.8	170.6	37	209.0	109.7	79
70歳～	283.3	133.5	112	331.2	0.0	10	243.6	857.6	2	-	-	-	343.5	180.3	40
高校卒	**238.7**	**529.2**	**8 527**	**198.3**	**30.1**	**786**	**214.8**	**346.8**	**1 628**	**220.0**	**376.2**	**1 521**	**222.3**	**473.5**	**2 054**
～19歳	174.2	109.6	110	168.7	0.0	57	180.3	229.1	53	-	-	-	-	-	-
20～24	216.1	355.7	597	197.3	27.7	144	227.3	527.6	246	212.1	344.8	161	229.2	497.3	46
25～29	212.4	384.3	740	201.4	27.6	111	203.2	369.5	291	216.8	336.4	115	227.5	605.3	213
30～34	243.3	504.2	565	226.7	0.0	48	234.5	329.5	94	237.7	411.3	117	247.6	626.8	158
35～39	245.5	561.1	843	188.0	22.4	90	214.9	326.3	154	254.1	512.8	178	229.6	472.8	193
40～44	251.5	636.1	953	198.3	73.5	92	224.2	383.7	152	227.3	376.2	227	222.4	498.2	183
45～49	237.0	606.6	1 472	203.1	16.3	135	203.0	352.2	224	218.6	459.8	253	221.6	510.8	339
50～54	241.7	527.8	1 487	209.2	28.2	74	229.1	296.3	293	210.0	246.6	186	215.3	431.9	425
55～59	255.3	629.2	1 121	217.0	1.9	10	190.7	120.2	76	208.3	391.3	200	219.9	471.6	341
60～64	242.5	434.7	523	175.8	137.7	26	185.7	17.6	35	180.4	174.0	69	199.8	102.2	114
65～69	201.8	245.0	92	-	-	-	234.8	0.0	10	159.1	0.0	13	202.5	139.6	26
70歳～	254.0	300.5	25	-	-	-	-	-	-	-	-	-	240.1	419.0	16
高専・短大卒	**295.9**	**891.4**	**27 477**	**237.9**	**59.3**	**2 250**	**251.6**	**630.7**	**4 450**	**273.7**	**849.1**	**4 122**	**278.5**	**842.6**	**6 096**
～19歳	-	-	-	-	-	-	-	-	-	-	-	-	-	-	-
20～24	233.2	486.6	3 304	221.8	29.5	892	239.4	620.9	1 753	231.7	763.0	621	240.4	501.8	39
25～29	259.4	757.2	3 748	239.1	82.0	403	242.7	697.7	596	264.8	864.6	1 149	266.9	872.5	1 600
30～34	275.1	793.6	3 523	227.3	65.0	199	275.6	677.4	558	271.5	792.1	523	272.5	841.9	1 112
35～39	295.8	898.3	3 738	277.3	49.8	213	268.5	665.6	490	281.8	839.5	471	297.8	915.2	842
40～44	312.9	1002.6	4 004	257.8	170.3	226	256.1	626.1	471	290.9	904.6	406	291.9	887.9	870
45～49	330.2	1096.7	3 424	255.3	12.5	109	254.2	671.4	135	304.0	921.6	457	275.8	820.9	718
50～54	343.4	1140.2	2 634	229.6	34.2	98	248.3	473.3	188	326.2	1122.2	230	287.7	847.6	426
55～59	341.7	1105.0	2 141	246.3	13.4	74	274.7	572.6	178	282.6	729.9	208	265.0	738.4	335
60～64	318.7	933.5	773	276.3	368.0	17	251.5	272.5	71	261.8	497.4	42	315.8	354.4	109
65～69	236.9	181.0	133	215.0	0.0	9	159.9	120.0	9	221.0	272.3	15	221.8	127.9	35
70歳～	255.7	135.3	53	331.2	0.0	10	243.6	857.6	2	-	-	-	176.0	49.0	10
大学・大学院卒	**331.8**	**825.6**	**14 398**	**286.7**	**64.2**	**2 032**	**315.5**	**708.7**	**4 051**	**320.0**	**944.3**	**2 886**	**334.3**	**978.0**	**2 981**
～19歳	-	-	-	-	-	-	-	-	-	-	-	-	-	-	-
20～24	244.7	456.9	2 623	236.8	37.1	1 027	250.1	729.2	1 588	178.0	327.7	8	191.8	659.9	1
25～29	279.9	752.8	4 395	283.9	63.6	570	290.8	733.6	1 156	276.4	916.1	1 714	270.6	894.5	955
30～34	316.4	826.5	2 316	409.0	102.4	154	350.5	674.0	499	304.9	829.7	456	293.6	950.9	861
35～39	386.1	928.1	1 722	405.4	173.2	106	511.6	608.2	282	413.9	1094.2	316	360.8	981.1	395
40～44	447.2	1112.4	1 335	516.6	210.2	82	428.0	433.3	209	439.2	1218.9	153	453.6	1374.9	326
45～49	457.3	1206.4	796	346.8	70.7	62	463.4	1250.2	143	405.0	926.0	94	529.1	986.5	156
50～54	455.0	1268.2	592	183.1	0.6	18	410.9	522.3	102	503.5	1372.7	81	406.8	1200.7	123
55～59	421.0	1114.5	370	344.9	0.0	11	310.8	673.0	44	234.1	189.6	27	358.6	653.1	103
60～64	525.2	1407.0	179	-	-	-	221.0	269.3	18	878.9	1296.4	27	419.8	1007.6	36
65～69	384.9	152.8	50	527.1	520.0	1	1031.6	0.0	10	213.7	240.6	9	200.5	31.2	15
70歳～	452.5	9.9	20	-	-	-	-	-	-	-	-	-	693.2	0.0	10
企業規模 100～999人															
男女計	**276.9**	**659.6**	**181 456**	**244.2**	**34.6**	**18 171**	**251.6**	**510.4**	**34 564**	**256.9**	**649.8**	**27 917**	**270.1**	**692.8**	**43 435**
～19歳	173.1	91.6	900	168.6	1.8	586	181.6	259.3	314	-	-	-	-	-	-
20～24	210.4	381.9	15 820	207.3	15.2	4 468	214.4	499.5	7 871	205.3	593.5	2 852	205.5	555.0	629
25～29	235.3	572.7	22 528	244.8	46.7	2 769	233.8	517.9	5 544	236.2	690.7	6 335	233.1	708.1	7 485
30～34	257.0	620.0	22 978	273.1	35.7	2 288	258.3	532.1	4 285	255.3	655.8	3 792	252.5	714.0	7 346
35～39	274.8	688.0	22 972	271.0	59.3	1 601	270.5	525.7	3 620	269.0	628.9	3 254	270.7	724.1	6 024
40～44	292.4	758.9	24 122	257.5	50.1	1 835	275.8	591.3	3 736	281.5	683.5	3 250	285.6	760.1	5 738
45～49	298.6	746.2	21 815	233.8	35.1	1 755	255.3	510.6	3 196	275.3	687.3	2 795	288.1	718.0	5 589
50～54	315.4	786.0	18 428	307.8	29.2	1 249	299.3	522.5	2 587	280.4	657.1	2 248	289.8	748.5	4 122
55～59	310.6	814.8	17 426	237.1	36.3	904	248.6	475.3	1 749	264.5	677.9	1 755	296.0	642.2	3 257
60～64	285.9	560.1	9 816	257.0	58.2	451	293.9	368.0	1 188	256.2	497.1	1 191	270.0	453.2	2 017
65～69	297.6	387.7	3 471	284.5	23.0	201	302.0	267.2	387	287.1	323.0	350	283.7	298.8	870
70歳～	522.0	419.5	1 179	328.0	5.5	64	543.7	127.6	87	641.0	249.6	94	483.6	301.0	358

及び年間賞与その他特別給与額

福　祉

10～14年 所定内給与額	年間賞与その他特別給与額	労働者数	15～19年 所定内給与額	年間賞与その他特別給与額	労働者数	20～24年 所定内給与額	年間賞与その他特別給与額	労働者数	25～29年 所定内給与額	年間賞与その他特別給与額	労働者数	30年以上 所定内給与額	年間賞与その他特別給与額	労働者数	区分
千円	千円	十人	千円	千円	十人	千円	千円	十人	千円	千円	十人	千円	千円	十人	
															女
309.9	962.4	6 375	336.5	1153.4	3 256	364.3	1329.0	2 380	401.8	1511.9	1 646	411.9	1547.8	1 988	学歴計
-	-	-	-	-	-	-	-	-	-	-	-	-	-	-	～19歳
-	-	-	-	-	-	-	-	-	-	-	-	-	-	-	20～24
227.9	634.9	9	-	-	-	-	-	-	-	-	-	-	-	-	25～29
286.8	940.7	1 593	274.2	857.8	33	-	-	-	-	-	-	-	-	-	30～34
307.0	1002.3	1 443	317.3	1169.9	1 088	350.6	1171.7	42	-	-	-	-	-	-	35～39
366.2	1100.0	823	357.9	1310.0	1 067	362.7	1331.4	963	343.3	1412.3	46	-	-	-	40～44
321.8	1031.3	937	339.8	1142.1	311	377.5	1431.6	741	394.6	1510.1	841	355.8	1430.9	47	45～49
300.5	902.9	750	397.0	1085.0	361	392.8	1411.4	285	407.2	1583.7	449	420.3	1646.2	637	50～54
320.9	942.8	509	294.5	871.6	263	333.8	1111.3	232	435.1	1545.7	238	431.9	1624.0	809	55～59
281.8	675.9	209	269.4	699.6	87	291.4	963.0	112	441.4	1283.2	55	376.0	1382.4	459	60～64
199.7	140.2	50	226.2	556.1	37	224.4	495.6	4	176.7	224.5	17	340.3	319.7	35	65～69
252.2	122.2	50	161.4	0.0	10	263.2	0.0	1	-	-	-	-	-	-	70歳～
256.5	710.8	1 115	273.1	950.7	537	296.5	1022.7	271	356.1	1339.1	216	372.0	1277.0	400	高校卒
-	-	-	-	-	-	-	-	-	-	-	-	-	-	-	～19歳
-	-	-	-	-	-	-	-	-	-	-	-	-	-	-	20～24
227.9	634.9	9	-	-	-	-	-	-	-	-	-	-	-	-	25～29
248.5	681.4	116	274.2	857.8	33	-	-	-	-	-	-	-	-	-	30～34
290.8	988.9	143	299.6	1139.3	66	313.7	1106.0	20	-	-	-	-	-	-	35～39
310.1	842.6	99	299.3	1387.5	94	339.8	1411.3	85	348.8	1480.4	21	-	-	-	40～44
251.5	783.8	276	275.5	998.7	114	259.7	941.9	28	364.3	1705.9	62	361.5	1466.1	41	45～49
236.0	568.4	200	239.8	622.9	97	356.0	1039.7	36	353.5	1330.3	54	360.7	1509.1	121	50～54
250.9	677.8	180	282.7	936.1	84	277.3	897.7	64	373.8	1064.5	54	411.6	1264.5	112	55～59
227.2	382.7	73	245.9	391.1	27	188.4	348.6	35	349.1	1179.2	19	353.4	1014.0	124	60～64
200.2	172.7	9	213.2	619.6	23	240.6	660.5	3	192.9	149.6	6	146.4	161.2	2	65～69
278.4	104.3	9	-	-	-	263.2	0.0	1	-	-	-	-	-	-	70歳～
298.3	951.7	3 845	332.0	1170.3	2 227	368.8	1358.8	1 847	393.4	1500.1	1 220	423.3	1626.9	1 420	高専・短大卒
-	-	-	-	-	-	-	-	-	-	-	-	-	-	-	～19歳
-	-	-	-	-	-	-	-	-	-	-	-	-	-	-	20～24
-	-	-	-	-	-	-	-	-	-	-	-	-	-	-	25～29
287.3	932.2	1 132	-	-	-	-	-	-	-	-	-	-	-	-	30～34
298.1	976.7	866	317.6	1178.1	833	384.1	1231.4	22	-	-	-	-	-	-	35～39
305.6	1013.7	471	353.6	1327.8	767	362.4	1316.3	769	338.6	1354.8	25	-	-	-	40～44
309.2	977.5	521	340.7	1136.4	182	386.2	1480.1	634	394.6	1492.9	668	-	-	-	45～49
307.9	977.5	451	346.7	1002.6	205	366.3	1379.8	202	415.7	1607.3	355	431.0	1665.0	477	50～54
326.1	1024.1	247	301.2	824.8	168	352.9	1137.6	153	387.6	1571.7	140	434.8	1689.0	639	55～59
266.2	713.1	95	280.1	839.3	60	317.5	1198.5	66	198.0	257.0	22	381.1	1488.7	292	60～64
191.6	157.3	31	256.4	416.7	12	183.5	80.0	1	167.0	269.5	11	534.1	157.2	12	65～69
257.8	159.9	31	-	-	-	-	-	-	-	-	-	-	-	-	70歳～
387.9	1207.2	1 384	412.7	1286.1	470	404.1	1438.0	259	512.5	1817.5	196	439.9	1727.7	140	大学・大学院卒
-	-	-	-	-	-	-	-	-	-	-	-	-	-	-	～19歳
-	-	-	-	-	-	-	-	-	-	-	-	-	-	-	20～24
-	-	-	-	-	-	-	-	-	-	-	-	-	-	-	25～29
298.0	1055.3	346	-	-	-	-	-	-	-	-	-	-	-	-	30～34
330.2	1057.7	434	322.0	1144.3	188	-	-	-	-	-	-	-	-	-	35～39
504.4	1373.0	249	400.3	1208.7	207	382.5	1375.7	109	-	-	-	-	-	-	40～44
507.0	1717.3	140	824.2	2315.5	15	348.6	1213.8	79	425.2	1563.1	101	316.5	1191.6	6	45～49
411.7	1287.6	93	716.0	1883.2	50	536.4	1839.1	47	404.3	1721.5	39	474.8	1839.5	39	50～54
516.7	1476.3	68	282.0	1093.2	11	404.5	1869.1	13	659.0	2044.9	44	458.8	1714.3	49	55～59
470.3	1270.8	34	-	-	-	456.0	1489.5	12	1093.5	3530.0	11	423.5	1827.9	41	60～64
224.0	57.0	10	-	-	-	-	-	-	-	-	-	265.7	807.8	5	65～69
211.7	19.8	10	-	-	-	-	-	-	-	-	-	-	-	-	70歳～
															企業規模 100～999人
290.8	811.7	25 926	316.3	915.7	14 429	347.4	1030.2	8 048	359.0	1141.5	4 292	379.5	1226.7	4 672	男女計
-	-	-	-	-	-	-	-	-	-	-	-	-	-	-	～19歳
-	-	-	-	-	-	-	-	-	-	-	-	-	-	-	20～24
214.8	571.6	395	-	-	-	-	-	-	-	-	-	-	-	-	25～29
256.8	788.7	5 158	236.0	775.2	109	-	-	-	-	-	-	-	-	-	30～34
282.4	840.3	4 922	283.8	928.4	3 325	266.8	778.2	226	-	-	-	-	-	-	35～39
303.9	906.3	3 654	318.1	1021.3	3 329	319.5	1056.2	2 509	345.6	853.3	71	-	-	-	40～44
335.4	869.8	3 212	329.7	994.3	2 097	369.7	1192.9	1 819	346.4	1187.3	1 265	338.5	1166.0	87	45～49
308.7	860.9	3 107	356.7	953.3	1 822	371.9	1176.3	973	359.0	1189.7	1 232	381.4	1390.2	1 086	50～54
289.0	826.5	3 084	325.2	861.5	2 172	362.1	1052.4	1 388	392.0	1268.5	1 042	398.6	1374.1	2 075	55～59
256.4	591.0	1 538	300.6	661.6	1 085	354.5	686.1	836	282.6	717.1	454	328.0	949.1	1 055	60～64
331.0	411.3	582	253.5	356.8	370	271.0	354.0	239	384.3	995.0	199	307.7	769.8	274	65～69
421.9	505.1	275	564.9	827.3	120	621.6	542.7	58	774.6	897.1	30	757.0	594.3	95	70歳～

第2表　年齢階級、勤続年数階級別所定内給与額

企業規模	100～999人

P 医 療，

区分	勤続年数計			0年			1～2年			3～4年			5～9年		
	所定内給与額	年間賞与その他特別給与額	労働者数	所定内給与額	年間賞与その他特別給与額	労働者数	所定内給与額	年間賞与その他特別給与額	労働者数	所定内給与額	年間賞与その他特別給与額	労働者数	所定内給与額	年間賞与その他特別給与額	労働者数
	千円	千円	十人	千円	千円	十人	千円	千円	十人	千円	千円	十人	千円	千円	十人
男															
学歴計	329.2	722.9	55 233	286.4	44.8	5 540	292.1	522.8	10 273	293.6	693.0	8 452	317.5	743.5	13 599
～19歳	175.3	114.0	257	173.8	0.0	143	177.2	258.1	113	－	－	－	－	－	－
20～24	209.0	364.0	3 987	208.0	15.4	1 161	212.8	471.4	1 896	203.6	590.7	790	195.8	522.2	140
25～29	241.6	577.8	7 695	248.1	56.7	978	243.1	517.2	1 847	239.0	711.9	2 219	240.7	705.9	2 528
30～34	273.1	664.4	9 172	303.5	41.2	897	283.0	565.5	1 823	271.4	691.9	1 459	258.9	768.7	3 139
35～39	304.8	769.6	8 526	353.2	101.1	541	304.9	590.9	1 314	305.8	712.6	946	299.5	813.0	2 398
40～44	339.1	839.0	8 221	312.2	57.7	616	349.6	587.2	1 112	339.0	726.7	899	336.2	852.6	1 827
45～49	379.9	867.0	5 481	270.7	52.2	371	296.5	503.0	600	384.3	809.6	654	389.6	758.8	1 124
50～54	477.3	957.7	3 729	501.1	24.0	303	518.6	608.8	473	462.9	736.2	393	440.2	855.7	699
55～59	445.5	993.0	3 620	299.6	19.2	215	300.4	473.7	348	326.8	813.8	401	464.3	660.0	659
60～64	396.5	614.7	2 879	273.6	85.3	194	385.7	392.9	467	305.4	576.9	510	373.9	529.8	610
65～69	427.9	443.8	1 122	435.0	3.4	86	334.1	378.5	219	300.8	225.6	147	409.8	238.9	316
70歳～	840.0	485.9	544	434.8	1.6	33	698.0	184.9	60	1111.4	0.0	32	798.8	301.8	159
高校卒	238.9	562.6	12 801	198.9	27.5	1 409	210.4	381.1	2 460	215.5	523.3	2 208	235.5	584.2	3 323
～19歳	175.5	115.9	252	174.1	0.0	139	177.2	258.1	113	－	－	－	－	－	－
20～24	187.1	433.7	1 095	178.5	22.9	133	184.7	411.2	417	189.3	561.7	405	195.8	522.2	140
25～29	209.3	433.2	1 334	183.7	41.8	135	220.3	411.7	297	211.7	496.0	343	204.2	502.5	468
30～34	230.5	559.1	1 715	218.6	28.6	213	212.2	479.4	325	220.0	584.2	253	236.7	685.9	589
35～39	251.3	654.2	1 539	202.5	12.3	108	229.2	370.3	231	244.7	665.6	190	265.2	716.6	488
40～44	252.5	629.6	1 604	195.4	62.3	162	235.0	479.9	277	212.9	503.5	213	242.5	672.9	426
45～49	256.7	640.4	1 432	208.8	41.0	145	211.7	351.6	214	224.8	556.1	206	250.3	561.7	357
50～54	276.6	721.9	1 060	206.0	5.0	112	221.9	373.0	154	243.5	574.6	157	248.4	564.4	182
55～59	276.0	772.1	1 118	212.8	11.0	99	228.3	403.4	141	227.6	246.5	167	233.0	716.1	239
60～64	234.6	474.8	1 078	207.0	48.4	94	211.4	275.2	158	216.5	572.5	203	204.9	357.0	280
65～69	191.4	161.4	479	207.0	5.5	54	180.5	47.1	113	177.3	194.1	70	174.1	139.2	119
70歳～	302.0	100.4	95	154.5	3.5	15	134.8	101.0	20	－	－	－	539.0	60.8	36
高専・短大卒	281.4	744.5	19 230	232.8	41.0	1 669	248.8	550.9	3 414	248.1	693.3	2 636	269.4	766.2	4 583
～19歳	－	－	－	－	－	－	－	－	－	－	－	－	－	－	－
20～24	215.0	390.9	1 703	206.8	23.1	496	217.8	496.1	843	219.6	649.0	364	－	－	－
25～29	241.4	595.0	2 813	232.3	40.5	322	238.4	443.9	533	238.5	678.9	723	246.9	753.2	1 204
30～34	263.0	705.6	3 963	241.0	40.9	322	255.4	602.5	739	257.5	753.0	581	263.3	758.6	1 185
35～39	285.0	805.1	3 638	252.8	48.5	152	261.0	709.0	532	270.1	737.1	347	282.5	794.0	942
40～44	304.8	871.9	3 063	253.8	60.2	183	261.6	598.9	378	262.4	693.2	253	290.7	838.6	637
45～49	328.9	890.1	1 740	252.3	14.7	91	322.9	501.9	169	231.2	604.1	185	295.9	848.5	248
50～54	362.7	1050.2	973	299.9	12.8	49	276.9	636.4	74	281.1	780.3	54	301.5	759.0	139
55～59	340.9	913.3	847	163.9	0.0	21	217.5	290.7	80	273.6	779.6	58	268.5	647.0	107
60～64	283.7	477.3	363	272.6	514.8	20	320.6	415.4	51	242.1	449.2	49	251.4	296.0	78
65～69	260.1	436.3	93	166.8	0.0	13	204.5	73.2	9	281.1	498.6	24	234.6	596.9	23
70歳～	352.0	688.5	34	－	－	－	235.8	0.0	6	－	－	－	243.2	75.0	20
大学・大学院卒	424.2	801.1	22 607	380.2	58.3	2 374	377.0	587.2	4 259	378.8	808.1	3 525	410.6	823.8	5 527
～19歳	－	－	－	－	－	－	－	－	－	－	－	－	－	－	－
20～24	222.4	269.3	1 142	219.0	6.6	504	224.7	484.5	626	243.2	67.9	12	－	－	－
25～29	254.3	618.4	3 531	274.5	70.5	521	253.0	586.8	1 008	247.5	796.9	1 153	252.7	750.3	848
30～34	308.0	675.6	3 415	408.9	48.9	362	346.7	575.9	726	305.9	680.9	618	266.8	822.0	1 336
35～39	352.4	785.9	3 312	475.9	169.8	271	379.2	569.5	550	369.2	720.1	398	334.3	878.1	958
40～44	410.8	910.0	3 489	430.5	55.2	261	505.0	659.3	433	447.3	856.5	431	428.8	972.7	756
45～49	502.4	998.6	2 244	353.3	92.4	130	398.8	677.0	176	616.6	1152.4	263	532.1	851.4	515
50～54	683.7	1066.4	1 635	905.6	49.8	122	795.8	766.5	238	710.2	869.0	179	597.2	1042.7	365
55～59	627.5	1208.7	1 602	449.8	7.0	87	447.7	698.5	119	444.3	1385.9	172	744.3	638.7	293
60～64	571.3	759.9	1 341	357.0	20.2	78	507.3	461.6	256	400.1	632.7	241	733.2	776.9	191
65～69	724.0	745.5	489	1236.4	0.0	20	547.7	836.5	92	788.5	103.0	26	625.6	268.0	162
70歳～	1019.4	562.0	406	671.1	0.0	18	1098.7	264.1	35	1111.4	0.0	32	998.4	430.7	103
女															
学歴計	254.1	631.8	126 223	225.7	30.2	12 631	234.4	505.2	24 291	240.9	631.0	19 465	248.5	669.6	29 836
～19歳	172.3	82.7	644	167.0	2.4	443	184.0	260.0	201	－	－	－	－	－	－
20～24	210.9	387.9	11 833	207.1	15.1	3 307	214.9	508.4	5 974	206.0	594.5	2 062	208.3	564.4	489
25～29	232.0	570.1	14 833	242.9	41.3	1 791	229.1	518.3	3 696	234.8	679.3	4 116	229.2	709.2	4 958
30～34	246.2	590.5	13 805	253.5	32.2	1 391	240.0	507.5	2 463	245.2	633.2	2 333	247.7	673.2	4 207
35～39	257.1	639.9	14 447	229.0	37.9	1 060	250.9	488.5	2 307	253.9	594.5	2 308	251.6	665.3	3 626
40～44	268.2	717.5	15 900	229.8	46.3	1 219	244.5	593.0	2 624	259.5	666.9	2 351	262.0	716.9	3 911
45～49	271.3	705.7	16 334	223.9	30.5	1 384	245.8	512.3	2 596	242.1	649.9	2 141	262.5	707.7	4 465
50～54	274.3	742.4	14 699	245.8	30.9	946	250.3	503.2	2 114	241.7	640.3	1 855	259.1	726.6	3 423
55～59	275.3	768.1	13 806	217.6	41.6	689	235.7	475.7	1 401	246.0	637.6	1 354	253.3	637.6	2 598
60～64	240.0	537.4	6 938	244.4	37.7	257	234.4	351.8	721	219.3	437.4	681	224.9	420.0	1 407
65～69	235.4	360.8	2 349	171.5	37.7	115	259.7	121.0	167	277.1	393.9	202	211.8	333.0	554
70歳～	249.8	362.7	635	214.2	9.6	31	202.8	1.0	27	402.6	376.1	62	232.5	300.3	199

及び年間賞与その他特別給与額

福　祉

10～14年 所定内給与額	10～14年 年間賞与その他特別給与額	10～14年 労働者数	15～19年 所定内給与額	15～19年 年間賞与その他特別給与額	15～19年 労働者数	20～24年 所定内給与額	20～24年 年間賞与その他特別給与額	20～24年 労働者数	25～29年 所定内給与額	25～29年 年間賞与その他特別給与額	25～29年 労働者数	30年以上 所定内給与額	30年以上 年間賞与その他特別給与額	30年以上 労働者数	区分
千円	千円	十人	千円	千円	十人	千円	千円	十人	千円	千円	十人	千円	千円	十人	
															男
354.2	924.7	7 648	398.1	1047.7	4 297	443.7	1132.7	2 342	434.2	1317.3	1 248	433.8	1348.1	1 835	学歴計
–	–	–	–	–	–	–	–	–	–	–	–	–	–	–	～19歳
–	–	–	–	–	–	–	–	–	–	–	–	–	–	–	20～24
231.5	582.4	122	–	–	–	–	–	–	–	–	–	–	–	–	25～29
274.2	865.5	1 849	284.7	759.1	5	–	–	–	–	–	–	–	–	–	30～34
293.8	907.8	2 081	310.3	993.4	1 184	337.0	660.7	61	–	–	–	–	–	–	35～39
337.5	999.5	1 340	343.3	1106.1	1 518	343.4	1088.7	884	408.4	655.6	24	–	–	–	40～44
466.0	960.1	913	376.8	1104.0	677	382.3	1243.4	753	376.3	1258.1	365	372.3	1209.4	24	45～49
565.7	1213.8	405	568.9	1076.9	348	474.7	1324.7	278	379.2	1249.6	425	426.9	1538.8	404	50～54
453.5	1208.7	434	667.7	974.3	287	703.9	1009.4	167	514.6	1544.3	300	428.1	1519.4	809	55～59
377.7	612.9	265	628.2	1035.0	146	846.4	1004.9	156	416.7	681.3	91	370.2	955.8	440	60～64
570.9	389.5	150	481.1	225.6	56	909.3	326.9	20	819.8	3619.4	25	431.7	1356.9	101	65～69
821.2	654.4	88	758.8	1021.1	75	1197.8	572.7	23	1152.4	1211.9	18	1084.0	632.3	57	70歳～
253.0	704.7	1 424	287.2	932.2	673	306.2	980.0	442	350.0	1132.7	327	370.8	1297.7	535	高校卒
–	–	–	–	–	–	–	–	–	–	–	–	–	–	–	～19歳
–	–	–	–	–	–	–	–	–	–	–	–	–	–	–	20～24
227.8	490.1	91	–	–	–	–	–	–	–	–	–	–	–	–	25～29
252.4	732.0	329	284.7	759.1	5	–	–	–	–	–	–	–	–	–	30～34
251.1	809.3	277	270.1	905.7	216	279.0	845.5	29	–	–	–	–	–	–	35～39
270.2	684.4	149	315.0	1069.3	167	306.6	953.7	188	409.2	599.4	23	–	–	–	40～44
260.9	732.5	176	322.4	1038.2	111	301.6	1078.4	75	350.8	1315.3	142	366.4	1419.6	6	45～49
296.9	909.7	118	298.9	957.2	71	368.0	1186.8	69	327.2	1112.7	83	383.1	1440.0	115	50～54
247.0	791.7	130	277.5	1044.5	46	303.0	1027.3	36	404.8	1517.3	48	407.3	1564.3	212	55～59
243.1	342.8	78	217.3	509.7	34	220.5	585.1	43	277.4	141.9	31	346.0	1109.1	157	60～64
196.8	373.8	61	169.3	56.8	22	615.6	2244.4	2	–	–	–	263.6	342.7	39	65～69
182.9	266.8	17	133.5	148.6	2	–	–	–	–	–	–	183.1	103.4	6	70歳～
300.4	924.7	3 222	326.7	988.2	1 751	361.9	1132.7	874	405.1	1166.1	463	389.9	1276.3	619	高専・短大卒
–	–	–	–	–	–	–	–	–	–	–	–	–	–	–	～19歳
–	–	–	–	–	–	–	–	–	–	–	–	–	–	–	20～24
242.5	856.7	31	–	–	–	–	–	–	–	–	–	–	–	–	25～29
276.7	881.2	1 137	–	–	–	–	–	–	–	–	–	–	–	–	30～34
294.9	901.7	994	307.1	968.3	649	338.6	718.9	22	–	–	–	–	–	–	35～39
326.5	1039.3	556	332.0	1097.0	604	341.8	1067.6	451	395.5	1575.2	1	–	–	–	40～44
331.9	985.1	320	355.3	1009.1	258	390.3	1263.4	274	378.9	1116.0	178	374.2	1141.3	18	45～49
362.3	964.2	84	388.0	972.9	104	381.4	1203.8	84	384.8	1188.3	173	430.4	1594.8	212	50～54
357.4	910.9	74	303.6	642.1	102	389.5	1240.4	34	506.4	1327.0	75	387.0	1219.0	296	55～59
306.8	498.8	26	257.1	462.2	30	278.1	153.9	5	392.9	349.2	19	296.6	733.0	86	60～64
–	–	–	375.0	0.0	6	273.0	574.0	4	214.5	595.7	9	464.6	1040.0	7	65～69
–	–	–	–	–	–	–	–	–	712.5	2746.0	8	–	–	–	70歳～
461.8	1033.0	2 973	509.8	1150.3	1 834	577.1	1191.8	1 012	529.9	1604.6	438	530.8	1472.5	664	大学・大学院卒
–	–	–	–	–	–	–	–	–	–	–	–	–	–	–	～19歳
–	–	–	–	–	–	–	–	–	–	–	–	–	–	–	20～24
–	–	–	–	–	–	–	–	–	–	–	–	–	–	–	25～29
285.5	945.8	373	–	–	–	–	–	–	–	–	–	–	–	–	30～34
307.5	948.0	805	343.7	1104.1	319	500.7	0.0	10	–	–	–	–	–	–	35～39
363.0	1038.5	635	359.9	1121.8	738	380.1	1203.7	235	–	–	–	–	–	–	40～44
657.0	1036.4	415	414.4	1206.8	309	393.6	1261.0	400	463.8	1708.8	35	–	–	–	45～49
804.8	1492.3	204	806.5	1177.6	165	595.7	1481.2	126	398.9	1359.2	160	483.0	1532.6	77	50～54
601.1	1540.3	230	1128.6	1229.9	129	966.6	921.1	96	549.1	1645.6	176	483.1	1782.6	302	55～59
457.2	760.0	157	929.4	1455.3	82	1122.4	1211.8	108	532.0	1235.1	41	431.4	952.1	187	60～64
849.2	413.5	86	873.4	410.8	23	1118.5	0.0	14	1139.4	5215.6	17	594.3	2273.4	48	65～69
1002.4	775.3	68	818.8	1082.8	68	1197.8	572.7	23	1500.0	0.0	10	1190.2	694.6	51	70歳～
															女
264.3	764.5	18 279	281.6	859.8	10 132	307.9	988.1	5 707	328.2	1069.4	3 044	344.4	1148.2	2 838	学歴計
–	–	–	–	–	–	–	–	–	–	–	–	–	–	–	～19歳
–	–	–	–	–	–	–	–	–	–	–	–	–	–	–	20～24
207.4	566.7	273	–	–	–	–	–	–	–	–	–	–	–	–	25～29
247.1	745.7	3 309	233.7	776.0	104	–	–	–	–	–	–	–	–	–	30～34
274.1	790.8	2 841	269.2	892.4	2 141	241.0	821.4	165	–	–	–	–	–	–	35～39
284.3	852.3	2 313	296.9	950.2	1 811	306.5	1038.6	1 625	312.8	956.2	47	–	–	–	40～44
283.5	833.9	2 299	307.2	942.0	1 420	360.8	1157.3	1 066	334.2	1158.6	900	325.6	1149.4	63	45～49
270.2	807.9	2 702	306.6	924.2	1 474	330.7	1116.8	695	348.3	1158.2	807	354.5	1302.2	682	50～54
262.1	764.0	2 651	273.0	844.3	1 885	315.4	1058.2	1 221	342.5	1157.0	742	379.7	1281.2	1 265	55～59
231.2	586.4	1 273	249.9	603.8	940	241.6	612.9	680	249.1	726.1	364	297.9	944.4	616	60～64
247.3	418.9	431	212.6	380.4	314	212.6	356.5	219	321.0	613.6	174	235.6	428.8	173	65～69
234.5	435.1	187	235.5	498.0	44	249.1	523.2	35	191.7	411.2	12	263.4	536.9	38	70歳～

第2表　年齢階級、勤続年数階級別所定内給与額

企業規模	100～999人
	10～99人

P 医　療,

区　分	勤続年数計			0　年			1～2年			3～4年			5～9年		
	所定内給与額	年間賞与その他特別給与額	労働者数	所定内給与額	年間賞与その他特別給与額	労働者数	所定内給与額	年間賞与その他特別給与額	労働者数	所定内給与額	年間賞与その他特別給与額	労働者数	所定内給与額	年間賞与その他特別給与額	労働者数
	千円	千円	十人	千円	千円	十人	千円	千円	十人	千円	千円	十人	千円	千円	十人
高校卒	**218.5**	**508.8**	**38 308**	**189.8**	**24.3**	**3 580**	**203.2**	**387.5**	**7 058**	**205.1**	**491.7**	**5 890**	**214.3**	**541.3**	**9 636**
～19歳	172.5	84.5	630	167.1	2.5	429	184.0	260.0	201	-	-	-	-	-	-
20～24	191.1	400.7	2 785	185.0	9.8	346	188.6	401.3	1 163	187.6	480.0	826	208.4	554.3	450
25～29	200.3	435.5	2 561	197.2	3.8	320	197.7	378.4	663	206.9	571.2	454	201.9	542.5	914
30～34	206.2	462.1	2 668	193.9	37.2	342	191.0	372.7	546	206.7	500.0	512	209.0	559.0	606
35～39	212.8	476.2	3 462	183.9	14.6	325	209.6	349.6	695	195.4	454.2	557	211.1	510.1	1 005
40～44	221.7	545.7	4 489	192.7	40.3	406	212.0	468.7	893	215.5	535.4	793	214.0	553.8	1 238
45～49	221.1	544.6	5 941	191.8	18.2	557	206.3	400.6	1 033	202.6	495.8	848	219.5	606.6	1 844
50～54	233.4	591.0	5 704	196.5	55.5	340	213.1	387.7	950	206.9	475.2	727	226.9	620.3	1 366
55～59	242.3	635.7	5 440	206.7	40.5	318	216.7	409.5	604	223.2	510.2	686	219.6	571.8	1 211
60～64	214.3	447.7	3 147	201.5	18.2	102	191.6	257.6	238	198.5	384.4	345	208.2	301.4	686
65～69	200.8	256.3	1 229	165.1	47.0	84	210.5	140.7	65	208.7	412.3	143	187.4	212.9	269
70歳～	195.9	336.3	252	219.0	0.0	10	213.1	0.0	8	-	-	-	187.2	240.3	46
高専・短大卒	**264.9**	**696.9**	**62 827**	**226.3**	**37.5**	**5 833**	**241.7**	**524.3**	**11 518**	**250.5**	**691.9**	**9 065**	**256.9**	**723.4**	**14 502**
～19歳	-	-	-	-	-	-	-	-	-	-	-	-	-	-	-
20～24	214.2	383.6	6 408	204.4	17.0	1 815	217.7	475.0	3 359	219.5	673.6	1 195	207.6	685.4	39
25～29	234.7	591.9	6 837	229.6	65.3	772	237.2	557.7	1 559	238.2	677.0	1 651	232.3	704.2	2 803
30～34	250.4	628.4	7 066	227.3	39.1	660	249.7	542.4	1 178	250.6	657.9	1 047	256.9	687.3	2 029
35～39	264.2	701.4	7 983	236.8	53.0	530	249.6	557.2	1 085	259.7	652.1	1 213	259.2	715.4	1 871
40～44	273.7	767.8	8 651	238.5	51.5	620	246.3	576.3	1 222	266.0	723.0	1 168	259.0	776.6	2 085
45～49	285.3	787.3	8 113	235.2	35.1	595	255.2	542.3	1 182	258.1	752.6	1 030	272.8	773.1	2 172
50～54	291.5	848.4	7 148	259.6	18.3	434	272.4	580.3	869	256.3	732.1	908	269.5	819.4	1 597
55～59	295.8	871.5	6 757	226.1	53.6	279	248.3	542.3	601	270.8	764.6	547	272.0	684.0	1 051
60～64	267.6	636.3	2 785	281.4	77.4	96	273.1	412.5	356	253.2	531.3	249	247.9	538.5	538
65～69	249.8	445.6	789	188.6	12.9	31	314.7	93.8	88	236.2	613.7	21	245.7	493.5	195
70歳～	274.1	461.5	291	159.2	123.0	2	199.7	0.0	19	331.4	617.8	37	244.1	366.2	122
大学・大学院卒	**287.1**	**675.9**	**23 230**	**268.0**	**24.3**	**3 065**	**260.9**	**619.9**	**5 504**	**274.7**	**717.8**	**4 163**	**291.6**	**776.7**	**5 304**
～19歳	-	-	-	-	-	-	-	-	-	-	-	-	-	-	-
20～24	224.8	389.4	2 585	219.5	14.0	1 119	229.5	673.2	1 440	197.5	840.2	25	250.1	293.5	1
25～29	244.0	607.4	5 365	279.5	32.3	692	235.4	540.9	1 463	238.5	708.4	1 990	243.1	848.4	1 221
30～34	267.6	615.2	3 922	359.4	17.0	366	262.8	553.3	717	265.2	687.1	748	253.0	712.0	1 496
35～39	292.0	671.7	2 912	280.5	36.0	205	310.8	527.9	513	315.2	647.2	477	287.4	749.2	746
40～44	335.2	865.8	2 574	283.5	43.3	187	306.4	892.0	460	360.4	866.5	319	381.6	860.9	565
45～49	362.2	862.5	2 114	281.9	55.7	199	328.0	734.8	364	312.7	759.7	233	401.9	842.0	424
50～54	342.4	821.0	1 726	319.9	15.4	155	316.7	664.1	268	305.2	837.9	206	323.7	743.6	438
55～59	315.3	816.4	1 347	228.9	10.2	83	261.5	503.9	184	269.5	807.2	110	331.3	761.5	287
60～64	276.4	719.5	536	268.8	8.6	49	212.5	365.5	92	252.0	639.0	30	245.0	648.2	93
65～69	637.8	1072.3	101	-	-	-	180.7	485.8	4	1141.5	57.3	15	342.2	795.7	16
70歳～	466.2	136.2	49	252.5	0.0	10	-	-	-	1052.0	0.0	11	329.3	14.2	19
企業規模 10～99人															
男女計	**246.0**	**543.2**	**96 134**	**210.1**	**32.7**	**11 012**	**222.6**	**399.2**	**20 021**	**227.6**	**514.5**	**14 680**	**245.3**	**603.6**	**22 734**
～19歳	166.8	86.8	476	161.4	19.8	323	178.1	228.3	153	-	-	-	-	-	-
20～24	193.9	336.1	8 609	187.6	11.2	2 589	196.7	441.4	4 132	195.7	544.7	1 713	199.5	615.4	175
25～29	215.5	482.7	11 792	208.0	22.5	1 706	214.5	384.7	2 908	218.2	588.2	2 696	218.3	664.4	4 359
30～34	234.8	516.4	10 839	215.3	38.4	1 219	233.7	415.4	2 292	232.2	485.3	1 801	245.5	613.8	3 168
35～39	250.7	558.1	10 749	228.7	34.6	987	236.3	407.4	2 161	238.9	534.3	1 553	256.3	616.3	2 646
40～44	253.3	589.8	12 101	215.8	37.4	1 043	226.7	423.7	2 160	230.6	471.4	1 817	255.7	618.4	2 764
45～49	257.3	612.0	11 416	220.5	55.5	952	230.9	419.4	1 957	231.2	509.5	1 608	253.7	626.6	2 843
50～54	262.8	633.3	10 758	222.1	67.1	942	240.6	362.1	1 725	254.6	549.1	1 336	245.2	630.6	2 520
55～59	278.6	653.6	9 826	230.4	51.4	606	248.4	345.6	1 141	237.9	540.5	961	270.4	580.2	2 047
60～64	257.2	499.6	6 160	230.2	35.6	493	221.3	349.7	1 079	233.1	394.2	681	246.6	423.1	1 390
65～69	271.4	404.7	2 531	211.3	12.5	146	199.4	158.5	246	210.1	283.7	386	223.7	346.5	646
70歳～	316.5	612.4	878	891.7	0.0	5	273.7	158.9	67	230.2	184.3	128	270.6	366.5	176
男															
学歴計	**292.4**	**601.2**	**22 544**	**228.2**	**54.4**	**2 594**	**260.3**	**415.7**	**4 874**	**265.5**	**555.4**	**3 754**	**290.5**	**645.2**	**5 380**
～19歳	172.0	171.9	71	168.9	119.1	50	179.7	300.2	21	-	-	-	-	-	-
20～24	202.6	301.5	1 322	188.7	15.1	416	209.2	395.4	663	210.4	525.1	204	198.3	593.3	39
25～29	237.6	469.1	3 110	216.9	18.4	400	238.4	422.2	894	242.2	539.0	797	241.4	633.3	1 013
30～34	271.2	542.0	3 403	229.7	51.7	417	277.1	387.7	766	265.6	546.7	685	288.5	671.5	968
35～39	292.3	625.5	3 301	241.4	60.0	323	281.8	466.7	633	292.5	676.2	503	290.7	686.7	822
40～44	299.5	644.5	3 095	258.0	71.8	263	264.5	421.9	490	270.7	503.2	449	297.4	591.6	671
45～49	321.7	806.5	2 341	243.9	156.7	163	283.9	571.8	380	266.1	673.7	318	296.2	759.0	561
50～54	344.9	836.7	1 651	234.0	210.2	119	326.0	431.1	298	377.8	678.7	199	311.4	759.2	341
55～59	367.2	762.5	1 728	210.3	47.2	169	254.5	324.8	254	277.2	582.2	200	413.0	724.6	316
60～64	308.1	477.7	1 539	272.7	10.6	201	251.1	361.5	369	246.3	421.8	241	323.8	449.4	353
65～69	310.0	481.9	709	209.5	15.9	69	244.1	247.9	63	210.8	280.3	87	233.0	415.4	243
70歳～	392.1	424.7	275	1004.2	0.0	4	349.7	87.8	43	240.0	222.5	71	356.7	415.8	54

及び年間賞与その他特別給与額

福　祉

10～14年 所定内給与額	10～14年 年間賞与その他特別給与額	10～14年 労働者数	15～19年 所定内給与額	15～19年 年間賞与その他特別給与額	15～19年 労働者数	20～24年 所定内給与額	20～24年 年間賞与その他特別給与額	20～24年 労働者数	25～29年 所定内給与額	25～29年 年間賞与その他特別給与額	25～29年 労働者数	30年以上 所定内給与額	30年以上 年間賞与その他特別給与額	30年以上 労働者数	区分
千円	千円	十人	千円	千円	十人	千円	千円	十人	千円	千円	十人	千円	千円	十人	
231.9	**642.7**	**5 794**	**239.3**	**680.2**	**3 114**	**261.5**	**781.6**	**1 687**	**275.9**	**795.8**	**726**	**307.3**	**993.0**	**822**	**高校卒**
-	-	-	-	-	-	-	-	-	-	-	-	-	-	-	～19歳
-	-	-	-	-	-	-	-	-	-	-	-	-	-	-	20～24
192.0	515.7	210	-	-	-	-	-	-	-	-	-	-	-	-	25～29
221.1	615.8	569	228.1	766.8	94	-	-	-	-	-	-	-	-	-	30～34
247.8	689.2	462	232.6	744.3	294	220.2	788.2	125	-	-	-	-	-	-	35～39
238.9	684.3	541	248.6	821.7	275	274.1	900.8	306	282.6	900.1	36	-	-	-	40～44
235.5	719.2	795	251.4	756.9	474	286.0	914.1	168	277.9	806.3	193	312.7	1153.2	28	45～49
244.7	724.5	1 263	258.7	759.5	593	277.5	837.5	185	316.6	939.1	119	312.1	986.3	162	50～54
234.5	639.5	987	244.9	701.9	688	289.9	971.6	419	319.3	1070.9	175	355.8	1270.4	352	55～59
218.5	592.2	650	221.1	505.3	483	224.6	495.4	342	202.5	484.2	112	257.4	816.5	188	60～64
211.9	186.3	215	183.5	305.5	189	217.9	357.9	114	225.1	383.1	83	225.3	228.6	68	65～69
182.9	334.2	103	191.8	332.1	25	259.0	654.0	28	205.4	561.2	9	180.2	332.1	24	70歳～
274.2	**825.5**	**9 382**	**293.4**	**930.3**	**5 532**	**324.5**	**1072.3**	**3 358**	**334.4**	**1144.9**	**1 863**	**357.7**	**1206.2**	**1 773**	**高専・短大卒**
-	-	-	-	-	-	-	-	-	-	-	-	-	-	-	～19歳
-	-	-	-	-	-	-	-	-	-	-	-	-	-	-	20～24
254.3	672.3	53	-	-	-	-	-	-	-	-	-	-	-	-	25～29
251.4	786.0	2 141	286.0	861.9	10	-	-	-	-	-	-	-	-	-	30～34
281.0	807.9	1 653	274.3	920.5	1 592	306.0	925.1	40	-	-	-	-	-	-	35～39
283.9	884.2	1 246	303.4	952.9	1 109	314.0	1069.0	1 189	410.8	1138.3	11	-	-	-	40～44
291.5	875.2	1 134	313.4	1044.4	705	365.3	1136.3	680	349.6	1258.6	579	336.1	1146.3	35	45～49
286.3	873.7	1 186	304.4	963.7	686	353.4	1249.8	418	350.1	1207.3	563	364.9	1393.9	487	50～54
275.5	867.2	1 291	295.2	932.1	995	323.6	1104.6	697	336.3	1148.9	481	387.5	1276.9	816	55～59
258.4	698.8	439	288.7	717.1	313	256.1	748.8	267	258.7	769.1	195	306.8	946.4	333	60～64
248.0	556.0	155	271.8	517.9	103	206.3	408.5	66	201.6	297.4	35	247.8	600.5	94	65～69
298.9	562.1	83	290.7	708.0	20	-	-	-	-	-	-	380.4	753.2	8	70歳～
306.2	**845.6**	**2 701**	**338.3**	**1024.9**	**1 345**	**361.0**	**1193.2**	**561**	**402.2**	**1256.4**	**392**	**405.2**	**1453.0**	**194**	**大学・大学院卒**
-	-	-	-	-	-	-	-	-	-	-	-	-	-	-	～19歳
-	-	-	-	-	-	-	-	-	-	-	-	-	-	-	20～24
-	-	-	-	-	-	-	-	-	-	-	-	-	-	-	25～29
256.5	723.7	596	-	-	-	-	-	-	-	-	-	-	-	-	30～34
275.4	815.1	716	279.9	887.8	256	-	-	-	-	-	-	-	-	-	35～39
338.8	964.1	486	311.2	1025.9	427	314.0	1085.7	129	-	-	-	-	-	-	40～44
373.5	970.8	330	414.9	1028.5	221	404.0	1409.2	219	351.9	1246.4	124	-	-	-	45～49
325.7	914.4	233	480.2	1315.2	180	338.5	1086.6	88	370.3	1145.1	125	408.1	1496.0	34	50～54
325.9	778.0	245	265.2	936.3	184	387.3	1166.3	85	442.6	1448.1	76	406.8	1375.5	92	55～59
240.9	461.6	65	319.3	1050.2	66	277.9	736.2	36	312.6	1095.5	43	398.9	1582.0	63	60～64
601.8	1596.1	29	224.7	686.6	12	228.3	40.9	5	953.3	1791.1	21	-	-	-	65～69
172.1	200.0	1	-	-	-	-	-	-	154.0	0.0	3	429.4	1044.2	6	70歳～
															企業規模 10～99人
268.0	**658.5**	**12 598**	**287.7**	**843.1**	**7 017**	**299.6**	**1014.4**	**3 779**	**332.1**	**1146.3**	**1 811**	**333.8**	**996.5**	**2 482**	**男女計**
-	-	-	-	-	-	-	-	-	-	-	-	-	-	-	～19歳
-	-	-	-	-	-	-	-	-	-	-	-	-	-	-	20～24
185.3	437.1	122	-	-	-	-	-	-	-	-	-	-	-	-	25～29
234.0	757.7	2 291	211.5	641.4	68	-	-	-	-	-	-	-	-	-	30～34
268.9	682.5	1 985	266.4	902.3	1 395	201.3	459.7	21	-	-	-	-	-	-	35～39
274.0	641.7	1 889	287.9	921.8	1 261	296.0	1074.3	1 122	270.8	836.1	44	-	-	-	40～44
279.2	678.8	1 722	281.9	846.9	1 049	322.8	1212.0	641	314.4	1136.0	579	256.6	315.9	64	45～49
262.1	686.7	1 601	292.3	861.3	1 081	322.6	1075.7	543	337.8	1258.6	506	323.8	1093.7	504	50～54
293.7	632.8	1 634	282.2	815.2	1 161	296.3	982.5	911	335.6	1123.2	359	332.0	1004.2	1 007	55～59
265.9	485.5	772	251.1	663.8	622	263.6	698.5	380	393.7	1141.4	228	347.5	996.8	514	60～64
321.8	442.2	402	466.6	636.6	292	263.9	540.3	116	262.1	746.5	73	295.0	756.4	224	65～69
283.1	473.0	180	430.3	982.2	88	287.2	756.8	45	328.7	1221.7	20	412.9	1236.8	169	70歳～
															男
352.1	**751.9**	**2 605**	**343.1**	**1068.2**	**1 594**	**381.6**	**1277.1**	**774**	**433.5**	**1351.5**	**392**	**420.5**	**1129.0**	**576**	**学歴計**
-	-	-	-	-	-	-	-	-	-	-	-	-	-	-	～19歳
-	-	-	-	-	-	-	-	-	-	-	-	-	-	-	20～24
238.7	491.9	6	-	-	-	-	-	-	-	-	-	-	-	-	25～29
270.7	884.1	567	-	-	-	-	-	-	-	-	-	-	-	-	30～34
321.4	701.2	616	307.7	1022.6	404	-	-	-	-	-	-	-	-	-	35～39
316.7	663.8	550	339.2	1092.0	430	366.2	1296.3	238	282.5	841.3	4	-	-	-	40～44
461.5	858.3	262	336.1	1049.5	312	367.5	1400.6	237	387.3	1120.9	108	-	-	-	45～49
354.6	788.8	186	385.4	1380.1	161	380.9	1113.8	116	414.4	1536.2	149	355.7	1297.6	82	50～54
559.0	764.7	184	374.7	925.2	159	429.8	1479.2	120	378.1	1228.3	95	426.8	1302.5	230	55～59
314.2	855.9	53	285.9	718.3	59	327.6	642.2	54	829.5	1713.2	35	418.6	903.7	174	60～64
489.7	536.4	138	391.2	1591.9	41	950.0	500.0	7	305.0	0.0	1	403.4	951.4	59	65～69
375.2	598.2	43	630.1	538.6	27	400.0	1800.0	2	-	-	-	584.1	1000.4	32	70歳～

第2表　年齢階級、勤続年数階級別所定内給与額

P 医　療，

企業規模	10～99人

区　分	勤続年数計			0　年			1～2年			3～4年			5～9年		
	所定内給与額	年間賞与その他特別給与額	労働者数	所定内給与額	年間賞与その他特別給与額	労働者数	所定内給与額	年間賞与その他特別給与額	労働者数	所定内給与額	年間賞与その他特別給与額	労働者数	所定内給与額	年間賞与その他特別給与額	労働者数
	千円	千円	十人	千円	千円	十人	千円	千円	十人	千円	千円	十人	千円	千円	十人
高校卒	**240.9**	**456.6**	**6 686**	**202.0**	**48.9**	**883**	**210.3**	**312.0**	**1 624**	**218.8**	**440.4**	**1 164**	**241.5**	**503.9**	**1 612**
～19歳	174.2	189.1	64	171.6	136.6	44	179.7	300.2	21	－	－	－	－	－	－
20～24	190.6	269.9	420	185.3	1.0	120	187.6	274.3	175	199.9	500.3	94	199.9	582.7	31
25～29	222.5	357.7	691	224.2	5.8	115	216.8	382.3	188	227.5	453.5	209	221.1	448.1	175
30～34	220.2	407.8	812	188.9	47.2	131	206.2	312.0	241	224.8	427.7	131	237.9	562.9	242
35～39	229.7	428.8	788	201.9	7.7	76	201.7	269.2	173	212.5	458.1	170	243.7	532.1	212
40～44	261.0	478.0	888	198.3	112.9	97	236.7	410.5	183	219.2	291.8	132	269.2	505.5	202
45～49	266.7	629.5	790	228.0	247.7	47	234.2	349.9	173	232.0	628.7	143	255.4	573.2	186
50～54	264.2	605.7	654	203.3	0.0	38	211.8	278.0	161	214.8	421.2	61	244.4	676.3	156
55～59	261.9	526.2	605	228.7	64.9	107	199.2	262.2	121	218.5	670.9	67	259.1	559.6	100
60～64	252.3	442.5	620	196.0	0.0	84	205.7	248.7	134	209.3	306.8	91	238.7	344.2	168
65～69	215.5	312.3	277	170.1	2.3	25	195.2	348.3	35	212.1	158.0	61	210.3	291.6	121
70歳～	212.4	180.9	76	－	－	－	167.4	56.5	19	178.6	50.6	5	200.4	207.0	20
高専・短大卒	**266.7**	**595.7**	**6 707**	**218.8**	**27.5**	**773**	**232.2**	**391.9**	**1 258**	**251.7**	**550.9**	**1 211**	**265.4**	**677.5**	**1 522**
～19歳	－	－	－	－	－	－	－	－	－	－	－	－	－	－	－
20～24	200.9	308.1	533	176.8	17.4	145	207.0	364.8	292	218.7	572.6	97	－	－	－
25～29	234.9	466.4	1 025	211.9	26.5	114	242.8	354.1	224	237.0	490.6	243	235.8	621.9	443
30～34	254.9	607.7	1 300	228.0	10.0	138	237.8	391.0	203	249.8	550.7	280	260.6	721.6	303
35～39	280.4	692.9	1 101	262.2	13.1	111	265.3	547.0	136	283.5	685.6	168	280.2	665.8	249
40～44	286.1	656.6	1 052	249.3	69.8	71	224.0	395.4	177	272.7	561.3	181	274.0	709.2	163
45～49	309.1	750.8	579	261.1	73.3	53	296.9	719.6	65	256.6	620.9	88	296.8	736.7	192
50～54	293.7	694.7	363	201.8	13.6	53	196.2	202.2	49	216.6	253.8	28	308.5	996.0	67
55～59	327.0	756.4	372	188.1	4.2	36	254.0	444.9	52	288.3	674.2	53	376.4	622.8	48
60～64	237.6	420.9	230	176.5	61.1	35	199.0	57.4	44	240.7	504.3	47	198.7	332.2	32
65～69	262.3	302.0	134	212.4	56.5	18	149.1	51.3	16	153.4	34.8	11	135.5	161.7	23
70歳～	167.4	166.7	17	－	－	－	－	－	－	141.2	0.0	15	429.3	1833.7	2
大学・大学院卒	**355.6**	**729.4**	**8 713**	**265.7**	**86.6**	**874**	**323.6**	**526.7**	**1 913**	**322.0**	**670.4**	**1 315**	**351.0**	**745.7**	**2 099**
～19歳	－	－	－	－	－	－	－	－	－	－	－	－	－	－	－
20～24	219.9	323.1	338	201.3	18.2	148	234.4	559.8	190	－	－	－	－	－	－
25～29	248.3	533.4	1 352	215.7	22.0	168	246.8	479.6	453	255.9	627.7	340	257.5	732.5	392
30～34	325.7	575.7	1 232	279.1	109.4	128	356.0	444.4	320	303.7	601.6	266	343.0	709.3	410
35～39	340.0	696.7	1 340	251.9	140.1	124	335.0	555.3	312	396.5	937.2	153	323.9	806.3	338
40～44	346.4	774.3	1 115	328.0	32.2	93	370.3	497.2	123	317.9	631.0	136	330.9	591.4	298
45～49	377.6	995.8	952	247.3	169.3	59	347.1	791.1	132	332.2	802.0	87	342.5	991.6	176
50～54	468.4	1192.5	607	335.3	858.6	28	641.3	897.4	82	539.7	1003.4	100	411.8	756.9	112
55～59	473.7	959.1	741	165.2	33.3	26	337.5	341.9	81	318.3	448.6	81	525.1	862.6	164
60～64	394.5	546.2	647	425.7	0.0	71	294.9	510.6	191	294.4	495.5	87	472.2	624.0	139
65～69	497.2	842.0	226	245.0	0.0	26	501.7	212.2	12	247.5	954.3	15	385.7	840.6	52
70歳～	507.7	566.2	164	1004.2	0.0	4	619.8	114.5	18	275.1	304.7	51	492.7	432.7	19
女															
学歴計	**231.7**	**525.5**	**73 589**	**204.5**	**26.0**	**8 417**	**210.5**	**393.8**	**15 147**	**214.7**	**500.5**	**10 926**	**231.3**	**590.7**	**17 354**
～19歳	165.9	71.9	405	160.1	1.6	273	177.9	217.1	132	－	－	－	－	－	－
20～24	192.3	342.4	7 287	187.4	10.5	2 172	194.4	450.1	3 469	193.7	547.3	1 509	199.9	621.7	136
25～29	207.6	487.6	8 682	205.3	23.7	1 306	203.9	368.0	2 014	208.2	608.9	1 899	211.3	673.8	3 346
30～34	218.1	504.7	7 437	207.8	31.5	802	212.0	429.3	1 526	211.7	447.6	1 116	226.6	588.5	2 201
35～39	232.3	528.2	7 447	222.5	22.3	665	217.4	382.8	1 528	213.1	466.3	1 049	240.7	584.6	1 824
40～44	237.5	571.0	9 006	201.5	25.7	780	215.6	424.3	1 669	217.5	460.9	1 369	242.3	627.0	2 093
45～49	240.6	561.9	9 075	215.6	34.5	789	218.1	382.7	1 577	222.6	469.0	1 290	243.2	594.1	2 282
50～54	247.9	596.5	9 107	220.3	46.5	824	222.7	347.6	1 426	233.1	526.4	1 138	234.9	610.4	2 179
55～59	259.7	630.3	8 098	238.2	53.0	437	246.6	351.6	887	227.6	529.5	760	244.3	553.8	1 731
60～64	240.2	506.9	4 620	200.9	52.8	292	205.8	343.6	710	225.8	379.1	440	220.4	414.2	1 037
65～69	256.4	374.7	1 822	213.0	9.4	77	184.3	128.1	184	209.9	284.7	299	218.1	305.0	403
70歳～	282.0	698.2	602	217.0	0.0	1	135.7	287.8	24	218.2	137.5	58	232.9	345.0	122
高校卒	**211.3**	**408.5**	**24 292**	**187.9**	**31.8**	**2 621**	**194.8**	**309.0**	**4 641**	**197.0**	**367.9**	**3 781**	**211.8**	**446.6**	**5 941**
～19歳	166.0	72.6	401	160.2	1.6	269	177.9	217.1	132	－	－	－	－	－	－
20～24	185.2	350.7	1 428	182.0	25.2	299	183.7	421.1	552	184.4	419.4	459	203.8	581.4	117
25～29	191.1	352.8	1 260	184.5	26.1	173	183.5	318.1	393	194.0	384.1	197	199.2	457.5	444
30～34	200.1	351.7	1 787	179.2	51.9	233	196.5	264.1	374	196.1	339.5	286	217.9	469.7	488
35～39	208.0	392.4	2 061	191.2	34.4	137	194.5	283.9	481	201.4	373.7	409	216.2	408.2	495
40～44	207.8	399.7	3 051	183.0	16.0	401	187.2	365.8	519	190.6	331.6	584	210.5	468.9	762
45～49	221.4	442.3	3 579	197.0	41.8	383	213.2	327.1	682	197.7	364.4	543	226.8	518.7	857
50～54	217.3	448.7	3 837	192.5	25.3	381	195.3	266.9	634	204.3	464.7	519	210.7	463.7	1 036
55～59	226.9	503.2	3 413	221.7	31.4	200	209.2	285.8	401	207.2	457.4	352	217.1	469.0	809
60～64	209.9	381.2	2 220	201.5	124.2	122	197.5	293.9	365	191.0	169.6	232	196.0	335.8	590
65～69	207.6	292.9	985	167.4	29.4	22	167.4	65.9	102	199.8	205.1	157	196.3	258.1	268
70歳～	258.7	498.4	270	217.0	0.0	1	120.5	348.5	7	235.0	167.3	42	211.1	293.1	76

及び年間賞与その他特別給与額

福　祉

10～14年			15～19年			20～24年			25～29年			30年以上			区分
所定内給与額	年間賞与その他特別給与額	労働者数	所定内給与額	年間賞与その他特別給与額	労働者数	所定内給与額	年間賞与その他特別給与額	労働者数	所定内給与額	年間賞与その他特別給与額	労働者数	所定内給与額	年間賞与その他特別給与額	労働者数	
千円	千円	十人	千円	千円	十人	千円	千円	十人	千円	千円	十人	千円	千円	十人	
306.8	**692.8**	**621**	**293.6**	**699.1**	**327**	**350.7**	**1120.7**	**198**	**381.4**	**1435.2**	**94**	**338.6**	**998.8**	**163**	**高校卒**
-	-	-	-	-	-	-	-	-	-	-	-	-	-	-	～19歳
-	-	-	-	-	-	-	-	-	-	-	-	-	-	-	20～24
242.9	351.9	5	-	-	-	-	-	-	-	-	-	-	-	-	25～29
258.4	860.7	67	-	-	-	-	-	-	-	-	-	-	-	-	30～34
274.3	560.1	124	271.9	941.7	32	-	-	-	-	-	-	-	-	-	35～39
301.9	498.8	159	300.6	925.6	43	345.6	1084.4	73	-	-	-	-	-	-	40～44
418.1	1346.6	47	277.5	646.3	121	357.2	1227.9	53	332.5	1124.3	20	-	-	-	45～49
332.6	639.6	94	311.5	783.9	38	371.4	1476.0	24	337.1	1173.7	52	338.5	1112.5	32	50～54
305.2	789.6	62	331.7	581.7	51	393.9	948.2	30	235.3	788.3	5	330.9	1097.1	62	55～59
312.4	902.5	33	338.6	454.4	23	257.6	789.5	19	627.0	2916.0	17	383.5	998.0	52	60～64
350.5	970.3	21	193.8	705.7	8	-	-	-	305.0	0.0	1	194.4	641.5	5	65～69
272.8	0.0	10	245.1	424.7	10	-	-	-	-	-	-	241.2	335.3	12	70歳～
300.5	**777.1**	**951**	**313.5**	**1056.2**	**569**	**334.5**	**1043.3**	**150**	**405.6**	**1094.9**	**150**	**358.0**	**992.8**	**122**	**高専・短大卒**
-	-	-	-	-	-	-	-	-	-	-	-	-	-	-	～19歳
-	-	-	-	-	-	-	-	-	-	-	-	-	-	-	20～24
225.0	952.0	1	-	-	-	-	-	-	-	-	-	-	-	-	25～29
273.2	894.8	376	-	-	-	-	-	-	-	-	-	-	-	-	30～34
300.0	757.3	194	279.5	1064.9	243	-	-	-	-	-	-	-	-	-	35～39
317.0	696.2	219	329.4	908.9	158	340.8	1249.2	80	282.5	841.3	4	-	-	-	40～44
387.6	861.3	49	343.2	1405.3	50	289.1	1006.6	33	422.3	866.7	48	-	-	-	45～49
277.1	594.7	34	386.0	1316.1	56	434.4	432.7	19	416.9	1286.8	33	269.1	973.4	23	50～54
323.6	476.9	28	370.9	884.4	36	266.0	978.7	10	395.0	1183.2	65	395.1	1344.0	46	55～59
-	-	-	246.6	883.8	27	298.8	673.9	8	-	-	-	350.5	772.2	37	60～64
354.8	525.8	50	-	-	-	-	-	-	-	-	-	398.4	515.7	16	65～69
-	-	-	-	-	-	-	-	-	-	-	-	-	-	-	70歳～
435.9	**779.1**	**994**	**395.1**	**1267.2**	**677**	**417.3**	**1444.4**	**416**	**494.9**	**1558.5**	**148**	**503.6**	**1305.0**	**276**	**大学・大学院卒**
-	-	-	-	-	-	-	-	-	-	-	-	-	-	-	～19歳
-	-	-	-	-	-	-	-	-	-	-	-	-	-	-	20～24
-	-	-	-	-	-	-	-	-	-	-	-	-	-	-	25～29
279.4	941.7	109	-	-	-	-	-	-	-	-	-	-	-	-	30～34
355.9	717.4	294	378.8	972.4	120	-	-	-	-	-	-	-	-	-	35～39
341.5	809.5	162	353.1	1249.6	229	433.6	1603.6	75	-	-	-	-	-	-	40～44
495.4	719.5	166	384.3	1271.9	140	388.1	1546.0	152	372.2	1427.6	40	-	-	-	45～49
435.9	1145.1	58	436.7	1830.4	62	369.7	1178.5	73	475.3	1956.9	64	448.5	1783.2	28	50～54
795.7	832.5	94	407.0	1187.6	72	463.5	1738.7	80	362.7	1427.7	25	485.5	1410.4	116	55～59
317.3	777.6	20	266.7	908.9	9	382.8	533.7	28	1011.8	630.9	18	470.6	903.7	84	60～64
696.7	425.5	59	502.7	2155.5	27	950.0	500.0	7	-	-	-	528.9	1538.3	28	65～69
405.8	777.2	33	853.9	604.9	17	400.0	1800.0	2	-	-	-	788.2	1396.2	20	70歳～
															女
246.1	**634.2**	**9 993**	**271.4**	**776.9**	**5 423**	**278.5**	**946.8**	**3 005**	**304.1**	**1089.5**	**1 418**	**307.6**	**956.5**	**1 906**	**学歴計**
-	-	-	-	-	-	-	-	-	-	-	-	-	-	-	～19歳
-	-	-	-	-	-	-	-	-	-	-	-	-	-	-	20～24
182.5	434.3	116	-	-	-	-	-	-	-	-	-	-	-	-	25～29
221.9	716.1	1 724	211.5	641.4	68	-	-	-	-	-	-	-	-	-	30～34
245.3	674.1	1 369	249.6	853.1	991	201.3	459.7	21	-	-	-	-	-	-	35～39
256.5	632.6	1 339	261.4	833.8	831	277.2	1014.6	884	269.6	835.5	40	-	-	-	40～44
246.5	646.6	1 460	258.9	761.3	737	296.6	1101.2	404	297.7	1139.5	471	256.6	315.9	64	45～49
250.0	673.3	1 415	276.0	770.4	920	306.8	1065.4	428	305.8	1142.5	357	317.6	1053.9	422	50～54
260.0	616.0	1 450	267.5	797.8	1 002	276.0	907.2	791	320.4	1085.5	264	304.1	916.1	777	55～59
262.4	458.3	719	247.4	658.0	563	253.1	707.8	326	314.9	1038.0	193	311.1	1044.4	340	60～64
233.9	392.9	264	479.1	478.5	250	216.9	543.1	108	261.4	758.4	72	256.5	687.1	165	65～69
254.1	433.7	137	340.7	1181.1	61	283.0	717.9	43	328.7	1221.7	20	373.1	1291.7	137	70歳～
221.2	**506.0**	**3 593**	**241.1**	**602.8**	**1 918**	**243.3**	**758.8**	**813**	**263.4**	**802.1**	**444**	**298.7**	**765.6**	**540**	**高校卒**
-	-	-	-	-	-	-	-	-	-	-	-	-	-	-	～19歳
-	-	-	-	-	-	-	-	-	-	-	-	-	-	-	20～24
191.0	683.1	53	-	-	-	-	-	-	-	-	-	-	-	-	25～29
195.1	442.3	357	209.1	676.8	49	-	-	-	-	-	-	-	-	-	30～34
222.9	555.6	359	222.3	649.2	160	201.3	459.7	21	-	-	-	-	-	-	35～39
237.6	567.8	442	249.3	541.7	210	258.9	821.0	105	255.9	756.8	29	-	-	-	40～44
234.9	554.1	564	244.7	711.1	296	243.7	750.4	79	261.6	888.7	112	256.6	315.9	64	45～49
224.9	573.0	636	240.6	576.6	308	276.6	827.4	94	280.2	908.7	118	326.0	844.8	111	50～54
210.0	481.9	654	235.1	615.7	429	255.6	863.8	287	278.9	732.7	69	315.0	841.6	213	55～59
215.8	318.9	304	237.1	561.4	315	202.6	614.5	158	236.4	619.8	57	303.9	1028.9	78	60～64
211.1	296.1	160	270.2	478.0	146	206.9	586.4	57	204.3	453.1	40	197.8	342.4	32	65～69
278.9	583.2	64	565.5	1297.0	5	322.3	470.2	13	327.9	1219.0	20	274.9	684.6	42	70歳～

第2表　年齢階級、勤続年数階級別所定内給与額

企業規模	10～99人
	計

P 医療，福祉

区分	勤続年数計			0年			1～2年			3～4年			5～9年		
	所定内給与額	年間賞与その他特別給与額	労働者数	所定内給与額	年間賞与その他特別給与額	労働者数	所定内給与額	年間賞与その他特別給与額	労働者数	所定内給与額	年間賞与その他特別給与額	労働者数	所定内給与額	年間賞与その他特別給与額	労働者数
	千円	千円	十人	千円	千円	十人	千円	千円	十人	千円	千円	十人	千円	千円	十人
高専・短大卒	**237.2**	**604.6**	**37 987**	**206.7**	**23.8**	**4 075**	**210.8**	**424.4**	**7 784**	**222.2**	**575.9**	**5 179**	**235.5**	**676.6**	**8 986**
～19歳	-	-	-	-	-	-	-	-	-	-	-	-	-	-	-
20～24	191.2	359.2	4 639	182.0	5.9	1 313	193.5	448.7	2 277	198.1	602.6	1 030	175.6	870.1	19
25～29	208.5	539.7	5 099	205.5	17.7	703	203.2	375.1	988	205.7	637.2	893	212.4	716.4	2 493
30～34	219.7	549.1	4 133	216.2	27.7	392	214.6	453.5	839	213.9	475.3	524	221.0	581.8	1 176
35～39	235.3	588.7	4 112	220.5	12.5	379	215.0	389.1	847	223.0	581.0	434	237.4	652.5	994
40～44	247.1	660.8	4 806	216.5	38.1	298	220.2	433.6	908	227.1	490.3	612	257.3	745.5	1 040
45～49	250.2	652.0	4 447	220.3	29.9	319	221.8	439.5	650	232.0	569.8	588	246.3	635.3	1 113
50～54	264.1	736.3	4 436	229.8	73.9	316	231.7	398.9	634	258.0	625.6	526	249.6	764.2	998
55～59	275.5	769.1	3 707	247.4	85.6	195	239.3	426.4	339	255.2	655.3	306	258.6	693.0	684
60～64	266.4	640.3	1 847	208.3	2.2	115	221.2	477.1	224	264.2	588.1	158	253.4	498.0	331
65～69	256.7	542.9	570	247.4	1.4	44	211.0	240.9	67	217.0	343.5	101	264.0	455.6	110
70歳～	289.4	912.7	193	-	-	-	122.6	81.3	11	191.7	60.8	9	248.1	398.7	29
大学・大学院卒	**263.5**	**533.7**	**10 121**	**227.5**	**23.3**	**1 609**	**239.7**	**457.1**	**2 484**	**232.8**	**581.3**	**1 819**	**269.3**	**648.0**	**2 212**
～19歳	-	-	-	-	-	-	-	-	-	-	-	-	-	-	-
20～24	205.1	270.3	1 195	203.7	13.6	550	206.3	482.8	630	206.8	786.2	14	-	-	-
25～29	216.2	456.2	2 259	213.3	32.7	429	218.2	388.0	626	215.0	640.6	798	218.5	647.3	405
30～34	238.0	585.0	1 417	232.8	14.9	160	228.8	594.2	273	226.7	523.6	279	246.7	715.5	526
35～39	263.0	555.7	1 216	258.7	36.9	145	284.8	598.0	184	215.6	409.1	207	290.6	639.7	313
40～44	280.2	677.9	1 075	248.2	21.5	65	265.9	506.7	219	274.3	793.8	173	277.4	667.9	261
45～49	272.7	612.1	902	293.0	25.4	67	219.4	383.0	215	290.9	494.4	133	286.7	675.4	272
50～54	320.0	544.9	684	291.7	44.8	116	314.4	497.3	133	259.5	272.0	74	318.2	582.8	131
55～59	344.3	629.3	765	275.3	0.0	40	392.1	295.1	126	220.0	420.8	90	325.5	494.1	189
60～64	315.4	660.1	388	194.9	0.0	37	222.0	248.4	77	308.4	795.2	34	276.7	641.7	87
65～69	730.4	505.1	123	136.8	23.0	0	-	-	-	325.0	988.2	16	262.0	163.9	21
70歳～	356.9	925.8	98	-	-	-	-	-	-	-	-	-	440.0	1000.0	8
Q 複合サービス事業															
企業規模計															
男女計	**294.0**	**952.6**	**35 801**	**187.2**	**55.4**	**1 828**	**203.1**	**431.6**	**4 600**	**217.6**	**506.6**	**3 102**	**257.0**	**764.5**	**7 714**
～19歳	170.6	212.0	339	163.2	19.3	162	177.6	393.4	174	162.7	68.4	3	-	-	-
20～24	196.6	435.7	2 400	191.3	37.8	601	199.9	563.0	1 322	193.0	540.6	348	196.3	700.3	129
25～29	222.8	679.4	3 913	186.3	89.2	269	203.1	450.8	922	223.1	721.3	1 027	239.8	871.3	1 561
30～34	253.1	788.5	4 139	196.7	53.9	144	209.6	426.3	484	214.6	374.5	364	264.3	913.4	1 863
35～39	282.4	908.3	4 564	172.1	77.8	87	211.9	410.3	479	229.6	476.6	300	274.3	776.8	1 170
40～44	320.8	1115.4	5 711	188.2	56.2	149	208.7	358.0	290	228.8	473.5	255	274.8	741.0	903
45～49	335.1	1166.0	4 741	179.4	61.3	129	206.9	304.3	297	218.2	409.4	214	263.2	674.2	752
50～54	360.9	1270.6	4 406	209.3	21.5	93	203.3	322.6	222	225.6	320.6	215	265.6	670.8	598
55～59	363.7	1261.2	3 730	179.7	10.6	69	201.0	227.3	178	212.8	265.7	194	233.4	472.4	391
60～64	228.8	408.0	1 669	190.0	172.3	101	199.6	210.1	224	198.6	189.2	167	210.6	218.8	278
65～69	205.3	191.8	169	214.5	20.3	23	163.2	56.9	8	206.8	193.2	15	215.1	209.8	58
70歳～	199.7	157.8	19	120.0	0.0	1	146.1	0.0	0	181.4	100.0	1	200.1	141.2	12
男															
学歴計	**318.4**	**1053.8**	**25 781**	**195.6**	**66.8**	**1 168**	**213.4**	**444.2**	**3 123**	**230.8**	**514.3**	**2 007**	**274.5**	**814.4**	**5 267**
～19歳	180.1	216.0	156	170.7	31.8	77	190.2	407.8	76	162.7	68.4	3	-	-	-
20～24	203.7	403.3	1 369	193.3	44.4	343	206.7	537.9	802	207.0	420.8	178	215.4	670.2	46
25～29	230.3	679.2	2 626	190.8	104.0	225	210.1	461.6	678	230.4	729.6	675	251.9	907.7	985
30～34	263.1	796.7	3 031	210.7	63.8	112	216.5	444.0	412	229.2	416.4	276	274.9	932.5	1 391
35～39	297.5	961.8	3 504	184.8	81.7	50	227.0	504.1	337	243.8	540.9	219	286.2	821.2	976
40～44	342.1	1207.0	4 245	209.1	78.1	73	224.4	393.8	186	258.6	525.8	143	299.5	821.0	606
45～49	365.6	1313.7	3 427	188.3	79.9	70	228.8	388.2	184	254.4	532.3	101	288.1	751.7	469
50～54	403.2	1480.0	3 151	227.8	18.5	60	213.8	313.8	140	236.5	263.4	117	309.5	812.7	303
55～59	398.2	1433.5	2 864	185.3	10.8	57	209.0	255.0	136	221.0	270.0	151	253.5	491.0	219
60～64	246.4	469.4	1 258	198.1	151.9	80	210.2	211.5	164	207.2	215.9	133	221.7	230.6	204
65～69	217.1	201.9	134	227.7	23.7	20	172.5	65.5	6	218.9	189.0	11	219.0	216.0	55
70歳～	204.3	157.9	16	-	-	-	146.1	0.0	0	163.9	50.0	0	201.1	142.0	11
高校卒	**323.0**	**1028.4**	**13 654**	**184.6**	**52.2**	**530**	**207.4**	**358.2**	**1 466**	**222.4**	**352.9**	**962**	**266.2**	**659.8**	**2 661**
～19歳	182.0	230.7	144	171.4	32.4	75	194.9	462.6	66	162.7	68.4	3	-	-	-
20～24	199.0	418.1	554	175.2	9.7	68	197.7	469.3	295	207.4	428.6	149	217.2	679.1	42
25～29	226.5	483.6	930	183.6	89.4	78	208.2	259.8	256	222.9	369.9	171	246.1	699.4	365
30～34	252.6	609.4	1 268	210.1	71.0	63	215.6	434.0	210	216.9	275.2	140	261.6	666.9	454
35～39	290.3	854.0	1 631	187.2	97.6	34	217.3	430.6	152	245.1	500.7	135	282.7	743.4	553
40～44	339.0	1154.9	2 321	183.1	31.0	34	216.2	331.8	101	235.4	376.3	74	287.9	727.7	370
45～49	363.2	1283.3	2 090	180.5	91.9	50	227.0	408.7	123	217.9	318.5	56	280.0	725.9	314
50～54	398.0	1455.4	2 034	184.6	12.1	49	190.9	185.9	79	230.5	286.7	71	289.4	685.4	213
55～59	391.5	1381.8	1 791	162.1	8.3	18	192.5	163.6	94	224.8	307.3	80	244.1	465.5	152
60～64	243.4	438.3	785	193.1	71.3	48	205.4	223.2	84	203.0	190.2	75	213.6	225.4	150
65～69	200.4	190.3	93	207.7	4.5	13	161.9	24.9	5	225.4	149.7	9	187.1	226.4	36
70歳～	207.0	125.8	12	-	-	-	-	-	-	163.9	50.0	0	202.2	119.1	10

及び年間賞与その他特別給与額

Q 複合サービス事業

区分	10～14年 所定内給与額	10～14年 年間賞与その他特別給与額	10～14年 労働者数	15～19年 所定内給与額	15～19年 年間賞与その他特別給与額	15～19年 労働者数	20～24年 所定内給与額	20～24年 年間賞与その他特別給与額	20～24年 労働者数	25～29年 所定内給与額	25～29年 年間賞与その他特別給与額	25～29年 労働者数	30年以上 所定内給与額	30年以上 年間賞与その他特別給与額	30年以上 労働者数
	千円	千円	十人	千円	千円	十人	千円	千円	十人	千円	千円	十人	千円	千円	十人
高専・短大卒	251.8	709.8	5 122	267.5	875.9	2 923	287.6	1004.6	1 985	316.4	1214.2	859	323.7	1183.2	1 074
～19歳	-	-	-	-	-	-	-	-	-	-	-	-	-	-	-
20～24	-	-	-	-	-	-	-	-	-	-	-	-	-	-	-
25～29	210.0	639.9	22	-	-	-	-	-	-	-	-	-	-	-	-
30～34	225.8	789.5	1 184	217.5	548.9	19	-	-	-	-	-	-	-	-	-
35～39	251.6	719.8	683	254.5	895.5	775	-	-	-	-	-	-	-	-	-
40～44	259.6	668.8	721	256.3	929.7	480	275.8	1026.3	735	303.2	1028.7	12	-	-	-
45～49	249.1	658.6	760	272.3	808.3	369	301.8	1133.6	297	307.8	1215.0	351	-	-	-
50～54	257.8	707.6	644	281.6	898.7	522	308.8	1122.2	308	319.4	1277.4	223	331.4	1297.2	264
55～59	280.7	748.0	669	277.6	873.1	475	282.2	921.5	418	333.1	1214.6	160	316.8	1128.7	461
60～64	264.3	580.3	354	267.0	769.5	199	312.6	838.9	149	307.7	1091.1	82	316.8	1042.1	235
65～69	299.8	725.9	51	270.0	639.5	55	228.0	494.9	51	333.5	1143.6	32	304.3	1278.1	58
70歳～	189.5	391.3	33	349.5	1353.9	29	268.8	808.2	26	380.0	1400.0	0	393.3	1586.4	56
大学・大学院卒	305.5	741.2	1 091	408.0	856.3	516	338.6	1177.3	192	419.7	1465.1	89	369.0	1199.7	110
～19歳	-	-	-	-	-	-	-	-	-	-	-	-	-	-	-
20～24	-	-	-	-	-	-	-	-	-	-	-	-	-	-	-
25～29	-	-	-	-	-	-	-	-	-	-	-	-	-	-	-
30～34	248.5	791.2	179	-	-	-	-	-	-	-	-	-	-	-	-
35～39	256.7	733.7	311	258.8	849.2	56	-	-	-	-	-	-	-	-	-
40～44	291.3	673.4	170	296.4	940.9	142	343.5	1276.9	44	-	-	-	-	-	-
45～49	285.2	1001.6	120	244.0	654.6	59	392.9	1761.4	27	352.2	1312.7	9	-	-	-
50～54	352.6	979.4	99	361.9	613.3	84	395.4	1261.7	25	307.0	993.1	16	373.1	1469.1	6
55～59	454.3	655.8	103	373.1	1273.1	91	318.0	992.6	83	343.7	1212.3	33	318.7	678.4	10
60～64	525.8	459.1	53	248.6	996.5	35	201.6	397.9	8	582.5	2037.0	30	282.2	1110.7	27
65～69	277.1	292.2	21	1715.0	248.9	37	-	-	-	-	-	-	357.8	985.9	28
70歳～	282.3	250.5	34	249.0	886.0	12	253.1	897.1	4	-	-	-	448.6	1514.1	39
Q 複合サービス事業															
企業規模計															
男女計	267.3	824.0	3 911	319.2	1172.8	3 146	359.0	1378.9	3 344	390.3	1532.6	3 216	422.4	1638.8	4 940
～19歳	-	-	-	-	-	-	-	-	-	-	-	-	-	-	-
20～24	-	-	-	-	-	-	-	-	-	-	-	-	-	-	-
25～29	232.3	883.1	134	-	-	-	-	-	-	-	-	-	-	-	-
30～34	268.8	935.7	1 152	286.7	1018.0	130	-	-	-	-	-	-	-	-	-
35～39	296.3	1034.2	1 173	317.9	1218.8	1 164	339.2	1350.5	192	-	-	-	-	-	-
40～44	284.1	840.8	517	345.0	1319.2	1 193	361.0	1410.0	1 839	379.1	1531.7	566	-	-	-
45～49	241.4	475.8	292	332.7	1154.0	285	383.4	1500.7	888	394.7	1585.1	1 527	422.5	1719.6	357
50～54	221.3	456.9	288	268.5	778.5	181	349.9	1223.6	201	413.5	1607.7	749	444.1	1791.8	1 859
55～59	224.0	365.7	213	228.0	594.1	132	310.7	1061.4	157	371.8	1359.0	305	447.5	1763.4	2 092
60～64	200.3	215.7	117	196.8	291.8	53	182.8	221.8	65	212.2	326.7	63	278.2	747.2	599
65～69	185.1	173.1	22	176.7	62.2	7	170.2	216.1	3	163.2	80.5	3	219.2	378.4	30
70歳～	227.2	346.3	2	-	-	-	-	-	-	213.7	45.2	1	206.0	270.0	1
男															
学歴計	293.9	947.1	2 567	344.8	1272.2	2 281	381.6	1475.8	2 507	409.2	1620.0	2 529	432.5	1674.3	4 332
～19歳	-	-	-	-	-	-	-	-	-	-	-	-	-	-	-
20～24	-	-	-	-	-	-	-	-	-	-	-	-	-	-	-
25～29	251.8	966.9	62	-	-	-	-	-	-	-	-	-	-	-	-
30～34	282.6	967.9	761	304.3	968.2	78	-	-	-	-	-	-	-	-	-
35～39	310.1	1093.8	946	334.6	1247.9	849	366.8	1441.2	125	-	-	-	-	-	-
40～44	311.6	995.3	382	354.9	1356.7	999	375.6	1442.0	1 414	389.0	1577.8	442	-	-	-
45～49	302.1	693.3	132	360.9	1287.0	226	393.0	1556.0	768	409.0	1632.4	1 196	443.3	1741.3	281
50～54	278.2	668.9	93	372.6	1243.0	69	401.9	1466.1	122	426.2	1673.3	653	455.8	1833.5	1 593
55～59	256.4	456.3	107	332.0	791.1	35	394.8	1551.3	65	425.5	1659.0	204	455.6	1802.4	1 890
60～64	219.8	217.8	72	212.5	342.1	20	239.7	414.5	13	261.1	484.0	32	287.5	785.5	541
65～69	208.2	113.7	11	194.4	68.4	5	-	-	-	125.4	0.0	1	224.0	406.4	27
70歳～	227.2	346.3	2	-	-	-	-	-	-	213.7	45.2	1	-	-	-
高校卒	278.5	743.0	1 127	328.7	1112.6	853	370.2	1376.4	1 322	405.4	1604.6	1 681	432.5	1667.4	3 053
～19歳	-	-	-	-	-	-	-	-	-	-	-	-	-	-	-
20～24	-	-	-	-	-	-	-	-	-	-	-	-	-	-	-
25～29	252.1	964.1	60	-	-	-	-	-	-	-	-	-	-	-	-
30～34	276.0	803.5	331	302.9	990.3	71	-	-	-	-	-	-	-	-	-
35～39	300.0	910.7	281	326.4	1167.7	351	366.9	1441.5	125	-	-	-	-	-	-
40～44	293.5	809.3	182	346.9	1191.7	268	372.8	1395.8	860	388.6	1579.1	432	-	-	-
45～49	293.2	552.9	63	347.6	1180.5	95	365.5	1326.5	242	413.0	1647.3	872	442.7	1733.5	275
50～54	271.0	624.1	65	282.5	771.9	25	396.5	1451.4	60	411.7	1563.6	245	455.0	1833.6	1 226
55～59	238.5	264.3	82	320.3	616.5	23	349.0	1153.9	26	414.4	1611.0	116	450.7	1758.7	1 200
60～64	222.2	222.2	54	196.8	260.4	16	193.7	223.3	10	275.2	518.8	15	288.4	742.9	333
65～69	220.8	129.0	8	200.9	75.8	5	-	-	-	-	-	-	211.1	369.5	18
70歳～	277.0	188.2	1	-	-	-	-	-	-	194.0	316.6	0	-	-	-

第2表　年齢階級、勤続年数階級別所定内給与額

企業規模	計

Q　複　合　サ　ー

区分	勤続年数計			0年			1～2年			3～4年			5～9年		
	所定内給与額	年間賞与その他特別給与額	労働者数	所定内給与額	年間賞与その他特別給与額	労働者数	所定内給与額	年間賞与その他特別給与額	労働者数	所定内給与額	年間賞与その他特別給与額	労働者数	所定内給与額	年間賞与その他特別給与額	労働者数
	千円	千円	十人	千円	千円	十人	千円	千円	十人	千円	千円	十人	千円	千円	十人
高専・短大卒	**315.6**	**1009.5**	**2 671**	**195.0**	**63.9**	**117**	**205.1**	**384.9**	**276**	**226.8**	**401.9**	**207**	**271.7**	**739.6**	**456**
～19歳	-	-	-	-	-	-	-	-	-	-	-	-	-	-	-
20～24	193.8	364.3	139	187.6	80.9	33	193.1	469.1	78	204.9	383.8	24	194.4	592.6	4
25～29	215.9	486.9	188	188.5	61.6	27	191.5	247.1	49	225.2	489.2	39	237.3	798.7	71
30～34	260.6	677.7	304	251.5	19.4	5	209.4	356.8	31	239.1	447.8	40	252.8	699.4	104
35～39	299.7	990.4	424	197.7	51.8	3	224.9	589.8	41	229.4	493.8	34	294.1	907.4	104
40～44	327.5	1097.5	550	201.3	74.7	8	224.2	374.6	42	233.6	398.3	26	293.9	766.9	69
45～49	355.1	1255.6	376	166.4	3.3	5	231.2	348.1	7	222.3	223.0	11	292.5	523.6	45
50～54	393.0	1395.2	307	215.8	106.1	5	175.8	181.9	6	248.4	192.6	9	301.5	912.2	32
55～59	386.0	1253.4	288	199.2	16.1	29	231.1	63.0	8	214.9	230.3	23	248.7	176.5	17
60～64	249.7	678.5	93	208.8	509.2	3	180.3	195.3	14	212.6	351.0	3	208.2	271.6	10
65～69	189.7	251.5	3	-	-	-	-	-	-	-	-	-	209.3	170.8	1
70歳～	317.7	600.0	0	-	-	-	-	-	-	-	-	-	-	-	-
大学・大学院卒	**313.5**	**1116.9**	**9 230**	**206.6**	**83.4**	**501**	**222.2**	**557.1**	**1 351**	**240.6**	**750.6**	**794**	**284.2**	**1031.7**	**2 064**
～19歳	-	-	-	-	-	-	-	-	-	-	-	-	-	-	-
20～24	209.4	401.2	671	199.0	48.9	241	215.4	598.1	429	200.3	913.3	1	-	-	-
25～29	234.5	831.1	1 489	195.8	127.7	109	213.7	631.0	371	233.5	883.1	463	257.1	1063.8	546
30～34	273.3	995.8	1 431	209.5	58.4	41	220.0	485.2	165	244.7	632.2	91	284.8	1109.0	825
35～39	304.6	1076.6	1 420	175.6	47.0	13	237.9	558.0	144	249.3	683.9	45	286.2	917.2	298
40～44	353.4	1342.7	1 345	240.0	131.2	31	248.5	586.2	41	313.7	860.1	43	325.3	1044.9	152
45～49	376.9	1428.7	934	220.4	67.0	16	232.9	346.2	54	328.0	999.9	33	319.4	1025.3	92
50～54	422.1	1602.4	787	596.7	0.7	6	251.6	529.8	52	211.8	218.1	27	390.4	1212.7	52
55～59	418.9	1622.7	779	187.8	0.5	11	249.3	552.8	34	217.8	227.3	49	283.9	672.1	50
60～64	252.1	498.6	355	205.3	252.5	30	223.5	210.5	61	203.2	242.7	40	252.4	241.5	44
65～69	259.9	299.9	18	197.8	120.9	3	267.2	345.0	1	203.8	508.4	1	323.1	109.7	6
70歳～	201.0	467.5	1	-	-	-	-	-	-	-	-	-	201.0	467.5	1
女															
学歴計	**231.1**	**692.0**	**10 020**	**172.2**	**35.2**	**659**	**181.3**	**404.8**	**1 477**	**193.4**	**492.5**	**1 095**	**219.3**	**657.1**	**2 447**
～19歳	162.5	208.6	183	156.3	8.0	85	167.8	382.2	98	-	-	-	-	-	-
20～24	187.2	478.7	1 030	188.6	29.0	257	189.6	601.8	520	178.4	666.1	170	185.8	716.8	83
25～29	207.4	680.0	1 288	163.5	14.2	44	183.5	420.7	244	209.1	705.5	352	218.9	809.1	576
30～34	225.8	766.2	1 108	147.9	19.4	32	169.8	325.1	72	169.0	242.8	88	233.0	857.2	472
35～39	232.5	731.6	1 061	154.5	72.4	36	176.0	187.0	142	191.5	303.5	81	213.9	553.0	193
40～44	259.0	850.0	1 466	168.1	35.3	76	180.5	293.9	104	190.6	406.5	112	224.5	577.5	297
45～49	255.5	781.0	1 315	168.8	39.3	59	171.0	166.6	112	185.9	300.0	113	222.0	545.7	283
50～54	254.7	744.9	1 255	176.0	27.0	33	185.2	337.8	81	212.7	388.5	98	220.5	524.9	295
55～59	249.7	691.0	865	151.1	9.5	11	174.4	136.2	41	183.9	250.8	43	207.7	448.8	172
60～64	174.9	219.7	411	158.6	251.8	21	170.8	206.4	61	164.9	83.4	34	180.1	186.3	74
65～69	160.8	153.6	35	135.3	0.0	3	132.3	28.3	2	175.0	204.2	4	147.9	104.3	3
70歳～	176.4	157.4	3	120.0	0.0	1	-	-	-	191.4	128.6	1	142.4	100.0	0
高校卒	**226.8**	**640.4**	**5 496**	**160.2**	**30.1**	**298**	**171.3**	**316.5**	**704**	**186.1**	**376.4**	**520**	**206.0**	**509.3**	**1 246**
～19歳	162.5	208.6	183	156.3	8.0	85	167.8	382.2	98	-	-	-	-	-	-
20～24	175.2	588.2	369	185.5	6.6	20	166.7	544.9	142	176.2	642.9	124	185.8	716.8	83
25～29	197.8	568.6	449	156.8	14.5	22	182.7	337.2	76	196.2	323.4	49	201.6	674.8	230
30～34	203.5	555.8	420	146.1	7.4	19	146.4	199.3	31	170.7	194.8	44	197.4	469.8	125
35～39	222.2	639.9	460	152.0	50.0	20	171.5	169.8	68	193.7	255.9	37	206.5	451.8	91
40～44	256.2	817.7	806	151.0	13.5	30	186.6	346.2	59	190.4	289.3	62	220.1	521.5	169
45～49	247.8	728.3	917	174.0	48.0	44	169.3	157.5	88	187.2	317.6	96	214.4	437.0	188
50～54	250.4	718.8	862	173.0	10.4	28	176.6	244.2	59	213.1	453.5	52	221.0	518.8	188
55～59	246.3	693.4	660	152.6	10.6	10	170.9	168.2	31	177.2	238.2	29	194.3	356.4	117
60～64	173.0	214.5	336	150.7	237.2	16	169.5	209.1	52	169.6	96.9	22	178.3	198.5	52
65～69	160.8	152.4	32	135.3	0.0	3	145.4	72.9	1	175.0	204.2	4	147.9	104.3	3
70歳～	180.7	180.7	3	120.0	0.0	1	-	-	-	250.0	300.0	0	142.4	100.0	0
高専・短大卒	**237.3**	**718.6**	**1 953**	**168.8**	**43.8**	**121**	**178.3**	**332.2**	**252**	**191.1**	**499.3**	**210**	**213.7**	**597.8**	**454**
～19歳	-	-	-	-	-	-	-	-	-	-	-	-	-	-	-
20～24	182.6	414.8	171	186.4	53.5	54	178.6	486.9	72	184.4	729.2	46	-	-	-
25～29	188.2	502.8	154	165.2	14.7	8	170.3	283.6	45	178.9	498.6	21	203.0	674.9	80
30～34	228.9	746.5	204	135.1	17.2	8	195.7	321.1	21	174.5	398.7	17	203.2	620.4	50
35～39	235.6	756.9	273	141.8	58.1	7	170.3	178.1	39	203.6	522.4	23	209.4	550.3	62
40～44	250.3	830.5	379	161.5	18.2	26	170.8	228.9	25	195.2	669.6	37	223.0	604.5	75
45～49	257.5	816.9	258	146.3	6.4	13	178.3	219.9	21	156.7	151.1	11	222.4	593.2	54
50～54	259.0	800.5	296	159.1	75.7	2	198.5	576.7	20	217.1	358.1	36	201.6	540.4	69
55～59	265.9	706.5	172	147.8	0.0	1	191.1	43.8	8	199.6	192.5	11	242.4	683.7	51
60～64	188.7	261.7	45	191.0	585.8	2	162.1	198.7	2	161.4	80.4	9	203.8	223.7	13
65～69	195.7	471.0	1	-	-	-	-	-	-	-	-	-	-	-	-
70歳～	-	-	-	-	-	-	-	-	-	-	-	-	-	-	-

及び年間賞与その他特別給与額

ビス事業

区分	10～14年 所定内給与額	10～14年 年間賞与その他特別給与額	10～14年 労働者数	15～19年 所定内給与額	15～19年 年間賞与その他特別給与額	15～19年 労働者数	20～24年 所定内給与額	20～24年 年間賞与その他特別給与額	20～24年 労働者数	25～29年 所定内給与額	25～29年 年間賞与その他特別給与額	25～29年 労働者数	30年以上 所定内給与額	30年以上 年間賞与その他特別給与額	30年以上 労働者数
	千円	千円	十人	千円	千円	十人	千円	千円	十人	千円	千円	十人	千円	千円	十人
高専・短大卒	**287.6**	**865.8**	**242**	**326.7**	**1171.9**	**325**	**375.1**	**1404.6**	**413**	**395.1**	**1514.0**	**262**	**424.3**	**1593.1**	**374**
～19歳	－	－	－	－	－	－	－	－	－	－	－	－	－	－	－
20～24	－	－	－	－	－	－	－	－	－	－	－	－	－	－	－
25～29	243.2	1049.9	2	－	－	－	－	－	－	－	－	－	－	－	－
30～34	287.1	837.6	124	257.7	614.1	1	－	－	－	－	－	－	－	－	－
35～39	300.6	973.0	44	331.2	1218.2	198	－	－	－	－	－	－	－	－	－
40～44	296.1	1112.6	37	312.8	1128.8	90	372.2	1366.9	279	352.3	1617.4	1	－	－	－
45～49	274.3	577.3	11	339.9	1009.6	31	379.5	1533.1	103	383.1	1505.0	158	467.9	2121.3	5
50～54	351.2	1078.2	8	411.9	1789.4	2	368.8	1135.2	17	406.1	1548.8	80	434.0	1621.1	147
55～59	222.2	394.2	8	275.0	853.2	2	407.7	1553.7	13	449.9	1521.8	22	462.2	1759.7	167
60～64	215.1	177.5	7	133.5	60.0	0	402.3	1108.7	1	280.0	356.6	1	282.2	977.2	54
65～69	220.0	321.6	1	－	－	－	－	－	－	－	－	－	145.2	336.5	1
70歳～	317.7	600.0	0	－	－	－	－	－	－	－	－	－	－	－	－
大学・大学院卒	**309.7**	**1159.0**	**1 190**	**362.3**	**1432.3**	**1 094**	**404.2**	**1689.4**	**764**	**428.6**	**1725.1**	**574**	**436.8**	**1739.5**	**898**
～19歳	－	－	－	－	－	－	－	－	－	－	－	－	－	－	－
20～24	－	－	－	－	－	－	－	－	－	－	－	－	－	－	－
25～29	－	－	－	－	－	－	－	－	－	－	－	－	－	－	－
30～34	288.3	1204.6	304	286.0	850.0	4	－	－	－	－	－	－	－	－	－
35～39	315.3	1185.9	619	346.4	1361.1	301	252.8	1048.0	0	－	－	－	－	－	－
40～44	335.2	1177.5	163	364.2	1458.0	639	388.2	1661.4	272	430.0	1528.3	4	－	－	－
45～49	314.2	882.1	54	380.4	1476.2	99	410.8	1702.0	419	412.3	1675.6	166	565.1	2232.4	0
50～54	273.2	661.5	20	420.7	1580.2	40	422.3	1613.7	45	442.4	1789.1	327	475.5	1977.5	218
55～59	354.1	1401.9	17	380.1	1236.2	9	434.4	1952.3	26	445.6	1845.2	62	464.8	1916.1	523
60～64	210.7	222.0	11	166.0	841.4	2	430.9	1201.9	2	244.8	469.7	15	288.3	816.2	151
65～69	154.9	0.5	2	－	－	－	－	－	－	125.4	0.0	1	295.3	731.5	5
70歳～	－	－	－	－	－	－	－	－	－	－	－	－	－	－	－
女															
学歴計	**216.4**	**588.9**	**1 343**	**251.8**	**910.5**	**865**	**291.6**	**1089.1**	**838**	**320.5**	**1211.0**	**687**	**350.8**	**1385.3**	**608**
～19歳	－	－	－	－	－	－	－	－	－	－	－	－	－	－	－
20～24	－	－	－	－	－	－	－	－	－	－	－	－	－	－	－
25～29	215.7	811.5	72	－	－	－	－	－	－	－	－	－	－	－	－
30～34	242.0	873.3	392	260.4	1092.5	52	－	－	－	－	－	－	－	－	－
35～39	238.7	784.8	227	272.8	1140.1	315	287.4	1179.9	66	－	－	－	－	－	－
40～44	206.6	404.5	135	293.9	1126.1	194	312.5	1303.4	424	344.0	1367.5	124	－	－	－
45～49	191.7	297.4	161	226.2	651.8	60	321.7	1146.6	120	343.2	1414.1	331	346.0	1640.3	77
50～54	193.9	355.1	194	203.5	488.3	111	269.5	848.7	79	327.8	1165.2	97	374.2	1542.5	266
55～59	190.9	273.4	105	191.0	524.2	98	251.8	718.5	92	263.6	754.5	101	371.5	1397.0	202
60～64	169.8	212.5	45	187.5	261.7	33	169.4	176.3	53	163.0	168.5	32	192.0	392.4	58
65～69	164.7	225.5	12	133.5	47.3	2	170.2	216.1	3	169.9	94.9	3	183.2	165.9	4
70歳～	－	－	－	－	－	－	－	－	－	－	－	－	206.0	270.0	1
高校卒	**196.9**	**436.5**	**755**	**229.3**	**753.1**	**470**	**275.8**	**1000.9**	**509**	**313.3**	**1173.0**	**511**	**348.0**	**1377.5**	**483**
～19歳	－	－	－	－	－	－	－	－	－	－	－	－	－	－	－
20～24	－	－	－	－	－	－	－	－	－	－	－	－	－	－	－
25～29	215.7	812.1	72	－	－	－	－	－	－	－	－	－	－	－	－
30～34	218.0	693.1	148	260.4	1092.5	52	－	－	－	－	－	－	－	－	－
35～39	197.3	460.9	50	256.8	1022.3	128	286.6	1181.6	65	－	－	－	－	－	－
40～44	192.2	270.4	87	271.0	959.1	54	307.4	1299.7	223	344.6	1366.1	122	－	－	－
45～49	186.5	281.8	115	221.9	616.8	42	281.4	832.0	39	341.9	1411.8	230	345.9	1635.9	76
50～54	189.4	351.6	154	197.3	475.2	82	263.7	839.0	50	287.3	921.4	47	376.0	1513.1	202
55～59	195.7	322.5	75	192.0	541.9	83	249.3	717.6	80	257.8	738.0	80	367.1	1415.7	154
60～64	168.2	207.4	42	186.8	176.4	28	171.4	187.5	48	160.7	163.7	29	185.1	369.9	48
65～69	161.9	203.0	11	133.5	47.3	2	170.2	216.1	3	173.1	86.3	2	185.8	209.1	3
70歳～	－	－	－	－	－	－	－	－	－	－	－	－	206.0	270.0	1
高専・短大卒	**234.8**	**661.6**	**266**	**263.2**	**987.7**	**201**	**293.6**	**1139.7**	**206**	**337.5**	**1270.8**	**131**	**363.6**	**1435.3**	**114**
～19歳	－	－	－	－	－	－	－	－	－	－	－	－	－	－	－
20～24	－	－	－	－	－	－	－	－	－	－	－	－	－	－	－
25～29	－	－	－	－	－	－	－	－	－	－	－	－	－	－	－
30～34	261.8	988.9	109	－	－	－	－	－	－	－	－	－	－	－	－
35～39	236.6	652.6	34	286.0	1212.8	108	309.8	525.1	1	－	－	－	－	－	－
40～44	230.9	561.1	28	260.2	906.4	45	309.8	1274.0	143	363.5	1564.9	0	－	－	－
45～49	210.2	370.6	33	247.2	777.9	10	283.3	1128.7	28	337.7	1369.3	87	389.4	2298.3	1
50～54	217.9	379.6	32	215.9	526.5	26	233.3	649.2	19	359.0	1180.2	31	368.0	1638.3	62
55～59	180.7	168.6	26	198.5	499.6	11	268.5	705.2	11	305.9	937.2	10	382.8	1307.8	44
60～64	194.0	276.4	3	151.7	359.9	2	145.9	78.2	4	186.8	234.1	2	226.2	535.3	8
65～69	195.7	471.0	1	－	－	－	－	－	－	－	－	－	－	－	－
70歳～	－	－	－	－	－	－	－	－	－	－	－	－	－	－	－

第2表　年齢階級、勤続年数階級別所定内給与額

企業規模	計
	1,000人以上

Q 複合サー

区分	勤続年数計			0年			1～2年			3～4年			5～9年		
	所定内給与額	年間賞与その他特別給与額	労働者数	所定内給与額	年間賞与その他特別給与額	労働者数	所定内給与額	年間賞与その他特別給与額	労働者数	所定内給与額	年間賞与その他特別給与額	労働者数	所定内給与額	年間賞与その他特別給与額	労働者数
	千円	千円	十人	千円	千円	十人	千円	千円	十人	千円	千円	十人	千円	千円	十人
大学・大学院卒	**236.2**	**792.3**	**2 515**	**188.7**	**37.2**	**241**	**196.7**	**566.9**	**511**	**205.6**	**661.2**	**360**	**245.2**	**960.6**	**719**
～19歳	-	-	-	-	-	-	-	-	-	-	-	-	-	-	-
20～24	198.0	419.9	488	189.6	24.1	184	203.1	658.4	305	-	-	-	-	-	-
25～29	218.4	796.0	681	173.1	13.3	14	188.8	522.4	123	213.6	787.8	282	239.9	976.3	261
30～34	243.9	957.1	484	170.7	62.3	6	179.6	522.5	20	162.8	223.8	27	253.0	1060.5	297
35～39	246.0	858.7	318	169.8	133.1	9	192.0	236.9	28	173.8	141.7	21	240.8	819.5	39
40～44	279.9	976.0	276	202.1	90.0	20	174.6	219.6	19	176.2	205.3	12	242.0	725.9	52
45～49	302.6	1058.2	134	203.3	66.5	2	170.8	64.7	3	211.0	276.8	6	250.8	946.1	35
50～54	287.0	904.0	83	225.2	168.4	3	266.2	613.1	3	195.6	159.2	10	244.3	618.2	28
55～59	235.0	564.7	32	132.5	0.0	1	164.5	32.4	2	192.4	634.8	3	153.6	137.8	4
60～64	182.9	295.0	18	182.9	136.7	3	191.6	203.3	6	154.7	30.0	1	114.7	27.5	3
65～69	131.0	39.2	2	-	-	-	123.9	0.0	1	-	-	-	-	-	-
70歳～	-	-	-	-	-	-	-	-	-	-	-	-	-	-	-
企業規模1,000人以上															
男女計	**306.2**	**969.5**	**23 924**	**192.0**	**67.5**	**1 203**	**209.2**	**418.4**	**3 329**	**227.4**	**459.7**	**2 098**	**270.3**	**771.4**	**5 720**
～19歳	184.6	261.3	171	175.8	41.1	71	191.7	427.7	97	162.7	68.4	3	-	-	-
20～24	204.6	412.1	1 385	195.4	59.3	344	207.3	550.1	820	206.3	397.2	184	220.7	705.7	38
25～29	230.6	623.5	2 456	189.2	113.1	206	205.9	399.4	693	235.3	652.2	587	254.9	870.6	901
30～34	262.2	754.7	2 823	203.4	61.0	111	214.5	422.3	408	220.9	356.0	293	277.5	896.3	1 284
35～39	291.7	884.7	3 129	176.2	66.2	63	218.0	421.5	396	237.4	488.7	246	284.3	794.2	988
40～44	332.0	1133.8	4 128	193.8	65.6	118	212.4	355.4	228	238.6	512.2	198	281.8	765.4	785
45～49	342.1	1178.8	3 434	181.7	67.5	109	211.5	324.5	252	229.5	419.4	155	272.1	708.7	656
50～54	374.6	1317.7	2 990	219.8	23.6	77	209.7	345.0	184	224.9	303.9	169	281.4	755.4	490
55～59	371.2	1301.4	2 311	176.2	14.6	49	199.3	245.5	132	217.4	273.0	156	241.7	522.7	329
60～64	247.3	444.6	1 028	193.0	119.5	48	209.7	218.6	117	212.3	226.7	101	214.8	229.4	226
65～69	215.6	249.1	67	159.4	42.4	6	121.7	0.0	1	219.1	153.0	7	250.3	297.1	22
70歳～	186.2	78.4	2	-	-	-	-	-	-	-	-	-	124.4	0.0	2
男															
学歴計	**324.5**	**1046.1**	**18 795**	**197.0**	**75.3**	**881**	**216.3**	**428.5**	**2 487**	**237.6**	**465.9**	**1 506**	**283.7**	**810.2**	**4 205**
～19歳	192.3	261.2	112	184.2	49.5	48	200.2	436.7	61	162.7	68.4	3	-	-	-
20～24	209.7	391.3	945	196.1	64.5	222	212.3	519.2	561	215.4	343.3	138	242.0	706.6	23
25～29	236.2	618.4	1 802	192.2	121.5	189	212.6	413.6	531	241.6	650.7	411	264.0	897.1	633
30～34	268.5	746.0	2 272	211.3	66.9	99	217.3	432.1	374	233.4	386.4	234	284.7	900.7	1 036
35～39	302.8	926.7	2 598	182.0	58.3	44	226.1	490.3	305	245.2	525.5	194	292.7	825.4	861
40～44	348.3	1202.6	3 274	206.3	80.9	69	220.1	367.1	160	258.7	529.4	127	301.0	824.0	551
45～49	367.5	1306.9	2 642	188.2	82.1	66	226.4	396.3	172	262.3	551.5	82	291.0	768.5	441
50～54	408.3	1490.0	2 311	226.3	16.5	56	219.7	335.0	121	232.0	241.3	99	314.2	868.0	275
55～59	396.5	1434.0	1 939	182.4	14.9	42	205.1	273.7	111	227.3	286.4	124	254.6	518.8	195
60～64	262.0	495.0	839	198.3	116.8	40	219.8	212.9	91	219.1	243.0	88	224.9	239.8	167
65～69	222.8	261.1	59	160.5	46.1	6	120.7	0.0	1	224.3	161.7	6	252.7	302.3	22
70歳～	186.2	78.4	2	-	-	-	-	-	-	-	-	-	124.4	0.0	2
高校卒	**327.8**	**1033.7**	**11 078**	**184.7**	**52.4**	**429**	**210.9**	**350.7**	**1 242**	**227.7**	**335.3**	**789**	**272.8**	**679.0**	**2 368**
～19歳	194.6	280.9	102	185.8	51.3	46	203.9	489.7	53	162.7	68.4	3	-	-	-
20～24	206.5	371.1	430	177.8	8.5	56	205.3	432.8	234	215.9	354.9	117	242.3	714.8	23
25～29	230.9	450.0	783	184.7	96.5	72	211.0	230.7	222	228.9	329.8	148	253.5	690.1	303
30～34	256.1	594.1	1 130	210.5	78.1	57	216.3	430.3	200	219.7	258.8	127	265.6	667.1	424
35～39	297.7	872.8	1 415	183.2	59.7	30	217.1	435.4	145	246.7	493.2	119	289.8	761.7	506
40～44	344.4	1163.7	1 942	174.5	33.6	32	213.2	299.1	84	230.2	363.2	60	288.6	735.8	339
45～49	367.6	1299.8	1 746	180.0	95.0	46	227.8	406.6	117	227.9	323.1	43	282.7	740.2	298
50～54	405.0	1473.4	1 611	182.1	8.9	46	197.4	190.0	63	225.0	251.7	58	295.6	723.9	197
55～59	391.9	1392.8	1 306	153.0	9.7	16	187.2	161.5	77	237.9	352.2	62	245.3	486.8	140
60～64	259.0	479.0	570	193.9	16.2	24	213.8	232.2	48	216.9	204.4	47	214.9	234.8	122
65～69	209.6	226.0	41	140.3	13.6	4	-	-	-	235.6	135.6	5	226.9	295.7	14
70歳～	186.2	78.4	2	-	-	-	-	-	-	-	-	-	124.4	0.0	2
高専・短大卒	**312.9**	**953.9**	**1 706**	**198.5**	**62.6**	**93**	**204.0**	**363.2**	**224**	**230.6**	**353.6**	**166**	**283.5**	**757.6**	**354**
～19歳	-	-	-	-	-	-	-	-	-	-	-	-	-	-	-
20～24	199.0	321.2	103	191.2	94.6	25	197.7	432.0	61	214.7	260.2	16	257.1	264.2	0
25～29	217.1	387.9	127	190.0	62.8	26	187.6	206.4	43	243.3	399.0	22	256.4	838.1	36
30～34	271.6	644.8	224	263.2	21.8	4	212.2	316.4	25	246.8	390.1	32	260.4	659.5	79
35～39	305.5	960.0	311	197.7	51.8	3	227.2	566.4	36	229.2	486.2	32	307.4	941.6	88
40～44	332.1	1072.3	389	202.2	77.7	7	212.1	344.7	38	233.6	379.0	25	298.5	766.7	65
45～49	351.4	1170.9	228	166.4	3.3	5	234.2	403.8	6	222.9	186.5	11	291.1	515.5	41
50～54	387.9	1490.1	143	190.5	127.3	4	176.1	173.5	6	195.3	191.3	5	294.5	984.9	29
55～59	385.3	1292.4	142	215.6	25.7	18	174.0	114.9	3	215.8	222.0	22	230.7	214.7	9
60～64	271.6	568.6	39	226.5	0.0	0	173.4	151.8	7	225.3	164.9	0	222.8	262.0	7
65～69	145.2	336.5	1	-	-	-	-	-	-	-	-	-	-	-	-
70歳～	-	-	-	-	-	-	-	-	-	-	-	-	-	-	-

及び年間賞与その他特別給与額

ビ　ス　事　業

10～14年			15～19年			20～24年			25～29年			30年以上			区　分
所定内給与額	年間賞与その他特別給与額	労働者数	所定内給与額	年間賞与その他特別給与額	労働者数	所定内給与額	年間賞与その他特別給与額	労働者数	所定内給与額	年間賞与その他特別給与額	労働者数	所定内給与額	年間賞与その他特別給与額	労働者数	
千円	千円	十人	千円	千円	十人	千円	千円	十人	千円	千円	十人	千円	千円	十人	
246.7	**885.8**	**323**	**295.4**	**1220.3**	**192**	**358.1**	**1397.7**	**120**	**375.1**	**1600.6**	**41**	**372.2**	**1392.9**	**9**	**大学・大学院卒**
-	-	-	-	-	-	-	-	-	-	-	-	-	-	-	～19歳
-	-	-	-	-	-	-	-	-	-	-	-	-	-	-	20～24
215.2	741.9	1	-	-	-	-	-	-	-	-	-	-	-	-	25～29
252.6	978.1	134	-	-	-	-	-	-	-	-	-	-	-	-	30～34
254.0	931.9	142	280.6	1231.9	79	374.0	2207.5	0	-	-	-	-	-	-	35～39
234.7	764.2	20	322.7	1323.6	95	344.6	1428.4	56	322.9	1660.3	1	-	-	-	40～44
191.4	250.1	12	222.7	679.7	8	373.3	1395.1	52	400.3	1731.9	14	321.6	1656.6	1	45～49
184.8	324.6	8	264.4	549.0	3	367.1	1288.5	10	419.4	2030.7	16	381.4	1554.9	3	50～54
170.6	64.8	5	135.5	128.3	3	264.6	862.4	2	277.8	722.9	9	421.8	1663.6	4	55～59
185.9	337.2	0	218.7	948.0	3	-	-	-	192.6	100.0	0	221.1	166.7	1	60～64
-	-	-	-	-	-	-	-	-	150.8	147.0	0	-	-	-	65～69
-	-	-	-	-	-	-	-	-	-	-	-	-	-	-	70歳～
															企業規模1,000人以上
280.5	**808.1**	**2 333**	**345.1**	**1255.4**	**1 805**	**381.6**	**1470.8**	**2 121**	**413.9**	**1666.2**	**2 125**	**441.8**	**1734.7**	**3 189**	**男女計**
-	-	-	-	-	-	-	-	-	-	-	-	-	-	-	～19歳
-	-	-	-	-	-	-	-	-	-	-	-	-	-	-	20～24
245.1	924.8	70	-	-	-	-	-	-	-	-	-	-	-	-	25～29
284.1	937.6	657	322.0	1148.2	70	-	-	-	-	-	-	-	-	-	30～34
314.4	1053.4	669	341.4	1244.7	632	369.4	1484.0	136	-	-	-	-	-	-	35～39
294.8	805.4	347	361.5	1369.6	786	383.6	1495.6	1 226	395.6	1593.6	438	-	-	-	40～44
249.6	490.0	197	343.8	1188.1	183	399.4	1554.2	561	412.2	1682.2	1 067	440.0	1767.9	254	45～49
224.5	331.9	155	306.8	968.7	83	376.4	1305.8	91	438.9	1746.5	444	462.1	1871.7	1 297	50～54
237.5	368.9	148	241.7	507.1	41	340.8	1293.1	63	432.5	1740.0	151	465.3	1885.8	1 240	55～59
207.9	199.3	82	228.6	423.7	9	202.7	266.2	42	252.7	409.7	26	308.3	820.0	377	60～64
200.3	192.4	7	160.2	57.1	2	183.8	189.6	2	-	-	-	210.0	340.3	21	65～69
310.0	235.2	1	-	-	-	-	-	-	-	-	-	-	-	-	70歳～
															男
302.7	**901.6**	**1 682**	**360.7**	**1311.3**	**1 472**	**396.0**	**1526.8**	**1 763**	**422.1**	**1694.0**	**1 848**	**446.8**	**1745.9**	**2 950**	**学歴計**
-	-	-	-	-	-	-	-	-	-	-	-	-	-	-	～19歳
-	-	-	-	-	-	-	-	-	-	-	-	-	-	-	20～24
260.7	953.8	38	-	-	-	-	-	-	-	-	-	-	-	-	25～29
295.9	934.3	477	328.8	1098.8	52	-	-	-	-	-	-	-	-	-	30～34
326.8	1104.4	564	353.1	1258.7	525	382.5	1504.4	106	-	-	-	-	-	-	35～39
315.8	928.3	281	368.8	1390.5	673	390.4	1492.6	1 045	400.6	1620.4	367	-	-	-	40～44
296.6	668.9	106	364.1	1284.7	159	407.7	1605.7	493	419.9	1698.5	907	455.7	1796.2	216	45～49
259.6	459.3	62	388.2	1379.7	39	423.2	1526.5	71	444.7	1769.4	420	468.2	1887.4	1 170	50～54
254.3	408.9	92	329.9	951.5	18	424.3	1798.7	38	449.1	1819.7	134	468.3	1894.8	1 185	55～59
225.6	222.3	58	253.1	421.5	6	249.8	423.7	10	268.6	459.6	21	313.8	840.0	358	60～64
238.7	133.6	3	180.8	60.0	1	-	-	-	-	-	-	210.3	342.7	20	65～69
310.0	235.2	1	-	-	-	-	-	-	-	-	-	-	-	-	70歳～
284.8	**726.2**	**906**	**341.3**	**1174.9**	**671**	**383.9**	**1432.9**	**1 029**	**417.3**	**1662.6**	**1 337**	**444.2**	**1724.1**	**2 307**	**高校卒**
-	-	-	-	-	-	-	-	-	-	-	-	-	-	-	～19歳
-	-	-	-	-	-	-	-	-	-	-	-	-	-	-	20～24
260.7	953.8	38	-	-	-	-	-	-	-	-	-	-	-	-	25～29
283.3	769.7	270	329.7	1107.1	52	-	-	-	-	-	-	-	-	-	30～34
316.0	991.0	222	339.9	1206.0	287	382.5	1504.4	106	-	-	-	-	-	-	35～39
291.8	719.6	151	352.3	1212.4	226	385.7	1444.5	690	399.6	1619.8	360	-	-	-	40～44
294.2	600.9	50	350.1	1225.0	79	379.5	1384.6	178	423.6	1700.6	719	455.8	1796.0	215	45～49
266.5	490.8	49	232.3	448.1	9	416.4	1524.2	37	428.2	1639.9	159	465.1	1873.0	993	50～54
238.2	255.0	77	293.0	677.2	12	378.4	1377.4	10	435.5	1719.5	86	463.2	1847.4	826	55～59
228.1	233.6	45	255.9	423.3	5	194.2	199.5	8	300.4	580.9	12	307.1	778.9	259	60～64
238.7	133.6	3	180.8	60.0	1	-	-	-	-	-	-	198.7	277.4	14	65～69
310.0	235.2	1	-	-	-	-	-	-	-	-	-	-	-	-	70歳～
298.2	**811.0**	**146**	**338.9**	**1180.1**	**198**	**397.0**	**1482.5**	**248**	**414.2**	**1660.9**	**131**	**462.0**	**1880.2**	**148**	**高専・短大卒**
-	-	-	-	-	-	-	-	-	-	-	-	-	-	-	～19歳
-	-	-	-	-	-	-	-	-	-	-	-	-	-	-	20～24
-	-	-	-	-	-	-	-	-	-	-	-	-	-	-	25～29
309.9	858.8	84	232.5	238.3	1	-	-	-	-	-	-	-	-	-	30～34
312.8	1007.0	32	349.0	1229.2	119	-	-	-	-	-	-	-	-	-	35～39
269.8	753.5	10	318.3	1147.4	61	395.7	1459.2	182	-	-	-	-	-	-	40～44
268.5	484.2	10	329.9	856.4	15	401.1	1579.8	51	397.0	1600.3	89	366.8	1577.0	1	45～49
159.9	160.6	1	568.1	2653.5	1	334.4	847.4	5	439.9	1778.3	36	463.5	1990.6	55	50～54
233.3	268.1	3	-	-	-	441.5	1843.0	8	518.5	1862.5	6	492.0	2022.3	74	55～59
215.1	177.5	7	-	-	-	402.3	1108.7	1	-	-	-	349.8	1015.4	17	60～64
-	-	-	-	-	-	-	-	-	-	-	-	145.2	336.5	1	65～69
-	-	-	-	-	-	-	-	-	-	-	-	-	-	-	70歳～

第2表　年齢階級、勤続年数階級別所定内給与額

企業規模	1,000人以上

Q 複 合 サ ー

区分	勤続年数計			0年			1～2年			3～4年			5～9年		
	所定内給与額	年間賞与その他特別給与額	労働者数	所定内給与額	年間賞与その他特別給与額	労働者数	所定内給与額	年間賞与その他特別給与額	労働者数	所定内給与額	年間賞与その他特別給与額	労働者数	所定内給与額	年間賞与その他特別給与額	労働者数
	千円	千円	十人	千円	千円	十人	千円	千円	十人	千円	千円	十人	千円	千円	十人
大学・大学院卒	**323.0**	**1109.9**	**5 848**	**212.4**	**108.1**	**342**	**226.3**	**546.1**	**1 001**	**253.2**	**715.0**	**512**	**300.8**	**1042.2**	**1 412**
～19歳	－	－	－	－	－	－	－	－	－	－	－	－	－	－	－
20～24	215.7	432.5	408	204.2	81.5	141	221.9	616.0	266	200.7	930.6	1	－	－	－
25～29	244.1	810.6	876	199.0	169.2	80	217.8	603.5	263	249.1	872.8	240	275.9	1121.6	292
30～34	284.2	972.3	894	209.3	54.6	34	220.4	467.7	144	252.0	624.0	70	303.6	1126.9	524
35～39	309.9	1002.2	850	174.7	56.0	11	236.3	532.7	123	253.0	643.0	38	290.5	892.1	251
40～44	363.5	1340.8	921	240.5	131.2	30	248.8	571.9	35	315.7	863.7	42	329.6	1038.6	134
45～49	376.2	1401.5	648	220.8	69.2	15	222.1	371.0	49	331.5	1042.7	28	327.7	1076.8	84
50～54	425.5	1563.7	540	596.7	0.7	6	251.8	531.9	52	214.0	210.6	25	404.8	1383.1	43
55～59	412.3	1586.4	489	165.4	0.6	8	251.2	560.1	32	217.4	220.6	40	287.8	674.0	45
60～64	269.1	539.0	216	204.6	280.5	15	235.8	199.7	37	209.4	295.9	28	257.0	251.3	39
65～69	253.1	514.6	6	204.1	116.7	2	－	－	－	－	－	－	－	－	－
70歳～	－	－	－	－	－	－	－	－	－	－	－	－	－	－	－
女															
学歴計	**239.3**	**689.1**	**5 129**	**178.5**	**46.0**	**323**	**188.5**	**388.7**	**841**	**201.6**	**444.0**	**592**	**233.2**	**663.7**	**1 515**
～19歳	170.0	261.5	59	158.2	23.5	23	177.4	412.6	36	－	－	－	－	－	－
20～24	193.6	456.8	440	194.1	49.7	122	196.5	617.3	258	178.9	560.0	46	185.6	704.2	14
25～29	215.4	637.7	654	156.9	20.7	17	184.0	352.9	162	220.5	655.8	175	233.4	807.8	268
30～34	236.5	790.9	551	137.2	11.5	12	184.4	316.1	34	171.6	235.9	59	247.3	877.6	248
35～39	237.5	679.5	532	163.3	83.7	20	190.8	190.4	91	208.5	352.2	52	226.7	583.1	127
40～44	269.4	870.1	854	176.3	44.2	49	194.5	328.0	69	202.2	481.1	70	236.5	627.5	234
45～49	257.4	751.4	792	171.8	44.9	43	179.6	170.5	80	193.0	272.4	73	233.1	586.1	215
50～54	259.7	731.0	679	202.3	42.5	21	190.5	364.1	63	214.9	391.1	71	239.5	611.5	215
55～59	238.9	610.2	372	143.3	12.8	8	169.5	100.8	22	178.2	220.2	32	223.0	528.4	134
60～64	181.5	219.8	188	164.7	133.8	8	174.4	238.4	26	165.8	115.6	13	186.0	199.6	58
65～69	166.6	167.8	9	147.6	0.0	1	122.6	0.0	1	173.4	76.8	1	161.9	107.5	1
70歳～	－	－	－	－	－	－	－	－	－	－	－	－	－	－	－
高校卒	**235.9**	**616.9**	**2 773**	**170.4**	**25.3**	**133**	**182.2**	**308.4**	**402**	**196.3**	**299.1**	**285**	**220.8**	**499.9**	**798**
～19歳	170.0	261.5	59	158.2	23.5	23	177.4	412.6	36	－	－	－	－	－	－
20～24	176.7	457.4	111	194.5	3.4	15	173.0	534.1	58	169.5	408.4	24	185.6	704.2	14
25～29	203.3	479.3	242	146.6	21.2	8	188.0	331.5	64	203.4	301.4	40	210.6	555.4	99
30～34	210.5	503.2	213	130.0	1.0	5	152.9	203.6	10	180.8	218.5	31	208.7	405.8	76
35～39	232.8	603.5	241	168.3	3.0	7	192.1	203.5	41	205.9	286.5	28	216.7	485.3	64
40～44	271.4	840.3	460	158.1	31.2	12	204.0	412.6	42	209.5	255.8	35	235.8	576.3	132
45～49	248.3	664.9	558	177.3	54.9	33	178.1	160.4	64	193.5	278.6	63	227.1	461.2	144
50～54	261.0	720.1	450	202.2	17.3	17	179.2	234.3	47	223.9	463.8	38	240.2	621.7	136
55～59	231.9	572.4	276	143.0	13.6	7	173.8	128.6	16	162.3	175.5	19	208.4	412.6	89
60～64	182.3	224.5	154	156.7	0.0	5	175.1	243.8	25	172.2	149.3	6	182.5	201.5	45
65～69	169.3	178.1	8	147.6	0.0	1	－	－	－	173.4	76.8	1	161.9	107.5	1
70歳～	－	－	－	－	－	－	－	－	－	－	－	－	－	－	－
高専・短大卒	**237.7**	**719.4**	**980**	**174.0**	**59.5**	**62**	**184.2**	**337.8**	**154**	**194.7**	**543.5**	**124**	**226.8**	**648.5**	**282**
～19歳	－	－	－	－	－	－	－	－	－	－	－	－	－	－	－
20～24	194.7	448.9	71	219.4	86.0	20	181.1	493.4	29	189.5	730.7	22	－	－	－
25～29	179.5	438.1	70	150.4	0.0	1	170.6	279.5	37	174.2	413.5	9	197.3	726.7	23
30～34	237.4	770.1	120	135.6	32.7	4	198.2	340.2	19	174.4	431.3	12	197.7	518.4	31
35～39	233.5	650.5	113	142.3	99.4	4	182.9	133.6	20	238.9	745.4	10	234.9	627.3	34
40～44	242.5	793.3	207	159.0	12.4	22	180.0	237.7	17	201.6	934.0	24	226.2	619.1	61
45～49	259.3	861.1	124	141.6	0.0	8	189.5	232.4	14	151.1	160.1	5	231.3	664.6	34
50～54	256.9	820.5	171	167.6	113.6	2	217.2	764.8	14	208.3	370.3	23	223.4	651.5	49
55～59	262.8	739.7	80	147.8	0.0	1	159.4	43.0	4	199.6	192.5	11	256.3	791.1	43
60～64	184.5	259.9	25	191.1	1935.8	1	157.1	96.8	1	161.1	90.2	7	239.7	351.8	7
65～69	－	－	－	－	－	－	－	－	－	－	－	－	－	－	－
70歳～	－	－	－	－	－	－	－	－	－	－	－	－	－	－	－
大学・大学院卒	**247.8**	**825.1**	**1 341**	**189.0**	**61.0**	**128**	**200.5**	**540.6**	**277**	**214.6**	**602.5**	**183**	**261.0**	**1007.0**	**410**
～19歳	－	－	－	－	－	－	－	－	－	－	－	－	－	－	－
20～24	201.1	461.1	256	188.2	49.2	87	207.7	672.5	169	－	－	－	－	－	－
25～29	231.8	796.5	339	168.3	22.8	8	187.9	419.5	61	229.4	786.9	126	256.3	1009.0	144
30～34	261.4	1084.5	218	151.5	0.0	3	192.4	430.5	6	152.0	120.1	16	279.0	1210.8	141
35～39	250.0	836.1	168	169.2	146.0	8	196.5	211.4	23	191.1	191.6	14	244.6	802.2	27
40～44	294.4	1030.4	187	216.2	100.6	15	179.4	125.6	10	178.1	203.8	11	254.2	804.7	41
45～49	303.4	1064.5	103	208.6	71.3	2	162.9	85.4	3	221.4	294.2	6	252.5	969.9	31
50～54	253.1	603.5	48	225.2	168.4	3	263.8	535.5	2	195.6	159.2	10	252.3	595.8	21
55～59	242.8	626.6	15	－	－	－	154.9	0.0	2	212.9	847.4	2	160.6	81.5	2
60～64	139.8	25.4	5	176.4	22.4	2	－	－	－	－	－	－	114.7	27.5	3
65～69	122.6	0.0	1	－	－	－	122.6	0.0	1	－	－	－	－	－	－
70歳～	－	－	－	－	－	－	－	－	－	－	－	－	－	－	－

及び年間賞与その他特別給与額

ビス事業

10～14年 所定内給与額	10～14年 年間賞与その他特別給与額	10～14年 労働者数	15～19年 所定内給与額	15～19年 年間賞与その他特別給与額	15～19年 労働者数	20～24年 所定内給与額	20～24年 年間賞与その他特別給与額	20～24年 労働者数	25～29年 所定内給与額	25～29年 年間賞与その他特別給与額	25～29年 労働者数	30年以上 所定内給与額	30年以上 年間賞与その他特別給与額	30年以上 労働者数	区分
千円	千円	十人	千円	千円	十人	千円	千円	十人	千円	千円	十人	千円	千円	十人	
330.1	1178.8	627	389.8	1508.4	600	421.1	1747.8	487	441.8	1816.6	377	455.3	1815.8	491	大学・大学院卒
-	-	-	-	-	-	-	-	-	-	-	-	-	-	-	～ 19歳
-	-	-	-	-	-	-	-	-	-	-	-	-	-	-	20 ～ 24
-	-	-	-	-	-	-	-	-	-	-	-	-	-	-	25 ～ 29
315.1	1360.7	122	-	-	-	-	-	-	-	-	-	-	-	-	30 ～ 34
336.5	1197.3	309	389.0	1416.1	118	-	-	-	-	-	-	-	-	-	35 ～ 39
349.8	1205.8	120	386.6	1535.0	383	403.3	1720.6	172	449.9	1532.6	3	-	-	-	40 ～ 44
306.4	791.1	45	390.1	1464.0	64	428.0	1759.7	264	414.0	1771.7	99	565.1	2232.4	0	45 ～ 49
239.8	356.2	12	431.6	1630.7	28	448.9	1658.5	28	457.2	1859.7	225	495.5	1961.6	121	50 ～ 54
357.5	1386.8	13	422.7	1618.1	5	440.7	1994.3	20	468.2	2023.8	41	476.7	1999.0	285	55 ～ 59
219.7	191.6	6	214.8	396.9	0	454.2	1224.0	2	222.4	283.4	8	328.0	1004.9	81	60 ～ 64
-	-	-	-	-	-	-	-	-	-	-	-	274.6	689.2	4	65 ～ 69
-	-	-	-	-	-	-	-	-	-	-	-	-	-	-	70歳～
															女
223.1	566.7	651	275.9	1007.5	332	310.6	1195.5	358	358.9	1480.7	277	379.9	1596.6	239	学歴計
-	-	-	-	-	-	-	-	-	-	-	-	-	-	-	～ 19歳
-	-	-	-	-	-	-	-	-	-	-	-	-	-	-	20 ～ 24
226.3	890.2	32	-	-	-	-	-	-	-	-	-	-	-	-	25 ～ 29
252.9	946.3	179	301.9	1294.4	18	-	-	-	-	-	-	-	-	-	30 ～ 34
248.2	780.6	105	283.8	1176.3	107	322.7	1410.7	30	-	-	-	-	-	-	35 ～ 39
205.5	281.0	66	317.9	1245.3	113	344.8	1512.8	182	369.8	1456.3	71	-	-	-	40 ～ 44
195.0	282.6	91	210.7	552.6	24	339.0	1183.8	68	368.4	1589.6	159	349.6	1605.5	38	45 ～ 49
201.2	247.0	93	235.9	610.7	44	214.3	540.6	20	336.6	1346.3	24	406.4	1727.6	127	50 ～ 54
209.8	303.2	56	172.0	155.5	23	212.0	512.8	25	306.7	1133.5	18	400.9	1692.9	55	55 ～ 59
166.3	145.4	25	181.1	428.0	3	187.7	216.0	32	185.7	199.7	5	203.2	439.0	19	60 ～ 64
171.0	237.3	4	114.8	50.8	1	183.8	189.6	2	-	-	-	198.0	219.4	0	65 ～ 69
-	-	-	-	-	-	-	-	-	-	-	-	-	-	-	70歳～
204.4	393.8	406	256.5	833.4	158	291.9	1070.2	198	357.5	1463.1	202	380.1	1567.1	192	高校卒
-	-	-	-	-	-	-	-	-	-	-	-	-	-	-	～ 19歳
-	-	-	-	-	-	-	-	-	-	-	-	-	-	-	20 ～ 24
226.6	893.0	31	-	-	-	-	-	-	-	-	-	-	-	-	25 ～ 29
215.7	603.8	75	301.9	1294.4	18	-	-	-	-	-	-	-	-	-	30 ～ 34
210.9	481.6	28	277.3	1005.6	43	322.0	1399.8	29	-	-	-	-	-	-	35 ～ 39
205.4	233.6	52	304.9	1193.1	33	348.8	1561.4	83	371.2	1456.8	70	-	-	-	40 ～ 44
195.7	307.6	73	197.3	361.4	14	295.8	745.7	20	368.3	1576.2	110	348.7	1594.1	37	45 ～ 49
195.7	251.1	75	241.3	655.8	25	256.1	790.1	8	269.0	1054.8	9	412.5	1675.2	95	50 ～ 54
214.9	347.5	45	171.8	155.5	22	211.5	511.5	25	278.7	1031.3	10	391.3	1674.7	45	55 ～ 59
168.1	148.0	23	195.4	402.7	2	187.5	216.2	31	178.9	195.4	3	217.4	487.3	14	60 ～ 64
171.0	237.3	4	114.8	50.8	1	183.8	189.6	2	-	-	-	198.0	219.4	0	65 ～ 69
-	-	-	-	-	-	-	-	-	-	-	-	-	-	-	70歳～
254.0	732.9	103	254.6	901.3	75	300.8	1226.0	82	352.2	1476.7	55	376.7	1692.2	45	高専・短大卒
-	-	-	-	-	-	-	-	-	-	-	-	-	-	-	～ 19歳
-	-	-	-	-	-	-	-	-	-	-	-	-	-	-	20 ～ 24
-	-	-	-	-	-	-	-	-	-	-	-	-	-	-	25 ～ 29
297.1	1206.9	53	-	-	-	-	-	-	-	-	-	-	-	-	30 ～ 34
218.2	302.5	12	276.3	1131.8	34	-	-	-	-	-	-	-	-	-	35 ～ 39
189.8	262.5	7	243.6	749.0	18	330.7	1438.0	59	-	-	-	-	-	-	40 ～ 44
203.9	214.5	8	263.3	1093.0	4	272.1	1103.2	12	355.1	1559.8	38	389.4	2298.3	1	45 ～ 49
228.1	232.5	15	227.5	591.4	17	164.9	188.2	10	367.9	1426.7	11	388.7	1875.6	31	50 ～ 54
193.7	148.9	8	182.3	156.9	0	336.5	852.8	0	347.4	1374.0	4	440.7	1718.2	9	55 ～ 59
143.7	112.9	2	151.8	599.1	1	202.5	202.5	1	198.6	207.8	2	156.7	281.0	4	60 ～ 64
-	-	-	-	-	-	-	-	-	-	-	-	-	-	-	65 ～ 69
-	-	-	-	-	-	-	-	-	-	-	-	-	-	-	70歳～
254.3	941.5	142	322.8	1364.7	100	368.8	1486.7	78	392.9	1681.3	20	417.5	2100.5	3	大学・大学院卒
-	-	-	-	-	-	-	-	-	-	-	-	-	-	-	～ 19歳
-	-	-	-	-	-	-	-	-	-	-	-	-	-	-	20 ～ 24
215.2	741.9	1	-	-	-	-	-	-	-	-	-	-	-	-	25 ～ 29
261.4	1171.9	52	-	-	-	-	-	-	-	-	-	-	-	-	30 ～ 34
269.6	995.1	65	301.6	1473.9	30	374.0	2207.5	0	-	-	-	-	-	-	35 ～ 39
220.4	624.1	8	346.7	1418.6	62	357.6	1521.2	39	322.9	1660.3	1	-	-	-	40 ～ 44
184.0	154.4	10	202.9	608.9	6	386.1	1454.5	36	412.8	1815.3	12	455.8	2369.6	0	45 ～ 49
205.4	216.3	3	240.1	251.9	2	287.6	1274.8	2	419.3	1874.6	4	377.8	2071.4	1	50 ～ 54
182.2	86.4	4	-	-	-	-	-	-	331.8	1132.5	4	448.8	2106.3	1	55 ～ 59
-	-	-	-	-	-	-	-	-	-	-	-	-	-	-	60 ～ 64
-	-	-	-	-	-	-	-	-	-	-	-	-	-	-	65 ～ 69
-	-	-	-	-	-	-	-	-	-	-	-	-	-	-	70歳～

第2表　年齢階級、勤続年数階級別所定内給与額

企業規模	100～999人

Q　複　合　サ　ー

区　分	勤続年数計			0　年			1～2年			3～4年			5～9年		
	所定内給与額	年間賞与その他特別給与額	労働者数	所定内給与額	年間賞与その他特別給与額	労働者数	所定内給与額	年間賞与その他特別給与額	労働者数	所定内給与額	年間賞与その他特別給与額	労働者数	所定内給与額	年間賞与その他特別給与額	労働者数
	千円	千円	十人	千円	千円	十人	千円	千円	十人	千円	千円	十人	千円	千円	十人
企業規模 100～999人															
男　女　計	**268.9**	**931.0**	**10 939**	**177.4**	**24.0**	**557**	**184.2**	**465.8**	**1 167**	**194.3**	**614.3**	**923**	**215.1**	**759.0**	**1 798**
～19歳	154.2	163.5	138	150.5	3.3	70	158.1	327.6	68	－	－	－	－	－	－
20～24	185.9	463.3	948	185.6	9.2	248	188.8	583.0	470	177.2	706.8	150	185.6	708.8	80
25～29	208.8	774.0	1 368	177.8	11.5	60	192.2	599.5	214	207.2	815.6	425	218.2	875.8	615
30～34	233.6	860.9	1 238	170.1	17.8	31	180.6	434.9	71	188.5	445.2	68	236.3	956.3	547
35～39	262.8	972.7	1 315	164.1	109.5	18	184.9	346.2	75	179.4	352.9	47	217.7	674.3	159
40～44	290.0	1084.6	1 440	153.6	21.8	26	186.9	340.6	56	185.8	352.0	48	212.2	588.3	97
45～49	314.7	1150.4	1 199	157.2	31.0	12	161.5	207.7	40	185.1	379.6	51	192.1	398.9	85
50～54	333.0	1198.0	1 309	148.8	12.2	15	161.8	206.3	32	206.4	436.7	32	175.0	287.8	89
55～59	351.3	1204.6	1 330	186.5	0.3	18	189.1	192.9	40	195.5	229.3	35	168.2	176.2	52
60～64	194.5	345.5	565	189.7	137.2	46	179.2	213.0	94	172.8	129.5	59	175.7	185.0	43
65～69	183.1	142.3	83	247.1	15.3	13	164.5	52.1	7	189.3	196.9	7	162.7	193.3	27
70歳～	173.2	105.8	6	120.0	0.0	1	146.1	0.0	0	－	－	－	182.2	10.6	4
男															
学　歴　計	**302.4**	**1101.1**	**6 317**	**190.4**	**37.0**	**257**	**197.7**	**513.6**	**560**	**205.7**	**671.5**	**453**	**232.7**	**866.9**	**909**
～19歳	147.5	117.1	35	147.2	4.1	21	148.0	279.8	14	－	－	－	－	－	－
20～24	190.8	421.3	384	187.6	7.8	115	195.6	577.5	215	176.1	684.9	35	182.7	673.9	18
25～29	216.4	811.3	757	183.9	11.5	36	198.1	626.9	134	213.9	858.4	251	229.0	932.4	320
30～34	247.4	952.4	706	198.4	23.1	12	207.5	547.3	34	205.7	578.3	41	248.1	1032.8	331
35～39	283.4	1083.3	818	203.7	245.3	6	241.0	652.4	29	207.6	568.4	19	236.7	796.8	94
40～44	319.3	1253.5	873	192.7	84.2	1	236.1	555.9	24	237.0	585.5	12	258.7	870.5	40
45～49	358.4	1375.9	700	175.4	0.0	2	210.9	415.1	8	204.0	441.5	15	208.9	349.8	19
50～54	391.2	1500.0	765	224.5	62.1	3	156.8	170.7	15	212.6	414.6	11	206.9	302.3	14
55～59	403.0	1459.6	854	190.5	0.0	15	198.2	210.5	20	193.5	201.7	25	206.8	234.7	17
60～64	209.6	432.2	362	198.9	161.8	36	185.3	230.5	60	177.5	160.9	41	185.0	208.8	28
65～69	193.3	135.4	57	272.8	18.8	11	171.5	55.3	5	202.5	165.3	4	164.7	203.0	24
70歳～	182.2	121.7	5	－	－	－	146.1	0.0	0	－	－	－	184.4	5.7	4
高　校　卒	**304.1**	**1044.3**	**2 159**	**182.9**	**50.3**	**78**	**183.5**	**389.2**	**183**	**184.6**	**410.0**	**142**	**197.2**	**468.7**	**204**
～19歳	149.9	126.1	32	147.2	4.1	21	154.7	339.1	12	－	－	－	－	－	－
20～24	171.0	586.9	94	158.4	19.2	9	168.1	608.5	42	174.4	687.8	28	180.8	688.1	15
25～29	193.1	603.9	108	169.9	1.7	6	176.2	414.4	28	185.0	627.5	19	199.5	678.1	41
30～34	222.9	709.5	115	206.1	0.0	6	199.7	542.0	9	185.3	432.7	11	203.8	650.7	23
35～39	237.8	730.6	167	215.1	365.1	4	243.0	343.3	6	187.9	336.9	10	205.8	490.9	34
40～44	305.8	1167.0	306	149.6	0.0	0	230.9	491.9	17	233.8	523.3	9	233.0	679.9	18
45～49	339.1	1230.0	294	166.5	0.0	2	199.7	519.0	5	182.2	299.9	13	203.0	314.2	12
50～54	372.8	1424.4	375	224.5	62.1	3	157.4	170.8	15	212.8	416.9	8	177.8	121.5	9
55～59	392.7	1388.2	434	211.0	0.0	1	196.8	198.4	14	180.6	160.2	16	221.9	128.9	9
60～64	199.6	345.2	188	193.4	94.2	20	187.8	215.5	30	167.8	158.8	24	185.3	193.0	22
65～69	185.4	140.9	42	259.2	0.0	6	161.9	24.9	5	202.1	67.3	3	158.6	210.4	19
70歳～	184.8	20.5	4	－	－	－	－	－	－	－	－	－	186.6	4.3	3
高専・短大卒	**321.2**	**1123.7**	**909**	**176.1**	**70.9**	**22**	**191.9**	**445.0**	**41**	**204.0**	**641.2**	**38**	**217.4**	**716.0**	**90**
～19歳	－	－	－	－	－	－	－	－	－	－	－	－	－	－	－
20～24	179.9	456.4	34	176.5	38.3	8	178.4	545.5	15	182.1	669.6	7	190.7	611.9	3
25～29	214.0	693.6	56	167.8	0.0	1	231.5	300.7	2	202.3	603.8	17	218.1	758.1	35
30～34	229.2	760.0	75	158.0	0.0	1	190.2	422.4	5	204.7	704.0	7	229.6	820.9	22
35～39	284.1	1061.3	102	－	－	－	210.9	826.8	4	233.0	635.5	2	219.6	716.5	16
40～44	316.8	1169.5	153	－	－	－	251.3	822.5	2	233.6	931.9	1	222.1	769.7	4
45～49	361.9	1399.6	144	－	－	－	214.0	20.0	1	212.5	868.1	1	294.5	763.2	2
50～54	399.9	1364.9	154	－	－	－	－	－	－	348.0	1027.3	0	236.5	910.4	1
55～59	387.4	1248.3	136	171.7	0.0	11	182.6	66.0	3	183.7	533.1	1	154.7	73.1	4
60～64	234.4	765.5	53	205.4	606.2	2	186.0	231.7	8	225.1	425.0	2	162.2	301.8	2
65～69	190.2	268.7	1	－	－	－	－	－	－	－	－	－	173.4	238.9	1
70歳～	317.7	600.0	0	－	－	－	－	－	－	－	－	－	－	－	－
大学・大学院卒	**296.3**	**1137.7**	**3 220**	**192.7**	**25.8**	**152**	**207.0**	**595.5**	**332**	**217.4**	**820.3**	**270**	**247.0**	**1024.1**	**612**
～19歳	－	－	－	－	－	－	－	－	－	－	－	－	－	－	－
20～24	199.3	356.7	254	190.7	3.4	97	204.6	572.2	158	198.2	827.0	0	－	－	－
25～29	220.8	860.2	592	187.2	13.8	29	203.4	691.2	103	217.1	898.1	215	235.4	999.7	244
30～34	255.9	1038.3	514	194.1	48.8	6	215.8	583.8	20	221.0	660.1	20	253.1	1080.6	286
35～39	296.9	1194.1	549	180.2	0.0	2	246.6	703.7	20	231.9	911.7	7	266.2	1056.4	45
40～44	330.4	1347.6	409	217.4	132.4	1	247.9	674.3	5	258.3	759.4	2	292.9	1092.6	18
45～49	378.8	1530.7	261	207.4	0.0	1	251.6	316.2	2	323.5	1122.1	2	193.6	290.7	6
50～54	415.8	1714.5	235	－	－	－	－	－	－	188.0	300.0	2	265.3	583.6	4
55～59	428.0	1681.1	279	259.5	0.0	3	225.5	463.7	3	219.9	259.9	8	224.8	610.7	4
60～64	215.3	424.6	117	206.1	193.6	14	182.0	247.5	22	189.2	121.3	12	198.7	249.2	3
65～69	188.6	127.8	9	190.7	125.7	2	246.7	293.3	1	203.8	508.4	1	210.8	117.7	3
70歳～	－	－	－	－	－	－	－	－	－	－	－	－	－	－	－

及び年間賞与その他特別給与額

ビス事業

区分	10～14年 所定内給与額	10～14年 年間賞与その他特別給与額	10～14年 労働者数	15～19年 所定内給与額	15～19年 年間賞与その他特別給与額	15～19年 労働者数	20～24年 所定内給与額	20～24年 年間賞与その他特別給与額	20～24年 労働者数	25～29年 所定内給与額	25～29年 年間賞与その他特別給与額	25～29年 労働者数	30年以上 所定内給与額	30年以上 年間賞与その他特別給与額	30年以上 労働者数
	千円	千円	十人	千円	千円	十人	千円	千円	十人	千円	千円	十人	千円	千円	十人
企業規模 100～999人															
男女計	**246.6**	**852.1**	**1 444**	**282.0**	**1072.3**	**1 237**	**318.0**	**1222.1**	**1 140**	**345.3**	**1277.6**	**1 023**	**388.5**	**1477.8**	**1 651**
～19歳	-	-	-	-	-	-	-	-	-	-	-	-	-	-	-
20～24	-	-	-	-	-	-	-	-	-	-	-	-	-	-	-
25～29	213.3	817.3	56	-	-	-	-	-	-	-	-	-	-	-	-
30～34	248.8	929.7	467	239.3	872.5	54	-	-	-	-	-	-	-	-	-
35～39	272.4	1024.0	457	290.7	1195.1	508	267.1	1037.5	50	-	-	-	-	-	-
40～44	259.3	936.2	146	312.5	1229.8	379	314.0	1239.3	571	324.4	1347.6	117	-	-	-
45～49	210.5	449.7	85	308.7	1123.8	88	352.5	1423.3	302	352.1	1351.1	434	381.3	1609.6	101
50～54	218.8	601.4	127	219.4	586.6	84	328.0	1150.5	105	378.0	1410.5	292	403.7	1618.9	534
55～59	193.3	341.5	62	204.4	621.0	83	288.2	898.2	89	316.8	988.0	143	421.9	1589.2	807
60～64	180.7	253.2	27	178.3	160.8	38	144.1	137.1	22	183.5	269.1	33	225.3	633.6	203
65～69	178.3	164.5	16	163.2	49.0	3	153.1	249.1	1	163.2	80.5	3	186.5	231.0	6
70歳～	179.9	409.8	1	-	-	-	-	-	-	194.0	316.6	0	-	-	-
男															
学歴計	**276.7**	**1053.9**	**797**	**313.6**	**1229.7**	**728**	**344.4**	**1361.3**	**687**	**376.1**	**1432.7**	**631**	**403.8**	**1538.5**	**1 295**
～19歳	-	-	-	-	-	-	-	-	-	-	-	-	-	-	-
20～24	-	-	-	-	-	-	-	-	-	-	-	-	-	-	-
25～29	229.8	985.6	16	-	-	-	-	-	-	-	-	-	-	-	-
30～34	261.0	1024.8	266	240.3	701.9	23	-	-	-	-	-	-	-	-	-
35～39	285.7	1102.0	345	305.4	1238.4	307	283.6	1123.2	17	-	-	-	-	-	-
40～44	301.2	1253.1	83	326.1	1304.0	302	330.7	1298.8	343	334.1	1402.7	69	-	-	-
45～49	310.5	1004.6	17	354.8	1363.3	54	362.7	1486.2	253	372.9	1420.6	267	405.2	1568.9	63
50～54	314.5	1078.7	31	333.9	1214.5	21	372.6	1361.4	48	393.9	1503.2	221	422.5	1695.6	401
55～59	270.1	747.9	15	274.3	529.8	9	345.2	1175.8	24	386.5	1377.7	65	435.3	1655.1	664
60～64	195.1	198.9	14	163.0	171.1	11	191.4	389.7	2	275.9	641.6	7	234.6	698.7	164
65～69	196.0	105.7	8	171.0	41.4	2	-	-	-	125.4	0.0	1	188.3	245.3	4
70歳～	179.9	409.8	1	-	-	-	-	-	-	194.0	316.6	0	-	-	-
高校卒	**243.1**	**819.7**	**157**	**259.8**	**901.0**	**135**	**319.8**	**1175.2**	**263**	**358.8**	**1388.9**	**307**	**398.4**	**1507.2**	**690**
～19歳	-	-	-	-	-	-	-	-	-	-	-	-	-	-	-
20～24	-	-	-	-	-	-	-	-	-	-	-	-	-	-	-
25～29	227.9	976.6	14	-	-	-	-	-	-	-	-	-	-	-	-
30～34	245.2	941.3	47	229.0	660.7	19	-	-	-	-	-	-	-	-	-
35～39	219.2	517.4	36	264.3	1018.6	59	283.8	1123.6	17	-	-	-	-	-	-
40～44	293.4	1543.2	18	306.9	1165.0	26	315.8	1191.1	152	335.9	1410.9	66	-	-	-
45～49	250.4	501.9	7	282.1	1044.1	7	328.2	1164.5	58	359.2	1389.0	133	399.3	1520.5	58
50～54	283.8	1018.3	16	267.3	923.0	9	367.7	1337.2	21	382.4	1422.5	79	412.3	1685.0	215
55～59	243.3	416.3	4	252.3	394.1	4	315.2	956.2	13	362.4	1349.6	26	424.4	1574.4	347
60～64	193.4	166.7	9	164.1	175.5	10	186.2	311.6	2	183.3	315.2	3	230.0	646.2	68
65～69	210.1	126.2	5	183.1	55.1	2	-	-	-	-	-	-	192.4	279.4	3
70歳～	144.9	0.0	0	-	-	-	-	-	-	194.0	316.6	0	-	-	-
高専・短大卒	**272.3**	**951.1**	**94**	**309.4**	**1139.2**	**110**	**342.4**	**1288.9**	**163**	**375.8**	**1365.4**	**129**	**400.6**	**1403.8**	**222**
～19歳	-	-	-	-	-	-	-	-	-	-	-	-	-	-	-
20～24	-	-	-	-	-	-	-	-	-	-	-	-	-	-	-
25～29	243.2	1049.9	2	-	-	-	-	-	-	-	-	-	-	-	-
30～34	239.1	788.2	39	289.1	1083.8	0	-	-	-	-	-	-	-	-	-
35～39	270.9	901.3	11	306.6	1191.1	69	-	-	-	-	-	-	-	-	-
40～44	308.5	1264.0	26	303.5	1062.5	24	328.3	1194.1	96	352.3	1617.4	1	-	-	-
45～49	312.8	1185.0	2	353.2	1141.7	14	358.1	1489.3	51	365.0	1380.1	69	481.4	2193.8	5
50～54	375.6	1195.0	7	181.4	854.0	1	385.3	1269.7	11	378.1	1357.7	42	416.5	1401.3	92
55～59	217.4	447.6	6	223.7	458.8	2	353.9	1094.1	5	425.5	1400.2	16	442.2	1549.4	89
60～64	-	-	-	133.5	60.0	0	-	-	-	280.0	356.6	1	250.7	962.3	37
65～69	220.0	321.6	1	-	-	-	-	-	-	-	-	-	-	-	-
70歳～	317.7	600.0	0	-	-	-	-	-	-	-	-	-	-	-	-
大学・大学院卒	**287.1**	**1140.7**	**543**	**329.8**	**1343.4**	**483**	**371.2**	**1594.9**	**257**	**407.0**	**1567.2**	**189**	**415.8**	**1674.0**	**382**
～19歳	-	-	-	-	-	-	-	-	-	-	-	-	-	-	-
20～24	-	-	-	-	-	-	-	-	-	-	-	-	-	-	-
25～29	-	-	-	-	-	-	-	-	-	-	-	-	-	-	-
30～34	270.0	1099.0	179	286.0	850.0	4	-	-	-	-	-	-	-	-	-
35～39	294.1	1180.8	297	318.7	1329.5	179	252.8	1048.0	0	-	-	-	-	-	-
40～44	300.0	1110.2	39	330.3	1341.4	252	357.5	1568.3	92	320.4	1504.7	1	-	-	-
45～49	353.8	1339.4	9	369.8	1520.8	33	378.7	1619.3	143	409.0	1527.8	65	-	-	-
50～54	325.3	1137.5	8	397.2	1478.1	11	371.6	1469.7	16	409.7	1629.0	100	451.6	2006.1	94
55～59	344.4	1445.8	4	319.6	695.1	4	411.1	1795.7	5	403.0	1488.2	20	449.1	1818.1	229
60～64	198.6	262.8	5	-	-	-	232.9	1014.0	0	362.1	1149.5	3	230.2	592.2	59
65～69	154.9	0.5	2	-	-	-	-	-	-	125.4	0.0	1	160.8	20.0	1
70歳～	-	-	-	-	-	-	-	-	-	-	-	-	-	-	-

第2表　年齢階級、勤続年数階級別所定内給与額

企業規模	100～999人
	10～99人

Q　複　合　サ　ー

区分	勤続年数計			0　年			1～2年			3～4年			5～9年		
	所定内給与額	年間賞与その他特別給与額	労働者数	所定内給与額	年間賞与その他特別給与額	労働者数	所定内給与額	年間賞与その他特別給与額	労働者数	所定内給与額	年間賞与その他特別給与額	労働者数	所定内給与額	年間賞与その他特別給与額	労働者数
	千円	千円	十人	千円	千円	十人	千円	千円	十人	千円	千円	十人	千円	千円	十人
女															
学歴計	**223.3**	**698.5**	**4 622**	**166.3**	**12.8**	**300**	**171.8**	**421.7**	**607**	**183.4**	**559.0**	**469**	**197.2**	**648.7**	**889**
～19歳	156.5	179.1	104	151.8	2.9	49	160.7	340.2	54	－	－	－	－	－	－
20～24	182.5	491.8	564	183.8	10.4	133	183.1	587.8	255	177.5	713.6	115	186.5	719.1	62
25～29	199.3	727.8	611	168.6	11.4	24	182.3	553.6	80	197.4	753.6	173	206.6	814.6	295
30～34	215.3	739.2	531	152.9	14.5	19	155.9	331.4	37	162.9	248.0	28	218.2	838.9	210
35～39	228.9	790.5	496	143.0	37.1	12	149.3	151.6	46	160.4	207.1	28	190.0	495.9	65
40～44	244.8	824.3	567	151.8	19.0	25	149.4	176.0	31	169.7	278.4	37	180.1	393.6	58
45～49	253.5	834.7	500	152.9	38.3	10	148.8	154.5	32	177.0	352.8	36	187.2	413.0	66
50～54	250.9	772.7	544	130.5	0.2	12	166.5	239.6	16	203.3	447.9	21	168.9	285.1	75
55～59	258.3	746.9	476	169.2	1.8	3	179.8	174.8	20	200.6	301.3	10	150.1	148.7	35
60～64	167.6	191.2	203	155.7	46.9	10	168.4	182.0	34	162.7	62.2	19	158.5	141.3	15
65～69	159.6	157.8	25	132.5	0.0	2	136.0	39.2	1	175.3	230.4	3	144.7	103.6	3
70歳～	124.5	20.0	1	120.0	0.0	1	－	－	－	－	－	－	142.4	100.0	0
高校卒	**218.7**	**668.4**	**2 534**	**148.8**	**9.8**	**136**	**156.5**	**321.1**	**286**	**174.0**	**479.0**	**209**	**179.5**	**519.5**	**417**
～19歳	156.5	179.1	104	151.8	2.9	49	160.7	340.2	54	－	－	－	－	－	－
20～24	174.3	647.0	237	156.6	16.7	5	163.0	557.1	80	176.9	709.7	90	186.5	719.1	62
25～29	191.4	683.9	193	163.1	14.0	11	153.7	366.5	11	161.4	416.6	8	194.6	768.7	124
30～34	195.0	594.2	189	150.8	9.8	14	142.6	198.0	21	147.5	144.9	13	180.6	547.9	44
35～39	211.3	683.5	199	140.5	53.7	8	138.9	110.0	26	155.3	173.2	8	182.6	377.1	26
40～44	235.5	785.4	318	145.3	0.7	16	144.3	184.0	17	162.5	343.4	22	163.7	325.2	34
45～49	248.2	832.4	345	145.6	34.0	8	145.7	148.6	24	181.3	400.8	29	172.6	347.7	42
50～54	241.5	726.1	385	129.7	0.2	11	166.0	276.7	10	192.8	491.9	11	170.4	236.0	48
55～59	258.2	780.8	372	178.7	2.2	3	168.0	208.3	15	205.6	314.9	9	146.9	166.2	27
60～64	163.7	184.2	168	146.1	10.6	8	164.6	178.3	26	166.8	77.3	15	153.0	180.5	7
65～69	159.1	148.6	23	132.5	0.0	2	145.4	72.9	1	175.3	230.4	3	144.7	103.6	3
70歳～	124.5	20.0	1	120.0	0.0	1	－	－	－	－	－	－	142.4	100.0	0
高専・短大卒	**236.7**	**718.5**	**932**	**164.6**	**28.8**	**54**	**169.3**	**313.0**	**94**	**182.4**	**444.9**	**84**	**192.1**	**516.7**	**168**
～19歳	－	－	－	－	－	－	－	－	－	－	－	－	－	－	－
20～24	174.0	389.8	100	166.7	34.3	34	176.6	479.3	42	179.8	728.0	24	－	－	－
25～29	195.5	555.3	84	167.4	16.8	7	169.1	302.4	8	182.4	562.7	12	205.5	655.0	57
30～34	215.7	712.8	81	134.5	0.0	4	164.6	79.3	2	174.5	311.6	5	212.8	829.2	17
35～39	239.0	836.4	153	141.0	0.0	3	160.1	156.5	16	175.1	320.9	13	178.6	456.5	28
40～44	259.3	876.9	162	171.4	47.8	4	152.5	211.4	9	183.2	172.1	13	205.9	512.6	13
45～49	257.0	793.8	126	204.1	71.3	1	153.6	191.0	7	161.0	144.1	6	206.8	468.4	20
50～54	261.3	788.7	120	142.2	0.0	1	147.8	69.7	5	214.5	410.7	10	150.0	289.8	19
55～59	268.5	657.0	87	－	－	－	218.7	44.5	4	－	－	－	163.2	70.9	8
60～64	193.8	261.1	19	190.9	23.3	1	169.0	337.6	1	163.8	14.5	1	166.1	89.1	7
65～69	195.7	471.0	1	－	－	－	－	－	－	－	－	－	－	－	－
70歳～	－	－	－	－	－	－	－	－	－	－	－	－	－	－	－
大学・大学院卒	**223.1**	**754.7**	**1 140**	**188.8**	**8.6**	**110**	**192.3**	**595.5**	**226**	**195.8**	**719.5**	**173**	**224.8**	**903.0**	**302**
～19歳	－	－	－	－	－	－	－	－	－	－	－	－	－	－	－
20～24	194.8	374.6	227	191.2	1.6	95	197.4	641.1	132	－	－	－	－	－	－
25～29	204.9	795.9	333	179.4	1.1	6	189.5	622.5	60	200.6	787.4	153	220.2	942.6	114
30～34	229.7	851.9	262	200.5	73.5	2	174.2	551.8	14	177.7	353.7	10	229.6	923.3	154
35～39	242.4	889.3	145	176.4	0.0	1	169.7	362.9	5	140.1	44.2	7	235.0	868.7	11
40～44	253.0	876.4	84	159.4	57.9	5	159.9	100.7	6	162.6	215.5	2	201.9	470.4	11
45～49	300.3	1034.0	30	152.4	20.0	0	195.5	0.0	1	138.1	155.4	1	239.4	784.0	5
50～54	332.3	1316.2	35	－	－	－	271.1	768.1	1	－	－	－	216.9	674.5	6
55～59	205.3	438.6	15	132.5	0.0	1	260.5	355.0	0	145.7	150.0	1	138.5	260.8	1
60～64	194.7	212.9	9	203.2	495.9	1	191.6	203.3	6	154.7	30.0	1	－	－	－
65～69	135.3	58.8	1	－	－	－	124.9	0.0	1	－	－	－	－	－	－
70歳～	－	－	－	－	－	－	－	－	－	－	－	－	－	－	－
企業規模 10～99人															
男女計	**274.6**	**771.2**	**938**	**181.3**	**99.9**	**67**	**218.1**	**467.1**	**105**	**225.9**	**494.5**	**81**	**250.2**	**613.1**	**196**
～19歳	166.5	155.4	30	163.1	0.0	21	174.4	525.6	9	－	－	－	－	－	－
20～24	182.9	535.0	66	194.2	0.0	9	175.0	598.0	32	187.6	645.0	14	190.8	623.7	12
25～29	223.2	769.1	89	159.6	13.6	4	224.8	695.1	16	198.9	754.3	16	230.9	825.2	45
30～34	232.4	862.4	78	233.7	208.0	2	218.1	627.7	5	202.0	552.3	3	214.4	870.8	32
35～39	253.0	816.8	121	149.5	108.6	5	166.6	462.2	8	282.9	837.0	8	237.0	738.0	23
40～44	306.9	893.3	143	233.7	9.0	5	268.7	625.7	6	245.3	260.5	8	305.8	528.8	20
45～49	338.7	933.5	108	181.1	22.8	8	349.6	30.8	5	208.0	405.4	7	288.8	748.6	11
50～54	319.3	841.4	107	297.6	0.0	1	226.4	249.8	6	281.9	252.5	13	283.3	291.2	19
55～59	357.5	1063.5	90	223.5	0.0	1	341.8	20.4	5	178.8	315.3	3	301.7	346.5	9
60～64	233.4	377.0	77	173.4	721.9	8	256.0	112.1	13	223.4	150.0	6	270.3	118.7	9
65～69	263.7	204.2	20	192.2	1.6	4	328.9	500.0	0	242.3	418.2	1	282.5	41.3	9
70歳～	220.0	210.7	10	－	－	－	－	－	－	181.4	100.0	1	230.6	257.7	6

及び年間賞与その他特別給与額

ビ ス 事 業

10～14年 所定内給与額	10～14年 年間賞与その他特別給与額	10～14年 労働者数	15～19年 所定内給与額	15～19年 年間賞与その他特別給与額	15～19年 労働者数	20～24年 所定内給与額	20～24年 年間賞与その他特別給与額	20～24年 労働者数	25～29年 所定内給与額	25～29年 年間賞与その他特別給与額	25～29年 労働者数	30年以上 所定内給与額	30年以上 年間賞与その他特別給与額	30年以上 労働者数	区分
千円	千円	十人	千円	千円	十人	千円	千円	十人	千円	千円	十人	千円	千円	十人	
															女
209.5	603.6	647	236.8	846.8	508	277.9	1010.9	453	295.7	1027.8	392	333.1	1257.1	356	学歴計
-	-	-	-	-	-	-	-	-	-	-	-	-	-	-	～19歳
-	-	-	-	-	-	-	-	-	-	-	-	-	-	-	20～24
206.4	747.4	39	-	-	-	-	-	-	-	-	-	-	-	-	25～29
232.7	804.3	201	238.5	1004.0	30	-	-	-	-	-	-	-	-	-	30～34
231.3	783.3	112	268.2	1129.0	201	258.6	993.1	33	-	-	-	-	-	-	35～39
203.5	513.8	63	259.1	939.3	77	289.1	1149.9	228	310.6	1269.3	48	-	-	-	40～44
185.0	308.3	68	234.9	740.1	34	299.7	1098.9	49	319.0	1239.8	167	342.8	1675.2	39	45～49
187.7	446.1	96	181.8	380.3	63	289.9	970.4	56	327.8	1119.2	70	347.1	1388.0	133	50～54
169.1	213.4	47	196.1	631.8	74	267.3	796.6	65	257.9	659.2	77	359.9	1283.1	143	55～59
165.3	310.8	13	184.2	156.8	27	139.9	114.8	20	157.4	164.1	26	186.3	359.9	39	60～64
161.6	219.7	8	150.3	61.7	1	153.1	249.1	1	169.9	94.9	3	183.6	207.3	2	65～69
-	-	-	-	-	-	-	-	-	-	-	-	-	-	-	70歳～
187.5	474.5	321	214.5	697.3	296	265.6	958.2	291	285.5	981.7	293	328.6	1261.5	284	高校卒
-	-	-	-	-	-	-	-	-	-	-	-	-	-	-	～19歳
-	-	-	-	-	-	-	-	-	-	-	-	-	-	-	20～24
206.4	747.4	39	-	-	-	-	-	-	-	-	-	-	-	-	25～29
219.8	772.4	66	238.5	1004.0	30	-	-	-	-	-	-	-	-	-	30～34
178.8	372.1	19	246.6	1031.7	80	257.3	1004.9	32	-	-	-	-	-	-	35～39
172.2	325.3	34	207.1	452.3	18	284.1	1156.8	128	310.5	1266.0	48	-	-	-	40～44
170.1	235.6	41	234.6	753.5	27	266.6	909.8	18	316.9	1250.4	117	343.3	1677.2	38	45～49
183.5	435.6	74	177.4	363.6	53	266.3	876.9	41	295.9	907.2	36	346.7	1383.8	102	50～54
167.2	249.4	29	199.4	683.0	61	266.4	808.8	55	258.9	680.7	65	357.0	1310.3	109	55～59
154.9	286.9	12	186.1	157.7	25	141.1	132.9	17	157.3	163.0	25	170.5	306.0	33	60～64
156.7	183.8	7	150.3	61.7	1	153.1	249.1	1	173.1	86.3	2	183.6	207.3	2	65～69
-	-	-	-	-	-	-	-	-	-	-	-	-	-	-	70歳～
219.6	604.1	151	268.4	1049.9	124	289.0	1076.5	118	326.8	1114.6	74	356.3	1263.4	67	高専・短大卒
-	-	-	-	-	-	-	-	-	-	-	-	-	-	-	～19歳
-	-	-	-	-	-	-	-	-	-	-	-	-	-	-	20～24
-	-	-	-	-	-	-	-	-	-	-	-	-	-	-	25～29
227.0	774.9	54	-	-	-	-	-	-	-	-	-	-	-	-	30～34
243.7	811.5	20	291.4	1256.8	73	309.8	525.1	1	-	-	-	-	-	-	35～39
239.6	659.3	16	271.8	1023.7	26	294.4	1146.8	81	363.5	1564.9	0	-	-	-	40～44
207.4	402.7	24	219.1	603.5	4	291.9	1157.6	15	322.7	1207.6	48	-	-	-	45～49
209.7	504.1	17	192.6	396.0	9	310.1	1126.2	8	354.0	1032.4	20	348.0	1411.0	30	50～54
174.5	169.3	18	194.4	478.3	10	274.7	715.7	9	282.3	654.2	6	369.7	1176.6	33	55～59
308.7	649.3	1	151.7	207.7	1	133.1	38.6	4	141.2	257.9	1	306.7	829.7	4	60～64
195.7	471.0	1	-	-	-	-	-	-	-	-	-	-	-	-	65～69
-	-	-	-	-	-	-	-	-	-	-	-	-	-	-	70歳～
240.9	839.7	175	268.3	1074.7	87	338.6	1232.7	41	358.8	1527.9	20	308.1	1032.3	5	大学・大学院卒
-	-	-	-	-	-	-	-	-	-	-	-	-	-	-	～19歳
-	-	-	-	-	-	-	-	-	-	-	-	-	-	-	20～24
-	-	-	-	-	-	-	-	-	-	-	-	-	-	-	25～29
246.9	849.8	81	-	-	-	-	-	-	-	-	-	-	-	-	30～34
241.4	881.5	73	269.0	1096.2	48	-	-	-	-	-	-	-	-	-	35～39
242.2	846.0	12	278.2	1146.2	33	313.6	1206.7	16	-	-	-	-	-	-	40～44
218.9	603.5	3	266.2	835.6	3	345.5	1259.3	16	349.5	1376.4	2	288.0	1478.4	0	45～49
171.0	396.8	5	312.9	1143.0	1	390.4	1292.5	8	419.5	2073.9	13	355.6	1116.1	1	50～54
136.1	0.0	1	135.5	128.3	3	253.2	850.1	1	233.6	388.5	5	356.4	1591.0	2	55～59
185.9	337.2	0	-	-	-	-	-	-	192.6	100.0	0	221.1	166.7	1	60～64
-	-	-	-	-	-	-	-	-	150.8	147.0	0	-	-	-	65～69
-	-	-	-	-	-	-	-	-	-	-	-	-	-	-	70歳～
															企業規模 10～99人
260.4	798.9	133	312.9	937.0	105	347.5	1184.1	83	328.2	1189.4	68	365.5	1237.4	100	男女計
-	-	-	-	-	-	-	-	-	-	-	-	-	-	-	～19歳
-	-	-	-	-	-	-	-	-	-	-	-	-	-	-	20～24
251.3	968.7	9	-	-	-	-	-	-	-	-	-	-	-	-	25～29
243.7	990.1	29	299.3	817.1	6	-	-	-	-	-	-	-	-	-	30～34
269.6	855.3	46	276.2	1039.8	24	257.1	947.6	6	-	-	-	-	-	-	35～39
279.7	771.8	24	322.0	1114.7	28	339.8	1229.2	41	304.3	1011.6	11	-	-	-	40～44
342.5	417.6	10	337.5	906.8	15	399.2	1225.8	24	388.3	1512.6	26	303.3	1248.7	2	45～49
187.8	630.6	6	338.6	804.4	14	328.1	1252.9	6	347.2	1313.1	14	383.6	1391.2	28	50～54
185.7	860.8	2	392.5	745.7	9	330.5	1029.0	5	254.9	952.6	11	416.7	1510.7	45	55～59
188.1	259.9	8	256.1	826.7	7	201.1	223.7	1	195.2	282.1	5	247.7	528.0	20	60～64
-	-	-	205.6	83.3	2	-	-	-	-	-	-	345.1	924.0	3	65～69
-	-	-	-	-	-	-	-	-	217.0	0.0	1	206.0	270.0	1	70歳～

第2表　年齢階級、勤続年数階級別所定内給与額

企業規模	10～99人

Q 複 合 サ ー

区分	勤続年数計			0 年			1～2年			3～4年			5～9年		
	所定内給与額	年間賞与その他特別給与額	労働者数	所定内給与額	年間賞与その他特別給与額	労働者数	所定内給与額	年間賞与その他特別給与額	労働者数	所定内給与額	年間賞与その他特別給与額	労働者数	所定内給与額	年間賞与その他特別給与額	労働者数
	千円	千円	十人	千円	千円	十人	千円	千円	十人	千円	千円	十人	千円	千円	十人
男															
学歴計	**300.3**	**826.0**	**670**	**200.6**	**71.0**	**31**	**235.7**	**448.1**	**76**	**253.0**	**549.0**	**47**	**268.5**	**617.3**	**153**
～19歳	156.6	52.7	10	152.8	0.0	9	187.1	469.3	1	－	－	－	－	－	－
20～24	185.0	514.9	41	200.9	0.0	6	176.0	613.4	25	191.4	730.9	5	208.2	456.4	4
25～29	231.9	821.1	67	141.5	128.8	0	230.2	707.5	14	194.0	737.8	12	242.8	869.8	33
30～34	240.7	897.2	52	295.0	226.2	1	223.6	665.7	4	215.3	623.3	2	223.0	919.6	25
35～39	271.0	866.3	88	186.0	0.0	0	187.6	462.9	3	304.6	921.0	7	241.5	757.4	21
40～44	336.9	940.3	98	291.6	0.0	3	399.6	552.6	2	317.2	236.5	4	348.8	584.9	15
45～49	367.9	1014.2	85	212.8	107.0	2	362.6	1.0	4	292.0	483.1	3	310.1	775.7	9
50～54	365.5	960.0	74	342.5	0.0	1	255.5	217.4	4	334.0	337.6	7	321.6	256.7	14
55～59	385.7	1107.3	72	223.5	0.0	1	341.8	20.4	5	162.2	44.3	1	329.6	333.7	7
60～64	249.5	329.3	57	188.8	396.9	4	261.8	106.5	12	240.5	179.8	5	277.8	124.8	9
65～69	274.0	221.5	18	198.7	1.8	3	328.9	500.0	0	242.3	418.2	1	282.5	41.3	9
70歳～	225.1	207.4	8	－	－	－	－	－	－	163.9	50.0	0	230.6	257.7	6
高校卒	**291.1**	**804.0**	**417**	**190.1**	**56.3**	**23**	**207.6**	**448.3**	**41**	**260.0**	**542.9**	**31**	**249.0**	**586.4**	**88**
～19歳	156.6	52.7	10	152.8	0.0	9	187.1	469.3	1	－	－	－	－	－	－
20～24	179.4	561.5	30	177.5	0.0	2	170.2	609.6	19	191.4	730.9	5	208.2	456.4	4
25～29	232.1	823.6	39	－	－	－	249.7	587.3	7	178.2	627.9	4	228.9	872.6	21
30～34	227.8	859.9	23	－	－	－	216.6	231.7	1	213.7	613.7	1	201.3	709.2	6
35～39	253.8	730.5	50	186.0	0.0	0	157.0	317.0	2	314.1	939.8	6	205.3	686.9	13
40～44	335.0	869.2	73	306.2	0.0	2	－	－	－	317.2	236.5	4	342.5	583.9	13
45～49	351.0	1020.1	50	212.8	107.0	2	284.4	5.0	1	255.5	400.0	1	300.5	842.0	4
50～54	359.9	1095.3	48	－	－	－	253.2	158.4	1	343.7	527.2	4	260.6	354.0	7
55～59	368.6	1040.6	50	223.5	0.0	1	321.1	37.8	3	162.2	44.3	1	248.7	435.2	3
60～64	219.9	233.3	28	185.1	323.8	4	225.6	190.9	6	256.5	214.3	4	287.1	159.6	7
65～69	223.9	246.3	11	198.7	1.8	3	－	－	－	242.3	418.2	1	176.0	17.0	3
70歳～	230.1	214.5	6	－	－	－	－	－	－	163.9	50.0	0	235.0	226.7	5
高専・短大卒	**304.8**	**852.5**	**57**	**256.3**	**34.3**	**2**	**275.1**	**601.1**	**11**	**285.5**	**148.6**	**4**	**329.2**	**389.8**	**12**
～19歳	－	－	－	－	－	－	－	－	－	－	－	－	－	－	－
20～24	165.8	1015.9	2	－	－	－	165.8	1015.9	2	－	－	－	－	－	－
25～29	204.4	691.4	5	141.5	128.8	0	217.7	732.7	3	162.4	775.4	0	196.2	818.7	0
30～34	232.7	952.9	4	－	－	－	249.3	1169.9	1	－	－	－	224.3	857.7	3
35～39	280.8	1183.4	12	－	－	－	155.3	350.8	0	－	－	－	－	－	－
40～44	310.5	947.3	8	179.3	0.0	0	427.2	513.3	2	－	－	－	－	－	－
45～49	327.5	958.3	5	－	－	－	－	－	－	－	－	－	316.3	480.2	2
50～54	359.3	500.9	10	342.5	0.0	1	169.9	354.0	0	321.2	86.9	3	411.1	0.0	2
55～59	378.4	779.2	10	－	－	－	366.1	0.0	2	－	－	－	400.6	191.4	4
60～64	171.6	140.0	1	－	－	－	－	－	－	131.3	0.0	0	－	－	－
65～69	262.5	70.0	1	－	－	－	－	－	－	－	－	－	262.5	70.0	1
70歳～	－	－	－	－	－	－	－	－	－	－	－	－	－	－	－
大学・大学院卒	**310.4**	**956.5**	**162**	**227.3**	**137.1**	**6**	**272.5**	**461.9**	**18**	**227.1**	**706.4**	**12**	**270.6**	**775.2**	**40**
～19歳	－	－	－	－	－	－	－	－	－	－	－	－	－	－	－
20～24	209.1	235.7	9	213.4	0.0	4	205.0	450.5	5	－	－	－	－	－	－
25～29	218.6	866.6	21	－	－	－	209.1	881.2	4	203.4	790.1	8	235.8	925.8	9
30～34	241.3	958.0	22	295.0	226.2	1	225.2	752.6	2	216.8	632.8	1	232.0	1022.1	15
35～39	287.6	1017.5	21	－	－	－	258.5	785.1	1	211.3	736.7	1	209.4	942.5	2
40～44	353.1	1320.3	15	－	－	－	215.4	814.6	0	－	－	－	－	－	－
45～49	374.4	1068.6	25	－	－	－	381.0	0.0	3	298.3	497.5	3	321.7	938.1	2
50～54	391.2	1123.4	11	－	－	－	200.0	0.0	0	－	－	－	370.3	233.6	5
55～59	476.3	1748.3	11	－	－	－	－	－	－	－	－	－	455.0	1085.0	0
60～64	283.1	497.8	22	205.3	717.0	1	403.1	46.4	3	－	－	－	255.7	17.8	2
65～69	456.5	373.1	3	－	－	－	328.9	500.0	0	－	－	－	439.5	101.5	3
70歳～	201.0	467.5	1	－	－	－	－	－	－	－	－	－	201.0	467.5	1
女															
学歴計	**210.4**	**634.4**	**268**	**165.0**	**124.3**	**36**	**171.8**	**517.0**	**29**	**187.9**	**418.1**	**34**	**185.8**	**598.3**	**43**
～19歳	171.2	205.0	20	170.3	0.0	13	172.6	533.6	8	－	－	－	－	－	－
20～24	179.6	566.5	26	175.9	0.0	2	171.3	540.6	7	185.7	602.9	9	180.6	722.2	7
25～29	197.2	614.6	23	161.7	0.0	3	186.9	609.3	2	216.4	813.7	3	199.3	706.8	12
30～34	215.7	792.3	26	172.5	189.9	1	187.8	419.0	1	181.7	443.2	1	187.3	717.0	8
35～39	204.6	683.3	33	147.2	115.5	5	152.2	461.7	5	174.2	417.0	1	176.4	481.3	2
40～44	240.6	789.5	45	165.3	19.6	2	185.2	672.4	4	178.5	282.9	4	174.2	357.0	5
45～49	229.7	632.6	23	173.6	3.1	6	213.5	344.5	0	134.8	337.7	4	174.9	603.6	2
50～54	215.2	574.1	33	118.0	0.0	0	169.7	313.0	2	220.4	152.0	6	173.5	389.9	5
55～59	243.8	886.5	18	－	－	－	－	－	－	194.4	568.2	2	198.4	394.0	2
60～64	186.4	516.7	20	152.8	1158.7	3	154.5	210.0	1	180.6	75.4	2	161.1	30.0	1
65～69	148.1	10.0	2	137.1	0.0	0	－	－	－	－	－	－	－	－	－
70歳～	201.1	222.9	2	－	－	－	－	－	－	191.4	128.6	1	－	－	－

及び年間賞与その他特別給与額

ビ　ス　事　業

10～14年			15～19年			20～24年			25～29年			30年以上			区　分
所定内給与額	年間賞与その他特別給与額	労働者数	所定内給与額	年間賞与その他特別給与額	労働者数	所定内給与額	年間賞与その他特別給与額	労働者数	所定内給与額	年間賞与その他特別給与額	労働者数	所定内給与額	年間賞与その他特別給与額	労働者数	
千円	千円	十人	千円	千円	十人	千円	千円	十人	千円	千円	十人	千円	千円	十人	
															男
281.5	**850.4**	**89**	**336.2**	**942.6**	**80**	**384.2**	**1276.3**	**57**	**350.0**	**1240.8**	**49**	**375.5**	**1272.8**	**88**	**学歴計**
-	-	-	-	-	-	-	-	-	-	-	-	-	-	-	～19歳
-	-	-	-	-	-	-	-	-	-	-	-	-	-	-	20～24
254.1	993.0	7	-	-	-	-	-	-	-	-	-	-	-	-	25～29
248.2	1017.7	18	399.4	711.4	2	-	-	-	-	-	-	-	-	-	30～34
281.4	856.1	37	292.4	1093.8	18	247.5	838.1	2	-	-	-	-	-	-	35～39
292.8	838.2	17	327.3	1075.1	24	374.7	1300.6	27	312.9	1014.6	6	-	-	-	40～44
352.7	368.9	9	347.4	990.4	13	412.1	1243.4	22	395.9	1478.7	22	303.5	1230.9	2	45～49
361.0	1685.0	0	392.6	778.6	10	373.1	1686.5	4	369.8	1438.4	12	407.7	1484.2	23	50～54
234.7	471.0	0	401.1	718.7	8	414.5	1310.1	2	306.4	1055.1	5	419.8	1520.9	41	55～59
-	-	-	291.4	712.2	4	209.8	316.8	1	192.2	313.2	4	249.0	512.3	20	60～64
-	-	-	225.4	100.0	2	-	-	-	-	-	-	404.5	1238.4	2	65～69
-	-	-	-	-	-	-	-	-	217.0	0.0	1	-	-	-	70歳～
276.9	**792.5**	**64**	**346.6**	**826.1**	**47**	**342.9**	**1202.3**	**31**	**360.5**	**1299.6**	**37**	**372.5**	**1302.0**	**56**	**高校卒**
-	-	-	-	-	-	-	-	-	-	-	-	-	-	-	～19歳
-	-	-	-	-	-	-	-	-	-	-	-	-	-	-	20～24
254.1	993.0	7	-	-	-	-	-	-	-	-	-	-	-	-	25～29
239.8	982.6	15	312.7	1509.5	0	-	-	-	-	-	-	-	-	-	30～34
271.7	747.0	22	279.6	671.9	4	247.5	838.1	2	-	-	-	-	-	-	35～39
314.3	814.6	13	334.4	938.5	16	359.9	1253.3	18	312.9	1014.6	6	-	-	-	40～44
329.6	227.8	6	373.1	903.2	9	309.4	1166.9	5	391.4	1445.3	19	303.5	1230.9	2	45～49
361.0	1685.0	0	365.3	979.9	7	335.0	1318.1	2	366.0	1414.0	7	407.0	1460.9	19	50～54
234.7	471.0	0	396.2	622.1	8	414.5	1310.1	2	307.0	1016.4	5	404.3	1410.7	27	55～59
-	-	-	239.5	123.0	0	209.8	316.8	1	126.0	0.0	0	152.3	319.5	7	60～64
-	-	-	225.4	100.0	2	-	-	-	-	-	-	444.2	1937.8	1	65～69
-	-	-	-	-	-	-	-	-	-	-	-	-	-	-	70歳～
253.1	**857.3**	**3**	**295.3**	**1293.8**	**16**	**330.2**	**1192.2**	**2**	**389.5**	**1517.0**	**2**	**358.9**	**1492.2**	**5**	**高専・短大卒**
-	-	-	-	-	-	-	-	-	-	-	-	-	-	-	～19歳
-	-	-	-	-	-	-	-	-	-	-	-	-	-	-	20～24
-	-	-	-	-	-	-	-	-	-	-	-	-	-	-	25～29
253.0	1139.7	1	-	-	-	-	-	-	-	-	-	-	-	-	30～34
267.5	791.0	1	287.9	1273.5	10	-	-	-	-	-	-	-	-	-	35～39
228.0	761.7	1	286.9	1235.2	4	280.5	989.5	1	-	-	-	-	-	-	40～44
-	-	-	309.5	1417.1	1	369.3	1362.6	1	396.7	2086.8	0	-	-	-	45～49
-	-	-	317.8	984.9	1	372.7	1321.9	0	388.7	1453.7	2	407.4	1388.9	1	50～54
-	-	-	492.8	2529.5	0	-	-	-	-	-	-	354.5	1566.5	4	55～59
-	-	-	-	-	-	-	-	-	-	-	-	252.3	420.0	0	60～64
-	-	-	-	-	-	-	-	-	-	-	-	-	-	-	65～69
-	-	-	-	-	-	-	-	-	-	-	-	-	-	-	70歳～
284.5	**1035.9**	**20**	**295.5**	**1198.9**	**12**	**417.9**	**1488.5**	**21**	**324.8**	**1171.9**	**8**	**397.0**	**1242.0**	**25**	**大学・大学院卒**
-	-	-	-	-	-	-	-	-	-	-	-	-	-	-	～19歳
-	-	-	-	-	-	-	-	-	-	-	-	-	-	-	20～24
-	-	-	-	-	-	-	-	-	-	-	-	-	-	-	25～29
288.1	1162.7	3	-	-	-	-	-	-	-	-	-	-	-	-	30～34
298.3	1037.1	14	321.7	1109.4	3	-	-	-	-	-	-	-	-	-	35～39
224.3	948.7	3	343.0	1418.0	4	420.8	1449.3	8	-	-	-	-	-	-	40～44
278.5	490.0	0	254.0	1137.1	2	413.2	1421.2	12	439.2	1740.3	2	-	-	-	45～49
-	-	-	293.1	790.9	0	449.4	2489.4	1	415.6	1847.5	2	413.3	1685.1	3	50～54
-	-	-	-	-	-	-	-	-	302.3	1345.1	1	487.4	1798.6	10	55～59
-	-	-	152.1	968.4	1	-	-	-	200.0	350.0	3	306.7	639.7	12	60～64
-	-	-	-	-	-	-	-	-	-	-	-	599.6	1789.2	1	65～69
-	-	-	-	-	-	-	-	-	-	-	-	-	-	-	70歳～
															女
218.7	**697.1**	**45**	**236.0**	**918.4**	**24**	**268.4**	**985.6**	**26**	**269.0**	**1049.8**	**18**	**293.2**	**982.5**	**12**	**学歴計**
-	-	-	-	-	-	-	-	-	-	-	-	-	-	-	～19歳
-	-	-	-	-	-	-	-	-	-	-	-	-	-	-	20～24
235.7	830.0	1	-	-	-	-	-	-	-	-	-	-	-	-	25～29
236.1	944.4	11	243.1	876.5	4	-	-	-	-	-	-	-	-	-	30～34
221.5	852.0	9	234.9	902.9	7	262.1	1005.0	4	-	-	-	-	-	-	35～39
245.9	600.9	7	286.3	1382.0	4	277.2	1100.9	15	291.8	1007.3	4	-	-	-	40～44
286.2	684.0	2	267.9	316.7	2	276.7	1059.2	2	351.7	1674.8	5	301.0	1435.0	0	45～49
181.6	592.8	6	187.1	876.5	4	259.7	593.0	2	234.0	686.7	2	289.5	1028.8	6	50～54
177.5	925.8	2	279.6	1101.0	1	242.7	735.1	2	213.1	869.6	6	378.5	1387.1	3	55～59
188.1	259.9	8	218.7	948.0	3	193.9	146.1	1	211.3	113.8	1	205.0	1037.5	1	60～64
-	-	-	106.7	0.0	0	-	-	-	-	-	-	174.4	20.0	1	65～69
-	-	-	-	-	-	-	-	-	-	-	-	206.0	270.0	1	70歳～

第2表　年齢階級、勤続年数階級別所定内給与額

企業規模	10～99人
	計

Q 複合サービス事業

区分	勤続年数計			0年			1～2年			3～4年			5～9年		
	所定内給与額	年間賞与その他特別給与額	労働者数	所定内給与額	年間賞与その他特別給与額	労働者数	所定内給与額	年間賞与その他特別給与額	労働者数	所定内給与額	年間賞与その他特別給与額	労働者数	所定内給与額	年間賞与その他特別給与額	労働者数
	千円	千円	十人	千円	千円	十人	千円	千円	十人	千円	千円	十人	千円	千円	十人
高校卒	**202.0**	**608.7**	**189**	**167.0**	**148.5**	**29**	**165.7**	**433.0**	**16**	**172.7**	**398.0**	**26**	**181.6**	**614.0**	**31**
～19歳	171.2	205.0	20	170.3	0.0	13	172.6	533.6	8	-	-	-	-	-	-
20～24	177.5	618.4	20	-	-	-	148.4	438.1	3	185.7	602.9	9	180.6	722.2	7
25～29	190.3	519.0	14	161.7	0.0	3	162.0	386.5	1	202.3	577.5	0	196.7	698.3	8
30～34	210.3	775.6	18	189.5	0.0	0	179.6	169.2	1	160.2	85.7	1	174.5	739.1	5
35～39	203.1	645.5	19	147.2	115.5	5	169.7	285.6	1	156.7	8.6	1	139.0	40.0	1
40～44	242.8	812.6	28	154.3	4.3	1	-	-	-	178.5	282.9	4	162.8	319.3	3
45～49	222.7	696.7	14	222.1	7.4	3	141.0	291.2	0	124.4	334.2	4	174.9	603.6	2
50～54	200.8	594.4	27	118.0	0.0	0	169.7	313.0	2	161.8	243.9	4	173.5	435.0	4
55～59	206.6	778.3	12	-	-	-	-	-	-	194.4	568.2	2	198.4	394.0	2
60～64	180.4	465.9	14	152.8	1158.7	3	148.8	100.0	1	188.1	97.0	1	-	-	-
65～69	121.9	0.0	1	137.1	0.0	0	-	-	-	-	-	-	-	-	-
70歳～	213.8	275.3	2	-	-	-	-	-	-	250.0	300.0	0	-	-	-
高専・短大卒	**243.4**	**700.3**	**41**	**147.4**	**7.9**	**5**	**159.9**	**552.7**	**4**	**291.7**	**184.8**	**3**	**195.8**	**446.6**	**4**
～19歳	-	-	-	-	-	-	-	-	-	-	-	-	-	-	-
20～24	193.6	531.6	1	168.0	0.0	0	202.1	708.9	1	-	-	-	-	-	-
25～29	184.1	629.8	1	-	-	-	-	-	-	-	-	-	184.1	629.8	1
30～34	242.3	713.0	3	-	-	-	-	-	-	-	-	-	206.6	280.9	1
35～39	198.6	735.4	8	-	-	-	145.1	534.2	3	194.5	893.4	1	190.8	601.1	0
40～44	266.1	849.8	10	184.7	46.3	1	-	-	-	-	-	-	249.2	915.4	1
45～49	237.8	498.3	8	138.2	0.0	4	286.0	397.8	0	-	-	-	-	-	-
50～54	272.8	393.6	5	-	-	-	-	-	-	317.1	0.0	2	154.1	100.0	1
55～59	271.8	1065.4	5	-	-	-	-	-	-	-	-	-	-	-	-
60～64	200.0	398.2	0	-	-	-	-	-	-	-	-	-	-	-	-
65～69	-	-	-	-	-	-	-	-	-	-	-	-	-	-	-
70歳～	-	-	-	-	-	-	-	-	-	-	-	-	-	-	-
大学・大学院卒	**222.4**	**757.4**	**35**	**173.8**	**72.0**	**3**	**190.5**	**669.1**	**8**	**216.4**	**847.7**	**4**	**203.7**	**727.4**	**7**
～19歳	-	-	-	-	-	-	-	-	-	-	-	-	-	-	-
20～24	185.8	359.5	5	176.7	0.0	2	192.6	629.1	3	-	-	-	-	-	-
25～29	210.1	773.7	8	-	-	-	197.6	704.9	1	218.3	845.2	3	208.2	741.8	4
30～34	218.5	913.7	5	166.1	261.1	1	201.5	835.2	0	206.7	860.2	1	218.1	1008.4	1
35～39	218.4	743.9	5	-	-	-	-	-	-	-	-	-	194.5	712.1	1
40～44	197.7	660.6	6	-	-	-	185.2	672.4	4	-	-	-	148.8	73.5	1
45～49	275.8	1181.7	1	-	-	-	-	-	-	-	-	-	-	-	-
50～54	368.4	1068.5	1	-	-	-	-	-	-	-	-	-	250.7	1023.4	0
55～59	448.3	1182.3	2	-	-	-	-	-	-	-	-	-	-	-	-
60～64	218.7	948.0	3	-	-	-	-	-	-	-	-	-	-	-	-
65～69	-	-	-	-	-	-	-	-	-	-	-	-	-	-	-
70歳～	-	-	-	-	-	-	-	-	-	-	-	-	-	-	-
Rサービス業（他に分類されないもの）企業規模計															
男女計	**255.6**	**471.1**	**178 676**	**215.2**	**30.6**	**22 937**	**220.2**	**199.2**	**38 563**	**228.3**	**326.7**	**24 187**	**242.6**	**456.8**	**36 701**
～19歳	178.2	93.7	1 190	175.7	9.9	716	181.5	222.1	470	228.5	7.5	4	-	-	-
20～24	202.6	207.4	9 909	203.3	19.1	3 585	203.0	261.3	4 633	197.6	421.1	1 289	209.2	581.6	401
25～29	220.5	330.4	16 580	211.9	18.6	3 631	213.5	237.0	5 647	225.8	501.5	3 377	232.3	592.9	3 597
30～34	237.3	416.9	19 859	212.3	18.2	2 811	221.9	194.7	5 223	231.3	370.9	3 189	252.1	635.7	5 290
35～39	257.0	514.5	21 862	220.6	11.1	2 509	223.8	182.4	4 177	228.3	299.9	2 934	261.1	566.7	4 920
40～44	269.6	555.5	26 108	218.4	17.6	2 434	227.1	164.6	4 501	235.7	266.4	3 314	254.3	492.7	5 231
45～49	279.8	567.8	24 089	224.1	24.0	2 280	226.6	139.4	4 418	234.4	220.7	2 661	251.5	399.7	4 806
50～54	293.6	607.3	18 963	219.5	35.2	1 743	226.5	133.6	3 071	235.3	240.0	2 039	243.9	338.6	3 490
55～59	293.3	635.3	16 525	240.1	109.2	1 241	237.4	261.5	2 649	245.6	407.2	1 910	246.6	360.6	3 327
60～64	237.3	385.5	13 973	228.2	146.6	1 196	229.0	285.3	2 371	227.5	345.4	2 145	217.5	319.5	2 876
65～69	203.2	165.4	7 225	215.3	13.5	632	202.1	95.9	1 115	198.8	113.7	1 030	194.5	179.9	2 146
70歳～	200.4	97.1	2 393	181.9	2.3	159	170.7	22.3	288	172.3	30.3	295	180.2	101.5	617
男															
学歴計	**275.1**	**575.3**	**117 781**	**226.7**	**42.8**	**13 651**	**231.5**	**265.6**	**21 975**	**239.7**	**398.4**	**15 265**	**255.3**	**516.8**	**24 609**
～19歳	179.0	111.8	830	176.5	13.4	482	181.9	251.1	344	228.5	7.5	4	-	-	-
20～24	206.0	254.0	5 616	207.5	25.1	1 878	206.7	303.2	2 533	197.7	464.6	895	215.5	632.4	310
25～29	230.4	403.8	9 726	219.9	24.7	1 957	224.3	314.5	2 922	235.2	577.0	2 079	238.4	621.4	2 491
30～34	251.7	518.1	12 638	227.9	18.7	1 584	234.2	268.6	2 875	246.3	457.1	1 776	263.6	708.6	3 738
35～39	276.6	632.5	14 044	236.2	17.8	1 354	239.0	254.1	2 200	249.3	398.0	1 593	273.8	655.8	3 395
40～44	296.2	706.2	16 437	232.6	19.4	1 297	246.6	259.8	2 218	252.5	378.5	1 759	279.8	568.8	3 110
45～49	310.4	738.1	15 031	242.2	31.7	1 321	239.9	213.2	2 124	253.2	313.6	1 448	273.5	504.2	2 736
50～54	324.8	754.4	12 133	234.6	51.0	1 055	240.3	197.6	1 631	248.6	303.3	1 252	259.7	401.6	1 931
55～59	318.3	739.2	12 128	254.3	131.0	950	254.9	337.5	1 840	257.8	481.3	1 447	265.5	424.4	2 277
60～64	247.9	429.3	11 294	233.2	165.4	1 056	235.3	312.7	2 105	235.1	385.0	1 839	228.5	355.6	2 254
65～69	210.3	172.5	5 944	218.2	13.6	587	204.7	103.3	915	203.9	120.6	895	201.0	189.9	1 833
70歳～	203.3	95.1	1 960	186.5	2.8	130	173.1	22.7	267	172.5	31.7	278	187.7	112.8	534

及び年間賞与その他特別給与額

R サービス業（他に分類されないもの）

区分	10～14年 所定内給与額	10～14年 年間賞与その他特別給与額	10～14年 労働者数	15～19年 所定内給与額	15～19年 年間賞与その他特別給与額	15～19年 労働者数	20～24年 所定内給与額	20～24年 年間賞与その他特別給与額	20～24年 労働者数	25～29年 所定内給与額	25～29年 年間賞与その他特別給与額	25～29年 労働者数	30年以上 所定内給与額	30年以上 年間賞与その他特別給与額	30年以上 労働者数
	千円	千円	十人	千円	千円	十人	千円	千円	十人	千円	千円	十人	千円	千円	十人
高校卒	**197.6**	**620.5**	**28**	**234.4**	**991.4**	**16**	**263.9**	**934.7**	**20**	**260.9**	**1002.6**	**16**	**261.5**	**917.5**	**7**
～19歳	–	–	–	–	–	–	–	–	–	–	–	–	–	–	–
20～24	–	–	–	–	–	–	–	–	–	–	–	–	–	–	–
25～29	235.7	830.0	1	–	–	–	–	–	–	–	–	–	–	–	–
30～34	224.8	882.9	7	243.1	876.5	4	–	–	–	–	–	–	–	–	–
35～39	185.3	799.1	3	242.2	1016.0	5	262.1	1005.0	4	–	–	–	–	–	–
40～44	187.5	312.2	1	293.5	1582.5	3	268.4	1002.9	12	291.8	1007.3	4	–	–	–
45～49	217.6	410.0	0	229.2	526.7	1	267.3	1060.4	1	342.2	1643.5	3	301.0	1435.0	0
50～54	181.4	603.5	5	187.1	876.5	4	234.1	114.0	2	223.1	566.5	2	275.9	1061.0	5
55～59	171.4	932.3	2	–	–	–	252.5	992.1	0	211.7	900.8	6	420.5	985.3	0
60～64	188.1	259.9	8	–	–	–	–	–	–	215.8	0.0	1	205.0	1037.5	1
65～69	–	–	–	106.7	0.0	0	–	–	–	–	–	–	–	–	–
70歳～	–	–	–	–	–	–	–	–	–	–	–	–	206.0	270.0	1
高専・短大卒	**262.4**	**778.9**	**11**	**263.3**	**565.2**	**3**	**285.9**	**1209.0**	**6**	**331.4**	**1418.8**	**2**	**318.0**	**1402.8**	**2**
～19歳	–	–	–	–	–	–	–	–	–	–	–	–	–	–	–
20～24	–	–	–	–	–	–	–	–	–	–	–	–	–	–	–
25～29	–	–	–	–	–	–	–	–	–	–	–	–	–	–	–
30～34	263.8	972.2	2	–	–	–	–	–	–	–	–	–	–	–	–
35～39	264.9	992.6	3	219.8	721.9	1	–	–	–	–	–	–	–	–	–
40～44	255.7	626.0	5	258.7	410.9	0	314.5	1520.6	3	–	–	–	–	–	–
45～49	294.7	717.9	1	299.0	148.7	1	291.3	911.0	1	392.7	1880.1	1	–	–	–
50～54	187.9	260.0	0	–	–	–	318.3	1688.0	1	348.7	1949.1	0	293.2	553.0	0
55～59	226.4	873.3	0	279.6	1101.0	1	226.6	631.2	2	229.9	507.7	1	323.5	1591.6	2
60～64	–	–	–	–	–	–	200.0	398.2	0	200.0	398.2	0	–	–	–
65～69	–	–	–	–	–	–	–	–	–	–	–	–	–	–	–
70歳～	–	–	–	–	–	–	–	–	–	–	–	–	–	–	–
大学・大学院卒	**236.4**	**918.9**	**6**	**225.2**	**894.7**	**5**	**300.7**	**1131.0**	**1**	**252.5**	**929.0**	**0**	**476.4**	**1213.0**	**2**
～19歳	–	–	–	–	–	–	–	–	–	–	–	–	–	–	–
20～24	–	–	–	–	–	–	–	–	–	–	–	–	–	–	–
25～29	–	–	–	–	–	–	–	–	–	–	–	–	–	–	–
30～34	254.8	1210.4	2	–	–	–	–	–	–	–	–	–	–	–	–
35～39	223.8	798.4	3	219.3	610.7	1	–	–	–	–	–	–	–	–	–
40～44	262.1	873.0	1	273.7	1160.3	1	–	–	–	–	–	–	–	–	–
45～49	–	–	–	–	–	–	291.4	1350.1	0	252.5	929.0	0	–	–	–
50～54	–	–	–	–	–	–	–	–	–	–	–	–	456.7	1102.4	0
55～59	–	–	–	–	–	–	310.0	911.9	0	–	–	–	482.9	1249.9	1
60～64	–	–	–	218.7	948.0	3	–	–	–	–	–	–	–	–	–
65～69	–	–	–	–	–	–	–	–	–	–	–	–	–	–	–
70歳～	–	–	–	–	–	–	–	–	–	–	–	–	–	–	–
Rサービス業（他に分類されないもの）															
企業規模計															
男女計	**270.9**	**654.9**	**23 821**	**298.9**	**837.4**	**12 399**	**338.6**	**1085.2**	**7 889**	**395.2**	**1403.2**	**5 613**	**421.0**	**1327.0**	**6 565**
～19歳	–	–	–	–	–	–	–	–	–	–	–	–	–	–	–
20～24	–	–	–	–	–	–	–	–	–	–	–	–	–	–	–
25～29	251.4	748.3	329	–	–	–	–	–	–	–	–	–	–	–	–
30～34	264.6	793.5	3 042	265.7	830.6	303	–	–	–	–	–	–	–	–	–
35～39	294.4	892.4	4 547	302.4	973.1	2 418	299.9	1062.5	357	–	–	–	–	–	–
40～44	288.9	707.4	4 179	330.2	1062.4	3 241	338.5	1169.9	2 719	357.5	1386.8	490	–	–	–
45～49	288.1	630.7	3 331	316.9	893.3	2 022	378.3	1346.1	2 018	405.2	1511.1	2 257	400.1	1575.6	296
50～54	284.8	655.2	2 696	306.3	768.1	1 495	358.0	1070.0	973	437.5	1657.6	1 503	474.2	1498.7	1 952
55～59	261.0	519.7	2 088	294.2	697.4	1 239	332.9	956.5	898	393.3	1259.9	793	466.3	1632.7	2 380
60～64	220.4	365.7	2 069	229.6	409.3	986	266.2	489.9	576	313.9	640.0	357	313.5	861.6	1 397
65～69	192.4	168.5	1 061	196.7	175.7	470	223.8	348.9	251	212.5	317.1	150	270.6	485.5	369
70歳～	182.4	81.3	479	185.3	133.3	224	240.0	151.5	97	243.1	303.3	63	421.5	301.5	171
男															
学歴計	**287.3**	**741.6**	**16 572**	**318.9**	**931.7**	**9 160**	**355.3**	**1151.6**	**6 271**	**414.1**	**1475.0**	**4 564**	**432.4**	**1357.6**	**5 714**
～19歳	–	–	–	–	–	–	–	–	–	–	–	–	–	–	–
20～24	–	–	–	–	–	–	–	–	–	–	–	–	–	–	–
25～29	259.1	767.1	277	–	–	–	–	–	–	–	–	–	–	–	–
30～34	271.8	853.2	2 403	272.5	899.4	261	–	–	–	–	–	–	–	–	–
35～39	307.4	946.8	3 339	319.2	1046.0	1 838	305.4	1090.7	325	–	–	–	–	–	–
40～44	308.8	805.7	2 956	350.0	1176.8	2 455	349.4	1216.3	2 239	376.3	1432.8	403	–	–	–
45～49	320.0	778.5	2 060	336.1	973.3	1 535	390.5	1387.0	1 701	420.6	1566.5	1 832	407.6	1596.2	276
50～54	309.8	796.4	1 585	326.9	839.4	1 048	377.7	1100.5	734	448.4	1705.3	1 277	496.9	1539.0	1 620
55～59	287.3	603.8	1 323	319.6	799.4	868	356.8	1048.4	654	412.3	1320.3	662	478.6	1663.4	2 107
60～64	231.9	443.7	1 442	254.2	512.8	654	278.7	528.6	427	345.0	728.4	263	319.3	887.6	1 254
65～69	201.3	184.6	815	210.3	192.0	329	256.3	399.7	148	238.2	345.0	82	273.3	488.5	340
70歳～	184.0	79.2	373	191.1	132.9	173	340.7	146.1	43	261.0	282.1	45	442.3	337.4	117

第2表　年齢階級、勤続年数階級別所定内給与額

企業規模	計

Ｒサービス業

区分	勤続年数計			0年			1～2年			3～4年			5～9年		
	所定内給与額	年間賞与その他特別給与額	労働者数	所定内給与額	年間賞与その他特別給与額	労働者数	所定内給与額	年間賞与その他特別給与額	労働者数	所定内給与額	年間賞与その他特別給与額	労働者数	所定内給与額	年間賞与その他特別給与額	労働者数
	千円	千円	十人	千円	千円	十人	千円	千円	十人	千円	千円	十人	千円	千円	十人
高校卒	**252.4**	**461.7**	**60 721**	**213.3**	**35.3**	**7 428**	**213.3**	**188.6**	**11 419**	**221.4**	**298.0**	**8 089**	**235.2**	**403.0**	**12 753**
～19歳	178.9	117.4	775	176.3	14.2	453	182.0	265.3	319	250.0	0.0	3	－	－	－
20～24	198.9	270.2	3 093	204.5	29.1	821	195.0	247.4	1 322	192.8	444.9	665	215.3	664.2	284
25～29	216.6	295.4	4 024	209.8	9.6	821	203.3	198.9	1 072	213.2	272.1	654	225.2	480.6	1 219
30～34	234.7	389.4	5 669	208.3	17.0	884	221.5	169.6	1 266	228.7	461.5	783	238.2	436.5	1 375
35～39	254.2	489.0	6 521	226.2	13.1	753	222.4	140.4	1 223	226.3	351.6	793	256.8	599.8	1 473
40～44	275.0	553.9	8 131	226.5	13.8	789	227.2	179.3	1 129	237.4	263.7	1 023	254.2	452.2	1 569
45～49	282.5	591.2	7 881	224.4	19.0	776	214.3	117.2	1 109	236.2	245.7	877	252.2	400.6	1 528
50～54	291.5	632.4	6 868	221.5	25.9	658	219.3	131.5	1 041	231.0	249.6	746	255.5	356.9	1 161
55～59	284.9	592.0	6 680	225.8	93.8	495	232.6	293.5	1 137	236.1	338.2	866	238.6	343.0	1 247
60～64	224.6	386.3	6 286	211.1	177.5	586	211.8	260.8	1 099	213.6	284.9	998	211.6	357.7	1 361
65～69	197.4	147.1	3 578	197.6	18.6	332	188.5	93.9	513	185.6	79.4	506	192.5	162.9	1 205
70歳～	187.4	89.7	1 216	174.3	2.1	60	174.9	24.7	188	170.4	42.1	174	178.2	103.0	331
高専・短大卒	**281.7**	**650.3**	**14 751**	**222.1**	**22.9**	**1 769**	**231.1**	**290.4**	**2 402**	**244.8**	**459.7**	**1 648**	**265.9**	**583.0**	**2 924**
～19歳	－	－	－	－	－	－	－	－	－	－	－	－	－	－	－
20～24	204.8	275.6	946	199.4	24.3	363	206.7	362.3	386	210.8	572.7	195	238.9	320.0	2
25～29	224.1	414.0	1 271	204.3	31.5	303	220.7	238.3	329	232.0	590.2	221	237.2	737.7	415
30～34	248.7	547.2	1 920	225.8	18.6	187	226.5	265.1	426	237.2	377.0	233	263.6	671.1	468
35～39	274.2	634.4	2 057	239.7	14.6	220	237.7	383.2	267	257.8	539.1	192	255.2	556.7	480
40～44	294.0	738.1	2 887	228.9	16.6	197	249.2	371.7	326	263.4	399.2	271	278.1	586.8	581
45～49	317.0	849.9	2 292	240.1	30.6	203	243.1	224.1	326	236.1	338.2	135	292.8	657.0	380
50～54	353.1	886.6	1 313	235.3	1.4	75	272.5	268.0	97	290.0	397.5	127	265.2	502.9	197
55～59	330.2	845.5	1 036	266.6	58.9	76	246.5	208.3	104	245.5	431.0	124	308.5	372.9	159
60～64	268.9	453.0	623	236.7	15.5	43	222.8	227.2	82	249.6	567.6	85	259.6	356.9	155
65～69	216.1	125.3	340	217.9	6.9	91	219.5	81.4	47	228.5	308.2	58	211.3	148.0	69
70歳～	192.4	90.8	67	175.3	0.0	11	148.5	0.0	13	157.0	0.0	6	204.4	131.9	19
大学・大学院卒	**318.0**	**786.6**	**36 351**	**258.3**	**73.6**	**3 760**	**265.1**	**413.7**	**6 959**	**274.1**	**578.8**	**4 835**	**291.7**	**721.9**	**7 681**
～19歳	－	－	－	－	－	－	－	－	－	－	－	－	－	－	－
20～24	221.9	225.4	1 409	215.8	22.2	647	227.2	394.6	751	210.7	579.7	10	289.7	757.7	1
25～29	245.8	521.8	4 163	236.2	40.0	752	241.5	429.1	1 440	247.9	755.3	1 162	259.7	798.7	804
30～34	274.1	676.1	4 641	265.6	22.5	456	252.1	398.0	1 044	268.5	493.4	705	283.5	921.5	1 812
35～39	310.6	851.4	4 995	265.5	31.7	300	274.9	440.2	634	283.3	440.4	544	302.5	775.6	1 327
40～44	342.3	1016.9	4 722	266.8	49.2	220	298.8	431.4	560	291.4	695.9	392	331.7	789.9	870
45～49	369.5	1027.1	4 141	300.0	85.0	241	290.0	419.3	559	304.8	487.2	378	320.8	730.6	650
50～54	398.2	1032.3	3 280	278.8	142.5	256	290.5	371.2	406	283.2	418.8	318	283.0	540.1	424
55～59	385.1	1020.1	3 842	296.5	210.7	348	309.3	486.4	535	322.6	871.5	389	313.5	613.6	726
60～64	294.5	540.3	3 585	275.5	187.6	373	281.8	447.2	772	273.4	543.9	654	266.5	381.9	611
65～69	256.2	300.9	1 219	282.2	9.0	131	231.5	157.5	230	250.3	184.2	230	242.8	335.3	354
70歳～	282.1	139.8	354	220.8	6.4	36	194.5	40.9	28	198.7	10.1	53	225.9	140.0	101
女															
学歴計	**217.9**	**269.8**	**60 895**	**198.2**	**12.6**	**9 286**	**205.2**	**111.3**	**16 588**	**208.9**	**204.1**	**8 923**	**216.6**	**334.5**	**12 092**
～19歳	176.3	51.9	360	174.1	2.9	234	180.5	143.0	126	－	－	－	－	－	－
20～24	198.2	146.4	4 293	198.7	12.6	1 707	198.5	210.7	2 100	197.3	322.5	394	187.4	408.6	91
25～29	206.5	226.3	6 854	202.6	11.6	1 674	201.9	153.9	2 725	210.9	380.7	1 298	218.5	528.9	1 105
30～34	212.1	239.8	7 220	192.2	17.4	1 226	206.9	104.1	2 348	212.5	262.6	1 413	224.5	460.3	1 552
35～39	221.9	302.7	7 818	202.4	3.4	1 155	206.9	102.6	1 977	203.3	183.2	1 341	232.7	368.4	1 525
40～44	224.3	299.5	9 672	202.3	15.6	1 137	208.1	72.2	2 283	216.7	139.5	1 555	217.0	381.1	2 121
45～49	229.1	285.3	9 057	199.1	13.3	959	214.3	71.1	2 294	212.0	109.9	1 213	222.5	261.5	2 070
50～54	238.1	346.1	6 830	196.4	11.0	688	210.8	61.2	1 441	214.0	139.3	787	224.4	260.6	1 559
55～59	224.3	348.8	4 397	193.5	38.0	291	197.7	88.5	808	207.5	175.3	463	205.7	222.3	1 050
60～64	192.5	201.0	2 678	190.4	5.4	140	179.5	67.6	265	181.8	107.4	306	177.9	188.9	622
65～69	170.4	132.0	1 282	176.8	12.6	45	189.8	62.0	200	164.9	67.5	135	156.6	121.6	313
70歳～	187.3	106.3	432	161.4	0.0	29	140.1	17.4	21	168.9	9.6	17	131.8	28.7	83
高校卒	**198.4**	**189.8**	**27 844**	**186.1**	**8.4**	**4 407**	**189.4**	**62.7**	**7 384**	**190.0**	**127.3**	**3 985**	**196.7**	**226.5**	**5 484**
～19歳	179.0	59.6	313	177.1	3.5	194	182.0	151.4	119	－	－	－	－	－	－
20～24	194.4	110.5	1 915	201.0	1.5	642	189.4	92.3	903	197.7	322.6	279	187.6	411.3	90
25～29	188.9	124.0	2 239	186.9	4.6	641	185.7	45.5	816	183.8	167.4	356	201.2	385.9	375
30～34	194.6	114.2	2 720	182.0	3.7	552	191.5	44.0	955	190.6	157.7	444	200.3	216.7	447
35～39	201.1	185.5	3 108	186.0	4.4	533	189.1	85.2	890	191.6	109.9	561	219.3	277.4	571
40～44	198.8	178.9	3 948	185.8	10.2	538	192.3	71.5	1 042	191.5	69.2	727	191.3	235.0	766
45～49	204.2	210.0	4 396	188.5	18.1	564	194.9	39.8	1 159	190.3	93.7	575	205.6	196.0	989
50～54	213.9	284.5	3 682	176.0	9.1	413	190.6	54.7	798	192.0	138.6	384	204.3	230.9	873
55～59	203.3	297.3	2 484	180.5	43.5	175	175.2	74.5	403	199.7	125.2	306	191.5	178.1	627
60～64	184.0	174.6	1 880	169.8	6.8	111	177.3	61.1	166	174.5	95.1	230	176.0	199.4	445
65～69	170.7	125.4	928	182.8	0.0	34	186.5	18.0	129	168.5	74.1	110	156.6	111.1	239
70歳～	165.5	128.9	231	176.0	0.0	10	161.5	39.1	4	167.4	2.6	12	117.8	34.6	60

及び年間賞与その他特別給与額
(他に分類されないもの)

10～14年 所定内給与額	10～14年 年間賞与その他特別給与額	10～14年 労働者数	15～19年 所定内給与額	15～19年 年間賞与その他特別給与額	15～19年 労働者数	20～24年 所定内給与額	20～24年 年間賞与その他特別給与額	20～24年 労働者数	25～29年 所定内給与額	25～29年 年間賞与その他特別給与額	25～29年 労働者数	30年以上 所定内給与額	30年以上 年間賞与その他特別給与額	30年以上 労働者数	区分
千円	千円	十人	千円	千円	十人	千円	千円	十人	千円	千円	十人	千円	千円	十人	
266.9	**600.7**	**8 118**	**287.5**	**715.3**	**4 330**	**326.0**	**962.7**	**3 151**	**370.2**	**1300.6**	**2 354**	**391.9**	**1299.1**	**3 080**	**高校卒**
-	-	-	-	-	-	-	-	-	-	-	-	-	-	-	～19歳
-	-	-	-	-	-	-	-	-	-	-	-	-	-	-	20～24
261.5	792.6	256	-	-	-	-	-	-	-	-	-	-	-	-	25～29
262.9	709.7	1 119	270.8	917.1	242	-	-	-	-	-	-	-	-	-	30～34
281.8	677.0	1 155	290.7	878.6	813	306.8	1121.2	310	-	-	-	-	-	-	35～39
289.6	648.0	1 293	318.1	833.1	803	336.5	1087.7	1 150	378.3	1472.3	376	-	-	-	40～44
297.6	646.9	1 033	309.2	793.9	742	333.6	1011.1	561	393.9	1453.5	988	407.8	1602.2	267	45～49
294.8	831.5	888	303.1	677.8	573	347.7	957.6	411	374.6	1375.3	451	438.8	1543.6	938	50～54
266.5	506.0	768	280.2	659.4	495	327.2	951.7	326	359.3	1067.4	297	446.6	1440.9	1 049	55～59
220.2	415.5	851	238.1	402.7	351	273.1	471.9	272	277.9	697.5	149	270.3	870.1	620	60～64
195.9	174.5	522	208.6	171.0	199	246.2	358.4	85	247.6	382.0	54	246.8	365.0	163	65～69
180.8	79.6	232	184.2	119.4	114	368.0	117.8	35	251.7	281.2	40	238.5	359.6	44	70歳～
289.3	**787.8**	**2 318**	**338.5**	**1033.6**	**1 369**	**353.1**	**1195.6**	**1 054**	**402.4**	**1525.6**	**709**	**420.4**	**1449.0**	**559**	**高専・短大卒**
-	-	-	-	-	-	-	-	-	-	-	-	-	-	-	～19歳
-	-	-	-	-	-	-	-	-	-	-	-	-	-	-	20～24
177.5	534.7	2	-	-	-	-	-	-	-	-	-	-	-	-	25～29
264.4	879.2	605	257.2	280.9	2	-	-	-	-	-	-	-	-	-	30～34
288.2	834.7	384	321.6	990.3	511	301.0	750.1	3	-	-	-	-	-	-	35～39
299.4	798.2	488	328.7	1059.0	421	339.9	1195.7	598	335.8	1329.4	5	-	-	-	40～44
314.8	833.7	336	377.2	1253.4	193	354.9	1234.2	267	402.1	1592.6	449	564.8	2533.8	3	45～49
331.2	688.5	233	382.3	1084.0	100	431.5	1199.5	89	414.8	1533.7	154	468.1	1564.3	240	50～54
305.4	902.6	116	384.8	1079.3	81	380.3	1185.2	65	406.1	1316.0	90	402.3	1583.2	221	55～59
250.7	319.9	90	310.7	467.2	47	354.8	1229.1	24	242.8	486.7	11	339.6	856.3	86	60～64
178.3	91.0	47	241.1	169.9	11	203.5	56.7	9	-	-	-	318.7	404.4	8	65～69
237.8	225.4	16	182.0	0.0	2	-	-	-	-	-	-	350.0	0.0	0	70歳～
326.4	**1006.7**	**5 270**	**366.2**	**1282.1**	**2 977**	**418.2**	**1542.4**	**1 808**	**513.6**	**1857.8**	**1 316**	**536.1**	**1569.8**	**1 745**	**大学・大学院卒**
-	-	-	-	-	-	-	-	-	-	-	-	-	-	-	～19歳
-	-	-	-	-	-	-	-	-	-	-	-	-	-	-	20～24
209.0	946.3	5	-	-	-	-	-	-	-	-	-	-	-	-	25～29
296.5	1114.5	622	259.7	571.8	2	-	-	-	-	-	-	-	-	-	30～34
331.1	1180.5	1 707	366.1	1409.0	483	-	-	-	-	-	-	-	-	-	35～39
341.0	1050.8	1 063	382.3	1490.1	1 167	397.8	1627.7	451	-	-	-	-	-	-	40～44
374.2	1019.2	579	362.4	1157.4	542	445.1	1733.4	822	522.2	1887.6	369	-	-	-	45～49
353.7	917.1	372	376.2	1189.2	270	418.5	1374.0	211	512.7	2019.0	631	667.8	1558.5	392	50～54
340.9	802.7	342	382.7	1024.8	261	409.2	1228.8	220	496.4	1700.5	237	553.1	2022.3	784	55～59
258.9	585.8	386	279.2	783.1	198	288.5	533.0	89	555.3	902.3	70	402.7	1020.1	432	60～64
233.0	280.7	142	266.1	553.0	33	462.8	1506.6	15	323.9	944.9	7	356.9	1046.5	77	65～69
172.9	74.2	53	233.0	369.9	22	272.3	368.0	1	364.6	518.3	1	645.3	347.5	59	70歳～
															女
233.5	**456.8**	**7 249**	**242.3**	**570.6**	**3 238**	**273.7**	**827.9**	**1 618**	**313.3**	**1090.9**	**1 049**	**344.1**	**1121.7**	**851**	**学歴計**
-	-	-	-	-	-	-	-	-	-	-	-	-	-	-	～19歳
-	-	-	-	-	-	-	-	-	-	-	-	-	-	-	20～24
209.4	646.2	51	-	-	-	-	-	-	-	-	-	-	-	-	25～29
237.6	568.7	639	222.9	397.4	42	-	-	-	-	-	-	-	-	-	30～34
258.4	742.2	1 209	249.3	742.1	580	243.4	774.2	32	-	-	-	-	-	-	35～39
241.0	469.9	1 223	268.4	705.0	786	287.7	953.6	480	270.6	1174.6	87	-	-	-	40～44
236.3	391.2	1 272	256.5	641.2	487	312.6	1126.7	317	338.9	1272.3	425	296.5	1289.3	20	45～49
249.2	453.7	1 111	258.2	601.0	447	297.3	976.3	239	375.7	1387.8	226	363.3	1302.0	332	50～54
215.6	374.5	765	235.0	459.7	372	268.8	710.0	244	297.5	955.2	131	371.5	1395.4	273	55～59
193.9	186.5	627	181.1	205.3	332	230.7	379.4	149	226.4	391.8	94	263.3	634.7	143	60～64
162.9	115.4	247	164.9	137.7	141	177.5	276.5	104	181.8	283.8	68	239.2	450.5	29	65～69
176.7	88.6	106	166.1	134.9	52	158.6	155.8	54	197.5	357.3	18	376.5	223.7	54	70歳～
209.8	**310.2**	**3 501**	**210.7**	**408.8**	**1 494**	**241.4**	**631.3**	**710**	**274.8**	**965.3**	**486**	**290.8**	**1071.6**	**394**	**高校卒**
-	-	-	-	-	-	-	-	-	-	-	-	-	-	-	～19歳
-	-	-	-	-	-	-	-	-	-	-	-	-	-	-	20～24
209.4	646.2	51	-	-	-	-	-	-	-	-	-	-	-	-	25～29
223.0	296.4	280	222.9	397.4	42	-	-	-	-	-	-	-	-	-	30～34
221.5	429.7	318	229.2	565.6	209	247.5	894.5	26	-	-	-	-	-	-	35～39
211.8	265.2	497	229.1	442.0	154	255.1	731.4	141	266.5	1131.0	82	-	-	-	40～44
208.6	365.6	663	211.7	515.3	205	253.4	714.0	76	315.3	1313.0	150	293.5	1319.2	15	45～49
234.0	355.0	605	240.2	561.8	263	290.0	957.6	127	312.9	1060.7	78	317.6	1272.3	140	50～54
197.0	365.5	414	208.8	415.8	240	251.8	714.6	122	268.5	783.2	64	316.5	1233.3	131	55～59
190.8	147.0	441	176.3	163.3	254	215.8	294.7	98	213.4	424.7	58	218.7	611.3	77	60～64
169.4	128.9	173	163.9	113.5	108	180.3	287.6	82	187.2	389.0	41	221.5	410.9	13	65～69
181.3	90.4	57	162.9	73.3	21	161.5	150.8	37	211.6	446.5	14	248.1	541.0	17	70歳～

第2表　年齢階級、勤続年数階級別所定内給与額

企業規模	計
	1,000人以上

Rサービス業

区分	勤続年数計			0年			1～2年			3～4年			5～9年		
	所定内給与額	年間賞与その他特別給与額	労働者数	所定内給与額	年間賞与その他特別給与額	労働者数	所定内給与額	年間賞与その他特別給与額	労働者数	所定内給与額	年間賞与その他特別給与額	労働者数	所定内給与額	年間賞与その他特別給与額	労働者数
	千円	千円	十人	千円	千円	十人	千円	千円	十人	千円	千円	十人	千円	千円	十人
高専・短大卒	**225.9**	**264.8**	**15 812**	**197.0**	**10.3**	**2 161**	**211.7**	**82.6**	**4 142**	**217.3**	**165.3**	**2 253**	**221.5**	**250.1**	**3 355**
～19歳	-	-	-	-	-	-	-	-	-	-	-	-	-	-	-
20～24	184.2	86.9	899	173.5	6.7	425	193.6	121.9	380	195.6	310.4	93	158.4	0.0	1
25～29	197.8	199.8	1 401	199.8	10.6	324	195.0	110.8	571	194.9	287.6	202	202.9	510.7	304
30～34	200.2	164.1	1 541	189.7	6.4	341	198.5	78.5	411	203.0	126.2	315	201.4	254.0	313
35～39	218.5	233.5	2 082	212.8	0.5	350	212.5	74.9	565	208.8	191.3	334	219.2	248.5	435
40～44	235.3	290.5	3 170	217.0	30.8	324	216.5	70.5	652	232.8	160.1	457	226.9	212.5	843
45～49	240.8	309.3	2 933	204.0	7.1	181	225.6	93.0	762	221.8	104.9	447	224.1	220.1	709
50～54	255.6	353.0	2 049	194.1	15.2	130	230.3	50.8	434	246.9	135.3	271	245.3	206.6	432
55～59	230.7	341.8	1 182	187.5	4.3	65	216.6	49.1	287	196.0	221.3	87	222.3	242.1	224
60～64	223.4	270.7	400	177.1	0.0	9	176.6	98.8	48	196.8	142.9	37	199.2	188.6	63
65～69	183.7	193.8	121	123.2	43.3	2	216.8	5.9	26	137.1	44.5	9	147.7	197.0	31
70歳～	171.4	62.4	33	168.5	0.0	10	135.4	0.0	6	218.8	0.0	1	213.0	0.0	1
大学・大学院卒	**251.2**	**444.5**	**15 177**	**224.8**	**24.1**	**2 396**	**228.7**	**225.2**	**4 490**	**236.4**	**381.7**	**2 428**	**254.7**	**664.4**	**2 871**
～19歳	-	-	-	-	-	-	-	-	-	-	-	-	-	-	-
20～24	213.9	238.8	1 412	215.2	28.6	607	212.9	396.3	788	213.9	442.9	17	-	-	-
25～29	225.2	323.9	3 041	221.6	19.9	654	217.4	251.1	1 251	229.2	515.9	728	247.7	691.8	408
30～34	239.8	432.9	2 661	215.6	56.1	303	232.5	196.3	823	237.8	449.2	575	249.0	688.2	778
35～39	255.7	534.5	2 422	227.1	5.7	236	236.7	179.3	470	221.4	295.6	406	269.4	629.3	467
40～44	256.1	526.0	2 371	221.9	9.3	241	231.1	78.0	548	249.6	260.6	353	242.2	925.2	481
45～49	283.6	476.2	1 523	234.1	7.0	183	261.1	139.8	324	273.8	193.9	152	272.5	547.5	333
50～54	301.4	599.2	946	269.4	15.2	122	268.7	133.2	164	215.6	165.0	119	271.3	496.8	223
55～59	312.3	645.2	573	268.3	87.5	36	246.0	297.3	91	272.1	351.6	60	243.7	366.7	148
60～64	266.7	373.3	160	635.7	0.0	6	232.2	80.8	26	303.1	187.1	15	216.8	115.5	25
65～69	196.9	177.0	42	171.8	66.6	7	200.4	50.5	6	181.8	261.8	1	191.6	82.6	9
70歳～	532.2	68.2	26	-	-	-	-	-	-	145.0	60.0	2	-	-	-
企業規模1,000人以上															
男女計	**263.8**	**522.3**	**63 060**	**215.5**	**24.1**	**8 921**	**224.4**	**184.3**	**14 323**	**233.2**	**342.0**	**8 077**	**244.6**	**498.6**	**12 297**
～19歳	183.1	98.7	323	184.4	15.0	238	179.6	332.7	85	-	-	-	-	-	-
20～24	209.2	191.9	4 367	208.5	19.8	1 751	209.1	278.0	2 076	207.7	377.7	428	228.1	577.7	112
25～29	228.7	384.5	6 476	223.3	17.8	1 538	219.2	263.4	2 289	235.9	663.4	1 268	243.8	731.4	1 278
30～34	241.7	449.4	7 797	211.3	8.1	1 183	222.6	157.6	2 065	244.4	456.0	1 201	254.1	742.7	1 999
35～39	258.5	550.7	7 869	223.9	5.7	1 025	221.8	191.5	1 492	231.9	227.7	1 016	264.7	631.3	1 653
40～44	269.6	583.0	10 091	210.4	15.7	964	225.2	102.3	1 723	235.6	198.8	1 365	245.1	487.8	1 947
45～49	284.3	600.4	9 297	217.2	21.0	894	234.1	90.3	1 966	226.3	170.0	911	241.4	292.6	1 745
50～54	313.7	671.7	6 818	217.0	43.1	650	237.9	116.5	1 120	224.9	175.9	739	240.2	289.1	1 229
55～59	326.0	805.9	5 020	241.3	115.0	303	252.0	231.4	800	262.8	489.1	552	249.7	397.7	990
60～64	237.3	407.6	3 357	218.7	150.5	246	224.1	304.3	448	221.8	306.4	446	224.4	345.0	748
65～69	200.0	178.4	1 432	203.2	1.8	118	216.5	60.8	248	185.7	123.3	145	197.3	233.6	506
70歳～	182.2	127.9	214	159.3	0.0	11	159.9	10.5	12	181.8	0.0	7	180.2	196.3	89
男															
学歴計	**288.8**	**713.1**	**38 175**	**223.6**	**34.6**	**5 260**	**233.1**	**286.7**	**6 851**	**243.5**	**470.4**	**4 267**	**259.7**	**639.4**	**7 159**
～19歳	183.2	161.2	191	182.3	28.6	125	184.9	413.0	66	-	-	-	-	-	-
20～24	212.0	251.1	2 304	211.7	28.0	923	212.1	352.2	1 030	204.4	490.7	262	236.9	680.9	91
25～29	239.7	490.9	3 729	230.0	20.2	899	231.5	367.2	1 124	245.7	784.3	755	253.8	845.6	868
30～34	255.9	602.1	4 577	217.5	10.5	744	236.1	258.9	969	263.4	627.1	566	268.2	918.9	1 281
35～39	277.3	730.8	4 673	235.4	10.4	537	233.0	303.0	681	248.8	268.9	512	279.9	855.4	977
40～44	300.2	838.7	5 758	221.4	13.0	545	233.2	217.4	659	245.2	321.2	585	270.0	573.8	931
45～49	321.8	903.8	5 298	225.4	32.5	550	239.2	168.5	832	230.9	341.6	369	265.5	448.4	729
50～54	360.3	953.6	4 100	226.7	64.2	413	243.8	248.5	466	228.0	262.8	352	256.6	426.2	584
55～59	358.9	979.7	3 661	262.8	154.7	210	272.1	338.5	466	285.8	667.3	365	262.3	474.6	671
60～64	251.1	483.4	2 594	229.6	182.9	200	230.4	344.0	385	231.5	353.7	365	239.1	406.7	549
65～69	206.1	193.0	1 120	206.3	1.9	108	215.8	91.0	164	189.4	113.3	129	208.1	250.4	402
70歳～	191.8	159.1	169	182.2	0.0	6	172.8	14.8	8	181.8	0.0	7	189.4	224.2	77
高校卒	**264.5**	**573.2**	**17 370**	**211.6**	**20.9**	**2 850**	**211.8**	**180.3**	**3 041**	**224.7**	**319.0**	**1 945**	**234.6**	**483.0**	**3 192**
～19歳	182.6	163.3	188	181.3	29.2	122	184.9	413.0	66	-	-	-	-	-	-
20～24	206.2	244.1	1 168	211.7	48.1	403	198.5	252.6	488	200.3	425.1	191	236.1	707.4	87
25～29	222.0	303.8	1 220	220.8	5.1	326	187.5	169.3	307	219.0	330.1	144	244.5	539.8	366
30～34	235.3	381.0	1 820	206.2	8.3	510	220.7	125.0	378	238.9	933.0	187	234.9	487.6	333
35～39	253.2	569.2	1 847	231.4	2.2	317	220.7	84.0	294	218.6	238.4	209	252.5	1030.5	359
40～44	277.0	629.3	2 514	221.9	8.8	325	219.0	124.1	306	229.0	112.9	281	245.0	393.8	444
45～49	291.9	747.4	2 444	209.3	11.1	346	203.0	54.4	357	220.4	220.7	171	240.0	368.5	361
50～54	314.9	843.6	2 055	198.2	22.9	244	219.7	148.8	276	218.1	156.3	215	230.3	316.4	268
55～59	328.4	805.1	1 899	192.9	18.1	74	242.5	307.2	260	263.6	418.4	228	235.4	354.1	356
60～64	222.5	497.2	1 412	204.4	162.0	101	217.6	396.8	231	224.8	291.3	230	218.6	465.4	296
65～69	198.1	189.3	703	211.2	0.9	78	203.9	55.5	71	182.6	27.8	83	201.2	276.7	279
70歳～	186.7	192.5	99	200.9	0.0	5	172.8	14.8	8	175.8	0.0	7	190.6	386.0	43

及び年間賞与その他特別給与額
（他に分類されないもの）

10～14年			15～19年			20～24年			25～29年			30年以上			区分
所定内給与額	年間賞与その他特別給与額	労働者数	所定内給与額	年間賞与その他特別給与額	労働者数	所定内給与額	年間賞与その他特別給与額	労働者数	所定内給与額	年間賞与その他特別給与額	労働者数	所定内給与額	年間賞与その他特別給与額	労働者数	
千円	千円	十人	千円	千円	十人	千円	千円	十人	千円	千円	十人	千円	千円	十人	
235.5	**464.8**	**1 746**	**259.7**	**633.1**	**907**	**282.0**	**843.7**	**601**	**332.5**	**1125.3**	**386**	**354.4**	**1085.4**	**261**	**高専・短大卒**
–	–	–	–	–	–	–	–	–	–	–	–	–	–	–	～19歳
–	–	–	–	–	–	–	–	–	–	–	–	–	–	–	20～24
–	–	–	–	–	–	–	–	–	–	–	–	–	–	–	25～29
218.5	612.9	162	–	–	–	–	–	–	–	–	–	–	–	–	30～34
239.1	651.4	198	239.7	718.9	198	278.3	160.0	2	–	–	–	–	–	–	35～39
234.1	422.9	320	273.8	689.8	301	289.7	971.4	268	336.3	1878.1	5	–	–	–	40～44
250.4	419.5	333	269.9	612.6	164	293.7	1004.5	120	352.8	1241.8	214	306.1	1195.7	6	45～49
262.0	570.7	374	261.7	473.2	112	277.5	755.8	91	340.5	1311.5	73	364.7	1073.1	133	50～54
197.5	271.0	221	256.0	538.5	92	257.4	505.9	83	316.9	1063.4	52	369.3	1509.7	73	55～59
209.3	251.2	127	224.2	638.5	25	329.1	553.0	21	257.4	218.3	25	312.1	486.6	44	60～64
165.2	233.4	12	211.8	544.1	9	168.9	341.7	11	205.6	187.9	16	291.2	396.7	5	65～69
357.0	980.0	1	160.8	0.0	6	153.3	0.0	6	136.5	0.0	1	311.3	968.4	1	70歳～
287.3	**784.2**	**1 755**	**306.8**	**942.2**	**668**	**362.9**	**1427.6**	**258**	**399.0**	**1540.4**	**150**	**484.9**	**1469.0**	**163**	**大学・大学院卒**
–	–	–	–	–	–	–	–	–	–	–	–	–	–	–	～19歳
–	–	–	–	–	–	–	–	–	–	–	–	–	–	–	20～24
–	–	–	–	–	–	–	–	–	–	–	–	–	–	–	25～29
279.8	990.2	181	–	–	–	–	–	–	–	–	–	–	–	–	30～34
281.9	916.6	686	288.9	1057.4	158	–	–	–	–	–	–	–	–	–	35～39
284.1	762.1	393	303.0	953.4	287	350.1	1346.5	68	–	–	–	–	–	–	40～44
292.5	426.2	254	333.3	1009.1	100	370.4	1527.3	119	351.4	1298.4	59	–	–	–	45～49
300.9	637.8	112	346.1	1017.7	58	424.2	2016.4	22	461.4	1857.3	70	471.3	1899.6	58	50～54
357.2	826.5	91	374.9	602.4	34	352.4	1156.5	37	373.0	1431.3	14	499.1	1694.4	62	55～59
228.5	460.5	24	204.7	254.2	29	291.4	713.7	12	259.7	795.8	7	377.3	1230.7	16	60～64
184.5	75.3	11	174.0	556.6	2	137.7	369.1	0	153.8	236.4	1	294.1	688.8	5	65～69
208.2	683.1	2	–	–	–	–	–	–	–	–	–	604.8	0.0	21	70歳～
															企業規模1,000人以上
272.5	**712.8**	**7 616**	**311.4**	**1003.8**	**4 017**	**356.3**	**1329.6**	**2 527**	**418.7**	**1667.2**	**2 364**	**476.5**	**1517.3**	**2 918**	**男女計**
–	–	–	–	–	–	–	–	–	–	–	–	–	–	–	～19歳
–	–	–	–	–	–	–	–	–	–	–	–	–	–	–	20～24
246.2	815.9	103	–	–	–	–	–	–	–	–	–	–	–	–	25～29
277.9	850.4	1 218	268.5	769.7	131	–	–	–	–	–	–	–	–	–	30～34
295.0	997.9	1 609	301.6	1059.7	915	312.4	1210.8	158	–	–	–	–	–	–	35～39
278.5	675.1	1 485	342.9	1217.6	1 309	357.8	1424.8	1 037	373.7	1518.6	261	–	–	–	40～44
284.3	612.8	1 100	323.0	1050.1	630	400.7	1560.3	759	418.2	1706.0	1 112	423.2	1688.0	180	45～49
269.3	633.8	814	326.8	901.0	398	354.9	1200.4	205	466.6	1910.5	610	535.1	1566.2	1 053	50～54
250.5	635.3	465	300.2	840.0	298	317.0	906.7	208	424.7	1602.2	264	513.4	1757.6	1 140	55～59
218.8	300.1	581	217.8	413.3	208	256.5	530.5	99	285.9	628.3	83	309.5	873.8	498	60～64
202.4	200.8	197	172.7	96.0	93	199.4	385.2	54	194.1	208.5	30	230.9	681.3	42	65～69
186.0	43.2	44	182.0	45.9	34	164.0	4.5	8	171.2	24.0	4	339.6	1357.9	5	70歳～
															男
288.3	**890.3**	**4 827**	**332.0**	**1169.8**	**3 050**	**371.2**	**1440.2**	**2 118**	**434.2**	**1739.9**	**2 019**	**489.9**	**1547.7**	**2 626**	**学歴計**
–	–	–	–	–	–	–	–	–	–	–	–	–	–	–	～19歳
–	–	–	–	–	–	–	–	–	–	–	–	–	–	–	20～24
254.9	880.8	84	–	–	–	–	–	–	–	–	–	–	–	–	25～29
284.4	955.8	906	274.2	896.1	110	–	–	–	–	–	–	–	–	–	30～34
303.9	1082.0	1 129	319.3	1199.2	689	316.1	1227.3	149	–	–	–	–	–	–	35～39
303.8	905.6	893	363.2	1406.7	1 023	365.3	1507.8	901	394.8	1586.5	222	–	–	–	40～44
318.4	949.4	559	347.8	1211.9	491	418.7	1657.0	649	432.6	1779.5	942	424.2	1687.3	178	45～49
293.7	995.7	415	358.1	1127.1	262	380.7	1402.0	150	474.0	1937.9	539	557.1	1592.9	918	50～54
269.4	670.6	280	318.2	961.3	241	338.7	1077.1	152	435.2	1646.7	238	524.4	1791.3	1 038	55～59
228.6	455.3	350	226.2	480.8	153	266.6	560.1	86	324.7	721.6	58	322.9	913.2	449	60～64
207.4	205.2	170	185.3	110.2	61	217.0	374.6	30	175.9	375.1	17	230.2	685.0	39	65～69
188.9	45.8	42	189.5	71.2	20	233.2	33.6	1	171.2	24.0	4	339.6	1357.9	5	70歳～
259.4	**674.8**	**1 752**	**293.0**	**891.8**	**1 105**	**334.4**	**1237.6**	**955**	**393.7**	**1550.8**	**1 010**	**438.3**	**1493.9**	**1 520**	**高校卒**
–	–	–	–	–	–	–	–	–	–	–	–	–	–	–	～19歳
–	–	–	–	–	–	–	–	–	–	–	–	–	–	–	20～24
263.8	936.1	77	–	–	–	–	–	–	–	–	–	–	–	–	25～29
285.6	679.8	310	277.0	921.8	102	–	–	–	–	–	–	–	–	–	30～34
260.2	688.4	242	300.0	926.2	277	316.1	1227.3	149	–	–	–	–	–	–	35～39
263.5	615.5	291	313.1	969.0	197	352.8	1364.6	454	396.4	1600.7	216	–	–	–	40～44
292.7	796.4	198	304.3	956.9	185	336.1	1242.3	135	408.5	1623.2	516	421.7	1672.9	175	45～49
289.4	1443.4	165	309.3	881.9	117	351.7	1263.5	85	390.1	1582.9	156	481.6	1649.8	529	50～54
253.2	488.1	157	296.5	949.0	139	303.9	1085.5	55	388.4	1368.2	80	497.3	1541.5	550	55～59
200.5	371.8	174	208.9	490.5	49	279.0	638.8	54	231.0	629.6	32	241.6	1000.9	246	60～64
185.7	141.0	115	166.2	169.0	29	223.8	498.4	23	193.6	988.0	6	234.7	562.8	20	65～69
188.7	35.8	23	176.2	156.9	8	233.2	33.6	1	171.2	24.0	4	–	–	–	70歳～

第2表　年齢階級、勤続年数階級別所定内給与額

企業規模	1,000人以上

Ｒ サ ー ビ ス 業

区分	勤続年数計			0年			1～2年			3～4年			5～9年		
	所定内給与額	年間賞与その他特別給与額	労働者数	所定内給与額	年間賞与その他特別給与額	労働者数	所定内給与額	年間賞与その他特別給与額	労働者数	所定内給与額	年間賞与その他特別給与額	労働者数	所定内給与額	年間賞与その他特別給与額	労働者数
	千円	千円	十人	千円	千円	十人	千円	千円	十人	千円	千円	十人	千円	千円	十人
高専・短大卒	**278.6**	**722.7**	**5 264**	**215.3**	**11.5**	**728**	**226.9**	**283.0**	**881**	**236.6**	**437.8**	**522**	**252.9**	**579.9**	**869**
～19歳	-	-	-	-	-	-	-	-	-	-	-	-	-	-	-
20～24	206.4	286.1	403	200.0	4.5	162	207.3	392.5	171	218.4	694.3	68	254.3	0.0	1
25～29	228.3	434.2	476	209.9	0.8	145	228.5	207.4	104	231.1	657.1	88	245.7	914.5	139
30～34	246.8	567.4	694	219.2	5.8	95	221.2	292.5	116	226.6	252.1	67	258.1	617.9	132
35～39	259.0	619.7	732	230.2	24.1	110	228.3	430.7	106	235.8	298.4	44	245.0	465.1	160
40～44	282.8	779.4	1 085	217.4	23.4	86	234.1	316.3	125	238.4	77.9	108	248.9	543.7	174
45～49	310.2	954.2	891	198.4	0.0	64	231.6	120.4	171	203.7	198.3	48	254.6	572.6	86
50～54	364.9	1091.7	446	182.8	2.4	25	250.6	126.5	31	258.0	452.0	26	259.4	563.4	81
55～59	345.5	1050.0	329	286.1	63.5	26	269.6	259.1	41	296.0	793.9	37	286.2	305.4	34
60～64	275.4	615.0	161	303.2	55.1	11	203.0	622.6	10	288.3	1084.7	29	283.2	403.5	47
65～69	207.5	205.2	36	242.9	0.0	5	175.6	0.0	6	184.8	439.5	8	186.9	215.2	9
70歳～	205.9	24.0	11	-	-	-	-	-	-	-	-	-	193.3	0.0	6
大学・大学院卒	**327.8**	**921.7**	**14 399**	**253.1**	**77.5**	**1 468**	**262.2**	**435.4**	**2 673**	**271.2**	**688.4**	**1 664**	**292.1**	**852.8**	**2 910**
～19歳	-	-	-	-	-	-	-	-	-	-	-	-	-	-	-
20～24	224.3	251.8	704	217.4	16.9	341	230.7	472.3	363	-	-	-	-	-	-
25～29	255.0	638.0	1 964	246.8	40.4	405	252.9	501.0	677	255.5	931.2	523	267.7	1143.6	357
30～34	278.7	830.0	1 984	260.3	24.4	124	253.5	369.7	459	284.1	543.0	295	284.6	1150.5	800
35～39	310.2	948.5	1 992	260.1	23.6	94	251.5	512.9	265	288.5	323.1	230	320.9	885.7	423
40～44	349.2	1220.3	1 950	232.0	25.9	87	285.8	424.3	155	283.7	844.0	175	321.3	855.0	300
45～49	377.2	1165.7	1 778	288.6	146.5	96	291.7	365.5	273	258.0	575.0	136	313.3	584.0	241
50～54	442.5	1170.9	1 431	315.5	185.9	112	301.4	540.2	131	244.8	465.4	101	294.8	588.6	199
55～59	408.6	1216.5	1 380	304.1	268.5	110	321.6	410.9	162	337.4	1216.2	97	295.2	656.4	276
60～64	297.9	467.8	911	259.2	255.4	77	262.2	266.8	129	244.0	328.4	79	262.3	328.5	199
65～69	233.2	246.7	264	193.3	6.4	21	227.4	173.8	59	210.7	256.3	28	241.4	180.4	92
70歳～	200.6	174.7	41	123.9	0.0	2	-	-	-	-	-	-	190.5	17.3	22
女															
学歴計	**225.4**	**229.7**	**24 885**	**203.9**	**9.1**	**3 661**	**216.4**	**90.5**	**7 473**	**221.6**	**198.2**	**3 811**	**223.5**	**302.3**	**5 138**
～19歳	183.0	8.9	133	186.7	0.0	113	161.5	60.7	19	-	-	-	-	-	-
20～24	206.1	125.8	2 062	204.9	10.7	829	206.2	204.9	1 046	213.1	199.5	166	191.4	147.8	22
25～29	213.7	239.9	2 746	213.8	14.5	640	207.2	163.4	1 165	221.5	485.1	512	222.8	489.9	410
30～34	221.5	232.3	3 220	200.8	4.2	439	210.6	67.9	1 095	227.5	303.5	635	228.8	428.2	718
35～39	230.9	287.4	3 196	211.3	0.6	488	212.4	98.1	811	214.7	186.0	504	242.8	307.4	676
40～44	229.0	243.2	4 332	196.1	19.3	419	220.3	30.9	1 063	228.5	107.0	780	222.2	409.0	1 016
45～49	234.7	198.5	3 999	204.2	2.7	345	230.4	33.0	1 134	223.2	53.3	542	224.1	180.9	1 016
50～54	243.5	246.6	2 719	199.9	6.2	237	233.6	22.2	654	222.2	97.0	387	225.4	164.9	645
55～59	237.3	337.5	1 359	192.1	24.0	92	224.0	81.9	334	217.8	141.1	187	223.2	236.0	319
60～64	190.2	149.5	763	171.2	9.0	46	185.6	62.5	63	178.4	93.8	81	184.0	174.8	199
65～69	178.3	125.8	312	169.3	0.0	10	217.8	1.2	83	156.2	201.0	17	155.1	168.8	104
70歳～	145.2	8.3	44	127.6	0.0	5	129.2	0.0	4	-	-	-	121.0	17.0	12
高校卒	**206.8**	**144.2**	**10 030**	**192.4**	**2.4**	**1 677**	**200.1**	**32.3**	**2 765**	**204.1**	**98.1**	**1 552**	**205.2**	**175.5**	**2 003**
～19歳	190.4	11.1	104	196.0	0.0	86	162.5	65.8	18	-	-	-	-	-	-
20～24	209.5	36.5	989	214.4	0.1	397	203.4	26.4	449	219.5	173.1	121	192.3	152.0	21
25～29	192.0	105.6	814	190.9	2.7	239	182.4	23.5	282	188.8	239.6	112	211.0	259.8	162
30～34	202.7	70.2	1 127	181.2	3.5	203	194.3	21.8	412	205.7	99.1	169	204.5	193.0	165
35～39	208.2	166.3	1 090	191.8	0.5	182	198.8	75.8	300	205.6	97.1	203	215.5	238.7	226
40～44	204.6	140.8	1 494	187.3	6.2	200	201.1	47.1	334	201.5	44.9	331	193.7	174.8	256
45～49	215.5	177.0	1 719	183.4	3.7	164	212.5	7.7	467	208.7	61.4	245	210.9	135.5	459
50～54	219.2	192.4	1 260	179.2	0.8	129	204.8	27.9	283	203.7	114.6	144	218.4	147.5	326
55～59	211.4	307.2	646	161.6	6.8	32	187.4	74.4	113	217.8	84.2	138	204.9	149.7	169
60～64	190.1	149.0	556	167.1	12.1	34	194.9	57.2	42	176.4	90.9	73	182.4	208.6	153
65～69	178.5	111.5	216	169.3	0.0	10	218.9	0.3	64	155.5	216.1	15	156.4	132.9	59
70歳～	155.7	6.4	16	-	-	-	194.3	0.0	1	-	-	-	121.4	15.4	7
高専・短大卒	**228.7**	**187.6**	**7 311**	**197.8**	**11.8**	**857**	**220.6**	**51.2**	**2 168**	**229.0**	**125.8**	**1 132**	**224.1**	**185.2**	**1 714**
～19歳	-	-	-	-	-	-	-	-	-	-	-	-	-	-	-
20～24	177.7	80.8	388	162.6	14.9	168	187.3	94.5	177	197.6	287.6	42	158.4	0.0	1
25～29	203.2	198.0	530	207.1	0.0	86	200.6	102.3	281	211.5	395.5	66	201.8	519.0	96
30～34	204.6	185.2	678	192.6	2.9	118	204.3	95.3	191	193.4	110.7	137	211.3	252.5	153
35～39	223.5	165.1	939	216.5	0.0	181	209.8	57.4	230	218.1	65.9	158	237.4	163.0	221
40～44	236.4	197.6	1 637	198.8	53.7	110	221.8	16.3	369	247.6	127.4	315	228.3	136.4	467
45～49	240.7	201.1	1 506	220.5	0.1	80	235.1	48.8	466	234.9	52.5	224	219.9	149.5	379
50～54	252.8	177.6	994	210.7	18.4	73	252.4	12.0	248	245.3	91.9	154	233.6	152.8	260
55～59	243.9	276.5	447	183.7	0.0	36	239.7	4.4	168	213.9	365.6	33	231.3	278.3	89
60～64	200.1	162.8	113	187.3	0.0	4	168.4	103.3	15	155.8	315.3	1	207.6	73.4	24
65～69	182.5	145.6	65	-	-	-	214.1	4.2	19	164.7	8.7	1	146.5	257.5	23
70歳～	147.1	0.0	14	-	-	-	103.1	0.0	3	-	-	-	-	-	-

及び年間賞与その他特別給与額

（他に分類されないもの）

10～14年			15～19年			20～24年			25～29年			30年以上			区分
所定内給与額	年間賞与その他特別給与額	労働者数	所定内給与額	年間賞与その他特別給与額	労働者数	所定内給与額	年間賞与その他特別給与額	労働者数	所定内給与額	年間賞与その他特別給与額	労働者数	所定内給与額	年間賞与その他特別給与額	労働者数	
千円	千円	十人	千円	千円	十人	千円	千円	十人	千円	千円	十人	千円	千円	十人	
281.2	881.8	812	327.6	1132.3	510	346.4	1459.5	374	406.4	1714.9	346	455.4	1722.0	221	高専・短大卒
-	-	-	-	-	-	-	-	-	-	-	-	-	-	-	～19歳
-	-	-	-	-	-	-	-	-	-	-	-	-	-	-	20～24
-	-	-	-	-	-	-	-	-	-	-	-	-	-	-	25～29
266.1	920.1	283	-	-	-	-	-	-	-	-	-	-	-	-	30～34
276.8	886.2	133	299.8	1116.5	179	-	-	-	-	-	-	-	-	-	35～39
290.8	826.8	150	316.1	1096.8	205	343.3	1482.3	235	359.9	1630.8	2	-	-	-	40～44
279.2	830.4	119	398.3	1432.7	65	341.7	1420.9	110	417.1	1838.1	227	610.0	2740.0	2	45～49
344.9	800.4	64	458.7	1644.3	23	359.8	1616.7	9	403.9	1639.8	80	508.6	1777.2	107	50～54
338.2	1569.9	32	378.3	881.1	24	407.9	1389.3	19	356.2	1162.1	34	425.2	1917.6	81	55～59
210.7	517.5	25	202.7	24.3	7	270.0	0.0	1	224.1	391.3	2	336.8	933.8	31	60～64
140.0	250.0	1	259.9	219.1	8	-	-	-	-	-	-	-	-	-	65～69
218.5	48.0	6	-	-	-	-	-	-	-	-	-	-	-	-	70歳～
322.2	1133.7	2 074	369.3	1446.6	1 372	435.9	1726.5	761	521.1	2101.7	635	603.4	1640.7	843	大学・大学院卒
-	-	-	-	-	-	-	-	-	-	-	-	-	-	-	～19歳
-	-	-	-	-	-	-	-	-	-	-	-	-	-	-	20～24
214.8	990.0	2	-	-	-	-	-	-	-	-	-	-	-	-	25～29
303.8	1291.6	303	259.7	571.8	2	-	-	-	-	-	-	-	-	-	30～34
323.3	1247.6	748	357.2	1588.9	232	-	-	-	-	-	-	-	-	-	35～39
342.1	1221.3	406	394.9	1656.7	616	417.2	1847.6	212	-	-	-	-	-	-	40～44
380.6	1224.8	207	368.8	1372.1	232	472.6	1892.0	396	513.8	2122.1	198	-	-	-	45～49
312.2	877.3	139	400.3	1344.9	112	428.8	1580.2	55	536.2	2201.4	301	718.6	1416.4	281	50～54
290.2	748.3	73	340.5	1018.7	77	350.7	991.7	75	504.4	2046.5	114	588.7	2132.2	395	55～59
263.0	542.8	146	242.2	518.0	89	268.7	496.0	22	469.7	891.0	23	472.9	843.9	147	60～64
295.3	476.7	37	149.4	0.0	11	-	-	-	-	-	-	215.0	836.9	16	65～69
177.1	59.0	13	-	-	-	-	-	-	-	-	-	347.4	1386.0	4	70歳～
															女
245.2	405.7	2 789	246.1	480.1	967	279.0	757.1	409	328.1	1242.0	346	355.8	1244.3	292	学歴計
-	-	-	-	-	-	-	-	-	-	-	-	-	-	-	～19歳
-	-	-	-	-	-	-	-	-	-	-	-	-	-	-	20～24
206.7	522.3	19	-	-	-	-	-	-	-	-	-	-	-	-	25～29
259.0	543.6	311	238.6	111.2	21	-	-	-	-	-	-	-	-	-	30～34
273.9	800.5	480	247.7	635.2	227	251.6	940.4	9	-	-	-	-	-	-	35～39
240.3	327.7	592	270.1	541.9	286	307.7	873.9	136	256.6	1141.6	40	-	-	-	40～44
249.1	265.5	542	235.1	476.4	139	294.3	987.4	110	338.0	1297.6	169	360.6	1729.1	3	45～49
244.0	257.2	399	266.3	464.0	136	285.3	655.8	55	411.0	1704.0	72	385.0	1384.1	135	50～54
222.0	582.2	186	224.7	331.0	57	257.1	436.9	55	329.0	1198.9	26	401.8	1415.6	102	55～59
203.9	64.5	231	194.3	226.6	55	190.1	335.7	13	196.3	413.2	25	186.8	512.3	49	60～64
171.6	173.7	27	148.1	68.4	31	176.9	398.6	24	216.8	0.0	13	239.8	636.0	3	65～69
137.7	0.0	3	171.8	11.2	15	153.4	0.0	7	-	-	-	-	-	-	70歳～
220.5	248.4	1 277	220.8	354.6	317	237.2	568.6	153	293.6	1236.7	154	284.5	1076.8	132	高校卒
-	-	-	-	-	-	-	-	-	-	-	-	-	-	-	～19歳
-	-	-	-	-	-	-	-	-	-	-	-	-	-	-	20～24
206.7	522.3	19	-	-	-	-	-	-	-	-	-	-	-	-	25～29
242.7	117.0	157	238.6	111.2	21	-	-	-	-	-	-	-	-	-	30～34
223.0	458.3	87	244.3	437.2	83	251.6	940.4	9	-	-	-	-	-	-	35～39
218.2	201.5	253	222.8	425.9	39	263.0	523.9	39	256.6	1141.6	40	-	-	-	40～44
224.5	343.1	235	213.0	427.6	47	246.1	566.6	34	321.6	1485.2	66	360.6	1729.1	3	45～49
235.6	198.6	237	230.1	333.6	43	265.3	855.2	21	343.7	1274.1	26	282.7	1122.6	51	50～54
186.8	652.9	85	220.8	458.4	31	212.1	535.4	19	247.6	973.3	9	331.5	1294.7	50	55～59
202.6	59.1	176	201.1	278.1	23	190.1	335.7	13	198.9	380.5	13	196.7	540.1	28	60～64
173.8	181.1	26	145.6	82.9	26	186.1	376.7	16	-	-	-	-	-	-	65～69
137.7	0.0	3	213.9	0.0	4	153.7	0.0	2	-	-	-	-	-	-	70歳～
241.0	379.4	663	243.4	474.8	353	292.0	670.2	200	328.4	965.3	143	363.3	1216.7	82	高専・短大卒
-	-	-	-	-	-	-	-	-	-	-	-	-	-	-	～19歳
-	-	-	-	-	-	-	-	-	-	-	-	-	-	-	20～24
-	-	-	-	-	-	-	-	-	-	-	-	-	-	-	25～29
229.5	670.9	79	-	-	-	-	-	-	-	-	-	-	-	-	30～34
252.4	673.6	78	223.1	606.5	70	-	-	-	-	-	-	-	-	-	35～39
235.9	346.6	159	254.8	559.7	132	324.6	932.4	84	-	-	-	-	-	-	40～44
248.6	234.2	153	243.0	495.6	66	297.7	945.8	48	345.2	1087.0	90	-	-	-	45～49
256.1	342.9	120	254.4	264.4	58	270.9	26.1	25	337.9	964.9	16	428.1	1145.2	40	50～54
206.4	338.8	28	234.9	145.6	20	267.3	195.9	29	366.9	1283.0	17	375.2	1752.2	26	55～59
216.9	90.3	45	177.6	0.0	1	-	-	-	208.3	475.8	7	173.6	480.8	15	60～64
144.9	97.2	1	-	-	-	157.5	445.0	8	216.8	0.0	13	-	-	-	65～69
-	-	-	160.8	0.0	6	153.3	0.0	6	-	-	-	-	-	-	70歳～

第2表　年齢階級、勤続年数階級別所定内給与額

企業規模	1,000人以上
	100～999人

Ｒサービス業

区分	勤続年数計			0年			1～2年			3～4年			5～9年		
	所定内給与額	年間賞与その他特別給与額	労働者数	所定内給与額	年間賞与その他特別給与額	労働者数	所定内給与額	年間賞与その他特別給与額	労働者数	所定内給与額	年間賞与その他特別給与額	労働者数	所定内給与額	年間賞与その他特別給与額	労働者数
	千円	千円	十人	千円	千円	十人	千円	千円	十人	千円	千円	十人	千円	千円	十人
大学・大学院卒	**251.9**	**407.3**	**7 037**	**230.2**	**18.3**	**1 043**	**234.3**	**202.4**	**2 336**	**240.2**	**418.4**	**1 092**	**254.0**	**653.6**	**1 331**
～19歳	-	-	-	-	-	-	-	-	-	-	-	-	-	-	-
20～24	218.6	286.9	667	217.7	24.3	261	219.2	455.4	407	-	-	-	-	-	-
25～29	232.4	346.8	1 341	236.0	28.8	299	223.6	270.4	567	234.4	585.7	334	254.7	758.9	142
30～34	248.6	412.7	1 309	244.7	6.7	115	233.7	117.8	400	252.9	490.5	324	246.9	598.0	394
35～39	260.5	513.4	1 130	235.2	1.7	120	231.1	160.5	272	225.1	455.1	139	278.6	539.9	216
40～44	250.9	439.0	1 173	210.8	8.8	101	238.5	31.2	352	250.3	213.1	133	238.1	1057.9	288
45～49	270.6	249.1	732	228.3	3.1	96	267.7	59.3	186	251.3	26.5	62	270.1	369.6	174
50～54	299.1	579.1	428	255.7	0.0	34	280.4	36.5	100	213.0	79.1	88	239.1	315.2	50
55～59	310.0	617.2	218	260.0	117.7	17	255.8	351.7	51	255.3	129.1	11	261.8	412.4	61
60～64	201.4	263.1	30	-	-	-	160.0	10.0	1	298.4	520.0	1	-	-	-
65～69	188.8	233.9	9	-	-	-	-	-	-	-	-	-	159.2	0.0	6
70歳～	-	-	-	-	-	-	-	-	-	-	-	-	-	-	-
企業規模 100～999人															
男女計	**244.8**	**447.1**	**68 845**	**209.6**	**41.5**	**8 888**	**214.1**	**203.9**	**15 179**	**219.0**	**301.3**	**9 517**	**236.7**	**457.7**	**14 620**
～19歳	176.5	88.0	597	169.0	8.8	341	185.8	196.2	253	231.9	0.0	4	-	-	-
20～24	197.2	241.5	3 458	196.2	17.8	1 098	199.2	268.6	1 647	191.3	482.7	510	201.6	627.6	201
25～29	210.4	309.1	6 048	201.7	11.5	1 258	203.5	211.6	2 021	213.2	427.3	1 247	221.0	565.0	1 370
30～34	227.7	395.0	7 220	201.0	24.6	1 061	217.8	196.8	1 970	214.8	256.8	1 191	246.5	634.8	1 863
35～39	248.5	499.9	8 124	202.9	12.1	895	218.5	164.2	1 582	218.9	344.0	1 159	246.5	528.3	1 839
40～44	264.0	546.3	9 410	217.4	20.2	954	222.0	178.5	1 768	223.7	312.0	1 149	254.0	499.2	1 925
45～49	270.3	564.5	8 587	216.2	31.7	835	217.9	173.7	1 513	219.2	208.7	934	254.7	520.8	1 857
50～54	277.2	559.4	7 372	220.6	35.1	745	215.7	124.0	1 299	242.1	266.0	765	240.7	363.1	1 386
55～59	272.7	558.5	7 154	239.1	141.5	647	233.7	300.2	1 283	238.8	332.6	862	240.1	356.1	1 514
60～64	227.7	385.5	6 364	227.0	225.2	573	221.7	298.3	1 207	217.8	291.4	1 005	219.1	337.7	1 391
65～69	199.6	136.0	3 393	223.1	5.8	374	189.3	78.6	492	208.3	85.1	535	193.0	167.2	1 026
70歳～	184.2	76.9	1 117	189.9	0.0	107	174.4	33.1	144	176.3	10.6	155	171.3	98.3	246
男															
学歴計	**265.0**	**542.5**	**44 957**	**222.2**	**61.5**	**4 990**	**228.5**	**268.2**	**9 015**	**232.6**	**366.2**	**6 101**	**250.3**	**515.5**	**9 855**
～19歳	177.5	99.0	459	171.5	9.1	261	184.5	222.3	194	231.9	0.0	4	-	-	-
20～24	200.3	295.3	2 000	201.3	20.5	544	203.0	307.5	933	189.1	519.8	368	206.7	652.7	155
25～29	220.9	390.3	3 416	207.8	15.8	557	217.6	281.6	1 059	223.9	497.9	735	224.6	595.3	928
30～34	244.7	505.8	4 385	220.7	22.1	462	230.7	261.8	1 135	233.5	338.5	603	258.7	700.9	1 266
35～39	273.5	626.0	4 971	216.3	22.4	441	243.0	237.1	792	248.9	503.6	600	257.7	595.4	1 234
40～44	292.3	688.7	5 882	231.2	26.9	435	245.5	273.2	878	242.4	435.4	633	276.6	597.1	1 211
45～49	303.4	718.7	5 222	240.9	39.5	423	237.7	280.1	733	242.1	290.9	481	278.8	637.9	1 105
50～54	307.8	686.1	4 576	240.0	55.0	403	236.8	164.0	707	260.1	341.3	509	264.8	430.4	755
55～59	299.8	666.0	5 197	249.4	158.1	524	255.0	381.4	945	248.9	370.3	688	269.2	447.6	1 000
60～64	237.5	431.3	5 133	228.5	251.3	514	228.9	325.1	1 075	224.7	329.8	851	229.7	376.3	1 124
65～69	207.2	141.4	2 825	226.9	4.9	342	191.5	66.6	430	214.3	94.5	476	198.5	178.5	881
70歳～	191.9	78.5	890	195.9	0.0	84	177.4	35.6	134	176.6	10.6	154	181.9	119.3	196
高校卒	**241.7**	**450.5**	**23 834**	**210.0**	**62.2**	**2 761**	**210.4**	**205.5**	**4 883**	**213.5**	**300.4**	**3 281**	**228.4**	**413.2**	**5 233**
～19歳	177.9	105.6	429	171.8	9.8	245	184.8	237.0	181	250.0	0.0	3	-	-	-
20～24	193.1	334.4	1 177	194.2	12.6	230	193.0	285.0	516	184.9	514.5	283	207.3	662.3	148
25～29	208.8	325.0	1 560	199.6	13.1	276	204.0	187.6	415	189.9	235.8	214	211.7	518.5	522
30～34	226.7	407.6	2 018	213.2	33.3	222	216.3	176.9	529	219.8	278.7	258	223.4	442.8	478
35～39	244.5	507.3	2 315	202.2	26.9	222	213.3	161.1	461	227.3	451.7	314	240.3	472.8	534
40～44	270.2	582.7	2 948	220.9	16.5	268	218.1	197.6	433	230.5	342.4	397	246.5	507.9	587
45～49	273.7	601.7	2 703	210.9	30.6	222	210.0	137.3	381	221.3	285.4	309	250.5	504.6	581
50～54	279.9	594.9	2 595	230.5	40.4	246	213.4	129.2	432	232.4	290.6	294	272.9	429.8	479
55～59	265.0	535.3	2 823	242.1	140.5	317	238.7	332.8	598	226.6	297.1	378	239.2	358.4	507
60～64	220.8	391.9	2 936	215.4	253.3	326	213.5	262.8	574	207.6	289.6	465	210.4	402.7	672
65～69	193.3	119.1	1 695	195.7	7.1	153	177.0	77.7	258	193.8	66.3	270	188.6	122.1	569
70歳～	190.7	68.2	637	182.1	0.0	33	183.9	36.8	104	165.2	16.6	96	180.2	67.9	155
高専・短大卒	**283.9**	**648.4**	**5 790**	**223.6**	**21.8**	**684**	**233.3**	**329.9**	**865**	**240.1**	**460.9**	**675**	**271.2**	**609.9**	**1 337**
～19歳	-	-	-	-	-	-	-	-	-	-	-	-	-	-	-
20～24	203.2	290.4	334	202.4	37.6	142	204.5	410.7	119	202.7	586.5	73	-	-	-
25～29	226.3	461.8	457	194.2	4.5	62	220.1	268.2	132	229.9	574.0	85	241.1	711.5	177
30～34	249.4	612.7	687	196.1	3.6	53	238.8	341.1	154	219.3	344.1	93	271.3	779.7	210
35～39	280.2	647.6	737	250.3	5.0	67	244.5	421.1	84	260.4	623.8	86	240.2	541.7	198
40～44	298.9	756.5	1 084	228.9	14.2	68	245.6	367.4	108	269.2	653.1	97	287.8	580.9	263
45～49	327.3	878.1	861	254.8	55.5	105	251.8	378.7	102	230.5	431.0	31	319.1	917.5	189
50～54	347.4	804.2	549	278.5	1.4	34	299.2	375.3	38	291.9	306.6	65	262.8	395.7	79
55～59	323.1	761.9	499	239.3	38.7	34	229.8	197.4	45	226.2	245.9	67	306.6	337.5	97
60～64	258.5	397.7	299	214.0	0.0	25	201.7	180.0	42	216.2	212.6	35	254.0	296.5	75
65～69	214.4	112.4	251	214.8	7.0	84	229.2	111.6	32	234.7	321.4	42	198.8	118.1	42
70歳～	171.6	72.4	31	170.0	0.0	10	130.1	0.0	8	128.0	0.0	2	207.5	90.5	6

及び年間賞与その他特別給与額
（他に分類されないもの）

10～14年			15～19年			20～24年			25～29年			30年以上			区分
所定内給与額	年間賞与その他特別給与額	労働者数	所定内給与額	年間賞与その他特別給与額	労働者数	所定内給与額	年間賞与その他特別給与額	労働者数	所定内給与額	年間賞与その他特別給与額	労働者数	所定内給与額	年間賞与その他特別給与額	労働者数	
千円	千円	十人	千円	千円	十人	千円	千円	十人	千円	千円	十人	千円	千円	十人	
291.4	**699.1**	**798**	**293.0**	**693.3**	**260**	**346.2**	**1573.3**	**57**	**450.7**	**2154.0**	**47**	**482.8**	**1615.4**	**74**	**大学・大学院卒**
-	-	-	-	-	-	-	-	-	-	-	-	-	-	-	～19歳
-	-	-	-	-	-	-	-	-	-	-	-	-	-	-	20～24
-	-	-	-	-	-	-	-	-	-	-	-	-	-	-	25～29
324.4	1305.3	75	-	-	-	-	-	-	-	-	-	-	-	-	30～34
294.3	932.0	313	282.1	926.7	70	-	-	-	-	-	-	-	-	-	35～39
275.0	480.6	179	314.6	602.9	107	332.9	1565.7	13	-	-	-	-	-	-	40～44
286.3	169.0	152	273.3	549.4	21	348.2	1580.6	28	370.1	1775.8	14	-	-	-	45～49
264.3	352.7	39	330.9	955.7	35	372.6	1930.3	9	507.5	2465.1	30	466.4	1915.3	43	50～54
328.4	1082.8	40	220.2	350.2	4	329.2	1131.0	8	510.8	2416.0	1	564.3	1304.2	26	55～59
190.8	0.0	1	202.1	215.4	24	-	-	-	185.3	355.9	2	171.9	718.2	2	60～64
-	-	-	-	-	-	-	-	-	-	-	-	239.8	636.0	3	65～69
-	-	-	-	-	-	-	-	-	-	-	-	-	-	-	70歳～
															企業規模 100～999人
267.5	**659.1**	**9 434**	**291.1**	**790.6**	**4 853**	**333.9**	**1070.4**	**2 755**	**377.4**	**1309.9**	**1 783**	**368.5**	**1329.9**	**1 817**	**男女計**
-	-	-	-	-	-	-	-	-	-	-	-	-	-	-	～19歳
-	-	-	-	-	-	-	-	-	-	-	-	-	-	-	20～24
254.4	791.5	152	-	-	-	-	-	-	-	-	-	-	-	-	25～29
251.3	827.8	1 025	265.7	915.5	110	-	-	-	-	-	-	-	-	-	30～34
292.3	879.5	1 649	303.9	961.2	886	289.2	1038.0	115	-	-	-	-	-	-	35～39
297.6	797.5	1 480	320.2	999.9	1 107	333.9	1149.1	878	338.6	1279.2	149	-	-	-	40～44
292.2	671.6	1 302	310.7	834.9	828	366.6	1342.0	619	387.4	1426.2	630	361.1	1471.5	69	45～49
288.8	649.5	1 157	299.4	763.7	609	372.8	1143.7	405	427.1	1619.8	488	393.5	1464.6	519	50～54
253.8	501.9	985	292.1	690.0	557	341.5	1046.2	353	399.8	1202.5	291	419.5	1653.7	662	55～59
216.9	437.2	900	223.8	423.1	475	253.6	537.4	244	257.3	581.9	131	298.5	914.2	436	60～64
189.0	157.9	549	182.6	124.7	179	218.8	262.8	84	208.3	348.3	60	252.8	544.4	95	65～69
176.6	80.0	236	181.2	133.5	103	257.1	81.1	57	222.7	268.6	34	238.3	254.0	35	70歳～
															男
289.6	**743.4**	**6 464**	**317.2**	**888.6**	**3 375**	**351.1**	**1123.5**	**2 158**	**396.7**	**1370.0**	**1 437**	**377.3**	**1378.4**	**1 561**	**学歴計**
-	-	-	-	-	-	-	-	-	-	-	-	-	-	-	～19歳
-	-	-	-	-	-	-	-	-	-	-	-	-	-	-	20～24
259.5	786.4	137	-	-	-	-	-	-	-	-	-	-	-	-	25～29
260.6	885.2	820	273.2	948.3	98	-	-	-	-	-	-	-	-	-	30～34
313.6	955.8	1 153	327.6	1027.2	648	294.1	1070.8	103	-	-	-	-	-	-	35～39
316.3	838.0	1 125	350.8	1127.0	769	346.4	1170.5	712	355.5	1315.7	120	-	-	-	40～44
336.2	804.4	801	332.5	895.9	599	372.6	1337.8	534	397.8	1439.3	486	375.4	1501.5	61	45～49
315.0	721.9	655	318.2	793.4	401	396.5	1170.9	300	437.4	1656.6	432	411.4	1560.4	412	50～54
298.4	679.8	583	326.3	872.8	358	370.6	1153.9	260	425.6	1272.9	243	428.0	1673.2	596	55～59
231.7	513.2	634	262.6	600.2	299	260.3	616.6	159	277.0	694.0	96	296.1	950.0	382	60～64
201.3	189.4	385	197.0	126.4	123	235.9	253.1	64	252.5	378.2	33	256.3	545.5	91	65～69
181.5	87.2	170	191.1	135.6	79	381.1	20.9	26	245.3	235.7	26	264.6	399.6	19	70歳～
265.8	**653.7**	**3 321**	**277.5**	**704.6**	**1 602**	**316.5**	**959.5**	**1 104**	**357.6**	**1224.7**	**768**	**347.6**	**1265.1**	**881**	**高校卒**
-	-	-	-	-	-	-	-	-	-	-	-	-	-	-	～19歳
-	-	-	-	-	-	-	-	-	-	-	-	-	-	-	20～24
261.7	785.3	133	-	-	-	-	-	-	-	-	-	-	-	-	25～29
245.5	798.9	440	266.0	948.8	91	-	-	-	-	-	-	-	-	-	30～34
287.0	822.3	416	277.7	937.1	266	293.1	1064.2	102	-	-	-	-	-	-	35～39
306.4	804.9	482	325.0	927.8	281	329.8	1025.4	383	354.8	1309.6	116	-	-	-	40～44
308.3	712.0	393	305.9	792.5	277	319.3	1092.3	219	385.7	1368.2	262	378.0	1516.6	58	45～49
291.8	718.5	368	293.0	659.7	181	348.8	1082.0	144	374.5	1396.4	185	370.6	1468.2	264	50～54
261.5	556.0	313	260.1	607.2	173	321.0	996.6	120	356.3	1155.9	108	381.9	1459.0	308	55～59
224.7	513.3	404	240.8	420.9	179	219.1	429.9	77	256.7	674.8	46	285.3	859.3	191	60～64
198.0	185.4	253	197.0	83.8	88	234.9	299.9	34	258.8	359.1	24	233.5	447.7	45	65～69
180.4	100.6	118	178.9	76.7	65	383.1	11.2	25	242.2	227.3	25	248.9	316.7	15	70歳～
295.4	**786.4**	**900**	**359.0**	**1061.7**	**533**	**371.0**	**1179.8**	**388**	**408.2**	**1485.0**	**236**	**386.9**	**1420.7**	**173**	**高専・短大卒**
-	-	-	-	-	-	-	-	-	-	-	-	-	-	-	～19歳
-	-	-	-	-	-	-	-	-	-	-	-	-	-	-	20～24
150.5	680.6	2	-	-	-	-	-	-	-	-	-	-	-	-	25～29
264.8	980.5	176	171.0	0.0	1	-	-	-	-	-	-	-	-	-	30～34
294.2	806.2	116	350.1	1004.4	186	-	-	-	-	-	-	-	-	-	35～39
295.6	828.5	210	355.7	1156.6	136	344.7	1149.1	200	413.7	1695.3	1	-	-	-	40～44
354.0	942.4	141	367.8	1183.0	78	371.9	1252.3	71	395.8	1469.6	143	-	-	-	45～49
318.3	646.1	118	371.1	956.9	54	477.1	1251.3	61	434.2	1650.3	42	434.5	1762.7	59	50～54
302.6	699.0	62	416.1	1351.2	43	383.1	1258.3	27	448.9	1489.4	44	386.3	1478.8	81	55～59
263.0	265.8	35	327.6	606.5	32	358.4	1311.2	22	211.1	580.5	6	292.3	736.5	27	60～64
178.0	91.8	35	176.0	0.0	2	189.7	2.8	7	-	-	-	362.0	386.0	6	65～69
203.4	317.5	5	-	-	-	-	-	-	-	-	-	-	-	-	70歳～

第2表　年齢階級、勤続年数階級別所定内給与額

企業規模	100～999人

Rサービス業

区分	勤続年数計			0年			1～2年			3～4年			5～9年		
	所定内給与額	年間賞与その他特別給与額	労働者数	所定内給与額	年間賞与その他特別給与額	労働者数	所定内給与額	年間賞与その他特別給与額	労働者数	所定内給与額	年間賞与その他特別給与額	労働者数	所定内給与額	年間賞与その他特別給与額	労働者数
	千円	千円	十人	千円	千円	十人	千円	千円	十人	千円	千円	十人	千円	千円	十人
大学・大学院卒	**305.7**	**703.3**	**13 180**	**250.5**	**89.2**	**1 314**	**262.8**	**393.1**	**2 732**	**267.5**	**469.2**	**1 890**	**288.8**	**699.7**	**2 767**
～19歳	-	-	-	-	-	-	-	-	-	-	-	-	-	-	-
20～24	217.7	223.8	424	208.9	18.1	161	223.1	345.6	256	209.9	416.7	6	289.7	757.7	1
25～29	234.1	458.1	1 309	223.0	23.0	184	229.9	366.3	496	240.4	617.2	417	241.9	735.7	209
30～34	266.7	597.9	1 520	240.7	14.3	173	247.3	360.7	374	257.6	418.9	228	283.5	872.2	549
35～39	311.2	799.5	1 777	222.0	19.0	118	311.9	350.6	215	279.5	553.2	185	285.7	773.9	474
40～44	334.3	892.5	1 630	270.3	76.2	81	300.0	431.3	251	263.6	599.4	115	328.7	814.3	324
45～49	364.4	897.4	1 431	317.2	53.4	76	288.2	526.0	202	309.3	286.3	116	318.9	795.2	267
50～54	359.2	857.1	1 196	250.0	110.3	110	274.4	200.4	203	318.8	495.0	130	261.6	444.2	146
55～59	362.4	898.5	1 629	270.8	236.7	155	297.9	545.5	272	301.1	555.9	216	325.3	685.3	303
60～64	273.1	550.5	1 574	271.6	324.5	143	267.7	498.1	373	252.9	412.8	320	273.0	366.9	310
65～69	255.1	243.5	558	306.8	0.0	85	193.9	36.1	77	274.5	91.9	112	240.2	399.4	173
70歳～	213.2	113.7	131	227.6	0.0	30	174.8	72.6	12	208.4	0.3	45	229.8	402.4	12
女															
学歴計	**206.8**	**267.5**	**23 888**	**193.4**	**15.9**	**3 898**	**192.9**	**110.0**	**6 164**	**194.8**	**185.3**	**3 416**	**208.5**	**338.2**	**4 765**
～19歳	173.4	51.4	138	161.1	7.8	79	190.0	110.2	59	-	-	-	-	-	-
20～24	193.0	167.6	1 458	191.3	15.2	554	194.1	217.8	715	196.9	386.4	142	184.8	544.1	47
25～29	196.6	203.7	2 632	196.8	8.0	701	188.0	134.6	962	197.8	326.0	513	213.4	501.5	442
30～34	201.5	223.5	2 835	185.7	26.4	598	200.3	108.4	835	195.6	172.9	588	220.4	494.7	597
35～39	209.1	301.0	3 153	190.0	2.2	454	194.0	91.1	790	186.8	172.8	559	223.7	391.2	604
40～44	216.8	308.8	3 527	205.9	14.7	519	198.9	85.2	891	200.7	160.8	516	215.6	333.3	714
45～49	219.1	325.0	3 365	190.8	23.7	413	199.2	73.9	780	194.8	121.7	454	219.4	349.2	753
50～54	227.1	352.0	2 796	197.8	11.6	342	190.6	76.2	592	206.3	116.0	256	211.9	282.5	631
55～59	201.0	273.0	1 957	195.0	70.9	123	174.1	73.4	338	199.0	184.5	175	183.5	178.2	514
60～64	186.9	194.3	1 231	213.7	0.5	60	163.3	80.3	132	179.7	79.1	154	174.8	175.6	267
65～69	161.8	109.4	568	182.4	14.9	32	174.0	162.9	61	160.0	9.0	59	160.1	98.8	145
70歳～	154.5	70.6	228	167.5	0.0	23	133.5	0.0	10	123.4	16.4	1	130.5	17.0	51
高校卒	**190.4**	**187.7**	**11 935**	**182.2**	**12.6**	**1 950**	**183.4**	**66.2**	**3 188**	**179.9**	**119.2**	**1 658**	**191.9**	**244.2**	**2 393**
～19歳	174.9	57.5	123	160.8	8.9	70	193.3	121.1	53	-	-	-	-	-	-
20～24	181.8	192.0	584	179.8	2.8	165	178.5	157.3	281	194.3	460.5	91	184.8	544.1	47
25～29	187.0	119.5	1 002	185.5	4.8	285	187.6	40.5	399	178.4	101.5	159	195.6	510.2	145
30～34	188.7	110.0	1 177	182.4	2.6	274	190.9	42.6	403	182.9	188.9	222	199.5	180.7	196
35～39	193.6	150.0	1 394	185.4	1.9	253	183.6	71.8	428	179.6	76.6	260	225.1	278.5	233
40～44	193.2	177.8	1 600	183.0	13.6	225	189.3	62.6	509	182.2	68.0	283	196.3	270.9	313
45～49	192.3	201.6	1 832	185.2	30.6	290	182.4	45.9	456	175.6	83.7	239	199.4	227.5	382
50～54	208.3	301.4	1 670	174.8	7.9	218	182.4	66.0	376	181.4	87.4	149	197.7	269.2	407
55～59	191.7	259.0	1 190	195.7	78.5	93	165.2	62.4	190	188.8	178.3	105	174.2	164.9	311
60～64	172.6	170.9	835	167.6	0.6	48	159.4	89.5	72	164.2	59.4	106	175.3	199.0	192
65～69	163.6	110.3	412	191.6	0.0	23	141.6	25.5	20	163.2	5.0	45	159.6	102.9	131
70歳～	140.0	84.5	117	176.2	0.0	9	-	-	-	-	-	-	110.0	20.2	38
高専・短大卒	**218.1**	**282.7**	**5 667**	**194.2**	**8.4**	**864**	**197.7**	**95.5**	**1 359**	**203.7**	**157.0**	**808**	**214.6**	**259.0**	**1 119**
～19歳	-	-	-	-	-	-	-	-	-	-	-	-	-	-	-
20～24	188.8	75.8	322	174.5	1.6	152	203.4	124.7	133	195.1	205.0	37	-	-	-
25～29	189.9	136.8	539	199.2	10.7	148	183.9	97.7	178	175.3	196.2	92	198.6	303.4	121
30～34	194.7	141.9	627	184.7	3.3	156	192.4	55.8	155	207.7	89.1	129	192.2	243.5	131
35～39	201.9	273.7	724	189.3	0.4	96	193.2	71.8	200	199.8	307.0	120	192.3	252.7	160
40～44	229.9	315.1	1 032	225.3	20.1	179	206.0	109.4	202	198.7	182.2	102	225.9	234.8	267
45～49	239.1	383.4	985	187.5	5.8	65	211.2	112.5	212	210.0	116.7	178	232.0	314.4	227
50～54	251.0	456.9	748	182.6	16.8	36	205.3	92.2	152	249.0	103.8	89	239.7	249.3	104
55～59	200.6	264.1	472	187.9	16.2	17	178.8	107.8	95	161.0	84.3	33	207.7	206.6	93
60～64	235.7	246.0	188	166.9	0.0	3	179.7	84.8	29	201.7	50.7	24	181.1	117.6	15
65～69	155.4	65.3	18	118.8	0.0	2	228.2	22.9	3	118.5	73.3	4	191.5	0.0	2
70歳～	165.1	0.0	11	168.5	0.0	10	-	-	-	-	-	-	-	-	-
大学・大学院卒	**240.8**	**473.9**	**5 154**	**219.7**	**32.8**	**913**	**215.1**	**240.4**	**1 348**	**222.8**	**381.8**	**786**	**248.6**	**697.9**	**1 015**
～19歳	-	-	-	-	-	-	-	-	-	-	-	-	-	-	-
20～24	209.6	207.0	519	213.6	34.5	215	206.2	327.2	289	218.5	377.2	14	-	-	-
25～29	212.2	334.8	1 019	210.0	10.9	245	195.8	272.7	352	219.2	525.0	252	239.0	646.4	171
30～34	225.8	460.6	896	194.8	101.3	144	223.9	267.0	241	205.3	270.6	175	251.9	861.3	263
35～39	245.2	597.7	905	206.6	5.7	82	226.6	191.3	139	202.8	278.3	143	267.7	751.9	175
40～44	254.8	600.2	785	224.2	9.3	103	227.1	139.1	152	245.5	359.6	124	251.6	809.1	110
45～49	291.4	746.6	440	249.2	13.4	41	257.3	141.0	88	277.4	525.0	23	263.4	859.7	115
50～54	288.8	441.0	292	285.3	24.7	66	221.4	128.5	43	219.6	555.6	13	249.5	413.7	100
55～59	262.6	418.0	200	218.9	166.8	7	219.5	92.4	28	268.3	279.8	35	180.4	132.4	61
60～64	285.7	337.7	78	1000.0	0.0	4	186.9	68.3	12	403.2	244.5	7	221.7	134.5	18
65～69	181.4	83.9	18	171.8	66.6	7	199.0	0.0	3	-	-	-	239.1	80.7	2
70歳～	679.8	0.0	1	-	-	-	-	-	-	-	-	-	-	-	-

及び年間賞与その他特別給与額

（他に分類されないもの）

10～14年			15～19年			20～24年			25～29年			30年以上			区分
所定内給与額	年間賞与その他特別給与額	労働者数	所定内給与額	年間賞与その他特別給与額	労働者数	所定内給与額	年間賞与その他特別給与額	労働者数	所定内給与額	年間賞与その他特別給与額	労働者数	所定内給与額	年間賞与その他特別給与額	労働者数	
千円	千円	十人	千円	千円	十人	千円	千円	十人	千円	千円	十人	千円	千円	十人	
331.7	**913.7**	**2 027**	**365.2**	**1136.5**	**1 074**	**411.3**	**1451.2**	**590**	**489.0**	**1667.0**	**369**	**456.4**	**1708.3**	**416**	**大学・大学院卒**
-	-	-	-	-	-	-	-	-	-	-	-	-	-	-	～ 19歳
-	-	-	-	-	-	-	-	-	-	-	-	-	-	-	20 ～ 24
204.4	911.4	3	-	-	-	-	-	-	-	-	-	-	-	-	25 ～ 29
290.3	1005.1	196	-	-	-	-	-	-	-	-	-	-	-	-	30 ～ 34
337.7	1087.9	599	378.3	1195.9	186	-	-	-	-	-	-	-	-	-	35 ～ 39
341.6	906.9	399	372.3	1302.9	339	399.9	1682.7	121	-	-	-	-	-	-	40 ～ 44
378.1	907.5	248	358.1	939.1	228	428.1	1642.0	224	464.3	1724.1	70	-	-	-	45 ～ 49
378.4	835.3	154	354.4	1054.9	103	425.0	1283.3	90	503.5	1927.8	190	541.5	1754.9	71	50 ～ 54
361.9	897.9	189	389.0	1073.8	133	436.0	1369.1	99	532.2	1331.6	76	537.9	2164.6	185	55 ～ 59
248.5	622.4	157	312.4	1253.5	64	284.2	561.1	51	360.8	800.7	28	327.6	1236.6	130	60 ～ 64
222.8	292.5	67	294.1	529.4	10	500.0	959.7	5	318.5	867.2	4	298.7	795.7	27	65 ～ 69
145.8	11.4	18	260.6	500.0	11	281.2	515.2	1	344.4	500.0	1	401.0	1006.4	3	70歳～
															女
219.5	**475.5**	**2 970**	**231.5**	**566.7**	**1 478**	**271.5**	**878.0**	**596**	**297.1**	**1059.6**	**345**	**315.1**	**1034.3**	**256**	**学歴計**
-	-	-	-	-	-	-	-	-	-	-	-	-	-	-	～ 19歳
-	-	-	-	-	-	-	-	-	-	-	-	-	-	-	20 ～ 24
206.5	838.6	15	-	-	-	-	-	-	-	-	-	-	-	-	25 ～ 29
213.8	597.1	204	207.7	661.3	13	-	-	-	-	-	-	-	-	-	30 ～ 34
242.9	702.1	496	239.3	781.7	238	246.7	752.5	12	-	-	-	-	-	-	35 ～ 39
238.1	668.6	354	250.3	709.8	337	280.3	1056.9	166	269.8	1131.0	30	-	-	-	40 ～ 44
221.9	459.2	501	253.8	675.4	229	328.5	1369.0	84	351.8	1381.8	143	256.8	1252.0	8	45 ～ 49
254.7	555.1	502	263.2	706.1	207	305.0	1065.8	105	346.3	1332.7	55	324.5	1094.3	107	50 ～ 54
189.2	243.7	402	230.6	360.5	199	260.4	746.3	93	266.3	839.1	47	342.3	1477.9	66	55 ～ 59
181.8	256.4	266	157.9	122.5	176	241.0	389.4	85	204.5	280.2	36	315.0	664.7	55	60 ～ 64
159.9	83.9	164	150.9	121.1	56	166.1	292.9	21	153.1	310.8	27	171.6	518.8	4	65 ～ 69
163.7	61.2	66	147.4	126.2	23	153.0	131.7	31	146.2	379.7	8	206.3	77.6	16	70歳～
194.8	**310.5**	**1 431**	**203.7**	**414.3**	**772**	**253.4**	**715.5**	**269**	**244.5**	**850.0**	**167**	**274.5**	**1161.2**	**107**	**高校卒**
-	-	-	-	-	-	-	-	-	-	-	-	-	-	-	～ 19歳
-	-	-	-	-	-	-	-	-	-	-	-	-	-	-	20 ～ 24
206.5	838.6	15	-	-	-	-	-	-	-	-	-	-	-	-	25 ～ 29
185.8	373.9	69	207.7	661.3	13	-	-	-	-	-	-	-	-	-	30 ～ 34
205.6	274.7	139	199.2	646.9	72	247.0	882.2	10	-	-	-	-	-	-	35 ～ 39
182.8	344.8	111	226.0	377.4	81	245.8	883.0	49	269.8	1131.0	30	-	-	-	40 ～ 44
193.5	357.5	297	209.0	521.4	105	256.3	729.8	10	293.8	1185.6	46	256.8	1252.0	8	45 ～ 49
228.6	435.4	246	254.9	697.8	152	324.2	1090.3	64	304.5	1068.9	20	314.0	1328.6	38	50 ～ 54
193.7	277.6	238	205.9	373.4	143	267.7	814.3	53	217.1	557.7	25	286.1	1269.4	34	55 ～ 59
175.2	207.9	174	156.6	95.5	152	223.0	285.5	46	177.5	388.4	22	218.6	840.3	23	60 ～ 64
169.6	98.7	112	152.2	116.1	44	167.0	369.8	16	167.0	413.9	20	211.4	724.5	2	65 ～ 69
155.2	98.1	29	139.0	100.0	11	153.1	62.5	21	149.0	492.7	6	164.6	330.5	3	70歳～
228.1	**489.2**	**735**	**262.6**	**673.7**	**336**	**273.4**	**966.7**	**210**	**339.9**	**1276.3**	**137**	**351.2**	**853.5**	**99**	**高専・短大卒**
-	-	-	-	-	-	-	-	-	-	-	-	-	-	-	～ 19歳
-	-	-	-	-	-	-	-	-	-	-	-	-	-	-	20 ～ 24
-	-	-	-	-	-	-	-	-	-	-	-	-	-	-	25 ～ 29
205.3	645.4	57	-	-	-	-	-	-	-	-	-	-	-	-	30 ～ 34
219.7	715.1	54	241.1	735.0	92	302.0	0.0	1	-	-	-	-	-	-	35 ～ 39
229.4	434.9	87	287.4	777.5	107	272.7	1097.8	89	-	-	-	-	-	-	40 ～ 44
254.0	567.7	125	273.2	560.4	59	288.0	1080.5	37	366.7	1435.0	82	-	-	-	45 ～ 49
266.0	637.8	207	268.7	700.3	32	261.7	972.9	38	329.0	1597.0	25	324.0	928.6	65	50 ～ 54
175.9	166.2	137	240.9	413.7	37	235.5	677.7	29	311.5	1043.7	16	348.9	1275.0	14	55 ～ 59
200.6	328.6	62	179.8	514.6	8	358.8	616.5	14	250.3	96.3	13	442.0	318.8	20	60 ～ 64
127.8	35.2	6	167.2	553.6	1	184.0	133.3	2	142.5	401.4	0	191.3	679.3	0	65 ～ 69
-	-	-	-	-	-	-	-	-	136.5	0.0	1	-	-	-	70歳～
274.4	**874.8**	**677**	**296.7**	**1020.0**	**269**	**370.8**	**1389.7**	**82**	**447.1**	**1537.6**	**31**	**409.6**	**1639.5**	**31**	**大学・大学院卒**
-	-	-	-	-	-	-	-	-	-	-	-	-	-	-	～ 19歳
-	-	-	-	-	-	-	-	-	-	-	-	-	-	-	20 ～ 24
-	-	-	-	-	-	-	-	-	-	-	-	-	-	-	25 ～ 29
248.3	825.6	72	-	-	-	-	-	-	-	-	-	-	-	-	30 ～ 34
264.1	896.4	303	278.9	1121.1	64	-	-	-	-	-	-	-	-	-	35 ～ 39
282.7	1034.1	156	267.9	1065.2	115	375.8	1245.1	25	-	-	-	-	-	-	40 ～ 44
301.8	742.5	65	319.9	1130.5	56	388.6	1832.8	37	448.6	1678.7	15	-	-	-	45 ～ 49
377.0	929.4	40	402.7	931.0	14	451.3	1733.8	3	486.0	1268.2	10	445.5	1647.0	4	50 ～ 54
244.0	436.0	20	428.5	176.4	17	300.1	621.5	10	375.6	1631.3	6	442.0	2140.9	16	55 ～ 59
215.8	383.5	16	165.4	367.7	3	327.7	541.1	7	-	-	-	311.3	1015.1	10	60 ～ 64
169.1	76.1	6	178.0	507.0	1	-	-	-	-	-	-	-	-	-	65 ～ 69
-	-	-	-	-	-	-	-	-	-	-	-	679.8	0.0	1	70歳～

第2表　年齢階級、勤続年数階級別所定内給与額

企業規模	10～99人

Rサービス業

区分	勤続年数計			0年			1～2年			3～4年			5～9年		
	所定内給与額	年間賞与その他特別給与額	労働者数	所定内給与額	年間賞与その他特別給与額	労働者数	所定内給与額	年間賞与その他特別給与額	労働者数	所定内給与額	年間賞与その他特別給与額	労働者数	所定内給与額	年間賞与その他特別給与額	労働者数
	千円	千円	十人	千円	千円	十人	千円	千円	十人	千円	千円	十人	千円	千円	十人
企業規模 10～99人															
男女計	**260.3**	**437.6**	**46 770**	**224.3**	**22.9**	**5 129**	**223.8**	**214.8**	**9 061**	**235.9**	**344.8**	**6 593**	**248.9**	**402.9**	**9 785**
～19歳	175.8	100.2	270	177.1	3.8	137	174.6	200.2	132	182.2	110.0	0	-	-	-
20～24	197.9	183.3	2 084	201.5	19.5	736	195.9	209.9	910	194.3	384.4	351	202.2	479.9	87
25～29	222.5	275.9	4 056	206.5	31.0	835	218.9	230.1	1 337	229.4	370.9	862	233.0	446.8	948
30～34	244.6	397.3	4 842	235.7	27.1	567	227.7	255.6	1 188	236.3	413.0	797	256.8	487.1	1 428
35～39	267.0	486.2	5 869	241.9	19.1	589	234.0	196.2	1 103	237.7	329.1	759	275.6	541.4	1 428
40～44	277.5	526.7	6 608	235.3	16.4	516	239.1	246.8	1 010	253.1	316.2	800	268.1	490.5	1 359
45～49	286.3	523.7	6 205	247.1	17.0	551	225.0	187.0	939	260.8	291.0	816	261.3	367.9	1 203
50～54	290.1	589.3	4 773	221.9	20.9	348	228.3	182.1	653	239.8	291.3	535	254.4	369.3	875
55～59	289.3	564.9	4 351	241.0	31.6	291	225.1	216.3	566	238.3	445.5	496	254.8	324.1	823
60～64	251.5	368.1	4 252	236.1	24.7	377	244.5	251.4	716	245.3	448.8	694	207.5	259.4	737
65～69	210.2	199.1	2 400	204.5	44.0	140	209.2	141.7	376	189.6	153.3	350	194.8	157.0	614
70歳～	221.1	112.2	1 062	167.2	8.8	42	167.6	11.5	132	167.2	55.1	133	188.0	74.4	282
男															
学歴計	**273.0**	**465.9**	**34 649**	**238.3**	**28.1**	**3 401**	**234.0**	**238.0**	**6 109**	**245.3**	**375.8**	**4 897**	**257.8**	**403.1**	**7 595**
～19歳	178.3	92.1	180	182.5	5.0	96	173.5	190.9	84	182.2	110.0	0	-	-	-
20～24	204.3	196.2	1 312	206.2	24.5	412	203.2	207.5	571	203.0	361.8	265	206.8	514.9	64
25～29	229.2	295.8	2 581	215.3	42.6	501	222.9	281.4	739	235.8	409.7	589	237.6	376.5	696
30～34	254.9	428.1	3 676	257.0	30.8	378	237.0	290.8	771	243.1	416.2	607	263.8	490.3	1 190
35～39	279.5	535.2	4 399	261.0	22.9	375	240.2	227.0	727	250.3	403.7	482	285.7	554.1	1 183
40～44	296.2	568.4	4 796	253.6	20.1	317	261.0	283.4	681	272.2	374.1	541	293.1	528.5	969
45～49	305.3	565.9	4 511	270.2	20.9	348	243.9	192.1	559	275.7	314.6	598	273.4	385.7	903
50～54	305.2	608.5	3 457	239.0	21.4	239	242.2	197.5	457	252.3	290.2	391	256.4	340.4	591
55～59	302.3	586.3	3 269	257.9	42.1	216	235.8	240.1	430	247.3	502.8	394	262.9	330.4	606
60～64	260.4	386.8	3 567	242.2	26.2	342	248.8	273.4	646	251.5	478.8	623	216.1	267.3	581
65～69	217.0	205.1	1 998	206.0	44.4	137	216.8	158.8	320	193.1	166.5	291	200.0	164.0	550
70歳～	216.8	99.5	901	167.1	9.3	40	168.4	9.2	125	166.5	61.6	116	191.6	75.1	261
高校卒	**254.7**	**376.1**	**19 517**	**221.0**	**17.1**	**1 817**	**218.7**	**172.3**	**3 495**	**228.2**	**280.9**	**2 863**	**243.7**	**331.6**	**4 328**
～19歳	177.5	94.6	158	181.8	5.5	86	172.5	201.2	72	-	-	-	-	-	-
20～24	196.8	209.9	748	201.8	8.7	189	192.9	178.4	319	197.0	361.3	191	202.6	594.0	50
25～29	221.0	250.0	1 244	206.3	12.0	219	216.3	238.1	351	227.1	270.1	297	225.1	355.5	331
30～34	243.1	377.6	1 831	208.1	22.4	153	230.0	205.6	359	229.9	340.3	338	252.7	401.0	563
35～39	264.3	408.2	2 359	243.4	14.8	214	232.5	155.5	468	231.2	323.0	270	274.7	450.4	581
40～44	278.4	451.0	2 669	241.8	18.6	195	244.0	202.4	389	252.2	296.0	345	270.4	439.4	537
45～49	282.8	441.4	2 735	263.8	19.7	208	229.6	156.7	371	254.7	225.6	397	261.4	317.3	586
50～54	283.5	480.5	2 219	242.2	8.9	169	226.5	120.2	333	241.0	283.3	237	251.8	298.6	414
55～59	271.4	466.8	1 957	199.1	4.6	103	210.2	196.5	279	225.9	327.6	260	240.5	312.2	384
60～64	231.8	297.0	1 938	206.4	31.2	159	203.8	149.8	293	214.4	273.0	304	208.3	199.3	392
65～69	203.0	162.1	1 180	189.9	49.6	101	198.6	131.2	184	172.7	130.6	153	192.0	139.0	357
70歳～	183.2	96.9	480	156.5	5.7	22	162.7	9.2	76	177.0	80.5	71	171.7	51.4	132
高専・短大卒	**282.6**	**550.1**	**3 697**	**233.2**	**48.0**	**357**	**234.1**	**248.3**	**656**	**261.2**	**483.2**	**451**	**271.6**	**536.8**	**719**
～19歳	-	-	-	-	-	-	-	-	-	-	-	-	-	-	-
20～24	204.3	231.7	209	190.3	46.7	59	208.6	247.4	95	212.3	399.4	54	207.7	968.0	1
25～29	215.1	320.6	338	202.3	95.1	96	212.7	230.4	93	237.4	498.5	49	218.5	536.7	99
30～34	250.4	437.9	540	283.4	71.2	38	218.3	169.8	156	269.9	534.2	73	256.6	545.3	125
35～39	285.8	636.1	587	247.8	5.2	43	243.3	275.8	77	269.8	591.4	62	293.1	701.2	122
40～44	303.5	647.9	718	252.1	6.8	43	273.7	451.7	93	295.6	549.3	66	295.6	649.8	144
45～49	312.0	632.9	540	272.1	11.0	35	263.8	259.1	53	267.2	407.8	56	276.6	255.3	105
50～54	346.3	741.0	318	227.1	0.0	16	259.7	278.3	27	309.6	522.1	36	282.8	596.8	38
55～59	322.8	722.9	208	291.9	93.9	16	234.8	119.8	18	216.8	374.9	21	342.1	578.0	28
60～64	281.5	393.9	163	215.5	9.2	7	258.8	161.2	30	252.4	452.4	21	239.2	426.7	33
65～69	230.0	132.2	52	278.6	17.3	2	211.8	25.3	10	238.2	112.7	8	254.4	183.6	17
70歳～	211.6	142.3	25	242.0	0.0	1	176.1	0.0	5	166.1	0.0	5	210.4	277.6	7
大学・大学院卒	**320.5**	**690.1**	**8 772**	**276.6**	**46.8**	**978**	**274.3**	**412.4**	**1 554**	**287.7**	**598.1**	**1 281**	**295.4**	**562.5**	**2 003**
～19歳	-	-	-	-	-	-	-	-	-	-	-	-	-	-	-
20～24	222.3	161.3	280	219.6	39.1	145	225.6	275.2	131	212.0	829.7	4	-	-	-
25～29	242.8	358.9	890	224.6	58.3	164	234.3	363.9	267	244.3	600.5	222	263.4	334.5	237
30～34	276.0	512.5	1 138	296.7	30.0	159	257.6	525.6	211	256.8	506.4	182	281.5	584.4	463
35～39	310.4	768.8	1 226	328.9	57.2	89	263.7	440.1	154	279.5	487.8	128	302.8	669.0	430
40～44	342.1	847.2	1 142	319.5	46.1	52	309.8	438.9	154	335.7	551.2	102	348.3	678.7	247
45～49	378.0	961.9	932	297.2	35.2	70	289.2	337.4	84	351.0	577.3	126	337.3	858.4	142
50～54	372.6	1049.4	653	250.5	102.9	34	315.4	543.0	73	274.6	251.0	87	292.8	594.0	79
55～59	390.6	932.4	834	334.2	85.6	83	320.8	447.8	100	364.5	1326.5	76	323.6	385.0	147
60～64	322.3	585.5	1 100	287.4	26.0	153	310.6	463.4	270	308.0	774.3	255	255.2	530.0	103
65～69	273.2	417.9	396	274.1	41.9	25	265.1	247.9	94	232.8	275.5	91	249.3	371.9	88
70歳～	350.0	150.9	182	208.2	50.4	5	208.4	18.4	16	142.6	66.7	8	237.0	133.8	67

及び年間賞与その他特別給与額

(他に分類されないもの)

10～14年 所定内給与額	10～14年 年間賞与その他特別給与額	10～14年 労働者数	15～19年 所定内給与額	15～19年 年間賞与その他特別給与額	15～19年 労働者数	20～24年 所定内給与額	20～24年 年間賞与その他特別給与額	20～24年 労働者数	25～29年 所定内給与額	25～29年 年間賞与その他特別給与額	25～29年 労働者数	30年以上 所定内給与額	30年以上 年間賞与その他特別給与額	30年以上 労働者数	区分
千円	千円	十人	千円	千円	十人	千円	千円	十人	千円	千円	十人	千円	千円	十人	
															企業規模 10～99人
273.9	**584.0**	**6 771**	**295.4**	**712.5**	**3 529**	**326.4**	**864.1**	**2 608**	**379.2**	**1091.0**	**1 466**	**384.4**	**1020.6**	**1 830**	男女計
–	–	–	–	–	–	–	–	–	–	–	–	–	–	–	～19歳
–	–	–	–	–	–	–	–	–	–	–	–	–	–	–	20～24
252.5	566.5	74	–	–	–	–	–	–	–	–	–	–	–	–	25～29
261.3	662.8	799	259.7	808.8	62	–	–	–	–	–	–	–	–	–	30～34
296.2	777.3	1 289	301.7	861.6	617	291.2	818.9	84	–	–	–	–	–	–	35～39
291.2	637.3	1 214	323.5	899.8	825	318.8	864.3	805	339.4	1153.9	79	–	–	–	40～44
286.8	594.5	929	319.2	803.9	564	362.9	1096.4	641	398.9	1194.7	516	368.3	1291.0	46	45～49
295.9	688.2	725	298.3	665.3	488	343.2	914.0	363	406.2	1322.2	405	415.6	1358.4	380	50～54
279.8	462.9	638	292.7	597.7	384	333.7	893.2	337	350.7	950.3	238	426.8	1361.9	578	55～59
227.2	321.2	588	247.0	385.0	302	283.6	423.1	233	382.3	700.4	143	332.0	798.9	463	60～64
192.1	166.8	315	220.5	258.5	199	239.1	395.5	113	226.0	340.3	60	285.0	426.1	233	65～69
188.4	91.3	199	191.6	167.7	87	229.3	317.2	32	279.9	387.6	25	473.9	278.0	131	70歳～
															男
283.6	**603.4**	**5 281**	**306.4**	**719.6**	**2 736**	**343.0**	**875.7**	**1 995**	**400.0**	**1128.4**	**1 108**	**389.8**	**1009.3**	**1 527**	学歴計
–	–	–	–	–	–	–	–	–	–	–	–	–	–	–	～19歳
–	–	–	–	–	–	–	–	–	–	–	–	–	–	–	20～24
264.7	549.8	56	–	–	–	–	–	–	–	–	–	–	–	–	25～29
268.3	676.9	676	267.6	817.9	54	–	–	–	–	–	–	–	–	–	30～34
304.3	792.7	1 057	308.3	859.8	501	299.8	842.4	74	–	–	–	–	–	–	35～39
304.5	671.9	938	328.5	879.6	662	330.0	848.9	626	350.2	1105.3	61	–	–	–	40～44
302.9	612.4	700	328.1	813.9	445	373.7	1099.1	517	419.8	1222.7	404	381.0	1317.6	37	45～49
316.3	730.6	515	314.7	691.0	384	356.4	867.2	284	419.0	1364.9	306	427.8	1337.8	290	50～54
284.1	466.9	460	312.1	556.1	268	353.4	916.9	242	364.2	953.8	180	441.5	1370.4	473	55～59
234.7	338.7	458	263.1	407.9	202	300.4	436.9	182	415.2	762.0	110	336.4	804.1	423	60～64
197.4	164.0	259	232.1	282.0	145	302.4	586.7	54	255.9	293.9	32	288.5	427.6	210	65～69
185.3	79.4	161	191.5	146.6	73	283.1	354.6	16	307.7	418.4	15	484.3	275.0	93	70歳～
272.5	**500.2**	**3 045**	**293.5**	**605.7**	**1 624**	**328.3**	**725.4**	**1 092**	**345.9**	**963.2**	**576**	**345.3**	**906.7**	**678**	高校卒
–	–	–	–	–	–	–	–	–	–	–	–	–	–	–	～19歳
–	–	–	–	–	–	–	–	–	–	–	–	–	–	–	20～24
257.0	578.3	47	–	–	–	–	–	–	–	–	–	–	–	–	25～29
264.4	628.5	368	266.7	848.7	49	–	–	–	–	–	–	–	–	–	30～34
288.1	549.5	496	294.0	771.7	270	306.8	955.3	60	–	–	–	–	–	–	35～39
288.8	521.0	521	315.2	668.6	325	321.2	762.6	313	351.9	1272.8	44	–	–	–	40～44
290.3	522.3	442	315.8	687.0	279	347.1	775.1	207	368.3	1142.7	210	387.2	1380.3	33	45～49
300.4	665.1	355	307.1	602.2	274	345.1	716.3	182	352.5	1042.9	109	406.7	1294.4	145	50～54
278.9	462.9	299	286.7	488.4	183	340.6	867.3	151	340.6	755.9	108	404.4	1119.9	190	55～59
226.1	298.5	273	245.7	341.2	123	300.3	430.4	141	313.2	743.5	70	293.1	705.6	183	60～64
200.2	181.6	153	236.2	265.6	82	277.2	316.1	29	249.8	251.6	24	255.4	286.1	98	65～69
179.4	63.6	90	194.2	179.8	41	339.4	460.4	8	299.1	487.2	11	233.2	381.3	29	70歳～
291.0	**663.8**	**606**	**321.8**	**832.5**	**325**	**337.8**	**878.2**	**292**	**380.8**	**1086.3**	**127**	**408.4**	**1111.5**	**165**	高専・短大卒
–	–	–	–	–	–	–	–	–	–	–	–	–	–	–	～19歳
–	–	–	–	–	–	–	–	–	–	–	–	–	–	–	20～24
245.0	170.0	1	–	–	–	–	–	–	–	–	–	–	–	–	25～29
260.4	678.3	146	429.5	842.8	1	–	–	–	–	–	–	–	–	–	30～34
294.4	808.4	135	311.8	816.6	145	301.0	750.1	3	–	–	–	–	–	–	35～39
315.7	714.2	127	315.5	797.5	80	329.4	842.0	164	196.8	300.0	1	–	–	–	40～44
298.2	639.9	77	364.6	1132.4	50	357.7	979.3	86	370.3	1109.3	79	293.4	1296.8	0	45～49
344.0	648.0	52	333.7	830.6	24	320.7	836.0	19	416.8	1123.3	33	435.9	1097.7	74	50～54
265.2	499.6	22	300.1	581.6	14	347.2	861.8	18	390.1	1107.7	11	392.7	1268.5	59	55～59
268.9	221.5	31	333.9	286.9	8	334.0	0.0	1	309.4	385.5	3	388.7	888.8	28	60～64
182.5	75.9	11	–	–	–	279.7	355.1	1	–	–	–	229.0	442.5	3	65～69
291.0	320.2	5	182.0	0.0	2	–	–	–	–	–	–	350.0	0.0	0	70歳～
324.5	**942.5**	**1 169**	**360.1**	**1152.0**	**531**	**397.8**	**1354.2**	**458**	**527.3**	**1586.2**	**311**	**487.5**	**1328.7**	**487**	大学・大学院卒
–	–	–	–	–	–	–	–	–	–	–	–	–	–	–	～19歳
–	–	–	–	–	–	–	–	–	–	–	–	–	–	–	20～24
–	–	–	–	–	–	–	–	–	–	–	–	–	–	–	25～29
288.7	852.1	123	–	–	–	–	–	–	–	–	–	–	–	–	30～34
336.4	1195.1	360	362.9	1375.1	65	–	–	–	–	–	–	–	–	–	35～39
338.4	1004.6	257	361.2	1304.6	212	361.0	1177.6	118	–	–	–	–	–	–	40～44
355.8	898.4	124	356.4	1158.3	82	410.0	1523.9	202	578.9	1543.3	101	–	–	–	45～49
378.6	1144.2	80	368.3	1124.5	55	401.0	1324.1	66	474.8	1750.4	140	538.4	2195.1	41	50～54
337.1	627.3	80	429.5	906.7	51	447.7	1316.0	45	418.8	1460.3	47	497.9	1681.1	204	55～59
271.5	592.0	83	306.1	637.7	44	330.4	495.9	16	923.5	1056.4	20	399.0	1005.8	156	60～64
191.5	74.6	39	353.1	1096.7	12	446.4	1748.4	10	330.4	1039.9	3	469.3	1341.2	34	65～69
191.2	130.2	23	204.6	236.1	11	250.0	0.0	0	405.0	555.0	0	683.6	225.0	52	70歳～

第2表　年齢階級、勤続年数階級別所定内給与額

企業規模	10～99人
	計

R サービス業（他に分類されないもの）

区分	勤続年数計			0年			1～2年			3～4年			5～9年		
	所定内給与額	年間賞与その他特別給与額	労働者数	所定内給与額	年間賞与その他特別給与額	労働者数	所定内給与額	年間賞与その他特別給与額	労働者数	所定内給与額	年間賞与その他特別給与額	労働者数	所定内給与額	年間賞与その他特別給与額	労働者数
	千円	千円	十人	千円	千円	十人	千円	千円	十人	千円	千円	十人	千円	千円	十人
女															
学歴計	224.2	356.6	12 121	196.9	12.7	1 728	202.5	166.6	2 951	208.7	255.2	1 696	218.0	402.2	2 189
～19歳	170.9	116.5	90	164.4	1.3	42	176.5	216.5	48	－	－	－	－	－	－
20～24	187.0	161.4	772	195.5	13.1	324	183.7	213.8	339	167.8	453.8	86	189.1	380.9	23
25～29	210.7	241.0	1 475	193.4	13.4	334	213.9	166.7	597	215.6	287.3	273	220.5	640.1	253
30～34	211.9	300.2	1 166	193.0	19.7	189	210.5	190.8	418	214.8	402.8	191	221.4	471.0	237
35～39	229.6	339.4	1 470	208.2	12.3	213	222.1	136.5	375	215.8	199.3	277	226.6	480.4	245
40～44	227.8	416.2	1 812	206.1	10.4	199	193.8	170.9	329	213.2	195.1	259	205.9	396.0	390
45～49	235.8	411.2	1 694	207.2	10.3	202	197.2	179.4	380	219.7	226.1	218	224.9	314.2	301
50～54	250.3	539.0	1 315	184.6	19.9	109	195.9	146.1	196	205.8	294.2	144	250.2	429.7	284
55～59	250.3	500.1	1 082	192.8	1.5	76	191.5	141.6	137	203.4	222.4	101	232.5	306.4	217
60～64	205.2	270.4	685	175.8	8.9	35	204.6	48.4	70	190.5	184.5	71	175.5	229.6	156
65～69	176.4	169.0	401	144.3	26.5	3	165.0	42.2	55	172.3	88.6	59	151.0	97.0	64
70歳～	245.5	183.9	160	168.5	0.0	2	154.3	49.5	7	172.0	9.2	16	141.7	65.1	20
高校卒	200.1	271.9	5 879	182.2	10.6	780	181.9	113.7	1 430	183.2	203.2	775	191.7	281.6	1 088
～19歳	171.2	121.1	86	164.5	1.4	38	176.5	216.5	48	－	－	－	－	－	－
20～24	172.1	185.2	342	178.1	6.2	81	170.7	157.9	173	162.8	405.9	67	189.1	380.9	23
25～29	187.2	169.9	423	181.9	8.0	117	186.6	106.3	134	187.5	194.9	86	189.6	422.2	68
30～34	189.3	245.4	415	182.9	8.5	76	185.2	113.3	140	174.6	214.1	52	194.1	344.8	86
35～39	205.5	298.2	624	176.8	18.3	98	185.8	137.7	162	194.4	225.7	97	214.9	353.0	113
40～44	198.9	247.8	854	188.7	10.7	113	185.1	135.2	198	185.5	142.9	113	180.3	256.4	197
45～49	207.0	295.3	845	204.6	6.8	110	184.3	91.8	236	179.8	205.8	92	205.4	301.3	149
50～54	217.4	401.2	753	173.4	29.6	66	183.8	78.6	139	190.8	258.3	92	190.8	313.1	141
55～59	216.4	357.9	649	164.5	2.3	50	180.2	97.6	100	178.3	127.1	63	212.8	238.5	148
60～64	196.7	210.1	489	176.5	10.6	29	187.5	25.4	52	192.9	175.6	51	167.4	185.9	101
65～69	174.8	155.9	301	147.8	0.0	2	160.3	40.1	45	177.1	92.5	50	148.9	107.0	49
70歳～	197.3	201.4	98	174.6	0.0	2	150.6	52.1	3	167.4	2.6	12	135.5	78.3	15
高専・短大卒	234.6	428.0	2 834	201.2	11.0	440	210.9	164.9	615	210.2	329.2	313	227.9	444.7	521
～19歳	－	－	－	－	－	－	－	－	－	－	－	－	－	－	－
20～24	190.0	118.2	189	189.4	1.1	105	190.7	186.4	69	190.9	643.2	15	－	－	－
25～29	202.0	305.3	332	193.8	20.5	90	198.7	153.0	112	211.3	317.6	43	210.1	791.4	86
30～34	202.1	162.4	236	196.5	19.9	67	196.4	83.4	65	217.7	266.9	49	190.8	309.3	29
35～39	236.0	317.4	420	234.5	2.1	73	246.0	109.7	135	201.9	297.5	56	223.5	583.7	54
40～44	242.6	543.2	501	231.6	12.7	34	218.5	220.2	81	203.7	360.5	40	223.4	483.6	109
45～49	244.9	512.2	443	197.3	24.4	37	209.5	289.1	84	203.2	322.2	44	222.3	272.5	102
50～54	275.5	666.5	308	154.9	1.0	21	179.6	150.4	34	248.7	466.2	29	298.6	347.2	68
55～59	262.5	592.0	263	198.2	0.0	12	204.0	132.5	23	224.2	210.3	20	235.8	244.5	41
60～64	226.4	441.6	99	170.6	0.0	2	183.9	172.6	5	190.4	316.0	12	202.1	350.8	24
65～69	199.8	344.0	37	145.0	260.0	0	221.2	0.0	3	145.3	29.7	4	140.1	21.8	6
70歳～	220.8	253.0	8	－	－	－	158.4	0.0	4	218.8	0.0	1	213.0	0.0	1
大学・大学院卒	267.3	481.5	2 987	222.7	19.9	440	235.5	266.0	805	248.1	309.0	550	268.3	626.8	524
～19歳	－	－	－	－	－	－	－	－	－	－	－	－	－	－	－
20～24	209.7	169.3	226	212.8	27.7	131	205.8	352.4	92	193.5	736.5	3	－	－	－
25～29	230.5	262.7	680	208.4	15.4	110	229.6	195.3	332	234.9	336.0	142	252.7	673.4	96
30～34	242.0	436.4	456	207.3	37.6	44	241.3	275.7	181	248.4	683.9	76	249.4	605.2	121
35～39	266.2	448.6	387	247.3	19.9	34	286.6	238.5	59	238.8	135.5	124	247.5	601.6	76
40～44	273.3	632.1	413	246.2	10.9	37	185.7	244.0	44	254.0	199.1	96	244.1	618.7	83
45～49	300.8	610.3	351	232.6	9.7	46	242.9	437.7	50	293.3	236.4	68	306.2	434.8	43
50～54	322.1	841.6	226	243.3	9.9	22	311.2	609.2	21	225.2	294.3	18	324.2	739.2	72
55～59	380.0	979.8	154	308.1	0.0	12	267.2	554.6	12	294.7	701.5	14	351.5	817.6	26
60～64	276.4	492.2	51	180.3	0.0	3	278.6	96.4	13	182.1	51.5	6	202.4	59.0	6
65～69	219.6	254.6	15	－	－	－	202.0	106.5	3	181.8	261.8	1	258.4	368.0	2
70歳～	525.0	71.5	25	－	－	－	－	－	－	145.0	60.0	2	－	－	－
産業計（民・公営計）															
企業規模計															
男女計	305.0	909.1	2 291 234	232.5	48.3	181 767	242.3	444.3	345 738	255.9	627.0	258 520	275.5	782.6	452 544
～19歳	175.5	134.2	21 388	171.1	15.4	12 212	181.2	291.8	9 032	189.0	330.2	144	－	－	－
20～24	207.0	374.6	171 402	205.9	21.1	48 429	208.9	463.2	82 009	201.3	573.7	28 834	211.6	712.9	12 129
25～29	239.4	654.0	252 437	228.1	40.8	28 184	231.0	494.9	63 586	244.3	780.9	66 700	245.1	851.5	83 320
30～34	272.7	802.6	262 538	248.9	54.9	19 822	251.3	443.3	41 690	257.6	621.9	33 094	282.4	986.9	93 027
35～39	301.7	915.4	274 609	260.5	56.3	16 202	267.0	474.1	33 546	273.9	653.4	27 842	289.0	823.7	59 041
40～44	328.0	1035.6	325 184	256.9	50.6	15 985	270.2	453.7	31 837	278.3	586.4	27 698	298.6	813.2	57 135
45～49	353.1	1169.3	312 462	251.5	48.5	13 264	264.5	396.4	27 268	278.6	571.5	23 257	292.1	707.2	48 249
50～54	373.4	1271.5	258 271	270.2	59.4	10 345	272.9	406.1	19 677	278.6	548.6	17 233	288.5	670.6	36 151
55～59	364.9	1189.3	212 980	259.0	89.6	6 902	276.2	436.9	15 735	281.0	599.4	13 997	282.0	593.3	28 381
60～64	275.0	620.4	134 569	254.2	217.6	7 155	256.6	393.5	14 972	259.6	450.0	13 354	252.9	411.4	20 395
65～69	250.5	341.3	50 300	240.9	62.3	2 696	234.3	186.5	5 331	232.6	213.2	5 067	243.7	294.9	11 771
70歳～	259.3	278.9	15 096	217.4	11.5	572	250.6	111.3	1 055	240.6	144.3	1 302	251.7	208.6	2 942

及び年間賞与その他特別給与額

産業計（民・公営計）

10～14年 所定内給与額	10～14年 年間賞与その他特別給与額	10～14年 労働者数	15～19年 所定内給与額	15～19年 年間賞与その他特別給与額	15～19年 労働者数	20～24年 所定内給与額	20～24年 年間賞与その他特別給与額	20～24年 労働者数	25～29年 所定内給与額	25～29年 年間賞与その他特別給与額	25～29年 労働者数	30年以上 所定内給与額	30年以上 年間賞与その他特別給与額	30年以上 労働者数	区分
千円	千円	十人	千円	千円	十人	千円	千円	十人	千円	千円	十人	千円	千円	十人	
															女
239.3	515.0	1 490	257.6	688.1	793	272.3	826.4	613	314.6	975.1	358	357.3	1077.4	303	学歴計
-	-	-	-	-	-	-	-	-	-	-	-	-	-	-	～19歳
-	-	-	-	-	-	-	-	-	-	-	-	-	-	-	20～24
214.6	618.3	18	-	-	-	-	-	-	-	-	-	-	-	-	25～29
223.1	585.2	123	205.0	745.5	8	-	-	-	-	-	-	-	-	-	30～34
259.4	707.2	232	272.8	869.6	116	233.1	658.4	11	-	-	-	-	-	-	35～39
246.3	520.0	276	303.1	982.5	162	279.3	918.4	179	302.9	1319.9	18	-	-	-	40～44
237.7	539.9	229	286.3	766.7	120	318.0	1085.3	123	323.9	1094.3	112	313.0	1174.9	9	45～49
245.8	584.2	210	237.6	570.4	104	295.6	1082.7	79	366.5	1189.5	99	376.8	1424.2	91	50～54
268.6	452.9	178	247.6	694.2	116	283.7	833.1	95	308.7	939.3	58	360.3	1323.3	104	55～59
200.7	259.8	130	214.6	338.9	100	223.9	374.0	51	272.9	496.0	33	286.1	744.1	40	60～64
167.7	180.0	55	189.3	195.3	54	181.7	222.2	59	192.4	392.3	28	251.1	411.6	22	65～69
202.0	142.1	38	192.1	280.9	14	172.6	277.7	15	237.0	340.0	10	448.4	285.5	38	70歳～
219.7	409.1	793	216.1	441.0	405	232.4	586.1	289	288.1	829.6	165	307.5	1004.8	154	高校卒
-	-	-	-	-	-	-	-	-	-	-	-	-	-	-	～19歳
-	-	-	-	-	-	-	-	-	-	-	-	-	-	-	20～24
214.6	618.3	18	-	-	-	-	-	-	-	-	-	-	-	-	25～29
213.1	719.3	54	205.0	745.5	8	-	-	-	-	-	-	-	-	-	30～34
244.1	635.5	92	246.2	654.9	54	243.1	853.0	7	-	-	-	-	-	-	35～39
223.7	320.4	133	244.0	617.0	34	257.8	743.4	53	289.6	1097.9	13	-	-	-	40～44
214.6	424.0	131	215.9	580.2	53	260.3	866.5	32	330.2	1168.4	38	321.9	1148.7	4	45～49
242.0	495.4	123	214.2	404.3	68	250.9	809.4	42	293.5	884.8	32	355.1	1380.4	51	50～54
214.9	327.2	92	209.4	486.7	67	249.6	675.5	51	316.3	909.4	30	322.2	1143.9	48	55～59
197.7	201.1	90	207.1	260.5	79	215.7	291.9	39	258.5	488.0	22	242.8	487.7	26	60～64
165.4	187.6	35	190.3	131.6	38	182.5	233.8	50	205.9	365.9	21	222.8	368.0	12	65～69
215.1	90.5	26	176.5	71.0	5	175.3	302.5	14	254.1	415.1	8	268.2	591.7	14	70歳～
240.6	575.9	349	281.4	826.4	218	281.0	889.7	191	328.4	1145.1	106	349.2	1238.0	80	高専・短大卒
-	-	-	-	-	-	-	-	-	-	-	-	-	-	-	～19歳
-	-	-	-	-	-	-	-	-	-	-	-	-	-	-	20～24
-	-	-	-	-	-	-	-	-	-	-	-	-	-	-	25～29
213.7	365.5	26	-	-	-	-	-	-	-	-	-	-	-	-	30～34
239.1	572.4	65	268.7	897.9	36	207.0	640.0	0	-	-	-	-	-	-	35～39
236.0	571.2	75	290.7	814.1	63	274.4	886.6	94	336.3	1878.1	5	-	-	-	40～44
247.4	599.4	54	311.5	898.7	38	294.1	1005.2	36	342.2	1197.3	43	306.1	1195.7	5	45～49
259.3	850.1	48	270.8	691.8	22	305.8	1119.5	27	350.6	1262.2	32	368.5	1308.4	28	50～54
246.3	495.1	56	284.2	898.4	35	271.6	668.4	25	277.0	885.0	19	373.0	1413.0	33	55～59
219.5	381.1	19	248.2	730.8	16	264.2	414.2	7	338.7	188.4	5	257.4	887.5	9	60～64
212.0	485.0	5	214.3	543.5	9	200.2	126.2	2	146.1	1259.7	2	293.2	390.9	5	65～69
357.0	980.0	1	-	-	-	-	-	-	-	-	-	311.3	968.4	1	70歳～
307.2	807.8	279	352.5	1258.2	139	365.4	1384.5	119	345.5	1148.8	73	528.1	1188.8	58	大学・大学院卒
-	-	-	-	-	-	-	-	-	-	-	-	-	-	-	～19歳
-	-	-	-	-	-	-	-	-	-	-	-	-	-	-	20～24
-	-	-	-	-	-	-	-	-	-	-	-	-	-	-	25～29
249.1	649.9	34	-	-	-	-	-	-	-	-	-	-	-	-	30～34
303.2	935.6	70	334.6	1266.5	24	-	-	-	-	-	-	-	-	-	35～39
315.9	902.6	58	346.0	1329.5	65	336.1	1339.8	30	-	-	-	-	-	-	40～44
301.1	916.9	38	422.1	1136.2	23	369.2	1292.2	54	293.9	890.3	30	-	-	-	45～49
253.1	628.3	33	322.2	1352.6	10	464.6	2187.2	10	406.4	1438.0	30	498.3	1917.7	11	50～54
468.6	751.0	31	355.1	1264.1	13	389.4	1452.2	19	362.3	1222.0	8	461.8	1835.4	20	55～59
262.8	684.5	7	263.0	448.2	3	240.5	956.0	5	301.2	1041.3	4	637.0	2001.4	4	60～64
198.7	74.5	6	170.0	606.2	1	137.7	369.1	0	153.8	236.4	1	396.2	788.2	2	65～69
208.2	683.1	2	-	-	-	-	-	-	-	-	-	600.3	0.0	20	70歳～
															産業計（民・公営計）
															企業規模計
308.1	976.4	329 845	341.3	1186.0	204 762	378.2	1424.4	167 867	420.1	1754.8	160 110	419.1	1679.7	190 083	男女計
-	-	-	-	-	-	-	-	-	-	-	-	-	-	-	～19歳
-	-	-	-	-	-	-	-	-	-	-	-	-	-	-	20～24
243.1	888.2	10 648	-	-	-	-	-	-	-	-	-	-	-	-	25～29
286.4	1052.7	67 819	278.4	1037.5	7 086	-	-	-	-	-	-	-	-	-	30～34
327.8	1198.1	76 027	326.3	1249.3	53 164	310.3	1162.4	8 786	-	-	-	-	-	-	35～39
327.8	1010.8	52 265	381.1	1500.0	61 245	365.6	1439.3	63 982	354.0	1464.7	15 037	-	-	-	40～44
330.4	963.5	41 195	358.6	1165.1	28 389	436.4	1807.5	51 095	418.3	1802.7	69 340	396.8	1572.3	10 405	45～49
317.8	912.3	31 585	348.1	1038.1	20 447	382.3	1285.5	17 900	483.4	2137.2	46 793	454.5	1944.1	58 140	50～54
304.5	747.4	24 988	316.4	854.1	18 012	352.6	1067.9	14 268	400.2	1462.4	17 829	468.9	1992.7	72 868	55～59
254.7	466.7	15 491	259.2	521.7	10 355	280.2	601.4	8 328	294.3	792.6	7 804	312.2	1029.7	36 715	60～64
238.5	310.1	7 112	253.1	360.8	4 448	246.5	354.5	2 649	271.6	533.8	2 620	286.8	616.4	8 607	65～69
240.9	245.7	2 716	253.2	314.3	1 615	245.5	304.1	859	264.5	402.6	688	303.5	469.4	3 348	70歳～

第2表　年齢階級、勤続年数階級別所定内給与額

企業規模	計

産　業　計

区　分	勤続年数計			0　年			1～2年			3～4年			5～9年		
	所定内給与額	年間賞与その他特別給与額	労働者数	所定内給与額	年間賞与その他特別給与額	労働者数	所定内給与額	年間賞与その他特別給与額	労働者数	所定内給与額	年間賞与その他特別給与額	労働者数	所定内給与額	年間賞与その他特別給与額	労働者数
	千円	千円	十人	千円	千円	十人	千円	千円	十人	千円	千円	十人	千円	千円	十人
男															
学歴計	**336.1**	**1064.5**	**1 488 652**	**251.5**	**62.2**	**99 727**	**261.0**	**488.9**	**193 059**	**276.1**	**687.8**	**150 479**	**297.8**	**874.6**	**280 606**
～19歳	179.4	158.7	13 264	174.5	21.0	7 339	185.3	327.9	5 809	197.0	396.6	115	－	－	－
20～24	210.6	407.3	88 629	210.0	23.9	23 577	211.6	473.0	40 288	205.3	607.0	16 156	217.7	775.0	8 607
25～29	248.3	710.4	147 791	235.9	42.8	15 112	239.8	539.4	36 362	252.6	826.4	38 223	254.4	907.9	49 959
30～34	289.4	902.5	169 238	268.4	61.7	11 407	267.1	494.0	24 519	273.9	680.6	19 624	296.9	1082.7	62 948
35～39	324.8	1038.4	183 891	291.8	71.6	9 191	291.8	549.3	19 312	299.1	759.2	16 302	308.2	916.1	38 835
40～44	359.2	1187.1	218 727	289.3	57.9	8 635	308.2	517.2	16 613	312.4	671.9	15 346	330.0	929.0	34 743
45～49	395.5	1384.7	207 247	292.0	64.4	6 592	303.4	472.1	13 501	322.7	689.3	11 980	334.8	830.7	25 932
50～54	424.7	1539.5	171 591	322.3	80.7	5 463	319.4	506.3	9 952	324.5	633.7	8 979	339.3	820.5	18 169
55～59	413.4	1421.4	143 801	289.9	126.3	4 146	312.2	524.1	9 759	319.4	716.0	8 472	325.4	692.9	15 971
60～64	294.7	691.1	96 765	265.2	250.8	5 702	270.2	426.3	11 719	275.5	496.1	10 160	276.1	465.1	13 869
65～69	261.3	352.8	37 018	251.3	70.1	2 199	239.3	203.4	4 308	238.0	207.3	4 062	257.0	317.2	9 340
70歳～	271.4	248.2	10 692	247.5	16.8	363	262.4	106.6	917	236.8	115.7	1 059	266.2	205.3	2 234
中学卒	**269.1**	**495.1**	**52 604**	**216.3**	**28.3**	**3 482**	**228.0**	**205.9**	**6 328**	**239.8**	**310.5**	**5 538**	**257.5**	**457.9**	**9 867**
～19歳	180.2	69.5	620	173.2	4.1	310	185.2	116.8	253	196.1	214.7	57	－	－	－
20～24	207.0	186.6	1 661	190.5	11.0	306	203.8	184.3	701	218.5	242.9	437	217.1	327.6	218
25～29	238.2	385.9	2 482	226.6	20.8	373	215.3	262.1	656	224.4	479.0	557	267.9	551.8	700
30～34	263.9	507.5	3 781	217.7	41.1	347	227.5	240.4	659	256.8	393.8	547	274.3	658.7	1 185
35～39	276.4	572.2	4 650	230.4	34.3	409	237.3	229.1	582	246.3	407.5	560	288.2	676.6	1 088
40～44	290.0	589.4	5 695	231.5	12.7	341	246.7	251.7	807	257.6	378.7	583	292.9	614.3	977
45～49	310.4	643.2	6 375	250.7	7.0	306	248.8	234.8	571	277.7	387.8	482	271.3	443.9	1 293
50～54	310.6	670.8	5 283	205.8	9.2	243	272.4	229.6	458	260.2	318.4	387	277.2	417.1	789
55～59	305.7	716.5	5 646	236.0	40.6	210	245.2	154.1	381	247.6	185.6	353	240.7	365.1	883
60～64	248.3	441.4	8 134	215.5	106.9	361	218.3	210.4	629	235.1	249.1	769	231.6	412.6	1 054
65～69	223.6	183.1	5 731	199.4	10.6	198	206.5	76.0	488	212.6	139.8	556	215.5	173.2	1 263
70歳～	207.0	183.1	2 546	186.5	2.0	80	182.6	71.6	143	187.3	100.5	251	198.7	156.6	419
高校卒	**291.1**	**794.6**	**656 058**	**216.0**	**51.3**	**43 362**	**226.1**	**322.8**	**83 618**	**237.9**	**456.5**	**64 557**	**258.3**	**615.8**	**122 146**
～19歳	179.4	163.1	12 644	174.6	21.8	7 029	185.3	337.5	5 557	198.0	575.9	58	－	－	－
20～24	200.9	485.7	42 280	193.9	26.2	5 532	193.9	393.3	16 090	202.0	607.8	12 397	217.7	790.1	8 262
25～29	229.0	601.4	49 860	205.5	25.4	4 871	212.8	309.5	9 210	226.0	461.1	6 943	233.7	772.0	21 021
30～34	254.4	651.7	58 277	216.0	33.7	4 515	230.7	309.2	9 182	236.5	475.5	6 992	255.5	650.9	14 658
35～39	282.6	756.6	70 376	236.2	47.8	3 951	240.8	307.3	8 138	255.0	491.0	6 938	272.8	674.6	15 022
40～44	312.5	895.0	94 789	237.3	34.9	4 214	261.5	330.3	7 841	261.9	439.3	7 297	282.3	656.0	16 171
45～49	330.0	950.3	94 234	239.9	34.3	3 517	252.7	302.0	7 441	264.2	428.6	6 410	285.9	574.9	13 569
50～54	351.6	1085.7	84 298	255.4	31.2	3 205	251.0	262.8	5 591	262.1	398.0	5 103	284.6	567.4	10 384
55～59	346.8	1073.2	71 685	232.8	89.8	2 132	250.7	316.7	5 391	251.5	383.6	4 454	271.5	503.7	8 712
60～64	253.4	555.8	51 133	231.0	275.3	2 936	231.6	355.4	6 255	234.1	369.7	5 154	236.5	349.8	7 863
65～69	224.3	248.7	20 977	219.8	70.1	1 274	201.8	135.2	2 381	208.9	142.7	2 266	212.3	219.2	5 272
70歳～	217.7	191.3	5 506	227.0	30.0	185	190.2	70.5	542	193.1	89.7	543	208.7	157.4	1 212
高専・短大卒	**311.6**	**922.0**	**179 743**	**228.2**	**40.2**	**12 181**	**242.6**	**450.9**	**24 125**	**259.2**	**636.9**	**19 057**	**281.9**	**794.5**	**35 267**
～19歳	－	－	－	－	－	－	－	－	－	－	－	－	－	－	－
20～24	204.4	371.2	14 222	194.3	19.7	4 082	205.7	442.4	6 841	214.5	660.5	3 191	212.1	602.9	108
25～29	235.9	617.5	18 774	217.4	41.4	1 937	223.3	393.6	3 804	233.4	633.7	4 095	246.6	832.1	8 831
30～34	267.2	750.2	24 746	243.5	37.3	1 583	242.3	455.7	3 756	259.6	644.2	3 320	270.8	788.7	7 193
35～39	300.0	882.3	26 451	259.2	32.5	1 236	266.7	544.1	2 848	281.6	702.8	2 173	289.3	823.8	5 921
40～44	328.0	1001.3	32 560	257.7	46.4	1 186	273.4	490.9	2 637	289.9	633.9	2 257	303.6	840.9	5 254
45～49	371.6	1239.8	26 704	269.3	71.8	784	286.8	398.0	1 712	294.3	625.6	1 479	320.6	856.4	3 210
50～54	400.5	1323.1	16 615	272.8	31.3	435	293.6	513.2	960	320.6	611.2	917	331.4	792.0	1 857
55～59	397.7	1268.6	11 657	238.6	61.0	316	311.5	644.0	664	295.7	629.8	736	318.9	650.3	1 401
60～64	286.8	649.1	5 899	246.9	164.7	409	263.6	265.2	601	267.8	512.2	671	265.8	360.0	937
65～69	258.6	312.6	1 746	227.7	90.1	199	223.5	136.5	281	217.3	248.1	184	260.3	329.2	448
70歳～	236.8	266.0	370	170.9	0.0	14	200.9	4.8	21	146.8	40.6	36	258.4	178.3	105
大学・大学院卒	**398.6**	**1452.0**	**600 248**	**299.3**	**83.3**	**40 702**	**306.2**	**699.0**	**78 987**	**324.8**	**981.2**	**61 328**	**348.9**	**1214.8**	**113 326**
～19歳	－	－	－	－	－	－	－	－	－	－	－	－	－	－	－
20～24	227.1	327.4	30 466	221.8	24.6	13 658	231.4	574.8	16 657	247.0	444.9	133	223.6	290.3	19
25～29	264.3	814.6	76 675	259.6	54.8	7 931	254.2	665.1	22 692	263.1	958.5	26 628	279.7	1102.5	19 406
30～34	322.0	1143.7	82 435	327.6	96.3	4 962	308.7	677.7	10 921	310.3	876.0	8 765	317.6	1306.8	39 913
35～39	371.4	1355.4	82 415	371.0	115.4	3 594	358.8	829.7	7 743	355.3	1087.9	6 632	347.8	1179.9	16 805
40～44	427.4	1620.6	85 683	384.7	101.4	2 894	403.5	845.4	5 328	398.9	1047.1	5 209	406.8	1349.2	12 341
45～49	487.5	2004.5	79 934	399.3	123.6	1 986	418.9	876.6	3 778	444.2	1218.8	3 609	435.6	1325.3	7 860
50～54	534.3	2249.7	65 396	489.5	205.7	1 580	465.0	1009.7	2 943	459.3	1156.7	2 572	462.2	1404.2	5 139
55～59	514.8	1982.0	54 813	390.1	204.6	1 489	419.7	879.1	3 322	437.2	1307.2	2 929	436.7	1094.2	4 975
60～64	374.8	982.1	31 599	328.2	258.2	1 995	335.9	586.1	4 233	345.4	728.9	3 566	367.5	729.1	4 015
65～69	377.8	729.5	8 563	355.6	84.7	528	333.8	413.2	1 159	317.5	374.4	1 057	378.9	611.3	2 356
70歳～	479.7	456.4	2 269	362.9	4.8	85	508.8	233.7	210	408.4	205.6	229	464.9	368.3	498

及び年間賞与その他特別給与額

（民・公営計）

10～14年			15～19年			20～24年			25～29年			30年以上			区分
所定内給与額	年間賞与その他特別給与額	労働者数	所定内給与額	年間賞与その他特別給与額	労働者数	所定内給与額	年間賞与その他特別給与額	労働者数	所定内給与額	年間賞与その他特別給与額	労働者数	所定内給与額	年間賞与その他特別給与額	労働者数	
千円	千円	十人	千円	千円	十人	千円	千円	十人	千円	千円	十人	千円	千円	十人	
															男
335.3	**1108.8**	**216 771**	**371.9**	**1331.6**	**140 205**	**405.3**	**1556.2**	**124 372**	**444.9**	**1889.5**	**125 277**	**435.3**	**1756.8**	**158 158**	**学歴計**
-	-	-	-	-	-	-	-	-	-	-	-	-	-	-	～ 19歳
-	-	-	-	-	-	-	-	-	-	-	-	-	-	-	20 ～ 24
252.8	957.7	8 135	-	-	-	-	-	-	-	-	-	-	-	-	25 ～ 29
302.5	1151.8	45 311	294.0	1147.0	5 429	-	-	-	-	-	-	-	-	-	30 ～ 34
345.8	1307.4	55 982	346.7	1339.5	37 251	325.6	1231.0	7 019	-	-	-	-	-	-	35 ～ 39
351.0	1121.3	36 562	402.3	1608.4	47 204	386.6	1523.4	47 658	371.4	1542.3	11 965	-	-	-	40 ～ 44
373.2	1125.7	25 298	388.2	1291.4	19 973	453.2	1901.4	42 292	442.0	1912.6	53 173	415.4	1645.7	8 506	45 ～ 49
375.7	1154.9	16 846	397.7	1229.8	11 965	408.1	1384.7	13 037	500.0	2247.2	39 921	475.9	2034.7	47 259	50 ～ 54
362.6	886.4	12 706	382.6	1042.5	9 172	400.9	1237.3	8 116	426.3	1593.4	13 542	486.9	2086.5	61 917	55 ～ 59
284.2	529.8	9 076	298.6	598.4	5 314	328.0	714.5	4 388	315.7	884.4	5 043	317.8	1059.6	31 495	60 ～ 64
257.9	347.1	4 932	263.0	384.1	2 717	278.5	373.3	1 404	288.4	532.5	1 278	291.7	629.2	6 778	65 ～ 69
255.2	248.7	1 922	269.3	297.6	1 180	278.2	304.7	458	292.0	378.4	355	311.5	393.0	2 204	70歳～
275.4	**521.8**	**7 259**	**282.2**	**534.7**	**4 477**	**309.8**	**679.3**	**3 770**	**324.2**	**896.1**	**3 615**	**300.9**	**776.7**	**8 267**	**中学卒**
-	-	-	-	-	-	-	-	-	-	-	-	-	-	-	～ 19歳
-	-	-	-	-	-	-	-	-	-	-	-	-	-	-	20 ～ 24
270.4	635.7	197	-	-	-	-	-	-	-	-	-	-	-	-	25 ～ 29
286.6	753.8	769	315.6	623.0	273	-	-	-	-	-	-	-	-	-	30 ～ 34
299.5	775.2	1 166	303.5	781.2	523	290.0	734.1	322	-	-	-	-	-	-	35 ～ 39
296.0	613.8	966	329.8	797.9	726	325.3	869.2	733	308.7	922.7	563	-	-	-	40 ～ 44
307.3	572.8	896	320.1	672.9	614	365.5	984.5	835	366.7	1100.0	926	350.6	963.2	454	45 ～ 49
292.1	570.3	688	286.9	515.6	525	334.4	700.1	451	372.5	1226.5	663	368.3	1104.9	1 078	50 ～ 54
283.6	458.4	645	282.4	572.0	383	305.0	635.2	454	335.8	903.1	517	373.4	1274.4	1 822	55 ～ 59
239.2	226.4	849	239.9	331.2	541	268.0	342.6	527	253.9	549.3	567	268.5	680.2	2 837	60 ～ 64
218.1	215.3	666	229.9	196.0	586	234.9	188.9	353	260.1	230.1	276	235.0	241.6	1 347	65 ～ 69
199.1	119.0	418	194.4	127.1	306	185.3	150.5	96	216.6	450.9	103	237.1	295.4	730	70歳～
285.5	**764.2**	**92 190**	**309.2**	**887.5**	**56 557**	**337.4**	**1108.4**	**52 623**	**369.2**	**1370.8**	**55 885**	**394.8**	**1548.9**	**85 121**	**高校卒**
-	-	-	-	-	-	-	-	-	-	-	-	-	-	-	～ 19歳
-	-	-	-	-	-	-	-	-	-	-	-	-	-	-	20 ～ 24
252.8	970.2	7 815	-	-	-	-	-	-	-	-	-	-	-	-	25 ～ 29
271.5	904.8	17 857	293.0	1176.1	5 072	-	-	-	-	-	-	-	-	-	30 ～ 34
294.6	833.3	14 050	308.2	1082.8	15 742	327.0	1264.1	6 534	-	-	-	-	-	-	35 ～ 39
304.3	801.2	14 813	328.1	905.6	10 650	349.6	1288.2	22 660	374.5	1578.0	11 143	-	-	-	40 ～ 44
310.0	756.1	12 350	326.4	847.3	8 774	343.1	999.3	9 292	385.2	1490.1	25 013	418.0	1690.7	7 869	45 ～ 49
311.5	722.1	9 042	322.1	806.4	6 010	344.6	980.3	6 516	368.1	1262.6	9 880	437.2	1812.9	28 567	50 ～ 54
292.6	594.2	6 943	308.2	688.3	5 005	330.5	905.3	4 168	358.7	1151.7	6 236	430.7	1759.9	28 644	55 ～ 59
244.0	394.8	5 209	258.3	418.3	2 967	263.4	470.9	2 385	269.3	663.9	2 633	279.0	925.7	15 731	60 ～ 64
222.3	292.3	3 137	240.6	239.1	1 673	246.9	282.1	792	244.1	388.4	781	254.9	436.4	3 400	65 ～ 69
206.0	181.6	975	218.7	259.8	664	232.5	299.4	276	250.2	225.0	198	259.0	322.2	911	70歳～
312.9	**985.7**	**27 548**	**346.5**	**1149.5**	**18 211**	**370.1**	**1310.6**	**16 672**	**417.9**	**1654.4**	**14 647**	**438.1**	**1664.5**	**12 034**	**高専・短大卒**
-	-	-	-	-	-	-	-	-	-	-	-	-	-	-	～ 19歳
-	-	-	-	-	-	-	-	-	-	-	-	-	-	-	20 ～ 24
225.3	665.7	107	-	-	-	-	-	-	-	-	-	-	-	-	25 ～ 29
281.9	1008.8	8 839	284.8	1175.0	55	-	-	-	-	-	-	-	-	-	30 ～ 34
305.1	954.3	6 415	327.3	1177.1	7 729	334.9	952.9	128	-	-	-	-	-	-	35 ～ 39
330.1	1039.4	5 526	347.3	1144.6	5 394	359.2	1308.8	10 088	375.0	1302.1	217	-	-	-	40 ～ 44
355.0	1080.6	3 280	379.1	1229.8	2 555	389.0	1353.2	4 074	419.5	1723.4	9 444	459.6	1330.1	167	45 ～ 49
351.4	928.7	1 576	392.1	1135.3	1 301	395.7	1339.9	1 370	432.3	1646.7	3 168	470.7	1879.2	5 029	50 ～ 54
374.5	924.5	1 087	387.5	971.7	748	400.7	1391.6	700	408.0	1518.1	1 439	465.3	1768.9	4 565	55 ～ 59
282.9	499.2	431	301.9	656.7	313	313.8	692.9	259	301.4	764.9	302	311.3	1057.9	1 976	60 ～ 64
287.6	276.3	193	243.6	432.3	95	277.2	459.2	50	374.3	297.6	53	306.5	672.5	242	65 ～ 69
205.2	197.1	93	265.2	242.8	22	170.9	6.8	2	403.5	1090.7	24	257.0	526.9	55	70歳～
398.1	**1547.9**	**89 774**	**444.2**	**1856.5**	**60 959**	**493.4**	**2159.8**	**51 307**	**544.1**	**2594.1**	**51 129**	**520.9**	**2267.1**	**52 735**	**大学・大学院卒**
-	-	-	-	-	-	-	-	-	-	-	-	-	-	-	～ 19歳
-	-	-	-	-	-	-	-	-	-	-	-	-	-	-	20 ～ 24
225.3	782.0	17	-	-	-	-	-	-	-	-	-	-	-	-	25 ～ 29
344.4	1486.9	17 846	283.6	933.2	28	-	-	-	-	-	-	-	-	-	30 ～ 34
375.9	1585.3	34 350	405.4	1761.1	13 257	367.8	628.5	35	-	-	-	-	-	-	35 ～ 39
407.4	1493.8	15 258	439.7	1955.9	30 434	468.4	2085.8	14 178	371.4	1611.1	41	-	-	-	40 ～ 44
475.7	1719.3	8 773	463.9	1843.6	8 031	501.6	2306.6	28 091	537.7	2649.2	17 791	516.9	2150.7	16	45 ～ 49
497.7	1997.9	5 541	523.5	1966.7	4 129	506.9	2024.3	4 700	561.1	2716.9	26 209	574.8	2680.1	12 584	50 ～ 54
492.6	1448.2	4 031	516.5	1702.9	3 037	521.7	1791.8	2 793	518.7	2195.1	5 351	558.1	2543.4	26 887	55 ～ 59
380.1	906.1	2 587	399.4	1041.1	1 492	483.7	1357.2	1 217	420.5	1408.0	1 541	387.4	1350.4	10 952	60 ～ 64
399.3	639.3	935	425.3	1345.4	362	471.7	1009.1	209	514.9	1781.2	167	402.4	1281.7	1 789	65 ～ 69
429.8	534.3	436	570.0	714.0	188	536.4	505.5	84	736.1	576.3	30	518.4	645.5	508	70歳～

第2表　年齢階級、勤続年数階級別所定内給与額

企業規模	計

産業計

区分	勤続年数計			0年			1～2年			3～4年			5～9年		
	所定内給与額	年間賞与その他特別給与額	労働者数	所定内給与額	年間賞与その他特別給与額	労働者数	所定内給与額	年間賞与その他特別給与額	労働者数	所定内給与額	年間賞与その他特別給与額	労働者数	所定内給与額	年間賞与その他特別給与額	労働者数
	千円	千円	十人	千円	千円	十人	千円	千円	十人	千円	千円	十人	千円	千円	十人
女															
学歴計	**247.2**	**620.8**	**802 581**	**209.4**	**31.3**	**82 040**	**218.7**	**387.8**	**152 679**	**227.9**	**542.4**	**108 041**	**239.1**	**632.5**	**171 938**
～19歳	169.0	94.3	8 124	165.8	6.9	4 872	173.9	226.7	3 223	156.6	62.7	29	-	-	-
20～24	203.1	339.5	82 773	202.0	18.5	24 852	206.3	453.8	41 721	196.2	531.2	12 678	196.9	561.2	3 523
25～29	226.7	574.4	104 647	219.0	38.4	13 072	219.4	435.4	27 224	233.3	719.9	28 477	231.3	766.9	33 362
30～34	242.4	621.3	93 299	222.4	45.7	8 414	228.7	370.9	17 171	233.9	536.2	13 469	251.9	786.6	30 079
35～39	255.1	666.0	90 718	219.6	36.2	7 012	233.2	372.2	14 234	238.5	504.0	11 540	252.1	646.2	20 206
40～44	263.9	724.3	106 458	218.9	42.0	7 350	228.8	384.3	15 224	236.1	480.1	12 352	249.9	633.4	22 392
45～49	269.7	744.9	105 215	211.4	32.7	6 672	226.3	322.2	13 767	231.8	446.3	11 277	242.5	563.7	22 317
50～54	271.9	740.9	86 679	211.9	35.6	4 882	225.3	303.4	9 725	228.7	456.0	8 254	237.2	519.1	17 983
55～59	264.1	706.7	69 179	212.6	34.4	2 756	217.4	294.6	5 976	222.2	420.5	5 524	226.2	465.1	12 410
60～64	224.8	439.4	37 804	211.0	87.5	1 453	207.4	275.2	3 253	209.2	303.6	3 194	203.8	297.2	6 526
65～69	220.3	309.3	13 282	195.0	27.7	496	213.3	115.5	1 023	210.7	237.1	1 004	192.7	209.1	2 432
70歳～	229.9	353.3	4 405	165.0	2.2	208	172.1	142.4	138	257.5	269.3	243	205.7	219.0	708
中学卒	**187.6**	**250.3**	**15 033**	**169.8**	**11.2**	**1 670**	**175.2**	**153.2**	**2 886**	**181.4**	**210.7**	**1 675**	**184.1**	**288.3**	**2 834**
～19歳	160.7	31.4	261	148.0	0.5	157	183.9	71.9	89	155.4	114.3	15	-	-	-
20～24	167.8	89.9	702	165.6	3.6	234	167.3	98.5	310	168.2	159.9	105	178.8	279.9	53
25～29	182.0	197.5	1 090	167.9	9.3	198	175.2	118.3	436	204.0	357.1	161	196.4	419.1	209
30～34	178.4	176.5	1 467	170.7	15.8	263	172.1	104.8	515	182.2	199.8	262	184.2	379.7	292
35～39	187.9	227.2	1 144	170.4	15.7	148	178.3	181.7	336	176.4	216.5	190	197.3	306.6	271
40～44	195.6	349.7	1 320	174.1	24.1	147	186.3	316.1	275	187.6	218.0	155	191.0	427.1	322
45～49	207.4	316.3	1 477	206.8	1.4	138	197.3	159.1	250	191.1	215.3	201	192.8	301.3	329
50～54	217.5	344.2	1 394	172.8	2.9	136	173.6	160.0	221	191.3	235.6	151	187.7	239.7	274
55～59	198.0	378.3	1 564	175.4	8.6	55	166.2	188.4	144	176.3	225.5	77	185.7	257.2	294
60～64	174.3	239.6	2 302	164.6	52.0	85	159.1	174.6	188	172.2	204.1	194	168.4	225.8	433
65～69	174.7	184.7	1 562	151.6	5.4	71	166.4	137.0	89	164.6	94.0	129	173.7	147.1	256
70歳～	178.8	157.1	751	164.8	0.0	38	147.0	132.8	33	144.9	45.3	33	153.2	72.5	101
高校卒	**211.1**	**430.1**	**314 514**	**178.7**	**21.7**	**29 256**	**186.9**	**223.0**	**54 201**	**192.4**	**321.3**	**38 886**	**201.1**	**397.3**	**67 292**
～19歳	169.3	96.4	7 863	166.4	7.1	4 716	173.6	231.1	3 134	157.8	5.7	14	-	-	-
20～24	183.3	330.4	24 288	177.6	12.5	3 875	180.0	287.6	10 521	185.3	467.2	6 596	196.4	567.0	3 296
25～29	193.6	367.5	23 941	181.4	17.9	3 205	183.7	203.3	6 078	192.4	303.2	3 632	200.7	553.5	8 726
30～34	201.7	360.6	25 387	179.2	26.0	2 843	189.7	194.0	5 469	193.7	309.6	3 796	205.7	391.2	5 677
35～39	210.8	420.8	29 297	181.4	20.6	2 698	192.6	208.6	5 265	196.1	296.4	4 025	208.7	403.3	6 642
40～44	217.1	479.0	40 642	180.9	23.1	3 291	190.4	234.4	6 219	195.7	301.1	5 332	202.3	385.9	8 953
45～49	223.4	505.4	47 910	185.4	24.6	3 444	193.8	203.3	6 899	195.9	292.1	5 353	206.8	404.1	10 846
50～54	227.4	525.2	44 008	180.8	31.8	2 528	193.9	206.6	5 020	196.3	306.8	4 265	204.2	370.9	9 868
55～59	225.9	520.2	37 045	190.0	26.9	1 371	187.3	203.7	3 206	196.5	315.8	3 122	196.8	346.1	7 133
60～64	196.9	316.7	23 069	177.9	89.9	865	181.2	199.1	1 745	177.8	176.3	2 010	182.9	207.0	4 215
65～69	198.0	240.6	8 512	180.1	34.0	281	173.6	64.2	588	182.1	186.0	607	175.2	157.9	1 562
70歳～	209.4	304.2	2 552	145.4	1.2	137	175.0	78.8	57	182.5	85.9	133	173.0	140.1	374
高専・短大卒	**256.9**	**686.9**	**256 756**	**209.7**	**33.5**	**23 750**	**221.6**	**408.6**	**45 605**	**234.1**	**574.3**	**33 911**	**244.6**	**653.8**	**54 628**
～19歳	-	-	-	-	-	-	-	-	-	-	-	-	-	-	-
20～24	202.2	342.8	28 012	192.5	15.0	8 273	205.2	426.0	13 798	208.6	607.9	5 786	210.6	541.0	155
25～29	223.1	547.2	28 801	209.3	40.9	3 559	213.1	413.4	6 275	228.5	623.6	6 428	229.3	720.0	12 414
30～34	238.7	591.7	28 416	212.2	40.9	2 439	227.5	443.9	5 013	235.3	537.3	3 985	242.2	640.9	8 014
35～39	254.5	680.7	31 449	225.4	35.5	2 276	229.1	414.3	4 755	241.0	567.9	3 916	250.4	660.3	6 951
40～44	268.1	772.1	39 712	223.6	58.6	2 467	231.8	402.4	5 231	241.7	546.6	4 293	254.2	669.9	8 265
45～49	282.2	841.4	37 545	221.8	33.9	2 006	233.1	372.0	4 414	245.7	556.6	4 035	249.5	636.3	7 816
50～54	291.8	868.5	28 446	229.2	43.3	1 411	241.4	370.6	3 090	252.5	584.5	2 829	255.3	660.9	5 410
55～59	288.8	852.1	22 340	217.3	46.0	875	237.1	385.6	1 870	244.7	556.0	1 699	249.5	574.7	3 563
60～64	258.8	598.5	8 910	235.1	91.9	307	237.7	365.9	866	237.2	440.8	706	237.5	427.2	1 397
65～69	245.1	431.3	2 350	216.7	21.0	114	249.0	127.7	249	211.3	316.3	181	231.5	364.1	470
70歳～	279.6	567.9	775	242.6	12.6	23	172.9	139.9	44	299.2	457.5	52	236.8	388.9	176
大学・大学院卒	**292.4**	**845.4**	**216 278**	**244.3**	**41.0**	**27 364**	**253.1**	**561.2**	**49 987**	**265.1**	**782.8**	**33 568**	**290.0**	**963.9**	**47 184**
～19歳	-	-	-	-	-	-	-	-	-	-	-	-	-	-	-
20～24	220.8	349.8	29 770	216.5	22.9	12 470	224.1	585.0	17 092	213.0	620.2	189	217.3	516.8	19
25～29	245.3	695.3	50 815	246.0	48.7	6 110	238.4	552.3	14 436	243.3	840.0	18 255	256.1	976.3	12 013
30～34	274.9	834.5	38 029	278.5	72.1	2 869	268.9	490.5	6 174	263.4	710.2	5 427	274.3	1005.9	16 097
35～39	303.4	916.7	28 828	271.0	61.0	1 889	298.2	559.1	3 878	289.0	691.9	3 408	301.6	899.7	6 341
40～44	337.6	1070.0	24 783	301.9	58.5	1 446	296.0	629.2	3 500	313.1	755.9	2 571	334.2	1041.6	4 852
45～49	370.1	1208.9	18 283	275.7	60.5	1 084	317.4	613.3	2 203	317.0	699.2	1 688	347.5	939.3	3 327
50～54	386.3	1240.5	12 833	285.8	39.7	807	310.9	525.9	1 395	305.1	760.0	1 008	336.7	836.4	2 431
55～59	381.8	1214.1	8 230	276.1	37.7	454	306.5	475.3	756	295.0	599.4	626	323.6	830.8	1 420
60～64	353.9	970.5	3 523	339.8	85.5	195	270.4	436.4	454	386.9	931.5	284	321.2	774.6	481
65～69	457.8	883.0	858	356.8	47.3	30	406.3	377.2	96	476.9	641.3	87	290.1	370.3	144
70歳～	390.5	680.5	325	252.5	0.0	10	301.4	1003.0	5	741.7	1195.4	24	414.4	467.1	58

及び年間賞与その他特別給与額

（民・公営計）

10～14年 所定内給与額	10～14年 年間賞与その他特別給与額	10～14年 労働者数	15～19年 所定内給与額	15～19年 年間賞与その他特別給与額	15～19年 労働者数	20～24年 所定内給与額	20～24年 年間賞与その他特別給与額	20～24年 労働者数	25～29年 所定内給与額	25～29年 年間賞与その他特別給与額	25～29年 労働者数	30年以上 所定内給与額	30年以上 年間賞与その他特別給与額	30年以上 労働者数	区分
千円	千円	十人	千円	千円	十人	千円	千円	十人	千円	千円	十人	千円	千円	十人	
															女
255.9	**722.5**	**113 074**	**274.7**	**869.7**	**64 557**	**300.6**	**1047.6**	**43 495**	**331.0**	**1270.4**	**34 833**	**339.3**	**1297.8**	**31 925**	**学歴計**
-	-	-	-	-	-	-	-	-	-	-	-	-	-	-	～19歳
-	-	-	-	-	-	-	-	-	-	-	-	-	-	-	20～24
211.6	663.3	2 512	-	-	-	-	-	-	-	-	-	-	-	-	25～29
253.8	853.2	22 508	227.5	678.7	1 657	-	-	-	-	-	-	-	-	-	30～34
277.5	893.0	20 046	278.6	1038.2	15 913	249.6	890.0	1 767	-	-	-	-	-	-	35～39
273.7	753.6	15 703	309.9	1135.6	14 041	304.2	1193.9	16 324	286.4	1162.5	3 072	-	-	-	40～44
262.3	705.4	15 896	288.2	865.3	8 416	355.4	1356.4	8 803	340.3	1441.5	16 167	313.2	1243.9	1 900	45～49
251.6	635.0	14 738	278.2	767.7	8 482	313.2	1019.5	4 863	387.1	1498.1	6 872	361.9	1550.4	10 881	50～54
244.4	603.5	12 282	247.7	658.6	8 840	288.7	844.5	6 152	317.6	1048.6	4 287	367.4	1462.5	10 951	55～59
212.9	377.5	6 415	217.6	440.8	5 041	227.0	475.5	3 941	255.1	624.9	2 761	278.8	849.8	5 220	60～64
194.8	226.6	2 180	237.6	324.1	1 731	210.2	333.4	1 245	255.5	535.1	1 342	268.5	569.1	1 829	65～69
206.3	238.5	793	209.7	359.5	436	208.0	303.6	401	235.3	428.4	334	288.0	616.4	1 144	70歳～
191.5	**308.5**	**2 114**	**198.4**	**334.5**	**1 240**	**200.1**	**353.7**	**828**	**222.7**	**512.5**	**610**	**215.4**	**391.2**	**1 176**	**中学卒**
-	-	-	-	-	-	-	-	-	-	-	-	-	-	-	～19歳
-	-	-	-	-	-	-	-	-	-	-	-	-	-	-	20～24
172.3	196.9	87	-	-	-	-	-	-	-	-	-	-	-	-	25～29
197.6	275.3	128	196.2	323.4	7	-	-	-	-	-	-	-	-	-	30～34
212.8	390.3	120	244.1	346.4	54	164.6	275.2	23	-	-	-	-	-	-	35～39
220.1	469.7	204	190.6	267.7	89	240.7	623.7	65	211.6	626.4	64	-	-	-	40～44
211.5	379.8	223	225.6	514.8	167	276.5	710.3	67	236.0	679.7	76	205.7	590.6	25	45～49
221.9	524.2	232	342.5	861.4	105	214.3	332.7	89	333.0	788.1	50	277.8	451.7	136	50～54
195.9	391.9	326	173.3	354.4	198	231.4	623.8	87	245.6	636.4	61	231.9	560.1	321	55～59
169.6	190.2	421	175.7	213.6	312	178.3	282.7	260	184.0	375.5	154	196.3	388.2	254	60～64
158.1	142.8	254	159.3	144.3	204	174.5	194.4	166	229.9	519.2	156	186.1	199.6	236	65～69
167.4	53.3	118	183.9	258.8	104	186.5	126.7	72	174.8	82.5	49	206.7	287.1	204	70歳～
212.7	**464.3**	**46 503**	**224.5**	**556.8**	**27 227**	**246.9**	**710.1**	**18 374**	**276.7**	**953.1**	**15 714**	**299.9**	**1086.4**	**17 062**	**高校卒**
-	-	-	-	-	-	-	-	-	-	-	-	-	-	-	～19歳
-	-	-	-	-	-	-	-	-	-	-	-	-	-	-	20～24
212.0	684.6	2 300	-	-	-	-	-	-	-	-	-	-	-	-	25～29
217.6	588.6	5 999	227.1	682.3	1 603	-	-	-	-	-	-	-	-	-	30～34
221.9	508.2	4 282	240.5	769.7	4 721	247.1	897.2	1 663	-	-	-	-	-	-	35～39
219.2	454.0	5 815	234.6	639.8	2 693	267.2	939.6	5 458	286.8	1173.9	2 881	-	-	-	40～44
216.5	483.9	7 562	235.2	596.1	3 835	261.5	769.0	1 972	293.2	1140.2	6 197	314.1	1249.1	1 801	45～49
218.0	479.5	8 016	230.8	544.4	4 597	258.3	694.3	2 197	287.8	918.5	1 849	320.9	1315.8	5 668	50～54
207.1	403.1	6 557	217.9	500.3	5 096	243.9	618.6	3 435	268.9	771.2	1 955	320.9	1219.1	5 170	55～59
192.9	298.6	4 043	195.0	308.3	3 284	203.3	361.0	2 569	227.2	485.9	1 688	233.3	637.0	2 649	60～64
179.9	148.5	1 490	192.0	261.2	1 149	206.1	299.1	830	230.9	425.6	901	254.0	442.1	1 103	65～69
189.0	217.1	439	193.7	234.4	249	211.3	332.0	249	232.8	492.5	243	261.0	523.9	672	70歳～
263.8	**766.0**	**36 682**	**286.0**	**947.1**	**22 062**	**315.6**	**1168.8**	**17 150**	**344.2**	**1365.3**	**12 773**	**371.2**	**1497.8**	**10 195**	**高専・短大卒**
-	-	-	-	-	-	-	-	-	-	-	-	-	-	-	～19歳
-	-	-	-	-	-	-	-	-	-	-	-	-	-	-	20～24
231.9	594.1	125	-	-	-	-	-	-	-	-	-	-	-	-	25～29
250.4	805.4	8 920	244.6	606.1	45	-	-	-	-	-	-	-	-	-	30～34
269.4	807.4	6 223	278.0	1026.7	7 254	334.2	959.4	73	-	-	-	-	-	-	35～39
272.7	806.0	5 539	297.8	1029.3	5 299	308.3	1232.2	8 510	313.8	1152.5	109	-	-	-	40～44
275.1	779.8	5 294	300.4	922.5	2 777	344.0	1285.4	3 635	348.8	1494.4	7 513	334.0	1288.0	55	45～49
267.6	734.3	4 645	294.8	900.3	2 640	330.8	1165.6	1 848	369.7	1358.9	2 632	387.9	1713.3	3 941	50～54
266.4	723.2	3 925	275.5	806.7	2 698	313.2	1001.8	2 003	325.6	1160.7	1 688	385.1	1568.1	4 018	55～59
240.8	506.1	1 503	256.5	639.2	1 013	263.8	651.7	822	265.1	709.7	602	313.1	1008.7	1 695	60～64
230.5	432.9	327	257.6	543.2	271	228.7	447.2	210	261.8	571.2	200	294.6	773.2	329	65～69
256.0	386.1	180	289.7	855.4	65	228.2	518.5	49	254.8	298.7	30	398.9	1160.1	158	70歳～
322.8	**1128.9**	**27 775**	**361.1**	**1402.7**	**14 028**	**414.3**	**1705.4**	**7 144**	**461.5**	**2008.8**	**5 736**	**480.5**	**2052.0**	**3 492**	**大学・大学院卒**
-	-	-	-	-	-	-	-	-	-	-	-	-	-	-	～19歳
-	-	-	-	-	-	-	-	-	-	-	-	-	-	-	20～24
215.2	741.9	1	-	-	-	-	-	-	-	-	-	-	-	-	25～29
288.1	1133.2	7 460	251.6	739.1	2	-	-	-	-	-	-	-	-	-	30～34
309.0	1131.0	9 421	326.5	1395.6	3 884	228.6	512.1	8	-	-	-	-	-	-	35～39
354.3	1117.9	4 144	356.3	1467.0	5 960	379.3	1673.8	2 291	321.7	1292.5	18	-	-	-	40～44
365.5	1186.2	2 816	398.1	1435.3	1 636	429.6	1823.1	3 128	439.4	2082.9	2 381	313.2	1476.0	20	45～49
360.8	1074.5	1 845	424.8	1353.1	1 139	445.9	1712.4	730	486.3	2127.4	2 341	486.7	2287.2	1 137	50～54
362.1	1222.7	1 474	355.8	1209.1	849	464.6	1611.4	626	465.6	1698.2	583	515.1	2241.6	1 442	55～59
340.9	833.9	448	328.6	1147.6	432	376.4	1164.6	290	419.5	1327.2	316	412.3	1510.4	623	60～64
377.4	874.4	108	826.2	786.9	107	346.3	1024.4	40	550.2	1646.5	84	435.0	1564.2	161	65～69
262.9	320.5	57	289.9	869.2	19	200.0	150.4	32	486.0	873.3	12	445.8	1015.5	110	70歳～

第2表　年齢階級、勤続年数階級別所定内給与額

企業規模	1,000人以上

産　業　計

区　分	勤続年数計			0　年			1～2年			3～4年			5～9年		
	所定内給与額	年間賞与その他特別給与額	労働者数	所定内給与額	年間賞与その他特別給与額	労働者数	所定内給与額	年間賞与その他特別給与額	労働者数	所定内給与額	年間賞与その他特別給与額	労働者数	所定内給与額	年間賞与その他特別給与額	労働者数
	千円	千円	十人	千円	千円	十人	千円	千円	十人	千円	千円	十人	千円	千円	十人
企業規模1,000人以上															
男　女　計	**347.5**	**1309.5**	**816 762**	**246.0**	**71.7**	**57 528**	**257.1**	**558.1**	**106 882**	**271.4**	**802.1**	**78 790**	**294.6**	**1037.4**	**151 030**
～19歳	180.4	185.7	6 795	174.7	34.4	3 855	187.5	379.6	2 884	203.2	621.1	55	-	-	-
20～24	218.6	453.1	61 602	215.7	29.0	18 503	221.1	569.4	30 146	211.5	715.4	8 369	226.6	921.5	4 584
25～29	257.6	841.0	98 378	245.6	48.3	9 715	248.5	627.8	22 876	260.5	981.4	27 107	264.2	1061.3	34 049
30～34	299.8	1076.3	99 720	271.3	79.6	6 087	272.4	502.1	12 438	278.4	760.3	9 990	306.4	1270.1	40 198
35～39	338.6	1250.9	97 863	290.7	83.7	4 829	303.3	604.4	9 728	305.6	843.5	7 968	309.1	1038.5	18 324
40～44	372.5	1454.2	114 941	283.3	71.7	4 301	291.5	550.8	8 356	297.0	701.4	7 256	330.4	1082.6	17 064
45～49	410.6	1702.4	116 348	275.7	59.4	3 579	277.4	450.7	6 921	290.5	644.8	5 890	304.4	863.9	12 932
50～54	445.3	1913.4	97 676	283.5	104.5	2 665	285.5	505.5	4 882	273.0	590.0	4 129	304.2	816.7	9 538
55～59	433.2	1814.5	73 313	284.3	174.0	1 491	304.1	597.6	3 697	304.9	705.1	3 363	290.5	733.9	7 219
60～64	298.2	924.3	39 630	263.1	483.3	2 012	267.4	540.3	4 074	283.0	619.1	3 740	264.7	533.1	4 647
65～69	287.5	593.0	8 906	272.9	141.9	458	307.0	341.3	815	261.1	261.9	864	273.2	439.3	2 138
70歳～	313.0	517.9	1 590	266.7	1.5	35	551.7	436.7	64	317.5	314.0	60	274.8	250.9	337
男															
学　歴　計	**383.9**	**1555.0**	**549 877**	**268.7**	**95.4**	**31 627**	**277.0**	**648.4**	**58 416**	**292.9**	**931.9**	**44 476**	**318.0**	**1201.7**	**94 752**
～19歳	183.4	217.9	4 614	176.6	45.8	2 513	190.9	416.3	2 060	219.9	802.5	41	-	-	-
20～24	220.2	501.4	32 791	218.7	30.4	9 121	221.2	580.1	14 829	212.7	766.6	5 252	230.8	985.7	3 589
25～29	266.1	916.7	59 918	259.1	52.5	5 319	257.8	689.2	13 527	268.4	1055.9	15 515	270.9	1129.5	21 684
30～34	319.1	1228.9	65 474	297.7	91.5	3 513	292.6	597.1	7 022	301.7	889.4	5 566	323.3	1406.7	27 582
35～39	364.7	1435.4	66 885	335.7	105.4	2 711	338.8	768.2	5 416	338.1	1042.7	4 553	328.7	1186.2	12 185
40～44	409.2	1691.3	78 572	330.4	78.8	2 215	340.6	710.6	3 955	347.4	943.6	3 599	372.8	1301.5	10 064
45～49	458.5	2019.4	80 849	332.2	78.6	1 805	332.9	651.2	3 112	351.7	921.9	2 552	357.5	1154.9	6 438
50～54	500.3	2282.9	69 931	353.4	158.3	1 429	355.0	839.5	2 075	327.6	847.5	1 763	379.0	1207.5	4 284
55～59	482.2	2126.0	53 895	333.3	256.0	944	359.5	810.6	2 261	363.7	938.8	1 943	346.3	987.3	3 878
60～64	316.3	1049.1	29 909	278.8	539.7	1 658	277.6	589.2	3 465	299.1	694.8	2 916	296.1	685.5	3 044
65～69	304.4	656.4	6 164	279.8	157.7	380	315.9	412.7	638	270.2	280.1	732	293.2	507.1	1 743
70歳～	336.3	490.8	875	278.4	0.0	19	607.4	468.4	56	361.0	223.1	45	281.0	289.7	260
中　学　卒	**298.4**	**959.6**	**9 265**	**214.2**	**56.7**	**555**	**239.0**	**360.8**	**923**	**228.9**	**476.8**	**858**	**275.5**	**826.5**	**1 654**
～19歳	167.4	64.0	80	161.6	0.3	47	174.1	160.6	32	244.2	0.0	1	-	-	-
20～24	216.1	261.6	286	194.4	10.7	55	231.3	279.7	147	203.2	255.5	39	204.3	512.5	45
25～29	241.1	568.2	655	234.8	24.8	104	229.9	406.4	164	216.3	620.6	174	268.2	817.4	157
30～34	274.2	868.8	771	207.8	50.1	41	224.0	295.0	95	263.2	310.6	109	266.2	977.0	269
35～39	293.4	975.8	1 018	224.1	3.6	39	255.2	421.5	67	231.7	569.6	127	294.6	994.2	278
40～44	310.6	939.3	1 132	221.5	5.1	91	232.5	358.2	141	205.7	361.8	62	310.9	901.5	214
45～49	348.3	1131.7	1 340	241.7	2.8	63	285.3	354.4	69	240.0	503.6	87	273.8	770.7	217
50～54	351.6	1166.7	1 032	195.1	1.8	58	301.8	406.4	55	283.9	826.4	62	323.8	799.0	147
55～59	354.0	1463.4	1 140	337.5	835.0	3	221.5	171.1	27	187.9	123.8	25	227.8	463.0	115
60～64	257.0	907.9	1 322	214.1	467.6	49	245.0	731.5	81	226.6	485.0	118	321.2	1369.3	75
65～69	196.2	257.1	405	142.0	0.0	4	223.1	56.2	45	180.7	127.9	52	201.9	331.3	121
70歳～	203.7	217.1	84	-	-	-	-	-	-	230.5	17.1	1	165.6	179.7	16
高　校　卒	**323.8**	**1195.6**	**206 010**	**216.2**	**85.0**	**11 533**	**222.6**	**397.1**	**20 198**	**234.0**	**570.4**	**14 500**	**262.2**	**845.6**	**33 845**
～19歳	183.6	220.7	4 534	176.9	46.7	2 466	191.2	420.3	2 029	219.4	818.5	40	-	-	-
20～24	211.3	642.6	14 192	202.8	30.0	1 482	200.8	482.2	5 033	210.2	757.7	4 174	231.3	995.0	3 503
25～29	242.8	812.3	17 888	215.5	27.7	1 350	214.8	321.0	2 245	224.8	530.8	1 549	246.0	957.2	8 971
30～34	270.9	892.0	17 724	216.6	42.9	1 308	234.5	314.8	2 144	238.9	550.3	1 444	263.0	812.5	4 057
35～39	305.2	1055.9	21 154	245.3	61.3	1 001	240.9	314.1	1 834	254.5	535.2	1 360	277.7	879.0	4 120
40～44	344.9	1296.9	30 148	232.2	35.6	866	247.0	329.7	1 508	258.4	485.5	1 255	288.1	852.3	3 946
45～49	371.8	1422.8	29 437	237.3	39.7	805	237.9	349.9	1 360	253.8	475.9	1 028	284.4	750.9	2 942
50～54	409.1	1693.5	28 213	254.9	45.0	703	234.9	291.0	936	242.6	411.5	894	295.4	840.3	2 060
55～59	404.3	1692.6	23 844	215.7	104.9	359	255.2	409.6	1 000	263.3	451.8	889	280.8	730.7	1 825
60～64	257.8	855.1	15 504	247.2	546.1	958	240.7	574.3	1 874	236.7	541.4	1 480	236.6	481.9	1 483
65～69	224.3	332.7	2 948	215.3	50.6	217	205.9	168.3	210	213.5	156.2	362	215.7	300.4	828
70歳～	209.6	338.5	424	291.9	0.0	17	179.9	61.9	25	176.8	203.8	25	182.9	259.5	110
高専・短大卒	**336.6**	**1230.1**	**52 279**	**225.2**	**47.1**	**3 135**	**243.7**	**525.9**	**5 977**	**260.9**	**757.9**	**4 900**	**285.1**	**971.7**	**9 569**
～19歳	-	-	-	-	-	-	-	-	-	-	-	-	-	-	-
20～24	210.1	453.9	4 334	195.0	16.7	1 272	213.1	535.4	2 018	223.2	828.6	1 013	213.4	848.4	31
25～29	246.3	786.8	5 488	229.2	31.8	508	229.4	478.1	922	238.0	765.2	1 094	258.5	1027.6	2 930
30～34	278.1	922.9	6 744	250.7	44.1	361	236.0	456.7	798	263.3	699.2	770	277.0	950.4	1 833
35～39	320.0	1095.2	7 437	252.2	52.5	306	266.6	530.9	612	296.2	775.7	584	298.2	937.1	1 659
40～44	345.6	1257.4	8 804	233.5	19.2	255	258.7	465.6	599	288.6	732.0	523	310.7	940.6	1 391
45～49	400.5	1633.9	8 452	229.9	63.1	176	260.7	413.4	445	320.2	754.8	348	307.7	1028.4	669
50～54	453.1	1887.0	5 228	292.3	108.1	78	300.1	729.4	196	293.3	675.0	154	313.3	1070.9	426
55～59	449.6	1853.5	3 780	283.8	139.0	77	407.2	1269.6	209	273.7	785.6	192	347.7	1077.1	381
60～64	296.9	1033.6	1 697	271.1	396.1	68	264.3	319.7	142	264.1	768.8	182	238.3	419.7	174
65～69	256.0	495.9	270	315.4	472.4	34	308.4	452.3	34	192.3	121.8	39	233.3	462.1	62
70歳～	205.7	382.6	43	-	-	-	-	-	-	-	-	-	174.8	27.4	14

及び年間賞与その他特別給与額

（民・公営計）

区分	10～14年 所定内給与額	10～14年 年間賞与その他特別給与額	10～14年 労働者数	15～19年 所定内給与額	15～19年 年間賞与その他特別給与額	15～19年 労働者数	20～24年 所定内給与額	20～24年 年間賞与その他特別給与額	20～24年 労働者数	25～29年 所定内給与額	25～29年 年間賞与その他特別給与額	25～29年 労働者数	30年以上 所定内給与額	30年以上 年間賞与その他特別給与額	30年以上 労働者数
	千円	千円	十人	千円	千円	十人	千円	千円	十人	千円	千円	十人	千円	千円	十人
企業規模1,000人以上															
男女計	341.0	1352.1	110 321	390.2	1682.9	71 874	436.6	1977.9	65 289	473.3	2261.3	79 662	465.4	2164.7	95 385
～19歳	-	-	-	-	-	-	-	-	-	-	-	-	-	-	-
20～24	-	-	-	-	-	-	-	-	-	-	-	-	-	-	-
25～29	263.1	1114.5	4 631	-	-	-	-	-	-	-	-	-	-	-	-
30～34	315.2	1350.2	28 211	309.4	1380.4	2 796	-	-	-	-	-	-	-	-	-
35～39	364.9	1585.3	31 141	362.9	1614.3	22 214	343.9	1409.6	3 659	-	-	-	-	-	-
40～44	358.7	1352.6	15 790	430.2	1989.3	26 740	407.6	1850.6	26 924	378.5	1680.1	8 511	-	-	-
45～49	372.6	1351.7	11 397	405.7	1646.9	8 360	495.5	2387.5	24 014	458.0	2194.1	37 816	435.0	1892.3	5 439
50～54	358.8	1367.0	8 342	411.3	1515.6	5 145	449.3	1867.6	5 093	546.3	2730.9	24 914	494.7	2340.9	32 968
55～59	333.8	1013.2	5 832	355.1	1187.5	3 787	415.2	1561.6	3 404	456.4	2020.6	5 870	509.9	2466.0	38 650
60～64	271.8	548.7	3 458	271.8	729.5	1 948	314.5	962.2	1 749	350.4	1266.6	1 906	324.5	1320.1	16 096
65～69	239.4	434.5	1 227	266.9	692.9	687	267.2	714.4	367	324.8	880.6	543	345.3	1119.7	1 807
70歳～	234.4	141.6	292	265.0	421.7	196	281.9	604.5	77	311.8	801.9	102	392.1	1030.6	427
男															
学歴計	371.5	1577.1	74 120	422.1	1894.4	51 428	463.0	2143.6	50 427	497.1	2410.2	64 279	482.2	2259.1	80 353
～19歳	-	-	-	-	-	-	-	-	-	-	-	-	-	-	-
20～24	-	-	-	-	-	-	-	-	-	-	-	-	-	-	-
25～29	268.5	1149.2	3 872	-	-	-	-	-	-	-	-	-	-	-	-
30～34	331.5	1480.0	19 399	319.1	1458.1	2 391	-	-	-	-	-	-	-	-	-
35～39	385.8	1741.8	23 258	385.1	1743.1	15 676	354.9	1465.1	3 086	-	-	-	-	-	-
40～44	385.8	1561.1	10 886	453.6	2147.0	20 897	431.9	1966.6	20 079	395.9	1753.9	6 877	-	-	-
45～49	436.0	1749.9	6 799	436.5	1850.2	6 103	513.3	2514.2	20 243	483.7	2331.4	29 306	454.7	1981.8	4 491
50～54	441.3	1997.2	4 439	477.5	1916.8	3 103	476.8	2042.1	3 827	558.1	2826.6	22 119	518.2	2449.1	26 891
55～59	416.6	1321.6	2 676	437.3	1603.9	1 970	460.0	1883.8	2 141	476.6	2159.9	4 694	527.5	2575.2	33 388
60～64	328.4	794.6	1 810	327.0	1078.2	856	374.8	1367.0	871	373.7	1521.2	1 127	327.6	1346.1	14 162
65～69	270.4	582.1	786	337.2	1097.9	322	298.0	926.0	148	341.8	1137.5	133	350.2	1196.8	1 283
70歳～	246.0	166.9	194	307.6	616.8	108	228.8	567.0	32	251.7	649.2	23	517.9	1340.9	139
中学卒	280.7	885.7	1 261	338.1	1172.0	564	364.0	1330.2	668	375.7	1496.9	845	344.5	1454.9	1 937
～19歳	-	-	-	-	-	-	-	-	-	-	-	-	-	-	-
20～24	-	-	-	-	-	-	-	-	-	-	-	-	-	-	-
25～29	286.8	1198.3	55	-	-	-	-	-	-	-	-	-	-	-	-
30～34	308.0	1244.4	214	357.0	1771.3	43	-	-	-	-	-	-	-	-	-
35～39	309.0	1153.0	330	343.4	1441.1	117	324.1	1134.3	58	-	-	-	-	-	-
40～44	283.4	705.2	181	402.5	1591.8	130	384.0	1498.2	164	354.0	1452.5	148	-	-	-
45～49	279.3	851.8	160	353.6	988.5	119	455.6	1717.8	241	397.9	1593.0	286	420.8	1609.7	98
50～54	239.7	332.3	98	267.4	738.5	30	305.0	1175.0	47	428.9	1711.0	224	410.6	1669.2	312
55～59	289.9	893.6	80	311.1	996.6	61	282.3	1010.5	77	352.2	1424.3	102	409.2	1923.3	650
60～64	208.1	254.9	62	206.8	274.0	24	188.4	364.4	49	239.4	925.0	70	270.5	1074.5	794
65～69	182.5	285.6	67	203.9	23.7	17	193.5	371.0	31	171.9	68.3	13	202.0	420.4	54
70歳～	174.1	8.0	13	224.6	22.5	23	-	-	-	140.3	4.8	2	224.1	493.7	30
高校卒	295.7	1069.1	24 111	330.8	1298.4	15 413	366.0	1496.4	18 174	399.4	1733.1	24 049	429.2	1940.6	44 187
～19歳	-	-	-	-	-	-	-	-	-	-	-	-	-	-	-
20～24	-	-	-	-	-	-	-	-	-	-	-	-	-	-	-
25～29	269.1	1156.4	3 773	-	-	-	-	-	-	-	-	-	-	-	-
30～34	289.0	1179.8	6 482	319.1	1459.9	2 288	-	-	-	-	-	-	-	-	-
35～39	313.1	1127.9	3 651	334.6	1423.0	6 213	355.5	1476.1	2 974	-	-	-	-	-	-
40～44	315.4	1126.7	3 472	348.4	1225.7	2 617	377.8	1598.5	9 901	397.4	1770.2	6 582	-	-	-
45～49	327.3	1056.8	2 398	338.0	1184.0	1 863	362.1	1366.8	2 483	412.9	1794.7	12 216	454.8	1985.3	4 343
50～54	316.5	1049.9	1 599	345.0	1263.1	1 015	366.8	1435.5	1 395	389.2	1624.1	3 119	469.1	2143.4	16 492
55～59	300.2	774.1	1 277	310.6	951.8	816	354.2	1372.8	899	373.8	1551.2	1 645	461.9	2155.7	15 135
60～64	232.4	395.4	852	243.3	665.6	364	245.4	730.7	436	246.9	1109.2	399	276.3	1149.4	7 659
65～69	218.4	357.2	490	239.7	357.1	163	206.5	359.0	68	205.3	584.8	73	261.3	612.4	537
70歳～	205.5	185.2	116	235.3	769.2	73	224.3	367.5	19	209.0	129.3	16	272.8	948.7	23
高専・短大卒	321.5	1192.6	7 556	363.5	1460.8	5 261	401.0	1719.3	4 716	447.0	1992.1	6 140	487.6	2183.5	5 024
～19歳	-	-	-	-	-	-	-	-	-	-	-	-	-	-	-
20～24	-	-	-	-	-	-	-	-	-	-	-	-	-	-	-
25～29	183.1	376.3	34	-	-	-	-	-	-	-	-	-	-	-	-
30～34	297.3	1194.3	2 942	296.1	1248.4	39	-	-	-	-	-	-	-	-	-
35～39	327.1	1133.2	1 735	356.0	1515.3	2 494	344.4	1090.8	47	-	-	-	-	-	-
40～44	343.4	1249.1	1 512	356.7	1399.1	1 585	396.1	1715.7	2 811	368.8	1293.5	127	-	-	-
45～49	359.3	1352.5	705	382.8	1468.8	607	407.9	1695.8	1 250	450.1	2041.9	4 209	502.8	2435.3	42
50～54	359.5	1120.2	289	420.3	1487.2	306	429.3	1643.0	376	465.0	2053.9	1 260	526.6	2411.9	2 143
55～59	341.3	1260.9	206	427.1	1450.0	154	429.2	2508.2	187	413.0	1704.9	466	523.5	2318.4	1 907
60～64	275.8	842.4	103	284.2	1093.4	56	222.0	624.9	38	325.7	1199.6	72	327.3	1404.9	862
65～69	217.5	361.5	13	245.0	437.1	20	222.6	337.9	5	226.3	468.6	5	274.5	884.2	59
70歳～	186.5	120.5	18	-	-	-	179.3	28.0	1	-	-	-	277.0	1274.0	11

第2表　年齢階級、勤続年数階級別所定内給与額

企業規模	1,000人以上

産　業　計

区　分	勤続年数計 所定内給与額	勤続年数計 年間賞与その他特別給与額	勤続年数計 労働者数	0年 所定内給与額	0年 年間賞与その他特別給与額	0年 労働者数	1～2年 所定内給与額	1～2年 年間賞与その他特別給与額	1～2年 労働者数	3～4年 所定内給与額	3～4年 年間賞与その他特別給与額	3～4年 労働者数	5～9年 所定内給与額	5～9年 年間賞与その他特別給与額	5～9年 労働者数
	千円	千円	十人	千円	千円	十人	千円	千円	十人	千円	千円	十人	千円	千円	十人
大学・大学院卒	**439.4**	**1897.0**	**282 324**	**315.7**	**113.2**	**16 404**	**319.5**	**842.4**	**31 318**	**336.9**	**1199.6**	**24 219**	**363.8**	**1501.1**	**49 684**
～19歳	-	-	-	-	-	-	-	-	-	-	-	-	-	-	-
20～24	232.4	377.8	13 978	227.5	33.4	6 311	236.5	662.2	7 631	225.9	556.2	27	243.8	244.5	10
25～29	281.2	994.9	35 887	281.9	66.4	3 358	270.2	793.9	10 195	277.1	1151.0	12 698	297.8	1326.1	9 626
30～34	348.0	1435.5	40 235	367.9	137.1	1 803	336.8	784.3	3 985	340.2	1105.1	3 242	339.4	1563.7	21 424
35～39	409.3	1731.1	37 277	423.9	152.5	1 364	417.7	1113.3	2 902	399.2	1407.9	2 482	372.8	1469.0	6 128
40～44	477.1	2121.6	38 488	449.7	137.8	1 003	460.9	1162.1	1 707	433.3	1353.9	1 759	468.9	1824.3	4 514
45～49	535.2	2548.2	41 619	463.7	129.5	761	465.7	1083.9	1 238	463.1	1430.3	1 088	459.6	1674.6	2 610
50～54	584.2	2842.7	35 457	494.5	315.5	590	497.0	1468.7	888	456.2	1487.1	653	505.1	1736.9	1 652
55～59	566.8	2608.1	25 131	424.5	378.0	505	455.2	1125.3	1 025	496.5	1516.3	836	431.5	1304.8	1 556
60～64	405.7	1332.1	11 385	337.1	552.0	583	331.4	629.3	1 367	393.4	904.6	1 136	369.6	911.8	1 312
65～69	419.7	1112.8	2 541	387.8	263.7	124	394.7	601.9	349	371.2	491.0	279	401.2	774.3	731
70歳～	553.0	773.9	325	123.9	0.0	2	942.7	787.1	32	616.5	257.1	19	397.5	361.1	121
女															
学歴計	**272.3**	**803.6**	**266 885**	**218.3**	**42.7**	**25 901**	**233.2**	**449.3**	**48 466**	**243.4**	**633.8**	**34 314**	**255.3**	**760.8**	**56 278**
～19歳	174.1	117.5	2 181	171.2	13.0	1 342	179.1	287.8	824	156.0	107.1	14	-	-	-
20～24	216.8	398.0	28 811	212.7	27.6	9 382	221.1	559.0	15 317	209.5	629.0	3 117	211.4	690.2	995
25～29	244.5	723.0	38 461	229.2	43.3	4 395	235.0	539.0	9 349	249.9	881.7	11 592	252.6	941.8	12 365
30～34	262.9	784.6	34 246	235.2	63.3	2 574	246.3	379.0	5 415	249.0	597.8	4 424	269.4	971.6	12 615
35～39	282.2	852.7	30 978	233.2	56.0	2 118	258.7	398.6	4 312	262.3	577.9	3 414	270.3	745.1	6 139
40～44	293.0	942.0	36 369	233.3	64.3	2 085	247.4	407.2	4 401	247.4	463.0	3 657	269.5	767.9	6 999
45～49	301.6	980.5	35 499	218.2	39.9	1 773	232.1	286.9	3 809	243.7	433.0	3 339	251.8	575.5	6 494
50～54	306.6	982.2	27 745	202.6	42.3	1 236	234.2	258.6	2 807	232.3	398.2	2 366	243.3	498.1	5 254
55～59	297.4	950.2	19 418	199.6	32.6	547	217.0	262.4	1 437	224.5	385.4	1 420	225.7	439.7	3 341
60～64	242.7	540.3	9 722	189.9	219.6	354	209.9	262.0	609	226.3	351.1	823	205.0	243.5	1 603
65～69	249.5	450.4	2 741	238.8	64.8	78	275.0	85.1	178	210.2	160.6	132	185.1	139.8	395
70歳～	284.3	551.1	714	253.5	3.2	17	160.5	214.4	8	187.3	586.1	15	253.9	120.1	77
中学卒	**205.9**	**322.1**	**3 101**	**177.3**	**18.0**	**405**	**196.3**	**202.3**	**605**	**188.7**	**199.9**	**313**	**186.8**	**375.0**	**645**
～19歳	161.1	31.2	112	143.9	0.0	70	207.4	70.7	28	156.0	107.1	14	-	-	-
20～24	179.9	96.4	176	172.7	4.7	60	185.4	151.7	101	166.3	107.5	13	205.0	0.0	2
25～29	193.4	244.0	270	183.6	7.3	44	201.8	158.0	100	196.9	352.4	22	193.4	431.8	85
30～34	195.8	249.0	357	191.6	37.8	68	194.3	45.6	148	190.7	294.8	50	200.1	861.6	57
35～39	210.5	405.7	239	184.7	6.7	26	223.7	627.7	50	187.2	249.0	21	198.7	417.0	85
40～44	221.8	629.8	240	184.0	7.7	12	239.7	701.4	48	224.0	156.9	22	187.8	750.6	78
45～49	222.0	340.1	298	279.3	0.8	26	187.5	96.3	24	180.1	152.1	53	195.9	297.5	86
50～54	241.0	359.4	384	161.2	4.5	52	169.7	94.8	72	207.8	236.8	69	185.8	143.2	64
55～59	221.1	507.2	281	190.0	0.0	10	213.1	577.3	8	163.3	182.7	15	174.0	99.9	47
60～64	177.2	229.1	437	159.8	118.6	30	162.4	166.1	24	160.9	85.4	12	161.2	185.9	94
65～69	200.7	285.1	193	173.4	16.2	3	156.5	0.0	2	169.5	15.2	22	181.0	141.4	37
70歳～	229.5	339.5	113	127.6	0.0	5	-	-	-	-	-	-	189.8	12.4	10
高校卒	**228.9**	**537.3**	**90 050**	**180.4**	**25.5**	**8 234**	**192.4**	**200.8**	**14 246**	**197.9**	**296.3**	**10 561**	**206.7**	**405.3**	**18 584**
～19歳	174.8	122.1	2 068	172.7	13.7	1 272	178.1	295.4	796	-	-	-	-	-	-
20～24	194.9	376.8	6 529	186.7	12.2	1 238	193.1	315.5	2 785	196.2	577.1	1 591	209.4	709.0	914
25～29	201.9	409.3	7 066	182.9	17.6	1 041	187.5	176.3	1 699	193.9	227.4	1 049	212.5	641.8	2 550
30～34	209.1	374.4	7 357	176.6	23.7	839	193.6	136.3	1 596	197.5	244.3	1 122	208.8	396.6	1 636
35～39	225.0	496.0	8 383	182.5	20.3	832	195.7	171.9	1 435	210.7	296.0	1 083	215.8	422.2	1 707
40～44	235.4	619.5	12 217	178.6	22.2	905	196.4	203.4	1 518	204.2	260.3	1 549	207.9	398.7	2 359
45～49	242.1	629.3	14 380	185.3	25.4	896	195.4	134.2	1 854	201.5	255.0	1 524	211.4	351.9	3 063
50～54	249.9	666.3	13 262	180.6	31.9	656	200.1	176.5	1 352	194.2	205.1	1 155	207.5	336.5	3 023
55～59	252.0	691.7	10 228	167.4	17.6	275	182.5	169.5	711	197.2	291.7	846	198.1	321.9	1 966
60～64	210.4	368.9	6 222	175.3	224.6	221	181.9	168.8	377	173.2	166.1	576	180.4	159.8	1 088
65～69	231.8	396.6	1 889	225.2	74.2	57	197.8	25.5	117	160.1	91.5	53	166.0	112.9	232
70歳～	290.3	659.7	451	153.3	25.0	2	154.0	0.0	4	148.2	103.8	12	190.5	185.6	46
高専・短大卒	**280.2**	**856.8**	**76 747**	**215.1**	**48.6**	**6 087**	**229.3**	**417.1**	**11 815**	**246.8**	**621.3**	**9 298**	**255.4**	**691.8**	**15 342**
～19歳	-	-	-	-	-	-	-	-	-	-	-	-	-	-	-
20～24	216.3	391.3	7 316	203.1	24.0	2 198	220.7	489.8	3 594	224.9	698.3	1 454	232.9	488.3	70
25～29	240.4	642.0	7 804	217.6	46.5	933	215.8	459.5	1 595	252.4	762.0	1 875	251.5	826.1	3 387
30～34	253.7	693.0	8 583	213.0	47.6	616	241.3	509.4	1 310	242.7	581.2	1 194	253.8	713.9	2 610
35～39	274.4	818.8	9 864	239.7	56.8	626	240.3	426.1	1 239	250.0	606.3	1 115	267.8	710.1	2 000
40～44	287.8	932.3	13 005	228.5	111.8	654	233.8	347.2	1 421	251.3	540.5	1 232	262.8	694.6	2 515
45～49	309.8	1078.5	12 932	224.6	53.6	458	230.3	278.7	1 167	261.1	566.1	1 150	251.1	657.5	2 143
50～54	321.7	1095.1	8 693	205.6	48.2	346	244.2	287.0	819	251.9	511.5	709	259.4	582.2	1 335
55～59	319.1	1087.6	6 063	210.0	33.4	184	239.6	295.9	506	248.4	540.1	406	243.3	525.0	921
60～64	276.9	751.4	1 973	217.4	292.9	49	230.8	259.6	124	228.5	444.9	131	245.5	253.7	272
65～69	254.7	387.2	400	199.4	0.0	12	189.5	34.3	33	201.3	165.1	32	186.1	157.0	80
70歳～	258.1	290.9	114	331.2	0.0	10	165.5	381.2	5	-	-	-	174.7	48.7	11

及び年間賞与その他特別給与額

（民・公営計）

10～14年			15～19年			20～24年			25～29年			30年以上			区分
所定内給与額	年間賞与その他特別給与額	労働者数	所定内給与額	年間賞与その他特別給与額	労働者数	所定内給与額	年間賞与その他特別給与額	労働者数	所定内給与額	年間賞与その他特別給与額	労働者数	所定内給与額	年間賞与その他特別給与額	労働者数	
千円	千円	十人	千円	千円	十人	千円	千円	十人	千円	千円	十人	千円	千円	十人	
427.8	**1966.2**	**41 192**	**480.5**	**2287.7**	**30 190**	**541.9**	**2676.2**	**26 868**	**580.1**	**3000.6**	**33 244**	**570.8**	**2807.4**	**29 204**	**大学・大学院卒**
-	-	-	-	-	-	-	-	-	-	-	-	-	-	-	～ 19歳
-	-	-	-	-	-	-	-	-	-	-	-	-	-	-	20 ～ 24
233.7	786.7	10	-	-	-	-	-	-	-	-	-	-	-	-	25 ～ 29
370.5	1770.7	9 760	287.3	1005.5	21	-	-	-	-	-	-	-	-	-	30 ～ 34
408.2	1940.8	17 543	442.2	2121.5	6 852	443.5	2178.3	6	-	-	-	-	-	-	35 ～ 39
442.9	1934.4	5 721	479.9	2368.6	16 664	521.4	2581.3	7 202	379.3	1577.5	19	-	-	-	40 ～ 44
532.0	2339.8	3 536	500.8	2298.6	3 513	545.3	2764.0	16 269	565.5	2965.5	12 595	562.8	2238.2	8	45 ～ 49
540.3	2784.7	2 453	567.9	2390.9	1 752	566.1	2558.7	2 008	596.5	3110.5	17 516	622.2	3124.2	7 945	50 ～ 54
573.2	1991.5	1 113	557.0	2233.8	941	577.1	2302.6	979	561.9	2679.4	2 481	596.1	3038.0	15 696	55 ～ 59
447.8	1259.1	794	413.8	1487.3	412	580.3	2388.2	348	481.6	1911.0	587	418.2	1691.1	4 847	60 ～ 64
419.0	1197.7	216	500.0	2337.3	123	519.9	2248.5	44	651.8	2539.2	41	445.2	1787.8	633	65 ～ 69
387.8	182.1	47	895.6	809.7	12	237.8	892.0	13	413.9	2367.9	6	742.5	1802.5	75	70歳～
															女
278.7	**891.5**	**36 202**	**310.1**	**1150.9**	**20 446**	**347.1**	**1415.7**	**14 862**	**374.2**	**1639.1**	**15 383**	**375.6**	**1660.4**	**15 032**	**学歴計**
-	-	-	-	-	-	-	-	-	-	-	-	-	-	-	～ 19歳
-	-	-	-	-	-	-	-	-	-	-	-	-	-	-	20 ～ 24
235.3	937.5	759	-	-	-	-	-	-	-	-	-	-	-	-	25 ～ 29
279.5	1064.4	8 812	252.3	921.8	405	-	-	-	-	-	-	-	-	-	30 ～ 34
303.1	1123.7	7 883	309.6	1305.4	6 538	284.2	1110.9	573	-	-	-	-	-	-	35 ～ 39
298.5	889.8	4 904	346.6	1424.9	5 843	336.3	1510.5	6 845	305.0	1369.1	1 634	-	-	-	40 ～ 44
278.9	762.8	4 597	322.4	1097.1	2 257	400.2	1707.2	3 772	369.6	1721.1	8 510	341.6	1468.1	948	45 ～ 49
264.9	650.4	3 903	310.6	905.6	2 041	366.4	1340.4	1 266	453.2	1973.5	2 795	390.5	1861.9	6 076	50 ～ 54
263.7	751.7	3 156	266.0	735.7	1 816	339.1	1015.2	1 263	375.9	1464.2	1 176	398.3	1772.6	5 262	55 ～ 59
209.5	278.6	1 648	228.6	456.4	1 093	254.7	560.7	878	316.7	898.7	780	301.8	1129.8	1 934	60 ～ 64
184.2	171.8	442	204.7	334.7	364	246.4	571.3	219	319.3	797.5	410	333.5	931.1	524	65 ～ 69
211.2	91.4	98	212.5	181.6	88	319.1	630.6	46	329.5	847.0	79	331.5	881.3	288	70歳～
191.0	**282.0**	**413**	**253.9**	**409.2**	**260**	**234.4**	**547.5**	**102**	**258.3**	**790.3**	**108**	**286.3**	**801.5**	**251**	**中学卒**
-	-	-	-	-	-	-	-	-	-	-	-	-	-	-	～ 19歳
-	-	-	-	-	-	-	-	-	-	-	-	-	-	-	20 ～ 24
167.2	276.8	19	-	-	-	-	-	-	-	-	-	-	-	-	25 ～ 29
210.6	446.7	34	204.9	997.1	1	-	-	-	-	-	-	-	-	-	30 ～ 34
208.4	377.6	38	298.9	553.1	18	-	-	-	-	-	-	-	-	-	35 ～ 39
235.3	642.5	36	265.1	467.7	25	250.1	1108.4	8	260.9	1104.8	10	-	-	-	40 ～ 44
226.1	355.7	36	252.3	531.7	36	545.3	1527.0	8	231.9	771.0	24	210.4	566.0	7	45 ～ 49
196.7	224.1	51	666.8	1490.0	27	432.9	699.7	5	358.3	1148.1	17	348.0	1135.1	27	50 ～ 54
188.9	259.1	81	188.7	194.1	28	325.2	1327.7	18	228.5	788.2	8	296.8	1110.9	66	55 ～ 59
163.3	135.6	82	175.0	154.7	64	144.4	79.8	55	217.5	533.7	26	268.5	692.2	50	60 ～ 64
142.1	78.5	20	168.3	194.7	40	211.9	378.2	4	260.1	742.7	17	265.3	551.1	47	65 ～ 69
151.9	24.6	15	157.3	23.1	20	240.3	426.9	4	282.5	518.6	6	288.0	610.1	54	70歳～
220.5	**472.3**	**12 451**	**246.3**	**697.6**	**6 811**	**283.4**	**973.9**	**4 910**	**316.7**	**1290.6**	**6 118**	**332.1**	**1394.6**	**8 135**	**高校卒**
-	-	-	-	-	-	-	-	-	-	-	-	-	-	-	～ 19歳
-	-	-	-	-	-	-	-	-	-	-	-	-	-	-	20 ～ 24
237.1	963.4	726	-	-	-	-	-	-	-	-	-	-	-	-	25 ～ 29
236.4	694.1	1 763	252.4	922.8	401	-	-	-	-	-	-	-	-	-	30 ～ 34
235.2	564.2	1 152	266.3	979.5	1 632	279.3	1116.8	541	-	-	-	-	-	-	35 ～ 39
222.9	413.6	1 696	256.1	828.9	671	298.3	1270.5	1 969	304.9	1378.1	1 551	-	-	-	40 ～ 44
219.1	460.4	2 035	254.4	725.0	941	294.7	996.7	437	320.8	1439.4	2 710	342.4	1473.3	920	45 ～ 49
219.9	392.6	1 990	248.6	604.0	1 016	300.5	873.0	528	345.7	1301.1	518	346.0	1585.4	3 023	50 ～ 54
216.8	404.7	1 597	240.8	590.3	1 094	279.6	700.2	686	328.2	1069.5	503	344.6	1474.1	2 550	55 ～ 59
188.0	169.2	1 129	206.9	281.8	735	227.6	377.9	554	292.7	788.5	488	258.3	872.6	1 055	60 ～ 64
178.0	143.0	334	184.6	243.9	263	221.5	402.3	164	312.5	736.2	287	316.5	843.6	381	65 ～ 69
201.6	116.9	29	234.7	234.8	58	371.4	779.6	31	308.7	813.7	62	335.2	948.0	207	70歳～
279.7	**874.2**	**10 419**	**308.6**	**1119.2**	**6 735**	**341.1**	**1422.5**	**6 341**	**369.0**	**1618.0**	**5 846**	**402.3**	**1853.4**	**4 863**	**高専・短大卒**
-	-	-	-	-	-	-	-	-	-	-	-	-	-	-	～ 19歳
-	-	-	-	-	-	-	-	-	-	-	-	-	-	-	20 ～ 24
237.9	491.7	14	-	-	-	-	-	-	-	-	-	-	-	-	25 ～ 29
272.7	944.7	2 849	249.3	712.9	3	-	-	-	-	-	-	-	-	-	30 ～ 34
284.5	943.0	2 140	303.7	1240.4	2 715	385.0	1094.8	29	-	-	-	-	-	-	35 ～ 39
287.2	933.7	1 490	320.1	1184.7	2 002	331.5	1462.6	3 634	310.9	1187.7	56	-	-	-	40 ～ 44
287.5	827.6	1 484	337.8	1071.6	710	362.5	1510.8	1 603	367.4	1689.7	4 206	359.0	1806.9	10	45 ～ 49
283.6	813.1	1 197	307.5	894.2	613	354.3	1362.9	480	403.6	1600.3	937	409.6	1973.0	2 257	50 ～ 54
282.4	776.1	848	274.4	772.3	487	358.3	1164.9	388	355.5	1485.9	434	414.8	1908.3	1 889	55 ～ 59
236.9	423.7	299	247.2	586.5	159	283.7	744.8	164	286.4	672.0	133	336.0	1366.5	642	60 ～ 64
185.5	170.2	54	253.9	439.3	36	270.7	628.7	35	307.8	625.6	70	452.9	939.2	48	65 ～ 69
238.1	114.3	44	185.1	192.5	10	170.6	196.1	9	253.4	736.7	9	428.5	903.8	18	70歳～

第2表　年齢階級、勤続年数階級別所定内給与額

企業規模	1,000人以上 100～999人

産　業　計

区分	勤続年数計			0　年			1～2年			3～4年			5～9年		
	所定内給与額	年間賞与その他特別給与額	労働者数	所定内給与額	年間賞与その他特別給与額	労働者数	所定内給与額	年間賞与その他特別給与額	労働者数	所定内給与額	年間賞与その他特別給与額	労働者数	所定内給与額	年間賞与その他特別給与額	労働者数
	千円	千円	十人	千円	千円	十人	千円	千円	十人	千円	千円	十人	千円	千円	十人
大学・大学院卒	**308.4**	**1024.1**	**96 986**	**249.5**	**53.0**	**11 176**	**262.9**	**635.9**	**21 800**	**276.5**	**903.7**	**14 142**	**298.8**	**1125.4**	**21 707**
～ 19歳	-	-	-	-	-	-	-	-	-	-	-	-	-	-	-
20 ～ 24	227.0	414.3	14 790	222.1	32.4	5 886	230.5	668.5	8 836	198.8	433.5	59	248.3	526.8	9
25 ～ 29	259.4	850.7	23 321	254.8	54.0	2 377	254.2	670.2	5 954	256.4	988.5	8 646	270.1	1131.1	6 343
30 ～ 34	290.7	1007.2	17 949	297.8	105.7	1 051	287.9	491.7	2 360	282.1	807.3	2 059	286.6	1166.3	8 313
35 ～ 39	328.1	1127.4	12 493	295.3	104.1	634	331.1	574.9	1 588	321.9	813.0	1 194	314.7	1021.7	2 348
40 ～ 44	365.2	1321.7	10 907	336.8	79.2	514	316.2	676.5	1 414	320.8	727.2	853	351.6	1283.9	2 048
45 ～ 49	399.8	1484.1	7 889	281.7	59.6	394	325.4	675.9	764	321.4	650.3	612	360.3	1018.9	1 202
50 ～ 54	426.0	1619.7	5 406	288.7	79.4	181	309.9	435.6	563	305.8	752.9	434	351.5	977.1	832
55 ～ 59	422.2	1630.5	2 846	289.7	87.5	78	278.9	483.5	211	317.5	512.1	154	325.6	855.8	407
60 ～ 64	391.5	1262.1	1 089	241.5	188.9	54	319.2	715.7	83	524.2	1284.4	104	337.5	867.6	150
65 ～ 69	406.6	1063.7	259	484.9	128.8	6	754.4	434.4	25	366.4	434.4	25	284.5	246.1	45
70歳～	456.5	672.7	37	-	-	-	-	-	-	381.1	2978.2	3	681.9	0.0	10
企業規模 100～999人															
男　女　計	**290.4**	**808.1**	**858 115**	**230.9**	**42.1**	**69 629**	**240.3**	**450.1**	**134 655**	**253.5**	**628.1**	**100 034**	**268.8**	**741.0**	**173 416**
～ 19歳	172.9	128.1	8 916	169.3	7.2	4 927	177.6	279.5	3 952	153.5	41.4	37	-	-	-
20 ～ 24	203.3	367.2	67 784	203.8	18.3	18 558	205.6	446.5	32 864	196.1	579.0	11 569	202.6	663.0	4 793
25 ～ 29	231.1	605.1	94 935	225.5	40.5	10 326	225.1	474.9	23 449	235.7	711.9	25 553	234.1	778.4	31 393
30 ～ 34	260.9	725.6	98 679	248.8	44.9	7 790	249.7	475.4	16 075	254.0	633.5	12 651	265.9	864.2	33 311
35 ～ 39	287.4	837.5	105 315	256.4	48.3	6 075	262.0	491.4	12 648	266.4	647.2	10 784	281.5	811.0	23 617
40 ～ 44	313.4	942.5	122 349	250.6	49.7	6 001	273.4	483.5	12 469	282.5	636.3	10 656	290.6	789.4	22 070
45 ～ 49	333.5	1014.4	115 131	245.3	52.6	5 114	267.3	437.5	10 738	285.5	642.3	8 947	292.2	734.3	19 304
50 ～ 54	349.9	1065.5	92 896	283.3	40.9	4 123	278.9	427.7	7 712	291.0	638.4	6 684	291.6	682.0	14 008
55 ～ 59	347.4	1049.4	79 425	255.9	84.2	2 922	271.7	478.3	6 419	281.0	621.8	5 545	283.2	605.7	11 032
60 ～ 64	266.3	576.3	50 013	258.9	178.6	2 514	262.0	407.6	5 775	251.8	434.2	5 067	252.7	424.5	8 253
65 ～ 69	246.7	317.6	17 860	247.4	59.2	1 062	232.6	162.4	2 166	238.2	209.8	1 985	247.1	292.9	4 527
70歳～	289.1	261.8	4 812	233.6	3.1	217	275.6	85.1	389	277.8	148.9	557	299.3	261.5	1 106
男															
学　歴　計	**319.0**	**937.2**	**537 212**	**248.5**	**55.3**	**36 881**	**258.2**	**496.0**	**73 189**	**273.5**	**688.2**	**55 778**	**290.1**	**822.3**	**103 839**
～ 19歳	175.9	147.5	5 238	172.2	8.1	2 782	180.5	307.8	2 432	151.3	56.1	23	-	-	-
20 ～ 24	205.8	400.6	35 079	207.2	21.8	9 188	208.3	472.9	16 463	197.2	614.0	6 212	206.2	700.2	3 216
25 ～ 29	238.0	658.1	53 797	227.7	42.6	5 428	232.6	518.3	12 766	242.5	754.7	14 406	241.8	831.9	18 195
30 ～ 34	274.4	809.7	61 815	265.7	51.0	4 266	264.0	524.9	9 328	269.9	693.3	7 104	275.8	936.8	22 201
35 ～ 39	308.4	947.1	68 265	287.2	62.5	3 364	284.0	556.2	7 070	290.7	763.8	5 849	300.2	902.9	15 027
40 ～ 44	341.9	1075.3	79 921	281.1	61.4	3 030	315.6	561.5	6 206	316.5	710.1	5 563	319.1	898.9	12 990
45 ～ 49	372.9	1191.9	72 992	287.4	80.7	2 248	305.7	512.9	4 949	339.4	794.6	4 325	336.5	863.0	9 813
50 ～ 54	399.1	1276.6	58 545	349.4	53.4	2 021	331.0	502.2	3 741	350.7	747.7	3 319	348.5	820.4	6 729
55 ～ 59	397.6	1254.0	50 609	287.7	123.1	1 645	307.8	570.8	3 777	318.1	720.5	3 209	329.3	690.6	5 915
60 ～ 64	286.7	644.1	34 515	263.3	216.9	1 942	277.3	443.3	4 377	269.1	478.7	3 707	274.9	473.8	5 491
65 ～ 69	260.3	329.6	12 961	269.6	70.1	819	235.3	170.8	1 747	238.3	191.3	1 624	262.4	308.7	3 472
70歳～	317.7	258.9	3 477	252.5	2.5	149	289.8	83.0	334	265.5	88.2	437	334.3	263.7	790
中　学　卒	**254.1**	**500.5**	**14 858**	**212.3**	**22.3**	**953**	**216.6**	**201.1**	**2 018**	**224.2**	**325.0**	**1 744**	**240.0**	**464.2**	**2 903**
～ 19歳	175.4	19.8	112	183.7	0.8	60	167.1	33.7	47	153.4	121.1	5	-	-	-
20 ～ 24	182.6	141.2	415	183.8	4.6	119	179.8	147.7	182	188.6	281.7	77	179.5	259.8	37
25 ～ 29	213.8	347.5	657	203.1	12.3	94	196.6	255.1	173	205.0	426.9	194	238.5	525.6	154
30 ～ 34	247.2	502.8	1 117	232.1	76.3	90	224.0	244.7	254	244.4	468.1	193	250.3	728.5	335
35 ～ 39	262.0	576.2	1 213	230.3	19.1	137	222.4	197.2	211	229.8	413.3	138	274.2	787.6	300
40 ～ 44	278.1	572.4	1 478	251.8	13.1	54	253.1	305.2	259	249.3	511.3	211	284.7	484.8	237
45 ～ 49	301.3	616.8	1 932	250.2	12.2	103	230.2	270.5	205	267.5	439.0	135	277.4	416.8	491
50 ～ 54	299.6	743.7	1 610	200.5	11.6	76	251.2	157.8	163	272.5	266.8	82	252.0	452.4	209
55 ～ 59	295.3	763.2	1 594	206.4	45.6	72	240.4	159.9	69	239.2	276.1	110	230.0	396.6	284
60 ～ 64	224.4	426.9	2 441	207.1	36.3	76	192.8	169.3	224	198.9	189.4	229	203.3	451.3	351
65 ～ 69	200.6	171.6	1 659	180.1	21.5	50	198.9	85.1	216	205.9	163.1	234	193.2	160.2	401
70歳～	188.5	170.8	629	167.5	0.0	21	155.5	113.6	15	190.2	95.0	134	162.1	260.2	103
高　校　卒	**277.1**	**749.7**	**226 655**	**210.6**	**50.4**	**15 142**	**220.0**	**344.3**	**29 848**	**231.5**	**483.5**	**22 459**	**249.7**	**608.1**	**43 225**
～ 19歳	176.0	150.3	5 126	171.9	8.3	2 722	180.7	313.2	2 385	150.7	38.8	18	-	-	-
20 ～ 24	193.6	491.0	15 636	190.2	30.5	1 795	188.3	425.5	6 048	193.3	608.2	4 652	206.3	706.7	3 141
25 ～ 29	219.3	576.0	17 199	200.4	32.5	1 732	208.7	331.9	3 066	223.5	490.3	2 369	220.4	728.2	7 135
30 ～ 34	244.0	639.4	20 377	212.2	32.8	1 588	225.9	344.6	3 226	234.4	515.5	2 296	247.9	656.5	5 100
35 ～ 39	271.4	749.7	24 377	225.9	40.1	1 344	234.2	352.6	2 604	249.9	555.1	2 314	267.9	675.6	5 278
40 ～ 44	297.9	864.7	32 345	226.0	35.5	1 397	260.2	380.8	2 613	252.2	476.7	2 562	275.7	690.3	5 575
45 ～ 49	315.2	915.7	32 443	221.6	31.9	1 087	246.2	343.8	2 535	262.4	471.3	2 201	278.7	621.6	4 773
50 ～ 54	335.0	991.9	28 550	261.0	26.7	1 142	247.5	277.0	1 955	256.9	452.2	1 708	279.2	544.9	3 546
55 ～ 59	329.7	976.4	24 032	235.7	134.1	880	245.0	341.9	2 026	240.1	412.6	1 517	262.6	510.2	3 093
60 ～ 64	241.6	505.7	17 538	227.5	253.7	937	226.7	318.5	2 211	228.9	353.3	1 786	228.1	365.9	3 188
65 ～ 69	214.1	225.6	7 302	229.3	115.9	457	198.7	93.4	987	210.2	120.2	845	202.9	199.2	1 951
70歳～	213.6	164.6	1 730	182.0	6.2	59	190.5	65.6	193	196.7	59.1	191	225.5	165.5	446

及び年間賞与その他特別給与額

（民・公営計）

区分	10～14年 所定内給与額	10～14年 年間賞与その他特別給与額	10～14年 労働者数	15～19年 所定内給与額	15～19年 年間賞与その他特別給与額	15～19年 労働者数	20～24年 所定内給与額	20～24年 年間賞与その他特別給与額	20～24年 労働者数	25～29年 所定内給与額	25～29年 年間賞与その他特別給与額	25～29年 労働者数	30年以上 所定内給与額	30年以上 年間賞与その他特別給与額	30年以上 労働者数
	千円	千円	十人	千円	千円	十人	千円	千円	十人	千円	千円	十人	千円	千円	十人
大学・大学院卒	**336.9**	**1329.0**	**12 919**	**379.2**	**1677.1**	**6 640**	**450.3**	**2047.0**	**3 509**	**493.2**	**2348.1**	**3 311**	**513.9**	**2468.0**	**1 782**
～19歳	-	-	-	-	-	-	-	-	-	-	-	-	-	-	-
20～24	-	-	-	-	-	-	-	-	-	-	-	-	-	-	-
25～29	215.2	741.9	1	-	-	-	-	-	-	-	-	-	-	-	-
30～34	302.8	1308.0	4 167	-	-	-	-	-	-	-	-	-	-	-	-
35～39	329.9	1356.6	4 552	349.5	1637.7	2 173	222.7	421.4	4	-	-	-	-	-	-
40～44	386.1	1336.6	1 681	383.5	1712.7	3 144	411.9	2037.0	1 234	327.2	1302.8	17	-	-	-
45～49	385.0	1274.8	1 043	419.8	1778.4	570	461.3	2070.6	1 724	461.8	2305.9	1 569	339.0	1280.3	10
50～54	371.2	1161.5	665	454.0	1679.3	384	524.9	2280.8	254	531.7	2512.0	1 323	510.4	2646.8	770
55～59	367.2	1663.5	629	389.0	1486.8	208	536.1	1906.8	171	523.5	2308.0	231	547.3	2497.6	757
60～64	353.2	945.1	138	350.6	1396.6	135	410.4	1492.6	105	454.9	1603.1	133	438.4	1884.8	187
65～69	268.8	517.6	34	408.8	1391.0	24	455.0	2209.8	16	424.1	1653.5	36	415.3	1988.5	48
70歳～	211.7	19.8	10	677.0	130.0	0	319.0	650.7	1	1105.8	2546.4	3	320.1	922.5	10
企業規模 100～999人															
男女計	**295.3**	**900.2**	**126 956**	**323.7**	**1058.1**	**76 618**	**355.4**	**1258.8**	**61 763**	**381.5**	**1450.3**	**54 385**	**392.4**	**1427.9**	**60 660**
～19歳	-	-	-	-	-	-	-	-	-	-	-	-	-	-	-
20～24	-	-	-	-	-	-	-	-	-	-	-	-	-	-	-
25～29	227.4	774.2	4 215	-	-	-	-	-	-	-	-	-	-	-	-
30～34	268.7	930.6	26 179	255.8	915.7	2 673	-	-	-	-	-	-	-	-	-
35～39	305.8	1040.3	28 340	305.3	1098.5	20 524	282.6	1061.2	3 328	-	-	-	-	-	-
40～44	320.5	989.3	20 337	351.0	1260.3	21 823	341.3	1276.3	24 211	326.2	1308.4	4 782	-	-	-
45～49	323.7	927.3	15 941	350.0	1093.4	10 514	401.6	1485.5	17 886	378.4	1472.9	23 235	365.1	1398.6	3 451
50～54	312.4	859.4	12 478	345.7	1046.1	7 638	373.9	1280.7	6 669	428.1	1662.5	15 271	414.2	1586.4	18 312
55～59	295.1	777.5	9 664	318.3	875.7	7 374	351.7	1109.6	5 553	393.4	1430.2	7 151	439.8	1664.1	23 764
60～64	242.9	479.7	5 992	256.7	501.8	4 117	277.6	575.4	3 099	261.4	746.3	2 978	298.0	930.5	12 219
65～69	239.7	314.4	2 760	225.5	266.2	1 439	238.3	270.0	708	264.2	605.5	826	282.9	659.1	2 387
70歳～	264.3	277.6	1 049	281.9	350.2	517	280.5	229.2	309	342.0	401.7	142	359.5	481.3	528
男															
学歴計	**320.6**	**1008.3**	**81 085**	**354.0**	**1184.8**	**50 293**	**381.7**	**1371.5**	**44 322**	**403.7**	**1553.1**	**41 564**	**406.6**	**1485.7**	**50 262**
～19歳	-	-	-	-	-	-	-	-	-	-	-	-	-	-	-
20～24	-	-	-	-	-	-	-	-	-	-	-	-	-	-	-
25～29	236.1	847.4	3 002	-	-	-	-	-	-	-	-	-	-	-	-
30～34	282.5	1014.5	17 097	270.7	1028.9	1 819	-	-	-	-	-	-	-	-	-
35～39	321.2	1126.6	20 432	324.4	1183.5	14 136	301.3	1142.0	2 389	-	-	-	-	-	-
40～44	342.9	1079.1	14 192	369.4	1343.1	16 411	359.6	1352.1	17 846	342.7	1399.1	3 682	-	-	-
45～49	361.2	1042.6	9 741	379.5	1197.3	7 072	415.2	1546.4	14 595	398.4	1551.9	17 542	384.9	1463.1	2 706
50～54	367.9	1021.1	6 303	400.1	1238.4	4 187	397.5	1361.9	4 798	443.8	1736.0	12 554	432.3	1665.3	14 893
55～59	359.5	970.2	4 569	401.5	1105.9	3 397	415.7	1308.6	2 866	423.4	1575.8	5 266	455.3	1726.5	19 965
60～64	268.4	526.2	3 232	297.1	570.1	2 090	348.4	706.9	1 351	284.1	866.8	1 987	303.7	959.9	10 338
65～69	259.0	340.4	1 810	250.2	256.9	790	285.7	243.5	328	279.9	729.4	430	290.5	680.9	1 941
70歳～	293.1	274.2	706	311.6	365.4	391	388.5	281.7	149	402.9	457.2	102	387.2	478.2	419
中学卒	**272.2**	**535.7**	**1 956**	**251.8**	**516.4**	**1 288**	**291.4**	**707.7**	**820**	**319.0**	**1028.0**	**1 063**	**290.2**	**808.4**	**2 115**
～19歳	-	-	-	-	-	-	-	-	-	-	-	-	-	-	-
20～24	-	-	-	-	-	-	-	-	-	-	-	-	-	-	-
25～29	259.8	462.9	42	-	-	-	-	-	-	-	-	-	-	-	-
30～34	271.6	648.6	194	287.5	640.0	50	-	-	-	-	-	-	-	-	-
35～39	299.9	859.6	285	286.4	881.8	118	253.4	519.1	23	-	-	-	-	-	-
40～44	287.4	625.2	248	298.6	650.6	214	309.8	1034.5	147	288.2	903.0	107	-	-	-
45～49	334.9	649.9	262	286.1	683.9	151	321.5	821.2	209	371.8	1168.8	283	359.9	1016.5	93
50～54	284.1	679.5	212	264.4	636.0	217	322.0	712.3	112	362.0	1381.3	211	369.1	1224.5	328
55～59	296.5	566.0	140	233.4	488.1	115	294.4	763.3	123	349.9	1130.7	177	359.5	1251.2	503
60～64	234.5	222.7	236	206.8	268.9	180	254.6	450.1	129	234.4	738.2	199	244.6	604.0	817
65～69	202.5	221.7	198	207.8	192.1	150	215.7	212.6	50	200.7	242.8	67	203.5	215.1	293
70歳～	194.0	87.3	138	175.9	159.8	93	163.2	76.7	26	242.1	540.0	17	233.3	344.5	81
高校卒	**274.7**	**762.4**	**33 785**	**294.4**	**870.5**	**19 247**	**323.6**	**1082.4**	**17 714**	**351.2**	**1297.7**	**19 757**	**370.7**	**1350.7**	**25 478**
～19歳	-	-	-	-	-	-	-	-	-	-	-	-	-	-	-
20～24	-	-	-	-	-	-	-	-	-	-	-	-	-	-	-
25～29	235.7	854.3	2 897	-	-	-	-	-	-	-	-	-	-	-	-
30～34	254.1	858.5	6 406	270.3	1041.6	1 760	-	-	-	-	-	-	-	-	-
35～39	285.7	851.2	5 111	287.3	1001.3	5 427	300.7	1161.4	2 297	-	-	-	-	-	-
40～44	294.1	810.4	5 445	316.3	922.7	3 701	328.7	1204.3	7 545	343.9	1408.9	3 508	-	-	-
45～49	297.2	764.3	4 670	317.2	843.5	2 938	339.3	1054.6	3 152	361.8	1361.3	8 570	382.1	1493.6	2 517
50～54	310.4	747.6	3 550	314.9	876.7	1 889	340.6	1033.4	2 397	366.1	1337.1	3 874	403.1	1540.3	8 490
55～59	284.8	660.3	2 328	305.2	800.6	1 743	325.5	927.0	1 369	364.1	1237.4	2 398	406.6	1530.3	8 679
60～64	233.3	445.7	1 875	234.3	398.3	1 127	239.0	423.4	676	246.2	701.5	1 078	270.1	815.8	4 661
65～69	219.8	314.0	1 173	214.3	122.9	477	240.0	230.2	195	220.7	424.0	276	235.4	449.4	941
70歳～	188.9	160.2	328	197.6	183.9	185	252.9	237.7	84	242.9	174.3	53	268.7	371.2	190

第2表　年齢階級、勤続年数階級別所定内給与額

企業規模	100～999人

産　業　計

区　分	勤続年数計			0　年			1～2年			3～4年			5～9年		
	所定内給与額	年間賞与その他特別給与額	労働者数	所定内給与額	年間賞与その他特別給与額	労働者数	所定内給与額	年間賞与その他特別給与額	労働者数	所定内給与額	年間賞与その他特別給与額	労働者数	所定内給与額	年間賞与その他特別給与額	労働者数
	千円	千円	十人	千円	千円	十人	千円	千円	十人	千円	千円	十人	千円	千円	十人
高専・短大卒	**302.5**	**895.4**	**79 435**	**227.9**	**42.1**	**5 309**	**242.5**	**480.8**	**10 789**	**250.9**	**655.5**	**7 971**	**274.5**	**791.5**	**15 914**
～19歳	-	-	-	-	-	-	-	-	-	-	-	-	-	-	-
20～24	203.2	379.1	6 511	196.8	23.2	1 828	203.9	456.7	3 206	209.3	653.0	1 443	216.1	569.9	34
25～29	232.9	616.2	8 220	216.6	37.1	800	224.8	402.1	1 592	230.3	657.8	1 929	240.8	802.3	3 840
30～34	262.7	764.0	11 189	242.8	38.4	704	250.0	534.4	1 719	253.9	701.9	1 331	263.5	782.5	3 379
35～39	288.7	873.0	11 733	249.7	38.6	479	268.9	615.5	1 397	270.1	724.2	863	277.6	834.7	2 773
40～44	321.3	1014.0	14 484	259.5	58.2	536	277.4	554.5	1 075	283.3	697.5	794	300.7	865.4	2 368
45～49	363.7	1185.6	11 946	280.6	98.4	325	288.7	407.2	734	277.5	594.7	557	318.8	919.9	1 452
50～54	385.9	1232.7	7 240	267.7	10.5	192	295.7	549.8	391	322.7	630.1	378	322.9	797.3	805
55～59	372.9	1153.1	4 804	223.0	44.3	118	259.3	416.7	265	278.0	601.5	307	284.4	488.8	613
60～64	273.5	518.2	2 366	262.8	173.1	202	279.3	261.8	275	273.6	428.2	256	249.2	340.8	391
65～69	248.6	274.4	757	205.6	5.8	114	210.4	107.0	121	237.8	360.7	102	272.5	331.7	201
70歳～	250.4	305.2	186	170.0	0.0	10	207.0	6.8	15	116.9	37.0	11	270.9	189.8	58
大学・大学院卒	**373.4**	**1179.0**	**216 265**	**294.9**	**66.6**	**15 478**	**303.9**	**669.1**	**30 535**	**324.7**	**920.7**	**23 604**	**341.3**	**1080.4**	**41 797**
～19歳	-	-	-	-	-	-	-	-	-	-	-	-	-	-	-
20～24	223.2	307.4	12 517	216.8	18.9	5 445	228.2	529.5	7 027	235.6	514.6	40	234.9	723.7	4
25～29	251.8	728.8	27 721	248.5	51.4	2 800	244.2	619.5	7 935	250.2	843.1	9 915	263.9	959.4	7 066
30～34	301.1	958.2	29 132	321.0	69.7	1 883	301.9	679.0	4 130	302.6	827.4	3 283	290.2	1087.7	13 387
35～39	346.9	1145.2	30 942	364.2	96.5	1 403	341.3	739.3	2 857	338.4	987.0	2 533	336.4	1116.2	6 676
40～44	399.3	1342.3	31 613	367.4	100.2	1 043	404.9	803.3	2 259	419.3	1035.5	1 997	380.2	1177.5	4 809
45～49	452.5	1572.4	26 671	393.1	154.9	733	426.9	889.5	1 476	488.3	1402.2	1 433	443.3	1278.8	3 098
50～54	497.7	1716.7	21 144	559.1	122.2	610	485.2	890.2	1 231	504.9	1259.4	1 151	480.5	1314.7	2 169
55～59	492.5	1647.3	20 179	391.1	132.2	575	409.7	946.6	1 418	427.3	1154.0	1 275	465.4	1088.0	1 926
60～64	366.8	911.5	12 170	315.4	200.5	728	355.4	675.4	1 667	329.6	690.2	1 435	393.1	732.4	1 560
65～69	397.7	657.8	3 243	421.8	13.7	198	346.2	413.0	424	309.3	303.0	442	416.6	601.1	919
70歳～	611.7	484.6	931	369.1	0.0	58	490.4	119.1	112	514.4	140.4	100	717.9	528.6	183
女															
学歴計	**242.6**	**592.0**	**320 903**	**211.1**	**27.2**	**32 747**	**219.0**	**395.4**	**61 466**	**228.3**	**552.3**	**44 256**	**237.1**	**619.8**	**69 577**
～19歳	168.7	100.3	3 678	165.6	6.1	2 145	173.1	234.2	1 519	157.2	17.6	14	-	-	-
20～24	200.5	331.4	32 705	200.4	14.8	9 371	202.9	420.0	16 401	194.9	538.5	5 357	195.2	587.3	1 577
25～29	221.9	535.8	41 138	223.0	38.2	4 899	216.2	423.1	10 683	226.9	656.5	11 146	223.4	704.5	13 198
30～34	238.2	584.6	36 864	228.4	37.7	3 524	230.0	406.9	6 746	233.8	557.0	5 547	246.0	719.3	11 110
35～39	248.6	635.5	37 050	218.2	30.5	2 711	234.1	409.3	5 578	237.6	509.1	4 935	248.7	650.2	8 590
40～44	259.7	692.3	42 428	219.5	37.7	2 971	231.6	406.2	6 264	245.4	555.7	5 092	249.9	632.9	9 080
45～49	265.1	706.8	42 139	212.3	30.5	2 866	234.5	373.1	5 789	235.1	499.8	4 622	246.3	601.3	9 491
50～54	266.1	705.7	34 350	219.8	28.9	2 102	229.8	357.5	3 972	232.0	530.6	3 365	239.0	554.0	7 279
55～59	259.1	690.2	28 816	215.0	34.1	1 277	220.2	346.0	2 642	230.1	486.2	2 337	229.8	507.6	5 117
60～64	220.7	425.3	15 498	243.8	48.2	572	213.9	295.9	1 399	204.8	313.0	1 360	208.4	326.8	2 763
65～69	210.7	285.8	4 899	172.4	22.5	243	221.1	127.2	418	238.1	293.1	362	196.7	240.8	1 055
70歳～	214.7	269.2	1 336	192.1	4.3	68	188.6	98.1	54	322.7	370.8	120	211.9	255.9	317
中学卒	**187.5**	**275.0**	**6 071**	**173.6**	**5.7**	**584**	**173.8**	**162.0**	**934**	**182.7**	**233.7**	**802**	**187.0**	**281.3**	**1 281**
～19歳	171.7	61.4	68	164.5	0.1	44	186.0	170.9	23	141.6	287.4	1	-	-	-
20～24	170.5	95.8	210	166.4	5.9	88	171.9	123.5	68	177.9	218.1	50	148.2	63.2	4
25～29	190.1	289.4	347	171.8	4.3	53	168.5	104.2	139	209.2	463.7	77	213.6	580.8	68
30～34	180.7	190.4	507	177.0	0.5	72	169.5	118.0	122	185.3	174.9	127	187.0	356.9	146
35～39	183.9	199.2	456	184.0	31.8	42	171.2	181.0	89	171.9	187.0	125	185.8	173.4	134
40～44	193.2	334.1	603	162.3	10.1	56	186.9	275.6	127	185.0	268.4	91	196.8	328.7	119
45～49	210.4	384.1	569	190.5	3.1	58	192.3	157.5	92	225.3	388.4	58	202.3	299.5	130
50～54	206.7	321.0	543	183.3	0.9	65	181.0	234.0	65	166.9	174.8	41	190.2	211.2	140
55～59	201.9	457.7	707	204.1	1.3	17	160.7	41.5	50	185.3	385.6	23	189.9	354.3	157
60～64	179.2	258.8	1 154	166.4	13.9	29	162.5	188.8	83	173.3	159.2	142	174.7	252.8	214
65～69	169.3	178.2	696	151.3	0.0	43	166.1	175.8	63	171.3	170.6	51	174.6	179.8	133
70歳～	158.6	78.7	211	178.0	0.0	19	137.7	25.7	12	124.4	44.7	17	154.9	124.6	38
高校卒	**206.5**	**434.8**	**126 877**	**179.0**	**18.4**	**11 634**	**186.7**	**249.8**	**22 632**	**192.2**	**363.6**	**15 767**	**200.1**	**430.5**	**27 773**
～19歳	168.6	101.1	3 611	165.6	6.2	2 101	172.9	235.1	1 496	157.8	5.7	14	-	-	-
20～24	181.3	363.8	10 689	175.3	9.7	1 399	177.2	313.6	4 748	183.5	493.7	3 012	195.1	587.7	1 529
25～29	193.6	398.3	10 348	185.0	17.0	1 240	184.0	214.2	2 399	196.1	374.4	1 507	198.4	578.8	4 073
30～34	201.8	395.9	10 383	182.1	21.8	1 103	192.3	232.6	2 196	192.7	364.3	1 516	203.6	414.9	2 133
35～39	207.5	439.4	12 086	177.4	11.9	1 019	196.0	220.9	2 023	188.5	295.1	1 593	208.0	428.3	2 827
40～44	214.0	478.1	16 107	184.2	30.2	1 220	192.9	254.5	2 687	196.9	346.8	2 005	202.1	414.9	3 645
45～49	218.2	510.3	19 264	183.6	20.5	1 401	191.7	241.9	2 816	194.8	318.4	2 116	204.7	448.7	4 557
50～54	221.6	519.9	17 080	178.8	30.6	1 018	194.4	237.4	2 032	197.2	362.2	1 614	202.6	400.3	3 778
55～59	220.7	511.9	14 792	197.7	35.8	630	189.1	237.7	1 383	203.2	361.0	1 294	196.9	377.5	2 819
60～64	191.1	305.7	8 980	181.0	21.9	324	178.2	236.4	654	180.2	217.6	802	186.4	217.4	1 681
65～69	180.3	180.0	2 872	167.6	27.6	152	176.2	59.3	180	189.5	251.3	247	175.4	150.5	615
70歳～	171.2	186.6	665	189.8	0.0	26	182.1	22.1	18	166.3	34.3	47	153.7	113.1	116

及び年間賞与その他特別給与額

（民・公営計）

10～14年 所定内給与額	10～14年 年間賞与その他特別給与額	10～14年 労働者数	15～19年 所定内給与額	15～19年 年間賞与その他特別給与額	15～19年 労働者数	20～24年 所定内給与額	20～24年 年間賞与その他特別給与額	20～24年 労働者数	25～29年 所定内給与額	25～29年 年間賞与その他特別給与額	25～29年 労働者数	30年以上 所定内給与額	30年以上 年間賞与その他特別給与額	30年以上 労働者数	区分
千円	千円	十人	千円	千円	十人	千円	千円	十人	千円	千円	十人	千円	千円	十人	
303.7	**988.6**	**12 305**	**341.0**	**1111.9**	**8 066**	**359.1**	**1273.5**	**7 648**	**398.7**	**1506.2**	**6 565**	**407.6**	**1465.6**	**4 869**	**高専・短大卒**
-	-	-	-	-	-	-	-	-	-	-	-	-	-	-	～19歳
-	-	-	-	-	-	-	-	-	-	-	-	-	-	-	20～24
244.0	776.6	59	-	-	-	-	-	-	-	-	-	-	-	-	25～29
273.9	992.6	4 053	243.7	564.4	4	-	-	-	-	-	-	-	-	-	30～34
290.8	964.4	2 788	314.0	1089.6	3 388	325.7	995.6	46	-	-	-	-	-	-	35～39
322.3	1057.9	2 440	341.9	1148.8	2 417	343.1	1251.9	4 808	374.1	1694.2	46	-	-	-	40～44
351.9	1059.0	1 574	380.6	1261.4	1 146	388.2	1346.2	1 833	396.7	1533.3	4 237	481.7	1011.6	88	45～49
354.5	1008.2	685	410.5	1138.1	598	390.4	1362.3	604	411.5	1478.9	1 433	432.4	1632.0	2 153	50～54
347.6	942.7	425	385.8	912.0	317	413.8	1301.7	253	413.3	1579.3	681	427.8	1558.8	1 825	55～59
264.2	301.2	167	290.3	469.5	154	294.4	592.4	85	276.8	660.6	125	283.0	872.9	711	60～64
260.0	119.0	67	235.3	294.4	37	244.0	226.4	18	247.1	475.3	24	327.5	781.1	72	65～69
190.0	184.0	47	344.6	50.0	6	-	-	-	422.5	1322.3	19	285.4	546.7	19	70歳～
376.6	**1295.1**	**33 039**	**417.7**	**1530.6**	**21 692**	**452.1**	**1725.2**	**18 140**	**485.5**	**1970.0**	**14 179**	**471.5**	**1764.9**	**17 801**	**大学・大学院卒**
-	-	-	-	-	-	-	-	-	-	-	-	-	-	-	～19歳
-	-	-	-	-	-	-	-	-	-	-	-	-	-	-	20～24
209.2	863.5	5	-	-	-	-	-	-	-	-	-	-	-	-	25～29
316.6	1194.4	6 443	263.4	839.6	6	-	-	-	-	-	-	-	-	-	30～34
343.5	1284.7	12 248	370.6	1441.4	5 203	360.7	96.5	22	-	-	-	-	-	-	35～39
397.3	1347.7	6 058	397.0	1558.8	10 078	419.5	1659.5	5 347	366.4	1651.3	21	-	-	-	40～44
460.3	1468.4	3 233	448.5	1565.1	2 837	448.0	1766.4	9 401	472.2	1961.0	4 452	468.1	2057.8	8	45～49
492.4	1588.1	1 856	524.2	1827.5	1 484	485.9	1872.2	1 685	495.6	2018.7	7 036	500.6	1991.1	3 922	50～54
471.6	1441.3	1 676	558.9	1649.9	1 222	539.4	1835.9	1 121	503.9	2017.6	2 010	513.6	1977.3	8 958	55～59
346.4	798.5	955	436.8	987.5	630	545.0	1215.5	461	372.4	1259.7	585	356.7	1206.6	4 149	60～64
412.6	526.7	372	440.5	829.0	126	489.9	312.6	65	642.3	2715.6	62	408.3	1227.8	635	65～69
567.8	625.8	192	625.0	875.8	107	839.7	517.9	38	1255.6	192.3	13	674.8	710.3	128	70歳～
															女
250.5	**709.0**	**45 872**	**266.0**	**816.0**	**26 325**	**288.5**	**972.4**	**17 440**	**309.6**	**1117.1**	**12 822**	**323.6**	**1148.5**	**10 398**	**学歴計**
-	-	-	-	-	-	-	-	-	-	-	-	-	-	-	～19歳
-	-	-	-	-	-	-	-	-	-	-	-	-	-	-	20～24
205.8	593.0	1 213	-	-	-	-	-	-	-	-	-	-	-	-	25～29
242.6	772.6	9 083	224.2	674.2	854	-	-	-	-	-	-	-	-	-	30～34
266.1	817.3	7 908	263.0	910.4	6 388	234.8	855.7	939	-	-	-	-	-	-	35～39
269.0	782.0	6 145	295.5	1009.3	5 412	290.1	1063.6	6 364	270.8	1004.7	1 100	-	-	-	40～44
264.7	746.1	6 201	289.4	879.9	3 442	341.4	1215.4	3 291	316.5	1229.2	5 693	293.2	1164.3	745	45～49
255.8	694.4	6 175	279.8	812.8	3 450	313.3	1072.5	1 871	355.8	1323.0	2 717	335.3	1242.5	3 419	50～54
237.3	604.8	5 095	247.2	679.1	3 977	283.4	897.4	2 687	309.7	1023.4	1 885	358.0	1336.1	3 798	55～59
213.1	425.3	2 760	215.1	431.4	2 026	222.8	473.7	1 748	215.8	504.4	990	266.3	768.9	1 881	60～64
203.0	264.7	950	195.5	277.5	649	197.5	292.8	380	247.3	471.2	396	249.9	564.1	446	65～69
205.0	284.8	343	189.5	302.9	126	179.7	180.1	160	187.1	260.5	40	252.8	493.1	109	70歳～
193.3	**359.3**	**920**	**180.5**	**302.4**	**488**	**192.1**	**392.0**	**394**	**228.0**	**546.2**	**266**	**214.3**	**471.0**	**401**	**中学卒**
-	-	-	-	-	-	-	-	-	-	-	-	-	-	-	～19歳
-	-	-	-	-	-	-	-	-	-	-	-	-	-	-	20～24
274.5	998.0	11	-	-	-	-	-	-	-	-	-	-	-	-	25～29
184.3	194.9	39	155.3	136.3	2	-	-	-	-	-	-	-	-	-	30～34
222.1	575.0	34	229.9	188.1	25	174.2	349.3	8	-	-	-	-	-	-	35～39
230.1	543.5	90	144.0	115.1	47	226.1	696.4	41	209.1	609.3	32	-	-	-	40～44
221.1	538.6	87	202.3	569.6	59	217.6	661.8	34	256.9	743.5	41	248.6	893.4	10	45～49
223.4	578.2	67	203.5	751.0	38	177.7	343.6	38	251.4	487.0	26	303.4	461.7	63	50～54
202.6	490.4	182	178.1	344.8	77	209.8	487.4	45	266.3	698.2	39	228.3	783.4	118	55～59
175.7	217.2	229	185.1	262.9	153	190.6	389.5	114	188.7	352.2	66	191.5	389.5	124	60～64
150.4	123.0	131	156.0	80.6	70	176.7	207.1	86	229.6	531.2	61	156.8	146.8	60	65～69
168.3	57.8	50	154.0	153.9	17	160.9	127.1	29	136.8	142.6	2	164.2	51.4	27	70歳～
210.3	**498.3**	**18 922**	**218.7**	**569.7**	**11 203**	**239.7**	**711.1**	**7 604**	**259.2**	**863.5**	**5 934**	**279.8**	**972.9**	**5 407**	**高校卒**
-	-	-	-	-	-	-	-	-	-	-	-	-	-	-	～19歳
-	-	-	-	-	-	-	-	-	-	-	-	-	-	-	20～24
202.8	588.6	1 128	-	-	-	-	-	-	-	-	-	-	-	-	25～29
215.1	607.4	2 598	223.1	670.2	838	-	-	-	-	-	-	-	-	-	30～34
214.3	513.8	1 744	232.3	759.0	1 996	231.9	859.9	884	-	-	-	-	-	-	35～39
213.1	496.6	2 102	226.8	630.3	1 116	256.9	859.6	2 299	271.0	1014.9	1 033	-	-	-	40～44
211.8	510.4	2 844	229.1	625.4	1 491	261.7	800.8	821	277.6	1012.5	2 531	291.7	1160.2	687	45～49
221.1	560.2	3 387	228.9	593.3	1 850	252.2	754.4	805	270.7	879.0	728	295.8	1085.1	1 868	50～54
206.7	443.4	2 623	213.0	510.6	2 124	238.9	666.7	1 400	257.4	762.7	792	305.4	1102.3	1 727	55～59
198.0	364.0	1 702	188.2	291.4	1 295	198.5	356.6	1 099	181.4	343.4	562	211.4	536.0	861	60～64
178.6	124.0	598	175.2	223.3	414	195.1	291.0	198	184.2	264.3	255	192.1	261.0	214	65～69
170.2	207.7	195	166.0	242.3	81	184.3	244.2	99	179.7	264.0	33	183.7	316.7	51	70歳～

第2表　年齢階級、勤続年数階級別所定内給与額

企業規模	100～999人
	10～99人

産　業　計

区　分	勤続年数計			0　年			1～2年			3～4年			5～9年		
	所定内給与額	年間賞与その他特別給与額	労働者数	所定内給与額	年間賞与その他特別給与額	労働者数	所定内給与額	年間賞与その他特別給与額	労働者数	所定内給与額	年間賞与その他特別給与額	労働者数	所定内給与額	年間賞与その他特別給与額	労働者数
	千円	千円	十人	千円	千円	十人	千円	千円	十人	千円	千円	十人	千円	千円	十人
高専・短大卒	**256.5**	**664.3**	**107 719**	**214.2**	**31.9**	**9 899**	**228.6**	**431.9**	**19 368**	**237.8**	**592.6**	**14 803**	**247.0**	**662.8**	**23 182**
～19歳	-	-	-	-	-	-	-	-	-	-	-	-	-	-	-
20～24	203.7	327.9	11 310	193.8	14.8	3 303	207.1	400.5	5 738	209.6	599.9	2 226	202.1	629.7	42
25～29	224.6	536.5	11 710	215.2	53.6	1 325	220.8	448.9	2 649	226.4	589.1	2 832	227.9	685.1	4 831
30～34	239.5	584.4	12 080	213.4	31.6	1 099	233.9	469.4	2 125	241.2	577.7	1 759	246.1	642.0	3 223
35～39	253.2	673.0	13 481	225.1	40.1	916	235.8	469.8	1 979	247.5	594.5	1 858	247.4	669.7	3 044
40～44	268.6	762.8	16 440	231.4	42.1	1 101	241.4	451.2	2 109	247.2	612.3	1 862	254.0	697.4	3 528
45～49	279.3	773.9	15 551	225.3	30.3	965	245.1	434.9	2 000	249.3	580.4	1 787	256.5	655.3	3 558
50～54	289.9	835.1	11 868	247.6	28.7	636	250.7	434.5	1 330	252.9	625.6	1 313	260.3	726.6	2 360
55～59	285.9	822.2	10 017	216.7	42.0	380	240.3	446.7	861	249.9	610.2	766	258.1	609.8	1 549
60～64	253.3	553.4	3 941	268.0	108.9	125	257.3	359.3	441	239.7	440.1	330	235.5	476.4	672
65～69	242.7	402.5	992	188.6	18.3	35	293.0	83.8	117	223.3	452.6	32	236.8	423.0	250
70歳～	266.4	418.1	328	171.6	23.1	13	199.7	0.0	19	327.1	585.5	40	243.3	359.7	124
大学・大学院卒	**285.0**	**767.6**	**80 236**	**245.5**	**33.7**	**10 631**	**250.7**	**546.7**	**18 531**	**264.3**	**756.7**	**12 884**	**287.0**	**890.3**	**17 341**
～19歳	-	-	-	-	-	-	-	-	-	-	-	-	-	-	-
20～24	217.2	306.8	10 496	213.5	16.6	4 580	219.9	529.0	5 847	231.6	744.7	68	237.6	505.7	1
25～29	236.5	615.9	18 733	249.5	41.6	2 281	229.3	509.8	5 496	234.2	750.3	6 730	242.7	849.9	4 226
30～34	266.4	740.2	13 894	285.5	59.2	1 250	265.6	530.5	2 304	259.6	698.8	2 146	263.7	889.0	5 609
35～39	290.7	822.7	11 026	268.2	44.2	734	287.4	598.9	1 487	287.4	672.5	1 360	298.1	894.3	2 586
40～44	327.4	962.7	9 278	275.4	47.5	593	298.1	651.6	1 341	333.0	855.2	1 133	342.5	970.1	1 788
45～49	371.0	1140.2	6 754	278.1	66.2	441	351.5	674.6	881	326.7	873.0	660	374.3	1035.9	1 247
50～54	370.6	1085.9	4 860	288.5	29.4	384	317.1	632.6	544	311.5	937.9	397	333.1	775.1	1 000
55～59	362.5	1138.9	3 299	256.5	20.2	250	302.5	571.5	348	310.9	758.5	254	323.2	900.1	592
60～64	351.1	959.5	1 424	450.1	68.5	95	252.4	386.0	220	351.1	966.1	86	341.5	831.0	196
65～69	459.8	1061.2	339	248.9	46.8	14	274.1	370.5	59	734.0	652.3	32	303.9	564.2	56
70歳～	394.3	618.1	133	252.5	0.0	10	306.0	1022.9	5	956.9	1139.4	17	338.9	475.6	39
企業規模 10～99人															
男女計	**269.0**	**519.0**	**616 357**	**220.3**	**31.5**	**54 610**	**229.7**	**320.0**	**104 201**	**243.8**	**452.7**	**79 696**	**262.0**	**538.5**	**128 098**
～19歳	173.6	82.3	5 677	169.4	5.7	3 430	179.4	198.6	2 196	199.3	226.7	52	-	-	-
20～24	195.9	271.4	42 016	193.5	13.0	11 368	195.3	323.9	18 999	198.3	433.4	8 896	202.4	452.1	2 752
25～29	222.3	421.6	59 124	210.5	32.0	8 143	215.9	345.7	17 261	228.8	519.6	14 040	228.1	580.1	17 878
30～34	248.9	495.3	64 139	226.0	42.7	5 945	233.2	348.6	13 178	242.1	475.5	10 453	261.2	613.1	19 518
35～39	272.4	570.4	71 431	237.8	40.5	5 299	241.0	341.2	11 170	255.1	494.2	9 091	277.8	611.1	17 100
40～44	290.3	617.9	87 894	243.6	35.5	5 684	250.5	346.2	11 012	259.9	446.7	9 786	278.3	586.9	18 001
45～49	298.4	623.5	80 983	239.3	35.3	4 572	251.9	311.5	9 609	263.0	444.8	8 419	282.1	547.9	16 013
50～54	302.0	628.0	67 699	245.0	47.1	3 557	257.6	314.0	7 082	269.4	428.5	6 420	273.2	547.3	12 605
55～59	304.8	612.8	60 242	247.5	45.4	2 489	263.0	284.0	5 619	265.3	505.1	5 088	274.8	479.5	10 130
60～64	264.3	401.3	44 925	242.8	51.6	2 628	241.9	260.8	5 123	249.0	328.6	4 548	246.0	321.4	7 495
65～69	239.4	264.0	23 534	222.7	34.1	1 176	210.7	155.0	2 350	216.5	197.4	2 217	228.5	236.1	5 107
70歳～	233.0	244.6	8 694	201.0	18.3	320	202.3	93.5	602	203.8	125.9	686	211.3	160.0	1 499
男															
学歴計	**293.6**	**563.1**	**401 563**	**237.7**	**36.8**	**31 219**	**249.1**	**328.7**	**61 453**	**264.0**	**471.3**	**50 225**	**284.4**	**562.9**	**82 016**
～19歳	179.5	95.7	3 412	175.1	8.1	2 044	185.6	226.7	1 316	199.3	226.7	52	-	-	-
20～24	203.6	270.0	20 759	200.0	16.4	5 268	201.9	296.8	8 996	207.6	419.2	4 692	211.9	488.7	1 802
25～29	233.4	430.5	34 076	218.0	31.2	4 365	224.7	364.7	10 069	240.5	521.8	8 302	241.5	568.6	10 080
30～34	265.4	529.8	41 949	243.3	45.4	3 628	248.8	370.0	8 168	255.8	500.7	6 955	277.4	649.9	13 165
35～39	292.8	621.4	48 741	258.6	51.9	3 116	262.7	368.5	6 826	277.2	535.9	5 900	297.1	649.8	11 623
40～44	317.0	677.8	60 234	269.7	41.1	3 390	281.3	356.0	6 453	288.2	479.4	6 183	305.4	641.9	11 689
45～49	331.0	687.4	53 406	267.4	39.9	2 539	284.5	332.6	5 440	294.1	483.7	5 103	318.0	582.2	9 681
50～54	336.8	690.8	43 115	272.9	53.0	2 013	291.0	342.9	4 136	300.8	440.0	3 897	306.8	588.9	7 156
55～59	339.2	670.9	39 297	265.9	51.2	1 558	287.9	302.6	3 721	294.7	581.4	3 320	308.6	510.2	6 178
60～64	283.1	410.0	32 341	256.1	54.1	2 102	255.7	261.6	3 877	262.7	350.4	3 537	265.8	330.4	5 334
65～69	247.2	264.9	17 892	225.4	36.8	1 000	217.5	163.5	1 923	224.0	191.4	1 706	237.3	244.0	4 125
70歳～	237.1	208.8	6 340	240.8	29.3	196	208.1	83.0	526	205.5	128.2	578	217.6	147.8	1 184
中学卒	**267.4**	**341.2**	**28 481**	**218.8**	**23.3**	**1 975**	**231.7**	**166.6**	**3 387**	**252.2**	**253.3**	**2 936**	**261.4**	**339.7**	**5 310**
～19歳	183.9	83.4	428	172.8	5.9	203	192.1	131.1	174	199.3	226.7	52	-	-	-
20～24	214.8	183.8	960	195.0	16.8	132	204.6	164.5	372	227.5	232.1	321	231.6	284.6	135
25～29	250.4	305.4	1 170	234.4	22.9	174	218.1	191.4	318	251.9	401.9	189	279.3	454.8	389
30～34	269.6	363.1	1 893	213.6	24.7	216	231.5	220.1	310	263.7	372.3	245	292.0	471.5	581
35～39	276.5	400.4	2 419	231.5	48.4	232	243.6	208.6	304	260.4	334.5	294	293.0	437.3	509
40～44	288.2	469.3	3 085	230.6	16.1	196	247.5	180.7	407	273.7	291.7	309	289.2	556.1	526
45～49	299.6	448.7	3 102	255.2	5.0	140	253.1	182.5	297	295.7	322.1	259	265.2	345.3	585
50～54	301.3	432.3	2 640	215.2	11.4	109	280.1	238.1	240	250.0	207.2	243	273.5	271.0	434
55～59	292.4	398.7	2 913	249.7	21.4	135	248.7	151.1	285	258.8	147.0	217	250.1	323.3	483
60～64	259.0	308.4	4 371	218.5	54.3	236	229.2	107.9	324	257.1	215.8	422	236.7	276.4	627
65～69	237.0	180.2	3 667	207.8	7.1	144	210.4	71.4	227	224.6	121.9	270	229.8	154.3	740
70歳～	213.6	185.8	1 833	193.3	2.7	59	185.7	66.8	128	183.7	107.3	116	213.0	119.6	300

及び年間賞与その他特別給与額

（民・公営計）

10～14年 所定内給与額	10～14年 年間賞与その他特別給与額	10～14年 労働者数	15～19年 所定内給与額	15～19年 年間賞与その他特別給与額	15～19年 労働者数	20～24年 所定内給与額	20～24年 年間賞与その他特別給与額	20～24年 労働者数	25～29年 所定内給与額	25～29年 年間賞与その他特別給与額	25～29年 労働者数	30年以上 所定内給与額	30年以上 年間賞与その他特別給与額	30年以上 労働者数	区分
千円	千円	十人	千円	千円	十人	千円	千円	十人	千円	千円	十人	千円	千円	十人	
263.6	**773.6**	**15 846**	**284.1**	**919.7**	**9 620**	**311.3**	**1089.3**	**6 868**	**332.2**	**1244.1**	**4 776**	**358.3**	**1254.8**	**3 357**	**高専・短大卒**
-	-	-	-	-	-	-	-	-	-	-	-	-	-	-	～19歳
-	-	-	-	-	-	-	-	-	-	-	-	-	-	-	20 ～ 24
241.0	601.1	74	-	-	-	-	-	-	-	-	-	-	-	-	25 ～ 29
243.7	758.7	3 862	295.2	969.1	13	-	-	-	-	-	-	-	-	-	30 ～ 34
268.8	799.2	2 613	268.3	936.7	3 027	302.8	876.4	44	-	-	-	-	-	-	35 ～ 39
276.7	847.3	2 329	296.7	994.7	2 222	301.5	1143.7	3 255	326.3	1068.1	33	-	-	-	40 ～ 44
283.6	817.5	2 195	294.9	938.7	1 220	346.6	1159.7	1 371	333.9	1320.5	2 417	333.6	1180.8	39	45 ～ 49
270.5	766.7	1 992	305.3	964.8	1 157	344.1	1219.3	719	358.5	1333.2	1 146	372.9	1423.5	1 215	50 ～ 54
260.0	751.9	1 853	281.3	850.5	1 381	307.8	1007.3	971	326.3	1149.6	848	382.3	1352.3	1 407	55 ～ 59
239.7	556.4	663	263.8	631.2	437	247.1	580.4	414	251.3	690.1	291	289.4	805.7	569	60 ～ 64
239.5	521.1	174	249.7	456.6	138	211.9	381.7	88	197.6	277.9	39	260.5	593.1	119	65 ～ 69
292.8	520.3	92	267.5	572.3	24	173.3	160.7	5	136.5	0.0	1	397.7	693.9	9	70歳～
310.1	**1031.6**	**10 184**	**345.2**	**1217.0**	**5 014**	**386.2**	**1521.1**	**2 574**	**424.9**	**1686.2**	**1 845**	**456.6**	**1849.7**	**1 232**	**大学・大学院卒**
-	-	-	-	-	-	-	-	-	-	-	-	-	-	-	～19歳
-	-	-	-	-	-	-	-	-	-	-	-	-	-	-	20 ～ 24
-	-	-	-	-	-	-	-	-	-	-	-	-	-	-	25 ～ 29
269.5	968.0	2 584	261.2	903.3	2	-	-	-	-	-	-	-	-	-	30 ～ 34
290.2	983.7	3 517	297.5	1089.8	1 340	235.3	615.8	4	-	-	-	-	-	-	35 ～ 39
332.3	1070.6	1 625	335.4	1254.8	2 027	344.0	1353.5	769	226.4	1114.0	1	-	-	-	40 ～ 44
369.9	1241.1	1 074	421.1	1365.1	672	400.0	1624.6	1 065	400.7	1723.6	704	285.1	1688.5	9	45 ～ 49
379.8	1130.8	729	446.0	1385.8	406	417.4	1648.6	309	431.3	1731.2	817	445.1	1691.5	274	50 ～ 54
339.6	997.8	437	325.8	1050.6	395	438.4	1763.9	271	449.6	1564.6	207	489.9	2154.5	546	55 ～ 59
313.5	816.4	166	343.5	1277.2	142	390.4	1250.9	121	369.1	1162.9	71	398.7	1461.3	327	60 ～ 64
524.9	1502.3	47	331.2	698.2	27	308.1	281.3	9	705.7	1833.1	42	558.7	2162.2	54	65 ～ 69
294.5	1079.3	6	361.1	550.8	3	184.8	0.0	26	265.6	338.8	5	458.7	1345.3	22	70歳～
															企業規模 10～99人
286.3	**633.1**	**92 567**	**302.5**	**725.4**	**56 271**	**319.3**	**789.7**	**40 815**	**338.2**	**842.2**	**26 063**	**337.1**	**769.1**	**34 037**	**男女計**
-	-	-	-	-	-	-	-	-	-	-	-	-	-	-	～19歳
-	-	-	-	-	-	-	-	-	-	-	-	-	-	-	20 ～ 24
228.3	573.2	1 801	-	-	-	-	-	-	-	-	-	-	-	-	25 ～ 29
260.2	665.8	13 428	262.1	645.7	1 617	-	-	-	-	-	-	-	-	-	30 ～ 34
295.5	739.8	16 546	289.8	768.7	10 426	293.5	846.6	1 799	-	-	-	-	-	-	35 ～ 39
306.7	703.4	16 137	329.3	880.8	12 683	323.1	884.7	12 848	310.7	842.1	1 743	-	-	-	40 ～ 44
303.4	685.9	13 857	326.7	821.2	9 515	349.5	919.3	9 194	348.9	942.0	8 289	331.7	819.6	1 516	45 ～ 49
292.2	621.1	10 765	308.1	709.7	7 665	336.0	807.7	6 138	373.9	996.0	6 608	369.3	992.2	6 860	50 ～ 54
296.0	553.3	9 493	292.9	646.5	6 851	313.4	707.9	5 310	341.5	828.8	4 808	383.6	990.2	10 455	55 ～ 59
256.6	406.8	6 041	255.8	446.4	4 289	265.4	443.2	3 480	291.1	530.4	2 920	309.4	617.7	8 401	60 ～ 64
237.1	257.6	3 124	266.2	321.2	2 322	245.1	308.6	1 574	253.3	336.0	1 251	264.9	387.3	4 413	65 ～ 69
224.5	243.5	1 375	234.3	270.4	903	216.6	303.9	472	228.9	311.5	445	275.3	366.7	2 393	70歳～
															男
311.0	**677.4**	**61 566**	**328.2**	**771.3**	**38 484**	**342.5**	**832.6**	**29 623**	**360.8**	**886.9**	**19 434**	**350.4**	**785.9**	**27 543**	**学歴計**
-	-	-	-	-	-	-	-	-	-	-	-	-	-	-	～19歳
-	-	-	-	-	-	-	-	-	-	-	-	-	-	-	20 ～ 24
244.1	632.1	1 261	-	-	-	-	-	-	-	-	-	-	-	-	25 ～ 29
277.6	695.8	8 815	279.3	712.6	1 218	-	-	-	-	-	-	-	-	-	30 ～ 34
310.9	785.9	12 292	308.2	785.6	7 439	304.7	900.6	1 544	-	-	-	-	-	-	35 ～ 39
328.2	756.4	11 484	348.6	910.9	9 896	342.5	923.1	9 733	326.1	881.9	1 406	-	-	-	40 ～ 44
337.7	733.5	8 759	354.0	887.8	6 798	364.6	932.6	7 454	369.7	971.8	6 324	343.8	869.4	1 308	45 ～ 49
336.1	680.4	6 104	342.5	765.9	4 675	360.2	839.4	4 412	389.5	1028.4	5 248	386.1	1004.3	5 474	50 ～ 54
338.7	603.2	5 460	337.4	695.1	3 804	346.6	726.1	3 109	364.7	876.8	3 582	402.0	1020.4	8 564	55 ～ 59
277.1	413.7	4 033	289.7	450.0	2 368	296.5	456.7	2 166	314.4	530.7	1 929	318.6	626.8	6 996	60 ～ 64
252.7	273.1	2 335	254.4	303.4	1 605	272.8	330.9	927	283.7	302.2	716	271.3	396.1	3 554	65 ～ 69
230.9	246.7	1 022	238.9	207.9	680	224.6	286.8	277	246.7	316.0	229	274.9	291.5	1 646	70歳～
275.4	**401.6**	**4 043**	**285.2**	**406.8**	**2 626**	**300.5**	**478.6**	**2 283**	**301.9**	**516.6**	**1 707**	**286.2**	**449.0**	**4 215**	**中学卒**
-	-	-	-	-	-	-	-	-	-	-	-	-	-	-	～19歳
-	-	-	-	-	-	-	-	-	-	-	-	-	-	-	20 ～ 24
265.7	396.1	100	-	-	-	-	-	-	-	-	-	-	-	-	25 ～ 29
281.9	519.0	360	313.4	340.6	180	-	-	-	-	-	-	-	-	-	30 ～ 34
293.6	505.2	551	294.4	472.9	288	285.3	657.9	240	-	-	-	-	-	-	35 ～ 39
304.3	577.8	537	322.5	609.1	382	307.7	566.3	422	294.0	673.9	308	-	-	-	40 ～ 44
301.5	435.8	473	323.4	558.5	344	333.1	614.9	385	337.6	649.8	356	321.0	703.4	263	45 ～ 49
310.2	570.9	377	306.6	397.3	278	343.8	619.0	292	326.8	608.4	228	337.7	614.5	439	50 ～ 54
278.1	341.2	425	301.2	494.3	207	316.9	459.7	254	318.2	508.5	237	349.1	661.6	669	55 ～ 59
244.7	224.7	551	259.8	368.2	338	284.2	299.6	348	270.3	335.9	299	283.0	475.5	1 226	60 ～ 64
231.8	200.3	401	238.8	204.4	420	243.2	163.5	271	286.6	236.5	196	246.0	239.8	999	65 ～ 69
202.9	140.6	267	199.8	123.6	190	193.6	178.2	70	213.1	443.0	83	238.2	279.5	620	70歳～

第2表　年齢階級、勤続年数階級別所定内給与額

企業規模	10～99人

産　業　計

区　分	勤続年数計			0　年			1～2年			3～4年			5～9年		
	所定内給与額	年間賞与その他特別給与額	労働者数	所定内給与額	年間賞与その他特別給与額	労働者数	所定内給与額	年間賞与その他特別給与額	労働者数	所定内給与額	年間賞与その他特別給与額	労働者数	所定内給与額	年間賞与その他特別給与額	労働者数
	千円	千円	十人	千円	千円	十人	千円	千円	十人	千円	千円	十人	千円	千円	十人
高校卒	**275.1**	**470.5**	**223 393**	**220.9**	**28.8**	**16 687**	**233.6**	**258.9**	**33 573**	**245.1**	**374.7**	**27 598**	**263.7**	**450.7**	**45 076**
～19歳	178.9	97.5	2 984	175.4	8.3	1 842	184.6	241.3	1 142	-	-	-	-	-	-
20～24	198.3	300.2	12 452	190.9	20.3	2 254	193.8	265.0	5 009	203.7	432.1	3 571	210.5	508.2	1 618
25～29	223.5	375.7	14 772	203.0	16.9	1 788	214.8	285.2	3 899	228.6	402.6	3 026	230.5	497.7	4 915
30～34	250.4	453.1	20 176	219.2	27.2	1 619	232.5	276.2	3 812	236.8	414.0	3 252	257.0	526.7	5 501
35～39	274.3	508.4	24 845	239.2	45.7	1 606	245.3	271.9	3 700	258.9	427.1	3 264	273.8	524.0	5 624
40～44	296.9	550.2	32 296	247.7	34.1	1 951	268.2	295.0	3 720	270.3	395.1	3 481	284.5	510.6	6 649
45～49	307.0	554.9	32 355	253.5	33.2	1 625	263.1	253.8	3 546	268.9	383.7	3 182	292.4	448.3	5 855
50～54	309.9	560.1	27 534	250.8	27.9	1 359	259.1	242.8	2 700	272.7	356.2	2 501	283.8	466.4	4 778
55～59	306.5	550.5	23 809	236.8	40.0	893	253.8	255.8	2 366	255.0	332.6	2 048	274.4	389.3	3 795
60～64	261.1	347.8	18 090	219.3	45.8	1 041	228.8	203.8	2 170	237.0	250.6	1 888	245.0	272.4	3 192
65～69	231.3	241.4	10 727	214.1	42.4	600	203.6	164.1	1 185	206.3	156.0	1 058	218.4	207.9	2 492
70歳～	220.8	186.6	3 352	241.2	47.7	109	190.8	74.1	324	192.3	98.8	327	201.6	134.9	657
高専・短大卒	**299.4**	**630.6**	**48 029**	**231.1**	**31.6**	**3 737**	**241.8**	**346.3**	**7 360**	**268.7**	**517.2**	**6 185**	**290.7**	**625.9**	**9 785**
～19歳	-	-	-	-	-	-	-	-	-	-	-	-	-	-	-
20～24	199.5	249.9	3 377	188.7	16.8	981	199.9	297.9	1 617	212.8	443.4	735	208.1	453.1	44
25～29	229.4	436.1	5 067	208.9	54.7	629	217.2	322.6	1 290	234.2	456.0	1 072	240.8	609.9	2 062
30～34	263.7	556.5	6 813	239.2	31.1	518	235.7	346.0	1 239	263.4	546.2	1 218	277.6	649.6	1 981
35～39	297.8	679.7	7 280	274.1	12.5	451	263.1	435.0	839	283.6	618.7	725	301.3	677.5	1 490
40～44	321.6	738.4	9 271	270.9	47.9	396	278.2	435.7	963	296.2	525.6	940	301.5	709.5	1 495
45～49	347.7	814.3	6 306	280.8	46.6	283	305.9	372.6	533	295.0	577.0	574	331.0	666.1	1 089
50～54	359.5	770.0	4 146	269.6	19.2	164	288.0	361.2	373	329.6	567.0	385	354.7	595.5	626
55～59	372.5	729.7	3 072	225.0	27.5	120	279.1	273.5	191	336.6	540.1	237	343.9	493.5	407
60～64	294.8	462.3	1 836	212.3	40.4	140	239.6	228.1	183	264.2	404.5	233	296.3	352.2	372
65～69	270.2	283.8	719	218.3	21.3	51	213.0	78.8	125	191.0	93.3	42	256.1	282.6	186
70歳～	228.4	178.7	141	173.4	0.0	4	186.3	0.0	6	160.5	42.2	24	271.0	220.5	33
大学・大学院卒	**338.8**	**796.9**	**101 659**	**276.4**	**57.1**	**8 821**	**285.9**	**490.0**	**17 134**	**303.1**	**695.1**	**13 506**	**329.9**	**820.6**	**21 845**
～19歳	-	-	-	-	-	-	-	-	-	-	-	-	-	-	-
20～24	220.8	213.0	3 970	217.0	11.6	1 901	223.1	400.4	1 998	262.5	357.7	66	174.0	0.0	5
25～29	244.5	501.4	13 067	234.9	38.0	1 773	235.8	456.6	4 562	250.6	634.9	4 015	256.7	681.9	2 713
30～34	288.8	658.6	13 068	280.5	78.0	1 275	278.8	524.5	2 806	278.4	615.7	2 240	297.7	803.2	5 102
35～39	325.6	826.9	14 197	295.2	86.3	827	297.8	545.1	1 984	314.5	755.0	1 617	328.8	843.3	4 001
40～44	361.5	947.7	15 582	329.0	59.7	847	329.4	518.3	1 363	329.3	691.5	1 453	356.2	912.5	3 018
45～49	397.0	1050.4	11 643	309.0	67.7	491	353.5	617.4	1 064	367.0	765.4	1 088	395.4	968.6	2 152
50～54	421.0	1140.6	8 794	370.0	169.6	380	400.2	693.2	824	393.9	722.5	769	378.1	1134.7	1 318
55～59	424.8	1036.8	9 503	346.5	92.4	410	394.4	483.8	880	391.8	1332.1	818	405.1	882.4	1 493
60～64	343.2	593.3	8 043	334.2	69.4	685	314.0	412.7	1 200	313.4	584.1	994	330.0	515.0	1 143
65～69	316.2	462.7	2 779	272.5	45.2	206	265.4	243.3	387	283.6	371.3	336	306.7	455.7	706
70歳～	334.8	328.6	1 013	362.8	16.6	25	336.3	164.6	67	277.4	256.0	111	269.5	222.6	195
女															
学歴計	**223.0**	**436.6**	**214 794**	**197.1**	**24.5**	**23 391**	**201.9**	**307.4**	**42 747**	**209.3**	**421.1**	**29 470**	**222.2**	**495.0**	**46 082**
～19歳	164.6	62.1	2 265	161.0	2.2	1 385	170.2	156.5	879	-	-	-	-	-	-
20～24	188.4	272.8	21 257	187.9	10.1	6 099	189.4	348.2	10 003	188.0	449.3	4 204	184.5	382.9	951
25～29	207.2	409.5	25 047	201.8	33.1	3 778	203.7	319.1	7 192	211.9	516.3	5 738	210.7	595.0	7 798
30～34	217.7	430.1	22 189	198.9	38.4	2 316	207.8	313.7	5 010	215.0	425.4	3 498	227.7	536.9	6 354
35～39	228.7	460.9	22 690	208.2	24.2	2 183	206.8	298.2	4 344	214.3	417.2	3 191	236.8	529.0	5 476
40～44	232.2	487.2	27 660	204.9	27.2	2 294	207.0	332.3	4 559	211.3	390.6	3 603	228.2	485.1	6 313
45～49	235.4	499.8	27 577	204.2	29.6	2 033	209.5	283.8	4 169	215.2	385.1	3 317	227.3	495.3	6 332
50～54	240.9	517.7	24 584	208.6	39.4	1 544	210.7	273.3	2 946	220.9	410.8	2 522	229.0	492.7	5 449
55～59	240.1	503.7	20 945	216.9	35.7	932	214.0	247.5	1 897	210.0	361.9	1 767	221.8	431.4	3 952
60～64	215.9	378.8	12 584	189.6	41.4	527	198.9	258.4	1 246	201.2	252.3	1 011	196.9	299.3	2 161
65～69	214.6	261.1	5 641	206.9	18.5	176	180.0	116.8	427	191.4	217.3	511	191.5	203.0	982
70歳～	222.0	341.0	2 354	138.2	0.9	124	161.4	166.5	76	194.9	113.3	108	187.8	206.0	315
中学卒	**178.1**	**186.8**	**5 861**	**162.2**	**11.8**	**681**	**166.7**	**125.1**	**1 346**	**175.5**	**184.0**	**560**	**178.0**	**236.7**	**908**
～19歳	150.8	6.7	81	137.8	1.9	43	165.4	12.1	38	-	-	-	-	-	-
20～24	159.1	82.3	316	160.0	0.6	86	152.1	48.1	141	157.4	107.0	43	180.3	313.8	47
25～29	169.5	103.7	473	159.1	12.8	102	166.4	108.1	197	200.2	224.4	61	180.4	206.2	56
30～34	166.2	122.0	603	155.5	12.5	123	159.9	134.2	244	172.8	181.8	86	169.6	112.0	90
35～39	180.0	160.9	449	158.6	10.1	80	170.0	68.0	197	184.0	283.3	45	223.9	465.9	53
40～44	185.5	228.3	477	181.0	36.5	79	160.1	183.9	100	173.9	139.4	41	187.5	318.3	125
45～49	197.5	241.2	609	190.2	0.0	54	202.4	171.3	135	175.4	140.4	90	179.4	306.1	113
50～54	210.7	358.7	467	169.0	5.6	19	171.1	158.7	83	187.9	293.5	41	184.5	383.9	70
55～59	181.9	217.6	575	153.6	15.8	29	165.2	239.2	87	176.2	150.9	40	184.7	169.7	89
60～64	164.5	214.7	710	168.2	17.6	26	154.7	162.6	81	171.9	401.2	40	163.1	209.8	126
65～69	172.8	162.6	673	149.3	12.8	26	168.0	47.3	24	156.5	56.2	57	169.3	99.1	86
70歳～	175.3	147.6	428	158.8	0.0	15	152.7	197.6	20	165.7	45.8	17	145.3	46.6	53

及び年間賞与その他特別給与額

（民・公営計）

10～14年			15～19年			20～24年			25～29年			30年以上			区分
所定内給与額	年間賞与その他特別給与額	労働者数	所定内給与額	年間賞与その他特別給与額	労働者数	所定内給与額	年間賞与その他特別給与額	労働者数	所定内給与額	年間賞与その他特別給与額	労働者数	所定内給与額	年間賞与その他特別給与額	労働者数	
千円	千円	十人	千円	千円	十人	千円	千円	十人	千円	千円	十人	千円	千円	十人	
288.8	**551.8**	**34 294**	**307.0**	**613.3**	**21 896**	**321.1**	**714.4**	**16 735**	**338.4**	**769.2**	**12 078**	**336.4**	**755.6**	**15 456**	**高校卒**
-	-	-	-	-	-	-	-	-	-	-	-	-	-	-	～19歳
-	-	-	-	-	-	-	-	-	-	-	-	-	-	-	20～24
242.2	649.4	1 144	-	-	-	-	-	-	-	-	-	-	-	-	25～29
271.3	605.6	4 968	273.5	773.4	1 024	-	-	-	-	-	-	-	-	-	30～34
290.4	612.7	5 288	295.9	675.3	4 101	307.4	951.5	1 262	-	-	-	-	-	-	35～39
307.3	600.9	5 895	326.0	697.5	4 331	326.2	820.6	5 215	332.7	940.8	1 054	-	-	-	40～44
313.4	612.2	5 281	327.7	692.1	3 972	333.6	702.2	3 658	352.5	870.8	4 226	349.3	914.3	1 009	45～49
310.6	564.3	3 893	319.1	614.4	3 106	336.8	700.4	2 724	348.0	772.3	2 888	371.3	938.4	3 586	50～54
295.2	479.3	3 338	309.7	520.4	2 446	322.8	668.7	1 901	341.5	758.3	2 193	376.3	932.0	4 830	55～59
256.1	356.1	2 482	280.3	372.6	1 476	282.5	407.2	1 273	298.6	475.3	1 156	297.4	573.8	3 412	60～64
225.6	253.4	1 474	252.8	274.1	1 033	254.7	291.4	529	265.7	332.4	432	262.7	380.8	1 923	65～69
216.7	194.1	531	225.3	202.6	405	223.4	322.2	172	258.2	257.1	130	255.9	288.6	698	70歳～
319.1	**777.7**	**7 687**	**337.3**	**876.3**	**4 884**	**355.6**	**929.1**	**4 307**	**390.7**	**1088.0**	**1 942**	**391.1**	**898.6**	**2 141**	**高専・短大卒**
-	-	-	-	-	-	-	-	-	-	-	-	-	-	-	～19歳
-	-	-	-	-	-	-	-	-	-	-	-	-	-	-	20～24
248.0	893.2	14	-	-	-	-	-	-	-	-	-	-	-	-	25～29
274.7	748.5	1 844	262.4	1131.8	13	-	-	-	-	-	-	-	-	-	30～34
306.1	775.2	1 893	312.7	881.1	1 848	334.0	710.5	35	-	-	-	-	-	-	35～39
329.4	809.3	1 574	346.0	847.3	1 392	348.6	956.1	2 468	393.9	915.8	44	-	-	-	40～44
357.0	923.0	1 001	374.2	1003.5	801	366.7	933.4	990	387.8	1186.8	998	356.1	824.8	36	45～49
344.1	746.5	602	342.8	859.9	397	371.4	1012.5	390	408.5	1073.2	475	419.8	1047.3	733	50～54
414.6	755.1	456	367.6	774.9	277	367.4	676.6	260	387.8	1077.1	292	414.1	970.7	833	55～59
306.7	485.1	162	328.8	697.2	103	352.1	775.7	135	314.3	592.3	105	327.1	642.4	403	60～64
311.7	360.1	113	250.8	563.1	38	309.4	639.0	27	529.3	88.6	24	309.8	491.4	112	65～69
242.6	268.6	28	234.9	316.4	16	168.2	0.0	2	319.7	69.5	4	225.0	171.4	24	70歳～
365.2	**976.8**	**15 542**	**387.0**	**1201.2**	**9 077**	**405.8**	**1208.8**	**6 298**	**445.4**	**1335.6**	**3 706**	**420.4**	**1073.3**	**5 730**	**大学・大学院卒**
-	-	-	-	-	-	-	-	-	-	-	-	-	-	-	～19歳
-	-	-	-	-	-	-	-	-	-	-	-	-	-	-	20～24
220.8	614.3	2	-	-	-	-	-	-	-	-	-	-	-	-	25～29
298.8	948.4	1 642	307.0	257.1	2	-	-	-	-	-	-	-	-	-	30～34
338.7	1025.2	4 560	346.4	1090.1	1 202	320.6	1027.5	6	-	-	-	-	-	-	35～39
366.7	1023.6	3 479	378.1	1208.3	3 792	394.7	1293.7	1 629	329.2	1394.9	1	-	-	-	40～44
400.8	1029.0	2 003	412.9	1362.5	1 681	415.7	1330.8	2 421	458.6	1412.2	744	-	-	-	45～49
421.1	1048.5	1 232	435.2	1365.7	893	424.1	1212.6	1 006	464.9	1519.9	1 656	455.8	1528.5	717	50～54
448.6	970.3	1 241	413.8	1205.9	875	415.0	999.8	694	428.7	1212.6	860	469.0	1337.4	2 233	55～59
354.5	694.6	839	334.0	708.6	450	332.3	639.6	409	399.4	844.1	369	376.1	811.0	1 955	60～64
372.8	412.7	347	327.8	848.6	114	438.6	910.3	100	302.2	381.2	64	343.2	732.2	521	65～69
305.2	529.8	197	427.3	446.7	69	298.6	346.0	33	330.5	158.0	12	397.0	332.2	305	70歳～
															女
237.3	**545.0**	**31 001**	**247.0**	**626.1**	**17 787**	**257.8**	**676.0**	**11 192**	**271.9**	**711.0**	**6 629**	**280.5**	**697.5**	**6 495**	**学歴計**
-	-	-	-	-	-	-	-	-	-	-	-	-	-	-	～19歳
-	-	-	-	-	-	-	-	-	-	-	-	-	-	-	20～24
191.4	435.8	540	-	-	-	-	-	-	-	-	-	-	-	-	25～29
227.0	608.5	4 613	209.5	441.5	399	-	-	-	-	-	-	-	-	-	30～34
251.3	606.4	4 255	243.9	726.6	2 987	226.1	519.1	254	-	-	-	-	-	-	35～39
253.8	572.6	4 653	260.7	774.1	2 786	262.6	764.6	3 114	246.7	676.3	337	-	-	-	40～44
244.5	604.2	5 098	258.2	654.3	2 717	285.0	862.5	1 740	282.0	845.8	1 965	255.2	505.4	207	45～49
234.7	543.5	4 660	254.2	621.7	2 990	274.1	726.7	1 726	313.9	870.8	1 360	302.6	944.4	1 386	50～54
238.2	485.8	4 032	237.5	585.9	3 047	266.4	682.2	2 202	273.9	688.7	1 226	300.2	853.4	1 890	55～59
215.5	392.9	2 008	214.0	441.9	1 921	214.1	421.0	1 315	245.9	529.9	991	263.9	572.5	1 405	60～64
190.9	211.4	788	292.5	360.8	717	205.4	276.6	646	212.7	381.2	535	238.4	350.8	859	65～69
206.1	234.3	352	220.1	461.8	222	205.3	328.2	195	210.0	306.8	215	276.3	532.3	747	70歳～
189.5	**262.8**	**781**	**186.8**	**326.9**	**493**	**199.1**	**248.6**	**332**	**200.3**	**347.6**	**236**	**182.2**	**133.1**	**524**	**中学卒**
-	-	-	-	-	-	-	-	-	-	-	-	-	-	-	～19歳
-	-	-	-	-	-	-	-	-	-	-	-	-	-	-	20～24
154.8	19.2	57	-	-	-	-	-	-	-	-	-	-	-	-	25～29
198.9	227.5	55	206.9	213.2	5	-	-	-	-	-	-	-	-	-	30～34
209.6	269.8	48	185.9	372.2	11	159.9	239.3	16	-	-	-	-	-	-	35～39
201.6	304.9	78	210.0	401.8	16	274.4	171.7	15	191.6	421.2	21	-	-	-	40～44
197.8	249.6	100	231.4	462.7	73	276.1	527.9	25	170.9	270.8	12	145.2	216.6	8	45～49
232.3	627.0	114	253.5	536.8	40	222.9	287.7	46	627.0	1068.4	6	204.2	52.9	47	50～54
185.3	276.9	62	164.8	409.9	93	200.5	343.9	24	200.7	387.0	15	203.3	97.8	136	55～59
161.8	174.7	111	160.9	173.8	95	183.5	272.1	91	164.8	333.8	62	158.2	193.8	80	60～64
171.0	180.7	103	157.8	170.0	94	169.9	170.3	76	223.7	462.7	79	170.5	95.3	129	65～69
171.1	57.3	52	199.6	356.4	67	200.8	96.7	38	162.1	23.4	42	180.5	197.7	124	70歳～

第2表　年齢階級、勤続年数階級別所定内給与額

企業規模	10～99人

産　業　計

区　分	勤続年数計			0　年			1～2年			3～4年			5～9年		
	所定内給与額	年間賞与その他特別給与額	労働者数	所定内給与額	年間賞与その他特別給与額	労働者数	所定内給与額	年間賞与その他特別給与額	労働者数	所定内給与額	年間賞与その他特別給与額	労働者数	所定内給与額	年間賞与その他特別給与額	労働者数
	千円	千円	十人	千円	千円	十人	千円	千円	十人	千円	千円	十人	千円	千円	十人
高校卒	**200.5**	**324.9**	**97 587**	**177.0**	**22.3**	**9 388**	**182.5**	**206.1**	**17 322**	**188.2**	**289.2**	**12 558**	**197.6**	**346.2**	**20 935**
～19歳	165.1	64.1	2 184	161.8	2.2	1 343	170.4	163.0	841	-	-	-	-	-	-
20～24	175.6	237.0	7 071	171.0	16.0	1 238	172.3	220.2	2 987	179.4	339.5	1 993	184.9	377.5	852
25～29	184.7	273.4	6 527	175.0	19.3	924	180.2	213.3	1 979	185.7	277.5	1 076	190.8	397.2	2 102
30～34	194.4	299.4	7 647	178.2	33.3	901	182.6	198.2	1 677	191.4	301.2	1 158	205.5	360.1	1 908
35～39	201.8	323.9	8 828	185.0	31.5	847	186.3	224.1	1 807	193.4	298.3	1 348	204.0	354.3	2 109
40～44	203.1	340.9	12 318	179.1	16.4	1 166	182.5	231.0	2 014	187.0	285.2	1 778	197.9	339.8	2 949
45～49	211.7	373.8	14 265	187.6	28.9	1 147	195.2	212.1	2 229	192.3	292.6	1 712	205.5	390.8	3 226
50～54	212.8	395.0	13 666	183.2	33.0	854	188.1	193.3	1 635	196.8	325.5	1 496	202.9	368.5	3 067
55～59	210.2	384.7	12 025	192.8	20.3	466	188.1	183.4	1 111	187.1	277.0	983	195.5	328.5	2 349
60～64	193.0	288.1	7 867	176.6	65.6	320	183.6	180.9	714	179.0	133.2	632	180.7	230.2	1 447
65～69	194.5	208.5	3 751	170.8	15.9	73	162.4	82.8	291	179.9	149.6	307	178.0	178.9	715
70歳～	201.7	247.1	1 437	134.7	1.1	109	173.5	115.4	35	198.5	115.3	74	179.6	144.9	212
高専・短大卒	**232.9**	**540.2**	**72 291**	**199.7**	**23.6**	**7 765**	**205.7**	**370.3**	**14 422**	**216.5**	**502.0**	**9 810**	**230.9**	**604.6**	**16 103**
～19歳	-	-	-	-	-	-	-	-	-	-	-	-	-	-	-
20～24	189.3	323.0	9 386	182.5	8.2	2 772	190.3	407.4	4 466	196.3	553.9	2 106	182.8	538.9	43
25～29	206.8	481.2	9 287	197.2	24.0	1 301	200.9	330.8	2 031	205.9	529.7	1 721	213.0	674.5	4 196
30～34	220.6	491.0	7 754	209.8	49.3	723	207.3	355.1	1 578	216.9	417.6	1 032	222.7	552.0	2 181
35～39	232.5	525.4	8 104	213.7	11.6	734	211.5	333.3	1 537	217.4	470.2	944	237.0	593.1	1 907
40～44	242.4	584.1	10 267	206.9	35.0	711	218.2	388.0	1 701	223.4	450.8	1 199	244.8	598.5	2 222
45～49	247.7	618.9	9 062	213.7	24.3	583	216.5	358.5	1 247	223.8	507.8	1 098	236.0	582.7	2 115
50～54	261.5	669.1	7 885	220.9	61.0	429	225.9	353.1	941	252.4	581.7	807	245.1	631.8	1 715
55～59	264.0	671.7	6 259	222.5	58.3	311	229.2	371.3	503	234.4	489.6	527	242.7	566.9	1 092
60～64	254.1	557.2	2 996	210.7	2.4	133	211.8	419.6	300	238.5	439.4	246	235.6	458.4	453
65～69	243.6	479.7	957	234.3	26.1	67	216.8	211.5	99	210.8	320.7	118	248.1	377.3	139
70歳～	299.8	809.4	334	281.9	0.0	1	148.4	222.2	20	210.2	48.3	12	233.0	562.8	41
大学・大学院卒	**267.7**	**561.3**	**39 055**	**231.4**	**31.1**	**5 557**	**235.7**	**420.5**	**9 657**	**241.9**	**573.0**	**6 543**	**273.2**	**689.8**	**8 136**
～19歳	-	-	-	-	-	-	-	-	-	-	-	-	-	-	-
20～24	209.0	237.4	4 484	206.8	9.6	2 004	211.0	414.9	2 409	206.1	659.9	62	184.2	507.9	9
25～29	226.3	451.5	8 761	225.9	51.4	1 452	223.7	395.2	2 985	225.4	603.6	2 880	233.9	666.8	1 444
30～34	248.0	545.3	6 186	227.4	38.2	569	244.0	427.6	1 510	238.6	566.7	1 222	254.5	694.4	2 175
35～39	271.7	615.7	5 308	245.5	32.4	521	253.2	453.9	803	245.5	553.5	854	286.3	706.1	1 408
40～44	292.5	689.7	4 599	295.0	46.2	339	253.9	499.0	744	263.3	605.2	585	284.6	679.0	1 016
45～49	304.0	740.0	3 640	261.7	52.0	248	252.8	430.8	558	295.2	495.2	416	292.1	693.1	878
50～54	332.3	734.4	2 567	279.3	26.4	242	300.7	500.5	287	289.2	379.3	177	322.0	743.3	598
55～59	357.3	764.7	2 085	306.6	41.5	126	343.2	296.6	197	260.5	475.0	217	322.3	709.4	421
60～64	317.1	671.2	1 010	230.2	0.0	47	269.6	355.6	151	266.2	503.9	93	273.5	588.8	135
65～69	506.0	470.2	260	429.7	0.9	10	321.5	293.3	13	297.1	796.3	31	277.8	247.1	43
70歳～	371.6	735.6	155	-	-	-	197.9	554.0	0	201.2	474.2	5	440.0	1000.0	8

及び年間賞与その他特別給与額

(民・公営計)

10～14年			15～19年			20～24年			25～29年			30年以上			区分
所定内給与額	年間賞与その他特別給与額	労働者数	所定内給与額	年間賞与その他特別給与額	労働者数	所定内給与額	年間賞与その他特別給与額	労働者数	所定内給与額	年間賞与その他特別給与額	労働者数	所定内給与額	年間賞与その他特別給与額	労働者数	
千円	千円	十人	千円	千円	十人	千円	千円	十人	千円	千円	十人	千円	千円	十人	
209.3	**415.2**	**15 130**	**215.6**	**436.9**	**9 213**	**225.5**	**487.5**	**5 859**	**238.3**	**534.4**	**3 662**	**256.3**	**548.5**	**3 519**	**高校卒**
-	-	-	-	-	-	-	-	-	-	-	-	-	-	-	～19歳
-	-	-	-	-	-	-	-	-	-	-	-	-	-	-	20～24
194.3	473.4	446	-	-	-	-	-	-	-	-	-	-	-	-	25～29
201.4	445.0	1 638	208.4	444.8	364	-	-	-	-	-	-	-	-	-	30～34
220.5	454.7	1 385	216.8	476.2	1 094	230.4	537.2	238	-	-	-	-	-	-	35～39
222.4	443.5	2 017	228.2	511.7	907	235.4	547.1	1 191	247.0	660.3	297	-	-	-	40～44
219.6	473.7	2 684	229.0	478.6	1 403	241.0	593.4	715	256.0	629.5	955	258.4	500.0	194	45～49
212.4	441.5	2 639	222.3	457.1	1 731	238.1	529.3	864	258.8	638.2	604	283.4	821.0	777	50～54
201.0	356.9	2 337	210.1	436.1	1 878	230.8	527.1	1 348	237.4	554.3	661	283.2	716.3	893	55～59
190.3	327.4	1 212	195.0	341.2	1 254	194.4	355.9	917	217.6	380.2	638	223.1	416.6	733	60～64
182.5	178.1	558	210.8	304.2	471	205.3	266.3	468	198.7	291.7	359	233.2	217.7	508	65～69
204.3	239.1	215	192.5	228.4	110	191.5	287.0	118	213.1	409.7	149	233.5	338.0	415	70歳～
248.4	**646.1**	**10 418**	**262.5**	**790.1**	**5 707**	**282.1**	**899.0**	**3 940**	**303.4**	**947.4**	**2 151**	**316.6**	**1034.8**	**1 975**	**高専・短大卒**
-	-	-	-	-	-	-	-	-	-	-	-	-	-	-	～19歳
-	-	-	-	-	-	-	-	-	-	-	-	-	-	-	20～24
211.9	617.8	38	-	-	-	-	-	-	-	-	-	-	-	-	25～29
233.3	707.3	2 209	222.9	444.0	30	-	-	-	-	-	-	-	-	-	30～34
248.4	624.3	1 469	251.1	823.1	1 512	203.6	548.2	1	-	-	-	-	-	-	35～39
254.5	639.5	1 721	258.8	811.2	1 074	269.8	893.1	1 621	300.8	1194.6	20	-	-	-	40～44
252.1	684.7	1 616	276.9	774.0	846	293.6	999.5	661	301.2	1043.9	890	292.1	1070.4	6	45～49
250.6	625.2	1 456	271.9	819.0	870	298.8	960.1	649	335.3	1000.1	548	322.3	1214.5	469	50～54
265.0	643.1	1 225	266.5	753.8	830	294.4	895.3	644	292.1	835.9	405	312.6	1098.8	722	55～59
244.3	489.9	541	252.4	667.6	417	278.9	710.2	243	271.9	769.8	178	310.7	772.7	484	60～64
239.4	421.6	99	270.3	706.3	96	229.0	440.9	87	254.0	657.0	90	272.7	856.4	162	65～69
195.8	374.9	44	341.3	1296.9	30	252.1	659.9	34	262.4	127.8	20	395.0	1225.8	131	70歳～
311.6	**787.4**	**4 671**	**344.1**	**1027.8**	**2 374**	**363.6**	**1022.5**	**1 061**	**396.5**	**1098.0**	**580**	**417.6**	**1020.6**	**477**	**大学・大学院卒**
-	-	-	-	-	-	-	-	-	-	-	-	-	-	-	～19歳
-	-	-	-	-	-	-	-	-	-	-	-	-	-	-	20～24
-	-	-	-	-	-	-	-	-	-	-	-	-	-	-	25～29
268.8	708.1	710	208.2	0.0	0	-	-	-	-	-	-	-	-	-	30～34
287.4	754.3	1 352	296.0	1081.9	370	-	-	-	-	-	-	-	-	-	35～39
333.0	770.8	838	301.7	1032.8	789	333.3	972.4	288	-	-	-	-	-	-	40～44
329.6	969.5	699	327.4	1058.6	394	361.4	1187.5	339	366.4	1187.2	108	-	-	-	45～49
314.7	855.3	451	368.0	955.9	349	378.5	963.8	167	411.7	1210.2	202	413.1	1062.9	93	50～54
378.3	783.7	408	376.0	1229.0	246	436.9	1114.8	185	396.1	919.6	145	439.1	1196.2	140	55～59
360.6	747.7	144	295.9	812.4	155	294.4	464.9	64	409.4	1106.0	113	408.0	1010.8	108	60～64
258.6	241.2	28	1254.2	564.1	55	251.0	179.4	15	269.4	500.0	7	338.1	670.7	59	65～69
270.9	286.6	41	268.4	952.1	15	253.1	897.1	4	323.6	367.4	4	458.5	932.3	77	70歳～

第 3 表
Table 3

年齢階級、所定内給与額階級別労働者数及び所定内給与額の分布特性値
Number of Employees and Dispersion Coefficient of Scheduled Cash Earnings by Age Group and Scheduled Cash Earnings Group

（産業、企業規模、性、労働者の種類、年齢階級、月間所定内給与額階級別一般労働者数及び月間所定内給与額の分布特性値
Number of regular employees and dispersion coefficient of monthly scheduled cash earnings by industry size of enterprise, sex, type of workers, age group and monthly scheduled cash earnings group）

単位十人
10persons

	年 齢 計 Total for all age groups	～19 歳 Age	20～24 歳 Age	

第3表　年齢階級、所定内給与額階級別労働者数及び所定内給与額の分布特性値

企業規模	計

産　業　計

（単位十人）

区分	年齢計	～19歳	20～24歳	25～29歳	30～34歳	35～39歳	40～44歳	45～49歳	50～54歳	55～59歳	60～64歳	65～69歳	70歳以上
産業計													
企業規模計													
男女計													
学歴計	**2 272 196**	**21 347**	**169 891**	**250 203**	**260 348**	**272 438**	**322 404**	**309 485**	**255 744**	**211 055**	**133 981**	**50 211**	**15 090**
～ 99.9千円	324	12	8	16	35	23	24	32	29	45	52	34	15
100.0 ～ 119.9	8 520	115	469	699	630	730	810	887	798	953	1 086	884	459
120.0 ～ 139.9	42 368	1 058	4 099	4 108	3 428	3 592	3 934	3 990	4 001	3 897	5 506	3 445	1 312
140.0 ～ 159.9	101 390	3 941	12 086	10 288	8 668	7 885	9 375	9 956	9 587	9 536	11 584	6 345	2 139
160.0 ～ 179.9	152 261	8 861	25 673	16 996	14 442	12 189	13 926	13 633	12 744	11 121	13 950	6 728	1 997
180.0 ～ 199.9	184 165	4 277	35 972	27 967	19 281	16 236	16 856	16 429	13 502	11 779	14 351	5 937	1 577
200.0 ～ 219.9	207 832	1 730	37 540	39 916	25 680	19 588	18 969	17 249	13 676	11 791	14 635	5 543	1 514
220.0 ～ 239.9	204 296	867	25 134	44 098	29 080	22 578	21 956	18 432	13 391	12 308	11 578	3 921	951
240.0 ～ 259.9	190 982	315	14 226	36 303	32 589	25 713	23 800	18 752	13 556	11 212	10 296	3 242	978
260.0 ～ 279.9	163 554	80	6 806	24 214	28 858	25 823	24 390	18 734	13 194	10 847	7 634	2 232	743
280.0 ～ 299.9	141 680	53	3 465	15 711	23 881	24 243	24 476	18 647	12 448	10 146	6 369	1 765	476
300.0 ～ 319.9	123 144	14	1 824	10 408	18 078	21 286	23 160	18 290	12 142	9 725	5 786	1 910	521
320.0 ～ 339.9	103 389	20	1 135	5 977	14 238	17 628	20 966	16 595	11 868	9 463	4 131	1 114	253
340.0 ～ 359.9	90 262	1	586	4 105	10 039	15 164	18 347	15 866	11 585	9 396	3 733	1 064	377
360.0 ～ 379.9	75 327	-	319	2 845	7 380	11 943	16 298	14 156	10 436	8 119	2 944	740	147
380.0 ～ 399.9	63 937	-	127	1 564	5 116	8 888	13 634	13 460	10 098	8 103	2 189	626	132
400.0 ～ 449.9	129 524	4	259	2 337	8 662	16 515	25 621	27 809	23 281	18 586	4 898	1 226	325
450.0 ～ 499.9	87 697	-	93	1 018	4 078	9 206	16 127	20 330	18 337	14 416	3 191	714	187
500.0 ～ 549.9	60 927	-	54	671	2 322	4 920	10 508	14 367	13 986	10 626	2 721	602	149
550.0 ～ 599.9	41 156	-	7	326	1 136	2 615	6 416	9 921	10 169	8 290	1 853	337	87
600.0 ～ 699.9	48 255	-	6	348	1 329	2 488	6 472	11 211	13 010	10 116	2 542	564	171
700.0 ～ 799.9	23 120	-	0	132	625	1 517	2 866	4 866	6 495	4 948	1 157	421	93
800.0 ～ 899.9	11 772	-	3	73	374	709	1 376	2 614	3 221	2 496	589	270	47
900.0 ～ 999.9	5 710	-	0	24	174	319	760	1 310	1 613	1 057	296	114	42
1000.0 ～ 1199.9	5 403	-	-	40	133	327	693	1 103	1 411	1 037	365	143	151
1200.0千円 ～	5 203	-	-	18	93	314	642	847	1 167	1 041	543	291	246
第1・十分位数（千円）	170.3	146.8	160.3	172.5	178.5	183.7	185.0	183.0	177.6	171.8	152.7	142.4	136.2
第1・四分位数（千円）	207.6	160.5	180.1	201.3	214.7	227.1	235.5	236.6	234.3	225.7	181.7	165.2	158.8
中位数（千円）	265.1	172.1	203.4	231.4	257.8	281.5	302.3	319.7	334.6	324.4	229.4	205.8	200.5
第3・四分位数（千円）	357.7	187.5	228.0	265.5	309.0	348.8	386.4	428.1	462.3	453.6	310.4	273.2	268.6
第9・十分位数（千円）	482.4	210.2	256.1	308.2	374.2	432.9	489.7	554.1	607.6	596.7	447.5	387.7	397.6
十分位分散係数	0.59	0.18	0.24	0.29	0.38	0.44	0.50	0.58	0.64	0.65	0.64	0.60	0.65
四分位分散係数	0.28	0.08	0.12	0.14	0.18	0.22	0.25	0.30	0.34	0.35	0.28	0.26	0.27
男													
学歴計	**1 479 701**	**13 229**	**88 168**	**146 948**	**168 378**	**182 961**	**217 455**	**205 771**	**170 247**	**142 551**	**96 343**	**36 964**	**10 685**
～ 99.9千円	79	12	4	1	1	1	4	11	4	7	12	11	12
100.0 ～ 119.9	2 464	86	225	301	158	118	117	78	151	132	388	497	215
120.0 ～ 139.9	12 874	377	1 534	1 526	986	822	789	746	738	963	1 937	1 714	742
140.0 ～ 159.9	35 518	1 710	4 735	4 040	2 844	2 268	2 069	1 900	2 218	2 667	5 607	3 977	1 483
160.0 ～ 179.9	64 162	5 726	11 572	7 010	5 890	4 169	4 203	3 841	3 621	3 867	8 204	4 640	1 419
180.0 ～ 199.9	87 957	2 994	18 595	12 997	9 251	6 934	6 462	6 037	4 911	4 644	9 499	4 458	1 174
200.0 ～ 219.9	111 470	1 300	20 555	21 813	13 732	10 125	8 827	7 288	5 603	5 788	10 898	4 390	1 148
220.0 ～ 239.9	118 885	710	14 569	26 985	17 345	12 743	11 858	9 162	6 442	6 268	9 148	2 936	719
240.0 ～ 259.9	119 692	207	8 087	23 959	21 461	16 538	14 049	10 485	7 122	6 335	8 022	2 703	723
260.0 ～ 279.9	108 280	48	3 785	16 583	20 067	18 061	15 977	11 114	7 726	6 516	6 100	1 789	514
280.0 ～ 299.9	98 727	26	1 933	10 756	17 465	17 534	17 315	12 024	8 069	6 633	5 115	1 474	383
300.0 ～ 319.9	90 767	14	1 062	7 163	14 225	16 235	17 197	12 942	8 297	6 838	4 853	1 552	389
320.0 ～ 339.9	78 292	19	630	4 120	11 152	13 962	16 114	12 179	8 643	6 929	3 445	896	202
340.0 ～ 359.9	70 728	1	319	2 964	8 011	12 367	14 641	12 265	8 602	7 236	3 187	862	274
360.0 ～ 379.9	60 120	-	186	1 972	5 753	9 813	13 312	11 180	8 117	6 457	2 570	649	110
380.0 ～ 399.9	51 745	-	77	1 039	4 206	7 361	11 401	10 946	7 853	6 487	1 816	488	72
400.0 ～ 449.9	109 108	0	212	1 702	6 942	14 224	22 045	23 525	19 364	15 623	4 134	1 084	252
450.0 ～ 499.9	77 136	-	55	697	3 598	8 240	14 432	18 003	16 047	12 740	2 640	591	92
500.0 ～ 549.9	54 542	-	25	544	2 031	4 394	9 537	13 020	12 505	9 568	2 340	485	93
550.0 ～ 599.9	37 229	-	6	252	923	2 282	5 832	9 063	9 388	7 563	1 613	258	50
600.0 ～ 699.9	43 922	-	1	289	1 155	2 136	5 829	10 309	12 061	9 403	2 184	464	92
700.0 ～ 799.9	21 121	-	0	99	498	1 335	2 513	4 484	6 054	4 679	1 037	348	72
800.0 ～ 899.9	10 669	-	3	64	336	550	1 170	2 437	2 987	2 339	511	233	40
900.0 ～ 999.9	5 023	-	0	24	146	238	666	1 122	1 436	992	255	108	34
1000.0 ～ 1199.9	4 707	-	-	38	124	239	554	944	1 263	964	317	128	136
1200.0千円 ～	4 487	-	-	8	80	272	542	666	1 025	912	511	229	243
第1・十分位数（千円）	187.8	152.7	165.0	183.2	195.5	208.9	218.4	221.5	219.3	206.5	164.4	148.8	141.8
第1・四分位数（千円）	229.3	163.8	184.5	211.0	230.8	250.8	267.5	281.3	289.9	275.0	196.5	172.9	163.2
中位数（千円）	295.7	175.3	207.2	239.1	272.1	302.6	332.2	364.9	392.4	380.0	246.7	214.0	204.3
第3・四分位数（千円）	399.2	191.4	230.9	273.4	324.7	370.5	417.3	471.7	514.3	503.4	334.4	287.3	273.1
第9・十分位数（千円）	528.1	215.0	258.5	317.1	395.5	457.0	523.2	596.1	658.1	643.2	478.6	406.3	404.6
十分位分散係数	0.58	0.18	0.23	0.28	0.37	0.41	0.46	0.51	0.56	0.57	0.64	0.60	0.64
四分位分散係数	0.29	0.08	0.11	0.13	0.17	0.20	0.23	0.26	0.29	0.30	0.28	0.27	0.27

第3表　年齢階級、所定内給与額階級別労働者数及び所定内給与額の分布特性値

企業規模	計

産　　業　　計

（単位十人）

区分	年齢計	～19歳	20～24歳	25～29歳	30～34歳	35～39歳	40～44歳	45～49歳	50～54歳	55～59歳	60～64歳	65～69歳	70歳以上
中学卒	52 471	619	1 661	2 482	3 776	4 643	5 683	6 351	5 245	5 620	8 117	5 726	2 546
～ 99.9 千円	23	12	–	–	–	–	2	4	–	2	3	0	–
100.0 ～ 119.9	360	17	19	54	12	12	13	5	15	10	44	110	50
120.0 ～ 139.9	1 359	55	73	68	67	75	96	100	56	79	219	290	182
140.0 ～ 159.9	3 090	84	245	190	179	140	178	124	133	206	571	622	418
160.0 ～ 179.9	4 159	179	281	198	213	216	281	239	297	218	784	807	446
180.0 ～ 199.9	4 654	89	201	208	318	337	338	387	249	343	1 050	812	322
200.0 ～ 219.9	5 301	84	273	366	420	435	438	417	372	461	940	792	304
220.0 ～ 239.9	4 982	62	152	343	395	437	487	508	461	480	935	508	214
240.0 ～ 259.9	4 587	25	124	207	471	478	600	553	385	426	759	401	159
260.0 ～ 279.9	3 969	7	126	219	373	449	560	545	356	383	546	296	107
280.0 ～ 299.9	3 724	–	46	203	282	552	486	484	445	363	503	287	73
300.0 ～ 319.9	3 460	–	67	165	268	345	501	493	406	438	455	228	93
320.0 ～ 339.9	2 406	6	29	58	232	266	309	429	376	331	219	104	46
340.0 ～ 359.9	2 018	–	9	63	88	233	257	373	320	330	206	103	37
360.0 ～ 379.9	1 559	–	10	37	99	136	182	296	244	264	189	70	32
380.0 ～ 399.9	1 496	–	–	30	87	126	247	228	165	295	196	110	12
400.0 ～ 449.9	2 408	–	5	32	123	259	347	513	392	439	212	51	36
450.0 ～ 499.9	1 351	–	0	31	130	80	154	283	193	280	133	57	8
500.0 ～ 549.9	658	–	–	6	6	44	108	137	159	121	47	29	2
550.0 ～ 599.9	380	–	2	6	2	16	42	86	94	73	39	19	1
600.0 ～ 699.9	363	–	–	–	2	6	56	110	68	44	65	11	1
700.0 ～ 799.9	125	–	–	–	1	–	1	35	49	20	2	18	–
800.0 ～ 899.9	22	–	–	–	–	–	–	5	4	12	–	0	0
900.0 ～ 999.9	4	–	–	–	–	–	2	–	2	–	–	–	–
1000.0 ～ 1199.9	9	–	–	–	7	–	–	–	2	–	–	–	–
1200.0千円 ～	3	–	–	–	–	–	–	–	–	–	–	–	3
第1・十分位数（千円）	161.9	133.6	145.3	154.2	172.0	181.6	179.9	188.5	181.8	183.5	159.3	147.1	141.4
第1・四分位数（千円）	197.8	155.9	164.9	191.0	207.1	217.8	223.6	232.3	230.1	224.4	187.2	169.5	159.5
中位数（千円）	250.0	171.2	201.1	227.2	253.0	269.0	275.5	293.2	293.6	291.2	228.3	204.5	190.9
第3・四分位数（千円）	317.7	210.7	240.4	280.7	306.5	320.4	338.0	367.1	365.1	369.9	289.8	257.4	234.3
第9・十分位数（千円）	401.1	232.8	280.4	323.0	376.1	390.1	419.8	452.8	458.6	447.6	366.7	320.0	302.6
十分位分散係数	0.48	0.29	0.34	0.37	0.40	0.39	0.44	0.45	0.47	0.45	0.45	0.42	0.42
四分位分散係数	0.24	0.16	0.19	0.20	0.20	0.19	0.21	0.23	0.23	0.25	0.22	0.22	0.20
高校卒	653 050	12 610	42 150	49 769	58 191	70 224	94 377	93 599	83 616	71 083	50 964	20 961	5 506
～ 99.9 千円	42	–	3	1	0	1	2	6	4	1	6	11	8
100.0 ～ 119.9	1 576	68	177	169	97	81	76	56	94	60	254	305	140
120.0 ～ 139.9	8 905	322	1 152	1 061	684	541	521	468	544	689	1 311	1 178	432
140.0 ～ 159.9	24 238	1 626	3 282	2 443	1 850	1 525	1 341	1 405	1 697	1 871	3 725	2 590	882
160.0 ～ 179.9	43 438	5 547	8 000	3 942	3 597	2 587	2 810	2 750	2 530	2 644	5 327	2 910	795
180.0 ～ 199.9	54 731	2 905	11 225	6 482	5 227	4 268	4 230	4 107	3 529	3 245	5 914	2 948	650
200.0 ～ 219.9	58 822	1 217	7 635	8 938	6 803	5 894	5 710	4 931	3 825	3 873	6 582	2 789	626
220.0 ～ 239.9	58 904	648	4 897	8 871	7 854	6 947	6 940	6 241	4 629	4 124	5 472	1 867	414
240.0 ～ 259.9	56 093	182	2 545	6 596	8 106	8 104	8 143	6 800	4 963	4 385	4 348	1 552	369
260.0 ～ 279.9	50 675	41	1 386	4 191	6 829	8 095	8 640	6 967	5 365	4 372	3 438	1 064	288
280.0 ～ 299.9	45 846	26	890	2 788	5 489	7 104	8 656	7 528	5 326	4 297	2 750	767	224
300.0 ～ 319.9	41 106	14	405	1 611	3 668	6 316	8 399	7 439	5 340	4 367	2 523	815	209
320.0 ～ 339.9	34 145	14	248	931	2 498	4 811	7 277	6 800	5 298	4 054	1 655	450	109
340.0 ～ 359.9	30 252	1	121	709	1 742	3 950	6 421	6 293	5 013	4 105	1 441	358	97
360.0 ～ 379.9	25 279	–	90	437	1 104	2 731	5 806	5 386	4 736	3 537	1 127	286	39
380.0 ～ 399.9	20 756	–	20	207	726	1 872	4 308	5 064	4 257	3 382	729	166	26
400.0 ～ 449.9	40 379	0	49	201	1 160	3 091	7 446	9 261	9 328	7 738	1 715	330	60
450.0 ～ 499.9	24 793	–	22	118	367	1 216	3 827	5 534	6 925	5 553	1 011	193	27
500.0 ～ 549.9	14 688	–	1	33	201	628	1 935	3 006	4 456	3 490	753	140	43
550.0 ～ 599.9	7 853	–	2	17	93	184	910	1 603	2 400	2 207	367	50	21
600.0 ～ 699.9	6 940	–	–	22	51	124	623	1 326	2 260	2 078	357	95	5
700.0 ～ 799.9	2 125	–	0	–	30	67	186	342	672	683	82	45	18
800.0 ～ 899.9	745	–	2	1	8	62	63	169	234	166	29	6	5
900.0 ～ 999.9	329	–	–	–	1	5	53	44	129	72	3	24	0
1000.0 ～ 1199.9	244	–	–	–	–	10	38	59	57	51	21	8	–
1200.0千円 ～	147	–	–	–	4	11	19	13	7	38	24	13	19
第1・十分位数（千円）	174.5	153.4	158.0	167.5	177.9	191.0	201.6	202.4	199.8	191.8	159.0	145.4	138.9
第1・四分位数（千円）	210.2	164.0	175.7	195.3	209.4	227.9	245.1	250.7	256.5	245.9	186.9	168.0	158.4
中位数（千円）	267.4	175.4	195.1	224.0	247.2	272.9	300.3	315.0	334.8	327.5	228.4	203.8	194.0
第3・四分位数（千円）	347.3	190.6	220.5	256.2	288.3	324.9	365.4	391.9	427.1	424.7	292.8	254.9	252.7
第9・十分位数（千円）	438.1	213.8	251.3	294.3	336.9	382.6	434.7	471.4	516.7	520.1	379.9	322.9	308.0
十分位分散係数	0.49	0.17	0.24	0.28	0.32	0.35	0.39	0.43	0.47	0.50	0.48	0.44	0.44
四分位分散係数	0.26	0.08	0.11	0.14	0.16	0.18	0.20	0.22	0.25	0.27	0.23	0.21	0.24

第3表　年齢階級、所定内給与額階級別労働者数及び所定内給与額の分布特性値

企業規模	計

産　　　業　　　計

（単位十人）

区　分	年齢計	～19歳	20～24歳	25～29歳	30～34歳	35～39歳	40～44歳	45～49歳	50～54歳	55～59歳	60～64歳	65～69歳	70歳以上
高専・短大卒	**177 991**	**-**	**14 102**	**18 637**	**24 530**	**26 208**	**32 240**	**26 468**	**16 435**	**11 445**	**5 811**	**1 745**	**370**
～ 99.9 千円	0	-	-	-	-	-	-	0	-	-	-	-	-
100.0 ～ 119.9	233	-	18	41	26	9	12	5	6	24	34	43	15
120.0 ～ 139.9	846	-	193	129	94	71	61	53	36	48	99	35	28
140.0 ～ 159.9	3 204	-	797	602	301	197	284	146	154	225	278	181	37
160.0 ～ 179.9	7 263	-	2 210	1 191	886	680	563	364	322	316	432	236	64
180.0 ～ 199.9	11 770	-	3 804	2 335	1 621	912	921	719	419	342	511	146	40
200.0 ～ 219.9	14 416	-	3 066	3 223	2 524	1 527	1 296	880	530	500	617	221	32
220.0 ～ 239.9	15 631	-	2 073	3 492	3 246	2 180	1 989	1 060	492	429	533	107	32
240.0 ～ 259.9	16 212	-	1 056	2 843	3 791	2 999	2 440	1 319	625	425	543	152	19
260.0 ～ 279.9	14 801	-	493	1 788	3 252	3 145	2 877	1 585	685	501	380	90	5
280.0 ～ 299.9	13 554	-	205	1 214	2 555	3 013	3 118	1 648	899	499	321	61	24
300.0 ～ 319.9	12 606	-	94	762	2 143	2 582	3 238	1 964	983	470	310	42	15
320.0 ～ 339.9	10 693	-	51	426	1 433	2 172	3 070	1 675	945	587	280	44	12
340.0 ～ 359.9	9 767	-	11	176	951	2 062	2 595	1 888	1 097	702	213	58	13
360.0 ～ 379.9	8 190	-	15	169	565	1 400	2 201	1 949	927	662	245	58	-
380.0 ～ 399.9	6 538	-	13	66	300	851	1 736	1 728	1 012	667	111	52	1
400.0 ～ 449.9	12 714	-	1	102	521	1 380	2 760	3 625	2 313	1 558	325	115	14
450.0 ～ 499.9	7 828	-	1	45	163	542	1 517	2 445	1 647	1 228	197	40	2
500.0 ～ 549.9	4 424	-	3	13	84	180	744	1 436	1 102	706	136	20	2
550.0 ～ 599.9	2 717	-	-	3	9	132	355	873	780	452	98	13	2
600.0 ～ 699.9	2 571	-	-	8	35	61	291	667	849	562	78	13	6
700.0 ～ 799.9	1 001	-	-	-	7	62	87	221	304	264	43	5	8
800.0 ～ 899.9	501	-	0	10	11	22	59	126	152	109	10	1	-
900.0 ～ 999.9	240	-	-	-	10	25	5	54	72	60	4	10	-
1000.0 ～ 1199.9	230	-	-	-	2	6	18	33	79	81	11	1	-
1200.0千円 ～	40	-	-	-	-	-	5	3	5	27	-	-	-
第1・十分位数（千円）	191.2	-	164.4	178.6	194.8	210.9	220.9	228.9	227.1	207.5	168.7	151.8	134.2
第1・四分位数（千円）	228.7	-	181.6	202.4	224.5	247.2	263.5	285.1	298.8	282.2	202.7	175.3	163.7
中位数（千円）	286.7	-	200.2	230.8	258.8	289.4	315.7	359.2	381.9	379.7	255.7	221.3	200.1
第3・四分位数（千円）	365.7	-	223.8	261.3	300.9	341.5	375.4	436.4	474.3	472.1	342.2	309.9	284.2
第9・十分位数（千円）	458.6	-	248.2	298.6	344.4	394.6	445.7	522.7	584.6	595.6	449.1	408.7	355.9
十分位分散係数	0.47	-	0.21	0.26	0.29	0.32	0.36	0.41	0.47	0.51	0.55	0.58	0.55
四分位分散係数	0.24	-	0.11	0.13	0.15	0.16	0.18	0.21	0.23	0.25	0.27	0.30	0.30
大学・大学院卒	**596 190**	**-**	**30 254**	**76 061**	**81 881**	**81 886**	**85 155**	**79 354**	**64 950**	**54 403**	**31 451**	**8 532**	**2 263**
～ 99.9 千円	13	-	0	1	1	1	-	-	-	4	3	-	4
100.0 ～ 119.9	296	-	11	38	24	18	16	12	35	38	56	39	11
120.0 ～ 139.9	1 765	-	116	269	141	136	112	124	102	147	309	210	99
140.0 ～ 159.9	4 985	-	411	804	513	406	266	225	235	365	1 033	583	145
160.0 ～ 179.9	9 302	-	1 082	1 679	1 193	687	549	489	472	688	1 661	687	114
180.0 ～ 199.9	16 802	-	3 365	3 973	2 085	1 417	974	823	714	713	2 024	551	163
200.0 ～ 219.9	32 929	-	9 581	9 286	3 985	2 270	1 382	1 060	877	954	2 760	588	187
220.0 ～ 239.9	39 368	-	7 447	14 280	5 850	3 180	2 443	1 353	860	1 235	2 206	455	59
240.0 ～ 259.9	42 800	-	4 363	14 312	9 094	4 957	2 866	1 813	1 148	1 099	2 373	598	176
260.0 ～ 279.9	38 835	-	1 780	10 386	9 613	6 372	3 899	2 018	1 319	1 260	1 736	338	113
280.0 ～ 299.9	35 604	-	793	6 551	9 139	6 865	5 056	2 364	1 399	1 473	1 541	358	64
300.0 ～ 319.9	33 595	-	495	4 625	8 146	6 991	5 058	3 046	1 567	1 563	1 564	467	71
320.0 ～ 339.9	31 047	-	303	2 705	6 988	6 713	5 458	3 275	2 024	1 957	1 290	298	36
340.0 ～ 359.9	28 692	-	178	2 017	5 229	6 121	5 369	3 711	2 171	2 099	1 326	343	127
360.0 ～ 379.9	25 092	-	71	1 329	3 985	5 546	5 124	3 550	2 210	1 994	1 008	235	39
380.0 ～ 399.9	22 956	-	44	737	3 092	4 512	5 110	3 926	2 419	2 143	780	159	33
400.0 ～ 449.9	53 606	-	158	1 367	5 138	9 493	11 493	10 126	7 331	5 889	1 882	588	142
450.0 ～ 499.9	43 164	-	31	502	2 937	6 402	8 935	9 741	7 282	5 680	1 299	300	55
500.0 ～ 549.9	34 772	-	21	492	1 740	3 542	6 749	8 441	6 788	5 251	1 405	297	46
550.0 ～ 599.9	26 278	-	2	226	819	1 950	4 525	6 500	6 114	4 831	1 109	176	27
600.0 ～ 699.9	34 048	-	1	259	1 067	1 945	4 860	8 205	8 884	6 719	1 684	345	81
700.0 ～ 799.9	17 871	-	-	99	461	1 206	2 240	3 886	5 030	3 712	910	281	46
800.0 ～ 899.9	9 402	-	0	52	316	465	1 049	2 136	2 598	2 053	472	226	35
900.0 ～ 999.9	4 449	-	0	24	136	208	606	1 025	1 234	859	249	75	34
1000.0 ～ 1199.9	4 224	-	-	38	115	224	498	852	1 124	832	285	119	136
1200.0千円 ～	4 297	-	-	8	76	261	518	650	1 012	847	487	216	222
第1・十分位数（千円）	216.4	-	191.0	202.4	220.9	240.3	259.4	280.2	290.0	263.2	180.8	160.5	157.3
第1・四分位数（千円）	260.4	-	205.8	224.4	255.3	283.0	314.7	357.4	388.7	360.1	220.1	201.9	203.0
中位数（千円）	347.5	-	221.4	250.3	298.5	343.1	395.2	458.4	502.1	480.6	300.3	292.9	298.1
第3・四分位数（千円）	482.0	-	242.7	285.6	357.6	426.2	498.4	574.6	634.3	615.4	450.9	435.7	580.8
第9・十分位数（千円）	634.5	-	267.8	336.4	441.4	518.9	618.0	708.4	787.6	765.7	645.7	723.6	1197.6
十分位分散係数	0.60	-	0.17	0.27	0.37	0.41	0.45	0.47	0.50	0.52	0.77	0.96	1.74
四分位分散係数	0.32	-	0.08	0.12	0.17	0.21	0.23	0.24	0.24	0.27	0.38	0.40	0.63

第3表　年齢階級、所定内給与額階級別労働者数及び所定内給与額の分布特性値

企業規模	計

産　　業　　計

（単位十人）

区　分	年齢計	～19歳	20～24歳	25～29歳	30～34歳	35～39歳	40～44歳	45～49歳	50～54歳	55～59歳	60～64歳	65～69歳	70歳以上
女													
学歴計	**792 495**	**8 118**	**81 723**	**103 255**	**91 970**	**89 477**	**104 949**	**103 714**	**85 497**	**68 504**	**37 637**	**13 247**	**4 405**
～ 99.9 千円	245	－	4	15	34	22	20	22	25	38	40	23	3
100.0 ～ 119.9	6 056	30	244	398	473	612	693	809	648	821	698	386	244
120.0 ～ 139.9	29 494	681	2 565	2 582	2 441	2 769	3 145	3 244	3 263	2 933	3 569	1 731	570
140.0 ～ 159.9	65 872	2 231	7 351	6 248	5 825	5 617	7 306	8 056	7 369	6 869	5 976	2 368	656
160.0 ～ 179.9	88 099	3 135	14 101	9 986	8 552	8 020	9 724	9 792	9 123	7 254	5 746	2 088	578
180.0 ～ 199.9	96 208	1 284	17 377	14 970	10 030	9 302	10 394	10 393	8 590	7 135	4 852	1 479	403
200.0 ～ 219.9	96 362	430	16 985	18 103	11 949	9 463	10 142	9 961	8 073	6 003	3 737	1 152	366
220.0 ～ 239.9	85 411	157	10 565	17 113	11 735	9 835	10 098	9 270	6 949	6 041	2 431	985	232
240.0 ～ 259.9	71 290	108	6 139	12 344	11 127	9 175	9 751	8 267	6 434	4 877	2 274	539	255
260.0 ～ 279.9	55 273	32	3 021	7 631	8 791	7 762	8 414	7 620	5 468	4 330	1 534	443	228
280.0 ～ 299.9	42 952	26	1 532	4 955	6 416	6 709	7 161	6 624	4 378	3 513	1 255	291	92
300.0 ～ 319.9	32 377	1	762	3 245	3 853	5 051	5 964	5 348	3 845	2 887	934	357	131
320.0 ～ 339.9	25 097	1	504	1 857	3 086	3 667	4 852	4 416	3 225	2 534	686	218	51
340.0 ～ 359.9	19 534	－	267	1 141	2 028	2 797	3 706	3 600	2 984	2 160	547	201	103
360.0 ～ 379.9	15 207	－	134	873	1 627	2 129	2 986	2 975	2 319	1 662	374	91	37
380.0 ～ 399.9	12 192	－	50	525	910	1 527	2 233	2 514	2 245	1 616	373	138	60
400.0 ～ 449.9	20 416	4	47	636	1 721	2 292	3 576	4 284	3 917	2 963	764	142	73
450.0 ～ 499.9	10 561	－	38	321	480	966	1 694	2 327	2 290	1 676	551	123	95
500.0 ～ 549.9	6 384	－	30	127	291	526	971	1 347	1 481	1 058	381	117	56
550.0 ～ 599.9	3 927	－	2	74	212	333	584	858	781	726	240	80	38
600.0 ～ 699.9	4 334	－	5	59	175	352	643	902	949	713	357	99	79
700.0 ～ 799.9	2 000	－	－	33	127	182	353	382	441	269	120	73	21
800.0 ～ 899.9	1 103	－	－	10	39	159	206	178	234	157	77	37	7
900.0 ～ 999.9	687	－	－	－	27	81	94	187	176	66	41	6	7
1000.0 ～ 1199.9	696	－	－	2	9	88	139	159	148	73	48	15	14
1200.0千円 ～	716	－	－	10	13	42	100	181	142	129	32	63	3
第1・十分位数（千円）	154.1	141.2	155.4	162.3	161.1	159.8	158.3	156.2	153.6	150.1	137.7	132.3	127.4
第1・四分位数（千円）	181.7	153.3	175.2	189.4	191.4	192.0	190.1	187.6	182.1	177.6	157.4	150.5	148.8
中位数（千円）	223.2	166.5	199.1	219.3	231.3	238.1	241.9	240.8	236.2	229.7	190.5	180.3	185.7
第3・四分位数（千円）	280.0	180.1	224.4	252.2	275.1	292.9	305.9	313.8	319.8	310.0	251.0	233.5	259.7
第9・十分位数（千円）	358.9	198.8	252.7	293.7	329.3	358.1	380.9	403.7	421.2	414.2	344.8	327.4	383.0
十分位分散係数	0.46	0.17	0.24	0.30	0.36	0.42	0.46	0.51	0.57	0.57	0.54	0.54	0.69
四分位分散係数	0.22	0.08	0.12	0.14	0.18	0.21	0.24	0.26	0.29	0.29	0.25	0.23	0.30
中学卒	**15 032**	**261**	**702**	**1 090**	**1 467**	**1 144**	**1 319**	**1 477**	**1 394**	**1 564**	**2 302**	**1 562**	**751**
～ 99.9 千円	13	－	3	0	1	－	－	2	－	－	6	－	1
100.0 ～ 119.9	385	11	3	45	41	25	27	11	20	34	54	62	54
120.0 ～ 139.9	2 451	74	181	214	195	190	174	117	145	204	446	347	163
140.0 ～ 159.9	3 277	81	194	231	404	276	209	213	228	183	681	428	149
160.0 ～ 179.9	2 344	50	134	180	223	178	217	230	151	202	394	266	118
180.0 ～ 199.9	1 892	19	42	130	186	116	163	241	241	276	209	153	116
200.0 ～ 219.9	1 578	1	51	79	212	81	175	145	186	277	234	82	55
220.0 ～ 239.9	809	15	25	53	68	70	77	133	102	128	65	65	9
240.0 ～ 259.9	677	6	56	51	41	45	88	119	67	66	78	35	25
260.0 ～ 279.9	543	－	11	11	42	66	100	150	67	29	27	29	12
280.0 ～ 299.9	375	－	1	49	31	23	39	55	36	71	37	29	4
300.0 ～ 319.9	202	－	－	19	8	47	18	8	26	40	15	10	12
320.0 ～ 339.9	107	－	－	1	3	4	6	14	10	30	24	14	2
340.0 ～ 359.9	80	－	－	17	11	3	6	14	16	2	7	2	3
360.0 ～ 379.9	49	－	－	1	－	10	－	3	21	6	7	1	1
380.0 ～ 399.9	94	－	－	1	－	2	2	3	38	1	5	31	12
400.0 ～ 449.9	54	4	－	8	－	10	4	2	10	3	4	4	5
450.0 ～ 499.9	26	－	－	－	－	－	6	4	－	2	6	2	5
500.0 ～ 549.9	21	－	－	－	1	－	8	1	1	8	2	0	1
550.0 ～ 599.9	23	－	1	－	－	－	1	9	10	0	1	1	0
600.0 ～ 699.9	9	－	－	－	－	－	－	1	2	－	1	3	2
700.0 ～ 799.9	6	－	－	1	－	－	－	－	5	－	0	－	－
800.0 ～ 899.9	3	－	－	－	－	－	－	－	－	1	－	－	3
900.0 ～ 999.9	1	－	－	－	－	－	－	－	－	1	－	－	－
1000.0 ～ 1199.9	1	－	－	－	－	－	－	1	－	－	－	－	－
1200.0千円 ～	12	－	－	－	－	－	－	2	10	－	－	－	－
第1・十分位数（千円）	131.0	123.9	129.4	125.5	132.0	129.8	132.8	141.7	137.5	132.7	131.4	129.1	122.7
第1・四分位数（千円）	146.2	134.5	139.0	141.5	147.7	145.5	152.3	163.0	157.3	157.3	142.2	139.3	136.5
中位数（千円）	171.4	154.4	155.8	165.8	167.9	169.2	185.5	191.7	191.6	192.3	159.0	157.6	161.8
第3・四分位数（千円）	209.5	168.2	185.3	204.1	203.5	217.8	225.2	242.2	234.4	219.6	191.8	187.7	188.2
第9・十分位数（千円）	263.4	203.1	238.6	259.6	237.1	269.8	273.6	275.3	304.9	282.2	233.3	242.4	249.8
十分位分散係数	0.39	0.26	0.35	0.40	0.31	0.41	0.38	0.35	0.44	0.39	0.32	0.36	0.39
四分位分散係数	0.18	0.11	0.15	0.19	0.17	0.21	0.20	0.21	0.20	0.16	0.16	0.15	0.16

第3表　年齢階級、所定内給与額階級別労働者数及び所定内給与額の分布特性値

企業規模	計

産　　業　　計

（単位十人）

区分	年齢計	～19歳	20～24歳	25～29歳	30～34歳	35～39歳	40～44歳	45～49歳	50～54歳	55～59歳	60～64歳	65～69歳	70歳以上
高校卒	**313 487**	**7 857**	**24 229**	**23 894**	**25 288**	**29 235**	**40 510**	**47 685**	**43 811**	**36 906**	**23 016**	**8 504**	**2 552**
～ 99.9千円	203	-	1	14	30	17	10	17	22	36	32	21	3
100.0 ～ 119.9	4 652	19	187	279	305	470	540	606	525	680	578	291	173
120.0 ～ 139.9	21 081	607	1 733	1 586	1 569	1 859	2 161	2 439	2 569	2 205	2 757	1 203	394
140.0 ～ 159.9	44 984	2 150	4 229	3 525	3 346	3 569	4 949	5 860	5 602	5 204	4 402	1 687	460
160.0 ～ 179.9	53 181	3 085	6 483	4 381	4 411	4 502	6 119	6 508	6 440	5 192	4 185	1 506	367
180.0 ～ 199.9	46 601	1 265	5 327	4 652	4 133	4 223	5 755	6 449	5 631	4 678	3 243	1 056	190
200.0 ～ 219.9	35 865	429	3 030	3 773	3 676	3 612	4 653	5 401	4 635	3 521	2 232	684	218
220.0 ～ 239.9	28 864	142	1 563	2 819	2 848	3 272	3 981	4 944	3 809	3 287	1 453	618	129
240.0 ～ 259.9	21 317	101	725	1 311	2 013	2 504	3 360	3 864	3 297	2 506	1 208	316	112
260.0 ～ 279.9	15 453	32	519	615	1 240	1 686	2 618	2 882	2 471	2 256	757	242	134
280.0 ～ 299.9	11 028	26	245	394	692	1 269	1 888	2 429	1 793	1 573	509	164	48
300.0 ～ 319.9	7 822	1	63	269	318	650	1 336	1 688	1 595	1 219	450	177	56
320.0 ～ 339.9	5 731	1	90	116	308	529	1 092	1 114	1 047	1 092	230	81	31
340.0 ～ 359.9	3 958	-	4	54	119	287	614	872	949	753	158	103	46
360.0 ～ 379.9	2 775	-	1	44	65	290	351	681	672	474	127	43	28
380.0 ～ 399.9	2 241	-	17	17	50	165	336	501	643	412	52	28	21
400.0 ～ 449.9	3 781	-	6	36	112	146	471	785	1 069	822	241	65	28
450.0 ～ 499.9	1 590	-	2	5	26	115	108	267	392	460	137	42	35
500.0 ～ 549.9	981	-	1	-	14	27	114	137	275	248	91	46	29
550.0 ～ 599.9	414	-	1	2	2	10	16	87	102	104	28	43	19
600.0 ～ 699.9	533	-	0	1	8	14	21	90	147	95	103	37	16
700.0 ～ 799.9	243	-	-	1	2	16	7	37	87	44	18	22	8
800.0 ～ 899.9	98	-	-	-	1	1	3	22	14	23	12	19	2
900.0 ～ 999.9	30	-	-	-	-	1	2	3	6	7	8	2	2
1000.0 ～ 1199.9	31	-	-	-	-	-	4	1	12	7	3	2	1
1200.0千円 ～	30	-	-	1	-	-	-	0	7	9	3	7	3
第1・十分位数（千円）	142.8	141.9	142.9	143.4	144.4	143.8	145.8	146.9	145.3	143.4	134.0	130.4	124.5
第1・四分位数（千円）	162.7	153.7	159.6	162.7	164.9	166.2	168.1	168.8	166.8	163.8	151.8	147.3	143.3
中位数（千円）	193.7	166.8	178.5	189.2	194.4	199.9	203.0	207.2	204.3	202.7	177.5	172.9	172.9
第3・四分位数（千円）	239.8	180.4	201.2	218.3	229.2	243.1	252.7	258.2	262.6	263.2	218.3	217.7	236.3
第9・十分位数（千円）	297.9	198.8	228.3	246.3	266.4	288.8	305.4	317.8	339.9	335.0	275.8	284.2	327.6
十分位分散係数	0.40	0.17	0.24	0.27	0.31	0.36	0.39	0.41	0.48	0.47	0.40	0.44	0.59
四分位分散係数	0.20	0.08	0.12	0.15	0.17	0.19	0.21	0.22	0.23	0.25	0.19	0.20	0.27
高専・短大卒	**250 133**	**-**	**27 441**	**28 108**	**27 597**	**30 575**	**38 537**	**36 446**	**27 603**	**21 890**	**8 826**	**2 334**	**775**
～ 99.9千円	20	-	-	-	1	1	10	3	0	2	2	1	-
100.0 ～ 119.9	717	-	46	32	61	84	82	146	89	80	50	30	17
120.0 ～ 139.9	4 436	-	523	543	418	493	618	541	424	402	297	164	13
140.0 ～ 159.9	12 836	-	2 300	1 410	1 366	1 201	1 554	1 580	1 165	1 242	757	222	40
160.0 ～ 179.9	23 087	-	5 535	3 367	2 366	2 270	2 550	2 286	1 949	1 513	914	252	83
180.0 ～ 199.9	28 815	-	6 814	4 464	3 255	3 176	3 174	2 891	2 034	1 701	1 012	228	66
200.0 ～ 219.9	30 761	-	5 210	4 981	4 341	3 484	3 921	3 364	2 404	1 720	970	290	75
220.0 ～ 239.9	27 749	-	3 054	4 474	3 783	3 745	4 010	3 147	2 495	1 964	739	247	91
240.0 ～ 259.9	25 002	-	1 856	3 385	3 609	3 477	4 330	3 169	2 375	1 844	746	149	62
260.0 ～ 279.9	20 994	-	987	2 238	2 690	3 247	3 759	3 415	2 226	1 646	572	146	67
280.0 ～ 299.9	16 800	-	511	1 391	1 996	2 555	3 388	3 054	1 752	1 503	531	89	31
300.0 ～ 319.9	13 265	-	286	923	1 232	2 183	2 751	2 481	1 635	1 250	363	120	42
320.0 ～ 339.9	10 335	-	134	426	1 047	1 480	2 066	2 194	1 588	996	289	102	13
340.0 ～ 359.9	8 583	-	66	153	544	1 072	1 879	1 845	1 525	1 132	260	73	35
360.0 ～ 379.9	6 473	-	77	167	393	773	1 311	1 457	1 165	903	210	13	5
380.0 ～ 399.9	5 057	-	12	64	176	482	902	1 231	1 029	887	212	42	21
400.0 ～ 449.9	7 904	-	21	79	225	583	1 401	1 933	1 734	1 527	341	39	23
450.0 ～ 499.9	3 487	-	9	6	36	153	479	846	944	689	243	48	34
500.0 ～ 549.9	1 671	-	-	2	9	34	161	380	514	379	128	39	25
550.0 ～ 599.9	894	-	0	2	47	26	111	202	225	205	59	14	2
600.0 ～ 699.9	781	-	-	1	-	43	58	172	205	186	82	16	19
700.0 ～ 799.9	237	-	-	1	1	3	15	64	57	52	27	4	12
800.0 ～ 899.9	105	-	-	-	-	10	4	27	17	32	14	1	1
900.0 ～ 999.9	44	-	-	-	-	-	-	1	15	25	-	2	-
1000.0 ～ 1199.9	44	-	-	-	3	2	1	3	23	9	4	-	-
1200.0千円 ～	37	-	-	-	-	-	-	14	13	2	3	5	-
第1・十分位数（千円）	166.7	-	159.1	165.5	169.1	172.7	172.5	171.7	170.8	166.3	154.7	145.4	162.2
第1・四分位数（千円）	194.9	-	175.2	187.8	196.5	202.5	208.4	209.7	210.9	205.4	183.6	173.9	191.3
中位数（千円）	237.5	-	195.5	217.0	230.4	244.7	255.4	266.3	269.0	264.9	230.1	218.9	240.7
第3・四分位数（千円）	295.4	-	220.9	249.0	270.1	293.2	310.8	332.2	346.7	349.7	301.2	285.1	316.8
第9・十分位数（千円）	364.8	-	251.5	285.4	315.5	342.2	368.0	400.0	422.1	428.2	402.0	357.7	458.8
十分位分散係数	0.42	-	0.24	0.28	0.32	0.35	0.38	0.43	0.47	0.49	0.54	0.48	0.62
四分位分散係数	0.21	-	0.12	0.14	0.16	0.19	0.20	0.23	0.25	0.27	0.26	0.25	0.26

第3表　年齢階級、所定内給与額階級別労働者数及び所定内給与額の分布特性値

企業規模	計
	1,000人以上

産　　業　　計

(単位十人)

区分	年齢計	～19歳	20～24歳	25～29歳	30～34歳	35～39歳	40～44歳	45～49歳	50～54歳	55～59歳	60～64歳	65～69歳	70歳以上
大学・大学院卒	**213 844**	**-**	**29 351**	**50 163**	**37 618**	**28 523**	**24 583**	**18 107**	**12 689**	**8 144**	**3 494**	**846**	**325**
～ 99.9 千円	9	-	-	1	1	4	-	-	3	-	-	1	-
100.0 ～ 119.9	302	-	8	43	66	34	44	46	14	27	16	4	-
120.0 ～ 139.9	1 526	-	128	239	259	228	191	148	126	122	69	17	1
140.0 ～ 159.9	4 774	-	629	1 082	709	571	595	402	373	240	135	30	8
160.0 ～ 179.9	9 487	-	1 948	2 058	1 552	1 069	837	767	583	346	252	65	10
180.0 ～ 199.9	18 900	-	5 193	5 724	2 457	1 788	1 301	811	684	480	387	44	31
200.0 ～ 219.9	28 158	-	8 694	9 270	3 719	2 286	1 393	1 050	848	485	301	96	17
220.0 ～ 239.9	27 989	-	5 923	9 767	5 036	2 748	2 030	1 046	543	663	174	55	3
240.0 ～ 259.9	24 294	-	3 501	7 598	5 465	3 149	1 973	1 115	695	462	242	39	56
260.0 ～ 279.9	18 283	-	1 503	4 766	4 819	2 763	1 937	1 173	704	399	178	26	15
280.0 ～ 299.9	14 750	-	776	3 120	3 698	2 863	1 846	1 086	798	366	178	9	10
300.0 ～ 319.9	11 089	-	413	2 034	2 295	2 172	1 858	1 171	589	378	106	51	22
320.0 ～ 339.9	8 924	-	280	1 314	1 728	1 654	1 688	1 094	580	416	144	21	6
340.0 ～ 359.9	6 914	-	197	917	1 355	1 435	1 208	869	494	273	123	24	19
360.0 ～ 379.9	5 910	-	55	662	1 169	1 056	1 324	835	462	279	30	34	3
380.0 ～ 399.9	4 799	-	22	443	684	879	992	779	535	317	104	38	7
400.0 ～ 449.9	8 678	-	20	514	1 384	1 553	1 700	1 564	1 103	611	179	34	17
450.0 ～ 499.9	5 458	-	26	310	418	697	1 101	1 209	954	524	166	31	21
500.0 ～ 549.9	3 711	-	29	124	267	464	689	829	692	423	161	32	1
550.0 ～ 599.9	2 596	-	-	69	163	297	456	560	443	418	152	22	16
600.0 ～ 699.9	3 010	-	5	58	166	295	565	638	594	432	171	44	41
700.0 ～ 799.9	1 514	-	-	30	124	164	330	280	291	173	74	46	1
800.0 ～ 899.9	896	-	-	10	37	148	200	129	203	101	51	17	1
900.0 ～ 999.9	612	-	-	-	27	81	93	183	156	33	33	1	5
1000.0 ～ 1199.9	621	-	-	2	6	86	134	155	113	57	41	13	13
1200.0千円 ～	637	-	-	9	13	42	100	166	113	118	26	51	-
第1・十分位数(千円)	186.4	-	181.1	186.4	190.2	191.7	192.4	191.5	186.2	184.1	169.5	165.5	184.8
第1・四分位数(千円)	213.5	-	198.2	208.3	222.7	228.4	237.9	245.9	240.0	231.4	200.9	208.9	249.3
中位数(千円)	252.8	-	215.4	233.6	258.4	277.2	301.5	323.8	333.0	325.3	279.0	314.2	312.4
第3・四分位数(千円)	321.8	-	238.0	267.0	303.6	341.0	385.4	435.3	465.8	474.0	450.5	507.5	469.8
第9・十分位数(千円)	434.1	-	264.4	313.9	370.5	429.8	504.7	571.8	625.1	626.0	619.3	795.2	639.3
十分位分散係数	0.49	-	0.19	0.27	0.35	0.43	0.52	0.59	0.66	0.68	0.81	1.00	0.73
四分位分散係数	0.21	-	0.09	0.13	0.16	0.20	0.24	0.29	0.34	0.37	0.45	0.48	0.35
企業規模1,000人以上													
男女計													
学歴計	**803 726**	**6 760**	**60 532**	**96 793**	**98 285**	**96 426**	**113 080**	**114 318**	**95 964**	**71 923**	**39 189**	**8 871**	**1 584**
～ 99.9 千円	90	10	1	2	10	5	14	7	16	7	6	11	1
100.0 ～ 119.9	2 391	37	151	239	211	249	215	326	304	210	249	163	38
120.0 ～ 139.9	10 172	215	985	1 071	940	931	1 082	1 074	1 138	880	1 211	537	108
140.0 ～ 159.9	24 737	838	2 661	2 510	2 415	1 974	2 591	2 827	2 672	2 237	2 805	1 036	171
160.0 ～ 179.9	37 895	3 039	6 044	3 982	3 713	2 961	3 388	3 375	3 330	2 703	3 832	1 236	292
180.0 ～ 199.9	45 708	1 366	10 045	6 862	4 744	3 853	4 046	4 003	3 226	2 664	3 934	845	121
200.0 ～ 219.9	56 895	609	14 392	11 026	6 082	4 939	4 457	4 321	3 291	2 475	4 467	715	123
220.0 ～ 239.9	60 769	453	11 176	16 401	8 035	5 579	5 332	4 238	2 736	2 665	3 364	721	70
240.0 ～ 259.9	59 333	102	6 802	16 231	9 972	6 452	6 189	4 372	3 163	2 405	3 133	429	84
260.0 ～ 279.9	53 034	33	3 728	11 875	11 130	7 318	6 341	4 852	3 054	2 267	2 095	304	37
280.0 ～ 299.9	48 057	42	2 008	8 348	10 385	7 904	6 924	5 085	2 977	2 407	1 691	249	38
300.0 ～ 319.9	42 474	3	1 041	6 028	8 295	7 369	7 026	5 300	2 926	2 380	1 639	408	60
320.0 ～ 339.9	38 205	11	702	3 670	7 146	7 008	6 856	5 235	3 275	2 897	1 170	195	40
340.0 ～ 359.9	34 842	-	369	2 457	5 505	6 161	6 495	5 737	3 884	2 848	1 131	211	43
360.0 ～ 379.9	30 487	-	135	1 700	4 178	5 439	6 399	5 298	3 652	2 700	826	141	19
380.0 ～ 399.9	28 490	-	80	1 057	3 254	4 692	5 967	5 291	4 208	3 094	683	132	33
400.0 ～ 449.9	60 668	4	148	1 612	5 626	9 173	12 033	12 405	10 317	7 479	1 476	324	72
450.0 ～ 499.9	45 753	-	31	705	2 834	6 002	8 772	10 397	8 829	6 934	1 033	181	35
500.0 ～ 549.9	32 847	-	23	434	1 440	3 008	6 088	8 302	7 239	5 176	908	202	28
550.0 ～ 599.9	24 621	-	5	254	772	1 732	4 217	6 236	6 188	4 357	719	125	15
600.0 ～ 699.9	31 604	-	5	170	830	1 575	4 622	7 998	9 021	5 949	1 195	203	37
700.0 ～ 799.9	16 891	-	-	77	436	1 127	1 989	3 760	5 170	3 460	647	197	28
800.0 ～ 899.9	8 629	-	0	56	186	445	969	1 984	2 581	1 864	366	148	29
900.0 ～ 999.9	3 965	-	-	10	81	157	473	942	1 280	761	206	44	10
1000.0 ～ 1199.9	3 152	-	-	16	43	208	341	579	1 010	703	190	51	14
1200.0千円 ～	2 019	-	-	2	23	167	254	373	478	403	214	65	40
第1・十分位数(千円)	182.3	153.0	169.8	186.2	191.4	198.3	199.9	199.0	192.7	188.6	158.0	144.1	142.6
第1・四分位数(千円)	227.7	163.8	191.5	217.7	236.4	251.6	263.0	276.8	286.8	274.9	188.5	167.4	167.4
中位数(千円)	301.3	174.9	214.5	247.5	283.4	316.4	346.7	384.1	419.5	407.2	238.3	216.5	210.6
第3・四分位数(千円)	422.4	191.7	239.9	285.4	342.2	397.5	447.4	508.9	564.1	544.6	336.5	320.0	346.4
第9・十分位数(千円)	569.8	219.1	270.3	333.0	417.5	486.2	565.9	644.1	714.0	700.0	523.9	531.4	599.5
十分位分散係数	0.64	0.19	0.23	0.30	0.40	0.46	0.53	0.58	0.62	0.63	0.77	0.89	1.08
四分位分散係数	0.32	0.08	0.11	0.14	0.19	0.23	0.27	0.30	0.33	0.33	0.31	0.35	0.43

第3表　年齢階級、所定内給与額階級別労働者数及び所定内給与額の分布特性値

企業規模	1,000人以上

産　　　業　　　計

（単位十人）

区　分	年齢計	～19歳	20～24歳	25～29歳	30～34歳	35～39歳	40～44歳	45～49歳	50～54歳	55～59歳	60～64歳	65～69歳	70歳以上
男													
学歴計	**543 122**	**4 584**	**32 470**	**59 294**	**64 862**	**66 225**	**77 589**	**79 710**	**68 873**	**52 930**	**29 570**	**6 145**	**869**
～ 99.9 千円	22	10	0	1	0	－	－	－	－	－	3	8	－
100.0 ～ 119.9	504	21	60	69	17	37	25	31	39	30	82	76	17
120.0 ～ 139.9	2 630	78	407	390	239	244	141	135	169	157	411	222	39
140.0 ～ 159.9	7 616	355	1 035	921	733	568	442	499	494	584	1 307	599	79
160.0 ～ 179.9	16 011	2 115	2 893	1 635	1 517	1 027	984	810	854	804	2 307	857	208
180.0 ～ 199.9	21 681	995	5 413	3 071	2 234	1 486	1 374	1 548	1 107	1 068	2 683	621	81
200.0 ～ 219.9	29 579	521	7 956	5 915	2 804	2 267	1 987	1 543	1 219	1 243	3 538	521	67
220.0 ～ 239.9	34 295	379	6 656	9 897	4 220	2 865	2 595	1 969	1 179	1 295	2 783	432	25
240.0 ～ 259.9	35 165	62	3 686	10 779	5 993	3 735	3 224	2 129	1 469	1 148	2 524	373	42
260.0 ～ 279.9	32 808	21	1 967	8 142	7 291	4 512	3 603	2 443	1 490	1 274	1 831	218	14
280.0 ～ 299.9	30 918	16	1 009	5 718	7 261	5 120	4 230	2 722	1 656	1 502	1 478	186	21
300.0 ～ 319.9	29 571	3	579	4 166	6 433	5 340	4 662	3 332	1 756	1 547	1 390	329	34
320.0 ～ 339.9	27 621	10	339	2 553	5 683	5 347	4 792	3 482	2 203	2 062	1 001	140	9
340.0 ～ 359.9	26 277	－	196	1 793	4 256	4 941	4 909	4 122	2 716	2 155	1 001	162	27
360.0 ～ 379.9	23 237	－	67	1 171	3 256	4 432	4 791	3 833	2 675	2 138	747	113	13
380.0 ～ 399.9	22 544	－	54	630	2 644	3 801	4 894	4 037	3 276	2 501	608	93	6
400.0 ～ 449.9	50 397	－	122	1 195	4 509	7 831	10 138	10 300	8 484	6 272	1 236	261	49
450.0 ～ 499.9	40 042	－	10	427	2 529	5 370	7 745	9 108	7 690	6 155	869	126	14
500.0 ～ 549.9	29 337	－	17	361	1 224	2 658	5 468	7 529	6 498	4 681	748	145	9
550.0 ～ 599.9	22 382	－	4	184	679	1 526	3 872	5 770	5 736	3 938	590	77	6
600.0 ～ 699.9	29 000	－	1	147	701	1 384	4 232	7 374	8 386	5 592	1 011	159	14
700.0 ～ 799.9	15 500	－	－	56	342	970	1 721	3 497	4 842	3 312	574	169	17
800.0 ～ 899.9	8 002	－	0	46	166	361	864	1 887	2 453	1 754	316	130	23
900.0 ～ 999.9	3 498	－	－	10	69	110	418	802	1 146	718	176	41	8
1000.0 ～ 1199.9	2 849	－	－	16	39	155	273	530	942	678	168	37	10
1200.0千円 ～	1 634	－	－	1	23	137	205	277	393	322	186	53	37
第1・十分位数（千円）	204.2	159.8	173.7	199.1	212.9	226.7	241.5	254.1	264.9	242.0	171.0	152.2	152.0
第1・四分位数（千円）	253.5	166.4	194.4	226.2	255.3	279.2	303.6	336.0	366.3	345.0	202.7	174.8	170.6
中位数（千円）	342.4	177.3	216.3	254.3	300.4	342.2	384.0	434.3	472.9	454.7	254.0	228.3	203.1
第3・四分位数（千円）	468.3	196.3	239.8	292.2	359.8	424.2	481.9	551.6	609.9	587.8	356.9	348.4	355.2
第9・十分位数（千円）	615.8	221.7	269.8	341.1	438.2	509.6	599.2	683.4	751.5	735.1	554.7	584.3	735.0
十分位分散係数	0.60	0.17	0.22	0.28	0.37	0.41	0.47	0.49	0.51	0.54	0.76	0.95	1.43
四分位分散係数	0.31	0.08	0.10	0.13	0.17	0.21	0.23	0.25	0.26	0.27	0.30	0.38	0.45
中学卒	**9 155**	**80**	**286**	**655**	**766**	**1 011**	**1 120**	**1 317**	**1 006**	**1 118**	**1 309**	**403**	**84**
～ 99.9 千円	10	10	－	－	－	－	－	－	－	－	－	－	－
100.0 ～ 119.9	40	1	5	6	1	－	－	－	－	－	15	12	2
120.0 ～ 139.9	125	8	8	11	11	1	19	23	3	1	27	13	0
140.0 ～ 159.9	422	6	26	49	18	43	37	26	16	48	83	64	5
160.0 ～ 179.9	671	34	51	51	25	30	92	40	76	10	117	101	46
180.0 ～ 199.9	532	6	34	55	47	38	36	65	61	19	115	56	1
200.0 ～ 219.9	770	4	42	50	55	79	56	88	33	80	221	48	14
220.0 ～ 239.9	762	10	38	157	58	76	74	98	71	40	99	39	1
240.0 ～ 259.9	842	1	22	67	157	94	128	79	60	56	157	22	－
260.0 ～ 279.9	659	－	24	53	77	79	78	73	36	91	118	20	10
280.0 ～ 299.9	688	－	9	48	76	197	87	62	41	70	88	10	－
300.0 ～ 319.9	565	－	16	44	58	70	80	124	58	46	58	9	－
320.0 ～ 339.9	426	－	7	13	48	70	77	74	49	74	10	5	－
340.0 ～ 359.9	370	－	2	16	42	31	43	78	57	83	19	0	－
360.0 ～ 379.9	276	－	－	－	22	39	42	40	60	57	16	－	－
380.0 ～ 399.9	466	－	－	12	38	51	76	35	51	124	79	1	－
400.0 ～ 449.9	610	－	－	12	12	74	68	156	129	127	29	－	5
450.0 ～ 499.9	328	－	－	11	22	22	48	65	70	83	8	－	－
500.0 ～ 549.9	201	－	－	－	－	14	21	66	40	45	13	3	－
550.0 ～ 599.9	113	－	2	－	－	1	13	35	33	29	－	－	－
600.0 ～ 699.9	198	－	－	－	－	3	46	65	31	16	38	－	－
700.0 ～ 799.9	60	－	－	－	－	－	－	23	26	11	2	－	－
800.0 ～ 899.9	19	－	－	－	－	－	－	5	4	11	－	－	－
900.0 ～ 999.9	－	－	－	－	－	－	－	－	－	－	－	－	－
1000.0 ～ 1199.9	－	－	－	－	－	－	－	－	－	－	－	－	－
1200.0千円 ～	－	－	－	－	－	－	－	－	－	－	－	－	－
第1・十分位数（千円）	169.7	98.0	146.7	160.0	191.4	195.4	175.2	194.9	181.7	205.2	160.8	151.6	163.2
第1・四分位数（千円）	212.0	150.7	173.2	197.9	232.5	235.7	229.1	238.3	238.6	264.5	195.0	162.4	172.5
中位数（千円）	271.8	165.8	210.7	228.6	263.1	291.4	289.1	309.9	339.5	346.4	235.4	183.0	177.3
第3・四分位数（千円）	359.0	181.9	244.9	275.4	316.4	333.1	377.5	427.1	430.6	409.9	287.3	223.6	216.4
第9・十分位数（千円）	450.4	231.9	293.7	319.4	367.9	420.1	461.1	541.0	517.9	495.5	385.7	267.2	266.6
十分位分散係数	0.52	0.40	0.35	0.35	0.34	0.39	0.49	0.56	0.50	0.42	0.48	0.32	0.29
四分位分散係数	0.27	0.09	0.17	0.17	0.16	0.17	0.26	0.30	0.28	0.21	0.20	0.17	0.12

第3表　年齢階級、所定内給与額階級別労働者数及び所定内給与額の分布特性値

企業規模	1,000人以上

産　　　業　　　計

（単位十人）

区　分	年 齢 計	～19歳	20～24歳	25～29歳	30～34歳	35～39歳	40～44歳	45～49歳	50～54歳	55～59歳	60～64歳	65～69歳	70歳以上
高　校　卒	**203 442**	**4 505**	**14 085**	**17 804**	**17 653**	**21 031**	**29 793**	**28 889**	**27 619**	**23 351**	**15 352**	**2 937**	**424**
～ 99.9 千円	8	－	－	－	0	－	－	－	－	－	－	8	－
100.0 ～ 119.9	335	21	53	45	8	27	8	17	16	18	57	54	14
120.0 ～ 139.9	1 784	70	301	246	165	157	77	69	143	89	268	174	24
140.0 ～ 159.9	5 092	349	697	543	498	341	257	344	367	393	913	343	48
160.0 ～ 179.9	10 571	2 080	1 870	893	881	590	602	474	572	506	1 500	479	124
180.0 ～ 199.9	13 480	989	3 403	1 564	1 174	859	851	998	661	755	1 717	457	50
200.0 ～ 219.9	14 527	517	2 648	2 485	1 278	1 237	1 225	976	732	783	2 247	368	31
220.0 ～ 239.9	15 458	368	2 138	3 430	1 828	1 447	1 370	1 162	818	746	1 840	289	23
240.0 ～ 259.9	14 237	62	1 197	2 877	2 169	1 778	1 747	1 244	930	733	1 306	166	29
260.0 ～ 279.9	13 531	21	808	2 059	2 434	1 969	1 943	1 409	949	725	1 083	131	2
280.0 ～ 299.9	12 954	16	541	1 380	2 184	2 115	2 213	1 669	1 003	899	863	58	13
300.0 ～ 319.9	11 755	3	196	889	1 417	2 049	2 341	1 864	1 061	1 004	752	147	33
320.0 ～ 339.9	10 861	10	103	545	1 112	1 987	2 313	1 927	1 332	1 111	387	27	6
340.0 ～ 359.9	10 913	－	61	382	767	1 757	2 553	2 128	1 567	1 221	440	29	8
360.0 ～ 379.9	9 731	－	35	230	509	1 294	2 495	1 978	1 559	1 279	297	44	10
380.0 ～ 399.9	8 919	－	16	119	403	972	2 024	1 983	1 760	1 409	214	18	－
400.0 ～ 449.9	18 324	－	17	87	598	1 467	3 750	4 063	4 262	3 420	625	33	3
450.0 ～ 499.9	12 493	－	－	14	121	563	2 075	2 737	3 537	3 047	362	36	－
500.0 ～ 549.9	7 686	－	－	2	21	247	1 072	1 704	2 438	1 969	201	27	6
550.0 ～ 599.9	4 484	－	2	12	48	70	462	923	1 527	1 329	104	8	－
600.0 ～ 699.9	4 229	－	－	1	17	26	295	908	1 607	1 257	116	2	1
700.0 ～ 799.9	1 241	－	－	－	14	16	66	154	477	455	33	27	－
800.0 ～ 899.9	491	－	－	1	1	58	20	113	171	117	9	2	－
900.0 ～ 999.9	161	－	－	－	1	2	19	23	81	32	0	2	－
1000.0 ～ 1199.9	129	－	－	－	－	2	2	19	46	46	9	6	－
1200.0千円 ～	46	－	－	－	4	－	14	4	3	6	13	3	－
第1・十分位数（千円）	183.9	160.1	165.4	180.8	183.9	202.5	219.4	220.2	225.9	214.3	164.9	144.1	143.6
第1・四分位数（千円）	226.3	166.6	183.9	210.0	224.9	246.8	274.0	286.6	313.1	303.6	193.2	167.3	163.1
中　位　数（千円）	299.6	177.4	204.9	238.2	266.3	300.0	339.6	361.6	403.7	400.0	230.1	197.9	180.5
第3・四分位数（千円）	396.4	196.4	233.7	271.9	307.7	353.6	403.9	440.1	491.1	488.1	293.7	243.6	250.6
第9・十分位数（千円）	490.9	221.5	268.0	312.3	359.2	408.1	470.1	524.1	584.1	580.1	390.4	317.0	308.4
十分位分散係数	0.51	0.17	0.25	0.28	0.33	0.34	0.37	0.42	0.44	0.46	0.49	0.44	0.46
四分位分散係数	0.28	0.08	0.12	0.13	0.16	0.18	0.19	0.21	0.22	0.23	0.22	0.19	0.24
高専・短大卒	**51 035**	**－**	**4 263**	**5 398**	**6 617**	**7 254**	**8 568**	**8 300**	**5 101**	**3 606**	**1 615**	**270**	**43**
～ 99.9 千円	－	－	－	－	－	－	－	－	－	－	－	－	－
100.0 ～ 119.9	33	－	1	13	2	－	9	4	1	－	－	4	－
120.0 ～ 139.9	193	－	47	21	18	22	14	10	7	35	16	6	－
140.0 ～ 159.9	716	－	186	131	81	46	73	40	33	23	65	33	6
160.0 ～ 179.9	1 908	－	564	250	231	202	166	152	64	67	146	50	15
180.0 ～ 199.9	2 990	－	1 051	436	407	238	261	190	132	84	162	23	6
200.0 ～ 219.9	3 560	－	943	782	466	333	372	219	126	117	181	16	6
220.0 ～ 239.9	4 058	－	727	1 012	715	443	470	360	76	128	121	7	0
240.0 ～ 259.9	4 011	－	377	904	900	568	548	298	139	89	144	41	3
260.0 ～ 279.9	3 759	－	162	671	878	691	564	406	148	140	83	16	－
280.0 ～ 299.9	3 534	－	93	477	857	778	657	309	188	81	84	3	8
300.0 ～ 319.9	3 294	－	55	294	659	673	762	477	214	98	55	6	－
320.0 ～ 339.9	3 023	－	37	227	446	700	730	435	180	138	124	4	－
340.0 ～ 359.9	2 611	－	5	84	317	639	677	451	232	147	56	2	－
360.0 ～ 379.9	2 276	－	3	38	233	458	563	510	231	138	88	16	－
380.0 ～ 399.9	2 222	－	8	21	124	390	562	511	399	163	37	7	－
400.0 ～ 449.9	4 384	－	－	11	186	613	940	1 256	739	555	60	23	－
450.0 ～ 499.9	2 905	－	－	22	58	238	579	962	515	471	52	9	－
500.0 ～ 549.9	1 854	－	3	1	5	78	274	683	504	276	31	－	－
550.0 ～ 599.9	1 149	－	－	0	1	46	122	423	334	172	50	－	－
600.0 ～ 699.9	1 295	－	－	5	16	33	124	360	411	311	33	3	－
700.0 ～ 799.9	645	－	－	－	6	32	47	141	203	203	10	2	－
800.0 ～ 899.9	317	－	－	－	0	3	35	62	117	93	6	1	－
900.0 ～ 999.9	159	－	－	－	10	25	1	30	47	43	4	－	－
1000.0 ～ 1199.9	131	－	－	－	2	6	17	11	56	33	7	－	－
1200.0千円 ～	9	－	－	－	－	－	2	－	5	1	－	－	－
第1・十分位数（千円）	195.3	－	168.8	187.1	197.0	214.5	218.0	230.3	252.8	224.6	169.4	154.1	157.4
第1・四分位数（千円）	236.6	－	184.8	214.0	233.3	258.8	267.5	302.9	336.3	326.0	201.4	171.4	170.4
中　位　数（千円）	304.2	－	205.4	241.1	271.4	309.3	329.6	389.6	421.7	433.3	257.0	233.1	191.1
第3・四分位数（千円）	400.8	－	230.0	274.4	310.3	365.2	399.9	481.6	543.1	543.1	351.9	309.6	250.5
第9・十分位数（千円）	509.4	－	254.8	308.7	358.6	424.1	474.5	570.5	668.1	704.5	482.3	409.8	284.6
十分位分散係数	0.52	－	0.21	0.25	0.30	0.34	0.39	0.44	0.49	0.55	0.61	0.55	0.33
四分位分散係数	0.27	－	0.11	0.13	0.14	0.17	0.20	0.23	0.25	0.25	0.29	0.30	0.21

第3表　年齢階級、所定内給与額階級別労働者数及び所定内給与額の分布特性値

企業規模	1,000人以上

産　　業　　計

（単位十人）

区　分	年齢計	～19歳	20～24歳	25～29歳	30～34歳	35～39歳	40～44歳	45～49歳	50～54歳	55～59歳	60～64歳	65～69歳	70歳以上
大学・大学院卒	**279 490**	**－**	**13 835**	**35 437**	**39 826**	**36 928**	**38 108**	**41 204**	**35 148**	**24 855**	**11 294**	**2 535**	**319**
～ 99.9 千円	4	－	0	1	－	－	－	－	－	－	3	－	－
100.0 ～ 119.9	95	－	1	5	7	11	8	10	23	12	11	7	1
120.0 ～ 139.9	528	－	50	112	45	65	31	33	17	32	101	29	14
140.0 ～ 159.9	1 386	－	125	199	135	138	76	89	78	119	246	160	20
160.0 ～ 179.9	2 861	－	408	440	380	206	124	144	143	220	545	227	23
180.0 ～ 199.9	4 679	－	925	1 016	606	350	226	295	252	210	689	84	25
200.0 ～ 219.9	10 723	－	4 323	2 598	1 004	617	335	259	328	263	889	88	17
220.0 ～ 239.9	14 017	－	3 752	5 298	1 619	900	680	350	215	382	723	97	1
240.0 ～ 259.9	16 075	－	2 091	6 930	2 767	1 294	801	509	340	270	918	145	10
260.0 ～ 279.9	14 858	－	974	5 358	3 902	1 774	1 018	555	358	319	547	51	3
280.0 ～ 299.9	13 741	－	367	3 813	4 144	2 029	1 273	681	424	453	444	114	－
300.0 ～ 319.9	13 957	－	312	2 939	4 299	2 548	1 479	866	423	399	524	167	1
320.0 ～ 339.9	13 310	－	191	1 768	4 077	2 591	1 671	1 045	641	738	480	104	3
340.0 ～ 359.9	12 382	－	128	1 311	3 130	2 515	1 635	1 465	859	704	485	130	20
360.0 ～ 379.9	10 955	－	29	903	2 492	2 641	1 693	1 306	826	663	346	54	3
380.0 ～ 399.9	10 937	－	29	478	2 079	2 388	2 232	1 509	1 065	804	278	67	6
400.0 ～ 449.9	27 079	－	105	1 085	3 714	5 676	5 380	4 826	3 353	2 170	522	205	41
450.0 ～ 499.9	24 317	－	10	381	2 328	4 548	5 043	5 345	3 568	2 553	447	80	14
500.0 ～ 549.9	19 596	－	14	359	1 199	2 318	4 101	5 076	3 515	2 392	504	115	4
550.0 ～ 599.9	16 636	－	－	172	630	1 409	3 275	4 389	3 842	2 408	436	69	6
600.0 ～ 699.9	23 277	－	1	142	669	1 322	3 767	6 042	6 337	4 008	825	154	13
700.0 ～ 799.9	13 554	－	－	56	322	921	1 608	3 179	4 136	2 644	531	141	17
800.0 ～ 899.9	7 174	－	0	45	165	299	810	1 707	2 162	1 534	301	127	23
900.0 ～ 999.9	3 179	－	－	10	58	84	398	749	1 018	643	172	39	8
1000.0 ～ 1199.9	2 589	－	－	16	38	148	255	501	840	599	152	31	10
1200.0千円 ～	1 580	－	－	1	19	137	189	273	386	315	174	50	37
第1・十分位数（千円）	231.5	－	198.0	215.2	241.7	261.2	288.1	326.4	346.8	311.3	185.7	164.1	158.1
第1・四分位数（千円）	286.5	－	210.4	237.4	277.4	314.8	362.1	413.5	440.5	414.6	228.9	226.2	198.7
中位数（千円）	398.6	－	225.5	263.8	324.6	385.7	453.5	514.9	567.3	542.9	320.3	337.8	420.4
第3・四分位数（千円）	544.6	－	246.0	304.6	392.6	467.9	560.0	628.9	694.7	684.6	524.3	536.3	779.7
第9・十分位数（千円）	700.6	－	275.2	362.1	476.6	566.2	682.0	758.7	831.1	831.8	737.2	791.5	1204.8
十分位分散係数	0.59	－	0.17	0.28	0.36	0.40	0.43	0.42	0.43	0.48	0.86	0.93	1.24
四分位分散係数	0.32	－	0.08	0.13	0.18	0.20	0.22	0.21	0.22	0.25	0.46	0.46	0.69
女													
学歴計	**260 604**	**2 175**	**28 062**	**37 499**	**33 424**	**30 202**	**35 491**	**34 608**	**27 091**	**18 993**	**9 619**	**2 726**	**714**
～ 99.9 千円	67	－	0	2	10	5	14	7	16	7	3	3	1
100.0 ～ 119.9	1 888	15	92	170	195	212	189	295	265	180	167	87	21
120.0 ～ 139.9	7 542	137	578	681	701	687	941	939	970	723	800	315	69
140.0 ～ 159.9	17 121	483	1 626	1 589	1 682	1 406	2 149	2 328	2 178	1 653	1 498	437	92
160.0 ～ 179.9	21 884	924	3 151	2 347	2 196	1 934	2 404	2 566	2 475	1 898	1 525	380	84
180.0 ～ 199.9	24 026	371	4 632	3 790	2 510	2 366	2 672	2 456	2 119	1 595	1 251	224	39
200.0 ～ 219.9	27 316	88	6 436	5 111	3 278	2 673	2 470	2 778	2 072	1 232	929	194	56
220.0 ～ 239.9	26 475	74	4 520	6 504	3 815	2 713	2 737	2 269	1 557	1 369	581	289	45
240.0 ～ 259.9	24 168	40	3 116	5 452	3 979	2 716	2 965	2 242	1 694	1 257	609	56	42
260.0 ～ 279.9	20 226	13	1 760	3 733	3 839	2 806	2 737	2 409	1 563	994	264	86	22
280.0 ～ 299.9	17 139	26	998	2 630	3 124	2 784	2 694	2 362	1 322	905	213	63	17
300.0 ～ 319.9	12 902	－	462	1 862	1 862	2 029	2 364	1 967	1 170	833	249	79	26
320.0 ～ 339.9	10 584	1	364	1 117	1 463	1 660	2 064	1 753	1 072	835	169	55	31
340.0 ～ 359.9	8 565	－	173	664	1 250	1 220	1 586	1 616	1 168	693	130	49	16
360.0 ～ 379.9	7 250	－	68	529	921	1 007	1 608	1 465	976	562	79	27	6
380.0 ～ 399.9	5 945	－	26	427	610	891	1 072	1 254	932	594	75	39	27
400.0 ～ 449.9	10 271	4	26	417	1 117	1 342	1 895	2 105	1 833	1 207	240	63	23
450.0 ～ 499.9	5 710	－	21	278	305	632	1 027	1 289	1 139	780	163	56	22
500.0 ～ 549.9	3 510	－	6	72	215	351	620	773	741	495	160	57	19
550.0 ～ 599.9	2 239	－	1	70	93	206	345	466	453	418	130	48	9
600.0 ～ 699.9	2 604	－	4	22	129	191	390	624	635	357	184	44	23
700.0 ～ 799.9	1 391	－	－	21	94	157	268	263	328	148	72	28	10
800.0 ～ 899.9	627	－	－	10	20	84	105	97	127	110	50	18	6
900.0 ～ 999.9	467	－	－	－	13	47	55	140	135	43	30	3	2
1000.0 ～ 1199.9	303	－	－	－	4	53	68	49	67	25	21	14	4
1200.0千円 ～	385	－	－	1	－	30	49	96	84	81	28	12	3
第1・十分位数（千円）	159.4	144.9	164.1	171.8	167.6	167.7	162.3	159.2	154.2	152.7	139.8	132.6	135.6
第1・四分位数（千円）	193.9	157.4	187.6	203.6	207.0	207.5	204.3	200.5	187.8	183.5	159.3	153.2	159.3
中位数（千円）	243.2	169.2	212.2	235.7	252.0	262.8	268.1	272.2	262.9	253.0	192.3	190.2	218.7
第3・四分位数（千円）	311.3	183.4	240.1	273.0	298.1	323.7	342.6	359.6	373.9	362.0	255.7	271.7	335.0
第9・十分位数（千円）	406.4	205.5	270.8	318.5	363.3	402.3	432.9	461.8	491.1	483.2	432.6	458.0	517.8
十分位分散係数	0.51	0.18	0.25	0.31	0.39	0.45	0.50	0.56	0.64	0.65	0.76	0.86	0.87
四分位分散係数	0.24	0.08	0.12	0.15	0.18	0.22	0.26	0.29	0.35	0.35	0.25	0.31	0.40

第3表　年齢階級、所定内給与額階級別労働者数及び所定内給与額の分布特性値

企業規模	1,000人以上

産　　業　　計

（単位十人）

区　分	年齢計	～19歳	20～24歳	25～29歳	30～34歳	35～39歳	40～44歳	45～49歳	50～54歳	55～59歳	60～64歳	65～69歳	70歳以上
中学卒	**3 100**	**112**	**176**	**270**	**357**	**239**	**239**	**298**	**384**	**281**	**437**	**193**	**113**
～ 99.9 千円	1	-	-	-	-	-	-	-	-	-	-	-	1
100.0 ～ 119.9	83	10	3	18	1	16	2	2	2	3	10	11	6
120.0 ～ 139.9	377	28	29	26	24	10	11	20	52	22	99	31	26
140.0 ～ 159.9	595	46	49	36	57	36	37	63	64	39	124	38	7
160.0 ～ 179.9	469	14	31	66	62	44	30	33	48	13	78	33	16
180.0 ～ 199.9	406	4	6	32	49	34	26	63	44	69	50	19	10
200.0 ～ 219.9	373	0	22	17	103	5	60	19	71	47	22	4	2
220.0 ～ 239.9	162	6	5	18	18	28	7	14	16	12	12	21	6
240.0 ～ 259.9	156	-	31	29	11	12	6	21	13	19	2	3	8
260.0 ～ 279.9	96	-	-	7	3	14	13	31	3	8	2	11	3
280.0 ～ 299.9	88	-	0	12	19	5	12	8	13	3	10	4	4
300.0 ～ 319.9	78	-	-	-	1	17	14	1	14	18	4	2	8
320.0 ～ 339.9	32	-	-	-	1	2	1	4	1	16	3	3	2
340.0 ～ 359.9	48	-	-	8	8	1	5	1	14	1	6	2	2
360.0 ～ 379.9	16	-	-	1	-	9	-	3	1	-	1	1	1
380.0 ～ 399.9	17	-	-	1	-	2	1	0	3	1	5	2	2
400.0 ～ 449.9	23	4	-	-	-	5	4	0	2	1	1	4	2
450.0 ～ 499.9	16	-	-	-	-	-	1	3	-	2	6	2	2
500.0 ～ 549.9	19	-	-	-	1	-	8	1	1	7	1	0	1
550.0 ～ 599.9	20	-	1	-	-	-	1	8	10	-	-	1	0
600.0 ～ 699.9	8	-	-	-	-	-	-	1	2	-	1	3	1
700.0 ～ 799.9	1	-	-	1	-	-	-	-	-	-	0	-	-
800.0 ～ 899.9	3	-	-	-	-	-	-	-	-	1	-	-	3
900.0 ～ 999.9	1	-	-	-	-	-	-	-	-	1	-	-	-
1000.0 ～ 1199.9	1	-	-	-	-	-	-	1	-	-	-	-	-
1200.0千円 ～	12	-	-	-	-	-	-	2	10	-	-	-	-
第1・十分位数（千円）	133.8	120.7	133.6	130.7	144.7	137.4	148.9	144.0	136.6	141.6	126.3	129.3	128.7
第1・四分位数（千円）	151.7	133.4	143.9	154.4	164.4	158.7	163.8	157.7	155.6	169.1	140.0	144.6	137.8
中位数（千円）	181.2	152.9	166.4	176.6	194.5	187.5	204.2	186.3	188.5	199.0	157.4	173.2	180.9
第3・四分位数（千円）	222.8	160.1	214.4	225.0	212.0	253.3	260.4	247.9	228.1	249.5	187.0	228.2	276.9
第9・十分位数（千円）	297.6	186.7	251.2	262.3	247.4	306.9	309.3	293.8	343.2	320.7	237.5	295.8	363.3
十分位分散係数	0.45	0.22	0.35	0.37	0.26	0.45	0.39	0.40	0.55	0.45	0.35	0.48	0.65
四分位分散係数	0.20	0.09	0.21	0.20	0.12	0.25	0.24	0.24	0.19	0.20	0.15	0.24	0.38
高校卒	**89 437**	**2 063**	**6 485**	**7 030**	**7 300**	**8 343**	**12 141**	**14 260**	**13 172**	**10 114**	**6 192**	**1 886**	**451**
～ 99.9 千円	54	-	0	2	9	5	7	6	14	7	2	2	-
100.0 ～ 119.9	1 373	5	63	121	130	164	135	204	212	131	126	70	13
120.0 ～ 139.9	5 339	109	345	474	469	469	656	697	716	512	602	253	37
140.0 ～ 159.9	11 491	437	896	889	931	895	1 372	1 644	1 659	1 216	1 137	349	67
160.0 ～ 179.9	13 389	910	1 386	1 098	1 159	1 077	1 521	1 708	1 670	1 386	1 181	247	45
180.0 ～ 199.9	11 101	367	1 292	1 105	1 002	1 038	1 401	1 435	1 298	990	977	167	26
200.0 ～ 219.9	9 128	87	932	1 084	929	1 010	1 056	1 498	1 064	738	594	98	36
220.0 ～ 239.9	7 708	68	617	992	768	814	1 020	1 168	887	774	369	197	34
240.0 ～ 259.9	6 269	40	357	509	652	650	968	1 091	933	726	276	45	23
260.0 ～ 279.9	4 802	13	288	280	475	614	766	853	770	517	157	59	12
280.0 ～ 299.9	4 096	26	182	189	295	479	826	865	603	483	102	39	8
300.0 ～ 319.9	3 063	-	36	142	108	284	598	677	590	445	108	58	18
320.0 ～ 339.9	2 633	1	77	67	114	262	593	505	464	422	69	43	18
340.0 ～ 359.9	1 824	-	3	29	64	127	356	400	390	356	47	40	12
360.0 ～ 379.9	1 460	-	1	12	57	143	197	386	385	215	41	18	4
380.0 ～ 399.9	1 139	-	6	11	49	83	191	283	299	173	18	18	10
400.0 ～ 449.9	2 055	-	3	18	57	101	304	419	567	411	114	40	21
450.0 ～ 499.9	921	-	2	4	7	77	83	181	205	255	62	32	13
500.0 ～ 549.9	600	-	1	-	13	13	54	74	164	157	74	34	16
550.0 ～ 599.9	286	-	1	2	2	9	8	58	75	74	24	25	9
600.0 ～ 699.9	372	-	-	1	7	11	17	53	116	54	80	22	11
700.0 ～ 799.9	169	-	-	1	2	15	3	29	54	35	11	11	8
800.0 ～ 899.9	82	-	-	-	1	1	3	21	13	21	9	10	2
900.0 ～ 999.9	29	-	-	-	-	1	2	3	5	7	8	1	2
1000.0 ～ 1199.9	31	-	-	-	-	-	4	1	12	7	3	2	1
1200.0千円 ～	23	-	-	1	-	-	-	0	7	4	2	6	3
第1・十分位数（千円）	144.4	147.2	146.5	142.7	143.2	145.4	146.5	147.2	144.9	147.0	137.0	130.3	137.8
第1・四分位数（千円）	165.9	158.9	165.2	165.1	164.8	169.6	171.9	170.7	167.7	168.5	155.3	148.3	159.3
中位数（千円）	204.3	170.0	187.6	196.7	198.9	210.6	218.7	219.2	218.9	221.8	180.8	182.0	220.6
第3・四分位数（千円）	265.1	184.2	218.7	230.7	242.5	264.1	285.5	288.2	302.2	304.8	221.2	251.5	342.0
第9・十分位数（千円）	340.5	205.9	256.9	264.8	282.2	320.7	340.4	363.7	393.5	401.4	306.7	391.8	523.1
十分位分散係数	0.48	0.17	0.29	0.31	0.35	0.42	0.44	0.49	0.57	0.57	0.47	0.72	0.87
四分位分散係数	0.24	0.07	0.14	0.17	0.20	0.22	0.26	0.27	0.31	0.31	0.18	0.28	0.41

第3表　年齢階級、所定内給与額階級別労働者数及び所定内給与額の分布特性値

企業規模	1,000人以上

産　　業　　計

（単位十人）

区　分	年齢計	～19歳	20～24歳	25～29歳	30～34歳	35～39歳	40～44歳	45～49歳	50～54歳	55～59歳	60～64歳	65～69歳	70歳以上
高専・短大卒	**72 828**	**－**	**6 894**	**7 322**	**8 118**	**9 358**	**12 375**	**12 274**	**8 246**	**5 815**	**1 916**	**395**	**114**
～ 99.9千円	10	－	－	－	1	－	7	1	0	－	1	－	－
100.0 ～ 119.9	295	－	25	12	33	26	37	72	44	23	16	6	3
120.0 ～ 139.9	1 229	－	133	76	125	142	196	158	150	136	84	24	6
140.0 ～ 159.9	3 440	－	542	381	407	302	512	458	289	304	186	43	17
160.0 ～ 179.9	4 904	－	1 018	600	471	468	556	543	541	407	185	94	22
180.0 ～ 199.9	5 879	－	1 148	858	637	671	816	667	499	420	133	27	2
200.0 ～ 219.9	6 657	－	1 147	874	998	782	866	866	530	293	240	53	7
220.0 ～ 239.9	6 773	－	984	1 080	1 028	972	936	700	473	388	162	46	5
240.0 ～ 259.9	7 098	－	864	1 093	941	885	1 355	835	519	386	203	5	12
260.0 ～ 279.9	6 840	－	481	871	999	1 128	1 231	1 148	609	299	64	7	4
280.0 ～ 299.9	5 554	－	278	612	751	934	1 071	1 041	460	332	51	18	6
300.0 ～ 319.9	4 685	－	140	397	503	908	1 052	899	400	296	84	6	－
320.0 ～ 339.9	3 715	－	61	181	490	661	736	804	431	260	77	4	10
340.0 ～ 359.9	3 324	－	26	105	338	422	759	827	557	227	58	5	－
360.0 ～ 379.9	2 817	－	28	118	210	337	675	678	442	291	34	4	0
380.0 ～ 399.9	2 200	－	－	27	76	306	398	619	401	316	35	9	13
400.0 ～ 449.9	3 543	－	10	32	96	256	689	950	821	598	82	10	－
450.0 ～ 499.9	1 833	－	9	－	2	78	284	500	522	366	63	7	2
500.0 ～ 549.9	804	－	－	2	9	30	84	209	237	185	45	－	3
550.0 ～ 599.9	497	－	－	2	1	18	80	81	129	128	43	14	－
600.0 ～ 699.9	463	－	－	－	－	25	28	136	126	98	44	6	0
700.0 ～ 799.9	140	－	－	1	－	3	6	49	41	19	18	2	2
800.0 ～ 899.9	49	－	－	－	－	3	2	21	1	18	2	1	1
900.0 ～ 999.9	36	－	－	－	－	－	－	1	11	24	－	1	－
1000.0 ～ 1199.9	11	－	－	－	2	2	－	1	3	0	4	－	－
1200.0千円 ～	32	－	－	－	－	－	－	12	10	1	3	5	－
第1・十分位数（千円）	170.5	－	159.6	169.8	171.6	179.9	177.6	179.9	173.1	165.9	152.6	150.4	142.6
第1・四分位数（千円）	207.6	－	180.1	197.8	206.6	218.8	222.3	228.9	220.4	211.0	181.3	165.0	165.6
中位数（千円）	260.4	－	209.9	235.9	247.4	267.8	274.6	292.8	300.6	295.5	234.0	202.7	221.1
第3・四分位数（千円）	326.7	－	243.4	271.0	291.1	314.9	337.3	365.6	392.1	399.0	325.3	254.7	333.0
第9・十分位数（千円）	401.7	－	274.0	305.9	336.4	366.6	396.3	436.6	471.5	482.2	472.6	421.5	397.2
十分位分散係数	0.44	－	0.27	0.29	0.33	0.35	0.40	0.44	0.50	0.54	0.68	0.67	0.58
四分位分散係数	0.23	－	0.15	0.16	0.17	0.18	0.21	0.23	0.29	0.32	0.31	0.22	0.38
大学・大学院卒	**95 238**	**－**	**14 506**	**22 878**	**17 648**	**12 261**	**10 736**	**7 775**	**5 289**	**2 782**	**1 073**	**252**	**37**
～ 99.9千円	3	－	－	－	0	－	－	－	2	－	－	1	－
100.0 ～ 119.9	137	－	1	20	31	6	15	18	7	24	14	1	－
120.0 ～ 139.9	597	－	71	106	83	66	78	65	52	54	14	7	－
140.0 ～ 159.9	1 595	－	140	283	287	173	228	162	166	94	52	8	1
160.0 ～ 179.9	3 122	－	716	583	504	344	298	282	216	91	81	6	1
180.0 ～ 199.9	6 640	－	2 186	1 795	822	623	429	291	278	116	91	10	－
200.0 ～ 219.9	11 158	－	4 336	3 135	1 248	875	488	394	407	154	72	38	10
220.0 ～ 239.9	11 832	－	2 915	4 414	2 000	900	775	386	181	196	37	25	0
240.0 ～ 259.9	10 644	－	1 863	3 820	2 375	1 168	636	295	229	126	128	4	－
260.0 ～ 279.9	8 488	－	992	2 576	2 362	1 050	727	377	181	170	41	9	3
280.0 ～ 299.9	7 400	－	538	1 817	2 060	1 366	785	449	245	88	50	3	－
300.0 ～ 319.9	5 076	－	287	1 322	1 251	819	700	391	165	74	53	13	0
320.0 ～ 339.9	4 204	－	225	869	858	735	735	441	176	138	21	5	1
340.0 ～ 359.9	3 369	－	145	523	839	669	466	388	208	109	19	3	1
360.0 ～ 379.9	2 956	－	40	399	653	519	736	398	149	56	3	4	－
380.0 ～ 399.9	2 589	－	21	388	485	500	482	351	229	104	17	9	3
400.0 ～ 449.9	4 650	－	13	368	964	980	897	736	444	197	42	9	－
450.0 ～ 499.9	2 940	－	10	274	296	476	660	604	412	156	33	15	4
500.0 ～ 549.9	2 087	－	6	70	193	308	474	489	338	146	41	22	－
550.0 ～ 599.9	1 436	－	－	65	90	179	256	319	239	216	63	9	－
600.0 ～ 699.9	1 761	－	4	22	122	155	345	433	391	205	60	13	10
700.0 ～ 799.9	1 081	－	－	18	92	140	259	185	233	94	44	16	－
800.0 ～ 899.9	492	－	－	10	18	80	100	55	113	70	39	8	－
900.0 ～ 999.9	401	－	－	－	13	46	53	136	118	12	22	1	－
1000.0 ～ 1199.9	261	－	－	－	2	51	63	46	53	18	14	12	3
1200.0千円 ～	318	－	－	－	－	30	49	82	58	75	23	1	－
第1・十分位数（千円）	193.5	－	187.1	195.3	200.7	200.3	301.3	197.3	187.7	183.2	165.5	184.1	211.5
第1・四分位数（千円）	221.0	－	202.5	218.9	235.1	241.5	251.0	263.0	241.2	235.8	205.3	209.0	217.1
中位数（千円）	264.2	－	219.1	245.5	272.4	292.9	326.7	357.6	377.4	349.8	281.6	332.3	383.1
第3・四分位数（千円）	343.2	－	244.5	284.5	324.6	375.1	429.8	486.0	535.5	548.5	542.2	520.8	693.5
第9・十分位数（千円）	468.5	－	275.7	335.9	401.0	470.5	560.1	632.2	717.5	686.0	758.3	762.7	699.1
十分位分散係数	0.52	－	0.20	0.29	0.37	0.46	0.55	0.61	0.70	0.72	1.05	0.87	0.64
四分位分散係数	0.23	－	0.10	0.13	0.16	0.23	0.27	0.31	0.39	0.45	0.60	0.47	0.62

第3表　年齢階級、所定内給与額階級別労働者数及び所定内給与額の分布特性値

企業規模	100～999人

産　　業　　計

（単位十人）

区分	年齢計	～19歳	20～24歳	25～29歳	30～34歳	35～39歳	40～44歳	45～49歳	50～54歳	55～59歳	60～64歳	65～69歳	70歳以上
企業規模 100 ～ 999 人													
男女計													
学歴計	**852 190**	**8 911**	**67 352**	**94 295**	**97 931**	**104 588**	**121 440**	**114 198**	**92 086**	**78 902**	**49 868**	**17 806**	**4 812**
～ 99.9 千円	73	-	7	1	4	4	5	14	3	11	14	5	5
100.0 ～ 119.9	2 847	41	167	242	207	239	292	249	209	334	378	331	159
120.0 ～ 139.9	16 283	359	1 399	1 521	1 178	1 482	1 613	1 480	1 577	1 546	2 297	1 395	435
140.0 ～ 159.9	40 438	1 806	4 665	4 284	3 156	2 968	3 521	3 885	3 763	4 084	4 950	2 544	814
160.0 ～ 179.9	62 662	4 028	11 516	6 661	5 749	5 002	5 375	5 671	4 992	4 687	5 727	2 602	651
180.0 ～ 199.9	76 503	1 760	15 718	11 917	7 981	6 620	6 776	6 594	5 406	4 890	5 877	2 400	563
200.0 ～ 219.9	85 939	635	15 120	18 017	11 314	7 778	7 679	7 102	5 314	4 794	5 704	2 063	419
220.0 ～ 239.9	83 262	148	9 636	17 768	12 713	9 986	9 021	7 571	5 672	4 790	4 422	1 235	301
240.0 ～ 259.9	76 839	99	5 037	13 416	14 436	11 678	9 938	7 818	5 285	4 348	3 680	879	225
260.0 ～ 279.9	64 112	22	2 078	8 452	11 335	11 252	10 285	7 471	5 144	4 519	2 666	669	219
280.0 ～ 299.9	54 474	9	883	4 837	8 783	10 185	10 336	7 416	4 908	4 133	2 281	553	151
300.0 ～ 319.9	45 841	3	502	2 661	6 132	8 605	9 498	7 686	4 708	3 632	1 803	533	76
320.0 ～ 339.9	37 679	1	258	1 412	4 549	6 603	8 379	6 481	4 899	3 424	1 312	320	41
340.0 ～ 359.9	32 348	1	145	1 030	2 932	5 606	7 191	6 050	4 251	3 614	1 127	316	85
360.0 ～ 379.9	26 310	-	85	739	2 113	4 133	6 090	5 086	4 056	2 937	824	228	20
380.0 ～ 399.9	21 495	-	43	331	1 158	2 681	4 782	5 036	3 676	2 930	680	149	28
400.0 ～ 449.9	42 411	-	58	451	1 924	4 459	8 368	9 997	8 117	6 993	1 565	382	96
450.0 ～ 499.9	27 458	-	22	180	744	2 108	4 893	6 717	6 410	4 976	1 149	204	56
500.0 ～ 549.9	18 697	-	7	134	488	1 284	2 820	4 273	4 883	3 677	890	207	34
550.0 ～ 599.9	11 812	-	2	28	251	572	1 513	2 751	3 057	2 809	705	94	30
600.0 ～ 699.9	12 382	-	1	112	354	576	1 269	2 485	3 162	3 259	911	209	44
700.0 ～ 799.9	4 539	-	0	49	131	260	638	859	1 000	1 129	313	134	27
800.0 ～ 899.9	2 292	-	2	7	128	161	310	461	451	502	172	83	13
900.0 ～ 999.9	1 278	-	0	14	63	141	221	291	223	233	51	15	27
1000.0 ～ 1199.9	1 656	-	-	14	54	92	282	358	319	236	104	86	110
1200.0千円 ～	2 560	-	-	15	55	116	344	397	601	415	265	168	184
第1・十分位数（千円）	168.6	148.2	161.0	171.1	178.4	182.6	184.0	180.4	174.9	167.7	150.3	140.5	135.7
第1・四分位数（千円）	203.3	160.1	178.6	198.4	211.4	224.4	231.9	229.5	226.1	217.3	176.6	161.2	155.6
中位数（千円）	255.0	170.2	200.2	225.0	249.3	271.4	291.7	304.7	315.9	307.3	219.9	196.4	190.3
第3・四分位数（千円）	335.7	184.1	223.3	254.7	291.8	327.8	363.6	400.2	430.2	430.2	293.9	257.8	263.1
第9・十分位数（千円）	446.2	200.7	248.3	289.5	343.8	394.5	451.1	504.6	545.3	561.5	430.3	376.2	492.4
十分位分散係数	0.54	0.15	0.22	0.26	0.33	0.39	0.46	0.53	0.59	0.64	0.64	0.60	0.94
四分位分散係数	0.26	0.07	0.11	0.13	0.16	0.19	0.23	0.28	0.32	0.35	0.27	0.25	0.28
男													
学歴計	**535 081**	**5 234**	**34 944**	**53 587**	**61 572**	**68 002**	**79 642**	**72 665**	**58 265**	**50 335**	**34 433**	**12 926**	**3 477**
～ 99.9 千円	26	-	3	1	-	-	2	6	-	1	7	2	4
100.0 ～ 119.9	960	36	88	128	96	49	37	20	56	41	138	193	78
120.0 ～ 139.9	5 096	128	514	609	318	318	362	281	328	421	833	685	299
140.0 ～ 159.9	14 435	779	1 765	1 685	1 032	829	829	747	937	1 162	2 364	1 715	593
160.0 ～ 179.9	26 736	2 520	5 381	2 806	2 282	1 644	1 740	1 641	1 413	1 663	3 441	1 757	447
180.0 ～ 199.9	36 783	1 159	8 365	5 607	3 781	2 901	2 720	2 392	2 013	1 923	3 804	1 745	373
200.0 ～ 219.9	45 696	414	8 374	9 876	6 090	3 946	3 350	3 078	2 141	2 292	4 181	1 656	299
220.0 ～ 239.9	46 872	102	5 427	10 666	7 508	5 497	4 685	3 496	2 583	2 322	3 445	904	238
240.0 ～ 259.9	46 811	76	2 878	8 657	9 799	7 315	5 580	4 147	2 485	2 248	2 764	700	162
260.0 ～ 279.9	41 400	8	1 094	5 648	7 980	7 709	6 730	4 170	2 885	2 496	2 041	502	138
280.0 ～ 299.9	37 481	9	478	3 189	6 358	7 443	7 341	4 724	3 173	2 471	1 727	451	116
300.0 ～ 319.9	33 095	3	268	1 708	4 787	6 526	7 087	5 400	3 086	2 332	1 447	392	61
320.0 ～ 339.9	27 627	1	139	865	3 345	5 184	6 401	4 686	3 404	2 356	969	243	34
340.0 ～ 359.9	25 079	1	64	672	2 358	4 544	5 714	4 652	3 169	2 682	901	263	58
360.0 ～ 379.9	20 889	-	32	478	1 560	3 385	5 063	4 180	3 087	2 199	670	216	18
380.0 ～ 399.9	17 160	-	20	243	924	2 243	3 974	4 065	2 742	2 284	518	123	23
400.0 ～ 449.9	35 325	-	40	302	1 433	3 816	7 104	8 427	6 661	5 844	1 272	350	77
450.0 ～ 499.9	24 206	-	5	156	630	1 896	4 377	6 045	5 641	4 347	908	174	28
500.0 ～ 549.9	16 961	-	4	111	452	1 203	2 613	3 886	4 407	3 327	748	182	28
550.0 ～ 599.9	10 506	-	2	24	156	470	1 350	2 393	2 789	2 588	631	84	19
600.0 ～ 699.9	11 106	-	-	78	326	455	1 070	2 249	2 952	2 993	767	173	43
700.0 ～ 799.9	4 108	-	0	40	98	236	583	757	940	1 040	288	103	23
800.0 ～ 899.9	1 949	-	2	7	116	124	212	402	375	459	161	76	13
900.0 ～ 999.9	1 097	-	0	14	48	106	183	254	183	220	51	15	22
1000.0 ～ 1199.9	1 385	-	-	12	49	58	239	253	265	227	98	84	100
1200.0千円 ～	2 293	-	-	8	42	104	293	315	550	399	260	138	184
第1・十分位数（千円）	183.5	153.1	165.1	180.5	193.1	206.1	213.7	214.0	210.7	198.3	160.6	145.5	138.4
第1・四分位数（千円）	221.7	162.7	182.5	205.8	224.8	245.4	261.8	271.9	278.0	263.8	188.8	166.8	157.2
中位数（千円）	281.4	172.8	203.1	231.4	259.8	290.0	318.2	346.6	369.2	366.7	234.1	204.0	196.6
第3・四分位数（千円）	372.3	186.4	225.2	260.5	303.6	346.9	389.9	438.9	478.0	480.2	314.2	273.3	276.1
第9・十分位数（千円）	489.0	203.2	249.6	295.2	357.0	417.9	480.3	540.5	587.5	606.4	475.4	409.1	669.1
十分位分散係数	0.54	0.14	0.21	0.25	0.32	0.37	0.42	0.47	0.51	0.56	0.67	0.65	1.35
四分位分散係数	0.27	0.07	0.11	0.12	0.15	0.18	0.20	0.24	0.27	0.30	0.27	0.26	0.30

第3表　年齢階級、所定内給与額階級別労働者数及び所定内給与額の分布特性値

企業規模	100～999人

産　　業　　計

(単位十人)

区　分	年齢計	～19歳	20～24歳	25～29歳	30～34歳	35～39歳	40～44歳	45～49歳	50～54歳	55～59歳	60～64歳	65～69歳	70歳以上
中学卒	**14 835**	**111**	**415**	**657**	**1 117**	**1 213**	**1 478**	**1 932**	**1 600**	**1 589**	**2 437**	**1 656**	**629**
～ 99.9千円	2	-	-	-	-	-	1	-	-	-	1	-	-
100.0 ～ 119.9	177	3	10	35	10	3	5	3	2	9	13	61	25
120.0 ～ 139.9	507	10	36	30	19	21	19	23	22	24	97	146	61
140.0 ～ 159.9	1 002	19	66	78	76	27	30	51	27	53	196	233	146
160.0 ～ 179.9	1 461	43	116	71	82	61	50	91	112	86	318	299	131
180.0 ～ 199.9	1 528	13	62	52	110	160	113	171	46	119	413	214	55
200.0 ～ 219.9	1 682	11	75	115	186	127	149	115	180	130	307	231	57
220.0 ～ 239.9	1 487	10	9	75	127	137	159	132	184	124	344	152	36
240.0 ～ 259.9	1 287	4	10	46	79	140	224	157	95	163	236	80	53
260.0 ～ 279.9	1 126	-	26	64	130	148	148	147	118	138	125	67	17
280.0 ～ 299.9	939	-	-	42	55	66	145	161	171	107	111	61	21
300.0 ～ 319.9	801	-	4	23	55	109	94	139	102	93	121	51	10
320.0 ～ 339.9	574	-	1	7	68	44	68	163	97	89	11	15	12
340.0 ～ 359.9	464	-	1	-	24	54	60	105	114	74	25	5	4
360.0 ～ 379.9	394	-	-	5	47	6	56	116	74	71	14	5	-
380.0 ～ 399.9	286	-	-	-	19	26	28	54	48	47	44	19	2
400.0 ～ 449.9	459	-	-	10	13	60	47	136	72	105	16	-	0
450.0 ～ 499.9	266	-	-	2	14	11	34	74	28	81	16	5	1
500.0 ～ 549.9	141	-	-	-	1	10	23	25	47	24	8	3	-
550.0 ～ 599.9	121	-	-	-	2	4	23	37	10	35	1	9	-
600.0 ～ 699.9	91	-	-	-	2	-	1	33	26	7	21	1	-
700.0 ～ 799.9	33	-	-	-	-	-	-	-	23	10	-	-	-
800.0 ～ 899.9	1	-	-	-	-	-	-	-	-	1	-	0	-
900.0 ～ 999.9	4	-	-	-	-	-	2	-	2	-	-	-	-
1000.0 ～ 1199.9	2	-	-	-	-	-	-	-	2	-	-	-	-
1200.0千円 ～	-	-	-	-	-	-	-	-	-	-	-	-	-
第1・十分位数（千円）	155.9	137.6	136.6	140.2	161.9	181.5	186.7	182.6	179.4	176.2	154.3	135.8	135.0
第1・四分位数（千円）	187.3	152.5	157.6	165.5	197.1	204.6	220.5	223.9	221.2	216.8	179.1	158.0	151.6
中位数（千円）	234.2	167.3	175.5	210.0	233.4	248.9	259.0	288.2	281.6	270.6	210.3	188.2	168.0
第3・四分位数（千円）	298.2	197.5	205.2	255.8	288.4	303.9	314.4	359.0	345.6	355.9	249.3	226.7	218.7
第9・十分位数（千円）	375.9	232.4	238.8	286.7	349.3	358.5	387.4	431.4	428.7	437.5	303.1	283.1	261.8
十分位分散係数	0.47	0.28	0.29	0.35	0.40	0.36	0.39	0.43	0.44	0.48	0.35	0.39	0.38
四分位分散係数	0.24	0.13	0.14	0.22	0.20	0.20	0.18	0.23	0.22	0.26	0.17	0.18	0.20
高校卒	**226 244**	**5 122**	**15 616**	**17 195**	**20 363**	**24 347**	**32 294**	**32 360**	**28 465**	**23 933**	**17 522**	**7 297**	**1 730**
～ 99.9千円	24	-	3	1	-	-	1	6	-	1	6	2	4
100.0 ～ 119.9	600	34	60	68	57	39	27	17	43	16	91	110	37
120.0 ～ 139.9	3 597	118	402	427	219	210	252	179	235	343	593	430	191
140.0 ～ 159.9	9 952	760	1 217	1 025	643	569	547	544	724	805	1 554	1 186	378
160.0 ～ 179.9	18 147	2 478	3 762	1 529	1 348	978	1 198	1 223	924	1 127	2 226	1 113	241
180.0 ～ 199.9	22 253	1 146	4 675	2 773	2 088	1 685	1 750	1 576	1 492	1 281	2 344	1 220	221
200.0 ～ 219.9	22 679	403	2 868	3 791	2 882	2 132	2 138	2 073	1 416	1 483	2 328	998	166
220.0 ～ 239.9	21 439	92	1 427	2 929	3 115	2 905	2 571	2 440	1 773	1 529	1 982	521	155
240.0 ～ 259.9	19 927	72	629	1 974	3 340	3 323	3 020	2 583	1 708	1 506	1 388	324	59
260.0 ～ 279.9	17 502	8	257	1 162	2 301	3 050	3 356	2 466	1 889	1 627	998	310	81
280.0 ～ 299.9	15 840	9	144	695	1 682	2 602	3 315	2 710	1 978	1 525	885	231	62
300.0 ～ 319.9	13 804	3	93	323	1 076	2 168	3 155	2 845	1 907	1 424	606	183	21
320.0 ～ 339.9	10 783	1	37	100	556	1 304	2 530	2 358	1 945	1 362	450	134	6
340.0 ～ 359.9	9 143	1	21	148	368	997	1 961	2 095	1 676	1 377	334	142	24
360.0 ～ 379.9	7 414	-	11	85	172	675	1 698	1 656	1 648	1 100	284	81	3
380.0 ～ 399.9	6 040	-	1	27	107	441	1 209	1 548	1 434	1 059	172	31	11
400.0 ～ 449.9	11 561	-	4	61	153	640	1 823	2 868	2 890	2 590	412	105	15
450.0 ～ 499.9	6 956	-	3	56	125	290	840	1 723	2 104	1 462	298	48	8
500.0 ～ 549.9	4 032	-	-	1	75	218	383	713	1 429	930	221	44	17
550.0 ～ 599.9	2 013	-	-	-	16	47	215	347	660	539	171	12	5
600.0 ～ 699.9	1 688	-	-	19	21	31	155	236	446	592	127	60	1
700.0 ～ 799.9	500	-	0	-	11	27	92	94	79	156	34	6	1
800.0 ～ 899.9	157	-	2	-	6	1	20	30	34	41	16	3	4
900.0 ～ 999.9	73	-	-	-	-	2	12	16	16	23	2	2	0
1000.0 ～ 1199.9	55	-	-	-	-	7	27	6	10	4	1	2	-
1200.0千円 ～	67	-	-	-	0	6	-	7	3	30	2	-	19
第1・十分位数（千円）	170.0	153.3	158.4	163.1	177.1	187.8	193.6	196.4	192.9	181.6	154.4	143.7	135.6
第1・四分位数（千円）	201.7	162.8	173.1	189.4	205.3	223.6	236.9	240.3	246.1	231.7	179.2	161.6	152.5
中位数（千円）	254.5	172.9	189.8	214.6	238.8	262.2	287.3	302.6	321.5	310.7	216.3	192.4	180.9
第3・四分位数（千円）	327.1	186.3	209.8	243.2	272.9	306.4	343.2	373.9	407.7	405.9	271.0	234.5	226.7
第9・十分位数（千円）	415.9	202.8	233.0	276.4	310.8	358.9	407.5	448.8	494.2	496.1	359.0	310.5	287.5
十分位分散係数	0.48	0.14	0.20	0.26	0.28	0.33	0.37	0.42	0.47	0.51	0.47	0.43	0.42
四分位分散係数	0.25	0.07	0.10	0.13	0.14	0.16	0.18	0.22	0.25	0.28	0.21	0.19	0.21

第3表　年齢階級、所定内給与額階級別労働者数及び所定内給与額の分布特性値

企業規模	100～999人

産　　　業　　　計

（単位十人）

区　分	年齢計	～19歳	20～24歳	25～29歳	30～34歳	35～39歳	40～44歳	45～49歳	50～54歳	55～59歳	60～64歳	65～69歳	70歳以上
高専・短大卒	**78 932**	**－**	**6 463**	**8 172**	**11 101**	**11 675**	**14 403**	**11 861**	**7 188**	**4 767**	**2 360**	**756**	**186**
～ 99.9 千円	0	－	－	－	－	－	－	0	－	－	－	－	－
100.0 ～ 119.9	75	－	9	8	17	3	3	－	4	2	12	4	13
120.0 ～ 139.9	294	－	48	63	29	38	27	12	10	6	36	12	13
140.0 ～ 159.9	1 394	－	345	239	112	76	143	64	59	150	111	82	15
160.0 ～ 179.9	3 391	－	1 061	556	418	314	228	158	169	174	160	130	23
180.0 ～ 199.9	5 499	－	1 884	1 105	687	409	408	380	158	182	204	55	27
200.0 ～ 219.9	6 613	－	1 315	1 516	1 158	762	504	389	243	256	297	157	16
220.0 ～ 239.9	7 312	－	996	1 536	1 593	1 119	943	375	251	190	252	33	25
240.0 ～ 259.9	7 790	－	506	1 282	1 926	1 548	1 136	655	286	163	248	39	2
260.0 ～ 279.9	6 841	－	203	751	1 531	1 511	1 474	716	281	166	177	29	3
280.0 ～ 299.9	6 353	－	55	491	1 130	1 466	1 456	824	477	269	155	24	7
300.0 ～ 319.9	5 762	－	23	261	947	1 151	1 623	972	388	203	166	18	11
320.0 ～ 339.9	4 488	－	7	117	603	845	1 366	761	475	229	80	4	2
340.0 ～ 359.9	4 473	－	5	48	350	897	1 220	937	558	338	79	34	6
360.0 ～ 379.9	3 636	－	0	105	216	565	948	939	452	323	66	21	－
380.0 ～ 399.9	2 744	－	5	19	106	256	727	885	395	297	32	21	－
400.0 ～ 449.9	5 181	－	1	45	167	447	1 091	1 599	1 002	647	119	54	10
450.0 ～ 499.9	3 113	－	1	22	64	168	531	982	773	476	74	23	－
500.0 ～ 549.9	1 632	－	－	6	40	53	278	524	422	259	43	5	2
550.0 ～ 599.9	952	－	－	3	2	22	124	316	317	150	13	4	1
600.0 ～ 699.9	900	－	－	－	3	24	123	202	333	180	26	3	5
700.0 ～ 799.9	256	－	－	－	－	2	29	74	86	52	3	1	8
800.0 ～ 899.9	117	－	0	－	1	－	19	59	25	10	4	－	－
900.0 ～ 999.9	46	－	－	－	－	－	1	24	5	17	－	－	－
1000.0 ～ 1199.9	65	－	－	－	－	－	－	13	19	29	3	1	－
1200.0千円 ～	4	－	－	－	－	－	1	2	0	－	－	－	－
第1・十分位数（千円）	190.3	－	165.6	178.4	195.9	209.7	223.2	230.7	227.1	195.2	171.6	154.8	134.1
第1・四分位数（千円）	226.8	－	181.7	201.1	224.9	242.7	263.4	284.3	295.0	268.2	204.5	174.3	165.7
中位数（千円）	280.8	－	198.8	227.9	255.8	280.8	310.1	352.7	369.0	363.1	250.2	210.6	202.4
第3・四分位数（千円）	354.8	－	222.9	256.8	295.2	327.7	365.1	422.5	458.8	448.7	315.0	300.0	295.4
第9・十分位数（千円）	440.5	－	245.1	291.6	334.6	372.5	430.6	502.4	558.3	541.7	408.4	412.7	426.6
十分位分散係数	0.45	－	0.20	0.25	0.27	0.29	0.33	0.39	0.45	0.48	0.47	0.61	0.72
四分位分散係数	0.23	－	0.10	0.12	0.14	0.15	0.16	0.20	0.22	0.25	0.22	0.30	0.32
大学・大学院卒	**215 071**	**－**	**12 450**	**27 562**	**28 992**	**30 766**	**31 467**	**26 512**	**21 012**	**20 046**	**12 115**	**3 217**	**931**
～ 99.9 千円	－	－	－	－	－	－	－	－	－	－	－	－	－
100.0 ～ 119.9	107	－	9	17	11	4	2	－	6	15	22	17	4
120.0 ～ 139.9	697	－	29	89	50	49	64	68	61	49	107	97	34
140.0 ～ 159.9	2 087	－	137	344	201	157	109	89	127	154	503	214	53
160.0 ～ 179.9	3 737	－	442	650	434	291	264	169	207	276	738	215	52
180.0 ～ 199.9	7 502	－	1 743	1 676	896	646	449	264	317	342	842	256	70
200.0 ～ 219.9	14 722	－	4 116	4 452	1 865	925	560	501	302	423	1 249	269	60
220.0 ～ 239.9	16 634	－	2 995	6 125	2 674	1 336	1 013	549	376	480	866	199	22
240.0 ～ 259.9	17 807	－	1 732	5 354	4 454	2 304	1 200	753	397	415	893	257	48
260.0 ～ 279.9	15 931	－	608	3 671	4 019	3 001	1 753	841	598	565	741	96	38
280.0 ～ 299.9	14 348	－	279	1 961	3 492	3 309	2 425	1 029	547	570	576	135	26
300.0 ～ 319.9	12 728	－	147	1 101	2 709	3 098	2 216	1 443	689	611	554	140	19
320.0 ～ 339.9	11 782	－	95	640	2 119	2 990	2 437	1 405	887	675	428	90	15
340.0 ～ 359.9	10 999	－	39	477	1 616	2 597	2 473	1 515	821	893	463	81	25
360.0 ～ 379.9	9 446	－	21	283	1 125	2 139	2 362	1 468	912	705	307	109	15
380.0 ～ 399.9	8 090	－	15	197	692	1 520	2 011	1 577	865	881	270	52	11
400.0 ～ 449.9	18 125	－	36	185	1 100	2 669	4 143	3 824	2 697	2 502	725	191	52
450.0 ～ 499.9	13 872	－	2	76	427	1 428	2 972	3 265	2 736	2 327	521	99	19
500.0 ～ 549.9	11 157	－	4	103	336	922	1 929	2 623	2 509	2 114	477	130	10
550.0 ～ 599.9	7 421	－	2	21	136	397	988	1 693	1 801	1 865	446	59	13
600.0 ～ 699.9	8 427	－	－	59	300	400	790	1 778	2 146	2 214	594	110	37
700.0 ～ 799.9	3 320	－	－	40	87	207	463	589	752	822	250	97	14
800.0 ～ 899.9	1 674	－	－	7	110	123	173	313	316	407	142	72	10
900.0 ～ 999.9	974	－	0	14	48	104	169	215	160	180	49	13	21
1000.0 ～ 1199.9	1 263	－	－	12	49	51	212	234	235	194	94	82	100
1200.0千円 ～	2 223	－	－	8	42	99	292	307	547	368	258	138	165
第1・十分位数（千円）	210.8	－	190.0	199.8	214.9	235.9	251.8	265.7	269.2	253.4	175.7	159.5	161.1
第1・四分位数（千円）	249.6	－	203.7	218.8	245.6	273.4	300.3	332.5	358.1	348.9	211.6	200.3	205.7
中位数（千円）	322.0	－	218.8	241.5	279.5	321.8	366.1	420.3	460.0	458.9	283.0	277.3	361.2
第3・四分位数（千円）	439.0	－	239.0	270.2	327.4	382.7	451.6	518.8	565.9	577.0	432.7	448.4	1014.7
第9・十分位数（千円）	573.4	－	260.0	307.7	392.5	468.3	547.9	632.4	690.3	696.6	617.1	790.9	1420.9
十分位分散係数	0.56	－	0.16	0.22	0.32	0.36	0.40	0.44	0.46	0.48	0.78	1.14	1.74
四分位分散係数	0.29	－	0.08	0.11	0.15	0.17	0.21	0.22	0.23	0.25	0.39	0.45	1.12

第3表　年齢階級、所定内給与額階級別労働者数及び所定内給与額の分布特性値

企業規模	100～999人

産　　業　　計

（単位十人）

区　分	年齢計	～19歳	20～24歳	25～29歳	30～34歳	35～39歳	40～44歳	45～49歳	50～54歳	55～59歳	60～64歳	65～69歳	70歳以上
女													
学歴計	**317 108**	**3 678**	**32 408**	**40 708**	**36 359**	**36 586**	**41 798**	**41 533**	**33 821**	**28 567**	**15 435**	**4 879**	**1 336**
～ 99.9千円	47	−	4	−	4	4	3	8	3	10	8	3	1
100.0 ～ 119.9	1 887	5	78	114	111	190	256	229	153	292	240	138	81
120.0 ～ 139.9	11 187	231	885	912	860	1 164	1 251	1 199	1 249	1 125	1 464	710	136
140.0 ～ 159.9	26 003	1 027	2 900	2 598	2 124	2 139	2 692	3 138	2 826	2 922	2 586	829	221
160.0 ～ 179.9	35 927	1 508	6 135	3 855	3 467	3 358	3 635	4 030	3 579	3 024	2 286	845	204
180.0 ～ 199.9	39 720	601	7 353	6 310	4 199	3 720	4 056	4 202	3 393	2 967	2 074	655	190
200.0 ～ 219.9	40 244	221	6 747	8 142	5 224	3 832	4 328	4 024	3 173	2 502	1 523	408	121
220.0 ～ 239.9	36 389	46	4 209	7 102	5 204	4 489	4 336	4 075	3 089	2 468	977	330	63
240.0 ～ 259.9	30 028	23	2 159	4 759	4 637	4 363	4 358	3 671	2 799	2 101	916	178	63
260.0 ～ 279.9	22 711	15	984	2 805	3 354	3 543	3 555	3 301	2 259	2 023	625	167	81
280.0 ～ 299.9	16 993	−	405	1 648	2 425	2 741	2 994	2 691	1 735	1 662	554	101	35
300.0 ～ 319.9	12 745	1	235	954	1 345	2 080	2 411	2 287	1 622	1 300	356	141	16
320.0 ～ 339.9	10 052	−	119	548	1 203	1 419	1 978	1 794	1 495	1 068	343	77	7
340.0 ～ 359.9	7 270	−	81	358	574	1 062	1 477	1 398	1 082	932	226	54	27
360.0 ～ 379.9	5 421	−	53	261	552	747	1 026	906	970	738	153	12	2
380.0 ～ 399.9	4 335	−	23	88	234	439	808	971	934	646	162	26	4
400.0 ～ 449.9	7 086	−	18	150	490	643	1 264	1 570	1 456	1 150	294	33	19
450.0 ～ 499.9	3 252	−	17	24	114	211	516	672	769	630	241	30	28
500.0 ～ 549.9	1 736	−	3	24	36	81	206	388	476	350	142	25	6
550.0 ～ 599.9	1 307	−	−	4	95	102	163	357	268	221	74	11	12
600.0 ～ 699.9	1 276	−	1	34	28	121	199	236	210	266	143	36	2
700.0 ～ 799.9	431	−	−	9	32	24	55	102	60	89	25	31	4
800.0 ～ 899.9	343	−	−	−	12	37	98	59	76	43	11	8	−
900.0 ～ 999.9	182	−	−	−	15	34	38	36	40	14	−	−	5
1000.0 ～ 1199.9	270	−	−	2	5	34	43	105	54	10	7	2	11
1200.0千円 ～	266	−	−	8	13	12	51	82	51	16	5	30	−
第1・十分位数（千円）	155.0	143.1	156.6	162.5	163.3	161.0	159.9	157.7	155.0	150.5	138.4	132.0	127.7
第1・四分位数（千円）	182.2	154.3	174.6	189.5	192.1	193.5	192.9	188.7	183.5	178.3	156.7	150.3	150.0
中位数（千円）	221.9	166.7	197.1	216.3	228.1	237.4	241.5	239.3	236.2	231.1	189.6	177.4	182.0
第3・四分位数（千円）	274.0	179.8	220.8	245.3	268.0	284.4	299.2	305.0	312.7	304.7	249.2	223.6	234.8
第9・十分位数（千円）	343.7	197.1	246.6	280.5	316.5	338.3	364.9	387.5	402.3	397.6	337.1	304.0	304.5
十分位分散係数	0.43	0.16	0.23	0.27	0.34	0.37	0.42	0.48	0.52	0.53	0.52	0.48	0.49
四分位分散係数	0.21	0.08	0.12	0.13	0.17	0.19	0.22	0.24	0.27	0.27	0.24	0.21	0.23
中学卒	**6 071**	**68**	**210**	**347**	**507**	**456**	**603**	**569**	**543**	**707**	**1 154**	**696**	**211**
～ 99.9千円	5	−	3	−	1	−	−	−	−	−	1	−	−
100.0 ～ 119.9	148	−	−	19	20	4	5	2	14	13	16	33	23
120.0 ～ 139.9	906	5	27	63	55	95	102	34	44	81	187	172	41
140.0 ～ 159.9	1 302	20	55	59	142	92	67	65	109	65	382	190	56
160.0 ～ 179.9	941	20	71	58	80	70	100	102	68	96	147	104	26
180.0 ～ 199.9	743	12	19	46	46	53	78	55	82	134	104	68	45
200.0 ～ 219.9	709	1	8	9	70	43	65	71	76	138	151	60	17
220.0 ～ 239.9	313	9	9	30	31	28	40	59	29	42	14	22	−
240.0 ～ 259.9	296	−	15	14	16	10	60	55	20	26	66	12	3
260.0 ～ 279.9	287	−	2	4	29	34	66	96	24	17	16	0	0
280.0 ～ 299.9	180	−	1	17	11	8	20	14	19	54	27	10	0
300.0 ～ 319.9	76	−	−	10	1	19	1	4	8	19	11	4	−
320.0 ～ 339.9	59	−	−	1	2	1	0	8	3	12	20	11	−
340.0 ～ 359.9	17	−	−	10	3	1	1	2	−	1	−	−	−
360.0 ～ 379.9	22	−	−	−	−	−	−	−	10	6	6	−	−
380.0 ～ 399.9	46	−	−	−	−	−	−	1	35	−	−	10	−
400.0 ～ 449.9	17	−	−	8	−	−	−	−	3	2	3	−	1
450.0 ～ 499.9	1	−	−	−	−	−	−	1	−	−	−	−	−
500.0 ～ 549.9	2	−	−	−	−	−	−	−	−	1	1	−	−
550.0 ～ 599.9	2	−	−	−	−	−	−	1	−	−	1	−	−
600.0 ～ 699.9	−	−	−	−	−	−	−	−	−	−	−	−	−
700.0 ～ 799.9	−	−	−	−	−	−	−	−	−	−	−	−	−
800.0 ～ 899.9	−	−	−	−	−	−	−	−	−	−	−	−	−
900.0 ～ 999.9	−	−	−	−	−	−	−	−	−	−	−	−	−
1000.0 ～ 1199.9	−	−	−	−	−	−	−	−	−	−	−	−	−
1200.0千円 ～	−	−	−	−	−	−	−	−	−	−	−	−	−
第1・十分位数（千円）	132.1	142.2	133.4	123.7	131.3	126.1	131.6	144.8	139.1	136.4	134.4	126.9	119.1
第1・四分位数（千円）	148.4	153.6	147.8	141.1	148.2	146.2	152.7	167.9	156.4	163.6	145.3	137.4	135.5
中位数（千円）	173.1	164.3	163.7	173.0	165.6	170.3	189.5	212.2	187.0	194.3	159.6	156.3	151.2
第3・四分位数（千円）	213.5	184.7	182.1	222.8	206.8	211.4	235.5	250.8	231.0	221.2	203.9	184.6	183.1
第9・十分位数（千円）	266.1	224.0	232.1	286.7	248.8	265.7	271.2	272.8	305.8	287.2	252.0	220.1	200.2
十分位分散係数	0.39	0.25	0.30	0.47	0.35	0.41	0.37	0.30	0.45	0.39	0.37	0.30	0.27
四分位分散係数	0.19	0.09	0.10	0.24	0.18	0.19	0.22	0.20	0.20	0.15	0.18	0.15	0.16

第3表　年齢階級、所定内給与額階級別労働者数及び所定内給与額の分布特性値

企業規模	100～999人

産　　業　　計

（単位十人）

区　分	年齢計	～19歳	20～24歳	25～29歳	30～34歳	35～39歳	40～44歳	45～49歳	50～54歳	55～59歳	60～64歳	65～69歳	70歳以上
高校卒	**126 467**	**3 610**	**10 675**	**10 338**	**10 342**	**12 063**	**16 051**	**19 161**	**16 973**	**14 767**	**8 956**	**2 867**	**665**
～ 99.9千円	34	–	1	–	2	1	3	6	3	8	6	3	1
100.0 ～ 119.9	1 508	5	70	78	71	152	225	181	121	232	219	95	58
120.0 ～ 139.9	8 033	226	600	524	535	767	845	941	1 031	851	1 164	458	91
140.0 ～ 159.9	18 116	1 007	1 857	1 567	1 237	1 494	1 877	2 318	2 037	2 195	1 828	543	155
160.0 ～ 179.9	22 208	1 488	3 262	1 893	1 809	1 926	2 165	2 688	2 512	2 117	1 624	577	148
180.0 ～ 199.9	19 939	589	2 508	2 157	1 789	1 695	2 358	2 735	2 373	1 920	1 264	473	78
200.0 ～ 219.9	15 258	220	1 322	1 815	1 707	1 445	2 132	2 225	1 889	1 471	770	209	54
220.0 ～ 239.9	12 404	37	581	1 232	1 357	1 557	1 681	2 224	1 666	1 281	559	213	16
240.0 ～ 259.9	9 034	23	251	521	822	1 152	1 536	1 702	1 393	1 034	498	92	8
260.0 ～ 279.9	6 403	15	136	193	438	734	1 217	1 248	1 038	981	288	77	37
280.0 ～ 299.9	4 201	–	56	164	230	477	719	987	648	635	229	43	13
300.0 ～ 319.9	2 803	1	1	90	111	242	462	643	551	496	162	44	1
320.0 ～ 339.9	1 930	–	14	38	152	160	293	355	375	432	98	12	2
340.0 ～ 359.9	1 282	–	–	16	30	101	155	318	325	254	63	19	–
360.0 ～ 379.9	802	–	–	28	7	90	108	134	217	191	26	–	2
380.0 ～ 399.9	767	–	11	3	1	36	100	163	263	171	19	1	0
400.0 ～ 449.9	1 020	–	4	15	30	18	130	153	316	268	86	–	–
450.0 ～ 499.9	324	–	–	1	14	12	6	48	102	128	13	0	–
500.0 ～ 549.9	182	–	–	–	0	2	30	25	61	48	15	1	–
550.0 ～ 599.9	77	–	–	–	–	–	8	29	19	16	3	3	–
600.0 ～ 699.9	114	–	–	–	1	3	3	34	25	26	20	2	–
700.0 ～ 799.9	23	–	–	–	–	–	–	5	8	8	2	–	–
800.0 ～ 899.9	4	–	–	–	–	–	–	–	1	2	1	–	–
900.0 ～ 999.9	–	–	–	–	–	–	–	–	–	–	–	–	–
1000.0 ～ 1199.9	–	–	–	–	–	–	–	–	–	–	–	–	–
1200.0千円 ～	1	–	–	–	–	–	–	–	–	–	1	–	–
第1・十分位数（千円）	143.9	143.1	145.9	146.4	148.2	144.2	146.1	148.1	146.4	143.9	134.0	130.3	121.5
第1・四分位数（千円）	163.5	154.3	161.0	164.4	168.3	166.8	169.4	170.3	168.5	163.4	149.5	146.4	142.2
中位数（千円）	193.2	166.7	177.5	190.4	196.7	200.0	205.1	206.1	203.9	200.8	174.2	169.3	162.6
第3・四分位数（千円）	235.4	179.7	197.6	216.9	227.9	240.2	248.7	252.1	255.6	259.3	215.9	200.1	193.2
第9・十分位数（千円）	284.1	196.9	219.8	241.2	259.3	277.7	290.7	299.8	320.6	322.7	267.8	241.5	228.1
十分位分散係数	0.36	0.16	0.21	0.25	0.28	0.33	0.35	0.37	0.43	0.45	0.38	0.33	0.33
四分位分散係数	0.19	0.08	0.10	0.14	0.15	0.18	0.19	0.20	0.21	0.24	0.19	0.16	0.16
高専・短大卒	**105 016**	**–**	**11 162**	**11 499**	**11 725**	**13 113**	**15 896**	**15 110**	**11 472**	**9 816**	**3 914**	**982**	**328**
～ 99.9千円	4	–	–	–	–	–	–	2	–	2	0	–	–
100.0 ～ 119.9	169	–	3	11	13	18	21	33	15	44	4	7	–
120.0 ～ 139.9	1 781	–	217	257	179	202	252	199	143	158	94	76	4
140.0 ～ 159.9	4 943	–	774	531	540	399	529	646	524	585	328	79	8
160.0 ～ 179.9	9 163	–	2 131	1 114	962	935	1 043	1 033	759	632	425	108	21
180.0 ～ 199.9	11 351	–	2 743	1 661	1 344	1 272	1 138	1 086	716	689	564	98	40
200.0 ～ 219.9	13 086	–	2 320	2 182	1 785	1 472	1 627	1 358	987	738	466	105	47
220.0 ～ 239.9	12 437	–	1 360	1 954	1 716	1 747	1 777	1 423	1 180	808	345	80	47
240.0 ～ 259.9	11 313	–	716	1 543	1 589	1 805	1 886	1 403	1 094	862	310	63	42
260.0 ～ 279.9	9 087	–	428	963	1 163	1 503	1 499	1 438	845	885	232	89	41
280.0 ～ 299.9	7 275	–	159	536	907	1 099	1 522	1 266	729	780	222	45	12
300.0 ～ 319.9	5 774	–	134	388	532	866	1 114	1 114	775	621	139	82	7
320.0 ～ 339.9	4 777	–	70	196	423	652	999	980	848	436	122	50	0
340.0 ～ 359.9	3 545	–	41	45	170	418	822	745	578	578	105	25	19
360.0 ～ 379.9	2 591	–	45	37	158	302	480	510	518	433	109	1	–
380.0 ～ 399.9	2 032	–	11	36	88	135	383	487	427	366	88	11	1
400.0 ～ 449.9	3 299	–	11	45	106	236	562	853	673	659	120	23	12
450.0 ～ 499.9	1 233	–	–	1	23	38	169	277	316	233	138	19	19
500.0 ～ 549.9	521	–	–	–	–	1	21	102	177	141	55	17	6
550.0 ～ 599.9	285	–	–	–	25	9	13	107	79	47	5	–	0
600.0 ～ 699.9	227	–	–	–	–	3	28	35	52	72	33	3	1
700.0 ～ 799.9	67	–	–	–	1	–	10	8	13	32	1	0	2
800.0 ～ 899.9	36	–	–	–	–	1	1	4	9	14	7	–	–
900.0 ～ 999.9	5	–	–	–	–	–	–	–	3	2	–	–	–
1000.0 ～ 1199.9	12	–	–	–	1	–	–	2	10	–	–	–	–
1200.0千円 ～	5	–	–	–	–	–	–	2	3	–	–	–	–
第1・十分位数（千円）	168.4	–	161.4	166.8	170.4	175.5	175.2	171.8	170.7	165.8	157.7	144.6	180.2
第1・四分位数（千円）	198.1	–	177.3	192.5	198.5	206.4	212.5	210.0	215.3	207.8	184.3	176.5	205.9
中位数（千円）	239.3	–	198.1	219.9	231.5	245.1	256.6	265.3	268.5	267.5	224.2	222.8	239.4
第3・四分位数（千円）	294.7	–	222.3	248.9	270.7	288.2	311.5	328.4	339.7	344.3	291.8	294.7	278.5
第9・十分位数（千円）	358.8	–	251.8	285.0	313.9	334.4	362.9	393.4	410.3	414.0	391.4	340.7	442.6
十分位分散係数	0.40	–	0.23	0.27	0.31	0.32	0.37	0.42	0.45	0.46	0.52	0.44	0.55
四分位分散係数	0.20	–	0.11	0.13	0.16	0.17	0.19	0.22	0.23	0.26	0.24	0.27	0.15

第3表　年齢階級、所定内給与額階級別労働者数及び所定内給与額の分布特性値

企業規模	100～999人 10～99人

産　　　業　　　計

（単位十人）

区分	年齢計	～19歳	20～24歳	25～29歳	30～34歳	35～39歳	40～44歳	45～49歳	50～54歳	55～59歳	60～64歳	65～69歳	70歳以上
大学・大学院卒	**79 553**	**-**	**10 361**	**18 525**	**13 785**	**10 954**	**9 248**	**6 692**	**4 833**	**3 277**	**1 411**	**335**	**133**
～ 99.9 千円	3	-	-	-	-	3	-	-	-	-	-	-	-
100.0 ～ 119.9	62	-	6	6	7	17	4	13	3	4	1	3	-
120.0 ～ 139.9	467	-	41	67	92	101	52	25	31	34	19	4	-
140.0 ～ 159.9	1 642	-	214	441	204	154	219	109	156	77	48	16	3
160.0 ～ 179.9	3 615	-	671	791	617	427	327	208	241	178	90	56	9
180.0 ～ 199.9	7 687	-	2 083	2 446	1 020	700	482	326	223	223	141	16	27
200.0 ～ 219.9	11 191	-	3 097	4 136	1 662	872	504	371	221	155	136	35	3
220.0 ～ 239.9	11 235	-	2 259	3 885	2 101	1 157	838	369	214	337	60	15	-
240.0 ～ 259.9	9 385	-	1 176	2 681	2 210	1 396	876	510	292	180	42	11	10
260.0 ～ 279.9	6 935	-	418	1 645	1 725	1 271	775	519	352	139	88	-	2
280.0 ～ 299.9	5 337	-	189	931	1 277	1 158	734	425	338	194	76	3	10
300.0 ～ 319.9	4 092	-	99	466	700	952	833	526	288	165	44	11	8
320.0 ～ 339.9	3 286	-	35	312	626	606	686	451	270	188	103	4	4
340.0 ～ 359.9	2 427	-	40	288	371	541	500	332	180	99	58	9	8
360.0 ～ 379.9	2 006	-	8	196	388	356	439	263	226	107	13	11	-
380.0 ～ 399.9	1 491	-	1	50	146	268	325	321	210	108	56	4	4
400.0 ～ 449.9	2 750	-	4	82	355	388	572	564	464	220	84	10	7
450.0 ～ 499.9	1 694	-	17	22	77	162	341	346	351	269	91	10	9
500.0 ～ 549.9	1 031	-	3	24	36	78	156	261	238	159	70	7	-
550.0 ～ 599.9	942	-	-	4	70	94	142	220	170	158	65	7	11
600.0 ～ 699.9	935	-	1	34	27	115	169	167	134	167	91	30	1
700.0 ～ 799.9	341	-	-	9	31	24	45	89	40	49	22	30	1
800.0 ～ 899.9	303	-	-	-	12	36	97	55	65	28	4	8	-
900.0 ～ 999.9	177	-	-	-	15	34	38	36	37	12	-	-	5
1000.0 ～ 1199.9	258	-	-	2	4	34	43	103	44	10	7	2	11
1200.0千円 ～	261	-	-	8	13	12	51	81	48	16	4	30	-
第1・十分位数（千円）	186.5	-	181.1	185.2	190.4	192.7	193.6	199.4	185.6	185.2	176.4	161.8	180.3
第1・四分位数（千円）	211.7	-	196.4	204.7	218.4	228.3	237.5	251.9	250.4	231.1	206.6	184.8	187.6
中位数（千円）	247.9	-	213.1	226.8	250.8	269.7	294.4	317.5	325.5	313.9	301.4	307.0	302.2
第3・四分位数（千円）	309.5	-	233.1	255.4	290.2	320.3	363.9	417.6	439.3	458.7	449.2	666.7	458.8
第9・十分位数（千円）	411.1	-	255.1	291.3	348.5	390.9	463.6	562.7	564.8	585.5	588.0	807.4	904.5
十分位分散係数	0.45	-	0.17	0.23	0.32	0.37	0.46	0.57	0.58	0.64	0.68	1.05	1.20
四分位分散係数	0.20	-	0.09	0.11	0.14	0.17	0.21	0.26	0.29	0.36	0.40	0.78	0.45
企業規模 10 ～ 99 人													
男女計													
学歴計	**616 280**	**5 676**	**42 007**	**59 115**	**64 132**	**71 424**	**87 884**	**80 969**	**67 694**	**60 230**	**44 924**	**23 533**	**8 694**
～ 99.9 千円	162	2	-	13	21	14	4	12	10	27	32	18	9
100.0 ～ 119.9	3 282	37	151	218	212	243	303	312	286	409	459	390	262
120.0 ～ 139.9	15 913	484	1 714	1 516	1 309	1 178	1 239	1 436	1 286	1 471	1 998	1 513	769
140.0 ～ 159.9	36 215	1 297	4 760	3 494	3 098	2 944	3 263	3 244	3 152	3 216	3 829	2 765	1 155
160.0 ～ 179.9	51 703	1 794	8 113	6 353	4 980	4 226	5 163	4 586	4 423	3 732	4 391	2 890	1 054
180.0 ～ 199.9	61 954	1 150	10 209	9 188	6 556	5 763	6 034	5 832	4 869	4 226	4 540	2 692	894
200.0 ～ 219.9	64 998	487	8 028	10 873	8 285	6 871	6 833	5 826	5 072	4 523	4 464	2 765	972
220.0 ～ 239.9	60 265	267	4 322	9 929	8 332	7 014	7 603	6 623	4 983	4 853	3 792	1 966	580
240.0 ～ 259.9	54 810	114	2 388	6 657	8 181	7 584	7 673	6 562	5 108	4 459	3 483	1 934	669
260.0 ～ 279.9	46 408	24	1 001	3 887	6 393	7 253	7 765	6 411	4 996	4 060	2 874	1 259	487
280.0 ～ 299.9	39 149	2	574	2 526	4 713	6 154	7 217	6 147	4 563	3 605	2 397	963	287
300.0 ～ 319.9	34 829	8	281	1 718	3 650	5 312	6 636	5 304	4 508	3 713	2 345	969	385
320.0 ～ 339.9	27 506	9	174	895	2 544	4 018	5 730	4 880	3 694	3 142	1 648	599	173
340.0 ～ 359.9	23 072	-	72	617	1 602	3 397	4 661	4 078	3 450	2 934	1 475	536	249
360.0 ～ 379.9	18 530	-	99	406	1 089	2 371	3 809	3 772	2 728	2 482	1 294	371	109
380.0 ～ 399.9	13 952	-	4	176	703	1 515	2 885	3 134	2 214	2 079	826	345	71
400.0 ～ 449.9	26 445	0	53	274	1 112	2 884	5 220	5 406	4 847	4 114	1 857	520	157
450.0 ～ 499.9	14 486	-	40	133	500	1 097	2 462	3 217	3 099	2 506	1 009	329	96
500.0 ～ 549.9	9 382	-	24	103	394	627	1 600	1 792	1 864	1 773	924	194	87
550.0 ～ 599.9	4 723	-	0	44	112	311	685	933	924	1 124	429	118	42
600.0 ～ 699.9	4 269	-	0	66	145	337	581	728	826	908	436	152	90
700.0 ～ 799.9	1 690	-	-	6	59	131	239	246	325	359	197	90	39
800.0 ～ 899.9	851	-	-	10	60	103	97	169	189	129	50	38	5
900.0 ～ 999.9	467	-	-	-	30	22	66	77	110	63	40	55	4
1000.0 ～ 1199.9	595	-	-	10	36	27	70	167	82	98	71	6	27
1200.0千円 ～	624	-	-	1	15	31	44	77	89	224	64	58	23
第1・十分位数（千円）	162.4	140.8	151.2	162.3	167.9	173.4	175.5	173.4	169.5	164.7	151.5	143.4	135.8
第1・四分位数（千円）	195.1	154.4	170.6	187.3	199.6	210.3	217.4	216.6	211.3	208.4	182.2	168.1	159.7
中位数（千円）	245.1	171.1	192.0	216.1	238.1	259.7	274.9	278.8	278.6	275.6	233.7	210.5	203.4
第3・四分位数（千円）	315.2	188.8	216.0	247.6	282.9	315.9	341.9	357.4	362.4	366.3	310.4	269.4	265.4
第9・十分位数（千円）	402.5	214.0	243.9	287.3	335.1	379.4	418.4	440.3	459.4	471.6	412.0	357.5	351.7
十分位分散係数	0.49	0.21	0.24	0.29	0.35	0.40	0.44	0.48	0.52	0.56	0.56	0.51	0.53
四分位分散係数	0.24	0.10	0.12	0.14	0.17	0.20	0.23	0.25	0.27	0.29	0.27	0.24	0.26

第3表　年齢階級、所定内給与額階級別労働者数及び所定内給与額の分布特性値

企業規模	10～99人

産　　業　　計

（単位十人）

区　分	年齢計	～19歳	20～24歳	25～29歳	30～34歳	35～39歳	40～44歳	45～49歳	50～54歳	55～59歳	60～64歳	65～69歳	70歳以上
男													
学歴計	**401 497**	**3 411**	**20 754**	**34 068**	**41 944**	**48 734**	**60 224**	**53 396**	**43 109**	**39 285**	**32 340**	**17 892**	**6 339**
～ 99.9千円	31	2	－	－	1	1	1	4	4	6	3	1	8
100.0 ～ 119.9	1 001	28	77	104	45	32	55	27	56	60	167	229	121
120.0 ～ 139.9	5 148	172	613	528	429	260	286	330	241	385	693	807	404
140.0 ～ 159.9	13 466	575	1 935	1 433	1 078	872	798	654	787	921	1 937	1 663	811
160.0 ～ 179.9	21 415	1 091	3 298	2 569	2 091	1 497	1 479	1 391	1 353	1 400	2 456	2 026	764
180.0 ～ 199.9	29 493	839	4 817	4 319	3 235	2 547	2 368	2 097	1 792	1 653	3 012	2 091	720
200.0 ～ 219.9	36 194	366	4 226	6 023	4 838	3 912	3 489	2 667	2 244	2 254	3 179	2 214	783
220.0 ～ 239.9	37 718	230	2 486	6 422	5 617	4 381	4 579	3 697	2 679	2 650	2 919	1 600	456
240.0 ～ 259.9	37 716	69	1 523	4 523	5 669	5 487	5 246	4 208	3 167	2 940	2 734	1 630	519
260.0 ～ 279.9	34 072	20	724	2 794	4 795	5 840	5 643	4 501	3 350	2 747	2 228	1 068	362
280.0 ～ 299.9	30 328	2	446	1 849	3 846	4 971	5 744	4 577	3 241	2 660	1 910	836	247
300.0 ～ 319.9	28 100	8	215	1 289	3 005	4 369	5 447	4 210	3 454	2 959	2 016	832	295
320.0 ～ 339.9	23 045	9	153	702	2 123	3 431	4 921	4 011	3 036	2 511	1 475	514	159
340.0 ～ 359.9	19 372	－	58	499	1 397	2 882	4 018	3 491	2 717	2 399	1 284	438	188
360.0 ～ 379.9	15 993	－	87	323	936	1 996	3 458	3 168	2 355	2 120	1 152	320	79
380.0 ～ 399.9	12 041	－	3	166	637	1 317	2 532	2 844	1 835	1 702	690	271	43
400.0 ～ 449.9	23 386	0	50	205	999	2 577	4 803	4 798	4 220	3 507	1 626	473	126
450.0 ～ 499.9	12 887	－	40	114	439	974	2 311	2 851	2 716	2 239	863	291	50
500.0 ～ 549.9	8 244	－	4	72	354	533	1 456	1 606	1 600	1 560	844	159	56
550.0 ～ 599.9	4 342	－	－	44	88	286	609	899	864	1 037	393	97	25
600.0 ～ 699.9	3 816	－	－	64	127	297	527	686	723	817	407	132	36
700.0 ～ 799.9	1 512	－	－	4	59	129	209	230	273	327	175	76	32
800.0 ～ 899.9	718	－	－	10	53	65	94	148	158	125	34	27	4
900.0 ～ 999.9	428	－	－	－	30	21	65	66	107	54	29	52	4
1000.0 ～ 1199.9	473	－	－	10	35	26	42	161	56	60	51	6	27
1200.0千円 ～	560	－	－	－	15	30	44	74	82	191	64	38	23
第1・十分位数（千円）	179.2	145.5	155.2	171.5	183.8	197.6	206.3	206.5	200.7	194.2	163.9	150.5	143.3
第1・四分位数（千円）	216.5	161.4	176.2	198.2	215.1	234.2	248.3	252.1	251.1	243.6	198.7	177.5	166.3
中位数（千円）	270.4	177.0	198.5	226.3	253.1	278.4	301.5	311.5	315.1	312.2	253.6	219.2	207.3
第3・四分位数（千円）	343.5	195.6	224.2	258.2	299.0	333.6	366.0	386.6	400.2	401.1	333.3	281.9	267.6
第9・十分位数（千円）	429.5	219.8	256.0	301.2	353.4	400.7	441.2	469.4	489.3	505.3	431.4	369.1	347.7
十分位分散係数	0.46	0.21	0.25	0.29	0.33	0.36	0.39	0.42	0.46	0.50	0.53	0.50	0.49
四分位分散係数	0.23	0.10	0.12	0.13	0.17	0.18	0.20	0.22	0.24	0.25	0.27	0.24	0.24
中学卒	**28 481**	**428**	**960**	**1 170**	**1 893**	**2 419**	**3 085**	**3 102**	**2 640**	**2 913**	**4 371**	**3 667**	**1 833**
～ 99.9千円	12	2	－	－	－	－	1	4	－	2	2	0	－
100.0 ～ 119.9	142	14	4	12	1	9	8	2	14	1	16	38	23
120.0 ～ 139.9	727	37	29	27	36	53	57	54	31	54	95	131	121
140.0 ～ 159.9	1 666	59	153	63	85	70	112	47	90	104	291	325	267
160.0 ～ 179.9	2 027	102	113	77	107	124	140	108	109	122	349	407	270
180.0 ～ 199.9	2 594	70	105	100	162	139	189	151	142	205	522	542	266
200.0 ～ 219.9	2 850	69	156	201	179	229	234	214	159	252	412	512	233
220.0 ～ 239.9	2 733	42	105	110	211	225	254	278	206	317	492	317	177
240.0 ～ 259.9	2 459	21	92	93	235	244	248	317	231	207	367	299	105
260.0 ～ 279.9	2 183	7	77	102	167	223	334	325	203	154	303	209	81
280.0 ～ 299.9	2 096	－	36	114	151	289	254	260	234	187	304	216	52
300.0 ～ 319.9	2 094	－	48	98	155	166	327	229	246	299	276	168	84
320.0 ～ 339.9	1 406	6	21	38	117	152	165	192	230	168	199	85	34
340.0 ～ 359.9	1 183	－	6	47	22	149	154	190	148	173	162	98	33
360.0 ～ 379.9	889	－	10	32	30	92	85	140	110	135	160	65	32
380.0 ～ 399.9	744	－	－	18	30	49	143	139	66	125	74	90	10
400.0 ～ 449.9	1 339	－	5	9	98	125	232	221	192	207	167	51	31
450.0 ～ 499.9	757	－	0	19	95	48	72	144	95	116	109	52	7
500.0 ～ 549.9	317	－	－	6	5	20	64	46	72	53	26	24	2
550.0 ～ 599.9	147	－	－	6	－	12	6	14	51	10	38	11	1
600.0 ～ 699.9	74	－	－	－	－	3	8	13	12	22	7	10	1
700.0 ～ 799.9	32	－	－	－	1	－	1	12	－	－	－	18	－
800.0 ～ 899.9	1	－	－	－	－	－	－	－	－	1	－	－	0
900.0 ～ 999.9	0	－	－	－	－	－	0	－	－	－	－	－	－
1000.0 ～ 1199.9	7	－	－	－	7	－	－	－	－	－	－	－	－
1200.0千円 ～	3	－	－	－	－	－	－	－	－	－	－	－	3
第1・十分位数（千円）	162.9	135.2	147.4	163.7	172.3	177.0	178.9	192.9	183.5	180.7	162.3	153.5	144.2
第1・四分位数（千円）	199.6	157.8	168.3	201.3	208.4	218.4	223.2	233.8	232.9	219.0	193.0	180.6	163.6
中位数（千円）	252.9	180.1	212.1	239.1	255.3	271.9	278.4	285.7	292.2	284.6	240.3	214.3	197.5
第3・四分位数（千円）	317.5	214.3	254.5	296.7	310.9	325.1	338.7	354.3	351.3	352.2	309.4	277.2	244.3
第9・十分位数（千円）	394.6	233.7	296.2	348.5	402.5	384.3	414.9	430.6	438.2	419.5	377.8	353.0	310.0
十分位分散係数	0.46	0.27	0.35	0.39	0.45	0.38	0.42	0.42	0.44	0.42	0.45	0.47	0.42
四分位分散係数	0.23	0.16	0.20	0.20	0.20	0.20	0.21	0.21	0.20	0.23	0.24	0.23	0.20

第3表　年齢階級、所定内給与額階級別労働者数及び所定内給与額の分布特性値

企業規模	10～99人

産　　業　　計

（単位十人）

区　分	年齢計	～19歳	20～24歳	25～29歳	30～34歳	35～39歳	40～44歳	45～49歳	50～54歳	55～59歳	60～64歳	65～69歳	70歳以上
高校卒	**223 364**	**2 983**	**12 449**	**14 770**	**20 176**	**24 845**	**32 291**	**32 350**	**27 533**	**23 799**	**18 090**	**10 727**	**3 352**
～ 99.9 千円	10	–	–	–	–	1	0	–	4	–	0	1	4
100.0 ～ 119.9	641	14	64	55	32	15	40	22	36	26	107	141	89
120.0 ～ 139.9	3 523	134	450	387	300	173	192	221	167	258	451	574	217
140.0 ～ 159.9	9 195	516	1 368	876	709	615	537	518	605	673	1 259	1 061	455
160.0 ～ 179.9	14 720	989	2 368	1 520	1 368	1 018	1 010	1 053	1 033	1 011	1 602	1 318	430
180.0 ～ 199.9	18 998	769	3 147	2 145	1 965	1 724	1 629	1 532	1 376	1 209	1 853	1 271	378
200.0 ～ 219.9	21 617	297	2 119	2 661	2 643	2 524	2 348	1 882	1 677	1 606	2 007	1 423	430
220.0 ～ 239.9	22 007	188	1 332	2 512	2 911	2 595	3 000	2 639	2 038	1 849	1 650	1 057	235
240.0 ～ 259.9	21 929	48	718	1 745	2 596	3 002	3 376	2 974	2 325	2 146	1 654	1 063	282
260.0 ～ 279.9	19 642	12	322	969	2 094	3 076	3 341	3 092	2 527	2 021	1 357	624	206
280.0 ～ 299.9	17 051	2	204	713	1 623	2 387	3 127	3 148	2 345	1 873	1 003	477	149
300.0 ～ 319.9	15 547	8	115	399	1 174	2 100	2 903	2 729	2 372	1 938	1 165	486	156
320.0 ～ 339.9	12 502	3	107	286	830	1 520	2 434	2 516	2 021	1 581	818	288	97
340.0 ～ 359.9	10 196	–	40	179	608	1 196	1 906	2 070	1 770	1 508	667	186	65
360.0 ～ 379.9	8 134	–	44	122	423	761	1 614	1 752	1 528	1 157	546	160	27
380.0 ～ 399.9	5 797	–	3	61	216	459	1 075	1 532	1 063	913	343	117	15
400.0 ～ 449.9	10 494	0	28	53	409	984	1 873	2 331	2 175	1 728	678	193	42
450.0 ～ 499.9	5 345	–	20	49	121	363	912	1 074	1 283	1 044	351	110	18
500.0 ～ 549.9	2 970	–	1	31	106	164	480	589	588	591	331	69	21
550.0 ～ 599.9	1 356	–	–	5	29	67	233	332	213	339	92	29	16
600.0 ～ 699.9	1 023	–	–	2	12	67	173	182	206	228	115	33	4
700.0 ～ 799.9	383	–	–	–	5	24	28	94	116	72	15	12	17
800.0 ～ 899.9	97	–	–	–	1	3	23	26	29	7	5	1	1
900.0 ～ 999.9	96	–	–	–	–	1	22	5	31	17	1	20	–
1000.0 ～ 1199.9	59	–	–	–	–	0	10	34	2	1	12	0	–
1200.0千円 ～	35	–	–	–	–	5	5	2	2	1	9	10	–
第1・十分位数（千円）	172.7	146.9	152.2	162.3	174.4	188.3	198.0	198.6	193.6	187.3	159.9	147.7	141.3
第1・四分位数（千円）	208.0	161.7	171.9	188.8	205.2	221.1	235.8	241.5	239.5	233.2	191.2	173.8	163.5
中位数（千円）	259.1	176.9	192.5	218.1	241.2	264.8	284.0	294.3	296.7	290.4	241.4	214.0	203.6
第3・四分位数（千円）	324.0	193.6	218.1	249.4	285.6	313.8	342.7	358.6	363.9	362.5	308.5	263.4	259.7
第9・十分位数（千円）	398.3	217.1	248.8	291.0	337.1	368.4	409.1	422.4	440.5	446.4	386.1	329.5	317.0
十分位分散係数	0.44	0.20	0.25	0.29	0.34	0.34	0.37	0.38	0.42	0.45	0.47	0.42	0.43
四分位分散係数	0.22	0.09	0.12	0.14	0.17	0.18	0.19	0.20	0.21	0.22	0.24	0.21	0.24
高専・短大卒	**48 024**	**–**	**3 376**	**5 067**	**6 812**	**7 279**	**9 269**	**6 306**	**4 146**	**3 072**	**1 836**	**719**	**141**
～ 99.9 千円	–	–	–	–	–	–	–	–	–	–	–	–	–
100.0 ～ 119.9	125	–	8	20	6	6	0	1	1	23	22	35	3
120.0 ～ 139.9	358	–	98	44	47	10	20	32	19	8	47	17	16
140.0 ～ 159.9	1 093	–	265	233	108	75	68	42	63	52	103	67	17
160.0 ～ 179.9	1 963	–	584	384	237	164	169	54	89	75	127	56	26
180.0 ～ 199.9	3 281	–	869	794	527	265	252	149	129	76	145	68	7
200.0 ～ 219.9	4 243	–	809	925	900	431	420	272	161	128	139	48	10
220.0 ～ 239.9	4 260	–	349	944	938	618	575	326	165	111	160	67	7
240.0 ～ 259.9	4 411	–	173	657	965	883	756	365	199	174	151	72	14
260.0 ～ 279.9	4 201	–	128	366	843	944	839	462	257	196	120	44	3
280.0 ～ 299.9	3 667	–	58	246	569	769	1 005	515	233	149	82	34	8
300.0 ～ 319.9	3 549	–	16	208	537	758	853	515	381	169	89	19	5
320.0 ～ 339.9	3 182	–	7	81	384	627	973	479	289	219	76	35	10
340.0 ～ 359.9	2 683	–	1	44	283	527	698	499	307	218	78	22	7
360.0 ～ 379.9	2 278	–	11	26	116	377	690	500	245	201	91	22	–
380.0 ～ 399.9	1 572	–	–	26	70	205	448	332	218	206	42	24	1
400.0 ～ 449.9	3 150	–	–	47	169	320	728	770	572	356	146	37	4
450.0 ～ 499.9	1 811	–	–	2	41	137	407	501	359	280	72	8	2
500.0 ～ 549.9	938	–	–	6	39	48	193	229	175	171	62	15	–
550.0 ～ 599.9	617	–	–	–	7	63	108	135	129	130	35	10	1
600.0 ～ 699.9	375	–	–	3	17	4	43	105	105	71	19	8	1
700.0 ～ 799.9	100	–	–	–	0	28	11	5	15	9	30	2	–
800.0 ～ 899.9	66	–	–	10	10	19	5	6	10	6	–	–	–
900.0 ～ 999.9	36	–	–	–	0	0	3	0	20	1	1	10	–
1000.0 ～ 1199.9	34	–	–	–	–	–	1	9	5	20	–	–	–
1200.0千円 ～	28	–	–	–	–	–	2	1	–	26	–	–	–
第1・十分位数（千円）	188.7	–	158.3	172.8	191.4	209.7	219.9	225.0	214.6	211.4	162.5	146.3	127.3
第1・四分位数（千円）	224.4	–	176.6	195.7	217.5	246.7	261.2	274.9	275.4	271.2	201.5	182.9	160.1
中位数（千円）	280.4	–	197.1	223.2	253.9	286.5	312.0	336.8	345.7	354.5	264.3	240.8	203.0
第3・四分位数（千円）	352.8	–	217.5	253.7	298.9	336.4	369.0	409.0	423.6	438.1	365.3	325.6	288.6
第9・十分位数（千円）	431.0	–	247.5	294.1	345.6	387.9	432.6	476.5	510.7	533.6	465.3	405.8	352.9
十分位分散係数	0.43	–	0.23	0.27	0.30	0.31	0.34	0.37	0.43	0.45	0.57	0.54	0.56
四分位分散係数	0.23	–	0.10	0.13	0.16	0.16	0.17	0.20	0.21	0.24	0.31	0.30	0.32

第3表　年齢階級、所定内給与額階級別労働者数及び所定内給与額の分布特性値

企業規模	10～99人

産　　業　　計

（単位十人）

区　分	年齢計	～19歳	20～24歳	25～29歳	30～34歳	35～39歳	40～44歳	45～49歳	50～54歳	55～59歳	60～64歳	65～69歳	70歳以上
大学・大学院卒	**101 629**	**－**	**3 969**	**13 061**	**13 063**	**14 192**	**15 579**	**11 638**	**8 790**	**9 502**	**8 042**	**2 779**	**1 013**
～ 99.9 千円	9	－	－	－	1	1	－	－	－	4	－	－	4
100.0 ～ 119.9	94	－	1	16	6	3	7	2	6	10	23	14	6
120.0 ～ 139.9	540	－	36	69	46	23	17	23	24	66	101	84	51
140.0 ～ 159.9	1 512	－	149	261	177	111	81	47	30	92	284	209	72
160.0 ～ 179.9	2 705	－	232	589	378	191	161	176	122	192	379	246	39
180.0 ～ 199.9	4 620	－	697	1 281	582	420	298	264	145	162	493	211	68
200.0 ～ 219.9	7 485	－	1 142	2 236	1 116	728	487	299	247	267	621	231	110
220.0 ～ 239.9	8 717	－	700	2 857	1 557	944	750	454	269	374	617	159	36
240.0 ～ 259.9	8 918	－	540	2 028	1 873	1 359	866	552	411	413	562	196	119
260.0 ～ 279.9	8 046	－	198	1 357	1 692	1 597	1 129	622	363	376	448	191	73
280.0 ～ 299.9	7 514	－	147	777	1 504	1 527	1 358	654	429	451	521	109	38
300.0 ～ 319.9	6 909	－	36	585	1 138	1 345	1 364	736	455	553	486	160	51
320.0 ～ 339.9	5 955	－	17	297	793	1 131	1 349	825	495	543	381	105	18
340.0 ～ 359.9	5 311	－	12	229	484	1 010	1 260	732	492	501	377	132	83
360.0 ～ 379.9	4 691	－	22	143	367	766	1 070	776	472	626	356	73	21
380.0 ～ 399.9	3 928	－	－	62	322	604	867	840	489	458	231	40	16
400.0 ～ 449.9	8 403	－	17	96	324	1 148	1 969	1 476	1 281	1 216	635	193	49
450.0 ～ 499.9	4 975	－	20	45	182	426	920	1 131	978	799	331	121	22
500.0 ～ 549.9	4 019	－	3	30	205	302	719	742	764	746	425	52	33
550.0 ～ 599.9	2 222	－	－	33	53	144	262	418	470	558	228	48	8
600.0 ～ 699.9	2 343	－	－	58	98	223	303	386	400	497	265	82	31
700.0 ～ 799.9	997	－	－	4	52	77	169	118	143	246	130	43	15
800.0 ～ 899.9	553	－	－	－	41	43	65	116	119	112	29	26	2
900.0 ～ 999.9	297	－	－	－	29	20	40	61	56	37	27	22	4
1000.0 ～ 1199.9	372	－	－	10	28	25	31	117	49	40	39	6	27
1200.0千円 ～	494	－	－	－	15	25	37	71	80	164	55	27	20
第1・十分位数（千円）	201.9	－	178.5	186.5	202.2	218.6	234.2	235.8	242.8	227.3	180.8	157.6	155.1
第1・四分位数（千円）	239.4	－	197.0	210.6	231.9	256.6	281.7	294.7	307.0	298.5	223.2	193.8	202.4
中位数（千円）	301.7	－	215.4	234.4	268.1	302.7	338.9	371.2	397.6	384.4	298.8	263.4	260.4
第3・四分位数（千円）	395.8	－	240.7	266.0	314.0	367.3	414.5	458.9	492.3	501.1	410.0	372.7	358.9
第9・十分位数（千円）	509.2	－	266.5	307.3	382.8	442.4	502.9	558.4	595.8	612.7	546.1	522.4	584.7
十分位分散係数	0.51	－	0.20	0.26	0.34	0.37	0.40	0.43	0.44	0.50	0.61	0.69	0.82
四分位分散係数	0.26	－	0.10	0.12	0.15	0.18	0.20	0.22	0.23	0.26	0.31	0.34	0.30
女													
学歴計	**214 783**	**2 265**	**21 253**	**25 047**	**22 188**	**22 690**	**27 660**	**27 573**	**24 584**	**20 944**	**12 584**	**5 641**	**2 354**
～ 99.9 千円	132	－	－	13	21	13	3	7	6	21	29	17	2
100.0 ～ 119.9	2 281	9	74	115	167	211	248	285	230	349	291	161	141
120.0 ～ 139.9	10 765	313	1 102	988	880	918	953	1 105	1 045	1 086	1 305	706	365
140.0 ～ 159.9	22 749	721	2 824	2 061	2 019	2 072	2 465	2 590	2 365	2 294	1 892	1 102	343
160.0 ～ 179.9	30 289	703	4 815	3 784	2 889	2 729	3 684	3 195	3 070	2 332	1 935	863	291
180.0 ～ 199.9	32 461	311	5 392	4 869	3 321	3 216	3 666	3 735	3 077	2 573	1 527	601	174
200.0 ～ 219.9	28 803	121	3 802	4 851	3 447	2 959	3 343	3 158	2 828	2 269	1 285	550	189
220.0 ～ 239.9	22 547	37	1 836	3 507	2 715	2 633	3 025	2 926	2 304	2 203	873	365	124
240.0 ～ 259.9	17 094	45	864	2 134	2 512	2 097	2 427	2 354	1 941	1 520	749	304	149
260.0 ～ 279.9	12 336	5	276	1 093	1 598	1 413	2 121	1 910	1 646	1 313	646	190	125
280.0 ～ 299.9	8 820	－	128	677	868	1 183	1 473	1 570	1 322	945	488	126	41
300.0 ～ 319.9	6 730	－	65	429	646	943	1 189	1 094	1 053	754	329	137	90
320.0 ～ 339.9	4 461	－	22	193	420	587	809	868	658	631	173	85	14
340.0 ～ 359.9	3 699	－	13	118	205	515	643	587	733	535	191	99	61
360.0 ～ 379.9	2 536	－	13	83	153	375	352	604	373	362	142	51	29
380.0 ～ 399.9	1 911	－	1	10	66	198	353	290	379	377	136	74	29
400.0 ～ 449.9	3 059	－	3	69	113	307	417	608	627	606	231	47	31
450.0 ～ 499.9	1 599	－	－	19	60	123	151	366	383	267	147	38	46
500.0 ～ 549.9	1 138	－	20	31	40	94	145	186	264	213	80	35	31
550.0 ～ 599.9	381	－	0	0	24	25	76	34	60	88	36	21	16
600.0 ～ 699.9	454	－	0	2	18	40	54	42	103	91	29	19	54
700.0 ～ 799.9	178	－	－	3	－	2	30	16	52	32	23	14	7
800.0 ～ 899.9	133	－	－	－	7	38	4	21	31	4	16	11	1
900.0 ～ 999.9	38	－	－	－	－	0	1	11	2	9	11	3	－
1000.0 ～ 1199.9	122	－	－	－	1	1	28	6	27	39	21	－	－
1200.0千円 ～	65	－	－	1	－	0	－	3	7	33	－	21	－
第1・十分位数（千円）	148.7	135.5	147.8	154.8	153.0	152.3	153.3	151.9	151.5	147.0	135.5	132.4	125.5
第1・四分位数（千円）	171.9	147.6	165.8	176.6	177.3	178.1	177.6	178.1	176.3	172.3	156.6	149.4	144.5
中位数（千円）	205.7	162.4	186.1	202.7	210.0	214.6	216.6	218.1	217.5	215.8	190.4	179.3	183.1
第3・四分位数（千円）	252.7	178.6	208.0	230.8	248.6	262.1	268.0	272.7	279.1	276.0	249.0	229.8	258.7
第9・十分位数（千円）	314.3	197.6	230.7	263.3	288.6	321.3	326.8	340.8	355.8	361.3	318.4	309.6	364.8
十分位分散係数	0.40	0.19	0.22	0.27	0.32	0.39	0.40	0.43	0.47	0.50	0.48	0.49	0.65
四分位分散係数	0.20	0.10	0.11	0.13	0.17	0.20	0.21	0.22	0.24	0.24	0.24	0.22	0.31

第3表　年齢階級、所定内給与額階級別労働者数及び所定内給与額の分布特性値

企業規模	10～99人

産　　業　　計

（単位十人）

区　分	年齢計	～19歳	20～24歳	25～29歳	30～34歳	35～39歳	40～44歳	45～49歳	50～54歳	55～59歳	60～64歳	65～69歳	70歳以上
中学卒	**5 861**	**81**	**316**	**473**	**603**	**449**	**477**	**609**	**467**	**575**	**710**	**673**	**428**
～ 99.9千円	7	-	-	0	-	-	-	2	-	-	5	-	-
100.0 ～ 119.9	154	1	-	8	20	5	19	7	4	18	27	18	25
120.0 ～ 139.9	1 167	41	125	125	117	85	61	63	50	101	160	144	96
140.0 ～ 159.9	1 381	15	90	136	205	149	105	85	56	79	175	200	86
160.0 ～ 179.9	934	16	32	57	81	64	88	95	35	93	169	129	76
180.0 ～ 199.9	743	3	17	52	91	29	59	123	115	73	55	66	61
200.0 ～ 219.9	496	-	21	53	39	33	49	56	39	92	60	18	35
220.0 ～ 239.9	335	-	11	5	19	15	31	60	58	74	38	22	3
240.0 ～ 259.9	225	6	10	8	14	22	22	43	34	21	10	20	14
260.0 ～ 279.9	160	-	10	-	10	18	21	23	39	3	9	18	9
280.0 ～ 299.9	107	-	-	21	2	10	7	33	4	15	0	15	-
300.0 ～ 319.9	47	-	-	9	5	11	3	4	4	3	0	4	4
320.0 ～ 339.9	16	-	-	-	-	2	4	1	6	2	-	-	-
340.0 ～ 359.9	15	-	-	-	-	1	-	11	2	-	0	-	1
360.0 ～ 379.9	11	-	-	-	-	1	-	-	10	-	-	-	-
380.0 ～ 399.9	32	-	-	-	-	-	1	3	-	-	-	19	10
400.0 ～ 449.9	15	-	-	-	-	5	-	1	5	-	-	-	3
450.0 ～ 499.9	9	-	-	-	-	-	6	-	-	-	-	-	3
500.0 ～ 549.9	1	-	-	-	-	-	-	-	-	1	-	-	-
550.0 ～ 599.9	1	-	-	-	-	-	1	-	-	0	-	-	-
600.0 ～ 699.9	1	-	-	-	-	-	-	-	-	-	-	-	1
700.0 ～ 799.9	5	-	-	-	-	-	-	-	5	-	-	-	-
800.0 ～ 899.9	-	-	-	-	-	-	-	-	-	-	-	-	-
900.0 ～ 999.9	-	-	-	-	-	-	-	-	-	-	-	-	-
1000.0 ～ 1199.9	-	-	-	-	-	-	-	-	-	-	-	-	-
1200.0千円 ～	-	-	-	-	-	-	-	-	-	-	-	-	-
第1・十分位数（千円）	128.6	123.2	126.5	126.0	129.3	133.1	130.3	136.4	136.6	125.6	129.2	130.7	123.2
第1・四分位数（千円）	142.1	128.2	134.0	137.5	141.7	142.7	146.7	158.9	163.0	148.2	138.8	140.5	136.4
中位数（千円）	164.9	139.5	145.2	156.7	156.8	157.8	168.9	187.3	195.8	179.0	158.6	156.9	162.3
第3・四分位数（千円）	200.3	166.7	168.9	189.5	187.5	202.8	208.2	229.3	237.6	209.6	179.7	184.0	188.0
第9・十分位数（千円）	245.5	183.3	219.4	217.9	213.6	263.1	255.3	276.0	273.7	229.6	215.3	246.4	250.4
十分位分散係数	0.35	0.22	0.32	0.29	0.27	0.41	0.37	0.37	0.35	0.29	0.27	0.37	0.39
四分位分散係数	0.18	0.14	0.12	0.17	0.15	0.19	0.18	0.19	0.19	0.17	0.13	0.14	0.16
高校卒	**97 583**	**2 184**	**7 069**	**6 527**	**7 647**	**8 828**	**12 317**	**14 264**	**13 666**	**12 025**	**7 867**	**3 751**	**1 437**
～ 99.9千円	115	-	-	12	19	11	-	5	5	21	24	16	2
100.0 ～ 119.9	1 771	9	54	80	104	154	180	222	192	317	232	126	102
120.0 ～ 139.9	7 709	272	788	588	565	622	660	801	821	842	990	491	266
140.0 ～ 159.9	15 378	707	1 476	1 068	1 178	1 180	1 700	1 898	1 906	1 793	1 438	795	238
160.0 ～ 179.9	17 584	687	1 835	1 390	1 443	1 499	2 433	2 113	2 259	1 688	1 381	682	173
180.0 ～ 199.9	15 561	309	1 527	1 389	1 342	1 490	1 996	2 278	1 960	1 767	1 003	416	85
200.0 ～ 219.9	11 479	121	777	874	1 040	1 157	1 465	1 678	1 681	1 312	868	377	128
220.0 ～ 239.9	8 752	37	365	595	723	901	1 280	1 552	1 256	1 232	525	207	78
240.0 ～ 259.9	6 014	38	117	281	539	702	855	1 070	971	746	433	179	82
260.0 ～ 279.9	4 248	5	95	142	327	337	636	781	664	758	312	106	85
280.0 ～ 299.9	2 730	-	6	41	167	313	344	577	541	455	178	82	27
300.0 ～ 319.9	1 955	-	26	37	99	124	276	368	454	279	179	75	37
320.0 ～ 339.9	1 169	-	-	12	42	108	207	255	208	238	64	25	11
340.0 ～ 359.9	852	-	1	9	25	58	103	154	234	143	48	44	34
360.0 ～ 379.9	513	-	-	3	1	58	45	161	70	68	60	25	22
380.0 ～ 399.9	335	-	-	3	1	45	45	56	81	68	15	9	11
400.0 ～ 449.9	705	-	-	3	25	26	37	213	186	142	41	25	7
450.0 ～ 499.9	345	-	-	-	4	27	20	38	85	77	63	10	22
500.0 ～ 549.9	200	-	-	-	-	13	30	39	49	42	2	10	14
550.0 ～ 599.9	51	-	-	-	-	1	0	0	9	15	1	15	10
600.0 ～ 699.9	47	-	0	-	1	0	1	2	7	15	3	12	5
700.0 ～ 799.9	51	-	-	-	-	1	4	3	26	0	5	12	-
800.0 ～ 899.9	13	-	-	-	-	-	-	1	-	0	2	10	-
900.0 ～ 999.9	2	-	-	-	-	-	-	-	0	-	-	1	-
1000.0 ～ 1199.9	-	-	-	-	-	-	-	-	-	-	-	-	-
1200.0千円 ～	6	-	-	-	-	-	-	-	-	5	-	1	-
第1・十分位数（千円）	140.2	136.8	137.3	139.2	141.5	142.0	144.9	145.1	144.3	140.3	132.2	130.6	123.7
第1・四分位数（千円）	159.3	148.4	152.9	158.1	160.7	163.0	164.5	165.6	164.3	160.3	151.4	147.4	139.3
中位数（千円）	187.5	162.9	172.7	181.8	188.7	192.5	190.8	198.2	196.7	195.1	177.7	172.8	173.1
第3・四分位数（千円）	227.4	178.9	194.0	206.3	221.0	230.6	231.6	242.6	242.8	241.2	219.0	215.1	241.7
第9・十分位数（千円）	275.6	197.8	217.3	234.9	257.0	271.3	275.8	293.8	301.7	295.1	270.5	273.3	307.4
十分位分散係数	0.36	0.19	0.23	0.26	0.31	0.34	0.34	0.38	0.40	0.40	0.39	0.41	0.53
四分位分散係数	0.18	0.09	0.12	0.13	0.16	0.18	0.18	0.19	0.20	0.21	0.19	0.20	0.30

第3表　年齢階級、所定内給与額階級別労働者数及び所定内給与額の分布特性値

企業規模　10～99人　　**産　業　計**

（単位十人）

区　分	年齢計	～19歳	20～24歳	25～29歳	30～34歳	35～39歳	40～44歳	45～49歳	50～54歳	55～59歳	60～64歳	65～69歳	70歳以上
高専・短大卒	**72 288**	**-**	**9 385**	**9 287**	**7 753**	**8 104**	**10 267**	**9 061**	**7 885**	**6 259**	**2 996**	**957**	**334**
～ 99.9 千円	7	-	-	-	1	1	3	-	-	-	1	1	-
100.0 ～ 119.9	254	-	18	10	15	40	24	41	30	14	31	17	15
120.0 ～ 139.9	1 426	-	173	210	114	149	171	185	131	108	119	64	2
140.0 ～ 159.9	4 453	-	983	499	419	500	513	476	352	353	243	100	15
160.0 ～ 179.9	9 021	-	2 386	1 653	933	868	952	711	650	474	304	50	41
180.0 ～ 199.9	11 585	-	2 923	1 945	1 274	1 233	1 220	1 139	819	592	314	103	24
200.0 ～ 219.9	11 018	-	1 743	1 925	1 558	1 230	1 428	1 140	887	689	264	132	22
220.0 ～ 239.9	8 540	-	711	1 440	1 038	1 027	1 297	1 023	842	768	232	121	40
240.0 ～ 259.9	6 590	-	276	748	1 079	788	1 089	931	762	596	233	81	9
260.0 ～ 279.9	5 067	-	79	405	528	616	1 029	829	772	462	276	50	21
280.0 ～ 299.9	3 970	-	73	243	337	522	795	748	563	392	258	26	14
300.0 ～ 319.9	2 806	-	12	137	197	408	585	467	460	333	140	32	35
320.0 ～ 339.9	1 842	-	3	48	134	166	331	410	310	300	90	48	3
340.0 ～ 359.9	1 715	-	-	4	35	232	299	273	390	328	97	43	15
360.0 ～ 379.9	1 065	-	5	12	24	134	157	269	205	179	68	8	5
380.0 ～ 399.9	825	-	1	1	12	41	121	125	201	204	90	21	8
400.0 ～ 449.9	1 062	-	-	2	23	90	149	130	241	270	138	7	11
450.0 ～ 499.9	420	-	-	5	11	37	26	70	106	90	42	22	12
500.0 ～ 549.9	346	-	-	0	1	2	56	69	100	52	27	22	17
550.0 ～ 599.9	112	-	0	-	21	-	17	14	17	30	11	-	2
600.0 ～ 699.9	92	-	-	1	-	15	2	2	27	16	5	7	18
700.0 ～ 799.9	30	-	-	-	-	-	-	7	3	1	9	2	7
800.0 ～ 899.9	20	-	-	-	-	6	1	2	6	-	5	-	-
900.0 ～ 999.9	4	-	-	-	-	-	-	1	1	-	-	2	-
1000.0 ～ 1199.9	20	-	-	-	-	-	1	1	10	8	-	-	-
1200.0千円 ～	1	-	-	-	-	-	-	-	-	1	-	-	-
第1・十分位数（千円）	162.7	-	156.5	163.0	166.0	163.6	166.5	165.1	169.0	167.6	153.3	144.5	160.5
第1・四分位数（千円）	184.9	-	171.0	179.5	186.5	187.8	194.8	195.4	199.7	200.6	183.2	182.5	190.3
中位数（千円）	216.8	-	186.8	203.3	214.3	220.5	233.0	236.6	247.2	245.3	238.8	221.8	259.7
第3・四分位数（千円）	264.7	-	205.3	228.6	247.8	266.3	279.4	288.3	304.0	315.2	298.0	279.9	347.7
第9・十分位数（千円）	323.2	-	225.3	258.3	281.0	314.0	327.3	345.0	371.8	387.6	385.7	358.6	533.6
十分位分散係数	0.37	-	0.18	0.23	0.27	0.34	0.35	0.38	0.41	0.45	0.49	0.48	0.72
四分位分散係数	0.18	-	0.09	0.12	0.14	0.18	0.18	0.20	0.21	0.23	0.24	0.22	0.30
大学・大学院卒	**39 052**	**-**	**4 483**	**8 760**	**6 185**	**5 308**	**4 599**	**3 639**	**2 567**	**2 085**	**1 010**	**260**	**155**
～ 99.9 千円	3	-	-	1	1	1	-	-	1	-	-	-	-
100.0 ～ 119.9	103	-	2	17	28	11	24	15	4	-	1	0	-
120.0 ～ 139.9	463	-	16	65	84	62	61	57	42	34	35	6	1
140.0 ～ 159.9	1 537	-	275	358	217	243	147	131	51	69	35	6	3
160.0 ～ 179.9	2 750	-	562	684	431	298	211	277	125	77	81	3	-
180.0 ～ 199.9	4 573	-	925	1 483	614	464	390	195	184	142	155	17	4
200.0 ～ 219.9	5 810	-	1 261	1 999	810	538	401	285	221	176	92	23	5
220.0 ～ 239.9	4 922	-	749	1 467	935	690	417	291	148	129	77	15	3
240.0 ～ 259.9	4 266	-	462	1 097	880	585	461	310	174	156	73	24	45
260.0 ～ 279.9	2 861	-	93	546	731	442	436	277	171	90	49	16	10
280.0 ～ 299.9	2 012	-	50	371	361	339	326	212	214	84	51	3	-
300.0 ～ 319.9	1 921	-	27	246	344	400	325	254	135	140	9	26	14
320.0 ～ 339.9	1 434	-	19	133	244	312	267	202	134	90	20	12	1
340.0 ～ 359.9	1 118	-	12	106	145	224	241	149	106	65	46	12	11
360.0 ～ 379.9	947	-	8	68	128	182	150	174	87	115	14	19	3
380.0 ～ 399.9	720	-	-	6	53	111	186	107	97	105	32	25	-
400.0 ～ 449.9	1 277	-	3	64	65	185	231	264	194	194	52	15	10
450.0 ～ 499.9	824	-	-	14	45	59	100	258	192	99	42	6	9
500.0 ～ 549.9	592	-	20	30	39	78	59	79	115	118	50	3	1
550.0 ～ 599.9	218	-	-	0	3	24	57	20	35	43	25	6	5
600.0 ～ 699.9	314	-	-	2	17	25	51	38	70	60	21	-	30
700.0 ～ 799.9	93	-	-	3	-	1	26	6	19	30	9	-	-
800.0 ～ 899.9	100	-	-	-	7	33	3	19	24	4	9	2	1
900.0 ～ 999.9	33	-	-	-	-	0	1	10	1	9	11	-	-
1000.0 ～ 1199.9	102	-	-	-	1	1	28	5	16	30	21	-	-
1200.0千円 ～	59	-	-	1	-	0	-	3	7	27	-	20	-
第1・十分位数（千円）	173.8	-	167.3	173.2	173.9	174.4	181.0	172.8	184.6	183.8	166.6	188.6	239.8
第1・四分位数（千円）	201.1	-	186.5	194.7	203.8	209.6	214.8	216.6	222.0	226.0	191.6	234.4	253.4
中位数（千円）	237.4	-	206.8	217.8	239.4	252.8	268.0	278.3	294.0	312.8	246.4	312.7	314.5
第3・四分位数（千円）	299.9	-	228.0	248.5	276.6	315.7	338.8	366.7	404.3	417.3	388.5	384.7	467.6
第9・十分位数（千円）	389.9	-	247.7	286.7	331.4	378.5	419.1	462.1	513.9	539.6	528.2	581.7	607.8
十分位分散係数	0.46	-	0.19	0.26	0.33	0.40	0.44	0.52	0.56	0.57	0.73	0.63	0.58
四分位分散係数	0.21	-	0.10	0.12	0.15	0.21	0.23	0.27	0.31	0.31	0.40	0.24	0.34

第3表　年齢階級、所定内給与額階級別労働者数及び所定内給与額の分布特性値

企業規模	計

C 鉱業，採石業，砂利採取業

（単位十人）

区　分	年齢計	～19歳	20～24歳	25～29歳	30～34歳	35～39歳	40～44歳	45～49歳	50～54歳	55～59歳	60～64歳	65～69歳	70歳以上
C 鉱業，採石業，砂利採取業													
企業規模計													
男女計													
学歴計	**1 111**	**8**	**44**	**82**	**73**	**94**	**149**	**173**	**158**	**144**	**124**	**46**	**15**
～ 99.9 千円	-	-	-	-	-	-	-	-	-	-	-	-	-
100.0 ～ 119.9	1	-	-	-	0	-	-	0	-	-	1	-	-
120.0 ～ 139.9	6	0	1	0	0	1	1	1	1	-	2	0	0
140.0 ～ 159.9	18	1	1	2	1	1	4	1	1	1	3	3	1
160.0 ～ 179.9	39	2	3	3	3	3	4	6	4	2	5	3	2
180.0 ～ 199.9	65	3	7	8	3	5	6	3	8	4	12	6	1
200.0 ～ 219.9	107	1	11	9	6	9	9	10	9	12	21	10	2
220.0 ～ 239.9	111	0	10	9	6	12	15	12	12	9	13	7	5
240.0 ～ 259.9	129	1	5	14	10	11	22	29	11	7	11	5	1
260.0 ～ 279.9	105	-	2	8	12	11	11	20	9	14	17	2	0
280.0 ～ 299.9	98	-	4	10	6	7	16	15	17	12	8	3	1
300.0 ～ 319.9	74	-	0	7	5	8	17	14	6	12	4	2	0
320.0 ～ 339.9	56	-	0	3	3	4	6	11	12	8	7	1	0
340.0 ～ 359.9	40	-	-	3	1	3	6	6	7	7	4	1	0
360.0 ～ 379.9	29	-	-	2	3	3	4	5	5	5	2	0	0
380.0 ～ 399.9	32	-	-	2	2	1	4	7	4	7	6	1	-
400.0 ～ 449.9	53	-	-	2	6	4	10	7	11	9	4	1	-
450.0 ～ 499.9	28	-	-	1	4	2	2	3	9	4	1	-	0
500.0 ～ 549.9	26	-	-	-	1	3	3	4	7	6	1	1	1
550.0 ～ 599.9	21	-	-	-	1	2	2	3	6	5	2	0	-
600.0 ～ 699.9	32	-	-	-	-	4	5	7	8	7	1	0	-
700.0 ～ 799.9	15	-	-	-	-	-	0	5	5	4	-	1	-
800.0 ～ 899.9	13	-	-	-	-	-	1	5	4	2	1	-	-
900.0 ～ 999.9	8	-	-	-	-	-	0	0	1	7	-	-	-
1000.0 ～ 1199.9	1	-	-	-	-	-	-	-	1	-	-	-	-
1200.0千円 ～	2	-	-	-	-	1	1	-	0	0	-	-	-
第1・十分位数（千円）	193.8	160.3	180.5	191.6	195.9	200.9	201.7	215.4	205.7	208.7	184.9	172.4	163.2
第1・四分位数（千円）	228.9	173.4	199.1	220.1	234.7	232.8	239.6	246.4	247.3	260.7	206.7	199.9	183.9
中位数（千円）	274.5	185.7	219.9	255.4	268.3	272.4	284.0	285.9	321.2	312.8	254.1	226.7	230.7
第3・四分位数（千円）	352.1	211.3	241.8	300.8	332.0	339.9	345.2	369.4	455.3	441.2	308.7	268.4	239.5
第9・十分位数（千円）	515.5	239.3	280.5	355.2	439.2	527.6	451.8	598.7	649.5	692.1	396.2	357.3	319.1
十分位分散係数	0.59	0.21	0.23	0.32	0.45	0.60	0.44	0.67	0.69	0.77	0.42	0.41	0.34
四分位分散係数	0.22	0.10	0.10	0.16	0.18	0.20	0.19	0.22	0.32	0.29	0.20	0.15	0.12
男													
学歴計	**979**	**6**	**39**	**67**	**62**	**82**	**128**	**155**	**139**	**130**	**112**	**44**	**15**
～ 99.9 千円	-	-	-	-	-	-	-	-	-	-	-	-	-
100.0 ～ 119.9	0	-	-	-	-	-	-	-	-	-	0	-	-
120.0 ～ 139.9	4	-	1	-	-	1	0	-	-	-	2	0	0
140.0 ～ 159.9	7	0	1	1	-	0	0	-	-	-	2	3	1
160.0 ～ 179.9	23	1	2	2	2	1	3	2	2	1	3	2	2
180.0 ～ 199.9	44	2	6	6	1	4	2	1	2	2	10	5	1
200.0 ～ 219.9	87	1	11	8	5	7	7	7	7	7	16	9	2
220.0 ～ 239.9	104	0	10	9	6	11	15	11	11	8	12	7	5
240.0 ～ 259.9	117	1	4	10	10	10	21	28	11	6	11	5	1
260.0 ～ 279.9	98	-	2	7	11	9	10	18	8	13	17	2	0
280.0 ～ 299.9	92	-	4	8	6	7	14	14	16	12	8	3	1
300.0 ～ 319.9	69	-	0	5	3	8	17	13	6	12	4	1	0
320.0 ～ 339.9	52	-	0	2	3	3	5	10	12	8	7	1	0
340.0 ～ 359.9	35	-	-	3	1	3	5	6	6	7	3	1	0
360.0 ～ 379.9	26	-	-	2	2	3	3	5	5	5	2	0	0
380.0 ～ 399.9	29	-	-	2	2	1	3	6	3	7	6	1	-
400.0 ～ 449.9	49	-	-	2	5	3	10	7	9	8	4	1	-
450.0 ～ 499.9	26	-	-	1	4	2	1	3	9	4	1	-	0
500.0 ～ 549.9	23	-	-	-	0	3	3	3	7	6	1	1	0
550.0 ～ 599.9	21	-	-	-	1	2	2	3	6	5	2	0	-
600.0 ～ 699.9	31	-	-	-	-	4	5	7	8	7	1	0	-
700.0 ～ 799.9	15	-	-	-	-	-	0	5	5	4	-	1	-
800.0 ～ 899.9	13	-	-	-	-	-	1	5	4	2	1	-	-
900.0 ～ 999.9	8	-	-	-	-	-	0	0	1	7	-	-	-
1000.0 ～ 1199.9	1	-	-	-	-	-	-	-	1	-	-	-	-
1200.0千円 ～	2	-	-	-	-	1	1	-	0	0	-	-	-
第1・十分位数（千円）	204.6	165.4	182.7	193.7	213.4	212.8	221.1	232.0	230.1	226.0	190.7	173.8	163.1
第1・四分位数（千円）	236.1	180.7	200.8	219.4	242.3	236.1	244.6	249.8	264.3	273.4	212.9	202.5	184.5
中位数（千円）	281.1	187.6	219.3	254.6	268.8	275.5	288.1	293.1	329.1	328.7	260.8	230.6	230.7
第3・四分位数（千円）	360.9	216.3	240.1	299.1	329.9	346.2	349.1	381.2	482.4	474.3	324.8	273.7	239.4
第9・十分位数（千円）	533.5	242.2	282.0	353.3	441.9	530.8	454.0	622.5	677.6	699.1	398.5	359.5	315.1
十分位分散係数	0.58	0.20	0.23	0.31	0.43	0.58	0.40	0.67	0.68	0.72	0.40	0.40	0.33
四分位分散係数	0.22	0.09	0.09	0.16	0.16	0.20	0.18	0.22	0.33	0.31	0.21	0.15	0.12

第3表　年齢階級、所定内給与額階級別労働者数及び所定内給与額の分布特性値

企業規模	計

C 鉱業, 採石業, 砂利採取業

（単位十人）

区　分	年齢計	～19歳	20～24歳	25～29歳	30～34歳	35～39歳	40～44歳	45～49歳	50～54歳	55～59歳	60～64歳	65～69歳	70歳以上
生産労働者（男）													
学歴計	**618**	**5**	**28**	**38**	**39**	**55**	**83**	**89**	**85**	**76**	**77**	**32**	**9**
～ 99.9千円	-	-	-	-	-	-	-	-	-	-	-	-	-
100.0 ～ 119.9	0	-	-	-	-	-	-	-	-	-	0	-	-
120.0 ～ 139.9	4	-	1	-	-	1	0	-	-	-	2	0	0
140.0 ～ 159.9	5	0	0	0	-	-	0	-	-	-	2	3	0
160.0 ～ 179.9	19	1	2	2	1	1	3	1	1	1	2	2	2
180.0 ～ 199.9	38	2	6	6	1	3	2	1	1	1	8	5	1
200.0 ～ 219.9	78	1	8	7	5	7	6	7	6	7	14	8	2
220.0 ～ 239.9	82	0	8	7	6	6	14	7	10	7	11	6	1
240.0 ～ 259.9	79	0	2	7	9	10	8	18	9	5	7	4	1
260.0 ～ 279.9	74	-	0	3	10	8	9	12	7	11	11	1	0
280.0 ～ 299.9	62	-	2	2	4	5	11	8	14	11	4	1	1
300.0 ～ 319.9	50	-	0	2	2	7	11	11	4	11	2	0	0
320.0 ～ 339.9	41	-	-	2	1	2	4	9	11	6	6	0	0
340.0 ～ 359.9	20	-	-	-	1	1	3	3	4	4	2	1	-
360.0 ～ 379.9	15	-	-	0	-	2	2	4	3	4	0	0	0
380.0 ～ 399.9	14	-	-	-	0	-	2	3	2	2	4	1	-
400.0 ～ 449.9	17	-	-	0	-	1	5	2	4	3	1	-	-
450.0 ～ 499.9	7	-	-	0	-	1	0	1	3	1	1	-	0
500.0 ～ 549.9	6	-	-	-	-	0	1	1	2	2	1	-	-
550.0 ～ 599.9	3	-	-	-	-	0	1	1	1	-	-	-	-
600.0 ～ 699.9	2	-	-	-	-	-	-	0	1	1	-	-	-
700.0 ～ 799.9	0	-	-	-	-	-	-	-	-	0	-	-	-
800.0 ～ 899.9	-	-	-	-	-	-	-	-	-	-	-	-	-
900.0 ～ 999.9	1	-	-	-	-	-	0	-	-	0	-	-	-
1000.0 ～ 1199.9	-	-	-	-	-	-	-	-	-	-	-	-	-
1200.0千円 ～	-	-	-	-	-	-	-	-	-	-	-	-	-
第1・十分位数（千円）	198.0	164.4	181.7	186.8	208.7	210.0	209.0	218.5	219.6	213.2	187.0	164.5	162.4
第1・四分位数（千円）	222.8	179.3	197.4	204.1	230.4	230.9	234.4	245.0	245.3	248.0	206.3	196.0	174.4
中位数（千円）	260.9	187.1	213.0	231.2	256.0	260.1	279.1	277.2	290.8	289.0	240.2	217.1	205.4
第3・四分位数（千円）	307.8	214.3	229.3	262.8	272.9	301.3	317.1	321.6	338.9	328.7	285.0	244.3	239.1
第9・十分位数（千円）	364.0	236.3	254.3	308.5	302.9	341.2	388.2	368.6	430.4	393.5	349.2	296.3	289.0
十分位分散係数	0.32	0.19	0.17	0.26	0.18	0.25	0.32	0.27	0.36	0.31	0.34	0.30	0.31
四分位分散係数	0.16	0.09	0.08	0.13	0.08	0.14	0.15	0.14	0.16	0.14	0.16	0.11	0.16
管理・事務・技術労働者(男)													
学歴計	**362**	**1**	**11**	**29**	**23**	**27**	**45**	**66**	**54**	**54**	**35**	**11**	**6**
～ 99.9千円	-	-	-	-	-	-	-	-	-	-	-	-	-
100.0 ～ 119.9	-	-	-	-	-	-	-	-	-	-	-	-	-
120.0 ～ 139.9	-	-	-	-	-	-	-	-	-	-	-	-	-
140.0 ～ 159.9	2	-	1	0	-	0	-	-	-	-	-	0	0
160.0 ～ 179.9	4	-	0	-	1	-	0	0	1	0	1	0	0
180.0 ～ 199.9	6	0	0	1	-	0	-	0	1	1	2	0	-
200.0 ～ 219.9	9	-	3	1	1	1	1	0	0	0	2	1	-
220.0 ～ 239.9	22	-	2	2	1	5	1	5	1	1	1	1	4
240.0 ～ 259.9	38	0	2	3	1	0	13	10	2	1	3	2	-
260.0 ～ 279.9	25	-	1	3	2	1	1	6	1	1	6	1	-
280.0 ～ 299.9	30	-	2	6	2	2	3	6	2	1	4	1	0
300.0 ～ 319.9	19	-	-	3	2	1	5	2	1	2	2	1	0
320.0 ～ 339.9	11	-	0	1	1	1	1	2	1	2	1	1	-
340.0 ～ 359.9	15	-	-	3	0	2	2	2	2	3	2	0	0
360.0 ～ 379.9	11	-	-	1	2	1	2	1	1	1	2	-	-
380.0 ～ 399.9	15	-	-	2	1	1	1	3	1	5	2	0	-
400.0 ～ 449.9	32	-	-	1	5	2	4	5	5	5	3	1	-
450.0 ～ 499.9	19	-	-	1	4	1	1	2	6	3	1	-	-
500.0 ～ 549.9	17	-	-	-	0	2	2	3	5	4	1	1	0
550.0 ～ 599.9	19	-	-	-	1	2	2	2	5	5	2	0	-
600.0 ～ 699.9	29	-	-	-	-	4	5	7	7	6	1	0	-
700.0 ～ 799.9	15	-	-	-	-	-	0	5	5	4	-	1	-
800.0 ～ 899.9	13	-	-	-	-	-	1	5	4	2	1	-	-
900.0 ～ 999.9	8	-	-	-	-	-	-	0	1	6	-	-	-
1000.0 ～ 1199.9	1	-	-	-	-	-	-	-	1	-	-	-	-
1200.0千円 ～	2	-	-	-	-	1	1	-	0	0	-	-	-
第1・十分位数（千円）	236.0	-	195.5	227.5	242.6	232.1	243.4	242.0	266.3	298.0	205.5	207.1	-
第1・四分位数（千円）	266.4	-	208.4	257.6	293.5	270.6	252.0	262.4	376.0	376.6	256.4	252.0	-
中位数（千円）	359.8	-	240.9	292.4	390.5	373.0	311.2	360.2	514.4	497.0	284.6	293.3	-
第3・四分位数（千円）	533.9	-	280.0	342.6	447.4	554.1	444.3	613.0	679.9	693.2	390.1	392.7	-
第9・十分位数（千円）	711.3	-	287.0	383.9	483.4	653.1	670.4	775.9	814.9	943.4	554.6	663.6	-
十分位分散係数	0.66	-	0.19	0.27	0.31	0.56	0.69	0.74	0.53	0.65	0.61	0.78	-
四分位分散係数	0.37	-	0.15	0.15	0.20	0.38	0.31	0.49	0.30	0.32	0.23	0.24	-

第3表　年齢階級、所定内給与額階級別労働者数及び所定内給与額の分布特性値

企業規模	計

C 鉱業，採石業，砂利採取業

（単位十人）

区　分	年齢計	～19歳	20～24歳	25～29歳	30～34歳	35～39歳	40～44歳	45～49歳	50～54歳	55～59歳	60～64歳	65～69歳	70歳以上
女													
学歴計	131	2	5	15	11	12	22	18	20	14	11	3	0
～ 99.9 千円	－	－	－	－	－	－	－	－	－	－	－	－	－
100.0 ～ 119.9	1	－	－	－	0	－	－	0	－	－	0	－	－
120.0 ～ 139.9	3	0	－	0	0	0	0	1	1	－	1	0	－
140.0 ～ 159.9	11	0	0	1	1	0	4	1	1	1	1	－	－
160.0 ～ 179.9	16	1	1	0	2	2	1	4	2	1	2	1	0
180.0 ～ 199.9	20	1	1	1	2	1	4	1	5	2	1	1	－
200.0 ～ 219.9	21	－	－	1	1	2	2	3	2	5	5	1	－
220.0 ～ 239.9	8	－	1	1	－	1	1	1	2	2	1	－	
240.0 ～ 259.9	12	－	1	4	0	1	2	1	0	1	0	－	－
260.0 ～ 279.9	7	－	0	1	0	1	1	2	0	1	0	－	－
280.0 ～ 299.9	6	－	－	1	－	1	2	1	1	1	－	－	－
300.0 ～ 319.9	5	－	－	2	2	－	1	0	1	0	－	0	－
320.0 ～ 339.9	3	－	－	1	0	1	0	0	0	0	－	－	－
340.0 ～ 359.9	4	－	－	0	－	1	1	1	1	0	0	－	－
360.0 ～ 379.9	2	－	－	－	1	－	0	－	0	0	－	－	－
380.0 ～ 399.9	3	－	－	1	－	－	0	1	1	－	－	－	－
400.0 ～ 449.9	5	－	－	1	1	0	1	－	1	0	－	－	－
450.0 ～ 499.9	2	－	－	－	－	－	1	－	1	－	－	－	－
500.0 ～ 549.9	3	－	－	－	1	1	0	1	－	－	－	－	0
550.0 ～ 599.9	－	－	－	－	－	－	－	－	－	－	－	－	－
600.0 ～ 699.9	1	－	－	－	－	－	1	－	－	－	－	－	－
700.0 ～ 799.9	－	－	－	－	－	－	－	－	－	－	－	－	－
800.0 ～ 899.9	－	－	－	－	－	－	－	－	－	－	－	－	－
900.0 ～ 999.9	－	－	－	－	－	－	－	－	－	－	－	－	－
1000.0 ～ 1199.9	－	－	－	－	－	－	－	－	－	－	－	－	－
1200.0千円 ～	－	－	－	－	－	－	－	－	－	－	－	－	－
第1・十分位数（千円）	157.4	－	173.0	181.8	153.9	170.5	145.5	160.4	161.1	175.0	154.0	171.5	－
第1・四分位数（千円）	181.4	－	185.0	235.0	176.0	185.2	180.1	168.0	181.4	189.4	175.9	175.0	－
中位数（千円）	210.4	－	225.0	256.4	241.3	231.4	233.8	215.8	202.5	207.0	202.2	181.5	－
第3・四分位数（千円）	281.9	－	244.3	306.3	362.2	299.1	309.5	277.9	295.7	242.5	208.4	201.3	－
第9・十分位数（千円）	376.5	－	249.4	381.5	434.2	410.6	450.3	393.1	398.5	282.0	228.7	212.1	－
十分位分散係数	0.52	－	0.17	0.39	0.58	0.52	0.65	0.54	0.59	0.26	0.18	0.11	－
四分位分散係数	0.24	－	0.13	0.14	0.39	0.25	0.28	0.25	0.28	0.13	0.08	0.07	－
生産労働者（女）													
学歴計	10	－	0	1	2	1	2	1	2	0	1	0	－
～ 99.9 千円	－	－	－	－	－	－	－	－	－	－	－	－	－
100.0 ～ 119.9	0	－	－	－	－	－	－	－	－	－	0	－	－
120.0 ～ 139.9	1	－	－	－	－	0	－	－	－	－	0	0	－
140.0 ～ 159.9	2	－	－	0	1	－	0	0	－	0	－	－	－
160.0 ～ 179.9	2	－	－	－	0	－	1	－	0	－	0	－	－
180.0 ～ 199.9	1	－	－	－	0	－	－	0	－	－	0	－	－
200.0 ～ 219.9	1	－	－	－	－	0	－	0	1	－	0	－	－
220.0 ～ 239.9	1	－	0	－	－	－	0	－	0	－	－	－	－
240.0 ～ 259.9	2	－	－	0	－	－	1	0	0	－	－	－	－
260.0 ～ 279.9	1	－	－	－	－	1	－	－	0	0	－	－	－
280.0 ～ 299.9	0	－	－	－	－	－	0	－	－	－	－	－	－
300.0 ～ 319.9	0	－	－	－	－	－	0	－	－	－	－	－	－
320.0 ～ 339.9	0	－	－	－	－	－	－	－	0	－	－	－	－
340.0 ～ 359.9	－	－	－	－	－	－	－	－	－	－	－	－	－
360.0 ～ 379.9	－	－	－	－	－	－	－	－	－	－	－	－	－
380.0 ～ 399.9	－	－	－	－	－	－	－	－	－	－	－	－	－
400.0 ～ 449.9	－	－	－	－	－	－	－	－	－	－	－	－	－
450.0 ～ 499.9	－	－	－	－	－	－	－	－	－	－	－	－	－
500.0 ～ 549.9	－	－	－	－	－	－	－	－	－	－	－	－	－
550.0 ～ 599.9	－	－	－	－	－	－	－	－	－	－	－	－	－
600.0 ～ 699.9	－	－	－	－	－	－	－	－	－	－	－	－	－
700.0 ～ 799.9	－	－	－	－	－	－	－	－	－	－	－	－	－
800.0 ～ 899.9	－	－	－	－	－	－	－	－	－	－	－	－	－
900.0 ～ 999.9	－	－	－	－	－	－	－	－	－	－	－	－	－
1000.0 ～ 1199.9	－	－	－	－	－	－	－	－	－	－	－	－	－
1200.0千円 ～	－	－	－	－	－	－	－	－	－	－	－	－	－
第1・十分位数（千円）	148.7	－	－	－	－	－	－	－	－	－	－	－	－
第1・四分位数（千円）	160.0	－	－	－	－	－	－	－	－	－	－	－	－
中位数（千円）	200.0	－	－	－	－	－	－	－	－	－	－	－	－
第3・四分位数（千円）	247.3	－	－	－	－	－	－	－	－	－	－	－	－
第9・十分位数（千円）	274.4	－	－	－	－	－	－	－	－	－	－	－	－
十分位分散係数	0.31	－	－	－	－	－	－	－	－	－	－	－	－
四分位分散係数	0.22	－	－	－	－	－	－	－	－	－	－	－	－

第3表　年齢階級、所定内給与額階級別労働者数及び所定内給与額の分布特性値

企業規模	計

C 鉱業，採石業，砂利採取業　D 建設業

（単位十人）

区分	年齢計	～19歳	20～24歳	25～29歳	30～34歳	35～39歳	40～44歳	45～49歳	50～54歳	55～59歳	60～64歳	65～69歳	70歳以上
管理・事務・技術労働者(女)													
学歴計	122	2	5	14	9	10	20	16	18	14	10	2	0
～ 99.9 千円	-	-	-	-	-	-	-	-	-	-	-	-	-
100.0 ～ 119.9	1	-	-	-	0	-	-	0	-	-	-	-	-
120.0 ～ 139.9	2	0	-	0	0	0	0	1	1	-	0	-	-
140.0 ～ 159.9	10	0	0	1	0	0	4	0	1	1	1	-	-
160.0 ～ 179.9	15	1	1	0	1	2	1	4	2	1	1	1	0
180.0 ～ 199.9	20	1	1	1	1	1	4	1	5	2	1	1	-
200.0 ～ 219.9	20	-	-	1	1	1	2	2	2	5	5	1	-
220.0 ～ 239.9	7	-	1	1	-	1	0	1	1	2	1	-	-
240.0 ～ 259.9	10	-	1	4	0	1	1	1	0	1	0	-	-
260.0 ～ 279.9	6	-	0	1	0	0	1	2	-	1	0	-	-
280.0 ～ 299.9	6	-	-	1	-	1	2	1	1	1	-	-	-
300.0 ～ 319.9	5	-	-	2	2	-	1	0	1	0	-	0	-
320.0 ～ 339.9	3	-	-	1	0	1	0	0	0	0	-	-	-
340.0 ～ 359.9	4	-	-	0	-	1	1	1	1	0	0	-	-
360.0 ～ 379.9	2	-	-	-	1	-	0	-	0	0	-	-	-
380.0 ～ 399.9	3	-	-	1	-	-	0	1	1	-	-	-	-
400.0 ～ 449.9	5	-	-	1	1	0	1	-	1	0	-	-	-
450.0 ～ 499.9	2	-	-	-	-	-	1	-	1	-	-	-	-
500.0 ～ 549.9	3	-	-	-	1	1	0	1	-	-	-	-	0
550.0 ～ 599.9	-	-	-	-	-	-	-	-	-	-	-	-	-
600.0 ～ 699.9	1	-	-	-	-	-	1	-	-	-	-	-	-
700.0 ～ 799.9	-	-	-	-	-	-	-	-	-	-	-	-	-
800.0 ～ 899.9	-	-	-	-	-	-	-	-	-	-	-	-	-
900.0 ～ 999.9	-	-	-	-	-	-	-	-	-	-	-	-	-
1000.0 ～ 1199.9	-	-	-	-	-	-	-	-	-	-	-	-	-
1200.0千円 ～	-	-	-	-	-	-	-	-	-	-	-	-	-
第1・十分位数（千円）	160.0	-	172.7	183.2	170.3	170.3	145.0	161.3	159.0	176.0	157.5	-	-
第1・四分位数（千円）	182.5	-	184.2	235.8	182.7	181.9	182.1	168.4	181.1	189.7	181.5	-	-
中位数（千円）	210.6	-	222.5	257.5	311.6	224.4	235.0	216.9	189.8	207.0	203.2	-	-
第3・四分位数（千円）	287.2	-	244.6	308.1	367.2	333.5	334.4	280.9	305.2	241.3	208.8	-	-
第9・十分位数（千円）	385.1	-	249.6	382.3	437.4	413.8	452.1	394.1	400.7	282.4	231.8	-	-
十分位分散係数	0.53	-	0.17	0.39	0.43	0.54	0.65	0.54	0.64	0.26	0.18	-	-
四分位分散係数	0.25	-	0.14	0.14	0.30	0.34	0.32	0.26	0.33	0.12	0.07	-	-
D 建設業													
企業規模計													
男女計													
学歴計	134 889	1 840	9 424	12 352	11 508	13 680	19 767	19 004	14 632	13 877	11 087	6 046	1 673
～ 99.9 千円	-	-	-	-	-	-	-	-	-	-	-	-	-
100.0 ～ 119.9	158	4	4	11	6	12	16	34	14	6	6	15	30
120.0 ～ 139.9	749	62	67	101	52	48	33	54	38	30	61	88	114
140.0 ～ 159.9	2 479	261	331	266	217	204	164	163	129	163	242	213	127
160.0 ～ 179.9	5 180	633	1 311	431	455	322	343	326	242	292	412	303	110
180.0 ～ 199.9	7 764	422	1 876	930	516	479	686	504	346	419	787	586	213
200.0 ～ 219.9	9 953	209	2 171	1 911	762	772	645	629	550	442	950	646	265
220.0 ～ 239.9	10 224	169	1 655	2 245	1 189	780	902	725	470	566	850	540	133
240.0 ～ 259.9	11 202	69	987	1 902	1 365	1 250	1 427	1 104	702	744	850	679	123
260.0 ～ 279.9	10 191	3	364	1 818	1 329	1 348	1 348	1 017	849	634	839	491	151
280.0 ～ 299.9	9 138	2	200	891	1 057	1 501	1 699	1 115	796	678	787	370	42
300.0 ～ 319.9	9 113	-	142	670	1 127	1 280	1 628	1 146	787	927	825	472	111
320.0 ～ 339.9	8 436	6	153	277	996	1 130	1 534	1 446	978	916	662	297	41
340.0 ～ 359.9	6 972	-	48	308	571	924	1 474	1 090	773	796	615	293	82
360.0 ～ 379.9	6 280	-	56	219	501	783	1 424	1 051	715	840	512	142	36
380.0 ～ 399.9	4 884	-	16	95	243	631	1 096	1 099	650	639	265	147	2
400.0 ～ 449.9	10 466	0	28	162	450	1 113	2 014	2 204	1 735	1 610	773	337	40
450.0 ～ 499.9	7 360	-	15	66	313	511	1 413	1 723	1 340	1 221	607	142	8
500.0 ～ 549.9	4 741	-	-	12	183	237	973	1 159	961	729	362	113	12
550.0 ～ 599.9	2 840	-	-	5	75	129	394	912	606	486	186	44	3
600.0 ～ 699.9	3 902	-	-	22	65	154	406	886	1 101	910	293	50	15
700.0 ～ 799.9	1 579	-	-	-	21	41	98	405	411	444	97	51	10
800.0 ～ 899.9	578	-	2	-	14	7	18	87	192	233	26	-	-
900.0 ～ 999.9	275	-	-	10	-	10	28	72	91	44	6	13	-
1000.0 ～ 1199.9	312	-	-	-	2	8	2	47	144	92	14	2	3
1200.0千円 ～	113	-	-	-	-	6	2	7	11	16	58	13	-
第1・十分位数（千円）	192.6	152.0	170.4	190.2	197.0	208.5	221.9	224.3	225.7	221.4	188.7	179.0	146.8
第1・四分位数（千円）	234.2	163.3	187.1	215.1	234.6	252.3	270.4	283.9	287.3	284.9	226.8	209.0	182.4
中位数（千円）	300.8	178.2	210.6	242.9	277.8	301.7	332.6	362.6	377.7	368.4	292.8	258.9	218.4
第3・四分位数（千円）	393.5	199.9	235.3	275.3	329.2	364.5	408.9	463.5	492.9	475.7	376.3	326.6	277.4
第9・十分位数（千円）	506.0	224.9	263.2	317.9	398.0	432.2	497.3	576.9	640.6	626.8	493.9	418.8	353.5
十分位分散係数	0.52	0.20	0.22	0.26	0.36	0.37	0.41	0.49	0.55	0.55	0.52	0.46	0.47
四分位分散係数	0.26	0.10	0.11	0.12	0.17	0.19	0.21	0.25	0.27	0.26	0.26	0.23	0.22

第3表　年齢階級、所定内給与額階級別労働者数及び所定内給与額の分布特性値

企業規模	計

D　建　設　業

（単位十人）

区　分	年齢計	～19歳	20～24歳	25～29歳	30～34歳	35～39歳	40～44歳	45～49歳	50～54歳	55～59歳	60～64歳	65～69歳	70歳以上
男													
学　歴　計	**116 835**	**1 637**	**7 957**	**10 356**	**9 799**	**11 545**	**16 725**	**16 211**	**12 707**	**12 395**	**10 294**	**5 747**	**1 461**
～ 99.9千円	-	-	-	-	-	-	-	-	-	-	-	-	-
100.0 ～ 119.9	84	4	4	11	1	1	-	4	14	-	3	13	30
120.0 ～ 139.9	407	50	45	65	32	16	4	1	7	8	31	62	86
140.0 ～ 159.9	1 284	160	261	166	100	38	35	60	41	28	141	169	86
160.0 ～ 179.9	3 332	595	1 000	284	224	99	69	127	89	157	307	289	92
180.0 ～ 199.9	5 290	405	1 528	588	305	256	249	192	191	192	657	536	192
200.0 ～ 219.9	7 392	199	1 777	1 457	516	541	351	319	291	327	791	582	243
220.0 ～ 239.9	8 260	145	1 468	1 946	883	535	576	446	318	496	793	520	133
240.0 ～ 259.9	9 201	69	894	1 661	1 122	915	1 046	823	482	592	805	676	116
260.0 ～ 279.9	8 926	3	344	1 670	1 191	1 168	1 133	817	687	509	814	469	121
280.0 ～ 299.9	8 061	2	190	790	997	1 378	1 464	869	644	562	766	361	39
300.0 ～ 319.9	8 332	-	134	640	1 108	1 109	1 453	994	699	840	801	452	102
320.0 ～ 339.9	7 939	6	151	258	935	1 099	1 415	1 320	912	862	656	287	37
340.0 ～ 359.9	6 603	-	48	280	564	879	1 377	1 015	709	776	601	292	63
360.0 ～ 379.9	5 964	-	55	195	499	745	1 281	1 017	674	822	506	139	32
380.0 ～ 399.9	4 596	-	15	92	240	613	1 022	1 000	600	603	261	147	2
400.0 ～ 449.9	9 969	0	28	144	423	1 097	1 948	2 057	1 605	1 567	724	337	40
450.0 ～ 499.9	7 199	-	15	60	310	489	1 395	1 682	1 316	1 175	607	142	8
500.0 ～ 549.9	4 572	-	-	12	176	228	970	1 115	895	695	361	113	7
550.0 ～ 599.9	2 760	-	-	5	75	124	384	878	604	457	186	44	3
600.0 ～ 699.9	3 855	-	-	22	64	144	405	872	1 089	906	289	50	15
700.0 ～ 799.9	1 557	-	-	-	21	41	98	399	411	444	92	41	10
800.0 ～ 899.9	565	-	2	-	14	7	18	87	182	230	26	-	-
900.0 ～ 999.9	261	-	-	10	-	10	28	63	91	40	6	13	-
1000.0 ～ 1199.9	311	-	-	-	-	8	2	47	144	92	14	2	3
1200.0千円 ～	113	-	-	-	-	6	2	7	11	16	58	13	-
第1・十分位数（千円）	203.7	156.0	171.7	197.2	212.7	227.6	248.5	251.5	253.4	241.0	196.4	181.4	151.3
第1・四分位数（千円）	246.9	165.2	188.9	220.2	247.8	268.7	290.1	307.9	311.2	305.1	236.0	212.0	185.2
中　位　数（千円）	314.5	180.4	213.2	247.9	289.9	314.8	349.4	381.9	399.9	381.1	301.0	260.9	220.3
第3・四分位数（千円）	407.9	201.9	238.2	278.8	338.3	376.2	421.9	480.9	512.2	485.9	382.6	329.2	279.3
第9・十分位数（千円）	520.6	225.3	267.8	323.4	407.4	441.8	509.2	590.5	653.8	637.8	500.1	421.3	354.7
十分位分散係数	0.50	0.19	0.23	0.25	0.34	0.34	0.37	0.44	0.50	0.52	0.50	0.46	0.46
四分位分散係数	0.26	0.10	0.12	0.12	0.16	0.17	0.19	0.23	0.25	0.24	0.24	0.22	0.21
生産労働者（男）													
学　歴　計	**49 147**	**1 007**	**4 135**	**4 184**	**4 366**	**5 429**	**6 888**	**5 888**	**4 287**	**4 443**	**4 543**	**3 129**	**847**
～ 99.9千円	-	-	-	-	-	-	-	-	-	-	-	-	-
100.0 ～ 119.9	51	4	1	11	1	1	-	4	6	-	1	1	21
120.0 ～ 139.9	279	48	32	59	32	7	4	1	6	4	10	43	35
140.0 ～ 159.9	820	81	183	112	48	37	31	38	29	26	69	109	57
160.0 ～ 179.9	1 969	323	609	147	161	83	39	103	60	82	153	139	69
180.0 ～ 199.9	3 373	230	888	329	178	208	217	130	147	149	381	399	118
200.0 ～ 219.9	4 390	158	894	671	281	391	261	212	223	228	505	418	148
220.0 ～ 239.9	4 450	100	535	783	458	320	428	270	241	354	533	345	82
240.0 ～ 259.9	4 983	53	344	540	524	511	714	600	346	356	519	410	66
260.0 ～ 279.9	4 486	3	191	394	507	690	678	485	428	348	431	261	70
280.0 ～ 299.9	3 815	2	125	291	456	647	593	386	408	292	342	239	34
300.0 ～ 319.9	3 721	-	99	251	466	534	659	434	321	426	328	149	54
320.0 ～ 339.9	3 544	6	117	124	349	497	619	582	458	367	270	133	24
340.0 ～ 359.9	2 727	-	39	136	241	277	477	454	342	341	252	127	42
360.0 ～ 379.9	2 190	-	42	115	124	225	434	467	288	268	151	66	10
380.0 ～ 399.9	1 469	-	5	62	75	184	350	324	178	172	65	53	2
400.0 ～ 449.9	3 064	0	18	108	241	491	463	568	326	498	239	103	9
450.0 ～ 499.9	1 699	-	11	36	146	153	395	308	177	264	156	53	-
500.0 ～ 549.9	1 173	-	-	11	47	93	363	230	168	154	67	37	3
550.0 ～ 599.9	512	-	-	5	13	52	110	163	66	53	36	10	3
600.0 ～ 699.9	266	-	-	-	12	18	31	83	41	50	21	12	-
700.0 ～ 799.9	100	-	-	-	3	-	12	38	24	8	15	1	-
800.0 ～ 899.9	18	-	2	-	4	-	2	6	4	2	-	-	-
900.0 ～ 999.9	30	-	-	-	-	10	4	3	2	2	-	10	-
1000.0 ～ 1199.9	5	-	-	-	-	2	2	-	2	-	-	-	-
1200.0千円 ～	13	-	-	-	-	-	2	-	-	-	-	10	-
第1・十分位数（千円）	190.4	155.2	168.2	185.7	201.4	210.3	226.1	227.3	216.9	216.5	190.5	180.9	152.3
第1・四分位数（千円）	225.8	165.7	184.7	212.1	236.7	249.5	260.8	264.8	260.7	254.2	220.6	204.3	183.9
中　位　数（千円）	278.9	183.6	208.1	239.3	279.6	294.7	314.3	331.0	315.4	318.1	264.3	245.7	218.0
第3・四分位数（千円）	347.7	211.7	238.5	285.5	328.4	349.9	380.7	394.5	372.9	390.3	330.2	298.3	270.5
第9・十分位数（千円）	426.3	228.3	289.0	347.8	403.2	416.3	478.8	491.8	468.0	457.6	414.9	368.7	328.0
十分位分散係数	0.42	0.20	0.29	0.34	0.36	0.35	0.40	0.40	0.40	0.38	0.42	0.38	0.40
四分位分散係数	0.22	0.13	0.13	0.15	0.16	0.17	0.19	0.20	0.18	0.21	0.21	0.19	0.20

第3表　年齢階級、所定内給与額階級別労働者数及び所定内給与額の分布特性値

企業規模	計

D　建　設　業

（単位十人）

区　分	年齢計	～19歳	20～24歳	25～29歳	30～34歳	35～39歳	40～44歳	45～49歳	50～54歳	55～59歳	60～64歳	65～69歳	70歳以上
管理・事務・技術労働者(男)													
学　歴　計	**67 688**	**630**	**3 822**	**6 173**	**5 433**	**6 117**	**9 837**	**10 323**	**8 420**	**7 953**	**5 751**	**2 618**	**613**
～　99.9 千円	-	-	-	-	-	-	-	-	-	-	-	-	-
100.0 ～ 119.9	33	-	3	-	-	-	-	-	7	-	2	12	9
120.0 ～ 139.9	128	2	13	6	-	10	-	-	2	5	21	19	51
140.0 ～ 159.9	464	79	78	54	52	1	4	22	12	2	72	60	29
160.0 ～ 179.9	1 363	272	391	137	63	16	30	24	29	75	154	150	23
180.0 ～ 199.9	1 917	175	641	260	128	47	32	62	44	43	275	137	73
200.0 ～ 219.9	3 002	41	883	785	235	150	90	107	68	98	285	164	95
220.0 ～ 239.9	3 810	45	933	1 162	425	215	147	176	78	142	260	175	51
240.0 ～ 259.9	4 218	16	549	1 121	597	404	332	223	137	237	286	266	50
260.0 ～ 279.9	4 440	-	153	1 276	684	478	455	332	259	161	384	207	51
280.0 ～ 299.9	4 247	-	65	499	541	730	871	483	235	269	424	122	5
300.0 ～ 319.9	4 611	-	35	389	641	576	794	560	378	414	473	303	48
320.0 ～ 339.9	4 394	-	34	135	586	602	796	738	455	495	386	154	14
340.0 ～ 359.9	3 876	-	8	144	323	601	899	561	367	435	350	165	22
360.0 ～ 379.9	3 774	-	13	80	375	519	847	550	386	553	355	73	22
380.0 ～ 399.9	3 126	-	11	31	164	430	672	677	422	430	196	93	-
400.0 ～ 449.9	6 905	-	10	35	182	606	1 485	1 489	1 279	1 069	485	234	31
450.0 ～ 499.9	5 500	-	4	24	164	336	1 000	1 374	1 139	911	451	89	8
500.0 ～ 549.9	3 400	-	-	2	129	136	607	885	727	541	294	76	4
550.0 ～ 599.9	2 248	-	-	-	62	71	275	715	539	404	150	33	-
600.0 ～ 699.9	3 589	-	-	22	52	127	374	788	1 048	857	268	39	15
700.0 ～ 799.9	1 458	-	-	-	18	41	85	362	388	436	77	40	10
800.0 ～ 899.9	548	-	-	-	10	7	16	81	179	229	26	-	-
900.0 ～ 999.9	231	-	-	10	-	-	25	60	89	38	6	3	-
1000.0 ～ 1199.9	306	-	-	-	-	7	-	47	142	92	14	2	3
1200.0千円 ～	101	-	-	-	-	6	-	7	11	16	58	3	-
第1・十分位数（千円）	219.1	156.9	175.9	205.5	223.5	248.4	275.0	283.4	296.7	283.1	203.1	183.2	147.7
第1・四分位数（千円）	268.5	164.5	194.8	226.3	256.3	285.8	313.0	336.1	361.6	342.7	264.3	233.7	186.8
中　位　数（千円）	346.9	176.3	217.9	252.4	299.6	333.8	371.7	418.1	451.8	425.5	333.1	299.3	227.7
第3・四分位数（千円）	453.2	191.3	238.1	276.8	345.1	388.5	446.1	516.5	574.3	558.5	434.9	369.6	305.0
第9・十分位数（千円）	585.9	218.9	257.6	310.5	416.0	465.1	533.2	616.0	688.9	702.7	553.3	456.4	403.9
十分位分散係数	0.53	0.18	0.19	0.21	0.32	0.32	0.35	0.40	0.43	0.49	0.53	0.46	0.56
四分位分散係数	0.27	0.08	0.10	0.10	0.15	0.15	0.18	0.22	0.24	0.25	0.26	0.23	0.26
女													
学　歴　計	**18 054**	**202**	**1 467**	**1 996**	**1 708**	**2 134**	**3 042**	**2 793**	**1 925**	**1 482**	**793**	**299**	**213**
～　99.9 千円	-	-	-	-	-	-	-	-	-	-	-	-	-
100.0 ～ 119.9	73	-	-	-	4	10	16	31	1	6	4	2	-
120.0 ～ 139.9	342	12	22	36	21	32	28	53	31	21	30	26	29
140.0 ～ 159.9	1 195	101	70	100	117	166	129	104	88	135	102	44	41
160.0 ～ 179.9	1 848	38	311	147	232	223	274	199	153	135	105	14	18
180.0 ～ 199.9	2 474	17	348	342	210	223	437	312	155	227	130	50	22
200.0 ～ 219.9	2 561	10	393	455	246	232	294	310	260	115	160	63	22
220.0 ～ 239.9	1 964	24	188	299	306	245	326	278	151	70	57	20	-
240.0 ～ 259.9	2 002	-	93	241	243	335	381	281	220	152	46	2	8
260.0 ～ 279.9	1 264	-	21	148	138	181	214	199	161	125	25	22	30
280.0 ～ 299.9	1 076	-	10	101	60	124	235	245	152	117	21	8	3
300.0 ～ 319.9	781	-	8	29	20	170	175	152	88	86	24	21	8
320.0 ～ 339.9	497	-	2	19	61	31	119	126	65	54	6	10	4
340.0 ～ 359.9	369	-	-	28	7	45	97	75	64	20	13	1	19
360.0 ～ 379.9	316	-	1	24	2	39	143	34	41	18	6	3	4
380.0 ～ 399.9	288	-	1	3	3	18	74	98	50	37	4	1	-
400.0 ～ 449.9	496	-	-	18	27	16	66	147	131	43	49	-	-
450.0 ～ 499.9	161	-	-	6	3	22	18	41	24	46	0	-	-
500.0 ～ 549.9	168	-	-	-	7	8	3	44	66	34	1	-	5
550.0 ～ 599.9	80	-	-	-	-	6	10	34	2	29	-	-	-
600.0 ～ 699.9	47	-	-	-	1	10	2	14	12	4	5	-	-
700.0 ～ 799.9	21	-	-	-	-	-	-	6	-	-	5	10	-
800.0 ～ 899.9	13	-	-	-	-	-	-	-	10	3	-	-	-
900.0 ～ 999.9	14	-	-	-	-	-	-	9	-	5	-	-	-
1000.0 ～ 1199.9	2	-	-	-	2	-	-	-	-	-	-	-	-
1200.0千円 ～	-	-	-	-	-	-	-	-	-	-	-	-	-
第1・十分位数（千円）	162.5	141.7	164.1	171.2	163.0	160.9	170.9	170.4	168.7	158.5	149.7	141.4	133.2
第1・四分位数（千円）	189.0	148.3	178.0	194.5	188.5	188.0	193.8	200.0	204.8	186.7	175.0	161.8	154.4
中　位　数（千円）	224.9	157.8	199.2	217.2	221.5	235.1	241.2	247.7	250.9	250.2	202.9	205.2	195.6
第3・四分位数（千円）	276.6	180.7	217.6	248.6	251.6	273.0	294.6	312.0	315.4	301.2	247.6	260.9	269.7
第9・十分位数（千円）	347.7	222.2	238.7	283.4	284.7	310.2	364.3	402.4	407.6	409.1	352.6	307.7	347.2
十分位分散係数	0.41	0.26	0.19	0.26	0.27	0.32	0.40	0.47	0.48	0.50	0.50	0.41	0.55
四分位分散係数	0.19	0.10	0.10	0.12	0.14	0.18	0.21	0.23	0.22	0.23	0.18	0.24	0.30

第3表　年齢階級、所定内給与額階級別労働者数及び所定内給与額の分布特性値

企業規模	計

D′ 建　設　業

（単位十人）

区分	年齢計	～19歳	20～24歳	25～29歳	30～34歳	35～39歳	40～44歳	45～49歳	50～54歳	55～59歳	60～64歳	65～69歳	70歳以上
生産労働者（女）													
学歴計	1 167	3	93	151	93	191	150	166	71	78	88	45	40
～ 99.9 千円	-	-	-	-	-	-	-	-	-	-	-	-	-
100.0 ～ 119.9	25	-	-	-	-	-	-	23	-	-	2	-	-
120.0 ～ 139.9	43	2	9	-	1	4	2	6	5	4	5	4	1
140.0 ～ 159.9	152	1	2	14	3	30	4	18	4	23	23	17	15
160.0 ～ 179.9	90	-	16	3	4	15	4	5	3	5	24	2	11
180.0 ～ 199.9	164	-	25	11	6	2	32	14	13	20	15	13	14
200.0 ～ 219.9	138	-	3	77	6	9	22	6	5	6	3	1	-
220.0 ～ 239.9	114	-	18	20	23	12	-	14	14	5	8	-	-
240.0 ～ 259.9	163	-	15	2	40	54	28	12	11	1	1	-	-
260.0 ～ 279.9	67	-	3	2	7	22	16	8	-	2	-	8	-
280.0 ～ 299.9	86	-	-	10	2	12	20	43	-	-	1	-	-
300.0 ～ 319.9	45	-	2	1	2	21	10	2	-	9	1	-	-
320.0 ～ 339.9	4	-	-	2	-	-	-	-	2	-	-	-	-
340.0 ～ 359.9	18	-	-	10	-	-	2	4	2	-	-	-	-
360.0 ～ 379.9	3	-	-	-	-	-	-	-	-	3	-	-	-
380.0 ～ 399.9	1	-	1	-	-	-	-	-	-	-	-	-	-
400.0 ～ 449.9	4	-	-	-	1	1	-	-	2	-	-	-	-
450.0 ～ 499.9	4	-	-	-	-	-	2	2	-	-	-	-	-
500.0 ～ 549.9	10	-	-	-	-	-	-	10	-	-	-	-	-
550.0 ～ 599.9	10	-	-	-	-	-	10	-	-	-	-	-	-
600.0 ～ 699.9	20	-	-	-	-	10	-	-	10	-	-	-	-
700.0 ～ 799.9	5	-	-	-	-	-	-	-	-	-	5	-	-
800.0 ～ 899.9	-	-	-	-	-	-	-	-	-	-	-	-	-
900.0 ～ 999.9	-	-	-	-	-	-	-	-	-	-	-	-	-
1000.0 ～ 1199.9	-	-	-	-	-	-	-	-	-	-	-	-	-
1200.0千円 ～	-	-	-	-	-	-	-	-	-	-	-	-	-
第1・十分位数（千円）	147.1	-	142.3	171.4	190.9	150.8	181.7	107.3	148.0	150.2	141.3	140.2	142.5
第1・四分位数（千円）	176.2	-	177.3	204.3	231.1	169.8	188.8	156.6	186.5	156.2	153.8	147.6	147.6
中位数（千円）	216.0	-	188.4	214.5	241.6	254.6	253.8	237.3	232.0	193.2	175.1	169.9	164.1
第3・四分位数（千円）	258.8	-	236.0	234.4	253.3	268.3	282.7	293.0	248.8	230.7	188.7	189.9	182.7
第9・十分位数（千円）	302.0	-	255.1	289.2	267.1	309.7	308.5	307.6	692.8	304.9	236.2	264.2	187.1
十分位分散係数	0.36	-	0.30	0.27	0.16	0.31	0.25	0.42	1.17	0.40	0.27	0.36	0.14
四分位分散係数	0.19	-	0.16	0.07	0.05	0.19	0.19	0.29	0.13	0.19	0.10	0.12	0.11
管理・事務・技術労働者(女)													
学歴計	16 887	200	1 374	1 844	1 615	1 944	2 892	2 627	1 855	1 404	705	254	173
～ 99.9 千円	-	-	-	-	-	-	-	-	-	-	-	-	-
100.0 ～ 119.9	48	-	-	-	4	10	16	8	1	6	2	2	-
120.0 ～ 139.9	298	11	13	36	19	28	27	47	26	17	25	22	28
140.0 ～ 159.9	1 043	100	68	86	114	136	125	86	84	112	79	28	27
160.0 ～ 179.9	1 758	38	295	144	228	208	269	195	150	130	81	12	8
180.0 ～ 199.9	2 310	17	323	331	204	221	405	298	142	207	116	37	8
200.0 ～ 219.9	2 423	10	391	377	240	223	272	304	255	110	157	62	22
220.0 ～ 239.9	1 850	24	169	279	283	232	326	265	137	65	49	20	-
240.0 ～ 259.9	1 839	-	78	239	204	281	353	269	209	151	45	2	8
260.0 ～ 279.9	1 198	-	18	146	131	159	199	192	161	123	25	15	30
280.0 ～ 299.9	990	-	10	91	58	112	215	203	152	117	21	8	3
300.0 ～ 319.9	736	-	6	29	18	149	165	150	88	77	23	21	8
320.0 ～ 339.9	493	-	2	17	61	31	119	126	63	54	6	10	4
340.0 ～ 359.9	351	-	-	18	7	45	96	71	62	20	13	1	19
360.0 ～ 379.9	313	-	1	24	2	39	143	34	41	15	6	3	4
380.0 ～ 399.9	288	-	-	3	3	18	74	98	50	37	4	1	-
400.0 ～ 449.9	492	-	-	18	27	14	66	147	128	43	49	-	-
450.0 ～ 499.9	156	-	-	6	3	22	16	39	24	46	0	-	-
500.0 ～ 549.9	159	-	-	-	7	8	3	34	66	34	1	-	5
550.0 ～ 599.9	71	-	-	-	-	6	-	34	2	29	-	-	-
600.0 ～ 699.9	28	-	-	-	1	0	2	14	2	4	5	-	-
700.0 ～ 799.9	16	-	-	-	-	-	-	6	-	-	-	10	-
800.0 ～ 899.9	13	-	-	-	-	-	-	-	10	3	-	-	-
900.0 ～ 999.9	14	-	-	-	-	-	-	9	-	5	-	-	-
1000.0 ～ 1199.9	2	-	-	-	2	-	-	-	-	-	-	-	-
1200.0千円 ～	-	-	-	-	-	-	-	-	-	-	-	-	-
第1・十分位数（千円）	164.0	142.0	164.3	171.2	162.6	163.9	170.3	173.3	169.1	160.7	151.6	144.1	130.0
第1・四分位数（千円）	190.1	148.7	178.0	194.0	186.2	188.1	194.0	201.3	205.7	187.9	178.4	180.0	155.9
中位数（千円）	225.3	158.0	199.4	217.8	219.9	233.1	240.4	248.1	252.7	252.2	206.0	210.6	208.8
第3・四分位数（千円）	278.0	181.1	216.8	249.4	251.3	273.6	296.0	314.9	315.7	302.5	253.4	263.7	291.8
第9・十分位数（千円）	349.7	222.4	237.2	282.8	286.1	310.7	365.4	403.1	407.1	423.3	355.2	309.9	351.3
十分位分散係数	0.41	0.25	0.18	0.26	0.28	0.31	0.41	0.46	0.47	0.52	0.49	0.39	0.53
四分位分散係数	0.20	0.10	0.10	0.13	0.15	0.18	0.21	0.23	0.22	0.23	0.18	0.20	0.33

第3表　年齢階級、所定内給与額階級別労働者数及び所定内給与額の分布特性値

企業規模	1,000人以上

D　建　設　業

（単位十人）

区　分	年齢計	～19歳	20～24歳	25～29歳	30～34歳	35～39歳	40～44歳	45～49歳	50～54歳	55～59歳	60～64歳	65～69歳	70歳以上
企業規模1,000人以上													
男女計													
学歴計	**29 872**	**189**	**2 213**	**3 801**	**2 733**	**2 385**	**4 117**	**4 806**	**3 761**	**3 117**	**1 942**	**741**	**65**
～ 99.9千円	-	-	-	-	-	-	-	-	-	-	-	-	-
100.0 ～ 119.9	11	-	-	-	3	-	-	1	-	6	2	-	1
120.0 ～ 139.9	42	-	13	10	1	10	3	3	1	1	1	1	-
140.0 ～ 159.9	227	13	56	14	40	19	15	6	13	6	27	17	2
160.0 ～ 179.9	613	130	203	52	35	15	29	26	12	-	83	22	8
180.0 ～ 199.9	814	26	362	102	49	7	16	31	11	17	159	33	-
200.0 ～ 219.9	1 355	10	526	369	42	48	37	33	57	35	128	68	3
220.0 ～ 239.9	1 660	-	487	624	214	95	58	44	24	7	71	32	5
240.0 ～ 259.9	1 977	8	347	750	245	179	121	74	45	30	89	76	14
260.0 ～ 279.9	1 635	3	93	862	240	98	128	63	25	18	80	26	-
280.0 ～ 299.9	1 538	-	43	333	281	241	194	145	88	93	106	14	-
300.0 ～ 319.9	1 661	-	20	308	323	220	249	145	84	85	92	126	11
320.0 ～ 339.9	1 418	-	24	92	376	182	200	226	99	110	92	17	-
340.0 ～ 359.9	1 261	-	12	108	175	138	281	139	74	129	133	62	11
360.0 ～ 379.9	1 428	-	6	70	219	223	341	160	96	122	156	26	10
380.0 ～ 399.9	1 237	-	9	30	104	226	311	203	133	146	46	30	-
400.0 ～ 449.9	2 753	-	9	46	106	311	625	650	498	293	111	104	-
450.0 ～ 499.9	2 276	-	3	20	105	136	515	703	305	278	182	28	-
500.0 ～ 549.9	1 825	-	-	2	88	48	404	560	379	236	79	28	-
550.0 ～ 599.9	1 343	-	-	-	38	55	163	495	303	206	75	9	-
600.0 ～ 699.9	2 586	-	-	-	36	97	339	627	779	610	94	5	-
700.0 ～ 799.9	1 196	-	-	-	13	26	73	341	345	332	49	16	-
800.0 ～ 899.9	482	-	-	-	2	1	15	75	166	211	12	-	-
900.0 ～ 999.9	188	-	-	10	-	10	-	48	74	40	6	-	-
1000.0 ～ 1199.9	254	-	-	-	-	1	-	2	142	92	14	-	3
1200.0千円 ～	93	-	-	-	-	-	-	7	10	15	58	3	-
第1・十分位数（千円）	219.0	160.7	176.1	213.7	231.0	248.6	280.5	308.7	324.6	322.0	188.6	200.2	165.9
第1・四分位数（千円）	268.2	164.2	195.9	232.3	267.5	292.7	338.1	393.5	417.8	397.3	242.6	244.8	228.0
中位数（千円）	371.2	170.1	217.7	259.5	311.9	351.8	406.6	485.5	539.5	534.0	345.8	316.2	301.6
第3・四分位数（千円）	510.0	179.9	240.5	283.3	364.1	409.1	490.8	590.8	668.0	677.5	464.6	402.4	357.0
第9・十分位数（千円）	659.5	201.9	259.8	319.8	453.3	498.7	608.3	698.3	807.4	821.1	638.2	456.5	366.5
十分位分散係数	0.59	0.12	0.19	0.20	0.36	0.36	0.40	0.40	0.45	0.47	0.65	0.41	0.33
四分位分散係数	0.33	0.05	0.10	0.10	0.15	0.17	0.19	0.20	0.23	0.26	0.32	0.25	0.21
男													
学歴計	**25 735**	**189**	**1 784**	**3 212**	**2 347**	**1 872**	**3 393**	**4 156**	**3 313**	**2 821**	**1 848**	**736**	**64**
～ 99.9千円	-	-	-	-	-	-	-	-	-	-	-	-	-
100.0 ～ 119.9	2	-	-	-	-	-	-	-	-	-	2	-	1
120.0 ～ 139.9	20	-	10	-	-	10	-	-	-	-	1	-	-
140.0 ～ 159.9	136	13	46	12	21	3	1	-	3	-	22	16	1
160.0 ～ 179.9	499	130	166	39	32	12	5	4	6	-	75	22	8
180.0 ～ 199.9	475	26	221	35	28	-	7	3	1	4	120	30	-
200.0 ～ 219.9	898	10	367	257	24	8	29	1	10	10	113	68	3
220.0 ～ 239.9	1 306	-	442	541	124	42	16	26	8	6	65	32	5
240.0 ～ 259.9	1 442	8	320	612	168	26	61	46	4	24	84	76	14
260.0 ～ 279.9	1 379	3	90	822	184	68	66	19	8	13	80	26	-
280.0 ～ 299.9	1 196	-	38	297	242	194	117	77	46	65	106	14	-
300.0 ～ 319.9	1 396	-	20	282	322	136	207	106	46	59	82	126	11
320.0 ～ 339.9	1 248	-	24	78	360	174	154	186	68	93	92	17	-
340.0 ～ 359.9	1 090	-	12	95	170	128	213	113	46	109	133	62	11
360.0 ～ 379.9	1 219	-	6	51	218	210	208	139	84	118	150	26	10
380.0 ～ 399.9	1 029	-	9	27	101	225	246	129	104	113	46	30	-
400.0 ～ 449.9	2 529	-	9	39	79	307	570	566	467	276	111	104	-
450.0 ～ 499.9	2 194	-	3	14	105	115	511	683	291	262	182	28	-
500.0 ～ 549.9	1 687	-	-	2	81	43	401	526	325	202	79	28	-
550.0 ～ 599.9	1 262	-	-	-	38	49	153	461	301	176	75	9	-
600.0 ～ 699.9	2 548	-	-	-	35	87	339	613	769	607	94	5	-
700.0 ～ 799.9	1 190	-	-	-	13	26	73	335	345	332	49	16	-
800.0 ～ 899.9	469	-	-	-	2	1	15	75	156	208	12	-	-
900.0 ～ 999.9	175	-	-	10	-	10	-	39	74	36	6	-	-
1000.0 ～ 1199.9	254	-	-	-	-	1	-	2	142	92	14	-	3
1200.0千円 ～	93	-	-	-	-	-	-	7	10	15	58	3	-
第1・十分位数（千円）	227.8	160.7	176.1	218.8	241.0	283.8	304.7	334.6	381.5	342.6	193.6	201.1	167.1
第1・四分位数（千円）	284.6	164.2	200.1	236.7	280.5	316.1	358.0	416.6	439.7	417.8	253.1	246.4	229.6
中位数（千円）	391.6	170.1	223.5	262.2	321.2	372.8	422.2	498.8	574.7	566.2	351.7	316.4	302.1
第3・四分位数（千円）	536.4	179.9	243.7	285.2	371.2	425.6	513.6	601.7	681.6	690.0	467.9	402.9	357.2
第9・十分位数（千円）	677.0	201.9	264.3	319.5	464.9	538.8	617.5	706.4	824.9	826.3	644.0	456.8	366.6
十分位分散係数	0.57	0.12	0.20	0.19	0.35	0.34	0.37	0.37	0.39	0.43	0.64	0.40	0.33
四分位分散係数	0.32	0.05	0.10	0.09	0.14	0.15	0.18	0.19	0.21	0.24	0.31	0.25	0.21

第3表　年齢階級、所定内給与額階級別労働者数及び所定内給与額の分布特性値

企業規模	1,000人以上

D　建　設　業

（単位十人）

区　分	年齢計	～19歳	20～24歳	25～29歳	30～34歳	35～39歳	40～44歳	45～49歳	50～54歳	55～59歳	60～64歳	65～69歳	70歳以上
生産労働者（男）													
学　歴　計	**2 907**	**57**	**363**	**522**	**326**	**325**	**422**	**378**	**132**	**164**	**144**	**69**	**8**
～ 99.9 千円	-	-	-	-	-	-	-	-	-	-	-	-	-
100.0 ～ 119.9	-	-	-	-	-	-	-	-	-	-	-	-	-
120.0 ～ 139.9	-	-	-	-	-	-	-	-	-	-	-	-	-
140.0 ～ 159.9	12	0	1	-	-	3	1	-	3	-	5	-	-
160.0 ～ 179.9	111	33	54	1	-	2	-	-	3	-	17	3	-
180.0 ～ 199.9	144	14	92	4	-	-	1	3	1	3	9	18	-
200.0 ～ 219.9	207	3	88	74	2	-	3	1	1	1	9	23	3
220.0 ～ 239.9	335	-	43	222	33	16	3	4	1	0	4	5	5
240.0 ～ 259.9	186	3	30	73	41	-	11	3	4	1	19	2	-
260.0 ～ 279.9	179	3	10	35	57	23	16	1	1	1	24	10	-
280.0 ～ 299.9	252	-	5	26	58	116	18	11	7	1	10	-	-
300.0 ～ 319.9	240	-	17	8	46	50	42	24	11	15	24	2	-
320.0 ～ 339.9	223	-	8	16	9	45	21	81	12	20	13	-	-
340.0 ～ 359.9	112	-	11	21	14	6	29	13	15	3	-	-	-
360.0 ～ 379.9	148	-	5	19	10	11	32	39	13	18	1	-	-
380.0 ～ 399.9	128	-	-	11	19	9	38	20	12	18	2	-	-
400.0 ～ 449.9	259	-	-	13	9	35	56	83	25	24	6	7	-
450.0 ～ 499.9	111	-	-	1	-	1	65	28	6	8	2	-	-
500.0 ～ 549.9	147	-	-	-	10	-	78	24	10	26	-	-	-
550.0 ～ 599.9	46	-	-	-	10	-	6	20	-	11	-	-	-
600.0 ～ 699.9	41	-	-	-	10	-	3	13	2	14	-	-	-
700.0 ～ 799.9	15	-	-	-	-	-	-	6	8	-	-	-	-
800.0 ～ 899.9	-	-	-	-	-	-	-	-	-	-	-	-	-
900.0 ～ 999.9	13	-	-	-	-	10	-	3	-	-	-	-	-
1000.0 ～ 1199.9	-	-	-	-	-	-	-	-	-	-	-	-	-
1200.0千円 ～	-	-	-	-	-	-	-	-	-	-	-	-	-
第1・十分位数（千円）	202.2	162.4	176.2	215.2	239.0	271.0	294.2	311.3	291.0	316.7	165.6	191.2	-
第1・四分位数（千円）	231.4	166.4	188.3	222.9	262.1	290.9	332.8	329.1	332.5	339.8	206.1	198.0	-
中　位　数（千円）	302.7	175.6	206.8	230.3	290.7	301.9	399.0	386.0	376.0	404.3	268.1	206.7	-
第3・四分位数（千円）	385.6	193.7	236.8	267.2	329.1	337.3	486.9	449.6	415.6	514.4	313.4	262.1	-
第9・十分位数（千円）	487.6	209.7	304.6	350.3	419.7	420.1	525.5	555.3	509.0	590.8	335.9	401.1	-
十分位分散係数	0.47	0.13	0.31	0.29	0.31	0.25	0.29	0.32	0.29	0.34	0.32	0.51	-
四分位分散係数	0.25	0.08	0.12	0.10	0.12	0.08	0.19	0.16	0.11	0.22	0.20	0.15	-
管理・事務・技術労働者(男)													
学　歴　計	**22 828**	**132**	**1 421**	**2 690**	**2 022**	**1 548**	**2 971**	**3 778**	**3 181**	**2 657**	**1 704**	**667**	**56**
～ 99.9 千円	-	-	-	-	-	-	-	-	-	-	-	-	-
100.0 ～ 119.9	2	-	-	-	-	-	-	-	-	-	2	-	1
120.0 ～ 139.9	20	-	10	-	-	10	-	-	-	-	1	-	-
140.0 ～ 159.9	124	13	45	12	21	-	1	-	-	-	17	16	1
160.0 ～ 179.9	387	96	112	38	32	11	5	4	4	-	58	20	8
180.0 ～ 199.9	331	12	129	31	28	-	6	-	-	1	111	12	-
200.0 ～ 219.9	692	7	280	183	22	8	26	-	9	8	105	45	-
220.0 ～ 239.9	972	-	398	319	90	26	13	22	7	6	62	28	-
240.0 ～ 259.9	1 256	5	290	539	128	26	50	43	-	23	65	74	14
260.0 ～ 279.9	1 200	-	81	787	127	46	50	18	7	13	56	16	-
280.0 ～ 299.9	944	-	33	271	184	78	99	66	39	64	95	14	-
300.0 ～ 319.9	1 156	-	3	275	276	86	166	82	34	44	58	124	11
320.0 ～ 339.9	1 025	-	16	63	352	130	134	105	56	74	80	17	-
340.0 ～ 359.9	977	-	1	73	156	122	184	100	31	106	133	62	11
360.0 ～ 379.9	1 071	-	1	32	209	199	176	99	71	100	148	26	10
380.0 ～ 399.9	901	-	9	16	82	216	208	109	92	95	44	30	-
400.0 ～ 449.9	2 271	-	9	27	70	272	514	483	442	252	105	97	-
450.0 ～ 499.9	2 083	-	3	13	105	113	446	656	285	253	181	28	-
500.0 ～ 549.9	1 540	-	-	2	72	43	324	503	315	176	79	28	-
550.0 ～ 599.9	1 216	-	-	-	28	49	147	442	301	166	75	9	-
600.0 ～ 699.9	2 507	-	-	-	25	87	336	600	767	593	94	5	-
700.0 ～ 799.9	1 175	-	-	-	13	26	73	329	337	332	49	16	-
800.0 ～ 899.9	469	-	-	-	2	1	15	75	156	208	12	-	-
900.0 ～ 999.9	162	-	-	10	-	-	-	36	74	36	6	-	-
1000.0 ～ 1199.9	254	-	-	-	-	1	-	2	142	92	14	-	3
1200.0千円 ～	93	-	-	-	-	-	-	7	10	15	58	3	-
第1・十分位数（千円）	235.3	160.1	176.1	220.4	242.4	291.7	307.0	352.3	395.7	350.7	196.1	206.0	-
第1・四分位数（千円）	294.8	163.4	203.8	243.5	285.4	332.7	361.6	431.4	450.7	423.7	262.0	254.5	-
中　位　数（千円）	407.9	169.0	226.5	264.7	324.4	381.9	427.1	507.9	583.6	582.2	361.5	318.8	-
第3・四分位数（千円）	556.7	177.4	244.3	286.8	372.7	435.2	518.0	605.7	684.2	704.5	490.5	406.8	-
第9・十分位数（千円）	689.5	198.4	262.1	316.7	466.1	570.6	630.9	710.9	828.6	829.9	651.1	460.1	-
十分位分散係数	0.56	0.11	0.19	0.18	0.34	0.37	0.38	0.35	0.37	0.41	0.63	0.40	-
四分位分散係数	0.32	0.04	0.09	0.08	0.13	0.13	0.18	0.17	0.20	0.24	0.32	0.24	-

第3表　年齢階級、所定内給与額階級別労働者数及び所定内給与額の分布特性値

企業規模	1,000人以上

D　建　設　業

（単位十人）

区分	年齢計	～19歳	20～24歳	25～29歳	30～34歳	35～39歳	40～44歳	45～49歳	50～54歳	55～59歳	60～64歳	65～69歳	70歳以上
女													
学歴計	**4 137**	**－**	**429**	**588**	**386**	**513**	**725**	**650**	**448**	**296**	**94**	**5**	**1**
～ 99.9 千円	－	－	－	－	－	－	－	－	－	－	－	－	－
100.0 ～ 119.9	9	－	－	－	3	－	－	1	－	6	－	－	－
120.0 ～ 139.9	21	－	3	10	1	－	3	3	1	1	1	1	－
140.0 ～ 159.9	91	－	10	2	19	17	14	6	10	6	5	1	1
160.0 ～ 179.9	115	－	37	13	3	3	24	22	6	－	8	－	－
180.0 ～ 199.9	339	－	141	67	21	7	10	28	10	13	39	3	－
200.0 ～ 219.9	457	－	158	112	18	41	8	32	48	25	15	－	－
220.0 ～ 239.9	354	－	45	83	90	54	42	18	16	1	6	－	－
240.0 ～ 259.9	535	－	27	138	76	154	61	28	41	6	5	－	－
260.0 ～ 279.9	257	－	3	40	56	29	62	44	17	5	－	－	－
280.0 ～ 299.9	342	－	5	36	39	47	77	68	43	28	－	－	－
300.0 ～ 319.9	265	－	－	26	1	84	42	39	38	27	10	－	－
320.0 ～ 339.9	170	－	－	14	16	8	46	40	31	16	－	－	－
340.0 ～ 359.9	171	－	－	13	6	10	68	27	28	20	－	－	－
360.0 ～ 379.9	209	－	－	19	1	13	133	22	12	4	6	－	－
380.0 ～ 399.9	208	－	－	3	3	1	66	74	29	33	－	－	－
400.0 ～ 449.9	224	－	－	7	27	4	55	84	31	16	－	－	－
450.0 ～ 499.9	82	－	－	6	－	22	4	20	14	17	－	－	－
500.0 ～ 549.9	138	－	－	－	7	5	3	34	54	34	－	－	－
550.0 ～ 599.9	80	－	－	－	－	6	10	34	2	29	－	－	－
600.0 ～ 699.9	38	－	－	－	1	10	－	14	10	3	－	－	－
700.0 ～ 799.9	6	－	－	－	－	－	－	6	－	－	－	－	－
800.0 ～ 899.9	13	－	－	－	－	－	－	－	10	3	－	－	－
900.0 ～ 999.9	13	－	－	－	－	－	－	9	－	4	－	－	－
1000.0 ～ 1199.9	－	－	－	－	－	－	－	－	－	－	－	－	－
1200.0千円 ～	－	－	－	－	－	－	－	－	－	－	－	－	－
第1・十分位数（千円）	193.2	－	175.7	194.6	195.7	212.5	227.4	203.4	213.4	203.5	174.9	－	－
第1・四分位数（千円）	220.2	－	192.3	213.2	230.3	241.9	264.6	271.2	254.4	288.8	183.5	－	－
中位数（千円）	270.0	－	202.6	241.0	247.5	258.4	331.8	339.2	318.4	347.7	194.7	－	－
第3・四分位数（千円）	355.4	－	215.9	264.6	281.0	304.6	376.0	411.8	424.3	488.8	231.9	－	－
第9・十分位数（千円）	443.4	－	237.8	330.1	349.6	367.3	399.8	549.0	535.7	572.0	316.6	－	－
十分位分散係数	0.46	－	0.15	0.28	0.31	0.30	0.26	0.51	0.51	0.53	0.36	－	－
四分位分散係数	0.25	－	0.06	0.11	0.10	0.12	0.17	0.21	0.27	0.29	0.12	－	－
生産労働者（女）													
学歴計	**242**	**－**	**30**	**45**	**45**	**47**	**42**	**22**	**10**	**－**	**1**	**－**	**－**
～ 99.9 千円	－	－	－	－	－	－	－	－	－	－	－	－	－
100.0 ～ 119.9	－	－	－	－	－	－	－	－	－	－	－	－	－
120.0 ～ 139.9	1	－	－	－	－	－	－	－	－	－	1	－	－
140.0 ～ 159.9	3	－	－	－	－	3	－	－	1	－	－	－	－
160.0 ～ 179.9	9	－	9	－	－	－	－	－	－	－	－	－	－
180.0 ～ 199.9	15	－	15	－	－	－	－	－	－	－	－	－	－
200.0 ～ 219.9	11	－	1	10	－	－	－	－	－	－	－	－	－
220.0 ～ 239.9	40	－	5	20	15	－	－	－	－	－	－	－	－
240.0 ～ 259.9	74	－	－	－	30	25	20	－	－	－	－	－	－
260.0 ～ 279.9	22	－	－	－	－	10	10	2	－	－	－	－	－
280.0 ～ 299.9	27	－	－	5	－	－	3	19	－	－	－	－	－
300.0 ～ 319.9	－	－	－	－	－	－	－	－	－	－	－	－	－
320.0 ～ 339.9	－	－	－	－	－	－	－	－	－	－	－	－	－
340.0 ～ 359.9	11	－	－	10	－	－	－	1	－	－	－	－	－
360.0 ～ 379.9	－	－	－	－	－	－	－	－	－	－	－	－	－
380.0 ～ 399.9	－	－	－	－	－	－	－	－	－	－	－	－	－
400.0 ～ 449.9	－	－	－	－	－	－	－	－	－	－	－	－	－
450.0 ～ 499.9	－	－	－	－	－	－	－	－	－	－	－	－	－
500.0 ～ 549.9	－	－	－	－	－	－	－	－	－	－	－	－	－
550.0 ～ 599.9	10	－	－	－	－	－	10	－	－	－	－	－	－
600.0 ～ 699.9	20	－	－	－	－	10	－	－	10	－	－	－	－
700.0 ～ 799.9	－	－	－	－	－	－	－	－	－	－	－	－	－
800.0 ～ 899.9	－	－	－	－	－	－	－	－	－	－	－	－	－
900.0 ～ 999.9	－	－	－	－	－	－	－	－	－	－	－	－	－
1000.0 ～ 1199.9	－	－	－	－	－	－	－	－	－	－	－	－	－
1200.0千円 ～	－	－	－	－	－	－	－	－	－	－	－	－	－
第1・十分位数（千円）	187.8	－	－	－	－	－	－	－	－	－	－	－	－
第1・四分位数（千円）	234.7	－	－	－	－	－	－	－	－	－	－	－	－
中位数（千円）	254.1	－	－	－	－	－	－	－	－	－	－	－	－
第3・四分位数（千円）	284.0	－	－	－	－	－	－	－	－	－	－	－	－
第9・十分位数（千円）	585.3	－	－	－	－	－	－	－	－	－	－	－	－
十分位分散係数	0.78	－	－	－	－	－	－	－	－	－	－	－	－
四分位分散係数	0.10	－	－	－	－	－	－	－	－	－	－	－	－

第3表　年齢階級、所定内給与額階級別労働者数及び所定内給与額の分布特性値

企業規模	1,000人以上
	100～999人

D　建　設　業

（単位十人）

区　分	年齢計	～19歳	20～24歳	25～29歳	30～34歳	35～39歳	40～44歳	45～49歳	50～54歳	55～59歳	60～64歳	65～69歳	70歳以上
管理・事務・技術労働者(女)													
学　歴　計	**3 895**	**-**	**399**	**544**	**341**	**466**	**682**	**629**	**438**	**296**	**94**	**5**	**1**
～ 99.9 千円	-	-	-	-	-	-	-	-	-	-	-	-	-
100.0 ～ 119.9	9	-	-	-	3	-	-	1	-	6	-	-	-
120.0 ～ 139.9	21	-	3	10	1	-	3	3	1	1	-	1	-
140.0 ～ 159.9	88	-	10	2	19	14	14	6	10	6	5	1	1
160.0 ～ 179.9	106	-	28	13	3	3	24	22	6	-	8	-	-
180.0 ～ 199.9	324	-	126	67	21	7	10	28	10	13	39	3	-
200.0 ～ 219.9	445	-	157	102	18	41	8	32	48	25	15	-	-
220.0 ～ 239.9	314	-	40	63	75	54	42	18	16	1	6	-	-
240.0 ～ 259.9	460	-	27	138	47	129	41	28	41	6	5	-	-
260.0 ～ 279.9	235	-	3	40	56	19	52	42	17	5	-	-	-
280.0 ～ 299.9	315	-	5	31	39	47	74	49	43	28	-	-	-
300.0 ～ 319.9	265	-	-	26	1	84	42	39	38	27	10	-	-
320.0 ～ 339.9	170	-	-	14	16	8	46	40	31	16	-	-	-
340.0 ～ 359.9	160	-	-	4	6	10	68	26	28	20	-	-	-
360.0 ～ 379.9	209	-	-	19	1	13	133	22	12	4	6	-	-
380.0 ～ 399.9	208	-	-	3	3	1	66	74	29	33	-	-	-
400.0 ～ 449.9	224	-	-	7	27	4	55	84	31	16	-	-	-
450.0 ～ 499.9	82	-	-	6	-	22	4	20	14	17	-	-	-
500.0 ～ 549.9	138	-	-	-	7	5	3	34	54	34	-	-	-
550.0 ～ 599.9	71	-	-	-	-	6	-	34	2	29	-	-	-
600.0 ～ 699.9	19	-	-	-	1	-	-	14	1	3	-	-	-
700.0 ～ 799.9	6	-	-	-	-	-	-	6	-	-	-	-	-
800.0 ～ 899.9	13	-	-	-	-	-	-	-	10	3	-	-	-
900.0 ～ 999.9	13	-	-	-	-	-	-	9	-	4	-	-	-
1000.0 ～ 1199.9	-	-	-	-	-	-	-	-	-	-	-	-	-
1200.0千円 ～	-	-	-	-	-	-	-	-	-	-	-	-	-
第1・十分位数（千円）	193.4	-	178.7	193.8	193.2	211.5	225.1	202.3	213.2	203.5	175.5	-	-
第1・四分位数（千円）	219.3	-	193.8	213.1	226.9	239.5	268.7	269.3	253.8	288.8	183.6	-	-
中　位　数（千円）	274.9	-	203.6	241.9	250.0	258.4	335.6	345.0	316.5	347.7	195.0	-	-
第3・四分位数（千円）	361.3	-	216.3	263.6	284.9	304.9	376.1	421.0	401.4	488.8	232.3	-	-
第9・十分位数（千円）	442.6	-	238.7	317.9	400.9	363.5	398.9	580.0	534.1	572.0	316.6	-	-
十分位分散係数	0.45	-	0.15	0.26	0.42	0.29	0.26	0.55	0.51	0.53	0.36	-	-
四分位分散係数	0.26	-	0.06	0.10	0.12	0.13	0.16	0.22	0.23	0.29	0.12	-	-
企業規模 100 ～ 999 人													
男　女　計													
学　歴　計	**28 969**	**348**	**2 243**	**2 952**	**2 617**	**2 819**	**4 341**	**4 580**	**3 251**	**2 867**	**1 997**	**846**	**110**
～ 99.9 千円	-	-	-	-	-	-	-	-	-	-	-	-	-
100.0 ～ 119.9	7	-	-	-	1	-	4	-	1	-	1	1	-
120.0 ～ 139.9	83	8	3	2	2	6	11	5	10	8	9	8	13
140.0 ～ 159.9	347	25	32	61	27	26	18	29	17	61	34	13	3
160.0 ～ 179.9	896	166	269	65	58	53	53	68	26	42	59	34	4
180.0 ～ 199.9	1 421	72	523	170	104	62	125	100	55	43	85	72	10
200.0 ～ 219.9	2 102	47	511	595	231	158	116	114	71	37	144	62	16
220.0 ～ 239.9	2 394	18	478	646	313	188	165	192	68	95	174	53	2
240.0 ～ 259.9	2 275	10	205	480	346	245	342	273	91	102	117	46	17
260.0 ～ 279.9	2 139	-	81	483	377	291	238	181	148	79	180	67	13
280.0 ～ 299.9	1 847	2	58	168	167	356	399	257	92	136	158	43	10
300.0 ～ 319.9	1 666	-	21	99	219	304	309	245	124	122	132	92	-
320.0 ～ 339.9	1 658	-	41	33	188	196	330	339	240	106	131	53	1
340.0 ～ 359.9	1 345	-	10	50	151	162	326	217	144	111	84	89	-
360.0 ～ 379.9	1 282	-	1	38	115	135	381	229	198	112	65	6	2
380.0 ～ 399.9	1 045	-	5	2	29	161	232	268	149	139	27	32	2
400.0 ～ 449.9	2 708	-	1	38	70	217	439	704	464	514	178	79	5
450.0 ～ 499.9	2 258	-	2	3	106	147	436	482	521	405	136	17	4
500.0 ～ 549.9	1 435	-	-	1	45	62	238	364	333	260	102	26	4
550.0 ～ 599.9	835	-	-	-	26	17	117	271	194	157	38	15	-
600.0 ～ 699.9	858	-	-	19	20	16	18	157	258	214	123	29	5
700.0 ～ 799.9	188	-	-	-	8	4	14	23	30	95	8	5	-
800.0 ～ 899.9	72	-	2	-	11	-	2	12	10	22	13	-	-
900.0 ～ 999.9	62	-	-	-	-	-	28	25	3	5	-	2	-
1000.0 ～ 1199.9	38	-	-	-	2	7	2	25	2	-	-	2	-
1200.0千円 ～	8	-	-	-	-	6	-	-	1	1	-	-	-
第1・十分位数（千円）	201.4	160.1	175.7	199.8	205.5	217.6	232.5	232.7	255.7	240.2	201.1	186.2	138.4
第1・四分位数（千円）	239.9	164.1	191.1	215.7	234.8	257.3	280.7	295.1	329.7	319.0	238.7	225.2	196.0
中　位　数（千円）	312.1	172.8	211.9	238.1	270.4	301.5	343.3	383.0	422.4	422.1	310.1	307.1	254.5
第3・四分位数（千円）	421.1	197.8	229.7	268.3	329.7	367.7	420.7	470.9	503.8	505.2	426.0	364.5	293.3
第9・十分位数（千円）	520.4	217.3	259.7	297.8	414.5	442.3	497.9	563.2	590.5	622.1	539.9	461.9	470.6
十分位分散係数	0.51	0.17	0.20	0.21	0.39	0.37	0.39	0.43	0.40	0.45	0.55	0.45	0.65
四分位分散係数	0.29	0.10	0.09	0.11	0.18	0.18	0.20	0.23	0.21	0.22	0.30	0.23	0.19

第3表　年齢階級、所定内給与額階級別労働者数及び所定内給与額の分布特性値

企業規模	100～999人

D　建　設　業

（単位十人）

区　分	年齢計	～19歳	20～24歳	25～29歳	30～34歳	35～39歳	40～44歳	45～49歳	50～54歳	55～59歳	60～64歳	65～69歳	70歳以上
男													
学歴計	**24 435**	**309**	**1 859**	**2 323**	**2 101**	**2 321**	**3 567**	**3 813**	**2 850**	**2 537**	**1 846**	**803**	**104**
～ 99.9 千円	-	-	-	-	-	-	-	-	-	-	-	-	-
100.0 ～ 119.9	3	-	-	-	1	-	-	-	-	-	1	1	-
120.0 ～ 139.9	27	1	3	2	-	1	1	1	-	-	3	6	10
140.0 ～ 159.9	104	18	22	12	5	1	-	8	-	1	24	13	-
160.0 ～ 179.9	495	161	194	34	13	-	9	-	5	14	39	23	4
180.0 ～ 199.9	857	66	422	96	37	31	20	14	14	15	81	51	10
200.0 ～ 219.9	1 455	44	428	411	122	96	42	64	50	22	105	55	16
220.0 ～ 239.9	1 776	8	415	541	232	101	68	87	24	84	160	53	2
240.0 ～ 259.9	1 716	10	176	416	276	201	187	149	61	73	105	46	17
260.0 ～ 279.9	1 720	-	67	414	329	211	177	112	89	62	179	67	13
280.0 ～ 299.9	1 502	2	53	131	149	303	347	192	34	85	154	43	10
300.0 ～ 319.9	1 449	-	20	96	210	264	249	186	112	90	131	92	-
320.0 ～ 339.9	1 503	-	39	30	151	192	286	302	220	104	125	53	1
340.0 ～ 359.9	1 310	-	10	50	149	154	315	210	138	111	84	89	-
360.0 ～ 379.9	1 230	-	1	38	114	130	372	227	173	102	65	6	2
380.0 ～ 399.9	1 005	-	4	2	29	161	224	260	128	137	27	32	2
400.0 ～ 449.9	2 601	-	1	27	69	217	427	666	458	504	148	79	5
450.0 ～ 499.9	2 199	-	2	3	103	147	427	462	518	380	136	17	4
500.0 ～ 549.9	1 433	-	-	1	45	62	238	364	332	260	101	26	4
550.0 ～ 599.9	835	-	-	-	26	17	117	271	194	157	38	15	-
600.0 ～ 699.9	850	-	-	19	20	16	16	157	256	213	119	29	5
700.0 ～ 799.9	188	-	-	-	8	4	14	23	30	95	8	5	-
800.0 ～ 899.9	72	-	2	-	11	-	2	12	10	22	13	-	-
900.0 ～ 999.9	61	-	-	-	-	-	28	25	3	4	-	2	-
1000.0 ～ 1199.9	37	-	-	-	-	7	2	25	2	-	-	2	-
1200.0千円 ～	8	-	-	-	-	6	-	-	1	1	-	-	-
第1・十分位数（千円）	213.3	161.0	177.5	205.4	222.5	240.2	263.5	273.2	302.5	274.8	204.8	194.9	166.2
第1・四分位数（千円）	256.4	164.7	192.7	221.1	249.7	274.6	303.6	329.2	353.4	355.8	251.5	239.3	201.6
中位数（千円）	334.3	172.9	213.9	243.5	283.8	316.5	364.0	406.5	443.1	439.4	313.7	312.1	256.1
第3・四分位数（千円）	441.3	196.8	232.0	271.8	345.1	386.4	440.8	492.5	521.5	519.1	427.3	386.5	294.9
第9・十分位数（千円）	537.3	213.9	263.4	307.2	457.5	459.6	511.0	574.7	602.9	629.7	545.7	479.0	473.1
十分位分散係数	0.48	0.15	0.20	0.21	0.41	0.35	0.34	0.37	0.34	0.40	0.54	0.46	0.60
四分位分散係数	0.28	0.09	0.09	0.10	0.17	0.18	0.19	0.20	0.19	0.19	0.28	0.24	0.18
生産労働者（男）													
学歴計	**7 096**	**159**	**694**	**793**	**660**	**686**	**1 040**	**981**	**636**	**636**	**435**	**351**	**25**
～ 99.9 千円	-	-	-	-	-	-	-	-	-	-	-	-	-
100.0 ～ 119.9	3	-	-	-	1	-	-	-	-	-	1	1	-
120.0 ～ 139.9	9	1	3	2	-	1	1	1	-	-	1	1	-
140.0 ～ 159.9	55	12	13	2	5	-	-	-	-	1	16	6	-
160.0 ～ 179.9	216	79	71	22	10	-	9	-	4	5	8	9	1
180.0 ～ 199.9	470	36	240	36	16	9	16	13	12	10	39	36	8
200.0 ～ 219.9	551	29	147	161	42	38	21	14	17	17	34	30	1
220.0 ～ 239.9	642	-	111	152	87	43	41	21	21	48	79	40	-
240.0 ～ 259.9	652	2	26	154	117	63	111	65	27	23	33	28	3
260.0 ～ 279.9	557	-	13	109	80	90	77	51	27	42	51	14	3
280.0 ～ 299.9	396	2	37	26	35	53	112	29	16	51	22	6	6
300.0 ～ 319.9	469	-	1	49	117	74	56	46	26	36	26	39	-
320.0 ～ 339.9	413	-	21	1	27	60	27	106	77	40	20	34	1
340.0 ～ 359.9	357	-	3	18	34	16	78	61	64	25	2	56	-
360.0 ～ 379.9	332	-	-	34	6	28	103	70	80	9	3	-	-
380.0 ～ 399.9	267	-	4	-	2	48	87	64	27	16	1	18	2
400.0 ～ 449.9	640	-	-	25	6	107	64	165	87	139	24	22	2
450.0 ～ 499.9	449	-	2	-	55	36	108	86	47	75	35	5	-
500.0 ～ 549.9	319	-	-	1	12	13	73	102	30	58	24	5	-
550.0 ～ 599.9	165	-	-	-	2	4	47	62	30	13	8	-	-
600.0 ～ 699.9	78	-	-	-	-	2	2	16	30	19	7	2	-
700.0 ～ 799.9	25	-	-	-	2	-	3	4	6	8	2	1	-
800.0 ～ 899.9	18	-	2	-	4	-	2	6	4	2	-	-	-
900.0 ～ 999.9	8	-	-	-	-	-	4	-	2	2	-	-	-
1000.0 ～ 1199.9	5	-	-	-	-	2	2	-	2	-	-	-	-
1200.0千円 ～	-	-	-	-	-	-	-	-	-	-	-	-	-
第1・十分位数（千円）	198.3	160.6	176.2	202.4	216.3	227.2	242.7	253.9	250.2	228.9	190.3	188.8	184.6
第1・四分位数（千円）	232.4	164.8	189.4	217.3	240.6	263.9	276.8	321.2	322.0	285.2	221.6	221.4	194.0
中位数（千円）	299.7	174.8	202.3	243.1	268.4	311.7	348.7	383.6	367.7	397.4	261.9	309.6	263.7
第3・四分位数（千円）	395.5	196.7	226.5	274.1	316.5	395.2	429.0	469.9	447.1	454.9	336.2	345.5	296.4
第9・十分位数（千円）	488.2	207.4	280.3	319.9	462.5	437.2	518.4	527.5	554.6	517.3	483.2	399.1	395.0
十分位分散係数	0.48	0.13	0.26	0.24	0.46	0.34	0.40	0.36	0.41	0.36	0.56	0.34	0.40
四分位分散係数	0.27	0.09	0.09	0.12	0.14	0.21	0.22	0.19	0.17	0.21	0.22	0.20	0.19

第3表　年齢階級、所定内給与額階級別労働者数及び所定内給与額の分布特性値

企業規模	100～999人

D 建 設 業

（単位十人）

区分	年齢計	～19歳	20～24歳	25～29歳	30～34歳	35～39歳	40～44歳	45～49歳	50～54歳	55～59歳	60～64歳	65～69歳	70歳以上
管理・事務・技術労働者(男)													
学歴計	**17 339**	**149**	**1 165**	**1 530**	**1 442**	**1 635**	**2 527**	**2 832**	**2 214**	**1 901**	**1 411**	**452**	**79**
～ 99.9千円	-	-	-	-	-	-	-	-	-	-	-	-	-
100.0 ～ 119.9	0	-	-	-	-	-	-	-	-	-	-	0	-
120.0 ～ 139.9	18	-	-	-	-	-	-	-	-	-	2	5	10
140.0 ～ 159.9	49	7	9	10	-	1	-	8	-	-	8	8	-
160.0 ～ 179.9	279	82	123	12	2	-	-	-	1	10	32	14	3
180.0 ～ 199.9	387	31	183	60	21	21	4	1	1	5	43	15	2
200.0 ～ 219.9	904	15	281	250	80	59	21	50	33	6	71	24	15
220.0 ～ 239.9	1 133	8	305	388	145	58	27	66	3	37	81	13	2
240.0 ～ 259.9	1 064	8	149	262	159	138	76	83	34	50	72	18	15
260.0 ～ 279.9	1 163	-	54	305	250	121	100	61	62	20	128	53	10
280.0 ～ 299.9	1 106	-	15	104	114	249	235	163	18	35	132	38	4
300.0 ～ 319.9	980	-	19	47	93	190	193	140	86	54	105	52	-
320.0 ～ 339.9	1 090	-	18	30	124	131	259	195	143	64	106	19	-
340.0 ～ 359.9	953	-	7	32	115	138	237	149	74	86	82	33	-
360.0 ～ 379.9	898	-	1	5	108	102	269	158	93	93	62	6	2
380.0 ～ 399.9	738	-	-	2	28	113	137	195	101	121	26	14	-
400.0 ～ 449.9	1 960	-	1	2	63	111	363	500	371	365	124	58	3
450.0 ～ 499.9	1 749	-	1	3	48	111	319	376	471	305	101	12	4
500.0 ～ 549.9	1 114	-	-	-	33	48	165	261	302	202	77	22	4
550.0 ～ 599.9	671	-	-	-	24	13	70	209	164	145	30	15	-
600.0 ～ 699.9	772	-	-	19	20	14	14	140	226	194	112	27	5
700.0 ～ 799.9	164	-	-	-	6	4	11	20	24	88	6	5	-
800.0 ～ 899.9	54	-	-	-	8	-	-	6	7	21	13	-	-
900.0 ～ 999.9	53	-	-	-	-	-	25	25	1	2	-	2	-
1000.0 ～ 1199.9	32	-	-	-	-	6	-	25	-	-	-	2	-
1200.0千円 ～	8	-	-	-	-	6	-	-	1	1	-	-	-
第1・十分位数（千円）	221.5	161.2	178.2	207.7	226.2	243.4	282.3	281.9	317.2	313.5	209.8	204.3	137.8
第1・四分位数（千円）	268.1	164.5	197.5	223.0	255.2	280.7	317.8	333.6	381.2	383.3	265.6	270.4	203.0
中位数（千円）	350.5	170.2	219.2	243.8	289.3	318.0	368.1	414.8	456.6	450.8	326.0	314.9	254.6
第3・四分位数（千円）	456.6	197.0	236.4	270.6	351.6	382.9	444.2	496.8	532.0	544.2	436.8	413.1	290.4
第9・十分位数（千円）	551.3	220.7	259.8	296.8	448.0	471.8	509.0	579.0	609.5	638.2	575.0	572.6	512.8
十分位分散係数	0.47	0.17	0.19	0.18	0.38	0.36	0.31	0.36	0.32	0.36	0.56	0.58	0.74
四分位分散係数	0.27	0.10	0.09	0.10	0.17	0.16	0.17	0.20	0.17	0.18	0.26	0.23	0.17
女													
学歴計	**4 535**	**39**	**383**	**629**	**515**	**499**	**774**	**766**	**401**	**329**	**151**	**43**	**6**
～ 99.9千円	-	-	-	-	-	-	-	-	-	-	-	-	-
100.0 ～ 119.9	4	-	-	-	-	-	4	-	1	-	-	-	-
120.0 ～ 139.9	56	8	-	-	2	5	10	4	10	8	6	2	3
140.0 ～ 159.9	243	7	10	49	22	25	18	21	17	60	10	-	3
160.0 ～ 179.9	401	6	74	31	45	53	45	68	22	28	20	11	-
180.0 ～ 199.9	565	5	101	73	68	31	105	86	42	28	4	22	-
200.0 ～ 219.9	647	3	83	184	108	61	75	50	21	14	39	8	-
220.0 ～ 239.9	619	11	63	105	81	87	97	105	44	11	15	-	-
240.0 ～ 259.9	559	-	30	64	70	44	156	125	31	29	11	-	-
260.0 ～ 279.9	418	-	14	69	48	81	61	69	59	17	1	-	-
280.0 ～ 299.9	344	-	5	38	19	54	52	65	58	51	4	-	-
300.0 ～ 319.9	217	-	2	4	9	40	59	59	12	32	1	-	-
320.0 ～ 339.9	155	-	2	2	37	5	44	37	20	3	6	-	-
340.0 ～ 359.9	34	-	-	-	2	8	11	8	6	-	-	-	-
360.0 ～ 379.9	52	-	-	-	1	5	9	2	26	10	-	-	-
380.0 ～ 399.9	40	-	1	-	-	1	8	8	21	3	-	-	-
400.0 ～ 449.9	108	-	-	11	1	-	11	39	6	10	30	-	-
450.0 ～ 499.9	60	-	-	-	3	-	9	20	3	25	-	-	-
500.0 ～ 549.9	2	-	-	-	-	-	-	-	1	-	1	-	-
550.0 ～ 599.9	-	-	-	-	-	-	-	-	-	-	-	-	-
600.0 ～ 699.9	9	-	-	-	-	-	2	-	2	1	5	-	-
700.0 ～ 799.9	-	-	-	-	-	-	-	-	-	-	-	-	-
800.0 ～ 899.9	-	-	-	-	-	-	-	-	-	-	-	-	-
900.0 ～ 999.9	1	-	-	-	-	-	-	-	-	1	-	-	-
1000.0 ～ 1199.9	2	-	-	-	2	-	-	-	-	-	-	-	-
1200.0千円 ～	-	-	-	-	-	-	-	-	-	-	-	-	-
第1・十分位数（千円）	169.4	124.9	170.6	173.1	167.4	172.6	180.2	175.4	172.8	147.9	158.7	161.9	-
第1・四分位数（千円）	195.1	152.8	182.8	200.6	198.3	204.0	203.8	204.3	209.8	174.4	184.2	167.6	-
中位数（千円）	229.9	169.1	201.3	218.0	224.6	236.4	244.9	251.4	265.4	254.9	217.7	183.8	-
第3・四分位数（千円）	274.0	220.7	223.6	248.5	255.6	275.3	283.8	296.1	298.8	300.6	328.1	188.9	-
第9・十分位数（千円）	321.1	226.3	247.9	276.3	301.1	302.1	331.2	340.2	373.1	423.9	436.0	208.0	-
十分位分散係数	0.33	0.30	0.19	0.24	0.30	0.27	0.31	0.33	0.38	0.54	0.64	0.13	-
四分位分散係数	0.17	0.20	0.10	0.11	0.13	0.15	0.16	0.18	0.17	0.25	0.33	0.06	-

第3表　年齢階級、所定内給与額階級別労働者数及び所定内給与額の分布特性値

企業規模	100～999人

D　建　設　業

（単位十人）

区　分	年齢計	～19歳	20～24歳	25～29歳	30～34歳	35～39歳	40～44歳	45～49歳	50～54歳	55～59歳	60～64歳	65～69歳	70歳以上
生産労働者（女）													
学歴計	**226**	**－**	**17**	**62**	**14**	**29**	**12**	**30**	**21**	**21**	**13**	**3**	**4**
～ 99.9千円	－	－	－	－	－	－	－	－	－	－	－	－	－
100.0 ～ 119.9	－	－	－	－	－	－	－	－	－	－	－	－	－
120.0 ～ 139.9	15	－	－	－	1	－	1	－	3	4	4	2	1
140.0 ～ 159.9	20	－	2	－	2	9	－	1	1	1	2	－	3
160.0 ～ 179.9	9	－	－	1	－	－	1	2	1	1	1	1	－
180.0 ～ 199.9	22	－	2	11	0	1	－	2	5	0	1	1	－
200.0 ～ 219.9	45	－	1	39	1	1	－	－	1	2	－	－	－
220.0 ～ 239.9	22	－	6	－	－	－	－	9	2	－	4	－	－
240.0 ～ 259.9	21	－	2	2	－	6	2	9	0	－	－	－	－
260.0 ～ 279.9	31	－	3	2	7	12	5	3	－	－	－	－	－
280.0 ～ 299.9	10	－	－	5	2	1	－	2	－	－	1	－	－
300.0 ～ 319.9	13	－	2	1	2	－	－	－	－	9	1	－	－
320.0 ～ 339.9	4	－	－	2	－	－	－	－	2	－	－	－	－
340.0 ～ 359.9	4	－	－	－	－	－	2	－	2	－	－	－	－
360.0 ～ 379.9	3	－	－	－	－	－	－	－	－	3	－	－	－
380.0 ～ 399.9	1	－	1	－	－	－	－	－	－	－	－	－	－
400.0 ～ 449.9	3	－	－	－	1	－	－	－	2	－	－	－	－
450.0 ～ 499.9	4	－	－	－	－	－	2	2	－	－	－	－	－
500.0 ～ 549.9	－	－	－	－	－	－	－	－	－	－	－	－	－
550.0 ～ 599.9	－	－	－	－	－	－	－	－	－	－	－	－	－
600.0 ～ 699.9	－	－	－	－	－	－	－	－	－	－	－	－	－
700.0 ～ 799.9	－	－	－	－	－	－	－	－	－	－	－	－	－
800.0 ～ 899.9	－	－	－	－	－	－	－	－	－	－	－	－	－
900.0 ～ 999.9	－	－	－	－	－	－	－	－	－	－	－	－	－
1000.0 ～ 1199.9	－	－	－	－	－	－	－	－	－	－	－	－	－
1200.0千円 ～	－	－	－	－	－	－	－	－	－	－	－	－	－
第1・十分位数（千円）	144.6	－	191.2	185.8	148.8	－	167.0	182.3	137.1	130.3	132.4	－	－
第1・四分位数（千円）	188.5	－	209.4	202.9	260.3	－	247.3	233.0	178.3	148.1	138.3	－	－
中位数（千円）	222.6	－	232.7	212.3	273.7	－	272.0	251.3	201.0	302.1	163.8	－	－
第3・四分位数（千円）	269.8	－	270.6	218.5	290.3	－	354.7	259.6	326.6	307.8	224.7	－	－
第9・十分位数（千円）	307.4	－	301.7	284.9	304.1	－	484.6	296.4	400.6	373.5	229.3	－	－
十分位分散係数	0.37	－	0.24	0.23	0.28	－	0.58	0.23	0.66	0.40	0.30	－	－
四分位分散係数	0.18	－	0.13	0.04	0.05	－	0.20	0.05	0.37	0.26	0.26	－	－
管理・事務・技術労働者（女）													
学歴計	**4 309**	**39**	**366**	**566**	**501**	**470**	**762**	**736**	**380**	**309**	**137**	**40**	**2**
～ 99.9千円	－	－	－	－	－	－	－	－	－	－	－	－	－
100.0 ～ 119.9	4	－	－	－	－	－	4	－	1	－	－	－	－
120.0 ～ 139.9	42	8	－	－	1	5	10	4	7	4	2	1	2
140.0 ～ 159.9	223	7	8	49	21	16	18	21	16	59	8	－	－
160.0 ～ 179.9	392	6	74	30	45	53	43	65	20	27	19	11	－
180.0 ～ 199.9	542	5	99	63	67	30	105	84	37	27	3	21	－
200.0 ～ 219.9	602	3	81	145	107	61	75	50	20	13	39	8	－
220.0 ～ 239.9	597	11	57	105	81	87	97	96	41	11	11	－	－
240.0 ～ 259.9	538	－	28	62	70	38	154	116	30	29	11	－	－
260.0 ～ 279.9	387	－	11	67	41	69	56	66	59	17	1	－	－
280.0 ～ 299.9	335	－	5	33	17	53	52	63	58	51	3	－	－
300.0 ～ 319.9	204	－	－	3	8	40	59	59	12	23	－	－	－
320.0 ～ 339.9	151	－	2	－	37	5	44	37	18	3	6	－	－
340.0 ～ 359.9	31	－	－	－	2	8	10	8	4	－	－	－	－
360.0 ～ 379.9	49	－	－	－	1	5	9	2	26	7	－	－	－
380.0 ～ 399.9	40	－	－	－	－	1	8	8	21	3	－	－	－
400.0 ～ 449.9	105	－	－	11	－	－	11	39	4	10	30	－	－
450.0 ～ 499.9	55	－	－	－	3	－	7	18	3	25	－	－	－
500.0 ～ 549.9	2	－	－	－	－	－	－	－	1	－	1	－	－
550.0 ～ 599.9	－	－	－	－	－	－	－	－	－	－	－	－	－
600.0 ～ 699.9	9	－	－	－	－	－	2	－	2	1	5	－	－
700.0 ～ 799.9	－	－	－	－	－	－	－	－	－	－	－	－	－
800.0 ～ 899.9	－	－	－	－	－	－	－	－	－	－	－	－	－
900.0 ～ 999.9	1	－	－	－	－	－	－	－	－	1	－	－	－
1000.0 ～ 1199.9	2	－	－	－	2	－	－	－	－	－	－	－	－
1200.0千円 ～	－	－	－	－	－	－	－	－	－	－	－	－	－
第1・十分位数（千円）	170.3	124.9	170.5	170.5	167.6	174.0	180.3	175.0	175.0	149.0	170.9	－	－
第1・四分位数（千円）	195.3	152.8	182.1	200.1	198.1	205.1	203.4	203.4	214.8	174.8	200.9	－	－
中位数（千円）	230.2	169.1	200.2	219.7	223.4	235.2	244.4	251.4	266.9	254.2	218.6	－	－
第3・四分位数（千円）	274.4	220.7	222.2	249.6	252.4	277.7	283.5	297.1	298.4	298.1	411.7	－	－
第9・十分位数（千円）	321.6	226.3	245.7	275.3	300.5	302.8	330.4	341.6	372.9	426.0	436.5	－	－
十分位分散係数	0.33	0.30	0.19	0.24	0.30	0.27	0.31	0.33	0.37	0.55	0.61	－	－
四分位分散係数	0.17	0.20	0.10	0.11	0.12	0.15	0.16	0.19	0.16	0.24	0.48	－	－

第3表　年齢階級、所定内給与額階級別労働者数及び所定内給与額の分布特性値

企業規模	10～99人

D 建 設 業

（単位十人）

区　分	年齢計	～19歳	20～24歳	25～29歳	30～34歳	35～39歳	40～44歳	45～49歳	50～54歳	55～59歳	60～64歳	65～69歳	70歳以上
企業規模 10 ～ 99 人													
男 女 計													
学 歴 計	**76 047**	**1 303**	**4 968**	**5 599**	**6 158**	**8 475**	**11 309**	**9 618**	**7 620**	**7 893**	**7 147**	**4 458**	**1 499**
～ 99.9 千円	-	-	-	-	-	-	-	-	-	-	-	-	-
100.0 ～ 119.9	139	4	4	11	2	12	13	34	14	-	4	14	30
120.0 ～ 139.9	624	54	52	89	50	32	20	47	28	21	51	79	102
140.0 ～ 159.9	1 906	223	243	191	150	158	131	128	99	96	181	183	122
160.0 ～ 179.9	3 671	337	839	314	362	254	261	233	204	250	270	247	99
180.0 ～ 199.9	5 528	325	990	659	362	410	545	373	279	359	542	481	203
200.0 ～ 219.9	6 496	152	1 134	948	490	567	492	482	422	371	678	515	246
220.0 ～ 239.9	6 169	151	690	975	662	496	679	489	378	464	604	455	126
240.0 ～ 259.9	6 951	51	434	672	774	826	963	757	566	613	645	557	93
260.0 ～ 279.9	6 417	-	190	473	713	959	981	773	676	537	580	398	138
280.0 ～ 299.9	5 752	-	99	390	608	904	1 106	712	615	449	524	312	32
300.0 ～ 319.9	5 786	-	100	263	585	756	1 071	756	580	720	601	255	100
320.0 ～ 339.9	5 360	6	88	153	431	752	1 004	881	639	700	439	227	41
340.0 ～ 359.9	4 367	-	26	149	246	624	867	733	555	556	398	142	72
360.0 ～ 379.9	3 570	-	50	111	167	425	702	662	421	606	291	110	24
380.0 ～ 399.9	2 602	-	2	64	110	244	554	628	368	354	193	85	-
400.0 ～ 449.9	5 004	0	18	77	274	584	950	849	774	803	484	154	36
450.0 ～ 499.9	2 826	-	10	43	102	228	463	538	514	537	290	97	4
500.0 ～ 549.9	1 481	-	-	9	49	127	330	235	249	233	182	59	9
550.0 ～ 599.9	662	-	-	5	11	58	114	146	109	123	73	20	3
600.0 ～ 699.9	457	-	-	3	9	42	50	102	64	86	76	17	10
700.0 ～ 799.9	195	-	-	-	1	11	10	41	36	16	40	30	10
800.0 ～ 899.9	25	-	-	-	-	6	1	0	16	0	2	-	-
900.0 ～ 999.9	26	-	-	-	-	-	-	-	15	-	-	11	-
1000.0 ～ 1199.9	20	-	-	-	-	-	-	20	-	-	-	-	-
1200.0千円 ～	13	-	-	-	-	-	2	-	-	-	-	10	-
第1・十分位数（千円）	184.3	150.1	165.6	177.5	183.6	199.0	206.6	204.9	207.1	204.0	186.6	174.0	146.1
第1・四分位数（千円）	222.0	162.3	182.0	203.2	223.5	243.8	255.1	255.8	257.0	254.3	221.9	204.4	181.5
中位数（千円）	280.4	181.5	207.0	232.0	265.4	291.6	308.3	320.6	317.8	321.6	280.6	250.3	216.1
第3・四分位数（千円）	351.1	207.5	233.8	272.3	314.7	348.2	369.3	384.2	391.9	391.1	353.6	306.0	272.5
第9・十分位数（千円）	423.8	226.9	266.7	327.4	373.9	408.9	436.9	456.8	466.5	463.9	441.2	385.1	347.2
十分位分散係数	0.43	0.21	0.24	0.32	0.36	0.36	0.37	0.39	0.41	0.40	0.45	0.42	0.47
四分位分散係数	0.23	0.12	0.13	0.15	0.17	0.18	0.19	0.20	0.21	0.21	0.23	0.20	0.21
男													
学 歴 計	**66 665**	**1 139**	**4 313**	**4 821**	**5 350**	**7 352**	**9 765**	**8 242**	**6 544**	**7 037**	**6 600**	**4 208**	**1 293**
～ 99.9 千円	-	-	-	-	-	-	-	-	-	-	-	-	-
100.0 ～ 119.9	79	4	4	11	0	1	-	4	14	-	-	12	30
120.0 ～ 139.9	360	49	32	64	32	5	4	0	7	8	27	56	76
140.0 ～ 159.9	1 044	129	193	142	74	34	34	52	39	27	95	140	85
160.0 ～ 179.9	2 339	305	640	211	179	87	55	123	79	143	193	244	81
180.0 ～ 199.9	3 958	312	885	457	241	225	223	175	176	173	455	455	182
200.0 ～ 219.9	5 039	145	981	789	370	437	280	254	231	295	572	460	224
220.0 ～ 239.9	5 178	137	611	864	527	392	492	333	286	406	568	434	126
240.0 ～ 259.9	6 043	51	397	633	677	689	799	628	418	495	615	554	85
260.0 ～ 279.9	5 828	-	186	434	678	889	890	686	591	434	555	376	108
280.0 ～ 299.9	5 363	-	99	363	606	881	1 000	600	564	411	506	304	29
300.0 ～ 319.9	5 487	-	94	263	575	710	997	703	541	692	588	234	92
320.0 ～ 339.9	5 188	6	88	150	423	733	974	832	625	665	439	217	37
340.0 ～ 359.9	4 203	-	26	134	246	596	849	693	525	556	385	141	53
360.0 ～ 379.9	3 515	-	49	106	167	405	701	651	418	602	291	107	20
380.0 ～ 399.9	2 562	-	2	64	110	228	553	612	368	353	189	84	-
400.0 ～ 449.9	4 839	0	18	77	274	573	950	825	679	786	466	154	36
450.0 ～ 499.9	2 807	-	10	43	102	228	457	536	507	533	289	97	4
500.0 ～ 549.9	1 452	-	-	9	49	124	330	225	238	233	182	59	3
550.0 ～ 599.9	662	-	-	5	11	58	114	146	109	123	73	20	3
600.0 ～ 699.9	457	-	-	3	9	42	50	102	64	86	76	17	10
700.0 ～ 799.9	179	-	-	-	1	11	10	41	36	16	34	20	10
800.0 ～ 899.9	25	-	-	-	-	6	1	0	16	0	2	-	-
900.0 ～ 999.9	26	-	-	-	-	-	-	-	15	-	-	11	-
1000.0 ～ 1199.9	20	-	-	-	-	-	-	20	-	-	-	-	-
1200.0千円 ～	13	-	-	-	-	-	2	-	-	-	-	10	-
第1・十分位数（千円）	193.9	153.5	167.6	182.3	200.6	217.5	235.7	232.7	226.8	223.6	194.3	177.5	150.3
第1・四分位数（千円）	234.9	166.0	184.7	208.8	236.9	258.8	272.5	274.4	274.1	268.8	230.5	206.3	183.9
中位数（千円）	292.9	183.9	209.1	237.2	276.3	300.9	322.3	334.2	329.2	331.3	287.2	251.9	217.7
第3・四分位数（千円）	359.5	211.5	236.6	280.7	322.3	355.0	380.9	393.2	401.6	401.1	357.9	307.9	272.8
第9・十分位数（千円）	433.6	227.6	272.6	335.0	384.5	414.9	448.9	464.5	477.3	472.6	449.3	386.9	346.7
十分位分散係数	0.41	0.20	0.25	0.32	0.33	0.33	0.33	0.35	0.38	0.38	0.44	0.42	0.45
四分位分散係数	0.21	0.12	0.12	0.15	0.15	0.16	0.17	0.18	0.19	0.20	0.22	0.20	0.20

第3表　年齢階級、所定内給与額階級別労働者数及び所定内給与額の分布特性値

企業規模	10～99人

D　建　設　業

（単位十人）

区　分	年齢計	～19歳	20～24歳	25～29歳	30～34歳	35～39歳	40～44歳	45～49歳	50～54歳	55～59歳	60～64歳	65～69歳	70歳以上
生産労働者（男）													
学歴計	**39 144**	**791**	**3 078**	**2 869**	**3 381**	**4 418**	**5 427**	**4 529**	**3 520**	**3 643**	**3 965**	**2 709**	**815**
～ 99.9 千円	－	－	－	－	－	－	－	－	－	－	－	－	－
100.0 ～ 119.9	48	4	1	11	0	1	－	4	6	－	－	－	21
120.0 ～ 139.9	270	48	29	57	32	5	4	0	6	4	9	42	35
140.0 ～ 159.9	754	69	169	109	43	34	30	38	27	25	48	103	57
160.0 ～ 179.9	1 641	212	484	124	151	81	31	103	54	77	129	127	68
180.0 ～ 199.9	2 758	180	556	289	162	199	200	115	133	136	333	345	111
200.0 ～ 219.9	3 633	125	659	436	237	353	238	197	205	211	462	365	145
220.0 ～ 239.9	3 472	100	381	409	338	262	385	245	219	306	450	300	78
240.0 ～ 259.9	4 145	48	288	314	366	448	592	532	315	332	466	380	63
260.0 ～ 279.9	3 751	－	168	249	371	577	585	434	401	306	356	237	67
280.0 ～ 299.9	3 167	－	83	238	362	478	463	345	385	241	309	234	27
300.0 ～ 319.9	3 012	－	81	195	303	410	561	364	283	376	277	107	54
320.0 ～ 339.9	2 908	6	88	107	313	392	571	394	369	307	238	99	23
340.0 ～ 359.9	2 258	－	26	96	193	255	371	380	263	313	249	71	42
360.0 ～ 379.9	1 710	－	37	62	108	187	300	358	196	241	146	66	10
380.0 ～ 399.9	1 075	－	1	51	55	128	225	239	140	138	63	35	－
400.0 ～ 449.9	2 165	0	18	70	226	349	342	320	213	335	209	75	8
450.0 ～ 499.9	1 139	－	10	35	91	116	221	194	124	180	120	48	－
500.0 ～ 549.9	707	－	－	9	25	79	212	104	128	70	43	33	3
550.0 ～ 599.9	301	－	－	5	2	49	57	82	35	30	28	10	3
600.0 ～ 699.9	147	－	－	－	2	16	26	54	9	16	14	10	－
700.0 ～ 799.9	61	－	－	－	1	－	9	28	9	－	13	－	－
800.0 ～ 899.9	－	－	－	－	－	－	－	－	－	－	－	－	－
900.0 ～ 999.9	10	－	－	－	－	－	－	－	－	－	－	10	－
1000.0 ～ 1199.9	－	－	－	－	－	－	－	－	－	－	－	－	－
1200.0千円 ～	13	－	－	－	－	－	2	－	－	－	－	10	－
第1・十分位数（千円）	188.2	152.8	165.1	177.9	194.5	206.8	222.0	219.5	213.4	212.5	191.2	179.8	151.5
第1・四分位数（千円）	223.9	166.0	182.8	205.7	232.5	245.7	256.1	255.7	254.9	248.0	220.4	203.5	183.1
中位数（千円）	274.7	185.8	210.0	239.9	279.2	290.0	306.3	312.6	300.6	310.1	264.5	243.7	217.6
第3・四分位数（千円）	338.5	215.6	241.9	291.9	330.3	345.6	362.1	373.5	358.4	367.8	331.1	289.7	269.9
第9・十分位数（千円）	409.3	229.9	289.8	349.2	400.9	412.4	446.1	451.6	434.2	436.5	409.6	365.3	327.7
十分位分散係数	0.40	0.21	0.30	0.36	0.37	0.35	0.37	0.37	0.37	0.36	0.41	0.38	0.40
四分位分散係数	0.21	0.13	0.14	0.18	0.18	0.17	0.17	0.19	0.17	0.19	0.21	0.18	0.20
管理・事務・技術労働者(男)													
学歴計	**27 521**	**348**	**1 236**	**1 952**	**1 970**	**2 934**	**4 339**	**3 712**	**3 024**	**3 394**	**2 635**	**1 499**	**478**
～ 99.9 千円	－	－	－	－	－	－	－	－	－	－	－	－	－
100.0 ～ 119.9	31	－	3	－	－	－	－	－	7	－	－	12	9
120.0 ～ 139.9	90	2	3	6	－	0	－	－	2	5	18	14	41
140.0 ～ 159.9	291	60	24	33	31	－	4	14	12	2	47	37	28
160.0 ～ 179.9	697	93	155	87	28	6	25	20	25	65	64	117	12
180.0 ～ 199.9	1 200	133	329	168	79	26	22	61	42	37	121	110	71
200.0 ～ 219.9	1 406	20	322	353	133	84	43	57	26	84	110	95	80
220.0 ～ 239.9	1 705	37	230	455	190	131	107	89	67	100	118	134	49
240.0 ～ 259.9	1 897	3	109	319	311	241	206	96	103	164	149	174	22
260.0 ～ 279.9	2 077	－	18	184	307	311	305	253	191	128	200	139	41
280.0 ～ 299.9	2 196	－	16	124	244	403	537	254	179	170	197	70	2
300.0 ～ 319.9	2 475	－	13	68	272	300	435	338	258	316	311	127	38
320.0 ～ 339.9	2 280	－	－	42	110	341	403	438	255	357	201	118	14
340.0 ～ 359.9	1 945	－	－	38	52	341	479	313	263	243	135	70	11
360.0 ～ 379.9	1 805	－	11	44	58	218	401	293	222	361	145	41	10
380.0 ～ 399.9	1 487	－	1	13	55	100	327	372	228	215	126	49	－
400.0 ～ 449.9	2 674	－	1	7	49	223	608	506	466	452	256	79	28
450.0 ～ 499.9	1 668	－	－	8	11	112	236	342	383	353	169	49	4
500.0 ～ 549.9	745	－	－	－	24	44	118	121	110	163	138	26	－
550.0 ～ 599.9	361	－	－	－	10	9	57	64	73	93	45	10	－
600.0 ～ 699.9	310	－	－	3	7	26	23	48	54	70	62	7	10
700.0 ～ 799.9	119	－	－	－	－	11	1	13	27	16	21	20	10
800.0 ～ 899.9	25	－	－	－	－	6	1	0	16	0	2	－	－
900.0 ～ 999.9	16	－	－	－	－	－	－	－	15	－	－	1	－
1000.0 ～ 1199.9	20	－	－	－	－	－	－	20	－	－	－	－	－
1200.0千円 ～	－	－	－	－	－	－	－	－	－	－	－	－	－
第1・十分位数（千円）	206.3	154.3	173.9	186.7	210.0	244.0	261.8	263.1	262.7	248.9	202.6	174.1	139.5
第1・四分位数（千円）	256.1	166.0	188.9	212.6	242.6	276.2	292.0	306.0	306.5	304.3	263.9	217.3	184.9
中位数（千円）	316.8	181.8	207.1	235.2	274.3	317.5	343.7	355.4	366.4	361.6	317.4	265.5	218.7
第3・四分位数（千円）	386.8	191.0	228.0	263.9	308.0	361.2	397.2	411.9	436.9	427.6	404.7	333.5	301.5
第9・十分位数（千円）	459.9	221.9	251.9	304.9	370.5	419.5	450.3	470.5	498.5	500.5	500.9	421.6	401.8
十分位分散係数	0.40	0.19	0.19	0.25	0.29	0.28	0.27	0.29	0.32	0.35	0.47	0.47	0.60
四分位分散係数	0.21	0.07	0.09	0.11	0.12	0.13	0.15	0.15	0.18	0.17	0.22	0.22	0.27

第3表　年齢階級、所定内給与額階級別労働者数及び所定内給与額の分布特性値

企業規模	10～99人

D　建　設　業

（単位十人）

区　分	年齢計	～19歳	20～24歳	25～29歳	30～34歳	35～39歳	40～44歳	45～49歳	50～54歳	55～59歳	60～64歳	65～69歳	70歳以上
女													
学歴計	**9 382**	**164**	**654**	**779**	**807**	**1 123**	**1 544**	**1 376**	**1 076**	**856**	**547**	**250**	**206**
～　99.9千円	-	-	-	-	-	-	-	-	-	-	-	-	-
100.0～119.9	60	-	-	-	1	10	13	30	-	-	4	2	-
120.0～139.9	264	5	20	26	19	27	16	47	21	13	24	23	26
140.0～159.9	862	94	50	49	76	124	97	76	61	68	86	43	37
160.0～179.9	1 332	32	200	103	184	168	205	110	126	108	77	2	18
180.0～199.9	1 570	12	105	202	121	185	322	198	104	186	87	25	22
200.0～219.9	1 458	7	153	159	120	130	211	228	191	76	106	56	22
220.0～239.9	992	14	79	111	135	104	187	156	91	58	36	20	-
240.0～259.9	908	-	37	39	97	137	165	128	148	118	30	2	8
260.0～279.9	589	-	4	40	34	71	91	87	85	103	24	22	30
280.0～299.9	390	-	-	27	2	24	106	113	51	37	18	8	3
300.0～319.9	299	-	6	-	10	46	74	54	39	28	13	21	8
320.0～339.9	172	-	-	3	8	19	30	49	15	35	-	10	4
340.0～359.9	164	-	-	15	-	28	18	40	29	-	13	1	19
360.0～379.9	55	-	1	5	-	20	2	11	4	5	-	3	4
380.0～399.9	40	-	-	-	-	16	1	16	-	2	4	1	-
400.0～449.9	165	-	-	-	-	12	-	24	94	17	19	-	-
450.0～499.9	19	-	-	-	-	-	6	1	7	5	0	-	-
500.0～549.9	29	-	-	-	-	3	-	10	11	-	-	-	5
550.0～599.9	-	-	-	-	-	-	-	-	-	-	-	-	-
600.0～699.9	0	-	-	-	-	0	-	-	-	-	-	-	-
700.0～799.9	15	-	-	-	-	-	-	-	-	-	5	10	-
800.0～899.9	-	-	-	-	-	-	-	-	-	-	-	-	-
900.0～999.9	-	-	-	-	-	-	-	-	-	-	-	-	-
1000.0～1199.9	-	-	-	-	-	-	-	-	-	-	-	-	-
1200.0千円～	-	-	-	-	-	-	-	-	-	-	-	-	-
第1・十分位数（千円）	155.7	142.6	158.5	160.9	156.7	154.6	163.1	157.3	163.6	160.6	146.6	140.4	134.5
第1・四分位数（千円）	177.7	147.9	170.8	181.9	173.9	175.8	183.4	188.7	193.2	183.1	171.1	158.3	155.9
中位数（千円）	208.3	156.5	188.8	201.5	200.3	208.7	211.1	219.9	227.8	216.1	198.4	212.4	200.1
第3・四分位数（千円）	251.5	171.9	215.7	225.7	228.5	251.7	254.8	269.1	274.7	263.7	231.7	266.3	271.3
第9・十分位数（千円）	300.8	206.0	235.9	268.3	256.3	308.6	295.1	323.3	400.8	301.6	299.8	320.3	347.8
十分位分散係数	0.35	0.20	0.20	0.27	0.25	0.37	0.31	0.38	0.52	0.33	0.39	0.42	0.53
四分位分散係数	0.18	0.08	0.12	0.11	0.14	0.18	0.17	0.18	0.18	0.19	0.15	0.25	0.29
生産労働者（女）													
学歴計	**699**	**3**	**45**	**44**	**35**	**115**	**96**	**114**	**40**	**57**	**74**	**42**	**36**
～　99.9千円	-	-	-	-	-	-	-	-	-	-	-	-	-
100.0～119.9	25	-	-	-	-	-	-	23	-	-	2	-	-
120.0～139.9	28	2	9	-	1	4	1	6	2	-	1	3	-
140.0～159.9	129	1	1	14	2	18	4	17	2	22	21	17	12
160.0～179.9	72	-	7	2	4	15	3	2	1	4	23	1	11
180.0～199.9	127	-	8	0	6	1	32	12	8	20	14	13	14
200.0～219.9	82	-	-	28	5	8	22	6	4	4	3	1	-
220.0～239.9	52	-	7	-	8	12	-	5	11	5	4	-	-
240.0～259.9	68	-	13	-	10	23	7	3	10	1	1	-	-
260.0～279.9	14	-	-	-	-	-	1	4	-	2	-	8	-
280.0～299.9	50	-	-	-	-	11	17	22	-	-	-	-	-
300.0～319.9	32	-	-	-	-	21	10	2	-	-	-	-	-
320.0～339.9	-	-	-	-	-	-	-	-	-	-	-	-	-
340.0～359.9	3	-	-	-	-	-	-	3	-	-	-	-	-
360.0～379.9	-	-	-	-	-	-	-	-	-	-	-	-	-
380.0～399.9	-	-	-	-	-	-	-	-	-	-	-	-	-
400.0～449.9	1	-	-	-	-	1	-	-	-	-	-	-	-
450.0～499.9	-	-	-	-	-	-	-	-	-	-	-	-	-
500.0～549.9	10	-	-	-	-	-	-	10	-	-	-	-	-
550.0～599.9	-	-	-	-	-	-	-	-	-	-	-	-	-
600.0～699.9	-	-	-	-	-	-	-	-	-	-	-	-	-
700.0～799.9	5	-	-	-	-	-	-	-	-	-	5	-	-
800.0～899.9	-	-	-	-	-	-	-	-	-	-	-	-	-
900.0～999.9	-	-	-	-	-	-	-	-	-	-	-	-	-
1000.0～1199.9	-	-	-	-	-	-	-	-	-	-	-	-	-
1200.0千円～	-	-	-	-	-	-	-	-	-	-	-	-	-
第1・十分位数（千円）	143.5	-	134.9	-	162.1	153.3	180.6	105.0	157.1	151.9	145.7	141.6	-
第1・四分位数（千円）	159.1	-	170.3	-	193.2	164.6	185.1	129.2	187.6	156.3	155.9	148.5	-
中位数（千円）	190.6	-	187.4	-	209.7	238.8	207.8	188.8	230.7	191.3	175.5	180.8	-
第3・四分位数（千円）	244.6	-	244.4	-	251.0	285.0	281.5	293.5	240.3	198.6	187.0	190.3	-
第9・十分位数（千円）	292.1	-	254.9	-	256.4	308.0	300.2	354.4	246.1	233.6	237.2	264.6	-
十分位分散係数	0.39	-	0.32	-	0.22	0.32	0.29	0.66	0.19	0.21	0.26	0.34	-
四分位分散係数	0.22	-	0.20	-	0.14	0.25	0.23	0.43	0.11	0.11	0.09	0.12	-

第3表　年齢階級、所定内給与額階級別労働者数及び所定内給与額の分布特性値

企業規模	10～99人
	計

D 建 設 業　E 製 造 業

（単位十人）

区分	年齢計	～19歳	20～24歳	25～29歳	30～34歳	35～39歳	40～44歳	45～49歳	50～54歳	55～59歳	60～64歳	65～69歳	70歳以上
管理・事務・技術労働者(女)													
学歴計	8 683	161	609	734	773	1 008	1 448	1 262	1 036	799	474	208	170
～ 99.9 千円	-	-	-	-	-	-	-	-	-	-	-	-	-
100.0 ～ 119.9	35	-	-	-	1	10	13	7	-	-	2	2	-
120.0 ～ 139.9	236	3	11	26	18	23	15	40	19	13	23	20	26
140.0 ～ 159.9	733	93	49	35	74	106	93	59	58	47	66	27	26
160.0 ～ 179.9	1 260	32	193	102	180	153	202	107	125	103	55	1	8
180.0 ～ 199.9	1 443	12	97	202	116	184	290	186	95	167	73	13	8
200.0 ～ 219.9	1 376	7	153	131	115	122	189	222	187	72	103	54	22
220.0 ～ 239.9	940	14	72	111	127	92	187	151	80	53	32	20	-
240.0 ～ 259.9	840	-	23	39	87	114	158	125	138	117	29	2	8
260.0 ～ 279.9	576	-	4	40	34	71	90	83	85	101	24	15	30
280.0 ～ 299.9	340	-	-	27	2	12	90	91	51	37	18	8	3
300.0 ～ 319.9	267	-	6	-	10	25	65	52	39	28	13	21	8
320.0 ～ 339.9	172	-	-	3	8	19	30	49	15	35	-	10	4
340.0 ～ 359.9	160	-	-	15	-	28	18	37	29	-	13	1	19
360.0 ～ 379.9	55	-	1	5	-	20	2	11	4	5	-	3	4
380.0 ～ 399.9	40	-	-	-	-	16	1	16	-	2	4	1	-
400.0 ～ 449.9	163	-	-	-	-	10	-	24	94	17	19	-	-
450.0 ～ 499.9	19	-	-	-	-	-	6	1	7	5	0	-	-
500.0 ～ 549.9	19	-	-	-	-	3	-	-	11	-	-	-	5
550.0 ～ 599.9	-	-	-	-	-	-	-	-	-	-	-	-	-
600.0 ～ 699.9	0	-	-	-	-	0	-	-	-	-	-	-	-
700.0 ～ 799.9	10	-	-	-	-	-	-	-	-	-	-	10	-
800.0 ～ 899.9	-	-	-	-	-	-	-	-	-	-	-	-	-
900.0 ～ 999.9	-	-	-	-	-	-	-	-	-	-	-	-	-
1000.0 ～ 1199.9	-	-	-	-	-	-	-	-	-	-	-	-	-
1200.0千円 ～	-	-	-	-	-	-	-	-	-	-	-	-	-
第1・十分位数（千円）	157.3	142.9	160.2	163.6	156.4	154.8	162.6	164.1	163.7	162.8	146.9	139.1	130.9
第1・四分位数（千円）	178.7	148.3	170.8	182.4	173.7	176.5	183.0	191.7	193.6	184.5	173.3	182.7	156.5
中位数（千円）	209.2	156.7	188.9	200.5	199.7	205.7	211.5	220.8	227.6	219.7	203.1	216.3	209.4
第3・四分位数（千円）	251.9	172.5	214.6	227.1	227.6	247.7	254.2	267.8	277.5	266.6	242.0	291.8	293.8
第9・十分位数（千円）	301.8	206.3	232.9	270.8	256.3	309.0	295.0	323.0	401.5	303.7	301.6	331.5	351.6
十分位分散係数	0.35	0.20	0.19	0.27	0.25	0.37	0.31	0.36	0.52	0.32	0.38	0.44	0.53
四分位分散係数	0.17	0.08	0.12	0.11	0.14	0.17	0.17	0.17	0.18	0.19	0.17	0.25	0.33
E 製造業													
企業規模計													
男女計													
学歴計	559 288	9 959	40 443	57 955	61 861	67 126	79 662	77 963	66 735	53 120	32 330	9 271	2 863
～ 99.9 千円	106	2	-	6	20	10	4	8	7	19	20	9	1
100.0 ～ 119.9	2 173	53	112	194	165	176	230	207	154	347	275	189	70
120.0 ～ 139.9	13 148	377	1 665	1 497	1 109	1 080	1 224	1 083	1 058	1 184	1 792	792	286
140.0 ～ 159.9	28 034	1 440	3 637	2 649	2 206	2 112	2 368	2 777	2 757	2 697	3 442	1 428	521
160.0 ～ 179.9	40 964	4 712	7 100	4 065	3 285	2 927	3 364	3 309	3 217	2 979	4 151	1 472	384
180.0 ～ 199.9	45 069	2 023	10 298	6 894	4 438	3 715	3 707	3 359	3 039	2 612	3 567	1 147	270
200.0 ～ 219.9	48 050	807	8 154	10 019	6 140	4 800	4 219	3 655	2 680	2 358	3 833	1 139	246
220.0 ～ 239.9	49 027	373	5 061	11 195	7 605	5 810	5 471	4 194	2 837	2 439	3 136	734	171
240.0 ～ 259.9	45 511	88	2 204	8 597	8 269	7 082	6 001	4 423	3 287	2 269	2 647	525	120
260.0 ～ 279.9	40 570	27	1 004	5 192	7 206	7 129	6 837	5 067	3 314	2 605	1 724	289	177
280.0 ～ 299.9	36 518	38	725	3 347	6 043	6 312	6 818	5 090	3 651	2 638	1 444	282	132
300.0 ～ 319.9	31 268	11	226	1 846	4 210	5 452	6 586	5 319	3 356	2 664	1 184	285	130
320.0 ～ 339.9	26 372	4	105	891	3 825	4 559	5 655	4 464	3 467	2 447	776	116	64
340.0 ～ 359.9	22 586	1	69	625	2 171	3 683	4 880	4 350	3 374	2 561	634	162	75
360.0 ～ 379.9	19 248	-	30	486	1 642	2 877	4 086	4 071	3 127	2 241	523	119	47
380.0 ～ 399.9	16 106	-	11	190	1 174	2 020	3 621	3 520	2 844	2 214	376	94	43
400.0 ～ 449.9	32 636	4	27	133	1 569	3 869	6 162	7 799	6 771	5 033	1 043	156	70
450.0 ～ 499.9	21 421	-	13	90	504	1 828	3 396	5 274	5 622	4 003	564	110	16
500.0 ～ 549.9	13 311	-	3	26	136	860	1 874	3 433	3 697	2 836	365	62	19
550.0 ～ 599.9	9 188	-	2	10	37	345	1 401	2 389	2 689	2 015	252	34	16
600.0 ～ 699.9	10 565	-	-	5	34	280	1 297	2 760	3 322	2 543	290	32	2
700.0 ～ 799.9	4 472	-	-	-	44	132	254	966	1 627	1 282	125	40	2
800.0 ～ 899.9	1 539	-	-	-	15	26	97	227	500	571	76	24	3
900.0 ～ 999.9	675	-	-	-	3	16	58	81	194	282	37	4	0
1000.0 ～ 1199.9	479	-	-	-	7	16	52	85	106	162	33	19	-
1200.0千円 ～	253	-	-	-	2	9	1	51	41	118	21	10	0
第1・十分位数（千円）	166.4	151.0	153.0	167.8	176.6	182.4	184.2	182.5	176.7	166.7	147.1	138.6	135.9
第1・四分位数（千円）	204.3	162.7	174.4	197.9	214.0	227.0	237.8	244.4	245.9	228.3	171.6	158.7	153.7
中位数（千円）	263.7	173.4	195.1	226.6	254.5	276.5	298.8	322.2	343.5	334.1	213.8	192.4	193.2
第3・四分位数（千円）	351.0	187.0	218.4	255.8	299.7	336.4	370.7	420.4	457.8	456.0	275.5	241.9	267.1
第9・十分位数（千円）	461.7	206.7	242.7	290.4	349.9	406.6	455.5	527.5	582.2	589.1	378.1	328.9	341.4
十分位分散係数	0.56	0.16	0.23	0.27	0.34	0.41	0.45	0.54	0.59	0.63	0.54	0.49	0.53
四分位分散係数	0.28	0.07	0.11	0.13	0.17	0.20	0.22	0.27	0.31	0.34	0.24	0.22	0.29

第3表　年齢階級、所定内給与額階級別労働者数及び所定内給与額の分布特性値

企業規模	計

E　製　造　業

（単位十人）

区　分	年齢計	～19歳	20～24歳	25～29歳	30～34歳	35～39歳	40～44歳	45～49歳	50～54歳	55～59歳	60～64歳	65～69歳	70歳以上
男													
学歴計	428 793	6 943	28 475	43 930	49 633	53 574	61 980	59 729	51 371	40 295	24 140	6 651	2 073
～ 99.9 千円	9	2	－	1	－	－	2	4	－	－	1	－	0
100.0 ～ 119.9	351	32	50	67	53	8	22	11	21	16	26	37	9
120.0 ～ 139.9	3 439	127	692	646	277	247	242	203	158	120	409	227	89
140.0 ～ 159.9	9 142	743	1 669	1 112	841	580	501	431	430	453	1 290	783	307
160.0 ～ 179.9	19 726	3 321	4 409	2 253	1 590	1 179	1 061	881	753	830	2 326	858	265
180.0 ～ 199.9	27 336	1 615	7 446	4 569	2 959	2 027	1 619	1 329	1 167	961	2 544	879	220
200.0 ～ 219.9	34 126	647	6 421	7 509	4 562	3 360	2 478	1 956	1 459	1 267	3 283	960	225
220.0 ～ 239.9	37 355	327	3 972	9 175	6 091	4 422	3 788	2 750	1 655	1 560	2 779	681	155
240.0 ～ 259.9	36 763	77	1 894	7 317	7 157	5 822	4 610	3 114	2 162	1 628	2 403	486	92
260.0 ～ 279.9	33 683	20	877	4 541	6 295	6 078	5 592	3 838	2 423	2 005	1 604	271	138
280.0 ～ 299.9	31 339	18	639	2 942	5 508	5 573	5 687	4 021	2 982	2 224	1 343	272	130
300.0 ～ 319.9	27 332	11	196	1 549	3 902	4 969	5 725	4 348	2 796	2 308	1 140	272	116
320.0 ～ 339.9	23 667	3	90	809	3 534	4 279	4 983	3 894	3 053	2 087	758	114	64
340.0 ～ 359.9	20 490	1	52	570	1 987	3 445	4 421	3 865	3 005	2 324	602	155	64
360.0 ～ 379.9	18 011	－	24	458	1 578	2 700	3 902	3 705	2 936	2 071	503	98	35
380.0 ～ 399.9	15 017	－	5	166	1 097	1 892	3 380	3 258	2 618	2 119	376	73	33
400.0 ～ 449.9	31 043	－	24	119	1 466	3 682	5 880	7 406	6 434	4 774	1 032	155	70
450.0 ～ 499.9	20 694	－	11	90	475	1 739	3 273	5 093	5 456	3 898	533	110	16
500.0 ～ 549.9	12 957	－	3	26	130	832	1 831	3 341	3 588	2 770	356	62	19
550.0 ～ 599.9	8 907	－	2	7	35	316	1 335	2 288	2 638	1 988	251	33	16
600.0 ～ 699.9	10 255	－	－	5	30	261	1 226	2 660	3 233	2 518	288	31	2
700.0 ～ 799.9	4 340	－	－	－	38	117	225	927	1 588	1 279	125	39	2
800.0 ～ 899.9	1 477	－	－	－	15	19	91	201	498	553	75	24	3
900.0 ～ 999.9	638	－	－	－	3	5	52	79	185	274	37	2	0
1000.0 ～ 1199.9	459	－	－	－	7	16	52	79	100	152	33	19	－
1200.0千円 ～	238	－	－	－	2	9	1	45	35	115	21	10	0
第1・十分位数（千円）	188.0	156.0	162.6	181.7	195.5	208.4	221.7	229.1	234.2	225.1	165.9	151.3	147.9
第1・四分位数（千円）	227.0	165.2	180.8	206.9	227.0	245.8	264.1	282.0	297.6	290.8	195.6	175.0	169.7
中位数（千円）	287.7	175.6	199.9	232.8	264.0	290.9	318.9	355.9	385.4	382.7	235.1	210.1	209.6
第3・四分位数（千円）	378.6	190.2	222.9	261.2	308.5	349.0	390.2	448.3	489.8	493.9	301.5	265.4	285.6
第9・十分位数（千円）	489.1	210.2	248.0	295.7	359.0	418.7	474.4	556.3	612.4	627.0	412.7	358.8	353.8
十分位分散係数	0.52	0.15	0.21	0.24	0.31	0.36	0.40	0.46	0.49	0.52	0.52	0.49	0.49
四分位分散係数	0.26	0.07	0.11	0.12	0.15	0.18	0.20	0.23	0.25	0.27	0.23	0.22	0.28
生産労働者（男）													
学歴計	255 211	6 239	22 611	29 348	30 544	32 749	36 599	31 072	24 841	20 325	14 886	4 525	1 472
～ 99.9 千円	9	2	－	1	－	－	2	4	－	－	1	－	0
100.0 ～ 119.9	326	30	43	66	53	8	22	4	21	16	23	32	9
120.0 ～ 139.9	3 076	122	643	601	261	209	206	173	149	110	343	190	69
140.0 ～ 159.9	8 271	657	1 530	1 010	775	559	459	411	395	420	1 116	676	262
160.0 ～ 179.9	17 272	2 885	3 889	1 984	1 418	1 077	964	783	694	738	1 896	718	226
180.0 ～ 199.9	23 344	1 467	6 230	3 921	2 651	1 798	1 386	1 172	1 041	859	1 966	666	185
200.0 ～ 219.9	26 735	637	4 597	5 719	3 824	2 803	2 174	1 681	1 289	1 132	2 019	725	133
220.0 ～ 239.9	28 116	318	2 707	5 936	4 652	3 590	3 259	2 410	1 398	1 324	1 958	458	102
240.0 ～ 259.9	26 051	69	1 386	4 180	4 950	4 487	3 647	2 441	1 740	1 331	1 430	331	59
260.0 ～ 279.9	23 546	20	689	2 466	3 910	4 389	4 278	3 040	1 926	1 569	978	171	110
280.0 ～ 299.9	21 041	18	575	1 604	2 983	3 758	4 076	3 001	2 283	1 700	830	130	83
300.0 ～ 319.9	16 974	11	147	761	1 921	2 969	3 790	3 027	1 923	1 616	585	150	73
320.0 ～ 339.9	13 269	3	84	397	1 335	2 160	2 930	2 496	2 031	1 359	366	56	52
340.0 ～ 359.9	11 096	1	42	286	785	1 696	2 432	2 111	1 876	1 460	277	95	36
360.0 ～ 379.9	8 966	－	14	232	443	1 072	2 138	1 995	1 568	1 261	190	28	24
380.0 ～ 399.9	6 570	－	3	90	255	706	1 437	1 414	1 351	1 101	173	21	19
400.0 ～ 449.9	10 770	－	17	52	223	1 007	2 032	2 473	2 437	2 095	390	26	19
450.0 ～ 499.9	5 145	－	11	34	66	311	818	1 218	1 357	1 109	185	37	1
500.0 ～ 549.9	2 497	－	3	4	11	75	306	689	756	588	62	3	1
550.0 ～ 599.9	1 073	－	2	5	25	51	147	229	291	237	75	2	10
600.0 ～ 699.9	725	－	－	－	1	12	80	215	217	183	17	1	－
700.0 ～ 799.9	223	－	－	－	－	11	14	63	58	75	2	－	－
800.0 ～ 899.9	72	－	－	－	－	－	1	12	28	26	3	3	－
900.0 ～ 999.9	24	－	－	－	－	－	－	10	6	7	2	－	－
1000.0 ～ 1199.9	11	－	－	－	－	－	－	1	2	2	0	6	－
1200.0千円 ～	10	－	－	－	－	－	－	－	5	5	－	－	－
第1・十分位数（千円）	176.5	156.0	160.3	173.9	184.8	196.3	206.7	207.5	203.4	197.8	160.1	147.3	145.5
第1・四分位数（千円）	208.7	165.5	178.1	198.9	213.2	229.9	243.8	250.1	254.8	247.9	183.4	167.3	162.9
中位数（千円）	255.7	176.2	196.7	224.5	246.4	268.8	288.8	302.8	315.5	312.1	220.7	199.5	198.7
第3・四分位数（千円）	315.9	192.2	220.2	252.7	282.6	312.7	341.9	365.0	384.4	386.2	267.4	237.0	267.4
第9・十分位数（千円）	384.6	212.3	248.1	286.5	321.2	359.6	396.1	431.5	455.7	456.4	333.7	295.4	326.7
十分位分散係数	0.41	0.16	0.22	0.25	0.28	0.30	0.33	0.37	0.40	0.41	0.39	0.37	0.46
四分位分散係数	0.21	0.08	0.11	0.12	0.14	0.15	0.17	0.19	0.21	0.22	0.19	0.17	0.26

第3表　年齢階級、所定内給与額階級別労働者数及び所定内給与額の分布特性値

企業規模	計

E 製造業

（単位十人）

区分	年齢計	～19歳	20～24歳	25～29歳	30～34歳	35～39歳	40～44歳	45～49歳	50～54歳	55～59歳	60～64歳	65～69歳	70歳以上
管理・事務・技術労働者(男)													
学歴計	**173 582**	**704**	**5 864**	**14 582**	**19 089**	**20 825**	**25 381**	**28 657**	**26 529**	**19 971**	**9 253**	**2 126**	**601**
～ 99.9千円	-	-	-	-	-	-	-	-	-	-	-	-	-
100.0 ～ 119.9	25	2	7	1	-	-	-	7	-	0	3	5	1
120.0 ～ 139.9	363	5	49	46	17	37	36	30	9	10	66	37	21
140.0 ～ 159.9	871	86	139	102	66	21	42	21	34	33	175	108	45
160.0 ～ 179.9	2 454	436	520	269	172	102	97	98	59	92	430	141	39
180.0 ～ 199.9	3 992	148	1 216	647	307	228	233	156	126	102	578	213	35
200.0 ～ 219.9	7 392	9	1 824	1 790	738	557	304	275	170	135	1 264	235	91
220.0 ～ 239.9	9 239	9	1 265	3 238	1 439	831	528	340	257	236	821	222	53
240.0 ～ 259.9	10 712	9	508	3 137	2 208	1 335	963	673	421	297	973	155	33
260.0 ～ 279.9	10 136	-	188	2 075	2 385	1 689	1 314	798	497	436	626	100	28
280.0 ～ 299.9	10 298	-	64	1 338	2 525	1 815	1 611	1 020	698	524	513	142	47
300.0 ～ 319.9	10 359	-	49	788	1 981	1 999	1 935	1 321	873	692	556	123	43
320.0 ～ 339.9	10 398	-	6	413	2 199	2 118	2 053	1 399	1 022	727	392	57	12
340.0 ～ 359.9	9 394	-	10	284	1 202	1 749	1 989	1 754	1 129	864	325	60	29
360.0 ～ 379.9	9 045	-	10	226	1 135	1 628	1 763	1 710	1 367	810	314	70	12
380.0 ～ 399.9	8 448	-	2	76	842	1 186	1 943	1 844	1 267	1 017	202	53	14
400.0 ～ 449.9	20 273	-	7	67	1 243	2 675	3 848	4 933	3 998	2 680	642	128	52
450.0 ～ 499.9	15 548	-	-	56	408	1 427	2 455	3 876	4 099	2 790	348	73	16
500.0 ～ 549.9	10 460	-	-	22	119	757	1 525	2 652	2 832	2 182	294	59	18
550.0 ～ 599.9	7 834	-	-	2	10	265	1 188	2 058	2 347	1 750	177	31	6
600.0 ～ 699.9	9 530	-	-	5	30	249	1 146	2 446	3 017	2 335	271	30	2
700.0 ～ 799.9	4 117	-	-	-	38	106	211	864	1 530	1 204	123	39	2
800.0 ～ 899.9	1 405	-	-	-	15	19	91	189	469	527	72	21	3
900.0 ～ 999.9	614	-	-	-	3	5	52	70	180	267	35	2	0
1000.0 ～ 1199.9	448	-	-	-	7	16	52	78	98	150	33	13	-
1200.0千円 ～	228	-	-	-	2	9	1	45	30	109	21	10	0
第1・十分位数（千円）	225.2	155.4	176.3	205.8	229.5	245.8	265.5	289.2	308.0	303.7	190.4	171.2	158.0
第1・四分位数（千円）	276.5	163.4	193.4	225.5	258.7	284.8	313.2	351.4	379.6	380.7	215.1	201.6	201.4
中位数（千円）	362.5	170.9	212.2	247.1	297.4	337.0	377.8	428.8	464.6	474.4	269.2	254.3	253.4
第3・四分位数（千円）	469.8	179.9	228.8	275.9	344.3	405.2	455.8	520.8	571.3	586.9	373.8	358.9	341.0
第9・十分位数（千円）	592.2	188.3	247.7	310.0	399.1	471.5	557.1	626.9	683.0	717.1	510.2	494.1	434.6
十分位分散係数	0.51	0.10	0.17	0.21	0.29	0.34	0.39	0.39	0.40	0.44	0.59	0.63	0.55
四分位分散係数	0.27	0.05	0.08	0.10	0.14	0.18	0.19	0.20	0.21	0.22	0.29	0.31	0.28
女													
学歴計	**130 495**	**3 016**	**11 968**	**14 024**	**12 228**	**13 552**	**17 682**	**18 234**	**15 364**	**12 825**	**8 191**	**2 620**	**790**
～ 99.9千円	97	-	-	5	20	10	3	4	7	19	19	9	1
100.0 ～ 119.9	1 822	22	62	127	112	169	208	196	134	331	249	152	60
120.0 ～ 139.9	9 709	250	973	851	832	833	983	880	900	1 064	1 383	565	197
140.0 ～ 159.9	18 892	697	1 968	1 536	1 365	1 532	1 867	2 345	2 327	2 244	2 152	644	214
160.0 ～ 179.9	21 238	1 391	2 691	1 813	1 695	1 748	2 303	2 428	2 464	2 149	1 825	614	119
180.0 ～ 199.9	17 733	408	2 852	2 325	1 479	1 688	2 088	2 030	1 871	1 651	1 023	268	49
200.0 ～ 219.9	13 923	161	1 733	2 510	1 578	1 440	1 741	1 698	1 220	1 091	550	179	22
220.0 ～ 239.9	11 672	45	1 089	2 021	1 514	1 389	1 683	1 444	1 182	879	357	53	16
240.0 ～ 259.9	8 748	11	309	1 279	1 111	1 260	1 391	1 310	1 125	641	243	39	28
260.0 ～ 279.9	6 888	7	127	651	911	1 051	1 245	1 228	891	600	120	17	39
280.0 ～ 299.9	5 179	21	85	405	535	739	1 131	1 069	669	413	100	10	2
300.0 ～ 319.9	3 936	-	29	297	308	483	860	971	561	356	44	13	13
320.0 ～ 339.9	2 706	1	16	82	291	280	672	570	414	360	18	3	-
340.0 ～ 359.9	2 096	-	17	56	184	238	459	485	369	237	32	8	11
360.0 ～ 379.9	1 237	-	7	27	64	177	184	366	191	170	20	20	11
380.0 ～ 399.9	1 089	-	6	23	77	128	241	262	227	96	-	20	10
400.0 ～ 449.9	1 593	4	3	13	103	187	282	394	337	259	11	2	-
450.0 ～ 499.9	728	-	3	-	29	90	123	181	166	105	31	-	-
500.0 ～ 549.9	354	-	-	1	6	29	42	92	109	66	9	-	-
550.0 ～ 599.9	281	-	-	3	1	29	66	101	51	28	0	1	-
600.0 ～ 699.9	310	-	-	-	4	19	71	100	89	25	2	1	-
700.0 ～ 799.9	132	-	-	-	6	15	29	39	39	3	-	1	-
800.0 ～ 899.9	62	-	-	-	-	7	6	27	3	18	2	-	-
900.0 ～ 999.9	37	-	-	-	-	11	6	2	8	8	-	1	-
1000.0 ～ 1199.9	21	-	-	-	-	-	-	6	6	9	-	-	-
1200.0千円 ～	15	-	-	-	-	-	-	6	6	3	-	-	-
第1・十分位数（千円）	141.7	141.2	141.7	146.0	144.1	145.2	147.2	147.3	145.0	138.1	131.0	124.1	122.9
第1・四分位数（千円）	161.9	155.2	159.9	170.3	169.1	170.4	171.7	168.8	163.7	156.5	143.7	137.8	135.5
中位数（千円）	195.1	167.7	182.0	202.8	207.2	211.4	215.6	214.1	199.8	187.6	162.7	158.0	151.2
第3・四分位数（千円）	245.9	178.6	204.9	233.3	249.1	261.6	276.1	282.1	266.0	245.8	188.9	179.3	180.7
第9・十分位数（千円）	307.4	195.4	226.8	264.4	294.6	313.0	332.1	350.9	343.2	325.3	226.9	210.2	263.7
十分位分散係数	0.42	0.16	0.23	0.29	0.36	0.40	0.43	0.48	0.50	0.50	0.29	0.27	0.47
四分位分散係数	0.22	0.07	0.12	0.16	0.19	0.22	0.24	0.26	0.26	0.24	0.14	0.13	0.15

第3表　年齢階級、所定内給与額階級別労働者数及び所定内給与額の分布特性値

企業規模	計

E 製造業

(単位十人)

区分	年齢計	～19歳	20～24歳	25～29歳	30～34歳	35～39歳	40～44歳	45～49歳	50～54歳	55～59歳	60～64歳	65～69歳	70歳以上
生産労働者(女)													
学歴計	**75 128**	**2 256**	**7 628**	**7 195**	**6 203**	**6 516**	**8 839**	**9 840**	**9 020**	**8 628**	**6 188**	**2 159**	**654**
～ 99.9 千円	95	-	-	5	20	10	3	4	5	19	19	9	1
100.0 ～ 119.9	1 637	21	47	116	89	150	185	168	124	311	235	134	58
120.0 ～ 139.9	8 776	211	880	764	743	735	890	807	821	966	1 258	508	194
140.0 ～ 159.9	15 858	557	1 586	1 273	1 128	1 250	1 590	1 936	1 923	1 951	1 886	570	208
160.0 ～ 179.9	16 178	954	1 913	1 247	1 198	1 280	1 756	1 886	2 053	1 790	1 483	509	110
180.0 ～ 199.9	10 835	321	1 659	1 146	876	808	1 262	1 398	1 249	1 192	677	213	34
200.0 ～ 219.9	6 936	105	824	1 120	649	607	849	969	729	676	259	135	14
220.0 ～ 239.9	5 048	45	434	794	603	477	745	664	586	518	132	41	10
240.0 ～ 259.9	3 270	11	118	269	297	408	513	619	546	315	143	22	9
260.0 ～ 279.9	2 297	7	69	185	222	288	357	503	310	299	33	9	15
280.0 ～ 299.9	1 520	20	53	93	169	209	224	318	192	187	52	1	1
300.0 ～ 319.9	892	-	20	133	59	86	155	176	126	134	1	2	-
320.0 ～ 339.9	645	-	16	24	97	56	90	134	110	116	3	-	-
340.0 ～ 359.9	376	-	3	22	18	63	80	51	74	60	5	-	-
360.0 ～ 379.9	212	-	3	-	7	52	22	69	37	14	-	6	1
380.0 ～ 399.9	222	-	4	4	4	12	65	26	79	29	-	-	-
400.0 ～ 449.9	187	4	3	-	21	0	32	79	19	27	2	0	-
450.0 ～ 499.9	97	-	-	-	3	22	10	18	24	21	-	-	-
500.0 ～ 549.9	17	-	-	1	-	2	2	0	8	4	-	-	-
550.0 ～ 599.9	7	-	-	1	-	1	2	1	3	0	0	-	-
600.0 ～ 699.9	24	-	-	-	1	-	8	13	2	-	-	1	-
700.0 ～ 799.9	-	-	-	-	-	-	-	-	-	-	-	-	-
800.0 ～ 899.9	-	-	-	-	-	-	-	-	-	-	-	-	-
900.0 ～ 999.9	0	-	-	-	-	-	-	-	0	-	-	-	-
1000.0 ～ 1199.9	-	-	-	-	-	-	-	-	-	-	-	-	-
1200.0千円 ～	-	-	-	-	-	-	-	-	-	-	-	-	-
第1・十分位数(千円)	134.8	139.5	136.8	136.9	135.4	134.5	136.7	140.1	139.1	133.1	128.7	123.4	121.0
第1・四分位数(千円)	151.2	154.0	152.3	154.9	153.0	152.3	155.0	155.9	154.4	150.1	140.4	136.2	133.1
中位数(千円)	173.4	166.8	174.3	183.4	178.7	177.4	179.9	181.6	175.8	170.2	156.7	154.3	146.0
第3・四分位数(千円)	208.0	178.9	195.4	214.5	218.3	221.8	222.8	225.2	216.2	207.1	175.8	174.4	165.0
第9・十分位数(千円)	253.1	196.5	218.9	240.6	257.9	269.9	269.4	276.0	264.6	261.7	200.9	200.0	186.9
十分位分散係数	0.34	0.17	0.24	0.28	0.34	0.38	0.37	0.37	0.36	0.38	0.23	0.25	0.23
四分位分散係数	0.16	0.07	0.12	0.16	0.18	0.20	0.19	0.19	0.18	0.17	0.11	0.12	0.11
管理・事務・技術労働者(女)													
学歴計	**55 367**	**760**	**4 340**	**6 829**	**6 024**	**7 036**	**8 844**	**8 394**	**6 344**	**4 197**	**2 003**	**461**	**136**
～ 99.9 千円	2	-	-	-	-	-	-	-	2	-	-	0	-
100.0 ～ 119.9	185	1	15	11	24	19	23	28	10	20	14	18	2
120.0 ～ 139.9	934	39	93	87	89	98	93	74	79	98	125	57	3
140.0 ～ 159.9	3 034	140	382	264	237	282	276	409	404	293	266	74	6
160.0 ～ 179.9	5 061	436	778	566	498	468	547	542	411	359	342	105	8
180.0 ～ 199.9	6 898	87	1 193	1 179	603	881	826	632	622	459	346	55	15
200.0 ～ 219.9	6 987	56	910	1 390	929	833	893	729	491	415	291	44	8
220.0 ～ 239.9	6 623	-	655	1 226	911	912	938	780	596	361	224	13	6
240.0 ～ 259.9	5 477	-	191	1 010	814	852	878	690	579	326	100	17	19
260.0 ～ 279.9	4 591	-	58	465	689	762	888	725	582	301	88	8	25
280.0 ～ 299.9	3 659	1	32	312	366	529	907	750	477	227	48	9	1
300.0 ～ 319.9	3 044	-	9	163	250	397	705	795	434	222	43	11	13
320.0 ～ 339.9	2 061	1	-	58	194	225	582	436	304	244	15	3	-
340.0 ～ 359.9	1 720	-	15	34	166	175	379	434	295	177	27	8	11
360.0 ～ 379.9	1 025	-	4	27	57	125	162	297	154	155	20	15	10
380.0 ～ 399.9	867	-	2	20	73	116	176	236	147	67	-	20	10
400.0 ～ 449.9	1 406	-	-	13	82	187	249	315	318	232	9	2	-
450.0 ～ 499.9	630	-	3	-	27	68	113	163	142	84	31	-	-
500.0 ～ 549.9	337	-	-	-	6	27	40	92	101	62	9	-	-
550.0 ～ 599.9	274	-	-	3	1	28	65	101	48	28	-	1	-
600.0 ～ 699.9	286	-	-	-	4	19	63	87	87	25	2	-	-
700.0 ～ 799.9	132	-	-	-	6	15	29	39	39	3	-	1	-
800.0 ～ 899.9	62	-	-	-	-	7	6	27	3	18	2	-	-
900.0 ～ 999.9	36	-	-	-	-	11	6	2	8	8	-	1	-
1000.0 ～ 1199.9	21	-	-	-	-	-	-	6	6	9	-	-	-
1200.0千円 ～	15	-	-	-	-	-	-	6	6	3	-	-	-
第1・十分位数(千円)	166.4	145.8	157.7	172.1	171.5	174.5	178.3	172.5	166.5	160.6	145.9	128.2	171.3
第1・四分位数(千円)	193.6	160.5	176.3	194.3	201.1	200.3	209.4	211.1	202.4	193.5	165.6	153.8	199.2
中位数(千円)	233.6	169.9	194.9	218.9	233.8	240.5	258.9	269.6	259.0	245.2	193.8	177.1	263.5
第3・四分位数(千円)	288.6	178.0	217.5	246.7	272.7	286.0	310.4	326.8	324.7	325.2	228.2	215.9	307.9
第9・十分位数(千円)	355.2	189.7	235.0	277.0	321.2	348.2	362.8	399.8	415.7	407.4	282.4	350.6	366.5
十分位分散係数	0.40	0.13	0.20	0.24	0.32	0.36	0.36	0.42	0.48	0.50	0.35	0.63	0.37
四分位分散係数	0.20	0.05	0.11	0.12	0.15	0.18	0.20	0.21	0.24	0.27	0.16	0.18	0.21

第3表　年齢階級、所定内給与額階級別労働者数及び所定内給与額の分布特性値

企業規模	1,000人以上

E　製　造　業

（単位十人）

区　分	年齢計	～19歳	20～24歳	25～29歳	30～34歳	35～39歳	40～44歳	45～49歳	50～54歳	55～59歳	60～64歳	65～69歳	70歳以上
企業規模1,000人以上													
男女計													
学歴計	**188 018**	**3 308**	**13 383**	**21 547**	**21 752**	**22 443**	**25 989**	**26 783**	**24 057**	**17 758**	**9 899**	**969**	**129**
～ 99.9 千円	5	−	−	−	−	−	−	1	2	2	−	−	−
100.0 ～ 119.9	248	21	10	38	30	14	14	9	24	18	31	39	2
120.0 ～ 139.9	1 523	54	257	145	80	90	119	92	115	132	338	85	17
140.0 ～ 159.9	4 020	267	593	344	314	196	338	394	423	344	662	132	13
160.0 ～ 179.9	7 878	1 614	1 510	646	537	429	511	484	506	439	980	178	46
180.0 ～ 199.9	8 933	669	2 638	1 248	772	600	515	499	456	385	1 034	114	4
200.0 ～ 219.9	10 743	303	3 067	2 254	824	859	679	562	393	281	1 426	90	4
220.0 ～ 239.9	12 957	277	2 464	4 346	1 491	1 046	873	663	343	263	1 080	109	2
240.0 ～ 259.9	12 923	46	1 304	4 479	2 210	1 319	1 143	695	433	365	890	39	−
260.0 ～ 279.9	12 414	14	696	2 958	2 865	1 690	1 459	933	585	483	692	27	11
280.0 ～ 299.9	12 464	36	511	2 112	2 955	2 081	1 835	1 116	796	480	526	15	−
300.0 ～ 319.9	11 057	3	143	1 291	2 204	2 070	2 084	1 510	718	606	406	19	3
320.0 ～ 339.9	10 549	1	85	621	2 315	2 124	2 043	1 394	958	736	259	8	6
340.0 ～ 359.9	9 759	−	60	445	1 485	1 854	2 027	1 693	1 214	753	217	9	4
360.0 ～ 379.9	8 740	−	12	321	1 062	1 626	1 787	1 694	1 222	853	157	5	3
380.0 ～ 399.9	8 129	−	8	148	872	1 348	1 930	1 546	1 246	891	140	−	0
400.0 ～ 449.9	16 981	4	21	78	1 171	2 551	3 230	3 931	3 256	2 306	411	16	8
450.0 ～ 499.9	12 079	−	−	47	384	1 321	1 900	2 887	3 046	2 272	202	19	−
500.0 ～ 549.9	7 650	−	3	15	87	580	1 207	1 952	2 105	1 552	124	19	7
550.0 ～ 599.9	5 851	−	2	8	34	276	1 019	1 594	1 737	1 105	77	1	−
600.0 ～ 699.9	7 689	−	−	5	19	216	1 027	2 119	2 533	1 657	101	12	−
700.0 ～ 799.9	3 314	−	−	−	17	97	146	731	1 275	986	47	14	2
800.0 ～ 899.9	1 153	−	−	−	15	18	51	156	419	444	39	10	2
900.0 ～ 999.9	480	−	−	−	3	14	29	39	145	225	23	2	−
1000.0 ～ 1199.9	338	−	−	−	7	16	23	57	82	129	18	6	−
1200.0千円 ～	143	−	−	−	2	9	1	34	27	51	20	−	−
第1・十分位数（千円）	192.2	159.5	169.4	196.7	211.7	221.2	232.0	239.3	246.9	233.8	159.0	135.2	132.7
第1・四分位数（千円）	241.1	166.0	188.2	223.7	253.0	273.4	288.8	316.9	345.1	337.5	190.2	157.5	162.5
中位数（千円）	317.9	176.3	211.6	247.4	291.5	327.8	353.8	401.2	439.4	439.0	227.5	190.6	177.0
第3・四分位数（千円）	423.8	194.7	235.2	278.0	337.5	391.9	430.6	499.7	555.0	556.8	290.0	237.6	315.5
第9・十分位数（千円）	551.2	223.3	265.5	311.5	390.4	460.3	537.9	615.8	676.8	704.2	409.7	406.1	436.7
十分位分散係数	0.56	0.18	0.23	0.23	0.31	0.36	0.43	0.47	0.49	0.54	0.55	0.71	0.86
四分位分散係数	0.29	0.08	0.11	0.11	0.14	0.18	0.20	0.23	0.24	0.25	0.22	0.21	0.43
男													
学歴計	**156 086**	**2 541**	**10 406**	**17 642**	**18 595**	**19 043**	**21 300**	**22 030**	**20 433**	**15 103**	**8 229**	**660**	**104**
～ 99.9 千円	−	−	−	−	−	−	−	−	−	−	−	−	−
100.0 ～ 119.9	74	11	1	8	7	4	9	6	12	6	6	5	2
120.0 ～ 139.9	563	6	181	97	21	46	45	20	24	23	59	25	17
140.0 ～ 159.9	1 348	139	233	127	147	64	51	55	71	102	308	50	2
160.0 ～ 179.9	4 249	1 259	979	352	281	176	139	111	154	88	574	105	31
180.0 ～ 199.9	5 959	557	2 061	883	495	263	241	238	214	155	768	80	4
200.0 ～ 219.9	7 939	264	2 489	1 679	567	602	381	290	198	152	1 244	69	4
220.0 ～ 239.9	9 768	234	2 007	3 481	1 122	658	503	364	150	138	1 002	108	2
240.0 ～ 259.9	10 308	46	1 132	3 938	1 810	918	772	355	217	208	876	37	−
260.0 ～ 279.9	10 034	7	616	2 600	2 472	1 358	1 024	596	328	314	680	27	11
280.0 ～ 299.9	10 079	16	446	1 831	2 694	1 769	1 278	679	486	363	502	15	−
300.0 ～ 319.9	9 140	3	120	1 104	2 028	1 854	1 707	1 021	479	401	401	19	3
320.0 ～ 339.9	9 087	−	70	568	2 155	1 963	1 654	1 107	749	553	254	8	6
340.0 ～ 359.9	8 518	−	43	398	1 369	1 733	1 775	1 400	956	626	205	9	4
360.0 ～ 379.9	8 067	−	5	308	1 016	1 555	1 680	1 484	1 121	738	153	5	3
380.0 ～ 399.9	7 493	−	3	124	800	1 246	1 794	1 398	1 147	840	140	−	0
400.0 ～ 449.9	16 024	−	19	71	1 086	2 446	3 077	3 688	3 063	2 144	408	16	8
450.0 ～ 499.9	11 622	−	−	47	359	1 245	1 821	2 776	2 952	2 202	202	19	−
500.0 ～ 549.9	7 450	−	3	15	80	561	1 173	1 903	2 054	1 512	124	19	7
550.0 ～ 599.9	5 646	−	2	6	32	247	967	1 539	1 695	1 081	77	1	−
600.0 ～ 699.9	7 489	−	−	5	15	216	984	2 042	2 464	1 650	101	12	−
700.0 ～ 799.9	3 214	−	−	−	11	82	126	707	1 239	986	47	14	2
800.0 ～ 899.9	1 109	−	−	−	15	11	51	136	419	428	39	10	2
900.0 ～ 999.9	447	−	−	−	3	3	23	37	139	217	23	2	−
1000.0 ～ 1199.9	331	−	−	−	7	16	23	51	82	128	18	6	−
1200.0千円 ～	128	−	−	−	2	9	1	28	21	48	20	−	−
第1・十分位数（千円）	209.0	161.6	174.6	204.3	227.1	242.2	259.7	285.6	306.9	298.0	175.6	156.0	129.3
第1・四分位数（千円）	257.7	167.7	192.7	228.3	261.7	287.6	311.1	350.0	379.2	377.1	204.5	177.4	168.4
中位数（千円）	338.9	177.7	214.5	250.7	297.5	338.4	372.5	424.3	463.4	465.2	244.2	219.2	185.1
第3・四分位数（千円）	444.2	197.2	238.4	280.7	342.0	401.3	446.7	522.2	576.8	584.4	306.7	272.7	338.2
第9・十分位数（千円）	572.8	223.9	269.0	315.5	394.0	466.0	551.9	633.0	691.7	724.5	424.5	496.6	500.1
十分位分散係数	0.54	0.18	0.22	0.22	0.28	0.33	0.39	0.41	0.42	0.46	0.51	0.78	1.00
四分位分散係数	0.28	0.08	0.11	0.10	0.13	0.17	0.18	0.20	0.21	0.22	0.21	0.22	0.46

第3表　年齢階級、所定内給与額階級別労働者数及び所定内給与額の分布特性値

企業規模	1,000人以上

E　製　造　業

（単位十人）

区分	年齢計	～19歳	20～24歳	25～29歳	30～34歳	35～39歳	40～44歳	45～49歳	50～54歳	55～59歳	60～64歳	65～69歳	70歳以上
生産労働者（男）													
学歴計	**76 376**	**2 161**	**7 726**	**10 336**	**9 122**	**9 638**	**10 731**	**8 991**	**6 900**	**5 857**	**4 524**	**333**	**58**
～ 99.9千円	–	–	–	–	–	–	–	–	–	–	–	–	–
100.0 ～ 119.9	63	11	1	7	7	4	9	–	12	6	4	3	2
120.0 ～ 139.9	495	2	177	93	19	39	45	16	24	21	34	15	10
140.0 ～ 159.9	1 126	107	187	104	131	63	49	48	61	99	240	37	1
160.0 ～ 179.9	3 454	1 022	830	274	225	160	122	97	134	69	412	80	29
180.0 ～ 199.9	4 951	471	1 658	748	461	222	228	212	200	135	545	71	2
200.0 ～ 219.9	5 815	260	1 642	1 263	485	497	316	257	168	139	733	54	–
220.0 ～ 239.9	6 639	225	1 280	2 161	828	537	410	312	119	105	617	44	–
240.0 ～ 259.9	6 449	38	795	2 075	1 219	745	543	265	156	162	444	6	–
260.0 ～ 279.9	6 714	7	512	1 335	1 557	1 086	819	477	262	235	405	8	10
280.0 ～ 299.9	6 416	16	416	931	1 444	1 244	941	533	318	304	268	–	–
300.0 ～ 319.9	5 302	3	95	516	862	1 135	1 160	687	322	325	194	3	1
320.0 ～ 339.9	4 959	–	64	284	739	1 089	1 049	730	517	383	99	–	6
340.0 ～ 359.9	4 696	–	41	212	499	909	1 071	858	572	449	81	6	–
360.0 ～ 379.9	4 124	–	4	191	266	639	1 085	830	601	468	39	1	–
380.0 ～ 399.9	3 296	–	3	75	153	415	838	688	582	483	59	–	–
400.0 ～ 449.9	6 000	–	17	41	158	565	1 262	1 405	1 272	1 078	202	–	–
450.0 ～ 499.9	3 036	–	–	19	32	177	493	786	743	680	105	–	–
500.0 ～ 549.9	1 471	–	3	4	11	54	145	437	421	377	20	–	–
550.0 ～ 599.9	665	–	2	4	25	44	83	135	209	151	14	–	–
600.0 ～ 699.9	469	–	–	–	–	11	54	156	136	107	6	–	–
700.0 ～ 799.9	151	–	–	–	–	2	9	53	39	48	–	–	–
800.0 ～ 899.9	59	–	–	–	–	–	–	9	24	25	1	–	–
900.0 ～ 999.9	14	–	–	–	–	–	–	–	6	7	2	–	–
1000.0 ～ 1199.9	10	–	–	–	–	–	–	–	2	2	–	6	–
1200.0千円 ～	–	–	–	–	–	–	–	–	–	–	–	–	–
第1・十分位数（千円）	191.5	161.9	172.2	196.2	203.3	219.2	235.9	237.6	234.7	241.8	168.2	150.7	124.5
第1・四分位数（千円）	229.8	168.4	189.9	221.0	242.0	262.9	282.8	301.0	316.4	312.0	196.8	170.7	166.0
中位数（千円）	287.8	178.8	211.6	244.7	275.4	304.4	333.6	360.1	379.5	381.2	228.0	191.9	175.3
第3・四分位数（千円）	360.9	200.6	240.4	275.4	309.2	348.1	384.3	420.7	443.5	446.2	277.5	216.6	262.1
第9・十分位数（千円）	432.0	225.9	274.5	312.1	348.2	394.0	435.9	489.0	515.2	517.4	358.5	238.6	330.3
十分位分散係数	0.42	0.18	0.24	0.24	0.26	0.29	0.30	0.35	0.37	0.36	0.42	0.23	0.59
四分位分散係数	0.23	0.09	0.12	0.11	0.12	0.14	0.15	0.17	0.17	0.18	0.18	0.12	0.27
管理・事務・技術労働者(男)													
学歴計	**79 710**	**380**	**2 680**	**7 306**	**9 473**	**9 405**	**10 570**	**13 039**	**13 533**	**9 245**	**3 705**	**327**	**46**
～ 99.9千円	–	–	–	–	–	–	–	–	–	–	–	–	–
100.0 ～ 119.9	11	–	1	1	–	–	–	6	–	–	2	2	–
120.0 ～ 139.9	68	4	4	4	3	7	1	4	–	2	25	10	7
140.0 ～ 159.9	222	33	45	23	16	1	3	7	10	3	68	13	2
160.0 ～ 179.9	795	237	150	78	56	17	17	14	19	18	161	25	2
180.0 ～ 199.9	1 008	86	403	136	34	41	13	26	15	20	223	10	2
200.0 ～ 219.9	2 123	4	847	416	82	105	65	32	30	13	511	15	4
220.0 ～ 239.9	3 129	9	727	1 320	295	121	93	51	30	34	385	63	2
240.0 ～ 259.9	3 859	9	337	1 863	591	172	229	89	60	46	431	31	–
260.0 ～ 279.9	3 320	–	104	1 265	914	273	205	119	66	79	275	19	1
280.0 ～ 299.9	3 663	–	30	900	1 249	525	338	146	168	59	234	15	–
300.0 ～ 319.9	3 838	–	25	589	1 166	719	547	335	157	76	206	16	3
320.0 ～ 339.9	4 129	–	6	284	1 416	874	605	378	232	170	155	8	–
340.0 ～ 359.9	3 821	–	2	187	870	823	704	543	385	177	125	4	4
360.0 ～ 379.9	3 943	–	2	116	749	916	595	654	520	269	114	5	3
380.0 ～ 399.9	4 197	–	–	50	647	831	955	710	565	358	81	–	0
400.0 ～ 449.9	10 024	–	2	29	928	1 880	1 816	2 283	1 792	1 065	206	16	8
450.0 ～ 499.9	8 586	–	–	28	327	1 067	1 328	1 989	2 209	1 522	98	19	–
500.0 ～ 549.9	5 979	–	–	11	70	507	1 027	1 466	1 633	1 135	104	19	7
550.0 ～ 599.9	4 980	–	–	2	7	203	884	1 404	1 485	930	63	1	–
600.0 ～ 699.9	7 020	–	–	5	15	205	930	1 887	2 327	1 543	95	12	–
700.0 ～ 799.9	3 064	–	–	–	11	80	117	654	1 201	938	47	14	2
800.0 ～ 899.9	1 050	–	–	–	15	11	51	127	395	403	38	10	2
900.0 ～ 999.9	433	–	–	–	3	3	23	37	134	211	21	2	–
1000.0 ～ 1199.9	321	–	–	–	7	16	23	51	80	126	18	0	–
1200.0千円 ～	128	–	–	–	2	9	1	28	21	48	20	–	–
第1・十分位数（千円）	243.3	160.2	184.5	221.4	256.5	288.4	304.7	343.6	368.8	375.9	192.5	170.7	136.5
第1・四分位数（千円）	309.3	164.7	202.8	238.1	286.0	329.0	355.4	403.7	433.0	446.3	216.5	226.6	185.9
中位数（千円）	409.0	172.6	218.2	257.9	324.7	382.7	424.1	478.2	513.9	531.2	263.1	258.3	345.8
第3・四分位数（千円）	524.0	181.6	235.1	287.5	370.2	441.6	520.1	583.4	627.0	658.9	355.8	426.0	438.7
第9・十分位数（千円）	652.0	189.1	249.5	319.2	420.6	507.1	605.5	674.8	725.7	772.4	507.8	629.6	536.7
十分位分散係数	0.50	0.08	0.15	0.19	0.25	0.29	0.35	0.35	0.35	0.37	0.60	0.89	0.58
四分位分散係数	0.26	0.05	0.07	0.10	0.13	0.15	0.19	0.19	0.19	0.20	0.26	0.39	0.37

第3表　年齢階級、所定内給与額階級別労働者数及び所定内給与額の分布特性値

企業規模	1,000人以上

E 製造業

（単位十人）

区分	年齢計	～19歳	20～24歳	25～29歳	30～34歳	35～39歳	40～44歳	45～49歳	50～54歳	55～59歳	60～64歳	65～69歳	70歳以上
女													
学歴計	**31 933**	**767**	**2 977**	**3 905**	**3 157**	**3 400**	**4 689**	**4 753**	**3 624**	**2 655**	**1 670**	**309**	**26**
～ 99.9 千円	5	–	–	–	–	–	–	1	2	2	–	–	–
100.0 ～ 119.9	174	10	9	30	23	10	5	3	12	12	26	34	–
120.0 ～ 139.9	961	49	76	48	59	44	74	72	91	109	279	60	–
140.0 ～ 159.9	2 672	128	361	217	167	132	287	339	352	242	354	83	11
160.0 ～ 179.9	3 629	355	530	294	255	253	372	373	352	351	406	73	15
180.0 ～ 199.9	2 973	112	577	364	277	337	274	261	241	230	267	34	–
200.0 ～ 219.9	2 804	39	578	575	257	257	298	273	195	129	182	22	–
220.0 ～ 239.9	3 189	43	458	865	368	388	369	299	193	125	78	2	–
240.0 ～ 259.9	2 615	–	172	541	400	401	371	340	217	157	14	2	–
260.0 ～ 279.9	2 381	7	80	358	393	331	435	337	257	169	12	–	–
280.0 ～ 299.9	2 385	21	65	281	262	312	557	437	310	117	23	1	–
300.0 ～ 319.9	1 916	–	23	186	175	217	377	489	239	204	6	–	–
320.0 ～ 339.9	1 462	1	16	52	161	161	389	286	209	182	5	–	–
340.0 ～ 359.9	1 242	–	17	47	117	121	252	292	258	127	12	–	–
360.0 ～ 379.9	673	–	7	14	46	71	107	210	101	115	4	–	–
380.0 ～ 399.9	636	–	6	23	71	102	137	148	99	51	–	–	–
400.0 ～ 449.9	957	4	3	8	85	105	153	243	193	163	3	–	–
450.0 ～ 499.9	457	–	–	–	25	77	79	111	94	71	–	–	–
500.0 ～ 549.9	199	–	–	–	6	19	35	49	51	40	–	–	–
550.0 ～ 599.9	206	–	–	3	1	29	52	55	42	24	0	–	–
600.0 ～ 699.9	200	–	–	–	4	–	43	76	70	7	–	–	–
700.0 ～ 799.9	100	–	–	–	6	15	20	24	35	–	–	–	–
800.0 ～ 899.9	43	–	–	–	–	7	–	20	–	16	–	–	–
900.0 ～ 999.9	33	–	–	–	–	11	6	2	6	8	–	–	–
1000.0 ～ 1199.9	7	–	–	–	–	–	–	6	–	1	–	–	–
1200.0千円 ～	15	–	–	–	–	–	–	6	6	3	–	–	–
第1・十分位数（千円）	155.8	147.2	150.9	167.1	167.0	171.1	165.6	162.8	154.5	153.3	132.8	118.7	–
第1・四分位数（千円）	183.4	160.3	173.2	200.7	200.7	204.9	210.6	209.8	187.5	177.2	147.5	136.4	–
中位数（千円）	237.3	170.9	197.7	230.8	248.9	254.0	274.0	283.5	273.2	256.2	170.2	149.9	–
第3・四分位数（千円）	301.6	184.3	223.3	259.8	292.9	305.8	325.7	344.0	343.9	334.8	193.1	173.9	–
第9・十分位数（千円）	370.0	218.6	247.4	294.6	347.1	383.2	390.5	422.8	425.3	421.5	218.5	195.9	–
十分位分散係数	0.45	0.21	0.24	0.28	0.36	0.42	0.41	0.46	0.50	0.52	0.25	0.26	–
四分位分散係数	0.25	0.07	0.13	0.13	0.19	0.20	0.21	0.24	0.29	0.31	0.13	0.13	–
生産労働者（女）													
学歴計	**14 974**	**593**	**1 848**	**1 774**	**1 248**	**1 236**	**1 831**	**1 799**	**1 626**	**1 505**	**1 196**	**292**	**26**
～ 99.9 千円	3	–	–	–	–	–	–	1	–	2	–	–	–
100.0 ～ 119.9	145	10	9	24	16	8	2	2	12	8	22	34	–
120.0 ～ 139.9	856	43	66	46	52	43	68	62	85	93	248	51	–
140.0 ～ 159.9	2 309	104	335	203	119	107	259	275	284	214	316	83	11
160.0 ～ 179.9	2 805	242	379	214	169	194	315	268	313	320	309	67	15
180.0 ～ 199.9	1 902	90	373	193	165	149	177	196	155	183	187	34	–
200.0 ～ 219.9	1 427	31	257	303	112	110	121	160	153	102	57	22	–
220.0 ～ 239.9	1 466	43	206	383	179	142	172	135	100	77	28	–	–
240.0 ～ 259.9	965	–	85	133	133	139	133	138	114	81	9	2	–
260.0 ～ 279.9	782	7	42	96	86	102	127	113	88	116	4	–	–
280.0 ～ 299.9	708	20	49	74	89	79	116	120	87	63	11	1	–
300.0 ～ 319.9	522	–	20	60	35	59	116	101	55	75	–	–	–
320.0 ～ 339.9	392	–	16	24	56	24	72	73	67	60	3	–	–
340.0 ～ 359.9	249	–	3	19	12	34	59	32	46	41	4	–	–
360.0 ～ 379.9	108	–	3	–	7	22	15	30	27	5	–	–	–
380.0 ～ 399.9	120	–	4	4	2	11	45	22	16	17	–	–	–
400.0 ～ 449.9	142	4	3	–	13	0	20	65	15	23	1	–	–
450.0 ～ 499.9	50	–	–	–	2	11	5	4	8	21	–	–	–
500.0 ～ 549.9	8	–	–	–	–	2	2	0	–	4	–	–	–
550.0 ～ 599.9	3	–	–	–	–	1	2	–	–	–	0	–	–
600.0 ～ 699.9	11	–	–	–	–	–	7	2	2	–	–	–	–
700.0 ～ 799.9	–	–	–	–	–	–	–	–	–	–	–	–	–
800.0 ～ 899.9	–	–	–	–	–	–	–	–	–	–	–	–	–
900.0 ～ 999.9	–	–	–	–	–	–	–	–	–	–	–	–	–
1000.0 ～ 1199.9	–	–	–	–	–	–	–	–	–	–	–	–	–
1200.0千円 ～	–	–	–	–	–	–	–	–	–	–	–	–	–
第1・十分位数（千円）	144.6	144.0	145.9	149.1	148.7	155.3	150.9	149.4	144.4	145.4	130.7	118.0	–
第1・四分位数（千円）	163.2	159.1	163.9	176.1	175.7	173.3	168.3	167.0	161.5	163.6	142.2	137.5	–
中位数（千円）	193.7	171.9	187.3	213.2	218.3	221.3	215.3	210.0	195.2	192.0	161.0	150.1	–
第3・四分位数（千円）	245.6	187.4	217.2	237.9	257.9	265.9	279.9	280.1	260.7	265.6	180.2	174.9	–
第9・十分位数（千円）	303.8	227.9	246.5	280.5	300.7	308.0	330.0	335.3	324.8	326.5	199.3	196.1	–
十分位分散係数	0.41	0.24	0.27	0.31	0.35	0.35	0.42	0.44	0.46	0.47	0.21	0.26	–
四分位分散係数	0.21	0.08	0.14	0.14	0.19	0.21	0.26	0.27	0.25	0.27	0.12	0.12	–

第3表　年齢階級、所定内給与額階級別労働者数及び所定内給与額の分布特性値

企業規模	1,000人以上
	100～999人

E　製　造　業

（単位十人）

区　分	年齢計	～19歳	20～24歳	25～29歳	30～34歳	35～39歳	40～44歳	45～49歳	50～54歳	55～59歳	60～64歳	65～69歳	70歳以上
管理・事務・技術労働者(女)													
学　歴　計	**16 959**	**174**	**1 129**	**2 131**	**1 909**	**2 164**	**2 858**	**2 954**	**1 999**	**1 150**	**474**	**18**	**－**
～ 99.9 千円	2	－	－	－	－	－	－	－	2	－	－	－	－
100.0 ～ 119.9	28	－	－	7	7	2	4	2	－	4	4	－	－
120.0 ～ 139.9	105	6	11	2	6	1	6	10	6	15	32	10	－
140.0 ～ 159.9	363	24	26	15	47	25	27	64	68	27	38	－	－
160.0 ～ 179.9	824	112	151	79	86	59	57	105	39	31	97	7	－
180.0 ～ 199.9	1 071	22	204	172	111	188	96	65	86	47	79	－	－
200.0 ～ 219.9	1 377	8	322	272	145	147	177	112	42	27	125	－	
220.0 ～ 239.9	1 723	－	251	481	189	246	197	165	93	48	50	2	－
240.0 ～ 259.9	1 650	－	87	408	266	263	238	202	103	77	6	－	－
260.0 ～ 279.9	1 599	－	38	262	307	229	308	224	169	53	8	－	－
280.0 ～ 299.9	1 677	1	16	207	173	233	440	317	224	54	13	－	－
300.0 ～ 319.9	1 395	－	3	126	141	158	262	388	184	129	6	－	－
320.0 ～ 339.9	1 070	1	－	29	105	137	317	213	142	123	3	－	－
340.0 ～ 359.9	993	－	15	28	105	87	192	261	212	86	8	－	－
360.0 ～ 379.9	565	－	4	14	39	50	92	180	74	110	4	－	－
380.0 ～ 399.9	516	－	2	20	69	90	92	126	83	34	－	－	－
400.0 ～ 449.9	815	－	－	8	72	105	133	178	178	140	2	－	－
450.0 ～ 499.9	407	－	－	－	24	66	74	107	86	50	－	－	－
500.0 ～ 549.9	191	－	－	－	6	17	33	48	51	37	－	－	－
550.0 ～ 599.9	203	－	－	3	1	28	51	55	42	24	－	－	－
600.0 ～ 699.9	189	－	－	－	4	－	36	74	68	7	－	－	－
700.0 ～ 799.9	100	－	－	－	6	15	20	24	35	－	－	－	－
800.0 ～ 899.9	43	－	－	－	－	7	－	20	－	16	－	－	－
900.0 ～ 999.9	33	－	－	－	－	11	6	2	6	8	－	－	－
1000.0 ～ 1199.9	7	－	－	－	－	－	－	6	－	1	－	－	－
1200.0千円 ～	15	－	－	－	－	－	－	6	6	3	－	－	－
第1・十分位数（千円）	187.0	152.3	172.1	194.3	189.6	192.9	211.0	210.6	199.6	197.2	147.3	－	－
第1・四分位数（千円）	226.3	162.1	189.0	218.9	230.8	230.4	252.8	261.2	269.8	263.4	171.4	－	－
中　位　数（千円）	276.9	169.0	211.7	241.6	266.8	274.3	292.8	311.1	318.5	328.0	197.0	－	－
第3・四分位数（千円）	337.1	177.5	227.9	272.6	312.3	330.7	341.8	371.2	391.9	397.9	215.9	－	－
第9・十分位数（千円）	415.6	188.1	248.3	301.5	375.0	420.7	417.0	466.1	505.2	469.5	241.2	－	－
十分位分散係数	0.41	0.11	0.18	0.22	0.35	0.42	0.35	0.41	0.48	0.42	0.24	－	－
四分位分散係数	0.20	0.05	0.09	0.11	0.15	0.18	0.15	0.18	0.19	0.21	0.11	－	－
企業規模 100 ～ 999 人													
男　女　計													
学　歴　計	**221 910**	**4 652**	**17 668**	**23 340**	**24 771**	**27 699**	**32 392**	**31 079**	**24 925**	**19 976**	**12 066**	**2 862**	**481**
～ 99.9 千円	14	－	－	1	1	－	2	1	1	7	2	－	1
100.0 ～ 119.9	703	10	59	70	59	57	107	76	34	93	95	39	5
120.0 ～ 139.9	4 972	149	540	603	419	408	544	406	421	433	679	326	46
140.0 ～ 159.9	12 023	717	1 536	1 130	928	905	1 009	1 212	1 194	1 207	1 555	485	146
160.0 ～ 179.9	19 109	2 350	3 745	1 817	1 479	1 379	1 473	1 536	1 443	1 447	1 873	500	66
180.0 ～ 199.9	20 583	959	5 162	3 356	1 984	1 714	1 529	1 388	1 301	1 159	1 551	435	46
200.0 ～ 219.9	22 014	363	3 725	5 232	3 268	2 077	1 777	1 560	1 100	995	1 479	399	40
220.0 ～ 239.9	21 420	63	1 862	4 740	3 735	2 901	2 643	1 794	1 265	1 060	1 149	173	35
240.0 ～ 259.9	19 670	36	639	2 965	4 104	3 766	2 789	2 114	1 333	846	993	85	1
260.0 ～ 279.9	17 014	3	195	1 665	2 930	3 518	3 234	2 334	1 466	1 116	477	69	8
280.0 ～ 299.9	14 746	2	124	885	2 134	2 871	3 112	2 406	1 568	1 080	469	75	20
300.0 ～ 319.9	12 160	－	51	373	1 229	2 332	2 988	2 405	1 331	1 063	317	48	23
320.0 ～ 339.9	9 858	－	8	183	1 001	1 682	2 393	1 888	1 525	977	184	14	3
340.0 ～ 359.9	8 140	1	9	114	462	1 232	1 940	1 747	1 362	1 051	184	29	10
360.0 ～ 379.9	6 715	－	5	109	406	863	1 542	1 578	1 208	869	110	17	8
380.0 ～ 399.9	5 119	－	2	29	206	424	1 126	1 398	1 052	762	100	17	4
400.0 ～ 449.9	10 544	－	6	16	313	900	1 970	2 749	2 458	1 839	234	48	10
450.0 ～ 499.9	6 579	－	3	42	61	318	1 065	1 822	1 847	1 217	177	27	－
500.0 ～ 549.9	4 197	－	－	10	34	244	502	1 157	1 198	895	130	19	7
550.0 ～ 599.9	2 535	－	－	1	3	48	288	623	804	668	81	20	－
600.0 ～ 699.9	2 235	－	－	－	3	36	192	542	619	706	128	7	2
700.0 ～ 799.9	881	－	－	－	9	17	96	197	270	238	48	5	－
800.0 ～ 899.9	314	－	－	－	1	5	35	69	59	111	32	3	1
900.0 ～ 999.9	150	－	－	－	－	3	9	39	33	54	12	－	－
1000.0 ～ 1199.9	119	－	－	－	－	－	29	23	24	24	8	12	－
1200.0千円 ～	99	－	－	－	－	－	－	18	11	59	1	10	－
第1・十分位数（千円）	164.9	151.6	156.1	166.5	174.9	180.3	181.3	178.6	171.5	163.2	145.7	135.5	139.0
第1・四分位数（千円）	198.1	162.5	173.5	194.0	208.3	222.8	233.2	237.6	231.1	213.2	166.2	155.0	148.5
中　位　数（千円）	250.4	172.5	191.5	218.1	242.5	263.6	286.8	306.0	320.1	311.0	203.0	183.1	168.3
第3・四分位数（千円）	323.8	184.2	210.9	243.5	277.6	309.7	347.1	392.2	419.8	422.4	252.8	216.8	226.7
第9・十分位数（千円）	423.1	200.1	229.8	272.1	320.4	361.9	420.6	485.0	515.7	540.7	343.9	297.5	312.8
十分位分散係数	0.52	0.14	0.19	0.24	0.30	0.34	0.42	0.50	0.54	0.61	0.49	0.44	0.52
四分位分散係数	0.25	0.06	0.10	0.11	0.14	0.16	0.20	0.25	0.29	0.34	0.21	0.17	0.23

第3表　年齢階級、所定内給与額階級別労働者数及び所定内給与額の分布特性値

企業規模	100～999人

E 製 造 業

（単位十人）

区分	年齢計	～19歳	20～24歳	25～29歳	30～34歳	35～39歳	40～44歳	45～49歳	50～54歳	55～59歳	60～64歳	65～69歳	70歳以上
男													
学歴計	165 309	3 172	11 990	17 007	19 290	21 490	24 617	23 340	18 628	14 680	8 699	2 043	354
～ 99.9 千円	3	-	-	1	-	-	2	-	-	-	1	-	-
100.0 ～ 119.9	140	7	31	33	40	1	5	1	1	2	13	1	5
120.0 ～ 139.9	1 323	62	243	333	88	92	91	55	82	40	151	60	26
140.0 ～ 159.9	3 690	380	675	436	368	226	217	215	170	142	488	293	78
160.0 ～ 179.9	8 996	1 590	2 308	953	617	502	462	443	299	413	1 083	288	39
180.0 ～ 199.9	12 164	751	3 560	2 150	1 300	932	654	471	469	381	1 100	354	42
200.0 ～ 219.9	15 210	290	2 849	3 851	2 370	1 350	901	826	509	528	1 319	378	39
220.0 ～ 239.9	16 095	61	1 408	3 839	2 932	2 200	1 784	1 178	758	659	1 073	172	31
240.0 ～ 259.9	15 569	25	548	2 408	3 600	3 136	2 017	1 422	834	594	901	83	1
260.0 ～ 279.9	13 915	3	178	1 444	2 518	2 927	2 678	1 696	1 117	838	441	64	8
280.0 ～ 299.9	12 903	2	112	795	1 957	2 545	2 700	1 960	1 383	932	421	75	20
300.0 ～ 319.9	10 776	-	48	290	1 148	2 123	2 619	2 018	1 149	1 000	311	47	22
320.0 ～ 339.9	9 016	-	8	178	921	1 588	2 181	1 696	1 374	874	181	14	3
340.0 ～ 359.9	7 604	1	9	105	420	1 167	1 783	1 634	1 286	991	173	26	10
360.0 ～ 379.9	6 380	-	5	95	388	808	1 487	1 478	1 153	831	110	17	7
380.0 ～ 399.9	4 774	-	2	29	204	407	1 041	1 295	929	746	100	17	4
400.0 ～ 449.9	10 076	-	6	16	312	836	1 863	2 627	2 337	1 794	228	47	10
450.0 ～ 499.9	6 419	-	1	42	58	316	1 032	1 775	1 806	1 189	175	27	-
500.0 ～ 549.9	4 102	-	-	10	34	237	502	1 118	1 174	879	121	19	7
550.0 ～ 599.9	2 466	-	-	-	3	47	274	577	796	668	81	20	-
600.0 ～ 699.9	2 173	-	-	-	2	26	165	529	615	700	128	7	2
700.0 ～ 799.9	855	-	-	-	9	17	91	183	266	235	48	5	-
800.0 ～ 899.9	300	-	-	-	1	5	30	62	58	109	32	3	1
900.0 ～ 999.9	148	-	-	-	-	3	9	39	31	54	12	-	-
1000.0 ～ 1199.9	113	-	-	-	-	-	29	23	18	24	8	12	-
1200.0千円 ～	99	-	-	-	-	-	-	18	11	59	1	10	-
第1・十分位数（千円）	184.0	155.2	162.8	179.1	193.4	206.6	221.7	225.6	228.7	218.7	163.9	149.7	141.4
第1・四分位数（千円）	219.7	164.5	178.2	202.0	220.3	240.5	260.1	275.1	286.4	281.7	187.0	169.4	155.1
中位数（千円）	273.4	174.5	195.3	223.7	251.2	275.8	306.3	336.3	358.3	358.8	223.3	201.0	195.8
第3・四分位数（千円）	350.8	187.1	214.7	249.1	285.9	321.0	364.3	418.7	452.3	460.2	277.5	238.0	272.4
第9・十分位数（千円）	450.9	203.2	234.7	277.8	327.5	373.1	437.6	506.5	545.4	576.0	393.8	351.2	345.5
十分位分散係数	0.49	0.14	0.18	0.22	0.27	0.30	0.35	0.42	0.44	0.50	0.51	0.50	0.52
四分位分散係数	0.24	0.06	0.09	0.11	0.13	0.15	0.17	0.21	0.23	0.25	0.20	0.17	0.30
生産労働者（男）													
学歴計	99 846	2 909	9 547	11 575	12 165	13 237	14 665	12 000	9 606	7 493	5 136	1 283	228
～ 99.9 千円	3	-	-	1	-	-	2	-	-	-	1	-	-
100.0 ～ 119.9	134	7	26	33	40	1	5	1	1	2	12	1	5
120.0 ～ 139.9	1 170	62	215	315	85	72	70	41	77	35	125	51	22
140.0 ～ 159.9	3 293	342	610	389	335	217	199	207	151	127	406	254	55
160.0 ～ 179.9	7 974	1 425	2 040	837	565	465	433	387	274	388	866	262	31
180.0 ～ 199.9	10 322	695	2 980	1 845	1 141	840	563	414	418	340	844	204	38
200.0 ～ 219.9	11 679	286	2 025	2 818	1 969	1 130	790	702	473	476	717	278	16
220.0 ～ 239.9	12 030	60	986	2 377	2 159	1 746	1 577	1 049	618	560	775	104	20
240.0 ～ 259.9	10 900	25	407	1 432	2 310	2 278	1 597	1 164	677	482	491	37	1
260.0 ～ 279.9	9 505	3	126	811	1 403	1 973	2 011	1 348	905	670	229	22	5
280.0 ～ 299.9	8 451	2	99	433	971	1 614	1 878	1 388	1 092	716	230	16	11
300.0 ～ 319.9	6 613	-	25	171	547	1 181	1 681	1 386	803	667	123	16	14
320.0 ～ 339.9	4 726	-	8	68	307	624	1 242	954	903	557	63	2	1
340.0 ～ 359.9	3 711	1	1	16	170	429	857	753	803	602	50	18	10
360.0 ～ 379.9	2 793	-	-	8	77	228	675	726	555	481	38	4	0
380.0 ～ 399.9	1 753	-	-	3	34	161	352	409	420	346	28	-	-
400.0 ～ 449.9	2 684	-	-	7	42	202	409	570	749	638	65	3	-
450.0 ～ 499.9	1 100	-	1	13	11	49	148	265	367	200	38	10	-
500.0 ～ 549.9	602	-	-	1	1	20	107	124	227	108	15	-	-
550.0 ～ 599.9	206	-	-	-	1	6	49	52	46	41	12	1	-
600.0 ～ 699.9	162	-	-	-	-	-	16	45	42	50	8	-	-
700.0 ～ 799.9	18	-	-	-	-	1	5	4	2	6	0	-	-
800.0 ～ 899.9	7	-	-	-	-	-	1	1	3	1	-	3	-
900.0 ～ 999.9	10	-	-	-	-	-	-	10	-	1	-	-	-
1000.0 ～ 1199.9	1	-	-	-	-	-	-	1	-	-	-	-	-
1200.0千円 ～	2	-	-	-	-	-	-	-	2	-	-	-	-
第1・十分位数（千円）	174.3	155.5	161.3	172.2	183.9	193.9	206.4	204.7	202.0	193.0	158.7	145.4	136.9
第1・四分位数（千円）	203.6	164.8	175.9	194.9	209.2	227.2	240.4	243.7	251.9	238.0	177.1	161.0	151.0
中位数（千円）	246.1	175.0	192.4	216.9	238.0	258.9	280.8	288.6	302.9	298.7	207.9	186.9	181.5
第3・四分位数（千円）	298.5	188.0	211.8	240.9	266.6	294.9	322.9	339.2	360.4	359.9	243.6	211.6	231.0
第9・十分位数（千円）	356.2	204.4	232.5	268.6	299.4	332.5	366.7	391.7	427.3	419.1	293.7	240.4	301.9
十分位分散係数	0.37	0.14	0.18	0.22	0.24	0.27	0.29	0.32	0.37	0.38	0.32	0.25	0.45
四分位分散係数	0.19	0.07	0.09	0.11	0.12	0.13	0.15	0.17	0.18	0.20	0.16	0.14	0.22

第3表　年齢階級、所定内給与額階級別労働者数及び所定内給与額の分布特性値

企業規模	100～999人

E 製 造 業

（単位十人）

区分	年齢計	～19歳	20～24歳	25～29歳	30～34歳	35～39歳	40～44歳	45～49歳	50～54歳	55～59歳	60～64歳	65～69歳	70歳以上
管理・事務・技術労働者(男)													
学歴計	**65 463**	**264**	**2 442**	**5 431**	**7 125**	**8 253**	**9 952**	**11 340**	**9 022**	**7 187**	**3 562**	**760**	**126**
～ 99.9千円	-	-	-	-	-	-	-	-	-	-	-	-	-
100.0 ～ 119.9	6	-	5	-	-	-	-	-	-	0	1	-	-
120.0 ～ 139.9	153	-	28	17	3	21	21	15	6	5	26	10	3
140.0 ～ 159.9	397	38	65	47	33	10	19	8	19	15	81	40	23
160.0 ～ 179.9	1 023	165	268	116	52	36	29	56	25	24	217	26	8
180.0 ～ 199.9	1 842	56	580	305	159	92	90	57	51	41	256	150	4
200.0 ～ 219.9	3 531	4	825	1 033	402	219	112	124	36	52	602	100	22
220.0 ～ 239.9	4 065	1	423	1 462	773	454	208	129	141	99	298	68	11
240.0 ～ 259.9	4 669	-	142	976	1 290	858	420	258	157	112	409	47	0
260.0 ～ 279.9	4 410	-	52	633	1 115	954	667	349	213	168	212	43	3
280.0 ～ 299.9	4 452	-	12	363	986	932	822	572	291	216	191	59	9
300.0 ～ 319.9	4 163	-	23	119	602	942	938	632	346	333	188	31	8
320.0 ～ 339.9	4 290	-	-	110	614	964	939	742	471	318	118	12	2
340.0 ～ 359.9	3 893	-	8	89	250	738	926	881	483	389	122	8	-
360.0 ～ 379.9	3 588	-	5	87	311	580	812	752	598	350	72	14	7
380.0 ～ 399.9	3 021	-	2	27	170	246	689	886	509	399	72	17	4
400.0 ～ 449.9	7 392	-	6	9	271	633	1 454	2 056	1 589	1 156	163	45	10
450.0 ～ 499.9	5 320	-	-	28	47	267	884	1 511	1 439	988	138	18	-
500.0 ～ 549.9	3 500	-	-	9	34	218	395	994	947	771	107	19	7
550.0 ～ 599.9	2 261	-	-	-	3	42	225	525	751	627	69	20	-
600.0 ～ 699.9	2 011	-	-	-	2	26	149	484	573	649	120	7	2
700.0 ～ 799.9	837	-	-	-	9	16	86	179	264	229	48	5	-
800.0 ～ 899.9	293	-	-	-	1	5	29	62	56	109	32	-	1
900.0 ～ 999.9	138	-	-	-	-	3	9	29	31	53	12	-	-
1000.0 ～ 1199.9	113	-	-	-	-	-	29	22	18	24	8	12	-
1200.0千円 ～	97	-	-	-	-	-	-	18	9	59	1	10	-
第1・十分位数（千円）	217.7	149.3	172.6	201.5	221.9	239.8	263.9	284.9	297.4	298.8	182.6	180.1	148.4
第1・四分位数（千円）	263.1	162.9	189.1	217.5	246.8	267.7	302.4	336.9	360.6	361.4	207.2	191.1	171.9
中位数（千円）	338.7	169.7	206.0	236.7	275.2	311.2	355.6	404.8	436.2	446.2	255.4	235.8	221.9
第3・四分位数（千円）	436.6	179.3	222.3	263.2	317.4	359.2	423.7	481.1	515.8	546.4	352.6	313.9	336.7
第9・十分位数（千円）	534.6	187.9	240.8	295.9	369.9	426.6	491.3	564.2	610.0	643.6	513.4	494.5	444.6
十分位分散係数	0.47	0.11	0.17	0.20	0.27	0.30	0.32	0.34	0.36	0.39	0.65	0.67	0.67
四分位分散係数	0.26	0.05	0.08	0.10	0.13	0.15	0.17	0.18	0.18	0.21	0.28	0.26	0.37
女													
学歴計	**56 601**	**1 480**	**5 679**	**6 333**	**5 480**	**6 209**	**7 775**	**7 739**	**6 297**	**5 296**	**3 367**	**819**	**127**
～ 99.9千円	11	-	-	-	1	-	-	1	1	7	1	-	1
100.0 ～ 119.9	563	3	28	37	20	56	102	75	33	91	82	38	-
120.0 ～ 139.9	3 649	87	297	270	331	315	453	350	338	393	528	265	21
140.0 ～ 159.9	8 333	337	861	694	560	679	791	997	1 023	1 065	1 067	191	68
160.0 ～ 179.9	10 112	760	1 437	865	862	877	1 011	1 093	1 144	1 034	790	212	28
180.0 ～ 199.9	8 419	208	1 602	1 206	684	782	875	916	832	778	451	81	4
200.0 ～ 219.9	6 804	73	876	1 381	898	728	875	734	591	467	160	21	1
220.0 ～ 239.9	5 324	2	453	901	803	701	859	616	506	402	75	1	5
240.0 ～ 259.9	4 101	11	90	557	504	630	772	692	499	252	92	2	-
260.0 ～ 279.9	3 099	-	17	221	412	591	556	637	348	277	36	5	-
280.0 ～ 299.9	1 843	-	12	90	177	325	412	445	185	148	48	-	-
300.0 ～ 319.9	1 383	-	3	83	81	209	369	387	182	63	6	1	1
320.0 ～ 339.9	842	-	-	6	80	94	213	192	151	103	3	-	-
340.0 ～ 359.9	536	-	-	9	42	65	157	113	76	60	11	3	-
360.0 ～ 379.9	335	-	-	14	18	55	54	100	55	38	-	-	1
380.0 ～ 399.9	345	-	-	-	2	17	85	103	123	16	-	-	-
400.0 ～ 449.9	468	-	-	1	1	65	106	123	121	46	6	1	-
450.0 ～ 499.9	159	-	3	-	3	2	33	47	41	29	2	-	-
500.0 ～ 549.9	95	-	-	1	-	7	0	39	24	16	9	-	-
550.0 ～ 599.9	69	-	-	1	-	1	14	46	8	-	-	-	-
600.0 ～ 699.9	62	-	-	-	1	11	27	12	5	7	-	-	-
700.0 ～ 799.9	26	-	-	-	-	-	6	14	4	3	-	-	-
800.0 ～ 899.9	15	-	-	-	-	-	6	7	1	2	-	-	-
900.0 ～ 999.9	2	-	-	-	-	-	-	-	2	-	-	-	-
1000.0 ～ 1199.9	6	-	-	-	-	-	-	-	6	-	-	-	-
1200.0千円 ～	-	-	-	-	-	-	-	-	-	-	-	-	-
第1・十分位数（千円）	144.0	144.5	147.3	150.2	147.2	148.5	146.8	148.7	146.7	140.9	132.6	123.2	134.7
第1・四分位数（千円）	163.1	157.3	164.0	172.7	170.5	172.6	171.3	169.2	163.1	156.3	144.2	132.4	142.5
中位数（千円）	193.3	168.1	182.8	201.5	205.6	212.3	214.7	211.8	193.1	181.6	160.1	153.1	150.0
第3・四分位数（千円）	236.6	178.0	200.7	226.0	238.5	256.3	263.6	271.5	248.1	225.4	182.0	169.6	162.3
第9・十分位数（千円）	285.5	189.8	220.4	250.5	273.9	294.1	316.1	322.2	317.8	280.0	211.9	186.1	169.5
十分位分散係数	0.37	0.13	0.20	0.25	0.31	0.34	0.39	0.41	0.44	0.38	0.25	0.21	0.12
四分位分散係数	0.19	0.06	0.10	0.13	0.17	0.20	0.21	0.24	0.22	0.19	0.12	0.12	0.07

第3表　年齢階級、所定内給与額階級別労働者数及び所定内給与額の分布特性値

企業規模	100～999人

E　製　造　業

（単位十人）

区　分	年齢計	～19歳	20～24歳	25～29歳	30～34歳	35～39歳	40～44歳	45～49歳	50～54歳	55～59歳	60～64歳	65～69歳	70歳以上
生産労働者（女）													
学歴計	33 597	1 088	3 480	3 200	2 817	2 998	4 007	4 607	4 086	3 847	2 649	694	126
～ 99.9 千円	11	-	-	-	1	-	-	1	1	7	1	-	1
100.0 ～ 119.9	474	3	15	35	18	39	89	53	33	75	79	35	-
120.0 ～ 139.9	3 275	56	257	248	299	273	415	320	300	358	487	241	21
140.0 ～ 159.9	7 018	257	683	549	485	548	691	861	854	944	934	143	68
160.0 ～ 179.9	7 949	529	1 013	647	636	701	795	877	1 017	885	642	182	26
180.0 ～ 199.9	5 208	182	906	589	438	378	536	697	571	558	278	72	4
200.0 ～ 219.9	3 497	48	428	599	385	314	481	454	369	316	82	20	1
220.0 ～ 239.9	2 260	2	145	303	274	224	356	348	295	281	28	0	5
240.0 ～ 259.9	1 558	11	19	109	89	203	295	389	251	119	73	1	-
260.0 ～ 279.9	1 080	-	10	64	83	171	169	283	160	132	8	-	-
280.0 ～ 299.9	559	-	4	-	44	95	87	140	59	91	39	-	-
300.0 ～ 319.9	271	-	-	54	14	24	31	69	45	34	-	-	-
320.0 ～ 339.9	164	-	-	-	41	10	10	53	36	15	0	-	-
340.0 ～ 359.9	85	-	-	3	6	9	19	18	12	19	-	-	-
360.0 ～ 379.9	62	-	-	-	-	10	8	28	9	6	-	-	1
380.0 ～ 399.9	76	-	-	-	2	0	8	1	63	1	-	-	-
400.0 ～ 449.9	33	-	-	-	-	-	12	13	4	4	-	-	-
450.0 ～ 499.9	12	-	-	-	-	-	4	2	5	-	-	-	-
500.0 ～ 549.9	1	-	-	1	-	-	-	-	-	-	-	-	-
550.0 ～ 599.9	4	-	-	1	-	-	-	1	3	-	-	-	-
600.0 ～ 699.9	1	-	-	-	1	-	1	-	-	-	-	-	-
700.0 ～ 799.9	-	-	-	-	-	-	-	-	-	-	-	-	-
800.0 ～ 899.9	-	-	-	-	-	-	-	-	-	-	-	-	-
900.0 ～ 999.9	-	-	-	-	-	-	-	-	-	-	-	-	-
1000.0 ～ 1199.9	-	-	-	-	-	-	-	-	-	-	-	-	-
1200.0千円 ～	-	-	-	-	-	-	-	-	-	-	-	-	-
第1・十分位数（千円）	138.2	145.9	142.7	141.5	138.1	139.2	135.8	142.7	142.3	138.0	131.1	122.9	134.6
第1・四分位数（千円）	154.0	157.4	157.9	159.0	156.0	156.3	155.2	158.5	156.8	151.9	141.9	131.6	142.4
中位数（千円）	174.7	168.2	176.0	184.4	179.0	178.4	180.4	184.5	176.7	170.0	155.8	151.3	149.8
第3・四分位数（千円）	206.8	178.8	194.4	210.4	210.9	219.7	219.9	228.4	216.1	203.0	170.9	168.4	161.9
第9・十分位数（千円）	246.4	191.7	211.7	232.5	239.9	262.5	255.8	270.2	258.5	246.1	196.7	185.9	169.3
十分位分散係数	0.31	0.14	0.20	0.25	0.28	0.35	0.33	0.35	0.33	0.32	0.21	0.21	0.12
四分位分散係数	0.15	0.06	0.10	0.14	0.15	0.18	0.18	0.19	0.17	0.15	0.09	0.12	0.07
管理・事務・技術労働者(女)													
学歴計	23 004	392	2 199	3 133	2 664	3 212	3 768	3 132	2 211	1 449	718	125	2
～ 99.9 千円	-	-	-	-	-	-	-	-	-	-	-	-	-
100.0 ～ 119.9	89	-	12	2	2	17	13	21	-	16	3	3	-
120.0 ～ 139.9	375	32	40	22	32	42	38	30	38	36	41	25	-
140.0 ～ 159.9	1 315	79	178	144	74	131	100	136	170	121	133	48	-
160.0 ～ 179.9	2 163	231	424	218	226	176	216	216	127	149	148	31	1
180.0 ～ 199.9	3 210	25	696	617	246	404	339	220	262	220	173	9	-
200.0 ～ 219.9	3 307	25	447	782	513	413	394	280	222	151	78	1	-
220.0 ～ 239.9	3 064	-	308	598	530	478	503	269	211	121	47	1	-
240.0 ～ 259.9	2 543	-	72	448	415	427	477	303	248	133	20	1	-
260.0 ～ 279.9	2 019	-	6	157	328	420	387	354	188	145	28	5	-
280.0 ～ 299.9	1 284	-	9	90	133	230	325	305	126	57	9	-	-
300.0 ～ 319.9	1 112	-	3	29	67	185	338	318	137	29	6	1	1
320.0 ～ 339.9	679	-	-	6	39	84	203	140	116	88	3	-	-
340.0 ～ 359.9	451	-	-	7	36	57	137	96	65	41	11	3	-
360.0 ～ 379.9	274	-	-	14	18	46	46	72	46	32	-	-	-
380.0 ～ 399.9	269	-	-	-	-	17	77	102	59	15	-	-	-
400.0 ～ 449.9	435	-	-	1	1	65	94	110	117	42	6	1	-
450.0 ～ 499.9	148	-	3	-	3	2	29	44	36	29	2	-	-
500.0 ～ 549.9	94	-	-	-	-	7	0	39	24	16	9	-	-
550.0 ～ 599.9	65	-	-	-	-	1	14	46	5	-	-	-	-
600.0 ～ 699.9	61	-	-	-	-	11	27	12	5	7	-	-	-
700.0 ～ 799.9	26	-	-	-	-	-	6	14	4	3	-	-	-
800.0 ～ 899.9	15	-	-	-	-	-	6	7	1	2	-	-	-
900.0 ～ 999.9	2	-	-	-	-	-	-	-	2	-	-	-	-
1000.0 ～ 1199.9	6	-	-	-	-	-	-	-	6	-	-	-	-
1200.0千円 ～	-	-	-	-	-	-	-	-	-	-	-	-	-
第1・十分位数（千円）	165.8	141.8	159.1	174.1	174.4	175.7	180.6	172.2	162.5	157.4	146.1	125.6	-
第1・四分位数（千円）	191.8	156.6	176.4	194.3	203.0	202.2	211.1	212.2	195.5	184.0	160.3	144.6	-
中位数（千円）	226.4	168.0	193.1	215.4	227.8	237.7	252.8	267.0	245.2	225.3	182.7	156.7	-
第3・四分位数（千円）	271.3	176.2	212.4	238.8	257.5	273.3	302.2	313.8	307.3	279.5	207.1	175.4	-
第9・十分位数（千円）	326.3	184.7	229.8	259.4	284.0	316.5	349.3	392.6	391.9	359.8	261.1	187.3	-
十分位分散係数	0.35	0.13	0.18	0.20	0.24	0.30	0.33	0.41	0.47	0.45	0.31	0.20	-
四分位分散係数	0.18	0.06	0.09	0.10	0.12	0.15	0.18	0.19	0.23	0.21	0.13	0.10	-

第3表　年齢階級、所定内給与額階級別労働者数及び所定内給与額の分布特性値

企業規模	10～99人

E　製　造　業

（単位十人）

区　分	年齢計	～19歳	20～24歳	25～29歳	30～34歳	35～39歳	40～44歳	45～49歳	50～54歳	55～59歳	60～64歳	65～69歳	70歳以上
企業規模 10 ～ 99 人													
男　女　計													
学　歴　計	**149 359**	**1 999**	**9 391**	**13 067**	**15 338**	**16 984**	**21 281**	**20 101**	**17 752**	**15 387**	**10 365**	**5 440**	**2 253**
～ 99.9 千円	88	2	–	5	19	10	3	7	5	11	18	9	0
100.0 ～ 119.9	1 221	22	43	87	76	106	109	122	97	236	149	111	64
120.0 ～ 139.9	6 652	174	868	750	610	583	561	586	522	620	775	382	223
140.0 ～ 159.9	11 991	456	1 507	1 174	964	1 011	1 021	1 171	1 140	1 146	1 226	811	363
160.0 ～ 179.9	13 978	748	1 845	1 602	1 270	1 119	1 380	1 288	1 268	1 093	1 298	794	272
180.0 ～ 199.9	15 553	395	2 498	2 290	1 682	1 400	1 664	1 472	1 282	1 068	982	599	220
200.0 ～ 219.9	15 293	141	1 362	2 533	2 047	1 864	1 764	1 533	1 187	1 083	928	650	203
220.0 ～ 239.9	14 650	33	735	2 109	2 380	1 863	1 955	1 737	1 230	1 116	907	452	134
240.0 ～ 259.9	12 917	6	261	1 152	1 954	1 997	2 069	1 615	1 521	1 058	764	402	119
260.0 ～ 279.9	11 142	10	113	569	1 411	1 921	2 143	1 800	1 263	1 006	555	192	158
280.0 ～ 299.9	9 309	–	90	350	954	1 360	1 872	1 568	1 286	1 077	450	191	112
300.0 ～ 319.9	8 052	8	33	182	777	1 049	1 513	1 404	1 307	995	461	218	104
320.0 ～ 339.9	5 965	3	13	87	508	754	1 219	1 183	984	734	333	94	55
340.0 ～ 359.9	4 686	–	0	66	224	598	914	910	797	757	233	124	62
360.0 ～ 379.9	3 792	–	14	56	174	388	757	799	697	519	257	96	36
380.0 ～ 399.9	2 858	–	0	13	97	248	565	576	547	561	136	77	39
400.0 ～ 449.9	5 111	–	–	38	85	418	962	1 119	1 057	888	398	93	53
450.0 ～ 499.9	2 764	–	10	2	60	189	431	566	729	514	184	63	16
500.0 ～ 549.9	1 465	–	–	1	15	36	165	325	394	389	111	24	4
550.0 ～ 599.9	802	–	–	1	–	21	95	172	149	243	94	13	16
600.0 ～ 699.9	641	–	–	–	13	28	78	100	169	179	61	13	–
700.0 ～ 799.9	277	–	–	–	18	19	11	38	82	59	31	20	–
800.0 ～ 899.9	72	–	–	–	–	3	11	2	22	16	6	11	–
900.0 ～ 999.9	45	–	–	–	–	–	20	3	16	3	2	1	0
1000.0 ～ 1199.9	23	–	–	–	–	–	–	6	0	9	8	0	–
1200.0千円 ～	12	–	–	–	–	–	–	–	3	8	–	–	0
第1・十分位数（千円）	152.4	140.1	140.4	149.3	157.6	159.8	166.6	162.0	160.2	152.8	141.6	141.1	135.4
第1・四分位数（千円）	184.5	154.1	159.1	175.7	191.0	200.2	206.8	205.0	202.3	194.2	166.2	161.4	155.1
中　位　数（千円）	233.2	170.0	183.3	204.8	227.8	245.2	261.0	265.9	269.1	265.3	214.9	200.5	198.6
第3・四分位数（千円）	298.2	184.0	204.2	232.3	266.5	291.8	318.7	332.3	345.3	347.7	287.1	255.1	269.5
第9・十分位数（千円）	374.9	200.2	226.5	261.5	308.8	348.9	387.5	410.0	438.1	438.9	379.7	338.2	340.2
十分位分散係数	0.48	0.18	0.23	0.27	0.33	0.39	0.42	0.47	0.52	0.54	0.55	0.49	0.52
四分位分散係数	0.24	0.09	0.12	0.14	0.17	0.19	0.21	0.24	0.27	0.29	0.28	0.23	0.29
男													
学　歴　計	**107 398**	**1 229**	**6 079**	**9 282**	**11 747**	**13 041**	**16 063**	**14 359**	**12 310**	**10 513**	**7 212**	**3 948**	**1 616**
～ 99.9 千円	6	2	–	–	–	–	–	4	–	–	–	–	0
100.0 ～ 119.9	137	13	18	26	7	3	8	4	8	8	7	31	3
120.0 ～ 139.9	1 553	60	269	217	168	108	105	127	52	58	200	142	47
140.0 ～ 159.9	4 104	223	761	549	326	290	232	162	188	209	495	441	228
160.0 ～ 179.9	6 480	472	1 121	948	691	501	460	326	300	329	669	465	196
180.0 ～ 199.9	9 212	307	1 826	1 535	1 163	832	724	620	484	425	677	445	175
200.0 ～ 219.9	10 978	92	1 082	1 979	1 625	1 408	1 196	841	752	588	720	513	182
220.0 ～ 239.9	11 492	33	557	1 855	2 037	1 563	1 500	1 209	747	764	704	401	123
240.0 ～ 259.9	10 886	6	214	971	1 747	1 768	1 821	1 337	1 111	826	627	366	91
260.0 ～ 279.9	9 734	10	83	497	1 306	1 792	1 889	1 546	978	853	482	180	119
280.0 ～ 299.9	8 358	–	82	315	857	1 259	1 709	1 382	1 112	929	420	182	110
300.0 ～ 319.9	7 416	8	29	155	725	992	1 399	1 309	1 168	906	428	205	91
320.0 ～ 339.9	5 563	3	13	63	458	728	1 148	1 091	930	659	323	92	55
340.0 ～ 359.9	4 368	–	0	66	199	546	863	831	763	707	224	119	51
360.0 ～ 379.9	3 564	–	14	56	174	338	734	743	662	502	240	76	26
380.0 ～ 399.9	2 751	–	0	13	93	239	546	565	541	533	136	56	29
400.0 ～ 449.9	4 943	–	–	33	68	400	940	1 091	1 034	837	396	92	53
450.0 ～ 499.9	2 652	–	10	2	59	178	420	543	698	508	155	63	16
500.0 ～ 549.9	1 405	–	–	1	15	34	157	320	359	379	111	24	4
550.0 ～ 599.9	795	–	–	1	–	21	95	172	147	239	94	12	16
600.0 ～ 699.9	593	–	–	–	13	20	77	89	155	168	59	12	–
700.0 ～ 799.9	271	–	–	–	18	19	8	37	82	59	31	19	–
800.0 ～ 899.9	68	–	–	–	–	3	11	2	20	16	4	11	–
900.0 ～ 999.9	44	–	–	–	–	–	20	3	15	3	2	–	0
1000.0 ～ 1199.9	14	–	–	–	–	–	–	6	0	1	8	0	–
1200.0千円 ～	12	–	–	–	–	–	–	–	3	8	–	–	0
第1・十分位数（千円）	175.8	144.7	149.7	163.2	179.5	191.3	201.5	205.4	206.4	200.9	160.6	151.6	150.9
第1・四分位数（千円）	210.0	160.5	170.1	188.7	207.2	221.5	237.5	244.9	251.2	246.4	193.0	176.8	173.8
中　位　数（千円）	257.9	174.2	189.9	214.0	238.5	260.5	281.1	294.5	307.5	305.5	243.9	217.7	215.9
第3・四分位数（千円）	320.7	188.6	210.2	238.3	275.8	304.4	337.5	359.5	379.3	384.5	318.9	277.3	285.8
第9・十分位数（千円）	400.4	204.0	231.4	268.1	317.2	358.1	403.6	432.3	463.0	481.1	413.1	354.6	350.2
十分位分散係数	0.44	0.17	0.22	0.25	0.29	0.32	0.36	0.39	0.42	0.46	0.52	0.47	0.46
四分位分散係数	0.21	0.08	0.11	0.12	0.14	0.16	0.18	0.19	0.21	0.23	0.26	0.23	0.26

第3表　年齢階級、所定内給与額階級別労働者数及び所定内給与額の分布特性値

企業規模	10～99人

E 製 造 業

（単位十人）

区分	年齢計	～19歳	20～24歳	25～29歳	30～34歳	35～39歳	40～44歳	45～49歳	50～54歳	55～59歳	60～64歳	65～69歳	70歳以上
生産労働者（男）													
学歴計	**78 989**	**1 170**	**5 337**	**7 437**	**9 257**	**9 874**	**11 203**	**10 080**	**8 335**	**6 974**	**5 226**	**2 909**	**1 186**
～ 99.9 千円	6	2	–	–	–	–	–	4	–	–	–	–	0
100.0 ～ 119.9	129	11	16	26	7	3	8	3	8	8	7	28	3
120.0 ～ 139.9	1 411	58	251	192	157	98	91	115	48	55	184	124	37
140.0 ～ 159.9	3 852	207	732	517	308	280	212	157	183	194	469	385	207
160.0 ～ 179.9	5 844	438	1 019	873	629	452	409	299	285	280	618	375	166
180.0 ～ 199.9	8 070	301	1 592	1 329	1 049	736	595	546	424	384	577	391	146
200.0 ～ 219.9	9 241	91	930	1 638	1 371	1 175	1 068	722	647	518	570	393	117
220.0 ～ 239.9	9 447	33	442	1 398	1 665	1 307	1 273	1 050	661	660	566	310	82
240.0 ～ 259.9	8 701	6	184	673	1 420	1 463	1 507	1 011	907	687	495	289	58
260.0 ～ 279.9	7 328	10	51	320	950	1 330	1 447	1 215	760	665	343	142	95
280.0 ～ 299.9	6 175	–	60	240	567	900	1 258	1 079	873	680	332	114	72
300.0 ～ 319.9	5 059	8	27	74	512	654	950	955	798	624	267	130	59
320.0 ～ 339.9	3 584	3	13	45	289	448	639	812	612	420	204	54	45
340.0 ～ 359.9	2 688	–	0	58	116	358	504	500	501	408	146	71	26
360.0 ～ 379.9	2 049	–	10	33	100	205	378	439	412	312	112	24	24
380.0 ～ 399.9	1 521	–	0	13	68	129	247	316	349	272	87	21	19
400.0 ～ 449.9	2 086	–	–	4	24	239	362	497	416	379	123	24	19
450.0 ～ 499.9	1 010	–	10	2	24	85	176	167	247	229	42	28	1
500.0 ～ 549.9	424	–	–	–	–	1	54	128	107	102	28	3	1
550.0 ～ 599.9	202	–	–	1	–	1	15	43	36	46	50	1	10
600.0 ～ 699.9	94	–	–	–	1	1	10	14	38	26	2	1	–
700.0 ～ 799.9	54	–	–	–	–	8	–	6	17	21	2	–	–
800.0 ～ 899.9	5	–	–	–	–	–	–	2	1	–	2	–	–
900.0 ～ 999.9	0	–	–	–	–	–	–	–	–	–	0	–	–
1000.0 ～ 1199.9	0	–	–	–	–	–	–	–	–	–	0	–	–
1200.0千円 ～	8	–	–	–	–	–	–	–	3	5	–	–	–
第1・十分位数（千円）	169.6	144.7	148.5	160.2	174.5	185.1	193.8	195.6	195.1	189.9	154.5	148.8	148.0
第1・四分位数（千円）	201.0	160.7	167.9	184.3	202.5	215.6	227.4	233.6	235.6	229.6	181.0	171.9	167.0
中位数（千円）	243.4	174.7	188.2	209.7	232.7	251.8	265.6	278.6	285.4	280.9	226.1	209.3	204.5
第3・四分位数（千円）	296.6	189.4	208.0	233.9	266.7	291.2	311.1	330.1	341.6	342.5	284.9	253.9	272.8
第9・十分位数（千円）	356.3	204.8	228.6	262.4	306.6	342.4	366.3	388.7	403.0	409.3	349.5	307.5	332.3
十分位分散係数	0.38	0.17	0.21	0.24	0.28	0.31	0.32	0.35	0.36	0.39	0.43	0.38	0.45
四分位分散係数	0.20	0.08	0.11	0.12	0.14	0.15	0.16	0.17	0.19	0.20	0.23	0.20	0.26
管理・事務・技術労働者(男)													
学歴計	**28 409**	**60**	**742**	**1 844**	**2 490**	**3 167**	**4 859**	**4 279**	**3 974**	**3 539**	**1 986**	**1 039**	**430**
～ 99.9 千円	–	–	–	–	–	–	–	–	–	–	–	–	–
100.0 ～ 119.9	9	2	2	–	–	–	–	1	–	–	0	3	1
120.0 ～ 139.9	142	2	18	25	11	10	14	12	3	3	16	18	10
140.0 ～ 159.9	252	16	29	32	17	10	20	6	6	15	25	55	21
160.0 ～ 179.9	636	34	102	75	63	49	51	27	14	50	51	90	29
180.0 ～ 199.9	1 142	6	234	206	114	96	129	73	60	41	99	54	29
200.0 ～ 219.9	1 737	1	152	340	254	233	127	119	105	70	151	120	66
220.0 ～ 239.9	2 045	–	115	456	372	256	228	159	86	104	138	91	40
240.0 ～ 259.9	2 184	–	30	298	327	305	313	326	204	139	132	77	33
260.0 ～ 279.9	2 406	–	32	177	355	462	442	331	218	188	139	38	24
280.0 ～ 299.9	2 183	–	22	75	290	359	452	303	239	249	88	69	38
300.0 ～ 319.9	2 357	–	2	80	213	338	450	354	370	283	161	75	32
320.0 ～ 339.9	1 979	–	–	18	169	281	509	279	318	239	119	37	10
340.0 ～ 359.9	1 680	–	–	9	83	188	359	331	261	298	78	48	25
360.0 ～ 379.9	1 515	–	4	23	74	133	356	304	249	191	128	52	2
380.0 ～ 399.9	1 230	–	–	–	25	109	298	249	193	260	50	36	10
400.0 ～ 449.9	2 857	–	–	29	44	162	578	594	618	459	273	68	34
450.0 ～ 499.9	1 642	–	–	–	35	93	244	376	451	279	113	36	16
500.0 ～ 549.9	981	–	–	1	15	32	103	192	252	277	83	21	3
550.0 ～ 599.9	593	–	–	–	–	20	79	129	111	193	44	10	6
600.0 ～ 699.9	499	–	–	–	12	18	67	75	117	142	56	11	–
700.0 ～ 799.9	217	–	–	–	18	10	8	31	65	37	29	19	–
800.0 ～ 899.9	63	–	–	–	–	3	11	0	19	16	2	11	–
900.0 ～ 999.9	44	–	–	–	–	–	20	3	15	3	2	–	0
1000.0 ～ 1199.9	14	–	–	–	–	–	–	6	0	1	7	0	–
1200.0千円 ～	4	–	–	–	–	–	–	–	–	3	–	–	0
第1・十分位数（千円）	207.4	144.9	166.6	186.6	203.1	212.2	233.6	242.3	252.0	250.4	200.8	170.0	169.6
第1・四分位数（千円）	250.7	155.8	184.0	207.8	228.2	249.3	274.3	281.1	302.9	301.8	242.2	204.9	203.5
中位数（千円）	311.0	165.7	199.0	229.8	264.7	288.9	329.0	348.2	367.9	370.1	318.8	264.7	254.7
第3・四分位数（千円）	396.8	174.5	223.1	255.4	304.9	338.4	393.4	424.2	452.9	458.6	418.5	365.3	315.5
第9・十分位数（千円）	481.8	181.0	252.2	289.6	349.0	404.4	456.7	501.9	536.9	557.7	509.0	452.0	425.3
十分位分散係数	0.44	0.11	0.21	0.22	0.28	0.33	0.34	0.37	0.39	0.42	0.48	0.53	0.50
四分位分散係数	0.23	0.06	0.10	0.10	0.14	0.15	0.18	0.21	0.20	0.21	0.28	0.30	0.22

第3表　年齢階級、所定内給与額階級別労働者数及び所定内給与額の分布特性値

企業規模	10～99人

E 製 造 業

（単位十人）

区分	年齢計	～19歳	20～24歳	25～29歳	30～34歳	35～39歳	40～44歳	45～49歳	50～54歳	55～59歳	60～64歳	65～69歳	70歳以上
女													
学歴計	**41 961**	**770**	**3 312**	**3 786**	**3 591**	**3 943**	**5 219**	**5 742**	**5 443**	**4 874**	**3 154**	**1 492**	**637**
～ 99.9 千円	82	－	－	5	19	10	3	3	5	11	18	9	－
100.0 ～ 119.9	1 084	9	25	60	69	103	100	118	89	228	142	80	60
120.0 ～ 139.9	5 099	114	599	533	442	474	456	458	470	562	575	240	176
140.0 ～ 159.9	7 887	233	746	625	638	721	789	1 009	951	937	731	370	135
160.0 ～ 179.9	7 497	276	724	654	578	618	920	962	968	764	629	329	76
180.0 ～ 199.9	6 341	88	672	755	519	568	940	853	798	643	306	154	46
200.0 ～ 219.9	4 315	49	279	554	423	456	568	692	435	495	207	137	21
220.0 ～ 239.9	3 158	－	178	255	343	299	455	528	483	352	203	51	11
240.0 ～ 259.9	2 032	－	47	181	207	229	249	278	410	232	137	35	28
260.0 ～ 279.9	1 408	－	30	72	106	129	254	254	286	153	73	13	39
280.0 ～ 299.9	951	－	8	35	97	101	162	186	174	148	29	9	2
300.0 ～ 319.9	636	－	4	28	52	58	114	95	140	89	33	12	13
320.0 ～ 339.9	401	－	－	24	50	25	71	91	54	75	10	3	－
340.0 ～ 359.9	318	－	－	0	25	52	51	80	35	50	9	5	11
360.0 ～ 379.9	228	－	－	－	0	51	23	56	35	16	16	20	10
380.0 ～ 399.9	108	－	－	－	4	9	19	11	6	29	－	20	10
400.0 ～ 449.9	169	－	－	5	18	18	23	28	23	51	2	1	－
450.0 ～ 499.9	112	－	－	－	1	11	11	23	30	6	29	－	－
500.0 ～ 549.9	60	－	－	－	－	3	8	5	35	10	－	－	－
550.0 ～ 599.9	7	－	－	－	－	－	0	－	2	4	－	1	－
600.0 ～ 699.9	48	－	－	－	－	8	1	11	14	11	2	1	－
700.0 ～ 799.9	6	－	－	－	－	－	4	1	－	－	－	1	－
800.0 ～ 899.9	4	－	－	－	－	－	－	－	2	－	2	－	－
900.0 ～ 999.9	2	－	－	－	－	－	－	－	0	－	－	1	－
1000.0 ～ 1199.9	8	－	－	－	－	－	－	－	－	8	－	－	－
1200.0千円 ～	－	－	－	－	－	－	－	－	－	－	－	－	－
第1・十分位数（千円）	133.6	132.6	131.6	133.2	134.6	133.8	138.9	139.8	139.4	130.3	127.5	126.0	120.6
第1・四分位数（千円）	151.3	147.5	145.0	152.5	152.7	152.0	159.0	157.0	157.1	150.0	141.5	142.1	133.4
中位数（千円）	178.1	162.1	168.2	180.4	181.8	181.6	187.0	188.4	185.9	178.0	163.0	162.9	149.8
第3・四分位数（千円）	215.8	176.0	189.1	205.9	220.3	220.4	225.0	227.6	235.2	220.6	197.9	189.4	187.9
第9・十分位数（千円）	263.2	189.3	216.0	237.0	259.2	266.9	276.8	281.4	280.4	281.4	245.5	226.4	270.6
十分位分散係数	0.36	0.17	0.25	0.29	0.34	0.37	0.37	0.38	0.38	0.42	0.36	0.31	0.50
四分位分散係数	0.18	0.09	0.13	0.15	0.19	0.19	0.18	0.19	0.21	0.20	0.17	0.15	0.18
生産労働者（女）													
学歴計	**26 557**	**576**	**2 300**	**2 221**	**2 139**	**2 283**	**3 001**	**3 434**	**3 309**	**3 277**	**2 342**	**1 173**	**503**
～ 99.9 千円	82	－	－	5	19	10	3	3	5	11	18	9	－
100.0 ～ 119.9	1 017	9	22	58	54	103	94	113	79	228	135	65	58
120.0 ～ 139.9	4 645	113	557	470	391	419	407	424	435	515	524	217	173
140.0 ～ 159.9	6 530	196	568	521	523	595	640	801	785	792	636	344	129
160.0 ～ 179.9	5 423	183	521	386	393	385	646	741	723	584	532	261	69
180.0 ～ 199.9	3 724	49	380	365	273	280	548	506	524	450	212	107	31
200.0 ～ 219.9	2 013	26	139	218	152	183	247	355	207	259	120	94	13
220.0 ～ 239.9	1 323	－	82	107	150	111	217	182	191	159	77	41	6
240.0 ～ 259.9	747	－	15	27	75	67	85	92	182	116	62	19	9
260.0 ～ 279.9	435	－	16	25	52	16	61	107	61	51	21	9	15
280.0 ～ 299.9	252	－	－	19	36	35	21	59	47	32	3	0	1
300.0 ～ 319.9	99	－	－	20	11	4	8	5	26	25	1	2	－
320.0 ～ 339.9	88	－	－	－	－	23	9	8	8	41	－	－	－
340.0 ～ 359.9	42	－	－	0	－	20	2	2	17	－	2	－	－
360.0 ～ 379.9	42	－	－	－	－	21	0	11	2	3	－	6	－
380.0 ～ 399.9	26	－	－	－	－	0	12	3	－	10	－	－	－
400.0 ～ 449.9	13	－	－	－	8	－	1	2	－	－	2	0	－
450.0 ～ 499.9	35	－	－	－	1	11	1	11	10	1	－	－	－
500.0 ～ 549.9	9	－	－	－	－	－	0	－	8	－	－	－	－
550.0 ～ 599.9	0	－	－	－	－	－	－	－	－	0	－	－	－
600.0 ～ 699.9	12	－	－	－	－	－	－	11	－	－	－	1	－
700.0 ～ 799.9	－	－	－	－	－	－	－	－	－	－	－	－	－
800.0 ～ 899.9	－	－	－	－	－	－	－	－	－	－	－	－	－
900.0 ～ 999.9	0	－	－	－	－	－	－	－	0	－	－	－	－
1000.0 ～ 1199.9	－	－	－	－	－	－	－	－	－	－	－	－	－
1200.0千円 ～	－	－	－	－	－	－	－	－	－	－	－	－	－
第1・十分位数（千円）	129.0	129.6	129.0	128.6	131.1	127.6	133.0	132.6	133.5	123.7	124.4	124.7	118.4
第1・四分位数（千円）	142.9	142.9	139.9	141.1	143.2	141.3	148.4	148.4	149.2	141.9	137.3	140.2	130.7
中位数（千円）	163.4	157.4	160.1	162.6	164.2	160.7	170.4	169.2	169.2	162.6	155.5	156.7	142.4
第3・四分位数（千円）	191.4	171.1	182.4	192.1	196.3	194.7	196.9	199.6	197.0	193.6	176.1	178.6	164.7
第9・十分位数（千円）	225.7	184.9	203.7	217.0	234.6	233.3	230.9	236.4	244.4	229.8	208.9	210.8	189.5
十分位分散係数	0.30	0.18	0.23	0.27	0.32	0.33	0.29	0.31	0.33	0.33	0.27	0.27	0.25
四分位分散係数	0.15	0.09	0.13	0.16	0.16	0.17	0.14	0.15	0.14	0.16	0.12	0.12	0.12

第3表　年齢階級、所定内給与額階級別労働者数及び所定内給与額の分布特性値

企業規模	10～99人
	計

E 製造業　F 電気・ガス・熱供給・水道業

（単位十人）

区分	年齢計	～19歳	20～24歳	25～29歳	30～34歳	35～39歳	40～44歳	45～49歳	50～54歳	55～59歳	60～64歳	65～69歳	70歳以上
管理・事務・技術労働者(女)													
学歴計	15 404	194	1 012	1 565	1 451	1 660	2 218	2 308	2 134	1 597	811	319	135
～ 99.9 千円	0	–	–	–	–	–	–	–	–	–	–	0	–
100.0 ～ 119.9	67	1	3	3	15	–	6	6	10	0	8	15	2
120.0 ～ 139.9	454	1	42	63	51	55	48	34	35	47	52	23	3
140.0 ～ 159.9	1 357	37	178	105	115	127	149	209	166	145	95	26	6
160.0 ～ 179.9	2 074	93	203	268	185	233	274	221	245	179	97	68	7
180.0 ～ 199.9	2 617	39	292	390	246	289	391	347	274	193	94	47	15
200.0 ～ 219.9	2 302	23	141	335	271	272	322	336	228	236	87	43	8
220.0 ～ 239.9	1 836	–	96	147	192	189	238	346	292	193	126	11	6
240.0 ～ 259.9	1 284	–	32	154	133	162	164	185	228	116	75	17	19
260.0 ～ 279.9	973	–	14	47	53	113	193	147	224	103	52	3	25
280.0 ～ 299.9	699	–	8	15	61	66	142	128	127	116	27	9	1
300.0 ～ 319.9	537	–	4	8	42	54	105	90	114	64	32	10	13
320.0 ～ 339.9	313	–	–	24	50	3	62	83	45	34	10	3	–
340.0 ～ 359.9	276	–	–	–	25	32	49	78	18	50	7	5	11
360.0 ～ 379.9	186	–	–	–	0	30	23	45	33	14	16	15	10
380.0 ～ 399.9	82	–	–	–	4	9	7	8	6	18	–	20	10
400.0 ～ 449.9	156	–	–	5	9	18	22	26	23	51	0	1	–
450.0 ～ 499.9	76	–	–	–	–	–	10	12	20	5	29	–	–
500.0 ～ 549.9	52	–	–	–	–	3	8	5	26	10	–	–	–
550.0 ～ 599.9	7	–	–	–	–	–	0	–	2	4	–	1	–
600.0 ～ 699.9	36	–	–	–	–	8	1	0	14	11	2	–	–
700.0 ～ 799.9	6	–	–	–	–	–	4	1	–	–	–	1	–
800.0 ～ 899.9	4	–	–	–	–	–	–	–	2	–	2	–	–
900.0 ～ 999.9	1	–	–	–	–	–	–	–	–	–	–	1	–
1000.0 ～ 1199.9	8	–	–	–	–	–	–	–	–	8	–	–	–
1200.0千円 ～	–	–	–	–	–	–	–	–	–	–	–	–	–
第1・十分位数（千円）	155.5	151.7	147.7	157.6	154.3	158.4	161.6	158.2	160.1	155.1	145.2	135.8	172.8
第1・四分位数（千円）	179.1	163.0	163.6	176.5	179.8	180.1	183.4	187.5	186.8	184.2	169.0	170.4	201.1
中位数（千円）	209.1	174.3	184.3	197.7	209.1	208.4	214.5	220.0	230.4	219.9	214.6	189.7	264.0
第3・四分位数（千円）	253.0	184.7	207.1	221.0	242.2	249.3	267.6	265.7	269.3	277.0	256.3	249.2	308.1
第9・十分位数（千円）	307.0	201.7	228.4	249.4	294.9	295.8	311.5	324.8	316.5	344.8	313.2	372.5	366.6
十分位分散係数	0.36	0.14	0.22	0.23	0.34	0.33	0.35	0.38	0.34	0.43	0.39	0.62	0.37
四分位分散係数	0.18	0.06	0.12	0.11	0.15	0.17	0.20	0.18	0.18	0.21	0.20	0.21	0.20
F 電気・ガス・熱供給・水道業													
企業規模計													
男女計													
学歴計	15 446	268	1 551	1 867	1 046	1 399	2 365	2 389	1 947	1 686	826	90	11
～ 99.9 千円	–	–	–	–	–	–	–	–	–	–	–	–	–
100.0 ～ 119.9	3	–	0	–	–	–	–	–	–	–	1	1	–
120.0 ～ 139.9	20	0	3	2	1	0	1	2	2	1	9	1	–
140.0 ～ 159.9	114	6	9	6	15	13	5	13	8	3	26	8	0
160.0 ～ 179.9	335	148	72	11	10	13	15	7	7	10	30	11	1
180.0 ～ 199.9	529	49	278	42	19	17	26	11	8	16	52	9	1
200.0 ～ 219.9	943	48	519	102	37	34	31	15	9	14	116	17	2
220.0 ～ 239.9	1 122	11	418	365	49	41	29	17	11	12	162	3	3
240.0 ～ 259.9	776	4	109	376	46	41	42	31	17	19	86	6	1
260.0 ～ 279.9	732	2	70	312	75	50	44	33	20	27	90	9	–
280.0 ～ 299.9	623	–	35	194	111	53	59	47	24	18	78	4	0
300.0 ～ 319.9	536	–	18	147	118	64	62	50	22	21	32	3	0
320.0 ～ 339.9	574	–	7	153	103	96	93	48	25	31	13	6	1
340.0 ～ 359.9	579	–	6	52	122	111	130	67	25	38	27	2	0
360.0 ～ 379.9	589	–	6	57	114	110	125	62	37	60	18	1	–
380.0 ～ 399.9	534	–	1	25	68	103	156	77	45	48	9	1	–
400.0 ～ 449.9	1 630	–	–	23	115	319	458	330	188	172	21	4	0
450.0 ～ 499.9	1 538	–	–	0	21	187	378	395	266	271	21	0	–
500.0 ～ 549.9	1 326	–	–	–	7	108	332	328	328	209	12	2	1
550.0 ～ 599.9	1 091	–	–	–	11	8	182	336	296	250	7	1	–
600.0 ～ 699.9	1 124	–	–	–	3	23	162	325	358	251	3	–	–
700.0 ～ 799.9	409	–	–	–	2	2	20	95	139	141	9	0	–
800.0 ～ 899.9	230	–	–	–	0	5	14	83	82	45	0	1	–
900.0 ～ 999.9	52	–	–	–	–	–	1	14	21	16	–	–	–
1000.0 ～ 1199.9	32	–	–	–	–	3	3	2	9	14	1	0	–
1200.0千円 ～	6	–	–	–	–	0	–	1	1	0	2	–	–
第1・十分位数（千円）	211.2	162.1	185.6	221.5	229.0	250.1	295.5	325.8	370.5	337.8	187.1	158.5	190.2
第1・四分位数（千円）	260.5	166.3	200.8	237.0	282.9	325.1	369.1	419.2	456.4	430.9	214.5	182.4	205.4
中位数（千円）	390.2	176.1	214.8	261.9	330.7	391.2	439.5	498.8	539.4	521.3	244.5	215.8	235.4
第3・四分位数（千円）	512.6	198.6	232.3	298.7	373.7	446.8	516.6	588.7	632.8	620.8	290.2	285.5	289.1
第9・十分位数（千円）	623.1	217.5	256.4	335.6	419.9	501.7	578.3	672.8	726.1	720.9	387.5	386.2	511.0
十分位分散係数	0.53	0.16	0.16	0.22	0.29	0.32	0.32	0.35	0.33	0.37	0.41	0.53	0.68
四分位分散係数	0.32	0.09	0.07	0.12	0.14	0.16	0.17	0.17	0.16	0.18	0.15	0.24	0.18

第3表　年齢階級、所定内給与額階級別労働者数及び所定内給与額の分布特性値

企業規模	計

F 電気・ガス・熱供給・水道業

（単位十人）

区　分	年齢計	～19歳	20～24歳	25～29歳	30～34歳	35～39歳	40～44歳	45～49歳	50～54歳	55～59歳	60～64歳	65～69歳	70歳以上
男													
学歴計	**13 679**	**236**	**1 306**	**1 638**	**885**	**1 213**	**2 096**	**2 086**	**1 777**	**1 569**	**775**	**88**	**11**
～ 99.9 千円	-	-	-	-	-	-	-	-	-	-	-	-	-
100.0 ～ 119.9	3	-	0	-	-	-	-	-	-	-	1	1	-
120.0 ～ 139.9	5	0	2	1	-	-	0	-	-	0	2	0	-
140.0 ～ 159.9	44	5	7	1	1	0	1	1	0	1	19	7	0
160.0 ～ 179.9	254	127	61	6	4	2	4	1	3	6	28	11	1
180.0 ～ 199.9	416	46	222	30	13	14	16	5	3	13	46	9	1
200.0 ～ 219.9	755	41	410	79	28	26	20	9	7	11	104	17	2
220.0 ～ 239.9	964	11	369	298	33	36	23	11	6	12	159	3	3
240.0 ～ 259.9	669	4	102	330	35	27	33	23	11	15	84	6	1
260.0 ～ 279.9	664	2	67	295	60	41	34	32	18	20	87	9	-
280.0 ～ 299.9	525	-	30	172	93	34	48	35	23	16	71	4	0
300.0 ～ 319.9	456	-	18	140	103	54	42	29	16	19	32	3	0
320.0 ～ 339.9	479	-	6	142	90	73	65	35	21	28	13	6	1
340.0 ～ 359.9	475	-	6	46	104	92	96	48	21	34	26	2	0
360.0 ～ 379.9	512	-	6	52	102	102	106	43	29	54	17	1	-
380.0 ～ 399.9	469	-	1	25	65	92	137	58	38	42	9	1	-
400.0 ～ 449.9	1 449	-	-	21	108	306	412	266	160	149	21	4	0
450.0 ～ 499.9	1 417	-	-	0	20	178	365	348	233	252	21	0	-
500.0 ～ 549.9	1 246	-	-	-	7	107	322	303	299	193	12	2	1
550.0 ～ 599.9	1 064	-	-	-	11	8	178	326	290	245	7	1	-
600.0 ～ 699.9	1 098	-	-	-	3	17	156	323	349	247	3	-	-
700.0 ～ 799.9	408	-	-	-	2	2	20	95	138	141	9	0	-
800.0 ～ 899.9	219	-	-	-	0	-	14	79	80	45	0	1	-
900.0 ～ 999.9	51	-	-	-	-	-	1	13	21	16	-	-	-
1000.0 ～ 1199.9	30	-	-	-	-	3	3	2	9	12	1	0	-
1200.0千円 ～	6	-	-	-	-	0	-	1	1	0	2	-	-
第1・十分位数（千円）	217.1	162.1	186.0	223.7	245.1	267.7	314.0	353.3	390.0	352.2	192.6	160.4	190.2
第1・四分位数（千円）	269.0	166.3	201.5	239.6	292.4	339.2	387.0	437.1	467.7	441.9	218.7	184.9	205.4
中位数（千円）	405.2	176.6	217.2	265.2	336.9	402.3	451.3	515.9	550.0	532.2	248.0	217.5	235.4
第3・四分位数（千円）	526.9	199.4	234.2	302.8	379.3	452.0	524.9	598.9	642.5	632.0	293.2	287.3	289.1
第9・十分位数（千円）	634.9	217.9	260.9	336.7	427.1	503.3	587.5	684.3	730.9	727.5	398.3	389.1	511.0
十分位分散係数	0.52	0.16	0.17	0.21	0.27	0.29	0.30	0.32	0.31	0.35	0.41	0.53	0.68
四分位分散係数	0.32	0.09	0.08	0.12	0.13	0.14	0.15	0.16	0.16	0.18	0.15	0.24	0.18
女													
学歴計	**1 767**	**33**	**245**	**229**	**161**	**186**	**269**	**304**	**170**	**117**	**51**	**2**	**-**
～ 99.9 千円	-	-	-	-	-	-	-	-	-	-	-	-	-
100.0 ～ 119.9	-	-	-	-	-	-	-	-	-	-	-	-	-
120.0 ～ 139.9	15	-	1	1	1	0	0	2	2	1	6	0	-
140.0 ～ 159.9	69	1	2	5	14	12	5	12	8	2	7	1	-
160.0 ～ 179.9	82	21	11	5	6	10	11	6	4	4	3	1	-
180.0 ～ 199.9	113	4	57	12	6	4	9	6	5	3	7	-	-
200.0 ～ 219.9	188	7	109	23	9	8	11	6	2	2	12	0	-
220.0 ～ 239.9	158	-	49	67	16	5	6	6	5	1	3	-	-
240.0 ～ 259.9	106	-	7	46	11	14	9	9	6	4	2	-	-
260.0 ～ 279.9	68	-	3	17	15	9	10	2	2	7	3	-	-
280.0 ～ 299.9	98	-	5	22	17	20	11	12	1	2	8	-	-
300.0 ～ 319.9	80	-	-	6	14	10	19	21	6	3	-	-	-
320.0 ～ 339.9	95	-	2	11	13	23	27	13	4	3	-	-	-
340.0 ～ 359.9	104	-	-	6	19	19	34	18	4	4	0	-	-
360.0 ～ 379.9	76	-	-	6	11	8	19	19	8	6	0	-	-
380.0 ～ 399.9	65	-	-	1	3	11	19	19	7	6	-	-	-
400.0 ～ 449.9	181	-	-	2	6	13	46	64	28	23	-	-	-
450.0 ～ 499.9	121	-	-	-	1	9	13	47	32	19	-	-	-
500.0 ～ 549.9	79	-	-	-	-	1	10	25	28	16	-	-	-
550.0 ～ 599.9	26	-	-	-	-	-	4	10	7	5	-	-	-
600.0 ～ 699.9	26	-	-	-	-	5	6	2	9	4	-	-	-
700.0 ～ 799.9	1	-	-	-	-	-	-	-	1	-	-	-	-
800.0 ～ 899.9	11	-	-	-	-	5	-	4	2	-	-	-	-
900.0 ～ 999.9	1	-	-	-	-	-	-	1	-	-	-	-	-
1000.0 ～ 1199.9	2	-	-	-	-	-	-	-	-	2	-	-	-
1200.0千円 ～	-	-	-	-	-	-	-	-	-	-	-	-	-
第1・十分位数（千円）	181.9	162.0	183.9	199.5	164.1	170.1	210.2	214.7	189.8	215.6	138.0	-	-
第1・四分位数（千円）	216.7	166.2	196.8	223.5	226.1	251.0	289.8	310.7	330.1	325.1	158.4	-	-
中位数（千円）	297.0	173.8	206.7	240.5	290.3	320.7	346.6	400.3	439.4	418.6	203.4	-	-
第3・四分位数（千円）	401.7	187.1	221.4	272.9	339.1	375.3	409.1	462.0	505.7	492.4	248.6	-	-
第9・十分位数（千円）	486.5	214.9	236.2	323.3	368.5	452.8	480.4	507.6	577.3	549.9	288.8	-	-
十分位分散係数	0.51	0.15	0.13	0.26	0.35	0.44	0.39	0.37	0.44	0.40	0.37	-	-
四分位分散係数	0.31	0.06	0.06	0.10	0.19	0.19	0.17	0.19	0.20	0.20	0.22	-	-

第3表　年齢階級、所定内給与額階級別労働者数及び所定内給与額の分布特性値

企業規模	1,000人以上

F電気・ガス・熱供給・水道業

（単位十人）

区分	年齢計	～19歳	20～24歳	25～29歳	30～34歳	35～39歳	40～44歳	45～49歳	50～54歳	55～59歳	60～64歳	65～69歳	70歳以上
企業規模1,000人以上													
男女計													
学歴計	**12 783**	**218**	**1 370**	**1 590**	**811**	**1 098**	**1 910**	**2 026**	**1 709**	**1 423**	**585**	**39**	**4**
～ 99.9千円	-	-	-	-	-	-	-	-	-	-	-	-	-
100.0 ～ 119.9	3	-	-	-	-	-	-	-	-	-	1	1	-
120.0 ～ 139.9	8	-	-	1	0	-	0	0	1	0	6	-	-
140.0 ～ 159.9	59	1	3	4	13	11	1	9	7	1	9	1	-
160.0 ～ 179.9	215	122	48	4	5	10	6	3	2	3	11	2	1
180.0 ～ 199.9	337	33	220	6	8	8	9	3	3	7	34	6	-
200.0 ～ 219.9	699	46	471	53	5	11	10	7	2	2	87	5	1
220.0 ～ 239.9	885	11	391	294	18	11	12	7	3	5	129	3	1
240.0 ～ 259.9	557	3	100	311	15	15	19	14	7	6	62	3	1
260.0 ～ 279.9	560	1	69	292	42	19	16	12	9	15	77	7	-
280.0 ～ 299.9	446	-	33	179	85	27	19	18	11	9	62	3	-
300.0 ～ 319.9	379	-	17	142	101	31	21	23	8	12	22	1	-
320.0 ～ 339.9	435	-	6	152	89	64	61	24	12	17	8	4	-
340.0 ～ 359.9	436	-	5	50	105	86	93	44	13	23	16	2	-
360.0 ～ 379.9	467	-	6	56	108	91	85	45	20	48	8	-	-
380.0 ～ 399.9	432	-	1	25	66	93	117	55	36	35	4	1	-
400.0 ～ 449.9	1 441	-	-	22	113	302	408	277	165	139	14	1	-
450.0 ～ 499.9	1 403	-	-	0	20	183	350	354	237	245	13	0	-
500.0 ～ 549.9	1 226	-	-	-	6	106	318	302	298	187	8	0	1
550.0 ～ 599.9	1 037	-	-	-	9	6	176	327	288	225	5	-	-
600.0 ～ 699.9	1 076	-	-	-	3	18	156	314	344	241	-	-	-
700.0 ～ 799.9	385	-	-	-	-	-	18	94	133	132	8	-	-
800.0 ～ 899.9	223	-	-	-	-	5	14	80	80	43	-	1	-
900.0 ～ 999.9	50	-	-	-	-	-	1	13	20	16	-	-	-
1000.0 ～ 1199.9	22	-	-	-	-	-	-	1	9	12	-	-	-
1200.0千円 ～	1	-	-	-	-	-	-	-	1	-	-	-	-
第1・十分位数（千円）	218.7	162.6	188.4	227.8	268.5	297.8	343.1	377.2	417.9	378.6	198.8	180.5	-
第1・四分位数（千円）	275.1	166.6	202.5	242.8	302.3	355.5	401.0	444.0	477.6	460.4	219.5	201.3	-
中位数（千円）	417.8	176.6	217.0	268.6	344.9	413.1	459.6	518.5	552.8	540.5	246.3	257.1	-
第3・四分位数（千円）	532.6	210.1	233.6	308.2	384.1	457.4	529.3	599.4	646.3	638.9	285.2	303.4	-
第9・十分位数（千円）	639.6	218.5	260.2	339.1	429.6	505.8	598.0	686.1	737.1	732.5	368.5	357.2	-
十分位分散係数	0.50	0.16	0.17	0.21	0.23	0.25	0.28	0.30	0.29	0.33	0.34	0.34	-
四分位分散係数	0.31	0.12	0.07	0.12	0.12	0.12	0.14	0.15	0.15	0.17	0.13	0.20	-
男													
学歴計	**11 422**	**188**	**1 169**	**1 433**	**701**	**958**	**1 699**	**1 780**	**1 573**	**1 333**	**546**	**39**	**4**
～ 99.9千円	-	-	-	-	-	-	-	-	-	-	-	-	-
100.0 ～ 119.9	3	-	-	-	-	-	-	-	-	-	1	1	-
120.0 ～ 139.9	1	-	-	-	-	-	-	-	-	-	1	-	-
140.0 ～ 159.9	9	1	2	-	1	-	-	-	-	-	4	1	-
160.0 ～ 179.9	162	103	43	1	1	1	1	-	1	1	9	2	1
180.0 ～ 199.9	264	29	177	3	4	6	4	1	0	4	29	6	-
200.0 ～ 219.9	564	40	375	40	5	10	5	4	2	1	77	5	1
220.0 ～ 239.9	780	11	346	250	9	10	10	4	2	5	128	3	1
240.0 ～ 259.9	505	3	97	284	13	7	13	12	6	5	62	3	1
260.0 ～ 279.9	516	1	66	277	31	15	12	12	9	10	74	7	-
280.0 ～ 299.9	381	-	29	160	71	14	16	17	11	8	55	3	-
300.0 ～ 319.9	323	-	17	136	91	21	9	8	6	11	22	1	-
320.0 ～ 339.9	359	-	5	141	78	48	37	14	9	15	8	4	-
340.0 ～ 359.9	347	-	5	45	92	69	60	27	12	20	16	2	-
360.0 ～ 379.9	399	-	6	50	98	84	69	27	13	43	8	-	-
380.0 ～ 399.9	371	-	1	25	63	82	98	37	31	30	4	1	-
400.0 ～ 449.9	1 276	-	-	21	107	290	365	221	138	119	14	1	-
450.0 ～ 499.9	1 286	-	-	0	19	175	337	307	205	228	13	0	-
500.0 ～ 549.9	1 148	-	-	-	6	105	308	277	270	172	8	0	1
550.0 ～ 599.9	1 011	-	-	-	9	6	172	316	282	220	5	-	-
600.0 ～ 699.9	1 050	-	-	-	3	13	150	313	336	237	-	-	-
700.0 ～ 799.9	385	-	-	-	-	-	18	94	132	132	8	-	-
800.0 ～ 899.9	212	-	-	-	-	-	14	77	78	43	-	1	-
900.0 ～ 999.9	49	-	-	-	-	-	1	12	20	16	-	-	-
1000.0 ～ 1199.9	22	-	-	-	-	-	-	1	9	12	-	-	-
1200.0千円 ～	1	-	-	-	-	-	-	-	1	-	-	-	-
第1・十分位数（千円）	224.1	162.6	189.2	230.1	283.1	325.5	360.9	403.3	428.6	389.7	202.5	180.4	-
第1・四分位数（千円）	282.6	166.5	203.2	245.7	309.1	368.2	413.2	460.4	488.1	466.2	230.4	201.1	-
中位数（千円）	429.1	177.1	219.2	270.4	350.4	421.2	472.5	537.8	559.3	548.4	250.1	258.5	-
第3・四分位数（千円）	544.3	210.5	235.4	310.4	389.7	462.4	536.1	614.6	652.5	645.8	286.3	305.0	-
第9・十分位数（千円）	648.0	219.1	262.9	339.6	433.2	506.4	608.2	704.0	746.7	742.3	376.3	357.4	-
十分位分散係数	0.49	0.16	0.17	0.20	0.21	0.21	0.26	0.28	0.28	0.32	0.35	0.34	-
四分位分散係数	0.30	0.12	0.07	0.12	0.12	0.11	0.13	0.14	0.15	0.16	0.11	0.20	-

第3表　年齢階級、所定内給与額階級別労働者数及び所定内給与額の分布特性値

企業規模	1,000人以上
	100～999人

F 電気・ガス・熱供給・水道業

（単位十人）

区分	年齢計	～19歳	20～24歳	25～29歳	30～34歳	35～39歳	40～44歳	45～49歳	50～54歳	55～59歳	60～64歳	65～69歳	70歳以上
女													
学歴計	1 361	29	202	158	111	140	211	245	135	90	40	0	-
～ 99.9 千円	-	-	-	-	-	-	-	-	-	-	-	-	-
100.0 ～ 119.9	-	-	-	-	-	-	-	-	-	-	-	-	-
120.0 ～ 139.9	8	-	-	1	0	-	0	0	1	0	6	-	-
140.0 ～ 159.9	51	-	0	4	12	11	1	9	7	1	5	-	-
160.0 ～ 179.9	53	19	6	4	4	9	5	3	1	1	2	-	-
180.0 ～ 199.9	73	4	42	3	4	2	5	2	3	3	6	-	-
200.0 ～ 219.9	135	6	96	13	-	1	5	3	-	1	10	0	-
220.0 ～ 239.9	105	-	45	44	9	2	1	2	1	-	1	-	-
240.0 ～ 259.9	52	-	3	28	3	8	6	3	1	1	0	-	-
260.0 ～ 279.9	45	-	3	15	11	4	5	1	-	5	3	-	-
280.0 ～ 299.9	65	-	5	19	14	14	3	1	0	1	8	-	-
300.0 ～ 319.9	56	-	-	6	10	10	12	15	2	1	-	-	-
320.0 ～ 339.9	76	-	2	11	11	15	23	10	3	1	-	-	-
340.0 ～ 359.9	89	-	-	5	14	17	33	16	1	2	-	-	-
360.0 ～ 379.9	68	-	-	5	10	7	16	19	7	5	-	-	-
380.0 ～ 399.9	61	-	-	-	3	11	18	18	5	6	-	-	-
400.0 ～ 449.9	165	-	-	2	6	11	44	56	27	19	-	-	-
450.0 ～ 499.9	117	-	-	-	1	8	13	47	32	17	-	-	-
500.0 ～ 549.9	78	-	-	-	-	1	10	25	28	15	-	-	-
550.0 ～ 599.9	26	-	-	-	-	-	4	10	7	5	-	-	-
600.0 ～ 699.9	26	-	-	-	-	5	6	1	9	4	-	-	-
700.0 ～ 799.9	1	-	-	-	-	-	-	-	1	-	-	-	-
800.0 ～ 899.9	11	-	-	-	-	5	-	4	2	-	-	-	-
900.0 ～ 999.9	1	-	-	-	-	-	-	1	-	-	-	-	-
1000.0 ～ 1199.9	-	-	-	-	-	-	-	-	-	-	-	-	-
1200.0千円 ～	-	-	-	-	-	-	-	-	-	-	-	-	-
第1・十分位数（千円）	185.9	162.8	185.9	208.6	158.9	165.6	253.8	301.3	302.3	272.0	137.2	-	-
第1・四分位数（千円）	224.1	166.9	200.3	228.2	237.0	269.1	327.7	357.9	403.8	379.1	158.9	-	-
中位数（千円）	329.2	174.6	207.8	247.0	298.7	330.9	364.7	418.4	467.6	435.6	203.7	-	-
第3・四分位数（千円）	426.5	188.4	222.7	285.6	350.6	392.2	428.6	472.6	521.3	503.4	264.2	-	-
第9・十分位数（千円）	501.7	215.4	235.7	333.9	375.7	458.0	495.7	521.3	586.0	550.9	290.1	-	-
十分位分散係数	0.48	0.15	0.12	0.25	0.36	0.44	0.33	0.26	0.30	0.32	0.38	-	-
四分位分散係数	0.31	0.06	0.05	0.12	0.19	0.19	0.14	0.14	0.13	0.14	0.26	-	-
企業規模 100 ～ 999 人													
男女計													
学歴計	1 664	39	125	183	146	174	285	218	153	160	154	23	4
～ 99.9 千円	-	-	-	-	-	-	-	-	-	-	-	-	-
100.0 ～ 119.9	0	-	0	-	-	-	-	-	-	-	-	-	-
120.0 ～ 139.9	5	-	1	0	0	-	0	1	1	1	0	0	-
140.0 ～ 159.9	29	3	2	2	1	1	1	3	1	2	11	3	-
160.0 ～ 179.9	78	20	15	1	3	1	3	4	4	6	16	4	-
180.0 ～ 199.9	122	14	42	19	6	5	8	4	2	7	12	2	1
200.0 ～ 219.9	139	1	37	29	17	10	9	2	3	8	15	6	0
220.0 ～ 239.9	157	0	21	56	17	13	10	5	6	4	24	0	1
240.0 ～ 259.9	134	0	5	48	17	12	11	11	9	3	15	2	1
260.0 ～ 279.9	93	0	1	10	21	15	14	11	6	6	9	1	-
280.0 ～ 299.9	102	-	1	11	16	13	21	17	7	5	12	-	-
300.0 ～ 319.9	85	-	-	4	11	20	20	13	9	4	4	1	0
320.0 ～ 339.9	74	-	-	1	9	23	16	13	4	7	2	-	-
340.0 ～ 359.9	92	-	-	1	15	17	26	13	6	9	5	-	-
360.0 ～ 379.9	78	-	-	1	5	12	28	10	9	6	6	-	-
380.0 ～ 399.9	71	-	-	1	2	8	30	14	5	6	4	1	-
400.0 ～ 449.9	126	-	-	0	-	14	39	33	12	20	6	1	0
450.0 ～ 499.9	93	-	-	0	1	2	24	24	21	16	6	-	-
500.0 ～ 549.9	77	-	-	-	-	1	11	21	24	17	3	1	0
550.0 ～ 599.9	38	-	-	-	2	0	5	8	6	18	-	-	-
600.0 ～ 699.9	39	-	-	-	-	5	5	9	12	6	2	-	-
700.0 ～ 799.9	17	-	-	-	2	1	2	0	5	6	0	-	-
800.0 ～ 899.9	5	-	-	-	-	-	-	3	1	1	-	-	-
900.0 ～ 999.9	1	-	-	-	-	-	-	0	0	-	-	-	-
1000.0 ～ 1199.9	6	-	-	-	-	1	3	-	-	2	-	-	-
1200.0千円 ～	3	-	-	-	-	-	-	1	-	-	2	-	-
第1・十分位数（千円）	190.0	160.8	174.9	195.7	205.2	219.7	234.5	245.8	235.1	201.1	165.7	154.4	-
第1・四分位数（千円）	224.9	166.5	187.3	217.0	230.7	260.6	295.2	298.1	298.1	288.8	199.9	170.5	-
中位数（千円）	295.3	176.4	201.1	233.0	268.7	316.8	362.5	385.4	418.3	414.2	239.3	204.9	-
第3・四分位数（千円）	397.5	192.5	217.3	251.0	319.3	359.9	420.4	477.1	516.9	521.8	308.4	257.5	-
第9・十分位数（千円）	509.7	198.2	234.6	280.1	354.0	413.0	489.2	545.5	609.6	598.5	417.9	417.8	-
十分位分散係数	0.54	0.11	0.15	0.18	0.28	0.31	0.35	0.39	0.45	0.48	0.53	0.64	-
四分位分散係数	0.29	0.07	0.07	0.07	0.16	0.16	0.17	0.23	0.26	0.28	0.23	0.21	-

第3表　年齢階級、所定内給与額階級別労働者数及び所定内給与額の分布特性値

企業規模	100～999人

F 電気・ガス・熱供給・水道業

（単位十人）

区　分	年齢計	～19歳	20～24歳	25～29歳	30～34歳	35～39歳	40～44歳	45～49歳	50～54歳	55～59歳	60～64歳	65～69歳	70歳以上
男													
学歴計	**1 407**	**37**	**94**	**131**	**113**	**149**	**256**	**181**	**131**	**144**	**147**	**21**	**4**
～ 99.9 千円	-	-	-	-	-	-	-	-	-	-	-	-	-
100.0 ～ 119.9	0	-	0	-	-	-	-	-	-	-	-	-	-
120.0 ～ 139.9	1	-	1	-	-	-	0	-	-	-	-	-	-
140.0 ～ 159.9	16	3	1	0	-	-	0	0	0	1	9	2	-
160.0 ～ 179.9	61	18	13	1	2	0	2	1	2	4	15	4	-
180.0 ～ 199.9	100	14	32	15	5	5	5	3	2	7	11	2	1
200.0 ～ 219.9	109	1	26	24	11	7	8	2	3	7	14	6	0
220.0 ～ 239.9	120	0	18	35	14	13	8	3	3	4	23	0	1
240.0 ～ 259.9	99	0	2	33	13	9	10	7	5	3	15	2	1
260.0 ～ 279.9	83	0	1	8	18	13	11	11	6	6	9	1	-
280.0 ～ 299.9	79	-	1	8	14	10	15	9	7	4	12	-	-
300.0 ～ 319.9	68	-	-	4	7	19	14	9	6	3	4	1	0
320.0 ～ 339.9	60	-	-	1	9	15	13	11	3	7	2	-	-
340.0 ～ 359.9	82	-	-	0	11	16	25	12	5	8	5	-	-
360.0 ～ 379.9	72	-	-	1	3	12	27	10	8	5	6	-	-
380.0 ～ 399.9	67	-	-	0	2	8	30	13	4	6	4	1	-
400.0 ～ 449.9	114	-	-	0	-	13	38	26	11	17	6	1	0
450.0 ～ 499.9	92	-	-	0	1	2	23	24	20	15	6	-	-
500.0 ～ 549.9	76	-	-	-	-	1	11	21	23	16	3	1	0
550.0 ～ 599.9	38	-	-	-	2	0	5	8	6	18	-	-	-
600.0 ～ 699.9	39	-	-	-	-	5	5	9	12	6	2	-	-
700.0 ～ 799.9	17	-	-	-	2	1	2	0	5	6	0	-	-
800.0 ～ 899.9	5	-	-	-	-	-	-	3	1	1	-	-	-
900.0 ～ 999.9	1	-	-	-	-	-	-	0	0	-	-	-	-
1000.0 ～ 1199.9	4	-	-	-	-	1	3	-	-	-	-	-	-
1200.0千円 ～	3	-	-	-	-	-	-	1	-	-	2	-	-
第1・十分位数（千円）	192.5	161.2	174.3	195.5	208.8	224.1	243.5	269.1	258.0	207.5	168.8	161.6	-
第1・四分位数（千円）	229.0	167.1	185.1	215.3	234.5	264.8	306.3	323.7	323.4	308.3	203.9	179.1	-
中位数（千円）	310.2	177.1	200.5	233.1	269.7	318.8	371.5	401.9	454.9	418.4	242.9	207.4	-
第3・四分位数（千円）	414.0	192.9	218.4	253.2	321.7	367.3	427.9	489.1	525.2	525.7	315.8	263.3	-
第9・十分位数（千円）	522.3	198.4	232.4	283.3	356.8	421.2	501.4	567.6	624.6	595.1	424.3	421.0	-
十分位分散係数	0.53	0.11	0.14	0.19	0.27	0.31	0.35	0.37	0.40	0.46	0.53	0.63	-
四分位分散係数	0.30	0.07	0.08	0.08	0.16	0.16	0.16	0.21	0.22	0.26	0.23	0.20	-
女													
学歴計	**257**	**2**	**32**	**52**	**33**	**25**	**29**	**37**	**22**	**15**	**7**	**2**	**-**
～ 99.9 千円	-	-	-	-	-	-	-	-	-	-	-	-	-
100.0 ～ 119.9	-	-	-	-	-	-	-	-	-	-	-	-	-
120.0 ～ 139.9	4	-	-	0	0	-	-	1	1	1	0	0	-
140.0 ～ 159.9	13	1	1	1	1	1	1	3	1	1	2	1	-
160.0 ～ 179.9	16	2	3	0	1	1	2	3	2	2	1	1	-
180.0 ～ 199.9	22	0	10	5	1	0	3	1	1	-	1	-	-
200.0 ～ 219.9	30	-	11	5	6	3	2	1	1	1	1	-	-
220.0 ～ 239.9	37	-	3	20	3	1	2	2	4	1	1	-	-
240.0 ～ 259.9	35	-	3	15	4	4	1	4	4	0	-	-	-
260.0 ～ 279.9	10	-	0	2	3	2	2	0	1	1	-	-	-
280.0 ～ 299.9	23	-	-	3	3	3	5	7	1	1	-	-	-
300.0 ～ 319.9	17	-	-	-	4	0	6	4	3	1	-	-	-
320.0 ～ 339.9	14	-	-	-	0	8	3	2	1	1	-	-	-
340.0 ～ 359.9	10	-	-	0	5	1	1	1	1	1	0	-	-
360.0 ～ 379.9	6	-	-	-	2	0	1	1	1	1	-	-	-
380.0 ～ 399.9	4	-	-	1	0	-	0	1	2	-	-	-	-
400.0 ～ 449.9	12	-	-	-	-	1	1	7	0	3	-	-	-
450.0 ～ 499.9	2	-	-	-	-	-	0	0	1	1	-	-	-
500.0 ～ 549.9	1	-	-	-	-	-	-	-	0	0	-	-	-
550.0 ～ 599.9	-	-	-	-	-	-	-	-	-	-	-	-	-
600.0 ～ 699.9	1	-	-	-	-	-	-	1	-	-	-	-	-
700.0 ～ 799.9	-	-	-	-	-	-	-	-	-	-	-	-	-
800.0 ～ 899.9	-	-	-	-	-	-	-	-	-	-	-	-	-
900.0 ～ 999.9	-	-	-	-	-	-	-	-	-	-	-	-	-
1000.0 ～ 1199.9	2	-	-	-	-	-	-	-	-	2	-	-	-
1200.0千円 ～	-	-	-	-	-	-	-	-	-	-	-	-	-
第1・十分位数（千円）	171.1	-	177.4	196.3	200.1	202.6	186.3	163.3	166.8	158.5	144.3	-	-
第1・四分位数（千円）	204.8	-	194.0	221.7	216.5	246.1	224.3	227.9	226.1	213.4	154.6	-	-
中位数（千円）	243.7	-	202.1	232.9	259.6	283.8	290.8	293.1	248.2	354.9	180.0	-	-
第3・四分位数（千円）	304.5	-	212.2	247.3	309.2	332.0	318.0	348.4	327.9	428.3	206.5	-	-
第9・十分位数（千円）	365.2	-	240.4	262.2	347.3	339.6	346.4	408.4	395.2	1162.5	234.0	-	-
十分位分散係数	0.40	-	0.16	0.14	0.28	0.24	0.28	0.42	0.46	1.41	0.25	-	-
四分位分散係数	0.20	-	0.04	0.05	0.18	0.15	0.16	0.21	0.21	0.30	0.14	-	-

第3表　年齢階級、所定内給与額階級別労働者数及び所定内給与額の分布特性値

企業規模	10～99人

F電気・ガス・熱供給・水道業

（単位十人）

区分	年齢計	～19歳	20～24歳	25～29歳	30～34歳	35～39歳	40～44歳	45～49歳	50～54歳	55～59歳	60～64歳	65～69歳	70歳以上
企業規模10～99人													
男女計													
学歴計	1 000	12	55	94	88	127	170	146	86	104	87	28	3
～ 99.9千円	－	－	－	－	－	－	－	－	－	－	－	－	－
100.0 ～ 119.9	－	－	－	－	－	－	－	－	－	－	－	－	－
120.0 ～ 139.9	7	0	2	1	0	0	－	0	1	0	2	0	－
140.0 ～ 159.9	26	3	4	1	1	1	3	2	0	0	7	4	0
160.0 ～ 179.9	43	6	9	6	2	2	5	0	2	1	4	6	0
180.0 ～ 199.9	70	3	17	17	5	4	9	4	2	2	6	1	－
200.0 ～ 219.9	105	0	11	20	15	13	11	6	4	4	14	6	1
220.0 ～ 239.9	79	－	6	15	15	16	8	5	2	3	9	0	－
240.0 ～ 259.9	86	0	4	16	14	14	12	6	2	10	8	1	－
260.0 ～ 279.9	78	－	0	10	12	15	14	10	4	5	4	1	－
280.0 ～ 299.9	75	－	－	4	9	13	19	13	6	5	4	1	0
300.0 ～ 319.9	72	－	1	1	6	13	21	14	5	5	6	1	－
320.0 ～ 339.9	65	－	1	1	4	10	16	12	9	7	4	2	1
340.0 ～ 359.9	50	－	1	0	2	8	11	10	6	6	6	－	0
360.0 ～ 379.9	44	－	－	1	1	7	12	7	8	6	3	1	－
380.0 ～ 399.9	31	－	－	－	0	1	9	8	4	7	2	0	－
400.0 ～ 449.9	64	－	－	－	2	3	12	20	11	14	2	1	－
450.0 ～ 499.9	42	－	－	－	0	1	4	17	8	10	2	－	－
500.0 ～ 549.9	22	－	－	－	0	1	3	5	6	5	1	－	－
550.0 ～ 599.9	15	－	－	－	0	1	1	2	2	7	1	1	－
600.0 ～ 699.9	9	－	－	－	0	－	0	2	1	4	1	－	－
700.0 ～ 799.9	7	－	－	－	0	1	0	2	1	2	0	0	－
800.0 ～ 899.9	2	－	－	－	0	－	0	－	0	1	0	－	－
900.0 ～ 999.9	1	－	－	－	－	－	－	0	1	－	－	－	－
1000.0 ～ 1199.9	4	－	－	－	－	2	－	1	－	0	1	0	－
1200.0千円 ～	2	－	－	－	－	0	－	0	1	0	－	－	－
第1・十分位数（千円）	187.8	152.4	158.0	182.0	201.8	211.4	201.4	229.8	215.5	229.8	160.7	155.8	－
第1・四分位数（千円）	219.9	160.5	176.3	198.9	219.5	233.8	252.9	283.0	291.9	281.3	203.2	170.4	－
中位数（千円）	281.4	167.5	195.5	223.0	250.3	276.6	303.4	340.5	361.5	371.7	245.9	207.3	－
第3・四分位数（千円）	357.4	180.1	218.1	252.6	288.1	324.9	358.5	431.2	447.0	460.9	327.0	287.2	－
第9・十分位数（千円）	453.9	194.2	247.9	273.9	328.5	373.3	407.7	489.8	526.8	576.5	403.7	381.5	－
十分位分散係数	0.47	0.12	0.23	0.21	0.25	0.29	0.34	0.38	0.43	0.47	0.49	0.54	－
四分位分散係数	0.24	0.06	0.11	0.12	0.14	0.16	0.17	0.22	0.21	0.24	0.25	0.28	－
男													
学歴計	850	11	44	75	71	106	141	124	73	92	82	28	3
～ 99.9千円	－	－	－	－	－	－	－	－	－	－	－	－	－
100.0 ～ 119.9	－	－	－	－	－	－	－	－	－	－	－	－	－
120.0 ～ 139.9	4	0	1	1	－	－	－	－	－	0	1	0	－
140.0 ～ 159.9	19	2	4	1	0	0	0	1	0	0	6	4	0
160.0 ～ 179.9	31	6	6	5	1	1	1	0	1	1	4	6	0
180.0 ～ 199.9	52	3	13	13	4	3	7	1	1	2	6	1	－
200.0 ～ 219.9	82	0	9	16	12	8	7	4	2	3	13	6	1
220.0 ～ 239.9	64	－	5	12	10	14	5	3	2	3	8	0	－
240.0 ～ 259.9	66	0	3	13	10	11	10	4	1	7	6	1	－
260.0 ～ 279.9	65	－	0	10	11	13	11	9	3	4	4	1	－
280.0 ～ 299.9	64	－	－	4	9	10	17	9	6	4	4	1	0
300.0 ～ 319.9	65	－	1	1	5	13	19	12	4	5	6	1	－
320.0 ～ 339.9	60	－	1	1	3	10	15	11	9	6	4	2	1
340.0 ～ 359.9	45	－	1	－	2	7	11	9	4	6	6	－	0
360.0 ～ 379.9	42	－	－	－	1	7	10	7	7	6	3	1	－
380.0 ～ 399.9	31	－	－	－	0	1	9	8	4	6	2	0	－
400.0 ～ 449.9	60	－	－	－	1	3	10	19	11	13	2	1	－
450.0 ～ 499.9	39	－	－	－	0	0	4	16	8	9	2	－	－
500.0 ～ 549.9	22	－	－	－	0	1	3	5	6	4	1	－	－
550.0 ～ 599.9	15	－	－	－	0	1	1	2	2	6	1	1	－
600.0 ～ 699.9	9	－	－	－	0	－	0	2	1	4	1	－	－
700.0 ～ 799.9	6	－	－	－	0	1	0	2	0	2	0	0	－
800.0 ～ 899.9	2	－	－	－	0	－	0	－	0	1	0	－	－
900.0 ～ 999.9	1	－	－	－	－	－	－	0	1	－	－	－	－
1000.0 ～ 1199.9	4	－	－	－	－	2	－	1	－	0	1	0	－
1200.0千円 ～	2	－	－	－	－	0	－	0	1	0	－	－	－
第1・十分位数（千円）	193.1	152.4	159.6	183.2	204.4	217.0	217.7	259.1	268.9	242.2	163.8	155.8	－
第1・四分位数（千円）	227.5	160.9	180.9	200.2	221.5	239.8	268.4	300.3	320.3	295.4	203.1	170.4	－
中位数（千円）	293.1	167.6	198.4	226.1	256.9	287.7	312.5	360.3	375.7	379.8	247.6	207.3	－
第3・四分位数（千円）	370.1	180.4	221.8	254.7	292.9	328.8	366.2	445.1	457.7	465.9	331.3	287.2	－
第9・十分位数（千円）	466.7	193.4	254.2	274.1	333.8	375.3	421.7	501.8	532.9	579.5	409.6	381.5	－
十分位分散係数	0.47	0.12	0.24	0.20	0.25	0.28	0.33	0.34	0.35	0.44	0.50	0.54	－
四分位分散係数	0.24	0.06	0.10	0.12	0.14	0.15	0.16	0.20	0.18	0.22	0.26	0.28	－

第3表　年齢階級、所定内給与額階級別労働者数及び所定内給与額の分布特性値

企業規模	10～99人
	計

F 電気・ガス・熱供給・水道業　G 情報通信業

（単位十人）

区分	年齢計	～19歳	20～24歳	25～29歳	30～34歳	35～39歳	40～44歳	45～49歳	50～54歳	55～59歳	60～64歳	65～69歳	70歳以上
女													
学歴計	**150**	**1**	**11**	**19**	**17**	**21**	**29**	**21**	**13**	**12**	**5**	**-**	**-**
～ 99.9 千円	-	-	-	-	-	-	-	-	-	-	-	-	-
100.0 ～ 119.9	-	-	-	-	-	-	-	-	-	-	-	-	-
120.0 ～ 139.9	4	-	1	1	0	0	-	0	1	0	0	-	-
140.0 ～ 159.9	6	0	1	0	1	0	2	1	-	0	1	-	-
160.0 ～ 179.9	12	0	3	1	1	1	4	-	1	0	-	-	-
180.0 ～ 199.9	18	-	4	4	1	1	2	4	2	1	-	-	-
200.0 ～ 219.9	23	0	1	5	3	5	4	2	1	1	1	-	-
220.0 ～ 239.9	16	-	0	3	4	2	3	2	1	0	1	-	
240.0 ～ 259.9	20	-	1	3	4	3	2	3	1	2	2	-	-
260.0 ～ 279.9	13	-	-	1	2	3	3	1	2	2	0	-	-
280.0 ～ 299.9	11	-	-	0	0	3	3	4	0	1	-	-	-
300.0 ～ 319.9	7	-	-	0	0	-	2	3	1	1	-	-	-
320.0 ～ 339.9	5	-	-	-	1	-	1	1	1	1	-	-	-
340.0 ～ 359.9	5	-	-	0	-	1	-	1	1	1	-	-	-
360.0 ～ 379.9	3	-	-	1	-	-	1	-	0	0	0	-	-
380.0 ～ 399.9	0	-	-	-	-	-	-	0	-	0	-	-	-
400.0 ～ 449.9	4	-	-	-	1	0	2	0	1	1	-	-	-
450.0 ～ 499.9	3	-	-	-	-	1	-	0	0	1	-	-	-
500.0 ～ 549.9	1	-	-	-	-	0	-	-	-	0	-	-	-
550.0 ～ 599.9	1	-	-	-	-	-	-	-	-	1	-	-	-
600.0 ～ 699.9	-	-	-	-	-	-	-	-	-	-	-	-	-
700.0 ～ 799.9	0	-	-	-	-	-	-	-	0	-	-	-	-
800.0 ～ 899.9	-	-	-	-	-	-	-	-	-	-	-	-	-
900.0 ～ 999.9	-	-	-	-	-	-	-	-	-	-	-	-	-
1000.0 ～ 1199.9	-	-	-	-	-	-	-	-	-	-	-	-	-
1200.0千円 ～	-	-	-	-	-	-	-	-	-	-	-	-	-
第1・十分位数（千円）	167.1	-	144.2	174.7	182.7	189.5	163.4	184.3	162.9	203.0	151.4	-	-
第1・四分位数（千円）	197.1	-	165.7	194.3	212.3	209.2	188.1	207.0	194.8	251.8	205.5	-	-
中位数（千円）	235.0	-	185.6	216.5	228.1	242.6	236.5	252.5	259.1	283.9	240.6	-	-
第3・四分位数（千円）	281.3	-	199.0	244.1	254.8	280.1	287.3	300.0	332.2	364.2	254.7	-	-
第9・十分位数（千円）	344.2	-	228.6	271.5	307.8	351.7	361.5	327.3	421.5	475.7	265.8	-	-
十分位分散係数	0.38	-	0.23	0.22	0.27	0.33	0.42	0.28	0.50	0.48	0.24	-	-
四分位分散係数	0.18	-	0.09	0.11	0.09	0.15	0.21	0.18	0.27	0.20	0.10	-	-
G 情報通信業													
企業規模計													
男女計													
学歴計	**112 621**	**137**	**7 865**	**15 930**	**17 696**	**16 967**	**17 598**	**15 316**	**11 730**	**6 176**	**2 762**	**413**	**30**
～ 99.9 千円	-	-	-	-	-	-	-	-	-	-	-	-	-
100.0 ～ 119.9	59	-	3	19	3	5	1	13	2	6	4	3	-
120.0 ～ 139.9	352	3	55	74	44	37	25	22	12	7	52	21	0
140.0 ～ 159.9	1 073	15	197	174	179	67	75	103	54	56	131	21	1
160.0 ～ 179.9	2 283	86	489	438	317	194	185	118	82	69	267	31	5
180.0 ～ 199.9	3 057	26	742	760	443	284	167	154	77	43	314	42	6
200.0 ～ 219.9	5 977	1	1 830	1 693	806	523	281	290	104	87	313	46	3
220.0 ～ 239.9	8 077	6	2 125	2 720	1 308	763	479	305	79	58	226	6	1
240.0 ～ 259.9	8 918	-	1 031	3 074	2 212	889	725	385	182	91	274	54	1
260.0 ～ 279.9	7 552	-	407	1 917	2 281	1 281	764	417	198	127	104	56	1
280.0 ～ 299.9	7 532	-	250	1 523	1 851	1 543	1 080	675	315	138	152	5	-
300.0 ～ 319.9	6 314	-	311	742	1 430	1 410	1 013	660	346	209	162	31	-
320.0 ～ 339.9	6 412	-	173	726	1 147	1 394	1 241	928	315	309	174	3	2
340.0 ～ 359.9	5 389	-	78	506	1 055	1 159	1 021	697	474	301	88	10	-
360.0 ～ 379.9	4 868	-	13	370	707	1 112	1 166	725	425	269	57	25	-
380.0 ～ 399.9	4 585	-	2	291	563	957	1 034	891	476	320	48	3	-
400.0 ～ 449.9	10 503	-	111	381	1 487	1 984	2 168	1 790	1 713	764	88	17	-
450.0 ～ 499.9	8 915	-	21	273	949	1 630	1 901	1 837	1 544	672	79	10	-
500.0 ～ 549.9	6 258	-	26	143	399	705	1 361	1 584	1 473	520	30	17	-
550.0 ～ 599.9	4 720	-	-	35	218	436	1 131	1 100	1 118	604	77	1	-
600.0 ～ 699.9	4 845	-	0	67	182	369	931	1 320	1 270	662	42	2	-
700.0 ～ 799.9	2 086	-	-	-	24	123	435	572	579	315	32	0	6
800.0 ～ 899.9	1 209	-	-	-	52	57	181	306	383	213	18	-	-
900.0 ～ 999.9	674	-	-	3	38	21	81	201	207	112	1	10	-
1000.0 ～ 1199.9	573	-	-	-	3	14	84	168	170	110	23	-	-
1200.0千円 ～	391	-	-	-	-	12	68	55	130	114	8	-	3
第1・十分位数（千円）	215.3	156.0	181.3	201.9	219.5	236.0	255.2	269.0	304.3	289.8	171.8	157.6	162.5
第1・四分位数（千円）	256.5	163.8	205.8	227.0	252.9	282.4	311.9	334.9	389.3	362.4	194.1	188.1	190.9
中位数（千円）	336.0	171.8	225.3	253.3	293.6	341.6	390.2	433.6	479.1	467.6	247.1	256.3	211.7
第3・四分位数（千円）	457.1	179.7	247.2	292.3	365.1	432.6	495.3	547.2	593.5	597.9	333.0	317.6	752.8
第9・十分位数（千円）	584.2	193.9	296.5	358.7	456.3	501.5	600.8	678.6	737.6	774.5	471.3	438.8	759.9
十分位分散係数	0.55	0.11	0.26	0.31	0.40	0.39	0.44	0.47	0.45	0.52	0.61	0.55	1.41
四分位分散係数	0.30	0.05	0.09	0.13	0.19	0.22	0.24	0.24	0.21	0.25	0.28	0.25	1.33

第3表　年齢階級、所定内給与額階級別労働者数及び所定内給与額の分布特性値

企業規模	計

G　情　報　通　信　業

（単位十人）

区　分	年齢計	～19歳	20～24歳	25～29歳	30～34歳	35～39歳	40～44歳	45～49歳	50～54歳	55～59歳	60～64歳	65～69歳	70歳以上
男													
学　歴　計	**86 910**	**98**	**5 116**	**11 128**	**13 160**	**13 393**	**13 875**	**12 033**	**10 049**	**5 246**	**2 417**	**371**	**23**
～ 99.9 千円	-	-	-	-	-	-	-	-	-	-	-	-	-
100.0 ～ 119.9	14	-	-	8	-	0	-	-	-	-	2	3	-
120.0 ～ 139.9	158	-	35	31	19	5	3	2	3	1	38	20	0
140.0 ～ 159.9	412	9	92	102	61	13	10	10	5	13	89	8	1
160.0 ～ 179.9	1 092	64	276	203	131	83	41	11	8	14	227	30	5
180.0 ～ 199.9	1 672	20	482	400	220	109	60	43	15	19	262	37	6
200.0 ～ 219.9	3 491	-	1 226	1 076	429	219	104	67	29	26	272	41	2
220.0 ～ 239.9	5 130	5	1 427	1 798	849	439	209	127	34	24	220	6	1
240.0 ～ 259.9	6 108	-	657	2 283	1 595	581	405	183	79	39	232	52	1
260.0 ～ 279.9	5 398	-	274	1 464	1 652	968	471	259	113	72	80	45	1
280.0 ～ 299.9	5 547	-	214	1 064	1 513	1 156	728	439	222	104	101	5	-
300.0 ～ 319.9	4 930	-	203	605	1 116	1 111	802	459	265	179	159	31	-
320.0 ～ 339.9	4 859	-	62	599	919	1 133	925	518	252	280	168	2	2
340.0 ～ 359.9	4 494	-	32	409	897	955	848	565	440	254	86	8	-
360.0 ～ 379.9	3 839	-	9	203	488	952	936	557	382	235	54	25	-
380.0 ～ 399.9	3 883	-	2	168	511	820	885	749	396	303	47	3	-
400.0 ～ 449.9	8 914	-	100	325	1 045	1 728	1 871	1 528	1 523	689	88	17	-
450.0 ～ 499.9	8 070	-	21	175	876	1 564	1 724	1 641	1 350	640	70	10	-
500.0 ～ 549.9	5 796	-	3	121	388	644	1 239	1 476	1 402	475	29	17	-
550.0 ～ 599.9	4 307	-	-	28	164	388	1 054	1 041	1 071	487	73	1	-
600.0 ～ 699.9	4 406	-	-	64	173	324	809	1 208	1 173	612	42	2	-
700.0 ～ 799.9	1 879	-	-	-	22	111	395	538	511	270	31	0	-
800.0 ～ 899.9	1 092	-	-	-	52	57	149	282	335	199	18	-	-
900.0 ～ 999.9	600	-	-	3	38	18	78	173	176	104	1	10	-
1000.0 ～ 1199.9	491	-	-	-	3	14	64	135	142	110	23	-	-
1200.0千円 ～	323	-	-	-	-	-	68	23	122	98	8	-	3
第1・十分位数（千円）	228.0	160.3	185.7	208.7	232.1	256.9	282.4	302.2	337.7	322.5	174.2	165.7	161.1
第1・四分位数（千円）	273.7	164.7	207.5	232.1	259.9	296.0	333.2	371.9	409.1	384.2	198.7	190.7	167.6
中位数（千円）	360.7	172.1	225.7	256.9	302.2	358.4	409.6	459.7	495.6	477.3	250.4	257.6	197.0
第3・四分位数（千円）	478.3	180.7	247.8	298.0	379.2	445.2	518.0	563.1	598.1	609.7	337.5	343.8	257.9
第9・十分位数（千円）	601.2	193.6	294.0	358.6	473.1	508.7	608.0	693.8	737.8	793.8	477.7	453.7	1282.3
十分位分散係数	0.52	0.10	0.24	0.29	0.40	0.35	0.40	0.43	0.40	0.49	0.61	0.56	2.85
四分位分散係数	0.28	0.05	0.09	0.13	0.20	0.21	0.23	0.21	0.19	0.24	0.28	0.30	0.23
女													
学　歴　計	**25 711**	**39**	**2 749**	**4 802**	**4 536**	**3 574**	**3 723**	**3 284**	**1 681**	**930**	**344**	**42**	**7**
～ 99.9 千円	-	-	-	-	-	-	-	-	-	-	-	-	-
100.0 ～ 119.9	45	-	3	11	3	4	1	13	2	6	1	-	-
120.0 ～ 139.9	194	3	20	43	25	32	21	20	9	6	15	1	-
140.0 ～ 159.9	662	7	105	73	118	54	65	93	49	44	42	13	-
160.0 ～ 179.9	1 191	22	213	235	186	111	145	107	74	55	40	2	-
180.0 ～ 199.9	1 385	5	259	360	223	175	107	112	62	24	52	5	-
200.0 ～ 219.9	2 486	1	604	617	378	303	177	223	75	61	41	5	1
220.0 ～ 239.9	2 938	1	698	922	459	324	271	178	45	33	6	-	-
240.0 ～ 259.9	2 810	-	375	791	617	308	320	202	102	53	41	2	-
260.0 ～ 279.9	2 155	-	133	453	629	313	293	158	85	55	24	12	-
280.0 ～ 299.9	1 985	-	36	459	337	387	352	236	93	34	51	-	-
300.0 ～ 319.9	1 384	-	107	137	313	299	211	202	81	31	3	-	-
320.0 ～ 339.9	1 553	-	111	127	228	261	316	411	63	29	7	1	-
340.0 ～ 359.9	895	-	46	98	158	204	172	132	34	47	2	2	-
360.0 ～ 379.9	1 028	-	5	166	219	160	231	168	43	34	3	-	-
380.0 ～ 399.9	703	-	-	123	52	137	149	142	80	17	2	-	-
400.0 ～ 449.9	1 589	-	10	57	442	256	297	261	190	75	1	-	-
450.0 ～ 499.9	846	-	1	98	73	67	177	196	193	32	9	-	-
500.0 ～ 549.9	463	-	23	22	11	61	122	108	71	45	1	-	-
550.0 ～ 599.9	412	-	-	6	54	48	77	59	48	117	4	-	-
600.0 ～ 699.9	439	-	0	3	9	44	123	113	97	50	-	-	-
700.0 ～ 799.9	207	-	-	-	2	12	40	34	67	46	1	-	6
800.0 ～ 899.9	117	-	-	-	-	-	33	23	48	14	-	-	-
900.0 ～ 999.9	74	-	-	-	-	3	3	29	31	9	-	-	-
1000.0 ～ 1199.9	82	-	-	-	-	-	20	34	29	-	-	-	-
1200.0千円 ～	68	-	-	-	-	12	-	32	8	16	-	-	-
第1・十分位数（千円）	187.1	143.2	175.0	186.3	191.0	198.0	204.4	197.5	191.0	173.3	150.7	152.4	-
第1・四分位数（千円）	223.4	160.3	202.9	216.4	229.3	234.2	248.9	247.4	260.2	241.4	174.3	157.1	-
中位数（千円）	269.9	171.2	224.4	243.5	267.4	286.7	310.1	325.5	383.8	353.9	207.1	200.3	-
第3・四分位数（千円）	351.3	178.2	246.2	283.2	331.7	350.0	393.5	409.0	486.9	560.7	275.2	270.9	-
第9・十分位数（千円）	454.2	194.5	303.6	358.8	413.8	440.4	508.0	548.8	736.6	673.9	296.9	278.3	-
十分位分散係数	0.49	0.15	0.29	0.35	0.42	0.42	0.49	0.54	0.71	0.71	0.35	0.31	-
四分位分散係数	0.24	0.05	0.10	0.14	0.19	0.20	0.23	0.25	0.30	0.45	0.24	0.28	-

第3表　年齢階級、所定内給与額階級別労働者数及び所定内給与額の分布特性値

企業規模	1,000人以上

G　情　報　通　信　業

（単位十人）

区　分	年齢計	～19歳	20～24歳	25～29歳	30～34歳	35～39歳	40～44歳	45～49歳	50～54歳	55～59歳	60～64歳	65～69歳	70歳以上
企業規模1,000人以上													
男女計													
学歴計	49 255	18	2 363	6 175	7 127	7 002	7 366	7 706	6 510	3 156	1 680	144	6
～ 99.9千円	-	-	-	-	-	-	-	-	-	-	-	-	-
100.0 ～ 119.9	14	-	2	-	2	1	1	1	-	3	4	2	-
120.0 ～ 139.9	177	-	22	24	22	15	15	11	3	2	43	20	-
140.0 ～ 159.9	354	-	27	41	62	18	20	50	27	25	80	4	-
160.0 ～ 179.9	846	7	87	128	132	86	60	43	34	27	219	22	2
180.0 ～ 199.9	999	11	132	211	165	91	63	34	19	17	252	5	-
200.0 ～ 219.9	1 978	0	450	383	268	246	123	189	52	22	224	20	1
220.0 ～ 239.9	2 346	-	626	626	362	259	196	101	12	4	160	-	-
240.0 ～ 259.9	2 611	-	220	1 046	464	260	263	112	69	36	139	3	-
260.0 ～ 279.9	2 536	-	170	682	738	352	253	160	77	70	32	4	-
280.0 ～ 299.9	2 931	-	106	883	554	525	406	261	78	62	54	0	-
300.0 ～ 319.9	2 422	-	251	387	630	376	283	218	52	115	88	23	-
320.0 ～ 339.9	2 709	-	155	444	460	425	384	446	101	164	129	1	-
340.0 ～ 359.9	1 865	-	20	264	562	295	199	208	118	164	36	-	-
360.0 ～ 379.9	1 870	-	5	215	328	330	378	225	181	163	23	24	-
380.0 ～ 399.9	2 146	-	2	191	291	468	364	417	227	156	29	1	-
400.0 ～ 449.9	5 618	-	90	303	908	1 174	901	905	935	355	44	3	-
450.0 ～ 499.9	5 534	-	1	212	745	1 157	1 078	1 147	876	289	30	-	-
500.0 ～ 549.9	3 797	-	-	112	207	391	749	1 051	954	316	6	12	-
550.0 ～ 599.9	2 830	-	-	15	157	297	740	555	733	295	37	1	-
600.0 ～ 699.9	2 827	-	-	8	50	109	549	880	886	320	25	-	-
700.0 ～ 799.9	1 337	-	-	-	3	66	210	392	471	183	12	-	-
800.0 ～ 899.9	689	-	-	-	10	32	108	139	234	160	7	-	-
900.0 ～ 999.9	379	-	-	-	8	11	24	83	170	83	-	-	-
1000.0 ～ 1199.9	319	-	-	-	-	8	1	80	137	93	-	-	-
1200.0千円 ～	121	-	-	-	-	12	-	-	64	34	8	-	3
第1・十分位数（千円）	225.1	163.9	195.3	212.1	223.8	239.0	259.8	285.5	360.7	310.9	171.0	126.3	-
第1・四分位数（千円）	282.9	169.6	216.2	242.5	269.9	296.0	330.0	369.9	429.5	367.3	184.9	172.7	-
中　位　数（千円）	389.6	181.9	233.3	278.5	326.9	389.4	435.6	466.9	513.9	477.1	222.5	219.1	-
第3・四分位数（千円）	499.8	186.0	289.9	327.9	415.5	464.8	536.8	559.6	633.1	619.6	313.7	362.0	-
第9・十分位数（千円）	614.0	188.5	326.3	408.5	479.1	529.5	615.5	690.7	781.2	837.7	401.0	436.2	-
十分位分散係数	0.50	0.07	0.28	0.35	0.39	0.37	0.41	0.43	0.41	0.55	0.52	0.71	-
四分位分散係数	0.28	0.05	0.16	0.15	0.22	0.22	0.24	0.20	0.20	0.26	0.29	0.43	-
男													
学歴計	38 343	14	1 450	4 239	5 223	5 556	5 649	6 148	5 773	2 646	1 501	140	5
～ 99.9千円	-	-	-	-	-	-	-	-	-	-	-	-	-
100.0 ～ 119.9	4	-	-	-	-	-	-	-	-	-	2	2	-
120.0 ～ 139.9	101	-	21	10	13	0	-	2	-	1	36	20	-
140.0 ～ 159.9	99	-	4	19	12	2	3	5	1	2	49	4	-
160.0 ～ 179.9	429	5	66	33	40	44	8	6	5	-	199	22	2
180.0 ～ 199.9	588	9	88	102	98	29	27	4	1	10	219	1	-
200.0 ～ 219.9	1 047	-	279	208	145	102	51	38	4	-	200	20	-
220.0 ～ 239.9	1 304	-	376	334	188	137	66	47	2	0	155	-	-
240.0 ～ 259.9	1 584	-	103	766	240	162	82	64	40	6	117	3	-
260.0 ～ 279.9	1 721	-	124	484	494	270	130	108	47	33	27	4	-
280.0 ～ 299.9	1 966	-	83	668	418	318	182	145	69	51	32	0	-
300.0 ～ 319.9	1 848	-	166	307	440	293	242	153	41	96	88	23	-
320.0 ～ 339.9	1 918	-	47	380	357	344	231	198	89	148	124	1	-
340.0 ～ 359.9	1 556	-	7	237	493	225	163	146	109	142	34	-	-
360.0 ～ 379.9	1 353	-	-	83	247	271	250	145	165	146	23	24	-
380.0 ～ 399.9	1 732	-	2	87	254	401	289	352	177	141	29	1	-
400.0 ～ 449.9	4 742	-	83	276	671	969	725	773	870	328	44	3	-
450.0 ～ 499.9	5 023	-	1	117	701	1 141	1 004	992	760	276	30	-	-
500.0 ～ 549.9	3 566	-	-	110	206	362	682	994	909	285	6	12	-
550.0 ～ 599.9	2 610	-	-	9	139	282	715	514	717	199	34	1	-
600.0 ～ 699.9	2 620	-	-	8	48	100	489	826	832	292	25	-	-
700.0 ～ 799.9	1 192	-	-	-	1	54	180	378	406	160	12	-	-
800.0 ～ 899.9	648	-	-	-	10	32	108	130	214	147	7	-	-
900.0 ～ 999.9	329	-	-	-	8	11	24	65	148	75	-	-	-
1000.0 ～ 1199.9	278	-	-	-	-	8	1	65	112	93	-	-	-
1200.0千円 ～	85	-	-	-	-	-	-	-	56	18	8	-	3
第1・十分位数（千円）	243.8	162.9	192.5	224.0	242.2	267.9	302.4	323.3	380.6	331.1	172.6	126.2	-
第1・四分位数（千円）	307.6	167.3	215.7	249.1	283.2	321.6	378.8	405.1	436.3	384.1	186.6	172.4	-
中　位　数（千円）	418.9	182.4	233.6	284.2	349.2	415.2	467.3	489.8	518.5	481.4	226.6	255.6	-
第3・四分位数（千円）	522.6	186.2	289.6	330.1	436.0	474.0	554.8	592.3	633.8	628.0	321.1	362.4	-
第9・十分位数（千円）	635.5	188.5	316.7	421.3	489.4	538.1	634.9	701.7	768.0	846.4	410.8	437.6	-
十分位分散係数	0.47	0.07	0.27	0.35	0.35	0.33	0.36	0.39	0.37	0.54	0.53	0.61	-
四分位分散係数	0.26	0.05	0.16	0.14	0.22	0.18	0.19	0.19	0.19	0.25	0.30	0.37	-

第3表　年齢階級、所定内給与額階級別労働者数及び所定内給与額の分布特性値

企業規模	1,000人以上
	100～999人

G　情　報　通　信　業

（単位十人）

区分	年齢計	～19歳	20～24歳	25～29歳	30～34歳	35～39歳	40～44歳	45～49歳	50～54歳	55～59歳	60～64歳	65～69歳	70歳以上
女													
学歴計	10 911	4	913	1 937	1 904	1 447	1 717	1 558	736	510	179	4	1
～ 99.9 千円	-	-	-	-	-	-	-	-	-	-	-	-	-
100.0 ～ 119.9	10	-	2	-	2	1	1	1	-	3	1	-	-
120.0 ～ 139.9	76	-	1	14	10	15	15	10	3	1	7	1	-
140.0 ～ 159.9	255	-	23	22	50	16	17	45	27	24	31	-	-
160.0 ～ 179.9	417	2	21	94	92	42	52	38	29	27	20	-	-
180.0 ～ 199.9	411	2	44	109	67	63	37	30	18	7	33	4	-
200.0 ～ 219.9	931	0	171	175	123	145	72	151	49	22	24	-	1
220.0 ～ 239.9	1 041	-	250	292	174	122	130	54	10	4	5	-	-
240.0 ～ 259.9	1 027	-	117	280	224	98	181	48	29	29	22	-	-
260.0 ～ 279.9	815	-	46	198	244	82	123	52	30	37	4	-	-
280.0 ～ 299.9	965	-	23	215	137	207	224	117	8	11	23	-	-
300.0 ～ 319.9	574	-	84	80	190	83	41	65	11	19	-	-	-
320.0 ～ 339.9	790	-	108	64	104	81	153	248	12	17	5	-	-
340.0 ～ 359.9	309	-	13	27	69	70	36	62	10	22	2	-	-
360.0 ～ 379.9	517	-	5	132	81	59	128	80	17	17	-	-	-
380.0 ～ 399.9	414	-	-	104	37	67	76	66	50	14	-	-	-
400.0 ～ 449.9	876	-	7	27	238	206	176	132	64	27	-	-	-
450.0 ～ 499.9	512	-	1	94	43	16	74	155	116	13	-	-	-
500.0 ～ 549.9	231	-	-	2	0	29	67	57	45	31	-	-	-
550.0 ～ 599.9	221	-	-	6	18	15	25	41	16	97	3	-	-
600.0 ～ 699.9	207	-	-	-	2	9	60	54	54	29	-	-	-
700.0 ～ 799.9	145	-	-	-	2	12	30	14	65	23	-	-	-
800.0 ～ 899.9	41	-	-	-	-	-	1	9	19	13	-	-	-
900.0 ～ 999.9	49	-	-	-	-	-	-	19	23	8	-	-	-
1000.0 ～ 1199.9	41	-	-	-	-	-	-	15	26	-	-	-	-
1200.0千円 ～	36	-	-	-	-	12	-	-	8	16	-	-	-
第1・十分位数（千円）	195.9	-	200.2	191.1	193.6	201.2	214.6	203.2	189.1	175.8	151.0	-	-
第1・四分位数（千円）	232.7	-	217.2	226.6	235.6	234.5	250.2	265.3	269.2	264.1	166.9	-	-
中位数（千円）	288.6	-	232.7	258.8	277.7	291.9	304.3	334.0	450.3	401.2	198.3	-	-
第3・四分位数（千円）	382.0	-	290.5	313.4	344.1	380.6	404.8	444.2	611.2	565.6	254.9	-	-
第9・十分位数（千円）	483.9	-	332.2	385.1	415.3	445.3	502.8	548.4	821.0	727.1	291.3	-	-
十分位分散係数	0.50	-	0.28	0.37	0.40	0.42	0.47	0.52	0.70	0.69	0.35	-	-
四分位分散係数	0.26	-	0.16	0.17	0.20	0.25	0.25	0.27	0.38	0.38	0.22	-	-
企業規模 100 ～ 999 人													
男女計													
学歴計	40 935	76	3 642	6 231	6 979	6 501	6 335	4 894	3 526	1 903	721	125	3
～ 99.9 千円	-	-	-	-	-	-	-	-	-	-	-	-	-
100.0 ～ 119.9	17	-	1	6	1	3	1	3	1	2	-	-	-
120.0 ～ 139.9	120	3	27	39	16	19	5	3	2	3	2	1	-
140.0 ～ 159.9	413	4	78	93	75	22	31	32	19	15	39	5	1
160.0 ～ 179.9	877	63	223	212	117	77	66	29	33	20	35	3	-
180.0 ～ 199.9	1 148	5	318	296	175	125	59	63	37	12	40	16	-
200.0 ～ 219.9	2 419	0	989	773	282	108	87	56	23	25	56	18	2
220.0 ～ 239.9	3 641	-	1 107	1 295	522	305	148	139	32	36	55	1	-
240.0 ～ 259.9	4 142	-	462	1 354	1 280	365	284	150	67	44	102	33	-
260.0 ～ 279.9	3 116	-	155	765	1 020	620	250	143	47	32	59	26	-
280.0 ～ 299.9	2 955	-	118	433	780	678	418	246	173	54	53	2	-
300.0 ～ 319.9	2 384	-	52	201	453	662	423	252	218	62	59	2	-
320.0 ～ 339.9	2 209	-	18	203	445	579	464	277	104	90	30	-	0
340.0 ～ 359.9	2 285	-	58	206	330	532	468	323	217	112	40	1	-
360.0 ～ 379.9	1 903	-	9	147	289	548	475	249	130	36	20	1	-
380.0 ～ 399.9	1 508	-	1	78	188	334	389	261	145	99	14	-	-
400.0 ～ 449.9	3 170	-	21	58	489	526	758	556	469	249	31	13	-
450.0 ～ 499.9	2 294	-	-	38	170	372	625	417	417	233	22	1	-
500.0 ～ 549.9	1 705	-	6	11	122	252	389	383	429	101	7	5	-
550.0 ～ 599.9	1 372	-	-	-	61	111	302	395	296	196	12	-	-
600.0 ～ 699.9	1 666	-	-	19	129	204	290	375	313	322	14	1	-
700.0 ～ 799.9	559	-	-	-	-	26	187	158	94	75	18	0	-
800.0 ～ 899.9	432	-	-	-	23	19	49	161	123	46	11	-	-
900.0 ～ 999.9	259	-	-	3	10	10	57	118	37	23	1	1	-
1000.0 ～ 1199.9	191	-	-	-	3	6	64	68	33	16	1	-	-
1200.0千円 ～	151	-	-	-	-	-	48	35	67	1	0	-	-
第1・十分位数（千円）	213.1	160.3	182.9	198.6	221.4	239.5	256.9	262.7	292.3	280.5	177.4	183.2	-
第1・四分位数（千円）	248.0	163.7	204.9	222.2	250.2	279.4	307.7	329.4	351.8	354.5	222.1	204.8	-
中位数（千円）	312.7	169.3	223.2	245.6	280.1	330.4	379.6	421.6	453.2	459.8	270.6	255.2	-
第3・四分位数（千円）	422.2	175.6	239.8	274.8	343.1	394.3	474.7	564.4	563.5	601.6	352.2	276.3	-
第9・十分位数（千円）	570.4	179.4	269.2	335.2	427.8	495.1	607.4	723.9	700.9	684.0	461.7	407.0	-
十分位分散係数	0.57	0.06	0.19	0.28	0.37	0.39	0.46	0.55	0.45	0.44	0.53	0.44	-
四分位分散係数	0.28	0.04	0.08	0.11	0.17	0.17	0.22	0.28	0.23	0.27	0.24	0.14	-

第3表　年齢階級、所定内給与額階級別労働者数及び所定内給与額の分布特性値

企業規模	100～999人

G　情　報　通　信　業

（単位十人）

区分	年齢計	～19歳	20～24歳	25～29歳	30～34歳	35～39歳	40～44歳	45～49歳	50～54歳	55～59歳	60～64歳	65～69歳	70歳以上
男													
学歴計	**31 529**	**60**	**2 465**	**4 404**	**5 199**	**5 141**	**5 059**	**3 875**	**2 929**	**1 651**	**634**	**109**	**3**
～ 99.9 千円	–	–	–	–	–	–	–	–	–	–	–	–	–
100.0 ～ 119.9	6	–	–	6	–	0	–	–	–	–	–	–	–
120.0 ～ 139.9	41	–	11	18	6	4	1	1	1	–	0	–	–
140.0 ～ 159.9	181	2	38	62	27	8	5	3	3	1	28	2	1
160.0 ～ 179.9	407	54	106	110	55	25	27	2	1	4	21	2	–
180.0 ～ 199.9	580	5	209	141	74	49	24	21	7	8	27	15	–
200.0 ～ 219.9	1 478	–	655	534	135	56	17	12	8	1	44	15	2
220.0 ～ 239.9	2 405	–	786	857	363	181	63	62	18	19	55	1	–
240.0 ～ 259.9	3 101	–	358	1 039	1 013	224	210	82	18	28	97	33	–
260.0 ～ 279.9	2 326	–	99	627	782	452	165	87	27	29	41	17	–
280.0 ～ 299.9	2 254	–	106	269	651	539	317	164	121	38	47	2	–
300.0 ～ 319.9	1 884	–	29	175	372	522	323	176	169	59	58	2	–
320.0 ～ 339.9	1 714	–	15	148	353	504	333	177	77	79	28	–	0
340.0 ～ 359.9	1 899	–	24	136	284	441	395	280	208	89	40	1	–
360.0 ～ 379.9	1 568	–	9	113	175	475	418	218	112	27	20	1	–
380.0 ～ 399.9	1 331	–	1	59	173	295	349	216	127	98	14	–	–
400.0 ～ 449.9	2 650	–	17	44	285	504	666	479	390	221	31	13	–
450.0 ～ 499.9	2 057	–	–	37	150	328	537	390	373	220	22	1	–
500.0 ～ 549.9	1 596	–	3	11	122	229	343	364	413	99	6	5	–
550.0 ～ 599.9	1 190	–	–	–	25	78	250	377	269	180	12	–	–
600.0 ～ 699.9	1 455	–	–	16	121	168	247	316	271	301	14	1	–
700.0 ～ 799.9	526	–	–	–	–	26	187	138	91	65	18	0	–
800.0 ～ 899.9	359	–	–	–	23	19	17	147	98	45	11	–	–
900.0 ～ 999.9	234	–	–	3	10	7	54	108	28	23	1	1	–
1000.0 ～ 1199.9	170	–	–	–	3	6	64	50	30	16	1	–	–
1200.0千円 ～	119	–	–	–	–	–	48	3	67	1	0	–	–
第1・十分位数（千円）	224.1	161.6	190.5	205.6	233.6	257.4	279.4	293.0	313.4	307.4	187.5	184.7	–
第1・四分位数（千円）	258.0	164.9	207.0	226.2	253.4	289.8	326.3	353.4	373.5	387.3	232.7	206.5	–
中位数（千円）	333.0	170.4	224.9	248.4	284.3	340.3	392.2	446.4	466.7	477.5	280.8	255.1	–
第3・四分位数（千円）	446.3	176.2	242.3	276.2	343.6	408.6	493.0	575.7	570.4	609.2	357.1	277.2	–
第9・十分位数（千円）	587.0	179.6	272.3	337.6	433.1	501.8	624.8	739.4	718.3	689.0	476.8	408.5	–
十分位分散係数	0.55	0.05	0.18	0.27	0.35	0.36	0.44	0.50	0.43	0.40	0.52	0.44	–
四分位分散係数	0.28	0.03	0.08	0.10	0.16	0.17	0.21	0.25	0.21	0.23	0.22	0.14	–
女													
学歴計	**9 406**	**15**	**1 177**	**1 827**	**1 779**	**1 360**	**1 277**	**1 019**	**596**	**252**	**87**	**16**	**–**
～ 99.9 千円	–	–	–	–	–	–	–	–	–	–	–	–	–
100.0 ～ 119.9	10	–	1	–	1	3	1	3	1	2	–	–	–
120.0 ～ 139.9	79	3	15	22	10	15	4	3	1	3	2	1	–
140.0 ～ 159.9	232	2	40	31	48	14	26	29	16	14	11	2	–
160.0 ～ 179.9	470	9	117	102	62	52	40	27	31	15	14	0	–
180.0 ～ 199.9	568	0	110	155	101	76	36	42	30	4	13	2	–
200.0 ～ 219.9	941	0	335	239	147	53	70	44	15	24	12	3	–
220.0 ～ 239.9	1 237	–	321	439	160	124	85	77	14	16	1	–	–
240.0 ～ 259.9	1 041	–	105	315	268	142	74	68	50	16	5	–	–
260.0 ～ 279.9	790	–	57	138	237	167	85	56	20	3	19	9	–
280.0 ～ 299.9	701	–	12	165	129	140	101	82	52	16	6	–	–
300.0 ～ 319.9	500	–	23	27	81	140	100	77	49	3	1	–	–
320.0 ～ 339.9	495	–	3	55	92	75	131	100	27	11	2	–	–
340.0 ～ 359.9	387	–	34	70	46	91	72	43	8	23	–	–	–
360.0 ～ 379.9	335	–	–	35	114	72	57	30	18	9	–	–	–
380.0 ～ 399.9	176	–	–	19	15	38	41	46	17	1	–	–	–
400.0 ～ 449.9	519	–	4	14	204	22	93	77	79	28	1	–	–
450.0 ～ 499.9	237	–	–	1	20	44	88	27	45	13	–	–	–
500.0 ～ 549.9	109	–	3	–	1	22	45	19	15	2	1	–	–
550.0 ～ 599.9	183	–	–	–	36	34	52	18	27	16	1	–	–
600.0 ～ 699.9	211	–	–	3	8	36	43	59	43	21	–	–	–
700.0 ～ 799.9	33	–	–	–	–	–	–	20	3	10	1	–	–
800.0 ～ 899.9	72	–	–	–	–	–	32	14	25	1	–	–	–
900.0 ～ 999.9	25	–	–	–	–	3	3	10	9	1	–	–	–
1000.0 ～ 1199.9	21	–	–	–	–	–	–	18	3	–	–	–	–
1200.0千円 ～	32	–	–	–	–	–	–	32	–	–	–	–	–
第1・十分位数（千円）	186.7	135.0	173.3	183.9	191.5	196.1	208.0	199.8	191.7	173.1	146.7	–	–
第1・四分位数（千円）	220.8	151.6	200.7	213.9	228.2	240.7	257.0	250.6	257.4	223.1	172.3	–	–
中位数（千円）	262.9	164.0	218.2	236.2	267.0	283.7	322.8	321.1	328.1	336.6	206.4	–	–
第3・四分位数（千円）	339.7	170.6	236.8	269.4	339.8	344.8	415.4	430.1	480.3	450.3	267.9	–	–
第9・十分位数（千円）	447.3	177.8	264.6	330.3	419.7	460.9	561.7	687.8	691.7	670.8	283.9	–	–
十分位分散係数	0.50	0.13	0.21	0.31	0.43	0.47	0.55	0.76	0.76	0.74	0.33	–	–
四分位分散係数	0.23	0.06	0.08	0.12	0.21	0.18	0.25	0.28	0.34	0.34	0.23	–	–

第3表　年齢階級、所定内給与額階級別労働者数及び所定内給与額の分布特性値

企業規模	10～99人

G　情　報　通　信　業

（単位十人）

区　分	年齢計	～19歳	20～24歳	25～29歳	30～34歳	35～39歳	40～44歳	45～49歳	50～54歳	55～59歳	60～64歳	65～69歳	70歳以上
企業規模 10 ～ 99 人													
男女計													
学歴計	**22 432**	**43**	**1 859**	**3 524**	**3 590**	**3 464**	**3 897**	**2 716**	**1 694**	**1 117**	**361**	**144**	**22**
～ 99.9 千円	-	-	-	-	-	-	-	-	-	-	-	-	-
100.0 ～ 119.9	28	-	-	13	0	1	-	10	2	1	-	1	-
120.0 ～ 139.9	56	-	7	11	6	4	5	8	7	2	7	-	0
140.0 ～ 159.9	306	12	92	40	42	27	24	21	8	16	12	13	1
160.0 ～ 179.9	560	16	180	99	68	31	59	46	15	23	13	6	4
180.0 ～ 199.9	909	9	292	252	103	68	45	57	21	14	21	21	6
200.0 ～ 219.9	1 580	-	391	537	256	168	71	45	29	41	33	8	0
220.0 ～ 239.9	2 090	6	392	799	424	199	136	65	35	18	11	5	1
240.0 ～ 259.9	2 165	-	349	674	468	263	178	123	45	12	33	18	1
260.0 ～ 279.9	1 900	-	82	470	523	309	261	114	74	26	13	27	1
280.0 ～ 299.9	1 645	-	26	207	516	340	257	167	64	21	45	3	-
300.0 ～ 319.9	1 508	-	8	154	346	372	307	190	76	33	14	6	-
320.0 ～ 339.9	1 495	-	-	78	242	390	394	205	111	55	16	2	2
340.0 ～ 359.9	1 239	-	-	36	164	332	354	166	139	26	12	9	-
360.0 ～ 379.9	1 094	-	-	7	90	234	314	251	114	70	14	-	-
380.0 ～ 399.9	932	-	-	22	85	156	281	213	104	64	6	2	-
400.0 ～ 449.9	1 715	-	-	21	89	283	508	330	309	159	13	2	-
450.0 ～ 499.9	1 087	-	20	24	35	102	198	273	250	150	27	9	-
500.0 ～ 549.9	757	-	20	20	70	63	223	150	90	103	18	-	-
550.0 ～ 599.9	517	-	-	20	-	28	89	150	90	113	27	-	-
600.0 ～ 699.9	352	-	0	40	3	56	92	66	71	21	3	1	-
700.0 ～ 799.9	190	-	-	-	21	31	38	21	14	58	2	-	6
800.0 ～ 899.9	88	-	-	-	20	7	23	5	26	7	-	-	-
900.0 ～ 999.9	36	-	-	-	20	-	0	-	-	6	-	10	-
1000.0 ～ 1199.9	63	-	-	-	-	-	20	20	-	1	23	-	-
1200.0千円 ～	119	-	-	-	-	-	20	20	-	79	-	-	-
第1・十分位数（千円）	205.2	151.2	170.0	195.3	211.7	225.2	245.4	244.1	261.5	238.2	185.0	161.1	162.6
第1・四分位数（千円）	240.8	159.1	193.6	217.8	240.0	266.1	295.5	301.9	328.3	355.4	227.8	188.6	190.8
中位数（千円）	299.7	175.1	218.5	240.3	275.5	317.4	351.5	370.3	400.8	435.9	295.8	259.5	199.4
第3・四分位数（千円）	385.5	194.5	241.7	269.7	317.1	366.6	421.0	453.1	475.3	552.5	457.8	308.8	751.4
第9・十分位数（千円）	493.0	231.3	257.3	307.1	375.9	434.5	518.9	551.4	575.3	757.5	573.5	456.5	756.6
十分位分散係数	0.48	0.23	0.20	0.23	0.30	0.33	0.39	0.41	0.39	0.60	0.66	0.57	1.49
四分位分散係数	0.24	0.10	0.11	0.11	0.14	0.16	0.18	0.20	0.18	0.23	0.39	0.23	1.41
男													
学歴計	**17 037**	**24**	**1 201**	**2 486**	**2 738**	**2 696**	**3 167**	**2 010**	**1 347**	**949**	**282**	**122**	**16**
～ 99.9 千円	-	-	-	-	-	-	-	-	-	-	-	-	-
100.0 ～ 119.9	3	-	-	2	-	-	-	-	-	-	-	1	-
120.0 ～ 139.9	16	-	3	4	1	1	2	-	2	1	2	-	0
140.0 ～ 159.9	132	7	50	20	22	3	1	2	2	10	12	2	1
160.0 ～ 179.9	256	5	104	61	35	15	6	3	2	9	7	5	4
180.0 ～ 199.9	504	6	186	156	48	31	10	17	7	1	15	21	6
200.0 ～ 219.9	966	-	292	333	148	62	36	17	17	26	27	6	0
220.0 ～ 239.9	1 430	5	265	608	299	121	80	18	14	5	10	5	1
240.0 ～ 259.9	1 423	-	196	478	342	196	112	37	22	5	18	17	1
260.0 ～ 279.9	1 351	-	52	353	375	245	177	64	39	11	12	24	1
280.0 ～ 299.9	1 327	-	25	128	445	299	230	130	32	15	22	3	-
300.0 ～ 319.9	1 198	-	8	123	305	296	237	130	55	24	12	6	-
320.0 ～ 339.9	1 227	-	-	70	210	285	361	143	86	54	16	1	2
340.0 ～ 359.9	1 040	-	-	36	120	289	290	139	123	23	12	7	-
360.0 ～ 379.9	918	-	-	7	66	205	268	194	105	62	11	-	-
380.0 ～ 399.9	819	-	-	22	84	123	248	182	92	63	4	2	-
400.0 ～ 449.9	1 521	-	-	4	89	255	480	276	262	140	13	2	-
450.0 ～ 499.9	990	-	20	21	25	95	183	259	218	144	18	9	-
500.0 ～ 549.9	634	-	-	1	60	53	214	118	80	91	18	-	-
550.0 ～ 599.9	508	-	-	20	-	28	89	150	85	109	27	-	-
600.0 ～ 699.9	331	-	-	40	3	56	72	66	70	20	3	1	-
700.0 ～ 799.9	160	-	-	-	21	31	28	21	13	45	2	-	-
800.0 ～ 899.9	85	-	-	-	20	7	23	5	22	7	-	-	-
900.0 ～ 999.9	36	-	-	-	20	-	0	-	-	6	-	10	-
1000.0 ～ 1199.9	43	-	-	-	-	-	-	20	-	1	23	-	-
1200.0千円 ～	119	-	-	-	-	-	20	20	-	79	-	-	-
第1・十分位数（千円）	216.9	152.2	172.8	200.5	221.5	245.0	268.6	286.8	299.3	307.2	193.0	182.3	160.9
第1・四分位数（千円）	253.9	158.0	196.6	221.9	250.0	279.9	312.3	333.2	347.1	377.6	235.1	210.0	167.1
中位数（千円）	318.5	178.5	218.1	242.4	285.3	326.8	363.5	392.3	416.9	466.7	325.2	261.8	194.4
第3・四分位数（千円）	404.1	198.1	240.1	272.5	324.3	377.0	430.3	470.5	485.1	563.2	510.6	350.9	231.7
第9・十分位数（千円）	512.4	235.2	257.9	312.2	394.7	449.7	524.1	563.5	583.9	789.4	584.0	458.9	330.3
十分位分散係数	0.46	0.23	0.20	0.23	0.30	0.31	0.35	0.35	0.34	0.52	0.60	0.53	0.44
四分位分散係数	0.24	0.11	0.10	0.10	0.13	0.15	0.16	0.17	0.17	0.20	0.42	0.27	0.17

第3表　年齢階級、所定内給与額階級別労働者数及び所定内給与額の分布特性値

企業規模	10～99人
	計

G 情報通信業　H 運輸業，郵便業

（単位十人）

区分	年齢計	～19歳	20～24歳	25～29歳	30～34歳	35～39歳	40～44歳	45～49歳	50～54歳	55～59歳	60～64歳	65～69歳	70歳以上
女													
学歴計	**5 394**	**19**	**659**	**1 038**	**853**	**768**	**729**	**706**	**348**	**168**	**79**	**22**	**6**
～ 99.9 千円	-	-	-	-	-	-	-	-	-	-	-	-	-
100.0 ～ 119.9	25	-	-	11	0	1	-	10	2	1	-	-	-
120.0 ～ 139.9	40	-	4	7	5	3	3	8	5	1	5	-	-
140.0 ～ 159.9	174	4	42	20	20	24	22	19	6	6	-	11	-
160.0 ～ 179.9	304	11	76	39	32	17	53	43	13	13	6	1	-
180.0 ～ 199.9	405	3	106	96	56	37	35	40	14	13	6	-	-
200.0 ～ 219.9	614	-	99	204	108	106	35	28	12	15	6	2	-
220.0 ～ 239.9	660	1	127	191	125	78	55	48	21	13	1	-	-
240.0 ～ 259.9	742	-	153	196	126	67	65	86	24	7	15	2	-
260.0 ～ 279.9	550	-	30	118	149	64	85	50	36	15	1	3	-
280.0 ～ 299.9	319	-	1	79	71	40	27	37	33	6	23	-	-
300.0 ～ 319.9	310	-	0	31	42	76	70	59	22	8	2	-	-
320.0 ～ 339.9	268	-	-	8	32	105	33	63	25	1	0	1	-
340.0 ～ 359.9	199	-	-	1	43	43	64	27	16	3	-	2	-
360.0 ～ 379.9	176	-	-	-	24	29	46	58	8	9	3	-	-
380.0 ～ 399.9	113	-	-	-	0	33	33	31	13	2	2	-	-
400.0 ～ 449.9	193	-	-	16	0	28	29	53	47	20	-	-	-
450.0 ～ 499.9	97	-	-	3	10	7	15	14	33	7	9	-	-
500.0 ～ 549.9	123	-	20	20	10	10	10	32	10	12	-	-	-
550.0 ～ 599.9	9	-	-	-	-	-	-	0	5	4	-	-	-
600.0 ～ 699.9	22	-	0	-	-	-	20	-	1	1	-	-	-
700.0 ～ 799.9	30	-	-	-	-	-	10	-	0	13	-	-	6
800.0 ～ 899.9	4	-	-	-	-	-	-	-	4	-	-	-	-
900.0 ～ 999.9	-	-	-	-	-	-	-	-	-	-	-	-	-
1000.0 ～ 1199.9	20	-	-	-	-	-	20	-	-	-	-	-	-
1200.0千円 ～	-	-	-	-	-	-	-	-	-	-	-	-	-
第1・十分位数（千円）	179.8	148.4	165.8	184.6	186.8	197.9	177.2	173.3	190.9	169.2	165.6	152.0	-
第1・四分位数（千円）	212.2	162.0	186.7	209.0	218.7	221.1	233.2	234.7	254.4	210.0	210.8	155.0	-
中位数（千円）	252.2	173.6	220.5	235.5	253.4	276.8	289.0	293.8	311.7	280.4	263.9	160.0	-
第3・四分位数（千円）	313.9	179.5	243.4	262.1	287.2	332.8	359.8	362.7	408.3	418.1	289.5	261.6	-
第9・十分位数（千円）	390.1	198.2	256.0	289.8	341.1	380.6	451.2	433.4	483.3	571.4	451.3	337.9	-
十分位分散係数	0.42	0.14	0.20	0.22	0.30	0.33	0.47	0.44	0.47	0.72	0.54	0.58	-
四分位分散係数	0.20	0.05	0.13	0.11	0.14	0.20	0.22	0.22	0.25	0.37	0.15	0.33	-
H 運輸業，郵便業													
企業規模計													
男女計													
学歴計	**172 994**	**1 196**	**7 204**	**10 658**	**13 949**	**17 227**	**25 824**	**28 154**	**23 792**	**20 666**	**14 613**	**7 601**	**2 109**
～ 99.9 千円	42	10	-	-	-	-	1	4	6	5	2	8	7
100.0 ～ 119.9	712	6	12	31	29	69	30	70	102	28	98	171	68
120.0 ～ 139.9	3 317	48	118	149	168	185	308	236	455	322	613	539	175
140.0 ～ 159.9	9 112	236	578	541	509	521	843	760	1 024	1 084	1 614	1 057	345
160.0 ～ 179.9	13 087	495	1 216	946	1 059	909	1 289	1 442	1 239	1 346	1 569	1 158	420
180.0 ～ 199.9	16 564	182	1 703	1 285	1 342	1 542	1 918	2 140	1 815	1 548	1 760	1 045	284
200.0 ～ 219.9	17 898	121	1 486	1 700	1 545	1 507	2 244	2 226	1 946	1 953	1 886	1 059	223
220.0 ～ 239.9	17 259	47	741	1 722	1 712	1 815	2 307	2 630	2 073	1 774	1 603	671	164
240.0 ～ 259.9	15 064	28	489	1 091	1 492	1 831	2 121	2 643	1 872	1 706	1 119	551	121
260.0 ～ 279.9	12 910	9	258	940	1 246	1 620	2 222	2 056	1 869	1 370	924	322	74
280.0 ～ 299.9	12 165	-	272	771	1 127	1 231	2 319	2 354	1 442	1 394	868	303	83
300.0 ～ 319.9	10 400	3	195	539	973	1 190	1 980	2 132	1 536	1 004	607	196	44
320.0 ～ 339.9	8 120	10	81	341	780	1 071	1 523	1 519	1 245	1 027	351	143	30
340.0 ～ 359.9	7 303	-	15	328	551	911	1 259	1 589	1 260	899	391	75	25
360.0 ～ 379.9	5 326	-	26	110	442	665	1 196	962	979	580	276	84	5
380.0 ～ 399.9	4 499	-	1	29	331	531	779	1 010	889	662	198	67	-
400.0 ～ 449.9	8 201	-	12	65	405	933	1 631	1 835	1 396	1 466	372	61	24
450.0 ～ 499.9	4 712	-	-	37	146	365	1 004	1 050	1 023	924	109	39	13
500.0 ～ 549.9	2 339	-	-	5	44	164	404	488	500	616	100	17	-
550.0 ～ 599.9	1 399	-	-	5	13	66	185	301	362	397	63	5	2
600.0 ～ 699.9	1 338	-	-	7	13	26	171	396	406	245	58	17	1
700.0 ～ 799.9	584	-	-	10	7	16	32	172	159	172	13	4	0
800.0 ～ 899.9	309	-	-	-	5	28	23	71	81	90	3	8	-
900.0 ～ 999.9	127	-	-	2	2	12	7	34	49	16	4	0	-
1000.0 ～ 1199.9	126	-	-	3	5	8	17	25	42	23	3	1	-
1200.0千円 ～	82	-	-	2	2	12	10	9	21	15	10	2	-
第1・十分位数（千円）	167.0	150.3	160.3	169.0	174.5	180.5	181.1	182.9	173.1	169.6	150.0	140.8	136.5
第1・四分位数（千円）	200.5	159.9	178.2	195.8	205.1	214.4	218.4	221.2	214.0	208.6	177.2	162.3	156.7
中位数（千円）	251.0	171.5	199.7	226.4	248.3	263.1	276.6	278.6	274.7	267.8	217.1	196.5	182.9
第3・四分位数（千円）	322.8	189.2	226.7	269.7	304.5	329.5	344.2	350.7	359.4	361.6	274.0	239.8	227.0
第9・十分位数（千円）	408.5	214.7	270.2	315.0	360.9	396.1	427.6	439.3	460.6	468.6	346.3	296.1	286.8
十分位分散係数	0.48	0.19	0.28	0.32	0.38	0.41	0.45	0.46	0.52	0.56	0.45	0.40	0.41
四分位分散係数	0.24	0.09	0.12	0.16	0.20	0.22	0.23	0.23	0.26	0.29	0.22	0.20	0.19

第3表　年齢階級、所定内給与額階級別労働者数及び所定内給与額の分布特性値

企業規模	計

H 運輸業，郵便業

（単位十人）

区分	年齢計	～19歳	20～24歳	25～29歳	30～34歳	35～39歳	40～44歳	45～49歳	50～54歳	55～59歳	60～64歳	65～69歳	70歳以上
男													
学歴計	**149 665**	**867**	**4 970**	**7 996**	**11 457**	**14 823**	**22 391**	**24 606**	**21 019**	**18 727**	**13 552**	**7 230**	**2 026**
～ 99.9 千円	31	10	-	-	-	-	-	-	3	3	-	8	7
100.0 ～ 119.9	435	6	10	6	11	20	8	8	34	12	94	166	61
120.0 ～ 139.9	2 001	33	48	61	78	71	105	91	205	223	455	473	159
140.0 ～ 159.9	6 143	144	314	277	251	297	456	406	641	719	1 325	988	325
160.0 ～ 179.9	9 600	364	843	637	743	629	755	882	904	960	1 384	1 100	398
180.0 ～ 199.9	13 178	131	1 134	932	1 022	1 193	1 471	1 731	1 380	1 249	1 649	1 011	275
200.0 ～ 219.9	14 742	91	980	1 224	1 250	1 202	1 829	1 794	1 658	1 708	1 795	991	220
220.0 ～ 239.9	15 055	47	564	1 352	1 413	1 521	2 041	2 234	1 887	1 634	1 546	663	164
240.0 ～ 259.9	13 444	18	409	839	1 265	1 641	1 922	2 364	1 701	1 617	1 030	519	121
260.0 ～ 279.9	11 940	9	231	805	1 083	1 490	2 062	1 863	1 785	1 304	916	319	74
280.0 ～ 299.9	11 129	-	179	632	982	1 091	2 185	2 178	1 360	1 315	832	294	81
300.0 ～ 319.9	9 781	3	156	482	868	1 141	1 821	2 055	1 451	975	599	186	44
320.0 ～ 339.9	7 671	10	61	258	713	996	1 442	1 451	1 204	1 020	347	139	30
340.0 ～ 359.9	6 923	-	14	248	510	867	1 165	1 540	1 227	871	383	75	25
360.0 ～ 379.9	5 047	-	26	99	377	645	1 123	914	938	568	268	83	5
380.0 ～ 399.9	4 302	-	1	23	299	496	740	975	848	655	198	67	-
400.0 ～ 449.9	7 825	-	12	60	372	876	1 523	1 771	1 319	1 438	372	58	24
450.0 ～ 499.9	4 468	-	-	29	133	342	954	980	970	903	109	37	10
500.0 ～ 549.9	2 228	-	-	5	42	156	374	455	475	604	100	16	-
550.0 ～ 599.9	1 345	-	-	5	11	66	166	286	347	393	63	5	2
600.0 ～ 699.9	1 238	-	-	7	13	26	163	336	374	243	58	17	1
700.0 ～ 799.9	545	-	-	10	7	16	32	155	142	171	9	4	0
800.0 ～ 899.9	289	-	-	-	5	23	21	69	69	90	3	8	-
900.0 ～ 999.9	111	-	-	2	2	4	7	33	42	15	4	0	-
1000.0 ～ 1199.9	115	-	-	3	5	6	17	25	32	23	3	1	-
1200.0千円 ～	82	-	-	2	2	12	10	9	21	15	10	2	-
第1・十分位数（千円）	174.0	150.1	163.4	175.6	181.2	187.9	191.8	192.7	185.4	179.1	153.0	141.6	137.7
第1・四分位数（千円）	208.2	161.4	180.5	201.5	212.7	224.0	230.6	231.3	224.6	217.7	181.6	163.3	157.8
中位数（千円）	260.3	173.6	202.7	230.3	255.5	271.8	284.5	288.4	284.2	278.9	220.9	197.3	184.7
第3・四分位数（千円）	331.9	193.2	234.0	276.1	310.8	336.6	352.0	358.0	366.2	376.0	279.2	240.8	228.7
第9・十分位数（千円）	416.5	220.0	275.2	317.9	366.3	401.7	434.6	445.5	466.1	476.2	350.5	297.5	287.8
十分位分散係数	0.47	0.20	0.28	0.31	0.36	0.39	0.43	0.44	0.49	0.53	0.45	0.40	0.41
四分位分散係数	0.24	0.09	0.13	0.16	0.19	0.21	0.21	0.22	0.25	0.28	0.22	0.20	0.19
女													
学歴計	**23 329**	**329**	**2 234**	**2 662**	**2 492**	**2 404**	**3 433**	**3 548**	**2 774**	**1 939**	**1 061**	**371**	**82**
～ 99.9 千円	11	-	-	-	-	-	1	4	3	2	2	-	-
100.0 ～ 119.9	277	-	2	25	18	49	22	62	68	16	4	5	7
120.0 ～ 139.9	1 316	16	70	88	90	114	203	146	251	99	158	66	16
140.0 ～ 159.9	2 969	92	264	263	258	225	387	354	383	365	289	68	20
160.0 ～ 179.9	3 487	131	374	309	315	280	533	559	334	386	186	58	22
180.0 ～ 199.9	3 386	51	568	354	320	349	447	409	436	299	112	33	8
200.0 ～ 219.9	3 155	30	506	476	295	305	415	432	288	246	91	69	3
220.0 ～ 239.9	2 204	-	187	370	299	294	266	396	186	140	57	8	0
240.0 ～ 259.9	1 620	10	80	253	227	190	199	279	171	90	89	31	0
260.0 ～ 279.9	971	-	28	135	163	131	160	193	84	66	7	3	-
280.0 ～ 299.9	1 035	-	93	139	145	141	133	176	83	79	35	9	2
300.0 ～ 319.9	619	-	40	57	105	49	159	77	85	29	7	10	-
320.0 ～ 339.9	449	-	20	83	66	75	81	68	41	7	3	5	1
340.0 ～ 359.9	380	-	1	80	41	44	95	49	34	27	8	-	-
360.0 ～ 379.9	279	-	-	11	65	20	73	48	41	12	9	0	-
380.0 ～ 399.9	197	-	-	7	32	36	39	35	41	7	-	-	-
400.0 ～ 449.9	376	-	-	5	34	58	108	64	77	28	0	2	-
450.0 ～ 499.9	244	-	-	8	13	23	51	70	53	21	-	2	3
500.0 ～ 549.9	112	-	-	-	3	8	29	33	25	12	-	1	-
550.0 ～ 599.9	54	-	-	-	2	-	19	15	15	4	-	-	-
600.0 ～ 699.9	101	-	-	-	-	-	8	59	32	2	-	-	-
700.0 ～ 799.9	39	-	-	-	-	-	-	17	17	2	4	-	-
800.0 ～ 899.9	20	-	-	-	-	5	2	2	12	-	-	-	-
900.0 ～ 999.9	16	-	-	-	-	8	-	1	7	1	-	-	-
1000.0 ～ 1199.9	11	-	-	-	-	2	-	-	10	-	-	-	-
1200.0千円 ～	-	-	-	-	-	-	-	-	-	-	-	-	-
第1・十分位数（千円）	145.6	150.5	152.9	153.9	153.4	147.6	147.7	147.7	137.4	144.2	136.0	133.7	121.1
第1・四分位数（千円）	167.6	156.8	173.1	178.6	176.9	175.9	169.4	172.4	159.5	160.2	146.3	146.4	135.0
中位数（千円）	201.3	166.3	194.3	211.4	215.9	213.2	206.0	212.6	195.3	186.9	169.4	176.1	154.7
第3・四分位数（千円）	248.3	182.4	214.2	246.7	265.4	259.7	273.2	261.7	256.6	224.5	208.1	208.6	178.5
第9・十分位数（千円）	317.5	210.3	248.6	298.2	322.0	329.3	357.1	356.4	389.3	287.0	252.7	254.2	212.4
十分位分散係数	0.43	0.18	0.25	0.34	0.39	0.43	0.51	0.49	0.64	0.38	0.34	0.34	0.30
四分位分散係数	0.20	0.08	0.11	0.16	0.20	0.20	0.25	0.21	0.25	0.17	0.18	0.18	0.14

第3表　年齢階級、所定内給与額階級別労働者数及び所定内給与額の分布特性値

企業規模	1,000人以上

H　運　輸　業　，　郵　便　業

（単位十人）

区　分	年齢計	～19歳	20～24歳	25～29歳	30～34歳	35～39歳	40～44歳	45～49歳	50～54歳	55～59歳	60～64歳	65～69歳	70歳以上
企業規模1,000人以上													
男女計													
学歴計	**59 709**	**692**	**3 559**	**5 865**	**6 472**	**7 054**	**9 004**	**9 093**	**7 314**	**6 730**	**3 109**	**675**	**143**
～　99.9千円	20	10	-	-	-	-	-	-	3	-	-	8	-
100.0 ～ 119.9	189	1	3	20	1	40	8	5	43	13	23	26	6
120.0 ～ 139.9	745	23	30	54	61	71	113	83	115	48	114	33	-
140.0 ～ 159.9	2 357	123	233	200	211	133	225	246	254	266	349	105	10
160.0 ～ 179.9	3 196	289	517	335	339	205	244	234	234	273	336	139	51
180.0 ～ 199.9	4 810	112	843	535	419	419	526	600	429	338	435	130	25
200.0 ～ 219.9	5 165	69	620	912	497	455	631	449	486	478	489	72	8
220.0 ～ 239.9	5 512	42	451	1 013	714	678	659	712	410	454	322	44	14
240.0 ～ 259.9	4 761	11	268	646	634	635	625	870	470	317	224	50	11
260.0 ～ 279.9	4 376	2	172	591	667	646	755	600	487	251	190	15	-
280.0 ～ 299.9	4 281	-	219	559	596	499	848	693	336	380	129	13	11
300.0 ～ 319.9	4 029	-	130	377	606	593	638	800	448	339	78	11	8
320.0 ～ 339.9	3 266	10	41	282	498	535	571	497	372	400	53	7	-
340.0 ～ 359.9	3 077	-	7	232	329	512	485	560	533	348	72	-	-
360.0 ～ 379.9	2 284	-	23	40	298	363	511	382	351	261	55	0	-
380.0 ～ 399.9	1 963	-	-	24	227	272	314	387	337	340	57	5	-
400.0 ～ 449.9	3 674	-	-	35	256	529	745	678	620	721	90	-	-
450.0 ～ 499.9	2 334	-	-	2	81	246	609	363	420	581	29	1	-
500.0 ～ 549.9	1 262	-	-	1	17	116	213	266	254	365	24	6	-
550.0 ～ 599.9	761	-	-	5	10	61	102	175	199	194	16	-	-
600.0 ～ 699.9	778	-	-	-	2	11	120	245	249	139	13	1	-
700.0 ～ 799.9	434	-	-	5	6	4	25	142	125	116	9	4	-
800.0 ～ 899.9	239	-	-	-	-	27	11	55	68	72	0	6	-
900.0 ～ 999.9	97	-	-	-	-	-	7	29	45	15	-	-	-
1000.0 ～ 1199.9	73	-	-	-	2	5	14	20	23	11	-	-	-
1200.0千円 ～	24	-	-	-	-	-	6	3	3	10	2	0	-
第1・十分位数（千円）	176.9	150.6	164.0	178.8	181.6	192.0	191.3	191.7	184.5	184.4	150.7	140.3	155.4
第1・四分位数（千円）	214.1	161.3	182.4	207.2	222.6	231.5	235.1	238.5	230.6	230.7	176.8	159.6	171.2
中位数（千円）	273.9	173.8	204.5	236.7	270.1	290.1	296.9	301.3	317.3	330.0	210.0	183.7	189.3
第3・四分位数（千円）	353.4	191.6	238.5	283.3	324.3	354.2	376.6	384.7	409.3	435.3	263.3	218.0	233.5
第9・十分位数（千円）	450.5	216.8	285.8	322.1	376.3	425.1	461.9	506.1	541.9	533.1	355.9	261.7	284.0
十分位分散係数	0.50	0.19	0.30	0.30	0.36	0.40	0.46	0.52	0.56	0.53	0.49	0.33	0.34
四分位分散係数	0.25	0.09	0.14	0.16	0.19	0.21	0.24	0.24	0.28	0.31	0.21	0.16	0.16
男													
学歴計	**50 521**	**545**	**2 507**	**4 480**	**5 202**	**6 024**	**7 764**	**7 857**	**6 376**	**6 152**	**2 827**	**644**	**141**
～　99.9千円	18	10	-	-	-	-	-	-	-	-	-	8	-
100.0 ～ 119.9	76	1	3	3	1	6	-	2	-	5	23	26	6
120.0 ～ 139.9	305	23	19	27	19	15	17	17	39	23	87	22	-
140.0 ～ 159.9	1 159	75	130	96	96	53	68	111	76	135	210	98	10
160.0 ～ 179.9	2 168	233	359	230	202	100	142	95	155	172	292	137	51
180.0 ～ 199.9	3 579	86	601	433	273	310	341	441	292	256	400	123	23
200.0 ～ 219.9	4 069	63	446	670	382	331	500	318	394	416	470	72	8
220.0 ～ 239.9	4 602	42	320	794	587	553	553	594	371	412	321	42	14
240.0 ～ 259.9	4 127	1	208	505	532	560	571	742	426	303	218	50	11
260.0 ～ 279.9	3 949	2	149	505	565	577	686	560	463	236	190	15	-
280.0 ～ 299.9	3 749	-	127	432	496	445	811	636	314	338	127	13	11
300.0 ～ 319.9	3 710	-	95	333	532	568	563	763	422	338	77	11	8
320.0 ～ 339.9	3 019	10	22	204	445	487	539	494	365	395	51	7	-
340.0 ～ 359.9	2 878	-	6	161	299	480	455	551	528	328	71	-	-
360.0 ～ 379.9	2 132	-	23	29	240	346	484	366	331	261	54	0	-
380.0 ～ 399.9	1 892	-	-	17	204	256	312	369	334	337	57	5	-
400.0 ～ 449.9	3 492	-	-	30	226	500	693	663	583	708	90	-	-
450.0 ～ 499.9	2 191	-	-	2	69	225	575	321	395	575	29	1	-
500.0 ～ 549.9	1 186	-	-	1	15	113	190	238	240	360	24	6	-
550.0 ～ 599.9	727	-	-	5	10	61	92	160	192	193	16	-	-
600.0 ～ 699.9	681	-	-	-	2	11	112	186	219	139	13	1	-
700.0 ～ 799.9	395	-	-	5	6	4	25	125	108	115	5	4	-
800.0 ～ 899.9	230	-	-	-	-	22	9	54	67	72	0	6	-
900.0 ～ 999.9	88	-	-	-	-	-	7	29	38	14	-	-	-
1000.0 ～ 1199.9	73	-	-	-	2	5	14	20	23	11	-	-	-
1200.0千円 ～	24	-	-	-	-	-	6	3	3	10	2	0	-
第1・十分位数（千円）	187.6	149.9	166.2	184.6	194.7	207.3	210.0	210.1	204.2	201.4	157.2	143.0	154.9
第1・四分位数（千円）	225.0	163.2	183.7	210.4	230.8	244.7	252.3	250.8	252.5	246.4	184.9	161.9	171.1
中位数（千円）	286.4	175.3	205.7	239.6	277.9	302.1	306.7	310.2	332.9	342.6	216.3	184.6	187.2
第3・四分位数（千円）	364.3	194.7	240.2	284.0	329.7	361.8	384.7	391.1	418.7	444.6	268.2	219.8	234.0
第9・十分位数（千円）	459.1	220.1	283.1	320.3	381.2	431.4	465.5	507.2	553.5	539.1	364.0	266.8	284.2
十分位分散係数	0.47	0.20	0.28	0.28	0.34	0.37	0.42	0.48	0.52	0.49	0.48	0.34	0.35
四分位分散係数	0.24	0.09	0.14	0.15	0.18	0.19	0.22	0.23	0.25	0.29	0.19	0.16	0.17

第3表　年齢階級、所定内給与額階級別労働者数及び所定内給与額の分布特性値

企業規模	1,000人以上 100～999人

H 運輸業，郵便業

（単位十人）

区分	年齢計	～19歳	20～24歳	25～29歳	30～34歳	35～39歳	40～44歳	45～49歳	50～54歳	55～59歳	60～64歳	65～69歳	70歳以上
女													
学歴計	**9 187**	**147**	**1 052**	**1 385**	**1 270**	**1 029**	**1 240**	**1 236**	**938**	**578**	**281**	**30**	**2**
～ 99.9 千円	3	–	–	–	–	–	–	–	3	–	–	–	–
100.0 ～ 119.9	114	–	–	16	–	35	8	3	43	8	–	–	–
120.0 ～ 139.9	440	–	12	27	42	55	97	66	76	26	27	12	–
140.0 ～ 159.9	1 198	48	103	104	115	80	157	135	178	131	139	7	–
160.0 ～ 179.9	1 028	56	158	105	137	106	101	139	80	101	44	2	–
180.0 ～ 199.9	1 231	26	243	102	146	109	185	158	137	81	35	7	2
200.0 ～ 219.9	1 096	6	174	242	115	124	131	131	92	62	19	0	–
220.0 ～ 239.9	910	–	131	219	127	125	106	118	39	42	1	2	–
240.0 ～ 259.9	633	10	60	141	102	75	54	128	43	15	6	–	–
260.0 ～ 279.9	426	–	23	86	102	69	70	39	24	14	–	–	–
280.0 ～ 299.9	532	–	93	127	99	54	36	57	22	43	2	–	–
300.0 ～ 319.9	318	–	35	44	74	26	75	37	26	1	1	–	–
320.0 ～ 339.9	247	–	19	78	53	48	32	3	8	5	2	–	–
340.0 ～ 359.9	199	–	1	71	31	32	30	9	5	20	1	–	–
360.0 ～ 379.9	152	–	–	11	59	17	27	16	21	–	1	–	–
380.0 ～ 399.9	71	–	–	7	23	16	2	18	3	2	–	–	–
400.0 ～ 449.9	181	–	–	5	30	29	52	15	38	12	–	–	–
450.0 ～ 499.9	143	–	–	1	12	22	34	43	25	7	–	–	–
500.0 ～ 549.9	76	–	–	–	3	3	23	28	14	5	–	–	–
550.0 ～ 599.9	33	–	–	–	–	–	10	15	7	1	–	–	–
600.0 ～ 699.9	97	–	–	–	–	–	8	59	30	–	–	–	–
700.0 ～ 799.9	39	–	–	–	–	–	–	17	17	2	4	–	–
800.0 ～ 899.9	9	–	–	–	–	5	2	2	1	–	–	–	–
900.0 ～ 999.9	9	–	–	–	–	–	–	1	7	1	–	–	–
1000.0 ～ 1199.9	–	–	–	–	–	–	–	–	–	–	–	–	–
1200.0千円 ～	–	–	–	–	–	–	–	–	–	–	–	–	–
第1・十分位数（千円）	147.1	151.6	158.3	158.9	155.8	143.4	142.7	148.0	133.2	144.4	140.1	132.3	–
第1・四分位数（千円）	170.3	157.1	179.0	198.5	182.9	177.5	168.0	175.0	153.6	157.3	145.3	136.3	–
中位数（千円）	210.4	166.2	201.2	228.5	234.0	220.8	212.9	217.8	193.8	185.4	155.5	154.8	–
第3・四分位数（千円）	271.1	183.9	230.4	278.9	294.2	277.5	289.0	283.3	271.5	228.5	182.3	191.1	–
第9・十分位数（千円）	350.8	202.4	290.2	330.1	359.5	351.0	417.2	494.5	480.3	291.9	205.9	198.6	–
十分位分散係数	0.48	0.15	0.33	0.37	0.44	0.47	0.64	0.80	0.90	0.40	0.21	0.21	–
四分位分散係数	0.24	0.08	0.13	0.18	0.24	0.23	0.28	0.25	0.30	0.19	0.12	0.18	–
企業規模 100 ～ 999 人													
男女計													
学歴計	**65 450**	**344**	**2 624**	**3 356**	**4 691**	**5 970**	**9 845**	**10 899**	**9 254**	**7 825**	**6 326**	**3 348**	**970**
～ 99.9 千円	8	–	–	–	–	–	1	4	–	3	–	–	–
100.0 ～ 119.9	286	4	1	3	19	11	7	53	47	8	26	77	33
120.0 ～ 139.9	1 523	13	65	70	66	75	149	90	219	157	296	238	84
140.0 ～ 159.9	3 989	77	243	256	211	221	325	287	422	520	738	504	187
160.0 ～ 179.9	5 878	148	545	399	504	376	527	770	546	608	717	541	196
180.0 ～ 199.9	7 418	39	664	537	591	810	940	968	816	718	716	481	138
200.0 ～ 219.9	7 715	43	642	610	643	639	1 015	1 121	846	891	768	402	95
220.0 ～ 239.9	6 864	3	200	522	636	718	982	999	975	700	759	285	85
240.0 ～ 259.9	5 917	16	127	323	571	670	904	1 012	765	721	501	250	57
260.0 ～ 279.9	4 476	–	58	221	374	527	847	749	672	524	369	96	39
280.0 ～ 299.9	4 315	–	24	130	339	420	744	906	574	587	417	149	25
300.0 ～ 319.9	3 336	3	31	81	230	293	731	761	545	319	272	67	3
320.0 ～ 339.9	2 519	–	16	35	157	242	534	558	471	301	119	79	5
340.0 ～ 359.9	2 218	–	7	52	124	204	489	506	383	242	167	40	5
360.0 ～ 379.9	1 597	–	1	47	77	170	451	290	292	122	92	52	3
380.0 ～ 399.9	1 457	–	–	3	40	158	238	345	394	188	72	18	–
400.0 ～ 449.9	2 587	–	2	29	34	255	514	668	417	466	146	43	13
450.0 ～ 499.9	1 465	–	–	26	35	98	219	443	366	227	35	13	3
500.0 ～ 549.9	723	–	–	–	23	31	121	129	173	193	45	9	–
550.0 ～ 599.9	476	–	–	1	2	3	71	82	120	168	28	–	2
600.0 ～ 699.9	415	–	–	3	1	9	27	125	138	84	28	2	–
700.0 ～ 799.9	109	–	–	3	1	12	3	15	26	46	4	1	0
800.0 ～ 899.9	36	–	–	–	5	2	–	2	13	14	1	–	–
900.0 ～ 999.9	22	–	–	2	2	11	–	4	–	2	3	–	–
1000.0 ～ 1199.9	46	–	–	3	4	3	2	5	16	12	2	–	–
1200.0千円 ～	54	–	–	2	2	12	4	6	18	5	8	–	–
第1・十分位数（千円）	162.8	150.7	156.8	160.5	170.0	175.8	179.2	177.3	169.9	163.5	148.5	140.8	137.2
第1・四分位数（千円）	192.6	158.8	173.7	184.1	192.3	200.0	208.8	210.0	207.2	198.6	175.2	160.7	155.1
中位数（千円）	237.2	167.1	193.7	213.6	230.2	243.7	261.6	263.5	259.8	248.3	217.2	192.6	178.4
第3・四分位数（千円）	303.9	186.8	213.5	245.7	274.1	300.8	327.1	336.5	341.8	327.4	271.5	238.6	218.9
第9・十分位数（千円）	391.7	214.3	240.4	290.3	324.0	379.4	398.2	419.5	442.0	442.6	339.1	297.9	259.3
十分位分散係数	0.48	0.19	0.22	0.30	0.33	0.42	0.42	0.46	0.52	0.56	0.44	0.41	0.34
四分位分散係数	0.23	0.08	0.10	0.14	0.18	0.21	0.23	0.24	0.26	0.26	0.22	0.20	0.18

第3表　年齢階級、所定内給与額階級別労働者数及び所定内給与額の分布特性値

企業規模	100～999人

H　運　輸　業　，　郵　便　業

（単位十人）

区　分	年齢計	～19歳	20～24歳	25～29歳	30～34歳	35～39歳	40～44歳	45～49歳	50～54歳	55～59歳	60～64歳	65～69歳	70歳以上
男													
学歴計	**56 184**	**220**	**1 680**	**2 370**	**3 886**	**5 046**	**8 540**	**9 407**	**8 193**	**6 936**	**5 793**	**3 194**	**919**
～ 99.9 千円	1	-	-	-	-	-	-	-	-	1	-	-	-
100.0 ～ 119.9	167	4	-	-	2	10	3	-	25	2	22	75	26
120.0 ～ 139.9	874	5	12	19	36	30	60	29	102	103	189	206	84
140.0 ～ 159.9	2 913	51	123	143	112	141	202	158	323	351	647	491	169
160.0 ～ 179.9	4 405	92	377	267	380	287	328	503	403	437	642	514	174
180.0 ～ 199.9	6 033	28	422	369	509	616	766	824	661	586	653	466	133
200.0 ～ 219.9	6 254	19	345	403	548	529	818	911	755	754	713	364	95
220.0 ～ 239.9	5 954	3	159	382	523	590	886	794	884	645	720	283	85
240.0 ～ 259.9	5 194	16	114	226	464	601	822	914	667	662	425	228	57
260.0 ～ 279.9	4 167	-	54	188	332	478	783	681	643	508	363	96	39
280.0 ～ 299.9	3 988	-	23	120	301	350	695	818	544	561	401	149	25
300.0 ～ 319.9	3 171	3	27	68	209	274	694	740	515	301	272	65	3
320.0 ～ 339.9	2 416	-	16	30	148	231	510	520	459	300	119	79	5
340.0 ～ 359.9	2 114	-	7	44	114	193	445	487	373	240	167	40	5
360.0 ～ 379.9	1 521	-	1	47	75	169	424	269	273	119	90	52	3
380.0 ～ 399.9	1 363	-	-	3	32	140	210	335	367	184	72	18	-
400.0 ～ 449.9	2 446	-	2	29	31	240	473	635	381	453	146	43	13
450.0 ～ 499.9	1 380	-	-	18	34	97	202	428	338	213	35	13	3
500.0 ～ 549.9	711	-	-	-	23	29	120	123	173	189	45	9	-
550.0 ～ 599.9	464	-	-	1	-	3	63	82	118	168	28	-	2
600.0 ～ 699.9	412	-	-	3	1	9	27	125	136	82	28	2	-
700.0 ～ 799.9	109	-	-	3	1	12	3	15	26	46	4	1	0
800.0 ～ 899.9	25	-	-	-	5	2	-	2	2	14	1	-	-
900.0 ～ 999.9	14	-	-	2	2	3	-	4	-	2	3	-	-
1000.0 ～ 1199.9	34	-	-	3	4	2	2	5	6	12	2	-	-
1200.0千円 ～	54	-	-	2	2	12	4	6	18	5	8	-	-
第1・十分位数（千円）	168.7	151.3	162.1	169.6	174.2	181.3	185.6	186.0	178.6	171.5	151.5	141.6	137.5
第1・四分位数（千円）	198.8	158.8	175.8	188.4	197.1	206.9	218.8	218.3	215.2	206.4	178.5	161.1	155.9
中　位　数（千円）	245.4	167.4	195.1	219.3	233.5	249.5	269.0	276.4	268.7	257.7	220.8	193.0	180.9
第3・四分位数（千円）	313.5	188.6	219.0	256.7	280.5	313.1	332.8	346.7	347.2	339.4	278.2	239.8	221.8
第9・十分位数（千円）	400.4	209.5	250.8	304.1	329.5	386.1	404.5	429.3	449.5	455.7	344.7	300.7	261.4
十分位分散係数	0.47	0.17	0.23	0.31	0.33	0.41	0.41	0.44	0.50	0.55	0.44	0.41	0.34
四分位分散係数	0.23	0.09	0.11	0.16	0.18	0.21	0.21	0.23	0.25	0.26	0.23	0.20	0.18
女													
学歴計	**9 266**	**124**	**943**	**986**	**805**	**923**	**1 306**	**1 492**	**1 060**	**889**	**533**	**154**	**51**
～ 99.9 千円	7	-	-	-	-	-	1	4	-	2	-	-	-
100.0 ～ 119.9	119	-	1	3	17	2	4	53	22	6	3	2	7
120.0 ～ 139.9	650	8	53	51	30	46	89	61	116	55	107	33	-
140.0 ～ 159.9	1 077	25	120	113	99	79	123	129	98	169	91	13	18
160.0 ～ 179.9	1 473	55	168	133	124	89	200	267	143	171	75	27	21
180.0 ～ 199.9	1 384	12	242	168	82	194	174	144	155	132	63	15	5
200.0 ～ 219.9	1 461	24	296	207	94	111	197	210	91	138	54	39	-
220.0 ～ 239.9	910	-	41	140	114	129	96	205	91	55	39	2	-
240.0 ～ 259.9	723	-	13	97	107	70	82	98	98	59	76	23	-
260.0 ～ 279.9	310	-	5	32	42	49	64	68	28	16	6	-	-
280.0 ～ 299.9	328	-	1	10	38	70	50	89	30	26	16	-	-
300.0 ～ 319.9	165	-	5	12	21	19	37	21	30	18	-	2	-
320.0 ～ 339.9	102	-	1	5	10	11	24	39	12	1	1	-	-
340.0 ～ 359.9	104	-	-	8	11	10	43	19	10	3	-	-	-
360.0 ～ 379.9	76	-	-	-	3	2	27	21	18	3	2	-	-
380.0 ～ 399.9	94	-	-	-	8	18	28	10	27	4	-	-	-
400.0 ～ 449.9	141	-	-	-	4	14	42	33	37	12	-	-	-
450.0 ～ 499.9	85	-	-	8	2	2	16	15	28	15	-	-	-
500.0 ～ 549.9	13	-	-	-	-	2	2	6	1	4	-	-	-
550.0 ～ 599.9	13	-	-	-	2	-	8	1	3	-	-	-	-
600.0 ～ 699.9	4	-	-	-	-	-	-	-	2	2	-	-	-
700.0 ～ 799.9	-	-	-	-	-	-	-	-	-	-	-	-	-
800.0 ～ 899.9	11	-	-	-	-	-	-	-	11	-	-	-	-
900.0 ～ 999.9	8	-	-	-	-	8	-	-	-	-	-	-	-
1000.0 ～ 1199.9	11	-	-	-	-	2	-	-	10	-	-	-	-
1200.0千円 ～	-	-	-	-	-	-	-	-	-	-	-	-	-
第1・十分位数（千円）	143.0	148.2	148.6	148.9	151.5	153.6	147.6	143.9	136.0	143.2	134.4	132.4	117.3
第1・四分位数（千円）	166.7	158.7	168.3	170.2	172.3	182.2	171.9	170.4	163.1	159.0	144.8	144.2	144.2
中　位　数（千円）	199.0	166.7	191.7	202.1	210.4	212.0	206.0	211.3	199.2	187.0	177.9	182.6	170.4
第3・四分位数（千円）	236.7	184.3	206.3	227.4	245.6	253.5	264.6	251.6	257.1	219.4	223.8	209.1	176.4
第9・十分位数（千円）	295.2	214.7	216.9	249.3	291.7	298.7	352.4	308.2	392.2	278.7	252.7	244.1	179.9
十分位分散係数	0.38	0.20	0.18	0.25	0.33	0.34	0.50	0.39	0.64	0.36	0.33	0.31	0.18
四分位分散係数	0.18	0.08	0.10	0.14	0.17	0.17	0.23	0.19	0.24	0.16	0.22	0.18	0.09

第3表　年齢階級、所定内給与額階級別労働者数及び所定内給与額の分布特性値

企業規模	10～99人

H　運　輸　業　,　郵　便　業

（単位十人）

区分	年齢計	～19歳	20～24歳	25～29歳	30～34歳	35～39歳	40～44歳	45～49歳	50～54歳	55～59歳	60～64歳	65～69歳	70歳以上
企業規模10～99人													
男女計													
学歴計	**47 835**	**160**	**1 022**	**1 437**	**2 787**	**4 204**	**6 975**	**8 162**	**7 225**	**6 111**	**5 179**	**3 578**	**995**
～ 99.9千円	14	－	－	－	－	－	－	－	3	2	2	0	7
100.0 ～ 119.9	237	1	8	9	10	17	14	11	12	7	49	68	30
120.0 ～ 139.9	1 048	12	23	26	41	39	46	63	122	116	203	268	90
140.0 ～ 159.9	2 766	36	102	85	86	167	293	226	348	298	527	448	148
160.0 ～ 179.9	4 013	58	154	211	216	328	518	437	458	465	516	478	174
180.0 ～ 199.9	4 336	30	195	213	332	314	452	573	571	492	609	434	120
200.0 ～ 219.9	5 017	10	225	178	405	412	598	655	614	584	630	585	120
220.0 ～ 239.9	4 883	3	90	187	362	418	666	920	688	620	522	342	65
240.0 ～ 259.9	4 387	1	94	123	286	525	593	762	637	668	394	250	53
260.0 ～ 279.9	4 058	7	28	128	205	447	620	708	711	595	364	211	34
280.0 ～ 299.9	3 568	－	29	82	192	313	727	755	533	427	322	141	48
300.0 ～ 319.9	3 036	－	35	82	137	304	612	571	542	346	257	118	34
320.0 ～ 339.9	2 335	－	24	24	124	293	418	464	401	327	178	57	26
340.0 ～ 359.9	2 007	－	2	44	98	196	285	524	344	308	152	35	21
360.0 ～ 379.9	1 445	－	3	23	66	132	234	290	336	197	130	31	3
380.0 ～ 399.9	1 078	－	1	3	64	101	228	278	158	133	69	44	－
400.0 ～ 449.9	1 939	－	10	1	115	149	372	490	359	280	136	17	11
450.0 ～ 499.9	912	－	－	10	30	20	176	244	237	116	44	25	10
500.0 ～ 549.9	354	－	－	5	4	17	70	94	73	58	32	2	－
550.0 ～ 599.9	162	－	－	－	1	3	12	44	43	36	19	5	0
600.0 ～ 699.9	145	－	－	4	11	7	24	26	19	22	18	15	1
700.0 ～ 799.9	41	－	－	2	－	－	3	16	8	10	1	－	－
800.0 ～ 899.9	34	－	－	－	1	－	12	14	－	4	2	2	－
900.0 ～ 999.9	8	－	－	－	1	1	－	－	4	－	2	0	－
1000.0 ～ 1199.9	7	－	－	－	－	－	2	－	3	0	2	1	－
1200.0千円 ～	4	－	－	－	－	－	1	1	1	－	－	1	－
第1・十分位数（千円）	164.1	142.7	155.3	163.1	174.6	173.1	174.1	182.8	170.5	167.5	151.5	141.0	133.1
第1・四分位数（千円）	198.0	156.4	176.5	183.3	200.5	208.1	214.5	221.9	209.8	204.9	179.9	164.5	156.6
中位数（千円）	247.3	171.9	202.0	219.7	236.4	255.8	270.1	270.9	264.8	253.6	221.7	203.1	188.4
第3・四分位数（千円）	308.6	185.6	229.8	266.0	294.0	310.6	325.0	338.8	327.4	317.3	284.1	244.5	237.1
第9・十分位数（千円）	378.4	211.1	281.0	309.2	362.7	361.2	397.6	408.1	402.3	386.0	349.9	299.1	303.1
十分位分散係数	0.43	0.20	0.31	0.33	0.40	0.37	0.41	0.42	0.44	0.43	0.45	0.39	0.45
四分位分散係数	0.22	0.08	0.13	0.19	0.20	0.20	0.20	0.22	0.22	0.22	0.23	0.20	0.21

区分	年齢計	～19歳	20～24歳	25～29歳	30～34歳	35～39歳	40～44歳	45～49歳	50～54歳	55～59歳	60～64歳	65～69歳	70歳以上
男													
学歴計	**42 959**	**101**	**783**	**1 146**	**2 369**	**3 753**	**6 088**	**7 342**	**6 449**	**5 639**	**4 931**	**3 391**	**966**
～ 99.9千円	12	－	－	－	－	－	－	－	3	2	－	0	7
100.0 ～ 119.9	192	1	6	3	9	5	5	6	10	5	49	65	30
120.0 ～ 139.9	822	5	17	16	23	26	28	45	64	98	179	246	75
140.0 ～ 159.9	2 071	18	61	38	43	102	186	136	241	233	468	400	145
160.0 ～ 179.9	3 027	39	106	140	161	242	285	284	347	351	450	448	173
180.0 ～ 199.9	3 565	17	111	129	241	267	363	465	427	407	595	423	119
200.0 ～ 219.9	4 419	10	189	150	319	342	512	565	510	538	611	555	117
220.0 ～ 239.9	4 500	3	74	176	303	378	601	847	632	577	505	338	65
240.0 ～ 259.9	4 123	1	87	108	269	480	529	708	607	652	387	242	53
260.0 ～ 279.9	3 824	7	28	112	185	434	594	621	679	559	363	208	34
280.0 ～ 299.9	3 393	－	29	79	185	296	679	724	501	416	305	132	45
300.0 ～ 319.9	2 900	－	35	81	127	299	564	552	513	336	251	110	34
320.0 ～ 339.9	2 235	－	24	24	121	278	392	437	380	325	177	52	25
340.0 ～ 359.9	1 931	－	2	43	97	194	264	502	326	303	145	35	21
360.0 ～ 379.9	1 393	－	3	23	62	130	215	279	334	188	124	31	3
380.0 ～ 399.9	1 047	－	1	3	62	100	218	271	147	133	69	44	－
400.0 ～ 449.9	1 886	－	10	1	115	135	357	473	356	277	136	15	11
450.0 ～ 499.9	896	－	－	10	30	20	176	232	237	116	44	23	7
500.0 ～ 549.9	331	－	－	5	4	14	65	94	63	54	32	1	－
550.0 ～ 599.9	154	－	－	－	1	3	11	44	38	33	19	5	0
600.0 ～ 699.9	145	－	－	4	11	7	24	25	19	22	18	15	1
700.0 ～ 799.9	41	－	－	2	－	－	3	16	8	10	1	－	－
800.0 ～ 899.9	34	－	－	－	1	－	12	14	－	4	2	2	－
900.0 ～ 999.9	8	－	－	－	1	1	－	－	4	－	2	0	－
1000.0 ～ 1199.9	7	－	－	－	－	－	2	－	3	0	2	1	－
1200.0千円 ～	4	－	－	－	－	－	1	1	1	－	－	1	－
第1・十分位数（千円）	169.0	144.3	158.3	170.9	180.1	180.1	186.6	191.7	178.9	172.8	152.8	141.5	135.9
第1・四分位数（千円）	204.6	160.6	181.0	194.9	207.3	216.8	225.1	229.2	220.4	211.0	182.8	166.0	158.1
中位数（千円）	253.9	174.8	207.8	228.9	246.6	261.7	278.1	279.8	272.1	258.6	223.7	204.1	189.4
第3・四分位数（千円）	314.7	194.0	245.2	277.3	305.2	316.0	332.3	344.4	335.1	322.8	285.7	245.1	237.6
第9・十分位数（千円）	384.8	231.2	297.6	319.9	372.0	364.4	406.2	412.7	408.2	391.3	352.7	299.2	302.9
十分位分散係数	0.42	0.25	0.34	0.33	0.39	0.35	0.39	0.39	0.42	0.42	0.45	0.39	0.44
四分位分散係数	0.22	0.10	0.15	0.18	0.20	0.19	0.19	0.21	0.21	0.22	0.23	0.19	0.21

第3表　年齢階級、所定内給与額階級別労働者数及び所定内給与額の分布特性値

企業規模	10～99人
	計

H 運輸業，郵便業　I 卸売業，小売業

(単位十人)

区　分	年齢計	～19歳	20～24歳	25～29歳	30～34歳	35～39歳	40～44歳	45～49歳	50～54歳	55～59歳	60～64歳	65～69歳	70歳以上
女													
学歴計	**4 876**	**58**	**238**	**291**	**418**	**451**	**888**	**820**	**776**	**473**	**247**	**187**	**29**
～ 99.9 千円	2	－	－	－	－	－	－	－	－	－	2	－	－
100.0 ～ 119.9	45	－	1	6	1	12	9	6	2	2	1	3	－
120.0 ～ 139.9	226	7	5	10	17	13	17	18	58	19	24	22	16
140.0 ～ 159.9	694	19	41	47	43	66	107	90	107	65	59	48	3
160.0 ～ 179.9	986	20	48	71	55	85	233	153	112	114	67	30	0
180.0 ～ 199.9	771	13	84	83	91	47	89	107	144	85	14	11	1
200.0 ～ 219.9	598		36	28	86	70	86	90	104	46	18	30	3
220.0 ～ 239.9	384	－	15	11	59	40	65	73	56	43	17	4	0
240.0 ～ 259.9	264	－	8	15	18	46	64	54	29	16	7	9	0
260.0 ～ 279.9	235	－	－	16	20	13	26	87	32	36	2	3	－
280.0 ～ 299.9	176	－	－	2	7	17	47	31	31	11	18	9	2
300.0 ～ 319.9	136	－	－	1	10	5	48	19	29	10	6	8	－
320.0 ～ 339.9	100	－	－	－	4	16	25	26	21	2	1	5	1
340.0 ～ 359.9	77	－	－	1	0	2	22	22	19	5	7	－	－
360.0 ～ 379.9	51	－	－	－	4	1	19	10	1	9	5	0	－
380.0 ～ 399.9	32	－	－	－	2	2	10	7	11	0	－	－	－
400.0 ～ 449.9	53	－	－	－	－	14	14	16	3	3	0	2	－
450.0 ～ 499.9	16	－	－	－	－	－	－	12	－	－	－	2	3
500.0 ～ 549.9	23	－	－	－	－	3	5	－	10	4	－	1	－
550.0 ～ 599.9	8	－	－	－	－	－	1	－	5	3	－	－	－
600.0 ～ 699.9	0	－	－	－	－	－	－	0	－	－	－	－	－
700.0 ～ 799.9	－	－	－	－	－	－	－	－	－	－	－	－	－
800.0 ～ 899.9	－	－	－	－	－	－	－	－	－	－	－	－	－
900.0 ～ 999.9	－	－	－	－	－	－	－	－	－	－	－	－	－
1000.0 ～ 1199.9	－	－	－	－	－	－	－	－	－	－	－	－	－
1200.0千円 ～	－	－	－	－	－	－	－	－	－	－	－	－	－
第1・十分位数(千円)	147.7	138.3	151.4	151.5	152.5	145.3	153.8	153.8	145.9	145.9	139.0	136.4	122.6
第1・四分位数(千円)	165.6	154.0	168.2	163.4	176.3	166.6	167.8	173.5	164.4	164.5	151.6	148.9	126.4
中位数(千円)	191.7	163.9	184.7	183.3	200.1	200.8	196.1	208.4	193.9	188.4	173.9	172.3	137.3
第3・四分位数(千円)	237.4	178.5	199.7	200.4	227.1	242.7	258.7	264.0	239.7	226.8	220.9	211.6	215.4
第9・十分位数(千円)	300.8	187.0	218.8	248.4	262.8	289.6	324.1	329.7	313.7	279.5	296.1	298.8	339.8
十分位分散係数	0.40	0.15	0.18	0.26	0.28	0.36	0.43	0.42	0.43	0.35	0.45	0.47	0.79
四分位分散係数	0.19	0.07	0.09	0.10	0.13	0.19	0.23	0.22	0.19	0.17	0.20	0.18	0.32
I 卸売業，小売業													
企業規模計													
男女計													
学歴計	**335 713**	**2 593**	**26 006**	**39 563**	**40 593**	**42 601**	**49 330**	**47 295**	**36 718**	**29 189**	**15 976**	**4 430**	**1 417**
～ 99.9 千円	19	－	－	7	0	－	7	0	－	－	2	－	4
100.0 ～ 119.9	1 569	16	129	196	117	112	135	223	195	176	187	55	29
120.0 ～ 139.9	7 155	176	616	703	645	636	702	815	845	716	830	344	126
140.0 ～ 159.9	15 505	613	1 935	1 810	1 541	1 207	1 318	1 590	1 596	1 582	1 470	640	204
160.0 ～ 179.9	20 314	930	3 731	2 650	2 133	1 666	1 802	2 114	1 655	1 370	1 555	562	146
180.0 ～ 199.9	24 770	597	5 732	4 540	2 944	2 112	2 190	1 892	1 382	1 333	1 487	399	163
200.0 ～ 219.9	29 373	153	6 261	6 966	3 833	2 357	2 443	2 123	1 595	1 128	1 746	567	200
220.0 ～ 239.9	27 531	88	3 725	6 883	4 137	3 094	2 958	2 016	1 425	1 344	1 418	345	97
240.0 ～ 259.9	26 247	17	2 047	5 544	5 007	3 767	3 243	2 160	1 664	1 142	1 181	310	166
260.0 ～ 279.9	22 716	2	1 094	3 560	4 503	3 978	3 443	2 476	1 314	1 290	787	233	35
280.0 ～ 299.9	19 892	－	275	2 146	3 901	3 925	3 588	2 422	1 549	1 171	760	124	31
300.0 ～ 319.9	19 020	－	151	1 709	3 044	3 811	3 770	2 747	1 743	1 177	649	167	50
320.0 ～ 339.9	16 207	－	137	1 015	2 222	2 953	3 578	2 668	1 798	1 201	535	74	26
340.0 ～ 359.9	15 412	－	99	703	1 884	2 832	3 085	2 989	1 867	1 375	431	98	51
360.0 ～ 379.9	12 034	－	32	455	1 147	2 175	2 666	2 205	1 593	1 246	435	78	3
380.0 ～ 399.9	10 662	－	10	262	955	1 653	2 305	2 253	1 596	1 231	352	35	9
400.0 ～ 449.9	21 349	－	21	193	1 368	2 841	4 857	4 778	3 861	2 713	610	96	12
450.0 ～ 499.9	14 887	－	8	104	426	1 508	2 975	3 929	2 961	2 513	382	65	15
500.0 ～ 549.9	10 611	－	3	43	298	725	1 805	2 610	2 579	2 004	459	53	32
550.0 ～ 599.9	6 471	－	－	36	111	392	852	1 860	1 551	1 381	237	51	1
600.0 ～ 699.9	7 203	－	－	15	241	387	754	1 885	2 077	1 594	191	48	12
700.0 ～ 799.9	3 436	－	－	10	77	267	454	702	1 033	741	122	26	4
800.0 ～ 899.9	1 696	－	－	10	39	122	218	454	409	349	75	21	－
900.0 ～ 999.9	728	－	－	5	10	34	91	189	201	144	27	27	－
1000.0 ～ 1199.9	574	－	－	－	10	43	56	121	153	150	31	11	－
1200.0千円 ～	330	－	－	－	－	4	38	72	79	116	19	2	－
第1・十分位数(千円)	169.1	142.5	159.3	169.5	176.7	186.3	189.2	179.9	172.8	165.8	149.8	141.5	137.5
第1・四分位数(千円)	209.9	155.4	180.3	199.9	214.6	236.6	245.0	249.9	245.8	235.4	179.3	161.7	159.5
中位数(千円)	273.2	170.4	202.7	228.6	259.8	292.3	314.9	342.7	357.3	354.0	228.4	207.9	202.4
第3・四分位数(千円)	369.8	185.6	225.2	262.0	310.8	356.7	398.1	450.0	480.2	481.1	316.9	268.9	254.5
第9・十分位数(千円)	489.8	200.3	251.6	305.7	370.5	433.9	485.2	562.9	609.6	605.5	439.0	377.9	335.7
十分位分散係数	0.59	0.17	0.23	0.30	0.37	0.42	0.47	0.56	0.61	0.62	0.63	0.57	0.49
四分位分散係数	0.29	0.09	0.11	0.14	0.19	0.21	0.24	0.29	0.33	0.35	0.30	0.26	0.23

第3表　年齢階級、所定内給与額階級別労働者数及び所定内給与額の分布特性値

企業規模	計

I　卸　売　業　，　小　売　業

（単位十人）

区　分	年齢計	～19歳	20～24歳	25～29歳	30～34歳	35～39歳	40～44歳	45～49歳	50～54歳	55～59歳	60～64歳	65～69歳	70歳以上
男													
学歴計	**221 690**	**1 155**	**13 804**	**22 577**	**26 112**	**29 814**	**34 570**	**32 380**	**25 218**	**20 300**	**11 664**	**3 171**	**923**
～ 99.9千円	5	-	-	-	0	-	-	-	-	-	0	-	4
100.0 ～ 119.9	401	14	78	116	35	11	17	9	26	8	60	19	7
120.0 ～ 139.9	1 743	66	230	244	193	182	126	148	63	87	220	155	31
140.0 ～ 159.9	4 586	198	780	728	468	378	205	204	230	328	612	321	134
160.0 ～ 179.9	6 940	396	1 598	944	784	450	439	449	309	296	858	351	69
180.0 ～ 199.9	10 250	289	2 926	1 853	1 229	828	658	481	350	332	887	318	99
200.0 ～ 219.9	14 650	118	3 431	3 720	1 946	1 037	1 002	604	466	413	1 294	462	156
220.0 ～ 239.9	15 553	68	2 454	4 122	2 283	1 607	1 482	877	595	580	1 184	250	52
240.0 ～ 259.9	16 349	5	1 210	3 714	3 243	2 383	1 760	1 067	844	712	988	273	150
260.0 ～ 279.9	15 453	2	736	2 458	3 205	2 961	2 212	1 386	822	750	708	190	23
280.0 ～ 299.9	14 555	-	115	1 528	3 027	3 070	2 655	1 559	1 015	783	684	100	19
300.0 ～ 319.9	14 681	-	72	1 220	2 544	3 073	2 860	1 984	1 273	925	560	138	33
320.0 ～ 339.9	13 013	-	68	709	1 735	2 526	2 906	2 160	1 390	913	510	70	26
340.0 ～ 359.9	12 688	-	56	441	1 558	2 430	2 681	2 362	1 491	1 137	402	79	51
360.0 ～ 379.9	10 287	-	27	295	886	1 842	2 405	1 870	1 360	1 111	409	78	3
380.0 ～ 399.9	9 135	-	8	182	785	1 392	2 042	1 991	1 323	1 055	322	26	9
400.0 ～ 449.9	18 899	-	17	134	1 136	2 521	4 447	4 281	3 315	2 425	537	80	6
450.0 ～ 499.9	13 547	-	-	57	360	1 340	2 768	3 604	2 713	2 287	342	62	15
500.0 ～ 549.9	9 942	-	-	40	268	625	1 725	2 482	2 441	1 846	445	41	30
550.0 ～ 599.9	6 103	-	-	36	95	373	773	1 712	1 512	1 332	236	33	1
600.0 ～ 699.9	6 667	-	-	10	210	350	667	1 736	1 950	1 537	158	48	2
700.0 ～ 799.9	3 183	-	-	10	67	247	405	651	949	709	114	26	4
800.0 ～ 899.9	1 559	-	-	10	37	107	171	425	383	348	66	11	-
900.0 ～ 999.9	682	-	-	5	10	34	89	169	186	144	19	27	-
1000.0 ～ 1199.9	538	-	-	-	10	43	39	114	146	145	31	11	-
1200.0千円 ～	283	-	-	-	-	4	38	55	68	96	19	2	-
第1・十分位数（千円）	196.8	145.0	164.8	182.7	198.7	221.2	234.0	250.0	251.5	239.6	166.9	150.2	152.4
第1・四分位数（千円）	241.7	160.6	185.8	210.4	236.6	263.6	285.5	313.4	325.5	316.9	203.4	175.5	176.4
中位数（千円）	313.8	175.6	207.4	238.0	277.8	312.9	347.4	390.3	416.4	412.0	254.8	218.2	211.6
第3・四分位数（千円）	413.9	189.1	229.3	272.0	326.4	375.3	425.8	487.7	523.9	526.7	350.9	290.7	259.3
第9・十分位数（千円）	529.9	215.5	254.9	312.1	389.7	453.6	509.3	597.1	655.8	648.7	487.8	407.8	354.8
十分位分散係数	0.53	0.20	0.22	0.27	0.34	0.37	0.40	0.44	0.49	0.50	0.63	0.59	0.48
四分位分散係数	0.27	0.08	0.10	0.13	0.16	0.18	0.20	0.22	0.24	0.25	0.29	0.26	0.20
女													
学歴計	**114 023**	**1 437**	**12 202**	**16 986**	**14 481**	**12 787**	**14 760**	**14 915**	**11 500**	**8 889**	**4 312**	**1 259**	**494**
～ 99.9千円	15	-	-	7	-	-	7	0	-	-	2	-	-
100.0 ～ 119.9	1 168	2	51	80	82	101	117	215	169	167	127	36	21
120.0 ～ 139.9	5 412	110	387	460	452	454	576	667	782	629	610	189	95
140.0 ～ 159.9	10 919	415	1 156	1 082	1 074	829	1 113	1 386	1 366	1 253	857	319	70
160.0 ～ 179.9	13 374	534	2 134	1 706	1 349	1 216	1 363	1 665	1 346	1 074	697	212	77
180.0 ～ 199.9	14 521	309	2 806	2 687	1 714	1 285	1 533	1 411	1 032	1 001	600	81	63
200.0 ～ 219.9	14 724	35	2 830	3 246	1 887	1 320	1 440	1 519	1 129	715	452	105	45
220.0 ～ 239.9	11 979	21	1 271	2 761	1 854	1 487	1 476	1 139	830	765	234	95	46
240.0 ～ 259.9	9 898	12	837	1 830	1 764	1 383	1 483	1 094	820	430	193	37	17
260.0 ～ 279.9	7 263	-	358	1 102	1 299	1 017	1 231	1 090	492	541	78	43	12
280.0 ～ 299.9	5 337	-	160	617	875	856	933	863	534	388	75	23	12
300.0 ～ 319.9	4 339	-	79	489	501	738	911	763	470	252	90	29	17
320.0 ～ 339.9	3 193	-	69	306	487	426	672	508	408	288	26	3	-
340.0 ～ 359.9	2 724	-	43	262	326	402	403	627	375	238	29	19	-
360.0 ～ 379.9	1 747	-	6	160	260	332	261	335	233	135	26	-	-
380.0 ～ 399.9	1 527	-	1	80	171	261	262	262	274	177	30	9	-
400.0 ～ 449.9	2 450	-	4	59	231	320	410	497	546	288	73	15	6
450.0 ～ 499.9	1 339	-	8	47	66	168	208	325	248	226	41	3	-
500.0 ～ 549.9	669	-	3	3	30	100	80	128	138	158	14	12	3
550.0 ～ 599.9	368	-	-	-	15	19	79	148	39	49	1	18	-
600.0 ～ 699.9	536	-	-	4	32	36	88	149	127	58	33	-	10
700.0 ～ 799.9	253	-	-	-	10	20	48	51	85	31	8	-	-
800.0 ～ 899.9	137	-	-	-	2	15	47	29	25	1	8	10	-
900.0 ～ 999.9	46	-	-	-	-	-	3	20	14	-	9	-	-
1000.0 ～ 1199.9	36	-	-	-	-	-	17	7	7	5	-	-	-
1200.0千円 ～	47	-	-	-	-	-	-	16	11	20	-	-	-
第1・十分位数（千円）	150.3	141.6	155.1	160.9	157.5	157.9	154.0	150.7	143.5	141.5	132.0	130.0	125.2
第1・四分位数（千円）	176.2	152.1	173.8	186.9	187.8	189.6	186.9	177.3	168.1	162.7	149.8	145.8	142.6
中位数（千円）	215.6	166.5	197.1	215.2	226.8	236.1	236.9	231.0	218.5	209.0	175.1	165.4	175.3
第3・四分位数（千円）	269.1	181.1	218.4	247.1	269.1	291.5	296.2	303.4	304.5	284.6	213.5	220.4	209.7
第9・十分位数（千円）	343.6	194.9	247.4	290.7	328.7	359.8	361.9	389.9	405.5	391.8	290.6	295.5	277.8
十分位分散係数	0.45	0.16	0.23	0.30	0.38	0.43	0.44	0.52	0.60	0.60	0.45	0.50	0.44
四分位分散係数	0.22	0.09	0.11	0.14	0.18	0.22	0.23	0.27	0.31	0.29	0.18	0.23	0.19

第3表　年齢階級、所定内給与額階級別労働者数及び所定内給与額の分布特性値

企業規模	1,000人以上

I 卸売業，小売業

(単位十人)

区分	年齢計	～19歳	20～24歳	25～29歳	30～34歳	35～39歳	40～44歳	45～49歳	50～54歳	55～59歳	60～64歳	65～69歳	70歳以上
企業規模1,000人以上													
男女計													
学歴計	**125 954**	**1 088**	**9 942**	**15 148**	**15 905**	**15 505**	**17 489**	**18 564**	**15 205**	**10 645**	**5 401**	**971**	**91**
～ 99.9千円	8	-	-	-	0	-	7	0	-	-	2	-	-
100.0 ～ 119.9	662	2	64	78	42	50	58	116	91	55	83	20	2
120.0 ～ 139.9	2 948	72	220	315	289	232	291	358	419	327	322	81	23
140.0 ～ 159.9	5 968	152	600	669	574	475	545	728	788	672	558	186	22
160.0 ～ 179.9	7 147	428	1 110	869	797	582	609	742	663	577	631	121	18
180.0 ～ 199.9	7 602	263	1 601	1 351	945	794	595	527	501	467	525	33	1
200.0 ～ 219.9	8 959	97	2 367	1 809	1 111	755	611	641	527	322	633	67	20
220.0 ～ 239.9	9 221	66	1 826	2 671	1 237	795	849	526	301	349	471	130	-
240.0 ～ 259.9	8 866	9	1 009	2 279	1 590	1 043	970	560	670	302	382	51	1
260.0 ～ 279.9	7 933	-	669	1 515	1 753	1 235	1 033	786	361	333	201	47	-
280.0 ～ 299.9	6 751	-	211	961	1 668	1 165	971	667	407	386	254	57	2
300.0 ～ 319.9	6 183	-	59	866	1 239	1 015	1 088	836	466	334	251	27	0
320.0 ～ 339.9	5 746	-	105	650	1 018	1 088	1 019	799	538	369	147	14	-
340.0 ～ 359.9	5 905	-	64	449	864	1 256	994	1 194	624	356	93	9	2
360.0 ～ 379.9	4 352	-	12	269	612	806	823	730	562	395	127	14	-
380.0 ～ 399.9	4 538	-	10	181	567	745	943	782	757	438	111	6	-
400.0 ～ 449.9	9 091	-	5	119	894	1 287	2 125	1 927	1 634	888	172	38	1
450.0 ～ 499.9	6 847	-	8	51	252	959	1 413	1 786	1 254	999	117	8	-
500.0 ～ 549.9	5 092	-	3	8	154	429	1 012	1 435	1 127	792	121	12	-
550.0 ～ 599.9	3 583	-	-	20	61	204	462	1 186	903	659	77	12	-
600.0 ～ 699.9	4 160	-	-	9	162	232	474	1 196	1 230	808	38	10	-
700.0 ～ 799.9	2 334	-	-	10	44	220	288	508	807	413	35	10	-
800.0 ～ 899.9	1 119	-	-	-	19	86	172	307	292	204	35	3	-
900.0 ～ 999.9	473	-	-	-	10	20	63	146	142	80	1	13	-
1000.0 ～ 1199.9	323	-	-	-	3	34	54	36	114	74	8	-	-
1200.0千円 ～	143	-	-	-	-	-	18	43	30	46	5	2	-
第1・十分位数(千円)	168.5	148.9	162.4	170.8	177.6	185.8	188.9	177.4	166.3	160.3	145.4	138.9	132.9
第1・四分位数(千円)	216.3	162.4	187.1	207.4	223.5	243.9	256.5	271.6	254.2	233.8	169.4	155.9	139.3
中位数(千円)	290.6	175.4	212.8	238.7	274.9	312.0	342.2	381.8	398.2	383.0	217.5	214.7	159.5
第3・四分位数(千円)	408.5	190.9	235.9	277.2	333.4	388.1	439.4	506.5	534.0	523.8	299.0	277.6	201.6
第9・十分位数(千円)	544.3	215.9	263.8	326.0	400.4	473.6	538.0	625.5	689.7	653.9	412.6	410.4	208.4
十分位分散係数	0.65	0.19	0.24	0.33	0.41	0.46	0.51	0.59	0.66	0.64	0.61	0.63	0.24
四分位分散係数	0.33	0.08	0.11	0.15	0.20	0.23	0.27	0.31	0.35	0.38	0.30	0.28	0.20
男													
学歴計	**80 488**	**492**	**4 868**	**8 253**	**10 035**	**10 512**	**11 803**	**12 683**	**10 273**	**7 282**	**3 622**	**617**	**50**
～ 99.9千円	0	-	-	-	0	-	-	-	-	-	-	-	-
100.0 ～ 119.9	120	1	48	31	3	4	4	3	8	2	8	7	2
120.0 ～ 139.9	620	27	81	108	79	77	28	23	23	35	106	32	0
140.0 ～ 159.9	1 513	53	236	232	152	167	81	89	84	130	183	88	18
160.0 ～ 179.9	1 985	137	390	295	267	151	120	104	92	96	270	54	10
180.0 ～ 199.9	2 600	129	698	486	363	237	133	89	94	77	272	21	1
200.0 ～ 219.9	3 864	90	1 211	846	436	276	180	127	110	117	412	44	14
220.0 ～ 239.9	4 967	53	1 153	1 496	612	376	378	224	89	137	369	79	-
240.0 ～ 259.9	4 931	1	494	1 338	977	578	457	280	300	127	328	49	1
260.0 ～ 279.9	4 941	-	374	1 027	1 172	828	555	383	179	187	191	44	-
280.0 ～ 299.9	4 421	-	78	613	1 238	815	595	320	239	229	235	57	2
300.0 ～ 319.9	4 230	-	10	610	993	736	627	481	314	233	204	21	-
320.0 ～ 339.9	4 282	-	39	412	796	912	777	586	375	229	145	12	-
340.0 ～ 359.9	4 565	-	30	284	666	1 024	796	891	460	315	93	4	2
360.0 ～ 379.9	3 417	-	12	198	439	676	682	532	430	317	117	14	-
380.0 ～ 399.9	3 740	-	8	119	447	587	809	681	615	363	111	1	-
400.0 ～ 449.9	7 984	-	3	92	754	1 125	1 954	1 699	1 368	793	159	37	0
450.0 ～ 499.9	6 232	-	-	28	236	836	1 315	1 613	1 141	945	112	6	-
500.0 ～ 549.9	4 702	-	-	5	129	377	950	1 347	1 023	750	121	-	-
550.0 ～ 599.9	3 436	-	-	20	61	187	436	1 133	886	625	77	12	-
600.0 ～ 699.9	3 877	-	-	5	141	214	426	1 121	1 148	782	31	10	-
700.0 ～ 799.9	2 172	-	-	10	44	200	249	484	746	401	28	10	-
800.0 ～ 899.9	1 046	-	-	-	19	77	136	289	285	204	32	3	-
900.0 ～ 999.9	436	-	-	-	10	20	60	126	128	80	1	13	-
1000.0 ～ 1199.9	289	-	-	-	3	34	38	31	107	69	8	-	-
1200.0千円 ～	120	-	-	-	-	-	18	27	30	39	5	2	-
第1・十分位数(千円)	206.8	150.8	166.5	186.8	205.2	226.3	251.6	277.3	283.9	260.8	164.8	145.8	151.7
第1・四分位数(千円)	258.1	170.1	194.1	221.0	253.1	277.9	313.3	350.9	370.4	353.4	202.3	168.9	155.7
中位数(千円)	348.5	182.5	216.5	250.6	294.8	342.1	392.9	445.6	464.3	462.5	252.1	235.1	174.8
第3・四分位数(千円)	465.5	211.4	236.7	291.5	354.1	418.1	472.4	551.5	594.1	578.8	337.9	298.0	204.7
第9・十分位数(千円)	598.2	230.4	262.6	334.7	422.2	506.5	565.9	664.1	726.6	711.4	467.0	427.3	254.6
十分位分散係数	0.56	0.22	0.22	0.30	0.37	0.41	0.40	0.43	0.48	0.49	0.60	0.60	0.29
四分位分散係数	0.30	0.11	0.10	0.14	0.17	0.20	0.20	0.23	0.24	0.24	0.27	0.27	0.14

第3表　年齢階級、所定内給与額階級別労働者数及び所定内給与額の分布特性値

企業規模	1,000人以上
	100～999人

I　卸　売　業　,　小　売　業

（単位十人）

区分	年齢計	～19歳	20～24歳	25～29歳	30～34歳	35～39歳	40～44歳	45～49歳	50～54歳	55～59歳	60～64歳	65～69歳	70歳以上
女													
学歴計	**45 465**	**596**	**5 074**	**6 896**	**5 870**	**4 992**	**5 686**	**5 881**	**4 932**	**3 363**	**1 779**	**354**	**41**
～ 99.9 千円	8	－	－	－	－	－	7	0	－	－	2	－	－
100.0 ～ 119.9	542	2	17	47	39	46	54	113	83	53	75	13	－
120.0 ～ 139.9	2 328	44	139	208	209	155	263	335	396	292	216	49	22
140.0 ～ 159.9	4 455	98	364	438	423	307	464	639	704	542	374	99	4
160.0 ～ 179.9	5 162	291	719	574	530	431	490	638	571	481	361	67	8
180.0 ～ 199.9	5 002	134	902	865	582	558	462	437	407	389	254	13	－
200.0 ～ 219.9	5 095	6	1 155	963	674	478	431	514	417	205	221	23	7
220.0 ～ 239.9	4 254	13	673	1 174	625	419	471	301	213	212	102	52	－
240.0 ～ 259.9	3 935	8	515	941	613	465	514	280	369	175	54	2	－
260.0 ～ 279.9	2 992	－	295	489	580	407	478	403	182	145	9	3	－
280.0 ～ 299.9	2 329	－	134	349	430	350	376	347	168	157	18	－	－
300.0 ～ 319.9	1 953	－	49	256	247	279	461	354	152	101	47	7	0
320.0 ～ 339.9	1 463	－	65	237	222	176	242	213	162	140	3	2	－
340.0 ～ 359.9	1 340	－	34	164	198	232	199	303	164	41	－	5	－
360.0 ～ 379.9	935	－	－	71	172	130	142	199	132	79	11	－	－
380.0 ～ 399.9	798	－	1	62	120	158	134	101	142	75	－	5	－
400.0 ～ 449.9	1 107	－	3	27	141	162	171	229	265	95	12	2	0
450.0 ～ 499.9	616	－	8	23	17	122	99	172	113	54	5	3	－
500.0 ～ 549.9	390	－	3	3	25	52	62	88	103	42	－	12	－
550.0 ～ 599.9	147	－	－	－	－	17	26	53	17	34	－	－	－
600.0 ～ 699.9	283	－	－	4	22	18	48	75	83	26	7	－	－
700.0 ～ 799.9	162	－	－	－	－	20	38	24	61	12	6	－	－
800.0 ～ 899.9	73	－	－	－	－	9	37	18	7	－	3	－	－
900.0 ～ 999.9	38	－	－	－	－	－	3	20	14	－	－	－	－
1000.0 ～ 1199.9	34	－	－	－	－	－	17	6	7	5	－	－	－
1200.0千円 ～	23	－	－	－	－	－	－	16	－	6	－	－	－
第1・十分位数（千円）	149.1	146.6	159.5	159.9	157.0	159.5	150.5	145.2	140.5	139.5	128.8	125.3	－
第1・四分位数（千円）	175.5	160.3	180.8	191.4	188.8	191.7	186.7	171.0	161.5	158.4	149.8	146.6	－
中位数（千円）	220.7	170.3	209.1	226.3	234.8	245.1	247.1	237.7	212.8	196.0	168.1	163.8	－
第3・四分位数（千円）	282.5	182.8	234.3	259.3	284.3	307.5	312.1	326.3	323.8	283.6	203.9	221.0	－
第9・十分位数（千円）	361.2	196.5	266.3	312.6	350.5	387.2	392.6	429.2	431.7	382.6	239.2	278.9	－
十分位分散係数	0.48	0.15	0.26	0.34	0.41	0.46	0.49	0.60	0.68	0.62	0.33	0.47	－
四分位分散係数	0.24	0.07	0.13	0.15	0.20	0.24	0.25	0.33	0.38	0.32	0.16	0.23	－
企業規模 100 ～ 999 人													
男女計													
学歴計	**119 339**	**862**	**10 574**	**14 550**	**13 883**	**15 301**	**18 048**	**16 527**	**12 283**	**10 520**	**5 121**	**1 320**	**350**
～ 99.9 千円	4	－	－	－	－	－	－	－	－	－	－	－	4
100.0 ～ 119.9	456	13	35	77	37	39	47	45	34	62	51	16	1
120.0 ～ 139.9	1 985	30	159	175	150	229	200	224	247	197	242	101	31
140.0 ～ 159.9	5 038	292	659	614	413	340	439	484	480	523	505	221	68
160.0 ～ 179.9	6 672	301	1 571	794	573	489	619	722	422	379	538	211	55
180.0 ～ 199.9	9 000	206	2 905	1 809	880	535	699	665	412	319	409	98	61
200.0 ～ 219.9	11 567	14	2 720	3 259	1 391	741	938	779	519	284	671	216	35
220.0 ～ 239.9	9 975	2	1 353	2 697	1 641	1 202	900	710	473	423	487	68	19
240.0 ～ 259.9	9 543	2	740	2 066	1 999	1 570	1 146	779	410	358	380	78	16
260.0 ～ 279.9	8 284	2	298	1 328	1 741	1 594	1 300	794	419	467	274	61	6
280.0 ～ 299.9	7 318	－	29	725	1 436	1 610	1 607	807	550	341	188	19	5
300.0 ～ 319.9	7 228	－	79	434	1 150	1 762	1 472	1 175	600	355	138	60	2
320.0 ～ 339.9	6 061	－	20	186	775	1 179	1 512	1 066	740	444	127	9	3
340.0 ～ 359.9	5 588	－	－	138	684	1 049	1 227	1 110	642	573	125	23	18
360.0 ～ 379.9	4 516	－	4	76	287	881	1 131	871	632	505	107	21	－
380.0 ～ 399.9	3 901	－	－	76	236	559	948	909	553	500	109	4	6
400.0 ～ 449.9	7 591	－	3	44	267	846	1 714	1 863	1 359	1 255	229	11	2
450.0 ～ 499.9	5 573	－	－	23	67	316	1 100	1 521	1 220	1 146	147	26	6
500.0 ～ 549.9	3 621	－	－	14	57	156	515	777	1 114	826	124	26	10
550.0 ～ 599.9	1 910	－	－	5	15	102	239	489	467	489	96	6	1
600.0 ～ 699.9	2 145	－	－	6	42	73	157	475	650	623	88	29	2
700.0 ～ 799.9	699	－	－	－	32	18	76	158	190	191	32	1	－
800.0 ～ 899.9	313	－	－	－	10	－	30	51	58	127	34	4	－
900.0 ～ 999.9	118	－	－	5	－	10	10	16	32	44	－	－	－
1000.0 ～ 1199.9	135	－	－	－	－	－	2	27	27	57	13	9	－
1200.0千円 ～	99	－	－	－	－	－	20	10	33	31	5	－	－
第1・十分位数（千円）	173.3	142.8	163.3	175.4	185.4	196.2	194.5	186.3	182.6	172.6	151.4	141.4	139.2
第1・四分位数（千円）	211.3	151.5	181.8	201.0	220.3	243.6	252.5	253.1	265.6	263.0	178.1	159.3	156.5
中位数（千円）	273.2	166.1	199.8	224.0	258.7	291.8	315.5	340.2	366.0	381.2	226.3	201.3	183.4
第3・四分位数（千円）	363.3	180.7	219.0	252.2	302.5	343.4	386.1	430.0	475.6	486.8	314.4	256.3	232.7
第9・十分位数（千円）	470.6	189.2	243.2	286.5	348.1	399.7	461.9	519.3	575.0	601.6	464.0	367.5	352.2
十分位分散係数	0.54	0.14	0.20	0.25	0.31	0.35	0.42	0.49	0.54	0.56	0.69	0.56	0.58
四分位分散係数	0.28	0.09	0.09	0.11	0.16	0.17	0.21	0.26	0.29	0.29	0.30	0.24	0.21

第3表　年齢階級、所定内給与額階級別労働者数及び所定内給与額の分布特性値

企業規模　100～999人

I 卸売業，小売業

（単位十人）

区分	年齢計	～19歳	20～24歳	25～29歳	30～34歳	35～39歳	40～44歳	45～49歳	50～54歳	55～59歳	60～64歳	65～69歳	70歳以上
男													
学歴計	**81 020**	**351**	**6 110**	**8 351**	**9 043**	**11 043**	**12 953**	**11 401**	**8 820**	**7 771**	**3 944**	**992**	**240**
～ 99.9千円	4	－	－	－	－	－	－	－	－	－	－	－	4
100.0 ～ 119.9	154	13	15	48	18	7	8	4	10	1	25	6	1
120.0 ～ 139.9	530	16	54	63	29	72	39	81	18	25	58	56	19
140.0 ～ 159.9	1 561	72	237	253	137	81	68	73	106	121	245	125	44
160.0 ～ 179.9	2 448	167	752	245	190	152	176	115	70	77	350	136	17
180.0 ～ 199.9	3 868	69	1 611	715	307	202	209	169	109	89	278	77	33
200.0 ～ 219.9	5 922	8	1 624	1 762	676	304	363	207	136	97	533	183	30
220.0 ～ 239.9	5 474	2	970	1 525	882	569	412	310	163	158	410	56	16
240.0 ～ 259.9	6 054	2	497	1 498	1 302	1 006	569	328	194	229	341	73	16
260.0 ～ 279.9	5 500	2	252	906	1 242	1 157	816	347	200	264	262	46	6
280.0 ～ 299.9	5 503	－	13	570	1 125	1 273	1 251	497	365	214	183	8	5
300.0 ～ 319.9	5 951	－	60	338	1 059	1 471	1 225	914	426	274	128	56	1
320.0 ～ 339.9	5 027	－	20	163	612	1 019	1 247	908	572	353	121	9	3
340.0 ～ 359.9	4 752	－	－	92	574	960	1 103	876	553	439	115	23	18
360.0 ～ 379.9	4 075	－	4	37	257	775	1 034	793	588	470	97	21	－
380.0 ～ 399.9	3 520	－	－	58	216	519	880	799	480	450	109	4	6
400.0 ～ 449.9	6 904	－	2	36	227	804	1 559	1 737	1 175	1 162	188	11	2
450.0 ～ 499.9	5 213	－	－	13	48	314	1 020	1 456	1 162	1 034	134	26	6
500.0 ～ 549.9	3 494	－	－	14	57	156	498	743	1 097	778	115	26	10
550.0 ～ 599.9	1 776	－	－	5	15	101	221	401	445	485	96	6	1
600.0 ～ 699.9	2 019	－	－	6	42	73	131	411	640	612	74	29	2
700.0 ～ 799.9	638	－	－	－	22	18	75	136	175	181	30	1	－
800.0 ～ 899.9	295	－	－	－	8	－	20	48	56	126	34	4	－
900.0 ～ 999.9	118	－	－	5	－	10	10	16	32	44	－	－	－
1000.0 ～ 1199.9	133	－	－	－	－	－	2	25	27	57	13	9	－
1200.0千円 ～	87	－	－	－	－	－	20	10	22	31	5	－	－
第1・十分位数（千円）	197.9	146.5	171.1	187.5	210.1	230.7	240.9	251.0	271.8	258.5	164.3	146.5	139.5
第1・四分位数（千円）	241.0	157.8	186.7	209.4	240.4	266.0	288.5	316.3	335.2	341.8	201.0	166.3	157.3
中位数（千円）	312.0	169.7	204.5	234.3	275.9	309.8	341.7	382.0	416.7	423.1	243.9	209.6	200.5
第3・四分位数（千円）	402.5	179.4	224.8	263.8	316.2	360.2	407.3	459.2	512.6	523.1	347.7	275.5	259.0
第9・十分位数（千円）	505.9	189.0	251.4	296.9	359.4	419.3	481.3	541.4	607.0	629.7	494.2	456.8	391.9
十分位分散係数	0.49	0.12	0.20	0.23	0.27	0.30	0.35	0.38	0.40	0.44	0.68	0.74	0.63
四分位分散係数	0.26	0.06	0.09	0.12	0.14	0.15	0.17	0.19	0.21	0.21	0.30	0.26	0.25
女													
学歴計	**38 319**	**511**	**4 464**	**6 199**	**4 839**	**4 258**	**5 095**	**5 126**	**3 463**	**2 750**	**1 177**	**328**	**110**
～ 99.9千円	－	－	－	－	－	－	－	－	－	－	－	－	－
100.0 ～ 119.9	302	－	20	29	20	32	39	41	24	61	26	10	－
120.0 ～ 139.9	1 455	14	105	113	121	157	161	143	229	172	184	45	12
140.0 ～ 159.9	3 477	219	422	361	276	259	371	411	375	402	260	97	24
160.0 ～ 179.9	4 224	134	819	549	383	336	443	606	352	302	188	75	38
180.0 ～ 199.9	5 132	137	1 294	1 094	573	334	490	496	303	231	131	21	28
200.0 ～ 219.9	5 645	7	1 096	1 496	715	437	575	572	383	188	139	33	5
220.0 ～ 239.9	4 501	－	383	1 172	759	633	489	400	310	265	77	12	2
240.0 ～ 259.9	3 489	－	243	568	697	564	578	451	216	128	38	5	－
260.0 ～ 279.9	2 784	－	46	422	499	437	484	447	219	203	13	15	－
280.0 ～ 299.9	1 815	－	16	156	311	337	356	310	185	127	6	11	－
300.0 ～ 319.9	1 276	－	20	96	91	291	247	261	175	81	10	4	1
320.0 ～ 339.9	1 034	－	－	23	163	160	265	159	167	91	6	－	－
340.0 ～ 359.9	836	－	－	47	110	89	124	235	89	134	9	－	－
360.0 ～ 379.9	441	－	－	39	30	107	97	79	44	35	11	－	－
380.0 ～ 399.9	381	－	－	18	20	41	68	110	73	51	－	1	－
400.0 ～ 449.9	687	－	2	8	40	42	154	125	184	93	40	－	－
450.0 ～ 499.9	360	－	－	10	20	2	80	65	57	112	14	－	－
500.0 ～ 549.9	127	－	－	－	－	－	18	34	18	48	10	－	－
550.0 ～ 599.9	135	－	－	－	－	2	18	89	22	5	－	－	－
600.0 ～ 699.9	126	－	－	－	－	－	26	64	10	11	15	－	－
700.0 ～ 799.9	61	－	－	－	10	－	2	22	15	11	2	－	－
800.0 ～ 899.9	18	－	－	－	2	－	10	3	2	1	－	－	－
900.0 ～ 999.9	－	－	－	－	－	－	－	－	－	－	－	－	－
1000.0 ～ 1199.9	2	－	－	－	－	－	－	2	－	－	－	－	－
1200.0千円 ～	11	－	－	－	－	－	－	－	11	－	－	－	－
第1・十分位数（千円）	152.8	142.6	156.7	164.6	163.7	158.4	156.7	156.9	145.6	141.8	133.4	132.6	129.7
第1・四分位数（千円）	180.5	148.0	174.4	189.5	194.9	196.9	190.6	183.3	173.2	162.9	147.5	144.8	154.8
中位数（千円）	215.7	162.7	194.4	212.1	228.3	238.2	239.2	234.8	225.7	222.0	173.4	162.4	166.7
第3・四分位数（千円）	263.7	181.6	209.9	237.1	263.1	280.3	292.4	297.3	300.1	297.8	209.4	198.8	183.3
第9・十分位数（千円）	327.2	189.3	233.8	270.3	300.7	321.6	351.8	380.2	390.9	400.7	296.3	247.7	189.2
十分位分散係数	0.40	0.14	0.20	0.25	0.30	0.34	0.41	0.48	0.54	0.58	0.47	0.35	0.18
四分位分散係数	0.19	0.10	0.09	0.11	0.15	0.18	0.21	0.24	0.28	0.30	0.18	0.17	0.09

第3表　年齢階級、所定内給与額階級別労働者数及び所定内給与額の分布特性値

企業規模	10～99人

I　卸　売　業　，　小　売　業

(単位十人)

区　分	年齢計	～19歳	20～24歳	25～29歳	30～34歳	35～39歳	40～44歳	45～49歳	50～54歳	55～59歳	60～64歳	65～69歳	70歳以上
企業規模 10 ～ 99 人													
男　女　計													
学　歴　計	**90 420**	**642**	**5 490**	**9 864**	**10 805**	**11 796**	**13 794**	**12 205**	**9 230**	**8 024**	**5 454**	**2 140**	**975**
～ 99.9 千円	7	－	－	7	－	－	－	－	－	－	0	－	－
100.0 ～ 119.9	451	－	30	42	38	24	29	62	70	59	53	20	25
120.0 ～ 139.9	2 222	74	238	213	206	176	211	234	179	191	265	162	72
140.0 ～ 159.9	4 499	170	677	527	554	391	334	379	328	386	407	232	114
160.0 ～ 179.9	6 495	201	1 051	987	763	596	574	650	570	414	386	230	74
180.0 ～ 199.9	8 168	128	1 226	1 380	1 119	783	897	700	468	547	552	268	101
200.0 ～ 219.9	8 847	43	1 175	1 898	1 331	862	894	703	549	522	442	284	145
220.0 ～ 239.9	8 335	21	546	1 515	1 260	1 098	1 208	781	651	572	460	146	79
240.0 ～ 259.9	7 838	6	298	1 199	1 418	1 153	1 126	822	584	482	419	180	149
260.0 ～ 279.9	6 499	－	128	716	1 009	1 149	1 109	895	534	491	312	126	29
280.0 ～ 299.9	5 824	－	34	459	797	1 150	1 010	948	593	444	318	48	24
300.0 ～ 319.9	5 610	－	12	409	655	1 034	1 210	736	677	488	260	80	48
320.0 ～ 339.9	4 400	－	12	179	429	686	1 047	803	521	388	262	51	23
340.0 ～ 359.9	3 919	－	35	117	336	527	864	684	601	446	212	66	31
360.0 ～ 379.9	3 167	－	16	109	248	487	712	604	399	346	200	43	3
380.0 ～ 399.9	2 223	－	－	6	152	349	414	562	286	293	132	25	4
400.0 ～ 449.9	4 667	－	13	30	206	708	1 017	988	868	570	209	46	10
450.0 ～ 499.9	2 467	－	－	29	107	233	462	622	488	368	118	31	9
500.0 ～ 549.9	1 898	－	－	21	88	140	278	398	338	386	214	15	22
550.0 ～ 599.9	978	－	－	11	35	86	151	185	180	233	64	33	－
600.0 ～ 699.9	898	－	－	－	37	82	123	214	196	164	64	9	10
700.0 ～ 799.9	402	－	－	－	－	29	90	36	37	136	56	15	4
800.0 ～ 899.9	264	－	－	10	10	36	15	96	59	19	6	14	－
900.0 ～ 999.9	138	－	－	－	－	4	19	27	27	21	26	15	－
1000.0 ～ 1199.9	116	－	－	－	7	9	－	58	12	19	9	2	－
1200.0千円 ～	88	－	－	－	－	4	－	19	17	40	9	－	－
第1・十分位数（千円）	165.5	138.4	149.9	163.7	166.9	179.8	185.1	176.8	173.2	168.9	152.4	143.1	139.9
第1・四分位数（千円）	201.6	150.4	167.6	189.8	200.3	222.3	228.6	228.8	224.2	215.6	187.3	167.2	170.3
中位数（千円）	256.1	166.1	190.9	218.6	241.7	274.5	290.3	298.4	302.5	294.2	250.2	210.7	209.3
第3・四分位数（千円）	333.6	185.4	214.1	253.5	288.7	332.1	356.1	385.2	393.6	396.5	337.3	269.6	257.7
第9・十分位数（千円）	426.8	202.1	239.9	297.1	347.3	407.0	436.9	483.7	493.5	523.5	454.4	375.9	329.3
十分位分散係数	0.51	0.19	0.24	0.31	0.37	0.41	0.43	0.51	0.53	0.60	0.60	0.55	0.45
四分位分散係数	0.26	0.11	0.12	0.15	0.18	0.20	0.22	0.26	0.28	0.31	0.30	0.24	0.21
男													
学　歴　計	**60 181**	**313**	**2 826**	**5 974**	**7 034**	**8 258**	**9 814**	**8 296**	**6 126**	**5 247**	**4 098**	**1 562**	**633**
～ 99.9 千円	0	－	－	－	－	－	－	－	－	－	0	－	－
100.0 ～ 119.9	127	－	15	38	14	1	5	2	8	6	27	6	4
120.0 ～ 139.9	594	23	95	74	85	33	60	44	22	26	55	67	12
140.0 ～ 159.9	1 512	72	307	244	179	129	56	43	41	78	184	108	71
160.0 ～ 179.9	2 508	91	455	404	327	147	144	229	147	123	238	161	42
180.0 ～ 199.9	3 781	90	617	652	559	390	316	222	147	166	337	221	65
200.0 ～ 219.9	4 864	20	596	1 112	833	457	459	271	220	199	349	234	112
220.0 ～ 239.9	5 112	13	330	1 101	789	662	692	343	343	285	404	115	35
240.0 ～ 259.9	5 364	3	219	878	964	800	735	459	350	355	319	151	133
260.0 ～ 279.9	5 012	－	110	526	790	976	841	656	443	298	256	99	17
280.0 ～ 299.9	4 631	－	24	345	664	982	808	742	411	340	266	36	12
300.0 ～ 319.9	4 500	－	2	273	493	865	1 008	588	534	418	227	61	32
320.0 ～ 339.9	3 704	－	8	133	328	595	882	667	442	331	245	49	23
340.0 ～ 359.9	3 371	－	26	66	317	446	783	595	478	383	193	52	31
360.0 ～ 379.9	2 796	－	10	60	190	392	689	546	343	325	195	43	3
380.0 ～ 399.9	1 875	－	－	6	121	286	353	511	228	242	102	22	4
400.0 ～ 449.9	4 011	－	13	6	156	592	933	845	771	470	189	33	5
450.0 ～ 499.9	2 102	－	－	16	77	189	433	534	409	309	96	31	9
500.0 ～ 549.9	1 746	－	－	21	83	91	277	392	321	318	209	15	20
550.0 ～ 599.9	891	－	－	11	19	86	115	179	180	222	63	15	－
600.0 ～ 699.9	771	－	－	－	28	63	110	204	162	143	53	9	－
700.0 ～ 799.9	372	－	－	－	－	29	82	32	28	128	56	15	4
800.0 ～ 899.9	218	－	－	10	10	30	15	87	43	19	－	4	－
900.0 ～ 999.9	129	－	－	－	－	4	19	27	27	21	18	15	－
1000.0 ～ 1199.9	116	－	－	－	7	9	－	58	12	19	9	2	－
1200.0千円 ～	75	－	－	－	－	4	－	19	17	26	9	－	－
第1・十分位数（千円）	187.2	142.0	152.0	171.6	185.2	206.5	217.4	221.1	221.4	212.2	172.8	156.1	156.0
第1・四分位数（千円）	226.6	154.1	174.2	201.5	214.2	249.3	259.7	274.5	269.9	265.1	207.8	184.7	187.6
中位数（千円）	284.8	169.9	197.5	228.9	255.2	290.4	315.2	336.5	338.1	340.0	269.4	218.5	225.0
第3・四分位数（千円）	360.4	189.5	222.2	259.5	302.4	348.8	375.9	413.3	427.6	433.4	357.6	283.3	260.5
第9・十分位数（千円）	458.5	204.1	250.4	300.2	359.1	417.4	455.2	512.3	519.9	559.4	501.6	382.7	353.3
十分位分散係数	0.48	0.18	0.25	0.28	0.34	0.36	0.38	0.43	0.44	0.51	0.61	0.52	0.44
四分位分散係数	0.23	0.10	0.12	0.13	0.17	0.17	0.18	0.21	0.23	0.25	0.28	0.23	0.16

第3表　年齢階級、所定内給与額階級別労働者数及び所定内給与額の分布特性値

企業規模	10～99人
	計

I 卸売業，小売業　J 金融業，保険業

（単位十人）

区分	年齢計	～19歳	20～24歳	25～29歳	30～34歳	35～39歳	40～44歳	45～49歳	50～54歳	55～59歳	60～64歳	65～69歳	70歳以上
女													
学歴計	**30 238**	**330**	**2 664**	**3 891**	**3 771**	**3 538**	**3 980**	**3 909**	**3 104**	**2 777**	**1 356**	**578**	**342**
～ 99.9 千円	7	－	－	7	－	－	－	－	－	－	－	－	－
100.0 ～ 119.9	324	－	15	4	24	23	24	60	62	53	26	13	21
120.0 ～ 139.9	1 628	52	143	140	122	142	152	190	157	165	210	96	61
140.0 ～ 159.9	2 987	97	370	284	375	262	279	336	287	309	223	124	42
160.0 ～ 179.9	3 987	110	596	584	436	449	430	421	423	291	147	70	32
180.0 ～ 199.9	4 387	38	609	728	559	393	581	478	321	381	215	47	35
200.0 ～ 219.9	3 983	22	579	786	498	405	434	432	328	323	93	50	33
220.0 ～ 239.9	3 223	8	216	414	470	435	516	438	308	287	56	31	44
240.0 ～ 259.9	2 474	4	79	321	454	354	391	363	234	127	101	29	17
260.0 ～ 279.9	1 486	－	18	191	220	173	268	239	91	192	56	26	12
280.0 ～ 299.9	1 193	－	10	113	133	168	201	206	182	104	51	12	12
300.0 ～ 319.9	1 110	－	10	136	163	169	202	148	144	70	33	19	16
320.0 ～ 339.9	696	－	4	46	102	90	164	136	79	57	17	2	－
340.0 ～ 359.9	548	－	9	51	18	81	81	89	123	63	19	14	－
360.0 ～ 379.9	371	－	6	50	58	96	23	58	57	21	4	－	－
380.0 ～ 399.9	348	－	－	－	31	63	60	52	58	51	30	3	－
400.0 ～ 449.9	656	－	－	24	51	117	85	143	97	101	20	14	6
450.0 ～ 499.9	364	－	－	13	30	44	29	88	78	60	22	－	－
500.0 ～ 549.9	152	－	－	－	5	48	1	5	17	68	5	－	3
550.0 ～ 599.9	87	－	－	－	15	－	36	6	－	10	1	18	－
600.0 ～ 699.9	127	－	－	－	10	19	13	9	34	21	12	－	10
700.0 ～ 799.9	31	－	－	－	－	－	9	4	9	9	－	－	－
800.0 ～ 899.9	46	－	－	－	－	6	－	9	16	－	6	10	－
900.0 ～ 999.9	9	－	－	－	－	－	－	－	－	－	9	－	－
1000.0 ～ 1199.9	－	－	－	－	－	－	－	－	－	－	－	－	－
1200.0千円 ～	13	－	－	－	－	－	－	－	－	13	－	－	－
第1・十分位数（千円）	148.4	135.2	147.4	156.5	153.4	156.1	156.1	150.2	147.9	144.0	133.1	132.0	123.1
第1・四分位数（千円）	172.5	147.8	163.6	178.3	179.3	180.4	183.9	178.7	173.6	171.7	151.7	146.1	141.8
中位数（千円）	208.5	162.5	185.4	204.4	215.3	224.2	223.3	221.9	218.2	211.9	184.6	169.1	184.5
第3・四分位数（千円）	257.3	177.6	207.3	238.2	253.6	281.7	272.4	275.7	292.5	275.0	252.2	241.9	228.2
第9・十分位数（千円）	332.3	200.5	226.9	291.2	312.9	366.0	333.3	356.8	379.3	401.5	333.2	350.5	289.6
十分位分散係数	0.44	0.20	0.21	0.33	0.37	0.47	0.40	0.47	0.53	0.61	0.54	0.65	0.45
四分位分散係数	0.20	0.09	0.12	0.15	0.17	0.23	0.20	0.22	0.27	0.24	0.27	0.28	0.23
J金融業，保険業													
企業規模計													
男女計													
学歴計	**103 648**	**192**	**9 531**	**12 625**	**12 914**	**10 239**	**12 706**	**14 713**	**13 444**	**9 986**	**5 398**	**1 424**	**476**
～ 99.9 千円	52	－	0	2	6	6	8	6	13	5	2	3	－
100.0 ～ 119.9	691	0	29	62	81	87	101	119	90	60	29	22	11
120.0 ～ 139.9	1 543	17	60	152	173	204	204	215	216	131	79	67	27
140.0 ～ 159.9	2 672	107	251	198	261	273	374	335	331	237	205	64	37
160.0 ～ 179.9	4 102	49	832	406	345	297	413	425	467	319	401	118	31
180.0 ～ 199.9	5 815	16	1 650	870	445	340	565	541	475	357	441	81	33
200.0 ～ 219.9	9 473	3	3 567	2 032	763	520	404	551	487	373	603	137	35
220.0 ～ 239.9	8 401	0	1 439	2 552	1 232	538	588	453	463	519	476	107	34
240.0 ～ 259.9	7 445	－	955	1 965	1 364	641	603	451	387	397	575	84	23
260.0 ～ 279.9	6 308	－	368	1 235	1 429	723	635	641	430	465	277	82	24
280.0 ～ 299.9	5 375	－	183	706	1 255	764	683	642	434	392	233	68	14
300.0 ～ 319.9	4 878	－	71	775	910	647	661	572	380	463	279	92	27
320.0 ～ 339.9	4 176	－	52	421	656	511	632	616	456	567	186	55	22
340.0 ～ 359.9	3 899	－	25	301	503	473	580	554	460	527	367	93	16
360.0 ～ 379.9	3 250	－	14	279	477	464	491	547	428	317	192	31	9
380.0 ～ 399.9	3 018	－	7	120	417	421	512	547	482	383	80	34	16
400.0 ～ 449.9	6 333	－	9	241	752	842	979	1 230	1 061	879	253	60	26
450.0 ～ 499.9	5 065	－	10	105	680	669	807	910	978	699	136	50	22
500.0 ～ 549.9	4 439	－	7	83	488	470	698	1 011	815	655	143	47	22
550.0 ～ 599.9	3 719	－	2	42	273	419	689	732	808	625	84	35	9
600.0 ～ 699.9	4 615	－	－	23	224	357	770	1 254	1 135	622	172	42	14
700.0 ～ 799.9	3 381	－	－	14	65	269	566	880	1 083	418	61	16	11
800.0 ～ 899.9	2 451	－	0	9	45	140	368	823	777	222	45	15	6
900.0 ～ 999.9	1 106	－	－	2	28	42	171	330	399	109	19	4	2
1000.0 ～ 1199.9	752	－	－	22	15	48	86	183	224	138	29	3	4
1200.0千円 ～	690	－	－	5	26	75	117	145	165	107	33	15	3
第1・十分位数（千円）	185.1	140.5	176.1	191.2	199.3	189.5	185.7	193.9	191.0	193.7	173.6	155.6	146.9
第1・四分位数（千円）	223.7	148.3	195.9	215.6	239.0	249.7	257.4	278.4	280.1	264.4	205.3	200.0	186.1
中位数（千円）	299.8	156.0	209.3	240.4	285.8	323.3	356.8	405.0	433.0	369.7	257.1	266.5	266.4
第3・四分位数（千円）	452.4	166.2	229.2	279.9	371.8	444.7	515.5	596.1	631.2	527.9	355.0	359.3	400.4
第9・十分位数（千円）	652.0	179.9	255.8	339.3	488.8	584.3	706.4	800.6	823.5	698.5	507.3	535.0	583.2
十分位分散係数	0.78	0.13	0.19	0.31	0.51	0.61	0.73	0.75	0.73	0.68	0.65	0.71	0.82
四分位分散係数	0.38	0.06	0.08	0.13	0.23	0.30	0.36	0.39	0.41	0.36	0.29	0.30	0.40

第3表　年齢階級、所定内給与額階級別労働者数及び所定内給与額の分布特性値

企業規模	計

J 金融業，保険業

（単位十人）

区分	年齢計	～19歳	20～24歳	25～29歳	30～34歳	35～39歳	40～44歳	45～49歳	50～54歳	55～59歳	60～64歳	65～69歳	70歳以上
男													
学歴計	**49 477**	**19**	**3 528**	**5 504**	**5 920**	**4 424**	**5 969**	**7 593**	**7 295**	**5 570**	**3 236**	**370**	**48**
～ 99.9千円	1	－	－	1	－	－	－	0	－	－	－	－	－
100.0 ～ 119.9	41	0	2	3	1	6	5	7	9	5	3	1	1
120.0 ～ 139.9	69	1	3	13	9	5	5	13	2	3	11	4	－
140.0 ～ 159.9	239	14	17	13	14	10	9	16	26	28	71	18	3
160.0 ～ 179.9	593	4	152	56	17	21	6	12	15	36	212	54	10
180.0 ～ 199.9	901	0	270	119	49	26	35	73	26	43	241	18	2
200.0 ～ 219.9	2 695	－	1 431	520	72	49	28	27	26	64	404	68	4
220.0 ～ 239.9	2 483	0	717	948	209	66	50	46	64	81	280	14	7
240.0 ～ 259.9	2 509	－	522	985	330	72	62	35	35	91	340	38	－
260.0 ～ 279.9	2 164	－	210	710	549	156	101	64	57	129	172	14	2
280.0 ～ 299.9	1 915	－	99	448	492	183	135	141	87	137	172	19	1
300.0 ～ 319.9	2 169	－	41	494	601	206	203	138	84	191	186	20	6
320.0 ～ 339.9	2 086	－	30	292	453	227	220	166	201	370	116	10	1
340.0 ～ 359.9	2 197	－	7	208	330	282	257	231	177	357	299	48	1
360.0 ～ 379.9	1 778	－	12	212	331	223	236	227	177	204	149	4	3
380.0 ～ 399.9	1 791	－	－	78	303	266	298	293	249	255	47	1	1
400.0 ～ 449.9	4 028	－	7	179	547	571	616	717	650	598	132	8	3
450.0 ～ 499.9	3 731	－	6	83	581	501	619	676	697	502	60	6	－
500.0 ～ 549.9	3 575	－	3	67	427	399	608	802	627	549	83	8	2
550.0 ～ 599.9	3 138	－	1	21	249	346	602	651	666	546	51	3	－
600.0 ～ 699.9	3 869	－	－	16	206	301	683	1 078	972	522	83	5	1
700.0 ～ 799.9	3 028	－	－	9	54	245	513	806	1 003	362	34	3	0
800.0 ～ 899.9	2 275	－	0	6	34	126	344	796	744	189	33	4	0
900.0 ～ 999.9	1 001	－	－	2	28	33	157	305	368	98	10	1	－
1000.0 ～ 1199.9	638	－	－	20	11	31	76	162	201	117	20	1	0
1200.0千円 ～	564	－	－	3	24	74	100	112	131	91	26	3	－
第1・十分位数（千円）	223.6	149.0	195.4	214.9	253.9	283.7	315.8	341.4	349.0	292.2	182.3	163.6	171.1
第1・四分位数（千円）	286.9	152.2	205.8	234.6	289.8	347.1	388.7	427.9	445.8	349.6	211.8	196.2	178.7
中位数（千円）	412.3	156.0	218.4	262.2	350.1	434.5	506.8	559.1	583.8	466.0	266.1	244.1	226.5
第3・四分位数（千円）	582.4	159.8	242.6	311.1	455.9	555.8	657.4	729.2	759.8	598.2	355.6	339.1	327.7
第9・十分位数（千円）	783.3	167.4	267.3	374.5	551.9	721.6	815.2	873.6	896.0	773.9	503.3	420.0	446.8
十分位分散係数	0.68	0.06	0.16	0.30	0.43	0.50	0.49	0.48	0.47	0.52	0.60	0.53	0.61
四分位分散係数	0.36	0.02	0.08	0.15	0.24	0.24	0.27	0.27	0.27	0.27	0.27	0.29	0.33
女													
学歴計	**54 171**	**174**	**6 003**	**7 121**	**6 994**	**5 815**	**6 737**	**7 120**	**6 149**	**4 416**	**2 162**	**1 054**	**428**
～ 99.9千円	51	－	0	2	6	6	8	5	13	5	2	3	－
100.0 ～ 119.9	650	－	27	60	80	81	96	113	81	55	27	21	10
120.0 ～ 139.9	1 474	17	57	139	164	198	199	202	213	128	67	63	27
140.0 ～ 159.9	2 433	93	234	184	247	262	364	320	305	209	134	47	34
160.0 ～ 179.9	3 509	46	680	350	328	275	407	413	453	283	188	65	21
180.0 ～ 199.9	4 914	16	1 380	751	395	315	530	469	449	314	199	63	31
200.0 ～ 219.9	6 778	3	2 136	1 511	691	471	376	523	461	308	198	68	31
220.0 ～ 239.9	5 918	－	722	1 604	1 023	471	538	407	399	438	197	93	27
240.0 ～ 259.9	4 936	－	433	981	1 034	569	541	416	352	306	235	46	23
260.0 ～ 279.9	4 143	－	158	525	880	567	534	577	373	335	105	68	22
280.0 ～ 299.9	3 460	－	84	259	762	581	548	501	347	255	61	48	13
300.0 ～ 319.9	2 708	－	30	281	310	441	458	434	296	271	93	72	21
320.0 ～ 339.9	2 090	－	23	129	203	284	412	450	255	198	70	45	21
340.0 ～ 359.9	1 702	－	18	93	174	191	323	323	282	170	68	45	16
360.0 ～ 379.9	1 471	－	2	67	146	240	255	320	251	114	42	27	6
380.0 ～ 399.9	1 227	－	7	42	114	155	214	253	233	128	33	34	15
400.0 ～ 449.9	2 305	－	3	62	205	272	363	512	411	281	121	52	23
450.0 ～ 499.9	1 335	－	4	22	100	168	188	234	280	197	76	44	22
500.0 ～ 549.9	864	－	4	17	62	71	90	209	187	107	59	39	19
550.0 ～ 599.9	582	－	1	21	24	73	87	81	141	78	33	33	9
600.0 ～ 699.9	746	－	－	7	17	56	86	176	163	100	90	37	13
700.0 ～ 799.9	353	－	－	6	11	24	53	74	80	56	27	12	10
800.0 ～ 899.9	176	－	－	3	11	14	25	28	34	33	12	11	6
900.0 ～ 999.9	105	－	－	－	－	9	14	25	31	11	9	3	2
1000.0 ～ 1199.9	114	－	－	2	5	17	10	21	23	21	10	2	4
1200.0千円 ～	126	－	－	2	2	2	16	33	34	15	7	12	3
第1・十分位数（千円）	165.1	140.2	170.5	178.9	172.3	162.6	160.4	164.0	160.1	163.4	158.6	147.2	144.0
第1・四分位数（千円）	201.6	147.5	189.9	205.2	216.4	214.4	204.8	211.3	201.0	207.7	190.6	200.4	186.6
中位数（千円）	245.3	156.0	204.7	226.6	250.8	268.6	269.7	284.9	278.7	270.5	248.9	276.6	268.5
第3・四分位数（千円）	317.2	167.0	219.8	254.0	290.4	328.5	342.4	369.1	386.0	366.0	350.3	387.6	410.8
第9・十分位数（千円）	424.9	180.8	246.6	303.7	359.5	413.1	436.0	485.3	517.6	493.2	522.3	555.9	593.2
十分位分散係数	0.53	0.13	0.19	0.28	0.37	0.47	0.51	0.56	0.64	0.61	0.73	0.74	0.84
四分位分散係数	0.24	0.06	0.07	0.11	0.15	0.21	0.25	0.28	0.33	0.29	0.32	0.34	0.42

第3表　年齢階級、所定内給与額階級別労働者数及び所定内給与額の分布特性値

企業規模	1,000人以上

J 金 融 業 , 保 険 業

（単位十人）

区　分	年齢計	～19歳	20～24歳	25～29歳	30～34歳	35～39歳	40～44歳	45～49歳	50～54歳	55～59歳	60～64歳	65～69歳	70歳以上
企業規模1,000人以上													
男女計													
学歴計	**81 684**	**70**	**7 356**	**9 916**	**10 318**	**8 017**	**9 747**	**11 741**	**10 840**	**7 814**	**4 150**	**1 281**	**435**
～ 99.9千円	48	–	0	2	6	5	8	5	12	5	2	3	–
100.0 ～ 119.9	654	–	28	62	81	81	94	112	85	54	27	19	10
120.0 ～ 139.9	1 415	9	52	146	164	193	188	204	187	114	66	65	27
140.0 ～ 159.9	2 199	31	166	166	231	249	328	290	288	207	157	51	35
160.0 ～ 179.9	3 296	15	521	292	302	272	363	378	419	273	325	116	20
180.0 ～ 199.9	4 624	14	1 237	614	349	288	476	470	430	325	310	77	33
200.0 ～ 219.9	7 386	0	2 800	1 443	543	409	342	474	435	338	454	117	31
220.0 ～ 239.9	6 675	–	1 122	1 951	944	408	475	404	409	471	370	95	27
240.0 ～ 259.9	5 888	–	833	1 518	1 031	483	443	359	323	349	465	62	23
260.0 ～ 279.9	4 939	–	318	1 012	1 051	567	468	497	359	388	186	72	22
280.0 ～ 299.9	4 107	–	103	603	963	548	486	485	358	323	165	60	13
300.0 ～ 319.9	3 769	–	64	686	720	453	457	405	303	365	211	83	22
320.0 ～ 339.9	3 198	–	51	370	475	330	449	458	371	482	138	54	21
340.0 ～ 359.9	3 046	–	19	272	410	336	378	428	365	438	304	79	16
360.0 ～ 379.9	2 495	–	7	242	406	348	329	410	317	247	152	31	6
380.0 ～ 399.9	2 247	–	7	98	358	303	354	374	364	276	64	33	15
400.0 ～ 449.9	4 666	–	8	203	663	673	666	837	689	651	195	56	24
450.0 ～ 499.9	3 806	–	10	86	629	563	615	630	676	424	105	48	22
500.0 ～ 549.9	3 291	–	7	67	442	377	537	747	535	409	108	42	20
550.0 ～ 599.9	2 992	–	1	37	244	379	583	596	603	442	65	33	9
600.0 ～ 699.9	3 794	–	–	13	188	301	627	1 080	940	440	153	38	14
700.0 ～ 799.9	2 999	–	–	8	49	230	495	793	995	362	43	14	10
800.0 ～ 899.9	2 270	–	0	8	34	120	336	789	735	194	37	13	6
900.0 ～ 999.9	987	–	–	–	24	32	145	308	371	87	14	3	2
1000.0 ～ 1199.9	539	–	–	16	6	27	48	131	180	105	20	2	4
1200.0千円 ～	354	–	–	2	6	42	59	79	88	47	15	14	3
第1・十分位数（千円）	182.7	137.6	179.1	191.6	195.4	180.1	179.7	187.8	185.1	187.6	173.2	155.2	144.4
第1・四分位数（千円）	222.4	150.0	198.0	217.5	239.3	244.3	248.0	271.4	267.8	249.7	205.3	196.6	187.3
中位数（千円）	298.1	157.8	210.4	243.4	290.1	323.2	355.9	406.1	425.6	348.9	256.8	268.7	269.1
第3・四分位数（千円）	456.1	175.0	231.6	286.7	383.4	454.5	534.7	624.6	661.9	515.0	356.2	366.0	411.0
第9・十分位数（千円）	668.8	185.6	256.7	343.5	496.3	588.2	718.0	808.9	830.7	703.1	509.2	538.5	593.1
十分位分散係数	0.82	0.15	0.18	0.31	0.52	0.63	0.76	0.76	0.76	0.74	0.65	0.71	0.83
四分位分散係数	0.39	0.08	0.08	0.14	0.25	0.33	0.40	0.43	0.46	0.38	0.29	0.32	0.42
男													
学歴計	**36 141**	**2**	**2 531**	**4 158**	**4 450**	**3 137**	**4 291**	**5 795**	**5 514**	**3 825**	**2 194**	**236**	**9**
～ 99.9千円	1	–	–	1	–	–	–	–	–	–	–	–	–
100.0 ～ 119.9	31	–	2	3	1	3	5	5	7	3	3	–	–
120.0 ～ 139.9	57	0	2	13	9	4	5	11	1	2	7	3	–
140.0 ～ 159.9	140	2	12	6	8	7	6	6	21	24	42	4	1
160.0 ～ 179.9	433	–	109	28	13	17	6	9	13	25	163	51	–
180.0 ～ 199.9	493	–	98	48	28	19	21	63	25	34	143	14	2
200.0 ～ 219.9	1 900	–	1 045	319	42	41	20	23	21	55	284	49	1
220.0 ～ 239.9	1 646	–	518	629	106	28	29	36	51	56	188	4	–
240.0 ～ 259.9	1 776	–	444	725	178	35	35	12	22	70	238	17	–
260.0 ～ 279.9	1 459	–	172	560	324	78	61	43	40	77	100	4	0
280.0 ～ 299.9	1 174	–	36	365	281	67	69	72	61	100	112	11	–
300.0 ～ 319.9	1 501	–	39	431	451	104	101	69	58	117	119	12	1
320.0 ～ 339.9	1 443	–	29	258	321	93	107	103	152	300	70	10	0
340.0 ～ 359.9	1 603	–	4	190	254	183	128	166	116	280	248	35	–
360.0 ～ 379.9	1 196	–	5	193	271	124	118	131	95	143	112	3	–
380.0 ～ 399.9	1 185	–	–	62	255	172	175	165	160	162	35	–	0
400.0 ～ 449.9	2 659	–	6	148	480	423	366	409	343	398	79	5	2
450.0 ～ 499.9	2 685	–	6	66	533	420	473	449	442	259	33	4	–
500.0 ～ 549.9	2 583	–	3	59	392	324	465	579	386	319	53	3	1
550.0 ～ 599.9	2 494	–	–	18	227	317	521	527	478	373	32	0	–
600.0 ～ 699.9	3 173	–	–	12	175	263	575	937	796	348	65	1	1
700.0 ～ 799.9	2 716	–	–	2	43	214	460	732	930	313	21	2	–
800.0 ～ 899.9	2 129	–	0	5	25	114	319	769	707	162	25	2	–
900.0 ～ 999.9	907	–	–	–	24	27	133	290	351	77	6	–	–
1000.0 ～ 1199.9	464	–	–	16	4	17	40	125	165	87	10	–	–
1200.0千円 ～	294	–	–	1	6	42	55	66	73	40	9	2	–
第1・十分位数（千円）	228.0	–	200.5	219.9	263.7	303.7	333.9	350.0	351.2	289.8	180.8	164.1	156.8
第1・四分位数（千円）	298.7	–	207.4	239.8	305.8	377.3	429.5	467.7	468.4	345.2	211.2	180.9	195.4
中位数（千円）	436.1	–	219.9	269.0	376.6	465.5	544.8	602.4	628.2	461.0	266.5	215.4	305.5
第3・四分位数（千円）	616.5	–	245.9	319.5	474.3	579.1	688.6	770.2	793.6	613.1	355.4	330.4	441.1
第9・十分位数（千円）	805.3	–	267.4	377.6	559.1	733.3	828.4	882.8	905.1	793.6	499.7	359.5	537.1
十分位分散係数	0.66	–	0.15	0.29	0.39	0.46	0.45	0.44	0.44	0.55	0.60	0.45	0.62
四分位分散係数	0.36	–	0.09	0.15	0.22	0.22	0.24	0.25	0.26	0.29	0.27	0.35	0.40

第3表　年齢階級、所定内給与額階級別労働者数及び所定内給与額の分布特性値

企業規模	1,000人以上
	100～999人

J　金　融　業，保　険　業

（単位十人）

区　分	年齢計	～19歳	20～24歳	25～29歳	30～34歳	35～39歳	40～44歳	45～49歳	50～54歳	55～59歳	60～64歳	65～69歳	70歳以上
女													
学　歴　計	**45 543**	**67**	**4 825**	**5 758**	**5 868**	**4 880**	**5 456**	**5 946**	**5 327**	**3 989**	**1 957**	**1 044**	**426**
～ 99.9 千円	48	-	0	2	6	5	8	5	12	5	2	3	-
100.0 ～ 119.9	623	-	27	59	79	78	89	106	78	51	25	19	10
120.0 ～ 139.9	1 358	9	50	133	155	189	183	192	186	112	60	63	27
140.0 ～ 159.9	2 059	29	153	159	222	242	322	285	268	183	115	46	34
160.0 ～ 179.9	2 863	15	412	264	289	255	357	369	407	248	162	65	20
180.0 ～ 199.9	4 130	14	1 139	566	321	269	455	407	405	292	167	63	31
200.0 ～ 219.9	5 487	0	1 755	1 123	502	368	323	451	414	283	170	68	31
220.0 ～ 239.9	5 029	-	604	1 322	838	380	446	368	358	414	182	91	27
240.0 ～ 259.9	4 112	-	389	793	853	448	409	347	301	279	227	45	23
260.0 ～ 279.9	3 480	-	146	451	727	490	408	454	319	311	86	68	22
280.0 ～ 299.9	2 932	-	67	238	683	481	417	413	296	222	54	48	13
300.0 ～ 319.9	2 269	-	26	256	269	349	356	336	245	248	92	72	21
320.0 ～ 339.9	1 756	-	22	112	154	237	342	355	219	182	68	44	21
340.0 ～ 359.9	1 442	-	15	82	157	152	251	262	250	158	56	44	16
360.0 ～ 379.9	1 300	-	2	49	135	224	210	280	222	104	40	27	6
380.0 ～ 399.9	1 061	-	7	36	103	131	179	209	204	115	30	33	15
400.0 ～ 449.9	2 006	-	2	55	183	251	300	427	346	253	116	51	23
450.0 ～ 499.9	1 122	-	4	20	95	143	141	181	234	165	72	44	22
500.0 ～ 549.9	708	-	4	9	50	53	72	168	149	89	56	39	19
550.0 ～ 599.9	498	-	1	18	17	61	62	69	125	69	33	33	9
600.0 ～ 699.9	620	-	-	1	12	38	52	142	145	92	88	37	13
700.0 ～ 799.9	283	-	-	6	7	16	35	61	65	49	22	12	10
800.0 ～ 899.9	142	-	-	3	8	6	16	20	28	32	12	11	6
900.0 ～ 999.9	80	-	-	-	-	4	12	18	20	11	9	3	2
1000.0 ～ 1199.9	75	-	-	-	2	10	9	6	15	18	10	2	4
1200.0千円 ～	60	-	-	1	-	1	3	13	15	6	6	12	3
第1・十分位数（千円）	163.6	137.6	174.0	177.2	168.6	157.9	156.7	160.3	159.2	164.3	159.3	147.5	143.8
第1・四分位数（千円）	201.2	149.6	192.4	206.4	216.7	211.4	197.8	206.5	199.0	208.1	194.5	200.5	186.9
中　位　数（千円）	245.6	158.1	205.9	228.1	252.6	268.0	265.5	279.6	275.3	269.1	251.6	277.0	268.5
第3・四分位数（千円）	317.8	176.0	222.3	256.8	292.2	328.5	338.8	366.0	381.3	360.8	363.2	387.9	410.7
第9・十分位数（千円）	422.7	185.8	248.9	307.3	363.1	409.4	428.9	473.0	506.5	487.4	528.9	556.5	593.5
十分位分散係数	0.53	0.15	0.18	0.29	0.39	0.47	0.51	0.56	0.63	0.60	0.73	0.74	0.84
四分位分散係数	0.24	0.08	0.07	0.11	0.15	0.22	0.27	0.29	0.33	0.28	0.34	0.34	0.42
企業規模 100 ～ 999 人													
男　女　計													
学　歴　計	**17 686**	**98**	**1 904**	**2 326**	**2 233**	**1 769**	**2 340**	**2 379**	**2 029**	**1 594**	**893**	**92**	**28**
～ 99.9 千円	1	-	-	-	-	-	-	0	-	1	0	-	-
100.0 ～ 119.9	19	0	-	1	0	2	7	6	2	2	-	-	-
120.0 ～ 139.9	96	5	7	5	5	7	12	7	21	14	11	1	-
140.0 ～ 159.9	362	64	71	24	23	17	27	35	30	22	38	9	0
160.0 ～ 179.9	640	25	274	73	31	14	37	38	37	37	60	3	10
180.0 ～ 199.9	977	2	376	218	73	37	69	50	37	22	92	3	-
200.0 ～ 219.9	1 746	2	713	524	182	81	32	45	27	12	114	10	3
220.0 ～ 239.9	1 458	0	289	529	249	105	88	33	39	36	74	9	7
240.0 ～ 259.9	1 276	-	99	402	294	125	129	67	35	39	68	17	-
260.0 ～ 279.9	1 133	-	41	186	337	127	141	118	42	63	73	4	-
280.0 ～ 299.9	996	-	12	80	263	183	158	129	57	52	52	8	1
300.0 ～ 319.9	881	-	7	73	166	143	166	134	62	76	46	5	3
320.0 ～ 339.9	781	-	1	44	158	137	130	134	68	69	39	1	-
340.0 ～ 359.9	699	-	5	23	81	112	165	112	68	68	53	12	-
360.0 ～ 379.9	623	-	7	36	62	99	142	108	88	48	31	0	1
380.0 ～ 399.9	611	-	-	19	46	100	131	140	84	81	9	0	0
400.0 ～ 449.9	1 316	-	1	30	81	142	241	321	295	162	41	0	2
450.0 ～ 499.9	1 003	-	-	16	45	95	155	223	247	199	21	2	-
500.0 ～ 549.9	920	-	-	15	39	75	141	228	234	172	16	1	0
550.0 ～ 599.9	598	-	1	4	24	30	87	117	179	145	10	2	-
600.0 ～ 699.9	684	-	-	7	27	45	122	156	170	141	13	3	-
700.0 ～ 799.9	298	-	-	6	13	30	53	68	74	47	7	1	0
800.0 ～ 899.9	122	-	-	1	5	16	23	20	34	18	4	0	0
900.0 ～ 999.9	80	-	-	2	3	7	16	14	22	16	-	0	-
1000.0 ～ 1199.9	142	-	-	6	8	14	23	32	30	19	9	0	-
1200.0千円 ～	224	-	-	2	18	26	45	44	47	32	10	1	-
第1・十分位数（千円）	193.9	142.8	170.0	192.8	213.2	226.9	229.9	250.1	245.2	247.5	172.8	158.1	171.8
第1・四分位数（千円）	227.7	150.4	188.1	210.6	239.7	269.8	285.4	309.9	353.8	328.2	203.6	208.3	176.2
中　位　数（千円）	302.7	155.7	205.2	231.0	274.6	325.9	361.3	404.7	455.7	448.0	257.3	247.7	220.3
第3・四分位数（千円）	434.2	163.0	219.5	258.2	325.6	412.0	477.8	520.7	558.9	554.5	340.0	337.6	229.6
第9・十分位数（千円）	581.0	173.5	238.6	312.8	414.1	539.1	633.3	654.0	703.5	677.3	450.6	487.3	375.4
十分位分散係数	0.64	0.10	0.17	0.26	0.37	0.48	0.56	0.50	0.50	0.48	0.54	0.66	0.46
四分位分散係数	0.34	0.04	0.08	0.10	0.16	0.22	0.27	0.26	0.22	0.25	0.27	0.26	0.12

第3表　年齢階級、所定内給与額階級別労働者数及び所定内給与額の分布特性値

企業規模	100～999人

J 金 融 業 , 保 険 業

（単位十人）

区　分	年齢計	～19歳	20～24歳	25～29歳	30～34歳	35～39歳	40～44歳	45～49歳	50～54歳	55～59歳	60～64歳	65～69歳	70歳以上
男													
学歴計	**10 664**	**15**	**850**	**1 144**	**1 254**	**1 030**	**1 313**	**1 451**	**1 439**	**1 297**	**756**	**88**	**26**
～ 99.9 千円	0	–	–	–	–	–	–	0	–	–	–	–	–
100.0 ～ 119.9	1	0	–	–	–	–	–	–	0	–	–	–	–
120.0 ～ 139.9	10	–	1	–	0	1	0	1	2	1	4	1	–
140.0 ～ 159.9	74	11	4	5	2	3	1	8	2	4	25	9	0
160.0 ～ 179.9	120	3	33	16	3	0	0	1	2	11	38	3	10
180.0 ～ 199.9	327	0	155	56	11	3	14	7	0	6	71	3	–
200.0 ～ 219.9	678	–	362	173	18	3	2	3	4	3	98	10	3
220.0 ～ 239.9	722	0	184	283	85	32	16	6	11	22	67	9	7
240.0 ～ 259.9	601	–	62	233	136	26	21	16	7	17	66	15	–
260.0 ～ 279.9	573	–	32	123	192	71	32	10	8	45	58	3	–
280.0 ～ 299.9	565	–	3	61	189	94	48	61	20	32	47	8	1
300.0 ～ 319.9	517	–	2	52	131	70	74	54	19	60	46	5	3
320.0 ～ 339.9	506	–	0	31	113	107	71	50	41	55	37	0	–
340.0 ～ 359.9	483	–	3	16	67	79	101	57	48	58	43	12	–
360.0 ～ 379.9	493	–	7	18	56	87	106	77	66	45	31	0	1
380.0 ～ 399.9	489	–	–	14	40	79	99	107	69	74	6	–	–
400.0 ～ 449.9	1 066	–	1	24	60	124	192	243	242	142	36	0	1
450.0 ～ 499.9	836	–	–	15	42	74	115	185	209	175	20	1	–
500.0 ～ 549.9	784	–	–	7	30	60	128	190	199	158	13	1	0
550.0 ～ 599.9	533	–	1	2	19	20	70	108	165	136	10	2	–
600.0 ～ 699.9	590	–	–	3	24	31	95	129	159	135	12	3	–
700.0 ～ 799.9	250	–	–	6	9	22	40	61	62	44	6	1	0
800.0 ～ 899.9	99	–	–	1	3	8	18	15	33	17	4	0	0
900.0 ～ 999.9	63	–	–	2	3	3	15	11	13	16	–	0	–
1000.0 ～ 1199.9	112	–	–	4	5	8	22	23	24	16	9	0	–
1200.0千円 ～	171	–	–	2	16	25	32	27	34	26	9	1	–
第1・十分位数（千円）	215.4	150.6	190.5	203.9	240.9	271.8	298.3	311.8	349.5	290.1	183.1	158.1	172.1
第1・四分位数（千円）	264.5	152.7	201.0	222.2	265.5	306.4	352.5	381.6	409.3	364.3	210.3	207.6	176.2
中位数（千円）	366.4	156.2	212.0	243.1	298.8	366.6	413.0	457.2	494.3	465.1	262.3	247.1	209.9
第3・四分位数（千円）	496.0	159.7	227.5	274.8	358.1	444.4	528.7	553.8	592.8	571.2	345.4	336.4	228.7
第9・十分位数（千円）	628.4	166.9	251.0	337.4	463.6	574.8	688.7	679.6	733.3	685.6	456.8	487.4	311.4
十分位分散係数	0.56	0.05	0.14	0.27	0.37	0.41	0.47	0.40	0.39	0.43	0.52	0.67	0.33
四分位分散係数	0.32	0.02	0.06	0.11	0.15	0.19	0.21	0.19	0.19	0.22	0.26	0.26	0.13
女													
学歴計	**7 022**	**84**	**1 054**	**1 181**	**979**	**739**	**1 027**	**928**	**589**	**297**	**138**	**4**	**1**
～ 99.9 千円	1	–	–	–	–	–	–	–	–	1	0	–	–
100.0 ～ 119.9	18	–	–	1	0	2	7	6	1	2	–	–	–
120.0 ～ 139.9	86	5	7	5	5	6	12	7	19	13	7	0	–
140.0 ～ 159.9	288	53	67	19	21	14	27	27	28	19	14	0	–
160.0 ～ 179.9	520	23	241	58	28	13	37	37	35	26	22	–	0
180.0 ～ 199.9	650	2	221	162	61	33	55	43	37	16	21	–	–
200.0 ～ 219.9	1 068	2	352	351	164	78	30	42	24	9	16	–	–
220.0 ～ 239.9	736	–	105	246	163	74	72	27	28	14	8	–	–
240.0 ～ 259.9	675	–	37	169	158	99	108	51	28	22	2	1	–
260.0 ～ 279.9	560	–	9	64	144	57	110	109	34	18	16	1	–
280.0 ～ 299.9	431	–	9	19	73	89	110	68	37	20	6	–	–
300.0 ～ 319.9	364	–	4	21	35	73	92	79	43	16	0	0	–
320.0 ～ 339.9	275	–	1	13	45	30	58	83	27	14	2	1	–
340.0 ～ 359.9	216	–	3	7	14	33	64	56	20	10	10	–	–
360.0 ～ 379.9	130	–	–	19	6	12	36	31	21	3	1	–	–
380.0 ～ 399.9	121	–	–	5	7	21	32	33	14	7	3	0	0
400.0 ～ 449.9	250	–	0	6	21	19	49	77	53	20	4	–	1
450.0 ～ 499.9	167	–	–	1	3	21	40	38	38	24	2	0	–
500.0 ～ 549.9	136	–	–	8	10	15	13	38	35	14	4	–	–
550.0 ～ 599.9	65	–	–	2	5	10	17	9	14	9	–	–	–
600.0 ～ 699.9	94	–	–	4	3	14	28	27	11	6	1	–	–
700.0 ～ 799.9	48	–	–	–	4	8	13	7	12	4	1	0	–
800.0 ～ 899.9	23	–	–	–	2	8	6	5	2	1	–	–	–
900.0 ～ 999.9	18	–	–	–	–	5	1	3	9	–	–	–	–
1000.0 ～ 1199.9	30	–	–	2	3	6	1	9	6	3	–	–	–
1200.0千円 ～	53	–	–	–	2	1	13	17	13	7	1	–	–
第1・十分位数（千円）	173.2	142.2	163.2	184.4	192.6	201.8	185.5	190.7	169.6	156.4	154.0	240.1	–
第1・四分位数（千円）	203.7	149.4	176.4	203.4	217.1	233.4	243.0	257.8	222.1	198.5	168.7	245.2	–
中位数（千円）	243.9	155.6	199.3	219.7	244.2	277.8	291.2	312.2	307.3	287.1	204.9	278.0	–
第3・四分位数（千円）	309.9	163.8	212.0	244.8	277.9	331.9	355.3	397.5	437.5	428.0	279.1	338.1	–
第9・十分位数（千円）	433.7	174.5	229.4	276.4	329.7	478.5	486.2	528.1	567.6	537.1	394.2	479.0	–
十分位分散係数	0.53	0.10	0.17	0.21	0.28	0.50	0.52	0.54	0.65	0.66	0.59	0.43	–
四分位分散係数	0.22	0.05	0.09	0.09	0.12	0.18	0.19	0.22	0.35	0.40	0.27	0.17	–

第3表　年齢階級、所定内給与額階級別労働者数及び所定内給与額の分布特性値

企業規模	10～99人

J 金 融 業 ， 保 険 業

（単位十人）

区分	年齢計	～19歳	20～24歳	25～29歳	30～34歳	35～39歳	40～44歳	45～49歳	50～54歳	55～59歳	60～64歳	65～69歳	70歳以上
企業規模10～99人													
男女計													
学歴計	**4 278**	**24**	**271**	**383**	**363**	**453**	**619**	**593**	**575**	**577**	**355**	**51**	**14**
～ 99.9 千円	2	–	–	–	–	1	–	–	1	–	–	–	–
100.0 ～ 119.9	18	–	0	0	0	4	0	2	3	4	2	3	1
120.0 ～ 139.9	33	4	1	1	4	3	4	4	8	3	1	0	–
140.0 ～ 159.9	111	12	15	7	7	6	18	10	13	8	10	4	1
160.0 ～ 179.9	166	9	37	41	11	11	14	8	11	9	15	–	1
180.0 ～ 199.9	214	–	37	38	23	16	21	22	8	9	39	2	–
200.0 ～ 219.9	340	–	54	65	38	31	30	31	24	22	34	9	1
220.0 ～ 239.9	268	–	29	72	39	24	25	17	15	12	32	3	–
240.0 ～ 259.9	281	–	22	46	39	33	31	25	28	10	42	5	–
260.0 ～ 279.9	235	–	9	37	42	28	25	26	30	13	18	6	2
280.0 ～ 299.9	272	–	68	24	29	32	40	28	19	17	15	0	–
300.0 ～ 319.9	227	–	0	16	25	51	39	34	14	22	21	3	2
320.0 ～ 339.9	197	–	–	7	23	44	54	25	17	17	9	1	1
340.0 ～ 359.9	154	–	–	6	12	25	36	15	26	22	10	2	1
360.0 ～ 379.9	132	–	–	1	10	17	21	28	23	22	8	–	2
380.0 ～ 399.9	161	–	–	3	13	18	28	33	34	26	6	1	0
400.0 ～ 449.9	351	–	0	8	8	27	73	72	76	66	18	3	0
450.0 ～ 499.9	256	–	0	3	7	11	37	57	55	75	10	0	–
500.0 ～ 549.9	228	–	–	1	7	18	20	37	46	74	18	5	1
550.0 ～ 599.9	130	–	–	2	6	10	19	20	25	39	9	–	–
600.0 ～ 699.9	137	–	–	2	9	12	20	19	25	42	7	1	1
700.0 ～ 799.9	84	–	–	1	3	8	18	19	14	9	11	0	–
800.0 ～ 899.9	59	–	–	–	7	4	9	14	8	10	4	2	0
900.0 ～ 999.9	39	–	–	–	1	4	10	8	6	6	5	1	–
1000.0 ～ 1199.9	71	–	–	0	1	7	15	20	15	13	0	0	0
1200.0千円 ～	112	–	–	1	2	7	13	22	31	28	9	–	–
第1・十分位数（千円）	189.7	136.2	169.0	175.3	194.4	202.6	203.8	212.1	213.3	223.9	182.3	153.1	156.3
第1・四分位数（千円）	234.0	142.3	189.7	202.8	225.3	248.2	269.7	283.1	283.5	338.7	211.7	204.5	272.1
中位数（千円）	317.0	148.1	217.2	230.1	269.8	313.3	345.4	394.3	408.3	454.5	261.8	252.1	309.5
第3・四分位数（千円）	458.5	164.4	280.1	266.4	330.5	393.9	458.2	512.8	521.5	552.4	403.2	356.8	368.5
第9・十分位数（千円）	646.9	170.7	286.2	318.3	494.5	576.1	713.6	829.0	842.1	778.0	601.1	506.9	539.3
十分位分散係数	0.72	0.12	0.27	0.31	0.56	0.60	0.74	0.78	0.77	0.61	0.80	0.70	0.62
四分位分散係数	0.35	0.07	0.21	0.14	0.20	0.23	0.27	0.29	0.29	0.24	0.37	0.30	0.16
男													
学歴計	**2 672**	**2**	**148**	**202**	**216**	**256**	**365**	**347**	**342**	**447**	**287**	**46**	**13**
～ 99.9 千円	–	–	–	–	–	–	–	–	–	–	–	–	–
100.0 ～ 119.9	9	–	–	–	–	3	–	2	2	2	–	1	1
120.0 ～ 139.9	2	0	–	–	–	–	–	1	–	–	0	–	–
140.0 ～ 159.9	25	1	1	2	3	1	2	2	3	0	5	4	1
160.0 ～ 179.9	40	1	10	12	1	4	–	2	–	1	11	–	–
180.0 ～ 199.9	80	–	17	15	10	3	1	2	1	3	27	2	–
200.0 ～ 219.9	117	–	25	29	12	5	6	2	1	6	22	9	1
220.0 ～ 239.9	115	–	15	36	17	7	5	4	2	3	25	2	–
240.0 ～ 259.9	132	–	16	27	16	10	6	7	5	4	36	5	–
260.0 ～ 279.9	132	–	6	27	33	8	8	12	10	7	15	6	2
280.0 ～ 299.9	176	–	60	22	23	22	19	8	5	5	14	0	–
300.0 ～ 319.9	152	–	–	11	19	31	28	15	7	14	21	3	2
320.0 ～ 339.9	138	–	–	3	19	27	42	13	8	15	9	1	1
340.0 ～ 359.9	110	–	–	2	9	19	28	9	14	20	7	2	1
360.0 ～ 379.9	90	–	–	1	5	12	12	19	16	16	7	–	2
380.0 ～ 399.9	116	–	–	2	8	15	24	21	20	19	6	1	0
400.0 ～ 449.9	303	–	–	6	7	24	58	64	65	58	17	3	0
450.0 ～ 499.9	210	–	0	2	5	7	31	42	47	68	7	0	–
500.0 ～ 549.9	208	–	–	1	5	16	15	34	42	71	18	5	1
550.0 ～ 599.9	111	–	–	1	4	9	11	16	23	38	9	–	–
600.0 ～ 699.9	106	–	–	1	7	7	14	12	18	40	6	1	1
700.0 ～ 799.9	62	–	–	1	3	8	13	13	11	5	7	0	–
800.0 ～ 899.9	47	–	–	–	6	4	7	12	4	9	4	2	0
900.0 ～ 999.9	32	–	–	–	1	3	9	4	4	5	5	1	–
1000.0 ～ 1199.9	61	–	–	0	1	5	15	14	13	13	0	0	0
1200.0千円 ～	99	–	–	–	2	7	13	19	24	26	9	–	–
第1・十分位数（千円）	219.1	–	188.3	186.6	212.1	247.5	288.1	289.7	313.3	320.9	186.4	157.3	155.9
第1・四分位数（千円）	281.5	–	210.6	215.9	254.7	301.7	326.3	370.8	394.2	396.3	225.1	205.5	274.7
中位数（千円）	383.1	–	254.6	245.1	292.7	350.7	401.6	443.9	467.2	493.1	288.3	261.1	322.5
第3・四分位数（千円）	509.3	–	283.9	283.8	366.1	457.3	508.1	554.7	565.2	579.6	421.3	384.0	369.2
第9・十分位数（千円）	751.0	–	287.7	325.6	569.7	740.1	895.4	916.9	1030.7	884.8	614.9	507.8	539.8
十分位分散係数	0.69	–	0.20	0.28	0.61	0.70	0.76	0.71	0.77	0.57	0.74	0.67	0.60
四分位分散係数	0.30	–	0.14	0.14	0.19	0.22	0.23	0.21	0.18	0.19	0.34	0.34	0.15

第3表　年齢階級、所定内給与額階級別労働者数及び所定内給与額の分布特性値

企業規模	10～99人
	計

J 金融業, 保険業　K 不動産業, 物品賃貸業

（単位十人）

区分	年齢計	～19歳	20～24歳	25～29歳	30～34歳	35～39歳	40～44歳	45～49歳	50～54歳	55～59歳	60～64歳	65～69歳	70歳以上
女													
学歴計	**1 606**	**22**	**123**	**181**	**148**	**196**	**254**	**246**	**233**	**130**	**68**	**5**	**1**
～ 99.9 千円	2	－	－	－	－	1	－	－	1	－	－	－	－
100.0 ～ 119.9	9	－	0	0	0	1	0	0	2	2	2	1	－
120.0 ～ 139.9	31	3	1	1	4	3	4	3	8	3	1	0	－
140.0 ～ 159.9	86	11	14	5	4	6	16	8	9	7	5	0	－
160.0 ～ 179.9	126	8	27	29	10	7	14	7	11	8	5	－	1
180.0 ～ 199.9	134	－	20	23	13	12	20	19	8	7	11	0	－
200.0 ～ 219.9	223	－	29	37	26	26	24	30	23	16	13	－	－
220.0 ～ 239.9	153	－	14	36	22	17	20	13	14	9	7	2	－
240.0 ～ 259.9	150	－	7	19	23	23	25	18	23	6	6	－	－
260.0 ～ 279.9	103	－	3	10	9	21	17	14	20	6	3	－	－
280.0 ～ 299.9	96	－	8	2	6	11	22	20	14	12	2	－	－
300.0 ～ 319.9	75	－	0	5	6	20	11	19	7	8	0	－	－
320.0 ～ 339.9	60	－	－	4	4	17	12	12	9	2	0	－	－
340.0 ～ 359.9	44	－	－	4	3	6	8	6	12	2	3	1	－
360.0 ～ 379.9	42	－	－	－	4	5	9	10	8	6	1	－	－
380.0 ～ 399.9	44	－	－	2	4	3	3	12	14	6	0	－	－
400.0 ～ 449.9	49	－	0	1	1	3	15	8	12	8	1	1	－
450.0 ～ 499.9	46	－	－	1	2	3	7	15	8	8	3	－	－
500.0 ～ 549.9	19	－	－	－	2	3	5	3	3	3	－	0	－
550.0 ～ 599.9	18	－	－	0	2	2	8	3	2	1	－	－	－
600.0 ～ 699.9	31	－	－	2	2	4	7	7	7	3	0	－	－
700.0 ～ 799.9	22	－	－	－	－	－	5	6	3	4	5	－	－
800.0 ～ 899.9	12	－	－	－	1	1	3	3	4	0	－	－	－
900.0 ～ 999.9	8	－	－	－	－	0	1	3	2	1	－	－	－
1000.0 ～ 1199.9	10	－	－	－	－	1	0	6	2	－	－	－	－
1200.0千円 ～	13	－	－	1	－	0	－	3	7	2	－	－	－
第1・十分位数（千円）	165.3	136.7	156.3	168.1	174.2	185.6	169.8	189.4	170.9	160.5	157.6	113.8	－
第1・四分位数（千円）	201.2	142.3	172.5	189.2	203.3	214.2	209.7	217.5	217.5	206.6	184.2	119.6	－
中位数（千円）	244.9	148.0	199.2	217.5	237.1	260.8	265.6	291.5	277.6	280.2	215.5	222.4	－
第3・四分位数（千円）	327.3	163.9	221.2	244.0	279.7	318.5	358.4	388.6	387.7	392.4	270.1	229.7	－
第9・十分位数（千円）	468.3	170.0	248.7	308.6	365.4	385.1	524.8	655.8	661.9	515.9	455.9	443.3	－
十分位分散係数	0.62	0.11	0.23	0.32	0.40	0.38	0.67	0.80	0.88	0.63	0.69	0.74	－
四分位分散係数	0.26	0.07	0.12	0.13	0.16	0.20	0.28	0.29	0.31	0.33	0.20	0.25	－
K不動産業，物品賃貸業													
企業規模計													
男女計													
学歴計	**29 262**	**98**	**2 339**	**3 476**	**3 872**	**3 715**	**3 984**	**3 555**	**2 831**	**2 248**	**1 938**	**967**	**240**
～ 99.9 千円	4	－	－	0	－	－	－	－	－	－	2	2	0
100.0 ～ 119.9	74	－	6	8	2	6	5	7	5	2	11	20	2
120.0 ～ 139.9	391	3	34	44	35	28	29	29	27	32	48	70	12
140.0 ～ 159.9	1 183	24	106	110	94	74	83	102	71	95	203	175	45
160.0 ～ 179.9	1 730	45	216	166	143	121	106	115	123	139	271	219	66
180.0 ～ 199.9	1 895	12	394	354	176	133	144	136	117	117	199	96	16
200.0 ～ 219.9	2 676	7	614	655	373	213	196	142	109	114	153	71	27
220.0 ～ 239.9	2 528	2	361	580	414	307	216	184	132	112	152	61	8
240.0 ～ 259.9	2 494	2	252	466	524	347	270	212	123	105	138	41	15
260.0 ～ 279.9	2 119	1	141	392	388	318	330	198	137	70	121	21	2
280.0 ～ 299.9	1 773	1	96	224	356	300	306	196	118	77	71	27	1
300.0 ～ 319.9	1 556	－	37	131	274	280	295	200	119	90	87	38	4
320.0 ～ 339.9	1 285	1	14	90	224	234	275	177	116	84	60	10	1
340.0 ～ 359.9	1 177	－	22	57	198	258	192	186	123	80	41	17	4
360.0 ～ 379.9	978	－	8	41	157	211	172	158	129	66	29	7	0
380.0 ～ 399.9	859	－	4	25	112	171	177	182	83	60	36	8	2
400.0 ～ 449.9	1 756	－	11	62	154	256	344	351	252	209	75	27	16
450.0 ～ 499.9	1 312	－	12	19	84	166	274	276	210	184	68	19	0
500.0 ～ 549.9	1 017	－	3	18	57	117	198	203	194	146	68	10	2
550.0 ～ 599.9	635	－	1	5	28	57	94	128	172	102	40	6	1
600.0 ～ 699.9	927	－	5	20	26	64	163	188	188	208	43	11	11
700.0 ～ 799.9	410	－	0	5	31	19	56	82	114	76	19	8	－
800.0 ～ 899.9	202	－	0	－	10	15	21	34	71	45	3	2	1
900.0 ～ 999.9	78	－	0	0	1	13	9	15	25	12	1	1	2
1000.0 ～ 1199.9	103	－	－	－	3	3	16	37	32	11	－	－	－
1200.0千円 ～	99	－	－	4	7	2	14	15	41	14	－	1	1
第1・十分位数（千円）	175.0	150.3	171.7	181.2	194.0	201.0	203.4	194.9	188.7	174.7	155.3	141.0	144.9
第1・四分位数（千円）	215.2	158.3	189.5	206.6	226.9	243.3	256.5	257.2	260.2	232.5	175.9	158.0	160.1
中位数（千円）	275.4	171.4	212.2	232.7	268.5	300.8	320.8	347.7	375.4	362.0	230.9	179.7	177.8
第3・四分位数（千円）	381.9	180.6	241.7	269.7	328.8	376.2	429.4	462.6	528.0	520.3	319.1	247.9	247.1
第9・十分位数（千円）	524.7	209.4	276.8	319.4	402.9	472.3	545.5	604.1	700.2	656.6	469.6	369.3	441.7
十分位分散係数	0.63	0.17	0.25	0.30	0.39	0.45	0.53	0.59	0.68	0.67	0.68	0.64	0.83
四分位分散係数	0.30	0.07	0.12	0.14	0.19	0.22	0.27	0.30	0.36	0.40	0.31	0.25	0.24

第3表　年齢階級、所定内給与額階級別労働者数及び所定内給与額の分布特性値

企業規模	計

K 不動産業，物品賃貸業

（単位十人）

区　分	年齢計	～19歳	20～24歳	25～29歳	30～34歳	35～39歳	40～44歳	45～49歳	50～54歳	55～59歳	60～64歳	65～69歳	70歳以上
男													
学歴計	**19 828**	**49**	**1 223**	**1 998**	**2 412**	**2 606**	**2 742**	**2 381**	**2 019**	**1 708**	**1 627**	**849**	**215**
～ 99.9千円	3	–	–	0	–	–	–	–	–	–	2	2	–
100.0 ～ 119.9	41	–	3	3	1	3	2	1	3	0	9	15	2
120.0 ～ 139.9	174	1	17	22	16	8	4	2	4	8	30	53	10
140.0 ～ 159.9	607	11	45	35	32	18	21	17	19	46	165	157	42
160.0 ～ 179.9	876	25	71	54	44	31	29	25	33	76	225	200	65
180.0 ～ 199.9	857	5	176	136	69	52	47	36	38	66	135	84	13
200.0 ～ 219.9	1 316	4	319	327	154	81	71	53	47	59	117	62	22
220.0 ～ 239.9	1 312	1	200	316	178	134	102	81	58	72	121	43	6
240.0 ～ 259.9	1 458	1	162	313	296	215	125	71	55	45	124	39	12
260.0 ～ 279.9	1 355	–	93	279	264	229	164	102	62	50	95	16	2
280.0 ～ 299.9	1 252	1	61	159	255	235	198	127	72	54	64	26	–
300.0 ～ 319.9	1 189	–	31	96	202	240	216	143	87	59	77	34	4
320.0 ～ 339.9	1 005	1	9	74	172	179	237	125	85	59	55	10	1
340.0 ～ 359.9	960	–	8	48	175	217	156	148	88	66	36	14	4
360.0 ～ 379.9	790	–	7	27	128	174	139	133	93	56	28	5	–
380.0 ～ 399.9	701	–	3	21	92	139	151	128	74	51	33	8	2
400.0 ～ 449.9	1 538	–	11	40	112	232	311	310	222	189	70	27	14
450.0 ～ 499.9	1 172	–	2	13	73	147	245	236	196	174	66	19	0
500.0 ～ 549.9	945	–	2	12	55	113	174	186	185	137	68	10	2
550.0 ～ 599.9	581	–	1	3	24	56	86	109	154	99	40	6	1
600.0 ～ 699.9	861	–	1	13	23	53	154	173	179	202	42	11	11
700.0 ～ 799.9	381	–	0	2	28	17	53	77	105	71	19	8	–
800.0 ～ 899.9	187	–	0	–	9	14	20	34	68	39	2	1	1
900.0 ～ 999.9	75	–	0	0	1	12	9	14	24	12	1	1	2
1000.0 ～ 1199.9	98	–	–	–	3	3	15	35	30	11	–	–	–
1200.0千円 ～	91	–	–	4	7	2	14	15	39	9	–	–	1
第1・十分位数（千円）	186.1	153.0	177.3	193.0	212.2	232.0	239.8	250.0	240.4	191.5	156.6	143.5	145.5
第1・四分位数（千円）	236.6	160.3	199.1	215.9	248.1	271.5	290.6	310.6	329.1	282.7	177.7	158.7	160.1
中位数（千円）	310.6	171.7	218.7	246.0	290.8	326.0	359.9	399.8	441.4	420.0	241.7	179.6	176.1
第3・四分位数（千円）	430.0	179.6	250.2	281.4	354.1	399.9	461.2	510.9	577.6	560.5	339.9	252.8	248.6
第9・十分位数（千円）	574.3	209.1	283.1	335.1	440.1	503.4	592.3	651.5	748.8	678.3	503.6	386.4	444.7
十分位分散係数	0.62	0.16	0.24	0.29	0.39	0.42	0.49	0.50	0.58	0.58	0.72	0.68	0.85
四分位分散係数	0.31	0.06	0.12	0.13	0.18	0.20	0.24	0.25	0.28	0.33	0.34	0.26	0.25
女													
学歴計	**9 434**	**49**	**1 116**	**1 478**	**1 461**	**1 109**	**1 241**	**1 174**	**812**	**541**	**311**	**118**	**25**
～ 99.9千円	0	–	–	0	–	–	–	–	–	–	–	–	0
100.0 ～ 119.9	33	–	3	5	2	3	3	6	2	2	2	5	0
120.0 ～ 139.9	217	2	17	22	19	20	25	26	23	24	18	17	2
140.0 ～ 159.9	575	13	62	74	62	56	62	86	53	49	38	18	3
160.0 ～ 179.9	854	20	145	112	100	90	77	90	90	63	46	19	2
180.0 ～ 199.9	1 038	8	218	218	107	82	97	100	79	51	64	11	3
200.0 ～ 219.9	1 360	3	295	329	219	132	126	89	63	55	36	9	6
220.0 ～ 239.9	1 216	1	160	265	236	173	114	103	74	40	30	19	2
240.0 ～ 259.9	1 036	1	89	153	227	133	145	141	68	60	14	2	3
260.0 ～ 279.9	764	1	47	114	124	89	166	96	75	21	26	5	0
280.0 ～ 299.9	522	–	35	64	101	65	108	70	46	23	7	1	1
300.0 ～ 319.9	367	–	7	35	73	40	79	57	33	31	10	4	–
320.0 ～ 339.9	280	–	5	16	52	55	38	52	31	25	5	–	–
340.0 ～ 359.9	218	–	14	9	22	41	35	38	36	15	5	3	–
360.0 ～ 379.9	188	–	2	14	29	37	33	24	36	10	1	2	0
380.0 ～ 399.9	159	–	1	4	21	32	26	54	9	9	3	–	–
400.0 ～ 449.9	218	–	–	22	42	24	33	41	31	20	4	0	2
450.0 ～ 499.9	140	–	11	5	11	19	29	40	13	9	1	0	–
500.0 ～ 549.9	72	–	0	6	2	3	24	17	9	9	–	–	–
550.0 ～ 599.9	55	–	0	1	4	1	8	19	17	3	0	–	–
600.0 ～ 699.9	65	–	4	7	3	11	9	16	9	6	0	0	0
700.0 ～ 799.9	29	–	–	3	3	2	3	5	9	5	–	–	–
800.0 ～ 899.9	15	–	–	–	1	1	1	1	3	6	1	2	–
900.0 ～ 999.9	3	–	–	–	–	1	–	1	1	–	–	–	–
1000.0 ～ 1199.9	5	–	–	–	–	–	1	2	2	–	–	–	–
1200.0千円 ～	8	–	–	–	–	–	–	–	2	5	–	1	–
第1・十分位数（千円）	163.3	145.1	167.4	168.5	174.0	168.6	169.0	159.9	161.1	153.8	146.1	130.1	137.5
第1・四分位数（千円）	192.8	155.8	184.0	194.8	207.5	204.2	207.5	197.1	188.0	179.2	167.6	148.9	159.9
中位数（千円）	230.1	171.2	206.2	218.8	238.8	239.9	256.6	253.7	245.7	233.1	196.0	180.8	203.7
第3・四分位数（千円）	279.5	181.7	230.8	248.2	279.9	297.1	302.5	328.9	321.9	312.1	239.3	225.5	244.6
第9・十分位数（千円）	361.4	210.2	266.4	293.0	335.7	371.8	385.6	430.1	424.0	434.2	294.1	301.3	297.0
十分位分散係数	0.43	0.19	0.24	0.28	0.34	0.42	0.42	0.53	0.54	0.60	0.38	0.47	0.39
四分位分散係数	0.19	0.08	0.11	0.12	0.15	0.19	0.19	0.26	0.27	0.29	0.18	0.21	0.21

第3表　年齢階級、所定内給与額階級別労働者数及び所定内給与額の分布特性値

企業規模	1,000人以上

K 不動産業，物品賃貸業

（単位十人）

区　分	年齢計	～19歳	20～24歳	25～29歳	30～34歳	35～39歳	40～44歳	45～49歳	50～54歳	55～59歳	60～64歳	65～69歳	70歳以上
企業規模1,000人以上													
男女計													
学歴計	**8 660**	**11**	**654**	**1 039**	**1 242**	**1 104**	**1 165**	**985**	**801**	**578**	**633**	**373**	**75**
～ 99.9 千円	-	-	-	-	-	-	-	-	-	-	-	-	-
100.0 ～ 119.9	24	-	2	6	0	4	2	1	0	0	3	4	1
120.0 ～ 139.9	105	2	8	16	12	5	5	5	7	6	16	18	5
140.0 ～ 159.9	392	3	13	24	20	13	21	23	23	29	105	102	17
160.0 ～ 179.9	614	4	44	29	30	37	23	27	36	45	152	144	44
180.0 ～ 199.9	443	2	93	81	37	24	20	25	28	36	63	33	2
200.0 ～ 219.9	700	-	220	180	87	46	44	23	25	21	38	14	4
220.0 ～ 239.9	711	1	117	196	112	61	52	35	40	28	52	16	-
240.0 ～ 259.9	691	-	66	147	185	98	66	54	26	16	21	10	2
260.0 ～ 279.9	588	-	41	124	114	103	92	43	25	16	28	1	-
280.0 ～ 299.9	511	-	14	71	118	111	90	40	33	21	10	3	-
300.0 ～ 319.9	435	-	10	40	91	99	78	38	25	11	30	14	-
320.0 ～ 339.9	321	-	4	29	70	43	80	34	31	13	16	-	1
340.0 ～ 359.9	309	-	8	22	75	60	37	48	31	14	10	6	-
360.0 ～ 379.9	263	-	2	11	63	61	38	46	27	10	5	-	-
380.0 ～ 399.9	233	-	-	8	52	42	49	41	17	12	11	1	-
400.0 ～ 449.9	497	-	-	25	73	103	93	94	46	53	8	1	-
450.0 ～ 499.9	426	-	9	9	42	56	101	86	56	49	10	6	0
500.0 ～ 549.9	334	-	-	6	15	60	87	57	52	37	20	0	-
550.0 ～ 599.9	229	-	-	1	11	29	47	66	48	25	3	-	-
600.0 ～ 699.9	368	-	5	9	12	28	78	87	74	49	26	0	-
700.0 ～ 799.9	210	-	-	5	15	7	24	52	63	38	7	-	-
800.0 ～ 899.9	105	-	-	-	4	8	13	22	31	26	1	-	-
900.0 ～ 999.9	40	-	-	-	0	5	4	7	14	10	-	-	-
1000.0 ～ 1199.9	58	-	-	-	3	1	12	19	14	8	-	-	-
1200.0千円 ～	54	-	-	-	-	-	7	11	30	6	-	-	-
第1・十分位数（千円）	170.4	134.2	179.7	190.0	206.9	211.1	220.3	216.6	187.3	171.3	152.6	149.1	145.0
第1・四分位数（千円）	216.8	153.7	200.4	213.1	241.2	258.1	272.3	285.3	268.4	225.6	163.8	156.4	157.0
中位数（千円）	282.2	164.9	214.5	238.4	283.1	309.9	344.2	404.5	425.1	413.9	189.1	166.0	165.5
第3・四分位数（千円）	413.0	187.0	239.1	273.2	350.9	410.9	492.9	570.1	639.0	587.9	278.0	184.3	173.9
第9・十分位数（千円）	594.4	199.3	271.5	333.5	418.3	531.5	614.1	711.2	846.0	783.7	459.4	254.6	182.8
十分位分散係数	0.75	0.20	0.21	0.30	0.37	0.52	0.57	0.61	0.77	0.74	0.81	0.32	0.11
四分位分散係数	0.35	0.10	0.09	0.13	0.19	0.25	0.32	0.35	0.44	0.44	0.30	0.08	0.05
男													
学歴計	**6 130**	**7**	**343**	**638**	**797**	**794**	**809**	**696**	**585**	**476**	**563**	**349**	**74**
～ 99.9 千円	-	-	-	-	-	-	-	-	-	-	-	-	-
100.0 ～ 119.9	12	-	-	3	0	3	1	-	0	-	3	2	1
120.0 ～ 139.9	61	1	6	9	8	4	1	1	1	1	12	14	4
140.0 ～ 159.9	275	2	4	9	9	3	9	5	7	22	93	95	17
160.0 ～ 179.9	422	3	12	14	13	11	9	6	7	25	137	141	44
180.0 ～ 199.9	227	2	39	28	16	5	7	7	12	27	50	32	2
200.0 ～ 219.9	381	-	131	108	34	14	10	6	16	14	33	12	4
220.0 ～ 239.9	377	-	64	110	42	27	22	9	23	23	45	12	-
240.0 ～ 259.9	400	-	46	101	99	60	31	17	9	8	19	9	2
260.0 ～ 279.9	352	-	22	90	81	60	36	19	9	15	20	1	-
280.0 ～ 299.9	343	-	7	48	76	90	51	23	18	17	10	3	-
300.0 ～ 319.9	338	-	10	28	72	83	54	28	18	7	26	13	-
320.0 ～ 339.9	264	-	1	27	52	38	74	27	17	12	15	-	1
340.0 ～ 359.9	237	-	0	19	65	55	28	33	14	8	9	6	-
360.0 ～ 379.9	200	-	1	9	52	42	25	40	18	8	5	-	-
380.0 ～ 399.9	189	-	-	7	38	31	45	32	16	8	11	1	-
400.0 ～ 449.9	423	-	-	13	51	96	82	79	42	50	8	1	-
450.0 ～ 499.9	361	-	-	5	38	47	84	73	54	45	10	6	0
500.0 ～ 549.9	305	-	-	1	15	58	69	56	50	37	20	0	-
550.0 ～ 599.9	205	-	-	1	7	29	42	53	46	25	3	-	-
600.0 ～ 699.9	322	-	1	7	10	20	72	75	66	44	26	0	-
700.0 ～ 799.9	195	-	-	2	13	6	22	50	59	36	7	-	-
800.0 ～ 899.9	94	-	-	-	3	7	12	21	30	20	1	-	-
900.0 ～ 999.9	38	-	-	-	0	4	4	6	14	10	-	-	-
1000.0 ～ 1199.9	57	-	-	-	3	1	12	19	14	8	-	-	-
1200.0千円 ～	52	-	-	-	-	-	7	11	28	6	-	-	-
第1・十分位数（千円）	170.5	134.5	187.3	200.3	219.8	245.1	254.5	278.2	234.9	179.3	153.1	150.5	148.0
第1・四分位数（千円）	228.1	155.4	203.4	218.5	255.2	282.8	308.6	354.9	355.1	258.8	163.9	157.1	157.5
中位数（千円）	311.6	169.5	216.4	246.3	304.6	339.6	401.1	458.4	513.2	444.6	192.1	166.2	165.7
第3・四分位数（千円）	464.4	188.8	240.2	282.5	373.0	430.0	534.3	605.3	698.5	622.4	300.4	183.7	174.0
第9・十分位数（千円）	647.2	195.9	263.9	340.4	467.0	540.0	675.6	749.1	892.8	787.2	499.4	256.5	183.3
十分位分散係数	0.76	0.18	0.18	0.28	0.41	0.43	0.52	0.51	0.64	0.68	0.90	0.32	0.11
四分位分散係数	0.38	0.10	0.09	0.13	0.19	0.22	0.28	0.27	0.33	0.41	0.36	0.08	0.05

第3表　年齢階級、所定内給与額階級別労働者数及び所定内給与額の分布特性値

企業規模	1,000人以上
	100～999人

K 不動産業，物品賃貸業

（単位十人）

区分	年齢計	～19歳	20～24歳	25～29歳	30～34歳	35～39歳	40～44歳	45～49歳	50～54歳	55～59歳	60～64歳	65～69歳	70歳以上
女													
学歴計	2 530	4	311	401	445	310	356	289	216	103	70	24	1
～ 99.9 千円	-	-	-	-	-	-	-	-	-	-	-	-	-
100.0 ～ 119.9	11	-	2	4	-	1	1	1	-	0	-	2	-
120.0 ～ 139.9	44	1	2	7	5	2	4	4	6	5	3	4	1
140.0 ～ 159.9	117	1	8	15	11	10	13	18	16	6	12	7	-
160.0 ～ 179.9	192	1	32	14	17	26	13	20	29	20	15	4	-
180.0 ～ 199.9	216	0	54	54	21	19	13	18	16	9	13	1	-
200.0 ～ 219.9	320	-	89	72	53	31	34	16	10	7	5	2	-
220.0 ～ 239.9	334	1	52	86	70	34	30	26	18	5	7	4	-
240.0 ～ 259.9	290	-	20	46	86	37	35	37	18	9	1	1	-
260.0 ～ 279.9	237	-	19	34	34	43	56	24	16	2	9	-	-
280.0 ～ 299.9	168	-	8	23	42	21	39	18	15	4	-	-	-
300.0 ～ 319.9	97	-	1	12	20	16	24	9	7	4	4	1	-
320.0 ～ 339.9	57	-	3	2	19	6	6	7	14	1	0	-	-
340.0 ～ 359.9	72	-	7	3	10	5	9	15	17	6	1	-	-
360.0 ～ 379.9	63	-	2	2	11	19	13	6	9	2	-	-	-
380.0 ～ 399.9	45	-	-	1	13	11	5	9	1	4	-	-	-
400.0 ～ 449.9	74	-	-	12	22	7	11	15	4	3	-	-	-
450.0 ～ 499.9	65	-	9	4	4	9	18	14	3	4	0	-	-
500.0 ～ 549.9	29	-	-	5	-	3	19	1	1	1	-	-	-
550.0 ～ 599.9	24	-	-	-	4	-	5	14	2	-	-	-	-
600.0 ～ 699.9	46	-	4	2	2	8	6	12	8	5	-	-	-
700.0 ～ 799.9	15	-	-	3	2	1	2	2	4	2	-	-	-
800.0 ～ 899.9	11	-	-	-	1	1	1	1	1	6	-	-	-
900.0 ～ 999.9	2	-	-	-	-	1	-	1	1	-	-	-	-
1000.0 ～ 1199.9	1	-	-	-	-	-	-	1	-	-	-	-	-
1200.0千円 ～	2	-	-	-	-	-	-	-	2	-	-	-	-
第1・十分位数（千円）	170.1	134.1	175.1	179.2	194.5	173.6	187.4	166.1	159.7	154.7	146.6	121.1	-
第1・四分位数（千円）	203.2	151.0	192.9	201.8	221.7	209.6	227.0	214.5	183.2	175.6	163.3	140.7	-
中位数（千円）	242.1	160.8	211.5	229.8	249.1	257.8	270.7	262.4	250.5	229.5	183.6	159.1	-
第3・四分位数（千円）	296.1	185.2	238.0	260.9	296.5	306.5	337.7	370.2	329.5	368.6	235.1	212.9	-
第9・十分位数（千円）	407.1	235.6	282.0	313.5	388.9	397.5	493.5	570.8	444.9	639.1	267.4	227.3	-
十分位分散係数	0.49	0.32	0.25	0.29	0.39	0.43	0.57	0.77	0.57	1.06	0.33	0.33	-
四分位分散係数	0.19	0.11	0.11	0.13	0.15	0.19	0.20	0.30	0.29	0.42	0.20	0.23	-
企業規模 100 ～ 999 人													
男女計													
学歴計	12 157	47	1 032	1 494	1 704	1 627	1 628	1 472	1 132	912	727	299	84
～ 99.9 千円	3	-	-	0	-	-	-	-	-	-	2	2	-
100.0 ～ 119.9	33	-	3	1	2	0	0	3	1	2	7	14	0
120.0 ～ 139.9	154	1	15	16	10	14	16	13	11	12	18	24	4
140.0 ～ 159.9	419	10	39	49	42	32	31	40	21	26	70	46	13
160.0 ～ 179.9	591	25	91	67	59	33	37	42	47	54	80	45	13
180.0 ～ 199.9	782	6	168	162	77	49	61	57	47	35	75	40	4
200.0 ～ 219.9	1 127	3	261	287	173	87	69	58	44	45	61	26	13
220.0 ～ 239.9	1 076	-	161	244	209	167	86	55	37	43	57	14	3
240.0 ～ 259.9	1 044	-	106	185	231	154	112	89	52	37	60	13	7
260.0 ～ 279.9	953	1	74	198	170	137	148	89	59	25	47	5	0
280.0 ～ 299.9	738	1	61	99	157	111	128	75	46	21	27	13	-
300.0 ～ 319.9	638	-	16	62	119	102	126	96	46	40	24	4	3
320.0 ～ 339.9	546	1	9	30	93	126	105	77	31	43	29	3	-
340.0 ～ 359.9	525	-	10	21	101	132	98	83	30	34	12	3	-
360.0 ～ 379.9	404	-	1	16	65	98	68	53	63	27	11	2	-
380.0 ～ 399.9	365	-	3	8	42	98	62	86	29	27	9	1	-
400.0 ～ 449.9	721	-	8	23	58	96	142	153	113	72	29	15	12
450.0 ～ 499.9	558	-	4	4	29	81	129	124	88	61	28	11	-
500.0 ～ 549.9	454	-	1	7	27	47	80	91	99	68	30	4	2
550.0 ～ 599.9	303	-	1	3	12	20	28	48	97	59	30	4	1
600.0 ～ 699.9	424	-	-	8	10	24	64	87	80	124	11	10	8
700.0 ～ 799.9	143	-	0	-	11	10	24	22	33	33	8	2	-
800.0 ～ 899.9	75	-	0	-	3	6	5	10	29	18	2	1	1
900.0 ～ 999.9	15	-	0	0	1	2	2	3	5	2	0	-	-
1000.0 ～ 1199.9	33	-	-	-	-	2	1	14	14	2	-	-	-
1200.0千円 ～	32	-	-	4	4	2	4	4	9	3	-	-	1
第1・十分位数（千円）	180.4	152.9	173.5	182.1	195.9	209.2	205.7	197.8	193.6	179.1	155.3	132.6	147.5
第1・四分位数（千円）	218.8	161.1	192.4	206.2	225.4	244.2	259.2	263.4	270.4	244.5	181.6	155.3	165.9
中位数（千円）	277.8	173.1	214.4	232.7	265.3	309.4	319.9	348.3	400.7	387.7	237.0	189.5	211.4
第3・四分位数（千円）	385.0	179.7	245.4	271.0	324.8	375.7	428.5	459.2	536.0	562.9	332.8	260.3	406.0
第9・十分位数（千円）	527.0	205.7	282.3	308.9	391.9	468.4	524.8	589.1	671.7	655.4	512.1	485.5	621.1
十分位分散係数	0.62	0.15	0.25	0.27	0.37	0.42	0.50	0.56	0.60	0.61	0.75	0.93	1.12
四分位分散係数	0.30	0.05	0.12	0.14	0.19	0.21	0.26	0.28	0.33	0.41	0.32	0.28	0.57

第3表　年齢階級、所定内給与額階級別労働者数及び所定内給与額の分布特性値

企業規模	100～999人

K 不動産業，物品賃貸業

（単位十人）

区　分	年齢計	～19歳	20～24歳	25～29歳	30～34歳	35～39歳	40～44歳	45～49歳	50～54歳	55～59歳	60～64歳	65～69歳	70歳以上
男													
学歴計	**7 985**	**20**	**496**	**793**	**989**	**1 126**	**1 129**	**964**	**809**	**700**	**607**	**273**	**80**
～ 99.9千円	3	–	–	0	–	–	–	–	–	–	2	2	–
100.0 ～ 119.9	22	–	3	–	0	–	0	0	1	0	6	12	0
120.0 ～ 139.9	62	–	8	7	3	3	2	1	1	4	10	20	3
140.0 ～ 159.9	195	5	13	15	12	7	7	4	5	16	55	41	13
160.0 ～ 179.9	236	10	24	14	9	8	7	5	14	35	61	36	13
180.0 ～ 199.9	286	2	56	59	26	13	11	8	8	20	42	38	4
200.0 ～ 219.9	482	1	109	123	58	26	26	22	14	16	50	26	11
220.0 ～ 239.9	511	–	89	121	74	63	44	24	12	24	45	14	3
240.0 ～ 259.9	581	–	60	119	128	96	45	26	22	13	53	13	7
260.0 ～ 279.9	611	–	53	136	110	109	73	39	31	16	40	4	0
280.0 ～ 299.9	530	1	42	73	111	86	90	51	27	12	26	12	–
300.0 ～ 319.9	464	–	11	44	79	88	94	60	34	25	24	3	3
320.0 ～ 339.9	399	1	6	22	72	89	83	44	29	25	26	3	–
340.0 ～ 359.9	452	–	6	16	91	115	88	68	22	33	12	3	–
360.0 ～ 379.9	328	–	1	7	52	85	55	49	45	22	11	2	–
380.0 ～ 399.9	282	–	3	6	37	77	51	51	24	24	9	1	–
400.0 ～ 449.9	633	–	8	14	39	85	134	144	92	61	29	15	12
450.0 ～ 499.9	504	–	2	2	23	73	120	108	79	59	27	11	–
500.0 ～ 549.9	427	–	1	5	25	46	76	84	93	61	30	4	2
550.0 ～ 599.9	284	–	1	1	12	19	25	43	88	59	30	4	1
600.0 ～ 699.9	407	–	–	4	9	21	60	83	79	123	10	10	8
700.0 ～ 799.9	135	–	0	–	10	8	24	21	33	30	8	2	–
800.0 ～ 899.9	72	–	0	–	3	6	5	10	27	18	1	1	1
900.0 ～ 999.9	15	–	0	0	1	1	2	3	5	2	0	–	–
1000.0 ～ 1199.9	32	–	–	–	–	2	1	13	14	2	–	–	–
1200.0千円 ～	32	–	–	4	4	2	4	4	9	3	–	–	1
第1・十分位数（千円）	199.6	153.4	180.4	194.5	217.7	238.2	248.0	264.7	262.4	192.6	157.3	134.8	148.3
第1・四分位数（千円）	247.6	159.5	203.9	217.5	251.5	273.6	293.9	320.7	343.0	315.4	189.9	157.1	166.4
中位数（千円）	320.4	172.0	228.7	249.3	292.5	333.8	358.2	408.9	462.7	455.2	254.6	193.9	213.7
第3・四分位数（千円）	443.3	179.2	262.8	280.3	354.1	396.6	458.0	509.9	576.0	600.9	364.8	280.5	408.2
第9・十分位数（千円）	579.0	201.9	291.7	322.5	439.0	492.8	561.5	637.5	720.3	665.9	541.0	491.9	621.6
十分位分散係数	0.59	0.14	0.24	0.26	0.38	0.38	0.44	0.46	0.49	0.52	0.75	0.92	1.11
四分位分散係数	0.31	0.06	0.13	0.13	0.18	0.18	0.23	0.23	0.25	0.31	0.34	0.32	0.57
女													
学歴計	**4 172**	**28**	**536**	**700**	**715**	**501**	**498**	**508**	**323**	**212**	**120**	**26**	**4**
～ 99.9千円	–	–	–	–	–	–	–	–	–	–	–	–	–
100.0 ～ 119.9	12	–	0	1	1	0	0	2	1	2	2	2	–
120.0 ～ 139.9	92	1	7	9	7	12	14	12	9	8	8	5	1
140.0 ～ 159.9	224	5	26	34	30	24	23	37	16	10	15	4	0
160.0 ～ 179.9	355	15	66	53	50	25	29	37	33	20	19	9	1
180.0 ～ 199.9	496	4	112	103	52	36	50	50	39	15	33	3	1
200.0 ～ 219.9	645	2	152	163	115	60	43	36	30	29	11	1	2
220.0 ～ 239.9	565	–	73	123	135	104	42	31	25	19	12	1	–
240.0 ～ 259.9	463	–	46	66	103	58	66	63	30	23	7	–	0
260.0 ～ 279.9	342	1	21	62	60	28	75	50	28	9	6	1	0
280.0 ～ 299.9	208	–	19	26	46	25	38	24	20	9	1	0	–
300.0 ～ 319.9	175	–	5	19	40	15	32	36	12	15	0	1	–
320.0 ～ 339.9	147	–	3	8	20	37	22	33	3	18	3	–	–
340.0 ～ 359.9	73	–	4	5	10	17	11	15	9	2	1	–	–
360.0 ～ 379.9	76	–	–	9	13	14	14	4	18	5	–	–	–
380.0 ～ 399.9	83	–	0	2	6	21	11	35	5	3	1	–	–
400.0 ～ 449.9	88	–	–	8	19	11	8	9	21	12	0	–	–
450.0 ～ 499.9	54	–	2	1	6	8	8	16	9	2	0	–	–
500.0 ～ 549.9	27	–	–	1	2	1	3	7	6	7	–	–	–
550.0 ～ 599.9	19	–	–	1	–	1	3	5	9	1	–	–	–
600.0 ～ 699.9	17	–	–	4	1	3	3	4	0	1	0	–	–
700.0 ～ 799.9	8	–	–	–	1	2	–	1	1	3	–	–	–
800.0 ～ 899.9	2	–	–	–	–	–	–	–	2	–	1	–	–
900.0 ～ 999.9	1	–	–	–	–	1	–	–	–	–	–	–	–
1000.0 ～ 1199.9	1	–	–	–	–	–	–	1	–	–	–	–	–
1200.0千円 ～	–	–	–	–	–	–	–	–	–	–	–	–	–
第1・十分位数（千円）	165.9	152.3	170.6	170.6	174.6	171.2	167.4	160.1	168.3	162.1	143.4	122.0	–
第1・四分位数（千円）	194.5	162.6	185.2	195.6	207.1	210.3	203.7	196.8	190.2	199.4	163.4	139.2	–
中位数（千円）	229.0	173.8	205.6	218.4	234.8	238.3	254.8	256.8	246.1	242.2	192.5	163.1	–
第3・四分位数（千円）	275.9	180.2	228.5	249.3	272.3	308.6	292.9	323.5	331.6	320.0	221.7	178.2	–
第9・十分位数（千円）	348.2	211.0	260.0	294.0	323.7	377.1	361.5	395.6	429.5	408.1	260.7	225.1	–
十分位分散係数	0.40	0.17	0.22	0.28	0.32	0.43	0.38	0.46	0.53	0.51	0.30	0.32	–
四分位分散係数	0.18	0.05	0.11	0.12	0.14	0.21	0.18	0.25	0.29	0.25	0.15	0.12	–

第3表　年齢階級、所定内給与額階級別労働者数及び所定内給与額の分布特性値

企業規模	10～99人

K 不動産業，物品賃貸業

（単位十人）

区　分	年齢計	～19歳	20～24歳	25～29歳	30～34歳	35～39歳	40～44歳	45～49歳	50～54歳	55～59歳	60～64歳	65～69歳	70歳以上
企業規模 10 ～ 99 人													
男女計													
学歴計	**8 445**	**39**	**653**	**943**	**926**	**984**	**1 191**	**1 098**	**897**	**758**	**578**	**295**	**81**
～ 99.9千円	0	－	－	0	－	－	－	－	－	－	－	－	0
100.0 ～ 119.9	17	－	1	1	0	1	2	3	3	－	1	3	1
120.0 ～ 139.9	132	1	12	12	12	8	8	11	9	14	15	28	3
140.0 ～ 159.9	372	11	55	37	32	29	31	39	27	40	27	28	15
160.0 ～ 179.9	524	17	81	70	54	52	47	46	40	39	39	30	9
180.0 ～ 199.9	670	4	134	111	61	61	63	54	42	47	62	22	10
200.0 ～ 219.9	849	4	133	189	113	81	83	62	40	48	54	31	11
220.0 ～ 239.9	741	1	83	140	94	79	79	93	55	41	42	31	5
240.0 ～ 259.9	759	2	79	135	108	96	92	68	45	52	58	18	7
260.0 ～ 279.9	578	－	26	70	104	78	89	66	52	29	46	15	1
280.0 ～ 299.9	525	－	21	54	81	78	88	81	39	35	34	12	1
300.0 ～ 319.9	483	－	12	29	64	78	91	66	49	39	34	21	1
320.0 ～ 339.9	419	－	2	30	61	65	90	66	53	28	15	7	－
340.0 ～ 359.9	343	－	4	14	21	66	56	56	62	32	19	8	4
360.0 ～ 379.9	311	－	5	14	29	52	66	59	39	29	12	5	0
380.0 ～ 399.9	261	－	1	9	19	31	65	55	37	21	15	6	2
400.0 ～ 449.9	539	－	3	14	24	57	109	103	94	83	37	11	4
450.0 ～ 499.9	328	－	－	6	13	29	44	66	65	74	30	3	0
500.0 ～ 549.9	229	－	2	5	16	10	32	55	43	41	18	6	0
550.0 ～ 599.9	103	－	0	1	5	8	19	14	27	19	7	1	0
600.0 ～ 699.9	135	－	－	3	5	12	21	14	35	35	6	1	3
700.0 ～ 799.9	57	－	－	0	5	3	8	8	18	5	5	5	－
800.0 ～ 899.9	23	－	－	－	2	1	3	3	11	0	0	2	－
900.0 ～ 999.9	22	－	－	－	0	7	2	5	6	0	0	1	2
1000.0 ～ 1199.9	12	－	－	－	－	－	2	4	4	2	－	－	－
1200.0千円 ～	14	－	－	－	3	0	2	1	2	5	－	1	－
第1・十分位数（千円）	173.2	146.7	159.4	173.3	178.0	181.9	189.0	183.1	184.8	173.1	169.9	139.7	143.6
第1・四分位数（千円）	209.3	156.8	181.5	200.6	213.2	223.1	236.6	233.9	243.4	220.8	200.1	168.8	161.7
中位数（千円）	265.6	169.6	205.7	226.2	258.2	281.6	303.1	307.5	338.1	317.3	256.6	222.7	203.0
第3・四分位数（千円）	356.0	182.1	238.0	263.1	309.5	349.7	382.2	399.4	441.5	441.0	346.9	302.4	258.6
第9・十分位数（千円）	458.7	212.1	271.3	321.0	378.7	419.7	456.7	495.2	567.1	534.0	457.2	402.5	420.0
十分位分散係数	0.54	0.19	0.27	0.33	0.39	0.42	0.44	0.51	0.57	0.57	0.56	0.59	0.68
四分位分散係数	0.28	0.07	0.14	0.14	0.19	0.22	0.24	0.27	0.29	0.35	0.29	0.30	0.24
男													
学歴計	**5 713**	**23**	**384**	**567**	**626**	**687**	**804**	**721**	**624**	**532**	**457**	**227**	**61**
～ 99.9千円	－	－	－	－	－	－	－	－	－	－	－	－	－
100.0 ～ 119.9	7	－	0	1	－	－	－	1	2	－	1	2	1
120.0 ～ 139.9	51	0	3	6	5	2	1	1	1	3	8	20	2
140.0 ～ 159.9	138	4	27	12	11	9	6	8	6	7	17	21	12
160.0 ～ 179.9	218	13	34	25	22	12	12	14	12	16	27	24	8
180.0 ～ 199.9	344	1	81	50	26	33	28	21	18	20	44	14	8
200.0 ～ 219.9	454	3	79	96	62	41	35	26	17	29	34	25	7
220.0 ～ 239.9	424	1	48	85	62	44	36	48	23	25	32	17	3
240.0 ～ 259.9	476	1	57	94	70	59	49	27	24	24	52	16	4
260.0 ～ 279.9	393	－	18	53	74	61	54	44	22	19	35	11	1
280.0 ～ 299.9	379	－	13	38	68	59	58	53	27	25	28	11	－
300.0 ～ 319.9	388	－	10	25	50	70	68	55	35	27	27	19	1
320.0 ～ 339.9	342	－	2	24	48	53	81	54	39	22	13	7	－
340.0 ～ 359.9	271	－	2	13	19	47	41	47	52	25	15	5	4
360.0 ～ 379.9	262	－	5	11	23	47	59	44	30	26	12	3	－
380.0 ～ 399.9	230	－	－	8	17	31	56	45	34	20	13	6	2
400.0 ～ 449.9	483	－	3	12	22	51	95	87	88	77	33	11	2
450.0 ～ 499.9	307	－	－	6	11	28	41	55	63	71	29	3	0
500.0 ～ 549.9	213	－	1	5	16	10	29	46	42	39	18	6	0
550.0 ～ 599.9	92	－	－	1	5	8	19	13	20	16	6	1	0
600.0 ～ 699.9	132	－	－	2	4	12	21	14	34	35	6	1	3
700.0 ～ 799.9	50	－	－	0	5	3	7	6	13	5	5	5	－
800.0 ～ 899.9	21	－	－	－	2	1	3	3	11	0	0	－	－
900.0 ～ 999.9	22	－	－	－	0	7	2	5	6	0	0	1	2
1000.0 ～ 1199.9	9	－	－	－	－	－	2	4	2	2	－	－	－
1200.0千円 ～	8	－	－	－	3	0	2	1	2	－	－	－	－
第1・十分位数（千円）	188.2	154.1	165.3	185.4	199.4	208.4	219.3	221.6	227.0	205.0	176.2	141.7	143.2
第1・四分位数（千円）	231.0	162.3	184.9	208.6	231.6	252.1	272.9	275.7	301.7	269.8	210.2	171.8	160.7
中位数（千円）	298.3	171.8	209.4	241.8	273.5	307.2	333.5	344.6	382.2	378.6	271.3	230.4	200.1
第3・四分位数（千円）	391.6	179.7	247.5	282.0	326.4	373.3	407.9	429.7	477.2	469.2	375.5	307.0	267.6
第9・十分位数（千円）	491.6	216.2	278.2	347.9	407.1	450.4	504.0	516.2	608.5	570.0	465.6	410.7	432.4
十分位分散係数	0.51	0.18	0.27	0.34	0.38	0.39	0.43	0.43	0.50	0.48	0.53	0.58	0.72
四分位分散係数	0.27	0.05	0.15	0.15	0.17	0.20	0.20	0.22	0.23	0.26	0.30	0.29	0.27

第3表　年齢階級、所定内給与額階級別労働者数及び所定内給与額の分布特性値

企業規模	10～99人
	計

K 不動産業，物品賃貸業　L 学術研究，専門・技術サービス業

（単位十人）

区　分	年齢計	～19歳	20～24歳	25～29歳	30～34歳	35～39歳	40～44歳	45～49歳	50～54歳	55～59歳	60～64歳	65～69歳	70歳以上
女													
学歴計	**2 732**	**17**	**269**	**377**	**300**	**297**	**387**	**377**	**273**	**226**	**121**	**67**	**20**
～ 99.9 千円	0	–	–	0	–	–	–	–	–	–	–	–	0
100.0 ～ 119.9	10	–	1	0	0	1	2	3	1	–	1	1	0
120.0 ～ 139.9	81	1	8	6	7	7	7	10	8	11	6	8	1
140.0 ～ 159.9	234	7	28	25	21	21	25	32	21	33	11	7	3
160.0 ～ 179.9	306	4	47	45	33	40	35	33	28	24	12	6	1
180.0 ～ 199.9	327	4	53	61	35	28	34	33	24	27	18	8	3
200.0 ～ 219.9	395	0	54	93	50	40	48	36	23	19	19	6	4
220.0 ～ 239.9	317	–	35	55	32	35	42	45	31	15	11	14	2
240.0 ～ 259.9	282	1	23	41	38	37	43	41	21	28	5	2	3
260.0 ～ 279.9	185	–	8	17	30	17	35	22	30	10	11	4	0
280.0 ～ 299.9	146	–	8	15	14	19	31	28	12	11	6	1	1
300.0 ～ 319.9	95	–	1	4	14	9	23	11	14	12	6	2	–
320.0 ～ 339.9	77	–	–	6	13	12	10	12	15	7	2	–	–
340.0 ～ 359.9	73	–	3	1	3	19	15	9	10	7	4	3	–
360.0 ～ 379.9	49	–	–	3	6	4	7	14	9	3	1	2	0
380.0 ～ 399.9	31	–	1	1	2	1	10	10	3	1	3	–	–
400.0 ～ 449.9	56	–	–	1	1	6	14	17	5	6	4	0	2
450.0 ～ 499.9	21	–	–	–	1	2	3	10	2	3	1	0	–
500.0 ～ 549.9	16	–	0	–	–	–	3	9	2	2	–	–	–
550.0 ～ 599.9	11	–	0	–	–	–	–	1	7	3	0	–	–
600.0 ～ 699.9	3	–	–	1	1	–	–	–	1	–	–	0	0
700.0 ～ 799.9	7	–	–	–	–	–	1	2	5	0	–	–	–
800.0 ～ 899.9	2	–	–	–	–	–	–	–	–	–	–	2	–
900.0 ～ 999.9	–	–	–	–	–	–	–	–	–	–	–	–	–
1000.0 ～ 1199.9	3	–	–	–	–	–	1	–	2	–	–	–	–
1200.0千円 ～	6	–	–	–	–	–	–	–	–	5	–	1	–
第1・十分位数（千円）	156.5	142.1	154.1	162.7	161.0	160.5	162.9	156.7	157.2	151.8	148.5	137.3	150.0
第1・四分位数（千円）	182.7	149.0	174.5	185.4	187.1	183.1	194.5	188.1	187.5	171.7	180.5	161.9	167.3
中位数（千円）	220.7	163.1	199.2	213.1	221.7	226.3	239.9	239.0	240.1	218.3	212.4	211.3	208.1
第3・四分位数（千円）	270.8	182.9	225.0	237.5	266.0	276.6	292.5	300.8	306.0	285.9	276.0	242.2	250.7
第9・十分位数（千円）	340.7	191.3	255.1	273.7	314.7	341.2	356.4	403.1	377.9	358.4	340.3	344.8	375.3
十分位分散係数	0.42	0.15	0.25	0.26	0.35	0.40	0.40	0.52	0.46	0.47	0.45	0.49	0.54
四分位分散係数	0.20	0.10	0.13	0.12	0.18	0.21	0.20	0.24	0.25	0.26	0.22	0.19	0.20
L 学術研究，専門・技術サービス業													
企業規模計													
男女計													
学歴計	**80 478**	**414**	**4 478**	**9 328**	**10 117**	**10 145**	**12 807**	**11 690**	**8 782**	**6 886**	**4 129**	**1 387**	**317**
～ 99.9 千円	–	–	–	–	–	–	–	–	–	–	–	–	–
100.0 ～ 119.9	80	1	11	14	1	10	18	4	9	4	4	2	1
120.0 ～ 139.9	464	3	41	48	47	54	79	57	27	41	24	28	15
140.0 ～ 159.9	1 320	36	197	135	147	180	168	120	68	72	105	77	16
160.0 ～ 179.9	2 217	189	504	290	254	175	200	143	137	92	135	53	45
180.0 ～ 199.9	3 039	112	891	579	373	255	267	124	107	51	202	49	29
200.0 ～ 219.9	4 502	56	1 027	1 267	467	409	325	259	194	93	291	85	30
220.0 ～ 239.9	5 489	4	798	1 800	836	655	364	350	160	169	259	83	12
240.0 ～ 259.9	5 460	13	464	1 462	1 067	724	579	370	169	200	271	88	54
260.0 ～ 279.9	4 790	–	196	885	1 067	778	736	413	204	131	310	69	3
280.0 ～ 299.9	4 473	–	123	760	1 031	763	707	431	194	179	184	99	2
300.0 ～ 319.9	4 847	–	74	620	998	726	839	674	349	192	246	112	19
320.0 ～ 339.9	3 976	–	44	342	699	645	752	590	303	251	239	105	8
340.0 ～ 359.9	3 415	–	94	201	525	631	637	537	340	216	173	53	9
360.0 ～ 379.9	3 429	–	13	209	490	548	662	574	388	271	176	85	13
380.0 ～ 399.9	3 361	–	0	60	333	517	816	668	436	318	163	45	4
400.0 ～ 449.9	7 401	–	1	444	887	1 030	1 451	1 386	852	873	315	122	42
450.0 ～ 499.9	5 307	–	–	82	285	646	1 088	1 269	878	711	287	54	6
500.0 ～ 549.9	4 429	–	–	74	203	504	936	1 027	795	521	316	55	–
550.0 ～ 599.9	3 272	–	–	35	134	228	590	706	891	578	80	29	–
600.0 ～ 699.9	4 499	–	1	21	197	320	789	958	1 053	923	188	49	2
700.0 ～ 799.9	2 444	–	–	–	61	266	475	486	587	487	61	20	–
800.0 ～ 899.9	914	–	–	–	10	47	144	219	235	198	39	19	3
900.0 ～ 999.9	513	–	–	–	1	26	81	131	138	117	18	1	0
1000.0 ～ 1199.9	501	–	–	–	2	7	83	125	152	94	34	4	–
1200.0千円 ～	335	–	–	–	4	5	20	70	118	104	9	0	3
第1・十分位数（千円）	204.5	160.1	169.6	196.1	208.4	216.9	232.6	245.5	260.7	257.1	193.3	171.5	159.7
第1・四分位数（千円）	251.1	165.3	188.7	220.0	248.1	261.8	293.7	319.3	356.0	362.7	241.2	230.9	181.4
中位数（千円）	337.9	176.9	211.6	246.9	295.6	330.7	381.5	414.9	475.2	469.1	323.0	306.5	247.8
第3・四分位数（千円）	467.3	192.9	236.8	292.3	362.7	420.3	495.3	534.2	606.1	609.9	450.0	401.2	344.5
第9・十分位数（千円）	620.2	208.7	266.4	359.1	439.0	536.7	640.1	679.6	753.8	743.7	560.1	523.2	440.6
十分位分散係数	0.62	0.14	0.23	0.33	0.39	0.48	0.53	0.52	0.52	0.52	0.57	0.57	0.57
四分位分散係数	0.32	0.08	0.11	0.15	0.19	0.24	0.26	0.26	0.26	0.26	0.32	0.28	0.33

第3表　年齢階級、所定内給与額階級別労働者数及び所定内給与額の分布特性値

企業規模	計

L 学術研究，専門・技術サービス業

（単位十人）

区　分	年齢計	～19歳	20～24歳	25～29歳	30～34歳	35～39歳	40～44歳	45～49歳	50～54歳	55～59歳	60～64歳	65～69歳	70歳以上
男													
学歴計	**59 154**	**310**	**2 565**	**6 252**	**6 909**	**7 100**	**9 359**	**8 879**	**6 887**	**5 744**	**3 601**	**1 281**	**267**
～ 99.9千円	－	－	－	－	－	－	－	－	－	－	－	－	－
100.0 ～ 119.9	26	1	7	8	1	2	2	－	2	0	2	1	1
120.0 ～ 139.9	186	1	12	23	25	23	32	9	7	13	10	21	12
140.0 ～ 159.9	356	24	49	48	33	39	8	9	7	16	54	63	7
160.0 ～ 179.9	812	142	223	82	58	57	51	26	19	16	67	39	32
180.0 ～ 199.9	1 516	76	546	297	131	74	80	30	30	12	167	45	28
200.0 ～ 219.9	2 441	54	643	757	251	123	80	64	55	53	252	80	28
220.0 ～ 239.9	3 098	1	457	1 203	449	280	153	134	52	76	211	71	12
240.0 ～ 259.9	3 292	13	234	1 050	649	352	271	155	94	113	242	73	47
260.0 ～ 279.9	3 086	－	138	665	788	441	367	179	118	70	257	61	1
280.0 ～ 299.9	3 097	－	92	565	650	548	499	245	105	121	177	93	2
300.0 ～ 319.9	3 569	－	65	487	754	568	572	419	204	150	225	108	16
320.0 ～ 339.9	2 916	－	22	236	557	489	556	384	222	146	191	105	8
340.0 ～ 359.9	2 760	－	69	134	461	527	490	446	251	167	169	45	3
360.0 ～ 379.9	2 780	－	6	155	354	475	542	486	293	217	154	84	13
380.0 ～ 399.9	2 760	－	0	39	231	448	703	539	343	258	149	45	4
400.0 ～ 449.9	6 371	－	1	344	768	856	1 264	1 226	699	748	301	122	42
450.0 ～ 499.9	4 709	－	－	44	229	566	954	1 132	806	668	258	52	2
500.0 ～ 549.9	3 907	－	－	61	169	455	810	915	640	507	294	55	－
550.0 ～ 599.9	2 960	－	－	33	104	185	513	652	823	539	80	29	－
600.0 ～ 699.9	4 156	－	－	21	186	282	713	858	973	887	187	49	2
700.0 ～ 799.9	2 278	－	－	－	45	249	396	466	571	474	61	16	－
800.0 ～ 899.9	857	－	－	－	9	36	142	216	204	197	30	19	3
900.0 ～ 999.9	491	－	－	－	1	14	81	129	130	116	18	1	0
1000.0 ～ 1199.9	486	－	－	－	1	7	72	124	150	94	34	4	－
1200.0千円 ～	244	－	－	－	4	5	11	34	91	86	9	0	3
第1・十分位数（千円）	223.9	160.6	177.9	205.5	229.1	246.1	274.9	301.8	319.7	307.5	204.5	181.5	167.7
第1・四分位数（千円）	279.8	166.0	193.5	226.3	263.6	293.0	327.6	364.9	395.7	400.5	253.2	240.3	189.9
中位数（千円）	377.4	177.7	213.4	252.6	310.9	361.3	411.0	453.8	510.5	502.5	333.4	312.2	250.9
第3・四分位数（千円）	506.3	196.8	239.3	299.7	382.0	451.7	521.4	567.4	631.5	642.3	456.2	404.0	363.8
第9・十分位数（千円）	656.4	211.0	279.7	371.1	458.1	564.2	669.8	708.4	769.7	759.6	584.2	533.2	441.1
十分位分散係数	0.57	0.14	0.24	0.33	0.37	0.44	0.48	0.45	0.44	0.45	0.57	0.56	0.54
四分位分散係数	0.30	0.09	0.11	0.15	0.19	0.22	0.24	0.22	0.23	0.24	0.30	0.26	0.35
女													
学歴計	**21 324**	**104**	**1 913**	**3 076**	**3 208**	**3 045**	**3 448**	**2 812**	**1 894**	**1 142**	**527**	**106**	**50**
～ 99.9千円	－	－	－	－	－	－	－	－	－	－	－	－	－
100.0 ～ 119.9	54	－	4	7	0	8	17	4	8	4	2	0	－
120.0 ～ 139.9	278	3	29	25	22	32	47	48	21	28	15	7	3
140.0 ～ 159.9	964	12	147	88	114	140	160	111	61	56	51	14	10
160.0 ～ 179.9	1 405	47	281	209	196	118	149	117	118	76	68	14	13
180.0 ～ 199.9	1 523	37	344	282	242	180	187	95	76	39	35	4	1
200.0 ～ 219.9	2 061	2	383	510	216	285	245	195	138	40	39	5	2
220.0 ～ 239.9	2 391	4	341	597	387	375	211	215	108	93	48	13	－
240.0 ～ 259.9	2 169	－	230	412	418	371	309	214	75	88	29	15	7
260.0 ～ 279.9	1 705	－	58	220	278	337	369	233	86	61	53	8	1
280.0 ～ 299.9	1 377	－	31	195	381	215	208	186	89	58	7	6	－
300.0 ～ 319.9	1 278	－	9	132	244	158	267	254	144	42	21	4	3
320.0 ～ 339.9	1 060	－	21	106	141	156	196	205	81	105	48	－	－
340.0 ～ 359.9	655	－	25	66	64	104	147	91	89	49	4	9	7
360.0 ～ 379.9	648	－	7	54	136	73	120	88	94	55	21	1	－
380.0 ～ 399.9	600	－	－	21	101	69	113	129	93	60	13	－	－
400.0 ～ 449.9	1 031	－	－	100	120	174	187	159	152	125	14	－	－
450.0 ～ 499.9	597	－	－	39	56	79	135	137	73	44	29	2	4
500.0 ～ 549.9	523	－	－	13	34	49	126	112	154	14	21	－	－
550.0 ～ 599.9	312	－	－	2	29	43	77	54	68	38	－	－	－
600.0 ～ 699.9	343	－	1	－	11	38	76	100	80	36	1	－	0
700.0 ～ 799.9	165	－	－	－	16	17	79	20	16	14	－	4	－
800.0 ～ 899.9	57	－	－	－	1	11	2	3	31	1	9	－	－
900.0 ～ 999.9	23	－	－	－	－	12	－	1	8	1	－	－	－
1000.0 ～ 1199.9	15	－	－	－	1	－	11	1	2	－	－	－	－
1200.0千円 ～	91	－	－	－	－	－	9	36	28	18	－	－	－
第1・十分位数（千円）	171.8	156.2	160.7	178.5	178.8	180.8	176.3	180.2	177.0	165.2	155.2	146.3	151.4
第1・四分位数（千円）	211.9	163.6	180.9	208.9	220.5	219.8	225.7	233.3	229.1	231.4	178.0	164.3	159.9
中位数（千円）	258.2	173.7	208.9	233.9	260.6	260.6	282.4	298.2	325.6	312.2	247.0	228.6	179.8
第3・四分位数（千円）	335.4	186.3	233.6	275.2	313.7	329.8	371.8	386.1	446.1	401.0	336.0	272.9	312.5
第9・十分位数（千円）	449.6	195.4	254.6	336.8	389.9	430.5	505.4	517.1	582.8	525.3	463.7	346.0	348.6
十分位分散係数	0.54	0.11	0.22	0.34	0.41	0.48	0.58	0.56	0.62	0.58	0.62	0.44	0.55
四分位分散係数	0.24	0.07	0.13	0.14	0.18	0.21	0.26	0.26	0.33	0.27	0.32	0.24	0.42

第3表　年齢階級、所定内給与額階級別労働者数及び所定内給与額の分布特性値

企業規模	1,000人以上

L 学術研究，専門・技術サービス業

（単位十人）

区　分	年齢計	～19歳	20～24歳	25～29歳	30～34歳	35～39歳	40～44歳	45～49歳	50～54歳	55～59歳	60～64歳	65～69歳	70歳以上
企業規模1,000人以上													
男女計													
学歴計	33 938	140	1 316	3 824	4 503	3 948	5 216	5 217	4 182	3 426	1 621	494	50
～ 99.9 千円	–	–	–	–	–	–	–	–	–	–	–	–	–
100.0 ～ 119.9	17	–	1	1	–	–	5	2	6	1	2	–	–
120.0 ～ 139.9	166	3	5	11	15	17	46	25	12	22	10	3	–
140.0 ～ 159.9	377	7	19	57	26	57	42	55	33	39	38	5	0
160.0 ～ 179.9	549	84	100	27	67	35	69	50	37	38	32	10	–
180.0 ～ 199.9	691	36	217	82	66	49	62	22	25	14	102	8	7
200.0 ～ 219.9	897	11	276	275	84	66	40	18	20	8	80	19	–
220.0 ～ 239.9	1 327	–	255	495	181	93	50	74	32	16	100	30	–
240.0 ～ 259.9	1 435	–	136	613	266	102	90	39	34	23	115	14	3
260.0 ～ 279.9	1 402	–	76	435	375	135	142	65	35	26	98	16	–
280.0 ～ 299.9	1 537	–	59	395	392	228	161	91	39	37	96	40	–
300.0 ～ 319.9	1 816	–	47	388	486	244	211	176	96	60	68	41	–
320.0 ～ 339.9	1 491	–	21	188	349	235	179	178	67	109	103	62	–
340.0 ～ 359.9	1 418	–	93	128	356	158	235	162	108	85	75	17	–
360.0 ～ 379.9	1 388	–	10	137	276	264	268	177	104	77	52	23	–
380.0 ～ 399.9	1 514	–	0	47	248	289	310	280	107	120	75	37	–
400.0 ～ 449.9	3 824	–	–	372	666	578	581	648	341	442	111	47	40
450.0 ～ 499.9	3 124	–	–	76	220	437	635	709	488	406	113	40	–
500.0 ～ 549.9	2 377	–	–	54	105	306	538	605	327	273	142	28	–
550.0 ～ 599.9	1 967	–	–	32	110	144	362	392	524	350	41	11	–
600.0 ～ 699.9	3 168	–	–	13	155	276	586	642	799	578	90	29	0
700.0 ～ 799.9	1 821	–	–	–	55	192	400	367	436	338	29	4	–
800.0 ～ 899.9	676	–	–	–	8	23	94	165	189	169	20	9	–
900.0 ～ 999.9	380	–	–	–	–	16	51	109	114	80	9	1	0
1000.0 ～ 1199.9	325	–	–	–	–	6	48	103	106	43	17	2	–
1200.0千円 ～	250	–	–	–	–	–	11	62	102	73	2	–	–
第1・十分位数（千円）	231.6	160.8	180.7	215.3	241.4	255.6	276.5	306.6	333.7	328.9	194.2	224.0	187.0
第1・四分位数（千円）	300.9	164.5	199.0	240.3	282.6	316.8	357.4	392.3	444.2	424.6	250.8	285.1	402.0
中位数（千円）	411.6	171.4	222.8	275.8	337.0	400.2	457.3	489.3	569.7	532.4	332.7	350.4	422.9
第3・四分位数（千円）	552.6	183.2	254.0	327.3	413.2	496.2	579.6	616.6	682.9	672.7	457.7	450.6	443.1
第9・十分位数（千円）	701.7	189.0	311.2	422.3	494.2	627.9	707.8	766.1	829.4	808.0	606.3	557.3	447.4
十分位分散係数	0.57	0.08	0.29	0.38	0.38	0.47	0.47	0.47	0.44	0.45	0.62	0.48	0.31
四分位分散係数	0.31	0.05	0.12	0.16	0.19	0.22	0.24	0.23	0.21	0.23	0.31	0.24	0.05
男													
学歴計	27 421	121	916	2 880	3 462	3 170	4 065	4 274	3 509	2 981	1 515	477	50
～ 99.9 千円	–	–	–	–	–	–	–	–	–	–	–	–	–
100.0 ～ 119.9	3	–	1	–	–	–	2	–	–	–	1	–	–
120.0 ～ 139.9	29	1	3	1	2	2	12	1	2	3	2	2	–
140.0 ～ 159.9	105	6	10	25	9	19	–	3	3	2	24	5	0
160.0 ～ 179.9	211	72	57	13	3	16	11	6	3	2	23	5	–
180.0 ～ 199.9	365	33	141	45	18	9	8	8	7	1	83	6	7
200.0 ～ 219.9	596	11	196	222	52	9	8	3	2	4	73	19	–
220.0 ～ 239.9	848	–	185	383	73	44	11	17	7	6	95	28	–
240.0 ～ 259.9	974	–	88	470	183	52	31	11	15	9	100	14	3
260.0 ～ 279.9	1 015	–	56	334	310	77	58	42	17	12	93	16	–
280.0 ～ 299.9	1 169	–	48	306	296	180	119	22	30	32	96	40	–
300.0 ～ 319.9	1 389	–	38	292	381	210	155	105	56	46	66	41	–
320.0 ～ 339.9	1 176	–	20	145	301	198	121	118	54	52	103	62	–
340.0 ～ 359.9	1 186	–	69	92	317	144	188	145	84	55	75	17	–
360.0 ～ 379.9	1 135	–	4	108	220	236	218	146	64	64	52	23	–
380.0 ～ 399.9	1 257	–	0	27	186	265	286	193	88	101	74	37	–
400.0 ～ 449.9	3 292	–	–	292	583	502	510	573	256	388	101	47	40
450.0 ～ 499.9	2 782	–	–	38	177	377	536	652	468	384	112	37	–
500.0 ～ 549.9	2 087	–	–	44	76	263	452	541	274	267	142	28	–
550.0 ～ 599.9	1 738	–	–	30	81	116	302	369	470	318	41	11	–
600.0 ～ 699.9	2 934	–	–	13	145	254	531	573	743	557	90	29	–
700.0 ～ 799.9	1 675	–	–	–	42	176	322	350	423	334	29	–	–
800.0 ～ 899.9	623	–	–	–	8	14	94	162	158	168	11	9	–
900.0 ～ 999.9	358	–	–	–	–	4	51	108	106	79	9	1	0
1000.0 ～ 1199.9	310	–	–	–	–	6	37	101	104	43	17	2	–
1200.0千円 ～	160	–	–	–	–	–	2	26	75	55	2	–	–
第1・十分位数（千円）	252.5	161.2	183.5	218.6	260.6	290.6	319.0	353.4	382.1	382.2	204.4	228.3	187.0
第1・四分位数（千円）	322.3	164.9	201.7	241.2	295.4	337.2	383.9	417.4	465.3	445.7	256.8	286.7	402.0
中位数（千円）	432.7	172.4	225.0	276.6	345.9	408.9	474.1	510.9	584.0	560.6	339.5	351.6	422.8
第3・四分位数（千円）	575.6	184.0	261.4	327.9	419.4	504.5	604.6	636.6	697.9	685.3	459.8	449.1	443.0
第9・十分位数（千円）	713.8	189.5	322.5	422.5	504.4	638.8	716.6	792.0	843.1	818.0	608.1	555.0	447.3
十分位分散係数	0.53	0.08	0.31	0.37	0.35	0.43	0.42	0.43	0.39	0.39	0.59	0.46	0.31
四分位分散係数	0.29	0.06	0.13	0.16	0.18	0.20	0.23	0.21	0.20	0.21	0.30	0.23	0.05

第3表　年齢階級、所定内給与額階級別労働者数及び所定内給与額の分布特性値

企業規模	1,000人以上
	100～999人

L 学術研究，専門・技術サービス業

（単位十人）

区分	年齢計	～19歳	20～24歳	25～29歳	30～34歳	35～39歳	40～44歳	45～49歳	50～54歳	55～59歳	60～64歳	65～69歳	70歳以上
女													
学歴計	**6 518**	**19**	**401**	**945**	**1 041**	**778**	**1 152**	**943**	**672**	**445**	**105**	**17**	**0**
～ 99.9 千円	–	–	–	–	–	–	–	–	–	–	–	–	–
100.0 ～ 119.9	14	–	–	1	–	–	3	2	6	1	1	–	–
120.0 ～ 139.9	137	2	2	10	13	15	34	24	10	19	8	1	–
140.0 ～ 159.9	272	1	9	32	17	38	42	52	30	37	14	–	–
160.0 ～ 179.9	338	12	43	14	64	19	58	44	34	36	9	5	–
180.0 ～ 199.9	326	3	77	37	48	40	55	14	18	13	19	2	–
200.0 ～ 219.9	301	–	81	53	32	58	33	15	19	5	7	–	–
220.0 ～ 239.9	479	–	70	112	108	49	40	57	25	10	6	3	–
240.0 ～ 259.9	461	–	49	143	83	51	59	28	19	15	15	–	–
260.0 ～ 279.9	386	–	20	101	64	58	84	23	18	14	5	–	–
280.0 ～ 299.9	368	–	11	89	95	48	42	70	9	5	–	–	–
300.0 ～ 319.9	427	–	9	96	104	34	56	71	40	14	2	–	–
320.0 ～ 339.9	316	–	1	43	47	36	58	61	13	57	–	–	–
340.0 ～ 359.9	232	–	24	36	39	14	47	17	24	31	–	–	–
360.0 ～ 379.9	253	–	6	29	56	28	49	31	40	13	–	–	–
380.0 ～ 399.9	256	–	–	20	62	25	23	87	19	20	1	–	–
400.0 ～ 449.9	532	–	–	80	84	76	70	75	85	53	10	–	–
450.0 ～ 499.9	342	–	–	37	43	60	99	57	20	22	2	2	–
500.0 ～ 549.9	290	–	–	10	29	43	86	64	53	6	–	–	–
550.0 ～ 599.9	229	–	–	2	29	29	61	23	54	32	–	–	–
600.0 ～ 699.9	234	–	–	–	10	22	55	69	56	21	–	–	0
700.0 ～ 799.9	146	–	–	–	13	16	78	17	12	5	–	4	–
800.0 ～ 899.9	53	–	–	–	–	9	–	3	31	1	9	–	–
900.0 ～ 999.9	23	–	–	–	–	12	–	1	8	1	–	–	–
1000.0 ～ 1199.9	14	–	–	–	–	–	11	1	2	–	–	–	–
1200.0千円 ～	90	–	–	–	–	–	9	36	27	18	–	–	–
第1・十分位数（千円）	171.4	139.4	174.2	200.3	186.4	182.1	173.4	165.2	169.6	154.0	142.4	–	–
第1・四分位数（千円）	230.9	161.9	193.3	237.4	235.8	227.5	246.4	259.4	264.2	223.9	164.2	–	–
中位数（千円）	309.0	167.9	217.6	273.2	298.8	305.7	348.0	352.7	412.7	339.3	212.7	–	–
第3・四分位数（千円）	427.1	176.9	245.8	325.8	383.5	448.0	503.2	478.8	569.2	440.1	262.5	–	–
第9・十分位数（千円）	571.7	184.3	300.4	419.2	476.5	561.6	670.6	652.7	821.1	602.1	430.0	–	–
十分位分散係数	0.65	0.13	0.29	0.40	0.49	0.62	0.71	0.69	0.79	0.66	0.68	–	–
四分位分散係数	0.32	0.04	0.12	0.16	0.25	0.36	0.37	0.31	0.37	0.32	0.23	–	–
企業規模 100 ～ 999 人													
男女計													
学歴計	**24 350**	**100**	**1 716**	**2 948**	**2 918**	**3 437**	**3 940**	**3 428**	**2 420**	**1 864**	**1 229**	**307**	**44**
～ 99.9 千円	–	–	–	–	–	–	–	–	–	–	–	–	–
100.0 ～ 119.9	15	–	1	3	–	3	2	1	2	2	1	–	–
120.0 ～ 139.9	95	–	11	20	10	7	9	11	8	6	7	5	3
140.0 ～ 159.9	255	8	18	14	29	26	48	17	18	16	31	28	4
160.0 ～ 179.9	547	64	130	59	39	59	49	24	35	25	44	16	4
180.0 ～ 199.9	909	15	329	221	117	51	69	25	16	16	44	4	2
200.0 ～ 219.9	1 739	0	468	498	171	142	94	107	69	37	127	23	3
220.0 ～ 239.9	2 145	3	374	731	280	299	123	126	56	63	84	2	2
240.0 ～ 259.9	1 932	10	213	466	430	281	187	140	47	57	72	12	16
260.0 ～ 279.9	1 740	–	87	261	346	393	295	150	56	25	102	23	–
280.0 ～ 299.9	1 515	–	33	196	398	319	253	134	66	42	39	34	1
300.0 ～ 319.9	1 588	–	27	180	307	255	339	234	106	57	59	23	–
320.0 ～ 339.9	1 397	–	22	95	186	254	304	230	141	69	86	10	–
340.0 ～ 359.9	953	–	1	56	112	248	183	168	67	65	38	15	1
360.0 ～ 379.9	1 119	–	1	49	148	191	180	177	186	96	64	27	1
380.0 ～ 399.9	1 043	–	–	10	44	130	316	204	193	96	47	1	1
400.0 ～ 449.9	2 080	–	1	63	143	281	516	439	256	236	108	37	–
450.0 ～ 499.9	1 226	–	–	1	44	152	209	302	237	180	92	7	–
500.0 ～ 549.9	1 234	–	–	20	59	143	286	281	218	159	54	15	–
550.0 ～ 599.9	948	–	–	0	12	82	186	252	238	145	32	1	–
600.0 ～ 699.9	928	–	1	3	34	27	130	249	203	246	33	1	1
700.0 ～ 799.9	466	–	–	–	5	59	59	76	118	116	20	13	–
800.0 ～ 899.9	179	–	–	–	2	23	35	44	22	25	15	10	3
900.0 ～ 999.9	103	–	–	–	1	11	26	18	15	24	9	–	–
1000.0 ～ 1199.9	134	–	–	–	1	–	33	12	41	32	16	–	–
1200.0千円 ～	60	–	–	–	–	–	6	8	6	30	7	0	3
第1・十分位数（千円）	208.4	160.6	180.8	198.5	211.0	223.5	240.0	243.8	256.3	248.2	198.0	159.2	154.8
第1・四分位数（千円）	243.9	164.3	196.5	217.7	244.1	259.3	288.4	311.5	337.9	356.3	233.6	223.8	185.0
中位数（千円）	316.2	170.7	216.1	238.0	281.7	311.1	361.3	397.1	426.6	463.7	321.5	303.4	253.3
第3・四分位数（千円）	425.5	187.0	237.1	275.3	327.6	385.8	448.5	512.8	554.3	601.0	421.0	403.4	292.9
第9・十分位数（千円）	565.9	239.9	260.1	320.4	404.2	500.3	569.7	615.7	664.8	712.2	561.9	508.5	897.1
十分位分散係数	0.57	0.23	0.18	0.26	0.34	0.44	0.46	0.47	0.48	0.50	0.57	0.58	1.47
四分位分散係数	0.29	0.07	0.09	0.12	0.15	0.20	0.22	0.25	0.25	0.26	0.29	0.30	0.21

第3表　年齢階級、所定内給与額階級別労働者数及び所定内給与額の分布特性値

企業規模	100～999人

L 学術研究，専門・技術サービス業

（単位十人）

区　分	年齢計	～19歳	20～24歳	25～29歳	30～34歳	35～39歳	40～44歳	45～49歳	50～54歳	55～59歳	60～64歳	65～69歳	70歳以上
男													
学歴計	**16 992**	**69**	**973**	**1 828**	**1 768**	**2 222**	**2 845**	**2 584**	**1 807**	**1 542**	**1 049**	**270**	**36**
～ 99.9 千円	–	–	–	–	–	–	–	–	–	–	–	–	–
100.0 ～ 119.9	5	–	–	3	–	1	–	–	2	–	–	–	–
120.0 ～ 139.9	35	–	3	13	8	–	2	3	0	2	1	4	1
140.0 ～ 159.9	75	8	12	4	6	4	3	2	2	7	10	17	–
160.0 ～ 179.9	235	45	69	11	18	10	24	7	11	10	20	9	2
180.0 ～ 199.9	492	5	230	85	49	28	36	5	3	9	39	3	2
200.0 ～ 219.9	896	0	284	273	74	47	16	29	15	22	110	23	3
220.0 ～ 239.9	1 092	1	165	447	122	117	55	58	21	37	66	2	2
240.0 ～ 259.9	1 090	10	105	312	255	109	87	57	22	34	71	12	16
260.0 ～ 279.9	1 065	–	62	192	259	202	155	44	26	19	88	16	–
280.0 ～ 299.9	913	–	13	141	195	209	170	81	23	11	39	30	1
300.0 ～ 319.9	1 178	–	27	154	219	210	217	171	49	50	58	23	–
320.0 ～ 339.9	875	–	2	61	124	168	212	119	87	43	50	10	–
340.0 ～ 359.9	758	–	–	31	91	202	133	138	57	58	38	9	1
360.0 ～ 379.9	856	–	–	28	77	152	128	163	146	69	64	27	1
380.0 ～ 399.9	820	–	–	9	16	105	261	186	135	71	35	1	1
400.0 ～ 449.9	1 719	–	1	43	111	205	433	382	213	190	105	37	–
450.0 ～ 499.9	1 096	–	–	–	34	137	192	283	197	164	82	7	–
500.0 ～ 549.9	1 143	–	–	17	59	141	271	251	189	157	43	15	–
550.0 ～ 599.9	888	–	–	0	12	68	182	227	228	139	32	1	–
600.0 ～ 699.9	838	–	–	3	34	15	112	225	182	234	33	1	1
700.0 ～ 799.9	448	–	–	–	2	59	59	73	115	107	20	13	–
800.0 ～ 899.9	177	–	–	–	2	23	34	44	22	25	15	10	3
900.0 ～ 999.9	103	–	–	–	1	11	26	18	15	24	9	–	–
1000.0 ～ 1199.9	134	–	–	–	1	–	33	12	41	32	16	–	–
1200.0千円 ～	60	–	–	–	–	–	6	8	6	30	7	0	3
第1・十分位数（千円）	219.2	159.0	181.2	208.5	223.9	243.9	270.7	293.2	321.6	301.1	206.2	172.9	188.0
第1・四分位数（千円）	266.1	163.6	194.2	223.2	253.9	282.7	314.9	351.1	378.3	382.6	245.9	256.9	250.1
中位数（千円）	354.9	170.1	212.1	244.1	289.2	340.9	393.7	429.4	479.3	493.2	326.8	310.4	255.8
第3・四分位数（千円）	478.4	179.4	235.1	286.4	339.4	418.3	501.1	538.3	580.5	612.5	436.4	407.4	376.7
第9・十分位数（千円）	603.6	243.1	261.3	322.6	432.6	528.2	593.2	645.4	705.0	739.9	574.5	529.3	899.4
十分位分散係数	0.54	0.25	0.19	0.23	0.36	0.42	0.41	0.41	0.40	0.44	0.56	0.57	1.39
四分位分散係数	0.30	0.05	0.10	0.13	0.15	0.20	0.24	0.22	0.21	0.23	0.29	0.24	0.25
女													
学歴計	**7 359**	**31**	**743**	**1 120**	**1 151**	**1 214**	**1 095**	**844**	**614**	**322**	**180**	**37**	**8**
～ 99.9 千円	–	–	–	–	–	–	–	–	–	–	–	–	–
100.0 ～ 119.9	10	–	1	1	–	2	2	1	1	2	1	–	–
120.0 ～ 139.9	60	–	8	7	2	7	7	9	7	4	6	1	2
140.0 ～ 159.9	181	–	6	10	23	22	45	15	16	8	21	11	4
160.0 ～ 179.9	312	19	60	47	22	49	26	17	24	15	24	7	2
180.0 ～ 199.9	416	10	99	136	69	23	33	20	14	7	5	1	–
200.0 ～ 219.9	843	–	184	225	96	95	78	78	54	15	17	–	–
220.0 ～ 239.9	1 053	3	210	284	158	182	68	68	36	27	18	–	–
240.0 ～ 259.9	842	–	108	155	175	172	100	84	25	23	1	–	–
260.0 ～ 279.9	675	–	25	69	87	191	140	106	30	6	14	7	–
280.0 ～ 299.9	602	–	20	55	204	110	83	53	42	31	–	4	–
300.0 ～ 319.9	410	–	–	26	89	45	122	63	57	7	2	–	–
320.0 ～ 339.9	522	–	20	34	62	86	93	111	54	26	36	–	–
340.0 ～ 359.9	196	–	1	25	21	46	50	30	10	7	–	6	–
360.0 ～ 379.9	263	–	1	21	71	39	52	14	39	27	–	–	–
380.0 ～ 399.9	223	–	–	1	29	26	55	17	58	24	12	–	–
400.0 ～ 449.9	361	–	–	20	32	76	83	56	43	47	3	–	–
450.0 ～ 499.9	130	–	–	1	10	15	18	18	41	16	10	–	–
500.0 ～ 549.9	91	–	–	3	–	2	15	30	28	2	11	–	–
550.0 ～ 599.9	60	–	–	–	–	14	5	25	10	6	–	–	–
600.0 ～ 699.9	90	–	1	–	–	12	19	24	22	13	–	–	–
700.0 ～ 799.9	18	–	–	–	3	–	–	3	3	9	–	–	–
800.0 ～ 899.9	2	–	–	–	–	–	2	–	–	–	–	–	–
900.0 ～ 999.9	–	–	–	–	–	–	–	–	–	–	–	–	–
1000.0 ～ 1199.9	–	–	–	–	–	–	–	–	–	–	–	–	–
1200.0千円 ～	–	–	–	–	–	–	–	–	–	–	–	–	–
第1・十分位数（千円）	189.9	162.2	179.8	190.2	200.0	204.3	198.1	206.2	200.1	185.5	154.2	146.9	–
第1・四分位数（千円）	220.3	165.5	201.6	209.5	228.3	230.3	243.5	240.4	244.9	242.5	176.2	156.1	–
中位数（千円）	259.0	173.0	221.0	228.6	268.2	263.8	289.6	288.4	320.6	328.1	239.7	169.9	–
第3・四分位数（千円）	326.2	194.4	238.7	255.8	308.3	325.1	345.6	344.2	394.9	430.8	337.8	281.8	–
第9・十分位数（千円）	401.2	199.6	258.7	316.8	369.4	393.1	408.4	489.1	502.6	480.7	463.1	343.8	–
十分位分散係数	0.41	0.11	0.18	0.28	0.32	0.36	0.36	0.49	0.47	0.45	0.64	0.58	–
四分位分散係数	0.20	0.08	0.08	0.10	0.15	0.18	0.18	0.18	0.23	0.29	0.34	0.37	–

第3表　年齢階級、所定内給与額階級別労働者数及び所定内給与額の分布特性値

企業規模	10～99人

L 学術研究，専門・技術サービス業

（単位十人）

区　分	年齢計	～19歳	20～24歳	25～29歳	30～34歳	35～39歳	40～44歳	45～49歳	50～54歳	55～59歳	60～64歳	65～69歳	70歳以上
企業規模10～99人													
男女計													
学歴計	22 190	173	1 446	2 555	2 695	2 760	3 651	3 045	2 180	1 596	1 279	587	222
～ 99.9千円	-	-	-	-	-	-	-	-	-	-	-	-	-
100.0 ～ 119.9	48	1	9	11	1	7	11	1	1	1	2	2	1
120.0 ～ 139.9	203	1	25	17	22	30	25	21	8	14	8	21	12
140.0 ～ 159.9	688	22	160	65	93	97	78	47	17	17	36	45	12
160.0 ～ 179.9	1 121	40	274	204	148	81	81	70	64	29	59	27	41
180.0 ～ 199.9	1 439	61	345	276	190	155	135	77	65	22	56	37	20
200.0 ～ 219.9	1 866	45	282	494	213	201	191	134	104	48	84	43	28
220.0 ～ 239.9	2 017	1	169	574	375	263	190	149	71	89	75	51	10
240.0 ～ 259.9	2 093	3	115	382	371	340	303	190	88	120	84	62	35
260.0 ～ 279.9	1 649	-	33	189	346	250	299	198	112	80	110	30	3
280.0 ～ 299.9	1 421	-	31	168	241	216	292	206	90	100	50	25	2
300.0 ～ 319.9	1 443	-	1	52	205	227	289	264	146	74	118	49	19
320.0 ～ 339.9	1 088	-	-	59	163	157	268	182	95	74	50	33	8
340.0 ～ 359.9	1 044	-	-	17	57	225	219	207	164	65	60	22	9
360.0 ～ 379.9	922	-	2	23	66	93	214	220	98	98	60	36	12
380.0 ～ 399.9	804	-	-	3	40	97	190	185	136	102	41	7	3
400.0 ～ 449.9	1 497	-	-	9	78	171	354	299	254	195	97	38	2
450.0 ～ 499.9	957	-	-	5	21	56	244	258	153	125	81	8	6
500.0 ～ 549.9	818	-	-	-	40	54	112	140	251	89	120	12	-
550.0 ～ 599.9	357	-	-	3	12	2	41	62	129	83	7	17	-
600.0 ～ 699.9	403	-	-	6	8	17	73	67	50	99	66	19	1
700.0 ～ 799.9	157	-	-	-	1	15	16	44	34	33	13	3	-
800.0 ～ 899.9	59	-	-	-	1	2	15	11	24	4	4	-	-
900.0 ～ 999.9	30	-	-	-	-	-	4	4	8	14	-	-	-
1000.0 ～ 1199.9	43	-	-	-	1	1	3	11	6	19	-	2	-
1200.0千円 ～	25	-	-	-	4	5	4	0	11	1	1	-	-
第1・十分位数（千円）	182.3	156.5	154.0	177.1	180.5	189.9	203.3	213.1	213.6	229.1	189.4	157.7	157.0
第1・四分位数（千円）	221.7	169.6	172.5	203.3	220.3	229.3	252.4	266.3	283.3	275.0	240.1	205.3	176.4
中位数（千円）	279.6	188.2	194.8	226.8	256.1	276.9	315.1	337.7	369.8	373.4	309.1	264.1	209.4
第3・四分位数（千円）	371.4	202.1	219.1	254.9	302.0	342.8	394.3	418.8	490.0	470.6	427.2	354.1	302.5
第9・十分位数（千円）	478.6	213.0	244.5	288.6	360.3	409.6	475.6	510.5	569.3	602.6	529.8	481.5	361.7
十分位分散係数	0.53	0.15	0.23	0.25	0.35	0.40	0.43	0.44	0.48	0.50	0.55	0.61	0.49
四分位分散係数	0.27	0.09	0.12	0.11	0.16	0.20	0.23	0.23	0.28	0.26	0.30	0.28	0.30
男													
学歴計	14 742	120	677	1 544	1 679	1 707	2 450	2 020	1 572	1 221	1 037	535	181
～ 99.9千円	-	-	-	-	-	-	-	-	-	-	-	-	-
100.0 ～ 119.9	18	1	5	5	1	1	-	-	-	0	2	1	1
120.0 ～ 139.9	122	-	7	10	15	21	18	5	5	9	7	15	11
140.0 ～ 159.9	176	11	27	19	18	17	5	4	2	7	19	42	6
160.0 ～ 179.9	366	25	96	57	38	31	16	14	5	4	24	25	31
180.0 ～ 199.9	659	37	176	167	64	38	36	17	21	3	45	36	19
200.0 ～ 219.9	949	43	164	262	125	68	56	32	38	28	69	38	25
220.0 ～ 239.9	1 158	-	108	373	253	119	87	60	24	33	51	40	10
240.0 ～ 259.9	1 228	3	41	268	210	192	153	87	57	70	71	47	28
260.0 ～ 279.9	1 005	-	20	139	219	162	154	93	74	39	76	29	1
280.0 ～ 299.9	1 015	-	31	118	159	158	209	142	52	78	43	23	2
300.0 ～ 319.9	1 002	-	-	41	154	147	200	144	100	54	101	45	16
320.0 ～ 339.9	866	-	-	30	132	123	223	148	81	51	37	33	8
340.0 ～ 359.9	816	-	-	11	53	181	169	163	109	53	55	19	2
360.0 ～ 379.9	789	-	2	19	56	87	196	178	83	83	38	35	12
380.0 ～ 399.9	682	-	-	3	30	78	156	160	120	86	41	7	3
400.0 ～ 449.9	1 359	-	-	9	75	149	320	271	230	170	96	38	2
450.0 ～ 499.9	831	-	-	5	19	51	226	196	141	119	64	8	2
500.0 ～ 549.9	677	-	-	-	35	50	87	122	177	83	110	12	-
550.0 ～ 599.9	334	-	-	3	11	1	29	57	125	83	7	17	-
600.0 ～ 699.9	384	-	-	6	7	13	70	59	48	97	65	19	1
700.0 ～ 799.9	155	-	-	-	1	14	15	44	33	33	13	3	-
800.0 ～ 899.9	57	-	-	-	-	-	15	11	24	4	4	-	-
900.0 ～ 999.9	30	-	-	-	-	-	4	4	8	14	-	-	-
1000.0 ～ 1199.9	42	-	-	-	-	1	3	11	6	19	-	2	-
1200.0千円 ～	24	-	-	-	4	5	4	0	10	1	1	-	-
第1・十分位数（千円）	202.7	160.2	170.3	188.9	205.5	218.9	243.6	257.1	261.5	253.7	202.1	158.6	158.6
第1・四分位数（千円）	244.2	174.9	184.4	209.8	232.6	252.9	290.5	306.8	325.3	309.5	253.1	205.5	177.9
中位数（千円）	312.1	195.5	202.7	233.5	271.3	305.7	349.7	369.7	403.3	402.4	327.2	274.6	209.2
第3・四分位数（千円）	405.5	206.8	225.0	259.8	320.3	367.1	424.7	449.6	511.3	514.4	453.8	362.8	300.2
第9・十分位数（千円）	513.0	215.3	254.5	294.6	390.7	429.5	495.4	534.1	587.6	616.4	542.6	500.8	362.1
十分位分散係数	0.50	0.14	0.21	0.23	0.34	0.34	0.36	0.37	0.40	0.45	0.52	0.62	0.49
四分位分散係数	0.26	0.08	0.10	0.11	0.16	0.19	0.19	0.19	0.23	0.25	0.31	0.29	0.29

第3表　年齢階級、所定内給与額階級別労働者数及び所定内給与額の分布特性値

企業規模	10～99人
	計

L 学術研究，専門・技術サービス業　M 宿泊業，飲食サービス業

（単位十人）

区分	年齢計	～19歳	20～24歳	25～29歳	30～34歳	35～39歳	40～44歳	45～49歳	50～54歳	55～59歳	60～64歳	65～69歳	70歳以上
女													
学歴計	**7 448**	**53**	**769**	**1 011**	**1 016**	**1 053**	**1 201**	**1 025**	**609**	**375**	**242**	**52**	**42**
～ 99.9 千円	–	–	–	–	–	–	–	–	–	–	–	–	–
100.0 ～ 119.9	30	–	4	6	0	6	11	1	1	1	–	0	–
120.0 ～ 139.9	81	1	18	7	7	10	7	16	3	5	1	5	1
140.0 ～ 159.9	512	11	133	46	75	81	73	43	15	10	17	3	6
160.0 ～ 179.9	755	15	178	147	111	49	65	56	60	25	36	2	11
180.0 ～ 199.9	781	24	169	109	125	118	100	60	45	19	11	1	1
200.0 ～ 219.9	917	2	118	232	88	132	134	102	66	20	15	5	2
220.0 ～ 239.9	859	1	61	201	121	144	103	89	47	56	24	10	–
240.0 ～ 259.9	866	–	74	114	160	149	150	103	31	50	13	15	7
260.0 ～ 279.9	644	–	13	49	127	88	145	105	38	42	34	1	1
280.0 ～ 299.9	406	–	–	50	82	57	83	64	38	22	7	2	–
300.0 ～ 319.9	441	–	1	11	51	80	89	120	46	20	17	4	3
320.0 ～ 339.9	222	–	–	29	31	34	46	34	14	23	12	–	–
340.0 ～ 359.9	227	–	–	6	4	44	50	43	55	12	4	3	7
360.0 ～ 379.9	133	–	–	4	10	6	18	43	15	15	21	1	–
380.0 ～ 399.9	121	–	–	0	10	19	35	25	16	16	–	–	–
400.0 ～ 449.9	137	–	–	–	4	22	34	28	25	24	1	–	–
450.0 ～ 499.9	126	–	–	–	3	5	18	62	12	6	17	–	4
500.0 ～ 549.9	142	–	–	–	5	4	25	18	73	6	10	–	–
550.0 ～ 599.9	23	–	–	–	1	1	12	5	4	1	–	–	–
600.0 ～ 699.9	20	–	–	–	1	4	3	7	2	2	1	–	–
700.0 ～ 799.9	2	–	–	–	–	1	1	–	1	–	–	–	–
800.0 ～ 899.9	2	–	–	–	1	2	–	–	–	–	–	–	–
900.0 ～ 999.9	–	–	–	–	–	–	–	–	–	–	–	–	–
1000.0 ～ 1199.9	1	–	–	–	1	–	–	–	–	–	–	–	–
1200.0千円 ～	1	–	–	–	–	–	–	–	1	–	–	–	–
第1・十分位数（千円）	163.3	153.8	148.4	169.9	164.2	163.3	169.3	175.8	173.9	176.1	162.1	139.0	154.9
第1・四分位数（千円）	192.1	162.1	163.6	189.0	189.0	200.0	205.7	215.7	211.3	227.8	188.5	203.7	173.2
中位数（千円）	234.7	180.1	185.4	217.5	235.1	238.3	252.2	265.7	278.5	260.3	262.5	230.0	241.6
第3・四分位数（千円）	285.7	186.0	212.5	244.3	271.8	283.1	307.9	323.6	358.6	326.7	334.4	258.5	319.9
第9・十分位数（千円）	357.2	189.5	241.5	279.2	306.3	340.4	383.9	432.7	528.0	401.3	466.1	305.3	349.6
十分位分散係数	0.41	0.10	0.25	0.25	0.30	0.37	0.43	0.48	0.64	0.43	0.58	0.36	0.40
四分位分散係数	0.20	0.07	0.13	0.13	0.18	0.17	0.20	0.20	0.26	0.19	0.28	0.12	0.30
M宿泊業，飲食サービス業													
企業規模計													
男女計													
学歴計	**48 366**	**1 022**	**5 399**	**5 345**	**5 267**	**5 655**	**6 275**	**5 748**	**4 493**	**3 864**	**3 151**	**1 649**	**499**
～ 99.9 千円	35	–	5	–	–	3	–	4	3	7	6	6	1
100.0 ～ 119.9	536	22	50	29	30	43	48	43	40	28	91	73	38
120.0 ～ 139.9	2 049	109	233	158	144	105	150	208	140	190	331	199	82
140.0 ～ 159.9	4 443	344	842	403	353	271	312	348	335	392	444	298	101
160.0 ～ 179.9	5 844	280	1 517	748	515	376	418	401	444	334	472	262	78
180.0 ～ 199.9	5 829	153	1 191	1 039	635	478	463	408	400	392	407	217	47
200.0 ～ 219.9	5 326	54	782	925	754	695	477	476	304	335	309	143	73
220.0 ～ 239.9	4 351	48	424	627	694	607	526	470	394	248	204	99	11
240.0 ～ 259.9	4 020	13	146	553	638	674	627	405	330	308	219	80	28
260.0 ～ 279.9	3 039	–	97	279	459	528	554	414	265	233	132	58	21
280.0 ～ 299.9	2 393	1	46	195	279	434	464	332	270	246	72	55	1
300.0 ～ 319.9	2 324	–	42	162	255	390	520	410	220	165	115	42	1
320.0 ～ 339.9	1 766	–	16	68	126	348	410	350	229	150	54	14	–
340.0 ～ 359.9	1 464	–	6	60	128	176	330	360	173	144	56	20	12
360.0 ～ 379.9	1 063	–	1	10	71	155	275	249	160	83	54	6	–
380.0 ～ 399.9	817	–	–	57	36	110	179	136	146	112	34	7	–
400.0 ～ 449.9	1 488	–	–	27	67	138	282	354	296	190	88	43	3
450.0 ～ 499.9	630	–	–	5	38	49	76	167	136	116	23	20	–
500.0 ～ 549.9	507	–	1	–	32	28	89	113	135	87	20	2	–
550.0 ～ 599.9	190	–	–	–	11	30	27	37	24	47	11	–	3
600.0 ～ 699.9	167	–	–	–	–	11	25	45	28	45	6	7	–
700.0 ～ 799.9	51	–	–	–	1	4	10	12	12	9	4	–	–
800.0 ～ 899.9	18	–	–	1	1	4	4	3	5	1	–	–	–
900.0 ～ 999.9	7	–	–	–	–	–	5	1	0	1	0	–	–
1000.0 ～ 1199.9	–	–	–	–	–	–	–	–	–	–	–	–	–
1200.0千円 ～	7	–	–	–	–	–	4	–	4	–	–	–	–
第1・十分位数（千円）	151.3	136.2	148.2	157.5	159.9	167.1	165.3	158.8	156.0	149.2	134.4	130.6	123.4
第1・四分位数（千円）	177.3	147.3	163.1	180.0	188.8	204.0	207.1	201.0	187.7	180.7	156.7	148.7	141.4
中位数（千円）	220.6	162.2	180.8	206.2	225.8	247.8	264.5	265.2	251.6	240.4	190.1	178.9	167.6
第3・四分位数（千円）	286.3	181.4	204.5	242.4	267.9	301.2	326.8	342.9	339.6	322.6	250.8	227.4	205.5
第9・十分位数（千円）	361.9	205.0	230.4	285.5	318.5	355.4	386.8	415.0	432.9	425.0	333.5	297.4	253.6
十分位分散係数	0.48	0.21	0.23	0.31	0.35	0.38	0.42	0.48	0.55	0.57	0.52	0.47	0.39
四分位分散係数	0.25	0.11	0.11	0.15	0.18	0.20	0.23	0.27	0.30	0.30	0.25	0.22	0.19

第3表　年齢階級、所定内給与額階級別労働者数及び所定内給与額の分布特性値

企業規模	計

M 宿泊業，飲食サービス業

（単位十人）

区　分	年齢計	～19歳	20～24歳	25～29歳	30～34歳	35～39歳	40～44歳	45～49歳	50～54歳	55～59歳	60～64歳	65～69歳	70歳以上
男													
学　歴　計	**28 519**	**394**	**2 288**	**2 875**	**3 210**	**3 747**	**4 340**	**3 774**	**2 764**	**2 348**	**1 729**	**845**	**204**
～ 99.9千円	6	－	2	－	－	－	－	－	－	4	－	－	－
100.0 ～ 119.9	146	21	28	16	4	10	8	0	3	5	18	19	16
120.0 ～ 139.9	603	46	102	84	57	17	34	44	20	38	86	55	19
140.0 ～ 159.9	1 462	104	343	185	171	96	82	69	69	84	124	99	35
160.0 ～ 179.9	2 305	116	580	328	246	175	145	119	136	103	199	128	29
180.0 ～ 199.9	2 540	64	540	444	292	215	226	137	145	137	200	119	22
200.0 ～ 219.9	2 753	15	293	473	438	396	278	234	143	180	193	86	25
220.0 ～ 239.9	2 576	27	200	327	391	401	360	269	241	152	137	64	8
240.0 ～ 259.9	2 742	1	58	370	472	445	400	312	206	232	169	59	18
260.0 ～ 279.9	2 219	－	70	185	296	371	429	328	182	186	117	41	14
280.0 ～ 299.9	1 807	1	33	139	185	314	356	270	205	198	61	44	1
300.0 ～ 319.9	1 932	－	27	119	211	348	431	329	191	133	105	37	1
320.0 ～ 339.9	1 587	－	10	61	115	322	392	287	207	134	46	14	－
340.0 ～ 359.9	1 275	－	2	56	97	158	292	330	143	124	53	10	11
360.0 ～ 379.9	973	－	－	9	64	143	257	240	139	64	51	5	－
380.0 ～ 399.9	750	－	－	47	36	103	160	118	142	105	32	7	－
400.0 ～ 449.9	1 363	－	－	26	61	116	263	333	260	186	77	39	2
450.0 ～ 499.9	588	－	－	5	31	44	76	157	132	107	23	13	－
500.0 ～ 549.9	474	－	1	－	32	26	81	113	128	74	19	2	－
550.0 ～ 599.9	176	－	－	－	11	30	24	31	24	46	9	－	3
600.0 ～ 699.9	161	－	－	－	－	11	25	39	28	45	6	6	－
700.0 ～ 799.9	51	－	－	－	1	4	10	12	12	9	4	－	－
800.0 ～ 899.9	17	－	－	－	1	4	4	3	5	1	－	－	－
900.0 ～ 999.9	6	－	－	－	－	－	5	－	0	－	0	－	－
1000.0 ～ 1199.9	－	－	－	－	－	－	－	－	－	－	－	－	－
1200.0千円 ～	7	－	－	－	－	－	4	－	4	－	－	－	－
第1・十分位数（千円）	166.2	130.8	147.4	160.1	170.1	187.2	195.5	200.7	186.6	180.2	152.2	142.1	125.9
第1・四分位数（千円）	200.5	145.6	163.9	184.8	201.5	221.6	237.6	245.3	234.1	224.3	180.4	166.5	153.2
中　位　数（千円）	254.1	164.6	182.8	215.6	240.3	266.6	292.1	305.4	303.3	284.6	225.5	200.6	181.6
第3・四分位数（千円）	323.4	182.3	207.1	255.7	284.7	321.2	346.6	369.7	385.6	375.4	297.1	261.9	238.9
第9・十分位数（千円）	399.7	204.4	236.6	305.0	343.2	374.4	405.9	443.9	467.5	463.9	378.6	337.0	278.2
十分位分散係数	0.46	0.22	0.24	0.34	0.36	0.35	0.36	0.40	0.46	0.50	0.50	0.49	0.42
四分位分散係数	0.24	0.11	0.12	0.16	0.17	0.19	0.19	0.20	0.25	0.27	0.26	0.24	0.24
女													
学　歴　計	**19 847**	**628**	**3 111**	**2 470**	**2 056**	**1 908**	**1 935**	**1 974**	**1 729**	**1 516**	**1 422**	**803**	**295**
～ 99.9千円	29	－	3	－	－	3	－	4	3	3	6	6	1
100.0 ～ 119.9	390	2	22	13	26	33	40	43	38	24	74	54	22
120.0 ～ 139.9	1 447	62	131	74	87	88	115	164	121	152	244	144	63
140.0 ～ 159.9	2 981	240	499	218	182	175	230	279	265	308	320	199	66
160.0 ～ 179.9	3 540	163	937	420	269	201	273	283	308	231	273	134	48
180.0 ～ 199.9	3 289	89	651	595	343	263	238	271	255	255	207	97	25
200.0 ～ 219.9	2 573	39	489	452	316	299	198	242	161	155	116	57	49
220.0 ～ 239.9	1 776	21	225	300	303	206	166	201	153	95	68	35	3
240.0 ～ 259.9	1 278	12	88	182	165	230	226	93	124	76	50	22	10
260.0 ～ 279.9	820	－	27	94	163	157	125	86	82	47	14	17	7
280.0 ～ 299.9	586	－	12	56	94	120	108	62	65	48	11	11	－
300.0 ～ 319.9	391	－	15	43	44	42	90	80	30	32	10	5	－
320.0 ～ 339.9	179	－	6	6	12	26	18	64	22	16	8	－	－
340.0 ～ 359.9	189	－	4	4	31	17	38	30	30	20	3	10	1
360.0 ～ 379.9	90	－	1	1	7	12	18	9	20	18	3	1	－
380.0 ～ 399.9	67	－	－	10	－	7	19	18	5	7	1	1	－
400.0 ～ 449.9	125	－	－	1	6	22	19	21	36	4	11	4	1
450.0 ～ 499.9	43	－	－	－	7	5	－	10	4	9	－	7	－
500.0 ～ 549.9	33	－	－	－	－	2	9	－	8	14	1	－	－
550.0 ～ 599.9	13	－	－	－	－	－	4	6	－	1	3	－	－
600.0 ～ 699.9	7	－	－	－	－	－	－	6	－	－	－	1	－
700.0 ～ 799.9	－	－	－	－	－	－	－	－	－	－	－	－	－
800.0 ～ 899.9	1	－	－	1	－	－	－	－	－	－	－	－	－
900.0 ～ 999.9	2	－	－	－	－	－	－	1	－	1	－	－	－
1000.0 ～ 1199.9	－	－	－	－	－	－	－	－	－	－	－	－	－
1200.0千円 ～	－	－	－	－	－	－	－	－	－	－	－	－	－
第1・十分位数（千円）	140.9	139.7	148.8	155.6	151.2	148.9	143.1	138.8	140.9	136.8	126.6	123.7	122.7
第1・四分位数（千円）	160.6	148.1	162.6	175.9	176.1	177.5	166.6	160.2	160.4	153.1	142.4	139.6	136.8
中　位　数（千円）	188.6	160.9	179.2	197.2	208.0	212.7	206.5	195.8	189.5	182.6	164.2	159.8	159.0
第3・四分位数（千円）	226.9	180.7	203.0	224.5	242.1	254.6	256.3	239.2	239.3	222.9	193.8	192.5	195.1
第9・十分位数（千円）	273.6	205.3	225.9	254.8	279.5	286.9	305.2	312.2	294.0	290.4	230.9	237.9	214.2
十分位分散係数	0.35	0.20	0.22	0.25	0.31	0.32	0.39	0.44	0.40	0.42	0.32	0.36	0.29
四分位分散係数	0.18	0.10	0.11	0.12	0.16	0.18	0.22	0.20	0.21	0.19	0.16	0.17	0.18

第3表　年齢階級、所定内給与額階級別労働者数及び所定内給与額の分布特性値

企業規模	1,000人以上

M 宿 泊 業 , 飲 食 サ ー ビ ス 業

（単位十人）

区　分	年齢計	～19歳	20～24歳	25～29歳	30～34歳	35～39歳	40～44歳	45～49歳	50～54歳	55～59歳	60～64歳	65～69歳	70歳以上
企業規模1,000人以上													
男女計													
学歴計	**16 202**	**267**	**2 047**	**2 101**	**1 883**	**2 078**	**2 175**	**1 877**	**1 413**	**1 136**	**810**	**346**	**70**
～ 99.9千円	1	－	－	－	－	－	－	－	－	－	－	－	1
100.0 ～ 119.9	113	5	7	6	4	20	7	13	15	8	18	8	2
120.0 ～ 139.9	499	17	50	42	39	20	52	55	37	55	87	39	5
140.0 ～ 159.9	1 200	101	194	107	84	72	90	115	76	109	143	84	24
160.0 ～ 179.9	1 790	96	537	209	135	116	115	123	122	124	124	72	17
180.0 ～ 199.9	1 809	25	475	403	176	148	121	104	115	101	104	34	3
200.0 ～ 219.9	1 786	－	352	392	260	185	117	177	102	108	61	22	9
220.0 ～ 239.9	1 660	23	241	299	303	207	193	117	112	85	50	29	0
240.0 ～ 259.9	1 281	1	91	222	199	199	211	121	84	78	63	9	3
260.0 ～ 279.9	1 120	－	51	128	212	217	227	134	69	53	21	9	0
280.0 ～ 299.9	845	－	17	101	122	180	152	108	70	64	19	13	－
300.0 ～ 319.9	758	－	23	86	118	152	134	123	43	43	25	11	－
320.0 ～ 339.9	690	－	1	40	69	176	150	125	80	35	14	－	－
340.0 ～ 359.9	495	－	6	10	60	78	124	82	61	44	20	5	6
360.0 ～ 379.9	438	－	1	4	23	77	155	96	59	19	3	－	－
380.0 ～ 399.9	332	－	－	33	25	66	57	46	64	29	11	2	－
400.0 ～ 449.9	557	－	－	15	27	76	135	117	112	44	30	1	－
450.0 ～ 499.9	315	－	－	3	25	23	31	89	71	63	5	5	－
500.0 ～ 549.9	256	－	1	－	1	24	56	69	71	28	5	－	－
550.0 ～ 599.9	101	－	－	－	－	27	16	27	13	17	1	－	－
600.0 ～ 699.9	102	－	－	－	－	9	12	28	22	28	2	2	－
700.0 ～ 799.9	27	－	－	－	1	4	7	5	7	－	4	－	－
800.0 ～ 899.9	15	－	－	1	1	4	4	3	2	1	－	－	－
900.0 ～ 999.9	5	－	－	－	－	－	5	－	－	－	0	－	－
1000.0 ～ 1199.9	－	－	－	－	－	－	－	－	－	－	－	－	－
1200.0千円 ～	7	－	－	－	－	－	4	－	4	－	－	－	－
第1・十分位数（千円）	157.2	141.0	156.3	165.4	170.0	177.0	173.1	160.6	162.1	147.8	135.3	134.7	138.6
第1・四分位数（千円）	184.8	149.4	170.9	188.8	202.7	216.0	225.7	206.6	197.4	177.6	154.6	147.8	152.5
中位数（千円）	230.9	161.9	188.4	215.2	236.0	267.8	276.7	277.4	272.6	234.2	185.7	168.7	166.3
第3・四分位数（千円）	301.1	175.3	214.5	248.5	280.1	323.8	349.5	362.3	383.6	334.4	246.8	219.4	201.1
第9・十分位数（千円）	385.5	196.3	238.7	297.3	330.5	386.4	416.0	466.4	473.7	463.8	340.7	288.7	253.8
十分位分散係数	0.49	0.17	0.22	0.31	0.34	0.39	0.44	0.55	0.57	0.67	0.55	0.46	0.35
四分位分散係数	0.25	0.08	0.12	0.14	0.16	0.20	0.22	0.28	0.34	0.33	0.25	0.21	0.15
男													
学歴計	**9 151**	**99**	**744**	**996**	**1 050**	**1 377**	**1 521**	**1 158**	**904**	**665**	**435**	**178**	**24**
～ 99.9千円	－	－	－	－	－	－	－	－	－	－	－	－	－
100.0 ～ 119.9	33	3	2	3	－	7	－	0	1	0	9	5	2
120.0 ～ 139.9	142	8	26	25	8	2	12	7	3	16	22	10	2
140.0 ～ 159.9	299	28	70	43	33	20	13	15	7	13	35	20	2
160.0 ～ 179.9	557	37	150	70	57	52	35	25	30	25	44	27	4
180.0 ～ 199.9	697	13	193	160	65	49	58	23	24	31	56	22	2
200.0 ～ 219.9	827	－	117	164	144	102	54	58	65	63	37	18	5
220.0 ～ 239.9	886	9	107	135	147	123	126	65	62	54	34	24	0
240.0 ～ 259.9	773	1	24	116	115	129	132	85	56	55	52	6	2
260.0 ～ 279.9	756	－	30	77	121	126	167	117	49	45	17	8	0
280.0 ～ 299.9	595	－	6	53	70	136	121	79	49	54	15	13	－
300.0 ～ 319.9	606	－	15	63	97	130	107	88	37	33	25	11	－
320.0 ～ 339.9	594	－	1	34	62	160	140	88	75	25	9	－	－
340.0 ～ 359.9	414	－	2	10	37	63	110	72	51	40	20	5	6
360.0 ～ 379.9	400	－	－	4	20	75	142	92	50	14	3	－	－
380.0 ～ 399.9	302	－	－	22	25	62	51	38	64	28	11	2	－
400.0 ～ 449.9	504	－	－	14	27	58	125	104	102	42	30	1	－
450.0 ～ 499.9	283	－	－	3	18	18	31	80	67	55	5	5	－
500.0 ～ 549.9	241	－	1	－	1	23	53	69	64	25	4	－	－
550.0 ～ 599.9	92	－	－	－	－	27	13	22	13	16	1	－	－
600.0 ～ 699.9	97	－	－	－	－	9	12	23	22	28	2	2	－
700.0 ～ 799.9	27	－	－	－	1	4	7	5	7	－	4	－	－
800.0 ～ 899.9	14	－	－	－	1	4	4	3	2	1	－	－	－
900.0 ～ 999.9	5	－	－	－	－	－	5	－	－	－	0	－	－
1000.0 ～ 1199.9	－	－	－	－	－	－	－	－	－	－	－	－	－
1200.0千円 ～	7	－	－	－	－	－	4	－	4	－	－	－	－
第1・十分位数（千円）	176.4	134.0	154.8	168.0	182.5	201.9	212.2	215.8	207.7	191.3	146.8	143.0	130.7
第1・四分位数（千円）	213.9	147.4	173.3	194.0	214.0	238.6	253.3	262.9	251.1	224.3	179.4	166.9	162.0
中位数（千円）	270.6	165.0	191.0	225.5	253.5	291.3	307.5	325.2	338.1	288.5	226.7	208.0	202.5
第3・四分位数（千円）	344.5	179.0	219.9	270.4	305.5	339.4	368.2	403.9	428.8	401.0	305.4	262.6	340.1
第9・十分位数（千円）	431.0	199.3	243.2	316.2	354.2	401.5	441.9	510.2	515.4	519.0	403.4	307.1	354.6
十分位分散係数	0.47	0.20	0.23	0.33	0.34	0.34	0.37	0.45	0.46	0.57	0.57	0.39	0.55
四分位分散係数	0.24	0.10	0.12	0.17	0.18	0.17	0.19	0.22	0.26	0.31	0.28	0.23	0.44

第3表　年齢階級、所定内給与額階級別労働者数及び所定内給与額の分布特性値

企業規模	1,000人以上
	100～999人

M 宿 泊 業 ， 飲 食 サ ー ビ ス 業

（単位十人）

区　分	年齢計	～19歳	20～24歳	25～29歳	30～34歳	35～39歳	40～44歳	45～49歳	50～54歳	55～59歳	60～64歳	65～69歳	70歳以上
女													
学　歴　計	**7 051**	**168**	**1 302**	**1 104**	**833**	**702**	**654**	**718**	**509**	**471**	**374**	**168**	**46**
～ 99.9 千円	1	-	-	-	-	-	-	-	-	-	-	-	1
100.0 ～ 119.9	81	2	5	2	4	13	7	13	14	8	9	4	1
120.0 ～ 139.9	356	8	23	17	31	18	39	48	34	40	65	29	4
140.0 ～ 159.9	901	73	123	64	51	52	77	101	70	96	108	64	22
160.0 ～ 179.9	1 233	59	387	138	78	64	80	98	92	99	80	45	13
180.0 ～ 199.9	1 111	12	282	243	111	99	63	81	91	69	48	12	1
200.0 ～ 219.9	959	-	236	228	116	83	63	119	38	45	24	4	3
220.0 ～ 239.9	774	14	134	164	156	84	67	52	50	31	16	6	-
240.0 ～ 259.9	507	-	66	105	84	70	79	36	28	23	10	3	2
260.0 ～ 279.9	364	-	21	51	91	91	60	16	20	8	5	1	-
280.0 ～ 299.9	250	-	11	48	52	43	31	29	21	10	4	-	-
300.0 ～ 319.9	151	-	9	23	21	22	26	35	6	10	0	-	-
320.0 ～ 339.9	96	-	-	6	6	16	10	37	6	10	5	-	-
340.0 ～ 359.9	81	-	4	-	23	15	15	10	11	4	-	-	-
360.0 ～ 379.9	39	-	1	1	3	2	13	4	9	5	0	-	-
380.0 ～ 399.9	30	-	-	10	-	5	6	8	-	1	-	-	-
400.0 ～ 449.9	53	-	-	1	-	18	10	13	10	2	-	-	-
450.0 ～ 499.9	33	-	-	-	7	5	-	9	4	8	-	-	-
500.0 ～ 549.9	15	-	-	-	-	1	4	-	6	3	1	-	-
550.0 ～ 599.9	9	-	-	-	-	-	4	5	-	1	-	-	-
600.0 ～ 699.9	5	-	-	-	-	-	-	5	-	-	-	-	-
700.0 ～ 799.9	-	-	-	-	-	-	-	-	-	-	-	-	-
800.0 ～ 899.9	1	-	-	1	-	-	-	-	-	-	-	-	-
900.0 ～ 999.9	-	-	-	-	-	-	-	-	-	-	-	-	-
1000.0 ～ 1199.9	-	-	-	-	-	-	-	-	-	-	-	-	-
1200.0千円 ～	-	-	-	-	-	-	-	-	-	-	-	-	-
第1・十分位数（千円）	147.0	142.2	157.3	164.0	159.3	155.8	144.9	145.1	140.7	140.0	131.0	132.2	140.4
第1・四分位数（千円）	166.9	150.4	169.7	184.9	187.3	186.1	170.8	163.4	162.0	152.6	144.9	142.3	152.1
中　位　数（千円）	197.0	160.1	186.8	208.5	223.3	224.6	219.3	203.1	189.4	178.6	161.3	154.7	158.3
第3・四分位数（千円）	236.5	172.7	211.6	235.3	258.7	271.9	266.2	256.2	236.7	219.2	186.1	168.7	175.7
第9・十分位数（千円）	284.0	194.9	237.3	270.9	290.3	306.4	317.7	327.0	300.0	288.7	222.9	189.2	202.8
十分位分散係数	0.35	0.16	0.21	0.26	0.29	0.34	0.39	0.45	0.42	0.42	0.28	0.18	0.20
四分位分散係数	0.18	0.07	0.11	0.12	0.16	0.19	0.22	0.23	0.20	0.19	0.13	0.09	0.07
企業規模 100 ～ 999 人													
男　女　計													
学　歴　計	**16 396**	**435**	**2 029**	**1 914**	**1 707**	**1 824**	**2 086**	**2 049**	**1 572**	**1 269**	**901**	**471**	**139**
～ 99.9 千円	13	-	5	-	-	3	-	-	3	-	3	-	-
100.0 ～ 119.9	143	9	19	8	5	10	12	10	16	5	23	22	4
120.0 ～ 139.9	561	44	67	53	37	37	46	47	43	40	70	50	26
140.0 ～ 159.9	1 519	145	365	154	121	72	84	102	108	130	123	92	25
160.0 ～ 179.9	2 035	116	629	335	174	104	107	116	130	79	142	80	23
180.0 ～ 199.9	2 193	81	499	417	277	162	175	124	133	125	113	74	13
200.0 ～ 219.9	1 823	25	281	366	281	246	137	153	88	102	77	51	17
220.0 ～ 239.9	1 415	9	112	186	223	222	165	180	138	69	83	22	4
240.0 ～ 259.9	1 480	6	27	200	197	261	248	180	138	123	62	31	8
260.0 ～ 279.9	1 021	-	10	80	152	198	192	140	100	84	38	13	14
280.0 ～ 299.9	800	1	4	40	104	148	185	102	93	83	28	13	-
300.0 ～ 319.9	815	-	3	34	67	141	221	159	102	49	32	7	-
320.0 ～ 339.9	540	-	8	4	15	85	132	130	94	45	24	5	-
340.0 ～ 359.9	482	-	-	15	19	31	85	204	64	43	18	3	-
360.0 ～ 379.9	325	-	-	-	25	35	58	85	50	46	22	5	-
380.0 ～ 399.9	306	-	-	13	5	18	89	57	58	63	4	2	-
400.0 ～ 449.9	523	-	-	7	5	36	94	156	114	91	16	2	2
450.0 ～ 499.9	185	-	-	2	-	12	31	61	41	27	11	-	-
500.0 ～ 549.9	118	-	-	-	-	1	11	19	45	33	8	1	-
550.0 ～ 599.9	42	-	-	-	-	-	5	7	6	18	4	-	3
600.0 ～ 699.9	36	-	-	-	-	2	8	11	7	6	2	-	-
700.0 ～ 799.9	21	-	-	-	-	-	4	8	2	8	-	-	-
800.0 ～ 899.9	2	-	-	-	-	-	-	-	2	-	-	-	-
900.0 ～ 999.9	0	-	-	-	-	-	-	-	0	-	-	-	-
1000.0 ～ 1199.9	-	-	-	-	-	-	-	-	-	-	-	-	-
1200.0千円 ～	-	-	-	-	-	-	-	-	-	-	-	-	-
第1・十分位数（千円）	153.0	137.2	148.7	157.4	161.1	170.9	174.0	167.8	157.1	153.9	138.3	131.1	132.8
第1・四分位数（千円）	178.4	148.0	161.8	176.4	186.7	204.6	214.5	215.2	194.4	190.1	160.8	149.1	150.0
中　位　数（千円）	218.9	162.9	177.9	199.5	217.1	244.9	266.5	276.0	258.2	254.4	194.2	177.9	172.9
第3・四分位数（千円）	282.1	183.4	197.1	229.9	256.7	285.5	319.4	352.5	338.9	346.0	252.0	213.5	213.1
第9・十分位数（千円）	356.8	199.2	216.4	260.7	292.5	327.6	386.4	416.7	432.1	424.7	336.7	263.1	273.5
十分位分散係数	0.47	0.19	0.19	0.26	0.30	0.32	0.40	0.45	0.53	0.53	0.51	0.37	0.41
四分位分散係数	0.24	0.11	0.10	0.13	0.16	0.17	0.20	0.25	0.28	0.31	0.23	0.18	0.18

第3表　年齢階級、所定内給与額階級別労働者数及び所定内給与額の分布特性値

企業規模	100～999人

M 宿 泊 業 , 飲 食 サ ー ビ ス 業

（単位十人）

区　分	年 齢 計	～19歳	20～24歳	25～29歳	30～34歳	35～39歳	40～44歳	45～49歳	50～54歳	55～59歳	60～64歳	65～69歳	70歳以上
男													
学　歴　計	**9 799**	**154**	**856**	**1 068**	**999**	**1 189**	**1 408**	**1 454**	**982**	**815**	**530**	**279**	**64**
～ 99.9 千円	2	－	2	－	－	－	－	－	－	－	－	－	－
100.0 ～ 119.9	39	9	8	5	0	2	－	－	2	2	4	5	2
120.0 ～ 139.9	174	16	26	24	12	5	13	12	6	5	25	21	9
140.0 ～ 159.9	536	46	142	75	56	26	32	11	22	39	37	39	11
160.0 ～ 179.9	868	47	275	164	82	45	33	38	34	25	72	46	9
180.0 ～ 199.9	967	27	225	179	124	93	67	49	54	42	60	42	5
200.0 ～ 219.9	938	6	103	204	151	124	80	86	37	57	51	36	5
220.0 ～ 239.9	824	2	48	98	133	151	108	100	73	38	53	16	4
240.0 ～ 259.9	1 022	－	11	153	149	161	154	148	79	93	42	28	5
260.0 ～ 279.9	787	－	8	70	110	143	152	104	77	63	37	13	11
280.0 ～ 299.9	578	1	3	33	75	106	118	82	68	56	26	11	－
300.0 ～ 319.9	667	－	3	25	48	128	173	130	90	41	23	7	－
320.0 ～ 339.9	495	－	2	4	10	83	125	117	86	43	22	5	－
340.0 ～ 359.9	439	－	－	14	19	29	76	190	51	40	18	3	－
360.0 ～ 379.9	299	－	－	－	21	31	56	82	48	35	22	5	－
380.0 ～ 399.9	286	－	－	13	5	18	81	53	53	58	4	2	－
400.0 ～ 449.9	486	－	－	7	5	32	88	149	100	90	10	2	2
450.0 ～ 499.9	184	－	－	2	－	12	31	61	41	26	11	－	－
500.0 ～ 549.9	110	－	－	－	－	1	7	19	45	29	8	1	－
550.0 ～ 599.9	41	－	－	－	－	－	5	6	6	18	4	－	3
600.0 ～ 699.9	35	－	－	－	－	2	8	10	7	6	2	－	－
700.0 ～ 799.9	21	－	－	－	－	－	4	8	2	8	－	－	－
800.0 ～ 899.9	2	－	－	－	－	－	－	－	2	－	－	－	－
900.0 ～ 999.9	0	－	－	－	－	－	－	－	0	－	－	－	－
1000.0 ～ 1199.9	－	－	－	－	－	－	－	－	－	－	－	－	－
1200.0千円 ～	－	－	－	－	－	－	－	－	－	－	－	－	－
第1・十分位数（千円）	166.0	133.1	149.3	160.3	170.5	189.8	199.4	207.8	193.9	186.4	155.0	141.0	131.2
第1・四分位数（千円）	197.3	145.5	163.1	179.9	196.5	220.6	242.0	251.9	244.3	237.3	178.2	163.1	155.0
中　位　数（千円）	251.2	163.0	178.4	206.8	232.1	258.7	291.8	314.0	310.4	295.2	224.6	193.0	183.5
第3・四分位数（千円）	318.1	179.1	196.4	246.7	267.9	304.4	340.5	367.6	384.2	388.7	294.0	245.8	249.8
第9・十分位数（千円）	392.1	193.9	217.6	277.3	302.9	342.7	400.3	429.4	455.1	459.2	366.7	285.9	278.7
十分位分散係数	0.45	0.19	0.19	0.28	0.29	0.30	0.34	0.35	0.42	0.46	0.47	0.38	0.40
四分位分散係数	0.24	0.10	0.09	0.16	0.15	0.16	0.17	0.18	0.23	0.26	0.26	0.21	0.26
女													
学　歴　計	**6 596**	**281**	**1 174**	**846**	**708**	**635**	**677**	**595**	**590**	**454**	**371**	**192**	**75**
～ 99.9 千円	11	－	3	－	－	3	－	－	3	－	3	－	－
100.0 ～ 119.9	104	－	11	3	5	9	12	10	14	3	19	17	2
120.0 ～ 139.9	387	28	41	29	25	33	33	35	38	35	45	29	17
140.0 ～ 159.9	983	99	223	79	66	46	52	90	85	91	85	53	14
160.0 ～ 179.9	1 166	69	355	172	92	59	74	78	97	54	70	34	14
180.0 ～ 199.9	1 226	54	273	238	152	69	109	76	78	83	53	32	9
200.0 ～ 219.9	884	19	178	162	131	123	57	67	51	44	26	15	12
220.0 ～ 239.9	591	7	64	88	90	71	57	80	66	31	31	6	－
240.0 ～ 259.9	457	6	16	47	48	100	94	32	59	30	20	3	3
260.0 ～ 279.9	234	－	3	10	42	55	39	37	22	21	2	－	4
280.0 ～ 299.9	222	－	1	7	29	43	67	20	25	27	1	2	－
300.0 ～ 319.9	148	－	－	9	20	13	48	29	12	8	9	－	－
320.0 ～ 339.9	46	－	6	－	5	2	7	13	8	3	2	－	－
340.0 ～ 359.9	43	－	－	1	－	2	9	14	13	3	－	－	－
360.0 ～ 379.9	26	－	－	－	4	4	2	3	2	11	－	－	－
380.0 ～ 399.9	20	－	－	－	－	0	7	4	5	4	－	－	－
400.0 ～ 449.9	37	－	－	－	－	4	6	7	13	1	6	－	－
450.0 ～ 499.9	1	－	－	－	－	－	－	－	－	1	－	－	－
500.0 ～ 549.9	9	－	－	－	－	－	5	－	－	4	－	－	－
550.0 ～ 599.9	1	－	－	－	－	－	－	1	－	－	－	－	－
600.0 ～ 699.9	1	－	－	－	－	－	－	1	－	－	－	－	－
700.0 ～ 799.9	－	－	－	－	－	－	－	－	－	－	－	－	－
800.0 ～ 899.9	－	－	－	－	－	－	－	－	－	－	－	－	－
900.0 ～ 999.9	－	－	－	－	－	－	－	－	－	－	－	－	－
1000.0 ～ 1199.9	－	－	－	－	－	－	－	－	－	－	－	－	－
1200.0千円 ～	－	－	－	－	－	－	－	－	－	－	－	－	－
第1・十分位数（千円）	143.6	140.0	148.3	155.2	152.8	148.8	147.2	143.9	140.8	142.0	126.0	121.5	133.2
第1・四分位数（千円）	162.9	149.4	160.9	174.0	177.9	182.6	179.6	163.4	161.7	157.1	145.8	140.5	139.9
中　位　数（千円）	189.8	162.9	177.5	191.4	202.8	215.1	221.0	203.4	194.9	189.5	167.7	158.4	165.5
第3・四分位数（千円）	226.1	187.4	197.6	213.6	232.6	254.5	270.3	245.9	243.1	239.8	203.3	185.6	200.3
第9・十分位数（千円）	270.6	203.2	215.6	237.7	273.4	281.5	307.4	312.0	293.9	294.8	241.7	207.9	217.5
十分位分散係数	0.33	0.19	0.19	0.22	0.30	0.31	0.36	0.41	0.39	0.40	0.34	0.27	0.25
四分位分散係数	0.17	0.12	0.10	0.10	0.13	0.17	0.21	0.20	0.21	0.22	0.17	0.14	0.18

第3表　年齢階級、所定内給与額階級別労働者数及び所定内給与額の分布特性値

企業規模	10～99人

M 宿 泊 業 ， 飲 食 サ ー ビ ス 業

（単位十人）

区　分	年齢計	～19歳	20～24歳	25～29歳	30～34歳	35～39歳	40～44歳	45～49歳	50～54歳	55～59歳	60～64歳	65～69歳	70歳以上
企業規模 10 ～ 99 人													
男　女　計													
学　歴　計	**15 768**	**320**	**1 323**	**1 331**	**1 677**	**1 753**	**2 014**	**1 822**	**1 508**	**1 459**	**1 440**	**832**	**291**
～ 99.9 千円	21	－	－	－	－	0	－	4	－	7	3	6	－
100.0 ～ 119.9	280	9	24	15	22	12	30	20	9	16	51	43	32
120.0 ～ 139.9	990	47	116	64	68	48	52	106	59	95	173	109	52
140.0 ～ 159.9	1 724	98	283	141	148	127	139	131	150	153	179	122	52
160.0 ～ 179.9	2 020	68	350	204	206	156	196	163	191	131	206	110	37
180.0 ～ 199.9	1 828	47	218	219	183	169	167	180	152	166	189	108	31
200.0 ～ 219.9	1 717	29	149	167	212	264	223	146	113	125	171	70	48
220.0 ～ 239.9	1 276	16	71	142	167	177	168	173	143	93	71	47	7
240.0 ～ 259.9	1 260	6	28	130	242	214	168	104	109	107	95	40	16
260.0 ～ 279.9	898	－	36	71	95	113	135	141	96	96	72	36	7
280.0 ～ 299.9	748	－	25	55	53	106	127	121	107	99	25	29	1
300.0 ～ 319.9	751	－	16	43	70	97	166	127	76	74	58	24	1
320.0 ～ 339.9	535	－	7	23	42	87	128	96	55	70	17	9	－
340.0 ～ 359.9	487	－	－	35	49	67	121	74	48	57	18	12	6
360.0 ～ 379.9	300	－	－	5	24	42	62	69	50	18	29	1	－
380.0 ～ 399.9	179	－	－	12	6	26	33	34	25	21	19	4	－
400.0 ～ 449.9	407	－	－	5	35	26	52	81	71	55	42	39	1
450.0 ～ 499.9	130	－	－	－	13	14	15	17	24	26	6	15	－
500.0 ～ 549.9	133	－	－	－	31	3	22	25	19	26	6	1	－
550.0 ～ 599.9	47	－	－	－	11	2	6	3	5	13	7	－	－
600.0 ～ 699.9	30	－	－	－	－	－	5	6	－	11	3	5	－
700.0 ～ 799.9	4	－	－	－	－	－	－	－	3	1	－	－	－
800.0 ～ 899.9	1	－	－	－	－	－	－	－	1	－	－	－	－
900.0 ～ 999.9	2	－	－	－	－	－	－	1	－	1	－	－	－
1000.0 ～ 1199.9	－	－	－	－	－	－	－	－	－	－	－	－	－
1200.0千円 ～	－	－	－	－	－	－	－	－	－	－	－	－	－
第１・十分位数（千円）	144.0	131.8	139.1	147.4	152.3	158.5	157.6	150.0	152.5	144.8	132.8	128.1	118.4
第１・四分位数（千円）	169.0	144.5	154.7	172.8	177.8	189.9	190.7	183.3	177.2	174.3	155.6	149.3	135.2
中　位　数（千円）	211.1	161.4	172.9	202.3	219.9	231.2	243.7	238.7	231.1	229.5	191.2	184.7	164.8
第３・四分位数（千円）	275.3	185.5	200.2	246.0	261.4	285.3	311.1	312.1	300.0	301.3	252.0	243.7	204.3
第９・十分位数（千円）	347.5	213.8	235.1	296.0	340.3	343.3	358.9	375.0	378.5	385.7	322.4	331.5	246.7
十分位分散係数	0.48	0.25	0.28	0.37	0.43	0.40	0.41	0.47	0.49	0.52	0.50	0.55	0.39
四分位分散係数	0.25	0.13	0.13	0.18	0.19	0.21	0.25	0.27	0.27	0.28	0.25	0.26	0.21
男													
学　歴　計	**9 568**	**141**	**688**	**811**	**1 161**	**1 181**	**1 411**	**1 161**	**878**	**869**	**763**	**388**	**117**
～ 99.9 千円	4	－	－	－	－	－	－	－	－	4	－	－	－
100.0 ～ 119.9	75	9	17	7	4	1	8	－	－	2	5	10	13
120.0 ～ 139.9	286	22	49	35	36	10	9	25	11	16	39	24	9
140.0 ～ 159.9	627	30	131	67	82	50	38	43	40	32	52	40	22
160.0 ～ 179.9	880	33	155	94	107	78	77	56	72	53	83	55	16
180.0 ～ 199.9	876	23	121	105	102	74	101	66	67	63	84	55	16
200.0 ～ 219.9	988	9	74	105	143	171	144	89	41	59	105	32	15
220.0 ～ 239.9	866	16	44	94	111	126	127	104	106	60	50	24	4
240.0 ～ 259.9	946	－	22	101	208	155	115	79	71	84	74	24	12
260.0 ～ 279.9	677	－	33	39	65	102	110	107	56	78	64	20	3
280.0 ～ 299.9	634	－	25	53	40	72	117	108	89	88	20	20	1
300.0 ～ 319.9	659	－	9	32	67	90	150	111	64	60	57	19	1
320.0 ～ 339.9	497	－	7	23	42	79	127	82	46	66	15	9	－
340.0 ～ 359.9	422	－	－	32	41	67	107	68	42	44	15	3	5
360.0 ～ 379.9	274	－	－	5	24	37	59	67	41	16	26	－	－
380.0 ～ 399.9	162	－	－	12	6	24	27	28	25	19	18	3	－
400.0 ～ 449.9	373	－	－	5	29	26	49	80	58	54	37	36	－
450.0 ～ 499.9	121	－	－	－	13	14	15	16	24	26	6	8	－
500.0 ～ 549.9	124	－	－	－	31	2	21	25	18	19	6	1	－
550.0 ～ 599.9	44	－	－	－	11	2	6	3	5	13	4	－	－
600.0 ～ 699.9	29	－	－	－	－	－	5	6	－	11	3	4	－
700.0 ～ 799.9	4	－	－	－	－	－	－	－	3	1	－	－	－
800.0 ～ 899.9	1	－	－	－	－	－	－	－	1	－	－	－	－
900.0 ～ 999.9	－	－	－	－	－	－	－	－	－	－	－	－	－
1000.0 ～ 1199.9	－	－	－	－	－	－	－	－	－	－	－	－	－
1200.0千円 ～	－	－	－	－	－	－	－	－	－	－	－	－	－
第１・十分位数（千円）	159.0	126.2	140.4	150.6	158.8	173.6	182.2	178.1	172.6	173.6	152.9	142.5	111.2
第１・四分位数（千円）	191.7	143.5	156.7	179.9	191.9	210.1	216.6	222.7	214.0	215.4	182.5	168.5	151.7
中　位　数（千円）	244.5	166.2	178.9	217.6	239.1	250.6	276.7	281.9	271.0	274.9	225.8	204.6	176.3
第３・四分位数（千円）	308.4	191.6	208.7	259.8	289.6	311.4	328.6	340.6	338.1	334.8	293.5	284.7	214.7
第９・十分位数（千円）	370.9	221.3	263.4	317.0	358.5	357.4	373.6	403.1	411.6	429.0	376.7	407.6	258.8
十分位分散係数	0.43	0.29	0.34	0.38	0.42	0.37	0.35	0.40	0.44	0.46	0.50	0.65	0.42
四分位分散係数	0.24	0.14	0.15	0.18	0.20	0.20	0.20	0.21	0.23	0.22	0.25	0.28	0.18

第3表　年齢階級、所定内給与額階級別労働者数及び所定内給与額の分布特性値

企業規模	10～99人
	計

M 宿泊業，飲食サービス業　N 生活関連サービス業，娯楽業

（単位十人）

区　分	年齢計	～19歳	20～24歳	25～29歳	30～34歳	35～39歳	40～44歳	45～49歳	50～54歳	55～59歳	60～64歳	65～69歳	70歳以上
女													
学歴計	**6 200**	**179**	**635**	**520**	**515**	**572**	**603**	**661**	**630**	**591**	**677**	**444**	**174**
～ 99.9 千円	17	－	－	－	－	0	－	4	－	3	3	6	－
100.0 ～ 119.9	205	－	6	7	18	11	22	20	9	14	46	33	20
120.0 ～ 139.9	704	26	67	29	32	37	43	82	49	78	134	85	43
140.0 ～ 159.9	1 097	68	152	75	65	77	101	88	110	121	127	82	30
160.0 ～ 179.9	1 141	35	195	110	100	79	119	107	119	78	123	55	21
180.0 ～ 199.9	952	24	96	114	80	96	66	115	85	103	106	53	15
200.0 ～ 219.9	730	20	75	62	69	93	79	57	72	66	66	38	33
220.0 ～ 239.9	410	－	27	48	57	51	42	69	37	33	21	23	3
240.0 ～ 259.9	314	6	6	29	33	59	53	25	37	23	20	16	5
260.0 ～ 279.9	221	－	3	32	31	11	26	33	41	18	8	16	3
280.0 ～ 299.9	114	－	－	1	13	34	10	13	18	11	5	9	－
300.0 ～ 319.9	92	－	7	11	3	7	16	17	12	14	1	5	－
320.0 ～ 339.9	37	－	－	－	－	8	1	14	9	4	2	－	－
340.0 ～ 359.9	65	－	－	3	9	0	14	6	7	13	3	10	1
360.0 ～ 379.9	26	－	－	－	－	6	3	2	9	2	3	1	－
380.0 ～ 399.9	17	－	－	－	－	2	5	6	－	2	1	1	－
400.0 ～ 449.9	35	－	－	－	6	－	3	2	14	1	5	4	1
450.0 ～ 499.9	9	－	－	－	－	－	－	2	－	－	－	7	－
500.0 ～ 549.9	10	－	－	－	－	1	1	－	1	7	－	－	－
550.0 ～ 599.9	3	－	－	－	－	－	－	－	－	－	3	－	－
600.0 ～ 699.9	1	－	－	－	－	－	－	－	－	－	－	1	－
700.0 ～ 799.9	－	－	－	－	－	－	－	－	－	－	－	－	－
800.0 ～ 899.9	－	－	－	－	－	－	－	－	－	－	－	－	－
900.0 ～ 999.9	2	－	－	－	－	－	－	1	－	1	－	－	－
1000.0 ～ 1199.9	－	－	－	－	－	－	－	－	－	－	－	－	－
1200.0千円 ～	－	－	－	－	－	－	－	－	－	－	－	－	－
第1・十分位数（千円）	133.2	135.2	138.0	144.4	140.7	142.7	138.6	133.0	141.2	130.5	124.2	121.5	118.8
第1・四分位数（千円）	152.5	144.8	153.1	164.8	162.7	163.3	157.1	154.8	158.4	150.6	138.5	137.4	129.3
中位数（千円）	178.8	158.6	168.2	186.4	191.2	195.5	184.3	184.5	185.5	180.2	163.7	165.7	156.8
第3・四分位数（千円）	214.1	182.4	192.4	218.2	228.0	234.5	231.6	226.2	233.6	211.8	194.5	210.9	201.0
第9・十分位数（千円）	260.9	211.3	214.1	254.5	265.6	280.3	270.5	277.2	287.8	268.8	226.6	267.3	215.3
十分位分散係数	0.36	0.24	0.23	0.30	0.33	0.35	0.36	0.39	0.40	0.38	0.31	0.44	0.31
四分位分散係数	0.17	0.12	0.12	0.14	0.17	0.18	0.20	0.19	0.20	0.17	0.17	0.22	0.23
N生活関連サービス業，娯楽業													
企業規模計													
男女計													
学歴計	**44 486**	**494**	**4 850**	**5 751**	**6 009**	**5 843**	**5 725**	**4 961**	**3 747**	**3 278**	**2 442**	**1 122**	**266**
～ 99.9 千円	14	－	－	1	2	2	1	1	－	4	1	1	－
100.0 ～ 119.9	335	4	14	19	20	25	36	33	29	41	53	43	18
120.0 ～ 139.9	1 470	37	198	148	114	115	122	111	94	128	214	152	36
140.0 ～ 159.9	3 479	115	545	374	364	266	341	289	253	241	374	260	59
160.0 ～ 179.9	4 423	155	1 020	648	482	328	377	330	247	281	311	200	44
180.0 ～ 199.9	4 756	93	1 058	827	551	418	414	366	274	263	316	152	24
200.0 ～ 219.9	4 734	37	777	945	709	583	493	331	251	233	258	93	24
220.0 ～ 239.9	4 363	24	573	873	699	546	479	390	290	240	186	49	13
240.0 ～ 259.9	3 804	19	353	649	655	541	503	363	239	229	212	34	5
260.0 ～ 279.9	3 176	9	179	478	620	518	421	304	250	205	145	24	21
280.0 ～ 299.9	2 562	－	72	286	443	460	447	349	228	181	76	18	2
300.0 ～ 319.9	1 971	1	39	192	344	407	327	269	170	133	53	32	3
320.0 ～ 339.9	1 578	－	15	129	258	333	307	198	163	107	51	9	8
340.0 ～ 359.9	1 364	－	4	69	214	287	273	232	154	92	27	9	4
360.0 ～ 379.9	1 233	－	－	41	176	231	234	245	162	114	22	9	－
380.0 ～ 399.9	831	－	2	27	84	173	138	190	108	71	29	8	0
400.0 ～ 449.9	1 693	－	－	19	152	236	302	372	310	244	46	12	1
450.0 ～ 499.9	1 032	－	－	10	71	172	168	219	196	163	26	6	1
500.0 ～ 549.9	675	－	－	9	29	101	129	130	123	129	18	4	1
550.0 ～ 599.9	380	－	－	4	11	47	70	86	58	96	5	4	－
600.0 ～ 699.9	363	－	－	－	4	34	94	82	94	43	9	3	1
700.0 ～ 799.9	163	－	－	3	3	9	32	48	34	32	2	－	－
800.0 ～ 899.9	34	－	－	－	2	5	7	7	5	4	5	0	－
900.0 ～ 999.9	23	－	－	－	0	4	6	6	6	0	－	－	0
1000.0 ～ 1199.9	17	－	－	－	1	3	3	5	3	1	2	－	－
1200.0千円 ～	15	－	－	－	－	－	2	6	5	2	－	－	0
第1・十分位数（千円）	155.6	141.6	151.7	161.2	164.3	170.6	163.8	163.5	159.9	153.8	138.3	132.4	125.4
第1・四分位数（千円）	185.8	154.8	169.1	185.8	198.9	209.6	205.5	206.6	202.9	189.0	158.2	147.3	144.6
中位数（千円）	233.9	170.7	192.5	218.0	241.6	263.4	264.1	277.5	275.9	257.8	196.4	169.6	167.8
第3・四分位数（千円）	302.3	191.5	220.7	254.6	292.6	331.4	342.0	373.7	380.8	373.7	251.8	205.3	215.2
第9・十分位数（千円）	398.7	223.5	249.8	293.8	354.0	404.5	436.6	466.8	482.2	493.8	318.7	280.9	276.5
十分位分散係数	0.52	0.24	0.25	0.30	0.39	0.44	0.52	0.55	0.58	0.66	0.46	0.44	0.45
四分位分散係数	0.25	0.11	0.13	0.16	0.19	0.23	0.26	0.30	0.32	0.36	0.24	0.17	0.21

第3表　年齢階級、所定内給与額階級別労働者数及び所定内給与額の分布特性値

企業規模	計

N生活関連サービス業，娯楽業

（単位十人）

区　分	年齢計	～19歳	20～24歳	25～29歳	30～34歳	35～39歳	40～44歳	45～49歳	50～54歳	55～59歳	60～64歳	65～69歳	70歳以上
男													
学歴計	**24 240**	**138**	**1 878**	**2 722**	**3 447**	**3 571**	**3 361**	**2 875**	**2 043**	**1 905**	**1 449**	**689**	**160**
～ 99.9千円	5	-	-	-	1	1	1	-	-	-	1	1	-
100.0 ～ 119.9	112	2	4	14	10	16	8	9	5	4	15	18	6
120.0 ～ 139.9	496	7	91	56	42	39	22	22	14	29	89	66	18
140.0 ～ 159.9	1 195	29	179	152	151	81	81	58	49	64	173	150	28
160.0 ～ 179.9	1 585	52	366	248	177	105	101	64	71	107	154	116	25
180.0 ～ 199.9	1 963	28	399	367	249	204	129	107	84	112	158	112	12
200.0 ～ 219.9	2 088	8	277	412	337	265	219	122	91	106	173	58	20
220.0 ～ 239.9	2 063	6	244	392	394	273	231	150	89	120	125	25	11
240.0 ～ 259.9	2 197	3	187	353	402	318	300	226	136	108	136	26	3
260.0 ～ 279.9	1 910	2	73	270	364	319	295	186	131	128	107	15	20
280.0 ～ 299.9	1 641	-	29	149	295	279	321	248	133	107	66	13	2
300.0 ～ 319.9	1 353	-	20	127	248	288	216	174	99	107	41	29	2
320.0 ～ 339.9	1 137	-	5	49	191	281	225	126	129	73	43	9	6
340.0 ～ 359.9	1 088	-	3	57	173	229	211	185	126	67	27	8	3
360.0 ～ 379.9	947	-	-	29	143	180	170	185	127	86	18	9	-
380.0 ～ 399.9	676	-	1	14	70	142	119	155	87	59	21	8	0
400.0 ～ 449.9	1 351	-	-	11	103	206	249	319	219	196	35	12	1
450.0 ～ 499.9	911	-	-	6	60	154	152	196	163	149	26	3	1
500.0 ～ 549.9	615	-	-	9	28	98	117	118	101	121	18	4	1
550.0 ～ 599.9	353	-	-	4	5	47	62	82	52	94	5	4	-
600.0 ～ 699.9	334	-	-	-	2	31	87	78	88	36	9	3	1
700.0 ～ 799.9	149	-	-	3	3	7	31	44	32	27	2	-	-
800.0 ～ 899.9	27	-	-	-	2	3	6	7	3	2	5	0	-
900.0 ～ 999.9	18	-	-	-	0	4	3	4	5	0	-	-	0
1000.0 ～ 1199.9	14	-	-	-	-	3	3	4	3	0	2	-	-
1200.0千円 ～	13	-	-	-	-	-	2	6	5	-	-	-	0
第1・十分位数（千円）	168.3	144.7	151.3	164.8	176.4	192.1	199.1	206.1	194.8	177.4	144.2	136.4	131.1
第1・四分位数（千円）	206.7	158.1	171.0	191.4	213.8	233.2	243.1	256.5	255.8	229.4	170.2	152.8	149.4
中位数（千円）	263.8	171.4	195.1	225.9	257.9	291.2	298.1	330.8	338.4	310.5	215.3	179.1	182.8
第3・四分位数（千円）	348.4	187.2	227.2	262.8	312.9	357.9	378.9	420.0	435.5	432.0	269.1	216.5	238.2
第9・十分位数（千円）	450.4	214.9	254.1	305.3	367.3	447.3	492.6	522.1	540.2	533.0	357.5	308.0	284.9
十分位分散係数	0.53	0.20	0.26	0.31	0.37	0.44	0.49	0.48	0.51	0.57	0.50	0.48	0.42
四分位分散係数	0.27	0.08	0.14	0.16	0.19	0.21	0.23	0.25	0.27	0.33	0.23	0.18	0.24
女													
学歴計	**20 247**	**356**	**2 971**	**3 028**	**2 562**	**2 272**	**2 364**	**2 086**	**1 704**	**1 373**	**993**	**433**	**106**
～ 99.9千円	9	-	-	1	1	1	0	1	-	4	-	-	-
100.0 ～ 119.9	223	1	10	6	10	9	27	23	24	37	38	25	12
120.0 ～ 139.9	974	30	107	92	73	77	100	89	80	99	125	85	18
140.0 ～ 159.9	2 284	86	366	223	213	184	260	230	203	177	201	110	30
160.0 ～ 179.9	2 838	103	654	399	305	223	276	265	176	175	157	84	19
180.0 ～ 199.9	2 793	64	659	460	303	213	284	259	190	151	158	40	12
200.0 ～ 219.9	2 646	29	501	532	372	318	274	209	160	128	85	34	5
220.0 ～ 239.9	2 300	18	329	481	305	273	248	239	201	120	61	23	2
240.0 ～ 259.9	1 607	17	166	296	253	223	204	137	104	121	76	9	2
260.0 ～ 279.9	1 265	7	106	208	256	200	126	118	119	77	38	9	1
280.0 ～ 299.9	921	-	43	138	148	181	126	101	95	73	10	4	1
300.0 ～ 319.9	617	1	19	65	95	119	111	95	71	25	12	3	1
320.0 ～ 339.9	441	-	10	80	67	51	83	72	34	34	7	0	2
340.0 ～ 359.9	275	-	1	12	41	58	62	46	28	25	-	1	1
360.0 ～ 379.9	286	-	-	12	34	51	64	60	35	28	4	-	-
380.0 ～ 399.9	155	-	1	12	15	32	18	36	21	12	8	0	-
400.0 ～ 449.9	342	-	-	8	49	31	52	53	91	47	11	1	-
450.0 ～ 499.9	121	-	-	4	12	18	15	24	33	14	-	2	-
500.0 ～ 549.9	60	-	-	0	2	3	13	11	21	8	-	-	1
550.0 ～ 599.9	27	-	-	-	6	0	8	5	6	2	-	-	-
600.0 ～ 699.9	29	-	-	-	2	3	7	4	6	7	0	-	-
700.0 ～ 799.9	14	-	-	-	-	2	1	4	2	5	-	-	-
800.0 ～ 899.9	7	-	-	-	-	2	1	-	2	2	-	-	-
900.0 ～ 999.9	6	-	-	-	-	-	3	2	1	-	-	-	-
1000.0 ～ 1199.9	3	-	-	-	1	-	-	1	-	1	-	-	-
1200.0千円 ～	2	-	-	-	-	-	-	-	-	2	-	-	-
第1・十分位数（千円）	148.6	140.9	151.9	158.6	157.2	156.3	148.1	149.8	149.2	139.5	131.2	129.2	117.6
第1・四分位数（千円）	170.7	153.3	168.1	181.5	182.3	187.2	174.7	172.1	172.1	162.5	147.9	139.6	137.0
中位数（千円）	206.9	170.3	190.9	211.2	220.2	230.0	216.7	216.0	221.6	206.2	176.6	159.2	156.5
第3・四分位数（千円）	253.1	193.8	217.0	245.4	266.3	278.1	275.1	278.9	284.5	264.3	214.3	187.8	181.2
第9・十分位数（千円）	310.3	226.3	245.4	282.8	313.8	330.7	342.1	357.6	392.2	350.8	257.2	227.1	218.8
十分位分散係数	0.39	0.25	0.24	0.29	0.36	0.38	0.45	0.48	0.55	0.51	0.36	0.31	0.32
四分位分散係数	0.20	0.12	0.13	0.15	0.19	0.20	0.23	0.25	0.25	0.25	0.19	0.15	0.14

第3表　年齢階級、所定内給与額階級別労働者数及び所定内給与額の分布特性値

企業規模	1,000人以上

N生活関連サービス業，娯楽業

(単位十人)

区分	年齢計	～19歳	20～24歳	25～29歳	30～34歳	35～39歳	40～44歳	45～49歳	50～54歳	55～59歳	60～64歳	65～69歳	70歳以上
企業規模1,000人以上													
男女計													
学歴計	**12 283**	**97**	**1 256**	**1 650**	**1 874**	**1 937**	**1 697**	**1 409**	**911**	**772**	**488**	**175**	**16**
～ 99.9 千円	1	–	–	–	–	–	–	–	–	–	–	1	–
100.0 ～ 119.9	59	3	6	7	3	1	2	7	8	10	6	6	1
120.0 ～ 139.9	279	5	47	29	46	22	19	16	7	15	34	39	1
140.0 ～ 159.9	724	28	91	75	79	74	67	59	57	58	95	39	2
160.0 ～ 179.9	987	28	228	157	130	72	84	70	57	63	47	46	5
180.0 ～ 199.9	1 207	17	260	205	153	107	138	109	65	65	69	16	3
200.0 ～ 219.9	1 336	10	254	309	196	176	133	78	58	45	62	14	2
220.0 ～ 239.9	1 072	4	189	249	185	127	117	72	61	29	31	7	2
240.0 ～ 259.9	1 040	3	101	199	165	154	170	95	52	30	71	–	–
260.0 ～ 279.9	867	–	43	165	239	181	85	42	37	56	18	1	–
280.0 ～ 299.9	765	–	15	78	166	181	136	104	45	37	3	–	–
300.0 ～ 319.9	562	–	13	72	119	153	87	58	32	21	4	3	–
320.0 ～ 339.9	473	–	7	31	71	106	100	65	46	30	17	–	–
340.0 ～ 359.9	456	–	2	37	76	113	90	81	37	20	–	–	–
360.0 ～ 379.9	469	–	–	17	106	127	85	79	22	30	4	–	–
380.0 ～ 399.9	291	–	1	9	43	69	46	64	39	14	5	1	–
400.0 ～ 449.9	576	–	–	2	53	105	97	129	102	76	11	2	–
450.0 ～ 499.9	379	–	–	2	21	87	74	86	56	44	8	–	–
500.0 ～ 549.9	282	–	–	2	19	38	63	56	53	50	1	–	–
550.0 ～ 599.9	173	–	–	2	–	21	26	53	17	54	–	–	–
600.0 ～ 699.9	173	–	–	–	–	18	52	40	48	14	1	–	–
700.0 ～ 799.9	92	–	–	3	3	4	24	41	9	9	0	–	–
800.0 ～ 899.9	12	–	–	–	–	–	2	5	3	2	–	0	–
900.0 ～ 999.9	4	–	–	–	0	–	0	1	2	0	–	–	–
1000.0 ～ 1199.9	3	–	–	–	–	2	–	0	–	–	–	–	–
1200.0千円 ～	1	–	–	–	–	–	–	1	0	–	–	–	–
第1・十分位数(千円)	163.4	141.4	156.6	168.0	169.2	185.1	179.6	175.7	166.8	158.7	142.1	132.0	133.1
第1・四分位数(千円)	197.0	149.7	175.7	193.3	206.3	225.6	217.3	224.3	211.1	196.0	157.5	139.5	157.2
中位数(千円)	248.5	168.1	199.7	223.3	257.0	285.7	283.4	318.3	304.8	291.6	197.5	161.2	168.0
第3・四分位数(千円)	332.5	188.6	224.8	260.8	306.8	357.4	368.9	422.8	428.6	435.6	246.5	181.0	210.3
第9・十分位数(千円)	439.5	214.9	249.4	303.3	368.6	441.9	499.4	548.1	541.5	551.8	306.8	215.9	221.1
十分位分散係数	0.56	0.22	0.23	0.30	0.39	0.45	0.56	0.58	0.61	0.67	0.42	0.26	0.26
四分位分散係数	0.27	0.12	0.12	0.15	0.20	0.23	0.27	0.31	0.36	0.41	0.23	0.13	0.16
男													
学歴計	**6 715**	**28**	**500**	**819**	**1 073**	**1 152**	**958**	**892**	**502**	**430**	**265**	**86**	**9**
～ 99.9 千円	1	–	–	–	–	–	–	–	–	–	–	1	–
100.0 ～ 119.9	21	2	2	7	1	–	–	2	3	–	3	0	1
120.0 ～ 139.9	86	2	21	12	16	10	1	3	3	1	6	10	0
140.0 ～ 159.9	255	9	38	40	42	27	11	13	10	12	31	22	–
160.0 ～ 179.9	339	9	102	66	44	24	19	8	9	10	24	21	3
180.0 ～ 199.9	463	5	91	92	76	51	27	27	26	28	28	11	2
200.0 ～ 219.9	474	–	73	109	63	50	56	29	23	16	41	11	2
220.0 ～ 239.9	436	1	81	97	90	48	39	32	19	10	15	4	1
240.0 ～ 259.9	566	–	54	109	95	74	87	57	30	10	51	–	–
260.0 ～ 279.9	474	–	22	100	105	95	56	21	24	35	16	1	–
280.0 ～ 299.9	489	–	7	55	109	98	91	77	27	23	3	–	–
300.0 ～ 319.9	387	–	3	52	95	104	52	35	21	20	2	3	–
320.0 ～ 339.9	340	–	3	17	59	80	68	41	38	18	17	–	–
340.0 ～ 359.9	349	–	2	33	65	86	64	62	30	8	–	–	–
360.0 ～ 379.9	356	–	–	15	95	95	53	60	16	17	4	–	–
380.0 ～ 399.9	243	–	1	7	35	59	38	54	31	12	5	1	–
400.0 ～ 449.9	413	–	–	1	42	94	68	109	45	43	9	2	–
450.0 ～ 499.9	320	–	–	2	21	74	63	73	37	42	8	–	–
500.0 ～ 549.9	263	–	–	2	19	38	58	53	43	49	1	–	–
550.0 ～ 599.9	171	–	–	2	–	21	26	52	16	54	–	–	–
600.0 ～ 699.9	167	–	–	–	–	18	52	40	43	12	1	–	–
700.0 ～ 799.9	88	–	–	3	3	4	24	39	6	9	0	–	–
800.0 ～ 899.9	8	–	–	–	–	–	2	5	1	1	–	0	–
900.0 ～ 999.9	3	–	–	–	0	–	0	0	1	0	–	–	–
1000.0 ～ 1199.9	3	–	–	–	–	2	–	0	–	–	–	–	–
1200.0千円 ～	1	–	–	–	–	–	–	1	0	–	–	–	–
第1・十分位数(千円)	178.3	132.8	155.5	165.7	181.5	201.9	215.1	223.8	199.8	196.2	153.3	137.4	106.9
第1・四分位数(千円)	221.7	146.5	173.3	196.9	226.4	260.8	259.7	290.0	263.4	269.7	181.8	147.7	162.3
中位数(千円)	288.5	162.3	199.2	237.0	280.9	319.1	330.6	374.1	355.3	394.1	220.5	170.0	180.0
第3・四分位数(千円)	380.0	177.8	230.5	275.8	343.9	388.1	441.1	477.7	478.8	523.9	260.1	201.1	212.4
第9・十分位数(千円)	505.9	186.2	255.0	319.6	388.5	469.1	559.4	597.6	601.7	571.8	372.9	227.0	218.3
十分位分散係数	0.57	0.16	0.25	0.32	0.37	0.42	0.52	0.50	0.57	0.48	0.50	0.26	0.31
四分位分散係数	0.27	0.10	0.14	0.17	0.21	0.20	0.27	0.25	0.30	0.32	0.18	0.16	0.14

第3表　年齢階級、所定内給与額階級別労働者数及び所定内給与額の分布特性値

企業規模	1,000人以上
	100～999人

N生活関連サービス業，娯楽業

（単位十人）

区分	年齢計	～19歳	20～24歳	25～29歳	30～34歳	35～39歳	40～44歳	45～49歳	50～54歳	55～59歳	60～64歳	65～69歳	70歳以上
女													
学歴計	**5 568**	**70**	**756**	**831**	**801**	**785**	**740**	**517**	**409**	**342**	**223**	**89**	**7**
～ 99.9 千円	−	−	−	−	−	−	−	−	−	−	−	−	−
100.0 ～ 119.9	38	1	4	−	3	1	2	6	5	10	3	6	−
120.0 ～ 139.9	193	3	26	17	30	12	18	13	4	14	28	29	1
140.0 ～ 159.9	469	19	53	35	37	47	56	46	47	46	64	17	2
160.0 ～ 179.9	648	19	126	91	86	48	65	62	48	53	23	25	2
180.0 ～ 199.9	743	12	169	112	77	56	110	82	39	37	42	6	1
200.0 ～ 219.9	862	10	180	201	133	126	77	49	34	29	21	3	−
220.0 ～ 239.9	636	3	108	152	95	79	78	41	42	19	15	3	1
240.0 ～ 259.9	474	3	47	90	70	80	83	38	22	20	20	−	−
260.0 ～ 279.9	393	−	21	66	135	86	29	21	13	21	2	−	−
280.0 ～ 299.9	276	−	8	24	58	82	45	27	19	14	−	−	−
300.0 ～ 319.9	175	−	10	21	24	49	35	23	10	2	2	−	−
320.0 ～ 339.9	133	−	4	15	12	26	32	24	8	12	−	−	−
340.0 ～ 359.9	107	−	−	4	11	28	26	20	7	12	−	−	−
360.0 ～ 379.9	113	−	−	2	10	32	31	19	6	13	−	−	−
380.0 ～ 399.9	49	−	−	2	8	10	8	10	9	2	−	−	−
400.0 ～ 449.9	164	−	−	1	11	11	29	20	57	33	2	−	−
450.0 ～ 499.9	59	−	−	−	−	13	11	12	20	3	−	−	−
500.0 ～ 549.9	20	−	−	−	−	−	5	4	10	1	−	−	−
550.0 ～ 599.9	2	−	−	−	−	−	−	1	1	−	−	−	−
600.0 ～ 699.9	6	−	−	−	−	−	−	0	4	2	−	−	−
700.0 ～ 799.9	4	−	−	−	−	−	−	2	2	−	−	−	−
800.0 ～ 899.9	4	−	−	−	−	−	−	−	2	2	−	−	−
900.0 ～ 999.9	1	−	−	−	−	−	−	0	1	−	−	−	−
1000.0 ～ 1199.9	−	−	−	−	−	−	−	−	−	−	−	−	−
1200.0千円 ～	−	−	−	−	−	−	−	−	−	−	−	−	−
第1・十分位数（千円）	155.0	142.6	157.5	170.5	162.5	168.0	159.5	156.3	154.7	149.4	134.9	130.2	−
第1・四分位数（千円）	181.1	151.8	177.4	190.2	189.5	204.4	189.1	180.6	179.5	164.2	148.1	135.3	−
中位数（千円）	215.9	170.0	200.0	216.0	226.1	244.3	231.6	221.6	233.6	208.0	171.1	153.7	−
第3・四分位数（千円）	265.1	197.2	221.2	244.8	270.3	292.3	295.0	305.1	385.5	294.9	205.5	169.8	−
第9・十分位数（千円）	335.6	218.5	244.7	272.7	299.1	349.7	364.2	377.9	439.8	405.5	243.0	194.3	−
十分位分散係数	0.42	0.22	0.22	0.24	0.30	0.37	0.44	0.50	0.61	0.62	0.32	0.21	−
四分位分散係数	0.19	0.13	0.11	0.13	0.18	0.18	0.23	0.28	0.44	0.31	0.17	0.11	−
企業規模100～999人													
男女計													
学歴計	**17 243**	**238**	**1 913**	**2 338**	**2 260**	**2 211**	**2 155**	**1 935**	**1 463**	**1 228**	**1 003**	**404**	**95**
～ 99.9 千円	3	−	−	−	−	−	0	0	−	1	1	−	−
100.0 ～ 119.9	107	1	5	6	6	10	18	12	7	11	14	12	6
120.0 ～ 139.9	546	15	57	50	25	56	56	41	36	58	101	38	13
140.0 ～ 159.9	1 433	53	185	128	154	112	192	131	118	101	146	100	14
160.0 ～ 179.9	1 618	71	382	239	159	119	112	117	80	103	149	72	13
180.0 ～ 199.9	1 862	52	400	352	205	160	142	143	98	88	145	61	16
200.0 ～ 219.9	1 872	20	307	382	296	243	181	135	78	80	102	42	6
220.0 ～ 239.9	1 778	15	285	349	258	242	168	155	135	83	70	15	2
240.0 ～ 259.9	1 520	7	161	296	259	211	176	150	85	99	64	11	−
260.0 ～ 279.9	1 172	2	64	202	217	163	163	140	76	70	51	12	12
280.0 ～ 299.9	1 048	−	43	120	179	168	195	123	96	78	43	3	0
300.0 ～ 319.9	768	1	18	71	139	130	138	121	73	38	24	15	1
320.0 ～ 339.9	611	−	4	72	114	141	100	75	55	28	10	4	8
340.0 ～ 359.9	568	−	1	20	86	120	108	101	75	37	11	5	3
360.0 ～ 379.9	428	−	−	16	45	49	85	96	81	48	7	2	−
380.0 ～ 399.9	298	−	1	15	29	51	48	70	35	32	16	1	0
400.0 ～ 449.9	631	−	−	11	45	80	114	132	116	103	25	4	1
450.0 ～ 499.9	385	−	−	5	28	60	52	83	89	59	8	1	0
500.0 ～ 549.9	228	−	−	4	6	46	33	37	43	50	5	3	1
550.0 ～ 599.9	136	−	−	−	4	24	29	24	26	24	4	3	−
600.0 ～ 699.9	121	−	−	−	4	12	25	27	33	17	3	1	−
700.0 ～ 799.9	52	−	−	−	−	4	6	5	17	18	2	−	−
800.0 ～ 899.9	13	−	−	−	1	5	3	2	0	2	−	−	−
900.0 ～ 999.9	19	−	−	−	−	4	5	6	4	−	−	−	0
1000.0 ～ 1199.9	13	−	−	−	1	−	3	4	2	1	2	−	−
1200.0千円 ～	14	−	−	−	−	−	2	5	5	2	−	−	0
第1・十分位数（千円）	155.4	144.6	155.2	165.3	165.4	167.7	153.5	161.4	158.2	151.0	137.9	136.4	126.6
第1・四分位数（千円）	186.4	157.4	172.5	190.3	201.0	206.2	202.0	205.6	207.5	186.7	158.0	152.9	145.9
中位数（千円）	233.3	172.2	196.3	220.8	241.6	255.8	263.7	270.6	284.2	258.0	189.7	174.0	182.9
第3・四分位数（千円）	299.5	193.9	226.6	256.2	293.0	326.7	334.6	362.2	382.2	379.8	247.6	206.6	268.1
第9・十分位数（千円）	392.7	222.2	251.6	296.5	345.5	408.1	418.9	450.0	484.3	486.5	313.0	282.9	328.3
十分位分散係数	0.51	0.23	0.25	0.30	0.37	0.47	0.50	0.53	0.57	0.65	0.46	0.42	0.55
四分位分散係数	0.24	0.11	0.14	0.15	0.19	0.24	0.25	0.29	0.31	0.37	0.24	0.15	0.33

第3表　年齢階級、所定内給与額階級別労働者数及び所定内給与額の分布特性値

企業規模	100～999人

N生活関連サービス業，娯楽業

（単位十人）

区分	年齢計	～19歳	20～24歳	25～29歳	30～34歳	35～39歳	40～44歳	45～49歳	50～54歳	55～59歳	60～64歳	65～69歳	70歳以上
男													
学歴計	**9 415**	**68**	**733**	**1 099**	**1 340**	**1 364**	**1 290**	**1 066**	**800**	**735**	**600**	**259**	**61**
～ 99.9千円	1	-	-	-	-	-	-	-	-	-	1	-	-
100.0 ～ 119.9	41	1	0	5	4	8	4	6	1	2	3	4	3
120.0 ～ 139.9	184	2	20	13	8	20	9	8	2	14	57	18	11
140.0 ～ 159.9	509	14	68	50	61	31	56	32	24	34	79	55	6
160.0 ～ 179.9	599	27	124	95	49	41	32	23	27	50	74	52	5
180.0 ～ 199.9	747	15	138	152	86	80	50	46	25	37	63	47	8
200.0 ～ 219.9	884	6	118	165	163	133	85	55	26	33	74	22	4
220.0 ～ 239.9	873	4	126	185	157	125	93	47	34	43	51	8	1
240.0 ～ 259.9	853	-	86	153	174	117	102	85	51	42	36	7	-
260.0 ～ 279.9	719	-	24	114	148	97	117	78	38	47	35	8	12
280.0 ～ 299.9	640	-	15	53	123	100	139	82	51	40	36	2	0
300.0 ～ 319.9	513	-	13	46	97	98	82	81	38	29	17	12	0
320.0 ～ 339.9	428	-	-	18	85	122	82	40	47	18	6	4	6
340.0 ～ 359.9	461	-	1	15	70	97	85	84	61	29	11	5	3
360.0 ～ 379.9	319	-	-	13	28	44	66	64	54	41	7	2	-
380.0 ～ 399.9	240	-	-	7	24	39	45	56	33	26	8	0	0
400.0 ～ 449.9	521	-	-	9	24	73	102	103	92	96	18	4	1
450.0 ～ 499.9	357	-	-	3	27	55	50	76	82	56	8	1	0
500.0 ～ 549.9	202	-	-	4	5	43	29	35	33	44	5	3	1
550.0 ～ 599.9	128	-	-	-	4	24	27	24	21	22	4	3	-
600.0 ～ 699.9	103	-	-	-	2	9	19	23	32	15	3	1	-
700.0 ～ 799.9	45	-	-	-	-	3	5	3	17	15	2	-	-
800.0 ～ 899.9	10	-	-	-	1	3	2	2	0	2	-	-	-
900.0 ～ 999.9	15	-	-	-	-	4	3	4	4	-	-	-	0
1000.0 ～ 1199.9	10	-	-	-	-	-	3	3	2	-	2	-	-
1200.0千円 ～	12	-	-	-	-	-	2	5	5	-	-	-	0
第1・十分位数（千円）	167.3	152.0	155.9	171.7	182.8	189.9	193.2	195.9	200.9	168.7	139.8	142.9	127.8
第1・四分位数（千円）	205.8	160.2	175.6	195.1	214.9	224.3	238.8	250.2	266.8	226.5	162.1	157.1	143.7
中位数（千円）	260.4	172.4	202.7	227.6	255.2	285.8	294.6	317.1	351.3	316.6	205.5	180.0	190.3
第3・四分位数（千円）	343.0	188.6	234.1	261.1	306.9	349.1	368.7	404.5	447.8	429.0	265.4	208.4	275.3
第9・十分位数（千円）	443.2	206.5	255.0	302.4	355.3	453.4	458.1	495.3	551.8	516.5	352.4	311.1	337.1
十分位分散係数	0.53	0.16	0.24	0.29	0.34	0.46	0.45	0.47	0.50	0.55	0.52	0.47	0.55
四分位分散係数	0.26	0.08	0.14	0.14	0.18	0.22	0.22	0.24	0.26	0.32	0.25	0.14	0.35
女													
学歴計	**7 828**	**170**	**1 179**	**1 239**	**920**	**847**	**865**	**870**	**662**	**493**	**403**	**145**	**34**
～ 99.9千円	1	-	-	-	-	-	0	0	-	1	-	-	-
100.0 ～ 119.9	66	1	4	1	2	2	14	6	6	10	11	8	3
120.0 ～ 139.9	362	12	37	37	17	36	47	33	33	44	44	20	2
140.0 ～ 159.9	924	39	116	78	93	81	135	99	94	66	68	45	8
160.0 ～ 179.9	1 019	45	259	144	110	78	80	93	53	53	75	20	8
180.0 ～ 199.9	1 115	37	262	201	119	80	93	96	73	51	82	13	8
200.0 ～ 219.9	988	15	188	217	133	111	95	80	52	47	28	20	2
220.0 ～ 239.9	905	12	159	164	101	118	76	108	102	40	18	7	1
240.0 ～ 259.9	667	7	75	143	85	94	74	65	35	56	28	4	-
260.0 ～ 279.9	453	2	39	88	68	66	45	62	38	23	16	4	0
280.0 ～ 299.9	408	-	29	67	56	67	56	41	45	38	6	1	0
300.0 ～ 319.9	255	1	4	25	42	32	56	40	35	9	6	3	1
320.0 ～ 339.9	183	-	4	54	29	19	18	35	8	11	4	0	2
340.0 ～ 359.9	107	-	-	5	16	23	24	17	14	8	-	-	-
360.0 ～ 379.9	109	-	-	2	17	5	19	32	27	7	-	-	-
380.0 ～ 399.9	58	-	1	8	4	13	3	14	2	5	8	0	-
400.0 ～ 449.9	110	-	-	2	21	8	13	29	24	6	7	-	-
450.0 ～ 499.9	28	-	-	2	1	5	2	8	8	3	-	-	-
500.0 ～ 549.9	26	-	-	-	1	3	4	2	10	6	-	-	-
550.0 ～ 599.9	8	-	-	-	-	-	1	-	5	2	-	-	-
600.0 ～ 699.9	18	-	-	-	2	3	6	4	1	2	0	-	-
700.0 ～ 799.9	7	-	-	-	-	1	1	2	-	3	-	-	-
800.0 ～ 899.9	3	-	-	-	-	2	1	-	-	-	-	-	-
900.0 ～ 999.9	5	-	-	-	-	-	3	2	-	-	-	-	-
1000.0 ～ 1199.9	3	-	-	-	1	-	-	1	-	1	-	-	-
1200.0千円 ～	2	-	-	-	-	-	-	-	-	2	-	-	-
第1・十分位数（千円）	149.6	142.6	154.9	161.3	157.0	154.2	143.4	149.3	150.1	138.7	134.9	131.0	124.1
第1・四分位数（千円）	171.8	155.9	171.0	185.8	181.2	183.2	164.6	176.2	172.0	161.3	153.7	144.5	147.3
中位数（千円）	207.5	172.1	192.8	212.5	218.0	227.2	212.0	224.8	223.1	208.6	180.6	159.7	169.3
第3・四分位数（千円）	254.3	196.2	221.7	251.5	267.2	269.0	275.7	284.0	285.4	262.0	213.9	202.6	194.6
第9・十分位数（千円）	309.4	227.7	248.1	289.5	320.0	318.0	331.2	364.7	365.3	329.7	271.2	227.3	224.3
十分位分散係数	0.39	0.25	0.24	0.30	0.37	0.36	0.44	0.48	0.48	0.46	0.38	0.30	0.30
四分位分散係数	0.20	0.12	0.13	0.15	0.20	0.19	0.26	0.24	0.25	0.24	0.17	0.18	0.14

第3表　年齢階級、所定内給与額階級別労働者数及び所定内給与額の分布特性値

企業規模	10～99人

N生活関連サービス業，娯楽業

（単位十人）

区分	年齢計	～19歳	20～24歳	25～29歳	30～34歳	35～39歳	40～44歳	45～49歳	50～54歳	55～59歳	60～64歳	65～69歳	70歳以上
企業規模10～99人													
男女計													
学歴計	**14 960**	**159**	**1 681**	**1 762**	**1 875**	**1 695**	**1 873**	**1 616**	**1 373**	**1 278**	**951**	**543**	**155**
～ 99.9千円	10	－	－	1	2	2	1	1	－	3	－	－	－
100.0 ～ 119.9	169	－	4	7	11	15	16	14	15	20	33	24	11
120.0 ～ 139.9	646	18	94	69	43	38	48	54	52	56	79	75	22
140.0 ～ 159.9	1 322	34	269	172	130	79	82	99	78	83	132	121	42
160.0 ～ 179.9	1 818	55	409	252	192	137	182	143	110	115	115	82	26
180.0 ～ 199.9	1 688	23	398	270	193	150	134	114	112	110	103	76	5
200.0 ～ 219.9	1 626	7	217	253	218	163	179	118	115	108	94	37	16
220.0 ～ 239.9	1 513	5	99	275	257	177	193	162	94	128	86	27	10
240.0 ～ 259.9	1 244	9	90	154	230	176	157	119	102	101	77	23	5
260.0 ～ 279.9	1 137	7	73	111	164	174	174	122	137	80	76	11	9
280.0 ～ 299.9	748	－	13	88	98	112	115	122	87	66	31	15	2
300.0 ～ 319.9	641	－	9	49	85	124	102	91	66	73	26	15	2
320.0 ～ 339.9	494	－	5	26	73	86	107	58	62	49	24	4	－
340.0 ～ 359.9	339	－	1	12	52	54	74	49	41	35	15	4	1
360.0 ～ 379.9	336	－	－	8	26	54	65	70	59	35	11	7	－
380.0 ～ 399.9	241	－	－	2	13	53	43	56	34	25	8	6	0
400.0 ～ 449.9	486	－	－	6	54	51	90	110	91	65	10	7	－
450.0 ～ 499.9	267	－	－	3	22	26	41	50	51	60	10	4	1
500.0 ～ 549.9	164	－	－	3	4	17	33	36	27	29	12	1	1
550.0 ～ 599.9	72	－	－	2	7	2	15	10	15	18	1	1	－
600.0 ～ 699.9	69	－	－	－	－	4	17	15	13	13	5	2	1
700.0 ～ 799.9	19	－	－	－	1	1	2	2	9	5	－	－	－
800.0 ～ 899.9	9	－	－	－	1	－	2	1	2	－	5	－	－
900.0 ～ 999.9	0	－	－	－	－	－	0	－	－	－	－	－	－
1000.0 ～ 1199.9	1	－	－	－	－	0	－	－	1	0	－	－	－
1200.0千円 ～	－	－	－	－	－	－	－	－	－	－	－	－	－
第1・十分位数（千円）	151.1	138.5	146.5	153.2	160.1	164.7	164.3	159.2	158.3	152.4	135.9	130.5	124.3
第1・四分位数（千円）	177.4	152.4	162.4	175.8	189.2	200.4	200.7	196.4	194.9	186.3	158.9	145.4	143.0
中位数（千円）	224.2	170.6	183.2	208.1	232.2	249.7	253.2	257.7	261.3	243.0	202.9	171.3	161.0
第3・四分位数（千円）	283.7	188.9	206.2	243.1	274.4	310.9	324.9	338.8	339.9	326.1	259.2	212.7	210.0
第9・十分位数（千円）	368.5	240.1	246.7	284.0	337.0	370.3	406.7	426.1	433.4	444.8	326.6	294.0	262.7
十分位分散係数	0.48	0.30	0.27	0.31	0.38	0.41	0.48	0.52	0.53	0.60	0.47	0.48	0.43
四分位分散係数	0.24	0.11	0.12	0.16	0.18	0.22	0.25	0.28	0.28	0.29	0.25	0.20	0.21
男													
学歴計	**8 109**	**42**	**645**	**804**	**1 034**	**1 055**	**1 114**	**917**	**740**	**740**	**584**	**344**	**90**
～ 99.9千円	3	－	－	－	1	1	1	－	－	－	－	－	－
100.0 ～ 119.9	50	－	2	2	5	8	4	1	1	3	9	13	2
120.0 ～ 139.9	227	2	50	31	18	9	12	10	9	14	27	39	7
140.0 ～ 159.9	431	6	73	62	48	24	13	13	16	18	63	73	23
160.0 ～ 179.9	647	16	140	87	83	40	51	33	34	47	56	43	17
180.0 ～ 199.9	753	8	171	123	87	73	52	34	34	47	68	54	2
200.0 ～ 219.9	729	3	85	139	111	83	77	38	41	56	58	25	13
220.0 ～ 239.9	753	2	37	110	147	100	99	72	37	67	59	13	10
240.0 ～ 259.9	778	3	47	91	133	127	111	84	55	56	49	18	3
260.0 ～ 279.9	718	2	27	56	111	127	121	87	69	47	56	6	7
280.0 ～ 299.9	511	－	7	41	63	80	91	89	56	45	26	12	2
300.0 ～ 319.9	453	－	4	30	56	86	82	58	40	59	22	14	2
320.0 ～ 339.9	369	－	2	14	48	79	74	45	44	38	20	4	－
340.0 ～ 359.9	278	－	－	9	38	47	61	40	34	30	15	3	－
360.0 ～ 379.9	272	－	－	1	19	41	51	61	57	28	7	7	－
380.0 ～ 399.9	193	－	－	0	10	44	36	45	23	21	8	6	0
400.0 ～ 449.9	417	－	－	2	37	40	79	106	81	57	8	6	－
450.0 ～ 499.9	233	－	－	1	11	26	39	47	45	52	10	2	1
500.0 ～ 549.9	150	－	－	3	4	17	29	31	26	27	12	1	－
550.0 ～ 599.9	54	－	－	2	1	2	8	6	15	18	1	1	－
600.0 ～ 699.9	65	－	－	－	－	4	16	15	12	10	5	2	1
700.0 ～ 799.9	16	－	－	－	1	－	2	2	9	3	－	－	－
800.0 ～ 899.9	9	－	－	－	1	－	2	1	2	－	5	－	－
900.0 ～ 999.9	0	－	－	－	－	－	0	－	－	－	－	－	－
1000.0 ～ 1199.9	1	－	－	－	－	0	－	－	1	0	－	－	－
1200.0千円 ～	－	－	－	－	－	－	－	－	－	－	－	－	－
第1・十分位数（千円）	163.4	144.9	143.6	156.7	169.6	187.7	192.4	200.1	185.3	177.1	147.2	132.5	140.0
第1・四分位数（千円）	197.7	162.2	165.0	183.0	203.2	225.7	234.3	246.8	244.0	220.2	177.5	149.3	150.9
中位数（千円）	252.0	175.0	186.5	214.0	242.4	268.9	283.5	299.3	308.6	287.8	225.2	181.6	169.2
第3・四分位数（千円）	321.6	196.4	209.7	251.4	290.0	332.1	354.9	389.2	403.0	383.1	277.2	230.6	225.4
第9・十分位数（千円）	411.8	243.2	252.3	291.0	348.1	390.2	439.5	454.4	485.6	477.7	358.6	309.7	268.4
十分位分散係数	0.49	0.28	0.29	0.31	0.37	0.38	0.44	0.42	0.49	0.52	0.47	0.49	0.38
四分位分散係数	0.25	0.10	0.12	0.16	0.18	0.20	0.21	0.24	0.26	0.28	0.22	0.22	0.22

第3表　年齢階級、所定内給与額階級別労働者数及び所定内給与額の分布特性値

企業規模	10～99人
	計

N 生活関連サービス業，娯楽業　O 教育，学習支援業

（単位十人）

区　分	年齢計	～19歳	20～24歳	25～29歳	30～34歳	35～39歳	40～44歳	45～49歳	50～54歳	55～59歳	60～64歳	65～69歳	70歳以上
女													
学歴計	**6 851**	**116**	**1 036**	**959**	**841**	**640**	**759**	**699**	**633**	**538**	**367**	**198**	**65**
～ 99.9 千円	7	－	－	1	1	1	－	1	－	3	－	－	－
100.0 ～ 119.9	118	－	2	5	6	7	12	12	13	18	24	11	10
120.0 ～ 139.9	419	15	44	38	26	29	36	43	43	42	52	37	15
140.0 ～ 159.9	891	28	197	110	82	55	68	86	62	65	70	48	20
160.0 ～ 179.9	1 171	39	269	165	109	97	131	110	75	68	59	39	9
180.0 ～ 199.9	935	15	227	147	106	77	82	81	78	63	35	21	3
200.0 ～ 219.9	797	4	132	115	106	81	102	80	74	52	36	12	3
220.0 ～ 239.9	760	4	62	165	110	76	94	90	57	61	27	13	－
240.0 ～ 259.9	466	6	43	63	98	49	47	35	47	45	27	5	2
260.0 ～ 279.9	419	5	46	55	53	47	52	35	68	34	20	4	1
280.0 ～ 299.9	237	－	6	47	34	32	25	34	32	21	4	3	0
300.0 ～ 319.9	188	－	5	18	29	38	20	33	26	14	4	1	－
320.0 ～ 339.9	126	－	3	12	25	7	33	14	18	12	4	－	－
340.0 ～ 359.9	61	－	1	3	14	8	13	10	7	5	－	1	1
360.0 ～ 379.9	65	－	－	7	6	14	14	9	3	8	4	－	－
380.0 ～ 399.9	48	－	－	2	2	9	8	12	11	5	－	－	－
400.0 ～ 449.9	68	－	－	5	17	12	11	4	10	8	2	1	－
450.0 ～ 499.9	34	－	－	2	11	－	2	4	6	8	－	2	－
500.0 ～ 549.9	15	－	－	0	1	－	4	6	2	1	－	－	1
550.0 ～ 599.9	17	－	－	－	6	0	7	4	－	－	－	－	－
600.0 ～ 699.9	5	－	－	－	－	－	1	－	1	3	－	－	－
700.0 ～ 799.9	3	－	－	－	－	1	－	1	－	2	－	－	－
800.0 ～ 899.9	－	－	－	－	－	－	－	－	－	－	－	－	－
900.0 ～ 999.9	－	－	－	－	－	－	－	－	－	－	－	－	－
1000.0 ～ 1199.9	－	－	－	－	－	－	－	－	－	－	－	－	－
1200.0千円 ～	－	－	－	－	－	－	－	－	－	－	－	－	－
第1・十分位数（千円）	143.5	136.9	147.9	150.9	154.0	149.9	148.2	144.1	142.7	136.0	124.6	127.0	114.5
第1・四分位数（千円）	164.3	149.7	161.1	171.0	177.3	173.1	170.5	166.0	167.9	161.6	143.4	140.6	131.8
中位数（千円）	197.4	169.0	180.6	202.0	217.6	213.0	210.7	203.7	211.0	203.3	169.6	161.1	151.9
第3・四分位数（千円）	241.7	185.9	204.3	236.3	256.2	262.4	259.3	253.7	267.4	255.1	219.7	192.1	173.6
第9・十分位数（千円）	293.7	235.7	240.2	279.9	318.8	315.2	333.0	315.5	313.0	317.3	260.0	237.2	206.8
十分位分散係数	0.38	0.29	0.26	0.32	0.38	0.39	0.44	0.42	0.40	0.45	0.40	0.34	0.30
四分位分散係数	0.20	0.11	0.12	0.16	0.18	0.21	0.21	0.22	0.24	0.23	0.22	0.16	0.14
O 教育，学習支援業													
企業規模計													
男女計													
学歴計	**69 643**	**88**	**5 780**	**7 632**	**7 660**	**8 126**	**8 961**	**8 605**	**7 939**	**7 306**	**5 268**	**1 795**	**483**
～ 99.9 千円	5	－	－	－	1	1	2	－	－	－	1	－	－
100.0 ～ 119.9	64	－	3	3	3	5	5	9	5	12	5	12	3
120.0 ～ 139.9	454	6	61	38	47	46	47	54	43	26	49	32	5
140.0 ～ 159.9	1 341	21	249	212	125	151	92	119	69	120	88	53	43
160.0 ～ 179.9	2 441	42	771	385	240	205	178	183	131	102	135	57	12
180.0 ～ 199.9	3 816	12	1 463	790	342	286	224	198	143	83	171	73	30
200.0 ～ 219.9	4 989	4	1 528	1 107	607	482	303	256	179	144	248	97	35
220.0 ～ 239.9	4 577	－	830	1 393	671	361	374	277	168	197	194	77	36
240.0 ～ 259.9	4 262	1	462	1 183	863	441	395	292	205	110	201	68	40
260.0 ～ 279.9	3 565	2	168	859	700	481	438	293	200	168	174	58	23
280.0 ～ 299.9	3 293	－	122	651	729	550	378	257	208	172	164	45	18
300.0 ～ 319.9	2 872	－	41	400	627	544	362	326	201	145	143	69	14
320.0 ～ 339.9	2 704	－	44	206	596	503	498	280	209	168	147	42	12
340.0 ～ 359.9	2 492	－	7	136	485	473	505	312	220	164	111	50	30
360.0 ～ 379.9	2 656	－	15	89	456	494	523	474	289	169	90	51	8
380.0 ～ 399.9	2 312	－	6	49	269	427	534	421	263	196	95	29	22
400.0 ～ 449.9	5 847	－	7	71	471	1 144	1 180	1 034	858	671	298	96	16
450.0 ～ 499.9	5 159	－	－	27	201	777	1 030	1 104	953	681	278	79	29
500.0 ～ 549.9	4 876	－	3	13	140	426	882	1 014	1 052	844	380	116	6
550.0 ～ 599.9	3 887	－	－	4	45	147	414	772	877	1 046	481	71	29
600.0 ～ 699.9	4 781	－	－	11	19	156	440	630	1 059	1 259	988	200	19
700.0 ～ 799.9	2 058	－	－	－	19	18	125	212	409	544	480	221	29
800.0 ～ 899.9	772	－	－	6	3	4	21	64	145	175	206	140	8
900.0 ～ 999.9	217	－	－	－	－	3	1	7	39	56	82	19	10
1000.0 ～ 1199.9	171	－	－	－	2	－	10	15	10	50	56	26	2
1200.0千円 ～	32	－	－	－	－	－	－	2	4	6	5	14	3
第1・十分位数（千円）	194.3	142.5	168.9	183.8	200.3	204.6	223.1	222.8	245.5	248.0	206.0	187.2	158.8
第1・四分位数（千円）	238.8	154.3	185.3	209.2	236.6	262.5	289.5	311.5	360.2	386.0	285.4	255.1	216.2
中位数（千円）	343.5	165.5	204.1	238.4	286.2	340.2	385.7	425.9	480.1	519.6	505.2	445.6	297.8
第3・四分位数（千円）	493.6	177.1	225.7	273.6	347.6	427.1	482.7	530.9	581.8	616.4	639.0	679.8	478.2
第9・十分位数（千円）	615.0	194.0	250.1	310.8	410.4	496.2	563.0	605.7	676.3	713.6	759.3	805.4	721.4
十分位分散係数	0.61	0.16	0.20	0.27	0.37	0.43	0.44	0.45	0.45	0.45	0.55	0.69	0.94
四分位分散係数	0.37	0.07	0.10	0.14	0.19	0.24	0.25	0.26	0.23	0.22	0.35	0.48	0.44

第3表　年齢階級、所定内給与額階級別労働者数及び所定内給与額の分布特性値

企業規模	計

O 教育，学習支援業

（単位十人）

区分	年齢計	～19歳	20～24歳	25～29歳	30～34歳	35～39歳	40～44歳	45～49歳	50～54歳	55～59歳	60～64歳	65～69歳	70歳以上
男													
学歴計	**37 074**	**39**	**1 027**	**2 807**	**3 598**	**4 546**	**5 030**	**4 653**	**4 815**	**4 811**	**3 953**	**1 443**	**353**
～ 99.9 千円	–	–	–	–	–	–	–	–	–	–	–	–	–
100.0 ～ 119.9	13	–	1	1	1	–	–	–	–	–	2	6	2
120.0 ～ 139.9	106	0	19	12	6	10	4	3	1	6	13	29	2
140.0 ～ 159.9	376	6	59	67	32	21	6	8	9	29	61	41	38
160.0 ～ 179.9	439	23	74	68	44	35	19	13	19	20	71	48	6
180.0 ～ 199.9	812	7	144	190	76	55	40	21	34	31	135	57	23
200.0 ～ 219.9	1 290	2	248	273	146	124	62	47	37	59	181	84	28
220.0 ～ 239.9	1 476	–	193	416	213	105	100	82	56	79	148	56	26
240.0 ～ 259.9	1 733	–	153	463	365	150	140	75	86	57	154	58	32
260.0 ～ 279.9	1 613	2	39	394	279	224	195	123	83	79	131	49	15
280.0 ～ 299.9	1 585	–	26	331	380	251	164	117	80	88	103	31	15
300.0 ～ 319.9	1 507	–	15	213	337	293	174	122	103	80	113	51	6
320.0 ～ 339.9	1 426	–	31	115	307	285	225	143	96	78	112	30	4
340.0 ～ 359.9	1 386	–	4	77	272	307	280	139	92	84	69	39	21
360.0 ～ 379.9	1 476	–	9	53	286	269	319	207	119	100	66	42	4
380.0 ～ 399.9	1 345	–	6	42	180	281	315	197	118	95	72	26	13
400.0 ～ 449.9	3 684	–	3	42	324	862	738	582	482	397	165	74	13
450.0 ～ 499.9	3 524	–	–	24	166	650	735	709	567	423	178	50	23
500.0 ～ 549.9	3 608	–	3	10	109	348	669	747	757	593	269	98	5
550.0 ～ 599.9	2 966	–	–	4	42	128	347	558	663	784	365	58	17
600.0 ～ 699.9	3 905	–	–	11	12	126	354	516	872	1 021	818	161	15
700.0 ～ 799.9	1 761	–	–	–	16	16	116	168	360	460	421	177	28
800.0 ～ 899.9	672	–	–	–	3	2	20	61	135	146	173	125	7
900.0 ～ 999.9	189	–	–	–	–	3	1	4	34	48	76	17	5
1000.0 ～ 1199.9	156	–	–	–	–	–	8	12	9	48	53	23	2
1200.0千円 ～	27	–	–	–	–	–	–	–	2	6	3	13	3
第1・十分位数（千円）	229.4	155.4	168.3	195.6	225.6	253.6	273.1	297.1	314.8	307.4	211.9	187.2	155.1
第1・四分位数（千円）	298.0	161.7	194.5	224.6	261.4	310.6	349.0	385.7	431.6	441.0	297.7	255.0	212.8
中位数（千円）	425.0	166.3	217.8	256.2	314.9	390.5	431.3	480.3	528.6	557.6	538.0	450.6	292.4
第3・四分位数（千円）	556.8	181.4	243.3	293.4	376.5	460.2	520.2	563.4	614.7	638.5	654.8	690.3	493.8
第9・十分位数（千円）	666.4	197.5	276.3	337.0	447.0	520.3	599.3	640.7	709.9	741.4	775.1	814.6	746.3
十分位分散係数	0.51	0.13	0.25	0.28	0.35	0.34	0.38	0.36	0.37	0.39	0.52	0.70	1.01
四分位分散係数	0.30	0.06	0.11	0.13	0.18	0.19	0.20	0.18	0.17	0.18	0.33	0.48	0.48
女													
学歴計	**32 569**	**48**	**4 753**	**4 826**	**4 062**	**3 580**	**3 931**	**3 952**	**3 124**	**2 495**	**1 316**	**352**	**130**
～ 99.9 千円	5	–	–	–	1	1	2	–	–	–	1	–	–
100.0 ～ 119.9	51	–	1	2	3	5	5	9	5	12	2	7	1
120.0 ～ 139.9	349	5	42	27	40	36	44	51	42	20	36	4	3
140.0 ～ 159.9	965	15	190	145	93	130	86	112	60	91	27	11	5
160.0 ～ 179.9	2 002	20	697	317	196	171	159	170	112	82	64	9	6
180.0 ～ 199.9	3 004	5	1 318	601	267	231	185	177	110	53	35	16	7
200.0 ～ 219.9	3 699	2	1 280	834	461	358	240	209	142	85	67	13	8
220.0 ～ 239.9	3 102	–	638	976	458	256	274	195	111	118	46	20	9
240.0 ～ 259.9	2 529	1	309	719	498	292	255	217	120	52	47	11	9
260.0 ～ 279.9	1 952	–	129	465	421	257	244	170	117	90	43	9	8
280.0 ～ 299.9	1 707	–	96	320	349	300	214	140	127	84	61	14	2
300.0 ～ 319.9	1 365	–	27	186	290	251	189	204	99	65	30	17	8
320.0 ～ 339.9	1 278	–	13	91	289	218	273	137	113	90	35	12	8
340.0 ～ 359.9	1 106	–	3	58	213	165	225	172	128	80	42	11	9
360.0 ～ 379.9	1 180	–	6	36	170	224	204	267	170	69	23	10	3
380.0 ～ 399.9	967	–	1	7	89	146	219	225	145	100	23	4	10
400.0 ～ 449.9	2 163	–	4	29	147	282	441	453	376	274	133	22	3
450.0 ～ 499.9	1 635	–	–	3	34	127	296	396	386	258	100	29	6
500.0 ～ 549.9	1 268	–	–	3	31	78	213	267	296	250	110	18	2
550.0 ～ 599.9	921	–	–	–	3	19	67	214	214	262	116	13	12
600.0 ～ 699.9	876	–	–	–	7	30	86	114	188	238	170	39	4
700.0 ～ 799.9	297	–	–	–	3	2	9	44	50	84	60	44	1
800.0 ～ 899.9	100	–	–	6	–	2	1	3	10	29	33	15	1
900.0 ～ 999.9	28	–	–	–	–	–	–	3	4	9	6	2	5
1000.0 ～ 1199.9	15	–	–	–	2	–	2	3	2	2	3	3	–
1200.0千円 ～	6	–	–	–	–	–	–	2	2	–	2	1	–
第1・十分位数（千円）	179.0	139.4	168.9	179.6	186.3	181.3	189.5	185.7	197.6	196.7	181.1	186.9	175.5
第1・四分位数（千円）	208.8	145.8	184.2	202.9	217.8	217.6	239.4	245.3	275.2	287.0	262.2	255.6	230.7
中位数（千円）	265.6	163.7	201.7	230.3	260.6	283.1	324.3	361.2	395.5	426.6	426.7	416.2	315.3
第3・四分位数（千円）	382.9	176.0	221.0	259.9	318.1	361.2	411.2	456.9	497.9	550.0	573.0	626.9	437.3
第9・十分位数（千円）	509.6	192.8	245.6	296.0	367.4	432.0	496.3	548.4	584.8	639.2	676.8	746.7	595.8
十分位分散係数	0.62	0.16	0.19	0.25	0.35	0.44	0.47	0.50	0.49	0.52	0.58	0.67	0.67
四分位分散係数	0.33	0.09	0.09	0.12	0.19	0.25	0.26	0.29	0.28	0.31	0.36	0.45	0.33

第3表　年齢階級、所定内給与額階級別労働者数及び所定内給与額の分布特性値

企業規模	1,000人以上

O 教 育 ， 学 習 支 援 業

（単位十人）

区分	年齢計	～19歳	20～24歳	25～29歳	30～34歳	35～39歳	40～44歳	45～49歳	50～54歳	55～59歳	60～64歳	65～69歳	70歳以上
企業規模 1,000 人以上													
男女計													
学歴計	26 087	31	1 070	2 361	3 069	3 374	3 766	3 508	3 186	2 909	2 161	591	61
～ 99.9 千円	-	-	-	-	-	-	-	-	-	-	-	-	-
100.0 ～ 119.9	12	-	-	-	2	-	1	1	-	6	-	3	-
120.0 ～ 139.9	47	-	8	6	6	3	2	6	7	3	4	2	3
140.0 ～ 159.9	166	-	18	38	23	19	14	27	6	9	10	2	-
160.0 ～ 179.9	345	21	25	66	47	43	28	39	48	12	17	1	-
180.0 ～ 199.9	500	6	104	97	64	38	54	47	31	12	43	4	-
200.0 ～ 219.9	934	2	239	201	150	128	42	40	36	21	58	13	5
220.0 ～ 239.9	1 029	-	251	309	181	73	76	33	19	31	44	11	1
240.0 ～ 259.9	1 180	-	198	459	254	86	57	33	34	7	42	9	2
260.0 ～ 279.9	958	2	89	328	210	107	89	39	16	16	47	13	2
280.0 ～ 299.9	1 084	-	74	320	298	176	80	48	20	16	45	6	-
300.0 ～ 319.9	910	-	27	180	264	185	83	68	26	17	42	18	-
320.0 ～ 339.9	972	-	22	112	311	191	190	54	41	19	24	5	2
340.0 ～ 359.9	920	-	3	86	234	153	201	109	61	36	23	12	2
360.0 ～ 379.9	1 106	-	4	35	231	229	228	206	93	50	21	10	-
380.0 ～ 399.9	994	-	6	17	154	208	231	168	90	74	28	10	8
400.0 ～ 449.9	2 606	-	1	62	310	626	510	427	305	287	59	20	-
450.0 ～ 499.9	2 451	-	-	23	147	551	548	490	343	246	71	18	14
500.0 ～ 549.9	2 564	-	-	7	121	307	557	539	486	327	173	48	-
550.0 ～ 599.9	2 087	-	-	4	40	105	318	471	430	442	229	41	6
600.0 ～ 699.9	2 899	-	-	6	8	136	346	436	633	678	558	95	3
700.0 ～ 799.9	1 440	-	-	-	13	9	96	166	311	380	335	120	11
800.0 ～ 899.9	600	-	-	6	-	2	12	47	118	143	173	96	2
900.0 ～ 999.9	149	-	-	-	-	-	-	3	22	33	73	15	3
1000.0 ～ 1199.9	122	-	-	-	2	-	3	10	7	38	42	21	-
1200.0千円 ～	11	-	-	-	-	-	-	-	2	5	2	2	-
第1・十分位数（千円）	232.4	161.5	190.7	203.7	222.3	247.1	283.3	308.3	351.5	390.2	259.8	286.2	217.1
第1・四分位数（千円）	305.2	163.7	211.7	232.4	263.7	318.2	362.0	396.4	443.0	469.3	478.3	486.3	380.1
中位数（千円）	434.1	167.4	232.6	260.3	322.2	404.7	449.7	490.2	541.9	582.8	616.1	669.8	493.2
第3・四分位数（千円）	569.0	182.6	252.3	296.8	383.4	473.8	535.2	574.4	644.6	672.2	730.1	786.1	720.8
第9・十分位数（千円）	686.5	201.5	285.8	342.1	453.2	531.4	610.4	662.9	741.2	772.3	817.5	854.8	769.9
十分位分散係数	0.52	0.12	0.20	0.27	0.36	0.35	0.36	0.36	0.36	0.33	0.45	0.42	0.56
四分位分散係数	0.30	0.06	0.09	0.12	0.19	0.19	0.19	0.18	0.19	0.17	0.20	0.22	0.35
男													
学歴計	16 380	30	299	1 057	1 542	2 202	2 408	2 150	2 199	2 148	1 762	528	55
～ 99.9 千円	-	-	-	-	-	-	-	-	-	-	-	-	-
100.0 ～ 119.9	-	-	-	-	-	-	-	-	-	-	-	-	-
120.0 ～ 139.9	14	-	3	5	2	2	1	-	-	-	1	2	-
140.0 ～ 159.9	39	-	13	13	-	-	-	2	-	4	7	-	-
160.0 ～ 179.9	69	21	11	7	10	8	1	-	5	1	4	1	-
180.0 ～ 199.9	143	6	27	34	13	9	7	6	10	-	30	2	-
200.0 ～ 219.9	246	1	68	64	29	14	5	5	5	4	37	10	5
220.0 ～ 239.9	338	-	74	126	40	18	17	5	3	10	34	10	1
240.0 ～ 259.9	480	-	63	201	107	27	21	6	13	-	33	9	-
260.0 ～ 279.9	421	2	8	147	93	62	28	13	11	6	37	11	2
280.0 ～ 299.9	477	-	5	167	152	65	25	22	11	8	20	4	-
300.0 ～ 319.9	456	-	10	89	123	102	35	26	8	9	35	18	-
320.0 ～ 339.9	454	-	11	54	136	104	68	29	16	10	20	5	2
340.0 ～ 359.9	512	-	1	48	130	104	120	44	21	11	21	12	2
360.0 ～ 379.9	606	-	2	17	135	135	154	85	23	28	17	10	-
380.0 ～ 399.9	556	-	6	14	93	137	126	61	42	46	17	10	6
400.0 ～ 449.9	1 668	-	-	35	204	477	335	224	166	174	38	15	-
450.0 ～ 499.9	1 779	-	-	20	120	474	395	331	216	149	50	11	14
500.0 ～ 549.9	1 985	-	-	7	101	251	413	405	391	251	124	43	-
550.0 ～ 599.9	1 676	-	-	4	38	93	272	351	333	370	175	36	6
600.0 ～ 699.9	2 402	-	-	6	5	111	280	346	514	550	498	88	3
700.0 ～ 799.9	1 277	-	-	-	13	8	90	136	273	333	305	108	11
800.0 ～ 899.9	526	-	-	-	-	1	12	47	113	116	147	89	2
900.0 ～ 999.9	131	-	-	-	-	-	-	-	19	27	67	15	3
1000.0 ～ 1199.9	113	-	-	-	-	-	3	7	6	36	42	19	-
1200.0千円 ～	11	-	-	-	-	-	-	-	2	5	2	2	-
第1・十分位数（千円）	274.8	161.4	182.7	216.3	253.0	302.5	348.3	372.5	419.9	426.3	275.6	305.4	233.8
第1・四分位数（千円）	374.4	163.6	206.8	241.6	293.6	364.8	399.1	451.6	500.1	516.1	516.2	501.4	384.4
中位数（千円）	498.2	167.2	227.6	270.9	350.7	433.8	485.9	532.4	578.0	599.0	626.7	672.4	496.8
第3・四分位数（千円）	610.1	182.0	247.1	305.8	416.3	491.1	560.4	599.7	674.4	695.3	744.5	788.7	726.3
第9・十分位数（千円）	727.4	189.5	295.3	358.7	500.4	546.8	632.2	693.7	757.8	785.3	823.6	858.5	794.1
十分位分散係数	0.45	0.08	0.25	0.26	0.35	0.28	0.29	0.30	0.29	0.30	0.44	0.41	0.56
四分位分散係数	0.24	0.05	0.09	0.12	0.17	0.15	0.17	0.14	0.15	0.15	0.18	0.21	0.34

第3表　年齢階級、所定内給与額階級別労働者数及び所定内給与額の分布特性値

企業規模	1,000人以上
	100～999人

O 教育，学習支援業

（単位十人）

区分	年齢計	～19歳	20～24歳	25～29歳	30～34歳	35～39歳	40～44歳	45～49歳	50～54歳	55～59歳	60～64歳	65～69歳	70歳以上
女													
学歴計	9 707	1	771	1 304	1 526	1 172	1 358	1 357	987	761	400	63	7
～ 99.9 千円	-	-	-	-	-	-	-	-	-	-	-	-	-
100.0 ～ 119.9	12	-	-	-	2	-	1	1	-	6	-	3	-
120.0 ～ 139.9	33	-	5	1	4	1	2	6	7	3	3	-	3
140.0 ～ 159.9	127	-	5	25	23	19	14	25	6	5	3	2	-
160.0 ～ 179.9	276	-	15	58	37	35	27	39	42	11	12	-	-
180.0 ～ 199.9	357	-	77	63	51	29	47	42	21	12	13	2	-
200.0 ～ 219.9	687	1	172	138	121	114	37	35	31	17	21	3	-
220.0 ～ 239.9	691	-	178	183	141	56	59	28	16	22	10	1	-
240.0 ～ 259.9	700	-	135	258	148	59	36	27	20	7	9	-	2
260.0 ～ 279.9	537	-	82	181	117	45	61	26	5	10	11	2	-
280.0 ～ 299.9	607	-	70	153	147	110	55	26	10	8	26	2	-
300.0 ～ 319.9	454	-	17	91	141	83	48	42	18	8	7	-	-
320.0 ～ 339.9	518	-	12	57	175	87	122	25	26	10	4	-	-
340.0 ～ 359.9	408	-	3	38	104	49	81	65	41	25	3	-	-
360.0 ～ 379.9	499	-	2	18	96	94	74	122	70	22	4	-	-
380.0 ～ 399.9	438	-	1	3	61	70	105	108	48	29	11	-	3
400.0 ～ 449.9	938	-	1	27	106	149	175	204	138	113	21	5	-
450.0 ～ 499.9	672	-	-	3	27	78	153	159	127	98	21	7	-
500.0 ～ 549.9	579	-	-	-	20	56	144	135	96	76	48	5	-
550.0 ～ 599.9	411	-	-	-	3	12	47	121	98	72	54	5	-
600.0 ～ 699.9	497	-	-	-	3	25	66	90	119	128	60	8	-
700.0 ～ 799.9	163	-	-	-	-	1	6	30	38	47	30	12	-
800.0 ～ 899.9	74	-	-	6	-	2	-	-	6	27	26	8	-
900.0 ～ 999.9	18	-	-	-	-	-	-	3	3	6	6	-	-
1000.0 ～ 1199.9	9	-	-	-	2	-	-	3	2	2	-	2	-
1200.0千円 ～	-	-	-	-	-	-	-	-	-	-	-	-	-
第1・十分位数（千円）	205.0	-	193.3	194.8	205.4	204.7	224.4	212.5	212.5	241.3	211.3	198.0	-
第1・四分位数（千円）	246.2	-	213.1	224.7	240.2	254.0	300.6	347.1	361.9	398.0	287.6	415.1	-
中位数（千円）	334.2	-	234.2	255.0	294.4	330.1	382.7	416.4	446.9	483.7	531.6	557.4	-
第3・四分位数（千円）	449.7	-	257.6	289.2	346.1	412.3	467.1	517.6	558.7	612.8	622.5	732.3	-
第9・十分位数（千円）	573.3	-	285.4	326.0	402.8	485.6	539.8	593.4	646.2	703.9	762.0	818.9	-
十分位分散係数	0.55	-	0.20	0.26	0.34	0.43	0.41	0.46	0.49	0.48	0.52	0.56	-
四分位分散係数	0.30	-	0.10	0.13	0.18	0.24	0.22	0.20	0.22	0.22	0.31	0.28	-
企業規模100～999人													
男女計													
学歴計	24 527	34	1 640	2 677	2 557	2 811	3 036	3 090	2 929	2 831	1 963	756	203
～ 99.9 千円	4	-	-	-	1	1	2	-	-	-	1	-	-
100.0 ～ 119.9	20	-	2	0	1	2	1	6	1	3	1	3	-
120.0 ～ 139.9	97	4	8	14	13	7	4	15	7	10	8	6	-
140.0 ～ 159.9	420	13	53	72	29	59	17	37	32	33	24	24	28
160.0 ～ 179.9	653	11	230	91	57	63	38	48	29	25	39	17	4
180.0 ～ 199.9	997	4	350	239	106	73	42	50	20	24	45	36	10
200.0 ～ 219.9	1 307	2	399	300	166	103	76	70	41	43	58	42	8
220.0 ～ 239.9	1 468	-	294	522	166	114	103	73	43	50	68	25	11
240.0 ～ 259.9	1 449	-	164	433	294	143	142	91	42	32	76	19	13
260.0 ～ 279.9	1 334	-	58	370	288	178	152	87	60	54	66	17	5
280.0 ～ 299.9	1 206	-	37	261	284	196	142	79	55	52	65	24	11
300.0 ～ 319.9	1 151	-	12	181	254	210	157	132	69	48	60	22	6
320.0 ～ 339.9	1 015	-	21	69	199	201	186	110	65	61	71	27	5
340.0 ～ 359.9	1 016	-	3	42	201	234	188	132	69	53	60	24	11
360.0 ～ 379.9	1 061	-	8	43	180	231	201	160	103	56	35	38	4
380.0 ～ 399.9	936	-	-	21	107	187	212	171	105	66	46	13	8
400.0 ～ 449.9	2 387	-	-	8	132	441	524	421	380	273	136	60	10
450.0 ～ 499.9	2 101	-	-	4	44	194	396	491	438	333	150	41	10
500.0 ～ 549.9	1 872	-	-	3	11	110	257	421	468	390	150	58	4
550.0 ～ 599.9	1 566	-	-	-	5	39	80	262	392	509	231	29	18
600.0 ～ 699.9	1 634	-	-	2	11	12	81	173	382	502	387	73	10
700.0 ～ 799.9	565	-	-	-	6	10	24	37	90	158	133	95	12
800.0 ～ 899.9	151	-	-	-	3	2	8	14	22	27	27	44	5
900.0 ～ 999.9	58	-	-	-	-	2	-	4	14	20	9	3	7
1000.0 ～ 1199.9	38	-	-	-	-	-	4	5	2	9	13	5	1
1200.0千円 ～	19	-	-	-	-	-	-	2	2	-	3	10	3
第1・十分位数（千円）	203.8	138.8	171.9	189.0	206.9	215.5	243.1	241.6	286.8	284.9	226.0	194.4	148.5
第1・四分位数（千円）	256.0	146.9	185.9	217.0	248.0	276.7	304.4	334.7	398.6	417.5	309.9	280.0	229.3
中位数（千円）	362.2	160.1	207.5	244.3	292.1	345.1	386.3	434.3	487.1	525.2	492.8	436.3	350.1
第3・四分位数（千円）	494.0	175.2	231.2	278.0	345.9	409.6	459.7	518.2	570.6	601.3	616.0	647.1	566.0
第9・十分位数（千円）	600.5	190.5	256.7	310.6	391.3	470.4	526.3	582.7	636.4	671.8	689.8	786.3	781.9
十分位分散係数	0.55	0.16	0.20	0.25	0.32	0.37	0.37	0.39	0.36	0.37	0.47	0.68	0.90
四分位分散係数	0.33	0.09	0.11	0.12	0.17	0.19	0.20	0.21	0.18	0.18	0.31	0.42	0.48

第3表　年齢階級、所定内給与額階級別労働者数及び所定内給与額の分布特性値

企業規模	100～999人

O 教育，学習支援業

（単位十人）

区分	年齢計	～19歳	20～24歳	25～29歳	30～34歳	35～39歳	40～44歳	45～49歳	50～54歳	55～59歳	60～64歳	65～69歳	70歳以上
男													
学歴計	13 558	7	454	1 170	1 300	1 538	1 656	1 684	1 769	1 812	1 435	586	147
～ 99.9 千円	-	-	-	-	-	-	-	-	-	-	-	-	-
100.0 ～ 119.9	5	-	1	0	1	-	-	-	-	-	1	2	-
120.0 ～ 139.9	33	-	7	5	3	5	-	3	0	-	7	3	-
140.0 ～ 159.9	141	5	15	34	6	5	1	1	4	12	21	16	23
160.0 ～ 179.9	128	1	28	29	6	13	3	4	3	4	22	15	1
180.0 ～ 199.9	268	-	69	63	23	11	5	4	3	11	41	29	9
200.0 ～ 219.9	488	1	105	131	49	45	20	14	14	16	48	38	6
220.0 ～ 239.9	521	-	88	171	74	31	23	22	13	23	50	18	10
240.0 ～ 259.9	623	-	67	196	130	39	47	25	18	14	61	15	12
260.0 ～ 279.9	642	-	26	186	106	75	77	46	30	20	56	17	3
280.0 ～ 299.9	637	-	16	126	162	111	58	41	20	29	47	17	10
300.0 ～ 319.9	585	-	5	102	152	100	71	34	38	26	40	13	4
320.0 ～ 339.9	571	-	21	40	119	117	95	54	23	23	58	21	1
340.0 ～ 359.9	558	-	2	24	112	142	96	56	38	35	30	20	4
360.0 ～ 379.9	577	-	5	27	119	114	114	63	37	34	31	29	4
380.0 ～ 399.9	549	-	-	20	80	115	128	83	43	28	37	12	4
400.0 ～ 449.9	1 474	-	-	7	96	327	310	254	199	146	77	49	9
450.0 ～ 499.9	1 328	-	-	4	38	145	262	305	249	200	83	35	6
500.0 ～ 549.9	1 309	-	-	3	6	89	193	299	301	259	105	49	4
550.0 ～ 599.9	1 132	-	-	-	5	33	60	180	297	354	176	21	7
600.0 ～ 699.9	1 310	-	-	2	7	9	62	153	323	405	291	49	9
700.0 ～ 799.9	453	-	-	-	4	9	21	26	85	122	110	65	12
800.0 ～ 899.9	130	-	-	-	3	2	8	11	18	25	24	36	5
900.0 ～ 999.9	50	-	-	-	-	2	-	4	13	18	9	3	2
1000.0 ～ 1199.9	33	-	-	-	-	-	3	5	2	9	10	4	1
1200.0千円 ～	14	-	-	-	-	-	-	-	-	-	1	10	3
第1・十分位数（千円）	232.2	-	176.8	197.1	232.9	262.2	277.3	306.5	345.5	342.5	221.3	196.2	146.5
第1・四分位数（千円）	297.3	-	197.8	223.8	268.8	311.5	342.1	391.8	444.6	460.3	302.2	274.8	214.6
中位数（千円）	414.5	-	220.6	255.5	310.5	370.7	415.5	474.1	526.7	553.6	504.1	432.5	298.9
第3・四分位数（千円）	539.4	-	246.0	289.4	364.6	431.9	485.9	543.6	599.4	627.1	622.5	643.0	568.6
第9・十分位数（千円）	634.0	-	282.3	326.7	411.9	495.9	544.0	609.0	665.4	695.6	707.2	790.4	784.4
十分位分散係数	0.48	-	0.24	0.25	0.29	0.32	0.32	0.32	0.30	0.32	0.48	0.69	1.07
四分位分散係数	0.29	-	0.11	0.13	0.15	0.16	0.17	0.16	0.15	0.15	0.32	0.43	0.59
女													
学歴計	10 970	27	1 186	1 507	1 257	1 273	1 380	1 406	1 160	1 019	528	170	56
～ 99.9 千円	4	-	-	-	1	1	2	-	-	-	1	-	-
100.0 ～ 119.9	15	-	1	-	-	2	1	6	1	3	-	2	-
120.0 ～ 139.9	64	4	2	10	10	3	4	13	6	10	1	3	-
140.0 ～ 159.9	280	8	38	38	23	54	16	36	29	22	3	8	5
160.0 ～ 179.9	525	10	202	63	51	50	35	45	26	21	17	2	3
180.0 ～ 199.9	730	4	281	176	83	62	37	46	17	13	4	7	1
200.0 ～ 219.9	819	1	295	169	117	57	56	56	27	26	10	4	2
220.0 ～ 239.9	947	-	206	351	91	84	80	51	30	27	19	7	1
240.0 ～ 259.9	826	-	98	237	164	104	95	66	24	17	16	4	1
260.0 ～ 279.9	692	-	32	184	182	103	75	42	29	34	10	-	2
280.0 ～ 299.9	569	-	21	135	122	85	84	38	35	23	18	6	1
300.0 ～ 319.9	566	-	7	79	102	109	86	99	31	21	20	10	2
320.0 ～ 339.9	445	-	1	29	80	84	91	56	42	39	13	6	4
340.0 ～ 359.9	458	-	1	19	89	92	92	76	31	18	31	3	8
360.0 ～ 379.9	484	-	3	15	61	118	88	97	66	22	4	10	-
380.0 ～ 399.9	387	-	-	1	28	72	84	88	62	38	9	1	4
400.0 ～ 449.9	913	-	-	1	36	114	214	167	181	127	59	11	1
450.0 ～ 499.9	773	-	-	-	6	49	134	185	190	133	67	6	4
500.0 ～ 549.9	563	-	-	-	5	21	63	122	167	131	45	9	-
550.0 ～ 599.9	433	-	-	-	-	6	20	82	95	156	55	7	11
600.0 ～ 699.9	325	-	-	-	4	3	19	21	59	97	96	24	2
700.0 ～ 799.9	112	-	-	-	3	1	3	11	5	36	22	30	1
800.0 ～ 899.9	21	-	-	-	-	-	-	3	5	2	4	8	-
900.0 ～ 999.9	9	-	-	-	-	-	-	-	1	3	-	-	5
1000.0 ～ 1199.9	6	-	-	-	-	-	2	-	-	-	3	1	-
1200.0千円 ～	6	-	-	-	-	-	-	2	2	-	2	1	-
第1・十分位数（千円）	185.7	137.0	171.3	184.8	192.3	185.1	216.2	198.1	228.5	224.0	238.5	185.7	174.2
第1・四分位数（千円）	226.5	144.3	183.4	212.0	226.5	241.0	266.3	275.4	336.5	338.9	341.5	299.6	285.3
中位数（千円）	300.4	163.2	203.6	237.6	269.0	305.6	347.2	376.0	440.9	469.0	475.4	454.3	359.4
第3・四分位数（千円）	421.6	176.5	225.2	268.0	319.2	371.7	419.4	473.1	511.7	561.8	595.8	677.4	565.6
第9・十分位数（千円）	531.7	189.0	250.1	299.0	364.5	428.9	478.4	540.8	574.3	629.4	674.0	749.5	659.4
十分位分散係数	0.58	0.16	0.19	0.24	0.32	0.40	0.38	0.46	0.39	0.43	0.46	0.62	0.68
四分位分散係数	0.32	0.10	0.10	0.12	0.17	0.21	0.22	0.26	0.20	0.24	0.27	0.42	0.39

第3表　年齢階級、所定内給与額階級別労働者数及び所定内給与額の分布特性値

企業規模	10～99人

O 教 育 ， 学 習 支 援 業

（単位十人）

区分	年齢計	～19歳	20～24歳	25～29歳	30～34歳	35～39歳	40～44歳	45～49歳	50～54歳	55～59歳	60～64歳	65～69歳	70歳以上
企業規模 10 ～ 99 人													
男女計													
学歴計	19 029	23	3 071	2 594	2 034	1 941	2 159	2 006	1 825	1 566	1 144	448	219
～ 99.9 千円	1	-	-	-	-	1	-	-	-	-	-	-	-
100.0 ～ 119.9	32	-	0	3	1	2	3	3	4	3	3	7	3
120.0 ～ 139.9	310	2	46	18	28	36	41	33	30	13	37	25	2
140.0 ～ 159.9	755	8	177	102	73	74	61	55	31	77	55	27	15
160.0 ～ 179.9	1 443	10	516	228	137	99	112	96	54	65	79	39	8
180.0 ～ 199.9	2 319	2	1 009	455	173	174	128	101	93	48	83	33	20
200.0 ～ 219.9	2 748	-	890	605	291	252	185	146	102	80	132	42	23
220.0 ～ 239.9	2 080	-	285	562	324	173	195	171	106	116	82	41	24
240.0 ～ 259.9	1 633	1	100	291	315	212	196	168	130	71	83	41	26
260.0 ～ 279.9	1 272	-	21	161	202	196	197	167	124	99	61	28	16
280.0 ～ 299.9	1 003	-	10	69	146	179	156	131	132	104	54	15	7
300.0 ～ 319.9	811	-	3	39	110	150	122	126	106	80	41	28	8
320.0 ～ 339.9	717	-	-	25	86	111	122	116	103	87	52	9	5
340.0 ～ 359.9	555	-	2	8	50	85	116	71	90	75	27	14	18
360.0 ～ 379.9	489	-	3	12	44	34	94	107	93	63	33	3	3
380.0 ～ 399.9	382	-	-	11	8	33	91	82	67	55	22	7	7
400.0 ～ 449.9	854	-	6	1	29	78	146	186	174	111	103	16	6
450.0 ～ 499.9	608	-	-	-	10	32	86	123	172	102	57	20	6
500.0 ～ 549.9	440	-	3	3	8	9	69	54	98	126	57	10	3
550.0 ～ 599.9	234	-	-	-	-	3	16	38	55	95	21	2	5
600.0 ～ 699.9	248	-	-	3	-	7	13	21	44	79	43	32	6
700.0 ～ 799.9	53	-	-	-	-	-	5	9	9	6	12	6	6
800.0 ～ 899.9	21	-	-	-	-	-	2	3	4	5	6	-	2
900.0 ～ 999.9	10	-	-	-	-	1	1	-	3	3	-	2	-
1000.0 ～ 1199.9	11	-	-	-	-	-	3	-	2	3	2	-	1
1200.0千円 ～	3	-	-	-	-	-	-	-	-	1	-	2	-
第1・十分位数（千円）	172.3	141.1	163.8	173.2	176.0	176.8	179.7	183.1	194.2	179.6	166.2	149.2	163.8
第1・四分位数（千円）	199.2	146.8	180.7	194.2	206.1	207.1	221.1	228.1	246.7	237.6	204.0	188.9	204.2
中位数（千円）	238.2	163.7	196.3	216.2	239.4	255.0	275.8	289.3	320.1	328.3	266.0	245.7	253.9
第3・四分位数（千円）	316.5	175.6	211.1	238.9	278.3	306.3	357.2	383.3	425.0	463.5	408.6	341.7	344.2
第9・十分位数（千円）	430.2	195.7	226.8	266.8	326.4	361.4	437.8	465.8	517.1	567.0	522.2	529.6	515.4
十分位分散係数	0.54	0.17	0.16	0.22	0.31	0.36	0.47	0.49	0.50	0.59	0.67	0.77	0.69
四分位分散係数	0.25	0.09	0.08	0.10	0.15	0.19	0.25	0.27	0.28	0.34	0.38	0.31	0.28
男													
学歴計	7 137	3	275	580	756	805	966	818	847	851	756	330	151
～ 99.9 千円	-	-	-	-	-	-	-	-	-	-	-	-	-
100.0 ～ 119.9	8	-	0	1	-	-	-	-	-	-	1	4	2
120.0 ～ 139.9	59	0	9	2	2	4	3	-	1	6	5	24	2
140.0 ～ 159.9	196	1	30	21	26	16	5	4	6	14	34	25	15
160.0 ～ 179.9	242	0	35	31	29	14	16	9	11	14	45	32	5
180.0 ～ 199.9	401	1	49	93	40	34	28	12	21	20	64	26	14
200.0 ～ 219.9	556	-	76	78	68	65	37	28	19	38	95	35	17
220.0 ～ 239.9	616	-	31	120	99	57	59	55	41	46	64	28	15
240.0 ～ 259.9	630	-	23	67	128	84	72	44	55	43	61	34	19
260.0 ～ 279.9	550	-	6	62	79	87	89	64	41	53	38	21	10
280.0 ～ 299.9	471	-	5	38	66	74	81	55	49	52	36	10	5
300.0 ～ 319.9	467	-	-	22	62	91	67	62	57	45	38	21	2
320.0 ～ 339.9	401	-	-	20	52	64	62	60	58	46	34	4	2
340.0 ～ 359.9	315	-	2	6	30	61	64	40	34	38	18	7	16
360.0 ～ 379.9	292	-	2	9	31	21	51	59	59	38	18	3	-
380.0 ～ 399.9	239	-	-	8	8	29	61	53	33	21	19	4	3
400.0 ～ 449.9	541	-	3	-	25	59	93	104	117	77	50	10	4
450.0 ～ 499.9	418	-	-	-	8	31	78	72	103	74	45	4	4
500.0 ～ 549.9	314	-	3	-	2	8	63	43	65	84	40	6	1
550.0 ～ 599.9	158	-	-	-	-	1	16	27	34	61	14	1	4
600.0 ～ 699.9	194	-	-	3	-	5	12	17	35	66	28	25	3
700.0 ～ 799.9	31	-	-	-	-	-	5	6	2	4	5	4	5
800.0 ～ 899.9	16	-	-	-	-	-	1	3	4	5	2	-	1
900.0 ～ 999.9	9	-	-	-	-	1	1	-	3	3	-	-	-
1000.0 ～ 1199.9	11	-	-	-	-	-	3	-	2	3	2	-	1
1200.0千円 ～	3	-	-	-	-	-	-	-	-	1	-	2	-
第1・十分位数（千円）	190.6	-	154.0	180.8	190.8	203.5	222.8	231.1	234.5	215.0	175.6	143.7	157.3
第1・四分位数（千円）	230.3	-	176.8	199.5	225.3	242.8	264.1	276.9	287.7	268.9	207.7	178.0	200.2
中位数（千円）	293.1	-	204.6	230.2	258.2	292.2	327.6	347.1	372.3	365.3	264.4	229.1	250.3
第3・四分位数（千円）	391.2	-	223.6	266.0	307.8	344.2	413.6	435.0	464.5	504.4	395.4	308.7	343.6
第9・十分位数（千円）	502.6	-	254.3	309.9	358.3	409.4	503.4	514.9	546.9	597.4	515.2	525.2	518.4
十分位分散係数	0.53	-	0.25	0.28	0.32	0.35	0.43	0.41	0.42	0.52	0.64	0.83	0.72
四分位分散係数	0.27	-	0.11	0.14	0.16	0.17	0.23	0.23	0.24	0.32	0.35	0.29	0.29

第3表　年齢階級、所定内給与額階級別労働者数及び所定内給与額の分布特性値

企業規模	10～99人
	計

O 教育，学習支援業　P 医療，福祉

（単位十人）

区　分	年齢計	～19歳	20～24歳	25～29歳	30～34歳	35～39歳	40～44歳	45～49歳	50～54歳	55～59歳	60～64歳	65～69歳	70歳以上
女													
学　歴　計	11 893	20	2 796	2 014	1 279	1 135	1 193	1 189	978	715	388	118	67
～ 99.9 千円	1	-	-	-	-	1	-	-	-	-	-	-	-
100.0 ～ 119.9	24	-	-	2	1	2	3	3	4	3	2	3	1
120.0 ～ 139.9	251	1	36	16	26	32	38	33	29	7	32	1	1
140.0 ～ 159.9	558	7	147	82	46	58	56	51	25	64	21	2	1
160.0 ～ 179.9	1 201	9	481	196	108	86	97	87	43	50	34	7	3
180.0 ～ 199.9	1 918	1	960	362	133	140	100	89	72	28	18	7	6
200.0 ～ 219.9	2 192	-	814	527	223	187	148	118	83	42	37	7	6
220.0 ～ 239.9	1 464	-	254	442	225	117	136	116	66	69	18	12	9
240.0 ～ 259.9	1 003	1	76	224	186	128	124	124	75	28	22	7	6
260.0 ～ 279.9	722	-	15	100	123	109	107	103	83	46	23	7	6
280.0 ～ 299.9	532	-	6	31	80	105	75	76	83	52	18	5	2
300.0 ～ 319.9	344	-	3	16	47	59	55	64	49	35	3	8	6
320.0 ～ 339.9	316	-	-	5	34	47	61	56	45	41	18	6	4
340.0 ～ 359.9	240	-	-	1	20	25	52	31	56	37	9	8	1
360.0 ～ 379.9	197	-	1	3	13	13	43	48	34	25	15	-	3
380.0 ～ 399.9	142	-	-	3	-	3	30	29	34	34	3	3	3
400.0 ～ 449.9	313	-	3	1	4	19	53	82	57	34	53	6	2
450.0 ～ 499.9	190	-	-	-	2	1	8	51	69	28	12	16	2
500.0 ～ 549.9	126	-	-	3	7	2	5	11	34	43	17	4	2
550.0 ～ 599.9	76	-	-	-	-	2	-	11	21	34	7	1	1
600.0 ～ 699.9	54	-	-	-	-	2	1	4	10	14	14	7	3
700.0 ～ 799.9	22	-	-	-	-	-	-	3	7	2	7	2	1
800.0 ～ 899.9	5	-	-	-	-	-	1	-	-	-	4	-	1
900.0 ～ 999.9	2	-	-	-	-	-	-	-	-	-	-	2	-
1000.0 ～ 1199.9	-	-	-	-	-	-	-	-	-	-	-	-	-
1200.0千円 ～	-	-	-	-	-	-	-	-	-	-	-	-	-
第1・十分位数（千円）	167.0	141.6	164.7	171.9	172.2	165.4	165.9	167.2	178.9	159.5	145.6	180.4	191.1
第1・四分位数（千円）	190.8	147.4	180.8	192.6	200.4	195.2	200.5	205.9	216.0	213.0	186.3	227.5	219.2
中　位　数（千円）	217.9	163.7	195.8	213.1	228.3	231.8	242.7	256.0	282.2	289.3	268.5	304.9	272.7
第3・四分位数（千円）	268.3	174.5	209.8	233.9	261.6	278.4	304.8	329.6	368.9	388.4	424.2	460.4	363.0
第9・十分位数（千円）	354.7	194.4	224.7	255.8	299.7	319.4	371.9	425.6	487.9	525.4	526.4	537.2	507.9
十分位分散係数	0.43	0.16	0.15	0.20	0.28	0.33	0.42	0.50	0.55	0.63	0.71	0.59	0.58
四分位分散係数	0.18	0.08	0.07	0.10	0.13	0.18	0.21	0.24	0.27	0.30	0.44	0.38	0.26
P 医療，福祉													
企業規模計													
男女計													
学　歴　計	349 774	1 510	32 669	47 146	43 786	43 195	45 430	41 090	35 426	32 374	18 295	6 575	2 279
～ 99.9 千円	3	-	-	-	-	-	-	-	-	-	3	-	-
100.0 ～ 119.9	594	1	47	29	83	33	54	52	58	47	77	57	56
120.0 ～ 139.9	4 176	143	488	459	307	399	344	338	348	388	492	397	73
140.0 ～ 159.9	15 499	414	2 137	1 916	1 341	1 293	1 531	1 680	1 484	1 347	1 438	753	165
160.0 ～ 179.9	28 354	505	4 740	3 706	3 106	2 537	2 989	2 551	2 741	2 200	2 068	986	224
180.0 ～ 199.9	37 582	253	5 986	5 883	4 333	3 854	3 476	4 082	3 297	2 797	2 515	942	164
200.0 ～ 219.9	40 784	132	6 369	6 973	5 606	4 037	4 251	3 904	3 601	2 940	2 165	643	162
220.0 ～ 239.9	40 509	28	5 470	7 817	5 349	4 574	4 422	4 169	3 199	3 256	1 475	590	160
240.0 ～ 259.9	36 743	27	3 745	6 868	5 936	4 566	4 378	3 709	3 043	2 664	1 313	334	157
260.0 ～ 279.9	30 360	6	1 883	4 863	5 122	4 601	4 084	3 295	2 650	2 263	1 162	278	153
280.0 ～ 299.9	23 760	-	858	3 143	3 882	4 292	3 615	2 776	1 978	2 009	939	209	59
300.0 ～ 319.9	18 246	-	424	1 996	2 689	3 262	3 019	2 219	1 765	1 779	785	214	95
320.0 ～ 339.9	14 260	-	223	1 084	1 848	2 591	2 697	1 975	1 683	1 478	509	147	25
340.0 ～ 359.9	11 877	-	96	585	1 204	2 104	2 448	1 782	1 490	1 574	428	119	47
360.0 ～ 379.9	8 926	-	97	372	712	1 417	1 974	1 523	1 253	1 204	306	44	25
380.0 ～ 399.9	6 865	-	60	264	312	641	1 243	1 458	1 279	1 173	311	101	25
400.0 ～ 449.9	11 039	-	26	383	512	951	2 068	2 392	1 976	2 040	521	114	57
450.0 ～ 499.9	4 961	-	10	151	175	298	654	1 033	1 042	1 016	421	87	73
500.0 ～ 549.9	3 268	-	10	206	179	286	395	581	613	634	263	55	46
550.0 ～ 599.9	1 589	-	-	139	138	165	164	165	264	291	211	32	21
600.0 ～ 699.9	2 090	-	-	154	306	229	282	197	302	299	169	80	72
700.0 ～ 799.9	1 436	-	-	86	247	318	281	144	117	111	85	25	25
800.0 ～ 899.9	1 383	-	-	46	174	249	232	178	176	191	83	31	23
900.0 ～ 999.9	1 082	-	-	2	90	138	201	213	202	87	89	34	24
1000.0 ～ 1199.9	1 590	-	-	15	83	174	261	260	323	167	120	67	120
1200.0千円 ～	2 798	-	-	8	52	187	367	412	542	419	347	236	228
第1・十分位数（千円）	170.9	140.6	163.0	173.3	177.4	180.3	177.6	175.9	172.7	173.3	158.0	148.0	153.4
第1・四分位数（千円）	200.6	153.8	182.6	199.3	206.5	213.7	214.0	208.1	204.9	208.0	183.6	168.1	186.3
中　位　数（千円）	243.8	166.6	209.0	232.0	245.9	261.3	265.7	260.3	259.6	264.4	226.1	204.3	257.6
第3・四分位数（千円）	304.1	184.0	236.8	266.2	288.2	313.2	334.2	340.7	349.0	353.6	301.7	276.0	493.1
第9・十分位数（千円）	388.0	210.7	263.8	306.4	337.5	370.5	406.4	425.8	451.3	449.4	444.7	429.6	1200.1
十分位分散係数	0.45	0.21	0.24	0.29	0.33	0.36	0.43	0.48	0.54	0.52	0.63	0.69	2.03
四分位分散係数	0.21	0.09	0.13	0.14	0.17	0.19	0.23	0.25	0.28	0.28	0.26	0.26	0.60

第3表　年齢階級、所定内給与額階級別労働者数及び所定内給与額の分布特性値

企業規模	計

P 医療，福祉

（単位十人）

区分	年齢計	～19歳	20～24歳	25～29歳	30～34歳	35～39歳	40～44歳	45～49歳	50～54歳	55～59歳	60～64歳	65～69歳	70歳以上
男													
学歴計	**99 296**	**351**	**7 004**	**14 744**	**16 105**	**14 975**	**14 205**	**9 960**	**6 862**	**6 811**	**5 242**	**2 107**	**930**
～ 99.9 千円	－	－	－	－	－	－	－	－	－	－	－	－	－
100.0 ～ 119.9	173	1	15	4	15	－	9	2	－	20	42	54	13
120.0 ～ 139.9	725	18	103	73	26	41	39	37	38	105	94	108	42
140.0 ～ 159.9	2 678	131	442	488	258	210	182	96	101	225	267	206	70
160.0 ～ 179.9	5 338	96	882	841	846	409	488	266	321	281	538	316	54
180.0 ～ 199.9	7 666	46	1 102	1 459	1 193	778	707	628	377	356	687	297	37
200.0 ～ 219.9	9 206	40	1 561	1 878	1 676	1 009	818	655	371	480	515	183	20
220.0 ～ 239.9	10 068	7	1 356	2 524	1 769	1 305	1 069	724	382	388	412	93	38
240.0 ～ 259.9	10 317	10	962	2 429	2 259	1 582	1 208	806	436	250	291	66	18
260.0 ～ 279.9	9 096	2	363	1 784	2 198	1 861	1 194	697	367	278	250	55	48
280.0 ～ 299.9	7 356	－	86	1 228	1 624	1 813	1 283	523	323	242	174	56	4
300.0 ～ 319.9	5 785	－	40	577	1 286	1 302	1 127	604	307	224	240	39	39
320.0 ～ 339.9	4 313	－	29	321	816	992	1 036	501	255	264	79	10	11
340.0 ～ 359.9	4 078	－	14	242	519	987	1 032	481	195	455	118	26	11
360.0 ～ 379.9	3 034	－	3	98	256	709	773	488	252	303	116	20	14
380.0 ～ 399.9	2 358	－	31	94	119	245	534	577	342	321	64	31	1
400.0 ～ 449.9	4 433	－	6	147	220	385	939	989	707	746	199	74	21
450.0 ～ 499.9	2 142	－	－	66	117	181	293	491	376	378	170	55	15
500.0 ～ 549.9	1 826	－	10	148	112	186	231	323	334	338	113	9	21
550.0 ～ 599.9	895	－	－	99	65	84	87	72	125	210	130	18	5
600.0 ～ 699.9	1 379	－	－	118	219	141	207	157	197	128	112	57	42
700.0 ～ 799.9	1 002	－	－	64	175	239	198	67	53	89	70	25	23
800.0 ～ 899.9	1 015	－	－	46	151	151	142	124	125	151	71	31	23
900.0 ～ 999.9	759	－	－	2	63	101	136	121	132	73	74	34	24
1000.0 ～ 1199.9	1 208	－	－	15	83	104	182	177	257	136	89	56	110
1200.0千円 ～	2 446	－	－	－	41	159	292	355	490	369	326	186	228
第1・十分位数（千円）	182.6	147.6	163.2	180.9	186.9	201.8	199.9	199.1	192.4	182.3	163.8	150.3	154.8
第1・四分位数（千円）	218.0	154.3	186.2	209.5	220.1	239.9	244.9	242.0	245.6	231.7	188.7	167.6	217.2
中位数（千円）	267.3	164.3	212.6	240.9	260.1	283.3	301.8	318.2	355.8	350.6	244.5	207.1	531.2
第3・四分位数（千円）	347.9	187.7	236.1	274.5	303.0	338.3	371.9	412.8	499.7	469.1	412.3	406.9	1156.8
第9・十分位数（千円）	513.7	212.2	257.3	319.2	361.1	426.6	508.9	606.7	1046.6	838.4	819.9	1027.1	1505.0
十分位分散係数	0.62	0.20	0.22	0.29	0.33	0.40	0.51	0.64	1.20	0.94	1.34	2.12	1.27
四分位分散係数	0.24	0.10	0.12	0.13	0.16	0.17	0.21	0.27	0.36	0.34	0.46	0.58	0.88
女													
学歴計	**250 478**	**1 159**	**25 665**	**32 402**	**27 681**	**28 220**	**31 225**	**31 130**	**28 564**	**25 562**	**13 052**	**4 468**	**1 350**
～ 99.9 千円	3	－	－	－	－	－	－	－	－	－	3	－	－
100.0 ～ 119.9	422	－	33	25	68	33	46	50	58	27	35	4	43
120.0 ～ 139.9	3 451	125	385	386	280	359	305	302	310	282	397	289	31
140.0 ～ 159.9	12 821	283	1 695	1 428	1 082	1 083	1 348	1 584	1 383	1 122	1 170	547	95
160.0 ～ 179.9	23 016	410	3 858	2 866	2 261	2 128	2 501	2 285	2 420	1 919	1 530	670	170
180.0 ～ 199.9	29 916	207	4 884	4 423	3 139	3 076	2 770	3 455	2 921	2 441	1 827	645	128
200.0 ～ 219.9	31 579	92	4 808	5 095	3 930	3 028	3 433	3 249	3 231	2 461	1 650	459	142
220.0 ～ 239.9	30 441	21	4 113	5 293	3 580	3 269	3 353	3 445	2 817	2 868	1 063	497	122
240.0 ～ 259.9	26 425	17	2 782	4 440	3 677	2 984	3 170	2 903	2 608	2 414	1 022	268	139
260.0 ～ 279.9	21 264	4	1 520	3 079	2 924	2 741	2 890	2 598	2 283	1 985	912	223	105
280.0 ～ 299.9	16 403	－	773	1 915	2 258	2 479	2 332	2 254	1 655	1 766	764	153	54
300.0 ～ 319.9	12 461	－	385	1 419	1 403	1 960	1 891	1 615	1 458	1 555	544	176	56
320.0 ～ 339.9	9 947	－	194	762	1 032	1 600	1 661	1 474	1 429	1 213	431	137	14
340.0 ～ 359.9	7 800	－	82	343	685	1 117	1 416	1 302	1 295	1 120	310	93	36
360.0 ～ 379.9	5 892	－	94	274	456	707	1 200	1 035	1 001	901	190	24	11
380.0 ～ 399.9	4 507	－	29	170	193	396	709	881	937	851	247	70	24
400.0 ～ 449.9	6 606	－	20	236	292	566	1 129	1 402	1 268	1 294	322	39	36
450.0 ～ 499.9	2 819	－	10	85	58	116	361	542	666	638	251	32	59
500.0 ～ 549.9	1 442	－	－	58	67	100	163	257	280	296	150	46	26
550.0 ～ 599.9	694	－	－	40	73	80	77	94	139	81	81	13	16
600.0 ～ 699.9	710	－	－	36	88	87	74	40	105	172	56	22	31
700.0 ～ 799.9	434	－	－	22	72	78	83	76	64	21	15	－	2
800.0 ～ 899.9	368	－	－	－	23	98	91	54	51	40	12	－	－
900.0 ～ 999.9	323	－	－	－	27	38	66	93	70	14	16	－	－
1000.0 ～ 1199.9	381	－	－	－	－	70	79	84	65	30	32	11	11
1200.0千円 ～	352	－	－	8	11	28	75	57	52	50	22	50	－
第1・十分位数（千円）	167.8	138.9	162.9	170.9	172.9	172.9	171.8	170.4	169.5	171.8	156.1	147.4	151.4
第1・四分位数（千円）	195.4	153.5	181.8	195.7	200.5	202.4	204.9	200.7	200.3	204.3	181.3	168.3	179.7
中位数（千円）	235.7	167.2	207.9	227.5	237.2	247.0	250.9	248.2	248.3	253.3	218.9	203.1	231.8
第3・四分位数（千円）	289.6	183.4	237.0	262.0	278.6	299.9	313.4	315.5	323.8	325.1	284.1	258.0	291.2
第9・十分位数（千円）	358.5	210.3	266.3	302.6	325.0	350.8	375.5	388.6	398.1	402.8	369.3	332.0	454.3
十分位分散係数	0.40	0.21	0.25	0.29	0.32	0.36	0.41	0.44	0.46	0.46	0.49	0.45	0.65
四分位分散係数	0.20	0.09	0.13	0.15	0.16	0.20	0.22	0.23	0.25	0.24	0.23	0.22	0.24

第3表　年齢階級、所定内給与額階級別労働者数及び所定内給与額の分布特性値

企業規模	1,000人以上

P　医　療　，　福　祉

（単位十人）

区分	年齢計	～19歳	20～24歳	25～29歳	30～34歳	35～39歳	40～44歳	45～49歳	50～54歳	55～59歳	60～64歳	65～69歳	70歳以上
企業規模1,000人以上													
男女計													
学歴計	**72 185**	**134**	**8 240**	**12 827**	**9 968**	**9 474**	**9 207**	**7 859**	**6 240**	**5 121**	**2 319**	**573**	**223**
～ 99.9 千円	-	-	-	-	-	-	-	-	-	-	-	-	-
100.0 ～ 119.9	77	1	15	5	10	-	1	28	10	3	5	-	-
120.0 ～ 139.9	499	6	49	62	42	79	61	56	53	36	20	26	9
140.0 ～ 159.9	1 848	38	262	235	180	163	208	239	228	136	106	46	10
160.0 ～ 179.9	2 883	51	374	335	324	215	271	269	381	329	219	87	30
180.0 ～ 199.9	3 933	27	683	749	433	397	371	323	362	267	226	96	-
200.0 ～ 219.9	5 625	12	1 470	1 016	622	502	403	594	421	307	213	55	10
220.0 ～ 239.9	7 129	-	1 997	1 916	728	613	496	531	264	369	130	67	17
240.0 ～ 259.9	7 625	1	1 592	2 235	1 293	620	627	387	347	335	155	16	17
260.0 ～ 279.9	6 994	-	837	2 043	1 485	1 007	602	466	282	121	128	21	1
280.0 ～ 299.9	5 735	-	463	1 248	1 332	1 035	639	425	288	230	58	12	4
300.0 ～ 319.9	4 651	-	220	967	881	960	735	339	245	190	99	1	15
320.0 ～ 339.9	3 870	-	122	511	685	907	668	385	290	209	74	9	10
340.0 ～ 359.9	3 278	-	58	265	543	652	648	507	293	239	71	3	-
360.0 ～ 379.9	2 844	-	43	194	318	546	735	502	285	195	23	5	-
380.0 ～ 399.9	2 292	-	30	203	130	301	403	468	405	281	57	4	10
400.0 ～ 449.9	3 985	-	15	246	230	414	895	848	681	533	114	11	-
450.0 ～ 499.9	2 039	-	-	136	47	104	352	481	387	440	93	-	-
500.0 ～ 549.9	1 398	-	10	145	104	165	134	284	219	266	70	1	-
550.0 ～ 599.9	679	-	-	129	38	62	73	38	115	139	76	10	-
600.0 ～ 699.9	981	-	-	105	190	107	174	106	94	97	77	11	20
700.0 ～ 799.9	926	-	-	43	193	244	169	80	69	68	47	10	5
800.0 ～ 899.9	771	-	-	40	91	119	124	124	116	87	40	10	20
900.0 ～ 999.9	635	-	-	-	37	52	138	140	129	55	70	10	5
1000.0 ～ 1199.9	702	-	-	-	19	107	129	109	164	82	65	20	7
1200.0千円 ～	787	-	-	-	15	103	150	133	114	110	84	45	34
第1・十分位数（千円）	190.3	146.4	183.8	197.8	200.3	204.4	200.3	190.8	177.7	180.7	168.2	156.2	162.9
第1・四分位数（千円）	229.3	156.1	209.7	229.4	242.7	253.0	256.5	237.4	228.6	229.5	200.4	177.5	216.2
中位数（千円）	278.5	167.6	232.4	258.7	278.1	302.1	325.6	332.6	337.3	343.2	274.1	213.3	316.7
第3・四分位数（千円）	360.0	183.1	256.1	296.7	323.9	358.6	401.7	420.9	437.8	453.4	471.5	330.4	830.5
第9・十分位数（千円）	486.4	198.5	286.0	357.3	395.2	511.1	571.5	535.4	663.8	592.9	819.9	1008.4	1332.8
十分位分散係数	0.53	0.16	0.22	0.31	0.35	0.51	0.57	0.52	0.72	0.60	1.19	2.00	1.85
四分位分散係数	0.23	0.08	0.10	0.13	0.15	0.17	0.22	0.28	0.31	0.33	0.49	0.36	0.97
男													
学歴計	**21 519**	**24**	**1 695**	**3 940**	**3 529**	**3 148**	**2 889**	**2 138**	**1 482**	**1 463**	**824**	**277**	**110**
～ 99.9 千円	-	-	-	-	-	-	-	-	-	-	-	-	-
100.0 ～ 119.9	1	1	-	-	-	-	-	-	-	-	-	-	-
120.0 ～ 139.9	85	6	2	13	4	9	-	7	-	8	6	24	9
140.0 ～ 159.9	169	9	56	46	13	11	12	6	-	-	2	15	-
160.0 ～ 179.9	642	9	130	89	97	48	40	31	47	46	56	41	10
180.0 ～ 199.9	807	-	181	194	113	52	78	36	16	28	59	48	-
200.0 ～ 219.9	1 172	-	319	283	163	102	37	81	19	84	76	10	-
220.0 ～ 239.9	1 839	-	510	592	223	158	151	88	22	45	49	1	-
240.0 ～ 259.9	1 992	-	304	672	479	223	143	46	51	20	41	12	-
260.0 ～ 279.9	1 927	-	76	604	536	312	167	120	26	39	38	9	1
280.0 ～ 299.9	1 614	-	24	388	489	325	200	86	74	15	14	-	-
300.0 ～ 319.9	1 329	-	23	236	336	335	231	54	58	22	24	1	10
320.0 ～ 339.9	984	-	21	120	279	236	181	62	31	51	3	-	-
340.0 ～ 359.9	834	-	13	104	110	230	188	95	25	53	14	3	-
360.0 ～ 379.9	738	-	3	34	89	245	179	115	31	31	9	5	-
380.0 ～ 399.9	671	-	20	66	54	64	141	109	118	72	24	4	-
400.0 ～ 449.9	1 286	-	3	95	48	130	302	314	187	159	38	11	-
450.0 ～ 499.9	739	-	-	51	30	71	110	198	101	151	29	-	-
500.0 ～ 549.9	741	-	10	103	61	78	63	171	117	124	15	-	-
550.0 ～ 599.9	372	-	-	88	16	28	33	23	46	100	37	-	-
600.0 ～ 699.9	672	-	-	90	117	56	130	89	62	61	47	11	10
700.0 ～ 799.9	630	-	-	33	132	177	114	25	40	58	37	10	5
800.0 ～ 899.9	633	-	-	40	81	78	76	102	99	87	40	10	20
900.0 ～ 999.9	434	-	-	-	24	33	104	76	78	51	54	10	5
1000.0 ～ 1199.9	580	-	-	-	19	64	97	99	148	82	53	10	7
1200.0千円 ～	629	-	-	-	15	86	113	108	87	79	63	45	34
第1・十分位数（千円）	208.8	-	177.2	205.6	215.6	228.5	236.5	232.2	256.6	212.9	188.9	152.8	171.6
第1・四分位数（千円）	247.0	-	203.5	233.3	252.6	273.8	287.3	314.7	360.7	344.1	225.4	175.8	307.6
中位数（千円）	307.2	-	225.5	262.3	286.0	320.0	362.0	418.7	469.4	457.6	399.7	240.5	831.6
第3・四分位数（千円）	451.9	-	245.4	304.2	334.3	405.2	502.6	539.1	847.1	681.7	810.7	815.4	1206.1
第9・十分位数（千円）	813.4	-	264.1	459.5	624.1	786.4	920.2	976.0	1111.0	1031.0	1035.9	1374.3	1508.3
十分位分散係数	0.98	-	0.19	0.48	0.71	0.87	0.94	0.89	0.91	0.89	1.06	2.54	0.80
四分位分散係数	0.33	-	0.09	0.14	0.14	0.21	0.30	0.27	0.52	0.37	0.73	1.33	0.54

第3表　年齢階級、所定内給与額階級別労働者数及び所定内給与額の分布特性値

企業規模	1,000人以上 100～999人

P　医　療　,　福　祉

(単位十人)

区分	年齢計	～19歳	20～24歳	25～29歳	30～34歳	35～39歳	40～44歳	45～49歳	50～54歳	55～59歳	60～64歳	65～69歳	70歳以上
女													
学歴計	50 666	110	6 545	8 887	6 439	6 326	6 318	5 721	4 758	3 658	1 494	296	112
～ 99.9 千円	－	－	－	－	－	－	－	－	－	－	－	－	－
100.0 ～ 119.9	76	－	15	5	10	－	1	28	10	3	5	－	－
120.0 ～ 139.9	414	－	48	50	38	71	61	49	53	29	15	3	－
140.0 ～ 159.9	1 679	29	206	189	167	151	196	233	228	136	104	31	10
160.0 ～ 179.9	2 241	42	244	246	227	167	232	238	334	283	164	46	20
180.0 ～ 199.9	3 127	27	502	554	320	345	292	287	346	238	167	48	－
200.0 ～ 219.9	4 454	12	1 152	733	460	401	366	514	402	223	137	45	10
220.0 ～ 239.9	5 290	－	1 487	1 324	505	455	345	443	243	323	81	66	17
240.0 ～ 259.9	5 633	1	1 288	1 563	814	397	484	340	296	315	115	4	17
260.0 ～ 279.9	5 067	－	761	1 439	949	695	435	346	256	82	90	13	1
280.0 ～ 299.9	4 120	－	439	860	843	711	439	340	214	216	44	12	4
300.0 ～ 319.9	3 322	－	198	731	545	625	504	285	187	168	75	－	5
320.0 ～ 339.9	2 886	－	101	391	405	671	487	323	259	158	71	9	10
340.0 ～ 359.9	2 444	－	44	162	433	422	460	412	268	186	58	－	－
360.0 ～ 379.9	2 106	－	40	160	229	302	556	387	255	165	14	－	－
380.0 ～ 399.9	1 621	－	10	138	76	237	262	359	287	209	33	－	10
400.0 ～ 449.9	2 699	－	12	151	181	284	593	534	494	374	76	－	－
450.0 ～ 499.9	1 299	－	－	85	17	33	243	283	287	289	64	－	－
500.0 ～ 549.9	657	－	－	42	44	87	71	114	102	142	55	1	－
550.0 ～ 599.9	307	－	－	40	22	34	39	15	68	39	39	10	－
600.0 ～ 699.9	309	－	－	15	73	51	45	18	32	36	30	－	10
700.0 ～ 799.9	296	－	－	10	61	67	56	54	29	10	10	－	－
800.0 ～ 899.9	138	－	－	－	10	41	48	22	18	－	－	－	－
900.0 ～ 999.9	201	－	－	－	13	19	34	64	51	5	16	－	－
1000.0 ～ 1199.9	122	－	－	－	－	43	32	10	16	－	11	10	－
1200.0千円 ～	158	－	－	－	－	17	37	25	26	31	22	－	－
第1・十分位数（千円）	184.5	150.5	186.0	195.4	193.6	194.0	189.6	181.7	171.8	174.5	163.1	158.3	161.2
第1・四分位数（千円）	222.7	159.2	211.3	227.2	235.6	239.6	244.4	224.1	209.8	220.2	193.1	178.5	178.1
中位数（千円）	269.4	168.5	234.9	256.8	274.1	293.7	311.5	302.5	299.9	298.6	251.9	211.7	239.0
第3・四分位数（千円）	337.7	186.1	259.4	293.9	318.0	342.6	375.2	383.2	395.9	401.4	358.8	234.8	331.4
第9・十分位数（千円）	418.9	210.5	288.3	335.7	365.0	406.3	446.5	453.4	474.1	480.7	516.5	299.7	398.7
十分位分散係数	0.44	0.18	0.22	0.27	0.31	0.36	0.41	0.45	0.50	0.51	0.70	0.33	0.50
四分位分散係数	0.21	0.08	0.10	0.13	0.15	0.18	0.21	0.26	0.31	0.30	0.33	0.13	0.32
企業規模 100 ～ 999 人													
男女計													
学歴計	181 456	900	15 820	22 528	22 978	22 972	24 122	21 815	18 428	17 426	9 816	3 471	1 179
～ 99.9 千円	－	－	－	－	－	－	－	－	－	－	－	－	－
100.0 ～ 119.9	217	－	19	20	37	11	12	13	16	17	16	21	36
120.0 ～ 139.9	2 186	53	312	244	125	224	170	163	151	180	292	238	36
140.0 ～ 159.9	7 455	246	934	1 012	582	608	661	829	650	661	786	405	81
160.0 ～ 179.9	14 281	328	2 395	1 659	1 644	1 384	1 448	1 324	1 364	1 138	1 049	481	67
180.0 ～ 199.9	19 213	155	2 935	2 752	2 226	1 919	1 865	2 128	1 586	1 542	1 460	524	119
200.0 ～ 219.9	21 479	85	3 207	3 707	2 996	2 188	2 256	2 079	1 769	1 519	1 236	343	95
220.0 ～ 239.9	22 244	19	2 687	4 083	3 364	2 562	2 523	2 319	1 821	1 648	799	344	78
240.0 ～ 259.9	20 247	10	1 808	3 460	3 349	2 806	2 548	2 106	1 753	1 461	738	141	68
260.0 ～ 279.9	16 263	6	834	2 220	2 582	2 624	2 367	1 870	1 487	1 423	613	152	86
280.0 ～ 299.9	12 794	－	299	1 478	1 993	2 399	2 109	1 557	1 018	1 255	548	105	34
300.0 ～ 319.9	9 706	－	170	748	1 466	1 723	1 602	1 352	963	1 099	408	145	30
320.0 ～ 339.9	7 838	－	82	411	933	1 373	1 586	1 148	1 044	854	319	78	11
340.0 ～ 359.9	6 305	－	39	247	485	1 155	1 419	965	803	934	177	51	30
360.0 ～ 379.9	4 395	－	49	157	315	603	944	710	733	693	171	18	－
380.0 ～ 399.9	3 391	－	30	46	145	297	678	784	635	594	148	35	－
400.0 ～ 449.9	5 150	－	12	108	227	429	896	1 184	937	1 064	220	39	33
450.0 ～ 499.9	2 084	－	10	16	87	113	216	388	517	407	247	50	34
500.0 ～ 549.9	1 123	－	－	45	50	55	125	178	275	258	111	20	6
550.0 ～ 599.9	609	－	－	11	83	72	46	99	111	96	84	3	5
600.0 ～ 699.9	730	－	－	44	68	67	84	59	147	139	60	46	16
700.0 ～ 799.9	381	－	－	40	44	64	78	60	16	43	19	7	11
800.0 ～ 899.9	486	－	－	6	65	86	105	48	56	63	34	21	3
900.0 ～ 999.9	370	－	－	2	47	83	63	45	53	32	17	10	19
1000.0 ～ 1199.9	716	－	－	5	37	58	107	143	120	55	35	47	109
1200.0千円 ～	1 790	－	－	8	31	70	215	266	404	251	227	147	172
第1・十分位数（千円）	171.9	147.8	163.0	172.1	179.0	181.0	181.4	177.9	175.5	175.4	157.5	147.4	153.8
第1・四分位数（千円）	201.9	156.3	182.2	199.6	207.6	214.9	216.8	208.9	209.0	210.2	183.6	167.0	191.6
中位数（千円）	243.4	167.6	208.1	229.8	242.9	258.3	264.5	259.5	261.4	266.9	222.0	203.3	262.4
第3・四分位数（千円）	299.5	185.4	233.9	259.7	283.4	305.6	326.7	331.7	344.5	345.3	292.2	274.3	934.5
第9・十分位数（千円）	373.2	211.7	259.2	294.9	325.7	353.1	384.8	407.8	436.8	429.5	412.7	453.6	1303.5
十分位分散係数	0.41	0.19	0.23	0.27	0.30	0.33	0.38	0.44	0.50	0.48	0.57	0.75	2.19
四分位分散係数	0.20	0.09	0.12	0.13	0.16	0.18	0.21	0.24	0.26	0.25	0.24	0.26	1.42

第3表 年齢階級、所定内給与額階級別労働者数及び所定内給与額の分布特性値

企業規模	100～999人

P 医 療 , 福 祉

(単位十人)

区 分	年齢計	～19歳	20～24歳	25～29歳	30～34歳	35～39歳	40～44歳	45～49歳	50～54歳	55～59歳	60～64歳	65～69歳	70歳以上
男													
学歴計	**55 233**	**257**	**3 987**	**7 695**	**9 172**	**8 526**	**8 221**	**5 481**	**3 729**	**3 620**	**2 879**	**1 122**	**544**
～ 99.9千円	–	–	–	–	–	–	–	–	–	–	–	–	–
100.0 ～ 119.9	71	–	15	4	15	–	4	–	–	–	6	18	10
120.0 ～ 139.9	426	8	68	36	18	30	35	21	16	39	79	68	8
140.0 ～ 159.9	1 533	102	236	330	112	114	83	50	51	149	134	131	41
160.0 ～ 179.9	3 061	62	557	478	511	219	307	160	166	153	311	124	12
180.0 ～ 199.9	4 642	46	674	828	740	471	417	398	231	223	414	173	27
200.0 ～ 219.9	5 406	19	889	1 118	1 010	613	466	383	235	263	300	101	9
220.0 ～ 239.9	5 874	7	722	1 408	1 142	785	631	415	232	226	212	70	22
240.0 ～ 259.9	6 175	10	583	1 319	1 424	943	778	522	246	143	169	24	14
260.0 ～ 279.9	5 301	2	173	906	1 236	1 169	833	428	232	134	153	26	11
280.0 ～ 299.9	4 297	–	46	648	871	1 159	788	291	164	174	125	31	–
300.0 ～ 319.9	3 190	–	7	218	785	701	611	418	162	117	127	25	19
320.0 ～ 339.9	2 514	–	3	95	413	604	678	324	169	148	61	8	11
340.0 ～ 359.9	2 375	–	1	86	281	599	674	256	112	319	26	10	11
360.0 ～ 379.9	1 574	–	–	49	112	322	412	285	154	175	51	16	–
380.0 ～ 399.9	1 232	–	11	14	33	153	341	333	155	158	26	11	–
400.0 ～ 449.9	2 152	–	3	30	126	192	468	461	350	393	94	19	16
450.0 ～ 499.9	987	–	–	16	45	66	140	188	224	169	101	26	10
500.0 ～ 549.9	688	–	–	34	33	51	91	105	154	155	62	4	–
550.0 ～ 599.9	305	–	–	11	31	36	20	20	45	69	68	–	5
600.0 ～ 699.9	428	–	–	23	58	31	58	39	100	35	34	35	16
700.0 ～ 799.9	271	–	–	31	32	53	51	38	1	31	19	7	8
800.0 ～ 899.9	312	–	–	6	57	59	63	22	27	27	28	21	3
900.0 ～ 999.9	255	–	–	2	32	64	32	24	34	23	17	10	19
1000.0 ～ 1199.9	535	–	–	5	37	32	66	69	91	55	35	47	99
1200.0千円 ～	1 629	–	–	–	20	59	177	234	378	244	227	117	172
第1・十分位数(千円)	181.7	151.2	162.6	176.4	186.0	201.0	198.9	196.7	192.5	181.5	163.6	151.1	158.5
第1・四分位数(千円)	215.3	155.2	183.7	205.0	217.3	237.3	243.1	237.5	240.1	225.5	186.5	166.9	244.2
中位数(千円)	261.6	164.3	211.3	235.5	254.0	278.7	294.0	303.3	333.7	342.0	238.4	208.3	959.2
第3・四分位数(千円)	330.7	188.9	233.8	264.9	295.3	325.3	356.1	388.5	467.6	441.0	371.7	413.8	1257.7
第9・十分位数(千円)	446.5	215.0	253.7	295.0	338.8	376.1	432.2	501.0	1202.7	758.4	891.9	1260.3	1551.5
十分位分散係数	0.51	0.19	0.22	0.25	0.30	0.31	0.40	0.50	1.51	0.84	1.53	2.66	0.73
四分位分散係数	0.22	0.10	0.12	0.13	0.15	0.16	0.19	0.25	0.34	0.31	0.39	0.59	0.53
女													
学歴計	**126 223**	**644**	**11 833**	**14 833**	**13 805**	**14 447**	**15 900**	**16 334**	**14 699**	**13 806**	**6 938**	**2 349**	**635**
～ 99.9千円	–	–	–	–	–	–	–	–	–	–	–	–	–
100.0 ～ 119.9	146	–	5	16	22	11	8	13	16	17	10	4	26
120.0 ～ 139.9	1 760	45	244	208	108	194	135	142	134	141	213	169	27
140.0 ～ 159.9	5 923	143	698	681	470	495	578	779	599	512	652	273	41
160.0 ～ 179.9	11 220	266	1 838	1 181	1 132	1 165	1 141	1 164	1 198	985	738	358	55
180.0 ～ 199.9	14 571	109	2 262	1 924	1 487	1 447	1 448	1 731	1 356	1 319	1 046	351	92
200.0 ～ 219.9	16 073	66	2 318	2 589	1 986	1 575	1 790	1 697	1 534	1 256	936	241	86
220.0 ～ 239.9	16 371	12	1 964	2 675	2 222	1 776	1 892	1 903	1 589	1 422	587	273	55
240.0 ～ 259.9	14 072	–	1 225	2 141	1 925	1 863	1 769	1 584	1 507	1 318	570	117	54
260.0 ～ 279.9	10 962	4	661	1 314	1 346	1 455	1 534	1 443	1 255	1 289	460	127	75
280.0 ～ 299.9	8 497	–	253	830	1 122	1 240	1 321	1 266	854	1 080	424	74	34
300.0 ～ 319.9	6 516	–	163	530	681	1 022	992	934	801	982	281	120	11
320.0 ～ 339.9	5 325	–	79	317	520	768	907	824	875	706	258	70	–
340.0 ～ 359.9	3 930	–	38	161	203	557	745	709	691	615	151	42	19
360.0 ～ 379.9	2 821	–	49	109	204	281	533	426	579	518	121	3	–
380.0 ～ 399.9	2 158	–	19	32	112	144	338	451	481	435	122	24	–
400.0 ～ 449.9	2 998	–	9	78	101	237	428	724	587	671	126	21	17
450.0 ～ 499.9	1 097	–	10	–	42	46	75	199	293	239	145	23	24
500.0 ～ 549.9	435	–	–	11	18	4	34	73	121	104	49	16	6
550.0 ～ 599.9	303	–	–	–	52	36	26	78	65	26	16	3	–
600.0 ～ 699.9	302	–	–	21	10	36	26	20	47	105	26	11	–
700.0 ～ 799.9	110	–	–	9	12	12	27	22	15	12	–	–	2
800.0 ～ 899.9	174	–	–	–	8	27	42	26	29	36	7	–	–
900.0 ～ 999.9	115	–	–	–	15	19	32	21	19	10	–	–	–
1000.0 ～ 1199.9	181	–	–	–	–	27	40	74	29	–	–	1	11
1200.0千円 ～	161	–	–	8	11	11	38	32	26	8	–	30	–
第1・十分位数(千円)	169.1	144.7	163.2	170.7	174.4	173.2	175.4	173.0	172.2	174.0	155.4	145.8	147.2
第1・四分位数(千円)	197.3	157.3	181.7	197.2	202.6	203.6	208.0	202.9	204.8	207.2	182.1	167.1	182.1
中位数(千円)	236.4	168.4	207.0	226.3	235.5	245.2	248.8	249.3	252.2	258.9	217.6	201.3	218.3
第3・四分位数(千円)	287.8	184.3	233.9	257.0	274.2	293.3	306.2	312.7	324.1	320.8	279.5	256.6	270.6
第9・十分位数(千円)	349.5	210.9	262.8	294.9	317.8	339.7	361.5	383.0	391.2	390.9	346.5	321.8	358.1
十分位分散係数	0.38	0.20	0.24	0.27	0.30	0.34	0.37	0.42	0.43	0.42	0.44	0.44	0.48
四分位分散係数	0.19	0.08	0.13	0.13	0.15	0.18	0.20	0.22	0.24	0.22	0.22	0.22	0.20

第3表　年齢階級、所定内給与額階級別労働者数及び所定内給与額の分布特性値

企業規模　10～99人　　　　P　医　療，福　祉

（単位十人）

区分	年齢計	～19歳	20～24歳	25～29歳	30～34歳	35～39歳	40～44歳	45～49歳	50～54歳	55～59歳	60～64歳	65～69歳	70歳以上
企業規模10～99人													
男女計													
学歴計	96 134	476	8 609	11 792	10 839	10 749	12 101	11 416	10 758	9 826	6 160	2 531	878
～ 99.9千円	3	-	-	-	-	-	-	-	-	-	3	-	-
100.0 ～ 119.9	301	-	13	4	36	23	42	12	32	28	56	36	20
120.0 ～ 139.9	1 491	85	127	153	139	97	114	119	145	171	180	134	28
140.0 ～ 159.9	6 195	131	941	670	579	522	661	612	606	551	546	303	74
160.0 ～ 179.9	11 189	127	1 971	1 712	1 139	939	1 269	958	997	733	800	418	127
180.0 ～ 199.9	14 435	70	2 367	2 381	1 673	1 538	1 241	1 631	1 349	988	828	323	45
200.0 ～ 219.9	13 679	35	1 692	2 250	1 989	1 346	1 593	1 230	1 412	1 114	716	245	56
220.0 ～ 239.9	11 136	10	786	1 817	1 256	1 399	1 403	1 320	1 114	1 240	547	179	65
240.0 ～ 259.9	8 870	17	345	1 173	1 294	1 140	1 203	1 217	943	868	420	178	73
260.0 ～ 279.9	7 103	-	212	599	1 055	970	1 115	959	881	720	421	105	67
280.0 ～ 299.9	5 231	-	97	417	557	857	867	794	672	524	332	92	21
300.0 ～ 319.9	3 889	-	34	281	342	579	682	528	556	490	277	69	50
320.0 ～ 339.9	2 552	-	20	161	231	312	443	442	350	414	116	60	4
340.0 ～ 359.9	2 295	-	-	72	176	296	381	310	395	402	179	66	17
360.0 ～ 379.9	1 687	-	5	21	79	267	294	312	235	316	112	21	25
380.0 ～ 399.9	1 182	-	-	15	38	42	161	207	238	298	107	62	16
400.0 ～ 449.9	1 904	-	-	30	56	108	277	360	357	442	187	63	24
450.0 ～ 499.9	838	-	-	-	42	82	86	165	137	168	82	37	39
500.0 ～ 549.9	748	-	-	16	24	66	136	118	119	109	83	35	41
550.0 ～ 599.9	301	-	-	-	17	31	45	29	38	57	51	18	16
600.0 ～ 699.9	379	-	-	5	48	54	23	32	62	63	32	23	36
700.0 ～ 799.9	130	-	-	3	10	10	34	4	33	-	19	7	10
800.0 ～ 899.9	126	-	-	-	18	44	3	6	4	41	8	-	-
900.0 ～ 999.9	76	-	-	-	7	4	-	29	20	-	2	14	-
1000.0 ～ 1199.9	173	-	-	10	27	9	26	8	38	30	21	-	4
1200.0千円 ～	220	-	-	-	6	14	3	13	25	58	36	44	22
第1・十分位数（千円）	163.1	134.2	156.2	164.9	167.0	168.8	166.5	167.2	166.3	166.6	155.2	146.7	152.2
第1・四分位数（千円）	186.6	145.4	172.5	183.6	189.8	194.9	195.0	193.1	193.4	199.7	178.8	167.1	176.3
中位数（千円）	221.3	163.3	190.1	207.9	218.7	231.7	236.0	237.3	235.1	242.0	217.8	204.2	250.6
第3・四分位数（千円）	272.7	182.2	211.2	238.1	260.4	282.0	289.6	290.6	297.8	317.4	285.9	274.8	372.9
第9・十分位数（千円）	343.7	208.1	235.2	273.7	301.9	337.2	353.3	366.9	379.5	399.1	381.8	390.3	550.6
十分位分散係数	0.41	0.23	0.21	0.26	0.31	0.36	0.40	0.42	0.45	0.48	0.52	0.60	0.79
四分位分散係数	0.19	0.11	0.10	0.13	0.16	0.19	0.20	0.21	0.22	0.24	0.25	0.26	0.39
男													
学歴計	22 544	71	1 322	3 110	3 403	3 301	3 095	2 341	1 651	1 728	1 539	709	275
～ 99.9千円	-	-	-	-	-	-	-	-	-	-	-	-	-
100.0 ～ 119.9	101	-	-	-	-	-	5	2	-	20	36	36	3
120.0 ～ 139.9	214	5	33	25	5	3	5	8	22	59	10	16	24
140.0 ～ 159.9	975	21	150	112	133	85	87	39	51	76	132	61	29
160.0 ～ 179.9	1 634	24	195	274	237	143	141	75	108	83	171	151	32
180.0 ～ 199.9	2 217	-	247	437	341	254	212	194	130	104	214	75	10
200.0 ～ 219.9	2 628	21	353	477	504	295	315	191	117	133	139	72	11
220.0 ～ 239.9	2 356	-	124	524	404	362	287	221	128	117	151	22	16
240.0 ～ 259.9	2 150	-	75	437	356	416	286	237	139	87	82	30	5
260.0 ～ 279.9	1 868	-	114	274	426	379	194	150	109	106	59	21	37
280.0 ～ 299.9	1 445	-	16	191	264	329	295	146	85	54	36	25	4
300.0 ～ 319.9	1 265	-	10	123	165	266	286	132	87	85	89	13	10
320.0 ～ 339.9	815	-	5	106	124	152	176	115	55	65	15	2	-
340.0 ～ 359.9	869	-	-	52	127	158	170	129	58	83	78	14	-
360.0 ～ 379.9	722	-	-	16	55	143	183	89	68	98	57	-	14
380.0 ～ 399.9	454	-	-	15	32	28	52	136	69	91	15	16	1
400.0 ～ 449.9	995	-	-	23	45	63	169	215	170	194	67	45	5
450.0 ～ 499.9	416	-	-	-	42	45	43	105	51	58	40	29	5
500.0 ～ 549.9	398	-	-	11	19	58	77	48	62	60	37	5	21
550.0 ～ 599.9	217	-	-	-	17	20	34	29	34	40	25	18	-
600.0 ～ 699.9	279	-	-	5	43	54	19	30	35	32	32	12	16
700.0 ～ 799.9	102	-	-	-	10	10	34	4	13	-	14	7	10
800.0 ～ 899.9	71	-	-	-	13	14	3	-	-	38	3	-	-
900.0 ～ 999.9	69	-	-	-	7	4	-	22	20	-	2	14	-
1000.0 ～ 1199.9	94	-	-	10	27	9	18	8	18	-	-	-	4
1200.0千円 ～	189	-	-	-	6	14	3	13	25	46	36	24	22
第1・十分位数（千円）	171.8	141.6	153.9	173.9	177.1	191.1	187.7	191.1	178.0	163.0	155.8	146.1	150.4
第1・四分位数（千円）	203.8	149.1	176.1	196.9	207.2	222.5	220.4	226.0	218.1	212.8	183.3	166.4	172.3
中位数（千円）	251.7	166.0	201.7	227.1	244.1	264.2	281.1	286.9	291.2	305.5	230.7	203.6	266.5
第3・四分位数（千円）	321.3	202.4	221.7	263.0	290.5	315.8	344.5	382.9	402.0	405.3	345.0	345.1	504.2
第9・十分位数（千円）	419.4	210.2	261.7	308.2	357.0	378.9	418.4	462.0	525.8	539.1	469.8	586.0	728.7
十分位分散係数	0.49	0.21	0.27	0.30	0.37	0.36	0.41	0.47	0.60	0.62	0.68	1.08	1.09
四分位分散係数	0.23	0.16	0.11	0.15	0.17	0.18	0.22	0.27	0.32	0.32	0.35	0.44	0.62

第3表　年齢階級、所定内給与額階級別労働者数及び所定内給与額の分布特性値

企業規模	10～99人
	計

P医療，福祉　Q複合サービス事業

（単位十人）

区　分	年齢計	～19歳	20～24歳	25～29歳	30～34歳	35～39歳	40～44歳	45～49歳	50～54歳	55～59歳	60～64歳	65～69歳	70歳以上
女													
学歴計	73 589	405	7 287	8 682	7 437	7 447	9 006	9 075	9 107	8 098	4 620	1 822	602
～ 99.9千円	3	–	–	–	–	–	–	–	–	–	3	–	–
100.0 ～ 119.9	200	–	13	4	36	23	37	10	32	8	20	–	17
120.0 ～ 139.9	1 277	80	94	128	135	94	109	111	123	112	170	117	4
140.0 ～ 159.9	5 220	111	790	558	446	437	574	573	556	475	414	242	45
160.0 ～ 179.9	9 555	103	1 776	1 438	901	796	1 128	883	889	650	629	267	95
180.0 ～ 199.9	12 218	70	2 121	1 944	1 332	1 284	1 029	1 437	1 219	884	615	247	35
200.0 ～ 219.9	11 051	15	1 339	1 774	1 485	1 052	1 277	1 039	1 295	981	577	173	46
220.0 ～ 239.9	8 781	10	662	1 294	853	1 037	1 116	1 099	985	1 123	395	158	49
240.0 ～ 259.9	6 720	17	269	736	938	724	917	979	805	781	338	148	68
260.0 ～ 279.9	5 235	–	98	325	630	591	921	809	772	614	362	84	30
280.0 ～ 299.9	3 786	–	81	226	294	528	572	648	587	470	296	67	17
300.0 ～ 319.9	2 623	–	24	158	177	313	396	396	470	405	188	56	41
320.0 ～ 339.9	1 737	–	15	55	107	160	266	326	295	349	101	58	4
340.0 ～ 359.9	1 426	–	–	20	49	138	211	181	337	319	101	52	17
360.0 ～ 379.9	965	–	5	5	24	125	111	223	167	218	55	21	11
380.0 ～ 399.9	728	–	–	–	5	14	109	71	169	207	92	46	14
400.0 ～ 449.9	908	–	–	7	10	45	108	145	187	248	120	19	19
450.0 ～ 499.9	422	–	–	–	–	37	43	60	86	111	42	8	34
500.0 ～ 549.9	350	–	–	5	5	9	58	70	57	50	46	30	20
550.0 ～ 599.9	84	–	–	–	–	11	11	–	5	17	25	–	16
600.0 ～ 699.9	99	–	–	–	5	–	4	2	26	31	–	11	21
700.0 ～ 799.9	28	–	–	3	–	–	–	–	20	–	5	–	–
800.0 ～ 899.9	55	–	–	–	6	30	–	6	4	4	5	–	–
900.0 ～ 999.9	7	–	–	–	–	–	–	7	–	–	–	–	–
1000.0 ～ 1199.9	78	–	–	–	–	–	7	–	20	30	21	–	–
1200.0千円 ～	32	–	–	–	–	–	–	–	–	12	–	20	–
第1・十分位数（千円）	161.5	133.4	156.6	162.9	163.6	164.8	163.4	164.2	164.7	167.3	155.1	146.9	156.1
第1・四分位数（千円）	183.4	144.3	172.0	180.4	185.3	188.3	187.4	188.3	190.9	197.8	177.2	167.7	178.1
中位数（千円）	214.6	162.4	188.3	202.8	211.4	220.6	226.6	229.0	229.1	236.5	213.6	204.4	244.8
第3・四分位数（千円）	260.6	181.6	209.1	229.2	247.8	263.6	271.4	276.5	285.5	298.8	276.8	262.8	342.3
第9・十分位数（千円）	316.4	201.5	231.0	258.2	277.6	307.0	321.8	330.9	349.3	369.9	349.2	354.7	485.9
十分位分散係数	0.36	0.21	0.20	0.23	0.27	0.32	0.35	0.36	0.40	0.43	0.45	0.51	0.67
四分位分散係数	0.18	0.11	0.10	0.12	0.15	0.17	0.19	0.19	0.21	0.21	0.23	0.23	0.34
Q複合サービス事業													
企業規模計													
男女計													
学歴計	35 801	339	2 400	3 913	4 139	4 564	5 711	4 741	4 406	3 730	1 669	169	19
～ 99.9千円	1	–	–	–	1	–	–	–	–	–	–	–	–
100.0 ～ 119.9	113	4	5	13	6	17	11	11	15	6	22	2	–
120.0 ～ 139.9	814	27	35	77	94	78	89	109	104	87	95	17	2
140.0 ～ 159.9	1 661	105	161	159	120	166	166	180	181	186	197	39	2
160.0 ～ 179.9	2 479	82	550	377	212	183	206	229	207	176	231	25	1
180.0 ～ 199.9	2 952	78	671	608	322	203	169	199	210	224	244	19	3
200.0 ～ 219.9	2 995	29	534	811	468	290	212	169	173	130	170	7	3
220.0 ～ 239.9	2 740	11	249	698	596	380	248	165	155	121	99	18	2
240.0 ～ 259.9	2 615	3	103	512	638	493	312	161	120	112	144	12	4
260.0 ～ 279.9	2 329	–	39	289	507	482	388	216	161	121	119	7	–
280.0 ～ 299.9	2 067	–	33	185	416	459	475	233	107	80	74	5	–
300.0 ～ 319.9	1 865	–	7	69	258	430	489	285	142	77	97	9	1
320.0 ～ 339.9	1 807	–	8	24	180	431	570	315	148	113	11	7	–
340.0 ～ 359.9	1 725	–	2	25	104	289	545	360	210	162	28	–	–
360.0 ～ 379.9	1 575	–	0	19	76	220	404	422	250	170	13	–	–
380.0 ～ 399.9	1 603	–	0	18	54	155	427	361	309	255	23	–	–
400.0 ～ 449.9	3 230	–	–	13	38	201	605	728	931	662	52	1	–
450.0 ～ 499.9	1 758	–	–	7	26	55	261	347	489	546	24	2	–
500.0 ～ 549.9	727	–	–	5	15	10	71	126	203	277	19	1	–
550.0 ～ 599.9	332	–	–	–	2	11	23	84	108	100	4	0	–
600.0 ～ 699.9	287	–	–	2	2	8	14	22	140	96	3	–	–
700.0 ～ 799.9	72	–	–	–	5	–	10	15	21	22	–	–	–
800.0 ～ 899.9	38	–	–	2	1	1	11	3	14	5	–	0	–
900.0 ～ 999.9	14	–	–	–	–	–	5	–	7	2	–	–	–
1000.0 ～ 1199.9	2	–	–	–	1	1	–	–	–	–	–	–	–
1200.0千円 ～	2	–	–	–	–	1	–	1	–	–	–	–	–
第1・十分位数（千円）	168.4	140.8	161.5	168.6	178.6	181.0	193.4	175.2	174.0	171.8	146.2	138.9	127.8
第1・四分位数（千円）	205.9	153.2	174.7	191.8	212.3	230.8	260.9	254.3	248.1	240.5	168.3	150.7	160.6
中位数（千円）	272.8	166.8	194.0	217.8	246.6	279.6	323.4	345.7	381.6	387.4	204.5	181.8	202.5
第3・四分位数（千円）	368.6	187.8	213.2	247.7	285.3	330.5	380.0	409.2	442.5	458.2	268.2	242.2	240.1
第9・十分位数（千円）	443.1	210.3	234.8	278.4	330.0	378.9	429.9	464.3	508.3	514.6	337.7	304.1	248.3
十分位分散係数	0.50	0.21	0.19	0.25	0.31	0.35	0.37	0.42	0.44	0.44	0.47	0.45	0.30
四分位分散係数	0.30	0.10	0.10	0.13	0.15	0.18	0.18	0.22	0.25	0.28	0.24	0.25	0.20

第3表　年齢階級、所定内給与額階級別労働者数及び所定内給与額の分布特性値

企業規模	計

Q　複　合　サ　ー　ビ　ス　事　業

(単位十人)

区　分	年齢計	～19歳	20～24歳	25～29歳	30～34歳	35～39歳	40～44歳	45～49歳	50～54歳	55～59歳	60～64歳	65～69歳	70歳以上
男													
学歴計	**25 781**	**156**	**1 369**	**2 626**	**3 031**	**3 504**	**4 245**	**3 427**	**3 151**	**2 864**	**1 258**	**134**	**16**
～ 99.9千円	-	-	-	-	-	-	-	-	-	-	-	-	-
100.0 ～ 119.9	38	3	3	9	1	3	4	3	1	3	8	1	-
120.0 ～ 139.9	187	11	10	40	25	12	9	12	13	18	27	8	2
140.0 ～ 159.9	603	25	72	85	52	67	34	42	60	55	77	31	2
160.0 ～ 179.9	1 159	30	225	224	119	100	67	83	50	77	169	14	1
180.0 ～ 199.9	1 613	48	359	286	211	119	67	103	91	132	179	15	3
200.0 ～ 219.9	1 886	28	358	483	315	198	128	70	89	76	136	4	2
220.0 ～ 239.9	2 015	11	189	531	408	280	193	116	88	92	88	18	2
240.0 ～ 259.9	1 913	0	79	398	452	364	223	124	58	73	127	12	3
260.0 ～ 279.9	1 745	-	28	266	406	352	252	148	89	80	115	7	-
280.0 ～ 299.9	1 464	-	29	151	355	337	305	123	50	36	73	5	-
300.0 ～ 319.9	1 417	-	7	65	241	371	342	166	77	49	89	9	1
320.0 ～ 339.9	1 480	-	8	18	161	396	464	236	95	85	10	7	-
340.0 ～ 359.9	1 387	-	2	23	84	269	474	262	129	118	26	-	-
360.0 ～ 379.9	1 343	-	0	18	73	202	361	356	182	141	10	-	-
380.0 ～ 399.9	1 420	-	0	14	49	151	385	328	275	197	21	-	-
400.0 ～ 449.9	3 010	-	-	6	37	199	574	685	852	604	52	1	-
450.0 ～ 499.9	1 696	-	-	4	26	52	239	333	481	536	24	2	-
500.0 ～ 549.9	679	-	-	3	6	10	61	120	188	272	19	1	-
550.0 ～ 599.9	321	-	-	-	2	11	22	81	101	99	4	0	-
600.0 ～ 699.9	278	-	-	2	1	8	14	18	140	92	3	-	-
700.0 ～ 799.9	72	-	-	-	5	-	10	15	21	22	-	-	-
800.0 ～ 899.9	38	-	-	2	1	1	11	3	14	5	-	0	-
900.0 ～ 999.9	14	-	-	-	-	-	5	-	7	2	-	-	-
1000.0 ～ 1199.9	2	-	-	-	1	1	-	-	-	-	-	-	-
1200.0千円 ～	2	-	-	-	-	1	-	1	-	-	-	-	-
第1・十分位数(千円)	188.0	141.3	165.1	172.8	190.8	205.6	231.7	226.4	224.9	200.3	161.3	142.3	129.8
第1・四分位数(千円)	229.6	159.7	182.4	200.6	221.7	245.1	285.1	303.3	344.6	328.4	183.7	154.4	165.4
中位数(千円)	303.6	183.8	200.9	227.7	256.2	294.7	341.5	371.9	412.3	416.8	225.4	192.5	211.3
第3・四分位数(千円)	395.5	200.0	220.1	255.8	293.9	342.8	393.0	427.5	463.5	476.6	284.7	252.5	241.5
第9・十分位数(千円)	462.2	217.7	243.5	284.7	337.6	391.9	439.9	479.7	538.4	531.7	367.9	308.5	248.4
十分位分散係数	0.45	0.21	0.20	0.25	0.29	0.32	0.30	0.34	0.38	0.40	0.46	0.43	0.28
四分位分散係数	0.27	0.11	0.09	0.12	0.14	0.17	0.16	0.17	0.14	0.18	0.22	0.26	0.18
女													
学歴計	**10 020**	**183**	**1 030**	**1 288**	**1 108**	**1 061**	**1 466**	**1 315**	**1 255**	**865**	**411**	**35**	**3**
～ 99.9千円	1	-	-	-	1	-	-	-	-	-	-	-	-
100.0 ～ 119.9	75	1	3	4	6	14	7	8	14	3	14	1	-
120.0 ～ 139.9	628	16	25	37	69	66	80	98	91	69	67	9	1
140.0 ～ 159.9	1 058	79	89	74	67	99	132	138	121	131	120	8	1
160.0 ～ 179.9	1 320	53	325	153	93	83	138	146	157	99	62	11	-
180.0 ～ 199.9	1 339	30	312	323	111	84	103	96	119	93	65	4	-
200.0 ～ 219.9	1 109	1	176	327	153	92	85	100	84	54	34	2	1
220.0 ～ 239.9	725	-	60	167	187	100	55	49	67	28	11	-	-
240.0 ～ 259.9	702	3	24	114	186	129	89	38	63	39	17	0	0
260.0 ～ 279.9	584	-	11	23	101	129	136	67	72	41	4	1	-
280.0 ～ 299.9	603	-	4	34	61	122	170	110	57	44	1	-	-
300.0 ～ 319.9	448	-	0	5	17	59	147	119	65	27	8	-	-
320.0 ～ 339.9	327	-	0	6	19	34	106	79	53	28	1	-	-
340.0 ～ 359.9	338	-	-	2	19	20	71	98	81	44	2	-	-
360.0 ～ 379.9	232	-	-	1	3	18	43	66	69	30	3	-	-
380.0 ～ 399.9	183	-	-	4	5	4	42	33	34	58	2	-	-
400.0 ～ 449.9	221	-	-	7	1	2	31	43	79	58	0	-	-
450.0 ～ 499.9	61	-	-	4	-	3	22	15	8	11	-	-	-
500.0 ～ 549.9	47	-	-	2	9	-	10	7	15	5	-	-	-
550.0 ～ 599.9	11	-	-	-	-	-	1	2	7	0	-	-	-
600.0 ～ 699.9	9	-	-	-	2	-	-	4	0	4	-	-	-
700.0 ～ 799.9	-	-	-	-	-	-	-	-	-	-	-	-	-
800.0 ～ 899.9	-	-	-	-	-	-	-	-	-	-	-	-	-
900.0 ～ 999.9	-	-	-	-	-	-	-	-	-	-	-	-	-
1000.0 ～ 1199.9	-	-	-	-	-	-	-	-	-	-	-	-	-
1200.0千円 ～	-	-	-	-	-	-	-	-	-	-	-	-	-
第1・十分位数(千円)	146.3	140.4	157.9	161.8	150.8	145.2	150.6	143.4	143.4	142.3	130.6	130.8	-
第1・四分位数(千円)	171.3	151.7	168.8	183.4	187.4	180.5	182.2	171.4	171.5	162.5	143.5	139.0	-
中位数(千円)	209.6	159.1	184.5	202.9	226.6	238.3	267.8	251.5	233.4	212.8	161.7	160.3	-
第3・四分位数(千円)	279.2	173.3	201.6	225.1	254.6	279.6	314.8	325.5	330.0	334.6	192.1	175.2	-
第9・十分位数(千円)	345.7	186.9	219.5	252.6	288.7	313.4	360.5	369.4	393.2	396.1	233.2	196.6	-
十分位分散係数	0.48	0.15	0.17	0.22	0.30	0.35	0.39	0.45	0.54	0.60	0.32	0.21	-
四分位分散係数	0.26	0.07	0.09	0.10	0.15	0.21	0.25	0.31	0.34	0.40	0.15	0.11	-

第3表　年齢階級、所定内給与額階級別労働者数及び所定内給与額の分布特性値

企業規模	1,000人以上

Q 複 合 サ ー ビ ス 事 業

（単位十人）

区　分	年齢計	～19歳	20～24歳	25～29歳	30～34歳	35～39歳	40～44歳	45～49歳	50～54歳	55～59歳	60～64歳	65～69歳	70歳以上
企業規模1,000人以上													
男女計													
学歴計	**23 924**	**171**	**1 385**	**2 456**	**2 823**	**3 129**	**4 128**	**3 434**	**2 990**	**2 311**	**1 028**	**67**	**2**
～ 99.9千円	-	-	-	-	-	-	-	-	-	-	-	-	-
100.0 ～ 119.9	58	1	1	11	2	4	9	6	8	5	11	1	-
120.0 ～ 139.9	324	8	22	52	44	33	27	47	34	30	21	4	2
140.0 ～ 159.9	847	19	76	99	89	93	97	106	90	87	78	15	-
160.0 ～ 179.9	1 498	37	236	237	144	121	161	188	135	123	116	2	-
180.0 ～ 199.9	1 772	65	312	273	232	152	128	159	155	159	128	8	-
200.0 ～ 219.9	1 921	28	356	423	261	222	170	139	135	95	90	1	-
220.0 ～ 239.9	1 820	11	205	403	322	243	190	140	122	99	74	11	-
240.0 ～ 259.9	1 785	3	96	380	371	297	213	114	94	81	123	11	-
260.0 ～ 279.9	1 633	-	33	250	357	287	211	162	126	89	114	4	-
280.0 ～ 299.9	1 345	-	32	162	323	266	247	142	51	50	68	3	-
300.0 ～ 319.9	1 145	-	7	62	208	272	271	125	82	24	85	9	1
320.0 ～ 339.9	1 224	-	8	20	158	328	409	189	53	48	9	-	-
340.0 ～ 359.9	1 246	-	1	24	101	229	428	276	108	67	13	-	-
360.0 ～ 379.9	1 107	-	0	18	73	174	313	308	140	74	6	-	-
380.0 ～ 399.9	1 213	-	0	15	52	142	359	257	224	152	12	-	-
400.0 ～ 449.9	2 380	-	-	11	35	182	516	570	622	405	39	0	-
450.0 ～ 499.9	1 361	-	-	7	25	53	251	274	372	359	21	-	-
500.0 ～ 549.9	559	-	-	5	15	10	69	114	166	167	13	-	-
550.0 ～ 599.9	288	-	-	-	2	11	22	76	96	79	3	-	-
600.0 ～ 699.9	273	-	-	2	2	8	13	22	134	90	3	-	-
700.0 ～ 799.9	71	-	-	-	5	-	10	15	21	21	-	-	-
800.0 ～ 899.9	37	-	-	2	1	1	11	3	14	5	-	-	-
900.0 ～ 999.9	14	-	-	-	-	-	5	-	7	2	-	-	-
1000.0 ～ 1199.9	2	-	-	-	1	1	-	-	-	-	-	-	-
1200.0千円 ～	2	-	-	-	-	1	-	1	-	-	-	-	-
第1・十分位数（千円）	175.9	151.1	163.6	167.4	180.3	186.9	199.1	179.6	184.4	178.1	158.6	142.7	-
第1・四分位数（千円）	215.3	168.1	180.9	195.4	215.0	232.9	264.5	250.2	253.6	236.1	184.4	156.4	-
中位数（千円）	284.1	185.8	202.6	226.8	256.5	287.4	337.1	354.7	395.3	396.1	238.3	227.5	-
第3・四分位数（千円）	383.7	199.6	222.8	258.3	297.4	343.1	391.9	418.6	456.7	467.2	284.5	251.1	-
第9・十分位数（千円）	456.4	218.4	247.4	290.0	344.2	394.4	444.6	477.5	537.8	537.2	348.0	302.6	-
十分位分散係数	0.49	0.18	0.21	0.27	0.32	0.36	0.36	0.42	0.45	0.45	0.40	0.35	-
四分位分散係数	0.30	0.08	0.10	0.14	0.16	0.19	0.19	0.24	0.26	0.29	0.21	0.21	-
男													
学歴計	**18 795**	**112**	**945**	**1 802**	**2 272**	**2 598**	**3 274**	**2 642**	**2 311**	**1 939**	**839**	**59**	**2**
～ 99.9千円	-	-	-	-	-	-	-	-	-	-	-	-	-
100.0 ～ 119.9	29	1	-	8	0	3	4	3	1	3	6	-	-
120.0 ～ 139.9	122	3	7	32	17	9	4	12	12	12	10	4	2
140.0 ～ 159.9	385	2	43	63	49	51	31	29	45	36	24	11	-
160.0 ～ 179.9	762	21	113	151	90	65	60	77	35	65	84	1	-
180.0 ～ 199.9	1 092	47	212	135	175	93	57	92	82	110	84	6	-
200.0 ～ 219.9	1 334	28	267	290	209	158	112	59	74	63	72	1	-
220.0 ～ 239.9	1 466	11	162	325	248	218	160	102	76	84	69	11	-
240.0 ～ 259.9	1 441	0	76	305	305	251	176	93	51	61	111	11	-
260.0 ～ 279.9	1 302	-	22	231	291	223	154	126	76	66	111	3	-
280.0 ～ 299.9	1 020	-	28	129	282	211	173	78	26	22	68	3	-
300.0 ～ 319.9	927	-	6	57	193	234	185	90	49	22	81	9	1
320.0 ～ 339.9	1 039	-	8	15	139	299	340	154	37	37	9	-	-
340.0 ～ 359.9	1 035	-	1	21	82	211	380	203	67	56	13	-	-
360.0 ～ 379.9	972	-	0	17	70	169	277	269	100	63	6	-	-
380.0 ～ 399.9	1 112	-	0	11	47	138	322	237	211	134	12	-	-
400.0 ～ 449.9	2 265	-	-	4	34	180	490	542	585	391	39	0	-
450.0 ～ 499.9	1 310	-	-	3	25	50	229	259	367	356	21	-	-
500.0 ～ 549.9	516	-	-	3	6	10	60	108	152	165	13	-	-
550.0 ～ 599.9	278	-	-	-	2	11	22	74	89	79	3	-	-
600.0 ～ 699.9	264	-	-	2	1	8	13	18	133	86	3	-	-
700.0 ～ 799.9	71	-	-	-	5	-	10	15	21	21	-	-	-
800.0 ～ 899.9	37	-	-	2	1	1	11	3	14	5	-	-	-
900.0 ～ 999.9	14	-	-	-	-	-	5	-	7	2	-	-	-
1000.0 ～ 1199.9	2	-	-	-	1	1	-	-	-	-	-	-	-
1200.0千円 ～	2	-	-	-	-	1	-	1	-	-	-	-	-
第1・十分位数（千円）	191.4	167.4	168.9	171.4	189.0	205.2	226.4	217.5	215.2	194.7	170.3	143.4	-
第1・四分位数（千円）	233.4	180.6	189.3	204.4	222.6	244.1	287.0	297.8	343.4	275.7	200.3	177.0	-
中位数（千円）	309.1	192.9	207.5	233.8	262.4	301.2	350.0	374.8	415.3	417.1	253.5	234.0	-
第3・四分位数（千円）	401.2	211.8	226.4	263.7	304.2	353.8	401.9	430.4	475.8	480.0	297.1	260.8	-
第9・十分位数（千円）	468.7	219.9	250.1	292.5	348.3	400.3	453.9	490.8	569.4	549.6	395.2	303.7	-
十分位分散係数	0.45	0.14	0.20	0.26	0.30	0.32	0.32	0.36	0.43	0.43	0.44	0.34	-
四分位分散係数	0.27	0.08	0.09	0.13	0.16	0.18	0.16	0.18	0.16	0.24	0.19	0.18	-

第3表　年齢階級、所定内給与額階級別労働者数及び所定内給与額の分布特性値

企業規模	1,000人以上
	100～999人

Q 複 合 サ ー ビ ス 事 業

（単位十人）

区分	年齢計	～19歳	20～24歳	25～29歳	30～34歳	35～39歳	40～44歳	45～49歳	50～54歳	55～59歳	60～64歳	65～69歳	70歳以上
女													
学歴計	**5 129**	**59**	**440**	**654**	**551**	**532**	**854**	**792**	**679**	**372**	**188**	**9**	**-**
～ 99.9 千円	-	-	-	-	-	-	-	-	-	-	-	-	-
100.0 ～ 119.9	29	-	1	3	2	1	4	3	7	2	5	1	-
120.0 ～ 139.9	202	6	15	21	28	24	23	35	22	18	11	1	-
140.0 ～ 159.9	462	17	33	35	40	42	66	77	45	51	54	4	-
160.0 ～ 179.9	736	15	123	85	54	55	100	112	99	58	33	1	-
180.0 ～ 199.9	680	18	101	139	57	59	71	67	73	49	44	2	-
200.0 ～ 219.9	588	0	89	133	52	64	58	80	60	32	18	-	-
220.0 ～ 239.9	353	-	42	78	74	25	30	38	46	15	5	-	-
240.0 ～ 259.9	344	3	20	75	66	46	37	21	43	20	12	0	-
260.0 ～ 279.9	331	-	11	20	66	63	57	37	50	24	3	1	-
280.0 ～ 299.9	325	-	4	34	42	55	74	64	25	28	0	-	-
300.0 ～ 319.9	218	-	0	5	15	37	86	36	33	2	4	-	-
320.0 ～ 339.9	185	-	0	6	18	29	69	35	17	11	-	-	-
340.0 ～ 359.9	211	-	-	2	19	18	48	73	41	10	-	-	-
360.0 ～ 379.9	135	-	-	1	3	5	36	39	40	11	-	-	-
380.0 ～ 399.9	102	-	-	4	5	4	37	20	13	18	-	-	-
400.0 ～ 449.9	116	-	-	7	1	2	27	28	37	14	0	-	-
450.0 ～ 499.9	51	-	-	4	-	3	22	15	5	3	-	-	-
500.0 ～ 549.9	42	-	-	2	9	-	9	6	15	2	-	-	-
550.0 ～ 599.9	10	-	-	-	-	-	0	2	7	0	-	-	-
600.0 ～ 699.9	9	-	-	-	2	-	-	4	0	4	-	-	-
700.0 ～ 799.9	-	-	-	-	-	-	-	-	-	-	-	-	-
800.0 ～ 899.9	-	-	-	-	-	-	-	-	-	-	-	-	-
900.0 ～ 999.9	-	-	-	-	-	-	-	-	-	-	-	-	-
1000.0 ～ 1199.9	-	-	-	-	-	-	-	-	-	-	-	-	-
1200.0千円 ～	-	-	-	-	-	-	-	-	-	-	-	-	-
第1・十分位数（千円）	153.6	140.0	158.2	161.3	152.8	151.9	158.2	151.8	157.5	150.7	141.9	127.3	-
第1・四分位数（千円）	176.2	152.0	170.4	182.6	184.2	182.6	187.5	175.3	179.4	166.9	153.9	149.6	-
中位数（千円）	215.2	166.8	189.7	206.5	233.1	236.9	274.4	228.8	234.6	204.1	176.7	158.0	-
第3・四分位数（千円）	287.9	184.6	212.9	239.0	272.2	287.2	331.1	334.7	325.7	290.4	197.9	183.0	-
第9・十分位数（千円）	355.6	192.9	235.7	277.9	322.9	324.1	384.7	376.9	396.3	383.1	241.7	195.9	-
十分位分散係数	0.47	0.16	0.20	0.28	0.36	0.36	0.41	0.49	0.51	0.57	0.28	0.22	-
四分位分散係数	0.26	0.10	0.11	0.14	0.19	0.22	0.26	0.35	0.31	0.30	0.12	0.11	-
企業規模 100 ～ 999 人													
男女計													
学歴計	**10 939**	**138**	**948**	**1 368**	**1 238**	**1 315**	**1 440**	**1 199**	**1 309**	**1 330**	**565**	**83**	**6**
～ 99.9 千円	1	-	-	-	1	-	-	-	-	-	-	-	-
100.0 ～ 119.9	53	4	4	2	5	12	2	5	7	1	11	0	-
120.0 ～ 139.9	471	16	13	25	49	42	61	56	70	56	70	12	1
140.0 ～ 159.9	765	75	77	58	31	68	66	73	88	98	107	23	2
160.0 ～ 179.9	888	38	288	129	58	56	36	40	61	49	109	22	1
180.0 ～ 199.9	1 075	4	338	315	79	35	37	36	48	62	109	8	3
200.0 ～ 219.9	973	1	170	370	191	53	31	25	32	31	63	5	-
220.0 ～ 239.9	850	-	42	280	264	132	52	21	25	15	18	1	-
240.0 ～ 259.9	771	-	7	121	256	182	90	41	24	31	16	1	-
260.0 ～ 279.9	644	-	6	34	141	185	169	48	28	27	3	3	-
280.0 ～ 299.9	671	-	2	19	85	180	213	88	55	27	3	-	-
300.0 ～ 319.9	665	-	1	8	47	148	206	148	49	46	12	-	0
320.0 ～ 339.9	536	-	-	4	22	94	149	113	87	60	2	7	-
340.0 ～ 359.9	445	-	1	2	3	51	106	83	96	90	14	-	-
360.0 ～ 379.9	440	-	-	1	3	45	85	108	106	87	4	-	-
380.0 ～ 399.9	348	-	-	1	2	12	56	94	79	99	5	-	-
400.0 ～ 449.9	781	-	-	-	1	17	70	142	293	247	10	1	-
450.0 ～ 499.9	361	-	-	0	1	2	7	62	112	176	2	-	-
500.0 ～ 549.9	158	-	-	-	0	0	3	12	33	104	5	0	-
550.0 ～ 599.9	30	-	-	-	-	-	-	4	9	16	2	0	-
600.0 ～ 699.9	14	-	-	-	-	-	0	0	7	6	0	-	-
700.0 ～ 799.9	0	-	-	-	-	-	-	-	0	0	-	-	-
800.0 ～ 899.9	-	-	-	-	-	-	-	-	-	-	-	-	-
900.0 ～ 999.9	-	-	-	-	-	-	-	-	-	-	-	-	-
1000.0 ～ 1199.9	-	-	-	-	-	-	-	-	-	-	-	-	-
1200.0千円 ～	-	-	-	-	-	-	-	-	-	-	-	-	-
第1・十分位数（千円）	155.2	134.9	160.0	170.6	173.5	163.3	167.3	154.9	151.6	153.9	134.7	135.6	128.0
第1・四分位数（千円）	190.5	148.3	170.0	189.2	210.1	229.9	256.9	261.2	236.3	249.3	152.1	145.9	150.0
中位数（千円）	248.5	155.5	185.6	208.2	235.4	266.9	295.9	323.3	357.0	375.6	176.2	164.7	166.7
第3・四分位数（千円）	333.9	163.2	199.4	229.4	259.5	304.6	335.1	383.3	419.7	444.0	204.8	187.1	194.8
第9・十分位数（千円）	413.7	172.3	211.5	246.7	288.1	339.1	378.4	432.3	458.7	498.2	298.7	277.5	198.4
十分位分散係数	0.52	0.12	0.14	0.18	0.24	0.33	0.36	0.43	0.43	0.46	0.47	0.43	0.21
四分位分散係数	0.29	0.05	0.08	0.10	0.11	0.14	0.13	0.19	0.26	0.26	0.15	0.13	0.13

第3表　年齢階級、所定内給与額階級別労働者数及び所定内給与額の分布特性値

企業規模	100～999人

Q 複 合 サ ー ビ ス 事 業

（単位十人）

区分	年齢計	～19歳	20～24歳	25～29歳	30～34歳	35～39歳	40～44歳	45～49歳	50～54歳	55～59歳	60～64歳	65～69歳	70歳以上
男													
学歴計	**6 317**	**35**	**384**	**757**	**706**	**818**	**873**	**700**	**765**	**854**	**362**	**57**	**5**
～ 99.9千円	-	-	-	-	-	-	-	-	-	-	-	-	-
100.0 ～ 119.9	9	3	3	1	0	0	-	-	-	0	2	0	-
120.0 ～ 139.9	60	9	3	8	8	3	5	-	2	6	13	5	-
140.0 ～ 159.9	199	17	25	20	4	14	3	13	15	19	50	19	2
160.0 ～ 179.9	354	6	93	68	24	30	7	6	14	11	82	13	1
180.0 ～ 199.9	463	-	140	136	29	17	8	9	7	21	88	6	3
200.0 ～ 219.9	486	1	85	182	96	29	10	7	11	13	51	3	-
220.0 ～ 239.9	505	-	24	194	154	59	30	13	8	6	16	1	-
240.0 ～ 259.9	430	-	3	83	142	104	43	26	5	13	12	1	-
260.0 ～ 279.9	398	-	6	32	107	120	91	19	9	10	2	3	-
280.0 ～ 299.9	405	-	2	18	66	116	122	44	24	12	2	-	-
300.0 ～ 319.9	447	-	1	8	46	126	146	69	21	22	8	-	0
320.0 ～ 339.9	401	-	-	4	21	88	118	70	50	42	1	7	-
340.0 ～ 359.9	321	-	1	2	2	49	84	58	56	57	12	-	-
360.0 ～ 379.9	346	-	-	1	3	32	81	83	78	67	1	-	-
380.0 ～ 399.9	267	-	-	1	2	12	52	81	58	59	3	-	-
400.0 ～ 449.9	677	-	-	-	1	17	66	127	251	204	10	1	-
450.0 ～ 499.9	351	-	-	0	1	2	7	62	110	168	2	-	-
500.0 ～ 549.9	154	-	-	-	0	0	1	11	32	103	5	0	-
550.0 ～ 599.9	30	-	-	-	-	-	-	4	9	16	2	0	-
600.0 ～ 699.9	14	-	-	-	-	-	0	0	7	6	0	-	-
700.0 ～ 799.9	0	-	-	-	-	-	-	-	0	0	-	-	-
800.0 ～ 899.9	-	-	-	-	-	-	-	-	-	-	-	-	-
900.0 ～ 999.9	-	-	-	-	-	-	-	-	-	-	-	-	-
1000.0 ～ 1199.9	-	-	-	-	-	-	-	-	-	-	-	-	-
1200.0千円 ～	-	-	-	-	-	-	-	-	-	-	-	-	-
第1・十分位数（千円）	180.4	130.1	161.7	175.0	201.2	214.0	252.3	258.0	284.8	256.5	152.7	140.7	-
第1・四分位数（千円）	220.3	136.8	174.2	194.3	221.9	249.1	283.1	312.3	351.9	355.2	164.6	147.8	-
中位数（千円）	291.4	148.8	191.4	216.4	245.1	286.2	316.7	363.7	406.3	420.2	189.0	167.3	-
第3・四分位数（千円）	374.9	158.1	204.3	236.3	273.4	319.1	357.3	407.7	443.0	471.3	213.3	203.9	-
第9・十分位数（千円）	442.9	167.6	219.0	254.9	302.2	354.0	394.4	453.1	481.2	512.2	319.9	332.9	-
十分位分散係数	0.45	0.13	0.15	0.18	0.21	0.24	0.22	0.27	0.24	0.30	0.44	0.57	-
四分位分散係数	0.27	0.07	0.08	0.10	0.11	0.12	0.12	0.13	0.11	0.14	0.13	0.17	-
女													
学歴計	**4 622**	**104**	**564**	**611**	**531**	**496**	**567**	**500**	**544**	**476**	**203**	**25**	**1**
～ 99.9千円	1	-	-	-	1	-	-	-	-	-	-	-	-
100.0 ～ 119.9	43	1	1	1	4	11	2	5	7	1	10	-	-
120.0 ～ 139.9	411	8	11	17	41	40	56	56	69	50	57	8	1
140.0 ～ 159.9	566	59	52	38	27	54	62	60	73	79	58	4	0
160.0 ～ 179.9	534	32	195	61	34	26	29	34	47	39	27	9	-
180.0 ～ 199.9	611	4	198	179	49	18	29	28	41	42	21	2	-
200.0 ～ 219.9	487	-	85	189	95	24	22	19	21	18	11	2	-
220.0 ～ 239.9	346	-	17	86	110	74	22	9	17	9	2	-	-
240.0 ～ 259.9	341	-	3	38	115	79	47	16	20	18	4	0	-
260.0 ～ 279.9	246	-	-	3	34	65	78	30	20	17	0	-	-
280.0 ～ 299.9	266	-	0	1	19	64	92	44	31	15	1	-	-
300.0 ～ 319.9	218	-	-	-	1	21	60	79	28	24	4	-	-
320.0 ～ 339.9	135	-	-	-	1	5	31	43	36	18	1	-	-
340.0 ～ 359.9	124	-	-	-	1	2	23	25	40	33	2	-	-
360.0 ～ 379.9	94	-	-	-	-	13	5	26	28	19	3	-	-
380.0 ～ 399.9	80	-	-	-	-	0	5	13	21	40	2	-	-
400.0 ～ 449.9	104	-	-	-	-	0	4	14	42	43	-	-	-
450.0 ～ 499.9	10	-	-	-	-	-	-	-	2	8	-	-	-
500.0 ～ 549.9	4	-	-	-	-	-	2	1	1	2	-	-	-
550.0 ～ 599.9	-	-	-	-	-	-	-	-	-	-	-	-	-
600.0 ～ 699.9	-	-	-	-	-	-	-	-	-	-	-	-	-
700.0 ～ 799.9	-	-	-	-	-	-	-	-	-	-	-	-	-
800.0 ～ 899.9	-	-	-	-	-	-	-	-	-	-	-	-	-
900.0 ～ 999.9	-	-	-	-	-	-	-	-	-	-	-	-	-
1000.0 ～ 1199.9	-	-	-	-	-	-	-	-	-	-	-	-	-
1200.0千円 ～	-	-	-	-	-	-	-	-	-	-	-	-	-
第1・十分位数（千円）	140.3	141.5	158.0	162.5	146.1	139.3	139.6	136.8	134.8	139.1	126.1	131.5	-
第1・四分位数（千円）	164.7	151.4	168.0	184.5	192.3	172.8	173.7	161.9	156.0	156.0	136.1	137.7	-
中位数（千円）	205.1	156.7	182.1	200.9	222.7	240.3	264.0	277.1	236.7	238.1	149.7	161.3	-
第3・四分位数（千円）	270.4	164.7	196.3	216.8	244.5	272.3	296.5	319.0	338.2	354.3	180.9	174.1	-
第9・十分位数（千円）	332.6	173.8	207.3	233.8	261.1	296.8	324.9	362.5	392.8	411.8	218.9	198.2	-
十分位分散係数	0.47	0.10	0.14	0.18	0.26	0.33	0.35	0.41	0.55	0.57	0.31	0.21	-
四分位分散係数	0.26	0.04	0.08	0.08	0.12	0.21	0.23	0.28	0.38	0.42	0.15	0.11	-

第3表　年齢階級、所定内給与額階級別労働者数及び所定内給与額の分布特性値

企業規模	10～99人

Q 複 合 サ ー ビ ス 事 業

（単位十人）

区　分	年齢計	～19歳	20～24歳	25～29歳	30～34歳	35～39歳	40～44歳	45～49歳	50～54歳	55～59歳	60～64歳	65～69歳	70歳以上
企業規模 10 ～ 99 人													
男女計													
学歴計	938	30	66	89	78	121	143	108	107	90	77	20	10
～ 99.9 千円	-	-	-	-	-	-	-	-	-	-	-	-	-
100.0 ～ 119.9	3	-	-	-	-	1	0	-	0	-	-	1	-
120.0 ～ 139.9	19	3	-	-	0	3	1	7	-	0	4	0	-
140.0 ～ 159.9	49	10	8	3	0	6	4	1	3	1	12	1	0
160.0 ～ 179.9	94	8	26	12	10	6	9	0	11	4	5	1	0
180.0 ～ 199.9	105	9	21	20	11	16	4	3	7	3	8	3	0
200.0 ～ 219.9	100	1	8	17	15	14	11	5	5	4	17	-	3
220.0 ～ 239.9	70	-	3	15	10	4	6	3	8	6	7	6	2
240.0 ～ 259.9	60	-	-	11	10	14	9	6	2	0	5	-	4
260.0 ～ 279.9	52	-	1	5	9	10	8	5	6	5	2	1	-
280.0 ～ 299.9	51	-	-	4	7	13	15	3	2	3	3	2	-
300.0 ～ 319.9	55	-	-	-	4	11	13	11	10	6	-	0	-
320.0 ～ 339.9	47	-	-	-	0	9	11	13	8	6	1	0	-
340.0 ～ 359.9	34	-	-	-	-	9	11	2	6	5	1	-	-
360.0 ～ 379.9	29	-	-	-	-	1	6	5	4	10	3	-	-
380.0 ～ 399.9	42	-	-	2	0	2	12	10	6	4	6	-	-
400.0 ～ 449.9	69	-	-	2	2	2	18	16	16	10	3	-	-
450.0 ～ 499.9	36	-	-	-	-	0	3	12	5	12	1	2	-
500.0 ～ 549.9	10	-	-	-	-	-	-	0	4	5	-	1	-
550.0 ～ 599.9	13	-	-	-	-	-	1	4	4	5	-	-	-
600.0 ～ 699.9	-	-	-	-	-	-	-	-	-	-	-	-	-
700.0 ～ 799.9	1	-	-	-	-	-	0	0	-	0	-	-	-
800.0 ～ 899.9	1	-	-	-	-	-	-	0	-	-	-	0	-
900.0 ～ 999.9	-	-	-	-	-	-	-	-	-	-	-	-	-
1000.0 ～ 1199.9	-	-	-	-	-	-	-	-	-	-	-	-	-
1200.0千円 ～	-	-	-	-	-	-	-	-	-	-	-	-	-
第1・十分位数（千円）	165.5	140.4	151.7	173.2	175.3	171.5	179.3	188.4	169.7	202.4	144.9	147.6	-
第1・四分位数（千円）	192.8	149.6	166.9	188.7	197.6	196.4	239.0	266.5	219.9	268.8	167.7	185.8	-
中位数（千円）	248.2	164.8	179.3	212.7	223.0	248.6	307.4	329.1	317.6	364.0	208.7	227.6	-
第3・四分位数（千円）	339.5	183.7	195.7	242.2	263.6	304.5	376.4	428.7	405.5	448.8	258.2	284.2	-
第9・十分位数（千円）	425.5	193.5	215.0	278.0	287.9	342.0	424.1	457.8	463.3	511.0	386.6	466.3	-
十分位分散係数	0.52	0.16	0.18	0.25	0.25	0.34	0.40	0.41	0.46	0.42	0.58	0.70	-
四分位分散係数	0.30	0.10	0.08	0.13	0.15	0.22	0.22	0.25	0.29	0.25	0.22	0.22	-
男													
学歴計	670	10	41	67	52	88	98	85	74	72	57	18	8
～ 99.9 千円	-	-	-	-	-	-	-	-	-	-	-	-	-
100.0 ～ 119.9	0	-	-	-	-	-	-	-	-	-	-	0	-
120.0 ～ 139.9	5	-	-	-	-	-	0	-	-	0	4	-	-
140.0 ～ 159.9	19	6	4	2	0	2	-	-	-	0	4	1	-
160.0 ～ 179.9	43	2	20	6	5	5	0	-	1	1	3	0	0
180.0 ～ 199.9	58	2	7	14	7	9	2	2	2	1	8	3	0
200.0 ～ 219.9	67	-	6	11	10	10	6	4	4	1	13	-	2
220.0 ～ 239.9	44	-	3	12	6	3	3	1	3	2	3	6	2
240.0 ～ 259.9	43	-	-	10	5	9	4	5	2	-	4	-	3
260.0 ～ 279.9	44	-	1	4	7	9	8	4	4	4	1	1	-
280.0 ～ 299.9	40	-	-	4	7	10	10	2	0	2	3	2	-
300.0 ～ 319.9	43	-	-	-	3	10	11	8	6	5	-	0	-
320.0 ～ 339.9	41	-	-	-	0	9	6	12	8	6	1	0	-
340.0 ～ 359.9	32	-	-	-	-	8	10	2	6	5	1	-	-
360.0 ～ 379.9	25	-	-	-	-	1	4	4	4	10	3	-	-
380.0 ～ 399.9	41	-	-	2	0	2	12	9	6	4	6	-	-
400.0 ～ 449.9	68	-	-	2	2	2	18	16	16	9	3	-	-
450.0 ～ 499.9	35	-	-	-	-	0	3	12	5	12	1	2	-
500.0 ～ 549.9	9	-	-	-	-	-	-	0	4	5	-	1	-
550.0 ～ 599.9	12	-	-	-	-	-	0	4	4	5	-	-	-
600.0 ～ 699.9	-	-	-	-	-	-	-	-	-	-	-	-	-
700.0 ～ 799.9	1	-	-	-	-	-	0	0	-	0	-	-	-
800.0 ～ 899.9	1	-	-	-	-	-	-	0	-	-	-	0	-
900.0 ～ 999.9	-	-	-	-	-	-	-	-	-	-	-	-	-
1000.0 ～ 1199.9	-	-	-	-	-	-	-	-	-	-	-	-	-
1200.0千円 ～	-	-	-	-	-	-	-	-	-	-	-	-	-
第1・十分位数（千円）	180.0	-	160.3	179.0	179.2	185.3	224.0	252.6	232.2	264.2	154.2	180.0	-
第1・四分位数（千円）	213.3	-	168.4	193.8	200.8	214.2	281.6	305.9	304.1	330.3	189.4	191.7	-
中位数（千円）	284.9	-	177.4	221.1	226.0	274.4	336.2	372.9	368.8	377.3	210.5	229.5	-
第3・四分位数（千円）	379.5	-	199.4	251.6	270.5	319.0	395.9	436.0	423.8	457.9	324.2	287.5	-
第9・十分位数（千円）	440.5	-	219.4	284.2	297.1	349.5	430.4	462.4	497.0	521.0	392.8	467.0	-
十分位分散係数	0.46	-	0.17	0.24	0.26	0.30	0.31	0.28	0.36	0.34	0.57	0.63	-
四分位分散係数	0.29	-	0.09	0.13	0.15	0.19	0.17	0.17	0.16	0.17	0.32	0.21	-

第3表　年齢階級、所定内給与額階級別労働者数及び所定内給与額の分布特性値

企業規模	10～99人
	計

Q 複合サービス事業 R サービス業（他に分類されないもの）

（単位十人）

区分	年齢計	～19歳	20～24歳	25～29歳	30～34歳	35～39歳	40～44歳	45～49歳	50～54歳	55～59歳	60～64歳	65～69歳	70歳以上
女													
学歴計	**268**	**20**	**26**	**23**	**26**	**33**	**45**	**23**	**33**	**18**	**20**	**2**	**2**
～ 99.9 千円	－	－	－	－	－	－	－	－	－	－	－	－	－
100.0 ～ 119.9	2	－	－	－	－	1	0	－	0	－	－	0	－
120.0 ～ 139.9	14	3	－	－	0	3	1	7	－	－	－	0	－
140.0 ～ 159.9	30	4	4	1	－	4	4	1	3	1	8	－	0
160.0 ～ 179.9	51	6	7	6	5	2	9	0	10	3	2	1	－
180.0 ～ 199.9	47	7	13	6	4	7	2	1	5	2	0	－	－
200.0 ～ 219.9	34	1	1	6	5	4	5	1	2	4	4	－	1
220.0 ～ 239.9	26	－	0	4	3	2	3	2	5	4	4	－	－
240.0 ～ 259.9	17	－	－	1	5	4	5	1	0	0	0	－	0
260.0 ～ 279.9	7	－	－	0	2	2	1	1	2	1	0	－	－
280.0 ～ 299.9	12	－	－	－	1	3	4	2	1	1	－	－	－
300.0 ～ 319.9	12	－	－	－	1	1	2	4	4	1	－	－	－
320.0 ～ 339.9	7	－	－	－	－	－	6	1	－	－	－	－	－
340.0 ～ 359.9	2	－	－	－	－	0	1	0	1	－	－	－	－
360.0 ～ 379.9	4	－	－	－	－	－	2	2	－	－	－	－	－
380.0 ～ 399.9	1	－	－	－	－	－	0	0	－	0	－	－	－
400.0 ～ 449.9	1	－	－	－	－	－	－	0	－	1	－	－	－
450.0 ～ 499.9	0	－	－	－	－	－	－	－	0	－	－	－	－
500.0 ～ 549.9	1	－	－	－	－	－	－	－	－	1	－	－	－
550.0 ～ 599.9	0	－	－	－	－	－	0	－	－	－	－	－	－
600.0 ～ 699.9	－	－	－	－	－	－	－	－	－	－	－	－	－
700.0 ～ 799.9	－	－	－	－	－	－	－	－	－	－	－	－	－
800.0 ～ 899.9	－	－	－	－	－	－	－	－	－	－	－	－	－
900.0 ～ 999.9	－	－	－	－	－	－	－	－	－	－	－	－	－
1000.0 ～ 1199.9	－	－	－	－	－	－	－	－	－	－	－	－	－
1200.0千円 ～	－	－	－	－	－	－	－	－	－	－	－	－	－
第1・十分位数（千円）	147.8	137.3	148.6	163.8	166.8	136.0	157.7	126.7	160.4	170.9	142.8	－	－
第1・四分位数（千円）	167.7	154.9	164.7	174.5	185.6	159.8	176.0	136.7	167.5	195.6	147.0	－	－
中位数（千円）	194.7	173.7	183.8	195.4	216.1	196.2	233.7	232.7	186.2	220.2	172.5	－	－
第3・四分位数（千円）	237.6	187.7	193.7	214.6	244.7	245.3	291.5	303.9	252.7	266.3	218.5	－	－
第9・十分位数（千円）	301.2	196.4	198.9	233.4	267.8	283.2	328.2	360.3	312.9	400.5	236.0	－	－
十分位分散係数	0.39	0.17	0.14	0.18	0.23	0.38	0.36	0.50	0.41	0.52	0.27	－	－
四分位分散係数	0.18	0.09	0.08	0.10	0.14	0.22	0.25	0.36	0.23	0.16	0.21	－	－
R サービス業（他に分類されないもの）													
企業規模計													
男女計													
学歴計	**178 676**	**1 190**	**9 909**	**16 580**	**19 859**	**21 862**	**26 108**	**24 089**	**18 963**	**16 525**	**13 973**	**7 225**	**2 393**
～ 99.9 千円	45	－	3	－	5	－	1	9	0	4	15	6	2
100.0 ～ 119.9	1 359	5	45	69	82	132	121	61	81	189	222	219	133
120.0 ～ 139.9	6 258	45	425	455	450	574	574	656	591	614	817	698	359
140.0 ～ 159.9	13 455	202	911	1 334	1 196	1 087	1 533	1 374	1 227	1 260	1 601	1 258	471
160.0 ～ 179.9	18 467	507	1 601	1 725	1 883	1 934	2 039	1 935	1 801	1 410	1 937	1 266	429
180.0 ～ 199.9	20 665	245	2 032	2 558	2 400	2 114	2 432	2 313	1 804	1 521	1 876	1 075	294
200.0 ～ 219.9	20 053	69	1 908	2 803	2 805	2 358	2 436	2 214	1 486	1 434	1 574	785	182
220.0 ～ 239.9	17 986	55	1 254	2 618	2 582	2 297	2 578	2 075	1 523	1 244	1 126	531	102
240.0 ～ 259.9	16 293	31	876	2 046	2 504	2 415	2 552	2 013	1 203	1 108	1 055	371	119
260.0 ～ 279.9	13 091	20	535	1 187	1 913	1 977	2 136	1 874	1 326	1 122	711	232	59
280.0 ～ 299.9	10 019	12	171	681	1 396	1 648	1 823	1 712	1 116	760	461	151	89
300.0 ～ 319.9	7 859	－	45	403	814	1 386	1 592	1 267	999	667	519	146	22
320.0 ～ 339.9	5 659	－	60	208	577	825	1 195	1 011	721	607	354	87	14
340.0 ～ 359.9	4 568	－	15	146	323	851	983	755	636	459	316	63	21
360.0 ～ 379.9	3 845	－	7	89	208	479	896	883	496	484	241	59	2
380.0 ～ 399.9	2 968	－	8	50	163	377	613	639	487	415	164	45	8
400.0 ～ 449.9	5 899	－	7	119	228	655	1 111	1 219	1 070	1 053	339	80	18
450.0 ～ 499.9	3 612	－	3	40	155	344	697	792	691	692	165	30	4
500.0 ～ 549.9	2 377	－	－	33	110	176	357	556	512	414	164	48	6
550.0 ～ 599.9	1 421	－	2	6	29	132	197	309	340	266	114	24	2
600.0 ～ 699.9	1 517	－	－	3	13	66	169	255	469	409	86	24	22
700.0 ～ 799.9	523	－	－	5	20	35	19	69	164	152	46	9	5
800.0 ～ 899.9	385	－	－	－	2	0	17	50	142	153	10	8	3
900.0 ～ 999.9	130	－	－	－	1	1	15	16	32	51	12	1	2
1000.0 ～ 1199.9	170	－	－	－	－	－	21	30	41	28	19	11	21
1200.0千円 ～	50	－	－	－	－	－	－	2	4	10	30	－	4
第1・十分位数（千円）	155.5	148.4	152.8	157.0	162.7	164.4	164.2	163.2	160.0	153.0	145.2	135.1	125.8
第1・四分位数（千円）	184.9	161.4	174.4	184.7	191.4	196.6	198.6	196.9	191.5	188.2	169.2	154.6	145.3
中位数（千円）	229.8	171.6	199.4	215.7	228.6	243.7	250.3	254.1	256.1	251.2	205.7	182.9	170.2
第3・四分位数（千円）	292.0	187.6	227.3	247.3	269.3	298.3	316.9	330.2	350.0	359.7	266.3	223.8	210.2
第9・十分位数（千円）	388.2	219.0	256.0	283.2	315.4	363.5	399.8	434.1	484.6	483.9	359.4	289.5	280.6
十分位分散係数	0.51	0.21	0.26	0.29	0.33	0.41	0.47	0.53	0.63	0.66	0.52	0.42	0.45
四分位分散係数	0.23	0.08	0.13	0.15	0.17	0.21	0.24	0.26	0.31	0.34	0.24	0.19	0.19

第3表　年齢階級、所定内給与額階級別労働者数及び所定内給与額の分布特性値

企業規模	計

R サービス業（他に分類されないもの）

（単位十人）

区分	年齢計	～19歳	20～24歳	25～29歳	30～34歳	35～39歳	40～44歳	45～49歳	50～54歳	55～59歳	60～64歳	65～69歳	70歳以上
男													
学歴計	**117 781**	**830**	**5 616**	**9 726**	**12 638**	**14 044**	**16 437**	**15 031**	**12 133**	**12 128**	**11 294**	**5 944**	**1 960**
～ 99.9 千円	19	－	2	－	－	－	1	6	0	1	8	1	－
100.0 ～ 119.9	587	3	21	35	24	39	33	24	35	59	104	144	66
120.0 ～ 139.9	2 571	16	126	154	182	147	157	160	203	303	420	432	272
140.0 ～ 159.9	6 384	106	406	580	379	418	438	474	531	577	1 136	934	404
160.0 ～ 179.9	10 088	370	811	781	863	793	925	882	890	886	1 436	1 085	366
180.0 ～ 199.9	11 905	212	1 314	1 322	1 232	983	1 057	1 122	979	990	1 541	914	239
200.0 ～ 219.9	12 552	51	1 167	1 618	1 607	1 487	1 353	1 259	829	951	1 374	703	152
220.0 ～ 239.9	11 365	54	760	1 628	1 775	1 328	1 468	1 103	906	893	933	422	96
240.0 ～ 259.9	10 880	6	561	1 443	1 809	1 662	1 526	1 081	728	757	885	316	107
260.0 ～ 279.9	8 930	6	241	790	1 426	1 394	1 466	1 073	780	843	629	228	56
280.0 ～ 299.9	7 362	6	106	452	1 103	1 267	1 271	1 115	753	633	420	148	87
300.0 ～ 319.9	6 262	－	37	342	699	1 156	1 198	964	641	585	481	142	18
320.0 ～ 339.9	4 661	－	48	177	451	680	1 019	824	510	524	333	85	12
340.0 ～ 359.9	3 889	－	3	124	278	721	858	642	501	396	287	62	18
360.0 ～ 379.9	3 311	－	3	66	186	449	758	746	409	419	217	57	1
380.0 ～ 399.9	2 514	－	3	32	128	281	525	573	398	363	157	45	7
400.0 ～ 449.9	5 183	－	4	102	215	585	1 001	1 045	907	909	324	75	16
450.0 ～ 499.9	3 243	－	1	40	138	291	639	723	581	645	154	29	2
500.0 ～ 549.9	2 148	－	－	31	83	164	321	521	438	388	149	48	6
550.0 ～ 599.9	1 332	－	2	6	29	119	197	294	312	238	111	23	2
600.0 ～ 699.9	1 429	－	－	1	13	55	162	250	436	401	86	24	2
700.0 ～ 799.9	471	－	－	2	15	25	11	57	153	149	46	9	5
800.0 ～ 899.9	366	－	－	－	2	0	17	45	138	143	9	8	3
900.0 ～ 999.9	120	－	－	－	1	1	15	16	32	43	10	1	2
1000.0 ～ 1199.9	160	－	－	－	－	－	21	30	39	24	16	11	21
1200.0千円 ～	48	－	－	－	－	－	－	2	4	10	29	－	4
第1・十分位数（千円）	164.6	152.9	160.2	166.5	175.6	180.2	181.7	179.1	169.9	166.4	152.3	140.4	129.8
第1・四分位数（千円）	196.5	163.4	180.7	194.3	206.2	215.8	222.2	217.3	209.3	203.9	176.3	159.5	149.4
中位数（千円）	246.2	173.9	202.2	224.0	242.9	262.2	277.0	285.9	284.9	274.9	213.6	188.3	173.1
第3・四分位数（千円）	318.0	188.2	227.8	255.4	283.0	317.5	348.5	374.7	400.4	396.3	280.2	229.2	215.1
第9・十分位数（千円）	422.6	211.3	254.5	297.6	333.0	387.0	435.0	481.3	536.1	522.9	375.6	302.2	280.9
十分位分散係数	0.52	0.17	0.23	0.29	0.32	0.39	0.46	0.53	0.64	0.65	0.52	0.43	0.44
四分位分散係数	0.25	0.07	0.12	0.14	0.16	0.19	0.23	0.28	0.34	0.35	0.24	0.19	0.19
女													
学歴計	**60 895**	**360**	**4 293**	**6 854**	**7 220**	**7 818**	**9 672**	**9 057**	**6 830**	**4 397**	**2 678**	**1 282**	**432**
～ 99.9 千円	26	－	1	－	5	－	－	3	－	4	7	5	2
100.0 ～ 119.9	772	2	24	34	58	93	88	37	46	130	118	75	67
120.0 ～ 139.9	3 686	29	299	301	268	427	417	495	388	312	397	266	87
140.0 ～ 159.9	7 072	96	505	754	817	669	1 095	900	696	684	465	324	66
160.0 ～ 179.9	8 379	137	790	944	1 020	1 141	1 114	1 054	911	524	501	180	64
180.0 ～ 199.9	8 761	34	718	1 236	1 168	1 132	1 375	1 191	825	531	335	161	54
200.0 ～ 219.9	7 501	17	741	1 184	1 198	870	1 083	955	657	483	201	82	30
220.0 ～ 239.9	6 621	1	494	990	807	969	1 110	973	617	352	193	108	6
240.0 ～ 259.9	5 413	24	315	603	694	754	1 026	932	476	351	170	55	12
260.0 ～ 279.9	4 161	14	294	398	488	583	670	801	546	279	81	5	3
280.0 ～ 299.9	2 657	6	65	229	293	381	552	597	363	127	40	3	2
300.0 ～ 319.9	1 597	－	8	61	114	230	394	303	358	82	38	4	4
320.0 ～ 339.9	997	－	13	31	127	145	176	187	211	83	20	2	2
340.0 ～ 359.9	679	－	12	23	44	130	126	113	135	63	30	1	4
360.0 ～ 379.9	533	－	5	22	23	30	138	136	87	65	24	2	1
380.0 ～ 399.9	454	－	5	18	35	96	88	65	89	52	7	－	1
400.0 ～ 449.9	716	－	4	17	13	70	110	173	163	144	15	5	2
450.0 ～ 499.9	370	－	2	－	16	52	59	69	110	47	12	1	2
500.0 ～ 549.9	229	－	－	2	28	12	36	36	74	25	15	0	1
550.0 ～ 599.9	90	－	－	－	－	14	1	16	28	28	2	1	0
600.0 ～ 699.9	88	－	－	2	－	11	7	5	34	8	－	－	20
700.0 ～ 799.9	52	－	－	2	5	10	8	12	10	3	－	1	1
800.0 ～ 899.9	19	－	－	－	－	－	－	4	5	9	1	－	－
900.0 ～ 999.9	10	－	－	－	－	－	－	－	－	8	2	－	－
1000.0 ～ 1199.9	10	－	－	－	－	－	－	－	3	4	4	－	－
1200.0千円 ～	2	－	－	－	－	－	－	－	－	－	2	－	－
第1・十分位数（千円）	144.7	141.4	145.2	149.6	150.4	148.6	148.0	147.9	147.9	139.7	131.2	124.6	109.9
第1・四分位数（千円）	169.0	153.8	167.0	173.7	173.1	174.0	175.0	175.4	172.7	159.0	146.7	138.4	128.0
中位数（千円）	204.8	167.3	194.2	202.6	205.1	211.2	214.5	218.0	216.0	200.6	174.6	158.3	158.1
第3・四分位数（千円）	250.5	182.9	226.3	233.8	242.7	255.4	258.9	266.3	278.8	255.9	218.1	189.4	189.5
第9・十分位数（千円）	297.8	245.5	258.2	265.9	279.0	301.6	308.1	312.1	348.0	346.1	264.3	233.7	261.7
十分位分散係数	0.37	0.31	0.29	0.29	0.31	0.36	0.37	0.38	0.46	0.51	0.38	0.34	0.48
四分位分散係数	0.20	0.09	0.15	0.15	0.17	0.19	0.20	0.21	0.25	0.24	0.20	0.16	0.19

第3表　年齢階級、所定内給与額階級別労働者数及び所定内給与額の分布特性値

企業規模	1,000人以上

R サービス業（他に分類されないもの）

（単位十人）

区　分	年齢計	～19歳	20～24歳	25～29歳	30～34歳	35～39歳	40～44歳	45～49歳	50～54歳	55～59歳	60～64歳	65～69歳	70歳以上
企業規模1,000人以上													
男女計													
学歴計	**63 060**	**323**	**4 367**	**6 476**	**7 797**	**7 869**	**10 091**	**9 297**	**6 818**	**5 020**	**3 357**	**1 432**	**214**
～ 99.9 千円	7	－	0	－	4	－	－	－	－	－	3	－	－
100.0 ～ 119.9	250	4	11	6	33	35	14	24	14	28	33	34	14
120.0 ～ 139.9	1 395	18	204	159	118	143	140	114	142	89	128	121	17
140.0 ～ 159.9	3 997	57	310	438	469	381	580	479	360	250	387	250	35
160.0 ～ 179.9	6 034	114	504	598	689	723	816	701	643	378	541	275	53
180.0 ～ 199.9	7 226	58	866	904	875	730	952	1 053	596	454	447	248	44
200.0 ～ 219.9	7 404	21	921	1 004	1 132	831	1 075	897	542	393	424	138	26
220.0 ～ 239.9	6 761	19	552	1 008	1 045	868	1 036	779	584	453	279	136	2
240.0 ～ 259.9	6 709	16	437	945	1 046	961	1 171	846	475	429	293	78	10
260.0 ～ 279.9	5 070	11	371	485	782	674	779	848	560	333	182	42	1
280.0 ～ 299.9	3 711	6	105	339	529	641	661	740	357	219	96	11	8
300.0 ～ 319.9	2 693	－	11	174	307	546	607	435	298	156	138	22	0
320.0 ～ 339.9	1 837	－	50	126	200	274	352	360	215	158	87	15	－
340.0 ～ 359.9	1 367	－	11	67	129	241	274	208	242	133	48	8	4
360.0 ～ 379.9	1 232	－	6	71	55	173	324	237	172	157	34	5	－
380.0 ～ 399.9	924	－	6	29	66	119	178	201	159	130	34	1	－
400.0 ～ 449.9	2 009	－	－	72	121	263	502	366	311	287	65	23	－
450.0 ～ 499.9	1 373	－	－	31	92	124	298	311	238	238	32	8	－
500.0 ～ 549.9	926	－	－	12	59	52	142	263	211	168	14	5	－
550.0 ～ 599.9	691	－	2	2	18	55	106	185	175	126	14	8	－
600.0 ～ 699.9	721	－	－	－	4	9	68	175	251	200	15	－	－
700.0 ～ 799.9	301	－	－	5	20	26	4	35	102	81	23	7	－
800.0 ～ 899.9	236	－	－	－	2	－	1	14	113	103	2	－	－
900.0 ～ 999.9	84	－	－	－	－	－	1	15	24	35	10	－	－
1000.0 ～ 1199.9	73	－	－	－	－	－	10	10	31	16	6	－	－
1200.0千円 ～	30	－	－	－	－	－	－	0	4	6	19	－	－
第1・十分位数（千円）	162.4	148.0	155.0	161.7	164.2	166.9	168.3	170.3	165.1	168.3	151.5	138.0	125.4
第1・四分位数（千円）	190.8	160.4	181.6	189.3	194.4	198.8	200.5	199.0	197.8	202.9	172.2	156.9	155.2
中位数（千円）	235.5	174.5	205.9	222.3	231.9	245.0	247.2	254.7	262.7	261.8	205.3	183.0	176.6
第3・四分位数（千円）	292.5	194.4	236.7	254.2	270.0	297.4	311.2	322.6	368.4	400.8	258.5	221.6	199.1
第9・十分位数（千円）	402.9	240.8	266.0	295.3	319.1	364.7	409.1	460.7	554.1	574.8	334.0	264.0	242.3
十分位分散係数	0.51	0.27	0.27	0.30	0.33	0.40	0.49	0.57	0.74	0.78	0.44	0.34	0.33
四分位分散係数	0.22	0.10	0.13	0.15	0.16	0.20	0.22	0.24	0.32	0.38	0.21	0.18	0.12
男													
学歴計	**38 175**	**191**	**2 304**	**3 729**	**4 577**	**4 673**	**5 758**	**5 298**	**4 100**	**3 661**	**2 594**	**1 120**	**169**
～ 99.9 千円	3	－	0	－	－	－	－	－	－	－	3	－	－
100.0 ～ 119.9	96	3	1	4	4	9	1	10	7	11	16	28	3
120.0 ～ 139.9	424	2	26	40	42	56	15	30	62	32	58	57	5
140.0 ～ 159.9	1 684	17	136	190	141	140	156	161	169	102	271	173	27
160.0 ～ 179.9	3 083	77	205	246	368	302	387	328	293	248	354	228	47
180.0 ～ 199.9	3 923	52	584	391	469	354	358	509	302	302	341	220	40
200.0 ～ 219.9	4 265	13	571	654	511	449	541	501	278	244	369	114	22
220.0 ～ 239.9	3 728	19	309	602	610	427	512	357	296	307	213	75	2
240.0 ～ 259.9	3 860	1	231	635	691	634	614	303	228	242	193	78	10
260.0 ～ 279.9	2 556	6	141	281	509	361	405	263	204	185	157	42	1
280.0 ～ 299.9	2 237	－	48	205	347	391	381	389	195	178	84	11	8
300.0 ～ 319.9	1 988	－	8	145	280	431	385	304	143	133	138	22	0
320.0 ～ 339.9	1 408	－	37	96	142	210	300	276	128	124	81	15	－
340.0 ～ 359.9	1 150	－	2	57	107	205	243	174	197	104	48	8	4
360.0 ～ 379.9	1 045	－	1	54	46	169	252	204	135	146	34	5	－
380.0 ～ 399.9	768	－	3	16	41	76	164	182	137	113	34	1	－
400.0 ～ 449.9	1 830	－	－	64	117	235	473	335	266	257	65	18	－
450.0 ～ 499.9	1 232	－	－	31	78	103	260	300	192	228	32	8	－
500.0 ～ 549.9	867	－	－	12	37	51	130	261	196	160	14	5	－
550.0 ～ 599.9	655	－	2	2	18	51	105	177	167	110	14	8	－
600.0 ～ 699.9	694	－	－	－	4	4	65	171	235	200	15	－	－
700.0 ～ 799.9	269	－	－	2	15	16	1	23	102	81	23	7	－
800.0 ～ 899.9	222	－	－	－	2	－	1	14	109	94	2	－	－
900.0 ～ 999.9	84	－	－	－	－	－	1	15	24	35	10	－	－
1000.0 ～ 1199.9	73	－	－	－	－	－	10	10	31	16	6	－	－
1200.0千円 ～	30	－	－	－	－	－	－	0	4	6	19	－	－
第1・十分位数（千円）	171.4	158.1	169.5	173.4	173.6	177.6	180.9	180.0	171.7	178.2	155.2	143.1	150.1
第1・四分位数（千円）	201.7	164.6	189.2	202.2	205.7	215.6	219.4	212.2	212.8	217.9	177.3	162.0	166.2
中位数（千円）	249.4	178.2	206.5	229.8	244.2	259.0	273.8	289.3	302.5	297.6	211.7	187.2	181.8
第3・四分位数（千円）	331.1	193.3	232.8	262.1	285.1	317.9	361.8	397.5	459.6	452.8	274.4	224.7	208.2
第9・十分位数（千円）	459.7	227.0	261.6	315.1	341.3	397.7	449.7	522.8	631.5	625.5	364.6	276.7	246.8
十分位分散係数	0.58	0.19	0.22	0.31	0.34	0.42	0.49	0.59	0.76	0.75	0.49	0.36	0.27
四分位分散係数	0.26	0.08	0.11	0.13	0.16	0.20	0.26	0.32	0.41	0.39	0.23	0.17	0.12

第3表　年齢階級、所定内給与額階級別労働者数及び所定内給与額の分布特性値

企業規模	1,000人以上
	100～999人

R サービス業（他に分類されないもの）

（単位十人）

区分	年齢計	～19歳	20～24歳	25～29歳	30～34歳	35～39歳	40～44歳	45～49歳	50～54歳	55～59歳	60～64歳	65～69歳	70歳以上
女													
学歴計	**24 885**	**133**	**2 062**	**2 746**	**3 220**	**3 196**	**4 332**	**3 999**	**2 719**	**1 359**	**763**	**312**	**44**
～ 99.9 千円	4	-	-	-	4	-	-	-	-	-	-	-	-
100.0 ～ 119.9	154	2	10	2	30	26	13	14	7	17	17	6	11
120.0 ～ 139.9	970	16	179	119	77	88	126	84	80	56	71	64	13
140.0 ～ 159.9	2 313	40	175	248	328	241	424	318	191	147	116	77	8
160.0 ～ 179.9	2 951	37	299	352	321	421	429	373	351	130	187	47	6
180.0 ～ 199.9	3 303	6	281	513	407	376	593	544	293	151	107	29	4
200.0 ～ 219.9	3 138	8	350	350	621	383	534	396	264	149	56	24	4
220.0 ～ 239.9	3 033	-	244	406	435	441	624	423	288	146	66	61	-
240.0 ～ 259.9	2 849	15	207	310	356	327	558	543	247	187	100	-	-
260.0 ～ 279.9	2 514	6	230	204	273	313	374	585	356	148	26	-	-
280.0 ～ 299.9	1 474	6	58	134	182	250	280	350	162	41	11	-	-
300.0 ～ 319.9	706	-	3	29	27	115	222	131	155	24	-	-	-
320.0 ～ 339.9	429	-	13	29	59	64	52	85	87	34	7	-	-
340.0 ～ 359.9	217	-	9	10	22	36	32	33	45	29	4	-	-
360.0 ～ 379.9	187	-	5	16	10	4	72	33	37	11	-	-	-
380.0 ～ 399.9	156	-	3	14	25	43	14	19	22	16	-	-	-
400.0 ～ 449.9	179	-	-	8	3	28	29	32	45	29	-	5	-
450.0 ～ 499.9	142	-	-	-	14	21	39	11	47	10	-	-	-
500.0 ～ 549.9	59	-	-	-	23	0	12	2	14	8	-	-	-
550.0 ～ 599.9	36	-	-	-	-	4	1	8	7	16	-	-	-
600.0 ～ 699.9	27	-	-	-	-	6	2	4	15	-	-	-	-
700.0 ～ 799.9	32	-	-	2	5	10	2	12	-	-	-	-	-
800.0 ～ 899.9	13	-	-	-	-	-	-	-	4	9	-	-	-
900.0 ～ 999.9	-	-	-	-	-	-	-	-	-	-	-	-	-
1000.0 ～ 1199.9	0	-	-	-	-	-	-	-	0	-	-	-	-
1200.0千円 ～	-	-	-	-	-	-	-	-	-	-	-	-	-
第1・十分位数（千円）	152.8	137.4	142.1	154.3	153.4	157.9	154.3	158.9	159.4	151.0	137.8	127.5	112.4
第1・四分位数（千円）	179.0	151.9	172.2	178.0	181.8	181.2	182.9	186.4	183.2	178.3	158.1	145.7	120.6
中位数（千円）	217.9	172.2	204.8	209.4	215.3	223.0	222.2	233.5	229.0	223.0	179.3	163.7	136.4
第3・四分位数（千円）	259.6	200.8	240.9	243.5	252.4	267.0	262.3	270.5	278.4	264.0	224.5	205.0	163.5
第9・十分位数（千円）	294.8	257.7	268.4	276.8	284.6	302.0	303.7	298.0	327.4	335.2	254.5	235.2	195.8
十分位分散係数	0.33	0.35	0.31	0.29	0.30	0.32	0.34	0.30	0.37	0.41	0.33	0.33	0.31
四分位分散係数	0.19	0.14	0.17	0.16	0.16	0.19	0.18	0.18	0.21	0.19	0.19	0.18	0.16
企業規模100～999人													
男女計													
学歴計	**68 845**	**597**	**3 458**	**6 048**	**7 220**	**8 124**	**9 410**	**8 587**	**7 372**	**7 154**	**6 364**	**3 393**	**1 117**
～ 99.9 千円	22	-	3	-	1	-	1	9	-	-	5	3	-
100.0 ～ 119.9	771	-	18	46	34	78	73	18	43	127	132	125	75
120.0 ～ 139.9	3 387	18	116	204	252	350	330	397	332	371	492	347	179
140.0 ～ 159.9	5 968	76	374	617	490	459	573	574	566	668	743	586	242
160.0 ～ 179.9	7 893	300	728	719	794	798	769	793	734	674	816	573	196
180.0 ～ 199.9	8 791	145	706	1 048	1 080	883	953	792	797	719	979	547	141
200.0 ～ 219.9	7 896	27	687	1 084	1 025	900	858	795	601	682	731	418	88
220.0 ～ 239.9	6 354	16	369	884	832	813	865	767	556	463	516	220	52
240.0 ～ 259.9	5 413	4	271	607	805	882	828	613	432	398	414	139	21
260.0 ～ 279.9	4 709	9	114	426	638	678	772	612	479	523	302	121	34
280.0 ～ 299.9	3 400	4	36	187	445	530	648	488	455	317	181	65	44
300.0 ～ 319.9	2 752	-	16	110	269	379	597	459	409	251	214	43	5
320.0 ～ 339.9	2 021	-	7	41	253	289	438	321	229	268	139	30	6
340.0 ～ 359.9	1 673	-	3	40	78	325	361	284	223	189	137	24	9
360.0 ～ 379.9	1 413	-	0	2	87	169	318	359	175	186	77	39	1
380.0 ～ 399.9	1 084	-	2	9	37	143	223	233	159	176	69	25	7
400.0 ～ 449.9	2 071	-	4	15	53	175	332	473	429	398	157	28	8
450.0 ～ 499.9	1 278	-	3	-	23	146	228	272	242	287	67	9	-
500.0 ～ 549.9	821	-	-	4	14	59	109	175	196	146	100	19	1
550.0 ～ 599.9	402	-	-	4	4	22	31	69	112	98	52	11	0
600.0 ～ 699.9	431	-	-	2	6	40	60	35	140	119	19	9	0
700.0 ～ 799.9	149	-	-	-	-	6	11	27	34	52	15	1	3
800.0 ～ 899.9	83	-	-	-	-	-	15	21	19	27	-	0	1
900.0 ～ 999.9	14	-	-	-	-	-	5	-	4	6	-	-	-
1000.0 ～ 1199.9	45	-	-	-	-	-	11	1	8	9	6	11	-
1200.0千円 ～	6	-	-	-	-	-	-	1	-	-	2	-	4
第1・十分位数（千円）	149.3	153.9	152.9	149.1	157.9	156.7	158.6	155.4	153.8	145.6	140.2	134.0	124.0
第1・四分位数（千円）	177.9	162.7	169.6	178.1	184.3	188.4	193.4	188.5	184.7	178.3	165.3	153.8	142.5
中位数（千円）	219.2	169.9	194.5	207.6	218.8	234.9	246.5	244.8	242.6	234.8	200.4	182.1	166.1
第3・四分位数（千円）	282.4	185.5	218.8	238.3	262.9	288.5	312.3	328.1	329.3	333.3	258.0	217.0	200.9
第9・十分位数（千円）	372.2	199.9	245.8	271.0	306.4	356.9	388.3	421.7	453.6	453.4	348.1	271.4	264.5
十分位分散係数	0.51	0.14	0.24	0.29	0.34	0.43	0.47	0.54	0.62	0.66	0.52	0.38	0.42
四分位分散係数	0.24	0.07	0.13	0.14	0.18	0.21	0.24	0.29	0.30	0.33	0.23	0.17	0.18

第3表　年齢階級、所定内給与額階級別労働者数及び所定内給与額の分布特性値

企業規模	100～999人

R サービス業（他に分類されないもの）

（単位十人）

区　分	年齢計	～19歳	20～24歳	25～29歳	30～34歳	35～39歳	40～44歳	45～49歳	50～54歳	55～59歳	60～64歳	65～69歳	70歳以上
男													
学歴計	**44 957**	**459**	**2 000**	**3 416**	**4 385**	**4 971**	**5 882**	**5 222**	**4 576**	**5 197**	**5 133**	**2 825**	**890**
～ 99.9 千円	11	－	2	－	－	－	1	6	－	－	3	－	－
100.0 ～ 119.9	297	－	13	24	15	20	13	8	16	32	55	69	32
120.0 ～ 139.9	1 316	9	57	69	101	53	105	67	94	182	234	217	128
140.0 ～ 159.9	2 708	45	153	244	126	167	150	168	210	265	512	461	206
160.0 ～ 179.9	4 316	235	427	321	322	313	325	332	362	414	609	493	161
180.0 ～ 199.9	4 977	128	420	559	462	349	435	365	420	469	833	440	97
200.0 ～ 219.9	4 991	19	389	519	606	585	495	457	323	457	669	396	77
220.0 ～ 239.9	4 106	15	223	577	618	480	465	375	327	334	441	199	52
240.0 ～ 259.9	3 682	4	204	464	591	543	486	338	258	290	368	119	17
260.0 ～ 279.9	3 577	－	58	300	488	482	566	466	351	435	275	121	34
280.0 ～ 299.9	2 667	4	29	139	368	440	480	350	319	269	162	63	44
300.0 ～ 319.9	2 221	－	16	87	223	327	493	340	258	232	198	41	5
320.0 ～ 339.9	1 690	－	7	40	194	254	366	254	165	242	132	30	6
340.0 ～ 359.9	1 460	－	1	40	71	301	310	247	159	173	126	24	9
360.0 ～ 379.9	1 241	－	0	2	79	149	284	318	148	157	65	39	1
380.0 ～ 399.9	923	－	－	7	32	116	179	195	136	162	64	25	7
400.0 ～ 449.9	1 785	－	1	15	43	145	279	389	363	367	147	28	8
450.0 ～ 499.9	1 189	－	1	－	23	127	217	239	229	277	66	9	－
500.0 ～ 549.9	724	－	－	4	14	56	105	158	145	136	87	19	1
550.0 ～ 599.9	385	－	－	4	4	22	31	65	102	97	49	11	－
600.0 ～ 699.9	414	－	－	－	6	37	60	35	130	117	19	9	0
700.0 ～ 799.9	141	－	－	－	－	6	8	27	30	51	15	1	2
800.0 ～ 899.9	81	－	－	－	－	－	15	20	18	27	－	0	1
900.0 ～ 999.9	14	－	－	－	－	－	5	－	4	6	－	－	－
1000.0 ～ 1199.9	38	－	－	－	－	－	11	1	8	6	3	11	－
1200.0千円 ～	5	－	－	－	－	－	－	1	－	－	－	－	4
第1・十分位数（千円）	160.8	157.4	157.3	160.3	173.1	176.5	179.8	176.6	167.6	161.7	150.6	139.7	129.6
第1・四分位数（千円）	190.5	163.8	173.3	187.5	202.5	211.2	217.7	214.9	202.6	197.5	175.6	158.5	148.2
中位数（千円）	238.8	172.3	197.0	219.0	238.2	259.1	276.5	281.7	274.5	266.6	208.5	188.0	170.9
第3・四分位数（千円）	308.5	185.9	222.8	249.1	278.2	318.0	341.8	368.6	386.0	371.6	268.3	223.0	208.2
第9・十分位数（千円）	406.0	198.7	248.1	279.8	323.2	381.5	422.5	461.1	495.2	478.1	360.2	291.9	277.6
十分位分散係数	0.51	0.12	0.23	0.27	0.32	0.40	0.44	0.51	0.60	0.59	0.50	0.40	0.43
四分位分散係数	0.25	0.06	0.13	0.14	0.16	0.21	0.22	0.27	0.33	0.33	0.22	0.17	0.18
女													
学歴計	**23 888**	**138**	**1 458**	**2 632**	**2 835**	**3 153**	**3 527**	**3 365**	**2 796**	**1 957**	**1 231**	**568**	**228**
～ 99.9 千円	11	－	1	－	1	－	－	3	－	－	2	3	－
100.0 ～ 119.9	474	－	6	23	19	58	60	10	28	95	77	56	43
120.0 ～ 139.9	2 071	9	59	134	151	297	225	331	237	189	257	130	52
140.0 ～ 159.9	3 260	30	221	373	364	292	423	406	356	403	231	125	36
160.0 ～ 179.9	3 577	65	301	398	471	485	444	461	372	259	206	80	36
180.0 ～ 199.9	3 814	16	286	489	618	534	519	427	377	251	146	107	43
200.0 ～ 219.9	2 905	9	298	564	420	316	363	338	278	225	62	22	11
220.0 ～ 239.9	2 248	1	146	307	214	333	399	392	228	129	75	22	－
240.0 ～ 259.9	1 731	－	67	142	214	339	342	274	175	108	45	20	5
260.0 ～ 279.9	1 132	9	56	126	151	196	206	145	127	88	27	－	－
280.0 ～ 299.9	733	－	7	48	77	89	168	138	136	48	19	2	－
300.0 ～ 319.9	531	－	－	23	46	51	104	119	151	19	16	2	－
320.0 ～ 339.9	331	－	－	1	59	35	72	67	64	26	8	－	－
340.0 ～ 359.9	213	－	2	－	7	24	52	37	63	16	12	－	－
360.0 ～ 379.9	173	－	－	－	8	21	34	41	27	29	12	－	1
380.0 ～ 399.9	161	－	2	2	5	28	44	38	23	14	5	－	－
400.0 ～ 449.9	286	－	4	－	10	29	53	84	65	30	11	0	－
450.0 ～ 499.9	89	－	2	－	－	19	10	33	12	11	1	－	－
500.0 ～ 549.9	97	－	－	－	－	4	4	17	50	10	12	－	－
550.0 ～ 599.9	17	－	－	－	－	－	－	4	10	1	2	－	0
600.0 ～ 699.9	18	－	－	2	－	4	－	－	11	2	－	－	－
700.0 ～ 799.9	8	－	－	－	－	－	4	－	4	1	－	－	1
800.0 ～ 899.9	2	－	－	－	－	－	－	1	1	－	－	－	－
900.0 ～ 999.9	－	－	－	－	－	－	－	－	－	－	－	－	－
1000.0 ～ 1199.9	7	－	－	－	－	－	－	－	－	4	4	－	－
1200.0千円 ～	2	－	－	－	－	－	－	－	－	－	2	－	－
第1・十分位数（千円）	138.7	146.5	150.3	144.5	146.9	137.3	142.6	139.7	141.0	133.1	126.6	119.5	106.9
第1・四分位数（千円）	160.8	158.1	164.6	167.2	167.5	166.4	167.6	163.4	164.6	147.9	138.5	134.3	124.3
中位数（千円）	193.5	166.0	190.8	196.0	192.7	197.0	205.1	201.9	201.7	182.9	164.8	156.1	148.5
第3・四分位数（千円）	235.6	180.2	214.0	219.7	224.9	243.2	252.2	251.0	267.4	227.8	200.9	184.3	181.3
第9・十分位数（千円）	286.7	209.4	238.8	248.8	270.1	278.8	303.7	315.8	333.3	284.2	262.9	208.6	195.1
十分位分散係数	0.38	0.19	0.23	0.27	0.32	0.36	0.39	0.44	0.48	0.41	0.41	0.29	0.30
四分位分散係数	0.19	0.07	0.13	0.13	0.15	0.19	0.21	0.22	0.25	0.22	0.19	0.16	0.19

第3表　年齢階級、所定内給与額階級別労働者数及び所定内給与額の分布特性値

企業規模	10～99人

R サービス業（他に分類されないもの）

（単位十人）

区　分	年齢計	～19歳	20～24歳	25～29歳	30～34歳	35～39歳	40～44歳	45～49歳	50～54歳	55～59歳	60～64歳	65～69歳	70歳以上
企業規模 10 ～ 99 人													
男　女　計													
学　歴　計	**46 770**	**270**	**2 084**	**4 056**	**4 842**	**5 869**	**6 608**	**6 205**	**4 773**	**4 351**	**4 252**	**2 400**	**1 062**
～ 99.9 千円	17	－	－	－	－	－	0	－	0	4	7	3	2
100.0 ～ 119.9	338	1	16	16	15	19	34	19	24	34	56	59	45
120.0 ～ 139.9	1 476	10	105	93	80	80	104	145	117	154	197	230	162
140.0 ～ 159.9	3 491	70	227	278	237	247	380	321	302	342	471	421	193
160.0 ～ 179.9	4 540	93	369	409	400	413	454	442	423	359	580	418	180
180.0 ～ 199.9	4 648	42	461	605	445	501	527	468	411	348	450	279	110
200.0 ～ 219.9	4 754	20	301	715	648	626	503	522	344	359	420	229	68
220.0 ～ 239.9	4 871	20	332	727	705	616	678	529	384	328	330	175	48
240.0 ～ 259.9	4 171	11	168	495	653	572	552	555	296	281	349	154	87
260.0 ～ 279.9	3 313	－	50	276	493	624	585	414	287	266	226	69	23
280.0 ～ 299.9	2 907	2	30	155	422	477	514	484	303	224	184	75	37
300.0 ～ 319.9	2 414	－	18	119	238	461	388	374	292	259	168	82	17
320.0 ～ 339.9	1 800	－	3	41	124	262	406	329	276	182	127	42	8
340.0 ～ 359.9	1 528	－	1	40	115	284	348	263	171	136	130	31	8
360.0 ～ 379.9	1 199	－	1	16	66	137	255	286	149	142	130	16	1
380.0 ～ 399.9	960	－	－	12	60	114	211	205	169	109	60	19	1
400.0 ～ 449.9	1 819	－	3	32	54	218	276	380	330	369	116	29	11
450.0 ～ 499.9	961	－	－	9	39	74	171	209	211	166	66	13	4
500.0 ～ 549.9	629	－	－	17	37	65	106	119	106	100	51	24	6
550.0 ～ 599.9	329	－	－	－	7	55	61	55	53	42	48	6	2
600.0 ～ 699.9	364	－	－	1	2	17	42	45	78	90	52	15	22
700.0 ～ 799.9	74	－	－	－	－	4	5	7	28	19	8	2	2
800.0 ～ 899.9	67	－	－	－	－	0	1	14	11	22	8	7	3
900.0 ～ 999.9	33	－	－	－	1	1	10	1	5	10	2	1	2
1000.0 ～ 1199.9	52	－	－	－	－	－	－	20	2	2	7	－	21
1200.0千円 ～	14	－	－	－	－	－	－	1	－	3	10	－	－
第1・十分位数（千円）	156.5	143.4	149.6	161.1	167.9	172.2	166.3	165.5	161.5	154.3	148.1	135.6	128.0
第1・四分位数（千円）	187.8	153.9	171.4	188.6	200.9	206.5	205.4	206.5	196.3	189.6	171.7	154.3	146.5
中　位　数（千円）	236.8	171.6	194.1	217.6	237.0	255.0	262.4	266.0	265.4	258.0	217.2	184.3	172.8
第3・四分位数（千円）	304.0	188.8	224.5	248.2	278.0	308.5	333.2	344.0	353.8	357.9	290.8	238.1	233.8
第9・十分位数（千円）	392.0	223.8	248.2	285.4	324.0	374.6	401.3	425.3	454.3	455.4	381.0	307.6	300.3
十分位分散係数	0.50	0.23	0.25	0.29	0.33	0.40	0.45	0.49	0.55	0.58	0.54	0.47	0.50
四分位分散係数	0.25	0.10	0.14	0.14	0.16	0.20	0.24	0.26	0.30	0.33	0.27	0.23	0.25
男													
学　歴　計	**34 649**	**180**	**1 312**	**2 581**	**3 676**	**4 399**	**4 796**	**4 511**	**3 457**	**3 269**	**3 567**	**1 998**	**901**
～ 99.9 千円	5	－	－	－	－	－	0	－	0	1	2	1	－
100.0 ～ 119.9	194	1	8	8	5	10	19	6	12	15	33	46	32
120.0 ～ 139.9	831	5	44	45	40	38	38	64	46	88	128	158	139
140.0 ～ 159.9	1 992	44	118	145	112	111	132	145	152	209	352	300	171
160.0 ～ 179.9	2 689	57	179	214	173	178	213	222	235	224	473	364	157
180.0 ～ 199.9	3 005	31	310	371	302	280	265	248	256	219	367	255	102
200.0 ～ 219.9	3 296	19	207	445	491	454	317	300	229	250	336	193	54
220.0 ～ 239.9	3 531	20	228	449	548	421	491	371	283	251	278	149	42
240.0 ～ 259.9	3 338	2	126	344	528	484	425	439	242	225	323	120	80
260.0 ～ 279.9	2 797	－	42	209	429	550	495	344	225	223	197	64	20
280.0 ～ 299.9	2 457	2	30	107	388	436	410	376	239	186	174	74	35
300.0 ～ 319.9	2 053	－	13	109	197	398	320	320	241	220	145	79	12
320.0 ～ 339.9	1 563	－	3	40	115	215	354	294	217	158	121	40	6
340.0 ～ 359.9	1 279	－	－	27	100	215	305	220	145	119	113	30	5
360.0 ～ 379.9	1 025	－	1	10	61	131	223	224	126	117	118	13	0
380.0 ～ 399.9	822	－	－	9	55	89	182	196	125	87	59	19	－
400.0 ～ 449.9	1 568	－	3	24	54	205	248	322	277	284	112	29	8
450.0 ～ 499.9	822	－	－	9	37	62	161	184	160	140	56	12	2
500.0 ～ 549.9	557	－	－	15	32	57	86	101	97	93	48	24	5
550.0 ～ 599.9	292	－	－	－	7	45	61	51	42	31	48	5	2
600.0 ～ 699.9	321	－	－	1	2	14	37	44	71	84	52	15	1
700.0 ～ 799.9	61	－	－	－	－	4	2	7	22	17	8	1	2
800.0 ～ 899.9	63	－	－	－	－	0	1	11	11	22	7	7	3
900.0 ～ 999.9	23	－	－	－	1	1	10	1	5	2	－	1	2
1000.0 ～ 1199.9	50	－	－	－	－	－	－	20	－	2	7	－	21
1200.0千円 ～	14	－	－	－	－	－	－	1	－	3	10	－	－
第1・十分位数（千円）	163.3	144.1	154.4	167.0	183.1	187.3	186.2	181.0	171.3	161.3	152.1	139.3	128.6
第1・四分位数（千円）	199.7	157.0	178.1	194.5	210.4	221.6	229.6	226.5	214.7	204.8	176.3	159.7	147.2
中　位　数（千円）	251.0	174.8	199.9	222.4	247.1	267.2	280.0	286.1	283.7	274.0	226.6	189.6	172.0
第3・四分位数（千円）	317.7	196.8	227.4	254.3	285.8	316.5	346.7	363.1	370.2	372.4	301.5	246.0	228.8
第9・十分位数（千円）	407.2	223.4	254.2	298.2	337.4	387.8	419.5	440.4	469.4	472.4	397.5	317.9	284.3
十分位分散係数	0.49	0.23	0.25	0.29	0.31	0.38	0.42	0.45	0.53	0.57	0.54	0.47	0.45
四分位分散係数	0.24	0.11	0.12	0.13	0.15	0.18	0.21	0.24	0.27	0.31	0.28	0.23	0.24

第3表　年齢階級、所定内給与額階級別労働者数及び所定内給与額の分布特性値

企業規模	10～99人
	計

R サービス業（他に分類されないもの） 産業計（民・公営計）

（単位十人）

区分	年齢計	～19歳	20～24歳	25～29歳	30～34歳	35～39歳	40～44歳	45～49歳	50～54歳	55～59歳	60～64歳	65～69歳	70歳以上
女													
学歴計	12 121	90	772	1 475	1 166	1 470	1 812	1 694	1 315	1 082	685	401	160
～ 99.9 千円	12	－	－	－	－	－	－	－	－	4	4	2	2
100.0 ～ 119.9	144	－	8	9	10	9	14	12	12	19	24	13	13
120.0 ～ 139.9	645	5	61	48	40	42	66	81	71	66	69	72	23
140.0 ～ 159.9	1 499	27	109	133	125	136	247	176	150	133	119	122	22
160.0 ～ 179.9	1 851	36	190	195	227	235	241	220	188	135	108	54	23
180.0 ～ 199.9	1 643	12	151	234	143	222	263	220	155	130	83	25	8
200.0 ～ 219.9	1 458	1	93	270	157	172	186	221	115	109	83	36	15
220.0 ～ 239.9	1 340	－	104	278	158	195	186	158	101	77	51	26	6
240.0 ～ 259.9	833	10	42	151	125	87	127	115	54	56	25	35	7
260.0 ～ 279.9	515	－	8	68	64	74	89	70	62	43	29	5	3
280.0 ～ 299.9	450	－	－	48	34	41	104	108	64	38	10	1	2
300.0 ～ 319.9	361	－	5	10	41	64	68	53	51	39	22	3	4
320.0 ～ 339.9	238	－	－	1	9	47	52	35	59	24	6	2	2
340.0 ～ 359.9	250	－	1	12	15	69	43	43	26	18	18	1	4
360.0 ～ 379.9	174	－	－	6	5	6	32	63	23	25	12	2	1
380.0 ～ 399.9	138	－	－	2	5	25	29	9	44	22	1	－	1
400.0 ～ 449.9	251	－	－	8	－	13	28	58	53	84	4	0	2
450.0 ～ 499.9	139	－	－	－	2	12	10	25	51	26	10	1	2
500.0 ～ 549.9	72	－	－	2	5	8	20	18	9	7	2	0	1
550.0 ～ 599.9	37	－	－	－	－	10	－	4	10	11	－	1	－
600.0 ～ 699.9	43	－	－	－	－	2	5	1	8	7	－	－	20
700.0 ～ 799.9	12	－	－	－	－	－	2	－	7	2	－	1	－
800.0 ～ 899.9	4	－	－	－	－	－	－	3	－	－	1	－	－
900.0 ～ 999.9	10	－	－	－	－	－	－	－	－	8	2	－	－
1000.0 ～ 1199.9	2	－	－	－	－	－	－	－	2	－	－	－	－
1200.0千円 ～	－	－	－	－	－	－	－	－	－	－	－	－	－
第1・十分位数（千円）	145.6	142.2	141.9	154.9	151.6	153.7	147.8	149.0	146.4	143.1	133.6	130.3	121.7
第1・四分位数（千円）	168.2	149.7	162.1	178.6	170.7	175.7	170.7	173.0	169.2	169.3	153.3	141.5	141.8
中位数（千円）	203.4	166.3	182.0	207.6	204.3	208.8	207.0	213.1	213.6	211.6	184.8	157.5	177.5
第3・四分位数（千円）	252.7	179.7	211.7	236.0	243.2	260.7	266.9	279.1	305.2	301.1	228.6	210.4	268.1
第9・十分位数（千円）	333.1	240.7	237.0	262.7	279.9	339.3	336.0	363.4	405.5	417.3	306.3	248.2	602.1
十分位分散係数	0.46	0.30	0.26	0.26	0.31	0.44	0.45	0.50	0.61	0.65	0.47	0.37	1.35
四分位分散係数	0.21	0.09	0.14	0.14	0.18	0.20	0.23	0.25	0.32	0.31	0.20	0.22	0.36
産業計（民・公営計）													
企業規模計													
男女計													
学歴計	2 291 234	21 388	171 402	252 437	262 538	274 609	325 184	312 462	258 271	212 980	134 569	50 300	15 096
～ 99.9 千円	324	12	8	16	35	23	24	32	29	45	52	34	15
100.0 ～ 119.9	8 541	115	469	700	636	739	812	887	798	953	1 086	887	459
120.0 ～ 139.9	42 512	1 058	4 109	4 140	3 450	3 604	3 953	4 007	4 005	3 916	5 514	3 445	1 312
140.0 ～ 159.9	101 778	3 944	12 130	10 318	8 726	7 923	9 400	10 039	9 623	9 589	11 598	6 348	2 139
160.0 ～ 179.9	152 679	8 881	25 747	17 023	14 504	12 204	13 952	13 687	12 804	11 140	14 000	6 738	1 997
180.0 ～ 199.9	184 754	4 288	36 155	28 058	19 348	16 273	16 898	16 457	13 550	11 819	14 388	5 942	1 577
200.0 ～ 219.9	208 466	1 735	37 801	40 031	25 738	19 627	18 999	17 285	13 711	11 802	14 671	5 552	1 514
220.0 ～ 239.9	205 197	869	25 381	44 454	29 197	22 623	21 980	18 460	13 423	12 324	11 601	3 935	951
240.0 ～ 259.9	191 920	315	14 434	36 609	32 843	25 785	23 816	18 795	13 562	11 222	10 319	3 243	978
260.0 ～ 279.9	164 801	80	7 020	24 612	29 132	25 975	24 464	18 766	13 226	10 861	7 690	2 232	743
280.0 ～ 299.9	142 898	53	3 557	16 012	24 177	24 414	24 624	18 703	12 462	10 155	6 487	1 780	476
300.0 ～ 319.9	124 155	14	1 907	10 563	18 403	21 528	23 271	18 334	12 152	9 742	5 810	1 910	521
320.0 ～ 339.9	104 438	20	1 173	6 080	14 448	17 873	21 230	16 693	11 932	9 475	4 148	1 114	253
340.0 ～ 359.9	91 426	1	615	4 229	10 158	15 431	18 712	16 033	11 640	9 423	3 744	1 064	377
360.0 ～ 379.9	76 418	－	326	2 906	7 447	12 156	16 601	14 385	10 603	8 162	2 944	740	147
380.0 ～ 399.9	65 090	－	130	1 586	5 129	9 031	13 956	13 788	10 312	8 200	2 200	626	132
400.0 ～ 449.9	132 565	4	267	2 349	8 691	16 723	26 102	28 697	24 099	19 154	4 929	1 226	325
450.0 ～ 499.9	89 340	－	103	1 033	4 101	9 236	16 376	20 753	18 772	14 858	3 207	714	187
500.0 ～ 549.9	61 678	－	54	676	2 324	4 947	10 604	14 520	14 201	10 856	2 745	602	149
550.0 ～ 599.9	41 370	－	7	326	1 137	2 619	6 443	9 963	10 229	8 363	1 854	340	87
600.0 ～ 699.9	48 433	－	6	369	1 338	2 488	6 492	11 241	13 043	10 169	2 543	574	171
700.0 ～ 799.9	23 332	－	0	156	688	1 550	2 884	4 883	6 518	4 968	1 165	425	93
800.0 ～ 899.9	12 017	－	3	84	434	784	1 398	2 651	3 221	2 517	608	270	47
900.0 ～ 999.9	5 928	－	0	43	198	367	787	1 350	1 645	1 070	311	114	42
1000.0 ～ 1199.9	5 749	－	－	42	161	360	745	1 149	1 506	1 099	392	143	151
1200.0千円 ～	5 428	－	－	22	95	327	662	904	1 206	1 096	560	302	252
第1・十分位数（千円）	170.5	146.8	160.4	172.6	178.6	183.9	185.2	183.2	177.8	172.0	152.7	142.4	136.3
第1・四分位数（千円）	207.9	160.5	180.2	201.5	214.9	227.4	236.0	237.1	235.0	226.2	181.8	165.2	158.8
中位数（千円）	265.7	172.1	203.6	231.7	258.1	282.0	303.1	320.9	336.3	326.0	229.7	205.8	200.5
第3・四分位数（千円）	358.8	187.6	228.3	265.9	309.3	349.4	387.1	428.9	462.8	454.9	310.7	273.5	268.7
第9・十分位数（千円）	482.9	210.3	256.7	308.6	374.4	433.3	489.8	553.9	607.4	597.0	448.8	388.2	398.8
十分位分散係数	0.59	0.18	0.24	0.29	0.38	0.44	0.50	0.58	0.64	0.65	0.64	0.60	0.65
四分位分散係数	0.28	0.08	0.12	0.14	0.18	0.22	0.25	0.30	0.34	0.35	0.28	0.26	0.27

第3表　年齢階級、所定内給与額階級別労働者数及び所定内給与額の分布特性値

企業規模	計

産業計（民・公営計）

（単位十人）

区分	年齢計	～19歳	20～24歳	25～29歳	30～34歳	35～39歳	40～44歳	45～49歳	50～54歳	55～59歳	60～64歳	65～69歳	70歳以上
男													
学歴計	**1 488 652**	**13 264**	**88 629**	**147 791**	**169 238**	**183 891**	**218 727**	**207 247**	**171 591**	**143 801**	**96 765**	**37 018**	**10 692**
～ 99.9千円	79	12	4	1	1	1	4	11	4	7	12	11	12
100.0 ～ 119.9	2 464	86	225	301	158	118	117	78	151	132	388	497	215
120.0 ～ 139.9	12 899	377	1 535	1 537	990	823	790	746	738	969	1 939	1 714	742
140.0 ～ 159.9	35 562	1 712	4 743	4 042	2 850	2 277	2 070	1 906	2 220	2 669	5 611	3 980	1 483
160.0 ～ 179.9	64 313	5 743	11 636	7 012	5 900	4 169	4 217	3 841	3 631	3 867	8 228	4 650	1 419
180.0 ～ 199.9	88 161	3 003	18 682	13 046	9 256	6 938	6 471	6 042	4 916	4 647	9 521	4 463	1 174
200.0 ～ 219.9	111 710	1 304	20 674	21 871	13 755	10 126	8 828	7 289	5 613	5 789	10 917	4 395	1 148
220.0 ～ 239.9	119 178	712	14 628	27 144	17 387	12 766	11 862	9 164	6 444	6 269	9 154	2 938	719
240.0 ～ 259.9	120 030	207	8 137	24 066	21 582	16 565	14 050	10 496	7 127	6 336	8 039	2 703	723
260.0 ～ 279.9	108 701	48	3 800	16 757	20 169	18 101	15 996	11 124	7 729	6 520	6 154	1 789	514
280.0 ～ 299.9	99 231	26	1 938	10 833	17 607	17 591	17 381	12 061	8 072	6 634	5 225	1 478	383
300.0 ～ 319.9	91 103	14	1 083	7 192	14 334	16 335	17 236	12 949	8 304	6 849	4 866	1 553	389
320.0 ～ 339.9	78 664	19	633	4 147	11 223	14 066	16 205	12 202	8 673	6 941	3 457	896	202
340.0 ～ 359.9	71 186	1	333	3 022	8 032	12 491	14 790	12 308	8 626	7 251	3 197	862	274
360.0 ～ 379.9	60 527	-	186	1 980	5 774	9 915	13 411	11 271	8 182	6 480	2 570	649	110
380.0 ～ 399.9	52 351	-	78	1 054	4 209	7 427	11 595	11 092	7 954	6 555	1 827	488	72
400.0 ～ 449.9	110 837	0	217	1 706	6 957	14 300	22 312	24 044	19 826	15 987	4 150	1 084	252
450.0 ～ 499.9	78 151	-	62	710	3 615	8 260	14 553	18 255	16 320	13 043	2 651	591	92
500.0 ～ 549.9	55 030	-	25	547	2 033	4 404	9 591	13 121	12 638	9 735	2 359	485	93
550.0 ～ 599.9	37 383	-	6	252	923	2 286	5 850	9 095	9 418	7 628	1 614	260	50
600.0 ～ 699.9	44 072	-	1	310	1 156	2 136	5 846	10 339	12 083	9 450	2 186	475	92
700.0 ～ 799.9	21 278	-	0	104	550	1 368	2 531	4 487	6 077	4 700	1 041	348	72
800.0 ～ 899.9	10 854	-	3	70	391	603	1 179	2 458	2 987	2 361	530	233	40
900.0 ～ 999.9	5 212	-	0	33	168	280	691	1 160	1 469	999	267	108	34
1000.0 ～ 1199.9	4 969	-	-	40	138	272	590	985	1 326	1 019	335	128	136
1200.0千円 ～	4 707	-	-	13	80	283	562	723	1 063	966	528	240	249
第1・十分位数（千円）	187.9	152.8	165.1	183.3	195.6	209.0	218.6	221.9	219.6	206.9	164.5	148.8	141.9
第1・四分位数（千円）	229.6	163.8	184.6	211.1	230.9	251.0	267.9	281.8	290.6	275.9	196.7	172.9	163.2
中位数（千円）	296.2	175.3	207.2	239.2	272.3	303.0	332.7	365.9	393.5	381.7	247.0	214.0	204.4
第3・四分位数（千円）	400.1	191.4	230.9	273.5	324.8	370.8	417.7	471.9	514.0	503.8	334.6	287.5	273.4
第9・十分位数（千円）	528.7	215.0	258.6	317.4	395.9	457.5	523.4	596.4	658.4	643.7	479.5	406.8	405.3
十分位分散係数	0.58	0.18	0.23	0.28	0.37	0.41	0.46	0.51	0.56	0.57	0.64	0.60	0.64
四分位分散係数	0.29	0.08	0.11	0.13	0.17	0.20	0.23	0.26	0.28	0.30	0.28	0.27	0.27
中学卒	**52 604**	**620**	**1 661**	**2 482**	**3 781**	**4 650**	**5 695**	**6 375**	**5 283**	**5 646**	**8 134**	**5 731**	**2 546**
～ 99.9千円	23	12	-	-	-	-	2	4	-	2	3	0	-
100.0 ～ 119.9	360	17	19	54	12	12	13	5	15	10	44	110	50
120.0 ～ 139.9	1 359	55	73	68	67	75	96	100	56	79	219	290	182
140.0 ～ 159.9	3 091	84	245	190	179	140	178	124	133	206	571	622	419
160.0 ～ 179.9	4 175	179	281	198	213	216	281	239	307	218	785	811	446
180.0 ～ 199.9	4 655	89	201	208	318	338	338	387	249	343	1 050	812	322
200.0 ～ 219.9	5 305	84	273	366	420	435	438	417	373	461	943	792	304
220.0 ～ 239.9	4 984	62	152	343	397	437	487	508	461	480	936	508	214
240.0 ～ 259.9	4 594	25	124	207	474	481	600	553	385	426	759	401	159
260.0 ～ 279.9	3 969	7	126	219	373	449	560	545	356	383	546	296	107
280.0 ～ 299.9	3 733	-	46	203	282	552	492	484	445	363	505	287	73
300.0 ～ 319.9	3 460	-	67	165	268	345	501	493	406	438	455	228	93
320.0 ～ 339.9	2 411	6	29	58	232	267	309	429	376	334	219	104	46
340.0 ～ 359.9	2 028	-	9	63	88	233	257	373	321	330	215	103	37
360.0 ～ 379.9	1 562	-	10	37	99	136	182	297	244	265	189	70	32
380.0 ～ 399.9	1 507	-	-	30	87	127	247	235	165	297	196	110	12
400.0 ～ 449.9	2 441	-	5	32	123	260	349	520	412	441	212	51	36
450.0 ～ 499.9	1 382	-	0	31	130	80	155	290	200	297	133	57	8
500.0 ～ 549.9	660	-	-	6	6	44	110	137	159	121	47	29	2
550.0 ～ 599.9	380	-	2	6	2	16	42	86	94	73	39	19	1
600.0 ～ 699.9	363	-	-	-	2	6	56	110	68	44	65	11	1
700.0 ～ 799.9	125	-	-	-	1	-	1	35	49	20	2	18	-
800.0 ～ 899.9	22	-	-	-	-	-	-	5	4	12	-	0	0
900.0 ～ 999.9	4	-	-	-	-	-	2	-	2	-	-	-	-
1000.0 ～ 1199.9	9	-	-	-	7	-	-	-	2	-	-	-	-
1200.0千円 ～	3	-	-	-	-	-	-	-	-	-	-	-	3
第1・十分位数（千円）	161.9	133.6	145.3	154.2	172.1	181.7	180.0	188.6	181.4	183.7	159.3	147.1	141.4
第1・四分位数（千円）	197.8	156.0	164.9	191.0	207.2	217.9	223.8	232.5	230.0	224.7	187.2	169.4	159.5
中位数（千円）	250.2	171.2	201.1	227.2	252.9	269.0	275.7	293.6	294.0	291.9	228.4	204.4	190.8
第3・四分位数（千円）	318.2	210.7	240.4	280.7	306.5	320.5	338.2	368.3	366.5	371.2	290.1	257.3	234.3
第9・十分位数（千円）	401.9	232.8	280.4	323.0	376.0	390.2	420.4	453.4	458.4	450.5	366.5	319.9	302.6
十分位分散係数	0.48	0.29	0.34	0.37	0.40	0.39	0.44	0.45	0.47	0.46	0.45	0.42	0.42
四分位分散係数	0.24	0.16	0.19	0.20	0.20	0.19	0.21	0.23	0.23	0.25	0.23	0.21	0.20

第3表　年齢階級、所定内給与額階級別労働者数及び所定内給与額の分布特性値

企業規模	計

産業計（民・公営計）

（単位十人）

区分	年齢計	～19歳	20～24歳	25～29歳	30～34歳	35～39歳	40～44歳	45～49歳	50～54歳	55～59歳	60～64歳	65～69歳	70歳以上
高校卒	656 058	12 644	42 280	49 860	58 277	70 376	94 789	94 234	84 298	71 685	51 133	20 977	5 506
～ 99.9千円	42	－	3	1	0	1	2	6	4	1	6	11	8
100.0 ～ 119.9	1 576	68	177	169	97	81	76	56	94	60	254	305	140
120.0 ～ 139.9	8 915	322	1 153	1 061	685	541	522	468	544	695	1 312	1 178	432
140.0 ～ 159.9	24 263	1 627	3 289	2 444	1 851	1 532	1 341	1 406	1 698	1 872	3 728	2 592	882
160.0 ～ 179.9	43 526	5 564	8 051	3 942	3 598	2 587	2 811	2 750	2 530	2 644	5 339	2 915	795
180.0 ～ 199.9	54 839	2 914	11 256	6 505	5 228	4 272	4 239	4 111	3 534	3 248	5 928	2 954	650
200.0 ～ 219.9	58 884	1 220	7 662	8 948	6 804	5 894	5 711	4 931	3 833	3 874	6 589	2 792	626
220.0 ～ 239.9	58 973	650	4 908	8 898	7 860	6 958	6 944	6 243	4 629	4 125	5 477	1 868	414
240.0 ～ 259.9	56 145	182	2 547	6 613	8 123	8 108	8 143	6 800	4 964	4 386	4 357	1 553	369
260.0 ～ 279.9	50 756	41	1 386	4 195	6 849	8 105	8 653	6 967	5 368	4 373	3 467	1 064	288
280.0 ～ 299.9	45 986	26	890	2 793	5 511	7 109	8 680	7 559	5 328	4 299	2 800	767	224
300.0 ～ 319.9	41 170	14	405	1 611	3 675	6 333	8 413	7 442	5 347	4 374	2 532	815	209
320.0 ～ 339.9	34 267	14	248	931	2 503	4 827	7 322	6 817	5 326	4 062	1 660	450	109
340.0 ～ 359.9	30 378	1	121	709	1 744	3 992	6 463	6 307	5 036	4 109	1 442	358	97
360.0 ～ 379.9	25 462	－	90	439	1 106	2 753	5 848	5 436	4 786	3 552	1 127	286	39
380.0 ～ 399.9	21 034	－	20	207	728	1 878	4 400	5 118	4 330	3 431	730	166	26
400.0 ～ 449.9	41 315	0	49	201	1 160	3 097	7 515	9 551	9 635	7 990	1 727	330	60
450.0 ～ 499.9	25 272	－	22	118	367	1 218	3 858	5 651	7 066	5 733	1 018	193	27
500.0 ～ 549.9	14 838	－	1	33	201	629	1 955	3 054	4 484	3 540	757	140	43
550.0 ～ 599.9	7 876	－	2	17	93	184	913	1 606	2 403	2 220	367	50	21
600.0 ～ 699.9	6 951	－	－	22	51	124	625	1 326	2 261	2 086	357	95	5
700.0 ～ 799.9	2 125	－	0	－	30	67	186	342	672	683	82	45	18
800.0 ～ 899.9	745	－	2	1	8	62	63	169	234	166	29	6	5
900.0 ～ 999.9	329	－	－	－	1	5	53	44	129	72	3	24	0
1000.0 ～ 1199.9	244	－	－	－	－	10	38	59	57	51	21	8	－
1200.0千円 ～	147	－	－	－	4	11	19	13	7	38	24	13	19
第1・十分位数（千円）	174.6	153.5	158.0	167.5	177.9	191.1	201.8	202.6	200.1	192.1	159.1	145.4	138.9
第1・四分位数（千円）	210.3	164.0	175.7	195.3	209.4	227.9	245.4	251.1	257.1	246.5	187.0	168.0	158.4
中位数（千円）	267.8	175.4	195.1	224.0	247.3	273.0	300.7	315.7	335.9	328.8	228.6	203.7	194.0
第3・四分位数（千円）	348.2	190.7	220.4	256.2	288.3	325.1	365.9	393.1	427.9	426.3	292.9	254.8	252.7
第9・十分位数（千円）	438.9	213.8	251.2	294.3	336.9	382.6	434.9	471.6	516.1	520.0	380.0	322.8	308.0
十分位分散係数	0.49	0.17	0.24	0.28	0.32	0.35	0.39	0.43	0.47	0.50	0.48	0.44	0.44
四分位分散係数	0.26	0.08	0.11	0.14	0.16	0.18	0.20	0.22	0.25	0.27	0.23	0.21	0.24
高専・短大卒	179 743	－	14 222	18 774	24 746	26 451	32 560	26 704	16 615	11 657	5 899	1 746	370
～ 99.9千円	0	－	－	－	－	－	－	0	－	－	－	－	－
100.0 ～ 119.9	233	－	18	41	26	9	12	5	6	24	34	43	15
120.0 ～ 139.9	846	－	193	129	94	71	61	53	36	48	99	35	28
140.0 ～ 159.9	3 212	－	798	602	301	198	284	151	154	226	278	182	37
160.0 ～ 179.9	7 278	－	2 221	1 192	886	680	566	364	322	316	432	236	64
180.0 ～ 199.9	11 802	－	3 822	2 341	1 621	912	921	719	419	342	518	146	40
200.0 ～ 219.9	14 477	－	3 096	3 236	2 534	1 528	1 296	880	531	500	622	221	32
220.0 ～ 239.9	15 695	－	2 078	3 532	3 263	2 180	1 989	1 060	492	429	534	107	32
240.0 ～ 259.9	16 294	－	1 084	2 846	3 822	3 007	2 440	1 325	630	425	546	152	19
260.0 ～ 279.9	14 886	－	497	1 811	3 269	3 150	2 883	1 594	685	504	397	90	5
280.0 ～ 299.9	13 701	－	210	1 221	2 610	3 037	3 132	1 653	899	499	355	61	24
300.0 ～ 319.9	12 741	－	110	782	2 180	2 621	3 256	1 965	984	473	313	42	15
320.0 ～ 339.9	10 783	－	51	427	1 465	2 210	3 084	1 676	945	587	282	44	12
340.0 ～ 359.9	9 903	－	11	198	956	2 102	2 650	1 891	1 097	713	213	58	13
360.0 ～ 379.9	8 278	－	15	169	566	1 431	2 230	1 958	938	668	245	58	－
380.0 ～ 399.9	6 656	－	13	66	300	882	1 775	1 756	1 018	678	114	52	1
400.0 ～ 449.9	12 980	－	1	102	521	1 391	2 840	3 698	2 349	1 622	326	115	14
450.0 ～ 499.9	8 058	－	1	45	171	552	1 558	2 495	1 715	1 281	197	40	2
500.0 ～ 549.9	4 558	－	3	13	84	185	755	1 462	1 137	750	148	20	2
550.0 ～ 599.9	2 762	－	－	3	9	132	360	888	792	465	98	13	2
600.0 ～ 699.9	2 586	－	－	8	35	61	292	672	854	566	78	13	6
700.0 ～ 799.9	1 002	－	－	－	7	62	87	221	304	264	45	5	8
800.0 ～ 899.9	501	－	0	10	11	22	59	126	152	109	10	1	－
900.0 ～ 999.9	240	－	－	－	10	25	5	54	72	60	4	10	－
1000.0 ～ 1199.9	230	－	－	－	2	6	18	33	79	81	11	1	－
1200.0千円 ～	40	－	－	－	－	－	5	3	5	27	－	－	－
第1・十分位数（千円）	191.4	－	164.5	178.8	195.0	211.2	221.2	229.2	227.8	208.3	169.2	151.8	134.2
第1・四分位数（千円）	229.1	－	181.7	202.5	224.8	247.7	264.1	285.5	299.6	284.4	203.1	175.2	163.7
中位数（千円）	287.4	－	200.4	231.0	259.1	290.0	316.5	360.2	383.3	382.2	256.5	221.3	200.1
第3・四分位数（千円）	366.7	－	224.1	261.7	301.1	342.0	376.4	437.4	475.5	472.8	341.7	309.9	284.2
第9・十分位数（千円）	459.5	－	248.5	299.1	344.3	394.8	446.6	523.1	584.0	593.7	450.2	408.6	355.9
十分位分散係数	0.47	－	0.21	0.26	0.29	0.32	0.36	0.41	0.46	0.50	0.55	0.58	0.55
四分位分散係数	0.24	－	0.11	0.13	0.15	0.16	0.18	0.21	0.23	0.25	0.27	0.30	0.30

第3表　年齢階級、所定内給与額階級別労働者数及び所定内給与額の分布特性値

企業規模	計

産　業　計　（　民　・　公　営　計　）

（単位十人）

区　分	年齢計	～19歳	20～24歳	25～29歳	30～34歳	35～39歳	40～44歳	45～49歳	50～54歳	55～59歳	60～64歳	65～69歳	70歳以上
大学・大学院卒	600 248	-	30 466	76 675	82 435	82 415	85 683	79 934	65 396	54 813	31 599	8 563	2 269
～ 99.9千円	13	-	0	1	1	1	-	-	-	4	3	-	4
100.0 ～ 119.9	296	-	11	38	24	18	16	12	35	38	56	39	11
120.0 ～ 139.9	1 779	-	116	280	144	136	112	124	102	147	309	210	99
140.0 ～ 159.9	4 995	-	411	805	518	407	266	225	235	366	1 033	584	145
160.0 ～ 179.9	9 334	-	1 083	1 680	1 203	687	559	489	472	688	1 671	688	114
180.0 ～ 199.9	16 866	-	3 404	3 991	2 089	1 417	974	824	714	714	2 025	551	163
200.0 ～ 219.9	33 045	-	9 643	9 322	3 998	2 270	1 382	1 061	877	954	2 762	589	187
220.0 ～ 239.9	39 526	-	7 490	14 372	5 867	3 182	2 443	1 353	862	1 235	2 207	455	59
240.0 ～ 259.9	42 997	-	4 382	14 400	9 162	4 969	2 867	1 818	1 148	1 099	2 377	598	176
260.0 ～ 279.9	39 091	-	1 790	10 533	9 678	6 396	3 900	2 018	1 320	1 260	1 744	338	113
280.0 ～ 299.9	35 811	-	793	6 615	9 204	6 893	5 078	2 364	1 400	1 473	1 565	363	64
300.0 ～ 319.9	33 732	-	501	4 634	8 211	7 036	5 066	3 049	1 567	1 563	1 566	467	71
320.0 ～ 339.9	31 203	-	305	2 731	7 022	6 762	5 490	3 281	2 026	1 957	1 295	298	36
340.0 ～ 359.9	28 878	-	192	2 052	5 243	6 165	5 420	3 736	2 173	2 099	1 327	343	127
360.0 ～ 379.9	25 225	-	71	1 335	4 003	5 594	5 150	3 581	2 214	1 994	1 008	235	39
380.0 ～ 399.9	23 154	-	45	752	3 094	4 540	5 173	3 982	2 440	2 148	787	159	33
400.0 ～ 449.9	54 102	-	163	1 371	5 154	9 552	11 609	10 275	7 430	5 933	1 885	588	142
450.0 ～ 499.9	43 439	-	39	515	2 946	6 409	8 981	9 819	7 340	5 732	1 303	300	55
500.0 ～ 549.9	34 973	-	21	495	1 741	3 547	6 771	8 469	6 857	5 323	1 407	297	46
550.0 ～ 599.9	26 364	-	2	226	819	1 954	4 535	6 515	6 129	4 870	1 110	178	27
600.0 ～ 699.9	34 172	-	1	280	1 068	1 945	4 873	8 231	8 900	6 754	1 685	356	81
700.0 ～ 799.9	18 026	-	-	104	512	1 239	2 257	3 889	5 053	3 732	913	281	46
800.0 ～ 899.9	9 587	-	0	59	371	518	1 058	2 157	2 598	2 074	491	226	35
900.0 ～ 999.9	4 638	-	0	33	158	250	631	1 063	1 266	867	260	75	34
1000.0 ～ 1199.9	4 486	-	-	40	130	257	535	893	1 187	887	303	119	136
1200.0千円 ～	4 517	-	-	13	76	272	538	707	1 051	902	505	227	228
第1・十分位数（千円）	216.5	-	190.9	202.4	220.9	240.5	259.7	280.6	290.6	263.8	180.8	160.6	157.3
第1・四分位数（千円）	260.6	-	205.8	224.5	255.4	283.3	315.1	358.0	389.5	361.1	220.3	202.1	203.2
中位数（千円）	347.9	-	221.4	250.5	298.5	343.4	395.5	458.4	502.3	481.6	300.5	293.3	300.1
第3・四分位数（千円）	482.6	-	242.8	285.7	357.9	426.7	498.5	575.0	634.9	616.4	451.9	439.5	589.8
第9・十分位数（千円）	636.4	-	268.0	336.9	443.0	520.7	619.0	709.8	789.6	768.8	650.3	725.8	1200.2
十分位分散係数	0.60	-	0.17	0.27	0.37	0.41	0.45	0.47	0.50	0.52	0.78	0.96	1.74
四分位分散係数	0.32	-	0.08	0.12	0.17	0.21	0.23	0.24	0.24	0.27	0.39	0.40	0.64
女													
学歴計	802 581	8 124	82 773	104 647	93 299	90 718	106 458	105 215	86 679	69 179	37 804	13 282	4 405
～ 99.9千円	245	-	4	15	34	22	20	22	25	38	40	23	3
100.0 ～ 119.9	6 076	30	244	398	479	621	696	809	648	821	698	389	244
120.0 ～ 139.9	29 613	681	2 574	2 603	2 460	2 781	3 163	3 261	3 267	2 946	3 575	1 731	570
140.0 ～ 159.9	66 216	2 233	7 387	6 276	5 877	5 647	7 330	8 133	7 403	6 919	5 988	2 368	656
160.0 ～ 179.9	88 366	3 138	14 111	10 011	8 604	8 035	9 735	9 846	9 173	7 273	5 772	2 088	578
180.0 ～ 199.9	96 593	1 284	17 473	15 012	10 092	9 335	10 426	10 415	8 634	7 173	4 866	1 479	403
200.0 ～ 219.9	96 755	430	17 127	18 160	11 983	9 500	10 172	9 996	8 098	6 013	3 754	1 157	366
220.0 ～ 239.9	86 019	157	10 753	17 310	11 809	9 867	10 117	9 296	6 979	6 055	2 447	997	232
240.0 ～ 259.9	71 891	108	6 298	12 543	11 261	9 221	9 766	8 299	6 436	4 886	2 281	539	255
260.0 ～ 279.9	56 099	32	3 219	7 855	8 963	7 874	8 469	7 642	5 497	4 341	1 536	443	228
280.0 ～ 299.9	43 667	26	1 619	5 179	6 570	6 822	7 243	6 642	4 390	3 520	1 263	302	92
300.0 ～ 319.9	33 052	1	824	3 371	4 069	5 193	6 035	5 385	3 848	2 894	944	357	131
320.0 ～ 339.9	25 774	1	540	1 932	3 225	3 807	5 024	4 490	3 260	2 534	691	218	51
340.0 ～ 359.9	20 239	-	282	1 208	2 127	2 940	3 922	3 725	3 013	2 172	547	201	103
360.0 ～ 379.9	15 891	-	141	926	1 673	2 241	3 191	3 114	2 421	1 683	374	91	37
380.0 ～ 399.9	12 739	-	52	532	919	1 603	2 361	2 697	2 359	1 645	373	138	60
400.0 ～ 449.9	21 728	4	50	643	1 733	2 423	3 790	4 653	4 272	3 168	779	142	73
450.0 ～ 499.9	11 189	-	40	323	486	977	1 823	2 498	2 451	1 815	556	123	95
500.0 ～ 549.9	6 648	-	30	129	291	543	1 013	1 399	1 563	1 122	386	117	56
550.0 ～ 599.9	3 987	-	2	74	214	333	593	868	811	735	240	80	38
600.0 ～ 699.9	4 361	-	5	59	182	352	646	902	960	720	357	99	79
700.0 ～ 799.9	2 054	-	-	51	138	182	353	397	441	269	124	77	21
800.0 ～ 899.9	1 162	-	-	14	44	181	219	193	234	157	77	37	7
900.0 ～ 999.9	716	-	-	10	30	86	96	190	176	71	44	6	7
1000.0 ～ 1199.9	780	-	-	2	22	88	155	164	180	81	58	15	14
1200.0千円 ～	721	-	-	10	16	44	100	181	142	129	32	63	3
第1・十分位数（千円）	154.3	141.2	155.6	162.5	161.2	160.0	158.6	156.4	153.8	150.2	137.7	132.3	127.4
第1・四分位数（千円）	182.1	153.3	175.5	189.7	191.7	192.4	190.6	188.0	182.5	177.9	157.5	150.5	148.8
中位数（千円）	223.9	166.5	199.5	219.8	232.0	239.1	243.1	242.0	237.4	230.4	190.6	180.5	185.7
第3・四分位数（千円）	281.7	180.1	225.1	253.1	276.1	294.6	308.5	316.8	323.5	312.5	251.2	233.7	259.7
第9・十分位数（千円）	362.0	198.8	254.1	295.0	330.2	359.9	384.4	407.2	426.4	418.8	345.6	327.5	383.0
十分位分散係数	0.46	0.17	0.25	0.30	0.36	0.42	0.46	0.52	0.57	0.58	0.55	0.54	0.69
四分位分散係数	0.22	0.08	0.12	0.14	0.18	0.21	0.24	0.27	0.30	0.29	0.25	0.23	0.30

第3表　年齢階級、所定内給与額階級別労働者数及び所定内給与額の分布特性値

企業規模	計

産業計（民・公営計）

（単位十人）

区分	年齢計	～19歳	20～24歳	25～29歳	30～34歳	35～39歳	40～44歳	45～49歳	50～54歳	55～59歳	60～64歳	65～69歳	70歳以上
中学卒	**15 033**	**261**	**702**	**1 090**	**1 467**	**1 144**	**1 320**	**1 477**	**1 394**	**1 564**	**2 302**	**1 562**	**751**
～ 99.9 千円	13	–	3	0	1	–	–	2	–	–	6	–	1
100.0 ～ 119.9	385	11	3	45	41	25	27	11	20	34	54	62	54
120.0 ～ 139.9	2 451	74	181	214	195	190	174	117	145	204	446	347	163
140.0 ～ 159.9	3 277	81	194	231	404	276	209	213	228	183	681	428	149
160.0 ～ 179.9	2 344	50	134	180	223	178	217	230	151	202	394	266	118
180.0 ～ 199.9	1 892	19	42	130	186	116	163	241	241	276	209	153	116
200.0 ～ 219.9	1 578	1	51	79	212	81	175	145	186	277	234	82	55
220.0 ～ 239.9	809	15	25	53	68	70	77	133	102	128	65	65	9
240.0 ～ 259.9	677	6	56	51	41	45	88	119	67	66	78	35	25
260.0 ～ 279.9	543	–	11	11	42	66	100	150	67	29	27	29	12
280.0 ～ 299.9	375	–	1	49	31	23	39	55	36	71	37	29	4
300.0 ～ 319.9	202	–	–	19	8	47	18	8	26	40	15	10	12
320.0 ～ 339.9	107	–	–	1	3	4	6	14	10	30	24	14	2
340.0 ～ 359.9	80	–	–	17	11	3	6	14	16	2	7	2	3
360.0 ～ 379.9	49	–	–	1	–	10	–	3	21	6	7	1	1
380.0 ～ 399.9	94	–	–	1	–	2	2	3	38	1	5	31	12
400.0 ～ 449.9	55	4	–	8	–	10	5	2	10	3	4	4	5
450.0 ～ 499.9	26	–	–	–	–	–	6	4	–	2	6	2	5
500.0 ～ 549.9	21	–	–	–	1	–	8	1	1	8	2	0	1
550.0 ～ 599.9	23	–	1	–	–	–	1	9	10	0	1	1	0
600.0 ～ 699.9	9	–	–	–	–	–	–	1	2	–	1	3	2
700.0 ～ 799.9	6	–	–	1	–	–	–	–	5	–	0	–	–
800.0 ～ 899.9	3	–	–	–	–	–	–	–	–	1	–	–	3
900.0 ～ 999.9	1	–	–	–	–	–	–	–	–	1	–	–	–
1000.0 ～ 1199.9	1	–	–	–	–	–	–	1	–	–	–	–	–
1200.0千円 ～	12	–	–	–	–	–	–	2	10	–	–	–	–
第1・十分位数（千円）	131.0	123.9	129.4	125.5	132.0	129.8	132.8	141.7	137.5	132.7	131.4	129.1	122.7
第1・四分位数（千円）	146.2	134.5	139.0	141.5	147.7	145.5	152.4	163.0	157.3	157.3	142.2	139.3	136.5
中位数（千円）	171.4	154.4	155.8	165.8	167.9	169.2	185.6	191.7	191.6	192.3	159.0	157.6	161.8
第3・四分位数（千円）	209.5	168.2	185.3	204.1	203.5	217.8	225.4	242.2	234.4	219.6	191.8	187.7	188.2
第9・十分位数（千円）	263.4	203.1	238.6	259.6	237.1	269.8	273.7	275.3	304.9	282.2	233.3	242.4	249.8
十分位分散係数	0.39	0.26	0.35	0.40	0.31	0.41	0.38	0.35	0.44	0.39	0.32	0.36	0.39
四分位分散係数	0.18	0.11	0.15	0.19	0.17	0.21	0.20	0.21	0.20	0.16	0.16	0.15	0.16
高校卒	**314 514**	**7 863**	**24 288**	**23 941**	**25 387**	**29 297**	**40 642**	**47 910**	**44 008**	**37 045**	**23 069**	**8 512**	**2 552**
～ 99.9 千円	203	–	1	14	30	17	10	17	22	36	32	21	3
100.0 ～ 119.9	4 658	19	187	279	305	472	540	606	525	680	578	294	173
120.0 ～ 139.9	21 139	607	1 733	1 598	1 582	1 861	2 174	2 439	2 572	2 214	2 763	1 203	394
140.0 ～ 159.9	45 152	2 152	4 251	3 531	3 369	3 574	4 955	5 896	5 628	5 238	4 410	1 687	460
160.0 ～ 179.9	53 296	3 088	6 486	4 384	4 443	4 505	6 127	6 523	6 460	5 207	4 202	1 506	367
180.0 ～ 199.9	46 703	1 266	5 351	4 652	4 135	4 227	5 766	6 449	5 656	4 698	3 257	1 056	190
200.0 ～ 219.9	35 963	429	3 037	3 775	3 694	3 612	4 663	5 436	4 660	3 521	2 232	684	218
220.0 ～ 239.9	28 915	142	1 564	2 838	2 848	3 279	3 981	4 944	3 819	3 297	1 453	623	129
240.0 ～ 259.9	21 351	101	725	1 312	2 015	2 512	3 360	3 876	3 298	2 507	1 214	316	112
260.0 ～ 279.9	15 505	32	523	615	1 240	1 691	2 625	2 897	2 485	2 261	759	242	134
280.0 ～ 299.9	11 051	26	245	394	693	1 273	1 896	2 439	1 793	1 573	509	164	48
300.0 ～ 319.9	7 840	1	63	269	324	651	1 337	1 697	1 595	1 221	450	177	56
320.0 ～ 339.9	5 771	1	90	119	308	530	1 112	1 115	1 062	1 092	230	81	31
340.0 ～ 359.9	4 007	–	4	54	119	305	618	890	958	753	158	103	46
360.0 ～ 379.9	2 827	–	1	44	65	291	376	692	683	479	127	43	28
380.0 ～ 399.9	2 280	–	17	17	50	165	338	525	649	419	52	28	21
400.0 ～ 449.9	3 882	–	6	36	113	149	486	822	1 094	844	241	65	28
450.0 ～ 499.9	1 607	–	2	5	26	115	111	267	398	468	137	42	35
500.0 ～ 549.9	985	–	1	–	14	27	114	138	275	250	91	46	29
550.0 ～ 599.9	415	–	1	2	2	10	16	87	103	104	28	43	19
600.0 ～ 699.9	533	–	0	1	8	14	21	90	147	95	103	37	16
700.0 ～ 799.9	243	–	–	1	2	16	7	37	87	44	18	22	8
800.0 ～ 899.9	98	–	–	–	1	1	3	22	14	23	12	19	2
900.0 ～ 999.9	30	–	–	–	–	1	2	3	6	7	8	2	2
1000.0 ～ 1199.9	31	–	–	–	–	–	4	1	12	7	3	2	1
1200.0千円 ～	30	–	–	1	–	–	–	0	7	9	3	7	3
第1・十分位数（千円）	142.8	141.9	142.9	143.3	144.4	143.8	145.8	146.9	145.3	143.4	134.1	130.4	124.5
第1・四分位数（千円）	162.7	153.7	159.6	162.6	164.9	166.2	168.2	168.9	166.9	163.7	151.8	147.3	143.3
中位数（千円）	193.7	166.8	178.5	189.2	194.3	200.0	203.2	207.4	204.4	202.7	177.5	172.9	172.9
第3・四分位数（千円）	239.9	180.4	201.2	218.4	229.1	243.3	253.0	258.6	262.9	263.3	218.2	217.8	236.3
第9・十分位数（千円）	298.3	198.8	228.3	246.2	266.3	289.0	306.1	318.7	340.7	335.6	275.7	284.1	327.6
十分位分散係数	0.40	0.17	0.24	0.27	0.31	0.36	0.39	0.41	0.48	0.47	0.40	0.44	0.59
四分位分散係数	0.20	0.08	0.12	0.15	0.17	0.19	0.21	0.22	0.23	0.25	0.19	0.20	0.27

第3表　年齢階級、所定内給与額階級別労働者数及び所定内給与額の分布特性値

企業規模	計

産業計（民・公営計）

（単位十人）

区分	年齢計	～19歳	20～24歳	25～29歳	30～34歳	35～39歳	40～44歳	45～49歳	50～54歳	55～59歳	60～64歳	65～69歳	70歳以上
高専・短大卒	**256 756**	**-**	**28 012**	**28 801**	**28 416**	**31 449**	**39 712**	**37 545**	**28 446**	**22 340**	**8 910**	**2 350**	**775**
～ 99.9 千円	20	-	-	-	1	1	10	3	0	2	2	1	-
100.0 ～ 119.9	723	-	46	32	67	84	82	146	89	80	50	30	17
120.0 ～ 139.9	4 477	-	531	544	424	499	624	551	424	407	297	164	13
140.0 ～ 159.9	12 962	-	2 313	1 427	1 374	1 216	1 565	1 614	1 174	1 258	760	222	40
160.0 ～ 179.9	23 204	-	5 538	3 380	2 378	2 283	2 551	2 325	1 973	1 516	924	252	83
180.0 ～ 199.9	28 994	-	6 842	4 483	3 287	3 202	3 192	2 911	2 052	1 719	1 013	228	66
200.0 ～ 219.9	30 951	-	5 280	5 002	4 355	3 519	3 939	3 364	2 404	1 730	987	295	75
220.0 ～ 239.9	28 110	-	3 184	4 549	3 846	3 767	4 030	3 172	2 510	1 968	746	247	91
240.0 ～ 259.9	25 352	-	1 944	3 488	3 711	3 498	4 337	3 189	2 375	1 851	747	149	62
260.0 ～ 279.9	21 522	-	1 112	2 384	2 804	3 319	3 803	3 422	2 241	1 652	572	146	67
280.0 ～ 299.9	17 266	-	560	1 517	2 092	2 642	3 451	3 061	1 763	1 510	539	99	31
300.0 ～ 319.9	13 730	-	314	998	1 385	2 285	2 815	2 508	1 636	1 255	373	120	42
320.0 ～ 339.9	10 794	-	155	440	1 140	1 578	2 207	2 267	1 603	996	294	102	13
340.0 ～ 359.9	9 127	-	74	198	617	1 172	2 073	1 936	1 546	1 144	260	73	35
360.0 ～ 379.9	6 995	-	77	189	423	867	1 469	1 581	1 246	917	210	13	5
380.0 ～ 399.9	5 519	-	12	69	185	544	1 019	1 380	1 127	908	212	42	21
400.0 ～ 449.9	8 947	-	21	86	227	685	1 562	2 228	2 026	1 700	353	39	23
450.0 ～ 499.9	4 006	-	9	8	42	164	589	993	1 082	789	248	48	34
500.0 ～ 549.9	1 852	-	-	2	9	41	203	406	581	413	133	39	25
550.0 ～ 599.9	941	-	0	2	47	26	115	207	254	214	59	14	2
600.0 ～ 699.9	796	-	-	1	-	43	58	172	215	190	82	16	19
700.0 ～ 799.9	237	-	-	1	1	3	15	64	57	52	27	4	12
800.0 ～ 899.9	105	-	-	-	-	10	4	27	17	32	14	1	1
900.0 ～ 999.9	44	-	-	-	-	-	-	1	15	25	-	2	-
1000.0 ～ 1199.9	44	-	-	-	3	2	1	3	23	9	4	-	-
1200.0千円 ～	37	-	-	-	-	-	-	14	13	2	3	5	-
第1・十分位数（千円）	167.1	-	159.4	165.8	169.7	173.0	173.3	172.2	171.5	166.6	154.8	145.6	162.2
第1・四分位数（千円）	195.8	-	175.6	188.5	197.4	203.4	209.7	210.7	212.1	206.0	183.8	174.1	191.3
中位数（千円）	239.2	-	196.2	218.1	232.0	246.5	257.8	268.7	272.0	266.5	230.3	219.1	240.7
第3・四分位数（千円）	298.7	-	222.6	250.9	272.4	296.4	315.6	337.0	353.4	354.1	301.9	286.6	316.8
第9・十分位数（千円）	370.1	-	254.1	287.8	317.9	346.6	373.8	406.0	430.0	433.1	403.2	357.3	458.8
十分位分散係数	0.42	-	0.24	0.28	0.32	0.35	0.39	0.44	0.48	0.50	0.54	0.48	0.62
四分位分散係数	0.22	-	0.12	0.14	0.16	0.19	0.21	0.24	0.26	0.28	0.26	0.26	0.26
大学・大学院卒	**216 278**	**-**	**29 770**	**50 815**	**38 029**	**28 828**	**24 783**	**18 283**	**12 833**	**8 230**	**3 523**	**858**	**325**
～ 99.9 千円	9	-	-	1	1	4	-	-	3	-	-	1	-
100.0 ～ 119.9	310	-	8	43	66	40	46	46	14	27	16	4	-
120.0 ～ 139.9	1 546	-	128	247	259	231	192	155	126	122	69	17	1
140.0 ～ 159.9	4 824	-	629	1 087	730	581	602	409	373	240	136	30	8
160.0 ～ 179.9	9 521	-	1 953	2 068	1 560	1 069	839	769	589	347	252	65	10
180.0 ～ 199.9	19 005	-	5 237	5 747	2 485	1 791	1 304	814	684	480	387	44	31
200.0 ～ 219.9	28 263	-	8 759	9 303	3 721	2 288	1 395	1 050	848	485	301	96	17
220.0 ～ 239.9	28 184	-	5 980	9 870	5 047	2 751	2 030	1 046	548	663	184	63	3
240.0 ～ 259.9	24 511	-	3 572	7 692	5 494	3 166	1 980	1 115	695	462	242	39	56
260.0 ～ 279.9	18 530	-	1 574	4 845	4 877	2 798	1 942	1 173	704	399	178	26	15
280.0 ～ 299.9	14 974	-	813	3 218	3 754	2 885	1 856	1 087	798	366	178	9	10
300.0 ～ 319.9	11 280	-	447	2 085	2 353	2 211	1 866	1 171	590	378	106	51	22
320.0 ～ 339.9	9 102	-	294	1 372	1 774	1 695	1 700	1 095	585	416	144	21	6
340.0 ～ 359.9	7 026	-	205	938	1 380	1 460	1 225	884	494	274	123	24	19
360.0 ～ 379.9	6 018	-	62	692	1 185	1 074	1 346	838	472	280	30	34	3
380.0 ～ 399.9	4 846	-	23	445	684	893	1 002	788	545	317	104	38	7
400.0 ～ 449.9	8 844	-	23	514	1 394	1 580	1 737	1 601	1 143	621	181	34	17
450.0 ～ 499.9	5 550	-	29	310	418	697	1 117	1 233	971	556	166	31	21
500.0 ～ 549.9	3 790	-	29	127	267	474	689	853	707	451	161	32	1
550.0 ～ 599.9	2 608	-	-	69	165	297	460	565	443	418	152	22	16
600.0 ～ 699.9	3 023	-	5	58	173	295	568	638	595	434	171	44	41
700.0 ～ 799.9	1 568	-	-	49	135	164	330	295	291	173	79	51	1
800.0 ～ 899.9	956	-	-	14	42	170	213	144	203	101	51	17	1
900.0 ～ 999.9	641	-	-	10	30	86	94	186	156	38	36	1	5
1000.0 ～ 1199.9	704	-	-	2	19	86	150	159	145	65	51	13	13
1200.0千円 ～	642	-	-	9	16	44	100	166	113	118	26	51	-
第1・十分位数（千円）	186.6	-	181.2	186.6	190.3	191.8	192.5	191.5	186.5	184.5	169.7	165.7	184.8
第1・四分位数（千円）	213.7	-	198.4	208.6	222.9	228.8	238.1	246.5	240.7	232.0	201.4	209.5	249.3
中位数（千円）	253.3	-	215.7	233.9	258.8	277.8	302.2	324.9	334.9	327.4	279.7	313.6	312.4
第3・四分位数（千円）	322.7	-	238.6	267.7	304.3	341.6	386.6	437.1	467.4	475.7	452.3	508.3	469.8
第9・十分位数（千円）	435.6	-	265.6	315.0	371.1	430.2	505.4	574.3	627.5	626.8	625.9	793.0	639.3
十分位分散係数	0.49	-	0.20	0.27	0.35	0.43	0.52	0.59	0.66	0.68	0.82	1.00	0.73
四分位分散係数	0.22	-	0.09	0.13	0.16	0.20	0.25	0.29	0.34	0.37	0.45	0.48	0.35

第3表　年齢階級、所定内給与額階級別労働者数及び所定内給与額の分布特性値

企業規模	1,000人以上

産　業　計（民・公営計）

（単位十人）

区　分	年齢計	～19歳	20～24歳	25～29歳	30～34歳	35～39歳	40～44歳	45～49歳	50～54歳	55～59歳	60～64歳	65～69歳	70歳以上
企業規模1,000人以上													
男　女　計													
学　歴　計	**816 762**	**6 795**	**61 602**	**98 378**	**99 720**	**97 863**	**114 941**	**116 348**	**97 676**	**73 313**	**39 630**	**8 906**	**1 590**
～ 99.9 千円	90	10	1	2	10	5	14	7	16	7	6	11	1
100.0 ～ 119.9	2 400	37	151	239	211	251	217	326	304	210	249	166	38
120.0 ～ 139.9	10 259	215	994	1 076	962	939	1 090	1 092	1 142	893	1 212	537	108
140.0 ～ 159.9	25 012	840	2 698	2 531	2 452	2 004	2 604	2 883	2 687	2 285	2 818	1 039	171
160.0 ～ 179.9	38 143	3 058	6 105	3 995	3 743	2 963	3 409	3 405	3 357	2 721	3 852	1 240	292
180.0 ～ 199.9	46 119	1 375	10 153	6 934	4 784	3 882	4 075	4 027	3 256	2 697	3 968	848	121
200.0 ～ 219.9	57 242	612	14 549	11 099	6 113	4 965	4 468	4 322	3 301	2 476	4 492	723	123
220.0 ～ 239.9	61 366	455	11 352	16 660	8 078	5 605	5 355	4 250	2 758	2 671	3 383	730	70
240.0 ～ 259.9	59 991	102	6 956	16 466	10 134	6 499	6 195	4 397	3 165	2 412	3 152	430	84
260.0 ～ 279.9	53 895	33	3 899	12 156	11 305	7 411	6 380	4 880	3 069	2 274	2 148	304	37
280.0 ～ 299.9	48 868	42	2 082	8 559	10 591	8 003	6 989	5 120	2 990	2 411	1 795	249	38
300.0 ～ 319.9	43 152	3	1 093	6 146	8 557	7 516	7 075	5 328	2 927	2 391	1 649	408	60
320.0 ～ 339.9	38 815	11	726	3 742	7 291	7 154	7 000	5 284	3 293	2 899	1 181	195	40
340.0 ～ 359.9	35 592	-	398	2 553	5 570	6 349	6 711	5 833	3 919	2 863	1 142	211	43
360.0 ～ 379.9	31 207	-	138	1 745	4 218	5 599	6 610	5 438	3 750	2 723	826	141	19
380.0 ～ 399.9	29 289	-	83	1 067	3 257	4 801	6 207	5 497	4 341	3 177	694	132	33
400.0 ～ 449.9	63 066	4	151	1 623	5 654	9 340	12 423	13 092	10 985	7 896	1 503	324	72
450.0 ～ 499.9	46 974	-	41	720	2 852	6 009	8 954	10 712	9 141	7 282	1 046	181	35
500.0 ～ 549.9	33 390	-	23	439	1 440	3 028	6 152	8 418	7 385	5 349	926	202	28
550.0 ～ 599.9	24 739	-	5	254	772	1 736	4 244	6 257	6 208	4 400	720	127	15
600.0 ～ 699.9	31 710	-	5	180	833	1 575	4 637	8 019	9 038	5 988	1 196	203	37
700.0 ～ 799.9	17 030	-	-	96	469	1 136	2 007	3 778	5 193	3 470	655	197	28
800.0 ～ 899.9	8 802	-	0	63	243	497	986	1 994	2 581	1 886	375	148	29
900.0 ～ 999.9	4 130	-	-	10	104	202	499	971	1 304	771	215	44	10
1000.0 ～ 1199.9	3 365	-	-	18	52	221	376	614	1 072	742	205	51	14
1200.0千円 ～	2 116	-	-	6	25	170	261	405	494	421	222	66	46
第1・十分位数（千円）	182.6	153.1	169.9	186.6	191.6	198.7	200.4	199.4	193.4	189.0	158.1	144.1	142.7
第1・四分位数（千円）	228.2	163.8	191.7	218.0	236.8	252.3	264.1	278.0	288.7	277.0	188.8	167.4	167.6
中位数（千円）	302.2	174.9	214.8	247.8	283.6	317.0	348.1	385.6	420.3	409.5	239.0	216.4	211.0
第3・四分位数（千円）	423.0	191.7	240.5	285.8	342.0	397.4	447.1	507.5	561.7	542.9	336.8	319.8	350.1
第9・十分位数（千円）	569.1	219.0	271.2	333.6	417.7	486.3	565.4	643.1	713.2	699.0	524.5	531.6	608.7
十分位分散係数	0.64	0.19	0.24	0.30	0.40	0.45	0.52	0.58	0.62	0.62	0.77	0.90	1.10
四分位分散係数	0.32	0.08	0.11	0.14	0.19	0.23	0.26	0.30	0.32	0.32	0.31	0.35	0.43
男													
学　歴　計	**549 877**	**4 614**	**32 791**	**59 918**	**65 474**	**66 885**	**78 572**	**80 849**	**69 931**	**53 895**	**29 909**	**6 164**	**875**
～ 99.9 千円	22	10	0	1	0	-	-	-	-	-	3	8	-
100.0 ～ 119.9	504	21	60	69	17	37	25	31	39	30	82	76	17
120.0 ～ 139.9	2 636	78	407	390	243	244	141	135	169	157	412	222	39
140.0 ～ 159.9	7 648	356	1 040	923	739	575	442	504	495	584	1 309	602	79
160.0 ～ 179.9	16 115	2 131	2 946	1 635	1 527	1 027	994	810	854	804	2 317	861	208
180.0 ～ 199.9	21 824	1 003	5 463	3 112	2 240	1 487	1 382	1 550	1 111	1 069	2 702	624	81
200.0 ～ 219.9	29 724	524	8 028	5 955	2 806	2 268	1 988	1 544	1 229	1 244	3 549	524	67
220.0 ～ 239.9	34 516	381	6 706	10 007	4 253	2 877	2 598	1 971	1 181	1 296	2 787	433	25
240.0 ～ 259.9	35 416	62	3 724	10 869	6 083	3 747	3 224	2 135	1 469	1 149	2 537	373	42
260.0 ～ 279.9	33 133	21	1 982	8 278	7 363	4 540	3 618	2 450	1 491	1 277	1 882	218	14
280.0 ～ 299.9	31 301	16	1 014	5 778	7 355	5 157	4 283	2 753	1 657	1 504	1 576	186	21
300.0 ～ 319.9	29 772	3	585	4 182	6 520	5 400	4 676	3 335	1 757	1 552	1 400	329	34
320.0 ～ 339.9	27 851	10	341	2 575	5 723	5 410	4 859	3 492	2 216	2 064	1 012	140	9
340.0 ～ 359.9	26 623	-	210	1 837	4 265	5 050	5 008	4 144	2 739	2 169	1 011	162	27
360.0 ～ 379.9	23 571	-	67	1 178	3 275	4 521	4 870	3 901	2 726	2 159	747	113	13
380.0 ～ 399.9	23 027	-	55	640	2 647	3 857	5 054	4 148	3 349	2 558	619	93	6
400.0 ～ 449.9	51 869	-	125	1 199	4 524	7 901	10 356	10 743	8 888	6 574	1 249	261	49
450.0 ～ 499.9	40 919	-	17	440	2 546	5 376	7 851	9 319	7 934	6 420	878	126	14
500.0 ～ 549.9	29 712	-	17	364	1 225	2 664	5 509	7 609	6 596	4 808	766	145	9
550.0 ～ 599.9	22 480	-	4	184	679	1 531	3 890	5 785	5 750	3 982	590	79	6
600.0 ～ 699.9	29 094	-	1	157	701	1 384	4 245	7 395	8 402	5 625	1 012	159	14
700.0 ～ 799.9	15 603	-	-	61	372	979	1 739	3 499	4 865	3 322	579	169	17
800.0 ～ 899.9	8 134	-	0	51	218	396	868	1 892	2 453	1 776	325	130	23
900.0 ～ 999.9	3 647	-	-	10	89	150	443	829	1 169	723	185	41	8
1000.0 ～ 1199.9	3 010	-	-	18	42	169	297	565	979	710	183	37	10
1200.0千円 ～	1 726	-	-	5	23	137	212	308	409	340	194	55	43
第1・十分位数（千円）	204.4	159.9	173.7	199.2	213.2	227.1	242.1	255.0	266.2	243.7	171.1	152.2	152.1
第1・四分位数（千円）	254.0	166.4	194.3	226.2	255.4	279.7	304.3	337.2	367.7	347.2	203.0	174.7	170.7
中位数（千円）	343.4	177.3	216.2	254.4	300.3	342.6	384.4	434.2	471.6	455.1	254.7	228.2	204.0
第3・四分位数（千円）	468.3	196.3	239.8	292.3	359.9	424.1	481.3	550.5	608.3	586.3	357.1	348.2	357.2
第9・十分位数（千円）	615.9	221.6	269.9	341.5	438.9	510.2	599.1	683.2	751.0	734.8	555.6	584.2	769.3
十分位分散係数	0.60	0.17	0.22	0.28	0.38	0.41	0.46	0.49	0.51	0.54	0.75	0.95	1.51
四分位分散係数	0.31	0.08	0.11	0.13	0.17	0.21	0.23	0.25	0.26	0.26	0.30	0.38	0.46

第3表　年齢階級、所定内給与額階級別労働者数及び所定内給与額の分布特性値

企業規模	1,000人以上

産業計（民・公営計）

（単位十人）

区分	年齢計	～19歳	20～24歳	25～29歳	30～34歳	35～39歳	40～44歳	45～49歳	50～54歳	55～59歳	60～64歳	65～69歳	70歳以上
中学卒	**9 265**	**80**	**286**	**655**	**771**	**1 018**	**1 132**	**1 340**	**1 032**	**1 140**	**1 322**	**405**	**84**
～ 99.9 千円	10	10	–	–	–	–	–	–	–	–	–	–	–
100.0 ～ 119.9	40	1	5	6	1	–	–	–	–	–	15	12	2
120.0 ～ 139.9	125	8	8	11	11	1	19	23	3	1	27	13	0
140.0 ～ 159.9	423	6	26	49	18	43	37	26	16	48	84	64	5
160.0 ～ 179.9	673	34	51	51	25	30	92	40	76	10	117	102	46
180.0 ～ 199.9	533	6	34	55	47	39	36	65	61	19	115	56	1
200.0 ～ 219.9	770	4	42	50	55	79	56	88	34	80	221	48	14
220.0 ～ 239.9	763	10	38	157	60	76	74	98	71	40	99	39	1
240.0 ～ 259.9	848	1	22	67	160	97	128	79	60	56	157	22	–
260.0 ～ 279.9	659	–	24	53	77	79	78	73	36	91	118	20	10
280.0 ～ 299.9	697	–	9	48	76	197	93	62	41	70	90	10	–
300.0 ～ 319.9	565	–	16	44	58	70	80	124	58	46	58	9	–
320.0 ～ 339.9	428	–	7	13	48	72	77	74	49	74	10	5	–
340.0 ～ 359.9	381	–	2	16	42	31	43	78	58	83	28	0	–
360.0 ～ 379.9	278	–	–	–	22	39	42	41	60	58	16	–	–
380.0 ～ 399.9	477	–	–	12	38	52	76	42	51	126	79	1	–
400.0 ～ 449.9	642	–	–	12	12	75	70	163	148	128	29	–	5
450.0 ～ 499.9	359	–	–	11	22	22	49	72	76	100	8	–	–
500.0 ～ 549.9	203	–	–	–	–	14	23	66	40	45	13	3	–
550.0 ～ 599.9	113	–	2	–	–	1	13	35	33	29	–	–	–
600.0 ～ 699.9	198	–	–	–	–	3	46	65	31	16	38	–	–
700.0 ～ 799.9	60	–	–	–	–	–	–	23	26	11	2	–	–
800.0 ～ 899.9	19	–	–	–	–	–	–	5	4	11	–	–	–
900.0 ～ 999.9	–	–	–	–	–	–	–	–	–	–	–	–	–
1000.0 ～ 1199.9	–	–	–	–	–	–	–	–	–	–	–	–	–
1200.0千円 ～	–	–	–	–	–	–	–	–	–	–	–	–	–
第1・十分位数（千円）	170.0	98.0	146.7	160.0	191.6	195.5	175.4	195.4	182.5	205.5	161.0	151.5	163.2
第1・四分位数（千円）	212.6	150.7	173.2	197.9	232.8	236.0	229.7	239.2	239.6	265.4	195.4	162.3	172.5
中位数（千円）	273.2	165.8	210.7	228.6	262.4	291.4	290.4	315.8	345.0	349.2	236.6	182.7	177.3
第3・四分位数（千円）	362.1	181.9	244.9	275.4	315.9	333.2	378.2	428.7	432.2	416.6	289.3	223.4	216.4
第9・十分位数（千円）	452.6	231.9	293.7	319.4	367.7	420.2	462.6	538.9	515.8	496.0	385.5	267.0	266.6
十分位分散係数	0.52	0.40	0.35	0.35	0.34	0.39	0.49	0.54	0.48	0.42	0.47	0.32	0.29
四分位分散係数	0.27	0.09	0.17	0.17	0.16	0.17	0.26	0.30	0.28	0.22	0.20	0.17	0.12
高校卒	**206 010**	**4 534**	**14 192**	**17 888**	**17 724**	**21 154**	**30 148**	**29 437**	**28 213**	**23 844**	**15 504**	**2 948**	**424**
～ 99.9 千円	8	–	–	–	0	–	–	–	–	–	–	8	–
100.0 ～ 119.9	335	21	53	45	8	27	8	17	16	18	57	54	14
120.0 ～ 139.9	1 787	70	301	247	166	157	78	69	143	89	268	174	24
140.0 ～ 159.9	5 110	349	702	544	499	348	257	344	368	393	915	344	48
160.0 ～ 179.9	10 642	2 096	1 912	893	881	590	602	474	572	506	1 509	482	124
180.0 ～ 199.9	13 569	997	3 430	1 587	1 175	859	859	1 000	665	756	1 730	460	50
200.0 ～ 219.9	14 582	520	2 671	2 494	1 279	1 237	1 225	976	740	784	2 254	370	31
220.0 ～ 239.9	15 520	370	2 147	3 455	1 833	1 458	1 373	1 164	818	747	1 843	290	23
240.0 ～ 259.9	14 280	62	1 198	2 893	2 183	1 782	1 747	1 244	930	734	1 313	166	29
260.0 ～ 279.9	13 598	21	808	2 062	2 452	1 977	1 953	1 409	949	725	1 110	131	2
280.0 ～ 299.9	13 083	16	541	1 385	2 204	2 119	2 236	1 695	1 004	901	912	58	13
300.0 ～ 319.9	11 792	3	196	889	1 423	2 057	2 352	1 864	1 061	1 009	759	147	33
320.0 ～ 339.9	10 945	10	103	545	1 116	2 000	2 353	1 937	1 344	1 113	391	27	6
340.0 ～ 359.9	11 024	–	61	382	768	1 794	2 590	2 139	1 588	1 225	441	29	8
360.0 ～ 379.9	9 890	–	35	233	509	1 315	2 531	2 015	1 607	1 293	297	44	10
380.0 ～ 399.9	9 156	–	16	119	405	977	2 108	2 029	1 821	1 449	214	18	–
400.0 ～ 449.9	19 135	–	17	87	598	1 470	3 802	4 317	4 544	3 630	636	33	3
450.0 ～ 499.9	12 922	–	–	14	121	564	2 102	2 847	3 663	3 207	368	36	–
500.0 ～ 549.9	7 819	–	–	2	21	248	1 091	1 751	2 464	2 005	205	27	6
550.0 ～ 599.9	4 506	–	2	12	48	70	465	926	1 530	1 340	104	8	–
600.0 ～ 699.9	4 239	–	–	1	17	26	297	908	1 609	1 264	116	2	1
700.0 ～ 799.9	1 241	–	–	–	14	16	66	154	477	455	33	27	–
800.0 ～ 899.9	491	–	–	1	1	58	20	113	171	117	9	2	–
900.0 ～ 999.9	161	–	–	–	1	2	19	23	81	32	0	2	–
1000.0 ～ 1199.9	129	–	–	–	–	2	2	19	46	46	9	6	–
1200.0千円 ～	46	–	–	–	4	–	14	4	3	6	13	3	–
第1・十分位数（千円）	184.1	160.1	165.3	180.9	184.0	202.6	219.8	221.1	226.9	215.6	165.0	144.1	143.6
第1・四分位数（千円）	226.8	166.6	183.7	210.0	225.0	246.9	274.7	288.1	315.8	305.7	193.4	167.3	163.1
中位数（千円）	300.8	177.4	204.7	238.1	266.4	300.2	340.3	363.7	405.0	402.3	230.6	197.8	180.5
第3・四分位数（千円）	398.2	196.4	233.4	271.7	307.6	353.8	404.0	440.9	489.4	487.7	293.9	243.4	250.6
第9・十分位数（千円）	490.7	221.4	267.8	312.2	359.1	407.9	470.1	523.3	581.7	578.7	391.3	316.9	308.4
十分位分散係数	0.51	0.17	0.25	0.28	0.33	0.34	0.37	0.42	0.44	0.45	0.49	0.44	0.46
四分位分散係数	0.28	0.08	0.12	0.13	0.16	0.18	0.19	0.21	0.21	0.23	0.22	0.19	0.24

第3表　年齢階級、所定内給与額階級別労働者数及び所定内給与額の分布特性値

企業規模	1,000人以上

産　業　計　(　民　・　公　営　計　)

(単位十人)

区　分	年齢計	～19歳	20～24歳	25～29歳	30～34歳	35～39歳	40～44歳	45～49歳	50～54歳	55～59歳	60～64歳	65～69歳	70歳以上
高専・短大卒	**52 279**	**–**	**4 334**	**5 488**	**6 744**	**7 437**	**8 804**	**8 452**	**5 228**	**3 780**	**1 697**	**270**	**43**
～　99.9 千円	–	–	–	–	–	–	–	–	–	–	–	–	–
100.0　～　119.9	33	–	1	13	2	–	9	4	1	–	–	4	–
120.0　～　139.9	194	–	47	21	18	22	14	10	7	35	16	6	–
140.0　～　159.9	721	–	186	131	81	46	73	45	33	23	65	33	6
160.0　～　179.9	1 919	–	575	250	231	202	166	152	64	67	146	50	15
180.0　～　199.9	3 014	–	1 067	439	407	238	261	190	132	84	168	23	6
200.0　～　219.9	3 581	–	951	789	466	334	372	219	127	117	184	16	6
220.0　～　239.9	4 095	–	731	1 032	728	443	470	360	76	128	121	7	0
240.0　～　259.9	4 056	–	394	907	917	571	548	300	139	89	147	41	3
260.0　～　279.9	3 831	–	166	694	887	696	569	413	148	142	100	16	–
280.0　～　299.9	3 648	–	98	485	890	793	670	315	188	81	117	3	8
300.0　～　319.9	3 366	–	61	303	684	702	762	478	215	98	57	6	–
320.0　～　339.9	3 078	–	37	229	460	724	744	435	181	138	126	4	–
340.0　～　359.9	2 719	–	5	100	322	675	716	452	232	157	56	2	–
360.0　～　379.9	2 345	–	3	38	234	488	587	517	232	144	88	16	–
380.0　～　399.9	2 307	–	8	21	124	414	589	527	403	175	40	7	–
400.0　～　449.9	4 613	–	–	11	186	624	1 002	1 320	771	615	61	23	–
450.0　～　499.9	3 087	–	–	22	65	238	615	987	580	520	52	9	–
500.0　～　549.9	1 949	–	3	1	5	83	284	704	526	301	43	–	–
550.0　～　599.9	1 163	–	–	0	1	46	127	423	336	180	50	–	–
600.0　～　699.9	1 300	–	–	5	16	33	126	360	411	315	33	3	–
700.0　～　799.9	646	–	–	–	6	32	47	141	203	203	11	2	–
800.0　～　899.9	317	–	–	–	0	3	35	62	117	93	6	1	–
900.0　～　999.9	159	–	–	–	10	25	1	30	47	43	4	–	–
1000.0　～　1199.9	131	–	–	–	2	6	17	11	56	33	7	–	–
1200.0千円　～	9	–	–	–	–	–	2	–	5	1	–	–	–
第1・十分位数(千円)	195.9	–	169.1	187.5	197.5	215.3	219.3	230.9	254.1	226.9	170.5	154.1	157.4
第1・四分位数(千円)	237.7	–	184.8	214.4	233.8	260.1	269.5	303.6	339.7	332.0	202.6	171.4	170.4
中位数(千円)	305.6	–	205.5	241.4	272.0	310.5	332.5	391.3	424.4	434.3	260.5	233.1	191.1
第3・四分位数(千円)	402.8	–	230.5	274.9	310.4	365.8	402.1	481.7	541.2	539.1	351.0	309.6	250.5
第9・十分位数(千円)	508.5	–	255.7	309.7	358.4	423.3	474.5	568.9	666.3	697.8	485.6	409.8	284.6
十分位分散係数	0.51	–	0.21	0.25	0.30	0.34	0.38	0.43	0.49	0.54	0.60	0.55	0.33
四分位分散係数	0.27	–	0.11	0.13	0.14	0.17	0.20	0.23	0.24	0.24	0.28	0.30	0.21
大学・大学院卒	**282 324**	**–**	**13 978**	**35 887**	**40 235**	**37 277**	**38 488**	**41 619**	**35 457**	**25 131**	**11 385**	**2 541**	**325**
～　99.9 千円	4	–	0	1	–	–	–	–	–	–	3	–	–
100.0　～　119.9	95	–	1	5	7	11	8	10	23	12	11	7	1
120.0　～　139.9	531	–	50	112	48	65	31	33	17	32	102	29	14
140.0　～　159.9	1 394	–	125	200	141	138	76	89	78	119	246	161	20
160.0　～　179.9	2 881	–	409	441	390	206	134	144	143	220	545	227	23
180.0　～　199.9	4 708	–	932	1 031	611	350	226	296	252	210	690	84	25
200.0　～　219.9	10 791	–	4 363	2 622	1 005	617	335	261	328	263	890	89	17
220.0　～　239.9	14 137	–	3 790	5 363	1 632	902	680	350	217	382	724	97	1
240.0　～　259.9	16 232	–	2 110	7 002	2 823	1 297	801	514	340	270	921	145	10
260.0　～　279.9	15 045	–	984	5 469	3 947	1 787	1 018	555	358	319	554	51	3
280.0　～　299.9	13 872	–	367	3 860	4 185	2 047	1 285	681	424	453	457	114	–
300.0　～　319.9	14 050	–	312	2 945	4 355	2 571	1 483	869	423	399	525	167	1
320.0　～　339.9	13 401	–	194	1 789	4 100	2 616	1 685	1 046	642	738	486	104	3
340.0　～　359.9	12 499	–	142	1 339	3 133	2 551	1 658	1 476	861	704	486	130	20
360.0　～　379.9	11 058	–	29	908	2 509	2 680	1 711	1 329	827	663	346	54	3
380.0　～　399.9	11 087	–	31	488	2 080	2 415	2 281	1 551	1 074	808	286	67	6
400.0　～　449.9	27 479	–	108	1 089	3 729	5 732	5 483	4 943	3 425	2 201	524	205	41
450.0　～　499.9	24 552	–	17	394	2 337	4 553	5 085	5 413	3 615	2 594	449	80	14
500.0　～　549.9	19 741	–	14	362	1 199	2 319	4 112	5 088	3 565	2 457	505	115	4
550.0　～　599.9	16 699	–	–	172	630	1 414	3 285	4 401	3 852	2 433	436	71	6
600.0　～　699.9	23 357	–	1	152	669	1 322	3 776	6 063	6 351	4 032	826	154	13
700.0　～　799.9	13 655	–	–	61	352	931	1 625	3 182	4 159	2 654	534	141	17
800.0　～　899.9	7 306	–	0	50	217	334	814	1 712	2 162	1 555	310	127	23
900.0　～　999.9	3 328	–	–	10	78	123	423	776	1 041	648	181	39	8
1000.0　～　1199.9	2 750	–	–	18	40	161	279	536	878	631	167	31	10
1200.0千円　～	1 672	–	–	5	19	137	196	304	402	333	181	52	43
第1・十分位数(千円)	231.6	–	198.2	215.3	241.7	261.6	288.6	327.1	347.5	312.5	185.9	164.1	158.5
第1・四分位数(千円)	286.6	–	210.4	237.4	277.3	315.1	362.5	413.4	440.6	416.0	229.4	226.2	199.3
中位数(千円)	398.9	–	225.6	263.9	324.4	385.8	453.1	514.1	566.7	542.9	321.1	338.3	423.3
第3・四分位数(千円)	544.8	–	246.1	304.6	392.9	468.1	560.0	629.1	695.2	685.3	526.8	537.3	821.4
第9・十分位数(千円)	702.4	–	275.6	362.4	477.8	569.1	683.3	761.0	833.6	834.3	743.5	792.8	1280.7
十分位分散係数	0.59	–	0.17	0.28	0.36	0.40	0.44	0.42	0.43	0.48	0.87	0.93	1.33
四分位分散係数	0.32	–	0.08	0.13	0.18	0.20	0.22	0.21	0.22	0.25	0.46	0.46	0.73

第3表　年齢階級、所定内給与額階級別労働者数及び所定内給与額の分布特性値

企業規模	1,000人以上

産業計（民・公営計）

（単位十人）

区分	年齢計	～19歳	20～24歳	25～29歳	30～34歳	35～39歳	40～44歳	45～49歳	50～54歳	55～59歳	60～64歳	65～69歳	70歳以上
女													
学歴計	**266 885**	**2 181**	**28 811**	**38 461**	**34 246**	**30 978**	**36 369**	**35 499**	**27 745**	**19 418**	**9 722**	**2 741**	**714**
～ 99.9 千円	67	–	0	2	10	5	14	7	16	7	3	3	1
100.0 ～ 119.9	1 896	15	92	170	195	214	192	295	265	180	167	90	21
120.0 ～ 139.9	7 623	137	587	686	719	695	949	957	973	736	800	315	69
140.0 ～ 159.9	17 363	485	1 658	1 607	1 713	1 429	2 162	2 379	2 192	1 701	1 509	437	92
160.0 ～ 179.9	22 028	927	3 159	2 360	2 217	1 936	2 416	2 596	2 502	1 917	1 535	380	84
180.0 ～ 199.9	24 296	372	4 690	3 822	2 544	2 395	2 693	2 477	2 146	1 628	1 265	224	39
200.0 ～ 219.9	27 518	88	6 521	5 144	3 307	2 697	2 481	2 778	2 072	1 232	943	199	56
220.0 ～ 239.9	26 850	74	4 647	6 653	3 825	2 728	2 757	2 278	1 577	1 375	595	297	45
240.0 ～ 259.9	24 575	40	3 232	5 597	4 050	2 752	2 971	2 262	1 696	1 263	615	56	42
260.0 ～ 279.9	20 762	13	1 917	3 878	3 942	2 871	2 763	2 430	1 578	997	266	86	22
280.0 ～ 299.9	17 567	26	1 067	2 781	3 235	2 846	2 705	2 366	1 333	907	219	63	17
300.0 ～ 319.9	13 379	–	508	1 964	2 037	2 117	2 398	1 993	1 170	839	249	79	26
320.0 ～ 339.9	10 964	1	385	1 167	1 567	1 744	2 141	1 792	1 077	835	169	55	31
340.0 ～ 359.9	8 969	–	188	716	1 305	1 298	1 704	1 689	1 180	694	130	49	16
360.0 ～ 379.9	7 637	–	71	567	943	1 078	1 740	1 537	1 024	565	79	27	6
380.0 ～ 399.9	6 262	–	28	427	610	944	1 153	1 348	993	619	75	39	27
400.0 ～ 449.9	11 197	4	26	424	1 130	1 440	2 067	2 349	2 096	1 322	254	63	23
450.0 ～ 499.9	6 054	–	24	280	307	633	1 103	1 394	1 207	862	168	56	22
500.0 ～ 549.9	3 679	–	6	75	215	363	643	809	790	541	160	57	19
550.0 ～ 599.9	2 259	–	1	70	93	206	354	472	458	418	130	48	9
600.0 ～ 699.9	2 616	–	4	22	131	191	393	624	636	363	184	44	23
700.0 ～ 799.9	1 427	–	–	36	97	157	268	278	328	148	77	28	10
800.0 ～ 899.9	668	–	–	11	25	102	118	102	127	110	50	18	6
900.0 ～ 999.9	483	–	–	–	15	52	57	142	135	48	30	3	2
1000.0 ～ 1199.9	355	–	–	–	10	53	80	49	92	33	21	14	4
1200.0千円 ～	390	–	–	1	3	32	49	96	84	81	28	12	3
第1・十分位数（千円）	159.7	144.8	164.4	172.3	167.9	168.1	162.9	159.3	154.6	152.7	140.0	132.5	135.6
第1・四分位数（千円）	194.6	157.4	188.2	204.4	207.6	208.4	205.7	201.4	188.7	183.8	159.5	153.3	159.3
中位数（千円）	244.6	169.2	212.9	236.5	253.1	264.5	270.5	274.4	266.3	254.5	192.6	190.8	218.7
第3・四分位数（千円）	314.0	183.4	241.3	274.3	299.5	326.0	347.4	364.1	380.2	367.3	255.9	270.5	335.0
第9・十分位数（千円）	409.9	205.5	272.6	319.4	362.8	403.9	434.7	462.9	492.6	484.8	432.5	456.3	517.8
十分位分散係数	0.51	0.18	0.25	0.31	0.38	0.45	0.50	0.55	0.63	0.65	0.76	0.85	0.87
四分位分散係数	0.24	0.08	0.12	0.15	0.18	0.22	0.26	0.30	0.36	0.36	0.25	0.31	0.40
中学卒	**3 101**	**112**	**176**	**270**	**357**	**239**	**240**	**298**	**384**	**281**	**437**	**193**	**113**
～ 99.9 千円	1	–	–	–	–	–	–	–	–	–	–	–	1
100.0 ～ 119.9	83	10	3	18	1	16	2	2	2	3	10	11	6
120.0 ～ 139.9	377	28	29	26	24	10	11	20	52	22	99	31	26
140.0 ～ 159.9	595	46	49	36	57	36	37	63	64	39	124	38	7
160.0 ～ 179.9	469	14	31	66	62	44	30	33	48	13	78	33	16
180.0 ～ 199.9	406	4	6	32	49	34	26	63	44	69	50	19	10
200.0 ～ 219.9	373	0	22	17	103	5	60	19	71	47	22	4	2
220.0 ～ 239.9	162	6	5	18	18	28	7	14	16	12	12	21	6
240.0 ～ 259.9	156	–	31	29	11	12	6	21	13	19	2	3	8
260.0 ～ 279.9	96	–	–	7	3	14	13	31	3	8	2	11	3
280.0 ～ 299.9	88	–	0	12	19	5	12	8	13	3	10	4	4
300.0 ～ 319.9	78	–	–	–	1	17	14	1	14	18	4	2	8
320.0 ～ 339.9	32	–	–	–	1	2	1	4	1	16	3	3	2
340.0 ～ 359.9	48	–	–	8	8	1	5	1	14	1	6	2	2
360.0 ～ 379.9	16	–	–	1	–	9	–	3	1	–	1	1	1
380.0 ～ 399.9	17	–	–	1	–	2	1	0	3	1	5	2	2
400.0 ～ 449.9	24	4	–	–	–	5	5	0	2	1	1	4	2
450.0 ～ 499.9	16	–	–	–	–	–	1	3	–	2	6	2	2
500.0 ～ 549.9	19	–	–	–	1	–	8	1	1	7	1	0	1
550.0 ～ 599.9	20	–	1	–	–	–	1	8	10	–	–	1	0
600.0 ～ 699.9	8	–	–	–	–	–	–	1	2	–	1	3	1
700.0 ～ 799.9	1	–	–	1	–	–	–	–	–	–	0	–	–
800.0 ～ 899.9	3	–	–	–	–	–	–	–	–	1	–	–	3
900.0 ～ 999.9	1	–	–	–	–	–	–	–	–	1	–	–	–
1000.0 ～ 1199.9	1	–	–	–	–	–	–	1	–	–	–	–	–
1200.0千円 ～	12	–	–	–	–	–	–	2	10	–	–	–	–
第1・十分位数（千円）	133.8	120.7	133.6	130.7	144.7	137.4	149.0	144.0	136.6	141.6	126.3	129.3	128.7
第1・四分位数（千円）	151.7	133.4	143.9	154.4	164.4	158.7	163.9	157.7	155.6	169.1	140.0	144.6	137.8
中位数（千円）	181.2	152.9	166.4	176.6	194.5	187.5	204.3	186.3	188.5	199.0	157.4	173.2	180.9
第3・四分位数（千円）	222.9	160.1	214.4	225.0	212.0	253.3	261.0	247.9	228.1	249.5	187.0	228.2	276.9
第9・十分位数（千円）	297.7	186.7	251.2	262.3	247.4	306.9	310.4	293.8	343.2	320.7	237.5	295.8	363.3
十分位分散係数	0.45	0.22	0.35	0.37	0.26	0.45	0.39	0.40	0.55	0.45	0.35	0.48	0.65
四分位分散係数	0.20	0.09	0.21	0.20	0.12	0.25	0.24	0.24	0.19	0.20	0.15	0.24	0.38

第3表　年齢階級、所定内給与額階級別労働者数及び所定内給与額の分布特性値

企業規模	1,000人以上

産　業　計　（　民　・　公　営　計　）

（単位十人）

区　分	年齢計	～19歳	20～24歳	25～29歳	30～34歳	35～39歳	40～44歳	45～49歳	50～54歳	55～59歳	60～64歳	65～69歳	70歳以上
高校卒	**90 050**	**2 068**	**6 529**	**7 066**	**7 357**	**8 383**	**12 217**	**14 380**	**13 262**	**10 228**	**6 222**	**1 889**	**451**
～ 99.9 千円	54	－	0	2	9	5	7	6	14	7	2	2	－
100.0 ～ 119.9	1 379	5	63	121	130	166	135	204	212	131	126	73	13
120.0 ～ 139.9	5 370	109	345	476	481	471	658	697	719	520	602	253	37
140.0 ～ 159.9	11 611	439	917	895	944	900	1 373	1 670	1 665	1 248	1 144	349	67
160.0 ～ 179.9	13 428	913	1 388	1 101	1 162	1 080	1 529	1 711	1 670	1 401	1 181	247	45
180.0 ～ 199.9	11 153	368	1 302	1 105	1 002	1 043	1 401	1 435	1 307	1 006	990	167	26
200.0 ～ 219.9	9 154	88	938	1 086	947	1 010	1 056	1 498	1 064	738	594	98	36
220.0 ～ 239.9	7 742	68	617	1 011	768	814	1 020	1 168	897	779	369	197	34
240.0 ～ 259.9	6 300	40	357	510	654	656	969	1 104	934	727	282	45	23
260.0 ～ 279.9	4 838	13	291	280	475	619	767	866	780	517	159	59	12
280.0 ～ 299.9	4 107	26	182	189	296	481	834	865	603	483	102	39	8
300.0 ～ 319.9	3 071	－	36	142	113	284	598	677	590	446	108	58	18
320.0 ～ 339.9	2 646	1	77	69	114	263	602	506	465	422	69	43	18
340.0 ～ 359.9	1 859	－	3	29	64	135	360	415	397	356	47	40	12
360.0 ～ 379.9	1 504	－	1	12	57	143	221	396	396	215	41	18	4
380.0 ～ 399.9	1 166	－	6	11	49	83	193	296	304	180	18	18	10
400.0 ～ 449.9	2 143	－	3	18	58	104	318	445	592	431	114	40	21
450.0 ～ 499.9	932	－	2	4	7	77	86	181	206	261	62	32	13
500.0 ～ 549.9	602	－	1	－	13	13	54	74	164	159	74	34	16
550.0 ～ 599.9	287	－	1	2	2	9	8	58	76	74	24	25	9
600.0 ～ 699.9	372	－	－	1	7	11	17	53	116	54	80	22	11
700.0 ～ 799.9	169	－	－	1	2	15	3	29	54	35	11	11	8
800.0 ～ 899.9	82	－	－	－	1	1	3	21	13	21	9	10	2
900.0 ～ 999.9	29	－	－	－	－	1	2	3	5	7	8	1	2
1000.0 ～ 1199.9	31	－	－	－	－	－	4	1	12	7	3	2	1
1200.0千円 ～	23	－	－	1	－	－	－	0	7	4	2	6	3
第1・十分位数（千円）	144.4	147.2	146.5	142.7	142.9	145.4	146.6	147.2	145.0	146.9	137.1	130.1	137.8
第1・四分位数（千円）	165.9	158.8	165.0	165.0	164.6	169.6	172.0	170.7	167.9	168.2	155.3	148.2	159.3
中位数（千円）	204.4	170.0	187.5	196.8	198.9	210.7	219.1	219.6	219.5	221.5	180.9	181.9	220.6
第3・四分位数（千円）	265.6	184.1	218.6	230.8	242.4	264.4	286.5	288.9	303.4	305.2	221.2	251.1	342.0
第9・十分位数（千円）	341.9	205.8	256.8	264.7	282.3	321.3	342.2	365.1	394.7	403.2	306.3	391.4	523.1
十分位分散係数	0.48	0.17	0.29	0.31	0.35	0.42	0.45	0.50	0.57	0.58	0.47	0.72	0.87
四分位分散係数	0.24	0.07	0.14	0.17	0.20	0.22	0.26	0.27	0.31	0.31	0.18	0.28	0.41
高専・短大卒	**76 747**	**－**	**7 316**	**7 804**	**8 583**	**9 864**	**13 005**	**12 932**	**8 693**	**6 063**	**1 973**	**400**	**114**
～ 99.9 千円	10	－	－	－	1	－	7	1	0	－	1	－	－
100.0 ～ 119.9	295	－	25	12	33	26	37	72	44	23	16	6	3
120.0 ～ 139.9	1 269	－	142	77	131	148	201	167	150	140	84	24	6
140.0 ～ 159.9	3 530	－	552	388	415	310	517	483	296	320	189	43	17
160.0 ～ 179.9	4 987	－	1 019	610	483	468	556	568	561	410	195	94	22
180.0 ～ 199.9	5 998	－	1 159	866	643	692	834	685	517	438	134	27	2
200.0 ～ 219.9	6 768	－	1 188	885	1 008	805	874	866	530	293	254	58	7
220.0 ～ 239.9	6 980	－	1 078	1 135	1 034	984	956	710	478	388	167	46	5
240.0 ～ 259.9	7 321	－	936	1 170	988	899	1 357	842	519	391	203	5	12
260.0 ～ 279.9	7 160	－	565	966	1 060	1 173	1 251	1 156	614	302	64	7	4
280.0 ～ 299.9	5 809	－	325	690	806	983	1 074	1 045	471	334	57	18	6
300.0 ～ 319.9	5 014	－	165	460	634	961	1 078	925	400	301	84	6	－
320.0 ～ 339.9	3 966	－	82	191	560	711	797	841	431	260	77	4	10
340.0 ～ 359.9	3 596	－	33	140	369	468	855	881	561	227	58	5	－
360.0 ～ 379.9	3 091	－	28	140	230	391	763	740	468	293	34	4	0
380.0 ～ 399.9	2 459	－	－	27	76	355	469	694	447	334	35	9	13
400.0 ～ 449.9	4 238	－	10	39	98	324	811	1 146	1 022	684	94	10	－
450.0 ～ 499.9	2 108	－	9	3	3	80	341	586	582	428	68	7	2
500.0 ～ 549.9	907	－	－	2	9	37	107	225	275	204	45	－	3
550.0 ～ 599.9	506	－	－	2	1	18	85	81	134	128	43	14	－
600.0 ～ 699.9	467	－	－	－	－	25	28	136	126	102	44	6	0
700.0 ～ 799.9	140	－	－	1	－	3	6	49	41	19	18	2	2
800.0 ～ 899.9	49	－	－	－	－	3	2	21	1	18	2	1	1
900.0 ～ 999.9	36	－	－	－	－	－	－	1	11	24	－	1	－
1000.0 ～ 1199.9	11	－	－	－	2	2	－	1	3	0	4	－	－
1200.0千円 ～	32	－	－	－	－	－	－	12	10	1	3	5	－
第1・十分位数（千円）	171.3	－	160.3	170.8	172.6	181.0	179.4	180.0	173.9	166.2	153.0	150.6	142.6
第1・四分位数（千円）	209.5	－	181.5	200.0	208.1	220.3	224.7	231.2	222.8	212.5	181.5	165.2	165.6
中位数（千円）	263.3	－	212.8	238.7	251.0	270.6	278.6	297.4	310.2	299.6	233.8	203.4	221.1
第3・四分位数（千円）	332.2	－	245.7	274.4	295.6	318.8	344.7	372.8	402.1	409.6	325.8	250.4	333.0
第9・十分位数（千円）	409.1	－	277.0	308.5	337.3	372.5	404.0	439.6	474.0	482.0	472.3	420.5	397.2
十分位分散係数	0.45	－	0.27	0.29	0.33	0.35	0.40	0.44	0.48	0.53	0.68	0.66	0.58
四分位分散係数	0.23	－	0.15	0.16	0.17	0.18	0.22	0.24	0.29	0.33	0.31	0.21	0.38

第3表　年齢階級、所定内給与額階級別労働者数及び所定内給与額の分布特性値

企業規模	1,000人以上
	100～999人

産　業　計（民・公営計）

（単位十人）

区　分	年齢計	～19歳	20～24歳	25～29歳	30～34歳	35～39歳	40～44歳	45～49歳	50～54歳	55～59歳	60～64歳	65～69歳	70歳以上
大学・大学院卒	**96 986**	**－**	**14 790**	**23 321**	**17 949**	**12 493**	**10 907**	**7 889**	**5 406**	**2 846**	**1 089**	**259**	**37**
～ 99.9 千円	3	－	－	－	0	－	－	－	2	－	－	1	－
100.0 ～ 119.9	139	－	1	20	31	6	18	18	7	24	14	1	－
120.0 ～ 139.9	607	－	71	107	83	66	79	73	52	54	14	7	－
140.0 ～ 159.9	1 628	－	140	288	297	183	235	163	166	94	52	8	1
160.0 ～ 179.9	3 144	－	720	583	509	344	301	284	223	92	81	6	1
180.0 ～ 199.9	6 739	－	2 223	1 819	850	626	432	294	278	116	91	10	－
200.0 ～ 219.9	11 222	－	4 374	3 155	1 249	878	490	394	407	154	72	38	10
220.0 ～ 239.9	11 967	－	2 947	4 489	2 004	902	775	386	187	196	47	33	0
240.0 ～ 259.9	10 797	－	1 908	3 888	2 397	1 185	639	295	229	126	128	4	－
260.0 ～ 279.9	8 669	－	1 061	2 626	2 404	1 065	731	377	181	170	41	9	3
280.0 ～ 299.9	7 563	－	560	1 891	2 115	1 378	785	449	245	88	50	3	－
300.0 ～ 319.9	5 216	－	307	1 361	1 288	855	708	391	165	74	53	13	0
320.0 ～ 339.9	4 321	－	225	907	892	769	741	441	181	138	21	5	1
340.0 ～ 359.9	3 466	－	152	540	864	695	483	392	208	110	19	3	1
360.0 ～ 379.9	3 025	－	42	414	656	536	756	399	159	57	3	4	－
380.0 ～ 399.9	2 620	－	22	388	485	504	490	358	239	104	17	9	3
400.0 ～ 449.9	4 793	－	13	368	974	1 007	933	758	481	206	45	9	－
450.0 ～ 499.9	2 998	－	12	274	296	476	676	623	418	170	33	15	4
500.0 ～ 549.9	2 150	－	6	73	193	313	474	509	349	171	41	22	－
550.0 ～ 599.9	1 446	－	－	65	90	179	261	325	239	216	63	9	－
600.0 ～ 699.9	1 768	－	4	22	125	155	348	433	391	207	60	13	10
700.0 ～ 799.9	1 117	－	－	33	95	140	259	200	233	94	48	16	－
800.0 ～ 899.9	534	－	－	11	23	97	113	60	113	70	39	8	－
900.0 ～ 999.9	418	－	－	－	15	51	55	139	118	17	22	1	－
1000.0 ～ 1199.9	312	－	－	－	8	51	75	46	78	25	14	12	3
1200.0千円 ～	323	－	－	－	3	32	49	82	58	75	23	1	－
第1・十分位数（千円）	193.6	－	187.3	195.5	200.4	200.6	201.4	197.2	188.2	184.3	165.8	185.0	211.5
第1・四分位数（千円）	221.3	－	202.6	219.3	235.3	242.3	251.8	263.9	242.8	237.7	206.7	209.5	217.1
中位数（千円）	264.9	－	219.4	245.9	272.8	293.8	328.4	359.5	382.3	357.1	281.2	316.8	383.1
第3・四分位数（千円）	344.2	－	245.2	285.2	324.7	375.5	431.1	487.1	535.2	548.3	542.8	509.9	693.5
第9・十分位数（千円）	469.7	－	276.6	336.2	401.1	471.2	565.9	635.7	722.0	689.5	765.9	760.2	699.1
十分位分散係数	0.52	－	0.20	0.29	0.37	0.46	0.56	0.61	0.70	0.71	1.07	0.91	0.64
四分位分散係数	0.23	－	0.10	0.13	0.16	0.23	0.27	0.31	0.38	0.43	0.60	0.47	0.62
企業規模100～999人													
男女計													
学歴計	**858 115**	**8 916**	**67 784**	**94 935**	**98 679**	**105 315**	**122 349**	**115 131**	**92 896**	**79 425**	**50 013**	**17 860**	**4 812**
～ 99.9 千円	73	－	7	1	4	4	5	14	3	11	14	5	5
100.0 ～ 119.9	2 859	41	167	242	213	245	292	249	209	334	378	331	159
120.0 ～ 139.9	16 340	359	1 401	1 548	1 179	1 487	1 624	1 480	1 578	1 552	2 304	1 395	435
140.0 ～ 159.9	40 552	1 807	4 672	4 293	3 177	2 976	3 532	3 912	3 784	4 089	4 951	2 544	814
160.0 ～ 179.9	62 832	4 029	11 529	6 675	5 781	5 015	5 379	5 696	5 025	4 687	5 757	2 608	651
180.0 ～ 199.9	76 673	1 761	15 787	11 936	8 008	6 628	6 788	6 598	5 424	4 896	5 880	2 402	563
200.0 ～ 219.9	86 225	636	15 223	18 059	11 340	7 790	7 698	7 138	5 339	4 803	5 715	2 065	419
220.0 ～ 239.9	83 561	148	9 705	17 862	12 786	10 004	9 022	7 587	5 681	4 800	4 427	1 240	301
240.0 ～ 259.9	77 114	99	5 091	13 484	14 525	11 702	9 948	7 836	5 290	4 351	3 684	879	225
260.0 ～ 279.9	64 494	22	2 120	8 568	11 433	11 311	10 319	7 475	5 161	4 527	2 668	669	219
280.0 ～ 299.9	54 878	9	901	4 927	8 872	10 255	10 419	7 436	4 909	4 138	2 294	568	151
300.0 ～ 319.9	46 170	3	534	2 699	6 194	8 699	9 560	7 701	4 717	3 638	1 816	533	76
320.0 ～ 339.9	38 115	1	272	1 443	4 613	6 700	8 499	6 529	4 945	3 434	1 318	320	41
340.0 ～ 359.9	32 762	1	145	1 059	2 986	5 686	7 340	6 121	4 270	3 626	1 127	316	85
360.0 ～ 379.9	26 675	－	89	755	2 139	4 184	6 178	5 175	4 125	2 958	824	228	20
380.0 ～ 399.9	21 843	－	43	343	1 168	2 714	4 861	5 156	3 757	2 944	681	149	28
400.0 ～ 449.9	43 041	－	63	451	1 924	4 499	8 455	10 193	8 266	7 142	1 569	382	96
450.0 ～ 499.9	27 875	－	22	180	749	2 130	4 960	6 823	6 530	5 069	1 152	204	56
500.0 ～ 549.9	18 896	－	7	134	490	1 292	2 851	4 307	4 950	3 729	895	207	34
550.0 ～ 599.9	11 904	－	2	28	253	572	1 514	2 771	3 096	2 837	705	94	30
600.0 ～ 699.9	12 453	－	1	123	360	576	1 274	2 494	3 179	3 273	911	220	44
700.0 ～ 799.9	4 612	－	0	53	161	283	638	859	1 000	1 139	313	138	27
800.0 ～ 899.9	2 363	－	2	12	131	184	315	488	451	502	182	83	13
900.0 ～ 999.9	1 331	－	0	33	65	144	221	302	232	236	57	15	27
1000.0 ～ 1199.9	1 788	－	－	14	72	111	299	368	352	259	117	86	110
1200.0千円 ～	2 687	－	－	15	55	127	357	423	623	451	275	178	184
第1・十分位数（千円）	168.7	148.2	161.1	171.2	178.5	182.8	184.1	180.5	175.0	167.9	150.3	140.5	135.7
第1・四分位数（千円）	203.5	160.1	178.8	198.5	211.6	224.6	232.2	229.9	226.5	217.7	176.7	161.3	155.6
中位数（千円）	255.4	170.2	200.4	225.2	249.5	271.8	292.4	305.5	317.1	308.4	220.0	196.6	190.3
第3・四分位数（千円）	336.6	184.1	223.5	255.1	292.2	328.3	364.0	401.0	431.3	431.4	294.2	258.4	263.1
第9・十分位数（千円）	447.2	200.7	248.6	290.0	344.2	395.1	451.4	505.0	545.8	562.5	431.5	377.7	492.4
十分位分散係数	0.55	0.15	0.22	0.26	0.33	0.39	0.46	0.53	0.58	0.64	0.64	0.60	0.94
四分位分散係数	0.26	0.07	0.11	0.13	0.16	0.19	0.23	0.28	0.32	0.35	0.27	0.25	0.28

第3表　年齢階級、所定内給与額階級別労働者数及び所定内給与額の分布特性値

企業規模	100～999人

産　業　計　（　民　・　公　営　計　）

（単位十人）

区　分	年齢計	～19歳	20～24歳	25～29歳	30～34歳	35～39歳	40～44歳	45～49歳	50～54歳	55～59歳	60～64歳	65～69歳	70歳以上
男													
学　歴　計	**537 212**	**5 238**	**35 079**	**53 797**	**61 815**	**68 265**	**79 921**	**72 992**	**58 545**	**50 609**	**34 515**	**12 961**	**3 477**
～ 99.9 千円	26	－	3	1	－	－	2	6	－	1	7	2	4
100.0 ～ 119.9	960	36	88	128	96	49	37	20	56	41	138	193	78
120.0 ～ 139.9	5 115	128	515	619	318	318	362	281	328	427	834	685	299
140.0 ～ 159.9	14 447	780	1 768	1 685	1 033	830	829	748	938	1 164	2 364	1 715	593
160.0 ～ 179.9	26 783	2 521	5 392	2 807	2 283	1 644	1 744	1 641	1 424	1 663	3 454	1 763	447
180.0 ～ 199.9	36 840	1 159	8 399	5 615	3 781	2 904	2 721	2 395	2 014	1 925	3 807	1 747	373
200.0 ～ 219.9	45 792	415	8 420	9 894	6 111	3 946	3 350	3 078	2 141	2 292	4 189	1 657	299
220.0 ～ 239.9	46 940	102	5 435	10 712	7 518	5 498	4 686	3 496	2 583	2 322	3 447	905	238
240.0 ～ 259.9	46 893	76	2 889	8 671	9 827	7 330	5 580	4 152	2 490	2 248	2 767	700	162
260.0 ～ 279.9	41 493	8	1 094	5 684	8 011	7 721	6 735	4 173	2 888	2 496	2 044	502	138
280.0 ～ 299.9	37 599	9	478	3 206	6 405	7 462	7 354	4 731	3 174	2 471	1 738	456	116
300.0 ～ 319.9	33 227	3	283	1 721	4 808	6 565	7 112	5 403	3 092	2 338	1 450	392	61
320.0 ～ 339.9	27 766	1	139	870	3 375	5 224	6 425	4 699	3 421	2 366	970	243	34
340.0 ～ 359.9	25 191	1	64	686	2 369	4 559	5 764	4 673	3 170	2 682	901	263	58
360.0 ～ 379.9	20 957	－	32	478	1 563	3 396	5 080	4 203	3 100	2 202	670	216	18
380.0 ～ 399.9	17 279	－	20	248	924	2 252	4 006	4 099	2 770	2 295	518	123	23
400.0 ～ 449.9	35 570	－	43	302	1 434	3 822	7 151	8 497	6 717	5 903	1 275	350	77
450.0 ～ 499.9	24 340	－	5	156	630	1 909	4 391	6 086	5 668	4 382	910	174	28
500.0 ～ 549.9	17 066	－	4	111	454	1 206	2 626	3 906	4 440	3 361	749	182	28
550.0 ～ 599.9	10 557	－	2	24	156	470	1 351	2 409	2 804	2 608	631	84	19
600.0 ～ 699.9	11 163	－	－	89	328	455	1 075	2 258	2 958	3 007	767	184	43
700.0 ～ 799.9	4 163	－	0	40	119	259	583	757	940	1 050	288	103	23
800.0 ～ 899.9	2 003	－	2	9	119	142	217	418	375	459	171	76	13
900.0 ～ 999.9	1 136	－	0	23	50	109	183	266	192	223	54	15	22
1000.0 ～ 1199.9	1 486	－	－	12	61	77	251	259	291	249	101	84	100
1200.0千円 ～	2 421	－	－	8	42	115	306	341	572	435	270	148	184
第１・十分位数（千円）	183.5	153.0	165.2	180.5	193.2	206.2	213.8	214.2	210.8	198.5	160.6	145.6	138.4
第１・四分位数（千円）	221.8	162.7	182.5	205.9	225.0	245.5	262.0	272.2	278.4	264.2	188.9	166.8	157.2
中　位　数（千円）	281.7	172.8	203.1	231.5	259.9	290.2	318.4	347.1	369.8	367.7	234.2	204.1	196.6
第３・四分位数（千円）	372.9	186.4	225.2	260.7	303.8	347.1	390.2	439.3	478.5	481.4	314.4	274.0	276.1
第９・十分位数（千円）	489.9	203.2	249.7	295.5	357.2	418.7	480.6	541.3	588.1	607.6	476.5	410.9	669.1
十分位分散係数	0.54	0.15	0.21	0.25	0.32	0.37	0.42	0.47	0.51	0.56	0.67	0.65	1.35
四分位分散係数	0.27	0.07	0.11	0.12	0.15	0.18	0.20	0.24	0.27	0.30	0.27	0.26	0.30
中　学　卒	**14 858**	**112**	**415**	**657**	**1 117**	**1 213**	**1 478**	**1 932**	**1 610**	**1 594**	**2 441**	**1 659**	**629**
～ 99.9 千円	2	－	－	－	－	－	1	－	－	－	1	－	－
100.0 ～ 119.9	177	3	10	35	10	3	5	3	2	9	13	61	25
120.0 ～ 139.9	507	10	36	30	19	21	19	23	22	24	97	146	61
140.0 ～ 159.9	1 002	19	66	78	76	27	30	51	27	53	196	233	146
160.0 ～ 179.9	1 474	43	116	71	82	61	50	91	122	86	318	302	131
180.0 ～ 199.9	1 528	13	62	52	110	160	113	171	46	119	413	214	55
200.0 ～ 219.9	1 685	11	75	115	186	127	149	115	180	130	310	231	57
220.0 ～ 239.9	1 488	10	9	75	127	137	159	132	184	124	344	152	36
240.0 ～ 259.9	1 287	4	10	46	79	140	224	157	95	163	236	80	53
260.0 ～ 279.9	1 126	－	26	64	130	148	148	147	118	138	125	67	17
280.0 ～ 299.9	939	－	－	42	55	66	145	161	171	107	111	61	21
300.0 ～ 319.9	801	－	4	23	55	109	94	139	102	93	121	51	10
320.0 ～ 339.9	577	－	1	7	68	44	68	163	97	92	11	15	12
340.0 ～ 359.9	464	－	1	－	24	54	60	105	114	74	25	5	4
360.0 ～ 379.9	394	－	－	5	47	6	56	116	74	71	14	5	－
380.0 ～ 399.9	286	－	－	－	19	26	28	54	48	47	44	19	2
400.0 ～ 449.9	460	－	－	10	13	60	47	136	72	105	16	－	0
450.0 ～ 499.9	267	－	－	2	14	11	34	74	28	82	16	5	1
500.0 ～ 549.9	141	－	－	－	1	10	23	25	47	24	8	3	－
550.0 ～ 599.9	121	－	－	－	2	4	23	37	10	35	1	9	－
600.0 ～ 699.9	91	－	－	－	2	－	1	33	26	7	21	1	－
700.0 ～ 799.9	33	－	－	－	－	－	－	－	23	10	－	－	－
800.0 ～ 899.9	1	－	－	－	－	－	－	－	－	1	－	0	－
900.0 ～ 999.9	4	－	－	－	－	－	2	－	2	－	－	－	－
1000.0 ～ 1199.9	2	－	－	－	－	－	－	－	2	－	－	－	－
1200.0千円 ～	－	－	－	－	－	－	－	－	－	－	－	－	－
第１・十分位数（千円）	155.9	137.7	136.6	140.2	161.9	181.5	186.7	182.6	177.2	176.3	154.4	135.8	135.0
第１・四分位数（千円）	187.2	152.6	157.6	165.5	197.1	204.6	220.5	223.9	220.4	217.0	179.1	158.1	151.6
中　位　数（千円）	234.2	167.4	175.5	210.0	233.4	248.9	259.0	288.2	281.2	271.0	210.2	188.1	168.0
第３・四分位数（千円）	298.2	197.4	205.2	255.8	288.4	303.9	314.4	359.0	345.4	356.0	249.2	226.6	218.7
第９・十分位数（千円）	375.9	232.3	238.8	286.7	349.3	358.5	387.4	431.4	428.4	438.3	303.1	283.0	261.8
十分位分散係数	0.47	0.28	0.29	0.35	0.40	0.36	0.39	0.43	0.45	0.48	0.35	0.39	0.38
四分位分散係数	0.24	0.13	0.14	0.22	0.20	0.20	0.18	0.23	0.22	0.26	0.17	0.18	0.20

第3表　年齢階級、所定内給与額階級別労働者数及び所定内給与額の分布特性値

企業規模	100～999人

産業計（民・公営計）

（単位十人）

区分	年齢計	～19歳	20～24歳	25～29歳	30～34歳	35～39歳	40～44歳	45～49歳	50～54歳	55～59歳	60～64歳	65～69歳	70歳以上
高校卒	**226 655**	**5 126**	**15 636**	**17 199**	**20 377**	**24 377**	**32 345**	**32 443**	**28 550**	**24 032**	**17 538**	**7 302**	**1 730**
～ 99.9千円	24	–	3	1	–	–	1	6	–	1	6	2	4
100.0 ～ 119.9	600	34	60	68	57	39	27	17	43	16	91	110	37
120.0 ～ 139.9	3 604	118	402	427	219	210	252	179	235	349	593	430	191
140.0 ～ 159.9	9 958	762	1 218	1 025	643	569	547	544	725	806	1 554	1 186	378
160.0 ～ 179.9	18 164	2 479	3 772	1 530	1 348	978	1 199	1 223	925	1 127	2 228	1 115	241
180.0 ～ 199.9	22 268	1 146	4 677	2 774	2 088	1 689	1 751	1 579	1 493	1 282	2 346	1 222	221
200.0 ～ 219.9	22 685	404	2 871	3 792	2 882	2 132	2 138	2 073	1 416	1 483	2 328	999	166
220.0 ～ 239.9	21 445	92	1 429	2 930	3 116	2 905	2 571	2 440	1 773	1 529	1 984	521	155
240.0 ～ 259.9	19 935	72	631	1 975	3 343	3 324	3 021	2 583	1 708	1 506	1 389	324	59
260.0 ～ 279.9	17 515	8	257	1 163	2 303	3 051	3 359	2 466	1 892	1 627	1 000	310	81
280.0 ～ 299.9	15 851	9	144	695	1 684	2 603	3 317	2 716	1 979	1 525	885	231	62
300.0 ～ 319.9	13 831	3	93	323	1 078	2 176	3 158	2 849	1 913	1 427	607	183	21
320.0 ～ 339.9	10 820	1	37	101	557	1 307	2 534	2 364	1 961	1 368	451	134	6
340.0 ～ 359.9	9 157	1	21	148	369	1 001	1 966	2 098	1 677	1 377	334	142	24
360.0 ～ 379.9	7 437	–	11	85	173	677	1 701	1 668	1 651	1 102	284	81	3
380.0 ～ 399.9	6 079	–	1	27	108	443	1 216	1 556	1 446	1 069	172	31	11
400.0 ～ 449.9	11 679	–	4	61	153	643	1 839	2 900	2 915	2 630	414	105	15
450.0 ～ 499.9	7 002	–	3	56	125	291	844	1 730	2 119	1 481	298	48	8
500.0 ～ 549.9	4 044	–	–	1	75	218	384	715	1 432	938	221	44	17
550.0 ～ 599.9	2 014	–	–	–	16	47	215	347	660	540	171	12	5
600.0 ～ 699.9	1 690	–	–	19	21	31	155	236	446	594	127	60	1
700.0 ～ 799.9	500	–	0	–	11	27	92	94	79	156	34	6	1
800.0 ～ 899.9	157	–	2	–	6	1	20	30	34	41	16	3	4
900.0 ～ 999.9	73	–	–	–	–	2	12	16	16	23	2	2	0
1000.0 ～ 1199.9	55	–	–	–	–	7	27	6	10	4	1	2	–
1200.0千円 ～	67	–	–	–	0	6	–	7	3	30	2	–	19
第1・十分位数（千円）	170.0	153.3	158.4	163.1	177.1	187.8	193.6	196.5	193.0	181.7	154.4	143.7	135.6
第1・四分位数（千円）	201.8	162.8	173.1	189.4	205.3	223.6	237.0	240.4	246.3	231.9	179.2	161.7	152.5
中位数（千円）	254.6	172.9	189.8	214.6	238.9	262.3	287.4	302.9	321.8	311.2	216.3	192.4	180.9
第3・四分位数（千円）	327.5	186.3	209.8	243.2	272.9	306.6	343.4	374.3	407.9	406.6	271.1	234.4	226.7
第9・十分位数（千円）	416.3	202.8	233.0	276.4	310.9	359.0	407.8	448.8	494.1	496.2	359.1	310.5	287.5
十分位分散係数	0.48	0.14	0.20	0.26	0.28	0.33	0.37	0.42	0.47	0.51	0.47	0.43	0.42
四分位分散係数	0.25	0.07	0.10	0.13	0.14	0.16	0.19	0.22	0.25	0.28	0.21	0.19	0.21
高専・短大卒	**79 435**	**–**	**6 511**	**8 220**	**11 189**	**11 733**	**14 484**	**11 946**	**7 240**	**4 804**	**2 366**	**757**	**186**
～ 99.9千円	0	–	–	–	–	–	–	0	–	–	–	–	–
100.0 ～ 119.9	75	–	9	8	17	3	3	–	4	2	12	4	13
120.0 ～ 139.9	294	–	48	63	29	38	27	12	10	6	36	12	13
140.0 ～ 159.9	1 397	–	347	239	112	76	144	64	59	150	111	82	15
160.0 ～ 179.9	3 396	–	1 062	557	418	314	231	158	169	174	160	131	23
180.0 ～ 199.9	5 507	–	1 886	1 109	687	409	408	380	158	182	205	55	27
200.0 ～ 219.9	6 652	–	1 336	1 522	1 168	762	504	389	243	256	300	157	16
220.0 ～ 239.9	7 339	–	997	1 557	1 598	1 119	943	375	251	190	253	33	25
240.0 ～ 259.9	7 828	–	516	1 282	1 940	1 552	1 136	660	291	163	248	39	2
260.0 ～ 279.9	6 854	–	203	751	1 539	1 511	1 475	719	281	166	177	29	3
280.0 ～ 299.9	6 386	–	55	491	1 152	1 475	1 457	824	477	269	155	24	7
300.0 ～ 319.9	5 826	–	34	271	959	1 161	1 640	972	388	206	166	18	11
320.0 ～ 339.9	4 522	–	7	117	621	859	1 367	761	475	230	80	4	2
340.0 ～ 359.9	4 502	–	5	54	350	900	1 236	940	558	338	79	34	6
360.0 ～ 379.9	3 655	–	0	105	216	565	954	942	461	323	66	21	–
380.0 ～ 399.9	2 776	–	5	19	106	262	738	897	398	297	32	21	–
400.0 ～ 449.9	5 217	–	1	45	167	447	1 109	1 608	1 006	651	119	54	10
450.0 ～ 499.9	3 160	–	1	22	64	177	536	1 007	775	480	74	23	–
500.0 ～ 549.9	1 671	–	–	6	40	53	278	529	436	278	43	5	2
550.0 ～ 599.9	981	–	–	3	2	22	125	330	327	155	13	4	1
600.0 ～ 699.9	910	–	–	–	3	24	123	207	338	181	26	3	5
700.0 ～ 799.9	256	–	–	–	–	2	29	74	86	52	3	1	8
800.0 ～ 899.9	117	–	0	–	1	–	19	59	25	10	4	–	–
900.0 ～ 999.9	46	–	–	–	–	–	1	24	5	17	–	–	–
1000.0 ～ 1199.9	65	–	–	–	–	–	–	13	19	29	3	1	–
1200.0千円 ～	4	–	–	–	–	–	1	2	0	–	–	–	–
第1・十分位数（千円）	190.5	–	165.7	178.5	196.1	209.9	223.3	231.1	227.6	195.6	171.6	154.7	134.1
第1・四分位数（千円）	227.0	–	181.8	201.2	225.0	242.9	263.7	284.5	295.3	269.2	204.6	174.2	165.7
中位数（千円）	281.1	–	199.0	228.1	256.0	281.1	310.5	353.5	369.8	363.9	250.1	210.6	202.4
第3・四分位数（千円）	355.3	–	223.0	256.9	295.4	327.9	365.4	423.4	459.7	450.0	314.9	299.7	295.4
第9・十分位数（千円）	441.4	–	245.4	292.1	334.4	372.9	430.6	503.5	559.5	542.0	408.3	412.6	426.6
十分位分散係数	0.45	–	0.20	0.25	0.27	0.29	0.33	0.39	0.45	0.48	0.47	0.61	0.72
四分位分散係数	0.23	–	0.10	0.12	0.14	0.15	0.16	0.20	0.22	0.25	0.22	0.30	0.32

第3表　年齢階級、所定内給与額階級別労働者数及び所定内給与額の分布特性値

企業規模	100～999人

産 業 計 （ 民 ・ 公 営 計 ）

（単位十人）

区分	年齢計	～19歳	20～24歳	25～29歳	30～34歳	35～39歳	40～44歳	45～49歳	50～54歳	55～59歳	60～64歳	65～69歳	70歳以上
大学・大学院卒	216 265	－	12 517	27 721	29 132	30 942	31 613	26 671	21 144	20 179	12 170	3 243	931
～ 99.9 千円	－	－	－	－	－	－	－	－	－	－	－	－	－
100.0 ～ 119.9	107	－	9	17	11	4	2	－	6	15	22	17	4
120.0 ～ 139.9	709	－	30	100	50	49	64	68	61	49	107	97	34
140.0 ～ 159.9	2 089	－	137	344	201	158	109	89	127	154	503	214	53
160.0 ～ 179.9	3 749	－	442	650	434	291	265	169	208	276	748	215	52
180.0 ～ 199.9	7 537	－	1 774	1 679	896	646	449	264	317	342	843	256	70
200.0 ～ 219.9	14 769	－	4 139	4 464	1 876	925	560	501	302	423	1 250	269	60
220.0 ～ 239.9	16 668	－	2 999	6 150	2 678	1 336	1 013	549	376	480	866	199	22
240.0 ～ 259.9	17 843	－	1 732	5 368	4 465	2 314	1 200	753	397	415	894	257	48
260.0 ～ 279.9	15 998	－	609	3 706	4 039	3 012	1 753	841	598	565	741	96	38
280.0 ～ 299.9	14 422	－	279	1 978	3 515	3 318	2 435	1 029	547	570	587	139	26
300.0 ～ 319.9	12 770	－	152	1 104	2 716	3 119	2 219	1 444	689	611	555	140	19
320.0 ～ 339.9	11 846	－	95	645	2 130	3 014	2 456	1 410	888	675	429	90	15
340.0 ～ 359.9	11 068	－	39	484	1 626	2 605	2 501	1 529	821	893	463	81	25
360.0 ～ 379.9	9 472	－	21	283	1 127	2 147	2 368	1 476	914	705	307	109	15
380.0 ～ 399.9	8 138	－	15	201	692	1 521	2 025	1 592	877	882	270	52	11
400.0 ～ 449.9	18 215	－	39	185	1 101	2 672	4 156	3 853	2 723	2 516	726	191	52
450.0 ～ 499.9	13 911	－	2	76	427	1 430	2 976	3 275	2 746	2 339	522	99	19
500.0 ～ 549.9	11 210	－	4	103	337	925	1 940	2 637	2 526	2 120	477	130	10
550.0 ～ 599.9	7 441	－	2	21	136	397	988	1 694	1 806	1 879	446	59	13
600.0 ～ 699.9	8 472	－	－	70	302	400	795	1 782	2 148	2 225	594	120	37
700.0 ～ 799.9	3 374	－	－	40	108	231	463	589	752	832	250	97	14
800.0 ～ 899.9	1 728	－	－	9	113	141	178	329	316	407	152	72	10
900.0 ～ 999.9	1 013	－	0	23	50	107	169	226	169	183	52	13	21
1000.0 ～ 1199.9	1 364	－	－	12	61	70	225	240	261	217	97	82	100
1200.0千円 ～	2 351	－	－	8	42	110	305	332	569	405	268	148	165
第1・十分位数（千円）	210.8	－	189.7	199.8	215.0	236.1	252.0	266.1	269.6	253.9	175.7	159.7	161.1
第1・四分位数（千円）	249.8	－	203.6	218.8	245.7	273.6	300.5	333.1	358.9	349.6	211.6	200.7	205.7
中位数（千円）	322.4	－	218.7	241.6	279.6	322.0	366.2	420.6	460.3	459.8	283.3	280.1	361.2
第3・四分位数（千円）	439.6	－	238.9	270.3	327.6	383.2	451.8	519.2	566.7	578.7	433.7	453.7	1014.7
第9・十分位数（千円）	575.5	－	260.1	308.1	393.2	470.1	548.6	634.9	695.0	702.2	619.5	795.0	1420.9
十分位分散係数	0.57	－	0.16	0.22	0.32	0.36	0.40	0.44	0.46	0.49	0.78	1.13	1.74
四分位分散係数	0.29	－	0.08	0.11	0.15	0.17	0.21	0.22	0.23	0.25	0.39	0.45	1.12
女													
学歴計	320 903	3 678	32 705	41 138	36 864	37 050	42 428	42 139	34 350	28 816	15 498	4 899	1 336
～ 99.9 千円	47	－	4	－	4	4	3	8	3	10	8	3	1
100.0 ～ 119.9	1 900	5	79	114	117	196	256	229	153	292	240	138	81
120.0 ～ 139.9	11 225	231	885	928	861	1 168	1 261	1 199	1 250	1 125	1 470	710	136
140.0 ～ 159.9	26 104	1 027	2 904	2 608	2 145	2 146	2 703	3 164	2 847	2 925	2 587	829	221
160.0 ～ 179.9	36 049	1 508	6 137	3 868	3 499	3 370	3 635	4 055	3 601	3 024	2 303	845	204
180.0 ～ 199.9	39 833	602	7 388	6 321	4 227	3 724	4 067	4 204	3 410	2 972	2 074	655	190
200.0 ～ 219.9	40 434	221	6 803	8 166	5 229	3 844	4 348	4 060	3 198	2 511	1 526	408	121
220.0 ～ 239.9	36 621	46	4 270	7 150	5 269	4 506	4 336	4 091	3 098	2 478	979	335	63
240.0 ～ 259.9	30 221	23	2 201	4 812	4 698	4 372	4 368	3 684	2 799	2 104	917	178	63
260.0 ～ 279.9	23 000	15	1 026	2 884	3 423	3 590	3 585	3 303	2 273	2 031	625	167	81
280.0 ～ 299.9	17 279	－	423	1 721	2 467	2 793	3 065	2 705	1 735	1 667	556	112	35
300.0 ～ 319.9	12 943	1	251	978	1 386	2 134	2 448	2 298	1 625	1 300	366	141	16
320.0 ～ 339.9	10 349	－	133	573	1 238	1 476	2 074	1 830	1 525	1 068	348	77	7
340.0 ～ 359.9	7 571	－	81	373	617	1 127	1 576	1 448	1 100	944	226	54	27
360.0 ～ 379.9	5 717	－	57	276	576	788	1 099	973	1 025	756	153	12	2
380.0 ～ 399.9	4 564	－	23	95	244	462	854	1 057	987	649	162	26	4
400.0 ～ 449.9	7 471	－	20	150	490	677	1 305	1 695	1 549	1 239	294	33	19
450.0 ～ 499.9	3 535	－	17	24	119	221	569	737	862	687	241	30	28
500.0 ～ 549.9	1 830	－	3	24	36	85	225	402	510	368	147	25	6
550.0 ～ 599.9	1 347	－	－	4	97	102	163	362	292	230	74	11	12
600.0 ～ 699.9	1 291	－	1	34	32	121	199	236	221	266	143	36	2
700.0 ～ 799.9	449	－	－	13	41	24	55	102	60	89	25	35	4
800.0 ～ 899.9	361	－	－	3	12	41	98	69	76	43	11	8	－
900.0 ～ 999.9	195	－	－	10	15	34	38	36	40	14	3	－	5
1000.0 ～ 1199.9	302	－	－	2	11	34	47	109	61	10	16	2	11
1200.0千円 ～	266	－	－	8	13	12	51	82	51	16	5	30	－
第1・十分位数（千円）	155.2	143.1	156.8	162.6	163.4	161.2	160.1	157.9	155.2	150.7	138.4	132.0	127.7
第1・四分位数（千円）	182.5	154.3	174.8	189.7	192.3	193.8	193.5	189.2	184.0	178.7	156.8	150.4	150.0
中位数（千円）	222.6	166.7	197.3	216.6	228.6	238.1	242.6	240.3	237.4	232.0	189.6	177.7	182.0
第3・四分位数（千円）	275.6	179.8	221.3	246.0	268.6	285.8	301.5	307.6	316.8	306.7	249.6	224.2	234.8
第9・十分位数（千円）	346.7	197.1	247.3	281.9	317.9	340.4	367.6	391.4	408.3	402.8	337.7	304.4	304.5
十分位分散係数	0.43	0.16	0.23	0.28	0.34	0.38	0.43	0.49	0.53	0.54	0.53	0.49	0.49
四分位分散係数	0.21	0.08	0.12	0.13	0.17	0.19	0.22	0.25	0.28	0.28	0.24	0.21	0.23

第3表　年齢階級、所定内給与額階級別労働者数及び所定内給与額の分布特性値

企業規模	100～999人

産業計（民・公営計）

（単位十人）

区分	年齢計	～19歳	20～24歳	25～29歳	30～34歳	35～39歳	40～44歳	45～49歳	50～54歳	55～59歳	60～64歳	65～69歳	70歳以上
中学卒	**6 071**	**68**	**210**	**347**	**507**	**456**	**603**	**569**	**543**	**707**	**1 154**	**696**	**211**
～ 99.9千円	5	–	3	–	1	–	–	–	–	–	1	–	–
100.0 ～ 119.9	148	–	–	19	20	4	5	2	14	13	16	33	23
120.0 ～ 139.9	906	5	27	63	55	95	102	34	44	81	187	172	41
140.0 ～ 159.9	1 302	20	55	59	142	92	67	65	109	65	382	190	56
160.0 ～ 179.9	941	20	71	58	80	70	100	102	68	96	147	104	26
180.0 ～ 199.9	743	12	19	46	46	53	78	55	82	134	104	68	45
200.0 ～ 219.9	709	1	8	9	70	43	65	71	76	138	151	60	17
220.0 ～ 239.9	313	9	9	30	31	28	40	59	29	42	14	22	–
240.0 ～ 259.9	296	–	15	14	16	10	60	55	20	26	66	12	3
260.0 ～ 279.9	287	–	2	4	29	34	66	96	24	17	16	0	0
280.0 ～ 299.9	180	–	1	17	11	8	20	14	19	54	27	10	0
300.0 ～ 319.9	76	–	–	10	1	19	1	4	8	19	11	4	–
320.0 ～ 339.9	59	–	–	1	2	1	0	8	3	12	20	11	–
340.0 ～ 359.9	17	–	–	10	3	1	1	2	–	1	–	–	–
360.0 ～ 379.9	22	–	–	–	–	–	–	–	10	6	6	–	–
380.0 ～ 399.9	46	–	–	–	–	–	–	1	35	–	–	10	–
400.0 ～ 449.9	17	–	–	8	–	–	–	–	3	2	3	–	1
450.0 ～ 499.9	1	–	–	–	–	–	–	1	–	–	–	–	–
500.0 ～ 549.9	2	–	–	–	–	–	–	–	–	1	1	–	–
550.0 ～ 599.9	2	–	–	–	–	–	–	1	–	–	1	–	–
600.0 ～ 699.9	–	–	–	–	–	–	–	–	–	–	–	–	–
700.0 ～ 799.9	–	–	–	–	–	–	–	–	–	–	–	–	–
800.0 ～ 899.9	–	–	–	–	–	–	–	–	–	–	–	–	–
900.0 ～ 999.9	–	–	–	–	–	–	–	–	–	–	–	–	–
1000.0 ～ 1199.9	–	–	–	–	–	–	–	–	–	–	–	–	–
1200.0千円 ～	–	–	–	–	–	–	–	–	–	–	–	–	–
第1・十分位数（千円）	132.1	142.2	133.4	123.7	131.3	126.1	131.6	144.8	139.1	136.4	134.4	126.9	119.1
第1・四分位数（千円）	148.4	153.6	147.8	141.1	148.2	146.2	152.7	167.9	156.4	163.6	145.3	137.4	135.5
中位数（千円）	173.1	164.3	163.7	173.0	165.6	170.3	189.5	212.2	187.0	194.3	159.6	156.3	151.2
第3・四分位数（千円）	213.5	184.7	182.1	222.8	206.8	211.4	235.5	250.8	231.0	221.2	203.9	184.6	183.1
第9・十分位数（千円）	266.1	224.0	232.1	286.7	248.8	265.7	271.2	272.8	305.8	287.2	252.0	220.1	200.2
十分位分散係数	0.39	0.25	0.30	0.47	0.35	0.41	0.37	0.30	0.45	0.39	0.37	0.30	0.27
四分位分散係数	0.19	0.09	0.10	0.24	0.18	0.19	0.22	0.20	0.20	0.15	0.18	0.15	0.16
高校卒	**126 877**	**3 611**	**10 689**	**10 348**	**10 383**	**12 086**	**16 107**	**19 264**	**17 080**	**14 792**	**8 980**	**2 872**	**665**
～ 99.9千円	34	–	1	–	2	1	3	6	3	8	6	3	1
100.0 ～ 119.9	1 508	5	70	78	71	152	225	181	121	232	219	95	58
120.0 ～ 139.9	8 060	226	600	534	535	767	855	941	1 032	851	1 170	458	91
140.0 ～ 159.9	18 164	1 007	1 857	1 568	1 247	1 494	1 882	2 328	2 057	2 197	1 828	543	155
160.0 ～ 179.9	22 284	1 488	3 262	1 893	1 837	1 926	2 165	2 699	2 531	2 117	1 640	577	148
180.0 ～ 199.9	19 988	590	2 521	2 157	1 791	1 695	2 369	2 735	2 390	1 925	1 264	473	78
200.0 ～ 219.9	15 330	220	1 323	1 815	1 707	1 445	2 142	2 260	1 914	1 471	770	209	54
220.0 ～ 239.9	12 421	37	581	1 232	1 357	1 564	1 681	2 224	1 666	1 286	559	218	16
240.0 ～ 259.9	9 037	23	251	521	822	1 154	1 536	1 702	1 393	1 034	499	92	8
260.0 ～ 279.9	6 419	15	136	193	438	735	1 222	1 250	1 042	986	288	77	37
280.0 ～ 299.9	4 214	–	56	164	230	479	719	997	648	635	229	43	13
300.0 ～ 319.9	2 813	1	1	90	111	243	462	652	551	496	162	44	1
320.0 ～ 339.9	1 956	–	14	38	152	160	304	355	389	432	98	12	2
340.0 ～ 359.9	1 296	–	–	16	30	111	156	321	326	254	63	19	–
360.0 ～ 379.9	811	–	–	28	7	90	110	136	217	196	26	–	2
380.0 ～ 399.9	779	–	11	3	1	36	100	173	263	171	19	1	0
400.0 ～ 449.9	1 033	–	4	15	30	18	130	163	316	271	86	–	–
450.0 ～ 499.9	330	–	–	1	14	12	6	48	107	129	13	0	–
500.0 ～ 549.9	182	–	–	–	0	2	30	25	61	48	15	1	–
550.0 ～ 599.9	77	–	–	–	–	–	8	29	19	16	3	3	–
600.0 ～ 699.9	114	–	–	–	1	3	3	34	25	26	20	2	–
700.0 ～ 799.9	23	–	–	–	–	–	–	5	8	8	2	–	–
800.0 ～ 899.9	4	–	–	–	–	–	–	–	1	2	1	–	–
900.0 ～ 999.9	–	–	–	–	–	–	–	–	–	–	–	–	–
1000.0 ～ 1199.9	–	–	–	–	–	–	–	–	–	–	–	–	–
1200.0千円 ～	1	–	–	–	–	–	–	–	–	–	1	–	–
第1・十分位数（千円）	143.9	143.1	145.9	146.3	148.1	144.2	146.0	148.1	146.4	143.9	134.0	130.3	121.5
第1・四分位数（千円）	163.5	154.3	161.0	164.3	168.2	166.9	169.4	170.4	168.6	163.5	149.5	146.5	142.2
中位数（千円）	193.2	166.7	177.6	190.4	196.4	200.1	205.1	206.3	203.9	200.9	174.0	169.3	162.6
第3・四分位数（千円）	235.4	179.7	197.6	216.9	227.8	240.3	248.8	252.4	255.6	259.4	215.8	200.3	193.2
第9・十分位数（千円）	284.4	196.9	219.7	241.2	259.2	278.1	290.9	300.4	321.1	323.0	267.6	241.4	228.1
十分位分散係数	0.36	0.16	0.21	0.25	0.28	0.33	0.35	0.37	0.43	0.45	0.38	0.33	0.33
四分位分散係数	0.19	0.08	0.10	0.14	0.15	0.18	0.19	0.20	0.21	0.24	0.19	0.16	0.16

第3表　年齢階級、所定内給与額階級別労働者数及び所定内給与額の分布特性値

企業規模　100～999人

産業計（民・公営計）

（単位十人）

区分	年齢計	～19歳	20～24歳	25～29歳	30～34歳	35～39歳	40～44歳	45～49歳	50～54歳	55～59歳	60～64歳	65～69歳	70歳以上
高専・短大卒	**107 719**	**-**	**11 310**	**11 710**	**12 080**	**13 481**	**16 440**	**15 551**	**11 868**	**10 017**	**3 941**	**992**	**328**
～ 99.9 千円	4	-	-	-	-	-	-	2	-	2	0	-	-
100.0 ～ 119.9	175	-	3	11	19	18	21	33	15	44	4	7	-
120.0 ～ 139.9	1 782	-	217	257	179	202	252	199	143	158	94	76	4
140.0 ～ 159.9	4 979	-	777	540	540	406	535	655	525	585	328	79	8
160.0 ～ 179.9	9 196	-	2 133	1 117	962	948	1 043	1 046	761	632	425	108	21
180.0 ～ 199.9	11 409	-	2 759	1 672	1 370	1 276	1 138	1 087	716	689	564	98	40
200.0 ～ 219.9	13 165	-	2 349	2 192	1 789	1 484	1 636	1 358	987	748	469	105	47
220.0 ～ 239.9	12 591	-	1 396	1 973	1 774	1 756	1 777	1 439	1 190	813	347	80	47
240.0 ～ 259.9	11 440	-	733	1 570	1 644	1 812	1 891	1 416	1 094	865	311	63	42
260.0 ～ 279.9	9 295	-	468	1 014	1 215	1 530	1 523	1 438	855	888	232	89	41
280.0 ～ 299.9	7 487	-	162	584	949	1 138	1 581	1 269	729	785	224	55	12
300.0 ～ 319.9	5 910	-	137	400	553	916	1 152	1 116	776	621	149	82	7
320.0 ～ 339.9	4 986	-	70	201	446	700	1 078	1 016	863	436	127	50	0
340.0 ～ 359.9	3 816	-	41	55	213	473	919	782	594	590	105	25	19
360.0 ～ 379.9	2 839	-	45	37	168	341	548	572	573	445	109	1	-
380.0 ～ 399.9	2 235	-	11	41	98	147	429	561	479	370	88	11	1
400.0 ～ 449.9	3 648	-	11	45	106	270	602	952	762	745	120	23	12
450.0 ～ 499.9	1 478	-	-	1	28	47	222	337	394	271	138	19	19
500.0 ～ 549.9	599	-	-	-	-	1	40	112	206	156	60	17	6
550.0 ～ 599.9	323	-	-	-	25	9	13	112	104	56	5	-	0
600.0 ～ 699.9	237	-	-	-	-	3	28	35	63	72	33	3	1
700.0 ～ 799.9	67	-	-	-	1	-	10	8	13	32	1	0	2
800.0 ～ 899.9	36	-	-	-	-	1	1	4	9	14	7	-	-
900.0 ～ 999.9	5	-	-	-	-	-	-	-	3	2	-	-	-
1000.0 ～ 1199.9	12	-	-	-	1	-	-	2	10	-	-	-	-
1200.0千円 ～	5	-	-	-	-	-	-	2	3	-	-	-	-
第1・十分位数（千円）	168.9	-	161.5	167.1	170.9	175.9	176.1	172.4	171.8	166.4	157.9	144.9	180.2
第1・四分位数（千円）	199.0	-	177.6	192.9	199.3	207.4	213.9	211.5	216.9	208.7	184.5	176.9	205.9
中位数（千円）	240.9	-	198.4	220.7	232.8	246.5	259.2	267.7	272.5	269.0	224.7	223.6	239.4
第3・四分位数（千円）	298.0	-	223.1	249.9	272.0	291.2	316.3	333.1	346.4	348.6	293.7	295.5	278.5
第9・十分位数（千円）	364.7	-	253.3	286.5	316.0	338.3	368.6	400.3	417.5	421.3	392.0	340.2	442.6
十分位分散係数	0.41	-	0.23	0.27	0.31	0.33	0.37	0.43	0.45	0.47	0.52	0.44	0.55
四分位分散係数	0.21	-	0.11	0.13	0.16	0.17	0.20	0.23	0.24	0.26	0.24	0.27	0.15
大学・大学院卒	**80 236**	**-**	**10 496**	**18 733**	**13 894**	**11 026**	**9 278**	**6 754**	**4 860**	**3 299**	**1 424**	**339**	**133**
～ 99.9 千円	3	-	-	-	-	3	-	-	-	-	-	-	-
100.0 ～ 119.9	68	-	6	6	7	23	4	13	3	4	1	3	-
120.0 ～ 139.9	476	-	41	74	92	103	52	25	31	34	19	4	-
140.0 ～ 159.9	1 660	-	214	441	215	154	219	115	156	77	48	16	3
160.0 ～ 179.9	3 628	-	671	800	620	427	327	208	241	178	90	56	9
180.0 ～ 199.9	7 694	-	2 089	2 446	1 020	700	482	326	223	223	141	16	27
200.0 ～ 219.9	11 230	-	3 124	4 149	1 662	872	504	371	221	155	136	35	3
220.0 ～ 239.9	11 296	-	2 283	3 914	2 108	1 159	838	369	214	337	60	15	-
240.0 ～ 259.9	9 448	-	1 202	2 707	2 216	1 396	881	510	292	180	42	11	10
260.0 ～ 279.9	6 999	-	420	1 672	1 741	1 291	775	519	352	139	88	-	2
280.0 ～ 299.9	5 399	-	203	956	1 277	1 168	745	427	338	194	76	3	10
300.0 ～ 319.9	4 143	-	112	478	721	956	833	526	290	165	44	11	8
320.0 ～ 339.9	3 347	-	50	333	638	615	692	451	270	188	103	4	4
340.0 ～ 359.9	2 442	-	40	292	371	541	500	343	180	99	58	9	8
360.0 ～ 379.9	2 045	-	13	211	402	357	441	265	226	108	13	11	-
380.0 ～ 399.9	1 505	-	1	52	146	278	325	322	210	108	56	4	4
400.0 ～ 449.9	2 773	-	6	82	355	388	573	580	467	221	84	10	7
450.0 ～ 499.9	1 727	-	17	22	77	162	341	351	361	287	91	10	9
500.0 ～ 549.9	1 048	-	3	24	36	82	156	265	243	162	70	7	-
550.0 ～ 599.9	944	-	-	4	72	94	142	220	170	158	65	7	11
600.0 ～ 699.9	940	-	1	34	31	115	169	167	134	167	91	30	1
700.0 ～ 799.9	358	-	-	13	40	24	45	89	40	49	22	35	1
800.0 ～ 899.9	321	-	-	3	12	40	97	65	65	28	4	8	-
900.0 ～ 999.9	190	-	-	10	15	34	38	36	37	12	3	-	5
1000.0 ～ 1199.9	290	-	-	2	10	34	47	108	51	10	16	2	11
1200.0千円 ～	261	-	-	8	13	12	51	81	48	16	4	30	-
第1・十分位数（千円）	186.6	-	181.3	185.3	190.3	192.6	193.7	199.4	185.8	185.5	176.7	161.9	180.3
第1・四分位数（千円）	211.9	-	196.6	204.8	218.5	228.4	237.6	252.2	250.8	231.4	207.0	186.1	187.6
中位数（千円）	248.2	-	213.4	227.1	251.1	269.9	294.5	318.5	326.6	315.3	303.5	309.4	302.2
第3・四分位数（千円）	310.1	-	233.6	256.0	290.9	320.6	363.9	418.4	441.0	462.7	455.3	673.6	458.8
第9・十分位数（千円）	412.3	-	256.0	292.7	349.8	391.0	463.9	563.6	566.2	585.0	596.8	806.8	904.5
十分位分散係数	0.45	-	0.18	0.24	0.32	0.37	0.46	0.57	0.58	0.63	0.69	1.04	1.20
四分位分散係数	0.20	-	0.09	0.11	0.14	0.17	0.21	0.26	0.29	0.37	0.41	0.79	0.45

第3表　年齢階級、所定内給与額階級別労働者数及び所定内給与額の分布特性値

企業規模	10～99人

産　業　計　（　民　・　公　営　計　）

（単位十人）

区　分	年齢計	～19歳	20～24歳	25～29歳	30～34歳	35～39歳	40～44歳	45～49歳	50～54歳	55～59歳	60～64歳	65～69歳	70歳以上
企業規模 10 ～ 99 人													
男　女　計													
学　歴　計	616 357	5 677	42 016	59 124	64 139	71 431	87 894	80 983	67 699	60 242	44 925	23 534	8 694
～ 99.9 千円	162	2	–	13	21	14	4	12	10	27	32	18	9
100.0 ～ 119.9	3 282	37	151	218	212	243	303	312	286	409	459	390	262
120.0 ～ 139.9	15 914	484	1 714	1 516	1 309	1 178	1 239	1 436	1 286	1 471	1 998	1 513	769
140.0 ～ 159.9	36 215	1 297	4 760	3 494	3 098	2 944	3 263	3 244	3 152	3 216	3 829	2 765	1 155
160.0 ～ 179.9	51 704	1 794	8 113	6 353	4 980	4 226	5 163	4 586	4 423	3 732	4 391	2 890	1 054
180.0 ～ 199.9	61 961	1 152	10 215	9 188	6 556	5 763	6 034	5 832	4 869	4 226	4 540	2 692	894
200.0 ～ 219.9	64 999	487	8 029	10 873	8 285	6 871	6 833	5 826	5 072	4 523	4 464	2 765	972
220.0 ～ 239.9	60 270	267	4 324	9 932	8 332	7 014	7 603	6 623	4 983	4 853	3 792	1 966	580
240.0 ～ 259.9	54 815	114	2 388	6 659	8 184	7 584	7 673	6 562	5 108	4 459	3 483	1 934	669
260.0 ～ 279.9	46 412	24	1 001	3 889	6 394	7 253	7 765	6 411	4 996	4 060	2 874	1 259	487
280.0 ～ 299.9	39 152	2	574	2 526	4 714	6 156	7 217	6 147	4 563	3 605	2 398	963	287
300.0 ～ 319.9	34 833	8	281	1 718	3 652	5 312	6 636	5 305	4 508	3 713	2 345	969	385
320.0 ～ 339.9	27 507	9	174	895	2 544	4 019	5 731	4 880	3 694	3 142	1 648	599	173
340.0 ～ 359.9	23 072	–	72	617	1 602	3 397	4 661	4 079	3 450	2 934	1 475	536	249
360.0 ～ 379.9	18 535	–	99	406	1 089	2 373	3 813	3 772	2 728	2 482	1 294	371	109
380.0 ～ 399.9	13 958	–	4	176	703	1 516	2 888	3 136	2 214	2 079	826	345	71
400.0 ～ 449.9	26 458	0	53	274	1 112	2 884	5 223	5 412	4 848	4 117	1 857	520	157
450.0 ～ 499.9	14 491	–	40	133	500	1 097	2 462	3 218	3 100	2 508	1 009	329	96
500.0 ～ 549.9	9 392	–	24	103	394	627	1 600	1 794	1 866	1 779	924	194	87
550.0 ～ 599.9	4 727	–	0	44	112	311	685	935	925	1 126	429	118	42
600.0 ～ 699.9	4 269	–	0	66	145	337	581	728	826	908	436	152	90
700.0 ～ 799.9	1 690	–	–	6	59	131	239	246	325	359	197	90	39
800.0 ～ 899.9	851	–	–	10	60	103	97	169	189	129	50	38	5
900.0 ～ 999.9	467	–	–	–	30	22	66	77	110	63	40	55	4
1000.0 ～ 1199.9	595	–	–	10	36	27	70	167	82	98	71	6	27
1200.0千円 ～	624	–	–	1	15	31	44	77	89	224	64	58	23
第1・十分位数（千円）	162.5	140.8	151.2	162.4	167.9	173.4	175.5	173.4	169.5	164.7	151.5	143.4	135.8
第1・四分位数（千円）	195.1	154.4	170.6	187.3	199.6	210.3	217.4	216.6	211.3	208.5	182.2	168.1	159.7
中　位　数（千円）	245.1	171.1	192.0	216.1	238.1	259.7	274.9	278.9	278.7	275.7	233.7	210.5	203.3
第3・四分位数（千円）	315.2	188.7	216.0	247.6	282.9	315.9	342.0	357.5	362.4	366.4	310.4	269.4	265.3
第9・十分位数（千円）	402.5	214.0	243.9	287.3	335.1	379.5	418.4	440.4	459.4	471.7	412.0	357.5	351.7
十分位分散係数	0.49	0.21	0.24	0.29	0.35	0.40	0.44	0.48	0.52	0.56	0.56	0.51	0.53
四分位分散係数	0.24	0.10	0.12	0.14	0.17	0.20	0.23	0.25	0.27	0.29	0.27	0.24	0.26
男													
学　歴　計	401 563	3 412	20 759	34 076	41 949	48 741	60 234	53 406	43 115	39 297	32 341	17 892	6 340
～ 99.9 千円	31	2	–	–	1	1	1	4	4	6	3	1	8
100.0 ～ 119.9	1 001	28	77	104	45	32	55	27	56	60	167	229	121
120.0 ～ 139.9	5 148	172	613	528	429	260	286	330	241	385	693	807	404
140.0 ～ 159.9	13 467	575	1 935	1 433	1 078	872	798	654	787	921	1 937	1 663	811
160.0 ～ 179.9	21 415	1 091	3 298	2 569	2 091	1 497	1 479	1 391	1 353	1 400	2 456	2 026	764
180.0 ～ 199.9	29 497	841	4 820	4 319	3 235	2 547	2 368	2 097	1 792	1 653	3 012	2 091	720
200.0 ～ 219.9	36 195	366	4 226	6 023	4 838	3 912	3 489	2 667	2 244	2 254	3 179	2 214	783
220.0 ～ 239.9	37 722	230	2 487	6 425	5 617	4 381	4 579	3 697	2 679	2 650	2 919	1 600	456
240.0 ～ 259.9	37 720	69	1 523	4 526	5 671	5 487	5 246	4 208	3 167	2 940	2 734	1 630	519
260.0 ～ 279.9	34 075	20	724	2 796	4 796	5 840	5 643	4 501	3 350	2 747	2 228	1 068	362
280.0 ～ 299.9	30 332	2	446	1 850	3 846	4 973	5 744	4 577	3 241	2 660	1 910	836	247
300.0 ～ 319.9	28 103	8	215	1 289	3 006	4 370	5 448	4 210	3 454	2 959	2 016	832	295
320.0 ～ 339.9	23 046	9	153	702	2 124	3 432	4 921	4 011	3 036	2 511	1 475	514	159
340.0 ～ 359.9	19 373	–	58	499	1 397	2 882	4 018	3 492	2 717	2 399	1 284	438	188
360.0 ～ 379.9	15 999	–	87	323	936	1 998	3 461	3 168	2 355	2 120	1 152	320	79
380.0 ～ 399.9	12 045	–	3	166	637	1 318	2 535	2 844	1 835	1 702	690	271	43
400.0 ～ 449.9	23 398	0	50	205	999	2 577	4 805	4 804	4 221	3 510	1 626	473	126
450.0 ～ 499.9	12 892	–	40	114	439	974	2 311	2 851	2 718	2 241	863	291	50
500.0 ～ 549.9	8 253	–	4	72	354	533	1 456	1 607	1 602	1 566	844	159	56
550.0 ～ 599.9	4 346	–	–	44	88	286	609	900	864	1 039	393	97	25
600.0 ～ 699.9	3 816	–	–	64	127	297	527	686	723	817	407	132	36
700.0 ～ 799.9	1 512	–	–	4	59	129	209	230	273	327	175	76	32
800.0 ～ 899.9	718	–	–	10	53	65	94	148	158	125	34	27	4
900.0 ～ 999.9	428	–	–	–	30	21	65	66	107	54	29	52	4
1000.0 ～ 1199.9	473	–	–	10	35	26	42	161	56	60	51	6	27
1200.0千円 ～	560	–	–	–	15	30	44	74	82	191	64	38	23
第1・十分位数（千円）	179.2	145.5	155.2	171.5	183.8	197.6	206.3	206.6	200.8	194.2	163.9	150.5	143.3
第1・四分位数（千円）	216.5	161.4	176.2	198.2	215.1	234.2	248.3	252.1	251.1	243.6	198.7	177.5	166.3
中　位　数（千円）	270.4	177.0	198.5	226.3	253.1	278.4	301.5	311.5	315.1	312.2	253.6	219.2	207.3
第3・四分位数（千円）	343.5	195.6	224.2	258.2	299.0	333.6	366.0	386.6	400.3	401.2	333.3	281.9	267.6
第9・十分位数（千円）	429.5	219.8	256.0	301.2	353.4	400.7	441.2	469.5	489.4	505.4	431.4	369.0	347.7
十分位分散係数	0.46	0.21	0.25	0.29	0.33	0.36	0.39	0.42	0.46	0.50	0.53	0.50	0.49
四分位分散係数	0.23	0.10	0.12	0.13	0.17	0.18	0.20	0.22	0.24	0.25	0.27	0.24	0.24

第3表　年齢階級、所定内給与額階級別労働者数及び所定内給与額の分布特性値

企業規模	10～99人

産 業 計 （ 民 ・ 公 営 計 ）

（単位十人）

区　分	年齢計	～19歳	20～24歳	25～29歳	30～34歳	35～39歳	40～44歳	45～49歳	50～54歳	55～59歳	60～64歳	65～69歳	70歳以上
中学卒	**28 481**	**428**	**960**	**1 170**	**1 893**	**2 419**	**3 085**	**3 102**	**2 640**	**2 913**	**4 371**	**3 667**	**1 833**
～ 99.9 千円	12	2	－	－	－	－	1	4	－	2	2	0	－
100.0 ～ 119.9	142	14	4	12	1	9	8	2	14	1	16	38	23
120.0 ～ 139.9	727	37	29	27	36	53	57	54	31	54	95	131	121
140.0 ～ 159.9	1 666	59	153	63	85	70	112	47	90	104	291	325	268
160.0 ～ 179.9	2 027	102	113	77	107	124	140	108	109	122	349	407	270
180.0 ～ 199.9	2 594	70	105	100	162	139	189	151	142	205	522	542	266
200.0 ～ 219.9	2 850	69	156	201	179	229	234	214	159	252	412	512	233
220.0 ～ 239.9	2 733	42	105	110	211	225	254	278	206	317	492	317	177
240.0 ～ 259.9	2 459	21	92	93	235	244	248	317	231	207	367	299	105
260.0 ～ 279.9	2 183	7	77	102	167	223	334	325	203	154	303	209	81
280.0 ～ 299.9	2 096	－	36	114	151	289	254	260	234	187	304	216	52
300.0 ～ 319.9	2 094	－	48	98	155	166	327	229	246	299	276	168	84
320.0 ～ 339.9	1 406	6	21	38	117	152	165	192	230	168	199	85	34
340.0 ～ 359.9	1 183	－	6	47	22	149	154	190	148	173	162	98	33
360.0 ～ 379.9	889	－	10	32	30	92	85	140	110	135	160	65	32
380.0 ～ 399.9	744	－	－	18	30	49	143	139	66	125	74	90	10
400.0 ～ 449.9	1 339	－	5	9	98	125	232	221	192	207	167	51	31
450.0 ～ 499.9	757	－	0	19	95	48	72	144	95	116	109	52	7
500.0 ～ 549.9	317	－	－	6	5	20	64	46	72	53	26	24	2
550.0 ～ 599.9	147	－	－	6	－	12	6	14	51	10	38	11	1
600.0 ～ 699.9	74	－	－	－	－	3	8	13	12	22	7	10	1
700.0 ～ 799.9	32	－	－	－	1	－	1	12	－	－	－	18	－
800.0 ～ 899.9	1	－	－	－	－	－	－	－	－	1	－	－	0
900.0 ～ 999.9	0	－	－	－	－	－	0	－	－	－	－	－	－
1000.0 ～ 1199.9	7	－	－	－	7	－	－	－	－	－	－	－	－
1200.0千円 ～	3	－	－	－	－	－	－	－	－	－	－	－	3
第1・十分位数（千円）	162.9	135.2	147.4	163.7	172.3	177.0	178.9	192.9	183.5	180.7	162.3	153.5	144.2
第1・四分位数（千円）	199.6	157.8	168.3	201.3	208.4	218.4	223.2	233.8	232.9	219.0	193.0	180.6	163.6
中位数（千円）	252.9	180.1	212.1	239.1	255.3	271.9	278.4	285.7	292.2	284.6	240.3	214.3	197.5
第3・四分位数（千円）	317.5	214.3	254.5	296.7	310.9	325.1	338.7	354.3	351.3	352.2	309.4	277.2	244.2
第9・十分位数（千円）	394.6	233.7	296.2	348.5	402.5	384.3	414.9	430.6	438.2	419.5	377.8	353.0	309.9
十分位分散係数	0.46	0.27	0.35	0.39	0.45	0.38	0.42	0.42	0.44	0.42	0.45	0.47	0.42
四分位分散係数	0.23	0.16	0.20	0.20	0.20	0.20	0.21	0.21	0.20	0.23	0.24	0.23	0.20
高校卒	**223 393**	**2 984**	**12 452**	**14 772**	**20 176**	**24 845**	**32 296**	**32 355**	**27 534**	**23 809**	**18 090**	**10 727**	**3 352**
～ 99.9 千円	10	－	－	－	－	1	0	－	4	－	0	1	4
100.0 ～ 119.9	641	14	64	55	32	15	40	22	36	26	107	141	89
120.0 ～ 139.9	3 524	134	450	387	300	173	192	221	167	258	451	574	217
140.0 ～ 159.9	9 195	516	1 368	876	709	615	537	518	605	673	1 259	1 061	455
160.0 ～ 179.9	14 720	989	2 368	1 520	1 368	1 018	1 010	1 053	1 033	1 011	1 602	1 319	430
180.0 ～ 199.9	19 002	771	3 149	2 145	1 965	1 724	1 629	1 532	1 376	1 209	1 853	1 271	378
200.0 ～ 219.9	21 617	297	2 119	2 661	2 643	2 524	2 348	1 882	1 677	1 606	2 007	1 423	430
220.0 ～ 239.9	22 008	188	1 332	2 513	2 911	2 595	3 000	2 639	2 038	1 849	1 650	1 057	235
240.0 ～ 259.9	21 930	48	718	1 745	2 597	3 002	3 376	2 974	2 325	2 146	1 654	1 063	282
260.0 ～ 279.9	19 643	12	322	971	2 094	3 076	3 341	3 092	2 527	2 021	1 357	624	206
280.0 ～ 299.9	17 052	2	204	713	1 623	2 387	3 127	3 148	2 345	1 873	1 003	477	149
300.0 ～ 319.9	15 547	8	115	399	1 174	2 100	2 903	2 729	2 372	1 938	1 165	486	156
320.0 ～ 339.9	12 502	3	107	286	830	1 520	2 434	2 516	2 021	1 581	818	288	97
340.0 ～ 359.9	10 196	－	40	179	608	1 196	1 906	2 071	1 771	1 508	667	186	65
360.0 ～ 379.9	8 136	－	44	122	423	761	1 616	1 752	1 528	1 157	546	160	27
380.0 ～ 399.9	5 799	－	3	61	216	459	1 076	1 533	1 063	913	343	117	15
400.0 ～ 449.9	10 501	0	28	53	409	984	1 875	2 334	2 176	1 730	678	193	42
450.0 ～ 499.9	5 348	－	20	49	121	363	912	1 075	1 284	1 046	351	110	18
500.0 ～ 549.9	2 976	－	1	31	106	164	480	589	588	597	331	69	21
550.0 ～ 599.9	1 357	－	－	5	29	67	233	332	213	341	92	29	16
600.0 ～ 699.9	1 023	－	－	2	12	67	173	182	206	228	115	33	4
700.0 ～ 799.9	383	－	－	－	5	24	28	94	116	72	15	12	17
800.0 ～ 899.9	97	－	－	－	1	3	23	26	29	7	5	1	1
900.0 ～ 999.9	96	－	－	－	－	1	22	5	31	17	1	20	－
1000.0 ～ 1199.9	59	－	－	－	－	0	10	34	2	1	12	0	－
1200.0千円 ～	35	－	－	－	－	5	5	2	2	1	9	10	－
第1・十分位数（千円）	172.7	146.9	152.2	162.3	174.4	188.3	198.0	198.6	193.6	187.3	159.9	147.7	141.3
第1・四分位数（千円）	208.0	161.7	171.9	188.8	205.2	221.1	235.8	241.5	239.5	233.3	191.2	173.8	163.5
中位数（千円）	259.2	176.9	192.5	218.1	241.2	264.8	284.1	294.3	296.7	290.4	241.4	214.0	203.6
第3・四分位数（千円）	324.0	193.6	218.1	249.4	285.6	313.8	342.8	358.7	363.9	362.6	308.5	263.4	259.7
第9・十分位数（千円）	398.4	217.1	248.8	290.9	337.1	368.4	409.1	422.5	440.5	446.8	386.1	329.5	317.0
十分位分散係数	0.44	0.20	0.25	0.29	0.34	0.34	0.37	0.38	0.42	0.45	0.47	0.42	0.43
四分位分散係数	0.22	0.09	0.12	0.14	0.17	0.18	0.19	0.20	0.21	0.22	0.24	0.21	0.24

第3表　年齢階級、所定内給与額階級別労働者数及び所定内給与額の分布特性値

企業規模	10～99人

産　業　計（民・公営計）

(単位十人)

区　分	年齢計	～19歳	20～24歳	25～29歳	30～34歳	35～39歳	40～44歳	45～49歳	50～54歳	55～59歳	60～64歳	65～69歳	70歳以上
高専・短大卒	**48 029**	**－**	**3 377**	**5 067**	**6 813**	**7 280**	**9 271**	**6 306**	**4 146**	**3 072**	**1 836**	**719**	**141**
～ 99.9 千円	－	－	－	－	－	－	－	－	－	－	－	－	－
100.0 ～ 119.9	125	－	8	20	6	6	0	1	1	23	22	35	3
120.0 ～ 139.9	358	－	98	44	47	10	20	32	19	8	47	17	16
140.0 ～ 159.9	1 093	－	265	233	108	75	68	42	63	52	103	67	17
160.0 ～ 179.9	1 963	－	584	384	237	164	169	54	89	75	127	56	26
180.0 ～ 199.9	3 281	－	869	794	527	265	252	149	129	76	145	68	7
200.0 ～ 219.9	4 243	－	809	925	900	431	420	272	161	128	139	48	10
220.0 ～ 239.9	4 261	－	349	944	938	618	575	326	165	111	160	67	7
240.0 ～ 259.9	4 411	－	173	657	965	883	756	365	199	174	151	72	14
260.0 ～ 279.9	4 201	－	128	366	843	944	839	462	257	196	120	44	3
280.0 ～ 299.9	3 667	－	58	246	569	769	1 005	515	233	149	82	34	8
300.0 ～ 319.9	3 550	－	16	208	538	758	853	515	381	169	89	19	5
320.0 ～ 339.9	3 183	－	7	81	384	627	973	479	289	219	76	35	10
340.0 ～ 359.9	2 683	－	1	44	283	527	698	499	307	218	78	22	7
360.0 ～ 379.9	2 279	－	11	26	116	378	690	500	245	201	91	22	－
380.0 ～ 399.9	1 574	－	－	26	70	206	449	332	218	206	42	24	1
400.0 ～ 449.9	3 150	－	－	47	169	320	728	770	572	356	146	37	4
450.0 ～ 499.9	1 812	－	－	2	41	137	407	501	359	281	72	8	2
500.0 ～ 549.9	938	－	－	6	39	48	193	229	175	171	62	15	－
550.0 ～ 599.9	617	－	－	－	7	63	108	135	129	130	35	10	1
600.0 ～ 699.9	375	－	－	3	17	4	43	105	105	71	19	8	1
700.0 ～ 799.9	100	－	－	－	0	28	11	5	15	9	30	2	－
800.0 ～ 899.9	66	－	－	10	10	19	5	6	10	6	－	－	－
900.0 ～ 999.9	36	－	－	－	0	0	3	0	20	1	1	10	－
1000.0 ～ 1199.9	34	－	－	－	－	－	1	9	5	20	－	－	－
1200.0千円 ～	28	－	－	－	－	－	2	1	－	26	－	－	－
第1・十分位数(千円)	188.7	－	158.3	172.8	191.4	209.7	219.9	225.0	214.6	211.4	162.5	146.3	127.3
第1・四分位数(千円)	224.5	－	176.6	195.7	217.5	246.7	261.2	274.9	275.4	271.3	201.5	182.9	160.1
中位数(千円)	280.4	－	197.1	223.2	253.9	286.5	312.1	336.8	345.7	354.6	264.3	240.8	203.0
第3・四分位数(千円)	352.8	－	217.5	253.7	299.0	336.5	369.0	409.0	423.6	438.2	365.3	325.6	288.6
第9・十分位数(千円)	431.0	－	247.5	294.1	345.6	387.9	432.6	476.5	510.7	533.6	465.3	405.8	352.9
十分位分散係数	0.43	－	0.23	0.27	0.30	0.31	0.34	0.37	0.43	0.45	0.57	0.54	0.56
四分位分散係数	0.23	－	0.10	0.13	0.16	0.16	0.17	0.20	0.21	0.24	0.31	0.30	0.32
大学・大学院卒	**101 659**	**－**	**3 970**	**13 067**	**13 068**	**14 197**	**15 582**	**11 643**	**8 794**	**9 503**	**8 043**	**2 779**	**1 013**
～ 99.9 千円	9	－	－	－	1	1	－	－	－	4	－	－	4
100.0 ～ 119.9	94	－	1	16	6	3	7	2	6	10	23	14	6
120.0 ～ 139.9	540	－	36	69	46	23	17	23	24	66	101	84	51
140.0 ～ 159.9	1 512	－	149	261	177	111	81	47	30	92	284	209	72
160.0 ～ 179.9	2 705	－	232	589	378	191	161	176	122	192	379	246	39
180.0 ～ 199.9	4 621	－	697	1 281	582	420	298	264	145	162	493	211	68
200.0 ～ 219.9	7 485	－	1 142	2 236	1 116	728	487	299	247	267	621	231	110
220.0 ～ 239.9	8 720	－	701	2 859	1 557	944	750	454	269	374	617	159	36
240.0 ～ 259.9	8 921	－	540	2 030	1 874	1 359	866	552	411	413	562	196	119
260.0 ～ 279.9	8 047	－	198	1 358	1 692	1 597	1 129	622	363	376	448	191	73
280.0 ～ 299.9	7 517	－	147	777	1 504	1 528	1 358	654	429	451	521	109	38
300.0 ～ 319.9	6 912	－	36	585	1 140	1 346	1 364	736	455	553	486	160	51
320.0 ～ 339.9	5 956	－	17	297	793	1 132	1 349	825	495	543	381	105	18
340.0 ～ 359.9	5 311	－	12	229	484	1 010	1 260	732	492	501	377	132	83
360.0 ～ 379.9	4 694	－	22	143	367	768	1 071	776	472	626	356	73	21
380.0 ～ 399.9	3 928	－	－	62	322	604	867	840	489	458	231	40	16
400.0 ～ 449.9	8 408	－	17	96	324	1 148	1 970	1 479	1 281	1 216	635	193	49
450.0 ～ 499.9	4 976	－	20	45	182	426	920	1 131	979	799	331	121	22
500.0 ～ 549.9	4 022	－	3	30	205	302	719	744	766	746	425	52	33
550.0 ～ 599.9	2 224	－	－	33	53	144	262	419	471	558	228	48	8
600.0 ～ 699.9	2 343	－	－	58	98	223	303	386	400	497	265	82	31
700.0 ～ 799.9	997	－	－	4	52	77	169	118	143	246	130	43	15
800.0 ～ 899.9	553	－	－	－	41	43	65	116	119	112	29	26	2
900.0 ～ 999.9	297	－	－	－	29	20	40	61	56	37	27	22	4
1000.0 ～ 1199.9	372	－	－	10	28	25	31	117	49	40	39	6	27
1200.0千円 ～	494	－	－	－	15	25	37	71	80	164	55	27	20
第1・十分位数(千円)	201.9	－	178.5	186.5	202.2	218.6	234.2	235.8	242.8	227.3	180.8	157.6	155.1
第1・四分位数(千円)	239.4	－	197.0	210.6	231.9	256.6	281.7	294.7	307.1	298.6	223.2	193.8	202.4
中位数(千円)	301.7	－	215.4	234.4	268.1	302.7	338.9	371.2	397.7	384.5	298.8	263.4	260.4
第3・四分位数(千円)	395.8	－	240.7	266.0	314.0	367.3	414.5	458.9	492.5	501.1	410.0	372.7	358.9
第9・十分位数(千円)	509.2	－	266.5	307.3	382.8	442.4	502.9	558.4	595.8	612.7	546.1	522.4	584.7
十分位分散係数	0.51	－	0.20	0.26	0.34	0.37	0.40	0.43	0.44	0.50	0.61	0.69	0.82
四分位分散係数	0.26	－	0.10	0.12	0.15	0.18	0.20	0.22	0.23	0.26	0.31	0.34	0.30

第3表　年齢階級、所定内給与額階級別労働者数及び所定内給与額の分布特性値

企業規模	10～99人

産　業　計　（　民　・　公　営　計　）

（単位十人）

区　分	年齢計	～19歳	20～24歳	25～29歳	30～34歳	35～39歳	40～44歳	45～49歳	50～54歳	55～59歳	60～64歳	65～69歳	70歳以上
女													
学歴計	**214 794**	**2 265**	**21 257**	**25 047**	**22 189**	**22 690**	**27 660**	**27 577**	**24 584**	**20 945**	**12 584**	**5 641**	**2 354**
～ 99.9千円	132	–	–	13	21	13	3	7	6	21	29	17	2
100.0 ～ 119.9	2 281	9	74	115	167	211	248	285	230	349	291	161	141
120.0 ～ 139.9	10 765	313	1 102	988	880	918	953	1 105	1 045	1 086	1 305	706	365
140.0 ～ 159.9	22 749	721	2 824	2 061	2 019	2 072	2 465	2 590	2 365	2 294	1 892	1 102	343
160.0 ～ 179.9	30 289	703	4 815	3 784	2 889	2 729	3 684	3 195	3 070	2 332	1 935	863	291
180.0 ～ 199.9	32 464	311	5 395	4 869	3 321	3 216	3 666	3 735	3 077	2 573	1 527	601	174
200.0 ～ 219.9	28 804	121	3 803	4 851	3 447	2 959	3 343	3 158	2 828	2 269	1 285	550	189
220.0 ～ 239.9	22 548	37	1 836	3 507	2 715	2 633	3 025	2 926	2 304	2 203	873	365	124
240.0 ～ 259.9	17 095	45	864	2 134	2 512	2 097	2 427	2 354	1 941	1 520	749	304	149
260.0 ～ 279.9	12 337	5	276	1 093	1 598	1 413	2 121	1 910	1 646	1 313	646	190	125
280.0 ～ 299.9	8 820	–	128	677	868	1 183	1 473	1 570	1 322	945	488	126	41
300.0 ～ 319.9	6 730	–	65	429	646	943	1 189	1 094	1 053	754	329	137	90
320.0 ～ 339.9	4 461	–	22	193	420	587	809	868	658	631	173	85	14
340.0 ～ 359.9	3 699	–	13	118	205	515	643	587	733	535	191	99	61
360.0 ～ 379.9	2 536	–	13	83	153	375	352	604	373	362	142	51	29
380.0 ～ 399.9	1 912	–	1	10	66	198	353	291	379	377	136	74	29
400.0 ～ 449.9	3 060	–	3	69	113	307	418	608	627	607	231	47	31
450.0 ～ 499.9	1 599	–	–	19	60	123	151	367	383	267	147	38	46
500.0 ～ 549.9	1 139	–	20	31	40	94	145	188	264	213	80	35	31
550.0 ～ 599.9	381	–	0	0	24	25	76	34	60	88	36	21	16
600.0 ～ 699.9	454	–	0	2	18	40	54	42	103	91	29	19	54
700.0 ～ 799.9	178	–	–	3	–	2	30	16	52	32	23	14	7
800.0 ～ 899.9	133	–	–	–	7	38	4	21	31	4	16	11	1
900.0 ～ 999.9	38	–	–	–	–	0	1	11	2	9	11	3	–
1000.0 ～ 1199.9	122	–	–	–	1	1	28	6	27	39	21	–	–
1200.0千円 ～	65	–	–	1	–	0	–	3	7	33	–	21	–
第1・十分位数（千円）	148.7	135.5	147.8	154.8	153.0	152.3	153.3	151.9	151.5	147.0	135.5	132.4	125.5
第1・四分位数（千円）	171.9	147.6	165.8	176.6	177.3	178.1	177.6	178.1	176.3	172.3	156.6	149.4	144.5
中位数（千円）	205.7	162.4	186.1	202.7	210.0	214.6	216.6	218.1	217.5	215.8	190.4	179.3	183.1
第3・四分位数（千円）	252.7	178.6	208.0	230.8	248.6	262.1	268.0	272.8	279.1	276.0	249.0	229.8	258.7
第9・十分位数（千円）	314.3	197.6	230.7	263.3	288.7	321.3	326.8	340.9	355.8	361.4	318.4	309.6	364.8
十分位分散係数	0.40	0.19	0.22	0.27	0.32	0.39	0.40	0.43	0.47	0.50	0.48	0.49	0.65
四分位分散係数	0.20	0.10	0.11	0.13	0.17	0.20	0.21	0.22	0.24	0.24	0.24	0.22	0.31
中学卒	**5 861**	**81**	**316**	**473**	**603**	**449**	**477**	**609**	**467**	**575**	**710**	**673**	**428**
～ 99.9千円	7	–	–	0	–	–	–	2	–	–	5	–	–
100.0 ～ 119.9	154	1	–	8	20	5	19	7	4	18	27	18	25
120.0 ～ 139.9	1 167	41	125	125	117	85	61	63	50	101	160	144	96
140.0 ～ 159.9	1 381	15	90	136	205	149	105	85	56	79	175	200	86
160.0 ～ 179.9	934	16	32	57	81	64	88	95	35	93	169	129	76
180.0 ～ 199.9	743	3	17	52	91	29	59	123	115	73	55	66	61
200.0 ～ 219.9	496	–	21	53	39	33	49	56	39	92	60	18	35
220.0 ～ 239.9	335	–	11	5	19	15	31	60	58	74	38	22	3
240.0 ～ 259.9	225	6	10	8	14	22	22	43	34	21	10	20	14
260.0 ～ 279.9	160	–	10	–	10	18	21	23	39	3	9	18	9
280.0 ～ 299.9	107	–	–	21	2	10	7	33	4	15	0	15	–
300.0 ～ 319.9	47	–	–	9	5	11	3	4	4	3	0	4	4
320.0 ～ 339.9	16	–	–	–	–	2	4	1	6	2	–	–	–
340.0 ～ 359.9	15	–	–	–	–	1	–	11	2	–	0	–	1
360.0 ～ 379.9	11	–	–	–	–	1	–	–	10	–	–	–	–
380.0 ～ 399.9	32	–	–	–	–	–	1	3	–	–	–	19	10
400.0 ～ 449.9	15	–	–	–	–	5	–	1	5	–	–	–	3
450.0 ～ 499.9	9	–	–	–	–	–	6	–	–	–	–	–	3
500.0 ～ 549.9	1	–	–	–	–	–	–	–	–	1	–	–	–
550.0 ～ 599.9	1	–	–	–	–	–	1	–	–	0	–	–	–
600.0 ～ 699.9	1	–	–	–	–	–	–	–	–	–	–	–	1
700.0 ～ 799.9	5	–	–	–	–	–	–	–	5	–	–	–	–
800.0 ～ 899.9	–	–	–	–	–	–	–	–	–	–	–	–	–
900.0 ～ 999.9	–	–	–	–	–	–	–	–	–	–	–	–	–
1000.0 ～ 1199.9	–	–	–	–	–	–	–	–	–	–	–	–	–
1200.0千円 ～	–	–	–	–	–	–	–	–	–	–	–	–	–
第1・十分位数（千円）	128.6	123.2	126.5	126.0	129.3	133.1	130.3	136.4	136.6	125.6	129.2	130.7	123.2
第1・四分位数（千円）	142.1	128.2	134.0	137.5	141.7	142.7	146.7	158.9	163.0	148.2	138.8	140.5	136.4
中位数（千円）	164.9	139.5	145.2	156.7	156.8	157.8	168.9	187.3	195.8	179.0	158.6	156.9	162.3
第3・四分位数（千円）	200.3	166.7	168.9	189.5	187.5	202.8	208.2	229.3	237.6	209.6	179.7	184.0	188.0
第9・十分位数（千円）	245.5	183.3	219.4	217.9	213.6	263.1	255.3	276.0	273.7	229.6	215.3	246.4	250.4
十分位分散係数	0.35	0.22	0.32	0.29	0.27	0.41	0.37	0.37	0.35	0.29	0.27	0.37	0.39
四分位分散係数	0.18	0.14	0.12	0.17	0.15	0.19	0.18	0.19	0.19	0.17	0.13	0.14	0.16

第3表　年齢階級、所定内給与額階級別労働者数及び所定内給与額の分布特性値

企業規模	10～99人

産 業 計 （ 民 ・ 公 営 計 ）

（単位十人）

区分	年齢計	～19歳	20～24歳	25～29歳	30～34歳	35～39歳	40～44歳	45～49歳	50～54歳	55～59歳	60～64歳	65～69歳	70歳以上
高校卒	**97 587**	**2 184**	**7 071**	**6 527**	**7 647**	**8 828**	**12 318**	**14 265**	**13 666**	**12 025**	**7 867**	**3 751**	**1 437**
～ 99.9千円	115	－	－	12	19	11	－	5	5	21	24	16	2
100.0 ～ 119.9	1 771	9	54	80	104	154	180	222	192	317	232	126	102
120.0 ～ 139.9	7 709	272	788	588	565	622	660	801	821	842	990	491	266
140.0 ～ 159.9	15 378	707	1 476	1 068	1 178	1 180	1 700	1 898	1 906	1 793	1 438	795	238
160.0 ～ 179.9	17 584	687	1 835	1 390	1 443	1 499	2 433	2 113	2 259	1 688	1 381	682	173
180.0 ～ 199.9	15 562	309	1 528	1 389	1 342	1 490	1 996	2 278	1 960	1 767	1 003	416	85
200.0 ～ 219.9	11 479	121	777	874	1 040	1 157	1 465	1 678	1 681	1 312	868	377	128
220.0 ～ 239.9	8 752	37	366	595	723	901	1 280	1 552	1 256	1 232	525	207	78
240.0 ～ 259.9	6 014	38	117	281	539	702	855	1 070	971	746	433	179	82
260.0 ～ 279.9	4 248	5	95	142	327	337	636	781	664	758	312	106	85
280.0 ～ 299.9	2 730	－	6	41	167	313	344	577	541	455	178	82	27
300.0 ～ 319.9	1 956	－	26	37	99	124	276	369	454	279	179	75	37
320.0 ～ 339.9	1 169	－	－	12	42	108	207	255	208	238	64	25	11
340.0 ～ 359.9	852	－	1	9	25	58	103	154	234	143	48	44	34
360.0 ～ 379.9	513	－	－	3	1	58	45	161	70	68	60	25	22
380.0 ～ 399.9	335	－	－	3	1	45	45	56	81	68	15	9	11
400.0 ～ 449.9	706	－	－	3	25	26	37	213	186	142	41	25	7
450.0 ～ 499.9	345	－	－	－	4	27	20	38	85	77	63	10	22
500.0 ～ 549.9	201	－	－	－	－	13	30	40	49	42	2	10	14
550.0 ～ 599.9	51	－	－	－	－	1	0	0	9	15	1	15	10
600.0 ～ 699.9	47	－	0	－	1	0	1	2	7	15	3	12	5
700.0 ～ 799.9	51	－	－	－	－	1	4	3	26	0	5	12	－
800.0 ～ 899.9	13	－	－	－	－	－	－	1	－	0	2	10	－
900.0 ～ 999.9	2	－	－	－	－	－	－	－	0	－	－	1	－
1000.0 ～ 1199.9	－	－	－	－	－	－	－	－	－	－	－	－	－
1200.0千円 ～	6	－	－	－	－	－	－	－	－	5	－	1	－
第1・十分位数（千円）	140.2	136.8	137.3	139.2	141.5	142.0	144.9	145.1	144.3	140.3	132.2	130.6	123.7
第1・四分位数（千円）	159.3	148.4	152.9	158.1	160.7	163.0	164.5	165.6	164.3	160.3	151.4	147.4	139.3
中位数（千円）	187.5	162.9	172.8	181.8	188.7	192.5	190.8	198.2	196.7	195.1	177.7	172.8	173.1
第3・四分位数（千円）	227.4	178.9	194.0	206.3	221.0	230.6	231.6	242.7	242.8	241.2	219.0	215.1	241.7
第9・十分位数（千円）	275.6	197.8	217.3	234.9	257.0	271.3	275.8	293.9	301.7	295.1	270.5	273.3	307.4
十分位分散係数	0.36	0.19	0.23	0.26	0.31	0.34	0.34	0.38	0.40	0.40	0.39	0.41	0.53
四分位分散係数	0.18	0.09	0.12	0.13	0.16	0.18	0.18	0.19	0.20	0.21	0.19	0.20	0.30
高専・短大卒	**72 291**	**－**	**9 386**	**9 287**	**7 754**	**8 104**	**10 267**	**9 062**	**7 885**	**6 259**	**2 996**	**957**	**334**
～ 99.9千円	7	－	－	－	1	1	3	－	－	－	1	1	－
100.0 ～ 119.9	254	－	18	10	15	40	24	41	30	14	31	17	15
120.0 ～ 139.9	1 426	－	173	210	114	149	171	185	131	108	119	64	2
140.0 ～ 159.9	4 453	－	983	499	419	500	513	476	352	353	243	100	15
160.0 ～ 179.9	9 021	－	2 386	1 653	933	868	952	711	650	474	304	50	41
180.0 ～ 199.9	11 586	－	2 924	1 945	1 274	1 233	1 220	1 139	819	592	314	103	24
200.0 ～ 219.9	11 018	－	1 743	1 925	1 558	1 230	1 428	1 140	887	689	264	132	22
220.0 ～ 239.9	8 540	－	711	1 440	1 038	1 027	1 297	1 023	842	768	232	121	40
240.0 ～ 259.9	6 590	－	276	748	1 079	788	1 089	931	762	596	233	81	9
260.0 ～ 279.9	5 067	－	79	405	528	616	1 029	829	772	462	276	50	21
280.0 ～ 299.9	3 970	－	73	243	337	522	795	748	563	392	258	26	14
300.0 ～ 319.9	2 806	－	12	137	197	408	585	467	460	333	140	32	35
320.0 ～ 339.9	1 842	－	3	48	134	166	331	410	310	300	90	48	3
340.0 ～ 359.9	1 715	－	－	4	35	232	299	273	390	328	97	43	15
360.0 ～ 379.9	1 065	－	5	12	24	134	157	269	205	179	68	8	5
380.0 ～ 399.9	825	－	1	1	12	41	121	125	201	204	90	21	8
400.0 ～ 449.9	1 062	－	－	2	23	90	149	130	241	271	138	7	11
450.0 ～ 499.9	421	－	－	5	11	37	26	70	106	90	42	22	12
500.0 ～ 549.9	346	－	－	0	1	2	56	69	100	52	27	22	17
550.0 ～ 599.9	112	－	0	－	21	－	17	14	17	30	11	－	2
600.0 ～ 699.9	92	－	－	1	－	15	2	2	27	16	5	7	18
700.0 ～ 799.9	30	－	－	－	－	－	－	7	3	1	9	2	7
800.0 ～ 899.9	20	－	－	－	－	6	1	2	6	－	5	－	－
900.0 ～ 999.9	4	－	－	－	－	－	－	1	1	－	－	2	－
1000.0 ～ 1199.9	20	－	－	－	－	－	1	1	10	8	－	－	－
1200.0千円 ～	1	－	－	－	－	－	－	－	－	1	－	－	－
第1・十分位数（千円）	162.7	－	156.5	163.0	166.0	163.6	166.5	165.1	169.0	167.6	153.3	144.5	160.5
第1・四分位数（千円）	184.9	－	171.0	179.5	186.5	187.8	194.8	195.4	199.7	200.6	183.2	182.5	190.3
中位数（千円）	216.8	－	186.8	203.3	214.3	220.5	233.0	236.6	247.2	245.3	238.8	221.8	259.7
第3・四分位数（千円）	264.7	－	205.3	228.6	247.8	266.3	279.4	288.3	304.0	315.2	298.0	279.9	347.7
第9・十分位数（千円）	323.2	－	225.3	258.3	281.0	314.0	327.3	345.0	371.8	387.6	385.7	358.6	533.6
十分位分散係数	0.37	－	0.18	0.23	0.27	0.34	0.35	0.38	0.41	0.45	0.49	0.48	0.72
四分位分散係数	0.18	－	0.09	0.12	0.14	0.18	0.18	0.20	0.21	0.23	0.24	0.22	0.30

第3表　年齢階級、所定内給与額階級別労働者数及び所定内給与額の分布特性値

企業規模	10～99人

産　業　計（民・公営計）

（単位十人）

区　分	年齢計	～19歳	20～24歳	25～29歳	30～34歳	35～39歳	40～44歳	45～49歳	50～54歳	55～59歳	60～64歳	65～69歳	70歳以上
大学・大学院卒	**39 055**	**-**	**4 484**	**8 761**	**6 186**	**5 308**	**4 599**	**3 640**	**2 567**	**2 085**	**1 010**	**260**	**155**
～ 99.9千円	3	-	-	1	1	1	-	-	1	-	-	-	-
100.0 ～ 119.9	103	-	2	17	28	11	24	15	4	-	1	0	-
120.0 ～ 139.9	463	-	16	65	84	62	61	57	42	34	35	6	1
140.0 ～ 159.9	1 537	-	275	358	217	243	147	131	51	69	35	6	3
160.0 ～ 179.9	2 750	-	562	684	431	298	211	277	125	77	81	3	-
180.0 ～ 199.9	4 573	-	925	1 483	614	464	390	195	184	142	155	17	4
200.0 ～ 219.9	5 811	-	1 262	1 999	810	538	401	285	221	176	92	23	5
220.0 ～ 239.9	4 922	-	749	1 467	935	690	417	291	148	129	77	15	3
240.0 ～ 259.9	4 266	-	462	1 097	881	585	461	310	174	156	73	24	45
260.0 ～ 279.9	2 862	-	93	547	732	442	436	277	171	90	49	16	10
280.0 ～ 299.9	2 012	-	50	371	361	339	326	212	214	84	51	3	-
300.0 ～ 319.9	1 921	-	27	246	344	400	325	254	135	140	9	26	14
320.0 ～ 339.9	1 434	-	19	133	244	312	267	202	134	90	20	12	1
340.0 ～ 359.9	1 118	-	12	106	145	224	241	149	106	65	46	12	11
360.0 ～ 379.9	947	-	8	68	128	182	150	174	87	115	14	19	3
380.0 ～ 399.9	721	-	-	6	53	111	186	108	97	105	32	25	-
400.0 ～ 449.9	1 277	-	3	64	65	185	231	264	194	194	52	15	10
450.0 ～ 499.9	824	-	-	14	45	59	100	258	192	99	42	6	9
500.0 ～ 549.9	592	-	20	30	39	78	59	79	115	118	50	3	1
550.0 ～ 599.9	218	-	-	0	3	24	57	20	35	43	25	6	5
600.0 ～ 699.9	314	-	-	2	17	25	51	38	70	60	21	-	30
700.0 ～ 799.9	93	-	-	3	-	1	26	6	19	30	9	-	-
800.0 ～ 899.9	100	-	-	-	7	33	3	19	24	4	9	2	1
900.0 ～ 999.9	33	-	-	-	-	0	1	10	1	9	11	-	-
1000.0 ～ 1199.9	102	-	-	-	1	1	28	5	16	30	21	-	-
1200.0千円 ～	59	-	-	1	-	0	-	3	7	27	-	20	-
第1・十分位数（千円）	173.8	-	167.3	173.2	173.9	174.4	181.0	172.8	184.6	183.8	166.6	188.6	239.8
第1・四分位数（千円）	201.1	-	186.5	194.7	203.8	209.6	214.8	216.6	222.0	226.0	191.6	234.4	253.4
中位数（千円）	237.4	-	206.8	217.8	239.4	252.8	268.0	278.3	294.0	312.8	246.4	312.7	314.5
第3・四分位数（千円）	299.9	-	228.0	248.5	276.6	315.7	338.8	366.8	404.3	417.3	388.5	384.7	467.6
第9・十分位数（千円）	390.0	-	247.7	286.7	331.4	378.5	419.1	462.1	513.9	539.6	528.2	581.7	607.8
十分位分散係数	0.46	-	0.19	0.26	0.33	0.40	0.44	0.52	0.56	0.57	0.73	0.63	0.58
四分位分散係数	0.21	-	0.10	0.12	0.15	0.21	0.23	0.27	0.31	0.31	0.40	0.24	0.34

巻別内容

第1巻（全国／産業大分類）

調査の説明と調査結果の概況…年齢階級別賃金と賞与その他特別給与額…年齢階級・勤続年数別賃金と賞与その他特別給与額…年齢階級・賃金階級別労働者数

定価（本体12,500円＋税）

第2巻（全国／産業中分類）

年齢階級別賃金と賞与その他特別給与額…年齢階級・勤続年数別賃金と賞与その他特別給与額…年齢階級別賃金の分布特性値

定価（本体11,000円＋税）

第3巻（全国／役職・職種・新規学卒・短時間労働者他）

役職別の賃金と賞与…職種別の賃金と賞与…新規学卒者の初任給…標準労働者の賃金と賞与…短時間労働者の賃金と賞与…小規模企業の年齢階級・勤続年数別賃金と賞与…小規模企業の短時間労働者の賃金と賞与

定価（本体11,000円＋税）

第4巻（都道府県別／北海道〜沖縄）

主要産業の賃金と賞与…職種別賃金と賞与…新規学卒者の初任給…短時間労働者の賃金と賞与…小規模企業の賃金と賞与

定価（本体11,000円＋税）

第5巻（全国／雇用形態）

常用労働者の賃金と賞与（正社員・正職員、正社員・正職員以外）…臨時労働者の年齢階級別１時間当たりきまって支給する現金給与額

定価（本体7,500円＋税）

賃金センサス　第１巻

平成30年7月25日　印刷　定価（本体12,500円＋税）
平成30年7月31日　発行

編　者　厚生労働省政策統括官
（統計・情報政策担当）

発行所　株式会社　労働法令

〒104-0033
東京都中央区新川２-１-６　丸坂ビル
電話　(03)3552-4851
FAX　(03)3552-4857

ISBN978-4-86013-100-5 C2033 ¥12500E